# GUIDE
# MICHELIN

**D0834435**

# DEUTSCHLAND

# DIE GRUNDSÄTZE DES GUIDE MICHELIN

## ERFAHRUNG IM DIENSTE DER QUALITÄT

*Ob in Japan, in den Vereinigten Staaten, in China oder in Europa, die Inspektoren des Guide MICHELIN respektieren weltweit exakt dieselben Kriterien, um die Qualität eines Restaurants oder eines Hotels zu überprüfen. Dass der Guide MICHELIN heute weltweit bekannt und geachtet ist, verdankt er der Beständigkeit seiner Kriterien und der Achtung gegenüber seinen Lesern. Diese Grundsätze möchten wir hier bekräftigen:*

### Der anonyme Besuch

Die oberste Regel. Die Inspektoren testen anonym und regelmässig die Restaurants und Hotels, um das Leistungsniveau in seiner Gesamtheit zu beurteilen. Sie bezahlen alle in Anspruch genommenen Leistungen und geben sich nur zu erkennen, um ergänzende Auskünfte zu erhalten. Die Zuschriften unserer Leser stellen darüber hinaus wertvolle Erfahrungsberichte für uns dar und wir benutzen diese Hinweise, um unsere Besuche vorzubereiten.

### Die Unabhängigkeit

Um einen objektiven Standpunkt zu bewahren, der einzig und allein dem Interesse des Lesers dient, wird die Auswahl der Häuser in kompletter Unabhängigkeit erstellt. Die Empfehlung im Guide MICHELIN ist daher kostenlos. Die Entscheidungen werden vom Chefredakteur und seinen Inspektoren gemeinsam gefällt. Für die höchste Auszeichnung wird zusätzlich auf europäischer Ebene entschieden.

Die bemerkenswertesten Küchen sind die mit MICHELIN Stern – einem ❀, zwei ❀❀ oder drei ❀❀❀. Von traditionell bis innovativ, von schlicht bis aufwändig – ganz unabhängig vom Stil erwarten wir immer das Gleiche: beste Produktqualität, Know-how des Küchenchefs, Originalität der Gerichte sowie Beständigkeit auf Dauer und über die gesamte Speisekarte hinweg.

### Die Auswahl der Besten

Der Guide MICHELIN ist weit davon entfernt, ein reines Adressbuch darzustellen, er konzentriert sich vielmehr auf eine Auswahl der besten Hotels und Restaurants in allen Komfort- und Preiskategorien. Eine einzigartige Auswahl, die auf ein und derselben Methode aller Inspektoren weltweit basiert.

### ✿✿✿ DREI MICHELIN STERNE
**Eine einzigartige Küche – eine Reise wert!**

Die Handschrift eines großartigen Küchenchefs! Erstklassige Produkte, Reinheit und Kraft der Aromen, Balance der Kompositionen: Hier wird die Küche zur Kunst erhoben. Perfekt zubereitete Gerichte, die nicht selten zu Klassikern werden – eine Reise wert!

### ✿✿ ZWEI MICHELIN STERNE
**Eine Spitzenküche – einen Umweg wert!**

Beste Produkte werden von einem talentierten Küchenchef und seinem Team mit Know-how und Inspiration in subtilen, markanten und mitunter neuartigen Speisen trefflich in Szene gesetzt – einen Umweg wert!

### ✿ EIN MICHELIN STERN
**Eine Küche voller Finesse – einen Stopp wert!**

Produkte von ausgesuchter Qualität, unverkennbare Finesse auf dem Teller, ausgeprägte Aromen, Beständigkeit in der Zubereitung – einen Stopp wert!

### 🟢 BIB GOURMAND
**Unser bestes Preis-Leistungs-Verhältnis.**

Ein Maximum an Schlemmerei für bis 37€: gute Produkte, die schön zur Geltung gebracht werden, eine moderate Rechnung, eine Küche mit exzellentem Preis-Leistungs-Verhältnis.

### ❍ DER MICHELIN TELLER
**Eine Küche mit guter Qualität.**

Qualitätsprodukte, fachkundig zubereitet: einfach ein gutes Essen!

## Die jährliche Aktualisierung

Alle praktischen Hinweise, alle Klassifizierungen und Auszeichnungen werden jährlich aktualisiert, um die genauestmögliche Information zu bieten.

## Die Einheitlichkeit der Auswahl.

Die Kriterien für die Klassifizierung im Guide MICHELIN sind weltweit identisch. Jede Kultur hat ihren eigenen Küchenstil, aber gute Qualität muss der einheitliche Grundsatz bleiben.

Denn unser einziges Ziel ist es, Ihnen bei Ihren Reisen behilflich zu sein. Mobilität im Zeichen von Vergnügen und Sicherheit ist die Mission von Michelin.

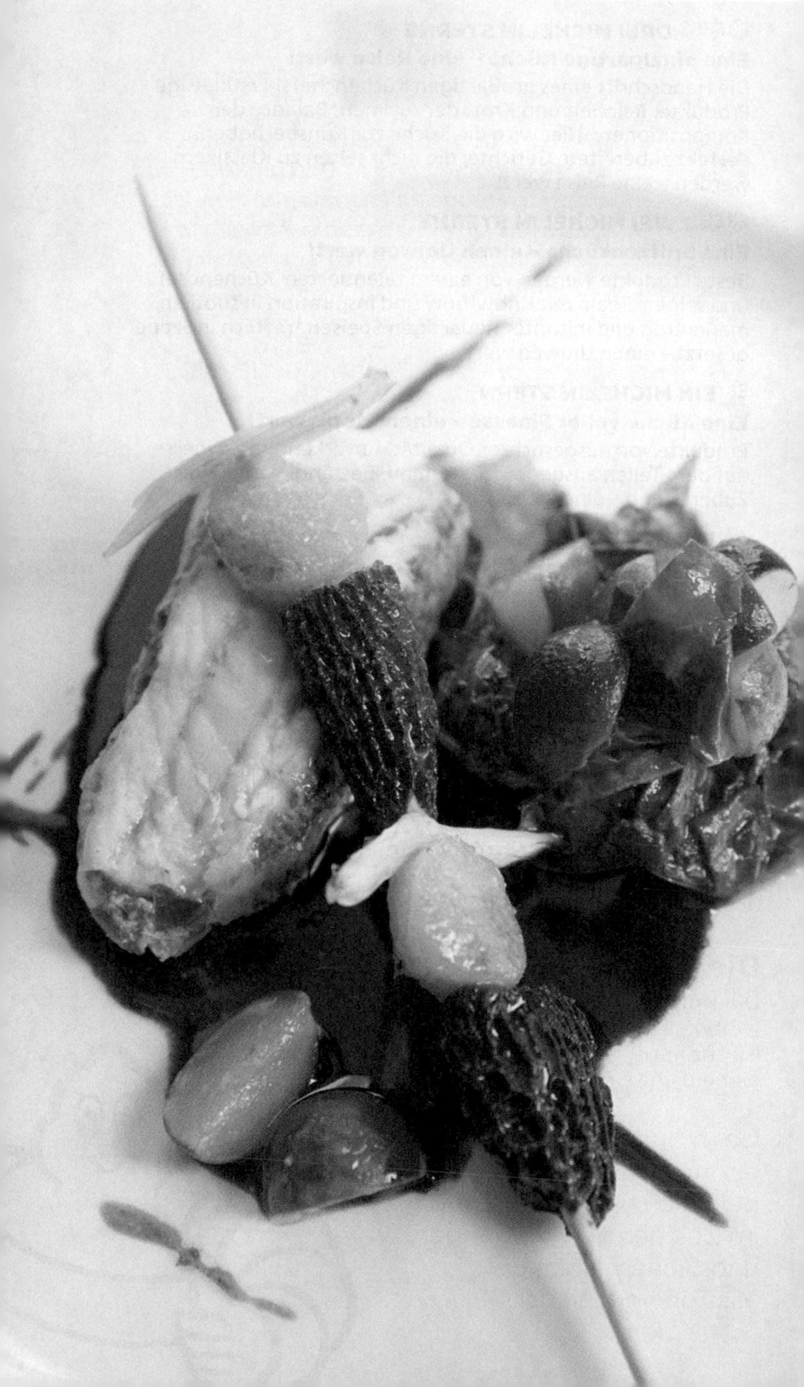

# LIEBE LESER,

**N**eue Saison, neue Ausgabe des Guide MICHELIN Deutschland – und immer mehr Geschmack! Freude an gutem Essen, Freude an charmanten Hotels…, Freude an allen Häusern, in denen man willkommen ist und sich wohlfühlt. Die Selektion 2017, gewissenhaft aktualisiert und aufgefrischt, vereint all das, um Sie bestmöglich zu begleiten.

● Das ganze Jahr über dreht sich bei den MICHELIN Inspektoren alles darum, hochwertige Adressen – Restaurants, Hotels und Pensionen – in allen Komfortklassen und Preiskategorien zu finden. Die heutige Gastronomie ist überaus lebendig angesichts der sich ständig entwickelnden Küchen und kulinarischer Verschmelzungen.

● Gutes Essen erwartet Sie in allen Restaurants, die wir empfehlen, doch die bemerkenswertesten Küchen sind die mit MICHELIN Stern ✿ – einem, zwei oder drei. Von traditionell bis innovativ, von schlicht bis aufwändig – ganz unabhängig vom Stil erwarten wir immer das Gleiche: beste Produktqualität, Knowhow des Küchenchefs, Originalität der Gerichte sowie Beständigkeit auf Dauer und über die gesamte Speisekarte hinweg.

● Sich zu verwöhnen muss nicht teuer sein, nicht einmal ein Essen mit der ganzen Familie oder Freunden – dafür sorgt ein treuer Verbündeter: der Bib Gourmand ☺, unsere Auszeichnung für gutes Essen zu fairen Preisen. Übrigens: Der Bib Gourmand feiert dieses Jahr sein 20-jähriges Jubiläum!

● Wir nehmen die Bedürfnisse unserer Leser ernst und schätzen Ihre Meinungen und Vorschläge. So können wir unsere Auswahl immer weiter verbessern und Ihnen auf Ihren Reisen zur Seite stehen… auf all Ihren Reisen!

# INHALTSVERZEICHNIS

## Einleitung

# 2017...
# DIE TOP-ADRESSEN
## DIE NEUEN STERNE... ✿

### ✿✿

| | |
|---|---|
| Berlin | Rutz |
| Mannheim | Opus V |
| München | Geisels Werneckhof |

### ✿

| | |
|---|---|
| Amtzell | Schattbuch |
| Berlin | einsunternull |
| Birkenau | Schwarzberg - Lammershof by Schwarz |
| Bonn | EQUU |
| Bonn | Kaspars |
| Düsseldorf | Bread & Roses |
| Düsseldorf | Le Flair |
| Düsseldorf | Nenio |
| Frankfurt am Main | Atelier Wilma |
| Hamburg | Petit Amour |
| Hannover | Jante |
| Heroldsberg | Sosein. |
| Hohenkammer | Camers Schlossrestaurant |
| Kiel | Ahlmanns |
| Kirschau | Juwel |
| Köln | L'escalier |
| Köln | Zur Tant |
| Leipzig | Die Residenz im Herrenhaus |
| Limburg an der Lahn | 360° |
| Ludwigsburg | Gutsschenke |
| Lübeck | Villa Mare - Balthasar |
| Mittenwald | Das Marktrestaurant |
| Nagold | Alte Post |
| Nürnberg | Entenstuben |
| Nürnberg | ZweiSinn Meiers \| Fine Dining |
| Pirmasens | Die Brasserie |
| Stuttgart / Fellbach | Oettinger's Restaurant |
| Wolfsburg | Saphir |

# ... DIE NEUEN
# BIB GOURMAND 😊

| | |
|---|---|
| Adelshofen | **Zum Falken** |
| Baden-Baden | **La Table** |
| Berlin | **Colette Tim Raue** |
| Berlin | **Cordobar** |
| Berlin | **JoLee** |
| Berlin | **Lucky Leek** |
| Berlin | **Rutz Weinbar** |
| Berlin | **Lokal** |
| Birkenau | **Drei Birken** |
| Bremerhaven | **PIER 6** |
| Donaueschingen | **Baader's Schützen** |
| Dresden | **Genuss-Atelier** |
| Düsseldorf | **Brasserie Stadthaus** |
| Düsseldorf | **Bistro Fatal** |
| Endingen am Kaiserstuhl | **Die Pfarrwirtschaft** |
| Feldberg | **Adler Bärental** |
| Flensburg / Oevesee | **Krugwirtschaft** |
| Freising / Oberding | **Kandler** |
| Freudenstadt | **Warteck** |
| Fürth | **Weissmanns Krone** |
| Gehrden | **Berggasthaus Niedersachsen** |
| Gengenbach | **Ponyhof** |
| Gengenbach | **Die Reichsstadt** |
| Hamburg | **Dorfkrug** |
| Hamburg | **Heimatjuwel** |
| Hamburg | **Landhaus Flottbek** |
| Hamburg | **philipps** |
| Horn-Bad Meinberg | **Die Windmühle** |
| Hoyerswerda | **Westphalenhof** |
| Kiel | **Weinstein** |

Und finden Sie alle Sterne-Restaurants 2017 am Ende des Guide MICHELIN, Seite 1142.

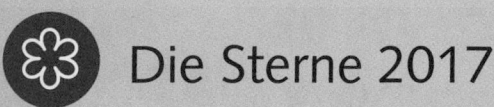

# Die Sterne 2017

| | | |
|---|---|---|
| Dreis | ✿✿✿ | Ort mit mindestens einem 3-Sterne-Restaurant |
| München | ✿✿ | Ort mit mindestens einem 2-Sterne-Restaurant |
| Bonn | ✿ | Ort mit mindestens einem 1-Stern-Restaurant |

Norderney

Leer

Bad Zwischenahn

Hörstel

Bad Bentheim  Osnabrück

Münster

Xanten  Dorsten

Essen  Dortmund

Mülheim an der Ruhr  Odenthal

Velbert

Düsseldorf  Remscheid

Heinsberg  Pulheim  Gummersbach

Kerpen  Köln  Bergisch Gladbach

Aachen  Bonn

Euskirchen  Wiesbaden

Bad Neuenahr-Ahrweiler  Limburg an der Lahn

Neuwied  Koblenz

Daun  Balduinstein  Mainz

Dreis  Piesport  Eltville  Geisenheim

Trittenheim  Stromberg

Trier  Heidesheim am Rhein  Selze

Naurath  Bad Sobernheim

Perl  Neuhütten

Mannheim

Sankt Wendel  Blieskastel

Saarbrücken  Pirmasens

Baiersbronn

Bad Peterstal-Griesbach

Rust  Lahr

Vogtsburg  Endingen

Freiburg im Breisgau

Pfaffenweiler

Bad Krozingen  Horber

Sulzburg  Häusern

Bad Säckingen

# Baden-Württemberg

Neuleiningen  Amorbach  Birkenau

Mannheim

Deidesheim  Ketsch  Heidelberg

Neustadt an der Weinstraße

Herxheim  Friedrichsruhe

Weingarten  Ludwigsburg

Karlsruhe  Bietigheim-Bissingen  Backnang

Ettlingen  Vaihingen an der Enz  Asperg  Waiblingen

Kuppenheim  Waldbronn  Fellbach

Baden-Baden  Gernsbach  Stuttgart  Kernen im Remstal

Sasbachwalden  Bad Teinach Zavelstein  Ehningen  Ohmden

Baiersbronn  Waldenbuch  Tübingen

Durbach  Nagold  Pliezhausen

Bad Peterstal-Griesbach

# Bib Gourmand 2017

• Orte mit mindestens
einem Bib Gourmand-Haus.

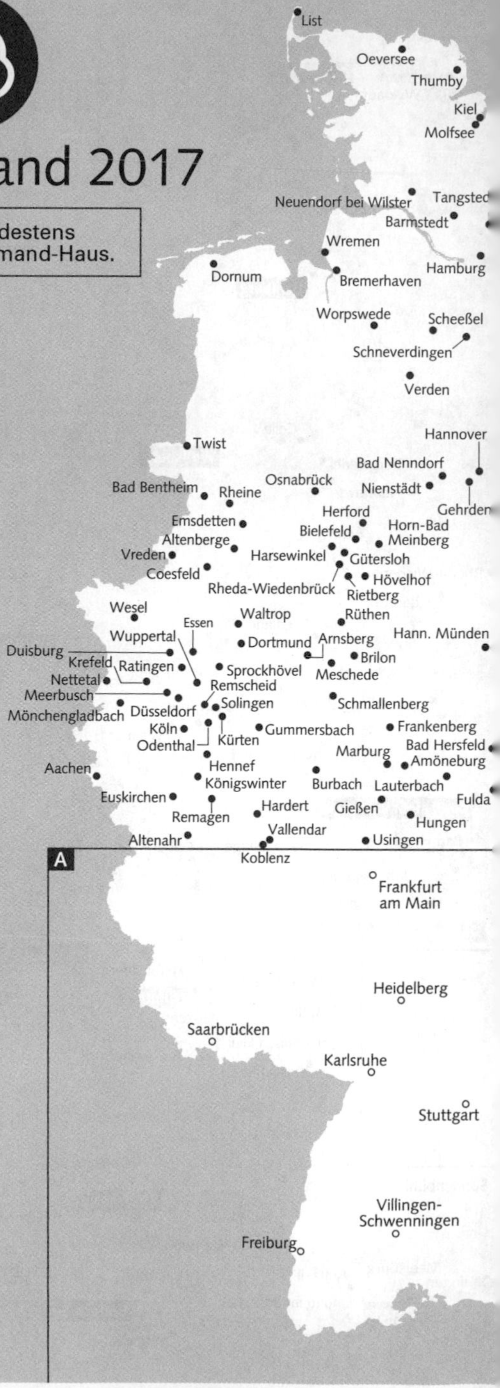

List
Oeversee
Thumby
Kiel
Molfsee
Tangstedt
Neuendorf bei Wilster
Barmstedt
Wremen
Hamburg
Dornum
Bremerhaven
Worpswede
Scheeßel
Schneverdingen
Verden
Hannover
Twist
Bad Nenndorf
Osnabrück
Nienstädt
Gehrden
Bad Bentheim
Rheine
Herford
Horn-Bad
Emsdetten
Bielefeld
Meinberg
Altenberge
Harsewinkel
Gütersloh
Vreden
Hövelhof
Coesfeld
Rheda-Wiedenbrück
Rietberg
Wesel
Waltrop
Rüthen
Essen
Hann. Münden
Duisburg
Wuppertal
Dortmund
Arnsberg
Krefeld
Ratingen
Brilon
Nettetal
Sprockhövel
Meschede
Meerbusch
Remscheid
Mönchengladbach
Düsseldorf
Solingen
Schmallenberg
Köln
Gummersbach
Frankenberg
Odenthal
Kürten
Marburg
Bad Hersfeld
Aachen
Amöneburg
Hennef
Burbach
Lauterbach
Fulda
Euskirchen
Königswinter
Gießen
Hungen
Remagen
Hardert
Altenahr
Vallendar
Usingen
Koblenz

**A**

Frankfurt
am Main

Heidelberg

Saarbrücken

Karlsruhe

Stuttgart

Villingen-
Schwenningen

Freiburg

A

Bad Ems

Darscheid
Treis-Karden
Dörscheid
Kaub
Meerfeld
Eltville am Rhein
Reil
Ürzig
Jugenheim in Rheinhessen
Naurath
Bad Kreuznach
Eckelsheim
Niederweis
Meddersheim
Flonheim
Meisenheim
Ilbesheim
Neuhütten
Serrig
Sankt Wendel
Saarlouis
Sankt
Ingbert
Zweibrücken
Dernbach
Saarbrücken
Blieskastel
Frankweiler
Mandelbachtal
Landau in
der Pfalz

Kehl

Offenburg
Berghaupten
Friesenheim
Lahr
Ringsheim
Kenzingen
Freiamt
Endingen am Kaiserstuhl
Glottertal
Denzlingen
Ihringen
March
Freiburg im Breisgau
Kirchzarten
Staufen im Breisgau
Oberried
Heitersheim
Todtnau
Sulzburg
Bad Bellingen
Kandern
Steinen
Efringen-Kirchen
Schopfheim

# Bib Gourmand 2017

• Orte mit mindestens einem Bib Gourmand-Haus.

# TRADITION & MODERNE...

## WO STEHT DIEDEUTSCHE KÜCHE HEUTE?

*Typisch deutsches Essen wird zwar nach wie vor häufig mit Deftigem und Bodenständigem assoziiert, doch dieses Klischee wird inzwischen längst nicht mehr erfüllt, denn es hat sich viel getan in den Küchen deutscher Restaurants. So werden Weißwurst und Sauerkraut durch zahlreiche tolle Gerichte ergänzt – Tradition und Moderne sind also kein Widerspruch.*

**In den letzten zwei bis drei Jahrzehnten** hat in der deutschen Gastronomie eine dynamische Entwicklung stattgefunden, die der hiesigen Küche ein neues Gesicht gab. Wo vor ca. 30 Jahren gehobene Gastronomie gleichbedeutend war mit französischer Küche, hat die deutsche Küche sukzessive eine eigene Identität gefunden und einen wichtigen Platz in Europa eingenommen, heimische Produkte und deutsche Klassiker werden modern und raffiniert interpretiert. Viele junge Gastronomen

J.-C. Vaillant/Photononstop

mit Ausbildung bei großen Lehrmeistern haben frischen Wind und eigene Ideen in die Restaurants des Landes gebracht und sprechen damit auch ein jüngeres Publikum an. Und das spiegelt sich auch im Guide MICHELIN Deutschland wider: Immer mehr Restaurants präsentieren sich locker, leger und ambitioniert. Gerade in den Metropolen ist inzwischen eine lebhafte, abwechslungsreiche und spannende Gastronomie zu Hause, die weit entfernt ist vom ursprünglichen „deftig-deutsch"-Image. Vor allem Berlin sticht mit einer besonderen gastronomischen Vielfalt hervor.

# Traditionelles ist nach wie vor gefragt

**Sowohl die Spitzengastronomie** als auch die traditionelle deutsche Küche erfreuen sich großer Beliebtheit und bestehen erfolgreich nebeneinander. Zur Vielfalt regionaler Spezialitäten gehören im Norden natürlich Hering, Krabben & Co., ebenso Labskaus, ein Gericht aus gepökeltem Rindfleisch, Roter Bete, Zwiebeln und Kartoffeln, das mit Rollmops und Spiegelei serviert wird, sowie Grünkohl mit Pinkel, eine grobe geräucherte Grützwurst. Im Rheinland kommt u. a. der Rheinische Sauerbraten auf den Tisch, der traditionell mit Pferdefleisch zubereitet wird. Aus dem Osten kennt man Königsberger Klopse, nämlich gekochte Hackfleischbällchen in heller Kapern-Sauce, sowie Leipziger Allerlei, ein Gericht aus Gemüse, das es in verschiedenen Varianten gibt, z. B. mit Erbsen, Karotten, Spargel, Blumenkohl... Ein echtes bayerisches Schmankerl sind Weißwürste, die traditionsgemäß mit Brezel und süßem Senf serviert und vormittags gegessen werden. Typisch bayerisch sind aber auch Schweinebraten und Leberkäse und natürlich „Obatzda", eine Käsecreme aus reifem Camembert, Zwiebeln, Paprikagewürz und Kümmel – der Inbegriff einer bayerischen Brotzeit und ein Muss zur Biergartenzeit! Spezialitäten der (süd-) hessischen Küche sind die Frankfurter Grüne Soße (eine kalte Kräutersoße, zu der man Pellkartoffeln isst) oder auch „Handkäs mit Musik", ein Sauermilchkäse (häufig mit Kümmel) in Zwiebel-Essig-Öl-Marinade – dazu trinkt man am liebsten Apfelwein. Der perfekte Ort dafür sind die traditionellen Frankfurter „Äppelwoilokale"!

**Und was hat** der Südwesten Deutschlands zu bieten? In der Pfalz ist der Saumagen, hergestellt aus Schweinefleisch, Brät und Kartoffeln, eine Delikatesse, die sich nicht nur als Leibspeise von Altbundeskanzler Helmut Kohl einen Namen gemacht hat. Lecker auch Kartoffelsuppe mit Zwetschgenkuchen – oder wie der Pfälzer sagt: „Grumbeersupp un Quetschekuche". Typisch schwäbisch sind Spätzle (z. B. zu Linsen) oder Maultaschen.

# Brot

**Nirgendwo** gibt es so viele verschiedene Brotsorten wie in Deutschland: Weizen- und Weizenmischbrot, Roggen- und Roggenmischbrot, Mehrkornbrote, Dinkel-, Hafer- und Maisbrot, Kartoffelbrot… Unterschieden werden sie nach Getreideart, nach Vollkorn- und Schrotanteil, nach Sauerteig- oder Hefezusatz, nach besonderen Zugaben wie Soja, Malz, Leinsamen, Sonnenblumenkernen oder Joghurt. Daneben gibt es auch Brote mit Vitaminzusatz, besonders hohem Eiweiß- oder auch Ballaststoffanteil sowie kohlenhydratreduziertes Brot. Weitere Sorten sind Pumpernickel und Knäckebrot, denen ein bestimmtes Backverfahren zugrunde liegt.

**Der Deutschen liebstes Brot** ist das Mischbrot mit Namen wie Kommissbrot, Paderborner Landbrot oder Schwarzwälder Brot. Auch bei der Form gibt es Vorlieben – der eine mag sein Brot als Laib, der andere bevorzugt die Kastenform.

# Bier und Wein

**Überall in Deutschland** wird gerne Bier getrunken. Das beliebteste und deutschlandweit meistproduzierte ist das Pils, ein untergäriges Bier mit vergleichsweise hohem Hopfengehalt, benannt nach der böhmischen Stadt Pilsen. Aber auch diverse regionale Biersorten haben ihre treuen Anhänger, man denke nur an die mit einem Augenzwinkern zu sehende Rivalität zwischen Fans des „Kölsch" und des „Alt" – weder

K. Scicluna/John Warburton-Lee/Photononstop

Kölner noch Düsseldorfer verstehen Spaß, wenn es um „ihr" Bier geht! Daneben sind auch Helles, Märzen oder Weizenbier gefragt, ebenso die mit Limonade gemischte Variante, in Süddeutschland als „Radler" bekannt, im Norden als „Alsterwasser".

**In Sachen Wein** haben die 13 Weinbauregionen in Deutschland so einiges zu bieten, hier ist eine ähnliche Entwicklung wie in der Küche zu erkennen: Früher dominierten auf der Karte französische Weine, inzwischen hat es bedeutende Qualitätssteigerungen beim deutschen Wein gegeben, eine junge Winzergeneration hat das Ruder übernommen. Das größte unter den deutschen Weinbaugebieten ist Rheinhessen, gefolgt von der Pfalz, Baden und Württemberg. Das älteste Anbaugebiet ist übrigens das an Mosel, Saar und Ruwer.

**Es gibt vier Güteklassen** für deutschen Wein: Deutscher Tafelwein, Landwein, Qualitätswein und Qualitätswein mit Prädikat. Auf dem Etikett eines Prädikatsweins findet sich außerdem seine Qualitätsstufe: 1. Kabinett, 2. Spätlese, 3. Auslese, 4. Beerenauslese, 5. Trockenbeerenauslese (oder Eiswein). Die Bezeichnungen „Großes Gewächs" oder „Erstes Gewächs" entsprechen Lagenbezeichnungen, die besondere Qualitätsanforderungen erfüllen müssen.

Da bleibt nur zu sagen: Wohl bekomms!

# WEIN IN DEUTSCHLAND

*In Deutschland sind ca. 100 000 Hektar mit Weinreben bepflanzt. Das Land ist in 13 Weinanbaugebiete unterteilt. Bei Qualitätsweinen wird die Herkunft aus einer dieser Regionen immer angegeben.*

## Die wichtigsten weißweinsorten

**Chardonnay** • wird in den letzten Jahren zunehmend auch in Deutschland angebaut, vor allem in Baden, der Pfalz und in Rheinhessen. Hochwertige Weine werden oft auch in Barrique ausgebaut.

**Grauburgunder (Ruländer)** • wird inzwischen vor allem trocken ausgebaut. Meist buttrig-nussiges Bukett mit fruchtigen Aromen. Spätlesen passen durchaus auch zu kräftigen Fleischgerichten.

**Gutedel** • wächst fast ausschließlich im badischen Markgräflerland und ist eine der ältesten Rebsorten überhaupt. Meist wird die Traube zu leichten, süffigen Weinen ausgebaut, die jung getrunken werden sollten.

**Kerner** • Diese Kreuzung aus Riesling und Trollinger ergibt aromatische, säurebetonte Weine.

**Müller-Thurgau (Rivaner)** • leichter, unkomplizierter Wein. Nach dem Riesling die am zweithäufigsten angebaute Traube in Deutschland.

**Riesling** • die bedeutendste deutsche Rebe mit über 20 % der gesamten Rebfläche. Rieslingtrauben liefern ausgewogene, rassige Weine. Typisch für den Riesling ist sein Duft nach Aprikosen und die oft kräftige Säure.

**Silvaner** • Die Rebsorte wird insbesondere in Rheinhessen, Franken und in der Pfalz angebaut. Die Weine sind füllig, stoffig, teils wuchtig.

**Weißburgunder** • hat derzeit die größten Zuwachsraten in Deutschland. Diese Weine besitzen meist eine angenehme, fruchtige Säure und ein dezentes Aroma.

T. Jäger/Westend61/Photononstop

1 • Ahr
2 • Baden
3 • Franken
4 • Hessische Bergstraße
5 • Mittelrhein
6 • Mosel-Saar-Ruwer
7 • Nahe
8 • Pfalz
9 • Rheingau
10 • Rheinhessen
11 • Saale-Unstrut
12 • Sachsen
13 • Württemberg

# Die wichtigsten Rotweinsorten

**Dornfelder** • Aus der ertragreichen Traube gehen fruchtige, körperreiche Weine hervor. Er wird hauptsächlich in der Pfalz, in Rheinhessen und in Württemberg angebaut.

**Lemberger** • Die Rebsorte ist in Österreich als Blaufränkisch bekannt. Der körperreiche Wein hat eine kräftige Farbe und eine dominante Tanninnote.

**Portugieser** • ist nach dem Spätburgunder die zweitwichtigste Rotweinsorte in Deutschland. Er wird gerne als leichter, fruchtiger Sommerwein getrunken.

**Sankt Laurent** • Aus dieser Traube, die vor allem in der Pfalz angebaut wird, werden fleischige, samtige Weine mit viel Substanz erzeugt.

**Spätburgunder (Pinot noir)** • ist die meistangebaute Rotweinsorte in Deutschland. Vollmundige Rotweine mit feiner Säure und meist wenig Gerbstoffen.

**Trollinger** • Die Württemberger Hausrebe. Trollinger sind süffige Trinkweine von überwiegend heller Farbe und mit feinen Fruchtaromen.

23

# HINWEISE ZUR BENUTZUNG

## RESTAURANTS

Die Restaurants sind nach der Qualität ihrer Küche klassifiziert.

### Sterne

❀❀❀ Eine einzigartige Küche – eine Reise wert!

❀❀ Eine Spitzenküche – einen Umweg wert!

❀ Eine Küche voller Finesse – einen Stopp wert!

### Bib Gourmand

🄑 Unser bestes Preis-Leistungs-Verhältnis.

### Der MICHELIN Teller

🍽 Eine Küche von guter Qualität

In jeder Qualitätskategorie sind die Restaurants nach ihrem Komfort von 𝕏𝕏𝕏𝕏𝕏 bis 𝕏 sowie nach der Präferenz der Inspektoren klassifiziert.

**Rot:** unsere schönsten Adressen.

## HOTELS

**Komfortkategorien**: Die Hotels sind nach ihrem Komfort von 🏠🏠🏠🏠 bis zu 🏠 Häuschen klassifiziert.

In jeder Kategorie drückt die Reihenfolge eine weitere Rangordnung aus.

**Rot:** unsere schönsten Adressen.

### ALBSTADT
Baden-Württemberg – 45 330 Ew – Höh
🚉 Berlin 721 km – Stuttgart 98 km – Kor
Michelin Straßenkarte 545

❀ **Weinhaus**
KREATIV • ELEGANT 𝕏𝕏 In ein
Kreus dieses gemütliche rustik
phäre und klassischer Küche. Ar
auf der Terrasse vor dem Haus.
→ Allerlei von der Gänsestopfleb
gnersauce. Dessertteller «Weinha
Menü 48/68 € – Karte 45/52 € (
**Stadtplan : C3-a** – Georg-Glock-S
haus.com – geschl. Sonntag-Mo

🄑 **Alte Post**
REGIONAL • TRADITIONELL 𝕏𝕏 
erwartet Sie ein Stück Bella Ital
phäre und natürlich typische Spe
Menü 22/36€ – Karte 20/28 €
**Stadtplan : A2-c** – Schleidener S
Montag

🍽 **Adler** ❶
TRADITIONELLE KÜCHE • BUR
Klosterguts befindet sich dieses r
Speisenangebot.
Menü 21 € – Karte 13/25 €
**Stadtplan : D1-c** – Valdhäuser S
www.adler-albstadt.com – gesc

🏠🏠 **Bären**
FERIENHOTEL · GEMÜTLICH Fa
methotel engagiert und sehr per
schiedenen Zimmerkategorien. E
kleinen Details und Dachterrasse
hausgebackenen Kuchen.
65 Zim 🛏 – ♦84/156 € ♦♦164/24
**Stadtplan : A1-z** – Flandernstr. 9
www.baren-hotel.com – geschl.
🍽 **Panoramastüble** – siehe Resta

## Lage des Hauses

Markierung auf dem Stadtplan (Planquadrat und Koordinate).

## Schlüsselwörter

Schlüsselwörter lassen auf den ersten Blick den Küchenstil (bei Restaurants) und das Ambiente eines Hauses erkennen.

## Lokalisierung

- ● Berlin
- ● Hamburg

### (partial left-column text)

gionalatlas **63** G20
– Ulm (Donau) 97 km

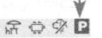

istorischen Stadthause führt Familie
Restaurant mit angenehmer Atmos-
sen Sie im neuzeitlichen Bistro oder

unter der Pinienkruste mit Champa-

ng erforderlich)
9– ℰ 07431 90070 – wwww.wein-

an es von außen nicht vermutet: Hier
tilvolles Ambiente, herzliche Atmos-

,50 € – † 24/30 € – †† 36 €
439– ℰ 07431 58370 – geschl.

m Nebengebäude eines ehemaligen
estaltete Restaurant mit regionalem

9– ℰ 07431 99141 –
Dienstagmittag

ann leitet ihr Wellness- und Gour-
man wohnt hier komfortabel in ver-
eres ist der Spa mit seinen schönen
rwöhnpension. Nachmittags gibt's

– ℰ 07431 26600 –

hl

## Einrichtungen & Service

| | |
|---|---|
| 🍷 | Besonders interessante Weinkarte |
| 🏨 | Hotel mit Restaurant |
| ⇆ | Restaurant vermietet auch Zimmer |
| 🌿 ≤ | Ruhige Lage • Schöne Aussicht |
| 🌳 ✀ | Park oder Garten • Tennis |
| ▣ | Golfplatz |
| ▣ | Fahrstuhl |
| ♿ | Für Körperbehinderte leicht zugängliche Räume |
| ⚲ | Spezielle Angebote für Kinder |
| AC | Klimaanlage |
| 🍴 | Terrasse mit Speiseservice |
| ✀ | Hunde sind unerwünscht |
| ⌁ ⌁ | Freibad oder Hallenbad |
| ◉ | Wellnesscenter |
| ♨ ⚘ | Sauna • Fitnessraum |
| ⟳ | Privat-Salons |
| ⚸ | Veranstaltungsraum |
| ▣ 🚗 | Parkplatz • Garage |
| ⟑ | Kreditkarten nicht akzeptiert |
| U | Nachstgelegene U-Bahnstation (in Berlin) |

● Neu empfohles Haus im Guide MICHELIN

## Preise

**Restaurants**

Menü 20/42 €  Günstigstes Menü/ teuerstes Menü

Karte 30/41 €  Mahlzeiten à la carte (Preis Min/Max)

**Hotels**

⌂† 60/75 €  Mindest- und
⌂†† 70/120 €  Höchstpreis für Einzelzimmer und Doppelzimmer, inkl. Frühstück

⌂ 10 €  Preis des Frühstücks

½ P  Das Haus bietet auch Halbpension an

# LEGENDE
# DER STADTPLÄNE

## Sehenswürdigkeiten

● Hotels
● Restaurants

Interessantes Gebäude
Interessantes Gotteshaus: Katholisch • Protestantisch

## Straßen

Autobahn • Schnellstraße
Numerierte Ausfahrten
Hauptverkehrsstraße
Gesperrte Strasse oder Strasse mit Verkehrsbeschränkungen
Fussgängerzone Einbahnstrasse • Strassenbahn
Parkplatz • Park -and-Ride-Plätze
Tunnel
Bahnhof und Bahnlinie
Standseilbahn
Luftseilbahn

## Sonstige Zeichen

Informationsstelle
Moschee • Synagoge
Turm • Ruine • Windmühle
Garten, Park, Wäldchen • Friedhof
Stadion • Golfplatz • Pferderennbahn
Freibad
Aussicht • Rundblick
Denkmal • Brunnen
Jachthafen • Leuchtturm
Flughafen • U-Bahnstation • Autobusbahnhof
Schiffsverbindungen: Autofähre • Personenfähre
Hauptpostamt (postlagernde Sendungen)
Krankenhaus • Markthalle
Rathaus • Universität, Hochschule
Kantonspolizei • Stadtpolizei
Öffentliches Gebäude, durch einen Buchstaben gekennzeichnet:
M    H      Museum • Rathaus
P    T      Präfektur • Theater

# THE MICHELIN GUIDE'S COMMITMENTS

## EXPERIENCED IN QUALITY!

*Whether they are in Japan, the USA, China or Europe, our inspectors apply the same criteria to judge the quality of each and every hotel and restaurant that they visit. The Michelin guide commands a worldwide reputation thanks to the commitments we make to our readers – and we reiterate these below:*

### Anonymous inspections

Our inspectors make regular and anonymous visits to hotels and restaurants to gauge the quality of products and services offered to an ordinary customer. They settle their own bill and may then introduce themselves and ask for more information about the establishment. Our readers' comments are also a valuable source of information, which we can follow up with a visit of our own.

### Independence

To remain totally objective for our readers, the selection is made with complete independence. Entry into the guide is free. All decisions are discussed with the Editor and our highest awards are considered at a European level.

Our famous one ✿, two ✿✿ and three ✿✿✿ stars identify establishments serving the highest quality cuisine – taking into account the quality of ingredients, the mastery of techniques and flavours, the levels of creativity and, of course, consistency.

### Selection and choice

The guide offers a selection of the best hotels and restaurants in every category of comfort and price. This is only possible because all the inspectors rigorously apply the same methods.

### ✿✿✿ THREE MICHELIN STARS
**Exceptional cuisine, worth a special journey!**
Our highest award is given for the superlative cooking of chefs at the peak of their profession. The ingredients are exemplary, the cooking is elevated to an art form and their dishes are often destined to become classics.

### ✿✿ TWO MICHELIN STARS
**Excellent cooking, worth a detour!**
The personality and talent of the chef and their team is evident in the expertly crafted dishes, which are refined, inspired and sometimes original.

### ✿ ONE MICHELIN STAR
**High quality cooking, worth a stop!**
Using top quality ingredients, dishes with distinct flavours are carefully prepared to a consistently high standard.

### ⊛ BIB GOURMAND
**Good quality, good value cooking.**
'Bibs' are awarded for simple yet skilful cooking for up to 37€.

### ⅠO THE MICHELIN PLATE
**Good cooking**
Fresh ingredients, capably prepared: simply a good meal.

## Annual updates
All the practical information, classifications and awards are revised and updated every year to give the most reliable information possible.

## Consistency
The criteria for the classifications are the same in every country covered by the MICHELIN guide.

# The sole intention of Michelin is to make your travels safe and enjoyable.

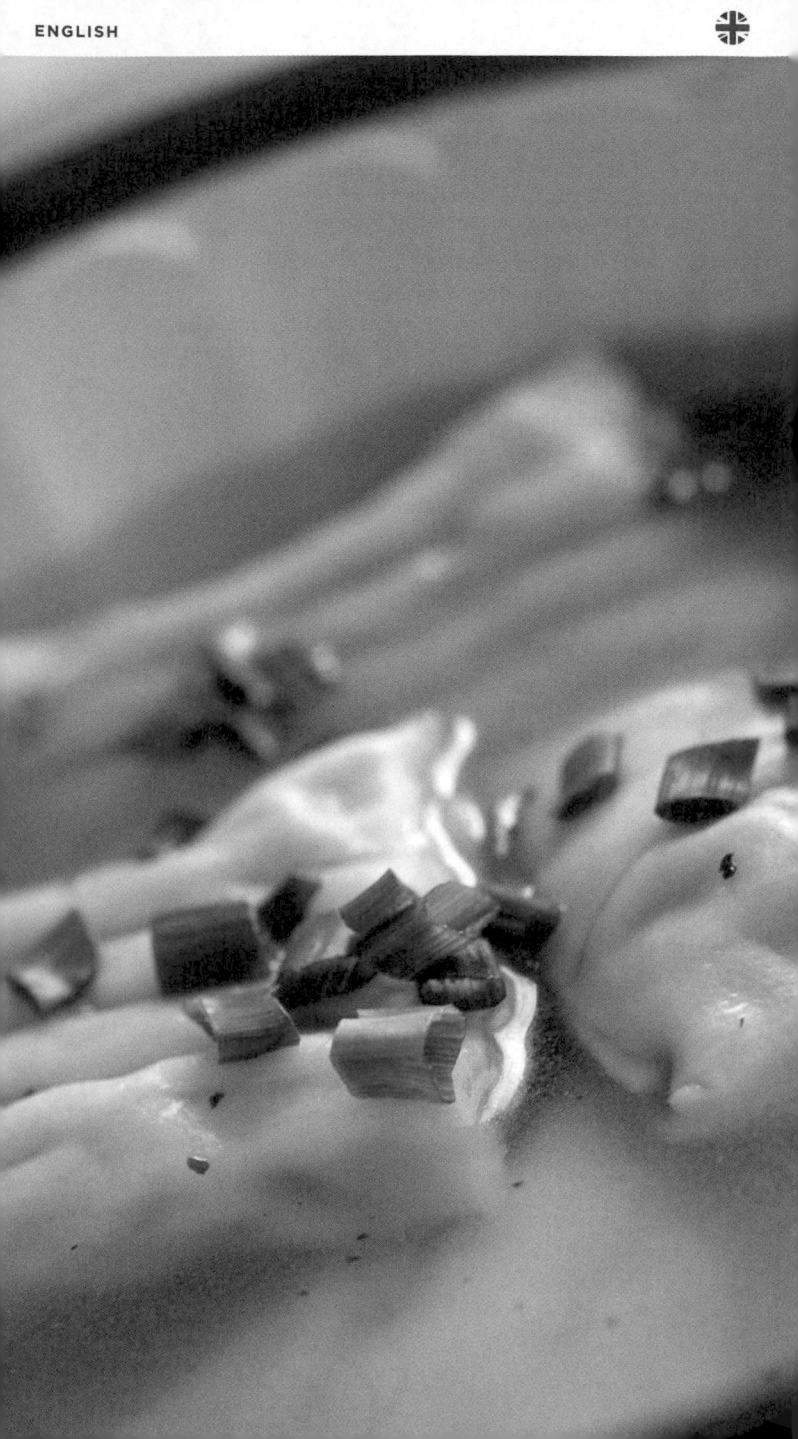

# DEAR READER

**A**nother year, another exciting edition of the MICHELIN Guide. Wonderful restaurants, charming hotels – establishments where hospitality is elevated to new heights. The guide brings you all these and more, and has been carefully updated for 2017 to provide you with the perfect travel companion.

• All year, the Michelin inspectors have been focusing their efforts on finding top quality establishments – restaurants, hotels and guesthouses – across all categories of comfort and price. Our palates get sharper and sharper as they come across ever-evolving cuisines and culinary crossovers that bring an extraordinary vitality to contemporary cooking.

• You'll eat well in all of the places we recommend but our stars ✿ – one, two and three – mark out the most remarkable kitchens. Whatever the cooking or restaurant style – from the traditional to the innovative, the modest to the extravagant – we look for the same things: the quality of the produce; the expertise of the chef; the originality of the dishes; and consistency throughout the meal and across the seasons.

• Since treating yourself doesn't have to be costly, you can rely on a faithful ally when it comes to sharing meals with family and friends: the Bib Gourmand ☺, our award for good food at moderate prices. This year, the Bib Gourmand celebrates its 20th anniversary in the Michelin Guide!

• We listen to our readers' needs and we truly value your opinions and recommendations so we can keep improving our selection and help you on your journeys... all of your journeys!

# CONTENTS

## Introduction

Michelin

# SEEK AND SELECT...
## HOW TO USE THIS GUIDE

### RESTAURANTS

Restaurants are classified by the quality of their cuisine :

### Stars

❀❀❀ **Exceptional** cuisine,
worth a special journey!

❀❀ **Excellent** cooking, worth a detour!

❀ **High quality** cooking, worth a stop!

### Bib Gourmand

☺ Good quality, good value cooking.

### The Plate Michelin

🍽 Good cooking.

Within each cuisine category, restaurants are listed by comfort, from XXXXX to X, and in order of preference by the inspectors.

**Red:** Our most delightful places.

### HOTELS

Hotels are classified by categories of comfort, from 🏨🏨🏨🏨 to 🏠.

**Red:** Our most delightful places.

Within each category, establishments are listed in order of preference.

### Locating the establishment

Location and coordinates on the town plan, with main sights.

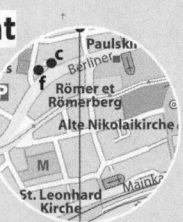

---

**ALBSTADT**
Baden-Württemberg – 45 330 Ew – Höh
🚩 Berlin 721 km – Stuttgart 98 km – Kon
Michelin Straßenkarte 545

❀ **Weinhaus**
KREATIV • ELEGANT XX In eine
Kreus dieses gemütliche rustika
phäre und klassischer Küche. Ar
auf der Terrasse vor dem Haus.
→ Allerlei von der Gänsestopflel
gnersauce. Dessertteller «Weinha
Menü 48/68 € – Karte 45/52 € (
Stadtplan : C3-a – Georg-Glock-S
haus.com – geschl. Sonntag-Mor

☺ **Alte Post**
REGIONAL • TRADITIONELL XX A
erwartet Sie ein Stück Bella Ital
phäre und natürlich typische Spe
Menü 22/36€ – Karte 20/28 €
Stadtplan : A2-c – Schleidener S
Montag

🍽 **Adler** ①
TRADITIONELLE KÜCHE • BURG
Klosterguts befindet sich dieses r
Speisenangebot.
Menü 21 € – Karte 13/25 €
Stadtplan : D1-c – Valdhäuser Sl
www.adler-albstadt.com – gesc

🏨 **Bären**
FERIENHOTEL • GEMÜTLICH Fa
methotel engagiert und sehr per
schiedenen Zimmerkategorien. E
kleinen Details und Dachterrasse
hausgebackenen Kuchen.
65 Zim ⊡ – †84/156 € ††164/24
Stadtplan : A1-z – Flandernstr. 9
www.baren-hotel.com – geschl.
🍽 Panoramastüble – siehe Resta

### Key words

Each entry comes with two keywords, making it quick and easy to identify the type of establishment and/or the food that it serves.

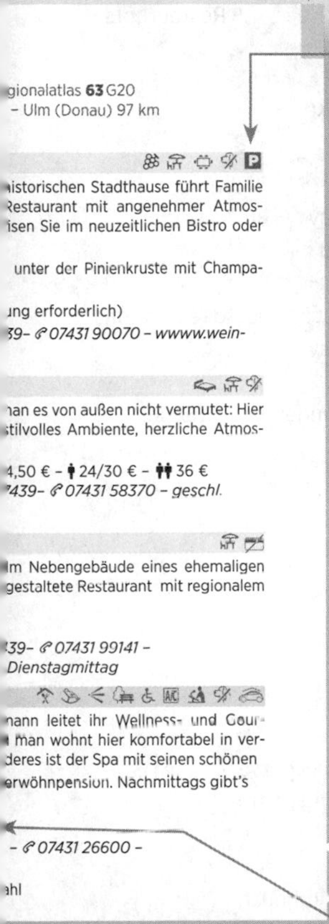

## Locating the region

- Land
- ● Berlin
- Hamburg

## Facilities & services

|  |  |
|---|---|
| 🍇 | Particularly interesting wine list |
| 🏠 | Hotel with a restaurant |
| ⇔ | Restaurant with bedrooms |
| 🌿 | Peaceful |
| ≼ | Great view |
| 🏡 ⚲ | Garden or park • Tennis |
| ▮ | Golf course |
| ⊡ | Lift |
| ♿ | Wheelchair access |
| ⚐ | Special facilities for children |
| 🄰🄲 | Air conditioning |
| 🏠 | Outside dining available |
| ⊘ | No dogs allowed |
| ⊐ ⊠ | Outdoor pool • indoor pool |
| ⊛ | Wellness centre |
| 🍥 🎠 | Sauna • Exercise room |
| ⊕ | Private dining rooms |
| 🅢 | Conference rooms |
| 🅿 🚗 | Car park • Garage |
| ⊅ | Credit cards not accepted |
| U | Nearest metro station (in Berlin) |
| Ⓝ | New establishment in the guide |

## Prices

| Restaurants | | Hotels | |
|---|---|---|---|
| Menu 20/42 € | Fixed price menu. Lowest/highest price | ☲†60/75 €  ☲††70/120 € | Lowest/highest price for single and double room, breakfast included |
| Carte 30/41 € | À la carte menu. Lowest/highest price | ☲10 € | Breakfast price where not included in rate. |
| | | ½ P | Establishment also offering half board |

---

*[Partial text from left column, cut off:]*

gionalatlas **63** G20
– Ulm (Donau) 97 km

🍇 🏠 ⇔ ⊘ 🅿

istorischen Stadthause führt Familie
Restaurant mit angenehmer Atmos-
isen Sie im neuzeitlichen Bistro oder

unter der Pinienkruste mit Champa-

ung erforderlich)
39– ℰ 07431 90070 – wwww.wein-

⇔ 🏠 ⊘

han es von außen nicht vermutet: Hier
stilvolles Ambiente, herzliche Atmos-

4,50 € – 🛉 24/30 € – 🛉🛉 36 €
'439– ℰ 07431 58370 – geschl.

🏠 ⊅

Im Nebengebäude eines ehemaligen
gestaltete Restaurant mit regionalem

39– ℰ 07431 99141 –
Dienstagmittag

🏠 🌿 ≼ 🏡 ♿ 🄰🄲 🅢 ⊘ 🚗

nann leitet ihr Wellness- und Cour-
man wohnt hier komfortabel in ver-
deres ist der Spa mit seinen schönen
erwöhnpension. Nachmittags gibt's

– ℰ 07431 26600 –

ahl

35

# TOWN PLAN KEY

## Sights

● Hotels
● Restaurants

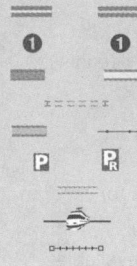

Place of interest
Interesting place of worship

## Roads

Motorway, dual carriageway
Junction: complete, limited
Main traffic artery
Unsuitable for traffic; street subject to restrictions
Pedestrian street • Tramway
Car park • Park and Ride
Gateway • Street passing under arch • Tunnel
Station and railway
Funicular
Cable car, cable way

## Various signs

Tourist Information Centre
Mosque • Synagogue
Tower or mast • Ruins • Windmill
Garden, park, wood • Cemetery
Stadium • Golf course • Racecourse
Outdoor or indoor swimming pool
View – Panorama
Monument • Fountain
Pleasure boat harbour • Lighthouse
Airport • Underground station • Coach station
Ferry services: passengers and cars/passengers only
Main post office with poste restante
Hospital • Covered market
Town Hall • University, College
Police (in large towns police headquarters)
Public buildings located by letter:
M    H    Museum – Town Hall
P    T    Provincial Government Office – Theatre

# Deutschland in Karten

## Regional maps

## Ort mit mindestens...

- einem Hotel oder Restaurant
- ✿ einem Sternerestaurant
- 🕮 einem „Bib Gourmand" Restaurant
- 🏠 einem besonders angenehmen Hotel

## Place with at least...

- one hotel or a restaurant
- ✿ one starred establishment
- 🕮 one restaurant « Bib Gourmand »
- 🏠 one particularly pleasant accommodation

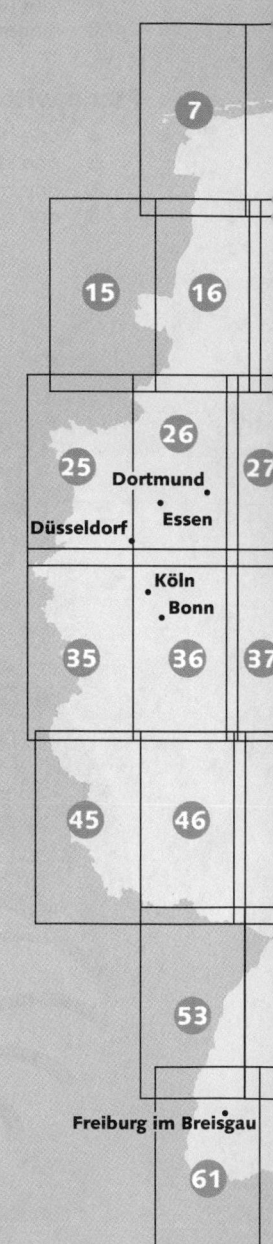

7

15  16

26
25  Dortmund  27
Düsseldorf  Essen

Köln
Bonn
35  36  37

45  46

53

Freiburg im Breisgau

61

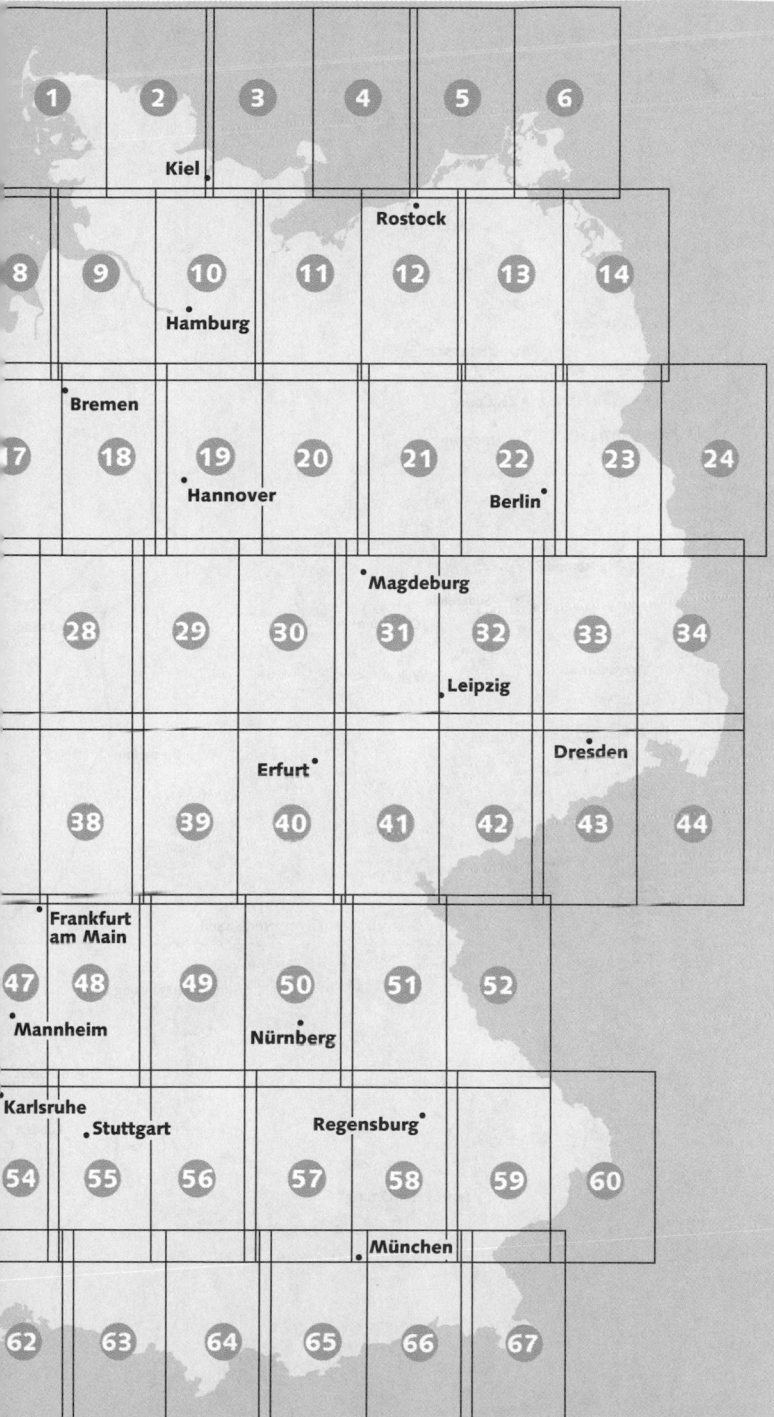

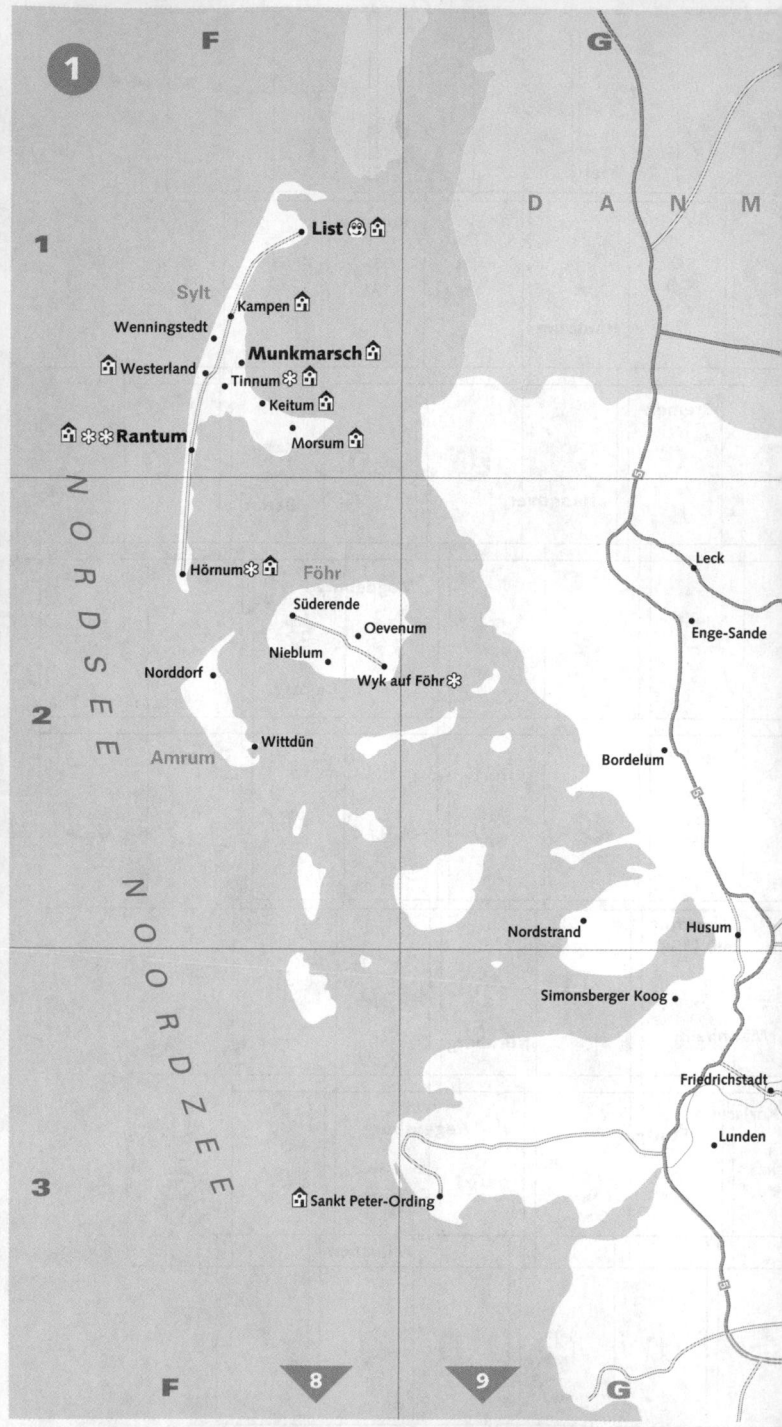

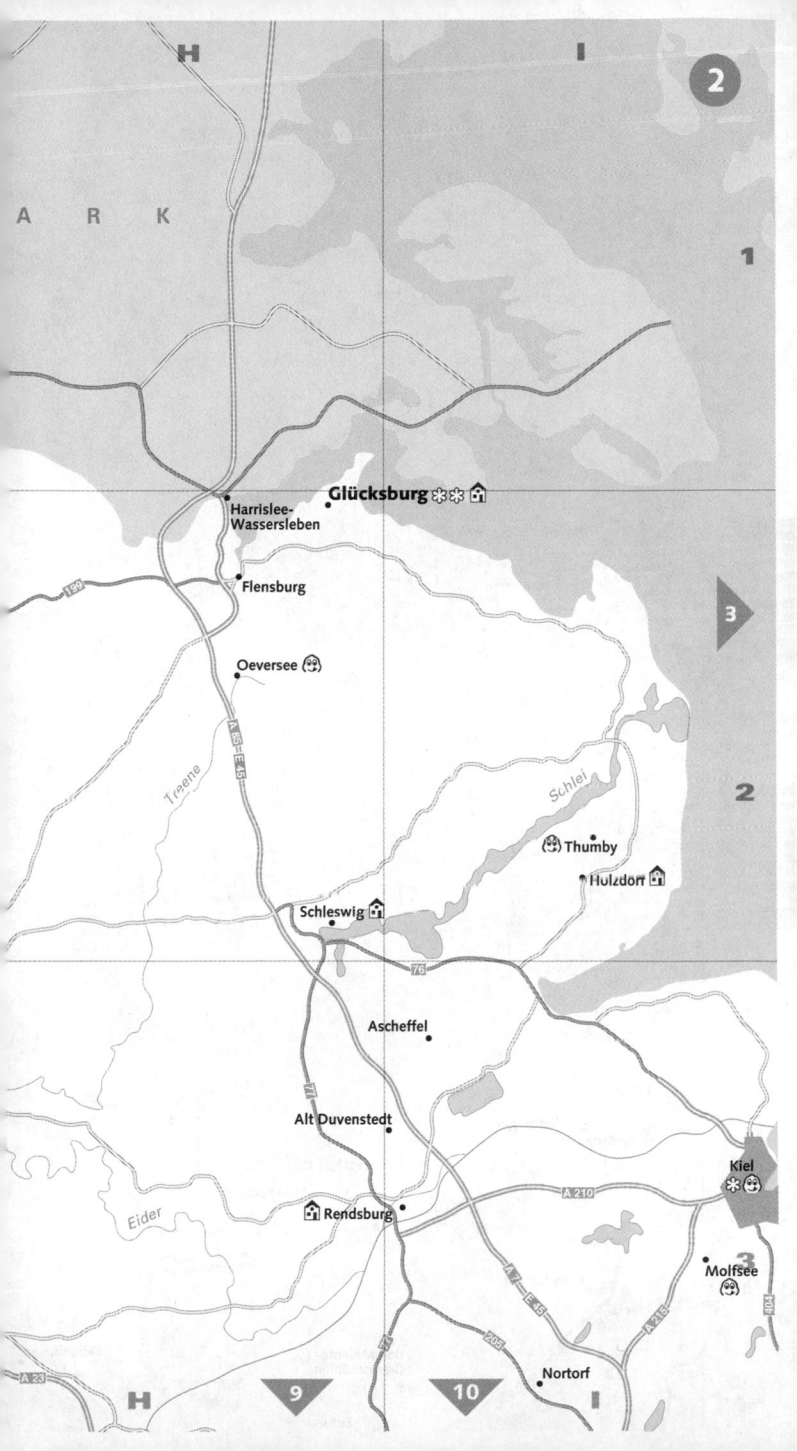

R  K

5
2

Fehmarn

Burg auf Fehmarn 😊

3

*Mecklenburger Bucht*  11  L  M  12

Kühlungsborn

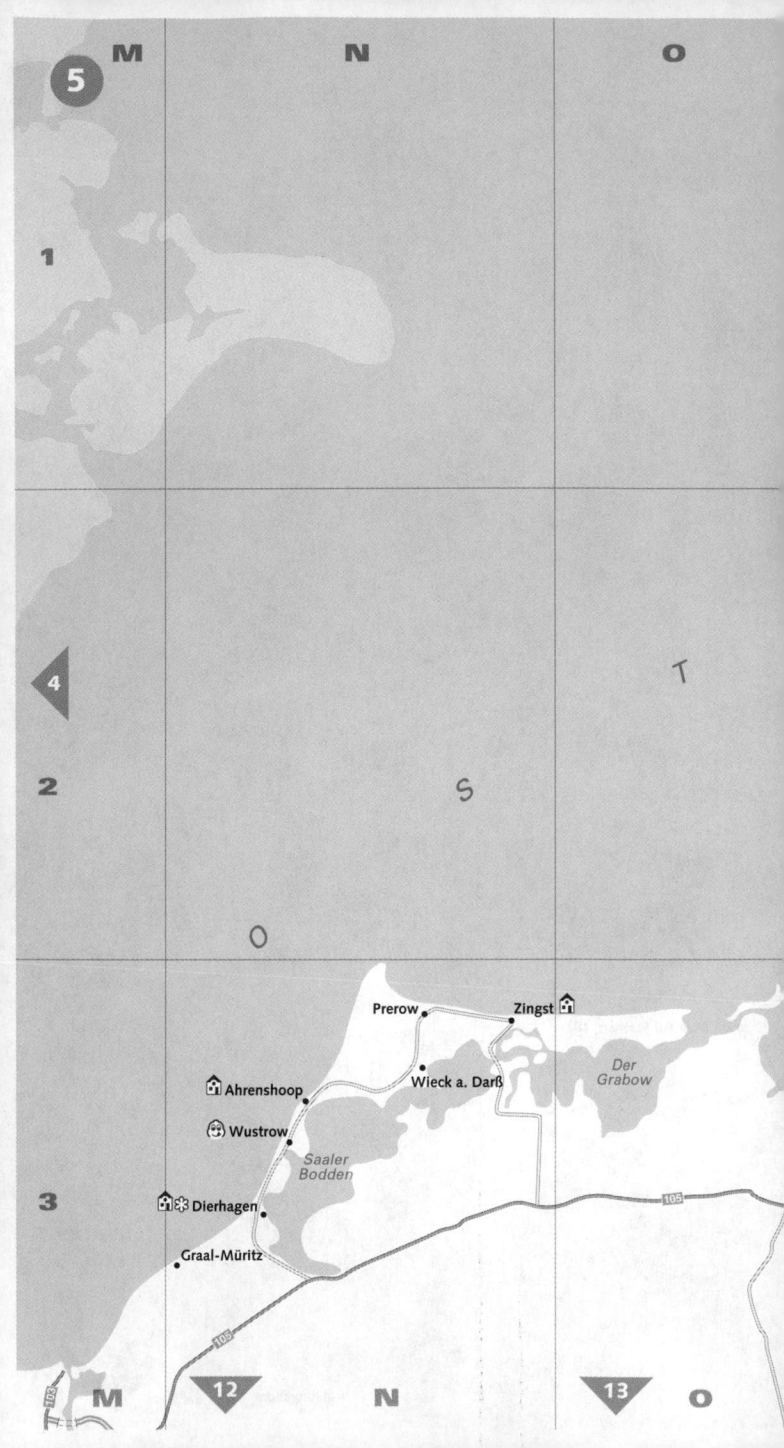

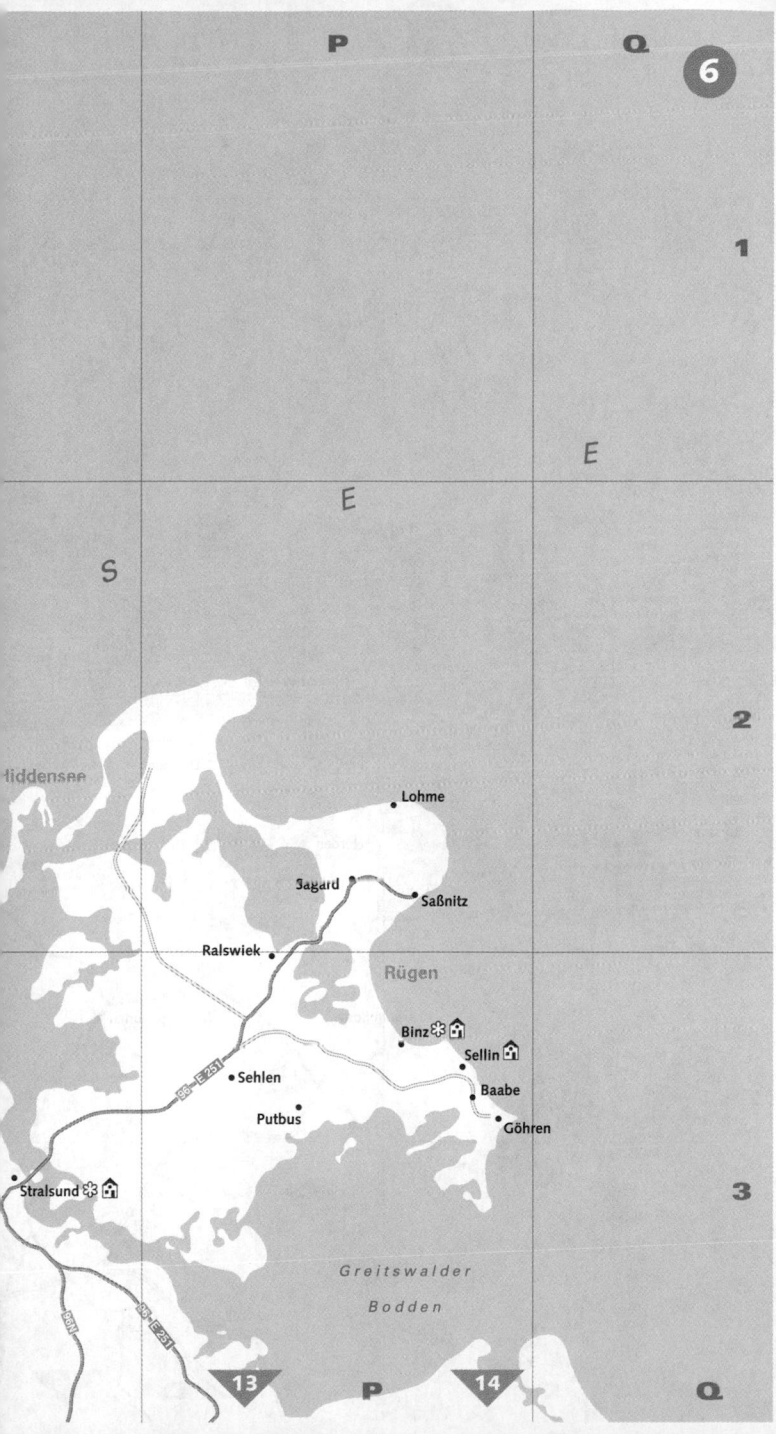

P

Q

1

E

E

S

Hiddensee

Lohme

Sagard

Saßnitz

Ralswiek

Rügen

Binz ❄ 🏠

Sellin 🏠

Sehlen

Baabe

Putbus

Göhren

Stralsund ❄ 🏠

Greitswalder

Bodden

2

3

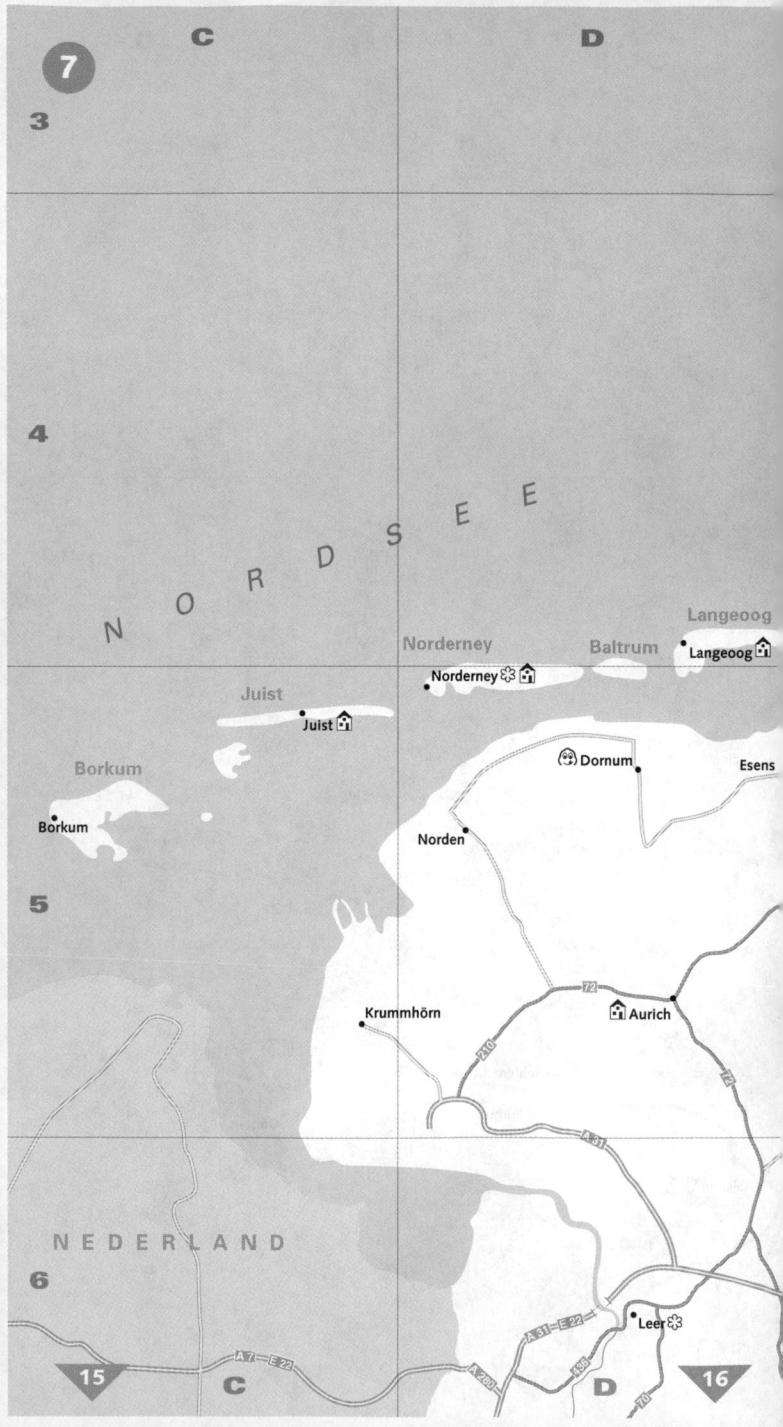

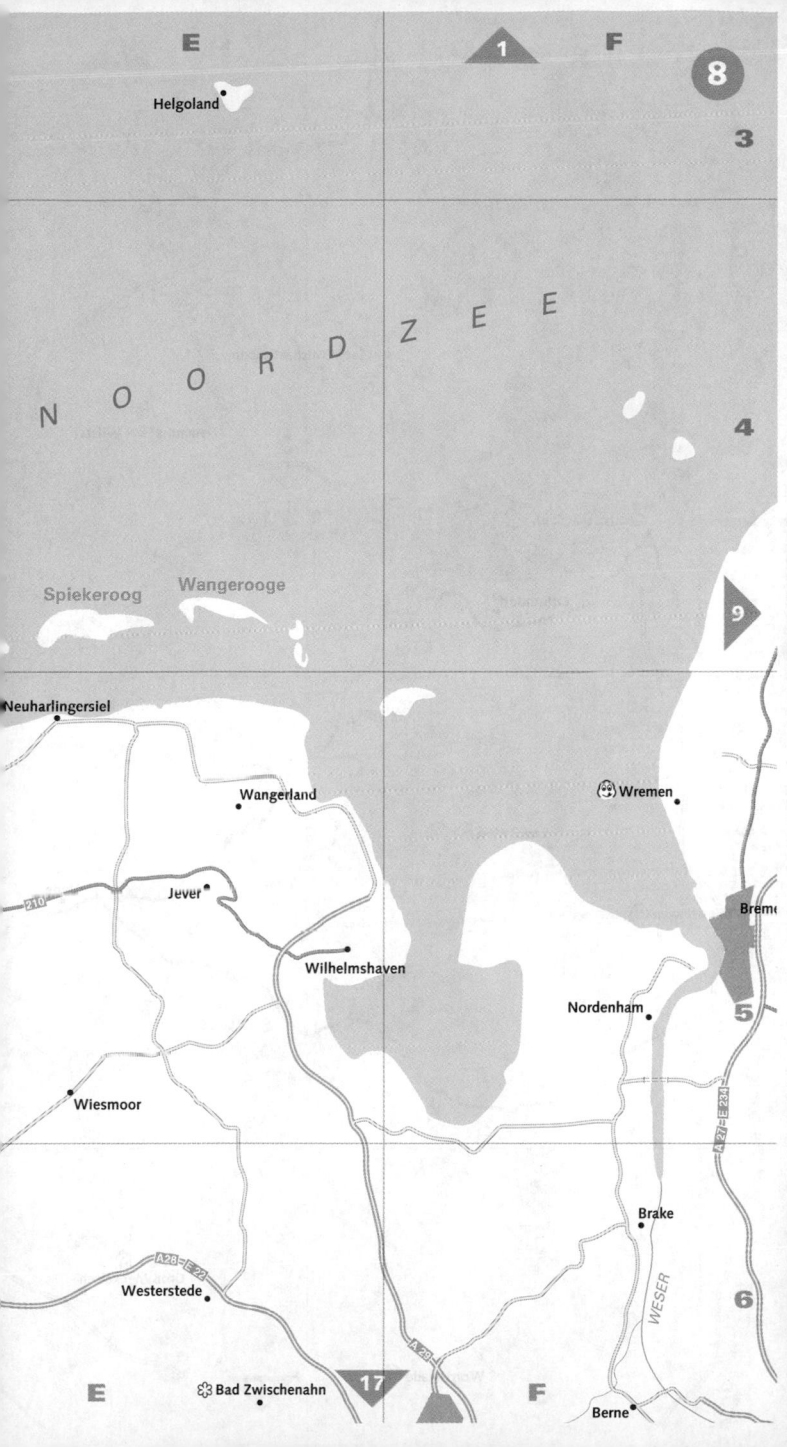

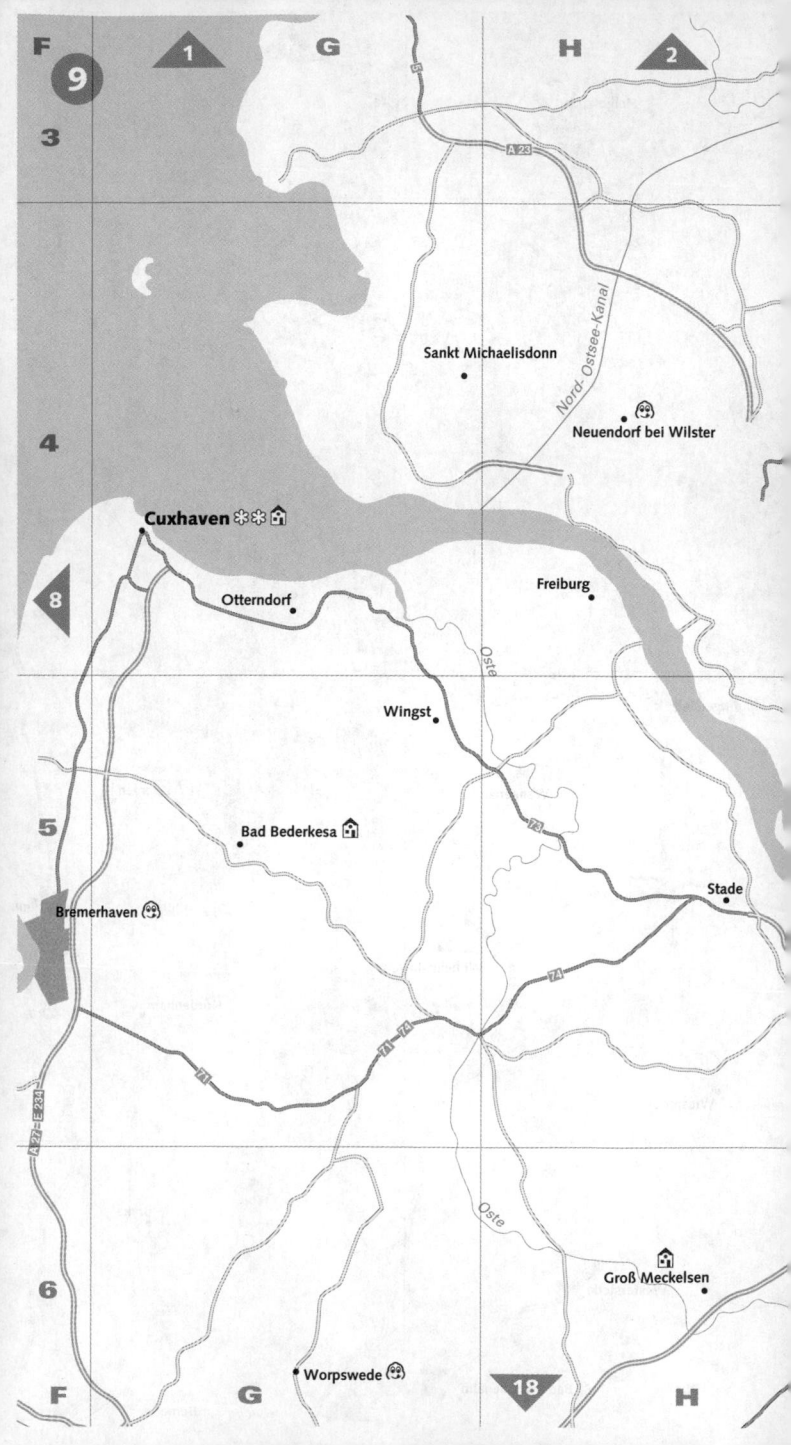

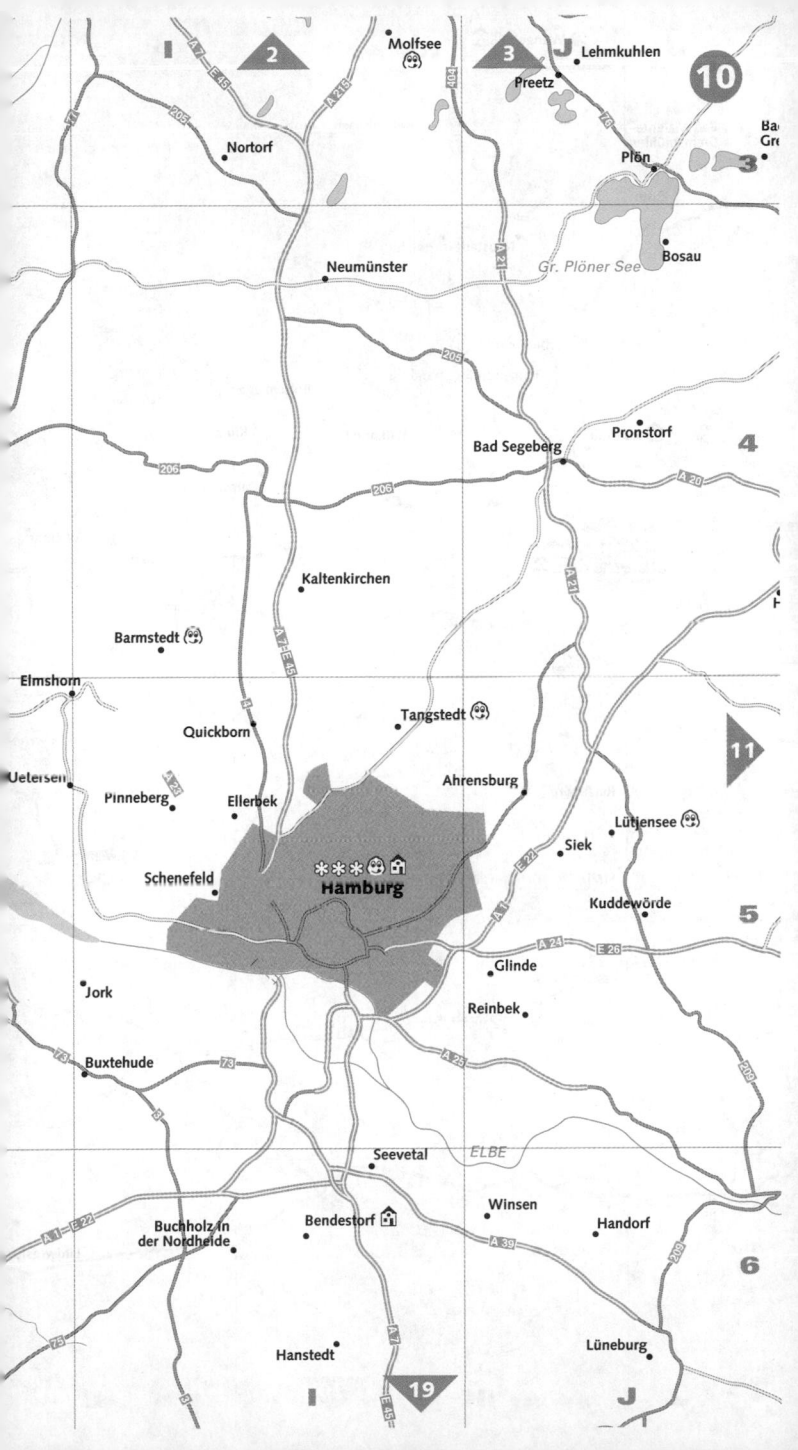

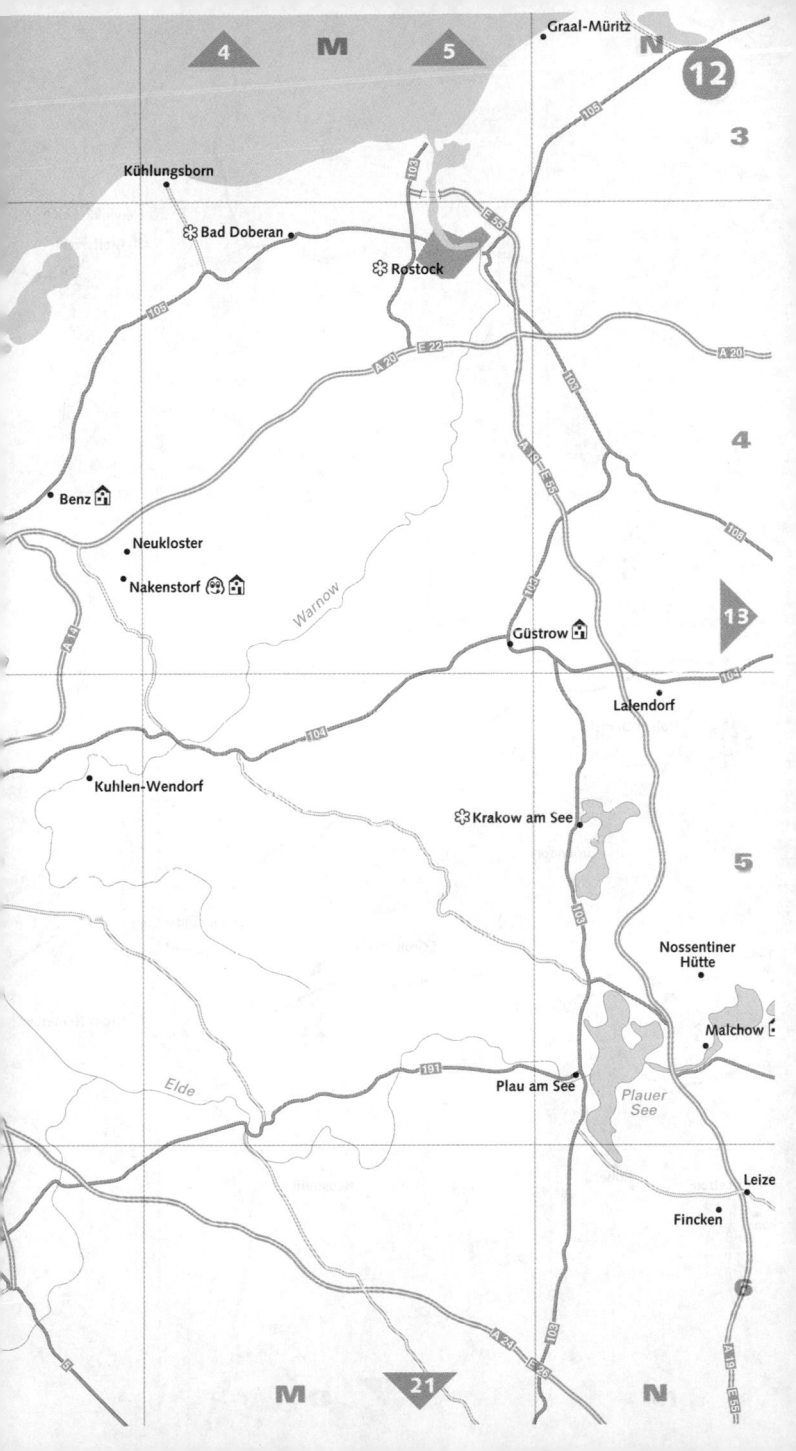

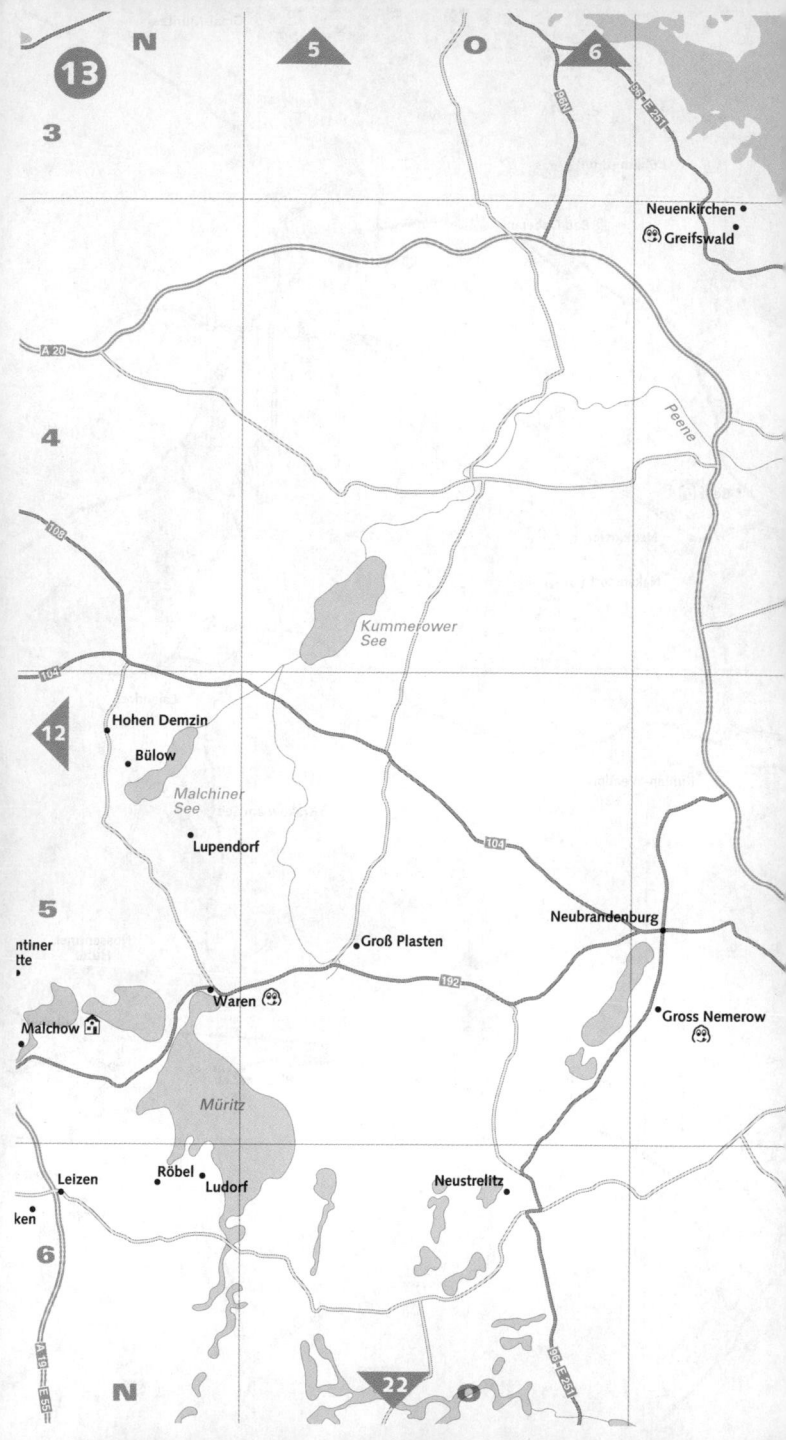

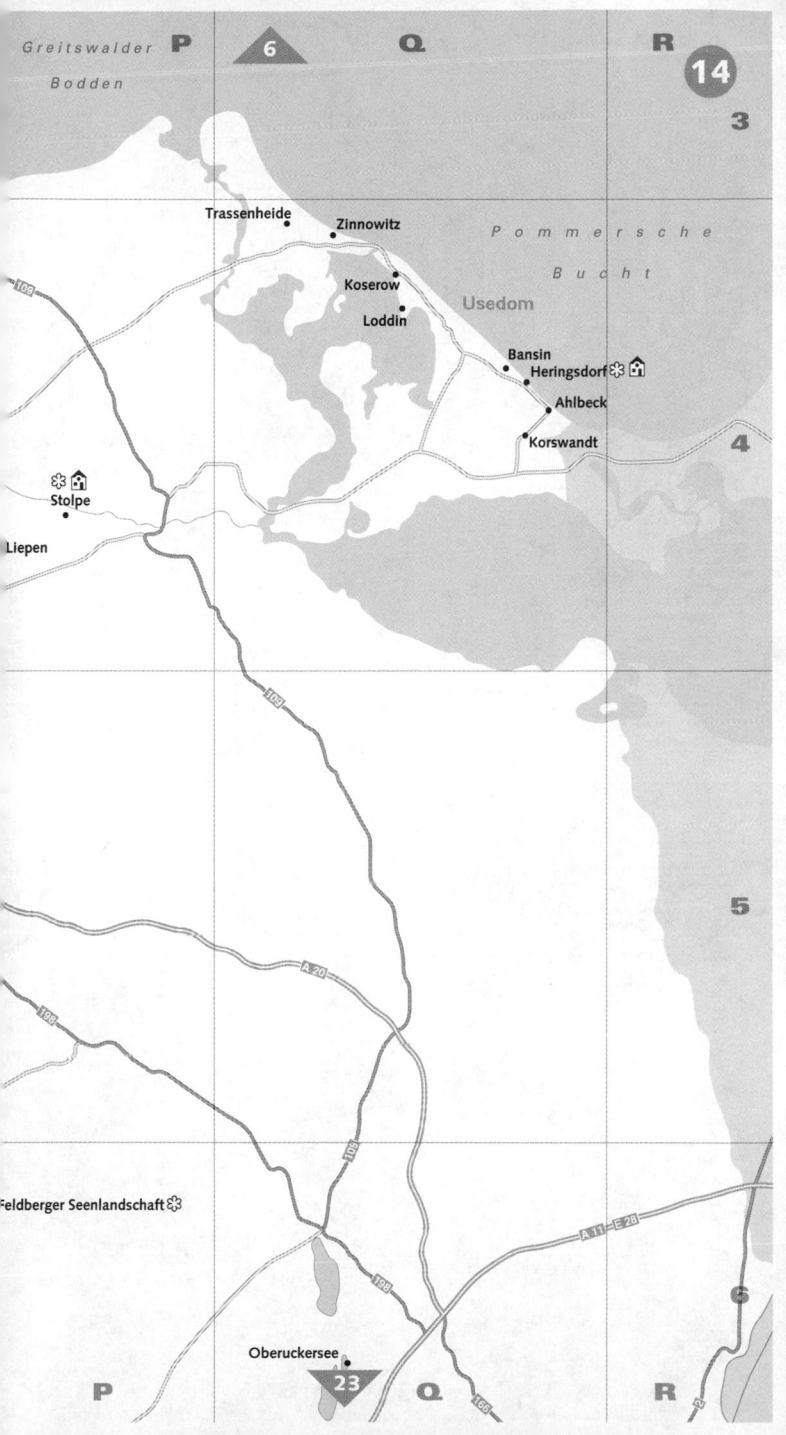

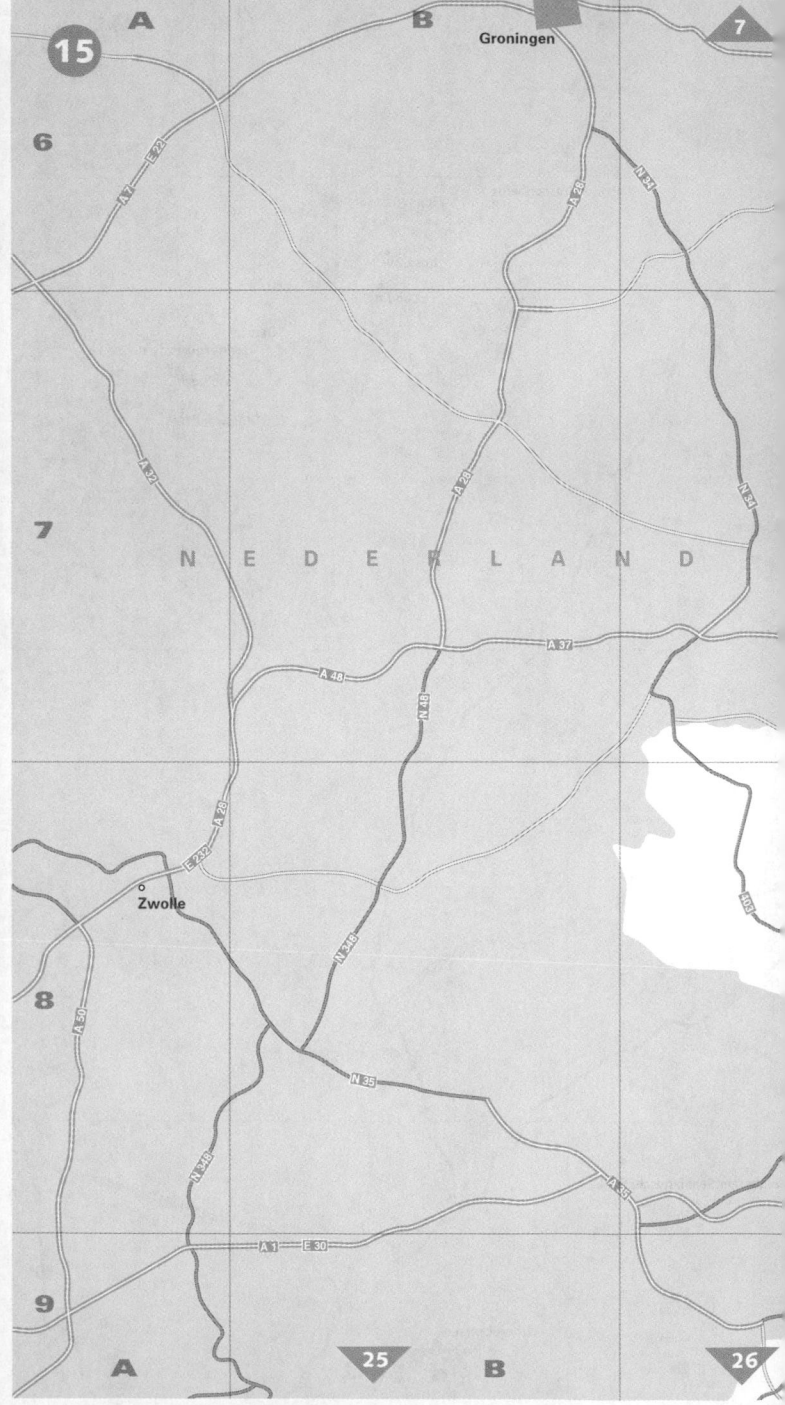

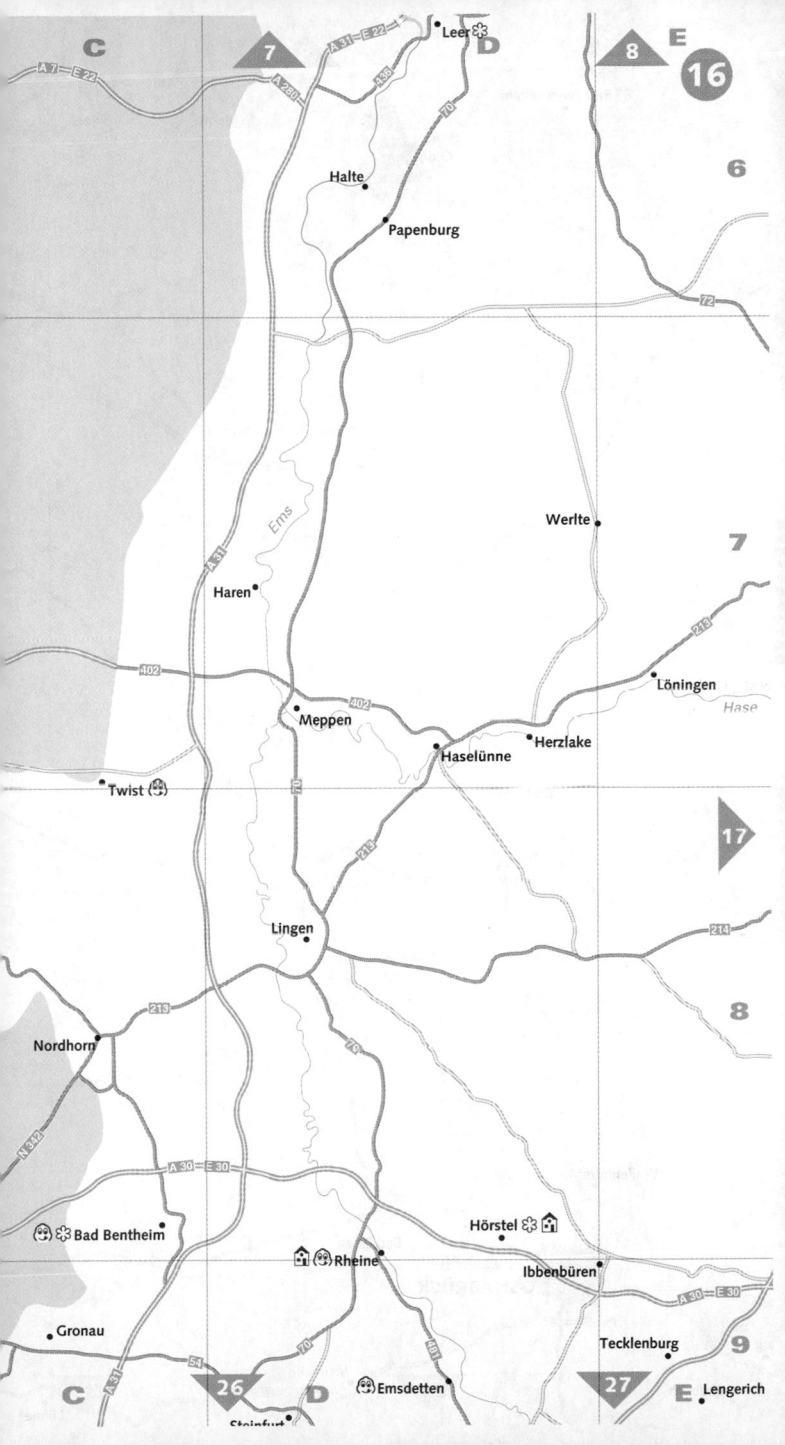

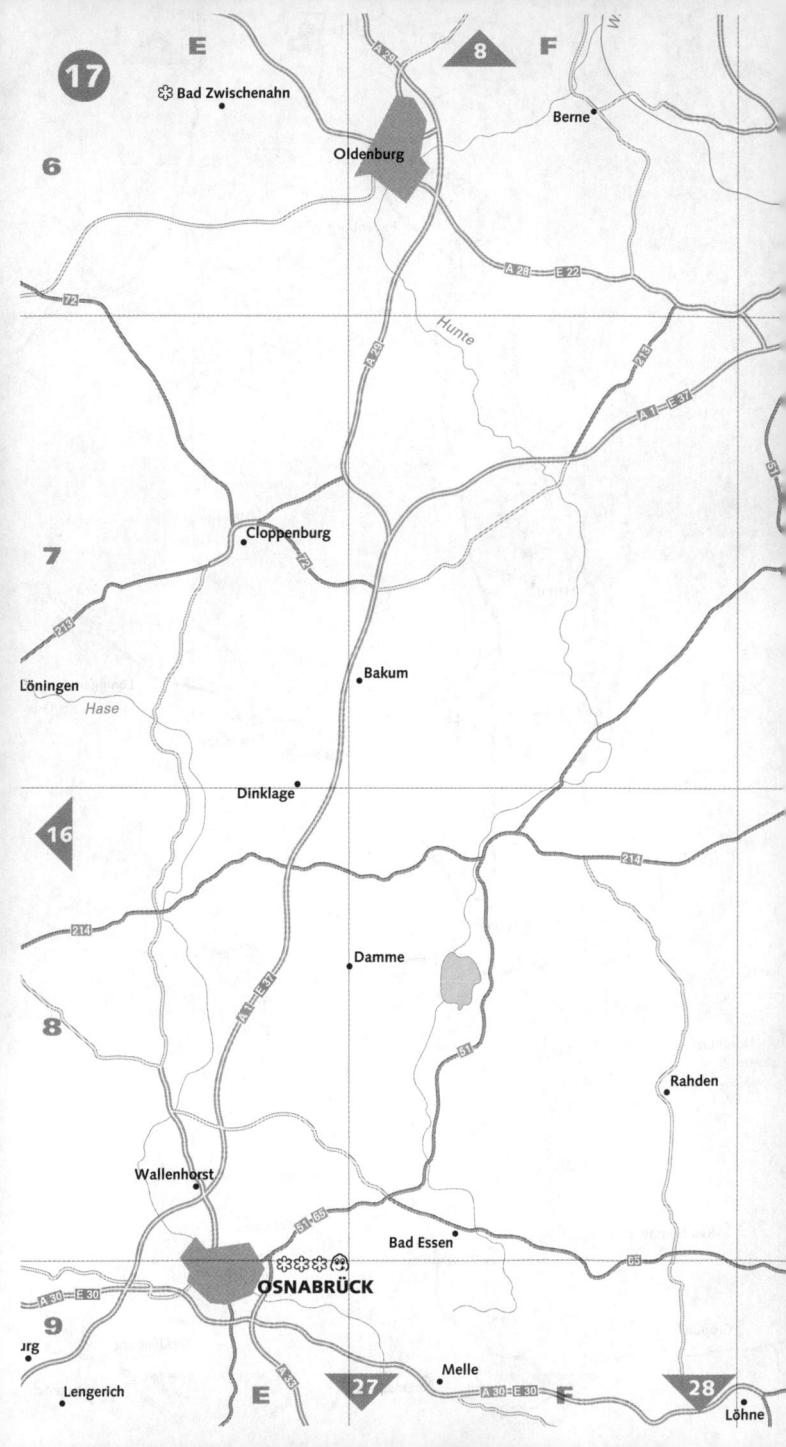

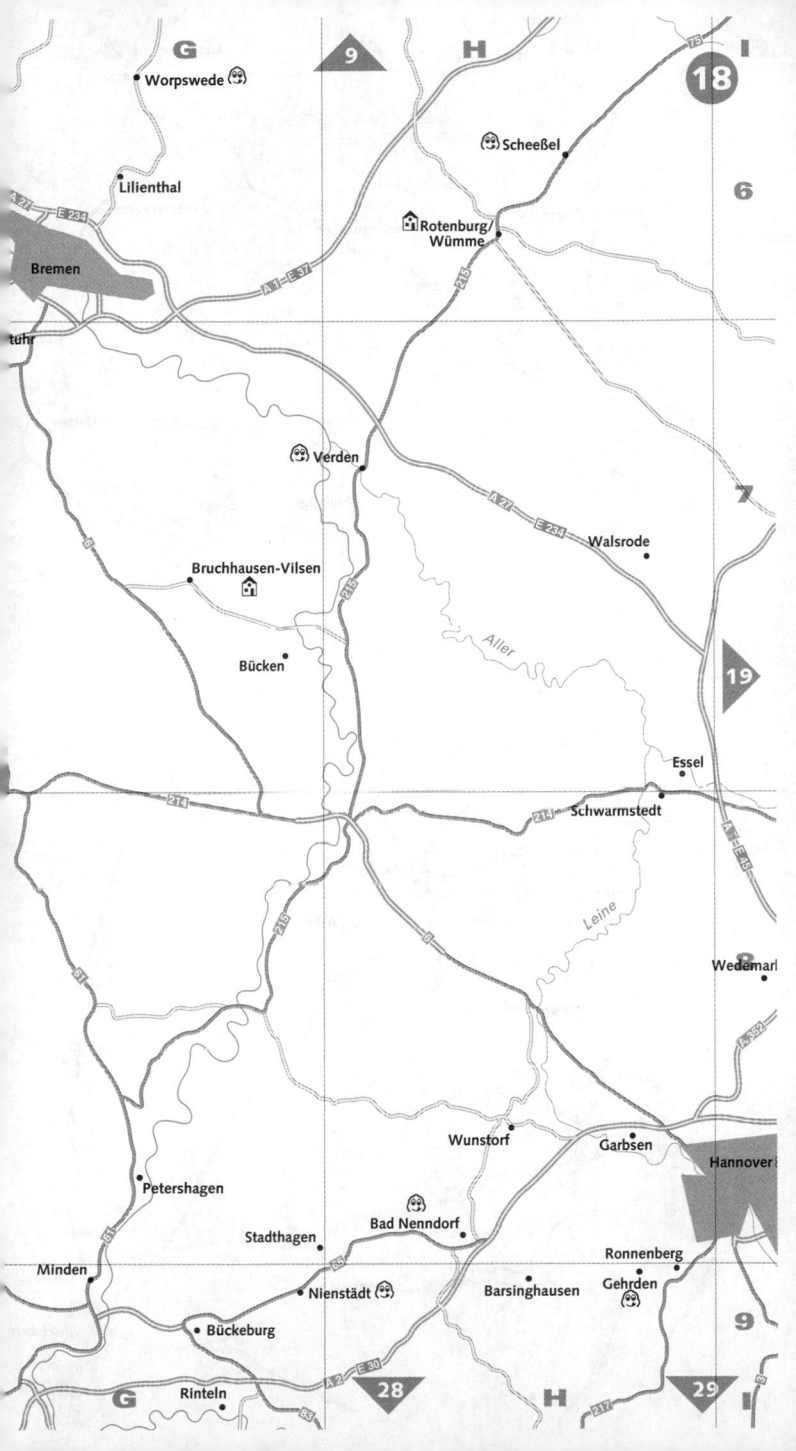

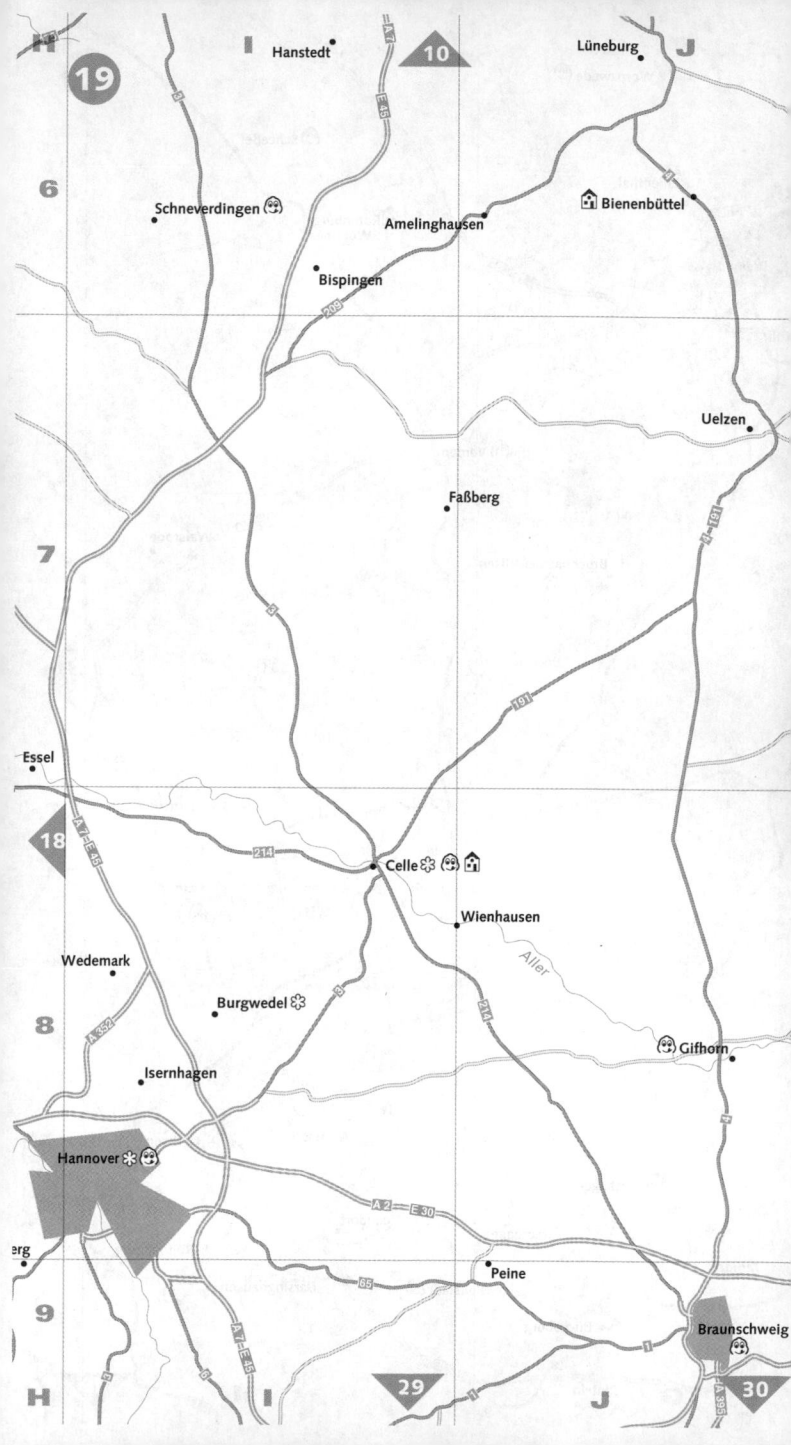

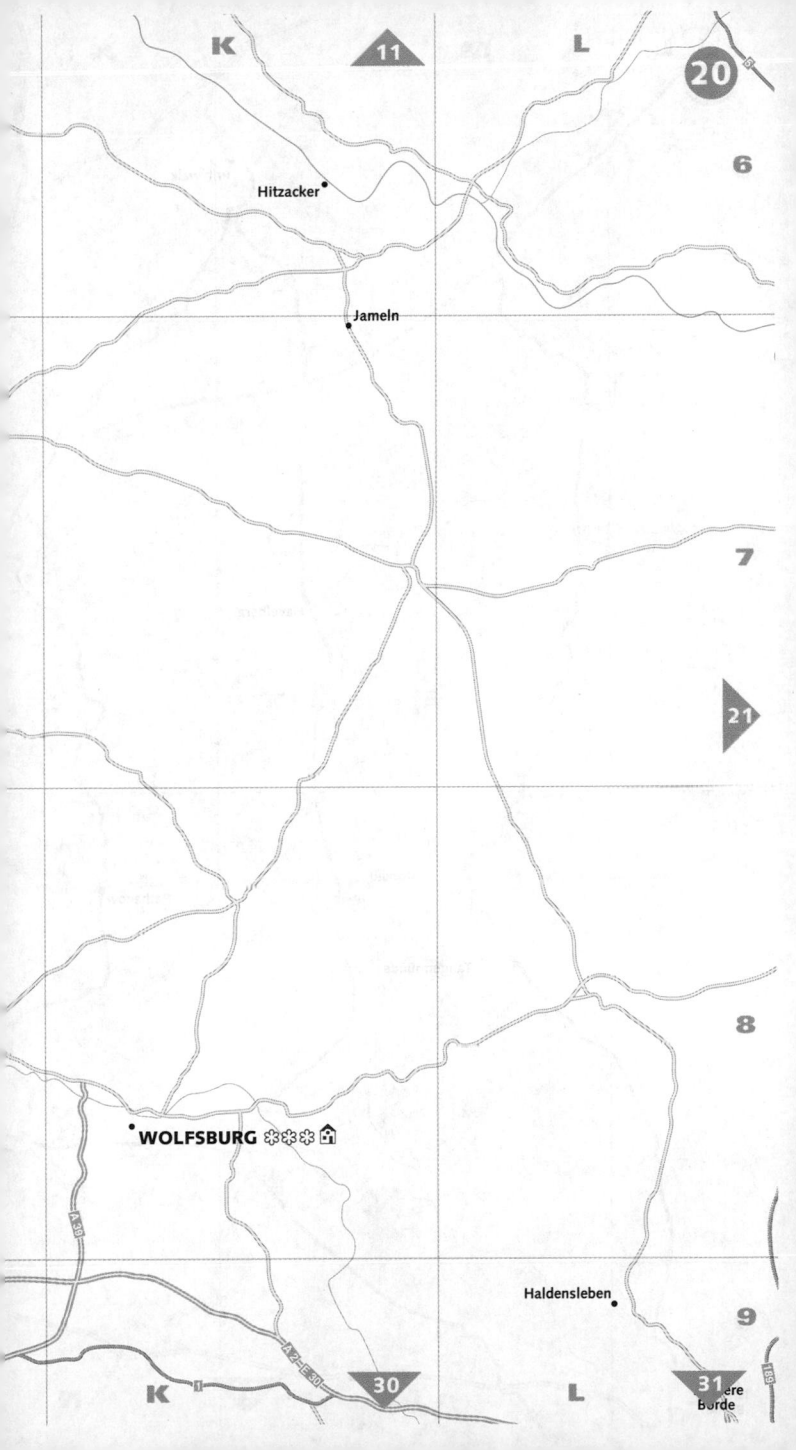

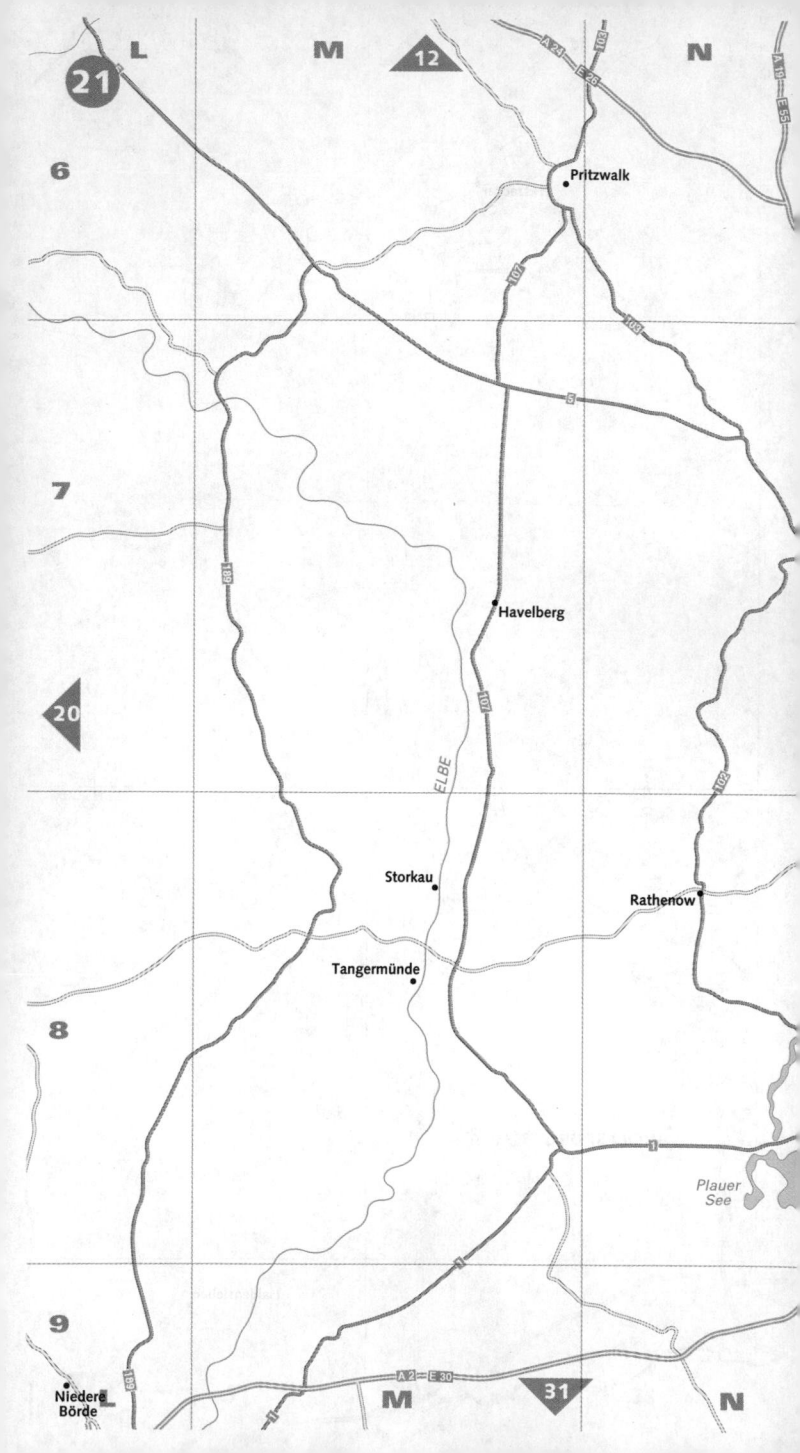

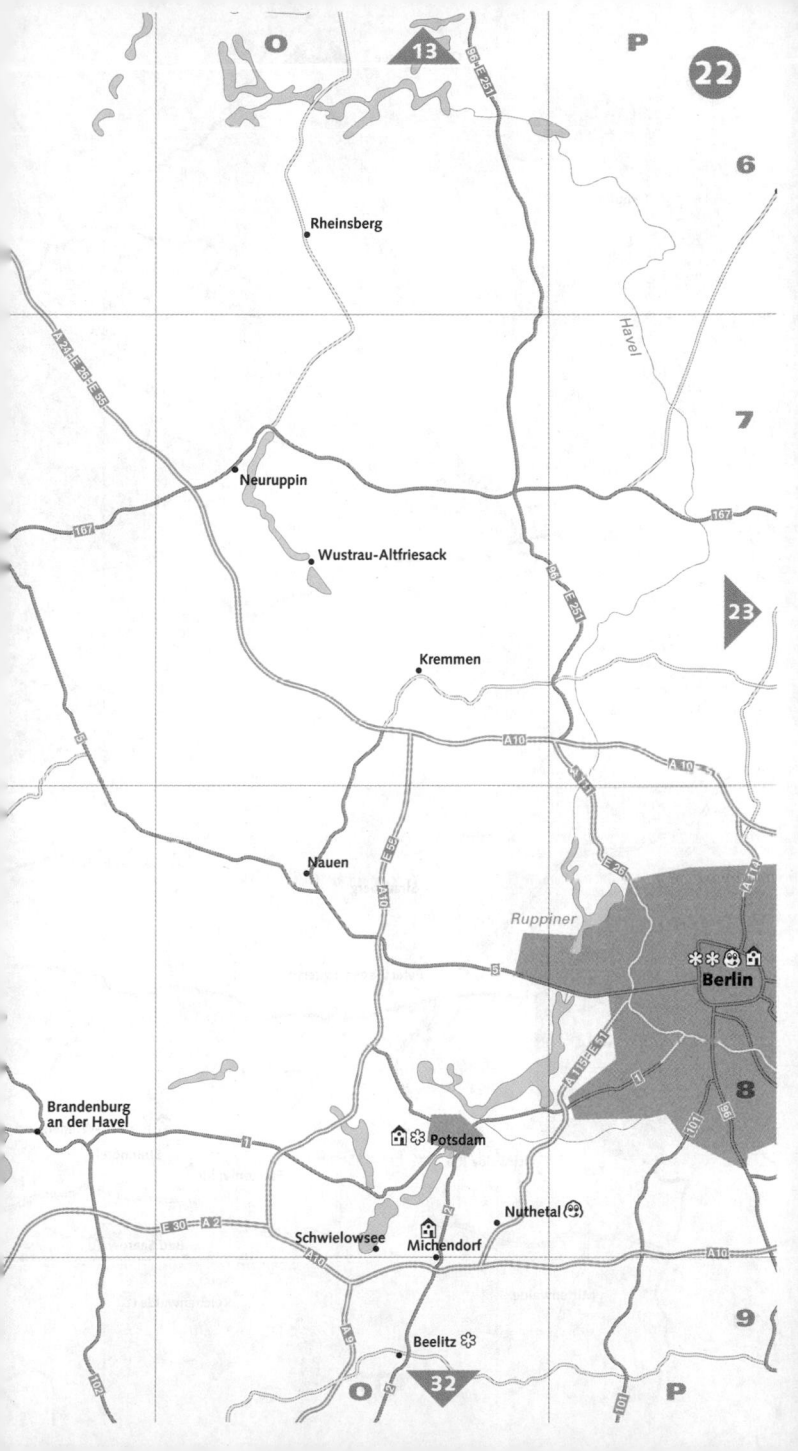

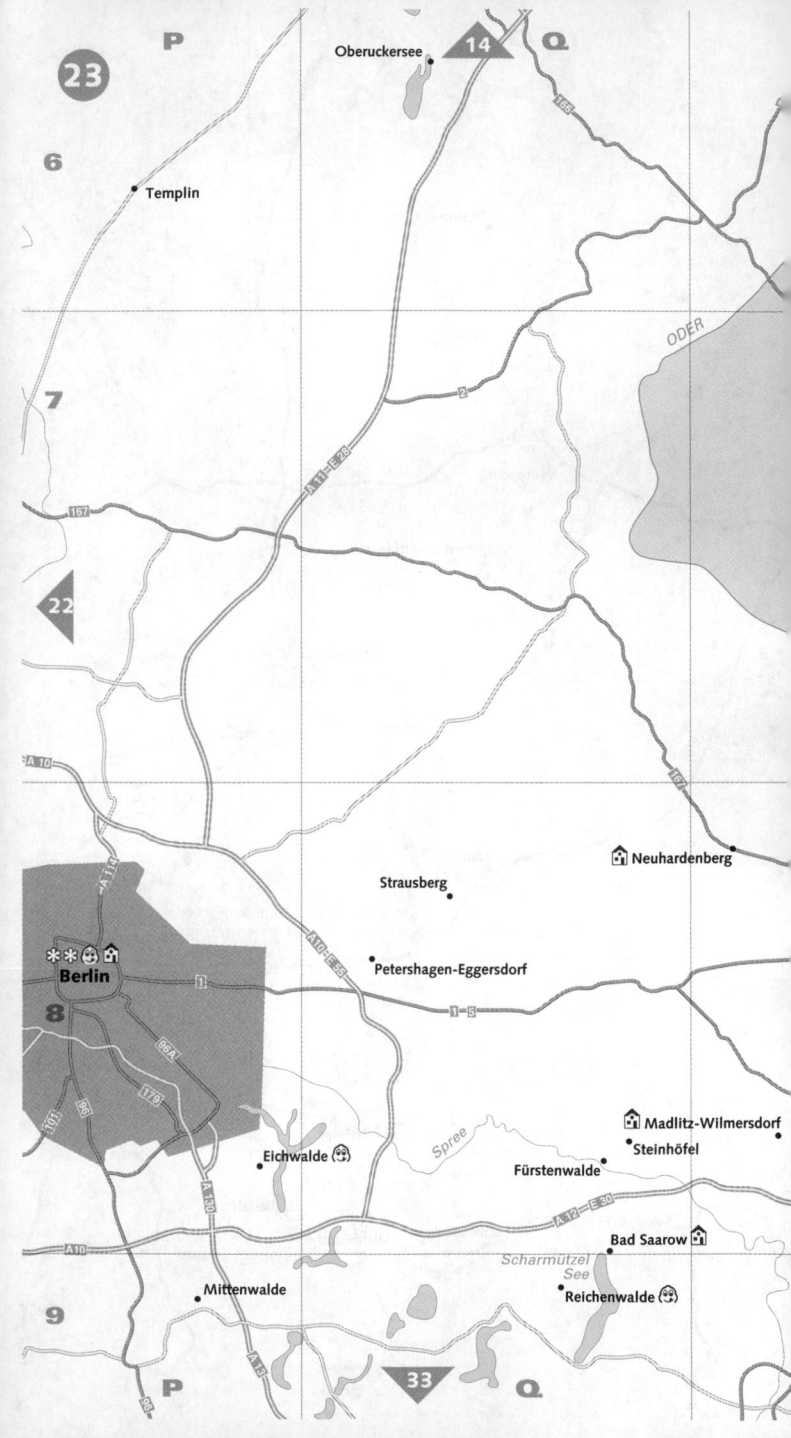

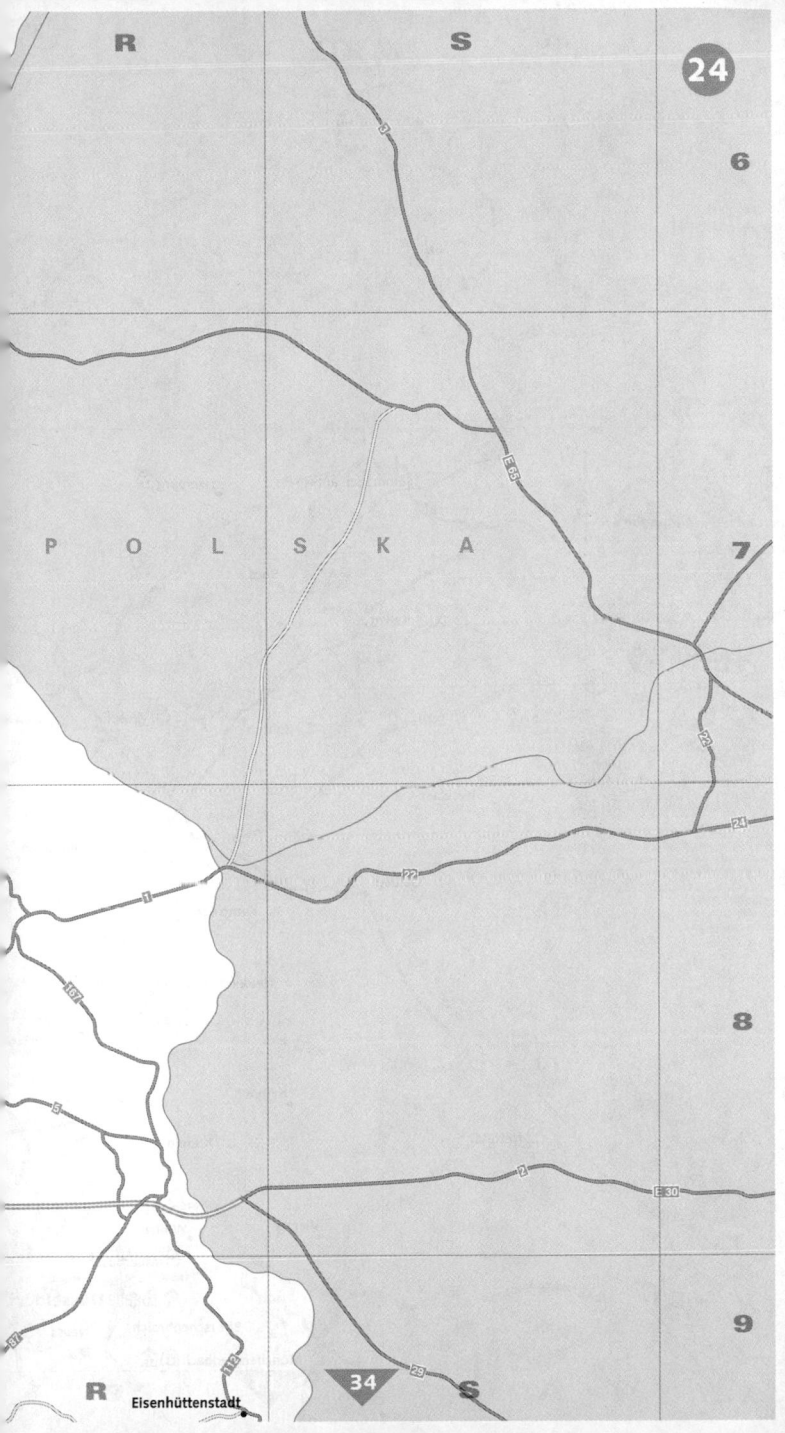

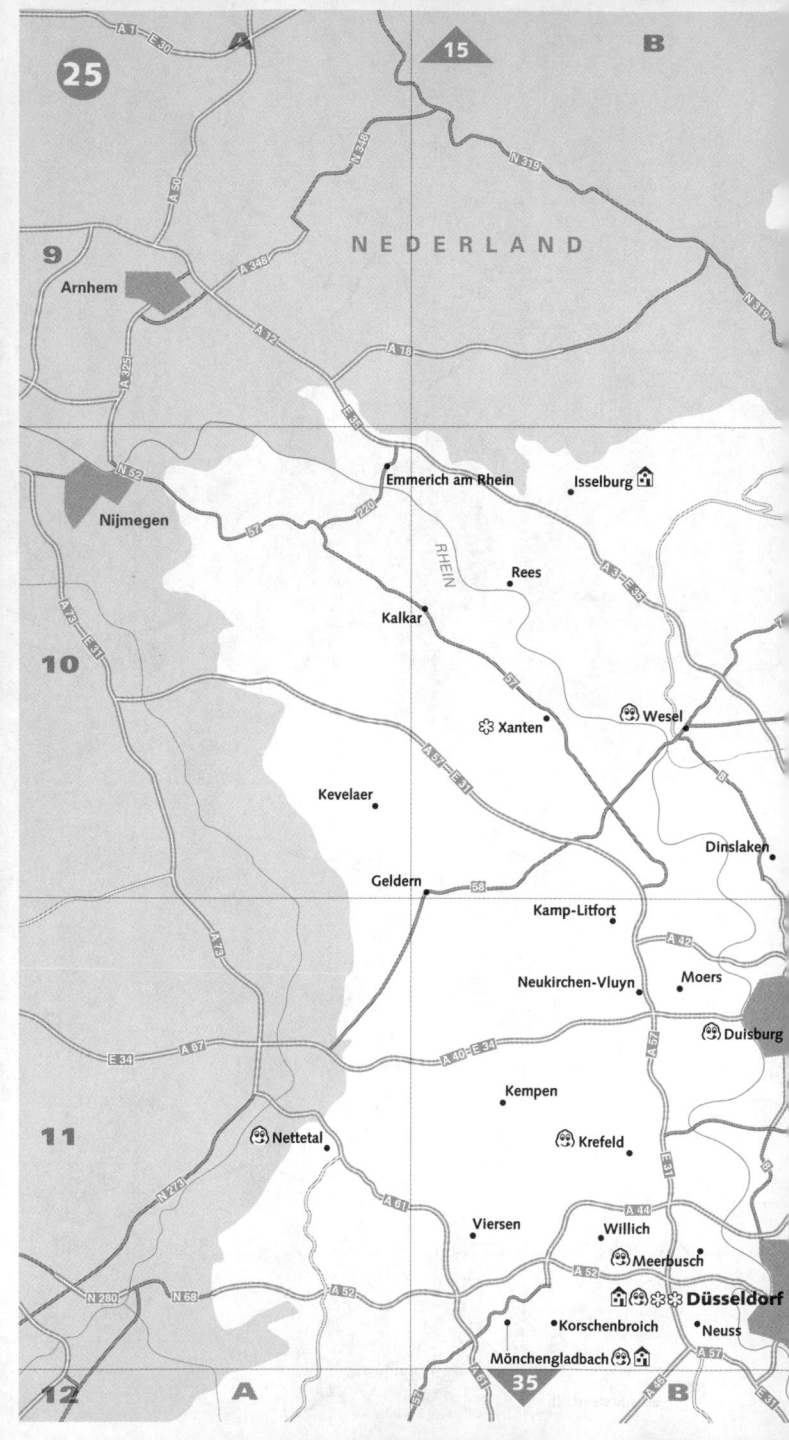

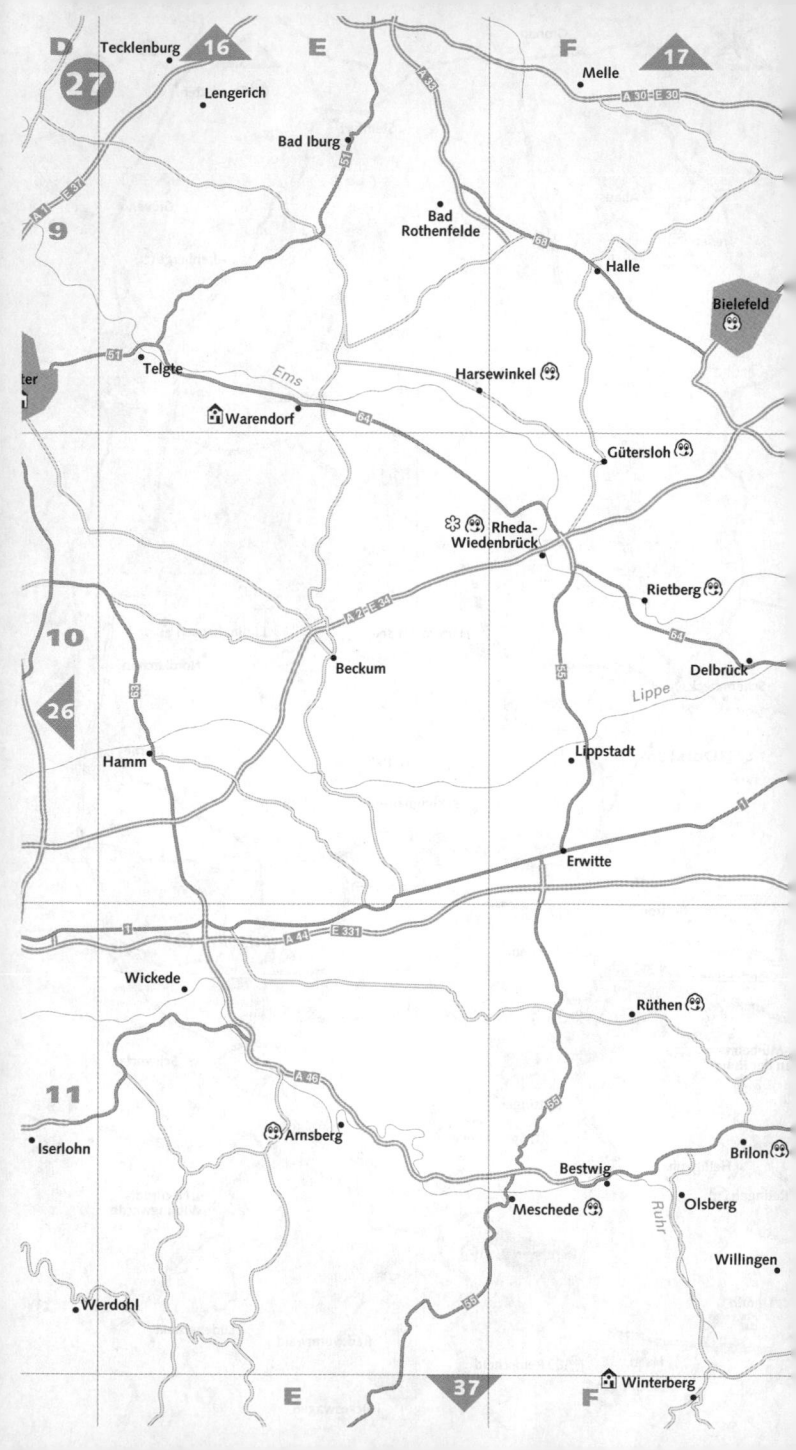

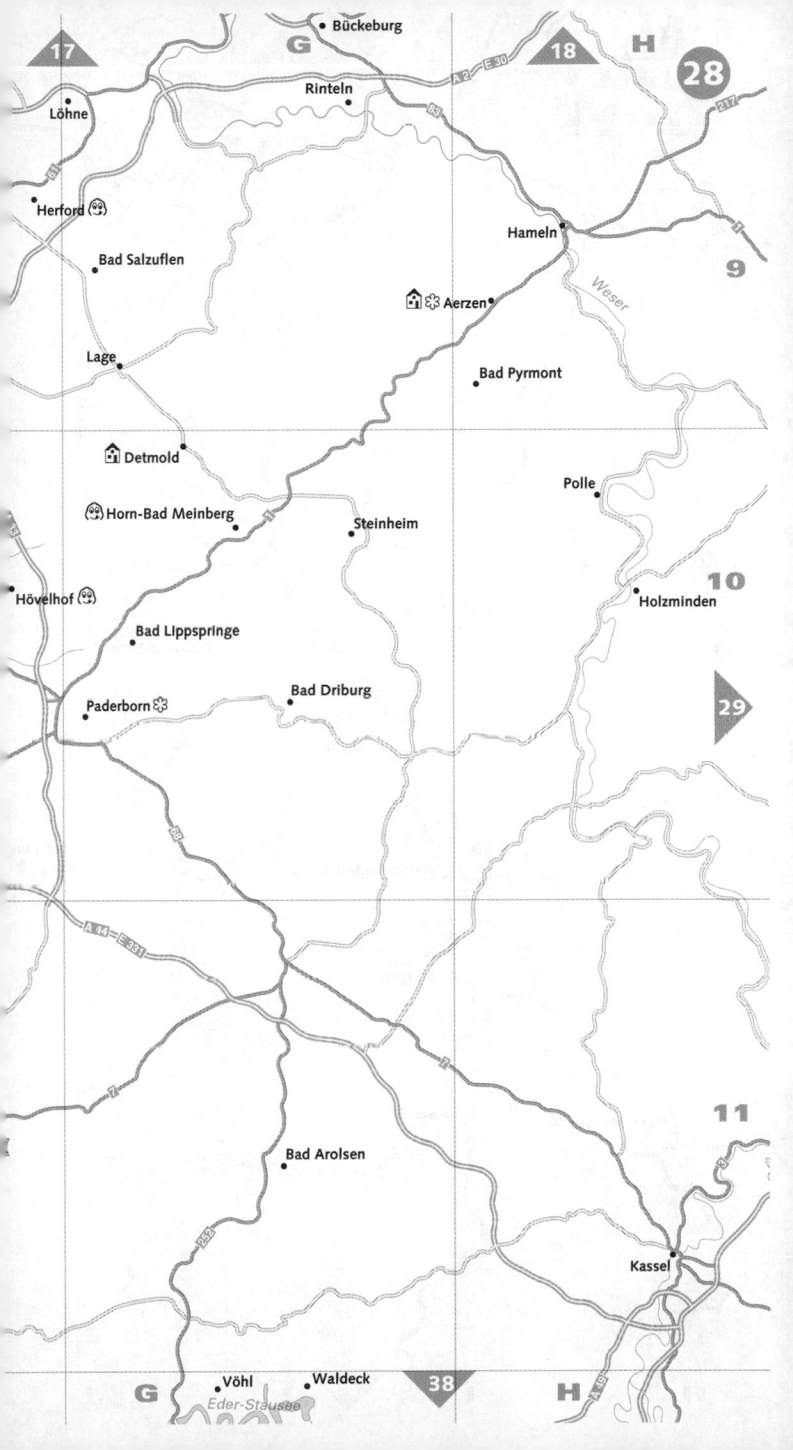

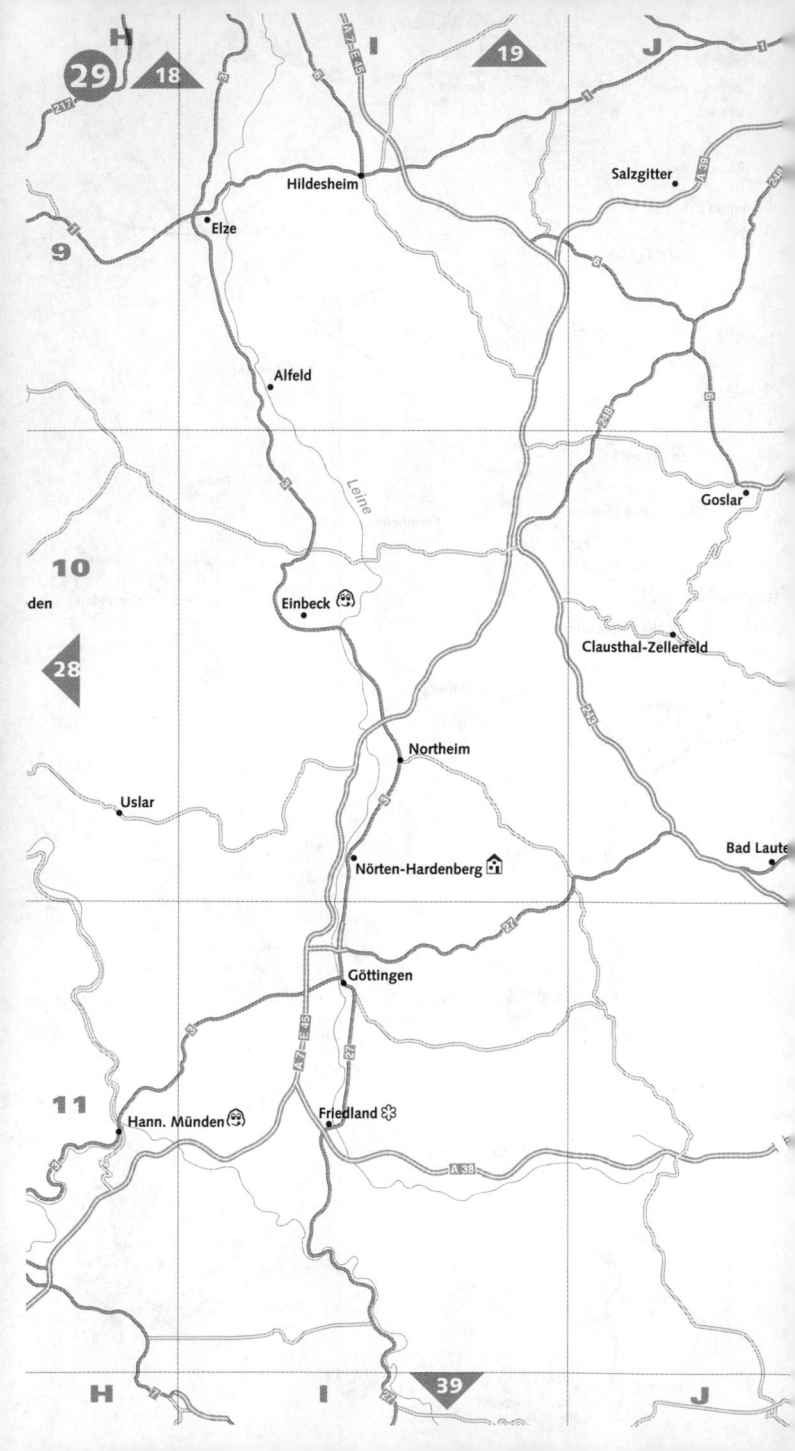

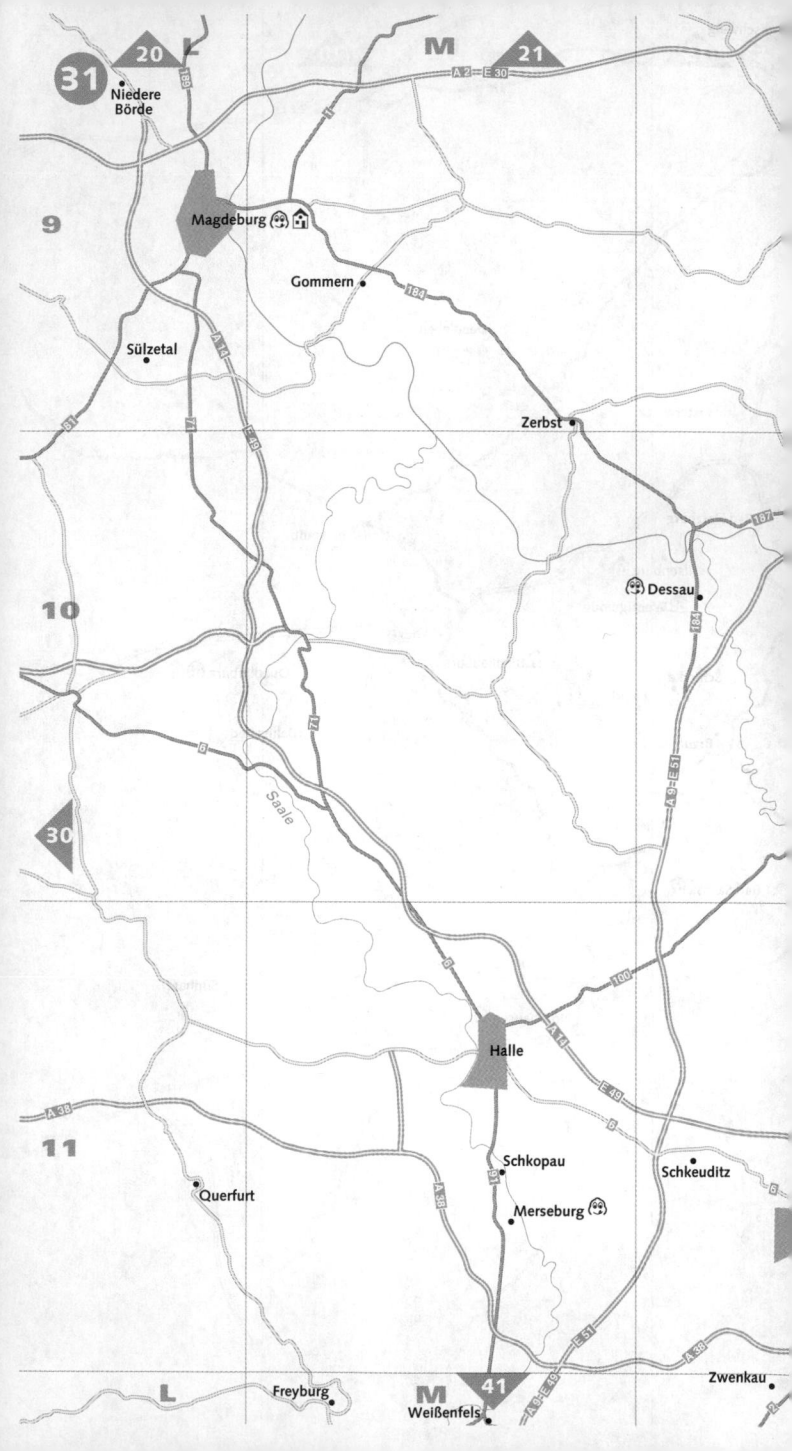

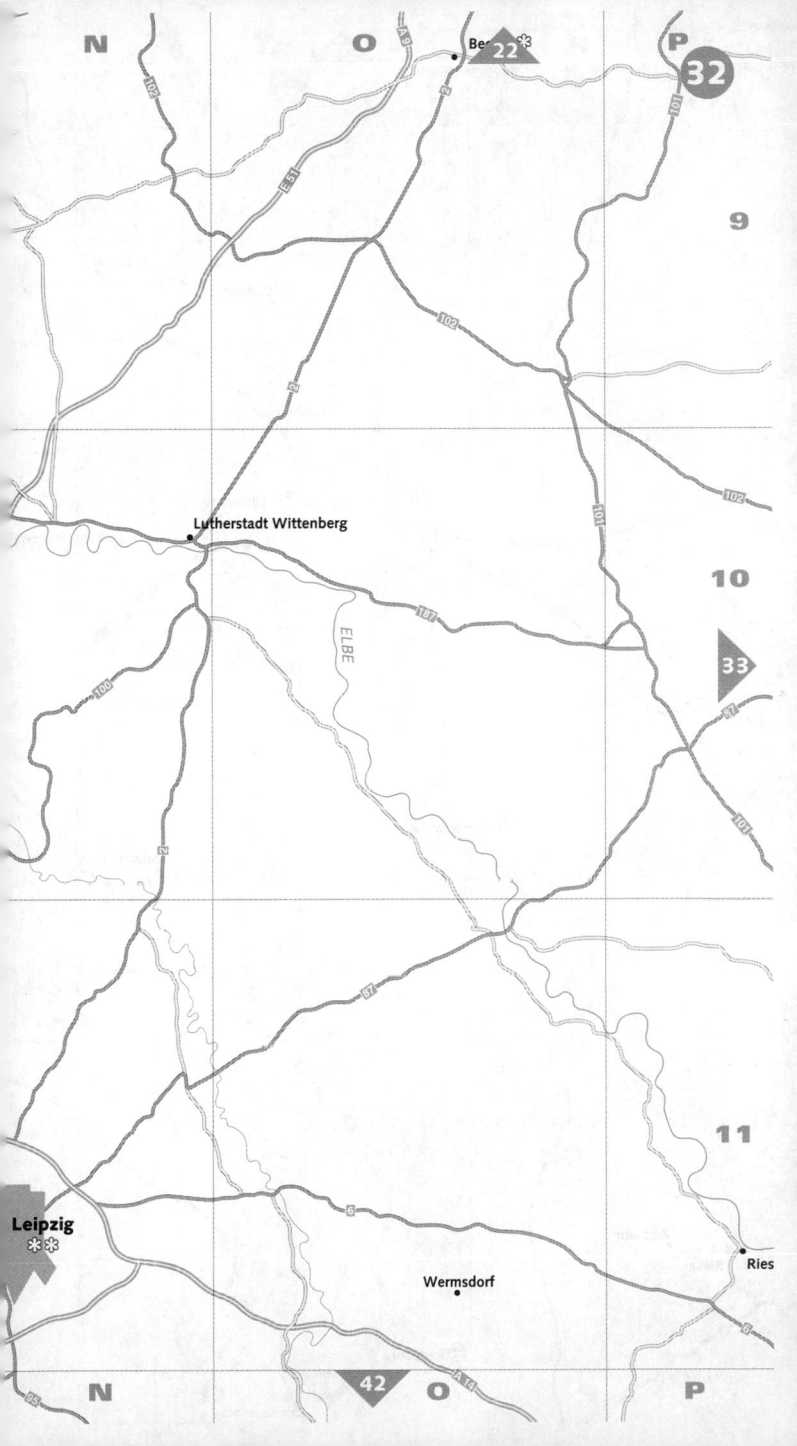

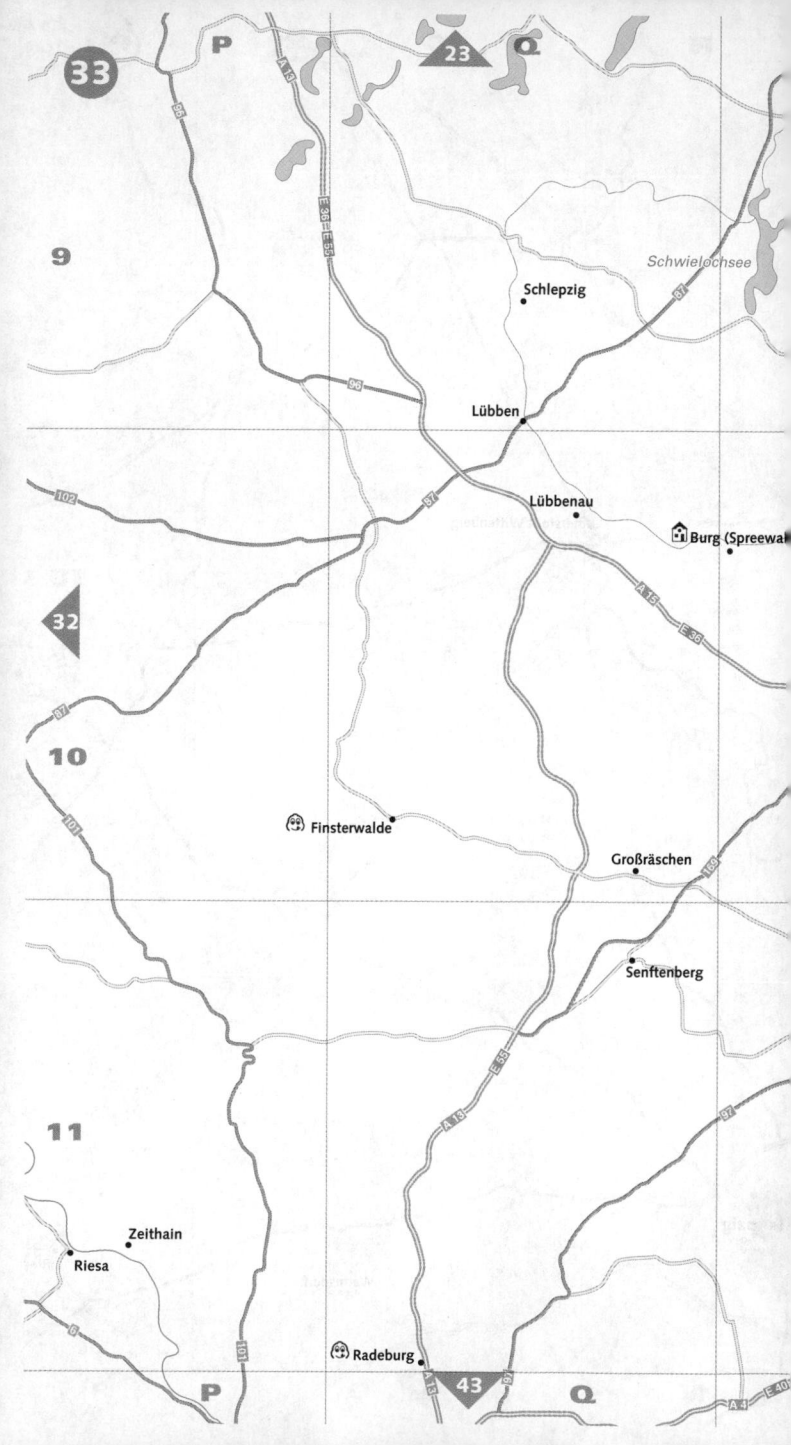

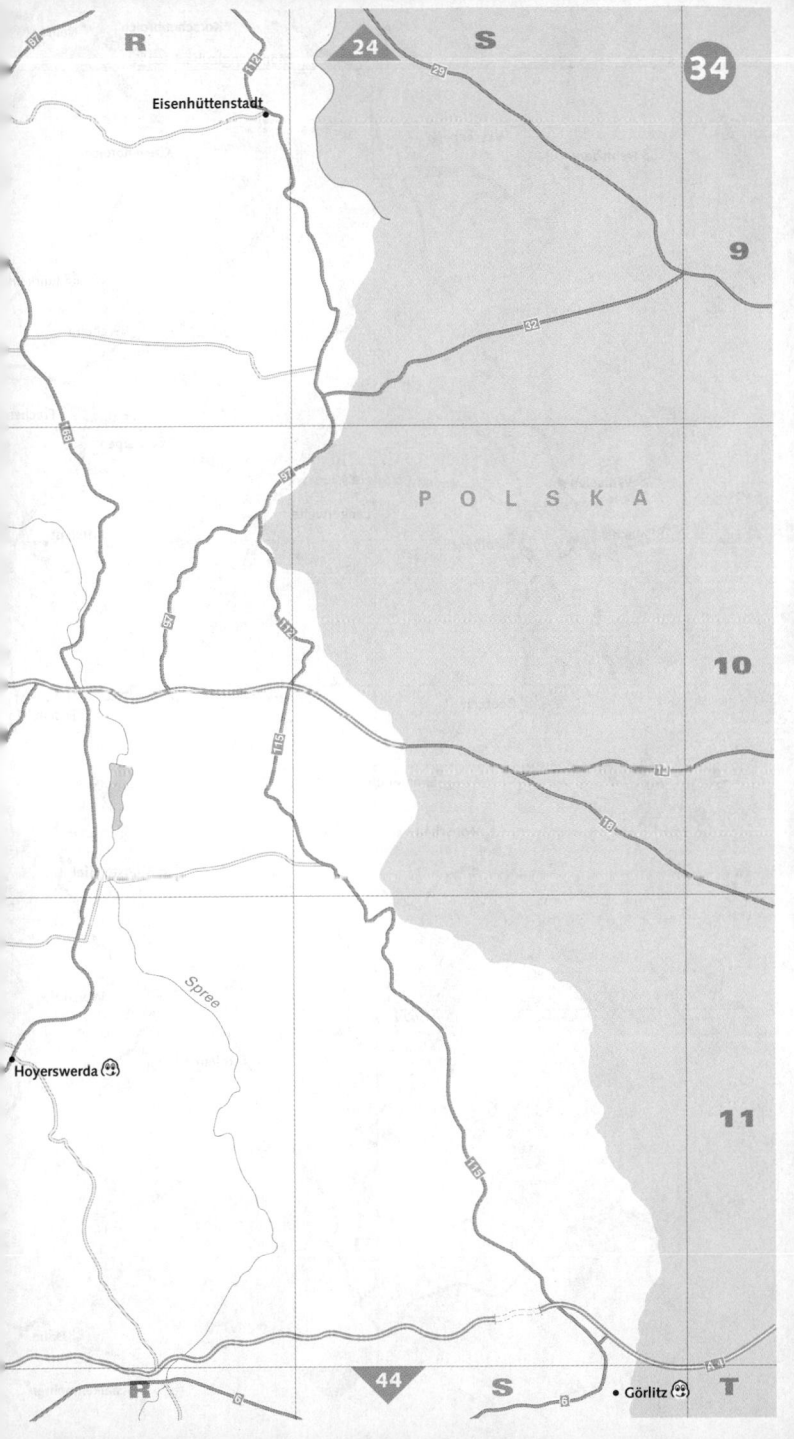

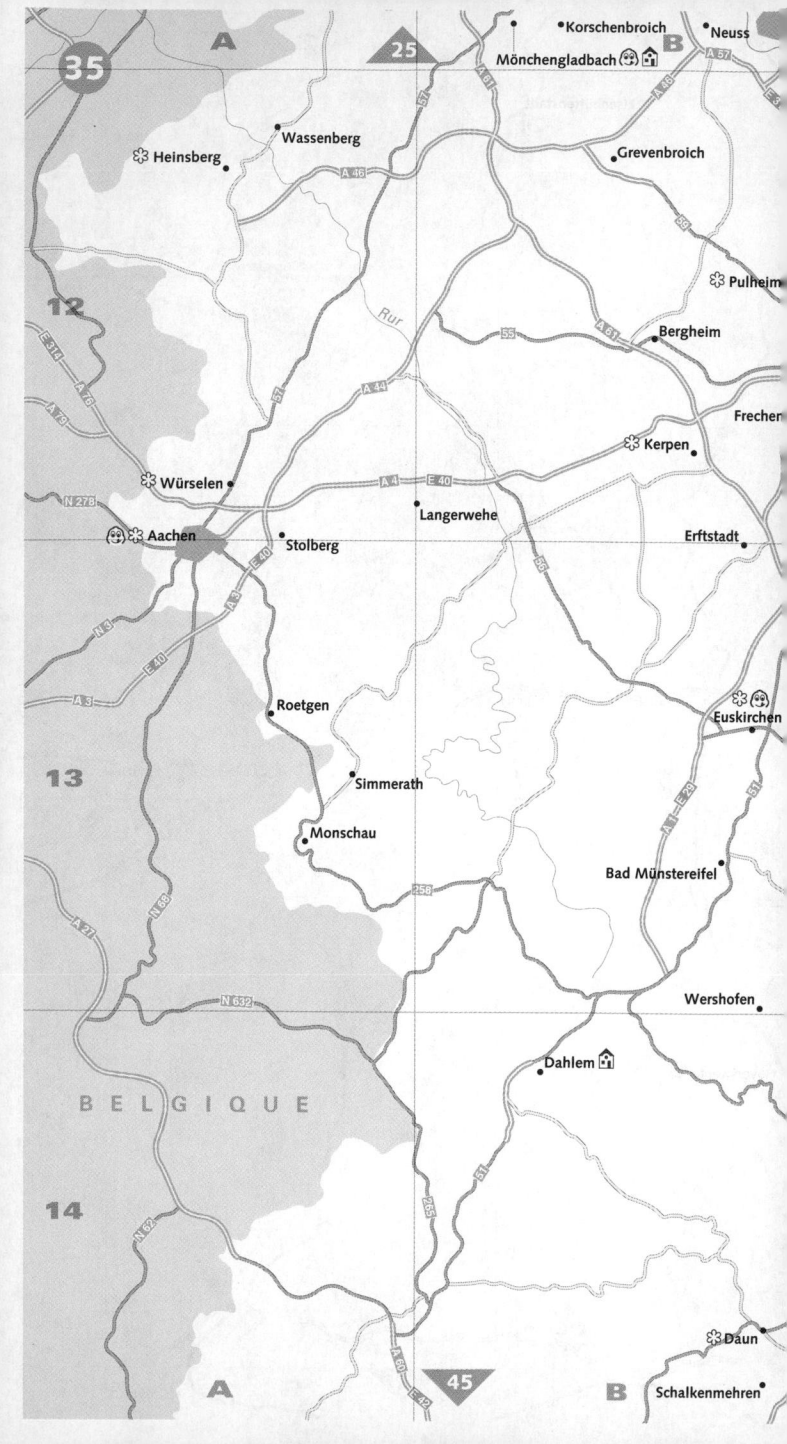

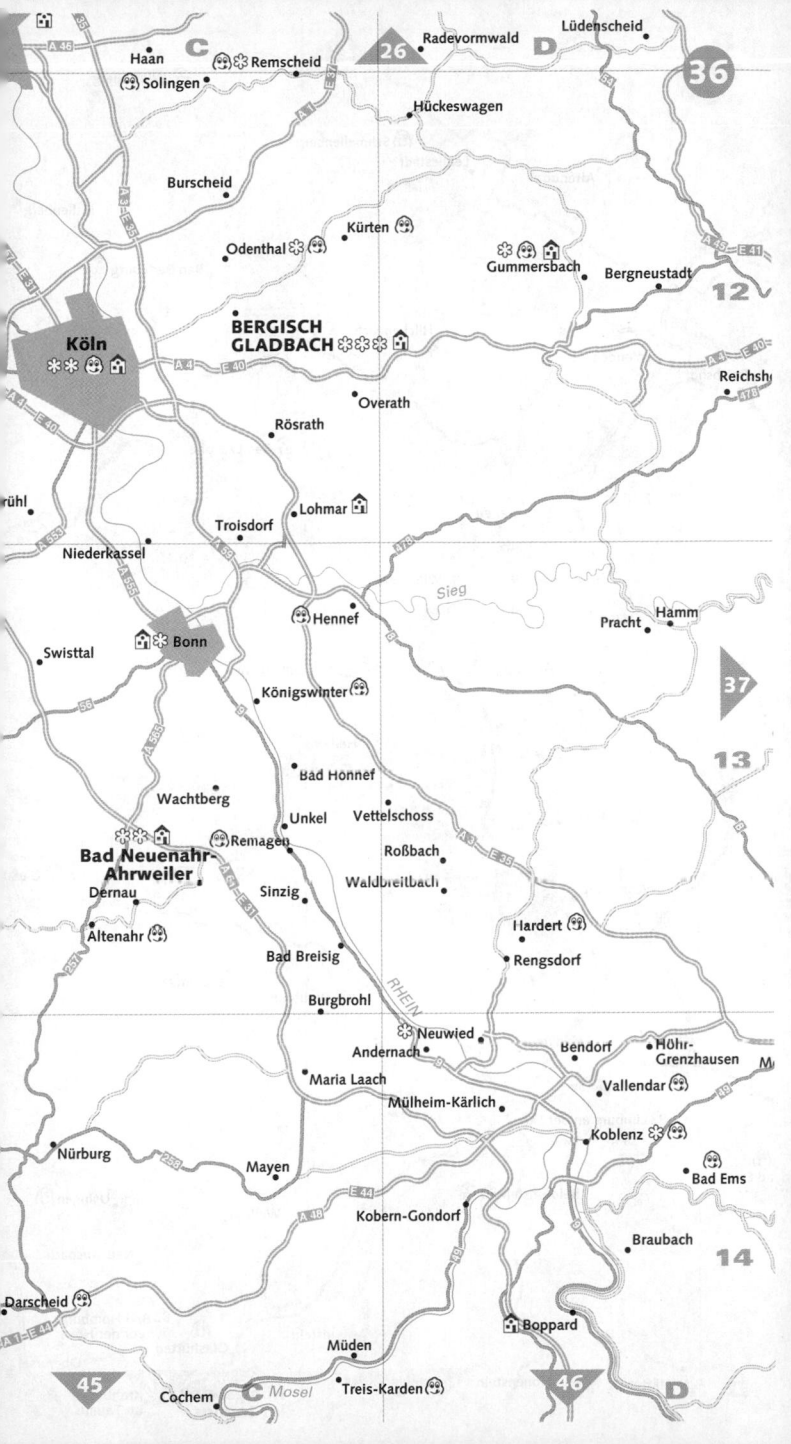

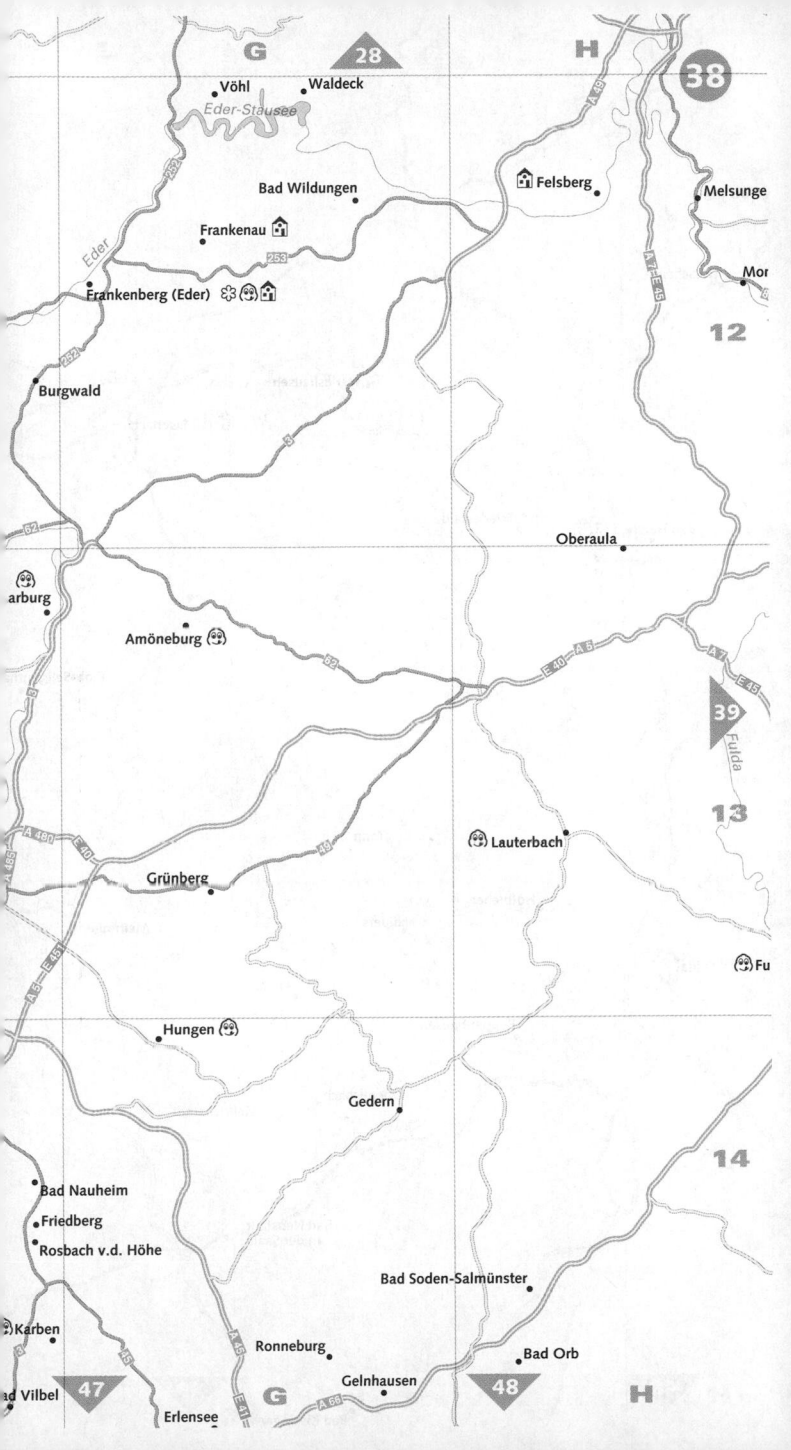

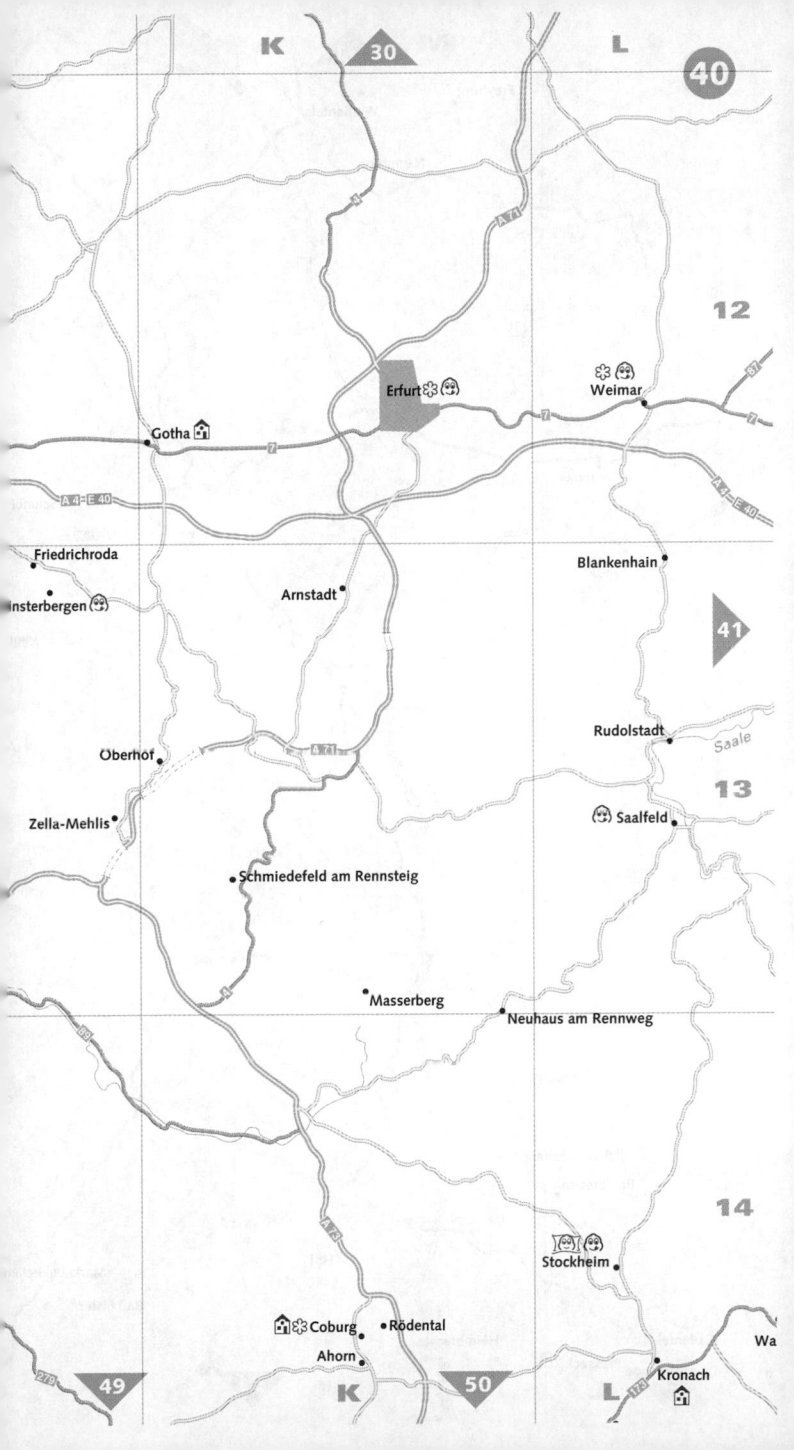

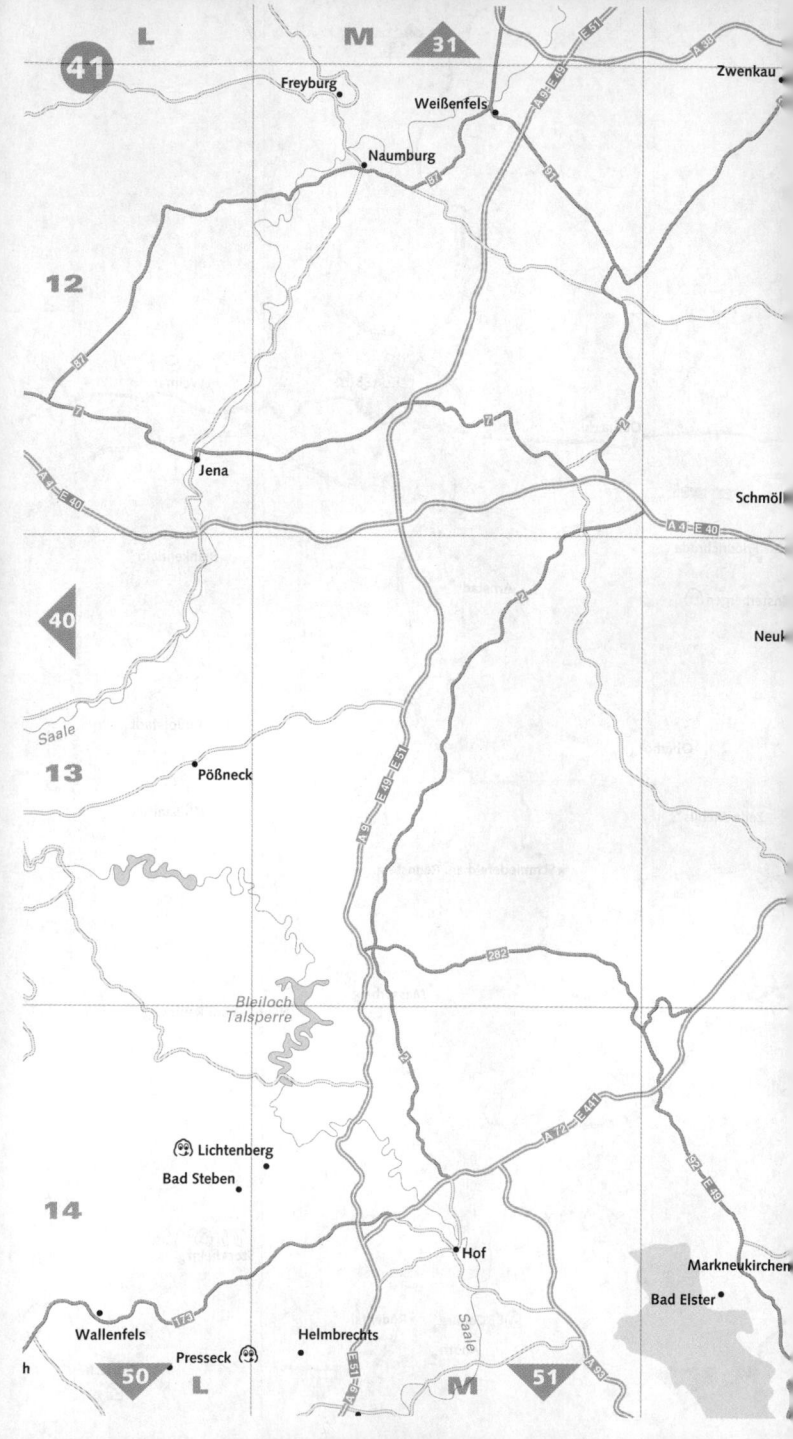

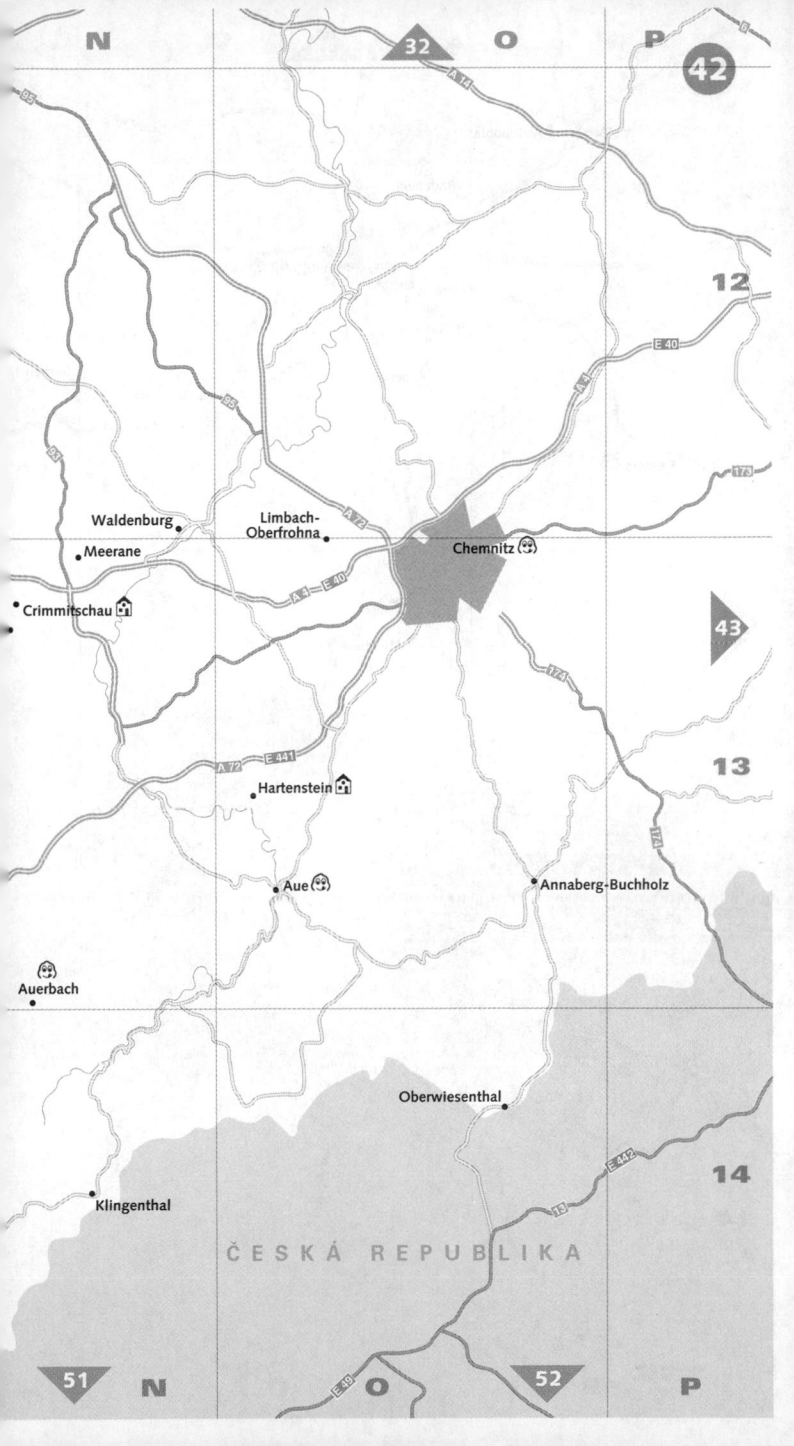

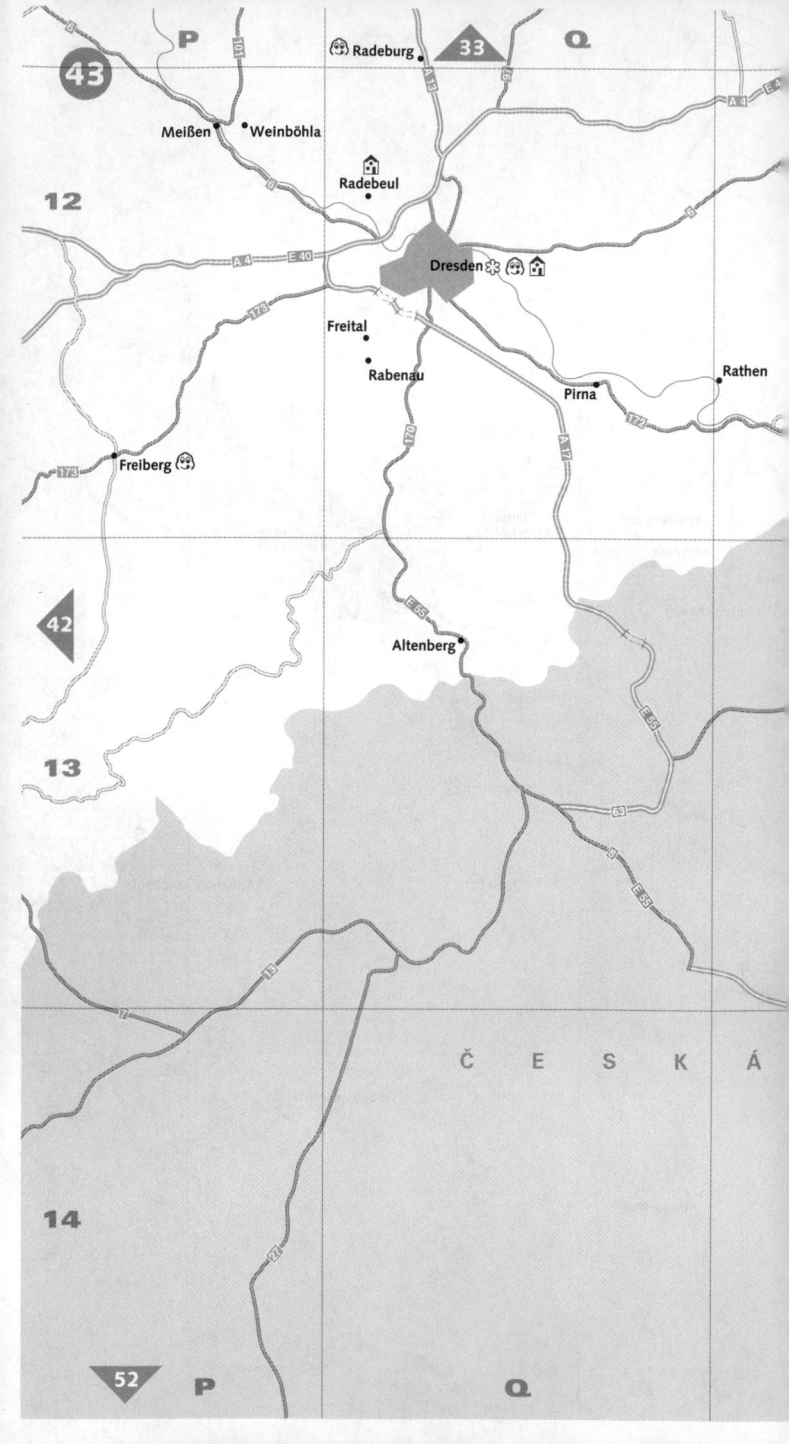

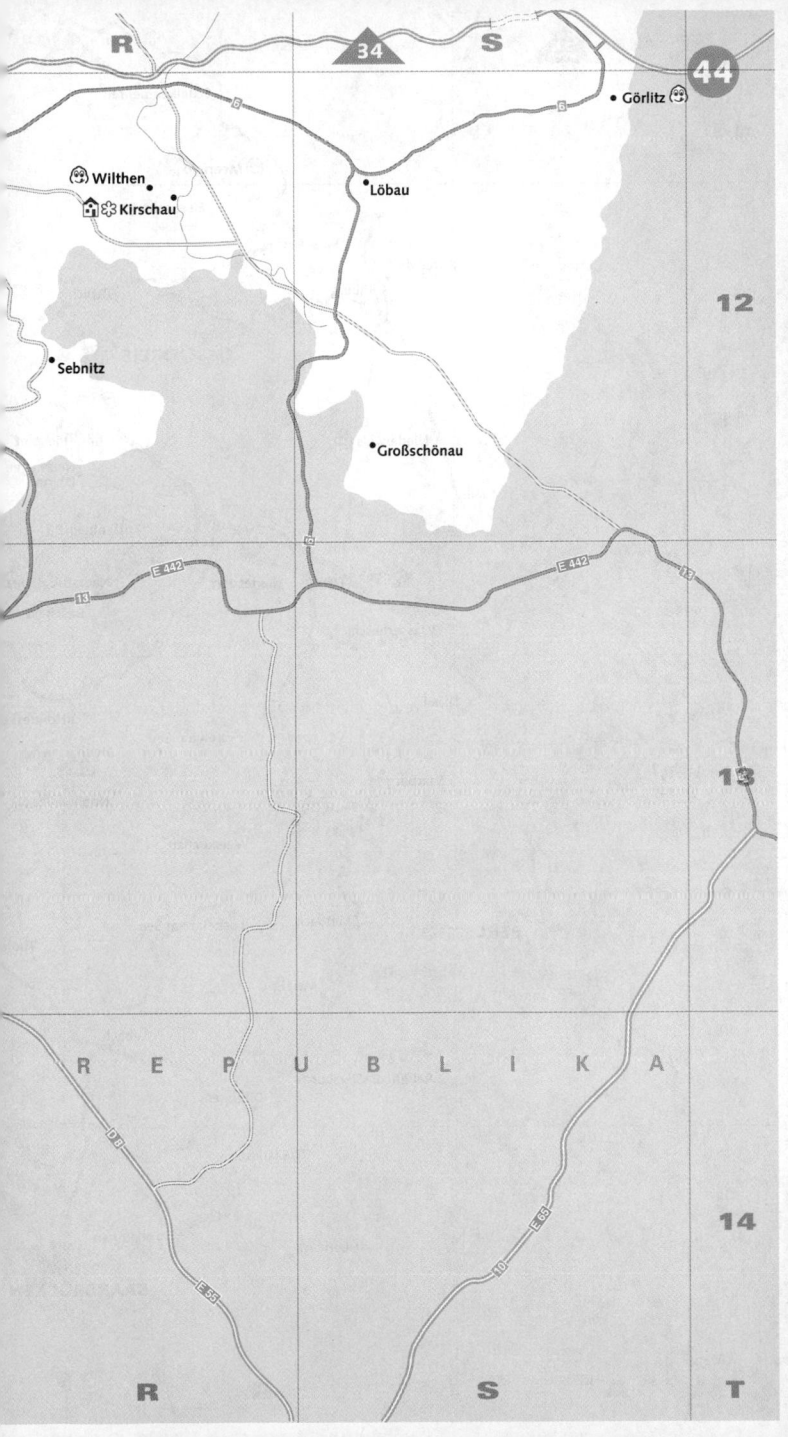

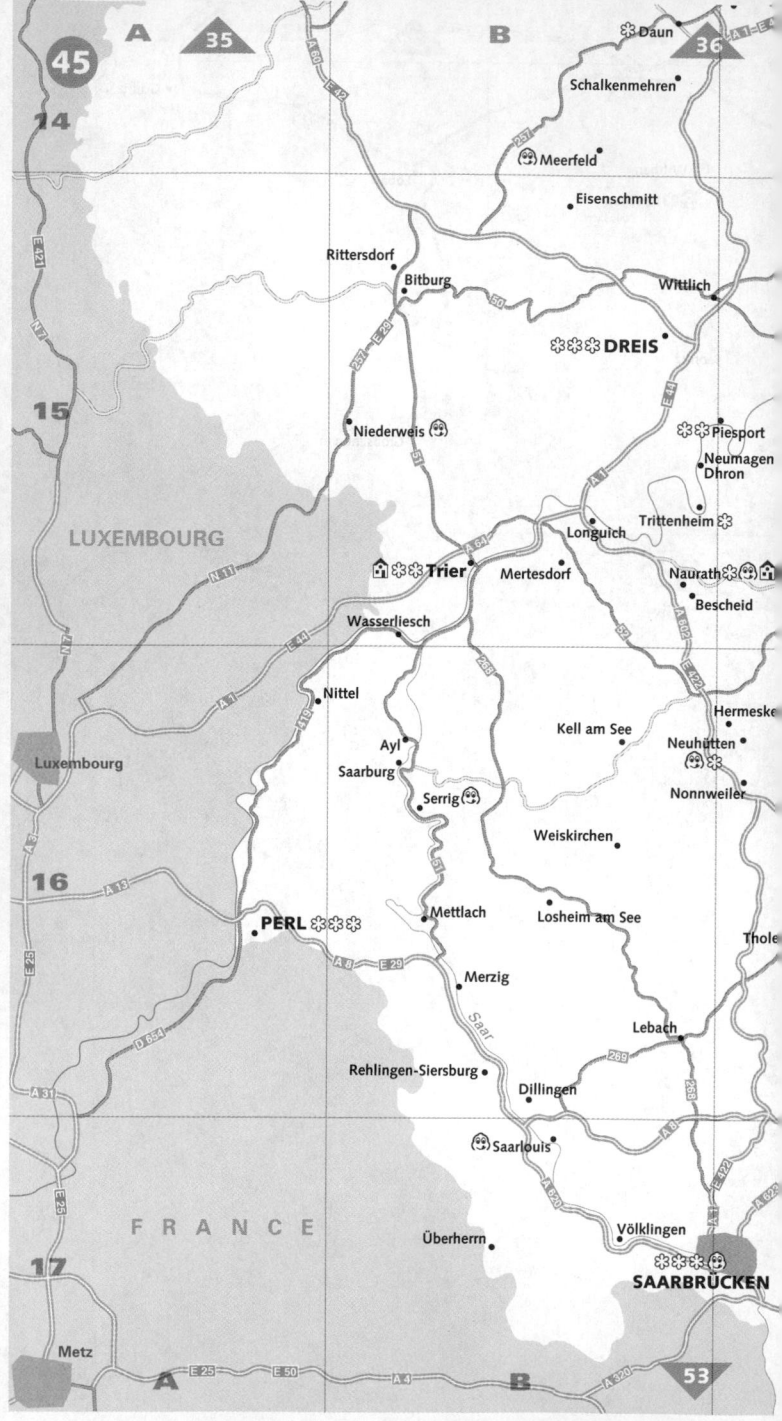

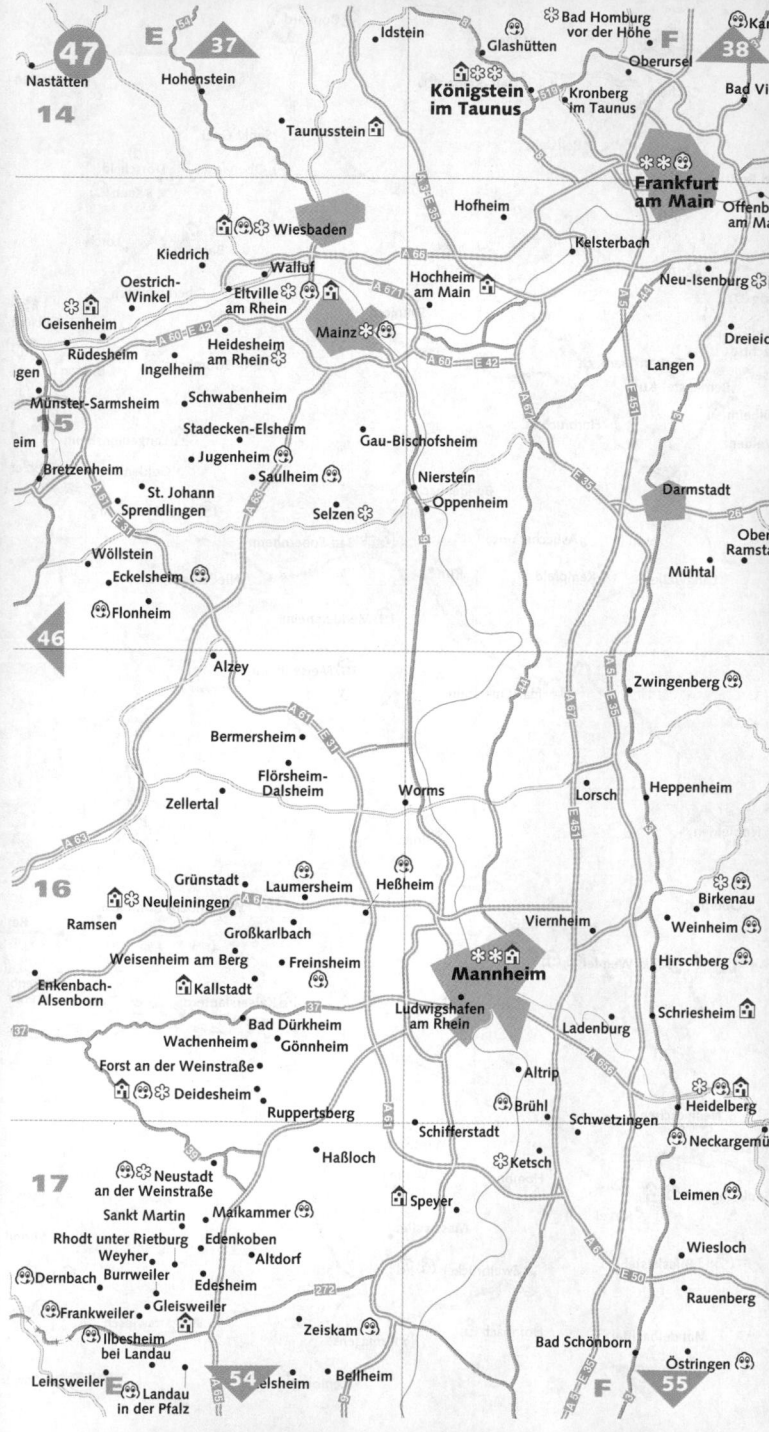

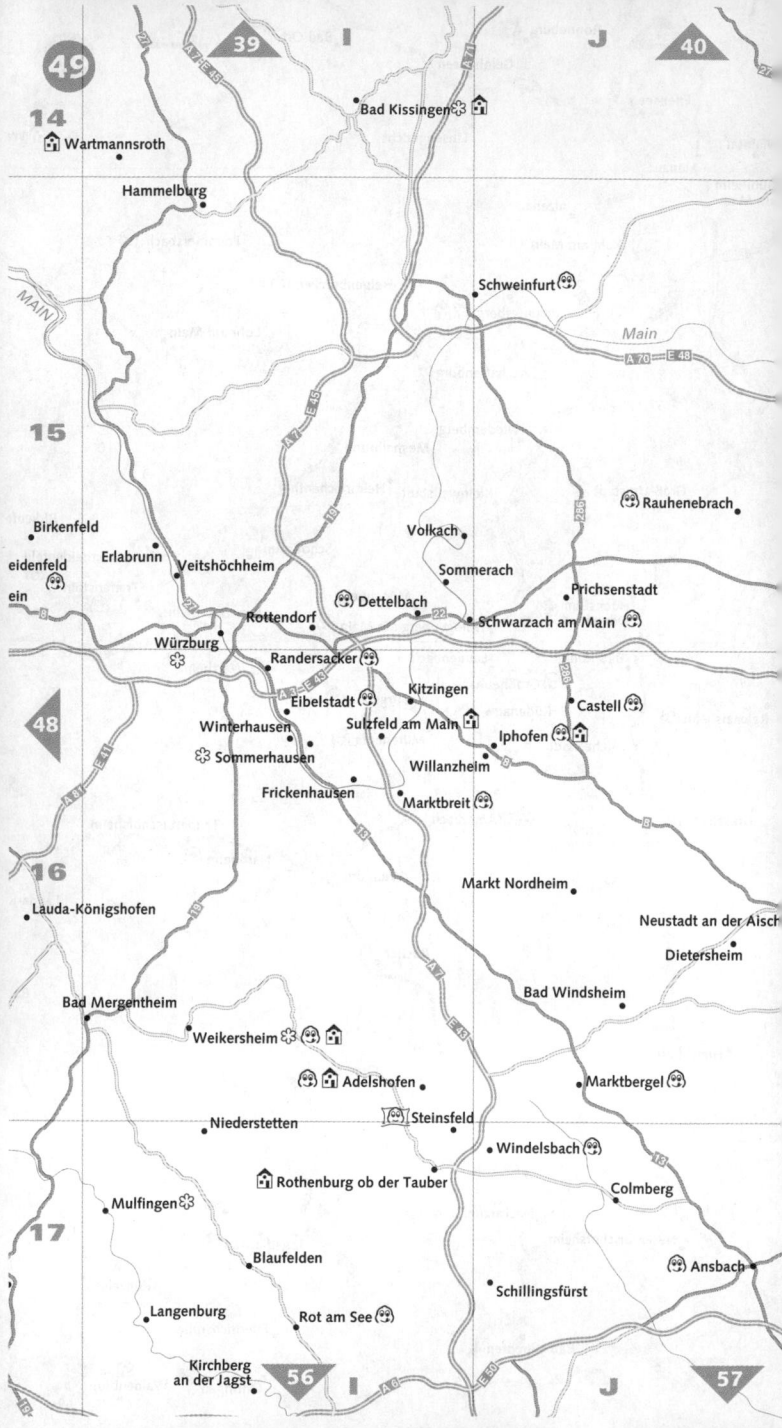

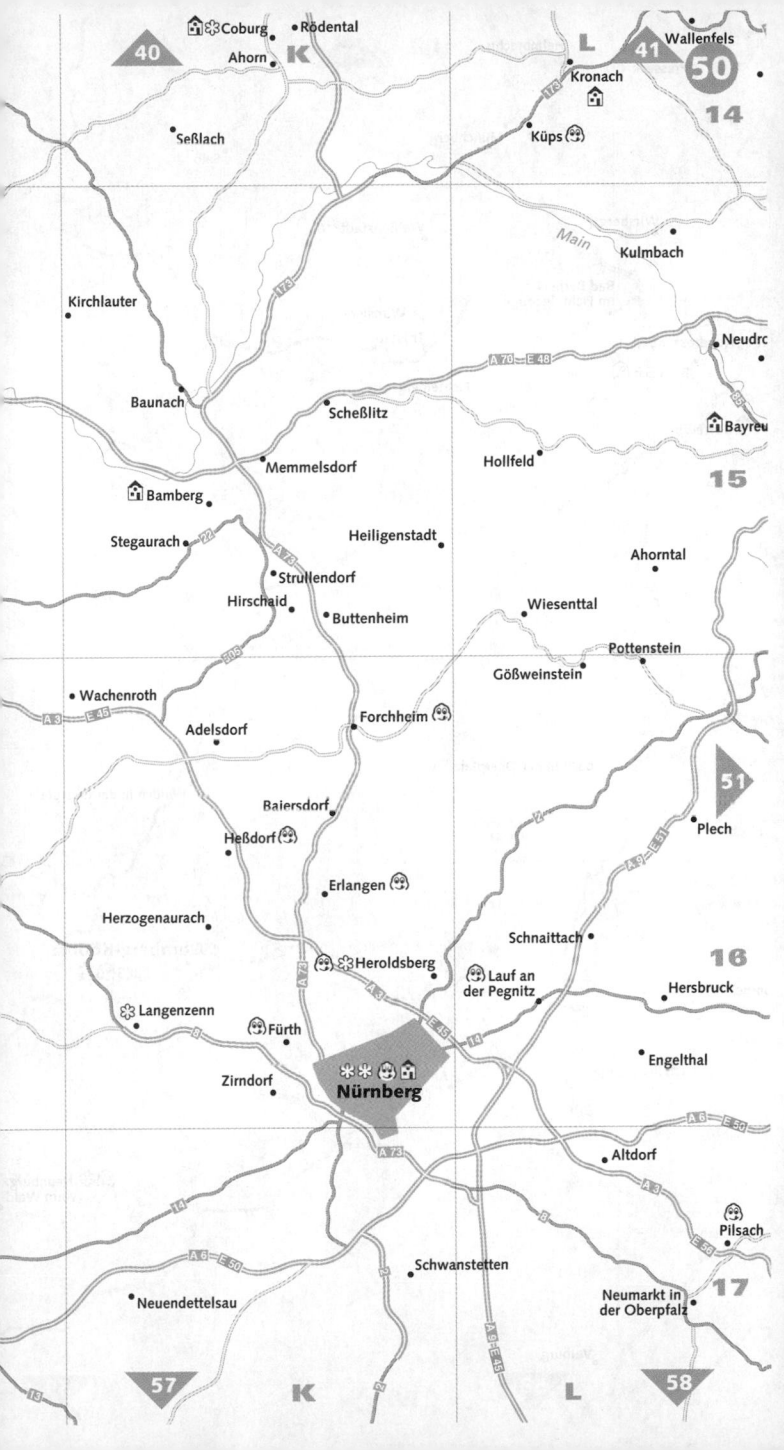

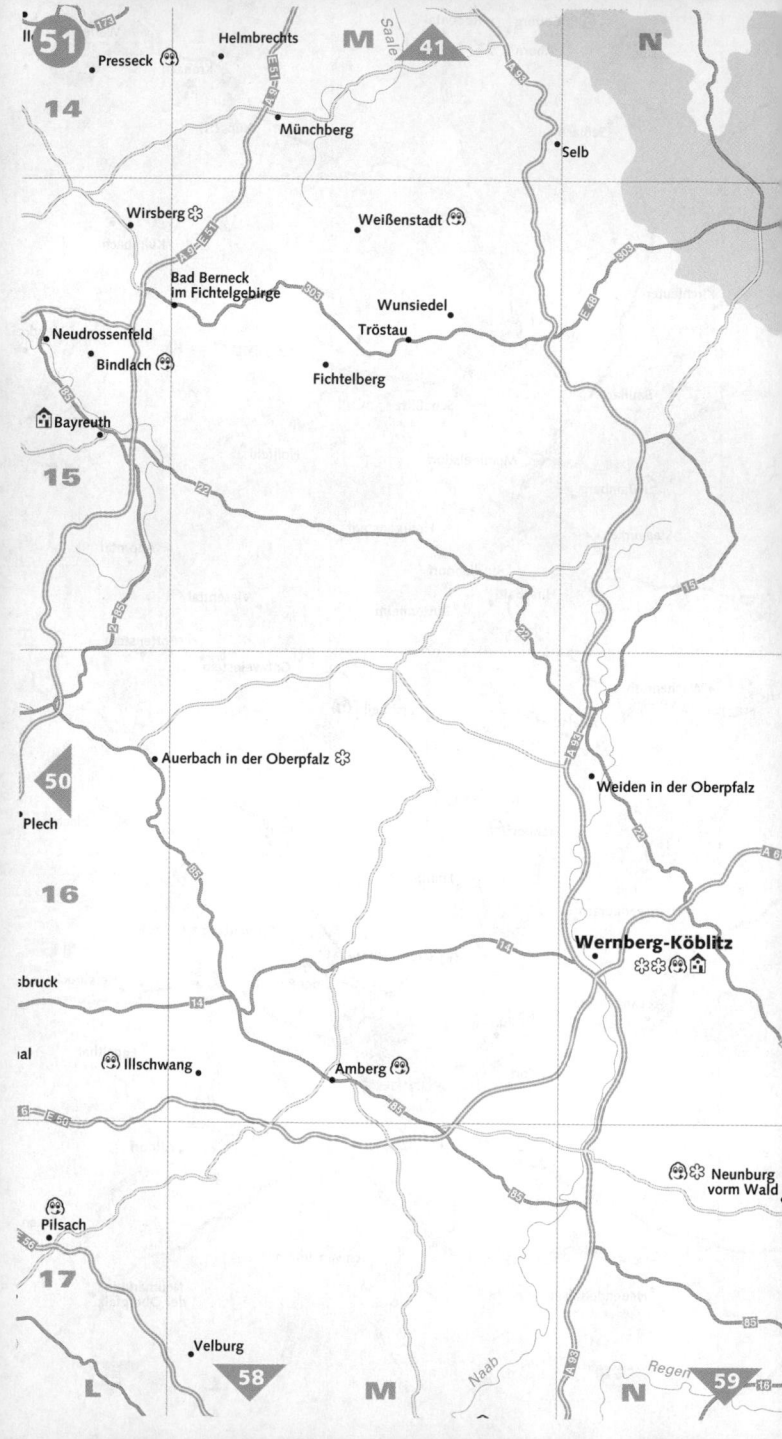

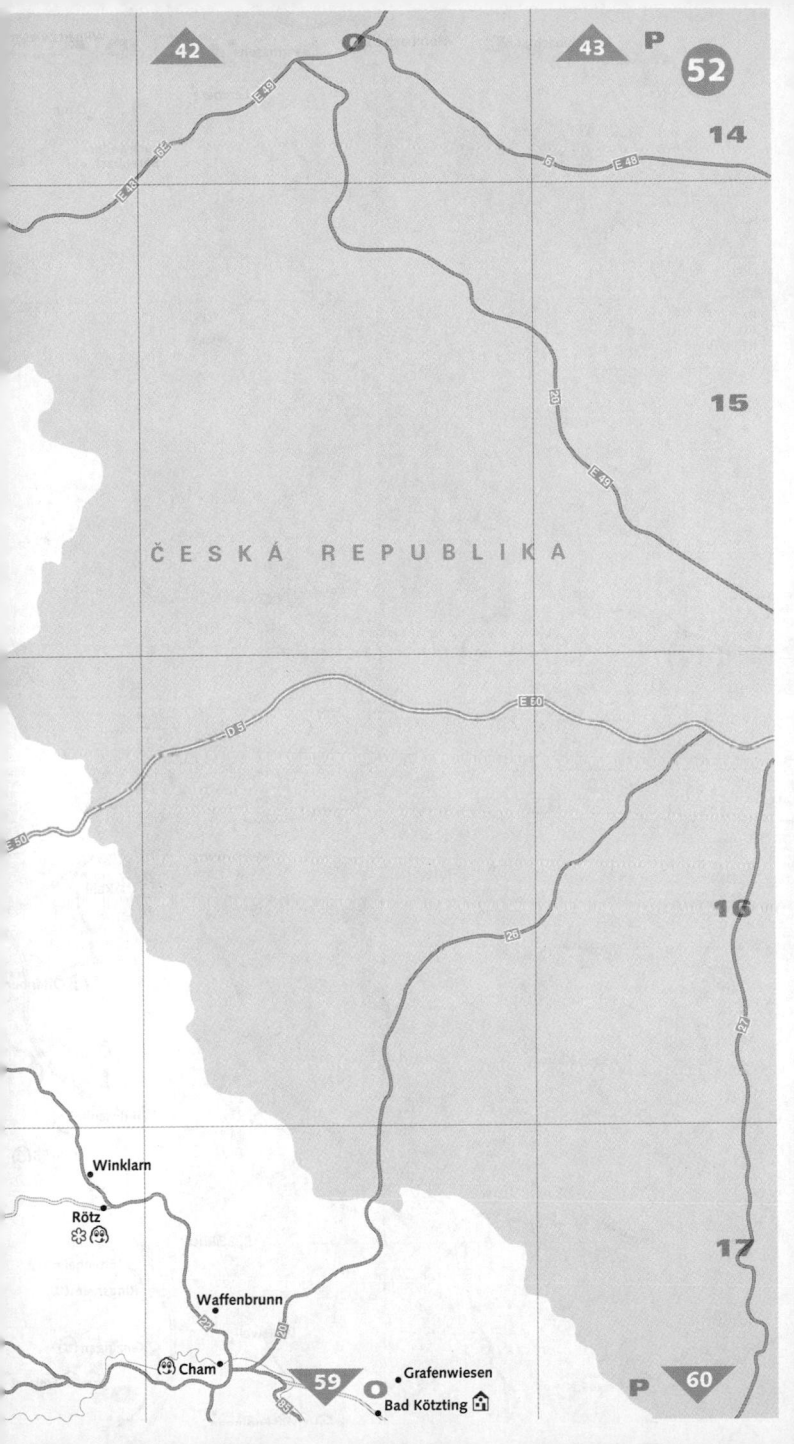

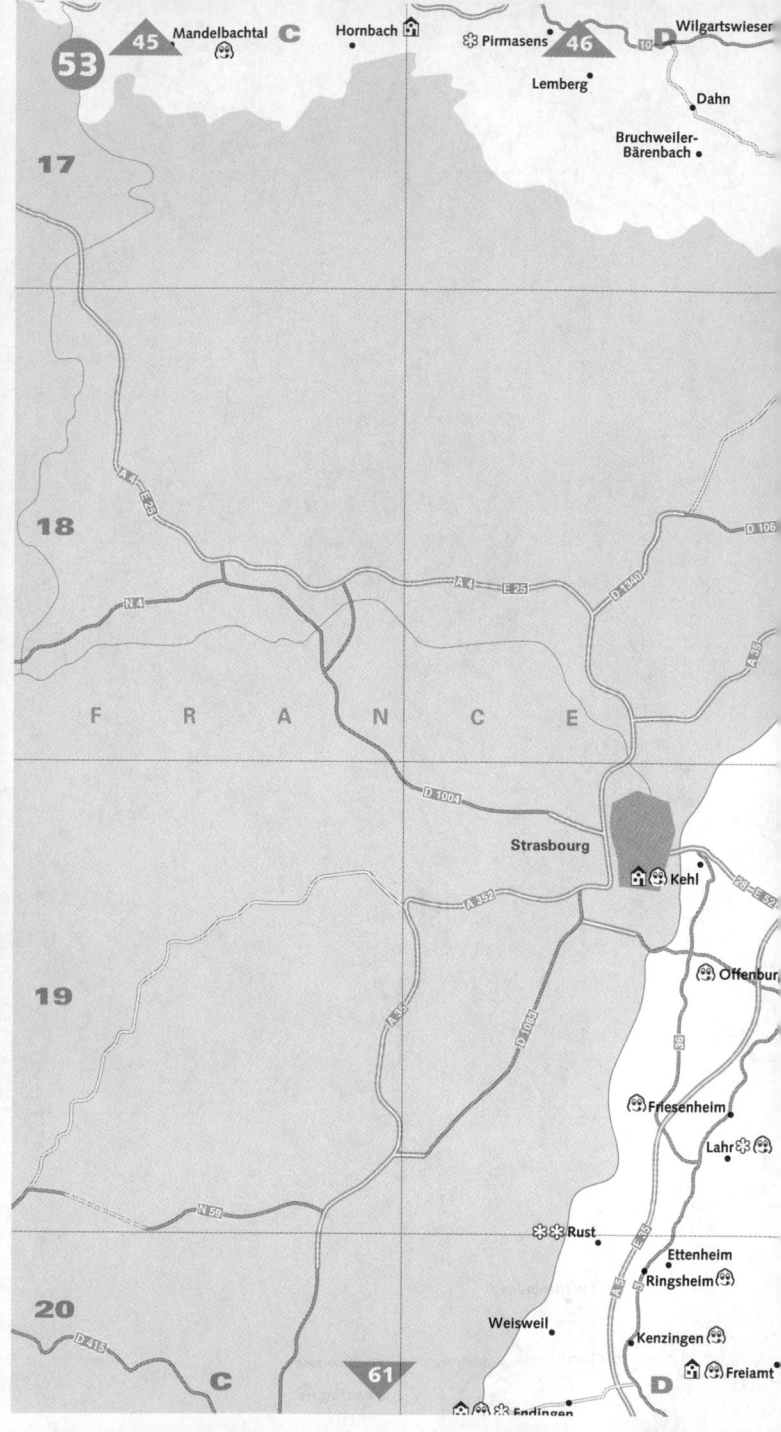

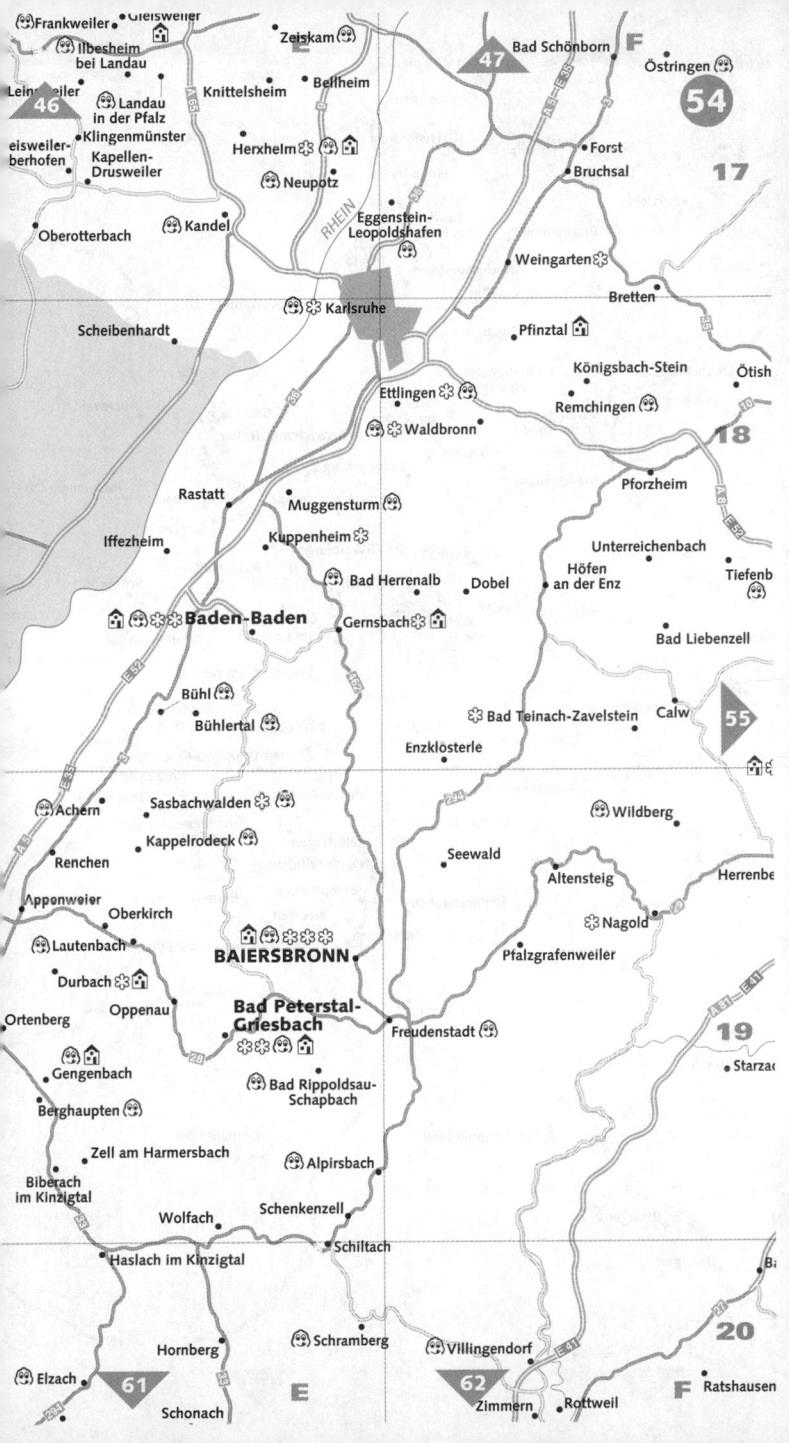

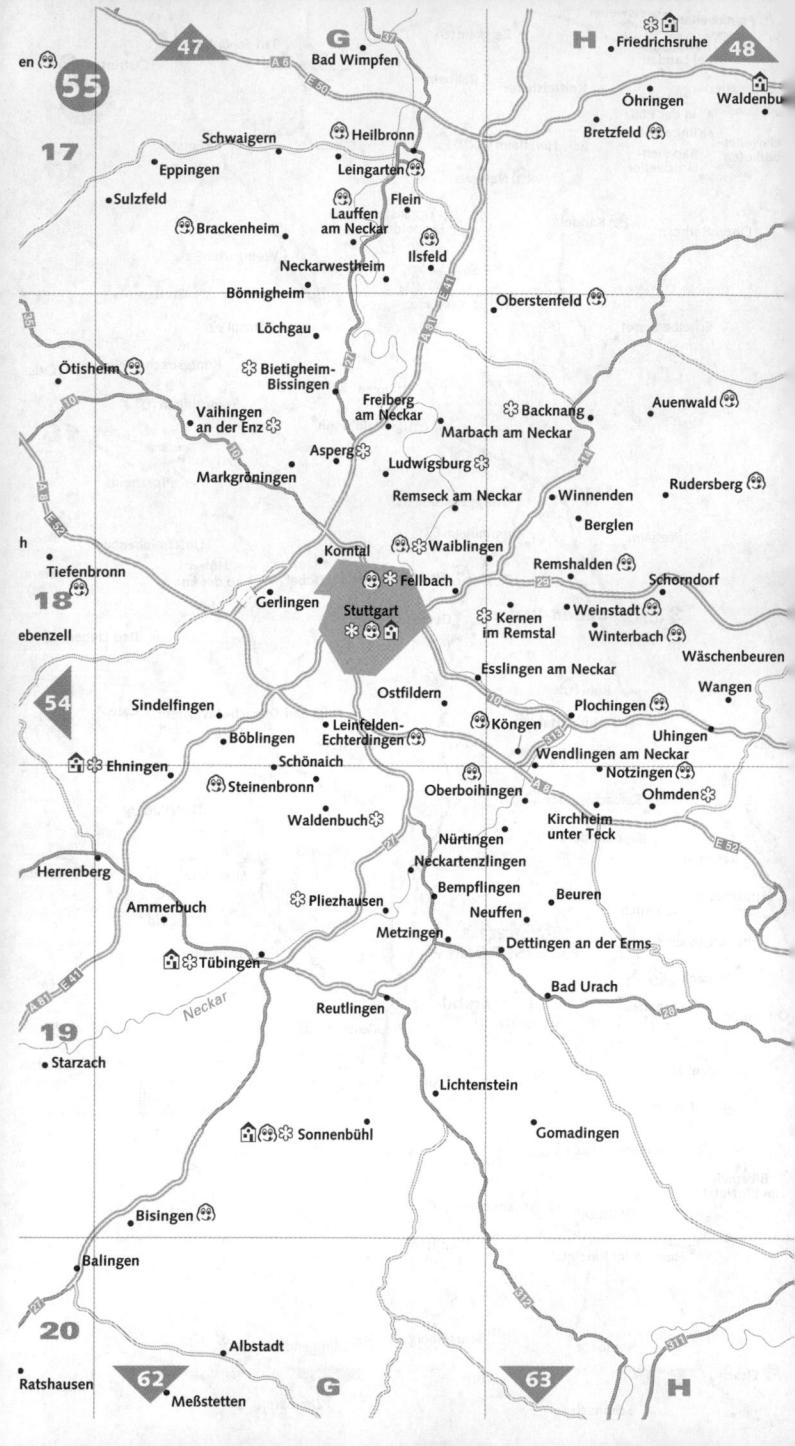

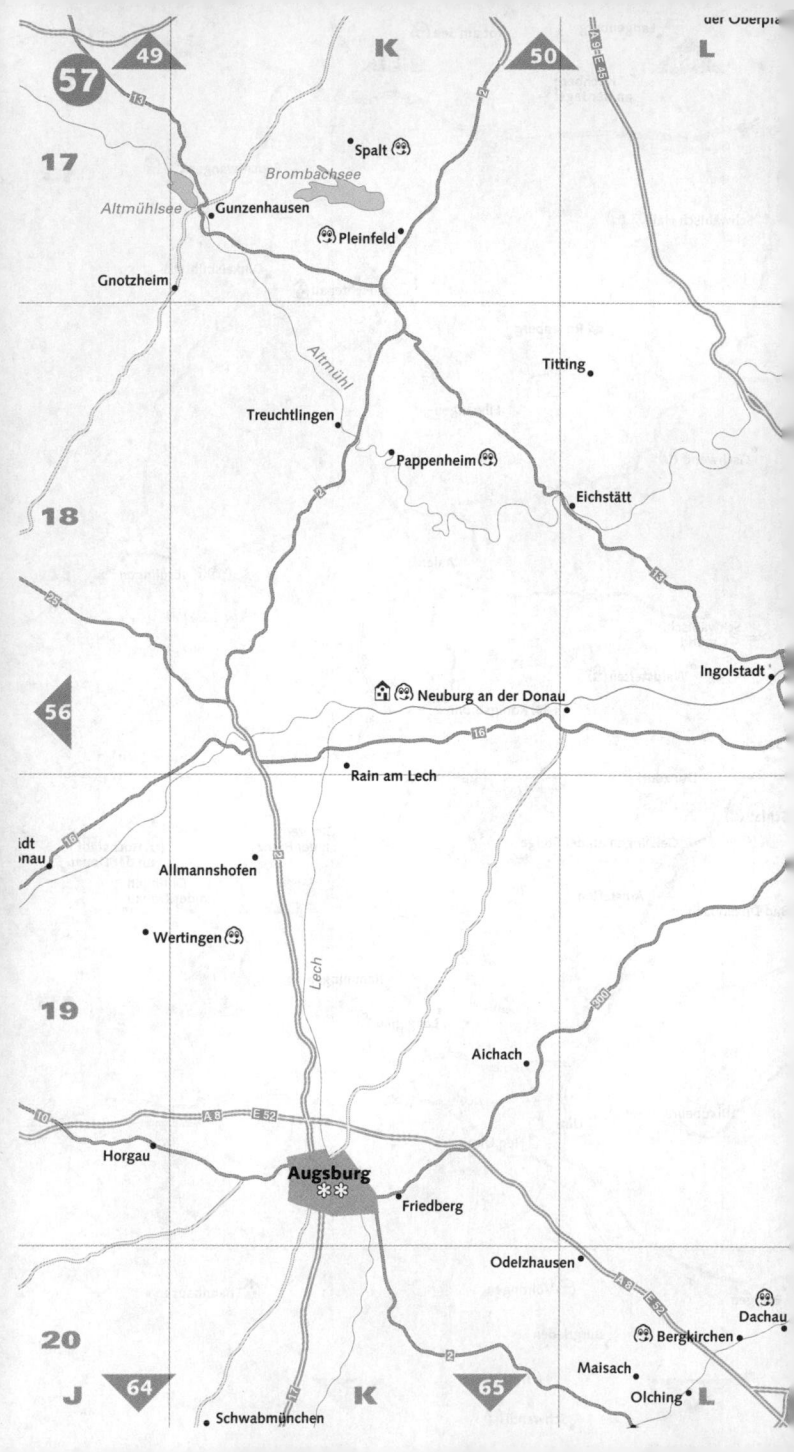

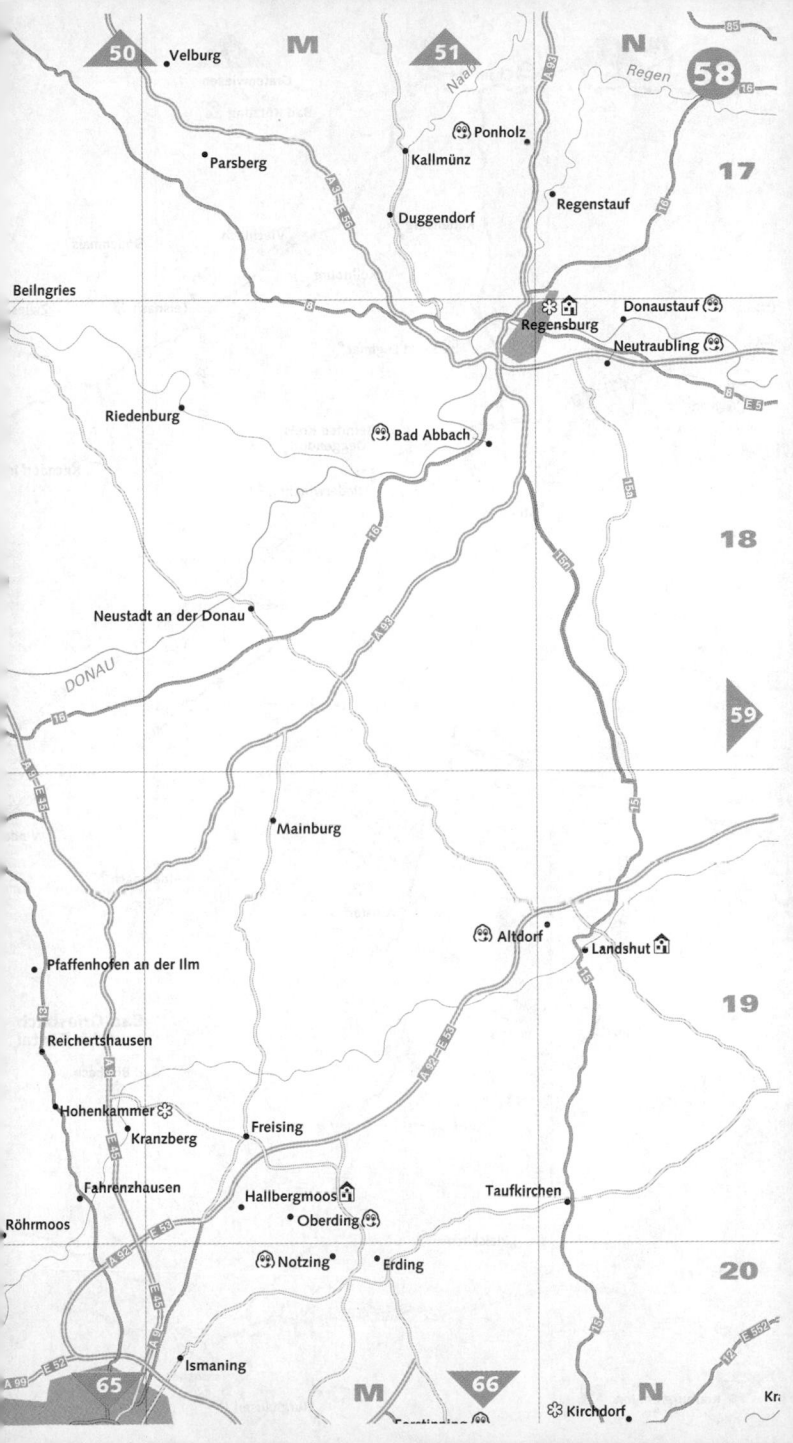

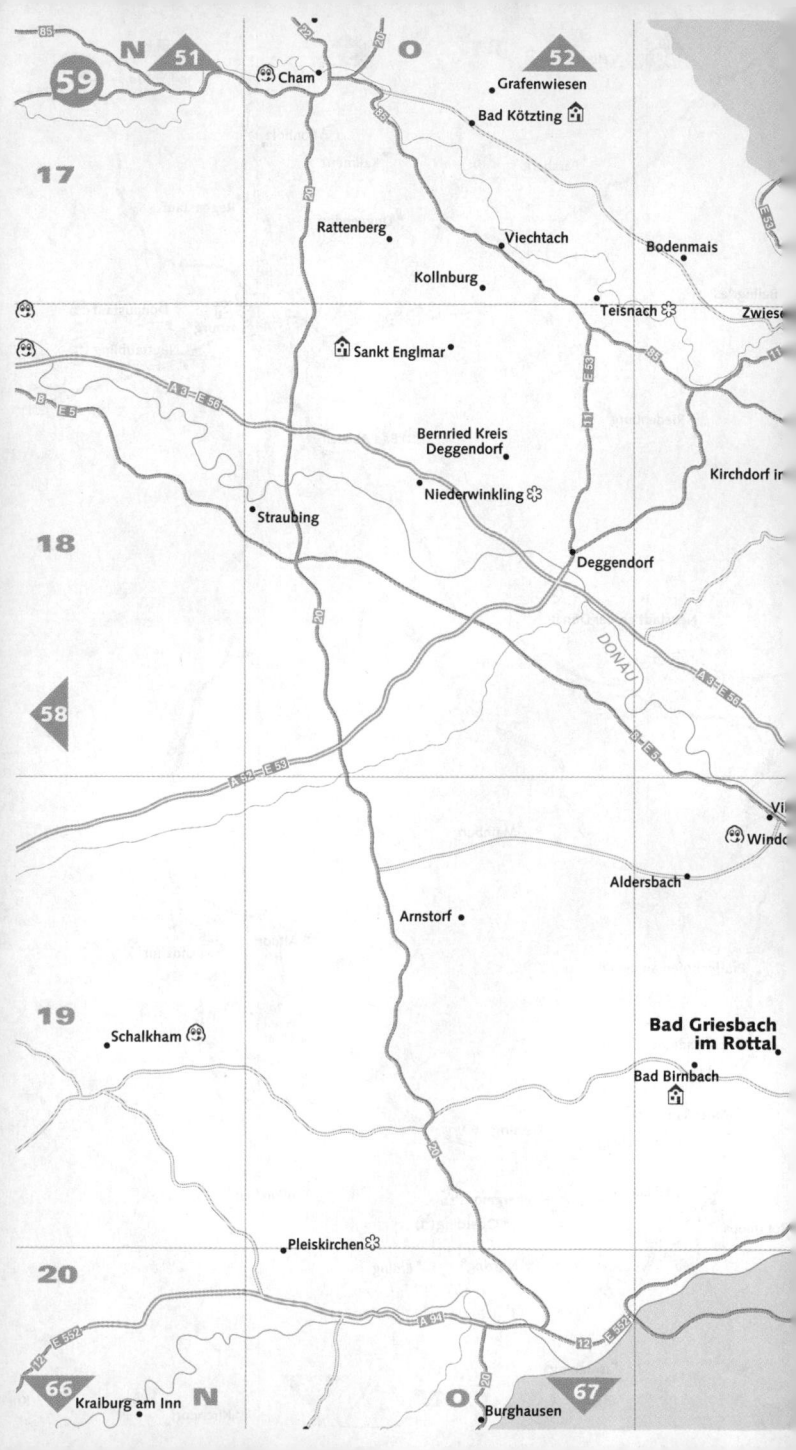

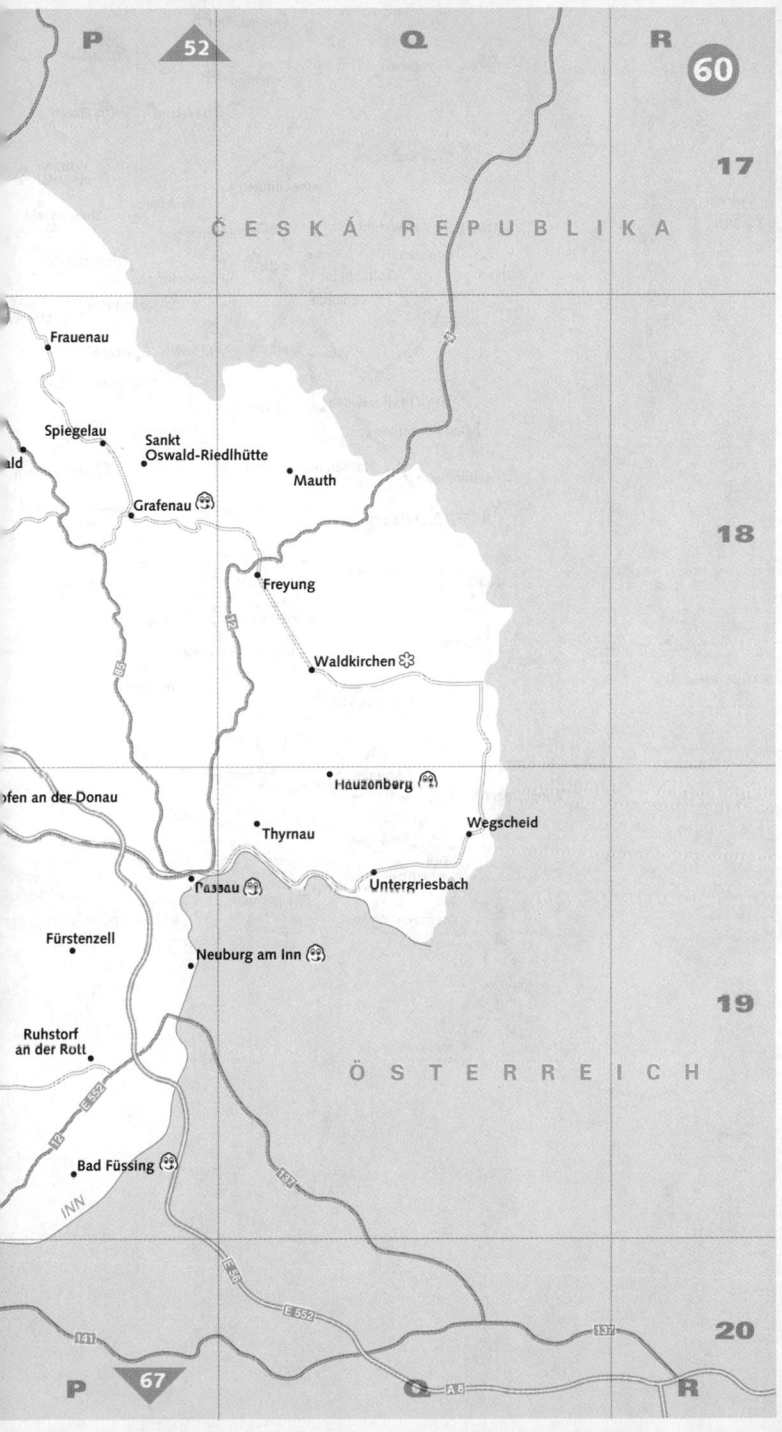

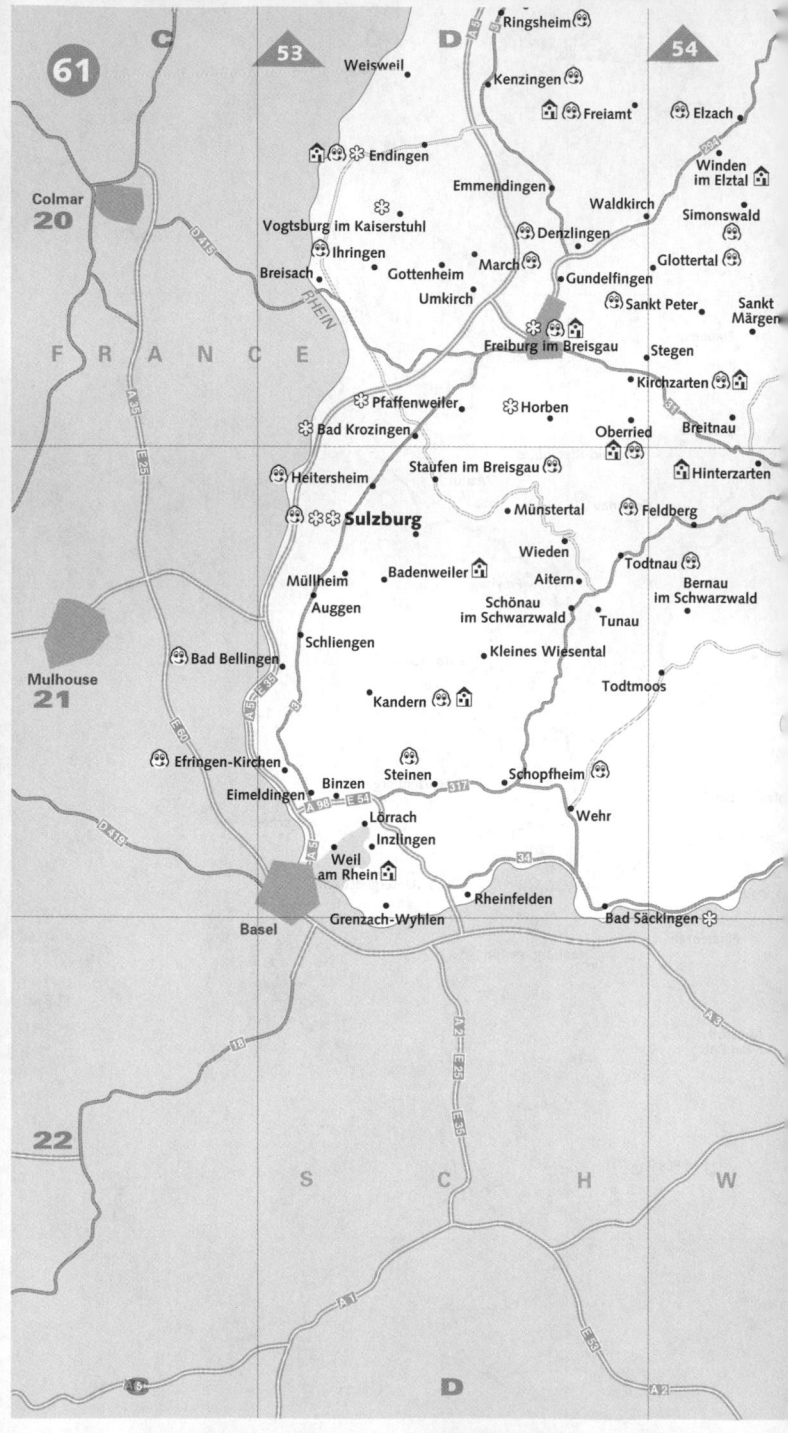

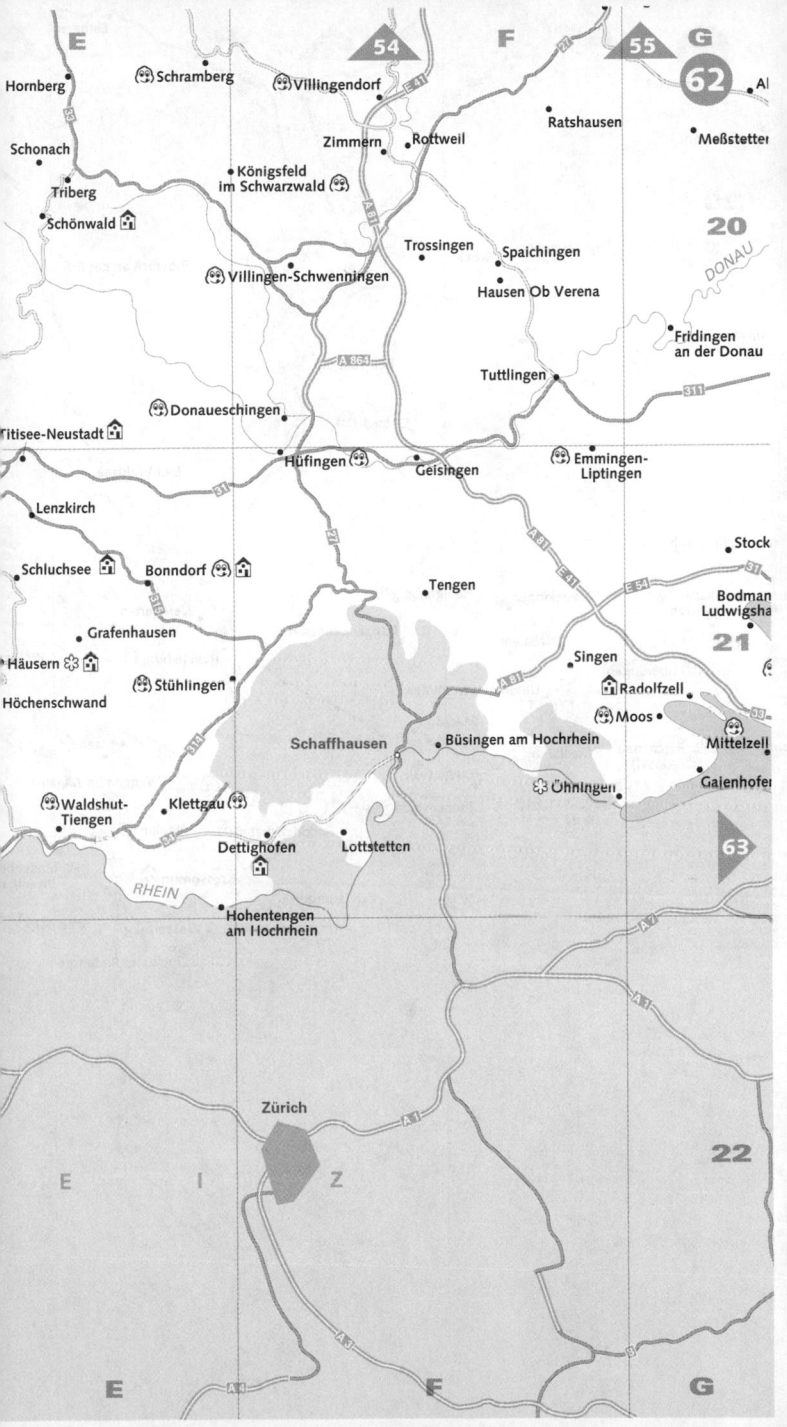

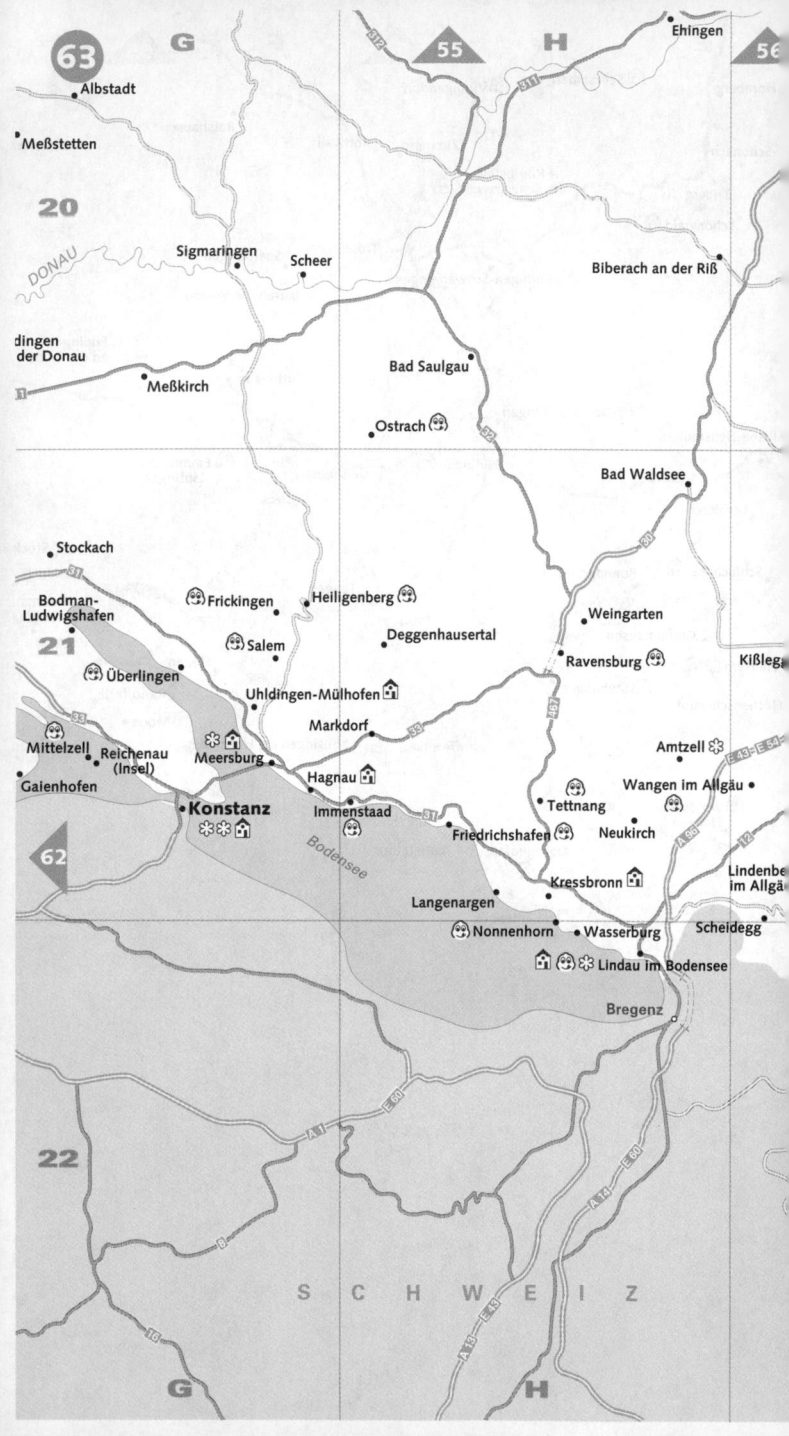

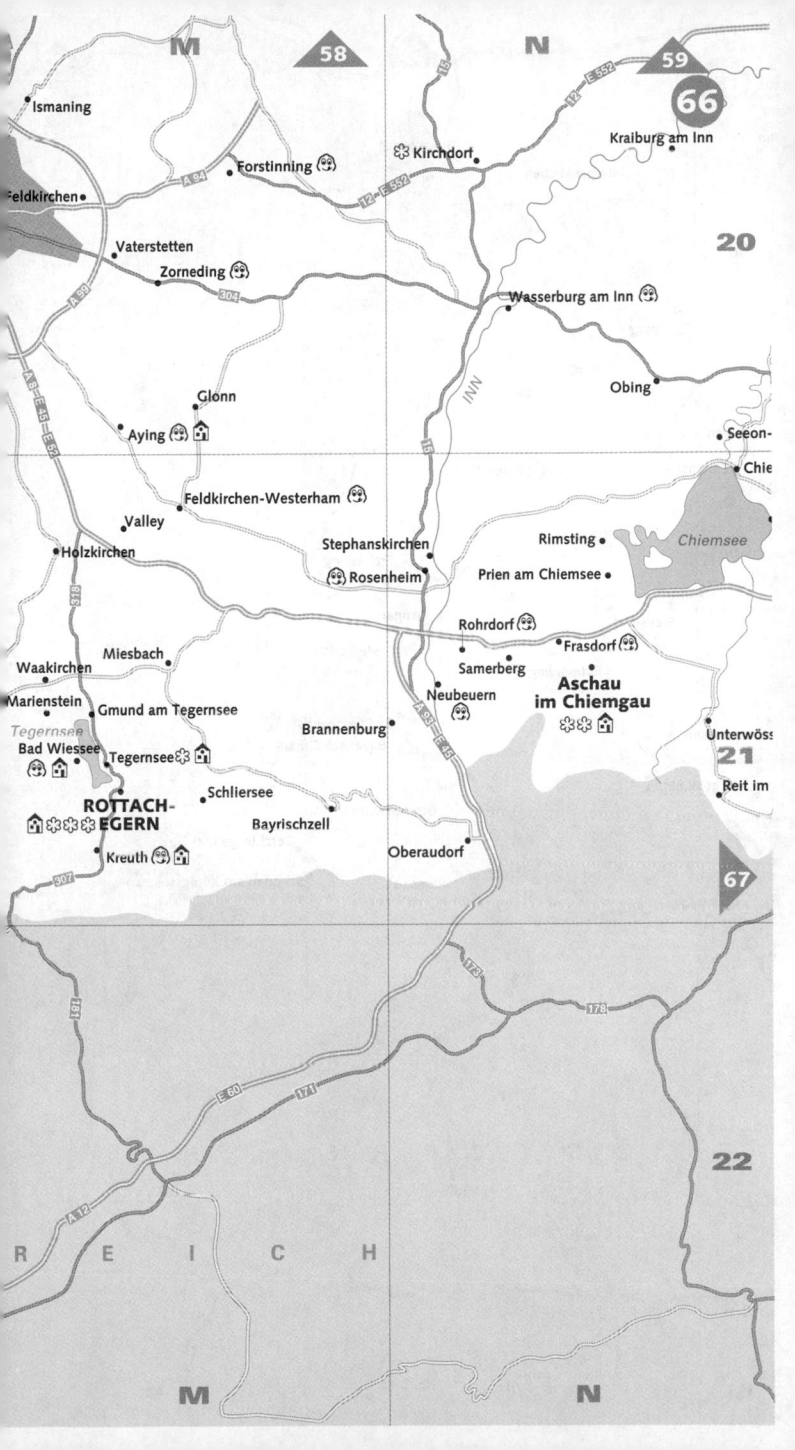

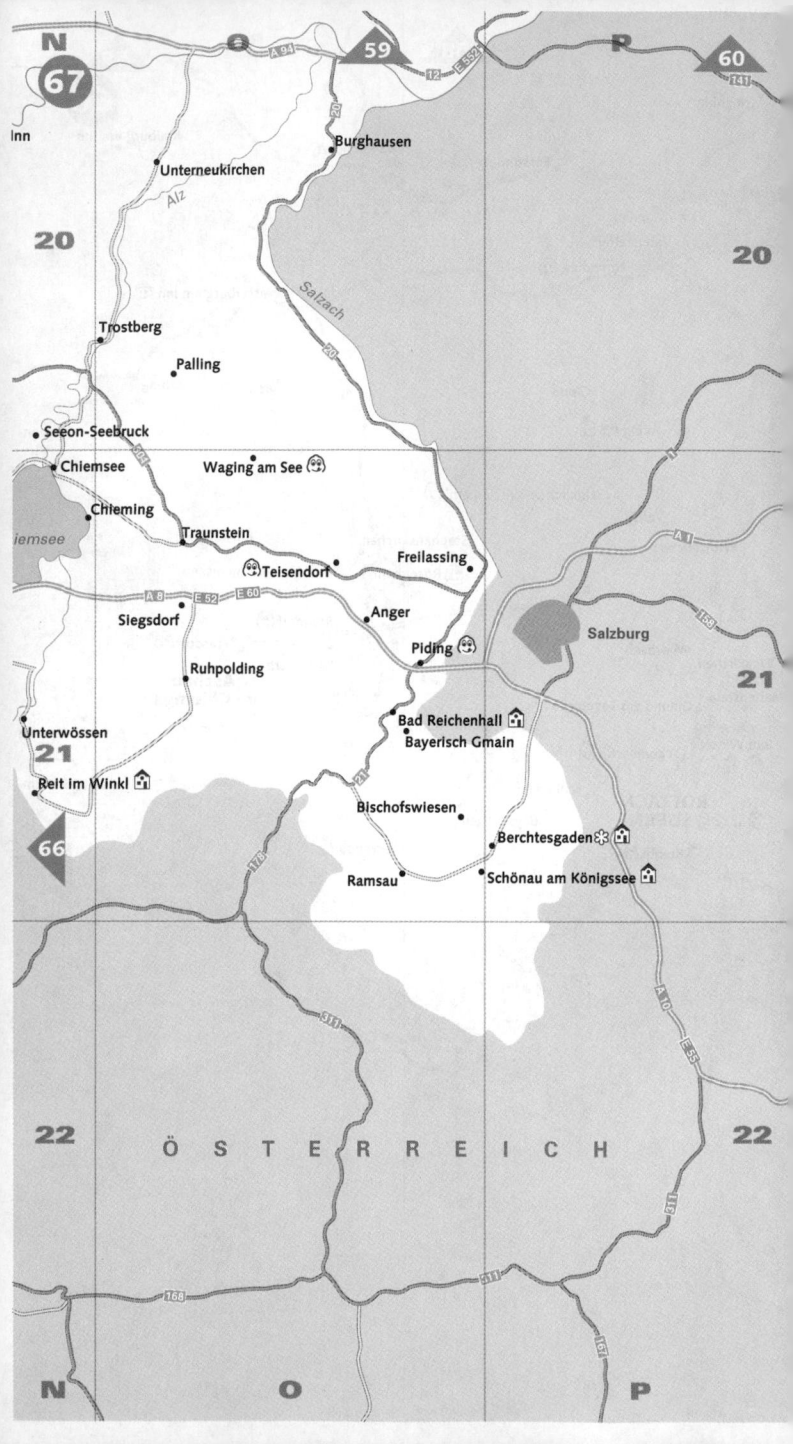

# Restaurants & Hotels

## Restaurants & hotels

## Städte von A bis Z

## Town from A to Z

## WIR MÖGEN BESONDERS...

Im **Justus K** nicht weit vom Dom in legerer Atmosphäre entspannt essen oder einfach ein Glas Wein trinken. „Jazz Time" in der **Schänke** von **Schloss Schönau**. Zum richtig guten Lunch nach Kornelimünster ins **Bistro** - als legere Alternative zur Sterneküche des **Sankt Benedikt**.

# AACHEN

Nordrhein-Westfalen – 241 690 Ew. – Höhe 173 m – Regionalatlas **35**-A12
▶ Berlin 637 km – Düsseldorf 81 km – Antwerpen 140 km – Köln 69 km
Michelin Straßenkarte 543

## *Restaurants*

🕸 **La Bécasse** (Christof Lang)                                    A/C

**FRANZÖSISCH-KLASSISCH · BISTRO** XX Christof Lang kocht durch und durch klassisch. Dafür werden ausgezeichnete Produkte fein und durchdacht zubereitet. Begleitet wird die niveauvolle Küche von einer umfangreichen Weinkarte mit Schwerpunkt Frankreich. Sehr gefragt ist übrigens das preisgünstige Mittagsmenü!
→ Terrine von der Gänseleber mit Chutney. Wildgefangener Steinbutt, Zucchinispaghetti, Zitronengrassauce, Bauchspeck. Ente aus dem Ofen.
Menü 37 € (mittags)/98 € - Karte 61/109 €
**Stadtplan : A3-s** - *Hanbrucher Str. 1* ✉ *52064 -* 𝒞 *0241 74444*
*- www.labecasse.de – geschl. über Karneval 1 Woche und Samstagmittag, Sonntag - Montagmittag*

🍽️ **Kohlibri**                                    ⪜ 🏠 & A/C P

**INTERNATIONAL · FREUNDLICH** XX Schon bei der Fahrt mit dem Lift in die 6. Etage des Auto- und Motorradhauses genießt man den Stadtblick, keine Frage, dass da die zwei Terrassen gut ankommen! Auch drinnen hat man dank Komplettverglasung eine schöne Sicht, dazu frische internationale Speisen mit französischem Einfluss. Sonntags Brunch.
Menü 49/69 € (abends) - Karte 40/65 €
*Sonnenscheinstr. 80, (Ecke Neuenhofstraße), über Adalbertsteinweg D2* ✉ *52078*
*-* 𝒞 *0241 5688500 - www.kohl.de – geschl. 31. Juli - 13. August und Montag - Dienstag*

🍽️ **Petit Charlemagne**                                    🏠 🍸 ⇔

**FRANZÖSISCH-KLASSISCH · BISTRO** X Das Restaurant in Domnähe hat seinen Bistro-Charakter ganz bewusst, und das ist kein Widerspruch zu gehobener Küche! Wer die schöne Marmortreppe hinaufgeht, hat's etwas gediegener - hier sitzen die Gäste vor allem am Abend gerne. Achten Sie auf die Tagesempfehlungen.
Menü 30 € - Karte 31/56 €
**Stadtplan : B2-c** - *Hartmannstr. 12* ✉ *52062 -* 𝒞 *0241 51560785*
*- www.petit-charlemagne.de - geschl. Sonntag*

## ⓘ○ One & Only

KLASSISCHE KÜCHE · BISTRO ⅹ Hier kocht man klassisch basiert mit internationalen Einflüssen, eine Spezialität ist Rib-Eye-Steak oder Iberico-Schwein vom Grill. Warmes Holz, rote Backsteinwände und ein dekoratives Weinregal schaffen dazu eine sympathische Atmosphäre.

Menü 45/75 € – Karte 45/65 €

Stadtplan : C2-c – *Peterstr. 81* ✉ *52062 –* ℰ *0241 9431311*
*– www.restaurantoneandonly.de – nur Abendessen – geschl. Anfang Januar 1 Woche, über Karneval 1 Woche und Sonntag sowie an Feiertagen*

## ⓘ○ Tom's Restaurant　🌶 🕸 🍽

INTERNATIONAL · FREUNDLICH ⅹ Aufmerksam und kompetent wird man in dem freundlich-modernen Restaurant umsorgt, und zwar mit saisonal-internationalen Speisen aus sehr guten Produkten. Die Fenster zur Küche bieten interessante Einblicke! Tipp: das nahe Parkhaus am Dom.

Menü 32/54 € – Karte 35/46 €

Stadtplan : B2-b – *Jakobstr. 94* ✉ *52064 –* ℰ *0241 91285688*
*– www.toms-restaurant.de – nur Abendessen – geschl. Samstagmittag, Sonntag - Montag sowie an Feiertagen*

## ⓘ○ Justus K

FRANZÖSISCH · HIP ⅹ Gerne kommen die Gäste hierher, denn man kann ungezwungen essen oder einfach einen guten Wein trinken, und das bei sympathischem Service. Das Angebot (darunter immer etwas Vegetarisches) steht auf einer großen Tafel und wechselt täglich.

Menü 40/60 € – Karte 35/62 €

Stadtplan : C2-d – *Promenadenstr. 36* ✉ *52062 –* ℰ *0241 95177650*
*(Tischbestellung ratsam) – www.justusk.de – nur Abendessen – geschl. Sonntag - Montag*

## ⓘ○ Reuters House　🌶 🛋

INTERNATIONAL · BISTRO ⅹ Aus guten, frischen Produkten entstehen hier internationale Speisen mit mediterranem Einfluss, darunter auch Pasta - Gewürze und Kräuter spielen eine große Rolle. Der Name stammt vom Gründer der berühmten Londoner Nachrichtenagentur.

Menü 25 € (mittags unter der Woche)/35 € – Karte 33/52 €

Stadtplan : B1-a – *Pontstr. 117* ✉ *52062 –* ℰ *0241 1897666 (abends Tischbestellung ratsam) – www.cusina-culinaria.com – geschl. Montag, Samstagmittag, Sonntagmittag*

## *Hotels*

### 🏨 Pullman Quellenhof　🌿 ⊰ 🖥 🛜 🛎 🖫 🛗 ☕ 🅰️ 🛠 🚗

LUXUS · KLASSISCH In dem exklusiven Grandhotel erwarten Sie ein großzügiger Rahmen, der schicke moderne Spa auf 900 qm und eine schöne Bar. Im OG: Aussicht auf Aachen. Internationale und klassische Küche im Restaurant "La Brasserie" und auf der Terrasse mit Parkblick.

181 Zim – ♦129/294 € ♦♦149/354 € – 2 Suiten – ⌑ 22 €

Stadtplan : C1-a – *Monheimsallee 52* ✉ *52062 –* ℰ *0241 91320*
*– www.pullmanhotels.com*

### 🏨 INNSIDE by Meliá ⓝ　🌿 🛜 🖫 🖥 ☕ 🅰️ 🕸 🛠 🚗

BUSINESS · MODERN Das durch und durch moderne Hotel mitten im Zentrum bietet nicht nur stylish-schicke Zimmer, auch das trendig designte "Uptown" in der 6. Etage ist eine gefragte Location. Bei klasse Stadtblick frühstückt man und speist international, samstags ab 21 Uhr wird das Restaurant zum Club samt DJ.

158 Zim – ♦99/129 € ♦♦119/149 € – ⌑ 20 € – ½ P

Stadtplan : C2-m – *Sandkaulstr. 20* ✉ *52062 –* ℰ *0241 510370 – www.melia.com*

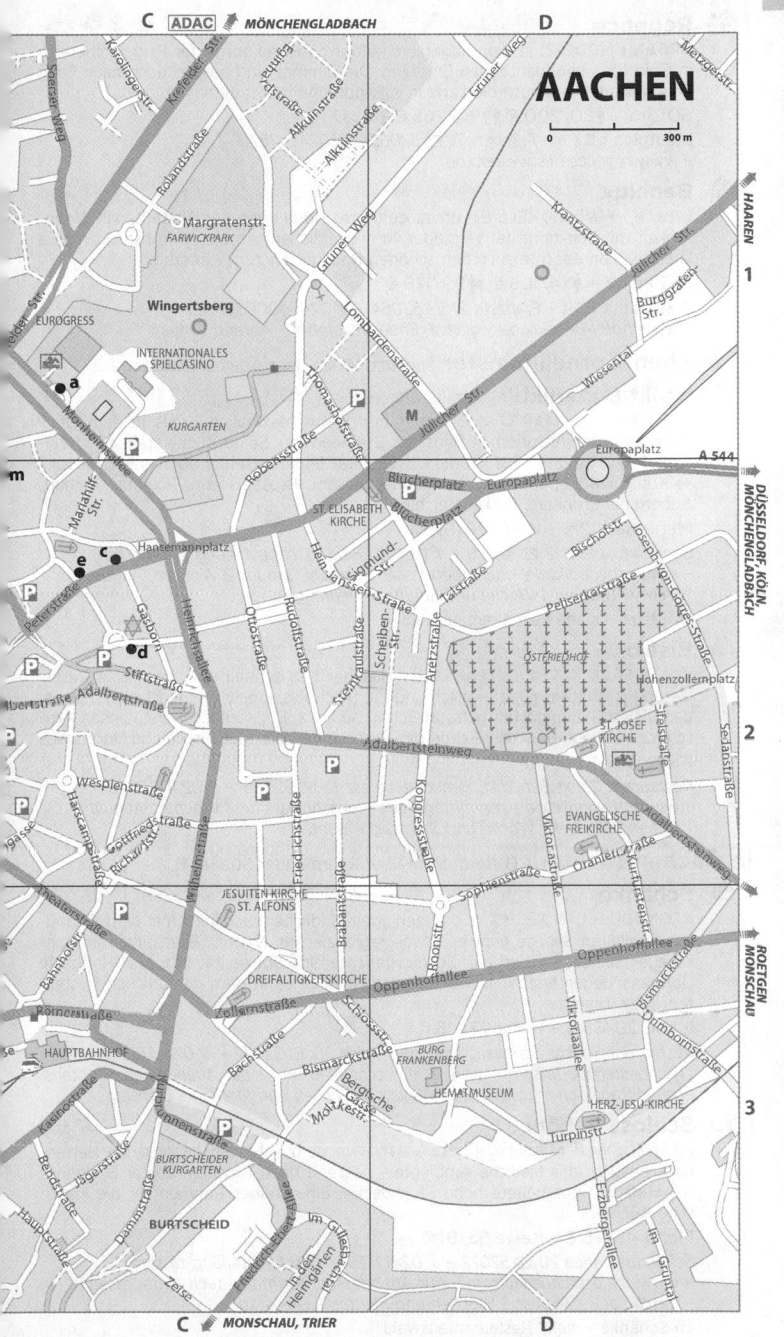

AACHEN

115

### 🏨 Regence  📶 🛗 AC 🍴 🛁 🚗

**URBAN · MODERN** In dem engagiert geführten Hotel sorgt der Eingangsbereich in Gold für einen glänzenden Empfang. Die Zimmer sind ansprechend nach Feng Shui gestaltet und auch die Lage in Altstadtnähe ist attraktiv.

60 Zim – 🛏80/200 € 🛏🛏90/265 € – 🛏17 €

Stadtplan : C2-e – *Peterstr. 71* ✉ *52062* – 𝄢 *0241 47870*
– *www.regence.bestwestern.de*

### 🏨 Benelux  🛗 🍴 🚗

**URBAN · FUNKTIONELL** Ein privat geführtes Hotel nahe der Altstadt, das Wohnlichkeit mit Funktionalität verbindet. In neuzeitlichem Ambiente frühstückt man à la carte. Man beachte auch den schönen Dachgarten zum Hinterhof!

33 Zim 🛏 – 🛏74/105 € 🛏🛏99/179 €

Stadtplan : B3-f – *Franzstr. 21* ✉ *52064* – 𝄢 *0241 400030*
– *www.hotel-benelux.de – geschl. Ende Dezember - Anfang Januar*

## In Aachen-Kornelimünster Süd-Ost: 10 km über Adalbertsteinweg D2

### ❀ Sankt Benedikt (Maximilian Kreus)

**KREATIV · FAMILIÄR** ✕✕ In 2. Generation wahrt Maximilian Kreus in dem charmant sanierten historischen Haus das Sterneniveau. Seine Küche steht für exzellente Produkte und feine Aromen, Kreativität findet sich hier ebenso wie Klassik.
→ Königskrabbe, Kräutersalat, Mandel, Sesam. Bresse Huhn, Polenta, Joghurt, Aubergine. Erdbeere, Gurke, Malzbier.

Menü 68/112 € – Karte 76/92 €

*Benediktusplatz 12* ✉ *52076* – 𝄢 *02408 2888 (Tischbestellung erforderlich)*
*– www.stbenedikt.de – nur Abendessen – geschl. Januar 2 Wochen, August 2 Wochen, Oktober 1 Woche und Sonntag - Montag*

⊛ **Bistro** – siehe Restaurantauswahl

### ⊛ Bistro  🏠

**KLASSISCHE KÜCHE · GEMÜTLICH** ✕ Hier heißt es schnell sein, denn eine Reservierung ist mittags nicht möglich und die frische saisonale Küche ist nicht nur bei den vielen Stammgästen gefragt! Schmackhaft z. B. "Kaninchenfilet, Linsen-Artischockenragout, Gnocchi". Schön die Terrasse mit Blick auf Kirche und Marktplatz.

Karte 30/40 €

*Restaurant Sankt Benedikt, Benediktusplatz 12* ✉ *52076* – 𝄢 *02408 2888*
*– www.stbenedikt.de – nur Mittagessen – geschl. Januar 2 Wochen, August 2 Wochen, Oktober 1 Woche und Samstag - Montag*

## In Aachen-Richterich Nord: 5 km über Roermonder Straße A1

### ⊛ Schänke  🏠 🍴

**REGIONAL · LÄNDLICH** ✕ In der gediegen-ländlichen Schänke mit dem freundlich-familiären Service geht es etwas regionaler zu. Neben "Filetspitzen in Monschauer Senfsauce" sind hier Schmorgerichte eine Spezialität von Axel Hobbach! Übrigens: Jeden ersten Mittwoch im Monat heißt es in dem gemütlichen Restaurant Jazz Time.

Menü 29/35 € – Karte 27/45 €

*Restaurant Schloss Schönau, Schönauer Allee 20* ✉ *52072* – 𝄢 *0241 173577*
*(Tischbestellung ratsam) - www.schlossschoenau.com – nur Abendessen, sonntags auch Mittagessen – geschl. Juli - August 3 Wochen und Montag - Dienstag*

### ⅡO Schloss Schönau  🏠 🍴

**FRANZÖSISCH-KLASSISCH · ELEGANT** ✕✕ In dem stilvollen historischen Herrenhaus besticht das festliche Ambiente - passend dazu (und ein echter Blickfang) die kunstvoll gearbeitete hohe Stuckdecke! Ein schöner Rahmen für die klassische Küche.

Menü 48/75 € – Karte 53/81 €

*Schönauer Allee 20* ✉ *52072* – 𝄢 *0241 173577 (Tischbestellung ratsam)*
*– www.schlossschoenau.com – nur Abendessen, sonntags auch Mittagessen*
*– geschl. Juli - August 3 Wochen und Montag - Dienstag*

⊛ **Schänke** – siehe Restaurantauswahl

# AALEN

Baden-Württemberg – 66 820 Ew. – Höhe 429 m – Regionalatlas **56-I18**

▶ Berlin 560 km – Stuttgart 78 km – Augsburg 119 km – Nürnberg 132 km

Michelin Straßenkarte 545

## ⓘⓞ Wilder Mann

**REGIONAL · LÄNDLICH** 𝕏 Der langjährige Familienbetrieb ist topgepflegt, immer wieder wird investiert. Aus der Küche kommen Klassiker wie Rostbraten ebenso wie moderne Gerichte und ein interessantes Weinmenü. Im Sommer sollten Sie im wunderschönen Garten speisen!

Menü 33/58 € – Karte 24/46 €

*Karlstr. 4 ⊠ 73433 – 𝒞 07361 71366 – www.restaurant-wilder-mann.de – geschl. Montag - Dienstag*

**In Aalen-Ebnat** Süd-Ost: 8 km über B 19, in Unterkochen Richtung Neresheim

## ⓘⓞ Landgasthof Lamm ⇦ 🏠 🚗

**REGIONAL · FAMILIÄR** 𝕏 Im Landgasthof von Wolfgang Scherr erwarten Sie verschiedene Stuben zum gemütlichen Essen, große Räumlichkeiten zum Feiern und eine moderne Kochschule für lernwillige Gäste! Die Speisekarte teilt sich in "Schwäbisches" und "Was für Feinschmecker" - beides ist für jedermann geeignet. Zudem können Sie hier auch übernachten: Die Zimmer sind nett, gepflegt und wohnlich.

Karte 22/46 €   8 Zim ⊡ – ∤78/88 € ∤∤118 €

*Unterkochener Str. 16 ⊠ 73432 – 𝒞 07367 2412 – www.lamm-ebnat.de – geschl. 20. Februar - 8. März und Dienstag - Mittwoch*

**In Aalen-Unterkochen** Süd-Ost: 4 km über B 19, Richtung Heldenheim

## ⓘⓞ Läuterhäusle ⇦ 🏠 **P**

**TRADITIONELLE KÜCHE · LÄNDLICH** 𝕏𝕏 Mit ihrem "Läuterhäusle" haben Brigitte und Michael Asbrock hier eine wirklich nette Adresse - sehr schön auch die die Terrasse! Die Chefin verwöhnt Sie mit schwäbischer Küche (Rostbraten, Rehbraten...), aber auch Vegetarisches kommt nicht zu kurz. Sonntags kocht man durchgehend von 12 - 20 Uhr! Und wenn Sie nach dem Essen nicht mehr fahren möchten, wohnliche Zimmer finden Sie hier auch.

Menü 28 € (unter der Woche)/48 € – Karte 17/44 €   11 Zim – ∤52/82 € ∤∤68/98 € – ⊒6 €

*Waldhäuser Str. 109 ⊠ 73432 – 𝒞 07361 98890 – www.laeuterhaeusle.de – geschl. Montag, Dienstagmittag sowie Mittwochmittag*

# ABBACH, BAD

Bayern – 11 750 Ew. – Höhe 371 m – Regionalatlas **58-M18**

▶ Berlin 496 km – München 109 km – Regensburg 15 km – Ingolstadt 62 km

Michelin Straßenkarte 546

## ⊛ Schwögler

**MEDITERRAN · ZEITGEMÄSSES AMBIENTE** 𝕏𝕏 Was in dem hellen, geradlinig gehaltenen Restaurant auf den Tisch kommt, verbindet Cucina Casalinga mit traditionell bayerischer Küche sowie leicht asiatischen und afrikanischen Einflüssen. Lassen Sie sich z. B. "Maispoularde mit Safrankruste, Röstzwiebelbiskuit und Gulaschsaftl" schmecken.

Menü 35/49 € – Karte 34/43 €

*Stinkelbrunnstr. 18 ⊠ 93077 – 𝒞 09405 962300 (Tischbestellung ratsam) – www.schwoegler.de – geschl. Sonntagabend - Montag, sowie an Feiertagen abends, Juni - Oktober: Sonntagabend - Dienstag*

# ACHERN

Baden-Württemberg – 24 620 Ew. – Höhe 145 m – Regionalatlas **54-E19**

▶ Berlin 725 km – Stuttgart 127 km – Karlsruhe 54 km – Offenburg 26 km

Michelin Straßenkarte 545

### 🕮 Chez Georges

**REGIONAL · KLASSISCHES AMBIENTE** ✕✕ Lust auf Klassiker der badisch-elsässischen Küche? Die serviert man Ihnen z. B. als "Schneckenrahmsuppe" oder "geschmorte Ochsenbäckle mit Spargelrisotto", dazu klassisches Ambiente. Sie können auch in der Weinstube Kächele bestellen, hier ist es etwas legerer.

Menü 33/47 € – Karte 28/64 €

*Hotel Schwarzwälder Hof, Kirchstr. 38 ⊠ 77585 – ℰ 07841 69680*
*– www.hotel-sha.de – geschl. Sonntagabend - Montag*

### 🍴 1839Malerhaus

**INTERNATIONAL · GEMÜTLICH** ✕ Richtig nett sitzt man in dem sorgsam sanierten alten Haus in freundlichen kleinen Stuben, charmant der Mix aus modernem Stil und historischem Rahmen. Auf den Tisch kommen frische Bistrogerichte, Pasta und Burger.

Menü 19 € (mittags unter der Woche)/45 € – Karte 24/56 €

*Hauptstr. 104 ⊠ 77855 – ℰ 07841 6668870 – www.1839malerhaus.de – geschl.*
*Februar 3 Wochen und Sonntag - Montag*

### 🏠 Schwarzwälder Hof

**LANDHAUS · GEMÜTLICH** Wenn Sie bei dem engagierten Gastgeber Jean-Georges Friedmann buchen, fragen Sie nach den Komfort-Zimmern - hier ist das Preis-Leistungs-Verhältnis am besten! Am Morgen ein hochwertiges Frühstück, draußen ein schöner Blumen-/Kräutergarten.

20 Zim ⌑ – ♦56/79 € ♦♦79/125 € – ½ P

*Kirchstr. 38 ⊠ 77585 – ℰ 07841 69680 – www.hotel-sha.de*

🕮 **Chez Georges** – siehe Restaurantauswahl

---

 Bei schönem Wetter isst man gern im Freien! Wählen Sie ein Restaurant mit Terrasse: 🌣.

---

## In Achern-Oberachern Süd-Ost: 1,5 km über Illenauer Allee

### 🍴 Kiningers Hirsch

**REGIONAL · FREUNDLICH** ✕ Hier kommen regionale und internationale Gerichte auf den Tisch - im November sind die vielen Variationen von der Gans zu empfehlen! Speisen Sie im Sommer unbedingt im tollen Innenhof mit Kräutergarten! Sie möchten übernachten? Man hat gepflegte, funktionale Zimmer.

Menü 38 € – Karte 27/51 €   5 Zim ⌑ – ♦55 € ♦♦95 €

*Oberacherner Str. 26 ⊠ 77855 – ℰ 07841 21579 – www.kiningers-hirsch.de*
*– geschl. Ende Oktober - Anfang November 2 Wochen und Montag*
*- Dienstagmittag, November - April: Montag - Dienstag*

## ADELSDORF

Bayern – 7 430 Ew. – Höhe 264 m – Regionalatlas **50**-K16
▶ Berlin 426 km – München 210 km – Nürnberg 41 km – Bamberg 34 km
Michelin Straßenkarte 546

### 🏠 Landhotel 3 Kronen

**LANDHAUS · MODERN** Gleich neben Kirche und Schloss warten 300 Jahre Familientradition auf Sie! Chic die Lounge, besonders hübsch und wohnlich die geräumigen Superior-Zimmer sowie die drei Juniorsuiten. Tipp für schöne Sommertage: die Restaurantterrasse. Toll für Feierlichkeiten: der Biergarten mit altem Baumbestand.

36 Zim ⌑ – ♦65/125 € ♦♦80/175 €

*Hauptstraße 8 ⊠ 91325 – ℰ 09195 9200 – www.3kronen.de – geschl. über*
*Weihnachten 1 Woche, Anfang Januar 1 Woche*

**In Adelsdorf-Neuhaus** Süd-West: 4 km

### ⊩○ Landgasthof Niebler  ⇦ 🚑 **P**

**REGIONAL · GASTHOF** ⚒ Es ist schon ein netter Gasthof, den die engagierte Familie hier inzwischen in 4. Generation betreibt. In den ländlichen Stuben serviert man fränkische Küche mit pfiffigen Abwandlungen, wie z. B. bei "geschmortem Rehschäufele mit Preiselbeerklößen". Gepflegt übernachten können Sie ebenfalls.

Menü 18 € – Karte 17/36 €   11 Zim ⚏ – ♦60/65 € ♦♦90/95 €

*Neuhauser Hauptstr. 30* ✉ *91325*
*– ℰ 09195 8682 – www.landgasthof-niebler.de*
*– Montag - Donnerstag nur Abendessen – geschl. 7. - 15. Januar, 6. - 16. Juni und Mittwoch*

### 🏠 Zum Löwenbräu  🕏 🖭 🍽 🛁 **P**

**GASTHOF · MODERN** Ein echter Brauereigasthof, Familienbetrieb seit 1747. Vieles ist traditionell, einiges modern - so verbreitet im Frühstücksraum ein alter Holzherd Charme. Besuchen Sie unbedingt den reizenden Hofladen: lecker die Pralinen und Marmeladen von der Chefin! Ebenso eigene Brände und Bier.

25 Zim ⚏ – ♦66/135 € ♦♦88/160 € – ½ P

*Neuhauser Hauptstr. 3* ✉ *91325 – ℰ 09195 923310 – www.zum-loewenbraeu.de*
*– geschl. 22. - 25. Dezember*

## ADELSHOFEN

Bayern – 980 Ew. – Höhe 429 m – Regionalatlas **49**-I16
▶ Berlin 502 km – München 264 km – Ansbach 41 km – Würzburg 58 km
Michelin Straßenkarte 546

**In Adelshofen-Tauberzell** Nord-West: 5 km Richtung Creglingen

### 🏵 Zum Falken  🚑 ⇧ **P**

**REGIONAL · GEMÜTLICH** ⚒ Alte Holzbalken, schöner Dielenboden, Bänke und Stühle in rustikalem Stil - das bringt Gemütlichkeit! Dazu Regionales wie "Rehragout mit Haselnussspätzle". Tipp: donnerstags und freitags frische hausgemachte Würste. Es gibt auch eigene Obstbrände. Alte Scheune für Feierlichkeiten, Weinproben im Gewölbekeller.

Karte 17/57 €

*Hotel Landhaus Zum Falken, Tauberzell 41* ✉ *91587*
*– ℰ 09865 941940 – www.landhaus-zum-falken.de*
*– geschl. 29. Januar - 22. Februar, 5. - 15. November, 23. - 26. Dezember und Montag - Dienstag*

### 🏠 Landhaus Zum Falken  🐌 **P**

**GASTHOF · TRADITIONELL** Wohnlich-modern, mit ländlichem Charme und preislich sehr fair - da kann man sich wirklich wohlfühlen! Die Rede ist von einem gestandenen fränkischen Landgasthof (1604 als Amtshaus erbaut) und einem nahe gelegenen Gästehaus. Nicht nur die Marmeladen zum Frühstück sind hausgemacht, der Chef ist Hobby-Imker.

16 Zim ⚏ – ♦49/64 € ♦♦67/87 € – ½ P

*Tauberzell 41* ✉ *91587 – ℰ 09865 941940 – www.landhaus-zum-falken.de*
*– geschl. 29. Januar - 22. Februar, 5. - 15. November, 23. - 26. Dezember*
🏵 **Zum Falken** – siehe Restaurantauswahl

## AERZEN

Niedersachsen – 10 620 Ew. – Höhe 99 m – Regionalatlas **28**-H9
▶ Berlin 349 km – Hannover 58 km – Detmold 41 km
Michelin Straßenkarte 541

## In Aerzen-Schwöbber Nord-West: 5 km

🕸 **Gourmet Restaurant im Schlosshotel Münchhausen**

**KLASSISCHE KÜCHE · ELEGANT** ✗✗✗ So stellt man sich die stilvoll-his- ⇔ 🚗 torischen Räume eines Schlosses vor: über Ihnen hohe Stuckdecken, unter Ihnen Parkettboden, Gemälde an den Wänden... Auf den elegant eingedeckten Tisch kommt Klassisches, begleitet von tollen Weinen. Der Service top geschult und stets präsent, ohne aufdringlich zu sein.

→ Pochiertes Landei, Pilztapioka, Bärlauchnudeln, Miso. Steinbutt, Stielmus, schwarzer Knoblauch, Rauchaal. Weserbergland-Lamm, Süßkartoffel, Aubergine, Rhabarber.

Menü 72/185 €

*Schlosshotel Münchhausen, Schwöbber 9* ✉ *31855 –* 📞 *05154 70600 (Tischbestellung ratsam) – www.schlosshotel-muenchhausen.com – nur Abendessen – geschl. 2. - 16. Januar und Sonntag - Montag*

🍴○ **Schlosskeller** 🏠 🚗

**REGIONAL · RUSTIKAL** ✗✗ Ein wirklich gemütlicher Ort ist der liebevoll dekorierte Gewölbekeller. Die Holztische und die umlaufende Sitzbank passen schön zu den hübschen Stoffen und bringen eine rustikale Note. Hier lässt man sich regionale Küche schmecken.

Menü 35/60 € – Karte 34/64 €

*Schlosshotel Münchhausen, Schwöbber 9* ✉ *31855 –* 📞 *05154 70600 – www.schlosshotel-muenchhausen.com – geschl. November - Januar: Montag - Dienstag*

🏰 **Schlosshotel Münchhausen**

**HISTORISCHES GEBÄUDE · ELEGANT** Mit stilgerechtem, edlem Interieur und traumhaftem Rahmen verbindet das Schloss a. d. 16. Jh. Historie mit modernem Komfort. Beispielhaft der Service, elegant die Zimmer, geschmackvoll und groß-zügig der Spa, schön das Hallenbad neben dem Wassergraben... und all das in idyllischer sanfter Hügellandschaft.

60 Zim – ♂130 € ♂♂160 € – 8 Suiten – ⌷29 € – ½ P

*Schwöbber 9* ✉ *31855 –* 📞 *05154 70600 – www.schlosshotel-muenchhausen.com*

🕸 **Gourmet Restaurant im Schlosshotel Münchhausen** · 🍴○ **Schlosskeller** – siehe Restaurantauswahl

# AHAUS

Nordrhein-Westfalen – 38 760 Ew. – Höhe 50 m – Regionalatlas **26**-C9

▶ Berlin 522 km – Düsseldorf 116 km – Nordhorn 51 km – Bocholt 49 km

Michelin Straßenkarte 543

## In Ahaus-Ottenstein West: 7 km

🏠 **Haus im Flör**

**LANDHAUS · GEMÜTLICH** In dem ruhig gelegenen Haus der Familie Bonato ste-hen wohnlich und zeitgemäß ausgestattete Zimmer mit kostenfreiem W-Lan bereit. Hübscher Garten mit Teich. Man speist im gemütlich-eleganten Restaurant oder im schönen Gartenpavillon.

25 Zim ⌷ – ♂60/70 € ♂♂85 € – ½ P

*Hörsteloe 49, Nord: 2 km Richtung Alstätte* ✉ *48683 –* 📞 *02567 939990 – www.haus-im-floer.de – geschl. Juli - August 1 Woche*

**AHLBECK** Mecklenburg-Vorpommern → Siehe Usedom (Insel)

# AHORNTAL

Bayern – 2 240 Ew. – Regionalatlas **50**-L15

▶ Berlin 387 km – München 226 km – Bayreuth 30 km – Erlangen 49 km

Michelin Straßenkarte 546

## 🏯 Burg Rabenstein 🍴 🐾 🤵 🏸 🅿

**HISTORISCHES GEBÄUDE · INDIVIDUELL** Das ist doch mal eine ganz besondere Kulisse: Auf einem Felsvorsprung am Waldrand thront die über 800 Jahre alte Burg. Auf 64 ha erwarten Sie schöne Zimmer (auf TV verzichtet man hier gerne), historische Säle und eine Kapelle für Trauungen sowie eine Tropfsteinhöhle und eine Falknerei.

19 Zim 🖵 – 💲99/137 € 💲💲158/178 € – 3 Suiten – ½ P

*Rabenstein 33 ✉ 95491 – 𝒞 09202 9700440 – www.burg-rabenstein.de*

# AHRENSBURG

Schleswig-Holstein – 31 370 Ew. – Höhe 46 m – Regionalatlas **10**-J5
▶ Berlin 276 km – Kiel 79 km – Hamburg 36 km – Lübeck 47 km
Michelin Straßenkarte 541

## 🍴 le Marron ⬅ 🏛 ⚅ 🅰 🚗

**INTERNATIONAL · FREUNDLICH** ✕✕ Herzstück im Restaurant des "Park Hotels" ist die Showküche - drum herum schöne lichte Wintergärten, die eine angenehme Atmosphäre für die internationalen Gerichte schaffen.

Menü 39 € – Karte 30/51 € 101 Zim – 💲92/122 € 💲💲102/132 € – 8 Suiten – 🖵 15 €

*Lübecker Str. 10a ✉ 22926 – 𝒞 04102 230400*
*– www.parkhotel-ahrensburg.de/restaurants-bar*

# AHRENSHOOP

Mecklenburg-Vorpommern – 640 Ew. – Höhe 3 m – Regionalatlas **5**-N3
▶ Berlin 259 km – Schwerin 130 km – Rostock 46 km – Stralsund 65 km
Michelin Straßenkarte 542

## 🍴 Namenlos ⬅ 🏛 ⚅ 🅰 🚗

**MARKTKÜCHE · LÄNDLICH** ✕✕ "Ostseeschnäpfelfilet, Rieslingschaum, Blattspinat" oder lieber "Medaillon vom Rind mit Trüffel-Nusskruste"? Gekocht wird hier regional, international und saisonal, und das durchgehend, auch nachmittags. Tipp: Vom vorderen Teil des Restaurants hat man einen schönen Blick aufs Meer. Schöne Terrasse.

Menü 39/75 € (abends) – Karte 33/69 €

*Hotel Namenlos & Fischerwiege, Schifferberg 2 ✉ 18347 – 𝒞 038220 6060*
*– www.hotel-namenlos.de – geschl. vor Weihnachten 10 Tage*

## 🏯 THE GRAND Ahrenshoop 🍴 ⬅ 🖥 🛜 🛦 🛗 🅰 🏸 🚗

**LUXUS · MODERN** An der Stelle des alten Kurhauses und fast direkt am Strand steht diese modern-puristische und überaus großzügige Neuinterpretation. Wer etwas Besonderes sucht, bucht das 150-qm-Loft mit Terrasse! Herrlich auch die Bar "Weitblick" samt Dachterrasse (Do. mit Live-Musik). Spa-Vielfalt auf rund 3000 qm.

80 Zim 🖵 – 💲109/235 € 💲💲145/349 € – ½ P

*Schifferberg 24 ✉ 18347 – 𝒞 038220 6780 – www.the-grand.de*

## 🏯 Namenlos & Fischerwiege 🐾 🤵 🖥 🛜 🛗 ⚅ 🏸 🚗

**LANDHAUS · GEMÜTLICH** Hübsches Häuser-Ensemble in reizvoller meernaher Lage im Grünen. Im Haus Fischerwiege wohnt man schön Richtung Bodden - hier auch der Pool und der Frühstücksraum mit Sicht in den Garten. Sie möchten Meerblick? Den gibt's im Haus Namenlos. Und wie wär's mit hausgemachtem Kuchen im Strandkorb auf der Terrasse?

30 Zim 🖵 – 💲90/130 € 💲💲130/260 € – 20 Suiten – ½ P

*Schifferberg 2 ✉ 18347 – 𝒞 038220 6060 – www.hotel-namenlos.de – geschl. vor Weihnachten 10 Tage*

🍴 **Namenlos** – siehe Restaurantauswahl

###  Künstlerquartier Seezeichen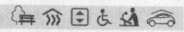

**BOUTIQUE-HOTEL · MODERN** Chic, modern, wertig - von den Zimmern und Suiten über die Apartmenthäuser bis zum Spa, dazu der schöne Garten und nicht zuletzt die tolle Dachterrasse mit Meerblick - beliebt für Hochzeiten! Über den Deich geht's zum Strand, wo Sie Ihren eigenen Strandkorb haben.

53 Zim ⌂ – ∲90/170 € ∲∲95/240 € – 3 Suiten

*Dorfstr. 22 ⊠ 18347 – ☏ 038220 67970 – www.seezeichen-hotel.de – geschl. Januar*

## In Ahrenshoop-Niehagen Süd: 2,5 km

### ⁞○ Am Kiel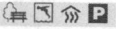

**INTERNATIONAL · LÄNDLICH** ⅔ Kein Wunder, dass die Gaststube in dem hübschen roten Reetdachhaus so gefragt ist: ländlich-charmant und leger die Atmosphäre, freundlich der Service, frisch die Gerichte - wie wär's mit "Zanderfilet mit Spargel und Rosmarinkartoffeln"?

Menü 25 € – Karte 22/34 €

*Hotel Landhaus Morgensünn & Susewind, Bauernreihe 4d ⊠ 18347 – ☏ 038220 669721 (abends Tischbestellung ratsam) – www.hoteluntermreetdach.de – November - März: Montag - Freitag nur Abendessen*

###  Landhaus Morgensünn & Susewind

**LANDHAUS · GEMÜTLICH** Verschiedene hübsche Reetdachhäuser beherbergen wohnliche Zimmer und Appartements im Landhausstil - hier und da Antiquitäten. Hallenbad im Haus Morgensünn, nur 50 m vom Haus Susewind.

34 Zim ⌂ – ∲65/95 € ∲∲80/150 € – 2 Suiten – ½ P

*Bauernreihe 4d ⊠ 18347 – ☏ 038220 6410 – www.hoteluntermreetdach.de*

⁞○ **Am Kiel** – siehe Restaurantauswahl

# AICHACH

Bayern – 20 560 Ew. – Höhe 446 m – Regionalatlas **57**-K19

▶ Berlin 565 km – München 68 km – Augsburg 24 km – Ingolstadt 53 km

Michelin Straßenkarte 546

## In Aichach-Sulzbach Süd-West: 5 km Richtung Augsburg, nach 3,5 km rechts abbiegen

### ⁞○ Zum Tavernwirt

**MARKTKÜCHE · GASTHOF** ⅔ Das passt genau in das Bild eines traditionsreichen Gasthauses: rustikaler Charme und ein Biergarten unter Kastanien. Der Keller birgt einige Trouvaillen - fragen Sie den Chef und Weinliebhaber Martin Wastl!

Menü 42 € – Karte 40/59 €

*Tränkstr. 6 ⊠ 86551 – ☏ 08251 7154 (Tischbestellung ratsam) – www.tavernwirt.de – Mittwoch - Samstag nur Abendessen – geschl. Montag - Dienstag*

**AITERN** Baden-Württemberg → Siehe Schönau im Schwarzwald

# ALBSTADT

Baden-Württemberg – 44 060 Ew. – Höhe 731 m – Regionalatlas **63**-G20

▶ Berlin 721 km – Stuttgart 98 km – Konstanz 99 km – Ulm (Donau) 97 km

Michelin Straßenkarte 545

## In Albstadt-Ebingen Süd-Ost: 1 km

###  In der Breite

**FAMILIÄR · GEMÜTLICH** Man spürt förmlich die Liebe, die die Familie in ihr Haus steckt - man kümmert sich engagiert um die Gäste und hält alles top in Schuss! Naturliebhaber erkunden die Wanderwege in der Gegend, relaxen kann man aber auch im schönen Garten!

14 Zim ⌂ – ∲55/70 € ∲∲90/100 €

*Flandernstr. 97 ⊠ 72458 – ☏ 07431 90070 – www.hotel-breite.com*

## ALDERSBACH

Bayern – 4 230 Ew. – Höhe 328 m – Regionalatlas **59**-P19

▶ Berlin 594 km – München 158 km – Passau 32 km – Regensburg 111 km

Michelin Straßenkarte 546

### 🏠 Mayerhofer      🎇 🖙 🛖 ⊡ ⚒ 🅿

**GASTHOF · GEMÜTLICH** Ein Gasthof wie aus dem Bilderbuch - seit 1905 als Familienbetrieb geführt, mit wohnlichen Zimmern, nettem kleinem Saunabereich und einem regionstypischen Restaurant, wo man unter einem schönen Kreuzgewölbe bayerische Küche serviert bekommt - hier finden sich viele Produkte aus der eigenen Metzgerei!

30 Zim 🖙 – †61/79 € ††79/115 €

*Ritter-Tuschl-Str. 2* ✉ *94501 – 𝒞 08543 96390 – www.mayerhofer.org*
*– geschl. Februar 3 Wochen, Oktober - November 3 Wochen*

## ALF

Rheinland-Pfalz – 840 Ew. – Höhe 95 m – Regionalatlas **46**-C15

▶ Berlin 671 km – Mainz 108 km – Trier 61 km – Koblenz 84 km

Michelin Straßenkarte 543

### 🏠 Burg Arras      🎇 🐾 ⫷ 🅿 ⇥

**HISTORISCHES GEBÄUDE · ROMANTISCH** Allein liegt die über 1000 Jahre alte Burg auf einer Bergkuppe, die Aussicht ist grandios - vor allem vom begehbaren Turm. Man bietet schöne wohnliche Zimmer und ein kleines Museum. Rustikales Burgflair im Restaurant - Terrasse mit traumhaftem Blick auf Höllen- und Moseltal.

10 Zim 🖙 – †115/185 € ††150/250 € – ½ P

*Wohnplatz 1* ✉ *56859 – 𝒞 06542 22275 – www.arras.de – geschl. Januar*

### 🏠 Bömers Mosellandhotel      🎇 🖙 ⊡ 🍽 🅿

**FAMILIÄR · GEMÜTLICH** Hier dürfen Sie sich auf freundlichen Service, wohnliche Zimmer und ein gutes Frühstück freuen, zudem können Sie auf der hübschen Liegewiese relaxen. Im Haus "Veranda" nebenan befinden sich etwas kleinere Zimmer. Zum Restaurant gehören eine nette Bier- und Weinstube sowie eine schöne Terrasse.

34 Zim 🖙 – †74/89 € ††74/140 € – 3 Suiten – ½ P

*Ferdinand-Remy-Str. 27* ✉ *56859 – 𝒞 06542 2310 – www.boemershotel.de*
*– geschl. Anfang Januar - Ende März, Mitte November - Mitte Dezember*

## ALFELD (LEINE)

Niedersachsen – 18 980 Ew. – Höhe 160 m – Regionalatlas **29**-I9

▶ Berlin 312 km – Hannover 46 km – Göttingen 66 km – Hildesheim 26 km

Michelin Straßenkarte 541

### In Alfeld-Warzen West: 2,5 km über Hannoversche Straße

### 🏠 Grüner Wald      🎇 🐾 🖙 ⚒ 🅿

**LANDHAUS · GEMÜTLICH** Hier wohnen Sie bei freundlichen Gastgebern in komfortablen Zimmern (meist mit Balkon) und freuen sich am Morgen auf ein frisches Frühstück. Zudem locken die ruhige Lage samt Blick ins Grüne, schöne Radwanderwege, ein Trip nach Hannover...

23 Zim 🖙 – †59/68 € ††89/99 € – ½ P

*Am Knick 7* ✉ *31061 – 𝒞 05181 24248 – www.hotel-gasthof-gruener-wald.de*
*– geschl. Anfang Januar 1 Woche*

## ALLMANNSHOFEN

Bayern – 820 Ew. – Höhe 440 m – Regionalatlas **57**-K19

▶ Berlin 538 km – München 89 km – Augsburg 31 km – Donauwörth 15 km

Michelin Straßenkarte 546

## In Allmannshofen-Holzen Süd: 2 km

🏨 **Kloster Holzen Hotel & Gasthof**　　🏖 🐾 ᴋ 🎩 **P**

GASTHOF · MODERN Überaus ansprechend der klare moderne Stil in dieser imposanten Klosteranlage (1697) mit Barockkirche. Tolle Veranstaltungsräume mit Stuckdecke, schöne Gewölbe (z. B. im Frühstücksraum), herrlicher Klostergarten... Im rustikalen Gasthof mit Biergarten isst man regional.

55 Zim 🖙 – 🍴70/121 € 🍴🍴106/131 € – 2 Suiten – ½ P
*Klosterstr. 1 ⊠ 86695 – ℰ 08273 99590 – www.kloster-holzen.de – geschl. 1. - 8. Januar*

# ALPIRSBACH
Baden-Württemberg – 6 310 Ew. – Höhe 441 m – Regionalatlas **54**-E19
▶ Berlin 726 km – Stuttgart 99 km – Freiburg im Breisgau 78 km – Schramberg 19 km
Michelin Straßenkarte 545

😊 **Rössle**　　🔙 🏠 🚗

REGIONAL · LÄNDLICH 🍴 Ob "gebratenes Lammrückenfilet mit Rahmwirsing" oder "Filet vom Zander auf Weißweinschaum mit Berglinsen", die saisonal-regionale Küche von Thorsten Beilharz (er leitet den Familienbetrieb bereits in 4. Generation) ist frisch und schmackhaft. Sie möchten übernachten? Fragen Sie nach den neueren Zimmern!

Menü 24/42 € – Karte 26/48 €　　25 Zim 🖙 – 🍴56/66 € 🍴🍴86/100 €
*Aischbachstr. 5 ⊠ 72275 – ℰ 07444 956040 – www.roessle-alpirsbach.de
– geschl. Februar - März 2 Wochen, 9. - 15. Oktober, November 2 Wochen und Montagmittag, Mittwoch*

# ALTDORF
Bayern – 15 100 Ew. – Höhe 444 m – Regionalatlas **50**-L17
▶ Berlin 436 km – München 176 km – Nürnberg 29 km – Regensburg 80 km
Michelin Straßenkarte 546

🍴 **Rotes Ross**　　🏠 🔄 🚭

REGIONAL · GEMÜTLICH 🍴 Eine sehr gut besuchte Adresse mit rustikalem Charme. Der historische Gasthof mit langer Familientradition bietet solide fränkische Küche zu fairen Preisen, so z. B. "Rinderbrust mit Meerrettichsauce, Kartoffeln und Salat".

Menü 25 € – Karte 18/41 €
*Oberer Markt 5 ⊠ 90518 – ℰ 09187 5272 (Tischbestellung erforderlich)
– www.rotes-ross-altdorf.de – geschl. Januar 1 Woche, über Pfingsten 1 Woche, August 2 Wochen und Montag, Donnerstagabend*

**ALTDORF** Rheinland-Pfalz ➜ Siehe Edenkoben

# ALTDORF Kreis LANDSHUT
Bayern – 11 040 Ew. – Höhe 396 m – Regionalatlas **58**-N19
▶ Berlin 552 km – München 74 km – Landshut 6 km – Braunau am Inn 97 km
Michelin Straßenkarte 546

## In Altdorf-Pfettrach Nord-West: 3 km, Richtung Neustadt a.d. Donau jenseits der A 92

😊 **Saustall**　　🏠 🌾 🔄 **P**

INTERNATIONAL · TRENDY 🍴 Sehr nett die Atmosphäre, gut die Küche! Unter der schönen Kreuzgewölbedecke wählen Sie z. B. "Hirschgulasch, Cranberries und Petersilienspätzle". Oder bevorzugen Sie ein tolles Steak aus dem Reifeschrank? Für besondere Anlässe: "Herzblut" und "Kuhstall". Donnerstags auf Vorbestellung Spareribs.

Menü 42 € – Karte 34/58 €
*Hotel Augustlhof, Pfeffenhausener Str. 18 ⊠ 84032 – ℰ 08704 927285
– www.augustlhof.de – nur Abendessen, sonntags auch Mittagessen
– geschl. Sonntagabend - Dienstag*

## ⌂ Augustlhof    🅿

**GASTHOF · AUF DEM LAND** Außen typisch regional, innen stilvoll-zeitgemäß, das ist der Augustlhof der Familie Smith! Einige der geradlinig-modern eingerichteten Zimmer sind etwas kleiner, aber gut aufgeteilt. Komfortzimmer mit Balkongang und Sky-TV. W-Lan gratis.

12 Zim – ♦68/75 € ♦♦90/120 € – ☐ 8 €

*Pfeffenhausener Str. 18 ✉ 84032 – ℰ 08704 927285 – www.augustlhof.de*

🍴 **Saustall** – siehe Restaurantauswahl

# ALTENAHR

Rheinland-Pfalz – 1 880 Ew. – Höhe 200 m – Regionalatlas **36**-C13

▶ Berlin 624 km – Mainz 163 km – Bonn 31 km – Aachen 105 km

Michelin Straßenkarte 543

## 🍴 Gasthaus Assenmacher    ⇦ 🏠 ⇦

**INTERNATIONAL · LÄNDLICH** XX Bei den engagierten Gastgebern Christian und Christa Storch sitzt man gemütlich in Restaurant oder Gaststube und lässt sich freundlich mit Schmackhaftem wie "rosa gebratener Lammkeule, geschmortem Wurzelgemüse und Bärlauchpüree" umsorgen. Sie können hier übrigens auch schön gepflegt übernachten.

Menü 35/81 € – Karte 29/60 €    7 Zim ☐ – ♦45/50 € ♦♦80/90 €

*Brückenstr. 12, an der B 257 ✉ 53505 – ℰ 02643 1848*

*– www.gasthaus-assenmacher.de – geschl. Januar - Februar 2 Wochen, Juni - Juli 2 Wochen und Montag, außer an Feiertagen*

## ⫶○ Ruland    🏠 ⚅ 🚗

**REGIONAL · GEMÜTLICH** X Andreas Carnott ist hier bereits die 5. Generation am Herd, die Küche weitgehend regional und frisch. Lust auf "Sauerbraten vom High-land-Rind" oder "Kalbstafelspitz in Schnittlauch-Meerrettichsoße"? Vielleicht auf der Terrasse mit Ahrblick?

Menü 20/39 € – Karte 25/50 €

*Hotel Ruland, Brückenstr. 6, an der B 257 ✉ 53505 – ℰ 02643 8318*

*– www.hotel-ruland.de – geschl. Januar - Februar: Montag - Donnerstag*

## 🏠 Ruland    🔲 ⚅ 🛁 🚗

**FAMILIÄR · FUNKTIONELL** Hier lässt es sich richtig schön wohnen, denn Familie Carnott investiert stetig und kümmert sich mit Engagement um ihr Haus. Die Zimmer im Stammhaus sind hell und freundlich, die neueren im Gästehaus beson-ders chic, modern und komfortabel.

38 Zim ☐ – ♦49/95 € ♦♦75/150 € – ½ P

*Brückenstr. 6, an der B 257 ✉ 53505 – ℰ 02643 8318 – www.hotel-ruland.de*

⫶○ **Ruland** – siehe Restaurantauswahl

# ALTENBERG

Sachsen – 8 280 Ew. – Höhe 750 m – Regionalatlas **43**-Q13

▶ Berlin 233 km – Dresden 42 km – Chemnitz 74 km – Leipzig 154 km

Michelin Straßenkarte 544

## In Altenberg-Oberbärenburg Nord-West: 6 km über B 170 Richtung

Dresden, nach 4 km rechts

## 🏠 Zum Bären    ⚘ 🐾 ⇦ 🔲 🕎 🔲 🛁 🚗

**LANDHAUS · GEMÜTLICH** Recht ruhig liegt das gut geführte und mit sehr freund-lichen Gästezimmern ausgestattete Ferienhotel, in dem auch das Preis-Leistungs-Verhältnis stimmt. Das helle, neuzeitliche Restaurant bietet auch eine Terrasse.

36 Zim ☐ – ♦64/74 € ♦♦85/108 € – ½ P

*Talblick 6 ✉ 01773 – ℰ 035052 610 – www.zum-baeren.de*

## ALTENBERGE

Nordrhein-Westfalen – 10 060 Ew. – Höhe 105 m – Regionalatlas **26**-D9

▶ Berlin 482 km – Düsseldorf 135 km – Münster 16 km – Zwolle 159 km

Michelin Straßenkarte 543

### 🍽️ Penz Am Dom

**REGIONAL · FREUNDLICH** 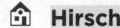 In dem hübschen alten Bürgerhaus vis-à-vis dem Dom mischt sich Historisches mit Modernem. Ein schöner stimmiger Rahmen für die gute Küche von Patron Denis Penz - darf es vielleicht "Perlhuhnbrust mit Spargelrisotto und Portweinjus" sein? Mittags unter der Woche nur Business Lunch. Toll die Terrasse!

Menü 33/59 € – Karte 31/46 € – mittags einfache Karte

*Kirchstr. 13* ✉ *48341 – 𝄐 02505 9399530 – www.penz-am-dom.de – geschl. Anfang Januar 1 Woche, Juli 1 Woche und Samstagmittag, Sonntag*

## ALTENSTEIG

Baden-Württemberg – 10 190 Ew. – Höhe 504 m – Regionalatlas **54**-F19

▶ Berlin 689 km – Stuttgart 68 km – Karlsruhe 79 km – Tübingen 48 km

Michelin Straßenkarte 545

### In Altensteig-Überberg Nord-West: 2 km

### 🏠 Hirsch

**GASTHOF · AUF DEM LAND** In dem gewachsenen traditionsreichen Landgasthof unter familiärer Leitung genießt man die ländliche Idylle. Fragen Sie nach den Zimmern im Gästehaus - sie liegen zur Südseite mit toller Sicht ins Tal! Bürgerlich-regional speist man in der gemütlichen Gaststube oder auf der netten Gartenterrasse.

20 Zim 🛏 – †47/55 € ††85/108 € – ½ P

*Simmersfelder Str. 24* ✉ *72213 – 𝄐 07453 8290 – www.hirsch-ueberberg.de – geschl. Januar 2 Wochen*

## ALTRIP Rheinland-Pfalz ➜ Siehe Ludwigshafen am Rhein

## ALZENAU

Bayern – 19 070 Ew. – Höhe 126 m – Regionalatlas **48**-G15

▶ Berlin 527 km – München 378 km – Frankfurt am Main 41 km – Aschaffenburg 19 km

Michelin Straßenkarte 546

### In Alzenau-Wasserlos Süd: 2 km

### 🏨 Schlossberg

**FAMILIÄR · GEMÜTLICH** Das gewachsene Haus liegt wunderschön in den Weinbergen oberhalb des Ortes, von den wohnlich eingerichteten Zimmern hat man eine herrliche Aussicht. Diese schätzen natürlich auch die Restaurantgäste, die besonders gerne auf der Terrasse sitzen - ein reizvolles Plätzchen!

15 Zim 🛏 – †80/101 € ††101/113 € – ½ P

*Am Schlossberg 2, Ost: 2 km* ✉ *63755 – 𝄐 06023 94880 – www.hotel-alzenau.de – geschl. Januar*

## ALZEY

Rheinland-Pfalz – 17 520 Ew. – Höhe 192 m – Regionalatlas **47**-E16

▶ Berlin 600 km – Mainz 34 km – Bad Kreuznach 34 km – Mannheim 52 km

Michelin Straßenkarte 543

### 🏠 Selzgold

**FAMILIÄR · MODERN** Mitten in Alzey steht das sympathische, geschmackvollstylische Hotel. Die Zimmer sind modern in Design und Technik, lecker das Frühstück im eigenen Bistro/Café - hier gibt's auch kleine Gerichte. Eine Kaffeerösterei hat man ebenfalls.

10 Zim 🛏 – †75 € ††99 €

*Ochslergasse 10* ✉ *55232 – 𝄐 06731 5471810 – www.selzgold.de*

## AMBERG

Bayern – 41 580 Ew. – Höhe 374 m – Regionalatlas **51**-M16

▶ Berlin 434 km – München 204 km – Weiden in der Oberpfalz 53 km – Nürnberg 61 km
Michelin Straßenkarte 546

### 🏵 Schön Kilian                                      🏠 🍴

**INTERNATIONAL · TRENDY** X "Café - Feinkost - Restaurant" - das Konzept
kommt an. Lust auf international beeinflusste regionale Speisen wie "Filet vom
Wildlachs /Zitronengras / Risotto" und als Dessert ein "lauwarmes Schokoladen-
törtchen"? Oder lieber tolle hausgemachte Pralinen? Geradlinig-modern das
Design, schön der Innenhof.

Menü 54/93 € – Karte 24/54 €

*Ziegelgasse 12, in der Grammerpassage* ✉ 92224 – ☏ 09621 308404
*– www.schoen-kilian.de – geschl. Montag*

## AMELINGHAUSEN

Niedersachsen – 3 990 Ew. – Höhe 66 m – Regionalatlas **19**-J6

▶ Berlin 294 km – Hannover 104 km – Hamburg 67 km – Lüneburg 26 km
Michelin Straßenkarte 541

### 🍴○ Zum Alchimisten                                   🏠 🅿

**REGIONAL · FREUNDLICH** X Das reetgedeckte kleine Haus liegt ruhig am Ortsrand und empfängt Sie mit charmanten Stuben. Serviert wird ein Mix aus Regionalem und Internationalem: "Forelle im Ganzen gebraten mit Gurkensalat", "Rinderfilet mit Pfefferrahmsauce"...

Menü 38/72 € – Karte 28/62 €

*Auf der kalten Iludе 4* ✉ 21385 – ☏ 04132 939106 – *www.zum-alchimisten.de*
*– Montag - Donnerstag nur Abendessen – geschl. Mittwoch*

## AMMERBUCH

Baden-Württemberg – 11 180 Ew. – Höhe 384 m – Regionalatlas **55**-G19

▶ Berlin 668 km – Stuttgart 40 km – Freudenstadt 51 km – Pforzheim 67 km
Michelin Straßenkarte 545

### In Ammerbuch-Entringen

### 🍴○ Im Gärtle                                        🏠 🍴 🅿

**REGIONAL · GEMÜTLICH** X Kunstfreunde aufgepasst: Man kommt nicht nur zum
Essen hierher, denn das charmant gelegene Restaurant bietet neben schwäbischen Spezialitäten auch eine Ausstellung des Malers Manfred Luz! Im Sommer
ein Muss: die tolle Terrasse "im Gärtle"!

Menü 38 € – Karte 21/42 €

*Bebenhauser Str. 44* ✉ 72119 – ☏ 07073 6435 – *www.imgaertle.de*
*– geschl. Montag, Oktober - April: Montag - Dienstag*

## AMÖNEBURG

Hessen – 5 090 Ew. – Höhe 364 m – Regionalatlas **38**-G13

▶ Berlin 464 km – Wiesbaden 125 km – Marburg 14 km – Kassel 81 km
Michelin Straßenkarte 543

### 🏵 Dombäcker                                          ↩ 🏠

**INTERNATIONAL · GEMÜTLICH** XX Ein Familienbetrieb wie aus dem Bilderbuch
direkt am Markt in einem schmucken Fachwerkhaus von 1725! Schmackhaft die
Küche des Patrons: ein Mix aus regionaler und gehobener Küche, vom "Land-
schweinkotelett mit Rübenstampf" bis zum "Saibling auf Fenchelcreme". Wer
über Nacht bleibt, hat es schön wohnlich.

Menü 48 € – Karte 34/54 €   5 Zim 🛏 – ♥70 € ♥♥110 €

*Markt 18* ✉ 35287 – ☏ 06422 94090 – *www.dombaecker.de – Dienstag*
*- Donnerstag nur Abendessen – geschl. 1. - 14. Januar, August 1*
*Woche, November 1 Woche und Sonntagabend - Dienstagmittag*

# AMORBACH

Bayern – 4 010 Ew. – Höhe 165 m – Regionalatlas **48**-G16

▶ Berlin 569 km – München 353 km – Würzburg 73 km – Aschaffenburg 47 km

Michelin Straßenkarte 546

## Im Otterbachtal West: 3 km über Amorsbrunner Straße

### ✿ Abt- und Schäferstube     🦢 🛏 🏠 ⇔ 🅿 🛇

**FRANZÖSISCH-KLASSISCH · RUSTIKAL** XX Genießen in rustikal-elegantem Ambiente unter einer historischen Holzdecke! Wenn Achim Krutsch seine klassischen Speisen zubereitet, trifft Produktqualität auf Finesse und Intensität. Neben ausgesuchten Weinen (viele regional) probiert man gerne hauseigenes Quellwasser und Schafhof-Destillate.

→ Parfait von zweierlei Spargel und Steinbuttroulade mit kleinem Edelfischtatar. Tranche vom Black Angus Rinderfilet mit Pfifferling-Lauchgemüse und Meaux Senfsauce. Ananasmousse mit Pistazienbisquit und Pina Coladasorbet.

Menü 79/119 €

*Hotel Der Schafhof, Schafhof 1* ✉ *63916 Amorbach*
*– 𝒞 09373 97330 – www.schafhof.de*
*– geschl. 2. Januar - 5. März und Montag - Dienstag*

### 🍴 Benediktinerstube     🦢 🛏 🏠 ⇔ 🅿 🛇

**REGIONAL · GEMÜTLICH** X Im ehemaligen Kelterhaus des Schafhofs - gleich neben dem Stammhaus - geht es etwas ländlicher zu. Hier kocht Ralf Stang regional mit mediterranem Einschlag, freigelegtes Fachwerk und Holztäfelung machen es dazu schön gemütlich.

Karte 35/42 €

*Hotel Der Schafhof, Schafhof 1* ✉ *63916 Amorbach*
*– 𝒞 09373 97330 – www.schafhof.de*
*– geschl. Mittwoch - Donnerstag*

### 🏠 Der Schafhof     🏊 ← 🛏 ⅃ 🕉 📋 🍽 🧖 🅿 🛇

**HISTORISCH · INDIVIDUELL** Ein wunderbarer Ort, wahrhaft idyllisch und einsam inmitten von Wald und Weiden - man spürt förmlich die Historie des einstigen Klosterguts von 1446! Schöne Zimmer (elegant oder gemütlich-rustikal), ausgezeichnetes Frühstück, Entspannung bei Kosmetik/Massage, am Naturbadeteich oder bei einer Kutschfahrt... Das Engagement der Familie Ullrich tut ein Übriges!

24 Zim – †80/155 € ††110/155 € – 1 Suite – ☲ 19 € – ½ P

*Schafhof 1* ✉ *63916 Amorbach*
*– 𝒞 09373 97330 – www.schafhof.de*

✿ **Abt- und Schäferstube** • 🍴 **Benediktinerstube** – siehe Restaurantauswahl

# AMRUM (INSEL)

Schleswig-Holstein – Regionalatlas **1**-F2

▶ Berlin 469 km – Kiel 131 km – Sylt (Westerland) 22 km – Flensburg 62 km

Michelin Straßenkarte 541

## Norddorf – 580 Ew.

### 🏠 Hüttmann     🍴 🏊 ← 🛏 🕉 🧖 🅿 🛇

**LANDHAUS · GEMÜTLICH** Seit 1892 (in 4. Generation) ist die schöne Hotelanlage in Familienbesitz. Individuelle Zimmer mit nordischem Charme, Kosmetik- und Massageangebote sowie ein Abendrestaurant nebst Terrasse mit Pavillon - gekocht wird regional-international, Wild kommt aus eigener Jagd. Ganztägig geöffnet: legeres Café-Bistro.

45 Zim ☲ – †72/105 € ††122/180 € – 9 Suiten – ½ P

*Ual Saarepswai 2* ✉ *25946 – 𝒞 04682 9220 – www.hotel-huettmann.de*

Wittdün – 740 Ew.

🏠 **Weisse Düne**   ⚑ 🛏 🖼 🐾 **P**

FAMILIÄR · AUF DEM LAND Ein tipptopp gepflegtes familiengeführtes kleines Inselhotel mit hübschen Zimmern in klarem zeitlosem Stil. Im Restaurant speist man friesisch-bürgerlich: "Deichlammgeschnetzeltes", "Nordseescholle mit Speck und Zwiebeln"... Terrasse mit Blick übers Wasser Richtung Föhr.

12 Zim 💱 – ♦92/98 € ♦♦134/188 € – 1 Suite – ½ P

*Achtern Strand 6 ✉ 25946 – ☏ 04682 940000 – www.weisse-duene.de*

# AMSTETTEN

Baden-Württemberg – 3 920 Ew. – Höhe 628 m – Regionalatlas **56**-I19
▶ Berlin 617 km – Stuttgart 65 km – Tübingen 80 km – Augsburg 95 km
Michelin Straßenkarte 545

## In Amstetten-Stubersteim

🍴 **Stubersheimer Hof**   ⇦ 🏡 🍽 **P**

REGIONAL · GEMÜTLICH ⅩⅩ Gemütlichkeit und ländlichen Charme versprüht der hübsch sanierte historische Bauernhof. Es gibt gute Regionalküche mit Bezug zur Saison, so z. B. "Zwiebelrostbraten mit Gemüse und Spätzle". Schön übernachten kann man auch, und zwar in wohnlichen Zimmern mit Parkett, teils mit freigelegten Holzbalken.

Karte 39/61 € 7 Zim 💱 – ♦74 € ♦♦112 €

*Bräunisheimer Str. 1 ✉ 73340 – ☏ 07331 4429970 – www.stubersheimer-hof.de
– nur Abendessen, sonntags auch Mittagessen – geschl. Anfang August 2 Wochen und Montag - Dienstag*

# AMTZELL

Baden-Württemberg – 4 050 Ew. – Höhe 556 m – Regionalatlas **63**-H21
▶ Berlin 715 km – Stuttgart 193 km – Tübingen 136 km – Appenzell 80 km
Michelin Straßenkarte 545

❀ **Schattbuch**   🏡 ⇧ **P**

KREATIV · TRENDY ⅩⅩ Hier hat sich nicht nur der Name geändert, die Küche der einstigen "Akademie" kommt bei unverändert klassischer Basis nun etwas finessenreicher und kreativer daher. Und das Drumherum? Moderne Atmosphäre nebst freundlichem, geschultem Service.
→ Kinn vom Iberico Schwein mit Schnittlauchkapern, Pilzcrème und Frühlingslauchsud. Taube mit Perlgraupen, geschmortem Rettich und Sauerkirschencrème. Pochierter Pfirsich mit Leinsameneis, Gurke und Gin.

Menü 49/69 € – Karte 38/61 €

*Schattbucher Str. 10 ✉ 88279 – ☏ 07520 953788 – www.schattbuch.de – geschl. 1. - 18. Januar, Mitte August 2 Wochen und Samstagmittag, Sonntag - Montag*

# ANDERNACH

Rheinland-Pfalz – 29 030 Ew. – Höhe 70 m – Regionalatlas **36**-D14
▶ Berlin 608 km – Mainz 120 km – Koblenz 19 km – Bonn 43 km
Michelin Straßenkarte 543

🍴 **YOSO** ⓝ

ASIATISCH · GERADLINIG Ⅹ Mit dem "Streetfood & Sushi"-Konzept greift man hier (entsprechend der Bedeutung des koreanischen Wortes "Yoso") die Elemente Feuer, Wasser, Luft und Erde auf. Wirklich preiswert der Mittagstisch, abends wird raffinierter gekocht, dann wählt man z. B. "Kabeljau & Erdnuss" oder "Ente & Pflaume".

Menü 45/75 € (abends) – Karte 38/46 € – mittags einfache Karte

*Schafbachstr. 14 ✉ 56626 – ☏ 02632 4998643 (Tischbestellung ratsam)
– www.yoso-food.de – geschl. Sonntag - Montag*

**Villa am Rhein**

**BUSINESS · MODERN** Direkt am Rhein wohnen Sie in diesem freundlich geführten Haus. Gepflegt sind die Gästezimmer alle, wer es besonders wohnlich und zeitgemäß mag, fragt nach den neueren. Vom Restaurant schaut man auf den Fluss.

25 Zim 🖃 – ♦65/75 € ♦♦105/110 € – ½ P

*Konrad-Adenauer-Allee 3 ✉ 56626 – ☎ 02632 92740 – www.villa-am-rhein.de – geschl. über Weihnachten*

# ANGER

Bayern – 4 400 Ew. – Höhe 558 m – Regionalatlas **67**-O21

▶ Berlin 716 km – München 122 km – Bad Reichenhall 13 km – Rosenheim 75 km

Michelin Straßenkarte 546

## In Anger-Aufham Süd: 3 km jenseits der A 8

 **Wellness- und Landhotel Prinz**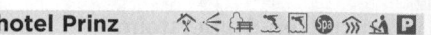

**SPA UND WELLNESS · ROMANTISCH** Sie suchen ein romantisches Hotel für Paare? Hier hat man sich auf Verwöhnarrangements für zwei spezialisiert. Genießen Sie wohnlich-alpenländische Atmosphäre und entspannen Sie im schönen Sauna- und Ruhebereich, bei zahlreichen Anwendungen oder im schicken "Cabrio-Pool". Tipp: Zimmer mit Whirlwanne!

30 Zim 🖃 – ♦59/89 € ♦♦108/148 €

*Dorfstr. 5 ✉ 83454 – ☎ 08656 1084 – www.landhotel-prinz.de*

# ANNABERG-BUCHHOLZ

Sachsen – 20 510 Ew. – Höhe 600 m – Regionalatlas **42**-O13

▶ Berlin 295 km – Dresden 94 km – Chemnitz 31 km – Leipzig 108 km

Michelin Straßenkarte 544

 **Wilder Mann**

**TRADITIONELL · KLASSISCH** Das schöne Hotel ist eines der ältesten Bürgerhäuser der Stadt, von dessen Historie u. a. ein original Zellsterngewölbe im Foyer zeugt. Zeitgemäß-gediegene Zimmer und Beauty-Angebot. Silberbaum mit sehenswerter spätgotischer Holzdecke. Kartoffelgerichte im "Kartoffelkeller".

65 Zim 🖃 – ♦65/100 € ♦♦86/152 € – 6 Suiten – ½ P

*Markt 13 ✉ 09456 – ☎ 03733 1440 – www.hotel-wildermann.de*

# ANSBACH

Bayern – 39 690 Ew. – Höhe 405 m – Regionalatlas **49**-J17

▶ Berlin 481 km – München 202 km – Nürnberg 61 km – Stuttgart 162 km

Michelin Straßenkarte 546

 **La Corona**

**KLASSISCHE KÜCHE · MEDITERRANES AMBIENTE** XX Sie finden diese gemütliche Adresse - ein Mix aus Vinothek und Restaurant - in einem Hinterhof in der Stadtmitte. Die Leidenschaft der Gastgeber ist förmlich zu schmecken - wie wär's z. B. mit "geschmorter Lammhaxe, Bäckchen und Bauch auf getrüffeltem Kartoffelpüree"? Toll die Auswahl von rund 1400 Weinen!

Menü 36/56 € – Karte 37/71 €

*Johann-Sebastian-Bach-Platz ✉ 91522 – ☎ 0981 9090130 – www.lacorona.de – nur Abendessen – geschl. Sonntag - Mittwoch und an Feiertagen*

🍴O **Schwarzer Bock** 🍴 **P**

**REGIONAL · GASTHOF** X Hier bietet man Ihnen fränkische Wirtshauskultur in Reinform, wertige Einrichtungsdetails mischen sich gelungen mit dem traditionellen Charme. Freuen Sie sich z. B. auf "Schäuferla mit Kloß" oder auf ein Paar Würste. Im Sommer sitzt es sich übrigens auf der Terrasse am schönsten.

Menü 32/64 € (abends) – Karte 19/49 €

*Hotel Schwarzer Bock, Pfarrstr. 31 ✉ 91522 – ☎ 0981 421240 – www.schwarzerbock.com*

### 🏨 Zur Windmühle  ☆ ⊟ ⌕ ♨ **P**

**GASTHOF · FUNKTIONELL** Echte Gasthof-Tradition - seit 1914 von der Familie geführt. Das Haus ist im Wandel, fragen Sie nach den neueren und sehr komfortablen Zimmern! Einfachere Kategorien bleiben aber ebenso erhalten. Im rustikalen Restaurant serviert man bürgerlich-fränkische Küche.

55 Zim 🖙 – ♦69/160 € ♦♦100/250 €

*Rummelsberger Str.1 ⊠ 91522 – ℰ 0981 972000 – www.hotel-windmuehle.de*

### 🏠 Schwarzer Bock  **P**

**HISTORISCH · INDIVIDUELL** Das kleine Rokoko-Haus liegt mitten in der Altstadt und lädt schon mit seiner hübschen Fassade zum Verweilen ein. Drinnen sieht es ebenso ansprechend aus: Die Zimmer sind individuell geschnitten, wohnlich gestaltet und bieten neben kostenfreier Minibar auch W-Lan und DVD-Player.

14 Zim 🖙 – ♦79/119 € ♦♦99/149 € – 3 Suiten – ½ P

*Pfarrstr. 31 ⊠ 91522 – ℰ 0981 421240 – www.schwarzerbock.com*

🍴○ **Schwarzer Bock** – siehe Restaurantauswahl

## APPENWEIER

Baden-Württemberg – 9 800 Ew. – Höhe 152 m – Regionalatlas **54**-E19

▶ Berlin 737 km – Stuttgart 143 km – Karlsruhe 67 km – Freudenstadt 50 km
Michelin Straßenkarte 545

### In Appenweier-Nesselried

🍴○ **Gasthof Engel** 🅝  ⇔ 🛏 🍽

**REGIONAL · GASTHOF** 🛠 Freundlich kommt die mit hellem warmem Holz ausgestattete Gaststube daher. Gekocht wird Regionales wie "Nüsschen vom heimischen Reh mit Rahmpilzen, Butterspätzle und Preiselbeeren". Schön gepflegt übernachten können Sie hier ebenfalls.

Menü 10/29 € – Karte 25/46 €    12 Zim 🖙 – ♦56/64 € ♦♦86 € – 3 Suiten

*Dorfstr. 43 ⊠ 77767 – ℰ 07805 919181 – www.gasthof-engel.de – geschl. 22. Februar - 9. März, 23. August - 7. September und Mittwoch - Donnerstag*

## ARNSBERG

Nordrhein-Westfalen – 73 510 Ew. – Höhe 200 m – Regionalatlas **27**-E11

▶ Berlin 482 km – Düsseldorf 129 km – Dortmund 62 km – Meschede 22 km
Michelin Straßenkarte 543

### 🏠 Menge  🛏 🍴 **P**

**MARKTKÜCHE · FREUNDLICH** 🛠🛠 Christoph Menge kocht geschmackvoll und ambitioniert, mal zeitgemäß-international, mal Klassiker wie "Saures Schnitzel". Und macht Ihnen vielleicht "Bayerische Creme mit zweierlei Rhabarber" Appetit auf etwas Süßes? Je nach Saison gibt's auch Galloway-Rind, Wild und Lamm - natürlich aus der Region.

Menü 38/61 € – Karte 34/61 €

*Hotel Menge, Ruhrstr. 60 ⊠ 59821 – ℰ 0293152520 – www.hotel-menge.de – nur Abendessen – geschl. Februar 2 Wochen, Juli - August 2 Wochen, 23. - 26. Dezember und Sonntag - Montag*

### 🍴○ Ratskeller  🛏

**INTERNATIONAL · GASTHOF** 🛠 Ein engagiertes Betreiberpaar leitet das mit Bedacht modernisierte Gasthaus mit dem ältesten Stammtisch der Stadt. Eleganter ist das Restaurant im hinteren Bereich. Internationale Küche.

Karte 18/41 €

*Alter Markt 36 ⊠ 59821 – ℰ 02931 3672 – www.ratskeller-arnsberg.de – geschl. 27. Februar - 6. März und Montag, Mai - August: Montagmittag*

###  Menge 　　　　　　　　　　　　　　　🛒 🎿 P

**GASTHOF · INDIVIDUELL** Familie Menge betreibt das Haus schon in der 7. Generation, und das mit Engagement, wie die sehr freundliche Gästebetreuung, die gute Zimmerausstattung und nicht zuletzt das leckere Frühstück mit hausgemachter Marmelade zeigen! Und wenn Sie gerne Fahrrad fahren: Das Hotel liegt am Ruhrtalradweg.

18 Zim ⌱ – ♦60/86 € ♦♦89/124 € – ½ P

*Ruhrstr. 60 ⊠ 59821 – ☏ 0293152520 – www.hotel-menge.de – geschl. Februar 2 Wochen, Juli - August 2 Wochen, 23. - 26. Dezember*

🍽 **Menge** – siehe Restaurantauswahl

## In Arnsberg-Hüsten

### ⏲〇 Gesellenhaus 　　　　　　　　　　　　　　🏠 P

**INTERNATIONAL · TRENDY** 🕱 In dem denkmalgeschützten Backsteinhaus von 1886 hat man ein nettes und stilvoll-modernes Restaurant eingerichtet, in dem man neben einer Empfehlungs- und einer Klassiker-Karte auch eine Steak-Karte reicht.

Karte 22/53 €

*Heinrich-Lübke-Str. 25 ⊠ 59759 – ☏ 02932 890222*
*– www.restaurant-gesellenhaus.de – nur Abendessen, sonntags auch Mittagessen*
*– geschl. 25. Juli - 10. August und Dienstag - Mittwoch*

# ARNSTADT

Thüringen – 23 540 Ew. – Höhe 280 m – Regionalatlas **40-K13**
▶ Berlin 311 km – Erfurt 20 km – Coburg 89 km – Eisenach 63 km
Michelin Straßenkarte 544

### ⏲ Stadthaus Arnstadt 　　　　　　　　　　　　　　　　P

**HISTORISCH · TRADITIONELL** Was aus dem denkmalgeschützten Fachwerkhaus a. d. 16. Jh. dank liebevoller Restaurierung entstanden ist, hat Charme! Schöne alte Dielenböden, hier und da Antiquitäten und original Deckenmalerei. Frühstück in der ehemaligen Schwarzküche.

6 Zim ⌱ – ♦89/119 € ♦♦99/139 €

*Pfarrhof 1 ⊠ 99310 – ☏ 03628 5869991 – www.stadthaus-arnstadt.de*

# ARNSTORF

Bayern – 6 730 Ew. – Höhe 397 m – Regionalatlas **59-O19**
▶ Berlin 588 km – München 144 km – Landshut 69 km – Braunau am Inn 61 km
Michelin Straßenkarte 546

## In Arnstorf-Mariakirchen Nord-Ost: 4 km

###  Schlossparkhotel 　　　　🍴 🐾 🛒 🏦 🛋 ☐ ⅙ 🎿 P

**HISTORISCHES GEBÄUDE · MODERN** Historisches und Modernes vereint: Im Park des Wasserschlosses wohnt man im klar designten Glasbau und frühstückt im liebenswerten Gartenhaus von 1810. Suite im Schloss. Lust auf Selbstgebrautes im "Schlossbräu" mit tollem Gewölbe und Sudkesseln? Im Sommer Biergarten unter Kastanien. Schön für Hochzeiten.

54 Zim ⌱ – ♦57/80 € ♦♦109/122 € – 1 Suite

*Obere Hofmark 3 ⊠ 94424 – ☏ 08723 978710 – www.schloss-mariakirchen.de*
*– geschl. 23. Dezember - 8. Januar*

# AROLSEN, BAD

Hessen – 15 370 Ew. – Höhe 290 m – Regionalatlas **28-G11**
▶ Berlin 428 km – Wiesbaden 205 km – Kassel 45 km – Marburg 85 km
Michelin Straßenkarte 543

## ‖○ Schäfer's Restaurant

**INTERNATIONAL · TRENDY** ✗✗ Ein nettes, freundliches Restaurant, in dem der Inhaber selbst die internationalen Gerichte zubereitet. Vor dem Haus, zur Straße hin, liegt der kleine Terrassenbereich.

Menü 34/54 € – Karte 25/57 €

*Schloßstr. 15 ✉ 34454 – ℰ 05691 7652 – www.schaefers-restaurant.de – Montag - Freitag nur Abendessen – geschl. April 1 Woche, Oktober 1 Woche und Dienstag*

## ASBACHERHÜTTE Rheinland-Pfalz → Siehe Kempfeld

## ASCHAFFENBURG

Bayern – 67 690 Ew. – Höhe 138 m – Regionalatlas **48**-G15

▶ Berlin 552 km – München 354 km – Frankfurt am Main 45 km – Darmstadt 40 km

Michelin Straßenkarte 546

## ⊛ Oechsle

**TRADITIONELLE KÜCHE · FREUNDLICH** ✗✗ Gefällt Ihnen das interessante Brotzeit- und Schmankerl-Angebot oder ziehen Sie die fränkisch-mediterrane Landküche des ambitionierten Teams um Florian Löffler vor? Tipp: Gänseessen oder Albatrüffel-Gerichte! Ansprechend ist auch der Mix aus geradliniger Einrichtung und gemütlichem Kachelofen von 1840.

Menü 34/46 € – Karte 25/55 €

*Hotel Zum Goldenen Ochsen, Karlstr. 16, Zufahrt über Friedrichstraße ✉ 63739 – ℰ 06021 23132 – www.zumgoldenenochsen.de – nur Abendessen, sonntags auch Mittagessen – geschl. 8. August - 12. September und Sonntagabend - Montag*

## ⭑⭑ Zum Goldenen Ochsen

**GASTHOF · MODERN** Direkt gegenüber dem Schlosspark und zentral nahe dem Bahnhof liegt der zum Hotel gewachsene Gasthof a. d. 16. Jh. Die Zimmer sind funktionell, die Bäder meist mit Tageslicht. Für Fahrradfahrer ideal: Der Mainradweg ist ca. 300 m entfernt.

39 Zim 🗗 – 🛏67/88 € 🛏🛏93/115 € – ½ P

*Karlstr. 16, Zufahrt über Friedrichstraße ✉ 63739 – ℰ 06021 23132 – www.zumgoldenenochsen.de – geschl. 8. August - 12. September*

⊛ Oechsle – siehe Restaurantauswahl

## In Johannesberg Nord: 8 km Richtung Mömbris, jenseits der A 3

## ✿ Helbigs Gasthaus

**MARKTKÜCHE · FREUNDLICH** ✗ Die Helbigs haben ihre beiden Restaurants zu "Helbigs Gasthaus" vereint. In legerer Atmosphäre kann man nun vom Wiener Schnitzel bis zum 6-Gänge-Menü (abends und sonntagmittags) schlemmen, wie es einem beliebt. Geblieben sind Finesse, Ausdruck und Produktqualität, ebenso die interessanten Gewürzkombinationen!

→ Zweierlei Hummer mit gegrillter Wassermelone und Vanilletomate. Scholle mit Kartoffelcrème, sautiertem Kopfsalat und gebeiztem Eigelb. Variation von Erdbeeren und Rhabarber mit tasmanischem Pfeffer und Kräutergel.

Menü 82/117 € – Karte 40/76 €

*Hotel Auberge de Temple, Hauptstr. 2 ✉ 63867 – ℰ 06021 4548300 (Tischbestellung ratsam) – www.auberge-de-temple.de – geschl. Februar 1 Woche, über Pfingsten 1 Woche, August 2 Wochen und Montag*

## ⭑⭑ Auberge de Temple

**GASTHOF · INDIVIDUELL** Sie sollten nicht nur zum Essen zu den Helbigs kommen, denn geschmackvoller kann man kaum übernachten! Neben den wertigen, individuellen und geräumigen Zimmern (sie tragen übrigens die Namen von Künstlern) genießt man eine liebevolle Betreuung durch die Familie samt persönlich serviertem Frühstück.

6 Zim 🗗 – 🛏119/159 € 🛏🛏169/209 €

*Hauptstr. 2 ✉ 63867 – ℰ 06021 4548300 – www.auberge-de-temple.de – geschl. Februar 1 Woche, über Pfingsten 1 Woche, August 2 Wochen*

✿ Helbigs Gasthaus – siehe Restaurantauswahl

## ASCHAU im CHIEMGAU

Bayern – 5 550 Ew. – Höhe 615 m – Regionalatlas **66**-N21

▶ Berlin 671 km – München 82 km – Bad Reichenhall 60 km – Salzburg 64 km

Michelin Straßenkarte 546

### ✿✿✿ Restaurant Heinz Winkler

**FRANZÖSISCH-KLASSISCH · ELEGANT** XxxX Ganz der Winkler'schen Klassik verschrieben, verzichtet die Küche bewusst auf Spielereien und modische Trends, stattdessen ist sie angenehm unkompliziert, hat eine persönliche Note und reichlich geschmackliche Finesse. Verarbeitet wird natürlich nur das Beste, was der Markt zu bieten hat. Tolle Bergkulisse!

→ Safranschaum mit Edelfischen und Gemüsejulienne. Seeteufel à l'ancienne mit Pommerysenf und Fenchel. Gebratener Lammrücken mit Kräuterkruste.

Menü 95 € (mittags)/178 € – Karte 84/152 €

*Hotel Residenz Heinz Winkler, Kirchplatz 1 ✉ 83229*
*– 𝄞 08052 17990 – www.residenz-heinz-winkler.de*
*– geschl. Montag - Mittwochmittag*

### 🏠 Residenz Heinz Winkler

**GASTHOF · KLASSISCH** Mitten im Ort und doch eine eigene Welt... Ein jahrhundertealtes Anwesen, gleich nebenan die Kirche, ringsum die wunderbare Bergkulisse - Heinz Winkler hat hier die perfekte Verbindung von elegantem Luxus und traditionell-bayerischem Gasthaus-Charme geschaffen. So groß seine Leidenschaft fürs Kochen, so intensiv sein Engagement als Gastgeber.

19 Zim ☲ – ♦225/305 € ♦♦250/330 € – 13 Suiten – ½ P

*Kirchplatz 1 ✉ 83229 – 𝄞 08052 17990 – www.residenz-heinz-winkler.de*

✿✿✿ **Restaurant Heinz Winkler** – siehe Restaurantauswahl

### 🏠 Edeltraud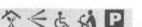

**FAMILIÄR · TRADITIONELL** Ein nettes und sehr gepflegtes kleines Hotel. Im Sommer kann man beim Frühstück auf der Terrasse den Blick auf die Kampenwand genießen. Ein schöner Ausflug ist z. B. eine Radtour zum 6 km entfernten Chiemsee.

16 Zim ☲ – ♦42/59 € ♦♦72/98 € – 1 Suite

*Narzissenweg 15 ✉ 83229 – 𝄞 08052 90670 – www.hotel-edeltraud.de*

## ASCHEFFEL

Schleswig-Holstein – 990 Ew. – Höhe 42 m – Regionalatlas **2**-I3

▶ Berlin 390 km – Kiel 44 km – Hamburg 112 km

Michelin Straßenkarte 541

### 🏠 Globetrotter Lodge

**BUSINESS · MODERN** Der gleichnamige Outdoorwaren-Hersteller hat hier in der Naturlandschaft Hüttener Berge sein erstes Hotelprojekt realisiert. Chic das klare naturbetonte Design! Ganz was Besonderes: die "Glamping"-Zelte. Toller Aussichtsturm, auch über eine Kletterwand zu erklimmen! Regionale Küche im Restaurant "Campfire".

30 Zim ☲ – ♦69/95 € ♦♦108/133 € – ½ P

*Am Aschberg 3 ✉ 24358 – 𝄞 04353 99800010 – www.globetrotter-lodge.de*

## ASPACH Baden-Württemberg → Siehe Backnang

## ASPERG

Baden-Württemberg – 12 960 Ew. – Höhe 270 m – Regionalatlas **55**-G18

▶ Berlin 617 km – Stuttgart 21 km – Heilbronn 38 km – Ludwigsburg 5 km

Michelin Straßenkarte 545

### 🕸 Schwabenstube

FRANZÖSISCH-KLASSISCH · ELEGANT XXX Ausgesprochen niveauvoll kommt das Restaurant in dem schmucken historischen Fachwerkhaus daher - sowohl in Sachen Ambiente (schön elegant die Atmosphäre) als auch kulinarisch. Finessenreich mischen sich hier Klassik und Moderne, und auch auf Bewährtes aus der Region braucht man nicht zu verzichten.

→ Royal Langoustine, Pfirsich, Fenchel, Dulse. Reh aus heimischer Jagd, Pfifferlinge, Macadamia, Chinakohl. Herzkirsche, Mandel, Reis.

Menü 55/125 € – Karte 65/87 €

*Hotel Adler, Stuttgarter Str. 2 ⊠ 71679 – ℰ 0714126600 – www.adler-asperg.de – Dienstag - Freitag nur Abendessen – geschl. Anfang Januar 2 Wochen, 6. - 17. Juni, August und Sonntag - Montag sowie an Feiertagen*

### 🍴 Aguila

SPANISCH · GEMÜTLICH X Was entsteht, wenn Spanien auf Schwaben trifft? "Schwabbas"! Viele Neugierige probieren in angenehm ungezwungener Atmosphäre diesen Küchenmix! Sie können aber auch gerne "entweder-oder" essen.

Menü 29/35 € (abends) – Karte 26/49 €

*Hotel Adler, Stuttgarter Str. 2 ⊠ 71679 – ℰ 0714126600 – www.adler-asperg.de – Montag - Freitag nur Abendessen – geschl. August und Samstag, Sonntagmittag sowie an Feiertagen*

### 🏨 Adler

GASTHOF · MODERN Seit über 100 Jahren sind die Ottenbachers hier und investieren stetig! Schön die modern-elegante Lobby und der Frühstücksraum - die Bar "RicharZ" wird morgens zum Buffet. Wie wär's mit einem Themenzimmer? "Daimler", "Bosch" oder "Porsche"?

70 Zim – ♦115/165 € ♦♦125/175 € – �17 € – ½ P

*Stuttgarter Str. 2 ⊠ 71679 – ℰ 0714126600 – www.adler-asperg.de*

🕸 **Schwabenstube** • 🍴 **Aguila** – siehe Restaurantauswahl

## ATTENDORN

Nordrhein-Westfalen – 24 340 Ew. – Höhe 255 m – Regionalatlas 37-E12

▶ Berlin 539 km – Düsseldorf 131 km – Siegen 41 km – Lüdenscheid 37 km
Michelin Straßenkarte 543

### An der Straße nach Helden Ost: 3,5 km

### 🏨 Burghotel Schnellenberg

HISTORISCHES GEBÄUDE · ROMANTISCH Die imposante Burg über der Stadt ist eine ideale Tagungs- und Veranstaltungsadresse. Die Zimmer sind unterschiedlich geschnitten, geräumiger die schönen Turmzimmer. Saunabereich im Gewölbe. Einstiger Rittersaal als Restaurant, dazu die reizvolle Terrasse auf drei Ebenen.

42 Zim � – ♦95/145 € ♦♦120/190 € – ½ P

*Schnellenberger Weg 1 ⊠ 57439 Attendorn – ℰ 02722 6940 – www.burg-schnellenberg.de – geschl. 1. - 5. Januar, 22. - 25. Dezember*

## AUE

Sachsen – 16 620 Ew. – Höhe 350 m – Regionalatlas 42-O13

▶ Berlin 295 km – Dresden 122 km – Chemnitz 35 km – Zwickau 23 km
Michelin Straßenkarte 544

### 🕸 Tausendgüldenstube

REGIONAL · LÄNDLICH XX 340 Jahre Tradition... Da spürt man schon ein bisschen historischen Charme! Dank Kachelofen und Holzvertäfelung ist es hier schön gemütlich, man wird angenehm persönlich umsorgt und zudem isst man gut - probieren Sie z. B. den geschmorten Kalbstafelspitz!

Karte 30/51 €

*Hotel Blauer Engel, Altmarkt 1 ⊠ 08280 – ℰ 03771 5920 – www.hotel-blauerengel.de – nur Abendessen – geschl. Januar, August 2 Wochen und Sonntag - Montag*

🍽️ **St. Andreas** 🅿️

MODERNE KÜCHE · ELEGANT 𝖃𝖃𝖃 Aufwändig und mit modernen Einflüssen wird in diesem Restaurant der Ungers gekocht. Warme Töne und schöne Tischkultur tragen ihren Teil zum gemütlichen und zugleich eleganten Ambiente bei.

Menü 81/104 € – Karte 65/95 €

*Hotel Blauer Engel, Altmarkt 1* ✉️ *08280 –* ☎️ *03771 5920*
*– www.hotel-blauerengel.de – nur Abendessen – geschl. Januar, August 2 Wochen und Sonntag - Montag*

🏨 **Blauer Engel** 🕭 🛎️ 🖹 AC 🧖 🅿️

HISTORISCH · MODERN Eine engagiert geführte Adresse, alles ist top in Schuss! Seit 1663 existiert das Hotel in der Stadtmitte, hinter dessen attraktiver wiederhergestellter Gründerzeitfassade man schön modern wohnt und bei Beauty und Massage entspannt. Lotters Wirtschaft: Hausbrauerei mit Kupferkesseln und Backsteingewölbe.

39 Zim 🚇 – 🛏️80/120 € 🛏️🛏️110/130 € – ½ P

*Altmarkt 1* ✉️ *08280 –* ☎️ *03771 5920 – www.hotel-blauerengel.de*
🍴 **Tausendgüldenstube** • 🍽️ **St. Andreas** – siehe Restaurantauswahl

## AUENWALD

Baden-Württemberg – 6 740 Ew. – Höhe 500 m – Regionalatlas **55**-H18
▶️ Berlin 601 km – Stuttgart 39 km – Heilbronn 53 km – Esslingen am Neckar 42 km
Michelin Straßenkarte 545

### In Auenwald-Däfern

🏡 **Landgasthof Waldhorn** 🌳 ♻️ 🅿️

MARKTKÜCHE · GASTHOF 𝖃𝖃 Es ist die gute saisonal-regionale und internationale Küche, die immer wieder zahlreiche Stammgäste in das ländlich-elegante Restaurant lockt. Appetit machen hier z. B. "Karree & hausgemachte Wurst vom Weidelamm" oder "Rücken vom 'Staufericoschwein' mit Rahmwirsing". Herrlich die Gartenterrasse!

Menü 35/52 € – Karte 36/55 €

*Hohnweilerstr. 10* ✉️ *71549 –* ☎️ *07191 312312 – www.waldhorn-daefern.de
– geschl. Januar 2 Wochen, September 2 Wochen und Dienstag - Mittwoch, Samstagmittag*

## AUERBACH in der OBERPFALZ

Bayern – 8 860 Ew. – Höhe 434 m – Regionalatlas **51**-L16
▶️ Berlin 395 km – München 212 km – Nürnberg 67 km – Bayreuth 42 km
Michelin Straßenkarte 546

🍃 **SoulFood** (Michael Laus) 🌳

KREATIV · TRENDY 𝖃𝖃 Eine Adresse, die man sich in der Nachbarschaft wünscht! Die sympathischen jungen Gastgeber haben hier ein tolles Konzept: durchdachte und aromenreiche kreative Küche zu einem richtig guten Preis-Leistungs-Verhältnis. Tipp: Kommen Sie auch mal zum sehr fair kalkulierten Mittagsmenü!

➔ "Tokio Style", gebratener Pulpo mit Mango, Papaya und geröstete Erdnüsse. Salat von weißem und grünem Spargel mit Ofentomaten, Wachtelei und Sauce Hollandaise. "Rhabarberfeld" mit weißer Schokoladencrème und Erdbeersorbet.

Menü 36 € (mittags unter der Woche)/59 € – Karte 39/49 €

*Unterer Markt 35* ✉️ *91275 –* ☎️ *09643 2052225 – www.restaurant-soulfood.com
– geschl. 1. - 24. Januar und Montag - Dienstag*

## AUERBACH (VOGTLAND)

Sachsen – 19 080 Ew. – Höhe 460 m – Regionalatlas **42**-N13
▶️ Berlin 305 km – Dresden 147 km – Gera 58 km – Plauen 24 km
Michelin Straßenkarte 544

**In Auerbach-Schnarrtanne** Ost: 6 km Richtung Schönheide

(🕸) **Renoir** 🏠 **P**

MARKTKÜCHE · ELEGANT XX Wer bei diesem Namen Kunst vermutet, liegt ganz richtig, denn Gemälde nach dem Vorbild Renoirs zieren das gemütlich-gediegene Restaurant. Gekocht wird saisonal, so z. B. "Bärlauchschaumsüppchen mit Frischkäseklößchen" und "pochiertes Wallerfilet auf Meerrettichsauce mit Wurzelgemüse".

Menü 39/44 € – Karte 33/53 €

*Schönheider Str. 235 ✉ 08209 – ☎ 03744 215119 (Tischbestellung ratsam)*
*– www.restaurant-renoir.de – Mittwoch - Freitag nur Abendessen – geschl. 2.*
*- 10. Januar, 18. - 25. April, 3. - 13. Juli, 2. - 10. Oktober und Sonntagabend*
*- Dienstag*

**AUEROSE** Mecklenburg-Vorpommern ➜ Siehe Anklam

## AUGGEN

Baden-Württemberg – 2 660 Ew. – Höhe 264 m – Regionalatlas **61**-D21
▶ Berlin 833 km – Stuttgart 240 km – Freiburg im Breisgau 35 km – Basel 31 km
Michelin Straßenkarte 545

🏠 **Zur Krone** 🍴 🖼 🍲 🔲 **P**

LANDHAUS · GEMÜTLICH Eine charmante Adresse mit tollem Garten samt Teich und alten Bäumen! Die Zimmer in den Gartenhäusern sind geräumiger, besonders gemütlich die mit offenem Holzgiebel. Behaglich das Kaminzimmer im Kutscherhaus. Kleine Speisen für Hausgäste.

32 Zim 🛏 – ♦67/78 € ♦♦89/152 €

*Hauptstr. 6 ✉ 79424 – ☎ 07631 6075 – www.hotelkroneauggen.de*

## AUGSBURG

Bayern – 272 700 Ew. – Höhe 494 m – Regionalatlas **57**-K19
▶ Berlin 560 km – München 68 km – Ulm (Donau) 80 km
Michelin Straßenkarte 546

❀❀ **AUGUST** 🆗 (Christian Grünwald) 🍴 🏠 **P** 🍽

KREATIV · KLASSISCHES AMBIENTE XX Alles andere als "von der Stange"! In dem mit Deckenfresko geschmückten hohen Raum im 1. Stock der aufwändig sanierten Haag-Villa werden Sie an "Lagerfeuertischen" überaus charmant umsorgt. Und was hier serviert wird, ist die "Signature-Küche" von Christian Grünwald: ganz eigen, finessenreich, produktbezogen.

➜ Kollektion von Gartentomaten, florale Aromen, Rosenpapier, Karamell von 12 Gemüsen, Wiesenschmalz. Black Water Melone, rosa Ingwer, Knusperschuppen von Lautrec Knoblauch, Entenleber, Schweinebauch, Crevette roh. Renke geflämmt, mit Zitronenpulver mariniert, Chlorophyll, Kartoffel, Rahm von Thunfisch, Alge, Kalb.

Menü 160/190 €

*Stadtplan : B1-a – Johannes-Haag-Str. 14, (In der Haag-Villa) ✉ 86153*
*– ☎ 0821 35279 (Tischbestellung erforderlich) – nur Abendessen – geschl. März*
*- April 1 Woche, August - September 1 Woche und Sonntag – Dienstag*

🍴○ **Magnolia** 🏠 ♻ **P**

INTERNATIONAL · TRENDY XX Ein Essen hier (man kocht mit mediterranem Einschlag) lässt sich wunderbar mit dem Besuch des Kunstmuseums oder des "tim" (Textil- und Industriemuseum) verbinden. Tipp: die günstigen Mittagsgerichte. Empfangen werden Sie übrigens von "fleischigen Lieschen", einer imposanten Holzstatue!

Menü 20 € (mittags unter der Woche)/92 € – Karte 34/73 €

*Stadtplan : B2-m – Beim Glaspalast 1 ✉ 86153 – ☎ 0821 3199999*
*– www.restaurant-magnolia.de – geschl. Samstagmittag*

**AUGSBURG**

0 — 400 m

*(Map of Augsburg with labels: ULM DONAUWÖRTH, MÜNCHEN, MÜNCHEN FÜRSTENFELDBRUCK, Georgenstraße, Frauentorstraße, Kreuzstraße, DOM-KIRCHE, Hoher Dom, FRONHOF, NATURMUSEUM, Karlstr., Perlachturm, Rathaus platz, Rathaus, St. Anna-Kirche, ST. MORITZ, KÖNIGS-PLATZ, Staatsgalerie, Katharinenkirche, ST. MAXIMILIAN KIRCHE, TURM, BARFÜSSERKIRCHE, Rosengasse, JAKOBERWALL, Fuggerei, Maximilianstr., St. Ulrich und St. Afra, ROTES TOR, NEUAPOSTOLISCHE KIRCHE, LANDSBERG SCHONGAU, MÜNCHEN FÜRSTENFELDBRUCK, Johannes-Haag-Straße, Provianbachstr., Lech, Berliner Allee, and markers a, m, n)*

Schaezlerpalais . . . . . . . . . . M1

---

## 🍴 Die Ecke

**INTERNATIONAL · GEMÜTLICH** ✕✕ Das "Eckehaus" von 1577 ist eine Institution in Augsburg. Gemütlich die Atmosphäre, international die Küche. Im Sommer sitzt man am liebsten auf der charmanten Innenhofterrasse!
Menü 24 € (mittags unter der Woche)/78 € – Karte 37/80 €

Stadtplan : A2-n – *Elias-Holl-Platz 2* ✉ *86150* – ☏ *0821 510600*
– *www.restaurant-die-ecke.de*

## 🍴 Die Tafeldecker in der Fuggerei ⓝ

**REGIONAL · HISTORISCHES AMBIENTE** ✕ Beim Eingang zur Fuggerei, der ältesten Sozialsiedlung der Welt, findet man dieses freundliche Lokal, dessen saisonale Klassiker ebenso gut ankommen wie die schwäbisch-bayerischen Tapas. Stellen Sie sich Ihr Wunschmenü an der Schaustheke zusammen! Schön sitzt man auch im Biergarten.
Karte 17/30 €

Stadtplan : A1-a – *Jakoberstr. 26* ✉ *86152* – ☏ *0821 99879169* – *www.dietafeldecker.de*

## 🏨 Steigenberger Drei Mohren

**TRADITIONELL · MODERN** Das rund 500 Jahre alte Haus kommt modern-elegant daher! Eine großzügige Lobby, wohnlich-komfortable Zimmer, Spa mit orientalischem Touch und dazu vielfältige Gastronomie vom "Maximilian" mit Showküche über die legere "3 M Bar" mit Tapas bis zum schicken "Sartory".
131 Zim – 🛏135/274 € 🛏🛏150/289 € – 4 Suiten – ☕ 20 € – ½ P

Stadtplan : A2-a – *Maximilianstr. 40* ✉ *86150* – ☏ *0821 50360*
– *www.augsburg.steigenberger.de*

### 🏨 Dom-Hotel

**HISTORISCHES GEBÄUDE · FUNKTIONELL** In dem historischen Stadthaus beim Dom gelangt man über eine schöne schmiedeeiserne Treppe zu den Zimmern, Appartements und Maisonetten. Angenehm frühstückt man im Sommer unter Kastanienbäumen.

51 Zim ♨ – †77/130 € ††97/160 € – 6 Suiten

**Stadtplan : A1-c** – *Frauentorstr. 8* ✉ *86152* – ℰ *0821 343930*
– *www.domhotel-augsburg.de* – *geschl. 22. Dezember - 8. Januar*

## In Augsburg-Göggingen Süd-West: 4 km über Hermanstraße A2

### 🏨 Villa Arborea

**TRADITIONELL · MEDITERRAN** Der Name der 1935 erbauten Villa (lat. "arbor" = "Baum") nimmt Bezug auf den wunderschönen Garten - wer möchte hier nicht frühstücken? Man spürt im Haus das Engagement der Familie Dey!

20 Zim ♨ – †82/98 € ††99/115 €

*Gögginger Str. 124* ✉ *86199* – ℰ *0821 907390* – *www.hotel-villa-arborea.de*
– *geschl. 20. Dezember - 10. Januar*

# AURICH (OSTFRIESLAND)

Niedersachsen – 40 640 Ew. – Höhe 6 m – Regionalatlas **7**-D5

▶ Berlin 506 km – Hannover 241 km – Emden 26 km – Oldenburg 70 km

Michelin Straßenkarte 541

### 🏨 Hochzeitshaus

**HISTORISCHES GEBÄUDE · INDIVIDUELL** Die im 19. Jh. als Bürgermeisterhaus erbaute Villa mit der weißen Fassade liegt beim Stadtwall. Die Zimmer sind individuell und sehr geschmackvoll (chic in Schwarz-Weiß, toll der alte Dielenboden...), einige befinden sich im Kutscherhaus. Eine kleine grüne Oase zum Relaxen: der charmante Garten!

14 Zim ♨ – †95/125 € ††125/149 €

*Bahnhofstr. 4* ✉ *26603* – ℰ *04941 604460* – *www.hochzeitshaus-aurich.de*

### 🏨 Hotel am Schloss

**URBAN · MODERN** Gepflegt wohnen lässt es sich in dem Hotel mit der schönen denkmalgeschützten Jugendstilfassade: Die Zimmer sind neuzeitlich und funktional eingerichtet, modern-elegant hat man den Hallenbereich und das Restaurant gestaltet.

38 Zim ♨ – †88/170 € ††90/200 € – 2 Suiten – ½ P

*Bahnhofstr. 1* ✉ *26603* – ℰ *04941 95520* – *www.pittoresk.de*

# AYING

Bayern – 4 850 Ew. – Höhe 610 m – Regionalatlas **66** M20

▶ Berlin 613 km – München 29 km – Rosenheim 34 km

Michelin Straßenkarte 546

### 🍴 August und Maria

**REGIONAL · GEMÜTLICH** 🍴🍴 Drinnen sorgt regionaler Charme für Gemütlichkeit, draußen lockt der wunderschöne begrünte Garten. Es gibt Klassiker wie "in Fassbutter gebratenes Wiener Schnitzel", dazu Bier aus der eigenen Brauerei. Freundlich und aufmerksam der Service.

Menü 37 € – Karte 36/59 €

*Hotel Brauereigasthof Aying, Zornedinger Str. 2* ✉ *85653* – ℰ *08095 90650*
– *www.brauereigasthof-aying.de* – *geschl. Dienstag - Mittwoch*

### 🏨 Brauereigasthof Aying

**GASTHOF · INDIVIDUELL** Der Inbegriff eines bayerischen Brauereigasthofs! Lange Tradition und ehrliche Herzlichkeit gehen hier Hand in Hand! Man wohnt so geschmackvoll wie individuell - im alten Herrenhaus (Urhaus der Inhaberfamilie) auch etwas exklusiver! Toll das Frühstück! Urig-bodenständig: Bräustüberl mit Biergarten.

47 Zim ♨ – †99/279 € ††169/319 € – 1 Suite – ½ P

*Zornedinger Str. 2* ✉ *85653* – ℰ *08095 90650* – *www.brauereigasthof-aying.de*

🍴 **August und Maria** – siehe Restaurantauswahl

# AYL

Rheinland-Pfalz – 1 430 Ew. – Höhe 190 m – Regionalatlas **45**-B16

▶ Berlin 740 km – Mainz 170 km – Trier 21 km – Merzig 32 km

Michelin Straßenkarte 543

### ⁐○ WEINrestaurant Ayler Kupp Ⓝ

**MARKTKÜCHE · FREUNDLICH** ✕✕ Während man sich frische saisonale Gerichte wie "Rehrücken mit Pilzen und Kartoffelsoufflé" schmecken lässt, schaut man auf die Weinberge und den schönen Garten. Dazu vielleicht ein Riesling vom Weingut nebenan? Mittagsmenü etwas günstiger.

Menü 28 € (mittags)/59 € – Karte 39/67 €

*WEINhotel Ayler Kupp, Trierer Str. 49a* ✉ *54441 –* ℰ *06581 988380 – www.saarwein-hotel.de – geschl. Januar und Dienstag - Mittwoch*

### ⌂ WEINhotel Ayler Kupp Ⓝ

**FAMILIÄR · AUF DEM LAND** In ruhiger Lage finden Sie dieses kleine Hotel, benannt nach der bekannten Weinlage "Ayler Kupp". Die Zimmer sind gepflegt, freundlich und funktionell, einige haben einen Balkon mit Blick in die Weinberge.

10 Zim ⌑ – ▪69/89 € ▪▪95/115 € – ½ P

*Trierer Str. 49a* ✉ *54441 –* ℰ *06581 988380 – www.saarwein-hotel.de – geschl. Januar*

⁐○ **WEINrestaurant Ayler Kupp** – siehe Restaurantauswahl

**BAABE** Mecklenburg-Vorpommern ➜ Siehe Rügen (Insel)

# BACHARACH

Rheinland-Pfalz – 1 890 Ew. – Höhe 70 m – Regionalatlas **46**-D15

▶ Berlin 615 km – Mainz 50 km – Bad Kreuznach 35 km – Koblenz 50 km

Michelin Straßenkarte 543

### ⌂ Altkölnischer Hof

**GASTHOF · FUNKTIONELL** In dieses hübsche Fachwerkhaus mit langer Geschichte wird kontinuierlich investiert, so sorgt die Familie für sehr gepflegte, wohnliche Zimmer und ein schmuckes Restaurant mit schönen Wandbildern, markantem Leuchter und viel dunklem Holz. Die Küche ist bürgerlich.

19 Zim ⌑ – ▪55/105 € ▪▪85/135 € – ½ P

*Blücherstr. 2* ✉ *55422 –* ℰ *06743 947780 – www.altkoelnischer-hof.de – geschl. 1. November - 15. April*

## In Bacharach-Henschhausen Nord-West: 4 km

### ⌂ Landhaus Delle

**LANDHAUS · INDIVIDUELL** Der kleine Familienbetrieb oberhalb des Rheins hat keinen typischen Hotelcharakter, er besticht vielmehr durch private Atmosphäre und persönliche Gästebetreuung sowie geräumige wohnliche Zimmer und einen schönen Garten. Dazu klassische Küche und eine tolle Weinauswahl im Restaurant im Gartenhaus.

7 Zim ⌑ – ▪130/140 € ▪▪175/195 € – 1 Suite – ½ P

*Gutenfelsstr. 16* ✉ *55422 –* ℰ *06743 1765 – www.landhaus-delle-hotel.com – geschl. November - April*

# BACKNANG

Baden-Württemberg – 34 990 Ew. – Höhe 271 m – Regionalatlas **55**-H18

▶ Berlin 589 km – Stuttgart 36 km – Heilbronn 36 km – Schwäbisch Hall 37 km

Michelin Straßenkarte 546

🕸 **Rilke Restaurant Kerzenstube**

**KREATIV · FREUNDLICH** XX In der 1. Etage des "Rilke Caférieur" (Café und Deko-geschäft) finden Sie ein unkompliziertes, legeres Restaurant mit zwei Karten: zum einen sehr feine, kontrastreiche und ausdrucksstarke Gerichte als Gourmet-menü, zum anderen ambitionierte Regionalküche à la carte. Charmant-familiär der Service.

➜ Tatar vom Kalb, Gänselebercrème, Buchenpilze, gereifter Soja. Gamba Rocha, Sumach, Zitrone. Sankt Pierre aus der Bretagne, Fischbrühe, gestockte Sauce Divine.

Menü 59/139 € – Karte 56/72 €

*Marktstr. 44* ✉ *71522 –* ☎ *07191 9791360 (Tischbestellung erforderlich) – www.rilke-caferieur.de – nur Abendessen – geschl. 5. Juli - 19. September und Sonntag - Dienstag*

🍴○ **Schürers Restaurant Tafelhaus**

**INTERNATIONAL · GEMÜTLICH** XX Hinter der schmucken Fachwerkfassade a. d. 18. Jh. kocht man klassisch-regional mit modernen Akzenten, von "geschmorten Kalbskutteln in Lembergersoße" bis "Wolfsbarsch im Bouillabaisse-Sud mit Stein-pilzrisotto". Tipp: Reservieren Sie im Gewölbekeller von 1710! Mittags Tages-gerichte. Eigene Kochschule.

Menü 31/110 € – Karte 29/78 €

*Schillerstr. 6* ✉ *71522 –* ☎ *07191 902777 (Tischbestellung ratsam) – www.restaurant-tafelhaus.de – geschl. Sonntag - Montag sowie an Feiertagen*

🍴○ **Backnanger Stuben**

**INTERNATIONAL · FREUNDLICH** XX Hier heißt es niveauvolle Küche aus erstklas-sigen Produkten, wobei edle Steaks im Mittelpunkt stehen. Ebenso zu empfehlen sind aber auch "gebeizter Lachs im Noriblatt mit Wakame" oder "Zweierlei von der Schokolade mit geschmorter Banane".

Menü 39/69 € – Karte 33/92 €

*Bahnhofstr. 7* ✉ *71522 –* ☎ *07191 9127937 – www.backnanger-stuben.de – nur Abendessen – geschl. Anfang Januar 1 Woche, September 2 Wochen und Sonntag - Montag*

## BAD...

siehe unter dem Eigennamen des Ortes (z. B. Bad Orb siehe Orb, Bad)
see under second part of town name (e.g. for Bad Orb see under Orb, Bad)

## WIR MÖGEN BESONDERS...

Die Sicht aufs Rheintal von der Terrasse der **Klosterschänke**. **Brenners Park-Restaurant** als absolute Gourmet-Institution an der Lichtentaler Allee. Sushi und Grillgerichte im **Medici**. „Sehen und gesehen werden" im **Rizzi**. Die **Weinstube Baldreit** für ihren charmanten Innenhof. Im **Kleinen Prinzen** die reizenden Motive der gleichnamigen Erzählung von Antoine de Saint-Exupéry bewundern.

# BADEN-BADEN

Baden-Württemberg – 52 590 Ew. – Höhe 181 m – Regionalatlas **54**-E18
▶ Berlin 709 km – Stuttgart 112 km – Karlsruhe 38 km – Freiburg 112 km
Michelin Straßenkarte 545

## *Restaurants*

### ✿✿✿ Brenners Park-Restaurant ⇐ 🅰🅲 ✤ ⇔ 🚗

FRANZÖSISCH-MODERN · LUXUS ✗✗✗ Absolut stimmig fügt sich das Restaurant mit seinem exquisiten Interieur und hochstehender Kulinarik in den edlen Rahmen des Hauses. Auf dem Teller beeindrucken feine klassisch-moderne Speisen mit Präzision, interessanten kreativen Akzenten und angenehm klarer Optik. Ein weiterer Genuss: der Blick ins Grüne!
→ Feines von der Jumbo Wachtel, Kichererbse, junges Gemüse, Joghurt, Ras el Hanout. Rücken von Pfälzer Lamm, Lammjus, milde Chilikruste, Avocado, Vollkorn-Maisgrieß, Schafskäse. Kreation von der Grand Cru Bio Kuvertüre, Ananas, Karamell, Maracuja.
Menü 105/175 € – Karte 92/166 €
**Stadtplan : A2-a** – Brenners Park-Hotel, Schillerstr. 4 ✉ 76530 – ✆ 07221 9000 – www.brenners.com – nur Abendessen – geschl. Ende Januar - Ende Februar und Montag - Dienstag

### ✿ Le Jardin de France (Stéphan Bernhard) ⅋⅋ 🍴 🅰🅲

FRANZÖSISCH-KLASSISCH · ELEGANT ✗✗ Toll die Lage im Innenhof des "Goldenen Kreuzes" a. d. 19. Jh.! Hier sitzt man in einem lichten, stilvoll-eleganten Restaurant bei klassisch-französischer Küche, die sich ganz auf den Geschmack und die ausgezeichneten Produkte konzentriert!
→ Souffliertes Hühnerei, Maronenpüree und Entenlebervelouté mit Trüffel. Hummer mit Kompott von Rote Bete, Coco-Yuzuschaum. Barbarie Entenbrust mit Olivenkruste gebraten, grüner Spargel, Mini-Kräuterseitlinge.
Menü 35 € (mittags unter der Woche)/98 € – Karte 69/119 €
**Stadtplan : A2-c** – Lichtentaler Str. 13 ✉ 76530 – ✆ 07221 3007860 (Tischbestellung ratsam) – www.lejardindefrance.de – geschl. 26. Februar - 6. März, 11. - 19. Juni, 30. Juli - 7. August und Sonntag - Montag, Januar - Februar: Sonntag - Dienstag, außer an Feiertagen

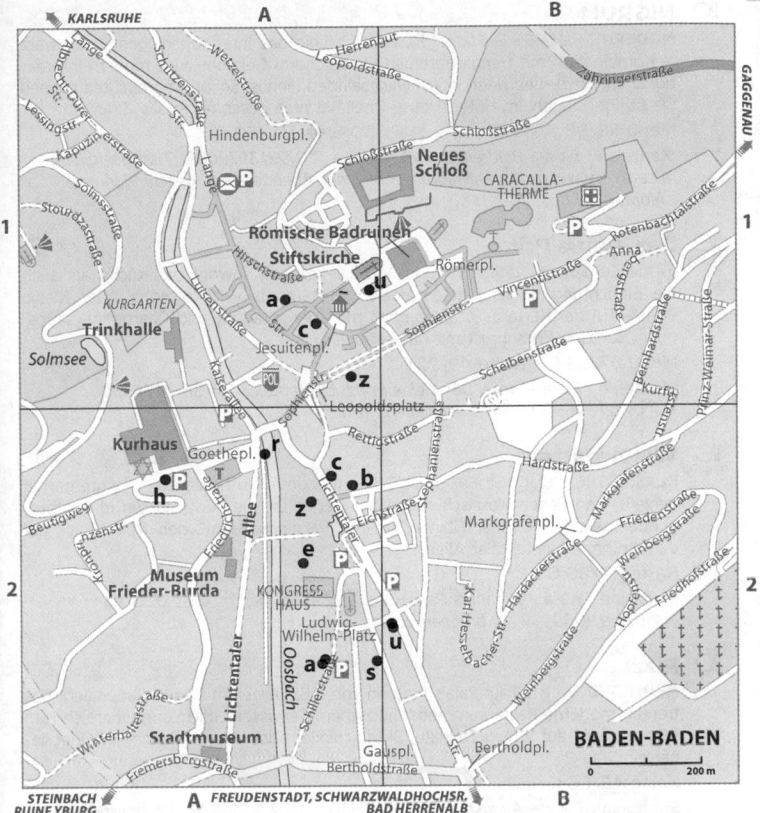

---

🐝 **La Table** 🛜 💠 **P**

**FRANZÖSISCH-KLASSISCH · TRENDY** ✗ Der Ableger des "Le Jardin de France" (unter gleicher Leitung) bietet ebenfalls französische Küche. In recht moderner Atmosphäre serviert man z. B. "Rindertatar mit Spiegelei" oder "Saiblingsfilet mit Sauerkraut und Rieslingsauce".

Menü 25 € – Karte 33/56 €

*Bernhard's Boutique Hotel Société, Jagdhausstr. 5, über Lange Straße A1 ⊠ 76530 – ✆ 07221 7029898 – www.hotel-societe-baden-baden.de – geschl. Juli 2 Wochen und Samstagmittag, Sonntag - Montagmittag*

🍴 **Medici** 🛜 ♿ 🍸 💠

**FLEISCH · ELEGANT** ✗✗ Die Karte hier ist abwechslungsreich, besonders gefragt sind die verschiedenen Steak-Cuts aus Frankreich, Deutschland, Spanien, USA... Diese werden im Sommer übrigens draußen gegrillt - herrlich die Terrasse! Auch das japanische Angebot samt Sushi sollte man probieren! Küche bis 24 Uhr geöffnet.

Menü 59 € – Karte 34/106 €

**Stadtplan : A2-e** – *Augustaplatz 8 ⊠ 76530 – ✆ 072212006 (Tischbestellung ratsam) – www.medici.de – nur Abendessen*

## ⅱ○ NIGRUM ⓝ  ⇦ ⒶⒸ ⅍

**MODERNE KÜCHE · ELEGANT** ✗✗ Wirklich chic das Interieur: elegantes Schwarz in Kombination mit trendig-farbigen Eyecatchern! Gekocht wird modern-international in Form eines wöchentlich wechselnden Menüs. Schön übernachten können Sie übrigens auch: Im Hotel "House One" hat man geschmackvolle Zimmer.

Menü 58/98 €   5 Zim ⌧ – ♦110/130 € ♦♦130/160 €

**Stadtplan : A1-c** – *Baldreitstr. 1* ⌧ *76530* – *☏ 07221 3979008 (Tischbestellung ratsam)* – *www.restaurant-nigrum.com* – *nur Abendessen* – *geschl. Sonntag - Montag*

## ⅱ○ Der Kleine Prinz  ⒶⒸ ⅍ ⓟ

**FRANZÖSISCH-KLASSISCH · ELEGANT** ✗✗ Klassisch sowohl die Küche als auch die Einrichtung dieses intimen kleinen Restaurants - Deko-Motiv: "Der Kleine Prinz". Auf der Karte z. B. "Zanderfilet mit Spargelragout und Chardonnaysauce" oder "Barbarie-Entenbrust mit Cassissauce".

Menü 67/93 € – Karte 49/72 €

**Stadtplan : B2-u** – *Hotel Der Kleine Prinz, Lichtentaler Str. 36* ⌧ *76530* – *☏ 07221 346600* – *www.derkleineprinz.de*

## ⅱ○ Wintergarten  ⇐ 🍴 🏠 ⒶⒸ ⅍ 🚗

**KLASSISCHE KÜCHE · FREUNDLICH** ✗✗ In dem luftig-lichten Wintergarten genießt man neben klassisch-saisonalen Gerichten wie "Coq au Vin in Spätburgunder geschmort" oder "Zanderfilet mit Rieslingschaum" den freien Blick auf die berühmte Lichtentaler Allee.

Karte 54/80 €

**Stadtplan : A2-a** – *Brenners Park-Hotel & Spa, Schillerstr. 4* ⌧ *76530* – *☏ 07221 9000* – *www.brenners.com*

## ⅱ○ Rizzi  🏠

**MEDITERRAN · HIP** ✗ Im Palais Gagarin von 1865 mitten in Baden-Baden liegt das trendig-moderne Restaurant nebst hübschem Terrassen- und Loungebereich zum Kurpark. Lust auf Vitello Tonnato, Bio-Lachsfilet oder Wiener Schnitzel? Oder lieber ein Steak?

Karte 42/66 €

**Stadtplan : A2-z** – *Augustaplatz 1* ⌧ *76530* – *☏ 07221 25838 (Tischbestellung erforderlich)* – *www.rizzi-baden-baden.de*

## ⅱ○ Klosterschänke  ⇐ 🏠 ⅍ ⓟ

**ITALIENISCH · GEMÜTLICH** ✗ Ein sympathisches kleines Restaurant, in dem man regional und italienisch kocht. Appetit machen z. B. "Cordon bleu mit Schwarzwälder Schinken und Bergkäse" oder "Piccata milanese". Terrasse mit wunderbarem Blick auf die Rheinebene!

Karte 37/51 €

*Klosterschänke 1, (an der Straße nach Steinbach), über Fremersbergstraße A2* ⌧ *76530* – *☏ 07221 25854 (Tischbestellung ratsam)* – *www.restaurant-klosterschaenke.de* – *Dienstag - Freitag nur Abendessen* – *geschl. 22. Dezember - 15. Januar, 1. - 14. August und Montag*

## ⅱ○ Weinstube Baldreit  🏠 ⇄

**TRADITIONELLE KÜCHE · WEINSTUBE** ✗ Sie liegt schon etwas versteckt, diese nette Weinstube, doch das Suchen lohnt sich - vor allem im Sommer, denn da ist der Innenhof das Herzstück! Man kocht traditionell, vom Rindstatar über Flammkuchen bis zum geschmorten Schweinebäckchen.

Karte 29/44 €

**Stadtplan : A1-a** – *Küferstr. 3* ⌧ *76530* – *☏ 07221 23136 (Tischbestellung ratsam)* – *nur Abendessen* – *geschl. Anfang September 2 Wochen, über Fasching 1 Woche und Sonntag - Montag*

# WENN PREMIUM
# DER ANSPRUCH IST

*Das weltweit meistgetrunkene*
*natürliche Mineralwasser.*

*evian*

#1

*„Ein Glas Badoit zu jedem Glas Wein.*
*Das ist mein Geheimnis*
*für eine perfekte Verkostung."*

ROBERT PARKER
Internationaler Weinkritiker

**DANONE WATERS**
DEUTSCHLAND GMBH

Solmsstr. 18 · 60486 Frankfurt · Tel 069/71 91 35-0 · Fax 069/71 91 35-140 · Postfach 90 02 36 · 60442 Frankfurt
Weitere Informationen: **www.danone-waters-handel.de**

# JUNKERS
## bauhaus

JUNKERS
bauhaus

Ref. 6030-5

Helmut Erfurth ©

www.pointtec.de

MADE IN GERMANY

## HUGO JUNKERS UND DAS BAUHAUS

Uhrwerk ETA Peseux 7001, Handaufzug, Gehäuse Ø 40 mm

Die seit Jahren erfolgreiche Kollektion JUNKERS Bauhaus wurde um ein Sondermodell mit dem exklusiven Handaufzugskaliber ETA 7001 erweitert. Durch das mit 2.5 mm Bauhöhe sehr flache Werk kommt die zeitlose Schönheit dieser Uhr besonders zur Geltung. Ein "Must have" für alle Uhrenliebhaber.

## 🍴 Schneider's Weinstube Ⓝ

TRADITIONELLE KÜCHE · WEINSTUBE X Badisch gut heißt es in der gemütlichen Weinstube im Herzen der Stadt. Mögen Sie "Zanderklößchen auf Blattspinat"? Oder lieber "Kalbsbäckle mit Madeira-Sauce"? Dazu werden Sie herzlich umsorgt, auch in Sachen Wein berät man Sie gerne.

Karte 22/46 €

**Stadtplan : A2-b** – *Merkurstr. 3* ✉ *76530* – ℰ *07221 9766929 (Tischbestellung ratsam)* – *www.schneiders-weinstube.de* – *Montag - Freitag nur Abendessen* – *geschl. 14. - 27. August und Sonntag sowie an Feiertagen*

# *Hotels*

## 🏨 Brenners Park-Hotel & Spa 🛁 ⟨ 🍴 🖼 🌐 🏎 🛗 🔲 🅰🅲 🔏 🚗

GROSSER LUXUS · KLASSISCH Ein klassisches Grandhotel mit stilvoll-luxuriöser Einrichtung in unterschiedlichen Zimmerkategorien und weitläufigem modern-elegantem Spa. Klasse die Lage: Park, Kunst, Kongress und Zentrum ganz in der Nähe. In der "Villa Stéphanie" finden Sie Ihr exklusives "Medical Care"-Angebot.

89 Zim – 🛏270/490 € 🛏🛏390/790 € – 15 Suiten – ⌱ 38 €

**Stadtplan : A2-a** – *Schillerstr. 4* ✉ *76530* – ℰ *07221 900830* – *www.brenners.com*
🌸🌸 **Brenners Park-Restaurant** • 🍴 **Wintergarten** – siehe Restaurantauswahl

## 🏨 Belle Epoque 🍴 🅰🅲 🔏 🅿

HISTORISCH · INDIVIDUELL Eine Villa von 1874 mit Nebengebäude und hübschem kleinem Park. In den liebevoll, individuell und mit persönlicher Note gestalteten Zimmern finden sich wunderschöne antike Einzelstücke. Ebenso stilvoll: der Frühstücksraum mit Kamin. Am Nachmittag serviert man Kaffee und Kuchen (im Zimmerpreis inbegriffen).

17 Zim ⌱ – 🛏165/240 € 🛏🛏235/299 € – 3 Suiten

**Stadtplan : A2-s** – *Maria-Viktoria-Str. 2c* ✉ *76530* – ℰ *07221 300660* – *www.hotel-belle-epoque.de*

## 🏨 Dorint Maison Messmer 🏸 ⟨ 🖼 🌐 🏎 🛗 🔲 🚶 🅰🅲 🔏 🚗

LUXUS · MODERN Das Hotel neben Theater und Kasino/Kurhaus vereint Tradition und Moderne. Das spiegelt jedes der eleganten Zimmer wider, vom "Klassik Doppelzimmer Garten" bis hin zur "Penthouse Suite" (237 qm plus große Dachterrasse!). Nicht minder geschmackvoll ist der wertige Wellnessbereich. Wer es ein bisschen rustikaler mag, isst im Theaterkeller, und zwar badisch-elsässisch.

152 Zim – 🛏169/349 € 🛏🛏219/399 € – 11 Suiten – ⌱ 26 € – ½ P

**Stadtplan : A2-h** – *Werderstr. 1* ✉ *76530* – ℰ *07221 30120* – *www.hotel-baden-baden.dorint.com*

## 🏨 Am Sophienpark 🍴 🔲 🍽 🔏 🚗

HISTORISCHES GEBÄUDE · KLASSISCH Von 1733 stammt dieses Hotel, das erste Grandhotel in Baden-Baden. Eine Besonderheit ist der 4000 qm große eigene Park! Noch mehr Schönes gibt es drinnen zu entdecken: ein sehenswertes denkmalgeschütztes Treppenhaus sowie frische moderne Zimmer. Von Juli - August internationale Küche auf der Parkterrasse.

73 Zim ⌱ – 🛏99/245 € 🛏🛏150/350 €

**Stadtplan : A1-z** – *Sophienstr. 14* ✉ *76530* – ℰ *07221 3560* – *www.hotel-am-sophienpark.de*

## 🏨 Atlantic Parkhotel 🏸 🦮 🔲 🔏

TRADITIONELL · KLASSISCH Klassische Zimmer, farblich angenehm warm gestaltet, bietet das Hotel an der Oos vis-à-vis der Lichtentaler Allee. In der stilvollen Kaminhalle spürt man die lange Tradition des Hauses a. d. J. 1836. Elegantes Restaurant und Terrasse am Flussufer mit Blick ins Grüne.

53 Zim ⌱ – 🛏129/169 € 🛏🛏199/299 € – ½ P

**Stadtplan : A2-r** – *Goetheplatz 3* ✉ *76530* – ℰ *07221 3610* – *www.atlantic-parkhotel.de*

**Der Kleine Prinz**

**TRADITIONELL · INDIVIDUELL** Ein stilvolles Haus, das mit vielen Antiquitäten und ganz persönlicher Note geschmackvoll eingerichtet ist, gediegen die Lobby im 1. Stock. Die zahlreichen Bilder der "Kleinen Prinzen" (die Erzählung von Antoine de Saint-Exupéry war hier namengebend) stammen übrigens vom Künstler Lars van Meerwijk.

32 Zim 〓 – ♦139/199 € ♦♦199/299 € – 8 Suiten – ½ P

**Stadtplan : B2-u** – *Lichtentaler Str. 36* ✉ *76530 –* ✆ *07221 346600*
*– www.derkleineprinz.de*

t⃝○ **Der Kleine Prinz** – siehe Restaurantauswahl

 **Bernhard's Boutique Hotel Société**

**FAMILIÄR · MODERN** Sie suchen ein gepflegtes, familiäres und zudem noch bezahlbares kleines Hotel? Dann sind Sie hier richtig. Und wen es abends nicht mehr in die schöne Fußgängerzone zieht, der wird hier auch frisch und schmackhaft bekocht.

11 Zim 〓 – ♦70/95 € ♦♦90/105 € – 3 Suiten – ½ P

*Jagdhausstr. 5, über Lange Straße A1* ✉ *76530 –* ✆ *07221 7029898*
*– www.hotel-societe-baden-baden.de*

🍴 **La Table** – siehe Restaurantauswahl

 **Am Markt**

**FAMILIÄR · GEMÜTLICH** Sie finden das Gasthaus a. d. 18. Jh. etwas oberhalb der Fußgängerzone. Hinter der traditionellen Fassade verbergen sich sehr schöne zeitgemäße Zimmer. Zudem wird man in dem sympathisch-familiär geführten Hotel wirklich gut betreut!

23 Zim 〓 – ♦68/95 € ♦♦99/115 €

**Stadtplan : A1-u** – *Marktplatz 18* ✉ *76530 –* ✆ *07221 27040*
*– www.hotel-am-markt-baden.de – geschl. 17. - 26. Dezember*

**Im Stadtteil Neuweier** Süd-West: 10 km über Fremersbergstraße A2

❀ **Röttele's Restaurant und Residenz im Schloss Neuweier**

**MEDITERRAN · ELEGANT** ✕✕✕ Mit Geschmack hat man in den schönen historischen Rahmen des herrschaftlichen Anwesens modernen Stil eingebunden, im Restaurant (mit hübschem lichtem Wintergarten und toller Terrasse) wie auch in den Gästezimmern. Gekocht wird mit mediterranem Einfluss - einige Klassiker gibt's auch durchgehend.

→ Gänselebertörtchen mit Rhabarber, Amarettibrioche und gebratene Gänseleber auf Amarettogriesschnitte. Ganzer Fisch im Ofen gebraten und auf 2 Arten serviert. Frischkäsetarte mit Schokoladenbiscotti, Herzkirschen und Balsamico-Crèmeeis.

Menü 36 € (mittags)/102 € – Karte 68/93 €   11 Zim 〓 – ♦98/108 € ♦♦143/158 € – 3 Suiten

*Mauerbergstr. 21* ✉ *76534 –* ✆ *07223 800870 (Tischbestellung ratsam)*
*– www.armin-roettele.de – Montag - Freitag nur Abendessen – geschl. 13. Februar - 5. März und Dienstag, außer an Feiertagen*

🐧 **Heiligenstein**

**REGIONAL · FREUNDLICH** ✕✕ "Basilikumcremesuppe mit Morcheln", "Lachsfilet mit Blattspinat und Sauce Hollandaise"... Hier wird regional-international gekocht. Dazu bietet man eine schöne Weinauswahl (über 400 Positionen) mit der ein oder anderen Rarität. Und das Ambiente? Geschmackvoll-modern, einladend die Terrasse.

Menü 35/50 € – Karte 36/58 €

*Hotel Heiligenstein, Heiligensteinstr. 19a* ✉ *76534 –* ✆ *07223 96140 (Tischbestellung ratsam) – www.hotel-heiligenstein.de – geschl. 22. - 25. Dezember und Donnerstagmittag, Oktober - Ostern: Donnerstag*

### 🕲 Traube ⇦ 🏠 **P**

**MARKTKÜCHE · GASTHOF** ✗✗ Was hier an schmackhaften regional-saisonalen Gerichten auf den Tisch kommt, nennt sich z. B. "Bühler Zwetschgentäschle mit Perlhuhnbrust und Lauchgemüse". Beliebt auch das preisgünstige "Landmenü". Drinnen gemütliche Stuben, draußen die Terrasse im Grünen. Für Übernachtungs-gäste hat man wohnliche Zimmer.

Menü 25/59 € – Karte 36/67 €    17 Zim 🗅 – ♦89/95 € ♦♦129/159 €
*Mauerbergstr. 107 ⊠ 76534 – ℰ 07223 96820 – www.traube-neuweier.de*
*– geschl. Mittwoch*

### ⭫◯ Zum Alde Gott ⇐ 🏠 **P**

**FRANZÖSISCH-KLASSISCH · ZEITGEMÄSSES AMBIENTE** ✗✗ Seit vielen, vielen Jahren steht das Haus für Engagement und klassische Küche. Begleitet wird das Essen von einer schönen Auswahl an Weinen aus der Region. Beliebt: das Mit-tagsmenü zu 35 €, ebenso die Terrasse mit Blick auf die Weinberge!

Menü 35 € (mittags)/99 € – Karte 40/86 €
*Weinstr. 10 ⊠ 76534*
*– ℰ 07223 5513 (Tischbestellung ratsam) – www.zum-alde-gott.de*
*– geschl. Donnerstag - Freitagmittag*

### ⭫◯ Rebenhof ⇐ 🛏 🏠 🕉 ⇦ **P**

**MARKTKÜCHE · FREUNDLICH** ✗✗ Bei tollem Blick durch große Panoramafenster speist man in dem hellen, freundlichen Restaurant regional-international - Lust auf "geschmorte Lammkeule mit Thymianjus"? Dazu Weine aus den umliegenden Weingütern. Schön die große Terrasse.

Menü 30 € – Karte 25/53 €
*Hotel Rebenhof, Weinstr. 58 ⊠ 76534*
*– ℰ 07223 96310 – www.hotel-rebenhof.de*
*– Montag - Freitag nur Abendessen – geschl. Sonntag*

### 🏠 Rebenhof ⟆ ⇐ 🛏 🕉 📺 🖩 🛁 **P**

**LANDHAUS · GEMÜTLICH** Schön die ruhige Lage samt Blick auf Weinberge und Rheinebene! Die Zimmer gibt es in neuzeitlichem Landhausstil oder größer und moderner im angeschlossenen Neubau. Fragen Sie nach einem mit Balkon! Auch vom hübschen kleinen Wellnessbereich genießt man die Aussicht.

36 Zim 🗅 – ♦89/109 € ♦♦109/169 € – ½ P
*Weinstr. 58 ⊠ 76534*
*– ℰ 07223 96310 – www.hotel-rebenhof.de*
⭫◯ **Rebenhof** – siehe Restaurantauswahl

### 🏠 Heiligenstein ⟆ ⇐ 🛏 🕉 🛋 📺 🛁 **P**

**LANDHAUS · INDIVIDUELL** Nicht nur im Restaurant, auch im ruhig gelegenen Hotel ist Wein das Thema, so heißen die Zimmer z. B. "Mauerberg", "Château M.", "Capaia", "Weineslust". Entspannen kann man im kleinen Wellnessbereich und morgens gibt's ein gutes Frühstück.

29 Zim 🗅 – ♦81/92 € ♦♦120/171 € – 1 Suite – ½ P
*Heiligensteinstr. 19a ⊠ 76534*
*– ℰ 07223 96140 – www.hotel-heiligenstein.de*
*– geschl. 22. - 25. Dezember*
🕲 **Heiligenstein** – siehe Restaurantauswahl

Bestecke ✗ und Sterne ✿ sollten nicht verwechselt werden! Die Bestecke stehen für eine Komfortkategorie, die Sterne zeichnen Häuser mit besonders guter Küche aus - in jeder dieser Kategorien.

# BADENWEILER

Baden-Württemberg – 4 010 Ew. – Höhe 425 m – Regionalatlas **61**-D21

▶ Berlin 834 km – Stuttgart 242 km – Freiburg im Breisgau 36 km – Basel 45 km
Michelin Straßenkarte 545

## ⍩○ Schwarzmatt

**KLASSISCHE KÜCHE · GEMÜTLICH** 🕱🕱 In der Schwarzmatt-Küche führt Oliver Mewes Regie, was den Gästen klassische Speisen mit Niveau beschert. Wie alles im Hause Mast ist auch das Restaurant stimmig mit hübschen Stoffen, wohnlichen Farben und dekorativen Accessoires ausstaffiert, im Garten eine herrliche Blütenpracht! Ein Muss am Nachmittag: Kuchen und Torten nach altem Rezept von Hermine Bareiss!

Menü 36/72 € – Karte 43/65 €

*Hotel Schwarzmatt, Schwarzmattstr. 6a ✉ 79410 – ℰ 07632 82010*
*– www.schwarzmatt.de – geschl. geschl. 8. Januar - 2. Februar und Montag - Dienstag*

## ⍩○ Zur Sonne

**INTERNATIONAL · GEMÜTLICH** 🕱🕱 Dass man hier gut isst, weiß man im ganzen Ort, und das Engagement der Gastgeber merkt man überall in dem klassisch gehaltenen Restaurant. An warmen Tagen können Sie draußen unter Zitronenbäumchen sitzen!

Menü 41/61 € – Karte 38/55 €

*Hotel Zur Sonne, Moltkestr. 4 ✉ 79410 – ℰ 07632 75080 – www.zur-sonne.de*
*– nur Abendessen – geschl. Sonntag - Montag*

## 🏨 Schwarzmatt

**LANDHAUS · ELEGANT** Ein Ferienhotel "de luxe" mit Familie Mast als geborene Gastgeber: eleganter Landhausstil, tolles Frühstück und erstklassige Halbpension sowie ein hochwertiges Wellnessangebot. Und all das in einer der schönsten Gegenden Deutschlands!

38 Zim 🖙 – ♦145/165 € ♦♦210/340 € – 3 Suiten – ½ P

*Schwarzmattstr. 6a ✉ 79410 – ℰ 07632 82010 – www.schwarzmatt.de – geschl. 8. Januar - 2. Februar*

⍩○ **Schwarzmatt** – siehe Restaurantauswahl

## 🏨 Zur Sonne

**GASTHOF · GEMÜTLICH** Das hübsche Fachwerkhaus der herzlichen Gastgeberfamilie liegt zentral und doch ruhig. Die Zimmer liegen teilweise zum Garten oder zum Innenhof, einige mit Balkon. Charmant sind Halle und Frühstücksraum.

35 Zim 🖙 – ♦72/132 € ♦♦122/172 € – 1 Suite – ½ P

*Moltkestr. 4 ✉ 79410 – ℰ 07632 75080 – www.zur-sonne.de*

⍩○ **Zur Sonne** – siehe Restaurantauswahl

## 🏨 Anna

**FAMILIÄR · KLASSISCH** Ein tipptopp gepflegter Familienbetrieb, seit 1929. Fragen Sie nach den Zimmern mit Balkon und Aussicht, hier genießt man die ruhige Hanglage am besten! Auch vom Thermalhallenbad schaut man durch große Fenster nach draußen und hat direkten Zugang zur Panorama-Liegeterrasse! Dazu Kosmetik- und Massage-Angebot.

36 Zim 🖙 – ♦65/85 € ♦♦130/170 € – ½ P

*Oberer Kirchweg 2 ✉ 79410 – ℰ 07632 7970 – www.hotel-anna.de – geschl. Mitte November - Mitte Februar*

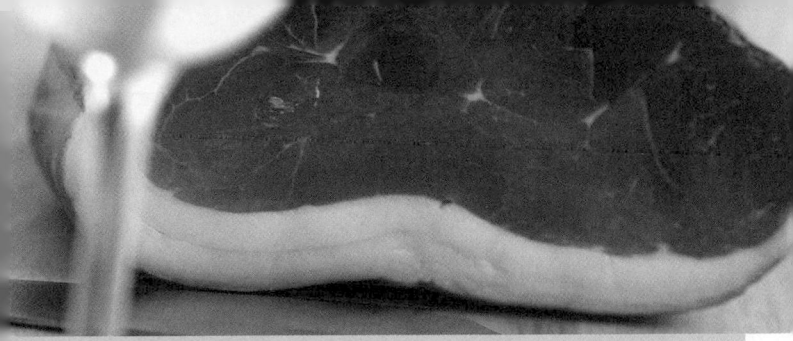

## WIR MÖGEN BESONDERS...

Die **Bauernstube** als „Keimzelle" der Traube Tonbach mit ihrem historisch-rustikalen Charme und richtig guter Küche. Nach dem Wandern auf ein rustikales Vesper in die **Sattelei** einkehren – das Bareiss mal ganz urig! Den kaum zu übertreffenden Schwarzwald-Charme des **Forsthauses Auerhahn** in dem traumhaften kleinen Seitental.

# BAIERSBRONN

Baden-Württemberg – 14 460 Ew. – Höhe 584 m – Regionalatlas **54**-E19

▶ Berlin 720 km – Stuttgart 100 km – Karlsruhe 70 km – Freudenstadt 7 km
Michelin Straßenkarte 545

## In Baiersbronn-Tonbach Nord: 2 km

### ✿✿✿ Schwarzwaldstube

**FRANZÖSISCH-KLASSISCH · ELEGANT XXXX** Der "Großmeister" bleibt sich und seiner Küche treu. Neumodische Trends und Effekthascherei sind nicht seine Welt, vielmehr kocht Harald Wohlfahrt unkompliziert und ehrlich, erstklassige Produkte und ebensolches Handwerk garantieren geschmackliche Tiefe! So niveauvoll die Präsentation der Speisen, so kompetent auch die Weinberatung (ca. 1000 Positionen).

➔ Kotelett vom Steinbutt im Algen-Salzteig gebacken mit kleinen Muscheln und Brunnenkresse-Emulsion. Kross gebratener Lammsattel mit eingelegten Gartengurken, Lammjus mit Senfsaat und Dill. Zuckerperle "Kir Imperial" mit Waldmeister-Champagnerschnee, Rhabarbergelee, Tonkabohnenstreusel und Waldmeistersorbet.

Menü 160 € (vegetarisch)/215 € – Karte 137/242 €

Stadtplan : B2-u – *Hotel Traube Tonbach, Tonbachstr. 237* ✉ 72270
– ☎ 07442 4920 *(Tischbestellung erforderlich)*
– *www.traube-tonbach.de*
– *geschl. 9. Januar - 2. Februar, 31. Juli - 24. August und Montag - Mittwochmittag*

### Bauernstube

**REGIONAL · GEMÜTLICH X** Historisch, gemütlich, urig... In der Bauernstube hat die Traube Tonbach ihren Ursprung und diese reizende heimelige Atmosphäre wird gepflegt! Umgeben von rustikalem altem Holz und charmanten Details isst man Schmackhaftes aus der Region - probieren Sie doch mal "badische Schneckensuppe mit Kracherle".

Menü 35 € – Karte 36/56 €

Stadtplan : B2-u – *Hotel Traube Tonbach, Tonbachstr. 237* ✉ 72270
– ☎ 07442 4920 *(Tischbestellung ratsam)*
– *www.traube-tonbach.de*

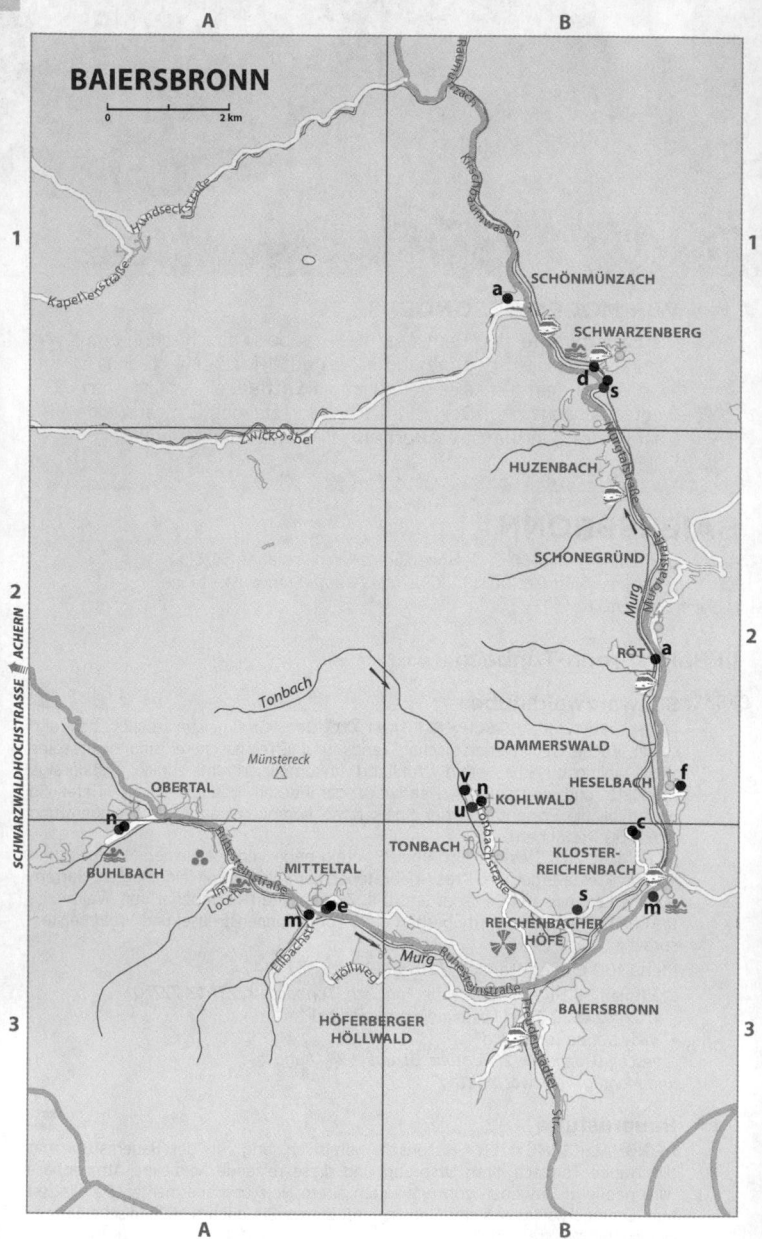

# BAIERSBRONN

0 — 2 km

SCHWARZWALDHOCHSTRASSE ↟ ACHERN

SCHÖNMÜNZACH

SCHWARZENBERG

HUZENBACH

SCHONEGRÜND

RÖT

DAMMERSWALD

HESELBACH

OBERTAL

KOHLWALD

TONBACH

KLOSTER-REICHENBACH

BUHLBACH

MITTELTAL

REICHENBACHER HÖFE

BAIERSBRONN

HÖFERBERGER HÖLLWALD

Münstereck

Murg

Tonbach

## ⫼○ Köhlerstube

**FRANZÖSISCH-KLASSISCH · KLASSISCHES AMBIENTE** ✗✗ In dem rustikal-eleganten Restaurant mit gemütlichen Nischen kocht man zeitgemäß-klassisch sowie mit Bezug zur Region. Elnen besonders schönen Blick ins Tal bietet die Terrasse.

Menü 83/115 € – Karte 63/87 €

**Stadtplan : B2-u** – *Hotel Traube Tonbach, Tonbachstr. 237* ✉ 72270
– ☎ 07442 4920 – *www.traube-tonbach.de* – *geschl. Donnerstag*

## ⫼○ Seidtenhof

**TRADITIONELLE KÜCHE · BÜRGERLICH** ✗ Hier gibt es Hausmannskost - frisch, solide mit Geschmack. Da kommt man gerne auf Fleischküchle, Braten oder ein Vesper in die gemütliche Stube oder sitzt bei hausgemachtem Kuchen auf der wunderbaren Terrasse. Um Sie herum ein schöner Bauernhof, die Kühe im Stall nebenan, kleines Streicheltiergehege...

Karte 15/28 €

**Stadtplan : B3-s** – *Reichenbacher Weg 46* ✉ 72270 – ☎ 07442 120895
– *www.seidtenhof.de* – *geschl. Mittwoch*

## ⫼○ Blockhütte

**REGIONAL · LÄNDLICH** ✗ So stellt man sich eine Blockhütte vor: einsam im Wald gelegen und einfach behaglich! Da braucht es nicht mehr als kleine Gerichte, Vesper und eine schöne Kuchenauswahl!

Karte 18/26 €

*Hotel Traube Tonbach, Tonbachstr. 237, Oberhalb des Hotels im Wald gelegen, nur zu Fuß erreichbar* ✉ 72270 – ☎ 07442 4920 – *www.traube-tonbach.de* – *bis 18.00 Uhr geöffnet* – *geschl. Montag*

## 🏨 Traube Tonbach

**LUXUS · INDIVIDUELL** Unermüdlich verjüngt und verschönert Familie Finkbeiner ihre "Traube", chic z. B. die geradlinig designten Appartements im Haus Kohlwald! Sie genießen individuellen Service samt Kinderbetreuung ("Kids Court", Outdoor-Aktivitäten...) und auch der Spa lässt kaum Wünsche offen (Beauty, Quellwasser-Außenpool, Panoramasauna...). Restaurant Silberberg für Hausgäste.

136 Zim 🍴 – ♦175/225 € ♦♦255/425 € – 17 Suiten – ½ P

**Stadtplan : B2-n** – *Tonbachstr. 237* ✉ 72270 – ☎ 07442 4920
– *www.traube-tonbach.de*

❀❀❀ **Schwarzwaldstube** • 🏠 **Bauernstube** • ⫼○ **Köhlerstube** • ⫼○ **Blockhütte**
– siehe Restaurantauswahl

## 🏨 Tanne

**FAMILIÄR · GEMÜTLICH** Schonmal in einer Baumhaussauna gewesen? Sie ist die Krönung des "Schwarzwald-Erlebnispfades"! Originell ist auch die schwarzwaldtypisch rustikale und gleichzeitig moderne Hotelbar in dem Familienbetrieb (bereits in 5. Generation). Ebenso sehenswert sind auch die Toiletten im UG mit "schönen Aussichten"! Das Restaurant: traditionelle Stube oder Wintergarten.

45 Zim 🍴 – ♦80/100 € ♦♦160/240 € – 4 Suiten – ½ P

**Stadtplan : B2-v** – *Tonbachstr. 243* ✉ 72270 – ☎ 07442 8330 – *www.hotel-tanne.de*

## IM MURGTAL, RICHTUNG FORBACH

### In Baiersbronn-Klosterreichenbach Nord-Ost: 3 km

## ⫼○ Meierei im Waldknechtshof

**REGIONAL · RUSTIKAL** ✗✗ Gebälk, Natursteinwände und dekorative Accessoires machen es in dem ehemaligen Gutshof des Klosters richtig gemütlich! Aus der Küche kommen saisonale Menüs und internationale Gerichte. Sie möchten übernachten? Charmante Zimmer mit freiliegenden Holzbalken, einige mit Dachschräge, teilweise als Maisonette.

Menü 33/79 € – Karte 34/55 € 10 Zim 🍴 – ♦135 € ♦♦150 € – 2 Suiten – ½ P

**Stadtplan : B3-m** – *Baiersbronner Str. 4* ✉ 72270 – ☎ 07442 8484400
– *www.waldknechtshof.de* – *nur Abendessen* – *geschl. Dienstag - Mittwoch*

⫼○ **Hofscheuer im Waldknechtshof** – siehe Restaurantauswahl

## ⅱ○ Hofscheuer im Waldknechtshof     🛖 ⚕ 🅿

**REGIONAL · RUSTIKAL** 🍴 Appetit auf was Bodenständiges? Mit Zwiebelrostbraten und Rahmschnitzel oder auch Flammkuchen und Vesperteller (ideal für Wanderer) ist das Angebot etwas rustikaler als in der Meierei.

Menü 33 € – Karte 18/36 €

**Stadtplan : B3-m** – *Restaurant Meierei im Waldknechtshof, Baiersbronner Str. 4* ⊠ *72270* – *℘ 07442 8484400* – *www.waldknechtshof.de*

## 🏠 Ailwaldhof     🏔 🐾 ⬅ 🛋 🖳 🕸 🛗 🔲 🚗

**FAMILIÄR · AUF DEM LAND** Schön ist die ruhige Lage dieses Hauses am Waldrand, umgeben von einem großen Garten mit Naturteich. Angenehme helle Töne bestimmen das Bild in der Lobby, warmes Holz in den wohnlich-eleganten Zimmern, die meisten mit Talblick. Zum Entspannen: Beauty und Massage. Im Restaurant frische saisonale Küche.

20 Zim 🛏 – ♦75/140 € ♦♦150/230 € – 4 Suiten – ½ P

**Stadtplan : B3-c** – *Ailwald 3* ⊠ *72270* – *℘ 07442 8360* – *www.ailwaldhof.de* – *geschl. 5. November - 21. Dezember*

## 🏠 Heselbacher Hof     🏔 🐾 ⬅ 🛋 🎿 🖳 ⑩ 🕸 🛗 🔲 🍽 🛁 🚗

**FAMILIÄR · AUF DEM LAND** Sympathisch-engagiert wird das charmante gewachsene Ferienhotel etwas oberhalb des Ortes geführt. Schöne ruhige Lage, wohnlich-individuelle Zimmer (viele mit Balkon und Talblick), attraktiver Spa mit verschiedenen Saunen, beheiztem Außenpool, Anwendungen. Regionale Küche im Restaurant mit Sonnenterrasse.

41 Zim 🛏 – ♦116 € ♦♦208/260 € – ½ P

**Stadtplan : B2-f** – *Heselbacher Weg 72* ⊠ *72270* – *℘ 07442 8380* – *www.heselbacher-hof.de* – *geschl. November*

# In Baiersbronn-Röt Nord-Ost: 7 km

## 🏠 Sonne     🏔 🛋 🖳 ⑩ 🕸 🔲 🍽 🅿

**GASTHOF · AUF DEM LAND** In dem Familienbetrieb lässt es sich gut wohnen und entspannen, und das liegt u. a. an der schönen "Badewelt" samt Kosmetik und Massage sowie an der Lage direkt an der Murg - hier auch Terrasse und Garten. Nicht zu vergessen das mit viel hellem Holz behaglich gestaltete Restaurant.

32 Zim 🛏 – ♦83/103 € ♦♦166/206 € – 10 Suiten – ½ P

**Stadtplan : B2-a** – *Murgtalstr. 323, B 462* ⊠ *72270* – *℘ 07442 180150* – *www.sonne-roet.de* – *geschl. 12. November - 17. Dezember*

# In Baiersbronn-Schwarzenberg Nord: 13 km

## ⚄⚄ Schlossberg (Jörg Sackmann)     🐾 🆎 🍽 🅿

**KREATIV · ELEGANT** 🍴🍴🍴 Bemerkenswert, wie harmonisch Vater und Sohn in dem eleganten kleinen Restaurant gemeinsam für finessenreiche kulinarische Spitzen sorgen - klar, geschmacklich auf das Wesentliche reduziert, mit eigener Note und schöner Tiefe, und natürlich auf Basis ausgezeichneter Produkte. Aufmerksam der Service.

→ Blauer Hummer, Vadouvan Crunch, Spargelspitzen, Passionsfrucht. Nantaiser Ente mit Ahornsirup, Orangenblüten-Ingwerjus, Steckrübe, scharfe Pekannüsse. Rhabarber mit Bourbon-Vanille, Sorbet vom Schafmilchjoghurt, Staudensellerie, Pfeffercrumble.

Menü 120/175 € – Karte 96/149 €

**Stadtplan : B1-s** – *Hotel Sackmann, Murgtalstr. 602, an der B 462* ⊠ *72270* – *℘ 07447 2890 (Tischbestellung ratsam)* – *www.hotel-sackmann.de* – *nur Abendessen* – *geschl. 11. - 22. Januar, 26. Juli - 13. August und Montag - Dienstag*

## ⅱ○ Anita Stube     🛖 🚗

**REGIONAL · TRADITIONELL** 🍴🍴 Die regionale Variante der Sackmann'schen Gastronomie. Schweres dunkelbraunes Holz und gepolsterte Bänke mit weichen Kissen versprühen Schwarzwälder Charme, dazu Regionales wie "Kalbsniere in Meauxsenfsauce" oder "geschmorte Ochsenbäckle". Interessantes Mittagsangebot samt kleinem Menü à la "Schlossberg".

Menü 68 € – Karte 33/64 €

**Stadtplan : B1-s** – *Hotel Sackmann, Murgtalstr. 602, an der B 462* ⊠ *72270* – *℘ 07447 2890* – *www.hotel-sackmann.de*

## 🍴 Panoramastüble

**TRADITIONELLE KÜCHE · BÜRGERLICH** 🕱 Für alle, die gern mal richtig rustikal einkehren, hat Familie Müller oberhalb des Ortes diese urige Holzhütte. Im Winter lockt der Kamin, im Sommer die Terrasse, dazu Vesper und kleine regionale Gerichte. Ein schönes Wanderziel, Panoramasicht inklusive! Abends auch für Privatveranstaltungen buchbar.

Karte 15/31 €

*Hotel Müllers Löwen, Murgtalstr. 604, Oberhalb des Ortes, nur zu Fuß
erreichbar ✉ 72270 – ☎ 07447 9320*
*– www.loewen-schwarzenberg.de*
*– bis 18 Uhr geöffnet*

## 🏠 Sackmann

**SPA UND WELLNESS · GEMÜTLICH** Familie Sackmann leitet ihr Wellness- und Gourmethotel engagiert und sehr persönlich, und man wohnt hier komfortabel in verschiedenen Zimmerkategorien. Etwas Besonderes ist der Spa mit seinen schönen kleinen Details und Dachterrasse! Tipp: die Verwöhnpension. Nachmittags gibt's hausgebackenen Kuchen.

65 Zim ⌸ – 🛏102/156 € 🛏🛏164/316 € – ½ P

**Stadtplan : B1-s** *– Murgtalstr. 602, an der B 462 ✉ 72270 – ☎ 07447 2890*
*– www.hotel-sackmann.de*
⚜⚜ **Schlossberg** • 🍴 **Anita Stube** – siehe Restaurantauswahl

## 🏠 Müllers Löwen

**FAMILIÄR · AUF DEM LAND** Die Müllers haben das passende Hotel für Ihren Wanderurlaub: schön familiär und wohnlich - wie wär's z. B. mit einem Zimmer zur Murg? Und wenn Sie nach einem aktiven Tag entspannen möchten: Unterm Dach gibt es eine Sauna.

22 Zim ⌸ – 🛏55/61 € 🛏🛏94/120 € – 1 Suite – ½ P

**Stadtplan : B1-d** *– Murgtalstr. 604, an der B 462 ✉ 72270 – ☎ 07447 9320*
*– www.loewen-schwarzenberg.de*
🍴 **Panoramastüble** – siehe Restaurantauswahl

# In Baiersbronn-Hinterlangenbach West: 10,5 km ab Schönmünzach B1

## 🍴 Forsthaus Auerhahn

**REGIONAL · RUSTIKAL** 🕱 In wunderbarer Lage mitten im Wald wünscht man sich doch eine heimelige Stube zur gemütlichen Einkehr - genauso ein reizendes Plätzchen finden Sie im Forsthaus Auerhahn: holzvertäfelte Wände, Kachelofen und dazu regionale Speisen wie "Wildschweinfilet mit Pfifferlingen und Spätzle".

Menü 30/40 € – Karte 24/43 €

*Hotel Forsthaus Auerhahn, Hinterlangenbach 108 ✉ 72270 – ☎ 07447 9340*
*– www.forsthaus-auerhahn.de – geschl. Ende November - Mitte Dezember und
Dienstag*

## 🏠 Forsthaus Auerhahn

**LANDHAUS · GEMÜTLICH** Mehr Schwarzwald-Charme ist kaum möglich! Ein gewachsenes ehemaliges Forsthaus, herrlich am Ende des Tales gelegen - perfekt für Wanderer! Sie entspannen in wohnlichen, gehoben-rustikalen Zimmern sowie im schönen Spa samt Blockhaussauna, genießen die gute 3/4-Pension und das tolle Frühstücksbuffet und lassen sich von den engagierten Gastgebern persönlich umsorgen.

46 Zim ⌸ – 🛏92/175 € 🛏🛏194/260 € – ½ P

*Hinterlangenbach 108 ✉ 72270*
*– ☎ 07447 9340 – www.forsthaus-auerhahn.de*
*– geschl. Ende November - Mitte Dezember*
🍴 **Forsthaus Auerhahn** – siehe Restaurantauswahl

# IM MURGTAL, RICHTUNG SCHWARZWALDHOCHSTRAßE

## In Baiersbronn-Mitteltal West: 4 km

### ❄❄❄ Restaurant Bareiss    🎿 ⚄ AC �%% P

**FRANZÖSISCH-KLASSISCH · LUXUS** XxxX Seiner klassischen Linie bleibt er treu, dennoch setzt Claus-Peter Lumpp wohldosiert moderne Elemente ein und verleiht den Gerichten so eine eigene Handschrift. Eindrucksvoll vereint er perfektes Handwerk und ein Höchstmaß an geschmacklicher Balance. Dem ebenbürtig: beispielhafter Service und edles Interieur.

→ Langostinos und Imperial Kaviar. Lammrücken von der Älbler Wacholderheide. Reh aus der Bareiss Jagd.

Menü 99 € (mittags)/215 € – Karte 144/222 €

**Stadtplan : A3-e** – *Hermine-Bareiss-Weg 1* ✉ *72270* – ✆ *07442 470 (Tischbestellung erforderlich) – www.bareiss.com – geschl. 13. Februar - 9. März, 24. Juli - 24. August und Montag - Dienstag*

### 🕸 Dorfstuben    🏠 �%% P

**REGIONAL · GEMÜTLICH** X "Uhren-Stube" und "Förster-Jakob-Stube", so heißen die wirklich reizenden, mit Liebe zum Detail originalgetreu eingerichteten Bauernstuben a. d. 19. Jh. Ausgesprochen herzlicher Service im Dirndl umsorgt Sie mit richtig Leckerem wie "Roulade vom Weiderind mit hausgemachten Bandnudeln"!

Menü 52 € – Karte 32/50 €

**Stadtplan : A3-e** – *Hotel Bareiss, Hermine-Bareiss-Weg 1* ✉ *72270* – ✆ *07442 470 (Tischbestellung ratsam) – www.bareiss.com*

### ⑩ Kaminstube    🎿 ≼ 🏠 ⚄ AC �%% 🚗

**FRANZÖSISCH-KLASSISCH · FREUNDLICH** XxX Was bei einem Haus wie diesem zählt, ist vor allem Qualität. Dieser Anspruch ist allgegenwärtig, vom Essen (z. B. saisonales "Kaminstubenmenü") bis zu edlen Textilien in traditioneller Art (Damast).

Menü 52/72 € – Karte 46/68 €

**Stadtplan : A3-e** – *Hotel Bareiss, Hermine-Bareiss-Weg 1* ✉ *72270* – ✆ *07442 470 – www.bareiss.com – Montag - Freitag nur Abendessen*

### ⑩ Wanderhütte Sattelei    🏠

**REGIONAL · LÄNDLICH** X Das Bareiss hat auch eine ganz bodenständige Seite, und zwar in Form dieser urigen Wanderhütte im Grünen - hier hat man es richtig gemütlich, während man sich mit deftigen Speisen, Flammkuchen und Schwarzwälder Vesper stärkt, und das zu einem wirklich fairen Preis - sonntags sogar bis 21.30 Uhr. Vom Hotel aus führen ein kleinerer und ein größerer Spazierweg hierher.

Karte 21/24 €

*Hotel Bareiss, Hermine-Bareiss-Weg 1, Oberhalb des Hotels am Waldrand gelegen, nur zu Fuß erreichbar* ✉ *72270* – ✆ *07442 470 – www.bareiss.com – Montag - Samstag bis 17 Uhr geöffnet*

### 🏨 Bareiss    🛥 ≼ 🛋 ⛷ 📺 ⑩ 🐎 ♨ 🗡 ✝ 🚗 ⇄

**LUXUS · INDIVIDUELL** Schlichtweg imponierend, was Familie Bareiss im Laufe der Jahre geschaffen hat, sozusagen der "Platzhirsch" unter den Ferienhotels. Ein Anwesen von beachtlichen 10 000 qm, Luxus in den Zimmern, Spa- und Freizeitangebote für jeden Geschmack, Einkaufsboutiquen samt Bareiss'scher Eigenmarke, stets zuvorkommende Mitarbeiter... Für Kids: Baumhaus, Spielhaus, Piratenschiff im Waldpark. HP inkl.

89 Zim ⌐⚏ – †243/295 € ††480/530 € – 10 Suiten

**Stadtplan : A3-e** – *Hermine-Bareiss-Weg 1* ✉ *72270* – ✆ *07442 470 – www.bareiss.com*

❄❄❄ **Restaurant Bareiss** • 🕸 **Dorfstuben** • ⑩ **Kaminstube** • ⑩ **Wanderhütte Sattelei** – siehe Restaurantauswahl

 **Lamm** 🏠 ⇆ 🖥 📶 📺 ⬜ 🚗

**FAMILIÄR · AUF DEM LAND** Wohnlich hat man es in dem gewachsenen Ferienhotel unter familiärer Leitung, alle Zimmer mit Balkon. Lassen Sie sich nicht das "Schwarzwald-Wellnessdorf" samt vier hübscher Blockhäuser mit Dachbegrünung entgehen! Behaglich-ländlich das Restaurant mit breitem Angebot vom Vesper bis zum 5-Gänge-Menü.

46 Zim ☑ – †59/105 € – ††148/201 € – ½ P

**Stadtplan : A3-m** – *Ellbachstr. 4* ✉ *72270* – ☏ *07442 4980*
– *www.lamm-mitteltal.de*

## In Baiersbronn-Obertal Nord-West: 7 km

🍽 **Andrea-Stube** 🦐 ⅆ 🆎 🕱 🚗

**FRANZÖSISCH-KLASSISCH · KLASSISCH** XX Das Herzstück der "Engel"-Gastronomie ist ein wirklich heimeliges, gemütlich-elegantes kleines Restaurant, in dem man äußerst aufmerksam und versiert umsorgt wird, und zwar mit niveauvollen klassischen Gerichten wie "Bäckchen und Presa vom Iberico-Schwein in Marsalasauce mit Röstzwiebelcreme".

Menü 75/105 € – Karte 69/75 €

**Stadtplan : A3-n** – *Hotel Engel Obertal, Rechtmurgstr. 28* ✉ *72270* – ☏ *07449 850 (Tischbestellung ratsam)* – *www.engel-obertal.de* – *nur Abendessen – geschl. 19. Dezember - 12. Januar, 31. Juli - 24. August und Mittwoch - Donnerstag*

🏨 **Engel Obertal** 🏠 🦐 ⇆ 🍸 🖥 📶 📺 🕱 🚗 ⬜ 🎿 🚗

**SPA UND WELLNESS · GEMÜTLICH** Ein Paradebeispiel für ein Ferien- und Wellnesshotel "de luxe", in dem man Wert legt auf Understatement. Toll z. B. "Wolke 7" auf rund 5000 qm: schöne Ruhezonen und Fitness-Pavillon, Saunahäuser im Garten, Naturschwimmteich, unzählige Anwendungen... Die Zimmer (18 Kategorien): geräumig, wertig, stilvoll. Dazu verschiedene hübsch dekorierte Restauranträume.

79 Zim ☑ – †130/211 € – ††245/383 € – 10 Suiten – ½ P

**Stadtplan : A3-n** – *Rechtmurgstr. 28* ✉ *72270* – ☏ *07449 850*
– *www.engel-obertal.de*
🍽 **Andrea-Stube** – siehe Restaurantauswahl

## BAIERSDORF

Bayern – 7 440 Ew. – Höhe 269 m – Regionalatlas **50**-K16
▶ Berlin 435 km – München 198 km – Ansbach 63 km – Bayreuth 74 km
Michelin Straßenkarte 546

🍽 **Millers Storchennest** 🆕

**INTERNATIONAL · ELEGANT** XX In dem eleganten Restaurant kann man gut international essen - da macht z. B. "in Jasminmilch pochierter Seeteufel mit Mandelkrem, Quinoa-Canihua & Lotuswurzel" Appetit. Alternativ: Bürgerliches und Burger in "Millers Burgermeisterei".

Menü 69/99 € – Karte 45/77 €

*Hauptstr. 41* ✉ *91083*
– ☏ *09133 7687844* – *www.millers-storchennest.de*
– *Mittwoch - Samstag nur Abendessen – geschl. Montag - Dienstag*

## BAKUM

Niedersachsen – 5 920 Ew. – Höhe 33 m – Regionalatlas **17**-F7
▶ Berlin 416 km – Hannover 183 km – Oldenburg 57 km – Bremen 71 km
Michelin Straßenkarte 541

## In Bakum-Lüsche

### 🍴 Kalaboush    🛋 🚭 🅿

**KREATIV · GEMÜTLICH** ✕✕ Ein wirklich hübsches, gemütliches Restaurant samt Vinothek. Hier bekommen Sie ambitionierte Küche in Form zweier saisonaler Menüs und werden geschult und freundlich umsorgt nebst trefflicher Weinberatung. Fleischliebhaber zieht es auf ein Steak in die moderne Beeflounge.

Menü 44/109 € – Karte 37/67 €

*Essenerstr. 53 ✉ 49456 – 𝒞 05438 958458 – www.kalaboush.de – nur Abendessen, sonntags auch Mittagessen – geschl. 1. - 10. Januar und Montag - Dienstag*

## BALDUINSTEIN

Rheinland-Pfalz – 570 Ew. – Höhe 160 m – Regionalatlas **37**-E14

▶ Berlin 557 km – Mainz 69 km – Koblenz 54 km – Limburg an der Lahn 10 km
Michelin Straßenkarte 543

### ✿ Bibliothek (Joachim Buggle)    ❀ 🛋 🚭 ⇄ 🅿

**KLASSISCHE KÜCHE · FREUNDLICH** ✕✕ Mit ihrem stilvollen Interieur wird die Bibliothek ganz dem klassisch-historischen Rahmen des Hauses gerecht. Holztäfelung und dekorative Bücherregale machen es hier schön wohnlich. In der Küche setzt Joachim Buggle auf Produktqualität und Geschmack, passend dazu die ansprechende, gut kalkulierte Weinkarte.

➜ Gänseleber mit Granny Smith, Frischkäse und Haselnuss. Glasiertes Kalbsbries mit Erbse, Lardo und Trüffel. Imperial Taube mit Zwiebel, Petersilie und Blätterteig.

Menü 109/139 €

*Landhotel Zum Bären, Bahnhofstr. 24 ✉ 65558 – 𝒞 06432 800780 (Tischbestellung ratsam) – www.landhotel-zum-baeren.de – nur Abendessen – geschl. 16. Januar - 9. Februar, 1. August - 15. September und Montag - Dienstag*

### 🍴 Am Kachelofen    ❀ 🛋 🅿

**REGIONAL · WEINSTUBE** ✕ Hier ist es ein bisschen ländlicher. Zur charmanten Atmosphäre (hübscher Kachelofen, warmes Holz, liebenswerte Bären-Deko) kommen regionale Speisen wie "Ochsenbrust mit Zwiebelkruste". Und als Dessert "Schokoladenschnitte mit Haselnusseis"?

Karte 37/69 €

*Landhotel Zum Bären, Bahnhofstr. 24 ✉ 65558 – 𝒞 06432 800780 – www.landhotel-zum-baeren.de – geschl. 16. Januar - 9. Februar und Montag - Dienstag*

### 🏠 Landhotel Zum Bären    🅿

**LANDHAUS · GEMÜTLICH** Nicht nur die herzliche Familie Buggle samt Team macht dieses Traditionshaus aus, auch die geradezu idyllische Lage (nur Bahnlinie und Straße trennen das Haus von der Lahn) sowie die schöne wohnlich-elegante Einrichtung!

10 Zim ➘ – †89/105 € ††168/205 €

*Bahnhofstr. 24 ✉ 65558 – 𝒞 06432 800780 – www.landhotel-zum-baeren.de – geschl. 16. Januar - 9. Februar*

✿ **Bibliothek** · 🍴 **Am Kachelofen** – siehe Restaurantauswahl

## BALINGEN

Baden-Württemberg – 33 270 Ew. – Höhe 517 m – Regionalatlas **55**-F20

▶ Berlin 711 km – Stuttgart 82 km – Konstanz 109 km – Tübingen 36 km
Michelin Straßenkarte 545

### 🏠 cosita    ❀ 🖶 ⴠ 🎿 🅿

**BUSINESS · MODERN** Wirklich attraktiv das moderne Design, sowohl in den Zimmern als auch im Restaurant. Warme Farben und hübsche Deko sorgen für eine mediterrane Note, die sich auch im spanischen Speisen- und Weinangebot wiederfindet, Tapas inklusive.

19 Zim ➘ – †84 € ††124 € – 2 Suiten

*Gratweg 2 ✉ 72336 – 𝒞 07433 902170 – www.cosita-balingen.de – geschl. über Pfingsten 2 Wochen, August 2 Wochen*

# BALLENSTEDT

Sachsen-Anhalt – 9 380 Ew. – Höhe 225 m – Regionalatlas **30**-L10
▶ Berlin 220 km – Magdeburg 66 km – Halle 71 km – Nordhausen 58 km
Michelin Straßenkarte 542

### 🏨 Van der Valk Schlosshotel Großer Gasthof   ⇗ ☒ ⑳ 🖃 ⑤ 🎍

**HISTORISCHES GEBÄUDE · KLASSISCH** Der schöne klassische Bau ist Teil   🅿
der Schlossanlage - vis-à-vis das historische Theater. Geschäftsreisende schätzen
das Hotel ebenso wie Wellnessgäste. Komfortabler wohnt man in der "Business
Class". Zum Restaurant und dem Pavillon gehört eine Terrasse zum Schlossplatz.

49 Zim ☷ – †79/129 € †∮99/149 € – 1 Suite – ½ P
*Schlossplatz 1* ✉ *06493 –* ☏ *039483 510 – www.ballenstedt.vandervalk.de*

# BALTRUM (INSEL)

Niedersachsen – 570 Ew. – Regionalatlas **7**-D4
▶ Berlin 536 km – Hannover 269 km – Emden 50 km – Norden 17 km
Michelin Straßenkarte 541

### 🏨 Strandhof       ⇗ ⑳ 🚋 ⑳ 🖃 ⑤ 🍽

**LANDHAUS · FUNKTIONELL** Die strandnahe Lage inmitten von Dünen sowie
neuzeitliche und funktionelle Zimmer, teilweise mit großem Balkon, machen das
Haus zu einer interessanten Urlaubsadresse. Zeitgemäßes Hotelrestaurant mit
bürgerlicher und internationaler Küche.

33 Zim ☷ – †65/95 € †∮109/149 € – 2 Suiten – ½ P
*Nr. 123* ✉ *26579 –* ☏ *04939 890 – www.strandhof-baltrum.de – geschl. November
- März*

# BAMBERG

Bayern – 70 870 Ew. – Höhe 262 m – Regionalatlas **50**-K15
▶ Berlin 406 km – München 232 km – Coburg 53 km – Nürnberg 61 km
Michelin Straßenkarte 546

### 🍴 Weinhaus Messerschmitt       🍴 🔄 🚗

**KLASSISCHE KÜCHE · TRADITIONELLES AMBIENTE** ✕✕ In getäfelten Stuben serviert man Regional-Saisonales, ebenso auf der Brunnenterrasse. Im namengebenden Brunnen schwimmen im Sommer Waller, Aale & Co. Schöner Weinkeller
(Tipp: Verkostungen) - seit jeher ist man dem Thema Wein verbunden.

Menü 38/64 € (abends) – Karte 32/71 €
**Stadtplan : B2-x** *– Hotel Weinhaus Messerschmitt, Lange Str. 41* ✉ *96047
–* ☏ *0951 297800 – www.hotel-messerschmitt.de – geschl. 8. - 29. Januar und
Sonntag*

### 🍴 La Villa       🍴 🆎 🔄 🚗

**INTERNATIONAL · BISTRO** ✕✕ Das Ambiente einer der nettesten Adressen Bam-
bergs schlägt eine Brücke zwischen Bistro und Restaurant, auf der Karte Interna-
tional-Mediterranes und Klassiker. Eignet sich auch bestens für Geschäftsessen.

Menü 39/45 € – Karte 31/50 €
**Stadtplan : B2-m** *– Hotel Villa Geyerswörth, Geyerswörthstr. 15* ✉ *96047
–* ☏ *0951 91740 – www.villageyerswoerth.de – geschl. 1. - 8. Januar und Sonntag*

### 🏨 Welcome Hotel Residenzschloss     ⇗ ⑳ 🖃 ⑤ 🎍 🚗

**BUSINESS · FUNKTIONELL** Ein ansprechendes historisches Anwesen, das
modern erweitert wurde - einst Krankenhaus, heute zeitgemäßes Businesshotel.
Wie wär's mit einem der schicken Superiorzimmer? Geräumiger sind die Deluxe-
Zimmer im Schloss. Das Restaurant teilt sich in die "Orangerie" und das "Fürst-
bischof von Erthal".

180 Zim ☷ – †94/194 € †∮124/224 € – 4 Suiten
**Stadtplan : A1-r** *– Untere Sandstr. 32* ✉ *96049 –* ☏ *0951 60910
– www.welcome-hotels.com*

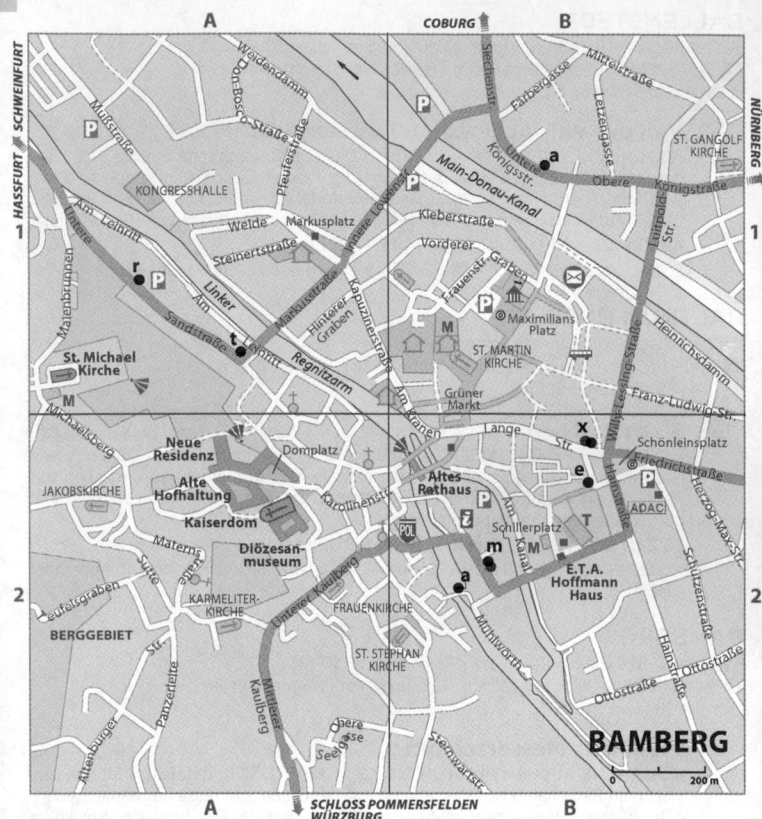

BAMBERG

SCHLOSS POMMERSFELDEN
WÜRZBURG

## 🏨 Bamberger Hof - Bellevue

**HISTORISCH · INDIVIDUELL** Moderne Eleganz gepaart mit dem Charme eines Grandhotels der Jahrhundertwende - schönes historisches Detail: original Jugendstilfenster im Frühstücksraum. Etwas Besonderes ist die Dach-Suite mit Blick auf Bamberg und Kaiserdom! Schöne Sicht auch von der Dachterrasse im 4. Stock! Nebenan: Café-Bistro Luitpold.

38 Zim ⌑ – ♦85/125 € ♦♦145/290 € – 12 Suiten
**Stadtplan : B2-e** – *Schönleinsplatz 4* ✉ *96047* – ☏ *0951 98550*
– *www.bambergerhof.de*

## 🏨 Villa Geyerswörth

**PRIVATHAUS · KLASSISCH** Das Villenflair dieses Anwesens hat schon von außen etwas Exklusives - ganz stilgerecht ist da die wertige elegante Einrichtung. Und wer es gerne besonders ruhig hat, nimmt ein Zimmer zum Fluss (hinter dem Haus fließt ein Arm der Regnitz)! In die Altstadt sind es übrigens nur wenige Gehminuten.

39 Zim – ♦120/159 € ♦♦159/179 € – 1 Suite – ⌑ 15 €
**Stadtplan : B2-m** – *Geyerswörthstr. 15* ✉ *96047* – ☏ *0951 91740*
– *www.villageyerswoerth.de*
🍴 **La Villa** – siehe Restaurantauswahl

## 🏠 Weinhaus Messerschmitt

**HISTORISCH • MODERN** Das historische Haus mit der schmucken gelb-weißen Fassade kann auf über 180 Jahre Familientradition zurückblicken. Im Sommer lässt es sich schön auf der kleinen Dachterrasse im 3. Stock relaxen, und genießen Sie vom Saunabereich aus die Sicht über Bamberg! Kosmetik und Massage buchbar.

67 Zim ⊊ – ♦90/135 € ♦♦145/175 € – 3 Suiten – ½ P

**Stadtplan : B2-x** – *Lange Str. 41* ✉ *96047* – ☏ *0951 297800*
– *www.hotel-messerschmitt.de* – *geschl. 8. - 29. Januar*

🍽O **Weinhaus Messerschmitt** – siehe Restaurantauswahl

## 🏠 Nepomuk

**HISTORISCH • FUNKTIONELL** Das hübsche Fachwerkhaus (ursprünglich eine Mühle) liegt schön direkt an der Regnitz! Die Zimmer modern-funktional, gastronomisch fährt man zweigleisig: "Eckerts" mit regional-saisonaler Küche, innovativ-fränkisches Menü- und A-la-carte-Angebot im "Esszimmer" in der 1. Etage. Für Veranstaltungen: "Schiller 16", ein toller Barockbau von 1752 unweit des Hotels.

23 Zim ⊊ – ♦96/112 € ♦♦136/158 € – 1 Suite

**Stadtplan : B2-a** – *Obere Mühlbrücke 9* ✉ *96049* – ☏ *0951 9842500*
– *www.hotel-nepomuk.de*

## 🏠 Europa

**URBAN • FUNKTIONELL** Tipptopp gepflegte Zimmer, freundliche Gästebetreuung, hochwertiges Frühstück (im Sommer am besten im charmanten Innenhof!)... hier spürt man das Engagement! Im Restaurant frische Kräuterküche mit regionalen Produkten – probieren Sie fränkische Knabbereien im Tapas-Stil! Und für daheim Wein oder Hausgemachtes aus dem Hofshop? Garagenzufahrt über Untere Königstr. 30.

46 Zim ⊊ – ♦79/99 € ♦♦89/129 € – ½ P

**Stadtplan : B1-a** – *Untere Königstr. 6* ✉ *96052* – ☏ *0951 3093020*
– *www.hotel-europa-bamberg.de*

## 🏠 Tandem

**URBAN • MODERN** Schön puristisch und mit Blick auf "Klein Venedig" wohnt man in dem sorgsam sanierten Haus. Tipp: Parken im 200 m entfernten Residenzschloss. Man bietet übrigens auch Fahrradraum und Leihfahrräder - Regnitz-Radweg gleich vor der Tür!

8 Zim ⊊ – ♦89/98 € ♦♦98/120 €

**Stadtplan : A1-t** – *Untere Sandstr. 20* ✉ *96049* – ☏ *0951 51935855*
– *www.tandem-hotel.de* – *geschl. 24. Dezember - 6. Januar*

**In Stegaurach** Süd-West: 5 km über A2 Richtung Würzburg

## 🏠 Der Krug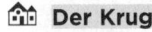

**GASTHOF • GEMÜTLICH** Der um einen Anbau erweiterte Gasthof im Ortskern ist eine tipptopp gepflegte und wohnlich eingerichtete Adresse, die herzlich-familiär geleitet wird. Im Stammhaus befindet sich das gemütlich-rustikale Restaurant mit guter Auswahl an regionalen Fischgerichten.

26 Zim ⊊ – ♦70/98 € ♦♦100/150 € – ½ P

*Mühlendorfer Str. 4, Zufahrt über Schulstraße* ✉ *96135* – ☏ *0951 994990*
– *www.der-krug.de* – *geschl. über Weihnachten, über Fasching*

**BANSIN** Mecklenburg-Vorpommern ➔ Siehe Usedom (Insel)

# BARMSTEDT

Schleswig-Holstein – 10 070 Ew. – Höhe 11 m – Regionalatlas **10**-I4
▶ Berlin 335 km – Kiel 77 km – Hamburg 38 km – Lüneburg 93 km
Michelin Straßenkarte 541

### 🏠 Lay's Bistro     🍴 ⚹ 🍽 **P** 🚭

**REGIONAL · BISTRO** 🗙 Diese charmante Restaurant-Alternative des aufwändig sanierten historischen Anwesens ist mit derselben Liebe zum Detail gestaltet wie das "Loft". Gekocht wird hier saisonal, frisch und schmackhaft, so z. B. "Kalbsrücken mit Spargelragout, Zuckerschoten, Kartoffelbeignets und Morchelrahm".

Karte 37/56 €

*Restaurant Lay's Loft, Schlickumstr. 1 ✉ 25355 – ☎ 04123 9290577 (Tischbestellung ratsam) – www.lays-loft.de – geschl. Januar 2 Wochen, April 2 Wochen, August 3 Wochen, Oktober 1 Woche und Montag - Dienstag*

### 🍴○ Lay's Loft     ↤ 🦞 🍴 ⚹ 🍽 **P** 🚭

**KLASSISCHE KÜCHE · ELEGANT** 🗙🗙 Stilsicher, wertig und fast intim - so präsentiert sich das Gourmetrestaurant in dem schmucken ehemaligen Fabrikgebäude. Ebenso wie das Ambiente ist auch die Küche modern und klassisch zugleich - ein Menü mit 3 - 6 Gängen. Wer's noch exklusiver mag, bucht einen Salon. Schön übernachten kann man ebenfalls.

Menü 40/100 €   3 Zim – 🛏120 € 🛏🛏150 € – 🍽 15 € – ½ P

*Schlickumstr. 1 ✉ 25355 – ☎ 04123 9290577 (Tischbestellung erforderlich) – www.lays-loft.de – geschl. Januar 2 Wochen, April 2 Wochen, August 3 Wochen, Oktober 1 Woche und Montag - Dienstag*

🏠 **Lay's Bistro** – siehe Restaurantauswahl

## BARSINGHAUSEN

Niedersachsen – 33 240 Ew. – Höhe 112 m – Regionalatlas **18**-H9
▶ Berlin 315 km – Hannover 25 km – Bielefeld 87 km – Hameln 42 km
Michelin Straßenkarte 541

### 🍴○ Marmite      ⇔ **P**

**INTERNATIONAL · MEDITERRANES AMBIENTE** 🗙🗙 Das Restaurant mit der freundlich-mediterranen Note hat so manchen Stammgast, denn man bekommt hier frische saisonal-internationale Küche und gute Weine geboten. Etwas einfacher isst man im Bistro. Angeschlossene Tennishalle.

Menü 35/52 € – Karte 31/45 €

*Egestorfer Str. 36a ✉ 30890 – ☎ 05105 61818 – www.stiller-geniessen.de – nur Abendessen – geschl. Montag, Mai - September: Montag - Dienstag*

### In Barsinghausen-Göxe Nord-Ost: 6 km, an der B 65

### 🍴○ Gasthaus Müller     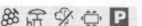 🐴 🍴 🍽 ⇔ **P**

**MARKTKÜCHE · GASTHOF** 🗙🗙 "Geschmorte Kalbsbäckchen" oder lieber "Rücken vom Havelländer Apfelschwein"? Die regional-saisonale Küche der Brüder Müller (bereits die 5. Generation) kommt gut an. Dazu gibt's in dem sympathischen Gasthaus rund 280 deutsche Weine.

Menü 45 € – Karte 30/59 €

*Goltener Str. 2 ✉ 30890 – ☎ 05108 2163 – www.gasthausmueller.de – nur Abendessen, sonntags auch Mittagessen – geschl. Montag - Dienstag*

## BAUNACH

Bayern – 4 020 Ew. – Höhe 238 m – Regionalatlas **50**-K15
▶ Berlin 414 km – München 243 km – Bayreuth 69 km – Würzburg 106 km
Michelin Straßenkarte 546

### 🍴○ Rocus      🐴 🍴 🍽 **P**

**INTERNATIONAL · FAMILIÄR** 🗙🗙 Hier isst man klassisch, mediterran oder auch asiatisch, und das alte ehemalige Bahnhofsgebäude bietet dafür einen hübschen Rahmen: außen schön restauriert, innen geradlinig-modern. Terrasse im Innenhof oder zur Bahnlinie. Tipp: Buchen Sie einen Tisch im Weinkeller, umgeben von vielen spanischen Rotweinen!

Menü 60/90 € – Karte 45/68 €

*Bahnhofstr. 16 ✉ 96148 – ☎ 09544 20640 – www.restaurant-rocus.de – nur Abendessen, sonntags auch Mittagessen – geschl. Ende August - Anfang September 2 Wochen und Montag*

**BAYERISCH GMAIN** Bayern → Siehe Reichenhall, Bad

## BAYERSOIEN, BAD

Bayern – 1 120 Ew. – Höhe 812 m – Regionalatlas **65**-K21
▶ Berlin 642 km – München 102 km – Garmisch-Partenkirchen 35 km – Weilheim 38 km
Michelin Straßenkarte 546

### 🏨 Parkhotel am Soier See    🏠 🦢 ≼ 🛳 🗔 📟 🏠 ㎡ ❖ 🕭 ☒ 🚗

SPA UND WELLNESS · INDIVIDUELL Die Leidenschaft der Gastgeber für Afrika
spiegelt sich in diesem Hotel wider - frei nach dem Motto: "Bavarian Safari" und
"Afrika im Ammergau" finden sich zahlreiche Details. In der "African Lounge" gibt
es die passende Küche dazu: "Strauß und Springbock mit Koriander-Chilisauce".
Saisonale Küche im "Seestüberl", mittags Brotzeitkarte.

66 Zim ☒ – ♦105/179 € ♦♦180/295 € – 5 Suiten – ½ P
*Am Kurpark 1 ☒ 82435 –* ℰ *08845 120 – www.parkhotel-bayersoien.de*

## BAYREUTH

Bayern – 71 490 Ew. – Höhe 340 m – Regionalatlas **51**-L15
▶ Berlin 358 km – München 231 km – Coburg 67 km – Nürnberg 80 km
Michelin Straßenkarte 546

### 🍽️ Goldener Anker

KLASSISCHE KÜCHE · TRADITIONELLES AMBIENTE 🗙🗙 Eine tolle Holztäfelung,
schöner Parkettboden und Jugendstilmobiliar bestimmen den Raum - das Inven-
tar stammt größtenteils a. d. J. 1927! Auf der Karte Klassisches wie "französische
Perlhuhnbrust mit jungem Gemüse und Spätzle vom Brett".

Karte 34/78 €
**Stadtplan : B1-r** *– Hotel Goldener Anker, Opernstr. 6, Zufahrt über Badstr. 3
☒ 95444 –* ℰ *0921 7877740 – www.anker-bayreuth.de – geschl. Weihnachten
- Mitte Januar und Montag*

### 🍽️ Bürgerreuth Ristorante Italiano Grill    🤝 🦢 🏠 ℘ 🅿

ITALIENISCH · FREUNDLICH 🗙🗙 Seit über 30 Jahren betreuen Rinaldo und Ste-
phanie Minuzzi in dem Restaurant in schöner Lage oberhalb des Festspielhauses
ihre Gäste, und die mögen die klassisch-italienische Küche. Toll der große Grill,
auf dem z. B. "Pollo alla Diavola" oder der Kalbsspießbraten "Arrosto allo Spiedo"
zubereitet werden.

Karte 32/57 €    8 Zim ☒ – ♦49/65 € ♦♦70/105 €.
*An der Bürgerreuth 20, über Bahnhofstraße B1 ☒ 95445 –* ℰ *0921 78400
- www.buergerreuth.de – geschl. über Weihnachten*

### 🏨 Goldener Anker    🕭 🚗

TRADITIONELL · KLASSISCH Familientradition seit 13 Generationen, stilvolle
Details, wohin man schaut - ein Gang durchs Hotel ist wie ein Spaziergang durch
die Historie des Hauses. Schön die Lage im Herzen der Stadt, elegant das Interieur, das Frühstück wird am Tisch serviert. Eine Besonderheit: Der Tagungsbereich ganz oben hat eine schöne offene Landhausküche und eine Dachterrasse!

33 Zim ☒ – ♦98/138 € ♦♦168/235 € – 2 Suiten – ½ P
**Stadtplan : B1-r** *– Opernstr. 6, Zufahrt über Badstr. 3 ☒ 95444 –* ℰ *0921 7877740
- www.anker-bayreuth.de – geschl. Weihnachten - Mitte Januar*
🍽️ **Goldener Anker** *– siehe Restaurantauswahl*

### 🏨 Bayerischer Hof    🏠 🛳 🏠 ☒ 🕭 🚗

BUSINESS · INDIVIDUELL Direkt neben dem Bahnhof ist das Hotel zu finden. Es
bietet Zimmer von klassisch bis modern - Tipp: die tolle Suite in der obersten
Etage. Das Restaurant ist eine charmante Brasserie, das Angebot reicht von fränkischer Bratwurst bis Tarte Flambée.

47 Zim ☒ – ♦70/150 € ♦♦90/200 € – 2 Suiten
**Stadtplan : B1-e** *– Bahnhofstr. 14 ☒ 95444 –* ℰ *0921 78600
- www.bayerischer-hof.de – geschl. 23. Dezember - 8. Januar*

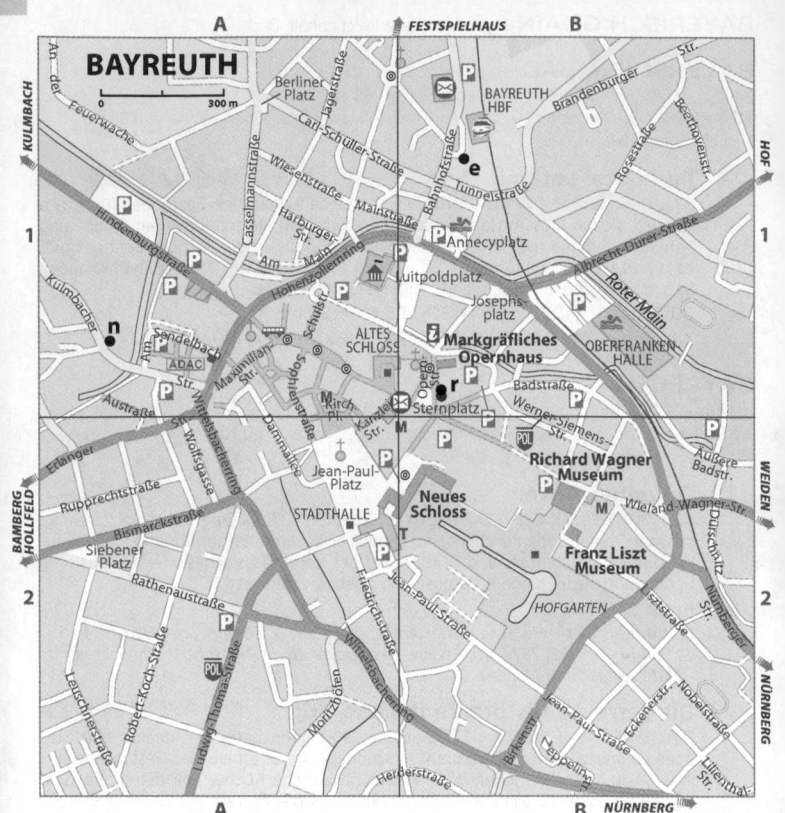

## ⌂ Goldener Löwe ⚒ 🅿

**GASTHOF · GEMÜTLICH** Eine goldene Löwenplastik begrüßt Sie am Eingang dieses gut geführten Gasthofs. Die Zimmer sind schön freundlich ("Deluxe" mit Minibar gratis), die Gaststube gemütlich-rustikal - ein Muss sind hier fränkisches Schäuferl oder Sauerbraten! Mögen Sie Marmelade? Zum Frühstück gibt's 20 selbstgemachte Sorten!

25 Zim – ♦35/66 € ♦♦69/95 € – 1 Suite – ⊑ 8 € – ½ P

**Stadtplan : A1-n** – *Kulmbacher Str. 30* ✉ *95445* – ☏ *0921 746060*
– *www.goldener-loewe.de*

## In Bayreuth-Oberkonnersreuth Süd-Ost: 3 km über Nürnberger Straße B2

## ⫶○ Zur Sudpfanne 🍴 ⚒ ⇔ 🅿

**MARKTKÜCHE · GASTHOF** XX Sie speisen in einem hübschen ehemaligen Brauereigebäude. Auf der regional-saisonalen Karte findet sich z. B. "Kalbssauerbraten mit Rahmwirsing und Kloß". Alternativ wählt man in der netten Brasserie Grillgerichte, Pasta oder den günstigen wechselnden Mittagsteller. Biergarten unter Bäumen (Selbstbedienung).

Menü 19 € (mittags)/75 € – Karte 24/59 €

*Oberkonnersreuther Str. 6* ✉ *95448* – ☏ *0921 52883* – *www.sudpfanne.com*

## In Bindlach-Obergräfenthal Nord: 10 km, über Hindenburgstraße A1, in
Heinersreuth Richtung Cottenbach, nach Theta links abbiegen

###  Landhaus Gräfenthal 🏠 ⇔ **P**

REGIONAL · GASTHOF X In dem langjährigen Familienbetrieb sorgen helles Holz, Kachelofen und nette Deko für Gemütlichkeit. Freundlich der Service, schmackhaft die regionale Küche: "fränkisches Zicklein aus dem Ofen", "Schweinelendchen in Steinpilzsoße"...

Karte 25/53 €

*Obergräfenthal 7 ✉ 95463 – 𝒞 09208 289 – www.landhaus-graefenthal.de – geschl. Montagmittag, Dienstag*

# BAYRISCHZELL

Bayern – 1 600 Ew. – Höhe 800 m – Regionalatlas **66**-M21
▶ Berlin 664 km – München 77 km – Rosenheim 37 km – Miesbach 23 km
Michelin Straßenkarte 546

## In Bayrischzell-Geitau Nord-West: 5 km über B 307, Richtung Miesbach

### 🏠 Postgasthof Rote Wand 🍴 🐾 ⇐ 🍺 🚗

GASTHOF · GEMÜTLICH Sehr sympathisch und familiär ist der Traditionsgasthof mit seinen tipptopp gepflegten Zimmern im wohnlichen Landhausstil. Essen kann man hier im Haus regional - probieren Sie auch die eigene Kreation: Rote-Wand-Torte! Zu den gemütlichen Gaststuben kommt im Sommer der schöne Biergarten unter alten Kastanien.

33 Zim 🛏 – ♦50/80 € ♦♦90/130 € – ½ P

*Geitau 15 ✉ 83735 – 𝒞 08023 9050 – www.gasthofrotewand.de – geschl. 10. November - 12. Dezember*

> Bei schönem Wetter isst man gern im Freien! Wählen Sie ein
> Restaurant mit Terrasse: 🏠.

## In Bayrischzell-Osterhofen Nord-West: 3 km über B 307, Richtung Miesbach

### 🍴○ Das Restaurant Seeberg 🐾 ⇐ 🏠 🅰 ⇔ 🚗

REGIONAL · GEMÜTLICH XX Freundlich der Service, die Stuben gemütlich-bayerisch - so wünscht man sich das! Die Küche bietet Regionales wie "geschmorte Rinderbäckchen mit Kartoffel-Meerrettichstampf" oder Wild aus eigener Jagd. Beliebt: "Salzburger Nockerl".

Menü 28/35 € (abends) – Karte 30/52 €

*Hotel Der Alpenhof, Osterhofen 1 ✉ 83735 – 𝒞 08023 906533 – www.restaurant-seeberg.de*

### 🏠 Der Alpenhof ⇐ 🍺 🖼 🐾 🎱 🔁 🅰 🐾 🚗

LANDHAUS · INDIVIDUELL Hier ist alles richtig geschmackvoll: von der eleganten kleinen Lobby bis zu den Zimmern... Nicht zuletzt die aufwändigen Themensuiten wie "Hideaways", "Franz Josef" oder "Mikado" machen das Haus zu einer nicht alltäglichen Adresse!

30 Zim 🛏 – ♦95/125 € ♦♦135/165 € – 8 Suiten – ½ P

*Osterhofen 1 ✉ 83735 – 𝒞 08023 90650 – www.der-alpenhof.com*

🍴○ **Das Restaurant Seeberg** – siehe Restaurantauswahl

# BECKUM

Nordrhein-Westfalen – 35 910 Ew. – Höhe 105 m – Regionalatlas **27**-E10
▶ Berlin 438 km – Düsseldorf 130 km – Bielefeld 58 km – Hamm in Westfalen 20 km
Michelin Straßenkarte 543

## Am Höxberg Süd: 2,5 km, Richtung Lippborger

🍴⃝ **Zur Windmühle** ⬩⬩ 🏠 ⬩ 🅿

**INTERNATIONAL · GASTHOF** XX Ein Haus mit langer Familientradition, das eine international beeinflusste Küche bietet. Probieren Sie z. B. "Lammrücken mit Kräuterkruste", und fragen Sie auch nach den Empfehlungen des Chefs. Schön die große Terrasse mit Blick auf die hauseigene Mühle von 1853 - auch für Veranstaltungen sehr beliebt.

Menü 40/70 € – Karte 30/64 €

*Unterberg II/33 ✉ 59269 – ℰ 02521 86030 – www.zur-windmuehle.de – Dienstag - Samstag nur Abendessen – geschl. August 2 Wochen und Montag*

## BEDERKESA, BAD

Niedersachsen – 5 240 Ew. – Höhe 9 m – Regionalatlas **9**-G5

▶ Berlin 400 km – Hannover 198 km – Cuxhaven 42 km – Bremerhaven 25 km
Michelin Straßenkarte 541

🏠 **Bösehof**

**SPA UND WELLNESS · ELEGANT** Schön und recht ruhig liegt dieser Familienbetrieb. Einige Zimmer mit Blick in den reizvollen Garten, geräumiger im Haus "Jan Bohls". Das Haus "Hermann Allmers" beherbergt einen kleinen Spa. Sehr gutes Frühstück, im Sommer auf der Terrasse. Internationale und regionale Küche im elegant-rustikalen Restaurant.

33 Zim ⌷ – ♦86/105 € ♦♦140 € – 15 Suiten – ½ P

*Hauptmann-Böse-Str. 19 ✉ 27624 – ℰ 04745 9480 – www.boesehof.de*

## BEELITZ

Brandenburg – 11 890 Ew. – Höhe 40 m – Regionalatlas **22**-O9

▶ Berlin 59 km – Potsdam 25 km – Bad Belzig 41 km – Magdeburg 126 km
Michelin Straßenkarte 542

⬡ **kochZIMMER** (Jörg Frankenhäuser) 🏠

**MODERNE KÜCHE · TRENDY** XX Was hier auf den Teller kommt, ist kreative, ambitionierte Küche, wie man sie eher in Berlin erwarten würde! Man kümmert sich freundlich um die Gäste, die Atmosphäre ist sympathisch-modern, schön die Gartenterrasse! Gute kleine Weinauswahl.

→ Schweinebauch, Seealge, Litschi, eingelegter Rettich. Weißer Heilbutt, Gemüserelish, Nordseekrabben, Austernblätter. Passionsfrucht, Mango, Chili, Kokos, Gurke, Gin.

Menü 49/93 €

*Berliner Str. 195 ✉ 14547 – ℰ 033204 709366 – www.restaurant-kochzimmer.de – Mittwoch - Freitag nur Abendessen – geschl. Anfang Januar 2 Wochen, Juli - August 2 Wochen und Montag - Dienstag*

## BEILNGRIES

Bayern – 8 900 Ew. – Höhe 368 m – Regionalatlas **58**-L18

▶ Berlin 482 km – München 108 km – Nürnberg 76 km – Ingolstadt 35 km
Michelin Straßenkarte 546

🏠 **Die Gams** 

**TRADITIONELL · INDIVIDUELL** Hier spürt man das Engagement der Gastgeber (seit 1794 in Familienbesitz): wohnliche Zimmer, darunter schicke Kreativzimmer, ein guter Tagungsbereich und regionale Küche in gemütlichen Restauranträumen. Besonders schön: die modernen, mit Liebe zum Detail individuell gestalteten Zimmer in der "schmiede7".

67 Zim ⌷ – ♦72/108 € ♦♦89/148 € – ½ P

*Hauptstr. 16 ✉ 92339 – ℰ 08461 6100 – www.hotel-gams.de*

## 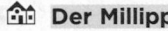 Der Millipp 🀰 🐾 🖃 ⛨ **P**

**GASTHOF · ROMANTISCH** Ein traditionsreicher Metzgereigasthof, in dessen Zimmern man gelungen die historische Bausubstanz mit wohnlich-elegantem Landhausstil kombiniert hat. Rustikal-gediegen zeigen sich die Gaststuben, hier isst man regional.

32 Zim 🛏 – ♦99/120 € ♦♦125/150 € – 2 Suiten – ½ P

*Hauptstr. 9 ✉ 92339 – ☎ 08461 1203 – www.der.millipp.de*

## Fuchsbräu 🀰 🖼 🐾 🖃 ⛨ ⛨ **P**

**TRADITIONELL · INDIVIDUELL** Der langjährige Familienbetrieb bietet geschmackvoll-wohnliche Zimmer (Tipp: "Kaiserbeck"-Maisonette-Suiten mit historischem Dachgebälk), einen hübschen kleinen Wellnessbereich sowie ein freundliches Restaurant, in dem man auf regionale Produkte setzt. Schön auch die gemütlich-moderne "Kaiserbeck Bar".

71 Zim 🛏 – ♦86/100 € ♦♦104/135 € – ½ P

*Hauptstr. 23 ✉ 92339 – ☎ 08461 6520 – www.fuchsbraeu.de*

# BEILSTEIN

Rheinland-Pfalz – 140 Ew. – Höhe 90 m – Regionalatlas **46**-C14
▶ Berlin 655 km – Mainz 111 km – Koblenz 48 km – Trier 102 km
Michelin Straßenkarte 543

## Altes Zollhaus 🀰

**GASTHOF · GEMÜTLICH** In dem kleinen Gasthaus an der Mosel erwarten Sie gemütliche Zimmer mit Blick auf den Fluss oder zum Marktplatz. Wer Grillgerichte mag, darf sich freuen - die bekommt man nämlich in der netten Gaststube und auf der Terrasse.

8 Zim 🛏 – ♦65/85 € ♦♦95/115 € – ½ P

*Moselstr. 26 ✉ 56814 – ☎ 02673 1850 – www.hotel-lipmann.de – geschl. November - März*

# BELLHEIM

Rheinland-Pfalz – 8 420 Ew. – Höhe 117 m – Regionalatlas **54**-E17
▶ Berlin 659 km – Mainz 126 km – Karlsruhe 33 km – Landau in der Pfalz 13 km
Michelin Straßenkarte 543

**In Knittelsheim** West: 2 km Richtung Landau

## Steverding's Isenhof 🀰 **P** 🚫

**KLASSISCHE KÜCHE · RUSTIKAL XX** Auch nach dem Konzeptwechsel kann man im Hause Steverding niveauvoll speisen, und auch die Gemütlichkeit des charmanten historischen Fachwerkhauses mit seinem rustikal-eleganten Flair ist geblieben, ebenso die herzliche Gästebetreuung.

Menü 55/65 € – Karte 45/74 €

*Hauptstr. 15a ✉ 76879 – ☎ 06348 5700 (Tischbestellung erforderlich) – www.isenhof.de – Donnerstag - Samstag nur Abendessen – geschl. Januar 3 Wochen und Sonntagabend - Mittwoch*

# BELLINGEN, BAD

Baden-Württemberg – 3 980 Ew. – Höhe 257 m – Regionalatlas **61**-D21
▶ Berlin 841 km – Stuttgart 247 km – Freiburg im Breisgau 44 km – Müllheim 12 km
Michelin Straßenkarte 545

## Landgasthof Schwanen 🀰 ⛨ 🔄 **P**

**REGIONAL · GASTHOF XX** Richtig gut isst man im traditionsreichen "Schwanen" - seit Generationen ein Familienbetrieb. Aus der Küche kommt Leckeres wie "gegrillter Lachs in Kerbel-Beurre-Blanc", Vitello Tonnato oder auch hausgemachte Terrinen und Pasteten.

Menü 21 € (unter der Woche)/52 € – Karte 30/46 €

*Hotel Landgasthof Schwanen, Rheinstr. 50 ✉ 79415 – ☎ 07635 811811 – www.schwanen-bad-bellingen.de – geschl. 9. - 31. Januar und Montagmittag, Dienstag - Mittwochmittag*

## ⓄIO Berghofstüble　≤ 🏡 🍴 🅿

**INTERNATIONAL · FREUNDLICH** XX "Kulinarisches im Grünen" steht über dem Eingang und das trifft es recht gut, denn das Haus liegt schon etwas abseits. Auf der Karte finden sich Wiener Schnitzel und Cordon bleu, ebenso Entrecôte, Kalbsrückensteak oder Steinbutt. Wie wär's mit einem Platz auf der reizvollen Terrasse mit Aussicht?

Menü 35 € (mittags)/85 € – Karte 36/62 €

*Berghof 1, Nord-Ost: 1,5 km, über Markus-Ruf-Straße ✉ 79415 – ✆ 07635 1293 (Tischbestellung erforderlich) – www.berghofstueble-bad-bellingen.de – geschl. über Fasnacht 1 Woche, Mitte September 2 Wochen und Montag - Dienstag*

## 🏠 Landgasthof Schwanen　🛏 🛁 🚗

**FAMILIÄR · FUNKTIONELL** In dem Traditionshaus von 1887 wohnen Sie entweder im Haupthaus, zentral am Schlosspark, oder im 400 m entfernten Gästehaus. Letzteres hat Appartements, Liegewiese und eine schöne Aussicht zu bieten. Den freundlichen Service haben Sie hier wie dort!

25 Zim 🖴 – ♦60/77 € ♦♦93/114 € – ½ P

*Rheinstr. 50 ✉ 79415 – ✆ 07635 811811 – www.schwanen-bad-bellingen.de – geschl. 9. - 31. Januar*

⊛ **Landgasthof Schwanen** – siehe Restaurantauswahl

## 🏠 Ambiente　🛏 🍴 🅿

**FAMILIÄR · INDIVIDUELL** Ein persönlich und herzlich geführtes Haus, in dem alles sehr gepflegt ist. Die Zimmer sind freundlich gestaltet, behaglich-elegant der Frühstücksraum - die gute Auswahl vom Buffet können Sie auch auf der Terrasse zum Garten genießen.

22 Zim – ♦77/99 € ♦♦102/120 € – 🖴 8 €

*Akazienweg 1 ✉ 79415 – ✆ 07635 81040 – www.ambiente-bellingen.de*

# BEMPFLINGEN
Baden-Württemberg – 3 400 Ew. – Höhe 336 m – Regionalatlas **55**-G19
▶ Berlin 667 km – Stuttgart 30 km – Reutlingen 13 km – Tübingen 21 km
Michelin Straßenkarte 545

## ⓄIO Krone　✿ 🅿

**FRANZÖSISCH-KLASSISCH · RUSTIKAL** XXX Seit über 40 Jahren steht der Familienbetrieb für niveauvolle Küche und stilvoll-klassisches Ambiente, ungebrochen das Engagement der Gastgeber. Probieren Sie z. B. "Jakobsmuschel & Wildgarnele mit Erbsenpüree und glasierter Ananas" oder "Rehrücken in Cranberryjus". Oder lieber Typisches aus Schwaben?

Menü 20 € (mittags)/56 € – Karte 40/74 €

*Brunnenweg 40 ✉ 72658 – ✆ 07123 31083 (Tischbestellung ratsam) – www.kronebempflingen.de – geschl. Anfang Januar 1 Woche, über Fasching, über Ostern, Juni 1 Woche, Anfang - Mitte August und Sonntag - Dienstagmittag, Mittwochmittag*

# BENDESTORF
Niedersachsen – 2 280 Ew. – Höhe 36 m – Regionalatlas **10**-I6
▶ Berlin 306 km – Hannover 130 km – Hamburg 39 km – Lüneburg 40 km
Michelin Straßenkarte 541

## ⓄIO Landhaus Meinsbur　🛏 🏡 🅿

**REGIONAL · LÄNDLICH** XX Außen ein hübsches altes Bauernhaus, drinnen sehenswerte Stuben mit schönen Dekorationen und offenem Kamin. Die Karte ist mediterran und regional: "Kalbstafelspitz mit Meerrettichsauce", "gebratenes Zanderfilet mit Cranberryrisotto"...

Menü 35 € – Karte 42/68 €

*Hotel Landhaus Meinsbur, Gartenstr. 2 ✉ 21227 – ✆ 04183 77990 – www.meinsbur.de*

###  Landhaus Meinsbur

**LANDHAUS · ELEGANT** Das charmante historische Bauernhaus steht auf einem herrlichen Gartengrundstück - einst war es Herberge von Filmstars wie Hildegard Knef! Geschmackvoll die Zimmer, freundlich der Service, toll der Garten. Auch Trauungen sind möglich.

10 Zim – ¶75/110 € ¶¶120/190 € – 2 Suiten – ☵ 10 €
*Gartenstr. 2* ✉ *21227 –* ✆ *04183 77990 – www.meinsbur.de*
🍽️ **Landhaus Meinsbur** – siehe Restaurantauswahl

# BENDORF

Rheinland-Pfalz – 16 540 Ew. – Höhe 80 m – Regionalatlas **36**-D14
▶ Berlin 593 km – Mainz 101 km – Koblenz 12 km – Bonn 63 km
Michelin Straßenkarte 543

## In Bendorf-Sayn Nord-West: 1,5 km

###  Villa Sayn

**HERRENHAUS · MODERN** Ein kleines herrschaftliches Anwesen! In der schmucken Villa selbst befindet sich das Restaurant (hier ein breites Angebot), im hinteren Haus die schönen freundlichen Zimmer. Angenehm die toskanische Note, sehenswert die alte Treppe mit schmiedeeisernem Geländer sowie die Stuckverzierungen in der Lobby.

17 Zim – ¶75/89 € ¶¶98/119 € – ☵ 9 €
*Koblenz-Olper-Str. 111* ✉ *56170 –* ✆ *02622 94490 – www.villasayn.de*

 Das Symbol 🍷 weist auf eine Weinkarte mit besonders attraktivem Angebot hin.

# BENTHEIM, BAD

Niedersachsen – 15 070 Ew. – Höhe 62 m – Regionalatlas **16**-C8
▶ Berlin 491 km – Hannover 207 km – Nordhorn 19 km – Enschede 29 km
Michelin Straßenkarte 541

### ✿ Keilings Restaurant

**FRANZÖSISCH-MODERN · TRENDY** XX Hervorragende Küche ist Ihnen bei Lars Keiling gewiss - klassisch-modern ist sie, ausdrucksstark und aromenreich. Der Service glänzt mit Herzlichkeit und Kompetenz, trefflich die Weinberatung. Beachtung verdient auch das Interieur: hochwertig und geschmackvoll-elegant.
→ Meerforelle, Spargel, Matcha, Jasmin. Seezunge, Salzzitrone, Mandel, Blumenkohl. Nebraska Beef, Shiitake Essenz, Pak Choi, Wasserkastanie.

Menü 98/139 €
*Wilhelmstr. 9a* ✉ *48455 –* ✆ *05922 776633 (Tischbestellung ratsam)*
*– www.keilings.de – nur Abendessen – geschl. 27. März - 11. April, 25. September - 10. Oktober und Montag - Dienstag*
🍷 **Weinbistro** – siehe Restaurantauswahl

### 🍷 Weinbistro

**REGIONAL · BISTRO** X Trendig das Raum-in-Raum-Konzept von Gourmet und Bistro. Letzteres bietet schmackhafte regional-klassische Gerichte mit saisonalem Einfluss, z. B. als "geschmorte Ochsenschulter mit Semmelknödel". Schön die Terrasse. Vinothek gegenüber.

Menü 36 € – Karte 30/55 €
*Keilings Restaurant, Wilhelmstr. 9a* ✉ *48455 –* ✆ *05922 776633 – www.keilings.de*
*– nur Abendessen, sonntags auch Mittagessen – geschl. 27. März - 11. April, 25. September - 10. Oktober und Montag - Dienstag*

## In Bad Bentheim-Gildehaus West: 4 km

### 🏠 Waldseiter Hof ☆ 🦅 🖙 🏠 🖍 🖻 📺 🛁 🅿

**LANDHAUS · GEMÜTLICH** Ein wirklich charmantes Anwesen in einem Park mit Golfplatz! Hier bezieht man wohnliche Landhauszimmer, und zum Speisen sitzt man am liebsten auf der Terrasse, umgeben von Blumen, Kräutern und Bäumen - auch zum Frühstücken und für Kaffee und Kuchen ein idyllischer Ort!

18 Zim 🖙 - ∲57/66 € ∲∲99/110 € – 1 Suite – ½ P

*An der Waldseite 7, Nord: 2,5 km ⊠ 48455 – ℰ 05924 78550*
*– www.waldseiterhof.de – geschl. Anfang Januar 1 Woche*

# BENZ

Mecklenburg-Vorpommern – 630 Ew. – Höhe 40 m – Regionalatlas **12**-L4
▶ Berlin 249 km – Schwerin 45 km – Grevesmühlen 36 km
Michelin Straßenkarte 542

## In Benz-Gamehl Nord-Ost: 5 km über B 105

### ⫶○ Schloss Gamehl 🖙 🏠 🅿

**INTERNATIONAL · ELEGANT** ✕✕ Im Restaurant genießt man Festsaal-Atmosphäre: alter Parkettboden, Lüster, hohe Fenster... Dazu frische internationale Küche mit regionalen Produkten. Auch für Hochzeiten ein schöner Rahmen.

Menü 30 € (mittags) – Karte 26/46 €

*Hotel Schloss Gamehl, Dorfstr. 26 ⊠ 23970 – ℰ 038426 22000*
*– www.schloss-gamehl.de – nur Abendessen – geschl. 2. Januar - 9. Februar, Oktober - April: Montag*

### 🏠 Schloss Gamehl 🦅 🖙 🏠 🖍 🛁 🅿

**HISTORISCHES GEBÄUDE · KLASSISCH** Das herrschaftliche Anwesen ist eine echte Augenweide, außen wie innen! In den Zimmern eleganter Landhausstil in Weiß und Beige - wertig und wohnlich. Frühstück gibt's im Wintergarten mit Blick zum Park und zum kleinen See.

14 Zim 🖙 - ∲85/125 € ∲∲115/155 € – 5 Suiten – ½ P

*Dorfstr. 26 ⊠ 23970 – ℰ 038426 22000 – www.schloss-gamehl.de – geschl.*
*2. Januar - 9. Februar*

⫶○ **Schloss Gamehl** – siehe Restaurantauswahl

# BERCHTESGADEN

Bayern – 7 790 Ew. – Höhe 572 m – Regionalatlas **67**-P21
▶ Berlin 744 km – München 154 km – Bad Reichenhall 20 km – Kitzbühel 77 km
Michelin Straßenkarte 546

### ⫶○ Panorama Restaurant 🆕 ≼ 🖙 🏠 ⅊ 🄰🄲 🚗

**REGIONAL · FREUNDLICH** ✕✕ Bei fast schon einmaliger Sicht über die Stadt und auf die umliegende Bergwelt lässt man sich gehobene Regionalküche servieren - da ist die großzügige Terrasse im Sommer natürlich sehr gefragt! Tipp: Für Gäste des Spa hat man ein kleines Séparée, in dem man ungezwungen im Bademantel leichte Speisen genießt.

Menü 52/64 € – Karte 26/49 €

*Hotel Edelweiss, Maximilianstr. 2 ⊠ 83471 – ℰ 08652 97990*
*– www.edelweiss-berchtesgaden.com*

### ⫶○ Lockstein 1 🏠 ⅌ 🚫

**VEGETARISCH · GEMÜTLICH** ✕ Das ist schon eine besondere Adresse: Durch die schöne Küche gelangt man in das 500 Jahre alte Bauernhaus. Hier wird mit Liebe und Können gekocht, und zwar ein vegetarisches Menü mit leckeren Gerichten wie "Zitronen-Sellerie mit Walnüssen und Roggenbrot". Übrigens: Auch die beiden Gästezimmer sind gefragt.

Menü 40 €

*Locksteinstr. 1 ⊠ 83471 – ℰ 08652 9800 (Tischbestellung erforderlich)*
*– www.biohotel-kurz.de – nur Abendessen*

###  Edelweiss ❶    ⟨⟨ 🍴 🖥 ⊕ 🄼 ⅃ᶾ 🅵 🗄 🅰 ⨪ ☺ 🚗

**SPA UND WELLNESS · ELEGANT** Eine komfortable Adresse mit wohnlichen, geräumigen Zimmern und auffallend freundlichem Personal. Entspannen können Sie z. B. im Whirlpool auf der Dachterrasse, in der angenehm großen Halle mit Bar oder beim Essen. Eines der Restaurants ist das "Einkehr" mit regionaler Küche und Pizza.

125 Zim ⌷ – †140/160 € ††198/240 € – ½ P

*Maximilianstr. 2 ✉ 83471 – ☎ 08652 97990*
*– www.edelweiss-berchtesgaden.com*

⑩ **Panorama Restaurant** – siehe Restaurantauswahl

###  Alpenhotel Weiherbach    ☺ ⟨⟨ 🍴 🖥 🄼 ⊕ ⨪ 🅿

**FAMILIÄR · TRADITIONELL** Ein wirklich nettes familiengeführtes Urlaubshotel in ruhiger Lage. Es erwarten Sie wohnliche Zimmer, ein gemütlicher Frühstücksraum, ein hübscher Garten und ein "Wellness-Hallenbad". Für Familien ideal: die Appartements mit kleiner Küche.

20 Zim ⌷ – †55/115 € ††76/160 €

*Weiherbachweg 8 ✉ 83471 – ☎ 08652 978880 – www.weiherbach.de – geschl.*
*8. November - 5. Dezember*

> Frühstück inklusive? Die Tasse ⌷ steht gleich hinter der Zimmeranzahl.

## An der Rossfeld-Ringstraße

###  Neuhäusl    ⨁ ☺ ⟨⟨ 🍴 🖥 ⊕ 🄼 ⅃ᶾ ⊕ ⨪ 🚗

**SPA UND WELLNESS · TRADITIONELL** Ein gewachsener Berggasthof direkt an der Grenze zu Österreich, seit Generationen charmant-familiär geführt. Hier gibt es hübsche große Studios, aber auch schöne Standard- und Zirbenzimmer. Nett der Spa mit reizender "Almstube", gemütlich das Restaurant mit Terrasse - toll die Aussicht.

65 Zim ⌷ – †90/97 € ††164/186 €

*Wildmoos 45 ✉ 83471 Berchtesgaden – ☎ 08652 9400 – www.neuhaeusl.de*
*– geschl. 7. November - 18. Dezember*

## Auf dem Obersalzberg

###  LE CIEL    ⨋ ⟨ 🍴 ⅃ 🄼 ⨪ 🅿

**KLASSISCHE KÜCHE · ZEITGEMÄSSES AMBIENTE** ✕✕✕ Die Menüs "Welt", "Bayerische Alpen" und "Kraut & Rüben" stehen für geschmackliche Finesse und eine eigene Note. Man setzt auf regionalen Bezug ebenso wie auf Weltoffenheit. Wer sich nicht entscheiden kann, tauscht die Gänge aus! Drinnen elegantes Interieur, draußen ein Traum von Terrasse!

→ Gänseleber, Apfel, Beerenauslese. Gefüllte Paprika, roter Quinoa, Tapioka, Aubergine. Bayerische Rollmops, Wurzelsud, Kren.

Menü 69/159 €

*Kempinski Hotel Berchtesgaden, Hintereck 1 ✉ 83471*
*– ☎ 08652 97550 (Tischbestellung ratsam)*
*– www.kempinski.com/berchtesgaden – nur Abendessen – geschl. Sonntag*
*– Dienstag*

### ⑩ Johann Grill    ⟨ 🍴 🍴 ⅃ 🄼 ⨪ 🅿

**INTERNATIONAL · ZEITGEMÄSSES AMBIENTE** ✕✕ Schön hell und modern ist es hier, die Glasfront garantiert eine Panoramaaussicht, die Gänsehaut-Feeling erzeugt! Aber nicht nur das lockt Gäste an, auch die Küche weiß zu überzeugen, z. B. mit erstklassigen Steaks.

Karte 43/81 €

*Kempinski Hotel Berchtesgaden, Hintereck 1 ✉ 83471*
*– ☎ 08652 97550 – www.kempinski.com/berchtesgaden*
*– nur Abendessen*

### 🏨 Kempinski Hotel Berchtesgaden    🛥 ⪡ 🌿 🔽 🏞 🕸 🛏 🍽 🖥 ⬆

**LUXUS · MODERN** 1000 m über dem Meer, ringsum schönste   ♿ AC 🛋 🚐
Bergkulisse und dazu Luxus der modernen Art! Top die Penthouse-Maisonette-
Suiten mit Dachterrasse, eine Oase für Wellnessfans der "Mountain Spa". Es ist
ein Resort der Ruhe und auch für Tagungen geeignet. Gleich am Haus gibt es
übrigens einen Familien-Skihügel mit Lift.

126 Zim – 🛏240/540 € 🛏🛏260/760 € – 12 Suiten – ⌑ 35 € – ½ P
*Hintereck 1 ✉ 83471 – 𝓒 08652 97550*
*– www.kempinski.com/berchtesgaden*
❀ **LE CIEL** · 🍴 **Johann Grill** – siehe Restaurantauswahl

## BERGHAUPTEN Baden-Württemberg ➜ Siehe Gengenbach

## BERGHEIM
Nordrhein-Westfalen – 61 670 Ew. – Höhe 70 m – Regionalatlas **35**-B12
▶ Berlin 590 km – Düsseldorf 56 km – Aachen 58 km – Bonn 53 km
Michelin Straßenkarte 543

### 🍴 Schumachers ⓝ     🏞 🍽

**KLASSISCHE KÜCHE · FREUNDLICH** 𝕏 Auf zwei Etagen verbreitet hier ein charmanter Mix aus moderner und ländlicher Einrichtung Gemütlichkeit. Schwerpunkt
der Küche sind Fisch und Meeresfrüchte, so z. B. "Adlerfisch mit Kartoffelstampf"
oder "Thai Curry mit Edelfischen".

Menü 32/49 € – Karte 37/76 €
*Hauptstr. 93 ✉ 50126 – 𝓒 02271 6782762 – www.schumachers-restaurant.de*
*– geschl. Juni - Juli 2 Wochen und Sonntag - Montag*

## BERGISCH GLADBACH
Nordrhein-Westfalen – 109 430 Ew. – Höhe 100 m – Regionalatlas **36**-C12
▶ Berlin 571 km – Düsseldorf 46 km – Bonn 40 km – Köln 17 km
Michelin Straßenkarte 543

### In Bergisch Gladbach-Bensberg

### ❀❀❀ Vendôme     🦞 ♿ AC 🍽 ⇄ 🚐

**KREATIV · LUXUS** 𝕏𝕏𝕏𝕏 Joachim Wissler hat das Gourmetrestaurant von Schloss
Bensberg zu einer der Topadressen in Europa gemacht! In luxuriösem Ambiente
genießt man neben seiner filigranen und wunderbar ausbalancierten Küche einen
Service, der einem Schweizer Uhrwerk gleicht - charmant und ebenso fachkundig,
auch in Sachen Wein.

➜ Miso gebeiztes Landei, Aquitaine Kaviar, Eisbergsalat, Schweineöhrchen. Lech-
tal Saibling mit Topinambur-Meerrettichbutter, Räucheraal, Hanfsalat, fermentierter Rotkohl. Rehrücken und Schulter, Melonen-Pimentsalat, Pfifferlinge, Schwarzwurzeln.

Menü 135 € (mittags)/265 €
**Stadtplan : B2-e** – *Althoff Grandhotel Schloss Bensberg, Kadettenstraße ✉ 51429
– 𝓒 02204 420 (Tischbestellung ratsam) – www.schlossbensberg.com – Mittwoch
- Freitag nur Abendessen – geschl. 20. Februar - 9. März, 31. Juli - 24. August und
Montag - Dienstag*

### 🍴 Trattoria Enoteca     🏞 ♿ AC 🍽 🚐

**ITALIENISCH · MEDITERRAN** 𝕏𝕏 Italienische Küche in geschmackvoller gemütlicher Atmosphäre mit mediterraner Note. Im romantischen Innenhof mit hübsch
bewachsenen Natursteinmauern befindet sich die Terrasse.

Menü 49/89 € – Karte 47/77 €
**Stadtplan : B2-e** – *Althoff Grandhotel Schloss Bensberg, Kadettenstraße ✉ 51429
– 𝓒 02204 420 – www.schlossbensberg.com*

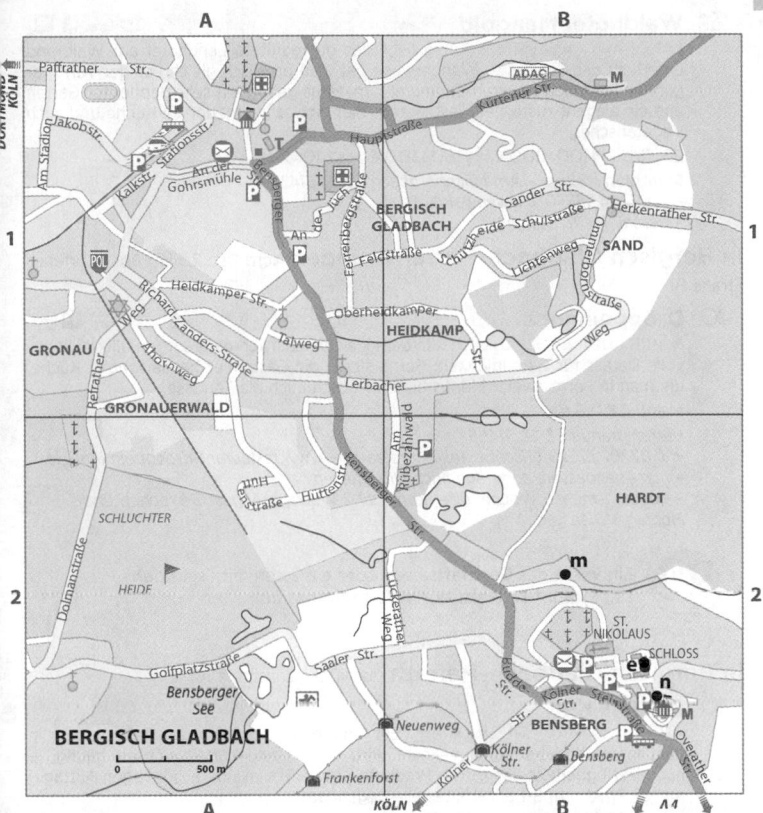

## ♨ Althoff Grandhotel Schloss Bensberg   🐾 ≼ 🛀 🖼 🐷 🦢 🏄

**GROSSER LUXUS · KLASSISCH** Ein imposantes jahrhunderte-   ⬆ ⛛ 🅰🅺 🏋 ☕
altes Schloss als wunderschöner klassischer Rahmen für edles Interieur und professionellen Service. Fantastisch die exponierte Lage über Köln mit Domblick. Auch eine tolle Kulisse für Hochzeiten! Schöne Abendbar.

86 Zim – 💲175/375 € 💲💲205/455 € – 34 Suiten – ☑ 32 €

**Stadtplan : B2-e** – *Kadettenstraße* ⊠ *51429* – ✆ *02204 420*
– *www.schlossbensberg.com*

❀❀❀ **Vendôme** • ◦ **Trattoria Enoteca** – siehe Restaurantauswahl

## ♨ Malerwinkel   🦢 🏄 🅿

**LANDHAUS · INDIVIDUELL** Das hübsche Ensemble aus Stammhaus, "Musikschule" und "Künstlerhaus" wird angenehm persönlich geleitet und besticht durch liebenswerte Einrichtung. Sie frühstücken im lichten Wintergarten (interessant die Glasdecke über dem gut bestückten Buffet!) und entspannen im idyllischen begrünten Innenhof.

35 Zim ☑ – 💲125/149 € 💲💲169/209 €

**Stadtplan : B2-n** – *Burggraben 6, (am Rathaus)* ⊠ *51429* – ✆ *02204 95040*
– *www.malerwinkel-hotel.de* – *geschl. über Weihnachten*

### 🏠 Waldhotel Mangold

**LANDHAUS · KLASSISCH** Ruhig liegt das gut geführte Landhotel am Waldrand unterhalb des Schlosses, Wanderwege hat man praktisch gleich vor der Tür! Fragen Sie nach den neueren Zimmern! Zum Haus gehört ein sehr gepflegter Garten und ein elegant-rustikales Restaurant - hier gibt es internationale Küche und auch Vegetarisches.

23 Zim - ♦100/200 € ♦♦160/300 € - 🍽 10 € - ½ P
Stadtplan : B2-m - *Am Milchbornbach 39 ⊠ 51429*
- *𝒞 02204 95550 - www.waldhotel.de*
- *geschl. 1. - 13. Januar*

## In Bergisch Gladbach-Herrenstrunden Nord-Ost: 2,5 km über Kürtener
Straße B1

### ⫯○ Dröppelminna

**MARKTKÜCHE · GEMÜTLICH** ✗ In dem kleinen Fachwerkhaus sorgen allerlei liebevolle Details für Gemütlichkeit. Gerne sitzen die Gäste hier bei saisonaler Küche, die man in Form zweier Menüs bietet. Hübsch auch die Terrasse.

Menü 38/55 €
*Herrenstrunden 3 ⊠ 51465*
- *𝒞 02202 32528 (Tischbestellung ratsam) - www.restaurant-droeppelminna.de*
- *nur Abendessen, sonntags auch Mittagessen*
- *geschl. Januar 1 Woche, über Karneval 2 Wochen, August 3 Wochen und Montag - Dienstag*

---

Ein wichtiges Geschäftsessen oder ein Essen mit Freunden?
Das Symbol ⇔ weist auf Veranstaltungsräume hin.

---

## In Bergisch Gladbach-Refrath über Dollmannstraße A2

### ⫯○ Brehms Kult

**INTERNATIONAL · FREUNDLICH** ✗ Ein hübsches modernes Restaurant, in dem international-saisonal gekocht wird - die kleine Karte wechselt häufig, je nach Verfügbarkeit der guten Produkte. Wie wär's mit dem günstigen Mittagsmenü? Praktisch: S-Bahn-Haltestelle gegenüber.

Menü 40/52 € - Karte 29/57 €
*Wickenpfädchen 9 ⊠ 51427 - 𝒞 02204 964627 - www.brehm-cgn.de - geschl. Februar und Samstagmittag, Sonntag - Montag*

**BERGKIRCHEN** Bayern → Siehe Dachau

**BERGLEN** Baden-Württemberg → Siehe Winnenden

# BERGNEUSTADT
Nordrhein-Westfalen - 18 840 Ew. - Höhe 240 m - Regionalatlas **36**-D12
▶ Berlin 558 km - Düsseldorf 89 km - Köln 57 km - Olpe 20 km
Michelin Straßenkarte 543

## In Bergneustadt-Niederrengse Nord-Ost: 7 km über B 55, in Pernze links
abbiegen

### ⫯○ Rengser Mühle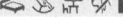

**REGIONAL · GEMÜTLICH** ✗✗ Bereits seit Generationen führt Familie Vormstein das Haus mit den charmant-gemütlichen Stuben und pflegt hier die regional-saisonale Küche. Tipp: Auf Vorbestellung gibt's die "Bergische Kaffeetafel". Sie möchten übernachten? Man hat auch nette, gepflegte Gästezimmer.

Menü 23/85 € - Karte 22/59 €   4 Zim 🍽 - ♦70/75 € ♦♦105 €
*Niederrengse 4 ⊠ 51702 - 𝒞 02763 91450 - www.rengser-muehle.de*
- *geschl. Montag - Dienstag*

# BERLEBURG, BAD

Nordrhein-Westfalen – 19 240 Ew. – Höhe 420 m – Regionalatlas **37**-F12

▶ Berlin 494 km – Düsseldorf 174 km – Siegen 42 km – Meschede 56 km

Michelin Straßenkarte 543

##  Alte Schule

**FAMILIÄR · INDIVIDUELL** Ein geschmackvolles und elegantes kleines Hotel, das sich dem Thema Schule verschrieben hat. Individuelle Einrichtungsdetails, wertiges Mobiliar und freundlicher Service machen dieses Haus sehr angenehm. Das Restaurant in dem alten Schulraum ist behaglich gestaltet, die Küche ist regional und international.

39 Zim ⌚ - ♦70/85 € ♦♦136/176 € – ½ P

*Goetheplatz 1* ✉ *57319 –* ☎ *02751 9204780 – www.hotel-alteschule.de*

## In Bad Berleburg-Wingeshausen West: 14 km

##  Weber

**REGIONAL · LÄNDLICH** ✕ Freundlich und engagiert leitet Familie Weber das traditionsreiche schieferverkleidete Gasthaus mit gemütlichen Stuben und überwiegend regionaler Küche. Schöne Gartenterrasse.

Karte 23/46 € 3 Zim ⌚ - ♦37/40 € ♦♦74 €

*Inselweg 5* ✉ *57319 –* ☎ *02759 412 – www.landgasthof-weber.de – Mittwoch - Samstag nur Abendessen – geschl. Januar 2 Wochen, 12. - 26. Juli und Montag - Dienstag*

# BERLIN

Vielfältiger und kontrastreicher, lebendiger und wandlungsfreudiger kann eine Stadt kaum sein. Und das gilt nicht zuletzt auch für die Gastronomie der Bundeshauptstadt, sie boomt! Das Niveau hat sich in den letzten Jahren bedeutend gesteigert, und auch die Bandbreite der Küchen ist deutlich angewachsen. Die Gastro-Szene ist bunter und noch internationaler geworden, steckt voller Ideen und Dynamik. Sie ist praktisch ein Spiegelbild des gesellschaftlichen und kulturellen Lebens der Stadt. Essen Sie gerne fernöstlich, italienisch oder mediterran? Oder doch lieber klassisch-französisch? Auch Restaurants mit rein vegetarischer bzw. veganer Küche gehören inzwischen zu Berlin wie Boulette oder Döner Kebab. Auffallend bei der Entwicklung der hiesigen Gastronomie ist der Trend hin zu jungen, ganz ungezwungenen Restaurants, die es nicht selten in die Liga der Sternerestaurants schaffen und eindrucksvoll beweisen, dass legere Atmosphäre und hervorragende Küche wunderbar Hand in Hand gehen können.

3 501 880 Ew – Höhe 34 m

- Regionalatlas 22-B2
- Michelin Straßenkarte 542

▶ Frankfurt/Oder 105 km – Hamburg 291 km – Hannover 287 km – Leipzig 193 km

## ALLE RESTAURANTS VON A BIS Z

*TommL / E+ / Getty Images*

177

*Schon & Probst / Picture Press / Getty Images*

# RESTAURANTS AM SONNTAG GEÖFFNET

# UNSERE HOTELAUSWAHL

*F. Cirou / PhotoAlto Agency RF Collections / Getty Images*

A  HAMBURG  ROSTOCK  B  GARTENSTADT FROHNAU

NIEDER-NEUENDORF

Schulzendorfer Str.

A 111 / E 26

BERLINER FORST TEGEL

Hermsdorf

MÄRKISCH VIERTEL

Alt-Heiligensee

Heiligensee

Spandauer Landstr.

Havel Str.

Schönwalder Allee

BERLINER FORST

SPANDAU

Villa Borsig

KONRADSHÖHE

TEGELORT

Niederneuendorfer Allee

TEGELER SEE

Berliner Str.

Wittenau

Gorkistraße

Holzhauser Str.

Wittestraße

Waldstr.

Str.

REINICKENDORF

Berlin Alt-Reinickendorf

Dorfkirc

Gotthard-Str.

Hollanders

A 111

Radelandstraße

Pionierstraße

Bernauer

Volkspark Jungfernheide

Flughafensee

BERLIN-TEGEL

Hohenzollernkanal

Saatwinkler Damm

GARTENSTADT STAAKEN

Falkenseer Damm

Am Juliusturm

Zitadelle

Gartenfelder Str.

Jungfernheideteich

A 100

SPANDAU

Brunsbütteler Damm

Ruhlebener Str.

Charlottenburger Chaussee

Alte Spree

SPREE

Spandauer Damm

Reichsstraße

Alt-Moabit

Seeburger Str.

Pichelsdorfer Str.

Wilhelmstr.

Heerstraße

Olympia-stadion

T

Stößensee

Heerstraße

Otto-Suhr-Allee

Str. des 17. Juni

Bismarckstr.

Neue Kantstr.

Kantstraße

Budapester

WEINMEISTERHORN

MESSEGELÄNDE

Am Postfenn

△ 120 Teufelsberg

A 115

Lietzenburger Str.

Schildhorn

Grolman Str.

BERLINER FORST GRUNEWALD

Kurfürstendamm

Düsseldorfer Str.

Paulsbor

Güntzel-Str.

Badensche Str.

Gatow

GRUNEWALD

Dragenstr.

Mecklenburgische

Str.

Wex-Str.

Grunewaldturm

Wiesbadener Str.

Vor-Damm

LINDWERDER

A 115 / E 51

Grunewaldsee

Brücke-Museum

Jesus Christus Kirche

Podbielski

Clayallee

Bismarckstr.

Kladower

Damm

Kladow

Havel

Krumme Lanke

DAHLEM

Onkel Toms Hütte

Thielallee

Herz Jesu Kirche

Schlachtensee

Sven-Hedin-Str.

Potsdamer Str.

Mühlenstr.

LICHTERFELDE

Klingsorstr.

Spanische Allee

Nikolassee

MEXIKOPL.

Potsdamer Chaussee

Goerzallee

WANNSEE

Großer Wannsee

ZEHLENDORF

Teltower Damm

Dahlemer

Hildburghauser

Königstraße

KLEINMACHNOW

Lilienthalpark

BERLINER FORST DÜPEL

HALLE  LEIPZIG  A  B

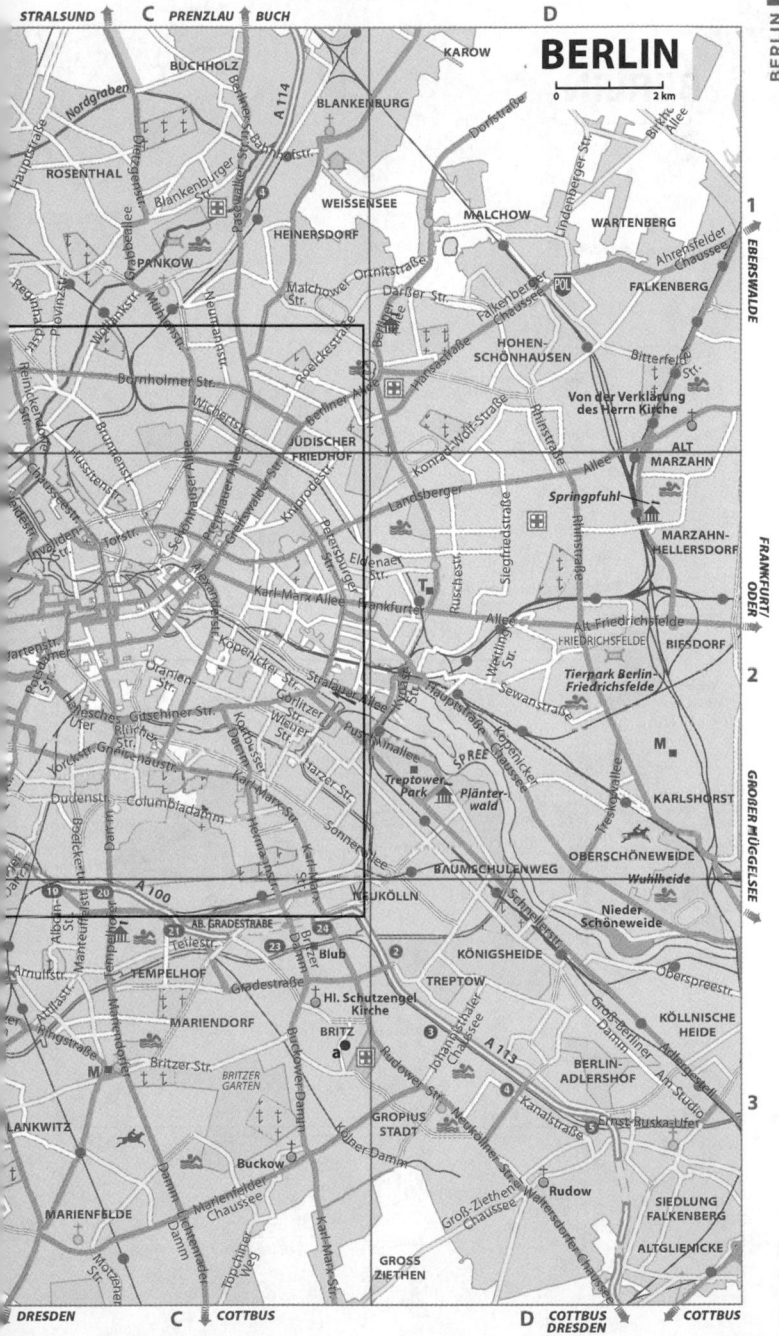

# BERLIN

0      2 km

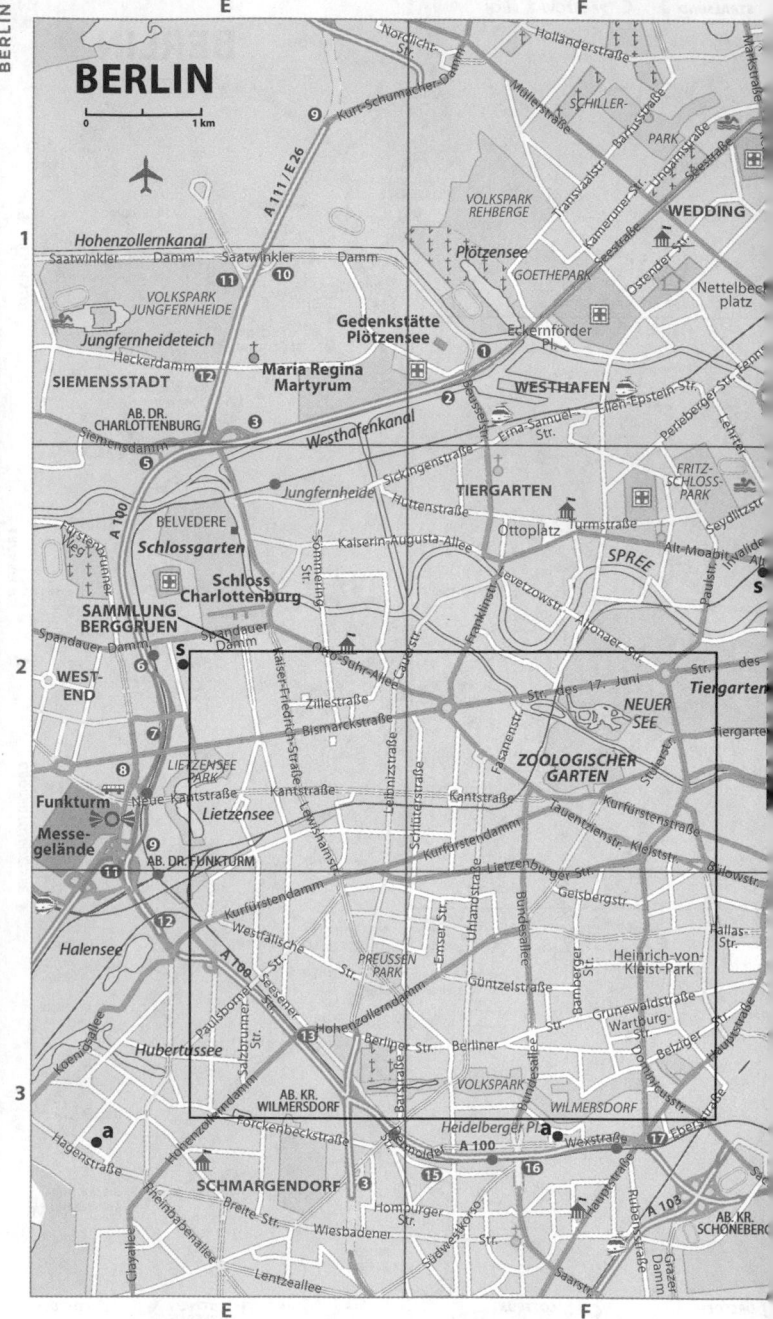

# BERLIN

0      1 km

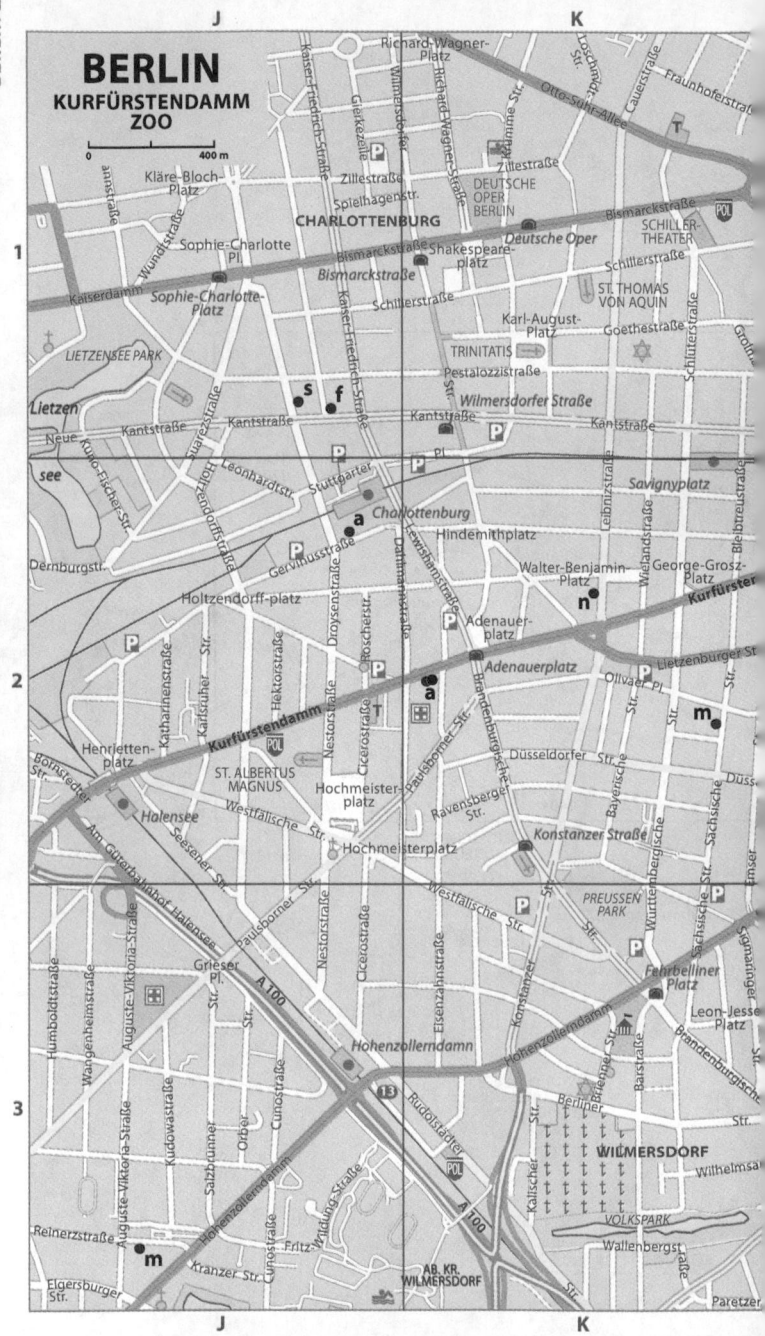

# BERLIN
## KURFÜRSTENDAMM
## ZOO

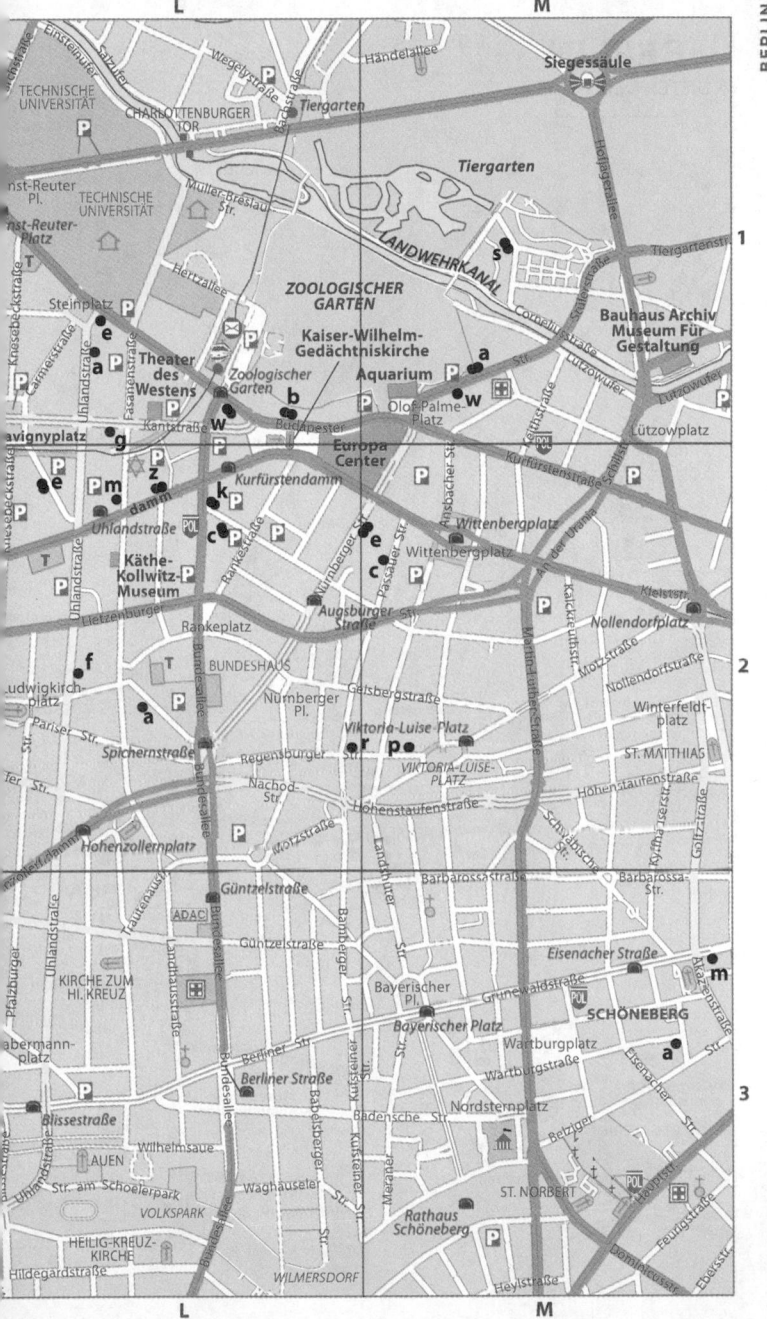

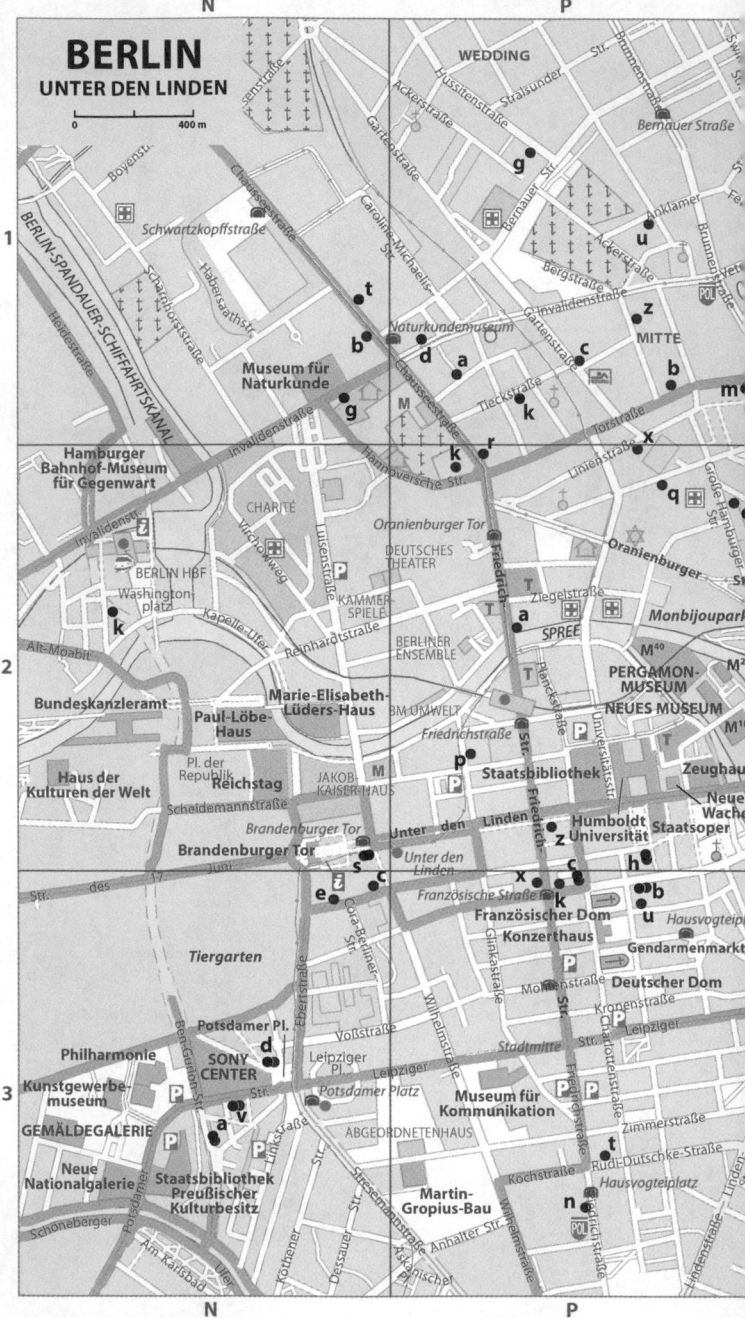

# BERLIN
## UNTER DEN LINDEN

0          400 m

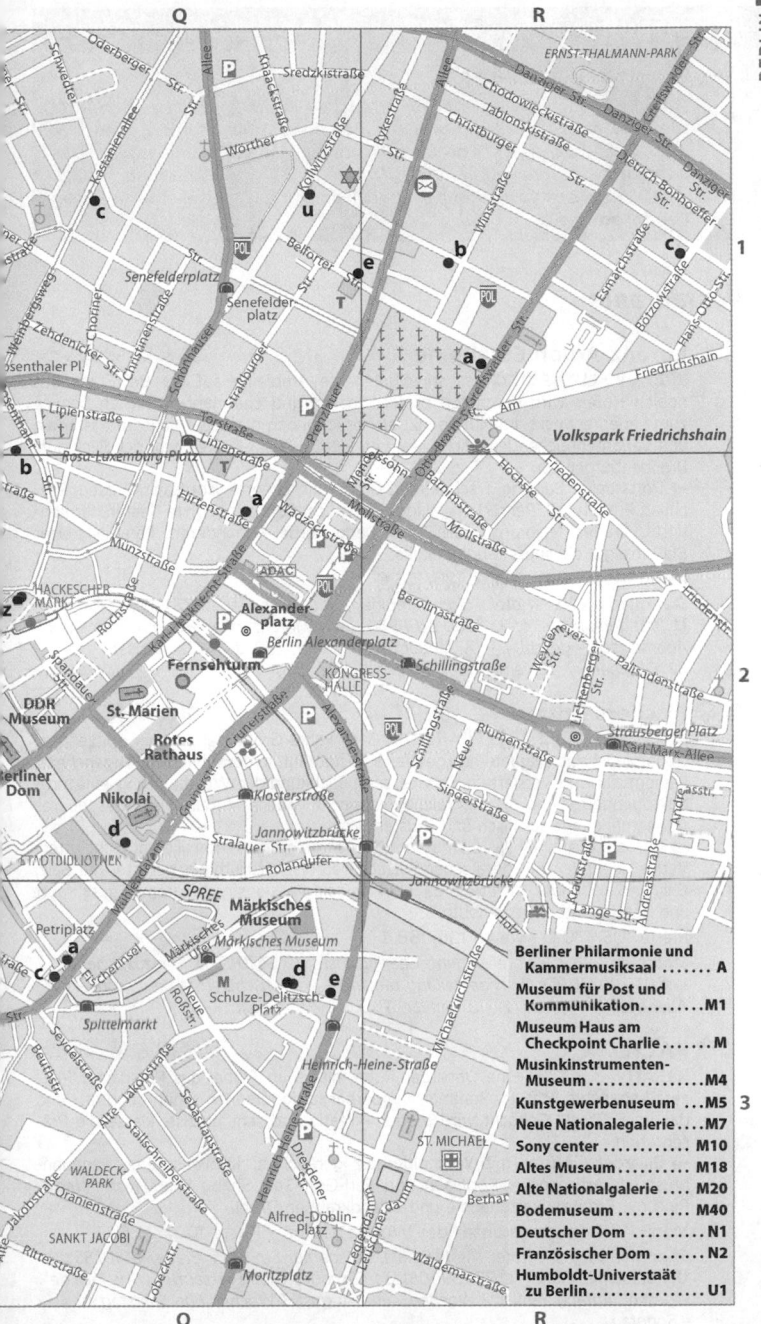

Berliner Philarmonie und
   Kammermusiksaal ....... A
Museum für Post und
   Kommunikation........M1
Museum Haus am
   Checkpoint Charlie....... M
Musinkinstrumenten-
   Museum...............M4
Kunstgewerbenuseum ...M5
Neue Nationalegalerie ....M7
Sony center ............M10
Altes Museum ..........M18
Alte Nationalgalerie .... M20
Bodemuseum ..........M40
Deutscher Dom ......... N1
Französischer Dom ....... N2
Humboldt-Universitäät
   zu Berlin...............U1

**WIR MÖGEN BESONDERS...**

Lebendigkeit, gute, preislich faire Küche und tolle Weinkarte in **Rutz Weinbar**. Im eleganten **Lorenz Adlon Esszimmer** samt Logenblick aufs Brandenburger Tor zuvorkommend umsorgt werden. Das **borchardt** als Treffpunkt des „Who's Who" aus Wirtschaft, Politik und Kunst. Ungezwungenheit und Top-Küche im beliebten kleinen **Bandol sur Mer**.

## *Restaurants*

### ✿✿ Lorenz Adlon Esszimmer          &#x42D; ♿ 🅰🅒 ⌦ ⇔ 🚗

KREATIV · LUXUS XXXXX Das stilvoll-elegante Ambiente auf der Bel Etage des noblen Hotels wird durch top professionellen und charmant-herzlichen Service zum Leben erweckt. Im Mittelpunkt stehen dennoch die beiden ausdrucksstarken und variantenreichen klassisch-kreativen Menüs. Das i-Tüpfelchen: der Blick aufs Brandenburger Tor.

→ Rottstocker Saibling, Fischextrakt, Grapefruit, Limette, Kopfsalat, Erbsen, Szechuan Pfeffer, Dill. Rehrücken, Wildpfeffersauce, Bohne, gedörrte Beeren, fermentierter Pfeffer, Majoran. Opalis Schokolade Kerbel-Corianderreis, karamellisierter Blätterteig, Kokosnuss, Gurke, Molke.

Menü 145/205 € – Karte 126/156 €

Stadtplan : N2-s – *Hotel Adlon Kempinski, Unter den Linden 77* ✉ 10117 **U** *Brandenburger Tor* – ☎ *030 22611960* – *www.lorenzadlon-esszimmer.de* – *nur Abendessen – geschl. 1. - 17. Januar, 16. - 25. April, 30. Juli - 22. August, 29. Oktober - 7. November und Sonntag - Dienstag*

### ✿✿ Fischers Fritz          &#x42D; ♿ 🅰🅒 ⌦ ⇔ 🚗

KLASSISCHE KÜCHE · ELEGANT XXX Eine wahre Größe der Berliner Spitzengastronomie ist das elegante holzgetäfelte Restaurant, in dem Ihnen bei angenehmer Pianomusik und versiertem Service samt fachkundiger Weinberatung eine produktorientierte und aromenreiche klassische Küche zuteil wird. Besonderes Augenmerk liegt auf Fisch und Krustentieren.

→ Geröstete Atlantik Jakobsmuschel, Püree von glatter Petersilie und Schalotten, Verjus gebunden mit gesalzener Butter. Bretonischer Hummer geröstet mit Salz, Chili und Koriander. Kiwi Gold Label in Marsala-Passionsfruchtkaramell geschmort und geschäumte Pistazienbutter.

Menü 105/170 € – Karte 105/168 €

Stadtplan : P3-c – *Hotel Regent, Charlottenstr. 49* ✉ 10117 **U** *Französische Str.* – ☎ *030 20336363 (Tischbestellung ratsam)* – *www.fischersfritz-berlin.com* – *nur Abendessen – geschl. 2. - 8. Januar, 31. Juli - 20. August*

### ✿✿ FACIL          &#x42D; 🍴 ♿ 🅰🅒 ⌦ 🚗

KREATIV · CHIC XXX Eine Oase der Ruhe mitten im Trubel des Potsdamer Platzes! Angenehm licht, im Sommer wunderbar luftig, draußen schön begrünt - und das im 5. Stock! Gekocht wird modern-kreativ und sehr präzise, klasse die Präsentation.

→ Gillardeau Auster mit Wacholderholz geräuchert, Knollensellerie. Perlhuhnbrust mit Artischocke, Kopfsalat und Earl-Grey-Tee. Shabu Shabu vom Wagyu Rind mit Erdnuss, Salzpflaume und Strandkrabben Dashi.

Menü 48 € (mittags unter der Woche)/185 € – Karte 100/123 €

Stadtplan : N3-v – *Hotel The Mandala, Potsdamer Str. 3, (5. Etage)* ✉ 10785 **U** *Potsdamer Platz* – ☎ *030 590051234 (Tischbestellung ratsam)* – *www.facil.de* – *geschl. Anfang Januar 2 Wochen, Juli - August 3 Wochen und Samstag - Sonntag*

## 🕸🕸 **reinstoff** (Daniel Achilles)  🕸 🕭 AC

**KREATIV · TRENDY** XXX Hier begeistern kreative Menüs ("ganz nah" und "weiter draußen"), die dank des kompetenten, freundlichen Weinservice in so manch unorthodoxer, aber stets stimmiger Empfehlung eine wunderbare Begleitung finden - gerne auch mal ein Bier zur Vorspeise oder ein Wermut zum Dessert. Speziell das Raum-in-Raum-Konzept umgeben von historischer Industriearchitektur.

→ Kalmar Cocktail, Kiwi und grüner Wacholder, Zitronenblattöl, Salicorn-Vinaigrette. Salzwiesenlamm, Pastrami vom Tafelspitz, Akazienblüten, geschmorte feine Rippchen. Litschi, kleine Eiswaffel, Mangostane, Sesam und Wasabi.

Menü 110/198 €

*Stadtplan : P1-a – Schlegelstr. 26c, (Edison Höfe)* ✉ *10115* **U** *Naturkundemuseum – ℰ 030 30881214 (Tischbestellung ratsam) - www.reinstoff.eu – nur Abendessen – geschl. Sonntag - Montag*

## 🕸🕸 **Rutz**  🕸 🍴 AC

**MODERNE KÜCHE · HIP** XX Nicht mehr wegzudenken aus der Berliner Spitzengastronomie ist die tiefgründige, aromen- und kontrastreiche Rutz-Küche! Stimmige Zubereitungen aus erlesenen Zutaten genießt man als Inspirationsmenü mit 4 - 10 Gängen oder à la carte. Modern-gemütlich das Interieur, fachkundig der Service, toll die Weinkarte.

→ Douglasie Meerforelle, saures Wachtelei, Senfsaat. Dry Aged Schwarzfederhuhn, Petersilienbutter, fermentierte Zitronenblätter. Grüner Apfel, Backkartoffelschaum, Hefeeis, Sauerampfer.

Menü 98/165 € – Karte 103/123 €

*Stadtplan : P2-r – Chausseestr. 8, (1. Etage)* ✉ *10115* **U** *Oranienburger Tor – ℰ 030 24628760 – www.rutz-restaurant.de – nur Abendessen – geschl. Anfang Januar 1 Woche und Sonntag - Montag*

🄬 **Rutz Weinbar** – siehe Restaurantauswahl

## 🕸 **Les Solistes by Pierre Gagnaire**  🕭 AC 🍽 🔄 🚗

**KREATIV · ELEGANT** XXXX Qualität garantiert schon der Name des kosmopolitischen Spitzenkochs Pierre Gagnaire! Mit Leidenschaft und höchstem Aufwand lässt sein Team ausdrucksstarke, kontrastreiche klassische Küche mit eigenem Stil entstehen. Der gebührende Rahmen: wohnliche Eleganz in klaren Linien und bestens eingespielter Service.

→ Taschenkrebs, Meermandeln und Wellhornschnecken im Algengelee, Sepiaschleier und Cidreproduktion. Rinderbacke in Syrah konfiert, geschmolzener Chicoree und Lauch, Säckchen vom Rinderfilet mit Champignons und Parmesancrème. Sacher Biskuit, Kaffee-Buttercreme, Schokoladenganache mit Himbeergeist.

Menü 95/140 € – Karte 87/129 €

*Stadtplan : L1-w – Hotel Waldorf Astoria, Hardenbergstr. 27* ✉ *10623* **U** *Zoologischer Garten – ℰ 030 8140002450 (Tischbestellung ratsam) - www.waldorfastoriaberlin.de – nur Abendessen – geschl. Sonntag - Montag*

## 🕸 **Hugos**  🕸 ⟵ AC 🍽 🔄 🚗

**MODERNE KÜCHE · CHIC** XXX Keine Frage, hier im 14. Stock lockt die fantastische Aussicht, aber in erster Linie ist das geradlinig-elegante Restaurant wegen der modern-klassischen Küche gefragt - handwerklich wie auch geschmacklich ausgesprochen gelungen.

→ Jakobsmuschel, Pekannuss, Bärlauch, Pfifferlinge, Rollgerste. Gegrilltes Linumer Kalbsfilet, Zunge, Bries, Schulter und Kohlrabi. Gin Tonic und Grapefruit, eingelegte Gurke.

Menü 70 € (vegetarisch)/150 €

*Stadtplan : M1-a – Hotel InterContinental, Budapester Str. 2, (14. Etage)* ✉ *10787* **U** *Wittenbergplatz – ℰ 030 26021263 (Tischbestellung ratsam) - www.hugos-restaurant.de – nur Abendessen – geschl. 1. - 16. Januar, 16. April - 1. Mai, 16. Juli - 21. August und Sonntag - Montag*

BERLIN

## ✿ 5 - cinco by Paco Pérez      🕸 ⴺ 🆔 ∜

**KREATIV · DESIGN** ✕✕ Nicht nur in seinem Restaurant "Miramar" in Spanien darf man die Sterneküche von Paco Pérez erleben, Kreatives mit Niveau gibt es auch hier bei modernem Design (speziell die 86 mittig an der Decke hängenden Kupfertöpfe) und spannendem Blick in die Küche. Wählen Sie das "Experience Menü" oder à la carte.

→ Saubohne, Saubohnenjus und "Cap de Creus" Garnelen. Taube, Profiteroles, Schwarzwurzeln und Kaffee. Schokolade 2014, Mousse, Ganache und Sorbet.

Menü 165 € – Karte 96/150 €

**Stadtplan : M1-s** – *Hotel Das Stue, Drakestr. 1* ✉ *10787* **U** *Wittenbergplatz*
*– ℰ 030 3117220 (Tischbestellung ratsam) – www.5-cinco.com – nur Abendessen*
*– geschl. Sonntag - Montag*

## ✿ Pauly Saal      🏠

**MODERNE KÜCHE · TRENDY** ✕✕ Sie mögen es elegant und dennoch ungezwungen? Markant in dem hohen Saal in der ehemaligen jüdischen Mädchenschule sind die dekorative Rakete über dem Fenster zur Küche sowie stilvolle Murano-Kronleuchter. Gekocht wird klassisch, produktbezogen, ohne Schnörkel. Mittags auch kleineres Lunchmenü.

→ Taschenkrebs, Avocado, Sesam, Algen. Austern, Fenchel, Kohlrabi, Safran. Ochsenbacke, Lauch, Petersilienwurzel, Blutwurst.

Menü 46 € (mittags unter der Woche)/97 €

**Stadtplan : P2-q** – *Auguststr. 11* ✉ *10117* **U** *Weinmeisterstr.*
*– ℰ 030 33006070 (Tischbestellung ratsam) – www.paulysaal.com*
*– geschl. Sonntag - Montag*

---

In jedem Sternerestaurant ✿ werden drei Beispielgerichte angegeben, die den Küchenstil widerspiegeln. Nicht immer finden sich diese Gerichte auf der Karte, werden aber durch andere repräsentative Speisen ersetzt.

---

## ✿ Markus Semmler      🏠

**KLASSISCHE KÜCHE · TRENDY** ✕✕ Man kocht saisonal, das Produkt steht absolut im Mittelpunkt! Zu den feinen Speisen werden in dem freundlichen Restaurant auch offene Weine aus Magnumflaschen angeboten. Eine hübsche Raucherlounge gibt es übrigens auch.

→ Herzkalbsbries, Pfifferlinge, Schnittlauch. Wildwassergarnele, Spargel, Römersalatherzen, Amalfi Zitrone. Maibock, Wacholder-Schalotten, Spargel.

Menü 85/145 € – Karte 91/110 €

**Stadtplan : K2-m** – *Sächsische Str. 7* ✉ *10707* **U** *Hohenzollernplatz*
*– ℰ 030 89068290 (Tischbestellung erforderlich) – www.semmler-restaurant.de*
*– nur Abendessen – geschl. Juli - August und Sonntag - Dienstag*

## ✿ einsunternull ⓝ

**KREATIV · DESIGN** ✕✕ Wer am Abend mit dem Aufzug von eins nach null fährt, genießt im geradlinig gehaltenen ehemaligen Brauerei-Keller reduzierte, aromenreiche saisonal-kreative Speisen. Die Weinbegleitung: "Spaß am Leben" oder "besondere Momente", oder man bestellt glasweise. Mittags kleines Angebot im EG mit Blick in die Küche.

→ Spannrippe vom Rind und Knollensellerie. Broiler, gebeiztes Eigelb und Bärlauchtabak. Schwarzwurzel, Joghurt und Waldmeister.

Menü 77/117 € – Karte 39/57 €

**Stadtplan : P2-k** – *Hannoversche Str. 1* ✉ *10115* **U** *Oranienburger Tor*
*– ℰ 030 27577810 (Tischbestellung ratsam) – www.einsunternull.com – geschl.*
*Sonntag - Montagmittag*

## ⻇ **Bieberbau** (Stephan Garkisch)   ⌂

**MODERNE KÜCHE · GEMÜTLICH** ✗ Das Restaurant ist ein wunderbares Zeugnis des Stuckateurhandwerks von Richard Bieber! Persönlich-familiär die Führung, überaus schmackhaft die Küche, die keinen übertriebenen Luxus braucht, sondern vielmehr auf Kräuter setzt, und obendrein ist sie auch noch preislich fair!
→ Stettiner Haff-Zander mit Roter Bete, Ayran, Gewürzgurke. Münsterländer Wildtaube, Cima di Rapa, Schwarzwurzel, Pickels und Blutwurst. Topfenknödel, Zitrus süß-bitter, Oliven und Kürbiskerne.
Menü 44/66 €

Stadtplan : F3-a – *Durlacher Str. 15* ✉ *10715* **U** *Bundesplatz* – ✆ *030 8532390 (Tischbestellung ratsam) – www.bieberbau-berlin.de – nur Abendessen – geschl. Samstag - Sonntag*

## ⻇ **Bandol sur Mer**

**FRANZÖSISCH-MODERN · NACHBARSCHAFTLICH** ✗ Dass sich Bodenständigkeit und Ambition keineswegs ausschließen, beweist dieses sympathisch-ungezwungene kleine Restaurant. Aus der offenen Küche kommen kreative und kontrastreiche Speisen, die voller Aroma und Ausdruck stecken und auch für das Auge ein Genuss sind.
→ Gebeizte Wildgarnele, Seegras, Bitterzitrone, Tomate. Gegrillter Lammbauch, fermentierter Spitzkohl, Auster, Alge. Mirabelle, weißes Schokoladeneis, Ysop, Lakritze.
Menü 79/125 € – Karte 61/71 €

Stadtplan : P1-b – *Torstr. 167* ✉ *10115* **U** *Rosenthaler Platz* – ✆ *030 67302051 (Tischbestellung erforderlich) – www.bandolsurmer.de – nur Abendessen – geschl. Dienstag - Mittwoch*

## ⍟ **44**   ⌂ ⌙ Ⓐ ⌦ ⌘

**SCHWEIZER KÜCHE · ZEITGEMÄSSES AMBIENTE** ✗✗ "Bündner Gerstensuppe" oder "Waadtländer Martinsgans / Quitte / Birne / Rotkohl"? Das Herkunftsland der Hotelgruppe steht hier im Mittelpunkt - frisch und schmackhaft. Schön der Ausblick. Für Events oder Kochkurse: "Kochstudio 44".
Menü 44 € – Karte 35/68 €

Stadtplan : L2-k – *Hotel Swissôtel, Augsburger Str. 44* ✉ *10789*
**U** *Kurfürstendamm* – ✆ *030 220102288 – www.restaurant44.de – nur Abendessen – geschl. Sonntag*

## ⍟ **Rutz Weinbar**   ⌦ ⌂ Ⓐ

**REGIONAL · WEINSTUBE** ✗ Die trendige Alternative zum "Rutz" macht nicht nur mit richtig guter Küche Freude, auch der herzlich-natürliche und gleichermaßen geschulte Service kommt an. Traditionell-regionale Gerichte wie "geräucherte Rippe vom Hereford-Rind, Muskatkürbis, Tomatenbrotsalat" isst man auch gerne an Hochtischen.
Karte 35/63 €

Stadtplan : P2-r – *Restaurant Rutz, Chausseestr. 8* ✉ *10115* **U** *Oranienburger Str.* – ✆ *030 24628760 – www.rutz-restaurant.de – nur Abendessen, ab 16 Uhr geöffnet – geschl. Anfang Januar 1 Woche und Sonntag - Montag*

## ⍟ **Die Nussbaumerin**

**ÖSTERREICHISCH · GEMÜTLICH** ✗ Ein Stück Österreich mitten in Berlin gibt es in dem gemütlichen "Edel-Beisl" von Johanna Nußbaumer, und zwar in Form von Backhendl, Wiener Schnitzel, Beiried oder Schmorgerichten, nicht zu vergessen die Mehlspeisen. Auch die guten Weine stammen aus der Heimat der Chefin.
Karte 30/43 €

Stadtplan : K2-n – *Leibnizstr. 55* ✉ *10629* **U** *Adenauerplatz* – ✆ *030 50178033 (Tischbestellung ratsam) – www.nussbaumerin.de – nur Abendessen – geschl. Sonntag*

**BERLIN**

### Renger-Patzsch 🛋 ⌾

TRADITIONELLE KÜCHE · GASTHOF 🕸 Eine sympathische Adresse und entsprechend beliebt! Richtig gute traditionelle Speisen gibt es hier, und das zu fairen Preisen - probieren Sie z. B. "Elsässer Sauerkraut mit Schäufele" oder Flammkuchen! Gemütlich das Ambiente, dekorativ die Schwarz-Weiß-Landschaftsfotografien des Namensgebers. Tolle Terrasse!

Menü 34/36 € – Karte 29/43 €

Stadtplan : **M3-a** – *Wartburgstr. 54* ✉ *10823* **U** *Eisenacher Str.* – ✆ *030 7842059 (Tischbestellung ratsam) – www.renger-patzsch.com – nur Abendessen – geschl. Sonntag*

### Ottenthal 🅰🅲

ÖSTERREICHISCH · KLASSISCHES AMBIENTE 🕸 Das Restaurant (benannt nach dem Heimatort des Patrons) hat eine angenehm legere Wohnzimmer-Atmosphäre und ist bekannt für seine österreichische Küche: Wiener Schnitzel, Tafelspitz, Kaiserschmarrn..., zudem Saisonales wie "Filet vom Zander auf Safranschaum mit Kräuterrisotto". Integrierte kleine Weinhandlung.

Menü 34 € – Karte 34/52 €

Stadtplan : **L1-g** – *Kantstr. 153* ✉ *10623* **U** *Zoologischer Garten* – ✆ *030 3133162 (Tischbestellung ratsam) – www.ottenthal.com – nur Abendessen – geschl. Mitte August 1 Woche*

### Colette Tim Raue 🅝

FRANZÖSISCH-KLASSISCH · BRASSERIE 🕸 Tim Raue - wohlbekannt in der Gastroszene - hat hier eine moderne, sympathisch-unkomplizierte Brasserie geschaffen, die man eher in Paris vermuten würde. Probieren Sie z. B. "Pastete Paysanne", "Confit de Canard" oder "Tarte au Citron".

Karte 36/62 €

Stadtplan : **M2-c** – *Passauer Str. 5* ✉ *10789* **U** *Wittenbergplatz* – ✆ *030 21992174 – www.brasseriecolette.de – geschl. Sonntag - Montag*

### Lokal 🅝 🛋

REGIONAL · FREUNDLICH 🕸 Sympathisch-leger und angenehm unprätentiös - so erfreut sich das Lokal größter Beliebtheit, bei Einheimischen und Berlin-Besuchern gleichermaßen. Frisch, schmackhaft und saisonal sind z. B. "Ochsenbäckchen, Steckrübe, Chicorée, Brokkoli".

Menü 40 € – Karte 29/52 €

Stadtplan : **P2-x** – ✉ *10115* **U** *Rosenthaler Platz* – ✆ *030 28449500 (Tischbestellung ratsam) – www.lokal-berlinmitte.de – nur Abendessen*

### Cordobar 🅝 🍷 🛋 ⌾

INTERNATIONAL · GERADLINIG 🕸 Nicht nur als österreichisch-deutsche Weinbar ist das geradlinig-urbane Lokal ein Hotspot der Berliner Gastronomie, auch das Thema Essen wird hier groß geschrieben: schmackhafte kreative warme und kalte "Snacks" von "Zander, Sauerkraut, Grapefruit" bis "Kalbsbries, Miso, Frühlingszwiebel".

Karte 20/52 €

Stadtplan : **P2-e** – *Große Hamburger Str. 32* ✉ *10115* **U** *Hackescher Markt* – ✆ *030 27581215 – www.cordobar.net – nur Abendessen – geschl. Sonntag - Montag*

### 🍽 Grace 🛋 ♿ 🅰🅲

INTERNATIONAL · CHIC 🕸🕸 Wie im Hotel, so auch im Restaurant: einmaliger stilvoll-moderner Chic vereint mit dem Flair vergangener Tage. Dazu versierter, charmanter, angenehm umprätentiöser Service sowie kreativ-ambitionierte Küche mit asiatischem Einfluss, so z. B. "Miso Black Cod, mariniertes Gemüse von Gurke & rotem Rettich".

Menü 50/90 € – Karte 56/101 €

Stadtplan : **L2-z** – *Hotel Zoo Berlin, Kurfürstendamm 25* ✉ *10719* **U** *Uhlandstr.* – ✆ *030 8843775070 (Tischbestellung ratsam) – www.grace-berlin.de – nur Abendessen – geschl. Sonntag - Montag*

## ‖○ SRA BUA by Tim Raue     🦻 🕭 ◈ 🚗

**ASIATISCH · ELEGANT** XX Tolle Produkte und verschiedene asiatische Einflüsse ergeben hier ambitionierte Speisen wie "Meeresfrüchte 'Hokkaido', Tomate, Thai-Basilikum" oder "Perlhuhn, Tom Kha Gai, gegrillter Mais". Um Sie herum wertige geradlinig-elegante und zugleich gemütliche Einrichtung sowie zuvorkommender, charmanter Service.

Menü 58/105 € – Karte 50/82 €

**Stadtplan : N3-c** – *Hotel Adlon Kempinski, Behrenstr. 72* ✉ *10117*
**U** *Brandenburger Tor –* ✆ *030 22611590 – www.srabua.berlin – nur Abendessen*

## ‖○ Zeitgeist     ◈

**REGIONAL · DESIGN** XX Mit Blick auf die pulsierende Allee "Unter den Linden" sitzen Sie ruhig und entspannt im 1. Stock des "Drive Volkswagen Group Forum". Das Ambiente modern-elegant, die Küche regional-saisonal und ambitioniert. Auf der Karte liest man z. B. "Wildschwein, Sellerie-Kartoffelpüree, Orange".

Menü 29 € (mittags unter der Woche)/56 € – Karte 48/55 €

**Stadtplan : P2-z** – *Friedrichstr. 84 / Ecke Unter den Linden, (1. Etage)* ✉ *10177*
**U** *Brandenburger Tor –* ✆ *030 20921313 – www.drive-volkswagen-group.com*
*– geschl. 1. - 16. Januar, 24. Juli - 22. August und Montagabend, Samstagmittag, Sonntag*

## ‖○ La Banca     🍴 🕭 ◈ ⇔ 🚗

**MEDITERRAN · GEMÜTLICH** XX Leger und trotzdem edel und hochwertig, so der Look des lebhaften, an die Bar angeschlossenen Restaurants samt schönem Innenhof. Geboten wird mediterrane Küche aus frischen Produkten. Tipp: Mittagsmenü zu gutem Preis-Leistungs-Verhältnis!

Menü 21 € (mittags) – Karte 31/72 €

**Stadtplan : P2-h** – *Hotel de Rome, Behrenstr. 37* ✉ *10117* **U** *Französische Str.*
*–* ✆ *030 4606091201 – www.hotelderome.de*

## ‖○ Le Faubourg     🍴 🕭 ◈ 🚗

**FRANZÖSISCH · DESIGN** XX In eleganter Atmosphäre (markant die schwarze Latexdecke, die Leuchter, die großen Weinklimaschränke) wird ambitionierte französische Küche serviert - die Vorspeisen sind ideal zum Teilen, die Hauptgänge gibt's traditionell oder modern. Mittags etwas einfacheres, sehr fair kalkuliertes Angebot.

Menü 21 € (mittags unter der Woche) – Karte 51/67 €

**Stadtplan : L2-c** – *Hotel Sofitel Berlin Kurfürstendamm, Augsburger Str. 41*
✉ *10789* **U** *Kurfürstendamm –* ✆ *030 8009997700 – www.lefaubourg.berlin*
*– geschl. Samstagmittag, Sonntagmittag*

## ‖○ Bocca di Bacco     🦻 ◈ 🍽 ⇔

**ITALIENISCH · TRENDY** XX Ein modern designtes Restaurant mit Bar und Loungebereich, in dem man Ihnen aufmerksam gute italienische Küche serviert. Hübscher Salon für Feierlichkeiten im 1. Stock.

Menü 22 € (mittags unter der Woche) – Karte 36/66 €

**Stadtplan : P3-x** – *Friedrichstr. 167* ✉ *10117* **U** *Französische Str.*
*–* ✆ *030 20672828 – www.boccadibacco.de – geschl. Sonntagmittag und an Feiertagen mittags*

## ‖○ Duke     🍴 🕭 ◈ 🚗

**FRANZÖSISCH-MODERN · TRENDY** XX Spricht Sie "Jakobsmuschel mit Sauerteig, Quitte und Steckrübe" an? Oder eher "Island Rotbarsch in Beurre Blanc mit Seitlingen"? Die Karte des modern-freundlichen Restaurants ist zweigeteilt: klassisch als "Legère" und kreativ als "Logique" - Letzteres gibt es nur abends. Netter Innenhof.

Menü 22 € (mittags unter der Woche)/68 € (abends) – Karte 56/94 €

**Stadtplan : LM2-e** – *Hotel Ellington, Nürnberger Str. 50* ✉ *10789*
**U** *Wittenbergplatz –* ✆ *030 683154000 – www.duke-restaurant.com – geschl. Sonntag*

## ○ Quarré  ⇐ 🏛 ⚜ AC ⅍ 🚗

**KLASSISCHE KÜCHE · BRASSERIE** XX Elegant, wie man es im "Adlon" erwartet. Tipp: die Fensterplätze mit tollem Blick aufs Brandenburger Tor! Serviert werden klassische Gerichte wie "Jakobsmuscheln mit Kalbskopf-Vinaigrette", oder lieber Wiener Schnitzel? Sonntags Brunch.

Karte 43/89 €

**Stadtplan : N2-s** – *Hotel Adlon Kempinski, Unter den Linden 77* ✉ *10117*
**U** *Brandenburger Tor* – ☎ *030 22611555* – *www.hotel-adlon.de*

## ○ Vox  🏛 ⚜ AC ⇔

**MODERNE KÜCHE · BRASSERIE** XX Ein stimmiges Konzept, das ankommt: klarer Stil, große Showküche, Sushibar. Schauen Sie zu, wie die modernen Speisen und Sushi-Gerichte entstehen! Und die trendige Bar ist etwas für Whiskey-Freunde - ab 22 Uhr mit Live-Jazz. "Vox" war übrigens die erste Radiostation, die hier 1920 sendete.

Karte 54/73 €

**Stadtplan : N3-a** – *Hotel Grand Hyatt, Marlene-Dietrich-Platz 2, (Eingang Eichhornstraße)* ✉ *10785* **U** *Potsdamer Platz* – ☎ *030 25531772*
– *www.vox-restaurant.de* – *nur Abendessen*

## ○ Balthazar  🏛 ⚜ AC ⇔

**INTERNATIONAL · TRENDY** XX Richtig gut essen, und das auch noch direkt am Ku'damm. Im Restaurant des Hotels "Louisa's Place" lautet das Motto "metropolitan cuisine" - hier mischen sich Einflüsse aus der ganzen Welt, dennoch bleibt die Basis deutsch.

Menü 44/95 € – Karte 38/53 €

**Stadtplan : K2-a** – *Hotel Louisa's Place, Kurfürstendamm 160* ✉ *10709*
**U** *Adenauerplatz* – ☎ *030 89408477* – *www.balthazar-restaurant.de* – *nur Abendessen*

## ○ Il Punto  🏛 ⚜ AC ⇔

**ITALIENISCH · ELEGANT** XX Für Freunde italienischer Küche - und davon hat man hier so einige als Stammgäste! Die "Paccheri alla Ciampi" haben Sie dem BRD-Besuch des Staatspräsidenten Dr. A. Ciampi zu verdanken. Schön der glasüberdachte Innenhof!

Menü 30 € (mittags unter der Woche) – Karte 35/71 €

**Stadtplan : P2-p** – *Neustädtische Kirchstr. 6* ✉ *10117* **U** *Friedrichstr.*
– ☎ *030 20605540* – *www.ilpunto.net*
– *geschl. Samstagmittag, Sonntag*

## ○ Beef Grill Club by Hasir  🏛 AC ⅍

**GRILLGERICHTE · FREUNDLICH** XX Das stylische Grill-Restaurant mit offener Showküche ist eine schöne Adresse für richtig gute Steaks. Werfen Sie einen Blick in den Fleischreifeschrank, denn von hier kommt Dry Aged Beef von hervorragender Qualität!

Menü 34/90 € (abends) – Karte 35/78 €

**Stadtplan : P3-b** – *Hotel Titanic Gendarmenmarkt, Französische Str. 30* ✉ *10117*
**U** *Hausvogteiplatz* – ☎ *030 2014370860* – *www.titanic-hotels.de*

## ○ Ponte  🏛

**ITALIENISCH · NACHBARSCHAFTLICH** XX Frisch und klassisch-italienisch speist man hier, so z. B. "Spinatsalat mit Speck und Parmesan" oder "Kalbshaxe in Gemüse geschmort", aber auch Fisch und Meeresfrüchte, und dazu gibt es schöne Weine aus Italien. Nette Terrasse vor dem Haus.

Karte 35/54 €

**Stadtplan : M2-p** – *Regensburger Str. 5* ✉ *10777* **U** *Viktoria-Luise-Platz*
– ☎ *030 21912410* – *www.ponte-ristorante.de* – *nur Abendessen, sonntags auch Mittagessen* – *geschl. Montag - Dienstag*

## ⅱ○ Lansk 🆕

**REGIONAL · GEMÜTLICH** XX In dem schönen denkmalgeschützten Altbau wird regional-saisonal gekocht - am Abend in Form zweier Menüs (hier z. B. "Reh, Schwarzwurzel, Rosenkohl, Briocheknödel"), mittags ist das Angebot etwas einfacher und preislich sehr fair kalkuliert.

Menü 39/80 € – Karte 50/64 €

**Stadtplan : L2-a** – *Meierottostr. 1* ✉ *10719* **U** *Spichernstraße* – ✆ *030 88708860* – *www.lansk-restaurant.de* – *geschl. Sonntag - Montag*

## ⅱ○ Filetstück Das Gourmetstück

**MODERNE KÜCHE · BRASSERIE** XX In dem freundlich-legeren Restaurant mit gewissem Brasserie-Flair bekommt man abends das ambitionierte, kreative Menü "Gourmetstück" mit bis zu 7 Gängen, darunter z. B. "Stör, Belugalinsen, Wasserspinat, Tandoori". Oder lieber ein Steak? Mittags bietet man auch einen Auszug aus der Abendkarte.

Menü 59/109 € – Karte 53/75 €

**Stadtplan : L2-f** – *Uhlandstr. 156* ✉ *10719* **U** *Uhlandstr.* – ✆ *030 54469640* – *www.filetstueck.de* – *geschl. Sonntag*

## ⅱ○ le petit Felix

**MEDITERRAN · BRASSERIE** XX Restaurant-Ableger des bekannten Clubs im Gebäude des "Adlon". Elegantes Brasserie-Flair und klassische Küche wie "Wolfsbarsch / Ratatouille / La Ratte" oder "Dry Aged Entrecôte" von der "Raritätenkarte Beef". Weine aus der Adlon-Vinothek.

Menü 79/89 € – Karte 40/84 €

**Stadtplan : N3-e** – *Behrenstr. 72* ✉ *10117* **U** *Brandenburger Tor* – ✆ *030 20628610* – *www.lepetitfelix.de* – *nur Abendessen* – *geschl. Sonntag*

## ⅱ○ Brenner

**MODERNE KÜCHE · GEMÜTLICH** XX Sie sitzen hier in gemütlichen rustikal-eleganten Stuben und lassen sich ambitionierte kreativ-moderne Küche servieren - Lust auf "Eglifilet, Spitzkohl, Gurke & Senf"? Oder wie wär's mit dem Tapas-Menü? Dazu über 350 Weine.

Menü 44/67 € – Karte 35/59 €

**Stadtplan : L2-r** – *Regensburger Str. 7* ✉ *10777* **U** *Viktoria-Luise-Platz* – ✆ *030 23624470* – *www.restaurant-brenner.de* – *nur Abendessen* – *geschl. Sonntag*

## ⅱ○ Alt Luxemburg

**FRANZÖSISCH-KLASSISCH · FAMILIÄR** XX Eine Institution und einer der Klassiker der Stadt. In gediegen-elegantem Ambiente speist man französisch - auf der Karte liest man z. B. "Hummer mit Feldsalat und Sanddorn" oder "Kalbsfilet und Kalbssugo, Kartoffelpüree, Wirsing".

Menü 58/78 € – Karte 53/62 €

**Stadtplan : J1-s** – *Windscheidstr. 31* ✉ *10627* **U** *Sophie-Charlotte-Platz* – ✆ *030 3238730 (Tischbestellung ratsam)* – *www.altluxemburg.de* – *nur Abendessen* – *geschl. Sonntag*

## ⅱ○ Grill Royal

**GRILLGERICHTE · HIP** XX "Place to be" ist die passende Bezeichnung für das chic-moderne Restaurant unweit des Friedrichstadt-Palasts unmittelbar an der Spree. Hier gibt es vorrangig gegrilltes Fleisch in diversen Cuts und Qualitätsstufen, aber auch Fisch und Vegetarisches. Sehr gute Weinkarte. Schön die Terrasse.

Karte 46/122 €

**Stadtplan : P2-a** – *Friedrichstr. 105b* ✉ *10117* **U** *Friedrichstr.* – ✆ *030 28879288 (Tischbestellung ratsam)* – *www.grillroyal.com* – *nur Abendessen*

## ‖○ The Brooklyn

**GRILLGERICHTE · GEMÜTLICH** ✗✗ Rib Eye vom US Black Angus oder lieber Chateaubriand für zwei? Das Kellerrestaurant mit lebendiger New-York-Steakhouse-Atmosphäre setzt auf gute Grillgerichte. Freundlich-legerer, versierter Service. Dessert-Tipp: "New York Cheesecake"!

Karte 46/160 €

**Stadtplan: Q3-d** – Hotel The Dude, Köpenicker Str. 92 ⊠ 10179 **U** Märk. Museum – ℰ 030 20215820 – www.thebrooklyn.de – nur Abendessen – geschl. Sonntag

## ‖○ Balthazar am Spreeufer 2

**KLASSISCHE KÜCHE · FREUNDLICH** ✗✗ Freundlich und gemütlich ist es hier, gekocht wird klassisch - vom "Wiener Schnitzel mit Röstkartoffeln" bis zum "Rotbarsch mit Graupen-Schwarzwurzelragout und Chorizo". Die Lage an der Spree macht die große Terrasse zum Lieblingsplatz.

Menü 44/95 € – Karte 34/53 €

**Stadtplan: Q2-d** – Spreeufer 2 ⊠ 10178 **U** Märkisches Museum – ℰ 030 30882156 – www.balthazar-spreeufer.de

## ‖○ scent

**INTERNATIONAL · DESIGN** ✗✗ Das stilvolle Design des Hotels "Cosmo" setzt sich in dem lichten, geradlinig-modernen Restaurant fort. Am Mittag einfachere und günstigere Karte, abends ambitionierte Speisen wie "konfierter Calamar, Sellerie-Tagliatelle, eingelegte Tomaten".

Menü 30 € (abends) – Karte 28/75 €    84 Zim – ∤94/250 € ∤∤105/350 € – ⌷ 18 €

**Stadtplan: Q3-c** – Spittelmarkt 13 ⊠ 10117 **U** Spittelmarkt – ℰ 030 58582222 – www.cosmo-hotel.de

## ‖○ The Grand

**GRILLGERICHTE · HIP** ✗✗ Das Ambiente stylish-chic mit Shabby-Touch, besonders schön die Galerie-Plätze mit Blick aufs Restaurant. Schwerpunkt der ambitionierten Küche sind Steaks vom 800°C-Southbent-Grill - zu begutachten im gläsernen Fleischreifeschrank. Reduzierte Mittagskarte nebst günstigem Lunchmenü. Bar und Club.

Menü 17 € (mittags unter der Woche) – Karte 41/79 €

**Stadtplan: Q2-a** – Hirtenstr. 4 ⊠ 10178 **U** Alexanderplatz – ℰ 030 2789099555 (abends Tischbestellung ratsam) – www.the-grand-berlin.com – August nur Abendessen – geschl. Samstagmittag, Sonntagmittag

## ‖○ Brasserie Lamazère

**FRANZÖSISCH · BRASSERIE** ✗ Hier im Herzen von Charlottenburg fühlt man sich fast wie in Frankreich, dafür sorgen charmante, unkomplizierte Bistrot-Atmosphäre und ebenso authentische wechselnde Gerichte - frisch, schmackhaft und saisonal z. B. "Oeufs Cocotte mit Bayonner Schinken" oder "Kabeljau mit Tomate, Paprika & Miesmuscheln".

Menü 38 € – Karte 42/56 €

**Stadtplan: J2-a** – Stuttgarter Platz 18 ⊠ 10178 **U** Wilmersdorfer Str. – ℰ 030 31800712 (Tischbestellung ratsam) – www.lamazere.de – nur Abendessen – geschl. 1. - 4. Januar und Montag

## ‖○ Brasserie Desbrosses

**FRANZÖSISCH · BRASSERIE** ✗ Lebendig und gemütlich ist diese Brasserie mit Originaleinrichtung von 1875 aus einem Lokal in Südburgund. Frisch die regionale und klassische Küche, Gemüse kommt vom eigenen Hof an der Müritz. Lust auf "Lammrücken, Mais-Püree, grüne Bohnen"? Große Terrasse zum Potsdamer Platz. Reduzierte Mittagskarte.

Karte 54/74 €

**Stadtplan: N3-d** – Hotel The Ritz-Carlton, Potsdamer Platz 3 ⊠ 10785 **U** Potsdamer Platz – ℰ 030 337775402 – www.ritzcarlton.de/berlin

## ₦○ Al Contadino Sotto Le Stelle

ITALIENISCH • GEMÜTLICH X Gemütliche Trattoria in "Mitte", nahe der Marienkirche. Beliebt ist nicht nur die lebendige Atmosphäre, auch Leckeres wie "Ravioli mit Wolfsbarsch" oder "Ossobuco". Zwei Häuser weiter: Feinkost und kleine Gerichte in der "Mozzarella-Bar".

Karte 44/54 €

Stadtplan : Q1-b – *Auguststr. 36* ✉ *10119* **U** *Rosenthaler Platz – ☎ 030 2819023 – www.alcontadino.eu – nur Abendessen – geschl. 23. Dezember - 5. Januar und Sonntag*

## ₦○ NENI

MEDITERRAN • HIP X Im 10. Stock des nicht alltäglichen Hotels unmittelbar am Zoo geht es ebenso speziell zu: buntes Gewächshaus-Flair, offene Küche, traumhafte Sicht! Interessant auch die ambitionierten Speisen - mediterran wie auch arabisch, von hausgemachter Falafel über Humus bis zu "Carabineros mit Koriander-Aioli".

Menü 35 € – Karte 25/58 €

Stadtplan : L1-b – *25hours Hotel Bikini, Budapester Str. 40, (10. Etage)* ✉ *10787* **U** *Zoologischer Garten – ☎ 030 1202210 (Tischbestellung ratsam) – www.25hours-hotels.com*

## ₦○ Cassambalis

MEDITERRAN • FREUNDLICH X Näher am Geschehen geht gar nicht: In unmittelbarer Nähe zum Ku'damm erinnert das Lokal an eine heitere Brasserie - mit viel unterschiedlicher Kunst, offenen Weinregalen und bunten Farben. Mediterrane Küche.

Menü 35/68 € – Karte 41/66 €

Stadtplan : L2-e – *Hecker's Hotel, Grolmanstr. 35* ✉ *10623* **U** *Uhlandstr. – ☎ 030 8854747 – www.cassambalis.de – geschl. Sonntagabend*

## ₦○ Paris-Moskau

MODERNE KÜCHE • GEMÜTLICH X Das denkmalgeschützte Fachwerkhaus steht vor dem Neubau des Innenministeriums. Gekocht wird modern mit klassischer Basis, so z. B. "Hirschrücken / Schalottenjus / Schwarzwurzel / Steckrübe". Mittags reduziertes und günstigeres Angebot.

Menü 34 € (mittags unter der Woche)/79 € – Karte 43/71 €

Stadtplan : F2-s – *Alt-Moabit 141* ✉ *10557* **U** *Hauptbahnhof – ☎ 030 3942081 – www.paris-moskau.de geschl. Samstagmittag, Sonntagmittag*

## ₦○ borchardt

INTERNATIONAL • BRASSERIE X Das klassische Stadthaus beim Gendarmenmarkt ist ein "place to be" - nicht selten trifft man hier auf Prominente und Politiker. Man sitzt gemütlich und isst international, gerne auch auf der reizvollen Terrasse im Innenhof.

Karte 34/80 €

Stadtplan : P3-k – *Französische Str. 47* ✉ *10117* **U** *Französische Str. – ☎ 030 81886262 – www.borchardt-restaurant.de*

## ₦○ GLASS

KREATIV • GERADLINIG X So geradlinig und modern-urban das Ambiente, so kreativ und kontrastreich die Küche. Blickfang ist ein metallisch spiegelnder Vorhang, hinter dem ein 5- bis 7-gängiges Menü entsteht - darin findet sich z. B. "Lamm, Datteln, Kohl, Kapern" oder Vegetarisches. Weine werden auch glasweise ausgeschenkt.

Menü 75/95 €

Stadtplan : L1-a – *Uhlandstr. 195* ✉ *10623* **U** *Zoologischer Garten – ☎ 030 54710861 (Tischbestellung ratsam) – www.glassberlin.de – nur Abendessen – geschl. Anfang Januar 2 Wochen, Anfang August 2 Wochen und Sonntag - Montag*

## ११O Brasserie la bonne franquette ⟳

**FRANZÖSISCH-KLASSISCH · NACHBARSCHAFTLICH** X Eine Brasserie, wie man sie gerne hat - locker und lebendig. Ebenso unkompliziert die klassisch-französische Küche: "Terrine de Campagne", "Tartare de Boeuf", "Magret de Canard", "Crème Brûlée"...

Karte 27/56 €

**Stadtplan: N1-b** – *Chausseestr. 110* ✉ *10115* **U** *Naturkundemuseum – ☏ 030 94405363 – www.labonnefranquette.de – nur Abendessen – geschl. Sonntag*

## ११O MANI 🛋 ㄏ 🅰🅲

**MODERNE KÜCHE · HIP** X Lebendig, unprätentiös und angenehm leger ist es hier - geradlinig-moderner Stil, dunkle Töne, diverse Eyecatcher... Die frische ambitionierte Küche kommt z. B. als "Dorade im Ganzen, Fenchel, Salzzitrone" daher. Mittags reduziertes Angebot, einfacher und preislich sehr fair.

Karte 29/68 €

**Stadtplan: P1-m** – *Hotel MANI, Torstr. 136* ✉ *10119* **U** *Rosenthaler Platz – ☏ 030 53028080 – www.hotel-mani.com – August: Montag - Samstag nur Abendessen*

## ११O Katz Orange 🛋 🅰🅲 💱 ⟳

**INTERNATIONAL · GEMÜTLICH** X Ganz speziell, natürlich und voller Leben präsentiert sich das hübsche, etwas versteckt liegende Restaurant. Auf zwei Etagen gibt es ambitionierte, schmackhafte Küche - wie wär's mit "geschmortem Schwarzfederhuhn mit Wurzelgemüse" oder "Spareribs vom Freilandschwein"? Schön auch der Innenhof.

Karte 39/55 €

**Stadtplan: P1-z** – *Bergstr. 22, (Eingang im Hof)* ✉ *10115* **U** *Rosenthaler Platz – ☏ 030 983208430 (Tischbestellung ratsam) – www.katzorange.com – nur Abendessen*

## ११O Fräulein Fiona 💱

**REGIONAL · FREUNDLICH** X Wirklich nett, intim und familiär geführt - ein schöner Kontrast zu den urbanen In-Adressen! Geboten wird Saisonküche aus der Region: Appetit auf "gefüllte Kalbsroulade auf Senfrauke"? Im Sommer auch einige Tische draußen an der Straße.

Menü 35/42 € – Karte 29/58 €

**Stadtplan: J1-f** – *Fritschestr. 48, Ecke Kantstr. 70* ✉ *10627* **U** *Wilmersdorfer Str. – ☏ 030 95602272 – www.fraeulein-fiona.de – nur Abendessen – geschl. Anfang Januar 2 Wochen und Sonntag - Montag*

## ११O Rotisserie Weingrün 🛋 ㄏ

**INTERNATIONAL · FREUNDLICH** X Lust auf Spezialitäten vom Flammenwandgrill? "Spareribs vom Apfelschwein" oder eher "Ente mit Orangenhonig lackiert"? Das Ambiente: geradlinig-modern, dekorativ das große Weinregal. Im Sommer lockt die Terrasse zur Spree.

Menü 42/59 € – Karte 29/51 €

**Stadtplan: Q3-a** – *Gertraudenstr. 10* ✉ *10178* **U** *Spittelmarkt – ☏ 030 20621900 – www.rotisserie-weingruen.de – nur Abendessen – geschl. Sonntag*

## ११O Alpenstück 🛋 ㄏ ⟳

**REGIONAL · TRENDY** X Das freundlich-legere Restaurant kommt gut an mit seiner süddeutschen und alpenländischen Küche: Wiener Schnitzel, Maultaschen, Käsespätzle... Oder lieber das Menü mit "Rücken vom Alpenrind mit Haselnusskruste"? Zudem hat man eine eigene Bäckerei sowie die "Manufaktur" mit Hausgemachtem für daheim!

Menü 39/49 € – Karte 41/45 €

**Stadtplan: P1-c** – *Gartenstr. 9* ✉ *10115* **U** *Naturkundemuseum – ☏ 030 21751646 (Tischbestellung ratsam) – www.alpenstueck.de – nur Abendessen*

## ❄️○ ULA  🅰️🅲 🍴

**JAPANISCH · GERADLINIG** ✗ Lust auf authentische japanische Küche? "Weiße Misosuppe mit gegrilltem Lachs" oder "Seeteufel-Tempura"? Oder lieber Sushi? Unter einem Dach mit der gleichnamigen Galerie sitzt man in geradlinigem Ambiente etwas abseits des Trubels.

Menü 35/58 € – Karte 16/41 €

Stadtplan : P1-u – *Anklamer Str. 8* ✉ *10178 Berlin* **U** *Bernauer Str.*
– ☎ *030 89379570 – www.ula-berlin.de*
– *nur Abendessen, sonntags auch Mittagessen*
– *geschl. Sonntagabend - Montag*

# *Hotels*

## 🏨 Adlon Kempinski  🈁 🆂 🛁 🅻💈 🖃 🅖 🅰️🅲 🛗 🚗

**GROSSER LUXUS · KLASSISCH** Das schon äußerlich majestätische "Adlon" direkt neben dem Brandenburger Tor ist trotz stetig wachsender Konkurrenz eines der Flaggschiffe unter den deutschen Grandhotels. Schon die Hotelhalle, das "Wohnzimmer" der Berliner Gesellschaft, hat ein ganz besonderes Flair, und wenn dann abends das Piano erklingt... Exklusivität pur - nicht zuletzt dank Butler-Service.

307 Zim – 🛏265/720 € 🛏🛏265/720 € – 78 Suiten – 🍽 42 €

Stadtplan : N2-s – *Unter den Linden 77* ✉ *10117* **U** *Brandenburger Tor*
– ☎ *030 22610 – www.hotel-adlon.de*
   🕸🕸 **Lorenz Adlon Esszimmer** • ❄️○ **Quarré** – siehe Restaurantauswahl

## 🏨 Waldorf Astoria  🐾 🈁 🆂 🛁 🅻💈 🖃 🅖 🅰️🅲 🛗 🚗

**GROSSER LUXUS · ELEGANT** Eindrucksvoll greift das edle modern-elegante Interieur den Stil der 20er Jahre auf! Und was wäre das Waldorf-Astoria ohne seine "Peacock Alley" - ein Stück New Yorker Hoteltradition in Berlin. Überall wurden Formen und Farben aufs Stimmigste arrangiert. Internationale Gerichte, Sandwiches und Kuchen im ROCA.

202 Zim – 🛏220/380 € 🛏🛏220/380 € – 30 Suiten – 🍽 38 €

Stadtplan : L1-w – *Hardenbergstr. 28* ✉ *10623* **U** *Zoologischer Garten*
– ☎ *030 8140000*
– *www.waldorfastoria.com/berlin*
   🕸 **Les Solistes by Pierre Gagnaire** – siehe Restaurantauswahl

## 🏨 The Ritz-Carlton  🈁 🛁 🅻💈 🖃 🅖 🅰️🅲 🍴 🛗 🚗

**GROSSER LUXUS · KLASSISCH** Eine der elegantesten Adressen Deutschlands. Nobel und repräsentativ die Halle mit freitragender Marmortreppe - hier trifft man sich nachmittags in der stilvollen Lounge zur klassischen "Teatime". Exklusive Bar mit vielen Eigenkreationen.

263 Zim – 🛏195/450 € 🛏🛏195/450 € – 40 Suiten – 🍽 38 €

Stadtplan : N3-d – *Potsdamer Platz 3* ✉ *10785* **U** *Potsdamer Platz*
– ☎ *030 337777 – www.ritzcarlton.com*
   ❄️○ **Brasserie Desbrosses** – siehe Restaurantauswahl

## 🏨 Regent  🈁 🛁 🅻💈 🖃 🅖 🅰️🅲 🛗 🚗

**GROSSER LUXUS · KLASSISCH** Sie suchen perfekte Lage, klassisches Ambiente und aufmerksamen Service? Das Hotel nahe Gendarmenmarkt und "Unter den Linden" bietet zudem eine schöne Gepflogenheit: "Teatime" - englisch, russisch oder sächsisch (selbst kreierte Mischung!), stilgerecht in der eleganten Lounge und von Meissener Porzellan.

156 Zim – 🛏260/850 € 🛏🛏260/850 € – 39 Suiten – 🍽 35 €

Stadtplan : P3-c – *Charlottenstr. 49* ✉ *10117* **U** *Französische Str.* – ☎ *030 20338*
– *www.regenthotels.com/berlin*
   🕸🕸 **Fischers Fritz** – siehe Restaurantauswahl

## Grand Hyatt Berlin ⚐ ▣ ⊛ ⤳ ♨ ▣ ⅃ ▥ ⍩ ⟐

**GROSSER LUXUS · DESIGN** Das in Trapezform erbaute Hotel am Potsdamer Platz besticht mit technisch sehr gut ausgestatteten Zimmern in puristischem Design. Beachtung verdient auch der "Club Olympus Spa" samt eindrucksvollem Schwimmbad über den Dächern von Berlin! Im "Mesa" gibt es Gerichte von Currywurst bis Rinderroulade.

326 Zim – ♦179/439 € ♦♦179/469 € – 16 Suiten – ⬓ 36 €

Stadtplan : N3-a – *Marlene-Dietrich-Platz 2, (Eingang Eichhornstraße)* ✉ 10785 **U** *Potsdamer Platz* – ☎ 030 25531234 – *www.berlin.grand.hyatt.com*

⑩ **Vox** – siehe Restaurantauswahl

## Hotel de Rome ▣ ⤳ ♨ ▣ ⅃ ▥ ⍩ ⟐ ⇔

**GROSSER LUXUS · KLASSISCH** Ein Luxushotel am Bebelplatz mit dem repräsentativen Rahmen eines a. d. J. 1889 stammenden Gebäudes, dem früheren Sitz der Dresdner Bank. Der Tresorraum dient heute als Pool. Genießen Sie im Sommer die Aussicht von der Dachterrasse!

136 Zim – ♦270/555 € ♦♦270/555 € – 9 Suiten – ⬓ 37 €

Stadtplan : P2-h – *Behrenstr. 37* ✉ 10117 **U** *Französische Str.* – ☎ 030 4606090 – *www.hotelderome.de*

⑩ **La Banca** – siehe Restaurantauswahl

## Sofitel Berlin Kurfürstendamm ⤳ ♨ ▣ ⅃ ▥ ⍩ ⇔

**BUSINESS · MODERN** Mitten im lebendigen Zentrum steht dieses Hotel und bietet Ihnen hinter seiner auffälligen Fassade aus Muschelkalk eine sehr großzügige Lobby, schön moderne und geräumige Gästezimmer und viel Kunst.

291 Zim – ♦159/490 € ♦♦189/520 € – 20 Suiten – ⬓ 30 €

Stadtplan : L2-c – *Augsburger Str. 41* ✉ 10789 **U** *Kurfürstendamm* – ☎ 030 8009990 – *www.sofitel-berlin-kurfuerstendamm.com*

⑩ **Le Faubourg** – siehe Restaurantauswahl

## InterContinental ⚐ ▣ ⊛ ⤳ ♨ ▣ ⅃ ▥ ⍩ ⇔

**BUSINESS · KLASSISCH** Großzügig und wertig sind die modern-eleganten und technisch top ausgestatteten Zimmer, der geschmackvolle Spa auf 1000 qm sowie der Tagungs- und Veranstaltungsbereich. Neben dem "Hugos" gibt es noch das "L.A. Café" und die "Marlene Bar".

545 Zim – ♦109/399 € ♦♦129/428 € – 13 Suiten – ⬓ 32 €

Stadtplan : M1-a – *Budapester Str. 2* ✉ 10787 **U** *Wittenbergplatz* – ☎ 030 26020 – *www.berlin.intercontinental.com*

❀ **Hugos** – siehe Restaurantauswahl

## Swissôtel ⤳ ♨ ▣ ⅃ ▥ ⍩ ⇔

**BUSINESS · MODERN** Das Businesshotel ist typisch urban designt, verleugnet aber nicht seine Schweizer Herkunft. Das merkt man beim Frühstück und im Restaurant, aber auch an Pflegeprodukten, Kissenmenü... Von den meisten Zimmern schaut man auf den Ku'damm, ebenso vom Festsaal - der einzige in Berlin mit dieser Aussicht!

316 Zim – ♦119/399 € ♦♦119/399 € – ⬓ 23 €

Stadtplan : L2-k – *Augsburger Str. 44* ✉ 10789 **U** *Kurfürstendamm* – ☎ 030 220100 – *www.swissotel.com/berlin*

❀ **44** – siehe Restaurantauswahl

## The Mandala ⊛ ⤳ ♨ ▣ ▥ ⍩ ⟐

**BUSINESS · DESIGN** Hotel am Potsdamer Platz gegenüber dem Sony-Center. Sehr geräumige, dezent luxuriös gestaltete Zimmer und Suiten sowie ein aparter, hochwertiger Spa. Trendig: Bar "Qiu" mit Businesslunch.

131 Zim – ♦160/500 € ♦♦160/500 € – 26 Suiten – ⬓ 30 €

Stadtplan : N3-v – *Potsdamer Str. 3* ✉ 10785 **U** *Potsdamer Platz* – ☎ 030 590050000 – *www.themandala.de*

❀❀ **FACIL** – siehe Restaurantauswahl

### 🏨 Pullman Schweizerhof 　🏊 ▣ 🎵 ♨ 🍴 AC 🛎 🚗

BUSINESS • DESIGN Modernes Business- und Veranstaltungshotel mit sehr komfortablen, technisch gut ausgestatteten Zimmern. Man beachte die interessante Sammlung Berliner Kunst an den Wänden! Und wussten Sie, dass der schicke Spa den größten Hotelpool der Stadt hat? "Xxenia": mediterrane Küche in klassischer Bistro-Atmosphäre.

373 Zim – ♦135/455 € ♦♦135/455 € – 10 Suiten – ☲ 24 € – ½ P
Stadtplan : M1-w – *Budapester Str. 25* ✉ *10787* **U** *Zoologischer Garten*
*– ☏ 030 26960 – www.pullmanhotels.com/5347*

### 🏨 Titanic Gendarmenmarkt 　🎵 ♨ ▣ ♿ AC 🛎 🚗

URBAN • MODERN Sie wohnen mitten in der Stadt und doch ein bisschen in einer eigenen Welt: Das ehemalige Kostümhaus der Staatsoper ist chic designt, von der Lobby in hellem Marmor über die stilvoll-modernen Zimmer bis zum großen Haman. Café Parisienne.

200 Zim – ♦160/290 € ♦♦160/290 € – 8 Suiten – ☲ 28 €
Stadtplan : P3-b – *Französische Str. 30* ✉ *10117* **U** *Hausvogteiplatz*
*– ☏ 030 20143700 – www.titanic-hotels.de*
🍴 **Beef Grill Club by Hasir** – siehe Restaurantauswahl

### 🏨 Das Stue 　🏊 ▣ 🕹 🎵 ♨ ▣ ♿ AC

LUXUS • DESIGN Richtig "stylish" und "cosy" ist das denkmalgeschützte Gebäude der ehemaligen Dänischen Gesandtschaft aus den 30er Jahren. Geschmackvolles, topmodernes Design, dazu Ruhe trotz Großstadt. Auf Wunsch wohnt man mit Blick auf den Berliner Zoo! "Casual": locker und niveauvoll, Internationales im Tapas-Stil.

78 Zim – ♦230 € ♦♦550 € – ☲ 35 €
Stadtplan : M1-s – *Drakestr. 1* ✉ *10787* **U** *Wittenbergplatz* – ☏ *030 3117220*
*– www.das-stue.com*
❀ **5 - cinco by Paco Pérez** – siehe Restaurantauswahl

### 🏨 Am Steinplatz 　🏊 🎵 ♨ ▣ ♿ AC 🛎 🚗

LUXUS • ELEGANT Einst war es das Künstlerhotel der Spreemetropole, heute ist es ein eher kleineres exklusives Boutiquehotel im Herzen Charlottenburgs. Die Zimmer wertig, chic und wohnlich, der Service aufmerksam und individuell, dazu der Altbau-Charme hoher, teils stuckverzierter Decken. Regional geprägtes Restaurantkonzept.

84 Zim – ♦165/255 € ♦♦165/255 € – 3 Suiten – ☲ 35 €
Stadtplan : L1-e – *Steinplatz 4* ✉ *10623* **U** *Ernst-Reuter-Platz* – ☏ *030 5544440*
*– www.hotelsteinplatz.com*

### 🏨 Zoo Berlin 　♨ ▣ ♿ AC 🍴 🛎 🅿

LUXUS • DESIGN Die bekannte Designerin Dayna Lee hat ein Stück Berliner Hotelgeschichte "wiederbelebt": Das Hotel verbindet ausgesprochen elegant und wertig Altes mit Neuem. So wohnt man in geschmackvollen, opulent gestalteten und dennoch funktionellen Zimmern und genießt die Atmosphäre eines Grandhotels.

131 Zim – ♦180/1200 € ♦♦180/1200 € – ☲ 32 €
Stadtplan : L2-z – *Kurfürstendamm 25* ✉ *10179* **U** *Uhlandstr.* – ☏ *030 884370*
*– www.hotelzoo.de*
🍴 **Grace** – siehe Restaurantauswahl

### 🏨 Steigenberger Hotel am Kanzleramt 　🏊 🎵 ♨ ▣ ♿ AC 🛎 🚗

BUSINESS • MODERN Hier hat man alles puristisch-modern designt. Großzügig die Lobby, schön der Freizeitbereich mit Blick auf das Regierungsviertel. Frühstück gibt's im 1. Stock in einem angenehm hellen Raum, speisen kann man im "No. 5" (Restaurant und Bar). Ideal die Lage direkt am Hauptbahnhof.

328 Zim – ♦119/299 € ♦♦119/299 € – 11 Suiten – ☲ 25 €
Stadtplan : N2-k – *Ella-Trebe-Str. 5* ✉ *10557* **U** *Hauptbahnhof* – ☏ *030 7407430*
*– www.steigenberger.de*

## Louisa's Place  🛜 ⊡ ⅃ ⅌

**BUSINESS · INDIVIDUELL** Geschmackvolle geräumige Suiten mit Küche und sehr freundlicher Service zeichnen dieses exklusiv ausgestattete Hotel aus. Fragen Sie nach einem Zimmer mit Balkon oder Wintergarten! Stilvoll: der Frühstücksraum und die Bibliothek.

47 Suiten – ♥♥145/625 € – ⍉ 26 €

Stadtplan : **K2-a** – *Kurfürstendamm 160* ✉ *10709* **U** *Adenauerplatz* – ☏ *030 631030* – *www.louisas-place.de*

⇥○ **Balthazar** – siehe Restaurantauswahl

## Titanic Chaussee ⓝ  🍴 🖼 🛜 ⅃⅁ ⊡ ⅃ 🆎 🏋 🚌

**BUSINESS · ELEGANT** Sehr geschmackvolles modernes Design mit Retro-Touch von der großzügigen Lobby bis in die wohnlichen Zimmer, dazu Wellness auf 3000 qm (gegen Gebühr) sowie die Restaurants "Pascarella" (italienische Küche) und "Hasir Burger" - und das alles nur wenige Gehminuten von der trendigen Oranienburger Straße.

376 Zim – ♥90/190 € ♥♥90/190 € – 13 Suiten – ⍉ 19 €

Stadtplan : **N1-t** – *Chausseestr. 30* ✉ *10115* **U** *Naturkundemuseum* – ☏ *030 311685800* – *www.titanic-hotels.de*

## Ellington  ⅃⅁ ⊡ ⅃ 🆎 🏋 🚗

**BUSINESS · MODERN** Zahlreiche Fotos des namengebenden Duke Ellington zieren das puristisch eingerichtete Haus mit schönem Hallenbereich und loungeartigem Innenhof. Viele Details bewahren den historischen Charme.

280 Zim – ♥118/208 € ♥♥128/228 € – 5 Suiten – ⍉ 20 €

Stadtplan : **LM2-e** – *Nürnberger Str. 50* ✉ *10789* **U** *Wittenbergplatz* – ☏ *030 683150* – *www.ellington-hotel.com*

⇥○ **Duke** – siehe Restaurantauswahl

## Boutique Hotel i-31  🛜 ⅃⅁ ⊡ ⅃ 🆎 🚗

**BUSINESS · INDIVIDUELL** Im Herzen des angesagten Stadtteils Mitte steht das Boutique-Hotel mit all seinen Designelementen. Die Zimmer: frisch, wohnlich, modern, in den Kategorien "pure", "white" und "brown" sowie "Comfort white" und "Comfort pure". Minibar gratis.

117 Zim – ♥104/159 € ♥♥104/159 € – ⍉ 18 €

Stadtplan : **P1-d** – *Invalidenstr. 31* ✉ *10115* **U** *Naturkundemuseum* – ☏ *030 3384000* – *www.hotel-i31.de*

## 25hours Hotel Bikini  🛜 ⅃⅁ ⊡ ⅃ 🆎 🏋

**BUSINESS · INDIVIDUELL** Einer der interessantesten Hotel-Hotspots Berlins - angebaut an die Bikini-Mall, trendig der "Urban Jungle"-Style, freie Sicht in den Zoo (von der Sauna im 9. Stock schaut man ins Affengehege!). "Woodfire Bakery" und loungige "Monkey Bar" mit tollem Stadtblick. Leihen Sie kostenfrei Fahrräder!

149 Zim – ♥150 € ♥♥150 € – ⍉ 21 €

Stadtplan : **L1-b** – *Budapester Str. 40* ✉ *10787* **U** *Zoologischer Garten* – ☏ *030 1202210* – *www.25hours-hotels.com*

⇥○ **NENI** – siehe Restaurantauswahl

## The Dude  ⊡ ⅌ 🅿

**URBAN · INDIVIDUELL** Ein "American Townhouse" zwischen Mitte und Kreuzberg - charmant, stilvoll, individuell, diskret. Nicht wundern: Man muss klingeln! Einzigartig der Mix aus historischen Details (das Haus wurde 1822 erbaut) und Design-Elementen. In der Bar: Frühstück à la carte, tagsüber Kleinigkeiten.

27 Zim – ♥109/219 € ♥♥139/249 € – ⍉ 24 €

Stadtplan : **Q3-d** – *Köpenicker Str. 92* ✉ *10179* **U** *Märk. Museum* – ☏ *030 411988177* – *www.thedudeberlin.com*

⇥○ **The Brooklyn** – siehe Restaurantauswahl

## 🏨 Hecker's Hotel Kurfürstendamm  ⊟ ⅙ ⅗ 🛁 🚗

**BUSINESS · DESIGN** Zeitgemäßes Wohnen wenige Schritte vom Ku'damm. Geschmackvoll sind die Themenzimmer Bauhaus, Toskana und Kolonial. Ruhige Sonnenterrasse im 5. Stock, moderner Frühstücksraum.

69 Zim – ♦85/290 € ♦♦95/310 € – ⊨17 € – ½ P

*Stadtplan : L2-e – Grolmanstr. 35 ⊠ 10623 **U** Uhlandstr. – ℰ030 88900 – www.heckers-hotel.de*

🍴 **Cassambalis** – siehe Restaurantauswahl

## 🏨 Catalonia  ☆ ⊟ ⅙ 🎴 🛁

**KETTENHOTEL · MODERN** Das ist das "Pilot-Projekt" der katalanischen Hotelgruppe in Deutschland. Interessant: Die Lobby spiegelt mit ihrem speziellen Look die Vielfalt und die Veränderung Berlins wider, auf den Fluren sehenswerte Graffitis. Das Restaurant bietet einen Mix aus regionaler und spanischer Küche samt Tapas.

131 Zim – ♦79/299 € ♦♦89/299 € – ⊨16 €

*Stadtplan : Q3-d – Köpenicker Str. 80 ⊠ 10178 **U** Märk. Museum – ℰ030 24084770 – www.hoteles-catalonia.com*

## 🏨 Garden Living  ⊟ 🅿

**URBAN · INDIVIDUELL** "Wohnen wie zuhause" - dieses Gefühl vermittelt das hübsche Ensemble aus drei alten Stadthäusern mit seinen geschmackvollen großzügigen Appartements mit kleiner Küchenzeile sowie der "grünen Oase" in Form eines attraktiven Innenhofs.

27 Zim – ♦99/159 € ♦♦114/174 € – ⊨8 €

*Stadtplan : N1-g – Invalidenstr.101 ⊠ 10115 **U** Zinnowitzer Straße – ℰ030 284455900 – www.gardenliving.de*

## 🏠 Honigmond  ☆ ⊟ 🛁

**HISTORISCH · KLASSISCH** Individuelle Zimmer in einem stilvollen Haus von 1895 in einer ruhigen Seitenstraße. Zum 350 m entfernten Gästehaus Garden Hotel gehört ein schöner Innenhofgarten. Nettes Kaffeehaus-Restaurant mit klassischem Rahmen.

60 Zim – ♦95/130 € ♦♦129/199 € – ⊨10 €

*Stadtplan : P1-k – Tieckstr. 11 ⊠ 10115 **U** Naturkundemuseum – ℰ030 2844550 – www.honigmond.de*

## 🏠 Kastanienhof  ⊟ 🛁 🅿

**URBAN · FUNKTIONELL** Das Hotel kommt vielleicht ein kleines bisschen altmodisch daher, aber mit ganz viel Charme: familiär, heimelig, wohnlich... Fragen Sie nach den ruhigeren Zimmern zum Hof! Urig-berlinerisch die Schankwirtschaft. Tipp: hausgemachter Kuchen!

44 Zim – ♦79/154 € ♦♦98/216 € – 2 Suiten – ⊨9 €

*Stadtplan : Q1-c – Kastanienallee 65 ⊠ 10119 **U** Rosenthaler Platz – ℰ030 443050 – www.kastanienhof.biz*

## 🏠 Zoe   ⊟ ⅙ 🎴 ⅗ 🚗

**BOUTIQUE-HOTEL · MODERN** Lust auf stylisches Wohnen mitten im Trendviertel "Hackescher Markt"? Überall urbaner Look in ruhigen dunklen Tönen. Die Zimmer sind nicht riesig, aber wertig und chic. "G&T Bar" mit über 70 Gin Tonics. Toll die bewirtete Dachterrasse!

88 Zim – ♦89 € ♦♦89 € – ⊨15 €

*Stadtplan : Q2-z – Große Präsidentenstr. 7 ⊠ 10178 **U** Hackescher Markt – ℰ030 21300150 – www.amanogroup.de*

## 🏨 Grenzfall  ☆ 🍽 ⊟ ⅙ 🛁 🚗

**URBAN · FUNKTIONELL** Hier überzeugen Freundlichkeit, der 3000 qm große Garten - ein wahres Kleinod in der Großstadt - und der Preis! "Grenzfall" bezieht sich zum einen auf das Miteinander (ein Integrationsbetrieb), zum anderen auf die Lage an der ehemaligen Mauer. Geradlinig das Ambiente, Terrasse mit Blick ins Grüne!

37 Zim – ♦63/159 € ♦♦83/179 € – ⊨11 €

*Stadtplan : P1-g – Ackerstr. 136 ⊠ 13355 **U** Bernauerstr. – ℰ030 34333300 – www.hotel-grenzfall.de*

## ⌂ MANI ⬆ ♿ 🅰

**BOUTIQUE-HOTEL · MODERN** Dies ist eines der stylischen Boutique-Hotels in Berlin: hip, mondän, angesagt... Chic die Zimmer mit ihrer wertigen Ausstattung und puristisch-klarem Stil in dunklen Farben.

63 Zim – ♦75/250 € ♦♦75/250 € – 🛏15 €

Stadtplan : **P1-m** – *Torstr. 136* ✉ *10119* **U** *Rosenthaler Platz* – ☎ *030 53028080*
– *www.amanogroup.de*

⫽○ **MANI** – siehe Restaurantauswahl

---

## AUßERHALB DES ZENTRUMS

**WIR MÖGEN BESONDERS...**

Im 12. Stock an einem Fenstertisch moderne **SKYKITCHEN**-Menüs genießen. Sich im **Lucky Leek** von veganer Küche überzeugen lassen. Design pur im **nhow**. Mittagessen bei **Tim Raue** in Kreuzberg – günstig und sehr gefragt! Das ganz eigene Food-Bar-Konzept des **Nobelhart & Schmutzig**.

## In Berlin-Britz

### ⫽○ Buchholz Gutshof Britz 🏡 🚫

**REGIONAL · FREUNDLICH** 𝕏 Unter dem Motto "legere Landhausküche" gibt es auf dem schönen, ruhig gelegenen Gutshof des Schlosses Britz regional-saisonale Küche, und die kommt z. B. als "geschmorte Kalbsbrust mit Kohlrabi und Rahmpilzen" daher. Sehr hübscher Garten.

Menü 29/69 € – Karte 35/53 €

Stadtplan : **C3-a** – *Alt-Britz 81* ✉ *12359* – ☎ *030 60034607*
– *www.matthias-buchholz.de* – *geschl. Dienstag - Mittwoch*

## In Berlin-Friedrichshain

### ⫽○ fabrics ♿ 🅰 🚗

**MODERNE KÜCHE · GERADLINIG** 𝕏𝕏 Bunt und puristisch-urban das Design, schön der Blick auf die Spree, sehr beliebt die Terrasse! Und auf der Karte modern interpretierte Klassiker wie "Berliner Roulade vom Rinderfilet mit Pancetta und Spreewaldgurken". Monatlich wechselndes "Rock & Roll Menü". Mittagsangebot einfacher und günstiger.

Menü 38/48 € (abends) – Karte 28/54 €

Stadtplan : **H2-n** – *Hotel nhow, Stralauer Allee 3* ✉ *10245* **U** *Warschauer Str.*
– ☎ *030 2902990* – *www.nhow-berlin.com* – *geschl. Sonntag*

### ⌂ nhow 🏮 🧖 ⬆ ♿ 🅰 🏋 🚗

**BUSINESS · DESIGN** In diesem Hotel am Osthafen sind Musik und Lifestyle zu Hause! Außen klare Architektur, innen peppiger Look - alles ganz im Stil von Star-Designer Karim Rashid. Top: "State of the Art"-Veranstaltungstechnik, Tonstudio über der Stadt, jeden ersten SA im Monat Live-Konzert in der Halle...

303 Zim – ♦110/180 € ♦♦110/180 € – 1 Suite – 🛏25 €

Stadtplan : **H2-n** – *Stralauer Allee 3* ✉ *10245* **U** *Warschauer Str.*
– ☎ *030 2902990* – *www.nhow-berlin.com*

⫽○ **fabrics** – siehe Restaurantauswahl

# In Berlin-Grunewald

### ✿ **Frühsammers Restaurant** 🕭 🕭

KLASSISCHE KÜCHE · FREUNDLICH XxX Die rote Villa auf dem Gelände des Tennisclubs bietet einen stimmigen klassischen Rahmen für die ebenso elegante, finessenreiche und produktbezogene Küche von Sonja Frühsammer. Souverän leitet ihr Mann Peter das charmante Serviceteam und berät kompetent in Sachen Wein. Mittags einfache Bistrokarte.

→ Kobe Beef, Champignon, Rettich, Soja-Saibling, Spargel, Morcheln. Bauch vom Iberico, Knackerbsen, Salzzitrone, Traubenmost, Hamachi-Makrele, Topinambur. Variation von der Schokolade, Rhabarber, Erdbeere, Mandelkuchen.

Menü 94/109 €

Stadtplan : J3-m – *Flinsberger Platz 8* ✉ *14193 –* ✆ *030 89738628 (Tischbestellung ratsam) – www.fruehsammers-restaurant.de – nur Abendessen – geschl. 1. - 11. Januar und Sonntag - Montag*

### 🏠 **Patrick Hellmann Schlosshotel** ✿ 🕭 🕭 🖼 🕭 🕭 🕭 🕭 🖼 🅿

LUXUS · DESIGN Das "Unikat im Grunewald" ist ein schmuckes Palais von 1914 mit geschmackvollem Interieur samt hübscher Details von einst. Schön auch der Park und der Freizeitbereich - und das Ganze liegt ruhig und doch nur rund 10 Minuten vom Ku'damm. Das Restaurant bietet Internationales, angenehme Terrasse zum Garten.

43 Zim – ♦249/490 € ♦♦249/490 € – 10 Suiten – ⌂ 29 €

Stadtplan : E3-a – *Brahmsstr. 10* ✉ *14193 –* ✆ *030 895840 – www.schlosshotelberlin.com*

# In Berlin-Kreuzberg

### ✿✿ **Tim Raue** ♿ 🖼

ASIATISCH · TRENDY XX In seinem Stammhaus nahe Checkpoint Charlie legt Tim Raue Passion und höchstes Engagement an den Tag. Das Ergebnis: asiatisch inspirierte Speisen voller Finesse, Kontraste und ausgewählter Zutaten. Ebenso niveauvoll runden Service und Sommelier mit Herzlichkeit und Know-how das exquisite Bild ab.

→ Kaisergranat, Wasabi, Kanton Style. Zander, Kamebishi Soja und Lauch. Spanferkel, Dashi und japanischer Senf.

Menü 48 € (mittags)/198 € – Karte 125/156 €

Stadtplan : P3-t – *Rudi-Dutschke-Str. 26* ✉ *10969* Ⓤ *Kochstr. –* ✆ *030 25937930 – www.tim-raue.com – geschl. 24. - 26. Dezember und Sonntag - Dienstagmittag*

### ✿✿ **Horváth** (Sebastian Frank) 🕭 ♿

KREATIV · GERADLINIG X Eine spezielle Handschrift, die in Erinnerung bleibt. Österreicher Sebastian Frank kocht kreativ, kontrastreich und gleichermaßen harmonisch. Und dazu vielleicht eine alkoholfreie Wein-Alternative wie "Tee / Weiße Schokolade / Dill"? Bei gutem Wetter sitzt man gerne im Garten zur lebendigen Straße hin.

→ Spargel, Kürbiskernöl, Riesling. Stör, Milchbruch, Kochschinken. Kalbsbacke, Erbse, Eierschwammerl.

Menü 99/129 €

Stadtplan : H3-a – *Paul-Lincke-Ufer 44a* ✉ *10999* Ⓤ *Kottbusser Tor –* ✆ *030 61289992 (Tischbestellung ratsam) – www.restaurant-horvath.de – nur Abendessen – geschl. 30. Januar - 5. Februar, 21. August - 3. September und Montag - Dienstag*

### ✿ **Richard**

FRANZÖSISCH-MODERN · TRENDY XX Der einstige "Köpenicker Hof" von 1900 liegt zwar nicht sonderlich schön, doch das ist schnell vergessen, wenn man unter einer aufwändig gearbeiteten Decke und umgeben von dekorativen Bildern (Patron Hans Richard ist auch Maler) ein modern inspiriertes klassisches Menü genießt. Top Preis-Leistungs-Verhältnis!

→ Kaisergranat mit Panna Cotta vom Blumenkohl, Mandelmilch und Sauerklee. Vichyssoise mit Sylter Royal Auster, verkohltem Lauch und Lardo di Colonnata. Konfierte Quitte mit Hagebutte und weißer Schokoladenmousse.

Menü 48/98 €

Stadtplan : H3-r – *Köpenicker Str. 174* ✉ *10997* Ⓤ *Schlesisches Tor –* ✆ *030 49207242 – www.restaurant-richard.de – nur Abendessen – geschl. Sonntag - Montag*

BERLIN

### ✿ Nobelhart & Schmutzig ⛶ AC

**KREATIV · HIP** ⅹ Eine Art Food-Bar - sehr speziell und trendig-urban, der Service leger und gleichzeitig versiert. Die Küche hat eine ganz eigene Note, auf Luxus oder Chichi verzichtet man bewusst. Man kocht kraftvoll und kreativ, aus überwiegend Brandenburger Produkten. Da macht es richtig Freude, zu essen!
→ Ike Jime Saibling, Zwiebel, Dill. Kartoffel, Blutwurst, Senf. Rharbarber, Weizengras, Kirschpflaumenblüten.

Menü 95 €

**Stadtplan : P3-n** – *Friedrichstr. 218* ✉ *10969* **U** *Kochstr.* – *☏ 030 25940610 (Tischbestellung erforderlich)* – *www.nobelhartundschmutzig.com* – *nur Abendessen* – *geschl. Anfang Januar 2 Wochen, Mitte Juli - Mitte August und Sonntag - Montag*

### ⅼ○ Altes Zollhaus 🏮 ⛶

**REGIONAL · RUSTIKAL** ⅩⅩ "Genussfachwerk" nennt sich das einstige Zollhaus, das unvermutet idyllisch mitten in Kreuzberg am Landwehrkanal liegt - samt tollem "Weingarten"! Aus regionalen Produkten entstehen z. B. "soufflierter Speckpfannkuchen" oder "Ochsenbacke aus dem Schmortopf". Dazu Weine vom eigenen Pfälzer Weingut.

Menü 39/59 € – Karte 37/53 €

**Stadtplan : G3-r** – *Carl-Herz-Ufer 30* ✉ *10961* **U** *Prinzenstr.* – *☏ 030 6923300* – *www.altes-zollhaus.com* – *nur Abendessen* – *geschl. Sonntag - Montag*

### ⅼ○ herz und niere 🏮 ⛝

**REGIONAL · FREUNDLICH** ⅹ Hier wird schmackhaft gekocht, die Produkte kommen aus der Region. Und auch das Drumherum passt: gemütliches Ambiente und freundlicher Service samt guter Weinberatung. Probieren Sie mal den Ochsenmaulsalat - oder lieber etwas Vegetarisches?

Menü 38/88 € – Karte 30/48 €

**Stadtplan : H3-h** – *Fichtestr. 31* ✉ *10967* – *☏ 030 69001522* – *www.herzundniere.berlin* – *nur Abendessen* – *geschl. Montag*

### ⅼ○ e.t.a. hoffmann 🏮

**INTERNATIONAL · GEMÜTLICH** ⅹ Besonderer Beliebtheit erfreut sich im Sommer der schöne begrünte Innenhof, aber auch drinnen in dem sympathischen Restaurant sitzt es sich nett. Serviert werden frische, schmackhafte Speisen wie "Elsässer Bachsaibling mit Grünkohl".

Menü 45/65 € – Karte 46/64 €

**Stadtplan : G3-u** – *Yorckstr. 83, (im Hotel Riehmers Hofgarten)* ✉ *10965* **U** *Mehringdamm* – *☏ 030 78098809* – *www.restaurant-e-t-a-hoffmann.de* – *nur Abendessen* – *geschl. 4. - 12. Januar und Dienstag*

### ⅼ○ VOLT 🏮 & ⛶

**REGIONAL · TRENDY** ⅹ Zum interessanten Industrie-Chic in dem ehemaligen Umspannwerk am Landwehrkanal kommen regional-saisonale Speisen, die sich z. B. "gebratener Zander, Sellerie, Wirsing, Schinken" oder "rosa Rehkeule, Vogelbeere, Petersilienwurzel" nennen.

Menü 58/87 €

**Stadtplan : H3-v** – *Paul-Lincke-Ufer 21* ✉ *10999* **U** *Schönleinstr.* – *☏ 030 338402320* – *www.restaurant-volt.de* – *nur Abendessen* – *geschl. Ende Dezember - Anfang Januar 1 Woche, Juli - August 3 Wochen und Sonntag - Montag*

### 🏠 Ludwig van Beethoven ⬍ P

**BUSINESS · FUNKTIONELL** Ein zeitgemäßes Hotel mit gutem Preis-Leistungs-Verhältnis. Die Zimmer liegen teilweise ruhiger nach hinten. Frühstücken Sie im Sommer auf der begrünten Dachterrasse! Praktisch: ca. 50 m zur U-Bahn und kostenfreies Parken.

67 Zim 🖵 – ⚹73/120 € ⚹⚹93/160 €

**Stadtplan : H3-d** – *Hasenheide 14* ✉ *10967* **U** *Hermannplatz* – *☏ 030 6957000* – *www.hotellvb.de*

# In Berlin-Lichtenberg

## 🕸 SKYKITCHEN ⇦ ⇇ ㅎ AC 🚗

MODERNE KÜCHE · TRENDY ✗✗ Die Fahrt nach Lichtenberg lohnt sich, denn im 12. Stock des "andel's Hotel" erleben Sie eine "Voyage Culinaire" in 3 - 11 Gängen: kreativ, modern, kontrastreich, sowohl lokal als auch global inspiriert. Der Rahmen leger und stilvoll-chic zugleich, toll der Ausblick! Zwei Etagen höher: "SKYBAR"

→ Müritz Aal und Linumer Kalb, Senfgurke, Meerrettich, Escabeche. Blaue Garnele und Husumer Krabben, Sanddorn, Röstsalat, Radieschen. Iberico Schwein, Knollensellerie, Schmorzwiebel, Spitzpaprika.

Menü 45 € (vegetarisch)/142 €   534 Zim 🖙 – ♥94/120 € ♥♥219/245 €
– 23 Suiten

Stadtplan : H2-b – *Landsberger Allee 106* ✉ *10369* **U** *Landsberger Allee*
*– 𝒞 030 4530532620 (Tischbestellung ratsam) – www.skykitchen.berlin – nur Abendessen – geschl. Sonntag - Montag*

# In Berlin-Neukölln

## 🍴 eins44 🏠 ⇪

MODERNE KÜCHE · HIP ✗ Das kommt an: "industrial design" und gute Küche! Ein trendig-urbanes Lokal mit ungezwungener Atmosphäre versteckt sich hier im 3. Hof in einer ehemaligen Destillerie! Gekocht wird saisonal, mittags etwas reduziert, abends aufwändiger.

Menü 43/73 €

Stadtplan : H3-e – *Elbestr. 28* ✉ *12045* **U** *Rathaus Neukölln*
*– 𝒞 030 62981212 – www.eins44.com*
*– geschl. Samstagmittag, Sonntag - Montag*

# In Berlin-Prenzlauer Berg

## 😋 JoLee 🆕 🏠 ㅎ ⇪

KOREANISCH · TRENDY ✗ Mitten in Prenzlauer Berg mischen sich in schöner Altbau-Atmosphäre koreanische Küche und westliche Einflüsse. Es entstehen schmackhafte kreative Gerichte wie "knuspriger Oktopus mit Gochujang Sauce Rouille". Und dazu deutscher Riesling?

Menü 49/89 € – Karte 35/51 €

Stadtplan : R1-b – *Winsstr. 65* ✉ *10178* **U** *Senefelderplatz* – 𝒞 *030 55522356*
*– www.jolee-cuisine.com – nur Abendessen – geschl. Montag - Dienstag*

## 😋 Lucky Leek 🏠

VEGAN · NACHBARSCHAFTLICH ✗ Vegan, frisch, saisonal und mit persönlicher Note - so wird in dem charmanten Restaurant gekocht. Richtig gut schmeckt da z. B. "Süßkartoffel-Crespelle / Saitanknusper / gefüllte Paprika / Cheddarsauce".

Menü 33/55 € – Karte 34/43 €

Stadtplan : Q1-u – *Kollwitzstr. 54* ✉ *10178* **U** *Senefelderplatz* – 𝒞 *030 66408710*
*– www.lucky-leek.com – nur Abendessen – geschl. Montag - Dienstag*

## 😋 Kochu Karu 🏠

KOREANISCH · GERADLINIG ✗ In dem netten puristischen kleinen Restaurant verbindet man mit Herzblut das Beste aus Spanien und Korea, und zwar in Form von schmackhaften, ambitionierten Tapas wie "Kimchi-Pfannkuchen mit Manchego" oder "Enoki-Mushroom, Iberico-Schinken, Wasabi". Gefragt auch das "Singmahl" (die Chefin ist Opernsängerin!).

Karte 23/40 €

Stadtplan : G1-k – *Eberswalder Str. 35* ✉ *10437* **U** *Eberswalder Str.*
*– 𝒞 030 80938191 (Tischbestellung ratsam) – www.kochukaru.de – nur Abendessen – geschl. 3. - 11. August*

BERLIN

## ⚟ Chez Maurice

**FRANZÖSISCH · BRASSERIE** ⚟ Lust auf ehrliche, frische Küche mit Klassikern aus Frankreich? In rustikalem Ambiente gibt es z. B. "gratinierte Zwiebelsuppe" und "Blutwurst mit glasierten Apfelspalten". Dazu französischer Wein - auch für zu Hause, ebenso Käse und Wurst.

Menü 16 € (mittags unter der Woche)/95 € – Karte 28/58 €

**Stadtplan : R1-c** – *Bötzowstr. 39* ✉ *10407* **U** *Senefelder Platz* – ✆ *030 4250506* – *www.chez-maurice.com* – *Ende Juli - Mitte August nur Abendessen* – *geschl. Sonntagmittag, Montagmittag*

## ⌂ ackselhaus & blue home

**URBAN · INDIVIDUELL** Eine Adresse für Individualisten mit sehr privatem Charakter und geschmackvollen, detailverliebten Themenzimmern von "Picasso" über "Sommerhaus" (hier mit eigenem kleinen Dachpool!) bis zum modern-urbanen "New York". Oder lieber ein Standardzimmer im balinesischen Stil? Wunderbar der begrünte Innenhof!

31 Zim ☲ – ♦110/170 € ♦♦150/360 € – 4 Suiten

**Stadtplan : Q1-e** – *Belforter Str. 21* ✉ *10405* **U** *Senefelder Platz* – ✆ *030 44337633* – *www.ackselhaus.de*

## ⌂ Adele

**URBAN · DESIGN** Klar, dass dieses kleine Boutique-Hotel seine Stammgäste hat: recht exklusive Einrichtung im Art-déco-Stil, hübsche wohnliche Zimmer, ein ganz moderner Frühstücksraum... und parken ist hier auch kein Problem!

13 Zim – ♦79/129 € ♦♦89/139 € – 3 Suiten – ☲14 €

**Stadtplan : R1-a** – *Greifswalder Str. 227* ✉ *10405* **U** *Alexanderplatz* – ✆ *030 44324310* – *www.adele-berlin.de*

# In Berlin-Schöneberg

## ⚟ Martha's Restaurant

**INTERNATIONAL · HIP** ⚟ In erster Linie lockt die moderne Küche aus sehr guten Produkten Gäste hierher, aber auch das Restaurant selbst hat seinen Reiz mit altem Stuck und trendigem Design, und auch der Service passt ins Bild: jung, leger und kompetent zugleich.

Menü 59/95 € – Karte 50/86 €

**Stadtplan : M3-m** – *Grunewaldstr. 81* ✉ *10823* **U** *Eisenacher Str.* – ✆ *030 78006665* – *www.marthas.berlin* – *nur Abendessen*

# In Berlin-Steglitz

## ⊚ Jungbluth

**MODERNE KÜCHE · NACHBARSCHAFTLICH** ⚟ Leger und ungezwungen die Atmosphäre, schmackhaft, frisch und ambitioniert das wöchentlich wechselnde Speisenangebot. Wie wär's mit "confiertem Skrei, Schwarzwurzeln, Polenta, Liebstöckelcreme"? Tipp: Man bietet einen günstigeren Mittagstisch - das freut nicht nur die vielen Stammgäste.

Menü 34/58 € – Karte 37/50 €

**Stadtplan : B3-c** – *Lepsius Str. 63* ✉ *12163* **U** *Steglitzer Rathaus* – ✆ *030 79789605* – *www.jungbluth-restaurant.de* – *geschl. Montag*

# BERMERSHEIM

Rheinland-Pfalz – 327 Ew. – Höhe 175 m – Regionalatlas **47**-E16

▶ Berlin 628 km – Mainz 45 km – Neustadt an der Weinstraße 51 km – Darmstadt 61 km

Michelin Straßenkarte 543

⑪○ **Weingewölbe**

**FRANZÖSISCH-KLASSISCH · LÄNDLICH** ⅹ Gemütlich sitzt man im einstigen Stall des 120 Jahre alten Hofguts unter einer markanten Kreuzgewölbedecke. Auf der französisch geprägten Karte liest man z. B. "Entrecôte auf Spätburgunder-Sauce". Die ländlich-mediterrane Note des Restaurants findet sich übrigens auch in den charmanten Gästezimmern.

Menü 40 € (vegetarisch)/59 € – Karte 41/56 €   4 Zim 🛏 – ♦68 €
♦♦92/102 €

*Alzeyer Str. 2* ✉ *67593*
*– ℰ 06244 5242 – www.weingewoelbe.com*
*– nur Abendessen, sonntags auch Mittagessen – geschl. Februar 2 Wochen, Oktober 2 Wochen und Montag - Dienstag*

# BERNAU im SCHWARZWALD

Baden-Württemberg – 1 940 Ew. – Höhe 915 m – Regionalatlas **61**-E21

▶ Berlin 818 km – Stuttgart 198 km – Freiburg im Breisgau 56 km – Basel 59 km

Michelin Straßenkarte 545

## In Bernau-Dorf

⑪○ **Bergblick**

**TRADITIONELLE KÜCHE · LÄNDLICH** ⅹ Hier gibt es Klassiker wie Cordon bleu oder Jägerschnitzel und aus Omas Kochbüchle Saure Kalbsnierle oder der Siedfleischteller. Ambitioniert ist das "Freigeist-Menü", oder nehmen Sie lieber das schöne Hausgastmenü? Das Ambiente: behagliches Holz in Stube und Wintergarten.

Menü 38/65 €   Karte 23/53 €

*Hotel Bergblick, Hasenbuckweg 1* ✉ *79872 – ℰ 07675 273*
*– www.bergblick-bernau.de – geschl. 2. November - 18. Dezember*

🏠 **Bergblick**  ⟨⟩

**FAMILIÄR · TRADITIONELL** Wohnlich-charmant hat man es in dem kleinen Familienbetrieb. Obst und eigenes Quellwasser gratis, zum Frühstück frische, hochwertige Produkte, der Service ausgesprochen aufmerksam und freundlich! Wer die 3/4-Pension bucht, bekommt nicht nur tolle Abendmenüs, sondern auch Kuchen und kleine Mittagsgerichte.

9 Zim 🛏 – ♦55/95 € ♦♦110/190 € – 3 Suiten – ½ P

*Hasenbuckweg 1* ✉ *79872 – ℰ 07675 273 – www.berghlick-bernau.de – geschl. 2. November - 18. Dezember*

⑪○ **Bergblick** – siehe Restaurantauswahl

## In Bernau-Innerlehen

🏠 **Das Rössle Bernau**

**GASTHOF · AUF DEM LAND** Aus dem Gasthof mit Landwirtschaft ist ein schönes Hotel mit ländlich-modernen Zimmern und "Schwarzwald-Spa" geworden. Für den kleineren Geldbeutel gibt es auch ein paar rustikalere Zimmer. Das Restaurant bietet regional-klassische Küche wie "Roastbeef vom Schwarzwälder Weiderind", aber auch Vespergerichte.

36 Zim 🛏 – ♦68 € ♦♦130 € – 4 Suiten – ½ P

*St. Johann Weg 2* ✉ *79872*
*– ℰ 07675 922050 – www.roessle-bernau.de*

**Schwarzwaldhaus**

GASTHOF · GEMÜTLICH In dem charmanten einstigen Bauernhaus erwarten Sie freundlich-engagierte Gastgeber sowie behagliches schwarzwaldtypisches Ambiente in Zimmern und Restaurant (regionale Küche). Tipp: besonders wohnliche neuere Zimmer mit viel schönem warmem Holz und hübschen Stoffen. "Panorama-Wohlfühloase" mit Bergblick.

18 Zim ⌑ – ♦55/70 € ♦♦104/130 € – 2 Suiten – ½ P
*Am Kurpark 26 ⊠ 79872 – ℰ 07675 365 – www.schwarzwaldhaus-bernau.de*
*– geschl. 6. November - 7. Dezember*

# BERNE

Niedersachsen – 6 840 Ew. – Höhe 1 m – Regionalatlas **17**-F6
 Berlin 425 km – Hannover 140 km – Bremen 39 km – Bremerhaven 47 km
Michelin Straßenkarte 541

 **Weserblick**

GASTHOF · GEMÜTLICH Die Lage an einem natürlichen Weserstrand mit Fährverbindung sowie gemütliche Zimmer (teils zum Fluss hin gelegen) sprechen für dieses familiär geleitete Haus. Auch das Restaurant und die schöne Terrasse bieten den namengebenden Weserblick.

12 Zim ⌑ – ♦88/98 € ♦♦128/138 € – 1 Suite – ½ P
*Juliusplate 6, Nord-Ost: 2 km, an der Fähre nach Farge ⊠ 27804*
*– ℰ 04406 92820 – www.hotel-weserblick.de*
*– geschl. 2. - 13. Januar*

# BERNECK im FICHTELGEBIRGE, BAD

Bayern – 4 270 Ew. – Höhe 393 m – Regionalatlas **51**-M15
 Berlin 343 km – München 244 km – Weiden in der Oberpfalz 85 km – Bayreuth 15 km
Michelin Straßenkarte 546

 **Merkel**

GASTHOF · FUNKTIONELL Ein traditionsreiches Haus in zentraler Lage, das seit 1632 im Familienbesitz ist. Sie wohnen in gepflegten Zimmern (teilweise mit Balkon) und sitzen in gemütlichen Gaststuben (die vordere mit Kachelofen) bei bürgerlich-regionaler Küche. Gerne erzählt der Chef von seinem Hobby, der Dampfeisenbahn!

21 Zim ⌑ – ♦49/84 € ♦♦78/124 € – ½ P
*Marktplatz 13 ⊠ 95460 – ℰ 09273 9930 – www.merkelhotel.de*

# BERNKASTEL-KUES

Rheinland-Pfalz – 6 910 Ew. – Höhe 110 m – Regionalatlas **46**-C15
▶ Berlin 675 km – Mainz 113 km – Trier 50 km – Koblenz 103 km
Michelin Straßenkarte 543

## Im Ortsteil Bernkastel

⫯○ **Rotisserie Royale** ⇦ ⌂

INTERNATIONAL · FREUNDLICH ⅹ In dem denkmalgeschützten Fachwerkhaus (ehemalige Küferei a. d. 16. Jh.) bekommt man in gemütlicher Atmosphäre internationale Küche mit regionalen Einflüssen serviert. Am besten parken Sie am Moselufer und laufen ca. 5 Minuten zum Restaurant. Übernachtungsgäste können die nahen hauseigenen Stellplätze nutzen.

Menü 28/43 € – Karte 28/52 € 7 Zim ⌑ – ♦45/70 € ♦♦50/75 €
*Burgstr. 19 ⊠ 54470 – ℰ 06531 6572 – www.rotisserie-royale.de*
*– November - März: nur Abendessen*
*– geschl. Mittwoch, Januar - März: Montag - Mittwoch*

### Bären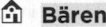

**FAMILIÄR · GEMÜTLICH** In dem familiengeführten Haus hat man ein Faible für Bären, die Ihnen hier und da als charmante Deko begegnen. Das Gästehaus "Bärchen" bietet moselseitige Superior-Zimmer mit Balkon und größtenteils mit Dampfdusche. Im "Alten Brauhaus" ein paar Gehminuten entfernt gibt es bürgerlich-saisonale Küche.

30 Zim ⌕ – ♦75/140 € ♦♦95/160 €

*Schanzstr. 9, an der B 53 ✉ 54470 – ℰ 06531 950440 – www.hotel-baeren.de*

## Im Ortsteil Kues

### Vital- & Wellnesshotel Zum Kurfürsten

**SPA UND WELLNESS · GEMÜTLICH** Eine gefragte Adresse, ideal für Wellness-Urlauber, denn hier gibt es ein vielfältiges Programm an Beauty, Fitness & Co. Und das Ambiente stimmt ebenfalls, alles ist mit Geschmack gestaltet - vom kleinen Romantikzimmer über chic-moderne LifeStyle-Zimmer bis zur Spa-Suite.

68 Zim ⌕ – ♦92/142 € ♦♦170/218 € – 5 Suiten – ½ P

*Amselweg 1, Nord-West: 6 km ✉ 54470 – ℰ 06531 96770*
*– www.zum-kurfuersten.de*

### Christiana's Wein und ArtHotel

**FAMILIÄR · MODERN** Die Gastgeber haben viel Herzblut in das Haus gesteckt, alles ist schön geradlinig-modern, das Thema Wein ist allgegenwärtig: Die Zimmer (samt Minibar) sind Winzern der Region gewidmet, von der Chefin selbst gemalte Bilder mit Weinmotiven schmücken die Wände. Sie mögen Steak? Das Restaurant ist bekannt dafür!

17 Zim ⌕ – ♦59/140 € ♦♦89/150 € – ½ P

*Lindenweg 18 ✉ 54470 – ℰ 06531 6627 – www.wein-arthotel.de*

## BERNRIED KREIS DEGGENDORF

Bayern – 4 790 Ew. – Höhe 401 m – Regionalatlas **59**-O18
▶ Berlin 554 km – München 100 km – Passau 57 km – Regensburg 65 km
Michelin Straßenkarte 546

### Bernrieder Hof

**SPA UND WELLNESS · MODERN** In einem gepflegten Familienbetrieb wohnen Sie hier, und zwar in zeitgemäßen Zimmern, die teilweise einen Balkon haben. W-Lan nutzen Sie kostenfrei. Gönnen Sie sich auch eine Massage- oder Kosmetikanwendung in ansprechendem Ambiente sowie ein Essen in freundlicher Atmosphäre.

35 Zim ⌕ – ♦64/89 € ♦♦112/138 € – ½ P

*Bogener Str. 9 ✉ 94505 – ℰ 09905 74090 – www.bernrieder-hof.de*

## BERTRICH, BAD

Rheinland-Pfalz – 1 020 Ew. – Höhe 150 m – Regionalatlas **46**-C15
▶ Berlin 659 km – Mainz 118 km – Trier 60 km – Koblenz 93 km
Michelin Straßenkarte 543

### Häcker's Fürstenhof

**SPA UND WELLNESS · HISTORISCH** Klassisch-elegant wohnt man in diesem Hotel in der Ortsmitte, direkt am Kurgarten. Sehr schön ist auch der Spa, hier reichlich Marmor und Stuck. Eine stilvolle Atmosphäre herrscht in den Restauranträumen.

59 Zim ⌕ – ♦112/162 € ♦♦205 € – 5 Suiten – ½ P

*Kurfürstenstr. 36 ✉ 56864 – ℰ 02674 9340 – www.haeckers-fuerstenhof.com*

## BESCHEID Rheinland-Pfalz → Siehe Trittenheim

## BESTWIG

Nordrhein-Westfalen – 11 360 Ew. – Höhe 300 m – Regionalatlas **27**-F11
▶ Berlin 481 km – Düsseldorf 156 km – Arnsberg 29 km – Brilon 14 km
Michelin Straßenkarte 543

**In Bestwig-Föckinghausen** Nord: 5 km über B 7 Richtung Meschede, in Velmede rechts ab

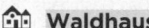 **Waldhaus**

FAMILIÄR · GEMÜTLICH Ein sympathisches kleines Landhotel unter familiärer Leitung. Die Gäste schätzen hier die reizvolle und ruhige Lage am Wald sowie die wohnlich eingerichteten Zimmer. Gemütlich ist das im ländlichen Stil gehaltene Restaurant, nett die Terrasse zum schönen Garten.

17 Zim ☲ – ♦68 € ♦♦109/125 € – ½ P

*Föckinghausen 23 ☒ 59909 – ℰ 02904 97760 – www.hotel-waldhaus.com – geschl. Ende Juni - Anfang Juli 2 Wochen, Mitte November - Anfang Dezember*

# BETZDORF

Rheinland-Pfalz – 9 960 Ew. – Höhe 220 m – Regionalatlas **37**-E13

▶ Berlin 576 km – Mainz 120 km – Siegen 18 km – Köln 99 km

Michelin Straßenkarte 543

**In Kirchen-Katzenbach** Nord-Ost: 5 km über B 62 Richtung Siegen

 **Zum weißen Stein**

GASTHOF · GEMÜTLICH Die Historie des Hauses reicht bis ins 17. Jh. zurück, der Komfort der Zimmer ist dagegen "up to date", zudem sind sie sehr wohnlich und bieten teilweise einen Blick zum Koikarpfenteich im Garten. Das ländlich-elegante Restaurant bietet regionale und internationale Küche.

39 Zim ☲ – ♦70/82 € ♦♦100/118 € – ½ P

*Dorfstr. 50 ☒ 57548 – ℰ 02741 95950 – www.zum-weissen-stein.de*

# BEUREN

Baden-Württemberg – 3 460 Ew. – Höhe 435 m – Regionalatlas **55**-H19

▶ Berlin 632 km – Stuttgart 50 km – Reutlingen 21 km – Ulm (Donau) 66 km

Michelin Straßenkarte 545

‖○ **Beurener Hof**

REGIONAL · GASTHOF ⅹ Trendig-modernes Design findet man hier nicht, dafür ist das gediegen-rustikale Restaurant gemütlich mit seinen massiven Holzbalken und Sitznischen! Vor allem aber wird ehrlich und schmackhaft gekocht, und zwar Regionales wie "geschmortes Rinderbäckle in Acolonsauce".

Menü 35/90 € – Karte 26/50 €   10 Zim ☲ – ♦75/80 € ♦♦105/125 €

*Hohenneuffenstr. 16 ☒ 72660 – ℰ 07025 910110 – www.beurener-hof.de – nur Abendessen – geschl. über Fasching und Dienstag*

# BIBERACH an der RISS

Baden-Württemberg – 31 420 Ew. – Höhe 533 m – Regionalatlas **63**-H20

▶ Berlin 653 km – Stuttgart 134 km – Konstanz 119 km – Ulm (Donau) 42 km

Michelin Straßenkarte 545

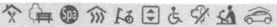 **Parkhotel Jordanbad**

SPA UND WELLNESS · FUNKTIONELL Das Kurhotel von 1905 ist ein zeitgemäßes Hotel mit direktem Zugang zum Jordanbad. Im Neubau stehen ganz modern designte Zimmer bereit. Frühstück gibt es im lichten verglasten Gartenzimmer. Zum Restaurant gehört eine Terrasse mit Parkblick.

117 Zim ☲ – ♦99/109 € ♦♦129/168 € – 2 Suiten – ½ P

*Im Jordanbad 7 ☒ 88400 – ℰ 07351 343300 – www.jordanbad-parkhotel.de*

# BIBERACH im KINZIGTAL

Baden-Württemberg – 3 550 Ew. – Höhe 188 m – Regionalatlas **54**-E19

▶ Berlin 766 km – Stuttgart 164 km – Karlsruhe 96 km – Freudenstadt 47 km

Michelin Straßenkarte 545

## In Biberach-Prinzbach Süd-West: 4 km, Richtung Lahr

### ⊪○ Landgasthaus zum Kreuz ⇦ 🍴 🏠 ⁇ Ⓟ

TRADITIONELLE KÜCHE · LÄNDLICH ⁇ Richtig zum Wohlfühlen sind die gemütlichen Stuben samt Kachelofen, ebenso die großzügige Terrasse. Spezialität sind fangfrische Forellen. Sie möchten übernachten? Schön der Mix aus warmem Holz und modernem Design im Gästehaus "Speicher" nebenan.

Menü 23/46 € – Karte 21/53 €   8 Zim ⌂ – 🍴60/65 € 🍴🍴96/104 €

*Untertal 7, Ost: 1 km* ✉ *77781 –* ℰ *07835 426420 – www.kreuz-prinzbach.de*
*– geschl. über Fasching 10 Tage und Mittwoch - Donnerstagmittag*

### 🏠 Badischer Hof ⁇ 🍴 ⇦ 🏊 🗋 🏠 🛏 ⊡ ⅄ ⁇ 🛁 Ⓟ

GASTHOF · GEMÜTLICH So mancher Gast kommt gerne wieder, denn schon allein die idyllische waldreiche Umgebung lockt! Aber auch schön wohnlich ist es hier, egal ob Sie nun im Stammhaus, im Jägerhof oder im Haus Wiesengrund buchen. Im Restaurant darf man sich auf Wild aus eigener Jagd freuen!

50 Zim ⌂ – 🍴72/75 € 🍴🍴144/180 € – 8 Suiten – ½ P

*Dörfle 20* ✉ *77781 –* ℰ *07835 6360 – www.badischer-hof.de – geschl. Februar*

# BIELEFELD

Nordrhein-Westfalen – 328 320 Ew. – Höhe 118 m – Regionalatlas **27**-F9
▶ Berlin 394 km – Düsseldorf 182 km – Dortmund 114 km – Hannover 108 km
Michelin Straßenkarte 543

### ⊪○ GeistReich 🏠 ⅄ 🚗

INTERNATIONAL · FREUNDLICH ⁇⁇ Stilvoll-zeitgemäß und angenehm ungezwungen kommt das Fine-Dining-Restaurant daher. Es erwartet Sie eine ambitionierte Küche aus guten Produkten - darf es vielleicht "Bio-Lachsforelle, Sellerie, Mandarine, Walnuss" sein?

Menü 36/76 € – Karte 36/67 €

Stadtplan : B1-a – *Hotel Bielefelder Hof, Am Bahnhof 3* ✉ *33602*
*–* ℰ *0521 5282635 – www.bielefelder-hof.de – geschl. Sonntagmittag*

### ⊪○ GUI 🏠 🅰 ⊠

MEDITERRAN · FREUNDLICH ⁇⁇ In der offenen Küche wird mediterran gekocht, und das sehr geschmackvoll, frisch und mit guten Produkten. Bei Gerichten wie "Steinbutt / Risotto / Blaukraut / Anlscracker" wird der Name zum Programm: "GUI" steht in der internationalen Plansprache Esperanto für "Genießen".

Menü 55 € – Karte 41/70 €

Stadtplan : B2-g – *Gehrenberg 8* ✉ *33602 –* ℰ *0521 5222119 (Tischbestellung ratsam) – geschl. Sonntag - Montag*

### ⊪○ Klötzer's 🏠 🅰 ⁇ ⟲

INTERNATIONAL · BRASSERIE ⁇ Einladend ist schon der Feinkostladen mit all seinen Leckereien, im chic-modernen Restaurant heißt es dann z. B. "gratinierte Jakobsmuscheln mit Rauke" oder "halbe Delbrücker Bauernente mit westfälischen Reibeküchlein".

Menü 39/49 € – Karte 28/59 €

Stadtplan : B2-e – *Ritterstr. 33* ✉ *33602 –* ℰ *0521 9677520*
*– www.kloetzer-delikatessen.de – geschl. Sonntag - Montag*

### 🏠 Bielefelder Hof ⊡ ⅄ 🅰 🛁 🚗

URBAN · FUNKTIONELL Was das Hotel interessant macht? Es liegt zentral zwischen Bahnhof und Stadthalle und bietet wohnliche und zugleich funktionale Zimmer sowie gute Tagungsmöglichkeiten. Attraktiv auch das Äußere: schönes klassisches Stadthaus nebst Neubau.

155 Zim – 🍴89/199 € 🍴🍴99/199 € – 6 Suiten – ⌂ 19 € – ½ P

Stadtplan : B1-a – *Am Bahnhof 3* ✉ *33602 –* ℰ *0521 52820*
*– www.bielefelder-hof.de*

⊪○ **GeistReich** – siehe Restaurantauswahl

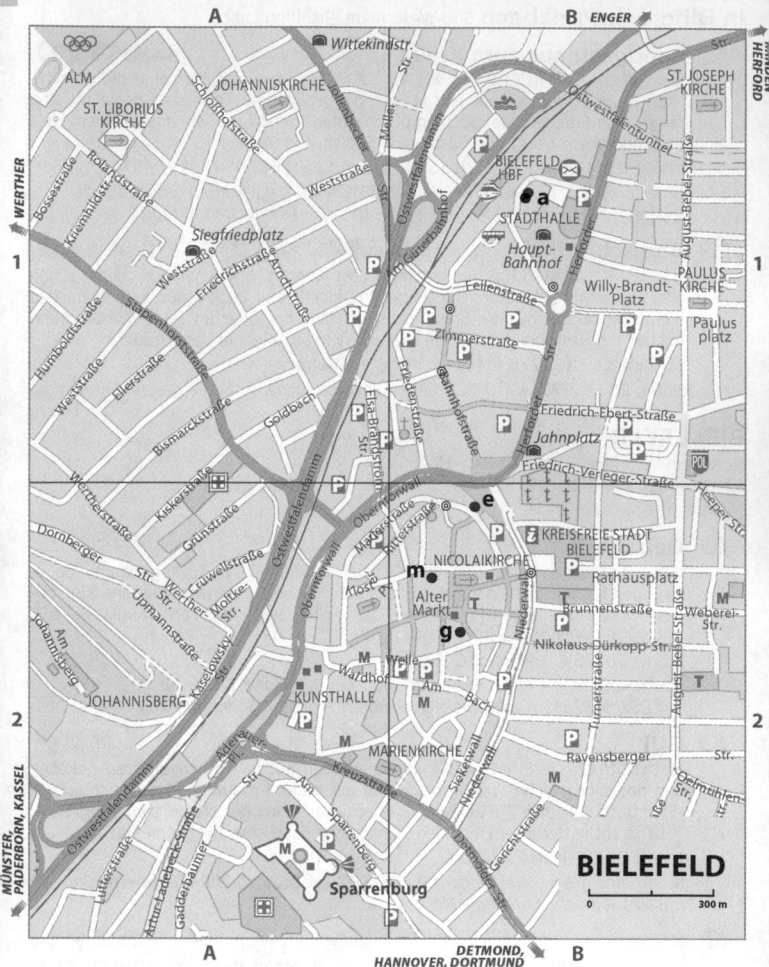

## In Bielefeld-Brackwede Süd-West: 5 km über Ostwestfalendamm A2

### ⭑○ **1550 Restaurant** ☕ ♨ P

MODERNE KÜCHE · RUSTIKAL XX Die einstige Tenne dieses Gehöfts von 1550 hat Charme und viel Atmosphäre - das kommt an. Vor allem aber locken Gerichte wie "Spanferkel, Linse, Kürbis, Kartoffel" oder auch die leckere "Birnentarte" zahlreiche Gäste hierher.

Menü 48/85 € – Karte 36/62 €

*Hauptstr. 27 ⊠ 33647*

*– ℰ 0521 4174117 (Tischbestellung ratsam) – www.1550restaurant.de*

*– nur Abendessen, sonntags auch Mittagessen – geschl. 1. - 14. Januar, 26. Juli*

*- 16. August und Dienstag - Mittwoch*

## In Bielefeld-Kirchdornberg West: 8 km über Stapenhorststraße A1

### 🍴○ Tomatissimo 🏠 ♻ P

**ITALIENISCH · FREUNDLICH** XX Schön ist es hier, modern und zugleich gemütlich, dazu gute Küche: Italienisches wie Waldpilzrisotto, Pasta und Tagliata, aber auch Wiener Schnitzel und Steak vom Grill. Tipp: Menü auf Vorbestellung am "Chef's Table". Kochkurse.

Menü 45/89 € – Karte 35/78 €

*Am Tie 15 ⊠ 33619 – ℰ 0521 163333 (Tischbestellung ratsam)*
*– www.tomatissimo.de – nur Abendessen, sonntags auch Mittagessen – geschl.*
*Montag - Dienstag*

## In Bielefeld-Quelle Süd-West: 5 km über Ostwestfalendamm A2

### 🏵 Büscher's Restaurant ⇦ 🏠 P

**REGIONAL · GASTHOF** X Im Restaurant des Hotels "Büscher" achtet man auf die Herkunft der Produkte: Wild aus dem Teutoburger Wald, Wels und Saibling aus Steinhagen, Gänse aus Rietberg... Lecker z. B. "Zweierlei von der Rehkeule, Rosenkohl, Cranberries, violette Kartoffelkrapfen". Tipp: selbstgemachtes Sauerkraut!

Menü 35/55 € – Karte 28/57 €    31 Zim – 🍴50/78 € 🍴🍴78/108 € – ⌷ 9 €

*Carl-Severing-Str. 136 ⊠ 33649 – ℰ 0521 946140 – www.hotel-buescher.de*
*– geschl. Sonntag - Montagmittag*

## In Bielefeld-Schildesche Nord: 5 km über Nowgorodstraße B1

### 🍴○ Taverne 🏠 🚭

**INTERNATIONAL · FREUNDLICH** X Ein gemütliches kleines Lokal nebst Weinhandlung. Man bietet frische Küche in Form eines Wahlmenüs und hochwertiger Steaks. Probieren Sie z. B. "eingelegten Lachs mit Rauchbutter, gebratenem Feldsalat, Salzzitrone". Hübsch die Terrasse.

Menü 37 € – Karte 46/85 €

*Johannisstr. 11a ⊠ 33611 – ℰ 0521 86105 (Tischbestellung ratsam)*
*– www.wein-taverne.com – nur Abendessen – geschl. Januar 1 Woche, August 3*
*Wochen und Sonntag - Montag sowie an Feiertagen*

### 🏠 Bayerisches Landhaus - Bayern first 🍴 📠 ♿ 🛁 🚗

**LANDHAUS · MODERN** Schön der lichte verglaste Empfangsbereich, der das "Bayerische Landhaus" mit dem hochwertigen Anbau "Bayern first" verbindet hier moderne Geradlinigkeit. Die Zimmer haben teilweise einen Balkon. Frühstück im Wintergarten, das Restaurant samt uriger "Almhütte" verbreitet bayerisches Flair.

32 Zim ⌷ – 🍴89/106 € 🍴🍴105/148 € – 3 Suiten

*Loheide 41 ⊠ 33609 – ℰ 0521 83535 – www.bayerisches-landhaus.de*

## In Bielefeld-Senne Süd: 10 km über Ostwestfalendamm A2

### 🍴○ Gasthaus Buschkamp ℕ 🏠 ♻ P

**TRADITIONELL · RUSTIKAL** XX Ein romantisches Museumsdorf aus alten Fachwerkhäusern. In charmant-rustikalem Ambiente gibt es Regionales wie "westfälischer Wurstebrei", aber auch feinere Speisen wie "im Ganzen gebratene Seezunge mit Kapernbutter und Zitronenchutney".

Menü 32/78 € – Karte 29/69 €

*Buschkampstr. 75 ⊠ 33659 – ℰ 0521 492800 – www.museumshof-senne.de*
*– geschl. Montag - Dienstag*

# BIENENBÜTTEL-BARDENHAGEN

Niedersachsen – 6 540 Ew. – Höhe 30 m – Regionalatlas **19**-J6

▶ Berlin 300 km – Hannover 141 km – Lüneburg 15 km – Hamburg 72 km

Michelin Straßenkarte 541

## Im Ortsteil Bardenhagen Ost: 8 km

🍴○ **GUT Evening**                                                     🍴 **P**

**INTERNATIONAL · TRENDY** ✕✕ Besonders angenehm sitzt man hier auf der tollen Terrasse, aber auch drinnen hat man es sehr schön dank chic-modernem und zugleich gemütlichem Interieur. Die ambitionierte international-kreative Küche bietet z. B. "Black Cod & Bouchotmuschel, Safranfond, geräucherten Blumenkohl, Estragonbrösel".

Menü 37/55 € – Karte 44/60 €

*Hotel GUT Bardenhagen, Bardenhagener Str. 3* ✉ *29553 –* 𝄢 *05823 95399622 – www.gut-bardenhagen.de – nur Abendessen – geschl. Sonntag - Mittwoch*

🏠 **GUT Bardenhagen**                          🎋 🛇 ⇘ 🖥 🌀 🏊 **P**

**LANDHAUS · INDIVIDUELL** Die tolle Anlage mit großem Festsaal ist natürlich die perfekte Location für Hochzeiten. Und wenn Sie einfach nur ausspannen möchten: Die Zimmer in Gutshaus, Uhrenvilla und Neubau sind wertig, Wasser, Telefon und Internet gratis, hübsch der Wellnessbereich, dazu die Ruhe ringsum! Schöner Deko-Shop.

27 Zim ⚏ – †115/150 € †\†145/180 € – 2 Suiten

*Bardenhagener Str. 3* ✉ *29553 –* 𝄢 *05823 9539960 – www.gut-bardenhagen.de*
🍴○ **GUT Evening** – siehe Restaurantauswahl

# BIETIGHEIM-BISSINGEN

Baden-Württemberg – 42 210 Ew. – Höhe 200 m – Regionalatlas **55**-G18
▶ Berlin 611 km – Stuttgart 25 km – Heilbronn 25 km – Ludwigsburg 9 km
Michelin Straßenkarte 545

## Im Stadtteil Bietigheim

❀ **Maerz - Das Restaurant** (Benjamin Maerz)          ⇦ 🍴 🚗

**FRANZÖSISCH-KREATIV · GEMÜTLICH** ✕✕ In ihrem Hotel "Rose" hat Familie Maerz ein schönes gemütlich-modernes Restaurant, in dem die Gäste ein Menü mit 3 - 6 Gängen wählen. Internationale Produkte werden hier technisch sehr exakt und kreativ zusammengestellt. Auch Vegetarisches ist reichlich vertreten.

→ Gelbschwanzmakrele, Kalamansi, Süßkartoffel, Ingwerdashi. Langoustine, Schweinebauch, Erdnuss, Scharonfrucht, Vanille, Kohlrabi. Mieral Entenbrust, Lauch, grüner Spargel, weiße Bohnen, Purple Curry.

Menü 59/99 €    31 Zim ⚏ – †79/149 € †\†89/159 €

*Kronenbergstr. 14* ✉ *74321 –* 𝄢 *07142 42004 – www.maerzundmaerz.de – nur Abendessen – geschl. Anfang Januar 1 Woche, August 3 Wochen und Sonntag - Montag*

🍴○ **Friedrich von Schiller**                          🕸 ⇦ 🍴

**FRANZÖSISCH-KLASSISCH · GEMÜTLICH** ✕✕ Ein schöneres Plätzchen hätte aus dem jahrhundertealten Haus in der Altstadt kaum entstehen können! Man wird herzlich umsorgt, gekocht wird regional, klassisch, schmackhaft. Tipp: die nette kleine Terrasse zur Fußgängerzone! Übernachten kann man in liebenswerten Zimmern, benannt nach Stücken von Schiller.

Menü 35/79 € – Karte 28/70 €    15 Zim – †87/115 € †\†115/140 €
– 4 Suiten – ⚏12 €

*Marktplatz 5* ✉ *74321 –* 𝄢 *07142 90200 – www.friedrich-von-schiller.com – geschl. 1. - 9. Januar, 23. Juli - 9. August und Sonntag - Montagmittag sowie an Feiertagen*

# BILLERBECK

Nordrhein-Westfalen – 11 420 Ew. – Höhe 115 m – Regionalatlas **26**-D9
▶ Berlin 510 km – Düsseldorf 110 km – Enschede 56 km – Münster (Westfalen) 32 km
Michelin Straßenkarte 543

Kraftstoffverbrauch innerorts/außerorts/kombiniert:
12,2/7,6/9,3 l/100 km; $CO_2$-Emissionen kombiniert: 216 g/km.

# Handcrafted by Racers.

**Der neue Mercedes-AMG GT.**

DRIVING PERFORMANCE

Anbieter: Daimler AG, Mercedesstraße 137, 70327 Stuttgart

## ⅋○ Domschenke

**REGIONAL · RUSTIKAL** ✗✗ Gut machen sich die modernen Akzente zum rustikalen Flair des 1668 erbauten Gasthofs. Beliebt unter den regionalen Gerichten von Chef Frank Groll ist im November z. B. die "am Tisch tranchierte Gans mit Rotkohl, Wirsing und Kartoffelkloß".

Menü 15 € (mittags)/56 € – Karte 24/59 €

*Hotel Domschenke, Markt 6 ⋈ 48727 – ℰ 02543 93200*
*– www.domschenke-billerbeck.de*

## ⌂⌂ Domschenke

**GASTHOF · GEMÜTLICH** Familie Groll ist seit mehreren Generationen engagiert bei der Sache und hält ihr Haus top in Schuss! Wie wär's mit einem der besonders schönen modernen Zimmer? Vielleicht die schicke Suite? Gleich vor der Tür der sehenswerte Dom von 1898.

30 Zim ⌷ – †65/90 € ††85/125 € – 1 Suite – ½ P

*Markt 6 ⋈ 48727 – ℰ 02543 93200 – www.domschenke-billerbeck.de*

⅋○ **Domschenke** – siehe Restaurantauswahl

# BINDLACH Bayern → Siehe Bayreuth

# BINGEN
Rheinland-Pfalz – 24 240 Ew. – Höhe 100 m – Regionalatlas **47**-E15
▶ Berlin 600 km – Mainz 31 km – Bad Kreuznach 20 km – Koblenz 66 km
Michelin Straßenkarte 543

## In Münster-Sarmsheim Süd: 4 km über die B 9 / B 48

## ⅋○ Weinstube Kruger-Rumpf

**REGIONAL · WEINSTUBE** ✗ Charmant ist die ländliche Weinstube des bekannten Weinguts. Hier wie auch auf der hübschen Terrasse serviert man z. B. "Dippekuchen mit mariniertem Schwartenmagen und Apfel-Rosmarinkompott". Außerdem: nette moderne Gästezimmer.

Karte 32/46 €

*Rheinstr. 47 ⋈ 55424 – ℰ 06721 45050 – www.kruger-rumpf.com – nur Abendessen – geschl. 23. Dezember - 5. Januar und Montag*

# BINZ Mecklenburg-Vorpommern → Siehe Rügen (Insel)

# BINZEN
Baden-Württemberg – 2 960 Ew. – Höhe 284 m – Regionalatlas **61**-D21
▶ Berlin 858 km – Stuttgart 260 km – Freiburg im Breisgau 65 km – Basel 11 km
Michelin Straßenkarte 545

## ⅋○ Mühle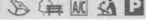

**KLASSISCHE KÜCHE · ELEGANT** ✗✗ Hier serviert man traditionell-klassische Küche, und es wird vor Ihren Augen tranchiert und flambiert. Wählen Sie z. B. "Chateaubriand mit Sauce Béarnaise" und als Dessert Crêpes Suzette. Den Käse für den Käsewagen holt man übrigens direkt aus Frankreich!

Menü 58/88 € – Karte 54/85 €

*Hotel Mühle, Mühlenstr. 26 ⋈ 79589 – ℰ 07621 9408490 – www.muehlebinzen.de*
*– geschl. Sonntag*

## ⌂⌂ Mühle

**LANDHAUS · ELEGANT** Schön, was Sie da in der einstigen Mühle von 1725 erwartet: ruhige Lage, elegante, mit Stilgefühl eingerichtete Zimmer und am Morgen ein leckeres Frühstück im hübschen Garten-Pavillon. Einladend auch die gemütliche Zigarren-Lounge.

32 Zim ⌷ – †85/235 € ††120/375 € – ½ P

*Mühlenstr. 26 ⋈ 79589 – ℰ 07621 9408490 – www.muehlebinzen.de*

⅋○ **Mühle** – siehe Restaurantauswahl

# BIRKENAU

Hessen – 10 020 Ew. – Höhe 147 m – Regionalatlas **47**-F16

▶ Berlin 611 km – Wiesbaden 97 km – Mannheim 30 km – Darmstadt 44 km

Michelin Straßenkarte 543

### 🕸 Drei Birken     🏠 ⇔ 🅿

**MARKTKÜCHE · FREUNDLICH** ✕✕ Ein seit 1976 mit Engagement betriebenes Haus, in dem man richtig gut isst. Karl Gassen kocht Saisonales und Klassiker wie "Kalbsbäckchen in Rotwein geschmort". Interessant: Versucherlemenü in sechs kleinen Gängen. Ehefrau Christine betreut in freundlicher Atmosphäre charmant die Gäste.

Menü 35/70 € – Karte 33/54 €

*Hauptstr. 170 ✉ 69488 – ☎ 06201 32368 – www.restaurant-drei-birken.de – geschl. Februar 2 Wochen, September 2 Wochen und Montag - Mittwochmittag*

## In Birkenau-Löhrbach Süd-West: 4 km, Richtung Abtsteinach

### ✜ Schwarzberg - Lammershof by Schwarz ⓝ   ⇦ 🏠 ⅲ 🆔 ⅋

**MODERNE KÜCHE · ELEGANT** ✕✕ Im aufwändig restaurierten histori- 🅿 schen Lammershof (hier trifft Fachwerk auf Moderne) bietet man ambitionierte klassisch-moderne Küche - eines der Menüs ist vegetarisch. Besonderes: die eigene Bisonzucht am Haus. Man hat übrigens auch sehr charmante Gästezimmer.

→ Tataki vom Yellowfin Thunfisch, saures Gemüse, Kalamansi, Ponzuvinaigrette. Pochiertes Landei, Trüffel, Spinat, Kartoffel. Galloway Rib Eye, Zwiebelpüree, Anti Pasti, Fetaknödel, schwarze Oliven.

Menü 89/115 €    11 Zim – 🍴85/100 € 🍴🍴120 € – ⌁15 €

*Abtsteinacher Str. 2, (1. Etage) ✉ 69488 – ☎ 06201 845030 (Tischbestellung ratsam) – www.lammershof.de – nur Abendessen – geschl. Montag - Dienstag*

ⅲ◯ **Stube** – siehe Restaurantauswahl

### ⅲ◯ Stube ⓝ     🏠 ⅲ 🆔 ⇔ 🅿

**REGIONAL · GEMÜTLICH** ✕ In der gediegen-rustikalen Stube kocht man saisonal, regional-traditionell und mit internationalen Einflüssen. Appetit auf "Carpaccio vom Eisbein" oder "Strudel von Blut- und Leberwurst mit Apfel-Meerrettich-Gemüse"? Tipp für kalte Wintertage: die Plätze am sehenswerten wärmenden Kachelofen!

Menü 29 € – Karte 32/62 €

*Restaurant Schwarzberg - Lammershof by Schwarz, Abtsteinacher Str. 2 ✉ 69488 – ☎ 06201 845030 – www.lammershof.de – nur Abendessen, sonntags auch Mittagessen – geschl. Montag - Dienstag*

# BIRKENFELD (MAIN-SPESSART-KREIS)

Bayern – 2 160 Ew. – Höhe 206 m – Regionalatlas **49**-H15

▶ Berlin 517 km – München 312 km – Würzburg 29 km – Frankfurt am Main 100 km

Michelin Straßenkarte 546

## In Birkenfeld-Billingshausen Nord-Ost: 2 km, Richtung Zellingen

### ⅲ◯ Goldenes Lamm     🏠 ⇔ 🅿

**BÜRGERLICHE KÜCHE · GASTHOF** ✕ In dem ansprechenden alten Steinhaus leitet Familie Hüsam schon seit Generationen dieses ländlich-rustikale Restaurant. Im Sommer hat man im Hof eine nette kleine Terrasse.

Menü 34/52 € – Karte 18/44 €

*Untertorstr. 13 ✉ 97834 – ☎ 09398 352 – www.goldenes-lamm-billingshausen.de – geschl. Montag - Dienstag*

# BIRNBACH, BAD

Bayern – 5 530 Ew. – Höhe 376 m – Regionalatlas **59**-P19

▶ Berlin 618 km – München 147 km – Passau 41 km – Landshut 82 km

Michelin Straßenkarte 546

### 🏠 Sonnengut

SPA UND WELLNESS · GEMÜTLICH Ein Vierseithof der neuzeitlichen Art. Modern, schön und hochwertig sind die Zimmer und Suiten eingerichtet, der Wellnessbereich ist großzügig, aufwändig gestaltet und bietet vielfältige Anwendungen. Gehoben-regionale Küche in der charmanten holzgetäfelten "Hirschstube".

80 Zim ⌿ – ♦101/120 € ♦♦200/228 € – 8 Suiten – ½ P
*Am Aunhamer Berg 2 ⊠ 84364 – ℰ 08563 3050 – www.sonnengut.de*

### 🏠 Vitalhotel

SPA UND WELLNESS · FUNKTIONELL Das Hotel am Rande des Kurgebiets verfügt über wohnliche Zimmer in warmen Farben und überzeugt mit einem umfangreichen Wellnessangebot in geschmackvollem Ambiente.

108 Zim ⌿ – ♦72/77 € ♦♦114/150 € – 5 Suiten – ½ P
*Brunnaderstr. 27 ⊠ 84364 – ℰ 08563 3080 – www.vitalhotel-badbirnbach.de*

## Außerhalb Nord: 6 km

### 🏠 Hofgut Hafnerleiten

LANDHAUS · INDIVIDUELL Traumhaft wohnt man hier, und zwar in seinem eigenen Haus! Zur Wahl stehen das Haus am Feld, das Haus am Wald, das Bootshaus, das Baumhaus... Eines schöner als das andere, alle wertig und individuell. Frühstück und Abendessen werden Ihnen gebracht. Im Haupthaus speist man zusammen an einer großen Tafel.

10 Zim ⌿ – ♦140/180 € ♦♦320/480 €
*Brunndobl 16 ⊠ 84364 – ℰ 08563 91511 – www.hofgut.info*

# BISCHOFSWIESEN

Bayern – 7 540 Ew. – Höhe 610 m – Regionalatlas **67**-O21
▶ Berlin 736 km – München 148 km – Bad Reichenhall 13 km – Berchtesgaden 5 km
Michelin Straßenkarte 546

### 🏠 Reissenlehen

SPA UND WELLNESS · TRADITIONELL Schön wohnlich ist das freundlich geführte kleine Hotel mit den angenehm großzügigen Zimmern. Hallenbad und Naturbadeteich bieten einen fantastischen Bergblick, toll die Blockhaussauna, gut das Kosmetik- und Massageangebot, und auch Physiotherapie ist buchbar.

18 Zim ⌿ – ♦65/100 € ♦♦120/190 € – 4 Suiten – ½ P
*Reissenpoint 11 ⊠ 83483 – ℰ 08652 977200 – www.reissenlehen.de – geschl.*
*2. November - 25. Dezember*

### 🏠 Alpenhotel Hundsreitlehen

FAMILIÄR · TRADITIONELL Seit über 100 Jahren ist das 1387 erstmals erwähnte Haus in 750 m Höhe bereits im Familienbesitz. Um das Anwesen herum findet sich ein Barfußweg, schön die Panoramasicht. Wie wär's z. B. mit einem geschmackvollen "Sonnenalm"-Studio, einem Kuschel- oder Romantikzimmer oder einem geräumigen Familiennest?

29 Zim ⌿ – ♦50/110 € ♦♦100/160 € – 5 Suiten – ½ P
*Quellenweg 11 ⊠ 83483 – ℰ 08652 9860 – www.hundsreitlehen.de – geschl.*
*12. März - 23. April, Ende Oktober - 25. Dezember*

# BISINGEN

Baden-Württemberg – 9 160 Ew. – Höhe 561 m – Regionalatlas **55**-G19
▶ Berlin 710 km – Stuttgart 71 km – Konstanz 120 km – Reutlingen 35 km
Michelin Straßenkarte 545

## In Bisingen-Zimmern Nord-Ost: 2 km

### ⊕ Gasthof Adler

**REGIONAL · LÄNDLICH** ✕✕ In dem langjährigen Familienbetrieb kocht man regional und sehr schmackhaft - wie wär's z. B. mit "Rücken vom Albweidelamm"? In Bisingen hat man übrigens auch ein Gästehaus mit sechs modernen Zimmern.

Karte 29/52 €

*Schloss-Str. 1 ✉ 72406 – ☎ 07471 16975 – www.adler-zimmern.de – Mittwoch - Freitag nur Abendessen – geschl. August 2 Wochen und Montag - Dienstag*

## BISPINGEN

Niedersachsen – 6 250 Ew. – Höhe 74 m – Regionalatlas **19**-I6
▶ Berlin 335 km – Hannover 94 km – Hamburg 71 km – Lüneburg 45 km
Michelin Straßenkarte 541

### ⫶○ Tafelhuus

**TRADITIONELLE KÜCHE · FREUNDLICH** ✕ Drinnen helles, freundliches Ambiente, draußen der idyllische Garten mit Bäumen und Teich. Gekocht wird regional-bürgerlich und international: "geschmorter Heidschnuckenbraten mit Wacholderjus", "gegrillte Lachstranche mit Limonensauce"...

Karte 20/41 €

*Heidehotel Rieckmann, Kirchweg 1 ✉ 29646 – ☎ 05194 9510 (Tischbestellung ratsam) – www.hotel-rieckmann.de – nur Abendessen, sonntags auch Mittagessen – geschl. 5. Januar - 24. Februar und Montag - Dienstag*

### ⌂⌂ Heidehotel Rieckmann

**FAMILIÄR · MODERN** Persönlich und individuell kümmert man sich hier um die Gäste. Man sieht, dass immer wieder verbessert und aufgefrischt wird! Die Zimmer sind zeitgemäß, Sky TV nutzen Sie kostenfrei. Fragen Sie nach den ruhigeren Zimmern zum Garten.

21 Zim ⌷ – ♦60/85 € ♦♦82/119 € – ½ P
*Kirchweg 1 ✉ 29646 – ☎ 05194 9510 – www.hotel-rieckmann.de*
⫶○ **Tafelhuus** – siehe Restaurantauswahl

### ⌂ Das kleine Hotel am Park

**FAMILIÄR · GEMÜTLICH** Eine sympathische familiäre Adresse am Waldrand, zur Heide sind es nur wenige Schritte. Die Zimmer wohnlich-individuell, nach Monaten benannt. Zum gepflegten Garten (hier die Blockhaussauna) liegt der charmante Frühstücksraum mit Terrasse.

9 Zim ⌷ – ♦72 € ♦♦105 €
*Am Park 2c, Borstel, Nord-West: 1,5 km ✉ 29646 – ☎ 05194 6844 – www.daskleinehotel.de – geschl. 23. - 29. Dezember*

## BISTENSEE Schleswig-Holstein ➜ Siehe Rendsburg

## BITBURG

Rheinland-Pfalz – 13 660 Ew. – Höhe 320 m – Regionalatlas **45**-B15
▶ Berlin 705 km – Mainz 165 km – Trier 23 km – Wittlich 36 km
Michelin Straßenkarte 543

## In Rittersdorf Nord-West: 4 km, jenseits der B 51 - Höhe 285 m

### ⫶○ Herrmann's

**INTERNATIONAL · GEMÜTLICH** ✕✕ Über die Torbrücke gelangt man in den schönen Innenhof (hier eine der Terrassen) der romantischen Wasserburg a. d. 13. Jh. Kaminzimmer, Gute Stube, Jagdzimmer, Burgküche, Turmzimmer - lauter charmant-rustikale Räume! Gekocht wird international-regional. Standesamt im Gotischen Trauzimmer.

Menü 34/48 € – Karte 34/53 €

*Bitburger Str. 30, (in der Burg Rittersdorf) ✉ 54636 – ☎ 06561 96570 – www.burg-rittersdorf.de – geschl. Januar 3 Wochen und Montag - Dienstag*

# BLAICHACH

Bayern – 5 713 Ew. – Höhe 737 m – Regionalatlas **64**-I22

▶ Berlin 724 km – München 156 km – Augsburg 132 km – Bregenz 65 km

Michelin Straßenkarte 546

## ⭐○ **Zum Dorfwirt** ⓝ　　　　　　　　　　　🛐 ⊕ **P** ⇆

**REGIONAL · RUSTIKAL** ⅹ Das Motto der gastronomieerfahrenen Gastgeber lautet "Regionale Schmankerl aus dem Alpenland", und die gibt's z. B. in Form von "Wiener Schnitzel", "Ochsenbrust mit Meerrettichsauce" oder "Zwiebelrostbraten auf Allgäuer Käs'spätzle". Passend dazu die bürgerlich-rustikale Atmosphäre.

Karte 18/37 €

*Burgbergerstr. 48 ✉ 87544 – ☎ 08321 88822 – www.dorfwirt-blaichach.de*

# BLANKENBURG

Sachsen-Anhalt – 20 750 Ew. – Höhe 200 m – Regionalatlas **30**-K10

▶ Berlin 222 km – Magdeburg 71 km – Göttingen 124 km – Halle 88 km

Michelin Straßenkarte 542

## 🏠 **Viktoria Luise**　　　　　　　　🌣 ⅋ ≼ 🏠 🏠 & **P**

**PRIVATHAUS · KLASSISCH** Wer etwas Individualität sucht, findet diese in der Jugendstilvilla von 1893 - in Zimmern wie "Beatrix II", "Christine Luise" oder "Schlossblick". Gastgeberin Andrea Schmitz sorgt für privat-familiäre Atmosphäre. Am Morgen erfüllt sie Ihnen Ihre Frühstückswünsche à la carte.

12 Zim ⌂ – †61/90 € ††120/140 €

*Hasselfelder Str. 8 ✉ 38889 – ☎ 03944 91170 – www.viktoria-luise.de – geschl. 5. - 20. November, 20. - 26. Dezember*

# BLANKENHAIN

Thüringen – 6 470 Ew. – Höhe 300 m – Regionalatlas **40**-L13

▶ Berlin 279 km – Erfurt 31 km – Weimar 19 km – Jena 33 km

Michelin Straßenkarte 544

## 🏠 **Spa & Golf Hotel Weimarer Land**　　🌣 ⅋ ⅊ ⌶ 🏳 ⊛ 🏠 🎴 🖼 ⊡

**SPA UND WELLNESS · ELEGANT** Die Lage an einer 36-Loch-　& 🎛 🏠 **P** Golfanlage ist natürlich gefragt bei Golfern! Nicht minder attraktiv die wertigen Zimmer, der geschmackvolle Spa sowie die kostenlose Kinderbetreuung. Der ausgesprochen schöne gemütlich-elegante Stil ist allgegenwärtig - so auch im Restaurant "Masters" mit ambitionierter Küche. Mediterrane Speisen im HP-Restaurant "Augusta".

94 Zim ⌂ – †159/249 € ††209/299 € – 11 Suiten – ½ P

*Weimarer Str. 60 ✉ 99444 – ☎ 036459 61640 – www.golfresort-weimarerland.de*

# BLAUBACH Rheinland-Pfalz → Siehe Kusel

# BLAUBEUREN

Baden-Württemberg – 11 770 Ew. – Höhe 516 m – Regionalatlas **56**-H19

▶ Berlin 633 km – Stuttgart 81 km – Reutlingen 57 km – Ulm (Donau) 18 km

Michelin Straßenkarte 545

## In Blaubeuren-Weiler West: 2 km über B 492

## ⭐○ **Forellen-Fischer**　　　　　　　　　　　🛐 **P**

**REGIONAL · RUSTIKAL** ⅹⅹ Gemütlich-rustikal, wie man sich ein Fachwerkhaus vorstellt. Im Sommer lockt die lauschige Terrasse, im Winter der offene Kamin! Kulinarisch ist der Name Programm: Fester Bestandteil der regionalen Küche sind Forellen aus der Aach.

Menü 55/62 € – Karte 22/46 €

*Aachtalstr. 6 ✉ 89143 – ☎ 07344 6545 – www.forellenfischer.de – geschl. Sonntagabend - Montag*

## BLAUFELDEN

Baden-Württemberg – 5 180 Ew. – Höhe 460 m – Regionalatlas **49**-I17

▶ Berlin 539 km – Stuttgart 123 km – Würzburg 71 km – Nürnberg 122 km

Michelin Straßenkarte 545

### ⫶◯ Zum Hirschen     🐾 ⇦ 🏠 🚗

**REGIONAL · GASTHOF** 🗶🗶 Vorne bürgerlich-rustikale Stube, hinten etwas eleganter - so präsentiert sich der historische Gasthof gegenüber der Kirche. Gastgeber Manfred Kurz kocht klassisch und regional. Probieren Sie z. B. den "gedämpften fränkischen Waller in Meerrettichbutter" oder die leckere "Zwetschgenterrine mit Vanilleeis"! Man kann hier aber nicht nur essen: Die Zimmer sind sehr gepflegt und z. T. schön modern.

Menü 32/90 € – Karte 32/80 €   10 Zim ⌂ – ♦58/80 € ♦♦80/110 € – 2 Suiten

*Hauptstr. 15 ✉ 74572 – ℰ 07953 1041 (Tischbestellung ratsam) – www.hirschen-blaufelden.de – geschl. August 3 Wochen und Sonntagabend - Freitagmittag*

## BLIESKASTEL

Saarland – 20 880 Ew. – Höhe 213 m – Regionalatlas **46**-C17

▶ Berlin 693 km – Saarbrücken 30 km – Neunkirchen/Saar 16 km – Zweibrücken 12 km

Michelin Straßenkarte 543

### ✿ Hämmerle's Restaurant - Barrique     🅿

**FRANZÖSISCH-MODERN · ELEGANT** 🗶🗶🗶 Eine feste gastronomische Größe hier in der Saarpfalz! Cliff Hämmerle beweist mit seinen Menüs ein Händchen für finessenreiche, intensive Küche - aufwändig, aber nicht abgehoben. Animiert Sie der gläserne Weinschrank zu einem schönen Fläschchen? Wenn Sie danach übernachten möchten: Man hat zwei Gästezimmer.

➙ Ballweiler Saibling mit Avocado, Gurke und rosa Ingwer. Heidschnucke mit geräucherter Paprika und Saubohnen. Verführung von Zitrone und Schokolade.

Menü 60/86 €

*Bliestalstr. 110a ✉ 66440 – ℰ 06842 52142 (Tischbestellung ratsam) – www.haemmerles-restaurant.de – nur Abendessen – geschl. Ende Dezember - Anfang Januar 2 Wochen, August 3 Wochen und Sonntag - Montag sowie an Feiertagen*

🉐 **Landgenuss** – siehe Restaurantauswahl

### 🉐 Landgenuss     🏠 🅿

**REGIONAL · LÄNDLICH** 🗶🗶 Empfehlenswert ist hier alles: von modernen Klassikern wie "Rinderroulade de luxe" über kreative Landgenuss-Küche wie "Rinderfilet Rossini" bis hin zum Bliesgau Menü. Oder soll's lieber vegetarisch sein? Passend zum Namen versprüht das Restaurant mediterranes Landhausflair.

Menü 35/45 € – Karte 31/60 €

*Hämmerle's Restaurant - Barrique, Bliestalstr. 110a ✉ 66440 – ℰ 06842 52142 (Tischbestellung ratsam) – www.haemmerles-restaurant.de – geschl. Ende Dezember - Anfang Januar 1 Woche, Mitte August 1 Woche und Samstagmittag, Sonntag - Montag sowie an Feiertagen*

## BOCHUM

Nordrhein-Westfalen – 362 220 Ew. – Höhe 100 m – Regionalatlas **26**-C11

▶ Berlin 518 km – Düsseldorf 47 km – Dortmund 21 km – Essen 17 km

Michelin Straßenkarte 543

### ⫶◯ Livingroom     🏠 🍴

**INTERNATIONAL · HIP** 🗶🗶 Ob "Dry Aged Ribeye", Wiener Schnitzel oder "Filet vom schottischen Lachs, Sobanudeln, Okraschoten", in dem lebendig-modernen großen Restaurant mit Bar und Bistro wird frisch und schmackhaft gekocht. Tipp: der Mittagstisch zu fairem Preis.

Menü 35/60 € (abends) – Karte 41/85 €

*Luisenstr. 9 ✉ 44787 – ℰ 0234 9535685 – www.livingroom-bochum.de – geschl. Sonntag sowie an Feiertagen*

### 🏨 Renaissance

**BUSINESS • MODERN** Für Businessgäste sind die verkehrsgünstige Lage und der direkte Zugang zum Kongresszentrum ideal, Besucher des Starlight-Express-Theaters nutzen gerne die günstigen Wochenendangebote! Nach dem Saunagang (toll die Sicht vom 7. Stock!) stärkt man sich im Restaurant "Sutherland" mit Internationalem.

174 Zim – ♦93/160 € ♦♦93/160 € – 3 Suiten – 🛏 19 €

*Stadionring 18 ✉ 44791 – ☎ 0234 61010 – www.renaissancebochum.de*

## BODENMAIS

Bayern – 3 300 Ew. – Höhe 689 m – Regionalatlas **59**-P17
▶ Berlin 521 km – München 178 km – Passau 72 km – Cham 51 km
Michelin Straßenkarte 546

### 🏨 Neue Post

**SPA UND WELLNESS • GEMÜTLICH** Freundlich-familiär geleitetes Ferienhotel mit unterschiedlich geschnittenen Zimmern, die teils sehr großzügig und mit luxuriöser Note eingerichtet sind. Dazu ein ansprechender Spabereich und ein Restaurant im regionstypischen Landhausstil.

56 Zim 🛏 – ♦66/101 € ♦♦134/182 € – 4 Suiten – ½ P

*Kötztinger Str. 25 ✉ 94249 – ☎ 09924 9580 – www.hotel-neue-post.de – geschl. 19. - 31. März, 6. November - 15. Dezember*

### 🏨 Bodenmaiser Hof

**SPA UND WELLNESS • GEMÜTLICH** In dem familiengeführten Haus wohnen Sie in eleganten und zeitgemäßen Zimmern, meist mit Balkon oder Wintergarten. So richtig schön relaxen kann man z. B. bei Kosmetikanwendungen oder im Garten mit Schwimmteich. Wer es etwas aktiver mag, hat in der Nähe viele gute Wandermöglichkeiten!

47 Zim 🛏 – ♦97/123 € ♦♦97/170 € – 10 Suiten – ½ P

*Rißlochweg 4 ✉ 94249 – ☎ 09924 9540 – www.bodenmaiser-hof.de*

### 🏨 Bayerwaldhotel Hofbräuhaus

**SPA UND WELLNESS • MODERN** Das bei der Kirche gelegene Hotel ist ein traditionsreiches Haus unter familiärer Leitung, das seinen Gästen ländlich-wohnliche Zimmer und einen großzügigen Wellnessbereich bietet. Dazu hat man Restaurantträume mit rustikalem Ambiente.

60 Zim 🛏 – ♦65/97 € ♦♦130/186 € – 2 Suiten – ½ P

*Marktplatz 5 ✉ 94245 – ☎ 09924 7770 – www.hotel-hofbraeuhaus.de*

**In Bodenmais-Böhmhof** Süd-Ost: 1 km Richtung Zwiesel

### 🏨 Böhmhof

**SPA UND WELLNESS • GEMÜTLICH** Eine charmante Ferienadresse in schöner Waldrandlage. Die Atmosphäre in dem einstigen Gutshof ist sehr familiär, die Zimmer sind wohnlich, gut das Freizeit- und Wellnessangebot. Wie wär's mit einer Segway- oder E-Bike-Tour? Restaurant in freundlich-regionalem Stil. HP inklusive.

35 Zim 🛏 – ♦92/122 € ♦♦166/190 € – ½ P

*Böhmhof 1 ✉ 94249 – ☎ 09924 94300 – www.boehmhof.de*

**In Bodenmais-Kothinghammer** Süd-West: 2,5 km Richtung Deggendorf

### 🏨 Hammerhof Aktiv- und Wohlfühlhotel

**SPA UND WELLNESS • GEMÜTLICH** Ein Familienbetrieb in Alleinlage mit großzügigem Rahmen und wohnlichen Zimmern im Landhausstil. Im Haus Sommerland befindet sich der hübsche und vielfältige Wellnessbereich. Geschmackvoll gestaltete Restaurantstuben.

39 Zim 🛏 – ♦74/84 € ♦♦124/142 € – 20 Suiten – ½ P

*Kothinghammer 1 ✉ 94249 – ☎ 09924 9570 – www.hammerhof.de – geschl. 2. - 13. April, 22. November - 24. Dezember*

## In Bodenmais-Mooshof Nord-West: 1 km Richtung Drachselsried

### 🏨 Mooshof Wellness & SPA Resort 🍴 ⟨ 🛏 ⟶ 🖥 ⊕ 📶 ⅃⅄ ✕ ⊡

**LUXUS · ELEGANT** Engagiert betreibt Familie Holzer das gewachsene 🏊 🚗 Traditionshaus. Alles ist schön wohnlich, von der Lobby über die Zimmer bis zur charmanten Antoniusstube - hier traditionell-regionale Küche mit mediterranem Einfluss. Gönnen Sie sich doch eine der schönen edlen Suiten! Attraktiv auch der vielfältige Spa.

56 Zim ⌷ – 🛉95/133 € 🛉🛉190/236 € – 24 Suiten – ½ P

*Mooshof 7 ⊠ 94249 – ☏ 09924 7750 – www.hotel-mooshof.de – geschl. 28. November - 21. Dezember*

# BODMAN-LUDWIGSHAFEN

Baden-Württemberg – 4 430 Ew. – Höhe 408 m – Regionalatlas **63**-G21
▶ Berlin 741 km – Stuttgart 165 km – Konstanz 31 km – Bregenz 74 km
Michelin Straßenkarte 545

## Im Ortsteil Ludwigshafen

### 🏨 Seehotel Adler 🍴 ⟨ 🛏 ⟶ ⊕ 📶 ⅃⅄ ⊡ 🏊 🚗

**SPA UND WELLNESS · MODERN** Toll die Lage am Seeufer, direkt am Boots-hafen. Fragen Sie nach den Themenzimmern oder den modernen Zimmern im Anbau! Nett auch die im Stammhaus mit Seeblick. Zudem bietet man Kosmetik sowie ein Restaurant mit trendigem, klassischem oder rustikalem Ambiente. Dazu Terrasse zum See und Biergarten.

60 Zim ⌷ – 🛉95/125 € 🛉🛉130/170 € – 3 Suiten – ½ P

*Hafenstr. 4 ⊠ 78351 – ☏ 07773 93390 – www.seehotel-adler.de*

# BÖBLINGEN

Baden-Württemberg – 46 720 Ew. – Höhe 464 m – Regionalatlas **55**-G18
▶ Berlin 647 km – Stuttgart 21 km – Karlsruhe 80 km – Reutlingen 36 km
Michelin Straßenkarte 545

### 🍴 Da Signora 🏮 ⅍ 🆎 ✕ ⇄ 🅿

**ITALIENISCH · FREUNDLICH** ✕✕ Hier ist man mit Leib und Seele Gastgeber, ver-arbeitet nur gute, frische Produkte, Brot und Pasta macht man selbst. Am Abend bietet man z. B. "Orangen-Risotto mit Ente", "Limonen-Ravioli" oder "Selezione di Pesce". Mittags preiswerte kleine Karte. Angeschlossen: Enoteca und Vinothek.

Menü 22 € (mittags unter der Woche)/69 € – Karte 38/62 €

*Graf-Zeppelin-Platz 1, (im Meilenwerk) ⊠ 71034 – ☏ 07031 3069509 – www.dasignora.de – geschl. 1. - 7. Januar und Montag*

### 🍴 Zum Reussenstein 🏮 ⅍ 🆎 ⇄ 🚗

**TRADITIONELLE KÜCHE · GEMÜTLICH** ✕✕ Hier geht es ganz schwäbisch zu: Die Karte ist nicht nur regional ausgerichtet, sondern auch im Dialekt geschrieben - Lust auf "Bio-Landgogglbruschd", "Roschdbrôôda" oder "Schweinsbäggla"? Die Glaswand zur Küche gewährt interessante Einblicke. Im Gewölbe: Wein-"Schatz-kämmerle" und Kochschule.

Menü 36 € – Karte 23/50 €

*Hotel Zum Reussenstein, Kalkofenstr. 20 ⊠ 71032 – ☏ 07031 66000 (Tischbestellung ratsam) – www.reussenstein.com – geschl. Sonntag - Montag*

### 🏨 V8 Hotel 📶 ⊡ ⅍ ✕ 🅿

**BUSINESS · INDIVIDUELL** Es ist schon recht speziell hier, von der Oldtimer-Halle über originelle Themenzimmer ("Tankstelle", "Route 66"...) und die "Zeppelin-Suite" (3 Etagen plus Dachterrasse!) bis hin zu interessanten Arrangements ("Emotion pur", "Automobile Museumstour" oder "Freuen auf morgen"). Früh-stück im Café Reimann.

34 Zim – 🛉139/199 € 🛉🛉159/229 € – 2 Suiten – ⌷ 15 €

*Graf-Zeppelin-Platz 1, (im Meilenwerk) ⊠ 71034 – ☏ 07031 3069880 – www.v8hotel.de*

**Zum Reussenstein**

BUSINESS · INDIVIDUELL Von der Straße geht es ein paar Stufen hinunter zum Hotel der Familie Böckle (3. Generation). Es gibt hier individuelle Zimmer, darunter auch Themenzimmer. Wie wär's im Sommer mit Frühstück im netten Wildkräutergarten? Besonderheit: Indoor-Barfußpark und eigener Jagdsimulator!

45 Zim ⌂ – ♦90/120 € ♦♦120/160 €

*Kalkofenstr. 20* ✉ *71032 –* ✆ *07031 66000 – www.reussenstein.com*

🍴 **Zum Reussenstein** – siehe Restaurantauswahl

## In Schönaich Süd-Ost: 6 km

🏠 **Waldhotel Sulzbachtal**

LANDHAUS · GEMÜTLICH Das kleine Hotel hat gleich mehrere Pluspunkte: Es liegt schön inmitten von Wald, Wiesen und Feldern, wird herzlich-familiär geführt, ist äußerst gepflegt und am Morgen bekommt man ein frisches, reichhaltiges Frühstück - für Businessgäste und Kurzurlauber gleichermaßen ideal! Restaurant in der Nachbarschaft.

20 Zim ⌂ – ♦82/145 € ♦♦96/165 €

*im Sulzbachtal 2, Nord-Ost: 2 km, Richtung Steinenbronn* ✉ *71101 –* ✆ *07031 75780 – www.sulzbachtal.com – geschl. Mitte Dezember - Mitte Januar*

# BÖNNIGHEIM

Baden-Württemberg – 7 210 Ew. – Höhe 221 m – Regionalatlas **55**-G17

▶ Berlin 616 km – Stuttgart 36 km – Heilbronn 20 km – Karlsruhe 65 km

Michelin Straßenkarte 545

🍴 **Sophie La Roche** 🛋 🍽

INTERNATIONAL · ELEGANT ✗✗ Schönes elegantes Ambiente, gehobene Tischkultur, freundlicher Service und schmackhafte Speisen gehen hier Hand in Hand! Gekocht wird mit regionalen und internationalen Einflüssen.

Menü 49 € – Karte 36/66 €

*Hotel Adler am Schloss, Schlossstr. 34* ✉ *74357 –* ✆ *07143 82020 – www.adler-am-schloss.de – nur Abendessen – geschl. Anfang Januar 2 Wochen und Sonntag - Montag sowie an Feiertagen*

🏨 **Adler am Schloss**

GASTHOF · MODERN Man wohnt hier richtig schön! Direkt neben dem Schloss fügt sich das nette kleine Hotel mit seinen schmucken Zimmern harmonisch ins Ortsbild - hier und da altes Fachwerk. Ebenso charmant die Gästebetreuung! Das Frühstück ist übrigens sehr gut, die Minibar gratis.

11 Zim – ♦59/73 € ♦♦92 € – ⌂ 10 €

*Schlossstr. 34* ✉ *74357 –* ✆ *07143 82020 – www.adler-am-schloss.de – geschl. Anfang Januar 2 Wochen*

🍴 **Sophie La Roche** – siehe Restaurantauswahl

# BOLTENHAGEN

Mecklenburg-Vorpommern – 2 420 Ew. – Höhe 5 m – Regionalatlas **11**-L4

▶ Berlin 250 km – Schwerin 47 km – Lübeck 41 km – Wismar 26 km

Michelin Straßenkarte 542

## In Boltenhagen-Redewisch West: 2 km

🏨 **Gutshaus Redewisch**

LANDHAUS · HISTORISCH Ein schöner Anblick, wie das stattliche Gutshaus a. d. 19. Jh. bei der Anfahrt vor Ihnen liegt! Heute ist es ein schmuckes kleines Hotel, einige Zimmer mit Balkon, teils mit altem Holzfußboden. Setzen Sie sich zum Essen (bürgerliche Küche, durchgehend serviert) auf die Terrasse zum Teich!

20 Zim ⌂ – ♦60/90 € ♦♦90/150 € – 1 Suite – ½ P

*Redewischer Straße 46* ✉ *23946 –* ✆ *038825 3760 – www.gutshaus-redewisch.de*

## WIR MÖGEN BESONDERS...

Im **Yunico** beim Apero auf der Terrasse den Blick auf die Umgebung genießen. Zum Lunch ins **Bistro Remise** mit seiner schicken, geschmackvollen Einrichtung. Im **Oliveto** an einem der Fenstertische sitzen und auf den Rhein schauen. **Halbedel's Gasthaus** für das schöne Ambiente einer Gründerzeitvilla. Den herrlichen Stadtblick von der **Godesburg**.

# BONN

Nordrhein-Westfalen – 309 870 Ew. – Höhe 60 m – Regionalatlas **36**-C13
▶ Berlin 593 km – Düsseldorf 73 km – Aachen 91 km – Köln 28 km
Michelin Straßenkarte 543

## *Restaurants*

❀ **EQUU ①** (Robert Maas)  � 🍴

**MODERNE KÜCHE · DESIGN** ✗✗ In der ehemaligen Remise der niedersächsischen Landesvertretung heißt es Design vom Feinsten: wertige Materialien gepaart mit klaren Formen und ruhigen, warmen Tönen. Aus der teils einsehbaren Küche kommen interessante modern-kreative Speisen mit Ausdruck und Tiefe. Der Service sehr freundlich und geschult.
➔ Iberico, Ei, Glasaal, grüne Bohnen. Adlerfisch, Olive, Gamba. Dorayaki, Rote Bohnen, Heidelbeere, Fett, Frischkäse.
Menü 69/129 €
*Fritz-Erler-Str. 7, (nahe Post Tower), über Adenauerallee B2* ✉ *53113*
*– ☏ 0228 93399333 (Tischbestellung ratsam) – www.remise-bonn.com – nur Abendessen – geschl. Anfang Januar 1 Woche, Ende Februar 1 Woche, 24. Juli - 6. August und Sonntag - Dienstag*
🍴○ **Bistro Remise** – siehe Restaurantauswahl

❀ **Kaspars ①**  �

**KREATIV · FREUNDLICH** ✗✗ Im Haus der Bonner Burschenschaft Alemannia, direkt an der Rheinpromenade, wird ambitioniert gekocht. "Casual Fine Dining" nennt sich das Konzept: kreative, moderne Gerichte in Menüform - kraftvoll, ausdrucksstark und schön arrangiert.
➔ Hummer, Frühlingslauch, Gartentomaten, Estragon, Krustentierbisque. Eifeler Rehrücken, Spitzkohl, Pfefferkirsche, Vadouvan Brioche. Erdbeere, Karamell, Rhabarber, Ivoire.
Menü 78/102 € – Karte 74/115 €
*Rosental 105, über Erzbergerufer B1* ✉ *53111*
*– ☏ 0228 96509366 (Tischbestellung ratsam) – www.kaspars.restaurant*
*– nur Abendessen, sonntags auch Mittagessen – geschl. 8. - 24. Januar, 13. September - 5. Oktober und Montag - Dienstag*

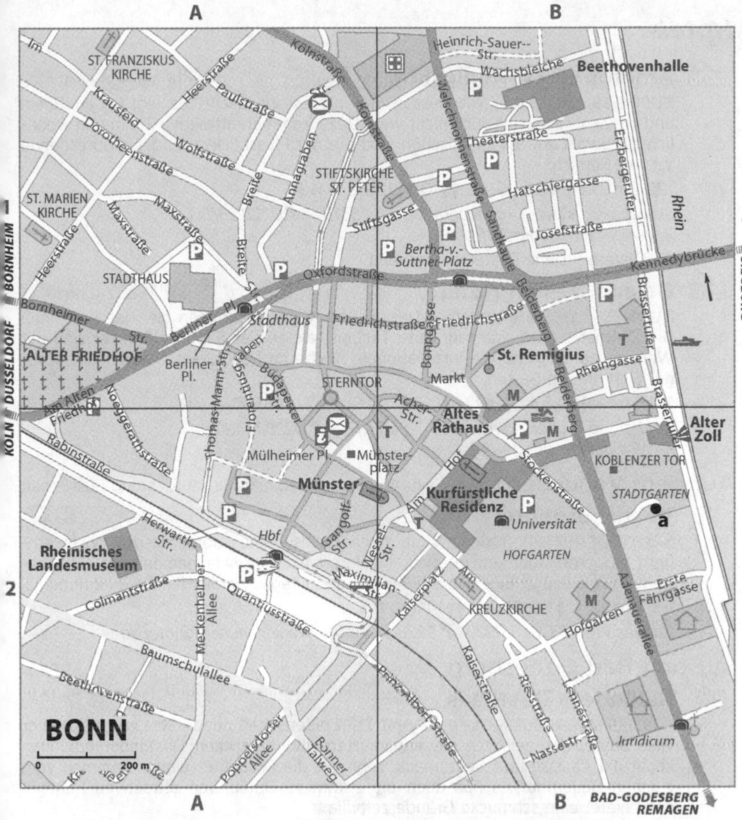

## 🍴 Oliveto     ⪡ 🏠 ♿ 🆎 ⇧ 🚗

**ITALIENISCH · ELEGANT** XX In dem geschmackvoll-eleganten Restaurant im UG sitzt man besonders schön an einem der Fenstertische oder auf der Rheinterrasse. Schmackhaft die italienische Küche, aufmerksam der Service. Gerne kommt man auch zum Business Lunch.

Menü 49/129 € – Karte 45/69 €

**Stadtplan : B2-a** – *Ameron Hotel Königshof, Adenauerallee 9 ✉ 53111 – ☏ 0228 2601541 – www.hotel-koenigshof-bonn.de*

## 🍴 Bistro Remise     🏠 🍽️

**INTERNATIONAL · FREUNDLICH** X Wer die Bistro-Alternative zum "EQUU" vorzieht, speist in ebenso geschmackvollem Ambiente. Auf der international geprägten Karte liest man z. B. Rote-Beete-Carpaccio oder Tatar.

Menü 49 € – Karte 29/73 €

*Restaurant EQUU, Fritz-Erler-Str. 7, (nahe Post Tower), über Adenauerallee B2 ✉ 53113 – ☏ 0228 93399333 – www.remise-bonn.com – geschl. Anfang Januar 1 Woche, Ende Februar 1 Woche, 24. Juli - 6. August und Sonntag, Samstagmittag*

Gute Küche zu moderatem Preis? Folgen Sie dem Bib Gourmand 🐷

## *Hotels*

### ⌂ Ameron Hotel Königshof    ⪦ ⭓ ⊡ ⭓ Ⓐ⌢ ⭓ ⌢

**BUSINESS · MODERN** Was dieses Hotel interessant macht? Es liegt toll am Rhein und ins Zentrum ist es auch nicht weit. Dazu kommen attraktive Zimmer in wohnlich-zeitgemäßem Stil (sehr schön sind die mit Flussblick) und der ansprechende Vitality-Bereich.

129 Zim � – †89/199 € ††109/229 € – ½ P

**Stadtplan : B2-a** – *Adenauerallee 9* ✉ *53111* – ℰ *0228 26010*
– *www.hotel-koenigshof-bonn.de*

⫯◯ **Oliveto** – siehe Restaurantauswahl

### ⌂ Galerie Design Hotel    ⪜ ⬚ ⭓ ⊡ Ⓐ ⤨ ⭓ ⌢

**BUSINESS · DESIGN** Modernes Design und Kunst bestimmen hier das Ambiente. Die Zimmer bieten eine sehr gute Technik, einige der Superior-Zimmer sind mit Whirlwanne ausgestattet. Internationale Küche im Restaurant "Atelier" mit schöner Sicht in den Garten.

52 Zim – †68/132 € ††78/142 € – 1 Suite – ⊆ 19 € – ½ P

*Kölnstr. 360, über Kölnstraße A1* ✉ *53117* – ℰ *0228 18480*
– *www.galerie-design-hotel.de*

**Auf dem Venusberg** Süd-West: 4 km über Rabinstraße A2 Richtung Euskirchen

### ⌂ Venusberghotel    ⊡ 🅿

**BOUTIQUE-HOTEL · MODERN** Ein individuelles kleines Hotel, das mit hochwertigem modern-elegantem Interieur in klaren Linien sowie persönlicher Gästebetreuung überzeugt. Eine Flasche Wasser steht täglich gratis für Sie im Zimmer.

23 Zim ⊆ – †110/150 € ††140/170 €

*Haager Weg 83* ✉ *53127* – ℰ *0228 910230* – *www.venusberghotel.de*

## In Bonn-Bad Godesberg

### ✿ Halbedel's Gasthaus    ⬚⬚ ⭓ ⬭

**FRANZÖSISCH-MODERN · ELEGANT** XⓍX Leidenschaft und Beständigkeit über viele Jahre, das zeichnet die engagierten und herzlichen Gastgeber aus. Man kocht mit Finesse und Geschmack, sehr gut die Produkte (einige stammen vom eigenen Bauernhof), schön auch die stimmige Optik. Den attraktiven Rahmen dazu bietet eine schmucke Gründerzeitvilla.

→ Hummer, Amalfizitrone, Kohlrabi, Matchatee. Rehrücken, Rübstiel, Mispeln, Purplecurry. Luftschokolade, Minzeis, Minzpesto.

Menü 70 € (vegetarisch)/140 € – Karte 78/109 €

**Stadtplan : D1-h** – *Rheinallee 47* ✉ *53173* – ℰ *0228 354253 (Tischbestellung ratsam)* – *www.halbedels-gasthaus.de* – *nur Abendessen* – *geschl. Juli - August 3 Wochen und Montag*

### ⫯◯ Godesburg    ⪦ ⭓ ⭓ ⬭ 🅿

**INTERNATIONAL · ELEGANT** XX Einen traumhaften Blick bietet das rundum verglaste Restaurant, das man an die alte Burg über der Stadt angebaut hat. Serviert wird internationale Küche, auch an Vegetarier und Veganer ist gedacht. Großer Rittersaal für Feierlichkeiten.

Menü 32/62 € – Karte 32/62 €

**Stadtplan : C1-g** – *Auf dem Godesberg 5* ✉ *53177* – ℰ *0228 316071*
– *www.godesburg-bonn.de* – *geschl. Montag*

### ⌂ Villa Godesberg    ⪧ ⭓

**HISTORISCH · MODERN** Wunderschön, wie man in der schmucken Jugendstilvilla von 1905 (erweitert um das Gästehaus Villa Mirbach) den Charme von einst mit modernen Elementen verbunden hat. Luftig-hohe Räume, ein hübscher kleiner Garten (im Sommer ein toller Ort zum Frühstücken!), Minibar und Leihfahrräder gratis...

22 Zim ⊆ – †120/160 € ††140/180 € – 2 Suiten

**Stadtplan : D1-d** – *Mirbachstr. 2a* ✉ *53173* – ℰ *0228 830060*
– *www.villa-godesberg.de* – *geschl. Weihnachten - Neujahr*

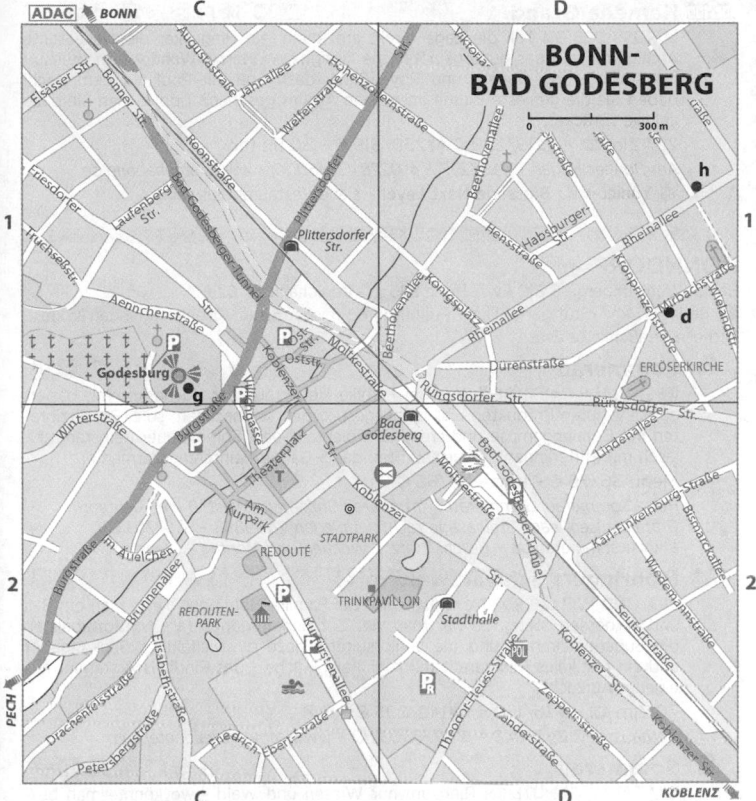

**BONN-BAD GODESBERG**

0    300 m

C    D

KOBLENZ 🖊

---

## In Bonn-Oberkassel Süd-Ost: 4,5 km über Adenauerallee B2 und die A 562

### ⁕ Yunico ⟨ 斋 点 AC

**JAPANISCH · ELEGANT** XX Stylish zeigt sich das "Japanese Fine Dining" in der obersten Etage des "Kameha Grand". Der Service ist charmant und versiert, die Küche verbindet japanische Tradition finessenreich und interessant mit modernen europäischen Einflüssen. Toll die Aussicht von der Terrasse.

→ Schwarzer Seehecht, Yuzu Aromen, Staudensellerie, Mandel. Kobe Rind - Filet und Roastbeef. Matcha und Calpico, Schaumzucker, Baiser, Nashi Birne, Sauerrahm-Shiso Eis.

Menü 108/149 €

*Hotel Kameha Grand, Am Bonner Bogen 1 ⊠ 53227 – 𝒞 0228 43345500 – www.yunico-kameha.de – nur Abendessen – geschl. Juli - August 3 Wochen und Sonntag - Montag*

### ⅱ〇 Brasserie Next Level 斋 点 AC 🚗

**INTERNATIONAL · DESIGN** XX In dem modernen Restaurant stechen sofort die riesigen weißen Kronleuchter ins Auge, schön der Blick zum Rhein - diesen genießt man am besten von der Terrasse! Die Küche ist französisch beeinflusst.

Menü 44 € – Karte 39/69 €

*Hotel Kameha Grand, Am Bonner Bogen 1 ⊠ 53227 – 𝒞 0228 43345000 – www.brasserie-nextlevel.de – geschl. Mittwochabend, Donnerstagabend*

### 🏨 Kameha Grand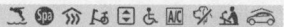

**LUXUS · DESIGN** Toll die Lage direkt am Rhein, ein Hingucker die glasbetonte Architektur und das außergewöhnliche Design von Marcel Wanders. Themensuiten sowie King-, Queen- und Royal-Suite, dazu Spa mit Pool auf dem Dach! Haben Sie die gefliese Blume im großen Atrium gesehen? Tipp: Gehen Sie dazu auf die "Brücke".

224 Zim 🖙 – †219/299 € ††239/319 € – 30 Suiten

*Am Bonner Bogen 1 ⊠ 53227 – ℰ 0228 43345000 – www.kamehabonn.de*

🌸 **Yunico** · 🍴 **Brasserie Next Level** – siehe Restaurantauswahl

---

## BONNDORF

Baden-Württemberg – 6 810 Ew. – Höhe 845 m – Regionalatlas **62**-E21
▶ Berlin 773 km – Stuttgart 151 km – Freiburg im Breisgau 55 km – Donaueschingen 25 km
Michelin Straßenkarte 545

### 🏵 Sommerau

**REGIONAL · GASTHOF** 𝕏 Was bei Familie Hegar aus der Küche kommt, basiert auf sehr guten Produkten und ist ausgesprochen schmackhaft, so z. B. "Gitzibraten mit Bohnengemüse und cremiger Polenta" oder "Sommerauer Kalbsrahmgulasch mit Pfifferlingen". Gourmet-Tipp: das 5-Gänge-Feinschmeckermenü.

Menü 36/76 € – Karte 34/65 €

*Hotel Sommerau, Sommerau 1, Im oberen Steinatal - West: 9 km, Richtung Grafenhausen, nach Steinasäge rechts abbiegen ⊠ 79848 – ℰ 07703 670 – www.sommerau.de – geschl. März 3 Wochen und Montag - Dienstag*

### 🏨 Möhringers Schwarzwaldhotel

**SPA UND WELLNESS · FUNKTIONELL** Bei Familie Möhringer bleibt man am Ball und verbessert stetig. So hat man vier Zimmerkategorien (am komfortabelsten die Superior-Zimmer und die Juniorsuiten), dazu ein vielfältiges Spa-Angebot und ein rustikales Restaurant mit regionaler Küche - das Rindfleisch stammt aus eigener Aufzucht.

70 Zim 🖙 – †76/150 € ††142/295 € – ½ P

*Rothausstr. 7 ⊠ 79848 – ℰ 07703 93210 – www.schwarzwaldhotel.com*

### 🏠 Sommerau

**GASTHOF · GEMÜTLICH** Ringsum nur Wiesen und Wald - wo könnte man besser abschalten? Da verzichtet man gerne auf TV, W-Lan und Handy-Empfang! Stattdessen genießt man gemütliche Zimmer, ein hübsches Saunahaus, den Badeteich mit Quellwasser... Das ökologische Konzept des Holzhauses passt da perfekt ins Bild!

13 Zim 🖙 – †87 € ††134 € – ½ P

*Sommerau 1, Im oberen Steinatal - West: 9 km, Richtung Grafenhausen, nach Steinasäge rechts abbiegen ⊠ 79848 – ℰ 07703 670 – www.sommerau.de – geschl. März 3 Wochen*

🏵 **Sommerau** – siehe Restaurantauswahl

---

## BOPPARD

Rheinland-Pfalz – 15 190 Ew. – Höhe 67 m – Regionalatlas **46**-D14
▶ Berlin 612 km – Mainz 89 km – Koblenz 21 km – Bingen 42 km
Michelin Straßenkarte 543

### 🍴 Le Chopin

**FRANZÖSISCH-KLASSISCH · ELEGANT** 𝕏𝕏𝕏 Sie sitzen in stilvollem Ambiente, lassen sich vom geschulten Service umsorgen und wählen zwischen dem regionalen und dem Degustationsmenü. Oder bevorzugen Sie einen Klassiker wie "Kappeler Landei" oder "Chateaubriand mit Sauce Béarnaise"?

Menü 30/88 € – Karte 43/65 €

*Bellevue Rheinhotel, Rheinallee 41 ⊠ 56154 – ℰ 06742 1020 (Tischbestellung ratsam) – www.lechopin-boppard.de – nur Abendessen – geschl. 4. - 26. Januar, 1. - 16. August, 5. - 15. November und Montag - Mittwoch, April - Oktober: Dienstag - Mittwoch*

### ⫟◯ Le Bristol ⪕ 🍴 AC

**TRADITIONELLE KÜCHE · KLASSISCH** XX Hier erwartet Sie neben schöner Gründerzeit-Atmosphäre ein wechselndes Tagesmenü - international, traditionell und saisonal, von "Saltimbocca mit Thymianjus" über Wiener Schnitzel bis "Zanderfilet mit Brunnenkresseschaum". Auf der Rheinterrasse "Le Jardin" gibt es im Sommer Leichtes und Vespergerichte.

Menü 26/30 € – Karte 27/49 €

*Bellevue Rheinhotel, Rheinallee 41 ⊠ 56154 – ℰ 06742 1020*
*– www.bellevue-boppard.de*

### 🏠 Bellevue Rheinhotel ⪕ 🖾 🕅 ⅃ℰ 🖃 🕸 🚗

**HISTORISCH · KLASSISCH** Direkt an der Rheinpromenade steht das Jugendstil-Juwel von 1887, und es hat nichts von seinem Charme eingebüßt. Man bewahrt Klassisches und bleibt dennoch nie stehen, das beweist auch die rund 200 m entfernte neue "Résidence Bellevue" mit 20 eleganten Appartements. Kosmetik und Massage möglich.

71 Zim – ♦60/100 € ♦♦87/155 € – 21 Suiten – ♥11 € – ½ P

*Rheinallee 41 ⊠ 56154*
*– ℰ 06742 1020 – www.bellevue-boppard.de*

⫟◯ **Le Chopin** • ⫟◯ **Le Bristol** – siehe Restaurantauswahl

## In Boppard-Weiler Süd: 6,5 km über Buchenau

### ⫟◯ Landgasthof Eiserner Ritter ⪕ 🕸 🍴 P

**MARKTKÜCHE · BÜRGERLICH** X Schön zeitgemäß wohnen und gut essen kann man in dem traditionsreichen Familienbetrieb (bereits die 6. Generation), der ruhig im Ortskern am Rheinburgenweg liegt. Aus der Küche kommt Regional-Saisonales wie "Kappeler Gockel mit Waldpilz-Rahmsauce" oder Internationales wie "Ikarimi-Lachs in Gewürzbutter".

Menü 21/65 € – Karte 21/68 €     13 Zim ♥ – ♦59/73 € ♦♦88/116 €

*Zur Peterskirche 10 ⊠ 56154*
*– ℰ 06742 93000 – www.eiserner-ritter.de*
*– geschl. 6. Februar - 16. März, 9. - 26. Oktober und Mittwoch - Donnerstagmittag*

## In Boppard-Buchholz West: 6,5 km, jenseits der A 61 - Höhe 406 m

### ⫟◯ Tannenheim 🕸 🛏 🍴 🚗

**REGIONAL · BÜRGERLICH** X In dem Haus mit Familientradition seit 1908 kümmert man sich freundlich um seine Gäste. Auf der Karte machen z. B. Kalbssteak, Cordon bleu oder "Ragout von Spargel, Morcheln und Flusskrebsen" Appetit. Und zum Übernachten hat man gepflegte, neuzeitlich eingerichtete Zimmer.

Karte 32/54 €     12 Zim ♥ – ♦59/90 € ♦♦89/110 €

*Bahnhof Buchholz 3, an der B 327 ⊠ 56154 – ℰ 06742 2281*
*– www.hotel-tannenheim.de – nur Abendessen*
*– geschl. 23. Dezember - 31. Januar, Juli - August 3 Wochen und Sonntag, Donnerstag*

## In Boppard-Bad Salzig Süd: 3 km über B 9, Richtung St. Goar

### 🏠 Park Hotel ☆ 🕸 🛏 🕅 ⅃ℰ 🍽 🕸 P

**FAMILIÄR · INDIVIDUELL** "New York", "Renoir" oder "Afrika-Lodge"? Hier hat man individuelle, liebevoll gestaltete Themenzimmer. Geräumiger: Junior-Suite und Alkoven-Zimmer. Und wie wär's mit Kosmetikbehandlung oder Massage? Im eleganten Wintergarten samt moderner "EssBAR" und reizvoller Terrasse isst man klassisch-traditionell.

23 Zim ♥ – ♦85/105 € ♦♦120/140 € – ½ P

*Römerstr. 38, (am Kurpark) ⊠ 56154*
*– ℰ 06742 93930 – www.park-villa.de*

**Außerhalb** Nord: 12 km über B 9 bis Spay, dann links, Auffahrt Jakobsberg

### 🏛️ Jakobsberg

**HISTORISCHES GEBÄUDE · INDIVIDUELL** Bei Tagungsgästen und Urlaubern wie auch bei Golfern ist das einstige Klostergut gefragt. Die Zimmerkategorien reichen von Classic bis zur Suite, die Themen von Montgolfière über Benetton bis Afrika, und auch "Haribo" spielt eine Rolle. Im Restaurant genießt man die Aussicht bei internationaler Küche.

101 Zim ⌂ – ♦89/204 € ♦♦109/219 € – 4 Suiten – ½ P
*Im Tal der Loreley* ✉ *56154 –* ☎ *06742 8080 – www.jakobsberg.de*

## BORDELUM

Schleswig-Holstein – 1 980 Ew. – Höhe 6 m – Regionalatlas **1**-G2
▶ Berlin 452 km – Kiel 107 km
Michelin Straßenkarte 541

### 🍴 norditeran

**MEDITERRAN · FREUNDLICH** 🍴 Lust auf "Duo vom Kalb mit Spitzkohl" und als Dessert "Chocolat Malheur mit Karamellparfait"? In angenehm ungezwungener Atmosphäre bietet man Schmackhaftes aus vorwiegend regionalen Produkten. Dazu Feinkostgeschäft samt Bistro – hier gibt's mittags und abends Burger sowie Pizza & Pasta.

Menü 39/59 € – Karte 34/52 €
*Dorfstr. 12, (in Ost-Bordelum)* ✉ *25852 –* ☎ *04671 9436733 – www.norditeran.com*
*– nur Abendessen – geschl. 5. - 18. September und Sonntag - Montag*

## BORKUM (INSEL)

Niedersachsen – 5 180 Ew. – Höhe 2 m – Regionalatlas **7**-C5
▶ Berlin 523 km – Hannover 253 km – Emden 50 km
Michelin Straßenkarte 541

### 🏛️ Strandhotel Hohenzollern

**HISTORISCHES GEBÄUDE · MODERN** An der Promenade liegt das Haus von 1895 - die Fassade sowie Säulen im Inneren sind original. Zimmer mit neuzeitlicher Einrichtung und gutem Komfort, teils zur Seeseite. Das mediterran gestaltete "Palée" ist offen zur Lobby hin und bietet Meerblick.

12 Suiten ⌂ – ♦♦130/190 € – 10 Zim – ½ P
*Jann-Berghaus-Str. 63* ✉ *26757 –* ☎ *04922 92330*
*– www.strandhotel-hohenzollern.com – geschl. 4. Januar - 22. Februar, 6.*
*- 18. Dezember*

## BOSAU

Schleswig-Holstein – 3 450 Ew. – Höhe 25 m – Regionalatlas **10**-J4
▶ Berlin 315 km – Kiel 45 km – Lübeck 37 km – Eutin 16 km
Michelin Straßenkarte 541

### 🏛️ Strauers Hotel am See

**LANDHAUS · INDIVIDUELL** So richtig abschalten vom Alltag: gleich vor der Tür der Plöner See, zu dem man direkt von der Liegewiese über den eigenen Badesteg Zugang hat! Aber auch schöne Zimmer, wohltuende Massagen und ein gemütliches Essen auf der Seeterrasse sorgen für Erholung.

28 Zim ⌂ – ♦68/98 € ♦♦128/168 € – 8 Suiten – ½ P
*Gerold Damm 2* ✉ *23715 –* ☎ *04527 9940 – www.strauer.de – geschl. Januar - Februar*

## BOTTROP

Nordrhein-Westfalen – 116 500 Ew. – Höhe 55 m – Regionalatlas **26**-C11
▶ Berlin 530 km – Düsseldorf 44 km – Essen 11 km – Oberhausen 8 km
Michelin Straßenkarte 543

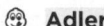 **Bahnhof Nord** 🏠 ♻ **P**

**INTERNATIONAL · TRENDY** ✗✗ Warum das Restaurant in dem schön sanierten historischen Bahnhofsgebäude so gefragt ist? Es ist stimmig in modernem Land-hausstil gehalten, man wird herzlich und unkompliziert umsorgt und mediterran-international bekocht. Auch für Feiern.

Menü 30/50 € – Karte 28/61 €

*Am Vorthbach 10 ✉ 46240 – ☎ 02041 988944 (Tischbestellung ratsam)*
*– www.bahnhofnord.de – nur Abendessen – geschl. Montag - Dienstag*

# BRACKENHEIM

Baden-Württemberg – 15 110 Ew. – Höhe 192 m – Regionalatlas **55**-G17

▶ Berlin 604 km – Stuttgart 41 km – Heilbronn 15 km – Karlsruhe 58 km

Michelin Straßenkarte 545

## In Brackenheim-Botenheim Süd: 1,5 km

 **Adler** 🏠 **P**

**TRADITIONELLE KÜCHE · LÄNDLICH** ✗✗ Hier wird schwäbische Tradition groß geschrieben, man macht aber auch Ausflüge in die internationale Küche. So reicht das Angebot in den gemütlichen Stuben vom "schwäbischen Rostbraten mit Maultäschle" bis zum "gratinierten Lammrücken auf Ratatouille".

Menü 36/47 € – Karte 32/52 €

*Hotel Adler, Hindenburgstr. 4 ✉ 74336 – ☎ 07135 98110 – www.adlerbotenheim.de*
*– geschl. August und Dienstagmittag*

 **Adler** **P**

**GASTHOF · TRADITIONELL** In dem Gasthaus a. d. 18. Jh. steckt jede Menge Herz-blut - und zwar das von Familie Rembold, die hier schon seit einigen Jahrzehnten mit Engagement bei der Sache ist! Entsprechend gut ist auch das Frühstück. Die Zimmer sind sehr individuell geschnitten und zeitgemäß-funktional.

15 Zim 🛏 – †65/70 € ††98/108 €

*Hindenburgstr. 4 ✉ 74336 – ☎ 07135 98110 – www.adlerbotenheim.de – geschl.*
*August*

🍴 **Adler** – siehe Restaurantauswahl

# BRAKE

Niedersachsen – 14 990 Ew. – Höhe 2 m – Regionalatlas **8**-F6

▶ Berlin 463 km – Hannover 196 km – Oldenburg 35 km – Bremen 59 km

Michelin Straßenkarte 541

 **Ambiente** 🌀 ✗ 🍴

**FAMILIÄR · AUF DEM LAND** In dem ehemaligen Kapitänshaus von 1912 kümmert sich die Inhaberfamilie herzlich um ihre Gäste. Die Zimmer sind klassisch-gedie-gen und mit norddeutschem Charme eingerichtet.

4 Zim 🛏 – †64 € ††89 € – 2 Suiten

*Hinrich-Schnitger-Str. 6 ✉ 26919 – ☎ 04401 798020*
*– www.hotel-ambiente-brake.de*

# BRANDENBURG an der HAVEL

Brandenburg – 71 150 Ew. – Höhe 32 m – Regionalatlas **22**-N8

▶ Berlin 84 km – Cottbus 178 km – Dessau 82 km – Magdeburg 83 km

Michelin Straßenkarte 542

 **Am Humboldthain** 🏠 ♻ 🍴

**INTERNATIONAL · KLASSISCHES AMBIENTE** ✗✗ Hier hat man ein klassisches Stadthaus im Zentrum schön saniert und mit Geschmack in elegantem Stil einge-richtet. Das Restaurant bietet internationale Speisen an.

Menü 25/46 € – Karte 31/44 €

*Plauer Str. 1 ✉ 14770 – ☎ 03381 334767 – www.am-humboldthain.de – nur*
*Abendessen, sonntags auch Mittagessen – geschl. Montag - Dienstag*

## 🍴 Die Werft

🏠 ⚫ 🏷 ♻ **P**

**MARKTKÜCHE · TRENDY** 𝕏 Schön die Lage an der Havel, direkt in der Innenstadt. Auf dem Vorplatz eine nette Terrasse, drinnen modernes Design in einem lichten hohen Raum - ein Ruderboot an der Decke dient als Deko. Gekocht wird saisonal. Parkplätze am Packhof 31.

Menü 25/38 € – Karte 24/42 €

*Hauptstr. 77 ✉ 14770 – 𝒞 03381 3281799 – www.werft-brandenburg.de*

## 🏠 Havelfloß

🏷 **P**

**FAMILIÄR · AUF DEM LAND** Eine charmante Pension, in dem man gut und preiswert übernachtet. Attraktiv die wohnlich-modernen Zimmer, im Sommer frühstücken Sie draußen direkt an der Havel. Check-in in der kleinen Cafébar gegenüber. Tipp: Man vermietet auch Flöße.

9 Zim 🛏 – 🛏70/80 € 🛏🛏98/110 €

*Altstädtische Fischerstr. 2 ✉ 14770 – 𝒞 03381 269022 – www.pension-havelfloss.de*

# BRANNENBURG

Bayern – 5 720 Ew. – Höhe 509 m – Regionalatlas **66**-N21

▶ Berlin 660 km – München 72 km – Bad Reichenhall 83 km – Rosenheim 17 km

Michelin Straßenkarte 546

## 🏠 Schlosswirt

🌳 **P**

**HISTORISCH · FUNKTIONELL** Ein Gasthaus a. d. J. 1447, in 5. Generation familiär geführt! Die Zimmer tragen Namen von Künstlern, die das Haus im 19. Jh. als Treffpunkt nutzten. So hat man neben der traditionellen Gaststube (beliebt auch bei Einheimischen) ein heimeliges "Künstlerstüberl". Draußen der lauschige Biergarten unter Linden.

16 Zim 🛏 – 🛏57/85 € 🛏🛏98/115 € – ½ P

*Kirchplatz 1 ✉ 83098 – 𝒞 08034 70710 – www.schlosswirt.de*

# BRAUBACH

Rheinland-Pfalz – 3 020 Ew. – Höhe 65 m – Regionalatlas **36**-D14

▶ Berlin 600 km – Mainz 87 km – Koblenz 13 km

Michelin Straßenkarte 543

## 🏠 Zum weißen Schwanen

🌳

**GASTHOF · INDIVIDUELL** Eine charmante Adresse mit individuellen Zimmern, darunter schöne zeitgemäß-wohnliche Appartements mit Küchenzeile. Besonderheit: Kunst von Karl Heidelbach. Im gemütlich-rustikalen Restaurant verarbeitet man zahlreiche Kräuter, z. T. aus dem eigenen Garten, die Brasserie in der Mühle bietet Bürgerliches.

29 Zim 🛏 – 🛏55/68 € 🛏🛏90/110 € – 6 Suiten – ½ P

*Brunnenstr. 4 ✉ 56338 – 𝒞 02627 9820 – www.zum-weissen-schwanen.de – geschl. Januar - 13. Februar, August 2 Wochen*

# BRAUNFELS

Hessen – 10 690 Ew. – Höhe 236 m – Regionalatlas **37**-F13

▶ Berlin 518 km – Wiesbaden 84 km – Frankfurt am Main 77 km – Gießen 28 km

Michelin Straßenkarte 543

## 🍴 Geranio

🏠 🏷 ♻

**ITALIENISCH · FREUNDLICH** 𝕏𝕏 Viele Jahre bekochen die Brüder Geranio in dem über 300 Jahre alten Fachwerkhaus unterhalb der Burg nun schon ihre Gäste: authentische, gehoben-klassische italienische Gerichte wie hausgemachte Pasta, aber auch Lammrücken oder Seezunge.

Menü 70 € – Karte 36/65 €

*Am Kurpark 2 ✉ 35619 – 𝒞 06442 931990 – www.ristorante-geranio.de – geschl. 1. - 10. Januar, Anfang Juli - Anfang August und Dienstag*

# BRAUNLAGE

Niedersachsen – 4 790 Ew. – Höhe 560 m – Regionalatlas **30**-J10

▶ Berlin 252 km – Hannover 119 km – Braunschweig 69 km – Göttingen 67 km

Michelin Straßenkarte 541

## ⅈ○ Gourmetrestaurant

INTERNATIONAL · KLASSISCHES AMBIENTE ✗✗ Das elegante Restaurant befindet sich im Stammhaus mit schöner Holzfassade. Die Küche ist zeitgemäß-international ausgelegt und wird auch in der Bierstube serviert. Gute Weinkarte.

Menü 30/55 € – Karte 28/70 €

*Hotel Zur Tanne, Herzog-Wilhelm-Str. 8 ✉ 38700 – ℰ 05520 93120 (Tischbestellung ratsam) – www.tanne-braunlage.de – nur Abendessen – geschl. November und Montag, außer an Feiertagen*

## ⅈ○ Victoria-Luise

INTERNATIONAL · ELEGANT ✗✗ Mediterrane Elemente bestimmen hier die Einrichtung. In elegantem Ambiente serviert man Ihnen internationale Küche. Gerne nimmt man auch auf der schönen Terrasse Platz.

Menü 25/69 € – Karte 32/57 €

*Hotel Residenz Hohenzollern, Dr.-Barner-Str. 11 ✉ 38700 – ℰ 05520 93210 – www.residenz-hohenzollern.de – Dienstag - Freitag nur Abendessen – geschl. 29. März - 12. April und Montag*

## 🏨 Residenz Hohenzollern

LANDHAUS · ELEGANT Ein Haus zum Wohlfühlen, angefangen beim Service und diversen Annehmlichkeiten über die hübschen, sehr wohnlich gestalteten Zimmer (einige mit toller Sicht, Suiten teilweise mit Küche) bis zum schönen Saunabereich und dem Kosmetikangebot.

14 Zim 🚗 – ♦79/155 € ♦♦110/195 € – 12 Suiten – ½ P

*Dr.-Barner-Str. 10 ✉ 38700 – ℰ 05520 93210 – www.residenz-hohenzollern.de – geschl. 29. März - 12. April*

ⅈ○ **Victoria-Luise** – siehe Restaurantauswahl

## 🏨 Zur Tanne

HISTORISCHES GEBÄUDE · INDIVIDUELL Der Familienbetrieb mitten im Zentrum ist ein erweitertes historisches Haus mit wohnlichen Zimmern, die im sogenannten Bachhaus besonders neuzeitlich sind. Rustikal ist das Ambiente in der Bierstube.

18 Zim 🚗 – ♦52/99 € ♦♦80/149 € – 3 Suiten – ½ P

*Herzog-Wilhelm-Str. 8 ✉ 38700 – ℰ 05520 93120 – www.tanne-braunlage.de – geschl. November*

ⅈ○ **Gourmetrestaurant** – siehe Restaurantauswahl

**In Braunlage-Hohegeiß** Süd-Ost: 12 km über B 4 Richtung Nordhausen - Höhe 642 m

## 🏨 Vitalhotel Sonneneck

LANDHAUS · GEMÜTLICH Diese familiär geleitete Ferienadresse liegt schön am Ortsrand und bietet zeitgemäße Zimmer, ein Hallenbad mit Blick auf die Harzer Berge und auch eine kleine Kosmetikabteilung. Sie mögen es rustikal? Dann essen Sie doch mal in der netten "Sonneneck Alm" auf der Wiese beim Hotel.

18 Zim 🚗 – ♦59/79 € ♦♦90/140 € – 9 Suiten – ½ P

*Hindenburgstr. 24 ✉ 38700 – ℰ 05583 94800 – www.vitalhotel-sonneneck.de*

## 🏠 Harmonie Hotel Rust

TRADITIONELL · GEMÜTLICH Das regionstypische Haus in ruhiger Lage ist ein gepflegter Familienbetrieb - im Gästehaus stehen auch einige Appartements zur Verfügung. Sie möchten sich eine Kosmetikanwendung gönnen? Kein Problem! Restaurant und Terrasse mit Harzblick.

22 Zim 🚗 – ♦55/75 € ♦♦105/140 € – 2 Suiten – ½ P

*Am Brande 5 ✉ 38700 – ℰ 05583 831 – www.hotelrust-harz.de*

# BRAUNSCHWEIG

Niedersachsen – 245 800 Ew. – Höhe 74 m – Regionalatlas **30**-J9
▶ Berlin 228 km – Hannover 66 km – Magdeburg 92 km
Michelin Straßenkarte 541

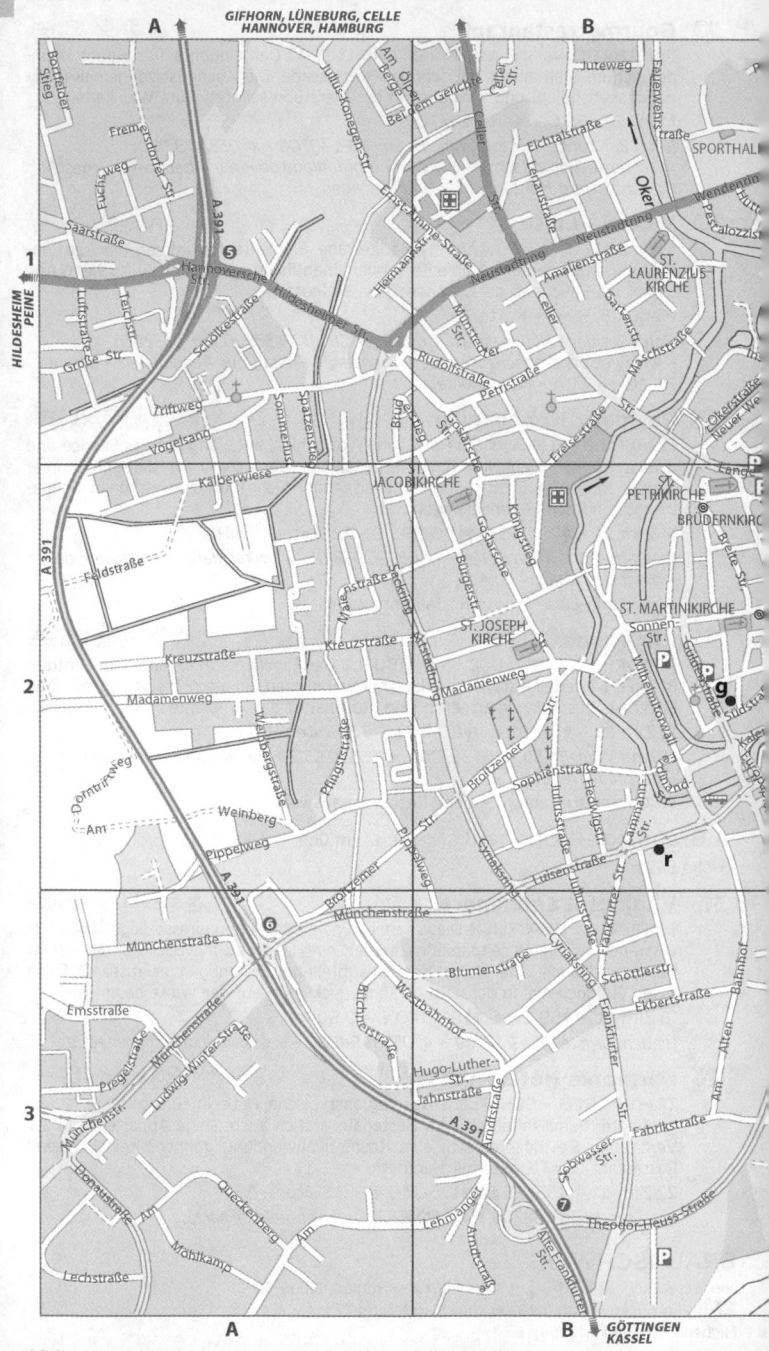

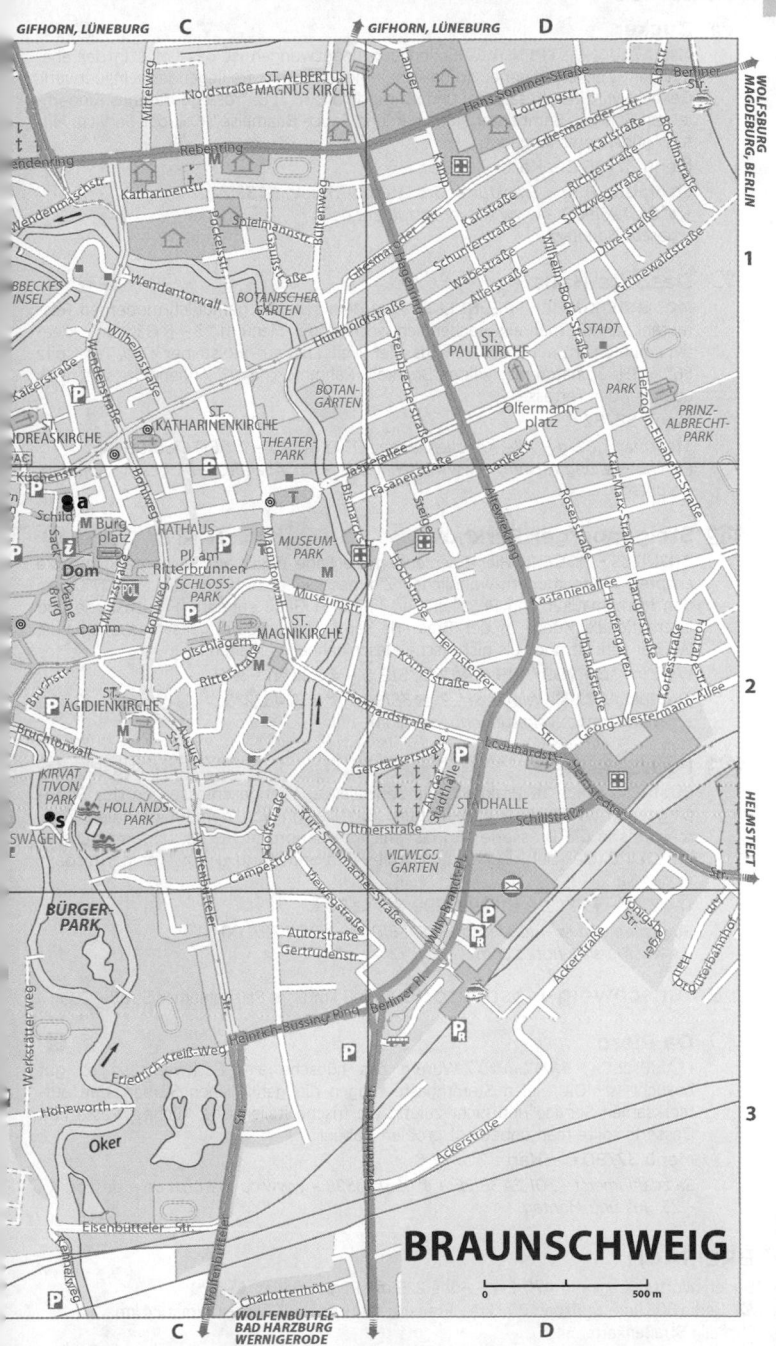

WOLFSBURG
MAGDEBURG, BERLIN

HELMSTEDT

# BRAUNSCHWEIG

0       500 m

WOLFENBÜTTEL
BAD HARZBURG
WERNIGERODE

### Zucker  🍴 ♤

MARKTKÜCHE · TRENDY ✗✗ Schön und ungezwungen ist das Lokal in der ehe-maligen Zuckerraffinerie: luftig-licht, modern, mit freiliegendem Mauerwerk. Gekocht wird frisch, saisonal und schmackhaft, so z. B. "rosa gebratenes Rinderfi-let mit Spargel, Bamberger Hörnchen und Sauce Béarnaise". Toll der Service. Mit-tags günstigeres Angebot.

Menü 37/75 € – Karte 36/62 €

**Stadtplan : B2-r** – *Frankfurter Str. 2, (im ARTmax)* ⊠ *38122*
*–* ☏ *0531 281980 – www.zucker-restaurant.de*
*– geschl. Sonntag*

### 🍴O Das Alte Haus  🍴 AC ✗

MODERNE KÜCHE · FREUNDLICH ✗✗ In dem schönen gemütlich-modernen Res-taurant serviert man ein wöchentlich wechselndes Menü mit 3 - 6 Gängen - krea-tiv, ambitioniert, mit Einflüssen aus aller Welt. Lust auf "Holsteiner Kalb, Tafelspitz 56° - 3H, Spinatcreme, wilder Brokkoli, Rahmmorcheln"? Angenehm sitzt man auch auf der Terrasse.

Menü 58/82 €

**Stadtplan : B2-g** – *Alte Knochenhauerstr.11* ⊠ *38100* – ☏ *0531 6180100*
*(Tischbestellung ratsam) – www.altehaus.de – nur Abendessen – geschl. Sonntag*
*- Montag*

### 🏨 Steigenberger Parkhotel  ✿ 🕸 Ⅰ⅙ 🖃 🕭 AC ✗ 🐾 P

BUSINESS · MODERN Hier überzeugen die Lage direkt am Bürgerpark und die ansprechenden modern-wohnlichen Zimmer, die ebenso wie die Bar "1777" an den Mathematiker und Physiker Carl Friedrich Gauß erinnern. Französische und internationale Küche in der Brasserie samt Terrasse. Übrigens: das ehemalige Wasserwerk ist noch als historische Maschinenhalle erhalten.

176 Zim ⌑ – †99/499 € ††109/519 € – 4 Suiten – ½ P

**Stadtplan : C2-s** – *Nîmes Str. 2* ⊠ *38100* – ☏ *0531 482220*
*– www.braunschweig.steigenberger.com*

### 🏨 FourSide ❶  ✿ 🕸 Ⅰ⅙ 🖃 🕭 AC 🐾

BUSINESS · DESIGN Praktisch die zentrale Lage, angeschlossen an das Shop-pingcenter Welfenhof, chic-modern das Design von den funktionalen Zim-mern bis in die Brasserie "Rudas" mit internationaler Küche. Legerer geht es im "Deli Circle" bei frischen Smoothies und Snacks zu. Tipp: "Tonic Tuesday" in der Bar.

174 Zim – †79/279 € ††99/299 € – ⌑ 20 €

**Stadtplan : C2-a** – *Jöddenstr. 3* ⊠ *38100* – ☏ *0531 707200*
*– www.fourside-hotels.com*

## In Braunschweig-Mascherode Süd: 6 km über Salzdahlumer Straße CD3

### 🍴O Da Piero  🍴 P

ITALIENISCH · FAMILIÄR ✗✗ Warum das hübsche alte Fachwerkhaus so gut besucht ist? Die vielen Stammgäste mögen die gemütlichen Stuben, den auf-merksamen Service und nicht zuletzt die frische italienische Küche - Pasta und Desserts sollte man unbedingt probiert haben!

Menü 37/80 € – Karte 30/77 €

*Salzdahlumerstr. 301* ⊠ *38126* – ☏ *0531 43598 – www.da-piero-bs.de – geschl. 4.*
*- 25. Juli und Montag*

# BREISACH

Baden-Württemberg – 14 470 Ew. – Höhe 225 m – Regionalatlas **61**-D20
▶ Berlin 808 km - Stuttgart 209 km – Freiburg im Breisgau 30 km – Colmar 24 km
Michelin Straßenkarte 545

## In Breisach-Hochstetten Süd-Ost: 2,5 km über B 31

### ⌂ Landgasthof Adler 🕿 🛬 🛪 🅿

**GASTHOF · TRADITIONELL** Der Gasthof mit kleinem Gästehaus ist eine nette familiäre Adresse in dörflicher Umgebung, die ideal ist für Fahrradtouristen. Die Zimmer sind gepflegt und behaglich. Gemütliche Gaststube mit bürgerlichem Angebot.

22 Zim ⌂ – †60/70 € – ††90/100 € – ½ P

*Hochstetter Str. 11 ⌧ 79206 – ℰ 07667 93930 – www.adler-hochstetten.de*
*– geschl. Februar 3 Wochen*

## BREISIG, BAD

Rheinland-Pfalz – 8 990 Ew. – Höhe 70 m – Regionalatlas **36**-C13
▶ Berlin 618 km – Mainz 133 km – Koblenz 30 km – Bonn 33 km
Michelin Straßenkarte 543

### ⫯○ Am Kamin 🝕 🕸

**INTERNATIONAL · BÜRGERLICH** Ⅹ Seit über 30 Jahren haben Barbara und Werner Pommer ihr Restaurant nahe dem Marktplatz. Im Winter gemütlich mit Kamin, im Sommer mit schöner Terrasse. Beliebt sind die Fischgerichte, Spezialität des Chefs, aber auch Wild und Gänse!

Menü 18 € (mittags)/36 € – Karte 29/59 €

*Zehner Str. 10, B 9 ⌧ 53498 – ℰ 02633 96722 – www.restaurant-am-kamin.de*
*– geschl. Januar 3 Wochen und Montag - Dienstagmittag*

## BREITNAU

Baden-Württemberg – 1 710 Ew. – Höhe 1 018 m – Regionalatlas **61**-E20
▶ Berlin 788 km – Stuttgart 167 km – Freiburg im Breisgau 28 km – Donaueschingen 42 km
Michelin Straßenkarte 545

### ⌂ Kaisers Tanne 🕿 < 🛬 🖥 🕸 🖻 🕸 🚗

**TRADITIONELL · GEMÜTLICH** Warum man immer wieder hierher kommt? Der Gasthof hat typischen Schwarzwälder Charme, eine freundliche und engagierte Führung, hübsche Deko, wohnliche Zimmer, gemütliche Stuben... und drum herum schöne Landschaft. Da ist die Terrasse natürlich gefragt! Und wie steht's mit Kosmetik und Massage? HP inklusive.

26 Zim ⌂ – †81/86 € – ††162/188 € – ⁄ Suiten – ½ P

*Am Wirbstein 27, B 500, Süd-Ost: 2 km ⌧ 79874 – ℰ 07652 12010*
*– www.kaisers-tanne.de*

## BREMEN

Bremen – 546 460 Ew. – Höhe 3 m – Regionalatlas **18**-G6
▶ Berlin 390 km – Hamburg 120 km – Hannover 123 km
Michelin Straßenkarte 541

### ⫯○ Park Restaurant 🕸 < 🛬 🝕 ⅙ 🆎 🕸 🚗

**FRANZÖSISCH-KLASSISCH · ELEGANT** ⅩⅩⅩ Prachtvolle Kristallleuchter, gestreifte Stuhlpolster und üppige Stoffdekorationen an den Fenstern... Klassisch ist nicht nur das Ambiente, auch das Speisenangebot mit Gerichten wie "Nordsee-Seezunge Müllerin Art" oder "Beefsteak-Tatar".

Menü 49 € – Karte 37/87 €

**Stadtplan : B2-f** *– Dorint Park Hotel, Im Bürgerpark ⌧ 28209 – ℰ 0421 3408513*
*– www.dorint.com/bremen*

### ⫯○ Al Pappagallo 🝕 🕸 🅿

**ITALIENISCH · TRENDY** ⅩⅩ In dem eleganten Restaurant mit lichtem Wintergarten und wunderbarem Garten kann man sich wohlfühlen. Aus der Küche kommen "Frutti di Mare Caldi", "Gnocchi alla Carbonara", "Filetto di Manzo della Casa"...

Menü 35/65 € (abends) – Karte 46/68 €

**Stadtplan : B3-p** *– Außer der Schleifmühle 73 ⌧ 28203 – ℰ 0421 327963*
*– www.al-pappagallo.de – geschl. Sonntag*

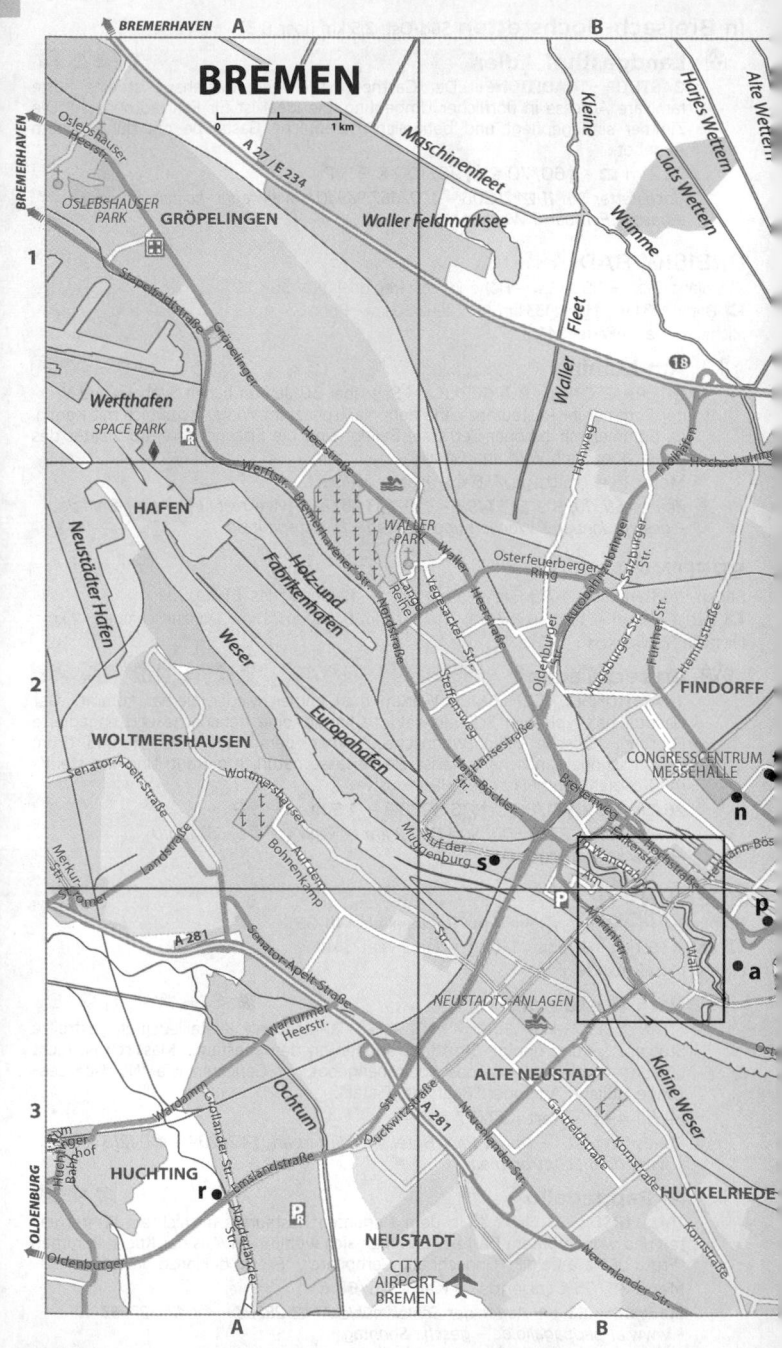

# BREMEN

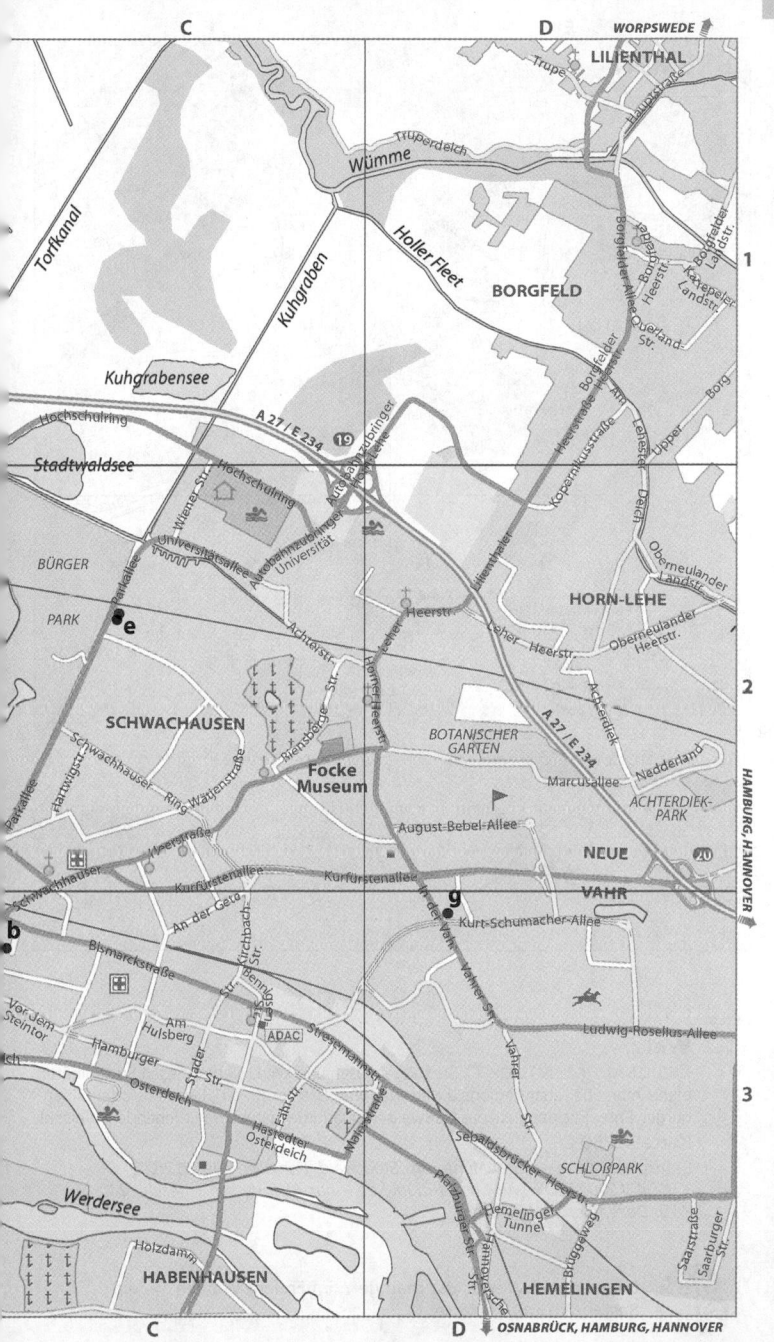

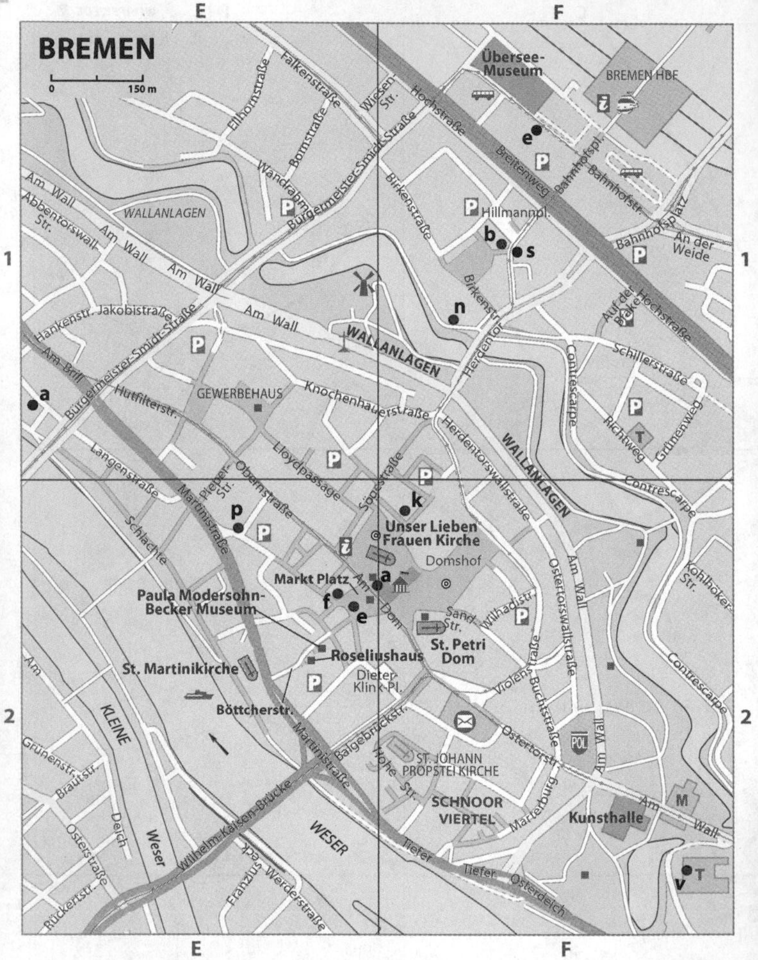

## 🍴 Wels     🍽 🚗

**REGIONAL · GEMÜTLICH** ✗✗ Sie mögen Fisch und Wild? Neben diesen Spezialitäten bietet man aber auch regionale Klassiker wie "Bremer Knipp", Lapskaus oder Oldenburger Ente. Blickfang ist das Süßwasseraquarium - natürlich mit lebenden Welsen!
Karte 35/50 €

**Stadtplan : C2-e** – *Hotel Munte am Stadtwald, Parkallee 299* ✉ *28213*
*– 📞 0421 2202666 – www.hotel-munte.de – nur Abendessen – geschl. 24.*
*- 29. Dezember und Sonntag*

 Bei schönem Wetter isst man gern im Freien! Wählen Sie ein Restaurant mit Terrasse: 🍽.

## ⅱ○ Das Kleine Lokal  🏵 🛋

**KLASSISCHE KÜCHE · NACHBARSCHAFTLICH** ✕✕ Ein wirklich nettes, gemütlich-modernes kleines Restaurant, das engagiert geführt wird. Unter den geschmackvollen Speisen finden sich z. B. "Waldpilzravioli mit krossem Kalbsbries" oder "Rücken und Kohlroulade vom Hirsch mit Kürbisquiche".

Menü 49/83 € – Karte 67/89 €

**Stadtplan : C3-b** – *Besselstr. 40* ✉ *28203* – ✆ *0421 7949084*
*– www.das-kleine-lokal.de – nur Abendessen – geschl. Juli - August 3 Wochen und Sonntag - Montag*

## ⅱ○ Hillmann's  ⬅ 🛋 🆎 ⅍

**SCHWEIZER KÜCHE · VINTAGE** ✕✕ Das Restaurant in der 1. Etage des "Swissôtel" ist ein schicker Ort mit leichtem Retro-Touch - alles hochwertig, in warmen Farben. Auf der Karte auch viele Schweizer Spezialitäten wie klassisches Zürcher Geschnetzeltes oder "Graubündner Capuns mit Mangold und Bergkäse". Mittags einfacherer Business Lunch.

Menü 30/46 € – Karte 16/51 €     228 Zim ▭ – ♦126/251 € ♦♦148/273 €
– 2 Suiten

**Stadtplan : F1-b** – *Hillmannplatz 20, (1. Etage)* ✉ *28195* – ✆ *0421 620000 (Tischbestellung ratsam) – www.hillmanns-restaurant.de – geschl. Juni - Mitte August und Samstagmittag, Sonntag, Montagabend*

## ⅱ○ Grashoff's Bistro  🏵 🛋 🆎 ⅍

**FRANZÖSISCH-KLASSISCH · BISTRO** ✕ Der Klassiker in Bremen, ob Feinkostladen oder Restaurant. Letzteres bietet frische Küche auf Basis erstklassiger Produkte - wie wär's z. B. mit klassischem Coq au Vin? Und danach Crème brûlée von der Bitterschokolade? Schöne Weine.

Karte 39/60 €

**Stadtplan : F1-n** – *Contrescarpe 80, (neben der Hillmann-Passage)* ✉ *28195*
*– ✆ 0421 14749 (Tischbestellung ratsam) – www.grashoff.de*
*– geschl. Sonntag - Montag sowie an Feiertagen*

## ⅱ○ Q1 Metropolitan Kitchen & Bar Ⓝ  🛋 ⅍

**INTERNATIONAL · GEMÜTLICH** ✕ In "Bremen Downtown" finden Sie dieses stylische Restaurant, in dem man Ihnen in schicker Atmosphäre die Crossover-Küche New Yorks näher bringt - und die ist vielfältig: Spareribs, Burger, Pasta, Currys, Pizza und auch hochwertige Steaks.

Menü 29/69 € – Karte 29/77 €

**Stadtplan : F2-k** – *Querenstr. 1* ✉ *28195* – ✆ *0421 3228590*
*– www.q1-restaurant.de – geschl. Sonntag*

## ⅱ○ Osteria

**ITALIENISCH · MEDITERRANES AMBIENTE** ✕ Dieses lebendige Restaurant mit mediterranem Flair ist schon eine richtig nette Adresse, die neben frischer Pasta auch authentische Klassiker wie "Kaninchen ligurische Art", "Ossobuco Milanese" und natürlich Fisch bietet.

Menü 23/51 € – Karte 27/77 €

**Stadtplan : E2-b** – *Schlachte 1* ✉ *28195* – ✆ *0421 3398207*
*– www.osteria-bremen.de*

## ⅱ○ Restaurant 1783  🛋 ⬆

**INTERNATIONAL · FREUNDLICH** ✕ Schön liegt das bekannte "Haus Schütting" mitten in Bremen. Hell und freundlich ist es hier in dem alten Gewölbe, auf der Karte Internationales wie "Hirschrücken mit kandierter Zitrone, Fichtenhonig, Kohlgemüse und Rauchmandel-Couscous".

Menü 34/42 € – Karte 26/50 €

**Stadtplan : E2-e** – *Am Markt 13* ✉ *28195* – ✆ *0421 69663050 – www.17-83.de*
*– geschl. 24. Dezember - 1. Januar*

## ⅼ○ Küche 13 Ⓝ

**MODERNE KÜCHE · BISTRO** ⅼ Das kleine Bistro ist bewusst eher schlicht gehalten, unkompliziert und lebendig. Aus der offenen Küche kommt Leckeres wie "Kürbisgnocchi mit Apfel-Salbei-Parmesanbutter" oder "Seeteufel mit gebratenen Waldpilzen und Kartoffelstampf".

Menü 35/49 € – Karte 36/74 €

**Stadtplan : B3-a** – *Beim Steinernen Kreuz 13* ✉ *28195*
– ✆ *0421 20824721* – *www.kueche13.de*
– *nur Abendessen* – *geschl. Sonntag-Montag*

## ⅼ○ Topaz

**INTERNATIONAL · BISTRO** ⅼ Ein sehr nettes Restaurant - unten lebendig-leger, auf der Empore etwas eleganter. Die Karte ist überall gleich: international mit leichten asiatischen Einflüssen (lecker z. B. "Rindertatar mit glasiertem Aal"), aber auch französisch in Form von Austern oder Crème brûlée.

Karte 29/56 €

**Stadtplan : E2-f** – *Langenstr. 2, (Kontorhaus am Markt)* ✉ *28195*
– ✆ *0421 77625 (Tischbestellung ratsam)* – *www.topaz-bremen.de*
– *geschl. Sonntag*

## ⅼ○ Bremer Ratskeller

**TRADITIONELLE KÜCHE · RUSTIKAL** ⅼ Diese gastronomische Institution existiert seit 1405! Historisch-rustikal ist es in dem imposanten Gewölbe, dekorativ die antiken Schmuckfässer. Zu Bremer Klassikern wie Pannfisch, Labskaus oder Knipp gibt es eine Vielzahl deutscher Weine.

Menü 30 € (mittags)/43 € – Karte 24/43 €

**Stadtplan : EF2-a** – *Am Markt, (im alten Rathaus)* ✉ *28195* – ✆ *0421 321676*
– *www.ratskeller-bremen.de*

## 🏛 Dorint Park Hotel

**LUXUS · KLASSISCH** Luxushotel im Stil eines fürstlichen Landsitzes im 200 ha großen Bürgerpark am Hollersee. Elegant die Lobby, schön die individuellen Zimmer und der Spa auf 1200 qm. Fragen Sie nach den Zimmern zum See! Smoker's Lounge "La Fumadora".

175 Zim – ♦109/249 € ♦♦139/299 € – 13 Suiten – ☐ 25 € – ½ P

**Stadtplan : B2-f** – *Im Bürgerpark* ✉ *28209* – ✆ *0421 34080*
– *www.dorint.com/bremen*
ⅼ○ **Park Restaurant** – *siehe Restaurantauswahl*

## 🏛 ÜberFluss

**BUSINESS · DESIGN** Im Zentrum direkt an der Weser steht das schicke Designhotel mit technisch modern ausgestatteten Zimmern, viele mit Flussblick. Suite mit Sauna und Whirlpool. Im Haus auch die Grillboutique "Loui & Jules" mit Fleischspezialitäten.

50 Zim – ♦124/162 € ♦♦139/199 € – 1 Suite – ☐ 13 €

**Stadtplan : E1-a** – *Langenstr. 72* ✉ *28195* – ✆ *0421 322860*
– *www.hotel-ueberfluss.de*

## 🏛 Steigenberger

**BUSINESS · FUNKTIONELL** Modern-funktionales Wohnen nur wenige Gehminuten von der Bremer Altstadt im aufstrebenden Hafenquartier. Sky-TV, WLan und Nespresso-Maschine inklusive. Im 6. Stock schöner Sauna- und Fitnessbereich mit Panoramablick. Regionales und Internationales im Restaurant "blaufeuer" samt Terrasse direkt am Wasser.

135 Zim – ♦85/350 € ♦♦85/350 € – 2 Suiten – ☐ 20 € – ½ P

**Stadtplan : B2-s** – *Am Weser Terminal 6* ✉ *28217* – ✆ *0421 478370*
– *www.bremen.steigenberger.com*

### 🏨 Munte am Stadtwald   🐧 ⑨ 🎋 🖭 🏋 🚗

**URBAN · GEMÜTLICH** Hier wird stetig investiert, das Ergebnis: eine schicke Lobby, ein schöner moderner Spa, Zimmer in verschiedenen Kategorien - Tipp: Besonders wohnlich sind die "Deluxe". Zudem variable Veranstaltungsräume. Alternative zum Restaurant "Wels":"del bosco" im freundlichen Trattoriastil mit italienischer Küche.

128 Zim 🖵 – ♦105/149 € ♦♦128/180 € – 2 Suiten – ½ P

**Stadtplan : C2-e** – *Parkallee 299* ✉ *28213* – 📞 *0421 22020* – *www.hotel-munte.de*

🍴 **Wels** – siehe Restaurantauswahl

### 🏨 Robben ⓝ   🐧 🖭 🍽 🏋 🅿

**FAMILIÄR · BUSINESS** Über 50 Jahre Familientradition finden Sie hier direkt am Park "Links der Weser". Eine Adresse zum Wohlfühlen: Im Haupthaus Zimmer im Landhausstil, im Neubau topmoderne, geradlinig-wohnliche Einrichtung. Und gastronomisch? Bürgerlich-regionale Küche mit Grünkohl, Fisch & Co.

41 Zim 🖵 – ♦94/104 € ♦♦114/124 € – ½ P

**Stadtplan : A3-r** – *Emslandstr. 30* ✉ *28259* – 📞 *0421 514620*
– *www.hotel-robben.de*

## In Bremen-Neue Vahr

### 🍴 THE GRILL   🏠 🅰🅲

**GRILLGERICHTE · RUSTIKAL** ✕✕ Ein Steakhouse "de luxe"! Auf zwei mit viel warmem Naturholz und geschmackvoller Deko gemütlich-stilvoll gestalteten Etagen serviert man erstklassige Produkte - ein Muss sind die Steaks vom Nebraska-Beef! Dazu gute internationale Weine.

Karte 49/126 €

**Stadtplan : D3-g** – *In der Vahr 64* ✉ *28329* – 📞 *0421 87825640*
– *www.the-grill-bremen.de* – *geschl. Juli - August 2 Wochen und Samstagmittag*

# BREMERHAVEN

Bremen – 108 330 Ew. – Höhe 2 m – Regionalatlas **9**-F5

▶ Berlin 410 km – Bremen 58 km – Cuxhaven 43 km – Hamburg 134 km

Michelin Straßenkarte 541

### 🐷 PIER 6   🏠 🕭

**MODERNE KÜCHE · CHIC** ✕ In dem stylischen Restaurant an den Havenwelten wird modern gekocht, so z. B. "Pastrami von der geräucherten Rinderbrust / Tramezzini / Koriandermayonnaise". Dazu umsichtiger Service samt trefflicher Weinberatung. Einfachere Mittagskarte.

Menü 34/40 € – Karte 33/54 €

*Barkhausenstr. 6* ✉ *27568* – 📞 *0471 48364080* – *www.pier6.eu* – *geschl. Sonntagabend*

### 🍴 Natusch Fischereihafen-Restaurant   🏠 🕭

**FISCH UND MEERESFRÜCHTE · RUSTIKAL** ✕✕ Gemütlich ist die rustikale Fischerstube mit Original-Schiffsaccessoires, gediegen das Restaurant Captain Morgan. Schwerpunkt der Karte ist Fisch, und den bezieht man direkt aus den Auktionshallen gegenüber!

Menü 28 € (mittags)/46 € – Karte 33/50 €

*Am Fischbahnhof 1* ✉ *27572* – 📞 *0471 71021* – *www.natusch.de* – *geschl. Montag, außer an Feiertagen*

### 🍴 Weinrot im Haverkamp   🅰🅲 🍽 🅿

**INTERNATIONAL · ELEGANT** ✕✕ Stilvoll kommt das Restaurant in kräftigem Rot daher. Ein angenehmer, schicker Rahmen für frische internationale Speisen wie "skandinavischer Rotbarsch auf Rote-Bete-Risotto" oder "Entenbrust auf Mango-Tomaten-Salsa mit Süßkartoffelchips".

Karte 34/54 €

*Prager Str. 34* ✉ *27568* – 📞 *0471 48330* – *www.hotel-haverkamp.de*

🍴 **Seute Deern**

FISCH UND MEERESFRÜCHTE · RUSTIKAL X Eine spezielle Location: Bei maritimem Flair genießt man hier im Museumshafen im Rumpf der Dreimast-Bark von 1919 natürlich am liebsten Fisch - vom Matrosenteller bis zum Pannfisch sind viele Klassiker vertreten. Fleisch gibt's aber auch.

Karte 16/42 €

*Hans Scharoun Platz, (Schifffahrtsmuseum)* ✉ 27568 – ☎ 0471 416264
*– www.seutedeern.de*

🏨 **Haverkamp**

BUSINESS · MODERN In dem Hotel im Zentrum wird immer wieder investiert, so kommt man von einer modernen Lobby in geschmackvolle, unterschiedlich geschnittene Zimmer mit hochwertigen Materialien und schönen Farben. Gut sind auch Service und Frühstück.

89 Zim ⌸ – ∲109/134 € ∲∲144/179 €

*Prager Str. 34* ✉ 27568 – ☎ 0471 48330 – *www.hotel-haverkamp.de*

🍴 **Weinrot im Haverkamp** – siehe Restaurantauswahl

🏨 **im jaich**

URBAN · FUNKTIONELL Hier ist die Lage Trumpf: unweit der Havenwelten zwischen Weser, Deich und Yachthafen. Topgepflegte Zimmer mit Möbeln aus Tischlerhand - den schönsten Blick hat man von den Panoramazimmern! Lust auf Kuchen? Den gibt's im Coffeeshop.

48 Zim ⌸ – ∲83 € ∲∲104 €

*Am Neuen Hafen 19* ✉ 27568 – ☎ 0471 97166330 – *www.im-jaich.de*

# BRETTEN

Baden-Württemberg – 28 590 Ew. – Höhe 176 m – Regionalatlas **54**-F17
▶ Berlin 634 km – Stuttgart 54 km – Karlsruhe 28 km – Heilbronn 47 km
Michelin Straßenkarte 545

🍴 **à la table de Guy Graessel**

KLASSISCHE KÜCHE · BÜRGERLICH XX "Rinderbacke in Burgundersauce" und "Schollenfilet auf Spargelragout" sind nur zwei Beispiele für die klassisch-saisonale Küche hier. Und wie das historische Haus schon von außen vermuten lässt, ist das Ambiente schön charmant: Rustikales Holz trifft auf moderne Elemente.

Menü 60 € – Karte 30/61 €

*Hotel Krone, Marktplatz 2* ✉ 75015 – ☎ 07252 7138 – *www.guy-graessel.de*
*– geschl. Februar 2 Wochen, August 3 Wochen und Montagmittag, Donnerstag*

🏨 **Krone**

GASTHOF · MODERN Das Fachwerkhaus a. d. 15. Jh. wird persönlich geführt und liegt schön zentral - Fußgängerzone direkt vor der Tür, trotzdem bequem anzufahren. Die wohnlichen Zimmer gibt es als "Standard", "Komfort", "Ambiente" oder "Apartment".

53 Zim ⌸ – ∲81/104 € ∲∲106/124 €

*Marktplatz 2* ✉ 75015 – ☎ 07252 97890 – *www.krone-bretten.de* – *geschl.*
*23. Dezember - 6. Januar*

🍴 **à la table de Guy Graessel** – siehe Restaurantauswahl

# BRETZENHEIM

Rheinland-Pfalz – 2 560 Ew. – Höhe 105 m – Regionalatlas **47**-E15
▶ Berlin 606 km – Mainz 38 km – Bad Kreuznach 6 km – Koblenz 75 km
Michelin Straßenkarte 543

🏨 **Hinterconti**

FAMILIÄR · MODERN Hier ist aus einem alten Bauernhof eine richtig sympathische und preislich faire Bed & Breakfast-Adresse entstanden: individuelle Räume voller Charme und Style, von romantisch-floral bis trendig-modern. Toll die einstige Scheune: morgens zum Frühstücken, danach für Events.

14 Zim ⌸ – ∲64 € ∲∲89 €

*Naheweinstr. 17* ✉ 55559 – ☎ 0671 79670910 – *www.hinterconti.com*

# BRETZFELD

Baden-Württemberg – 12 130 Ew. – Höhe 210 m – Regionalatlas **55**-H17
▶ Berlin 575 km – Stuttgart 61 km – Heilbronn 20 km – Nürnberg 145 km
Michelin Straßenkarte 545

## In Bretzfeld-Brettach Süd-Ost: 9 km, Richtung Mainhardt

🍴○ **Landhaus Rössle**

**INTERNATIONAL · TRENDY** ✗✗ Man kocht hier nicht nur international-saisonal, es
gibt auch Schmackhaftes aus der Region. Und dazu gute Weine und charmanter
Service durch die Chefin. Das Ambiente ist modern-elegant, beliebt im Winter die
Plätze am Kamin ein paar Stufen tiefer. Für Übernachtungsgäste hat man hübsche Zimmer.

Menü 35/70 € – Karte 34/58 €    5 Zim ⌂ – ♦70/120 € ♦♦110/180 €

*Mainhardter Str. 26 ✉ 74626 – ☎ 07945 911111 – www.roessle-brettach.de*
*– geschl. 27. Februar - 1. März, 6. - 16. Juni, 30. Oktober - 3. November und*
*Montag - Dienstag*

## In Bretzfeld-Schwabbach Nord-West: 4 km

🍴 **Reinecker's Dorfstube**

**TRADITIONELLE KÜCHE · BÜRGERLICH** ✗ Hier spricht man nicht nur schwäbisch,
man kocht auch so, und das mögen die vielen Stammgäste! Denn was bei Heide
Hartweg auf den Teller kommt, ist frisch und schmeckt richtig gut: Wie wär's mit
Maultaschensuppe oder "Lendchen mit Morchelrahmsauce und Spätzle"? Einige
Fischgerichte gibt es auch.

Karte 28/52 €

*Hauptstr. 11, (1. Etage) ✉ 74626 – ☎ 07946 489 (Tischbestellung ratsam)*
*– www.dorfstube-schwabbach.de – geschl. Dienstag - Mittwoch*

# BRILON

Nordrhein-Westfalen – 25 500 Ew. – Höhe 450 m – Regionalatlas **27**-F11
▶ Berlin 469 km – Düsseldorf 168 km – Arnsberg 42 km – Lippstadt 47 km
Michelin Straßenkarte 543

🍴 **Almer Schlossmühle**

**INTERNATIONAL · LÄNDLICH** ✗ Hier wird schmackhaft gekocht, da probiert man
gerne Leckeres wie Beef Tatar oder gefüllte Maispoulardenbrust! Im Sommer
gibt's mittwochs Mühlen-BBQ. Lust auf Weine aus Österreich? Von dort kommt
der Chef.

Menü 36/54 € – Karte 29/61 €

*Schlossstr. 13 ✉ 59929 – ☎ 02964 9451430 – www.almer-schlossmuehle.de*
*– geschl. Anfang Januar 2 Wochen, Anfang Juli 2 Wochen und Montag - Dienstag*

🍴○ **Wiegelmanns am Wall**

**KLASSISCHE KÜCHE · FREUNDLICH** ✗ Während in der Küche Ansprechendes
wie "Poulet Blanc / geschmorter Chicoree / Ricotta-Gnocchi / Frühlauch" entsteht, wird man in dem angenehm hellen, modernen Restaurant freundlich und
geschult umsorgt.

Karte 34/52 €

*Hotel Wiegelmanns am Wallgraben, Strackestr. 23 ✉ 59929 – ☎ 02961 97350*
*– www.hotel-am-wallgraben.de – geschl. 21. - 25. Dezember und*
*Samstagmittag, Sonntag*

🏠 **Wiegelmanns am Wallgraben**

**FAMILIÄR · INDIVIDUELL** Ein sehr schönes und stimmiges Interieur macht das
am einstigen Stadtgraben gelegene Hotel aus, das von Familie Wiegelmann
freundlich geleitet wird. Rustikales Ambiente im Restaurant "Deele".

20 Zim – ♦56/62 € ♦♦70/83 € – ⌂ 9 €

*Strackestr. 23 ✉ 59929 – ☎ 02961 97350 – www.hotel-am-wallgraben.de – geschl.*
*21. - 25. Dezember*

🍴○ **Wiegelmanns am Wall** – siehe Restaurantauswahl

## BRUCHHAUSEN-VILSEN

Niedersachsen – 7 170 Ew. – Höhe 13 m – Regionalatlas **18**-G7

▶ Berlin 369 km – Hannover 87 km – Bremen 49 km – Minden 83 km

Michelin Straßenkarte 541

🍴○ **Forsthaus Heiligenberg**

**INTERNATIONAL · RUSTIKAL** 🗙🗙 Das jahrhundertealte Haus wird gehegt und gepflegt und konnte somit sein wunderbares ursprüngliches Flair bewahren. Besonders imposant ist ein riesiger offener Kamin in der Mitte des Restaurants.

Menü 26 € (mittags)/70 € – Karte 29/61 €

*Hotel Forsthaus Heiligenberg, Heiligenberg 3, in Homfeld, Süd-West: 4 km*
✉ *27305 –* 𝒞 *04252 93200 – www.forsthaus-heiligenberg.de*

🏠 **Forsthaus Heiligenberg**

**LANDHAUS · GEMÜTLICH** Ein charmantes und mit Geschmack eingerichtetes ehemaliges Forsthaus in angenehm ruhiger Lage auf einer Waldlichtung. Zum Wohlfühlen sind die behaglichen Zimmer mit hübschen individuellen Bädern. Guter Service!

27 Zim 🖙 – †75/85 € ††127/135 € – 4 Suiten – ½ P

*Heiligenberg 3, in Homfeld, Süd-West: 4 km* ✉ *27305 –* 𝒞 *04252 93200*
*– www.forsthaus-heiligenberg.de*

🍴○ **Forsthaus Heiligenberg** – siehe Restaurantauswahl

## BRUCHSAL

Baden-Württemberg – 42 880 Ew. – Höhe 114 m – Regionalatlas **54**-F17

▶ Berlin 646 km – Stuttgart 68 km – Karlsruhe 29 km – Heidelberg 37 km

Michelin Straßenkarte 545

🍴○ **Zum Bären**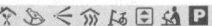

**TRADITIONELLE KÜCHE · FREUNDLICH** 🗙 "Geschnetzeltes von der Rehkeule mit Champignons in Wacholderrahm" oder "Schweinemedaillons mit Spargel im Schlafrock"? In dem denkmalgeschützten Haus von 1780 isst man saisonal-traditionell, Wild kommt aus eigener Jagd.

Menü 20 € (mittags)/50 € – Karte 28/59 €

*Schönbornstr. 28* ✉ *76646 –* 𝒞 *07251 88627 – www.baeren-bruchsal.de – geschl. Montag*

🏠 **Scheffelhöhe**

**BUSINESS · MODERN** Ein familiengeführtes Haus mit modernen Zimmern, alles ist tipptopp gepflegt, schön die Panoramalage am Park des Belvedere. Highlight sind zwei chic designte 80-qm-Suiten in einer denkmalgeschützten Villa nebenan. Bei schönem Wetter lockt die Sonnenterrasse des Restaurants "Belvedere" mit Stadtblick!

91 Zim 🖙 – †99/139 € ††129/159 € – 3 Suiten – ½ P

*Adolf-Bieringer-Str. 20* ✉ *76646 –* 𝒞 *07251 8020 – www.scheffelhoehe.de*

**In Forst** Nord-West: 5 km

🍴○ **Zum Löwen**

**INTERNATIONAL · RUSTIKAL** 🗙🗙 In dem Gasthaus mit markanter roter Fassade und hübschem Innenhof kocht man regional-international, so z. B. "Kalbsrückensteak mit Morchelrahmsauce und Spargel" oder "Lammrücken mit Pinienkern-Olivenkruste". Dazu einige Schweizer Gerichte.

Karte 28/43 €

*Kirchstr. 8* ✉ *76694 –* 𝒞 *07251 300896 – www.loewen-forst.de – Dienstag*
*- Samstag nur Abendessen – geschl. Januar 1 Woche, Mitte August 2 Wochen und*
*Sonntagabend - Montag sowie an Feiertagen abends*

## BRUCHWEILER-BÄRENBACH Rheinland-Pfalz → Siehe Dahn

## BRÜHL
Nordrhein-Westfalen – 44 030 Ew. – Höhe 62 m – Regionalatlas **36**-C12
▶ Berlin 589 km – Düsseldorf 61 km – Bonn 25 km – Aachen 76 km
Michelin Straßenkarte 543

🍴○ **Glaewe's Restaurant**

**FRANZÖSISCH-KLASSISCH · FREUNDLICH** XX Seit über 25 Jahren betreiben Doris und Hans Glaewe das freundlich-gediegene Restaurant, das etwas versteckt in einer Geschäftspassage liegt. Serviert wird klassisch-internationale Küche - Stammgäste essen auch gerne an der Bartheke.

Menü 48/60 € – Karte 37/56 €
*Balthasar-Neumann-Platz 28* ✉ *50321* – ✆ *02232 13591*
*– www.glaeweesrestaurant.de – nur Abendessen, sonntags auch Mittagessen*
*– geschl. Mitte Juli - Ende August 3 Wochen und Montag - Dienstag*

🍴○ **Kaiserbahnhof**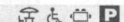

**KLASSISCHE KÜCHE · BRASSERIE** X Benannt wurde das stattliche, geradezu herrschaftlich anmutende Gebäude (1875 als Bahnhof erbaut) nach Kaiser Wilhelm I., der hier einst in die Stadt einfuhr. Entsprechend spiegelt die Küche die Bahnverbindung Köln - Paris wider, und das in stilvoller Brasserie-Atmosphäre.

Menü 40/105 € – Karte 33/66 €
*Kierberger Str. 158* ✉ *50321* – ✆ *02232 25581 – www.kaiserbahnhof-bruehl.de*
*– nur Abendessen, sonntags auch Mittagessen – geschl. Montag*

## BRÜHL (BADEN)
Baden-Württemberg – 13 750 Ew. – Höhe 102 m – Regionalatlas **47**-F16
▶ Berlin 635 km – Stuttgart 121 km – Karlsruhe 55 km – Neustadt an der Weinstraße 54 km
Michelin Straßenkarte 545

🏵 **KRONE das gasthaus**

**KLASSISCHE KÜCHE · GASTHOF** X Andreas Bretzel trifft hier genau den Nerv der Zeit. Schmackhaftes vom vegetarischen Menü über "Kalbsrücken auf Saubohnenpüree" bis hin zu "Hummerpaella mit Chorizo", und das Ganze in einem sympathischen ländlich-schlichten Rahmen mit Flair! Im Sommer geht's raus in den schönen, teilweise überdachten Hofgarten.

Menü 36 € (vegetarisch)/75 € – Karte 33/62 €
*Kelscher Str. 17* ✉ *68782* – ✆ *06202 60/0252 – www.krone-dasgasthaus.de – nur Abendessen, sonntags auch Mittagessen – geschl. Ende August - Mitte September und Montag*

## BUCHEN (ODENWALD)
Baden-Württemberg – 17 550 Ew. – Höhe 337 m – Regionalatlas **48**-H16
▶ Berlin 560 km – Stuttgart 113 km – Würzburg 65 km – Heidelberg 87 km
Michelin Straßenkarte 545

🏠 **Reichsadler**

**GASTHOF · FUNKTIONELL** Hier lässt es sich gepflegt übernachten, im Haupthaus wie auch im Gästehaus - Letzteres hat geräumige und etwas modernere Zimmer. Das Hotel liegt nur 10 Autominuten von der Eberstadter Tropfsteinhöhle entfernt und ist auch ein guter Ausgangspunkt für Radfahrer, die die Region erkunden möchten.

19 Zim ⌂ – †60/65 € ††85/105 € – 1 Suite – ½ P
*Walldürner Str. 1* ✉ *74722* – ✆ *06281 52260 – www.hotel-reichsadler.de*

## BUCHHOLZ in der NORDHEIDE
Niedersachsen – 37 880 Ew. – Höhe 72 m – Regionalatlas **10**-I6
▶ Berlin 312 km – Hannover 124 km – Hamburg 40 km – Bremen 96 km
Michelin Straßenkarte 541

### Ristorante Il Sole

**ITALIENISCH • GEMÜTLICH** XX Eine wirklich sympathische Adresse, viele Stammgäste fahren weit für die Pasta oder den frischen Fisch vom Grill! Wählen Sie von der Tafel oder lassen Sie sich einfach beraten! Richtig schön sitzt man auch auf der Terrasse.

Karte 27/81 €

*Lohbergenstr. 51 ✉ 21244 - ✆ 04181 97708 (Tischbestellung ratsam) - www.ilsole-buchholz.de - nur Abendessen - geschl. Montag*

## BÜCKEBURG

Niedersachsen - 18 930 Ew. - Höhe 61 m - Regionalatlas **28**-G9
Berlin 340 km - Hannover 64 km - Bielefeld 63 km - Bremen 106 km
Michelin Straßenkarte 541

## In Bückeburg-Röcke West: 5 km

### Große Klus

**LANDHAUS • FUNKTIONELL** Der historische Gasthof mit Hotelbau ist eine sehr gepflegte Adresse, die sympathisch-familiär geleitet wird. Die Zimmer sind wohnlich gestaltet, W-Lan steht kostenfrei zur Verfügung, gut das Frühstück. Im schönen alten Fachwerkhaus gibt es bei gemütlicher Atmosphäre regionale Küche. Richtig nett ist auch die zeitgemäße Fritzbar.

31 Zim ☕ - †68/84 € ††86/116 € - ½ P

*Am Klusbrink 19 ✉ 31675 - ✆ 05722 95120 - www.klus.de*

## BÜCKEN

Niedersachsen - 2 120 Ew. - Höhe 19 m - Regionalatlas **18**-G7
Berlin 355 km - Hannover 72 km - Bremen 63 km - Hamburg 122 km
Michelin Straßenkarte 541

### Thöles Hotel

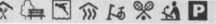

**GASTHOF • FUNKTIONELL** Ein solides familiengeführtes Haus, das auch gerne von Radwanderern genutzt wird. Zum guten Freizeitangebot gehört eine Reitanlage mit Gastboxen. Gästehaus im Nachbarort Hoya. Restaurant in ländlichem Stil.

30 Zim - †29/54 € ††59/69 € - ☕ 5 €

*Hoyaer Str. 33 ✉ 27333 - ✆ 04251 93000 - www.thoeles.de*

## BÜHL

Baden-Württemberg - 28 570 Ew. - Höhe 138 m - Regionalatlas **54**-E18
Berlin 716 km - Stuttgart 117 km - Karlsruhe 45 km - Offenburg 41 km
Michelin Straßenkarte 545

### Lamm

**REGIONAL • GEMÜTLICH** XX In dem gestandenen Gasthof neben der Kirche kommt grundsolide produktorientierte Küche auf den Tisch. Man isst klassisch-regional, z. B. "geschmorte Rinderbacke in Spätburgundersoße mit Spätzle" oder "gebratene Schollenfilets in Rieslingschaum mit Bärlauchravioli". Gemütliches Ambiente, hübsche Terrasse.

Menü 35/53 € - Karte 34/57 €

*Kappelwindeckstr. 15 ✉ 77815 - ✆ 07223 900180 - www.lamm-buehl.de - nur Abendessen, sonntags auch Mittagessen - geschl. 20. Februar - 16. März und Montag - Dienstag*

### Gude Stub Casa Antica

**ITALIENISCH • GEMÜTLICH** XX "Cucina Casalinga" mitten in Bühl! In dem engagiert-familiär geführten Haus wird ambitioniert italienisch gekocht, vom hausgereiften Lardo über Brot bis Pasta ist alles selbstgemacht. Richtig gemütlich die Stuben, charmant der Service.

Menü 37/60 € - Karte 35/57 €

*Dreherstr. 9 ✉ 77815 - ✆ 07223 30606 - www.gudestub-casa-antica.de - geschl. 7. - 28. August und Dienstag*

## In Bühl-Oberbruch Nord-West: 5,5 km, jenseits der A 5

⊛ **Pospisil's Gasthof Krone**      🦌 ⇐ 🏠 **P**

**REGIONAL · GEMÜTLICH** 🗙 Mögen Sie Klassisches wie "Kalbssteak mit Pilzen", Mediterranes wie "Gambas Mallorquinische Art" oder lieber regionale Rinderbäckchen? Auch die böhmische Heimat des Chefs ist vertreten. Dazu behagliche Räume und aufmerksamer Service. Und für Übernachtungsgäste hat man gepflegte, funktionelle Zimmer.

Menü 35/55 € – Karte 27/55 €    7 Zim ⌂ – ♦49 € ♦♦85 €

*Seestr. 6* ✉ *77815 – ☎ 07223 93600 – www.pospisilskrone.de – geschl. Montag - Dienstagmittag, Freitagmittag*

## An der Burgruine Altwindeck Süd-Ost: 4 km über Kappelwindeck

🍴○ **Panorama Restaurant**      ⇐ 🛏 ≤ 🏠 🚗

**KLASSISCHE KÜCHE · GEMÜTLICH** 🗙🗙 Toll die Lage über dem Tal, ringsum Weinberge, grandios die Aussicht! Man speist klassisch-international, z. B. "Filet vom Maibock mit Morchelrahmsauce". Nachmittags gibt's leckere Kuchen. Bei gutem Wetter am Wochenende Vesper im "Pferdestall". Zum Übernachten: Zimmer im Landhausstil, zwei als Maisonette.

Menü 36/52 € – Karte 44/51 €    19 Zim ⌂ – ♦85/98 € ♦♦135/165 € – 2 Suiten

*Kappelwindeckstr. 104* ✉ *77815 – ☎ 07223 94920 – www.burg-windeck.de – geschl. Anfang Januar 2 Wochen und Sonntagabend*

# BÜHLERTAL
Baden-Württemberg – 7 870 Ew. – Höhe 194 m – Regionalatlas **54**-E18
▶ Berlin 721 km – Stuttgart 120 km – Karlsruhe 50 km – Strasbourg 51 km
Michelin Straßenkarte 545

⊛ **Bergfriedel**      🦌 ⇐ ≤ 🏠 **P**

**REGIONAL · FAMILIÄR** 🗙🗙 Bei der herzlichen Familie Schäuble sitzt es sich nicht nur sehr nett bei schöner Aussicht, im Mittelpunkt stehen frische regionale Gerichte wie "Kalbsschulter in Spätburgunder geschmort". Erwähnenswert auch die tolle Weinkarte mit ca. 1000 Positionen. Und zum Übernachten: hübsche Zimmer im Landhausstil.

Menü 35 € (vegetarisch)/75 € – Karte 30/68 €    8 Zim ⌂ – ♦65/82 € ♦♦90/110 € – 2 Suiten

*Haabergstr. 23, (Obertal)* ✉ *77830 – ☎ 07223 72270 – www.bergfriedel.de – geschl. Anfang Januar 2 Wochen, Anfang November 2 Wochen und Montag - Dienstag*

⊛ **Rebstock**      🏠 🍽 ⇔ **P**

**REGIONAL · GASTHOF** 🗙 Sie mögen frische traditionell-regionale Küche mit internationalen Einflüssen? Bei Familie Hörth dürfen Sie sich z. B. auf "Maultaschen mit Bergkäse überbacken und Kartoffelsalat" oder "Piccata von der Freiland-Poularde mit Balsamico-Sößle" freuen. Schön sitzt man auf der Terrasse im Garten.

Menü 30 € – Karte 26/49 €

*Hotel Rebstock, Hauptstr. 110, (Obertal)* ✉ *77830 – ☎ 07223 99740 – www.rebstock-buehlertal.de – geschl. Februar 2 Wochen, Juni 2 Wochen und Donnerstag*

🏠 **Rebstock**      🛏 🔳 🍽 🧖 **P**

**GASTHOF · GEMÜTLICH** Seit vielen Jahren wird das Hotel mit Engagement von der Familie geleitet. Man bietet wohnliche Zimmer, ein gutes Frühstück und freundlichen Service. Einige Zimmer liegen ruhiger zum Garten hin, der im Sommer zum Relaxen einlädt.

21 Zim ⌂ – ♦67/75 € ♦♦92/105 € – ½ P

*Hauptstr. 110, (Obertal)* ✉ *77830 – ☎ 07223 99740 – www.rebstock-buehlertal.de*

⊛ **Rebstock** – siehe Restaurantauswahl

# BÜLOW

Mecklenburg-Vorpommern – 970 Ew. – Höhe 24 m – Regionalatlas **13**-N5
▶ Berlin 174 km – Schwerin 106 km – Neubrandenburg 55 km – Güstrow 44 km
Michelin Straßenkarte 542

## In Bülow-Schorssow Süd-West: 2 km

### 🏛 Schloss Schorssow

**HISTORISCHES GEBÄUDE · KLASSISCH** Ein klassizistischer Dreiflügelbau in einem herrlichen Park am eigenen See mit Strandbad - ein idealer Ort zum Heiraten! Die Zimmer im Schloss sind die komfortableren. Schön auch die Bibliothek und das stilvolle Schlossrestaurant "von Moltke", dazu das "Café Rose".

44 Zim ♙ – ♦102/132 € ♦♦128/168 € – 1 Suite – ½ P
*Am Haussee 3, über B 109 Richtung Waren, in Ziddorf links ab ✉ 17166*
*– ✆ 039933 790 – www.schloss-schorssow.de – geschl. 2. Januar - 10. Februar*

# BÜRGSTADT

Bayern – 4 310 Ew. – Höhe 150 m – Regionalatlas **48**-G16
▶ Berlin 566 km – München 352 km – Würzburg 69 km – Aschaffenburg 43 km
Michelin Straßenkarte 546

### 🍽 Weinhaus Stern

**REGIONAL · FAMILIÄR** ✕✕ Nicht nur die gute regional-saisonale Küche von Klaus Markert lockt Gäste hierher (gönnen Sie sich auch einen süßen Abschluss wie "Zimteis im Marzipanmantel mit Zwetschgen"), Können beweist der Chef auch bei seinen Edelbränden!

Menü 30 € – Karte 35/46 €
*Hotel Weinhaus Stern, Hauptstr. 23 ✉ 63927 – ✆ 09371 40350 (Tischbestellung ratsam) – www.hotel-weinhaus-stern.de – nur Abendessen – geschl. Dienstag sowie 1. Sonntag im Monat*

### 🏛 Weinhaus Stern  P

**HISTORISCH · GEMÜTLICH** Ihre Gastgeber bieten in dem hübschen Sandstein-/ Fachwerkhaus behagliche Zimmer, Garten- sowie Dachterrasse, gutes Essen und einen Spezialitäten-Shop (die hausgemachte Marmelade gibt's auch zum Frühstück!). Tipp: Freskenmalereien a. d. 16. Jh. in der örtlichen Kapelle.

12 Zim ♙ – ♦69/90 € ♦♦115/125 € – ½ P
*Hauptstr. 23 ✉ 63927 – ✆ 09371 40350 – www.hotel-weinhaus-stern.de*
🍽 Weinhaus Stern – siehe Restaurantauswahl

### 🏛 Adler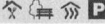

**GASTHOF · GEMÜTLICH** Die Bachmanns haben hier ein wirklich nettes Haus: wohnlich die Zimmer (meist mit Balkon und teilweise mit schönem Blick), hübsch der "Garten der Sinne", freundlich der Service, gemütlich das Restaurant samt Terrasse im Innenhof. Probieren Sie die Destillate aus der eigenen Brennerei!

27 Zim ♙ – ♦58/88 € ♦♦99/130 € – 1 Suite – ½ P
*Hauptstr. 30 ✉ 63927 – ✆ 09371 97880 – www.adler-landhotel.de*

# BÜSINGEN

Baden-Württemberg – 1 360 Ew. – Höhe 421 m – Regionalatlas **62**-F21
▶ Berlin 802 km – Stuttgart 169 km – Freiburg im Breisgau 96 km – Zürich 58 km
Michelin Straßenkarte 545

### 🍽 Alte Rheinmühle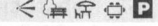

**MARKTKÜCHE · RUSTIKAL** ✕✕ Das Besondere hier: Man sitzt wirklich fast auf Rheinhöhe, von der Terrasse aus führen ein paar Stufen sogar direkt ins Wasser - an heißen Tagen sehr verlockend! Auf den Tisch kommen viele Produkte aus dem Schaffhauser Blauburgunderland.

Menü 28/80 € – Karte 48/102 €
*Hotel Alte Rheinmühle, Junkerstr. 93 ✉ 78266 – ✆ 07734 931990*
*– www.alte-rheinmuehle.ch – geschl. Februar*

### 🏨 Alte Rheinmühle

**HISTORISCH · TRADITIONELL** Malerisch schmiegt sich die a. d. J. 1674 stammende Mühle an das Ufer des Hochrheins. Sie beherbergt individuelle, wohnliche Zimmer, teilweise mit Antiquitäten und freigelegtem altem Fachwerk.

16 Zim 🖙 – 🛉148/188 € 🛉🛉198/228 €

*Junkerstr. 93 ✉ 78266 – ☎ 07734 931990 – www.alte-rheinmuehle.ch – geschl. Februar*

🍴 **Alte Rheinmühle** – siehe Restaurantauswahl

## BUNDENBACH

Rheinland-Pfalz – 900 Ew. – Höhe 400 m – Regionalatlas **46**-C15

▶ Berlin 663 km – Mainz 92 km – Koblenz 88 km – Saarbrücken 113 km

Michelin Straßenkarte 543

### In Bundenbach-Rudolfshaus Süd-West: 4 km

### 🍴 Forellenhof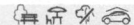

**REGIONAL · LÄNDLICH** ✗✗ Man ist bekannt für Wild aus eigener Jagd sowie Forellen aus eigener Zucht - und für die beachtliche Whisky-Sammlung. Die frische, schmackhafte Küche genießt man natürlich am liebsten auf der Terrasse zum Teich!

Menü 35/59 € – Karte 22/54 €

*Hotel Forellenhof Reinhartsmühle, Reinhartsmühle 1 ✉ 55626 – ☎ 06544 373 – www.hotel-forellenhof.de – geschl. 2. Januar - 18. Februar und Montag*

### 🏠 Forellenhof Reinhartsmühle

**FAMILIÄR · GEMÜTLICH** Erholungsurlaub gefällig? Der familiengeführte Landgasthof hat nicht nur wirklich geschmackvolle Zimmer, er liegt auch noch einsam und idyllisch in einem Seitental - da passen der schöne Garten und der eigene Teich perfekt ins Bild.

28 Zim 🖙 – 🛉62/73 € 🛉🛉100/120 € – 2 Suiten – ½ P

*Reinhartsmühle 1 ✉ 55626 – ☎ 06544 373 – www.hotel-forellenhof.de – geschl. 2. Januar - 18. Februar*

🍴 **Forellenhof** – siehe Restaurantauswahl

## BURBACH

Nordrhein-Westfalen – 14 420 Ew. – Höhe 380 m – Regionalatlas **37**-E13

▶ Berlin 556 km – Düsseldorf 137 km – Siegen 19 km – Limburg an der Lahn 45 km

Michelin Straßenkarte 543

### 🏨 Snorrenburg

**FAMILIÄR · INDIVIDUELL** Ein ehemaliges Schulhaus auf dem Gelände einer einstigen Burg beherbergt geschmackvolle, individuell nach Themen gestaltete Zimmer. Frühstück im Jugendstil-Wintergarten. Gemütlich-ländlich: das Restaurant in einem kleinen Fachwerkhaus gegenüber dem Hotel.

16 Zim 🖙 – 🛉90 € 🛉🛉110 €

*Römer 8 ✉ 57299 – ☎ 02736 44930 – www.snorrenburg.de*

### In Burbach-Holzhausen Süd-Ost: 8,5 km über Würgendorf, dann rechts

### 🕙 Fiester-Hannes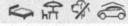

**KLASSISCHE KÜCHE · RUSTIKAL** ✗✗ Hinter der historischen Fachwerkfassade finden Sie ein behagliches und liebenswertes Umfeld für ein gutes Essen. Michael Debus kocht international und regional, dazu herzlicher Service. In einem der hübschen und ausgesprochen wohnlichen Gästezimmer bleibt man auch gerne über Nacht.

Menü 30 € (mittags)/78 € – Karte 36/55 €   6 Zim 🖙 – 🛉65/85 € 🛉🛉100/140 €

*Flammersbacher Str. 7 ✉ 57299 – ☎ 02736 29590 – www.fiesterhannes.de – geschl. Februar und Montag - Dienstagmittag, Samstagmittag*

**BURG** Schleswig-Holstein → Siehe Fehmarn (Insel)

# BURG (SPREEWALD)

Brandenburg – 4 330 Ew. – Höhe 57 m – Regionalatlas **33**-R10

▶ Berlin 113 km – Potsdam 144 km – Cottbus 19 km – Frankfurt (Oder) 98 km

Michelin Straßenkarte 542

## ⅈ○ Speisenkammer

**REGIONAL · LÄNDLICH** ╳ In dem ungezwungenen kleinen Restaurant kocht man schmackhaft und produktbezogen, so z. B. "Lamm / Artischocke / Erbse / Paprika / Pilze". Übernachten können Sie im "Ferienhof Spreewaldromantik" gleich nebenan.

Menü 41/82 € – Karte 52/64 €

*Waldschlössenstr. 48* ✉ *03096 – ℰ 035603 750087 (Tischbestellung ratsam) – www.ferienhof-spreewaldromantik.de – Dienstag - Freitag nur Abendessen – geschl. Sonntag - Montag*

## 🏘 Bleiche Resort und Spa

**LUXUS · INDIVIDUELL** Was Sie auf dem tollen parkähnlichen Grundstück samt Blumen- und Kräutergärten erwartet, ist Landhausstil in wohnlichster Form - darf es vielleicht die 180 qm große SPA-Suite mit eigener Sauna und Hamam sein? Dazu umfassender Spa, top Service, Kino, Outdoor-Aktivitäten wie Reiten oder Kahnfahrten sowie gute Restaurants. Hochwertige HP inkl.

90 Zim ⌂ – †185/385 € ††290/570 € – 22 Suiten

*Bleichestr. 16, West: 2 km* ✉ *03096 – ℰ 035603 620 – www.bleiche.de*

## 🏘 Spreewald Thermenhotel

**SPA UND WELLNESS · MODERN** Ideal für Therme- und Wellness-Fans ist die Lage direkt neben der Spreewald Therme. Und auch das schicke Interieur kommt an: topmodern, geradlinig, hier und da kräftige Farbakzente. Dieser Stil setzt sich im Restaurant fort - hier wie auf der tollen Terrasse serviert man regional-saisonale Küche.

83 Zim ⌂ – †123/143 € ††158/198 € – ½ P

*Ringchaussee 152, (direkter Zugang zur Spreewald Therme)* ✉ *03096 – ℰ 035603 18850 – www.spreewald-thermenhotel.de*

## 🏘 Kur & Wellness Haus Spree Balance

**LANDHAUS · MODERN** Alles in diesem Ferienhotel ist schön frisch und neuzeitlich gestaltet, geradlinig-chic die Zimmer im Neubau - hier auch der Wellnessbereich "Balance". In der nahe gelegenen Therme lässt es sich ebenfalls gut entspannen. Das Restaurant Konrad's bietet internationale Klassiker und Saisonales.

38 Zim ⌂ – †80/110 € ††110/150 € – 2 Suiten – ½ P

*Ringchaussee 154* ✉ *03096 – ℰ 035603 759490 – www.spreebalance.de – geschl. 21. - 24. Dezember*

**In Burg-Kauper** Nord-West: 9 km

## 🏘 Landhotel Burg im Spreewald

**LANDHAUS · INDIVIDUELL** Schöne Urlaubstage verspricht das etwas außerhalb gelegene Landhotel mit seinen wohnlichen, individuellen Zimmern (sehr hübsch die ganz modernen!), dem vielfältigen Spa und der abwechslungsreichen Gastronomie von regional bis italienisch im "Il Fienile". Nicht nur für Kinder interessant: großer Außenpool und Streichelzoo sowie die Adventure Minigolf-Anlage.

87 Zim ⌂ – †98/118 € ††124/164 € – ½ P

*Ringchaussee 125* ✉ *03096 – ℰ 035603 646 – www.landhotel-burg.de*

# BURGBROHL

Rheinland-Pfalz – 3 180 Ew. – Höhe 152 m – Regionalatlas **36**-C13

▶ Berlin 627 km – Mainz 130 km – Koblenz 34 km – Köln 74 km

Michelin Straßenkarte 543

### 🏨 Schloss Burgbrohl

**HISTORISCHES GEBÄUDE · MODERN** Urkundlich 1093 erstmals erwähnt, ist das 1710 nach einem Brand wieder aufgebaute Schloss ein geschichtsträchtiger Ort, der heute mit schönen modernen Zimmern Ihrer Beherbergung dient. Chic auch der Freizeitbereich, das Restaurant (regionale und internationale Küche) und der Weinkeller für Degustationen.

56 Zim ⌨ – ♦89/129 € ♦♦139/199 € – 3 Suiten – ½ P
*Auf der Burg 1 ⊠ 56659 – ☎02636 800140 – www.schloss-burgbrohl.de*

## BURGHAUSEN

Bayern – 17 720 Ew. – Höhe 421 m – Regionalatlas **67**-O20

▶ Berlin 639 km – München 110 km – Bad Reichenhall 67 km – Passau 81 km
Michelin Straßenkarte 546

### ⓘO Wirtshaus Glöcklhofer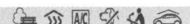

**REGIONAL · GASTHOF** Richtig nett die lockere moderne Wirtshausatmosphäre! Ob regionale Schmankerl oder internationale Küche, hier gibt es Schmackhaftes zu einem guten Preis-Leistungs-Verhältnis. Lust auf "Kalbstafelspitz mit Brezenknödel und Meerrettichsauce"?

Menü 20/48 € – Karte 21/35 €
*Hotel Wirtshaus Glöcklhofer, Ludwigsberg 4 ⊠ 84489 – ☎08677 916400*
*– www.hotel-gloecklhofer.de*

### 🏨 Glöcklhofer

**BUSINESS · MODERN** Ein Businesshotel in zentraler Lage mit sehr gut ausgestatteten, neuzeitlichen Zimmern, darunter Juniorsuiten mit Sauna. Auch einfachere Zimmer sind vorhanden. Zum Entspannen gönnen Sie sich Massage- und Kosmetikanwendungen.

82 Zim ⌨ – ♦90/96 € ♦♦121/137 € – ½ P
*Ludwigsberg 4 ⊠ 84489 – ☎08677 916400  www.hotel gloecklhofer.de*
ⓘO **Wirtshaus Glöcklhofer** – siehe Restaurantauswahl

### 🏨 Post

**GASTHOF · GEMÜTLICH** Das traditionsreiche Haus steht mitten in der Altstadt, direkt an der Salzach. Der Service ist freundlich, alles ist schön wohnlich, gelungen hat man modernen Stil mit regionalen Elementen kombiniert. Gemütlich sitzt man in der Gaststube mit Kreuzgewölbe bei regionaler Küche. Terrasse am Marktplatz.

23 Zim ⌨ – ♦79/96 € ♦♦109/139 € – ½ P
*Stadtplatz 39 ⊠ 84489 – ☎08677 9650 – www.altstadthotels.net*

## In Burghausen-Raitenhaslach

### 🏨 Klostergasthof Raitenhaslach

**HISTORISCHES GEBÄUDE · INDIVIDUELL** Dieser Ort atmet förmlich Geschichte: Den schmucken Gasthof gibt es schon seit 1575, direkt nebenan das Kloster von 1038! Die Zimmer sind wertig, geschmackvoll-elegant und wohnlich, die Gaststuben haben rustikalen Charme, serviert wird Regionales. Draußen: Kastaniengarten, Biergarten, Sonnenterrasse!

18 Zim ⌨ – ♦89 € ♦♦129/139 € – ½ P
*Raitenhaslach 9 ⊠ 84489 – ☎08677 9650 – www.altstadthotels.net – geschl.*
*27. Dezember - 23. April*

## BURGRIEDEN

Baden-Württemberg – 3 620 Ew. – Höhe 541 m – Regionalatlas **64**-I20

▶ Berlin 637 km – Stuttgart 115 km – Konstanz 150 km – Ulm (Donau) 24 km
Michelin Straßenkarte 545

## ⬦○ Ebbinghaus      🏠 & 🅿 🍽

**INTERNATIONAL · TRENDY** XX Ein freundliches und modernes Ambiente erwartet Sie in dem Restaurant gegenüber dem Rathaus. Die zeitgemäßen Speisen werden sorgfältig aus guten Produkten zubereitet. Probieren Sie z. B. Lammkeule oder Lammrücken mit kräutrigen Perlgraupen.

Menü 78/85 € – Karte 34/59 €

*Bahnhofplatz 2* ✉ *88483 – 𝒞 07392 6041 – www.restaurant-ebbinghaus.de – nur Abendessen, sonntags auch Mittagessen – geschl. 1. - 6. Januar, Ende August - Anfang September 3 Wochen und Sonntagabend - Dienstag*

# BURGWALD

Hessen – 4 860 Ew. – Höhe 305 m – Regionalatlas **38**-F12

▶ Berlin 462 km – Wiesbaden 145 km – Marburg 27 km – Kassel 90 km

Michelin Straßenkarte 543

## In Burgwald-Ernsthausen

## ⬦○ Oertel Burgwald-Stuben      ⇔ 🅿 🍽

**INTERNATIONAL · FAMILIÄR** XX Dunkles Holz, geschmackvolle Deko und schön gedeckte Tische bestimmen hier das Ambiente. Die Chefin setzt auf topfrische Produkte, aus denen sie z. B. Hummersuppe oder "Kalbsrücken mit Pfifferlingen in Rahm und Rösti" zubereitet.

Menü 35/65 € – Karte 40/69 €

*Marburger Str. 25, B 252* ✉ *35099 – 𝒞 06457 8066 – www.restaurant-burgwaldstuben.de – Donnerstag - Samstag nur Abendessen – geschl. August 3 Wochen und Montag - Mittwoch*

# BURGWEDEL

Niedersachsen – 20 240 Ew. – Höhe 53 m – Regionalatlas **19**-I8

▶ Berlin 283 km – Hannover 30 km – Bremen 107 km – Celle 28 km

Michelin Straßenkarte 541

## In Burgwedel-Großburgwedel

## ✿ Ole Deele      🐾 ⇦ 🏠 🅿

**KREATIV · ELEGANT** XX Geschmackvoll und heimelig das prächtige Bauernhaus von 1828, gekocht wird kreativ - gerne interpretiert man Klassiker neu. Engagierter Service samt guter Weinberatung. Zusätzlich gibt es das "Weinstübchen" mit kleiner Karte: Vesper, Flammkuchen, Coq au vin... Und zum Übernachten wohnliche Gästezimmer.

→ Ungestopfte Bio Gänseleber, Heu, Löwenzahn, Blüten. Lammbries und Zunge, Spargel, neue Kartoffeln. Rhabarber, Buttermilch, Pistazie, Basilikum.

Menü 79/139 €    12 Zim 😋 – †79/145 € ††155/205 €

*Heinrich-Wöhler-Str. 14* ✉ *30938 – 𝒞 05139 99830 (Tischbestellung ratsam) – www.ole-deele.de – nur Abendessen – geschl. Anfang Januar 2 Wochen, Juli - August 2 Wochen und Sonntag - Montag*

## ⬦○ Kokenstube      🏠 & 🅿

**INTERNATIONAL · ZEITGEMÄSSES AMBIENTE** XX Ansprechend modern das Ambiente, frisch und ambitioniert die Küche. Hier sollten Sie z. B. "Steinbuttfilet mit Senfhollandaise und Sauerkrautpüree" probieren. Im Sommer sitzt man natürlich gerne auf der hübschen Terrasse.

Menü 42/76 € (abends) – Karte 45/60 €

*Hotel Kokenhof, Isernhägener Str. 3* ✉ *30938 – 𝒞 05139 8030 – www.kokenhof.com*

## 🏨 Kokenhof      🕸 🖼 🛏 🍽 & 🖼 🅿

**LANDHAUS · INDIVIDUELL** Eine schöne Adresse! Die Zimmer in den rekonstruierten Fachwerkhäusern reichen vom eleganten Landhausstil bis zum geradlinig-modernen Design, Platz und Wohnlichkeit bieten sie alle. Attraktiv auch der Freizeitbereich, sehr gut die Tagungsmöglichkeiten. "Kokenkrug" als rustikale Alternative zur "Kokenstube".

54 Zim 😋 – †105/235 € ††135/265 € – ½ P

*Isernhägener Str. 3* ✉ *30938 – 𝒞 05139 8030 – www.kokenhof.com*

⬦○ **Kokenstube** – siehe Restaurantauswahl

## In Burgwedel-Thönse

🍴⃝ **Gasthaus Lege**　　　　　　　　　　　　　　🏡 **P**

**INTERNATIONAL · LÄNDLICH** ✗✗ Neben behaglichem Ambiente (schön die dekorativen Bilder) darf man sich hier auf herzliche Gastgeber freuen und nicht zuletzt
auf gute klassische Küche. Appetit auf "Gelbschwanzmakrele mit Champignon-
sauce" oder "Crepinette von der Taube"?

Menü 39/64 € – Karte 41/58 €

*Engenser Str. 2 ✉ 30938 – ☎ 05139 8233 – www.gasthaus-lege.de – Mittwoch
- Freitag nur Abendessen – geschl. 3. Juli - 3. August und Montag - Dienstag*

# BURRWEILER

Rheinland-Pfalz – 830 Ew. – Höhe 246 m – Regionalatlas **47**-E17

▶ Berlin 673 km – Mainz 109 km – Neustadt an der Weinstraße 16 km – Mannheim 49 km

Michelin Straßenkarte 543

🍴⃝ **Das Esszimmer im Ritterhof** 　🏡 🍸 🛋 **P** 🚫

**MEDITERRAN · GEMÜTLICH** ✗✗ Hier trifft italienisch-mediterrane Küche auf das
typische Flair eines südpälzischen Weinortes. Drinnen charmant-modernes
Ambiente, draußen eine wunderbare Terrasse mit altem Baumbestand und Blick
über die Weinberge! Und auf dem Tisch? Piadina, Pasta, Scampi..., dazu Weine
aus Italien und der Pfalz.

Menü 39/52 € – Karte 33/51 €

*Weinstr. 6, (1. Etage) ✉ 76835 – ☎ 06345 407328 (Tischbestellung ratsam)
- www.esszimmer-ritterhof.de – nur Abendessen, außer an Feiertagen – geschl.
Mittwoch, November - Februar: Montag - Mittwoch*

🍴⃝ **Sankt Annagut** 　　　　　　　🛋 ⃝ 🏡 **P**

**MARKTKÜCHE · GEMÜTLICH** ✗ Einst Einkehr für Pilger auf dem Weg zur St.-
Anna-Kapelle, heute ambitioniertes Restaurant. Das Motto: Frische und Regionalität samt kreativ-internationaler Einflüsse, dazu Eigenbauweine. Ein Muss: Terrasse
samt Lounge mit Blick über die Region! Übernachtungsgäste wohnen gemütlich-
modern und frühstücken gut!

Menü 33/42 € – Karte 31/49 €　12 Zim 🛏 – ♦75/85 € ♦♦85/95 €

*Sankt-Anna-Str. 203, West: 1 km ✉ 76835 – ☎ 06345 3258 (Tischbestellung
ratsam) – www.sankt-annagut.com – nur Abendessen außer Sonntag und an
Feiertagen – geschl. 16. Januar - 8. März, 2. - 11. Juli, 27. August
- 5. September und Montag - Dienstag*

# BURSCHEID

Nordrhein-Westfalen – 18 110 Ew. – Höhe 195 m – Regionalatlas **36**-C12

▶ Berlin 554 km – Düsseldorf 46 km – Köln 31 km – Arnsberg 110 km

Michelin Straßenkarte 543

## In Burscheid-Sträßchen Süd-Ost: 2 km, jenseits der A 1

🍴⃝ **Zum Schmuck-Kastl**　　　　　　　　　　　🏡 🍸 **P**

**ÖSTERREICHISCH · LÄNDLICH** ✗✗ Die Gastgeber haben hier mit viel Liebe zum
Detail ein ländlich-charmantes Restaurant geschaffen. Der aus Kärnten stammende Chef kocht natürlich auch Klassiker aus seiner österreichischen Heimat.

Menü 23 € (mittags unter der Woche)/98 € – Karte 39/66 €

*Sträßchen 26, B 51 ✉ 51399 – ☎ 02174 894541 – www.schmuck-kastl.de – geschl.
Montag - Dienstag*

**BUTTENHEIM** Bayern ➜ Siehe Hirschaid

# BUXTEHUDE

Niedersachsen – 39 780 Ew. – Höhe 2 m – Regionalatlas **10**-I5

▶ Berlin 326 km – Hannover 158 km – Hamburg 37 km – Cuxhaven 93 km

Michelin Straßenkarte 541

**⍋O N°4 🅝**      **🅿**

KREATIV · ELEGANT ✕✕ Der Name: 4 Tische für je 4 Gäste im Haus mit der Nummer 4. Der Rahmen: ein schönes historisches Backsteingewölbe. Die Küche: saisonal und nordisch geprägt. Es gibt ein Menü mit dem Motto "natur-avantgarde" - aufwändig und produktorientiert. Dazu aufmerksamer, fachkundiger Service.

Menü 89 €

*Hotel Navigare, Harburger Str. 4 ✉ 21614 – ☎ 04161 74900*
*– www.hotelnavigare.com – nur Abendessen – geschl. Sonntag - Dienstag*

**⍋O Hoddow's Gastwerk**      🏠 🆎

REGIONAL · TRENDY ✕ Das Restaurant der Familie Hoddow ist modern gestaltet und liegt zentral. Auf den Tisch kommen frische und schmackhafte regional-internationale Speisen und gute Weine, am Mittag gibt es eine schnelle Tageskarte.

Menü 36 € (abends) – Karte 38/54 €

*Westfleth 35, (Westfleth-Passage) ✉ 21614 – ☎ 04161 503901*
*– www.hoddows-gastwerk.de – geschl. Montag - Dienstag*

**⍋O Seabreeze**      🏠 🅿

MARKTKÜCHE · BISTRO ✕ Das Bistro im Gewölbekeller ist die legere Alternative zum Gourmetrestaurant "N°4". Gekocht wird in derselben Küche, das Angebot ist saisonal-international und reicht vom regionalen Menü (hier z. B. "Deichlamm im Tramezzini-Brot") bis zu Klassikern wie Wiener Schnitzel.

Menü 35/47 € – Karte 29/51 €

*Hotel Navigare, Harburger Str. 4 ✉ 21614 – ☎ 04161 74900*
*– www.hotel-navigare.com – geschl. Samstagmittag, Sonntag*

**🏨 Navigare**      ⬍ ♨ 🅿

HISTORISCH · MODERN Das schmucke Gebäude aus der Kaiserzeit - ehemals Hauptsitz der Reederei NSB - beherbergt auf seinen "Decks" zeitgemäß und wertig ausgestattete Zimmer, Minibar inklusive. "Lighthouse Bar" mit Snacks wie Sandwiches und Burger.

32 Zim ⌁ – †95/150 € ††110/170 €

*Harburger Str. 4 ✉ 21614 – ☎ 04161 74900 – www.hotel-navigare.com*
⍋O **N°4** • ⍋O **Seabreeze** – siehe Restaurantauswahl

# CALW

Baden-Württemberg – 22 380 Ew. – Höhe 347 m – Regionalatlas **54**-F18
▶ Berlin 659 km – Stuttgart 47 km – Karlsruhe 54 km – Pforzheim 26 km
Michelin Straßenkarte 545

## In Calw-Hirsau Nord: 2,5 km über B 463

**⍋O Kloster Hirsau**

REGIONAL · LÄNDLICH ✕✕ Gemütlich sitzt man in den ländlich-eleganten Stuben und wählt aus regionalen Klassikern wie z. B. Schwarzwald-Forelle oder lässt sich mit einigen internationalen Gerichten überraschen - und das Preis-Leistungs-Verhältnis ist wirklich gut! Mittags gibt es für Eilige auch ein günstigeres Menü.

Menü 23/38 € – Karte 29/46 €

*Hotel Kloster Hirsau, Wildbader Str. 2 ✉ 75365 – ☎ 07051 96740*
*– www.hotel-kloster-hirsau.de*

**🏨 Kloster Hirsau**

FAMILIÄR · AUF DEM LAND Vor allem Tagungsgäste schätzen das von Familie Hassel geführte Hotel (die Seminarräume sind auf dem neuesten technischen Stand), aber auch Wochenendurlauber kommen gerne in die ehemalige Klosterherberge von 1450, denn man kann hier gut wohnen, im hübschen Saunabereich mit kleiner Beautyabteilung relaxen und das ca. 300 m entfernte Benediktiner-Kloster ist eine Besichtigung wert. Auch für Veranstaltungen finden sich die passenden Räumlichkeiten.

42 Zim ⌁ – †76/86 € ††124/135 € – ½ P

*Wildbader Str. 2 ✉ 75365 – ☎ 07051 96740 – www.hotel-kloster-hirsau.de*
⍋O **Kloster Hirsau** – siehe Restaurantauswahl

## CASTELL

Bayern – 830 Ew. – Höhe 317 m – Regionalatlas **49**-J16
▶ Berlin 472 km – München 238 km – Würzburg 42 km – Bamberg 69 km
Michelin Straßenkarte 546

### ⊛ Gasthaus zum Schwan     ⇦ 斎 🅿

**REGIONAL · GASTHOF** Ⅹ Seit über 100 Jahren ist das gemütliche Gasthaus, das auch schon mal als Brauerei diente, in Familienhand. Man isst gut hier, nämlich Saisonales wie "Skrei mit Spinat und Kartoffeln", und trinkt dazu Weine von den eigenen Weinbergen. Wer über Nacht bleiben möchte, schläft in gepflegten Zimmern.

Karte 27/50 €    9 Zim 🖙 – ♦55/60 € ♦♦75/80 €

*Birklinger Str. 2, B 286* ✉ *97355 –* ☎ *09325 90133 – www.schwan-castell.de – geschl. 1. - 21. Januar, 25. Juli - 12. August und Dienstag - Mittwoch*

## CELLE

Niedersachsen – 68 510 Ew. – Höhe 40 m – Regionalatlas **19**-I8
▶ Berlin 276 km – Hannover 51 km – Bremen 112 km – Hamburg 117 km
Michelin Straßenkarte 541

### ⵩ Endtenfang     綠 斎 🆔 🅿

**FRANZÖSISCH-KLASSISCH · KLASSISCHES AMBIENTE** ⅩⅩⅩ Ein überregionales Aushängeschild für Spitzengastronomie! Seit 1988 mit Stern ausgezeichnet, heißt es hier nach wie vor hohe Kontinuität und Passion. Man kocht modern-klassisch mit Ausdruck und Finesse. Wertig-elegant das Interieur, schön der begrünte Innenhof. Samstags faires Lunchangebot inkl. Wein.

→ Rauchaal glasiert, Spargel, Morcheln, Erbsen und Leindotteröl. Lammrücken mit Quinoa, Aioli, Kopfsalat, Schafskäsepraline, Strauchtomaten. Canard Classique - die Ente in 3 Gängen serviert.

Menü 89 € (mittags)/133 € – Karte 81/96 €

**Stadtplan :** A2-e – *Althoff Hotel Fürstenhof, Hannoversche Str. 55* ✉ *29221 –* ☎ *05141 2010 – www.fuerstenhof-celle.com – geschl. Januar, August 2 Wochen und Sonntag - Donnerstagmittag, Freitagmittag*

### ⊛ Schaper     ⇦ 斎 🅿

**MARKTKÜCHE · FAMILIÄR** ⅩⅩ Lust auf "Ente aus dem Ofen, Portweinjus, Rotkohl"? Oder lieber "Zanderfilet auf Risotto"? In dem Familienbetrieb (4. Generation) wird frisch, schmackhaft und saisonal gekocht, gemütlich die Stuben. Wer übernachten möchte, findet klassisch-funktionale Zimmer, verteilt auf zwei Häuser.

Menü 32/55 € – Karte 34/52 €    15 Zim 🖙 – ♦70/120 € ♦♦95/150 €

**Stadtplan :** A2-s – *Heese 6* ✉ *29225 –* ☎ *05141 94880 – www.hotel-schaper.de – nur Abendessen, sonntags auch Mittagessen – geschl. Sonntagabend - Montag*

### ⅠⅠ○ Historischer Ratskeller     斎 ⵛ

**TRADITIONELLE KÜCHE · GEMÜTLICH** ⅩⅩ Frische klassische Küche bietet man in dem schönen historischen Kellergewölbe, z. B. als "Tafelspitz mit Meerrettichsauce" oder als "Wildragout mit Wildpreiselbeeren". Sie möchten heiraten? Das Trauzimmer der Stadt ist mit im Haus.

Menü 20 € (mittags)/40 € – Karte 28/37 €

**Stadtplan :** B1-z – *Markt 14* ✉ *29221 –* ☎ *05141 29099 – www.ratskeller-celle.de – geschl. Sonntagabend sowie an Feiertagen abends*

### ⅠⅠ○ Weinkeller Postmeister von Hinüber     斎

**INTERNATIONAL · WEINSTUBE** Ⅹ So richtig gemütlich-rustikal ist der jahrhundertealte Backsteinkeller. Es gibt ein wöchentlich wechselndes kleines Angebot an ehrlichen international-saisonalen Speisen, so z. B. "Zanderfilet im Kateifiteig mit Pancetta und Rahmkohlrabi".

Karte 22/46 €

**Stadtplan :** B1-g – *Zöllnerstr. 25* ✉ *29221 –* ☎ *05141 28444 – www.weinkeller-celle.de – Dienstag - Freitag nur Abendessen – geschl. Ostern und Sonntag - Montag*

259

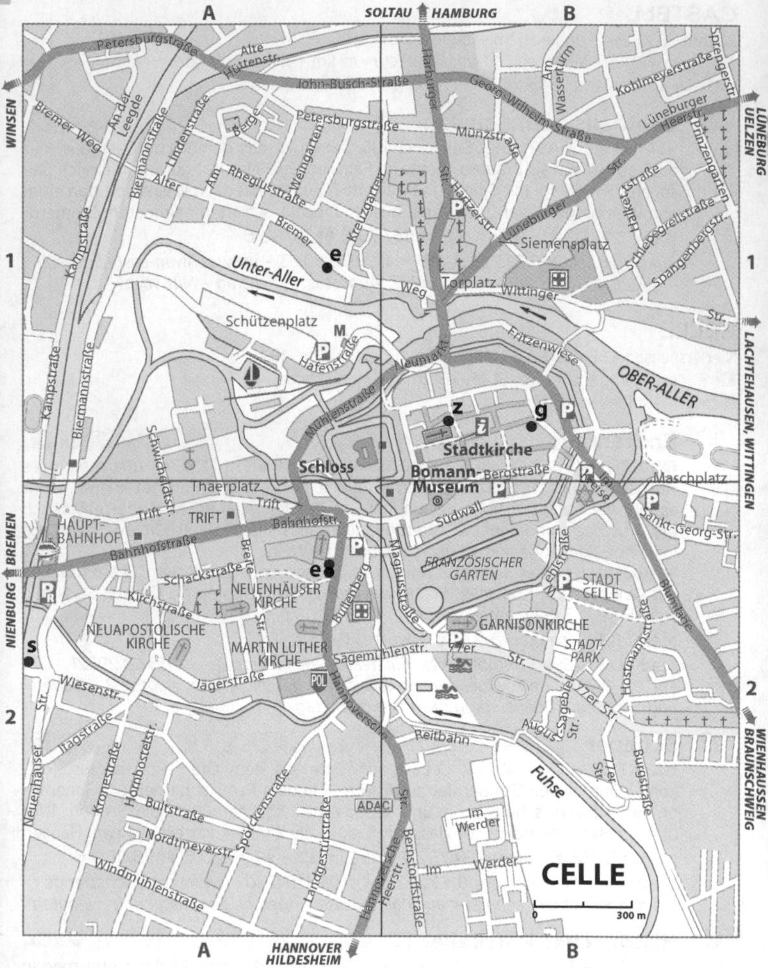

## ⅋○ **Palio**

**ITALIENISCH · LÄNDLICH** ✗ In legerer Trattoria-Atmosphäre kommen frische italienische Speisen aus der offenen Küche: "Vitello tonnato", "Gamberoni alla Diavolo" und als süßen Abschluss ein Tiramisu? Sehr schön: die Terrasse unter der alten Kastanie!

Menü 46/59 € – Karte 47/73 €

**Stadtplan : A2-e** – *Althoff Hotel Fürstenhof, Hannoversche Str. 55* ⊠ *29221* – ℰ *05141 2010* – *www.fuerstenhof-celle.com*

Frühstück inklusive? Die Tasse ⊊ steht gleich hinter der Zimmeranzahl.

🏨 **Althoff Hotel Fürstenhof**  〔icons〕

HISTORISCH · INDIVIDUELL Nicht nur die beispielhafte Gästebetreuung ist sehr angenehm, das Ambiente im Haus ist es ebenso! Passend zum Flair des jahrhundertealten Palais setzt man auf klassische Eleganz. Tipp: die neueren stilvollmodernen Zimmer! Und wenn Sie bummeln gehen möchten: In die Innenstadt sind es nur wenige Minuten!

59 Zim ⌨ – ♦120/160 € ♦♦160/210 € – 3 Suiten

Stadtplan : A2-e – *Hannoversche Str. 55* ✉ 29221 – ☎ 05141 2010

– *www.fuerstenhof-celle.com*

✿ **Endtenfang** • ⊪ **Palio** – siehe Restaurantauswahl

🏨 **Caroline Mathilde**  〔icons〕

BUSINESS · FUNKTIONELL Zwei Häuser im neuzeitlichen Villenstil beherbergen individuelle und wohnliche, teils ganz moderne Zimmer, hübsch der freundliche Frühstücksraum. Gute Parkmöglichkeiten. Das Bistro Kanapé bietet eine kleine internationale Speisenauswahl.

52 Zim ⌨ – ♦85/165 € ♦♦125/225 € – ½ P

Stadtplan : A1-e – *Alter Bremer Weg 37* ✉ 29223 – ☎ 05141 980780

– *www.caroline-mathilde.de*

**In Celle-Altencelle** Süd-Ost: 3 km über Blumlage B2

🍴 **der allerKrug**  〔icons〕

REGIONAL · LÄNDLICH XX Patron Sven Hütten bietet einen schönen Mix aus Regionalem und Internationalem - Immer ambitioniert, schmackhaft und fein. Aus drei Menüs sowie Tagesgerichten wählt man z. B. "Kaninchenrücken im Brickteig, Steckrübe, Trüffel, bunte Linsen".

Menü 31/80 € – Karte 37/56 €

*Alte Dorfstr. 14* ✉ 29221 – ☎ 05141 84894 *(Tischbestellung ratsam)*

– *www.allerkrug.de* – *geschl. Juli 2 Wochen und Montag – Dienstag*

**In Celle-Boye** Nord-West: 4 km über Petersburgstraße A1, Richtung Winsen

⊪ **Köllner's Landhaus**  〔icons〕

INTERNATIONAL · ELEGANT XX Ein Anwesen wie aus dem Bilderbuch: ein charmantes Fachwerkhaus von 1589, drum herum ein 11000 qm großer Garten - da könnte das elegante Landhaus-Interieur nicht besser passen! Und dazu gute internationale Gerichte wie "Kalbskotelett mit Vanille-Karotten und Kräuter-Kartoffelpüree".

Menü 35/62 € – Karte 38/64 €   6 Zim ⌨ – ♦99/145 € ♦♦145/165 €

*Im Dorfe 1* ✉ 29223 – ☎ 05141 951950 – *www.koellners-landhaus.de* – *geschl. Anfang Januar 1 Woche und Montag*

**In Celle-Groß Hehlen** Nord: 4 km über Harburgerstraße B1, Richtung Soltau

🏨 **Celler Tor**  〔icons〕

BUSINESS · INDIVIDUELL Ein gut geführtes Hotel mit wohnlich-zeitgemäßen Zimmern in vier Kategorien, 14 variablen Tagungsräumen sowie einem netten lebendigen Barbereich. Kosmetik und Massageangebot. Restaurant mit klassisch-gediegenem Ambiente.

71 Zim ⌨ – ♦97/235 € ♦♦147/305 € – 2 Suiten – ½ P

*Scheuener Str. 2, an der B 3* ✉ 29229 – ☎ 05141 5900 – *www.celler-tor.de*

# CHAM

Bayern – 16 440 Ew. – Höhe 370 m – Regionalatlas **59**-O17

▶ Berlin 481 km – München 178 km – Regensburg 73 km – Amberg 73 km

Michelin Straßenkarte 546

## ⑪○ Bräu-Pfandl

**REGIONAL · RUSTIKAL** ⅩⅩ In den gemütlich-rustikalen, hübsch dekorierten Stuben werden Sie freundlich mit regionaler und internationaler Küche umsorgt. Im Sommer sitzt man gerne im netten Biergarten. Zudem gibt es im 1. Stock schöne kleine Gesellschaftsräume.

Menü 23/48 € – Karte 19/48 €

*Lucknerstr. 11 ⊠ 93413 – ℰ 09971 20787 – www.braeupfandl.de – geschl. Juli und Sonntag - Montag, außer an Feiertagen*

## 🏠 Randsberger Hof

**GASTHOF · REGIONAL** Das Hotel bietet wohnliche Zimmer im alpinen Stil, teils mit Balkon und Blick auf die Stadt. Hübsch sind der Kosmetikbereich und der Panoramaruheraum, ein Highlight ist der Dachpool. Restauranträume mit rustikalem Charme, die Küche ist bürgerlich-regional.

80 Zim ⊊ – ♦58/111 € ♦♦116 € – 2 Suiten – ½ P

*Randsbergerhofstr. 15 ⊠ 93413 – ℰ 09971 85770 – www.randsbergerhof.de*

# In Cham-Chammünster Süd-Ost: 3 km über B 85 in Richtung Viechtach

## ⑬ Am Ödenturm

**REGIONAL · LÄNDLICH** Ⅹ Ein Bilderbuch-Gasthof: schön die Lage am Waldrand, sympathisch-familiär die Atmosphäre, reizvoll die Terrasse, und gekocht wird richtig gut, von regional bis mediterran, von "gebackenem Kalbskopf auf Kartoffel-Endiviensalat" bis "Lammcurry mit Couscous". Zum Übernachten hat man gemütlich-moderne Zimmer.

Menü 22 € – Karte 23/50 €   11 Zim ⊊ – ♦40/55 € ♦♦76/90 €

*Am Ödenturm 11 ⊠ 93413 – ℰ 09971 89270 – www.oedenturm.de – geschl. 5. Oktober - 28. November und Sonntagabend - Montag, Donnerstagmittag*

# CHEMNITZ

Sachsen – 241 210 Ew. – Höhe 296 m – Regionalatlas **42**-O13

▶ Berlin 257 km – Dresden 70 km – Leipzig 78 km – Praha 163 km

Michelin Straßenkarte 544 – Stadtpläne siehe nächste Seiten

## ⑬ Villa Esche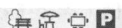

**INTERNATIONAL · TRENDY** ⅩⅩ Die 1903 erbaute Orangerie einer einstigen Unternehmer-Villa (interessant das Henry-van-de-Velde-Museum hier) ist ein freundlicher Ort für einen interessanten Speisenmix von Rindsroulade über Krautwickel bis hin zu "Skrei mit Roter Bete und Staudensellerie". Toll die Terrasse zum Park!

Menü 21 € (mittags unter der Woche)/90 € – Karte 30/55 €

**Stadtplan : BY-a** – *Parkstr. 58, (Eingang Rich.-Wagner-Straße), über Stollbergerstraße A3 ⊠ 09120 – ℰ 0371 2361363 (Tischbestellung ratsam) – www.restaurant-villaesche.de – geschl. Sonntagabend - Montag*

## ⑬ alexxanders

**INTERNATIONAL · TRENDY** Ⅹ "Zanderfilet unter der Mandelkruste auf Limettenrisotto", "pochiertes Kalbsfilet an lauwarm mariniertem Gemüse"... Hier stehen international-saisonale Gerichte auf der Karte. Nicht zu vergessen die leckere "karamelliesierte Frischkäsetarte mit Beeren"! Sehr gefragt ist auch der günstige Mittagstisch.

Menü 36 € (abends) – Karte 35/59 €

**Stadtplan : C2-a** – *Hotel alexxanders, Ludwig-Kirsch-Str. 9 ⊠ 09130 – ℰ 0371 4311111 (Tischbestellung ratsam) – www.alexxanders.de – geschl. Samstagmittag, Sonntag sowie an Feiertagen mittags*

## ⑪○ Richter

**INTERNATIONAL · LÄNDLICH** ⅩⅩ Ein freundliches Restaurant mit behaglichem Ambiente und offenem Kamin, zu dem auch ein Feinkostgeschäft gehört. Gekocht wird international.

Menü 38/67 € – Karte 45/50 €

*Zschopauer Str. 259, (über D3) ⊠ 09126 – ℰ 0371 55910 – www.feinkost-richter.de – nur Abendessen – geschl. Juli und Sonntag - Montag*

🏨 **Günnewig Hotel Chemnitzer Hof**  ⚜ 🈂 ❖ ♿ 🏋 🚗

**HISTORISCH · KLASSISCH** Hier überzeugen die Lage direkt neben der Oper sowie die klassisch-gediegene Einrichtung. Von einigen Zimmern des 1929/30 erbauten Hotels blickt man auf den Schillerpark. Das Restaurant ist elegant gestaltet und bietet internationale Küche.

89 Zim 🍴 – ♦82/159 € ♦♦102/189 € – 3 Suiten – ½ P

**Stadtplan : C2-b** – *Theaterplatz 4* ✉ *09111* – ☎ *0371 6840* – *www.guennewig.de*

🏨 **alexxanders**  🈂 🏋 🚗

**URBAN · FUNKTIONELL** Ein Stadthaus am Rande des Zentrums mit gepflegten, teilweise besonders modernen Zimmern, von denen einige über einen Balkon mit Sicht auf den begrünten Innenhof verfügen. Auch Zimmer für Langzeitgäste sind buchbar.

30 Zim – ♦61/65 € ♦♦77 € – 3 Suiten – 🍽 8 €

**Stadtplan : C2-a** – *Ludwig-Kirsch-Str. 9* ✉ *09130* – ☎ *0371 4311111*
– *www.alexxanders.de*

🍴 **alexxanders** – siehe Restaurantauswahl

# CHIEMING

Bayern – 4 750 Ew. – Höhe 537 m – Regionalatlas **67**-N21

▶ Berlin 666 km – München 104 km – Bad Reichenhall 43 km – Traunstein 12 km
Michelin Straßenkarte **546**

## In Chieming-Ising Nord-West: 7 km

🍽 **USINGA**  🈴 🅿

**KREATIV · GEMÜTLICH** ✕✕ Das Gourmetstüberl ("Usinga" ist der lateinische Name für "Gut Ising") bringt regionalen Charme und Eleganz in Einklang. Passend dazu die ambitionierte kreative Küche, die "Alpenkulinarik" verspricht · Grüße aus der Küche ergänzen das Menü. Wie wär's mit einer Weinreise?

Menü 68/105 €

*Hotel Gut Ising, Kirchberg 3* ✉ *83339* – ☎ *08667 /90 (Tischbestellung ratsam)*
– *www.gut-ising.de* – *nur Abendessen* – *geschl. Montag - Dienstag*

🍽 **Il Cavallo**  🈴 🅿

**ITALIENISCH · FAMILIÄR** ✕ Lust auf frische authentisch italienische Küche? Da dürfen hausgemachte Pasta und Klassiker wie Vitello Tonnato ebenso wenig fehlen wie Steinofenpizza, die vor Ihren Augen zubereitet wird. Schön die Terrasse mit Chiemsee-Blick.

Menü 33/36 € – Karte 21/47 €

*Hotel Gut Ising, Kirchberg 3* ✉ *83339* – ☎ *08667 809962* – *www.gut-ising.de*
– *Dienstag - Freitag nur Abendessen* – *geschl. Montag*

🍽 **Zum Goldenen Pflug**  🍷 🈴 🚗

**REGIONAL · LÄNDLICH** ✕ In einem der ältesten Gasthäuser der Region schreibt man Tradition groß, ohne stehen zu bleiben. Neben Klassikern wie "Bayerischem Schweinekrustenbraten mit Dunkelbiersauce" gibt es auch Internationales. Stimmig das gemütliche Ambiente.

Menü 33/36 € – Karte 36/55 €

*Hotel Gut Ising, Kirchberg 3* ✉ *83339* – ☎ *08667 790* – *www.gut-ising.de*

🏨 **Gut Ising**  🏊 🍷 ⚒ 📷  🏋 ✕ 🎬 🈂 🏋 🚗

**HISTORISCH · INDIVIDUELL** Auf dem weitläufigen Anwesen mit Gutshof-Charme kann man golfen, reiten, tagen oder bei Beautybehandlungen entspannen. Die Zimmer geschmackvoll und individuell (etwas Besonderes sind die Wellness-Suiten), vielfältig das Freizeitangebot, und auch kulinarisch bietet man Abwechslung.

94 Zim 🍴 – ♦125/137 € ♦♦205/274 € – 11 Suiten – ½ P

*Kirchberg 3* ✉ *83339* – ☎ *08667 790* – *www.gut-ising.de*

🍽 **Zum Goldenen Pflug** • 🍽 **USINGA** • 🍽 **Il Cavallo** – siehe Restaurantauswahl

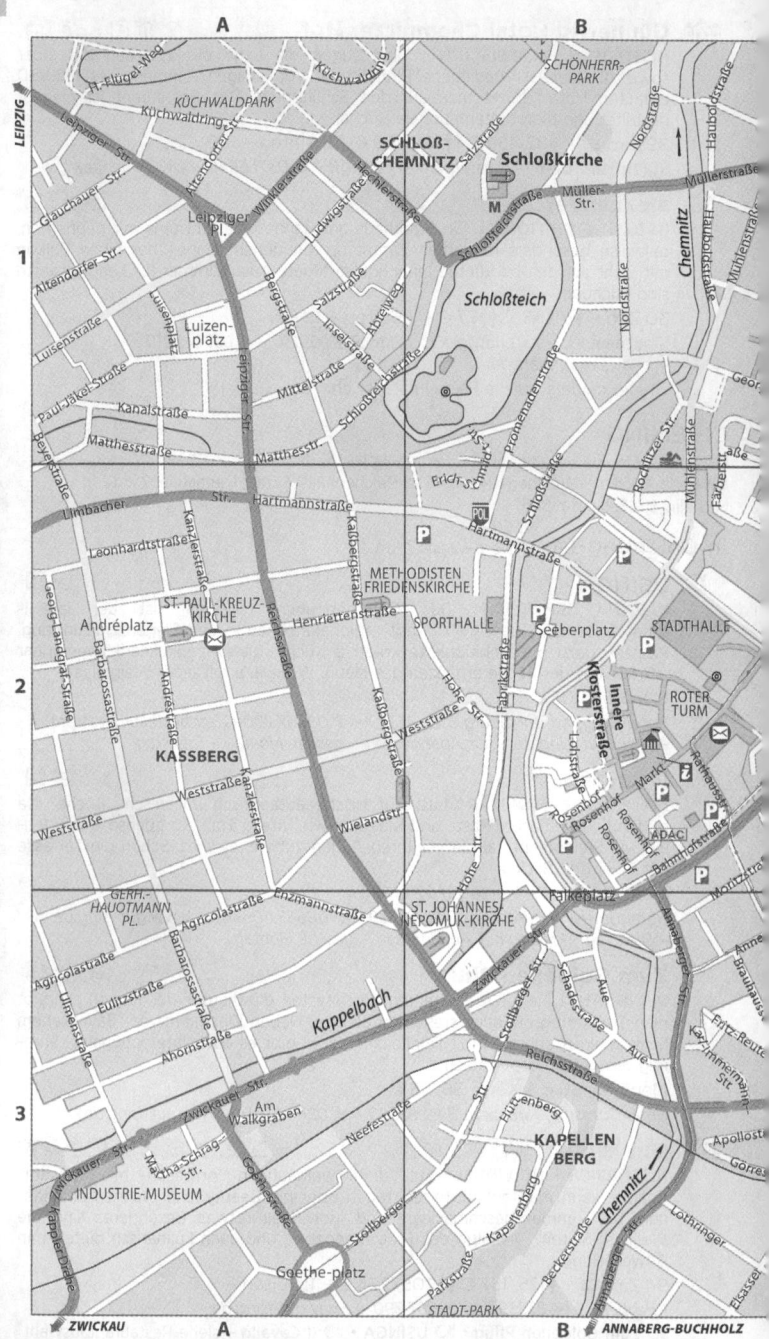

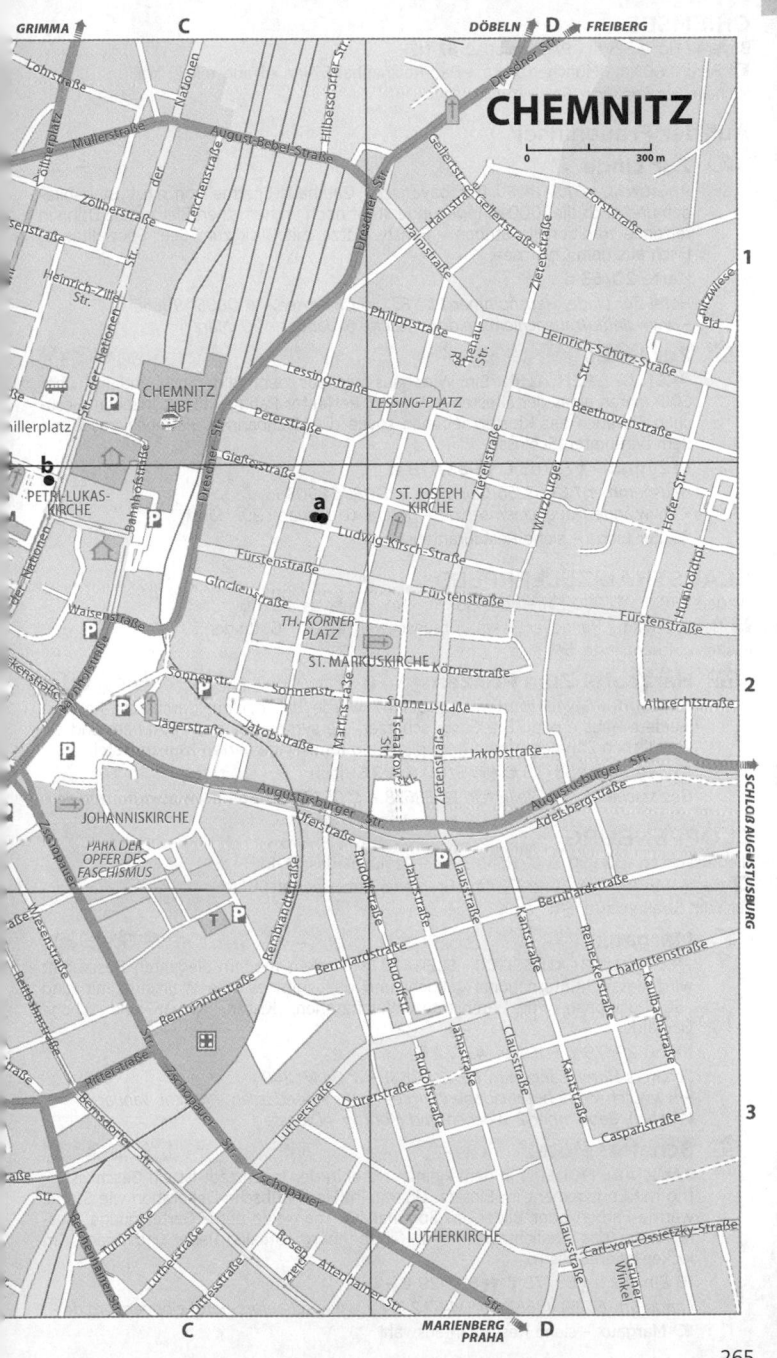

# CHIEMSEE

Bayern – Höhe 518 m – Regionalatlas **67**-N21

▶ Berlin 660 km – München 94 km – Bad Reichenhall 57 km – Traunstein 27 km
Michelin Straßenkarte 546

## Auf der Fraueninsel

🍴○ **Zur Linde**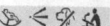

**REGIONAL · GASTHOF** ✗ Der bayerische Gasthaus-Charme von einst ist geblieben und auch die 1000-jährige Linde steht noch im herrlichen Biergarten! Drinnen reizende traditionelle Stuben - Fensterplätze mit Blick zum See! Spezialität ist Fisch aus dem Chiemsee.

Karte 20/53 €

*Hotel Zur Linde, Hausnummer 1 ✉ 83256 Chiemsee – ℰ 08054 90366*
*– www.linde-frauenchiemsee.de – geschl. 6. Januar - 20. März*

🏠 **Zur Linde**

**GASTHOF · GEMÜTLICH** Ein Wirtshaus wie aus dem Bilderbuch und mit über 600 Jahren eines der ältesten in Bayern. Perfekter Rahmen für Hochzeiten. Besuchen Sie auch das Kloster nebenan sowie die Nachbarinsel Herrenchiemsee mit dem berühmten Schloss!

14 Zim 🖙 – †78/115 € ††133/178 €

*Hausnummer 1 ✉ 83256 Chiemsee – ℰ 08054 90366*
*– www.linde-frauenchiemsee.de – geschl. 6. Januar - 20. März*

🍴○ **Zur Linde** - siehe Restaurantauswahl

# CLAUSTHAL-ZELLERFELD

Niedersachsen – 12 780 Ew. – Höhe 560 m – Regionalatlas **29**-J10

▶ Berlin 270 km – Hannover 99 km – Braunschweig 62 km – Göttingen 59 km
Michelin Straßenkarte 541

🏨 **Harzhotel Zum Prinzen** 🕸 **P**

**FAMILIÄR · GEMÜTLICH** Im Jahre 1847 wurde das denkmalgeschützte holzverkleidete Haus erbaut. Die Gäste schätzen die sympathische Atmosphäre und die wohnlichen Zimmer in dem freundlich und familiär geführten kleinen Hotel.

16 Zim 🖙 – †53/75 € ††75/80 € – 2 Suiten

*Goslarsche Str. 20, Zellerfeld ✉ 38678 – ℰ 05323 96610 – www.zum-prinzen.de*

# CLOPPENBURG

Niedersachsen – 32 990 Ew. – Höhe 38 m – Regionalatlas **17**-E7

▶ Berlin 444 km – Hannover 178 km – Bremen 65 km – Lingen 68 km
Michelin Straßenkarte 541

🍴○ **Margaux**

**FRANZÖSISCH-KLASSISCH · ELEGANT** ✗✗ In dem modern-eleganten Restaurant wird klassisch-international gekocht und dazu gibt es eine Weinkarte mit rund 250 Positionen. Fürs Ambiente: Weinflaschen, Kissen, Kerzen und schöne Gemälde.

Menü 29/79 € – Karte 42/77 €

*Schäfers Hotel, Lange Str. 66 ✉ 49661 – ℰ 04471 2484*
*– www.schaefers-hotel-cloppenburg.de – nur Abendessen – geschl. Januar 2*
*Wochen, September 2 Wochen und Montag - Dienstag*

🏨 **Schäfers Hotel** 🕸 🚗

**FAMILIÄR · MODERN** In dem kleinen Hotel in der Innenstadt ist ein Geschwistertrio mit Engagement im Einsatz. Überall im Haus hübsche Dekoration wie Stoffe, warme Farben oder Bilder. Im Sommer hat man eine nette Gartenlounge. Ausflugstipp: das Freilichtmuseum in Cloppenburg. Steaks, Pasta und Snacks im locker-legeren Bistro.

16 Zim 🖙 – †59/75 € ††89/129 € – ½ P

*Lange Str. 66 ✉ 49661 – ℰ 04471 2484 – www.schaefers-hotel-cloppenburg.de*

🍴○ **Margaux** - siehe Restaurantauswahl

# COBURG

Bayern – 41 030 Ew. – Höhe 292 m – Regionalatlas **50**-K14

▶ Berlin 383 km – München 279 km – Bamberg 47 km – Bayreuth 74 km
Michelin Straßenkarte 546 – Stadtplan siehe nächste Seite

## ✿ Esszimmer

**FRANZÖSISCH-KREATIV · ELEGANT** ✕✕✕ In dem eleganten kleinen Restaurant wird modern gekocht, wobei man auch die klassische Basis nicht verleugnet. Was man an den überaus wertig eingedeckten Tischen serviert, überzeugt mit Kraft, Aroma und Finesse - gute Produkte sind selbstverständlich! Und dazu vielleicht ein schöner toskanischer Wein?

→ Carabinero, Mango, Kokos, Thai Basilikum. "Schweinerei", Gurke, Pfifferling, Senf. Wachtel, Ei, Petersilienwurzel, Speck.

Menü 85/145 €

**Stadtplan : A2-t** – *Hotel Goldene Traube, Am Viktoriabrunnen 2* ✉ 96450
– ℰ 09561 8760 *(Tischbestellung ratsam) – www.goldenetraube.com – nur
Abendessen – geschl. 11. Januar - 1. Februar, 2. - 7. Juni, 18. August
- 13. September und Sonntag - Dienstag*

## ⓘO Victoria Grill

**STEAKHOUSE · TRENDY** ✕✕ Eine gute Adresse für Steaks und Seafood. Man legt großen Wert auf die Qualität des Fleisches - dazu wählen Sie klassische Beilagen. Das Ambiente ist angenehm modern: klare Linien und warme Farben. Schöne Räume für Gesellschaften.

Karte 37/62 €

**Stadtplan : A2-t** – *Hotel Goldene Traube, Am Viktoriabrunnen 2* ✉ 96450
– ℰ 09561 8760 – www.goldenetraube.com
- *geschl. Sonntag - Montagmittag*

## ⓘO Das Backstüble

**REGIONAL · RUSTIKAL** ✕ Warmes Zirbelholz und ein Ofen mit offenem Grill machen es im Restaurant des Hotels "Stadt Coburg" schön gemütlich, während man z. B. Traditionsgerichte wie "fränkischen Sauerbraten mit Lebkuchensoße, Rotkohl und Coburger Klößen" isst. Mittags etwas kleinere Karte.

Karte 28/39 € 34 Zim ⌂ – ♦99/125 € ♦♦108/135 € - 2 Suiten

**Stadtplan : A1-e** – *Lossaustr. 12* ✉ 96450 – ℰ 09561 8740
- *www.hotel-stadt-coburg.de geschl. 1. - 8. Januar und Samstagmittag, Sonntag
sowie an Feiertagen*

## ⌂ Goldene Traube

**BUSINESS · INDIVIDUELL** Seit über 20 Jahren ist Familie Glauben für Sie da. In direkter Nähe des Judentores wohnt man modern oder klassisch und entspannt bei Beauty & Massage. Zudem: neuzeitlich-gediegene Lounge, Hotelbar nebst Vinothek sowie Sushi-Theke.

70 Zim ⌂ – ♦99/125 € ♦♦149/165 €

**Stadtplan : A2-t** – *Am Viktoriabrunnen 2* ✉ 96450 – ℰ 09561 8760
- *www.goldenetraube.com*

✿ **Esszimmer** • ⓘO **Victoria Grill** – siehe Restaurantauswahl

## ⌂ Stadtvilla

**PRIVATHAUS · MODERN** Das hübsche Stadthaus von 1906 liegt in einer kleinen Seitenstraße direkt am Flüsschen Itz, zum Landestheater sind es nur zehn Gehminuten. Man wird angenehm persönlich umsorgt, die Einrichtung ist schön modern und klar, Frühstück gibt's im lichten Wintergarten. W-Lan und Parkplätze gratis, Sauna gegen Gebühr.

10 Zim ⌂ – ♦91/107 € ♦♦105/149 €

**Stadtplan : A1-s** – *Seifartshofstr. 10* ✉ 96450 – ℰ 09561 2399370
- *www.stadtvilla-coburg.de – geschl. 23. - 26. Dezember*

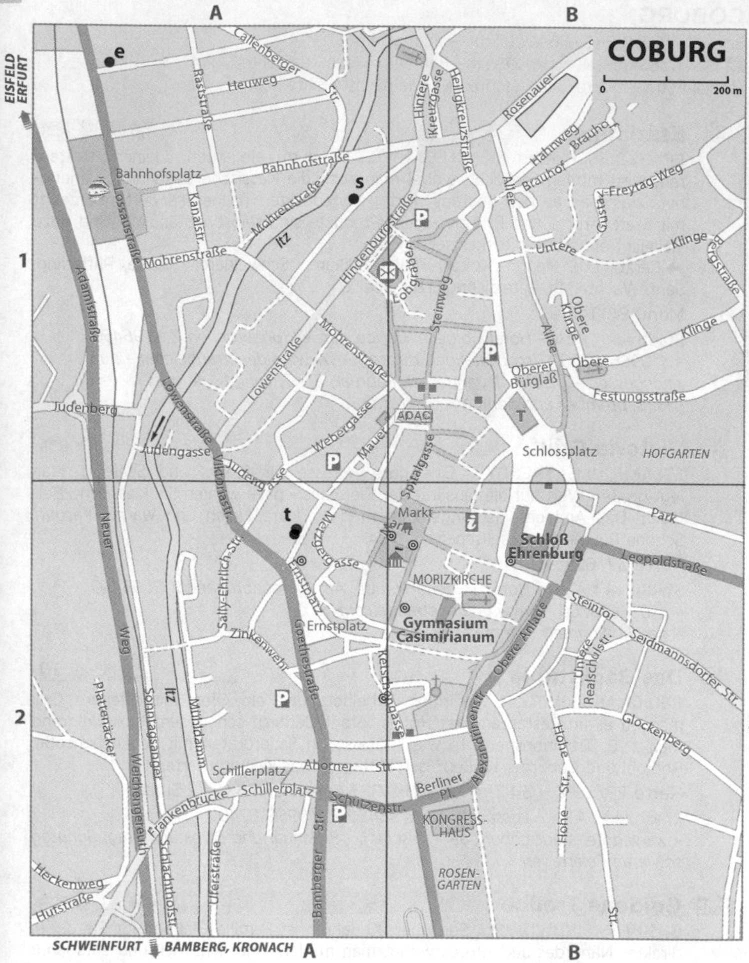

## COBURG

*(Stadtplan / city map)*

0       200 m

---

**In Rödental-Oeslau** Nord-Ost: 7 km über Rosenauer Straße B1

### 🏚 Grosch            🏖 🕊 🎿 🅿

**HISTORISCH · TRADITIONELL** Der Gasthof von 1425 ist ein sympathischer Familienbetrieb mit Brauerei. Wer's schön modern mag, bucht ein Zimmer im Anbau
(Brauhotel). In den gemütlichen Gaststuben isst man fränkisch-saisonal, besondere Spezialität unter den eigenen Bieren ist der Capreolus. Tipp: der Biergarten
"Die Alm" unweit des Hotels.

44 Zim ☑ – †74/80 € ††104/110 € – ½ P

*Oeslauer Str. 115 ✉ 96472 – ☎ 09563 7500 – www.der-grosch.de – geschl. 23.
- 25. Dezember*

---

Gute Küche zu moderatem Preis? Folgen Sie dem Bib Gourmand 🅐

## In Rödental-Oberwohlsbach Nord-Ost: 10 km über Rosenauer Straße B1

### ⛶○ Alte Mühle       ⛨ ⅏ **P**

**INTERNATIONAL · GEMÜTLICH** ✕✕ Nicht nur gut übernachten lässt es sich hier, auf dem historischen Anwesen wird auch frisch gekocht. In freundlich-gemütlichem Ambiente wählt man z. B. "Lammrücken unter der Kräuterkruste mit Rosmarinsauce, Speckbohnen, Kartoffelgratin".

Karte 25/47 €

*Hotel Alte Mühle, Mühlgarten 5 ✉ 96472 – ☎ 09563 72380*
*– www.alte-muehle-hotel.com – nur Abendessen, sonntags auch Mittagessen*
*– geschl. Sonntagabend*

### ⌂ Alte Mühle       ⬥ ⊟ 𝄞 **P**

**HISTORISCH · FUNKTIONELL** Das 1902 auf den Fundamenten einer ehemaligen Getreidemühle entstandene Haus wird herzlich von der sympathischen Familie geleitet und bietet sehr gepflegte und zeitgemäß eingerichtete Gästezimmer.

24 Zim ⌸ – ♦68/85 € ♦♦98/110 € – ½ P

*Mühlgarten 5 ✉ 96472 – ☎ 09563 72380 – www.alte-muehle-hotel.com*

⛶○ **Alte Mühle** – siehe Restaurantauswahl

## In Ahorn-Hohenstein Süd-West: 9 km über Weichengereuth A2, Richtung Schweinfurt

### ⛶○ Dittrichs im Schloss Hohenstein    ⚐ ⇦ ⬥ ⬚ ⛨ ⅏ **P**

**FRANZÖSISCH-KLASSISCH · ROMANTISCH** ✕✕ Toll der historische Rahmen, der Park, die Ruhe... Die Burganlage ist ein wirklich romantischer Ort für die klassische Küche, mit der man hier freundlich umsorgt wird. Und wenn Sie übernachten möchten: Man hat schöne individuelle Zimmer.

Menü 52/92 € – Karte 47/63 €    12 Zim ⌸ – ♦73/103 € ♦♦107/137 €
– 3 Suiten – ½ P

*Hohenstein 1 ✉ 96482 – ☎ 09565 5429560 – www.schlosshotel-hohenstein.de*
*– nur Abendessen – geschl. Januar 2 Wochen und Sonntag*

⛶○ **Schlossschänke** – siehe Restaurantauswahl

### ⛶○ Schlossschänke       ⛨ ⅏ ⟳ **P**

**REGIONAL · GEMÜTLICH** ✕ Gemütlich sitzt man hier in einem hübschen Gewölbe. Zum netten schlicht-rustikalen Ambiente gibt es frische regionale Küche, z. B. in Form von "geschmorter Kaninchenkeule mit Pastinakenpüree, Wurzelgemüse und Schmorjus".

Menü 32 € – Karte 30/45 €

*Restaurant Dittrichs im Schloss Hohenstein, Hohenstein 1 ✉ 96482*
*– ☎ 09565 5429560 – www.schlosshotel-hohenstein.de – Montag - Freitag nur Abendessen*

## COCHEM

Rheinland-Pfalz – 5 220 Ew. – Höhe 90 m – Regionalatlas **46**-C14
▶ Berlin 645 km – Mainz 139 km – Koblenz 51 km – Trier 93 km
Michelin Straßenkarte 543

### ⛶○ Lohspeicher       ⇦ ⬥ ⛨ ⇦

**MARKTKÜCHE · GEMÜTLICH** ✕✕ Über eine schmale Gasse am Rathaus erreicht man das ehemalige Speichergebäude von 1832. Gemütliches Ambiente, freundlicher Service und die saisonalen Menüs von Ingo Beth. Tiefgarage 200 m oberhalb. Individuelle, geschmackvolle Gästezimmer.

Menü 35/85 €    10 Zim ⌸ – ♦85/105 € ♦♦99/135 €

*Obergasse 1 ✉ 56812 – ☎ 02671 3976 (Tischbestellung ratsam)*
*– www.lohspeicher.de – nur Abendessen – geschl. Januar - Februar und Montag, Mittwoch - Donnerstag, Sonntag*

 **Parkhotel**

FAMILIÄR · MODERN Sehr gepflegt und schön hat man es in dem Hotel in Mosel-
nähe. Die Zimmer sind geradlinig-modern und wohnlich in warmen Farben gehalten, gefrühstückt wird auch gerne auf der Terrasse. Neben gehobener Küche im
eleganten "Divino" gibt es Kleinigkeiten im Bistro.

22 Zim ☑ – ♦79/120 € ♦♦95/130 € – ½ P
*Sehler Anlagen 1, (mit Gästehaus) ☒ 56812 – ℰ 02671 7110*
*– www.parkhotelcochem.de – geschl. 8. Januar - 15. Februar*

## In Cochem-Cond

 **Thul**

FAMILIÄR · GEMÜTLICH Ein tipptopp gepflegtes Haus mit wohnlich gestalteten
Gästezimmern, das dank seiner erhöhten Lage eine wunderschöne Aussicht auf
Cochem und Mosel bietet.

23 Zim ☑ – ♦51/74 € ♦♦89/168 € – ½ P
*Brauselaystr. 27 ☒ 56812 – ℰ 02671 914150 – www.hotel-thul.de*
*– geschl. Dezember - Februar*

## In Cochem-Sehl

 **Keßler-Meyer**

SPA UND WELLNESS · GEMÜTLICH Sie mögen's ruhig und mit Aussicht? Hier
wohnen Sie oberhalb der Mosel in schönen zeitgemäßen Zimmern - wie wär's z. B.
mit einer Turm-Maisonette? Gönnen Sie sich auch wohltuende Anwendungen in der
"WellnessVilla" nebenan! Wer zum Essen kommt, kann z. B. im netten Wintergarten
Platz nehmen.

46 Zim ☑ – ♦85/105 € ♦♦110/220 € – 3 Suiten – ½ P
*Am Reilsbach 10 ☒ 56812 – ℰ 02671 97880 – www.hotel-kessler-meyer.de*

# COESFELD

Nordrhein-Westfalen – 35 820 Ew. – Höhe 80 m – Regionalatlas **26**-C9
▶ Berlin 513 km – Düsseldorf 105 km – Nordhorn 73 km – Münster (Westfalen) 38 km
Michelin Straßenkarte 543

 **Freiberger im Gasthaus Schnieder-Bauland** 

REGIONAL · GASTHOF ✗✗ In einem netten roten Ziegelsteinhaus in ruhiger
Lage empfängt Sie Patron Benedikt Freiberger. Die Küche ist regional, durchweg
schmackhaft und unkompliziert, von Münsterländer Kalbstöttchen bis zum Westfälischen Sauerbraten. Oder lassen Sie sich von den 7 - 12 Gängen des aufwändigen Gabelmenüs überraschen!

Menü 28 € (mittags)/60 € – Karte 26/64 €
*Sirksfeld 10, Nord-West: 2 km ☒ 48653 – ℰ 02541 3930*
*– www.restaurant-freiberger.de – geschl. Februar 2 Wochen, Juli - August*
*1 Woche und Montag - Dienstag*

# COLMBERG

Bayern – 1 950 Ew. – Höhe 450 m – Regionalatlas **49**-J17
▶ Berlin 498 km – München 225 km – Nürnberg 64 km – Rothenburg o.d. Tauber 18 km
Michelin Straßenkarte 546

 **Burg Colmberg** 

HISTORISCHES GEBÄUDE · KLASSISCH Hier oben in toller Aussichtslage mischt
sich das Flair der rund 1000-jährigen Burg in das wohnliche Hotelambiente. Die
Zimmer sind gemütlich, teils sogar historisch, gespeist wird in den Burgstuben,
der Remise oder im Wintergarten, im Sommer lockt die Terrasse. Tipp für Hochzeiten: der imposante Rittersaal!

26 Zim ☑ – ♦75/145 € ♦♦99/165 €
*Burg 1-3 ☒ 91598 – ℰ 09803 91920 – www.burg-colmberg.de – geschl. Februar*

# CRIMMITSCHAU

Sachsen – 19 400 Ew. – Höhe 238 m – Regionalatlas **42**-N13

▶ Berlin 262 km – Dresden 114 km – Gera 39 km – Leipzig 72 km
Michelin Straßenkarte 544

### 🏠 Villa Vier Jahreszeiten ☆ 🐾 🛏 ⌥ 🗓 ♨ 🖼 🖃 🍽 🖥 🅿

**PRIVATHAUS · HISTORISCH** Wer das stilvolle Flair der aufwändig restaurierten Fabrikantenvilla (1903-1906 erbaut) für sich entdeckt hat, wird gerne wieder herkommen. Das Anwesen ist schon ein Schmuckstück und alles andere als "von der Stange"! Im öffentlichen Vital Center (1 Gehminute entfernt und ebenfalls von den Hotelbesitzern geleitet) kann man Körper und Seele etwas Gutes tun.

9 Zim ⌂ – 🛏100/120 € 🛏🛏127/137 € – 1 Suite – ½ P

*Gabelsbergerstr. 12 ✉ 08451 – ☎ 03762 7598110 – www.villa-vierjahreszeiten.de*

# CUXHAVEN

Niedersachsen – 48 330 Ew. – Höhe 2 m – Regionalatlas **9**-G4

▶ Berlin 421 km – Hannover 222 km – Bremerhaven 43 km – Hamburg 130 km
Michelin Straßenkarte 541

## In Cuxhaven-Duhnen Nord-West: 6 km über Strichweg

### ☼☼ Sterneck 🐠 ≼ 🕭 ㎄ 🍽 🅿

**KREATIV · KLASSISCHES AMBIENTE** 🎔🎔🎔 Die durchdachte Produktküche dieses eleganten kleinen Restaurants ist ein Ausbund an Geschmack und Aroma, klassische Basis und kreative Elemente im Einklang. Fürs Auge gibt es neben der schönen Optik der Gerichte noch den herrlichen Blick auf Nordsee und Wattenmeer - der großen Fensterfront sei Dank!

→ Jakobsmuscheln, Nordseekrabben, Mango, Schwarzwurzel, Yuzu. Rehrücken, Boudin noir, Kichererbsen, Café. Schokolade, Mandel, Quitte, Curry.

Menü 65 € (vegetarisch)/175 €

*Badhotel Sternhagen, Cuxhaven Str. 86 ✉ 27476 – ☎ 04721 4340*
*– www.badhotel-sternhagen.de – nur Abendessen, sonntags auch Mittagessen*
*– geschl. 26. März - 9. April, 5. November - 24. Dezember und Montag - Mittwoch*

### 🍽 Panorama-Restaurant Schaarhörn ≼ 🛏 🕭 ㎄ 🍽 🅿

**INTERNATIONAL · ELEGANT** 🎔🎔 In hanseatisch-elegantem Ambiente lässt man sich bei einem schönen Ausblick aufs Wattenmeer klassische norddeutsche Küche mit internationalen Einflüssen servieren. Tipp für nachmittags: Kuchen aus der hauseigenen Konditorei!

Menü 38/65 € – Karte 46/70 €

*Badhotel Sternhagen, Cuxhavener Str. 86 ✉ 27476 – ☎ 04721 4340*
*– www.badhotel-sternhagen.de – geschl. 5. November - 5. Dezember*

### 🍽 Ekendöns 🛏 🕭 ㎄ 🅿

**TRADITIONELLE KÜCHE · RUSTIKAL** 🎔 300 Jahre alte Eichenbalken eines norddeutschen Bauernhauses und ein schmucker Kachelofen, da kommt sofort Gemütlichkeit auf. Passend dazu gibt's herzhafte regionale Hausmannkost wie Kartoffelsuppe, Nordseekrabben, Kohlroulade, Rote Grütze!

Menü 35 € – Karte 37/51 €

*Badhotel Sternhagen, Cuxhavener Str. 86 ✉ 27476 – ☎ 04721 4340*
*– www.badhotel-sternhagen.de – nur Abendessen – geschl. 5. November*
*- 5. Dezember*

### 🏨 Strandperle ☆ ≼ 🗓 🌐 ♨ 🖃 🍽 🚗

**SPA UND WELLNESS · KLASSISCH** Das Hotel sieht nicht nur von außen aus wie ein Kreuzfahrtdampfer, auch innen steht alles unter dem Motto Seefahrt, viele kleine Details unterstreichen das maritime Flair. Einige Zimmer sowie der Ruhebereich des Spa bieten Meerblick. Internationale Küche im Restaurant nebst Terrasse an der Promenade.

66 Zim ⌂ – 🛏85/185 € 🛏🛏110/185 € – 16 Suiten – ½ P

*Duhner Strandstr. 15, (Zufahrt über Am Wattenweg) ✉ 27476 – ☎ 04721 40060*
*– www.strandperle-hotels.de*

**Badhotel Sternhagen**

**FAMILIÄR · INDIVIDUELL** Herzlich wird man in dem seit über 50 Jahren bestehenden Familienbetrieb umsorgt, traumhaft die Lage direkt hinter dem Deich, toll der Blick auf die Nordsee und dazu ein umfassendes Spa-Angebot, das auf Meerwasser setzt (Meerwasser-Thermen, Thalasso...). Was wünscht man sich mehr von einem Ferienhotel?

39 Zim 🛏 – 🛉170/215 € 🛉🛉200/290 € – 9 Suiten – ½ P

*Cuxhavener Str. 86 ⊠ 27476 – ✆ 04721 4340 – www.badhotel-sternhagen.de*
*– geschl. 5. November - 5. Dezember*

❀❀ **Sterneck** • 🍴 **Panorama-Restaurant Schaarhörn** • 🍴 **Ekendöns** – siehe Restaurantauswahl

 **Strandhotel Duhnen**

**SPA UND WELLNESS · ELEGANT** Das traditionsreiche Hotel von 1896 wächst mit den Ansprüchen der Gäste, wird schöner und geht mit der Zeit. Tolle Lage an der Strandpromenade, komfortable Ausstattung, "Levitas Wellspa" auf 600 qm. Die Gastronomie: Restaurant "Vier Jahreszeiten" zum Wattenmeer, Bistro "Kamp's", Bierpub "Störtebeker" sowie "Lido Bar". Frühstück mit Strand- und Meerblick.

95 Zim 🛏 – 🛉71/203 € 🛉🛉127/218 € – 3 Suiten – ½ P

*Duhner Strandstr. 5 ⊠ 27476*
*– ✆ 04721 4030 – www.kamp-hotels.de*

## In Cuxhaven-Döse

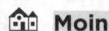 **Moin!**

**FAMILIÄR · MODERN** Warum das Hotel so beliebt ist? Hier ist alles tipptopp gepflegt, die Einrichtung freundlich und zeitgemäß, das Frühstückbuffet ist toll, die Mitarbeiter sind herzlich, und auch in Sachen Wellness bietet man so einiges!

56 Zim 🛏 – 🛉69/129 € 🛉🛉89/169 € – 4 Suiten – ½ P

*Steinmarner Str. 83 ⊠ 27476 – ✆ 04721 664822 – www.moin.info*

# DACHAU

Bayern – 45 630 Ew. – Höhe 505 m – Regionalatlas **65**-L20

▶ Berlin 583 km – München 19 km – Augsburg 54 km – Landshut 72 km
Michelin Straßenkarte 546

## In Dachau-Webling Nord-West: 2 km – 45 630 Ew.

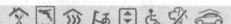 **Schwarzberghof**

**REGIONAL · GASTHOF** 🟰🟰 Hier isst man richtig gut, entsprechend gefragt ist das charmante holzgetäfelte Restaurant - reservieren Sie also lieber! Probieren Sie unbedingt den Klassiker "Schweinsbraten mit Kruste und Kartoffelknödel"! Aber auch die Fischgerichte sind frisch und schmackhaft. Schön die Gartenterrasse.

Karte 21/39 € 8 Zim 🛏 – 🛉73/129 € 🛉🛉99/169 €

*Augsburger Str. 105 ⊠ 85221 – ✆ 08131 338060 – www.schwarzberghof.eu*
*– geschl. Montag*

## In Bergkirchen-Günding West: 3 km, Richtung Fürstenfeldbruck

 **Forelle**

**FAMILIÄR · FUNKTIONELL** Hier bleibt man am Ball und kann seinen Gästen hübsche Zimmer bieten. Die Chefin hat ein Faible für schöne Betten, die in allen Räumen unterschiedlich sind. Dazu kommen frische Farbakzente!

20 Zim 🛏 – 🛉79/92 € 🛉🛉99/125 € – 2 Suiten

*Brucker Str. 16 ⊠ 85232 – ✆ 08131 56730 – www.hotel-forelle-dachau.de*
*– geschl. Ende Dezember - Anfang Januar*

## In Bergkirchen-Unterbachern Nord-West: 5 km

### 🅰️ Gasthaus Weißenbeck  🏠 ♻️ **P**

**TRADITIONELLE KÜCHE · GEMÜTLICH** X Lauter zufriedene Gesichter! Kein Wunder, denn Mutter und Tochter Weißenbeck kochen richtig gut und preislich fair! Am Wochenende lockt leckerer Braten die Gäste in das gemütliche Wirtshaus! Mittags ist die Karte etwas reduziert.

Menü 20 € (mittags unter der Woche)/46 € (abends) – Karte 30/50 €

*Ludwig-Thoma-Str. 56* ✉️ *85232* – *☎️ 0813172546 (abends Tischbestellung ratsam)* – *www.weissenbeck.de – geschl. Montag - Dienstag*

# DAHLEM

Nordrhein-Westfalen – 4 180 Ew. – Höhe 500 m – Regionalatlas **35**-B14
▶️ Berlin 655 km – Düsseldorf 113 km – Köln 79 km – Mainz 196 km
Michelin Straßenkarte 543

## In Dahlem-Kronenburg Süd-West: 7,5 km Richtung Trier über die B 51 und

Baasem

### 🏨 Schlosshotel Burghaus Kronenburg

**HISTORISCHES GEBÄUDE · KLASSISCH** Unterhalb der Burgruine liegt das schöne Anwesen von 1766, beschaulich schon die Zufahrt durch die enge historische Gasse. Das Herzblut der Familie sieht man nicht zuletzt an den romantischen Zimmern (zwei mit eigener Sauna)! Tipp: in der Ruhe des alten Burgdorfs vom Freibad aus den Blick über die Eifel schweifen lassen!

20 Zim – ♦90/110 € ♦♦125/145 € – ☕ 15 €

*Burgbering 2* ✉️ *53949* – *☎️ 06557 901900 – www.burghaus-kronenburg.de*

# DAHN

Rheinland-Pfalz – 4 450 Ew. – Höhe 210 m – Regionalatlas **53**-D17
▶️ Berlin 698 km – Mainz 143 km – Karlsruhe 57 km – Saarbrücken 82 km
Michelin Straßenkarte 543

### 🏨 Pfalzblick

**SPA UND WELLNESS · GEMÜTLICH** Schöne Ferien in ruhiger Waldrandlage: beste Wanderbedingungen und Spa auf über 1000 qm samt Panorama-Ruheraum, dazu die im Preis inbegriffene 3/4-Vitalpension. Im A-la-carte-Restaurant speist man international und regional und genießt den Blick von der Terrasse. Für Weinliebhaber: moderne Vinothek.

71 Zim ☕ – ♦127/175 € ♦♦208/358 € – 1 Suite – ½ P

*Goethestr. 1* ✉️ *66994* – *☎️ 06391 4040 – www.pfalzblick.de*

## In Bruchweiler-Bärenbach Süd-Ost: 6 km über B 427 Richtung Bad

Bergzabern, dann rechts ab

### 🏠 Landhaus Felsengarten

**FAMILIÄR · GEMÜTLICH** Herzliche Gastgeber, wohnliche Zimmer (benannt nach Bergen und Felsen der Umgebung), Frühstück im Wintergarten, auf Wunsch Massagen, dazu die fairen Preise... Und auch die Lage stimmt: ruhig und ideal für (Rad-) Wanderer, schön der Garten.

10 Zim ☕ – ♦50/52 € ♦♦74/86 € – 1 Suite

*Gartenstr. 78* ✉️ *76891* – *☎️ 06394 1661 – www.hotel-felsengarten.de – geschl. über Weihnachten*

# DAMME

Niedersachsen – 16 470 Ew. – Höhe 63 m – Regionalatlas **17**-E8
▶️ Berlin 416 km – Hannover 114 km – Bielefeld 89 km – Bremen 98 km
Michelin Straßenkarte 541

## ⫯O Lindenhof Hotel Tepe

INTERNATIONAL · FREUNDLICH XX Ein altes Sofa aus Omas Zeiten fügt sich wunderbar in ein Sammelsurium unterschiedlicher, liebevoll arrangierter Dinge, die ein behagliches und stimmiges Gesamtbild ergeben. Es gibt internationale und saisonale Küche sowie eine Tageskarte.

Karte 26/59 €

*Lindenhof Hotel Tepe, Osterdammer Str. 51 ⊠ 49401 – ☏ 05491 97170 – www.lindenhof-hotel-tepe.de – geschl. Januar 10 Tage, Juli - August 10 Tage und Sonntagabend*

## ⌂ Lindenhof Hotel Tepe

LANDHAUS · DESIGN Der Sohn der Gastgeber, Innenarchitekt und Künstler, hat beim Interieur des Hauses mitgewirkt. Zimmer teils mit Balkon, ganz modern sind die im Neubau. Gratis W-Lan im öffentlichen Bereich.

35 Zim ⌑ – †85/89 € ††120/140 € – 2 Suiten – ½ P

*Osterdammer Str. 51 ⊠ 49401 – ☏ 05491 97170 – www.lindenhof-hotel-tepe.de*

⫯O **Lindenhof Hotel Tepe** – siehe Restaurantauswahl

# DAMSHAGEN

Mecklenburg-Vorpommern – 1 250 Ew. – Höhe 20 m – Regionalatlas 11-K4
▶ Berlin 241 km – Schwerin 38 km – Lübeck 35 km – Rostock 87 km
Michelin Straßenkarte 542

## In Damshagen-Parin Süd-Ost: 5 km

## ⌂ Gutshaus Parin

HISTORISCH · MODERN Das hat Charme: Ein altes Gutshaus wurde hier nach ökologischen Gesichtspunkten in ein reizendes Hotel mit geschmackvollen Zimmern verwandelt. Wählen Sie "Himbeere", "Mirabelle", "Apfel"... Oder lieber ein "Zirbenzimmer"? Schön der Badeteich im Garten. Im Restaurant speist man bürgerlich - abends nur Buffet.

30 Zim ⌑ – †64/125 € ††140/195 € – ½ P

*Wirtschaftshof 1 ⊠ 23948 – ☏ 03881 756890 – www.gutshaus-parin.de*

# DARMSTADT

Hessen – 147 930 Ew. – Höhe 144 m – Regionalatlas 47-F15
▶ Berlin 569 km – Wiesbaden 44 km – Frankfurt am Main 36 km – Mannheim 50 km
Michelin Straßenkarte 543

## ⫯O Orangerie

MEDITERRAN · ELEGANT XXX Im Orangerie-Park steht das historische Gebäude mit lichtem, elegantem Interieur - gefragt auch die Terrasse und die Lounge! Gekocht wird Mediterranes wie "Rehrücken mit Pinienkernkruste". Für Weinfreunde: schöne Auswahl an Magnumflaschen.

Menü 48/89 € – Karte 42/81 €

*Bessunger Str. 44 ⊠ 64285 – ☏ 06151 3966446 – www.orangerie-darmstadt.de*

## ⫯O Glasschrank "Steak & Meer"

INTERNATIONAL · TRENDY XX Sie lieben Steaks und Seafood? Von einem original "Montague"-Steakhouse-Grill (davon gibt es in Deutschland nur wenige) kommen gute, saftige Steaks! Daneben auch Internationales wie Sashimi sowie Klassiker wie "Beef-Tatar Escoffier".

Menü 45/89 € (abends) – Karte 42/90 €

*Pützerstr. 6 ⊠ 64287 – ☏ 06151 41471 – www.restaurant-glasschrank.de – geschl. Samstagmittag, Sonntag*

## ⍩○ Daniela's Trattoria Romagnola  🏠 ⌘

**ITALIENISCH · TRATTORIA** ✗✗ Seit über 30 Jahre steht die sympathische Chefin am Herd. Probieren Sie die hausgemachte Pasta oder den Klassiker "Kalbsrücken Daniela Art"! Haben Sie die charmante Terrasse mit der freigelegten historischen Mauer gesehen?

Menü 48/120 € (abends) – Karte 41/86 €

*Heinrichstr. 39 ✉ 64283 – ☎ 06151 20159 – www.trattoria-romagnola.de – geschl. Samstagmittag - Sonntag*

## In Darmstadt-Arheilgen Nord: 3 km

## ⍩○ Weißer Schwan  ⇐ 🏠 & 🅿

**BÜRGERLICHE KÜCHE · RUSTIKAL** ✗ Drinnen gemütliches rustikales Ambiente, draußen der hübsche Biergarten - hier wie dort bietet das Restaurant im gleichnamigen Hotel bürgerlich-regionale Küche, z. B. als "Rinderbäckchen in Barolo geschmort". Mittags etwas reduziertes Angebot. Schön die Digestif-Auswahl.

Menü 28/45 € – Karte 24/55 €   20 Zim – ⍩60/80 € ⍩⍩85/105 € – ⊡ 8 €

*Frankfurter Landstr. 190 ✉ 64291 – ☎ 06151 371702 – www.weisser-schwan.com – geschl. Anfang Januar 1 Woche und Samstagmittag, Montag*

## In Darmstadt-Kranichstein Nord-Ost: 5 km

## ⍩○ Kavaliersbau  🏠 ⌘ ⇔ 🅿

**KLASSISCHE KÜCHE · TRENDY** ✗✗ In dem hübschen historischen Gebäude erwartet Sie neben geradlinig-elegantem Ambiente (schön auch die Terrasse!) und versiertem Service eine ambitionierte klassische Küche, die auf ausgezeichneten Produkten basiert. Wie wär's z. B. mit "glasierten Wachtelbrüstchen auf Trüffelspaghetti"?

Karte 36/73 €

*Hotel Jagdschloss Kranichstein, Kranichsteiner Str. 261 ✉ 64289 – ☎ 06151 130670 – www.hotel-jagdschloss-kranichstein.de – nur Abendessen, sonntags auch Mittagessen – geschl. Sonntagabend*

## 🏫 Jagdschloss Kranichstein  ⍟ 🛁 🖭 & ⌘ 🖿 🅿

**LANDHAUS · ELEGANT** Ein wirklich ansprechendes Bild gibt das von Grund auf renovierte ehemalige Jagdschloss ab! Die Zimmer hochwertig, modern-elegant und technisch top. Im legeren Bistro mit Bar bietet man neben Kaffee und Kuchen auch eine kleine regionale Karte. Schön der Park mit See.

47 Zim – ⍩105/195 € ⍩⍩105/245 € – 1 Suite – ⊡ 18 € – ½ P

*Kranichsteiner Str. 261 ✉ 64289 – ☎ 06151 130670*
*– www.hotel-jagdschloss-kranichstein.de*

⍩○ **Kavaliersbau** – siehe Restaurantauswahl

## In Mühltal-Traisa Süd-Ost: 5 km

## 🏫 Hofgut Dippelshof  ⍟ 📵 ⇐ ⌘ 🖿 🅿

**LANDHAUS · AUF DEM LAND** Das Hofgut in ruhiger Lage am Golfplatz ist eine stilvolle Adresse mit klassischen, individuell eingerichteten Zimmern. Elegantes Restaurant mit Parkett und Stuck. Toll für Veranstaltungen: der prächtige "Blaue Saal".

17 Zim ⊡ – ⍩89/99 € ⍩⍩132/175 €

*Am Dippelshof 1, am Golfplatz ✉ 64367 – ☎ 06151 917188 – www.dippelshof.de*

## DARSCHEID Rheinland-Pfalz → Siehe Daun

# DATTELN

Nordrhein-Westfalen – 34 340 Ew. – Höhe 52 m – Regionalatlas **26**-D10

◼ Berlin 500 km – Düsseldorf 73 km – Dortmund 20 km – Recklinghausen 12 km

Michelin Straßenkarte 543

## In Datteln-Ahsen Nord-West: 7 km über Westring

### 🏠 Jammertal-Resort 🐕 🐚 🛏 ⊼ 🖅 🕸 🛐 ✕ 🎏 ⬆ ⚒ 🚗

**SPA UND WELLNESS · GEMÜTLICH** Das gewachsene Landhotel in einer Waldlichtung ist ideal für Wellnessgäste und Golfer. Wohnliche, sehr unterschiedlich geschnittene Zimmer, Spa auf über 3000 qm, ein Schwimmteich... Elegant-rustikales Restaurant mit hübschem Glaspavillon.

90 Zim 🛏 – ♦99/157 € ♦♦180/268 € – 15 Suiten – ½ P

*Redderstr. 421 ⊠ 45711 – ℰ 02363 3770 – www.jammertal.de*

# DAUN

Rheinland-Pfalz – 7 970 Ew. – Höhe 410 m – Regionalatlas **45**-B14

▶ Berlin 666 km – Mainz 161 km – Trier 76 km – Bonn 79 km

Michelin Straßenkarte 543

### ❀ Graf Leopold 🖅 🕸 🅿

**KLASSISCHE KÜCHE · TRADITIONELLES AMBIENTE** ✕✕✕ Hier kocht man modern und dennoch mit klassischem Einfluss, neben Geschmack wird auch Optik groß geschrieben. Serviert werden die aufwändig zubereiteten Speisen in einem stilvoll-eleganten Ambiente, das dem historischen Rahmen gerecht wird.

→ Falsche Jakobsmuschel, Kohlrabi, Keimlingsrisotto, Klee. Lauwarme Fjordforelle mit Kaviar Imperial Gold, Blumenkohlsalat, Nussbuttersud. Miéral Taube, Brust vom Holzkohlegrill, Keule und Innereien gebacken.

Menü 74/122 €

*Hotel Kurfürstliches Amtshaus Dauner Burg, Burgfriedstr. 28 ⊠ 54550 – ℰ 06592 9250 (Tischbestellung ratsam) – www.daunerburg.de – nur Abendessen – geschl. 3. - 27. Januar und Sonntag - Dienstag*

### 🏠 Kurfürstliches Amtshaus Dauner Burg 🐚 ≤ 🛏 🖅 🕸 🛐 ⬆

**HISTORISCHES GEBÄUDE · ROMANTISCH** Auf der einstigen Burg im 🕸 🅿 Zentrum "wacht" seit vielen Jahren Familie Probst und kümmert sich herzlich um ihre Gäste. Wussten Sie, dass Sie hier auf einem erloschenen vulkanischen Berg nächtigen? Und zwar in individuellen, klassisch-stilvollen Zimmern. Für Ihre Entspannung gibt es einen hübschen kleinen Spa.

27 Zim 🛏 – ♦80/95 € ♦♦144/165 € – 1 Suite – ½ P

*Burgfriedstr. 28 ⊠ 54550 – ℰ 06592 9250 – www.daunerburg.de – geschl. 3. - 27. Januar*

❀ **Graf Leopold** – siehe Restaurantauswahl

### 🏠 Panorama 🐕 🐚 ≤ 🛏 🖅 🕸 🛐 ⬆ 🕸 🅿

**SPA UND WELLNESS · INDIVIDUELL** Alles hier ist tipptopp gepflegt, sehr schön die Lage am Hang. Buchen Sie ein Zimmer mit Sicht über Daun! Oder genießen Sie lieber Waldblick? Geschmackvolle, wertige Einrichtung, alle Zimmer mit Balkon, dazu Wellness und Beauty sowie internationale Küche im Restaurant samt kleinem Wintergarten und Terrasse.

30 Zim 🛏 – ♦72/87 € ♦♦130/172 € – ½ P

*Rosenbergstr. 26 ⊠ 54550 – ℰ 06592 9340 – www.hotelpanorama.de – geschl. 4. Januar - 19. Februar*

## In Schalkenmehren Süd-Ost: 6 km, in Gemünden links ab

### 🏠 Michels Landidyll 🐕 🛏 🖅 🕸 🛐 🎿 ⬆ ⚒ 🚗

**SPA UND WELLNESS · GEMÜTLICH** Hier sollten Sie frühzeitig buchen, vor allem am Wochenende! Warum das gewachsene familiär geführte Landhotel so gefragt ist? Da wären zum einen schöne Zimmer in wohnlichem Landhausstil, zum anderen "Michels VitalQuell" auf 1000 qm sowie das gemütliche Restaurant, nicht zu vergessen der Reiz der Maare...

49 Zim 🛏 – ♦88/110 € ♦♦144/196 € – 1 Suite – ½ P

*St.-Martin-Str. 9 ⊠ 54552 – ℰ 06592 9280 – www.michels-wohlfuehlhotel.de*

## In Darscheid Nord-Ost: 6 km über B 257

### Kucher's Weinwirtschaft

**REGIONAL · FAMILIÄR** X Charmant die unterschiedlichen antiken Tische und Stühle, die hübsche Deko und die fast familiäre Atmosphäre. Seit jeher gibt es hier "Saure Nieren mit Bratkartoffeln" - ein Klassiker, der treue Anhänger hat! Für die regional-saisonale Küche wird generell nur Fleisch aus der Eifel verarbeitet.

Menü 35/55 € – Karte 32/68 €

*Restaurant Kucher's Gourmet, Karl-Kaufmann-Str. 2* ⊠ *54552 – ℰ 06592 629 – www.kucherslandhotel.de – geschl. 2. - 19. Januar und Montag - Dienstagmittag*

### Kucher's Gourmet

**REGIONAL · ELEGANT** XX Neben der ambitionierten klassischen Küche dreht sich hier alles um das Thema Wein! Die Weinkarte umfasst über 1300 Positionen, darunter einige Mosel-Raritäten - folgen Sie gestrost den Empfehlungen. Attraktiv übrigens auch das Restaurant selbst, ebenso die schönen wohnlich-individuellen Gästezimmer.

Menü 76/96 € – Karte 61/81 € 14 Zim ⊆ – ♦55/65 € ♦♦105/120 € – ½ P

*Karl-Kaufmann-Str. 2* ⊠ *54552 – ℰ 06592 629 (Tischbestellung ratsam) – www.kucherslandhotel.de – Mittwoch - Samstag nur Abendessen, sonntags auch Mittagessen – geschl. 2. - 19. Januar und Sonntagabend - Dienstag, außer an Feiertagen*

Kucher's Weinwirtschaft – siehe Restaurantauswahl

## DEDELEBEN

Sachsen-Anhalt – 7 500 Ew. – Höhe 98 m – Regionalatlas **30**-K9

▶ Berlin 223 km – Magdeburg 79 km – Braunschweig 45 km

Michelin Straßenkarte 542

## WESTERBURG Süd-West: 3,5 km

### Wasserschloß Westerburg

**HISTORISCHES GEBÄUDE · HISTORISCH** Einzigartig, romantisch und wie gemacht für Hochzeiten! In der ältesten Wasserburg Deutschlands (im 8. Jh. Stützpunkt von Karl dem Großen) findet sich natürlich hier und da auch Antiquitäten. Eindrucksvolles gotisches Gewölbe im Restaurant. Terrasse am Wassergraben mit Blick in den Park.

57 Zim ⊆ – ♦90/130 € ♦♦140/198 € – 2 Suiten – ½ P

*Westerburg 34* ⊠ *38836 – ℰ 039422 9550 – www.hotel-westerburg.de*

## DEDELSTORF Niedersachsen → Siehe Hankensbüttel

## DEGGENDORF

Bayern – 31 860 Ew. – Höhe 314 m – Regionalatlas **59**-O18

▶ Berlin 563 km – München 144 km – Passau 51 km – Landshut 74 km

Michelin Straßenkarte 546

### La padella

**INTERNATIONAL · BISTRO** X Schon seit 1987 wird man in dem freundlichen Restaurant im Kulturviertel in sympathischer Bistro-Atmosphäre umsorgt. Man bietet saisonal beeinflusste Küche - oder wie wär's mit einem gemütlichen Frühstück?

Menü 35 € (abends)/44 € – Karte 28/46 €

*Rosengasse 7* ⊠ *94469 – ℰ 0991 5541 (Tischbestellung ratsam) – www.la-padella.eu – geschl. Sonntag - Montag*

## In Deggendorf-Natternberg Süd-West: 6 km, jenseits der A 3

### Burgwirt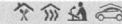

**GASTHOF · GEMÜTLICH** Das Hotel der Familie Bornschlegl liegt (praktisch für alle, die es aktiv mögen) am Donau-Radweg. Die Zimmer sind freundlich und warm gestaltet, im Gästehaus in klaren, modernen Formen, im Haupthaus etwas klassischer. Das Restaurant: von ländlich mit Kachelofen bis neuzeitlich-gediegen im Wintergarten.

22 Zim ⊆ – ♦65/84 € ♦♦90/110 € – 4 Suiten – ½ P

*Deggendorfer Str. 7* ⊠ *94469 – ℰ 0991 30045 – www.hotel-burgwirt.de – geschl. 15. August - 1. September*

# DEGGENHAUSERTAL

Baden-Württemberg – 4 070 Ew. – Höhe 544 m – Regionalatlas **63**-H21

▶ Berlin 728 km – Stuttgart 144 km – Konstanz 33 km – Ravensburg 20 km
Michelin Straßenkarte 545

## In Deggenhausertal-Limpach

🍴 **Mohren**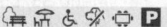

**REGIONAL · FREUNDLICH** Ⅹ Hier werden nur biozertifizierte Produkte verwendet und regional zubereitet, dafür sorgt Chef Jürgen Weizenegger. Er steht selbst am Herd und bereitet für Sie Klassiker wie hausgemachte Maultaschen oder Cordon bleu zu.

Menü 28/42 € (abends) – Karte 21/58 €

*Biohotel Mohren, Kirchgasse 1 ⊠ 88693*
*– 𝒞 07555 9300 – www.biohotel-mohren.de*
*– geschl. 8. - 27. Januar und Montag - Dienstag*

🏠 **Biohotel Mohren**

**GASTHOF · GEMÜTLICH** Schön wohnt man in dem ehemaligen Gutshof in ruhiger Lage. Die Zimmer sind überwiegend in ansprechendem modern-ländlichem Stil gehalten, zum Frühstück gibt es ein gutes Buffet und für Entspannung sorgt der hochwertige Spabereich.

32 Zim ♐ – †85/160 € ††130/220 € – ½ P

*Kirchgasse 1 ⊠ 88693 – 𝒞 07555 9300 – www.biohotel-mohren.de – geschl. 8. - 27. Januar*

🍴 **Mohren** – siehe Restaurantauswahl

## In Deggenhausertal-Wittenhofen

🏠 **Landhotel Adler**

**GASTHOF · INDIVIDUELL** Der traditionsreiche Landgasthof im Zentrum hat sehr gepflegte Zimmer zu bieten, teils mit Marmorbädern - immer wieder wird hier investiert. Außerdem kann man in einer gemütlichen Gaststube oder auf der netten Terrasse regional essen und auch die Kegelbahn ist noch in Betrieb.

22 Zim ♐ – †60/70 € ††90 € – ½ P

*Roggenbeurer Str. 2 ⊠ 88693 – 𝒞 07555 202 – www.landhotel-adler.de – geschl. Mitte Februar - Anfang März 2 Wochen, Ende November 2 Wochen*

# DEIDESHEIM

Rheinland-Pfalz – 3 710 Ew. – Höhe 117 m – Regionalatlas **47**-E16

▶ Berlin 645 km – Mainz 88 km – Mannheim 31 km – Kaiserslautern 39 km
Michelin Straßenkarte 543

✿ **Schwarzer Hahn**

**FRANZÖSISCH-MODERN · ELEGANT** ⅩⅩⅩ Das schöne Gewölberestaurant mitten in dem hübschen Weinort ist nicht ohne Grund überregional bekannt! Klassische Küche wird hier gekonnt mit modernen, kreativen Elementen kombiniert, gelungen die Kontraste. Fachlich versierter Service samt guter Weinberatung.

→ Mosaik von Altrheinfischen, Meerrettichsorbet, Gartengurke, Sauerrahm. 10 Wochen Dry Aged Rinderrücken "David", grüner Spargel, gefüllte Zwiebel und Kartoffel-Senfpüree. Tarte Tatin, Karamellsauce, Rum-Rosineneis, Sabayon.

Menü 70/159 € – Karte 67/118 €

*Hotel Deidesheimer Hof, Am Marktplatz 1 ⊠ 67146 – 𝒞 06326 96870*
*(Tischbestellung ratsam) – www.deidesheimerhof.de – nur Abendessen*
*– geschl. 9. - 19. Januar, Juli - August 4 Wochen und Sonntag - Dienstag, außer an Feiertagen*

## ❀ L.A. Jordan     🦽 🍽 ᰔ AC P

**KREATIV · DESIGN** ✗✗ Sie mögen es stilvoll, modern und angenehm leger? Das junge Ambiente passt schön zur kontrastreichen kreativ-internationalen Küche und zum charmant-lockeren und gleichermaßen professionellen Service. Sehr gut die Weinberatung.
→ Verkohltes Rind, Périgord Trüffel und Teriyaki. Carbonara, Eigelb, Schinken, Royal Kaviar und Parmesan . Wagyu Beef aus der Prefäktur Kobe, in 2 Gängen serviert.
Menü 70 € (unter der Woche)/135 €
*Hotel Ketschauer Hof, Ketschauerhofstr. 1* ✉ *67146 –* ☎ *06326 70000*
*– www.ketschauer-hof.com – nur Abendessen – geschl. 1. Januar - 1. Februar und Sonntag - Montag*

## ⊛ St. Urban     🍽 ⇔ 🚗

**REGIONAL · RUSTIKAL** ✗✗ In den behaglichen Restaurantstuben spürt man den traditionellen Charme eines Pfälzer Landgasthofs, trinkt heimische Weine und lässt sich gute regionale Küche vom Vesper bis zum Menü schmecken. Serviert wird z. B. "Medaillon von Rinderfilet unter der Pfefferkruste mit Bohnen-Cassoulet".
Menü 35/65 € – Karte 30/57 €
*Hotel Deidesheimer Hof, Am Marktplatz 1* ✉ *67146 –* ☎ *06326 96870*
*– www.deidesheimerhof.de – geschl. 9. - 19. Januar*

## ⅈ○ riva     🛋 🍽 ᰔ AC ⇔ P

**INTERNATIONAL · HIP** ✗✗ Chic das geradlinige Interieur in hellen Naturtönen, dazu angenehm legerer Service und international-mediterrane Küche. Appetit macht z. B. "Loup de Mer mit Babyspinat, Orangenfenchel und Tomaten-Risotto". Oder lieber Pizza und Pasta?
Karte 44/80 €
*Kaisergarten Hotel & Spa, Weinstr. 12* ✉ *67146 –* ☎ *06326 700077*
*– www.kaisergarten-deidesheim.com – geschl. Sonntag*

## ⅈ○ Leopold     🦽 🍽 ᰔ AC ⇔ P

**INTERNATIONAL · GERADLINIG** ✗ Aufwändig saniert, ist der ehemalige Pferdestall des Weinguts von Winning heute ein schön modernes und hochgradig beliebtes Restaurant. Ansprechend der Mix aus internationaler Küche (z. B. Wagyu Beef) und Pfälzer Spezialitäten wie "Milchkalbsnierchen mit Senfsauce". Ideal auch für Hochzeiten.
Menü 35 € – Karte 29/73 €
*Weinstr. 10* ✉ *67146 –* ☎ *06326 9668888 – www.von-winning.de – geschl. 30. Januar - 14. Februar*

## ⅈ○ Restaurant fumi     🍽 ⇔ P

**JAPANISCH · FREUNDLICH** ✗ Im Weingut Josef Biffar hat sich ein kleines japanisches Restaurant etabliert. Authentisch die Küche, von Sushi und Sashimi bis hin zu Gerichten wie "gegrilltem Aal mit Teriyaki-Sauce". Dazu empfiehlt man hauseigene Weine.
Menü 43/65 € – Karte 32/46 €
*Im Kathrinenbild 1, (im Weingut Biffar)* ✉ *67146 –* ☎ *06326 7001210*
*– www.josef-biffar.de – Mittwoch - Freitag nur Abendessen – geschl. Januar und Montag - Dienstag*

## ⅈ○ Bistro 1718     🦽 🍽 ᰔ AC P

**INTERNATIONAL · TRENDY** ✗ Im historischen Kelterhaus hat man das hübsche, ungezwungene Bistro eingerichtet. Zu österreichischen und internationalen Speisen ("Tafelspitzbouillon mit Pinzgauer Kaspressknödel", "Rostbraten Strindberg", "Apfelstrudel im Glas"...) genießt man Weine aus der Pfalz und Österreich. Herrliche Terrasse zum Hof.
Karte 33/60 €
*Hotel Ketschauer Hof, Ketschauerhofstr. 1* ✉ *67146 –* ☎ *06326 70000*
*– www.bistro1718.de – geschl. Montag*

### 🏨 Ketschauer Hof

**HISTORISCH • MODERN** Hotel, Restaurants, Eventlocation - all das vereint das ehemalige Bassermann-Jordan-Weingut. Modernste Technik und exklusives Design vermitteln einen Hauch Luxus, ebenso der kleine, aber feine Spa, ganz zu schweigen vom tollen A-la-carte-Frühstück! Kochatelier für Kochkurse.

18 Zim 🖵 – 🛉195/225 € 🛉🛉230/260 € – 1 Suite
*Ketschauerhofstr. 1* ✉ *67146 – 𝒞 06326 70000*
*– www.ketschauer-hof.com*

❀ **L.A. Jordan** • 🍴 **Bistro 1718** – siehe Restaurantauswahl

### 🏨 Deidesheimer Hof 🖃 🕮 ⅍ 🚗

**FAMILIÄR • KLASSISCH** Größtes Engagement legt Familie Hahn hier an den Tag, und das bereits seit 1971! Stetige Investitionen zeigen sich in geschmackvollen und wohnlich-eleganten Zimmern, tollen Veranstaltungsorten vom Kellergewölbe bis zum Gartenhaus sowie in Tagungsräumen mit Niveau.

24 Zim – 🛉95/160 € 🛉🛉155/200 € – 4 Suiten – 🖵 21 € – ½ P
*Am Marktplatz 1* ✉ *67146 – 𝒞 06326 96870 – www.deidesheimerhof.de – geschl. 9. - 19. Januar*

❀ **Schwarzer Hahn** • 🍴 **St. Urban** – siehe Restaurantauswahl

### 🏨 Kaisergarten Hotel & Spa

**BUSINESS • MODERN** Für Wochenendurlauber, Business- und Tagungsgäste gleichermaßen interessant ist das Hotel im Herzen des historischen Weinstädtchens mit seiner wertigen chic-modernen Einrichtung.

85 Zim – 🛉105/145 € 🛉🛉140/190 € – 8 Suiten – 🖵 19 €
*Weinstr. 12* ✉ *67146 – 𝒞 06326 700077 – www.kaisergarten-deidesheim.com*
🍴 **riva** – siehe Restaurantauswahl

## DELBRÜCK

Nordrhein-Westfalen – 30 830 Ew. – Höhe 100 m – Regionalatlas **27**-F10
▶ Berlin 432 km – Düsseldorf 171 km – Bielefeld 52 km – Paderborn 16 km
Michelin Straßenkarte 543

### 🍴 ESSperiment ❶ 🏠 ⅋

**MODERNE KÜCHE • HIP** ✕✕ Mittags Bistro, abends Restaurant für Feinschmecker, so das Konzept dieser modern-legeren Adresse samt schöner Terrasse. Man kocht frisch und gut, z. B. in Form von "Hirschrücken / Müsli / Schwarzwurzel / Birne / Kartoffelbaumkuchen".

Menü 75 € – Karte 32/70 €
*Schöninger Str. 74* ✉ *33129 – 𝒞 05250 9956377*
*– www.restaurant-essperiment.de – geschl. Montag - Mittwochmittag, Donnerstagmittag*

### 🏨 Waldkrug

**GASTHOF • INDIVIDUELL** Seit 1901 wird das Hotel von der Familie geführt - man ist engagiert und immer wieder wird investiert! Die Zimmer sind geräumig, teilweise besonders wohnlich gestaltet und mit Parkettboden ausgestattet. Englisches Flair in der Kamin-Lobby, gemütlich-gediegene Atmosphäre im Restaurant im Stammhaus.

49 Zim 🖵 – 🛉93/99 € 🛉🛉136/152 € – ½ P
*Graf-Sporck-Str. 34* ✉ *33129 – 𝒞 05250 98880 – www.waldkrug.de*

## DENZLINGEN

Baden-Württemberg – 13 370 Ew. – Höhe 234 m – Regionalatlas **61**-D20
▶ Berlin 802 km – Stuttgart 203 km – Freiburg im Breisgau 19 km – Offenburg 61 km
Michelin Straßenkarte 545

### Rebstock-Stube

**KLASSISCHE KÜCHE · GEMÜTLICH** XX Bei Familie Frey wird klassisch gekocht, und das kommt an! "Kalbskotelett mit Morcheln und Spargel" oder "Hechtklößchen mit Hummersoße" sind schöne Beispiele für die frisch zubereiteten, schmackhaften Gerichte. Dazu wird man freundlich und geschult umsorgt.

Menü 26 € (mittags)/65 € – Karte 36/67 €

*Hauptstr. 74 ✉ 79211 – ☎ 07666 2071 – www.rebstock-stube.de – geschl. 15. - 25 Januar, 1. - 15. August und Sonntag - Montag, außer an Feiertagen*

# DERNAU

Rheinland-Pfalz – 1 760 Ew. – Höhe 125 m – Regionalatlas **36**-C13

▶ Berlin 628 km – Mainz 153 km – Koblenz 55 km – Bonn 31 km

Michelin Straßenkarte 543

### 🍴 Hofgarten

**REGIONAL · GEMÜTLICH** X Ein charmantes Restaurant in einem hübschen Fachwerkhaus, draußen der lauschige überdachte Innenhof, zudem hat man noch eine rustikale Weinstube. Auf den Tisch kommt z. B. "geschmorte Eifler Wildschweinkeule", dazu Weine vom eigenen Weingut. Für Übernachtungsgäste: schicke Zimmer und ein tolles Frühstück!

Karte 22/48 € 4 Zim ☑ – ♦75/90 € ♦♦110/125 €

*Bachstr. 26 ✉ 53507 – ☎ 02643 1540 – www.hofgarten-dernau.de*

# DERNBACH (Kreis SÜDLICHE WEINSTRASSE)

Rheinland-Pfalz – 460 Ew. – Höhe 219 m – Regionalatlas **47**-E17

▶ Berlin 671 km – Mainz 112 km – Mannheim 53 km – Landau in der Pfalz 14 km

Michelin Straßenkarte 543

### Schneider

**REGIONAL · RUSTIKAL** XX 1884 als Gaststube eröffnet und seit jeher in Familienhand. In gemütlichen freundlichen Räumen (schön auch die Terrasse hinterm Haus) kann man sich regionale Gerichte wie "Wildragout mit frischen Pilzen und Kartoffelknödeln" schmecken lassen. Freunde Pfälzer Weine kommen ebenfalls auf ihre Kosten.

Menü 30/70 € – Karte 30/65 €

*Hauptstr. 88 ✉ 76857 – ☎ 06345 8348 (Tischbestellung ratsam) – www.schneider-dernbachtal.de – geschl. Januar 2 Wochen, Juli 2 Wochen und Montag - Dienstag*

### 🏠 Dernbachtal

**FAMILIÄR · GEMÜTLICH** Kein Wunder, dass man hier gerne herkommt: ruhige Hanglage, schön geräumige Zimmer mit Balkon oder Terrasse (Telefon und W-Lan gratis), sympathische Gastgeber... Und: Die leckeren selbstgemachten Marmeladen kann man für Zuhause kaufen!

12 Zim ☑ – ♦68/75 € ♦♦99/116 €

*Am Berg 3a ✉ 76857 – ☎ 06345 95440 – www.hotel-dernbachtal.de*

# DESSAU

Sachsen-Anhalt – 84 610 Ew. – Höhe 61 m – Regionalatlas **31**-N10

▶ Berlin 122 km – Magdeburg 64 km – Leipzig 74 km – Nordhausen 140 km

Michelin Straßenkarte 542

## In Dessau-Ziebigk Nord-West: 1 km

### Pächterhaus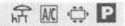

**INTERNATIONAL · FREUNDLICH** XX In dem hübschen Fachwerkhaus (das älteste Haus des Stadtteils Ziebigk) sitzt man schön gemütlich in freundlichen, eleganten Stuben bei guter internationaler Küche. Auf der Karte z. B."Kalbsroulade mit Kartoffelklößen und Rotkraut". Sehr nett die weinberankte Gartenterrasse hinterm Haus!

Menü 37/42 € – Karte 36/51 €

*Kirchstr. 1 ✉ 06846 – ☎ 0340 6501447 – www.paechterhaus-dessau.de – geschl. Januar 2 Wochen und Montag*

# DETMOLD

Nordrhein-Westfalen – 73 450 Ew. – Höhe 130 m – Regionalatlas **28**-G10

▶ Berlin 384 km – Düsseldorf 197 km – Bielefeld 27 km – Hannover 95 km

Michelin Straßenkarte 543

### 🏨 Detmolder Hof ⌂ 🔁 ⚒

**HISTORISCHES GEBÄUDE · ELEGANT** Das a. d. 16. Jh. stammdende Haus liegt mitten in der Stadt und bietet schöne, wertig, stimmig und wohnlich gestaltete Zimmer, ein frisches Frühstück sowie freundlichen Service. Neben dem Restaurant hat man noch das Bistro und den "Unterstand" mit dem wohl ältesten Stammtisch Deutschlands.

13 Zim 🖙 – ♥99/109 € ♥♥149/159 € – ½ P

*Lange Str. 19* ✉ *32756* – ☎ *05231 980990* – *www.detmolder-hof.de*

### 🏠 Lippischer Hof ⓝ ⌂ 🔁 ⚒

**URBAN · INDIVIDUELL** Schön wohnlich hat man es in dem denkmalgeschützten Haus, das zentral gegenüber der Fußgängerzone liegt. Die Zimmer sind in angenehmen Farben gehalten, einige haben Holzböden. Das Restaurant nennt sich "Gottis Bistro" - gekocht wird international, mediterran und regional.

26 Zim 🖙 – ♥77/122 € ♥♥98/126 € – 1 Suite – ½ P

*Willy-Brandt-Platz 1* ✉ *32756* – ☎ *05231 9360*

– *www.hotellippischerhof-detmold.de*

# DETTELBACH

Bayern – 6 880 Ew. – Höhe 200 m – Regionalatlas **49**-I15

▶ Berlin 484 km – München 264 km – Würzburg 21 km – Ansbach 82 km

Michelin Straßenkarte 546

### 🕲 Himmelstoss ⇦ 🏠 🕸 🍴

**REGIONAL · GEMÜTLICH** X In dem Winzerhaus a. d. 17. Jh. hat man es nicht nur schön gemütlich, man isst auch richtig gut hier. Da kommen auch viele Stammgäste zu leckeren regionalen Gerichten wie "geschmorter fränkischer Rinderbacke / Steckrüben / Bandnudeln". Tipp für Sommertage: der Innenhof!

Menü 40/53 € – Karte 35/45 €   5 Zim 🖙 – ♥61/81 € ♥♥81/101 €

*Bamberger Str. 3* ✉ *97337* – ☎ *09324 4776* – *www.restaurant-himmelstoss.de*

*– geschl. Februar 3 Wochen und Dienstag - Mittwoch*

# DETTIGHOFEN

Baden-Württemberg – 1 100 Ew. – Höhe 488 m – Regionalatlas **62**-F21

▶ Berlin 819 km – Stuttgart 185 km – Freiburg im Breisgau 105 km – Schaffhausen 17 km

Michelin Straßenkarte 545

### 🏨 Hofgut Albführen ⌂ 🕭 🛋 🕸 ⚒ 🅿

**LANDHAUS · INDIVIDUELL** Wie könnte ein Hofgut mit Gestüt schöner liegen als inmitten der Natur? Herrliche Ruhe ist Ihnen hier gewiss! Neben 150 Pferden erwarten Sie hübsche individuelle Zimmer und gepflegte Außenanlagen samt Pferdekoppeln, beim Frühstück schaut man auf den Reitplatz. Im Restaurant (toll die hohe offene Decke) speist man mittags von der "Country Club"-Karte, abends gehobener.

23 Zim 🖙 – ♥95/125 € ♥♥175/220 € – 2 Suiten

*Albführen 20, (Nord: 2 km, Richtung Albführen)* ✉ *79802* – ☎ *07742 92960*

*– www.albfuehren.de – geschl. 18. Dezember - 18. Januar*

# DETTINGEN an der ERMS

Baden-Württemberg – 9 190 Ew. – Höhe 398 m – Regionalatlas **55**-H19

▶ Berlin 678 km – Stuttgart 39 km – Reutlingen 13 km – Ulm (Donau) 61 km

Michelin Straßenkarte 545

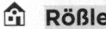 **Rößle**

**GASTHOF · GEMÜTLICH** Ein charmantes Hotel in einem schönen Fachwerkhaus von 1864. Hier übernachtet man in gepflegten zeitgemäßen Zimmern - fragen Sie nach den zwei besonders modernen! Das gute Frühstück gibt's im Sommer im Innenhof! Das gemütlich-rustikale Restaurant bietet Regionales - vieles kommt aus der eigenen Metzgerei.

28 Zim ☲ - ♦44/128 € ♦♦106/132 € - ½ P

*Uracher Str. 30 ✉ 72581 - ☏ 07123 97800 - www.hotel-metzgerei-roessle.de – geschl. 24. - 28. Dezember*

# DIERHAGEN

Mecklenburg-Vorpommern – 1 510 Ew. – Höhe 1 m – Regionalatlas **5**-N3
▶ Berlin 248 km – Schwerin 122 km – Rostock 35 km – Stralsund 57 km
Michelin Straßenkarte 542

## In Dierhagen-Strand West: 2 km

❀ **Ostseelounge**

**MODERNE KÜCHE · ELEGANT** XXX Auch wenn der Blick auf die Ostsee hier im 4. Stock noch so grandios ist (wunderbar die Terrasse!), so verdient dennoch die kreative, kontrast- und finessenreiche Küche Ihre volle Aufmerksamkeit. Elegant-loungig die Atmosphäre, herzlich und versiert der Service samt guter Weinberatung.

→ Flügel und Ei vom Landhuhn, Bärlauchschaum, Rotwein, Kerbel, Getreide. Island Schellfisch in brauner Butter konfiert, Erbsencrema, Leindotteröl. Flanke und Short Rib vom U.S. Rind, Kaffeejus, karamellisierter Chicorée, Schmorzwiebel.

Menü 80/110 €

*Strandhotel Fischland, Ernst-Moritz-Arndt-Str. 6 ✉ 18347 - ☏ 038226 520 (Tischbestellung ratsam) - www.strandhotel-ostsee.de – nur Abendessen – geschl. Mitte Januar - Mitte März und Sonntag - Montag*

🏨 **Strandhotel Fischland**

**SPA UND WELLNESS · ELEGANT** Schön liegt das engagiert geführte Urlaubsresort samt Ferienhausanlage hinter den Dünen am Meer. Wohnlich-elegante Zimmer (meist mit Seesicht), großer Spa und Dachterrasse. Tennisfreunde kommen drinnen wie draußen auf ihre Kosten. Und für die kleinen Gäste gibt's Kinderfrühstück, Betreuung etc. HP inkl.

69 Zim ☲ - ♦193/360 € ♦♦245/415 € - 8 Suiten

*Ernst-Moritz-Arndt-Str. 6 ✉ 18347 - ☏ 038226 520 - www.strandhotel-ostsee.de*

❀ **Ostseelounge** - siehe Restaurantauswahl

## In Dierhagen-Neuhaus West: 1,5 km

🏨 **Strandhotel Dünenmeer**

**LUXUS · GEMÜTLICH** Der Top-Lage mit Dünen und Strand unmittelbar vor der Tür hat man hier gelungen Rechnung getragen: Spa mit Meerblick, verglastes Restaurant samt Terrasse zur Düne hin, von der tollen Außensauna geht's direkt zum Strand und von den meisten der modern-eleganten Zimmer genießt man den Sonnenuntergang! HP inkl.

65 Zim ☲ - ♦224/304 € ♦♦276/363 € - 16 Suiten - ½ P

*Birkenallee 20, über Ernst-Moritz-Arndt Straße ✉ 18347 - ☏ 038226 5010 – www.strandhotel-ostsee.de*

# DIESSEN am AMMERSEE

Bayern – 10 150 Ew. – Höhe 544 m – Regionalatlas **65**-K21
▶ Berlin 635 km – München 55 km – Garmisch-Partenkirchen 62 km – Landsberg am Lech 22 km
Michelin Straßenkarte 546

## In Dießen-Riederau Nord: 4 km

🅰️ **Seehaus**

INTERNATIONAL · GEMÜTLICH XX Hier speist man wirklich schön, nur einen Steinwurf vom Seeufer entfernt. Serviert wird eine ambitionierte internationale Küche mit französischem Einfluss, z. B. "Pfifferlings-Brombeerrisotto, Blauschimmelkäseschaum, gesalzenes Mandelkrokant". Tipp: Reservieren Sie den einzelnen Tisch auf dem Bootsteg!

Menü 36/71 € – Karte 34/56 €

*Seeweg-Süd 22 ⊠ 86911 – ℰ 08807 7300 (Tischbestellung ratsam) – www.seehaus.de – November - Ostern: Montag - Donnerstag nur Abendessen*

**DIETERSHEIM** Bayern ➜ Siehe Neustadt an der Aisch

# DIETMANNSRIED

Bayern – 7 830 Ew. – Höhe 682 m – Regionalatlas **64**-J21

▶ Berlin 684 km – München 112 km – Kempten (Allgäu) 14 km – Memmingen 25 km
Michelin Straßenkarte 546

## In Probstried Nord-Ost: 4 km, jenseits der A 7

🍴 **Landhaus Weller**

MARKTKÜCHE · LÄNDLICH XX "Kürbisgnocchi mit Spinatpesto und Parmesan", "Perlhuhnbrust mit Rotkohl und Semmelknödel"... In dem gediegen-ländlichen Restaurant mit hübscher Terrasse serviert man saisonale Küche mit klassischer Basis, dazu eine schöne Auswahl an deutschen Weinen. Sehr gepflegt übernachten können Sie hier übrigens auch.

Menü 39/88 € – Karte 48/64 € 9 Zim ⌁ – ♦58/98 € ♦♦99/160 €

*Wohlmutser Weg 2 ⊠ 87463 – ℰ 08374 2324090 (Tischbestellung ratsam) – www.landhaus-weller.de – geschl. Montag - Dienstag*

# DILLENBURG

Hessen – 23 610 Ew. – Höhe 232 m – Regionalatlas **37**-E13

▶ Berlin 546 km – Wiesbaden 100 km – Gießen 48 km – Arnsberg 115 km
Michelin Straßenkarte 543

🍴 **Bartmann's Haus**

KLASSISCHE KÜCHE · GEMÜTLICH XX In dem kleinen Fachwerkhaus neben dem Hotel sitzt man in gemütlichen Stuben und lässt sich freundlich-charmant mit der guten Küche von Patron Ralf Dörr umsorgen, und die gibt's z. B. als "gebratenen Dorschrücken mit Butterkartoffelstampf" oder als Menü "Tradition/Innovation". Tipp: Eintopf am Samstag!

Menü 52/82 € – Karte 37/67 €

*Hotel Bartmann's Haus, Untertor 1 ⊠ 35683 – ℰ 02771 7851 (abends Tischbestellung ratsam) – www.bartmannshaus.de – geschl. Dienstag*

🏨 **Bartmann's Haus**

BUSINESS · MODERN Man wird hier wirklich freundlich betreut und bekommt so manche Aufmerksamkeit geboten. Umfangreich und gut das Frühstück, und vielleicht noch einen Müsliriegel für unterwegs? Modern die Zimmer, am wohnlichsten sind die drei Juniorsuiten!

26 Zim ⌁ – ♦82/92 € ♦♦119/129 € – ½ P

*Untertor 1 ⊠ 35683 – ℰ 02771 265610 – www.bartmannshaus.de*

🍴 **Bartmann's Haus** – siehe Restaurantauswahl

# DILLINGEN (SAAR)

Saarland – 20 190 Ew. – Höhe 182 m – Regionalatlas **45**-B16

▶ Berlin 730 km – Saarbrücken 33 km – Saarlouis 5 km – Trier 62 km
Michelin Straßenkarte 543

## ⵙⵙ○ La Bécasse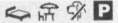

**FRANZÖSISCH-KLASSISCH · ELEGANT** ⚒⚒ Nach Stationen in Frankreich, Schottland und England hat der aus dem Périgord stammende Gastgeber Fabrice Bertrand nun im Saarland seine Zelte aufgeschlagen und bietet hier in elegantem Ambiente klassische Küche. Angeschlossen das Bistro "Chez Fabrice". Immer im Programm: das "Menu du Père Igord" als Erinnerung an seine Heimat.

Menü 40 € (mittags)/89 €

*Berckheimstr. 1 ✉ 66763 – ☏ 06831 60147 – www.la-becasse.de – geschl. über Fasnacht 1 Woche, Juli - August 2 Wochen und Sonntagabend - Dienstag, Samstagmittag*

# DILLINGEN an der DONAU

Bayern – 18 090 Ew. – Höhe 433 m – Regionalatlas **56**-J19

▶ Berlin 545 km – München 108 km – Augsburg 51 km – Nürnberg 121 km
Michelin Straßenkarte 546

## ⵙⵙ○ Convikt

**INTERNATIONAL · FREUNDLICH** ⚒⚒ Freundliches Restaurant, stilvolles Dillinger Zimmer, rustikale Weinstube - das "Convikt" im gleichnamigen Hotel hat gemütliche Räume für die regional-internationale Küche. Lust auf "gebratenes Lachsforellenfilet auf Risotto", "rosa Kalbshüfte mit Rahmpfifferlingen" oder Klassiker wie Zwiebelrostbraten?

Menü 25/52 € – Karte 35/51 €    41 Zim ⌂ – ✝70/97 € ✝✝99/119 €

*Konviktstr. 9 ✉ 89407 – ☏ 09071 79130 – www.stadthotel-convikt.de – Montag - Donnerstag nur Abendessen – geschl. Freitag*

# In Dillingen-Fristingen Süd-Ost: 6 km Richtung Wertlingen

## ⵙⵙ○ Storchennest

**INTERNATIONAL · RUSTIKAL** ⚒⚒ Der von Familie Schneider freundlich geführte Landgasthof ist eine gemütliche Adresse, die internationale Küche mit regionalen Einflüssen bietet. Zum Haus gehört auch eine schöne Terrasse unter schattenspendenden Kastanien.

Karte 28/48 €

*Demleitnerstr. 6 ✉ 89407 – ☏ 09071 4569 – www.storchen-nest.de – geschl. Anfang Januar 1 Woche, August 2 Wochen und Montag - Dienstag*

# DINGELSDORF Baden-Württemberg → Siehe Konstanz

# DINKELSBÜHL

Bayern – 11 320 Ew. – Höhe 442 m – Regionalatlas **56**-J17

▶ Berlin 520 km – München 159 km – Stuttgart 117 km – Nürnberg 93 km
Michelin Straßenkarte 546

## ⊛ Altdeutsches Restaurant

**REGIONAL · RUSTIKAL** ⚒⚒ Seine Karte teilt Florian Kellerbauer in "Unsere Heimat" und "Unsere Leidenschaft". So finden Freunde der regionalen Küche hier z. B. "Rehragout mit Wirsing und Spätzle". Wer es etwas feiner mag, bestellt z. B. "Jakobsmuscheln mit Kokosschaum".

Menü 26/59 € – Karte 28/61 €

*Hotel Deutsches Haus, Weinmarkt 3 ✉ 91550 – ☏ 09851 6058 – www.deutsches-haus-dkb.de*

## ⵕⵕ Hezelhof

**HISTORISCH · DESIGN** Eine äußerst geglückte Liaison von Historie und Moderne! Der jahrhundertealte Hetzelhof und seine Nebengebäude bilden ein individuelles Boutique-Hotel: chic die Gewölbelobby, klarer Designerstil in den Zimmern der Hauptgebäude, überaus wohnlich die rustikal-modernen "Luis-Trenker-Zimmer" im Haus gegenüber - hier auch das "Luis" mit regionaler Küche.

53 Zim ⌂ – ✝85/119 € ✝✝99/169 € – ½ P

*Segringer Str. 7 ✉ 91550 – ☏ 09851 555420 – www.hezelhof.com*

**Deutsches Haus**

HISTORISCH · GEMÜTLICH Bestaunen Sie ruhig zuerst die tolle Fachwerkfassade mit ihren kunstvollen Figuren und Ornamenten! In diesem Patrizierhaus von 1440 ist inzwischen die 2. Generation der Familie im Einsatz. Hier ist alles stimmig arrangiert, immer wieder alte Holzfußböden und schöne Antiquitäten.

10 Zim ⌨ – ♥89/149 € ♥♥129/170 € – 2 Suiten – ½ P

*Weinmarkt 3 ✉ 91550 – ☏ 09851 6058 – www.deutsches-haus-dkb.de*

☻ **Altdeutsches Restaurant** – siehe Restaurantauswahl

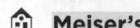 **Meiser's Hotel am Weinmarkt**

GASTHOF · MODERN Charmant liegt das Haus mitten in der kopfsteingepflasterten Altstadt. Wohnlich die Zimmer mit warmen Tönen und stilvollen Details, schön auch das moderne Ambiente im Restaurant und die gemütliche Lounge mit Bar. Die Familie betreibt übrigens noch ein weiteres Hotel 5 Minuten vor den Toren der Stadt.

11 Zim ⌨ – ♥69/119 € ♥♥98/178 € – 1 Suite – ½ P

*Weinmarkt 10 ✉ 91550 – ☏ 09851 582900 – www.meisers.com*

 **Haus Appelberg**

GASTHOF · GEMÜTLICH Wer würde nicht gerne in "Königlich bayerischen Schlafstuben" nächtigen? So nennen sich einige Zimmer in dem einstigen Bauernhaus. Wenn Sie es beim Essen besonders gemütlich mögen, setzen Sie sich am besten in die Weinstube! Auch schön: Laube im Innenhof und Biergarten zur Straße. Gute Weinauswahl.

16 Zim ⌨ – ♥65/90 € ♥♥92/110 € – ½ P

*Nördlinger Str. 40 ✉ 91550 – ☏ 09851 582838 – www.haus-appelberg.de*

 **Kunst-Stuben**

FAMILIÄR · GEMÜTLICH Das ist kein Haus von der Stange, sondern ein reizender Mix aus kleinem Hotel und dem Atelier des Künstlers Arthur Appelberg. Er und seine Frau kümmern sich sehr persönlich um ihre Gäste, und neben individuell eingerichteten Zimmern mit allerlei Kunst und Antiquitäten bietet man ein leckeres Frühstück.

5 Zim ⌨ – ♥60/70 € ♥♥80/95 € – 1 Suite

*Segringer Str. 52 ✉ 91550 – ☏ 09851 6750 – www.kunst-stuben.de – geschl. 22. - 26. August*

# DINKLAGE

Niedersachsen – 12 680 Ew. – Höhe 27 m – Regionalatlas **17**-E7

▶ Berlin 417 km – Hannover 131 km – Bremen 78 km – Oldenburg 59 km

Michelin Straßenkarte 541

 **Kaminstube**

FRANZÖSISCH-KLASSISCH · GEMÜTLICH ✗✗ Der offene Kamin, Fachwerk, Bilder und diverser Zierrat sorgen hier für Gemütlichkeit. Trotz des rustikalen Rahmens wird die klassisch-internationale Küche an gut eingedeckten Tischen serviert.

Menü 32/79 € (abends) – Karte 37/59 €

*Vila Vita Burghotel, Burgallee 1 ✉ 49413 – ☏ 04443 8970 – www.vilavitaburghotel.de*

 **Vila Vita Burghotel**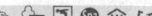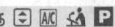

LANDHAUS · INDIVIDUELL Das mehrflügelige Fachwerkgebäude im norddeutschen Stil steht in einem schönen Park mit eigenem Wildgehege. Komfortable Landhauszimmer und Spabereich mit markanter Glaspyramide.

55 Zim ⌨ – ♥125/150 € ♥♥185/200 € – ½ P

*Burgallee 1 ✉ 49413 – ☏ 04443 8970 – www.vilavitaburghotel.de*

♫○ **Kaminstube** – siehe Restaurantauswahl

## DINSLAKEN

Nordrhein-Westfalen – 67 190 Ew. – Höhe 30 m – Regionalatlas **25**-B10

▶ Berlin 545 km – Düsseldorf 46 km – Duisburg 16 km – Oberhausen 20 km

Michelin Straßenkarte 543

### In Dinslaken-Hiesfeld Süd-Ost: 3 km

#### ⑩ Haus Hiesfeld 🏠 🅿

**ITALIENISCH · MEDITERRANES AMBIENTE** 𝕏 Werfen Sie einen Blick in die einsehbare Küche und schauen Sie zu, wie die Köche - unter ihnen der Chef selbst - die italienischen Gerichte zubereiten. Servieren lässt man sich diese dann auch gerne auf der Terrasse vor dem Haus. So mancher ist in dem netten Landhaus schon Stammgast geworden.

Menü 33/50 € – Karte 32/51 €

*Kirchstr. 125 ✉ 46539 – ℰ 02064 4375041 – www.haushiesfeld.de – geschl. Montag, außer an Feiertagen*

## DITZENBACH, BAD

Baden-Württemberg – 3 560 Ew. – Höhe 509 m – Regionalatlas **56**-H19

▶ Berlin 607 km – Stuttgart 61 km – Göppingen 19 km – Reutlingen 51 km

Michelin Straßenkarte 545

#### 🏨 Vitalhotel Sanct Bernhard

**SPA UND WELLNESS · MODERN** Solebad, Thermarium, Gesundheitsanwendungen, Produkte aus dem eigenen Kräuterhaus... hier urlauben oder kuren Sie ganz nach dem Motto "Neu Kraft schöpfen, Freude finden". Komplett wird das schöne Bild durch die wohnliche Atmosphäre und die ruhige Lage.

31 Zim ☲ – ♦88/110 € ♦♦140/175 € – 4 Suiten – ½ P

*Sonnenbühl 1 ✉ 73342 – ℰ 07334 96410 – www.vitalhotel-sanct-bernhard.de*

## DOBEL

Baden-Württemberg – 2 150 Ew. – Höhe 689 m – Regionalatlas **54**-F18

▶ Berlin 686 km – Stuttgart 74 km – Karlsruhe 36 km – Baden-Baden 28 km

Michelin Straßenkarte 545

#### ⑩ Wagnerstüble

**KLASSISCHE KÜCHE · FREUNDLICH** 𝕏𝕏 Hier wird schmackhaft gekocht, und das mit richtig guten Produkten. Lust auf "Skrei mit Gemüse und Iplinger Kartoffeln"? Oder lieber Fleisch von hiesigen Rindern und Kälbern? Serviert wird übrigens in einen liebenswert dekorierten Gastraum. Mittags ist das Angebot etwas kleiner.

Menü 28 € (mittags unter der Woche)/68 € – Karte 41/65 €

5 Zim ☲ – ♦48 € ♦♦98 €

*Wildbaderstr. 45 ✉ 75335 – ℰ 07083 8758 (Tischbestellung erforderlich) – www.roykieferle.de – Sonntag - Montag und Mittwoch - Donnerstag nur Mittagessen – geschl. Dienstag*

## DOBERAN, BAD

Mecklenburg-Vorpommern – 11 610 Ew. – Höhe 15 m – Regionalatlas **12**-M4

▶ Berlin 239 km – Schwerin 79 km – Rostock 17 km – Wismar 44 km

Michelin Straßenkarte 542

#### 🏨 Villa Sommer

**PRIVATHAUS · MODERN** Sie mögen Villen-Flair? In dieser stilgerecht restaurierten einstigen Sommerresidenz von 1904 wohnen Sie in hellen, geräumigen Zimmern mit schönen Holzböden und guter Technik (W-Lan gratis) - ganz modern die beiden Suiten mit Küchenzeile und Dachterrasse. Nebenan fährt die historische Bäderbahn "Molli" ab.

10 Zim ☲ – ♦50/85 € ♦♦60/110 € – 2 Suiten

*Friedrich-Franz-Str. 23 ✉ 18209 – ℰ 038203 73430 – www.hotel-villa-sommer.de*

## In Bad Doberan-Heiligendamm Nord-West: 7 km

### ✿ Friedrich Franz ⊗ ⅄ Ⓐ ⇦ 🅿

**MODERNE KÜCHE · LUXUS** ❁❁❁ Kronleuchter, handbemalte Seidentapete, wertiges Gedeck... Schön stilvoll hat man es hier, während man sich mit intensiver moderner Küche auf klassischer Basis verwöhnen lässt. Man beachte auch die Weinkarte samt moderner Schätze!

→ Gänseleber "Selektion", Erdnuss, grünes Pfeffergel, Cassis, Ingwer. Müritz Zander, Ostseeaal, Liebstöckelcrème, Meerrettich. Bresse Taube, Pfifferlinge, Gartenkräuter, fruchtige Aprikosencrème.

Menü 115/155 € – Karte 107/172 €

*Grand Hotel Heiligendamm, Prof.-Dr.-Vogel-Str. 6 ⊠ 18209 – 𝒞 038203 7406210 (Tischbestellung ratsam) – www.grandhotel-heiligendamm.de – nur Abendessen – geschl. 16. Januar - 26. Februar, 12. November - 6. Dezember und Montag - Dienstag, Anfang Oktober - April: Sonntag - Dienstag*

### ⅋○ Kurhaus ⏚ ⅄ Ⓐ ⅌ 🅿

**INTERNATIONAL · KLASSISCHES AMBIENTE** ❁❁ Ein Raum voller Noblesse, Klassik und Eleganz, davor die Terrasse - Meerblick und angenehme Ruhe inklusive! Während Sie das Grandhotel-Flair genießen, serviert man Ihnen klassisch-internationale Küche.

Karte 56/71 €

*Grand Hotel Heiligendamm, Prof.-Dr.-Vogel-Str. 6 ⊠ 18209 – 𝒞 038203 7400 – www.grandhotel-heiligendamm.de – nur Abendessen – geschl. 16. - 26. Januar*

### ⅋○ Jagdhaus Heiligendamm ⇦ ⅍ ⏚ 🅿

**REGIONAL · FREUNDLICH** ❁ In herrlicher Ruhe und nur 500 m vom Strand serviert man in modernem Ambiente schmackhafte regionale Küche aus guten Produkten, Wild kommt vom heimischen Jäger. Nach dem Essen kann man hier auch gut übernachten - die wohnlichen Zimmer heißen "Löwenzahn", "Vergissmeinnicht", "Waldbeere" und "Waldmeister".

Menü 36/75 € – Karte 35/53 € 3 Zim ⌂ – ♦60/70 € ♦♦90/95 € – 1 Suite

*Seedeichstr. 18b ⊠ 18209 – 𝒞 038203 735775 – www.jagdhaus-heiligendamm.de – nur Abendessen, samstags und sonntags sowie an Feiertagen auch Mittagessen – geschl. Mitte Januar - Mitte Februar und Dienstag - Mittwoch*

### ⅋○ Sushi Bar ⏚ ⅄

**SUSHI · BISTRO** ❁ Sie mögen Sushi? Das geradlinige, lichte kleine Restaurant ist eine schöne Alternative zu den anderen Restaurants des Grand Hotels. Es gibt auch japanische Klassiker und Menüs sowie eine gute Tee- und Sake-Auswahl.

Menü 49/59 € – Karte 30/62 €

*Grand Hotel Heiligendamm, Prof.-Dr.-Vogel-Str. 6 ⊠ 18209 – 𝒞 038203 7400 (Tischbestellung ratsam) – www.grandhotel-heiligendamm.de – nur Abendessen – geschl. 9. - 26. Januar, 6. - 19. März, 30. Oktober - 5. November, 11. - 17. Dezember und Mittwoch - Donnerstag*

### 🏨 Grand Hotel Heiligendamm ⅍ ⇦ ⌂ ⃞ ⊕ ⅍ ⅃⅄ ⅍ ⊟ ⅄ ⅍ ⅏

**GROSSER LUXUS · KLASSISCH** Die "Weiße Stadt am Meer" ist ein imposantes Resort direkt an der Ostsee! Sie wohnen in eleganten Zimmern, relaxen im tollen großen Spa, für Kids gibt's die separate schöne Kindervilla, dazu vielfältige Gastronomie einschließlich Strandbar! 🅿

184 Zim ⌂ – ♦195/285 € ♦♦205/490 € – 20 Suiten – ½ P

*Prof.-Dr.-Vogel-Str. 6 ⊠ 18209 – 𝒞 038203 7400 – www.grandhotel-heiligendamm.de – geschl. 16. - 26. Januar*

✿ **Friedrich Franz** • ⅋○ **Kurhaus** • ⅋○ **Sushi Bar** – siehe Restaurantauswahl

## DÖRSCHEID

Rheinland-Pfalz – 410 Ew. – Höhe 340 m – Regionalatlas **46**-D15
◫ Berlin 627 km – Mainz 66 km – Koblenz 50 km
Michelin Straßenkarte 543

###  Landgasthaus Blücher

**TRADITIONELLE KÜCHE · FAMILIÄR** Lust auf "Rehrücken im Pfannkuchenmantel" oder "Schweinebäckchen mit Kürbis-Chutney"? Zur regional-saisonalen Küche passen Weine vom eigenen Weingut nebenan. Und wie wär's mit einem der prämierten Fetz'schen Edelbrände?

Menü 24 € (mittags)/39 € – Karte 24/46 €

*Hotel Landgasthaus Blücher, Oberstr. 19 ⊠ 56348 – ✆ 06774 267*
*– www.landgasthaus-bluecher.de – geschl. November - April: Dienstag, Mai*
*- Oktober: Dienstagmittag*

### Landgasthaus Blücher

**GASTHOF · TRADITIONELL** Das Haus liegt nicht nur ruhig mit Blick über das Rheintal, sondern wird von Marcus und Nadja Fetz auch angenehm familiär geleitet, bereits in 3. Generation. Sie wohnen in gemütlichen "Landhaus"-, geräumigeren "Komfort"- und besonders modernen "LebensArt"-Zimmern - hübsch sind sie alle! Gutes Frühstück.

24 Zim ⊑ – ♦60/80 € ♦♦82/115 € – ½ P

*Oberstr. 19 ⊠ 56348 – ✆ 06774 267 – www.landgasthaus-bluecher.de – geschl.*
*Februar 3 Wochen*

Landgasthaus Blücher – siehe Restaurantauswahl

# DONAUESCHINGEN

Baden-Württemberg – 21 190 Ew. – Höhe 686 m – Regionalatlas **62**-F20

▶ Berlin 747 km – Stuttgart 131 km – Freiburg im Breisgau 64 km – Konstanz 67 km
Michelin Straßenkarte 545

### Baader's Schützen

**MARKTKÜCHE · BÜRGERLICH** Emma und Clemens Baader hat es zurück nach Donaueschingen verschlagen. Im Herzen der Stadt dürfen sich ihre Gäste auf frische und unkomplizierte feine Wirtshausküche freuen, die sich am Markt orientiert und stark regional geprägt ist. Da kommt Zwiebelrostbraten ebenso gut an wie geschmolzener Saibling.

Karte 28/44 €

*Josefstr. 2 ⊠ 78166 – ✆ 0771 89795820 – www.schuetzen-donaueschingen.de*
*– geschl. Dienstagabend - Mittwoch*

### Öschberghof

**INTERNATIONAL · TRENDY** An einem schönen Sommertag auf der Terrasse den Blick über die Landschaft genießen... - so lässt es sich aushalten! Neben der international-saisonalen Karte bietet man täglich wechselnde Tagesgerichte und auch ein vegetarisches Menü.

Menü 45 € (abends) – Karte 37/67 €

*Hotel Öschberghof, Golfplatz 1, Nord-Ost: 4 km ⊠ 78166 – ✆ 0771 84610*
*– www.oeschberghof.com*

### Öschberghof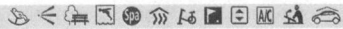

**SPA UND WELLNESS · ELEGANT** 470 ha Natur pur, Golf (auch Indoor-Golf-Anlage), topmoderner Spa auf 2500 qm und dazu geräumige Zimmer mit guter Technik - für Freizeit- und Tagungsgäste ist dieses Hotel gleichermaßen ideal.

68 Zim ⊑ – ♦190/220 € ♦♦325/355 € – 3 Suiten – ½ P

*Golfplatz 1, Nord-Ost: 4 km ⊠ 78166 – ✆ 0771 840 – www.oeschberghof.com*

Öschberghof – siehe Restaurantauswahl

# DONAUSTAUF Bayern → Siehe Regensburg

# DONZDORF

Baden-Württemberg – 10 770 Ew. – Höhe 407 m – Regionalatlas **56**-I18

▶ Berlin 599 km – Stuttgart 55 km – Tübingen 81 km – Augsburg 115 km
Michelin Straßenkarte 545

### Castello

**KLASSISCHE KÜCHE · GEMÜTLICH** ✕✕ Wirklich ein toller Rahmen, das Stadtschloss von 1568 - drinnen stilvolles Ambiente mit schöner Gewölbedecke, draußen die Terrasse zum wunderbaren Schlossgarten! Von der fair kalkulierten Karte wählt man Internationales oder Klassiker wie "Zwiebelrostbraten mit schwäbischen Nudeln und Maultasche".

Menü 36/43 € (abends) – Karte 32/55 €

*Schloss 1 ✉ 73072 – ℰ 07162 929700 (Tischbestellung ratsam)*
*– www.castello-donzdorf.de – geschl. 20. - 26. Juli und Dienstag - Mittwoch,*
*Samstagmittag*

# DORNUM

Niedersachsen – 4 530 Ew. – Höhe 2 m – Regionalatlas **7**-D5
▶ Berlin 530 km – Hannover 242 km – Emden 44 km – Oldenburg 94 km
Michelin Straßenkarte 541

## In Dornum-Nessmersiel Nord-West: 8 km über Schatthauser Straße

### Fährhaus

**REGIONAL · RUSTIKAL** ✕ Das gemütlich-rustikale Restaurant im Hotel "Fährhaus" am Deich ist beliebt, man sitzt nett hier und isst gut. Traditionell-regionale Gerichte mit internationalem Einfluss (z. B. "Frühlingsrolle vom Helgoländer Taschenkrebs mit Aioli") werden aus frischen Produkten zubereitet. Dienstagmittags gibt's Labskaus!

Karte 27/44 € 19 Zim ⬭ – †50/80 € ††76/130 €

*Dorfstr. 42 ✉ 26553 – ℰ 04933 303 – www.faehrhaus-nessmersiel.de – geschl.*
*8. Januar - 23. Februar, 1. November - 25. Dezember*

 Das Symbol 🍷 weist auf eine Weinkarte mit besonders attraktivem Angebot hin.

# DORSTEN

Nordrhein-Westfalen – 75 550 Ew. – Höhe 31 m – Regionalatlas **26**-C10
▶ Berlin 529 km – Düsseldorf 61 km – Bottrop 17 km – Essen 29 km
Michelin Straßenkarte 543

### ⁂ Goldener Anker (Björn Freitag)

**KLASSISCHE KÜCHE · GEMÜTLICH** ✕✕ Mindestens so gefragt wie Björn Freitag selbst (TV-Koch, Mannschaftskoch des FC Schalke 04, Unternehmer...) ist sein Restaurant. Hier gibt es stimmige klassisch basierte, saisonale Speisen, bei denen auch moderne Einflüsse nicht fehlen. Der Service charmant und versiert.

→ Zweierlei von der Jakobsmuschel mit Johannisbeere, Basilikum und Staudensellerie. Pata Negra Schwein mit Schalottenjus, Paella Crème und Tahiti Vanille-Karotten. Zitrone, Mandel, Frischkäse.

Menü 58/124 €

*Lippetor 4, (Zufahrt über Ursulastraße) ✉ 46282 – ℰ 02362 22553*
*(Tischbestellung ratsam) – www.bjoern-freitag.de – nur Abendessen – geschl.*
*Montag - Dienstag*

### ⊗ Henschel

**FRANZÖSISCH-KLASSISCH · ELEGANT** ✕✕ Mit Herzblut betreiben die Henschels ihr gemütlich-elegantes Restaurant. Seit über 50 Jahren steht Leonore Henschel am Herd und bleibt ihrer klassischen Küche treu. Es gibt z. B. "Bretonischen Steinbutt mit Spinat und Champagnersauce".

Menü 58/78 € – Karte 61/75 €

*Borkener Str. 47, B 224 ✉ 46284 – ℰ 02362 62670 – www.restaurant-henschel.de*
*– nur Abendessen – geschl. 1. - 18. Januar und Sonntag - Dienstag*

## In Dorsten-Wulfen Nord-Ost: 7 km

### ✿✿ Rosin      🏌 🏠 ⅋ 🅿

**KREATIV · CHIC** ✗✗ Dass die Entwicklung im Hause Rosin auch nach über 25 Jahren keineswegs stagniert, spürt man an der angenehmen, alles andere als steifen Atmosphäre, am top Service unter Jochen Bauer und Sommelière Susanne Spies sowie an den vollmundig-finessenreichen, auf besten Produkten basierenden Speisen des charismatischen Patrons und seines Küchenchefs Oliver Engelke.
→ Fruchtige Gurke mit Gefrorenem von der Wulfener Ziegenmilch und Cristalle Garnelen. Tafel Schokolade von Entenleber, kalter Kalbsjus mit Trüffel und gebackener Beerenauslese. Ganache von Single Malt Whisky.

Menü 87/167 €

*Hervester Str. 18 ✉ 46286 – ✆ 02369 4322 (Tischbestellung ratsam)
– www.frankrosin.de – nur Abendessen – geschl. 24. Dezember - 11. Januar, Juli
- August 3 Wochen und Sonntag - Montag*

# DORTMUND

Nordrhein-Westfalen – 572 090 Ew. – Höhe 76 m – Regionalatlas **26**-D11
▶ Berlin 492 km – Düsseldorf 78 km – Bremen 236 km – Frankfurt am Main 224 km
Michelin Straßenkarte 543

### ⅋○ La Cuisine Mario Kalweit      🏠 ⅋ 🅿

**FRANZÖSISCH-KLASSISCH · ELEGANT** ✗✗✗ Der schöne lichte hohe Raum in dem ehemaligen Tennisclubhaus bietet einen eleganten Rahmen für die modern beeinflusste klassische Küche. Reizvoll die Terrasse hinterm Haus. Tipp: Werfen Sie doch mal einen Blick in das kleine Gewächshaus.

Menü 50/75 € – Karte 59/75 €

*Lübkestr. 21, (1. Etage) ✉ 44141 – ✆ 0231 5316198 – www.mariokalweit.de – nur
Abendessen – geschl. 1. - 15. Januar, Juli - August 2 Wochen und Sonntag
- Montag*

### 🏠 Radisson BLU      ⌂ 🖥 🕸 ⅃δ 🈁 ⅄ 🄰 ⅋ 🎿 🚗

**BUSINESS · MODERN** Hier überzeugen die verkehrsgünstige Lage, neuzeitliche Zimmer mit guter Technik sowie das Businesscenter. Ansprechend der "Active Club" mit großem Pool, Sauna- und Fitnessraum sowie das Restaurant mit internationaler Küche. Interessant für Sportliche: "BluRoutes" - Laufstrecken von 5 - 10 km ums Hotel.

185 Zim – ♦94/299 € ♦♦94/299 € – 5 Suiten – 🍽 16 € – ½ P

*An der Buschmühle 1 ✉ 44139 – ✆ 0231 10860
- www.radissonblu.de/hotel-dortmund*

## In Dortmund-Barop Süd-West: 7 km

### 🏡 der Lennhof      🏠 ✿ 🅿

**MEDITERRAN · FREUNDLICH** ✗✗ Richtig gemütlich ist es in dem historischen Fachwerkhaus mit altem Gebälk. Gekocht wird frisch, schmackhaft und mediterran inspiriert, z. B. "gebratenes Lachsfilet, grüner Spargel-Potthast, schwarze Linguine". Schön: Wintergarten und Terrasse. Tipp: Sonntagsbrunch "Spätstück".

Menü 45/89 € – Karte 34/65 €

*Hotel der Lennhof, Menglinghauser Str. 20 ✉ 44227 – ✆ 0231 758190
- www.der-lennhof.de – geschl. 27. Dezember - 8. Januar*

### 🏠 der Lennhof      ⅏ 🄰 🎿 🅿

**BUSINESS · DESIGN** Gelungen hat man hier moderne und traditionelle Architektur kombiniert, geradlinig das Interieur. Fußball wird hier übrigens groß geschrieben - in jedem Zimmer ein großes Bild von der Dortmunder Champions-League-Gewinner, BVB-Spiele werden in der Bar übertragen.

34 Zim 🍽 – ♦85/135 € ♦♦105/175 € – ½ P

*Menglinghauser Str. 20 ✉ 44227 – ✆ 0231 758190 – www.der-lennhof.de – geschl.
27. Dezember - 8. Januar*

🏡 **der Lennhof** – siehe Restaurantauswahl

## In Dortmund-Hombruch Süd-West: 4 km

🍴○ **Cielo ❶** ⩽ AC P

**KREATIV · DESIGN** XX Modern-elegantes Design und toller Panoramablick auf Dortmund sollten nicht vom Wesentlichen ablenken: der ambitionierten, kreativen, weltoffenen Küche, z. B. als "Lammrücken mit Kaffeekruste, geschmorten Feigen und Kartoffelcrunch".

Menü 79/98 € – Karte 57/74 €

*Karlsbader Str. 1a, (im Dula-Center, 7. OG) ✉ 44135 – ☏ 0231 7100111 – www.cielo-restaurant.de – nur Abendessen – geschl. 28. Juni - 19. Juli und Sonntag - Montag*

## In Dortmund-Kirchhörde Süd: 6 km

🍴○ **VIDA ❶** 🛖 ċ AC P

**KREATIV · DESIGN** XX Mit stilvoll-modernem Design und kreativer internationaler Küche kommt diese Dortmunder In-Adresse daher. Wer es lieber etwas legerer hat, sitzt an den Hochtischen oder an der Bar - hier gibt es ambitioniertes, günstigeres "Bar-Food".

Menü 52/74 € – Karte 44/68 €

*Hagener Str. 231 ✉ 44229 – ☏ 0231 95009940 – www.vida-dortmund.com – nur Abendessen, sonntags auch Mittagessen – geschl. Montag*

## In Dortmund-Höchsten Süd-Ost: 8 km

🍴○ **Overkamp** ⇦ 🛖 ċ P

**REGIONAL · FREUNDLICH** XX Familienbetrieb mit über 300-jähriger Tradition. In unterschiedlichen gemütlichen Räumen serviert man frische, vorwiegend regionale Küche - Lust auf "Sauerländer Wildragout mit Apfelmus, Preiselbeeren und Klößen"? Tipp für Veranstaltungen: die "Westfalenhütte". Zum Übernachten hat man wohnlich-moderne Zimmer.

Menü 18/49 € – Karte 21/60 €    11 Zim – ♦67/85 € ♦♦85/115 € – 1 Suite – ☑ 13 €

*Am Ellberg 1, B 234 ✉ 44265 – ☏ 0231 462736 – www.overkamp-gastro.de – geschl. Anfang Januar 1 Woche und Dienstag, 28. Juli - 10. September: Montag - Dienstag*

🏨 **l'Arrivée** 🀆 🐑 🚪 ☐ 🕭 🁢 ⅃₈ 🖃 ċ AC 🕯 P

**BUSINESS · MODERN** Schon allein die riesige Außenanlage beeindruckt! Und was innen folgt, kann zweifellos mithalten: geradlinig-eleganter Stil gepaart mit der Technik von heute, dazu Spa auf 1000 qm und moderne Küche im "Vivre". Die regionale Restaurantalternative nennt sich "Rustique".

70 Zim – ♦99/139 € ♦♦135/175 € – ☑ 16 €

*Wittbräucker Str. 565 ✉ 44267 – ☏ 0231 880500 – www.larrivee.de*

## In Dortmund-Syburg Süd: 13 km

❀ **Palmgarden** 🛖 P

**KREATIV · FREUNDLICH** XxX Nicht nur die Spielbank Hohensyburg lockt Gäste an, denn was in dem schönen Restaurant auf den Teller kommt, ist kreative Küche, die voller Aromen und Kontraste steckt und für Auge und Gaumen gleichermaßen ein Genuss ist!

→ Salzwiesenlamm, Karotte, Zwiebelvariation, Kartoffelschaum. Fjordforelle, Spargel, Miso, Brunnenkresse. Erdbeere, Limette, Erdnuss, Kerbel.

Menü 78/119 € – Karte 62/78 €

*Hohensyburgstr. 200, (in der Spielbank Hohensyburg) ✉ 44265 – ☏ 0231 7740735 (Tischbestellung ratsam) – www.palmgarden-restaurant.de – nur Abendessen – geschl. Montag - Dienstag*

## In Dortmund-Wambel Ost: 6 km

### ⅼ🔾 der Schneider ⓝ        🛜 🅿

**MODERNE KÜCHE · TRENDY** XX Modern, jung und ambitioniert ist die Gastronomie des Hotels "ambiente". In trendig-schicker Atmosphäre stehen "der klassische Schnitt" (hier z. B. "Perlhuhn, Risotto, Steinpilz") und "der elegante Schnitt" (z. B. mit "Heilbutt, Spinat, rote Zwiebel") zur Wahl - Mo. und Di. nur das klassische Angebot.

Menü 69 € (abends) - Karte 39/58 €

*Hotel ambiente, Am Gottesacker 70 ☒ 44143 - ℰ 0231 4773770*
*- www.derschneider-restaurant.com - nur Abendessen - geschl. Sonntag*

### 🏠 ambiente        🔲 ⅃ 🛁 🅿

**BUSINESS · GEMÜTLICH** Sie suchen ein Hotel außerhalb des trubeligen Zentrums? Sie legen Wert auf eine unkomplizierte Parkplatzsituation, wohnlich-modernes Ambiente und frisches, gutes Frühstück? Dann werden Sie dieses verkehrsgünstig gelegene Haus mögen.

36 Zim - 🛏75/99 € 🛏🛏85/100 € - 1 Suite - ☲ 10 €

*Am Gottesacker 70 ☒ 44143 - ℰ 0231 4773770 - www.hotel-ambiente.info*
ⅼ🔾 **der Schneider** - siehe Restaurantauswahl

# DREIEICH

Hessen - 39 870 Ew. - Höhe 135 m - Regionalatlas **47**-F15
▶ Berlin 557 km - Wiesbaden 45 km - Frankfurt am Main 16 km - Darmstadt 17 km
Michelin Straßenkarte 543

## In Dreieich-Götzenhain

### ⅼ🔾 Gutsschänke Neuhof        🛜 ⇔ 🅿

**REGIONAL · RUSTIKAL** XX Richtig gemütlich ist es in den Räumen des jahrhundertealten Hofguts - im Winter wärmt der hübsche Kamin, im Sommer sitzt man schön auf der tollen Gartenterrasse. Die Eigentümer kommen übrigens aus der Pfalz, so werden zur regionalen Küche auch die hauseigenen Weine aus Herxheim ausgeschenkt.

Menü 21 € (mittags unter der Woche)/53 € - Karte 36/65 €

*Hofgut Neuhof, an der Straße nach Neu-Isenburg über Neuhofschneise, Nord:*
*2 km ☒ 63303 - ℰ 06102 30000 - www.gutsschaenkeneuhof.de*

# DREIS (KREIS BERNKASTEL-WITTLICH) Rheinland-Pfalz → Siehe

Wittlich

## WIR MÖGEN BESONDERS...

Richtig gut essen im charmanten Gewölbekeller des **Genuss-Ateliers**. Die Zimmer mit Schlossblick im **Schloss Hotel Dresden-Pillnitz**. Feine Speisen von Meissener Porzellan im **Caroussel**. In der 5. Etage auf der Terrasse des **Moritz** die Kuppel der Frauenkirche bestaunen. **Alte Meister** für seine besondere Lage im Seitenflügel des Zwingers.

# DRESDEN

Sachsen – 525 110 Ew. – Höhe 113 m – Regionalatlas **43**-Q12
▶ Berlin 193 km – Chemnitz 75 km – Görlitz 110 km – Leipzig 113 km
Michelin Straßenkarte 544

Stadtpläne siehe nächste Seiten

## *Restaurants*

❀ **Caroussel**                    ⛢ ♿ 🆎 ⇩ 🚗

FRANZÖSISCH-KLASSISCH · ELEGANT 𝖃𝖃𝖃 Ausgesprochen schön das freundliche, elegante Ambiente mit Wintergarten-Flair, klassisch-modern die Küche. Serviert werden feine, ausdrucksstarke Speisen aus sehr guten Produkten, die auch optisch dem hohen Niveau gerecht werden.
→ Schweinebauch mit Chicorée und geröstetem Kohlrabi. Onglet mit Karotte und Morcheln. Rhabarber mit gebrannter Paprika und Gin.
Menü 80/159 € – Karte 80/101 €
Stadtplan: F1-c – *Hotel Bülow Palais, Königstr. 14* ⊠ *01097* – *𝒞 0351 8003140 (Tischbestellung ratsam) – www.buelow-palais.de – nur Abendessen – geschl. Februar 3 Wochen, Juli 3 Wochen und Sonntag - Montag*

❀ **Elements** (Stephan Mießner)          ⛢ 🏠 ♿ 🅿

MODERNE KÜCHE · FREUNDLICH 𝖃𝖃 Richtig chic: Die Industrie-Architektur des ehemaligen Fabrikgebäudes vermittelt Loft-Flair, die wertige Einrichtung ist trendig und elegant. Gekocht wird modern, fein und harmonisch, angenehm reduziert die Optik. Schön: die "Niagara"-Zigarrenlounge, ebenso die Terrasse. Praktisch: Straßenbahn vorm Haus.
→ Entenbrust, schwarze Sesamcreme, Rübchen und Frühlingsrolle. Schottische Jakobsmuscheln, Brokkoli, Meeresfrüchte-Risotto, Chorizo. Tarte Cassis Royal, Schwarze Johannisbeere, Mascarponecrème.
Menü 60/115 € – Karte 62/70 €
Stadtplan: C1-k – *Königsbrücker Str. 96, (Zeitenströmung Haus 25 - 26)* ⊠ *01099* – *𝒞 0351 2721696 (Tischbestellung ratsam) – www.restaurant-elements.de – nur Abendessen – geschl. 13. - 25. Februar, 9. - 14. Oktober und Sonntag sowie an Feiertagen*
🍽 **DELI** – siehe Restaurantauswahl

### ⊛ VEN     🏯 �_ 🅰🅒 ⅋ 🕳 🚗

**INTERNATIONAL · TRENDY** ✗✗ Puristisch-urbanes Interieur und beachtliche Raumhöhe beeindrucken hier gleichermaßen, chic auch die Innenhofterrasse samt Loungebereich. Gekocht wird international-modern, z. B. "Rücken vom Weidelamm, Ziegenkäse-Pinienkernkruste, Kräuterseitlinge & Apfelravioli". Mittags kleineres, einfacheres Angebot.

Menü 34/99 € – Karte 33/55 €

Stadtplan : F2-v – *Hotel Innside by Melia, Rampische Str. 9* ✉ *01067 – ☎ 0351 795151021 – www.ven-dresden.de – geschl. Sonntag*

### ⊛ Bülow's Bistro     🏯 ⅃ 🅰🅒 🚗

**TRADITIONELLE KÜCHE · ELEGANT** ✗✗ In dem gemülich-eleganten und angenehm unprätentiösen Restaurant wird schmackhaft und saisonal gekocht. Appetit machen da z. B. "Maischolle mit Spargelragout" oder "gegrillte Lammwürstchen auf orientalischem Linsen-Joghurt-Salat".

Menü 39/43 € – Karte 35/47 €

Stadtplan : F1-c – *Hotel Bülow Palais, Königstr. 14* ✉ *01097 – ☎ 0351 80030 – www.buelow-palais.de*

### ⊛ Genuss-Atelier ⓝ     🏯

**MODERNE KÜCHE · INTIM** ✗ Gemütlich-intim die Atmosphäre im Gewölbekeller des schmucken Stadthauses a. d. 19. Jh., freundlich-leger und versiert der Service. Und die Küche? Kreativ, modern, saisonal - z. B. "Zander gebraten, Kalbskopf, Rettich, Buchweizen". Oder lieber das Überraschungsmenü? Praktisch: Bus-/ Bahn-Haltestelle am Haus.

Menü 38/88 € – Karte 35/44 €

Stadtplan : C2-a – *Bautzner Str. 149, (Ecke Waldschlößchenstraße)* ✉ *01099 – ☎ 0351 25028337 (Tischbestellung ratsam) – www.genuss-atelier.net – Mittwoch - Freitag nur Abendessen – geschl. 9. - 24. Januar und Montag - Dienstag*

### ⊛ Villandry     🏯 ⅋ 🕳

**INTERNATIONAL · BISTRO** ✗ Lust auf gutes Essen in gemütlich-legerer Atmosphäre? Hier machen schmackhafte international-saisonale Speisen wie "Zanderfilet mit Spargelrisotto, Ofentomate und Kräutersalat" Appetit. Tipp: Man hat auch eine charmante Innenhofterrasse!

Karte 32/48 €

Stadtplan : C2-r – *Jordanstr. 8* ✉ *01099 – ☎ 0351 8996724 (Tischbestellung ratsam) – www.villandry.de – nur Abendessen – geschl. Sonntag*

### 🍽 MORITZ     🏯 🅰🅒 🕳 🚗

**INTERNATIONAL · ELEGANT** ✗✗✗ Speisen Sie auf der Terrasse! Vor Ihren Augen ragt die Kuppel der Frauenkirche empor - mitten in der Altstadt und doch fern vom Trubel! Die modern-internationalen Speisen nennen sich z. B. "Pulled Lamb / Tortilla / Frühlingszwiebel / Apfel / Koriander". Mittags interessanter Lunch zu günstigem Preis.

Menü 25 € (mittags unter der Woche) – Karte 56/77 €

Stadtplan : F2-g – *Hotel Suitess, An der Frauenkirche 13, (5. Etage), Zufahrt über Rampische Straße* ✉ *01067 – ☎ 0351 417270 – www.moritz-dresden.de – geschl. Samstagmittag, Sonntagmittag*

### 🍽 Intermezzo     🏯 ⅃ 🅰🅒 ⅋ 🕳 🚗

**MEDITERRAN · ELEGANT** ✗✗✗ In elegantem Ambiente speist man hier Klassiker oder mediterran beeinflusste Gerichte. Möchten Sie Ihr Dinner im Sommer vielleicht unter Sternenhimmel im Innenhof einnehmen? Auch auf Besucher der Semperoper ist man bestens eingestellt.

Menü 49/85 € – Karte 47/67 €

Stadtplan : F2-a – *Hotel Taschenbergpalais Kempinski, Taschenberg 3* ✉ *01067 – ☎ 0351 4912712 (Tischbestellung ratsam) – www.kempinski.com/de/dresden – geschl. Montag, Sonntagabend*

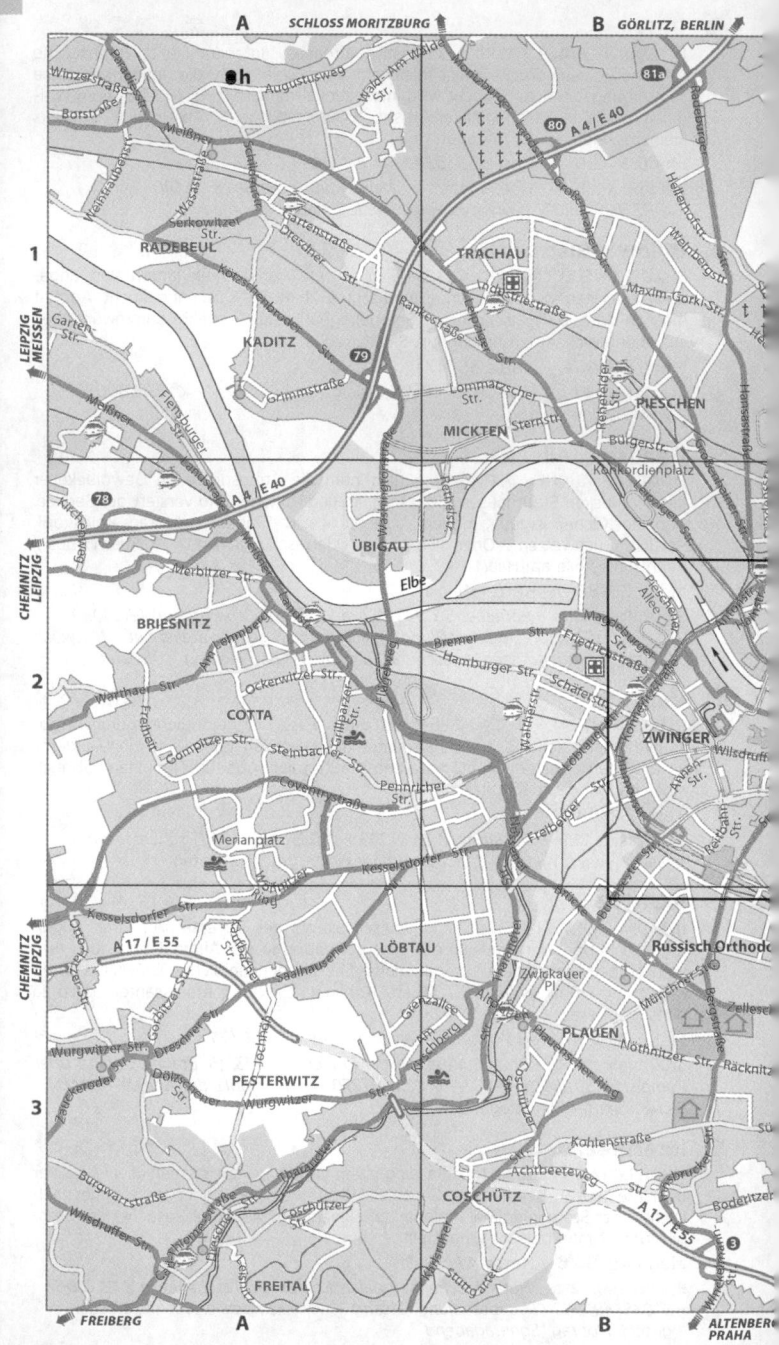

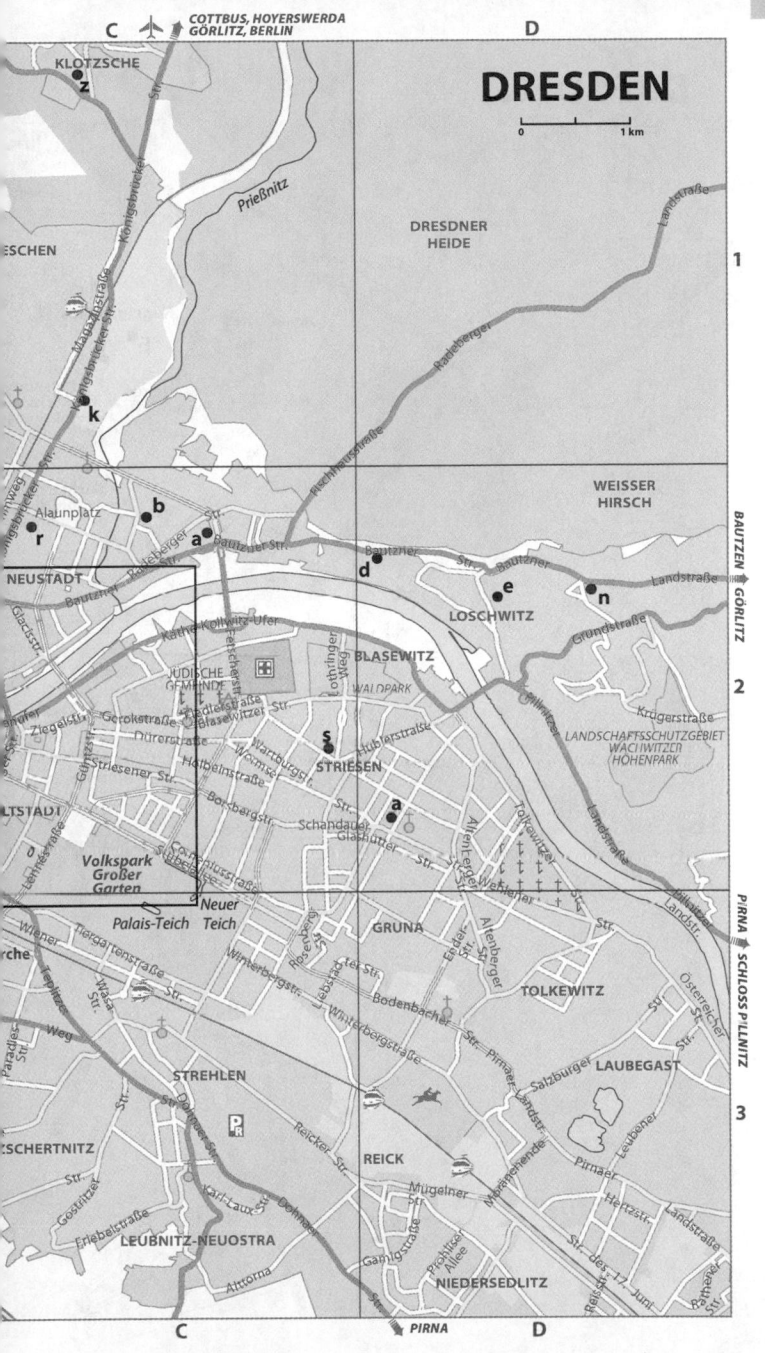

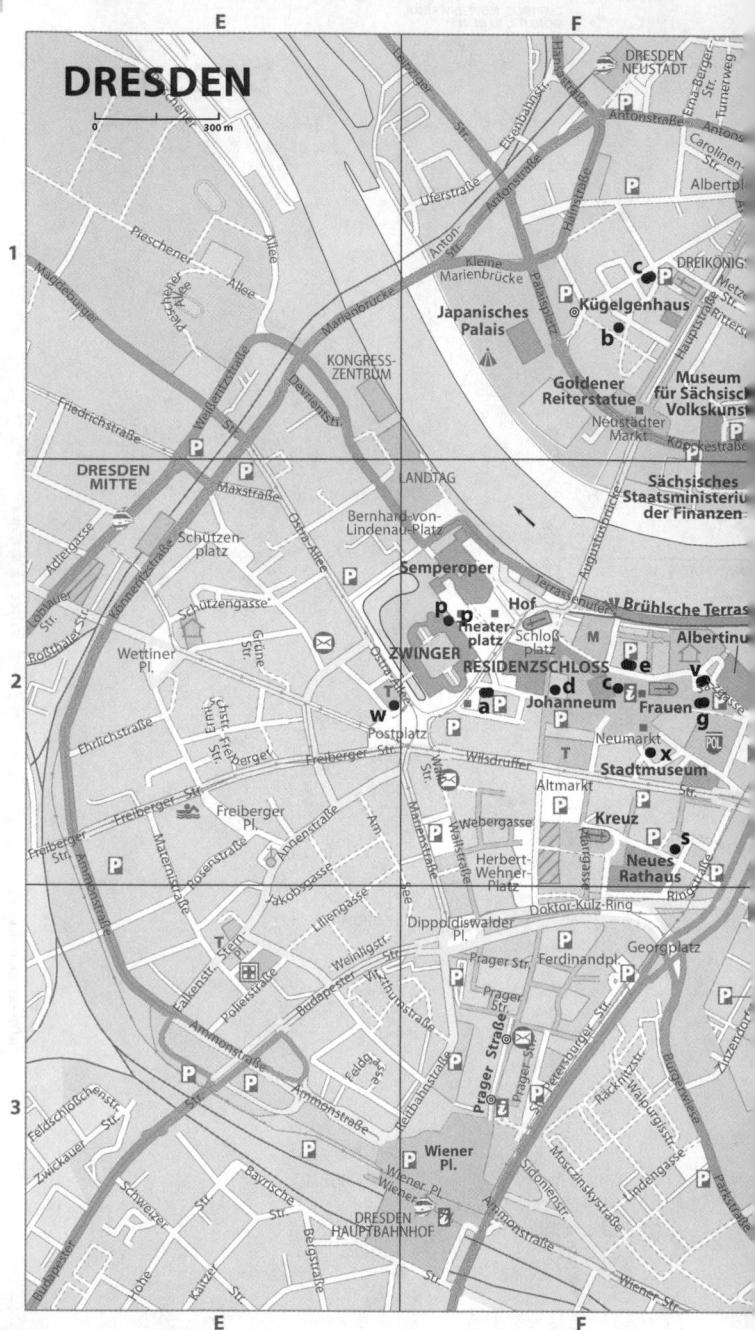

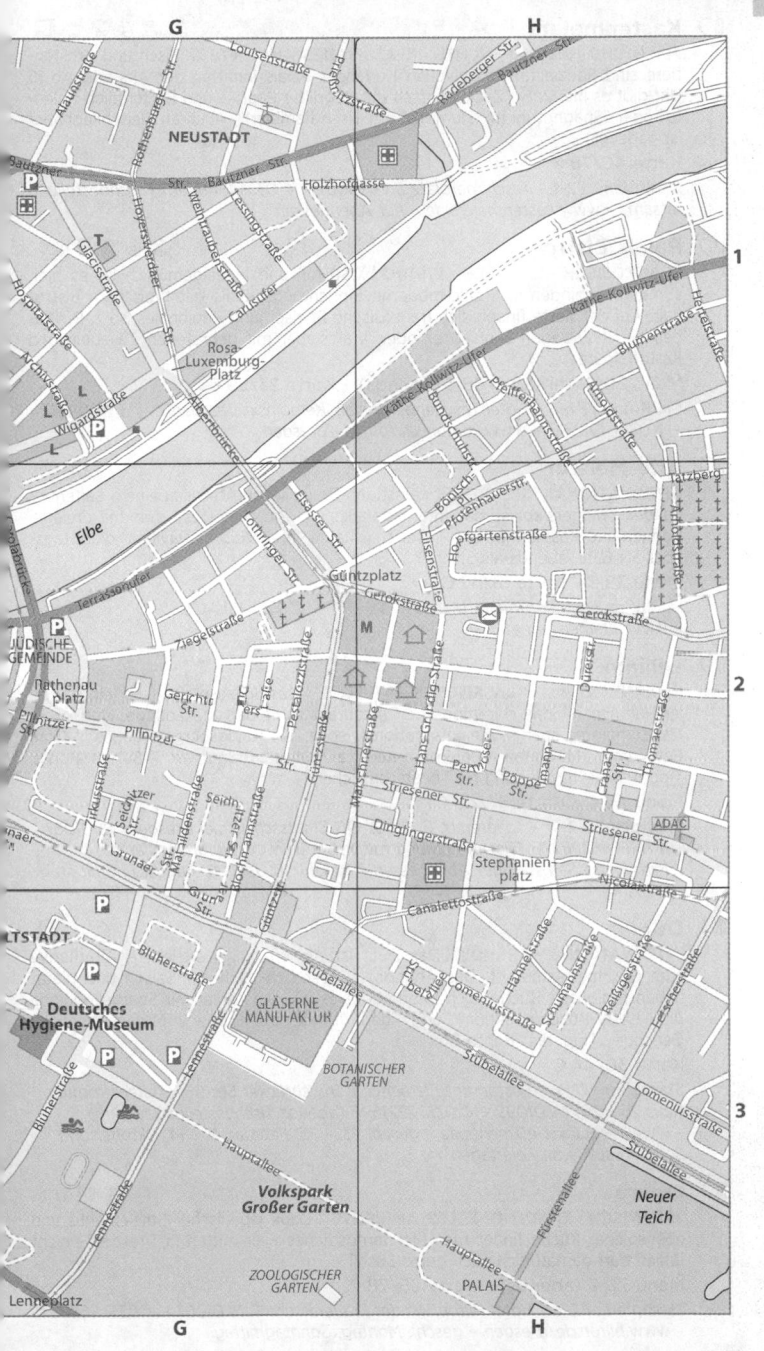

## ⊪○ Kastenmeiers     🐃 🏠 ᜑ 🍴 ⇆ **P**

**FISCH UND MEERESFRÜCHTE · KLASSISCHES AMBIENTE** XX Fisch und Krustentiere sind Spezialität im stilvollen Kurländer Palais inmitten der Altstadt. Ab 16
Uhr gibt es hier z. B. "Zackenbarsch mit gegrillter Paprika und Buttermilch-Polen-
ta" oder "Spaghettini mit Hummer, am Tisch flambiert". Auch an Fleischliebhaber
ist gedacht.

Karte 40/78 €

**Stadtplan : F2-t** – *Tzschirnerplatz 3* ⊠ *01067* – *𝒞 0351 48484801 (Tischbestellung
ratsam) – www.kastenmeiers.de – nur Abendessen*

## ⊪○ Palais Bistro     🏠 ᜑ 🗚 🍴 🚗

**FRANZÖSISCH-KLASSISCH · BISTRO** XX Stilvoll und leger-gemütlich ist es hier,
stimmig verbinden sich chic-moderne Einrichtungsdetails mit typischem Bistro-
flair. Auf der Karte finden sich französische Speisen und Regionales, so z. B. "Kabeljau mit Estragon-Senfsauce" oder "Kalbsleber mit gebratenen Zwiebeln und
Kartoffelpüree".

Menü 30 € (mittags)/38 € (abends) – Karte 23/59 €

**Stadtplan : F2-a** – *Hotel Taschenbergpalais Kempinski, Taschenberg 3* ⊠ *01067*
– *𝒞 0351 4912710 – www.kempinski.com/de/dresden*

## ⊪○ Alte Meister     🏠 ⇆

**INTERNATIONAL · BISTRO** X Im einstigen Braun'schen Atelier in einem Seitenflügel des Zwingers speist man Internationales wie "geschmortes Lamm mit dreierlei
Bohnen und Rosmarinpolenta". Der charmante "Französische Pavillon" dient tagsüber als Café, abends als Salon.

Menü 38 € – Karte 31/47 €

**Stadtplan : F2-p** – *Theaterplatz 1a* ⊠ *01067* – *𝒞 0351 4810426
– www.altemeister.net*

## ⊪○ william     🗚

**INTERNATIONAL · KLASSISCHES AMBIENTE** X Das Schauspielhaus ist ein stilvoller Rahmen für das chic-moderne Restaurant samt Bar und Lounge. Man kocht
traditionell-regional sowie international, so z. B. "Königsberger Klopse / Rote
Bete" oder "Maishuhn / Polenta / Karotte / Olive". Brunch am 1. So. im Monat.
Tipp: Pausenverpflegung für Theaterbesucher.

Menü 42 € – Karte 33/49 €

**Stadtplan : E2-w** – *Theaterstr. 2, (im 2. OG Staatsschauspiel Dresden)* ⊠ *01067*
– *𝒞 0351 65298220 (Tischbestellung ratsam) – www.restaurant-william.de
– Mittwoch - Samstag nur Abendessen – geschl. 10. Juli - 6. August und Montag
- Dienstag*

## ⊪○ DELI     🏠 ᜑ **P**

**INTERNATIONAL · TRENDY** X Das DELI ist die unkompliziert-legere Alternative
zum Gourmetrestaurant. Das Angebot richtet sich nach der Saison und bietet
neben regionaler Küche auch Internationales wie "Lachsfilet mit Spargel, Quinoa
und Curry-Kokosreduktion" oder den "Boulevard Burger". Mittags schnelle
Gerichte - Tipp: die "Bento-Box".

Karte 30/44 €

**Stadtplan : C1-k** – *Restaurant Elements, Königsbrücker Str. 96, (Zeitenströmung
Haus 25 - 26)* ⊠ *01099* – *𝒞 0351 2721696 (abends Tischbestellung ratsam)
– www.restaurant-elements.de – geschl. 13. - 25. Februar, 9. - 14. Oktober und
Sonntag sowie an Feiertagen*

## ⊪○ Ogura     🏠 🗚 🚗

**JAPANISCH · TRADITIONELLES AMBIENTE** X Dank japanischer Stilelemente und
ebensolcher Küche findet man hier fernöstliches Flair mitten in Dresden - nicht
fehlen darf da natürlich auch gutes Sushi!

Menü 70 € (abends) – Karte 35/78 €

**Stadtplan : F2-e** – *Hotel Hilton, An der Frauenkirche 5* ⊠ *01067* – *𝒞 0351 8642975
– www.hilton.de/dresden – geschl. Montag, Sonntagmittag*

# Hotels

### ⌂⌂⌂ Taschenbergpalais Kempinski

**GROSSER LUXUS · KLASSISCH** Ein prächtiges rekonstruiertes Barockpalais, das nicht nur für Luxus steht, auch der Charme von einst steckt hier drin! "High Tea" im "Vestibül", rauchen können Sie in der "Karl May Bar". Schön der Freizeitbereich im obersten Stock. Und im Winter zum Eislaufen in den Innenhof?

214 Zim – ♦149/579 € ♦♦149/599 € – 32 Suiten – ☲ 31 €

Stadtplan : F2-a – *Taschenberg 3* ✉ *01067* – ☎ *0351 49120*
– *www.kempinski.de/dresden*

🍽 **Intermezzo** • 🍽 **Palais Bistro** – siehe Restaurantauswahl

### ⌂⌂⌂ Bülow Palais

**HISTORISCH · KLASSISCH** Das harmonisch in das Barockviertel eingebundene Hotel steht für beispielhaften Service, hochwertige, wohnliche und individuelle Zimmer, Wellness in der obersten Etage, exzellentes Frühstück... Und am Nachmittag Feines aus der Patisserie?

55 Zim – ♦125/385 € ♦♦125/385 € – 3 Suiten – ☲ 24 €

Stadtplan : F1-c – *Königstr. 14* ✉ *01097* – ☎ *0351 80030* – *www.buelow-palais.de*

❀ **Caroussel** • ❀ **Bülow's Bistro** – siehe Restaurantauswahl

### ⌂⌂⌂ Gewandhaus Dresden ℕ

**BOUTIQUE-HOTEL · DESIGN** Mit Geschmack und Gefühl für die Historie des Hauses entstand dieses schicke Boutique-Hotel. Stilvoll designte Zimmer vom kleinen Standard bis zur Juniorsuite. Stylish das Restaurant "(m)eatery" mit Internationalem wie Dry Aged Beef, Tatar, Fisch und Burgern. Hausgebackenes im "Kuchen Atelier" (Do. - So.).

97 Zim – ♦125/275 € ♦♦125/275 € – ☲ 22 €

Stadtplan : F2-s – *Ringstr. 1* ✉ *01067* – ☎ *0351 49490*
– *www.gewandhaus-hotel.de*

### ⌂⌂⌂ Hilton

**BUSINESS · MODERN** Bevorzugte Altstadtlage, weitläufiger Hallenbereich, wohnlich-komfortable Zimmer. Etwas intimer hat man es in der "Executive"-Kategorie mit Zugang zur gleichnamigen Lounge samt kostenfreien Getränken. Mediterrane Küche im "Rossini", Regionales im "Bierhaus Dampfschiff", zudem das Steakhouse "Alte Münze".

320 Zim – ♦154 € ♦♦154 € – 4 Suiten – ☲ 23 €, – ½ P

Stadtplan : F2-e – *An der Frauenkirche 5* ✉ *01067* – ☎ *0351 86420*
– *www.hiltonhotels.de/deutschland/hilton-dresden/*

🍽 **Ogura** – siehe Restaurantauswahl

### ⌂⌂⌂ Swissôtel Am Schloss

**BUSINESS · MODERN** Außen die schöne Fassade nach historischem Vorbild, dahinter wohnliches Ambiente und Moderne in Design und Technik. Sehr gut der Service, ebenso das Frühstück. Zum Wellnessbereich gehört ein Gewölbe a. d. 15. Jh.! Kosmetik und Massage möglich. In der "Wohnstube" Schweizer Küche und "Vitality"-Gerichte.

235 Zim – ♦105/350 € ♦♦105/350 € – ☲ 22 € – ½ P

Stadtplan : F2-d – *Schlossstr. 16* ✉ *01067* – ☎ *0351 501200*
– *www.swissotel.com/dresden*

### ⌂⌂⌂ Suitess

**LUXUS · KLASSISCH** Eindrucksvoll die schön rekonstruierte Fassade, das Interieur ebenso geschmackvoll und edel: luxuriöse Zimmer voller ausgesuchter Materialien. Perfekt die Lage einen Steinwurf von der Frauenkirche entfernt! Der Service zuvorkommend und angenehm unaufdringlich. Für Gin-Freunde: die Bar "Dresden Gin House".

25 Zim – ♦119/299 € ♦♦149/399 € – 9 Suiten – ☲ 23 € – ½ P

Stadtplan : F2-g – *An der Frauenkirche 13, Zufahrt über Rampische Straße*
✉ *01067* – ☎ *0351 417270* – *www.suitess-hotel.com*

🍽 **MORITZ** – siehe Restaurantauswahl

###  Bülow Residenz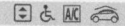

**HISTORISCHES GEBÄUDE · KLASSISCH** Das denkmalgeschützte Haus von 1730 ist nicht nur schön anzuschauen: Sie genießen hier klassischen Wohnkomfort (geschmackvoll die warmen Farben), lassen sich überaus aufmerksam umsorgen und frühstücken ausgezeichnet in eleganter Atmosphäre. Parken und Wellness im nur wenige Meter entfernten Partnerhotel.

27 Zim – ♦79/219 € ♦♦79/219 € – 1 Suite – �)18 €
Stadtplan: F1-b – *Rähnitzgasse 19* ✉ *01097* – ✆ *0351 8003291*
– *www.buelow-residenz.de*

###  Innside by Meliá

**KETTENHOTEL · MODERN** Die Lage ist so exklusiv wie praktisch: die Frauenkirche gleich um die Ecke, alle Highlights der Stadt schnell erreichbar. Dazu stylisches Design und moderne Technik. Am Abend lockt die "Twist Sky Bar" im 6. Stock - toll die Aussicht!

180 Zim – ♦99/250 € ♦♦99/250 € – �)20 €
Stadtplan: F2-v – *Salzgasse 4* ✉ *01067* – ✆ *0351 795150* – *www.innside.com*
🅥 VEN – siehe Restaurantauswahl

###  Steigenberger Hotel de Saxe

**KETTENHOTEL · MODERN** Der Name stammt vom ursprünglichen "Hotel de Saxe" von 1786. Die Zimmer schön modern in klaren Linien und ruhigen Tönen - von vielen schaut man auf die Frauenkirche. Restaurant im 1. Stock mit Balkonterrasse zum Neumarkt. Klassisch-traditionelle Küche, sonntags Brunch. Im Sommer samstagabends Barbecue-Buffet.

185 Zim – ♦99/499 € ♦♦99/499 € – 4 Suiten – �)25 € – ½ P
Stadtplan: F2-x – *Neumarkt 9* ✉ *01067* – ✆ *0351 43860*
– *www.desaxe-dresden.steigenberger.de*

###  QF

**BOUTIQUE-HOTEL · MODERN** Die Lage an der Frauenkirche könnte wohl kaum besser sein! Aber das schicke Boutique-Hotel hat noch mehr zu bieten: modern-komfortable Zimmer designt by Bellini. Nach ihm ist auch die gemütliche Bar benannt.

93 Zim – ♦109/289 € ♦♦109/289 € – 2 Suiten – ☺23 €
Stadtplan: F2-c – *Neumarkt 1* ✉ *01067* – ✆ *0351 5633090* – *www.qf-hotel.de*

###  Privat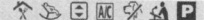

**FAMILIÄR · FUNKTIONELL** Die engagierten Gastgeber leiten hier ein sehr gepflegtes Nichtraucherhotel in einer ruhigen Wohngegend nicht weit von der Innenstadt. Der Service ist freundlich, die Zimmer sind zeitgemäß und funktional. Restaurant "Maron" mit Wintergarten und netter kleiner Terrasse. Zusatzkarte nach Hildegard von Bingen.

29 Zim ☺ – ♦63/79 € ♦♦81/101 € – 1 Suite – ½ P
Stadtplan: C2-b – *Forststr. 22* ✉ *01099* – ✆ *0351 811770*
– *www.das-nichtraucher-hotel.de*

## In Dresden-Hellerau

### 🍽 Schmidt's 🅝

**KREATIV · BISTRO** ✗ Wer hätte gedacht, dass in den Hellerauer Werkstätten für Handwerkskunst (1909 von Karl Schmidt gegründet) einmal gekocht wird? In moderner Bistro-Atmosphäre gibt es z. B. "Steinbeißerfilet unter der Ringelblumenkruste". Preislich interessant: das Menü "Schmidt's Karte rauf und runter".

Menü 39/49 € – Karte 32/50 €
Stadtplan: C1-z – *Moritzburger Weg 67, (in den Hellerauer Werkstätten)* ✉ *01109*
– ✆ *0351 8044883 (Tischbestellung ratsam)* – *www.schmidts-dresden.de*
– *geschl. Samstagmittag, Sonntag*

## In Dresden-Lockwitz Süd-Ost: 11 km über Dohnaer Straße D3

### ⅱ○ Landhaus Lockwitzgrund ⇦ 🏠 🅿

INTERNATIONAL · LÄNDLICH ꭕ In den historischen ehemaligen Stallungen der alten "Makkaroni-Fabrik" sitzt man gemütlich unter einem Kreuzgewölbe und speist z. B. "Jungbullenbrust in Bärlauch-Rahmsauce mit Spitzkohl und Semmelknödeln". Gepflegt übernachten kann man hier außerhalb im Grünen übrigens auch.

Menü 30 € – Karte 25/41 €    12 Zim – ♥54/69 € ♥♥69/89 € – 1 Suite – ⌷ 5 €

*Lockwitzgrund 100 ✉ 01257 – ℰ 0351 2710010 – www.landhaus-lockwitzgrund.de – geschl. 9. - 26. Januar und Montag*

## In Dresden-Loschwitz

### 🏠 Schloss Eckberg ☆ ☝ ⇐ 🛏 🔊 ♨ ⬚ 🄰🄺 🎽 🧖 🅿

HISTORISCHES GEBÄUDE · INDIVIDUELL Das 15 ha große Anwesen ist ebenso sehenswert wie das traumhafte Schloss selbst! Hier wohnt und speist man klassisch-stilvoll, im Kavaliershaus sind die Zimmer moderner und einfacher. Lassen Sie sich den Ausblick von der Terrasse nicht entgehen - schön auch bei Kaffee und Kuchen!

84 Zim – ♥60/120 € ♥♥75/200 € – 5 Suiten – ⌷ 18 € – ½ P

Stadtplan : D2-d – *Bautzner Str. 134 ✉ 01099 – ℰ 0351 80990 – www.schloss-eckberg.de*

## In Dresden-Pillnitz Süd-Ost: 13 km über Pillnitzer Landstraße D3

### ⅱ○ Kaminrestaurant 🏠 ♿ 🄰🄺 🎽 ⇄ 🅿

INTERNATIONAL · KLASSISCHES AMBIENTE ꭕꭕ Sie wünschen sich gemütlichelegante Atmosphäre bei Kaminfeuer? Oder einen lauen Sommerabend auf der Terrasse bei romantischem Schlossflair? Beides finden Sie hier, und dazu gut zubereitete Speisen aus Bio-Produkten.

Menü 42 € – Karte 54/65 €

*Schloss Hotel Dresden-Pillnitz, August-Böckstiegel-Str. 10 ✉ 01326 – ℰ 0351 26140 – www.dresden-kaminrestaurant.de – nur Abendessen – geschl. Januar - Februar und Montag - Dienstag*

### 🏠 Schloss Hotel Dresden-Pillnitz ☆ ☝ ⬚ 🎽 🧖 🅿

LANDHAUS · AUF DEM LAND Unmittelbar am Schloss samt schönem Park wohnt man in attraktiven Zimmern im Landhausstil - fragen Sie nach denen mit Schlossblick! Im "Wintergarten-Café" bietet man regional-traditionelle Küche sowie Business-Lunch inkl. Wasser und Espresso, und wie wär's am Nachmittag mit hausgebackenem Bio-Kuchen?

45 Zim ⌷ – ♥90/115 € ♥♥120/160 € – ½ P

*August-Böckstiegel-Str. 10 ✉ 01326 – ℰ 0351 26140 – www.schlosshotel-pillnitz.de*
ⅱ○ **Kaminrestaurant** – siehe Restaurantauswahl

## In Dresden-Striesen

### ⅱ○ La Fourchette 🏠 ⇥

FRANZÖSISCH · FREUNDLICH ꭕ Schön das alte Eckhaus in einer Wohngegend am Rande der Innenstadt, modern das Ambiente. Hier wird französisch-international und mit Einflüssen aus der senegalesischen Heimat des Chefs gekocht. Am ersten Sonntag im Monat Brunch.

Menü 37/45 €

Stadtplan : D2-a – *Wittenberger Str. 87 ✉ 01277 – ℰ 0351 3120371 – www.la-fourchette.de – nur Abendessen – geschl. 15. Februar - 1. März und Sonntag - Montag*

## ‖◯ Spizz

INTERNATIONAL · FREUNDLICH X Modern-gemütlich hat man es in dem hübschen Altbau am Barbarossaplatz. Das mögen die vielen Stammgästen ebenso wie die Küche: Es gibt Klassiker und Internationales, von "Spizz Cocktail" bis "Kabeljaufilet mit Wasabi-Kartoffelhaube, Balsamico-Linsen und Rote-Bete-Schaum". Tipp: dienstagabends "Beef Tatar".

Karte 29/44 €

Stadtplan : C2-s – *Augsburger Str. 49* ✉ *01309 –* ☏ *0351 3190626 (abends Tischbestellung ratsam) – www.restaurant-spizz.de – geschl. Sonntag, außer an Feiertagen*

## In Dresden-Weißer Hirsch

### ✿ bean&beluga (Stefan Hermann)

KREATIV · GERADLINIG XX Modern und ideenreich, ausdrucksstark und mit interessanten feinen Kontrasten - so die Menüs "mit" und "ohne", die man Ihnen hier in geradlinig-elegantem Ambiente aufmerksam und geschult serviert. Die Weinkarte bietet über 400 Positionen, fundiert die Beratung. Weinbar als einfachunkomplizierte Alternative.

→ Sellerie, Ziegenmilch, PX-Essig. Gelbschwanz Makrele, Kopfsalat, Caesar. Kirsche, Cuyagun Schokolade, Haselnuss.

Menü 100/150 €

Stadtplan : D2-n – *Bautzner Landstr. 32, (1. Etage)* ✉ *01324 –* ☏ *0351 44008800 (Tischbestellung ratsam) – www.bean-and-beluga.de – nur Abendessen – geschl. 20. Februar - 12. März, 7. - 20. August und Sonntag - Montag*

### 🏠 Villa Weißer Hirsch

PRIVATHAUS · INDIVIDUELL "Luxuspension" trifft die auf einem tollen Gartengrundstück gelegene Villa von 1935, denn das schmucke kleine Hotel ist schon etwas Besonderers mit dem persönlichen Charme und den edel-barocken Zimmern! Oder wohnen Sie lieber ganz zeitlos? Tipp: Zimmer mit Balkon und Stadtblick. Klasse das Frühstück!

10 Zim ☐ – ♦90/110 € ♦♦135/160 €

Stadtplan : D2-e – *Hermann Prell Str. 6* ✉ *01324 –* ☏ *0351 642413 – www.villa-weisser-hirsch.de*

---

# DRIBURG, BAD

Nordrhein-Westfalen – 18 340 Ew. – Höhe 220 m – Regionalatlas **28**-G10
▶ Berlin 390 km – Düsseldorf 190 km – Hannover 108 km – Kassel 86 km
Michelin Straßenkarte 543

## ‖◯ Caspar's

KREATIV · KLASSISCHES AMBIENTE XX In eleganter Atmosphäre (raumhohe Bücherregale, klassisches Mobiliar, farblich abgestimmte Stoffe...) wird kreativinternationale Küche serviert, à la carte oder als Menü. Im Sommer genießt man auf der Terrasse eine herrliche Blumenpracht.

Menü 40/85 € – Karte 34/62 €

*Hotel Gräflicher Park, Brunnenallee 1* ✉ *33014 –* ☏ *05253 952320 – www.graeflicher-park.de – nur Abendessen – geschl. Sonntag - Montag*

## ‖◯ Pferdestall

TRADITIONELLE KÜCHE · LÄNDLICH X Sehr ansprechend sind die ehemaligen Stallungen von 1860 mit ihren dekorativen alten Tränken und Sätteln sowie der schönen hellen Gewölbedecke. Aus der offenen Küche kommt z. B. "gesottener Tafelspitz mit Meerrettich". Terrasse zum Park.

Menü 26 € – Karte 22/44 €

*Hotel Gräflicher Park, Brunnenallee 1* ✉ *33014 –* ☏ *05253 95230 – www.graeflicher-park.de*

## 🏨 Gräflicher Park  🕭 🔄 🛒 🔲 🌐 🔥 🌡 💈 💺 💈 🅿

**HISTORISCH · KLASSISCH** Familie Graf von Oeynhausen-Sierstorpff hat hier ein tolles weitläufiges, von altem Baumbestand und hübschen Beeten geprägtes Anwesen a. d. 18. Jh. samt Kurhaus und Wildgehege. Wohnliche, individuelle Zimmer, Spa auf 1500 qm (u. a. ganzjährig beheizter 25-m-Außenpool) sowie gute Veranstaltungsmöglichkeiten.

135 Zim ⌑ – 🛏124/174 € 🛏🛏169/219 € – ½ P

*Brunnenallee 1 ⊠ 33014 – ℰ 05253 95230 – www.graeflicher-park.de*

🍴 **Caspar's** · 🍴 **Pferdestall** – siehe Restaurantauswahl

# DÜRKHEIM, BAD
Rheinland-Pfalz – 18 390 Ew. – Höhe 132 m – Regionalatlas **47**-E16

▶ Berlin 639 km – Mainz 82 km – Mannheim 25 km – Kaiserslautern 33 km

Michelin Straßenkarte 543

## 🍴 Weinstube Bach-Mayer  🕭

**REGIONAL · WEINSTUBE** ⅹ Charme und Gemütlichkeit versprüht das ehemalige fürstliche Jagdhaus. Da lässt man sich gerne regional-internationale Speisen wie "knuspriges Saiblingsfilet an Gurken-Kresse-Risotto" servieren - fast schon ein Muss sind auch die Desserts!

Menü 39/43 € – Karte 22/43 €

*Gerberstr. 13 ⊠ 67098 – ℰ 06322 92120 – www.bach-mayer.de – Montag - Freitag nur Abendessen – geschl. Februar 2 Wochen, September 3 Wochen und Dienstag - Mittwoch*

## 🏨 Kurpark-Hotel  🌐 🔄 🔲 🌐 🌐 🔥 💈 💈 🚗

**SPA UND WELLNESS · MODERN** Das geschichtsträchtige ehemalige Kurhaus geht mit der Zeit: topmoderner Spa, wohnliche Zimmer in warmen Farben und ein Restaurant mit internationaler Küche und toller Terrasse zum Kurpark. Lust auf Roulette oder Black Jack? Das Kasino liegt direkt nebenan, der Eintritt ist für Hotelgäste gratis.

113 Zim ⌑ – 🛏145/187 € 🛏🛏188/225 € – ½ P

*Schloßplatz 1 ⊠ 67098 – ℰ 06322 7970 – www.kurpark-hotel.de*

## 🏠 An den Salinen  💈 🅿

**FAMILIÄR · MODERN** Äußerlich eher unscheinbar, zeigt das Hotel seine wahre Größe im Inneren: Hier wird man engagiert und herzlich betreut, alles ist top in Schuss. Wohnlich die Zimmer (Standard, Comfort oder Business), das Frühstücksbuffet klein, aber frisch.

16 Zim ⌑ – 🛏60/78 € 🛏🛏82/97 €

*Salinenstr. 40 ⊠ 67098 – ℰ 06322 94040 – www.hotel-an-den-salinen.de – geschl. 15. Dezember - 6. Januar*

## In Bad Dürkheim-Seebach Süd-West: 1,5 km

## 🍴 Käsbüro  🕭 🔄

**TRADITIONELLE KÜCHE · WEINSTUBE** ⅹ Ein reizendes Haus a. d. 11. Jh. Welche der drei behaglichen Stuben gefällt Ihnen am besten? Oder möchten Sie im hübschen berankten Innenhof speisen? Die frische bürgerlich-regionale Küche ist überall gleich, und dazu gibt's lokale Weine.

Menü 35/45 € – Karte 25/49 €

*Dorfplatz 1 ⊠ 67098 – ℰ 06322 680963 – www.kaesbuero.de – nur Abendessen – geschl. August 2 Wochen und Dienstag*

## WIR MÖGEN BESONDERS...

Japanische Spitzenküche bei Yoshizumi **Nagaya**. Im **Le Flair** bei legerer Bistroatmosphäre gut und preislich fair essen. Lunch im lebendigen **Münstermanns Kontor**, sofern man einen der begehrten Plätze ergattert! Das **Hyatt Regency** am modernen Medienhafen für seine Sushibar und das Frühstück in der Club-Lounge mit toller Sicht. „Afternoon Tea" im eleganten **Breidenbacher Hof**.

# DÜSSELDORF

Nordrhein-Westfalen – 593 690 Ew. – Höhe 36 m – Regionalatlas **25**-B11
▶ Berlin 564 km – Köln 39 km – Essen 38 km – Amsterdam 236 km
Michelin Straßenkarte 543

Stadtpläne siehe nächste Seiten

## *Restaurants*

✿ **Tafelspitz 1876** (Daniel Dal-Ben)  🛆 🗚
**KREATIV · FREUNDLICH** XX Daniel Dal-Ben stellt ganz klar das Produkt in den Mittelpunkt. Er verwendet ausgezeichnete Zutaten, seine Gerichte sind kreativ, durchdacht und stimmig aufgebaut. Und damit nicht nur kulinarisch alles passt, kommt das kleine Restaurant in modernem Chic daher.
→ Frühlingsschnitte, Erbse, Blutwurst, Steckgemüse, junge Salatbriebe, Birne, Kümmel, Zimt. Salzwiesenlamm, Kräuterhaube, Rotweinjus, Maispüree, Puntarelle. Butterkekszopf, Dulcey Schokolade, Rote Bete Tapioka, Pistaziencrumble, Mango, Litschi.
Menü 78/155 €
**Stadtplan : H1-b** – *Grunerstr. 42a* ✉ *40239*
– ℰ *0211 1717361 (Tischbestellung ratsam)* – *www.tafelspitz1876.de*
– *nur Abendessen* – *geschl. Ende Dezember - Anfang Januar 1 Woche und Sonntag - Montag*

✿ **Berens am Kai**  🕸 🛆 ♺
**MODERNE KÜCHE · TRENDY** XX Holger Berens setzt auf Moderne, das gilt für das schöne Interieur ebenso wie für die Küche. Letztere ist intensiv, aromenreich, die Produkte sind von Top-Qualität. Sie mögen Wein? Man hat eine gut sortierte Karte mit über 300 Positionen.
→ Gratin von Langoustinen, dicke Bohnen, Spargel. Spanferkel, geschmorte Ananas, Quinoa, grüner Pfeffer. Karamell, Erbse, Minze.
Menü 95/149 € – Karte 86/123 €
**Stadtplan : F3-d** – *Kaistr. 16* ✉ *40221*
– ℰ *0211 3006750 (Tischbestellung ratsam)* – *www.berensamkai.de*
– *geschl. Anfang Januar 1 Woche und Samstagmittag, Sonntag sowie an Feiertagen*

## ❀ Nagaya 🕸 AC

**JAPANISCH · FREUNDLICH** ✕✕ Yoshizumi Nagaya ist ganz in seinem Element, wenn er die ihm bestens vertraute traditionelle japanische Küche mit klassischen Elementen verbindet, gelungen sein Spiel mit Aromen - mal elegant, mal kräftigwürzig. Schöne Auswahl an Weinen und Sake. Tipp: Mittagsmenü zu sehr gutem Preis-Leistungs-Verhältnis.

→ Sashimi Variation. Gebratener, in Miso marinierter schwarzer Kabeljau mit Saikyo-Misosauce. Filet vom Original Wagyu Rind aus Japan.

Menü 72 € (mittags)/169 € (abends) - Karte 65/215 €

*Stadtplan : K2-n - Klosterstr. 42 ✉ 40211 - ☏ 0211 8639636 (Tischbestellung ratsam) - www.nagaya.de - geschl. 24. Dezember - Anfang Januar, Ende Juli - Anfang August und Sonntag - Montag sowie an Feiertagen*

## ❀ Agata's

**MODERNE KÜCHE · TRENDY** ✕✕ Chefin und Namensgeberin Agata Reul ist gebürtige Polin, entsprechende Einflüsse sowie asiatische Elemente sind auf der ansprechenden Speisekarte zu erkennen. Oder steht Ihnen der Sinn eher nach irischem Dry Aged Beef? Auch der günstige Lunch kommt gut an!

→ Lauwarme bretonische Makrele, Bulot Schnecken, Poweraden, Kapern, Shiitake. Salzwiesenlammrücken, Bries, Zunge, Hijiki, Erbsen, Buttermilch, Zitronengras. Gariguette Erdbeeren, Holunderblütenessig, Nelken.

Menü 32 € (mittags)/112 € (abends)

*Stadtplan : G1-a - Münsterstr. 22 ✉ 40477 - ☏ 0211 20030616 (Tischbestellung ratsam) - www.agatas.de - geschl. Sonntag - Montag, außer an Messen*

## ❀ Nenio ❶ (Bastian Falkenroth) ✗

**KREATIV · TRENDY** ✕ Ganz schön trendig ist es hier: In einem bewusst dunkel gehaltenen Raum nimmt man an einer u-förmigen Holztheke auf gemütlichen Hockern Platz und schaut in die offene Küche, in der mit frischen, hochwertigen Produkten kreativ gekocht wird.

→ Räucherfisch, Brunnenkresse, Apfel. Rote Garnele, Pampelmuse, Chili. Blue Cheese, weiße Schokolade, Obst.

Menü 130 €

*Stadtplan : K2-a - Klosterstr. 34 ✉ 40211 - ☏ 0211 87586137 (Tischbestellung ratsam) - www.nenio-restaurant.de - nur Abendessen - geschl. Sonntag - Montag*

## ❀ Le Flair (Dany Cerf) 🏠

**FRANZÖSISCH · BISTRO** ✕ Sie mögen's gemütlich-französisch? Charmanter Bistrostil, Chansonmusik, Tafeln mit Tagesangeboten, dazu freundlicher, versierter Service... Und was auf den Teller kommt, ist klassisch, angenehm reduziert und finessenreich - eine Küche für Puristen ohne jegliches Chichi.

→ Black Angus Rindertatar, Radieschen. Wildfang Fisch, Pulpo, Wirsing, Sauce Bisque. Eingelegte Kirschen, Lakritz, Kirschsorbet, Schokoladencrumble.

Menü 65 € - Karte 49/64 €

*Stadtplan : G1-d - Marc-Chagall-Str. 108 ✉ 40477 - ☏ 0211 51455688 - www.restaurant-leflair.de - Mittwoch - Freitag nur Abendessen - geschl. August 2 Wochen und Montag - Dienstag*

## ❀ Bread & Roses ❶ (Volker Drkosch)

**MODERNE KÜCHE · HIP** ✕ Das neue Domizil von Volker Drkosch ist kein klassischer "Gourmet-Tempel", ganz im Gegenteil: eine lebendige, eng gestuhlte Gastro-Bar mit Atmosphäre. Gekocht wird modern, unkompliziert, finessenreich und mit Geschmack, und das zu einem top Preis-Leistungs-Verhältnis. Ein paar Außenplätze hat man auch.

→ Tatar von der argentinischen Rotgarnele mit Avocado, Goldhirse und Zitronensorbet. Secreto vom Glehner Landschwein mit Felsenoktopus, Borlottibohnen und Artischocken. Coupe Panaché mit marinierten Erdbeeren.

Menü 55/66 € - Karte 38/51 €

*Stadtplan : G2-b - Gerresheimer Str. 12 ✉ 40211 - ☏ 0176 80487779 - www.breadroses.de - nur Abendessen - geschl. geschl. 24. Dezember - 2. Januar, über Ostern 2 Wochen, Anfang August 2 Wochen und Sonntag, Mittwoch sowie an Feiertagen*

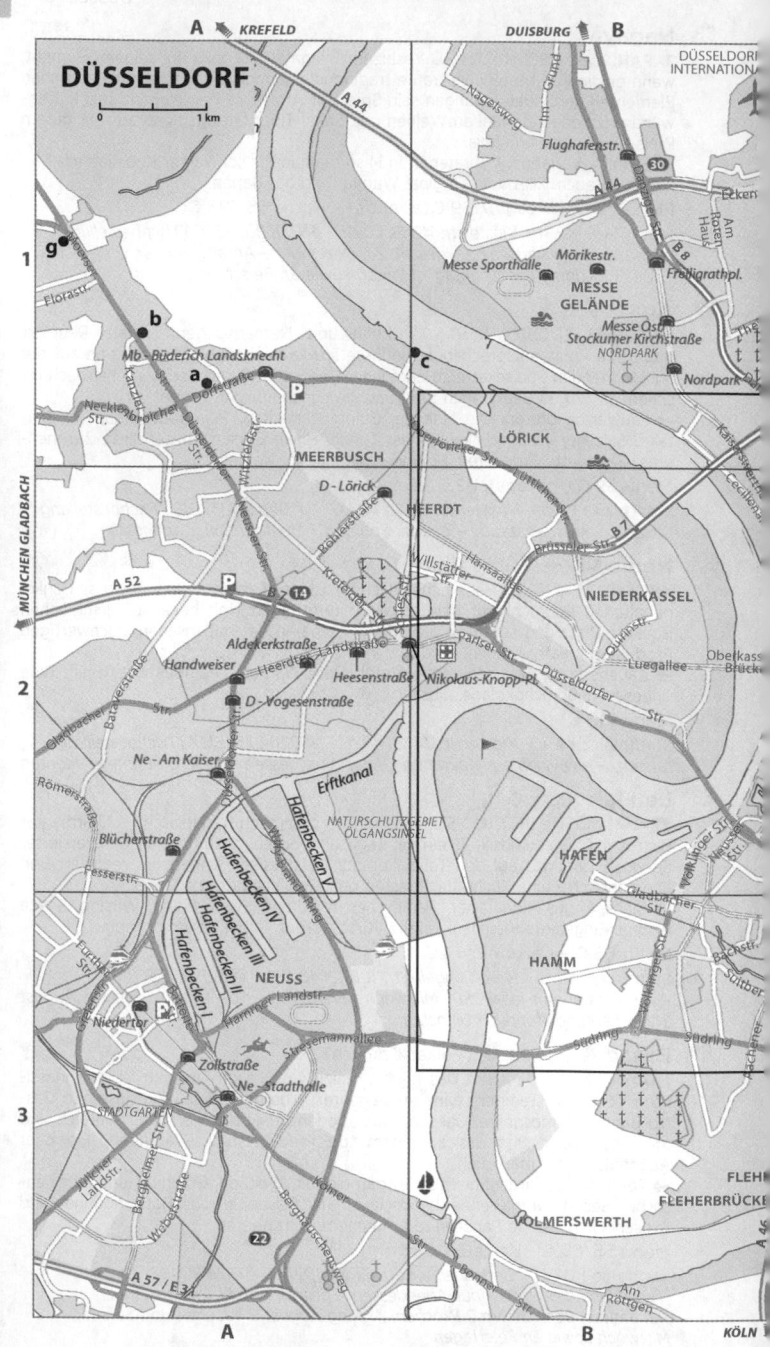

# DÜSSELDORF

0    1 km

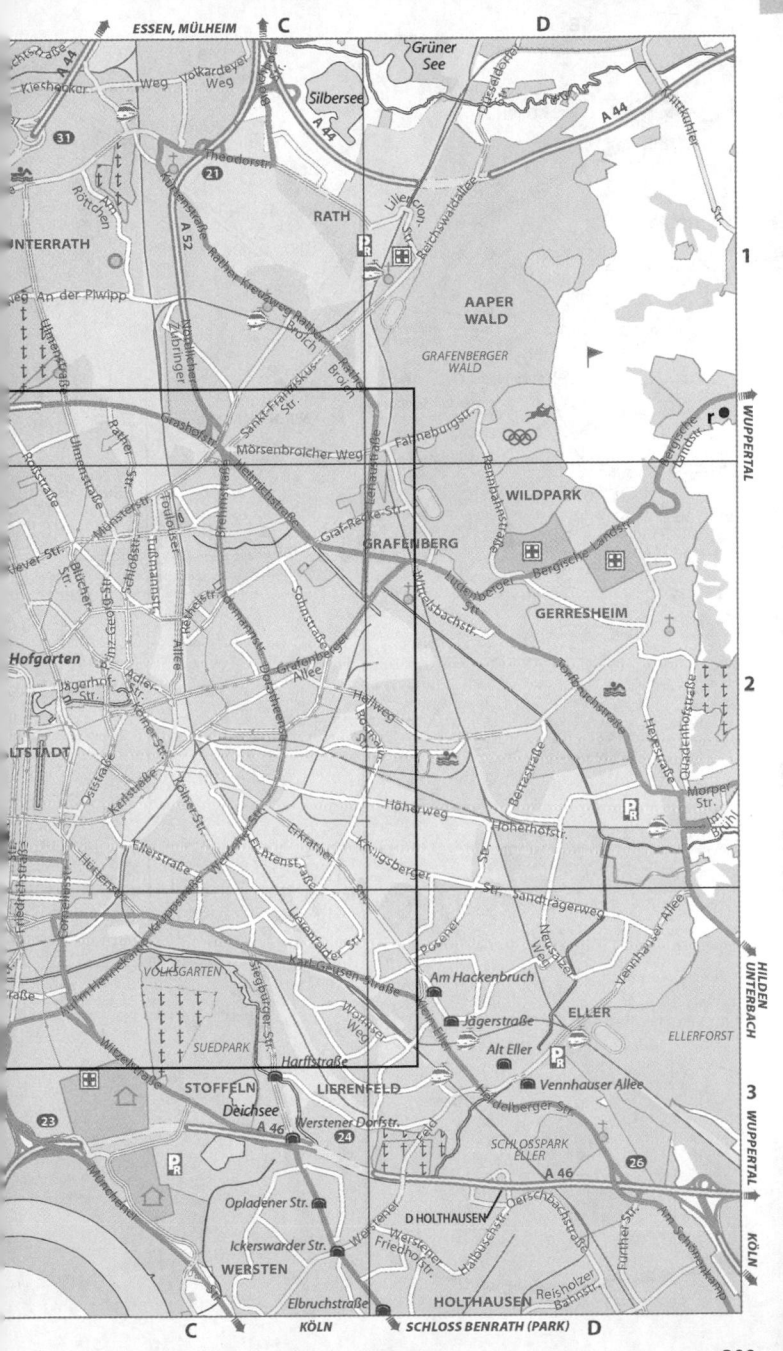

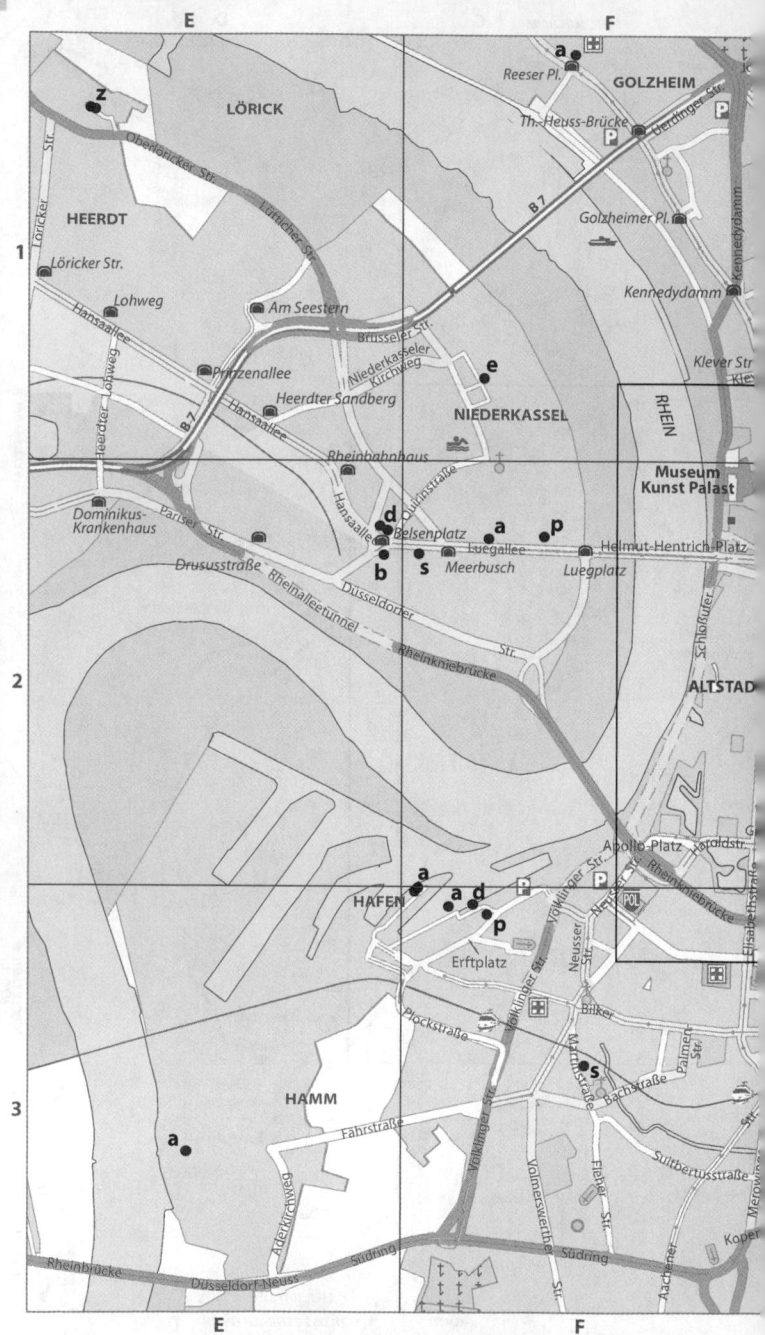

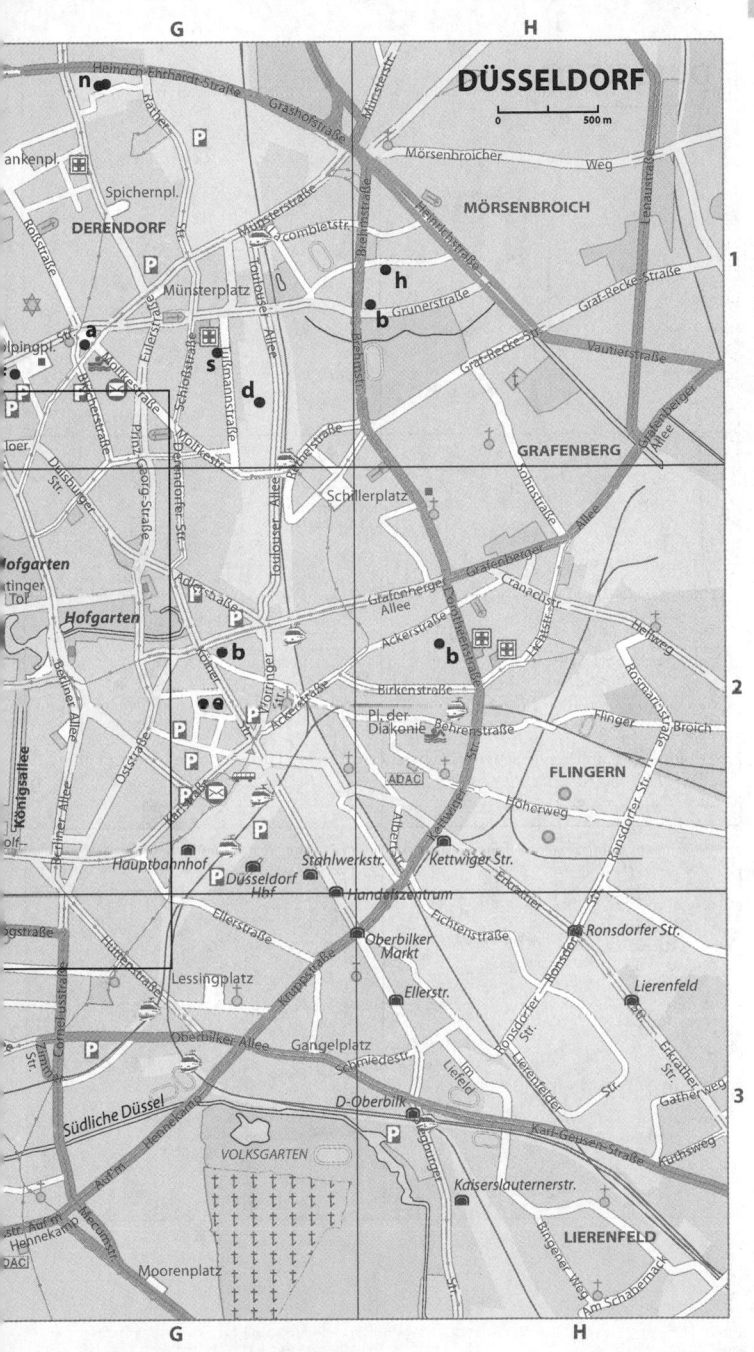

DÜSSELDORF

0    500 m

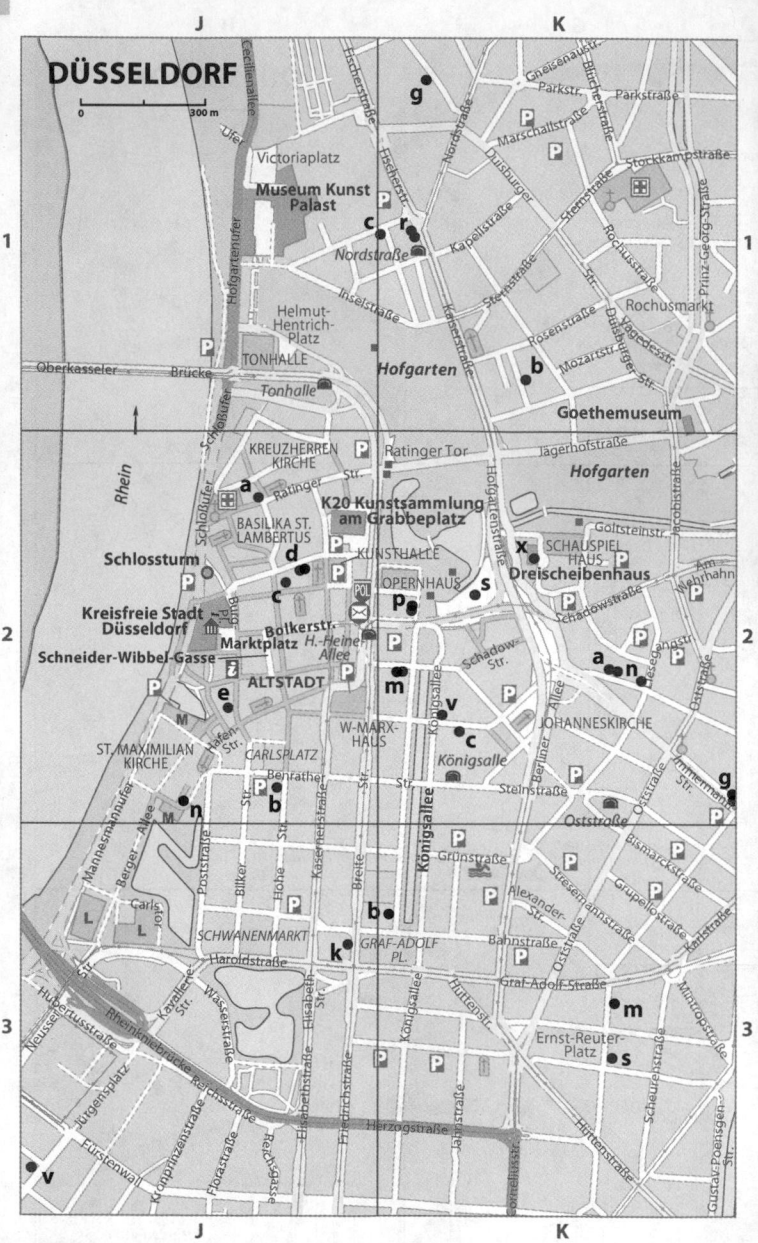

### ⊛ Brasserie Stadthaus  ⚐ 🅰️

FRANZÖSISCH-KLASSISCH · BRASSERIE XX Eine schöne Adresse im Herzen der Altstadt. Unter einer markanten hohen Kassettendecke - oder im hübschen Innenhof - speist man französisch: "Salade au chèvre chaud", "Coq au vin", "Fondant au chocolat"... Dazu Weine aus Frankreich.

Menü 25 € (mittags) – Karte 35/60 €

Stadtplan : J2-d – *Hotel De Medici, Mühlenstr. 31* ✉ *40213* – ☏ *0211 16092815 (Tischbestellung ratsam) – www.brasserie-stadthaus.de – geschl. Sonntag - Montagmittag sowie an Feiertagen*

### ⊛ Parlin  ⚐ 🚫

MARKTKÜCHE · BRASSERIE X Mitten in der Altstadt ist dieses nette, angenehm unkomplizierte und lebendige Restaurant zu finden - ein Hingucker ist die tolle Stuckdecke. Aus der Küche kommen frische, schmackhafte saisonale Gerichte sowie Klassiker - Appetit macht z. B. "provenzalische Landpastete, Apfelcreme, geröstete Zwiebeln".

Menü 43 € – Karte 30/81 €

Stadtplan : J2-a – *Altestadt 12* ✉ *40213* – ☏ *0211 87744595 (Tischbestellung ratsam) – www.parlin-weinbar.de – nur Abendessen – geschl. Montag*

### ⊛ Münstermanns Kontor

INTERNATIONAL · BRASSERIE X "Kartoffelsuppe mit Mettwürstchen, "Caesar Salad", "Currywurst mit buntem Salat", "Rheinischer Sauerbraten"... Bei Familie Münstermann gibt's in lebendiger Atmosphäre internationale Bistroküche samt Klassikern - lecker und preislich fair.

Karte 30/60 €

Stadtplan : J2-b – *Hohe Str. 11* ✉ *40213* – ☏ *0211 1300416 – www.muenstermann-delikatessen.de – geschl. Ende Dezember - Anfang Januar 1 Woche und Samstagabend - Montag sowie an Feiertagen*

### ⫶○ Bel Étage 🔟  ♿ 🅰️

KREATIV · ELEGANT XXX Das Highend-Restaurant der Phönix-Gastronomie liegt in der 1. Etage des nicht zu übersehenden Hochhauses im Herzen der Stadt. Geschmackvoll-elegant die Räume, versiert das Serviceteam, finessenreich, kreativ und mit persönlicher Note das bis zu 10 Gänge umfassende Menü. Sehr gute Weinempfehlungen.

Menü 145/189 €

Stadtplan : K2-x – *Dreischeibenhaus, (1. Etage)* ✉ *40211* – ☏ *0201 130206030 – www.phoenix-restaurant.de – nur Abendessen – geschl. Sonntag - Dienstag*

⫶○ **Phoenix** – siehe Restaurantauswahl

### ⫶○ Artiste  🅰️ 🚗

KLASSISCHE KÜCHE · LUXUS XXX Im Trubel der Kö finden Sie hier ein ruhiges Plätzchen im eleganten Wintergarten und genießen mit Blick auf den Hofgarten saisonal-klassische Küche - Appetit macht da z. B. "Wolfsbarsch, Spitzkohl, Kartoffel".

Menü 44 € – Karte 56/88 €

Stadtplan : K2-p – *Steigenberger Parkhotel, Königsallee 1a* ✉ *40212 – ☏ 0211 1381611 – www.duesseldorf.steigenberger.de – geschl. Montag*

### ⫶○ Brasserie 1806  ♿ 🅰️ 🎨 🔄 🚗

FRANZÖSISCH-KLASSISCH · BRASSERIE XXX Die Eleganz ergibt sich aus dem Interior im Louis-Seize-Stil, Kristalllüstern, feinsten Accessoires, einem Séparée für "privat dining"... Interessant sind die täglich wechselnden "Plat du Jour"-Gerichte, die man auch als Menü bekommt!

Menü 32 € (mittags)/92 € – Karte 43/92 €

Stadtplan : K2-m – *Hotel Breidenbacher Hof, Königsallee 11* ✉ *40212 – ☏ 0211 16090500 – www.breidenbacherhofcapella.com*

313

## ⫯○ Phoenix ⓝ     ⅋ 🅰🄲 ⇔

**INTERNATIONAL · DESIGN** ⅩⅩ Im EG der ehemaligen Telefonzentrale des berühmten Dreischeibenhauses wurde stilvoll Modernes mit Elementen der 60er Jahre kombiniert und so eine schöne Wohlfühlatmosphäre geschaffen. Aus der einsehbaren Küche kommt Saisonales wie "Lamm-Ossobuco, Salzzitrone, Dattel, Gemüselasagne".

Menü 45 € (mittags)/107 € – Karte 48/86 €

*Stadtplan : K2-x – Restaurant Bel Étage, Dreischeibenhaus ⊠ 40211*
*– ℰ 0201 130206030 (abends Tischbestellung ratsam)*
*– www.phoenix-restaurant.de – geschl. Samstagmittag, Sonntag*

## ⫯○ Weinhaus Tante Anna ⓝ     🕸

**REGIONAL · GEMÜTLICH** ⅩⅩ Seit 1820 wird die einstige Kapelle (16. Jh.) als Familienbetrieb geführt. Serviert werden gehobene regionale Speisen wie "geschmorte Hirschkeule, gegrillter Lauch, Walnuss, Steinchampignons". Das Ambiente: gemütliche Eleganz in charmant-historischem Rahmen. Herzlich und versiert der Service.

Menü 49/85 € – Karte 45/66 €

*Stadtplan : J2-c – Andreasstr. 2 ⊠ 40213 – ℰ 0211 131163 (Tischbestellung ratsam)*
*– www.tanteanna.de – nur Abendessen – geschl. über Weihnachten und Sonntag*
*- Montag sowie an Feiertagen, außer an Messen*

## ⫯○ Victorian     🕸 🅰🄲 ⇔

**KLASSISCHE KÜCHE · ELEGANT** ⅩⅩ Ganz schön stylish hat man es hier im EG des Hauses - hochwertige Materialien, elegante Farbwahl, alles sehr stimmig! Die Küche ist modern-klassisch ausgerichtet, dazu gibt es ein gutes Weinangebot.

Menü 59/99 € – Karte 47/100 €

*Stadtplan : K2-c – Königstr. 3a ⊠ 40212 – ℰ 0211 8655010 (Tischbestellung*
*ratsam) – www.restaurant-victorian.de*

## ⫯○ Rossini     🕸 🏡 🅰🄲 🚗

**ITALIENISCH · FAMILIÄR** ⅩⅩ Eine Institution in Sachen italienische Gastlichkeit in Düsseldorf. Stimmiges elegantes Interieur, aufmerksamer Service und ambitionierte klassische Küche. Aus zwei Menüs wählt man z. B. "Tagliolini / Gambas / Jakobsmuschel / Tomatensugo".

Menü 46/65 € – Karte 29/56 €

*Stadtplan : K1-r – Kaiserstr. 5 ⊠ 40479 – ℰ 0211 494994*
*– www.rossini-gruppe.de – nur Abendessen – geschl. Sonntag und an Feiertagen,*
*außer an Messen*

## ⫯○ La Terrazza     🅰🄲

**MEDITERRAN · FREUNDLICH** ⅩⅩ 52 Stufen (oder der Lift) bringen Sie in eine wahre Terrassen-Oase an der Kö! Die Chefin hat schön dekoriert, besonders zur Weihnachtszeit. Auf der Karte: "Safranrisotto mit gebratenen Garnelen", "Seeteufel mit Kartoffel-Lauch-Gemüse"...

Menü 50/87 € (abends) – Karte 51/76 €

*Stadtplan : K2-v – Königsallee 30, (2. Etage) ⊠ 40212 – ℰ 0211 327540*
*(Tischbestellung ratsam) – www.restaurantlaterrazza.de*

## ⫯○ PÉGA     ⅋ 🅰🄲 ⇔ 🚗

**INTERNATIONAL · TRENDY** ⅩⅩ Modernes Restaurant, angeschlossen an die lichte hohe Atriumhalle des "InterContinental". Die frische, schmackhafte internationale Küche gibt es z. B. als "Ochsenfilet dry-aged / Tartiflette / Bohnencassoulet / Sauce Béarnaise". Mittags sehr fair kalkulierter Lunch. Sonntagmittag: "Gabelfrühstück" (Brunch).

Menü 26 € (mittags unter der Woche) – Karte 43/64 €

*Stadtplan : K3-b – Hotel InterContinental, Königsallee 59 ⊠ 40215*
*– ℰ 0211 82851220 – www.duesseldorf.intercontinental.com*

## ꭍ○ DOX  ⟨ 🏠 ⟨ AC ⟲ 🚗

**INTERNATIONAL · TRENDY** ✗✗ Urban, puristisch, elegant - so präsentiert sich das lichte Restaurant. Serviert wird Internationales wie "Flankensteak vom US Prime Beef", aber auch Sushi. Mittags preislich faires Lunchangebot. Schön: "Pebble's Bar" samt toller Terrasse und Blick auf den Medienhafen.

Karte 41/88 €

Stadtplan : F2_3-a – *Hotel Hyatt Regency, Speditionstr.19* ✉ *40221* – ☏ *0211 91341775 – www.dox-restaurant.de*

## ꭍ○ Ven  🏠 AC 🚗

**MODERNE KÜCHE · TRENDY** ✗✗ Ein schöner lichter hoher Raum, geradlinig der Stil, Bistro-Atmosphäre, mittig die Bar. Die internationalen Speisen nennen sich z. B. "Sepia-Papardelle mit Riesengarnele und Passepierre". Mittags bietet man eine Lunchkarte.

Menü 38 € (mittags unter der Woche)/79 € – Karte 33/46 €

Stadtplan : G1-n – *Hotel Innside Derendorf, Derendorfer Allee 8* ✉ *40476* – ☏ *0211 175464040 – www.innside.com – geschl. Samstagmittag, Sonntag, außer an Messen*

## ꭍ○ Lido  🏊 ⟨ 🏠

**FRANZÖSISCH-KLASSISCH** ✗ In einem puristisch designten Glaskubus auf einer Brücke direkt über dem Hafenbecken bietet man produktbezogene klassisch-französische Küche. Terrasse auf dem Wasser!

Menü 72/94 € – Karte 57/75 €

Stadtplan : F3-a – *Am Handelshafen 15, im Mediahafen* ✉ *40221* – ☏ *0211 15768730 – www.lido1960.de – nur Abendessen – geschl. 1. - 9. Januar und Sonntag - Montag*

## ꭍ○ Fehrenbach  🏠

**MODERNE KÜCHE · BISTRO** ✗ Hohe Decken, Kristallleuchter, moderne Kunst... Charmant-elegant die Atmosphäre in dem kleinen Restaurant. Mit Engagement und Herzblut ist man hier bei der Sache, geradlinig und finessenreich die Menüs "Liebe", "Lust" und "Leidenschaft", aus denen man auch à la carte wählen kann.

Menü 53/71 € – Karte 50/58 €

Stadtplan : G1-f – *Schwerinstr. 40* ✉ *40477* – ☏ *0211 9894587 (Tischbestellung ratsam) – www.restaurant-fehrenbach.de – nur Abendessen – geschl. 24. Dezember - 10. Januar, 24. Juli - 15. August und Sonntag - Montag*

## ꭍ○ D'VINE  🏊 🏠

**INTERNATIONAL · TRENDY** ✗ Trendig das Ambiente, frisch, ambitioniert und international die Küche. Angenehm leger und gleichermaßen geschult serviert man z. B. "Garnelentempura, Hibiskus-Curry, wilder Brokkoli, Chili". Schöne Auswahl an offen ausgeschenkten Weinen. Mittags einfacheres und günstigeres Angebot.

Menü 49/69 € (abends) – Karte 36/70 €

Stadtplan : J3-v – *Lorettostr. 23* ✉ *40219* – ☏ *0211 54357428 (abends Tischbestellung ratsam) – www.d-vine.de – an Feiertagen nur Abendessen – geschl. Samstagmittag, Sonntag*

## ꭍ○ Spoerl Fabrik  🏠 🍽

**INTERNATIONAL · BRASSERIE** ✗ Ein eher einfaches und vielleicht gerade deshalb sympathisches Restaurant im ehemaligen Pförtnerhaus der Spoerl-Fabrik. Wie wär's mit "Perlhuhnbrust / Balsamico-Linsen / Kürbis" oder "Kokos-Limetten-Risotto / Pak Choi"? Kleine Mittagskarte.

Karte 45/52 €

Stadtplan : G1-s – *Tussmannstr. 70* ✉ *40477* – ☏ *0211 44037391* – *www.spoerl-fabrik.de – geschl. 1. - 16. Januar und Samstagmittag, Sonntagmittag, Montag*

## ⫮○ Sansibar by Breuninger

**INTERNATIONAL · BRASSERIE** ⅹ Sylt-Feeling an der Kö? In der 1. Etage des noblen Kaufhauses hat man einen schicken Ableger des Insel-Originals geschaffen. Speisen kann man ab 12 Uhr durchgehend, von der legendären Currywurst über "Jakobsmuschel mit Blattspinat und Sauce Choron" bis zu exklusiven Cuts vom U.S. Beef.

Karte 36/131 €

*Stadtplan : K2-s – Königsallee 2, (Kö-Bogen), in der 1. Etage des Kaufhaus Breuninger ⊠ 40212 – ☎ 0211 566414650 – www.sansibarbybreuninger.de – geschl. Sonntag sowie an Feiertagen*

## ⫮○ Patrick's Seafood N°1

**FISCH UND MEERESFRÜCHTE · TRENDY** ⅹ Im "Haus der Architekten" im Medienhafen finden Sie einen Klassiker der Stadt, wenn es ums Thema "Seafood" geht. In moderner Bistro-Atmosphäre serviert man französische Küche, unkompliziert und niveauvoll zugleich. Probieren Sie z. B. "Le Plateau de Fruits de Mer", Steinbutt, Rouget Barbet oder Rascasse.

Menü 35/69 € – Karte 53/89 €

*Stadtplan : F3-p – Kaistr. 17, (im Haus der Architekten) ⊠ 40221 – ☎ 0211 6179988 – www.seafood1.de – geschl. 31. Dezember - 9. Januar, über Karneval und Samstagmittag, Sonntag und an Feiertagen, ausser an Messen*

## ⫮○ U. Das Restaurant

**KREATIV · FREUNDLICH** ⅹ Die Atmosphäre hier ist angenehm unprätentiös, ebenso der freundliche und versierte Service. Da passt auch das unkomplizierte Küchenkonzept wunderbar ins moderne Bild: Am Abend gibt es ein kreatives Menü, bei dem Sie selbst bestimmen, wie viele Gänge Sie wählen. Tagsüber hat das Café geöffnet.

Menü 69 € – Karte 39/45 €

*Stadtplan : K2-a – Klosterstr. 34 ⊠ 40213 – ☎ 0211 91336992 – www.u-dasrestaurant.de – nur Abendessen – geschl. Sonntag - Montag*

## ⫮○ Benkay

**JAPANISCH · GERADLINIG** ⅹ Das Ambiente ist modern-japanisch, das Angebot vielfältig: Man serviert Sushi, abends zudem Teppanyaki und Kaiseki-Menüs. Sie mögen es privater? Dann wählen Sie einen der separaten Tatami-Räume.

Menü 38/155 € – Karte 37/82 €

*Stadtplan : K2-g – Hotel Nikko, Immermannstr. 41 ⊠ 40210 – ☎ 0211 8340 – www.nikko-hotel.de – geschl. Sonntag*

## ⫮○ Positano

**ITALIENISCH · FAMILIÄR** ⅹ Benannt nach einem kleinen Dorf an der Amalfiküste, bietet die sympathisch-familiäre Trattoria frische mediterrane Küche. Liebhaber von Fisch und Meeresfrüchten freuen sich über "Calamari alla romana" oder "Wolfsbarschfilet mit Kräutern und Kirschtomaten". Beliebter Mittagstisch.

Karte 36/49 €

*Stadtplan : JK1-c – Freiligrathstr. 36 ⊠ 40479 – ☎ 0211 4982803 – www.trattoria-positano.de – geschl. Montag, außer an Messen*

## ⫮○ La Piazzetta

**ITALIENISCH · BRASSERIE** ⅹ Nicht nur die zahlreichen Stammgäste schätzen die italienischen Klassiker in diesem netten mediterran-legeren Restaurant: Vitello tonnato, Bruschetta, hausgemachte Pasta... Oder lieber Pizza? Für Veranstaltungen: die "Biblioteca Culinaria".

Karte 34/62 €

*Stadtplan : K1-r – Kaiserstr. 5 ⊠ 40479 – ☎ 0211 494656 – www.rossini-gruppe.de – geschl. Sonntag, außer an Messen*

## ۩O EssBar ⌂ 🚫

**INTERNATIONAL · BISTRO** ✗ Vollkommen unprätentiös, angenehm leger und dennoch engagiert wird man in dem netten Bistro umsorgt. An Hochtischen serviert man frische internationale Speisen wie "Thunfisch in der Frühlingsrolle auf Sprossensalat" oder "Onglet vom Rind, Jus, Schwarzwurzeln, Rotweinschalotten". Karte 29/41 €

**Stadtplan : K3-s** – *Pionierstr. 24* ✉ 40215 – ☎ 0211 1579305 – www.hm-essbar.de – *geschl. Ende Dezember - Anfang Januar 2 Wochen, über Ostern 1 Woche und Samstagmittag, Sonntag*

# *Hotels*

## 🏨 Breidenbacher Hof  🗽 ⌂ ⬗ ⬗ ⬗ ⬗ ⬗ ⬗

**GROSSER LUXUS · ELEGANT** Service und Privatsphäre stehen hier klar im Vordergrund: von der schicken Capella Bar und der exklusiven Cigar Lounge über den Afternoon Tea bei Pianomusik und den Personal Assistant bis hin zu verschiedenen Frühstücksformen. Attraktiv auch der Pool- und Saunabereich.

85 Zim – ♦295/1000 € ♦♦295/1000 € – 21 Suiten – ⬗ 42 € – ½ P

**Stadtplan : K2-m** – *Königsallee 11* ✉ 40212 – ☎ 0211 160900 – www.breidenbacherhofcapella.com

۩O **Brasserie 1806** – siehe Restaurantauswahl

## 🏨 Hyatt Regency  ⬗ ⬗ ⬗ ⬗ ⬗ ⬗ ⬗ ⬗ ⬗

**BUSINESS · MODERN** Zeitgemäß-elegant designtes Hotel am Medienhafen, an der Spitze einer Landzunge. Suchen Sie sich ein Plätzchen mit Aussicht: die Club-Lounge on top (bei gutem Wetter schauen Sie bis zum Kölner Dom) oder eines der großen "Deluxe-Ausblick-Zimmer"! Der Clou: Beim Betreten des Zimmers steht man im Bad!

290 Zim – ♦180 € ♦♦205 € – 13 Suiten – ⬗ 32 €

**Stadtplan : F2_3-a** – *Speditionstr.19* ✉ 40221 – ☎ 0211 91341234 – www.duesseldorf.regency.hyatt.com

۩O **DOX** – siehe Restaurantauswahl

## 🏨 InterContinental  ⬗ ⬗ ⬗ ⬗ ⬗

**KETTENHOTEL · MODERN** Kunst und Künstler rund um Düsseldorf stehen im Fokus des luxuriösen Businesshotels, gleich beim Empfang beeindruckt eine 40 m hohe Atriumhalle. Besonderes Gäste-Highlight ist die Club-Lounge in der 2. Etage, aber auch der direkte Zugang zum Holmes Place Health Club!

253 Zim – ♦259/659 € ♦♦259/659 € – 34 Suiten – ⬗ 31 €

**Stadtplan : K3-b** – *Königsallee 59* ✉ 40215 – ☎ 0211 82850 – www.duesseldorf.intercontinental.com

۩O **PÉGA** – siehe Restaurantauswahl

## 🏨 Steigenberger Parkhotel  ⬗ ⬗ ⬗ ⬗ ⬗ ⬗ ⬗

**LUXUS · KLASSISCH** Man spürt es bereits in der Lobby: Die "Grande Dame" der Düsseldorfer Hotellerie ist ein Klassiker mit stilvoll-moderner Note, überaus komfortabel die schönen Zimmer. Eines der beiden Restaurants ist das "Steigenberger Eck", das mit 40 Sorten Champagner beeindruckt! Tipp: die Terrasse zum Kö-Bogen.

122 Zim – ♦175/315 € ♦♦215/355 € – 8 Suiten – ⬗ 32 €

**Stadtplan : K2-p** – *Königsallee 1a* ✉ 40212 – ☎ 0211 13810 – www.duesseldorf.steigenberger.de

۩O **Artiste** – siehe Restaurantauswahl

## 🏨 De Medici  ⬗ ⬗ ⬗ ⬗ ⬗ ⬗ ⬗

**LUXUS · ELEGANT** Das neue Flaggschiff der Derag-Hotels ist eine Art Kunsthotel mit historischen Schätzen und luxuriöser Ausstattung. Die Zimmer sind sehr unterschiedlich geschnitten und wohnlich-elegant, attraktiv der Wellnessbereich mit ägyptischem Flair, und die Halle erinnert an einen Palazzo in Florenz!

164 Zim – ♦208/798 € ♦♦228/818 € – 6 Suiten – ⬗ 26 €

**Stadtplan : J2-d** – *Mühlenstr. 31* ✉ 40213 – ☎ 0211 160920 – www.deraghotels.de

🅐 **Brasserie Stadthaus** – siehe Restaurantauswahl

### 🏨 Nikko

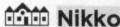

**BUSINESS · FUNKTIONELL** Das Hotel bietet eine ansprechende Lobby in klarem modernem Stil, funktionelle Zimmer (komfortabler die Executive- und Business-zimmer im Anbau) und im 11. Stock einen Pool mit Panoramablick (kostenpflichtiger Freizeitbereich).

381 Zim 🛏 – ♦95/155 € ♦♦125/185 € – 5 Suiten – ½ P

Stadtplan : K2-g – *Immermannstr. 41* ✉ *40210* – ☏ *0211 8340* – *www.nikko-hotel.de*

🍴 **Benkay** – siehe Restaurantauswahl

### 🏨 Innside Derendorf

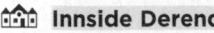

**BUSINESS · MODERN** Auf dem ehemaligen Rheinmetall-Gelände steht das Hotel in puristisch-modernem Style - hier besticht die wechselnde Lichtkunst! Geräumige Zimmer mit guter Technik, Juniorsuiten mit kleiner Kitchenette.

160 Zim – ♦130/535 € ♦♦160/565 € – 🛏 19 €

Stadtplan : G1-n – *Derendorfer Allee 8* ✉ *40476* – ☏ *0211 175460* – *www.innside.com*

🍴 **Ven** – siehe Restaurantauswahl

### 🏨 Indigo

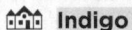 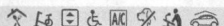

**BUSINESS · DESIGN** Geradlinig, modern, hell, von der Halle bis in die Zimmer. Mode spielt hier (passend zum Düsseldorfer Lifestyle) eine bedeutende Rolle - jede Etage ist einem Jahrzehnt gewidmet und farblich sowie mit dekorativen Bildern darauf abgestimmt.

124 Zim – ♦109/199 € ♦♦109/199 € – 2 Suiten – 🛏 19 €

Stadtplan : K1-g – *Kaiserswerther Str. 20* ✉ *40477* – ☏ *0211 49990* – *www.indigoduesseldorf.com*

### 🏨 Burns Art & Culture

**URBAN · MODERN** Recht ruhig die Lage in einer Seitenstraße, geschmackvoll-modern das Interieur - Kunst und Accessoires stammen übrigens aus Afrika! Die Zimmer haben alle Appartement-Charakter: geräumig und mit Küche.

17 Zim – ♦104/399 € ♦♦129/424 € – 15 Suiten – 🛏 15 €

Stadtplan : G2-e – *Stephanienstr. 6* ✉ *40211* – ☏ *0211 5504070* – *www.hotel-burns.de* – geschl. 22. Dezember - 8. Januar

### 🏨 Haus am Zoo

**FAMILIÄR · MODERN** Hier im attraktiven Zooviertel darf man sich auf herzliche Gastgeber freuen! Zudem sind die Zimmer tipptopp gepflegt, das Stadtbahnticket ist kostenlos und für Hausgäste bietet man auch eine kleine Speisekarte - im Sommer grillt der Chef sogar für Sie im schönen Garten!

22 Zim 🛏 – ♦84/95 € ♦♦104/128 €

Stadtplan : H1-h – *Sybelstr. 21* ✉ *40239* – ☏ *0211 6169610* – *www.hotel-haus-am-zoo.de*

### 🏨 Orangerie

**FAMILIÄR · MODERN** Das schöne Haus wird gern gebucht, kein Wunder: Es liegt in unmittelbarer Rheinnähe und ist trotz Altstadtlage fast schon eine Oase der Ruhe. Die Zimmer sind modern (nach Düsseldorfer Künstlern benannt), freundlich der Frühstücksraum.

27 Zim 🛏 – ♦110/130 € ♦♦130/160 €

Stadtplan : J2-n – *Bäckergasse 1* ✉ *40213* – ☏ *0211 866800* – *www.hotel-orangerie-mcs.de*

## In Düsseldorf-Flingern

### 🍴 Bistro Fatal 🆕

**FRANZÖSISCH · BISTRO** ✕ Dieses angenehm unprätentiöse Bistro von Alexandre und Sarah Bourgeuil nicht zu kennen, wäre "fatal", denn hier isst man nicht nur richtig gut, sondern auch zu einem hervorragend fairen Preis! Probieren Sie z. B. "offene Ravioli vom Bigorre-Schwein mit Kohlrabi-Ingwersalat" oder den tollen Kabeljau!

Karte 30/46 €

Stadtplan : H2-b – *Hermannstr. 29* ✉ *40233* – ☏ *0211 36183023* – *www.bistro-fatal.com* – nur Abendessen außer Donnerstag – geschl. Samstag - Sonntag

## In Düsseldorf-Golzheim

### ⊪○ **Rosati** ⓝ     🛋 ♿ 🅿

ITALIENISCH · DESIGN ✗ Hell, freundlich und chic-modern kommt das bekannte italienische Restaurant daher. In der offenen Küche wird frisch gekocht, so z. B. "hausgemachte Tortelloni gefüllt mit Steinpilzen auf Parmesancreme". Schön auch die große Terrasse.

Menü 45 € – Karte 34/80 €

Stadtplan : F1-a – *Felix-Klein-Str. 1* ✉ *40474 – ℰ 0211 4360503 – www.rosati.de*

## In Düsseldorf-Hamm

### ⊪○ **Zum Bruderhaus**     🛋

REGIONAL · BÜRGERLICH ✗ Man kocht hier bodenständig gut und die Preise stimmen auch! Einfache, frische regionale Gerichte sind hier z. B. "Reibekuchen und Salat", "Himmel un Äd", "Bruderhaus Senfrostbraten"... Zusätzliche Tageskarte mit Saisonalem.

Karte 23/42 €

Stadtplan : E3-a – *Fährstr. 237* ✉ *40221 – ℰ 0211 43636353*
*– www.zum-bruderhaus.de – nur Abendessen, sonntags auch Mittagessen*
*– geschl. Montag - Dienstag*

## In Düsseldorf-Kaiserswerth Nord: 9 km über B1, Richtung Duisburg

### ✿✿ **Im Schiffchen** (Jean-Claude Bourgueil)     🦋

FRANZÖSISCH-KLASSISCH · ELEGANT ✗✗✗ Ehrensache, dass bei Patron Jean-Claude Bourgueil nur Produkte von allererster Güte auf den elegant eingedeckten Tisch kommen. In dem wunderschönen Backsteinhaus wird seit 1977 klassisch-französische Kulinarik gepflegt - geradlinig, ausdrucksstark, mit Tiefgang.
➜ Gegrillter Kaisergranat in Yuzu Zitrone mariniert, Trüffelremoulade und Knoblauchchips. Filet vom Wagyu Rind mit Orangen-Nuta. Fondant und Schokoladensorbet, Kokosschaum und Minzsorbet.

Menü 128/174 € – Karte 104/155 €

*Kaiserswerther Markt 9, (1. Etage)* ✉ *40489 – ℰ 0211 401050 (Tischbestellung erforderlich) – www.im-schiffchen.com – nur Abendessen – geschl. Sonntag - Montag*

### ✿ **Enzo im Schiffchen** (Jean-Claude Bourgueil)     🦋

MEDITERRAN · RUSTIKAL ✗✗ Etwas lebendiger geht es in dem kleinen Bourgueil'schen Zweitrestaurant in Schiffsform zu. Hier ist die Küche mediterran - man würzt kräftiger, die Gerichte sind etwas rustikaler, ohne eine gewisse Feinheit vermissen zu lassen. Das Serviceteam ist eingespielt und freundlich.
➜ Marinierte Zahnbrasse mit Amalfi Zitronen, Fenchel und Tropea Zwiebeln. Braisiertes Wagyu-Rind in Aglianicosauce, Selleriecreme und Gemüse. Nougatmousse mit Haselnüssen und Schokoladensauce.

Menü 85 € – Karte 65/78 €

*Kaiserswerther Markt 9* ✉ *40489 – ℰ 0211 401050 (Tischbestellung erforderlich)*
*– www.im-schiffchen.com – nur Abendessen – geschl. Sonntag - Montag*

### 🏨 **MutterHaus**     ↕ ⌀ ♨ 🅿

TRADITIONELL · GERADLINIG Wunderbar anzuschauen der historische Backsteinbau (1903 als Mutterhaus der Kaiserswerther Diakonie eingeweiht), drum herum das weitläufige Anwesen! Innen schöne alte Fliesen- und Holzböden, teilweise auch Türen von einst und Originalmöbel!

55 Zim ⌑ – ♦72/350 € ♦♦93/390 €

*Geschwister-Aufricht-Str. 1* ✉ *40489 – ℰ 0211 617270 – www.hotel-mutterhaus.de*
*– geschl. 22. Dezember - 4. Januar, 13.- 18. April*

# In Düsseldorf-Lörick

### 🏵 Nöthel's Restaurant

**FRANZÖSISCH-KLASSISCH · TRENDY** X Das Konzept kommt an: modern-legere Bistro-Atmosphäre und sehr gute, schmackhafte Küche samt günstigem Mittags-menü. Auf der Karte liest man z. B. "geschmorte Hasenkeule mit Rosenkohl und Schupfnudeln" oder "gebratener Loup de Mer, Café de Paris, Blattspinat, Butter-nudeln".

Menü 23 € (mittags)/82 € – Karte 32/72 €

**Stadtplan : E1-z** – *Hotel Fischerhaus, Bonifatiusstr. 35* ✉ *40547* – ✆ *0211 594402 (Tischbestellung ratsam)* – *www.noethels.de* – *geschl. Juli - August 3 Wochen und Samstagmittag, Sonntag - Montag*

### 🏠 Fischerhaus

**FAMILIÄR · MODERN** In einer ruhigen Wohngegend am Rhein hat Peter Nöthel sein gepflegtes Hotel mit behaglichen, zeitgemäßen Zimmern. Es gibt hier auch eine hübsche Lounge in geradlinigem Stil, in der man kleine Gerichte serviert.

40 Zim – ♦79/99 € ♦♦99/119 € – 立12 €

**Stadtplan : E1-z** – *Bonifatiusstr. 35* ✉ *40547* – ✆ *0211 594402* – *www.noethels.de* – *geschl. Juli - August 3 Wochen*

🏵 **Nöthel's Restaurant** – siehe Restaurantauswahl

# In Düsseldorf-Ludenberg

### ⅱ○ Reinhardt's

**REGIONAL · FREUNDLICH** XX Das könnte kaum schöner zusammenpassen: ein gemütlich-ländliches Restaurant inmitten eines Gestüts! Gekocht wird regional und international, von "Eismeer-Kabeljau mit Champagner-Rahmkraut" bis "ge-schmorte Ochsenbacke mit Kartoffel-Selleriepüree". Tipp: am Wochenende nach-mittags Kaffee und Kuchen.

Menü 20 € (mittags unter der Woche)/75 € – Karte 35/89 €

**Stadtplan : D1-r** – *Am Gartenkamp 20, (im Gut Moschenhof)* ✉ *40629* – ✆ *0211 30337747* – *www.reinhardts-restaurant.de* – *geschl. Montag - Dienstag*

# In Düsseldorf-Niederkassel

### ⅱ○ Osteria Saitta am Nussbaum

**ITALIENISCH · GEMÜTLICH** X Gemütlich ist es in dem kleinen gelben Häuschen in fast schon dörflicher Lage. Es gibt frische authentisch italienische Küche - wie wär's mit "Spaghetti alle vongole" oder "Kalbspaillard mit Trüffel"? Preislich faires Mittagsmenü.

Menü 40/75 € – Karte 39/66 €

**Stadtplan : F1-e** – *Alt Niederkassel 32* ✉ *40547* – ✆ *0211 574934 (Tischbestellung ratsam)* – *www.saitta.de* – *geschl. über Weihnachten, 26. Juli - 7. August und Samstagmittag, Sonntag*

# In Düsseldorf-Oberkassel

### 🏵 Dorfstube

**TRADITIONELLE KÜCHE · RUSTIKAL** X Rustikales Holz, Kachelöfen, Herrgottswin-kel, dekorative Küchenutensilien... Richtig schwarzwaldtypisch! Kein Wunder, es ist ja auch die Bareiss'sche Dorfstube aus Baiersbronn, die Chef Christian Bareiss mit nach Düsseldorf genommen hat! Und das Essen? Badisch natürlich, von Fläd-lesuppe bis Rahmschnitzele.

Karte 29/61 €

**Stadtplan : E2-d** – *Lanker Str. 2, (Ecke Belsenplatz)* ✉ *40545* – ✆ *0211 17152540 (Tischbestellung ratsam)* – *www.dorfstube.de* – *geschl. Montag*

## ⁛○ Saittavini 🦂 🍴 ♿

**ITALIENISCH · FREUNDLICH** XX Ein Klassiker unter den italienischen Restaurants in Düsseldorf, immer auf der Suche nach neuen Produkten und Weinen. Besonders zu empfehlen: das Filet vom Piemonteser Rind! Zwischen Weinregalen, Theke und Antipastibuffet stehen die Tische dicht an dicht, über Ihnen toller Stuck.

Karte 55/89 €

**Stadtplan : F2-s** – *Luegallee 79* ✉ *40545* – *✆ 0211 57797918* – *www.saittavini.de*

## ⁛○ Prinzinger by SAITTAVINI ⓝ 🍴

**ITALIENISCH · ELEGANT** XX Mögen Sie es modern-elegant oder lieber etwas legerer? Ehrliche italienische Küche mit Klassikern wie "Vitello Tonnato" oder "Kalbsleber mit Butter, Salbei und Basilikum-Kartoffelpüree" bekommen Sie sowohl im Restaurant als auch im Bistrobereich - hier gibt es mittags zusätzlich günstigen Lunch.

Karte 39/63 €

**Stadtplan : F2-p** – *Leostr. 1a* ✉ *40545* – *✆ 0211 50670801*
– *www.prinzinger-saittavini.de* – *geschl. Sonntag*

## ⁛○ Stappen in Oberkassel

**REGIONAL · GEMÜTLICH** XX Hier steht frische regionale Küche im Mittelpunkt. In modern-gemütlichem Ambiente isst man z. B. "Senfrostbraten mit Wirsing und gebratenen Drillingen". Schön ungezwungen sitzt man übrigens an einigen Hochtischen gleich neben der Bar.

Menü 35/69 € – Karte 33/58 €

**Stadtplan : F2-a** – *Luegallee 50* ✉ *40545* – *✆ 0211 93077600 (Tischbestellung ratsam)* – *www.stappen-oberkassel.de*

## ⁛○ Andrejs Oyster Bar 🍴

**FRANZÖSISCH · BRASSERIE** X Schön authentisch diese Brasserie mit Oyster Bar! Gekocht wird angenehm unkompliziert und mit hervorragenden Produkten - geschmackvoll und nicht alltäglich. Probieren Sie z. B. "Homard à la Presse" oder "im Ganzen gegarten Drachenkopf".

Karte 44/75 €

**Stadtplan : E2-d** – *Luegallee 132* ✉ *40545* – *✆ 0211 93890078* – *www.andrejs.eu*
– *geschl. Sonntag - Montag*

## ⁛○ Piazza Saitta 🍴

**ITALIENISCH · BISTRO** X "Antipasto Mare e Monti", "Rindercarpaccio mit Birnen", "Risotto milanese" oder "Kalbsleber mit Salbei und Butter" - hier wird saisonal-italienisch gekocht, Klassiker inklusive - dazu Weine aus Italien. Das Ambiente gemütlich und lebendig. Leckeres für daheim gibt's nebenan im Feinkostladen.

Menü 35 € – Karte 39/66 €

**Stadtplan : F2-s** – *Barbarossaplatz 3* ✉ *40545* – *✆ 0211 1715191* – *www.saitta.de*
– *geschl. über Weihnachten und Sonntag*

## ⁛○ Brasserie Hülsmann ♿ 🍽

**TRADITIONELLE KÜCHE · BRASSERIE** X Lust auf frische, hausgemachte Küche in unkomplizierter und sympathisch-legerer Atmosphäre? Probieren Sie z. B. "Ochsenmaulsalat mit Bratkartoffeln", "Linsengemüse & Lyoner" oder "Kotelett vom Duroc-Schwein mit Kreuzkümmel".

Karte 21/51 €

**Stadtplan : E2-b** – *Belsenplatz 1* ✉ *40545*
– *✆ 0211 86399330* – *www.brasserie-huelsmann.de*
– *geschl. 21. Dezember - 3. Januar, 14. - 22. April, 17. - 31. Juli und Sonntag*
– *Montag sowie an Feiertagen*

# DUGGENDORF

Bayern – 1 630 Ew. – Höhe 338 m – Regionalatlas **58**-M17

▶ Berlin 502 km – München 145 km – Regensburg 24 km – Landshut 99 km

Michelin Straßenkarte 546

## In Duggendorf-Wischenhofen Nord-West : 3,5 km, Richtung Kallmünz, dann links ab :

🍴○ **Gasthaus Hummel**

KLASSISCHE KÜCHE · GASTHOF ✕✕ Ruhige helle Töne, klare Linien, schöne Materialien - der schicke moderne Look des alteingessenen Gasthauses kommt an! Dazu gehobene Gerichte wie "Jakobsmuscheln mit Avocado" oder "Rinderfilet mit Trüffeljus". Im Saal serviert man Bürgerliches. Es gibt auch vier einfache Gästezimmer.

Menü 45/75 € – Karte 42/57 €

*Heitzenhofenerstr. 16 ⊠ 93182 – 𝒞 09473 324 – www.gasthaushummel.de – nur Abendessen – geschl. Ende Dezember - Anfang Januar 2 Wochen, August 1 Woche, Ende Oktober - Anfang November 1 Woche und Montag - Mittwoch*

# DUISBURG

Nordrhein-Westfalen – 486 820 Ew. – Höhe 33 m – Regionalatlas **25**-B11

▶ Berlin 547 km – Düsseldorf 33 km – Essen 20 km – Nijmegen 107 km

Michelin Straßenkarte 543

🍴○ **akazienhof**

FRANZÖSISCH · GEMÜTLICH ✕✕ In dem Restaurant etwas außerhalb des Zentrums wird ambitioniert und auf Basis hervorragender Produkte gekocht - probieren Sie z. B. "Dry Aged Filet vom irischen Rind, Ochsenmark, Schwarzwurzel, lila Spitzkohl". Sie möchten übernachten? Moderne Gästezimmer hat man ebenfalls.

Menü 30 € (mittags unter der Woche)/109 € – Karte 52/71 €    11 Zim – 🛏49/79 € 🛏🛏69/99 € – 🍽 9 €

*Hotel akazienhof, Düsseldorfer Str. 270 ⊠ 47053 – 𝒞 0203 660567 – www.akazienhof-duisburg.de – geschl. Juli - Mitte August und Samstagmittag, Sonntag*

## In Duisburg-Duissern Ost: 3 km

🍴○ **Villa Patrizia**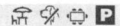

ITALIENISCH · ELEGANT ✕✕ In der schmucken Villa mit fast allwettertauglicher Terrasse wird man sehr persönlich umsorgt und speist authentisch italienisch: "Wildfang-Wolfsbarsch mit Scampi-Risotto", "sizilianisches Kaninchen mit Nüssen"... Davidoff Lounge im OG.

Menü 40 € (unter der Woche)/90 € – Karte 45/73 €

*Mülheimer Str. 213 ⊠ 47058 – 𝒞 0203 330480 – www.villa-patrizia-online.de – geschl. 11. - 19. Februar, 10. - 18. Oktober und Samstagmittag, Sonntag*

## In Duisburg-Ehingen Süd: 13 km, Richtung Düsseldorf

🍴○ **Im Eichwäldchen**

INTERNATIONAL · GEMÜTLICH ✕✕ In dem namengebenden kleinen Wäldchen findet man dieses gemütliche Restaurant mit internationaler Küche. Probieren Sie die Spezialität des Chefs: Gerichte aus dem Smoker.

Menü 25/55 € – Karte 25/56 €

*Im Eichwäldchen 15c ⊠ 47259 – 𝒞 0203 787346 – www.imeichwaeldchen.de – nur Abendessen – geschl. Montag - Dienstag*

## In Duisburg-Huckingen Süd: 10 km, Richtung Düsseldorf

🏨 **Landhaus Milser**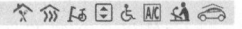

LANDHAUS · FUNKTIONELL Die Lage an einem kleinen See, wohnlich-elegante Zimmer mit mediterraner Note und der hübsche Saunabereich unterm Dach sind einladend, das finden auch zahlreiche Fußballvereine - so war während der WM 2006 die italienische Nationalmannschaft hier im Haus. Italienische Küche im Restaurant Da Vinci.

56 Zim 🛏 – 🛏49/145 € 🛏🛏69/155 € – 3 Suiten – ½ P

*Zur Sandmühle 2, an der B 8 ⊠ 47259 – 𝒞 0203 75800 – www.landhausmilser.de*

## In Duisburg-Neudorf

### 🍴 Bistro NT  ⇦ 🛋 AK ✗

**INTERNATIONAL · BISTRO** 🗡 Vom Klassiker bis zur internationalen Küche, von "Dreierlei Currywurst" bis zur "rosa gebratenen Entenbrust mit Himbeeren", im Restaurant des Hotels "Friederichs" bietet man einen gelungenen Mix in netter Bistro-Atmosphäre. Hübsch die mediterrane Terrasse.

Karte 33/59 €   38 Zim �^ – 🛉85/239 € 🛉🛉115/259 €

*Neudorfer Str. 33 ⊠ 47057 – 𝒞 0203 3186550 – www.bistro-nt.de – nur Abendessen – geschl. 23. Dezember - 8. Januar und Sonntag sowie an Feiertagen*

## DURBACH

Baden-Württemberg – 3 830 Ew. – Höhe 217 m – Regionalatlas **54**-E19

▶ Berlin 752 km – Stuttgart 148 km – Karlsruhe 80 km – Freudenstadt 51 km
Michelin Straßenkarte 545

### ✿ Wilder Ritter  🕷 & AK ✗ 🚗

**KREATIV · TRENDY** 🗡🗡 Sehr chic und das gastronomische Highlight des "Ritters"! Absolute Top-Produkte werden zu modernen, schön ausbalancierten Gerichten. Die Menüs: "von hier" und "von Welt" - man ist regional verwurzelt, schaut aber auch über den "Ortenauer Tellerrand" hinaus! Kompetent der Service, ebenso die Weinberatung.

→ Saibling pochiert, Apfel-Balsam, Akaziensamen, Birne. Dreierlei vom Weidekalb, Kartoffeln vom Kaiserstuhl, Steckrübe, Nougat. Käsekuchen "WR", Erdbeeren, Ziegenmilch, Rhabarber.

Menü 85/115 €

*Hotel Ritter, Tal 1 ⊠ 77770 – 𝒞 0781 93230 (Tischbestellung ratsam) – www.ritter-durbach.de – nur Abendessen – geschl. 25. Dezember - 23. Januar , August und Sonntag - Dienstag*

### 🍴○ Ritter Stube  🛋 & 🚗

**REGIONAL · GEMÜTLICH** 🗡🗡 Behaglicher geht's kaum: schönes altes Holz wohin man schaut, im Winter ein wärmender Kamin, und im Sommer sitzt man draußen sehr angenehm. Dazu Regionales wie "Badischer Sauerbraten mit Spätzle und Preiselbeeren". Kleinere Mittagskarte.

Menü 42/55 € – Karte 41/75 €

*Hotel Ritter, Tal 1 ⊠ 77770 – 𝒞 0781 93230 – www.ritter-durbach.de*

### 🍴○ Rebstock  ⇦ 🛋 ⇄ 🄿

**REGIONAL · LÄNDLICH** 🗡🗡 Man sitzt in behaglich-ländlichen Stuben, wird aufmerksam umsorgt und lässt sich regionale Gerichte wie Schneckensuppe, Hechtklöße oder Rehragout servieren. Im Sommer schaut man von der traumhaften Terrasse auf Park und Schwarzwald - ein Renner ist die große Auswahl an hausgemachten Torten und Kuchen!

Menü 33/68 € – Karte 31/57 €

*Hotel Rebstock, Halbgütle 30 ⊠ 77770 – 𝒞 0781 4820 (Tischbestellung ratsam) – www.rebstock-durbach.de – geschl. 9. - 30. Januar, 31. Juli - 6. August und Montag*

### 🏨 Ritter  ✣ 🝔 🖥 🕘 🐾 ℒ♭ 🗐 & AK 🗯 🚗

**TRADITIONELL · MODERN** Tradition wahren und trotzdem mit der Zeit gehen, das gelingt hier seit über 350 Jahren, z. B. in Form von schönen, modern und doch zeitlos designten Zimmern sowie Wellness auf 1200 qm samt Spa-Dachgeschoss mit Weinberg-Blick! Gastronomisch wird auch einiges geboten, im alten Gewölbe des "Ritter Kellers" z. B. Vesper oder Flammkuchen zum hauseigenen Bier.

80 Zim �^ – 🛉100/250 € 🛉🛉170/290 € – 7 Suiten – ½ P

*Tal 1 ⊠ 77770 – 𝒞 0781 93230 – www.ritter-durbach.de*

✿ **Wilder Ritter** · 🍴○ **Ritter Stube** – siehe Restaurantauswahl

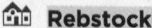

### Rebstock ⅏ 🛏 🐾 🔥 ⊡ 🏊 🅿

**LANDHAUS · INDIVIDUELL** Neben der wunderbaren Schwarzwaldlandschaft ringsum und der wertigen Einrichtung liegt es nicht zuletzt an der Herzlichkeit im Hause Baumann, dass man sich richtig wohlfühlt! Schön die individuellen Zimmer, im Gästehaus moderner Landhausstil mit Kachelofen. Gemütlich die Bibliothek, toll der Park mit Teich.

38 Zim ♙ – †86/125 € ††146/214 € – 6 Suiten – ½ P

*Halbgütle 30 ✉ 77770 – ℰ 0781 4820 – www.rebstock-durbach.de – geschl. 9.
- 30. Januar, 31. Juli - 06. August*

🕯🔾 **Rebstock** – siehe Restaurantauswahl

## EBERBACH am NECKAR

Baden-Württemberg – 14 470 Ew. – Höhe 134 m – Regionalatlas **48**-G16
▶ Berlin 611 km – Stuttgart 107 km – Mannheim 56 km – Heidelberg 33 km
Michelin Straßenkarte 545

### 🕯🔾 Kronenstübchen 🛋 ♻ 🅿

**KLASSISCHE KÜCHE · ELEGANT** XX Das elegante kleine Restaurant ist die etwas gehobenere Alternative zur rustikalen "Kutscherstube" im Haus. Gekocht wird klassisch-traditionell mit saisonal-regionalem Einfluss, so z. B. "Wildschweinragout mit Dörrobst" oder "Zanderfilet mit Kartoffelkruste". Terrasse mit Neckarblick!

Menü 32 € – Karte 29/65 €

*Hotel Krone-Post, Hauptstr. 1, (Zufahrt über Pfarrgasse) ✉ 69412
– ℰ 06271 806620 – www.hotel-krone-post.de – geschl. 1. - 15. Januar und
November - März: Freitag - Samstagmittag*

### 🏠 Krone-Post 🍴 🐾 ⊡ 🏊 🅿

**FAMILIÄR · GEMÜTLICH** In der Altstadt liegt dieser Familienbetrieb, nur durch die Straße vom Neckar getrennt. Die Zimmer sind recht unterschiedlich, vom Businesszimmer bis zur großen Suite. In der "Kutscherstube" wird Regionales aufgetischt. Originell: Drei Farben-Graffitis an den Wänden nehmen Bezug zur Geschichte des Lokals.

26 Zim ♙ – †82/99 € ††99/153 € – 1 Suite – ½ P

*Hauptstr. 1, (Zufahrt über Pfarrgasse) ✉ 69412 – ℰ 06271 806620
– www.hotel-krone-post.de – geschl. 1. - 15. Januar*

🕯🔾 **Kronenstübchen** – siehe Restaurantauswahl

## ECKELSHEIM

Rheinland-Pfalz – 440 Ew. – Höhe 140 m – Regionalatlas **47**-E15
▶ Berlin 620 km – Mainz 43 km – Saarbrücken 125 km – Darmstadt 77 km
Michelin Straßenkarte 543

### 🏵 Kulturhof 🛋 ♻ 🅿

**REGIONAL · RUSTIKAL** X Nach Jahren in der Spitzengastronomie hat Alex Greiner in dieser sorgsam sanierten historischen Hofreite seine berufliche Heimat gefunden. Charmant-rustikal ist es hier, aufgetischt wird Schmackhaftes wie "Rheinhessentapas" oder "Hirschrücken mit karamellisiertem Rotkraut". Schöner Innenhof.

Menü 36/40 € – Karte 30/47 €

*Kirchstr. 5 ✉ 55599 – ℰ 06703 301458 – www.kulturhof-eckelsheim.de – nur
Abendessen, sonntags auch Mittagessen – geschl. Montag - Dienstag, Januar
- Februar: Montag - Donnerstag*

## EDENKOBEN

Rheinland-Pfalz – 6 720 Ew. – Höhe 149 m – Regionalatlas **47**-E17
▶ Berlin 655 km – Mainz 101 km – Mannheim 40 km – Landau in der Pfalz 11 km
Michelin Straßenkarte 543

##  Luitpold

**BUSINESS · MODERN** Reizvoll die Lage in den Weinbergen beim ehemaligen Kloster und nahe der Villa Ludwigshöhe. Die Zimmer modern und geräumig, direkt angeschlossen das Mutterhotel "Prinzregent" - hier Check-in/-out, Frühstück, Freizeitbereich und Restaurant.

24 Zim – 💲90/115 € 💲💲160/220 € – 1 Suite

*Unter dem Kloster 1 ⊠ 67480 – ℰ 06323 95220 – www.luitpold-edenkoben.de*

## Prinzregent

**LANDHAUS · FUNKTIONELL** Hier wohnt man ruhig und schön etwas außerhalb in den Weinbergen, am Morgen ein gutes Frühstück, mittags und abends speist man im modernen Restaurant. Zusätzlich gibt es noch die rustikale Weinstube und die Schirmbar (im Sommer mit Terrassen-Feeling!). Gute Tagungsmöglichkeiten.

36 Zim – 💲65/95 € 💲💲120/170 € – ½ P

*Unter dem Kloster 1 ⊠ 67480 – ℰ 06323 9520 – www.prinzregent-edenkoben.de*

## Pfälzer Hof

**FAMILIÄR · MODERN** Sie haben die Wahl zwischen modernen Zimmern in gedeckten Erdtönen und Zimmern in ländlichem Stil. Tipp: die drei Giebelzimmer mit Blick aufs Hambacher Schloss und die Villa Ludwigshöhe! Der verglaste Innenhof trägt den vielversprechenden Namen "Garten Eden", im Winter mit Kamin. Pfälzer Küche.

30 Zim – 💲70/88 € 💲💲102/145 € – ½ P

*Weinstr. 85 ⊠ 67480 – ℰ 06323 938910 – www.pfaelzerhof-edenkoben.de
– geschl. Anfang Januar 1 Woche*

## In Rhodt unter Rietburg Süd-West: 2 km

## Wohlfühlhotel Alte Rebschule

**LANDHAUS · MODERN** Zum Wohlfühlen sind hier die ruhige Lage und der Blick auf das Rebenmeer (besonders schön von der Terrasse!), die sehr komfortablen Zimmer (chic z. B. die Barrique-Zimmer) und das Wellnessangebot. Dazu ein klassisches Restaurant mit wechselndem abendlichem Menü sowie das rustikale Gasthaus Sesel. Verwöhnpension inklusive!

34 Zim – 💲111/126 € 💲💲186/220 € – 3 Suiten – ½ P

*Theresienstr. 200 ⊠ 76835 – ℰ 06323 70440 – www.alte-rebschule.de*

## Rhodter Adler

**GASTHOF · MODERN** Einfach charmant der Mix aus Altem und Neuem, alles absolut liebenswert: die engagierten und herzlichen Gastgeber, die individuellen Zimmer, der tolle Innenhof! Nicht zu vergessen das ausgezeichnete Frühstück und die ambitionierte saisonale Küche nebst lokalen Weinen. Parken 400 m oberhalb.

12 Zim – 💲50/80 € 💲💲65/95 €

*Weinstr. 10 ⊠ 76835 – ℰ 06323 9492770 – www.rhodter-adler.de – geschl. Januar
- Februar*

## In Weyher Süd-West: 4 km über Rhodt

## Winzerstube Weyher

**MARKTKÜCHE · FREUNDLICH** X Schon die herrliche Terrasse ist einen Besuch wert, aber auch drinnen ist die ehemalige Winzergenossenschaft a. d. 17. Jh. wirklich schön - eine Symbiose aus historisch und modern! Gekocht wird Saisonales wie "Rehrücken im Brotmantel".

Menü 27/35 € (abends unter der Woche) - Karte 26/48 €

*Kirchgasse 19 ⊠ 76835 – ℰ 06323 987818 (Tischbestellung ratsam)
- www.volkerkrug.de – Montag - Samstag nur Abendessen – geschl. Dienstag
- Mittwoch*

## ⊪○ Zum Kronprinzen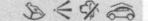

**MARKTKÜCHE · BÜRGERLICH** X "Alte Tradition, neu belebt" lautet das Motto des familiengeführten historischen Gasthofs. Die Zimmer frisch und freundlich, die Küche saisonal. Auf der Karte liest man z. B. "Meerwassergarnele, gegrillte Wassermelone, Joghurt, Couscous", aber auch Pfälzisches wie Saumagen & Co.

Menü 26 € – Karte 20/43 €    11 Zim ⌦ – ♦69 € ♦♦89 €

*Josef-Meyer-Str. 11* ⊠ *76835 –* ℰ *06323 7063 – www.kronprinz-weyher.de – geschl. Montag - Mittwochmittag, Donnerstagmittag*

**In Altdorf** Ost: 6 km über B 38 Richtung Speyer, jenseits der A 65

## ⌂ Gästehaus Vinetum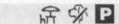

**FAMILIÄR · GEMÜTLICH** Ein tipptopp gepflegtes Haus mit privater Atmosphäre. Toskanisches Flair in den Zimmern - meist mit Balkon und schönem Blick zum Pfälzer Wald - und im Frühstücksraum mit Terrasse. Sehr nett: eine Flasche eigenen Wein zur Begrüßung!

7 Zim ⌦ – ♦55 € ♦♦85 €

*Raiffeisenstr. 4* ⊠ *67482 –* ℰ *06327 2907 – www.gaestehausvinetum.de – geschl. Mitte November - Mitte Februar*

# EDESHEIM

Rheinland-Pfalz – 2 290 Ew. – Höhe 151 m – Regionalatlas **47**-E17
▶ Berlin 657 km – Mainz 101 km – Mannheim 42 km – Kaiserslautern 48 km
Michelin Straßenkarte 543

## ⊪○ Gourmetrestaurant

**INTERNATIONAL · ELEGANT** XX Empire-Kronleuchter, Wandmalerei, klassisches Mobilar... Eine schöne Atmosphäre für internationale Speisen wie "In Burgunder geschmorte Ochsenbacke mit Kartoffelmousseline". Sonntags und montags reicht man nur eine einfachere Karte.

Menü 34/66 € – Karte 43/53 €

*Hotel Schloss Edesheim, Luitpoldstr. 9* ⊠ *67483 –* ℰ *06323 94240 – www.schloss-edesheim.de – geschl. 22. - 27. Dezember und Sonntag - Montag*

## ⌂⌂⌂ Schloss Edesheim

**HISTORISCH · KLASSISCH** Eine historische Adresse ist das herrschaftliche Anwesen in der Ortsmitte auf einem 5 ha großen Grundstück voller Weinreben. Individuelle, elegante Zimmer. Für Kulturfreunde: Schlossfestspiele im Freilichttheater.

31 Zim ⌦ – ♦89/126 € ♦♦142/175 € – 8 Suiten – ½ P

*Luitpoldstr. 9* ⊠ *67483 –* ℰ *06323 94240 – www.schloss-edesheim.de – geschl. 22. - 27. Dezember*

⊪○ **Gourmetrestaurant** – siehe Restaurantauswahl

## ⌂ Wein-Castell

**FAMILIÄR · TRADITIONELL** Der nette Winzerhof ist ein langjähriger Familienbetrieb und wirklich gut in Schuss. Die Gäste mögen die gepflegte ländlich-rustikale Atmosphäre im Haus. Wer nicht nur übernachten möchte, findet hier auch ein gemütliches Restaurant und einen charmanten Innenhof. Natürlich gibt's auch die eigenen Weine!

11 Zim ⌦ – ♦55/60 € ♦♦84/90 € – ½ P

*Staatsstr. 21, B 38* ⊠ *67483 –* ℰ *06323 938940 – www.wein-castell.de – geschl. Februar 1 Woche, Juli - August 1 Woche*

# EFRINGEN-KIRCHEN

Baden-Württemberg – 8 410 Ew. – Höhe 258 m – Regionalatlas **61**-D21
▶ Berlin 852 km – Stuttgart 254 km – Freiburg im Breisgau 59 km – Basel 15 km
Michelin Straßenkarte 545

### ⊛ Walsers ⇦ 🏠 ⅏ **P**

**REGIONAL · LÄNDLICH** ⅩⅩ Hier wird schmackhaft und regional gekocht, so z. B. "Spargelcremesuppe" oder "Kalbsgulasch mit Spätzle". Schön sitzt man z. B. im licht-modernen Wintergarten! Ebenso freundlich die Gästezimmer - auch im Neubau "Walsers Zweites".

Menü 36 € (vegetarisch)/55 € – Karte 35/63 €    22 Zim ⌷ – 🛏85/95 € 🛏🛏105/125 €

*Bahnhofstr. 34 ✉ 79588 – 𝒞 07628 8055244 – www.walsers-hotel.de – geschl. Mittwochmittag*

## Im Ortsteil Egringen Nord-Ost: 3 km, jenseits der B 3

### ⅰ○ Landgasthof Rebstock ⇦ 🏠 **P**

**REGIONAL · FAMILIÄR** ⅩⅩ Seit Generationen ist der nette badische Gasthof in Familienbesitz. Gekocht wird regional, teils international, und dazu gibt es Markgräfler Weine vom eigenen Weinberg. Die wohnlichen Gästezimmer laden zum Bleiben ein.

Menü 30 € (unter der Woche)/65 € – Karte 30/65 €    10 Zim ⌷ – 🛏68 € 🛏🛏98 € – 1 Suite

*Kanderner Str. 21 ✉ 79588 – 𝒞 07628 90370 – www.rebstock-egringen.de – geschl. Montag - Dienstag*

# EGGENSTEIN-LEOPOLDSHAFEN

Baden-Württemberg – 15 900 Ew. – Höhe 112 m – Regionalatlas **54**-F17
▶ Berlin 660 km – Stuttgart 97 km – Karlsruhe 12 km – Mannheim 63 km
Michelin Straßenkarte 545

## Im Ortsteil Eggenstein

### ⊛ Zum Goldenen Anker ⇦ 🏠 **P**

**REGIONAL · FREUNDLICH** Ⅹ In dem Gasthof a. d. 18. Jh. wohnt man nicht nur gut (Tipp: die neueren Zimmer), er ist auch als ländlich-modernes Restaurant gefragt. Frisch und schmackhaft z. B. "Schwäbischer Zwiebelrostbraten" oder "Filet vom Flusszander mit Mandel-Zitronenbutter und Blattspinat". Hauptgänge auch als kleine Portion.

Karte 29/57 €    35 Zim ⌷ – 🛏65/85 € 🛏🛏99/120 €

*Hauptstr. 20 ✉ 76344 – 𝒞 0721 706029 (abends Tischbestellung erforderlich) – www.hotel-anker-eggenstein.de – geschl. Januar 1 Woche und Samstag*

# EGLING

Bayern – 5 400 Ew. – Höhe 609 m – Regionalatlas **65**-L21
▶ Berlin 627 km – München 36 km – Garmisch-Partenkirchen 65 km – Bad Tölz 21 km
Michelin Straßenkarte 546

## In Egling-Neufahrn Süd-West: 2 km

### ⅰ○ Landhaus Vogelbauer 🏠 **P**

**INTERNATIONAL · GEMÜTLICH** ⅩⅩ In den ehemaligen Stallungen des einstigen Bauernhofs a. d. J. 1630 hat man ein bayerisch-charmantes Restaurant eingerichtet, in dem man internationale Küche aus guten Produkten serviert.

Menü 55 € (abends)/75 € – Karte 45/84 €

*Schanzenstr. 4 ✉ 82544 – 𝒞 08171 29063 (Tischbestellung ratsam) – www.vogelbauer.com – nur Abendessen, an Sonn- und Feiertagen auch Mittagessen – geschl. Ende Februar - Anfang März 2 Wochen und Montag*

### ⌂ Hanfstingl ⌁ 🕸 ⅏ **P**

**GASTHOF · MODERN** Ein reiner Familienbetrieb und ein sympathischer noch dazu! Der Landwirtschaftsbetrieb wurde zum Hotel umgebaut und bietet schöne wohnliche Zimmer zu fairen Preisen und eine nette Sauna (gegen Gebühr). Tipp: Kommen Sie auch mal zu Kaffee und Kuchen - den macht man hier selbst, ebenso Pralinen!

23 Zim ⌷ – 🛏59 € 🛏🛏89 € – 4 Suiten

*Kirchstr. 7 ✉ 82544 – 𝒞 08171 34670 – www.hotel-hanfstingl.de*

# EHINGEN

Baden-Württemberg – 24 790 Ew. – Höhe 515 m – Regionalatlas **63**-H20

▶ Berlin 644 km – Stuttgart 101 km – Konstanz 119 km – Ulm (Donau) 26 km

Michelin Straßenkarte 545

### 🏠 Adler  　　　　　　　　　　🐾 🛗 🖥 ♿ 😊 🏋 🚗

**GASTHOF · GEMÜTLICH** Mitten im Zentrum wohnen Sie in einem gut geführten Familienbetrieb. Fragen Sie nach den neueren modernen Zimmern! Und nicht nur die sind schön: Im Fitnessraum schaut man beim Trainieren direkt auf das Flüsschen Schmiech. Danach gibt's im Restaurant zur Stärkung regionale Küche mit internationalem Einfluss.

57 Zim ♋ – ♦59/99 € ♦♦85/130 € – ½ P

*Hauptstr. 116* ✉ *89584 –* ☎ *07391 500460 – www.adlerehingen.de*

### 🏠 BierKulturHotel Schwanen  　　　　🐾 🖥 ♿ 🎦 🏋 🚗

**HISTORISCHES GEBÄUDE · MODERN** Moderne trifft hier auf Tradition - gemeint sind ein Hotelneubau und der 1697 erstmals erwähnte Brauereigasthof nebenan. Bierkultur, Architektur und Design wurden überaus schlüssig miteinander verbunden! Schlafen Sie doch in einem "Bierkistenzimmer" und probieren Sie zur bürgerlichen Küche verschiedene Biere!

50 Zim ♋ – ♦75/120 € ♦♦80/150 € – ½ P

*Schwanengasse 18* ✉ *89584 –* ☎ *07391 770850 – www.bierkulturhotel.de*

# EHNINGEN

Baden-Württemberg – 8 020 Ew. – Höhe 444 m – Regionalatlas **55**-G19

▶ Berlin 655 km – Stuttgart 25 km – Freudenstadt 65 km – Karlsruhe 81 km

Michelin Straßenkarte 545

### ❀ Landhaus Feckl  　　　　　　　　🦞 ♿ 🍽 🚗

**FRANZÖSISCH-KLASSISCH · FREUNDLICH** 🕱🕱 Sind Sie ein Freund von Klassikern oder essen Sie lieber modern? Mit beidem (sowie mit Vegetarischem) trifft Patron Franz Feckl bei seinen zahlreichen Gästen ins Schwarze. Ebenso geschätzt: der umsichtige und geschulte Service samt herzlicher Chefin! Auf der Weinkarte u. a. einige Grand-Cru-Rotwein-Raritäten!

→ Beef Tatar mit Brokkoli und Kräutersalat. Taubenbrust im dünnen Brotmantel gebacken, Portweinjus, Morcheln und Pommes Dauphine. Topfen, Himbeere und Aprikose.

Menü 40 € (mittags)/98 € – Karte 64/83 €

*Hotel Landhaus Feckl, Keltenweg 1* ✉ *71139 –* ☎ *07034 23770 – www.landhausfeckl.de – geschl. Anfang Januar 1 Woche und Sonntag - Montag sowie an Feiertagen*

### 🏠 Landhaus Feckl  　　　　　　　　🖥 ♿ 😊 🏋 🚗

**LANDHAUS · GEMÜTLICH** Sehr freundlich wird das Haus mit den überaus wohnlichen Landhauszimmern von der Familie geleitet. Die Zimmer haben teilweise einen Balkon oder Zugang zur kleinen Dachterrasse - fragen Sie nach den großen Zimmern. Ausgezeichnetes Frühstück!

49 Zim – ♦109/134 € ♦♦119/154 € – ♋ 15 €

*Keltenweg 1* ✉ *71139 –* ☎ *07034 23770 – www.landhausfeckl.de – geschl. Anfang Januar 1 Woche*

❀ **Landhaus Feckl** - siehe Restaurantauswahl

## In Ehningen-Mauren Süd: 2 km

### 🏠 Landhotel Alte Mühle  　　　　　　　　🍴 🚗

**LANDHAUS · GEMÜTLICH** Schön familiär ist es hier und richtig romantisch: Fachwerk und altes Mühlrad versprühen Charme, der Garten ist die Relaxzone schlechthin, alter Baumbestand, Blick ins Grüne, Bachlauf - idyllisch! Individuell die Zimmer, am geräumigsten die "Suite Cream". Morgens ein hochwertiges, reichhaltiges Frühstück.

4 Zim ♋ – ♦117/147 € ♦♦117/147 €

*Mauren 2* ✉ *71139 –* ☎ *07034 2378910 – www.landhotel-alte-muehle.de*

# EIBELSTADT

Bayern – 2 810 Ew. – Höhe 180 m – Regionalatlas **49**-I16

▶ Berlin 500 km – München 275 km – Würzburg 11 km – Stuttgart 151 km

Michelin Straßenkarte 546

## ⊛ Gambero Rosso da Domenico

**ITALIENISCH · FREUNDLICH** ⅩEine sympathische Adresse ist das zum Lokal umgebaute ehemalige Schiff am kleinen Yachthafen - richtig schön die Terrasse zum Main! Auf den Tisch kommt Schmackhaftes aus Italien, so z. B. "Filetto Tonnato" oder "Caponata alla Siciliana". Und als Dessert vielleicht Tiramisù?

Menü 37/48 €

*Mühle 2 ⊠ 97246 – ℰ 09303 9843782 – www.gambero-rosso.eu – geschl. Montag - Dienstag, Donnerstagmittag, Freitagmittag*

## ⅡO Weinforum Franken

**INTERNATIONAL · GEMÜTLICH** Ⅹ Auch in dem gemütlich-modernen Restaurant spürt man den liebenswerten Altbau-Charakter des Hauses. In den frischen Speisen finden übrigens Kräuter und Obst aus dem eigenen Garten Verwendung!

Menü 40/60 € – Karte 23/46 €

*Altstadthotel Weinforum Franken, Hauptstr. 37 ⊠ 97246 – ℰ 09303 9845090 - www.weinforum-franken.de*

## ⌂ Altstadthotel Weinforum Franken

**GASTHOF · MODERN** Wer in dem sympathischen kleinen Hotel wohnt, hat die Altstadt direkt vor der Tür und die Weinberge in unmittelbarer Nähe. Die Zimmer sind geschmackvoll-modern, in einigen wurde der alte Dielenboden restauriert - das bringt Charme!

15 Zim ⊡ – ♦65/90 € ♦♦97/126 €

*Hauptstr. 37 ⊠ 97246 – ℰ 09303 9845090 – www.weinforum-franken.de*

ⅡO **Weinforum Franken** – siehe Restaurantauswahl

# EICHSTÄTT

Bayern – 13 160 Ew. – Höhe 391 m – Regionalatlas **57**-L18

▶ Berlin 501 km – München 107 km – Augsburg 73 km – Ingolstadt 27 km

Michelin Straßenkarte 546

## ⅡO Domherrnhof

**FRANZÖSISCH-KLASSISCH · ELEGANT** ⅩⅩ Schon ein Hingucker das sanierte bischöfliche Palais, elegant die hohen Räume im Rokokostil, toll die restaurierten Kachelöfen. Gekocht wird klassisch mit saisonalem Bezug. Wer's einfacher mag, isst in der rustikalen Schänke.

Menü 35/85 € – Karte 29/58 €

*Domplatz 5, (1. Etage) ⊠ 85072 – ℰ 08421 6126 – www.domherrnhof.de - geschl. Februar 3 Wochen und Montag*

## ⌂ Adler

**HISTORISCH · GERADLINIG** Das schön restaurierte Barockhaus ist ein persönlich geführtes Hotel mit Zimmern in warmen Erdtönen und geradlinig-modernem Stil. Hübsch auch der Frühstücksraum samt gutem Buffet. Im angrenzenden Restaurant gibt es Pizza und Pasta.

27 Zim ⊡ – ♦58/67 € ♦♦84/126 €

*Marktplatz 22 ⊠ 85072 – ℰ 08421 6767 – www.adler-eichstaett.de – geschl. Mitte Dezember - Mitte Januar*

## ⌂ Gästehaus Abtei St. Walburg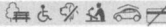

**HISTORISCH · FUNKTIONELL** Sie suchen Ruhe und eine gewisse Besinnlichkeit? Herzlich leiten die Benediktinerinnen die Klosteranlage a. d. 11. Jh. Die Zimmer sind schlicht, aber sehr gepflegt. Frühstück im historischen Kreuzgewölbe. Hübsch der Klostergarten.

19 Zim ⊡ – ♦42 € ♦♦72 €

*Walburgiberg 6 ⊠ 85072 – ℰ 08421 98870 – www.abtei-st-walburg.de – geschl. 22. Dezember - 2. Januar*

# EICHWALDE

Brandenburg – 6 360 Ew. – Höhe 35 m – Regionalatlas **23**-P8

▶ Berlin 31 km – Potsdam 65 km – Cottbus 115 km – Frankfurt (Oder) 79 km

Michelin Straßenkarte 542

## 😊 Carmens Restaurant 🏠 🍽 🚬

**REGIONAL · BISTRO** 🗶 Seit 1990 ist Carmen Krüger eine Art "Missionarin des guten Brandenburger Geschmacks". Sie kocht lecker und unkompliziert, da ist das kleine Restaurant immer wieder ausgebucht. Lust auf "Zander mit Kartoffel-Spargelsalat"? Oder Blutwurst?

Menü 35/55 € – Karte 35/50 €

*Bahnhofstr. 9 ✉ 15732 – 𝒞 030 6758423 (Tischbestellung ratsam)*
*– www.carmens-restaurant.de – Mittwoch - Freitag nur Abendessen – geschl.*
*Anfang Januar 1 Woche, Juli - August 3 Wochen und Sonntag - Dienstag*

# EIMELDINGEN

Baden-Württemberg – 2 430 Ew. – Höhe 266 m – Regionalatlas **61**-D21

▶ Berlin 857 km – Stuttgart 260 km – Freiburg im Breisgau 64 km – Basel 11 km

Michelin Straßenkarte 545

## 🍴○ Zum Löwen 🏠 🔄 🅿

**TRADITIONELLE KÜCHE · GASTHOF** 🗶 Wer in dem traditionsreichen Familienbetrieb einkehrt, sitzt in ländlichen Stuben oder in der schön begrünten Gartenwirtschaft bei regional-bürgerlicher Küche und freundlichem Service - wie man es sich für einen gestandenen Gasthof wünscht!

Menü 18/42 € – Karte 20/49 €

*Hauptstr. 23, B 3 ✉ 79591 – 𝒞 07621 62588 – www.loewen-eimeldingen.de*
*– geschl. Januar 1 Woche, Anfang Juli 2 Wochen und Sonntag - Montag*

# EINBECK

Niedersachsen – 31 600 Ew. – Höhe 112 m – Regionalatlas **29**-I10

▶ Berlin 326 km – Hannover 72 km – Braunschweig 94 km – Göttingen 41 km

Michelin Straßenkarte 541

## 😊 Genusswerkstatt 🏠 ♿ 🆎 🔄 🅿

**INTERNATIONAL · BISTRO** 🗶 Nicht alltäglich ist die Kombination von Restaurant und "PS.SPEICHER". Gleich neben der sehenswerten Ausstellung zum Thema "Fortbewegung auf Rädern" liest man im "Werkstattbuch" z. B. "gratinierter Lammrücken mit Bärlauch" oder "PS.Speicher-Burger", zubereitet in der Show-"Werkstatt". Reduzierte Tageskarte.

Menü 35 € (abends)/48 € – Karte 30/57 €

*Tiedexer Tor 3b, (im PS. Speicher) ✉ 37574 – 𝒞 05561 3199970*
*– www.genusswerkstatt-einbeck.de – geschl. Montagmittag*

## 🍴○ Der Schwan 🔄 🏠

**INTERNATIONAL · FAMILIÄR** 🗶🗶 Seit 1965 betreibt Familie Wicke ihren "Schwan" nun schon. In dem charmant-elegant dekorierten Restaurant in einem historischen Haus nahe dem Marktplatz kocht Chefin Ute klassisch-internationale Speisen, während ihr Mann die Gäste betreut.

Menü 35/79 € – Karte 42/55 € 12 Zim 🖙 – †80 € ††122 €

*Tiedexer Str. 1 ✉ 37574 – 𝒞 05561 4609 – www.schwan-einbeck.de – nur*
*Abendessen – geschl. Sonntag*

# EISENACH

Thüringen – 41 750 Ew. – Höhe 220 m – Regionalatlas **39**-J12

▶ Berlin 353 km – Erfurt 62 km – Kassel 92 km – Nordhausen 130 km

Michelin Straßenkarte 544

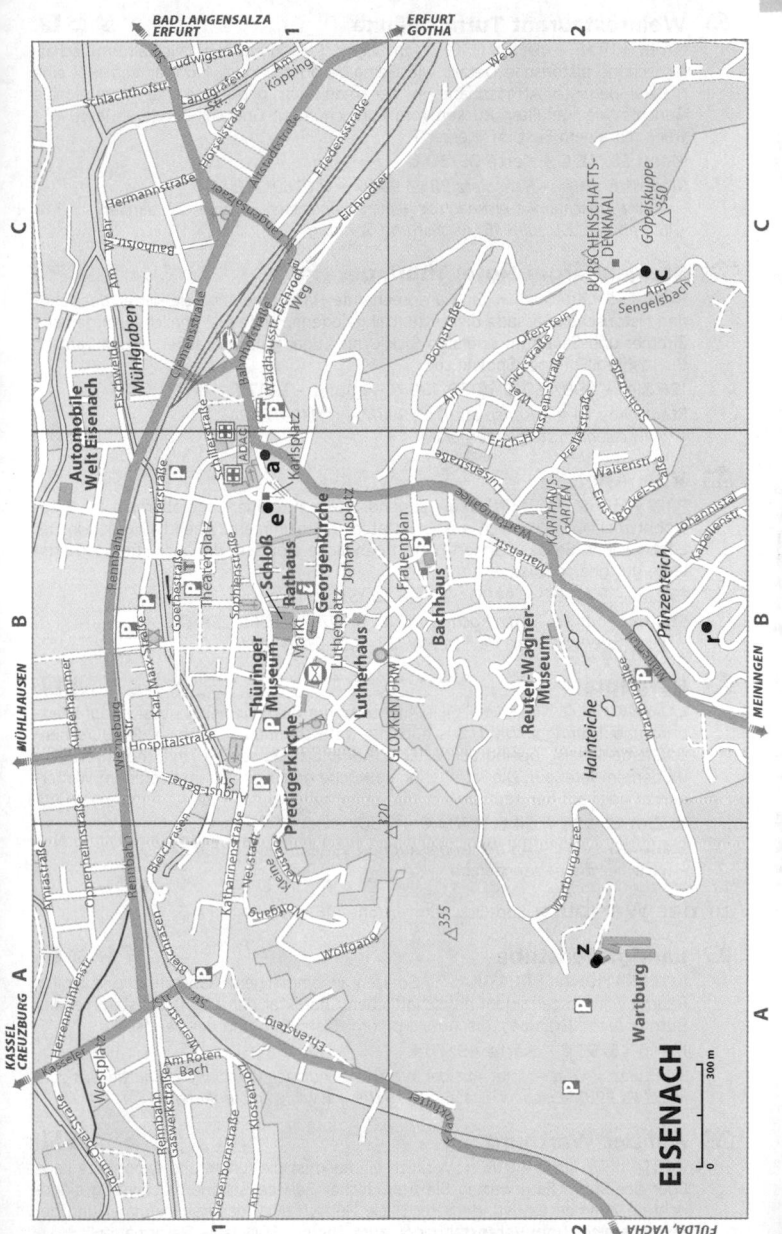

EISENACH

### ⊛ Weinrestaurant Turmschänke

MARKTKÜCHE · ROMANTISCH ✕✕ In dem Restaurant im Nicolaiturm schaffen schöne historische Details wie Gemälde oder original Mobiliar von 1912 eine rustikal-elegante Atmosphäre, in der man sich gerne saisonal-internationale Gerichte wie "gefüllten Rücken vom Kaninchen mit Gnocchi" servieren lässt. Wie wär's mit einem Fest im "Kerker"?

Menü 35/45 € – Karte 35/50 €

Stadtplan : B1-a – *Karlsplatz 28* ✉ *99817 –* ☎ *03691 213533*
*– www.turmschaenke-eisenach.de – nur Abendessen – geschl. 22. Januar*
*- 16. Februar, 22. Juli - 16. August und Sonntag*

### ⌂⌂⌂ Steigenberger Hotel Thüringer Hof

BUSINESS · KLASSISCH Eine ansprechende Halle empfängt Sie hinter der schönen historischen Fassade dieses zentral gelegenen Hotels. Wohnliche, zeitgemäße Zimmer und Sauna im obersten Stock mit Zugang nach draußen. Restaurant im Bistrostil mit offener Showküche.

126 Zim – ♦99/139 € ♦♦139/199 € – 1 Suite – ☲ 17 € – ½ P

Stadtplan : B1-e – *Karlsplatz 11* ✉ *99817 –* ☎ *03691 280*
*– www.eisenach.steigenberger.de*

### ⌂⌂ Villa Anna

PRIVATHAUS · MODERN In der Jugendstilvilla in ruhiger Lage oberhalb der Stadt wohnt man in neuzeitlich ausgestatteten Gästezimmern. Abends werden in der Lobby kleine Snacks serviert. Eine freundliche Adresse, die auch für Geschäftsleute gut geeignet ist.

15 Zim – ♦70/90 € ♦♦80/120 € – ☲ 13 €

Stadtplan : B2-r – *Fritz-Koch-Str. 12* ✉ *99817 -* ☎ *03691 23950*
*– www.hotel-villa-anna.de – geschl. 22. - 29. Dezember*

### ⌂⌂ Berghotel

LANDHAUS · GEMÜTLICH Toll ist hier nicht nur die Lage nebst Aussicht auf Wartburg und Thüringer Wald. Das hübsche Natursteinhaus unterhalb des Burschenschaftsdenkmals beeindruckt nach Komplettrenovierung mit hochwertigem modernem Interieur. Die internationale Küche genießt man am besten im Wintergarten oder auf der Terrasse!

16 Zim ☲ – ♦64/84 € ♦♦104 € – 2 Suiten – ½ P

Stadtplan : C2-c – *An der Göpelskuppe 1* ✉ *99817 –* ☎ *03691 22660*
*– www.berghotel-eisenach.de*

## Auf der Wartburg Süd-Ost: 4 km - Höhe 416 m

### ⫷○ Landgrafenstube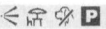

INTERNATIONAL · RUSTIKAL ✕✕ Speisen in einmaligem Rahmen! Die stilvollen Räume werden ganz dem herrschaftlichen Charakter der a. d. 11. Jh. stammenden Burg gerecht. Grandios: die Aussicht vom Restaurant und der Terrasse!

Menü 45/95 € – Karte 49/76 €

Stadtplan : A2-z – *Hotel Auf der Wartburg, Auf der Wartburg 2, Shuttle-Bus zum Hotel* ✉ *99817 Eisenach –* ☎ *03691 797119 – www.wartburghotel.de*

### ⌂⌂ Auf der Wartburg

HISTORISCH · INDIVIDUELL Wirklich einmalig ist die ruhige und exponierte Lage über der Stadt! Es erwarten Sie freundlicher Service, schöne, hochwertig eingerichtete Zimmer, ein wunderbarer Blick. Hübsch auch das Kaminzimmer und der Saunabereich. Tipp: Veranstaltungen zum Thema "500 Jahre Reformation".

36 Zim – ♦129/349 € ♦♦195/429 € – 1 Suite – ☲ 20 € – ½ P

Stadtplan : A2-z – *Auf der Wartburg 2* ✉ *99817 Eisenach –* ☎ *03691 7970*
*– www.wartburghotel.de*

⫷○ **Landgrafenstube** – siehe Restaurantauswahl

# EISENHÜTTENSTADT

Brandenburg – 27 210 Ew. – Höhe 42 m – Regionalatlas **34**-R9

▶ Berlin 123 km – Potsdam 141 km – Frankfurt (Oder) 24 km – Cottbus 64 km

Michelin Straßenkarte 542

🍴○ **Bollwerk 4 im Deutschen Haus**  🏡 ♻

TRADITIONELLE KÜCHE · BÜRGERLICH ✕✕ Das Restaurant in dem gepflegten Stadthaus ist sehr beliebt in der Gegend. Man sitzt in hübschen, gemütlichen Stuben und bestellt z. B. Rotkohlsuppe, Coq au vin und Schoko-Mousse als Dessert. Gekocht wird frisch und mit guten Produkten.

Menü 29/40 € – Karte 25/38 €

*Lindenplatz 1 ✉ 15890 – ☏ 03364 740264 – www.bollwerk4.de – geschl. Sonntagabend - Montag*

# EISENSCHMITT

Rheinland-Pfalz – 330 Ew. – Höhe 350 m – Regionalatlas **45**-B15

▶ Berlin 691 km – Mainz 146 km – Trier 50 km – Kyllburg 13 km

Michelin Straßenkarte 543

## In Eisenschmitt-Eichelhütte

🏠 **Molitors Mühle**  🛠 🦌 ⟨ 🛏 🖼 📶 🎐 ⛱ 🖨 ⟨ ⛱ ⛸ 🚗

SPA UND WELLNESS · INDIVIDUELL In der einstigen Kornmühle von 1870 wohnt man wirklich schön und angenehm ruhig am Waldrand. Attraktiv der Wellnessbereich samt toller Pfahlsauna im Weiher! Klasse auch der Fitnessraum. Oder wie wär's mit einer Wanderung? Zum Kloster und zurück sind es 3,5 km. Speisen Sie im Sommer auf der Terrasse am Wasser!

39 Zim ⊡ – †70/125 € ††124/170 € – ½ P

*Eichelhütte 15 ✉ 54533 – ☏ 06567 9660 – www.molitors-muehle.de*

# ELLERBEK

Schleswig-Holstein – 4 150 Ew. – Höhe 9 m – Regionalatlas **10**-I5

▶ Berlin 305 km – Kiel 86 km – Hamburg 17 km – Lübeck 73 km

Michelin Straßenkarte 541

🍴○ **Heinsens**  🏡 ♻ 🅿 🚭

INTERNATIONAL · LÄNDLICH ✕ In dem hübsch sanierten Gasthof von 1900 erwarten Sie gemütliche, mit Liebe zum Detail eingerichtete Stuben, im Sommer eine herrliche begrünte Terrasse und dazu freundlicher und versierter junger Service. Und das Essen? Frisch und international, von "Wiener Schnitzel" bis "Zander mit Champagner-Rahmkraut".

Karte 29/55 €

*Hauptstr. 1 ✉ 25474 – ☏ 04101 37770 – www.heinsens.de – geschl. Montagmittag, Dienstagmittag*

# ELLWANGEN

Baden-Württemberg – 23 560 Ew. – Höhe 440 m – Regionalatlas **56**-I18

▶ Berlin 547 km – Stuttgart 97 km – Ansbach 65 km – Augsburg 132 km

Michelin Straßenkarte 545

## In Ellwangen-Eggenrot Nord-West: 4 km, Richtung Schwäbisch Hall

🏠 **Klozbücher**  🛠 🖨 ⟨ ⛱ ⛸ 🅿

GASTHOF · MODERN Das kleine Hotel der Familie Klozbücher kann sich wirklich sehen lassen: der angenehm moderne Stil, die hochwertige Ausstattung und dazu die persönliche Führung... Übrigens: Die Wurst zum Frühstück kommt aus der angeschlossenen eigenen Metzgerei! Kleines Speiseangebot für Hausgäste.

13 Zim ⊡ – †69/78 € ††95/98 €

*Rosenberger Str. 47 ✉ 73479 – ☏ 07961 9249190 – www.klozbuecher.com*

**ELMAU** Bayern → Siehe Krün

## ELMSHORN
Schleswig-Holstein – 47 670 Ew. – Höhe 3 m – Regionalatlas **10**-H5
▶ Berlin 325 km – Kiel 90 km – Hamburg 36 km – Bremen 147 km
Michelin Straßenkarte 541

⊪○ **Sette Feinbistro**

INTERNATIONAL · BISTRO ⅄ Etwas versteckt liegt das nette Bistro hinter einem
kleinen Feinkostgeschäft in der Fußgängerzone. Unter den frischen internationalen Gerichten finden sich z. B. "Tagliatelle mit Spargel" oder "Entrecôte vom Hereford Prime Beef & sizilianisches Gemüse". Tipp: Probieren Sie auch ein Dessert!
Menü 69 € – Karte 30/53 €
*Marktstr. 7 ⊠ 25335 – 𝒞 04121 262939 (Tischbestellung ratsam)*
*– www.sette-feinbistro.de – nur Mittagessen, Freitag auch Abendessen – geschl.*
*Sonntag*

## ELSTER, BAD
Sachsen – 3 690 Ew. – Höhe 495 m – Regionalatlas **41**-N14
▶ Berlin 331 km – Dresden 176 km – Hof 50 km – Plauen 27 km
Michelin Straßenkarte 544

🏠 **Parkhotel Helene** 🌿 🦢 🎴 🖸 ᘰ ⚒ 🚗

PRIVATHAUS · FUNKTIONELL Das familiär geleitete Hotel ist in einer Villa von
1889 untergebracht, die ruhig im Kurgebiet liegt. Die etwas unterschiedlichen
Gästezimmer sind alle funktionell ausgestattet. Sie speisen in Albert's Parkrestaurant oder im netten Vogtlandstübl.
25 Zim ⊆ – †49/87 € ††78/154 € – ½ P
*Parkstr. 33 ⊠ 08645 – 𝒞 037437 500 – www.parkhotel-helene.de – geschl. 4.*
*- 31. Januar*

## ELTVILLE am RHEIN
Hessen – 16 780 Ew. – Höhe 90 m – Regionalatlas **47**-E15
▶ Berlin 576 km – Wiesbaden 14 km – Bad Kreuznach 52 km – Limburg an der Lahn 51 km
Michelin Straßenkarte 543

❀ **Jean** (Johannes Frankenbach)

FRANZÖSISCH-KLASSISCH · FREUNDLICH ⅄⅄ "Jean" ist der französische Name
von Patron Johannes Frankenbach, der hier eine unkomplizierte, ausdrucksstarke
und finessenreiche Küche zu fairen Preisen bietet. So angenehm wie die legere
Atmosphäre ist auch der persönliche Service unter seiner Frau Patricia!
→ Meeresfrüchte, Bergamotte, Fenchel, Safranmayonnaise. Bretonischer Rochenflügel, Sauce Hollandaise, Spargel, Edamamen, Morchel-Ricottatortellini. Fondant
au Chocolat, Aprikosen, Madagaskar-Vanille, Lavendel-Honigeis
Menü 44/99 € – Karte 48/74 €
*Hotel Frankenbach, Wilhelmstr. 13 ⊠ 65343 – 𝒞 06123 9040*
*– www.hotel-frankenbach.de – Mittwoch - Freitag nur Abendessen – geschl. 26.*
*- 29. Dezember, Juli - August 2 Wochen und Montag - Dienstag*

🐵 **Gutsausschank im Baiken** ⩽ 🏠

REGIONAL · WEINSTUBE ⅄ Schon allein die Lage ist einen Besuch wert: inmitten
von Reben, mit Blick auf die Weinberge und Eltville. Da isst man am liebsten auf
der Terrasse - die ist sogar teilweise regenfest! Aus der Küche kommt Leckeres
wie "spicy Gänsesalat" oder "in Rheingau-Spätburgunder geschmorte Ochsenbacke".
Karte 33/48 €
*Wiesweg 86 ⊠ 65343 – 𝒞 06123 900345 – www.baiken.de – April - Oktober:*
*Mittwoch - Freitag und November - März: Mittwoch - Samstag nur Abendessen*
*– geschl. Februar und Montag - Dienstag*

## ¡O Eltvinum     🏠 ⅄ AC

**INTERNATIONAL · TRENDY** XX Lust auf frische internationale Küche? Die kommt hier z. B. als "Gazpacho mit Krabben" oder als "Kalbsbäckchen mit Ratatouille und Kartoffelstampf" auf den Tisch. Schön auch die Vinothek und die Terrasse.

Menü 39/95 € – Karte 40/66 €

*Hotel Eltvinum, Schmittstr. 2* ✉ *65343 –* ℰ *06123 601780 – www.eltvinum.de*
*– geschl. Montag, November - Februar: Sonntag - Montag*

## 🏠 Frankenbach     AC ⅄ P

**FAMILIÄR · MODERN** Seit 1948 ist Familie Frankenbach mit Engagement im Einsatz. Im Mainzer Hof liegen einige Zimmer schön zum Garten, im Gutenberg Hof wohnt man moderner und besonders hübsch, auch sind die Zimmer hier klimatisiert. Sie mögen Torten? Im eigenen Café gibt's u. a. "Schwäbische Apfel-Rheingauriesling-Torte".

36 Zim ⌂ – †85/110 € ††115/140 €

*Wilhelmstr. 13* ✉ *65343 –* ℰ *06123 9040 – www.hotel-frankenbach.de – geschl.*
*26. - 29. Dezember*

⚜ **Jean** – siehe Restaurantauswahl

## 🏠 Eltvinum

**HISTORISCH · MODERN** Ein echtes Schmuckstück, das ehemalige Rathaus von 1513, das man mit viel Liebe zum Detail zu einem kleinen Boutiquehotel umgebaut hat. Wohnlich-warme Atmosphäre, stilvolles Frühstück von der Etagère, die Altstadt direkt vor der Tür!

7 Zim ⌂ – †95/125 € ††145/165 €

*Schmittstr. 2* ✉ *65343 –* ℰ *06123 601780 – www.eltvinum.de*
¡O **Eltvinum** – siehe Restaurantauswahl

## In Eltville-Hattenheim West: 4 km über B 42

## 😊 Zum Krug     🐝 ⇦ 🏠 P ⊭

**REGIONAL · FAMILIÄR** XX Ob "Sauerbraten vom Weiderind" oder "Cordon Hirsch - asiatisch", ob Klassiker oder "Neue Krug Kuche", immer finden regionale und saisonale Produkte Verwendung. Dazu gibt's schöne Rheingau-Weine. Übernachten kann man im historischen Rathaus oder im Weinhaus, chic-modern oder traditionell.

Menü 36 € (mittags unter der Woche)/65 € (abends)
– Karte 33/63 €    15 Zim ⌂ – †90/110 € ††135/195 €

*Hauptstr. 34* ✉ *65347 –* ℰ *06723 99680 – www.hotel-zum-krug.de – geschl.*
*20. Dezember - 18. Januar, 25. Juli - 9. August und Sonntagabend - Dienstagmittag*

## ¡O Kronenschlösschen     🐝 🏠 ❀ P

**FRANZÖSISCH-KLASSISCH · ELEGANT** XXX Das hat Stil: unter der sehenswerten bemalten Decke in edlem Ambiente sitzen und sich fachkundig umsorgen lassen, und das mit äußerst aufwändigen, modernen Speisen. Eine wahre Freude für Weinliebhaber: 1200 Positionen samt toller Riesling- und Champagnerauswahl. Alternativ gibt es das Bistro.

Menü 85/110 € – Karte 76/89 €

*Hotel Kronenschlösschen, Rheinallee* ✉ *65347 –* ℰ *06723 640*
*– www.kronenschloesschen.de – nur Abendessen, sonntags auch Mittagessen*
*– geschl. 2. Januar - 1. Februar und Montag, außer an Feiertagen*

## ¡O Adler Wirtschaft     🏠 ⅄ ⊭

**REGIONAL · RUSTIKAL** X Wirklich reizend das kleine Fachwerkhaus der Familie Keller, und was sich im Kühlhaus verbirgt, kann sich ebenso sehen lassen: Bentheimer Schwein sowie Charolais- und Limousin-Rind vom eigenen Falkenhof im Taunus - hier kocht der Seniorchef auch für Events. Am Wochenende ab 13 Uhr durchgehend geöffnet.

Menü 49/67 €

*Hauptstr. 31* ✉ *65347 –* ℰ *06723 7982 (Tischbestellung ratsam)*
*– www.franzkeller.de – Montag und Donnerstag - Freitag nur Abendessen*
*– geschl. Januar und Dienstag - Mittwoch*

### 🏛️ Kronenschlösschen

**HISTORISCH · KLASSISCH** Nur die Bundesstraße trennt das hübsche Hotel a. d. J. 1894 vom Rhein. Die Zimmer sind individuell, allesamt schön stilvoll, wertig und wohnlich, dazu am Morgen ein frisches Frühstück. Passend zum Rahmen die historischen Salons.

18 Zim – 🛏️130/150 € 🛏️🛏️150/180 € – 4 Suiten – 🍽️ 20 €

*Rheinallee ⊠ 65347 – 𝒞 06723 640 – www.kronenschloesschen.de*

🍴 **Kronenschlösschen** – siehe Restaurantauswahl

## ELZACH

Baden-Württemberg – 7 130 Ew. – Höhe 361 m – Regionalatlas **61**-E20

▶ Berlin 764 km – Stuttgart 189 km – Freiburg im Breisgau 39 km – Offenburg 43 km

Michelin Straßenkarte 545

### 🍴 Gasthaus Rössle 🏡 ♿

**REGIONAL · FAMILIÄR** 𝓧 In dem Familienbetrieb im Ortskern kommt ambitionierte regional-internationale Küche auf den Tisch, beliebt auch die vegetarischen Gerichte. Der vordere Bereich des Restaurants ist leger-mediterran, weiter hinten hat man es gemütlicher und es wird aufwändiger eingedeckt - im Sommer isst man schön im Freien.

Menü 25/50 € – Karte 21/54 €

*Hauptstr. 19 ⊠ 79215 – 𝒞 07682 212 – www.roessleelzach.de – geschl. Dienstag - Mittwoch*

**In Elzach-Oberprechtal** Nord-Ost: 7,5 km über B 294, am Ortsausgang rechts Richtung Hornberg - Höhe 459 m

### 🌐 Schäck's Adler ⬅️ 🏡 🅿️

**REGIONAL · ROMANTISCH** 𝓧𝓧 Ein Gasthof wie aus dem Bilderbuch! Richtig gemütlich die ganz in Holz gehaltenen Stuben, ambitioniert und geschmackvoll die Küche, von der klassischen Schwarzwaldforelle bis zum "Lammrücken unter der Kräuterkruste". Schön auch die "Strumbel-Bar". Sehr gepflegt übernachten kann man ebenfalls.

Menü 28/38 € – Karte 31/63 € 9 Zim 🍽️ – 🛏️68 € 🛏️🛏️136 €

*Waldkircher Str. 2 ⊠ 79215 – 𝒞 07682 1291 – www.schaecks-adler.de – geschl. Februar 3 Wochen und Montag - Mittwochmittag*

## ELZE

Niedersachsen – 8 840 Ew. – Höhe 83 m – Regionalatlas **29**-I9

▶ Berlin 294 km – Hannover 30 km – Göttingen 82 km – Hameln 31 km

Michelin Straßenkarte 541

**In Elze-Mehle** Süd-West: 3 km über B 1

### 🍴 Schökel's ⬅️ 🏡 🏠 ✂️ 🅿️

**MARKTKÜCHE · RUSTIKAL** 𝓧𝓧 Schön hat man das über 250 Jahre alte Gasthaus gestaltet: elegant, mit rustikaler Note und hübschen Dekorationen. Gekocht wird saisonal-international, so liest man auf der Karte z. B. "Rehragout in Wacholderrahm". Ebenso gepflegt und wohnlich kann man hier auch übernachten.

Menü 35/70 € – Karte 37/55 € 8 Zim 🍽️ – 🛏️80/110 € 🛏️🛏️120/150 €

*Alte Poststr. 35 ⊠ 31008 – 𝒞 05068 3066 – www.hotel-schoekel.de – nur Abendessen, sonntags auch Mittagessen – geschl. 1. - 10. Januar und Montag - Dienstag*

## EMMENDINGEN

Baden-Württemberg – 26 290 Ew. – Höhe 201 m – Regionalatlas **61**-D20

▶ Berlin 794 km – Stuttgart 193 km – Freiburg im Breisgau 23 km – Offenburg 51 km

Michelin Straßenkarte 545

## In Emmendingen-Maleck Nord-Ost: 4 km über Tennenbacher Straße

### 🏠 Park-Hotel Krone  ⭐ 🐾 🖥 🧖 🅿

**GASTHOF · INDIVIDUELL** Eine recht individuelle Adresse, von der Familie mit Engagement geführt. Schöne Zimmer (gemütlich-ländlich oder modern), hochwertiges Frühstück, tolle Terrasse, nicht zu vergessen die Flamingos im hübschen Garten! Regional-internationale Küche im klassischen Restaurant oder in der behaglichen Kronenstube.

25 Zim ⌑ – ♦65/79 € ♦♦95/130 € – ½ P

*Brandelweg 1 ☒ 79312 – ☎ 07641 9309690 – www.kronemaleck.de*

## EMMERICH am RHEIN

Nordrhein-Westfalen – 30 110 Ew. – Höhe 18 m – Regionalatlas **25**-A10
▶ Berlin 598 km – Düsseldorf 103 km – Arnhem 32 km – Maastricht 158 km
Michelin Straßenkarte 543

## In Emmerich-Praest Ost: 6,5 km über B8, Richtung Rees

### ⏺ Zu den drei Linden - Lindenblüte  🌿 🔄 🅿

**REGIONAL · ELEGANT** ✕✕ Gekonnt werden bei Familie Siemes (bereits die 5. Generation) ausgesuchte Produkte zu schmackhaften regionalen Speisen zubereitet. Da macht z. B. das Menü mit "Variation vom Topfen" und "Lammkeule auf Mangold" Appetit. Und das Ambiente? Freundlich, mit eleganter Note.

Menü 35/43 € – Karte 39/56 €

*Reeser Str. 545 ☒ 46446 – ☎ 02822 8800 – www.zu-den-3-linden.de – nur Abendessen – geschl. Januar 2 Wochen, Ende Juli - Anfang September 3 Wochen und Dienstag - Mittwoch*

## EMMINGEN-LIPTINGEN

Baden-Württemberg – 4 550 Ew. – Höhe 772 m – Regionalatlas **62**-F21
▶ Berlin 763 km – Stuttart 134 km – Freiburg i. Breisgau 90 km – Schaffhausen 45 km
Michelin Straßenkarte 545

### 🕸 Schenkenberger Hof  🌿 🅿

**REGIONAL · LÄNDLICH** ✕ Hätten Sie mitten in den Wäldern des Hegaus eine derart schmackhafte Küche erwartet? Was in dem überaus gepflegten Landgasthaus an leckeren, frischen Gerichten auf den Tisch kommt, nennt sich z. B. "Zander im Chorizosud mit Gnocchi". Wunderschöne Terrasse!

Menü 36/40 € – Karte 33/52 €

*Schenkenbergerhof 22 ☒ 78576 – ☎ 07465 9202950 – www.schenkenberger-hof.com – geschl. Februar, August 1 Woche und Montag - Dienstag*

## EMS, BAD

Rheinland-Pfalz – 9 030 Ew. – Höhe 85 m – Regionalatlas **36**-D14
▶ Berlin 590 km – Mainz 66 km – Koblenz 19 km – Limburg an der Lahn 40 km
Michelin Straßenkarte 543

### 🕸 Estragon  🍽 🌿 ✕

**INTERNATIONAL · FREUNDLICH** ✕ In freundlichem Ambiente bietet man Schmackhaftes wie "Badische Kartoffelsuppe mit Speck" oder "Rahmgeschnetzeltes mit Spätzle". Gerne kommt man auch mittags, da gibt es eine kleine Karte mit günstigen Tagesgerichten. Das Restaurant befindet sich übrigens im Hotel "Bad Emser Hof".

Karte 29/56 € 27 Zim ⌑ – ♦69/80 € ♦♦99/135 € – 1 Suite

*Lahnstr. 6 ☒ 56130 – ☎ 02603 3424 – www.restaurant-estragon.de – geschl. Samstagmittag und Sonntag*

🍴○ **Schweizerhaus**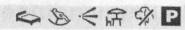

INTERNATIONAL · KLASSISCHES AMBIENTE XX Hier kennt man seine Gäste, denn schon seit 1980 betreibt man das schön über der Stadt gelegene Haus! Der Chef steht am Herd und kocht klassische Speisen, die Chefin managt freundlich den Service. Zum Espresso gibt's eine feine Marzipan-Nougat-Praline! Gepflegt übernachten können Sie ebenfalls.

Menü 42/72 € – Karte 38/54 €    10 Zim 立 – ♦52/72 € ♦♦96/100 €

*Malbergstr. 21 ✉ 56130 – ℰ 02603 93630 – www.hotel-schweizerhaus.com – nur Abendessen – geschl. 20. Oktober - 20. November und Donnerstag*

🏨 **Häcker's Grand Hotel**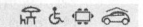

KURHOTEL · HISTORISCH Der stattliche Barockbau von 1711 liegt im Zentrum an der Lahn. Das traditionsreiche Kurhotel hat einen sehenswerten Empfangsbereich und elegante, wertig ausgestattete Zimmer, toll die Bar "Crystal Horse" mit Pferderennbahn. Klassisches Ambiente und internationale Küche im Restaurant.

98 Zim 立 – ♦119/165 € ♦♦215 € – 7 Suiten – ½ P

*Römerstr. 1 ✉ 56130 – ℰ 02603 7990 – www.haeckers-hotels.com*

# EMSDETTEN

Nordrhein-Westfalen – 35 450 Ew. – Höhe 38 m – Regionalatlas **26**-D9
▶ Berlin 466 km – Düsseldorf 152 km – Nordhorn 54 km – Enschede 50 km
Michelin Straßenkarte 543

🍴 **Lindenhof**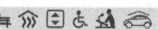

REGIONAL · GEMÜTLICH XX Wie das Hotel erfreut sich auch das Restaurant der Hankhs großer Beliebtheit. Es gibt regional und mediterran beeinflusste saisonale Küche, die z. B. mit "Lammbratwürsten mit Spinat und Ziegenfrischkäse" Appetit macht. Auch die klassische Rinderroulade fehlt nicht auf der Karte. Charmant der Service.

Menü 38/59 € – Karte 29/55 €

*Hotel Lindenhof, Alte Emsstr. 7 ✉ 48282 – ℰ 02572 9260 (Tischbestellung ratsam) – www.lindenhof-emsdetten.de – nur Abendessen – geschl. 20. Dezember - 6. Januar, Juli 2 Wochen und Sonntag sowie an Feiertagen*

🏨 **Lindenhof**

GASTHOF · MODERN Seit 1946 wird das Hotel freundlich und engagiert von Familie Hankh geführt. Immer wieder hat man erweitert und bietet heute in fünf Gebäuden zeitgemäß-wohnliche Zimmer. Wer mehr Komfort sucht, bucht eine Juniorsuite mit Dampfbad oder ein Appartement mit Kitchenette im "Alten Wiegehaus".

46 Zim 立 – ♦69/79 € ♦♦85/105 € – ½ P

*Alte Emsstr. 7 ✉ 48282 – ℰ 02572 9260 – www.lindenhof-emsdetten.de – geschl. 20. Dezember - 6. Januar*

🍴 **Lindenhof** – siehe Restaurantauswahl

# ENDINGEN am KAISERSTUHL

Baden-Württemberg – 9 060 Ew. – Höhe 186 m – Regionalatlas **61**-D20
▶ Berlin 789 km – Stuttgart 189 km – Freiburg im Breisgau 28 km – Offenburg 47 km
Michelin Straßenkarte 545

❀ **Merkles Restaurant** 🏡 ⟷ 🅿

REGIONAL · GEMÜTLICH XX Ob kreativ oder regional, Thomas Merkle hat ein Händchen für geschmacksintensive, aromareiche Speisen aus sehr guten Produkten. Und das Drumherum stimmt auch: chic und gemütlich zugleich ist das Ambiente in dem historischen badischen Gasthof. Tipp: Hausgemachtes für daheim.

➔ Seeteufel, Tandoori Style, rote Linsen, Mango. Ochsenschwanz, gebratene Gänseleberscheibe, Gemüse, Schupfnudeln. Allerlei vom Lamm, Couscous, Aubergine, Salzzitrone.

Menü 71/129 €

*Hauptstr. 2 ✉ 79346 – ℰ 07642 7900 – www.merkles-restaurant.de – nur Abendessen – geschl. über Fastnacht 2 Wochen, August 3 Wochen und Sonntag - Dienstag*

🍴 **Die Pfarrwirtschaft** – siehe Restaurantauswahl

### ⊛ Die Pfarrwirtschaft ❶     🛋 P

REGIONAL · TRENDY ☓ Modern-rustikal kommt das zweite Restaurant im Hause Merkle daher, und auch hier kocht man anspruchsvoll. Ob Flammkuchen, Kalbfleischküchle, Kutteln oder Rib-Eye-Steak vom Dry Aged Schwarzwald-Rind, es schmeckt einfach!

Menü 30 € – Karte 24/71 €

*Merkles Restaurant, Hauptstr. 2 ✉ 79346 – ✆ 07642 7900*
*– www.pfarrwirtschaft.de – geschl. Dienstag - Mittwochmittag*

### ⅰ〇 Schindler's Ratsstube     🛋 AC

REGIONAL · FREUNDLICH ☓☓ Lust auf Klassiker wie "Wiener Schnitzel vom Kalbsrücken"? Oder lieber "Variation von Spargel und Räucherlachs mit Rucola"? Die regionalen und internationalen Gerichte serviert man auch gerne auf der schönen Terrasse am Rathaus.

Menü 22 € (mittags unter der Woche)/39 € – Karte 24/43 €

*Marktplatz 10 ✉ 79346 – ✆ 07642 3458 – www.schindlers-ratsstube.de – geschl. Sonntag - Montag*

### 🏠 Zollhaus     🚫

FAMILIÄR · INDIVIDUELL Sie suchen ein individuelles und mit Liebe geführtes kleines Hotel? Klares Design und hochwertige Materialien treffen auf Historie, und zwar die eines denkmalgeschützten über 200 Jahre alten Hauses. Frisch und wirklich gut das Frühstück, gemütlich die kleine Weinlounge unter dem Gewölbe (mit Selbstbedienung).

4 Zim 😴 – 🛏98/138 € 🛏🛏109/149 €

*Hauptstr. 3 ✉ 79346 – ✆ 07642 9202343 – www.zollhaus-endingen.de*

## In Endingen-Kiechlinsbergen Süd-West: 5,5 km über Königschaffhausen

### ⊛ Dutters Stube     ⇦ 🛋

REGIONAL · FREUNDLICH ☓☓ Schon die 4. Generation der Dutters leitet den charmanten Gasthof a. d. 16. Jh. Gut die saisonal-regionale Küche - wie wär's mit "Zanderklößchen in Basilikumsoße"? Sa. und So. Lunch. Etwas bodenständiger: "Dorfwirtschaft" mit Vesper, Flammkuchen, Rumpsteak. Terrassen-Alternative: die hübsche Sommerlaube!

Menü 25 € (mittags)/65 € – Karte 33/57 €    4 Zim 😴 – 🛏60 € 🛏🛏75/85 €

*Winterstr. 28 ✉ 79346 – ✆ 07642 1786 – www.dutters-stube.de – Mittwoch*
*- Freitag nur Abendessen – geschl. Februar 2 Wochen und Montag – Dienstag*

## ENGELTHAL

Bayern – 1 140 Ew. – Höhe 371 m – Regionalatlas **50**-L16
▶ Berlin 426 km – München 178 km – Ansbach 75 km – Regensburg 93 km
Michelin Straßenkarte 546

### ⅰ〇 Grüner Baum     ⇦ 🛋 🍴 P

REGIONAL · FAMILIÄR ☓ Mit seiner hübschen Deko und ländlichem Charme ist der Gasthof der Familie Koch eine sympathische Adresse. Auf der Karte z. B. "Tafelspitz mit Krensauce" oder auch "gebratenes Doradenfilet auf Fenchel-Tomaten-Couscous mit Olivensauce".

Karte 17/48 €    5 Zim 😴 – 🛏38/43 € 🛏🛏65/73 €

*Hauptstr. 9 ✉ 91238 – ✆ 09158 262 – www.gruener-baum-engelthal.de – geschl. Montag - Dienstag*

## ENGE-SANDE Schleswig-Holstein ➡ Siehe Leck

## ENKENBACH-ALSENBORN

Rheinland-Pfalz – 6 860 Ew. – Höhe 289 m – Regionalatlas **47**-E16
▶ Berlin 632 km – Mainz 80 km – Mannheim 54 km – Kaiserslautern 10 km
Michelin Straßenkarte 543

## Im Ortsteil Enkenbach

### ⅱ○ Kölbl ⇐ 🏠

**INTERNATIONAL · LÄNDLICH** XX Bei den Kölbls kann man gut essen, und zwar regionale und internationale Küche, und auch der günstige Mittagstisch erfreut sich großer Beliebtheit. Serviert wird in den netten Gaststuben (gemütlich die kleinen Sitznischen) oder auf der Hofterrasse. Zum Übernachten hat man funktionale Gästezimmer.

Menü 49 € – Karte 17/54 €    13 Zim ♋ – ✦50/75 € ✦✦85/120 €

*Hauptstr. 3 ✉ 67677 – ✆ 06303 3071 – www.hotel-restaurant-koelbl.de – geschl. Anfang Januar 1 Woche und Montag, Samstagmittag*

## ENZKLÖSTERLE

Baden-Württemberg – 1 170 Ew. – Höhe 538 m – Regionalatlas **54**-F18
▶ Berlin 693 km – Stuttgart 89 km – Karlsruhe 64 km – Pforzheim 39 km
Michelin Straßenkarte 545

### 🏠 Enztalhotel 🏹 ⇐ 🛏 🖻 ⑩ 🏠 🛁 🖩 🎾 🚗

**SPA UND WELLNESS · AUF DEM LAND** Das Haus ist gefragt bei Feriengästen, und das liegt am wohnlichen Ambiente der Zimmer (am komfortabelsten sind die Suiten und Deluxe-Zimmer) und des rustikal-eleganten Restaurants, am schönen zeitgemäßen Wellnessbereich samt attraktiver Ruheräume sowie an der 3/4-Pension, die im Zimmerpreis inbegriffen ist.

46 Zim ♋ – ✦97/112 € ✦✦170/248 € – 2 Suiten – ½ P

*Freudenstädter Str. 67 ✉ 75337 – ✆ 07085 180 – www.enztalhotel.de*

## EPPINGEN

Baden-Württemberg – 20 920 Ew. – Höhe 199 m – Regionalatlas **55**-G17
▶ Berlin 615 km – Stuttgart 71 km – Heilbronn 26 km – Karlsruhe 48 km
Michelin Straßenkarte 545

### 🏠 Villa Waldeck 🏹 🕭 ⇐ 🍳 🏠 🖩 🏊 🅿

**LANDHAUS · GEMÜTLICH** Recht ruhig liegt das Familotel am Ortsrand. Neben wohnlichen Zimmern bietet man einen netten Schwimmteich im Garten sowie Streichelzoo und Spielplatz für Kinder. In verschiedene Bereiche unterteiltes Restaurant mit Wintergarten.

45 Zim ♋ – ✦78 € ✦✦115 € – 2 Suiten – ½ P

*Waldstr. 80 ✉ 75031 – ✆ 07262 61800 – www.villa-waldeck.de – geschl. 27. Dezember - 13. Januar*

### 🏠 Altstadthotel Wilde Rose 🏹 🕭 🎾

**TRADITIONELL · KLASSISCH** Das im 16. Jh. im Fachwerkstil erbaute Baumannsche Haus wurde zum Hotel erweitert und verfügt über hübsche Landhauszimmer, teilweise mit Balkon oder Terrasse. Im historischen Teil befindet sich der Wirtskeller mit Tonnengewölbe. Geboten wird italienische Küche.

10 Zim ♋ – ✦75/80 € ✦✦100 €

*Kirchgasse 29 ✉ 75031 – ✆ 07262 91400 – www.altstadthotel-wilde-rose.de – geschl. Weihnachten - 6. Januar, August 3 Wochen*

## ERDING

Bayern – 35 300 Ew. - Höhe 463 m – Regionalatlas **58**-M20
▶ Berlin 597 km – München 40 km – Regensburg 107 km – Landshut 39 km
Michelin Straßenkarte 546

### ⅱ○ Victory Therme Erding ⓝ 🕭 🅰🅲 🅿

**INTERNATIONAL** XX Die Küche des eleganten Restaurants ist inspiriert von den Reiserouten der "HMS Victory", nach der das Hotel benannt ist. So findet sich auf der Karte Internationales mit regionalen, teils auch mediterranen und karibischen Einflüssen.

Menü 30/97 € – Karte 34/63 €

*Hotel Victory Therme Erding, Thermenallee 1a ✉ 85435 – ✆ 08122 5503000 – www.victory-hotel.de – nur Abendessen*

**Victory Therme Erding** 🅝 ⚓ 🔱 🎿 🔲 ⚙ ♨ 🛁 🏊 ⛳ 🅰 🏌 ⛷ 🅿

SPA UND WELLNESS · MODERN Sie wohnen direkt an der riesigen Therme Erding - alles im Hotel vermittelt Yacht-Flair! Von den meisten der schönen individuellen "Kabinen" schaut man aufs Wellenbad, die Einrichtung durchdacht, wertig und wohnlich. Auch Familienzimmer. Einmaliger Eintritt in die Therme inklusive.

128 Zim 🚗 – †155/375 € †††255/375 € – ½ P

*Thermenallee 1a* ✉ *85435* – ☎ *08122 5503000* – *www.victory-hotel.de*

🍴 **Victory Therme Erding** – siehe Restaurantauswahl

# ERFTSTADT

Nordrhein-Westfalen – 49 040 Ew. – Höhe 100 m – Regionalatlas **35**-B13

▶ Berlin 593 km – Düsseldorf 64 km – Bonn 41 km – Köln 18 km

Michelin Straßenkarte 543

## In Erftstadt-Lechenich

🍴 **Haus Bosen** 🚫

KLASSISCHE KÜCHE · BÜRGERLICH 🗙 In dem gemütlichen Fachwerkhaus, seit 120 Jahren gastronomisch genutzt, isst man saisonal-international, so z. B. "gebratene Ente mit Orangensauce, Maronen, Kartoffelkloß, Bratapfel, Rotkohl", aber auch Vegetarisches, Pasta, Flammkuchen.

Menü 29/32 € – Karte 27/42 €

*Herriger Str. 2* ✉ *50374* – ☎ *02235 691618* – *geschl. 1. - 9. Januar und Montag*

# ERFURT

Thüringen – 203 490 Ew. – Höhe 195 m – Regionalatlas **40**-K12

▶ Berlin 304 km – Chemnitz 154 km – Leipzig 130 km – Nordhausen 77 km

Michelin Straßenkarte 544

�_Clara - Restaurant im Kaisersaal_ 🚫 🕊 🅰

MODERNE KÜCHE · ELEGANT 🗙🗙🗙 Hier war Clara Schumann (bekannt u. a. vom ehemaligen 100-DM-Schein) namengebend, entsprechend ziert ein großes Portrait den geradlinig-elegant gehaltenen Raum. Mit den beiden Menüs "Clara" und "next generation" bietet man klassische und auch moderne Küche - immer mit schönen Kontrasten und Gefühl zubereitet.

➜ Stör aus der Region, grüner Spargel, Pistazie, Wildkräuter. Mangalica Schweinerücken, wilder Brokkoli, Peperoni, Fenchelsamenjus. Himbeere, Löwenzahn, Ziegenfrischkäse, Kakao.

Menü 72/108 €

*Futterstr. 15* ✉ *99084* – ☎ *0361 5688207* – *www.restaurant-clara.de* – *nur Abendessen* – *geschl. 13. Februar - 5. März, 17. Juli - 6. August und Sonntag - Montag*

🎇 **Restaurant und Weinstube Zumnorde** 🏡 🕊 🔄

INTERNATIONAL · FREUNDLICH 🗙 Rustikal und stilvoll zugleich! In lebhafter Atmosphäre gibt es Schmackhaftes wie Tatar, Flammkuchen, Rinderrouladen... Kleine Probierportionen werden auf der Karte als "Tapas" angeboten. Bei schönem Wetter ist der Biergarten ein richtig charmanter Ort!

Menü 40 € – Karte 29/65 €

*Hotel Zumnorde am Anger, Grafengasse 2* ✉ *99084* – ☎ *0361 5680426* – *www.hotel-zumnorde.de* – *geschl. 1. - 10. Januar*

🍴 **Il Cortile** 🏡 ♨

ITALIENISCH · GEMÜTLICH 🗙🗙 Über einen netten kleinen Innenhof erreicht man das Restaurant. Hier ist es gemütlich und man bekommt frische mediterrane Küche - da hat man natürlich so manchen Stammgast. Probieren Sie z. B. das Antipasti-Buffet oder die leckere Pasta!

Karte 38/61 €

*Johannesstr. 150, (Signal-Iduna-Passage)* ✉ *99084* – ☎ *0361 5664411* – *www.ilcortile.de* – *geschl. Anfang Januar 2 Wochen und Sonntag - Montag*

## 🏠 Zumnorde am Anger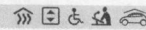

**BUSINESS · ELEGANT** Das Hotel liegt mitten in der Stadt und bietet Ihnen klassisch-elegante Zimmer mit extralangen Betten (2,20 m) sowie einen ruhigen begrünten Innenhof - hier lauscht man dem Glockenspiel des Bartholomäusturms. Tipp: Hochzeitspaare dürfen sich ein Stück wünschen!

51 Zim 🛏 - †89/139 € ††119/149 € - 6 Suiten

*Anger 50, Eingang Weitergasse, Zufahrt über Marstallstraße* ✉ *99084*
*- ☎ 0361 56800 – www.hotel-zumnorde.de*
*- geschl. 1. - 10. Januar*

❸ Restaurant und Weinstube Zumnorde – siehe Restaurantauswahl

## 🏠 Villa am Park

**PRIVATHAUS · GEMÜTLICH** Sehr schön und individuell sind die Zimmer in der ehemaligen Pfarrersvilla, dekoriert mit Bildern der Chefin. Dazu persönlich-familiäre Atmosphäre, gutes Frühstück, ein hübscher kleiner Garten. Ins Zentrum sind es nur 15 Minuten zu Fuß!

6 Zim - †43/54 € ††55/74 € - 🛏 8 €

*Tettaustr. 5* ✉ *99094 - ☎ 0361 7894860 – www.villa-am-park-erfurt.de*

## 🏠 Erfurtblick

**FAMILIÄR · FUNKTIONELL** Eine familiäre kleine Adresse, die in einem Wohngebiet liegt und einen schönen Blick auf die Stadt bietet. Die Zimmer sind tipptopp gepflegt und funktional. Zum Haus gehört auch ein netter Garten.

10 Zim 🛏 - †60/75 € ††80/95 €

*Nibelungenweg 20* ✉ *99092 - ☎ 0361 220660*
*- www.hotel-erfurtblick.de*

# ERKHEIM

Bayern – 2 960 Ew. – Höhe 595 m – Regionalatlas **64**-J20
▶ Berlin 646 km – München 105 km – Kempten 55 km – Augsburg 78 km
Michelin Straßenkarte 546

## 🍴 Erkheimer Landhaus

**MARKTKÜCHE · FREUNDLICH** 🍴 Herzlich wird man bei Familie Wörle umsorgt, und zwar mit saisonal-internationale Speisen. Im Sommer sitzt man natürlich am liebsten auf der Terrasse zum Garten. Zum Übernachten hat man helle, freundliche, zeitgemäße Zimmer, teilweise mit Balkon.

Menü 49/55 € – Karte 22/59 €  11 Zim 🛏 - †54/107 € ††75/150 €

*Färberstr. 37* ✉ *87746 - ☎ 08336 813970 – www.erkheimer-landhaus.de*
*- nur Abendessen, sonntags auch Mittagessen - geschl. Mittwoch - Donnerstag*

# ERKRATH

Nordrhein-Westfalen – 43 640 Ew. – Höhe 60 m – Regionalatlas **26**-C11
▶ Berlin 552 km – Düsseldorf 6 km – Wuppertal 26 km
Michelin Straßenkarte 543

## In Erkrath-Hochdahl Ost: 3 km, jenseits der Autobahn

## 🍴 Hopmanns Olive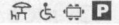

**MEDITERRAN · GEMÜTLICH** 🍴🍴 Direkt beim historischen Lokschuppen liegt das gemütliche Restaurant der Hopmanns - einladend das frische Olivgrün des Raumes, ebenso der Sommergarten! Chef Ingo kocht regional und mediterran, so z. B. "Lammrücken mit Kräuterkruste".

Menü 38/78 € – Karte 41/69 €

*Ziegeleiweg 1* ✉ *40699 - ☎ 02104 803632 – www.hopmannsolive.de – geschl.*
*Dienstag - Mittwoch*

### ⌂ Wahnenmühle

HISTORISCH · INDIVIDUELL Ein charmanter Ort auf einer großen Waldlichtung. Hier wohnt man individuell, die Namen der Zimmer (Städte und Regionen) machen Lust, gleich einzuziehen. Die Chefin kümmert sich persönlich um die Gäste, herzlich und familiär die Atmosphäre!

4 Zim ⌷ – ♦100/130 € ♦♦130/160 €

*Wahnenmühle 1 ⊠ 40699 – ℰ 02104 1399332 – www.wahnenmuehle.de – geschl. Weihnachten - Anfang Januar 2 Wochen, Juli - August 3 Wochen*

## ERLABRUNN Bayern ➡ Siehe Würzburg

## ERLANGEN

Bayern – 105 420 Ew. – Höhe 280 m – Regionalatlas **50**-K16

▶ Berlin 444 km – München 191 km – Nürnberg 19 km – Bamberg 40 km

Michelin Straßenkarte 546

### ⊛ Altmann's Stube

REGIONAL · LÄNDLICH XX Hier freut man sich über gute international-regionale Küche aus topfrischen Produkten. Probieren Sie z. B. "gefüllte Perlhuhnbrust / Parmaschinken / Mozzarella / getrocknete Tomaten / Rosmarinsauce" oder "Filetspitzen Stroganoff / Spätzle / Feldsalat".

Menü 38/64 € – Karte 31/49 €

**Stadtplan : A1-v** – *Hotel Altmann's Stube, Theaterplatz 9 ⊠ 91054 – ℰ 09131 89160 – www.altmanns-stube.de – geschl. 23. Dezember - 10. Januar , Ende August - Anfang September 1 Woche und Sonntag - Montag sowie an Feiertagen*

### ⊛ Rosmarin

INTERNATIONAL · MEDITERRANES AMBIENTE XX Eine elegante Note und zum Namen passende Gründtöne bestimmen hier das Ambiente. Es gibt Mediterran-Internationales wie "Skrei, Spitzkohl, geräucherte Kartoffel, Senfsaat, Meerrettich, Velouté", aber auch Klassiker wie "Wiener Schnitzel vom fränkischen Milchkalb".

Menü 35/90 € – Karte 35/50 €

**Stadtplan : B2-q** – *Hotel Bayerischer Hof, Schuhstr. 31 ⊠ 91052 – ℰ 09131 7850 – www.bayerischer-hof-erlangen.de – geschl. Samstagmittag, Sonntag*

### ⅂○ Da Pippo

ITALIENISCH · KLASSISCHES AMBIENTE XX Wer frische italienische Küche aus sehr guten Produkten sucht, ist hier gegenüber dem Bahnhof genau richtig. Freundlich der Service, schön das klassisch-elegante Interieur mit schwarz-weißen Bodenfliesen und halbhoher dunkler Holztäfelung.

Menü 52/65 €

**Stadtplan : A1-e** – *Paulistr. 12 ⊠ 91054 – ℰ 09131 207394 – www.dapippo.net – nur Abendessen – geschl. 21. August - 5. September und Sonntag - Dienstag*

### ⌂⌂⌂ Bayerischer Hof

BUSINESS · KLASSISCH In dem freundlich geführten Stadthotel erwarten Sie komfortable Zimmer und ein Frühstücksraum mit schönem Kreuzgewölbe sowie das kleine Bistro "Ernesto", in dem Sie abends mediterrane und internationale Speisen bekommen.

153 Zim ⌷ – ♦80/150 € ♦♦80/200 € – 6 Suiten – ½ P

**Stadtplan : B2-q** – *Schuhstr. 31 ⊠ 91052 – ℰ 09131 7850 – www.bayerischer-hof-erlangen.de*

⊛ **Rosmarin** – siehe Restaurantauswahl

### ⌂⌂ Creativhotel Luise

BUSINESS · FUNKTIONELL Ein Hotel auf Bio-Basis, in dem viele Zimmer nach Feng Shui gestaltet sind. Dazu ein schöner Saunabereich und ein gutes Frühstücksbuffet - hier natürlich auch Bioprodukte! Hübsche Fotografien und Kunst im Haus.

95 Zim ⌷ – ♦79/114 € ♦♦109/159 € – 1 Suite

**Stadtplan : B2-p** – *Sophienstr. 10 ⊠ 91052 – ℰ 09131 1220 – www.hotel-luise.de*

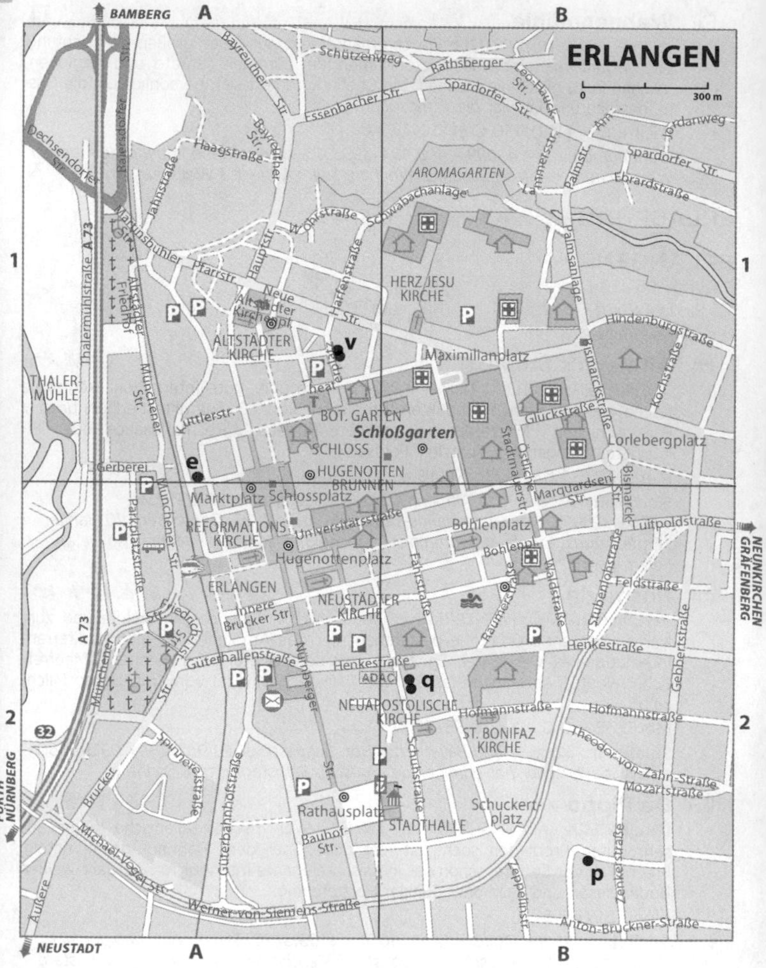

![Map of Erlangen]

**BAMBERG** A  B

**ERLANGEN**

0 _____ 300 m

*(Map of Erlangen with labeled streets and landmarks including: Schützenweg, Rathsberger Str., Spardorfer Str., Leo-Haupt..., Jordanweg, Essenbacher Str., Bayreuther Str., Haagstraße, Spardorfer Str., Ebrardstraße, AROMAGARTEN, Schwabachanlage, HERZ JESU KIRCHE, Hindenburgstraße, Maximilianplatz, ALTSTÄDTER KIRCHE, Neue ... Str., Lorlebergplatz, Glückstraße, BOT. GARTEN, Schloßgarten, SCHLOSS, HUGENOTTEN BRUNNEN, Marktplatz, Schlossplatz, Marquardsen Str., Luitpoldstraße, REFORMATIONS KIRCHE, Universitätsstraße, Bohlenplatz, Feldstraße, ERLANGEN, Hugenottenplatz, NEUSTÄDTER KIRCHE, Henkestraße, ADAC, NEUAPOSTOLISCHE KIRCHE, Hofmannstraße, ST. BONIFAZ KIRCHE, Theodor-von-Zahn-Straße, Mozartstraße, Rathausplatz, STADTHALLE, Schuckertplatz, Anton-Bruckner-Straße, Werner-von-Siemens-Straße, Michael-Vogel-Str., A 73, THALERMÜHLE, THALER-MÜHLE, FÜRTH NÜRNBERG, NEUSTADT, NEUNKIRCHEN GRÄFENBERG)*

1 ... 1

2 ... 2

---

🏨 **Altmann's Stube**

**FAMILIÄR · FUNKTIONELL** In dem gepflegten zeitgemäßen Hotel in der Altstadt kümmert sich Familie Altmann sehr freundlich um die Gäste. Im Haupthaus sind die Zimmer etwas kleiner und daher preisgünstiger, einige davon aber richtig schön modern und hochwertig.

23 Zim 🛏 – 🛏77/88 € 🛏🛏114 €

Stadtplan : A1-v – *Theaterplatz 9 ✉ 91054 – ✆ 0913189160*
*– www.altmanns-stube.de – geschl. 23. Dezember - 10. Januar, Ende August*
*- Anfang September 1 Woche*

🍴 **Altmann's Stube** – siehe Restaurantauswahl

---

Gute Küche zu moderatem Preis? Folgen Sie dem Bib Gourmand 🍴

## In Erlangen-Eltersdorf Süd: 5 km über Äußere Brucker Straße A2

### ⌂ Rotes Ross      🖙 🗴 🕸 🅿

**FAMILIÄR · FUNKTIONELL** In dem Familienbetrieb schläft man nicht nur gut in hellen, funktionalen Zimmern, man bekommt zum Frühstück auch frisch gebackene Brötchen aus der eigenen Backstube! Zudem gibt es einen schönen Poolbereich, wo man im Sommer grillen kann.

22 Zim ヱ – ♦76/94 € ♦♦84/104 €

*Eltersdorfer Str. 15a* ✉ *91058 –* ☎ *09131 690810 – www.hotelrotesross.de – geschl. 20. Dezember - 7. Januar*

## In Erlangen-Frauenaurach Süd-West: 5 km über A2

### ⌂ Schwarzer Adler      🕸

**HISTORISCH · GEMÜTLICH** Wirklich charmant ist das familiär geführte Fachwerkhaus von 1702, behaglich die Zimmer, lauschig der Innenhof. Tipp: Zimmer Nr. 32 unterm Dach - schön geräumig und mit Blick auf das Storchennest vis-à-vis! Mo. - Do. gibt's in der gemütlichen Weinstube am Abend Suppen, Salate, Käse...

14 Zim ヱ – ♦77/92 € ♦♦105/115 €

*Herdegenplatz 1* ✉ *91056 –* ☎ *09131 992051 – www.hotel-schwarzer-adler.de – geschl. 22. Dezember - 7. Januar*

## In Erlangen-Kosbach West: 6 km über A2, Richtung Erlangen-West

### 🏵 Polster Stube      🛖 ⟳ 🅿

**REGIONAL · FREUNDLICH** X Das zweite Restaurant im Hause Polster ist diese nette holzgetäfelte Stube. Wie wär's mit "fränkischer Festtagssuppe" und "Geschnetzeltem vom Spanferkel mit Rösti und Salat"? Und zum Abschluss "gebackene Apfelküchle mit Vanilleeis"?

Karte 22/41 €

*Am Deckersweiher 26* ✉ *91056 –* ☎ *09131 75540 – www.gasthaus-polster.de*

### 🍴 Restaurant Polster      🕸 🖙 🛖 🅿

**FRANZÖSISCH KLASSISCH · ELEGANT** XX "Rinderfilet und Backerl an gebratenem Wurzelgemüse und Zwiebelravioli" oder "Steinbutt und Knurrhahn auf Safranrisotto und Knoblauchfond"? Im eleganten Gourmetrestaurant gibt es ambitioniert-klassische Küche. Übernachtungsgäste dürfen sich auf hübsche, wohnliche Zimmer freuen.

Menü 40/74 € – Karte 50/78 €    13 Zim ヱ – ♦90/95 € ♦♦120/140 €

*Am Deckersweiher 26* ✉ *91056 –* ☎ *09131 75540 (Tischbestellung ratsam) – www.gasthaus-polster.de*

🏵 **Polster Stube** – siehe Restaurantauswahl

# ERLENSEE

Hessen – 13 310 Ew. – Höhe 112 m – Regionalatlas **48**-G14

▶ Berlin 525 km – Wiesbaden 65 km – Frankfurt am Main 26 km – Fulda 81 km

Michelin Straßenkarte 543

## In Neuberg-Ravolzhausen Nord: 2 km

### ⌂ Bei den Tongruben      🕸 🖙 🕸 ⅃る 🅿

**FAMILIÄR · INDIVIDUELL** Engagiert leitet Familie Kremhöller ihr Haus, es ist tipptopp gepflegt und durchweg liebevoll eingerichtet, zudem liegt es noch recht ruhig. Besonders hübsch: die Zimmer mit Dachschräge. Schön auch der Sauna- und Fitnessbereich. Und abends bietet man im Bistro "Gästetreff" kleine Snacks.

28 Zim ヱ – ♦89/102 € ♦♦115/145 €

*Im Unterfeld 19* ✉ *63543 –* ☎ *06183 20400 – www.hotel-tongruben.de – geschl. 16. Dezember - 8. Januar*

# ERWITTE

Nordrhein-Westfalen – 15 670 Ew. – Höhe 100 m – Regionalatlas **27**-F10

▶ Berlin 443 km – Düsseldorf 135 km – Arnsberg 39 km – Lippstadt 7 km

Michelin Straßenkarte 543

🏠 **Schlosshotel**

**HISTORISCHES GEBÄUDE · ROMANTISCH** Das schöne Wasserschloss im Stil der Weserrenaissance beherbergt recht individuell geschnittene wohnliche Gästezimmer und - im Gewölbekeller - ein hübsches Restaurant. Auch kulturelle Veranstaltungen kommen bei dem tollen Rahmen gut an.

17 Zim ⛏ – 🛏85/89 € 🛏🛏115/119 € – 5 Suiten – ½ P

*Schlossallee 14 ✉ 59597 – ☎ 02943 97600 – www.schlosshotel-erwitte.de*

## ESENS

Niedersachsen – 7 230 Ew. – Höhe 3 m – Regionalatlas **7**-D5

▶ Berlin 520 km – Hannover 261 km – Emden 72 km – Oldenburg 91 km

Michelin Straßenkarte 541

### In Esens-Bensersiel Nord-West: 4 km

🏠 **Hörn van Diek**

**FAMILIÄR · GEMÜTLICH** Das schön gepflegte Haus mit seinen wohnlichen Zimmern und Appartements im friesischen Landhausstil ist nur wenige Minuten von Strand und Hafen entfernt. Im Restaurant serviert man Ihnen bürgerliche Küche.

23 Zim ⛏ – 🛏79/99 € 🛏🛏89/109 € – 6 Suiten – ½ P

*Lammertshörn 1 ✉ 26427 – ☎ 04971 2429 – www.dasnordseehotel.de – geschl. 19. - 27. Dezember, 8. Januar - 17. Februar*

## ESSEL Niedersachsen → Siehe Schwarmstedt

## WIR MÖGEN BESONDERS...

Das **HUGENpöttchen** im idyllisch gelegenen Schloss für seine frische, gute Küche. Den „Bistecca Burger" im **BISTECCA**. Die **Schote** als unprätentiöses Gourmetrestaurant. **Parkhaus Hügel**, Stammsitz der Familie Krupp, für die Lage am Baldeneysee.

# ESSEN

Nordrhein-Westfalen – 566 870 Ew. – Höhe 76 m – Regionalatlas **26**-C11
▶ Berlin 528 km – Düsseldorf 37 km – Amsterdam 204 km – Arnhem 108 km
Michelin Straßenkarte 543

### ⅋○ La Grappa                                                                  😂 ⅋ ⇧

ITALIENISCH · GEMÜTLICH ✕✕ Dass Rino Frattesi in seinem liebenswert dekorierten Restaurant zahlreiche Stammgäste hat, liegt in erster Linie an der klassisch
italienischen Küche, aber auch an der schöne Weinkarte und nicht zuletzt rund 1200
Grappas sind verlockend!
Menü 38 € (mittags)/145 € – Karte 49/84 €
Stadtplan: **C2-v** – *Rellinghauser Str. 4* ☒ *45128* – *✆ 0201 231766 (Tischbestellung
ratsam) – www.la-grappa.de – geschl. Samstagmittag, Sonntag*

**In Essen-Bredeney** Süd: 6 km über Alfredstraße B3

### ⅋○ Parkhaus Hügel                                                       ⇦ ≼ 🏠 ⅋ 🅿

MARKTKÜCHE · FREUNDLICH ✕✕ Im Stammsitz der Familie Krupp, direkt gegenüber dem Baldeneysee, erwarten Sie ein gepflegtes kleines Hotel und zahlreiche
Veranstaltungsmöglichkeiten, aber auch - und vor allem - ein Restaurant mit
ambitionierter Küche: frisch, geschmackvoll und saisonal. Unter der Woche nachmittags Kaffeeservice.
Menü 45 € (abends)/75 € – Karte 38/57 €    13 Zim – ♦70/95 €
♦♦90/130 € – ☷ 13 €
*Freiherr-vom-Stein-Str. 209* ☒ *45133* – *✆ 0201 471091* – *www.parkhaus-huegel.de*
*– Montag - Freitag nur Abendessen – geschl. 27. Dezember - 4. Januar*

**In Essen-Burgaltendorf** Süd-Ost: 12 km, über Ruhrallee B3

### 🏠 Mintrops Land Hotel Burgaltendorf     ✿ 🐾 🧺 🖥 🔥 🖃 🏋 🅿

BUSINESS · INDIVIDUELL Wer es gerne individuell hat, wird dieses Hotel mögen:
Zimmer von „Refugium" über „Himmelsstürmergalerie" bis „Landhauszimmer",
dazu farbenfrohe moderne Kunst, ein schöner Garten mit diversen Freizeitmöglichkeiten und das frische, helle und zeitgemäße Restaurant Mumm.
52 Zim – ♦55/140 € ♦♦75/165 € – ☷ 12 € – ½ P
*Schwarzensteinweg 81* ☒ *45289* – *✆ 0201 571710* – *www.mintrops.mm-hotels.de*

ESSEN

0    500 m

## In Essen-Horst Ost: 3 km über Steeler Straße D2

ⅠⅠ○ **Hannappel**

**MODERNE KÜCHE · ELEGANT** ✕✕ Gute Produkte und Können - auf dieser Grundlage sorgt Knut Hannappel für eine schmackhafte Küche, die er immer wieder mit modernen Elementen spickt. Das Restaurant ist elegant, der Service freundlich und aufmerksam.

Menü 29 € (mittags)/85 € – Karte 40/57 €

*Dahlhauser Str. 173 ⊠ 45279 – ℰ 0201 534506 – www.restaurant-hannappel.de*
*– nur Abendessen, sonntags auch Mittagessen – geschl. Juli - August 3 Wochen und Dienstag*

## In Essen-Katernberg Nord-Ost: 6 km über Stoppenberger Straße C1, Richtung
Gelsenkirchen

ⅠⅠ○ **Casino Zollverein**

**INTERNATIONAL · HIP** ✕ Die Industriearchitektur hier wird Sie sicher beeindrucken: In der Kompressorenhalle der Zeche Zollverein - Weltkulturerbe der UNESCO - sitzt man unter massiven Stahlbetonträgern, während man sich regional und mediterran beeinflusste Küche schmecken lässt.

Menü 35/55 € – Karte 33/55 €

*Gelsenkirchener Str. 181, über Bullmannaue ⊠ 45309*
*– ℰ 0201 830240 – www.casino-zollverein.de*
*– geschl. Montag*

## In Essen-Kettwig Süd-West: 11 km über Alfredstraße B3

⊛ **HUGENpöttchen**

**REGIONAL · GEMÜTLICH** ✕✕ Was man hier serviert bekommt, ist frisch und schmackhaft und nennt sich z. B. "rosa gebratenes Lammkarree mit westfälischem Stielmus". Günstiger Mittagstisch inkl. Wasser und Kaffee. Von der Terrasse schaut man auf den schönen Schlosspark.

Menü 35/59 € – Karte 36/85 €

*Hotel Schloss Hugenpoet, August-Thyssen-Str. 51, West: 2,5 km ⊠ 45219*
*– ℰ 02054 12040 (Tischbestellung ratsam) – www.hugenpoet.de*

🏚🏚🏚 **Schloss Hugenpoet**

**HISTORISCHES GEBÄUDE · KLASSISCH** Reichlich Kunst und antike Möbel, alte Fliesen und schöne Holzböden, dazu ein mächtiges Granittor in der großen Halle - das herrschaftliche Anwesen a. d. 17. Jh. ist wirklich sehenswert mit seinem historischen Charme. Modern die neueren Zimmer. Als Gourmetrestaurant gibt es Do. - Sa. abends das "Laurushaus".

36 Zim – ✝160/230 € ✝✝175/270 € – ⊊ 25 €

*August-Thyssen-Str. 51, West: 2,5 km ⊠ 45219 – ℰ 02054 12040*
*– www.hugenpoet.de*

⊛ **HUGENpöttchen** – siehe Restaurantauswahl

## In Essen-Margarethenhöhe

🏚🏚 **Mintrops Stadt Hotel Margarethenhöhe**

**BUSINESS · MODERN** Das nette kleine Hotel liegt in der historischen Krupp-Siedlung nahe Grugapark und Messe. In den Zimmern wie überall im Haus findet sich reichlich Kunst. Ebenso frisch und freundlich das geradlinig gehaltene Restaurant, schön die Veranstaltungsräume. Tipp: Machen Sie doch mal einen Kochkurs!

34 Zim – ✝57/78 € ✝✝93/147 € – 1 Suite – ⊊ 12 € – ½ P

*Stadtplan : A3-f – Steile Str. 46 ⊠ 45149 – ℰ 0201 43860*
*– www.mintrops-stadthotel.de*

# In Essen-Rüttenscheid

❀ **Schote** (Nelson Müller)  ⌂

**MODERNE KÜCHE · NACHBARSCHAFTLICH** XX "Culture", "Roots" oder lieber "no meat, no fish"? Die Menüs von Nelson Müller sind modern, klassisch in der Zubereitung und werden sehr schön präsentiert. Das Restaurant selbst ist gemütlich-elegant, der Service geschult und herzlich.

→ Brunnenkressesüppchen, Champignonmaultaschen, Zwiebelschmelze. Nordseescholle, Räucheraalpüree, Rahmspinat, Verveine. Geschmortes Milchkalbsbäckchen, Erdartischocke, Pfirsich, Morcheln.

Menü 84/124 € – Karte 89/93 €

Stadtplan : B3-a – *Emmastr. 25* ✉ *45130* – ✆ *0201 780107* – *www.restaurant-schote.de* – *nur Abendessen* – *geschl. Anfang Januar 1 Woche, Ende Juli - Anfang August 2 Wochen und Sonntag - Montag*

🍴○ **BISTECCA**  🍸 ⌂ AC ✗ 🚗

**FLEISCH · TRENDY** XX Lust auf ein schön gegrilltes Steak? Hier gibt es neben Fleisch aber auch fangfrischen Fisch als Tagesempfehlung! Und auf der Weinkarte mit über 450 Positionen findet sich so manch großer Name. Auch die schicke moderne Einrichtung kommt an.

Menü 25/59 € – Karte 41/157 €

Stadtplan : B3-b – *Rüttenscheiderstr. 2, (im Glückaufhaus)* ✉ *45128* – ✆ *0201 74716931* – *www.bistecca-grillroom.de* – *geschl. Samstagmittag, Sonntag*

🍴○ **Rotisserie du Sommelier**  ⌂ ✗

**FRANZÖSISCH-KLASSISCH · BISTRO** X Wer in Essen französisches Flair sucht, ist in diesem Bistro in der Fußgängerzone genau richtig. Was der Inhaber in seiner kleinen Küche zubereitet, ist frisch und schmeckt richtig gut. Wie wär's z. B. mit "Pariser Rinderragout mit Waldpilz-Sauté"? Und probieren Sie unbedingt den warmen Schokoladenkuchen!

Menü 49/58 € – Karte 35/67 €

Stadtplan : B3-s – *Wegenerstr. 3* ✉ *45131* – ✆ *0201 9596930 (Tischbestellung ratsam)* – *www.rotisserie-ruettenscheid.de* – *geschl. Sonntag - Montag*

🏠 **Ruhr-Hotel**  ⬍

**URBAN · FUNKTIONELL** Auffallend persönlich ist die Führung hier im Haus - Familie Köhler kümmert sich herzlich um ihre Gäste und sorgt dafür, dass alles gepflegt ist. Für schöne Sommertage gibt es eine nette kleine Terrasse, auf der man auch frühstücken kann.

29 Zim ☲ – ♦82/135 € ♦♦95/170 €

Stadtplan : B3-e – *Krawehlstr. 42* ✉ *45130* – ✆ *0201 778053* – *www.ruhrhotel.de* – *geschl. 21. Dezember - 3. Januar*

---

# ESSEN, BAD

Niedersachsen – 15 020 Ew. – Höhe 62 m – Regionalatlas **17**-F8

▶ Berlin 396 km – Hannover 133 km – Bielefeld 71 km – Osnabrück 24 km

Michelin Straßenkarte 541

🏠 **Höger's Hotel**  ✗ 🐾 ♨ ⬍ 🎿 **P**

**FAMILIÄR · MODERN** Eines vorneweg: Wohnlich sind die Zimmer alle, denn die beiden Gastgeberinnen haben ein Händchen für geschmackvolle Einrichtung. Besonders chic ist das Design in dem sanierten alten Fachwerkhaus und dem modernen Anbau. Ebenso hübsch die Lounge. Veranda zum Marktplatz, Terrasse unter Buchen. Eigene Konditorei.

27 Zim ☲ – ♦70/90 € ♦♦100/120 € – 1 Suite – ½ P

*Kirchplatz 25, (Zufahrt über Nikolaistr. 11)* ✉ *49152* – ✆ *05472 94640* – *www.hoegers.de*

# ESSLINGEN am NECKAR

Baden-Württemberg – 89 250 Ew. – Höhe 401 m – Regionalatlas **55**-G18

▶ Berlin 641 km – Stuttgart 17 km – Reutlingen 40 km – Ulm (Donau) 80 km

Michelin Straßenkarte 545

## ⁑○ Reichsstadt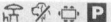

**ITALIENISCH · FREUNDLICH** ✗✗ Kunst und Kulinarik gehen in dem historischen Stadthaus a. d. 15. Jh. Hand in Hand. Zur italienischen Küche ("Gnocchi Pino Sassano", "Risotto Cacio e Pepe"...) gibt's Wein aus Italien, aber auch deutsche Rieslinge. Draußen speist man mit Blick aufs alte Rathaus vis-à-vis.

Menü 46/62 € – Karte 39/64 €

*Rathausplatz 5* ✉ *73728* – ✆ *0711 353620* – *www.ristorante-reichsstadt.de* – *geschl. Sonntag - Montag*

## ⁑○ Goldener Ochsen ●

**FRANZÖSISCH-KLASSISCH · GERADLINIG** ✗✗ Die Lage neben dem Schlachthof ist zwar nicht die attraktivste, doch dafür kann man ausgezeichnet parken! Zum schönen modernen Ambiente passt die geradlinig-puristische Küche auf Basis guter, frischer Produkte, so z. B. "Rücken vom irischen Lamm mit grünen Bohnen und Kartoffelcreme".

Menü 40/55 € – Karte 31/51 €

*Schlachthausstr. 13* ✉ *73728* – ✆ *0711 3509509* – *www.goldenerochseesslingen.de* – *geschl. August 2 Wochen und Samstagmittag, Sonntag - Montag*

## ⁑○ Posthörnle

**INTERNATIONAL · FREUNDLICH** ✗ In einem der ältesten Wirtshäuser der Stadt ist dieses geradlinig-leger gehaltene kleine Restaurant zu finden. Aus der Küche kommen frische saisonale Gerichte, von der "Rehfrikadelle mit schwarzem Senf" bis zum "gebratenen Zander auf Orangen-Chicoree".

Menü 48/56 € – Karte 32/53 €

*Pliensaustr. 56* ✉ *73728* – ✆ *0711 50629131* – *www.posthoernle.de* – *nur Abendessen, sonntags auch Mittagessen* – *geschl. August 3 Wochen, Januar 1 Woche und September - April: Montag, Mai - August: Montag - Dienstag*

## ⛨ Park Consul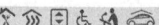

**BUSINESS · MODERN** Modernes Businesshotel mit luftig-lichter Atriumhalle samt Bar und Lounge. Gut ausgestattet sind die Zimmer alle, die "Executive"-Kategorie bietet ein paar Extras und liegt ruhiger zum "Neckar Forum". Besonderheit im Restaurant: "Wein Forum" regionaler Winzer (Degustation/Kauf möglich). Dazu die Dachterrasse!

150 Zim – ♦152/172 € ♦♦165/185 € – 4 Suiten – ☲ 17 € – ½ P

*Grabbrunnenstr. 19* ✉ *73728* – ✆ *0711 411110* – *www.pcesslingen.consul-hotels.com*

# ETTENHEIM

Baden-Württemberg – 12 390 Ew. – Höhe 193 m – Regionalatlas **53**-D20

▶ Berlin 779 km – Stuttgart 174 km – Freiburg im Breisgau 42 km – Strasbourg 53 km

Michelin Straßenkarte 545

## ⁑○ Weber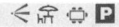

**REGIONAL · WEINSTUBE** ✗ Auf dem Weingut der Webers speist man in ländlich-charmantem Ambiente. Das Angebot reicht von Vespergerichten über Flammkuchen bis hin zu regionalen Speisen wie "Rinderrückensteak mit Rotwein-Zwiebelsoße, Gemüse und Brägili". Dazu gibt's natürlich die guten hauseigenen Weine (Schwerpunkt Burgunder).

Menü 25 € (vegetarisch)/48 € – Karte 20/51 €

*Im Offental 1* ✉ *77955* – ✆ *07822 894813* – *www.weingut-weber.de* – *geschl. Februar 2 Wochen, August - Anfang September 1 Woche, November 1 Woche und Montag - Dienstag außer an Feiertagen*

# ETTLINGEN

Baden-Württemberg – 38 820 Ew. – Höhe 133 m – Regionalatlas **54**-F18

▶ Berlin 678 km – Stuttgart 79 km – Karlsruhe 10 km – Baden-Baden 36 km

Michelin Straßenkarte 545

### ✿ Erbprinz     🌣 🗚 🕭 🚗

**KLASSISCHE KÜCHE · ELEGANT** ✗✗ Das stillvolle helle Interieur, die hochwertig eingedeckten Tische und die ebenso niveauvolle Küche könnten kaum ein stimmigeres Bild ergeben. Gekocht wird klassisch, saisonal und mit internationalen Einflüssen - fein, ausdrucksstark und ansprechend präsentiert. Draußen vor der Glasfront die schöne Terrasse.

→ Lauwarmer Thunfisch mit Avocado und Mandelmarinade. Lammrücken mit schwarzem Risotto, dicken Bohnen und Paprikaöl. Topfenknödel mit eingelegten Marillen und Tonkabohneneis.

Menü 99/135 € – Karte 89/128 €

*Hotel Erbprinz, Rheinstr. 1 ✉ 76275 – ℰ 07243 3220 (Tischbestellung ratsam) – www.erbprinz.de – nur Abendessen – geschl. 8. - 23. Januar, 4. - 19. Juni, 25. August - 11. September und Sonntag - Montag sowie an Feiertagen*

### ✿ Weinstube Sibylla     🌣 🗚 🚗

**REGIONAL · WEINSTUBE** ✗✗ Schöner alter Holzfußboden, getäfelte Wände und hübsche Deko versprühen hier traditionelles Flair. Darf es z. B. "Kotelett vom Kraichgauer Schwein mit Radieschengemüse" sein? Oder lieber Klassiker wie "Maultaschen mit Zwiebelschmelze"?

Menü 37 € – Karte 35/55 €

*Hotel Erbprinz, Rheinstr. 1 ✉ 76275 – ℰ 07243 3220 – www.erbprinz.de*

### 🍴○ Hartmaier's Villa     🐌 🛋 🌣 🕭 ℗

**INTERNATIONAL · ELEGANT** ✗✗ In einer schönen Villa von 1818 befindet sich das moderne Restaurant. Das Ambiente mal elegant, mal legerer, schön die Terrassen vor und hinter dem Haus. Auf der Karte liest man z. B. "Kalbsrückensteak in Morchelsauce" oder "Lammrücken mit Rosmarin und Dijonsenf". Funktionale Zimmer im "Hotel Watthalden".

Menü 32 € (mittags unter der Woche)/63 € – Karte 35/67 €

83 Zim – ♦84/114 € ♦♦104/134 €

*Pforzheimer Str. 67 ✉ 76275 – ℰ 07243 761720 – www.hartmaiers.de*

### 🏨 Erbprinz     🔄 🕭 🍴 🛋 🔲 ⅃ 🗚 🎖 🚗

**LUXUS · KLASSISCH** Unter engagierter Leitung wird das gewachsene Hotel mit Ursprung im Jahre 1700 immer wieder erweitert und verschönert. So wohnt man hier von klassisch-gediegen bis modern-elegant, gönnt sich Beauty-Behandlungen, Fitness-Programm und Medical Spa, genießt hausgebackenen Kuchen im eigenen Café...

123 Zim ⌘ – ♦189/209 € ♦♦238/259 € – 5 Suiten

*Rheinstr. 1 ✉ 76275 – ℰ 07243 3220 – www.erbprinz.de*

✿ **Erbprinz** • ✿ **Weinstube Sibylla** – siehe Restaurantauswahl

# EUSKIRCHEN

Nordrhein-Westfalen – 55 560 Ew. – Höhe 160 m – Regionalatlas **35**-B13

▶ Berlin 611 km – Düsseldorf 78 km – Bonn 32 km – Aachen 87 km

Michelin Straßenkarte 543

### 🍴○ Stadtwaldvinum     🌣 🔄 ℗

**MEDITERRAN · GEMÜTLICH** ✗✗ Außen wie innen versprüht das Haus südländisches Flair, passend dazu die frische mediterrane Küche mit saisonal-regionalem Einfluss - Appetit auf "Ziegenkäse-Ravioli mit Löwenzahnblütenöl" oder "irischen Lammrücken in Fenchelsamenkruste"? Sie können hier auch Wein und sogar Terrakotta kaufen!

Menü 20 € (mittags unter der Woche)/69 € – Karte 33/59 €

*Münstereifeler Str. 148 ✉ 53879 – ℰ 02251 63313 (Tischbestellung ratsam) – www.stadtwaldvinum.de – geschl. Samstagmittag und Montag, außer an Feiertagen*

## ⍥○ Cantinetta

**ITALIENISCH · TRENDY** ✗✗ Interessante Einblicke bietet nicht nur die offene Küche, aus der mediterrane Speisen (Geschmortes, Pasta, leckere Desserts) kommen. Der begehbare gläserne Chambrair weckt Vorfreude auf eine große italienische und deutsche Weinauswahl.

Menü 39/65 € – Karte 33/50 €

*Ameron Parkhotel, Alleestr. 1* ✉ *53879 –* ✆ *02251 775555*
*– www.ameron-parkhotel-euskirchen.de – nur Abendessen – geschl. Sonntag*

## 🏨 Ameron Parkhotel

**LUXUS · MODERN** Mit zeitlosem hochwertigem Design und guter Technik sowie einem ansprechenden Freizeitbereich überzeugt das Businesshotel ebenso wie mit seiner zentralen Lage gegenüber dem Bahnhof und der Nähe zum Nationalpark Nordeifel.

92 Zim ⌑ – ♦89/249 € ♦♦99/269 € – 3 Suiten – ½ P

*Alleestr. 1* ✉ *53879 –* ✆ *02251 7750 – www.ameron-parkhotel-euskirchen.de*
⍥○ **Cantinetta** – siehe Restaurantauswahl

# In Euskirchen-Flamersheim Süd-Ost: 7,5 km

## ❀ Bembergs Häuschen (Oliver Röder)

**MODERNE KÜCHE · KLASSISCHES AMBIENTE** ✗✗ Das ausgesprochen hübsche modern-elegante Restaurant im Schloss der Familie von Bemberg setzt auf stimmige, ausdrucksstarke Gerichte mit schönen Akzenten. Dazu sehr aufmerksamer Service. Wer auf dem tollen historischen Anwesen übernachten möchte, findet im ehemaligen Kuhstall attraktive Zimmer. Kochschule.

→ "Ross-Beef" - Pferdetatar, Spitzkohl, Orange, Sesam. "Lieu Jaune" - Steinköhler, Tomate, Babyspinat, Basilikum. "Herrengedeck" - Ochsenschwanz, Sellerie, Apfel.

Menü 69/129 € 4 Zim – ♦100/120 € ♦♦100/120 € – 1 Suite – ⌑ 15 €

*Burg Flamersheim, (Zufahrt über Sperberstraße)* ✉ *53881 –* ✆ *02255 945752*
*– www.burgflamersheim.de – nur Abendessen, sonntags auch Mittagessen*
*– geschl. 1. - 19. Januar und Montag - Dienstag*
🅑 **Eiflers Zeiten** – siehe Restaurantauswahl

## 🅑 Eiflers Zeiten

**REGIONAL · RUSTIKAL** ✗ Die rustikalere Restaurantvariante. Lust auf Schmorgerichte vom heimischen Rind oder wechselnde Tagesgerichte wie Sonntagsbraten oder Kalbsleber "Berliner Art"? Hingucker ist der Holzofen mitten im Raum, in dem u. a. leckere Kartoffelflammkuchen backen! Schön der Blick durch die Fensterfront auf den Teich.

Menü 32 € – Karte 33/53 €

*Restaurant Bembergs Häuschen, Burg Flamersheim, (Zufahrt über Sperberstraße)*
✉ *53881 –* ✆ *02255 945752 – www.burgflamersheim.de – Mittwoch - Donnerstag*
*nur Abendessen – geschl. 1. - 19. Januar und Montag - Dienstag*

# EUTIN

Schleswig-Holstein – 16 770 Ew. – Höhe 33 m – Regionalatlas **11**-J4
▶ Berlin 299 km – Kiel 44 km – Lübeck 48 km – Oldenburg in Holstein 29 km
Michelin Straßenkarte 541

## 🏠 EUT-IN

**LANDHAUS · GEMÜTLICH** Das kleine Hotel in den Gebäuden der einstigen Straßenmeisterei ist ideal für Ausflüge an die 10 km entfernte Ostsee. Aber auch im Strandkorb am eigenen Badeteich lässt es sich toll relaxen! In der "Alten Straßenmeisterei" kocht man regional-saisonal und mit internationalen Einflüssen.

14 Zim – ♦59/119 € ♦♦89/149 € – ⌑ 10 € – ½ P

*Lübecker Landstr. 53* ✉ *23701 –* ✆ *04521 778810 – www.eut-in-hotel.de*

## FAHRENZHAUSEN
Bayern – 4 730 Ew. – Höhe 465 m – Regionalatlas **58**-L19
▶ Berlin 562 km – München 25 km – Freising 26 km – Augsburg 72 km
Michelin Straßenkarte 546

### In Fahrenzhausen-Großnöbach Süd-Ost: 2 km über B 13 Richtung
München

🏠 **AmperVilla**  ⭐ 🛏 🕷 🖶 🧖 **P**

LANDHAUS · MEDITERRAN Ein Haus mit mediterranem Landhausflair. Mit hübschen Stoffen und warmen Farben hat man die Zimmer geschmackvoll und wohnlich gestaltet. Ebenso schön: Frühstücksraum und kleine Bibliothek.
38 Zim ♨ – ♥79/149 € ♥♥79/169 € – 2 Suiten – ½ P
*Gewerbering 1, B 13 ✉ 85777 – ☎ 08133 99630 – www.ampervilla.de – geschl. 23.*
*- 27. Dezember*

## FASSBERG
Niedersachsen – 6 150 Ew. – Höhe 71 m – Regionalatlas **19**-I7
▶ Berlin 308 km – Hannover 90 km – Celle 44 km – Munster 14 km
Michelin Straßenkarte 541

### In Faßberg-Müden Süd-West: 4 km

🍽️ **Schäferstube**  🌰 **P**

FRANZÖSISCH-KLASSISCH · FREUNDLICH ✗✗ Sie sitzen in gemütlichen Stuben mit Landhaus-Charme und lassen sich mit einem Mix aus klassisch-französischer und regionaler Küche bekochen. Wie wär's z. B. mit "pochiertem Saiblingsfilet auf Kräuterremoulade, Gurke und Eierbröseln"?
Menü 33/90 € – Karte 31/61 €
*Niemeyer's Posthotel, Hauptstr. 7 ✉ 29328 – ☎ 05053 98900*
*– www.niemeyers-posthotel.de – Montag - Freitag nur Abendessen – geschl. Januar*

🏠 **Niemeyer's Posthotel**  🕷 🧖 **P**

FAMILIÄR · INDIVIDUELL Aus dem 19. Jh. stammt dieser traditionsreiche Familienbetrieb mit behaglichem gediegenem Ambiente und einem hübschen modernen Sauna- und Ruhebereich.
35 Zim ♨ – ♥95/105 € ♥♥145/170 € – 2 Suiten – ½ P
*Hauptstr. 7 ✉ 29328 – ☎ 05053 98900 – www.niemeyers-posthotel.de – geschl. Januar*
🍽️ **Schäferstube** – siehe Restaurantauswahl

## FEHMARN (INSEL)
Schleswig-Holstein – Regionalatlas **4**-K3
▶ Berlin 350 km – Kiel 86 km – Lübeck 83 km – Oldenburg in Holstein 31 km
Michelin Straßenkarte 541

### Burg

### In Burg-Neujellingsdorf

😊 **Margaretenhof**  🌰 ♻ 🍴

REGIONAL · GEMÜTLICH ✗✗ "Gebratener Dorsch mit Sesam-Lauch und lila Kartoffeln auf Teriyakisauce" oder "weiße Tomatensuppe mit Mozzarella-Basilikumravioli und gebackener Garnele" - der Spagat zwischen klassisch-regionaler Küche und asiatischen Einflüssen gelingt! Man sitzt in gemütlichen kleinen Räumen und wird charmant umsorgt.
Menü 49 € – Karte 35/53 €
*Dorfstr. 7, (Neujellingsdorf 7) ✉ 23769 – ☎ 04371 87670*
*– www.restaurant-margaretenhof.com – nur Abendessen, sonntags auch*
*Mittagessen – geschl. Januar - April: Montag - Donnerstag, Oktober - Dezember:*
*Dienstag - Mittwoch,*

# FELDAFING

Bayern – 4 160 Ew. – Höhe 646 m – Regionalatlas **65**-L21

▶ Berlin 621 km – München 35 km – Garmisch-Partenkirchen 65 km – Weilheim 19 km
Michelin Straßenkarte 546

## In Feldafing-Wieling West: 2 km, Richtung Traubing, dann rechts über B 2

### 🏠 Alte Linde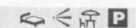

**LANDHAUS • INDIVIDUELL** Der Familienbetrieb ist aufgrund seiner Seenähe gerade im Sommer ein beliebtes Ziel. Sie schlafen in wohnlichen, recht geräumigen Zimmern (zur Straße hin gut schallisoliert), erkunden mit Elektrofahrrädern die Gegend (Verleih hier im Haus) und stärken sich danach im gemütlich-alpenländischen Restaurant.

40 Zim � – †62/195 € †∲100/245 €

*Wieling 5, an der B 2* ✉ 82340 – ☎ 08157 933180 – *www.linde-wieling.de*

# FELDBERG im SCHWARZWALD

Baden-Württemberg – 1 850 Ew. – Höhe 1 277 m – Regionalatlas **61**-E21

▶ Berlin 791 km – Stuttgart 170 km – Freiburg im Breisgau 38 km – Basel 60 km
Michelin Straßenkarte 545

## In Feldberg-Altglashütten Höhe 991 m

### ⫶○ Florian'S

**REGIONAL • FAMILIÄR** 𝕏 Am Rand des Dorfes liegt dieses familiengeführte Haus, in dem Gastgeber Florian Stoll regional kocht. Neben Gerichten wie "Hirschmedaillon mit Parmesankruste" genießt man hier auch die Aussicht. Das Hotel Waldeck mit seinen gepflegten Zimmern ist ein guter Ausgangspunkt für Wanderungen im nahen Wald.

Menü 27 € – Karte 28/59 €    18 Zim ♋ – †59/65 € †∲95/126 € – 2 Suiten

*Windfällstr. 19* ✉ 79868 – ☎ 07655 91030 – *www.hotelwaldeck.com* – *nur Abendessen – geschl. Mitte November - Mitte Dezember und Mittwoch*

### 🏠 Schlehdorn

**FAMILIÄR • GEMÜTLICH** Bei Familie Dünnebacke ist alles richtig schön regionstypisch: jede Menge behagliches Holz, wohnliche Stoffe, der heimelige Kachelofen in der Stube... Wenn Sie mit der Familie kommen, buchen Sie doch eine der Ferienwohnungen! Und wie wär's mit einem Elektro-Smart? Den leiht man für einen halben Tag kostenlos!

12 Zim ♋ – †104/149 € †∲139/205 € – 8 Suiten – ½ P

*Sommerberg 1, an der B 500* ✉ 79868 – ☎ 07655 91050 – *www.schlehdorn.de* – *geschl. 13. November - 16. Dezember*

## In Feldberg-Bärental Höhe 980 m

### 🏵 Adler Bärental

**REGIONAL • RUSTIKAL** 𝕏𝕏 Schwarzwälder Gemütlichkeit, wie man sie von früher kennt - das können Sie in den netten Gaststuben erleben. Selbstverständlich stehen auf der Karte fast ausschließlich badische Spezialitäten.

Menü 23/49 € – Karte 31/59 €

*Hotel Adler Bärental, Feldbergstr. 4* ✉ 79868 – ☎ 07655 933933 – *www.adler-feldberg.de – geschl. Dienstag, November - Dezember und März - Mai: Dienstag - Mittwoch*

### 🏠 Adler Bärental 🅿

**GASTHOF • GEMÜTLICH** Das Haus ist außen wie innen im regionstypischen Stil gehalten. Hinter der Holzschindelfassade verbergen sich gemütliche, nach Wildkräutern benannte Zimmer, Maisonetten und Appartements - ruhiger nach Westen hin.

16 Zim ♋ – †70/95 € †∲99/115 € – ½ P

*Feldbergstr. 4, B 317* ✉ 79868 – ☎ 07655 933933 – *www.adler-feldberg.de*

🏵 **Adler Bärental** – siehe Restaurantauswahl

## In Feldberg-Falkau Höhe 950 m

⊪○ **Peterle** ⇐ 🏠 🛏 🚗

**TRADITIONELLE KÜCHE · RUSTIKAL** ✗ In den ländlich-gemütlichen Stuben isst man frisch und schmackhaft, und das auf Basis regional-saisonaler Produkte. Lust auf "Bio-Ziegenkäse mit Erdbeer-Spargelsalat" oder "in Grauburgunder geschmorte Wiesentäler Kalbsschulter mit Spätzle"?

Menü 31/73 € – Karte 18/48 €

*Schuppenhörnlestr. 18 ✉ 79868 – ℰ 07655 677 – www.hotel-peterle.de – geschl. Mitte November - Anfang Dezember, 27. März - 6. April*

🏠 **Peterle** ⤳ ⇐ 🏠 🕸 🚗

**GASTHOF · INDIVIDUELL** Wirklich sympathisch und sehr gepflegt ist es hier! Man schläft in hübschen, wohnlich gestalteten Zimmern, manche mit Holzboden, teilweise mit Balkon oder Terrasse zum netten Garten.

14 Zim ⌂ – ✝35/55 € ✝✝76/101 € – ½ P

*Schuppenhörnlestr. 18 ✉ 79868 – ℰ 07655 677 – www.hotel-peterle.de – geschl. 9. November - 7. Dezember, 27. März - 6. April*

⊪○ **Peterle** – siehe Restaurantauswahl

# FELDBERGER SEENLANDSCHAFT

Mecklenburg-Vorpommern – 4 430 Ew. – Höhe 90 m – Regionalatlas **14**-P6

▶ Berlin 143 km – Schwerin 184 km – Neustrelitz 35 km – Neubrandenburg 35 km

Michelin Straßenkarte 542

## Im Ortsteil Fürstenhagen

🕸 **Alte Schule - Klassenzimmer** (Daniel Schmidthaler) ⇔ ⤳ 🛏 🛁

**KLASSISCHE KÜCHE · FREUNDLICH** ✗✗ Nur der Name erinnert noch an das 🅿 Pauken von einst, heute heißt es hier richtig gut essen und schön wohnen! In dem fast puristisch gehaltenen und zugleich stilvollen Restaurant setzt man auf moderne Regionalküche mit österreichischen Einflüssen, und dabei wird der Bezug zur Natur groß geschrieben.

→ Schweinehaxe, Fischeier, Rhabarber. Rind, Rettich, Wiese. Getreide, Zwetschke aus dem alten Jahr, Petersilie.

Menü 64/96 € 18 Zim ⌂ – ✝50/60 € ✝✝80/90 € – ½ P

*Zur Alten Schule 5 ✉ 17258 – ℰ 039831 22023 (Tischbestellung ratsam) – www.hotelalteschule.de – nur Abendessen – geschl. 3. Januar - 2. Februar und Montag, September - Juni: Montag - Dienstag*

⊪○ **Gaststube Pausenraum** – siehe Restaurantauswahl

⊪○ **Gaststube Pausenraum** 🛏 ⇔ 🅿

**REGIONAL · FREUNDLICH** ✗ Jede Schule braucht auch einen Pausenraum... Dieser hier ist ein hübscher Wintergartenanbau, in dem man etwas bodenständiger isst. Gekocht wird regional-saisonal, die Gerichte stehen auf einer Tafel.

Karte 28/30 €

*Restaurant Alte Schule - Klassenzimmer, Zur Alten Schule 5 ✉ 17258 – ℰ 039831 22023 (Tischbestellung ratsam) – www.hotelalteschule.de – nur Mittagessen – geschl. 3. Januar - 2. Februar, im Sommer und Montag - Donnerstag*

# FELDKIRCHEN

Bayern – 7 010 Ew. – Höhe 523 m – Regionalatlas **66**-M20

▶ Berlin 591 km – München 16 km – Kufstein 95 km – Augsburg 82 km

Michelin Straßenkarte 546

⊪○ **Bauer** 🛏 🆎 🚗

**TRADITIONELLE KÜCHE · FREUNDLICH** ✗✗ Auch zum Essen kommt man gerne zu Familie Bauer, denn man sitzt hier schön in verschiedenen gemütlichen Stuben oder im Wintergarten und lässt sich das tagesfrische regionale Angebot schmecken.

Menü 35 € – Karte 26/56 €

*Hotel Bauer, Münchner Str. 6 ✉ 85622 – ℰ 089 90980 – www.bauerhotel.de*

### 🏨 Bauer

**FAMILIÄR · GEMÜTLICH** Schon Jahrzehnte in Familienhand, ist der alteingesessene Gasthof zum Hotel gewachsen, engagiert und freundlich wird man hier betreut. Wie wär's mit einem der besonders schönen und wertigen Zimmer im chic-alpinen Stil?
100 Zim 🖙 – †128/155 € ††148/185 € – 1 Suite
*Münchner Str. 6 ⊠ 85622 – ℰ 089 90980 – www.bauerhotel.de*
🍽️ **Bauer** – siehe Restaurantauswahl

## FELDKIRCHEN-WESTERHAM
Bayern – 10 470 Ew. – Höhe 551 m – Regionalatlas **66**-M21
▶ Berlin 623 km – München 39 km – Rosenheim 24 km
Michelin Straßenkarte 546

**Im Ortsteil Aschbach** Nord-West: 3 km ab Feldkirchen in Richtung München

### 🐾 Aschbacher Hof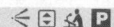

**MARKTKÜCHE · LÄNDLICH** XX "Filet vom bayerischen Jungbullen unter der Bärlauchkruste mit Ragout von weißem und grünem Spargel" - ein schmackhaftes Beispiel für die saisonale, internationale und regionale Küche. Besonders angenehm ist die Terrasse mit toller Sicht auf die Alpen, aber auch drinnen sitzt man gemütlich.
Menü 27 € – Karte 25/49 €
*Hotel Aschbacher Hof, Aschbach 3 ⊠ 83620 – ℰ 08063 80660*
*– www.aschbacher-hof.de*

### 🏨 Aschbacher Hof

**GASTHOF · TRADITIONELL** Das kleine Hotel mit den hübschen ländlichen Zimmern ist von der Autobahn aus gut erreichbar und liegt dennoch schön umgeben von Wiesen. In der Nähe Golfplatz, Bergtierpark, Wander- und Radwege. Auch für Tagungen und Hochzeiten interessant.
20 Zim 🖙 – †65/95 € ††99/123 € – ½ P
*Aschbach 3 ⊠ 83620 – ℰ 08063 80660 – www.aschbacher-hof.de*
🐾 **Aschbacher Hof** – siehe Restaurantauswahl

## FELLBACH Baden-Württemberg → Siehe Stuttgart

## FELSBERG
Hessen – 10 660 Ew. – Höhe 165 m – Regionalatlas **38**-H12
▶ Berlin 404 km – Wiesbaden 185 km – Kassel 28 km – Gießen 103 km
Michelin Straßenkarte 543

**In Felsberg-Hesserode** Süd: 6,5 km über Gensungen und Helmshausen

### 🍽️ Zum Rosenhof

**INTERNATIONAL · LÄNDLICH** XX Die Chefin steht selbst am Herd, das Ergebnis sind ansprechende Gerichte mit mediterranen Einflüssen: Appetit auf "Orangen-Carpaccio mit Jakobsmuschel" oder "Rinderfilet mit schwarzen Linsen und getrüffeltem Kartoffelpüree"?
Menü 30/92 € – Karte 32/101 €
*Rockshäuser Str. 9 ⊠ 34587 – ℰ 05662 2774 (Tischbestellung erforderlich)*
*– www.mayer-stahl.de – Montag - Samstag nur Abendessen - geschl. Anfang Januar 2 Wochen*

### 🏠 Zum Rosenhof

**FAMILIÄR · INDIVIDUELL** Charmant und persönlich ist es bei Gastgeberin Hannelore Mayer-Stahl in dem Bauernhaus a. d. 16. Jh. Außen hübsche Fachwerkfassade, drinnen liebenswertes Interieur: schöne Stoffe und Farben, dekorative Accessoires, hier und da antike Möbel.
9 Zim – †50/110 € ††70/150 € – 🖙 12 € – ½ P
*Rockshäuser Str. 9 ⊠ 34587 – ℰ 05662 2774 – www.mayer-stahl.de – geschl. Anfang Januar 2 Wochen*
🍽️ **Zum Rosenhof** – siehe Restaurantauswahl

# FEUCHTWANGEN

Bayern – 12 070 Ew. – Höhe 452 m – Regionalatlas **56**-J17

▶ Berlin 509 km – München 171 km – Stuttgart 131 km – Schwäbisch Hall 52 km

Michelin Straßenkarte 546

### Greifen-Post

MARKTKÜCHE · GASTHOF ✗ Die drei Stuben sprühen förmlich vor historischem Flair und Gemütlichkeit. Man kocht saisonal-regional und auch mit internationalen Einflüssen sowie vegetarisch. Im Winter isst man gerne "Hirschbraten mit Wirsingköpfle". Ganzjährige Spezialität: Ente in verschiedenen Variationen.

Menü 85 € (abends) – Karte 34/63 €

*Hotel Greifen-Post, Marktplatz 8 ✉ 91555 – ☎ 09852 6800*
*– www.hotel-greifen.de – nur Abendessen, Mitte Juni - Mitte August: Dienstag*
*- Freitag nur Abendessen – geschl. 1. - 10. Januar und Sonntagabend - Montag*

### Greifen-Post

HISTORISCH · GEMÜTLICH Die beiden prachtvollen Häuser a. d. 14. Jh. liegen direkt am Marktplatz. Freunde der Romantik sind hier ebenso gut aufgehoben wie Renaissance- oder Biedermeier-Fans - oder wie wäre es mit einem eleganten Landhauszimmer? Dazu kleine Aufmerksamkeiten, ein gutes Frühstück und präsente Gastgeber.

35 Zim 🖙 – ♦69/120 € ♦♦109/180 € – ½ P

*Marktplatz 8 ✉ 91555 – ☎ 09852 6800 – www.hotel-greifen.de – geschl. 1.*
*- 10. Januar*

Greifen-Post – siehe Restaurantauswahl

# FICHTELBERG

Bayern – 1 910 Ew. – Höhe 684 m – Regionalatlas **51**-M15

▶ Berlin 366 km – München 259 km – Weiden in der Oberpfalz 67 km – Bayreuth 30 km

Michelin Straßenkarte 546

### Schönblick

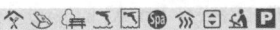

FAMILIÄR · GEMÜTLICH Das gewachsene Anwesen am Ortsende wird familiär geleitet (die Tochter hat inzwischen die Leitung übernommen) und verfügt über wohnlich gestaltete Gästezimmer, meist mit Balkon. Auch Ferienwohnungen sind vorhanden. Abends gibt es ein Menü für Hausgäste.

43 Zim 🖙 – ♦59/76 € ♦♦118/148 € – ½ P

*Gustav-Leutelt-Str. 18 ✉ 95686 – ☎ 09272 97800 – www.hotel-schoenblick.de*

# FICHTENAU

Baden-Württemberg – 4 450 Ew. – Höhe 517 m – Regionalatlas **56**-I17

▶ Berlin 531 km – Stuttgart 119 km – Schwäbisch Hall 43 km – Aalen 41 km

Michelin Straßenkarte 545

## In Fichtenau-Neustädtlein

### Vital-Hotel Meiser

SPA UND WELLNESS · GEMÜTLICH Ein Wellnesshotel wie aus dem Bilderbuch: zum einen geschmackvolle Landhauszimmer im Altbau, zum anderen topmoderne und dennoch gemütliche Zimmer im Neubau, dazu die wirklich schöne Lobby mit Kamin und nicht zuletzt der Spa auf 1000 qm - wertig und mit ausgesprochen wohliger Atmosphäre! Und die Küche? Regionale und saisonale Gerichte sowie eine attraktive 3/4-Pension.

62 Zim 🖙 – ♦99/129 € ♦♦158/198 € – 5 Suiten – ½ P

*Grenzstr. 42 ✉ 74579 – ☎ 07962 711940 – www.vitalhotel-meiser.de*

# FIEFBERGEN

Schleswig-Holstein – 560 Ew. – Höhe 26 m – Regionalatlas **3**-J3

▶ Berlin 348 km – Kiel 20 km – Lübeck 89 km – Lütjenburg 27 km

Michelin Straßenkarte 541

## ⁑◯ Der Alte Auf

MARKTKÜCHE · RUSTIKAL ✗ Das historische Bauernhaus in herrlicher Lage birgt unter seinem Reetdach ein charmantes Restaurant, in dem freiliegendes Fachwerk Gemütlichkeit verbreitet. Serviert wird Regional-Saisonales wie "Reeses Lachforellenfilet auf Zweierlei von der Frühlingszwiebel". Schön feiern kann man hier übrigens auch.

Menü 31/39 € – Karte 24/48 €

*Am Dorfteich 15 ✉ 24217 – 𝒞 04344 415525 (Tischbestellung ratsam)*
*– www.der-alte-auf.de – nur Abendessen – geschl. Februar 2 Wochen, Oktober 1*
*Woche und Montag - Dienstag*

# FINCKEN

Mecklenburg-Vorpommern – 530 Ew. – Höhe 75 m – Regionalatlas **13**-N6
▶ Berlin 142 km – Schwerin 110 km – Waren 44 km
Michelin Straßenkarte 542

## 🏠 Kavaliershaus am Finckener See

LANDHAUS · GERADLINIG Eine idyllische Gartenanlage trennt das Kavaliershaus a. d. 18. Jh. vom See. Badesteg, Ruderboot..., da lässt es sich gut relaxen! Auch drinnen hat man es schön: geschmackvoll-puristische Suiten, charmantes "Klassenzimmer" (hier regionale Küche), freundliche Mitarbeiter. Kinderspielhaus und Seminarhaus.

12 Zim ⌧ – ♦83/148 € ♦♦95/230 € – 11 Suiten – ½ P

*Hofstr. 12 ✉ 17209 – 𝒞 039922 82700 – www.kavaliershaus-finckenersee.de*
*– geschl. 23. Januar - 23. März*

# FINSTERBERGEN Thüringen → Siehe Friedrichroda

# FINSTERWALDE

Brandenburg – 16 570 Ew. – Höhe 108 m – Regionalatlas **33**-Q10
▶ Berlin 120 km – Potsdam 144 km – Cottbus 55 km – Dresden 93 km
Michelin Straßenkarte 542

## ⊛ Goldener Hahn

KLASSISCHE KÜCHE · ELEGANT ✗✗ In der ehemaligen Poststation von 1864 kocht Frank Schreiber klassisch mit Lausitzer Einflüssen. Da schmeckt z. B. "Lamm / Polenta / Paprika / Bohnen" so gut wie es klingt. Dazu schöne Weine und gediegen-elegantes Ambiente - sicher eine Ausnahme in der Region!

Menü 30 € (vegetarisch)/95 € – Karte 34/49 €    11 Zim ⌧ – ♦49/59 €
♦♦99 € – 1 Suite

*Bahnhofstr. 3 ✉ 03238 – 𝒞 03531 2214 – www.goldenerhahn.com – Dienstag*
*- Donnerstag nur Abendessen – geschl. Sonntag - Montag, außer an Feiertagen*

# FISCHEN im ALLGÄU

Bayern – 3 000 Ew. – Höhe 761 m – Regionalatlas **64**-J22
▶ Berlin 731 km – München 157 km – Kempten (Allgäu) 34 km – Oberstdorf 6 km
Michelin Straßenkarte 546

## 🏠 Tanneck

SPA UND WELLNESS · INDIVIDUELL Dieses gut geführte Haus hat so manches zu bieten: Es liegt schön erhöht und bietet eine reizvolle Sicht auf Berge und Tal, hat wohnliche, teils neu gestaltete Zimmer, nicht zu vergessen jede Menge Wellness nebst Naturbadeteich. Zudem gibt es verschiedene Restaurantbereiche von modern-rustikal bis elegant.

59 Zim ⌧ – ♦115/165 € ♦♦230/278 € – 3 Suiten – ½ P

*Maderhalm 20 ✉ 87538 – 𝒞 08326 9990 – www.hotel-tanneck.de – geschl.*
*23. April - 24. Mai, 3. - 22. Dezember*

# STEAK
# Nº1

## EYE
Geschmacksträger

## FETTSTRÄHNEN
zeichnen eine gute Qualität aus,
je mehr desto besser

## FLEISCH
Mindestens 3 Wochen am
Knochen gereift

*Genuss aus Meisterhand!*

# VERSCHWINDET, WENN'S ENG WIRD. SCHLAU, DIESE BACKOFENTÜR!

Die neuen Neff Backöfen mit **SLIDE&HIDE®**, der einzigen voll versenkbaren Backofentür. Im geöffneten Zustand verschwindet die Backofentür komplett unter dem Backraum. Der Griff dreht sich beim Öffnen und Schließen ergonomisch mit.

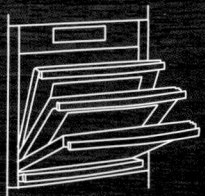

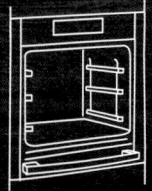

**JETZT MIT PYROLYSE ERHÄLTLICH.**

Mehr über die neuen Neff Backöfen: **neff.de**

# FLADUNGEN

Bayern – 2 210 Ew. – Höhe 414 m – Regionalatlas **39**-I13
▶ Berlin 405 km – Wiesbaden 183 km – Fulda 52 km – Bad Neustadt 32 km
Michelin Straßenkarte 546

### 🏠 Sonnentau      🌿 🐾 ≤ 🛏 🖼 🛎 🎠 🖃 ⚒ 🅿

FAMILIÄR · FUNKTIONELL Das am Südhang gelegene Ferienhotel mit Blick auf
Fladungen bietet wahlweise Standard- oder Komfortzimmer. Zum Freizeitbereich
gehören Anwendungen, Außensauna und Salzstollen. Rustikal sind die Restauranträume.
49 Zim ☑ – †42/78 € ††76/116 € – ½ P
*Wurmbergstr. 1, Nord-Ost: 1,5 km ✉ 97650 – ☏ 09778 91220*
*– www.sonnentau.com*

**FLEIN** Baden-Württemberg ➜ Siehe Heilbronn

# FLENSBURG

Schleswig-Holstein – 83 470 Ew. – Höhe 12 m – Regionalatlas **2**-H2
▶ Berlin 426 km – Kiel 88 km – Hamburg 158 km
Michelin Straßenkarte 541

### 🏠 Alte Post ❶      🍴 🖃 ⚒

BUSINESS · DESIGN Aus der ehemaligen Post ist hier nahe dem Hafen ein "Nordic
Life & Style Hotel" entstanden. Überall hat die Kopenhagener Designerin Helle Flou
stylische Akzente gesetzt, chic der skandinavisch-puristische Look der Zimmer,
lebendig die großzügige Atriumhalle. Im "1871 - Grill & Buns" gibt es U.S.-Food.
75 Zim – †85/185 € ††115/205 € – ☑ 14 €
*Rathausstr. 2 ✉ 24937 – ☏ 0461 8070810 – www.ap-hotel.de*

## In Harrislee-Wassersleben Nord: 5 km

### 🏠 Wassersleben      🍴 ≤ ⚒ 🅿

FAMILIÄR · GEMÜTLICH Nach einem anstrengenden Tag in der Stadt kommt
man hier zur Ruhe, direkt an der Förde - man kann sie von fast allen Zimmern sehen! Auch Im Restaurant und auf der Terrasse genießt man den Ostseeblick, z. B. bei Kuchen aus der eigenen Konditorei unter freiem Himmel!
25 Zim ☑ – †99/146 € ††140/195 € – ½ P
*Wassersleben 4 ✉ 24955 – ☏ 0461 77420 – www.hotel-wassersleben.de*

## In Oeversee Süd: 9 km

### 🌐 Krugwirtschaft      🏠 🅿

REGIONAL · GEMÜTLICH 🗡 Gemütlich hat man es in den liebenswert mit allerlei
Krügen dekorierten Räumen bei schmackhaften regionalen Gerichten und Klassikern. Es gibt z. B. "Salat vom Kalbstafelspitz, Pulpo, Bolte's Spargel und Wildkräuter" oder "Unser Bürgermeisterstück in Buttersoße auf Schmorgemüse".
Menü 32 € (vegetarisch)/54 € – Karte 34/62 €
*Hotel Historischer Krug, Grazer Platz 1, B 76 ✉ 24988 – ☏ 04630 9400*
*– www.historischer-krug.de*

### 🍴 Privileg      🏠 🌿 🅿

KLASSISCHE KÜCHE · KLASSISCHES AMBIENTE 🗡🗡 In dem kleinen Gourmetrestaurant genießt man bei gepflegter Tischkultur geschmackvolle klassische
Gerichte wie "Lofotenskrei / Pixelsenf / Berglinsen". Reichlich Deko unterstreicht
die wohnlich-elegante Atmosphäre.
Menü 50/94 €
*Hotel Historischer Krug, Grazer Platz 1, B 76 ✉ 24988 – ☏ 04630 9400*
*– www.historischer-krug.de – nur Abendessen – geschl. Dienstag - Donnerstag*

###  Historischer Krug

**LANDHAUS · INDIVIDUELL** Aus verschiedenen Häusern setzt sich dieses Anwesen zusammen, eines davon ein Reetdachhaus von 1519 - entsprechend individuell sind die Zimmer. Entspannen kann man in der "Krugtherme" u. a. bei Ayurveda oder aber im Garten.

50 Zim 🛏 – ♦89/149 € ♦♦139/199 € – ½ P

*Grazer Platz 1, B 76 ✉ 24988 – 𝒞 04630 9400*

*– www.historischer-krug.de*

🅐 **Krugwirtschaft** • ⑩ **Privileg** – siehe Restaurantauswahl

# FLÖRSHEIM-DALSHEIM

Rheinland-Pfalz – 3 000 Ew. – Höhe 175 m – Regionalatlas **47**-E16

▶ Berlin 617 km – Mainz 49 km – Bad Kreuznach 47 km – Mannheim 38 km
Michelin Straßenkarte 543

###  Weingut und Gästehaus Peth

**FAMILIÄR · MODERN** Wohnen im Weingut? Bei Familie Peth wird man persönlich betreut, schläft in hübschen, freundlichen Zimmern und genießt morgens ein appetitliches Frühstück - im Sommer auch gern auf der Dachterrasse. Probieren Sie auch die feinen Hausweine!

10 Zim 🛏 – ♦75/95 € ♦♦85/119 € – 1 Suite

*Alzeyer Str. 28, Ortsteil Flörsheim ✉ 67592*

*– 𝒞 06243 908800 – www.peth.de*

*– geschl. 23. Dezember - 8. Januar, 13. - 17. April*

# FLOH-SELIGENTHAL

Thüringen – 6 180 Ew. – Höhe 360 m – Regionalatlas **39**-J13

▶ Berlin 355 km – Erfurt 63 km – Coburg 87 km – Bad Hersfeld 73 km
Michelin Straßenkarte 544

## Im Ortsteil Struth-Helmershof Süd-Ost: 3 km

###  Thüringer Hof

**FAMILIÄR · GEMÜTLICH** In diesem Familienbetrieb ist man wirklich gut aufgehoben: Das Haus ist tipptopp gepflegt, die Zimmer sind zeitgemäß (viele mit Balkon), der Service ist freundlich und am Morgen gibt es ein gutes, frisches Frühstücksbuffet. Im Restaurant mit Gaststube isst man regional.

20 Zim 🛏 – ♦59/69 € ♦♦88/98 € – ½ P

*Kronsteinstr. 3 ✉ 98593 – 𝒞 03683 79190*

*– www.hotel-thueringer-hof.de*

# FLONHEIM

Rheinland-Pfalz – 2 660 Ew. – Höhe 145 m – Regionalatlas **47**-E15

▶ Berlin 616 km – Mainz 36 km – Neustadt a.d. Weinstraße 71 km – Darmstadt 70 km
Michelin Straßenkarte 543

### ⑩ Zum Goldenen Engel

**MEDITERRAN · TRENDY** 𝕏 Direkt neben der schönen Kirche finden Sie in der ehemaligen Poststation ein sympathisches geradlinig-modernes Restaurant. Klaus Mayer kocht hier eher unspektakuläre Gerichte, die dafür aber mit Geschmack, Finesse und Produktqualität glänzen! Wahrhaft idyllisch: der fast schon mediterran anmutende Innenhof!

Menü 46/68 € – Karte 42/53 €

*Marktplatz 3 ✉ 55237 – 𝒞 06734 913930 – www.zum-goldenen-engel.com*

*– geschl. Montagmittag, Dienstagmittag, Mittwoch, September - April: Mittwoch*

*– Donnerstag*

# In Flonheim-Uffhofen Süd-West: 1 km

### Weinwirtschaft Espenhof 🏠 🍴 P

REGIONAL · WEINSTUBE 🍴 Die Weinwirtschaft ist schon ein besonderes Fleckchen, das man so auch in der Toskana finden könnte - einfach zum Wohlfühlen der reizende Innenhof und die helle Weinstube mit rustikalem Touch! Serviert wird z. B. "Stubenküken mit Enoki-Pilzen und Thai-Curry-Sauce", dazu schöne eigene Weine!

Menü 55 € – Karte 30/56 €

*Landhotel Espenhof, Poststr. 1 ⊠ 55237 – ℰ 06734 962730 – www.espenhof.de – nur Abendessen, sonntags auch Mittagessen – geschl. Januar 2 Wochen und Montag*

### Landhotel Espenhof 🛒 🍴 ⚒ P

FAMILIÄR · GEMÜTLICH Weingut, Weinwirtschaft, Hotel... Familie Espenschied ist omnipräsent, charmant und stets um ihre Gäste bemüht. Geschmackvoll wohnen kann man nicht nur im kleinen Hotel, auch im Weingut hat man Zimmer: chic, modern, hochwertig! Nehmen Sie das leckere Frühstück im Sommer auf der netten Terrasse ein!

15 Zim ☷ – †72/89 € ††99/118 € – 2 Suiten

*Poststr. 1 ⊠ 55237 – ℰ 06734 94040 – www.espenhof.de – geschl. Januar 2 Wochen*

🍷 **Weinwirtschaft Espenhof** – siehe Restaurantauswahl

# FÖHR (INSEL)

Schleswig-Holstein – Regionalatlas 1-F2
▶ Berlin 466 km – Kiel 126 km – Sylt (Westerland) 14 km – Flensburg 57 km
Michelin Straßenkarte 541

## Nieblum – 570 Ew.

### 🍴○ Villa Witt 🛒 🏠 P

REGIONAL · ELEGANT 🍴 Restaurant und Vinothek in einem: Man sitzt in legerem Ambiente mit dekorativen Weinflaschen und schönen antiken Möbeln und genießt z. B. Deichlammrücken, aber auch Sylter Royal Austern oder einfach Pasta. Hübsch die Terrasse. Die Gästezimmer sind geschmackvoll, wohnlich und mit persönlicher Note gestaltet.

Menü 44/56 € – Karte 39/72 €   5 Zim ☷ – †110/150 € ††140/190 € – 2 Suiten

*Alkersumstieg 4 ⊠ 25938 – ℰ 04681 58770 – www.hotel-witt.de – nur Abendessen – geschl. 1. November - 20. März und Montag - Mittwoch*

## Oevenum – 460 Ew.

### Rackmers Hof 🐾 🛒 🏠 ⚒ P

LANDHAUS · MODERN In vier Häusern (drei davon reetgedeckt) wohnt man in hübschen, modernen und hochwertigen Maisonetten und Suiten, alle mit Kitchenette. Dazu Sauna, ein kleiner Fitnessbereich sowie Private Spa (gegen Gebühr), und am Morgen ein schönes Frühstücksbuffet - die hausgemachte Marmelade gibt's auch für zu Hause!

15 Suiten ☷ – ††140/236 €

*Buurnstrat 1 ⊠ 25938 – ℰ 04681 746377 – www.rackmers.de*

### Sternhagens Landhaus 🌿 🐾 P 🍽

LANDHAUS · GEMÜTLICH Der 300 Jahre alte Reethof ist ideal für Individualisten, schön die Kunst. Frühstück im reizenden ehemaligen Kälberstall, abends kocht man im Menü, mittwochs finden dabei Lesungen statt ("Sternhagens Gerichtgedichte"). Das Ambiente gemütlich-rustikal, charmant der Innenhof. Individuelle Gästezimmer, zwei mit Sauna. W-Lan nur in einigen Bereichen des Hauses.

13 Zim ☷ – †65/120 € ††120/160 € – 2 Suiten – ½ P

*Buurnstrat 49 ⊠ 25938 – ℰ 04681 59790 – www.sternhagens-landhaus.de – geschl. 1. Dezember - 15. Februar*

## Süderende – 180 Ew.

 **Landhaus Altes Pastorat**

**HISTORISCH · INDIVIDUELL** Jede Menge liebenswert friesischer Charme steckt in dem denkmalgeschützten ehemaligen Pastorat. Hier lässt es sich wunderbar entspannen, ob in den tollen, wohnlichen Zimmern und Suiten, im hübschen kleinen Saunabereich oder im Garten. Nicht zu vergessen die herzliche Gästebetreuung vom Frühstück bis zur HP.

6 Suiten ⌑ – ♥♥160/170 € – 4 Zim – ½ P

*Haus Nr. 45 ⊠ 25938 – ℰ 04683 226 – www.landhaus-altes-pastorat.de – geschl. November - Mitte Dezember*

## Wyk – 4 270 Ew.

 **Alt Wyk** (René Dittrich)

**KLASSISCHE KÜCHE · ELEGANT** XX Schon allein die schöne gemütlich-elegante Einrichtung mit ihrem friesischen Flair ist einen Besuch wert. Nicht weniger Beachtung verdient die stimmige klassisch basierte Küche. Der Service versiert und zuvorkommend. Tipp: Lunchmenü mit gutem Preis-Leistungs-Verhältnis. Hübsch auch die zwei Ferienwohnungen.

➜ Flusskrebse mit jungen Erbsen und Morcheln. Rindsfilet und Dicke Rippe "Kalbi" mit asiatischem Gemüse und Sesamplätzchen. Überraschung von der Sao Tomé Schokolade.

Menü 38 € (mittags)/92 € – Karte 50/72 €

*Große Str. 4 ⊠ 25938 – ℰ 04681 3212 (Tischbestellung ratsam) – www.alt-wyk.de – Montag - Donnerstag nur Abendessen, außer an Feiertagen – geschl. 8. Januar - 16. Februar, März 1 Woche, 12. November - 14. Dezember und Dienstag, außer Saison: Montag - Dienstag*

# FORCHHEIM

Bayern – 30 710 Ew. – Höhe 266 m – Regionalatlas **50**-K16

▶ Berlin 429 km – München 206 km – Nürnberg 38 km – Bamberg 25 km
Michelin Straßenkarte 546

 **Zum Alten Zollhaus**

**INTERNATIONAL · TRENDY** X Bistroambiente und internationale Küche erwarten Sie in dem Restaurant neben der historischen Katharinenkirche mitten in der Altstadt. Spezialität ist die "sous-vide geschmorte Ochsenschulter", die sich in saisonalen Variationen immer auf der Karte findet! Schön: Biergarten an der Wiesent. Kochschule nebenan.

Menü 20 € (mittags unter der Woche)/45 € – Karte 19/49 €

*Hauptstr. 4 ⊠ 91301 – ℰ 09191 970990 – www.zollhaus-forchheim.de – geschl. Montag - Dienstag*

 **Franken**

**BUSINESS · FUNKTIONELL** Recht ruhig liegt dieses Hotel am Ortsausgang. Haupt- und Gästehaus beherbergen tipptopp gepflegte und gut ausgestattete Zimmer. Einige hochwertige Antiquitäten zieren das Restaurant "Bobby's" in unmittelbarer Nähe des Hotels - hier serviert man mediterrane Küche.

40 Zim ⌑ – ♥65/75 € ♥♥80/100 €

*Ziegeleistr. 17 ⊠ 91301 – ℰ 09191 6240 – www.hotelfranken.de*

## In Forchheim-Sigritzau Süd-Ost: 3 km in Richtung Erlangen und Pretzfeld

**Zöllner's Weinstube**

**KLASSISCHE KÜCHE · LÄNDLICH** XX Außen wie innen gleichermaßen charmant ist das Bauernhaus a. d. 18. Jh. Unter einem schönen markanten Kreuzgewölbe serviert man regional, aber auch mediterran inspirierte Gerichte, und das sind z. B. "Hummerravioli mit Erbsenpüree", "Kabeljau auf Senfsauce" oder auch "Ratsherrentoast". Dazu gute Frankenweine.

Menü 52/75 € – Karte 29/55 €

*Sigritzau 1 ⊠ 91301 – ℰ 09191 13886 – nur Abendessen – geschl. 1. - 10. Januar, Mitte August - Anfang September 3 Wochen und Montag - Dienstag*

**FORST** Baden-Württemberg → Siehe Bruchsal

## FORST an der WEINSTRASSE

Rheinland-Pfalz – 820 Ew. – Höhe 120 m – Regionalatlas **47**-E16
▶ Berlin 656 km – Mainz 85 km – Neustadt an der Weinstraße 15 km – Saarbrücken 122 km
Michelin Straßenkarte 543

### ❚⃝ Gutsausschank Spindler

TRADITIONELLE KÜCHE • WEINSTUBE ⅄ Gern kommt man zum Essen auf das
Weingut der Familie Spindler: Die Küche ist gut, das Ambiente gemütlich. Auf
den Tisch kommen Klassiker und auch Internationales sowie die eigenen Weine.
Tolle Terrasse unter Reben oder einer alten Platane.

Karte 19/39 €

*Weinstr. 44 ⊠ 67147*
*– ✆ 06326 5850 – www.gutsausschank-spindler.de*
*– geschl. 20. Dezember - 1. Februar und Sonntag - Montag*

### ⌂ Gästehaus Oswald

FAMILIÄR • INDIVIDUELL Ein ausgesprochen nettes kleines Gästehaus - genau
richtig für alle, die es eher hoteluntypisch mögen. Freuen Sie sich auf geschmackvolle Zimmer mit hübschen farbenfrohen Bädern und ein leckeres Frühstück bei
sympathischen Gastgebern.

11 Zim ⌂ – ♦68/73 € ♦♦78/83 €
*Pfarracker 1 ⊠ 67147 – ✆ 06326 6775 – www.gaestehaus-pfalz.de*

### ⌂ Landhotel Lucashof

FAMILIÄR • MEDITERRAN Weingut, Hotel und Natur ergeben schon äußerlich
ein harmonisches Bild. Der mediterrane Touch setzt sich drinnen fort, alles ist
schön freundlich. Die Zimmer sind nach den Weinlagen des eigenen Guts
benannt, dazu ein frisches Frühstück.

7 Zim ⌂ – ♦60/65 € ♦♦94/98 €
*Wiesenweg 1a ⊠ 67147 – ✆ 06326 336 – www.lucashof.de – geschl. Ende
Dezember - Anfang Februar*

## FORSTINNING

Bayern – 3 590 Ew. – Höhe 512 m – Regionalatlas **66**-M20
▶ Berlin 600 km – München 27 km – Ebersberg 13 km – Erding 19 km
Michelin Straßenkarte 546

**In Forstinning-Schwaberwegen** Süd-West: 1 km Richtung Anzing

### 🏡 Zum Vaas

TRADITIONELLE KÜCHE • GASTHOF ⅄ Wo es lebendig, herzlich und familiär
zugeht, kehrt man gerne ein! Was das engagierte Team im Restaurant des gleichnamigen Hotels als "Klassiker" oder "Heuer" auf den Tisch bringt, schmeckt und
ist preislich fair! Wie wär's z. B. mit "Geschnetzeltem von der Rinderhüfte mit
Gemüse und Spätzle"?

Karte 29/44 € 20 Zim ⌂ – ♦56/85 € ♦♦85/105 €
*Münchner Str. 88 ⊠ 85661*
*– ✆ 08121 5562 (Tischbestellung ratsam) – www.zum-vaas.de*
*– geschl. August 3 Wochen und Montag - Dienstag*

## FRAMMERSBACH

Bayern – 4 510 Ew. – Höhe 246 m – Regionalatlas **48**-H15
▶ Berlin 527 km – München 332 km – Würzburg 55 km – Frankfurt am Main 71 km
Michelin Straßenkarte 546

### Schwarzkopf

**REGIONAL · GASTHOF** ⅹ Frisch, schmackhaft und optisch ansprechend präsentiert, so die regionalen Gerichte im Haus von Stefan Pumm und seiner charmanten Frau Anja. Ein beliebter Klassiker: "Chateaubriand mit Sauce Béarnaise" für zwei Personen. Im Winter gibt's ein Sonntagsmenü mit Braten. Gepflegt übernachten können Sie hier auch.

Menü 25 € (vegetarisch)/52 € – Karte 23/49 €   3 Zim 🛏 – 🛏58 € 🛏🛏88 €

*Lohrer Str. 80, B 276 ✉ 97833 – ☎ 09355 307 – www.schwarzkopf-spessart.de – geschl. September 2 Wochen und Montag - Dienstag, Donnerstagmittag, Freitagmittag, Samstagmittag*

## FRANKENAU

Hessen – 2 960 Ew. – Höhe 430 m – Regionalatlas **38**-G12
▶ Berlin 449 km – Wiesbaden 167 km – Kassel 66 km – Düsseldorf 230 km
Michelin Straßenkarte 543

**Außerhalb** Süd: 3 km, über Ellershausen, Lengeltalstraße

### Landhaus Bärenmühle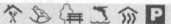

**LANDHAUS · INDIVIDUELL** Das hübsch sanierte alte Anwesen am Ende des in seiner Ursprünglichkeit unversehrten Tales entpuppt sich als wahres Idyll. Man wohnt sehr charmant und ebenso individuell, das Abendessen ist wie die herrliche Ruhe und Einsamkeit im Preis inbegriffen! Badeteich und Saunahaus.

13 Zim 🛏 – 🛏108/208 € 🛏🛏148/208 € – 3 Suiten – ½ P

*✉ 35110 – ☎ 06455 759040 – www.baerenmuehle.de – geschl. Mitte - Ende Januar 2 Wochen*

## FRANKENBERG (EDER)

Hessen – 17 830 Ew. – Höhe 296 m – Regionalatlas **38**-G12
▶ Berlin 451 km – Wiesbaden 156 km – Marburg 39 km – Kassel 78 km
Michelin Straßenkarte 543

### Philipp Soldan

**KREATIV · TRENDY** ⅩⅩ Nach einem Umzug innerhalb der "Sonne" kommt das Restaurant mit klaren Formen und ruhigen Farben schön modern daher, Blick in die offene Küche inklusive! Die Menüs: "Nördlich", "Urtypisch", "Natürlich". Der Service zuvorkommend, die Weinauswahl (auch glasweise) ausgesprochen passend.

→ Roh marinierte Jakobsmuschel, Bachkresse, Sanddorn und Kaviar. Gratinierte Island Scholle, Rindermark, Brokkoli, Artischockensud. Geschmorte Ochsenbacke und gebeiztes Filet, Endivie, Petersilie, Pfifferlinge.

Menü 78/99 €

*Hotel Die Sonne Frankenberg, Marktplatz 2 ✉ 35066 – ☎ 06451 7500 (Tischbestellung ratsam) – www.sonne-frankenberg.de – nur Abendessen, sonntags auch Mittagessen – geschl. 8. Januar - 1. Februar, 16. Juli - 9. August und Sonntagabend - Dienstag*

### Sonne-Stuben

**REGIONAL · FREUNDLICH** ⅹ Sie mögen es regional? Auf der Speisekarte werden Sie einiges Schmackhaftes aus der Gegend entdecken, z. B. "Rinderroulade mit Kartoffelpüree und Gemüse" oder Kaiserschmarrn als leckeren Abschluss - und in den gemütlichen Stuben nehmen diverse Dekorationen Bezug zu Alt-Frankenberg. Terrasse zum Marktplatz!

Menü 25/65 € – Karte 28/52 €

*Hotel Die Sonne Frankenberg, Marktplatz 2 ✉ 35066 – ☎ 06451 7500 – www.sonne-frankenberg.de – geschl. 9. - 16. Januar*

##  Die Sonne Frankenberg

HISTORISCH · MODERN Ein schöner Anblick sind die liebenswert restaurierten historischen Gebäude mitten im Zentrum. Warme sonnige Töne machen es herrlich wohnlich. Da entspannt es sich auch wunderbar auf drei Etagen Spa. Restaurants hat man gleich drei, darunter das "Philippo" mit regional-mediterranem Tapasangebot.

55 Zim ⌂ – ¶129/229 € ¶¶179/289 € – 5 Suiten – ½ P

*Marktplatz 2 ⌧ 35066 – ☎ 06451 7500 – www.sonne-frankenberg.de – geschl. 9. - 16. Januar*

❀ **Philipp Soldan** • ⊕ **Sonne-Stuben** – siehe Restaurantauswahl

## WIR MÖGEN BESONDERS...

**Heimat** für die ungezwungene und coole Atmosphäre im 1956 erbauten Wasserhäuschen mitten in der Stadt. Das versteckte kleine **Chalet 18** für die Dim Sum des Chefs... mmhhh! Das Tagesangebot an Fisch im italienischen Restaurant **Brighella**. Das **Français** für sein exzellentes Mittagsmenü zu einem tollen Preis-Leistungs-Verhältnis. „Äppelwoi" im **Klaane Sachsehäuser**!

# FRANKFURT am MAIN

Hessen – 687 780 Ew. – Höhe 98 m – Regionalatlas **47**-F14
▶ Berlin 549 km – Wiesbaden 41 km – Bonn 174 km – Nürnberg 226 km
Michelin Straßenkarte 543

Stadtpläne siehe nächste Seiten

## *Restaurants*

### 🕸🕸 **Lafleur**　　　　　　　　　🕸 🗇 ⅃ AC 🍽 🖱 🅿

**FRANZÖSISCH-MODERN · ELEGANT** XXX Hier kocht man produktorientiert, ausgesprochen akkurat und mit einem Händchen für stimmige Kombinationen. Der Rahmen steht dem Niveau der kreativen Küche in nichts nach: ein geradlinig-schicker verglaster Anbau des "Gesellschaftshauses Palmengarten". Man beachte auch den begehbaren Weinklimaschrank!
→ Pilzcannelloni in getrüffelter Artischockenvelouté. Gebratener Kaisergranat mit Schinkencrunch in eigener Bisque. Variation von Coppeneur Bio Grand Cru Schokoladen mit Cru de Cacao Eis.
Menü 102 € (mittags unter der Woche)/148 € – Karte 88/135 €
**Stadtplan: E1-r** – *Palmengartenstr. 11* ✉ *60325* – ✆ *069 90029100*
– *www.restaurant-lafleur.de* – *geschl. 22. Dezember - 15. Januar und Sonntag - Dienstagmittag, Samstagmittag*

### 🕸🕸 **Tiger-Gourmetrestaurant**　　　　　　🕸 AC 🍽

**FRANZÖSISCH-MODERN · ELEGANT** XXX Die Produkte sind von exzellenter Qualität, die einzelnen Komponenten mit größter Sorgfalt zubereitet, klasse die Optik, und der Geschmack steht dem in nichts nach - sehr gefragt auch die vegetarischen Speisen. Gerne gönnt man sich nach dem tollen Essen eine Vorstellung des Varieté-Theaters hier im Gebäude.
→ Bretonische Felsenrotbarbe in Arbequina Olivenöl sautiert. Kalb aus der Corréze in 2 Gängen serviert. Fruchtiger Thaigarten, süß-sauer.
Menü 98 € (vegetarisch)/135 € – Karte 88/124 €
**Stadtplan: G2-s** – *Heiligkreuzgasse 20* ✉ *60313* – ✆ *069 9200220*
*(Tischbestellung erforderlich) – www.tigerpalast.de – nur Abendessen – geschl. 1. - 10. Januar, Mitte Mai - Mitte August und Sonntag - Montag*
🍴○ **Palastbar-Restaurant** – siehe Restaurantauswahl

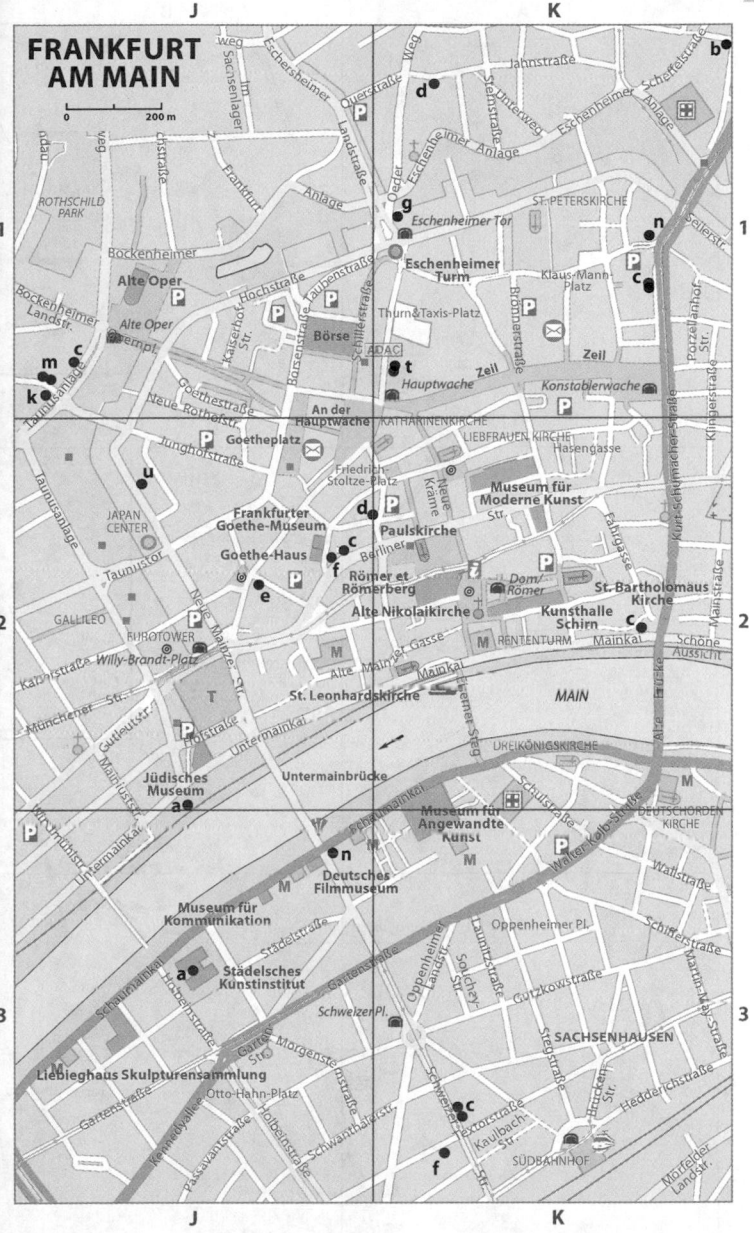

# FRANKFURT AM MAIN

0     200 m

ROTHSCHILD PARK

weg

Im Sachsenlager

Eschersheimer Landstraße

Querstraße

Oberweg

Steinweg

Jahnstraße

Eschersheimer Anlage

Scheffelstraße

b

d

Frankfurt

straße

Anlage

Nieder

Eschenheimer Anlage

ST. PETERSKIRCHE

Bockenheimer

Hochstraße

Taubenstraße

Schillerstraße

g

Eschenheimer Tor

Eschenheimer Turm

Klaus-Mann-Platz

n

c

Alte Oper

Alte Oper Kaiserhof-Str.

Thurn&Taxis-Platz

Börse

Brönnerstraße

Zeil

Konstablerwache

Porzellanhof-Str.

Klingerstraße

m c

k

Goethestraße

Neue Rothofstr.

ADAC

Hauptwache

An der Hauptwache

t

KATHARINENKIRCHE

LIEBFRAUEN-KIRCHE

Hasengasse

Kurt-Schumacher-Straße

Junghofstraße

Goetheplatz

Friedrich-Stolze-Platz

Neue Kräme

Museum für Moderne Kunst

JAPAN CENTER

u

Frankfurter Goethe-Museum

d

Paulskirche

Taunustor

GALILEO

EUROTOWER

Goethe-Haus

c

f

Berliner

Römer et Römerberg

Dom/Römer

St. Bartholomaus Kirche

e

Alte Nikolaikirche

Kunsthalle Schirn

c

Willy-Brandt-Platz

Alte Main-g. Gasse

RENTENTURM

Mainkai

Schöne Aussicht

Kapitalstraße

Münchener Str.

Gutleutstr.

T

St. Leonhardskirche

Werner-Steg

MAIN

Jüdisches Museum

a

Untermainkai

Untermainbrücke

UREIKÖNIGSKIRCHE

Schifferstraße

DEUTSCHORDEN-KIRCHE

Untermainkai

Museum für Angewandte Kunst

Walter-Kolb-Straße

Wallstraße

n

Deutsches Filmmuseum

Oppenheimer Pl.

Schifferstraße

Museum für Kommunikation

Städelstraße

Gartenstraße

Oppenheimer Landstr.

Schweizer Str.

Gutzkowstraße

Mittlerer Main-Neckar-Straße

a

Städelsches Kunstinstitut

Schweizer Pl.

SACHSENHAUSEN

Liebieghaus Skulpturensammlung

Gartenstraße

Otto-Hahn-Platz

Morgensternstraße

Schwanthalerstr.

c

Heddernichstraße

Hedderichstraße

Kennedyallee

Schaumainkai

Passavantstraße

f

Textorstraße

Kaulbachstr.

SÜDBAHNHOF

Mörfelder Landstr.

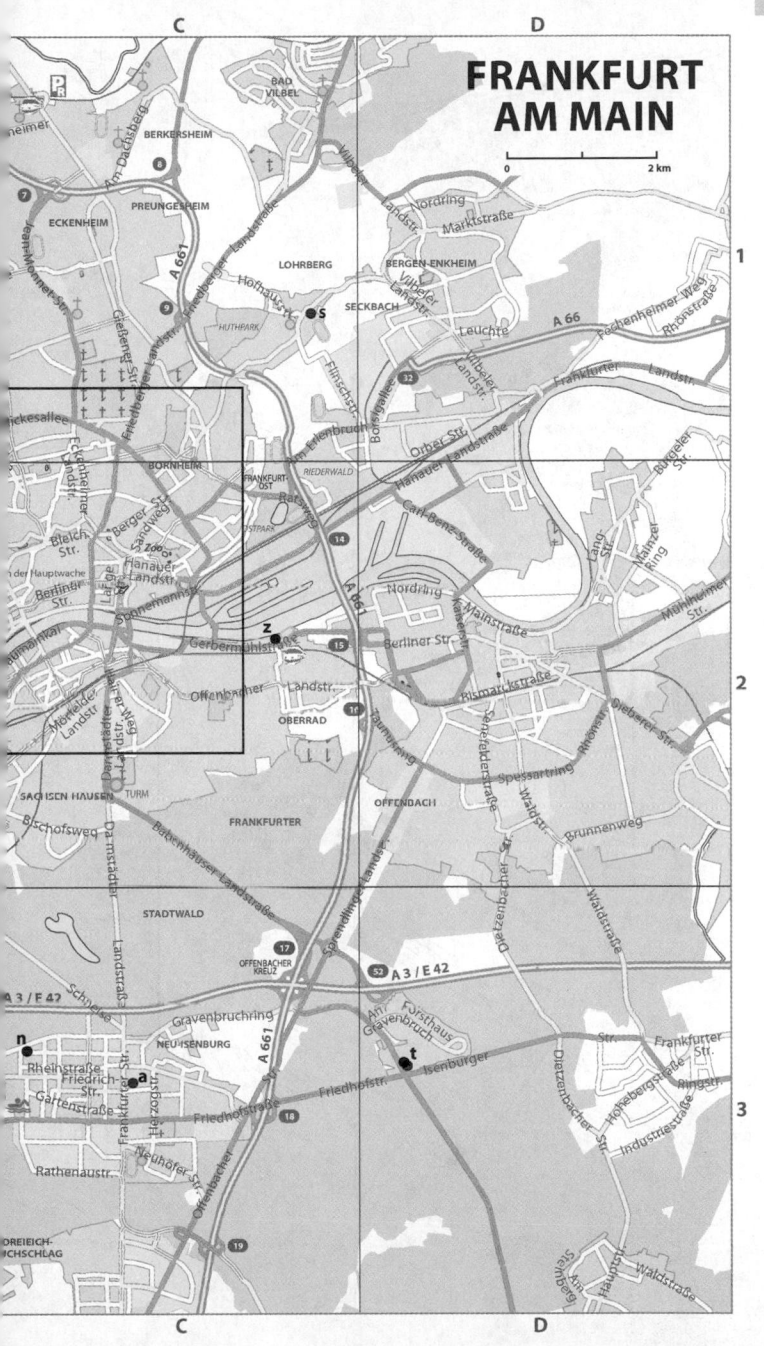

# FRANKFURT AM MAIN

0  2 km

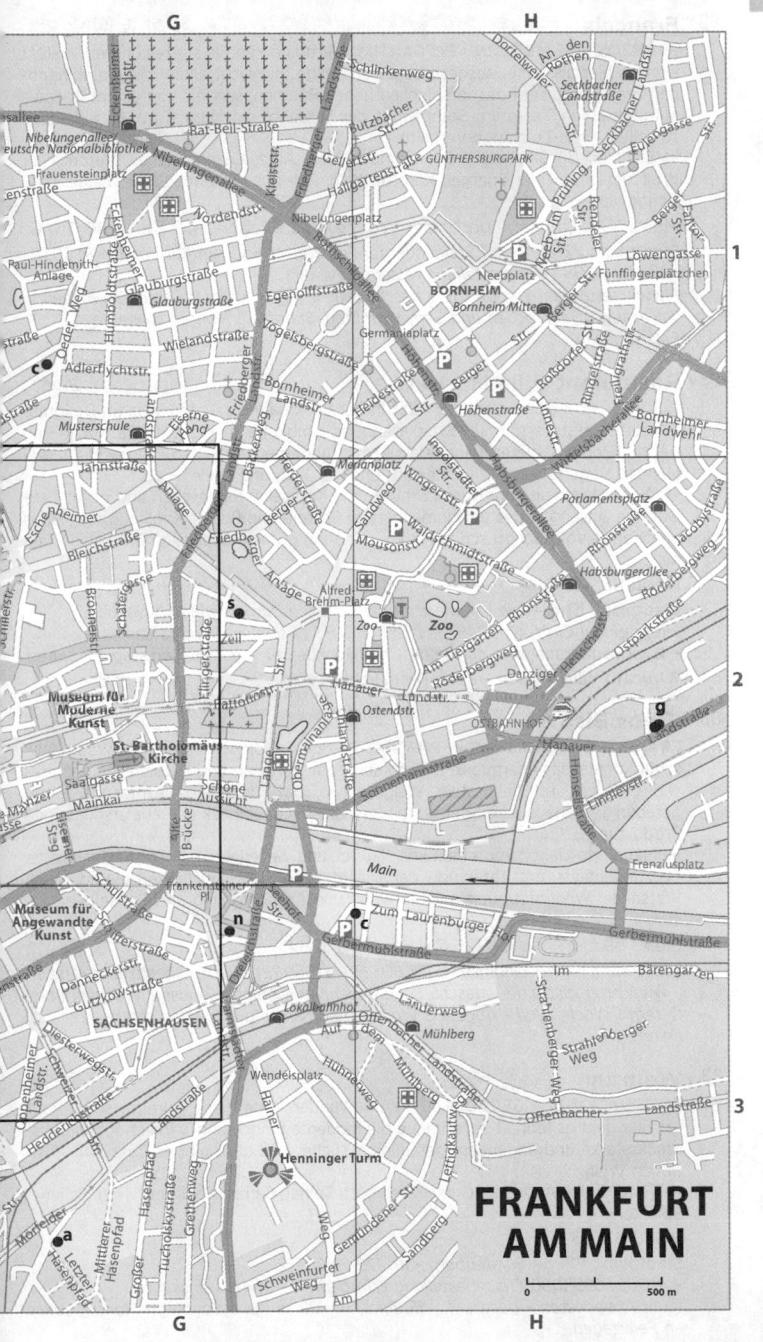

FRANKFURT
AM MAIN

## ✿ Français      🕸 🏠 ᰮ AC ⅀ 🚗

FRANZÖSISCH-MODERN · ELEGANT XXX Produkte von ausgezeichneter Qualität werden hier als feine, ausgesprochen stimmige und nicht alltägliche Kombinationen präsentiert, und das in stilvollen hohen Räumen, serviert von einem überaus aufmerksamen Team. Im Sommer ist der Ehrenhof ein Muss! Tipp: Mittagsmenü zu tollem Preis-Leistungs-Verhältnis.

→ Elsässer Gänseleber, grüne Tomate, Nori Alge, Cashewkerne. Bretonischer Wolfsbarsch, grüner Spargel, Karotte, Miso. Reh aus der Eifel, Erbse, Feige, Cassis-Ingwer.

Menü 59 € (mittags unter der Woche)/135 € (abends) – Karte 90/110 €

Stadtplan : J2-e – *Hotel Steigenberger Frankfurter Hof, Am Kaiserplatz* ✉ 60311 – ℰ 069 215118 *(Tischbestellung ratsam)*

– *www.restaurant-francais.de – geschl. Januar 1 Woche, über Ostern 2 Wochen, Juli - August 4 Wochen und Samstagmittag, Sonntag - Montag sowie an Feiertagen*

## ✿ Restaurant Villa Merton      🏠 ⟡

KLASSISCHE KÜCHE · TRENDY XXX In der denkmalgeschützten Villa im Diplomatenviertel lässt es sich schön speisen. Das Ambiente ist elegant, die Küche von André Großfeld bietet feine Klassik mit modernen Akzenten, verpackt in drei Menüs: "Vegetarisch", "Villa Merton" und "für Leib und Seele".

→ Aal und Eisbein vom Duroc Schwein mit Kopfsalat, Radieschen und Apfel. Lauwarmes Linsengemüse mit geräuchertem Sellerie und Belper Knolle. Zunge, Bries und Karree vom Schottischen Lamm mit Senf, grünem Spargel und Ricotta-Praline.

Menü 85/135 €

Stadtplan : E1-n – *Am Leonhardsbrunn 12, (Ecke Ditmarstraße im Union International Club)* ✉ 60487 – ℰ 069 703033 *(Tischbestellung ratsam)*

– *www.restaurant-villa-merton.de – nur Abendessen – geschl. Samstag - Sonntag*

🍴○ **Bistro Villa Merton** – siehe Restaurantauswahl

## ✿ Ernos Bistro      🕸 🏠

FRANZÖSISCH-KLASSISCH · BISTRO X Das ist Savoir-vivre pur, denn authentischer könnte das charmante Bistro kaum sein: Täfelung und hübsche Accessoires wie Lampen und dekorative Weinflaschen, dazu lebendige Atmosphäre und geradlinige französische Speisen mit intensivem Geschmack und aus erstklassigen Produkten.

→ Marinierte Jakobsmuscheln mit Trüffel und Selleriecrème, Trüffelvinaigrette. Seezungenfilets mit Tatar von der Gillardeau Auster, Lauchgemüse und Noilly Pratsauce. Wildentenbrust mit Blutwurst und Apfel, Wirsing und Preiselbeersauce.

Menü 39 € (mittags)/125 € – Karte 73/128 €

Stadtplan : F2-k – *Liebigstr. 15* ✉ 60323 – ℰ 069 721997 *(Tischbestellung ratsam)*

– *www.ernosbistro.de – geschl. Ende Dezember - Anfang Januar 2 Wochen, über Ostern 1 Woche, Juli - August 3 Wochen und Samstag - Sonntag sowie an Feiertagen*

## ✿ Weinsinn      🕸 🏠 ⅀

INTERNATIONAL · GERADLINIG X Kein Wunder, dass diese Adresse so gefragt ist: Hier geht es lebhaft zu, stimmig die moderne Einrichtung, wirklich toll die ausdrucksstarke und angenehm geradlinige Küche! Und dazu gibt es über 200 Positionen Wein.

→ Fjordforelle, Avocado, Gurke. Steinbutt, Spinat, Safran, Paellasud. Reh, Sellerie, Spitzkohl.

Menü 63/93 €

Stadtplan : F1-w – *Fürstenbergerstr. 179* ✉ 60322

– ℰ 069 56998080 *(Tischbestellung erforderlich) – www.weinsinn.de*

– *nur Abendessen – geschl. 4. - 15. April, 11. - 28. Juli und Sonntag - Montag sowie an Feiertagen*

## ⊛ SEVEN SWANS

MODERNE KÜCHE · DESIGN 𝕏 Sie suchen das Besondere? Dies ist das schmalste (aber immerhin sieben Etagen hohe) Gebäude der Stadt! Private Esszimmer-Atmosphäre, schickes Design, Blick zum Main. Und die Küche? Spannend, aromaintensiv, mit eigener Note - als Monatsmenü.

→ Tafelspitz vom Kalb mit Karotte, Brennnessel und Meerrettich. Eismeersaibling mit Senfsaat, Brunnenkresse und Kamille. Hafermilch mit grünem Apfel, Honig und weißer Schokolade.

Menü 65/89 €

Stadtplan : K2-c – *Mainkai 4* ✉ *60311* – ☏ *069 21996226 (Tischbestellung erforderlich) – www.sevenswans.de – nur Abendessen – geschl. Sonntag - Montag*

## ⊛ Gustav

KREATIV · GERADLINIG 𝕏 Stylish-puristisch, urban die Atmosphäre, jung und locker-charmant der Service, kreativ, finessenreich und ausdrucksstark die Speisen. Von einigen Tischen kann man in die Küche schauen! Mittags vereinfachtes Angebot für den eiligen Gast.

→ Geräucherte Spanferkelbäckchen, Rettich, Alblinsen, Senfsaat. Gerösteter Spargel, gebeiztes Eigelb, Leinsamen, braune Butter. Lammschulter, Gurke, Bärlauch, Kümmel.

Menü 65/93 € (abends)

Stadtplan : F1-g – *Reuterweg 57* ✉ *60323* – ☏ *069 74745252 (abends Tischbestellung ratsam) – www.restaurant-gustav.de – geschl. 3. - 14. Januar, 4. - 15. April, 11. - 28. Juli und Samstagmittag, Sonntag - Montag sowie an Feiertagen*

## Ⅰ○ Sèvres

FRANZÖSISCH-MODERN · ELEGANT 𝕏𝕏𝕏 Benannt ist das elegante Restaurant nach dem wertvollen Porzellan aus Sèvres, das es hier als Ausstellung zu bestaunen gilt. Serviert werden klassisch-saisonale Speisen wie "geschmorte Kaninchenkeule Tomate, Perlwiebel, Gnocchi". Mittags beliebt: Businesslunch inkl. Wein, Wasser, Kaffee. Vergünstigtes Parken.

Menü 55/96 € – Karte 55/85 €

Stadtplan : E2-p – *Hotel Hessischer Hof, Friedrich-Ebert-Anlage 40* ✉ *60325* – ☏ *069 75400 (abends Tischbestellung ratsam) – www.restaurant-sevres.de*

## Ⅰ○ Max on One

INTERNATIONAL · ELEGANT 𝕏𝕏𝕏 Im 1. Stock des noblen Hotels erleben Sie das Geschehen in der Showküche, um Sie herum das schicke Design des japanischen Innenarchitekten Takashi Sugimoto. Es gibt viele Grillgerichte. Hingucker: stimmig integrierter gläserner Weinschrank!

Karte 33/89 €

Stadtplan : K1-t – *Hotel Jumeirah, Thurn-und-Taxis-Platz 2, (Zufahrt über Große Eschenheimer Str. 8, 1. Etage)* ✉ *60313* – ☏ *069 297237198 (Tischbestellung ratsam) – www.jumeirah.com/frankfurt – Juli - August: Montag - Freitag nur Abendessen – geschl. Samstagmittag, Sonntag*

## ⅠО Roomers

INTERNATIONAL · TRENDY 𝕏𝕏 Chic-modern das Design, lebendig die Atmosphäre, international die Küche. Ein wirklich angenehmes Plätzchen abseits des City-Trubels ist die Terrasse im Hof! Nicht wegzudenken von der Karte: Wiener Schnitzel, Burger und Pfeffer-Steak.

Menü 29 € (mittags unter der Woche) – Karte 34/83 €

Stadtplan : F3-s – *Hotel Roomers, Gutleutstr. 85* ✉ *60329* – ☏ *069 2713420 – www.roomers.eu – geschl. Samstagmittag, Sonntagmittag*

## ⅠО Stanley Diamond La Buvette

MODERNE KÜCHE · HIP 𝕏𝕏 Trendiges Konzept aus Restaurant und Bar. Das Interieur stylish und hochwertig, der Service unkompliziert und versiert, die Küche ambitioniert - neu interpretierte Klassiker wie "gelierte Oxtail mit Kartoffelschaum & Imperialkaviar".

Menü 52/72 € – Karte 49/72 €

Stadtplan : F2-t – *Ottostr. 16* ✉ *60329* – ☏ *069 26942892 – www.stanleydiamond.com – geschl. Samstagmittag, Sonntag - Montag*

## ⁏○ Kameha Suite - Restaurant Next Level    🏠 AC ⇔

INTERNATIONAL · HIP ✕✕ Über das imposante Treppenhaus des Prachtbaus von 1898 erreicht man - auf verschiedenen Ebenen - Bar, Lounge und Restaurant. Trendig-elegantes Interieur, auf der Karte z. B. "Schwarzfederhuhn, Perlgraupe, Moosbeere". Mittags "Quick Lunch".

Menü 64/75 € – Karte 47/64 €

*Stadtplan : J1-c – Taunusanlage 20 ✉ 60325 – ℰ 069 4800370*
*– www.kamehasuite.de – nur Abendessen – geschl. Weihnachten - Anfang Januar 2 Wochen, Juli - August 4 Wochen und Sonntag*

## ⁏○ MAIN TOWER RESTAURANT & LOUNGE    ⇐ AC ⅀

MODERNE KÜCHE · TRENDY ✕✕ Hier überzeugt nicht nur die einmalige Aussicht! Auf der Karte z. B. "Riesengarnele / Blumenkohl / Fenchelsaat" oder "Rinderfilet / Romanesco / Macadamianuss". Abends können Sie sich zum Einheitspreis Ihr Menü frei von der Karte zusammenstellen. Mittags Lunchkarte.

Menü 35 € (mittags unter der Woche)/105 € (abends) – Karte 57/69 €

*Stadtplan : J2-u – Neue Mainzer Str. 52, (53. Etage, Gebühr) ✉ 60311*
*– ℰ 069 36504777 (Tischbestellung erforderlich) – www.maintower-restaurant.de*
*– geschl. Samstagmittag, Sonntag - Montag sowie an Feiertagen mittags*

## ⁏○ Medici    🏠 AC

INTERNATIONAL · FREUNDLICH ✕✕ In dem Restaurant mitten in der Innenstadt gibt es internationale Küche mit mediterranen und asiatischen Einflüssen, von "Tataki von Yellowfin Tuna" bis "Rinderfilet mit zweierlei Spargel und Bärlauch". Sehr beliebt: günstiges Lunch-Menü!

Menü 21 € (mittags)/64 € – Karte 44/64 €

*Stadtplan : JK2-d – Weißadlergasse 2 ✉ 60311 – ℰ 069 21990794*
*– www.restaurantmedici.de – geschl. Sonntag und an Feiertagen*

## ⁏○ Zenzakan    🏠 ⅃ AC ⇔ 🚗

ASIATISCH · HIP ✕✕ Ein Pan-Asian Supperclub! Apartes Schwarz, gelungenes Lichtkonzept, fernöstliche Deko, "Kirschgarten"... Das besondere Ambiente, aber vor allem asiatische Speisen wie moderne Sushi-Interpretationen kommen an. Tipp: "Sushi Freestyle"!

Menü 99 € – Karte 44/107 €

*Stadtplan : J1-m – Taunusanlage 15 ✉ 60325 – ℰ 069 97086908*
*– www.mook-group.de – nur Abendessen – geschl. 24. Dezember - 7. Januar und Sonntag*

## ⁏○ The Ivory Club    🏠 ⇔

FUSION · HIP ✕✕ Hier heißt es "Contemporary Colonial Cuisine": "Naan" aus dem Tandoori-Ofen, "Crispy Pakora Spinach with Tamarind & Raita", "Hot 'n' Spicy Beef Vindaloo with Rice"... Schön der Kolonialstil im Restaurant, aufmerksam der Service.

Menü 80 € – Karte 44/82 €

*Stadtplan : J1-m – Taunusanlage 15 ✉ 60325 – ℰ 069 77067767 (Tischbestellung erforderlich) – www.mook-group.de – geschl. Weihnachten - 6. Januar und Samstagmittag, Sonntagmittag*

## ⁏○ Palastbar-Restaurant    AC ⅀ ⇔

INTERNATIONAL · GEMÜTLICH ✕✕ In dem sehenswerten Backsteingewölbe kann man sogar noch vor der Varieté-Vorstellung essen (ab 17 Uhr), und zwar klassische Küche mit internationalem Einfluss. Lust auf "gebratene Tranche vom Steinköhler in Beurre Blanc mit Zitronenspinat"?

Menü 54 € – Karte 47/70 €

*Stadtplan : G2-s – Tiger-Gourmetrestaurant, Heiligkreuzgasse 20 ✉ 60313*
*– ℰ 069 9200220 – www.tigerpalast.de – nur Abendessen – geschl. Mitte Mai - Mitte August und Montag*

## ⅱ○ Faces

INTERNATIONAL • DESIGN ✗✗ Hier sitzt man hinter einer Glasfront in schickem modernem Ambiente mit interessantem Lichtdesign. Serviert wird internationale Küche, bei der das Produkt im Mittelpunkt steht. Mit Bar.

Karte 45/71 €

Stadtplan : A3-n – Hotel Steigenberger Airport, Unterschweinstiege 16
⊠ 60549 Frankfurt – ℰ 069 69750 – www.airporthotel-frankfurt.steigenberger.de
– nur Abendessen – geschl. Samstag - Sonntag sowie an Feiertagen

## ⅱ○ Bistro Villa Merton 🍴

REGIONAL • ELEGANT ✗ Mit dem Bistro hat die Villa Merton eine schöne Alternative in Küchenstil und Preis. Man kocht regional und international inspiriert, frisch und schmackhaft: "Fish and Chips Hessisch", "Zwiebelrostbraten mit Kartoffel-Schnittlauch-Püree"...

Menü 36 € (mittags unter der Woche)/48 € – Karte 40/66 €

Stadtplan : E1-n – Restaurant Villa Merton, Am Leonhardsbrunn 12, (Ecke Ditmarstraße im Union) ⊠ 60487 – ℰ 069 703033
– www.restaurant-villa-merton.de

## ⅱ○ Mon Amie Maxi 🍴

FRANZÖSISCH • BRASSERIE ✗ In der schönen Villa heißt es Brasserie-Atmosphäre par excellence, und den Beinamen "Oyster Bar" trägt man zu Recht. Gekocht wird französisch, das Angebot reicht von Austern (frisch vom Meeresfrüchte-Buffet) über Kalbsnieren bis zum Steak.

Karte 19/118 €

Stadtplan : F2-x – Bockenheimer Landstr. 31 ⊠ 60311 – ℰ 069 71402121
– www.mook-group.de – an Feiertagen nur Abendessen – geschl. 24. Dezember
- 6. Januar und Samstagmittag

## ⅱ○ Heimat 🍴

MARKTKÜCHE • HIP ✗ Das 1956 erbaute ehemalige Wasserhäuschen (Kiosk) beim Goethe-Haus ist ein kleiner Pavillon im "American Diner" Stil, lebhaft und ungezwungen. Schmackhaft und saisonal ist z. B. "Entenbrust / Avocado / Rotkraut / Serrano-Schinken".

Karte 51/69 €

Stadtplan : J2-c – Berliner Str. 70 ⊠ 60311 – ℰ 069 29725994 (Tischbestellung erforderlich) – www.restaurant-heimat.de – nur Abendessen – geschl.
23. Dezember - 8. Januar, über Ostern, über Pfingsten

## ⅱ○ Riz 🍴

MARKTKÜCHE • GERADLINIG ✗ In dem lebhaften Restaurant könnte man sich schon am guten Brot mit Olivenöl satt essen! Lecker auch die saisonalen Gerichte, die aufmerksam und locker serviert werden. Unschlagbar für Frankfurter Verhältnisse: die Preise am Mittag!

Menü 39/67 € – Karte 47/58 €

Stadtplan : J2-c – Berlinerstr. 72, (Zugang über Großer Hirschgraben) ⊠ 60311
– ℰ 069 282439 – www.riz-frankfurt.de
– geschl. Samstagmittag, Sonntag

## ⅱ○ La Scuderia 🍴

ITALIENISCH • BISTRO ✗ Ein behaglich-elegantes Ristorante im Westend zwischen Alter Oper und Messe. Hier gibt es keine Speisekarte, die italienische Küche aus guten, frischen Produkten präsentiert man Ihnen in Form von Tagesempfehlungen.

Karte 51/83 €

Stadtplan : F2-s – Feuerbachstr. 23 ⊠ 60325
– ℰ 069 725480 – www.la-scuderia.de – geschl. Sonntag sowie an Feiertagen, außer an Messen

## ⅈ◯ Surf'n Turf

**FLEISCH · VINTAGE** ✗ Essen im typischen "American Steakhouse Style"! Was in dem klassischen Ecklokal auf den Tisch kommt, ist gut gereiftes und sehr hochwertiges Rindfleisch vom Grill. Nicht ganz günstig, aber Qualität und Geschmack stimmen!

Karte 34/87 €

**Stadtplan : F1-s** – *Grüneburgweg 95* ✉ *60323* – ✆ *069 722122*
– *www.mook-group.de* – *an Feiertagen nur Abendessen* – *geschl. 24. Dezember*
*- 6. Januar und Samstagmittag, Sonntag*

## ⅈ◯ VAIVAI

**ITALIENISCH · HIP** ✗ Trendig-leger die Atmosphäre, auf der Karte "US Prime Rib Eye", "Bistecca alla Fiorentina Dry Aged", "Gamberoni Grigliati", "Branzino Interno"... Und vornweg Antipasti oder Pasta? Das Ganze nennt sich übrigens "Italian Grill & Bar".

Karte 38/71 €

**Stadtplan : F1-a** – *Grüneburgweg 16* ✉ *60322* – ✆ *069 90559305*
*(Tischbestellung erforderlich)* – *www.vaivai.de* – *nur Abendessen*

## ⅈ◯ MainNizza

**INTERNATIONAL · FREUNDLICH** ✗ Appetit auf "Himmel & Ääd", Kalbstafelspitz oder Wolfsbarschfilet? Tipp für Familien: Mittagstisch an Sonntagen - Kinder bis 8 Jahre essen gratis von der Kinderkarte. Toll die Veranda zum Main, dazu SB-Biergarten direkt am Fluss.

Karte 27/51 €

**Stadtplan : J2-a** – *Untermainkai 17* ✉ *60329* – ✆ *069 26952922* – *www.mainnizza.de*

## ⅈ◯ Druckwasserwerk

**INTERNATIONAL · HIP** ✗ Das denkmalgeschützte ehemalige Druckwasserwerk (19. Jh.) im Westhafen hat seinen Industrie-Charme bewahrt - attraktiv die moderne Loft-Atmosphäre. Mittags isst man günstig, abends gehobener. Lust auf "Hessen-Tapas" oder US-Prime-Beef?

Menü 44/58 € – Karte 37/61 €

**Stadtplan : E3-d** – *Rotfeder Ring 16* ✉ *60237* – ✆ *069 256287700*
– *www.restaurant-druckwasserwerk.de* – *geschl. Samstagmittag*

## ⅈ◯ san san

**CHINESISCH · TRADITIONELLES AMBIENTE** ✗ "Bamboo Lounge", "Shanghai Suite" oder ein intimes Separee - man präsentiert typische chinesische Wohn- und Lebenskultur, dazu feine authentische Küche diverser chinesischer Provinzen: kantonesische Dim Sum, Rindfleisch aus dem Szechuan...

Karte 29/58 €

**Stadtplan : K1-c** – *Hotel The Westin Grand, Konrad-Adenauer-Str. 7* ✉ *60313*
– ✆ *069 91399050* – *www.sansan-restaurant.de* – *geschl. Sonntag*

## ⅈ◯ Sushimoto

**JAPANISCH · ELEGANT** ✗ Das Ambiente ist authentisch schlicht, wie man es von einem japanischen Restaurant erwartet. Sushi, Teppanyaki und vor allem die interessanten "Omakase" bringen Ihnen die vielen Facetten der Kulinarik Japans nahe.

Menü 45/95 € – Karte 37/126 €

**Stadtplan : K1-c** – *Hotel The Westin Grand, Konrad-Adenauer-Str. 7* ✉ *60313*
– ✆ *069 1310057 (Tischbestellung ratsam)* – *www.sushimoto.eu* – *geschl. Montag,*
*Sonntagmittag, außer an Messen*

## ⅈ◯ Goldman

**MEDITERRAN · DESIGN** ✗ In diesem modern-legeren Restaurant ist es gemütlich und ungezwungen, nett die maritimen Akzente, dazu eine breite Fensterfront. Aus der offenen Küche kommt z. B. "geschmortes Ochsenbäckchen mit Rotweinschalotten, Marktgemüse und Raviolo".

Menü 62 € – Karte 44/70 €

**Stadtplan : H2-g** – *25hours Hotel The Goldman, Hanauer Landstr. 127* ✉ *60314*
– ✆ *069 4058689806* – *www.goldman-restaurant.com* – *Montag - Samstag nur*
*Abendessen* – *geschl. Sonntag und an Feiertagen*

## ⅱ◯ Allgaiers

FRANZÖSISCH · GEMÜTLICH 🗙 Eine schöne Adresse für gute Brasserieküche. Da schmecken z. B. "Kalbsbriesravioli mit Frühlingsgemüse und leichtem Morchelrahm". Unter der Woche ist in dem sympathischen Lokal mit dem markanten Weinregal auch das Lunchmenü gefragt.

Menü 23 € (mittags unter der Woche)/69 € – Karte 37/58 €

Stadtplan : F1-c – *Liebigstr. 47* ✉ *60323* – ☎ *069 98956611* – *www.allgaiers.eu*
– *geschl. 23. Dezember - 6. Januar und Samstagmittag, Sonntag*

## ⅱ◯ Chez Mamie

FRANZÖSISCH-KLASSISCH · BISTRO 🗙 Sie kennen das "Chez Mamie" aus Wiesbaden? Das Konzept ist identisch: Auch in diesem netten Bistro mit Weinbar gibt es Traditionelles von einer Karte in Asterix-Buch-Form: "Steak Tartare", "Boeuf Bourguignon"... Mittags einfaches Angebot.

Menü 15 € (mittags unter der Woche) – Karte 21/43 €

Stadtplan : G1-c – *Sömmeringstr. 4* ✉ *60322* – ☎ *069 95209360*
– *www.chezmamie.de* – *geschl. Samstagmittag, Sonntag - Montag*

## ⅱ◯ Moriki

JAPANISCH · HIP 🗙 Im EG des Hauptsitzes der Deutschen Bank finden Sie dieses stylische und unkomplizierte Restaurant mit Sushibar. Die Küche ist gut - japanisch mit panasiatischen Einflüssen: "crunchy spicy tuna roll", "miso duck", "chili ginger prawn"...

Menü 59 € (abends) – Karte 26/63 €

Stadtplan : J1-k – *Taunusanlage 12* ✉ *60325* – ☎ *069 71913070 (Tischbestellung ratsam)* – *www.moriki.de*

## ⅱ◯ Estragon

FRANZÖSISCH-KLASSISCH · FREUNDLICH 🗙 Wer gern klassisch isst, freut sich in dem charmanten Restaurant in einer kleinen Seitenstraße über "getrüffelte Steckrübensuppe", "Gänseleberterrine mit Brioche" oder "Kalbsnieren in Dijon-Senfsauce". Es gibt auch Steaks und Vegetarisches.

Menü 39/64 € – Karte 37/55 €

Stadtplan : K1-d – *Jahnstr. 49* ✉ *60318* – ☎ *069 5978038* – *www.estragon-ffm.de*
– *nur Abendessen* – *geschl. Anfang Juni 3 Wochen und Sonntag - Montag*

## ⅱ◯ Hafez

KÜCHE DES MITTLEREN OSTENS · EXOTISCHES AMBIENTE 🗙 Bunte Lampen, bestickte Kissen, bewusstes Spiel mit Farben und orientalische Accessoires erinnern hier an die Märchen aus "1001 Nacht". Tauchen Sie ein und kosten Sie die persische Küche.

Menü 22/44 € – Karte 22/44 €

Stadtplan : F3-e – *Hotel Villa Oriental, Baseler Str. 21* ✉ *60329* – ☎ *069 27108950*
– *www.villa-oriental.com*

## ⅱ◯ Dal Pescatore

ITALIENISCH · GEMÜTLICH 🗙 Was sollte sich hinter diesem Namen anderes verbergen als italienische Küche? Passend zu den zahlreichen Fischgerichten hat das gemütliche Lokal eine frische maritim-mediterrane Atmosphäre. Probieren Sie auch die feinen Oliven!

Karte 44/82 €

Stadtplan : F2-d – *Westendplatz 42* ✉ *60325* – ☎ *069 172028* – *geschl.
Samstagmittag, Sonntag außer an Messen*

## ⅱ◯ Laube Liebe Hoffnung

INTERNATIONAL · BISTRO 🗙 Im neuen Europaviertel steht das moderne Holzhaus mit charmanter legerer Atmosphäre und frischer Küche, die einen interessanten Mix von "Laube-Bratwurst" bis "Dorade auf Olivenrisotto" bietet. Sehr schön die Terrasse - hier grillt man auch.

Menü 28/47 € (abends) – Karte 38/53 €

Stadtplan : B2-a – *Pariser Str. 11* ✉ *60486* – ☎ *069 75847722*
– *www.laubeliebehoffnung.de* – *geschl. 1. - 9. Januar und Montag*

# Frankfurter Äppelwoilokale:
Apfelwein und regionale Frankfurter Speisen in typischem, gemütlichem Ambiente.

⫪○ **Zum Rad**    🏡 ⅍ ⇆ 🛏

REGIONAL · GEMÜTLICH ⅊ In dem rustikalen Gasthaus von 1806 wird das "Stöffche" aus eigener Herstellung ausgeschenkt, dazu gibt's regionale Kost. Der schöne Innenhof dient als Terrasse.

Karte 16/39 €

Stadtplan: C1-s – *Leonhardsgasse 2, Seckbach* ✉ 60389 – ☏ 069 479128 – *www.zum-rad.de – nur Abendessen, sonntags auch Mittagessen – geschl. Dienstag*

⫪○ **Klaane Sachsehäuser**    🏡

REGIONAL · RUSTIKAL ⅊ Über den Innenhof erreicht man die urige Wirtschaft, in der seit 1886 das selbst gekelterte "Stöffche" fließt und Frankfurter Küche aufgetischt wird. Hier sitzt keiner allein!

Karte 17/28 €

Stadtplan: G3-n – *Neuer Wall 11, Sachsenhausen* ✉ 60594 – ☏ 069 615983 – *www.klaanesachsehaeuser.de – nur Abendessen , ab 16 Uhr geöffnet – geschl. Sonntag*

⫪○ **Zum gemalten Haus**    🏡

REGIONAL · RUSTIKAL ⅊ Zwischen bemalten Wänden und Relikten vergangener Zeit wird zusammengerückt, "Schoppe gepetzt" und "schläächtgebabbelt" - Hauptsache der "Bembel" bleibt immer gut gefüllt!

Karte 12/21 €

Stadtplan: K3-c – *Schweizer Str. 67, Sachsenhausen* ✉ 60594 – ☏ 069 614559 – *www.zumgemaltenhaus.de – geschl. Juli 3 Wochen und Montag*

⫪○ **Zur Buchscheer**    🏡 ⅍ 🅿

REGIONAL · GEMÜTLICH ⅊ Bereits seit 1876 wird diese gemütlich-rustikale Adresse am Ortsrand familiär geleitet. Zur bodenständigen Küche trinkt man hauseigenen Apfelwein. Nett ist auch der Sommergarten.

Karte 15/32 €

Stadtplan: C2-s – *Schwarzsteinkautweg 17, Sachsenhausen* ✉ 60598 – ☏ 069 635121 – www.buchscheer.de – Montag - Freitag ab 16 Uhr und Samstag - Sonntag sowie an Feiertagen ab 12 Uhr geöffnet – geschl. 25. Dezember - 8. Januar*

⫪○ **Wagner**    🏡 ♿ 🆎

REGIONAL · GEMÜTLICH ⅊ Der Weg zu "Rippche" und Äppelwoi führt durch einen Torbogen und den sich anschließenden Innenhof. Wer's besonders gesellig mag, sitzt auf einer langen Holzbank.

Karte 16/28 €

Stadtplan: K3-c – *Schweizer Str. 71, Sachsenhausen* ✉ 60594 – ☏ 069 612565 – *www.wagner-frankfurt.de*

# Hotels

🏨 **Steigenberger Frankfurter Hof**    🕴 🛎 📶 ⅃♨ 🖃 ♿ 🆎 🧖 🚗

GROSSER LUXUS · KLASSISCH Die Tradition des klassischen Grandhotels reicht bis ins Jahr 1876 zurück. Außen eine eindrucksvolle historische Fassade, innen Luxus pur: repräsentative Lobby mit reichlich Sitzmöglichkeiten, geschmackvolle geräumige Zimmer, schöner Spa auf 1000 qm... Bistro-Alternative zum "Français": das "OSCAR'S".

261 Zim ⌨ – 🛉249/699 € 🛉🛉249/699 € – 42 Suiten

Stadtplan: J2-e – *Am Kaiserplatz* ✉ 60311 – ☏ 069 21502 – *www.frankfurter-hof.steigenberger.de*

⌘ **Français** – siehe Restaurantauswahl

## Jumeirah 🏯 🎴 📱 ♿ AK 🍸 🚗

**GROSSER LUXUS · MODERN** Top Komfort, neueste Technik, wertigste Materialien! Für die Präsidentensuite (220 qm!) ist kein Superlativ zu hoch gegriffen, zum eigenen "Talise-Spa" kommt der direkte Zugang zum Freizeit-Center nebenan. Lust auf libanesische Küche? Das Restaurant "el rayyan" ist angeschlossen an die Shopping-Mall "MyZeil".

217 Zim – 🛏239/349 € 🛏🛏239/349 € – 49 Suiten – 🍽 32 €

Stadtplan : K1-t – *Thurn-und-Taxis-Platz 2, (Zufahrt über Große Eschenheimer Str. 8)* ✉ 60313 – ☏ 069 2972370 – *www.jumeirah.com/frankfurt*

🍴 **Max on One** – siehe Restaurantauswahl

## Hessischer Hof 📱 ♿ AK 🍸 🚗

**LUXUS · KLASSISCH** Service hat hier einen überaus hohen Stellenwert, vom Willkommensgetränk über die kostenfreie Minibar bis zum hochwertigen Frühstück, entsprechend engagiert die Leitung des Hauses - ein Grandhotel im besten Sinne! Eine Institution: Jimmy's Bar, auch Frankfurts Wohnzimmer genannt, täglich Live-Musik ab 22 Uhr.

114 Zim – 🛏159 € 🛏🛏209 € – 7 Suiten – 🍽 35 € – ½ P

Stadtplan : E2-p – *Friedrich-Ebert-Anlage 40* ✉ 60325 – ☏ 069 75400 – *www.hessischer-hof.de*

🍴 **Sèvres** – siehe Restaurantauswahl

## The Westin Grand 🔲 🛎 🎴 💆 📱 ♿ AK 🏊 🍸 🚗

**LUXUS · MODERN** Eine großzügige internationale Businessadresse in zentraler Lage. Zeitgemäße, wohnliche Zimmer, zahlreiche Tagungsräume, Executive-Club in der 1. Etage. Und für eine kleine Auszeit zwischendurch: der Pool mit tollem Ausblick auf die Stadt oder der schicke Bar-Lounge-Bereich (hier kann man auch essen).

353 Zim – 🛏199/699 € 🛏🛏199/699 € – 18 Suiten – 🍽 33 €

Stadtplan : K1-c – *Konrad-Adenauer-Str. 7* ✉ 60313 – ☏ 069 29810 – *www.westingrandfrankfurt.com*

🍴 **san san** • 🍴 **Sushimoto** – siehe Restaurantauswahl

## Fleming's Deluxe 🏯 🚶 🎴 💆 📱 ♿ AK 🚗

**BUSINESS · MODERN** Denkmalgeschütztes ehemaliges Bayer-Haus a. d. 50er Jahren mit funktionstüchtigem Original-Paternoster. Dank Erweiterung hat man noch mehr moderne und zugleich wohnliche Zimmer. Abends genießt man den Blick von Dachrestaurant sowie von Bar und Lounge. Frühstück und Mittagsessen im lichten Restaurant LUX.

202 Zim 🍽 – 🛏198/258 € 🛏🛏218/278 € – 4 Suiten

Stadtplan : K1-g – *Eschenheimer Tor 2* ✉ 60318 – ☏ 069 4272320 – *www.flemings-hotels.com*

## Roomers 🎴 💆 📱 AK 🍸 🚗

**BUSINESS · DESIGN** Das beeindruckende Design sucht seinesgleichen: überall wertiges, stimmiges Interieur in dunklen Tönen, edel auch der Sauna- und Fitnessbereich. Für Nachtschwärmer "the place to be": die trendige Bar mit DJ, mittwochs auch Livemusik.

116 Zim – 🛏230/550 € 🛏🛏230/550 € – 3 Suiten – 🍽 32 €

Stadtplan : F3-s – *Gutleutstr. 85* ✉ 60329 – ☏ 069 2713420 – *www.roomers-frankfurt.com*

🍴 **Roomers** – siehe Restaurantauswahl

## 25hours Hotel The Goldman 📱 AK 🍸

**BUSINESS · DESIGN** Individueller könnten die Zimmer nicht sein: unterschiedlichste Details in Farbe, Muster, Accessoires... Die "West"-Zimmer sind nach den Ideen diverser Frankfurter Persönlichkeiten designt, die "East"-Zimmer "vergessenen internationalen Helden" gewidmet. In der "Oost Bar": regelmäßig DJ-Musik und Live-Bands.

97 Zim – 🛏120/405 € 🛏🛏120/405 € – 🍽 18 €

Stadtplan : H2-g – *Hanauer Landstr. 127* ✉ 60314 – ☏ 069 40586890 – *www.25hours-hotels.com/goldman*

🍴 **Goldman** – siehe Restaurantauswahl

###  25hours Hotel by Levi's

URBAN · DESIGN Beim Hauptbahnhof gelegenes "Levi's"-Designhotel. In Anlehnung an den Jeans-Look der 30er bis 80er Jahre sind die Etagen individuell gestaltet. Relaxen von ganz oben bis ganz unten: tolle Dachterrasse "on top", im Keller "Gibson Music Room". Das gemütliche Restaurant "Chez Ima" ist bunt, trendig und lebendig.

76 Zim – ▪120/160 € ▪▪120/160 € – ☂18 €

Stadtplan : F2-h – *Niddastr. 58* ✉ 60329 – ☎ 069 2566770
– *www.25hours-hotels.com*

###  Villa Orange

FAMILIÄR · MODERN Das schön eingerichtete Stadthaus im Villenstil gehört zu den Bio-Hotels. Moderner Stil und warme Töne vom Foyer über die Bibliothek und die Zimmer bis zum Frühstücksraum - hier gibt's am Morgen Bio-Produkte.

38 Zim ☂ – ▪95/265 € ▪▪135/375 €

Stadtplan : K1-b – *Hebelstr. 1* ✉ 60318 – ☎ 069 405840 – *www.villa-orange.de*

###  Liebig

FAMILIÄR · MODERN Recht individuell wohnt man in der hübschen Jugendstilvilla im Westend, von modern bis klassisch. Einige Zimmer haben besonderen Charme mit ihren Stilmöbeln und nostalgischen Badarmaturen! Und haben Sie die sanierte alte Holztreppe gesehen?

19 Zim – ▪135/175 € ▪▪165/215 € – ☂16 €

Stadtplan : F1-b – *Liebigstr. 45* ✉ 60323 – ☎ 069 24182990 – *www.hotelliebig.de*

###  Villa Oriental

URBAN · THEMENBEZOGEN Die Lage des schmucken Hauses ist zwar nicht die attraktivste, doch dafür bringt das schöne Interieur ein Stück Orient nach Frankfurt. Authentische Details sind u. a. rund 15 000 sehr dekorative Fliesen aus Marokko! Freundlicher Service.

30 Zim ☂ – ▪85/139 € ▪▪115/159 € – ½ P

Stadtplan : F3-e – *Baseler Str. 21* ✉ 60329 – ☎ 069 27108950
– *www.villa-oriental.com*

🍴 **Hafez** – siehe Restaurantauswahl

## In Frankfurt-Bockenheim

### La Cigale

INTERNATIONAL · GEMÜTLICH 🍴 Das gemütliche kleine Restaurant hat viele Stammgäste! Der Grund: Hier wird ehrlich, schmackhaft und frisch gekocht, so z. B. "Kalbskotelett mit Steinpilzen". Und als Dessert vielleicht "karamellisierten Kaiserschmarrn"?

Menü 54 € – Karte 31/60 €

Stadtplan : E1-b – *Falkstr. 38* ✉ 60487 – ☎ 069 704111 *(Tischbestellung ratsam)*
– *www.lacigale-restaurant.de* – *geschl. Sonntag - Dienstagmittag, Mittwochmittag, Freitagmittag, Samstagmittag*

### 🍴 Chalet 18

ASIATISCHE EINFLÜSSE · FREUNDLICH 🍴 Bei französischem Bistro-Flair genießt man hier finessen- und kontrastreiche euro-asiatische Küche. Gerne bestellt man das ganze Menü oder auch nur die ausgezeichneten Dim Sum - von der Pekingente, vom irischen Hummer oder vom Wagyu-Beef.

Menü 79/99 €

Stadtplan : E1-c – *Grempstr. 18* ✉ 60487 – ☎ 069 702814 *(Tischbestellung erforderlich)* – *www.chalet-18.de* – *nur Abendessen* – *geschl. Anfang Januar 1 Woche, Juli und Montag - Dienstag*

# In Frankfurt-Eschersheim

## ⅱ◯ Brighella ⇦ 🏠 AC 🗱

**ITALIENISCH · FREUNDLICH** ⅩⅩ Gehobene italienische Küche in schönem Ambiente. Tipp: täglich wechselnde Empfehlungen wie "Garganelli mit Salsiccia, Kräutern und Tomate" oder "Loup de Mer in Butter und Salbei". Zum Übernachten: schicke Zimmer in ruhigen Brauntönen.

Menü 19 € (mittags unter der Woche)/50 € – Karte 35/64 € 14 Zim 🖙 – 🛉75/95 € 🛉🛉115/155 €

Stadtplan : B1-f – *Eschersheimer Landstr. 442* ✉ *60433* – ✆ *069 533992* – *www.brighella.de – geschl. Montag*

# In Frankfurt-Heddernheim

## ⅱ◯ Speisekammer 🏠

**INTERNATIONAL · BÜRGERLICH** ⅩⅩ Sympatisch-gemütlich hat man es hier in dem historischen Gasthaus - ein lauschiges Plätzchen ist im Sommer der Biergarten im Innenhof! Nicht wegzudenken von der Karte ist im Winter die Gans! Beliebt auch Klassiker wie Tafelspitz.

Karte 27/47 €

Stadtplan : B1-b – *Alt Heddernheim 41* ✉ *60439* – ✆ *069 573888* – *www.speisekammer-frankfurt.de – nur Abendessen*

# In Frankfurt-Oberrad

## 🏠 Gerbermühle 🗱 ⊡ ⅙ AC ♨️ P

**HISTORISCH · DESIGN** Die a. d. 14. Jh. stammende Mühle direkt am Main (in der Bar findet sich übrigens der alte Mühlstein) wurde zu einem schönen kleinen Hotel, wertig und stimmig in geschmackvoll-modernem Stil. Puristisch-elegant das Restaurant. An den Wintergarten schließt sich die Terrasse an, ums Eck der Biergarten zum Fluss!

14 Zim 🖙 – 🛉120/160 € 🛉🛉140/180 € – 5 Suiten

Stadtplan : C2-z – *Gerbermühlstr. 105* ✉ *60594* – ✆ *069 68977790* – *www.gerbermuehle.de*

# In Frankfurt-Sachsenhausen

## 🕸 Carmelo Greco 🏠 AC 🗱

**ITALIENISCH · TRENDY** ⅩⅩ Carmelo Greco bietet hier eine produktorientierte italienisch-mediterran geprägte Küche, die auf guten, frischen Zutaten basiert. Um Sie herum ein schönes modern-elegantes Interieur, ebenso hübsch die Terrasse. Gefragt: das Lunch-Menü.

➜ Jakobsmuschel, Martini Bianco, Yuzu-Sakejus. Risotto, Artischocke, Hummer. Blak Cod, Bagna Cauda, Kartoffel.

Menu 46 € (mittags unter der Woche)/125 € – Karte 62/97 €

Stadtplan : G3-a – *Ziegelhüttenweg 1* ✉ *60598* – ✆ *069 60608967* – *www.carmelo-greco.de – geschl. Samstagmittag, Sonntag*

## 🕸 Atelier Wilma Ⓝ (Michael Riemenschneider) AC 🗱 ⟷

**MODERNE KÜCHE · CHIC** Ⅹ "Smart-casual" ist das Motto hier bei Michael Riemenschneider: Leger und hochwertig zugleich kommt das Restaurant daher, unkompliziert, geschult und charmant der Service. Und die Küche? Modern, finessenreich, intensiv und mit dem gewissen Etwas - nicht zu vergessen die hervorragenden Produkte!

➜ Ente, Mais, Reis, Chicorée. Pulpo, Basilikum, Kartoffel, Tomaten. Pistazie, Erdbeere, Frischkäse, Balsamico.

Menü 45/149 € – Karte 58/101 €

Stadtplan : J3 – *Schneckenhofstr. 11* ✉ *60311* – ✆ *069 97691676* – *www.atelierwilma.restaurant – geschl. Weihnachten – Mitte Januar, Mitte Juli* – *Ende August und Samstag - Sonntag sowie an Feiertagen*

## ‖○ **Lohninger** 🕭 🗚 ⟷

**ÖSTERREICHISCH · FREUNDLICH** ✕✕ Hätten Sie gedacht, dass man österreichische Küche so gelungen mit japanischen Elementen kombinieren kann? Man kocht ohne große Schnörkel, serviert wird in schönen klassischen Räumen unter hohen Stuckdecken. Mittags-Tipp: das Radezky-Menü.

Menü 39 € (mittags)/88 € (abends) – Karte 44/76 €

Stadtplan : J3-n – *Schweizer Str. 1* ✉ *60594* – ℰ *069 247557860 (Tischbestellung ratsam) – www.lohninger.de*

## ‖○ **Gusto** 🕭 ⅙ 🗚 🚗

**ITALIENISCH · ELEGANT** ✕✕ Richtig gemütlich sitzt man in dem geschmackvollen geradlinig-modern designten Restaurant, und zwar bei gehobener italienischer Küche. Probieren Sie die hausgemachten "Ravioli Grüne Soße"! Ganz wunderbar ist der imposante Innenhof.

Menü 76/89 € – Karte 57/112 €

Stadtplan : F3-a – *Hotel Villa Kennedy, Kennedyallee 70* ✉ *60596* – ℰ *069 717121205 – www.villakennedy.com*

## ‖○ **Holbein's** 🕭 ⅙

**INTERNATIONAL · TRENDY** ✕ Was man in dem modernen Glasbau - angeschlossen an das historische Kunstmuseum - aufgetischt bekommt, nennt sich z. B. "Thunfischsteak mit Pak Choi und Wasabi-Kartoffelpüree". Mittags kleineres Angebot nebst schnellem 2-Gänge-Lunch-Menü.

Menü 45/65 € – Karte 40/83 €

Stadtplan : J3-a – *Holbeinstr.1, (im Städel)* ✉ *60596* – ℰ *069 66056666 – www.meyer-frankfurt.de – geschl. Montag, außer an Messen*

## ‖○ **Coq au Vin** 🕭 ✍

**BURGUNDISCH · BRASSERIE** ✕ In dem gemütlichen kleinen Restaurant findet man neben dem namengebenden Coq au vin auch hausgemachte Terrinen, Schnecken, Kaninchenkeule oder auch "Lachsfilet mit Noilly-Prat-Sauce" - französischer könnten Atmosphäre und Küche kaum sein!

Menü 27/37 € – Karte 25/58 €

Stadtplan : K3-f – *Wallstrasse 19* ✉ *60594* – ℰ *069 96200338 – www.coq-au-vin.de – nur Abendessen*

## ‖○ **A Casa Di Tomilaia** 🕭

**TOSKANISCH · TRATTORIA** ✕ Hier darf man sich auf moderne Trattoria-Atmosphäre freuen: laut, lebendig, leger. Es gibt toskanische Spezialitäten wie "Linguine Mare Mare", "Risotto gamberi" oder "Bistecca Fiorentina", dazu eigene Weine.

Menü 39 € – Karte 23/51 €

Stadtplan : GH3-c – *Walther-von-Cronberg-Platz 7* ✉ *60594* – ℰ *069 68977625 – www.acasadi.de – geschl. Samstagmittag*

## 🏨 **Villa Kennedy** 🛎 🗔 📶 🛜 Ⅼ卩 ⅙ 🗚 ♨ 🚗

**GROSSER LUXUS · KLASSISCH** Architektonisch gelungen wurde die Villa Speyer von 1904 zu einem eindrucksvollen Luxushotel erweitert. Das Interieur überaus individuell, die Zimmer sehr geräumig, teils zum tollen Innenhof. Schön relaxen kann man im Spa auf 1000 qm.

137 Zim – ♦245/945 € ♦♦245/945 € – 26 Suiten – ☕ 35 €

Stadtplan : F3-a – *Kennedyallee 70* ✉ *60596* – ℰ *069 717120 – www.roccofortehotels.com*

‖○ **Gusto** – siehe Restaurantauswahl

---

**Bei schönem Wetter isst man gern im Freien! Wählen Sie ein Restaurant mit Terrasse:** 🕭.

## In Neu-Isenburg Süd: 7 km

### ⅱ○ Neuer Haferkasten  🕌 ⌘ **P**

**ITALIENISCH · FREUNDLICH** ✗ Die frische italienische Küche (Pasta und Brot sind übrigens hausgemacht) lassen sich hier auch Promis gerne schmecken, wie die zahlreichen Fotos in dem gemütlichen Restaurant zeigen. Günstiger Lunch.

Menü 20 € (mittags unter der Woche) – Karte 39/64 €

*Stadtplan : C3-a – Frankfurter Str. 118* ✉ *63263 –* ✆ *06102 35329*
*– www.neuerhaferkasten.de*

### 🏠 Wessinger  ✿ 🔲 🛁 🖃 🕭 ⌘ 🧖 **P**

**FAMILIÄR · FUNKTIONELL** Sind Sie beruflich unterwegs, sportlich und ein Genießer? Hier sind Sie richtig, denn man hat neuzeitliche Zimmer, ein Schwimmbad und den Wald direkt vor der Tür, und es gibt Feines aus der eigenen Konditorei und Patisserie! Familie Wessinger leitet das Haus – einst Bäckerei – nun in 4. Generation.

60 Zim – ¶103/125 € ¶¶112/144 € – ⌑13 €

*Stadtplan : C3-n – Alicestr. 2* ✉ *63263 –* ✆ *06102 8080 – www.wessinger.com*

## In Neu-Isenburg-Gravenbruch Süd-Ost: 11 km

### ✿ Sra Bua by Juan Amador  🕌

**FUSION · ELEGANT** ✗✗ Richtig edel kommt das Interieur daher: geradliniger Stil, ruhige, gedeckte Farben, "Sra Bua"-typische Buddha-Dekorationen. Und die euro-asiatische Küche steht der niveauvollen Einrichtung in nichts nach, dafür sorgen Geschmack, Raffinesse und eine eigene Note.

→ Saibling, Shiitake, Limette. Kalbskopf, Wasabi, Grüner Apfel. Valrhona Dulcey, Zitronenverbene, Rhabarber.

Menü 79/129 € – Karte 80/90 €

*Stadtplan : D3-t – Kempinski Hotel Gravenbruch, Graf zu Ysenburg und Büdingen-Platz 1* ✉ *63263 –* ✆ *069 389880 (Tischbestellung ratsam)*
*– www.kempinski.com/gravenbruch – nur Abendessen – geschl. Sonntag - Montag*

### ⅱ○ EssTisch  ⛩ 🕌 🆎 🚗

**INTERNATIONAL · ELEGANT** ✗✗ Im Hauptrestaurant des Hauses hat man einen freundlich-eleganten Rahmen für internationale Küche. Oder lieber "Frankfurter Grüne Sauce - Gebackenes Ei"? Freitags "Perfume of the Sea": Fisch und Meeresfrüchte vom Buffet. Sonntags Brunch.

Menü 46 € – Karte 41/80 €

*Stadtplan : D3-t – Kempinski Hotel Gravenbruch, Graf zu Ysenburg und Büdingen-Platz 1* ✉ *63263 –* ✆ *069 389880 – www.kempinski.com/gravenbruch*

### ⅱ○ Torschänke  🕌 🆎 **P**

**REGIONAL · RUSTIKAL** ✗ Die Torschänke war einst Ausgangspunkt für die Wildschweinjagd - dies ist neben weiteren regionalen Spezialitäten natürlich auch auf der Karte zu finden. Die Atmosphäre dazu ist angenehm ungezwungen.

Karte 30/51 €

*Stadtplan : D3-t – Kempinski Hotel Gravenbruch, Graf zu Ysenburg und Büdingen-Platz 1* ✉ *63263 –* ✆ *069 38989670 – www.kempinski.com/gravenbruch*
*– nur Abendessen – geschl. Montag - Dienstag*

### 🏨 Kempinski Hotel Gravenbruch  🛥 🔲 💆 ⊕ 🛁 🧖 ✿ 🖃 🕭 🆎 🧖

**LUXUS · KLASSISCH** Nur die schöne Parklage direkt an einem kleinen See **P** ist nach der Komplettrenovierung unverändert, drinnen hat man alles ausgesprochen wohnlich, stimmungsvoll und mit Geschmack gestaltet: Lobby, Smokers Lounge, Ballsaal, Zimmer und Suiten...

187 Zim – ¶149/409 € ¶¶149/409 € – 38 Suiten – ⌑31 €

*Stadtplan : D3-t – Graf zu Ysenburg und Büdingen-Platz 1* ✉ *63263*
*–* ✆ *069 389880 – www.kempinski.com/gravenbruch*

✿ **Sra Bua by Juan Amador** • ⅱ○ **Torschänke** • ⅱ○ **EssTisch** – siehe Restaurantauswahl

## Beim Flughafen Frankfurt Main Süd-West: 12 km

### 🏨 Hilton 🔊 🕸 ⅃ᵒ ⊡ 🔥 AC ⅍ ᠯᢙ 🚗

**BUSINESS · MODERN** In der futuristischen Glas-Stahlkonstruktion von 625 m Länge (konzipiert als liegendes Hochhaus!) verbirgt sich urbaner Chic im besten Sinne. Die A3 könnte kaum näher sein, ICE-Bahnhof und Terminal 1 sind direkt zugänglich!

232 Zim – ♛159/599 € ♛♛159/599 € – 17 Suiten – ⊑ 32 €

Stadtplan : A3-b – *Am Flughafen, (The Squaire)* ⊠ 60549 – ℰ 069 26012000
– *www.frankfurtairport.hilton.com*

### 🏨 Steigenberger Airport 🔊 🕸 ⅃ᵒ ⊡ 🔥 AC ᠯᢙ 🚗

**KETTENHOTEL · MODERN** Elegante Halle, komfortable Zimmer (Tipp: die modernen Tower-Zimmer) und der Freizeitbereich "Open Sky" in der 9. Etage mit Aussicht. Gemütlich die historische "Unterschweinstiege". Parken Sie in der Tiefgarage des Main Airport Centers.

560 Zim – ♛149/189 € ♛♛169/209 € – 10 Suiten – ⊑ 28 €

Stadtplan : A3-n – *Unterschweinstiege 16* ⊠ 60549 Frankfurt – ℰ 069 69750
– *www.airporthotel-frankfurt.steigenberger.com*

🍴 **Faces** – siehe Restaurantauswahl

---

# FRANKWEILER

Rheinland-Pfalz – 880 Ew. – Höhe 243 m – Regionalatlas **54**-E17
▶ Berlin 664 km – Mainz 113 km – Mannheim 49 km – Landau / Pfalz 11 km
Michelin Straßenkarte 543

### 🐵 Weinstube Brand 🍴 🗖

**REGIONAL · GEMÜTLICH** 🗶 Diese sympathisch-unkomplizierte Weinstube verbindet Tradition samt gemütlicher Rustikalität mit schmackhafter, frischer Küche - und das kommt an! Probieren Sie z. B. "geschmorte Schulter vom Wildkaninchen auf Cassisrotkraut"!

Karte 24/43 €

*Weinstr. 19* ⊠ *76833* – ℰ *06345 959490 (Tischbestellung ratsam)*
*– geschl. Dezember - Januar 2 Wochen, Juli - August 2 Wochen und Sonntag
- Dienstagmittag*

### 🍴 Robichon 🍴 ⌬ 🅿

**FRANZÖSISCH-KLASSISCH · LÄNDLICH** 🗶🗶 Nach über 30 Jahren nicht mehr wegzudenken aus dem beschaulichen Örtchen! Beliebt sind zum einen klassische Speisen wie "Seezungenfilet, Langustinenschwänzchen, Spinatsauce", zum anderen der aufmerksame Service und das charmante Ambiente.

Menü 20 € (mittags)/56 € – Karte 32/56 €

*Orensfelsstr. 31* ⊠ *76833* – ℰ *06345 3268* – *www.restaurant-robichon.de* – *geschl. Januar 3 Wochen, August - September 2 Wochen und Montag - Dienstag*

# FRASDORF

Bayern – 3 000 Ew. – Höhe 598 m – Regionalatlas **66**-N21
▶ Berlin 667 km – München 78 km – Bad Reichenhall 60 km – Salzburg 64 km
Michelin Straßenkarte 546

### 🏠 Landgasthof Karner 🔊 🍃 🗗 🕸 ⅃ᵒ ᠯᢙ 🅿

**GASTHOF · GEMÜTLICH** Ein Haus mit langer Tradition (einst Bauernhof, Bäckerei und Gastwirtschaft), schön die denkmalgeschützte Fassade. Man kann hier gepflegt übernachten (eleganter die Zimmer im Anbau), bei Kosmetik, Massage & Co. entspannen und in charmanten Stuben mit Gewölbedecke oder Kachelofen bürgerlich-regional essen.

32 Zim ⊑ – ♛79/209 € ♛♛99/229 € – 3 Suiten – ½ P

*Nussbaumstr. 6* ⊠ *83112* – ℰ *08052 17970* – *www.landgasthof-karner.com*

## In Frasdorf-Wildenwart Nord-Ost: 3 km, jenseits der A 8

### 🏵 Schloßwirtschaft Wildenwart 🛋 🍴 ⇄ 🅿 🍽

**REGIONAL · GASTHOF** 🎄 Richtig gutes Essen in schönem Ambiente! In den gemütlichen getäfelten Stuben der historischen Schlosswirtschaft darf man sich auf frische bayerische Küche samt Klassikern und Saisonalem freuen, von gefüllter Kalbsbrust bis Schweinshaxn.

Karte 20/47 €

*Ludwigstr. 8 ✉ 83112 - 𝒞 08051 2756 - www.schlosswirtschaft-wildenwart.de - geschl. 30. August - 20. September und Montag - Dienstag*

## FRAUENAU

Bayern - 2 690 Ew. - Höhe 616 m - Regionalatlas **60**-P18

▶ Berlin 482 km - München 187 km - Passau 56 km - Cham 66 km

Michelin Straßenkarte 546

### 🏠 St. Florian 🎄 🚪 🖼 🕸 🎰 ⊡ 🅿

**SPA UND WELLNESS · GEMÜTLICH** Eine wohnliche und freundlich geführte Ferienadresse. Wie wär's z. B. mit den schönen Themenzimmern "Zauberwald" und "Rosenzimmer"? Und entspannen Sie auch im geschmackvoll-modernen Sauna- und Hallenbadbereich oder bei Beauty-Anwendungen! Gediegenelegantes Restaurant mit behaglicher Gaststube.

31 Zim ⌑ - ♦66 € ♦♦78 € - 7 Suiten - ½ P

*Althüttenstr. 22 ✉ 94258 - 𝒞 09926 9520 - www.st-florian.de*

 Das Symbol 🕸 weist auf eine Weinkarte mit besonders attraktivem Angebot hin.

## FRECHEN

Nordrhein-Westfalen - 51 080 Ew. - Höhe 75 m - Regionalatlas **35**-B12

▶ Berlin 579 km - Düsseldorf 47 km - Bonn 39 km - Aachen 65 km

Michelin Straßenkarte 543

### 🏠 Frechener Hof 🎄 ⊡ 🍴 🛁 🚗

**BUSINESS · KLASSISCH** Engagiert geleitet und sehr gepflegt! Mit sicherem Gespür für Stil wurde das historische Stadthaus geschmackvoll gestaltet, da kann man sich nur wohlfühlen! Im Sommer gibt's das appetitliche Frühstück auf der schönen Dachterrasse.

39 Zim - ♦95/129 € ♦♦118/179 € - ⌑10 € - ½ P

*Johann-Schmitz-Platz 22 ✉ 50226 - 𝒞 02234 957000 - www.frechener-hof.de*

## FREIAMT

Baden-Württemberg - 4 120 Ew. - Höhe 305 m - Regionalatlas **61**-D20

▶ Berlin 790 km - Stuttgart 195 km - Freiburg im Breisgau 40 km - Offenburg 53 km

Michelin Straßenkarte 545

## In Freiamt-Brettental

### 🍴 Ludinmühle 🕸 🛋 ♿ 🅿

**INTERNATIONAL · GEMÜTLICH** 🎄🎄 "Mühlen-", "Ofen-" oder "Schwarzwaldstube", "Rosen-" oder "Olivengarten"? Überall sitzt man gemütlich, wird aufmerksam umsorgt und speist Internationales wie "Seeteufelmedaillons im Knoblauchsud mit Blattspinat". Faible des Chefs: die preislich faire Weinkarte mit über 250 Positionen! Themenkochkurse.

Menü 20 € (mittags unter der Woche)/49 € - Karte 35/58 €

*Hotel Ludinmühle, Brettental 31 ✉ 79348 - 𝒞 07645 91190 - www.ludinmuehle.de*

### 🏛 Ludinmühle

Wirklich schön, was die gewachsene Hotelanlage alles bietet: zuvorkommende Gästebetreuung, wohnlich-komfortable Zimmer und die beliebte "Verwöhnpension" (ganztägig Snacks im "Genießergärtchen"), Spa auf 2000 qm samt Blockhaus-Stubensauna im Garten, Floating, Beauty sowie Kinderparadies mit Betreuung.

59 Zim ⌂ – †82/176 € ††164/320 € – 5 Suiten – ½ P
*Brettental 31* ✉ *79348 – 𝒞07645 91190 – www.ludinmuehle.de*
🍴 **Ludinmühle** – siehe Restaurantauswahl

## In Freiamt-Mussbach

### 🏠 Zur Krone

REGIONAL · GASTHOF 🍴 In dem gemütlichen Landhaus isst man gut und wohnt richtig nett. Seit über 200 Jahren und inzwischen in 9. Generation wird es engagiert und mit Sinn für Tradition geführt. Aus der Küche kommt Leckeres wie "Rinderfiletspitzen mit Senfrahmsauce, Gemüse und Brägele".

Menü 31/37 € – Karte 27/46 €   8 Zim ⌂ – †45/50 € ††76/80 €
*Mussbach 6* ✉ *79348 – 𝒞07645 227 (Tischbestellung ratsam)*
*– www.krone-freiamt.de – Montag – Freitag nur Abendessen – geschl. Ende Januar 2 Wochen, Ende August - Anfang September 2 Wochen und Mittwoch*

## FREIBERG

Sachsen – 40 270 Ew. – Höhe 410 m – Regionalatlas **43**-P12
▶ Berlin 228 km – Dresden 49 km – Chemnitz 35 km – Leipzig 98 km
Michelin Straßenkarte 544

### 🏠 Le Bambou

INTERNATIONAL · FREUNDLICH 🍴 In moderner, legerer Atmosphäre genießt man hier z. B. "Wachtel Asia Style", "Lammhüfte auf Bärlauchrisotto" oder "Pflaumenmusravioli mit Malagaeis und Crumble". Mi. und Fr. gibt's auch Mittagsessen (kleineres Angebot). Charmante Gästezimmer in der "Auberge Mistral" gegenüber.

Menü 35/59 € – Karte 36/50 €   9 Zim – †69/89 € ††89/139 € – ⌂ 8 €
*Obergasse 1* ✉ *09599 – 𝒞03731 353921 – www.lebambou.de – geschl.*
*Montagmittag, Dienstagmittag, Donnerstagmittag, Samstagmittag, Sonntag*

## FREIBERG am NECKAR Baden-Württemberg ➜ Siehe Ludwigsburg

## FREIBURG (ELBE)

Niedersachsen – 1 880 Ew. – Höhe 2 m – Regionalatlas **9**-H4
▶ Berlin 381 km – Hannover 197 km – Cuxhaven 51 km – Bremerhaven 76 km
Michelin Straßenkarte 541

### 🏠 Gut Schöneworth

FAMILIÄR · INDIVIDUELL Auf einem schönen Gartengrundstück stehen die charmanten Häuser dieses historischen Gutshofs. Man wohnt hier sehr gepflegt, vom ländlich-modernen Zimmer bis zum reizenden Blockhaus im tollen Garten. Hübsch auch die Bar.

20 Zim ⌂ – †60/70 € ††95/125 € – 2 Suiten
*Landesbrücker Str. 42* ✉ *21729 – 𝒞04779 92350 – www.gutschoeneworth.de*

## WIR MÖGEN BESONDERS...

Die elegante **Zirbelstube** als erste Adresse der Stadt. Die Kombination von modernem Interieur und klassischer Hochküche in der **Wolfshöhle**. **The Alex Hotel** für die zwar nicht riesigen, aber chic-modernen Zimmer und die erstklassigen regionalen Weine in der „Winery29". Auf der Terrasse von **Oberkirchs Weinstuben** bei badischer Küche aufs Freiburger Münster schauen.

# FREIBURG im BREISGAU

Baden-Württemberg – 218 050 Ew. – Höhe 278 m – Regionalatlas **61**-D20

▶ Berlin 805 km – Stuttgart 208 km – Basel 71 km – Karlsruhe 134 km

Michelin Straßenkarte 545

## *Restaurants*

❀ **Zirbelstube**      ⅄ AC 🚗

**FRANZÖSISCH-KLASSISCH · GEMÜTLICH** XxX Die saisonal-klassische Küche dieser renommierten Gourmetadresse findet nach wie vor regen Zuspruch bei den Gästen. Ebenso überzeugend der gut besetzte Service, und auch Inhaber Roland Burtsche begrüßt Sie in der von feinem Zirbelholz bestimmten Atmosphäre gerne persönlich.

→ Chartreuse von der Gänseleber und Burgundertaube mit Kohlrabi, Spitzmorchelmarinade und Haselnuss. Filet vom geangelten Wolfsbarsch mit rotem Schalottenconfit und Burgunderspinat. Coulant au Chocolat mit Salzkaramell, glasierten Blaubeeren und Haselnuss-Krokanteis.

Menü 59/125 € – Karte 88/108 €

**Stadtplan : A1-r** – *Colombi Hotel, Am Colombi Park* ✉ 79098 – *℘ 0761 21060 (Tischbestellung ratsam) – www.colombi.de – nur Abendessen – geschl. Sonntag - Montag*

❀ **Wolfshöhle** (Sascha Weiss)      🏠 ⅏ ⇳

**FRANZÖSISCH-MODERN · FAMILIÄR** X Hier gibt es richtig gute klassische Küche, die sich u. a. mediterraner Einflüsse bedient und die das Produkt in den Vordergrund stellt. Attraktiv auch das Ambiente: geradlinig-moderner Stil, dazu warmes Holz in Form von vertäfelten Wänden und Parkettboden! Mittags ist die Karte etwas kleiner.

→ Färöer Lachs, Miso und Sepiaburger. Heilbutt, Brunnenkresse und Frühlingsgemüse. Rehrücken, Kräutercrêpes und Holunderjus.

Menü 33 € (mittags)/120 € – Karte 55/96 €

**Stadtplan : B1_2-t** – *Konviktstr. 8* ✉ 79098 – *℘ 0761 30303 (Tischbestellung ratsam) – www.wolfshoehle-freiburg.de – geschl. Februar - März 2 Wochen, Juli - August 2 Wochen, Oktober - November 2 Wochen und Sonntag - Montag sowie an Feiertagen*

The map shows **FREIBURG IM BREISGAU** with various street names and points of interest including: FREUDENSTADT OFFENBURG (A and B top), Albertstraße, Rheinstraße, Friedrichstraße, Rosastraße, FREIBURG-HBF, Colombischlössle, Eisenbahnstraße, COLOMBIPARK, Altes Rathaus, Haus zum Walfisch, Neues Rathaus, Rathauspl., Freiburger Münster, Münsterpl., Wentzingerhaus, Erzbischöfliches Palais, Historisches Kaufhaus, Augustinermuseum, Oberlinden, Schwabentor, Schlossberg, KONZERTHAUS, Bertoldstraße, Sédanstraße, Pl. der Alten Synagoge, Pl. der weißen Rose, Löwenstr., MARTINSTOR, Gerberau, Fischerau, Adelhauser, PAULUSKIRCHE, ST. JOHANN KIRCHE, Gartenstraße, Schreiberstraße, Lessingstraße, Goethestraße, Dreisamstraße, Dreisam, Schillerstraße, Talstraße, MULHOUSE COLMAR, SCHAUINSLAND, DONAUESCHINGEN TITISEE. Scale: 0 — 200 m.

## ○ Oberkirchs Weinstuben

**MARKTKÜCHE · GEMÜTLICH** XX Schon die schmucke Fassade ist einladend. Im gemütlichen Restaurant mit Täfelung und Kachelofen serviert man vorwiegend Badisches wie Schwarzwaldforelle oder Kalbszüngle. Sie möchten draußen sitzen? Man hat eine Terrasse zum Münsterplatz.

Menü 33/41 € (abends) – Karte 26/50 €

**Stadtplan : B1-a** – *Hotel Oberkirchs Weinstuben, Münsterplatz 22* ✉ *79098*
– 𝒞 *0761 2026868* – *www.hotel-oberkirch.de* – *geschl. Mitte Februar 2 Wochen und Sonntag*

## ○ Zum Roten Bären

**MARKTKÜCHE · LÄNDLICH** XX Es ist eines der ältesten Gasthäuser Deutschlands, und in den gemütlichen Stuben ist ein Stück Historie erhalten geblieben - besonders schön spürt man das am behaglichen Kachelofen. Die Küche ist überwiegend international geprägt.

Menü 25/48 € – Karte 27/57 €

**Stadtplan : B2-u** – *Hotel Zum Roten Bären, Oberlinden 12* ✉ *79098*
– 𝒞 *0761 387870* – *www.roter-baeren.de* – *geschl. Sonntag, Juli - August: Sonntag - Montag*

## ⫶○ Falken- und Hans-Thoma-Stube    🕭 🅰🄲 🚗

**REGIONAL · GEMÜTLICH** ✕✕ Wärme und Gemütlichkeit verbreiten hier die schönen alten Holztäfelungen und die Kachelöfen. Ambiente und Küche sind etwas regionaler als in der "Zirbelstube", auf professionellen Service braucht man dennoch nicht zu verzichten!

Menü 59 € (mittags)/75 € – Karte 33/63 €
Stadtplan : A1-r – *Colombi Hotel, Am Colombi Park* ✉ 79098 – ☎ 0761 21060
– *www.colombi.de – geschl. Sonntag*

## ⫶○ Stadt Freiburg    🕭 🅰🄲 🚗

**INTERNATIONAL · BRASSERIE** ✕✕ Hier darf man sich in schicker Brasserie-Atmosphäre auf geschmackvolle Frischeküche freuen, und die gibt es z. B. als "gebratenen Zander mit Creme-Spinat und Kartoffel-Schnittlauchpüree". Bei schönem Wetter lockt die Terrasse.

Menü 22 € (mittags unter der Woche) – Karte 34/55 €
*Breisacher Str. 84, über Friedrichstraße A1* ✉ 79110 – ☎ 0761 89680
– *www.hotel-stadt-freiburg.de – geschl. Sonntag*

## ⫶○ Drexlers    🕸 🛏

**MARKTKÜCHE · HIP** ✕ Günstiger und einfacher Mittagstisch oder aufwändigere zeitgemäß-saisonale Küche am Abend? Trendig, modern und angenehm ungezwungen ist das Restaurant nahe dem Colombipark.

Menü 42/52 € (abends) – Karte 32/62 €
Stadtplan : A1-m – *Rosastr. 9* ✉ 79098 – ☎ 0761 5957203
– *www.drexlers-restaurant.de – geschl. 24. Dezember - 6. Januar und Samstagmittag, Sonntag sowie an Feiertagen, April - September: Mittwoch, Samstagmittag, Sonntag sowie an Feiertagen*

## ⫶○ Basho-An    🍽

**JAPANISCH · GERADLINIG** ✕ Ganz in der Nähe der Fußgängerzone gibt es hier die beliebte klassisch japanische Küche, einschließlich Sushi, und das Ambiente ist - passend dazu - typisch puristisch. Am Mittag gibt es eine kleinere Karte.

Menü 50/100 € (abends) – Karte 19/65 €
Stadtplan : A1-f – *Merian Str. 10* ✉ 79098 – ☎ 0761 2853405 – *www.bashoan.com*
– *geschl. Sonntag - Montag sowie an Feiertagen mittags*

# *Hotels*

## �🏠 Colombi Hotel    🖵 🕙 🕸 🛋 🔽 🕭 🅰🄲 🛁 🚗

**LUXUS · KLASSISCH** Ein sehr elegantes Hotel, das so einiges unter einem Dach verbindet: Luxuriöses Wohnen, Spa, Gourmetküche, Café (toll die Kuchen und Pralinen!), Tagungsmöglichkeiten, beispielhafter Service. Von Nov. - Febr. hat man ein rustikales Chalet im Innenhof - hier gibt's Regionales.

86 Zim – ♦186/252 € ♦♦264/288 € – 26 Suiten – ☲ 22 € – ½ P
Stadtplan : A1-r – *Am Colombi Park* ✉ 79098 – ☎ 0761 21060
– *www.colombi.de*
🕸 **Zirbelstube** • ⫶○ **Falken- und Hans-Thoma-Stube** – siehe Restaurantauswahl

## �🏠 Stadt Freiburg    🕸 🛋 🔽 🕭 🅰🄲 🛁 🚗

**BUSINESS · MODERN** Das Hotel liegt bei der Universitätsklinik. Großzügig der Hallenbereich, besonders elegant die Juniorsuiten und Suiten (teils mit Panorama-Dachterrasse). Wer's moderner mag, fragt nach den Zimmern im Neubau.

178 Zim ☲ – ♦135/175 € ♦♦155/195 € – 3 Suiten – ½ P
*Breisacher Str. 84, über Friedrichstraße A1* ✉ 79110 – ☎ 0761 89680
– *www.hotel-stadt-freiburg.de*
⫶○ **Stadt Freiburg** – siehe Restaurantauswahl

**Zum Roten Bären**

HISTORISCHES GEBÄUDE · GEMÜTLICH Ein engagiert geführtes Haus am Schwabentor mit 700-jähriger Tradition als Gasthaus. Die Zimmer liegen teils zum Platz Oberlinden oder zum Innengarten, einige sind moderner.

24 Zim 🖙 – ♦79/138 € ♦♦129/189 € – 1 Suite – ½ P

**Stadtplan : B2-u** – *Oberlinden 12* ✉ 79098 – ☏ 0761 387870
– *www.roter-baeren.de*

🍴⊃ **Zum Roten Bären** – siehe Restaurantauswahl

 **Oberkirchs Weinstuben**

HISTORISCHES GEBÄUDE · INDIVIDUELL Sie wohnen in der Fußgängerzone direkt am Münster in einem Haus von 1738 (hier hat man von einigen Zimmern eine schöne Sicht) oder im Gästehaus in einer Nebenstraße. Klassisch der Stil.

23 Zim 🖙 – ♦94/149 € ♦♦134/229 € – 3 Suiten

**Stadtplan : B1-a** – *Münsterplatz 22* ✉ 79098 – ☏ 0761 2026868
– *www.hotel-oberkirch.de – geschl. Mitte Februar 2 Wochen*

🍴⊃ **Oberkirchs Weinstuben** – siehe Restaurantauswahl

 **Park Hotel Post**

URBAN · GEMÜTLICH In dem Jugendstilhaus von 1884 dreht sich alles um Bücher: Die Zimmer sind nach Schriftstellern benannt, es gibt Bücher zum Kaufen oder Ausleihen, und schon der Eingangsbereich erinnert an eine Bibliothek! Hübsch der moderne Frühstücksraum.

45 Zim 🖙 – ♦109/179 € ♦♦149/219 €

**Stadtplan : A1-h** – *Eisenbahnstr. 35* ✉ 79098 – ☏ 0761 385480
– *www.park-hotel-post.de*

 **Victoria**

URBAN · GEMÜTLICH Zentrales Hotel von 1875 mit ökologischen Prinzipien. Schöne neuzeitliche Zimmer und moderner kleiner Saunabereich. Dazu die Bar "Hemingway" und die Smoker Lounge im Gewölbe.

65 Zim – ♦90/150 € ♦♦117/187 € – 1 Suite – 🖙 15 €

**Stadtplan : A1-p** – *Eisenbahnstr. 54* ✉ 79098 – ☏ 0761 207340
– *www.hotel-victoria.de*

 **Rheingold**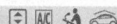

URBAN · MODERN Praktisch ist die bahnhofsnahe Lage nur wenige Gehminuten von der Fußgängerzone. In den Zimmern bestimmen Art-déco- und Bauhausstil das Ambiente. Nette Geste: Kleines Präsent bei Abreise.

49 Zim 🖙 – ♦119 € ♦♦159 €

**Stadtplan : A1-d** – *Eisenbahnstr. 47* ✉ 79098 – ☏ 0761 28210
– *www.rheingold-freiburg.de*

 **Am Rathaus**

URBAN · FUNKTIONELL Sie suchen ein gepflegtes Hotel in der Stadtmitte? In einer kleinen Passage direkt beim Rathaus werden Sie fündig. Hier stehen wohnliche Zimmer (teilweise mit Badewanne) zur Verfügung.

39 Zim 🖙 – ♦98/149 € ♦♦139/179 €

**Stadtplan : B1-g** – *Rathausgasse 4, (1. Etage)* ✉ 79098 – ☏ 0761 296160
– *www.am-rathaus.de*

 **The Alex Hotel**

BUSINESS · MODERN Klein, individuell und persönlich. Familie Beinert hat hier ein modernes, chic-urbanes Stadthotel. Es liegt in einer ruhigen Seitenstraße in Bahnhofsnähe, die Zimmer sind nicht groß, aber wertig, zum Frühstück gibt's hausgemachte Marmelade - schön sitzt man auf der Terrasse! Regionale Weine in der "Winery29".

39 Zim – ♦90/121 € ♦♦99/169 € – 🖙 8 €

**Stadtplan : A1-a** – *Rheinstr. 29* ✉ 79104 – ☏ 0761 296970
– *www.the-alex-hotel.de – geschl. 23. Dezember - 15. Januar*

## 🏠 Schwarzwälder Hof　🐾 📧

**FAMILIÄR · FUNKTIONELL** Im Herzen der Breisgaumetropole liegt das nette Hotel, das Familie Engler mit Engagement betreibt. Die Zimmer gibt's von aufgefrischt bis ganz modern und richtig chic! Hübsch ist auch die holzgetäfelte Gaststube, in der man bürgerlich isst. Tipp für Autofahrer: Parken Sie in der Schlossberggarage gegenüber.

40 Zim 🖵 – ♦72/98 € ♦♦105/135 €

Stadtplan : B2-s – *Herrenstr. 43* ✉ *79098 –* 𝒞 *0761 38030 – www.shof.de*

# In Freiburg-Günterstal Süd: 2 km über A2, Richtung Schauinsland

## 🍴 Kühler Krug　🔁 🏠 🅿

**REGIONAL · GASTHOF** ✕✕ Wer frische badische Küche mag, ist richtig bei Georg und Tanja Fehrenbach in dem gemütlichen alten Gasthof vor dem Torbogen. Probieren Sie z. B. "Kalbskotelett mit Senfkruste und Spinat". Schöne Gästezimmer gibt es übrigens auch, und mit der Straßenbahn kommt man bequem in die Stadt.

Menü 21/68 € – Karte 29/63 €　7 Zim 🖵 – ♦76 € ♦♦98 €

*Torplatz 1* ✉ *79100 –* 𝒞 *0761 29103 – www.kuehlerkrug.de – geschl. Ende Oktober 10 Tage und Mittwoch - Donnerstagmittag*

# In Freiburg-Herdern Nord: 1 km über Karlstraße B1

## 🍴 Eichhalde　🏠

**INTERNATIONAL · FAMILIÄR** ✕✕ Neben klassischen Gerichten kommen hier vor allem die kleinen Tapas gut an - so kann man viel Verschiedenes probieren! Gemütlich das charmant dekorierte Restaurant, freundlich der Service. Mittags günstiger Plat du jour oder Tagesmenü.

Menü 35 € (mittags)/77 € – Karte 36/70 €

*Stadtstr. 91* ✉ *79104 –* 𝒞 *0761 54817 – www.restaurant-eichhalde.de – geschl. über Pfingsten 1 Woche, August 1 Woche und Sonntag - Montag*

## 🍴 Chez Eric　🔁 🚗 🏠 🅰 🅿

**FRANZÖSISCH-KLASSISCH · FREUNDLICH** ✕✕ Das Restaurant des "Mercure Hotel Panorama" bietet neben elegantem Interieur auch eine der schönsten Terrassen der Breisgau-Metropole. Dazu frische, ambitionierte klassische Küche - Lust auf "Ceviche von der Jakobsmuschel mit Birne"?

Menü 38/99 € – Karte 53/81 €

*Wintererstr. 89* ✉ *79104 –* 𝒞 *0761 51030 – www.chez-eric.de*

## 🏨 Panorama Hotel Mercure　🌊 🔁 🚗 ⚒ 📺 ♨ 🍴 📧 🅰 ♨ 🅿

**BUSINESS · FUNKTIONELL** Hier genießt man die Lage am Waldrand und den fantastischen Blick über Freiburg! Außerdem dürfen Sie sich auf moderne Zimmer mit Balkon sowie auf Kosmetikanwendungen freuen.

86 Zim – ♦90/230 € ♦♦110/230 € – 🖵 17 €

*Wintererstr. 89* ✉ *79104 –* 𝒞 *0761 51030 – www.mercure.com/1128*

🍴 **Chez Eric** – siehe Restaurantauswahl

# In Freiburg-Lehen West: 3 km über Dreisamstraße A2

## 🍴 Hirschen　🏠 🅰 🚗

**MARKTKÜCHE · GEMÜTLICH** ✕✕ Hier gibt es zwei Restaurants: das eine gemütlich-badisch mit viel Holz und kleinen Nischen, das andere hell und freundlich mit kleinem Wintergarten. Eine Spezialität sind Rösti in verschiedenen Variationen, daneben natürlich regionale Klassiker. Beliebt auch die Gänse!

Menü 48 € (vegetarisch)/90 € – Karte 34/75 €

*Hotel Hirschen, Breisgauer Str. 47* ✉ *79110 –* 𝒞 *0761 8977690 (Tischbestellung ratsam) – www.clarion-hotel-freiburg.de*

### 🏨 Hirschen     🍴 🎾 🐾 🖥 ᵭ AC 🧖 🚗

**BUSINESS · MODERN** Geschmackvolle Wohnräume mit toskanischer bzw. provenzalischer Note in einem gewachsenen Gasthof von 1698. Tolle Penthouse-Juniorsuite. Schön frühstückt man im Sommer auf der Gartenterrasse.

70 Zim ☲ – ♦118/180 € ♦♦163/230 € – ½ P

*Breisgauer Str. 47 ⊠ 79110 – 𝒞 0761 8977690 – www.clarion-hotel-freiburg.de*

🍴 **Hirschen** – siehe Restaurantauswahl

## In Freiburg-Munzingen Süd-West: 13 km über Basler Straße A2, jenseits der A 5

### ❀ sHerrehus     🏕 ⚙ P

**KREATIV · KLASSISCHES AMBIENTE ✕✕** Schön die stilvoll-charmante Fassade des alten Gutsherrenhauses, ebenso das elegante Interieur, nicht zu vergessen der herrliche Innehof - hier die Terrasse! Gekocht wird kreativ mit klassischer Basis und wenn möglich mit regionalen Produkten. Dazu passen gute französische und badische Weine.

➜ Horbener Ziegenfrischkäse, Heuasche, Rhabarber, Zedernkern. Munzinger Huhn, Erbsen, Kammmuschel, Meistersauce. Gelierte Papaya, Bauernmilch, Malzbiereis, Ingwerstreusel.

Menü 42 € (vegetarisch)/108 € – Karte 60/82 €

*Hotel Schloss Reinach, St. Erentrudis-Str. 12, B 31 ⊠ 79112 – 𝒞 07664 407440 – www.schlossreinach.de – geschl. Januar, August 2 Wochen und Samstagmittag, Sonntag - Montag*

### 🍴 sBadische Wirtshus     🏕 ᵭ AC 🚗

**REGIONAL · GEMÜTLICH ✕** Moderne trifft auf Tradition! Sehr nett das Ambiente aus Natursteinboden, Wirtshaustischen und Bartresen aus dunklem Holz. Auf den Tellern z. B. Kalbsnierle oder Lammhäxle.

Menü 35/58 € – Karte 34/64 €

*Hotel Schloss Reinach, St. Erentrudis-Str. 12, B 31 ⊠ 79112 – 𝒞 07664 407480 – www.schlossreinach.de*

### 🏨 Schloss Reinach     ☆ 🎾 🐾 ᵭᵭ 🖥 ᵭ AC 🧖 🚗

**HISTORISCH · MODERN** Der historische Rahmen mit Gutshof-Charme auf der einen Seite, der neuzeitliche Hotelbereich auf der anderen - ein attraktives Bild! Neben den beiden Restaurants gibt es noch das Bistro Limoncello und den Zehntkeller für Weinproben, nicht zu vergessen der schöne Innenhof. Einige Zimmer mit Terrasse.

94 Zim ☲ – ♦69/94 € ♦♦99/145 € – 4 Suiten – ½ P

*St. Erentrudis-Str. 12, B 31 ⊠ 79112 – 𝒞 07664 4070 – www.schlossreinach.de*

❀ **sHerrehus** • 🍴 **sBadische Wirtshus** – siehe Restaurantauswahl

## Beim Thermalbad 9 km über Basler Straße A2

### 🏨 Dorint An den Thermen     ☆ 🏊 ᵭᵭ 🖥 ᵭ 🧖 🚗

**KETTENHOTEL · FUNKTIONELL** Schön ist nicht nur die ruhige Lage am Waldrand, auch die modernen Zimmer sind attraktiv. Über einen Verbindungsgang (hier bietet man übrigens Kosmetikanwendungen) gelangt man bequem zum Thermalbad nebenan. Im Restaurant Pirol: schickes geradliniges Ambiente und kreativ-internationale Küche.

98 Zim ☲ – ♦133/163 € ♦♦175/235 € – 5 Suiten – ½ P

*An den Heilquellen 8 ⊠ 79111 – 𝒞 0761 49080 – www.dorint.com/freiburg*

---

# FREILASSING

Bayern – 16 080 Ew. – Höhe 422 m – Regionalatlas **67**-O21

▶ Berlin 729 km – München 139 km – Bad Reichenhall 20 km – Salzburg 7 km

Michelin Straßenkarte 546

🍽️○ **Moosleitner** 🍴 ☕ 💮 🚗

REGIONAL · GASTHOF ✗ Seit Jahrhunderten pflegt man hier die Wirtshaustraditi-
on. Die sehr schönen gemütlichen Stuben mit ihrem ländlichen Charme sind
ebenso einladend wie die frische Schmankerlküche - Lust auf "ausgelöstes Kräu-
terbackhendl mit Sauce Tartare"?
Menü 18 € – Karte 23/53 €
*Wasserburger Str. 52, West: 2,5 km* ✉ 83395 – ☎ 08654 63060
*– www.moosleitner.com – geschl. 1. - 7. Januar und Samstagmittag, Sonntag*

🏠 **Moosleitner** 🍴 🛏️ 🧖 🖭 💮 🏋️ 🚗

HISTORISCH · TRADITIONELL Das Anwesen a. d. 13. Jh. ist heute ein komfortables Landhotel mit wohnlichen Zimmern, moderner Technik sowie Sauna- und
Fitnessbereich, und auch eine Ladestation für Elektroautos hat man hier! Ideal ist
die Lage auch für Salzburg-Besucher.
58 Zim ☲ – 🛏68/92 € 🛏🛏107/138 € – 1 Suite – ½ P
*Wasserburger Str. 52, West: 2,5 km* ✉ 83395 – ☎ 08654 63060
*– www.moosleitner.com – geschl. 1. - 7. Januar*
🍽️○ **Moosleitner** – siehe Restaurantauswahl

# FREINSHEIM
Rheinland-Pfalz – 5 000 Ew. – Höhe 132 m – Regionalatlas **47**-E16
▶ Berlin 630 km – Mainz 79 km – Mannheim 31 km – Kaiserslautern 42 km
Michelin Straßenkarte 543

😊 **WEINreich** 🍴 🏠

REGIONAL · WEINSTUBE ✗ In der Altstadt finden Sie diese charmant-moderne
Weinstube samt hübschem Innenhof. Lust auf "Pfälzer Vitello mit Rauchforellen
und Senfsauce" oder den Dauerbrenner, das Rumpsteak vom Gönnheimer Charo-
lais-Rind? Überaus reizend sind auch die ganz individuellen Gästezimmer.
Menü 35/49 € – Karte 34/45 €    5 Zim ☲ – 🛏65/75 € 🛏🛏95 € – 1 Suite
*Hauptstr. 25* ✉ 67251 – ☎ 06353 9598640 *(Tischbestellung ratsam)*
*– www.weinstube-weinreich.de – geschl. Januar - Februar 3 Wochen und
Sonntagabend - Dienstagmittag*

🍽️○ **Freinsheimer Hof** 🍴 🏠

INTERNATIONAL · LÄNDLICH ✗✗ In den einstigen Stallungen des Winzerhofes a. d.
18. Jh. (toll das Kreuzgewölbe) erwartet Sie ein saisonales Überraschungsmenü
namens "Menü der kleinen Köstlichkeiten" - auch für Vegetarier. Herrlich der Innenhof!
Menü 45 €    4 Zim ☲ – 🛏80/100 € 🛏🛏110/150 €
*Breitestr. 7* ✉ 67251 – ☎ 06353 5080410 – *www.restaurant-freinsheimer-hof.de
– nur Abendessen, sonntags auch Mittagessen – geschl. Anfang Januar 2
Wochen, Juli 2 Wochen und Mittwoch - Donnerstag*

🍽️○ **Von-Busch-Hof** 🏠 💬

INTERNATIONAL · KLASSISCHES AMBIENTE ✗✗ International ist die Küche in
diesem klassisch gehaltenen Restaurant hinter ehrwürdigen Klostermauern.
Appetit auf "geschmorte Rinderbacke in Rotweinsauce" oder "Winterkabeljau
mit Zitronensauce"? Tipp für den Sommer: der schöne Innenhof!
Menü 36/52 € – Karte 35/44 €
*Von-Busch-Hof 5* ✉ 67251 – ☎ 06353 7705 – www.von-busch-hof.de – *nur
Abendessen, sonntags auch Mittagessen – geschl. Mitte Januar - Mitte
Februar und Montag - Dienstag*

🏠 **Landhotel Altes Wasserwerk** 🌿 🍴 🛏️ 🅰️ 🏋️ 🅿️

LANDHAUS · MODERN Das denkmalgeschützte Haupthaus mit schöner Fachwerkfassade - einst Wasserwerk - ist heute Teil eines hübschen, engagiert
geführten Hotels. Besonders komfortabel hat man es in den Studios oder Appartements, mal was anderes sind die Turmzimmer! Tipp: Frühstücken Sie im Wintergarten zum kleinen Park!
33 Zim ☲ – 🛏67/83 € 🛏🛏94/137 €
*Burgstr. 9* ✉ 67251 – ☎ 06353 932520 – www.landhotel-altes-wasserwerk.de
*– geschl. 23. - 28. Dezember*

**1514 Boutique Hotel Freinsheim**

BOUTIQUE-HOTEL · MODERN Aus dem ehemaligen Hotel Luther" (viele Jahre ein kulinarischer Anziehungspunkt in der Region) wurde nun ein topmodernes Boutiquehotel in historischem Gemäuer - reizvoll die Lage mitten in dem beschaulichen Weinort. Das Restaurant befindet sich im hübschen Gewölbe, draußen hat man den charmanten Innenhof."

20 Zim - †65/85 € ††75/99 € - ⌑12 € - ½ P

*Hauptstr. 29 ⊠ 67251 - ℰ 06353 5058410 - www.1514-freinsheim.com*

 **Altstadthof**

HISTORISCH · MODERN Richtig schmuck der Mix aus historischem Gebäude und moderner Geradlinigkeit! Wer länger bleibt, schätzt das Appartement mit Küche. An einigen Abenden kleine Gerichte in der Weinbar. Schöne "Scheune" zum Tagen. Parken in der Friedhofstraße.

15 Zim ⌑ - †71/91 € ††109/129 €

*Hauptstr. 27 ⊠ 67251 - ℰ 06353 932250 - www.altstadthof-freinsheim.de*
*– geschl. 22. Dezember - 15. Januar*

# FREISING

Bayern – 45 810 Ew. – Höhe 448 m – Regionalatlas **58-M19**

▶ Berlin 564 km – München 37 km – Regensburg 86 km – Ingolstadt 56 km
Michelin Straßenkarte 546

 **Corbin Feng Shui by Libertas**

BUSINESS · FUNKTIONELL Feng-Shui-Prinzipien und klarer moderner Stil bestimmen das Hotel. Die Zimmer zur Straße bieten Klimaanlage, die Minibar ist am Anreisetag kostenfrei. Am Morgen erwartet Sie ein gutes Frühstück.

46 Zim - †95/195 € ††115/215 € - ⌑15 €

*Wippenhauser Str. 7 ⊠ 85354 - ℰ 0816188690 - www.corbin-hotel.de*

**In Freising-Haindlfing** Nord-West: 5 km über B 301, in Erlau links

 **Gasthaus Landbrecht**

MARKTKÜCHE · RUSTIKAL ⅃ So stellt man sich einen bayerisch-ländlichen Gasthof vor: In dem Familienbetrieb herrscht eine ungezwungene Atmosphäre, gekocht wird mit regionalen Produkten. Im Winter wärmt der Kachelofen, im Sommer sitzt es sich angenehm im Biergarten!

Menü 35 € - Karte 25/50 €

*Freisinger Str. 1 ⊠ 85354 - ℰ 08167 8926 - www.gasthaus-landbrecht.de*
*– Mittwoch - Freitag nur Abendessen - geschl. über Fronleichnam 1 Woche, Mitte*
*August - Anfang September und Montag - Dienstag*

**In Hallbergmoos-Goldach** Süd-Ost: 15 km über B 11, jenseits der A 92

 **Daniel's** **P**

LANDHAUS · KLASSISCH Angenehm persönlich wird das schmucke kleine Hotel geführt. Es ist mit Stil und Liebe hochwertig und stimmig eingerichtet, herzlich und aufmerksam der Service, gut das Frühstück... Ein Haus mit individuellem Charme!

26 Zim ⌑ - †79/199 € ††99/229 €

*Hauptstr. 11 ⊠ 85399 - ℰ 0811 55120 - www.hotel-daniels.de - geschl.*
*22. Dezember - 6. Januar*

**In Oberding-Notzing** Süd-Ost: 20 km über B 11, jenseits der A 92

 **Kandler** ❶ ⇦🛖 **P** 🚫

REGIONAL · GASTHOF Ⅻ Im Restaurant des gleichnamigen Hotels bekommt man ein regional-saisonales Angebot von Schnitzel bis "Zanderfilet mit Gemüse-Perlgraupen-Risotto" oder "geschmorte Ochsenfetzen mit Spätzle". Tipp: der Käsekuchen! Drinnen schöne Gewölbedecke und Holztäfelung, draußen hübsche Terrasse mit Springbrunnen.

Karte 23/52 € 44 Zim - †87/133 € ††120/175 € - 3 Suiten - ⌑13 €

*Erdingermoosstr. 11 ⊠ 85445 - ℰ 08122 2826 - www.hotelkandler.de - geschl.*
*27. Dezember - 8. Januar, 30. Juli - 24. August*

# FREITAL

Sachsen – 39 280 Ew. – Höhe 180 m – Regionalatlas **43**-Q12

▶ Berlin 205 km – Dresden 14 km – Freiberg 22 km – Chemnitz 70 km

Michelin Straßenkarte 544

### ⒑○ Zum Rabenauer Grund

**REGIONAL · GEMÜTLICH** ✗ Lust auf "Schinken-Dattel-Hähnchenbrust auf Gemüsecouscous" oder "Rumpsteak mit Brezelkruste"? In dem charmant-gemütlichen alten Gasthof von 1863 gibt es sowohl Regionales als auch Internationales aus heimischen Produkten. Hübsche Terrasse.

Menü 24/35 € – Karte 23/38 €

*Somsdorfer Str. 6 ✉ 01705 – ✆ 0351 6444999 (Tischbestellung ratsam)*
*– www.rabenauergrund.de – nur Abendessen, sonntags auch Mittagessen*
*– geschl. Juli - August 2 Wochen und Sonntag - Dienstag*

## In Rabenau Süd-Ost: 5 km

### ⌂ Rabenauer Mühle ✕ ⌂ ⊿ 𝖯

**FAMILIÄR · GEMÜTLICH** Die einstige Mühle in ruhiger Waldlage wurde nach einem Brand im 19. Jh. als Gasthaus wieder aufgebaut und bietet heute hübsche Zimmer mit guter Technik, Internetzugang gratis. Bürgerliche Küche im gemütlichen Restaurant mit Biergarten und Terrasse. Am Haus verläuft eine Dampfeisenbahnstrecke.

21 Zim ⌂ – ⚥60/70 € ⚥⚥88/102 € – ½ P

*Bahnhofstr. 23 ✉ 01734 – ✆ 0351 4602061 – www.hotel-rabenauer-muehle.de*
*– geschl. 7. - 27. Februar*

# FREUDENSTADT

Baden-Württemberg – 22 290 Ew. – Höhe 728 m – Regionalatlas **54**-F19

▶ Berlin 713 km – Stuttgart 88 km – Karlsruhe 77 km – Freiburg im Breisgau 96 km

Michelin Straßenkarte 545

### ㉘ Warteck

**FRANZÖSISCH-KLASSISCH · ELEGANT** ✗✗ Wer im Nordschwarzwald klassische Küche mit bürgerlichen Einflüssen sucht, ist bei Oliver Gläßel richtig. In gediegener Atmosphäre gibt es Schmackhaftes vom "schwäbischen Sauerbraten mit Brettspätzle" bis zum "Wildsteinbutt mit Artischocke und Tomate". Man kann auch schön übernachten samt gutem Frühstück.

Menü 49 € – Karte 33/77 €    13 Zim ⌂ – ⚥65/80 € ⚥⚥98/135 €

*Stuttgarter Str. 14 ✉ 72250 – ✆ 07441 91920 – www.warteck-freudenstadt.de*
*– geschl. Sonntagabend - Montag*

### ⌂ Adler ✕ ⊡ & ⇔

**FAMILIÄR · FUNKTIONELL** Hier ist man wirklich gut aufgehoben: Herzlich kümmert man sich um die Gäste, dank stetiger Investitionen ist alles tipptopp gepflegt, und die Zimmer sind wertig eingerichtet, im OG mit Balkon. Dekorativ: Fotografien des Chefs schmücken das Haus. Im Restaurant gibt's Flammkuchen als Spezialität.

21 Zim ⌂ – ⚥65/90 € ⚥⚥100/130 € – ½ P

*Forststr. 17 ✉ 72250 – ✆ 07441 91520 – www.adler-fds.de – geschl. 25. Oktober*
*- 15. November*

## An der B 28

### ⌂⌂ Langenwaldsee ✕ ⬅ ⇔ ⊡ ⊛ ⌂ ⊡ 𝖯

**SPA UND WELLNESS · INDIVIDUELL** Schön zum Erholen: toll die Lage direkt am See, engagiert und herzlich die Gastgeber, richtig wohnlich die Zimmer (auch geräumige Juniorsuiten), hübsch der Spa samt Ayurveda-Anwendungen und Holzterrasse zum Wasser hin, einladend der Zen-Garten... Im Restaurant legt man Wert auf Regionales.

38 Zim ⌂ – ⚥55/120 € ⚥⚥95/185 € – ½ P

*Straßburger Str. 99 ✉ 72250 – ✆ 07441 88930 – www.hotel-langenwaldsee.de*
*– geschl. 8. - 19. Dezember*

## In Freudenstadt-Igelsberg

### 🏠 Krone
☆ 🛋 ☒ 🕸 ⊟ ♨ **P**

**FAMILIÄR · AUF DEM LAND** Was diese Adresse interessant macht? Wertige, wohnliche Zimmer, ein hübscher Garten mit Koikarpfenteich sowie Kosmetikbehandlungen. Und am Morgen sitzt man gemütlich im nordisch-charmanten Frühstücksraum - haben Sie schon den kleinen TV im alten Ofen entdeckt? Tipp: Obstbrände aus der Destillerie im Keller.

30 Zim ☒ – ♥84/124 € ♥♥134/156 € – ½ P
*Hauptstr. 8 ☒ 72250 – ℰ 07442 84280 – www.krone-igelsberg.de – geschl.
7. Januar - 1. Februar, 1. - 19. Dezember*

## In Freudenstadt-Kniebis West: 10 km - Höhe 920 m

### 🏠 Waldblick
☆ 🦮 🛋 ☒ 🕸 ∱ ⊟ ♨ ♨ 🚗

**FAMILIÄR · AUF DEM LAND** Der Familienbetrieb liegt richtig idyllisch, ist sympathisch, ausgesprochen gepflegt und hat Schwarzwälder Flair. Den namengebenden Waldblick genießt man z. B. vom Ruhebereich im OG des Saunahauses - es steht im schönen Garten, hier auch ein Teich und das "Knusperhäusle" (ideal für Familien).

31 Zim ☒ – ♥83/118 € ♥♥165/198 € – ½ P
*Eichelbachstr. 47 ☒ 72250 – ℰ 07442 8340 – www.waldblick-kniebis.de
– geschl. März 2 Wochen, Ende November 2 Wochen*

## In Freudenstadt-Lauterbad

### 🍴 Stüble
🍴 ♨ **P**

**INTERNATIONAL · LÄNDLICH** ✕✕ Echtes Schwarzwald-Feeling kommt im heimeligen "Stüble" auf: Komplett in warmem Holz gehalten und stimmig dekoriert, ist es ein charmanter Rahmen für die regionale Küche. Auf der Terrasse sitzen auch Wanderer gerne bei Vespergerichten.

Menü 45/56 € – Karte 31/50 €
*Hotel Lauterbad, Amselweg 5, (Zufahrt über Kinzigtalstraße) ☒ 72250
– ℰ 07441 860170 (Tischbestellung ratsam) – www.lauterbad-wellnesshotel.de*

### 🏠 Lauterbad
♨ 🛋 ⊼ ☒ 🌐 🕸 ∱ ⊟ 🏃 ♨ **P**

**SPA UND WELLNESS · INDIVIDUELL** Schön modern hat man es hier sowohl in den geradlinig eingerichteten Zimmern (fast alle mit Balkon) als auch im schicken Spa (verschiedene Ruhezonen, beheizter Außenpool, Massagen und Kosmetikanwendungen...). Sie mögen es lieber ein bisschen klassischer? Es gibt auch einige Zimmer im Schwarzwälder Stil.

37 Zim ☒ – ♥97/182 € ♥♥194/278 € – 4 Suiten – ½ P
*Amselweg 5, (Zufahrt über Kinzigtalstraße) ☒ 72250 – ℰ 07441 860170
– www.lauterbad-wellnesshotel.de*
🍴 **Stüble** – siehe Restaurantauswahl

### 🏠 Grüner Wald
☆ ♨ 🛋 ☒ 🌐 🕸 ♨ 🚗

**SPA UND WELLNESS · AUF DEM LAND** Ideal für Urlaub und Wellness: ruhige Lage, schöne Landschaft, vielfältige Anwendungen und wohnliche Zimmer, nach Süden mit Balkon - Tipp: die hübschen neueren mit unbehandeltem Holz! Bürgerlich-regionale Küche im "Bienenkörble", vom Wintergarten mit Terrasse Blick ins Grüne. In den Ferien Kinderprogramm.

42 Zim ☒ – ♥90/110 € ♥♥170/180 € – 1 Suite – ½ P
*Kinzigtalstr. 23 ☒ 72250 – ℰ 07441 860540 – www.gruener-wald.de*

## FREYBURG (UNSTRUT)

Sachsen-Anhalt – 4 840 Ew. – Höhe 110 m – Regionalatlas **41**-M12
▶ Berlin 213 km – Magdeburg 130 km – Leipzig 52 km – Halle 41 km
Michelin Straßenkarte 542

### 🏨 Berghotel zum Edelacker

**BUSINESS · FUNKTIONELL** In herrlicher Lage über dem Winzerstädtchen erwarten Sie gepflegte, funktionale Zimmer, darunter besonders geräumige und schön gelegene Panoramazimmer. Zum Restaurant gehört eine Sonnenterrasse mit toller Aussicht.

83 Zim ⌂ – ♥65/75 € ♥♥101/120 € – ½ P

*Schloss 25 ⊠ 06632 – ☎ 034464 350 – www.edelacker.de – geschl. Januar*

## FREYUNG

Bayern – 6 960 Ew. – Höhe 655 m – Regionalatlas **60**-Q18

▶ Berlin 529 km – München 205 km – Passau 36 km – Grafenau 15 km

Michelin Straßenkarte 546

### 🏨 Landhotel Brodinger

**FAMILIÄR · FUNKTIONELL** Ein gepflegtes Landhotel am Ortsrand beim Freibad. Man bietet wohnliche Zimmer mit individuellem Touch sowie einen kleinen, aber hübschen neuzeitlichen Wohlfühlbereich. Gemütlich-bayerisch ist das Ambiente im Restaurant.

19 Zim ⌂ – ♥66/70 € ♥♥112/120 € – ½ P

*Zuppinger Str. 3 ⊠ 94078 – ☎ 08551 4342 – www.brodinger.de*

**In Freyung-Ort** Süd-West: 1 km

### 🍴 Landgasthaus Schuster

**KLASSISCHE KÜCHE · FREUNDLICH** ✕✕ Gerichte wie "Entenbrust mit Petersilienwurzel und Ananas-Blaukraut" zeigen ganz deutlich, dass Patron Leopold Schuster für sein Leben gern kocht! Schmackhaftes Essen, charmante Atmosphäre und die sympathische Chefin im Service kommen auch nach über 25 Jahren unverändert gut an.

Menü 37/77 € – Karte 41/70 €

*Ort 19 ⊠ 94078 – ☎ 08551 7184 – www.landgasthaus-schuster.de*
*– geschl. Sonntagabend - Dienstagmittag*

## FRICKENHAUSEN

Bayern – 1 250 Ew. – Höhe 180 m – Regionalatlas **49**-I16

▶ Berlin 495 km – München 277 km – Würzburg 23 km – Ansbach 61 km

Michelin Straßenkarte 546

### 🏨 Meintzinger

**HISTORISCH · GEMÜTLICH** Weingut mit Familientradition seit 1790. Die Chefin kümmert sich freundlich um die Gäste, mit Geschmack hat sie die Zimmer (auch Maisonetten) wertig, modern und mit wohnlichen Details eingerichtet.

29 Zim ⌂ – ♥85/145 € ♥♥125/160 €

*Babenbergplatz 4 ⊠ 97252 – ☎ 09331 87110 – www.hotel-meintzinger.de*

## FRICKINGEN

Baden-Württemberg – 2 890 Ew. – Höhe 473 m – Regionalatlas **63**-G21

▶ Berlin 721 km – Stuttgart 142 km – Konstanz 34 km – Sigmaringen 41 km

Michelin Straßenkarte 545

**In Frickingen-Altheim** Nord-West: 2 km über Leustetter Straße

### 🍽 Löwen

**REGIONAL · GEMÜTLICH** ✕ Hier kocht man mit sehr guten und frischen Produkten aus der Region - das leckere Ergebnis nennt sich z. B. "Lammhäxle mit Gemüsesoße". Probieren Sie auch den Klassiker: Lachsmaultäschle! Und obendrein hat man es noch schön gemütlich.

Menü 29 € – Karte 27/48 €

*Hauptstr. 41 ⊠ 88699 – ☎ 07554 8631 (Tischbestellung ratsam)*
*– www.pfaff-altheim.de – nur Abendessen, sonntags auch Mittagessen – geschl.*
*23. Dezember - 2. Januar, nach Fastnacht 3 Wochen und Sonntagabend*
*- Dienstag*

# FRIDINGEN an der DONAU

Baden-Württemberg – 3 100 Ew. – Höhe 626 m – Regionalatlas **62**-G20

▶ Berlin 748 km – Stuttgart 118 km – Konstanz 70 km – Freiburg im Breisgau 107 km

Michelin Straßenkarte 545

**In Fridingen-Bergsteig** Süd-West: 2 km Richtung Mühlheim - Höhe 670 m

⫚○ **Landhaus Donautal** ⇔ 🏠 **P**

TRADITIONELLE KÜCHE · GASTHOF ⅩⅩ Sie suchen gemütliche Atmosphäre, herzlichen Service und gute Küche? In diesem topgepflegten Betrieb nur wenige Meter vom romantischen Donautal-Aussichtspunkt kocht man mit regionalem und saisonalem Bezug, außerdem macht man hier leckeren Kuchen! Übernachten können Sie auch: die Zimmer sind schön wohnlich.

Karte 25/50 € 7 Zim ⌕ – ♦68/75 € ♦♦98/105 €

*Bergsteig 1 ⊠ 78567 – ⌀ 07463 469 – www.landhaus-donautal.de – geschl. 1. Januar - 16. Februar und Montag, Freitag*

# FRIEDBERG

Bayern – 28 900 Ew. – Höhe 514 m – Regionalatlas **57**-K19

▶ Berlin 583 km – München 75 km – Augsburg 8 km – Ulm (Donau) 87 km

Michelin Straßenkarte 546

⫚○ **Gersters Genusswerkstatt** 🏠 ⇔

REGIONAL · GEMÜTLICH Ⅹ Sonja Gerster und ihr Team bieten unter Friedbergs ältestem Dachstuhl in der gemütlichen holzgetäfelten Stube modern-regionale Küche wie "Jungbullentafelspitz auf Rahmgemüse mit Röstkartoffeln". Im Winter sitzt man am liebsten am heimeligen alten Kachelofen, im Sommer natürlich auf der schönen Terrasse.

Menü 36/79 € – Karte 31/57 €

*Bauernbräustr. 6 ⊠ 86316 – ⌀ 0821 2621415 – www.gersters-genusswerkstatt.de – nur Abendessen – geschl. Dienstag, Februar - September: Montag - Dienstag*

🏠 **Park Ambiente** 🛏 ⊗ **P**

FAMILIÄR · MODERN Sehr gut schläft man bei Familie Seidl an der Romantischen Straße: private Atmosphäre, gepflegte zeitgemäße Zimmer, frisches Frühstück - und drum herum ein schöner Park. Der Chef verrät Ihnen gerne, wo man in der Gegend gut golfen kann!

10 Zim ⌕ – ♦59/95 € ♦♦79/115 €

*Probststr. 14 ⊠ 86316 – ⌀ 0821 44823497 – www.park-ambiente.de*

# FRIEDBERG (HESSEN)

Hessen – 27 760 Ew. – Höhe 159 m – Regionalatlas **38**-F14

▶ Berlin 510 km – Wiesbaden 61 km – Frankfurt am Main 28 km – Gießen 36 km

Michelin Straßenkarte 543

**In Rosbach vor der Höhe** Süd-West: 7 km über B 455, in Ober-Rosbach links

⫚○ **Grüner Baum** 🏠 ⅙ ⇔ **P** ⇥

TRADITIONELLE KÜCHE · LÄNDLICH Ⅹ In dem traditionsreichen Familienbetrieb speist man bürgerlich-international. Sie wählen zwischen zwei Menüs oder bestellen à la carte z. B. Schnitzelgerichte oder verschiedene Steaks vom Grill, zu denen Sie sich die Beilagen selbst aussuchen. Das Ambiente: rustikal mit modernem Touch. Kochschule.

Menü 30/50 € – Karte 26/50 €

*Frankenstr. 24, (Zufahrt über Bäckergasse), Nieder-Rosbach ⊠ 61191 – ⌀ 06003 7028 – www.landgasthof-gruener-baum.de – nur Abendessen, sonntags auch Mittagessen – geschl. Dienstag - Mittwoch*

# FRIEDEWALD

Hessen – 2 400 Ew. – Höhe 387 m – Regionalatlas **39**-I12

▶ Berlin 395 km – Wiesbaden 179 km – Kassel 87 km – Fulda 58 km

Michelin Straßenkarte 543

🏨 **Göbels Schlosshotel Prinz von Hessen**  🏤 🐾 🛌 🗂 🖥 📶 🛥

HISTORISCHES GEBÄUDE · VINTAGE Ideal für Wellness, Tagung  🛗 ⊡ 🏋 🅿
oder Festlichkeiten ist das aus einer Wasserburg a. d. 16. Jh. entstandene Hotel.
Die wohnlich-modernen Zimmer und Themensuiten sind wertig ausgestattet. Das
Restaurant ist unterteilt in die Prinzenstube und den lichten Schlossgarten.

79 Zim 🖂 – 🛉105/140 € 🛉🛉180/240 € – 13 Suiten
*Schlossplatz 1 ⊠ 36289 – 𝒞 06674 92240 – www.goebels-schlosshotel.de*

**FRIEDLAND** Niedersachsen → Siehe Göttingen

# FRIEDRICHRODA
Thüringen – 7 440 Ew. – Höhe 430 m – Regionalatlas **40**-J13
▶ Berlin 345 km – Erfurt 54 km – Bad Hersfeld 97 km – Coburg 96 km
Michelin Straßenkarte 544

## In Friedrichroda-Finsterbergen

😊 **Hüllrod**  🏡 ⇔ 🅿

REGIONAL · GASTHOF 🗶 Von klassischer Rinderroulade bis zum Überraschungsmenü bietet man hier eine schmackhafte Auswahl. Das Ambiente ist gemütlich,
der Service freundlich. Die schöne Lage am Waldrand direkt im Naturpark macht
natürlich die Terrasse interessant!

Menü 30/37 € – Karte 25/50 €
*Am Hüllrod 11 ⊠ 99894 – 𝒞 03623 306175 – www.huellrod.de – Mittwoch - Freitag
nur Abendessen – geschl. Februar 2 Wochen, Ende Juni 1 Woche, Oktober 2
Wochen und Montag - Dienstag*

# FRIEDRICHSHAFEN
Baden-Württemberg – 57 970 Ew. – Höhe 400 m – Regionalatlas **63**-H21
▶ Berlin 721 km – Stuttgart 167 km – Konstanz 31 km – Freiburg im Breisgau 161 km
Michelin Straßenkarte 545

😊 **Goldenes Rad**  🐾 🏡 🍽 🚗

REGIONAL · FREUNDLICH 🗶🗶 Schön sitzt man in dem gemütlichen Restaurant,
im Sommer draußen in der Fußgängerzone. Hier wie dort genießt man schmackhafte regionale Gerichte wie "Schweinebauch auf Ofenkartoffeln" oder aber Fisch
aus dem See.

Menü 23/60 € – Karte 25/54 €
*Hotel Goldenes Rad, Karlstr. 43 ⊠ 88045 – 𝒞 07541 2850 – www.goldenes-rad.de
– geschl. 20. Dezember - 8. Januar und Sonntag - Montag*

🏨 **Goldenes Rad**  📶 ⊡ 🍽 🚗

BUSINESS · MODERN Zentral und nur einen Steinwurf vom See entfernt finden
Sie den aus drei Gebäuden bestehenden Familienbetrieb. Beeindruckend die Aussicht aus den Seaside-Zimmern - mit etwas Glück schaut man bis zu den Schweizer Alpen!

63 Zim 🖂 – 🛉83/119 € 🛉🛉119/159 € – 7 Suiten – ½ P
*Karlstr. 43 ⊠ 88045 – 𝒞 07541 2850 – www.goldenes-rad.de – geschl. 20.
- 29. Dezember*
😊 **Goldenes Rad** – siehe Restaurantauswahl

## In Friedrichshafen-Fischbach West: 5 km

🏨 **Traube am See**  🏤 🐾 🗂 📶 📶 🛗 ⊡ 🏋 🛥

SPA UND WELLNESS · GEMÜTLICH Nahe dem See liegt dieses über die Jahre
gewachsene Haus. Hier gibt es verschiedene Zimmertypen, wohnlich sind sie
alle, teilweise schön geradlinig-modern. Einladend auch der große Wellnessbereich und die Liegewiese. Im Restaurant serviert man regionale Küche.

94 Zim 🖂 – 🛉95/150 € 🛉🛉110/210 € – ½ P
*Meersburger Str. 11 ⊠ 88048 – 𝒞 07541 9580 – www.traubeamsee.de*

## In Friedrichshafen-Schnetzenhausen Nord-West: 4 km

### Krone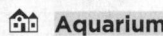

**BUSINESS · GEMÜTLICH** Der ehemalige Gasthof von 1835 ist zu einem imposanten Hotelkomplex gewachsen. Unzählige Freizeitangebote von Luftgewehrschießen bis zur Beauty-Behandlung, eine Brennerei, in der Obst von der eigenen Plantage zu Schnaps verarbeitet wird, sowie verschiedene behagliche Restaurantstuben nebst netter Terrasse.

145 Zim ⌐ – ♦97/140 € ♦♦160/250 € – 11 Suiten – ½ P
*Untere Mühlbachstr. 1 ⊠ 88045 – ℰ 07541 4080 – www.ringhotel-krone.de
– geschl. 20. - 25. Dezember*

## FRIEDRICHSRUHE Baden-Württemberg ➜ Siehe Öhringen

## FRIEDRICHSTADT
Schleswig-Holstein – 2 490 Ew. – Höhe 2 m – Regionalatlas **1**-G3
▶ Berlin 408 km – Kiel 82 km – Sylt (Westerland) 62 km – Heide 25 km
Michelin Straßenkarte 541

### Aquarium

**FAMILIÄR · GEMÜTLICH** Richtig wohnlich und in ansprechendem neuzeitlichem Stil gehalten sind die Zimmer in diesem Haus, teilweise hat man Sicht auf den Mittelburggraben - auch von der Terrasse. Im Restaurant kocht man international-regional, nachmittags gibt es hausgebackenen Kuchen im Café. Zum Entspannen: Kosmetik und Massage.

36 Zim ⌐ – ♦85/108 € ♦♦125/150 € – 1 Suite – ½ P
*Am Mittelburgwall 2 ⊠ 25840 – ℰ 04881 93050 – www.hotel-aquarium.de
– geschl. Anfang Januar 2 Wochen*

## FRIESENHEIM
Baden-Württemberg – 12 570 Ew. – Höhe 161 m – Regionalatlas **53**-D19
▶ Berlin 759 km – Stuttgart 158 km – Karlsruhe 88 km – Offenburg 12 km
Michelin Straßenkarte 545

## In Friesenheim-Oberweier

### Mühlenhof

**REGIONAL · GASTHOF** XX "Medaillons vom Reh und Wildschwein mit Spätzle, Preiselbeer-Birne und Marktgemüse" ist nur eines der schmackhaften regional-saisonalen Gerichte hier. Die Preise sind wirklich fair und der Service ist freundlich und flott. Richtig gut kommt auch das günstige Mittagsmenü an!

Menü 12 € (mittags unter der Woche)/42 € – Karte 26/41 €
*Hotel Mühlenhof, Oberweierer Hauptstr. 33 ⊠ 77948 – ℰ 07821 6320
– www.landhotel-muehlenhof.de – geschl. Februar 2 Wochen, August 2
Wochen und Dienstag*

### Mühlenhof

**LANDHAUS · GEMÜTLICH** Bei Anette und Stefan Rottler isst man nicht nur gut, auch übernachten kann man schön. Alles ist gepflegt, einige Zimmer sehr geräumig (die günstigen recht klein), meist mit Balkon, und das Frühstücksbuffet ist reichhaltig und appetitlich!

32 Zim ⌐ – ♦41/58 € ♦♦69/98 €
*Oberweierer Hauptstr. 33 ⊠ 77948 – ℰ 07821 6320
– www.landhotel-muehlenhof.de – geschl. Februar 2 Wochen, August 2 Wochen*
☻ **Mühlenhof** – siehe Restaurantauswahl

## FÜRSTENFELDBRUCK
Bayern – 34 650 Ew. – Höhe 517 m – Regionalatlas **65**-L20
▶ Berlin 605 km – München 35 km – Augsburg 46 km – Garmisch-Partenkirchen 97 km
Michelin Straßenkarte 546

## ⅠⅠ○ Fürstenfelder ⛩ ♿ ⌘ ♻ 🅿

**REGIONAL · FREUNDLICH** ※ Da kann das weiße Kreuzgewölbe noch so schön sein, im Sommer zieht es alle raus: auf die Terrasse oder in den SB-Biergarten! Der Blick aufs Kloster ist auch eine schöne Kulisse für Hochzeiten! Gekocht wird mit Bioprodukten aus der Region.

Menü 34 € (mittags unter der Woche)/89 € – Karte 28/49 €

*Fürstenfeld 15* ✉ *82256 –* ☏ *08141 88875410 – www.fuerstenfelder.com*

# FÜRSTENWALDE

Brandenburg – 30 970 Ew. – Höhe 43 m – Regionalatlas **23**-Q8

▶ Berlin 59 km – Potsdam 88 km – Frankfurt (Oder) 36 km

Michelin Straßenkarte 542

## In Steinhöfel Nord-Ost: 9 km

## 🏠 Schloss Steinhöfel ⛩ 🐾 🚪 🏚 🅿

**HISTORISCHES GEBÄUDE · INDIVIDUELL** Wirklich hübsch das klassizistische Schloss a. d. 18. Jh. samt englischer Parkanlage. Die Chefin hat ein Händchen für Dekorationen - entsprechend stilvoll ist hier alles gestaltet, von den individuellen, wohnlichen Zimmern über das elegante Restaurant bis zu den schönen Veranstaltungsräumlichkeiten.

30 Zim ☒ – †95/105 € ††130/190 € – ½ P

*Schlossweg 4* ✉ *15518 –* ☏ *033636 2770 – www.schloss-steinhoefel.de*

# FÜRSTENZELL

Bayern – 7 830 Ew. – Höhe 358 m – Regionalatlas **60**-P19

▶ Berlin 604 km – München 169 km – Passau 15 km – Linz 92 km

Michelin Straßenkarte 546

## In Fürstenzell-Altenmarkt Nord-Ost: 4,5 km über Passauer Straße, am Ortsende links

## 🏠 Zur Platte ⛩ 🐾 ⭠ 🚪 🚗

**FAMILIÄR · FUNKTIONELL** Das familiäre kleine Gasthaus liegt wirklich klasse - hier genießt man die Ruhe und den Blick auf Neuburger- und Bayerischen Wald! Sie schlafen in großzügigen Zimmern, entspannen auf der Liegewiese und speisen Regionales in nettem rustikalem Ambiente. Tipp: In ca. 10 Autominuten sind Sie in Passau.

12 Zim ☒ – †45/55 € ††80/85 € – ½ P

*Altenmarkt 10* ✉ *94081 –* ☏ *08502 200 – www.gasthaus-zur-platte.de – geschl. Mitte Januar - Ende Februar*

# FÜRTH

Bayern – 118 360 Ew. – Höhe 295 m – Regionalatlas **50**-K16

▶ Berlin 453 km – München 172 km – Nürnberg 7 km

Michelin Straßenkarte 546

Siehe Umgebungsplan Nürnberg

## ⅠⅠ○ Kupferpfanne ⬦

**KLASSISCHE KÜCHE · RUSTIKAL** ※※ Schön gemütlich hat man es in dem gediegen eingerichteten Restaurant gegenüber dem Rathaus. Hier heißt es klassisch speisen, so z. B. "Milchkalbsrücken mit frischen Wintertrüffeln auf Gemüse" oder "Skrei Grenobler Art aus dem Backofen".

Menü 33 € (mittags)/72 € – Karte 59/78 €

*Stadtplan : A1-n – Königstr. 85* ✉ *90762 –* ☏ *0911 771277 (Tischbestellung ratsam) – www.ew-kupferpfanne.de – geschl. Sonntag sowie an Feiertagen*

## ⅠⅠ◯ La Palma

**ITALIENISCH · ELEGANT** XX Freunde typisch italienischer Küche schätzen dieses helle, mit eleganter Note gestaltete Restaurant, in dem man charmant bedient wird. Die vielen Klassiker kommen ebenso gut an wie die saisonale Tageskarte und die entsprechenden Weine.

Menü 30/49 € – Karte 30/54 €

**Stadtplan : A1-b** – *Karlstr. 22* ✉ *90763* – ✆ *0911 747500 (Tischbestellung ratsam)* – *www.ristorante-lapalma.de* – *geschl. Montag*

# In Fürth-Burgfarrnbach über Würzburger Straße A1

## ⊕ Weissmanns Krone

**REGIONAL · FREUNDLICH** X In dem hübschen historischen Fachwerkhaus bietet Thomas Weißmann frische fränkische Küche vom "Fleischküchle mit Kartoffelsalat" bis zum "Filet von der Landsau mit Paprikarahm und Kräuter-Baggers". Im Sommer ist die schöne Terrasse gefragt.

Menü 37 € (abends)/45 € – Karte 24/42 €

*Würzburger Str. 476* ✉ *90768* – ✆ *0911 97912111* – *www.weissmanns-krone.de* – *geschl. Sonntagabend - Montag*

# FÜSSEN

Bayern – 14 640 Ew. – Höhe 808 m – Regionalatlas **64**-J22

▶ Berlin 659 km – München 120 km – Kempten (Allgäu) 44 km – Landsberg am Lech 63 km Michelin Straßenkarte 546

## 🏨 Sommer

**LANDHAUS · GEMÜTLICH** Ein sehr schönes Ferienhotel: tolle Lage am Forggensee, gepflegte Zimmer von gediegen bis alpenländisch-modern, zahlreiche Freizeitmöglichkeiten vom großzügigen Spa bis zum Ausflug mit dem Leihfahrrad. Regional-saisonale und internationale Küche im Restaurant mit Wintergarten - abends sollten Sie reservieren!

57 Zim ☑ – †101/121 € ††180/228 € – 13 Suiten – ½ P

*Weidachstr. 74* ✉ *87629* – ✆ *08362 91470* – *www.hotel-sommer.de*

## 🏠 Christine ◍

**FAMILIÄR · FUNKTIONELL** Hier spürt man das Engagement des Gastgebers: Die Zimmer sind tipptopp gepflegt, man wird herzlich und persönlich umsorgt und zum Frühstück gibt's immer eine kleine Besonderheit. Außerdem wohnt man hier schön ruhig. Hingucker: ein über 40 Jahre alter großer Farn!

13 Zim ☑ – †85 € ††128/148 €

*Weidachstr. 31* ✉ *87629* – ✆ *08362 7229* – *www.hotel-christine-fuessen.de*

# In Füssen-Alatsee Am Alatsee, West: 8 km, über die B310 Richtung Pfronten, jenseits der A 7, dann links abbiegen

## ⅠⅠ◯ Alatsee ◍

**REGIONAL · GASTHOF** X Idyllisch die Lage im Wandergebiet unweit der Grenze zu Österreich, direkt am Alatsee. Die Küche traditionell-regional mit mediterranem Einfluss, dazu Vespergerichte. Lust auf "gebratenen Hirschrücken mit Quittenragout" oder "Piccata vom Goldbarsch an Pappardelle"? Einfache Gästezimmer mit Etagenbad.

Menü 35 € (abends)/48 € – Karte 20/50 €

*Am Alatsee 1, (Ab Parkplatz (gegen Gebühr) über Seeuferstraße 350 m per Fußweg erreichbar. Zufahrt mit dem Auto nach Absprache möglich.)* ✉ *87629* – ✆ *08362 6205* – *www.hotel-alatsee.de* – *geschl. Mitte November - Anfang Dezember 3 Wochen und Montagabend, Dienstagabend, Dezember - Anfang Mai: Montagabend - Dienstag*

## In Füssen-Hopfen am See Nord: 5 km

### 🏠 Geiger  ⚜ ⬅ 🕸 ⊡ ⊘ P

**FAMILIÄR · AUF DEM LAND** Schön die Lage direkt an der Uferpromenade, reizvoll die Aussicht. Und wie möchten Sie wohnen? Modern oder in einem Landhauszimmer? Im Restaurant samt Wintergarten mit Seeblick bietet man traditionell-regionale und internationale Küche. Probieren Sie auch den hausgebackenen Kuchen!

30 Zim 🛏 – ⛟58/115 € ⛟⛟92/210 € – ½ P
*Uferstr. 18 ✉ 87629 – ☎ 08362 7074 – www.hotel-geiger.de*

### 🏠 Am Hopfensee  ⚜ ⬅ 🕸 ⊡ ⊘ P

**FAMILIÄR · MODERN** Das Hotel liegt direkt am Hopfensee und zeigt sich schön modern, von der schicken Bar-Lounge (hier 40 Sorten Gin!) über die wohnlichen Zimmer (meist mit Balkon) bis zum Saunabereich samt Hamam und "Kazumi-Spa". Im Wintergarten speist man bei See- und Bergblick, klassisch die Küche. Pizza im "Riviera" nebenan.

42 Zim 🛏 – ⛟99/150 € ⛟⛟120/199 € – 2 Suiten – ½ P
*Uferstr. 10 ✉ 87629 – ☎ 08362 50570 – www.hotel-am-hopfensee.de*

## In Füssen-Oberkirch West : 7 km über die B 310 Richtung Pfronten, jenseits der A 7

### 🍴 Steigmühlenstube Ⓝ  🏠 P ≠

**REGIONAL · RUSTIKAL** 🗶 Gerne kommt man in das gemütlich-rustikale Restaurant unweit des Weißensees, um in sympathischer Atmosphäre regional-saisonal zu essen. Lust auf "Salat mit Ziegenkäse und Honig-Senfsauce" oder "schwäbischen Zwiebelrostbraten mit Spätzle"?

Menü 28/33 € – Karte 21/35 €
*Alte Steige 1 ✉ 87629 – ☎ 08362 925049 – www.restaurant-steigmühlenstube.de – geschl. November 2 Wochen und Donnerstag außer an Feiertagen*

# FÜSSING, BAD

Bayern – 6 810 Ew. – Höhe 320 m – Regionalatlas **60**-P19
▶ Berlin 636 km – München 147 km – Passau 31 km – Salzburg 110 km
Michelin Straßenkarte 546

### 🌼 Holzapfel's Restaurant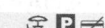

**REGIONAL · KLASSISCHES AMBIENTE** 🗶🗶 Stilvoll-elegant und modern zugleich kommt das Restaurant daher - man beachte die sehenswerte alte Schiffsglocke in der Kuppel! Das Motto der Küche lautet "regional trifft kreativ, exotisch trifft traditionell".

Menü 38/59 € – Karte 29/53 €
*Hotel Holzapfel, Thermalbadstr. 4 ✉ 94072 – ☎ 08531 9570 (abends Tischbestellung ratsam) – www.hotel-holzapfel.de*

### 🍴 Kirchawirt  🍺 🏠 🚗

**TRADITIONELLE KÜCHE · GASTHOF** 🗶 Vor über 200 Jahren wurde hier mit einer zünftigen Wirtschaft der Grundstein für den heutigen "Kirchawirt" gelegt. Mit heimelig-rustikalem Charme, Gemütlichkeit und bayerischer Küche wird man der Tradition gerecht.

Karte 18/47 €
*Hotel MÜHLBACH, Bachstr. 15, Safferstetten, Süd: 1 km ✉ 94072 – ☎ 08531 278401 – www.kirchawirt.de*

### 🏠 Holzapfel Hotels

**SPA UND WELLNESS · KLASSISCH** Hier investiert man stetig, entsprechend gefragt ist das Hotel! Man bietet z. B. den "Spa Alchemia Medica" und den "Zen Spa" sowie schöne moderne Zimmer, alles ist top in Schuss! "Therme I" - über einen Bademantelgang zu erreichen - ist für Hausgäste kostenfrei.

99 Zim 🛏 – ⛟105/109 € ⛟⛟190/240 € – 12 Suiten – ½ P
*Thermalbadstr. 4 ✉ 94072 – ☎ 08531 9570 – www.hotel-holzapfel.de*
🌼 **Holzapfel's Restaurant** – siehe Restaurantauswahl

### 🏨 Parkhotel

**SPA UND WELLNESS · KLASSISCH** Ruhig liegt die gewachsene Hotelanlage im Grünen und doch zentrumsnah. Die Halle und die wohnlichen Zimmer sind im klassischen Stil gehalten. Das Restaurant "Toskana" bietet eine gemischte Karte: Toast, Pasta, Klassiker und Mediterranes.

97 Zim ⌂ – †86/101 € ††168/232 € – 2 Suiten – ½ P

*Waldstr. 16 ✉ 94072 – ☎ 08531 9280 – www.parkhotel.stopp.de – geschl. 20.*
*- 26. Dezember, 6. Januar - 15. Februar*

### 🏨 MÜHLBACH

**SPA UND WELLNESS · GEMÜTLICH** Eine wirklich wohnliche familiäre Adresse mit freundlichem Service ist das gewachsene Hotel am Mühlbach. Zeitgemäße Zimmer, schöne Lounge, attraktiver Wellnessbereich samt Arztpraxis. Wie wär's mit der eleganten Kaisersuite mit privatem Spa? Eine hübsche kleine Hochzeitskapelle gibt es übrigens auch.

57 Zim ⌂ – †105/129 € ††184/254 € – 5 Suiten – ½ P

*Bachstr. 15, Safferstetten, Süd: 1 km ✉ 94072 – ☎ 08531 2780*
*- www.muehlbach.de*

🍴 **Kirchawirt** – siehe Restaurantauswahl

## FULDA

Hessen – 65 040 Ew. – Höhe 257 m – Regionalatlas **39**-H13
▶ Berlin 448 km – Wiesbaden 141 km – Frankfurt am Main 99 km – Gießen 109 km
Michelin Straßenkarte 543

### 🏵️ Goldener Karpfen

**INTERNATIONAL · FREUNDLICH** XX Hier bietet man eine gute saisonal-internationale Küche von Hummer über Rinderfilet bis zum Schnitzel. Die Produkte sind frisch und wertig, die Speisen haben Geschmack und Aroma. Dazu eine elegante und gleichermaßen gemütliche Atmosphäre.

Menü 32 € (mittags unter der Woche)/65 € – Karte 37/62 €

**Stadtplan : A2-f** – *Hotel Goldener Karpfen, Simpliziusbrunnen 1 ✉ 36037*
*– ☎ 0661 86800 – www.hotel-goldener-karpfen.de*

### 🍴 Dachsbau

**TRADITIONELLE KÜCHE · GEMÜTLICH** XX Hinter einer hübsch bemalten Fassade in einer Häuserreihe in der Altstadt erwarten Sie ein liebenswertes Ambiente, die traditionelle Küche der Chefin und der aufmerksame Service durch den Chef.

Menü 23/58 € – Karte 28/58 €

**Stadtplan : A1-e** – *Pfandhausstr. 8 ✉ 36037 – ☎ 0661 74112*
*– www.dachsbau-fulda.de – geschl. August 2 Wochen und Montag - Dienstag*

### 🍴 Toro Negro

**FLEISCH · MEDITERRANES AMBIENTE** X Mit der Churrascaria bietet man Ihnen in der 6. Etage nicht nur südamerikanisches Flair, sondern auch typische Grillspezialitäten. Ein Muss ist der brasilianische Klassiker "Rodizio", ein Spieß, der direkt am Tisch geschnitten wird.

Menü 28 €

**Stadtplan : B1-a** – *Hotel ESPERANTO, Esperantoplatz ✉ 36037 – ☎ 0661 242910*
*(Tischbestellung erforderlich) – www.hotel-esperanto.de – nur Abendessen*

### 🏨 ESPERANTO

**BUSINESS · MODERN** Besonders auf Tagungen und Businessgäste ist das gegenüber dem Bahnhof gelegene Hotel mit dem komfortablen Rahmen und den modernen Zimmer zugeschnitten, der attraktive Spa ist aber auch für Wellnessgäste interessant. Neben dem Toro Negro gibt es den Weinkeller Bodega (hier Tapas) und das Café "Piazza d'oro".

327 Zim ⌂ – †139 € ††159 € – 6 Suiten – ½ P

**Stadtplan : B1-a** – *Esperantoplatz ✉ 36037 – ☎ 0661 242910*
*– www.hotel-esperanto.de*

🍴 **Toro Negro** – siehe Restaurantauswahl

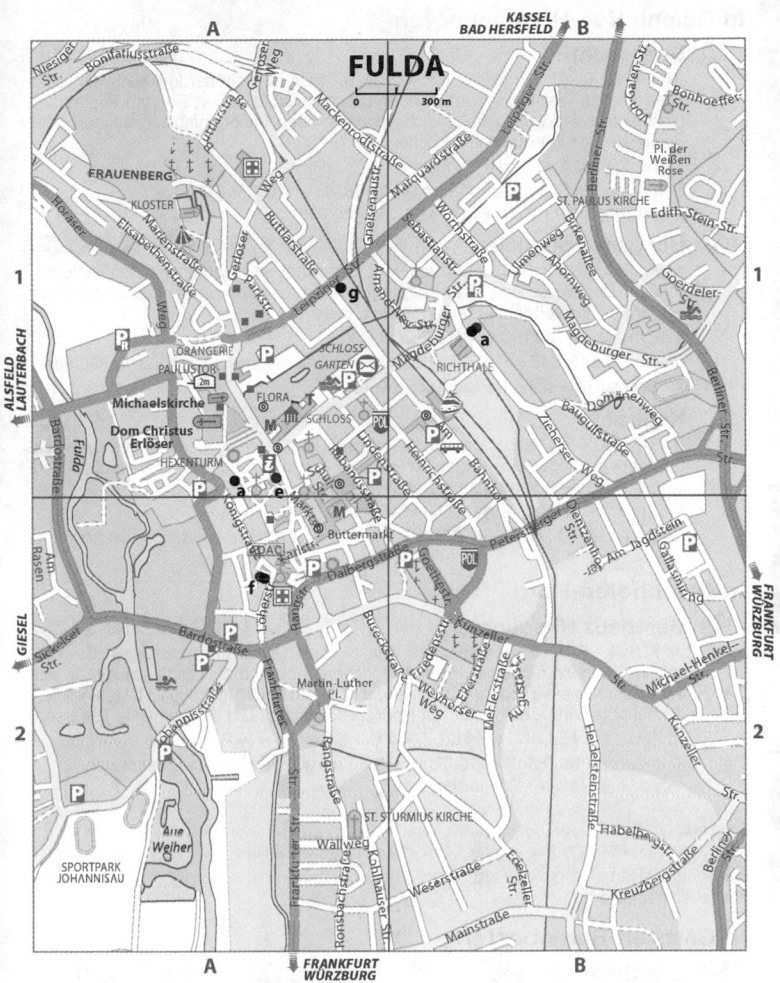

## 🏨 Goldener Karpfen                    🦢 🛗 ⛲ 🧖 🚗

**TRADITIONELL · INDIVIDUELL** Das Stadthaus im Zentrum beherbergt hinter seiner über 300 Jahre alten Fassade eine schön dekorierte Lobby mit Kamin sowie wohnliche Zimmer von stilvoll-gediegen bis chic-modern. Wie wär's mit einem der netten Themenzimmer?

50 Zim 🏢 – ♦115/165 € ♦♦165/290 € – 4 Suiten – ½ P

**Stadtplan : A2-f** - *Simpliziusbrunnen 1* ✉ *36037* - ✆ *0661 86800*
- *www.hotel-goldener-karpfen.de*

🍴 **Goldener Karpfen** – siehe Restaurantauswahl

# GAIENHOFEN

Baden-Württemberg – 3 210 Ew. – Höhe 425 m – Regionalatlas **63**-G21

▶ Berlin 757 km – Stuttgart 175 km – Konstanz 33 km – Singen (Hohentwiel) 23 km

Michelin Straßenkarte 545

## In Gaienhofen-Hemmenhofen

### 🍴○ Seensucht ≼ 🛏 🏠 ⇔ 🅿

**INTERNATIONAL · FREUNDLICH** ✗✗ Die Terrasse ist wohl der idyllischte Ort zum Speisen! Und wenn das Wetter mal nicht mitspielt, schauen Sie vom Restaurant (schön ganz in Weiß gehalten) durch die großen Panoramfenster auf den See! Regionale und internationale Küche.

Menü 28/44 € – Karte 31/56 €

*Hotel Höri am Bodensee, Uferstr. 20 ✉ 78343 – ☎ 07735 8110*
*– www.hoeri-am-bodensee.de – geschl. Februar*

### 🏨 Höri am Bodensee ⚓ ≼ 🛏 🖼 🌐 🦢 🛅 🔁 🛁 🅿

**FAMILIÄR · INDIVIDUELL** Reizvoll liegt das Hotel am Seeufer mit Bootsanleger, schöner Liegewiese und Strandzugang. Die Zimmer sind recht unterschiedlich in der Größe, alle zeitgemäß und wohnlich, meist mit Balkon.

80 Zim ⭐ – ♦89/150 € ♦♦135/205 € – ½ P

*Uferstr. 20 ✉ 78343 – ☎ 07735 8110 – www.hoeri-am-bodensee.de – geschl. Februar*
🍴○ **Seensucht** – siehe Restaurantauswahl

### 🏠 Kellhof 🏔 🅿

**GASTHOF · GEMÜTLICH** Das Fachwerkhaus liegt etwas oberhalb des Sees, ist tipptopp gepflegt, wird engagiert geführt und die Zimmer sind freundlich und wohnlich. Speisen kann man saisonal-bürgerlich.

15 Zim ⭐ – ♦75/85 € ♦♦100/140 € – ½ P

*Hauptstr. 318 ✉ 78343 – ☎ 07735 2035 – www.kellhof.de – geschl. November - März*

## In Gaienhofen-Horn

### 🏨 Gasthaus Hirschen 🏔 🛏 🏊 🦢 🔁 🚗

**GASTHOF · INDIVIDUELL** Hier hat man nicht nur einen traditionsreichen Gasthof, sondern auch ein modernes Hotel: Besonders schön sind die Landhaussuiten in der Villa Maria sowie die Superior-Zimmer und Panoramasuiten im Neubau! Dazu kommen der hübsche Garten, das gemütlich-ländliche Restaurant und die charmante Terrasse.

41 Zim ⭐ – ♦63/165 € ♦♦126/244 € – 8 Suiten – ½ P

*Kirchgasse 3 ✉ 78343 – ☎ 07735 93380 – www.hotelhirschen-bodensee.de*
*– geschl. 8. Januar - 2. Februar*

## GARBSEN

Niedersachsen – 59 920 Ew. – Höhe 54 m – Regionalatlas **18**-H8
▶ Berlin 304 km – Hannover 17 km
Michelin Straßenkarte 541

## In Garbsen-Berenbostel

### 🍴○ Landhaus am See 🦢 ≼ 🛏 🏠 🍽 🅿

**INTERNATIONAL · ELEGANT** ✗✗ Das Restaurant steht dem Hotel in nichts nach: geschmackvolles Interieur im Landhausstil, ein Traum von einer Terrasse, Blick zum See, dazu frische, gute Gerichte wie "Skrei im Sylter Muschelsud" oder "Schwarzbrotparfait mit Nougatcreme".

Menü 40/80 € – Karte 37/66 €

*Hotel Landhaus am See, Seeweg 27 ✉ 30827 – ☎ 05131 46860*
*– www.landhausamsee.de – geschl. über Ostern 1 Woche und Sonntag*

### 🏨 Landhaus am See ⚓ ≼ 🛏 🖼 🦢 🍽 🛁 🅿

**LANDHAUS · INDIVIDUELL** Sie suchen idyllische Lage und dennoch die Nähe zu Hannover? Sie mögen es modern und gleichzeitig wohnlich? Bitte sehr: ein schmuckes Haus, individuelle Zimmer, fast alle mit Seeblick, dazu ein wunderschöner Garten. Auch zum Tagen ideal.

45 Zim ⭐ – ♦80/125 € ♦♦95/150 €

*Seeweg 27 ✉ 30827 – ☎ 05131 46860 – www.landhausamsee.de*
🍴○ **Landhaus am See** – siehe Restaurantauswahl

# GARMISCH-PARTENKIRCHEN

Bayern – 26 110 Ew. – Höhe 708 m – Regionalatlas **65**-K22

▶ Berlin 675 km – München 89 km – Augsburg 117 km – Innsbruck 60 km

Michelin Straßenkarte 546

## 🕸 Reindl's Restaurant     😂 🍴 🔄 🚗

**REGIONAL · FREUNDLICH** ✖✖ In dem elegant-gediegenen Restaurant wird klassisch und regional gekocht, lecker z. B. "Rehrücken mit Assam-Langpfeffer gebraten, Preiselbeersauce, Sellerie und Pommes Duchesse". Auch ein Blick in den begehbaren Weinkeller lohnt sich! Mittags unter der Woche leicht reduzierte Karte in der Brasserie.

Menü 34/38 € – Karte 30/69 €

**Stadtplan : B2-r** – *Hotel Reindl's Partenkirchner Hof, Bahnhofstr. 15* ✉ *82467 – ℰ 08821 943870 – www.reindls.de – Montag - Donnerstag nur Abendessen – geschl. November*

## 🍴○ Husar     😂 🍴 🔄

**MARKTKÜCHE · GEMÜTLICH** ✖✖ Schon von außen wirkt das historische Gasthaus mit seiner bemalten Fassade einladend und das schöne Bild setzt sich in den gemütlich-eleganten Stuben fort. Zudem wird man herzlich umsorgt, und zwar mit guten saisonal-internationalen Speisen wie "gegrilltem Zanderfilet mit Dijon-Senfsauce".

Karte 36/74 €

**Stadtplan : A1-a** – *Fürstenstr. 25* ✉ *82467 – ℰ 08821 9677922 (Tischbestellung ratsam) – www.restauranthusar.de – nur Abendessen, sonntags auch Mittagessen – geschl. Juni 2 Wochen und Montag - Dienstag*

## 🍴○ vaun    

**INTERNATIONAL · HIP** ✖ In legerer Bistro-Atmosphäre wird frische internationale Küche serviert. Auf der Karte liest man Interessantes wie "Sashimi vom Lachs / Pfefferbrot / Kürbiscarpaccio". Der Service ist freundlich und aufmerksam, nett die kleine Terrasse.

Karte 26/34 €

**Stadtplan : A2-a** – *Zugspitzenstr. 2* ✉ *82467 – ℰ 08821 7308187 – www.restaurant-vaun.de – nur Abendessen – geschl. Sonntag sowie an Feiertagen*

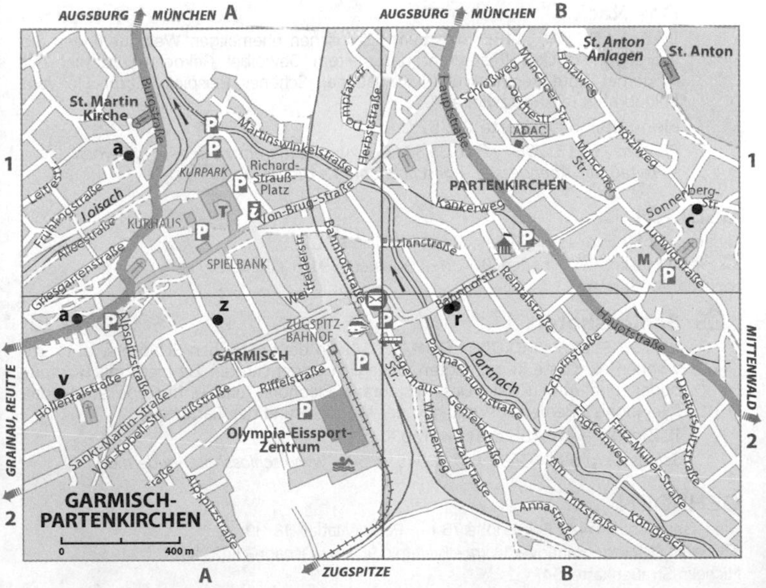

## Reindl's Partenkirchner Hof

**FAMILIÄR · REGIONAL** Eine schöne Adresse ist das gewachsene Hotel unter familiärer Leitung: wohnliche Zimmer (einige sehr hübsch mit rustikaler Täfelung!), moderner Saunabereich, herrlicher Blick aufs Wettersteingebirge...

51 Zim ⌑ – ♦100/190 € ♦♦150/250 € – 10 Suiten – ½ P

**Stadtplan : B2-r** – *Bahnhofstr. 15* ✉ *82467* – ☎ *08821 943870* – *www.reindls.de* – *geschl. November*

Reindl's Restaurant – siehe Restaurantauswahl

## Staudacherhof

**SPA UND WELLNESS · INDIVIDUELL** Hier kann man sich nur wohlfühlen: Da sind zum einem das immense Engagement und die Herzlichkeit der Gastgeber, zum anderen wohnlich-komfortable Zimmer mit diversen Annehmlichkeiten (Kaffeemaschine, Obst, Minibar gratis) und ein toller Spa. Dazu Fahrrad- und Skiverleih. HP inklusive.

49 Zim ⌑ – ♦135/155 € ♦♦220/310 € – 4 Suiten – ½ P

**Stadtplan : A2-v** – *Höllentalstr. 48* ✉ *82467* – ☎ *08821 9290* – *www.staudacherhof.de*

## Rheinischer Hof

**FAMILIÄR · MODERN** Seit vielen Jahren führt die Inhaberfamilie dieses wohnliche Ferienhotel und verbessert immer wieder! Viele der Zimmer (teils im Haus Windrose vis-à-vis) haben Südbalkone, hier hat man's schön sonnig. Buchen Sie doch mal eine Massage oder Kosmetikanwendung im Haus!

35 Zim ⌑ – ♦69/115 € ♦♦98/155 € – 4 Suiten

*Zugspitzstr. 76, über A2, Richtung Grainau* ✉ *82467* – ☎ *08821 9120* – *www.rheinischerhof-garmisch.de*

# GAU-BISCHOFSHEIM

Rheinland-Pfalz – 1 830 Ew. – Höhe 133 m – Regionalatlas **47**-E15

▶ Berlin 594 km – Mainz 13 km – Neustadt an der Weinstraße 89 km – Frankfurt am Main 49 km

Michelin Straßenkarte 543

## Das Nack

**INTERNATIONAL · CHIC** ✗✗ In dem historischen ehemaligen Weingut finden Sie ein stylish-schickes Restaurant unter altem Gewölbe! Gekocht wird hier mit moderner Note, regional und international. Schönes Beispiel: "Carpaccio vom Spießbraten mit Röstzwiebeln".

Menü 29/35 € – Karte 24/57 €

*Pfarrstr. 13* ✉ *55296* – ☎ *06135 3043* – *www.restaurant-nack.de* – *Mittwoch - Freitag nur Abendessen* – *geschl. Montag - Dienstag*

# GEDERN

Hessen – 7 550 Ew. – Höhe 315 m – Regionalatlas **38**-G14

▶ Berlin 505 km – Wiesbaden 100 km – Darmstadt 99 km – Gießen 59 km

Michelin Straßenkarte 543

## Schlosshotel

**HISTORISCHES GEBÄUDE · ROMANTISCH** In dem hübschen Schloss a. d. 13. Jh. wohnen die Gäste in gepflegten, behaglich eingerichteten Zimmern mit Holzfußboden und Altbau-Flair. Das Restaurant: Eleonore- und Ritterstube sowie das "Gefängnis". Bemerkenswert sind der Wappen- und der Gartensaal.

12 Zim ⌑ – ♦65/85 € ♦♦94/129 € – ½ P

*Schlossberg 5* ✉ *63688* – ☎ *06045 96150* – *www.schlosshotel-gedern.de*

# GEHRDEN

Niedersachsen – 14 420 Ew. – Höhe 76 m – Regionalatlas **18**-H9

▶ Berlin 300 km – Hannover 14 km – Bielefeld 96 km – Osnabrück 125 km

Michelin Straßenkarte 541

### 🕲 Berggasthaus Niedersachsen

**KLASSISCHE KÜCHE · LÄNDLICH** ✗✗ Das historische Anwesen auf dem Gehrdener Berg bietet richtig gute Küche: ein interessanter Mix aus bürgerlichen und feinen klassischen Gerichten, von "Hannoverschem Zungenragout" bis "Steinbutt mit Krustentier-Béarnaise". Tolle Terrasse! Tipp: werktags ab 15 Uhr sowie am Wochenende durchgehend warme Küche.

Menü 37/79 € – Karte 33/57 €

✉ 30989 – ✆ 05108 3101 (Tischbestellung ratsam)
– www.berggasthaus-niedersachsen.de – Mittwoch - Freitag nur Abendessen
– geschl. 4. - 15. Oktober und Montag - Dienstag

# GEISENHEIM
Hessen – 11 620 Ew. – Höhe 88 m – Regionalatlas **47**-E15
▶ Berlin 590 km – Wiesbaden 28 km – Bad Kreuznach 68 km – Koblenz 68 km
Michelin Straßenkarte 543

## Beim Kloster Marienthal Nord: 4 km

### 🏠 Waldhotel Rheingau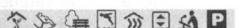

**BUSINESS · GEMÜTLICH** Seit über 150 Jahren ist das Haus – früher Teil des Klosters Marienthal - in der Hand der Familie Gietz. Attraktiv sind sowohl die Weißwein- und Rotweinzimmer als auch der Wellnessbereich. Zudem hat man funktionelle Tagungsräume. Und die Restaurantterrasse ist dank der tollen Lage zum Tal natürlich gefragt!

60 Zim ⌫ – ♦98/128 € – ♦♦140/165 € – ½ P
Marienthaler Str. 20 ✉ 65366 – ✆ 06722 99600 – www.waldhotel-rheingau.de

## In Geisenheim-Johannisberg Nord: 4,5 km in Richtung Presberg

### ☸ Gourmetrestaurant

**KREATIV · ELEGANT** ✗✗ Das kleine Gourmetrestaurant präsentiert sich in neuem Gewand: richtig zum Wohlfühlen die ausgesprochen geschmackvolle und hochwertige Einrichtung. Geblieben sind die sehr gute kreative Küche, der herzliche und versierte Service sowie die wunderbare Aussicht aufs Rheintal.
→ Wildlachs, Holunder, Sellerie, Grüner Apfel und Petersilie. Rücken vom Maibock, Olivenkrokant, Ricotta und Aubergine. "After Eight" - Schokolade und Pfefferminze.

Menü 85/165 €

Hotel Burg Schwarzenstein, Rosengasse 32 ✉ 65366 – ✆ 06722 99500
(Tischbestellung erforderlich) – www.burg-schwarzenstein.de – Mittwoch - Freitag nur Abendessen – geschl. Januar und Montag - Dienstag

### ⑩ Burgrestaurant

**FRANZÖSISCH-KLASSISCH · MEDITERRANES AMBIENTE** ✗✗ Das Lokal befindet sich im historischen Teil der Burg. Von der Laubenterrasse oder von einem der Fensterplätze haben Sie eine einzigartige Aussicht, während Sie sich saisonale Gerichte schmecken lassen.

Menü 47/59 € – Karte 46/71 €

Hotel Burg Schwarzenstein, Rosengasse 32 ✉ 65366 – ✆ 06722 99500
– www.burg-schwarzenstein.de – geschl. 1. - 9. Januar

### ⑩ Grill & Wine Bar

**GRILLGERICHTE · TRENDY** ✗✗ Ein weiteres Gastronomie-Konzept der Burg Schwarzenstein: leger und modern die Atmosphäre, passend dazu Speisen wie Steak vom Holzkohlegrill, Fish & Seafood, Burger... Und das alles natürlich bei traumhaftem Blick über die Weinberge.

Karte 35/96 €

Hotel Burg Schwarzenstein, Rosengasse 32 ✉ 65366 – ✆ 06722 99500
– www.burg-schwarzenstein.de – geschl. 1. - 17. Januar und Montag - Dienstag

### 🏰 Burg Schwarzenstein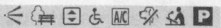

**HISTORISCHES GEBÄUDE · ELEGANT** Was aus der historischen Burganlage entstanden ist, verdient die Bezeichnung Luxushotel! Traumhafte Lage in den Weinbergen mit weiter Sicht, wunderschöne, wertige Zimmer, meist in chic-geradlinigem Design (klasse die Panoramasuite!), und last but not least das ungebrochene Engagement der Familie Teigelkamp.

49 Zim – ♦150/225 € ♦♦290/380 € – 2 Suiten – ⌂ 25 €

*Rosengasse 32 ⊠ 65366 – ℰ 06722 99500*
*– www.burg-schwarzenstein.de*

❁ **Gourmetrestaurant** • 🍽 **Grill & Wine Bar** • 🍽 **Burgrestaurant** – siehe Restaurantauswahl

### 🏠 Haus Neugebauer 🍴🛁🚪🗝 P

**FAMILIÄR · FUNKTIONELL** Ein hübsches Bild ist das einstige Schulhaus von 1850 mit der schmucken Natursteinfassade. Ebenso reizvoll die ruhige Lage im Wald und der Blick ins Grüne - von der Restaurantterrasse besonders reizvoll. Stammgäste buchen immer wieder gerne Zimmer Nr. 2 oder Nr. 27, schön sind aber auch die Zimmer nach Süden!

21 Zim ⌂ – ♦68/105 € ♦♦99/148 € – ½ P

*Haus Neugebauer 1, Nahe der Straße nach Presberg, Nord-West: 2,5 km ⊠ 65366*
*– ℰ 06722 96050 – www.hotel-neugebauer.de*

## GEISINGEN

Baden-Württemberg – 6 030 Ew. – Höhe 667 m – Regionalatlas **62**-F21
▶ Berlin 754 km – Stuttgart 128 km – Konstanz 56 km – Singen (Hohentwiel) 30 km
Michelin Straßenkarte 545

### 🍽 Zum Hecht

**MARKTKÜCHE · GASTHOF** 🕸 Hinter der markant roten Fassade dürfen Sie eine der besten Küchen der Region erwarten! Die mediterran geprägten Speisen nennen sich z. B. "Carpaccio vom Rinderfilet mit Burrata und Steinpilzen" oder "Variation von Fischen und Krustentieren mit Safranpolenta".

Menü 44/68 € – Karte 31/59 €   6 Zim ⌂ – ♦38/48 € ♦♦68/78 €

*Hauptstr. 41 ⊠ 78187 – ℰ 07704 281 – www.zumhecht.de – nur Abendessen*
*– geschl. Montag - Dienstag*

## GEISLINGEN an der STEIGE

Baden-Württemberg – 26 360 Ew. – Höhe 464 m – Regionalatlas **56**-I19
▶ Berlin 594 km – Stuttgart 58 km – Göppingen 18 km – Heidenheim an der Brenz 30 km
Michelin Straßenkarte 545

## In Geislingen-Weiler ob Helfenstein Ost: 3 km - Höhe 640 m

### 🏰 Burghotel

**FAMILIÄR · MODERN** Alles hier ist tipptopp gepflegt, darauf legt man hier großen Wert! Vieles spricht für das Haus: die ruhige Lage, wohnliche Zimmer (fragen Sie nach den renovierten), die Frühstücksterrasse, das komfortable Hallenbad und natürlich auch die herzlichen Gastgeberinnen selbst.

23 Zim ⌂ – ♦69/119 € ♦♦109/169 €

*Schalkstetter Str. 1 ⊠ 73312 – ℰ 07331 93260 – www.burghotel-schiehle.de*
*– geschl. 18. Dezember - 6. Januar*

## GELDERN

Nordrhein-Westfalen – 33 070 Ew. – Höhe 25 m – Regionalatlas **25**-B10
▶ Berlin 580 km – Düsseldorf 64 km – Duisburg 43 km – Krefeld 30 km
Michelin Straßenkarte 543

### 🏨 See Park Janssen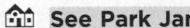

**BUSINESS • MODERN** Panoramapool, Fitness mit Betreuung, hochwertiges Beautyangebot... Hier gibt es Spa-Vielfalt auf rund 8000 qm. Dazu freundliche Zimmer, Lage am See und Golfplatz gleich nebenan. Tipp: die modernen Panorama-Zimmer in warmen Tönen! Zum See hin auch das Restaurant samt Wintergarten und die Terrasse.

89 Zim ⌕ – ♦82/161 € ♦♦120/187 € – ½ P

*Danziger Str. 5 ⊠ 47608 – ☏ 02831 9290 – www.seepark.de*

## In Geldern-Walbeck Süd-West: 6 km

### 🍴 Alte Bürgermeisterei 🍴 ⇄ 🅿 ⇄

**FRANZÖSISCH-KLASSISCH • GEMÜTLICH** ✗✗ Gemütlich-elegantes Restaurant in dem einstigen Gutshof und Amtshaus. Schön ist der Mix aus historischen Elementen und modernen Bildern. Da sitzt man gerne bei klassischer Küche und guten offen ausgeschenkten Weinen. Einfacher das italienisch-mediterrane Angebot in der Enoteca.

Menü 35 € – Karte 42/60 €

*Walbecker Str. 2 ⊠ 47608 – ☏ 02831 89933 – www.alte-buergermeisterei.de*
*– geschl. Juli, August - März: Montag - Dienstag*

# GELNHAUSEN

Hessen – 22 100 Ew. – Höhe 159 m – Regionalatlas **48**-G14
▶ Berlin 508 km – Wiesbaden 84 km – Fulda 59 km – Frankfurt am Main 42 km
Michelin Straßenkarte 543

### 🍴 Bergschlösschen 🍴 ⇐ 🍴 ⇄ 🅿

**ITALIENISCH • ELEGANT** ✗✗ In einmalig schöner Lage wird hier richtig gute authentisch italienische Küche geboten. Je nach Saison bekommen Sie bretonischen Hummer, weiße Trüffel und immer topfrischen Fisch! Das Olivenöl holt der Chef höchstpersönlich aus Apulien!

Menü 35/65 € – Karte 39/65 €

*Am Schlößchen 4 ⊠ 63571 – ☏ 06051 472647*
*– www.restaurant-bergschloesschen.de – geschl. Oktober und Dienstag,*
*Samstagmittag*

# GELSENKIRCHEN

Nordrhein-Westfalen – 257 610 Ew. – Höhe 52 m – Regionalatlas **26**-C11
▶ Berlin 516 km – Düsseldorf 44 km – Dortmund 32 km – Essen 11 km
Michelin Straßenkarte 543

## In Gelsenkirchen-Buer

### 🏨 Courtyard by Marriott 🍴 ⇄ 🅿 ⇄

**KETTENHOTEL • MODERN** Ein komfortables Hotel mit technisch gut ausgestatteten Zimmern - in den Executive-Zimmern (obere Etagen) WLan gratis. Sauna- und Fitnessbereich im 11. Stock mit tollem Blick auf die Veltins-Arena. Außerdem direkter Zugang zum "medicos.AufSchalke"-Gesundheitszentrum. Das Restaurant bietet mediterrane Küche.

194 Zim – ♦93/300 € ♦♦93/300 € – 4 Suiten – ⌕ 19 €

*Parkallee 3 ⊠ 45891 – ☏ 0209 8600 – www.courtyardgelsenkirchen.de*

# GENGENBACH

Baden-Württemberg – 10 670 Ew. – Höhe 175 m – Regionalatlas **54**-E19
▶ Berlin 756 km – Stuttgart 160 km – Karlsruhe 90 km – Villingen-Schwenningen 68 km
Michelin Straßenkarte 545

### ⊛ Die Reichsstadt

**REGIONAL · FREUNDLICH** ✕✕ Regional oder lieber gehobener? Neben "Wildragout mit Spätzle" können Sie auch "Jakobsmuschel und Hummer auf Steinpilzcarpaccio" oder "Lammrücken mit Pestokruste und Lammfilet in Lardo" wählen - im Sommer unbedingt draußen, denn das charmante historische Gasthaus hat eine wahrhaft bezaubernde Terrasse!

Menü 21 € (mittags)/95 € – Karte 30/61 €

*Hotel Die Reichsstadt, Engelgasse 33* ✉ *77723 –* ✆ *07803 96630*
*– www.die-reichsstadt.de – geschl. Februar und Montag - Dienstagmittag*

### ⊛ Ponyhof

**REGIONAL · GEMÜTLICH** ✕ Hier stehen zwei Brüder gemeinsam mit dem Vater am Herd. Das Ergebnis: eine sehr schmackhafte und frische Küche, die richtig Spaß macht! Da kommen Klassiker wie Schnitzel und Rumpsteak ebenso gut an wie das kreative Menü, hier z. B. "Kohlrabi - Räucheraal - Holunderblüte - grüner Apfel".

Menü 44/88 € – Karte 18/47 €

*Mattenhofweg 6* ✉ *77723 –* ✆ *07803 1469 – www.ponyhof.co – Dienstag - Freitag ab 16 Uhr geöffnet – geschl. Montag sowie alle zwei Wochen dienstags*

### ⫮○ Pfeffermühle

**REGIONAL · FREUNDLICH** ✕ Ca. 350 m vom gleichnamigen Hotel entfernt bietet das gemütliche kleine Fachwerkhaus von 1476 regionale Küche. Von der Terrasse beobachtet man das rege Treiben vor dem Haus. Im 1. Stock: Salon und "Nachtwächterstüble" - Letzteres mit speziellem Menü auf Vorbestellung (4-8 Pers.) sowie Führung!

Menü 19/63 € (abends) – Karte 18/56 €

*Victor-Kretz-Str. 17* ✉ *77723 –* ✆ *07803 93350*
*– www.pfeffermuehle-gengenbach.de – geschl. 9. - 22. Januar und Donnerstag*

### ⌂ Die Reichsstadt

**GASTHOF · MODERN** Sie wohnen direkt in der Altstadt in einem ganz reizenden und schicken kleinen Hotel, das Altes und Neues wirklich gelungen miteinander verbindet. Schön modern und individuell die Zimmer, herzlich der Service, hübsch die Sauna und der Garten, klasse die Skylounge auf dem Dach mit Blick über die Stadt!

18 Zim ☲ – †95/155 € ††150/265 € – 5 Suiten – ½ P

*Engelgasse 33* ✉ *77723 –* ✆ *07803 96630 – www.die-reichsstadt.de*
⊛ **Die Reichsstadt** – siehe Restaurantauswahl

### ⌂ Stadthotel Pfeffermühle

**FAMILIÄR · KLASSISCH** Nur wenige Schritte und schon ist man in der historischen Altstadt! Und das Haus selbst? Es ist sehr gepflegt und wird von der Familie mit Engagement geführt. Fragen Sie nach den neueren Zimmern - sie sind schön zeitgemäß gestaltet.

25 Zim ☲ – †54/60 € ††84/88 €

*Oberdorfstr. 24* ✉ *77723 –* ✆ *07803 93350*
*– www.pfeffermuehle-gengenbach.de*

### ⌂ Pfeffer & Salz

**FAMILIÄR · MODERN** Eine tipptopp gepflegte familiäre und ruhige Adresse oberhalb der Altstadt - dazu gehört auch ein Weingut samt kleiner Vinothek. Im Restaurant und auf der großen Terrasse bietet man Internationales und Regionales - beliebt bei Paaren ist das "Twingle-Menü" inklusive heimischem Wein.

12 Zim ☲ – †52/58 € ††80/88 € – ½ P

*Mattenhofweg 3* ✉ *77723 –* ✆ *07803 93480*
*– www.pfefferundsalz-gengenbach.de*

## In Berghaupten West: 2,5 km

### Hirsch

REGIONAL · LÄNDLICH XX Nicht nur zum Übernachten ist der "Hirsch" eine gute Wahl: In den hübschen ländlichen Stuben sitzt man gemütlich und aufmerksam betreut bei schmackhaften und frischen klassischen Gerichten wie "Lammrücken mit Kräutern rosé gebraten, Marktgemüse und Kartoffelgratin". Im Sommer ist die Terrasse beliebt!

Menü 37/54 € – Karte 26/50 €

*Hotel Hirsch, Dorfstr. 9 ⊠ 77791 – 𝒞 07803 93970 – www.hirsch-berghaupten.de – geschl. über Fastnacht 10 Tage, Mitte August 10 Tage und Montag - Dienstagmittag*

### Hirsch

GASTHOF · GEMÜTLICH Wer in dem gewachsenen Haus der Familie Faißt wohnt, wird freundlich umsorgt und schläft in geräumigen, schön wohnlich gestalteten Zimmern. Und wenn Sie morgens Anlaufschwierigkeiten haben: Es gibt sehr guten Kaffee!

19 Zim – ♦61/66 € ♦♦86/96 € – 3 Suiten – ⊇ 6 € – ½ P

*Dorfstr. 9 ⊠ 77791 – 𝒞 07803 93970 – www.hirsch-berghaupten.de – geschl. über Fastnacht 10 Tage, Mitte August 10 Tage*

Hirsch – siehe Restaurantauswahl

## GERLINGEN

Baden-Württemberg – 19 070 Ew. – Höhe 336 m – Regionalatlas **55**-G18

▶ Berlin 635 km – Stuttgart 15 km – Karlsruhe 69 km – Tübingen 57 km
Michelin Straßenkarte 545

Siehe Stadtplan Stuttgart (Umgebungsplan)

### Krone

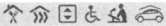

GASTHOF · GEMÜTLICH Der historische Gasthof unter familiärer Leitung ist ein zeitgemäßes Hotel mit wohnlichen Zimmern, teilweise als Appartement mit offenem Kamin. Unterverpachtetes Restaurant mit unkomplizierter italienischer Küche. Für Raucher gibt es ein rustikales Kaminzimmer.

61 Zim – ♦81/138 € ♦♦95/178 € – ⊇ 9 €

**Stadtplan : A2-e** – *Hauptstr. 28 ⊠ 70839 – 𝒞 07156 43110 - www.krone-gerlingen.de*

## GERNSBACH

Baden-Württemberg – 13 850 Ew. – Höhe 174 m – Regionalatlas **54**-E18

▶ Berlin 705 km – Stuttgart 91 km – Karlsruhe 34 km – Baden-Baden 11 km
Michelin Straßenkarte 545

### ⁇ Werners Restaurant (Bernd Werner)

FRANZÖSISCH-KLASSISCH · ELEGANT XXX Hier kocht man klassisch mit modernen Einflüssen und der richtigen Portion Kreativität, ausgezeichnete Produkte sind selbstverständlich. Eine schöne Idee für den schnellen Mittagstisch sind die "Schlosssternchen": leichte Speisen im Tapas-Stil. Lieblingsplatz im Sommer: die Terrasse mit Blick auf das Murgtal!

→ Kaisergranat aus dem Salztopf, Pot au feu von Muscheln, Lauch, Zitrus. Iberico Schwein - Kinn, Bauch und Presa mit Karotte, Shiitake, Koriander. Dry Aged Ochsenkotelett, breite Bohnen, Spitzpaprika, Kartoffelgratin.

Menü 82/92 € – Karte 78/93 €

*Hotel Schloss Eberstein, Schloss Eberstein 1 ⊠ 76593 – 𝒞 07224 995950 - www.schlosseberstein.com – geschl. 1. - 13. Januar, über Fasching 1 Woche, Januar - Mitte März: Montag - Freitagmittag, Samstagmittag, Mitte März - Dezember: Montag - Dienstag, Samstagmittag*

## 🍴 Schloss-Schänke

**REGIONAL · BÜRGERLICH** 🍴 Die gemütlich-rustikale Schloss-Schänke, der schöne "gotische Raum", die herrliche Platanen-Terrasse mit traumhaftem Blick - lauter tolle Plätze für "LandArt"-Küche oder "Badische Happas". Es gibt z. B. "Murgtalforelle mit Zitronenbutter" oder "Spargelsalat mit Schweinebäckle in Rotweinjus".
Menü 34 € – Karte 27/40 €

*Hotel Schloss Eberstein, Schloss Eberstein 1* ⊠ *76593 – ℰ 07224 995950*
*– www.schlosseberstein.com – geschl. Januar - Mitte März: Montag - Dienstag*

## 🏠 Schloss Eberstein

**HISTORISCHES GEBÄUDE · GEMÜTLICH** Das Schloss in wunderbarer Aussichtslage am hauseigenen Weinberg hat Charme und Atmosphäre. Moderne, sehr wohnliche und hochwertige Zimmer, dazu eine reizvolle kleine Liegewiese zwischen historischen Mauern - exklusiv für Hotelgäste.
14 Zim ⌂ – ♥115/135 € ♥♥158/175 €

*Schloss Eberstein 1* ⊠ *76593 – ℰ 07224 995950 – www.schlosseberstein.com*
❀ **Werners Restaurant** · 🍴 **Schloss-Schänke** – siehe Restaurantauswahl

## 🏠 Romantiklandhaus Hazienda

**LANDHAUS · MEDITERRAN** Die Gastgeber haben ihre Passion für das Mittelmeer nach Baden geholt! Liebevoll und individuell wurden die Apartments (mit Küchenzeile) im südländischen Hazienda-Stil eingerichtet. Auch der schöne große Garten versprüht mediterranes Flair.
10 Zim ⌂ – ♥98/115 € ♥♥149/159 €

*Pflasteräcker 26* ⊠ *76593 – ℰ 07224 989304 – www.romantiklandhaus.de*

## In Gernsbach-Staufenberg West: 2,5 km

## 🍴 Sternen

**REGIONAL · RUSTIKAL** 🍴 In 4. Generation wird der Gasthof von der Familie geführt. In den gemütlichen, teils holzgetäfelten Stuben speist man regional-saisonal, so z. B. "Staufenberger Saibling mit Zitronenbutter" oder "Wildgulasch mit Pilzen". Man kann hier auch schön gepflegt übernachten und für Kinder gibt es einen Spielplatz.
Menü 30 € – Karte 22/47 €    14 Zim – ♥56/86 € ♥♥77/101 € – ⌂ 5 €

*Staufenberger Str. 111* ⊠ *76593 – ℰ 07224 3308 – www.sternen-staufenberg.de*
*– geschl. über Fasching, Ende Juli - Mitte August und Donnerstag*

# GIENGEN an der BRENZ

Baden-Württemberg – 19 020 Ew. – Höhe 464 m – Regionalatlas **56**-I19
▶ Berlin 588 km – Stuttgart 95 km – Augsburg 88 km – Heidenheim an der Brenz 12 km
Michelin Straßenkarte 545

## 🏠 Salzburger Hof

**GASTHOF · MODERN** Modern, gepflegt und in warmen Farben gehalten, so sind die Zimmer in dem Hotel in einer Seitenstraße. Hier bietet sich ein Besuch des bekannten Steiff-Museums an, das nur 5 Gehminuten entfernt ist. Zum Essen geht's in die behagliche Gaststube mit ihrer alpenländischen Atmosphäre - passend zum Namen des Hauses.
27 Zim ⌂ – ♥76/82 € ♥♥84/101 € – ½ P

*Richard-Wagner-Str. 5* ⊠ *89537 – ℰ 07322 96880 – www.salzburger-hof.de*

# GIESSEN

Hessen – 77 740 Ew. – Höhe 159 m – Regionalatlas **37**-F13
▶ Berlin 495 km – Wiesbaden 89 km – Frankfurt am Main 63 km – Kassel 139 km
Michelin Straßenkarte 543

### ⊛ Restaurant Tandreas 🏮 & 🎦 ⇔ 🅿

INTERNATIONAL · FREUNDLICH XX In dem geradlinig-modernen Restaurant wird frisch, schmackhaft und regional gekocht - da findet sich z. B. "Zwiebelrost-braten / Bratkartoffeln / Schmelzzwiebeln". Zuvorkommend die Patronne. Mittags nur Lunch-Menü und einige Tagesgerichte.

Menü 26 € (mittags)/32 € – Karte 37/58 €

*Hotel Tandreas, Licher Str. 55* ✉ *35394 – ℰ 0641 94070 – www.tandreas.de – geschl. 1. - 6. Januar, Ende Juli - August 2 Wochen und Samstagmittag, Sonntag - Montagmittag*

### Ⅰⵔ heyligenstaedt 🏮 & ⇔ 🅿

INTERNATIONAL · TRENDY XXX Hohe Decken, Stahlträger, große Sprossenfens-ter, hier und da freigelegte Backsteinwände... Den Charakter der einstigen Fabrik-halle hat man bewusst bewahrt, dazu schönes modernes Design und ruhige Töne. Aus der Küche kommt z. B. "Island-Kabeljau mit zweierlei Fenchel". Mittags nur kleine Lunch-Karte.

Menü 23 € (mittags unter der Woche)/76 € (abends) – Karte 32/80 €

*Hotel heyligenstaedt, Aulweg 41* ✉ *35392 – ℰ 0641 4609650 – www.restaurant-heyligenstaedt.de – geschl. Samstagmittag und Sonntag*

### 🏨 Tandreas 🖹 & 🏔 🚗

BUSINESS · MODERN Das stilvolle kleine Hotel der engagierten und stets präsen-ten Tanja Gerlach steht dem Restaurant in nichts nach. Wertig das Frühstück, wohnlich die in warmen Farben gehaltenen Zimmer. Besonders komfortabel: Juniorsuite und Appartement.

34 Zim ☑ - ♦99/119 € ♦♦119/149 € – ½ P

*Licher Str. 55* ✉ *35394 – ℰ 0641 94070 – www.tandreas.de – geschl. Juli - August 2 Wochen*

⊛ **Restaurant Tandreas** – siehe Restaurantauswahl

### 🏨 heyligenstaedt 🕎 🖹 & 🎦 🏔 🅿

HISTORISCH · DESIGN Von der Werkzeugmaschinenfabrik, die Louis Heyligens-taedt 1876 gründete, ist der aparte Industrie-Charme geblieben, und dem steht das wertige, chic-moderne Interieur bestens zu Gesicht! Speziell: Außensauna auf dem Dach! Toll das Frühstück!

20 Zim - ♦95/115 € ♦♦105/210 € – ☑ 7 €

*Aulweg 41* ✉ *35392 – ℰ 0641 4609650 – www.restaurant-heyligenstaedt.de*

Ⅰⵔ **heyligenstaedt** – siehe Restaurantauswahl

## GIFHORN

Niedersachsen – 41 520 Ew. – Höhe 53 m – Regionalatlas **19**-J8

▶ Berlin 247 km – Hannover 82 km – Braunschweig 28 km – Lüneburg 88 km

Michelin Straßenkarte 541

### ⊛ Ratsweinkeller 🏮 🍽 ⇔

REGIONAL · GEMÜTLICH XX In den holzgetäfelten Stuben des alten Fachwerk-hauses sitzt man nicht nur gemütlich, auch Küche und Service sind einen Besuch wert. Man kocht klassisch-regional, von "Lachsmaultasche mit Rieslingsoße" bis "Heidschnuckenrückenfilet mit Senf-Kräuterkruste, Bohnenragout, Kartoffelgra-tin". Beliebter Mittagstisch.

Menü 40 € – Karte 31/47 €

*Cardenap 1* ✉ *38518 – ℰ 05371 59111 (Tischbestellung ratsam) – geschl. Montag, Mittwoch*

## GLASHÜTTEN

Hessen – 5 310 Ew. – Höhe 510 m – Regionalatlas **47**-F14

▶ Berlin 549 km – Wiesbaden 34 km – Frankfurt am Main 31 km –

Limburg an der Lahn 33 km

Michelin Straßenkarte 543

### ⊛ Glashüttener Hof ⬅ 🏠 **P** 🚫

**INTERNATIONAL · FAMILIÄR** 🟥🟥 Man hat nicht ohne Grund so viele Stammgäste: Die Atmosphäre ist angenehm unkompliziert, man wird charmant umsorgt und das Essen ist richtig gut und frisch - Lust auf "Rinderroulade mit Rotkraut und Kartoffelklößen"? Toller Mittagstisch: Man bestellt einen Hauptgang und bekommt Suppe, Salat und Dessert dazu!

Menü 22/38 € – Karte 34/60 €    9 Zim – ♦60/75 € ♦♦110/140 € – 🛏7 €

*Limburger Str. 86, B 8* ✉ *61479 – ☎ 06174 6922 – www.glashuettenerhof.com*
*– geschl. Sonntagabend - Montag*

## In Glashütten-Schlossborn Süd-West: 3,5 km

### ⅱ○ Schützenhof 🏖 🏠 🍽 **P** 🚫

**KREATIV · LÄNDLICH** 🟥🟥 Lothar und Martina Mohr sind Gastronomen aus Leidenschaft und ihr Faible für feine Küche bringt sie in die besten Restaurants der Welt. Man verwendet gute Produkte und kocht modern-kreativ auf klassischer Basis, dazu schöne Weine.

Menü 82 € (abends) – Karte 53/78 €

*Langstr. 13* ✉ *61479 – ☎ 06174 61074 – www.schuetzenhof-mohr.de – geschl.*
*Montag - Dienstagmittag, Mittwochmittag, Sonntagmittag*

# GLEISWEILER

Rheinland-Pfalz – 610 Ew. – Höhe 285 m – Regionalatlas **54**-E17
▶ Berlin 666 km – Mainz 107 km – Mannheim 49 km – Landau in der Pfalz 8 km
Michelin Straßenkarte 543

### 🏠 Landhotel Herrenhaus Barthélemy 🛏 🏠 **P**

**LANDHAUS · MEDITERRAN** Voller Liebe zum Detail steckt das tolle Anwesen von 1619, die "Chambres d'hôtes" der Provence waren hier Vorbild. Individuelle Zimmer, antike Stücke, geschmackvolle Deko... Dazu der traumhafte Barockgarten und sehr persönliche Atmosphäre! Zusätzlich drei schöne Ferienwohnungen in der Remise von 1775.

2 Zim 🛏 – ♦90/130 € ♦♦110/145 € – 2 Suiten

*Bergstr. 4* ✉ *76835*
*– ☎ 06345 953022 – www.herrenhaus-barthelemy.com*
*– geschl. 9. Januar - 23. Februar, 7. - 26. November*

# GLINDE

Schleswig-Holstein – 17 930 Ew. – Höhe 24 m – Regionalatlas **10**-J5
▶ Berlin 275 km – Kiel 108 km – Hamburg 16 km
Michelin Straßenkarte 541

### ⅱ○ San Lorenzo 🏠 🍽 ⬅ **P**

**ITALIENISCH · KLASSISCHES AMBIENTE** 🟥🟥 Charmanter Service, gehobene italienische Küche und eleganter Rahmen (schön die alte Villa mit Wintergarten) - das kommt gut an! Besonders beliebt bei den Gästen ist das günstige Menü mit Weinbegleitung (natürlich aus Italien)!

Menü 49/89 € – Karte 53/74 €

*Kupfermühlenweg 2* ✉ *21509 – ☎ 040 7112424 (Tischbestellung ratsam)*
*– www.san-lorenzo-glinde.de – nur Abendessen, sonntags auch Mittagessen*
*– geschl. Montag*

# GLONN

Bayern – 4 890 Ew. – Höhe 536 m – Regionalatlas **66**-M20
▶ Berlin 610 km – München 32 km – Landshut 99 km – Rosenheim 33 km
Michelin Straßenkarte 546

**In Glonn-Herrmannsdorf** Nord-Ost: 3 km über Rotter Straße, nach Mecking links

🍴⃝ **Wirtshaus zum Schweinsbräu**  🛋 ⅟ ♿ 🅿

REGIONAL · RUSTIKAL ⅟ Qualität steht bei den Produkten des hauseigenen Bio-Hofguts im Mittelpunkt, so gibt es in dem schönen Restaurant gute, frische Gerichte mit viel Geschmack! Probieren Sie (neben Weinen) auch das selbstgebraute Bier! Für den kleinen Appetit: die "Wurstbar". Tipp: Leckeres aus Bäckerei und Metzgerei für daheim!

Karte 31/59 €

*Herrmannsdorf 7 ⊠ 85625 – ☏ 08093 909445 – www.herrmannsdorfer.de*
*– geschl. August 2 Wochen, Sonntagabend - Dienstag, Mittwochabend*

## GLOTTERTAL

Baden-Württemberg – 3 140 Ew. – Höhe 306 m – Regionalatlas **61**-E20
▶ Berlin 810 km – Stuttgart 208 km – Freiburg im Breisgau 27 km – Waldkirch 11 km
Michelin Straßenkarte 545

🕸 **Zum Goldenen Engel**  ⇦ 🛋 🅿

REGIONAL · RUSTIKAL ⅟⅟ Außen die schöne Holzfassade, drinnen ländlicher Charme... Da spürt man die 500-jährige Tradition des Gasthauses. Auf den Tisch kommt Regionales - auf der Karte z. B. "Kalbfleisch in Rieslingsauce mit Nudeln", ebenso Wild und Gans. Sie möchten übernachten? Im Schwarzwälder Stil oder lieber moderner?

Menü 36 € (vegetarisch)/55 € – Karte 28/58 €   14 Zim 🖙 – †52/68 €
††85/100 €

*Friedhofweg 2 ⊠ 79286 – ☏ 07684 250 – www.goldener-engel-glottertal.de*
*– geschl. nach Fastnacht 2 Wochen, November 2 Wochen und Mittwoch*

🕸 **Hirschen**  🛋 🅿

REGIONAL · FREUNDLICH ⅟⅟ Keine Frage, bei Familie Strecker gibt es typische Klassiker wie "badische Flädlesuppe" oder "Kalbsrahmschnitzel mit Spätzle", aber auch internationale Gerichte haben ihren Platz auf der Karte. Und gemütliches Ambiente ist Ihnen ebenso gewiss wie gutes Essen und heimische Weine.

Menü 35/72 € – Karte 30/69 €

*Hotel Hirschen, Rathausweg 2 ⊠ 79286 – ☏ 07684 810*
*– www.hirschen-glottertal.de – geschl. Montag*

🍴⃝ **Adler**  ⇦ 🛋 🅿

REGIONAL · GASTHOF ⅟⅟ Was passt besser zum Schwarzwald als badische Küche in urgemütlichen Stuben? Auch der herzliche Service sorgt dafür, dass man sich wohlfühlt, während man sich z. B. die winterlichen Wild- und Gänsegerichte schmecken lässt. Zum Übernachten: wohnliche, teils auch einfache Zimmer.

Menü 28/52 € – Karte 23/69 €   14 Zim 🖙 – †67/72 € ††88/98 €
– 1 Suite

*Talstr. 11 ⊠ 79286 – ☏ 07684 90870 – www.adler-glottertal.de – geschl. Dienstagmittag*

🍴⃝ **Wirtshaus zur Sonne**  🛋 ⌗ 🅿🚳

REGIONAL · FAMILIÄR ⅟ Hier kocht der Vater mit dem Sohn, und zwar eine frische badische Küche. Und der Rahmen passt dazu: eine reizende holzgetäfelte Stube in einem 350 Jahre alten Gasthof. Im Ort hat man zwei sehr nette Ferienwohnungen.

Menü 30/39 € – Karte 23/44 €

*Talstr. 103 ⊠ 79286 – ☏ 07684 242 – www.sonne-glottertal.de – geschl. über Fasching 2 Wochen und im Winter: Mittwoch - Donnerstag, im Sommer: Mittwoch - Donnerstagmittag*

### 🏚 Hirschen

**LANDHAUS · TRADITIONELL** Hier kann man richtig gut wohnen: seit Generationen von der Familie geführt, wohnliche Zimmer, hübsche Sauna zum eigenen Park hin, vor der Tür fließt die Glotter... Relaxen kann man auch bei Massage und Kosmetik, vespern in der Winzerstube.

49 Zim 🖵 – †75/115 € ††134/186 € – ½ P

*Rathausweg 2 ☒ 79286 – ℰ 07684 810 – www.hirschen-glottertal.de*

🍽 **Hirschen** – siehe Restaurantauswahl

# GLÜCKSBURG

Schleswig-Holstein – 5 840 Ew. – Höhe 17 m – Regionalatlas **2**-H2

▶ Berlin 437 km – Kiel 100 km – Flensburg 10 km – Kappeln 40 km

Michelin Straßenkarte 541

### ‡○ Felix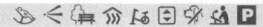

**REGIONAL · GEMÜTLICH** ❌❌ Hier sitzt man angenehm leger in stimmiger Atmosphäre, schaut auf die Förde und lässt sich mediterran und regional inspirierte Gerichte wie "karamellisierten Picandou mit Johannisbeer-Orangen-Relish und Rucola" schmecken. Schöne Terrasse!

Menü 54/89 € (abends) – Karte 37/70 €

*Strandhotel, Kirstenstr. 6 ☒ 24960 – ℰ 04631 6141500*
*– www.strandhotel-gluecksburg.de*

### 🏚 Strandhotel

**HISTORISCH · MODERN** 1872 als Kurhotel erbaut und nach einem Brand 1914 wiedereröffnet, ist die schöne Ferienadresse heute als "weißes Schloss am Meer" bekannt. Geschmackvoll der skandinavische Stil, alles sehr wohnlich – fragen Sie nach den Zimmern mit Fördeblick! Erholung findet man auch in der hübschen "Wellness-Lounge".

36 Zim 🖵 – †89/189 € ††149/289 € – 3 Suiten – ½ P

*Kirstenstr. 6 ☒ 24960 – ℰ 04631 61410 – www.strandhotel-gluecksburg.de*

‡○ **Felix** – siehe Restaurantauswahl

## In Glücksburg-Meierwik Süd-West: 3 km

### ✿✿ Meierei Dirk Luther

**KLASSISCHE KÜCHE · ELEGANT** ❌❌❌ Absolut stilsicher kommt der moderne Chic des eleganten Restaurants daher, dazu Top-Niveau in Service und Küche! Letztere zeigt sich nun klassischer und reduzierter, angenehm klar und finessenreich, unverändert erstklassig die ausgesuchten Produkte. Und dann ist da noch der Blick auf die Flensburger Förde!

→ Coquille Saint Jacques, weißer Spargel, junge Erbsen, Zwiebeln. Étouffée Taube, Sellerie, Schalotten, dicke Bohnen. Gariguette Erdbeeren, Panna Cotta, Champagnertrüffel, Rosenwassersorbet.

Menü 168/189 €

*Alter Meierhof Vitalhotel, Uferstr. 1 ☒ 24960 – ℰ 04631 6199411 (Tischbestellung erforderlich) – www.alter-meierhof.de – nur Abendessen – geschl. 1. - 16. Januar, 24. Juli - 4. September, 16. - 30. Oktober und Sonntag - Montag*

### ‡○ Brasserie

**INTERNATIONAL · LÄNDLICH** ❌❌ Eine schöne Alternative zur Gourmetküche der "Meierei". In freundlicher Brasserie-Atmosphäre bekommt man frische internationale Speisen wie "Loup de Mer in Estragon-Senfkörnersauce" oder "rosa gegarte Kalbsscheiben mit Frankfurter Sauce".

Menü 45/61 € – Karte 51/77 €

*Alter Meierhof Vitalhotel, Uferstr. 1 ☒ 24960 – ℰ 04631 6199410*
*– www.alter-meierhof.de*

### Alter Meierhof Vitalhotel

SPA UND WELLNESS • GEMÜTLICH Was für ein Haus! Viel stilvoller und wertiger kann man an der Ostsee nicht wohnen. Luxuriöse Einrichtung mit skandinavischem Touch, sehr guter, aufmerksamer Service, beeindruckendes Frühstück, ein orientalischer Spa auf rund 1400 qm und dann auch noch die Lage direkt an der Förde!

52 Zim 🖂 – ♦140/390 € ♦♦210/580 € – 2 Suiten – ½ P

*Uferstr. 1 🖂 24960 – ℰ 04631 61990 – www.alter-meierhof.de*

❀❀ **Meierei Dirk Luther** • ⓘO **Brasserie** – siehe Restaurantauswahl

## In Glücksburg-Holnis Nord-Ost: 5 km

### Lodge am Meer

FAMILIÄR • AM MEER Die Vorfreude aufs Relaxen am Strand kommt hier schon beim Frühstücken - Sie schauen nämlich auf die Förde direkt vor der Tür! Die Zimmer können sich ebenfalls sehen lassen: freundlich, gemütlich, mit warmem Holz - passend zum familiären Charakter des Hauses. Praktisch: italienisches Restaurant im Haus.

14 Zim 🖂 – ♦85/125 € ♦♦108/159 €

*Drei 5 🖂 24960 – ℰ 04631 61000 – www.lodgeammeer.de*

# GMUND am TEGERNSEE

Bayern – 5 890 Ew. – Höhe 740 m – Regionalatlas **66**-M21

▶ Berlin 637 km – München 48 km – Garmisch-Partenkirchen 70 km – Bad Tölz 14 km

Michelin Straßenkarte 546

### ⓘO Jennerwein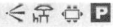

REGIONAL • BÜRGERLICH ✕ In dem netten urigen Landhaus mit den gemütlichen Stuben wird frisch und saisonal-bayerisch gekocht: Hirschgulasch, Wiener Schnitzel, Saibling... und natürlich leckere Desserts wie Marillenknödel oder karamellisierter Kaiserschmarrn!

Menü 27/35 € – Karte 30/51 €

*Münchner Str. 127 🖂 83703 – ℰ 08022 706050 – www.gasthaus-jennerwein.de*
*– geschl. Dienstag - Mittwoch*

### ⓘO Gut Kaltenbrunn ❶

REGIONAL • GEMÜTLICH ✕ Die berühmte Münchner Feinkostgruppe "Käfer" hat den historischen Vierseithof aus dem Dornröschenschlaf erweckt und bietet in charmanten Stuben frische bayerische Küche von der Rindsuppe über Wiener Schnitzel bis zur Brotzeit. Am schönsten ist der Seeblick von der Terrasse, alternativ der Biergarten.

Karte 23/57 €

*Kaltenbrunn 1 🖂 83703 – ℰ 08022 1870700*
*– www.feinkost-kaefer.de/gutkaltenbronn*

## In Gmund-Finsterwald West: 1 km über Tölzer Straße

### ⓘO Feichtner Hof

REGIONAL • RUSTIKAL ✕ Hier setzt man auf Qualität und Frische, die Küche regional und saisonal. Serviert wird in der "Schwemme" oder im "Kaminzimmer", und im Sommer isst man im großen Biergarten unter Kastanien auch gerne Leckeres vom Grill!

Menü 30/58 € – Karte 20/46 €

*Hotel Feichtner Hof, Kaltenbrunner Str. 2 🖂 83703 – ℰ 08022 96840*
*– www.feichtner-hof.net*

### Feichtner Hof

GASTHOF • AUF DEM LAND In dem alteingesessenen Gasthof gibt es wohnlich-freundliche Landhauszimmer - wer es gerne etwas komfortabler hat, fragt nach den schönen Maisonetten! Erwähnenswert ist auch das Frühstück im gemütlichen holzgetäfelten "Florian Stüberl".

18 Zim 🖂 – ♦79/130 € ♦♦99/149 € – ½ P

*Kaltenbrunner Str. 2 🖂 83703 – ℰ 08022 96840 – www.feichtner-hof.net*

ⓘO **Feichtner Hof** – siehe Restaurantauswahl

## In Gmund-Ostin

🍴○ **Ostiner Stub´n**   🏠 🕉 ♻ **P** ⊟

INTERNATIONAL · GASTHOF ✗✗ Das Ambiente in dem regionstypischen Gasthaus ist gemütlich und hat alpenländisches Flair, hübsch der Garten. Aus der Küche kommen international-saisonale Gerichte wie "Rumpsteak mit Kräuterbutter, Dauphinekartoffeln und Grillgemüse".

Menü 49/69 € – Karte 40/58 €

*Schlierseer Str. 60 ✉ 83703 – ☏ 08022 7059810 – www.ostiner-stubn.de*
*– Montag - Donnerstag nur Abendessen – geschl. Dienstag*

## GNOTZHEIM

Bayern – 840 Ew. – Höhe 473 m – Regionalatlas **57**-K17
▶ Berlin 488 km – München 164 km – Ansbach 36 km – Stuttgart 145 km
Michelin Straßenkarte 546

🍴○ **Gasthof Gentner**   ⇦ 🏠 **P**

REGIONAL · GASTHOF ✗ Der familiengeführte Gasthof gibt ein stimmiges Bild ab: ein traditionsreiches Haus, Produkte aus der Region, "Slow Food"-Mitglied... und das Obst kommt von der eigenen Streuobstwiese. Sie speisen in sorgsam restaurierten Stuben und übernachten in hübschen geräumigen Zimmern mit ländlichem Charme.

Menü 25/42 € – Karte 28/51 €   7 Zim 🖾 – 🛏67/77 € 🛏🛏94/110 €

*Spielberg 1 ✉ 91728 – ☏ 09833 988930 – www.gasthof-gentner.de – geschl. März 1 Woche, September 2 Wochen und Montag - Dienstag, November - März: Sonntagabend - Dienstag*

## GÖHREN Mecklenburg-Vorpommern ➜ Siehe Rügen (Insel)

## GÖRLITZ

Sachsen – 54 050 Ew. – Höhe 208 m – Regionalatlas **44**-S12
▶ Berlin 215 km – Dresden 98 km – Cottbus 90 km
Michelin Straßenkarte 544

🍽 **Schneider Stube**   🏠 **P**

REGIONAL · GEMÜTLICH ✗✗ Das "Tuchmacher" ist mit seinen gemütlichen Stuben eine gastronomische Institution in der Stadt. Wer frische und kraftvolle regional-saisonale Küche mag, freut sich hier z. B. über "Rindsroulade in Bautzner Senfsauce mit Kartoffel-Stupper und Wirsing". Ein Traum ist im Sommer der Innenhof!

Menü 29/67 € – Karte 30/52 €

*Hotel Tuchmacher, Peterstr. 8 ✉ 02826 – ☏ 03581 47310 – www.tuchmacher.de*
*– geschl. Montagmittag*

🏚 **Tuchmacher**   🕉 ⊟ 🛁 **P**

HISTORISCH · INDIVIDUELL Sie wohnen in einem sehenswerten, aus mehreren Gebäuden zusammengesetzten Renaissance-Bürgerhaus mit stilgerecht-elegantem Interieur. Wahre Kunstwerke sind die bemalten Holzbalkendecken in manchen Zimmern! Toll die Altstadtlage!

60 Zim 🖾 – 🛏102/116 € 🛏🛏132/155 € – ½ P

*Peterstr. 8 ✉ 02826 – ☏ 03581 47310 – www.tuchmacher.de*
🍽 **Schneider Stube** – siehe Restaurantauswahl

🏚 **Via Regia**   ☆ 🕉 ⊟ 🛧 **P**

KETTENHOTEL · MODERN Gelungen hat man den schönen historischen Häusern ein stilvoll-modernes Interieur verliehen. Entsprechend dem Namen Via Regia ("Königliche Straße") sind die wertigen Zimmer Städten entlang der alten Handelsroute gewidmet. Klein, aber fein: der Saunabereich. Restaurant mit bürgerlicher und mediterraner Küche.

37 Zim – 🛏70/120 € 🛏🛏85/140 € – 3 Suiten – 🖾 11 €

*Jauernicker Str. 15 ✉ 02826 – ☏ 03581 7644330*
*– www.viaregia-goerlitz.bestwestern.de*

## GÖNNHEIM Rheinland-Pfalz → Siehe Wachenheim

## GÖSSWEINSTEIN
Bayern – 4 090 Ew. – Höhe 457 m – Regionalatlas **50**-L16
▶ Berlin 401 km – München 219 km – Nürnberg 50 km – Bayreuth 46 km
Michelin Straßenkarte 546

### ⑪○ Zur Post
TRADITIONELLE KÜCHE · BÜRGERLICH X Nicht nur übernachten kann man in dem traditionsreichen Gasthaus. Im Restaurant kocht man regional-saisonal, auch glutenfrei. Prunkstück der Küche ist der über 60 Jahre alte Herd - gefragt sind die Bratengerichte aus dem Holzofen! Produkte aus eigener Schweinezucht stehen ebenfalls im Fokus.

Menü 17/30 € – Karte 16/35 € 12 Zim ⌂ – ♦37/40 € ♦♦68/74 €
*Balthasar-Neumann-Str. 10* ✉ *91327* – ✆ *09242 278*
*– www.zur-post-goessweinstein.de – geschl. Mitte Januar - Mitte Februar, November 1 Woche und Montag, außer an Feiertagen*

### ⑪○ Schönblick
REGIONAL · LÄNDLICH X Das kleine Restaurant liegt erhöht am Ortsrand etwas "ab vom Schuss" - da ist die wunderschöne Sonnenterrasse natürlich ein beliebtes Plätzchen! Im Winter sorgt drinnen der Kamin für Behaglichkeit. Gekocht wird vorwiegend regional.

Menü 20 € – Karte 19/32 € 8 Zim ⌂ – ♦42/58 € ♦♦60/74 €
*August-Sieghardt-Str. 8* ✉ *91327* – ✆ *09242 377*
*– www.schoenblick-goessweinstein.de – nur Abendessen, sonntags auch Mittagessen*
*– geschl. Anfang Februar - Mitte März, Ende Oktober - Mitte November und Dienstag*

## GÖTTINGEN
Niedersachsen – 116 900 Ew. – Höhe 150 m – Regionalatlas **29**-I11
▶ Berlin 340 km – Hannover 122 km – Kassel 47 km – Braunschweig 109 km
Michelin Straßenkarte 541

### ⑪○ Gauß am Theater
MODERNE KÜCHE · GEMÜTLICH XX "Brust und Keule von der Nanteser Ente, Honigjus, Lavendelmöhren, Haselnusscrêpe" ist nur eine der interessanten modernen Kreationen von Jacqueline Amirfallah. Gemütlich das Ambiente mit Gewölbe und freigelegtem Mauerwerk. Schöner Garten.

Menü 37/77 € – Karte 48/63 €
Stadtplan : B1-s *- Obere Karspüle 22, Eingang Thaterstraße* ✉ *37073*
*– ✆ 0551 56616 – www.restaurant-gauss.de – nur Abendessen – geschl. Sonntag*
*- Montag*

### ⑪○ Georgia-Augusta-Stuben
KLASSISCHE KÜCHE · TRADITIONELLES AMBIENTE XX Mit dunkler Holztäfelung, Art-déco-Lampen und schönem Dielenboden kommt das Restaurant geschmackvoll-gediegen daher. Lust auf Klassiker wie Königsberger Klopse? Nicht wegzudenken von der Karte sind auch Seezunge oder Milchkalbsleber.

Menü 30 € (mittags) – Karte 37/58 €
Stadtplan : A1-e *- Hotel Gebhards, Goethe-Allee 22* ✉ *37073* – ✆ *0551 49680*
*– www.romantikhotels.com/goettingen*

### ⑪○ Gaudi
MEDITERRAN · FARBENFROH X In Anlehnung an den spanischen Architekten Antoni Gaudí hat man in der ehemaligen Würstchenfabrik einen ganz individuellen und detailverliebten Farb- und Stilmix geschaffen. Herrliche Innenhofterrasse! Kleine Tapasbar nebenan.

Menü 18 € (mittags)/75 € – Karte 38/51 €
Stadtplan : B2-a *- Rote Str. 16, (Passage im Börner-Viertel)* ✉ *37073*
*– ✆ 0551 5313001 (Tischbestellung ratsam) – www.restaurant-gaudi.de – geschl. Anfang Januar 2 Wochen, Ende Juni - Ende Juli 2 Wochen und Sonntag*
*- Montagmittag*

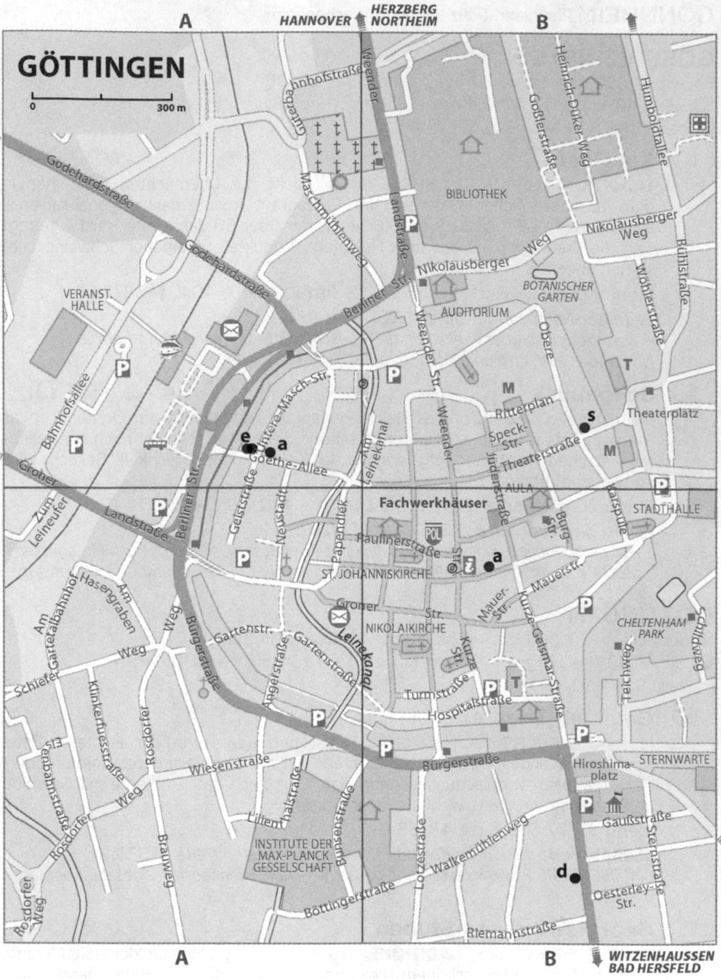

# GÖTTINGEN

*A* · *B*

HANNOVER / HERZBERG NORTHEIM

USLAR

HILDESHEIM, KASSEL

DUDERSTADT

WITZENHAUSEN BAD HERSFELD

---

### 🏠 Gebhards

🏠🔺🔺 📶 ⬍ ♿ 🅿

**HISTORISCHES GEBÄUDE · ELEGANT** Zwischen Hauptbahnhof und Innenstadt liegt das komfortable Hotel - ein erweitertes historisches Sandsteingebäude. Die engagierten Gastgeber bieten hier wohnlich-elegante Zimmer.

50 Zim ☕ – ♦98/220 € ♦♦165/220 €

**Stadtplan : A1-e** – *Goethe-Allee 22* ✉ *37073* – 𝒞 *0551 49680*
– *www.romantikhotels.com/goettingen*

🍴 **Georgia-Augusta-Stuben** – siehe Restaurantauswahl

---

Gute Küche zu moderatem Preis? Folgen Sie dem Bib Gourmand 🅐

## In Göttingen - Groß-Ellershausen West: 4 km über Groner Landstraße A1

🏠 **Freizeit In**   ☆ 🛋 ⌇ 🖥 🕮 🏯 ⅃♨ ℁ ☐ ⅄ 🅿

BUSINESS · MODERN Das zeitgemäß-funktionale Tagungs- und Businesshotel bietet mit unterschiedlichen Zimmerkategorien für jeden das Passende, dazu Wellness auf 8800 qm, verschiedene Restaurants sowie die "Orient Lounge" für Events. Praktisch: die Nähe zur A7.

209 Zim 🖃 – 🛏89/126 € 🛏🛏119/166 € – 1 Suite – ½ P
*Dransfelder Str. 3, an der B 3, jenseits der A 7 ☒ 37079 – ℰ 0551 90010*
*– www.freizeit-in.de*

## In Friedland Süd: 11 km über A2, Richtung Bad Hersfeld

🕸 **Landhaus Biewald - Genießer Stube** (Daniel Raub)   🕭 ⇦ 🍴

KLASSISCHE KÜCHE · LÄNDLICH XX Wer die klassische Küche von Daniel Raub probiert, weiß, warum das Restaurant diesen Namen trägt! Die Speisen sind fein, ausdrucksstark, angenehm klar strukturiert, fast schon puristisch ohne viel Chichi zubereitet.

→ Thunfisch und Avocado. Steinbutt und Spargel. Ochsenbacke und Bärlauch.

Menü 80/120 €   6 Zim 🖃 – 🛏45/65 € 🛏🛏65/85 € – ½ P
*Weghausstr. 20 ☒ 37133 – ℰ 05504 93500 (Tischbestellung erforderlich)*
*– www.biewald-friedland.de – nur Abendessen – geschl. Februar 2*
*Wochen, Oktober 2 Wochen und Montag - Dienstag*
🍴○ Landhaus Biewald – siehe Restaurantauswahl

🍴○ **Landhaus Biewald**   🕭 🍴 ⇦ 🅿

MARKTKÜCHE · FAMILIÄR X Familie Raub (bereits die 3. Generation) bietet in heller, leichter Atmosphäre - oder auf der schönen Terrasse - einen unkomplizierten Mix aus regionaler und mediterraner Küche: "Acquerello-Risotto mit Steinpilzen", "geschmorte Lammhaxe mit Landgemüse"... Einfache Gästezimmer hat man übrigens auch.

Menü 25 € – Karte 22/49 €
*Restaurant Landhaus Biewald, Weghausstr. 20 ☒ 37133 – ℰ 05504 93500*
*– www.biewald-friedland.de – geschl. Februar 2 Wochen, Oktober 2 Wochen und*
*Montag - Dienstag, außer an Feiertagen*

## In Friedland - Groß-Schneen Süd: 10 km über A2, Richtung Bad Hersfeld

🍴○ **Schillingshof**   ⇦ 🕭 🍴 🅿

FRANZÖSISCH-KREATIV · ELEGANT XX Ein elegantes Restaurant in einem Fachwerkhaus von 1648. Gekocht wird ambitioniert und produktorientiert - eine klassisch basierte internationale Küche mit kreativen Elementen. Übernachtungsgäste freuen sich über schöne moderne Zimmer und die ruhige Lage.

Menü 40 € (mittags)/120 € – Karte 40/74 €   6 Zim – 🛏60 € 🛏🛏109 €
– 🖃 18 €
*Lappstr. 14 ☒ 37133 – ℰ 05504 228 – www.schillingshof.de – Mittwoch - Freitag*
*nur Abendessen – geschl. Januar 3 Wochen, August 3 Wochen und Montag*
*- Dienstag*

# GOMADINGEN

Baden-Württemberg – 2 220 Ew. – Höhe 675 m – Regionalatlas **55**-H19
▶ Berlin 665 km – Stuttgart 64 km – Reutlingen 23 km – Ulm (Donau) 60 km
Michelin Straßenkarte 545

🍴○ **Zum Lamm**   ⇦ 🍴 🅿

TRADITIONELLE KÜCHE · GASTHOF X Ein ländlich-schlichter Gasthof, der auf eine lange Familientradition zurückblicken kann und bürgerliche Speisen für Sie bereithält. Zum Übernachten stehen gepflegte und zeitgemäße Zimmer zur Verfügung.

Karte 11/32 €   10 Zim 🖃 – 🛏48/56 € 🛏🛏76/92 €
*Hauptstr. 3 ☒ 72532 – ℰ 07385 96150 – www.lamm-gomadingen.de – geschl.*
*Montag*

# GOMMERN

Sachsen-Anhalt – 10 620 Ew. – Höhe 52 m – Regionalatlas **31**-M9

▶ Berlin 153 km – Magdeburg 18 km – Brandenburg 90 km – Dessau 43 km

Michelin Straßenkarte 542

### 🏨 Wasserburg zu Gommern

**HISTORISCHES GEBÄUDE · KLASSISCH** Ein schön saniertes Anwesen mit besonderem Flair - 948 als Wasserburg erstmals erwähnt, 1579 als Jagdschloss wieder aufgebaut, heute ein wohnlich und klassisch-gediegen eingerichtetes Hotel. Gespeist wird in der Gaststube mit Blick auf die Braukessel - probieren Sie auch das selbstgebraute Bier!

47 Zim 🖙 – †79/99 € ††99/119 € – ½ P

*Walter-Rathenau-Str. 9* ✉ *39245 – 𝒞 039200 78850*
*– www.wasserburg-zu-gommern.de*

# GOSLAR

Niedersachsen – 50 690 Ew. – Höhe 255 m – Regionalatlas **29**-J10

▶ Berlin 252 km – Hannover 84 km – Braunschweig 43 km – Göttingen 80 km

Michelin Straßenkarte 541

## In Goslar-Hahnenklee Süd-West: 16 km - Höhe 560 m

### 🍽️ Madhus

**MODERNE KÜCHE · TRENDY** XX "Madhus" ist dänisch und bedeutet "Essenshaus". Man kocht nordisch, modern, saisonal - probieren Sie z. B. "Jakobsmuschel gebraten / Kürbis / Haselnuss" oder "Bauchfleisch gebraten / Marone / Kohl / Kartoffel".

Menü 39/59 €

*Hotel Njord, Parkstr. 2* ✉ *38644 – 𝒞 05325 5289370 (Tischbestellung ratsam)*
*– www.hotelnjord.com – nur Abendessen*

### 🏨 Njord     🏠 P

**FAMILIÄR · DESIGN** Ein freundlich geführtes Hotel mit schönen modernen Zimmern (meist mit Balkon) und Bibliothek unterm Dach mit Blick auf den Kranichsee. Für Ihre Freizeit: Kosmetikangebot und kostenloser Fahrradverleih.

24 Zim 🖙 – †70/85 € ††105/135 € – 1 Suite – ½ P

*Parkstr. 2* ✉ *38644 – 𝒞 05325 5289370 – www.hotelnjord.com*

🍽️ **Madhus** – siehe Restaurantauswahl

# GOTHA

Thüringen – 44 330 Ew. – Höhe 300 m – Regionalatlas **40**-K12

▶ Berlin 326 km – Erfurt 22 km – Gera 114 km – Nordhausen 76 km

Michelin Straßenkarte 544

### 🏨 Am Schlosspark

**BUSINESS · KLASSISCH** Die recht ruhige Lage beim Schlosspark oberhalb des Zentrums sowie wohnliches, klassisch-elegantes Ambiente machen dieses Hotel aus. Auch Kosmetikanwendungen werden angeboten. Das Restaurant: lichter Wintergarten und schöne Stube, daneben die gemütliche Bar.

94 Zim 🖙 – †88/102 € ††115/135 € – ½ P

*Lindenauallee 20* ✉ *99867 – 𝒞 03621 4420 – www.hotel-am-schlosspark.de*

## In Gotha-Siebleben

### 🏨 Landhaus & Burg Hotel Romantik     🏠 P

**GASTHOF · INDIVIDUELL** Hier hat man alles ausgesprochen individuell und mit Liebe zum Detail gestaltet, so z. B. die tollen "Burg Romantik"-Zimmer, deren wertige Einrichtung im Barockstil man durchaus als opulent bezeichnen kann! Behaglich das Restaurant mit Kamin, im Sommer lockt der Innenhof. Tipp: die Sauna im OG der Burg!

24 Zim 🖙 – †74/99 € ††98/185 € – ½ P

*Salzgitterstr. 76, B 7* ✉ *99867 – 𝒞 03621 36490*
*– www.landhaus-hotel-romantik.de*

## GOTTENHEIM

Baden-Württemberg – 2 780 Ew. – Höhe 194 m – Regionalatlas **61**-D20

▶ Berlin 810 km – Stuttgart 204 km – Freiburg i. Breisgau 15 km – Strasbourg 84 km

Michelin Straßenkarte 545

### ⫯○ Zur Krone  ⬅ 🏠 ⌕ 🅿

REGIONAL · GEMÜTLICH ✕✕ Die Stuben in dem gleichnamigen Landhotel mit Ursprung im 18. Jh. haben nicht nur eine nette Atmosphäre, man isst auch gut, nämlich Deftiges wie "Burgundergulasch", Bodenständiges wie "Kalbsfrikassee mit Morcheln" oder auch Feines wie "Eismeerforelle in Rieslingssauce".

Menü 43/49 € – Karte 22/52 €   14 Zim 🖙 – ♦62/78 € ♦♦89/108 €

*Hauptstr. 57 ✉ 79288 – ☏ 07665 6712 – www.krone-gottenheim.de – nur Abendessen – geschl. 19. Februar - 7. März, 2. - 19. Juli, 5. - 22. November und Montag - Dienstag*

## GRAAL-MÜRITZ

Mecklenburg-Vorpommern – 4 190 Ew. – Höhe 5 m – Regionalatlas **12**-N3

▶ Berlin 241 km – Schwerin 109 km – Rostock 28 km – Stralsund 59 km

Michelin Straßenkarte 542

### ⌂⌂⌂ IFA  🐾 🦢 🛋 🗔 💻 🀄 🛁 ⊡ & ⌕ 🧖 🅿

SPA UND WELLNESS · MODERN Hier kann man wirklich schön Ferien machen, und das nur einen Steinwurf vom Meer! Buchen Sie seeseitig, oder im Bungalow mit Kitchenette? Und auch Wellness gehört zum Urlaub - der Spa-Bereich ist angenehm großzügig. Entspannen kann man auch in der Bibliothek mit Internetecke oder auf der Terrasse zum Garten.

150 Zim 🖙 – ♦110/165 € ♦♦140/224 € – 8 Suiten – ½ P

*Waldstr. 1 ✉ 18181 – ☏ 038206 730 – www.ifa-graal-mueritz-hotel.com*

### ⌂ Haus am Meer  🐾 🦢 🀄 ⌕ 🧖 🅿

LANDHAUS · AM MEER Vor allem die attraktive strandnahe Lage macht dieses persönlich geführte Hotel aus. Fragen Sie nach den Zimmern mit Meerblick! Nett sitzt man im hellen, freundlichen Restaurant bei bürgerlicher Küche.

34 Zim 🖙 – ♦46/80 € ♦♦75/145 € – ½ P

*Zur Seebrücke 36 ✉ 18181 – ☏ 038206 7390 – www.ham-ostsee.de – geschl. 27. November - 24. Dezember*

## GRAFENAU

Bayern – 8 260 Ew. – Höhe 609 m – Regionalatlas **60**-P18

▶ Berlin 505 km – München 190 km – Passau 38 km – Deggendorf 46 km

Michelin Straßenkarte 546

### 🍴 Säumerhof  ⬅ 🦢 ⬱ 🏠 🅿

INTERNATIONAL · KLASSISCHES  AMBIENTE ✕✕ "Wildgarnele und Jakobsmuschel mit Fenchel", "krosser Spanferkelrücken mit Kümmeljus, Rana und Serviettenknödel"... Die Speisen sind so schmackhaft wie sie klingen, und sie werden aus guten Produkten zubereitet. Freundlicher Service ist Ihnen in dem alteingesessenen Haus der Familie Endl ebenfalls gewiss.

Menü 28/65 € – Karte 29/58 €   9 Zim 🖙 – ♦55/70 € ♦♦85/100 € – 1 Suite

*Steinberg 32 ✉ 94481 – ☏ 08552 408990 – www.saeumerhof.de – nur Abendessen, sonntags auch Mittagessen – geschl. Montag, außer an Feiertagen*

## GRAFENHAUSEN

Baden-Württemberg – 2 200 Ew. – Höhe 895 m – Regionalatlas **62**-E21

▶ Berlin 788 km – Stuttgart 174 km – Freiburg im Breisgau 50 km – Donaueschingen 41 km

Michelin Straßenkarte 545

##  Tannenmühle

**GASTHOF · TRADITIONELL** Mühlenmuseum, mehrere Tiergehege (hier ein seltener weißer Hirsch), eigene Forellenzucht, Spielplatz... Das Anwesen an einem Bach am Waldrand ist ein kleiner Erlebnispark auf 13 ha! Zimmer meist mit Balkon und Küchenzeile, hübsch und ganz schwarzwaldtypisch die Gaststuben. Fragen Sie nach der Forellenkarte!

19 Zim ☲ - †55/70 € ††90/120 € - ½ P

*Tannenmühleweg 5, Süd-Ost: 3 km ✉ 79865 - ☎ 07748 215*
*- www.tannenmuehle.de*

# GRAFENWIESEN

Bayern - 1 520 Ew. - Höhe 439 m - Regionalatlas **59**-O17
▶ Berlin 501 km - München 191 km - Passau 98 km - Cham 26 km
Michelin Straßenkarte 546

##  Birkenhof

**SPA UND WELLNESS · GEMÜTLICH** In dem Familienbetrieb bleibt man nicht stehen, immer wieder wird investiert und verschönert - die Wellnesspagode "SinnesReich" mit diversen Anwendungen, das Sonnendeck mit Terrasse und Dachpool sowie die Juniorsuiten in "NeptunsReich" sind der beste Beweis! HP inklusive.

75 Zim ☲ - †104/149 € ††208/268 € - 3 Suiten - ½ P

*Auf der Rast 7 ✉ 93479 - ☎ 09941 40040 - www.hotel-birkenhof.de - geschl.*
*Juni - Juli 4 Wochen*

# GRAINAU

Bayern - 3 470 Ew. - Höhe 758 m - Regionalatlas **65**-K22
▶ Berlin 682 km - München 94 km - Garmisch-Partenkirchen 11 km - Kempten 94 km
Michelin Straßenkarte 546

## ⅋○ Henri-Philippe

**INTERNATIONAL · ELEGANT** XX Wer in dem geschmackvollen Restaurant des beliebten Ferienhotels speist, sollte einen Tisch auf der Terrasse wählen - hier hat man einen fantastischen Ausblick! An den Wochenenden bietet man auch ein Gourmet-Menü.

Menü 37/135 €

*Alpenhotel Waxenstein, Höhenrainweg 3 ✉ 82491 - ☎ 08821 9840*
*- www.waxenstein.de - nur Abendessen*

## ⅋○ Gasthaus am Zierwald

**REGIONAL · GEMÜTLICH** X Seit über 40 Jahren ist das nette Gasthaus mit Zugspitzblick in Familienhand. Gekocht wird frisch und schmackhaft mit Einflüssen aus dem Badischen - da dürfen Maultaschen und Flammkuchen ebenso wenig fehlen wie "geröstete Blutwurst mit Apfelscheiben". Hübsche kleine Terrasse.

Menü 24 € - Karte 26/47 €   5 Zim ☲ - †58/60 € ††88/90 €

*Zierwaldweg 2 ✉ 82491 - ☎ 08821 98280 - www.zierwald.de - geschl. 9.*
*- 20. Januar und Mittwoch*

##  Am Badersee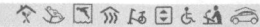

**LANDHAUS · MONTAN** Für Tagungen und Privatgäste gleichermaßen ideal. Das Hotel liegt am See, ist schön in modern-alpinem Stil eingerichtet (chic der Mix aus Stahl, warmem Altholz und hellen Tönen), hat einen ansprechenden Saunabereich auf 430 qm und bietet im Restaurant ein gutes Buffet sowie eine kleine A-la-carte-Auswahl.

136 Zim ☲ - †124/153 € ††139/175 € - ½ P

*Am Badersee 1 ✉ 82491 - ☎ 08821 8210 - www.hotelambadersee.de*

### 🏯 Alpenhotel Waxenstein    ⇐ 🛏 🗔 🕸 🖃 🎿 🚗

**LANDHAUS · INDIVIDUELL** Ein wunderschönes Hotel, zum einen wegen des zeitgemäßen Landhausstils, zum anderen wegen der tollen Aussicht auf Waxenstein und Zugspitze. Letzteres ist ein guter Grund, eines der Südzimmer mit Balkon zu buchen!

41 Zim ♙ – ♦85/190 € ♦♦140/230 € – 4 Suiten – ½ P
*Höhenrainweg 3 ✉ 82491 – ✆ 08821 9840 – www.waxenstein.de*
🍴○ **Henri-Philippe** – siehe Restaurantauswahl

### 🏠 Längenfelder Hof    ֎ ⇐ 🛏 🗔 🕸 🛁 🚗

**FAMILIÄR · GEMÜTLICH** Sie mögen es persönlich und familiär? Das Haus liegt ruhig in einer Sackgasse, ist tipptopp gepflegt, liebenswerte kleine Dekorationen, alle Zimmer mit Balkon oder Terrasse, einige sogar mit Kamin. Draußen der Garten vor Bergkulisse.

19 Zim ♙ – ♦54/130 € ♦♦90/155 €
*Längenfelderstr. 8 ✉ 82491 – ✆ 08821 985880 – www.laengenfelder-hof.de*
*– geschl. 15. November - 10. Dezember*

## GRASELLENBACH

Hessen – 3 960 Ew. – Höhe 389 m – Regionalatlas **48**-G16
▶ Berlin 592 km – Wiesbaden 95 km – Mannheim 55 km – Beerfelden 21 km
Michelin Straßenkarte 543

### 🏯 Siegfriedbrunnen    🏖 ֎ ⇐ 🏊 🗔 🕸 🛁 🍴 🖃 ⅙ 🦢 🎿 🚗

**LANDHAUS · FUNKTIONELL** Seit über 100 Jahren wird das ruhig gelegene Hotel von der Familie geführt. Man bietet hier wohnliche Zimmer (auch Allergikerzimmer mit Holzfußboden), ein gediegen-rustikales Restaurant auf zwei Ebenen (internationale Küche) sowie ein Tagungszentrum. Eine kleine Oase: der schöne Garten mit Meerwasserpool!

57 Zim ♙ – ♦74/123 € ♦♦154 € – 3 Suiten – ½ P
*Hammelbacher Str. 7 ✉ 64689 – ✆ 06207 6080 – www.siegfriedbrunnen.com*

## GREETSIEL Niedersachsen ➜ Siehe Krummhörn

## GREIFSWALD

Mecklenburg-Vorpommern – 56 450 Ew.   Höhe 5 m – Regionalatlas **13**-P4
▶ Berlin 214 km – Schwerin 178 km – Rügen (Bergen) 60 km – Rostock 103 km
Michelin Straßenkarte 542

### 🍴 Tischlerei    🛖

**REGIONAL · FREUNDLICH** 🍴 Eine absolut sympathisch-unprätentiöse Adresse am Hafen (schön die Terrasse hier), die für ihre frische, gute Küche bekannt ist - Lust auf Klassiker wie Fischsuppe oder Internationales wie "Kabeljau mit Linsen und Blumenkohl-Gremolata"?

Karte 32/46 €
*Salinenstr. 22 ✉ 17489 – ✆ 03834 884848 – geschl. Sonntag*

## In Greifswald-Wieck Ost: 4 km

### 🍴○ Büttner's    🛖

**INTERNATIONAL · FREUNDLICH** 🍴🍴 Direkt am Hafen und mit Blick auf den Ryck... da ist die Terrasse natürlich gefragt! Aber auch drinnen sitzt man schön in hellem nordischem Ambiente bei Regionalem und Internationalem wie "Zanderfilet mit Bärlauch-Pinienkernravioli".

Menü 36/85 € – Karte 42/68 €
*Am Hafen 1a ✉ 17493 – ✆ 03834 8870737 – www.buettners-restaurant.de*
*– Dienstag - Donnerstag nur Abendessen – geschl. Anfang September 2 Wochen und Montag*

## ⁏⃝ Fischer-Hütte

**FISCH UND MEERESFRÜCHTE · RUSTIKAL** Ⅹ "Dorsch mit Dijon-Senfsauce"? Oder lieber Kleinigkeiten wie "Matjesröllchen mit Pflaumenmus"? Das rustikal-maritime Restaurant ist bekannt für seinen frischen Fisch. Der Blick auf die alte Klappbrücke ist von der Terrasse besonders schön.

Karte 21/50 €

*An der Mühle 12 ✉ 17493 – 𝒞 03834 839654 – www.fischer-huette.de*

## In Neuenkirchen Nord: 3 km

## ⌂ Stettiner Hof

**LANDHAUS · FUNKTIONELL** Eine Besonderheit dieses Familienbetriebs ist die Ausstellung restaurierter alter Maschinen - ein Hobby des Chefs. Eines der komfortableren Giebelzimmer ist eine Maisonette. Im Bistrostil gehaltenes Restaurant mit Wintergarten, davor der Garten mit Terrasse.

24 Zim 🖙 – ♦62/70 € ♦♦82/90 € – ½ P

*Theodor-Körner-Str. 20 ✉ 17498 – 𝒞 03834 899624 – www.stettiner-hof.de*

**GREMSDORF** Bayern → Siehe Höchstadt an der Aisch

# GRENZACH-WYHLEN

Baden-Württemberg – 13 990 Ew. – Höhe 272 m – Regionalatlas **61**-D21

▶ Berlin 868 km – Stuttgart 271 km – Freiburg im Breisgau 87 km – Bad Säckingen 25 km
Michelin Straßenkarte 545

## Im Ortsteil Grenzach

## ⁏⃝ Eckert

**KREATIV · DESIGN** ⅩⅩ Modern wie das freundliche und sehr schicke Ambiente zeigt sich auch die kreative Küche, so z. B. "Rinderroulade, gemischte Bohnen, Kräuterspätzle" oder "weißer Heilbutt, Vanille-Fenchel, Buchweizen". Mo. und Di. am Abend Brasseriekarte.

Menü 65/98 € – Karte 55/75 €

*Hotel Eckert, Basler Str. 20, an der B 34 ✉ 79639 – 𝒞 07624 91720*
*(Tischbestellung ratsam) – www.hotel-eckert.de – geschl. Montag - Dienstag*

## ⌂⌂ Eckert

**FAMILIÄR · FUNKTIONELL** Der Familienbetrieb ist ein echtes Schmuckstück mit seinem wertig-modernen Design. Und das zieht sich von Lobby und Lounge bis in die Zimmer, wohnlich und zugleich funktionell. Verpassen Sie nicht das Frühstück! Gute Anbindung nach Basel.

46 Zim – ♦72/98 € ♦♦95/118 € – 🖙 12 €

*Basler Str. 20, an der B 34 ✉ 79639 – 𝒞 07624 91720 – www.hotel-eckert.de*
⁏⃝ Eckert - siehe Restaurantauswahl

## ⌂ villetta

**PRIVATHAUS · MODERN** Die "kleine Villa" von 1911 ist schon von außen hübsch anzuschauen. Sie liegt zwar an der Hauptstraße, doch man wohnt hier wirklich schön: Die Zimmer sind individuell, modern und komfortabel, gut das Frühstücksbuffet, charmant die Chefin.

10 Zim – ♦78/88 € ♦♦121/142 € – 🖙 10 €

*Basler Str. 10 ✉ 79639 – 𝒞 07624 2091701 – www.hotel-villetta.de*

# GREVEN

Nordrhein-Westfalen – 35 280 Ew. – Höhe 45 m – Regionalatlas **26**-D9

▶ Berlin 465 km – Düsseldorf 141 km – Nordhorn 76 km – Enschede 59 km
Michelin Straßenkarte 543

🍴 **Altdeutsche Gaststätte Wauligmann**　　🏡 ⅃ ⇔ 🅿

**TRADITIONELLE KÜCHE · GEMÜTLICH** 🏠 Das charmante Gasthaus der Waulig-manns (Familienbetrieb seit 1841) ist hier schon eine Institution - sogar die Bus-haltestelle vor dem Haus ist nach der Familie benannt! Die westfälische Küche kommt an, so z. B. die hausgemachten Würste!

Karte 19/57 €

*Schifffahrter Damm 22, Süd-Ost: 4 km über B 481 in Richtung Münster, jenseits der A 1 ✉ 48268 – ✆ 02571 2388 – www.gaststaette-wauligmann.de – geschl. 24. Dezember - 10. Januar, 31. Juli - 22. August und Montag - Dienstag*

🏠 **Eichenhof**　　🏠 ⅃ 🛁 🅿

**LANDHAUS · MODERN** Das Hotel ist aus einem schönen historischen Bauernhof entstanden. Die Zimmer sind unterschiedlich geschnitten und zeitgemäß einge-richtet, teils auch mit Antiquitäten. W-Lan gratis. Ländlichen Charme versprüht das von einer Künstlerin freundlich dekorierte Restaurant.

34 Zim ⌧ – ♦65/69 € ♦♦92/99 € – ½ P

*Hansaring 70 ✉ 48268 – ✆ 02571 9979600 – www.eichenhof.com*

## In Greven-Gimbte Süd: 4,5 km über B 219, jenseits der A 1

🍴 **Altdeutsche Schänke**　　🏡 ⇔ 🅿

**TRADITIONELLE KÜCHE · GEMÜTLICH** 🏠🏠 Mitten in dem beschaulichen Örtchen steht das schöne ehemalige Bauernhaus von 1846. Hier ist es stilvoll-rustikal (toll der alte Kamin!), herrlich die Gartenterrasse, vor dem Haus eine weitere kleine Terrasse. Bürgerlich-regionale Küche.

Karte 25/38 €

*Dorfstr. 18 ✉ 48268 – ✆ 02571 2261 – www.altdeutsche-schaenke.de – geschl. nach Karneval 2 Wochen, Oktober 1 Woche und Montag - Dienstag*

# GREVENBROICH

Nordrhein-Westfalen – 61 900 Ew. – Höhe 50 m – Regionalatlas **35**-B12

▶ Berlin 581 km – Düsseldorf 28 km – Aachen 59 km – Köln 31 km

Michelin Straßenkarte 543

## In Grevenbroich-Kapellen Nord-Ost: 6 km, Richtung Neuss über A 46

🍴 **Drei Könige**　　⇔ 🏡 🅿

**INTERNATIONAL · FAMILIÄR** 🏠🏠 Die einstige Postrelaisstation von 1734 (Route Aachen - Königsberg) ist ein alteingesessenes familiäres Restaurant mit rustikal-elegantem Ambiente und klassisch-saisonalen Gerichten wie Medaillons vom Hirschkalb. Sie möchten über Nacht bleiben? Man hat freundliche Gästezimmer.

Menü 40/44 € – Karte 37/57 €　　6 Zim ⌧ – ♦78/88 € ♦♦105/115 €

*Neusser Str. 49 ✉ 41516 – ✆ 02182 812153 – www.drei-koenige.net – nur Abendessen – geschl. Montag*

# GRIESBACH im ROTTAL, BAD

Bayern – 8 510 Ew. – Höhe 453 m – Regionalatlas **59**-P19

▶ Berlin 606 km – München 153 km – Passau 38 km – Landshut 95 km

Michelin Straßenkarte 546

## In Bad Griesbach-Therme Süd: 3 km Richtung Bad Füssing

🏨 **Maximilian**　　

**SPA UND WELLNESS · GEMÜTLICH** In dem komfortablen Hotel werden Wellness und Golf groß geschrieben. Man bietet Spa auf 2500 qm und einen Shuttle-Ser-vice zu den Golfplätzen des "Hartl Resorts". Verschiedene Boutiquen im Haus. Internationale Küche im eleganten Restaurant.

194 Zim ⌧ – ♦108/153 € ♦♦176/306 € – 11 Suiten – ½ P

*Kurallee 1 ✉ 94086 – ✆ 08532 7950 – www.quellness-golf.com/maximilian*

### 🏨 Das Ludwig

🐾 🛋 🔲 🖥 📶 🧖 🛗 ♿ 🚗

**SPA UND WELLNESS · MODERN** Freizeit, Familien, Urlaub... Das Konzept kommt an! Mit Soccer Camp, Geocaching, Golfer-Service, einer Thermenlandschaft auf rund 1800 qm und vielem mehr gibt's für Groß und Klein die passende Aktivität. Beruhigend zu wissen: Kinder werden hier sehr gut betreut!

175 Zim ♨ – 🛏110/118 € 🛏🛏190/206 € – 5 Suiten – ½ P

*Am Kurwald 2 ✉ 94086 – 𝒞 08532 7990 – www.quellness-golf.com/dasludwig*

### 🏨 Fürstenhof

🐾 🍴 🛋 🔲 🖥 📶 🛗 ♿ 🚗

**SPA UND WELLNESS · GEMÜTLICH** Behaglich sind sie alle, die Zimmer dieser attraktiven Hotelanlage, besonders wohnlich die neueren. Viele Zimmer mit Balkon, schön auch die Galeriezimmer. Dazu ein weitläufiger Wellnessbereich mit hübscher Sonnenterrasse. Speisen kann man in verschiedenen Restaurantstuben von stilvoll bis ländlich.

140 Zim ♨ – 🛏101/121 € 🛏🛏190/226 € – 8 Suiten – ½ P

*Thermalbadstr. 28 ✉ 94086 – 𝒞 08532 9810*
*– www.quellness-golf.com/fuerstenhof*

### 🏨 Drei Quellen Therme

🐾 🍴 🛋 🔲 📶 🛗 ♿ 🍽 🚗 ⛳

**SPA UND WELLNESS · GEMÜTLICH** In dem zentral gelegenen Hotel trifft bayerischer Landhausstil auf zeitgemäßen Komfort. Im Garten hat man einen hübschen "Saunastadl", den man bequem durch einen Bademantelgang erreicht. Die Restauranträume sind gemütlich, teils mit mediterranem Touch gestaltet. HP inklusive.

98 Zim ♨ – 🛏84/109 € 🛏🛏148/218 € – 5 Suiten – ½ P

*Thermalbadstr. 3 ✉ 94086 – 𝒞 08532 7980 – www.hotel-dreiquellen.de*

## GRÖNENBACH, BAD

Bayern – 5 340 Ew. – Höhe 718 m – Regionalatlas **64**-I21

▶ Berlin 682 km – München 135 km – Augsburg 110 km – Kempten 28 km

Michelin Straßenkarte 546

### 🍴 Charlys Topf-Gucker

🍴 🍽 ♻

**REGIONAL · GEMÜTLICH** 🍴 "Gegrillte Dorade mit Garnelen-Bulgur", "Topf-Gucker-Pfännle" oder "Nougatparfait mit Aprikosenmus" - die frischen international-regionalen Gerichte von Charly Bittner klingen nicht nur lecker, sie sind es auch! Das charmante Restaurant hat auch eine schöne Terrasse direkt auf dem Marktplatz.

Menü 30/45 € – Karte 28/47 €

*Marktplatz 8 ✉ 87730 – 𝒞 08334 259725 – www.topf-gucker.com – Dienstag - Donnerstag nur Abendessen, außer an Feiertagen – geschl. Montag*

### 🏨 allgäu resort

🐾 🍴 🛋 🔲 🖥 📶 🛗 ♿ 🍽 ♿ 🚗

**SPA UND WELLNESS · MODERN** Das Konzept: Wellness und moderner Wohnkomfort in schöner ruhiger Lage, aber auch Tagungen. Der Wohlfühl- und Gesundheitsaspekt wird hier groß geschrieben, z. B. mit hochwertiger medizinischer Präventionsdiagnostik. Im Restaurant "Weitblick" gibt es internationale Küche bei schöner Aussicht.

121 Zim ♨ – 🛏90/104 € 🛏🛏130/174 € – 4 Suiten – ½ P

*Sebastian-Kneipp-Allee 7 ✉ 87730 – 𝒞 08334 5346500*
*– www.allgaeu-resort.de*

## GRONAU in WESTFALEN

Nordrhein-Westfalen – 46 000 Ew. – Höhe 38 m – Regionalatlas **26**-C9

▶ Berlin 509 km – Düsseldorf 133 km – Nordhorn 35 km – Enschede 10 km

Michelin Straßenkarte 543

## In Gronau-Epe Süd: 3,5 km über B 474

### ⅼ○ Heidehof     🏠 ⇔ 🅿

MARKTKÜCHE · LÄNDLICH ✗✗ In dem gepflegten reetgedeckten Haus wird klassisch und saisonal gekocht. Auf der Karte findet sich z. B. "Tranche vom Heilbutt mit Trüffelschaum und Blattspinat". Sehr beliebt sind der Wintergarten und die Terrasse.

Menü 18 € (mittags)/45 € – Karte 32/54 €

*Amtsvenn 1, West: 4 km, Richtung Alstätte* ✉ *48599 –* 𝒞 *02565 1330*
*– www.restaurant-heidehof.de – geschl. Montag - Dienstag*

### 🏨 Schepers     🦌 🛋 🕸 🖃 🛠 🅿

FAMILIÄR · MODERN In dem Familienbetrieb erwarten Sie etwas individuelle, aber immer modern eingerichtete Zimmer mit kostenfreiem WLan. Dazu die nette "Wellness-Lounge" mit Sauna, Kosmetik und Massage. Klassisch-stilvolles Restaurant, ergänzt durch eine Gaststube mit rustikaler Note.

41 Zim 🖭 – 🛏79/110 € 🛏🛏106/135 € – 2 Suiten – ½ P

*Ahauser Str. 1* ✉ *48599 –* 𝒞 *02565 93320 – www.hotel-schepers.de*

## GROSS DÖLLN Brandenburg ➜ Siehe Templin

## GROSS MECKELSEN

Niedersachsen – 480 Ew. – Höhe 35 m – Regionalatlas **9**-H6
▶ Berlin 346 km – Hannover 155 km – Lüneburg 79 km – Bremen 62 km
Michelin Straßenkarte 541

## In Groß Meckelsen-Kuhmühlen West: 5 km, jenseits der A 1, über
Lindenstraße, hinter Groß Meckelsen rechts

### ⅼ○ Zur Kloster-Mühle     🏠 ⇔ 🅿

REGIONAL · ELEGANT ✗ Hier wählen Sie in freundlich-charmantem Ambiente von einer regional-mediterranen Karte - Appetit macht da z. B. "Lammkarree mit Ratatouille-Gemüse und Rosmarinkartoffeln". Gerne sitzt man natürlich draußen am Mühlenteich!

Menü 32/44 € – Karte 36/55 €

*Hotel Zur Kloster-Mühle, Kuhmühler Weg 7* ✉ *27419 –* 𝒞 *04282 594190*
*– www.kloster-muehle.de – Dienstag - Samstag nur Abendessen – geschl. 2.*
*- 7. Januar und Montag*

### 🏠 Zur Kloster-Mühle     🛋 🛠 🅿

LANDHAUS · MODERN Idyllisch liegt der Gutshof an einem kleinen Weiher. In den schönen modernen Zimmern (darunter ein hochwertiges Wellnesszimmer mit Whirlpool!) steht sogar Wein und Sekt bereit. Am Morgen gibt es ein reichhaltiges Frühstücksbuffet.

17 Zim 🖭 – 🛏80/140 € 🛏🛏120/240 €

*Kuhmühler Weg 7* ✉ *27419 –* 𝒞 *04282 594190 – www.kloster-muehle.de*
*– geschl. 2. - 7. Januar*

ⅼ○ **Zur Kloster-Mühle** – siehe Restaurantauswahl

## GROSS NEMEROW Mecklenburg-Vorpommern ➜ Siehe Neubrandenburg

## GROSS PLASTEN Mecklenburg-Vorpommern ➜ Siehe Waren (Müritz)

## GROSSHEUBACH

Bayern – 5 140 Ew. – Höhe 132 m – Regionalatlas **48**-G16
▶ Berlin 570 km – München 354 km – Würzburg 73 km – Aschaffenburg 38 km
Michelin Straßenkarte 546

## ⊛ Zur Krone ⇐ 🏠 P

**MARKTKÜCHE · GASTHOF** XX Hier geht man gerne essen! Interessant das regional-saisonale Angebot mit internationalen Einflüssen, fair die Preise. Appetit auf "Piccata vom Kalbsbries mit tomatisiertem Rucolasalat" oder "Maronen-Crème-Brûlée mit Hummerravioli und Garnele"? Im Sommer ist die begrünte Terrasse am schönsten!

Menü 38/48 € – Karte 31/52 €   8 Zim ⌑ – ♦45/60 € ♦♦80/90 €

*Miltenberger Str. 1 ✉ 63920 – ☏ 09371 2663 – www.gasthauskrone.de*
*– geschl. Februar 10 Tage, Ende Oktober - Anfang November und*
*Montag, Freitagmittag*

# GROSSKARLBACH

Rheinland-Pfalz – 1 130 Ew. – Höhe 118 m – Regionalatlas **47**-E16
▶ Berlin 637 km – Mainz 76 km – Mannheim 24 km – Kaiserslautern 39 km
Michelin Straßenkarte 543

## ❄○ Gebrüder Meurer 🏠 ⊕ P

**INTERNATIONAL · ROMANTISCH** XX Wie ein Landhaus im Süden: wohnliche Räume, schöne Farben, rustikale Note... Und dazu machen Speisen wie "mediterrane Fischsuppe" oder "geschmorte Lammstelze auf Bohnenragout" Appetit. Beliebt: das Candle-Light-Dinner. Sonntags Lunchbuffet.

Menü 49/60 € – Karte 33/66 €

*Hotel Gebrüder Meurer, Hauptstr. 67 ✉ 67229 – ☏ 06238 678 (Tischbestellung ratsam) – www.restaurant-meurer.de – nur Abendessen*

## ❄○ Karlbacher 🏠 P

**KLASSISCHE KÜCHE · GEMÜTLICH** XX In dem über 400 Jahre alten Fachwerkhaus hat man Gourmetrestaurant und Weinstube zusammengelegt, und das Konzept kommt an: ein Mix aus ambitionierten Speisen wie "Pulpo und Sellerie in Paprika-Vinaigrette" und Klassikern wie "geschmortem Junghahn mit Rotweingemüse". Schön auch der glasüberdachte Innenhof.

Menü 32 € (mittags unter der Woche)/92 € – Karte 55/69 €

*Hauptstr. 57 ✉ 67229 – ☏ 06238 3737 (Tischbestellung ratsam)*
*– www.karlbacher.info – geschl. Anfang Januar 2 Wochen und Montag - Dienstag*

## 🏠 Gebrüder Meurer P

**LANDHAUS · KLASSISCH** Ein reizendes Anwesen mit toskanischem Charme, traumhaft der Garten! Drinnen individuelle, hochwertig und geschmackvoll eingerichtete Zimmer, teilweise mit Antiquitäten, am Morgen darf man sich auf ein gutes Frühstück freuen.

15 Zim ⌑ – ♦90/140 € ♦♦140 € – ½ P

*Hauptstr. 67 ✉ 67229 – ☏ 06238 678 – www.restaurant-meurer.de*
❄○ **Gebrüder Meurer** – siehe Restaurantauswahl

# GROSSRÄSCHEN

Brandenburg – 8 870 Ew. – Höhe 115 m – Regionalatlas **33**-Q10
▶ Berlin 132 km – Potsdam 146 km – Dresden 75 km
Michelin Straßenkarte 542

## 🏠 Seehotel 🏠 ⇦ 🏠 ✗ 🔲 ⅙ 🎎 P

**LANDHAUS · FUNKTIONELL** Der See vor der Tür, klassisch-wohnliche Zimmer und ein stilvolles Restaurant mit saisonaler Küche, dazu gut ausgestattete Seminarräume und draußen eine schöne Grünanlage samt Tennis- und Beachvolleyballplatz. Interessant: "Fälschermuseum" im Haupthaus, einem hübsch restaurierten Gebäude von 1920.

56 Zim ⌑ – ♦85/95 € ♦♦99/109 € – 4 Suiten – ½ P

*Seestr. 88 ✉ 01983 – ☏ 035753 690660 – www.seehotel-grossraeschen.de*

# GROSSSCHÖNAU

Sachsen – 5 770 Ew. – Höhe 310 m – Regionalatlas **44**-S12

▶ Berlin 243 km – Dresden 87 km – Zittau 11 km

Michelin Straßenkarte 544

## In Großschönau-Waltersdorf Süd: 2,5 km

### 🏠 Quirle-Häusl     ☆ 🖙 🎋 🖧 🅿 🍽

**GASTHOF · GEMÜTLICH** Die Gastgeber sind in der Volksmusik ein bekanntes Duett und leiten ebenso leidenschaftlich das historische Oberlausitzer Umgebindehaus mit dem Kaiserlichen Postamt von 1900 als Gästehaus. Gemütliche Atmosphäre im rustikalen Restaurant Blockstube. Biergarten im Innenhof.

24 Zim 🖙 – ♦55/65 € ♦♦89/140 € – ½ P

*Hauptstr. 51* ✉ *02799 –* ☎ *035841 606060 – www.quirle.de – geschl. Ende Juli 2 Wochen*

# GROSS-UMSTADT

Hessen – 20 760 Ew. – Höhe 160 m – Regionalatlas **48**-G15

▶ Berlin 568 km – Wiesbaden 67 km – Frankfurt am Main 51 km – Darmstadt 22 km

Michelin Straßenkarte 543

### ⅃○ Farmerhaus     🛖 🅿

**AFRIKANISCH · EXOTISCHES AMBIENTE** XX Wenn man die original afrikanischen Spezialitäten auf der Terrasse genießt und dabei auf die Weinberge schaut, hat man fast ein bisschen das Gefühl, im "Grande Roche" in Paarl (Südafrika) zu sein! Authentisch auch die Deko im Restaurant.

Menü 65 € – Karte 54/97 €

*Am Farmerhaus 1* ✉ *64823 –* ☎ *06078 911191 – www.farmerhaus.de – nur Abendessen – geschl. Januar 2 Wochen und Sonntag - Montag*

### 🏠 Farmerhaus Lodge     🖙 🅿

**LANDHAUS · DESIGN** Wer nicht nur beim Essen die Exotik Afrikas erleben möchte, findet rund 2 km vom Restaurant in einer ehemaligen Hofreite im Zentrum ein nicht alltägliches Designhotel. Mit Liebe zum Detail hat man im gesamten Haus afrikanische Kunst und dekorative Accessoires aufs Stimmigste arrangiert. Toller Innenhof.

8 Zim – ♦90/200 € ♦♦110/215 € – 🖙 10 €

*Carlo-Mierendorffstr. 5* ✉ *64823 –* ☎ *06078 9307570 – www.farmerhaus lodge.de*

# GROSSWEITZSCHEN Sachsen ➜ Siehe Döbeln

# GRÜNBERG

Hessen – 13 650 Ew. – Höhe 273 m – Regionalatlas **38**-G13

▶ Berlin 476 km – Wiesbaden 102 km – Frankfurt am Main 72 km – Gießen 22 km

Michelin Straßenkarte 543

### 🏠 Villa Emilia     ☆ 🅿

**FAMILIÄR · GEMÜTLICH** Im Hof hinter der netten alten Villa schließen sich der Hotelanbau sowie der Garten an. Zeitgemäße, helle Zimmer im Landhausstil stehen in dem freundlich geführten Haus bereit. Das im Stammhaus untergebrachte Restaurant bietet saisonale Küche.

13 Zim 🖙 – ♦70 € ♦♦98 €

*Gießener Str. 42, B 49* ✉ *35305 –* ☎ *06401 6447 – www.hotel-villa-emilia.de – geschl. Juli - Anfang August 2 Wochen*

# GRÜNSTADT

Rheinland-Pfalz – 12 890 Ew. – Höhe 169 m – Regionalatlas **47**-E16

▶ Berlin 632 km – Mainz 59 km – Mannheim 31 km – Kaiserslautern 36 km

Michelin Straßenkarte 543

**In Neuleiningen** Süd-West: 3 km über Sausenheim, jenseits der A 6

### ✿ Alte Pfarrey

FRANZÖSISCH-MODERN · ELEGANT ✕✕ Die Küche ist saisonal, die Produkte sind topfrisch, die Präsentation wirklich ansprechend. Und der Rahmen? Ein licht-durchfluteter Wintergarten und ein geschmackvoller historischer Raum - dennoch hat im Sommer der reizende Innenhof die begehrtesten Plätze!

→ Gänseleber, Apfel, Vanille. Jakobsmuschel, Blumenkohl, Mandel, Krustentier-jus. Savannen Rind, Artischocken, Oliven, Rosmarin.

Menü 65/115 € – Karte 71/88 €

*Hotel Alte Pfarrey, Untergasse 54 ✉ 67271 – ☎ 06359 86066*
*– www.altepfarrey.de – Dienstag - Donnerstag nur Abendessen – geschl.*
*20. Februar - 2. März und Sonntagabend - Montag*

### ⅠO H'manns

KLASSISCHE KÜCHE · LÄNDLICH ✕✕ Ein richtig charmantes elegantes Restau-rant, in dem Qualität oberste Priorität hat - beim Produkt, beim Service, bei der Tischkultur. Genießen Sie die klassisch-saisonale Küche und ausgesuchte Pfälzer Weine doch mal auf der Terrasse mit Aussicht! Hochwertiges kleines Angebot im Bistro.

Menü 39/79 € – Karte 35/77 €

*Am Goldberg 2 ✉ 67271 – ☎ 06359 5341 – www.hmanns.de – Mittwoch - Freitag*
*nur Abendessen – geschl. Montag - Dienstag*

### 🏠 Alte Pfarrey

HISTORISCH · INDIVIDUELL Ein malerischer Ort! Das schmucke Häuserensemble a. d. 16. Jh. birgt hübsche, individuelle Zimmer mit historischem Charme - oder darf es vielleicht eine der beiden modernen Maisonetten mit Terrasse und Aus-blick sein?

11 Zim ⌂ – ♦115/130 € ♦♦130/180 €

*Untergasse 54 ✉ 67271*
*– ☎ 06359 86066 – www.altepfarrey.de*
*– geschl. 20. Februar - 2. März*

✿ **Alte Pfarrey** – siehe Restaurantauswahl

## GRÜNWALD

Bayern – 11 090 Ew. – Höhe 581 m – Regionalatlas **65**-L20
▶ Berlin 619 km – München 21 km – Innsbruck 161 km – Augsburg 86 km
Michelin Straßenkarte 546

### ⅠO Alter Wirt

REGIONAL · FREUNDLICH ✕✕ Sympathisch-leger, und das trifft genau den Zeit-geist! In der "Wirtschaft" gibt es durchgehend warme Küche, mittags vegetari-sches Imbissbuffet oder Empfehlungen auf der Tafel. Etwas besser eingedeckt ist das "Restaurant" mit urigem Charme. Ob Landgockel oder Apfelkücherl - alles ist Bio!

Karte 24/66 €

*Hotel Alter Wirt, Marktplatz 1 ✉ 82031 – ☎ 089 6419340 – www.alterwirt.de*

### 🏠 Schlosshotel

HISTORISCH · KLASSISCH Das kleine Hotel neben der Burg Grünwald geht zurück auf das ehemalige Jägerhaus des Schlosses. In historischem Rahmen erwarten Sie schöne wohnliche Zimmer. Das Restaurant bietet italienische Küche. Hübsch ist die Terrasse mit Blick auf das Isartal.

19 Zim ⌂ – ♦90/130 € ♦♦110/160 € – 1 Suite

*Zellerstr. 1 ✉ 82031 – ☎ 089 6496260*
*– www.schlosshotelgruenwald.de*

## 🏨 Alter Wirt

**GASTHOF · GEMÜTLICH** Ein gestandener bayerischer Landgasthof, der nach ökologischen Aspekten geführt wird. Die Zimmer sind meist allergikergerecht mit
Naturholzmöbeln und Parkett ausgestattet.

50 Zim 🖙 - ♦99/129 € ♦♦129/189 € - ½ P

*Marktplatz 1 ✉ 82031 - ℰ 089 6419340 - www.alterwirt.de*

🍴 **Alter Wirt** - siehe Restaurantauswahl

# GSCHWEND

Baden-Württemberg – 4 900 Ew. – Höhe 476 m – Regionalatlas **56**-H18

▶ Berlin 574 km – Stuttgart 59 km – Karlsruhe 138 km – Ansbach 87 km

Michelin Straßenkarte 545

## 🍽 Herrengass

**INTERNATIONAL · CHIC** XX In dem ehemaligen Kolonialwarenladen sitzt man in
frischer moderner Atmosphäre und wird freundlich umsorgt. Auf den Tisch kommen schmackhafte Gerichte mit saisonalem und regionalem Bezug. Probieren Sie
z. B. "Kalbsgeschnetzeltes mit Rösti".

Menü 35/72 € – Karte 33/55 €

*Welzheimer Str. 11 ✉ 74417 - ℰ 07972 912520 - www.herrengass-gschwend.de*
*– Mittwoch - Freitag nur Abendessen – geschl. 1. - 17. Januar, 18. - 25. April und*
*Montag - Dienstag*

# GÜSTROW

Mecklenburg-Vorpommern – 28 540 Ew. – Höhe 14 m – Regionalatlas **12**-M4

▶ Berlin 192 km – Schwerin 63 km – Rostock 38 km – Neubrandenburg 87 km

Michelin Straßenkarte 542

## 🏨 Kurhaus am Inselsee

**LANDHAUS · GEMÜTLICH** In ruhiger Lage am Inselsee wohnt man in stilvoll-klassi-
schen Zimmern, zur Seeseite mit Balkon. Dazu aufmerksamer Service, ein vielseitiges
Frühstück sowie ein Restaurant mit Brasserie-Flair und Terrasse zum schönen Park.
200 m weiter, ebenfalls am Strand, liegt das etwas einfachere Schwesterhotel.

48 Zim 🖙 - ♦85/115 € ♦♦125/150 € – 4 Suiten – ½ P

*Heidberg 1, Süd-Ost: 4 km ✉ 18273 - ℰ 03843 8500 - www.kurhaus-guestrow.de*

**In Lalendorf-Gremmelin** Ost: 15 km über B 104

## 🏨 Gut Gremmelin

**LANDHAUS · AUF DEM LAND** Die historische Gutsanlage bietet freundliche Alt-
und Neubau-Zimmer in klarem zeitgemäßem Stil. Traumhaft ist die Lage am See
in einem schönen Park. Reetdachhaus mit Juniorsuite. Restaurant mit Bistro-
Ambiente, dazu ein Gewölbekeller für Veranstaltungen.

55 Zim 🖙 - ♦39/65 € ♦♦59/125 € – ½ P

*Am Hofsee 33 ✉ 18279 - ℰ 038452 5110 - www.gutgremmelin.de*

# GÜTERSLOH

Nordrhein-Westfalen – 95 510 Ew. – Höhe 75 m – Regionalatlas **27**-F10

▶ Berlin 412 km – Düsseldorf 156 km – Bielefeld 18 km – Münster (Westfalen) 57 km

Michelin Straßenkarte 543

## 🍽 Medium

**INTERNATIONAL · BISTRO** X Es ist bekannt, dass man hier richtig gut isst. Auf
den Tisch kommt Schmackhaftes wie "Ragout vom Atlantik-Hummer", "Iberico-
Kotelett mit Artischocken" oder auch das Tafelmenü mit passenden Weinen. Um
Sie herum moderne Loft-Atmosphäre.

Menü 58 € – Karte 36/59 €

*Carl-Bertelsmann-Str. 33 ✉ 33332 - ℰ 05241 2121636*
*– www.medium-guetersloh.de – nur Abendessen – geschl. über Ostern 1 Woche*
*und Sonntag sowie an Feiertagen*

#### 🍴○ **ParkRestaurant**     🌧 🗚 🚗

INTERNATIONAL · KLASSISCHES AMBIENTE XxX Schön elegant kommt das gastronomische Prunkstück des "Parkhotels" daher. Auf der Karte Klassiker wie "Wiener Schnitzel vom Weidekalbsrücken", aber auch "Sashimi vom Bio-Wildlachs" oder Steaks. Schön die Lage zur Parkseite, nett der Garten.

Menü 32 € (mittags)/65 € – Karte 32/65 €

*Parkhotel, Kirchstr. 27 ⊠ 33330 – ℰ 05241 8770 – www.parkhotel-gt.de – geschl. Samstagabend, Sonntagabend*

#### 🍴○ **Bellini**     🌧 🗚 🚗

ITALIENISCH · GEMÜTLICH X Dies ist die mediterran-legere Alternative zum "ParkRestaurant". In gemütlicher Atmosphäre gibt es italienisch inspirierte Gerichte mit regionaler Note, und die nennen sich z. B. "Gnocchi mit Salbei und Kräuterseitlingen".

Karte 32/47 €

*Parkhotel, Kirchstr. 27 ⊠ 33330 – ℰ 05241 8770 – www.parkhotel-gt.de – nur Abendessen*

#### 🏨 **Parkhotel**     🕅 ⨍ᴕ 🔄 🗚 🐾 🚗

BUSINESS · ELEGANT Ansprechend der großzügige Rahmen und der zeitlos-elegante Stil. Es empfängt Sie eine repräsentative Halle mit Piano und Kamin sowie klassischer Bar. In Sachen Wohnkomfort stehen drei Zimmerkategorien sowie verschiedene Suiten zur Wahl.

100 Zim – ∮79/209 € ∮∮79/209 € – 3 Suiten – ⊆ 18 € – ½ P

*Kirchstr. 27 ⊠ 33330 – ℰ 05241 8770 – www.parkhotel-gt.de*

🍴○ **ParkRestaurant** • 🍴○ **Bellini** – siehe Restaurantauswahl

## GULDENTAL

Rheinland-Pfalz – 2 480 Ew. – Höhe 140 m – Regionalatlas **46**-D15

▶ Berlin 612 km – Mainz 44 km – Bad Kreuznach 12 km – Koblenz 67 km

Michelin Straßenkarte 543

#### 🍴○ **Der Kaiserhof**     🚗 🌧 🅿

REGIONAL · FREUNDLICH XX Der Kaiserhof von 1846 bietet neben wohnlichen Gästezimmern auch gute Küche. Hübsch die Stuben, zauberhaft der Innenhof, charmant der Service. Gekocht wird vorwiegend mit regionalen Produkten - es gibt interessante Menüs und Klassiker wie "Köhler Steak mit Champignons, Speck und Schmorzwiebeln".

Menü 35/72 € – Karte 36/68 €    12 Zim ⊆ – ∮66/82 € ∮∮104/120 €

*Hauptstr. 2 ⊠ 55452 – ℰ 06707 94440 – www.kaiserhof-guldental.de – Montag - Freitag nur Abendessen – geschl. Anfang Januar 1 Woche und Dienstag - Mittwoch*

## GUMMERSBACH

Nordrhein-Westfalen – 49 670 Ew. – Höhe 250 m – Regionalatlas **36**-D12

▶ Berlin 557 km – Düsseldorf 86 km – Köln 54 km – Lüdenscheid 44 km

Michelin Straßenkarte 543

### In Gummersbach-Dieringhausen Süd: 7 km über B 55

#### 🕸 **Mühlenhelle** (Michael Quendler)     🕸 🌧 ႕ 🗚 🅿

FRANZÖSISCH-MODERN · ELEGANT XX Seit rund zehn Jahren führen die Quendlers das elegante Restaurant, in dem Sie sich auf feine, schön arrangierte Speisen freuen dürfen. Man kocht modern und mit Bezug zur Saison, gelungen die Kontraste, gut die Balance. Wie wär's mal mit einem veganen Menü? Auch der Service stimmt: geschult und engagiert.

→ Aubergine, Nori, Wildkräuter, Balsamico. Gamba Rocha, Blutwurst, Pasta, Birne, Zwiebel. Wiehler Reh, Kirschen, Mohn.

Menü 45 € (vegetarisch)/129 € – Karte 69/96 €

*Hotel Die Mühlenhelle, Hohler Str. 1 ⊠ 51645 – ℰ 02261 290000 (Tischbestellung ratsam) – www.muehlenhelle.de – nur Abendessen, sonntags auch Mittagessen – geschl. 2. - 18. Januar, 24. Juli - 24. August und Montag - Mittwoch*

### Mühlenhelle - Bistro

MARKTKÜCHE · LÄNDLICH X Drinnen freundliche, luftige Atmosphäre, draußen vor dem Eingang eine nette Terrasse. Hier wie dort wählt man von der saisonalen Karte - Lust auf "Garnelen und Jakobsmuscheln mit Kräuterrisotto"? Interessant der Blick in die offene Küche.

Menü 35 € – Karte 35/53 €

*Hotel Mühlenhelle, Hohler Str. 1 ⊠ 51645 – ✆ 02261 290000*
*– www.muehlenhelle.de – geschl. 2. - 18. Januar, 24. Juli - 24. August und Montag*

### Mühlenhelle

LANDHAUS · ELEGANT Hübsch ist die denkmalgeschützte Villa, in der sich Familie Quendler überaus charmant und persönlich um ihre Gäste kümmert. Geräumige, hochwertige und moderne Zimmer mit exklusiven Bädern, dazu nette kleine Aufmerksamkeiten überall im Haus!

8 Zim ☲ - †80/115 € ††100/140 € – ½ P

*Hohler Str. 1 ⊠ 51645 – ✆ 02261 290000 – www.muehlenhelle.de – geschl. 2.*
*- 18. Januar, 24. Juli - 24. August*

✿ Mühlenhelle · ☺ Mühlenhelle - Bistro – siehe Restaurantauswahl

## GUNDELFINGEN

Baden-Württemberg – 11 230 Ew. – Höhe 232 m – Regionalatlas **61**-D20
▶ Berlin 806 km – Stuttgart 200 km – Freiburg i. Breisgau 7 km – Strasbourg 80 km
Michelin Straßenkarte 545

### Bahnhöfle

FRANZÖSISCH-KLASSISCH · LÄNDLICH X In dem äußerlich eher unscheinbaren Haus ist ein Vertreter der klassischen Küche am Werk. Auf den Tisch kommen "Rinderfilet mit Pfifferlingen", "Ente aus dem Ofen" oder Fisch in allen Variationen - darf es vielleicht "Seeteufel mit Steinpilzen" sein? Schön die Terrasse vor dem Haus.

Menü 25/80 € – Karte 34/70 €

*Bahnhofstr. 16 ⊠ 79194 – ✆ 0761 5899949 – www.bahnhoeflegundelfingen.de*
*- Montag - Freitag nur Abendessen – geschl. Mittwoch*

## GUNZENHAUSEN

Bayern – 16 230 Ew. – Höhe 416 m – Regionalatlas **57**-K17
▶ Berlin 478 km – München 152 km – Nürnberg 54 km – Ingolstadt 73 km
Michelin Straßenkarte 546

### Parkhotel Altmühltal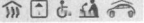

SPA UND WELLNESS · KLASSISCH Ein Tagungs- und Ferienhotel direkt am Radwanderweg mit schönem Freizeitbereich auf 400 qm und recht individuell eingerichteten Gästezimmern. Zur Terrasse hin ergänzt ein kleiner Wintergartenanbau das Restaurant "Chicorée".

62 Zim ☲ - †92/107 € ††145/171 € – 5 Suiten – ½ P

*Zum Schießwasen 15 ⊠ 91710 – ✆ 09831 5040 – www.aktiv-parkhotel.de*

## GUTENZELL-HÜRBEL Baden-Württemberg ➡ Siehe Ochsenhausen

## HAAN

Nordrhein-Westfalen – 29 990 Ew. – Höhe 160 m – Regionalatlas **36**-C11
▶ Berlin 547 km – Düsseldorf 29 km – Maastricht 140 km – Köln 47 km
Michelin Straßenkarte 543

### Fritz Essensart

INTERNATIONAL · FREUNDLICH XX Trotz der etwas versteckten Lage hat man sich hier mit Internationalem wie "Thunfischsteak im Sesammantel" einen Namen gemacht, herzlich-engagiert die Gastgeber. Drinnen freundlich-lichtes Ambiente, draußen die nette überdachte Terrasse.

Menü 43/65 € – Karte 44/66 €

*Bachstr. 141 ⊠ 42781 – ✆ 0212 9377921 – www.fritzessensart.de – Dienstag - Samstag*
*nur Abendessen – geschl. 1. - 17. Januar, 17. Juli - 8. August und Montag*

# HADAMAR

Hessen – 12 260 Ew. – Höhe 130 m – Regionalatlas **37**-E14

▶ Berlin 550 km – Wiesbaden 60 km – Koblenz 63 km – Limburg an der Lahn 8 km
Michelin Straßenkarte 543

 **Nassau-Oranien**

MARKTKÜCHE · GEMÜTLICH XX Das gemütliche Restaurant teilt sich in "Grand Mère" und "Gud Stubb". Trotz der traditionellen Note kocht man hier auch modern, so z. B. "rosa gebratene Entenbrust / Calvados-Basilikumsauce / Sellerie-Apfelgemüse / Rote-Bete-Krapfen".

Menü 25/40 € – Karte 32/44 €

*Hotel Nassau-Oranien, Am Elbbachufer 12* ⊠ *65589 –* ☏ *06433 9190*
*– www.nassau-oranien.de*

🏠 **Nassau-Oranien** 🔲 🐿 🗐 ✀ 🦮 **P**

HISTORISCH · GEMÜTLICH Ein hübsches denkmalgeschütztes Fachwerkhaus von 1690, das neuzeitlich erweitert wurde. Sie schlafen in wohnlichen Zimmern von Landhausstil bis geradlinig-modern. Chic auch die "Hirschbar". Dazu ein schöner Kosmetik- und Massagebereich.

60 Zim ⊡ – ∲69/95 € ∲∲105/125 € – ½ P

*Am Elbbachufer 12* ⊠ *65589 –* ☏ *06433 9190 – www.nassau-oranien.de*
 **Nassau-Oranien** – siehe Restaurantauswahl

# HÄUSERN

Baden-Württemberg – 1 250 Ew. – Höhe 889 m – Regionalatlas **62**-E21

▶ Berlin 806 km – Stuttgart 186 km – Freiburg im Breisgau 58 km
Michelin Straßenkarte 545

🌼 **Adler** (Florian Zumkeller)

FRANZÖSISCH KLASSISCH · LÄNDLICH XX Seit 1966 ist das Haus ununterbrochen mit Stern ausgezeichnet, und das hat seinen Grund: Tolle Produkte werden mit großer Sorgfalt zu überaus geschmackvollen Gerichten mit mediterran-internationalem Einfluss verarbeitet und zudem noch schön angerichtet. Wer Klassiker mag, wird auf der Wirtshauskarte fündig.

→ Gebeizte Makrele mit Buttermilch, Radieschen und Gurke. Ziegenkäseravioli auf Petersilienwurzelpüree und roten Zwiebeln mit Ingwer. Bretonischer Lammrücken mit Bulgur und geschmorten Karotten.

Menü 60 € (mittags)/115 € – Karte 70/91 €

*Hotel Adler, St.-Fridolin-Str. 15* ⊠ *79837 –* ☏ *07672 4170*
*– www.adler-schwarzwald.de – geschl. 9. - 25. August und Montag - Dienstag*

🏠 **Adler** 🔲 🗐 🆑 🐿 🛁 🗐 🚗

SPA UND WELLNESS · INDIVIDUELL Wie schön sich Tradition und Moderne verbinden lassen, sieht man hier z. B. an den tollen zeitgemäß-puristisch und gleichzeitig ländlich designten Zimmern. Doch keine Sorge, der geschätzte "Adler"-Charme ist erhalten geblieben! Ebenso natürlich die Wertigkeit überall im Haus, vom Spa über Frühstück und Halbpension (im Preis inkl.) bis zum Service!

39 Zim ⊡ – ∲120/190 € ∲∲250/358 € – 4 Suiten

*St.-Fridolin-Str. 15* ⊠ *79837 –* ☏ *07672 4170 – www.adler-schwarzwald.de*
*– geschl. 9. - 25. August*
🌼 **Adler** – siehe Restaurantauswahl

# HAGNAU

Baden-Württemberg – 1 400 Ew. – Höhe 409 m – Regionalatlas **63**-G21

▶ Berlin 731 km – Stuttgart 196 km – Konstanz 17 km – Ravensburg 29 km
Michelin Straßenkarte 545

## 🍴 Rebstöckle  ⬅️ 🏮 🍴 🅿️

**REGIONAL · BÜRGERLICH** 🗡 In dem sympathischen Restaurant nahe dem See setzt man auf frische Produkte, die der Chef aus der Region bezieht - schmackhaft z. B. "Kalbstafelspitz in Himbeeressig". Auch übernachten kann man hier: Die Zimmer sind hell und zeitgemäß.

Menü 25/45 € – Karte 30/51 €    11 Zim 🖙 – ♦55/65 € ♦♦105/125 €

*Seestr. 10 ✉ 88709 – 𝒞 07532 43190 – www.hotel-rebstoeckle.de – geschl. Anfang Januar 3 Wochen, Ende Oktober - Anfang November 2 Wochen und Dienstag, November - April: Montag - Dienstag*

## 🏠 Villa am See  🛥 ⬅️ 🏮 🐿 🚗

**PRIVATHAUS · INDIVIDUELL** Ein reizendes kleines Hotel auf einem schönen Gartengrundstück am See. Stilvoll die Einrichtung, aufmerksam der Service, gut das Frühstück - im hübschen Gartenpavillon mit Seeblick. Man bietet auch ein Appartement im Haus gegenüber.

6 Zim 🖙 – ♦110/260 € ♦♦144/320 € – 1 Suite

*Meersburger Str. 4 ✉ 88709 – 𝒞 07532 43130 – www.villa-am-see.de – geschl. Anfang Oktober - Ende April*

## 🏠 Burgunderhof  🛥 ⬅️ 🏮 ⚒ 🐿 🅿️

**LUXUS · AUF DEM LAND** Richtig schön wohnt man hier in beeindruckender Lage zwischen Weinbergen und Obstwiesen: hochwertige Einrichtung mit Stil, diverse kleine Aufmerksamkeiten, ein toller Garten, bei gutem Wetter Blick über den See... Um Sie herum der laufende Weingutbetrieb. Mindestaufenthalt 3 Nächte. Kinder ab 16 Jahre.

12 Zim 🖙 – ♦165/295 € ♦♦185/325 €

*Am Sonnenbühl 70 ✉ 88709 – 𝒞 07532 807680 – www.burgunderhof.de – geschl. 29. Oktober - März*

## 🏠 Bodenseehotel Renn  ⛹ 🏮 ⊟ 🅿️

**FAMILIÄR · MODERN** Das Hotel hat moderne Zimmer und einen netten Garten für Sie. Im Gästehaus vis-à-vis - auch hier wohnliche Zimmer - befindet sich das Restaurant in ansprechend geradlinigem Stil, dazu eine schöne Terrasse mit schattenspendender Kastanie.

35 Zim 🖙 – ♦70/160 € ♦♦85/175 € – ½ P

*Hansjakobstr. 4 ✉ 88709 – 𝒞 07532 494780 – www.bodenseehotel-renn.de – geschl. 9. Januar - 2. März*

## 🏠 Zur Winzerstube  🍷 🛥 ⬅️ 🏮 🍴 🅿️

**LANDHAUS · GEMÜTLICH** Hier lockt die Lage direkt am See, und den haben Sie auch von einigen Zimmern im Blick - die meisten mit Balkon. Hotelgäste nutzen die kleine begrünte Terrasse mit Seezugang exklusiv! Im Restaurant kocht man regional - sehr schön ist hier der Wintergarten am Wasser!

17 Zim 🖙 – ♦99/275 € ♦♦99/285 € – ½ P

*Seestr. 1 ✉ 88709 – 𝒞 07532 494860 – www.zurwinzerstube.de – geschl. 2. Januar - 15. März*

# HALBERSTADT

Sachsen-Anhalt – 40 330 Ew. - Höhe 122 m – Regionalatlas **30**-K10
▶️ Berlin 206 km – Magdeburg 55 km – Halle 90 km
Michelin Straßenkarte 542

## 🏠 Villa Heine  🍷 🏮 🖼 📶 🐿 ♨ ⊟ 🚭 🍴 🧖 🚗

**HERRENHAUS · KLASSISCH** Eine ehemalige Fabrikantenvilla mit Anbau und Tagungszentrum, in der Mitte der hübsche kleine Park - hierhin sind die großzügigen Zimmer ausgerichtet. Im rustikalen Brauhaus Heine Bräu trinkt man zur bürgerlich-regionalen Küche gerne das eigene Bier. Es gibt übrigens auch Produkte der Wurstfabrik nebenan.

60 Zim 🖙 – ♦79/99 € ♦♦139/149 € – 1 Suite – ½ P

*Kehrstr. 1 ✉ 38820 – 𝒞 03943 31400 – www.hotel-heine.de*

###  Am Grudenberg

**FAMILIÄR · INDIVIDUELL** Ein schmuckes altes Fachwerkhaus, dem die freundliche Inhaberin mit dekorativen Details eine persönliche Note gegeben hat. Zimmer zum Innenhof ruhiger - hier kann man auch schön frühstücken.

18 Zim 🖙 - ♦58/65 € ♦♦90 €

*Grudenberg 10 ✉ 38820 - 𝒞 03941 69120 - www.hotel-grudenberg.de*

## HALDENSLEBEN

Sachsen-Anhalt – 19 190 Ew. – Höhe 53 m – Regionalatlas **20**-L9

 Berlin 168 km – Magdeburg 29 km – Brandenburg 117 km – Stendal 68 km

Michelin Straßenkarte 542

###  Behrens

**BUSINESS · FUNKTIONELL** Beim Brüderpaar Behrens wohnen Sie in zwei miteinander verbundenen Villen von 1892. Dahinter schließt sich der schöne Garten mit Liegewiese und Kräutergarten an. Zeitlos-klassisch ist das Ambiente im Restaurant. Die Bar bietet eine gute Auswahl an Malt-Whisky.

19 Zim 🖙 - ♦68/72 € ♦♦98 €

*Bahnhofstr. 28 ✉ 39340 - 𝒞 03904 3421 - www.hotel-behrens.de - geschl. 27. Dezember - 10. Januar*

## HALLBERGMOOS Bayern → Siehe Freising

## HALLE (SAALE)

Sachsen-Anhalt – 231 440 Ew. – Höhe 100 m – Regionalatlas **31**-M11

 Berlin 170 km – Magdeburg 86 km – Leipzig 42 km – Gera 74 km

Michelin Straßenkarte 542

### ⅋○ Immergrün

**KREATIV · FREUNDLICH** ❌❌ Warum man so gerne zum Essen in das klassische Stadthaus an der Ecke kommt? Zum einen wird man ambitioniert bekocht (wie wär's z. B. mit saisonalen Menüs wie "Oktoberfest" oder "Herbst"?), zum anderen wirklich liebevoll umsorgt! Dazu hübsches Ambiente: warmes Holz, Farbakzente in Grün, dezente Bilderdeko.

Menü 42/72 € - Karte 37/51 €

*Kleine Klausstr. 2 ✉ 06108 - 𝒞 0345 5216056*
*- www.restaurant-immergruen.de - nur Abendessen - geschl. Mitte Juli - Mitte August und Sonntag - Montag*

### ⅋○ MahnS Chateau

**INTERNATIONAL · BISTRO** ❌ Vis-à-vis der Marienkirche finden Sie dieses angenehm leger-moderne Restaurant. Der junge Chef kocht frische und ambitionierte internationale Speisen, die richtig gut schmecken! Mittags gibt's eine einfache Karte für den schnellen Hunger.

Menü 13 € (mittags)/80 € - Karte 33/87 €

*Oleariusstr. 4a ✉ 06108 - 𝒞 0345 20369860 - www.mahns-chateau.de - geschl. August 1 Woche und Sonntagabend*

###  Dormero Hotel Rotes Ross

**BUSINESS · GEMÜTLICH** Klassisch-eleganter Stil bestimmt in dem historischen Haus das Bild. Neben komfortablen Zimmern bietet man einen ansprechenden Saunabereich, im Restaurant serviert man internationale Küche. Praktisch für einen Bummel: Die Fußgängerzone liegt direkt vor der Tür!

87 Zim - ♦79/249 € ♦♦89/259 € - 2 Suiten - 🖙 16 €

*Leipziger Str. 76, über Franckestr. 1 ✉ 06108 - 𝒞 0345 23343300*
*- www.dormero.de/hotel-rotes-ross-halle/*

### 🏨 Dorint Charlottenhof ☆ 🐾 🦺 ⊡ ⤓ 🏧 🏋 🚘

**BUSINESS · MODERN** In dem Hotel in der Stadtmitte erwarten Sie wohnliche, klassisch gehaltene Gästezimmer. Im obersten Stock befindet sich der "Vital-Club" - hier ist der Außenwhirlpool das Highlight! Direkt an die Lobby schließt sich das Restaurant an.

164 Zim – ♦81/140 € ♦♦91/150 € – 2 Suiten – ⌚ 16 € – ½ P

*Dorotheenstr. 12* ✉ *06108 – ☎ 0345 29230 – www.dorint.com/halle*

## HALLE (WESTFALEN)

Nordrhein-Westfalen – 21 170 Ew. – Höhe 125 m – Regionalatlas **27**-F9

▶ Berlin 399 km – Düsseldorf 176 km – Bielefeld 15 km – Münster (Westfalen) 60 km
Michelin Straßenkarte 543

### 🍴○ Rossini ⩽ 🏤 ⅍ ⇔ 🅿

**MEDITERRAN · FREUNDLICH** ✗✗ Nicht nur Golfer sitzen hier im Sommer gerne auf der Terrasse und lassen sich beim Blick ins Grüne mit mediterraner Küche, aber auch mit Steaks oder Pizza bewirten. Nette Idee: Im Winter wird das Nebenzimmer im Skihütten-Stil dekoriert!

Menü 15 € (mittags unter der Woche) – Karte 25/57 €

*Eggebergerstr. 11, am Golfplatz* ✉ *33790 – ☎ 05201 971710 – www.rossini-halle.de*

### 🍴○ Sauerzapfes 🏤 🅿

**INTERNATIONAL · FREUNDLICH** ✗ Das Restaurant gibt es modern oder gemütlich-rustikal (Bierstube). Gekocht wird Internationales mit kreativen Einflüssen - da macht z. B. "gegrillter Schwertfisch in Safran-Beurre-Blanc" Appetit. Mittags zusätzlich Lunchangebot.

Menü 24/49 € – Karte 28/48 €

*Hotel Hollmann, Alleestr. 20* ✉ *33790 – ☎ 05201 7356250 – www.sauerzapfes.de – geschl. Samstagmittag*

### 🏨 Hollmann ⊡ 🕭 🏋 🅿

**BUSINESS · FUNKTIONELL** Das ist nicht einfach nur ein zeitgemäßes und funktionelles Hotel: Den Gast erwarten geräumige Zimmer, ein gutes Preis-Leistungs-Verhältnis und eine engagierte Chefin, die stets präsent ist! Tipp: Nach hinten liegen die Zimmer ruhiger.

35 Zim ⌚ – ♦60/65 € ♦♦90/99 € – 2 Suiten

*Alleestr. 20* ✉ *33790 – ☎ 05201 81180 – www.hotelhollmann.de*

🍴○ **Sauerzapfes** – siehe Restaurantauswahl

### 🏠 Gerry Weber Landhotel ☆ 🏋 🅿

**LANDHAUS · GEMÜTLICH** Das Hotel ist sehr gepflegt und funktional, liegt allerdings an einer recht befahrenen Straße, daher wählen Sie am besten ein Zimmer nach hinten raus! Biertrinker aufgepasst: hausgebrautes "Gerry Weber Landbier" - der Kupferkessel fasst 250 Liter! Dazu bekommt man bürgerliche Küche.

16 Zim ⌚ – ♦49/79 € ♦♦69/109 € – ½ P

*Osnabrücker Str. 52* ✉ *33790 – ☎ 05201 9712302 – www.gerryweber-landhotel.de*

### In Halle-Künsebeck Süd: 5 km

### 🍴○ Landgasthof Pappelkrug ⓝ 🏤 ⇔ 🅿 �🍽

**BÜRGERLICHE KÜCHE · LÄNDLICH** ✗ Das Landgasthaus ist einen Besuch wert: Da ist zum einen das geschmackvoll-moderne Interieur, zum anderen die frische regionale Küche, die z. B. als "gebratene Steinhagener Forelle auf Grünkohlsalat mit Grapefruit und Nüssen" daherkommt.

Menü 28 € – Karte 23/47 €

*Pappelstr. 4* ✉ *33790 – ☎ 05201 7479 – www.landgasthof-pappelkrug.de – nur Abendessen, sonntags auch Mittagessen – (Eröffnung eines Hotelbereichs mit 10 Zimmern nach Redaktionsschluss)*

## HALLENBERG

Nordrhein-Westfalen – 4 380 Ew. – Höhe 420 m – Regionalatlas **37**-F12

▶ Berlin 467 km – Düsseldorf 200 km – Marburg 45 km – Kassel 86 km

Michelin Straßenkarte 543

### 🏠 Diedrich ☆ 🛏 🔲 🌐 🦢 🖃 ✂ 🧖 **P** ✂

**FAMILIÄR · INDIVIDUELL** Das Hotel wird seit 1898 von Familie Diedrich geführt. Sehr schön ist der geradlinig-moderne Stil im Lichtflügel mit einigen komfortableren Zimmern, Lobby und Spa auf 1000 qm. In verschiedenen Restaurantstuben bietet man Regionales mit internationalen Einflüssen.

57 Zim ♨ – ♦89/147 € ♦♦124/214 € – 2 Suiten – ½ P

*Nuhnestr. 2, B 236* ✉ *59969 –* ☎ *02984 9330 – www.hotel-diedrich.de*

**HALSENBACH** Rheinland-Pfalz ➡ Siehe Emmelshausen

**HALTE** Niedersachsen ➡ Siehe Papenburg

## HALTERN am SEE

Nordrhein-Westfalen – 37 270 Ew. – Höhe 40 m – Regionalatlas **26**-C10

▶ Berlin 500 km – Düsseldorf 77 km – Münster (Westfalen) 46 km – Recklinghausen 15 km

Michelin Straßenkarte 543

### 🍴 Ratsstuben ✂ ⇔ **P**

**MARKTKÜCHE · BÜRGERLICH** ✗✗ Hier wird frisch, schmackhaft und saisonal gekocht, so z. B. "Loup de mer / Graupen / Parmesan / Fenchel / Arrabbiata". Das Ambiente: gemütlich-rustikal oder modern. Tipp: günstiger Mittagstisch.

Menü 39/91 € – Karte 33/68 €

*Hotel Ratshotel, Mühlenstr. 3* ✉ *45721 –* ☎ *02364 3465 – www.hotel-haltern.de – geschl. 1. - 17. Januar und Mittwoch*

### 🏠 Am Turm ☆ ✂

**URBAN · MODERN** Ein gepflegtes kleines Hotel unter familiärer Leitung mit zeitgemäßen Zimmern, teilweise mit Parkett. Das Haus liegt zentrumsnah, praktisch ist der öffentliche Parkplatz gegenüber. Das Restaurant bietet internationale Küche.

13 Zim ♨ – ♦75 € ♦♦105 € – 1 Suite – ½ P

*Turmstr. 4* ✉ *45721 –* ☎ *02364 96010 – www.hotel-amturm.de*

### 🏠 Ratshotel ✂ 🧖 **P**

**URBAN · KLASSISCH** Schön wohnlich hat man es in dem kleinen Hotel direkt am Marktplatz mit seinen individuellen Zimmern und dem freundlichen modernen Frühstücksraum. Und da die Umgebung bei Radwanderern beliebt ist, bietet man auch eine Fahrrad-Garage!

12 Zim ♨ – ♦69/79 € ♦♦80/109 € – ½ P

*Mühlenstr. 3* ✉ *45721 –* ☎ *02364 3465 – www.hotel-haltern.de*

🍴 **Ratsstuben** – siehe Restaurantauswahl

## HAMBERGE

Schleswig-Holstein – 1 490 Ew. – Höhe 7 m – Regionalatlas **11**-J4

▶ Berlin 306 km – Kiel 90 km – Bad Oldesloe 16 km – Hamburg 57 km

Michelin Straßenkarte 541

### 🍴 Restaurant Hauck 🍸 ✂ ⇔ **P**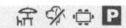

**INTERNATIONAL · ELEGANT** ✗✗ In dem eleganten Restaurant fühlt man sich dank großer Glasfront wie in einem Wintergarten. Aus der Küche kommt z. B. "rosa Rehkeule, grüner Spargel, Pilzstrudel". Gut die Weinempfehlungen - der Gastgeber ist auch Sommelier.

Menü 35 € (vegetarisch)/49 € – Karte 38/64 €

*Stormarnstr. 14* ✉ *23619 –* ☎ *0451 8997110 – www.restaurant-hauck.de – geschl. Sonntagabend - Dienstag*

# HAMBURG

Wer denkt bei Hamburgs Gastronomie nicht unweigerlich an Scholle, Aal und Steinbutt? Keine Frage, die Hansestadt ist ein Eldorado für Liebhaber von Fisch und allem, was das Meer zu bieten hat, doch hier im hohen Norden gibt es kulinarisch noch weit mehr zu entdecken. Ob traditionelle regionale Klassiker wie Pannfisch, Hamburger Aalsuppe und Labskaus oder modern-kreative Gerichte, Sushi und Steaks, ob bodenständig-deftig oder fein, raffiniert und innovativ, so abwechslungsreich die Küche, so vielfältig auch die Restaurants selbst. Ob im geschäftigen Zentrum oder im Szene-Stadtteil St. Pauli, ob in der trendigen HafenCity oder in den vornehmen Elbvororten, in Sachen Atmosphäre reicht die Palette vom nordisch-charmanten Landgasthof über die chic-moderne In-Location bis zur hanseatisch-eleganten Villa. Was Sie auf keinen Fall verpassen sollten, ist eine der zahlreichen tollen Terrassen an der Waterkant mit Blick auf Alster oder Elbe!

## Wir mögen besonders...

Richtig gut essen im **philipps**, von Touristen noch unentdeckt! Während des Hafengeburtstags von einem Eckzimmer des **Empire Riverside Hotels** das bunte Treiben beobachten! Im **Haerlin** an einem Tisch zur Binnenalster aufwändige Menüs und top Service genießen. **Weinwirtschaft Kleines Jacob** für die Gerichte aus den deutschen Weinbaugebieten. Das spezielle **Off Club**-Doppelkonzept.

1 734 280 Ew – Höhe 6 m

- Regionalatlas 10-I5
- Michelin Straßenkarte 541
- ▶ Berlin 291 km – Bremen 121 km – Hannover 159 km

# UNSERE RESTAURANTAUSWAHL

## ALLE RESTAURANTS VON A BIS Z

M. Möller / EyeEm / Getty Images

J. Hoersch / Picture Press / Getty Images

*Rocky89 / iStock*

# RESTAURANTS AM SONNTAG GEÖFFNET

# UNSERE HOTELAUSWAHL

## ALLE UNTERKÜNFTE VON A BIS Z

*juefraphoto / iStock*

HAMBURG

452

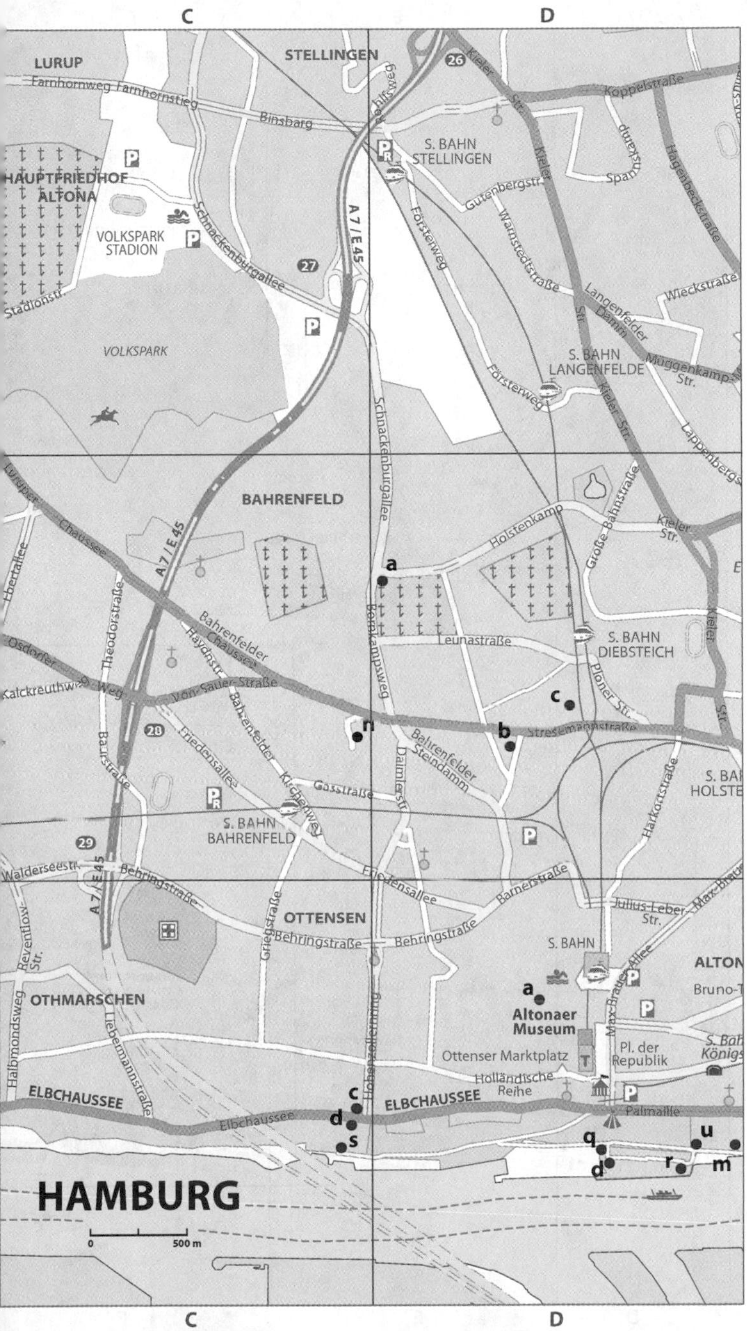
C
D
LURUP
STELLINGEN
HAUPTFRIEDHOF ALTONA
VOLKSPARK STADION
VOLKSPARK
S. BAHN STELLINGEN
S. BAHN LANGENFELDE
BAHRENFELD
S. BAHN DIEBSTEICH
S. BAHN BAHRENFELD
OTTENSEN
OTHMARSCHEN
S. BAHN
Altonaer Museum
Ottenser Marktplatz
Pl. der Republik
Holländische Reihe
ELBCHAUSSEE
Palmaille
HAMBURG
0
500 m
Farnhornweg
Farnhornstieg
Binsbarg
Koppelstraße
Kieler Str.
Gutenbergstr.
Spannskamp
Hagenbeckstraße
Schnackenburgallee
Försterweg
Warnstedtstraße
Langenfelder Damm
Wieckstraße
Müggenkamp-Str.
Lappenbergs
Holstenkamp
Große Bahnstraße
Luruper Chaussee
Ebertallee
Theodorstraße
Bahrenfelder Chaussee
Haydnstr.
Bornkampsweg
Leunastraße
Plöner Str.
Stresemannstraße
Osdorfer Weg
Kalckreuthweg
Von-Sauer-Straße
Friedensallee
Bahrenfelder Kirchenweg
Bahrenfelder Steindamm
Daimlerstr.
Gasstraße
Harkortstraße
Baurstraße
Walderseestr.
Behringstraße
Barnerstraße
Julius-Leber-Str.
Max-Brauer-Allee
Griegstraße
Reventlowstr.
Halbmondsweg
Liebermannstraße
Hohenzollernring
Elbchaussee
Bruno-T
S. Bah Königs
S. BA HOLSTE
ALTON
A 7 / E 45
26
27
28
29

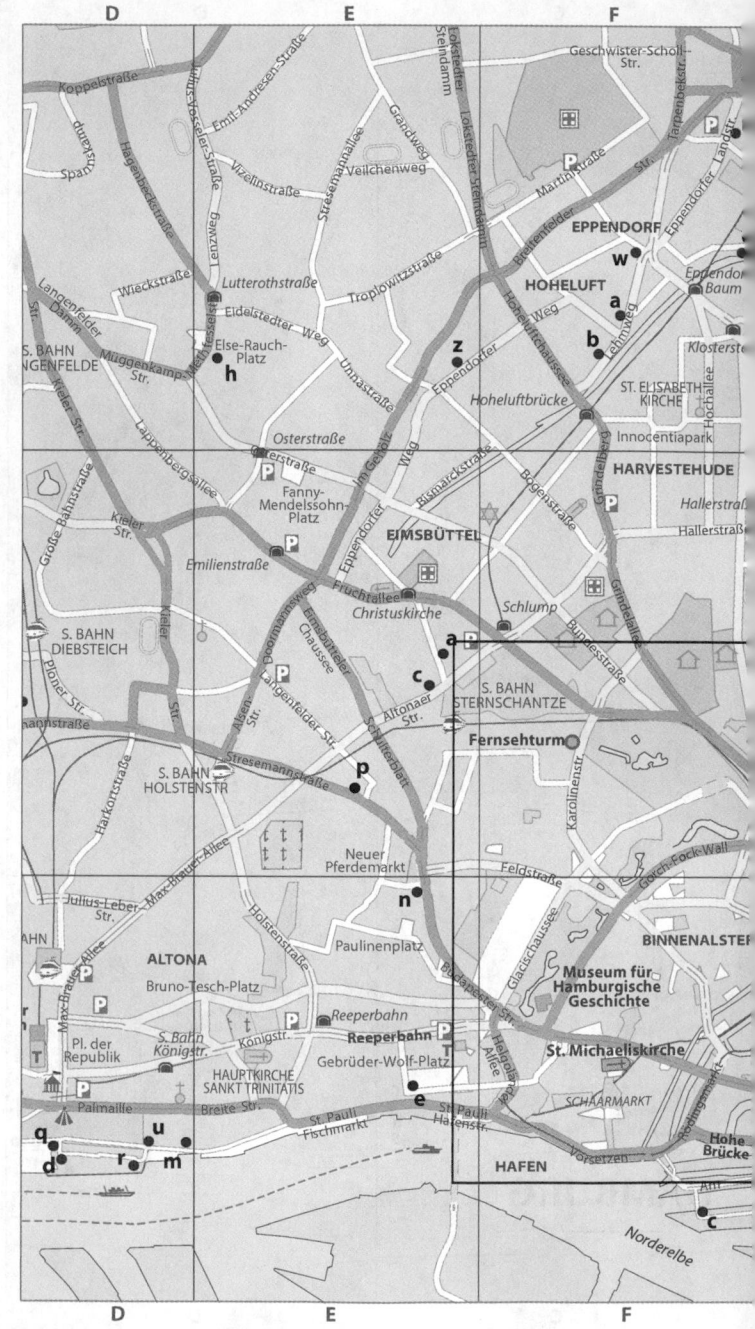

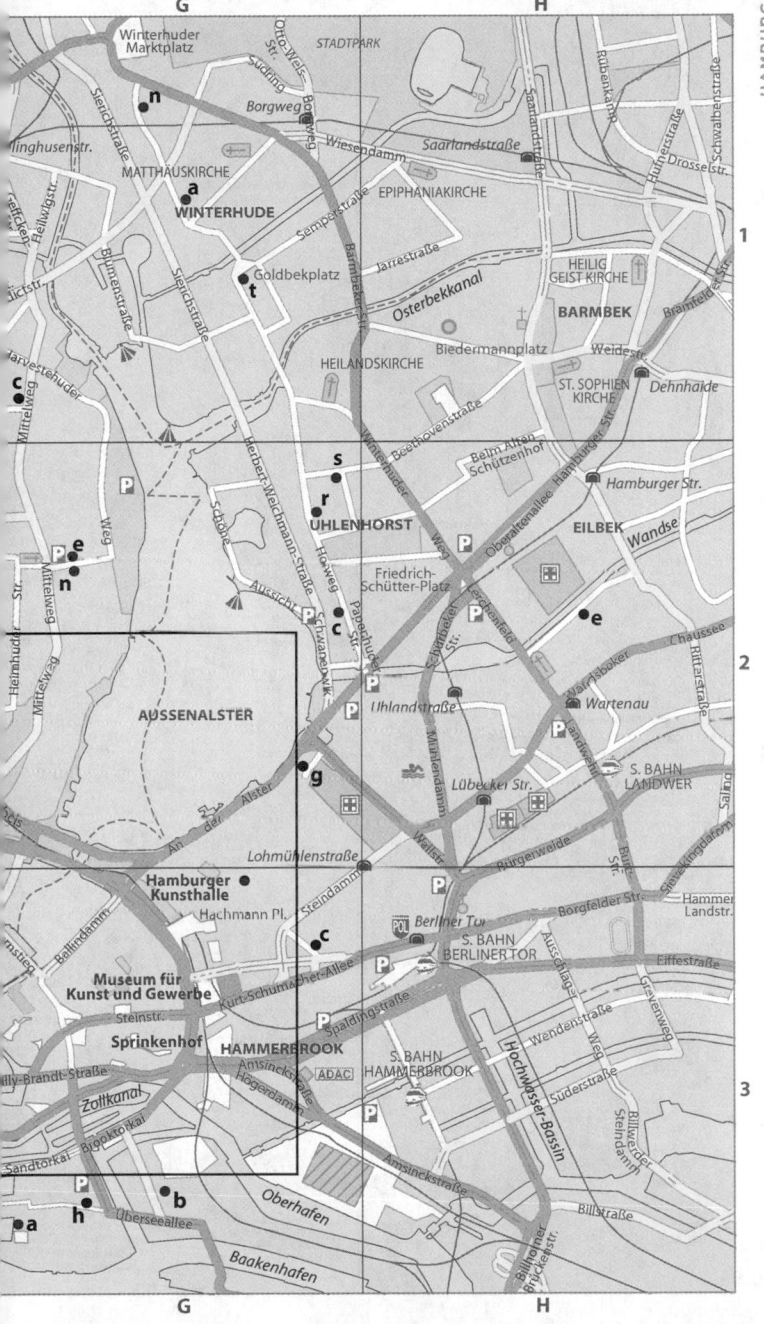

G

H

Winterhuder
Marktplatz

Otto-Wels-Str.

STADTPARK

Rübenkamp

Suckling

Borgwegstr.

Schwalbenstr.

Sierichstraße

n

Borgweg

Hünerstraße

Drosselstr.

linghusenstr.

Wiesendamm

Saarlandstraße

Saarbrückenstr.

MATTHÄUSKIRCHE

a

EPIPHANIAKIRCHE

WINTERHUDE

Semperstraße

Jarrestraße

HEILIG
GEIST KIRCHE

1

BARMBEK

Bramfelder Str.

Goldbekplatz

t

Osterbekkanal

Sieichstraße

Biedermannplatz

Weidestr.

Blumenstraße

HEILANDSKIRCHE

ST. SOPHIEN
KIRCHE

Dehnhaide

Tarvestehuder

c

Hamburger Str.

Mittelweg

P

Beethovenstraße

Beim Alten
Schützenhof

Hamburger Str.

Herbert-Weichmann-Straße

s

Winterhuder
Weg

EILBEK

Wandse

P

e

r

UHLENHORST

Schöne

P

e

Aussicht

Friedrich-
Schütter-Platz

Oberaltenallee

n

Hofweg

Papenhuder
Str.

c

Schwanenwik

P

Wartenau

Chaussee

2

AUSSENALSTER

P

Uhlandstraße

Ritterstraße

An der Alster

g

Lübecker Str.

S. BAHN
LANDWEHR

Sievekingsdamm

Mühlendamm

Lohmühlenstraße

Wallstr.

Bürgerweide

Hammer
Landstr.

Hamburger
Kunsthalle

Steindamm

P

Borgfelder Str.

Hachmann Pl.

POL

Berliner Tor

Eiffestraße

c

S. BAHN
BERLINER TOR

Ballindamm

Museum für
Kunst und Gewerbe

Kurt-Schumacher-Allee

P

Ausschläger Weg

Grevenweg

Steinstr.

Spaldingstraße

Wendenstraße

Sprinkenhof

P

HAMMERBROOK

Hochwasser-Bassin

3

Billy-Brandt-Straße

Amsinck

S. BAHN
HAMMERBROOK

Süderstraße

ADAC

Hägerdamm

Billwerder
Steindamm

Zollkanal

P

Sandtorkai

Brooktorkai

Amsinckstraße

Billstraße

a

h

P

b

Oberhafen

Überseeallee

Billhorner
Brückenstr.

Baakenhafen

G

H

455

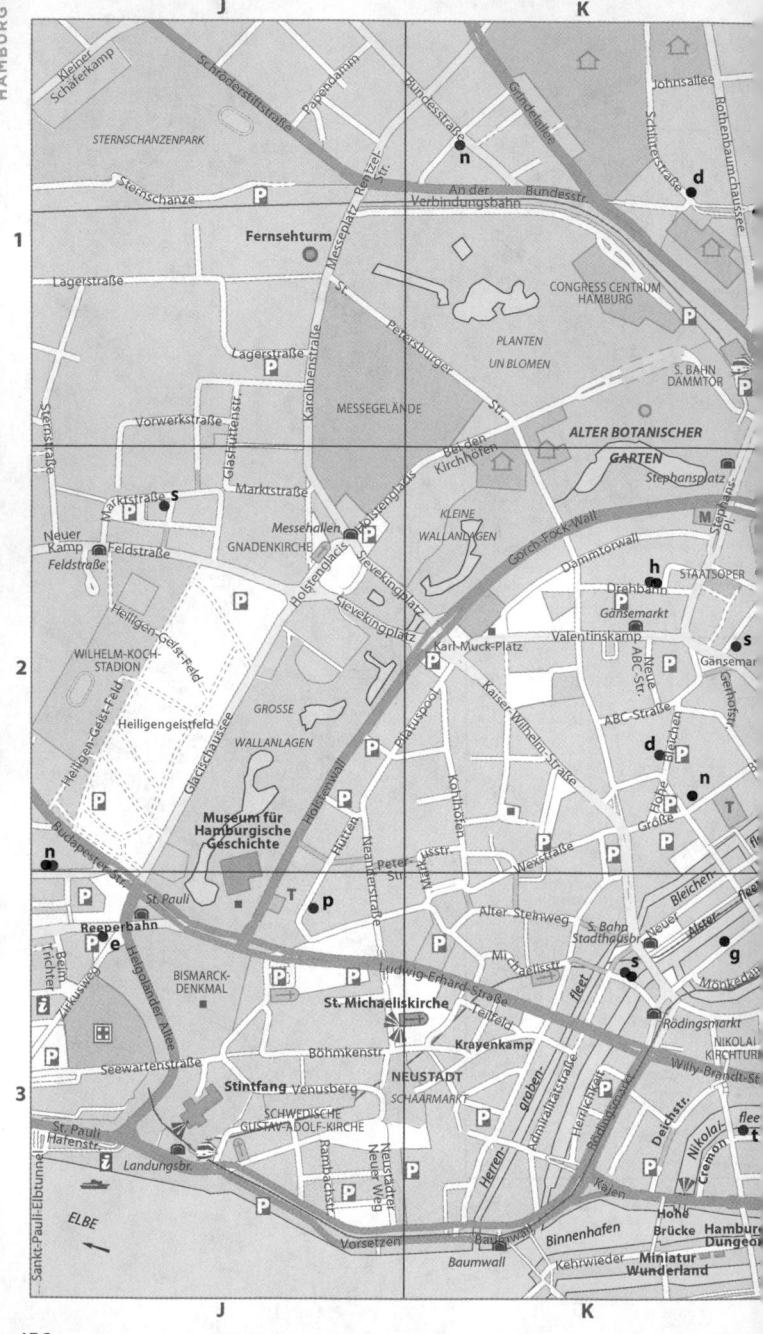

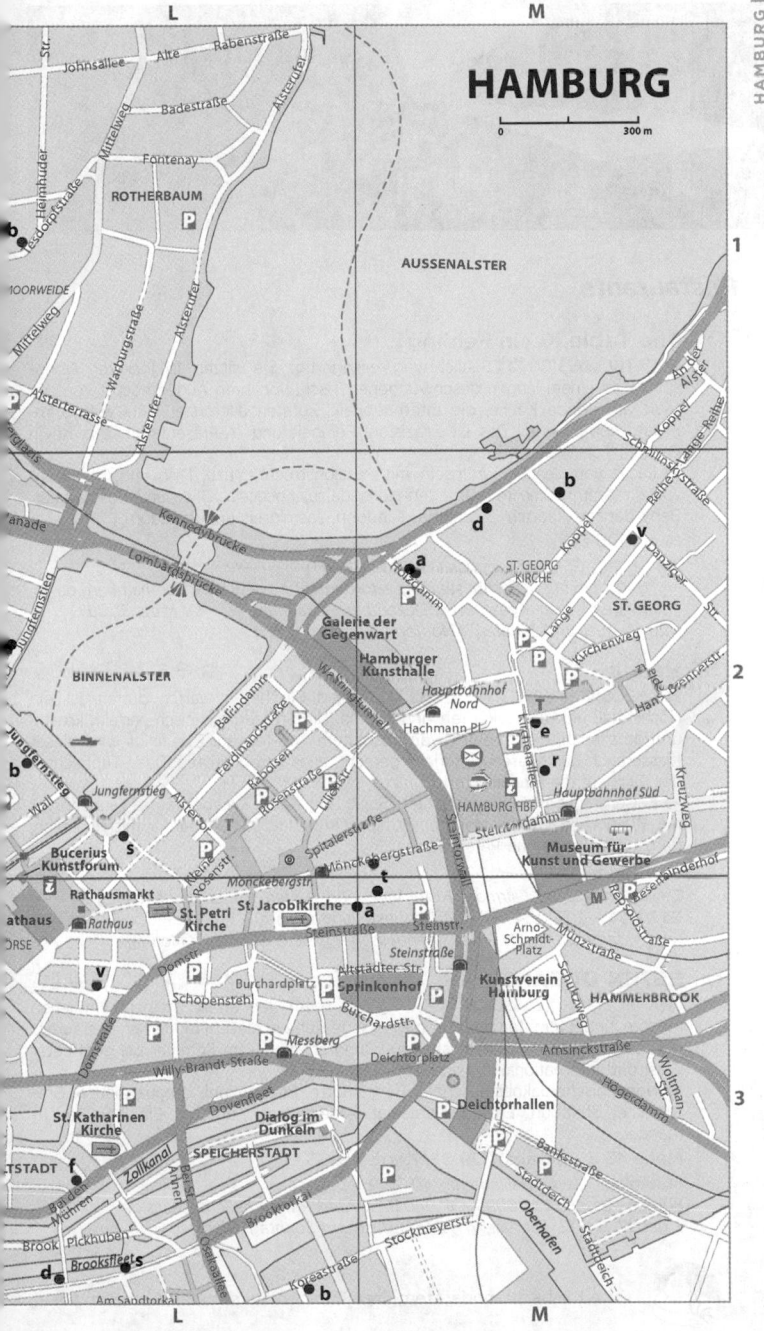

# HAMBURG

0     300 m

AUSSENALSTER

ROTHERBAUM

MOORWEIDE

St.

Johnsallee   Alte   Rabenstraße

Badestraße

Fontenay

Heimhuder

Bodopstraße

Mittelweg

Alsterufer

Alsterufer

Warburgstraße

Alsterterrasse

Mittelweg

b

P

P

Arnd Alster

Schmillinski-Lange-Reihe

Koppel

Reihe

Langestr.

Schmillinskystraße

Kennedybrücke

Lombardsbrücke

Jungfernstieg

BINNENALSTER

b

Wall

Jungfernstieg

Jungfernstieg

Alstertor

Ballindamm

Ferdinandstr.

Glockengießerwall

b

d

a

St. GEORG
KIRCHE

Koppel

Danziger Str.

v

ST. GEORG

Galerie der
Gegenwart

Hamburger
Kunsthalle

Hauptbahnhof
Nord

Hachmann Pl.

HAMBURG HBF

Kirchenweg

Lange

P

P

P

T

e

r

Ernst-Merck-Str.

Hans-Henny-Jahnn-Str.

Kreuzweg

Hauptbahnhof Süd

Steintordamm

Rautenbergstr.

Ellmenreichstr.

Museum für
Kunst und Gewerbe

Repsoldstraße

Nagelsweg

Spadenteich

Repsoldstraße

Lilienstr.

Rosenstr.

Steinstraße

Spitalerstraße

T

s

Bucerius
Kunstforum

Rathausmarkt

Rathaus

Rathaus

BÖRSE

v

St. Petri
Kirche

St. Jacobikirche

a

t

Mönckebergstraße

Mönckebergstr.

Steinstraße

Steintorwall

Steinstr.

Kunstverein
Hamburg

Arno-
Schmidt-
Platz

Münzstraße

Schultzweg

HAMMERBROOK

Altstädter Str.

Sprinkenhof

Burchardplatz

Burchardstr.

Messberg

Deichtorplatz

Amsinckstraße

Hegedamm

Wolmarstr.

Domstraße

Schopenstehl

Willy-Brandt-Straße

P

P

P

P

P

P

Deichtorhallen

St. Katharinen
Kirche

ALTSTADT

f

Dovenfleet

Dialog im
Dunkeln

SPEICHERSTADT

Zollkanal

Bei den
Mühren

Brook

Pickhuben

Brooksfleet

s

d

b

Am Sandtorkai

Bankstraße

Stadtdeich

Oberhafen

Stockmeyerstr.

Koreastraße

P

# Im Zentrum

## Restaurants

### ✿✿✿ The Table Kevin Fehling

**KREATIV · DESIGN** XxX Schlichtweg einzigartig: Sie sitzen in lockerer Atmosphäre an einem langen geschwungenen Tisch, vor Ihren Augen höchst konzentriert arbeitende Köche, die internationale Zutaten allererster Güte aufs Stimmigste kombinieren! Das ist Präzision, Feinheit und 1A-Präsentation à la Kevin Fehling! Top Weinservice.

→ Lachs von den Faröer Inseln mit Passionsfrucht, Yuzu, Miso und Champonzusud. Lammrücken mit Orangen-Hollandaise, Focaccia, Olive und Rosmarinjus. Baby Banane „Indisch", Kurkuma, Tandoori, Jasminreis und Sanddorn.

Menü 195 €

**Stadtplan :** G3-b – *Shanghaiallee 15* ✉ *20457*
– ✆ *040 22867422 (Tischbestellung erforderlich) – www.the-table-hamburg.de*
– *nur Abendessen – geschl. 24. Dezember - 2. Januar, 13. - 19. März, 31. Juli*
– *20. August und Sonntag - Montag*

### ✿✿ Haerlin

**FRANZÖSISCH-KREATIV · LUXUS** XxXxX Was Sie hier erwarten dürfen, ist ein Höchstmaß an Ausdruck, Kraft und Aroma. Die Speisen technisch perfekt, kreativ und detailreich, die Produkte von absolutem Top-Niveau! Zweifellos wird dieser Klasse auch das erlesene Interieur gerecht, alles vom Feinsten. Das i-Tüpfelchen: der Blick auf die Binnenalster!

→ Kaisergranat mit indonesischem Salat und Kaffir-Zwiebelcrème. Taubenbrust mit Waldorfvinaigrette, Morcheln, Chicorée und Apfel. Rhabarber mit Heumilch, gerösteter Gerste und Petersilie.

Menü 145/185 €

**Stadtplan :** L2-v – *Fairmont Hotel Vier Jahreszeiten, Neuer Jungfernstieg 9*
✉ *20354 – ✆ 040 34943310 (Tischbestellung ratsam)*
– *www.fairmont-hvj.de – nur Abendessen – geschl. Sonntag - Montag*

### ✿ SE7EN OCEANS

**FRANZÖSISCH-KLASSISCH · CHIC** XX Wer dem lebhaften Treiben entfliehen möchte, findet inmitten der Europa-Passage Ruhe in diesem modernen Restaurant mit tollem Blick auf Binnenalster und Jungfernstieg - im Sommer bei geöffneter Glasfront! International-klassische Küche.

→ Norwegische Jakobsmuscheln, Bergamotte, Blumenkohl, Lengua Iberico. Bretonischer Steinbutt, Erbsen, Kopfsalat, Algenbutter. Kumquat, Eierlikör, Rauchmandel.

Menü 43 € (mittags)/129 € – Karte 78/85 €

**Stadtplan :** L2-s – *Ballindamm 40, (2. Etage),*
*Europa-Passage* ✉ *20095 – ✆ 040 32507944 – www.se7en-oceans.de*
– *geschl. 6. - 12. Februar, 7. - 27. August und Sonntag, Dienstag*

---

 Gute Küche zu moderatem Preis? Folgen Sie dem Bib Gourmand ⊛

## Tschebull

ÖSTERREICHISCH · GEMÜTLICH XX Alexander Tschebull holt ein Stück Österreich in das schöne Kontorhaus in der Altstadt. Klassiker wie Wiener Schnitzel und Kaiserschmarrn schmecken hier ebenso wie "Kabeljau unter der Senf-Kren-Kruste mit Kürbisgnocchi" und "Holundersuppe mit Birne und Sauerrahmeis". Legerer: "Beisl" mit "Austrian Tapas".

Menü 30 € (mittags)/69 € (abends) – Karte 32/73 €

Stadtplan : M2-t – *Mönckebergstr. 7 ⊠ 20095 – ℰ 040 32964796*
*(Tischbestellung ratsam) – www.tschebull.de – geschl. Sonntag sowie*
*an Feiertagen*

## Brook

INTERNATIONAL · TRENDY X Hier gibt es schmackhafte ehrliche Küche, der Fisch kommt vom berühmten Fischmarkt um die Ecke! Probieren Sie das Menü mit Gerichten von "Lachsvariation" über "Zander mit Spinat" bis "Rinderrücken mit Tortellini". Tipp: Abends ist die hübsch angestrahlte Speicherstadt vis-à-vis ein schöner Anblick!

Menü 35/39 € – Karte 38/51 €

Stadtplan : L3-f – *Bei den Mühren 91 ⊠ 20457 – ℰ 040 37503128*
*– www.restaurant-brook.de – geschl. Sonntag*

## Trific

INTERNATIONAL · TRENDY X Das bewährte Konzept: Man stellt sich aus schmackhaften Speisen wie "Steinbeißer, Spargel, Kartoffeln" sein Menü selbst zusammen. Dazu sitzt man auf zwei Etagen - im lichtdurchfluteten EG schaut man durch die raumhohen Fenster aufs Fleet.

Menü 18 € (mittags)/35 € (abends) – Karte 35/47 €

Stadtplan : K3-t – *Holzbrücke 7 ⊠ 20459 – ℰ 040 41919046 (Tischbestellung*
*ratsam) – www.trific.de – geschl. Samstagmittag, Sonntag*

## Le Plat du Jour

FRANZÖSISCH-KLASSISCH · BISTRO X Sehr beliebt ist der mündlich empfohlene Plat du Jour - da kommt man gern schon mittags in das lebendige Bistro. Küche und Einrichtung (Schwarz-Weiß-Fotos, eng gestellte Tische...) sind ganz authentisch. Probieren Sie auch mal "französische Fischsuppe mit Rouille und Croutons" oder "Steak-Frites"!

Menü 35 € (abends) – Karte 31/49 €

Stadtplan : L3-v – *Dornbusch 4 ⊠ 20095 – ℰ 040 321414 (Tischbestellung*
*ratsam) – www.leplatdujour.de – geschl. über Weihnachten*

## Casse-Croûte

FRANZÖSISCH-KLASSISCH · BISTRO X Französische Lebensart mit hanseatischem Touch - das zieht viele Stammgäste in das lebendige, angenehm legere Bistro unweit des Gänsemarkts. Der Klassiker heißt "Bouillabaisse des Nordens", ebenso lecker z. B. "Königsberger Klopse, Kartoffelstampf, Kapernsauce".

Menü 28/36 € – Karte 36/94 €

Stadtplan : K2-s – *Büschstr. 2 ⊠ 20354 – ℰ 040 343373 (Tischbestellung ratsam)*
*– www.casse-croute.de – geschl. über Weihnachten und Sonntagmittag*
*sowie an Feiertagen mittags*

## Cox

INTERNATIONAL · BISTRO X Sympathisch-leger - ein Bistro im besten Sinne! Das bunt gemischte Publikum bestellt hier z. B. "Zanderfilet in Schnittlauch-Senfsauce" oder "geschmorte Kaninchenkeule in Portweinjus" - und die "Crème Brûlée mit Nougat" ist die Sünde wert! Mittags unschlagbares Preis-Leistungs-Verhältnis.

Karte 34/48 €

Stadtplan : M2-v – *Lange Reihe 68 ⊠ 20099 – ℰ 040 249422*
*– www.restaurant-cox.de – Mitte Juli - Mitte August nur Abendessen – geschl.*
*Samstagmittag, Sonntagmittag sowie an Feiertagen mittags*

## ⫶○ Jahreszeiten Grill ⪡ ᴊ ᴀᴄ ⅋ ⇔

**FRANZÖSISCH-KLASSISCH · ELEGANT** ✕✕ Eine stilvolle Hamburger Institution mit Art-déco-Ambiente, die neben Klassikern wie "Rauchaal und Kräuterrührei auf Vollkornbrot" auch Feines wie "Kabeljau unter der Thymiankruste mit Pfifferlingen" sowie Grillgerichte bietet - immer aus erstklassigen Produkten.

Menü 32 € (mittags unter der Woche)/105 € - Karte 68/94 €

*Stadtplan : L2-v - Fairmont Hotel Vier Jahreszeiten, Neuer Jungfernstieg 9*
✉ *20354 - ☏ 040 34943312 - www.fairmont-hvj.de*

## ⫶○ Atlantic Restaurant ⪡ ᖸ ᴀᴄ ⅋ ⇔

**KLASSISCHE KÜCHE · ELEGANT** ✕✕ Das elegante Restaurant des Hamburger Traditionshotels ist geradezu das Wohnzimmer für weite Teile der hanseatischen Gesellschaft. Da lässt man sich gerne klassische Küche servieren.

Menü 80/115 € - Karte 54/115 €

*Stadtplan : M2-a - Hotel Atlantic Kempinski, An der Alster 72* ✉ *20099*
*- ☏ 040 2888860 - www.kempinski.com/hamburg*
*- geschl. Sonntag*

## ⫶○ Anna Sgroi ᖸ

**ITALIENISCH · ELEGANT** ✕✕ Charmant das hübsch sanierte Stadthaus mit seinem reduzierten und doch stilvoll-gemütlichen Interieur, fast schon familiär die Atmosphäre. Dazu klassisch italienische Küche. Zusätzliches günstiges Mittagsangebot.

Menü 39 € (mittags)/95 € - Karte 71/82 €

*Stadtplan : G2-e - Milchstr. 7* ✉ *20148 - ☏ 040 28003930 - www.annasgroi.de*
*- geschl. Samstagmittag, Sonntag - Montag sowie an Feiertagen mittags*

## ⫶○ petit bonheur ᖸ ᴊ ⇄ ⇔

**FRANZÖSISCH-KLASSISCH · BRASSERIE** ✕✕ Draußen die geschmackvolle Jugendstilfassade mit typischen Brasserie-Markisen, drinnen ein charmant-elegantes Restaurant mit französischem Flair - sehr schön die Bilder aus der Kunstsammlung des Chefs! Auf dem Teller natürlich klassische Küche wie in Frankreich. Crêpe Suzette wird direkt am Tisch zubereitet!

Menü 41/62 € - Karte 43/79 €

*Stadtplan : J3-p - Hütten 85* ✉ *20355 - ☏ 040 33441526*
*- www.petitbonheur-restaurant.de - geschl. Samstagmittag, Sonntag sowie an Feiertagen*

## ⫶○ DIE BANK ᖸ

**INTERNATIONAL · BRASSERIE** ✕✕ Einer der Hotspots der Stadt! Kein Wunder, denn die Kassenhalle im 1. OG des einstigen Bankgebäudes von 1897 ist eine beeindruckende Location. Es gibt z. B. "gebratenes Filet von der Meeräsche" oder "Tunasashimi". Bar mit Brasserie-Karte.

Menü 23 € (mittags)/69 € - Karte 53/69 €

*Stadtplan : K2-d - Hohe Bleichen 17* ✉ *20354 - ☏ 040 2380030 (abends Tischbestellung ratsam) - www.diebank-brasserie.de - geschl. Sonntag sowie an Feiertagen*

## ⫶○ Henriks ᖸ ᴊ ᴀᴄ ⅋

**INTERNATIONAL · DESIGN** ✕✕ Lust auf "Graved Lachs, Grünkohlsalat, Rote-Bete-Mayo"? Oder lieber "Tuna-Tataki-Steak, Wasabipüree, Miso-Sojasauce"? In dem chic designten Restaurant wird ambitioniert gekocht, ein Mix aus asiatischer, mediterraner und regionaler Küche. Beliebt die großzügige Terrasse samt Lounge. Tipp: preisgünstiger Lunch.

Karte 27/110 €

*Stadtplan : L1-b - Tesdorpfstr. 8* ✉ *20148*
*- ☏ 040 288084280 (Tischbestellung erforderlich)*
*- www.henriks.cc*

## ⁑○ La Fayette     🛋 🅿

REGIONAL · GEMÜTLICH XX In markantem Rot sticht die Restaurantfront aus der weißen Fassade des Eckhauses hervor. Hier kocht man gerne mit mediterranem Einfluss. Im Winter gibt's Gänse vom eigenen Hof in Bayern. Dazu z. B. gute Weine aus Deutschland und Frankreich.

Menü 29/38 € – Karte 36/54 €

Stadtplan : G2-s – *Zimmerstr. 30* ✉ *22085* – ℰ *040 225630*
*– www.la-fayette-hamburg.de – nur Abendessen – geschl. Sonntag*

## ⁑○ Piazza Romana     🛆 🖭 🎐 🚗

ITALIENISCH · KLASSISCHES AMBIENTE XX Von der belebten Hotelhalle gelangt man in dieses Restaurant mit italienisch-mediterranem Angebot. An einigen Tischen direkt in der Halle kann man bei Minestrone, Linguine oder Gambas auch mitten im Geschehen sitzen.

Karte 33/50 €

Stadtplan : K1-m – *Hotel Grand Elysée, Rothenbaumchaussee 10* ✉ *20148*
*– ℰ 040 414120 – www.grand-elysee.com*

## ⁑○ Strauchs Falco     🛋

INTERNATIONAL · TRENDY XX Mediterrane Gerichte, Steaks, Klassiker... das breite internationale Angebot kommt an. Das Restaurant selbst: moderner Stil, offene Küche, im Sommer mit großer Terrasse. Im OG die Tapasbar, die tagsüber auch als Café dient.

Karte 38/84 €

Stadtplan : L3-b – *Koreastr. 2* ✉ *20354* – ℰ *040 226161511*
*– www.falco-hamburg.de*

## ⁑○ YOSHI im Alsterhaus     🛋 🛆 🖭

JAPANISCH · TRENDY XX Auf dem "Feinschmecker-Boulevard", der 4. Etage des noblen Einkaufszentrums, hat man einen Treffpunkt für Freunde japanischer Esskultur geschaffen. Tradition und Moderne in Einklang bringen - das gelingt den japanischen Köchen z. B. mit Teriyaki-Gerichten oder Sushi. Gefragte Dachterrasse!

Menü 20 € (mittags unter der Woche)/98 € – Karte 34/117 €

Stadtplan : L2-b – *Jungfernstieg 16, (Alsterhaus 4. OG - Direkter Lift-Zugang Poststr. 8)* ✉ *20354* – ℰ *040 35714493 – www.yoshi-hamburg.de – geschl. Sonntag und an Feiertagen*

## ⁑○ La Mirabelle

FRANZÖSISCH-KLASSISCH · GEMÜTLICH X Der Name lässt es bereits vermuten: Hier wird französisch gekocht, und dabei verzichtet man auf Chichi, vielmehr setzt man auf Geschmack - so z. B. bei "Kabeljau mit Senfsauce". Käseliebhaber aufgepasst: Man hat rund 50 französische Sorten!

Menü 33 € (unter der Woche)/62 € – Karte 44/67 €

Stadtplan : K1-n – *Bundesstr. 15* ✉ *20146*
*– ℰ 040 4107585 – www.la-mirabelle-hamburg.de*
*– nur Abendessen – geschl. 1. - 6. Januar und Sonntag - Montag sowie an Feiertagen*

## ⁑○ Coast     🎋 🛋 🛆 🎐

FUSION · FREUNDLICH X Schön am Wasser gelegen, an den "Marco-Polo-Terrassen" am Rand der Hafencity! Ein weiterer Trumpf ist das Konzept: euro-asiatische Speisen und kreative Sushiküche. Im UG gibt es noch mehr Gastronomie: die Enoteca mit italienischem Angebot. Ab 18 Uhr parken Sie in der Unilever-Garage nebenan.

Menü 63/72 € – Karte 45/85 €

Stadtplan : G3-a – *Großer Grasbrook 14* ✉ *20457* – ℰ *040 30993230*
*– www.coast-hamburg.de*

## ⋔○ VLET

**MODERNE KÜCHE · HIP** ⅄ Der Lagerhaus-Charakter könnte kaum typischer sein für die Speicherstadt und ganz im Stil dieser modernen Adresse werden hier norddeutsche Spezialitäten neu interpretiert, so heißt es z. B. "Labskaus mal ganz anders"! Man beachte auch das umfangreiche Angebot an regionalem Käse. Tipp zum Parken: "Contipark".

Menü 62/78 € – Karte 45/64 €

**Stadtplan : L3-d** – *Sandtorkai 23, (Eingang über die Kibbelstegbrücke, 1. Etage, Block N)* ✉ *20457* – *✆ 040 334753750* – *www.vlet.de* – *nur Abendessen* – *geschl. Sonntag*

## ⋔○ CARLS     ⪦ 🏛 ⅌ 🄰🄲 ⅏ ⟳

**REGIONAL · BRASSERIE** ⅄ Französische Küche mit norddeutschem Einschlag. In der eleganten Brasserie an der Elbphilharmonie ist das z. B. Boeuf Bourguignon, Fischsuppe, "Carls Hanseatenplatte"... nicht zu vergessen der günstige Plat du jour - Hafenblick inklusive. Dazu Tartes und Kleinigkeiten im Bistro, im Laden Gewürze und Feinkost!

Menü 42 € – Karte 32/76 €

**Stadtplan : F3-c** – *Am Kaiserkai 69* ✉ *20457* – *✆ 040 300322400*
– *www.carls-brasserie.de*

## ⋔○ Bistro am Fleet     🏛 ⅌ 🄰🄲 🚗

**INTERNATIONAL · GEMÜTLICH** ⅄ Gemütlich und leger ist das Ambiente hier, schön der Wintergarten - so verläuft der Übergang zwischen drinnen und draußen fast fließend. Internationales Speisenangebot.

Menü 35 € – Karte 26/64 €

**Stadtplan : K3-s** – *Hotel Steigenberger, Heiligengeistbrücke 4* ✉ *20459*
– *✆ 040 36806122* – *www.hamburg.steigenberger.de*

## ⋔○ Gusto Fino     🏛

**ITALIENISCH · MEDITERRANES AMBIENTE** ⅄ Eine kleine Treppe führt ins Souterrain des 100 Jahre alten Stadthauses, wo man Ihnen in schön geradlinigem und stilvoll-modernem Ambiente frische italienische Küche serviert. Wie wär's mal mit dem günstigen Mittagstisch?

Menü 13 € (mittags)/82 € – Karte 32/76 €

**Stadtplan : G2-a** – *Papenhuder Str. 49* ✉ *22087*
– *✆ 040 30036931* – *www.gustofino-hamburg.de*
– *geschl. Samstagmittag, Sonntag*

## ⋔○ [m]eatery     ⅌ 🄰🄲 ⟳ 🚗

**FLEISCH · DESIGN** ⅄ Steak-Fan? Vom einsehbaren Reifeschrank kommt das Fleisch bei 800 Grad auf den Grill! Daneben gibt's Tatar von Fisch, Fleisch sowie vegetarisch, und zwar classic, mediterran, orientalisch, asiatisch. Trendig das Design in frischem Grün!

Karte 39/124 €

**Stadtplan : K2-h** – *Hotel SIDE, Drehbahn 49* ✉ *20354* – *✆ 040 30999595*
– *www.meatery.de*

## ⋔○ Butcher's american steakhouse    

**FLEISCH · FAMILIÄR** ⅄ Lust auf Steak? Hier gibt es richtig gutes Nebraska-Beef, das Ihnen am Tisch präsentiert wird, manchmal sogar vom Chef persönlich! Tipp für Wintertage: Versuchen Sie, einen der besonders gemütlichen Plätze am offenen Kamin zu ergattern!

Karte 81/163 €

**Stadtplan : G2-n** – *Milchstr. 19* ✉ *20148*
– *✆ 040 446082* – *www.butchers-steakhouse.de*
– *geschl. Samstagmittag, Sonntagmittag sowie an Feiertagen mittags*

## ⅼO Matsumi 🛋 🍽

**JAPANISCH · GERADLINIG** X Seit 1982 wird hier japanisch gekocht, und die authentischen Spezialitäten kommen gut an! Es gibt auch viele vegetarische Gerichte und einen günstigen Lunch. Serviert wird am Tisch oder an der Sushi-Bar. Tatami-Zimmer für kleine Gruppen.

Menü 29/69 € (abends) – Karte 23/74 €

**Stadtplan : K2-r** – *Colonnaden 96, (1. Etage)* ✉ *20354* – ℰ *040 343125*
– *www.matsumi.de – geschl. Weihnachten - Anfang Januar 2 Wochen, Juli*
*- August 2 Wochen und Sonntag - Montag sowie an Feiertagen mittags*

## ⅼO Bistrot Vienna 🛋 🍽

**MARKTKÜCHE · BISTRO** X Charmant-lebhaft ist das etwas versteckt liegende kleine Restaurant. Die Gäste mögen die quirlig-legere Atmosphäre und die saisonal-internationale Küche, und so sind die eng stehenden Tische stets heiß begehrt - Reservierung nicht möglich!

Menü 25 € – Karte 21/53 €

**Stadtplan : E2-c** – *Fettstrasse 2* ✉ *20357* – ℰ *040 4399182*
– *www.vienna-hamburg.de – nur Abendessen – geschl. Montag*

## *Hotels*

## 🏨 Fairmont Hotel Vier Jahreszeiten ⪡ 🛏 🕯 🀆 🕰 🔒 ⬆ ⚘ AC 🍽

**GROSSER LUXUS · KLASSISCH** Hamburger Tradition in Vollkommen- 🛋 🚗
heit, begonnen 1897. Die Zimmer verbinden aufs Gelungenste schickes frisches Design mit klassischer Eleganz - aufwändig, wertig, luxuriös. Relaxen auf der tollen Dachterrasse mit Bar, Afternoon Tea in der stilvollen "Wohnhalle", Snacks und Kuchen in der trendigen Condi Lounge.

139 Zim – ♦295/405 € ♦♦315/495 € – 17 Suiten – 🍴 39 €

**Stadtplan : L2-v** – *Neuer Jungfernstieg 9* ✉ *20354* – ℰ *040 34940*
– *www.fairmont-hvj.de*
🎇 **Haerlin** • ⅼO **Jahreszeiten Grill** – siehe Restaurantauswahl

## 🏨 Atlantic Kempinski ⪡ 🖥 🕯 ⬆ AC 🛋 🚗

**GROSSER LUXUS · KLASSISCH** Das "Weiße Schloss an der Alster" zeigt sich so richtig luxuriös! Sie betreten eine Lobby voll purer Klassik, nächtigen in Zimmern von edler Zeitlosigkeit (feines Ebenholz, topmoderne Technik...) und tagen oder feiern in stilvollen Salons!

221 Zim – ♦199 € ♦♦229 € – 33 Suiten – 🍴 36 €

**Stadtplan : M2-a** – *An der Alster 72* ✉ *20099* – ℰ *040 28880*
– *www.kempinski.com/hamburg*
ⅼO **Atlantic Restaurant** – siehe Restaurantauswahl

## 🏨 Park Hyatt 🕯 🖥 🕯 🀆 🕰 ⬆ ⚘ AC 🍽 🛋 🚗

**GROSSER LUXUS · MODERN** Im 1. Stock empfängt das einstige Kontorhaus von 1912 seine Gäste, die es sich hier in der geschmackvollen Lounge gemütlich machen können. Mit Wertigkeit und moderner Eleganz sucht das Luxushotel seinesgleichen. Restaurant "Apples" lädt mit seiner Showküche zum Zuschauen ein.

262 Zim – ♦185/550 € ♦♦239/590 € – 21 Suiten – 🍴 34 €

**Stadtplan : M3-t** – *Bugenhagenstr. 8, (im Levantehaus)* ✉ *20095*
– ℰ *040 33321234 – www.hamburg.park.hyatt.de*

## 🏨 Le Méridien 🕯 🖥 🀆 🕰 ⬆ ⚘ AC 🛋 🚗

**KETTENHOTEL · MODERN** Der attraktive klare Stil zieht sich von den Zimmern (hier speziell entworfene therapeutische Betten) bis in den Wellnessbereich. Was halten Sie von einem Panorama-Zimmer zur Alster in einer der oberen Etagen? Ebenso schön ist die Sicht von Restaurant und Bar im 9. Stock (auch per Außen-Glaslift erreichbar!).

275 Zim – ♦139/429 € ♦♦159/449 € – 7 Suiten – 🍴 30 €

**Stadtplan : M2-d** – *An der Alster 52* ✉ *20099* – ℰ *040 21000*
– *www.lemeridienhamburg.com*

## 🏨 Grand Elysée ⛲ 🖼 🌐 🛜 💆 ☰ ♿ 🅰 🧖 🛗 🚗

LUXUS · KLASSISCH Das größte privat betriebene Hotel Hamburgs! Elegant die Zimmer, weitläufig die Halle mit Boutique und Café. Brasserie und THEO'S mit Prime Beef schließen sich an. Überall im Haus finden sich zudem rund 800 Exponate aus der Kunstsammlung der Eigentümerfamilie. Tipp: ruhig gelegene Gartenhofzimmer oder Südzimmer zum Moorweidenpark.

494 Zim – 🛏190 € 🛏🛏210 € – 17 Suiten – 🍽 25 €

Stadtplan : K1-m – *Rothenbaumchaussee 10* 🖂 *20148* – ☎ *040 414120*
– *www.grand-elysee.com*

🍴 **Piazza Romana** – siehe Restaurantauswahl

## 🏨 SIDE 🖼 🛜 💆 ☰ ♿ 🅰 🧖 🚗

LUXUS · DESIGN Hier (zwischen Gänsemarkt und Staatsoper) waren Designer am Werk: die Glas-Naturstein-Fassade von Jan Störmer, das Lichtkonzept in der Lobby mit ihren eindrucksvollen 30 Metern Höhe von Robert Wilson, der schicke Style der Zimmer von Matteo Thun. Im Sommer After-Work-Partys auf der Dachterrasse.

168 Zim – 🛏165/450 € 🛏🛏165/450 € – 10 Suiten – 🍽 28 €

Stadtplan : K2-h – *Drehbahn 49* 🖂 *20354* – ☎ *040 309990*
– *www.side-hamburg.de*

🍴 **[m]eatery** – siehe Restaurantauswahl

## 🏨 Sofitel Alter Wall ⛲ 🖼 🌐 🛜 💆 ☰ ♿ 🅰 🧖 🚗

KETTENHOTEL · DESIGN Puristisch und luxuriös zugleich ist der klare moderne Style. Das Alsterfleet hat man gleich vorm Haus - das genießt man am besten auf der Terrasse direkt über dem Wasser! Hier auch der eigene Bootsanleger. Italienische Küche im "Ticino".

223 Zim – 🛏150 € 🛏🛏180 € – 18 Suiten – 🍽 32 €

Stadtplan : K3-g – *Alter Wall 40* 🖂 *20457* – ☎ *040 369500* – *www.sofitel.com*

## 🏨 Steigenberger 🌐 🛜 💆 ☰ 🅰 🧖 🚗

LUXUS · KLASSISCH Bei Geschäfts- und Städtereisenden gleichermaßen beliebt: die Lage direkt am Alsterfleet (hier ein eigener Bootsanlager), wohnliche Zimmer, ein komfortabler Spa, ein geräumiger Fitnessbereich "on top" samt Panoramablick und Dachterrasse!

227 Zim – 🛏159/399 € 🛏🛏179/419 € – 6 Suiten – 🍽 29 €

Stadtplan : K3-s – *Heiligengeistbrücke 4* 🖂 *20459* – ☎ *040 368060*
– *www.hamburg.steigenberger.com*

🍴 **Bistro am Fleet** – siehe Restaurantauswahl

## 🏠 AMERON Hotel Speicherstadt ⛲ 🛜 💆 ☰ ♿ 🅰 🚗

HISTORISCH · VINTAGE Sie wohnen direkt in der Speicherstadt, und das richtig charmant. Dafür sorgt trendiges Design im 50er-Jahre-Look, das zusammen mit warmen Tönen ein wohnliches Ambiente schafft. Restaurant im modernen Glasanbau mit italienischer Küche.

192 Zim – 🛏139 € 🛏🛏139 € – 🍽 19 €

Stadtplan : L3-s – *Am Sandtorkai 4* 🖂 *20457* – ☎ *040 6385890*
– *www.hotel-speicherstadt.de*

## 🏠 The George ⛲ 🛜 🅰 🧖 🛗 🚗

URBAN · DESIGN Modern-britisch der Stil - cool und urban. Ob Bibliothek, Bar oder Zimmer, überall gedeckte Töne und Details wie Bilder, Bezüge, Tapeten. Geräumig die "M"-Zimmer, die "S"-Zimmer kleiner und zur Straße gelegen. Genießen Sie von der Dachterrasse den Blick über Hamburg! Mediterran-italienische Küche im "DaCaio".

123 Zim – 🛏147/177 € 🛏🛏157/187 € – 2 Suiten – 🍽 20 €

Stadtplan : G2-g – *Barcastr. 3* 🖂 *22087* – ☎ *040 2800300*
– *www.thegeorge-hotel.de*

### Europäischer Hof

**BUSINESS · KLASSISCH** In dem Hotel gegenüber dem Hauptbahnhof erwarten Sie u. a. eine gediegen-elegante Halle und die siebengeschossige "Euro-Therme" mit 150-m-Wasserrutsche über sechs Ebenen. Die Atmosphäre in Paulaner's "Miraculum": rustikal und ungezwungen.

275 Zim ⌑ – ♦125/205 € ♦♦160/260 € – ½ P

Stadtplan : M2-r – *Kirchenallee 45* ✉ *20095 – ℰ 040 248248*
– *www.europaeischer-hof.de*

### HENRI

**BUSINESS · VINTAGE** Hochwertig und mit dem Komfort von heute lässt man in dem einstigen Kontorhaus die 50-60er Jahre ("Henri auf Reisen") wieder aufleben. Charmant: Lounge mit Wohnzimmer-Flair, Küche mit Snacks und Getränken sowie täglichem "Abendbrod" und Kuchen am Wochenende!

60 Zim – ♦98/118 € ♦♦118/138 € – 5 Suiten – ⌑ 15 €

Stadtplan : L3-a – *Bugenhagenstr. 21* ✉ *20095 – ℰ 040 5543570*
– *www.henri-hotel.com*

### Reichshof

**BUSINESS · ELEGANT** 1910 als Grandhotel erbaut und teilweise denkmalgeschützt, findet sich hier so manches Detail von einst - sehenswert z. B. die Lobby mit ihren imposanten Marmorsäulen! Ein gelunger Mix aus historischem Flair und modernem Stil auch im Restaurant. Zeitgemäß und hochwertig ausgestattet die Zimmer.

278 Zim – ♦149/359 € ♦♦149/359 € – ⌑ 21 €

Stadtplan : M2-e – *Kirchenallee 34* ✉ *20099 – ℰ 040 3702590*
– *www.reichshof-hamburg.com*

### Renaissance ⓝ

**BUSINESS · MODERN** Sie wohnen zentral im Hanseviertel. Attraktiv die geradlinig-klassisch gehaltene Lobby, sehr geschmackvoll die modernen, technisch gut ausgestatteten Zimmer, chic die Grautöne überall im Haus. Die hier einst ansässige Druckerei der Familie Broschek gab dem Restaurant den Namen und das Ambiente.

205 Zim ⌑ – ♦149/200 € ♦♦169/249 € – 1 Suite

Stadtplan : K2-n – *Große Bleichen 36* ✉ *20354 – ℰ 040 349180*
– *www.renaissance-hamburg.com*

### Eilenau

**URBAN · INDIVIDUELL** Charme und Individualität pur! In zwei sorgsam sanierten Häusern von 1890 treffen Antiquitäten, Stuck, Kronleuchter und altes Parkett auf stilvolle Moderne. Dazu persönlicher Service. Abends Bistrokarte für den kleinen Hunger.

17 Zim – ♦109 € ♦♦139/159 € – 5 Suiten – ⌑ 15 €

Stadtplan : H2-e – *Eilenau 36* ✉ *22089 – ℰ 040 2360130 – www.eilenau.de*

### 25hours Hafen City

**URBAN · INDIVIDUELL** An Individualität ist das hier kaum zu überbieten! Da trifft junges klares Design auf gemütliches Holz, Seemannsgeschichten, alte Schallplatten im loungigen "Vinyl Room", Gäste-Seesack in der Hafensauna auf dem Dach... Und die Zimmer sind natürlich Kojen! Am Wochenende Langschläferfrühstück bis 12 Uhr.

170 Zim – ♦125/350 € ♦♦135/360 € – ⌑ 19 €

Stadtplan : G3-h – *Überseeallee 5* ✉ *20457 – ℰ 040 2577770*
– *www.25hours-hotels.com*

### Mittelweg

**PRIVATHAUS · GEMÜTLICH** Der Charme der Jahrhundertwende ist in der Villa von 1890 allgegenwärtig: Treppenhaus, Stuckdecke im stilvollen Frühstücksraum, liebenswert arrangierte Farben, Muster und klassische Möbel in den Zimmern. Lauschig der kleine Garten.

30 Zim ⌑ – ♦105/135 € ♦♦145/189 €

Stadtplan : G1-c – *Mittelweg 59* ✉ *20149 – ℰ 040 4141010*
– *www.hotel-mittelweg-hamburg.de*

## Wedina

**FAMILIÄR · INDIVIDUELL** Gelbes Haus, Grünes Haus, Blaues Haus, Galeriehotel...
- mal sonnig, frisch und mit mediterraner Note, mal puristisch oder mit literari-
schen Werken. Die Bücher (auch in der Lobby) sind übrigens von den Autoren sig-
niert. Nicht versäumen: Frühstück im Garten und Stadterkundung per Leihfahrrad!
61 Zim – ♥125/185 € ♥♥145/205 € – ☞15 €
**Stadtplan: M2-b** – *Gurlittstr. 23* ✉ *20099* – ✆ *040 2808900*
– *www.hotelwedina.de*

## City-House

**URBAN · KLASSISCH** Wirklich schön, die alte Kaufmannsvilla: Rezeption und
Lounge/Bibliothek stilvoll nach englischem Vorbild gestaltet, gediegen-elegant
und wohnlich auch die Zimmer (teilweise etwas kleiner). Günstig: bahnhofsnahe
Lage in einer Seitenstraße.
30 Zim – ♥75/139 € ♥♥95/149 € – ☞11 €
**Stadtplan: G3-h** – *Pulverteich 25* ✉ *20099* – ✆ *040 2800810*
– *www.cityhouse.de*

# Außerhalb des Zentrums

## In Hamburg-Altona

### ☼ Landhaus Scherrer (Heinz O. Wehmann)

**FRANZÖSISCH-KLASSISCH · ELEGANT** ✗✗✗ Das Landhaus Scherrer und Heinz O.
Wehmann, das gehört einfach zusammen, seit 1980! So klassisch wie das ele-
gante Restaurant (überaus dekorativ etwa das große Erotik-Gemälde von Otto Bach-
mann) ist auch die Küche. Die Weinkarte mit über 600 Positionen kommt -
ganz fortschrittlich - per iPad daher!
→ Geräucherter Saibling mit Schmorgurken und Senfaromen. Krosse Vierländer
Ente. Holsteiner Rehrücken mit Pfifferlingen und Kirschen.
Menü 98/128 € – Karte 73/98 €
**Stadtplan : C3-c** – *Elbchaussee 130* ✉ *22763* – ✆ *040 883070030*
– *www.landhausscherrer.de* – *geschl. Sonntag*
🍴○ **Wehmann's Bistro** – siehe Restaurantauswahl

### ☼ Le Canard nouveau (Ali Güngörmüs)

**KLASSISCHE KÜCHE · GERADLINIG** ✗✗✗ Was der saisonalen klassischen Küche
ihre besondere Note verleiht, sind die orientalischen Akzente, die der gebürtige
Türke Ali Güngörmüs hier so geschickt einfließen lässt. Genießen Sie den Hafen-
blick in diesem lichten Rundbau doch auch mal beim Business-Lunch!
→ Lachs, Aal, Meerrettich, Gurke, Apfel. Salzwiesenlamm, Tortellini, Blumenkohl,
Minzjoghurt. Blueberry Cheesecake, Rhabarber, Himbeere.
Menü 51 € (mittags unter der Woche)/139 € – Karte 72/95 €
**Stadtplan : C3-d** – *Elbchaussee 139* ✉ *22763* – ✆ *040 88129531 (Tischbestellung
ratsam)* – *www.lecanard-hamburg.de* – *geschl. 1. - 6. Januar und Sonntag
- Montag*

### 🍴 **Petit Amour** (Boris Kasprik)

KLASSISCHE KÜCHE · CHIC XX Warum das Restaurant so gut ankommt? Das Interieur verbindet modernen Chic mit Gemütlichkeit, der Service ist freundlich und geschult, die Küche klassisch und angenehm geradlinig, aromenreich und ausdrucksstark. Tipp: Mittags speist man zu einem klasse Preis-Leistungs-Verhältnis.
→ Königskrabbe mit Ossietra Kaviar, Avocado und Staudenselleriesud. Ente aus der Dombes, Shiitake Tarte und Kopfsalatherzen. Frühlingskräuterflan, Süßholz, Johannisbeeren und Limettensorbet.

Menü 65/112 €

Stadtplan : D3-a – *Spritzenplatz 11* ✉ 22765 – ☎ *040 30746556 (Tischbestellung ratsam) – www.petitamour-hh.com – nur Abendessen, Donnerstag auch Mittagessen – geschl. Ende Januar 1 Woche, Ende Juli 2 Wochen und Sonntag - Montag*

### ⅰ○ **Fischereihafen Restaurant**

FISCH UND MEERESFRÜCHTE · KLASSISCHES AMBIENTE XXX Eine Institution in Hamburg, die überwiegend Fischgerichte bietet. Man speist in klassisch-maritimem Ambiente mit Blick auf den Hafen, umsorgt vom geschulten Service. Beliebt ist natürlich das günstige Mittagsmenü.

Menü 25 € (mittags)/75 € – Karte 35/83 €

Stadtplan : D3-d – *Große Elbstr. 143* ✉ 22767 – ☎ *040 381816 (Tischbestellung ratsam) – www.fischereihafenrestaurant.de*

### ⅰ○ **Au Quai**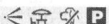

FISCH UND MEERESFRÜCHTE · HIP XX Eine trendige Adresse mit guter internationaler Küche, die z. B. in Form von "Black Cod, Miso, Süßkartoffel, Pak Choi" serviert wird. Mittags kommt man gerne zum günstigen Lunch. Der Renner ist natürlich die Terrasse mit tollem Hafenblick!

Menü 19 € (mittags unter der Woche)/47 € – Karte 42/79 €

Stadtplan : D3-q – *Große Elbstr. 145 b* ✉ 22767 – ☎ *040 38037730 – www.au-quai.com – geschl. über Weihnachten, 1. - 15. Januar und Samstagmittag, Sonntag*

### ⅰ○ **MASH** ⓝ

STEAKHOUSE · ELEGANT XX Das hochwertige Steakhouse-Konzept steht für richtig gute Fleischqualität von Rib Eye über N. Y. Strip bis zum exklusiven Kobe Beef. Dazu über 1500 Positionen in dekorativen Weinklimaschränken - auch Spitzenweine im Offenausschank!

Menü 30 € (mittags unter der Woche) – Karte 54/113 €

Stadtplan : D3-m – *Große Elbstr. 148* ✉ 22767 – ☎ *040 809008111 (am Wochenende Tischbestellung ratsam) – www.mashsteak.de*

### ⅰ○ **Henssler Henssler**

ASIATISCHE EINFLÜSSE · GERADLINIG X Hier sind vor allem die Sushi- und Sashimi-Variationen gefragt, es gibt aber auch Gerichte wie "Filet von der Dorade" oder "Rib Eye vom Heiderind" mit Beilage und Sauce nach Wahl. Oder lieber "Sushi to go"?

Menü 45/69 € (abends) – Karte 33/68 €

Stadtplan : D3-u – *Große Elbstr. 160* ✉ 22767 – ☎ *040 38699000 (Tischbestellung ratsam) – www.hensslerhenssler.de – geschl. Weihnachten - Neujahr und Sonntag*

### ⅰ○ **RIVE Bistro**

FISCH UND MEERESFRÜCHTE · BISTRO X Bei freundlichem Service und Blick auf die berühmten Docks und die passierenden Schiffe gibt es Klassiker wie "Hamburger Pannfisch", aber auch Internationales wie "Yellowfin Tuna, Pak Choi, Mango-Chilli-Couscous" und auch Fleischgerichte.

Menü 20 € (mittags unter der Woche)/48 € – Karte 34/60 €

Stadtplan : D3-r – *Van-der-Smissen Str. 1* ✉ 22767 – ☎ *040 3805919 (Tischbestellung ratsam) – www.rive.de*

### ❦○ Das Weisse Haus

**INTERNATIONAL · FREUNDLICH** ⅓ In dem kleinen weißen Häuschen an der Elbpromenade kocht man international. Auch das saisonale Überraschungsmenü ist inzwischen bekannt! Freundlich-legere Atmosphäre, auch draußen sitzt man nett.

Menü 39/59 € – Karte 41/58 €

**Stadtplan : C3-s** – *Neumühlen 50 ✉ 22763 – ✆ 040 3909016 (Tischbestellung ratsam) – www.das-weisse-haus.de – geschl. Montag*

### ❦○ Wehmann's Bistro

**REGIONAL · BISTRO** ⅓ Der "kleine Bruder" des Gourmetrestaurants (auch hier erotische Bilder, dazu eine schöne Holztäfelung) hat Klassiker wie "Hamburger Pannfisch" oder "gebratene Kalbsnierchen mit Schneidebohnen und Senfsauce" zu bieten.

Menü 38 € – Karte 36/50 €

**Stadtplan : C3-c** – *Restaurant Landhaus Scherrer, Elbchaussee 130 ✉ 22763 – ✆ 040 883070050 – www.wehmanns-bistro.de – geschl. Sonntag*

### ⌂ MY PLACE

**URBAN · INDIVIDUELL** Ein kleines Hotel nahe dem Szeneviertel Schanze mit charmant-modernen Zimmern, ganz individuell, jedes nach einem Hamburger Stadtteil benannt. In der "Bakery" gibt's von 8 bis 20 Uhr kostenlos Wasser, Kaffee und Kuchen! Toll: gutes Frühstück (Marmelade hausgemacht) im Sommer auf der Dachterrasse!

17 Zim – ♦75/112 € ♦♦99/112 € – 1 Suite – ♋ 5 €

**Stadtplan : E2-p** – *Lippmannstr. 5 ✉ 22769 – ✆ 040 28571874 – www.myplace-hamburg.de*

## In Hamburg-Bahrenfeld

### ❦○ Atlas

**INTERNATIONAL · BISTRO** ⅓ In der gemütlich-legeren einstigen Fischräucherei samt netter großer Terrasse vor dem Haus wird Internationales serviert. Beliebt ist der Dienstag mit traditionellem Wiener-Schnitzel-Angebot, sonntags nur Brunch. Am Mittag kleinere Karte.

Menü 21 € (mittags unter der Woche)/33 € – Karte 21/52 €

**Stadtplan : D2-b** – *Schützenstr. 9a, Eingang Phoenixhof ✉ 22761 – ✆ 040 8517810 – www.atlas.at – geschl. Samstagmittag, Sonntagabend*

### ❦○ Rach & Ritchy

**FLEISCH · FREUNDLICH** ⅓ Außen trendiges frisches Hellgrün und Aubergine, drinnen ebenso modern-leger! Als Spezialität kommt gutes Rindfleisch aus dem einsehbaren Reifeschrank auf den Grill! Ein Renner ist auch die idyllische Terrasse! Tipp: Mittagsmenü.

Karte 34/78 €

**Stadtplan : D2-a** – *Holstenkamp 71 ✉ 22525 – ✆ 040 89726170 (Tischbestellung ratsam) – www.rach-ritchy.de – geschl. Samstagmittag, Sonntag sowie an Feiertagen mittags*

### ❦○ Madame X im Off Club

**KREATIV · TRENDY** ⅓ Gastronomie der besonderen Art erlebt man im "Madame X": coole Atmosphäre, ein kreatives Carte-Blanche-Menü und legerer Service, der die Gerichte persönlich am Tisch erklärt. Man konzentriert sich auf wenige Komponenten, die Produkte kommen meist aus eigenem Anbau oder von befreundeten Bauern und Jägern.

Menü 77 €

**Stadtplan : D2-c** – *Restaurant Off Club, Leverkusenstr. 54 ✉ 22761 – ✆ 040 89019333 (Tischbestellung erforderlich) – www.offclub.de – nur Abendessen – geschl. Sonntag - Montag*

## 🍴 Off Club ⛱ ❄ 🚫🐕 ⊕ 🅿

**INTERNATIONAL • TRENDY** ✕ Als Teil eines trendigen Doppelkonzepts bietet der "Off Club" in dem sanierten Fabrikgebäude schmackhafte Gerichte von "Ochsenbacke geschmort / Fenchel" bis hin zu "japanischer Kneipenküche in Hamburg" in Form von "Oktopus / süße Miso". Mittags günstiges Tagesmenü.

Karte 31/55 €

**Stadtplan : D2-c** – *Leverkusenstr. 54 ✉ 22761 – ✆ 040 89019333 – www.offclub.de – geschl. Sonntag - Montag*

🍴 **Madame X im Off Club** – siehe Restaurantauswahl

## 🏨 25hours Number One ☼ 🏋 ⇳ 🛎 🅿

**URBAN • VINTAGE** Hip und trendig! Das ehemalige Lagerhaus ist gefragt bei Freunden von stylischem Design mit Retro-Touch. Da passt auch der moderne Stil des Restaurants ins Bild, hier gibt's Gerichte von typisch norddeutsch bis Pizza und Pasta. Tipp: kostenfreie Leihfahrräder sowie "Mini" zur Stadterkundung!

128 Zim – 👤93/160 € 👥93/160 € – ☕14 €

**Stadtplan : C2-n** – *Paul-Dessau-Str. 2 ✉ 22761 – ✆ 040 855070 – www.25hours-hotels.com/no1*

### In Hamburg-Bergedorf Süd-Ost: 33 km über A 25 Richtung Lübeck, Ausfahrt Curslack B3

## 🏨 Zollenspieker Fährhaus ☼ ♨ ⚲ ⛱ ⇳ ♿ 🛎 🚗

**BUSINESS • MODERN** Ein a. d. 13. Jh. stammendes Traditionshaus mit Hotelerweiterung - Modernes und heimische Materialien überaus ansprechend kombiniert. Schön der öffentliche Bereich und die großzügigen Zimmer. Zum Essen geht man ins historische Gasthaus mit tollem Wintergarten oder in die Vinothek. Terrasse und Biergarten.

61 Zim – 👤101/146 € 👥111/156 € – 1 Suite – ☕18 €

*Zollenspieker Hauptdeich 141, (im Ortsteil Kirchwerder) ✉ 21037 – ✆ 040 7931330 – www.zollenspieker-faehrhaus.de*

### In Hamburg-Bergstedt Nord-Ost: 17 km über B1

## ☺ Stüffel ❀ ⛱ 🚫🐕 🅿 💳

**REGIONAL • BISTRO** ✕ Auch wenn das Restaurant am Rande von Hamburg liegt, lohnt sich die Anfahrt! Es gibt frische regional-saisonale Küche voller Geschmack. In schön ungezwungener Atmosphäre speist man z. B. "Nordsee-Rotbarsch gebraten mit Rhabarber-Spargel & Graupenrisotto". Dazu preislich faire Weine. Einfache Mittagskarte.

Menü 36/49 € – Karte 40/55 €

*Stüffel 8 ✉ 22395 – ✆ 040 60902050 – www.restaurantstueffel.de – geschl. 5. - 12. März und Montag, Oktober - April: Montag - Dienstag*

### In Hamburg-Blankenese West: 16 km über Elbchaussee A2

## ✿✿ Süllberg - Seven Seas (Karlheinz Hauser) ❀ ⛴ ⚲ ⛱ ♿ ❄ 🚗

**FRANZÖSISCH-MODERN • LUXUS** ✕✕✕✕ Edel kommt das fast schon intime Restaurant daher - elegantes Mobiliar, wertige Stoffe, aufwändiges Gedeck. Bei fantastischem Blick auf die Elbe wird dem Gaumen ein ebenso großartiger Genuss zuteil: Die modern-klassische Küche kombiniert stimmig ausgesuchte Produkte, spielt mit Texturen, Temperaturen, Süße/Säure. Stil und Klasse auch im Hotelbereich.

➜ Gänseleber roh mariniert, Dörraprikose, Salzkaramell, Kokos. Hummer "Dreierlei", Mais, Ingwer, fermentierter Knoblauch. Limousinlamm, Rücken und Brust, Aubergine, Bärlauch, Orange.

Menü 79 € (vegetarisch)/180 €   10 Zim – 👤170/190 € 👥190/230 € – 1 Suite – ☕17 €

*Süllbergsterrasse 12 ✉ 22587 – ✆ 040 8662520 – www.suellberg-hamburg.de – nur Abendessen, sonntags auch Mittagessen – geschl. Januar - Mitte Februar und Montag - Dienstag*

🍴 **Deck 7** – siehe Restaurantauswahl

## ⊪○ Witthüs

**INTERNATIONAL · FREUNDLICH** XX Fast schon romantisch: Im Hirschpark liegt das über 300 Jahre alte Bauernhaus (einst Wohnhaus des berühmten Dichters und Komponisten Hans Henry Jahnn), charmant die elegant-nordische Einrichtung, reizend die Terrasse im Grünen... Geboten wird internationale Küche - bekannt ist man für das Candle-Light-Dinner.

Menü 30/39 € – Karte 38/55 €

*Elbchaussee 499a, (Zufahrt über Mühlenberg)* ✉ 22587 – ✆ 040 860173
*– www.witthues.com – nur Abendessen – geschl. Montag*

## ⊪○ Deck 7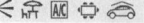

**REGIONAL · GEMÜTLICH** XX Modern-eleganter Stil, ruhige Erdtöne, schöner Schiffsboden... Das zweite Süllberg-Restaurant ist etwas legerer, die Küche saisonal-international. Im Sommer hausgemachter Kuchen auf der Terrasse, im Winter Rustikales in der "Almhütte".

Menü 44 € – Karte 39/65 €

*Restaurant Süllberg - Seven Seas, Süllbergsterrasse 12* ✉ 22587
*– ✆ 040 86625277 – www.suellberg-hamburg.de*

## 🏠 Strandhotel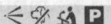

**VILLA · KLASSISCH** Am Elbstrand ist Lifstyle zuhause! Trotz aller Moderne ist der Charme der denkmalgeschützten weißen Jugendstilvilla allgegenwärtig: Hohe stuckverzierte Räume treffen auf stimmiges Designer-Interieur! Gutes Frühstück bei herrlichem Elbblick.

13 Zim – ♦100/120 € ♦♦160/205 € – 2 Suiten – ⌑15 €

*Strandweg 13* ✉ 22587 – ✆ 040 861344 – www.strandhotel-blankenese.de
*– geschl. 25. Dezember - 18. Januar*

# In Hamburg-Duvenstedt Nord-Ost: 21 km über B1, Richtung Kiel

## 🐸 LENZ 🌫 🟥 🅿

**REGIONAL · FREUNDLICH** X So ein Restaurant wünscht man sich um die Ecke: moderne, freundliche Atmosphäre und gute regionale Küche von Labskaus über geschmorte Ochsenbacke bis zur leckeren roten Grütze, dazu feine Kindergerichte. Der lichte Wintergarten lässt sich übrigens im Sommer öffnen!

Karte 36/78 €

*Poppenbütteler Chaussee 3* ✉ 22397 – ✆ 040 60558887
*– www.restaurant-lenz.de – geschl. August 2 Wochen und Dienstag*

# In Hamburg-Eimsbüttel

## 🐸 Heimatjuwel ⓝ 🌫 🟥

**KREATIV · GERADLINIG** X Marcel Görke, in Hamburg kein Unbekannter, hat hier ein geradlinig-rustikales kleines Restaurant mit ganz legerer Atmosphäre. Die kreativ-regionale Küche gibt es z. B. als "Roastbeef, BBQ-Hollandaise, Lauch, Mais". Sehr reduzierter und einfacher Mittagstisch. Kleine Terrasse auf dem Gehweg.

Menü 37/67 € – Karte 40/56 €

**Stadtplan : E1-h** *– Stellinger Weg 47* ✉ 20255 – ✆ 040 42106989 *(Tischbestellung ratsam) – www.heimatjuwel.de – nur Abendessen – geschl. 1. - 15. Januar und Sonntag - Montag*

## 🐸 Zipang

**JAPANISCH · GERADLINIG** X "Zipang" bedeutet "Reich der aufgehenden Sonne" - so kocht man hier traditionell japanisch, bindet aber auch gelungen westliche Einflüsse mit ein. In puristischem Ambiente gibt es z. B. "geschmortes Schweinefleisch, Onsen-Ei" oder die Sushi-Variation. Gut die Auswahl an hochwertigen Sake!

Menü 62 € (abends) – Karte 32/78 €

**Stadtplan : E1-z** *– Eppendorfer Weg 171* ✉ 20253 – ✆ 040 43280032
*– www.zipang.de – geschl. Sonntag - Dienstagmittag, Mittwochmittag*

## ⇟○ **Jellyfish**

FISCH UND MEERESFRÜCHTE · BISTRO X Locker und leger geht es hier zu. Im Mittelpunkt des monatlich wechselnden Menüs stehen topfrische Produkte - Schwerpunkt sind Fisch und Meeresfrüchte. Probieren Sie auch mal die "Seafood Etagere" (auf Vorbestellung). Charmanter Service.

Menü 69/99 €

Stadtplan : E2-a – *Weidenallee 12* ✉ *20357* – *☏ 040 4105414*
– *www.jellyfish-restaurant.de – nur Abendessen – geschl. 24. Dezember*
*- 5. Januar und Montag - Dienstag*

## In Hamburg-Eppendorf

### ❀❀ **Piment** (Wahabi Nouri)

KREATIV · FREUNDLICH XX Das Erfolgsrezept von Wahabi Nouri? Exaktheit, Know-how und jede Menge Fingerspitzengefühl, nicht zu vergessen: gekonnt in Szene gesetzte Produkte von Top-Qualität, unter die sich immer wieder Einflüsse seiner nordafrikanischen Heimat mischen!

→ Gänseleber mit Salzzitrone, Datteln und Berberitzen. Couscous, Gemüsevielfalt und Safranglace. Etouffée Taube mit Himbeer-Essigjus und B'stilla.

Menü 78/108 € – Karte 68/92 €

Stadtplan : F1-a – *Lehmweg 29* ✉ *20251* – *☏ 040 42937788 (Tischbestellung ratsam) – www.restaurant-piment.de – nur Abendessen – geschl. Mittwoch, Sonntag*

## ⇟○ **Ono by Steffen Henssler**

JAPANISCH · GERADLINIG X Lebendige Bistro-Atmosphäre und japanische Küche - ist das etwas für Sie? Dann werden Sie sich z. B. über das günstige Mittagsmenü freuen (zwei Gänge inkl. Wasser). Und probieren Sie Inside-Out-Maki und andere frische kreative Sushis.

Menü 59/75 € (abends) – Karte 30/65 €

Stadtplan : F1-b – *Lehmweg 17* ✉ *20251* – *☏ 040 88171842 (Tischbestellung ratsam) – www.onobysh.de – geschl. über Weihnachten 2 Wochen und Sonntag*

## ⇟○ **Cornelia Poletto**

ITALIENISCH · FREUNDLICH X Cornelia Poletto (bekannt aus ihrem früheren Restaurant und aus dem Fernsehen) bietet hier Italien auf 100 qm - nicht nur auf dem Teller, auch im Laden in Form von Gewürzen, Wein, Pasta, Käse. Man hat übrigens auch eine Kochschule!

Menü 59/98 € – Karte 41/84 €.

Stadtplan : F1-p – *Eppendorfer Landstr. 80* ✉ *20249* – *☏ 040 4802159 (Tischbestellung ratsam) – www.cornelia-poletto.de – geschl. Sonntag - Montag sowie an Feiertagen*

## ⇟○ **Poletto Winebar**

ITALIENISCH · GEMÜTLICH X In der gemütlich-quirligen Weinbar heißt es bei italienischer Küche "sehen und gesehen werden". Hier bestellt man z. B. "Tagliolini mit Trüffel aus dem Parmesanlaib" oder tolle Aufschnitte von der Berkel-Maschine! Kleiner Weinladen nebenan.

Menü 19 € (mittags)/89 € (abends) – Karte 26/57 €

Stadtplan : F1-w – *Eppendorfer Weg 287* ✉ *20251* – *☏ 040 38644700 (abends Tischbestellung ratsam) – www.poletto-winebar.de*

## In Hamburg-Finkenwerder

### ⇟○ **Finkenwerder Elbblick**

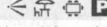

FISCH UND MEERESFRÜCHTE · BÜRGERLICH XX Traditionelle Fischgerichte sind nicht wegzudenken aus diesem langjährigen Familienbetrieb - Appetit auf klassische "Scholle Finkenwerder Art"? Toll: Blick auf die Elbe und die gegenüberliegende Elbchaussee mit ihren schönen Villen!

Menü 29/49 € – Karte 25/65 €

Stadtplan : A2-b – *Focksweg 42* ✉ *21129* – *☏ 040 7427095*
– *www.finkenwerder-elbblick.de*

### The Rilano

BUSINESS · MODERN Modernes Hotel an der Elbe, ganz in der Nähe des Airbus-Centers. In den Zimmern (meist mit Elbblick) hat man W-Lan und Softgetränke aus der Minibar kostenfrei. Internationale Küche im Restaurant, Snacks in der "Fusion-Bar", im Sommer "Beachbar". Mit der Fähre (Anleger direkt am Haus) in 30 Min. zum Zentrum.

170 Zim - †99/199 € ††119/219 € – 5 Suiten – ☲ 20 € – ½ P

*Hein-Saß-Weg 40, über A 7 A3, Richtung Hannover, Ausfahrt 30 ⌧ 21129*
*– ℰ 040 3008490 – www.rilano-hotel-hamburg.com*

### AM ELBUFER

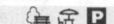

FAMILIÄR · FUNKTIONELL Das kleine Hotel auf der Elbinsel ist freundlich-familiär geführt und topgepflegt, hat zeitgemäß-wohnliche Zimmer (fragen Sie nach denen mit Elbblick!) und bietet ein gutes, frisches Frühstück. Und die Fähre zum Zentrum ist nicht weit weg.

14 Zim ☲ – †83/130 € ††120/140 € – 1 Suite

**Stadtplan : A2-b** – *Focksweg 40a ⌧ 21129 – ℰ 040 7421910*
*– www.hotel-am-elbufer.de – geschl. 17. Dezember - 8. Januar*

## In Hamburg-Flottbek

### Landhaus Flottbek

REGIONAL · RUSTIKAL XX Charmant sind sowohl das hübsche Fachwerkhaus mit seinem Landhaus-Flair als auch die gemütliche Gartenterrasse. Serviert werden saisonal-regionale Gerichte wie "Reh à la Daube mit Schmorgemüse". Nett der kleine Loungebereich an der Bar.

Menü 25 € (mittags)/36 € (abends) – Karte 37/61 €

**Stadtplan : A2-m** – *Hotel Landhaus Flottbek, Baron-Voght-Str. 179 ⌧ 22607*
*– ℰ 040 82274160 – www.landhaus-flottbek.de – geschl. Samstagmittag, Sonntagmittag*

### Landhaus Flottbek

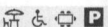

FAMILIÄR · GEMÜTLICH Diese gut geführte Adresse besteht aus mehreren Bauernhäusern a. d. 18. Jh., die geschmackvolle, wohnliche Gästezimmer beherbergen. Darf es vielleicht ein Zimmer zum schönen Garten hin sein?

25 Zim - †110 € ††120/150 € – ☲ 16 €

**Stadtplan : A2-m** – *Baron-Voght-Str. 179 ⌧ 22607 – ℰ 040 82274160*
*– www.landhaus-flottbek.de*

🍽 **Landhaus Flottbek** – siehe Restaurantauswahl

## In Hamburg-Harburg

### Leuchtturm

FISCH UND MEERESFRÜCHTE · GEMÜTLICH XX Seezunge, Zander, wilder Loup de Mer... Fisch und Meeresfrüchte sind hier Spezialität. Serviert werden die frische Küche und auch die schönen Weine und Grappas bei mediterranem Flair oder auf der Terrasse am Außenmühlteich. Großer Festsaal.

Menü 34/90 € – Karte 32/85 €

**Stadtplan : A3-e** – *Außenmühlendamm 2 ⌧ 21077 – ℰ 040 70299777*
*– www.leuchtturm-harburg.de*

### Nordlicht

MODERNE KÜCHE · GEMÜTLICH XX In dem Backsteingebäude serviert man Ihnen auf zwei Ebenen frische Fischküche. Ansprechend auch die Einrichtung: geradliniger Stil, warme Töne und dekorative Bilder schaffen Atmosphäre.

Menü 30/80 € – Karte 40/66 €

*Veritakai 2 ⌧ 21079 – ℰ 040 76793389 – www.nordlicht-harburg.de – nur Abendessen, sonntags auch Mittagessen – geschl. 18. Juli - 8. August und Montag*

🏚️ **Lindtner** 🀄 🐾 🛄 🏯 🖬 🛗 🎰 💇 🎿 **P**

**BUSINESS · MODERN** Ein wohnlich-komfortables Privathotel unter engagierter Leitung mit Konferenz- und Veranstaltungsräumen für bis zu 1000 Personen. Gönnen Sie sich doch mal die "Penthouse-" oder die "Kamendy-Suite"! Hochwertiger Wellnessbereich, Restaurant mit internationaler Küche. Gratis Elektroauto-Ladestation vor dem Haus.

119 Zim - 🛏️117/177 € - 🛏️🛏️157/237 € - 9 Suiten - 🚗 22 € - ½ P

Stadtplan : A3-g – *Heimfelder Str. 123* ✉ *21075 – ☎ 040 790090*
– *www.lindtner.com*

**In Hamburg-Langenhorn** Nord: 15 km über B1, Richtung Kiel

🍽️ **Speisewirtschaft Wattkorn** ⇦ 🏠 **P**

**REGIONAL · RUSTIKAL** 🍴 Schon von außen ist das denkmalgeschützte reetgedeckte Bauernhaus überaus einladend, drinnen hat man es richtig gemütlich. Das Angebot reicht von Schnitzel über "Pannfisch mit Bratkartoffeln und Senfsauce" bis Sushi. Heiß begehrt: der reizende Sommergarten! Charmante Gästezimmer.

Menü 20 € (mittags)/35 € – Karte 31/72 € 7 Zim 🚗 - 🛏️45/70 €
🛏️🛏️100/120 €

*Tangstedter Landstr. 230* ✉ *22417 – ☎ 040 5203797 (Tischbestellung ratsam)*
– *www.wattkorn.de*

**In Hamburg-Lemsahl-Mellingstedt** Nord: 20 km über B1, Richtung Lübeck

🍽️ **Stock's Fischrestaurant** 🏠 💇 ⇦ **P**

**FISCH UND MEERESFRÜCHTE · DESIGN** 🍴🍴 Ein charmantes Fachwerkhaus, unter dessen Reetdach es sich schön gemütlich sitzt. Freundlich umsorgt lässt man sich leckere Fischgerichte wie "gebratenen Dorsch, Blattspinat, Pommerysenfsauce" schmecken. Oder haben Sie Lust auf Sushi?

Menü 37/50 € – Karte 32/72 €

*An der Alsterschleife 3* ✉ *22399 – ☎ 040 6113620 (Tischbestellung ratsam)*
– *www.stocks.de – geschl. Montag*
🍽️ **Kaminstube** – siehe Restaurantauswahl

🍽️ **Kaminstube** 🏠 💇 **P**

**ÖSTERREICHISCH · GEMÜTLICH** 🍴 Holz, Felle auf Stühlen und Bänken, Geweih als Deko - modern-alpenländisches Flair in nordischen Gefilden! Was passt da besser als österreichische Küche? Internationales ist aber ebenso vertreten, von Sushi bis zum Burger. Dachterrasse.

Karte 26/45 €

*Stock's Fischrestaurant, An der Alsterschleife 3, (1. Etage)* ✉ *22399*
– *☎ 040 61136217 – www.stocks.de – Mittwoch - Freitag ab 15 Uhr geöffnet*
– *geschl. Montag - Dienstag*

**In Hamburg-Nienstedten** West: 13 km über Elbchaussee A2

🌸🌸 **Jacobs Restaurant** 🎱 ⇦ 🏠 🖬 💇 ⇦ 🚗

**FRANZÖSISCH-KLASSISCH · CHIC** 🍴🍴🍴 Hier kocht man klassisch, reduziert und frei von Schnörkeln, stellt konsequent die hochwertigen Produkte in den Mittelpunkt. Neu: Sie können nun auch à la carte wählen. Komplett wird der Genuss durch den versierten Service und das stilvolle Restaurant selbst samt herrlicher Lindenterrasse zur Elbe!

→ Saint Pierre mit Mangold, Zitrone und Pinienkernen. Sardinen aus der Bretagne in provençalischer Vinaigrette mariniert. Karamellisierte Altländer Apfeltarte, Crème chantilly.

Menü 98/135 € – Karte 70/116 €

*Hotel Louis C. Jacob, Elbchaussee 401* ✉ *22609 – ☎ 040 82255407*
*(Tischbestellung ratsam) – www.hotel-jacob.de – Mittwoch - Freitag: nur Abendessen – geschl. Montag - Dienstag*

### Weinwirtschaft Kleines Jacob

KLASSISCHE KÜCHE · WEINSTUBE X Für so manchen ist das hier schon zum Lieblingsrestaurant geworden - kein Wunder, denn bei Weinstuben-Charme, warmem Kerzenlicht und aufmerksamem Service man es wirklich schön. Aus der offenen Küche kommt z. B. "Hühnerfrikassee mit Königinpastete und Reis". Weine nur aus deutschsprachigem Anbaugebiet.

Menü 36 € – Karte 31/49 €

*Hotel Louis C. Jacob, Elbchaussee 404 ⊠ 22609 – ℰ 040 82255510*
*(Tischbestellung ratsam) – www.kleines-jacob.de – nur Abendessen*

### Il Sole

ITALIENISCH · FREUNDLICH X Wer bei dem wohlklingenden Namen frische italienisch-mediterrane Speisen vermutet, liegt völlig richtig. Appetit macht hier z. B. "Kalbsleber mit Salbei, Spinat und Kartoffelpüree". Freuen darf man sich auch auf herzlich-charmanten Service!

Karte 28/54 €

*Nienstedtener Str. 2d ⊠ 22609 – ℰ 040 82310330 – www.il-sole.de*

### Louis C. Jacob

LUXUS · KLASSISCH Wunderbar die Lage, sehr gut die Führung, top der Service und überall im Haus hanseatische Eleganz! Darf es vielleicht ein Elbzimmer mit herrlicher Sicht sein? Geschichtlich Interessierte lassen sich den historischen Eiskeller zeigen!

66 Zim – ♦185/225 € ♦♦225/425 € – 19 Suiten – ☲ 32 €

*Elbchaussee 401 ⊠ 22609 – ℰ 040 822550 – www.hotel-jacob.de*

❀❀ **Jacobs Restaurant** • ⊛ **Weinwirtschaft Kleines Jacob** – siehe Restaurantauswahl

## In Hamburg-St. Pauli

### Nil

INTERNATIONAL · NACHBARSCHAFTLICH X Trendig-lockere Atmosphäre, die ankommt! Auf den drei Ebenen sitzt man zwar ein bisschen eng, aber gemütlich. Dazu gute Gerichte wie "Burger mit Schweinerillettes, Spitzkohl und Senfcreme" oder "Coq au vin vom Freilandhuhn". Schön der nach hinten gelegene Garten. Kochkurse nebenan.

Menü 26/42 € – Karte 34/61 €

**Stadtplan : E3-n** – *Neuer Pferdemarkt 5 ⊠ 20359 – ℰ 040 4397823*
*– www.restaurant-nil.de – nur Abendessen – geschl. Dienstag, außer im Dezember*

### philipps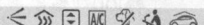

INTERNATIONAL · HIP X Eine wirklich nette Adresse, die sich hier in einer Seitenstraße versteckt. Über ein paar Stufen nach unten gelangt man in ein freundliches Lokal mit niedrigen Decken. Locker die Atmosphäre, international die Karte. Schmackhaft und handwerklich sauber gekocht z. B. "Ochsenbacke mit Lauch-Kartoffelpüree".

Menü 36 € – Karte 34/52 €

**Stadtplan : K2-s** – *Turnerstr. 9 ⊠ 20038 – ℰ 040 63735108*
*– www.philipps-restaurant.de – geschl. Sonntag - Montag*

### East

FUSION · DESIGN XX Kaum in Worte fassen lässt sich der ganz besondere Mix aus fernöstlichem Flair und westlicher Industriegeschichte! Mitten in der einstigen Werkshalle: Sushitresen mit Livecooking. Mittags kleinere Karte an den Hochtischen der Bar.

Karte 27/97 €

**Stadtplan : J2-n** – *Hotel East, Simon-von-Utrecht-Str. 31 ⊠ 20359*
*– ℰ 040 309933 – www.east-hamburg.de – nur Abendessen*

### ⫶○ Clouds - Heaven's Restaurant & Bar ⪬ 🍴 AC

**FRANZÖSISCH · DESIGN** ✗ Der Blick ist schlichtweg grandios! Hoch über Elbe und Michel speist man französisch-mediterran, so z. B. "Label Rouge Lachs, Belugalinsen, Apfelpüree, Kresseschaum", oder Rotisserie-Gerichte. Dachterrasse "heaven's nest" für Drinks!

Karte 49/102 €

**Stadtplan : J3-e** – *Reeperbahn 1, (im 23. Stock der Tanzenden Türme)* ✉ *20359*
*– ℰ 040 30993280 (Tischbestellung erforderlich) – www.clouds-hamburg.de*
*– geschl. Samstagmittag, Sonntagmittag*

### 🏨 Empire Riverside Hotel ⛱ ⪬ 🕸 ▣ ⅋ AC ♨ 🚗

**BUSINESS · DESIGN** Puristisches Design von David Chipperfield bestimmt das Hotel nahe den Landungsbrücken. Fragen Sie nach den (Eck-) Zimmern mit Hafenblick! Den bietet auch das Restaurant Waterkant - hier serviert man Internationales aus der offenen Showküche. Der In-Treff schlechthin ist die Panorama-Bar "20 up" im 20. Stock!

327 Zim – ♦129/379 € ♦♦129/379 € – ⌑ 22 €

**Stadtplan : E3-e** – *Bernhard-Nocht-Str. 97* ✉ *20359* – *ℰ 040 311190*
*– www.empire-riverside.de*

### 🏨 East 🕸 ⅃⅏ ▣ ⅋ AC ♨ 🚗

**BUSINESS · DESIGN** Einst Eisengießerei, heute Trendhotel! Topmodern und wertig: neueste Technik, sehr spezielles Design, durchdacht bis ins kleinste Detail! Nicht minder stylish: "Sporting Club" und hauseigener Club "uppereast" (freitag- und samstagabends).

120 Zim – ♦169/329 € ♦♦169/329 € – 8 Suiten – ⌑ 26 € – ½ P

**Stadtplan : J2-n** – *Simon-von-Utrecht-Str. 31* ✉ *20359* – *ℰ 040 309930*
*– www.east-hamburg.de*

⫶○ **East** – siehe Restaurantauswahl

## In Hamburg-Sülldorf West: 15 km über A2, Richtung Wedel

### ⫶○ Memory 🍴 P

**INTERNATIONAL · FAMILIÄR** ✗✗ Am Abend sitzt man in mediterran geprägtem Ambiente (hübsch die warmen Töne und die wechselnde Bilderausstellung) bei Internationalem wie "Skreifilet im Nudelblatt mit Currysud". Mittags einfachere Bistrokarte. Nette Terrasse hinterm Haus.

Menü 25 € (mittags unter der Woche)/89 €

*Sülldorfer Landstr. 222, B 431* ✉ *22589* – *ℰ 040 86626938*
*– www.memory-hamburg.de – geschl. Juli - August 3 Wochen*
*und Samstagmittag, Sonntag - Montag*

## In Hamburg-Volksdorf Nord-Ost: 16 km über Wandsbecker Chaussee B2, Richtung Lübeck

### 🍽 Dorfkrug 🍴 🍸 ♻ P

**MARKTKÜCHE · RUSTIKAL** ✗✗ Richtig charmant ist das historische Haus am Museumsdorf mit seinen alten Bauernwerkzeugen, Holzbalken und offenem Kamin. Klassiker aus der süddeutschen Heimat der Gastgeber finden sich hier ebenso wie Regionales. Auf der Karte z. B. "Kalbsbäckchen mit Kartoffelstampf" oder "Zwiebelrostbraten mit Spätzle".

Menü 45/60 € – Karte 36/72 €

*Im alten Dorfe 44* ✉ *22359* – *ℰ 040 6039294 – www.dorfkrug-volksdorf.com*
*– nur Abendessen, sonntags auch Mittagessen – geschl. Montag*

### 🏨 Hotel du Nord ⛱ ▣ 🚗

**BUSINESS · MODERN** Geschmackvoll hat man die großzügigen, komfortablen und wertigen Zimmer in dem kleinen Designhotel in klarem modernem Stil eingerichtet. Ebenso geradlinig-zeitgemäß das Ambiente im "Villaggio", die Küche ist italienisch.

25 Zim ⌑ – ♦115 € ♦♦149 €

*Im alten Dorfe 40* ✉ *22359* – *ℰ 040 63856960 – www.hotel-dunord.de*

# In Hamburg-Wandsbek

### ⟐○ Ni Hao  ⛩ ⟳

**CHINESISCH · KLASSISCHES AMBIENTE** X Kanton, Szechuan, Shanghai und Peking - Freunde der chinesischen Küche lassen sich hier auf authentische Art die vier Haupt-Küchenstile näher bringen. Macht Ihnen vielleicht das traditionelle Peking-enten-Menü in vier Gängen Appetit?

Menü 28/49 € – Karte 20/35 €

Stadtplan : B2-x – *Wandsbeker Zollstr. 25* ✉ *22041* – ☎ *040 6520888* – *www.ni-hao.de*

# In Hamburg-Wellingsbüttel

### ⟐○ Poletto Winebar  ⛩ ♿

**ITALIENISCH · GEMÜTLICH** XX Dank des Erfolgs des Eppendorfer Stammhauses gibt es das gefragte italienische Konzept auch hier: leckere hausgemachte Speisen und gute Weine. Das Ambiente etwas eleganter, Showküche, begehbare Weinklimaschränke. Günstiger Mittagstisch.

Menü 35/85 € – Karte 35/57 €

Stadtplan : B1-a – *Wellingsbüttler Weg 119* ✉ *22391* – ☎ *040 65866166 (abends Tischbestellung ratsam)* – *www.poletto-winebar.de* – *geschl. Montag*

# In Hamburg-Winterhude

### ✿ Trüffelschwein (Kirill Kinfelt)  ⛩ ♻

**MODERNE KÜCHE · FREUNDLICH** XX Hier kocht man modern, fein und aufwändig bis ins Detail. Das ansprechende Ambiente zum guten Essen ist freundlich und angenehm geradlinig - ein stimmiges Bild, das ankommt!

→ Rindertatar, Gurke, Gin, Dill. Auster, Schweinebauch 48h, Couscous, Safran. Iberico Schwein, Trüffel, Sellerie, Mandel.

Menü 79/119 €

Stadtplan : G1-t – *Mühlenkamp 54* ✉ *22303* – ☎ *040 69656450 (Tischbestellung ratsam)* – *www.trueffelschwein-restaurant.de* – *nur Abendessen* – *geschl. 6. - 13. März, 22. - 29. Mai, 7. - 21. August und Sonntag - Montag*

### ⟐○ Portomarin  ⛩⛩ ⛩

**SPANISCH · GEMÜTLICH** XX Sie essen gerne spanisch? Zum Speisenangebot dieses charmanten Restaurants gehören typische Tapas und ambitionierte Gerichte wie "Tranchen vom Gelbflossenthunfisch / Mandel / marinierte Zucchini / Wachtelei / Kaviar".

Menü 39/49 € – Karte 34/46 €

Stadtplan : G1-n – *Dorotheenstr. 180* ✉ *22299* – ☎ *040 46961547 (Tischbestellung ratsam)* – *www.portomarin.de* – *nur Abendessen* – *geschl. Juli - August 3 Wochen und Sonntag - Montag*

### ⟐○ Marbella  ⛩ ♻

**SPANISCH · MEDITERRANES AMBIENTE** X Schon über 30 Jahre betreiben die Gastgeber das Restaurant mit dem netten mediterranen Flair. Schmackhaft die spanischen Gerichte wie "Iberico-Schweinenacken mit Kräuterseitlingen und Rosmarinkartoffeln".

Menü 37/47 € – Karte 24/54 €

Stadtplan : G1-a – *Dorotheenstr. 104* ✉ *22301* – ☎ *040 275757* – *www.restaurant-marbella.de* – *nur Abendessen* – *geschl. Juli - August 3 Wochen und Montag*

# HAMELN

Niedersachsen – 56 260 Ew. – Höhe 62 m – Regionalatlas **28**-H9

▶ Berlin 327 km – Hannover 45 km – Bielefeld 80 km – Hildesheim 48 km

Michelin Straßenkarte 541

### 🏠 Jugendstil    ⚭ 🖂 ₺ AC P

**HISTORISCHES GEBÄUDE · ART DÉCO** Die Gründerzeitvilla von 1903 bietet ihren Gästen einen schönen historischen Rahmen und ansprechende, wohnlich gestaltete Zimmer. Suite in der oberen Etage mit kleinem Wintergarten.

21 Zim � – ♥82/92 € ♥♥99/120 € – 1 Suite

*Wettorstr. 15 🖂 31785 – 𝒞 05151 95580 – www.hotel-jugendstil.de – geschl. Ende Dezember - Anfang Januar*

### 🏠 Bellevue    P

**FAMILIÄR · FUNKTIONELL** In der familiär geführten Villa a. d. J. 1910 wohnt man in freundlichen, funktionellen Gästezimmern mit kostenfreiem W-Lan und sitzt am Morgen im angenehm hellen Frühstücksraum oder auf der kleinen Gartenterrasse.

18 Zim ⊒ – ♥76/120 € ♥♥99/150 €

*Klütstr. 34 🖂 31787 – 𝒞 05151 98910 – www.hotel-bellevue-hameln.de*

# HAMM in WESTFALEN

Nordrhein-Westfalen – 176 440 Ew. – Höhe 63 m – Regionalatlas **27**-E10

▶ Berlin 459 km – Düsseldorf 111 km – Bielefeld 72 km – Dortmund 44 km

Michelin Straßenkarte 543

### ⵏ○ Denkma(h)l ❶    🍴 P 🚭

**MARKTKÜCHE · GERADLINIG** 🗡 Das Konzept: Lehr- und Trainingsgastronomie. Die frische saisonale Küche gibt es abends als kleines A-la-carte-Angebot oder als Überraschungsmenü - hier z. B. "Label Rouge Lachsfilet mit Estragon-Senfsauce". Interessant: Bierbegleitung zum Abendmenü. Mittags ist die Karte einfacher und günstiger.

Menü 30 € (abends)/49 € – Karte 32/97 €

*Ostenallee 73 🖂 59063 – 𝒞 02381 3053211 – www.denkmahl-hamm.de – geschl. 28. Dezember - 17. Januar und Samstagmittag, Sonntag*

## In Hamm-Wiescherhöfen

### ⵏ○ Wieland-Stuben    🍴 🍽 ⇆ P

**FRANZÖSISCH-KLASSISCH · ELEGANT** 🗡🗡 "Kalbsballotine mit Trüffelrahm" oder "Filet vom Salzwiesenlamm mit Perlgraupenrisotto und glasierten Trauben" sind schöne Beispiel für die klassisch-saisonale Küche. Jeder der Restauranträume ist anders, aber alle sind elegant und stimmig, und draußen wartet eine herrliche Terrasse!

Menü 24 € (mittags)/86 € – Karte 39/73 €

*Wielandstr. 84 🖂 59077 – 𝒞 02381 401217 – www.wielandstuben.de – geschl. 1. - 17. Januar und Montag - Dienstag, Samstagmittag*

# HAMM (SIEG)

Rheinland-Pfalz – 3 340 Ew. – Höhe 220 m – Regionalatlas **36**-D13

▶ Berlin 593 km – Mainz 124 km – Bonn 65 km – Limburg an der Lahn 64 km

Michelin Straßenkarte 543

### ⵏ○ Alte Vogtei    ⇆

**INTERNATIONAL · RUSTIKAL** 🗡🗡 Zum Wohlfühlen ist hier im Restaurant des gleichnamigen Hotels zum einen das Ambiente der geschmackvollen Gasträume und des urigen Gewölbes, zum anderen die frische internationale Küche, nicht zu vergessen die Schwarzwälder Herzlichkeit.

Menü 29/60 € – Karte 28/51 € 13 Zim ⊒ – ♥58/87 € ♥♥98/159 € – 2 Suiten

*Lindenallee 3, (B 256) 🖂 57577 – 𝒞 02682 259 – www.altevogtei.de – geschl. 21. Juli - 11. August und Mittwoch - Donnerstagmittag*

# HAMMELBURG

Bayern – 11 180 Ew. – Höhe 182 m – Regionalatlas **49**-I15
▶ Berlin 487 km – München 319 km – Würzburg 57 km – Bamberg 94 km
Michelin Straßenkarte 546

## In **Wartmannsroth-Neumühle** West: 6 km über Hammelburg-Diebach

### ⅃O **Scheune** ⇧ **P**

**INTERNATIONAL · ROMANTISCH** XX Freigelegte Holzbalken, rustikales Mobiliar und passende Deko - das schafft eine sehr gemütliche Atmosphäre! Dazu gute Küche: "Zander auf Schwarzwurzelfondue mit geschmolzenem Coppa", "Rehgulasch mit Steckrüben-Apfelgemüse"...
Menü 45/80 € – Karte 39/57 €
*Hotel Neumühle, Neumühle 54 ⊠ 97797*
*– 𝒞 09732 8030 (Tischbestellung ratsam) – www.romantikhotel-neumuehle.de*
*– geschl. 2. Januar - 16. Februar*

### 🏚 **Neumühle**

**HISTORISCH · INDIVIDUELL** Romantik pur: schönste Fachwerkidylle in Form einer historischen Mühle! Ländlicher Charme, ein freundliches Lächeln in den Gesichtern der Mitarbeiter, im hauseigenen Boot auf der Saale zum Picknick...! Auch ganz modern ist möglich, und zwar in den zwei Kaminsuiten.
29 Zim ⊊ – †125/195 € ††210/230 € – 2 Suiten – ½ P
*Neumühle 54 ⊠ 97797 – 𝒞 09732 8030 – www.romantikhotel-neumuehle.de*
*– geschl. 2. Januar - 16. Februar*
⅃O **Scheune** – siehe Restaurantauswahl

# HANAU

Hessen – 89 910 Ew. – Höhe 104 m – Regionalatlas **48**-G14
▶ Berlin 531 km – Wiesbaden 59 km – Frankfurt am Main 20 km – Fulda 89 km
Michelin Straßenkarte 543

## In **Hanau-Steinheim** Süd: 4 km

### 🏚 **Villa Stokkum**

**BUSINESS · MODERN** Hier hat man eine historische Zigarrenfabrik samt Villa zu einem modernen Businesshotel erweitert. Großzügige Lobby, gut ausgestattete Zimmer, günstige Verkehrslage. Sehenswert: der Gewölbekeller von 1665. Tipp: Kommen Sie doch mal zum beliebten Sonntagsbrunch!
135 Zim – †118/162 € ††144/180 € – 2 Suiten – ⊊ 18 €
*Steinheimer Vorstadt 70 ⊠ 63456*
*– 𝒞 06181 6640 – www.villastokkum.de*

### 🏚 **Birkenhof**

**BUSINESS · MODERN** Das gewachsene Hotel mit gepflegtem Garten wird seit vielen Jahren familiär geleitet. Fragen Sie nach den neuzeitlicheren Zimmern. Das Restaurant ist schön hell und hat eine Terrasse mit Blick ins Grüne, gekocht wird international.
45 Zim ⊊ – †89/139 € ††109/159 € – 4 Suiten
*Von-Eiff-Str. 37 ⊠ 63456 – 𝒞 06181 64880 – www.hotelbirkenhof.de*

### 🏚 **Zur Linde**

**FAMILIÄR · INDIVIDUELL** Auf drei Häuser verteilen sich die individuellen Zimmer dieses tipptopp gepflegten Hotels, einige besonders freundlich in wohnlich-warmen Farben. Es gibt auch einen schönen Garten an der Stadtmauer, den die Gäste im Sommer gerne nutzen.
20 Zim ⊊ – †79/135 € ††110/160 €
*Steinheimer Vorstadt 31 ⊠ 63456 – 𝒞 06181 9643210*
*– www.hotel-zur-linde-hanau.de*

# HANDORF

Niedersachsen – 1 970 Ew. – Höhe 6 m – Regionalatlas **10**-J6

▶ Berlin 298 km – Hannover 145 km – Hamburg 49 km – Bremen 131 km

Michelin Straßenkarte 541

## ⅋○ Schwabenstüble        🪑 🌿 **P**

**REGIONAL · LÄNDLICH** 🗡 Schwäbische Küche mitten in der Lüneburger Heide! In dem langjährigen Familienbetrieb findet sich Leckeres aus der Heimat des Chefs, so z. B. "Kalbsnierle in Dijonsenfsauce" oder "Flädlesuppe". Im Sommer schön: Terrasse und Biergarten.

Menü 29 € – Karte 24/43 €

*Cluesweg 22a* ✉ *21447 –* ☏ *04133 210251 – www.schwabenstueble-handorf.de*
*– Mittwoch - Freitag nur Abendessen – geschl. Montag - Dienstag*

# HANN. MÜNDEN

Niedersachsen – 23 670 Ew. – Höhe 127 m – Regionalatlas **29**-H11

▶ Berlin 364 km – Hannover 151 km – Kassel 23 km – Göttingen 34 km

Michelin Straßenkarte 541

## ⅋○ Die Reblaus        ⇦ 🪑 **P**

**MEDITERRAN · FREUNDLICH** 🗡 Ein Fachwerkhaus mitten in der Innenstadt beherbergt dieses kleine Restaurant mit gemütlichem modernem Ambiente, in dem man eine mediterran geprägte Küche bietet. Zum Übernachten stehen drei nette schlichte Zimmer bereit.

Menü 26 € (vegetarisch)/48 € (abends) – Karte 25/42 €    3 Zim ⌂
– 🛏50 € 🛏🛏70 €

*Ziegelstr. 32, (Kirchplatz)* ✉ *34346 –* ☏ *05541 954610 – www.die-reblaus.com*
*– geschl. Dienstag, Oktober - März: Dienstag - Mittwoch*

## 🏠 Alter Packhof        🍴 ⊡ ♿ 🌿 🚗

**HISTORISCH · AUF DEM LAND** In der Altstadt, am Zusammenfluss von Fulda und Werra, steht das einstige Lagerhaus von 1837, in dem wohnliche Zimmer bereitstehen. Zwei Juniorsuiten mit eigener Sauna. Das Restaurant ist im Landhausstil gehalten.

25 Zim ⌂ – 🛏86/98 € 🛏🛏133/145 € – ½ P

*Bremer Schlagd 10* ✉ *34346 –* ☏ *05541 98890 – www.packhof.com – geschl. 2.*
*- 8. Januar*

### In Hann. Münden-Laubach Süd-Ost: 6 km über Hedemündener Straße

## 🍃 Flux - Biorestaurant Werratal        🪑 ♿ ♻ **P**

**REGIONAL · LÄNDLICH** 🗡🗡 Ungekünstelt, natürlich, einfach und ehrlich, so lautet das Motto von Gastgeber Jörg Treichel. Neben vegetarischen, veganen, gluten- und laktosefreien Speisen bietet seine Bio-Küche z. B. "geschmortes Rinderschaufelstück mit Ofengemüse" und "Tarte Tatin mit Vanilleeis". Idyllisch die Gartenterrasse.

Menü 28 € (vegetarisch)/47 € – Karte 33/46 €

*Biohotel Werratal, Buschweg 40* ✉ *34346 –* ☏ *05541 9980 – www.flux-biohotel.de*
*– geschl. Sonntag - Montag*

## 🏠 Flux - Biohotel Werratal        🛖 ♿ 🧖 **P**

**FAMILIÄR · AUF DEM LAND** Das gepflegte Landhotel bietet helle, wohnliche Zimmer, die im Haupthaus besonders freundlich und neuzeitlich sind. Nach einem guten Frühstück aus Bio-Produkten geht's auf zu Wanderungen, Radtouren oder Kanufahrten. Praktisch: Dank der nahen A7 ist das Hotel gut erreichbar.

40 Zim ⌂ – 🛏79/99 € 🛏🛏99/120 € – ½ P

*Buschweg 40* ✉ *34346 –* ☏ *05541 9980 – www.flux-biohotel.de – geschl. Januar 1*
*Woche*

   🍃 **Flux - Biorestaurant Werratal** – siehe Restaurantauswahl

## WIR MÖGEN BESONDERS...

Das **Clichy** als echter Klassiker der Stadt. **Die Insel** am Maschsee für ihr preislich sehr faires Mittagsangebot. Im **Gallo Nero** mit seinem charmanten Bauernhaus-Flair mediterran speisen. Die spezielle Atmosphäre des trendig-hippen **boca**. In **Kastens Hotel Luisenhof** als einzigem wirklichem Grandhotel der Stadt richtig niveauvoll wohnen.

# HANNOVER

Niedersachsen – 518 390 Ew. – Höhe 55 m – Regionalatlas **19**-I8
▶ Berlin 290 km – Bremen 132 km – Hamburg 161 km
Michelin Straßenkarte 541

Stadtpläne siehe nächste Seiten

## *Restaurants*

❀ **Jante** (Tony Hohlfeld)

MODERNE KÜCHE · GEMÜTLICH ✗✗ Nett liegt das kleine Backsteinhaus mit verglastem Rundbau am Park. Hier betreibt ein ausgesprochen engagiertes Duo dieses angenehm legere, charmant-moderne Restaurant samt toller Terrasse. Die Küche geradlinig, kontrastreich und voller Ausdruck, der Service herzlich und versiert, kompetent die Weinberatung.
→ Forelle, Kopfsalat, Spargel. Lamm, Urkarotte, Schmand. Kirsche, Fichte, Sauerrahm.
Menü 49/89 €
**Stadtplan : H2-j** – *Marienstr. 116* ✉ *30171* – ✆ *0511 54555606*
– *www.jante-restaurant.de* – *nur Abendessen* – *geschl. Januar 2 Wochen, Juli*
*- August 3 Wochen und Sonntag - Montag*

🍴○ **MARY's**

FRANZÖSISCH-KLASSISCH · CHIC ✗✗✗ Stilvoll kommt das Restaurant daher, und zwar auf modern-elegante Art. Zum schönen Ambiente gibt es Gutes wie "Wildschweinsauerbraten, Berberitzen, Schwarzwurzeln, Knöpfle". Namensgeberin ist hier übrigens die Tochter des Hotelgründers.
Menü 28/48 € (abends) – Karte 39/68 €
**Stadtplan : F2-b** – *Hotel Kastens Hotel Luisenhof, Luisenstr. 1* ✉ *30159*
– ✆ *0511 3044816* – *www.marys-hannover.de* – *geschl. Juli - August: Sonntag*

🍴○ **Clichy**

FRANZÖSISCH-KLASSISCH · ELEGANT ✗✗✗ Auch nach über 35 Jahren bleibt das charmant-elegante "Clichy" seiner "Cuisine francaise" treu. Lassen Sie sich z. B."nordischen Saibling mit Nussbutter und grünem Spargel" schmecken. Gerne kommt man in der Saison von bekannten Gänsebraten.
Menü 58/76 € – Karte 45/84 €
**Stadtplan : G1-d** – *Weißekreuzstr. 31* ✉ *30161* – ✆ *0511 312447* – *www.clichy.de*
– *nur Abendessen* – *geschl. Sonntag - Montag*

## ⅈO Titus

**FRANZÖSISCH-KLASSISCH · NACHBARSCHAFTLICH** ✗✗ Charmant ist das kleine Restaurant mit seiner modern-eleganten Atmosphäre und dem sehr aufmerksamen und versierten Service. Und gut essen kann man auch - gekocht wird klassisch. Tipp: leckere Desserts wie "Topfensoufflé mit Snickerseis".

Menü 60/90 €

**Stadtplan : C3-z** – *Wiehbergstr. 98* ✉ *30519* – ✆ *0511 835524 (Tischbestellung ratsam) – www.restaurant-titus.com – nur Abendessen – geschl. Neujahr - Mitte Januar und Sonntag - Montag*

## ⅈO Die Insel                                                   ⅋ ≼ 🏠 ⇔ **P**

**MODERNE KÜCHE · ZEITGEMÄSSES AMBIENTE** ✗✗ In direkter Maschsee-Lage werden die Gäste mittags mit einem tollen Preis-Leistungs-Verhältnis verwöhnt, am Abend speist man noch etwas gehobener - Lust auf "Big-Eye-Thunfisch à la Tempura" oder lieber "weißen Heilbutt auf Wurzelgemüse"?

Menü 36 € (mittags)/89 € – Karte 61/85 €

**Stadtplan : C3-k** – *Rudolf-von-Bennigsen-Ufer 81* ✉ *30519* – ✆ *0511 831214 (Tischbestellung ratsam) – www.dieinsel.com*

## ⅈO Hindenburg-Klassik                                             🏠 ⇔

**ITALIENISCH · FREUNDLICH** ✗✗ Seit 1980 gibt es dieses Restaurant im Zooviertel. Das Ambiente ist angenehm modern mit seinen klaren Linien, gedeckten Farben und stilvoller Deko, die Küche ist italienisch inspiriert, hat aber auch internationale Einflüsse.

Menü 29 € (mittags unter der Woche) – Karte 34/78 €

**Stadtplan : H2-b** – *Gneisenaustr. 55* ✉ *30175*
– ✆ *0511 858588 – www.hindenburg-klassik.de*
– *geschl. 24. Dezember - 9. Januar und Sonntag sowie an Feiertagen, außer an Messen*

## ⅈO BISTRO Schweizerhof                                       ⅋ 🄰🄲 ⅌ 🚗

**INTERNATIONAL · BISTRO** ✗✗ "Bistro" klingt fast etwas zu schlicht für das nette Restaurant, in dessen offener Küche man die Crew beobachten kann, wie sie z. B. "Fasan - poelierte Brust / Kürbissud / Kaiserschoten / Salbeiklößchen" zubereitet. Einfachere Mittagskarte.

Menü 42/70 € (abends) – Karte 29/63 €

**Stadtplan : G2-d** – *Hotel Crowne Plaza, Hinüberstr. 6* ✉ *30175*
– ✆ *0511 3495253 – www.schweizerhof-hannover.de*
– *geschl. Sonntagabend*

## ⅈO 5th Avenue                                                🏠 ⅋ 🄰🄲 🚗

**INTERNATIONAL · HIP** ✗✗ Eine Wendeltreppe führt hinunter in den früheren Tinten-Keller der Pelikanfabrik, wo man hinter einer großen Glasfront unter luftig-hoher Decke in trendig-modernem Ambiente saisonale Gerichte wie "Entenbrust / Mie-Nudeln / Teriyaki" bietet.

Karte 36/55 €

**Stadtplan : D1-p** – *Hotel Sheraton Pelikan, Pelikanplatz 31* ✉ *30177*
– ✆ *0511 9093860 – www.sheratonpelikanhannover.com*

## ⅈO Röhrbein                                                      🏠 🄰🄲

**REGIONAL · BISTRO** ✗ Das nette lebendige Bistro in der Luisenpassage im Herzen von Hannover ist für Businessgäste und Stadttouristen gleichermaßen ideal. Die Küche ist bürgerlich-regional, die Auswahl reicht von der Kohlroulade bis zum tagesfrischen Fisch.

Menü 27/44 € – Karte 19/45 €

**Stadtplan : G2-r** – *Joachimstr. 6* ✉ *30159*
– ✆ *0511 51948383 (Tischbestellung ratsam) – www.roehrbein-hannover.de*
– *geschl. Sonntag*

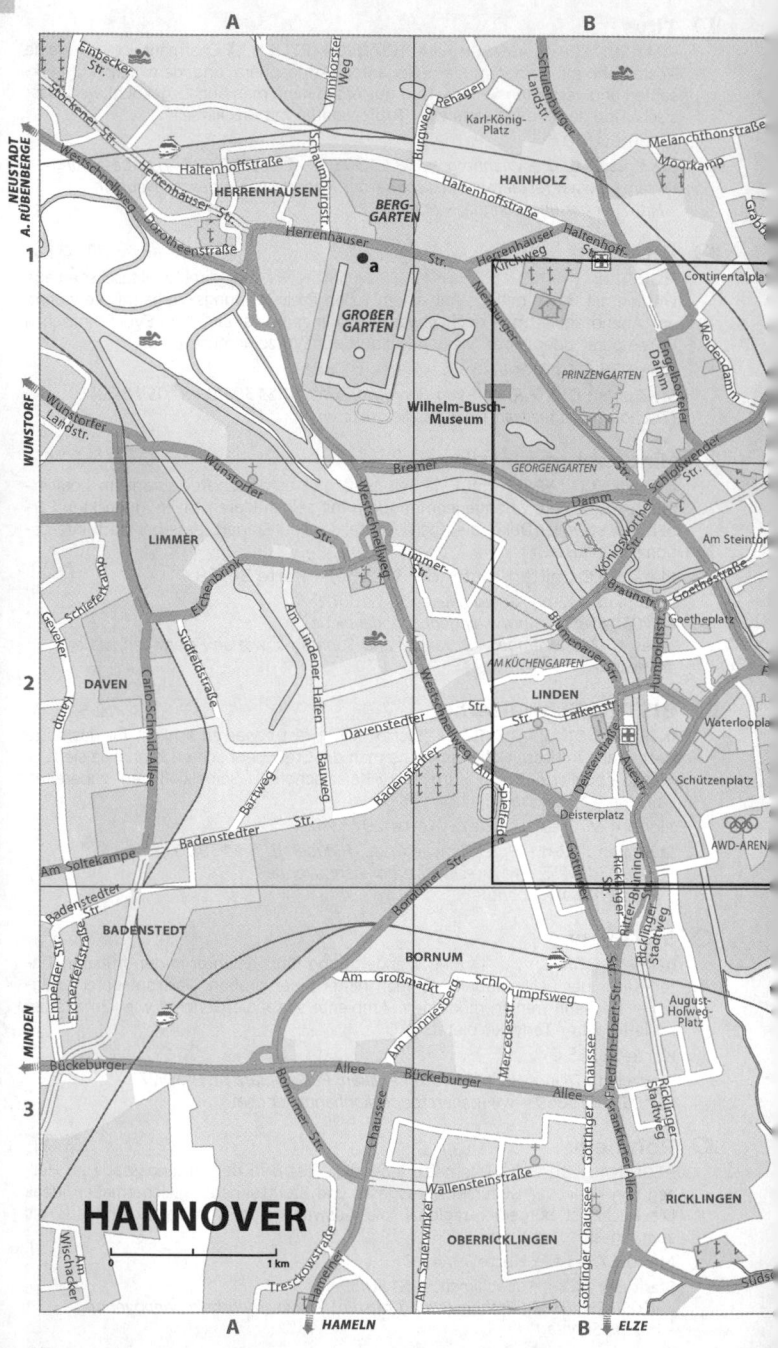

# HANNOVER

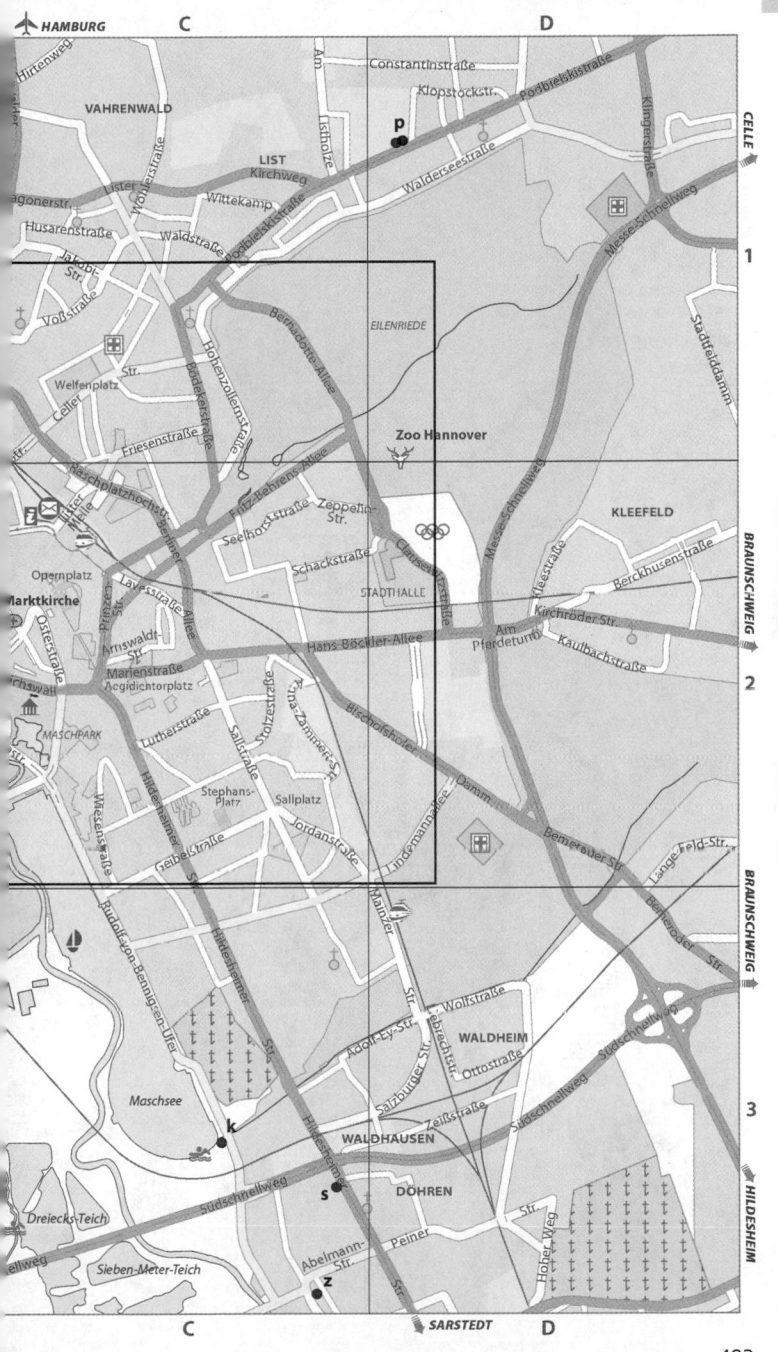

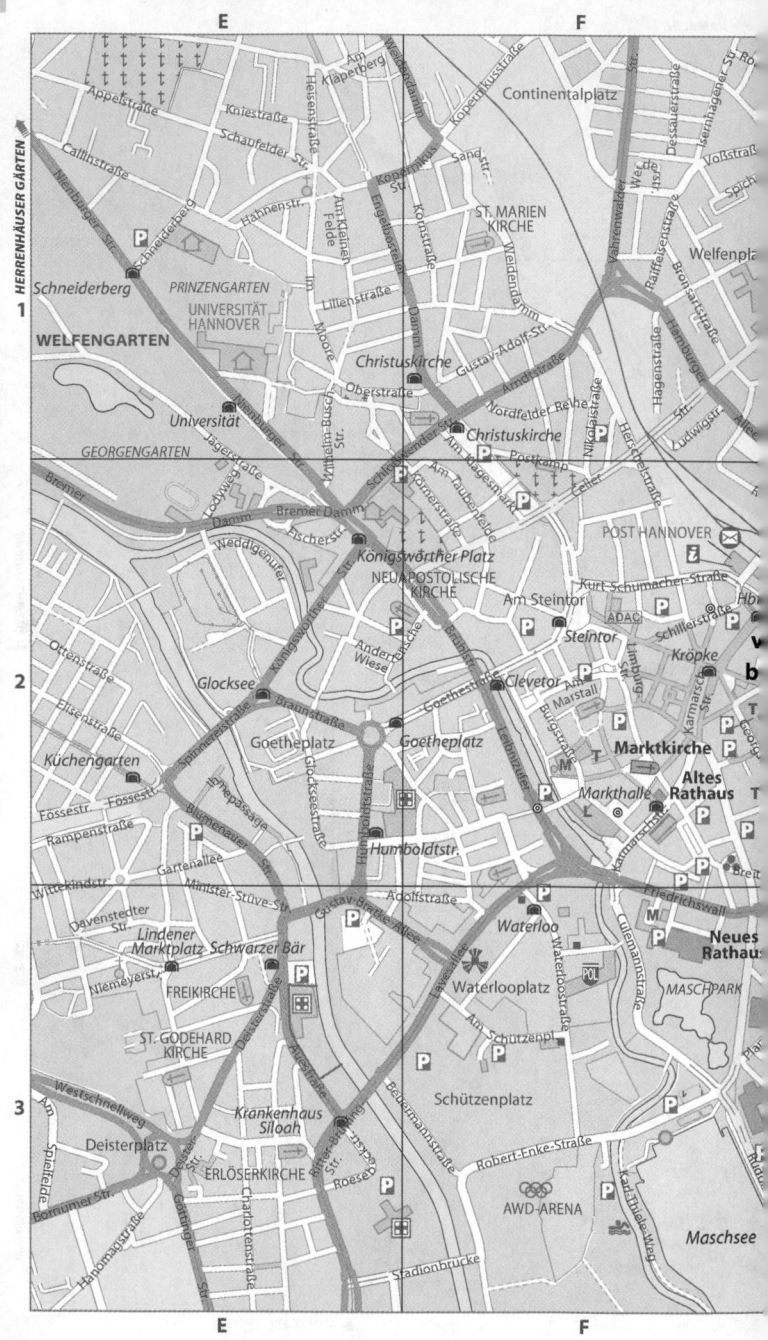

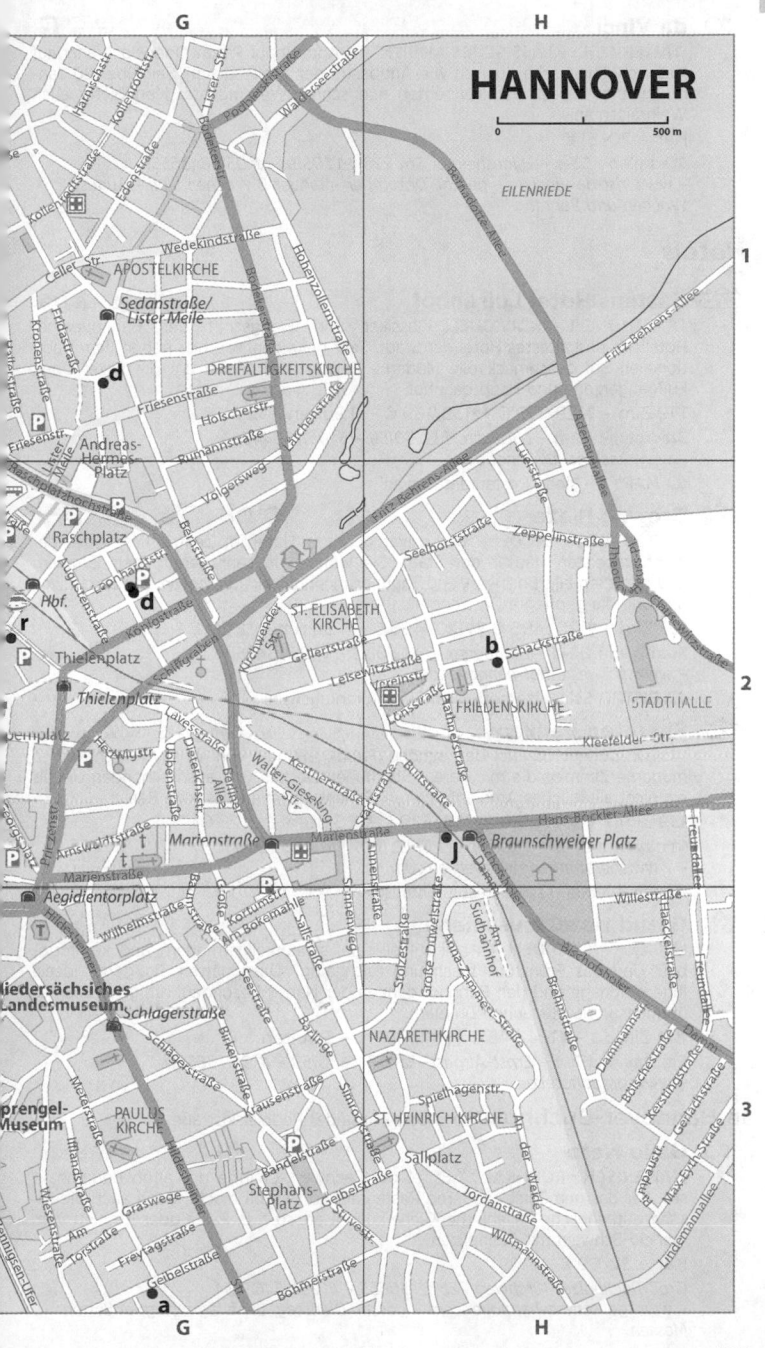

# HANNOVER

0      500 m

**EILENRIEDE**

APOSTELKIRCHE

Sedanstraße/
Lister Meile

DREIFALTIGKEITSKIRCHE

Andreas-
Hermes-
Platz

Raschplatz

Hbf.

Thielenplatz

ST. ELISABETH
KIRCHE

FRIEDENSKIRCHE

STADTHALLE

Marienstraße

Braunschweiger Platz

Aegidientorplatz

Niedersächsisches
Landesmuseum

Schlägerstraße

NAZARETHKIRCHE

Sprengel-
Museum

PAULUS
KIRCHE

ST. HEINRICH KIRCHE

Sallplatz

Stephans-
Platz

485

## ⅠO da Vinci 🌳 💱 🅿

**ITALIENISCH · KLASSISCHES AMBIENTE** X Appetit auf Pizza? Oder doch eher auf klassisch-italienische Speisen wie Antipasti oder Wolfsbarsch? Seit über 20 Jahren gibt es diesen Familienbetrieb nun schon. Wer möchte: Man bietet auch Weinreisen an.

Karte 20/51 €

**Stadtplan : C3-s** – *Hildesheimer Str. 228* ⊠ *30519* – 𝒞 *0511 8436556* – *www.rist-da-vinci.de* – *geschl. Dezember - Januar 2 Wochen, Juli - August 2 Wochen und Sonntag*

# *Hotels*

## 🏨 Kastens Hotel Luisenhof 🕍 ᴸ⑤ 🖦 ⑤ 🆎 🕍 🚗

**TRADITIONELL · INDIVIDUELL** Klassiker und Flaggschiff der Hannoveraner Hotellerie und ältestes Hotel der Stadt. Sehr gelungen, wie hier neben dem traditionellen Stil geschmackvolle Moderne Einzug hält! Gleich um die Ecke: Oper, Fußgängerzone und Hauptbahnhof.

149 Zim – †129/159 € ††139/169 € – 11 Suiten – ⊊ 20 €

**Stadtplan : F2-b** – *Luisenstr. 1* ⊠ *30159* – 𝒞 *0511 30440* – *www.kastens-luisenhof.de*

ⅠO **MARY's** – siehe Restaurantauswahl

## 🏨 Crowne Plaza 🍴 🕍 ᴸ⑤ 🖦 ⑤ 🆎 💱 🕍 🚗

**KETTENHOTEL · MODERN** Das privat geführte Hotel im Zentrum ist eines der komfortabelsten Häuser der Stadt. Sie wohnen in sehr geräumigen Zimmern und genießen alle Business- und Tagungsannehmlichkeiten sowie den attraktiven Spa und die gepflegte Gastronomie.

197 Zim – †120/495 € ††120/495 € – 4 Suiten – ⊊ 20 € – ½ P

**Stadtplan : G2-d** – *Hinüberstr. 6* ⊠ *30175* – 𝒞 *0511 34950* – *www.schweizerhof-hannover.de*

ⅠO **BISTRO Schweizerhof** – siehe Restaurantauswahl

## 🏨 Sheraton Pelikan 🕍 ᴸ⑤ 🖦 ⑤ 🆎 🕍 🚗

**HISTORISCH · MODERN** Das schöne Fabrikgebäude von einst besticht durch moderne Zimmer, die mit klarem Stil, hohen Decken und ansprechenden Details ein nicht alltägliches Ambiente bieten. Sehenswert die klassische Bar.

139 Zim – †119/529 € ††134/529 € – 8 Suiten – ⊊ 25 €

**Stadtplan : D1-p** – *Pelikanplatz 31* ⊠ *30177* – 𝒞 *0511 90930* – *www.sheratonhannoverpelikan.com*

ⅠO **5th Avenue** – siehe Restaurantauswahl

## 🏨 Grand Hotel Mussmann 🕍 🖦 💱 🕍 🚗

**URBAN · INDIVIDUELL** Es soll stilvoll sein, schnörkellos-modern und komfortabel? Und das Frühstück frisch und reichhaltig? Dazu hätten Sie gerne ideale Innenstadtlage und den Bahnhof ganz in der Nähe? Besonders ruhig hat man es übrigens in den Innenhof-Zimmern.

104 Zim ⊊ – †124/145 € ††149/189 € – 5 Suiten

**Stadtplan : F2-v** – *Ernst-August-Platz 7* ⊠ *30159* – 𝒞 *0511 36560* – *www.grandhotel.de*

# In Hannover-Buchholz Nord-Ost: 7 km über Podbielskistraße G1

## ⅠO Gallo Nero 🌳 💱 🅿

**ITALIENISCH · RUSTIKAL** XX Es ist der Fachwerk-Charme des alten Bauernhauses, der das gemütlich-moderne Restaurant so reizvoll macht, doch auch die frische, authentische italienische Küche kommt an, so z. B. Pasta oder Kotelett vom Ibericio-Schwein mit Steinpilzen.

Karte 32/69 €

*Groß-Buchholzer Kirchweg 72b* ⊠ *30655* – 𝒞 *0511 5463434* – *www.gallo-nero-hannover.com* – *geschl. Dienstag, Samstagmittag, außer an Messen*

# In Hannover-Herrenhausen

## ⅲ○ Schlossküche Herrenhausen     🏠 ⅏ ⇔ 🅿

**INTERNATIONAL · ZEITGEMÄSSES AMBIENTE** ✗✗ Schön die Lage direkt neben dem Schloss, geradlinig und klar das Ambiente, angenehm der Blick ins Grüne. Aus der Küche kommen moderne internationale Gerichte wie "pochierter St. Pierre mit Rettich, Zitrusfrüchten und La Ratte".

Menü 35/55 € – Karte 30/72 €

**Stadtplan : A1-a** – *Alte Herrenhäuser Str. 3* ✉ *30419* – ☎ *0511 2794940* – *www.schlosskueche-herrenhausen.de* – *geschl. November - März: Montag*

# In Hannover-Kirchrode Ost: 10 km über Bischofsholer Damm H3

## ⅲ○ Tropeano Di-Vino     🐾 🏠

**ITALIENISCH · RUSTIKAL** ✗✗ Wirklich hübsch, wie das ehemalige Bauernhaus a. d. 15. Jh. hier auf drei Ebenen rustikales Flair verbreitet. Auf der Karte z. B. "Rehnuss mit Steinpilzflan", dazu über 300 italienische Weine. Im Sommer sitzt man auch draußen sehr schön.

Karte 41/59 €

*Kleiner Hillen 4* ✉ *30559* – ☎ *0511 3533138* – *www.restaurant-tropeano.de* – *geschl. Montag*

# In Hannover-List

## 🐷 boca     🏠 ⅏ ⇗

**MODERNE KÜCHE · TRENDY** ✗ Großzügig und luxuriös ist es hier nicht, eher schlicht, eng, trubelig und hip! In der offenen Küche dieser etwas schummrigen Gastro-Bar wird lecker und unkonventionell gekocht, die Menü-Basis ist vegetarisch, kann aber um Fisch oder Fleisch erweitert werden. Lust auf Rotkohl-Risotto mit oder ohne Roastbeef?

Menü 31/51 €

**Stadtplan : F1-b** – *Kriegerstr. 43* ✉ *30131* – ☎ *0511 64209778 (Tischbestellung ratsam)* – *www.boca-gastrobar.de* – *nur Abendessen* – *geschl. Anfang August 2 Wochen und Sonntag - Montag*

# In Ronnenberg-Benthe Süd-West: 10 km über Bückeburger Allee A3 und B 65

## ⅲ○ Benther Berg     🍴 🏠 🆎 ⅏ 🅿

**INTERNATIONAL · ELEGANT** ✗✗ Hier darf man sich auf regional-internationale Küche von "Hirschmedaillons mit Preiselbeer-Kürbiskompott" bis "Loup de Mer in Orangen-Buttersauce" freuen. Sehen lassen kann sich auch das elegante Ambiente hinter hohen Rundbogenfenstern.

Menü 34/44 € – Karte 38/55 €

*Hotel Benther Berg, Vogelsangstr. 18* ✉ *30952* – ☎ *05108 64060* – *www.hotel-benther-berg.de*

## 🏨 Benther Berg     🐾 🍴 🖼 🎐 🔁 🧖 🅿

**LANDHAUS · INDIVIDUELL** Schön ist die Lage in einem Park am Waldrand oberhalb des Ortes. Die wohnlichen Zimmer gibt es vom kleinen Standard-Zimmer bis zur Juniorsuite, verteilt auf Altes Haus (1899 als Herrenhaus erbaut), Neues Haus und Landhaus.

65 Zim ⌂ – ♥69/105 € ♥♥94/138 €

*Vogelsangstr. 18* ✉ *30952* – ☎ *05108 64060* – *www.hotel-benther-berg.de*

   ⅲ○ **Benther Berg** – siehe Restaurantauswahl

# HANSTEDT

Niedersachsen – 5 240 Ew. – Höhe 40 m – Regionalatlas **19**-I6

▶ Berlin 321 km – Hannover 118 km – Hamburg 56 km – Lüneburg 31 km

Michelin Straßenkarte 541

### 🏠 Sellhorn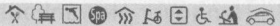

**SPA UND WELLNESS · FUNKTIONELL** Eine wohnliche Ferienadresse unter familiärer Leitung, zu der auch ein zeitgemäßer Spabereich mit Friseur gehört. Zimmer teils mit Gartenblick - den haben Sie auch von der hübschen Innenhofterrasse! Sehr schön die ländlichen Stuben - zum Essen bietet man eine ansprechende Weinauswahl - ein Faible des Chefs!

48 Zim 🖙 - †96/136 € ††134/174 € - 3 Suiten - ½ P

*Winsener Str. 23* ⊠ *21271 - ℰ 04184 8010 - www.hotel-sellhorn.de*

## HAPPURG-KAINSBACH Bayern ➜ Siehe Hersbruck

## HARDERT Rheinland-Pfalz ➜ Siehe Rengsdorf

## HARDHEIM

Baden-Württemberg – ⊠ 74736 – 6 860 Ew. – Höhe 271 m – Regionalatlas **48**-H16
▶ Berlin 545 km – Stuttgart 116 km – Würzburg 50 km – Aschaffenburg 70 km
Michelin Straßenkarte 545

### 🏵 Wohlfahrtsmühle

**REGIONAL · GASTHOF** XX Ländlichen Charme versprüht dieses hübsche Anwesen: draußen Teiche, Bachläufe und viel Grün, drinnen gemütliche Stuben und liebenswerte Gästezimmer. Die gute Küche bietet u. a. Wild aus eigener Jagd und Fisch aus eigener Zucht. Tipp: 3-Gänge-Menü sonntagmittags - da kommt die Suppenschüssel auf den Tisch!

Karte 29/48 € 13 Zim 🖙 - †65/75 € ††95/105 €

*Wohlfahrtsmühle 1* ⊠ *74736 - ℰ 06283 22220 - www.wohlfahrtsmuehle.com*
*– geschl. Februar 2 Wochen, August 2 Wochen und Montag - Dienstag*

## HAREN (EMS)

Niedersachsen – 23 090 Ew. – Höhe 9 m – Regionalatlas **16**-D7
▶ Berlin 541 km – Hannover 252 km – Oldenburg 124 km – Groningen 85 km
Michelin Straßenkarte 541

### 🍴 Zur Ems

**TRADITIONELLE KÜCHE · GASTHOF** X Der Chef ist ein wahrer Wein- und Spirituosen-Kenner und nimmt seine Gäste gerne mit in den Keller oder den Cognacraum! Wer auf der Terrasse speist, genießt den Blick auf die Ems. Gekocht wird traditionell und saisonal.

Karte 22/65 €

*Emmelerstr. 2* ⊠ *49733 - ℰ 05932 6403 - www.zur-ems.de - geschl. April - Mai 2 Wochen, Oktober - November 2 Wochen und Samstagmittag, Sonntagabend - Montag*

## HARRISLEE Schleswig-Holstein ➜ Siehe Flensburg

## HARSEWINKEL

Nordrhein-Westfalen – 23 790 Ew. – Höhe 65 m – Regionalatlas **27**-F9
▶ Berlin 424 km – Düsseldorf 158 km – Bielefeld 30 km – Münster (Westfalen) 46 km
Michelin Straßenkarte 543

### 🏵 Poppenborg's Stübchen

**TRADITIONELLE KÜCHE · GASTHOF** X Dies ist die etwas legerere Restaurantvariante des Poppenborg'schen Traditionsbetriebs. Probieren Sie hier unbedingt die Klassiker "knusprige Ente, Rosmarin-Apfel-Würfel, Rotkohl" und "Boeuf Bourguignon". Nett der Biergarten im Grünen!

Karte 24/51 €

*Restaurant Poppenborg, Brockhäger Str. 9* ⊠ *33428 - ℰ 05247 2241*
*– www.poppenborg.com – geschl. 1. - 5. Januar, 6. - 14. April, 27. Juli - 3. August, 16. - 23. Oktober und Dienstagmittag, Mittwoch*

## ⫾○ Poppenborg  🦢 ⇐ 🏛 🍴 🚗

**FRANZÖSISCH-KLASSISCH · ELEGANT** XX Ein echter Klassiker! Die Poppenborgs betreiben das Haus seit vielen Jahren und sind bekannt für klassische Küche. Die genießt man in eleganter Atmosphäre, serviert wird z. B. "Steinbutt, weißer Trüffel, Spaghettini" oder auch "Scheiterhaufen von Schokolade mit Marillennektar". Romantische Gartenterrasse.

Menü 69/99 € – Karte 69/97 €    18 Zim ⌂ – ♦59/75 € ♦♦95/99 €

*Brockhäger Str. 9* ✉ *33428 –* ☎ *05247 2241 – www.poppenborg.com – geschl. 1. - 5. Januar, 6. - 14. April, 27. Juli - 3. August, 16. - 23. Oktober und Dienstagmittag, Mittwoch*

🍴 **Poppenborg's Stübchen** – siehe Restaurantauswahl

## In Harsewinkel-Marienfeld Süd-Ost: 4 km über B 513

## ⛫ Residence Klosterpforte  🏠 ⇐ 🏊 🗒 ⑩ 🕉 🎧 ♿ 🚗 P

**LANDHAUS · INDIVIDUELL** Das 140 000 qm große Anwesen mit historischem Flair hat individuelle Zimmer von klassisch-elegant bis zum modernen "Sporthotel"-Zimmer, einen kleinen See und zwei eigene Fußballplätze sowie das gemütliche Klosterstübchen mit internationaler Küche. Zudem: Klosterkeller mit rustikal-bürgerlichem Angebot.

148 Zim ⌂ – ♦115/175 € ♦♦135/225 € – 5 Suiten – ½ P

*Klosterhof 2* ✉ *33428 –* ☎ *05247 7080 – www.klosterpforte.de*

# HARTENSTEIN

Sachsen – 4 730 Ew. – Höhe 360 m – Regionalatlas **42**-O13

▶ Berlin 304 km – Dresden 109 km – Chemnitz 32 km – Gera 66 km

Michelin Straßenkarte 544

## ⫾○ Der Feengarten  🏛 🍴 🚗

**MARKTKÜCHE · LÄNDLICH** XX Keine Frage, am besten kann man das Grün ringsum natürlich auf der tollen Terrasse zum Park genießen - und sollte das Wetter nicht mitspielen, lässt man sich die regional-saisonale Küche im gemütlich-eleganten getäfelten Feengarten servieren. Und wie wär's am Abend mit einem 6-Gänge-Gourmetmenü?

Menü 37/59 € – Karte 28/53 €

*Hotel Jagdhaus Waldidyll, Talstr. 1* ✉ *08118 –* ☎ *037605 840
– www.romantikhotel-waldidyll.de*

## ⛫ Gästehaus Wolfsbrunn  🏠 ⇐ 🕉 🎧 ⑩ 🍴 ♿ P

**HISTORISCHES GEBÄUDE · KLASSISCH** Stilvolle Salons, elegante Gästezimmer, ein wunderbarer Park... Das Schloss a. d. J. 1912 ist schon ein herrschaftliches Anwesen. Und es ist nicht nur richtig schön, sondern liegt auch noch ruhig am Ortsrand.

22 Zim ⌂ – ♦75/89 € ♦♦120 € – 2 Suiten – ½ P

*Stein 8, (Zufahrt über Wildbacherstraße)* ✉ *08118 –* ☎ *037605 760
– www.gaestehaus-wolfsbrunn.de*

## ⛫ Jagdhaus Waldidyll  🦢 ⇐ 🕉 🎧 ⑩ 🍴 🚗

**HISTORISCH · GEMÜTLICH** Etwas Schöneres hätte aus dem einstigen Bergarbeiter-Erholungsheim von 1930 kaum werden können. Ruhig die Lage abseits im Wald, dazu viele liebenswerte Details: charmante kleine Lobby mit Kamin, elegante Zimmer und freundlicher Service, der schon beim guten Frühstück auffällt, und dann der wunderbare Garten!

24 Zim ⌂ – ♦79/109 € ♦♦110/149 € – 4 Suiten – ½ P

*Talstr. 1* ✉ *08118 –* ☎ *037605 840 – www.romantikhotel-waldidyll.de*

⫾○ **Der Feengarten** – siehe Restaurantauswahl

# HARZBURG, BAD

Niedersachsen – 21 680 Ew. – Höhe 261 m – Regionalatlas **30**-J10

▶ Berlin 253 km – Hannover 96 km – Braunschweig 46 km – Göttingen 90 km

Michelin Straßenkarte 541

## ‖○ **Restaurant Behnecke**

**MARKTKÜCHE · ELEGANT** ✕✕ Ländlich-elegant das Ambiente, die Karte saisonal, bürgerlich und auch klassisch-international beeinflusst samt monatlicher Spezialitäten und Romantik-Menü. Für Raucher hat man die rustikale Bierstube. Schöne Salons gibt es ebenfalls.

Menü 21/55 € – Karte 31/63 €

*Hotel Braunschweiger Hof, Herzog-Wilhelm-Str. 54* ✉ *38667 –* ℰ *05322 7880*
*– www.hotel-braunschweiger-hof.de*

## 🏠 **Braunschweiger Hof**

**FAMILIÄR · AUF DEM LAND** Eine wohnliche Ferienadresse mit freundlichem Service ist das seit 1894 familiengeführten Haus. Haben Sie auch den charmanten Kosmetikbereich in dem historischen kleinen Nebengebäude gesehen?

68 Zim ⌂ – ♦90/105 € ♦♦135/160 € – 12 Suiten – ½ P

*Herzog-Wilhelm-Str. 54* ✉ *38667 –* ℰ *05322 7880*
*– www.hotel-braunschweiger-hof.de*

‖○ **Restaurant Behnecke** – siehe Restaurantauswahl

# HASELÜNNE

Niedersachsen – 12 450 Ew. – Höhe 21 m – Regionalatlas **16**-D7
▶ Berlin 490 km – Hannover 224 km – Nordhorn 47 km – Bremen 113 km
Michelin Straßenkarte 541

## ‖○ **Jagdhaus Wiedehage** 🍴 ⇔ **P**

**TRADITIONELLE KÜCHE · GASTHOF** ✕✕ Bis ins 16. Jh. reicht die Geschichte dieses ansprechenden Hauses zurück, das mit vielen Jagdtrophäen dekoriert ist. Ein klassisch-rustikales Restaurant mit lauschiger Terrasse. Hier speist man traditionell-regional und saisonal.

Menü 35/48 € – Karte 27/51 €

*Steintorstr. 9* ✉ *49740 –* ℰ *05961 7922 – www.jagdhaus-wiedehage.de – geschl. Dienstag*

 Dieser Führer lebt von Ihren Anregungen, die uns stets willkommen sind. Egal ob Sie uns eine besonders angenehme Erfahrung oder eine Enttäuschung mitteilen wollen – schreiben Sie uns!

# HASLACH im KINZIGTAL

Baden-Württemberg – 6 860 Ew. – Höhe 220 m – Regionalatlas **54**-E20
▶ Berlin 774 km – Stuttgart 174 km – Freiburg im Breisgau 54 km – Freudenstadt 50 km
Michelin Straßenkarte 545

## In Haslach-Schnellingen Nord: 2 km über B 33

## 🏠 **Gasthaus zur Blume**

**LANDHAUS · GEMÜTLICH** Bereits in 4. Generation kümmert sich die Familie engagiert um ihre Gäste. Die Zimmer sind wohnlich-komfortabel, teilweise ganz modern, im Restaurant verbreiten Holztäfelung und Kachelofen ländliches Flair, dazu Klassiker wie Wiener Schnitzel sowie Saisonales. Zum Entspannen: ansprechender kleiner Saunabereich im UG und für Kinder Spielplatz und Streichelzoo!

27 Zim ⌂ – ♦55/99 € ♦♦89/185 € – ½ P

*Schnellinger Str. 56* ✉ *77716 –* ℰ *07832 91250 – www.zur-blume.de*
*– (Hotelerweiterung mit 35 Zimmern, Freizeitbereich und Tiefgarage bis Frühjahr 2017)*

# HASSLOCH

Rheinland-Pfalz – 19 920 Ew. – Höhe 115 m – Regionalatlas **47**-E17

▶ Berlin 642 km – Mainz 89 km – Mannheim 27 km – Neustadt an der Weinstraße 9 km
Michelin Straßenkarte 543

### 🏠 Sägmühle                    ☆ 🐾 📥 ❧ 🛁 **P**

**FAMILIÄR · GEMÜTLICH** Man muss sie hier draußen erst mal finden, die historische Mühle (bis 1971 in Betrieb), doch dann erwartet Sie eine idyllische Lage im Grünen und dazu wohnliche Zimmer, ein modern-rustikales Restaurant und ein lauschiger Innenhof. Interessant für Familien: Der Holiday Park ist nur wenige Autominuten entfernt.

27 Zim 🖙 – ♦75/79 € ♦♦79/115 € – ½ P
*Sägmühlweg 140 ✉ 67454*
*– 𝒞 06324 92910 – www.saegmuehle-pfalz.de*

# HATTINGEN

Nordrhein-Westfalen – 54 360 Ew. – Höhe 90 m – Regionalatlas **26**-C11

▶ Berlin 524 km – Düsseldorf 50 km – Bochum 10 km – Wuppertal 24 km
Michelin Straßenkarte 543

### ⅋O Diergardts Kühler Grund          🏠 🅰🅲 ⇔ **P**

**KLASSISCHE KÜCHE · GEMÜTLICH** ✗✗ Sie sitzen in freundlich-gemütlicher Atmosphäre und lassen sich frische klassisch-saisonale Küche schmecken. Auf der Karte liest man z. B. "Winterkabeljau, Senfkörnersauce, Kartoffel-Feldsalat". Übrigens kann man hier auch prima feiern.

Menü 18 € (mittags unter der Woche)/59 € – Karte 26/62 €
*Am Büchsenschütz 15 ✉ 45527*
*– 𝒞 02324 96030 – www.diergardt.com*
*– geschl. Montag, Juli - August: Montag - Dienstag*

# HAUSEN ob VERENA Baden-Württemberg ➔ Siehe Spaichingen

# HAUZENBERG

Bayern – 11 610 Ew. – Höhe 546 m – Regionalatlas **60**-Q19

▶ Berlin 625 km – München 195 km – Passau 18 km
Michelin Straßenkarte 546

### 🐵 Landgasthaus Gidibauer-Hof          🏠 ᕒ **P**

**REGIONAL · RUSTIKAL** ✗ Hier steht der Geschmack im Mittelpunkt, und die gute regionale Küche gibt es zudem zu wirklich fairen Preisen. Appetit macht da z. B. "Rindergulasch mit Semmelknödel und Salat". Das Rindfleisch stammt übrigens aus eigener Zucht. Und das Ambiente? Gelungen hat man Ländliches mit Modernem kombiniert.

Menü 22/38 € – Karte 18/37 €
*Hotel Landgasthaus Gidibauer-Hof, Grub 7, Süd: 0,5 km ✉ 94051*
*– 𝒞 08586 96440 – www.gidibauer.de – geschl. vor Ostern 1 Woche und Montag*

### 🏠 Landgasthaus Gidibauer-Hof          🐾 📥 🎴 ᕒ 🛁 **P**

**LANDHAUS · GEMÜTLICH** "Naturhotel" trifft es genau, denn der historische Vierseithof liegt wunderbar im Grünen und ist passend zur schönen Naturstein-Architektur mit wertigen Massivholzmöbeln ausgestattet. Wer es geradlinig-modern mag, bucht ein Zimmer im Salettl. Man kümmert sich herzlich um seine Gäste!

17 Zim 🖙 – ♦48/68 € ♦♦78/108 € – 2 Suiten – ½ P
*Grub 7, Süd: 0,5 km ✉ 94051 – 𝒞 08586 96440 – www.gidibauer.de – geschl. vor Ostern 1 Woche*
🐵 **Landgasthaus Gidibauer-Hof** – siehe Restaurantauswahl

# HAVELBERG

Sachsen-Anhalt – 6 730 Ew. – Höhe 29 m – Regionalatlas **21**-M7

▶ Berlin 132 km – Magdeburg 108 km

Michelin Straßenkarte 542

🏠 **Art Hotel Kiebitzberg**  　🏹 🐾 🗲 🛖 🍴 🗲 ⅙ ⩗ **P**

**BUSINESS · MODERN** Interessant sind hier die Lage an der Havel und die schöne geradlinig-moderne Einrichtung samt attraktiver künstlerischer Note. Eines der Zimmer ist eine Wellness-Juniorsuite mit Sauna. Tipp: "PonTOM"-Bootscharter! Im Wintergarten und auf der Terrasse speist man mit Blick ins Grüne. Spezialität: Wagyu-Rind.

31 Zim � – 🛉75 € 🛉🛉105 € – 4 Suiten – ½ P

*Schönberger Weg 6* ✉ *39539* – ☎ *039387 595151* – *www.arthotel-kiebitzberg.de*

## WIR MÖGEN BESONDERS...

Den ganz besonderen Rahmen von **Scharff's Schlossweinstube** in der Schlossruine hoch über der Altstadt. Mit Stil und Charme in der **Hirschgasse** übernachten und den fast schon musealen Charakter des **Le Gourmet** auf sich wirken lassen. Mit dem ehrwürdigen **Europäischen Hof** samt **Kurfürstenstube** eine feste Größe der Stadt erleben. Die Tradition des **Wirtshauses zum Nepomuk**.

# HEIDELBERG

Baden-Württemberg – 150 340 Ew. – Höhe 114 m – Regionalatlas **47**-F16
▶ Berlin 627 km – Stuttgart 122 km – Mannheim 21 km – Darmstadt 59 km
Michelin Straßenkarte 545

## *Restaurants*

සි **Le Gourmet**                                                                       ⌂ ℅ **P**

KREATIV · ROMANTISCH XxX Fachwerkdecke, Sandsteinwände, Kachelofen... Wunderbare Relikte von einst kommen in dem elegant ausstattierten Raum toll zur Geltung - ein nicht alltäglicher Rahmen! Die Küche: klassisch mit modern-kreativen Akzenten und schönem Aromenspiel. Dazu viele deutsche Weine.
→ Kohlrabi im Heu gebacken, Zuckererbsen, Kräuterseitlinge und Holunder. Bretonische Felsenrotbarbe mit lauwarmem Kartoffelsalat und Papaya. Karamell, Popcorn und Banane.
Menü 75/145 €
Stadtplan : E1-s – *Hotel Die Hirschgasse, Hirschgasse 3* ⌧ 69120
– *✆ 06221 4540 (Tischbestellung ratsam)*
– *www.hirschgasse.de*
– *nur Abendessen – geschl. Januar 2 Wochen, August 3 Wochen und Sonntag*
- *Montag*

සි **Scharff's Schlossweinstube im Heidelberger Schloss**            ≼

KLASSISCHE KÜCHE · ELEGANT XX Der Rahmen ist etwas Beson-   ⌂ ⇔ **P**
deres: elegante historische Räume, drum herum die sehenswerte Schlossruine, und im Sommer bietet der romantische Schlosshof eine einzigartige Kulisse! Klassisch-modern die Küche - aus den Menüs "Liselotte" und "Karl Theodor" können Sie auch à la carte wählen.
→ Kanadischer Hummer, Eiszapfen, Radieschen, Kimchi. Bretonischer Steinbutt, Büsumer Krabben, Speck, Schnittlauch. Erdnuss, Mango, Miso.
Menü 79/145 € – Karte 55/88 €
Stadtplan : E2-q – *Schlosshof 1* ⌧ 69117
– *✆ 06221 8727010 – www.heidelberger-schloss-gastronomie.de*
– *nur Abendessen – geschl. Sonntag - Montag*

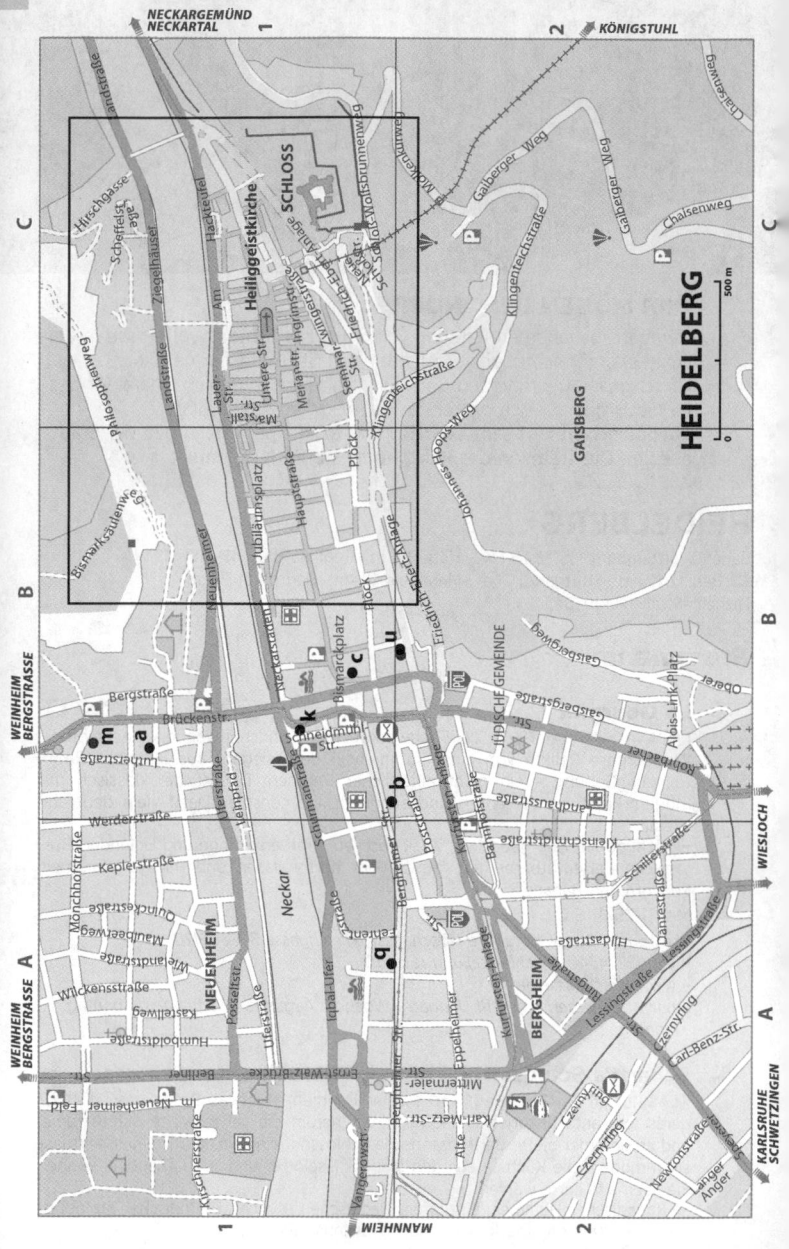

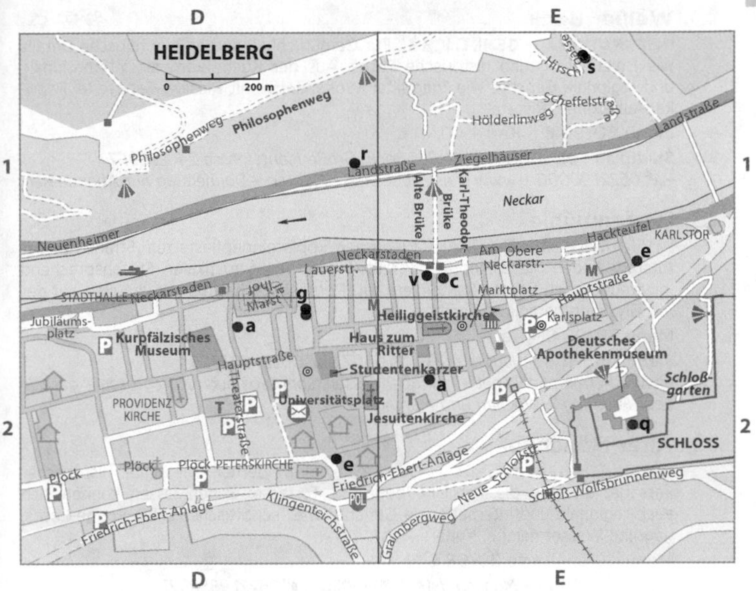

Map area with HEIDELBERG

## ⓐ Backmulde

**REGIONAL · GEMÜTLICH** 𝕏 Lust auf "badisches Schäufele mit Speckwirsing und Schupfnudeln"? Und danach "Mousse von der Valrhonaschokolade mit eingelegten Zwetschgen"? Gut isst man hier mitten in der Altstadt in einer hübschen einstigen Schifferherberge a. d. 17. Jh.! Übernachten kann man im gleichnamigen Hotel.

Menü 35 € – Karte 33/52 €    26 Zim ⌑ – †99/110 € ††115/138 €

**Stadtplan : D2-a** – *Schiffgasse 11 ✉ 69117 – 𝒞 06221 53660
– www.gasthaus-backmulde.de – nur Abendessen – geschl. August und Sonntag*

## ⅠⓄ Die Kurfürstenstube

**FRANZÖSISCH-KLASSISCH · ELEGANT** 𝕏𝕏𝕏 Elegant speist man hier - die mächtige Kassettendecke und Wandvertäfelungen mit schönen Intarsienarbeiten bewahren ein Stück Geschichte. Gekocht wird klassisch mit modernen Einflüssen. Juli und August hat das Sommerrestaurant geöffnet.

Menü 65/99 € – Karte 57/83 €

**Stadtplan : B2-u** – *Der Europäische Hof - Hotel Europa, Friedrich-Ebert-Anlage 1 ✉ 69117 – 𝒞 06221 5150 – www.europaeischerhof.com – Montag - Freitag nur Abendessen – geschl. Juli - August*

## ⅠⓄ Simplicissimus

**FRANZÖSISCH-KLASSISCH · ELEGANT** 𝕏𝕏 In diesem Heidelberger Klassiker in einer engen Altstadtgasse lässt man sich bei aufmerksamem, charmantem Service Gutes wie "bretonischen Seeteufel, Tomatensalsa, Zucchini, schwarzen Knoblauch" schmecken. Im schicken Restaurant und auf der wunderbaren Innenhofterrasse sitzt man gleichermaßen schön!

Menü 49/89 € – Karte 43/68 €

**Stadtplan : E2-a** – *Ingrimstr. 16 ✉ 69117 – 𝒞 06221 6732588 (Tischbestellung ratsam) – www.simplicissimus-restaurant.de – nur Abendessen – geschl. Sonntag - Montag*

## 🍽 Weißer Bock 🍇 ⛱ ⊡

**INTERNATIONAL • GEMÜTLICH** XX Für Gemütlichkeit sorgen hier hübsche Details wie Holztäfelung und historische Fotos. Aus der Küche kommen internationale und regionale Gerichte wie "gegrillter Wolfsbarsch mit Riesling-Sabayone, Paprika, Auberginen-Risotto".

Menü 60/99 € - Karte 40/81 €

**Stadtplan : D2-g** - *Hotel Weißer Bock, Große Mantelgasse 24 ✉ 69117 - ✆ 06221 90000 - www.weisserbock.de - Montag - Donnerstag nur Abendessen*

## 🍽 Herrenmühle ⛱

**INTERNATIONAL • RUSTIKAL** XX In einer kopfsteingepflasterten Straße in der Altstadt finden Sie dieses Restaurant, in dem man rustikalen Stil ansprechend mit freundlichen Farben kombiniert hat. Romantisch hat man es draußen auf der mit Glyzinien berankten Terrasse.

Menü 38/98 € - Karte 29/70 €

**Stadtplan : E1-e** - *Hauptstr. 239 ✉ 69117 - ✆ 06221 602909 - www.herrenmuehle.net - nur Abendessen, sonntags auch Mittagessen - geschl. über Fasching 2 Wochen und Montag*

## 🍽 Alter Mönchhof ⛱

**INTERNATIONAL • TRENDY** XX Geschmackvoll-moderner Stil hinter historischer Fassade, draußen die herrliche begrünte Terrasse. Sehen lassen können sich auch regionale und internationale Gerichte wie "schottischer Lable-Rouge-Lachs, gegrillte Wassermelone, Venere-Reis".

Menü 49 € - Karte 29/68 €

**Stadtplan : B1-m** - *Mönchhofstr. 3 ✉ 69120 - ✆ 06221 9850921 - www.alter-moenchhof.de - nur Abendessen , Mai - Oktober: Dienstag - Freitag nur Abendessen - geschl. Montag*

## 🍽 Mensurstube ⛱ 🅿

**KLASSISCHE KÜCHE • GEMÜTLICH** X In der traditionsreichen Mensurstube sitzt man an blanken Holztischen (Schnitzereien einstiger Studenten erinnern an früher) und lässt sich gute regionale Gerichte wie "Gulasch vom Boeuf de Hohenlohe" servieren. Duftende Rosenterrasse!

Menü 50 € - Karte 36/72 €

**Stadtplan : E1-s** - *Hotel Die Hirschgasse, Hirschgasse 3 ✉ 69120 - ✆ 06221 4540 (Tischbestellung ratsam) - www.hirschgasse.de - nur Abendessen - geschl. Januar 1 Woche und Sonntag*

## 🍽 Wirtshaus zum Nepomuk ⛟ ⛱

**TRADITIONELLE KÜCHE • ROMANTISCH** X Schön gemütlich ist das Restaurant im Hotel "Zur Alten Brücke": Viel Holz schafft typische Wirtshausatmosphäre, dazu hübsche Deko, Kissen, Bilder an den Wänden... Auf dem Teller z. B. klassischer Rostbraten oder auch halbe Ente. Gerne sitzt man im hübschen Innenhof.

Karte 27/59 € 16 Zim - 🚹99/129 € 🚹🚹109/158 € - ☕ 11 €

**Stadtplan : E1-c** - *Obere Neckarstr. 2 ✉ 69117 - ✆ 06221 739130 - www.altebruecke.com - nur Abendessen , April - September: Montag - Freitag nur Abendessen*

## 🍽 fumi Ⓝ

**JAPANISCH • GERADLINIG** X Dies ist der Ableger des Deidesheimer "Mutterhauses" im Weingut Biffar. Am Rande der Innenstadt gibt es hier in puristischem Ambiente authentisch japanische Küche, die weit über Sushi & Sashimi hinausgeht. Wie wär's mit "Dashi-Essenz auf Eier-Tofu" oder Kabeljau "Saikyoyaki"? Dazu natürlich eigene Weine.

Menü 47/65 € - Karte 34/64 €

**Stadtplan : A2-a** - *Schillerstr. 28 ✉ 69117 - ✆ 06221 6732630 - www.josef-biffar.de - Dienstag - Freitag nur Abendessen, außer an Feiertagen - geschl. Sonntag - Montag*

# *Hotels*

### ⌂ Der Europäische Hof Heidelberg

**LUXUS · INDIVIDUELL** Grandhotel-Tradition seit 1865. Seit jeher ein Haus mit Stil, in dessen klassisches Flair man behutsam Moderne einbindet. Fitness und Relaxen mit Stadtblick heißt es im "Panorama Spa" auf 600 qm samt toller Dach-Liegeterrasse! Repräsentativ die Veranstaltungsräume.

118 Zim – †189/309 € – ††228/384 € – 3 Suiten – ⌷ 22 € – ½ P

**Stadtplan : B2-u** – *Friedrich-Ebert-Anlage 1* ✉ *69117* – ☏ *06221 5150*
– *www.europaeischerhof.com*

⫟○ **Die Kurfürstenstube** – siehe Restaurantauswahl

### ⌂ Heidelberg Suites

**BOUTIQUE-HOTEL · MODERN** Was könnte man aus drei eleganten Stadtvillen in wunderbarer Neckarlage Schöneres machen als ein niveauvolles Boutique-Hotel? Highlight ist die "Sky Suite"! Auf dem Wasser ist die restaurierte historische "H. S. Patria" für Events buchbar.

21 Suiten ⌷ – ††135/215 € – 5 Zim

**Stadtplan : D1-r** – *Neuenheimer Landstr. 12* ✉ *69120* – ☏ *06221 655650*
– *www.huetterboenan.com*

### ⌂ Die Hirschgasse

**HISTORISCH · INDIVIDUELL** 1472 erstmals erwähnt, heute ein Hotel der besonderen Art: Hier ist es charmant bis unters Dach, man wird ausgesprochen freundlich betreut, wohnt überaus individuell und stilvoll und bekommt am Morgen ein ausgesuchtes Frühstück. Schön die Lage am Heiligenberg gegenüber der Altstadt.

20 Zim – †110/205 € ††195/385 € – ⌷ 25 €

**Stadtplan : E1-s** – *Hirschgasse 3* ✉ *69120* – ☏ *06221 4540* – *www.hirschgasse.de*

❀ **Le Gourmet** • ⫟○ **Mensurstube** – siehe Restaurantauswahl

### ⌂ Arthotel

**BOUTIQUE-HOTEL · MODERN** Sehr gelungen die Verbindung von Alt und Neu, alles ist wertig und chic - ein Boutique-Hotel im besten Sinne! Besonders schön wohnt man im Erkerzimmer, relaxen kann man auf der Dachterrasse. Geradlinigmodern auch das Restaurant, toll der Innenhof. Übrigens: Trotz Altstadtlage hat man eine Tiefgarage!

24 Zim – †112/172 € ††129/189 € – ⌷ 14 € – ½ P

**Stadtplan : D2-e** – *Grabengasse 7* ✉ *69117* – ☏ *06221 650060* – *www.arthotel.de*

### ⌂ Qube

**BUSINESS · DESIGN** Klar, puristisch, wertig - so das Design in dem nach ökologischen Aspekten gestalteten Hotel samt schöner Dachterrasse! Ebenso exquisit und chic die 50 m entfernte Qube-Villa, toll hier die Garten-Lounge! Modern auch das Restaurant, das Angebot reicht vom Burger bis zum gegrillten Thunfisch.

70 Zim – †108/188 € ††128/228 € – ⌷ 9 € – ½ P

**Stadtplan : A1-q** – *Bergheimer Str. 74* ✉ *69115* – ☏ *06221 187990*
– *www.qube-heidelberg.de*

### ⌂ Panorama

**HISTORISCHES GEBÄUDE · FUNKTIONELL** Ganz ruhig liegt das Hotel zwar nicht, doch dafür direkt am Neckar und die Schallisolierung ist top! Geschmackvoll und angenehm modern die Zimmer (viele klimatisiert), am Morgen ein frisches Frühstück. Nach einem Bummel durch die nahe Altstadt geht's am Abend auf einen Absacker in die Bar-Lounge.

32 Zim ⌷ – †90/115 € ††125/150 €

**Stadtplan : B1-k** – *Bismarckstr. 19* ✉ *69115* – ☏ *06221 1852100*
– *www.panorama-heidelberg.de*

###  Bergheim 41

URBAN · DESIGN Design-Fans aufgepasst! Überall im Haus hochmoderne Möbel, wertige Materialien, schöne Dielenböden, topaktuelle Technik, großzügige Bäder... und auf dem Dach eine Terrasse mit Aussicht! Frühstück und Snacks im "Kaffee-kultur". Angrenzend das Alte Hallenbad mit Markthalle, Lokalen, Geschäften.

32 Zim – ✝94/154 € ✝✝99/320 € – ☐14 €

Stadtplan : B1-b – *Bergheimer Str. 41* ✉ 69115 – ☎ 06221 750040
– *www.bergheim41.de*

###  Holländer Hof

HISTORISCH · KLASSISCH Einst nächtigten holländische Holzhändler in dem denkmalgeschützten Haus, heute freuen sich Heidelberg-Besucher über die zentrale Lage an der Alten Brücke, die individuelle, wohnliche Einrichtung, den freundlichen Service und ein gepflegtes Frühstück - dieses gibt es in etwas abgespeckter Form auch günstiger.

38 Zim – ✝90/135 € ✝✝118/181 € – 1 Suite – ☐14 €

Stadtplan : E1-v – *Neckarstaden 66* ✉ 69117 – ☎ 06221 60500
– *www.hollaender-hof.de*

###  Astoria

PRIVATHAUS · MODERN Die charmante, etwas versteckt gelegene Villa von 1907 ist ideal für Individualisten, die "Understatement" bevorzugen. An der Eingangstür steht nach wie vor "Pension Astoria", nichtsdestotrotz hat man es hier komfortabel, modern und wohnlich. Gut das Frühstück, nett die kleine Bar. Begrenzte Parkkapazität.

6 Zim ☐ – ✝95/145 € ✝✝150/190 €

Stadtplan : B1-a – *Rahmengasse 30* ✉ 69120 – ☎ 06221 7290350
– *www.heidelberg-astoria.de* – *geschl. Ende Dezember - Ende Januar, August 2 Wochen*

###  Weißer Bock

GASTHOF · INDIVIDUELL In ihrer 300-jährigen Geschichte war diese Heidelberger Institution schon mal ein Brauhaus und auch Studentenverbindungshaus der Ripuria. Es liegt mitten in der Altstadt (Neckar und Fußgängerzone ganz in der Nähe), die Zimmer geschmackvoll und wohnlich, der Service zuvorkommend.

23 Zim – ✝75/150 € ✝✝115/250 € – ☐12 €

Stadtplan : D2-g – *Große Mantelgasse 24* ✉ 69117 – ☎ 06221 90000
– *www.weisserbock.de*

🍴 **Weißer Bock** – siehe Restaurantauswahl

###  Goldene Rose

BUSINESS · FUNKTIONELL Ein Altstadthotel wie aus dem Bilderbuch! Individuelle Zimmer, schönes, frisches Frühstück (im Sommer im Innenhof!), perfekt die Lage nur wenige Schritte von der Fußgängerzone. Tipp: Reservieren Sie einen der Autostellplätze am Haus!

37 Zim ☐ – ✝100/150 € ✝✝115/170 €

Stadtplan : B1-c – *St. Annagasse 7* ✉ 69117 – ☎ 06221 905490
– *www.hotel-goldene-rose.de*

## In Heidelberg-Grenzhof Nord-West: 8 km über A1, Richtung Mannheim

### 🍴 Gutsstube

MARKTKÜCHE · LÄNDLICH ✗✗ Mögen Sie es ländlich-charmant oder lieber moderner? Die regional-internationalen Speisen hier im Restaurant des Hotels "Grenzhof" kann man sich sowohl in der Stube als auch im Wintergarten schmecken lassen - oder aber draußen im Freien! Mittags nur Lunchbuffet. Tolle Festscheune.

Menü 49 € (abends)/74 € – Karte 43/69 €    35 Zim ☐ – ✝98/115 €
✝✝138/160 € – 1 Suite

*Grenzhof 9* ✉ 69123 – ☎ 06202 9430 – *www.grenzhof.de* – *nur Abendessen*
– *geschl. 23. - 30. Dezember und Sonntag*

# In Heidelberg-Handschuhsheim Nord: 3 km über B1, Richtung Weinheim

## ⅱ○ Cesarino

**ITALIENISCH · FAMILIÄR** XX Liebhaber angenehm schnörkelloser und authentischer italienischer Küche sollten die freundlichen Gastgeber in ihrem eleganten Restaurant an der Ecke besuchen. Antipasti und Pastagerichten sind hier immer ein guter Tipp!

Menü 49/57 € – Karte 42/61 €

*Handschuhsheimer Landstr. 118 ⊠ 69121 – ℰ 06221 434441 – nur Abendessen – geschl. Anfang Januar 2 Wochen, Ende Juli - Ende August und Sonntag*

## ⅱ○ Ai Portici

**ITALIENISCH · RUSTIKAL** X Freundlich-familiär die Atmosphäre, frisch die italienische Küche, und die bietet man auf einer kleinen Standardkarte samt einiger leckerer Pizzen und in Form von Tagesempfehlungen. Tipp: Fragen Sie auch nach den Weinen aus der Vineria!

Menü 33/48 € – Karte 28/61 €

*Rottmannstr. 2, Eingang Steubenstraße ⊠ 69121 – ℰ 06221 472817 – www.ai-portici.de – geschl. Anfang Januar 1 Woche, Mitte Juni 1 Woche, August 1 Woche*

## ⌂ Das Lamm

**HISTORISCH · INDIVIDUELL** Das ist schon ein wahres Kleinod: Historie, wohin man schaut (das Anwesen ist 350 Jahre alt), hübsch die wohnlichen Zimmer mit Dielenböden, überall im Haus Antiquitäten und Kunst, toll der Innenhof. Übrigens: Strom produziert man selbst - Ladestation für Elektroautos.

13 Zim – ♥119/128 € ♥♥138/148 € – ☐ 15 € – ½ P

*Pfarrgasse 3 ⊠ 69121 – ℰ 06221 47930 – www.lamm-heidelberg.de*

# In Heidelberg-Wieblingen Nord-West: 4,5 km über Vangerowstraße A1

## ⅱ○ Ludwig Schwarz

**FRANZÖSISCH-KLASSISCH · CHIC** XX Was Sie hier in etwas unscheinbarer Lage im Industriegebiet von Wieblingen, ist ein geschmackvoll-modernes Restaurant samt schöner Terrasse, in dem Sie sich z. B. auf "St. Pierre mit Butternut-Kürbis und Polenta" freuen dürfen.

Menü 19 € (mittags unter der Woche)/69 € – Karte 33/58 €

*Im Schuhmachergewann 6 ⊠ 69123 – ℰ 06221 776039 – www.ludwigschwarz-restaurant.de – geschl. 1. - 8. Januar und Samstagmittag, Sonntagabend - Montag*

# HEIDESHEIM am RHEIN

Rheinland-Pfalz – 7 470 Ew. – Höhe 100 m – Regionalatlas **47**-E15

▶ Berlin 587 km – Mainz 17 km – Neustadt a.d. Weinstraße 100 km – Wiesbaden 18 km

Michelin Straßenkarte 543

## ✿ Gourmetrestaurant Dirk Maus

**FRANZÖSISCH-KLASSISCH · CHIC** XX Das jahrhundertealte Anwesen glänzt mit einem Mix aus alten Bruchsteinwänden und schicker Geradlinigkeit, Dirk Maus mit seiner feinen, auf den Punkt gebrachten Küche - klassisch, mit modernen Akzenten. Im Service seine herzliche Frau Tina.

→ Gänseleberterrine, Räucheraal, Rote Bete, Brioche. Taube in Brot, Birne, Trüffel. Rind, schwarze Zwiebel, Blumenkohl, Belper Knolle.

Menü 85/120 €

*Sandhof 7 ⊠ 55262 – ℰ 06132 4368333 – www.dirk-maus.de – nur Abendessen – geschl. Juli - August 2 Wochen und Montag - Dienstag*

ⅱ○ **Landgasthaus Sandhof** – siehe Restaurantauswahl

### ⫯○ Landgasthaus Sandhof

**INTERNATIONAL · GEMÜTLICH** 𝕏 Ein kleines bisschen legerer ist es im zweiten Maus'schen Restaurant. Hier wird man aber nicht weniger charmant umsorgt und die Küche ist mit "Blutwurststrudel auf Rahmsauerkraut" oder "Kalbsfilet und Stangenspargel" eine echte Alternative.

Menü 39/49 € – Karte 41/81 €

*Gourmetrestaurant Dirk Maus, Sandhof 7* ✉ *55262 – ☎ 06132 4368333*
*– www.dirk-maus.de – Mittwoch - Freitag nur Abendessen – geschl. Juli - August 2 Wochen und Montag - Dienstag*

## HEIGENBRÜCKEN

Bayern – 2 260 Ew. – Höhe 274 m – Regionalatlas **48**-H15
▶ Berlin 542 km – München 350 km – Würzburg 71 km – Aschaffenburg 26 km
Michelin Straßenkarte 546

### ⏣ Villa Marburg im Park

**KLASSISCHE KÜCHE · ELEGANT** 𝕏𝕏 Steht Ihnen der Sinn nach Fusion oder essen Sie lieber klassisch? Menü oder à la carte? Im Winter sitzt man Mo - Mi im gemütlich-eleganten Sandsteingewölbe, Do - Sa sowie im Sommer im freundlichen Parkrestaurant oder auf der Terrasse.

Menü 33/79 € (abends) – Karte 34/48 €

*Hotel Villa Marburg im Park, Werner-Wenzelstr. 1* ✉ *63869 – ☎ 06020 979990*
*– www.villa-marburg.de – geschl. 1. - 8. Januar, August 2 Wochen und Sonntagabend*

### ⏠ Villa Marburg im Park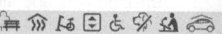

**BUSINESS · MODERN** Wohnlich-elegant hat man es in der Villa a. d. 19. Jh. nebst modernem Anbau. Für Ihre Freizeit: Massage und Kosmetik, Indoor-Golf-Simulator oder auch das 100 m entfernte Naturschwimmbad (für Hausgäste kostenfrei). Gastronomisch gibt es zusätzlich freitagabends das Culinaricum: kreative Küche als großes Menü.

36 Zim ⌂ – †95 € ††125 € – 3 Suiten – ½ P

*Werner-Wenzelstr. 1* ✉ *63869 – ☎ 06020 979990 – www.villa-marburg.de*
*– geschl. 2. - 8. Januar, August 2 Wochen*

⏣ **Villa Marburg im Park** – siehe Restaurantauswahl

### ⏠ Landgasthof Hochspessart

**LANDHAUS · GEMÜTLICH** Hier ist man mit Engagement bei der Sache. Die Zimmer sehr gepflegt und wohnlich, die Küche regional - eine Spezialität sind Wildgerichte, -schinken und -würste. Dazu gute fränkische und deutsche Weine. Für Aktive: schöne Wander- und Radwege in der Umgebung.

34 Zim ⌂ – †59/79 € ††92/132 € – ½ P

*Lindenallee 40* ✉ *63869 – ☎ 06020 97200 – www.hochspessart.de*

## HEILBRONN

Baden-Württemberg – 117 540 Ew. – Höhe 157 m – Regionalatlas **55**-G17
▶ Berlin 591 km – Stuttgart 60 km – Heidelberg 68 km – Karlsruhe 94 km
Michelin Straßenkarte 545

### ⏣ Bachmaier

**MARKTKÜCHE · TRENDY** 𝕏 Sehr nett ist dieses modern in warmen Farben gehaltene Restaurant, schmackhaft die saisonale Küche des oberbayerischen Patrons - mittags wie abends ein variables Menü. Die Chefin managt kompetent den Service, gut die offene Weinbegleitung.

Menü 24 € (mittags)/67 € (abends)

**Stadtplan : A1-c** – *Untere Neckarstr. 40* ✉ *74072 – ☎ 07131 6420560 (Tischbestellung ratsam) – www.restaurant-bachmaier.de – geschl. Weihnachten - Anfang Januar 2 Wochen, Juni 2 Wochen und Samstagmittag, Sonntag - Dienstagmittag sowie an Feiertagen*

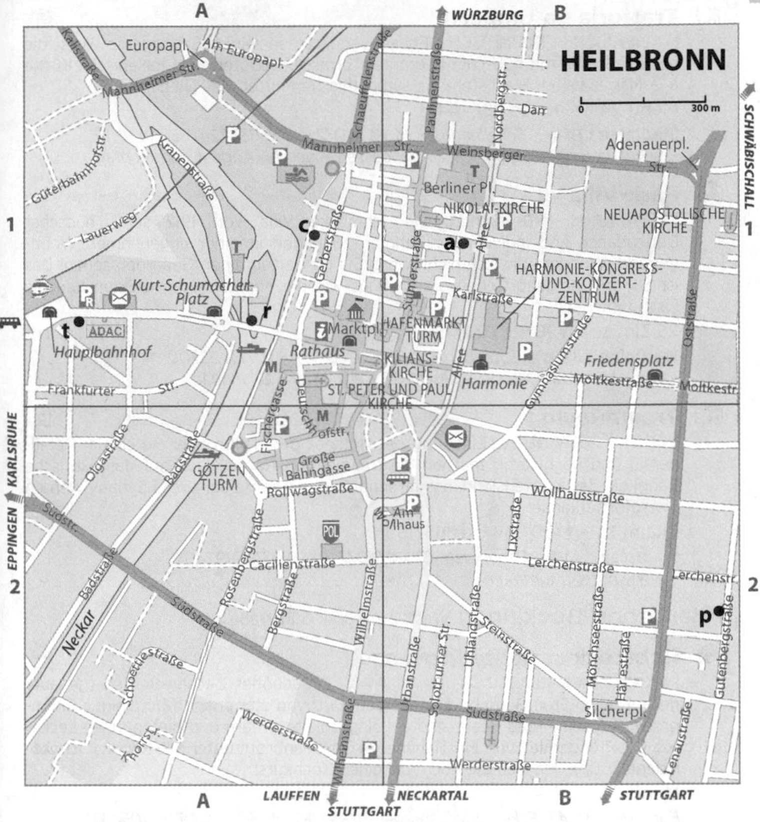

# HEILBRONN

SCHWÄBISCHALL

Europapl. · Am·Europapl.

Mannheimer Str.

Nordbergstr.

Darr

Adenauerpl.

0      300 m

Mannheimer Str. · Weinsberger · Str.

Kranenstraße

Lauerweg

Güterbahnhofstr.

**1**

Berliner Pl.

**T**

NIKOLAI-KIRCHE

NEUAPOSTOLISCHE
KIRCHE

**1**

Kurt-Schumacher-
Platz

**T**

**c**

**a**

HARMONIE-KONGRESS-
UND-KONZERT-
ZENTRUM

Karlstraße

Gerberstraße

**t**

ADAC

**r**

*Hauptbahnhof*

Marktpl.

HAFENMARKT
TURM

Friedensplatz

Moltkestraße · Moltkestr.

*Rathaus*

**M**

KILIANS-
KIRCHE

Harmonie

Gymnasiumstraße

Frankfurter · Str.

ST. PETER UND PAUL
KIRCHE

**M**

Hofstr.

Deutsch-

Fischergasse

**EPPINGEN · KARLSRUHE**

GÖTZEN
TURM

Große
Bahngasse

Rollwagstraße

Am
P/haus

POL

Wollhausstraße

Lerchenstraße

Lerchenstr.

**2**

Neckar

Südstr.

Rosenbergstraße

Badstraße

Cäcilienstraße

Bergstraße

Wilhelmstraße

Urbanstraße

Uhlandstraße

Lixstraße

Steinstraße

Mönchseestraße

Hafenstraße

**p**

Gutenbergstraße

Lenaustraße

**2**

Schießstraße

Werderstraße

Weinsbergstraße

Scontherner Str.

Südstraße

Silcherpl.

Werderstraße

---

🍴 **Magnifico da Umberto**      🏠 P

ITALIENISCH · FREUNDLICH XX Umberto Scuccia ist kein Unbekannter in Heilbronn. Hier hat er im 12. Stock des Tagungszentrums ein attraktives geradlinig gehaltenes Restaurant, das neben marktfrischer italienischer Küche auch einen tollen Blick auf die Stadt bietet.

Menü 75/95 € – Karte 68/76 €

*Im Zukunftspark 10, (12. Etage), über A1 Kalistraße* ✉ *74072 –* ✆ *07131 74564140 (Tischbestellung ratsam) – www.wtz-magnifico.de – nur Abendessen – geschl. August - September 3 Wochen und Sonntag - Montag*

🍴 **Schwäbisches Restaurant**      🔄 🏠 🚗

REGIONAL · ELEGANT XX Das Restaurant des "insel hotels" wird persönlich und engagiert geführt und ist in der Umgebung sehr geschätzt. Auf der Karte finden sich regionale und internationale Speisen, vor dem Haus hat man eine schöne Terrasse unter Palmen. Mittags können Sie auch im legeren "Willys" essen.

Menü 20/28 € – Karte 25/54 €      125 Zim ☲ – ♦100/159 € ♦♦150/209 € – 5 Suiten

**Stadtplan : A1-r** – *Willy-Mayer-Brücke, Zufahrt über Kranenstraße* ✉ *74072 –* ✆ *07131 6300 – www.insel-hotel.de – nur Abendessen, sonntags auch Mittagessen*

## ⅋○ Trattoria da Umberto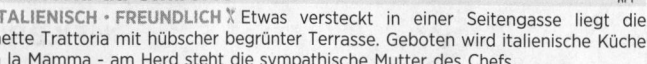

**ITALIENISCH · FREUNDLICH** Ⅹ Etwas versteckt in einer Seitengasse liegt die nette Trattoria mit hübscher begrünter Terrasse. Geboten wird italienische Küche à la Mamma - am Herd steht die sympathische Mutter des Chefs.

Menü 24 € – Karte 28/44 €

**Stadtplan : B1-a** – *Schellengasse 16* ✉ *74072* – ☏ *07131 7247655*
– *www.da-umberto.com* – *nur Abendessen* – *geschl. August und Montag*

## 🏠 Park-Villa

**PRIVATHAUS · INDIVIDUELL** Eine schmucke Villa von 1912 samt hübscher Dependance und individueller Zimmer, zu finden in einer angenehmen Wohngegend. Wundern Sie sich nicht, wenn Sie im Garten einen Geparden sehen! Das ist Sammy, er gehört ebenso zum Haus wie die eigenen Schnee-Eulen und die Fische im Teich.

25 Zim ⌂ – ♦98 € ♦♦132/152 €

**Stadtplan : B2-p** – *Gutenbergstr. 30* ✉ *74074* – ☏ *07131 95700*
– *www.hotel-parkvilla.de* – *geschl. 23. Dezember - 8. Januar*

## 🏠 TraumRaum

**URBAN · INDIVIDUELL** Eindeutig der Hotspot der Heilbronner Hotellerie: Detailgenau und hochwertig machen die traumhaften Räume Lust auf das exotische Bangkok, das aparte Island, das farbenprächtige Rio de Janairo...! Sydney werden Sie sofort erkennen!

21 Zim ⌂ – ♦109/139 € ♦♦115/169 €

**Stadtplan : A1-t** – *Bahnhofstr. 31* ✉ *74072* – ☏ *07131 5919240*
– *www.hotel-traumraum.de*

## In Heilbronn-Böckingen West: 2 km über Südstraße A2

## 🎭 Rebstock la petite Provence

**FRANZÖSISCH-KLASSISCH · FAMILIÄR** ⅩⅩ Ein schöner 2-Mann-Betrieb (genauer gesagt Mann-Frau-Betrieb): Der aus dem Burgund stammende Dominique Champroux und seine Frau Beate sind ein eingespieltes Team und bieten Leckeres wie "Rinderfilet von Mr. Häberle im Thymianbrotmantel mit Kapern-Schokoladenöl". Tipp: Machen Sie doch mal einen Kochkurs!

Menü 37/65 €

*Eppinger Str. 43, Ecke Ludwigsburger Straße* ✉ *74080* – ☏ *07131 4054351*
– *www.rebstock-provence.de* – *nur Abendessen* – *geschl. Anfang Januar 2 Wochen, September 3 Wochen und Sonntag - Dienstag*

## In Heilbronn-Sontheim Süd: 5 km über Wilhelmstraße A2"

## ⅋○ Piccolo Mondo

**ITALIENISCH · FREUNDLICH** ⅩⅩ Mit Hingabe und sympathisch-natürlicher Freundlichkeit umsorgt man hier seit über 30 Jahren seine Gäste. Es gibt einfachere Gerichte, darunter auch Pizza, aber auch eine ambitionierte und beliebte Tageskarte. Charmante Weinlauben-Terrasse.

Menü 12 € (mittags)/49 € – Karte 23/50 €

*Hauptstr. 9* ✉ *74081* – ☏ *07131 251133* – *www.piccolo-mondo.org* – *geschl. 24. Februar - 7. März. 15. - 31. August und Montag - Dienstag, Samstagmittag*

## In Flein Süd: 5,5 km über Wilhelmstraße A2

## ⅋○ Wo der Hahn kräht

**REGIONAL · LÄNDLICH** ⅩⅩ Das Restaurant befindet sich in dem gleichnamigen Hotel nebst Weingut, das ruhig mitten in den Weinbergen liegt. In rustikaler Atmosphäre lässt man es sich bei regionaler und teilweise auch mediterraner Küche gut gehen. Alternativ gibt es auch die Gaststube mit bürgerlichem Angebot.

Karte 27/44 € 40 Zim ⌂ – ♦90/115 € ♦♦120/150 € – ½ P

*Altenbergweg 11* ✉ *74223* – ☏ *07131 50810* – *www.wo-der-hahn-kraeht.de*

**In Leingarten** West: 7 km über Südstraße A2

**🏚 Dorfkrug** 🛗 ⚙ ↩

**REGIONAL · RUSTIKAL** ⅹ "Dorfkrug-Pfännle", "Saure Nierle", "Straub's Schwaben-streich" oder auch die leckere "Crème brûlée mit marinierten Erdbeeren"... Die schwä-bische Alternative zum "Löwen" ist gut, günstig und hat so manchen Stammgast!
Karte 26/47 €
*Restaurant Löwen, Heilbronner Str. 43* ✉ *74211 –* ✆ *07131 403678*
*– www.uwe-straub.de – geschl. Sonntagabend - Montag*

**⍨○ Löwen** 🐌 🛗 ↩

**FRANZÖSISCH-KLASSISCH · FREUNDLICH** ⅹⅹ Uwe Straub kümmert sich um den Service, steht am Herd und berät seine Gäste immer mal gerne selbst in Sachen Wein - ein Gastronom im besten Sinne also! Die Küche ist klassisch orientiert, aber auch mit modernen Ideen gespickt, und so passt sie gut zur aufgefrischten und verjüngten Einrichtung!
Menü 55/85 € – Karte 40/83 €
*Heilbronner Str. 43* ✉ *74211 –* ✆ *07131 403678 (Tischbestellung ratsam)*
*– www.uwe-straub.de – nur Abendessen – geschl. Sonntag - Montag*
🏚 **Dorfkrug** – siehe Restaurantauswahl

# HEILIGENBERG

Baden-Württemberg – 2 960 Ew. – Höhe 726 m – Regionalatlas **63**-G21
▶ Berlin 718 km – Stuttgart 139 km – Konstanz 36 km – Sigmaringen 38 km
Michelin Straßenkarte 545

**In Heiligenberg-Steigen** West: 2 km

**🏚 Hack** ↩ 🐌 🛗 ⚙ 🅿

**TRADITIONELLE KÜCHE · GASTHOF** ⅹ Wenn Ihnen Schmackhaftes wie "Wachtel-galantine mit Linsensalat" oder "Kalbsfrikassee mit Spargel" Appetit macht, dann werden Sie sich in dem sympathischen Restaurant des gleichnamigen Hotels gut aufgehoben fühlen. Hübsch die von Rosen eingerahmte Terrasse.
Menü 33/36 € – Karte 26/49 €    15 Zim ⌑ – ♦60/89 € ♦♦88/118 €
*Am Bühl 11* ✉ *88633 –* ✆ *07554 8686 – www.hotel-hack.de – Dienstag - Freitag nur Abendessen – geschl. 11. Januar - 10. Februar, 2. - 29. November und Montag*

**HEILIGENDAMM** Mecklenburg-Vorpommern → Siehe Doberan, Bad

# HEILIGENHAUS

Nordrhein-Westfalen – 25 420 Ew. – Höhe 190 m – Regionalatlas **26**-C11
▶ Berlin 549 km – Düsseldorf 30 km – Essen 22 km – Wuppertal 25 km
Michelin Straßenkarte 543

**🏨 Waldhotel** 🍴 🐌 🐾 ⊟ ♨ 🅿

**TRADITIONELL · KLASSISCH** Recht ruhig liegt das komfortable Hotel mit kleinem Tagungszentrum am Waldrand. Die Gästezimmer sind klassisch oder auch ganz modern gestaltet. Vom angenehm hellen Restaurant blickt man in den Garten, in dem sich die Terrasse und ein Pavillon befinden.
86 Zim – ♦123/182 € ♦♦151/243 € – 3 Suiten – ⌑16 € – ½ P
*Parkstr. 38* ✉ *42579 –* ✆ *02056 5970 – www.wald-hotel.de*

# HEILIGENSTADT in OBERFRANKEN

Bayern – 3 530 Ew. – Höhe 304 m – Regionalatlas **50**-K15
▶ Berlin 394 km – München 231 km – Coburg 70 km – Bayreuth 36 km
Michelin Straßenkarte 546

**Heiligenstadter Hof**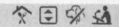

**GASTHOF · FUNKTIONELL** Das hübsche alte Fachwerkhaus beherbergt wohnliche Zimmer, teils mit sehenswertem Gebälk, funktionelle und größere Zimmer im Anbau. Gemütlich sitzt man im Restaurant mit Kachelofen - die schöne Lage an der Leinleiter genießt man am besten auf der netten Terrasse!

24 Zim ☑ – †53/60 € ††86/99 € – ½ P

*Marktplatz 9 ✉ 91332 – ℰ 09198 781 – www.hotel-heiligenstadter-hof.de – geschl. Februar - März 2 Wochen*

## In Heiligenstadt-Veilbronn Süd-Ost: 3 km

 **Landhaus Sponsel-Regus**

**GASTHOF · TRADITIONELL** Seit 250 Jahren befindet sich dieser gepflegte Gasthof in Familienbesitz. Im Stammhaus sowie in den Häusern Mattstein und Sonneck erwarten Sie wohnliche Zimmer, nett sitzt man in der rustikalen Gaststube mit Kachelofen. Und buchen Sie doch mal eine Massage! Zum Team gehört übrigens auch Hauskatze Schröder.

50 Zim ☑ – †53/70 € ††118/122 € – 2 Suiten – ½ P

*Veilbronn 9 ✉ 91332 – ℰ 09198 92970 – www.sponsel-regus.de – geschl. 10. - 20. Dezember, 8. - 27. Januar*

---

 Gute Küche zu moderatem Preis? Folgen Sie dem „Bib Gourmand" ⑬. Das freundliche Michelin-Männchen „Bib" steht für ein besonders gutes Preis-Leistungs-Verhältnis!

---

# HEIMBUCHENTHAL

Bayern – 2 160 Ew. – Höhe 234 m – Regionalatlas **48**-H15

▶ Berlin 565 km – München 346 km – Würzburg 66 km – Aschaffenburg 19 km

Michelin Straßenkarte 546

 **Lamm**

**GASTHOF · GEMÜTLICH** Im Ortskern neben der Kirche steht der zu einem zeitgemäßen Hotel gewachsene Gasthof. Sehr hübsch sind die Palais-Zimmer mit klassisch-elegantem Ambiente. Neuzeitlicher Spa und Restauranträume in rustikalem Stil.

75 Zim ☑ – †84/105 € ††110/154 € – ½ P

*St.-Martinus-Str. 1 ✉ 63872 – ℰ 06092 9440 – www.hotel-lamm.de*

## In Heimbuchenthal-Heimathen Süd-West: 1,5 km

 **Heimathenhof**

**FAMILIÄR · FUNKTIONELL** In ruhiger Lage, umgeben von einer schönen waldreichen Landschaft erwarten Sie freundliche und engagierte Gastgeber, komfortable Zimmer und ein moderner Sauna- und Badebereich. Zum Restaurant gehört eine Terrasse mit toller Aussicht.

45 Zim ☑ – †77/95 € ††125/150 € – ½ P

*Heimathenhof 2 ✉ 63872 – ℰ 06092 97150 – www.heimathenhof.com*

# HEINSBERG

Nordrhein-Westfalen – 40 910 Ew. – Höhe 38 m – Regionalatlas **35**-A12

▶ Berlin 617 km – Düsseldorf 69 km – Aachen 36 km – Mönchengladbach 33 km

Michelin Straßenkarte 543

**In Heinsberg-Randerath** Süd-Ost: 8 km, jenseits der A 46

#### 🕸 St. Jacques (Rainer Hensen)

**FRANZÖSISCH-MODERN · ELEGANT** ✗✗✗ Im Mittelpunkt stehen hier die herausragenden Produkte, die an Frische und Qualität kaum zu toppen sind. Was man daraus kreiert, ist stimmig von A - Z, kontrastreich und gleichzeitig harmonisch. Äußerst aufmerksam, herzlich und versiert der Service samt trefflicher Weinberatung.

→ Ceviche von der Wildgarnele, Avocadocreme, süß-saures Gemüse. Schweinebauch, Kalbsbries, Apfel, Pastinake, Curry. Sous vide gegarter Tafelspitz, Portweinjus, Praline vom Ochsenschwanz.

Menü 96/129 €

*Feldstr. 50 ✉ 52525 – ☏ 02453 802 (Tischbestellung ratsam) – www.rainerhensen.de – nur Abendessen, sonntags auch Mittagessen – (Erweiterung um einen Hotelbereich mit 6 Zimmern nach Redaktionsschluss) geschl. Montag*

⫣O **Brasserie WIR** – siehe Restaurantauswahl

#### ⫣O Brasserie WIR

**MARKTKÜCHE · BRASSERIE** ✗ Schmackhafte Küche, angenehm ungezwungene Atmosphäre! Auf der Karte z. B. "Kalbssülze mit Kohlrabi-Apfel-Salat und Meerrettich", "Kalbsravioli auf Spargelragout" oder "Kabeljau mit Kartoffel-Landgurken-Salat". Und als Dessert Palatschinken?

Karte 38/61 €

*St. Jacques, Feldstr. 50 ✉ 52525 – ☏ 02453 802 – www.burgstuben-residenz.de – nur Abendessen, sonntags auch Mittagessen – geschl. Montag*

**In Heinsberg-Unterbruch** Nord-Ost: 3 km, über B 221 Richtung Wassenberg

#### ⫣O Altes Brauhaus

**KLASSISCHE KÜCHE · TRADITIONELLES AMBIENTE** ✗✗ 1779 steht über dem Eingang des schönen "Alten Brauhauses", in dem nie Bier gebraut wurde. Stattdessen gibt es hier heute schmackhafte regional-klassische Speisen, gerne auch vegetarisch. Sehenswert die elegant traditionellen Stuben mit kostbarer Holztäfelung und Schnitzereien.

Menü 35 € – Karte 37/55 €

*Wurmstr. 4 ✉ 52525 – ☏ 02452 61035 – www.altesbrauhaus-heinsberg.de – geschl. über Karneval und Montag - Dienstag, Samstagmittag*

**Außerhalb** Süd: 4 km, an der B 221 Richtung Geilenkirchen

#### ⫣O Janses Mattes

**INTERNATIONAL · BÜRGERLICH** ✗ Das gepflegte Gasthaus ist eines der ältesten in der Gegend und seit jeher eine beliebte Adresse für regional-internationale Küche. Auch wenn sich das Restaurant an einer stark befahrenen Straße befindet, kann man dennoch schön draußen essen, denn die Terrasse liegt nach hinten!

Menü 25/50 € – Karte 23/51 €

*Janses Mattes 1 ✉ 52525 Heinsberg – ☏ 02452 22056 – www.jansesmattes.de – geschl. Juli - August 3 Wochen und Montag - Dienstag*

### HEITERSHEIM

Baden-Württemberg – 5 970 Ew. – Höhe 254 m – Regionalatlas **61**-D21

▶ Berlin 821 km – Stuttgart 223 km – Freiburg im Breisgau 23 km – Basel 48 km
Michelin Straßenkarte 545

#### 🏵 Landhotel Krone

**MARKTKÜCHE · LÄNDLICH** ✗✗ "Rote Beete Suppe" und danach "Ochsenbrust mit Meerrettich"? Für diese und andere frische Gerichte verwendet man hier Produkte aus der Region. In den Stuben hat man es schön gemütlich - Tipp: ein Platz am Kachelofen!

Menü 20 € (mittags)/52 € – Karte 31/59 €

*Landhotel Krone, Hauptstr. 12 ✉ 79423 – ☏ 07634 51070 – www.landhotel-krone.de – geschl. Dienstag - Mittwochmittag*

**Landhotel Krone**

GASTHOF · INDIVIDUELL Gästebetreuung wird bei Familie Rottmann-Thoma groß geschrieben. Die Zimmer in dem liebevoll eingerichteten historischen Gasthaus sind wohnlich-elegant, ein ansprechender Kontrast dazu die geradlinig-modernen Appartements im Wellnesshaus.

36 Zim ☲ – ♦79/110 € ♦♦110/150 € – 3 Suiten – ½ P

*Hauptstr. 12 ✉ 79423 – ℰ 07634 51070 – www.landhotel-krone.de*

🏨 **Landhotel Krone** – siehe Restaurantauswahl

 **OX Hotel**

GASTHOF · MODERN Kein Wunder, dass das Hotel gut gebucht ist, denn die Kombination von historischem Rahmen und modernem Interieur ist wirklich gelungen. Man hat sehr schöne trendige, klar designte Zimmer, W-Lan ist kostenfrei, freundlich der Service. Dazu ein sympathisches Café-Restaurant mit bürgerlicher Küche.

24 Zim ☲ – ♦69 € ♦♦94 €

*Im Stühlinger 10 ✉ 79423 – ℰ 07634 6955855 – www.oxhotel.de*

# HELGOLAND (INSEL)

Schleswig-Holstein – 1 360 Ew. – Höhe 40 m – Regionalatlas **8**-E3

▶ Berlin 419 km – Hannover 223 km – Cuxhaven 2 km

Michelin Straßenkarte 541

 **Rickmers Insulaner**

FAMILIÄR · INDIVIDUELL An der Promenade liegt das Hotel mit hübschem Garten und freundlichen, wohnlichen Zimmern. Suiten teils mit Kitchenette. Toll die Wellness-Suiten mit Wärmeliege und Dampfbad! Zum Relaxen gibt's im UG den netten Private Spa. "Galerie" nennt sich das mit zahlreichen Gemälden dekorierte Restaurant.

38 Zim ☲ – ♦129/199 € ♦♦169/229 € – 7 Suiten – ½ P

*Am Südstrand 2 ✉ 27498 – ℰ 04725 81410 – www.rickmers-insulaner.de*

# HELMBRECHTS

Bayern – 8 540 Ew. – Höhe 616 m – Regionalatlas **51**-M14

▶ Berlin 320 km – München 277 km – Hof 25 km – Bayreuth 43 km

Michelin Straßenkarte 546

**In Helmbrechts-Edlendorf** Ost: 3,5 km Richtung Reuthlas

🍴 **Ostermaier's Waldeck**

REGIONAL · FREUNDLICH 𝕏 Durch und durch charmant - von der schönen Lage auf dem Land über liebenswerte individuelle Zimmer bis zu gemütlich dekorierten Gasträumen nebst hübschem Biergarten. Auf der Karte: französische Fischsuppe, Frankenwaldforelle, argentinisches Rind vom Grill... Auch für Hochzeitsfeiern eine beliebte Adresse!

Menü 35/60 € – Karte 18/57 €   6 Zim ☲ – ♦65 € ♦♦85 €

*Edlendorf 12 ✉ 95233 – ℰ 09252 7273 – www.ostermaiers-waldeck.de*

# HENNEF (SIEG)

Nordrhein-Westfalen – 45 810 Ew. – Höhe 67 m – Regionalatlas **36**-C13

▶ Berlin 606 km – Düsseldorf 79 km – Köln 42 km – Mainz 153 km

Michelin Straßenkarte 543

**In Hennef-Heisterschoß** Nord-Ost: 7 km, über B 478 Richtung Waldbröhl, in Bröl links nach Happerschloss abbiegen

🍽 **Sängerheim - Das Restaurant** 🏮⟳🅿

MARKTKÜCHE 𝕏𝕏 Hier geht man gerne essen, denn das Haus wird freundlich und geschult geführt, ist angenehm modern eingerichtet und gekocht wird schmackhaft. Neben Klassikern wird auf einer Tafel auch Saisonales angeboten, so z. B. "pochiertes Ei mit Sauerampferroulade vom Bauernhuhn und Kräutersalat". Gute Weinempfehlung.

Menü 33 € (vegetarisch)/50 € – Karte 31/56 €

*Teichstr. 9 ✉ 53773 – ℰ 02242 3480 – www.das-saengerheim.de – Montag - Samstag nur Abendessen, außer an Feiertagen – geschl. über Karneval 5 Tage und Mittwoch*

# HEPPENHEIM an der BERGSTRASSE

Hessen – 25 020 Ew. – Höhe 106 m – Regionalatlas **47**-F16

▶ Berlin 596 km – Wiesbaden 69 km – Mannheim 29 km – Darmstadt 33 km

Michelin Straßenkarte 543

## ⌂ Villa Boddin ⑤

**GASTHOF · GEMÜTLICH** Schön fügt sich das kleine Hotel in die Altstadt mit ihren schönen Fachwerkhäusern ein. Gelungen hat man Mauerwerk und alte Holzbalken mit hochwertiger elegant-mediterraner Einrichtung kombiniert. Frühstück mit Blick auf den Marktplatz.

10 Zim ☟ – ♦85/88 € ♦♦115/125 €

*Großer Markt 3, Zufahrt über Graeffstraße ✉ 64646 – ℰ 06252 68970*
*– www.villa-boddin.de*

## ⌂ Goldener Engel ⇧ ⑤ 🅿

**GASTHOF · FUNKTIONELL** Ein hübsches Fachwerkhaus mitten in der Altstadt, seit 1782 Familienbetrieb. Etwas Besonderes: die "Wohn- & Schlafstuben" im Haus "Goldkind" mit schickem modernem Design. Hier auch die tolle "Spa-Mansarde": große Maisonette unterm Dach mit Sauna! Bei Restaurantgästen gefragt: Terrasse auf dem Marktplatz.

26 Zim ☟ – ♦69/99 € ♦♦99/140 € – ½ P

*Großer Markt 2, Zufahrt über Laudenbacher Tor ✉ 64646 – ℰ 06252 2563*
*– www.goldener-engel-heppenheim.de – geschl. 20. Dezember - 10. Januar*

# HERBORN (LAHN-DILL-KREIS)

Hessen – 20 370 Ew. – Höhe 223 m – Regionalatlas **37**-F13

▶ Berlin 531 km – Wiesbaden 118 km – Siegen 68 km – Gießen 38 km

Michelin Straßenkarte 543

## ⌂ Gutshof ⇧ 🍴 � ⚑ 🅿

**BUSINESS · MODERN** Der behutsam restaurierte ehemalige Bauernhof vereint heute modernen Hotelkomfort mit dem ansprechenden, bewusst erhaltenen Gutshofcharakter der Anlage. Rustikales Lokal mit Brauerei im einstigen Stall gegenüber dem Hotel. Großer Biergarten und Kinderspielplatz.

72 Zim ☟ – ♦79/99 € ♦♦109/119 € – ½ P

*Austr. 81 ✉ 35745 – ℰ 02772 5755740 – www.gutshof-herborn.de – geschl. 1.*
*- 10. Januar*

# HERFORD

Nordrhein-Westfalen – 65 340 Ew. – Höhe 65 m – Regionalatlas **28**-F9

▶ Berlin 373 km – Düsseldorf 192 km – Bielefeld 18 km – Hannover 91 km

Michelin Straßenkarte 543

## ⊛ Am Osterfeuer 🛖 ⇩ 🅿

**REGIONAL · FREUNDLICH** ✕✕ Bei Hans-Jörg Dunker darf man sich auf regionale Gerichte mit mediterranem Einfluss freuen - da lässt man sich z. B. "frische Linguini mit Pfifferlingen" oder "Tafelspitz in Meerrettichsauce" schmecken.

Menü 40/50 € – Karte 34/61 €

*Hellerweg 35 ✉ 32052 – ℰ 05221 70210 – www.am-osterfeuer.de – Mittwoch*
*- Samstag nur Abendessen – geschl. Mitte Juli - Ende August 3 Wochen und*
*Montag - Dienstag*

## ⅏○ Die Alte Schule 🛖 ⇩

**INTERNATIONAL · BISTRO** ✕ In dem Fachwerkhaus a. d. 17. Jh. befindet sich auf zwei Ebenen dieses sympathische behagliche Restaurant. In ungezwungener Atmosphäre gibt es internationale Küche und Klassiker wie "Kalbsleber Berliner Art" oder "Rumpsteak Strindberg".

Menü 28/59 € – Karte 40/63 €

*Holland 39 ✉ 32052 – ℰ 05221 51558 – www.diealteschule.com – nur Abendessen*
*– geschl. Sonntag sowie an Feiertagen*

**Zur Fürstabtei**

HISTORISCHES GEBÄUDE · GEMÜTLICH Schön fügt sich das Fachwerkhaus a. d. 17. Jh. in die Altstadt ein, gleich gegenüber das Münster (Kirche der Fürstabtei). Hübsche wohnliche Zimmer, teilweise mit hohen Decken, und stilvoller Frühstücksraum. Geschichtliches dient als Deko.

20 Zim ☑ – ♦85/95 € ♦♦115 €

*Elisabethstr. 9 ✉ 32052 – ℰ 05221 27550 – www.fuerstabtei.de*

## In Herford-Schwarzenmoor Nord-Ost: 2,5 km Richtung Vlotho

⊪○ **Aureus**

INTERNATIONAL · BÜRGERLICH ✗✗ Das Restaurant ist in klassisch-gediegenem Stil gehalten, schön die farbliche Gestaltung. An gut eingedeckten Tischen werden Sie freundlich mit international-saisonalen Speisen wie "Schweinemedaillons im Serranomantel" umsorgt.

Karte 40/73 €

*Hotel Vivendi, Paracelsusstr. 14 ✉ 32049 – ℰ 05221 9200 – www.vivendi-hotel.de – nur Abendessen – geschl. August*

 **Vivendi**

GASTHOF · TRADITIONELL Sehr gepflegt und freundlich-familiär geführt ist diese ruhig gelegene Adresse im westfälischen Stil. Die Gästezimmer sind praktisch eingerichtet, schöne Fotos mit Naturmotiven zieren das Haus.

23 Zim – ♦75/95 € ♦♦100/125 € – ☑ 8 € – ½ P

*Paracelsusstr. 14 ✉ 32049 – ℰ 05221 9200 – www.vivendi-hotel.de – geschl. August*

⊪○ **Aureus** – siehe Restaurantauswahl

**HERINGSDORF** Mecklenburg-Vorpommern → Siehe Usedom (Insel)

# HERLESHAUSEN
Hessen – 2 830 Ew. – Höhe 210 m – Regionalatlas **39**-I12
▶ Berlin 367 km – Wiesbaden 212 km – Kassel 73 km – Bad Hersfeld 49 km
Michelin Straßenkarte 543

## In Herleshausen-Holzhausen Nord-West: 8 km über Nesselröden

⊪○ **Hohenhaus**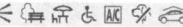

KLASSISCHE KÜCHE · ELEGANT ✗✗✗ So niveauvoll wie das geschmackvolle Hotel ist auch das elegant-rustikale Restaurant mit klassischer Küche. Herzstück ist der tolle Kachelofen a. d. 18. Jh. Kompetent der Service samt trefflicher Weinberatung.

Menü 48/112 €

*Hotel Hohenhaus, Hohenhaus ✉ 37293 – ℰ 05654 9870 – www.hohenhaus.de – geschl. Anfang Januar - Anfang Februar und Sonntagabend - Dienstagmittag*

 **Hohenhaus**

HISTORISCHES GEBÄUDE · GEMÜTLICH Man muss es inmitten des weitläufigen hauseigenen Wald- und Wiesengebiets erst einmal finden, doch es lohnt sich, denn das einstige Rittergut a. d. 16. Jh. ist ein wahres Idyll und ein komfortables Hotel mit klassisch-gediegenen Zimmern und sehr gutem Service. Abends lässt es sich schön am Kamin verweilen.

26 Zim – ♦120/190 € ♦♦230/280 € – ☑ 20 € – ½ P

*Hohenhaus ✉ 37293 – ℰ 05654 9870 – www.hohenhaus.de – geschl. Anfang Januar - Anfang Februar*

⊪○ **Hohenhaus** – siehe Restaurantauswahl

# HERMESKEIL
Rheinland-Pfalz – 5 730 Ew. – Höhe 540 m – Regionalatlas **45**-C16
▶ Berlin 699 km – Mainz 135 km – Trier 39 km – Bonn 160 km
Michelin Straßenkarte 543

## In Neuhütten Süd-Ost: 8 km über Züsch

☆ **Le temple** (Christiane Detemple-Schäfer)  ⇦ 🛋 **P**

FRANZÖSISCH-MODERN · CHIC ✗✗✗ Das große Engagement der Gastgeber Christiane Detemple-Schäfer und Oliver Schäfer kommt nicht zuletzt in der Küche zum Ausdruck: Hier legt man bemerkenswerte Exaktheit und Aufwand an den Tag, und zwar in Form eines klassisch-modernen Menüs mit diversen Wahlmöglichkeiten. Das Ambiente geradlinig-elegant. Nicht minder attraktiv die Gästezimmer mit mediterraner Note.

→ Seezunge mit marinierter Gurke, Beurre blanc, Gurkengel. Rehrücken, kandierte Oliven, Topfen-Serviettenknödel. Exotische Früchte, Ananas, Limette, Passionsfrucht und Kokos in Strukturen.

Menü 97/139 €   6 Zim 🖙 – †60 € ††100 €

*Saarstr. 2 ✉ 54422 – ☎ 06503 7669 (Tischbestellung erforderlich)*
*– www.le-temple.de – nur Abendessen, Sonntag sowie an Feiertagen auch*
*Mittagessen – geschl. 28. Juni - 20. Juli und Mittwoch*

🍴 **Bistro** – siehe Restaurantauswahl

🍴 **Bistro**  🛋 **P**

REGIONAL · BISTRO ✗ Im Hause Detemple-Schäfer kann man auch etwas bodenständiger essen. An schmackhaften saisonal-regionalen Speisen kommen in dem netten modernen Bistro z. B. "Entenbrust mit Rotkraut und Semmelknödel" oder "Crème Brûlée mit Pistazieneis" auf den Tisch. Am Tresen trifft man sich auch gerne auf ein Bier.

Menü 32 € – Karte 27/42 €

*Restaurant Le temple, Saarstr. 2 ✉ 54422 – ☎ 06503 7669 (Tischbestellung erforderlich) – www.le-temple.de – nur Abendessen, Sonntag sowie an Feiertagen auch Mittagessen – geschl. 28. Juni - 20. Juli und Mittwoch*

# HEROLDSBERG

Bayern – 8 370 Ew. – Höhe 362 m – Regionalatlas **50**-K16
▶ Berlin 433 km – München 177 km – Nürnberg 12 km – Bayreuth 82 km
Michelin Straßenkarte 546

☆ **Sosein.** 🅝  🐷 🛋 ⟳ **P**

KREATIV · TRENDY ✗✗ Ein Menü, das es in sich hat: feine Speisen, die durchdacht und kreativ die Jahreszeiten und die Region aufgreifen. Alles wird hier selbst gemacht: Man baut Gemüse an, stellt Kaviar her, fermentiert Miso... Ganz was Besonderes ist die Saftbegleitung als alkoholfreie Alternative.

→ Bayrische Garnele, grüner Kümmel, Blüten. Kleines Gemüse, junges Erbsenmiso, Einlegtomate. Schweinenacken, Kimchi, Kräuter.

Menü 115 €

*Hauptstr. 19 ✉ 90562 – ☎ 0911 95699680 – www.sosein-restaurant.de – nur Abendessen – geschl. Sonntag - Montag*

🍴 **Freihardt**  🛋 🞿 **P**

KLASSISCHE KÜCHE · ZEITGEMÄSSES AMBIENTE ✗✗ Hier wird mit Bezug zur Region gekocht, die Metzgerei nebenan garantiert Frische. Lust auf "Himmel & Erde Heroldsberg" oder Wiener Schnitzel? Ein Highlight sind auch die Steaks! Tipp: Im lichten Wintergarten sitzt man fast wie im Freien.

Menü 18 € (mittags)/60 € – Karte 36/78 €

*Hauptstr. 81 ✉ 90562 – ☎ 0911 5180805 – www.freihardt.com – geschl. Montag - Mittwochmittag, Donnerstagmittag*

🏠 **Hof 19**  🖎 🛏 🞿 **P**

FAMILIÄR · DESIGN In dem schön sanierten alten Fachwerkhaus darf man sich auf wohnlich-moderne Zimmer freuen, die zum Garten hin liegen und alle eine Wellnessdusche haben. Frühstück gibt's in einem charmanten historischen Sandsteingebäude, einst Stallungen.

7 Zim 🖙 – †79/89 € ††92/105 €

*Hauptstr. 19 ✉ 90562 – ☎ 0911 95699388 – www.hotel-hof19.com*

# HERRENALB, BAD

Baden-Württemberg – 7 350 Ew. – Höhe 365 m – Regionalatlas **54**-F18

▶ Berlin 698 km – Stuttgart 80 km – Karlsruhe 30 km – Baden-Baden 22 km

Michelin Straßenkarte 545

## In Bad Herrenalb-Rotensol Nord-Ost: 5 km

### ⑱ Lamm       🐾 🏠 🚗

REGIONAL · LÄNDLICH ✕✕ Hier wird richtig gut gekocht, und zwar schwäbisch-badisch und saisonal. Macht Ihnen z. B. "gefüllte Kalbsbrust mit Spätzle" Appetit? Begleitet wird das leckere Essen von einer schönen Weinauswahl, zudem hat man ein spezielles Whisky-Angebot. Viel warmes Holz sorgt dazu noch für gemütliche Atmosphäre.

Menü 25 € (mittags)/60 € – Karte 25/57 €

*Hotel Lamm, Mönchstr. 31 ✉ 76332 – ℰ 07083 92440 (abends Tischbestellung ratsam) – www.lamm-rotensol.de – geschl. 25. Februar - 5. März und Montag, außer an Feiertagen*

### 🏠 Lamm       ← 🛏 🖃 🖭 🚗

LANDHAUS · GEMÜTLICH Schön wohnlich hat man es in dem gut geführten Familienbetrieb. Von vielen Zimmern schaut man übers Albtal - vielleicht sehen Sie vom Balkon sogar die Pferde auf der Weide hinterm Haus grasen! Besonders modern sind die Zimmer unterm Dach mit hübschem Bad und teils mit großem Dachfenster!

29 Zim 🖭 – †58/88 € ††126/130 € – 1 Suite – ½ P

*Mönchstr. 31 ✉ 76332 – ℰ 07083 92440 – www.lamm-rotensol.de – geschl. 25. Februar - 5. März*

⑱ **Lamm** – siehe Restaurantauswahl

# HERRENBERG

Baden-Württemberg – 30 380 Ew. – Höhe 460 m – Regionalatlas **55**-G19

▶ Berlin 662 km – Stuttgart 38 km – Karlsruhe 90 km – Freudenstadt 53 km

Michelin Straßenkarte 545

### 🍴 Hasen       🏠 🖭 🚗

TRADITIONELLE KÜCHE · GEMÜTLICH ✕✕ Im historischen Stammhaus sitzt man gemütlich bei ambitionierter Küche und guter Weinauswahl samt kompetenter Beratung. Appetit machen hier z. B. "Lammpraline mit Mangochutney" oder "gebratenes Wolfsbarschfilet in Zitronen-Dillbutter".

Menü 28/45 € (unter der Woche) – Karte 25/51 €

*Hasenplatz 6 ✉ 71083 – ℰ 07032 2040 – www.hasen.de*

### 🏠 Hasen       📶 🖃 🖭 🕰 🖭 🚗

GASTHOF · FUNKTIONELL Hier lässt es sich gut wohnen. Mögen Sie es modern und geradlinig-chic? Und wie wär's mit einer Suite mit Wasserbett? Es gibt auch Maisonetten. Übrigens: Man hat eine eigene Kaffeerösterei - probieren Sie Espresso, Cappuccino & Co.!

67 Zim – †68/125 € ††88/145 € – 4 Suiten – 🖭 8 € – ½ P

*Hasenplatz 6 ✉ 71083 – ℰ 07032 2040 – www.hasen.de*

🍴 **Hasen** – siehe Restaurantauswahl

## In Herrenberg-Affstätt Nord-West: 1,5 km über B 296

### 🍴 Die Linde       🏠 🅿

TRADITIONELLE KÜCHE · LÄNDLICH ✕ Hier gibt's schwäbische Klassiker und Saisonales, von hausgemachten Maultaschen bis "Winterkabeljau mit Rote-Bete-Risotto und Meerrettich". Dazu angenehm legerer Service, freundliches Ambiente und nicht zuletzt ein toller Garten samt Terrasse auf der Wiese! Nettes Detail: Kunstobjekte im und ums Haus.

Menü 42 € – Karte 24/64 €

*Kuppinger Str. 14 ✉ 71083 – ℰ 07032 31670 – www.dielin.de – Mittwoch - Samstag nur Abendessen – geschl. 9. Januar - 7. Februar und Montag - Dienstag*

## HERRSCHING am AMMERSEE

Bayern – 10 220 Ew. – Höhe 568 m – Regionalatlas **65**-L20

▶ Berlin 623 km – München 39 km – Augsburg 73 km – Garmisch-Partenkirchen 65 km

Michelin Straßenkarte 546

### ⅈО Chalet am Kiental ⇦ 🛖 ⅇ 🅿

KLASSISCHE KÜCHE · CHIC XX Aus einem reizvollen Mix von Alt und Neu ist in dem historischen Bauernhaus ein schönes modernes Restaurant entstanden, in dem man klassisch-internationale Küche serviert. Genießen Sie das Kiental- oder das Chalet-Menü. Mit Geschmack und Liebe zum Detail hat man die Gästezimmer individuell eingerichtet.

Menü 35/109 € – Karte 63/93 € 9 Zim – 🛏110/165 € 🛏🛏155/220 € – 🍴 13 €

*Andechs Str. 4 ✉ 82211 – 𝒞 08152 982570 – www.gourmetchalet.de – geschl. Montagmittag*

## HERSBRUCK

Bayern – 12 100 Ew. – Höhe 336 m – Regionalatlas **50**-L16

▶ Berlin 424 km – München 181 km – Nürnberg 35 km – Bayreuth 70 km

Michelin Straßenkarte 546

### In Hersbruck-Kühnhofen Nord: 2 km Richtung Hormersdorf

### 🏠 Grüner Baum 🍴 🛍 🖨 ⅇ 🐾 🎿 🚗

FAMILIÄR · GEMÜTLICH Von Hersbruck kommend sieht man das Hotel schon von Weitem über der Landschaft thronen. Schöne ländlich-moderne Zimmer, sehr gutes Frühstück, durchweg herzliches Personal - hier spürt man das Engagement der Gastgeber. Regionale Küche im Restaurant, nett der Blick ins Grüne.

28 Zim 🍴 – 🛏65/80 € 🛏🛏90/100 € – 1 Suite – ½ P

*Kühnhofen 3 ✉ 91217 – 𝒞 09151 609560 – www.gruener-baum-kuehnhofen.de*

## HERSFELD, BAD

Hessen – 28 870 Ew. – Höhe 209 m – Regionalatlas **39**-H12

▶ Berlin 408 km – Wiesbaden 167 km – Kassel 76 km – Fulda 46 km

Michelin Straßenkarte 543

### ✿ L'étable 🦡 🅰🅲 🅿

MODERNE KÜCHE · ELEGANT XX Der regionale Bezug wird hier groß geschrieben, aber auch internationale Elemente fließen in die modernen Gerichte mit ein. Können und Gefühl kommen klar zum Ausdruck, sehr gute, frische Produkte sind selbstverständlich. Freude machen auch die fair kalkulierten Weine.

→ Breitenbacher Bachsaibling, Sellerie, Holunderblüte, Tapioka, Apfel. Seeteufel, Brokkoli, Karotte, Curry, Sesam, Passionsfrucht, Muschel-Allerlei. Kalbsfilet, Quinoa, Frühlingsgemüse, Bries, Morcheln, Sherry.

Menü 68/115 € – Karte 74/84 €

*Hotel Zum Stern, Linggplatz 11, (Zufahrt über Webergasse) ✉ 36251 – 𝒞 06621 1890 (Tischbestellung ratsam) – www.zumsternhersfeld.de – nur Abendessen, sonntags auch Mittagessen – geschl. Januar und Montag - Dienstag*

### 🐵 Stern's Restaurant 🛖 ⅇ 🦡 🅿

REGIONAL · GEMÜTLICH XX Essen Sie gerne bürgerlich oder lieber etwas gehobener mit internationalem Einfluss? Das schmackhafte Angebot in dem gemütlichen Restaurant (hübsch mit Holztäfelung, Sitzbänken und historischem weißem Kachelofen) reicht von "Kartoffelsuppe mit Blutwurst" bis "Zweierlei vom Lamm mit Tandooribohnen".

Menü 33/50 € – Karte 36/61 €

*Hotel Zum Stern, Linggplatz 11, (Zufahrt über Webergasse) ✉ 36251 – 𝒞 06621 1890 – www.zumsternhersfeld.de*

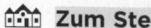 **Zum Stern**

FAMILIÄR · GEMÜTLICH Die Zimmer in dem traditionsreichen Hotel sind geschmackvoll gestaltet - teils mit altem Fachwerk, teils auch mit schönen modernen Stoffen und Möbeln. Hübsch auch der Saunabereich. Freundlich der Service, praktisch die variablen Veranstaltungsräume, angenehm die Fußgängerzone vor dem Haus.

45 Zim ⌂ – †60/126 € ††124/189 € – ½ P

*Linggplatz 11, (Zufahrt über Webergasse)* ⊠ *36251 –* ℰ *06621 1890*
*– www.zumsternhersfeld.de*

❀ **L'étable** • ❀ **Stern's Restaurant** – siehe Restaurantauswahl

# HERXHEIM

Rheinland-Pfalz – 10 400 Ew. – Höhe 129 m – Regionalatlas **54**-E17

▶ Berlin 676 km – Mainz 125 km – Karlsruhe 31 km – Landau in der Pfalz 10 km
Michelin Straßenkarte 543

❍ **Bärenklause** ❶ 🛖 🚗

MARKTKÜCHE · BÜRGERLICH ⅄ Sie mögen es frisch und angenehm unkompliziert? In dem Fachwerkhaus an der Ecke gibt es in sympathischer Atmosphäre bürgerlich-saisonale Küche. Beliebt sind z. B. Steaks, Burger oder Kleinigkeiten im Tapas-Stil.

Menü 35 € – Karte 28/54 €

*Holzgasse 28* ⊠ *76863 –* ℰ *07276 9872150 – www.baerenklause-herxheim.de*
*– Dienstag - Samstag nur Abendessen, außer an Feiertagen – geschl.*
*Sonntagabend - Montag*

**In Herxheim-Hayna** Süd-West: 2,5 km Richtung Kandel

❀ **Kronen-Restaurant** (Karl-Emil Kuntz) 🐜 🅰🅲 ⅍ 🚗

FRANZÖSISCH-KLASSISCH · ELEGANT ⅩⅩⅩ Unablässig und höchst motiviert sorgt Patron Karl-Emil Kuntz für Qualität, Ausdruck und enormen Aufwand auf dem Teller. Von nah und fern reisen die Gäste für seine beiden klassisch-saisonal geprägten Menüs an - fast schon legendär die Fülle an Amuse-Bouches! Tolle Auswahl an regionalen Weinen.

→ Jakobsmuschel in Limettenöl gegart, Zuckerschote, Frischkäse, Yuzu, Soyaschaum. Reh, rosa pochiert mit Haselnuss-Butterschmelze, Berberitzenpolenta, Knollensellerie. Potpourri von Pfälzer Beeren, Softcake, Sacherschnitte, Pudding.

Menü 107/127 €

*Hotel Krone, Hauptstr. 62* ⊠ *76863 –* ℰ *07276 5080 (Tischbestellung erforderlich)*
*– www.hotelkrone.de – nur Abendessen – geschl. Anfang Januar 2 Wochen, Juli*
*- August 2 Wochen und Montag - Mittwoch*

❀ **Pfälzer Stube** 🛖 ⬡ 🚗

REGIONAL · GEMÜTLICH ⅩⅩ Wo Karl-Emil Kuntz draufsteht, ist auch Karl-Emil Kuntz drin - das gilt auch für die überaus charmanten Pfälzer Stuben. Pfälzisches gibt's hier z. B als "krossen Saumagen mit Rieslingsekt-Apfel-Sauerkraut und Schnittlauchpüree", Feineres nennt sich z. B. "Phantasie von Saibling & Dorade".

Menü 48/69 € – Karte 33/65 €

*Hotel Krone, Hauptstr. 62* ⊠ *76863 –* ℰ *07276 5080 – www.hotelkrone.de*

 **Krone** 🛏 📶 ⌁ 🗐 📶 🎿 ⅍ 🗐 🛠 🚗

FAMILIÄR · GEMÜTLICH Die Kuntz'sche "Krone" ist nicht nur ein gastronomisches Aushängeschild der Region, auch das herzlich und mit größtem Engagement geführte Hotel kann sich sehen lassen! So entspannt man in schönen, individuellen Zimmern, beim ausgezeichneten Frühstück und im Wellnessbereich samt Außen- und Innenpool.

62 Zim ⌂ – †103/145 € ††160/230 € – 4 Suiten – ½ P

*Hauptstr. 62* ⊠ *76863 –* ℰ *07276 5080 – www.hotelkrone.de – geschl. 24.*
*- 26. Dezember*

❀ **Kronen-Restaurant** • ❀ **Pfälzer Stube** – siehe Restaurantauswahl

### 🏠 Duwakschopp     ⬥ 🅿

**GASTHOF · FUNKTIONELL** Das sanierte Fachwerkhaus nebst Anbau liegt im Herzen von Hayna, bekannt als altes deutsches Tabakdorf mit seinen typischen Tabakschuppen - daher der Name. Die Zimmer freundlich und funktional, für Langzeitgäste ist die Ferienwohnung ideal.

12 Zim 🖧 – 🛏65/75 € 🛏🛏75/87 €

*Hauptstr. 103 ✉ 76863 – ☏ 07276 9872220 – www.hotel-duwakschopp.de*

## HERZLAKE

Niedersachsen – 4 230 Ew. – Höhe 22 m – Regionalatlas **16**-D7

▶ Berlin 494 km – Hannover 227 km – Oldenburg 82 km – Vlagtwedde 80 km

Michelin Straßenkarte 541

### In Herzlake-Aselage Ost: 4 km, Richtung Berge

### 🍴 Mühlenrestaurant     ⬥ 🏠 ♻ 🅿

**REGIONAL · LÄNDLICH** ✕✕ Möchten Sie im Mühlenrestaurant speisen oder lieber im rustikalen Jagdzimmer? Oder vielleicht auf der schönen Terrasse mit alter Eiche? Es gibt internationale Küche mit regional-saisonalem Einfluss - Mittagsgäste können auch nach der größeren Abendkarte fragen.

Menü 28/69 € – Karte 30/51 €

*Hotel Aselager Mühle, Zur alten Mühle 12 ✉ 49770 – ☏ 05962 93480
– www.aselager-muehle.de – geschl. 3. - 13. Januar*

### 🏠 Aselager Mühle     ♨ ⬥ 🖥 🎵 🛁 ✕ 🔲 ♨ 🅿

**LANDHAUS · TRADITIONELL** Idyllisch liegt die einstige Windmühle am Waldrand. Neben wohnlich-komfortablen, teils sehr geräumigen Zimmern erwartet die Gäste Entspannung bei Kosmetik- und Massageanwendungen. Übrigens: In der Mühle hat man ein Standesamt.

50 Zim 🖧 – 🛏72/151 € 🛏🛏131/201 € – ½ P

*Zur alten Mühle 12 ✉ 49770 – ☏ 05962 93480 – www.aselager-muehle.de
– geschl. 3. - 13. Januar*

🍴 **Mühlenrestaurant** – siehe Restaurantauswahl

## HERZOGENAURACH

Bayern – 22 920 Ew. – Höhe 301 m – Regionalatlas **50**-K16

▶ Berlin 451 km – München 195 km – Nürnberg 26 km – Bamberg 52 km

Michelin Straßenkarte 546

### 🍴 Stüberl     🏠 ⬥ 🆎 ✕ 🚗

**INTERNATIONAL · GEMÜTLICH** ✕✕ Schön freundlich sind die kleinen Stuben mit ihren hellen Farben und den dekorativen Bildern - da sitzt man gerne bei regional beeinflussten internationalen Speisen wie "Zweierlei Stubenküken mit Schwarzwurzel". Ruhig gelegene Terrasse.

Menü 36/60 € – Karte 39/59 €

*Hotel HerzogsPark, Beethovenstr. 6 ✉ 91074 – ☏ 09132 7780
– www.herzogspark.de*

### 🏠 HerzogsPark     ♨ 🖥 🎵 🛁 ✕ 🔲 ⬥ 🆎 ♨ 🚗

**BUSINESS · KLASSISCH** Das komfortable Businesshotel liegt recht ruhig und dennoch günstig zu den großen Firmen der kleinen Stadt. Geräumig die öffentlichen Bereiche, gut die Tagungsräume, stilvoll die Zimmer mit zeitgemäßer Technik, nett die Bar. Wie wär's mit Kosmetik und Massage neben Sauna, Pool und Fitness?

120 Zim – 🛏140/185 € 🛏🛏170/215 € – 3 Suiten – 🖧 16 € – ½ P

*Beethovenstr. 6 ✉ 91074 – ☏ 09132 7780 – www.herzogspark.de*

🍴 **Stüberl** – siehe Restaurantauswahl

### 🏨 impala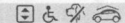

BUSINESS · DESIGN Ein wirklich schickes kleines Designhotel, komplett in modern-puristischem Stil! Die Zimmer sind geräumig und jedes hat eine schöne Küchenzeile. Außerdem im Haus: Wäscheraum, Trockner und Bügelstation - und Fahrräder können Sie auch leihen!

18 Zim 🖂 – 🛏98 € 🛏🛏120 €

*Hans-Sachs-Str. 2a ✉ 91074 – ℰ 09132 750320 – www.hotel-impala.eu*

## HESSDORF

Bayern – 3 460 Ew. – Höhe 290 m – Regionalatlas **50**-K16

▶ Berlin 448 km – München 197 km – Ansbach 56 km – Bayreuth 105 km

Michelin Straßenkarte 546

### In Heßdorf-Dannberg Nord-West: 4 km, über Hannberg, in Niederlinberg links abbiegen

### 🍴 Wirtschaft von Johann Gerner

REGIONAL · GEMÜTLICH X Hier heißt es wohlfühlen in charmanten Stuben. Freuen Sie sich auf gehobene regionale Küche - die "Wildhasenkeule auf Rotkraut" schmeckt ebenso lecker wie das "warme Schokoladenküchlein mit Kakisorbet"! Wer über Nacht bleiben möchte, schläft im hübschen "Häusla" (für 2-7 Personen).

Menü 51 € – Karte 29/54 €

*Dannberg 3 ✉ 91093 – ℰ 09135 8182 – www.wvjg.de – geschl. über Fasching 1 Woche, nach Pfingsten 1 Woche, Ende August - Anfang September 3 Wochen und Montag - Dienstag, außer an Feiertagen*

## HESSHEIM

Rheinland-Pfalz – 2 960 Ew. – Höhe 100 m – Regionalatlas **47**-E16

▶ Berlin 634 km – Mainz 70 km – Neustadt an der Weinstraße 37 km – Damstadt 60 km

Michelin Straßenkarte 543

### 🍴 Ellenbergs

REGIONAL · GEMÜTLICH X In dem Gasthaus mit der auffallend gelben Fassade legt Familie Ellenberg Wert auf ländliche Gemütlichkeit. Und dazu passen die traditionellen Pfälzer Gerichte von Dieter Ellenberg wie "Hirschgulasch mit Preiselbeerschmand" oder "Leberknödel auf Sauerkraut mit Zwiebelsoße". Schön übernachten kann man auch.

Menü 26 € (vegetarisch)/44 € – Karte 30/48 € 4 Zim 🖂 – 🛏59 € 🛏🛏72 €

*Hauptstr. 46a ✉ 67258 – ℰ 06233 61716 – www.ellenbergs-restaurant.de – nur Abendessen, sonntags auch Mittagessen – geschl. Januar 1 Woche, Anfang Juli 2 Wochen, 2. - 13. Oktober*

## HILCHENBACH

Nordrhein-Westfalen – 15 000 Ew. – Höhe 360 m – Regionalatlas **37**-E12

▶ Berlin 523 km – Düsseldorf 130 km – Siegen 21 km – Olpe 28 km

Michelin Straßenkarte 543

### 🏨 Hof 31

BUSINESS · MODERN Eine sehr sympathische Adresse mit wohnlichem Ambiente in geradlinig-modernem Stil sowie einem guten Frühstücksbuffet. Zwei der Zimmer sind geräumige Appartements.

21 Zim – 🛏65 € 🛏🛏85 € – 🖂10 €

*Bruchstr. 31 ✉ 57271 – ℰ 02733 1248590 – www.hof31.de*

### 🏨 Haus am Sonnenhang

FAMILIÄR · AUF DEM LAND Der engagiert geführte Familienbetrieb überzeugt durch seine angenehm ruhige und exponierte Lage mit schöner Sicht. Die Zimmer sind gepflegt und individuell, einige mit Balkon. Von der hübschen Gartenterrasse des Restaurants schaut man auf das Rothaargebirge.

18 Zim 🖂 – 🛏65/85 € 🛏🛏90/120 € – 2 Suiten – ½ P

*Wilhelm-Münker-Str. 21 ✉ 57271 – ℰ 02733 7004 – www.hotel-am-sonnenhang.de*

# In Hilchenbach-Vormwald Süd-Ost: 2 km über B 508

### ⌂ Steubers Siebelnhof ⌂ ▣ 🏚 🍽 🛁 🅿

**LANDHAUS · GEMÜTLICH** Großzügige Zimmer mit ausgesuchtem Interieur und luxuriösem Touch hat dieses geschmackvolle Landhotel von 1566 zu bieten. Sehr einfach sind die Zimmer im Gästehaus. Restaurant Chesa mit mediterraner Note, ergänzt durch die gemütlich-rustikalen Ginsburg-Stuben.

25 Zim – ♦110/145 € ♦♦160/240 € – ☲ 15 € – ½ P

*Vormwalder Str. 54 ✉ 57271 – ☏ 02733 89430 – www.steubers-siebelnhof.de*

# HILDERS

Hessen – 4 610 Ew. – Höhe 440 m – Regionalatlas **39**-I13

▶ Berlin 438 km – Wiesbaden 171 km – Kassel 132 km – Würzburg 115 km

Michelin Straßenkarte 543

### 🍽 BjoernsOx

**MODERNE KÜCHE · ELEGANT** ✗✗ Auch Feinschmecker kommen bei Familie Leist auf ihre Kosten, und zwar in dieser kleinen Gourmetstube, wo man für seine an vier Tischen platzierten Gäste am Abend ein Überraschungsmenü mit 8 Gängen bietet. Tischbestellung 24 h im Voraus.

Menü 99 €

*Hotel Rhöner Botschaft, Marktstr. 12 ✉ 36115 – ☏ 06681 9770 (Tischbestellung erforderlich) – www.rhoener-botschaft.de – nur Abendessen – geschl. 10. März - 7. April, November und Sonntag - Dienstag*

### 🍽 DasOx

**FLEISCH · ELEGANT** ✗✗ Hier steht Fleisch ganz im Mittelpunkt, und das kommt überwiegend aus der eigenen Metzgerei. Die hochwertigen Produkte gibt es z. B. als Kalbsbries oder Kalbskutteln, als "LeistStyle-Tatar" oder als Steaks in verschiedenen "RWOX-Cuts".

Karte 35/81 €

*Hotel Rhöner Botschaft, Marktstr. 12 ✉ 36115 – ☏ 06681 9770 – www.rhoener-botschaft.de – nur Abendessen – geschl. 10. März - 7. April, November und Sonntag - Dienstag*

### 🍽 Gaststube Sonne 🏠

**TRADITIONELLE KÜCHE · BÜRGERLICH** ✗ Die nette behagliche Gaststube Sonne ist die etwas einfachere Restaurant-Variante im Haus. Hier bringt man bürgerliche Speisen mit Produkten der hauseigenen Metzgerei auf den Tisch!

Menü 30/45 € – Karte 23/57 €

*Hotel Rhöner Botschaft, Marktstr. 12 ✉ 36115 – ☏ 06681 9770 – www.rhoener-botschaft.de – nur Abendessen – geschl. 10. März - 7. April und Montag - Dienstag*

### ⌂ Engel-Rhöner Botschaft 🍽 🛁

**GASTHOF · MODERN** Der Familienbetrieb ist ein zum Hotel erweiterter Gasthof, in dem man - ganz nach Geschmack - zwischen schönen wohnlich-modernen und etwas schlichteren Zimmern wählt. Auch eine Raucherlounge steht zur Verfügung.

30 Zim ☲ – ♦56/89 € ♦♦76/138 € – 1 Suite – ½ P

*Marktstr. 12 ✉ 36115 – ☏ 06681 9770 – www.rhoener-botschaft.de – geschl. 10. März - 7. April*

🍽 BjoernsOx • 🍽 DasOx • 🍽 **Gaststube Sonne** – siehe Restaurantauswahl

# HILDESHEIM

Niedersachsen – 99 390 Ew. – Höhe 93 m – Regionalatlas **29**-I9

▶ Berlin 276 km – Hannover 36 km – Braunschweig 51 km – Göttingen 91 km

Michelin Straßenkarte 541

###  Stadtresidenz

**FAMILIÄR · ELEGANT** Sie suchen ein individuelles, geschmackvolles und diskretes Hotel? Eines mit Stil und Charme? In diesem Haus in einem Wohn- und Bürogebiet hat man es komfortabel und elegant, Frühstück gibt es im Sommer auch im schönen Innenhof.

20 Zim ⌑ – ♦95 € ♦♦130 € – 5 Suiten

*Steingrube 4 ✉ 31141 – ☎ 05121 6979892 – www.hotel-stadtresidenz.de – geschl. 20. Dezember - 10. Januar, über Ostern 1 Woche*

# HINDELANG, BAD

Bayern – 4 900 Ew. – Höhe 825 m – Regionalatlas **64**-J22

▶ Berlin 730 km – München 161 km – Kempten (Allgäu) 34 km – Oberstdorf 22 km
Michelin Straßenkarte 546

## In Bad Hindelang-Bad Oberdorf Ost: 1 km

### ⅈ○ Obere Mühle

**REGIONAL · RUSTIKAL** ✗ Schön urig ist das Anwesen von 1433 wenige Meter vom kleinen Hotel entfernt: ein altes Gasthaus mit Museum, Sennerei samt Hofladen sowie Antiquitätenhandel! Auf der regional-internationalen Karte liest man z. B. "Kalbsschulter aus dem Rohr mit Pilzen" oder "Saibling vom Rost". Rustikale Stube, netter Garten.

Menü 45 € – Karte 36/59 €

*Hotel Obere Mühle, Ostrachstr. 40 ✉ 87541 – ☎ 08324 2857 (Tischbestellung ratsam) – www.obere-muehle.de – nur Abendessen – geschl. Dienstag*

###  Obere Mühle

**LANDHAUS · GEMÜTLICH** Kein Haus von der Stange: Man hat großzügige, individuelle Zimmer mit einem schönen Mix aus modernem Stil und antiken Stücken, alle mit Balkon. Morgens ein gutes Frühstück, tagsüber Kaffee/Tee und Gebäck. Im Garten genießt man vom Außenwhirlpool die Sicht, oder möchten Sie bei Massage und Kosmetik entspannen?

11 Zim ⌑ – ♦100/120 € ♦♦160/180 € – ½ P

*Ostrachstr. 40 ✉ 87541 – ☎ 08324 2857 – www.obere-muehle.de*

ⅈ○ **Obere Mühle** – siehe Restaurantauswahl

## In Bad Hindelang-Oberjoch Nord-Ost: 7 km über B 308 - Höhe 1 130 m

### ⅈ○ STEAK ZWÖLFHUNDERT NN

**GRILLGERICHTE · GEMÜTLICH** ✗✗ Fleischliebhaber aufgepasst: Hier gibt's hochwertige Steaks vom "Rettenberger Molkerind"! Zu den Spezialitäten zählen auch "Chateaubriand für 2 Personen", "Surf and Turf" oder "Zweierlei vom Lammrücken". Sie mögen deutsche Weine? Davon hat man hier eine besonders umfangreiche Auswahl.

Karte 39/62 €

*Panorama Hotel Oberjoch, Passstr. 41 ✉ 88400 – ☎ 08324 93330 (Tischbestellung ratsam) – www.panoramahotel-oberjoch.de – nur Abendessen – geschl. Dienstag - Mittwoch und jeden ersten Freitag im Monat*

### 🏨 Panorama Hotel Oberjoch

**LUXUS · MODERN** Tolle Lage unweit der Lifte, klasse Spa auf 3000 qm, schöne Zimmer im modern-alpinen Stil - die Suiten "Selfness" und "Selfness Plus" mit Extras wie Tischkicker oder Billardtisch! HP inklusive, ebenso Bergbahn und Busse. Trendig-rustikale Gastro-Alternative: "Meckatzer Sportalp" unweit des Hotels.

113 Zim ⌑ – ♦151/199 € ♦♦242/338 € – ½ P

*Passstr. 41 ✉ 88400 – ☎ 08324 93330 – www.panoramahotel-oberjoch.de*

ⅈ○ **STEAK ZWÖLFHUNDERT NN** – siehe Restaurantauswahl

###  Lanig

**SPA UND WELLNESS · ROMANTISCH** Begonnen hat hier alles in den 30er Jahren als Café, seitdem hat Familie Lanig viel geschaffen: Ferien- und Wellnessgäste fühlen sich wohl in den schönen Zimmern (bemaltes Holz trifft hier auf Schindeln und Leinenstoffe, dazu Granitbäder) und im vielfältigen, großzügigen Alpen-Spa. Hochwertige HP inklusive.

52 Zim ⌑ – †100/250 € ††200/350 € – 8 Suiten – ½ P

*Ornachstr. 11 ⊠ 87541 – ℰ 08324 7080 – www.lanig.de – geschl. 27. November - 9. Dezember*

# HINTERZARTEN

Baden-Württemberg – 2 450 Ew. – Höhe 893 m – Regionalatlas **61**-E21

▶ Berlin 785 km – Stuttgart 161 km – Freiburg im Breisgau 24 km – Donaueschingen 38 km
Michelin Straßenkarte 545

### ⅼⅼ○ Marie Antoinette

**FRANZÖSISCH-KLASSISCH · ELEGANT** XXX Ein traditionsreiches Haus mit Ursprung im 15. Jh. Schöne alte Holztäfelungen, niedrige Decken, allerlei dekorative Accessoires - gemütlich-elegant sind die Stuben des historischen Schwarzwaldhauses, die Küche klassisch und international.

Menü 45/78 € – Karte 56/90 €

*Parkhotel Adler, Adlerplatz 3 ⊠ 79856 – ℰ 07652 1270 – www.parkhoteladler.de - nur Abendessen*

### ⅼⅼ○ Prüfer's

**INTERNATIONAL · ZEITGEMÄSSES AMBIENTE** X "Sachsen-Anhalt meets Schwarzwald"... So oder so ähnlich könnte die Geschichte von Peter Prüfer heißen. Der gebürtige Zeitzer bietet in dem Gasthaus am Ortseingang frische, schmackhafte Gerichte wie "Tafelspitz nach Oma Hanna's Rezept" oder auch "Pulpo mit Fenchel und Orangen-Kardamom-Sud".

Menü 37/64 € – Karte 37/62 €

*Freiburger Str. 30 ⊠ 79856 – ℰ 07652 9175805 – www.pruefers-restaurant.de - nur Abendessen - geschl. Dienstag - Mittwoch*

### ⅼⅼ○ Wirtshaus

**REGIONAL · RUSTIKAL** X Urig geht's zu im "Wirtshus"! Ob nur auf ein Bier, ein Viertele oder eine Stärkung mit badischen Schmankerln - eine nette Alternative zum Restaurant "Marie Antoinette".

Menü 35 € – Karte 34/65 €

*Parkhotel Adler, Adlerplatz 3 ⊠ 79856 – ℰ 07652 1270 – www.parkhoteladler.de*

### ⅼⅼ○ Parkhotel Adler

**LUXUS · INDIVIDUELL** Hier trifft der Charme vergangener Tage auf Schwarzwälder Flair - ein schön gediegen-elegantes Haus. Wer Wellness sucht, wird im eigenen 4 ha großen Park (hier auch ein Wildgehege) auf 1500 attraktiv gestalteten Quatratmetern fündig!

50 Zim ⌑ – †129/179 € ††199/319 € – 6 Suiten – ½ P

*Adlerplatz 3 ⊠ 79856 – ℰ 07652 1270 – www.parkhoteladler.de*

ⅼⅼ○ **Marie Antoinette** • ⅼⅼ○ **Wirtshaus** – siehe Restaurantauswahl

### Kesslermühle

**SPA UND WELLNESS · AUF DEM LAND** Ringsum Wiesen und Wanderwege, im Winter Loipen direkt vor der Tür. Die schöne ruhige Lage mit Blick in die Natur ist ganz klar einer der Trümpfe hier! Die Aussicht genießt man von den Zimmern, vom Spa oder vom Restaurant. Nicht minder angenehm die persönliche Betreuung durch die Gastgeber. HP inklusive.

48 Zim ⌑ – †117/137 € ††230/288 € – 6 Suiten – ½ P

*Erlenbrucker Str. 45 ⊠ 79856 – ℰ 07652 1290 – www.kesslermuehle.de – geschl. Mitte November - Mitte Dezember*

### 🏨 Reppert

**SPA UND WELLNESS · KLASSISCH** Warum der traditionsreiche Familienbetrieb mit der schönen wohnlichen Einrichtung immer gut besucht ist? Die herzlichen Repperts bleiben stets am Ball und verbessern ständig. Für Langschläfer: Frühstück bis 12 Uhr. Auch im Preis inbegriffen: Jause am Nachmittag und hochwertiges Halbpensionsangebot am Abend.

42 Zim ☒ – ♦123/166 € ♦♦196/306 € – 4 Suiten – ½ P

*Adlerweg 21 ✉ 79856 – ☎ 07652 12080 – www.reppert.de – geschl. 13. - 30. November*

### 🏨 Erfurths Bergfried

**LANDHAUS · GEMÜTLICH** Das Engagement der Erfurths ist groß, man investiert stetig! Das Ergebnis: schöne Zimmer (zwei Juniorsuiten mit Sauna oder Whirlwanne), eigene Kosmetikabteilung, Barfußpark, Freibad und natürlich die ruhige Lage! HP inklusive. Für Selbstversorger: Appartements in der Residenz gegenüber (Frühstück buchbar).

42 Zim ☒ – ♦114/151 € ♦♦230/272 € – 2 Suiten – ½ P

*Sickinger Str. 28 ✉ 79856 – ☎ 07652 1280 – www.bergfried.de*

### 🏨 Thomahof

**SPA UND WELLNESS · INDIVIDUELL** Schön wohnt man in dem persönlich geführten Haus in freundlichen Zimmern, die in der Größe sehr unterschiedlich sind. Die meisten mit Balkon, die zum Garten sind besonders angenehm. Einige mit Kachelofen. Restaurant mit gemütlicher Atmosphäre und regionalem Angebot. HP inklusive.

48 Zim ☒ – ♦121/136 € ♦♦200/302 € – 4 Suiten – ½ P

*Erlenbrucker Str. 16 ✉ 79856 – ☎ 07652 1230 – www.thomahof.de*

### 🏠 Schwarzwaldhof

**GASTHOF · TRADITIONELL** Das beim Bahnhof gelegene Hotel ist ein über 110 Jahre alter Schwarzwaldhof. Wie wär's mit dem getäfelten Turmzimmer mit Himmelbett in der 3. Etage? Restaurant mit bürgerlichem Angebot, ergänzt durch eine rustikale Stube.

29 Zim ☒ – ♦59/64 € ♦♦90/116 € – ½ P

*Freiburger Str. 2 ✉ 79856 – ☎ 07652 12030 – www.schwarzwaldhof.com – geschl. 6. November - 8. Dezember*

## In Hinterzarten-Alpersbach West: 5 km

### 🍴 Zur Esche

**REGIONAL · LÄNDLICH** ⅄ Zirbelholzverkleidung und charmant-rustikale Deko machen es im Restaurant des familiengeführten "Waldhotel Fehrenbach" schön schwarzwaldtypisch-heimelig! Mit frischen Kräutern unterstreicht man den Geschmack der guten regionalen Produkte. Tipp: Sie können hier auch eigene Tees und Marmeladen kaufen!

Menü 38/58 € – Karte 32/51 €    14 Zim ☒ – ♦88/123 € ♦♦128 €

*Alpersbach 9 ✉ 79856 – ☎ 07652 91940 – www.waldhotel-fehrenbach.de – geschl. Montag - Dienstag, außer an Feiertagen*

### 🏠 Zum Engel

**GASTHOF · TRADITIONELL** Gäste schätzen diese ruhig gelegene Urlaubsadresse in 1030 m Höhe. Bei freundlichen Gastgebern wohnt man hier in geräumigen Zimmern mit Balkon - von den meisten genießt man eine schöne Aussicht über den Wald - und sitzt gemütlich in der rustikalen Gaststube.

9 Zim ☒ – ♦60/70 € ♦♦100/110 € – 2 Suiten – ½ P

*Alpersbach 14 ✉ 79856 – ☎ 07652 1539 – www.engel-hinterzarten.de – geschl. 20. März - 7. April, 13. November - 15. Dezember*

## In Hinterzarten-Bruderhalde Süd-Ost: 7,5 km über B 31

ⓘO **Alemannenhof** 🆕      ⮜ 🍴 🏠 ♿ 🅿

MODERNE KÜCHE · RUSTIKAL 🅇🅇 Möchten Sie in hübschen rustikalen Stuben speisen oder lieber auf der herrlichen See-Terrasse? Mittags gibt es Vesper im Tapas-Stil, Käsespätzle, Schnitzel..., am Abend "Fine Dining" wie "Lammrücken / Aprikose / Aubergine / Parmesan".

Menü 39/95 € – Karte 39/129 €

*Bruderhalde 21, am Titisee* ✉ *79856 –* ☎ *07652 91180*
*– www.hotel-alemannenhof.de*

🏠 **Alemannenhof** 🆕     ⮜ 🍴 🔲 🛐 🖥 ♿ 🔧 🅿

BOUTIQUE-HOTEL · ROMANTISCH Hier hat man einen schicken Stilmix aus Tradition und Moderne geschaffen. In den Zimmern warmes Holz und klare Formen - 200 m entfernt hat man auch Appartements für Familien. Dazu die wunderbare Lage nebst toller Sicht!

20 Zim ☲ – ♦125/235 € ♦♦155/275 € – 1 Suite – ½ P

*Bruderhalde 21, am Titisee* ✉ *79856 –* ☎ *07652 91180*
*– www.hotel-alemannenhof.de*

ⓘO **Alemannenhof** – siehe Restaurantauswahl

 Das Symbol ♦ bzw. ♦♦ zeigt den Mindestpreis in der Nebensaison und den Höchstpreis in der Hochsaison für ein Einzelzimmer bzw. für ein Doppelzimmer an.

# HIRSCHAID

Bayern – 11 920 Ew. – Höhe 248 m – Regionalatlas **50** K15
▶ Berlin 415 km - München 218 km – Coburg 58 km – Nürnberg 47 km
Michelin Straßenkarte 546

## In Hirschaid-Röbersdorf West: 5 km

🏠 **Gasthaus Wurm**      🌿 🅿 ⊘

GASTHOF · TRADITIONELL Mitten im Dorf steht das kleine Hotel mit rosa Fassade, das von Familie Wurm mit Herz und Engagement geleitet wird. Alles ist tipptopp gepflegt, freundlich die Zimmer, hübsch die individuellen Blümchenzimmer. Dazu gutes Frühstück sowie fränkische Küche in charmant-ländlichen Stuben. Biergarten unter Linden.

16 Zim ☲ – ♦48/56 € ♦♦75/85 €

*Ringstr. 40* ✉ *96114 –* ☎ *09543 84330 – www.gasthaus-wurm.de – geschl. 1.*
*- 26. Januar, Juni 2 Wochen*

## In Buttenheim Süd-Ost: 3,5 km, jenseits der A 73

🏠 **Landhotel Schloss Buttenheim**     🗲 🍴 🅿

HISTORISCHES GEBÄUDE · GEMÜTLICH Das im 18. Jh. erbaute ehemalige Forsthaus und Stallgebäude des Schlosses beherbergt liebenswerte Zimmer, alle individuell in freundlichen Farben. W-Lan nutzen Sie gratis. Familie von Seefried betreibt neben dem Hotel noch einen Weinhandel.

8 Zim ☲ – ♦65/75 € ♦♦89/105 €

*Schloss-Str. 16* ✉ *96155 –* ☎ *09545 94470 – www.landhotel-buttenheim.de*

# HIRSCHBERG

Baden-Württemberg – 9 500 Ew. – Höhe 120 m – Regionalatlas **47**-F16
▶ Berlin 613 km – Stuttgart 131 km – Mannheim 29 km – Darmstadt 50 km
Michelin Straßenkarte 545

## In Hirschberg-Großsachsen

 **Krone**

**INTERNATIONAL · GEMÜTLICH** XX Sie sind recht verschieden, die Restaurantstuben in dem gleichnamigen Hotel, aber alle gemütlich. Wie hier findet sich auch in der Küche Klassisches neben Modernem, "Schwäbischer Zwiebelrostbraten" neben "Jakobsmuscheln mit Granny-Smith-Risotto".

Menü 25 € (mittags) – Karte 33/61 € 64 Zim ⌷ – ♦65/85 € ♦♦75/95 € 

*Landstr. 9, B 3 ✉ 69493 – ☏ 06201 5050 – www.krone-grosssachsen.de – geschl. 22. - 24. Dezember*

## HIRSCHHORN am NECKAR
Hessen – 3 430 Ew. – Höhe 126 m – Regionalatlas **48**-G16

▶ Berlin 621 km – Wiesbaden 120 km – Mannheim 52 km – Heidelberg 23 km

Michelin Straßenkarte 543

 **Schlosshotel Hirschhorn**

**HISTORISCHES GEBÄUDE · INDIVIDUELL** Schön wohnt man über den Dächern von Hirschhorn in einer Burganlage a. d. 12. Jh., freundlich die Gastgeber. Einige Zimmer sind besonders stilvoll, so auch das elegante Restaurant. Man bietet internationale Küche, mittags einfache Karte im Bistro. Rustikal der Ritterkeller, toll die Terrasse mit Neckarblick.

25 Zim ⌷ – ♦70/98 € ♦♦96/164 €

*Schloßstraße 39, (Auf Burg Hirschhorn) ✉ 69434 – ☏ 06272 92090 – www.schlosshotel-hirschhorn.de – geschl. November - Februar*

## HITZACKER (ELBE)
Niedersachsen – 4 900 Ew. – Höhe 12 m – Regionalatlas **20**-K6

▶ Berlin 238 km – Hannover 140 km – Lüneburg 50 km – Hamburg 102 km

Michelin Straßenkarte 541

 **Hafen Hitzacker**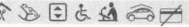

**LANDHAUS · MODERN** Das Haus hat so seine Besonderheiten: Da wäre zum einen die Jeetzel (Elbzufluss), die die beiden Gebäude trennt (das Restaurant Dierks erreicht man über den "Hiddosteg"!), zum anderen sind die Zimmer riesig (55-90 qm!), wertig und meist mit Hafen- oder Weinbergblick.

22 Suiten ⌷ – ♦♦95/115 € – 13 Zim – ½ P

*Am Weinberg 2 ✉ 29456 – ☏ 05862 98780 – www.hotel-hafen-hitzacker-elbe.de*

## HOCHHEIM am MAIN
Hessen – 16 840 Ew. – Höhe 129 m – Regionalatlas **47**-F15

▶ Berlin 559 km – Wiesbaden 12 km – Frankfurt am Main 31 km – Darmstadt 32 km

Michelin Straßenkarte 543

 **Zielonka**

**BUSINESS · MODERN** Wer würde eine so nette, persönlich geführte Adresse in einem Gewerbegebiet erwarten? Die Zimmer praktisch und wohnlich zugleich, das Frühstück frisch und lecker, in der Bar/Kaminlounge gibt's kleine Snacks und im Garten kann man von den Obstbäumen naschen! Nebenan: Sportstudio mit Sauna sowie Kreativzentrum.

20 Zim ⌷ – ♦100/116 € ♦♦130/146 €

*Hajo-Rüter-Str. 15, Gewerbegebiet Ost ✉ 65239 – ☏ 06146 90670 – www.zielonka-privathotel.de – geschl. 23. Dezember - 2. Januar*

## HÖCHENSCHWAND
Baden-Württemberg – 2 470 Ew. – Höhe 1 008 m – Regionalatlas **62**-E21

▶ Berlin 809 km – Stuttgart 186 km – Freiburg im Breisgau 56 km – Donaueschingen 63 km

Michelin Straßenkarte 545

## ⅱ◯ Hubertusstuben     🍴 🚗

**KLASSISCHE KÜCHE · FREUNDLICH** ✕✕ Nicht nur die Gäste seines wenige Geh-minuten entfernten Hotels kommen gerne in Frank Portens Restaurant. Hier lässt man sich klassische und internationale Küche servieren - so z. B. "Saiblingsfilet mit Blattspinat und Safranrisotto".

Menü 36 € – Karte 36/53 €

*Kurhausplatz 1, (Eingang St.-Georg-Straße), 1. Etage* ✉ *79862 – 𝒞 07672 411601 – www.porten.de – Montag - Freitag nur Abendessen – geschl. 9. - 31. Januar und Dienstag*

## 🏠 Alpenblick     ⚘ 🛏 🖥 📶 📶 🛁 ✦ 🚫 ♨ 🅿

**SPA UND WELLNESS · INDIVIDUELL** Das Wellnesshotel ist beliebt, denn hier gibt es wohnliche Zimmer (Tipp: stylish-chic im Anbau), einen modernen Spa (Motto "Wasser und Salz") und nicht zuletzt die Bio-Vollpension (für Hausgäste inkl.). A-la-carte-Gäste bekommen in der urig-charmanten Schwarzwaldstube z. B. Rösti-Gerichte oder Flambi-Spieße.

37 Zim ⌂ – ♯140/170 € ♯♯260/280 € – ½ P

*St.-Georg-Str. 9* ✉ *79862 – 𝒞 07672 4180 – www.alpenblick-hotel.de*

## 🏠 Nägele     ⚘ 🛏 🖥 📶 📶 🛁 ✦ 🚫 ♿ ♨ 🚗

**GASTHOF · AUF DEM LAND** Hier wird stetig modernisiert, so sind die Zimmer "Lerchenbergblick" besonders komfortabel, zum Entspannen gibt's Ruhe-raum, Salzgrotte oder Beauty & Massage. Morgens ein reichhaltiges Frühstücks-buffet, sehr freundlich der Service. Und wie wär's mit regional-bürgerlicher Küche im schönen Maximilian-Stüble?

42 Zim ⌂ – ♯70/76 € ♯♯134/164 € – 2 Suiten – ½ P

*Bürgermeister-Huber-Str. 11* ✉ *79862 – 𝒞 07672 93030 – www.hotel-naegele.de*

# HÖCHST im ODENWALD

Hessen – 10 010 Ew. – Höhe 157 m – Regionalatlas **48**-G15

▶ Berlin 578 km – Wiesbaden 78 km – Frankfurt am Main 61 km – Mannheim 78 km
Michelin Straßenkarte 543

**In Höchst-Hetschbach** Nord-West: 2 km über B 45 Richtung Groß-Umstadt

## 🙂 Gaststube     🐷 🍴 🚫 ♻ 🅿

**REGIONAL · BÜRGERLICH** ✕ Lust auf frische regional-bürgerliche Küche? In der gemütlichen, angenehm unkomplizierten Gaststube der "Krone" lässt man sich "Rehragout mit Kartoffelklößen und Pilzen" oder "Rumpsteak in grünem Pfef-fer mit Rotweinschalotten" schmecken.

Menü 26 € – Karte 26/51 €

*Restaurant Krone, Rondellstr. 20* ✉ *64739 – 𝒞 06163 931000 (abends Tischbestellung ratsam) – www.krone-hetschbach.de – geschl. Januar 1 Woche, Juli - August 2 Wochen und Montag, Donnerstagmittag*

## ⅱ◯ Krone     🐷 🚗 🍴 🚫 🅿

**KLASSISCHE KÜCHE · ELEGANT** ✕✕ Modern, klassisch und saisonal z. B. "Ja-kobsmuschel / Rote Bete / Trüffel" oder "Kalb / Pfifferlinge / Lavendelessig"-gerne kocht man in dem geradlinig-eleganten Restaurant mit heimischen Produk-ten. Freundlicher Service samt guter Weinberatung (400 Positionen). Gepflegt übernachten kann man ebenfalls.

Menü 46/108 € – Karte 44/63 €    20 Zim ⌂ – ♯59 € ♯♯108 € – ½ P

*Rondellstr. 20* ✉ *64739 – 𝒞 06163 931000 (abends Tischbestellung ratsam) – www.krone-hetschbach.de – geschl. Januar 1 Woche, Juli - August 2 Wochen und Montag, Donnerstag*

🙂 **Gaststube** – siehe Restaurantauswahl

# HÖCHSTÄDT an der DONAU

Bayern – 6 570 Ew. – Höhe 416 m – Regionalatlas **56**-J19

▶ Berlin 557 km – München 114 km – Augsburg 45 km – Ansbach 98 km
Michelin Straßenkarte 546

### Zur Glocke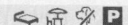

**MARKTKÜCHE · CHIC** XX Die Fassade ist zwar recht schlicht, doch drinnen ist das Haus der Familie Stoiber hübsch und gemütlich-modern! Lust auf Internationales wie "Wildsteinbutt mit Erbsenpüree und Hummerschaum" oder "Bio-Zicklein auf Bohnengemüse"? Tipp: Im Sommer sitzt man draußen unter der Kastanie am schönsten und luftigsten!

Menü 35 € (vegetarisch)/49 € – Karte 37/55 €   7 Zim ⌷ – †53/75 € ††80/90 €

*Friedrich-von-Teck-Str. 12 ✉ 89420 – ℰ 09074 957885*
*– www.restaurant-zur-glocke.de – Mittwoch - Freitag nur Abendessen – geschl.*
*21. August - 10. September und Montag - Dienstag*

# HÖFEN an der ENZ

Baden-Württemberg – 1 640 Ew. – Höhe 369 m – Regionalatlas **54**-F18
▶ Berlin 680 km – Stuttgart 68 km – Karlsruhe 44 km – Freudenstadt 48 km
Michelin Straßenkarte 545

### Ochsen

**GASTHOF · TRADITIONELL** In dem Familienbetrieb kann man nicht nur gut schlafen: Entspannen lässt es sich schön im Sauna- und Ruhebereich mit ansprechendem Holz-Stein-Look sowie auf der Terrasse zur Enz. Auch zum Tagen eine ideale Adresse, für Veranstaltungen hat man eine kleine Piazza und zum Heiraten gibt es ein eigenes Standesamt.

52 Zim ⌷ – †75/99 € ††112/150 € – 3 Suiten – ½ P
*Bahnhofstr. 2 ✉ 75339 – ℰ 07081 7910 – www.ochsen-hoefen.de – geschl.*
*19. Februar - 7. März*

# HÖHN

Rheinland-Pfalz – 3 050 Ew. – Höhe 508 m – Regionalatlas **37**-E13
▶ Berlin 566 km – Mainz 96 km – Koblenz 53 km – Wiesbaden 75 km
Michelin Straßenkarte 543

### Millé

**INTERNATIONAL · FREUNDLICH** XX Herzlich leitet die Familie das behagliche Restaurant in der Ortsmitte. Geboten werden internationale Gerichte wie "Lachs im Sesammantel" oder "Rinderfilet unter Ziegenkäse". Speisen Sie im Sommer auch mal im schön angelegten Garten!

Menü 35/55 € – Karte 31/62 €
*Rheinstr. 2 ✉ 56462*
*– ℰ 02661 8448 – www.restaurant-mille.de – nur Abendessen, sonntags auch Mittagessen – geschl. Montag - Dienstag*

# HÖHR-GRENZHAUSEN

Rheinland-Pfalz – 9 290 Ew. – Höhe 250 m – Regionalatlas **36**-D14
▶ Berlin 584 km – Mainz 94 km – Koblenz 19 km – Limburg an der Lahn 35 km
Michelin Straßenkarte 543

### Heinz

**SPA UND WELLNESS · INDIVIDUELL** Der gut geführte Familienbetrieb auf einer Anhöhe hält ein umfassendes Wellnessangebot für Sie bereit. Zimmer in den Kategorien Klassik, Basic und Lebensart sowie ansprechende Themenzimmer. Restaurant mit individuell gestalteten Räumen und netter Gartenterrasse.

90 Zim ⌷ – †89/151 € ††128/232 € – 1 Suite – ½ P
*Bergstr. 77 ✉ 56203*
*– ℰ 02624 94300 – www.hotel-heinz.de*
*– geschl. 22. - 24. Dezember*

## Im Stadtteil Grenzau Nord: 1,5 km

### 🏨 Zugbrücke · ☆ 🗞 🗋 🔊 🎐 ⅃♨ 🖈 🛋 🅿

**SPA UND WELLNESS · FUNKTIONELL** Tagungen, Wellnessgäste, Urlauber, Business... Das Hotel in ruhiger Tallage am Brexbach bietet für jeden das Passende. Wer das Besondere sucht, bucht ein Themenzimmer wie "Ritter" oder "Westerwald". Die Zimmer im Gästehaus sind einfacher. Das Restaurant bietet Buffet oder Internationales à la carte.

136 Zim ⌂ – ♦84/109 € ♦♦128/178 € – 2 Suiten – ½ P

*Brexbachstr. 11* ✉ *56203*

*– 𝄞 02624 1050 – www.zugbruecke.de*

# HÖRSTEL

Nordrhein-Westfalen – 19 500 Ew. – Höhe 45 m – Regionalatlas **16**-D8

▶ Berlin 464 km – Düsseldorf 178 km – Nordhorn 45 km – Münster (Westfalen) 44 km

Michelin Straßenkarte 543

## In Hörstel-Riesenbeck Süd-Ost: 6 km über Bevergern, jenseits der A 30

### 🍃 Westfälische Stube · & 🆎 🅿

**MODERNE KÜCHE · LÄNDLICH** ✕✕ Gemütlich hat man es in dem kleinen Restaurant, viel warmes Holz sorgt für ländlich-charmante Atmosphäre. Serviert wird ein Menü, dessen aromenreiche, feine Gerichte Bezug zur Region nehmen, aber auch mediterrane Produkte miteinbeziehen.

→ Carabinero, Pulpo, Kopfmayonnaise, Limonen-Chiligel. Schweinebauch Cinta Senese 48/64, Olivenöl, Rotweinluft. Wagyu-Rind, Blumenkohl, Kartoffel.

Menü 89/139 €

*Parkhotel Surenburg, Surenburg 13, Süd-West: 1,5 km* ✉ *48477*

*– 𝄞 05454 93380 (Tischbestellung erforderlich)*

*– www.parkhotel-surenburg.com – nur Abendessen – geschl. Februar und Montag*

*- Dienstag*

### ⅋○ Surenburg · 🍴 & 🆎 ✿ 🅿

**INTERNATIONAL · FREUNDLICH** ✕✕ Hier bekommt man ambitionierte internationale Küche, und darf es am Nachmittag ein Stück hausgemachter Kuchen sein? Abends geht man gerne auf einen Cocktail in die stilvolle "Präsidenten Bar". Im Sommer ein Muss: die große Terrasse!

Menü 36/42 € – Karte 38/77 €

*Parkhotel Surenburg, Surenburg 13, Süd-West: 1,5 km* ✉ *48477*

*– 𝄞 05454 93380 (abends Tischbestellung ratsam)*

*– www.parkhotel-surenburg.com*

### 🏨 Parkhotel Surenburg · 🗞 🍴 🗋 🔊 🎐 ⅃♨ 🖈 & ✿ 🛋 🅿

**LANDHAUS · GEMÜTLICH** Richtig schön die malerische Lage, angrenzend eine große Reitanlage. Modern-elegant die Zimmer, zuvorkommend der Service, ausgezeichnet das Frühstück, dazu das attraktive "Badehaus" - Sauna und Schwimmbad kann man spät abends exklusiv mieten! Und wie wär's mit einem Spaziergang zum nahen Wasserschloss?

28 Zim ⌂ – ♦105/139 € ♦♦179/209 € – ½ P

*Surenburg 13, Süd-West: 1,5 km* ✉ *48477 – 𝄞 05454 93380*

*– www.parkhotel-surenburg.com*

🍃 **Westfälische Stube** • ⅋○ **Surenburg** – siehe Restaurantauswahl

# HÖVELHOF

Nordrhein-Westfalen – 15 820 Ew. – Höhe 107 m – Regionalatlas **28**-F10

▶ Berlin 413 km – Düsseldorf 189 km – Bielefeld 33 km – Detmold 30 km

Michelin Straßenkarte 543

### ⊚ Gasthof Brink

**FRANZÖSISCH-KLASSISCH · FAMILIÄR** ✕✕ Seit 1880 ist Familie Brink in diesem schönen Haus aktiv. Eine Bastion klassisch-französischer Küche, unkompliziert und sehr schmackhaft. Hausgemachte Pasteten und Terrinen sind ebenso gefragt wie "Steinbutt in Champagnerschaum" oder das mündlich empfohlene 4-Gänge-Menü in kleinen Portionen.

Menü 40/65 € – Karte 28/60 €    9 Zim ♅ – ♟45/55 € ♟♟75/85 €

*Allee 38 ☒ 33161 – ℰ 05257 3223 (Tischbestellung ratsam) – nur Abendessen – geschl. 1. - 14. Januar, Ende Juli - Anfang August 2 Wochen und Montag*

**In Hövelhof-Riege** Nord-West: 5 km Richtung Kaunitz, dann rechts ab

### ⫯◯ Gasthaus Spieker

**REGIONAL · GASTHOF** ✕✕ In geschmackvollen, wirklich liebenswert dekorierten Räumen lässt man sich regionale Küche mit mediterranem Touch schmecken, so z. B. "Spiekers leckere Tapas" oder "Kohlroulade vom Hirsch auf Senfspitzkraut in Wacholdersauce". Und wer dazu ein bisschen mehr Wein trinken möchte, kann auch gepflegt übernachten.

Karte 26/55 €    13 Zim ♅ – ♟57/70 € ♟♟88 €

*Detmolder Str. 86 ☒ 33161 – ℰ 05257 2222 – www.gasthaus-spieker.de – nur Abendessen, sonntags auch Mittagessen – geschl. Juli 1 Woche und Montag, außer an Feiertagen*

## HOF

Bayern – 44 470 Ew. – Höhe 500 m – Regionalatlas **41**-M14
▶ Berlin 317 km – München 283 km – Bayreuth 55 km – Nürnberg 133 km
Michelin Straßenkarte 546

### ⌂⌂⌂ Central

**BUSINESS · FUNKTIONELL** Das Hotel liegt gegenüber dem Theater und ist mit der direkten Anbindung an die "Freiheitshalle" auch ideal für Tagungen. Wohnliche Zimmer, schöner Saunabereich auf dem Dach mit Panoramablick, dazu Kosmetik und Massage, Indoor-Golf sowie ein elegantes Restaurant mit Speisen von fränkisch bis international.

100 Zim ♅ – ♟79/135 € ♟♟89/145 € – 1 Suite – ½ P

*Kulmbacher Str. 4 ☒ 95030 – ℰ 09281 6050 – www.hotel-central-hof.de*

## HOFBIEBER

Hessen – 5 960 Ew. – Höhe 380 m – Regionalatlas **39**-I13
▶ Berlin 434 km – Wiesbaden 209 km – Fulda 14 km – Bad Hersfeld 40 km
Michelin Straßenkarte 543

**In Hofbieber-Steens** Süd-Ost: 8 km über Langenbieber und Elters

### ⌂⌂⌂ Berghotel Lothar Mai Haus

**LANDHAUS · MODERN** Sie mögen's ruhig? Das Haus steht einsam in erhöhter Lage, toll der Blick über Wald und Wiesen! Wohnliche Zimmer (von Landhausstil bis modern und allergikergerecht), Kosmetik- und Massage-Angebot sowie ein gemütlich-rustikales Restaurant und eine Terrasse mit grandioser Aussicht. Die Küche ist bürgerlich.

30 Zim ♅ – ♟62/79 € ♟♟128/144 € – 2 Suiten – ½ P

*Lothar-Mai-Str. 1 ☒ 36145 – ℰ 06657 96080 – www.lothar-mai-haus.de*

## HOFHEIM am TAUNUS

Hessen – 38 560 Ew. – Höhe 136 m – Regionalatlas **47**-F15
▶ Berlin 550 km – Wiesbaden 20 km – Frankfurt am Main 22 km –
Limburg an der Lahn 54 km
Michelin Straßenkarte 543

## ⁋○ **Die Scheuer** ⛩

**REGIONAL · GEMÜTLICH** X Richtig charmant, was Familie Stöckle aus der "Hammelschen Scheune" a. d. 17. Jh. gemacht hat! Auf zwei Ebenen gibt es in ungezwungen-gemütlicher Atmosphäre Leckeres wie "Kleine Schweinerei vom Schwarzen Iberico" oder "Wolfsbarsch in der Kartoffelkruste". Alternativ: Bürgerliches im Bistro Schmiede gegenüber.

Menü 65 € – Karte 32/71 €

*Burgstr. 12* ✉ *65719 –* ☏ *06192 27774 – www.die-scheuer.de*
*– geschl. Sonntag - Montag*

## In Hofheim-Diedenbergen Süd-West: 3 km über B 519

## ⁋○ **Romano** ⛩

**ITALIENISCH · FAMILIÄR** X Schon über 30 Jahre steht Familie Romano für frische klassisch-italienische Küche mit viel Pasta und sehr viel Fisch. Wer lieber Fleisch mag, kann auf dry aged Black Angus zurückgreifen. Richtig nett ist im Sommer die Terrasse im Hof.

Menü 35/85 € – Karte 38/74 €

*Casteller Str. 68* ✉ *65719 –* ☏ *06192 37108 – www.ristorante-romano.com*
*– geschl. 23. Dezember - 4. Januar, 17. - 31. Juli und Samstagmittag, Montag*

Für große Städte gibt es Stadtpläne, auf denen die Hotels und Restaurants eingezeichnet sind. Die Koordinaten (z.B. : Stadtplan : 12BMe) helfen Ihnen bei der Suche.

# HOHEN DEMZIN

Mecklenburg-Vorpommern – 400 Ew. – Höhe 70 m – Regionalatlas **13**-N5
▶ Berlin 178 km – Schwerin 96 km – Neubrandenburg 62 km – Waren 26 km
Michelin Straßenkarte 542

## ⁋○ **Wappen-Saal** 🐎 🚗

**KLASSISCHE KÜCHE · ELEGANT** XXX Sie dinieren in einem eindrucksvollen historischen Saal und genießen charmanten, versierten Service. Klassisch-französisch die beiden Menüs - hier z. B. "in Fenchelöl confierte Malchiner Forelle" oder "Filet vom Limousin-Rind".

Menü 40/99 € – Karte 56/95 €

*Schlosshotel Burg Schlitz, Burg Schlitz 1, Nahe der B 108, Süd: 2 km, Richtung Waren* ✉ *17166 –* ☏ *03996 12700 – www.burg-schlitz.de – nur Abendessen*
*– geschl. Montag - Dienstag*

## 🏰 **Schlosshotel Burg Schlitz** 🏠 ☝ 🛏 🎬 🍷 🔐 🏋 🚗

**LUXUS · KLASSISCH** Das imposante Schloss auf dem 180 ha großen Anwesen wurde 1806 von Graf Schlitz erbaut und ist heute ein aufwändig und edel mit Stil und Geschmack eingerichtetes Hotel. Klassisch-elegant sind die großen Zimmer mit meist wunderschönen Decken, toll der Spa. Brasserie "Louise" mit französischer Küche.

16 Zim – ♮165/195 € ♮♮198/265 € – 4 Suiten – ⭤ 23 € – ½ P

*Burg Schlitz 1, Nahe der B 108, Süd: 2 km, Richtung Waren* ✉ *17166*
*–* ☏ *03996 12700 – www.burg-schlitz.de*

⁋○ **Wappen-Saal** - siehe Restaurantauswahl

# HOHENKAMMER

Bayern – 2 330 Ew. – Höhe 471 m – Regionalatlas **58**-L19
▶ Berlin 560 km – München 41 km – Augsburg 84 km – Landshut 69 km
Michelin Straßenkarte 546

❀ **Camers Schlossrestaurant**

MEDITERRAN · ELEGANT ✕✕ In dem herrschaftlichen Schlossgebäude wird ambitioniert und modern gekocht. Die exakt zubereiteten, ausdrucksstarken Speisen serviert man in einem schönen geradlinig gehaltenen Gewölberaum. Im angeschlossenen Hotel: klares Design in hellem Holz und Stein.

→ Jakobsmuschel gebraten, Kokosaromen, Tomatenchutney, Eierfrucht. Imperial Taube, Mango, Buchenpilze, Jasminreis. Weiße Schokolade Orginal Beans 40%, Kiwi, Papaya, Kokoscreme, Reiseis.

Menü 75/89 € – Karte 50/76 €

*Schlossstr. 25* ✉ *85411 – ☎ 08137 93443 – www.camers.de – nur Abendessen – geschl. 23. Dezember - 15. Januar, 10. - 16. April, 5. - 11. Juni, 14. - 27. August und Sonntag - Montag*

# HOHENSTEIN

Hessen – 5 970 Ew. – Höhe 340 m – Regionalatlas **47**-E14
▶ Berlin 572 km – Wiesbaden 23 km – Koblenz 64 km
Michelin Straßenkarte 543

🏛 **Hofgut Georgenthal**

LANDHAUS · KLASSISCH Einsam liegt der ehemalige Zehnthof a. d. J. 1692 umgeben von Wald und Wiese. Das Hotel bietet wohnlich-elegantes Ambiente sowie einen Badebereich und Anwendungen. Kleines "Limes"-Museum. Mediterran-regionale Küche im "Giorgios".

40 Zim ⌂ – ♦124/166 € ♦♦165/207 € – 1 Suite – ½ P

*Georgenthal 1, Süd-Ost: 5,5 km über Steckenroth, Richtung Strinz-Margarethä* ✉ *65329 – ☎ 06128 9430 – www.hofgut-georgenthal.de*

# HOHENTENGEN am HOCHRHEIN

Baden-Württemberg – 3 710 Ew. – Höhe 378 m – Regionalatlas **62**-E21
▶ Berlin 802 km – Stuttgart 176 km – Freiburg im Breisgau 79 km – Baden 33 km
Michelin Straßenkarte 545

🏠 **Wasserstelz**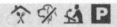

HISTORISCH · GEMÜTLICH Über 1000 Jahr alt, ehemals Gesindehaus und Teil einer Burganlage - so viel Historie bringt reichlich Atmosphäre mit sich, und die spürt man in den wohnlichen Zimmern sowie in der Gaststube mit Holztäfelung und Kachelofen. Am Rhein hat man übrigens einen Bootsanleger und eine Badestelle.

12 Zim ⌂ – ♦60 € ♦♦98/110 € – 1 Suite – ½ P

*Guggenmühle 15, Nord-West: 3 km, unterhalb der Burgruine Weißwasserstelz* ✉ *79801 – ☎ 07742 92300 – www.wasserstelz.de*

**In Hohentengen-Lienheim** West: 5 km

🍽 **Landgasthof Hirschen**

MARKTKÜCHE · GASTHOF ✕ Ausflugsziele gibt es in der Gegend einige, und als Abschluss kehren Sie hier in gemütlich-ländlichen Stuben ein und lassen sich saisonale Speisen servieren. Danach müssen Sie nicht mal mehr aus dem Haus, denn man hat auch gepflegte Gästezimmer und Appartements.

Menü 60 € – Karte 20/69 €  12 Zim ⌂ – ♦58/68 € ♦♦95 €

*Rheintalstr. 13* ✉ *79801 – ☎ 07742 7635 – www.hirschen-lienheim.de – geschl. 24. Dezember - 6. Januar und Samstag - Sonntag*

# HOHWACHT

Schleswig-Holstein – 870 Ew. – Höhe 19 m – Regionalatlas **3**-J3
▶ Berlin 335 km – Kiel 41 km – Lübeck 81 km – Oldenburg in Holstein 21 km
Michelin Straßenkarte 541

### 🏠 Hohe Wacht

**FAMILIÄR · KLASSISCH** Die Lage an einem kleinen Park, nur wenige Schritte vom Strand entfernt, sowie geräumige Zimmer mit wohnlicher Einrichtung sprechen für das Hotel. Wie wär's mit Kosmetik oder Massage zur Entspannung? Restaurant mit elegantem Touch, im Wintergarten mit Meerblick.

91 Zim 🖙 – ✦115/158 € ✦✦140/190 € – 2 Suiten – ½ P

*Ostseering 5 ✉ 24321 – ☏ 04381 90080 – www.hohe-wacht.de*

### 🏠 Haus am Meer

**FAMILIÄR · MODERN** Hier wohnen Sie mitten in der Dünenlandschaft und unmittelbar am Strand! Die Einrichtung ist hell, elegant und friesisch-modern - dem Meer besonders nah fühlt man sich in den "Ostsee-Zimmern" mit ihren großen Fenstern! Zur Stärkung gibt's regionale und mediterrane Speisen, Flammkuchen und hausgemachte Torten.

25 Zim 🖙 – ✦90/120 € ✦✦119/180 €

*Dünenweg 1 ✉ 24321 – ☏ 04381 40740 – www.hotel-hausammeer.de*

### 🏠 Genueser Schiff

**LANDHAUS · KLASSISCH** Schöner könnte das reetgedeckte weiße Haus kaum liegen - Strand und Meer gleich vor der Tür. Die Zimmer (darunter auch geräumige Maisonetten und Appartements) sind wohnlich und individuell, hübsch die farbliche Gestaltung, teilweise mit Antiquitäten, viele mit Ostseeblick. Regionalmediterrane Speisekarte.

29 Zim 🖙 – ✦75/110 € ✦✦110/200 € – 8 Suiten

*Seestr. 18 ✉ 24321 – ☏ 04381 7533 – www.genueser-schiff.de*

## HOLLFELD

Bayern – 5 180 Ew. – Höhe 403 m – Regionalatlas **50**-L15

▶ Berlin 378 km – München 254 km – Coburg 60 km – Bayreuth 23 km
Michelin Straßenkarte 546

### 🏠 Wittelsbacher Hof

**GASTHOF · FUNKTIONELL** Eine gepflegte Adresse, die in 3. Generation familiär geführt wird. Die Zimmer sind mit Landhausmöbeln wohnlich ausgestattet, im Restaurant (gemütlich die holzvertäfelte Zirbelstube) bietet man regional-bürgerliche Küche und Vespergerichte.

8 Zim 🖙 – ✦50/65 € ✦✦75/85 € – ½ P

*Langgasse 8, B 22 ✉ 96142 – ☏ 09274 90960
– www.wittelsbacher-hof-hollfeld.de – geschl. 1. - 7. März, 30. Oktober
- 7. November*

## HOLZDORF

Schleswig-Holstein – 850 Ew. – Höhe 25 m – Regionalatlas **2**-I2

▶ Berlin 396 km – Kiel 41 km – Rendsburg 39 km
Michelin Straßenkarte 541

### 🏠 Rosenduft & Kochlust

**LANDHAUS · INDIVIDUELL** Sie suchen Ruhe und Natur pur? Hier finden Sie ein wahres Kleinod mitten im Grünen, in dem Sie sehr geschmackvoll und individuell wohnen, am Morgen ein nicht alltägliches Frühstück genießen und zudem ausgesprochen aufmerksam umsorgt werden. Tipp: Machen Sie am Wochenende einen Kochkurs bei Nadine Kramm.

6 Zim 🖙 – ✦69/105 € ✦✦98/170 €

*Glasholz 1 ✉ 24364 – ☏ 04352 912003 – www.rosenduftundkochlust.de – geschl. Januar*

## HOLZKIRCHEN

Bayern – 15 810 Ew. – Höhe 691 m – Regionalatlas **66**-M21

▶ Berlin 623 km – München 34 km – Garmisch-Partenkirchen 73 km – Bad Tölz 19 km
Michelin Straßenkarte 546

###  Alte Post

GASTHOF · GEMÜTLICH Dies ist ein richtig schöner gepflegter Traditionsgasthof! Fragen Sie nach den gemütlichen ländlich-modernen Themenzimmern - bei "Golf", "Polo", "Jagd"... ist bestimmt auch was nach Ihrem Geschmack dabei! Und die Gaststuben? Natürlich heimelig-bayerisch!

43 Zim ⌂ – †125/150 € ††135/160 €

*Marktplatz 10a* ✉ *83607 –* ☏ *08024 30050 – www.alte-post-holzkirchen.de*
*– geschl. über Weihnachten*

## In Holzkirchen-Großhartpenning Süd-West: 4 km über B 13

### 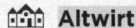 Altwirt

BUSINESS · GEMÜTLICH Wo einst ein alter Landgasthof stand, bietet heute dieses familiengeführte Hotel wohnliche Zimmer und einen hübschen Saunabereich - beides in warmen Farben gehalten. Im Restaurant (sehr charmant die "Altwirtstubn") serviert man regionale und internationale Gerichte.

40 Zim ⌂ – †98/120 € ††130/160 € – 2 Suiten – ½ P

*Tölzer Str. 135* ✉ *83607*
*–* ☏ *08024 303220 – www.hotel-altwirt.de*

# HOLZMINDEN

Niedersachsen – 20 110 Ew. – Höhe 89 m – Regionalatlas **28**-H10
▶ Berlin 352 km – Hannover 75 km – Hameln 50 km – Kassel 80 km
Michelin Straßenkarte 541

### Rosenhof

FAMILIÄR · INDIVIDUELL Eine mit Stil und Geschmack eingerichtete Villa, deren wohnliches Ambiente Sie vom Kaminzimmer über die technisch gut ausgestatteten Zimmer bis zum Frühstücksraum begleitet.

11 Zim ⌂ – †85/90 € ††95/135 €

*Sollingstr. 85* ✉ *37603 –* ☏ *05531 995900*
*– www.hotel-rosenhof-holzminden.de*
*– geschl. Ende Dezember - Anfang Januar*

## HOMBURG am MAIN Bayern → Siehe Triefenstein

# HOMBURG (SAAR)

Saarland – 41 420 Ew. – Höhe 233 m – Regionalatlas **46**-C17
▶ Berlin 680 km – Saarbrücken 33 km – Kaiserslautern 42 km – Neunkirchen/Saar 15 km
Michelin Straßenkarte 543

## In Homburg-Erbach

### ⅠⅠ○ La Petite Maison

KLASSISCHE KÜCHE · GEMÜTLICH XX Wirklich hübsch das kleine Restaurant, lauschig die Terrasse - beides ein idealer Rahmen für die klassische Küche, die z. B. in Form von "Rinderfilet mit Frühlingsmorcheln" daherkommt.

Menü 35 € (unter der Woche)/69 € – Karte 41/68 €

*Simonstr. 1* ✉ *66424*
*–* ☏ *06841 15211 (Tischbestellung ratsam) – www.lapetitemaison.saarland*
*– geschl. 1. - 10. Januar und Samstagmittag, Sonntag - Montagmittag*

# HOMBURG vor der HÖHE, BAD

Hessen – 52 380 Ew. – Höhe 197 m – Regionalatlas **47**-F14
▶ Berlin 526 km – Wiesbaden 45 km – Frankfurt am Main 18 km – Gießen 48 km
Michelin Straßenkarte 543

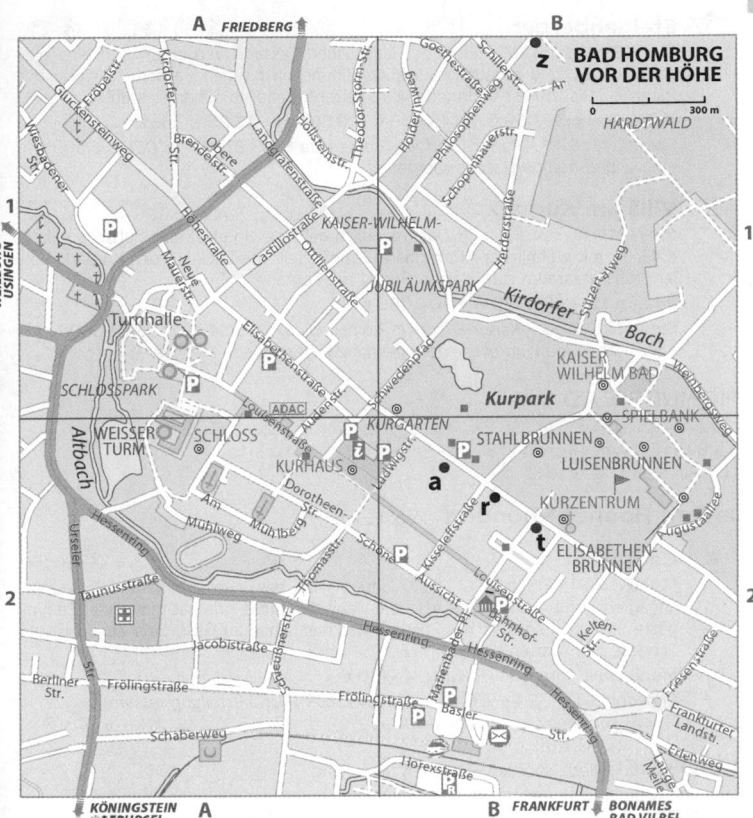

## ✿ Schellers

⇦ ⊗ 🚿 🅿️

MODERNE KÜCHE · ELEGANT ✗✗ Im Restaurant des Hotels "Hardtwald" werden erstklassige Produkte zu eleganten internationalen Speisen, fein und harmonisch. Auch die Atmosphäre stimmt: professioneller, freundlicher Service in hübschem modern-mediterranem Ambiente. Als einfachere Alternative hat man noch das gemütliche "Rusticano".

→ Thunfisch, Hamachi, Avocado. Reh, Pfifferlinge, Sellerie. Nougat, Baumkuchen, Tonkabohne.

Menü 77/115 € – Karte 77/95 €    29 Zim ⊑ – ♦95/140 € ♦♦125/165 € – 2 Suiten

**Stadtplan : B1-z** – *Philosophenweg 31 ⊠ 61350* – *☏ 06172 988151*
- *www.schellers-restaurant.com – nur Abendessen – geschl. 27. Dezember*
- *15. Januar, 24. Juli - 13. August und Sonntag - Montag*

## 🍴 Sänger's Restaurant

🏵️ 🈂️ ℅

FRANZÖSISCH-KLASSISCH · KLASSISCHES    AMBIENTE ✗✗ In    elegantem Ambiente hinter wilhelminischer Fassade bietet man klassische Speisen wie "Lammrücken unter der Kräuterkruste" oder "bretonischen Hummer". Und dazu einen schönen Bordeaux oder Burgunder? Ansprechend die Deko im Restaurant, freundlich der Service.

Menü 36 € (mittags unter der Woche)/115 € – Karte 60/99 €

**Stadtplan : B2-t** – *Kaiser-Friedrich-Promenade 85 ⊠ 61348* – *☏ 06172 928839*
- *www.saengers-restaurant.de – geschl. Juli - August 2 Wochen und Sonntag - Montag*

### 🏨 Steigenberger

BUSINESS · ELEGANT Hinter der klassischen Fassade verbergen sich eine elegante Lobby und geräumige, schöne Zimmer in ruhigen Farben, teilweise mit Parkblick. Bistro-Flair und modernes Speisenangebot in "Charly's stubb".

163 Zim – ♦139/159 € ♦♦149/169 € – 11 Suiten – ⊊ 25 € – ½ P

Stadtplan : B2-r – *Kaiser-Friedrich-Promenade 69* ✉ *61348* – ℰ *06172 181600*
– *www.bad-homburg.steigenberger.de*

### 🏨 Villa am Kurpark

PRIVATHAUS · KLASSISCH Das freundlich geführte Hotel ist eine hübsche Villa a. d. 19. Jh. mit wohnlicher Atmosphäre. Zimmer teils mit Blick auf den Kurpark. Heller Frühstücksraum zum kleinen Garten mit Fontäne.

24 Zim ⊊ – ♦85/125 € ♦♦104/180 €

Stadtplan : B2-s – *Kaiser-Friedrich-Promenade 57* ✉ *61348* – ℰ *06172 18000*
– *www.karin-loew-hotellerie.de – geschl. 23. Dezember - 1. Januar*

## HONNEF, BAD

Nordrhein-Westfalen – 24 850 Ew. – Höhe 75 m – Regionalatlas **36**-C13
▶ Berlin 605 km – Düsseldorf 86 km – Bonn 17 km – Koblenz 51 km
Michelin Straßenkarte 543

### In Bad Honnef-Rhöndorf Nord: 1,5 km

### 🍽️ Caesareo

ITALIENISCH · FAMILIÄR ✕✕ Seit Jahren wird das hübsche lichte Restaurant engagiert geführt und bietet frische italienische Küche - da hat man viele Stammgäste und auch so mancher Politiker war hier schon zu Gast. Sehr schön ist die Terrasse zum Garten hinterm Haus.

Menü 65 € (abends) – Karte 43/80 €

*Rhöndorfer Str. 39* ✉ *53604* – ℰ *02224 75639 (Tischbestellung ratsam)*
– *www.caesareo.de – geschl. Dienstag*

## HOOKSIEL Niedersachsen ➜ Siehe Wangerland

## HOPFERAU

Bayern – 1 120 Ew. – Höhe 811 m – Regionalatlas **64**-J21
▶ Berlin 671 km – München 127 km – Augsburg 101 km – Bregenz 98 km
Michelin Straßenkarte 546

### 🍽️ Schlossrestaurant

INTERNATIONAL · ELEGANT ✕✕ Chic kommt das Abendrestaurant mit seinem eleganten Interieur und warmen Goldtönen daher. An Wochenenden und Feiertagen gibt es auch Mittagessen. Stilvolle Salons mit Schlossflair hat man ebenfalls.

Menü 35/52 € – Karte 41/51 €

*Hotel Schloss zu Hopferau, Schloßstr. 9* ✉ *87659* – ℰ *08364 984890*
– *www.schloss-hopferau.com – Dienstag - Freitag nur Abendessen – geschl. Montag*

### 🏨 Schloss zu Hopferau

HISTORISCH · MODERN Sehr schön, wie das Schloss a. d. 15. Jh. den historischen Rahmen und modernes Design vereint. Gemütlich sitzt man in der ländlich-charmanten "Schlossküche" beim Frühstück sowie nachmittags bei Kaffee und Kuchen. Sie lieben Oldtimer? Wie wär's mit einem Ausflug im Rolls Royce? Auch Trauungen möglich.

15 Zim ⊊ – ♦69/99 € ♦♦118/158 € – ½ P

*Schloßstr. 9* ✉ *87659* – ℰ *08364 984890 – www.schloss-hopferau.com*
🍽️ **Schlossrestaurant** – siehe Restaurantauswahl

# HORBEN

Baden-Württemberg – 1 120 Ew. – Höhe 607 m – Regionalatlas **61**-D20

▶ Berlin 815 km – Stuttgart 216 km – Freiburg im Breisgau 10 km

Michelin Straßenkarte 545

🍃 **Gasthaus zum Raben** (Steffen Disch)     ⇔ 🕹 🏠 🍽 **P**

**FRANZÖSISCH-KLASSISCH · GEMÜTLICH** X Wirklich charmant die gemütlich-ländliche Stube mit Holztäfelung und Kachelofen! Genauso schön sitzt man aber auch draußen. In erster Linie verdient aber das Essen Beachtung: Steffen Disch kocht ganz auf das Produkt konzentriert, das bringt Geschmack! Gute regionale Weine.

→ Wachtelknusper, Erbsencrème, Rhabarber, Wildkräuter. Rehrücken, Pfifferlinge, Topfenknödel, Sellerie. "Original Beans" Schokolade, Himbeere, Rote Bete, Portwein.

Menü 34/98 € – Karte 36/89 €    6 Zim 🖵 – ♦70/90 € ♦♦120/160 €

*Dorfstr. 8 ✉ 79289 – ☎ 0761 556520 – www.raben-horben.de – Mittwoch - Freitag nur Abendessen – geschl. März 3 Wochen und Montag - Dienstag*

# HORBRUCH

Rheinland-Pfalz – 360 Ew. – Höhe 455 m – Regionalatlas **46**-C15

▶ Berlin 665 km – Mainz 92 km – Koblenz 76 km – Trier 64 km

Michelin Straßenkarte 543

🍴○ **Historische Schlossmühle**     🍴 🏠 🍽 **P**

**FRANZÖSISCH-KLASSISCH · GEMÜTLICH** XX Gemütliche Wohnzimmer-Atmosphäre, stilvoll mit historischen Details. Auf der Karte vor allem klassische Speisen mit Wildkräutern aller Art, so z. B. "gebratene Entenbrust mit Spitzwegerichsirup glaciert, Rosmarinkartoffen, Karottengemüse". Traumhafte Terrasse neben dem Teich.

Menü 37/75 € – Karte 31/59 €

*Hotel Historische Schlossmühle, An der Landstr. 190, Ost: 1 km Richtung Rhaunen ✉ 55483 – ☎ 06543 4041 – www.historische-schlossmuehle.de – geschl. 2. - 18. Januar und Mittwoch*

🏠 **Historische Schlossmühle**     🕹 🍴 🍽 ☘ **P**

**HISTORISCH · GEMÜTLICH** Die ehemalige Mühle a. d. 17. Jh. ist ein wahres Idyll, das mit Engagement und Herzblut geführt wird. Angesichts der erholsamen Ruhe ringsum, der charmanten Betreuung und der liebevollen Einrichtung mit persönlicher Note verzichtet man gerne auf TV! Wie wär's mit Frühstück auf der Terrasse?

10 Zim 🖵 – ♦69/99 € ♦♦99/139 € – 1 Suite – ½ P

*An der Landstr. 190, Ost: 1 km Richtung Rhaunen ✉ 55483 – ☎ 06543 4041 – www.historische-schlossmuehle.de – geschl. 2. - 18. Januar*

🍴○ **Historische Schlossmühle** – siehe Restaurantauswahl

# HORGAU

Bayern – 2 540 Ew. – Höhe 465 m – Regionalatlas **57**-J19

▶ Berlin 577 km – München 82 km – Augsburg 17 km – Memmingen 101 km

Michelin Straßenkarte 546

🏠🏠 **Zum Schwarzen Reiter**     ☆ 🍴 🛏 🖥 ☘ **P**

**FAMILIÄR · INDIVIDUELL** Hier hat man mit einem Faible für Farben und Themen (am schönsten sind die "Elemente"-Zimmer im "Haus der Sinne"!) ein schönes Umfeld zum Wohnen und Tagen geschaffen. Ebenso angenehm: die auffallend freundlichen Mitarbeiter!

48 Zim 🖵 – ♦75/112 € ♦♦91/131 €

*Hauptstr. 1, B 10 ✉ 86497 – ☎ 08294 86080 – www.flairhotel-platzer.de – geschl. 21. Dezember - 5. Januar*

# HORNBACH

Rheinland-Pfalz – 1 470 Ew. – Höhe 233 m – Regionalatlas **53**-C17

▶ Berlin 708 km – Mainz 140 km – Saarbrücken 44 km – Zweibrücken 11 km

Michelin Straßenkarte 543

## ⫶○ Refugium                                            🌇 ⅙ ⅏ 🅿

INTERNATIONAL · ELEGANT XxX Im Gourmetrestaurant der Kloster-Gastronomie stehen Historie (toll das alte Kreuzgewölbe) und moderne Eleganz im Einklang. Die Küche macht mit ambitionierten wechselnden Menüs wie "Flora" und "Fauna" Appetit.

Menü 58/119 € – Karte 56/78 €

*Hotel Kloster Hornbach, Im Klosterbezirk ⊠ 66500 – ℰ 06338 910100
– www.kloster-hornbach.de – nur Abendessen – geschl. Januar, Ende
Mai - Anfang Juni 2 Wochen, Ende Oktober - Anfang November 2 Wochen und
Montag - Dienstag*

## ⫶○ Klosterschänke                                          🌇 ⅙ 🅿

REGIONAL · RUSTIKAL X In der Schänke hat man es ausgesprochen gemütlich, während man sich Pfälzer Wein und stark regional geprägte Gerichte wie "Hornbacher Brotsuppe mit Saumagen" oder "Schnitzel und Ragout aus der Rehkeule" schmecken lässt.

Menü 33/42 € – Karte 27/45 €

*Hotel Kloster Hornbach, Im Klosterbezirk ⊠ 66500 – ℰ 06338 910100
– www.kloster-hornbach.de – Montag - Donnerstag nur Abendessen*

## 🏛 Kloster Hornbach                                    ⓦ 🖭 🕴 🅿

HISTORISCH · INDIVIDUELL Eine gelungene Einheit von Historie und Moderne ist das Kloster a. d. 8. Jh. Ganz individuell wohnt es sich in Zimmertypen wie Remise, Shaker, Mediterran... Oder wie wär's mit einer Pilgerzelle ohne TV und Telefon? Die Mitarbeiter auffallend herzlich, ein Traum die Gartenanlage samt Kräutergarten!

33 Zim ⌂ – †99/139 € ††129/199 € – ½ P

*Im Klosterbezirk ⊠ 66500 – ℰ 06338 910100 – www.kloster-hornbach.de*

⫶○ **Refugium** • ⫶○ **Klosterschänke** – siehe Restaurantauswahl

## 🏛 Lösch für Freunde                              ⏇ 🍴 ⓦ 🖭 🕴 🅿

GROSSER LUXUS · INDIVIDUELL Ein einzigartiger Ort voller Individualität - von Plätzen der Begegnung ("Wohnzimmer", Weinlounge oder die lange Tafel für gemeinsame Abendessen) über tolle, durch Paten erschaffene Wohnwelten wie "Literarium", "Jagdzimmer", "Konrads Salon"... bis zum Service samt Vollpension inkl. Snacks, Kaffee & Kuchen!

8 Zim ⌂ – †149/159 € ††235/250 € – 7 Suiten – ½ P

*Hauptstr. 19 ⊠ 66500 – ℰ 06338 91010200 – www.loesch-fuer-freunde.de
– geschl. 4. - 29. Januar*

# HORN-BAD MEINBERG

Nordrhein-Westfalen – 17 190 Ew. – Höhe 207 m – Regionalatlas **28**-G10

▶ Berlin 369 km – Düsseldorf 197 km – Bielefeld 37 km – Detmold 10 km

Michelin Straßenkarte 543

## Im Stadtteil Fissenknick

## 🙂 Die Windmühle ❶                                         🌇 🅿

REGIONAL · LÄNDLICH X Seit 1923 wird in der Turmmühle schon kein Korn mehr gemahlen, dafür sitzt man gemütlich in der Mühlenstube, im Kaminzimmer oder auf der Terrasse und lässt sich bei freundlichem Service Leckeres wie "Zander auf Rieslingrahmkraut" oder "Windmühlenschnitzel" schmecken.

Menü 35 € – Karte 26/40 €

*Windmühlenweg 10 ⊠ 32805 – ℰ 05234 919602 – www.diewindmuehle.de
– geschl. 17. Januar - 3. Februar und Montag - Mittwochmittag, Donnerstagmittag*

# HORNBERG (ORTENAUKREIS)

Baden-Württemberg – 4 220 Ew. – Höhe 953 m – Regionalatlas **62**-E20
▶ Berlin 745 km – Stuttgart 132 km – Freiburg im Breisgau 58 km – Offenburg 45 km
Michelin Straßenkarte 545

### 🏠 Adler  ⇗ 🖃 ⌗ **P**

**GASTHOF · MODERN** In dem historischen Haus erwartet Sie familiäre Führung im
besten Sinne, denn man kümmert sich zuvorkommend um die Gäste. Das Engagement merkt man auch an der Wohnlichkeit, am guten Frühstück, am liebenswerten Ambiente im Restaurant. Tipp: Komfortzimmer in der 1. und 2. Etage
- diese sind etwas moderner.

19 Zim ⊡ – ♦51/56 € ♦♦78/88 € – ½ P
*Hauptstr. 66 ⊠ 78132 – ℰ 07833 935990 – www.hotel-adler-hornberg.de
– geschl. 6. - 16. Januar, 23. Februar - 6. März*

## In Hornberg-Fohrenbühl Nord-Ost: 8 km Richtung Schramberg

### 🏠 Landhaus Lauble  ⇗ 🦢 ⇛ ⌂ 🖃 ⛵ **P**

**LANDHAUS · FUNKTIONELL** Richtig idyllisch, wie das typische Schwarzwaldhaus
am Waldrand liegt. Umgeben von Grün genießen Sie den Badeteich und die überdachte Restaurantterrasse, für Kinder gibt's den Streichelzoo. Hübsch: "Berg-
Quell" mit Sauna, Ruheraum und - auf Nachfrage - Beautybehandlungen. Speisen
kann man bürgerlich-regional.

24 Zim ⊡ – ♦60/70 € ♦♦100/120 € – 3 Suiten – ½ P
*Fohrenbühl 65 ⊠ 78132 – ℰ 07833 93660 – www.landhaus-lauble.de*

## HORUMERSIEL Niedersachsen → Siehe Wangerland

# HOYERSWERDA

Sachsen – 34 320 Ew. – Höhe 116 m – Regionalatlas **34**-R11
▶ Berlin 165 km – Dresden 65 km – Cottbus 44 km – Görlitz 80 km
Michelin Straßenkarte 544

## In Hoyerswerda-Zeißig Süd-Ost: 3 km Richtung Bautzen über die B 96

### 🕸 Westphalenhof ⓝ

**INTERNATIONAL · FREUNDLICH** ⅹ Bei den Brüdern Westphal (der eine Küchenchef, der andere Sommelier) speist man saisonal-international, von frischem Spargel (eigener Anbau) bis "Zweierlei vom Weidekalb, Ofentomate, Pimentos, Oli-
ventapenade". Gute Weinkarte, die meisten Weine auch glasweise. Stilvoll-
gediegenes Interieur, lauschige Terrasse.

Menü 30/65 € – Karte 33/56 €
*Dorfaue 43 ⊠ 02977 – ℰ 03571 913944 – www.westphalenhof.de – geschl. Montag*

# HÜCKESWAGEN

Nordrhein-Westfalen – 15 110 Ew. – Höhe 270 m – Regionalatlas **36**-D12
▶ Berlin 544 km – Düsseldorf 66 km – Köln 44 km – Lüdenscheid 27 km
Michelin Straßenkarte 543

## In Hückeswagen-Kleineichen Süd-Ost: 1 km

### 🍴 Haus Kleineichen

**TRADITIONELLE KÜCHE · RUSTIKAL** ⅹⅹ Der Familienbetrieb ist ein im charmanten alpenländischen Stil gehaltenes Restaurant mit international beeinflusster
bürgerlicher Küche. Am Mittag kleines Angebot in Menüform. Beliebt ist auch die
Kegelbahn für kleine Gruppen.

Menü 15 € (mittags)/28 € – Karte 25/44 €
*Bevertalstr. 44 ⊠ 42499 – ℰ 02192 4375 – www.haus-kleineichen.de – geschl.
Montag - Dienstag außer an Feiertagen*

# HÜFINGEN

Baden-Württemberg – 7 530 Ew. – Höhe 684 m – Regionalatlas **62**-F21

▶ Berlin 751 km – Stuttgart 126 km – Freiburg im Breisgau 59 km – Donaueschingen 3 km
Michelin Straßenkarte 545

## In Hüfingen-Fürstenberg Süd-Ost: 9,5 km über B 27 Richtung Blumberg

🍴○ **Gasthof Rössle**   ⇦ 🏡 **P**

**TRADITIONELLE KÜCHE · GASTHOF** 🕸 "Wildragout mit Dörrpflaumen", "Kalbsfilet auf Rahmwirsing" oder Wiener Schnitzel? Und als Dessert vielleicht "Panna Cotta mit kandierter Zitrone"? Leckere Gerichte wie diese serviert man in der ländlichen Gaststube oder im hübschen Wintergarten. Tipp für Übernachtungsgäste: die schönen Zimmer im "Pfarrhaus"!

Menü 24/34 € – Karte 26/51 €   39 Zim ⌲ – †73/88 € ††114/165 €
– 1 Suite

*Hotel Gasthof Rössle, Zähringer Str. 12* ✉ *78183 – 𝒞 0771 60010
– www.hotel-zum-roessle.de – geschl. 2. - 8. Januar, 19. - 27. Februar und
Donnerstag*

## In Hüfingen-Mundelfingen Süd-West: 7,5 km über Hausen

🐸 **Landgasthof Hirschen**   🏡 ⇧ **P** 🚭

**REGIONAL · FAMILIÄR** 🕸🕸 Das Engagement von Chefin Verena Martin und ihrer (übrigens rein weiblichen) Brigade spürt und schmeckt man: In charmanter Atmosphäre gibt es "geröstetes Grießsüpple mit Bergkäse", "Weingockel mit Gemüse und Sesamnocken", "Seeteufel mit Rucolanudeln und mediterranem Gemüse"...

Menü 40/69 € – Karte 33/54 €

*Wutachstr. 19* ✉ *78183 – 𝒞 07707 99050 – www.hirschen-mundelfingen.de
– geschl. Januar 2 Wochen, Ende August - Anfang September 2 Wochen und
Mittwoch - Donnerstag*

# HUNGEN

Hessen – 12 360 Ew. – Höhe 150 m – Regionalatlas **38**-G14

▶ Berlin 497 km – Wiesbaden 82 km – Gießen 22 km – Darmstadt 85 km
Michelin Straßenkarte 543

🐸 **Hungener Käsescheune**   🏡 🅱 🍸 ⇧

**REGIONAL · TRENDY** 🕸 Die sanierte alte Scheune ist ein echtes Schmuckstück! Bei Leckerem wie "Hessen-Pizza" oder "Rücken vom Duroc-Schwein in Pfeffersauce" können Sie in die Käserei schauen! Mittags ist das Angebot einfacher. Tipp: Im Laden gibt's Käse zu kaufen, und wer selber mal käsen möchte, bucht eines der Seminare!

Menü 30 € – Karte 30/35 €

*Brauhofstr. 3* ✉ *35410 – 𝒞 06402 5188572 (Tischbestellung erforderlich)
– www.kaesescheune.de – geschl. Sonntagabend - Dienstagmittag*

# HUSUM

Schleswig-Holstein – 22 060 Ew. – Höhe 14 m – Regionalatlas **1**-G3

▶ Berlin 424 km – Kiel 84 km – Sylt (Westerland) 42 km – Flensburg 42 km
Michelin Straßenkarte 541

🍴○ **Das Eucken**   🅱 🔳 🍸 ⇧ **P**

**KLASSISCHE KÜCHE · ELEGANT** 🕸🕸🕸 Attraktiv der Rahmen mit hellem Gewölbe und elegantem Interior, aufmerksam der Service. Klassische Küche wird modern interpretiert. Literatur-Nobelpreisträger Rudolf Eucken lehrte im 19. Jh. im "Alten Gymnasium" Philosophie, daher der Name.

Menü 54/109 € – Karte 45/66 €

*Hotel Altes Gymnasium, Süderstr. 2, Zufahrt über Ludwig-Nissen-Straße* ✉ *25813
– 𝒞 04841 8330 – www.altes-gymnasium.de – nur Abendessen*

## 🏨 Altes Gymnasium  ☆ 🖳 ⓪ 🛥 💪 ⬚ 🛁 🅰️ 🧖 🅿️

**HISTORISCH · KLASSISCH** Ein schmuckes Anwesen mit historischem Charme, 1866/67 als Schule erbaut und liebevoll zum Hotel umgestaltet. Besonders hübsch sind die Superior-Zimmer, dazu Wellness auf 1000 qm. Internationale und regionale Karte im Bistro - einst Schulhof, heute luftig-lichter Wintergarten.

53 Zim 🖂 – 🛏119/169 € 🛏🛏195/245 € – ½ P

*Süderstr. 2, Zufahrt über Ludwig-Nissen-Straße ✉ 25813 – ☏ 04841 8330 – www.altes-gymnasium.de*

🍴 **Das Eucken** – siehe Restaurantauswahl

## 🏨 Thomas Hotel  🍸 💪 ⬚ 🍽 🅿️

**BOUTIQUE-HOTEL · ELEGANT** Eine schmucke Adresse: Ansprechend schon der Empfangsbereich, die Zimmer hochwertig ausgestattet. Tipp: die schönen modernen "Horizon"-Zimmer im obersten Stock mit tollem Blick! Chic der Saunabereich, auch Kosmetik und Massage sind buchbar. Ideal die zentrale Lage nahe dem Hafen.

53 Zim 🖂 – 🛏69/189 € 🛏🛏99/199 € – 3 Suiten

*Am Zingel 7 ✉ 25813 – ☏ 04841 66200 – www.thomas-hotel.de*

## In Husum-Schobüll-Hockensbüll Nord-West: 3 km

## 🍴 Zum Krug  🌳 🅿️ 🚫

**REGIONAL · GASTHOF** 🏠🏠 Schön gemütlich hat man es in dem reizenden denkmalgeschützten Friesenhaus. Fast das ganze Jahr gibt es Gerichte vom Nordstrand-Lamm, aber auch Leckeres aus dem eigenen Garten kommt auf den Tisch - wie wär's z. B. mit einem Quitten-Dessert?

Karte 35/57 €

*Alte Landstr. 2a ✉ 25813 – ☏ 04841 61580 (Tischbestellung erforderlich) – www.zum-krug.de – nur Abendessen – geschl. Mitte Januar - Mitte Februar und Montag - Mittwoch*

## In Simonsberg-Simonsbergerkoog Süd-West: 7 km

## 🍴 Lundenbergsand  🛎 🌳 🍽 🅿️

**INTERNATIONAL · GEMÜTLICH** 🏠 "Confierte Schulter vom Salzwiesendeichlamm mit Dörrobst-Jus" oder lieber "gegrilltes Kabeljaufilet auf süß-saurem Kürbiskraut"? So oder so ähnlich kommt die moderne regional-saisonale Küche in diesem geschmackvollen Restaurant daher.

Menü 49/89 € – Karte 29/53 €

*Hotel Lundenbergsand, Lundenbergweg 3 ✉ 25813 – ☏ 04841 83930 (abends Tischbestellung ratsam) – www.hotel-lundenbergsand.de – geschl. Mitte Dezember 1 Woche und im Winter: Montag - Donnerstagmittag*

## 🏨 Lundenbergsand  🌿 🛎 🖳 🍸 🍽 🅿️

**FAMILIÄR · INDIVIDUELL** Hier finden Sie Ruhe! Das reetgedeckte Haus liegt hinterm Deich, wird familiär geleitet und ist tipptopp gepflegt. Die Zimmer sind richtig hübsch mit ihrem geradlinigen Design und den hellen, frischen Farben, modern auch der "Watt'n Spa".

21 Zim 🖂 – 🛏69/99 € 🛏🛏119/159 € – 2 Suiten – ½ P

*Lundenbergweg 3 ✉ 25813 – ☏ 04841 83930 – www.hotel-lundenbergsand.de – geschl. Mitte Dezember 1 Woche*

🍴 **Lundenbergsand** – siehe Restaurantauswahl

IBACH Baden-Württemberg → Siehe St. Blasien

# IBBENBÜREN

Nordrhein-Westfalen – 50 440 Ew. – Höhe 75 m – Regionalatlas **16**-E9

▶ Berlin 452 km – Düsseldorf 173 km – Nordhorn 59 km – Bielefeld 73 km

Michelin Straßenkarte 543

### 🏠 Leugermann    ✿ 🕼 🛏 🖭 ✕ 🏊 **P**

**BUSINESS · MODERN** Seit Jahrzehnten eine beliebte Adresse. Familie Leugermann bietet freundlich-wohnliche Zimmer in warmen Farben ("Toskana-", "Meeres-", "Paradieszimmer"...), Beauty (Haupthaus) und Sauna (Gästehaus) sowie bürgerlich-internationale Küche samt Menüs. Nicht zu vergessen die engagierten Mitarbeiter.

42 Zim ⌕ – ♦69/89 € ♦♦109/125 € – 2 Suiten – ½ P

*Osnabrücker Str. 33 ✉ 49477 – ☏ 05451 54519350 – www.hotel-leugermann.de*

## IBURG, BAD

Niedersachsen – 10 580 Ew. – Höhe 119 m – Regionalatlas **27**-E9
▶ Berlin 430 km – Hannover 147 km – Bielefeld 43 km – Nordhorn 94 km
Michelin Straßenkarte 541

### 🏠 Zum Freden    ✿ ⚘ 🛏 🖭 ᴚ 🏊 **P**

**LANDHAUS · MODERN** Aus einem Bauernhof hat sich dieses Hotel entwickelt, in dem die Familie im Einklang mit der langen Tradition stetig modernisiert. Die neuesten Zimmer: schöner klarer Stil und warme Erdtöne. Helles, elegantes Restaurant, dazu eine Bar mit Bistrobereich im Wintergarten.

39 Zim ⌕ – ♦70/89 € ♦♦96/125 € – ½ P

*Zum Freden 41 ✉ 49186 – ☏ 05403 4050 – www.hotel-freden.de – geschl. 1. - 8. Januar*

## ICHENHAUSEN

Bayern – 8 560 Ew. – Höhe 489 m – Regionalatlas **56**-J19
▶ Berlin 584 km – München 118 km – Augsburg 56 km – Ulm 36 km
Michelin Straßenkarte 546

### In Ichenhausen-Autenried

### 🏠 Autenrieder Brauereigasthof    ✿ 🕼 🖾 🛏 🖭 ✕ 🏊 **P**

**TRADITIONELL · MODERN** Schön wohnlich hat man es bei Familie Feuchtmayr - die Chefin hat ein Händchen fürs Einrichten, überall im Haus finden sich warme Töne. Und was wäre ein Brauereigasthof ohne Biergarten? Hier, unter alten Bäumen, schmeckt das Selbstgebraute natürlich am besten!

29 Zim ⌕ – ♦80/116 € ♦♦130/148 € – ½ P

*Hopfengartenweg 2 ✉ 89335 – ☏ 08223 968440
- www.brauereigasthof-autenried.de*

## IDAR-OBERSTEIN

Rheinland-Pfalz – 28 330 Ew. – Höhe 300 m – Regionalatlas **46**-C16
▶ Berlin 661 km – Mainz 92 km – Trier 81 km – Bad Kreuznach 49 km
Michelin Straßenkarte 543

### Im Stadtteil Idar

### 🏨 Parkhotel    ✿ 🖭 ᴚ 🏊 **P**

**BUSINESS · ELEGANT** Der gepflegte Hotelbau a. d. J. 1906 beherbergt gediegene, teils mit Stilmöbeln eingerichtete Zimmer (Komfortzimmer mit Klimaanlage) und einen modernen Saunabereich. Im eleganten Restaurant "Manzi's" speist man klassisch-international, im Bistro "Classico" gibt es bürgerlich-regionale Gerichte.

37 Zim ⌕ – ♦85/110 € ♦♦120/160 € – ½ P

*Hauptstr. 185 ✉ 55743 – ☏ 06781 50900 – www.parkhotel-idaroberstein.de*

## IDSTEIN

Hessen – 23 840 Ew. – Höhe 266 m – Regionalatlas **47**-E14
▶ Berlin 548 km – Wiesbaden 21 km – Frankfurt am Main 50 km –
Limburg an der Lahn 28 km
Michelin Straßenkarte 543

🍴 **Heinrich HÖER's Speisezimmer** 🏡 🕏 ⇄

**KLASSISCHE KÜCHE · ROMANTISCH** ✕✕ Die historischen Räume mit ihrer rustikalen Atmosphäre sowie der lauschige Lindenhof gehören ebenso zum Höerhof wie die gute Küche - probieren Sie z. B. "Skrei mit Artischocken und Süßkartoffelpüree". Kleine Mittagskarte.

Menü 30 € (mittags unter der Woche)/86 € – Karte 46/63 €

*Hotel Höerhof, Obergasse 26* ✉ *65510 – 𝒞 06126 50026 – www.hoerhof.de*
*– geschl. 1. - 8. Januar und Sonntagabend*

🏨 **Höerhof** 🔥

**HISTORISCH · MODERN** Das freundlich geführte Hotel samt nettem Restaurant in der Oberstadt ist ein schönes jahrhundertealtes Fachwerkgebäude, das seinen historischen Charme bewahrt hat.

14 Zim ⌨ – ♦98/128 € ♦♦126/156 € – 3 Suiten

*Obergasse 26* ✉ *65510 – 𝒞 06126 50026 – www.hoerhof.de*
*– geschl. 1. - 8. Januar*

🍴 **Heinrich HÖER's Speisezimmer** – siehe Restaurantauswahl

🏠 **Goldenes Lamm** 🕏

**BUSINESS · GEMÜTLICH** Die Dependance des "Höerhofs" liegt mitten in der historischen Altstadt und bietet Ihnen gepflegte, wohnlich gestaltete Zimmer und ein frisches Frühstück, und parken können Sie 50 m vom Haus auf dem öffentlichen Parkplatz.

18 Zim – ♦64/74 € ♦♦79/89 € – ⌨ 5 €

*Himmelsgasse 7* ✉ *65510 – 𝒞 06126 93120 – www.gl-hotel-idstein.de*
*– geschl. 1. - 8. Januar*

## IFFELDORF

Bayern – 2 500 Ew. – Höhe 603 m – Regionalatlas **65**-L21

▶ Berlin 638 km – München 52 km – Garmisch-Partenkirchen 41 km – Weilheim 22 km

Michelin Straßenkarte 546

🏨 **Landgasthof Osterseen** 🍴 ⇐ 🛖 🖹 🔥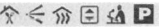

**GASTHOF · INDIVIDUELL** In dem engagiert geführten Haus ist alles tipptopp gepflegt und gemütlich - die Möbel in den Zimmern stammen vom örtlichen Schreiner. Dazu kommt noch die schöne Lage - hübsch die Terrasse mit Seeblick und die Preise stimmen auch!

24 Zim ⌨ – ♦84/98 € ♦♦119/162 € – ½ P

*Hofmark 9* ✉ *82393 – 𝒞 08856 92860 – www.landgasthof-osterseen.de*

## IFFEZHEIM

Baden-Württemberg – 4 750 Ew. – Höhe 123 m – Regionalatlas **54**-E18

▶ Berlin 706 km – Stuttgart 100 km – Karlsruhe 32 km – Rastatt 8 km

Michelin Straßenkarte 545

🏠 **Zum Schiff** 🕏

**HISTORISCH · INDIVIDUELL** Sie mögen es individuell und mit nostalgischer Note? Der ehemalige Bauernhof beherbergt äusserst geschmackvolle Zimmer, die mit allerlei schönen antiken Möbeln, hübscher Deko und historischen Details wie Dielenböden und alten Holzbalken Charme und Gemütlichkeit verbreiten. Ebenso reizend der Innenhof-Garten.

12 Zim ⌨ – ♦80/90 € ♦♦109/119 €

*Hauptstr. 60* ✉ *76473 – 𝒞 07229 697288 – www.hotel-de-charme.de*

## IHRINGEN

Baden-Württemberg – 5 890 Ew. – Höhe 204 m – Regionalatlas **61**-D20

▶ Berlin 802 km – Stuttgart 204 km – Freiburg im Breisgau 19 km – Colmar 29 km

Michelin Straßenkarte 545

### 🏵 Holzöfele  🏠 🅿

REGIONAL · GASTHOF ✗✗ Ein Klassiker sind hier die hausgemachten Terrinen, aber auch schmackhafte "Hechtklößchen mit Blattspinat" finden sich auf der badisch ausgerichteten Karte. Und darf's vielleicht auch etwas für daheim sein? In "Holzöfele's Lädele" bieten die Gastgeber Christine und Robert Franke hausgemachte Spezialitäten!

Menü 34 € – Karte 28/76 €

*Bachenstr. 46 ✉ 79241 – ☎ 07668 207 – www.holzoefele.de – geschl. Donnerstag*

### 🏵 Bräutigam  ⇦ 🏠 🍽 🅿

REGIONAL · GEMÜTLICH ✗✗ Bei Familie Bräutigam kann man nicht nur gut übernachten, auch schmackhafte Küche bekommt man hier. Gekocht wird badisch: Schneckensüppchen, Schäufele auf Weinkraut, heimischer Fisch... Oder vielleicht Chateaubriand flambiert (für 2 Pers.)?

Menü 28/57 € – Karte 22/59 €   21 Zim ⇌ – ♦58/75 € ♦♦90/112 €

*Bahnhofstr. 1 ✉ 79241 – ☎ 07668 90350 – www.braeutigam-hotel.de – geschl. 2. - 17. Januar und Montag - Dienstagmittag*

### 🏵 Weinstube Zum Küfer  🏠

REGIONAL · WEINSTUBE ✗ Das Restaurant von Peter und Marianne Birmele ist gefragt! Kein Wunder, denn man ist hier mit Freude bei der Sache, das Essen ist richtig gut und das Ambiente schön urig (warmes Holz, alter Dielen- und Steinboden, Kachelofen). Spezialität sind die hausgemachten Terrinen.

Menü 36 € – Karte 25/56 €

*Eisenbahnstr. 9 ✉ 79241 – ☎ 07668 9968140 (Tischbestellung ratsam) – www.kuefer-ihringen.de – nur Abendessen – geschl. Februar 3 Wochen und Montag - Dienstag*

### 🏨 Winzerstube  🏠 🖸 🗚 🍽 �𝄞 🚗

GASTHOF · ELEGANT Ein wirklich ansprechendes Haus. Fragen Sie nach den geräumigeren und schön modernen Zimmern im Haus "Sankt Vitus" - alle mit großem Balkon. Im Wintergarten oder in der Stube mit Kachelofen und Holztäfelung gibt es regionale Küche und internationale Klassiker. Hübsche Terrasse!

30 Zim – ♦55/90 € ♦♦90/130 € – 2 Suiten – ⇌ 15 € – ½ P

*Wasenweiler Str. 36 ✉ 79241 – ☎ 07668 970910 – www.winzerstube-ihringen.de*

## ILBESHEIM bei LANDAU in der PFALZ

Rheinland-Pfalz – 1 190 Ew. – Höhe 202 m – Regionalatlas **47**-E17
▶ Berlin 680 km – Mainz 117 km – Neustadt a.d. Weinstraße 30 km – Saarbrücken 109 km
Michelin Straßenkarte 543

### 🏵 Hubertushof  🏠 🚯

MODERNE KÜCHE · GEMÜTLICH ✗ Warum sich die jahrhundertealte ehemalige Postkutschenstation so großer Beliebtheit erfreut? Das Ambiente ist schön, der Service herzlich, die Küche gut. Der Mix aus traditionell-regional, international und modern bietet z. B. "Rinderfiletsteak im Smoker gegrillt mit Pfifferlingen". Traumhafter Innenhof!

Menü 22 € (mittags) – Karte 35/54 €

*Arzheimer Str. 5 ✉ 76831 – ☎ 06341 930239 (Tischbestellung ratsam) – www.restaurant-hubertushof-ilbesheim.de – Dienstag - Mittwoch nur Abendessen – geschl. Sonntag - Montag*

## ILLERTISSEN

Bayern – 16 780 Ew. – Höhe 513 m – Regionalatlas **64**-I20
▶ Berlin 633 km – München 151 km – Augsburg 72 km – Bregenz 106 km
Michelin Straßenkarte 546

## ⊕ Gasthof Krone ⇪ ⇩

**REGIONAL · RUSTIKAL** XX Mit Fachwerkgiebel und grünen Fensterläden versprüht der älteste Gasthof Illertissens schon von außen Gemütlichkeit. Vor allem aber lockt die regional-saisonale Küche der Geschwister Kerstin und Jürgen Willer, so z. B. "Tafelspitz mit Meerrettich und Bratkartoffeln". Tipp: Dienstag ist Fleischküchle-Tag!

Karte 32/56 €

*Auf der Spöck 2* ⊠ *89257 – ☎ 07303 3401 – www.krone-illertissen.de – geschl. Mittwoch - Donnerstag*

## In Illertissen-Dornweiler Süd-West: 1,5 km Richtung Dietenheim

## ⊕ Vier Jahreszeiten ⇪

**INTERNATIONAL · GASTHOF** X Hier wird engagiert gekocht, das sieht und schmeckt man z. B. bei "Rostbraten mit Kraut-Krapfen". Für den kleinen Appetit gibt's auch Vespergerichte. Drinnen ansprechendes geradlinig-modernes Ambiente, draußen ein netter Biergarten.

Menü 37/58 € – Karte 28/44 €

*Dietenheimer Str. 63* ⊠ *89257 – ☎ 07303 9059600*
*– www.vier-jahreszeiten-illertissen.de – geschl. 6. - 13. März, 9. - 18. Oktober und Samstagmittag, Montag*

## ⌂ Dornweiler Hof

**FAMILIÄR · MODERN** Wo man so herzlich umsorgt wird, ist man gerne Gast! Hier freut man sich nicht nur über wirklich gepflegte Zimmer und moderne Technik, auch das Preis-Leistungs-Verhältnis stimmt. Und für warme Sommertage gibt es eine schöne Terrasse, auf der man bürgerlich-regionale Speisen serviert.

18 Zim ⌷ – †85 € ††110 €

*Dietenheimer Str. 93* ⊠ *89257 – ☎ 07303 959140 – www.dornweilerhof.de*
*– geschl. 1. - 5. Januar*

# ILLSCHWANG

Bayern 2 030 Ew. – Höhe 488 m – Regionalatlas **51**-M16
▶ Berlin 429 km – München 202 km – Weiden in der Oberpfalz 60 km – Amberg 16 km
Michelin Straßenkarte 546

## ⊕ Weißes Roß ⇪ 🅿

**REGIONAL · GASTHOF** XX Ob regionale Klassiker oder gehobenere Gerichte, ob "Schweinebraten mit Knödel" oder "Saibling auf Safranrisotto und grünem Spargel", was Hans-Jürgen Nägerl auf den Teller bringt, ist frisch und aromatisch. Das Fleisch kommt übrigens aus der eigenen Metzgerei! Das Ambiente: gemütlich und ländlich-charmant.

Menü 69 € (abends) – Karte 24/52 €

*Hotel Weißes Roß, Am Kirchberg 1* ⊠ *92278 – ☎ 09666 188050*
*– www.weisses-ross.de – geschl. 8. - 16. Januar und Montag*

## ⌂ Weißes Roß

**SPA UND WELLNESS · MODERN** Vom Metzgereigasthof zum Wellnesshotel! Familie Nägerl hat eine sehr komfortable und moderne Adresse für Erholungsuchende geschaffen: angenehm großzügig der Rahmen, schön die klar designten, wohnlich-eleganten Zimmer, attraktiv der Spa...

37 Zim ⌷ – †80/140 € ††139/200 € – ½ P

*Am Kirchberg 1* ⊠ *92278 – ☎ 09666 188050 – www.weisses-ross.de – geschl. 8. - 16. Januar*

⊕ **Weißes Roß** – siehe Restaurantauswahl

# ILSENBURG

Sachsen-Anhalt – 9 430 Ew. – Höhe 250 m – Regionalatlas **30**-J10
▶ Berlin 237 km – Magdeburg 86 km – Braunschweig 59 km – Göttingen 98 km
Michelin Straßenkarte 542

### 🏵️O Forellenstube

**MODERNE KÜCHE · ELEGANT** XX Wer es gerne etwas intimer hat, wird sich in der eleganten kleinen Forellenstube wohlfühlen. Am Abend lässt man sich hier an einem der vier Tische ein modernes Menü servieren und schaut dabei auf den See.

Menü 75 € – Karte 45/78 €

*Hotel Landhaus Zu den Rothen Forellen, Marktplatz 2 ✉ 38871 – ✆ 039452 9393 (Tischbestellung erforderlich) – www.rotheforelle.de – nur Abendessen – geschl. 20. Dezember - 3. Januar, 27. Juli - 6. September und Sonntag - Dienstag*

### 🏵️O Landhaus-Restaurant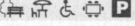

**KLASSISCHE KÜCHE · FREUNDLICH** XX Im Wintergarten mit Blick zum See - und natürlich auf der Terrasse - fühlt sich wie inmitten der Natur. Die Küche: regional, mediterran, klassisch - es gibt z. B. "Harzer Forelle" oder "Lammrücken mit Saubohnen und Tomaten-Knoblauchsalsa".

Menü 35/59 € (abends) – Karte 27/62 €

*Hotel Landhaus Zu den Rothen Forellen, Marktplatz 2 ✉ 38871 – ✆ 039452 9393 – www.rotheforelle.de*

### 🏠 Landhaus Zu den Rothen Forellen

**LANDHAUS · KLASSISCH** Schon von außen ein Blickfang, attraktiv die zentrale Lage an einem schönen Teich. Man wohnt in exklusiver Landhaus-Atmosphäre, toll die Badehaus-Juniorsuiten direkt am Wasser! Dazu leckeres Frühstück, entspannende Spa-Anwendungen und der richtig gute Service der "Haus-Seelen"! Sehenswert: das Kloster im Ort.

76 Zim ⌥ – †150/300 € ††220/350 € – ½ P

*Marktplatz 2 ✉ 38871 – ✆ 039452 9393 – www.rotheforelle.de*

🏵️O **Landhaus-Restaurant** • 🏵️O **Forellenstube** – siehe Restaurantauswahl

## ILSFELD

Baden-Württemberg – 8 870 Ew. – Höhe 240 m – Regionalatlas **55**-G17
▶ Berlin 596 km – Stuttgart 40 km – Heilbronn 12 km – Schwäbisch Hall 45 km
Michelin Straßenkarte 545

### 🏵️ Häußermann's Ochsen

**REGIONAL · FAMILIÄR** X Was hinter der schönen Fachwerkfassade auf den Tisch kommt, ist traditionell-regional und saisonal - schmackhaft z. B. "Sauerbraten mit Serviettenknödel" oder auch Spargelgerichte. Tipp: "Probererles-Menü". Schinken räuchert man übrigens selbst. Praktisch: Man kann hier gut parken und auch übernachten.

Menü 32/42 € – Karte 24/51 €    25 Zim ⌥ – †45/59 € ††65/85 €

*König-Wilhelm-Str. 31 ✉ 74360 – ✆ 07062 67900 – www.ochsen-ilsfeld.de – geschl. 1. - 25. Januar, Juli - August 1 Woche und Donnerstag - Freitagmittag*

## IMMENSTAAD am BODENSEE

Baden-Württemberg – 6 320 Ew. – Höhe 407 m – Regionalatlas **63**-H21
▶ Berlin 728 km – Stuttgart 199 km – Konstanz 21 km – Freiburg im Breisgau 152 km
Michelin Straßenkarte 545

### 🏵️ Heinzler

**REGIONAL · GASTHOF** XX Die Heinzlers bieten frische regionale Küche, z. B. als "Felchen und Egli auf Graupenrisotto". Schön hat man es sowohl in der rustikalen Stube mit Jagdtrophäen als auch auf der Terrasse - hier sitzt man fast direkt am Wasser!

Karte 29/60 €

*Hotel Heinzler, Strandbadstr. 3 ✉ 88090 – ✆ 07545 93190 – www.heinzleramsee.de*

🍴 **Seehof** ← 🍴 🏠 **P**

REGIONAL · GEMÜTLICH ✕✕ Im Sommer sitzt man angesichts der tollen Seelage natürlich am besten auf der Terrasse, um sich Leckeres wie "rosa gebratenes Lammnüsschen", Fisch aus dem See oder auch regionale Klassiker schmecken zu lassen. Drinnen ist es aber ebenfalls schön - mal gemütlich-rustikal, mal modern.
Menü 26/62 € – Karte 32/57 €

*Hotel Seehof, Bachstr. 15, (Am Yachthafen) ✉ 88090 – ✆ 07545 9360*
*– www.seehof-hotel.de – geschl. über Weihnachten*

🏠 **Heinzler** 🍸 ← 🏠 ☐ **P**

FAMILIÄR · GEMÜTLICH Wunderbar die Lage am See samt Bootsanleger, schön die wohnlich-modernen Zimmer - die meisten bieten Seesicht. Toll die Panorama-suite mit 180°-Blick! Freier Eintritt ins Strandbad gegenüber. Tipp: Mieten Sie die "Stingray 250 CR"-Yacht!
30 Zim ☒ – 🍴79/109 € 🍴🍴138/196 € – 2 Suiten – ½ P
*Strandbadstr. 3 ✉ 88090 – ✆ 07545 93190 – www.heinzleramsee.de*
🍴 **Heinzler** – siehe Restaurantauswahl

🏠 **Seehof** 🍸 ← 🍴 🍴 **P**

FAMILIÄR · INDIVIDUELL Der über die Jahre gewachsene Familienbetrieb von 1885 liegt direkt am Yachthafen. Hier können Sie schön modern wohnen, teil-weise haben die Zimmer Balkon und Seeblick. Ein eigenes Strandbad gibt es übrigens auch.
45 Zim ☒ – 🍴75/105 € 🍴🍴115/250 €
*Bachstr. 15, (Am Yachthafen) ✉ 88090 – ✆ 07545 9360 – www.seehof-hotel.de*
*– geschl. über Weihnachten*
🍴 **Seehof** – siehe Restaurantauswahl

## INGELHEIM am RHEIN

Rheinland-Pfalz – 24 290 Ew. – Höhe 110 m – Regionalatlas **47**-E15
▶ Berlin 587 km – Mainz 18 km – Bad Kreuznach 29 km – Bingen 13 km
Michelin Straßenkarte 543

🍴 **Wasem Kloster Engelthal** 🍴 ↻ **P**

REGIONAL · TRENDY ✕ Das einstige Kloster a. d. 13. Jh. war lange ein landwirt-schaftlicher Betrieb, heute hat Familie Wasem hier ein modernes Restaurant mit schönem weißem Kreuzgewölbe, die Küche ist regional international. Toll auch die Veranstaltungsräume.
Menü 40 € (abends) – Karte 25/47 €
*Edelgasse 15 ✉ 55218 – ✆ 06132 2304 – www.wasem.de – geschl. Mittwoch*

In Schwabenheim Süd-Ost: 6 km über Groß-Winternheim

🍴 **Zum alten Weinkeller** 🍴 ↩ 🍸 🍴 **P**

INTERNATIONAL · GEMÜTLICH ✕✕ Der alte Gutshof, Teil des kleinen Immerhei-ser'schen "Gastronomie- und Weinimperiums", ist sehr charmant, ob Keller, Res-taurant, Terra-Cotta-Garten oder Gästezimmer (im "Casa Rustica" oder im "En-gel"). Aus Speisen wie "Vitello Tonnato & Pulpo" oder "Rinderbäckchen mit Pastinake" wählen Sie Ihr Menü.
Menü 39/59 € – Karte 41/60 € 16 Zim ☒ – 🍴65/99 € 🍴🍴90/125 €
*Schulstr. 6 ✉ 55270 – ✆ 06130 941800 – www.immerheiser-wein.de – nur Abendessen*

🍴 **Landgasthof Engel** 🍴 ↻

REGIONAL · WEINSTUBE ✕ Der Gasthof von 1569 ist das älteste Haus im Ort. Regionales Angebot in behaglichen Stuben und im schönen Innenhof, Snack-karte in der Vinothek. Es stehen auch Gästezimmer bereit.
Menü 18 € (mittags unter der Woche) – Karte 20/39 €
*Markt 8 ✉ 55270 – ✆ 06130 929394 – www.immerheiser-wein.de*

# INGOLSTADT

Bayern – 127 890 Ew. – Höhe 374 m – Regionalatlas **57**-L18

▶ Berlin 512 km – München 80 km – Augsburg 75 km – Nürnberg 91 km

Michelin Straßenkarte 546

### ⊗O **Avus**       ঊ ✿ **P**

**MARKTKÜCHE · ELEGANT** ✗✗ Modern-elegantes Restaurant in der ersten Etage des gläsernen "Audi Forums". Das Speiseangebot ist international-saisonal, wochentags günstiges Lunchmenü. "Audi museum mobile" nebenan.

Menü 25 € (mittags unter der Woche)/49 € – Karte 35/77 €

*Ettinger Straße, (im Audi Forum) ✉ 85057*
*– ☎ 0841 8941071 – www.audi.de/foren*
*– geschl. Sonntag*

### ⊗O **Gasthaus Daniel**       龠 🍽

**REGIONAL · RUSTIKAL** ✗ Wer's bayerisch-bodenständig mag, kommt zu Leberknödelsuppe, Schwartlbraten und Schweinshaxn in das über 500 Jahre alte Brauereigebäude. Und wie es sich für ein zünftiges Wirtshaus gehört, spielen die Einheimischen am Stammtisch Karten!

Karte 18/26 €

*Roseneck 1 ✉ 85049 – ☎ 0841 35272 – geschl. Montag*

### 🏨 **THE CLASSIC OLDTIMER HOTEL**     🛗 ঊ 🆀 🧖 🚗

**BUSINESS · MODERN** Ins Auge sticht hier nicht nur das schicke Gebäude-Design, besonderer Blickfang ist eine Oldtimer-Ausstellung über zwei Etagen! Die Zimmer geradlinig-modern, günstig die Lage neben der Saturn-Arena, gut die Anbindung an BAB und Stadt.

128 Zim ⌑ – †115/259 € ††130/275 €

*Erni-Singerl-Str. 1 ✉ 85053 – ☎ 0841 981200 – www.oldtimer-hotel.com*

# INZLINGEN Baden-Württemberg ➜ Siehe Lörrach

# IPHOFEN

Bayern – 4 500 Ew. – Höhe 250 m – Regionalatlas **49**-J16

▶ Berlin 479 km – München 248 km – Würzburg 34 km – Ansbach 67 km

Michelin Straßenkarte 546

### 😊 **Deutscher Hof**       ⇦ 龠 🍽

**REGIONAL · GASTHOF** ✗ Wenn Franz Steinruck in dem historischen Fachwerkhaus am Herd steht, setzt er auf bodenständige Küche und ebensolche Weine aus der Region. Das Ergebnis ist z. B. "Kalbssteak mit Gemüse und Kartoffelgratin". Sehr nett und persönlich die Chefin im Service! So behaglich wie das Restaurant sind auch die Gästezimmer.

Karte 29/41 €    6 Zim ⌑ – †55/60 € ††80/85 €

*Ludwigstr. 10 ✉ 97346 – ☎ 09323 3348 – www.deutscher-hof-iphofen.de*
*– Montag - Freitag nur Abendessen – geschl. 23. Dezember - 19. Januar,*
*15. August - 7. September und Mittwoch - Donnerstag*

### ⊗O **Zehntkeller**       🍴 龠 🚗

**REGIONAL · GEMÜTLICH** ✗✗ In dem langjährigen Familienbetrieb mit den charmanten Räumen bekommt man gute Küche und ebensolche Weine. Letztere stammen vom eigenen Weingut und passen wunderbar zu bayerisch-fränkischen Speisen wie "Zwiebelrostbraten mit Petersilienwurzeln und Spätzle".

Menü 27/75 € – Karte 32/63 €

*Hotel Zehntkeller, Bahnhofstr. 12 ✉ 97346 – ☎ 09323 8440 – www.zehntkeller.de*
*– geschl. 8. - 15. Januar*

## ⊪○ 99er Kulinarium ⌂

**MARKTKÜCHE · FREUNDLICH** ✗ Sie finden das Restaurant in einer kleinen Seiten-straße nahe Marktplatz, Kirche und Knauf-Museum. In drei gemütlichen Stuben - im Sommer auch gerne auf der Terrasse hinterm Haus - serviert man Ihnen regionale Saisonküche mit Pfiff!

Menü 26/35 € – Karte 21/45 €

*Pfarrgasse 18 ⊠ 97346 – ℰ 09323 804488 – www.99er-kulinarium.de – geschl. Montag, Donnerstag*

## ⌂ Zehntkeller ⌂ ▣ ᴕ ⅏ ⇆

**HISTORISCH · KLASSISCH** Bereits seit drei Generationen betreibt Familie Seu-fert dieses schmucke Anwesen mit Weingut. Historisch-gemütlich der Rahmen, stilvoll-klassisch und schön wohnlich die Zimmer, die meist ruhig zum Innenhof hin liegen.

59 Zim ⊡ – ♦89/112 € ♦♦122/169 € – 5 Suiten – ½ P

*Bahnhofstr. 12 ⊠ 97346 – ℰ 09323 8440 – www.zehntkeller.de – geschl. 8. - 15. Januar*

⊪○ **Zehntkeller** – siehe Restaurantauswahl

## ⌂ Altstadthotel Bausewein ⌂ ⌁ ▣

**FAMILIÄR · GEMÜTLICH** Das Haus mit der auffallenden roten Fassade ist ein freundlicher Familienbetrieb, in dem Sie neuzeitliche, technisch gut ausgestattete Zimmer sowie ein Frühstücksbuffet mit vielen hausgemachten Produkten erwar-tet. Getäfelte rustikale Weinstube mit bürgerlicher Karte und Öko-Weinen aus eigenem Anbau.

10 Zim ⊡ – ♦68/87 € ♦♦96/112 €

*Breite Gasse 1 ⊠ 97346 – ℰ 09323 876670 – www.altstadthotel-bausewein.de – geschl. über Weihnachten*

## In Iphofen-Birklingen Ost. 7 km

## ⊪○ Augustiner am See ⌂ ⇔ ▣ ⇥

**REGIONAL · GEMÜTLICH** ✗ Klassenzimmer oder lieber Klosterstüble? In dem Haus mit der langen Geschichte (einst Teil des Klosters) sitzt man in gemütlichen Räumen bei saisonal-regionaler Küche. Dank der Lage am See ist im Sommer natürlich die Terrasse sehr gefragt!

Menü 25 € – Karte 20/42 €

*Klostergasse 8 ⊠ 97346*
*– ℰ 09326 978950 – www.augustiner-am-see.de*
*– geschl. Februar 2 Wochen, August 2 Wochen und Mittwoch - Donnerstag*

## In Willanzheim-Hüttenheim Süd: 8 km

## ⊪○ Landgasthof May ⇦ ⌂ ▣

**REGIONAL · BÜRGERLICH** ✗ Eine auffallend gelbe Fassade hat das in der Orts-mitte gelegene Haus. Das Gastgeberehepaar betreibt das Restaurant mit Wein-stube in 3. Generation. Der Chef kocht Regionales, die Chefin umsorgt nett die Gäste.

Karte 23/30 € 3 Zim ⊡ – ♦38 € ♦♦70 €

*Hüttenheim 6, (am Marktplatz) ⊠ 97348 – ℰ 09326 255*
*– www.landgasthofmay.de – geschl. 30. Januar - 11. Februar und*
*Mittwoch, November - Ende Februar: Mittwoch - Donnerstag*

# ISERLOHN

Nordrhein-Westfalen – 93 120 Ew. – Höhe 247 m – Regionalatlas **27**-D11
▶ Berlin 499 km – Düsseldorf 80 km – Dortmund 26 km – Hagen 18 km
Michelin Straßenkarte 543

### 🏨 VierJahreszeiten

**BUSINESS · MODERN** Das Hotel liegt schön im Grünen beim Seilersee. Sie wohnen in neuzeitlichen Zimmern mit mediterraner Note und entspannen im netten Saunabereich. Variable Tagungsräume. Internationale Küche bietet man im Restaurant mit hübscher Terrasse zum See.

70 Zim 🗗 – ♦104 € ♦♦169 € – ½ P

*Seilerwaldstr. 10 ✉ 58636 – ℰ 02371 9720 – www.vierjahreszeiten-iserlohn.de*

## In Iserlohn-Lössel Süd-West: 6 km

### 🍴 Neuhaus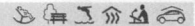

**INTERNATIONAL · GEMÜTLICH** ✗✗ Dass hier nicht nur das Hotel einen Besuch wert ist, zeigt die engagierte Küche des Hauses ("Rinderfilet an kräftiger Pfeffersauce", "halbe Bauernente an geschmortem Wirsing"...), die man in den schönen Restaurantbereichen "Kaminzimmer" und "Gaststube" serviert. Auch der sonntägliche Brunch ist beliebt.

Menü 32/50 € (abends) – Karte 23/55 €

*Hotel Neuhaus, Lösseler Str. 149 ✉ 58644 – ℰ 02374 97800*
*– www.hotel-neuhaus.de*

### 🏨 Neuhaus

**FAMILIÄR · INDIVIDUELL** Ein ansprechendes Anwesen: wohnlich-individuelle Zimmer einschließlich moderner Spa-Suite, romantischer Garten mit Skulpturen, Obstbäumen und einem 700 Jahre alten Brunnen mit Bergquellwasser, toller kleiner Day Spa in einem Fachwerkhaus von 1753... Leger: Bistro "Julius" mit kleiner internationaler Karte.

33 Zim 🗗 – ♦80/160 € ♦♦124/170 € – 2 Suiten – ½ P

*Lösseler Str. 149 ✉ 58644 – ℰ 02374 97800 – www.hotel-neuhaus.de*

🍴 **Neuhaus** – siehe Restaurantauswahl

# ISERNHAGEN

Niedersachsen – 23 090 Ew. – Höhe 58 m – Regionalatlas **19**-I8

▶ Berlin 293 km – Hannover 26 km

Michelin Straßenkarte 541

### 🍴 Heinrichs

**REGIONAL · GASTHOF** ✗ Wirklich gemütlich sitzt man in dem hübschen historischen Haus, alte Holztäfelung, dekorative Bilder von einst und schöner Dielenboden schaffen Atmosphäre - nur im Sommer durch den tollen Garten zu übertreffen! Die vorwiegend regional-bürgerliche Küche bietet z. B. schwäbischen Zwiebelrostbraten.

Menü 25/49 € – Karte 21/51 €

*Hauptstr. 1, (in Isernhagen-Farster Bauerschaft) ✉ 30916 – ℰ 05139 87310*
*– www.restaurant-heinrichs.de – geschl. Montag - Dienstag*

## In Isernhagen-Hohenhorster Bauerschaft

### 🏠 Auzeit

**FAMILIÄR · GEMÜTLICH** Das kleine Hotel ist sehr gepflegt und freundlich geführt, die Zimmer sind liebevoll im Lanshausstil eingerichtet und am Morgen gibt es ein gutes Frühstücksbuffet. Tipp: Das Gästehaus liegt ruhiger. Gute Bahnanbindung nach Hannover.

27 Zim – ♦75/129 € ♦♦99/166 € – 1 Suite – 🗗 5 €

*Burgwedeler Str. 151 ✉ 30916 – ℰ 0511 972560 – www.hotel-auszeit-isernhagen.de*

# ISMANING

Bayern – 16 090 Ew. – Höhe 490 m – Regionalatlas **66**-M20

▶ Berlin 577 km – München 17 km – Ingolstadt 69 km – Landshut 58 km

Michelin Straßenkarte 546

## ⅱ○ Malandra Osteria      🛋 🕸 ⇆ **P**

**ITALIENISCH · GEMÜTLICH** ※※ Sie mögen italienische Küche? Die bietet man Ihnen in dem gemütlichen, mit modernen Bildern dekorierten Restaurant im Hotel "Fischerwirt" - vor dem Haus die schöne Terrasse. Mittags ist das Speisenangebot kleiner, auf Nachfrage können Sie aber auch von der großen Karte wählen.

Menü 38/42 € – Karte 33/53 €

*Schlossstr. 17 ✉ 85737 – ☎ 089 99628695 – www.osteria-malandra.de – geschl. Samstag*

# ISNY

Baden-Württemberg – 13 270 Ew. – Höhe 704 m – Regionalatlas **64**-I21

▶ Berlin 698 km – Stuttgart 189 km – Konstanz 104 km – Kempten (Allgäu) 25 km
Michelin Straßenkarte 545

## ⊛ Allgäuer Stuben      🛋 🚗

**REGIONAL · GEMÜTLICH** ※※ Frisch und regional ist hier die Küche, dazu gehören leckere hausgemachte Maultaschen ebenso wie "Ochsenbacke mit Semmelknödel". Mittwochs und samstags wird am offenen Kamin gegrillt, im Sommer draußen auf der Terrasse zum Hotelgarten.

Menü 40/45 € – Karte 32/54 €

*Hotel Hohe Linde, Lindauer Str. 75, B 12 ✉ 88316 – ☎ 07562 97597 – www.hohe-linde.de – nur Abendessen – geschl. Sonntag*

## 🏠 Hohe Linde     

**FAMILIÄR · INDIVIDUELL** Sehr gepflegt und engagiert geführt ist dieser Familienbetrieb am Stadtrand. Sie mögen es modern? Die neueren Zimmer sind geradlinig und mit hellen Naturtönen schön wohnlich gestaltet. Zum Relaxen: großer Garten mit Teich.

29 Zim 🖵 – ♦85/90 € ♦♦140/150 € – 5 Suiten – ½ P

*Lindauer Str. 75, B 12 ✉ 88316 – ☎ 07562 97597 – www.hohe-linde.de*

⊛ **Allgäuer Stuben** – siehe Restaurantauswahl

## 🏠 Allgäuer Terrassen Hotel     

**LANDHAUS · FUNKTIONELL** Das Haus liegt schön am Hang und so haben alle Zimmer eine tolle Aussicht nach Süden! Eine nette Idee für warme Sommertage ist Fliegenfischen in den nahen Gewässern - in der Küche bereitet man Ihren Fang auch gerne zu!

28 Zim 🖵 – ♦74/84 € ♦♦129/139 € – ½ P

*Alpenblickweg 3 ✉ 88316 – ☎ 07562 97100 – www.terrassenhotel.de*

**Außerhalb** Nord-West: 6,5 km über Neutrauchburg, in Unterried Richtung Beuren

## 🏠 Berghotel Jägerhof     

**LANDHAUS · GEMÜTLICH** Schön und absolut ruhig liegt diese Hotelanlage mit Blick auf die Allgäuer Alpen. Wohnliche Zimmer, Maisonetten und Suiten, Massage-Angebot sowie ein charmanter Hochzeits-Stadl, der gut ankommt. Sie speisen im gediegenen Restaurant oder in der rustikalen Stube - Wild kommt übrigens aus dem eigenen Gehege!

79 Zim 🖵 – ♦99/119 € ♦♦190/220 € – 9 Suiten – ½ P

*Jägerhof 1 ✉ 88316 Isny – ☎ 07562 770 – www.berghotel-jaegerhof.de*

# ISSELBURG

Nordrhein-Westfalen – 10 710 Ew. – Höhe 17 m – Regionalatlas **25**-B10

▶ Berlin 579 km – Düsseldorf 86 km – Arnhem 46 km – Bocholt 13 km
Michelin Straßenkarte 543

## In Isselburg-Anholt Nord-West: 3,5 km

### 🏠 Parkhotel Wasserburg Anholt　　🏖 🐾 ⟨ 🛏 ⊡ 🔥 🅿

**HISTORISCHES GEBÄUDE · KLASSISCH** Das stilvolle jahrhundertealte Wasserschloss ist dank seiner Ruhe ein Ort zum Entspannen, ringsum ein 34 ha großer Park. Geschmackvoll und individuell die Zimmer, auch Themenzimmer wie "Seerose" oder "Prinzensuite". Vom lichten Restaurant am Burggraben blickt man aufs Wasser, die Küche ist saisonal.

31 Zim 🖭 – ♦109/135 € ♦♦166/205 € – 3 Suiten – ½ P

*Kleverstraße* ✉ 46419 – ☎ 02874 4590 – *www.schloss-anholt.de* – *geschl. 20. - 24. Dezember*

## JAGSTHAUSEN

Baden-Württemberg – 1 650 Ew. – Höhe 212 m – Regionalatlas **48**-H17
▶ Berlin 560 km – Stuttgart 79 km – Karlsruhe 121 km – Würzburg 78 km
Michelin Straßenkarte 545

### 🏵 Götzenstube　　　　　　　　　　　🏠 🅿

**KLASSISCHE KÜCHE · FREUNDLICH** ✕ Eleganter Stil gepaart mit einer ländlichen Note, das ergibt ein schönes Bild und passt zum historischen Rahmen. Gekocht wird regional und mit internationalen Einflüssen - da lässt man sich gerne "Wiener Schnitzel mit Bratkartoffeln und Preiselbeeren" oder auch "Garnelenravioli mit Limettensauce" schmecken.

Menü 36/45 € – Karte 35/49 €

*Schlosshotel Götzenburg, Schloßstr. 20, (1. Etage)* ✉ 74249 – ☎ 07943 94360 *(abends Tischbestellung ratsam)* – *www.goetzenburg.com* – *geschl. Montag - Dienstagmittag*

### 🏠 Schlosshotel Götzenburg　　　　　🛏 🔥 🅿

**HISTORISCHES GEBÄUDE · INDIVIDUELL** Hier finden Sie den Charme, den Sie von einer alten Schlossanlage erwarten, hübsch die historischen Details und natürlich der Schlosspark! Hauptburg und Vorburg sind gleichermaßen wohnlich - mal gediegen, mal geschmackvoll im Landhausstil. Interessant: Weinkeller mit Blick ins ehemalige Verlies!

23 Zim 🖭 – ♦79/109 € ♦♦139/159 € – 4 Suiten – ½ P

*Schloßstr. 20, (1. Etage)* ✉ 74249 – ☎ 07943 94360 – *www.goetzenburg.com*

🏵 **Götzenstube** – siehe Restaurantauswahl

## JAMELN

Niedersachsen – 1 050 Ew. – Höhe 19 m – Regionalatlas **20**-K7
▶ Berlin 235 km – Hannover 134 km – Schwerin 90 km – Lüneburg 58 km
Michelin Straßenkarte 541

### ⅋○ Das Alte Haus　　　　　　　　　　🏠 🅿

**INTERNATIONAL · GEMÜTLICH** ✕ Ein Highlight in dem charmant-rustikalen Fachwerkhaus ist der offen ins Restaurant integrierte Grill - ein Muss ist da das trocken gereifte Pommersche Rind! Ebenfalls lecker: "Räucheraal mit Rührei" oder "Lammhaxe mit Knoblauch gespickt".

Karte 18/38 €

*Bahnhofstr. 1* ✉ 29479 – ☎ 05864 608 *(Tischbestellung ratsam)* – *www.jameln.de* – *nur Abendessen* – *geschl. Montag - Mittwoch*

## JENA

Thüringen – 106 920 Ew. – Höhe 148 m – Regionalatlas **41**-L12
▶ Berlin 246 km – Erfurt 59 km – Gera 44 km – Chemnitz 112 km
Michelin Straßenkarte 544

## ⑪◯ SCALA - Das Turm Restaurant ⩽ 🅰️🅲 ⑨ ⟳

INTERNATIONAL · ZEITGEMÄSSES AMBIENTE ※※ Keine Frage, hier ist schon allein die Lage in 128 m Höhe einen Besuch wert! Grandios die Sicht über die Stadt durch eine raumhohe Verglasung, dazu gute intenationale Küche. Mittags gibt es zusätzlich ein günstigeres Menü.

Menü 29 € (mittags)/99 € – Karte 51/64 €

*SCALA - Das Turm Hotel, Leutragraben 1, (im JenTower)* ✉ *07743*
*– ✆ 03641 356666 – www.scala-jena.de*

## ⑪◯ Landgrafen ⬅️⬤ ⩽ 🏠 🅿️

REGIONAL · FREUNDLICH ※※ Einen fantastischen Blick über die Stadt bietet dieses beim Aussichtssturm gelegene, auch als "Balkon Jenas" bezeichnete Restaurant mit internationaler Küche. Schön sitzt man auch im Biergarten vor dem Haus. Drei individuelle Gästezimmer zum Übernachten: Landhaus-, Art-déco- oder Hochzeitszimmer.

Menü 29/85 € (abends) – Karte 23/54 €   3 Zim – ⫶50/80 € ⫶⫶65/95 € – 🍽10 €

*Landgrafenstieg 25, (Zufahrt über Am Steiger)* ✉ *07743 – ✆ 03641 507071*
*– www.landgrafen.com – geschl. Montag*

## 🏨 SCALA - Das Turm Hotel ⩽ 🔼 🅰️🅲 ⛴ 🚗

BUSINESS · MODERN Wo könnte die Aussicht über Jena eindrucksvoller sein als in der 27. Etage des Intershop-Towers? Panoramablick hat man von jedem der Zimmer, zudem klares, reduziertes Design. Obendrein wohnt man noch mitten in der Stadt, aber dennoch ruhig.

17 Zim – ⫶105/119 € ⫶⫶119/139 € – 🍽18 €

Stadtplan : A1-s – *Leutragraben 1, (im JenTower)* ✉ *07743 – ✆ 03641 3113888*
*– www.scala-jena.de*

⑪◯ **SCALA - Das Turm Restaurant** – siehe Restaurantauswahl

# JEVER

Niedersachsen – 13 830 Ew. – Höhe 9 m – Regionalatlas **8**-E5
▶ Berlin 488 km – Hannover 229 km – Emden 59 km – Oldenburg 59 km
Michelin Straßenkarte 541

## ⑪◯ Zitronengras 🏠 🅿️

INTERNATIONAL · GERADLINIG ※※ In dem geradlinig gestalteten Restaurant finden Sie frische regionale Gerichte und internationale Einflüsse auf der Karte - Lust auf "Filet vom Schwein auf Apfel-Trauben-Chutney" oder "gebratene Perlhuhnbrust mit Spargel-Orangenragout"?

Menü 28/48 € – Karte 23/52 €

*Hotel Schützenhof, Schützenhofstr. 47* ✉ *26441 – ✆ 04461 9370*
*– www.schuetzenhof-jever.de – nur Abendessen*

## 🏨 Schützenhof 🔲 🐾 🛁 🔼 ⵖ ⛴ 🅿️

GASTHOF · FUNKTIONELL In den letzten Jahren wurde das familiengeführte Hotel deutlich vergrößert und komfortabler gestaltet - schön z. B. der Wellnessbereich mit Pool, nicht zu vergessen die geschmackvollen Zimmer in den Stilrichtungen "Premium" und "Landart".

71 Zim 🍽 – ⫶61/70 € ⫶⫶91/101 € – ½ P

*Schützenhofstr. 47* ✉ *26441 – ✆ 04461 9370 – www.schuetzenhof-jever.de*

⑪◯ **Zitronengras** – siehe Restaurantauswahl

# JOHANNESBERG Bayern ➜ Siehe Aschaffenburg

# JORK

Niedersachsen – 11 800 Ew. – Höhe 1 m – Regionalatlas **10**-I5
▶ Berlin 318 km – Hannover 167 km – Hamburg 63 km – Bremen 108 km
Michelin Straßenkarte 541

## In Jork-Borstel Nord: 1 km

### ⊫○ Die Mühle Jork  🏵 🍴 ⇔

**REGIONAL · LÄNDLICH** ✕✕ Liebenswert hat man die ehemalige Mühle von 1856 im rustikalen Stil eingerichtet. Zu ambitionierten saisonalen Gerichten wie "Maibock mit Topinambur-Creme, Mairübe und Pfifferlingen" bietet man gute Weine. Idyllische Terrasse.

Menü 24 € (mittags)/89 € – Karte 40/66 €

*Am Elbdeich 1 ⊠ 21635 – 𝒞 04162 6395 – www.diemuehlejork.de – geschl. Januar und Montag - Dienstag*

# JUGENHEIM

Rheinland-Pfalz – 1 570 Ew. – Höhe 155 m – Regionalatlas **47**-E15
▶ Berlin 603 km – Mainz 20 km – Neustadt an der Weinstraße 91 km
Michelin Straßenkarte 543

### 🕸 Weedenhof  ⇦ 🍴 🅿

**REGIONAL · WEINSTUBE** ✕ Schön gemütlich sitzt man hier bei unkomplizierter und schmackhafter Küche. Michael Knöll bereitet z. B. "Kalbstatar mit Tomaten, Oliven und Artischocken" oder "Zander mit Pfifferlingspasta". Übernachten kann man übrigens auch richtig nett.

Menü 34 € (vegetarisch)/49 € – Karte 30/43 €    8 Zim � – ♦65/75 € ♦♦85/89 €

*Mainzerstr. 6 ⊠ 55270 – 𝒞 06130 941337 – www.weedenhof.de – nur Abendessen, sonntags auch Mittagessen – geschl. Ende Juli - Mitte August 2 Wochen und Montag - Dienstag, außer an Feiertagen*

# JUIST (INSEL)

Niedersachsen – 1 540 Ew. – Höhe 3 m – Regionalatlas **7**-C5
▶ Berlin 537 km – Hannover 272 km – Emden 37 km – Aurich/Ostfriesland 31 km
Michelin Straßenkarte 541

### ⊫○ Rüdiger's  🍴

**MARKTKÜCHE · ELEGANT** ✕✕ In dem eleganten kleinen Restaurant kommt auf den Tisch, was die Saison zu bieten hat. Probieren Sie z. B. Maischolle mit frischen Krabben oder Juister Austern! Mittags kleinere Karte. Schöne Terrasse.

Menü 35/60 € (abends) – Karte 35/87 €

*Hotel Pabst, Strandstr. 15 ⊠ 26571 – 𝒞 04935 8050 – www.hotelpabst.de – geschl. 8. Januar - 8. Februar, 27. November - 20. Dezember und Dienstag*

### ⊫○ Danzer's  🍴 ⇔ 🚏

**INTERNATIONAL · FREUNDLICH** ✕✕ Schon das klassisch-elegante Ambiente ist ansprechend - ganz zu schweigen von der Terrasse mit Deichblick! Dazu gibt es international-regionale Küche wie "Wolfsbarschfilet in Speckbutter auf Belugalinsen". Kleinere Mittagskarte.

Menü 42/72 € (abends) – Karte 31/63 €

*Hotel Achterdiek, Wilhelmstr. 36 ⊠ 26571 – 𝒞 04935 8040 (abends Tischbestellung ratsam) – www.hotel-achterdiek.de – geschl. 20. November - 22. Dezember*

### 🏨 Achterdiek  🏊 ⇦ 🖼 🧖 🎋 🔐 🚏

**SPA UND WELLNESS · GEMÜTLICH** Ein Ferienhotel wie man es sich wünscht! Ruhige Lage, warme, angenehme Atmosphäre, schöne, individuelle Zimmer (meist mit Blick aufs Wattenmeer) und ein Service, der dem geschmackvollen Interieur in nichts nachsteht!

46 Zim ⊻ – ♦100/310 € ♦♦180/330 € – 3 Suiten – ½ P

*Wilhelmstr. 36 ⊠ 26571 – 𝒞 04935 8040 – www.hotel-achterdiek.de – geschl. 20. November - 22. Dezember*

⊫○ **Danzer's** – siehe Restaurantauswahl

##  Strandhotel Kurhaus Juist

SPA UND WELLNESS · KLASSISCH Strand und Dünen direkt vor der Tür, dazu geräumige Zimmer und einen schönen Spa hinter repräsentativer Fassade. Thalasso-Anwendungen mit Meerwasser aus eigenem Brunnen! Toll für Familien: Kinderbetreuung. Das Restaurant "Strandpromenade" ist Teil des stilvollen "Weißen Saals" mit schöner hoher Stuckdecke.

38 Suiten ☷ – ♦♦170/325 € – 32 Zim – ½ P

*Strandpromenade 1 ⊠ 26571 – ℰ 04935 9160*

*– www.strandhotel-kurhaus-juist.com – geschl. 4. Januar - Ende Februar*

##  Pabst

TRADITIONELL · GEMÜTLICH Sie können sich aussuchen, ob Sie modern oder doch lieber klassisch-friesisch wohnen möchten. Familie Pabst (bereits die 4. Generation) investiert ständig in ihr Haus und macht es so für die Gäste richtig behaglich und hübsch!

50 Zim ☷ – ♦105/220 € ♦♦200/360 € – 6 Suiten – ½ P

*Strandstr. 15 ⊠ 26571 – ℰ 04935 8050 – www.hotelpabst.de – geschl. 8. Januar - 8. Februar, 27. November - 20. Dezember*

⊓○ **Rüdiger's** – siehe Restaurantauswahl

##  Westfalenhof

FAMILIÄR · FUNKTIONELL Schön und sehr gepflegt wohnt man in dem familiär geleiteten Haus. Neben hellen, geschmackvollen Zimmern (darunter recht großzügige Eckzimmer sowie Südzimmer mit Balkon) erwartet Sie ein gutes Frühstücksbuffet.

20 Zim ☷ – ♦72/88 € ♦♦102/164 €

*Friesenstr. 24 ⊠ 26571 – ℰ 04935 91220 – www.hotel-westfalenhof.de*

*– geschl. Anfang Januar - Anfang April, Mitte Oktober - Ende Dezember*

## KAHL am MAIN

Bayern – 7 410 Ew. – Höhe 110 m – Regionalatlas **48**-G15

▶ Berlin 538 km – München 369 km – Frankfurt am Main 36 km – Aschaffenburg 16 km

Michelin Straßenkarte 546

## ⊓○ Zeller

INTERNATIONAL · FREUNDLICH XX Schön das modern-elegante Ambiente - Einfluss hatte hier der Ehemann von Gastgeberin Renate Schleunung, seines Zeichens Architekt. Rustikaler die Stube im historischen Teil. Wie wär's z. B. mit "Bäckchen vom Landschwein auf Sommergemüse"?

Menü 45/55 € (abends) – Karte 35/72 €

*Hotel Zeller, Aschaffenburger Str. 2, an der B 8 ⊠ 63796 – ℰ 06188 9180*

*– www.hotel-zeller.de – geschl. 23. Dezember - 2. Januar*

## Zeller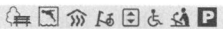

BUSINESS · FUNKTIONELL Der gewachsene Gasthof ist ein komfortables Hotel mit freundlichen Mitarbeitern und hübschen individuellen Zimmern. Tipp: Frühstücken Sie im Sommer auf der Terrasse! Gute Tagungsmöglichkeiten.

82 Zim ☷ – ♦98/188 € ♦♦120/224 € – 1 Suite

*Aschaffenburger Str. 2, an der B 8 ⊠ 63796 – ℰ 06188 9180 – www.hotel-zeller.de*

*– geschl. 23. Dezember - 2. Januar*

⊓○ **Zeller** – siehe Restaurantauswahl

## KAISERSLAUTERN

Rheinland-Pfalz – 97 120 Ew. – Höhe 251 m – Regionalatlas **46**-D16

▶ Berlin 642 km – Mainz 90 km – Saarbrücken 70 km – Karlsruhe 88 km

Michelin Straßenkarte 543

🍴 **Bistro 1A**

INTERNATIONAL · BISTRO ❌ Bistro und Eiscafé mitten in der Innenstadt. Aus dem breit gefächerten Angebot wählt man internationale Gerichte, Kuchen oder auch hausgemachtes Eis. Es gibt durchgehend warme Küche und der Service ist freundlich-charmant.

Menü 19/24 € – Karte 18/43 €

*Pirmasenser Str. 1a ✉ 67655 – ☎ 0631 63059 – www.1a-restaurant-kl.de – geschl. Sonntag sowie an Feiertagen*

🏠 **SAKS**

BUSINESS · DESIGN Das SAKS steht für urbanen Lifestyle! Die Zimmer: wertig, wohnlich und chic in klaren Linien und warmen, metallischen Tönen - fragen Sie nach den Einraum-Spa-Suiten mit Balkon! Trendiges Design in Restaurant und Bar. Aus der verglasten Küche kommen internationale Gerichte und eine schöne Pizzaauswahl.

92 Zim – ♦89/139 € ♦♦109/159 € – ☕ 15 €

*Stiftsplatz 11, (Zufahrt über Spittelstraße) ✉ 67655 – ☎ 0631 361250 – www.sakshotels.com*

🏠 **Zollamt**

URBAN · DESIGN Hier übernachtet man gerne, denn Familie Folz ist sehr engagiert, zudem ist das Haus top in Schuss und richtig geschmackvoll mit seinem klaren modernen Stil (schön das "Ligne Roset"-Design). Nicht zu vergessen das gute Frühstück!

33 Zim ☕ – ♦99/120 € ♦♦130/149 €

*Buchenlochstr. 1 ✉ 67663 – ☎ 0631 3166600 – www.hotel-zollamt.de – geschl. Ende Dezember - Anfang Januar 2 Wochen*

# KALKAR

Nordrhein-Westfalen – 13 670 Ew. – Höhe 15 m – Regionalatlas **25**-B10

▶ Berlin 587 km – Düsseldorf 81 km – Nijmegen 35 km – Wesel 35 km

Michelin Straßenkarte 543

🍴 **Meier's Restaurant**

INTERNATIONAL · FREUNDLICH ❌❌ Chef Michael Meier stammt aus Wien und so mischen sich auch Klassiker aus seiner Heimat unter die internationalen Gerichte. Und wo möchten Sie speisen? Im Restaurant mit mediterranem Touch, im Wintergarten oder auf der idyllischen Innenhofterrasse? Charmant der Service.

Menü 35/49 € – Karte 28/53 €

*Markt 14 ✉ 47546 – ☎ 02824 3277 – www.meiers-restaurant.de – nur Abendessen – geschl. 23. Dezember - 6. Januar und Montag - Dienstag*

🍴 **Bistro Mango** – siehe Restaurantauswahl

🍴 **Bistro Mango**

INTERNATIONAL · BISTRO ❌ Frisches Gelb, bequeme Bänke und Flechtstühle, dekorative Bilder... Ein einladendes Lokal, in dem sich u. a. österreichische Mehlspeisen auf der Karte finden. Das Café-Bistro hat eine eigene Terrasse zum Marktplatz.

Karte 21/47 €

*Meier's Restaurant, Markt 14 ✉ 47546 – ☎ 02824 3277 – www.meiers-restaurant.de – geschl. 23. Dezember - 6. Januar*

# KALKHORST

Mecklenburg-Vorpommern – 1 760 Ew. – Höhe 30 m – Regionalatlas **11**-K4

▶ Berlin 254 km – Schwerin 50 km – Lübeck 29 km – Wismar 31 km

Michelin Straßenkarte 542

## In Kalkhorst-Groß Schwansee Nord-West: 3 km

### 🍴○ Schlossrestaurant 1745     🏠 ⛄ 🅿

INTERNATIONAL · ELEGANT XX Sie wollten schon immer mal auf einem Schloss speisen? Das Ambiente: modern unter historischem Kreuzgewölbe oder etwas eleganter im Wintergarten. Die Küche ist international ausgerichtet, Fisch kommt aus der Ostsee, Wild aus der Region.

Menü 33 € – Karte 40/52 €

*Hotel Schlossgut Gross Schwansee, Am Park 1 ✉ 23942 – ☎ 038827 88480 – www.schwansee.de – Ostern - Oktober nur Abendessen – geschl. Montag - Dienstag*

### 🏨 Schlossgut Gross Schwansee     🍴 🐾 🛏 🧖 🈺 🅿

HISTORISCHES GEBÄUDE · DESIGN Ein stilvolles Schlossgut von 1745, viel Grün drum herum und zur Ostsee ist es auch nicht weit! Hochwertig und individuell die Zimmer im Schloss, im Neubau geradlinig (hier alle Zimmer mit Balkon/Terrasse). Vor dem Haus der schöne Naturbadeteich. Brasserie mit regionaler Küche.

55 Zim ☄ – †98/208 € ††118/228 € – 8 Suiten – ½ P

*Am Park 1 ✉ 23942 – ☎ 038827 88480 – www.schwansee.de*

🍴○ **Schlossrestaurant 1745** – siehe Restaurantauswahl

## KALLMÜNZ

Bayern – 2 790 Ew. – Höhe 344 m – Regionalatlas **58**-M17

▶ Berlin 479 km – München 151 km – Regensburg 29 km – Amberg 37 km

Michelin Straßenkarte 546

### 🍴○ Zum Goldenen Löwen     🐾 🏠 🈺 🅿

REGIONAL · GASTHOF X Es hat schon Charme, das historische Gasthaus samt lauschigem Hof! Liebevolle Dekoration (Kunstfreunde aufgepasst!) und persönliche Gästebetreuung zeigen das Engagement der Gastgeber. Zur regionalen Küche gibt's selbst gebrautes Bier! Richtig hübsch und individuell wohnen kann man hier ebenfalls.

Karte 29/42 €    15 Zim ☄ – †59/69 € ††81/91 €

*Alte Regensburger Str. 18 ✉ 93183 – ☎ 09473 380 (Tischbestellung erforderlich) – www.luber-kallmuenz.de – nur Abendessen – geschl. Montag, November - April: Montag - Dienstag*

## KALLSTADT

Rheinland-Pfalz – 1 220 Ew. – Höhe 152 m – Regionalatlas **47**-E16

▶ Berlin 636 km – Mainz 69 km – Mannheim 26 km – Kaiserslautern 37 km

Michelin Straßenkarte 543

### 🍴○ Vinothek im Weingut am Nil     🐾 🏠 🅿

INTERNATIONAL · CHIC XX Ein Schmuckstück in historischem Gemäuer. Im Innenhof ein Traum von Terrasse, drinnen ein Mix aus rustikal und chic-modern, hochwertig und stimmig! Die Küche reicht von "Hähnchen-Saté mit asiatischem Glasnudelsalat" über "Frikadellen der 11. Generation" bis "Rinderfilet-Tagliata". Tipp: die edlen Gästezimmer!"

Karte 25/61 €    7 Zim ☄ – †105/180 € ††120/195 € – 1 Suite

*Neugasse 21 ✉ 67169 – ☎ 06322 9563160 – www.weingutamnil.de – Mittwoch – Samstag nur Abendessen – geschl. 27. Dezember – 3. Januar, 13. Februar - 7. März und Montag – Dienstag*

### 🍴○ Kallstadter Hof     🏠 🅿

TRADITIONELLE KÜCHE · LÄNDLICH XX Sehr gefragt das charmante Restaurant mit Holztäfelung und Kamin! Und das liegt zum einen am unkomplizierten, aufmerksamen Service, zum anderen an der Küche: Pfälzer Klassiker und Saisonales, z. B. "Kalbsrückensteak mit Kräuterseitlingen".

Menü 23/35 € – Karte 22/48 €

*Hotel Kallstadter Hof, Weinstr. 102 ✉ 67169 – ☎ 06322 6001090 (Tischbestellung ratsam) – www.kallstadter-hof.de*

🍴○ **Weinhaus Henninger**

REGIONAL · WEINSTUBE Ⅹ Es ist schon wirklich gemütlich hier. Es gibt Pfälzer Klassiker, und das in liebenswerten Stuben, im schönen Innenhof oder im ehemaligen Barrique-Keller mit spezieller Atmosphäre. Probieren Sie sich durch die hiesige Küchen- und Weinlandschaft, von Saumagen bis Rumpsteak, von Riesling bis Spätburgunder.

Menü 25/52 € – Karte 28/63 €

*Hotel Weinhaus Henninger, Weinstr. 93 ✉ 67169 – ☏ 06322 2277*
*– www.weinhaus-henninger.de – geschl. Montagmittag*

🏠 **Weinhaus Henninger**

HISTORISCH · MODERN Über vier Jahrhunderte gibt es den Vierkanthof schon, heute ein geschmackvolles Hotel mit schönen, hochwertigen Zimmern - attraktiv auch der moderne Landhausstil im Gästehaus "Weinkastell" vis-à-vis. Am Morgen ein frisches Landfrühstück.

13 Zim – 🛏80/180 € 🛏🛏110/200 € – ☲ 16 €

*Weinstr. 93 ✉ 67169 – ☏ 06322 2277 – www.weinhaus-henninger.de*

🍴○ **Weinhaus Henninger** – siehe Restaurantauswahl

🏠 **Kallstadter Hof**

TRADITIONELL · GEMÜTLICH In dem denkmalgeschützten ehemaligen Winzerhof kann man sich wirklich wohlfühlen, denn hier gibt es nette Zimmer im Landhausstil, kleine Aufmerksamkeiten wie Obst und Wasser sowie herzlichen Service. Und auch die Umgebung ist schön: Nur wenige Meter entfernt können Sie wunderbar zwischen Reben spazierengehen.

14 Zim – 🛏75/100 € 🛏🛏85/100 € – ☲ 8 € – ½ P

*Weinstr. 102 ✉ 67169 – ☏ 06322 6001090 – www.kallstadter-hof.de*

🍴○ **Kallstadter Hof** – siehe Restaurantauswahl

🏠 **Müller-Ruprecht Landhotel**

FAMILIÄR · GEMÜTLICH Dies ist ein richtig nettes kleines Landhotel: hübsche individuelle Zimmer, ein Fläschchen vom eigenen Weingut als Präsent, zum Frühstück hausgemachte Marmelade und frisches Obst aus dem Garten, im Sommer eine schöne Terrasse...

10 Zim ☲ – 🛏69/84 € 🛏🛏89/119 €

*Freinsheimer Str. 24 ✉ 67169 – ☏ 06322 620713 – www.mueller-ruprecht.de*
*– geschl. 19. Dezember - 10. Januar*

## KALTENKIRCHEN

Schleswig-Holstein – 20 080 Ew. – Höhe 31 m – Regionalatlas **10**-I4
▶ Berlin 316 km – Kiel 61 km – Hamburg 42 km – Itzehoe 40 km
Michelin Straßenkarte 541

🏠 **Dreiklang Business und Spa Resort**

FAMILIÄR · FUNKTIONELL Schön wohnt man hier in freundlichen und mit mediterraner Note eingerichteten Zimmern, zudem hat man direkten Zugang zur benachbarten "Holsten-Therme". Und gastronomische Auswahl gibt es auch: regionale Küche in der "Speisekammer" oder Steaks im stylischen "Oakland".

58 Zim ☲ – 🛏100/113 € 🛏🛏126/136 € – 2 Suiten – ½ P

*Norderstr. 6 ✉ 24568 – ☏ 04191 9210 – www.dreiklang-resort.de*

## KAMP-LINTFORT

Nordrhein-Westfalen – 36 980 Ew. – Höhe 28 m – Regionalatlas **25**-B11
▶ Berlin 565 km – Düsseldorf 42 km – Maastricht 126 km – Arnhem 89 km
Michelin Straßenkarte 543

## ⅼ○ Wellings Parkhotel 🏠 📭 🚗

**INTERNATIONAL · TRENDY** ⅼ Nicht nur das Restaurant mit Bar-Lounge und modernem Ambiente ist schön: Im Sommer werden Sie die Terrasse lieben, wenn Sie unter großen Sonnenschirmen sitzen und in den Garten mit kleinem See schauen!

Menü 34/50 € – Karte 34/57 €

*Wellings Parkhotel, Neuendickstr. 96 ⊠ 47475 – ✆ 02842 21040*
*– www.wellings-parkhotel.de*

## 🏚 Wellings Parkhotel 📭 ⅼ 🚗

**BUSINESS · MODERN** Wer im "Haus der Alleen" wohnt, hat es richtig schön komfortabel, modern-elegant und zum Teil besonders großzügig. Ein bisschen schlichter sind die Zimmer im "Gartenhaus". Auch zum Tagen hat man die passenden Räumlichkeiten. Trendig-gemütliche "Wirtschaft" mit großem internationalem Bierangebot.

60 Zim – ♦79/99 € ♦♦99/119 € – ☲ 13 € – ½ P

*Neuendickstr. 96 ⊠ 47475 – ✆ 02842 21040 – www.wellings-parkhotel.de*

ⅼ○ **Wellings Parkhotel** – siehe Restaurantauswahl

# KANDEL

Rheinland-Pfalz – 8 780 Ew. – Höhe 123 m – Regionalatlas **54**-E17
▶ Berlin 681 km – Mainz 122 km – Karlsruhe 20 km – Landau in der Pfalz 16 km
Michelin Straßenkarte 543

## 🕸 Zum Riesen 🠖 🏠 📭 🠖

**REGIONAL · TRENDY** ⅼ Der traditionsreiche Familienbetrieb bietet neben schönen Gästezimmern auch richtig gute Küche. In der gemütlich-modernen Weinstube entstehen regionale Klassiker wie "Kartoffel-Blutwurstravioli" sowie Internationales wie "Tandoori-Kabeljau mit orientalischen Aromen gegart". Charmant der begrünte Innenhof.

Menü 37 € – Karte 34/64 €   16 Zim ☲ – ♦45/70 € ♦♦55/90 € – 4 Suiten
*Rheinstr. 54 ⊠ 76870 – ✆ 07275 3437 (Tischbestellung ratsam)*
*– www.hotelzumriesen.de – nur Abendessen – geschl. Januar 2 Wochen und*
*Sonntag - Montag*

## 🏚 Zum Rössel 📭

**FAMILIÄR · MODERN** Wenngleich die hübsche Fassade des 1761 erbauten Stammhauses Rustikalität vermuten lässt, so wohnt man bei der charmant-engagierten Familie Born doch schön modern – und im geradlinig designten Gästehaus sogar richtig trendig!

37 Zim ☲ – ♦50/70 € ♦♦72/85 €

*Bahnhofstr. 9 ⊠ 76870 – ✆ 07275 5001 – www.hotel-roessel.info*

# KANDERN

Baden-Württemberg – 8 140 Ew. – Höhe 352 m – Regionalatlas **61**-D21
▶ Berlin 845 km – Stuttgart 252 km – Freiburg im Breisgau 46 km – Basel 21 km
Michelin Straßenkarte 545

## ⅼ○ Zur Weserei 🠖 🠖 🏠 🚗

**KLASSISCHE KÜCHE · LÄNDLICH** ⅼⅼ Schon viele Jahre führt die Familie ihre historische Weserei und bietet in ländlich-gemütlichem Ambiente oder auf der schönen Terrasse klassisch-traditionelle Küche - machen Ihnen z. B. Lammrücken oder Kalbsrückensteak Appetit?

Menü 20 € (mittags unter der Woche)/55 € – Karte 29/72 €   20 Zim ☲
– ♦62/104 € ♦♦99/114 €

*Hauptstr. 81 ⊠ 79400 – ✆ 07626 445 – www.weserei.de – geschl. Januar 2*
*Wochen, November - Februar: Montag - Dienstag, März - Oktober: Montagmittag,*
*Dienstagmittag*

**In Kandern-Egerten** Süd: 8 km, Richtung Lörrach, in Wollbach links ab

⛐○ **Jägerhaus** ⛺ 🍽 ♿ 🅿 ⃠

INTERNATIONAL · KLASSISCHES AMBIENTE ✕✕ In dem kleinen Haus am Waldrand kocht man schmackhaft, frisch und mit australischem Einfluss. Auf der Karte z. B. "Aussie's prime"-Rinderfilet oder "Surf'n turf", und zum Nachtisch "Pavlova", ein leckeres Schaumkuchendessert! Dazu freundlicher Service. Etwas für Kunstfreunde: eigenes Max-Böhlen-Museum!

Menü 44/60 € – Karte 46/70 €

*Wollbacher Str. 30 ✉ 79400*
*– ☎ 07626 8715 (Tischbestellung ratsam) – www.restaurant-jaegerhaus.de*
*– Mittwoch - Samstag nur Abendessen – geschl. Januar, August*
*und Sonntagabend - Dienstag*

**In Kandern-Wollbach** Süd: 6 km, Richtung Lörrach

🍮 **Pfaffenkeller** ⛺ 🅿 ⃠

KLASSISCHE KÜCHE · FAMILIÄR ✕ Wohnzimmeratmosphäre im besten Sinne: liebevoll arrangierte Deko, ein heimeliger Kachelofen, alte Holzbalken... und dazu gute (Bio-) Küche! Wie wär's z. B. mit "gefülltem Kaninchenrücken / Laugenbrezeltaler / Schwarzwurzel"? Draußen auf der lauschigen Terrasse sitzt es sich übrigens nicht weniger schön!

Menü 55/75 € – Karte 37/72 €

*Hotel Pfaffenkeller, Rathausstr. 9 ✉ 79400 – ☎ 07626 9774290 (Tischbestellung ratsam) – www.pfaffenkeller.de – nur Abendessen, sonntags auch Mittagessen*
*– geschl. Februar, Anfang August 2 Wochen und Montag - Dienstag*

🏠 **Pfaffenkeller**

FAMILIÄR · INDIVIDUELL Sie suchen das Besondere? Die beiden Betreiber stecken sehr viel persönliches Engagement in das ehemalige Pfarr- und Domänenhaus von 1618 und geben ihm so seine eigene Note: Stil und Geschmack, allerlei Antiquitäten, kleine Aufmerksamkeiten... Schauen Sie mal in den Hofladen, hier gibt's eigene Erzeugnisse!

9 Zim ⌨ – ♦90/110 € ♦♦130/150 € – ½ P

*Rathausstr. 9 ✉ 79400*
*– ☎ 07626 9774290 – www.pfaffenkeller.de*
*– geschl. Februar, Anfang August 2 Wochen*
🍮 **Pfaffenkeller** – siehe Restaurantauswahl

# KAPELLEN-DRUSWEILER

Rheinland-Pfalz – 980 Ew. – Höhe 159 m – Regionalatlas **54**-E17
▶ Berlin 687 km – Mainz 124 km – Neustadt a.d. Weinstraße 37 km – Saarbrücken 106 km
Michelin Straßenkarte 543

🏠 **Gästehaus N°31 im Rosengarten**

FAMILIÄR · INDIVIDUELL Rosen sind hier allgegenwärtig - als Deko in den Zimmern mit ihren romantisch-nostalgischen Accessoires und schönem Holzfußboden und natürlich im bezaubernden Garten, in dem man auch gerne frühstückt! Auf Anfrage Abendmenü für Hausgäste.

3 Zim ⌨ – ♦79/89 € ♦♦79/99 € – 1 Suite

*Obere Hauptstr. 31 ✉ 76889 Kapellen-Drusweiler – ☎ 06343 9885012*
*– www.no31.eu*

# KAPPELRODECK

Baden-Württemberg – 5 890 Ew. – Höhe 220 m – Regionalatlas **54**-E19
▶ Berlin 731 km – Stuttgart 132 km – Karlsruhe 60 km – Freudenstadt 40 km
Michelin Straßenkarte 545

## ⊫O **Prinzen Hübner**  ⇦ 🛋 ⅋ **P**

**REGIONAL · GEMÜTLICH** ✗✗ Lust auf frische regionale Küche? Die bekommen Sie hier ebenso wie gemütliche Atmosphäre. Und wer gerne im Freien speist, findet hinter dem Haus eine hübsche Terrasse. Sehr gepflegt übernachten können Sie hier übrigens auch.

Menü 32/69 € – Karte 22/47 €    14 Zim ⌨ – ♦58/62 € ♦♦86/94 €

*Hauptstr. 86 ⊠ 77876 – ℰ 07842 9979419 – www.zumprinzen.de*
*– geschl. Donnerstag*

## In **Kappelrodeck-Waldulm** Süd-West: 2,5 km

## 🏠 **Zum Rebstock**  ⇦ 🛋 ⅋ **P**

**REGIONAL · GASTHOF** ✗✗ Eine Adresse, die Spaß macht! Hinter der einladenden historischen Fachwerkfassade sitzt man in reizenden holzgetäfelten Stuben bei charmantem Service und richtig guter badischer Küche. Tipp: Vorspeise und Dessert als kleine "Versucherle"! Für daheim gibt es selbstgebranntes Kirsch- und Zwetschgenwasser.

Menü 29/56 € – Karte 28/54 €    11 Zim ⌨ – ♦56/69 € ♦♦104/128 €

*Kutzendorf 1 ⊠ 77876 – ℰ 07842 9480 (Tischbestellung ratsam)*
*– www.rebstock-waldulm.de – Montag - Mittwoch nur Abendessen*

# KARBEN

Hessen – 21 720 Ew. – Höhe 125 m – Regionalatlas **47**-F14

▶ Berlin 536 km – Wiesbaden 55 km – Darmstadt 50 km – Gießen 53 km
Michelin Straßenkarte 543

## 🏠 **Neidharts Küche**

**REGIONAL · FREUNDLICH** ✗✗ Hier wird frisch gekocht, mit wirklich guten Produkten und der Preis stimmt auch! Reiner Neidhart bringt z. B. "Rollhackbraten vom Glauberger Lamm mit Kartoffel-Selleriestampf und Gemüse" auf den Tisch, und auch Gerichte mit internationalem Einfluss. Schön das Ambiente, im Service die herzliche Chefin.

Menü 29/41 € – Karte 32/45 €

*Robert-Bosch-Str. 48 ⊠ 61184 – ℰ 06039 934443 (Tischbestellung ratsam)*
*– www.neidharts-kueche.de – nur Abendessen, sonntags auch Mittagessen*
*– geschl. Januar 1 Woche, Ende Juli - August 2 Wochen und Montag*

## WIR MÖGEN BESONDERS...

Die pure Gemütlichkeit der traditionellen **Oberländer Weinstube**. Bei **Anders auf dem Turmberg** auf der Terrasse den Sonnenuntergang über Karlsruhe genießen. Das Herzblut, das Familie Sluga in ihre reizende **Künstlerkneipe** steckt. Das **Kesselhaus** als gastronomisches Doppelkonzept mit Industrie-Charme. Die Keramik-Manufaktur als Rahmen für die **Cantina Majolika**.

# KARLSRUHE

Baden-Württemberg – 296 040 Ew. – Höhe 115 m – Regionalatlas **54**-F18
▶ Berlin 675 km – Stuttgart 88 km – Mannheim 71 km – Saarbrücken 143 km
Michelin Straßenkarte 545

## *Restaurants*

### Oberländer Weinstube

**KLASSISCHE KÜCHE · GEMÜTLICH** XX Das Stadthaus von 1826 sprüht nur so vor Charme: drinnen gemütlich-traditionelle holzgetäfelte Stuben, draußen der reizende Innenhof. Was hier aus der Küche kommt, nennt sich z. B. "Filet vom Skrei mit Kichererbsenpüree und Spinat" und ist richtig schmackhaft.
Menü 30 € (mittags)/58 € – Karte 36/53 €
**Stadtplan : B1-a** – *Akademiestr. 7* ✉ *76133* – ✆ *0721 25066*
– *www.oberlaender-weinstube.de* – *geschl. 23. Dezember - 6. Januar, Anfang September 2 Wochen und Sonntag - Montag*

### Cantina Majolika

**INTERNATIONAL · TRENDY** XX Lust auf gutes Essen bei modernem Loft-Flair? Die Keramik-Manufaktur von 1901 ist ein schöner Rahmen für international inspirierte Gerichte wie "Bretonischer Seeteufel / Zitronenkruste / Fregola Sarda". Kleine Mittagskarte. Sonntags Brunch.
Menü 39/54 € (abends) – Karte 45/60 €
**Stadtplan : B1-c** – *Ahaweg 6* ✉ *76131* – ✆ *0721 1611492 (Tischbestellung ratsam)*
– *www.cantinamajolika.de* – *geschl. Januar 1 Woche und Sonntag - Montag, Mai - September: Sonntag - Montag, Mittwochabend*

### EigenArt

**INTERNATIONAL · FREUNDLICH** XX In dem gepflegten alten Stadthaus nahe dem Marktplatz sitzt man in legerer Bistro-Atmosphäre oder im geradlinig-eleganten Restaurant. Gekocht wird saisonal, z. B. "2mal Eifeler UrlammSchulter / PolentaSandwich / SchmorGemüse". Mittags reduziertes, günstigeres Angebot.
Menü 66 € – Karte 46/58 €
**Stadtplan : B2-e** – *Hebelstr. 17* ✉ *76133* – ✆ *0721 5703443*
– *www.eigenart-karlsruhe.de* – *geschl. Sonntag*

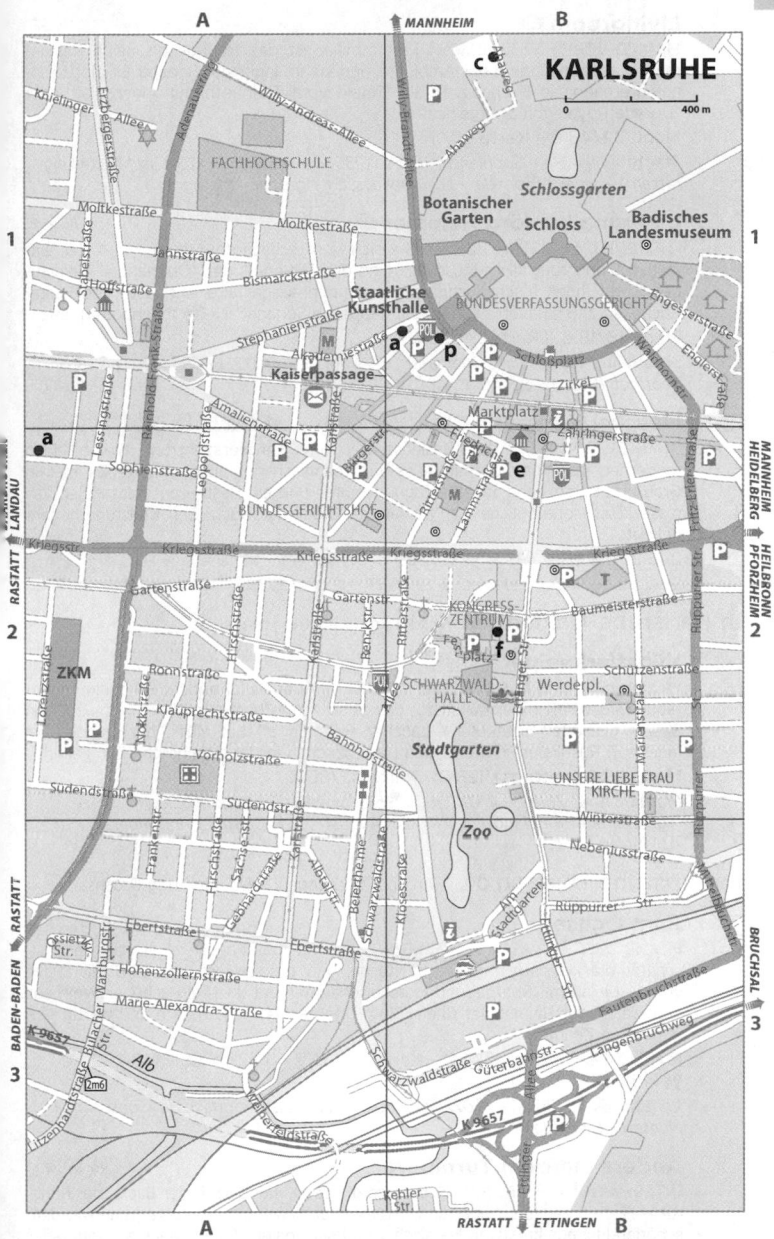

## ‖○ Livingroom ❶      🏠

**MARKTKÜCHE · FREUNDLICH** ✗ Fast familiär ist das freundliche kleine Restaurant: charmant-modern das Ambiente, angenehm leger der Service. Es gibt saisonal-internationale Küche, z. B. als "Tataki vom Thunfisch mit Algensalat" oder "Dorade Royale mit Spargelrisotto".

Menü 32/48 € – Karte 30/54 €

**Stadtplan : A2-a** – *Sophienstr. 112* ✉ *76135 –* ℰ *01515 2539420 (Tischbestellung ratsam) – www.l-room.de – nur Abendessen – geschl. Montag*

## ‖○ La Prima by Jörg Hammer ❶     🏠 🍴

**ITALIENISCH · BISTRO** ✗ Lassen Sie sich vom schlichten Äußeren und der einfachen Einrichtung nicht täuschen, denn der "Ableger" der "Oberländer Weinstube" bietet Ihnen frische, schmackhafte und preislich faire Antipasti- und Pasta-Küche, so z. B. "Bavette vom Polpo, Capperi e Sedano". Nette Innenhofterrasse.

Menü 16/18 € – Karte 20/30 €

**Stadtplan : B1-p** – *Hans-Thoma-Str. 3* ✉ *76133 –* ℰ *0721 66983472 – bis 18 Uhr geöffnet – geschl. Sonntag*

## 🏠 Novotel Karlsruhe City    🐾 🎵 ᵭ 🖵 🔥 🎰 ✂ 🛁 🚗

**BUSINESS · MODERN** Das Businesshotel am Kongresszentrum bietet einen modernen Hallenbereich mit News-Bar, technisch gut ausgestattete Zimmer in Grau und Beige, zehn variable Tagungsräume und ein Restaurant mit großer Terrasse. Das sonntägliche Langschläferfrühstück ist auch bei Karlsruhern sehr beliebt!

246 Zim – 🛏89/399 € 🛏🛏89/399 € – 2 Suiten – 🛋 19 € – ½ P

**Stadtplan : B2-f** – *Festplatz 2* ✉ *76137 –* ℰ *0721 35260 – www.novotel.com*

# In Karlsruhe-Daxlanden West: 5 km über Kriegstraße A2

## ‖○ Künstlerkneipe      🏠 ❁

**FRANZÖSISCH-KLASSISCH · GEMÜTLICH** ✗✗ Alter Dielenboden, Eckbänke, dekorative Bilder Karlsruher Künstler..., das ist so richtig gemütlich! Hier gibt's z. B. "in Sherry glacierten Seeteufel / Lauch / Pfifferlinge". Ein Muss: der wunderbare Innenhof! Rustikalere Gerichte und Flammkuchen in der "Weinstube Leo Faller".

Menü 28 € (mittags)/128 € – Karte 42/83 €

*Pfarrstr. 18* ✉ *76189 –* ℰ *0721 16089957 – www.kuenstlerkneipe.com – geschl. über Fasching 1 Woche, 24. August – 9. September und Montag – Dienstag*

# In Karlsruhe-Durlach Ost: 7 km über Südtangende B3, Richtung Bruchsal

## ‖○ Zum Ochsen      🍽 ↩ 🏠

**FRANZÖSISCH-KLASSISCH · ELEGANT** ✗✗✗ Wer bei Familie Jollit zu Gast ist, schätzt die klassisch-französische Küche, und die serviert man z. B. als "Pavé vom Kabeljau mit Spargel und Morchelschaum". Und dazu ein schöner Wein aus Frankreich, der Heimat des Chefs? Zum Übernachten: charmante und wertig eingerichtete Zimmer.

Menü 34 € (mittags)/74 € – Karte 54/89 €    10 Zim 🛋 – 🛏100/120 € 🛏🛏145/155 €

*Pfinzstr. 64* ✉ *76227 –* ℰ *0721 943860 – www.ochsen-durlach.de – geschl. Montag – Dienstag*

## ‖○ Anders auf dem Turmberg     🍽 🏠 ❁

**INTERNATIONAL · TRENDY** ✗✗ Herrlich die Lage, wunderbar der Blick über Karlsruhe! Noch mehr fürs Auge (und natürlich für den Gaumen) bietet man mit dem schönen Mix aus kreativer, klassischer und saisonaler Küche - auch an Vegetarier ist gedacht. Und das alles bei modernem Ambiente und freundlichem Service.

Menü 79/109 € – Karte 51/72 €

*Reichardtstr. 22* ✉ *76227 –* ℰ *0721 41459 (Tischbestellung ratsam) – www.anders-turmberg.de – Montag - Freitag nur Abendessen*

### 🏨 Der Blaue Reiter  ⭐ 🖼 🛗 🅰🅲 🛎 🚗

URBAN · INDIVIDUELL Schön wohnlich hat man es in diesem gut geführten Hotel - ansprechend die Deko mit Bildern der Künstlergruppe "Der Blaue Reiter". Recht modern die Superiorzimmer sowie die großzügigen Zimmer im Gästehaus "Kubus". Sehr gute Tagungsräume, im 3. OG mit kleiner Dach-Lounge. Rustikales Restaurant mit Hausbrauerei.

83 Zim 🖂 – ❙124/154 € ❙❙144/164 € – 2 Suiten

*Amalienbadstr. 16 🖂 76227 – ☎ 0721 942660 – www.hotelderblauereiter.de*

## In Karlsruhe-Grünwinkel Ost: 5 km über Südtangente B3 und Bannwaldallee

### ❀ Le Salon im Kesselhaus  🏛 🛗 🅰🅲 ⌘

FRANZÖSISCH-KREATIV · DESIGN XX Die Industrie-Architektur des schön sanierten denkmalgeschützten Kesselhauses von 1920 ist ein reizvoller Kontrast zum modern-eleganten Interieur dieses kleinen feinen Restaurants. Man kocht kreativ, intensiv, mit eigenen Ideen.

→ Wachtel, Dashi, Soft Shell Crab, Klettenwurzel. U.S. Prime Beef, Perigord Trüffel, Eigelb, wilder Brokkoli. Weißer Pfirsich, Himbeere, Steinpilz, Hüttenkäse.

Menü 149 € – Karte 61/79 €

*Griesbachstr. 10c 🖂 76185 – ☎ 0721 6699269 (Tischbestellung ratsam) – www.kesselhaus-ka.de – nur Abendessen – geschl. März - April 2 Wochen, Juli - August 2 Wochen und Sonntag - Montag*

🍴○ **Kesselhaus Bistro** – siehe Restaurantauswahl

### 🍴○ Kesselhaus Bistro  🏛 🛗 ⌓

INTERNATIONAL · BISTRO X Wer's lieber ein bisschen legerer hat, findet in diesem luftig-hohen großen Raum mit Empore modernes Bistroflair und Speisen von "Flamms" bis "pochierte Saiblingsroulade auf Kartoffelrösti mit Schmorgurken, Sour Cream und Weizengras-Sud".

Menü 35/37 € – Karte 35/50 €

*Restaurant Le Salon im Kesselhaus, Griesbachstr. 10c 🖂 76185 – ☎ 0721 6699269 – www.kesselhaus-ka.de – geschl. Samstagmittag, Montag*

## In Karlsruhe-Knielingen Nord-West: 6 km über Kriegstraße A2

### 🍴○ Schuhs  🚗 🏛 🅿

REGIONAL · BÜRGERLICH X Gemütlich hat man es hier, während man sich z. B. "Schwäbisch-Hällisches Lammhäxle mit Rosmarinjus und glasierten Mini-Karotten" servieren lässt. Oder mögen Sie lieber ein Vespergericht? Im gleichnamigen Hotel praktische, gepflegte Zimmer.

Menü 22 € (mittags)/55 € (abends) – Karte 20/61 €   24 Zim 🖂 – ❙55/85 € ❙❙75/95 €

*Neufeldstr. 10 🖂 76187 – ☎ 0721 565100 – www.schuhs-hotel.de – Montag, Freitag und Samstag nur Abendessen – geschl. 1. - 14. Januar, 14. - 19. April, 4. - 8. Juni, 24. August - 13. September und Sonntag sowie an Feiertagen*

## In Karlsruhe-Neureut Nord: 7 km über Adenauerring A1

### 🍴○ Nagel's Kranz  🏛 ⌘ ⌓

REGIONAL · GEMÜTLICH X Hier setzt man auf erstklassige Produkte, die sich z. B. in "Skrei mit Rahmwirsing, Speck und Kartoffelpüree" finden. Und zum guten Essen gibt's nette Atmosphäre, ob im gemütlichen Lokal oder auf der lauschigen Terrasse im Hof.

Menü 39 € (mittags)/89 € – Karte 44/75 €

*Neureuter Hauptstr. 210 🖂 76149 – ☎ 0721 705742 (Tischbestellung ratsam) – www.nagels-kranz.de – geschl. Sonntag - Montag, Samstagmittag*

---

# KASSEL

Hessen - 192 880 Ew. – Höhe 167 m – Regionalatlas **28**-H11

▶ Berlin 383 km – Wiesbaden 215 km – Dortmund 167 km – Erfurt 150 km

Michelin Straßenkarte 543

## ⅱ◯ Park Schönfeld ⬅🛏🔒&🔄 🅿

**KLASSISCHE KÜCHE · ELEGANT** XX Ein hübsches Schlösschen oberhalb des Botanischen Gartens und des Parks Schönfeld. In freundlichem Ambiente serviert man ambitionierte klassisch-kreative Küche, so z. B. "Seeteufel im Meeresfrüchte-sud, Tomaten, Spinat, Sepianudeln".

Menü 63/83 €

*Bosestr. 13 ✉ 34121 – 𝒞 0561 73976744 – www.parkschoenfeld.com – nur Abendessen – geschl. Sonntag - Montag*

## ⅱ◯ Voit

**MODERNE KÜCHE · HIP** XX Unter einer hohen Decke sitzt man in einem klar-modern designten Raum, durch große Fenster schaut man zur Straße. Aus der offenen Küche kommen elegante, schmackhafte Gerichte wie "Island-Rotbarsch, Rote Bete, Miso".

Menü 89 € – Karte 36/67 €

*Friedrich-Ebert-Str. 86 ✉ 34119 – 𝒞 0561 50376612 – www.voit-restaurant.de – nur Abendessen – geschl. Sonntag - Montag*

## ⅱ◯ El Erni 🔒 🅿

**SPANISCH · GEMÜTLICH** XX Beeinflusst von der andalusischen Herkunft des Chefs, bietet das Restaurant spanisch-internationale Küche. Der Service ist freundlich, das Ambiente gemütlich und dennoch elegant.

Menü 39/45 € – Karte 26/63 €

*Parkstr. 42 ✉ 34119 – 𝒞 0561 710018 – www.el-erni.de – nur Abendessen*

# In Kassel-Bad Wilhelmshöhe

## ⅱ◯ Steinernes Schweinchen ⬅🛏🔒 🅿

**INTERNATIONAL · FREUNDLICH** XX Im Restaurant des Hotels "Zum Steinernen Schweinchen" stehen Produkte aus der Region im Fokus. Probieren Sie z. B. "Rinderfilet sous-vide / Karotte / Rote Bete / Polenta-Bällchen". Tipp: Talblick von der Terrasse! Freitags "Tête-à-Tête"-Menü. Alternativ gibt's im "Kleinen Schweinchen" z. B. Spareribs.

Menü 26 € (mittags)/99 € – Karte 36/75 € ⌀ 83 Zim ⚏ – 🍴75/120 € 🍴🍴95/160 € – 2 Suiten – ½ P

*Konrad-Adenauer-Str. 117 ✉ 34132 – 𝒞 0561 940480 – www.steinernes-schweinchen.de – geschl. Sonntagabend*

## ⅱ◯ Gutshof 🔒&🔄 🅿

**REGIONAL · GEMÜTLICH** X Gemütlich ist es in dem hübschen Backsteinhaus, traditionell-regional und teilweise auch international beeinflusst die Küche. Wie wär's mit "Rindertafelspitz mit Rahmwirsing und Meerrettichsauce"? Schöne Whisky-Auswahl - Faible des Chefs!

Menü 25/57 € – Karte 26/49 €

*Wilhelmshöher Allee 347a ✉ 34131 – 𝒞 0561 32525 (Tischbestellung ratsam) – www.restaurant-gutshof.de*

## 🏨 Kurparkhotel 🍽🖼🐾🔲&🧖🚗

**BUSINESS · FUNKTIONELL** In der Nähe des Schlossparks liegt das mit wohnlichen Zimmern ausgestattete Hotel unter familiärer Leitung. Besonders schön sind die Komfort-Plus-Zimmer. Am Nachmittag lockt im Restaurant leckerer Kuchen aus der eigenen Konditorei.

80 Zim ⚏ – 🍴115/135 € 🍴🍴147/167 € – 3 Suiten – ½ P

*Wilhelmshöher Allee 336 ✉ 34131 – 𝒞 0561 31890 – www.kurparkhotel-kassel.de*

## 🏨 Am Herkules 🐾🧖 🅿

**BUSINESS · MODERN** Sie finden das Haus im Habichtswald, nicht weit vom "Herkules", Wahrzeichen der Stadt. Es ist tipptopp gepflegt, die Zimmer sind schön modern (hübsch das Nussbaumholz in Kombination mit frischem Grün) und Beauty-Angebote gibt es ebenfalls.

37 Zim ⚏ – 🍴100/130 € 🍴🍴150/180 €

*Hüttenbergstr. 14 ✉ 34131 – 𝒞 0561 81675580 – www.hotel-am-herkules.de*

### 🏨 Schlosshotel Bad Wilhelmshöhe   🐦 🍴 ⚖ 🖼 🏔 🛁 🚗 🅐🅒 🛁 🅿

**BUSINESS · MODERN** Nicht nur die tolle Lage im Bergpark Wilhelmshöhe besticht, sondern auch die Zimmer und das wertige Wellnessangebot samt Naturbadeteich. Das Highlight: Penthouse-Suite auf zwei Etagen mit Blick auf Schloss, Herkules, Löwenburg und Stadt!

124 Zim 🖃 – ♦99/179 € ♦♦119/199 € – 6 Suiten – ½ P

*Schloßpark 8 ⊠ 34131 – 𝒞 0561 30880 – www.schlosshotel-kassel.de*

**Im Habichtswald** West: 2 km, ab Unterer Parkplatz Herkules (Zufahrt für Hotelgäste frei)

### 🏨 Waldhotel Elfbuchen   🐦 🌳 🍴 🚗 🛁 🚗 🍴

**LANDHAUS · GEMÜTLICH** Sie wohnen in ruhiger Waldlage in hübschen ländlichbehaglichen Zimmern, darunter drei Juniorsuiten mit Whirlwanne. Wie wär's mit einer Kutschfahrt oder Wellness im Kurparkhotel (gehört ebenfalls der Familie)? Das Restaurant bietet bürgerliche Küche, nachmittags kommen Ausflügler gerne zu Kaffee und Kuchen.

11 Zim 🖃 – ♦98/115 € ♦♦138/145 € – ½ P

*Aussichtsturm Elfbuchen 1 ⊠ 34131 – 𝒞 0561 969760*
*– www.waldhotel-elfbuchen.de*

**In Niestetal-Heiligenrode** Ost: 6 km, nahe Autobahn-Anschluss Kassel-Nord

### 🏨 Althans   🌳 🅿

**FAMILIÄR · FUNKTIONELL** Ein gut geführter kleiner Familienbetrieb am Ortsrand mit tipptopp gepflegten und funktionell eingerichteten Gästezimmern. Das Frühstück serviert man am Tisch.

10 Zim 🖃 – ♦42/50 € ♦♦72/80 €

*Friedrich-Ebert-Str. 65 ⊠ 34266 – 𝒞 0561 522709 – www.hotel-althans.de*
*– geschl. 23. Dezember - Mitte Januar*

## KAUB

Rheinland-Pfalz – 840 Ew. – Höhe 90 m – Regionalatlas **46**-D15
▶ Berlin 616 km – Mainz 59 km – Bad Kreuznach 36 km – Koblenz 45 km
Michelin Straßenkarte 543

### 😊 Zum Turm   🍴 🏠 🍽

**KLASSISCHE KÜCHE · GEMÜTLICH** ✗✗ Appetit auf "rote Paprikasuppe mit Garnele" oder "Lammnüsschen mit Kräuterkruste"? In dem gemütlichen 300 Jahre alten Haus neben dem namengebenden historischen Stadtturm kocht der engagierte Gastgeber frische saisonal-internationale Gerichte. Tipp für Übernachtungsgäste: die Turm-Suite für 4 Personen.

Karte 32/62 €   6 Zim 🖃 – ♦73/108 € ♦♦88/148 € – 1 Suite

*Zollstr. 50 ⊠ 56349 – 𝒞 06774 92200 (Tischbestellung ratsam)*
*– www.rhein-hotel-turm.de – Montag - Samstag nur Abendessen, außer an*
*Feiertagen – geschl. November und Dienstag, Januar - März: Montag - Donnerstag*

## KEHL

Baden-Württemberg – 34 080 Ew. – Höhe 139 m – Regionalatlas **53**-D19
▶ Berlin 748 km – Stuttgart 149 km – Karlsruhe 78 km – Freiburg im Breisgau 81 km
Michelin Straßenkarte 545

### 😊 Grieshaber's Rebstock   🏠 🛁 🅰🅒 🅿

**FRANZÖSISCH-MODERN · FREUNDLICH** ✗✗ Eine schöne Mischung aus Tradition und Moderne sorgt hier zum einen für charmantes Ambiente, zum anderen für schmackhafte Küche mit reichlich Aroma und Ausdruck sowie ausgesuchten Produkten - egal ob "Jakobsmuscheln mit Hummerschaum" oder "Schweinefilet mit Pilzrahmsoße". Ein Muss: die Terrasse hinterm Haus!

Menü 45 € – Karte 34/61 €

*Hotel Grieshaber's Rebstock, Hauptstr. 183 ⊠ 77694 – 𝒞 0785191040*
*(Tischbestellung ratsam) – www.rebstock-kehl.de – nur Abendessen – geschl. Anfang*
*Januar 1 Woche, über Fasching 1 Woche, August 2 Wochen und Sonntag - Montag*

## 🍴 Milchkutsch

**FRANZÖSISCH-KLASSISCH · GEMÜTLICH** ✗✗ Das historische Fachwerkhaus ist so gemütlich wie der Name klingt: In den zwei liebenswerten kleinen Stuben (nett die vielen kleinen Figuren und Bilder von Kühen) sitzen zahlreiche Stammgäste, die besonders gerne Calamares oder Entrecôte bestellen! Beliebt ist auch das Mittagsmenü.

Menü 28 € (mittags)/52 € – Karte 33/46 €

*Hauptstr. 147a ✉ 77694 – ☎ 07851 76161 – www.milchkutsch-kehl.de – geschl. 24. Dezember - 6. Januar, über Fasching, Ende August - Anfang September und Samstag - Sonntag*

## 🏠 Grieshaber's Rebstock

**FAMILIÄR · INDIVIDUELL** Weshalb man sich hier so wohlfühlt? Die Zimmer ("Spiegel", "Journal", "Schwarzwaldmädel", "Hilde"...) sind so schön wie individuell (fragen Sie nach den ruhigeren zum Garten!), man wird herzlich umsorgt und genießt ein reichhaltiges Frühstücksbuffet. Tipp: Mieten Sie das Beetle Cabrio samt Picknickkorb!

49 Zim ♆ – 🛏75/135 € 🛏🛏105/160 €

*Hauptstr. 183 ✉ 77694 – ☎ 07851 91040 – www.rebstock-kehl.de – geschl. Anfang Januar 1 Woche, über Fastnacht 1 Woche, August 2 Wochen*

🍴 **Grieshaber's Rebstock** – siehe Restaurantauswahl

## In Kehl-Kork Süd-Ost: 4 km über B 28

## 🍴 Hirsch

**REGIONAL · LÄNDLICH** ✗✗ Lust auf badische Küche in gemütlicher Atmosphäre? Auf den Tisch kommen hier z. B. "Kartoffelsüppchen mit Kracherle", "abgeschmelzte Maultaschen" und "Geschnetzeltes vom Kalb im Sahnesößle mit Spätzle vom Brett".

Menü 20 € (mittags unter der Woche)/78 € (abends) – Karte 25/62 €

*Hotel Hirsch, Gerbereistr. 20 ✉ 77694 – ☎ 07851 99160 – www.hirsch-kork.de – geschl. August 3 Wochen und Samstagmittag, Sonntag*

## 🏠 Hirsch

**GASTHOF · GEMÜTLICH** Nicht nur bürgerlich-regionale Küche hat der historische "Hirsch" zu bieten, auch auf Übernachtungsgäste ist der Familienbetrieb mit seinen gepflegten und funktionell ausgestatteten Zimmern eingestellt.

63 Zim ♆ – 🛏54/78 € 🛏🛏79/110 €

*Gerbereistr. 20 ✉ 77694 – ☎ 07851 99160 – www.hirsch-kork.de*

🍴 **Hirsch** – siehe Restaurantauswahl

# KELL am SEE

Rheinland-Pfalz – 1 920 Ew. – Höhe 480 m – Regionalatlas **45**-B16

▶ Berlin 708 km – Mainz 148 km – Trier 44 km – Saarburg 27 km

Michelin Straßenkarte 543

## 🏠 Fronhof

**FAMILIÄR · MODERN** Eine sympathische Adresse am Stausee oberhalb des Ortes. Die Zimmer sind wohnlich und haben meist einen Balkon zum See, dazu ein freundliches Restaurant samt Terrasse, einen schönen Garten und nebenan ein Gestüt nebst Reitanlage. Tipp: Spaziergang um den See (ca. 30 Minuten) mit Einkehr im "Hau's am See"!

10 Zim ♆ – 🛏60/65 € 🛏🛏90/100 €

*Am Stausee, Nord: 1 km ✉ 54427 – ☎ 06589 1641 – www.hotel-fronhof.de – geschl. 11. - 28. November*

# KELLENHUSEN

Schleswig-Holstein – 1 040 Ew. – Höhe 4 m – Regionalatlas **11**-K3

▶ Berlin 320 km – Kiel 83 km – Lübeck 65 km – Grömitz 11 km

Michelin Straßenkarte 541

## 🏠 Erholung  ☆ 🖸 **P**

**FAMILIÄR · MODERN** Ein familiengeführtes Ferienhotel mit gepflegter Atmosphäre, das nur fünf Gehminuten vom Ostseestrand entfernt ist. Die Zimmer sind solide und zeitgemäß eingerichtet. Neuzeitliches Restaurant mit norddeutscher und internationaler Küche.

27 Zim 😊 – ♦49/62 € ♦♦88/116 € – 3 Suiten – ½ P

*Am Ring 31/Strandstr. 1 ✉ 23746 – 𝒞 04364 470960 – www.hotel-erholung.de*

# KELSTERBACH

Hessen – 14 310 Ew. – Höhe 107 m – Regionalatlas **47**-F15

▶ Berlin 551 km – Wiesbaden 26 km – Frankfurt am Main 19 km – Darmstadt 33 km

Michelin Straßenkarte 543

## 🍴 Ambiente Italiano in der Alten Oberförsterei  🐝 🛋 **P**

**ITALIENISCH · ELEGANT** ✗✗ In der schmucken Villa von 1902 (einst Forstamtsgebäude) sitzt man in einem eleganten Wintergarten mit Mainblick bei ambitionierten italienischen Speisen wie "Kabeljaufilet mit Kartoffel-Ravioli", dazu gute Weinempfehlungen. Toll die wettergeschützte Terrasse im Grünen! Werktags Business Lunch.

Menü 37/95 € – Karte 51/72 €

*Staufenstr. 16 ✉ 65451 – 𝒞 06107 9896840 – www.ambienteitaliano.de – geschl. 1. - 15. Januar und Samstagmittag, Sonntag außer im Sommer sowie im Dezember*

🍴 Trattoria Alte Oberförsterei – siehe Restaurantauswahl

## 🍴 Trattoria Alte Oberförsterei  🐝 🛋 **P**

**ITALIENISCH · FREUNDLICH** ✗ Sie essen gern traditionell-italienisch? In der gemütlich-modernen Trattoria bietet man neben "Vitello Tonnato", "Lasagnetta Tradizionale" oder "Saltimbocca alla Romana" auch "Pizze Classiche" und auch glutenfreie Gerichte.

Karte 32/55 €

*Restaurant Ambiente Italiano in der Alten Oberförsterei, Staufenstr. 16 ✉ 65451 – 𝒞 06107 9896840 – www.ambienteitaliano.de – geschl. 1. - 15. Januar und Samstagmittag, Sonntag außer im Sommer sowie im Dezember*

# KEMPEN

Nordrhein-Westfalen – 34 620 Ew. – Höhe 35 m – Regionalatlas **25**-B11

▶ Berlin 576 km – Düsseldorf 61 km – Geldern 21 km – Krefeld 13 km

Michelin Straßenkarte 543

## 🏠 Papillon  🖸 🧖 **P**

**FAMILIÄR · INDIVIDUELL** Das kleine Hotel im Zentrum ist ein nettes und individuelles Design-Hotel und wird von den Geschwistern Kipfelsberger mit Engagement geleitet. Mögen Sie es modern-funktionell oder bevorzugen Sie eines der besonders wohnlichen Themenzimmer von "Schokolade" bis "New York"? Im Bistro gibt es kleine Snacks.

24 Zim 😊 – ♦75/91 € ♦♦103/111 € – 3 Suiten

*Thomasstr. 9 ✉ 47906 – 𝒞 02152 14150 – www.hotel-papillon.com – geschl. Ende Dezember - Anfang Januar*

# KEMPFELD

Rheinland-Pfalz – 830 Ew. – Höhe 526 m – Regionalatlas **46**-C15

▶ Berlin 669 km – Mainz 111 km – Trier 58 km – Bernkastel-Kues 23 km

Michelin Straßenkarte 543

## 🏠 Gartenhotel Hunsrücker Fass  ☆ 🍴 🦌 🧖 **P**

**GASTHOF · RUSTIKAL** Das an der malerischen Edelsteinstraße gelegene Haus hat einen tollen Garten mit Koi-Teichen, wohnliche Landhaus-Zimmer, meist mit Balkon, und ein gemütliches Restaurant nebst rustikaler Stube. Gekocht wird international und traditionell, Spezialität ist Hunsrücker Spießbraten vom Grill.

20 Zim 😊 – ♦72 € ♦♦110 € – 1 Suite – ½ P

*Hauptstr. 70 ✉ 55758 – 𝒞 06786 9700 – www.gartenhotel-hunsruecker-fass.de – geschl. Januar*

## In Asbacherhütte Nord-Ost: 3 km

### ⑩ Harfenmühle 🕸 ⇦ 🦢 🎍 🎤 **P** 🚭

**BÜRGERLICHE KÜCHE · LÄNDLICH** X Natur pur heißt es auf dem rund 7 ha großen Anwesen. In zwei hübschen Räumen bietet man bürgerlich-regionale Küche, und die gibt es z. B. als "Rumpsteak vom Simmentaler Rind mit Pfefferrahmsauce". Schön übernachten kann man in vier Zimmern im Landhausstil, zusätzlich hat man noch einen eigenen Campingplatz.

Menü 25 € – Karte 20/35 €   4 Zim – 🛏50 € 🛏🛏70 € – ⌚9 €

*Harfenmühle 2 ✉ 55758 – 𝒞 06786 1304 – www.harfenmuehle.de – geschl. Januar - Februar, November - April: Montag - Mittwoch*

## KENZINGEN

Baden-Württemberg – 9 520 Ew. – Höhe 177 m – Regionalatlas **61**-D20

▶ Berlin 781 km – Stuttgart 182 km – Freiburg im Breisgau 29 km – Offenburg 40 km
Michelin Straßenkarte 545

### ⑬ **Scheidels Restaurant zum Kranz** 🕸 ⇦ 🎍 🎤 **P**

**KLASSISCHE KÜCHE · TRADITIONELLES AMBIENTE** XX Die lange Familientradition (bereits die 7. Generation) verpflichtet und so geht es hier engagiert und zugleich traditionell-bodenständig zu. Historisch-charmant die Gaststube, der Service herzlich und aus der Küche kommen schmackhafte klassische Gerichte wie "Zanderfilet in Champagnersauce".

Menü 35 € (vegetarisch)/65 € – Karte 35/59 €   4 Zim ⌚ – 🛏70/78 € 🛏🛏98/105 €

*Offenburger Str. 18, an der B 3 ✉ 79341 – 𝒞 07644 6855*
*– www.scheidels-kranz.de – geschl. über Fastnacht 2 Wochen, November 2 Wochen und Montagabend - Dienstag*

### ⑩ **Schieble** 🎍 AK ⇪ **P**

**REGIONAL · ZEITGEMÄSSES AMBIENTE** X Das Haus sticht einem ins Auge mit seiner orangefarbenen Fassade und den roten Fensterläden. Drinnen lässt man sich in ländlich-modernem Ambiente frische bürgerliche Speisen schmecken, die in großen Portionen serviert werden. Gerne kommt man auch zum günstigen Mittagstisch.

Menü 24 € – Karte 18/51 €

*Hotel Schieble, Offenburger Str. 6, an der B 3 ✉ 79341 – 𝒞 07644 9269990*
*– www.hotel-schieble.de – geschl. 16. Februar - 9. März, 3. - 30. August und Sonntagabend - Montag*

### 🏠 **Schieble** 🕉 🎤 ♿ **P**

**GASTHOF · GEMÜTLICH** Man merkt es dem Hotel an, dass es mit viel Engagement geführt wird, und das bereits in der 4. Generation. Schön der Empfangsbereich, sehr ansprechend und wohnlich der Landhausstil in den Zimmern, freundlich der Service...

26 Zim ⌚ – 🛏60/75 € 🛏🛏90/99 € – 1 Suite – ½ P

*Offenburger Str. 6, an der B 3 ✉ 79341 – 𝒞 07644 9269990*
*– www.hotel-schieble.de – geschl. 16. Februar - 9. März, 3. - 30. August*

⑩ **Schieble** – siehe Restaurantauswahl

---

 Gute Küche zu moderatem Preis? Folgen Sie dem „Bib Gourmand" 🍴. Das freundliche Michelin-Männchen „Bib" steht für ein besonders gutes Preis-Leistungs-Verhältnis!

---

## KERNEN im REMSTAL

Baden-Württemberg – 14 940 Ew. – Höhe 271 m – Regionalatlas **55**-H18

▶ Berlin 615 km – Stuttgart 21 km – Esslingen am Neckar 9 km – Schwäbisch Gmünd 43 km
Michelin Straßenkarte 545

## In Kernen-Stetten

### ⚜ Malathounis

**MEDITERRAN · GEMÜTLICH** ✕✕ Dass Joannis Malathounis griechischer Abstammung ist, lässt nicht nur sein Name erkennen, auch in die mediterrane Küche bringt er seine Heimat mit ein, und das richtig finessenreich und ausdrucksstark! Und während Sie ein tolles Essen genießen, versprüht seine Frau Anna jede Menge Charme und Herzlichkeit!
➜ Rehparfait, Rote Bete, Hibiskus, Champignon. Steinbutt, Melone, Schalotten, Honiggurke, Gemüsetarte Tatin. Olivenöl-Schokolade, Zitrusfrüchte, Rosmarincrumble.

Menü 48/65 € – Karte 71/78 €

*Gartenstr. 5 ✉ 71394 – ☏ 07151 45252 – www.malathounis.de – geschl. über Fasching 1 Woche, August - September 2 Wochen und Sonntag - Montag sowie an Feiertagen*

### ⫶○ Zum Ochsen ♢ 🅿

**INTERNATIONAL · GASTHOF** ✕✕ Viele Stammgäste mögen das über 300 Jahre alte Gasthaus, und das liegt nicht zuletzt an Fleisch- und Wurstwaren aus eigener Herstellung. Auf den Tisch kommen Maultaschen und Rahmrostbraten, aber auch nicht ganz Alltägliches wie Kalbsherz oder Kalbskopf! Sie möchten übernachten? Man hat ein Gästehaus im Ort.

Menü 35/65 € – Karte 30/54 €

*Kirchstr. 15 ✉ 71394 – ☏ 07151 94360 – www.ochsen-kernen.de – geschl. Dienstag - Mittwoch*

## KERPEN

Nordrhein-Westfalen – 63 790 Ew. – Höhe 95 m – Regionalatlas **35**-B12
▶ Berlin 592 km – Düsseldorf 60 km – Bonn 48 km – Aachen 54 km
Michelin Straßenkarte 543

## Nahe der Straße von Kerpen nach Sindorf Nord: 2 km

### ⚜ Schloss Loersfeld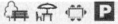

**FRANZÖSISCH-KLASSISCH · ELEGANT** ✕✕✕ Stilgerecht fügt sich das elegante Interieur in den herrschaftlichen Rahmen des jahrhundertealten Schlosses ein. Man bietet klassisch-französische Küche, die immer wieder dezente Einflüsse aus Asien und dem Orient erkennen lässt. Sie möchten übernachten? In einem Nebenhaus hat man drei hübsche Appartements.
➜ Filet vom Heilbutt, Rhabarber, Apfel. Rücken und Keule vom Lamm, Couscoussalat, Tomate, Haselnusskugel, Sauerampfer, Walderdbeere.

Menü 48 € (mittags unter der Woche)/126 € – Karte 66/89 €

*Schloss Loersfeld 1 ✉ 50171 Kerpen – ☏ 02273 57755 (Tischbestellung ratsam) – www.schlossloersfeld.de – geschl. 23. Dezember - 6. Januar, 21. - 28. Februar, 9. - 27. Juli und Sonntag - Montag*

## KETSCH

Baden-Württemberg – 12 580 Ew. – Höhe 101 m – Regionalatlas **47**-F17
▶ Berlin 631 km – Stuttgart 122 km – Mannheim 19 km – Heidelberg 14 km
Michelin Straßenkarte 545

### ⚜ Die Ente

**MODERNE KÜCHE · ELEGANT** ✕✕ Modern, durchdacht und mit interessaten Kontrasten, so kommen die Speisen daher, die man sich hier aufmerksam umsorgt zu Gemüte führt. Wer gerne mit Seeblick speist, nimmt im Wintergarten Platz - oder davor auf der schönen Terrasse!
➜ Froschkönig - knusprig, Zitronen Hollandaise, sautierter Spinat. Salzwasser - Wildfang Steinbutt, grüne Mandeln, gebundener Bohnensaft. Wildwechsel - Reh aus der Kurpfalz, Heidelbeeren, Palatschinke.

Menü 94/134 € – Karte 73/95 €

*See Hotel, Kreuzwiesenweg 5 ✉ 68775 – ☏ 06202 6970 – www.seehotel.de – nur Abendessen – geschl. 2. - 23. Januar, 31. Juli - 6. August, 30. Oktober - 5. November und Sonntag - Montag*

### 🍽○ Gasthaus Adler   🕸 🍴 ⟱

**REGIONAL · FREUNDLICH** ✗✗ Die Leute mögen das gepflegte Gasthaus, und im Sommer die nette Hofterrasse! Ob in den gemütlichen Stuben oder im gediegenen Restaurant, es gibt einen Mix aus bürgerlicher und gehobener Küche. Für besondere Anlässe hat man separate Räume.

Menü 24/79 € – Karte 26/69 €

*Schwetzinger Str. 21 ✉ 68775 – ☎ 06202 609004 – www.adler-ketsch.de*
*– geschl. 26. Februar - 8. März, 4. - 21. August und Sonntagabend - Montag*

### 🍽○ EssZimmer   🕸 ⅃ 🍴 ⟱ 🅿

**INTERNATIONAL · TRENDY** ✗✗ Im Haus der Keppels gibt es noch ein modernes Zweitrestaurant, in dem man international isst - und das klingt dann z. B. so: "Die Lammhaxe - Linsen, Salbei, Balsamico" oder "Lust auf alles - aber in Klein".

Menü 29 € (mittags)/45 € – Karte 36/61 €

*See Hotel, Kreuzwiesenweg 5 ✉ 68775 – ☎ 06202 6970 (Tischbestellung ratsam)*
*– www.seehotel.de – geschl. Mai - September: Samstag - Sonntag, Oktober*
*- April: Samstagmittag, Sonntag*

### 🏠 See Hotel   🌀 ⇚ ⊟ 🆎 🔊 🅿

**LANDHAUS · MODERN** Wirklich toll die ruhige Lage, der kleine See gleich vor der Tür! Alles ist sehr gepflegt und die Gastgeber sind engagiert. Sie mögen es besonders modern? Die neueren Zimmer sind schön geradlinig, in warmen Tönen gehalten und klimatisiert.

70 Zim ⌑ – ♦99/150 € ♦♦130/190 €

*Kreuzwiesenweg 5 ✉ 68775 – ☎ 06202 6970 – www.seehotel.de*
❀ **Die Ente** • 🍽○ **EssZimmer** – siehe Restaurantauswahl

## KEVELAER

Nordrhein-Westfalen – 27 640 Ew. – Höhe 22 m – Regionalatlas **25**-A10
▶ Berlin 581 km – Düsseldorf 73 km – Krefeld 41 km – Nijmegen 42 km
Michelin Straßenkarte 543

### 🍽○ Zur Brücke   ⇐ 🕸 🍴 🅿

**TRADITIONELLE KÜCHE · BÜRGERLICH** ✗✗ In dem Haus von 1783 führen nun schon seit sieben Generationen die Frauen der Familie Regie. Wer gerne bürgerlich isst, wird die Küche der Chefin (u. a. diverse Steaks) mögen. Übrigens: Das Restaurant hat eine hübsche Gartenterrasse.

Menü 30 € – Karte 29/62 €   7 Zim ⌑ – ♦80/85 € ♦♦110/120 €

*Bahnstr. 44 ✉ 47623 – ☎ 02832 2389 (Tischbestellung ratsam)*
*– www.hotel-restaurant-zur-bruecke.de – nur Abendessen – geschl. 10. - 16. April,*
*Juli - August 2 Wochen, Oktober - November 1 Woche*

## KIEDRICH

Hessen – 3 910 Ew. – Höhe 165 m – Regionalatlas **47**-E15
▶ Berlin 583 km – Wiesbaden 16 km – Bad Kreuznach 57 km
Michelin Straßenkarte 543

### 🏠 Nassauer Hof   🌀 ⊟ 🔊 🅿

**BUSINESS · MODERN** Hier überzeugen geschmackvolle Gästezimmer mit massiven Teakholzmöbeln und schönem Holzfußboden. Angenehm licht ist der moderne, verglaste Frühstücksraum mit Terrasse.

21 Zim ⌑ – ♦79/91 € ♦♦149/151 €

*Bingerpfortenstr. 17 ✉ 65399 – ☎ 06123 999360 – www.hotel-nassauerhof.de*
*– geschl. Ende Dezember - Anfang Januar*

## KIEL

Schleswig-Holstein – 239 870 Ew. – Höhe 5 m – Regionalatlas **3**-I3
▶ Berlin 346 km – Flensburg 88 km – Hamburg 96 km – Lübeck 92 km
Michelin Straßenkarte 541

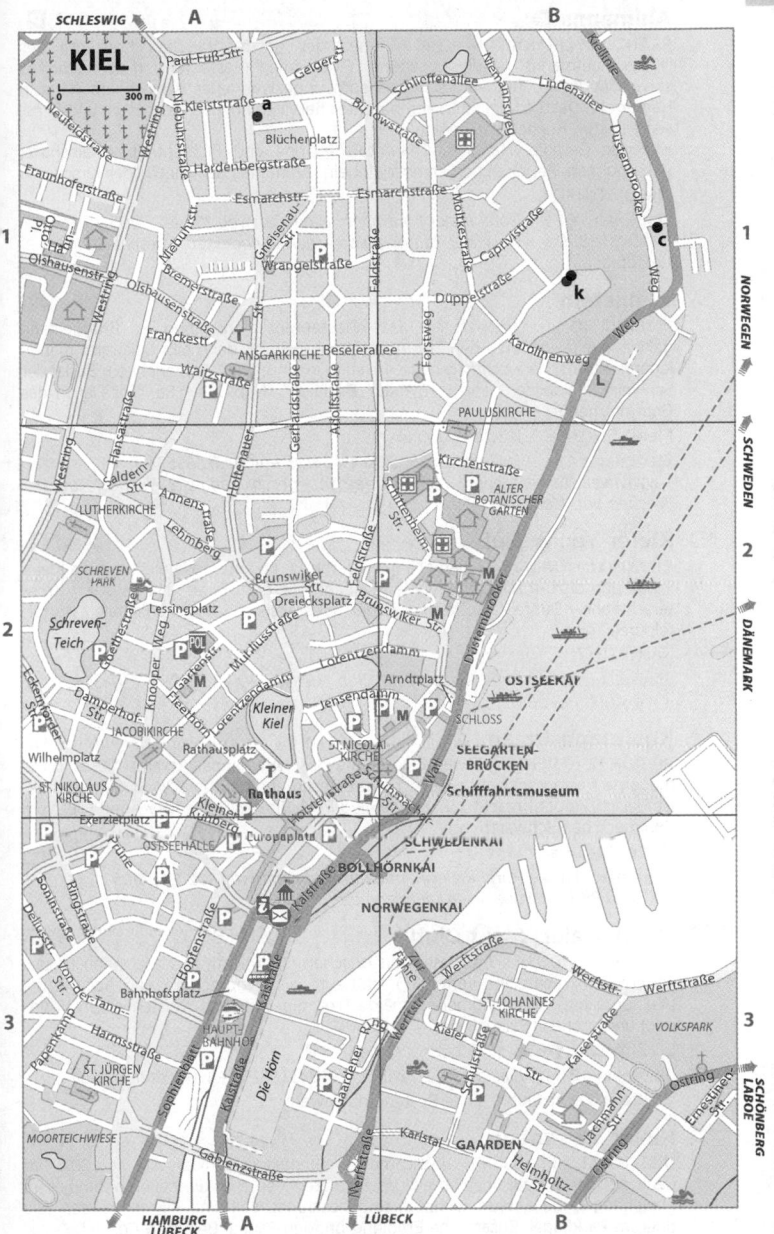

## ✿ Ahlmanns ⓝ     🛋 🅿

**FRANZÖSISCH-MODERN · CHIC** XX Eines der gastronomischen Konzepte des "Kieler Kaufmanns" ist dieses schöne "Fine Dining"-Restaurant, in dem schickes stilvoll-modernes Interieur mit angenehm ungezwungener Atmosphäre Hand in Hand geht. Dazu charmanter, kompetenter Service und eine der besten und finessenreichsten Küchen der Region.

→ Förde Garnele, Mangold, Charentais Melone und Fichtentriebe. Kalbshaxe, Ackerbohnen, Paprika und Schmorzwiebeln. Ahlmanns Schwarzwälder Kirsch.

Menü 50/130 €

**Stadtplan : B1-k** – *Hotel Kieler Kaufmann, Niemannsweg 102* ✉ *24105*
*– ☎ 0431 88110 – www.kieler-kaufmann.de – nur Abendessen – geschl. Sonntag - Montag*

## ☺ Weinstein     🛋

**INTERNATIONAL · GEMÜTLICH** X Das Restaurant von Mario E. Brüggemann gehört zweifelsohne zu den Top-Adressen der Stadt, denn hier bekommt man in legerer Atmosphäre schmackhafte, frische Gerichte wie "Zweierlei vom Susländer Schwein, Waldpilze, Mango, Thymian, Brokkoli". Tipp: Mi. - Sa. gibt's auch das Gourmetmenü.

Menü 54/94 € – Karte 34/71 €

**Stadtplan : A1-a** – *Holtenauer Str. 200* ✉ *24105 – ☎ 0431 555577*
*– www.weinstein-kiel.com – nur Abendessen – geschl. Januar 2 Wochen, August 2 Wochen und Montag*

## ⅡO Kieler Yacht Club     ≤ 🛋 🆐 🅿

**REGIONAL · TRENDY** XX Geradlinig-modernes Ambiente, tolle Sicht auf die Kieler Förde und dazu frische, ambitionierte Küche, die es z. B. als "Matjestatar / Kräuterschmand / Bunte Kartoffelchips" oder "Meeräsche / Spargeltagliatelle / Kartoffelpüree" gibt.

Karte 25/70 €

**Stadtplan : B1-c** – *Hotel Kieler Yacht Club, Kiellinie 70* ✉ *24105 – ☎ 0431 88130*
*– www.hotel-kyc.de*

## ⅡO Kaufmannsladen     🍴 🛋 🅿

**REGIONAL · TRENDY** X Etwas legerer als das "Ahlmanns" kommt dieses lichte moderne Restaurant daher. Gekocht wird frisch und geschmackvoll, Schwerpunkt ist Fleisch. Appetit macht z. B. der "Pulled Pork Burger" oder "Dry Aged Filet vom Pommerschen Schwarzbunten".

Karte 32/64 €

**Stadtplan : B1-k** – *Hotel Kieler Kaufmann, Niemannsweg 102* ✉ *24105*
*– ☎ 0431 88110 – www.kieler-kaufmann.de*

## 🏨 Hotel Kieler Yacht Club     ≤ 🔽 🧖 🅿

**BUSINESS · MODERN** An diesem historischen Ort (einstiges Maschinenhaus des kaiserlichen Yachtclubs von 1887) ist heute alles topmodern und hochwertig, beeindruckend die maritimen Gemälde. Toll die Suite mit freistehendem Whirlpool und großem Balkon!

20 Zim ⌑ – ♦161 € ♦♦192 € – 1 Suite – ½ P

**Stadtplan : B1-c** – *Kiellinie 70* ✉ *24105 – ☎ 0431 88130 – www.hotel-kyc.de*
ⅡO **Kieler Yacht Club** – siehe Restaurantauswahl

## 🏨 Kieler Kaufmann     🏊 🍴 🔲 🎭 🧖 🔽 🧖 🅿

**HISTORISCH · KLASSISCH** Die schmucke ehemalige Bankiersvilla von 1911 hat dank stetiger Investitionen so einiges zu bieten - so z. B. die neueren Zimmer im Marienflügel, die ebenso wohnlich und geschmackvoll sind wie die in der Villa oder im Parkflügel. Zusätzliche Erholung bringen Sauna, Beauty & Co.

60 Zim ⌑ – ♦139/215 € ♦♦185/300 €

**Stadtplan : B1-k** – *Niemannsweg 102* ✉ *24105 – ☎ 0431 88110*
*– www.kieler-kaufmann.de*

✿ **Ahlmanns** · ⅡO **Kaufmannsladen** – siehe Restaurantauswahl

### 🏨 Steigenberger Conti Hansa 🏵 🏮 🖥 ᗘ 🔼 🚗

**BUSINESS · FUNKTIONELL** Einer der großen Klassiker der Kieler Hotellerie, der auch noch günstig liegt: die Altstadt ganz in der Nähe, der Kreuzfahrt-Anleger vis-à-vis. Sie wohnen in komfortablen Zimmern, entspannen im kleinen Freizeitbereich und gastronomisch stehen das Bistro und das Abendrestaurant "Jakob" zur Wahl.

163 Zim ⌷ – ♥137/297 € ♥♥154/324 € – 1 Suite
**Stadtplan : B2-e** – *Schlossgarten 7* ✉ *24103* – *𝒸 0431 51150*
– *www.kiel.steigenberger.com*

## In Molfsee Süd-West: 8 km über Sophienblatt A3

### 🅐 Bärenkrug 🏮 ᗘ 🅿

**REGIONAL · LÄNDLICH** 🍽 Von der "Friesenstube" bis zum lauschigen Hofgarten, hier darf man sich auf einen Mix aus Holsteiner und gehoben-internationaler Küche freuen. Lust auf "Sauerfleisch mit Bratkartoffeln" oder "gedünsteten Kabeljau in Rieslingsauce"?

Menü 23/44 € (abends) – Karte 26/47 €
*Hotel Bärenkrug, Hamburger Chaussee 10, B 4* ✉ *24113* – *𝒸 04347 71200*
– *www.baerenkrug.de* – *Dienstag - Freitag nur Abendessen* – *geschl. Montag*

### 🏨 Bärenkrug 🏮 ᗘ 🅿

**GASTHOF · GEMÜTLICH** In dem historischen Gasthof der Familie Sierks fühlt man sich einfach wohl, denn das Haus wird engagiert geführt und die Zimmer sind hübsch und richtig wohnlich gestaltet. Praktisch für Stadttouristen: Das Zentrum ist nur 10 km entfernt.

38 Zim – ♥65/78 € ♥♥100/120 € – ⌷ 10 € – ½ P
*Hamburger Chaussee 10, B 4* ✉ *24113* – *𝒸 04347 71200* – *www.baerenkrug.de*
🅐 **Bärenkrug** – siehe Restaurantauswahl

# KIRCHBERG an der JAGST

Baden-Württemberg – 4 070 Ew. – Höhe 384 m – Regionalatlas **56**-I17
▶ Berlin 535 km – Stuttgart 106 km – Ansbach 53 km – Crailsheim 16 km
Michelin Straßenkarte 545

### 🏠 Landhotel Kirchberg 🏵 ᗘ 🔼 🅿

**LANDHAUS · MODERN** Die engagierte Familie Bagusch führt ihr Haus mit Herz und schwäbischer Genauigkeit, Pflege ist hier Trumpf! Die Zimmer sind freundlich und funktionell, die Lage ist günstig (BAB gut erreichbar) und die Preise sind fair. Im Restaurant bietet der Patron regionale Gerichte, seine hausgemachten Maultaschen sind die Hausspezialität!

17 Zim ⌷ – ♥71/76 € ♥♥94/103 € – ½ P
*Eichenweg 2* ✉ */4592* – *𝒸 07954 98880* – *www.landhotelkirchberg.de* – *geschl. über Weihnachten, 1. - 10. Januar*

# KIRCHDORF an der ILLER

Baden-Württemberg – 3 480 Ew. – Höhe 556 m – Regionalatlas **64**-I20
▶ Berlin 651 km – Stuttgart 134 km – Tübingen 152 km – Bregenz 81 km
Michelin Straßenkarte 545

## In Kirchdorf-Oberopfingen

### 🅐 Landgasthof Löwen ⟵ 🏮 ᗘ 🍴

**REGIONAL · LÄNDLICH** 🍽🍽 Bei Familie Ruhland (bereits die 4. Generation) darf man sich auf Schmackhaftes vom Lammbraten über "Schweinefilet unter der Kräuterkruste" bis zum Gourmetmenü freuen. Ideal, wenn Sie auf der Durchreise sind: schöne Zimmer und Autobahnnähe.

Menü 37/65 € – Karte 27/63 € 10 Zim ⌷ – ♥59/73 € ♥♥83 €
*Kirchdorfer Str. 8* ✉ *88457* – *𝒸 08395 667* – *www.loewen-oberopfingen.de* – *nur Abendessen, sonntags auch Mittagessen* – *geschl. Ende Juli - Anfang August 2 Wochen und Montag*

## KIRCHDORF im WALD

Bayern – 2 130 Ew. – Höhe 684 m – Regionalatlas **60**-P18

▶ Berlin 541 km – München 181 km – Landshut 110 km

Michelin Straßenkarte 546

### In Kirchdorf im Wald - Schlag Nord-West: 3 km über die B 85 in Richtung Regen

#### ⊪○ **Hubertus Stüberl** 🛖 ⅍ ⇆ 🅿 🛒

MARKTKÜCHE · FAMILIÄR ⅍ Gastronomie liegt Familie Schönhofer im Blut! Mutter Heike und Sohn Tobias kochen bürgerlich-regionale Speisen mit saisonalem Einschlag. Ob im Sommer auf der Terrasse oder im Winter am Kamin, hier hat man es gemütlich.

Karte 14/44 €

*Schlag 36 ✉ 94261 – 𝒞 09928 1500 – www.hubertus-stueberl.com – Dienstag - Freitag nur Abendessen – geschl. Montag*

## KIRCHDORF (KREIS MÜHLDORF am INN)

Bayern – 1 340 Ew. – Höhe 551 m – Regionalatlas **66**-N20

▶ Berlin 624 km – München 50 km – Bad Reichenhall 91 km – Mühldorf am Inn 31 km

Michelin Straßenkarte 546

#### ⅏ **Christian's Restaurant - Gasthof Grainer** 🕸 🛖 🅿

KLASSISCHE KÜCHE · GEMÜTLICH ⅍⅍ Das jahrhundertealte Gasthaus ist ein Klassiker und wird mit Herzblut geführt. Hier genießt man gleich in mehrfacher Hinsicht: gemütlich die Atmosphäre, überaus herzlich der Service, harmonisch und produktorientiert die Küche. Letztere gibt es als saisonales Überraschungsmenü mit trefflicher Weinbegleitung.

→ Steinbutt mit Spargel-Morchelragout und gefüllten Spitzmorcheln. Geräucherte Taubenbrust mit Belugalinsen, Keniabohnen und Granatapfel. Joghurt-Mangomousse mit Mandarinensorbet und Schokoladen-Joghurt-Mango Crumble.

Menü 59/99 €

*Dorfstr. 1 ✉ 83527 – 𝒞 08072 8510 (Tischbestellung erforderlich) – www.christians-restaurant.de – nur Abendessen, sonntags auch Mittagessen – geschl. Sonntagabend - Dienstag*

### In Kirchdorf-Moosham West: 5 km über B 15 in Richtung Taufkirchen, links ab Richtung Isen

#### 🏠 **Wirth z'Moosham** 🏕 🛏 🖃 🔥 ⅍ 🅿

GASTHOF · MODERN In einem kleinen Dorf liegt das familiengeführte Hotel mit freundlichen, praktischen Zimmern, teils mit Blick auf die Alpen. Frühstück gibt's im Wintergarten, in der behaglich-bayerischen Stube serviert man regional-bürgerliche Küche. Für Feiern: ehemaliger Kuhstall mit Gewölbe.

36 Zim � – ♦56/72 € ♦♦86/98 €

*Isener Str. 4 ✉ 83527 – 𝒞 08072 95820 – www.wirth-z-moosham.de – geschl. 26. Dezember - 7. Januar*

## KIRCHEN (SIEG) Rheinland-Pfalz → Siehe Betzdorf

## KIRCHHEIM unter TECK

Baden-Württemberg – 39 390 Ew. – Höhe 311 m – Regionalatlas **55**-H19

▶ Berlin 622 km – Stuttgart 38 km – Göppingen 19 km – Reutlingen 30 km

Michelin Straßenkarte 545

### In Kirchheim unter Teck-Ötlingen West: 2,5 km, Richtung Wendlingen

#### 🏠🏠 **Rössle** 🖃 ⅍ 🧖 🅿

GASTHOF · MODERN Natürliches Licht ist in dem kleinen Hotel ein ganz entscheidender Wohlfühlfaktor - offen, luftig, hell! Die Zimmer sind chic, modern und mit individueller Note eingerichtet. Im Gasthaus von 1662 hat man auch eine gemütliche kleine Gaststube, in der es Mo. - Fr. abends schwäbische Küche gibt.

17 Zim – ♦99/120 € ♦♦124/145 € – 3 Suiten – ⊇ 11 €

*Stuttgarter Str. 202 ✉ 73230 – 𝒞 07021 807770 – www.roessle-kirchheim.de*

## In Ohmden Ost: 6 km über Jesingen

### ⭐ Landgasthof am Königsweg 🔁 🏵 🚗

**FRANZÖSISCH-MODERN · TRENDY** ✕✕ Der attraktive Landgasthof von 1672 ist seit über 25 Jahren ein Garant für niveauvolle Gastronomie. Hier ist ein klasse Küchenteam am Werk, das finessenreiche moderne Gerichte zum Besten gibt. Und darf es nach dem schönen Essen in elegantem Ambiente vielleicht noch eine angenehme Übernachtung sein?
→ Räucherlachs, Gurke, Limette, krosser Quinoa. Saint Pierre, rote Zwiebeln, Charentais Melone, Estragon. Juvenil Ferkel, Spargel, Rhabarber.

Menü 35 € (mittags unter der Woche)/108 € – Karte 76/94 €    8 Zim
– 🛏85 € 🛏🛏125 € – 🛏 12 €

*Hauptstr. 58 ⊠ 73275*
*– ☏ 07023 2041 – www.landgasthof.com*
*– geschl. Samstagmittag, Sonntag - Montag*

## KIRCHLAUTER

Bayern – 1 350 Ew. – Höhe 344 m – Regionalatlas **50**-K15
▶ Berlin 432 km – München 261 km – Würzburg 88 km – Bamberg 32 km
Michelin Straßenkarte 546

### In Kirchlauter-Pettstadt

### 🍴 Gutshof Andres 🔁 🏵 🅿

**REGIONAL · GASTHOF** ✕ Ein denkmalgeschützter Gutshof mit Familientradition seit 1839, eingerahmt von altem Baumbestand und mit kleinem See vor der Tür. Auf den Tisch kommt Regionales, zudem können Sie hausgemachte Aufstriche und Brände kaufen. Zwei Appartements im einstigen Brauhaus, moderne Doppelzimmer in der ehemaligen Remise.

Menü 35/45 € – Karte 21/46 €    14 Zim 🛏 – 🛏69 € 🛏🛏109 €

*Pettstadt 1 ⊠ 96166 – ☏ 09536 221 – www.gutshof-andres.de – geschl. Dienstag - Mittwoch*

## KIRCHZARTEN

Baden-Württemberg – 9 760 Ew. – Höhe 392 m – Regionalatlas **61**-D20
▶ Berlin 800 km   Stuttgart 177 km   Freiburg im Breisgau 9 km – Donaueschingen 54 km
Michelin Straßenkarte 545

### 🍴 Sonne 🏵 🍴 🅿

**REGIONAL · RUSTIKAL** ✕ Sie essen gern badisch? Bei den Rombachs kommt zur regionalen Küche noch ein gemütliches Ambiente mit Holztäfelung und Parkettfußboden. Mittags ist das Tagesmenü beliebt.

Menü 24/48 € – Karte 25/53 €

*Hotel Sonne, Hauptstr. 28 ⊠ 79199*
*– ☏ 07661 901990 – www.sonne-kirchzarten.de*
*– geschl. Freitagmittag, Samstagmittag*

### 🏠 Sonne 🏵 🛁 🅿

**GASTHOF · GEMÜTLICH** Seit sieben Generationen investiert Familie Rombach stetig in das Traditionshaus von 1725! Das Ergebnis sind z. B. die freundlich designten Landhaus-Zimmer oder - wenn Sie's ein bisschen frecher mögen - die "Schwarzwald-Pop"-Zimmer. Nicht zu vergessen der schöne moderne Saunabereich samt Anwendungen.

21 Zim 🛏 – 🛏65/99 € 🛏🛏85/139 € – 3 Suiten – ½ P
*Hauptstr. 28 ⊠ 79199 – ☏ 07661 901990*
*– www.sonne-kirchzarten.de*
🍴 **Sonne** – siehe Restaurantauswahl

## In Kirchzarten - Burg-Birkenhof

### ⌂ rainhof scheune  ☆ 穴 ⊡ ⅃ ⅍ **P**

LANDHAUS · INDIVIDUELL Design, Wertigkeit und ein Stück Geschichte treffen hier zusammen - historisches Holz und freigelegtes Mauerwerk sind besondere Hingucker. Schön die individuellen Zimmer wie "Poesiezimmer", "Bauernstube", "Landhaus"... sowie der Saunabereich. Die Küche ist regional-international, lecker die Kuchenauswahl.

14 Zim – ♦79/119 € ♦♦104/134 € – 2 Suiten – ☲14 € – ½ P
*Höllentalstr. 96 ⊠ 79199 – ℰ07661 9886110 – www.rainhof-hotel.de*

## In Kirchzarten - Burg-Höfen Ost: 1 km

### ⊛ Schlegelhof  🦋 🏡 **P** ⊄

MARKTKÜCHE · LÄNDLICH ✗ Wirklich angenehm das ländlich-moderne Ambiente hier, sehr schmackhaft die Küche! Im Sommer sollten Sie "Bibiliskäs mit Brägele" oder "Lammrücken mit Rotweinschalotten" unbedingt auf der Terrasse im Grünen essen! Dazu gute Weine.

Menü 36/74 € – Karte 36/65 €
*Hotel Schlegelhof, Höfener Str. 92 ⊠ 79199 – ℰ07661 5051 (Tischbestellung ratsam) – www.schlegelhof.de – nur Abendessen, sonntags auch Mittagessen – geschl. Mittwoch*

### ⌂⌂ Schlegelhof  🐚 🛌 穴 **P** ⊄

GASTHOF · GEMÜTLICH Die Freundlichkeit und das Engagement der Familie Schlegel machen das Haus so beliebt, aber auch die hochwertige Einrichtung kommt an: unbehandeltes helles Naturholz und wohnliche Farben machen es hier richtig schön! Lust auf Entspannung? Hübscher Sauna- und Ruhebereich zum Garten, dazu Kosmetik und Massage.

11 Zim ☲ – ♦95/105 € ♦♦130/212 €
*Höfener Str. 92 ⊠ 79199 – ℰ07661 5051 – www.schlegelhof.de*
⊛ **Schlegelhof** – siehe Restaurantauswahl

## In Kirchzarten-Dietenbach Süd-West: 1,5 km

### ⊛ Zum Rössle  ⇦ 🏡 **P**

REGIONAL · RUSTIKAL ✗✗ "Kalbskopf und -bries auf Pulpo", "Landgockel mit Ricottaravioli"... Schmackhaft-regional isst man in den Gasthof von 1751, der wirklich charmant ist mit der historisch-rustikalen Bauernstube und der eleganten Bruggastube - und der Garten erst! Zum Übernachten: liebenswerte Zimmer, leckeres Bauernfrühstück!

Menü 36/62 € – Karte 33/57 €   6 Zim ☲ – ♦64/92 € ♦♦94/120 €
*Dietenbach 1 ⊠ 79199 – ℰ07661 2240 – www.zumroessle.de – geschl. Ende Januar - Anfang Februar 3 Wochen, November 1 Woche und Mittwoch, November - März: Montagmittag, Dienstagmittag, Mittwoch*

## In Stegen-Eschbach Nord: 4 km

### ⍾⊙ Landhotel Reckenberg  ⇦ 🐚 🏡 ✿ **P** ⊄

FRANZÖSISCH-KLASSISCH · GEMÜTLICH ✗✗ Bei Familie Hug kann man nicht nur gut essen. Neben dem holzgetäfelten Restaurant in klassischem Stil hat man hier in ruhiger Lage auch geräumige und wohnliche Gästezimmer. Nicht zu vergessen der schöne Garten.

Menü 38/59 € – Karte 33/52 €   9 Zim ☲ – ♦75/100 € ♦♦100/150 €
*Reckenbergstr. 2 ⊠ 79252 – ℰ07661 9793300 – www.landhotel-reckenberg.de – nur Abendessen – geschl. Februar, November und Dienstag - Mittwochmittag*

# KIRKEL

Saarland - 10 010 Ew. – Höhe 240 m – Regionalatlas **46**-C17
▶ Berlin 690 km – Saarbrücken 24 km – Homburg/Saar 10 km – Kaiserslautern 48 km
Michelin Straßenkarte 543

## In Kirkel-Neuhäusel

### ⅡO Ressmann's Residence 🔥 ⬡ 🅿

**INTERNATIONAL · FREUNDLICH** ✕✕ Der moderne Look des Restaurants mit seinen klaren Formen und hellen warmen Tönen kommt bei den Gästen gut an, ebenso die ambitionierte zeitgemäße Küche mit international-saisonalen Einflüssen. Einer der Räume ist klimatisiert. Oder sitzen Sie lieber draußen? Der nette Biergarten liegt ruhig hinter dem Haus.

Menü 20 € (mittags unter der Woche)/65 € – Karte 33/62 €

*Hotel Ressmann's Residence, Kaiserstr. 87* ✉ *66459 –* ✆ *06849 90000*
*– www.ressmanns-residence.de – geschl. über Fasching 10 Tage und Dienstag, Samstagmittag, Sonntagabend*

### 🏠 Ressmann's Residence 🅿

**BUSINESS · FUNKTIONELL** Der gut geführte Familienbetrieb liegt im Ortskern und verfügt über funktionale Gästezimmer mit zeitgemäßem Komfort. Am Morgen erwartet Sie ein gutes Frühstücksbuffet.

20 Zim ☲ – ♦69/79 € ♦♦85/92 € – 1 Suite – ½ P

*Kaiserstr. 87* ✉ *66459 –* ✆ *06849 90000 – www.ressmanns-residence.de*
*– geschl. über Fasching 10 Tage*

ⅡO **Ressmann's Residence** – siehe Restaurantauswahl

## KIRN

Rheinland-Pfalz – 8 170 Ew. – Höhe 190 m – Regionalatlas **46**-D15
▶ Berlin 649 km – Mainz 76 km – Bad Kreuznach 37 km – Trier 77 km
Michelin Straßenkarte 543

### ⅡO Kyrburg ⬅ 🔥 🆔 ⬡ 🅿

**KLASSISCHE KÜCHE · RUSTIKAL** ✕ In einem Gebäude von 1764 - intergriert in die Kyrburg a. d. 12. Jh. - befindet sich das rustikale Restaurant mit modernem Anbau und Whisky-Museum (zahlreiche Destillate werden offen ausgeschenkt), traumhaft die Terrasse mit Blick ins Nahetal. Geboten wird Klassisches wie gebratener Zander.

Karte 29/56 €

*Auf der Kyrburg 1* ✉ *55606 –* ✆ *06752 91190 – www.whiskymuseum.de – geschl. 20. Februar - 5. März und Montag - Dienstag*

## KIRSCHAU

Sachsen – 6 520 Ew. – Höhe 249 m – Regionalatlas **44**-R12
▶ Berlin 228 km – Dresden 54 km – Görlitz 47 km – Bautzen 11 km
Michelin Straßenkarte 544

### ❀ Juwel 🌿 🅿

**FRANZÖSISCH-MODERN · CHIC** ✕✕ Das halbrunde kleine Restaurant ist die Gourmet-Variante der Schumann'schen Gastronomie: elegantes Interieur in schickem Schwarz-Lila, versierter, freundlicher Service samt guter Weinberatung und dazu klassisch-moderne Küche, die auf feine Kontraste, volle Aromen und ausgezeichnete Produkte setzt.

→ Getauchte Jakobsmuschel, Wildkräuter, Ahorn-Limettensud. Reh, Rhabarber, Kerbelwurzel. Erdbeere, Waldmeister, Tahiti Vanille.

Menü 89/129 €

*Hotel Bei Schumann, Bautzener Str. 20* ✉ *02681 –* ✆ *03592 520521*
*– www.bei-schumann.de – nur Abendessen – geschl. 17. Juli - 6. August und Sonntag - Dienstag*

### ⅡO Al Forno 🔥 🅿

**ITALIENISCH · FREUNDLICH** ✕ Richtig gemütlich hat man es hier bei typisch italienischen Gerichten und authentischem Ambiente. Aus der Showküche samt Holzofen kommen natürlich auch Klassiker wie Antipasti, Pizza und Pasta! Nett die Terrasse.

Menü 39 € – Karte 25/61 €

*Hotel Bei Schumann, Bautzener Str. 20* ✉ *02681 –* ✆ *03592 520530*
*– www.bei-schumann.de – nur Abendessen – geschl. Sonntag*

### 🏨 Bei Schumann 🕊 🍴 ⚒ 🖥 🌐 🐾 ⛱ ⬆ 🅰️ ♨️ 🅿️

**SPA UND WELLNESS · INDIVIDUELL** Ein wahres Erholungsrefugium und einzigartig in der Oberlausitz! Wie viel Herzblut in diesem Haus steckt, merkt man am beeindruckenden Spa-Tempel, an den wertig-wohnlichen Zimmern und edlen Suiten sowie an zahlreichen kleinen Aufmerksamkeiten! Sehr gut das Frühstück im "Kirschgarten" - hier tagsüber Snacks. In der gemütlichen "Weberstube" isst man regional.

23 Zim 🛏 - 🛏75/90 € 🛏🛏150/216 € - 22 Suiten

*Bautzener Str. 20 ⊠ 02681 - 𝒞 03592 5200 - www.bei-schumann.de*

⚜ **Juwel** • 🍴 **Al Forno** - siehe Restaurantauswahl

## KISSINGEN, BAD

Bayern - 21 230 Ew. - Höhe 220 m - Regionalatlas **49**-I14

▶ Berlin 480 km - München 329 km - Fulda 62 km - Bamberg 81 km

Michelin Straßenkarte 546

### ⚜ Laudensacks Gourmet Restaurant 🕊 🍴 🏠 🚗

**FRANZÖSISCH-KLASSISCH · ELEGANT** 🍴🍴 Patron Hermann Laudensack ist immer wieder im Restaurant bei seinen Gästen, deren zufriedene Gesichter ein schöner Beweis für das hohe Niveau der produktbezogenen klassisch-modernen Küche sind. Terrasse mit Blick zum Park!

➜ Gebratene Gänseleber, Rauchaal, Zitronenhollandaise, weiße Zwiebeln, Erbsen. Confierter Saibling, Saiblingskaviar, Spargel, Sauerklee, Rapsöl. Karamellisierte weiße Schokolade, weißes Schokoladeneis, Rhabarbersorbet.

Menü 78/106 € - Karte 65/75 €

**Stadtplan : A2-n** - *Laudensacks Parkhotel, Kurhausstr. 28 ⊠ 97688*
*- 𝒞 0971 72240 (Tischbestellung ratsam) - www.laudensacks-parkhotel.de - nur Abendessen - geschl. Mitte Dezember - Ende Januar und Montag - Dienstag*

### 🍴 Schuberts Weinstube 🏠 ♿ 🚫

**REGIONAL · WEINSTUBE** 🍴 Die original Weinstube von 1893 ist schon sehenswert! Ein charmanter Rahmen für "Steinbeißerfilet auf Silvanerkraut", "Sauerbraten vom fränkischen Weiderind mit Gewürzblaukraut" oder ofenfrische Sonntagsklassiker. Tipp: der Mittagstisch.

Menü 34/49 € - Karte 27/44 €

**Stadtplan : A1-s** - *Kirchgasse 2 ⊠ 97688 - 𝒞 0971 2624*
*- www.weinstube-schubert.de - geschl. Montag - Dienstag*

### 🏨 Frankenland 🕊 🐾 🍴 ⚒ 🖥 🌐 🐾 ⛱ ⬆ ♿ ♨️ 🚗

**SPA UND WELLNESS · FUNKTIONELL** Ein komfortables Hotel mit großer Wellnesslandschaft und gutem Tagungsbereich. In der 6. Etage: einige besonders moderne Zimmer, darunter sehr schöne Pavarotti-, Caruso- und Callas-Suiten. Zeitlose Rôtisserie sowie rustikale Frankenland-Stuben mit bürgerlicher Karte.

495 Zim 🛏 - 🛏89/120 € 🛏🛏142/204 € - 4 Suiten - ½ P

**Stadtplan : B1-r** - *Frühlingstr. 11 ⊠ 97688 - 𝒞 0971 810*
*- www.hotel-frankenland.de*

### 🏨 Laudensacks Parkhotel 🍴 🌐 🐾 ⬆ 🅿️

**BOUTIQUE-HOTEL · GEMÜTLICH** Seit über 25 Jahren sind die Laudensacks mit Liebe und Engagement im Einsatz. Herzlich umsorgen sie ihre Gäste, und die haben es richtig schön: überaus wohnliche, individuelle Zimmer (meist mit Balkon), tolles Frühstück (im Sommer gerne auf der Terrasse), ein 4000 qm großer Park, das Beauty-Angebot der Chefin... Halbpension auch an Ruhetagen des Gourmetrestaurants.

20 Zim 🛏 - 🛏89/100 € 🛏🛏154/182 € - 1 Suite - ½ P

**Stadtplan : A2-n** - *Kurhausstr. 28 ⊠ 97688 - 𝒞 0971 72240*
*- www.laudensacks-parkhotel.de - geschl. Mitte Dezember - Ende Januar*

⚜ **Laudensacks Gourmet Restaurant** - siehe Restaurantauswahl

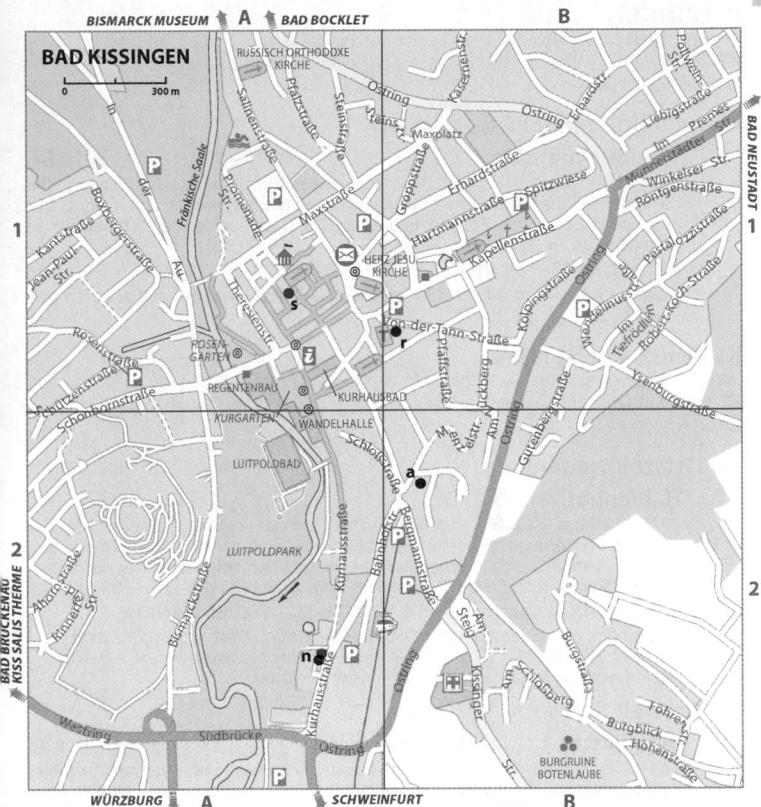

BISMARCK MUSEUM · A · BAD BOCKLET

**BAD KISSINGEN**

0     300 m

RUSSISCH-ORTHODOXE KIRCHE

HERZ-JESU-KIRCHE

ROSEN-GARTEN

REGENTENBAU

KURGARTEN

WANDELHALLE

KURHAUSBAD

LUITPOLDBAD

LUITPOLDPARK

BURGRUINE BOTENLAUBE

BAD BRÜCKENAU · KISS SALIS THERME

WÜRZBURG · A · SCHWEINFURT · B

BAD NEUSTADT

---

### 🏨 Residence von Dapper    🍴 🐾 🛏 🗔 🐾 🛗 🅿

FAMILIÄR · INDIVIDUELL Vor über 100 Jahren wurde das stattliche Sandstein-gebäude von Dr. Carl Dapper eröffnet und zeigt sich heute unter der Leitung von Günther und Sven Wedler in geschmackvoll modernem Stil: klare Formen und warme Farben von den Zimmern über den Spa bis ins Wintergarten-Restaurant (internationale Küche).

27 Zim 🖙 – ✸79/119 € ✸✸138/198 € – 10 Suiten – ½ P

**Stadtplan : B2-a** – *Menzelstr. 21* ✉ *97688* – ℰ *0971 785480*
– *www.residence-dapper.de*

## KISSLEGG

Baden-Württemberg – 8 660 Ew. – Höhe 648 m – Regionalatlas **63**-I21

▶ Berlin 697 km – Stuttgart 185 km – Konstanz 100 km – Kempten (Allgäu) 46 km

Michelin Straßenkarte 545

### 🏨 Ochsen    🍴 🛗 🛗 🛎 🚗

GASTHOF · INDIVIDUELL Frisch und modern ist der Ochsen: Die engagierte Gastgeberfamilie hat in den Zimmern (teilweise mit Balkon) für eine freundliche, neuzeitlich-funktionale Einrichtung gesorgt und im Restaurant mischt sich gerad-linig-zeitgemäßer Stil geschickt mit einer rustikalen Note.

59 Zim 🖙 – ✸64/74 € ✸✸89/109 € – 2 Suiten – ½ P

*Herrenstr. 21* ✉ *88353* – ℰ *07563 91090* – *www.ochsen-kisslegg.de*

## KITZINGEN

Bayern – 20 450 Ew. – Höhe 205 m – Regionalatlas **49**-I16

▶ Berlin 482 km – München 263 km – Würzburg 22 km – Bamberg 80 km

Michelin Straßenkarte 546

### In Sulzfeld am Main Süd-West: 4 km

 **Vinotel Augustin**

FAMILIÄR · INDIVIDUELL Ein hübsches kleines Hotel bei einem Weingut. Die komfortablen Themenzimmer sind so individuell wie ihre Namen: Loft, Orient, Tropen, Space, Zen, Hütte, Pop-Art und Afrika. Die Gäste werden herzlich betreut, so auch beim guten Frühstück.

8 Zim ⌂ – †73/82 € ††110/119 € – 1 Suite

*Matthias-Schiestl-Str. 4 ⊠ 97320 – ℰ 09321 2672960 – www.vinotel-augustin.de – geschl. 20. - 29. Dezember*

## KLEINES WIESENTAL

Baden-Württemberg – 200 Ew. – Höhe 920 m – Regionalatlas **61**-D21

▶ Berlin 845 km – Stuttgart 208 km – Freiburg im Breisgau 58 km – Basel 40 km

Michelin Straßenkarte 545

### Im Ortsteil Neuenweg

†○ **Haldenhof**

TRADITIONELLE KÜCHE · RUSTIKAL ⅄ Das Gasthaus liegt schön am Wald, toll der Blick von der Terrasse und einer der Stuben - da kehrt man nach einer Wanderung gerne ein und lässt sich international beeinflusste bürgerlich-regionale Küche servieren. Übernachten können Sie ebenfalls - die Zimmer sind ländlich-schlicht.

Menü 24/48 € – Karte 27/46 €   14 Zim ⌂ – †50/65 € ††80 €

*Haldenhof 1, (In Hinterheubronn, 950 m Höhe), Nord-West: 4,5 km Richtung Müllheim ⊠ 79692 – ℰ 07673 284 – www.haldenhof-schwarzwald.de – geschl. Mitte November - Februar und März - April: Dienstag*

### Im Ortsteil Schwand

🏠 **Sennhütte**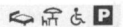

GASTHOF · FUNKTIONELL Ideal, um die schöne Schwarzwaldlandschaft zu genießen! Tipptopp gepflegt und wohnlich hat man es in dem sehr gut geführten traditionsreichen Familienbetrieb in einem kleinen Dorf. Es gibt Hausmacher Wurst zum Frühstück, bürgerlich-regionale Küche und zum Abschluss vielleicht einen selbstgebrannten Schnaps?

9 Zim ⌂ – †62/70 € ††102/110 € – 3 Suiten – ½ P

*Schwand 14 ⊠ 79692 – ℰ 07629 91020 – www.sennhuette.com – geschl. Februar*

## KLEINWALLSTADT

Bayern – 5 740 Ew. – Höhe 123 m – Regionalatlas **48**-G15

▶ Berlin 566 km – München 353 km – Würzburg 77 km – Darmstadt 49 km

Michelin Straßenkarte 546

†○ **Landgasthof zum Hasen**

TRADITIONELLE KÜCHE · GASTHOF ⅄ Gemütlich ist es in dem Gasthof von 1554: zeitgemäß-rustikal der Stil, hübsch die Deko, draußen der schöne Innenhof! Sie werden herzlich umsorgt und bekommen modern interpretierte traditionell-regionale Küche serviert. Sie möchten übernachten? So liebenswert wie der Gastraum sind auch die Zimmer.

Menü 36 € (abends)/75 € – Karte 25/48 €   6 Zim ⌂ – †68 € ††85 € – 2 Suiten

*Marktstr. 3 ⊠ 63839 – ℰ 06022 7106590 – www.kleinwallstadt-zumhasen.de – geschl. über Fasching 1 Woche, August 2 Wochen und Montag - Dienstagmittag*

## WIR MÖGEN BESONDERS...

Die guten Produkte von Walser Bauern im urigen **Wirtshaus Hoheneck**. **Scharnagl's Alpenhof** für seinen eigenen Honig als Spezialität. Als Hotelgast im **Alpenhof Jäger** mit dem Chef auf Wandertour gehen. Die tolle Wein-, Rum- und Whiskyauswahl in der **Birkenhöhe**. Schickes Design und Sterneküche im exklusiven **Travel Charme Ifen Hotel**.

# KLEINWALSERTAL

Vorarlberg – 5 015 Ew. – Regionalatlas **64**-I22
▶ Wien 583 km – Bregenz 83 km – Kempten 49 km
Michelin Straßenkarte 730

## In Riezlern Höhe 1 100 m

### Humbachstube im Alpenhof Jäger

**REGIONAL · GEMÜTLICH** XX Richtig gemütlich sitzt man in der kleinen Stube bei schmackhaften regionalen Gerichten wie "geschmolzenem Kalbskopf mit gebratenem Kalbsbries und Gemüse-Balsamicovinaigrette" oder "Wildpfeffer vom Rehbock mit Rahmpilzen und Spätzle vom Brett". Charmant der Service samt guter Weinberatung.

Menü 37/75 € – Karte 34/73 €

*Hotel Alpenhof Jäger, Unterwestegg 17 ⊠ 87567 – ☏ 05517 5234 (Tischbestellung ratsam) – www.alpenhof-jaeger.de – nur Abendessen – geschl. 18. April - 7. Mai, 7. - 24. Juli, 12. November - 13. Dezember und Dienstag - Mittwoch*

### Scharnagl's Alpenhof

**REGIONAL · FREUNDLICH** X Jürgen Scharnagl ist passionierter Jäger und Imker - so zählt neben Wild auch Honig zu den Spezialitäten. An regional-saisonalen Speisen gibt es hier z. B. "Lammrücken mit Honig und Ziegenkäse überbacken". So manch Leckeres kann man auch für zuhause kaufen. Zum Übernachten hat man charmante Gästezimmer.

Menü 43/78 € – Karte 30/62 €   5 Zim ⊡ – †81/91 € ††136/156 €

*Zwerwaldstr. 28 ⊠ 87567 – ☏ 05517 5276 (Tischbestellung ratsam) – www.scharnagls.de – geschl. 19. April - 11. Mai, Anfang November - Anfang Dezember und Mittwoch - Donnerstagmittag*

### Alpenhof Jäger

**FAMILIÄR · GEMÜTLICH** Ein liebevoll restauriertes Walserhaus von 1683, das um einen Anbau im regionalen Stil erweitert wurde. Das kleine Hotel mit den gepflegten rustikalen Gästezimmern wird von Familie Jäger engagiert geleitet. HP inklusive.

12 Zim ⊡ – †86/95 € ††152/190 € – ½ P

*Unterwestegg 17 ⊠ 87567 – ☏ 05517 5234 – www.alpenhof-jaeger.de – geschl. 18. April - 7. Mai, 12. November - 13. Dezember*

Humbachstube im Alpenhof Jäger – siehe Restaurantauswahl

## In Hirschegg Höhe 1 125 m

### ✪ Kilian Stuba ⟨ 🍴 🎏 ⛬ 🆎 ⬛ 🚗

**KREATIV · ELEGANT** 🍴🍴🍴 Reduziert, ausdrucksstark, kreativ. Die Küche kombiniert klassische und regionale Elemente und setzt auf Produktqualität - ein wahres Highlight sind die Saucen! Und dazu einen der vielen österreichischen Weine? Modern-elegant das Ambiente.

→ Bretonische Rotbarbe auf der Haut gegrillt, Orangenblüten-Basilikumfond, Fregola Sarda, eingelegte Kirschtomaten. Bayerisches Milchkalbskotelett am Knochen gegart, Perigord Trüffeljus, weißes Zwiebelconfit. Marille und Kamille, Valrhona Ivoire, Alptopfen, Macadamianuss.

Menü 80/120 € – Karte 81/98 €

*Travel Charme Ifen Hotel, Oberseitestr. 6* ✉ *87568 –* ☎ *05517 6080*
*– www.travelcharme.com – nur Abendessen – geschl. Sonntag - Montag*

### ⅃○ Sonnenstüble 🐌 ⟨ 🎏 ⬛ 🚗

**REGIONAL · LÄNDLICH** 🍴🍴 Hier sorgen warmes Holz und Kachelofen für Gemütlichkeit, während man Sie z. B. mit "Dem Besten vom Walser Milchkalb" oder "Schokolade - Haselnuss" verwöhnt. Dazu eine sehr gute Weinauswahl samt Raritäten aus Italien und Frankreich.

Menü 43/75 € – Karte 34/60 €

*Hotel Birkenhöhe, Oberseitestr. 34* ✉ *87568 –* ☎ *05517 5587 (Tischbestellung ratsam) – www.birkenhoehe.com – nur Abendessen – geschl. 2. April - 31. Mai, 1. November - 17. Dezember und Montag - Dienstag*

### 🏨 Travel Charme Ifen Hotel ⟨ 🍴 🖼 🌐 ♨ 👙 ⛬ 🆎 ⬛ 🧖 🚗

**SPA UND WELLNESS · MODERN** Das moderne Hotel trägt die Handschrift des Designers Lorenzo Bellini: geradlinig-eleganter Stil vereint mit schönen Naturmaterialien wie Holz und Stein. Schicke Zimmer mit Balkon oder Terrasse, toller "PURIA Premium Spa" auf 2300 qm, schöne Aussicht. Halbpension im Restaurant "Theo's".

117 Zim ⬜ – 🛏153/331 € 🛏🛏218/474 € – 8 Suiten – ½ P

*Oberseitestr. 6* ✉ *87568 –* ☎ *05517 6080 – www.travelcharme.com*

✪ **Kilian Stuba** – siehe Restaurantauswahl

### 🏨 Birkenhöhe 🐌 ⟨ 🖼 🌐 ♨ 👙 ⬛ 🚗

**SPA UND WELLNESS · GEMÜTLICH** Das ruhig gelegene Ferienhotel mit Aussicht aufs Kleinwalsertal ist ein gut geführter Familienbetrieb mit wohnlichem Ambiente und Spa mit Panoramahallenbad. Täglich lockt leckerer hausgebackener Kuchen und für Rum- und Whisky-Freunde hat man in der Bar rund 100 Sorten.

39 Zim ⬜ – 🛏110/140 € 🛏🛏200/254 € – 5 Suiten – ½ P

*Oberseitestr. 34* ✉ *87568 –* ☎ *05517 5587 – www.birkenhoehe.com – geschl. 2. April - 31. Mai, 1. November - 17. Dezember*

⅃○ **Sonnenstüble** – siehe Restaurantauswahl

### 🏨 Naturhotel Chesa Valisa ⟨👙 🐌 ⟨🍴 🛋 🌐 ♨ 👙 🧖 🚗

**SPA UND WELLNESS · MODERN** Gelungen das Bio-Konzept in Architektur, Material, Kosmetik, Speisen- und Weinangebot. Viel Holz, Glas und klares Design schaffen ein ansprechendes wohnlich-modernes Ambiente, dennoch bewahrt man mit dem 500 Jahre alten Gasthof ein Stück Tradition. Im Restaurant setzt man auf Naturprodukte aus der Region.

42 Zim ⬜ – 🛏123/148 € 🛏🛏236/320 € – 10 Suiten – ½ P

*Gerbeweg 18* ✉ *87568 –* ☎ *05517 54140 – www.naturhotel.at – geschl. 17. April - 20. Mai, 10. November - 15. Dezember*

### 🏨 Gemma 👙 🐌 ⟨ 🍴 🖼 ♨ 🚗

**FAMILIÄR · FUNKTIONELL** Lobby, Bar, Zimmer... Schöner moderner Stil mit geschmackvollem alpinem Touch zieht sich wie ein roter Faden durchs Haus. Attraktiv ist natürlich auch die Lage - im Winter hat man die Skipiste ganz in der Nähe. Regional-traditionelle Küche im gemütlichen Restaurant. HP inklusive.

25 Zim ⬜ – 🛏90/150 € 🛏🛏133/193 € – 1 Suite – ½ P

*Schwarzwasstalstr. 21* ✉ *87568 –* ☎ *05517 53600 – www.gemma.at – geschl. 23. April - 23. Mai, 5. November - 14. Dezember*

### ⌂ Sonnenberg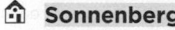

**FAMILIÄR · GEMÜTLICH** Schön die Lage über dem Tal, dazu der urige Charme des Walser Bauernhauses a. d. 16. Jh., nicht zu vergessen die herzlichen, engagierten Gastgeber! Nachmittags gibt's hausgebackenen Kuchen. Übrigens: Bei Eis und Schnee erspart man Ihnen die beschwerliche Fahrt hier hinauf, man holt Sie unten im Ort ab.

13 Zim ⌑ – ♦56/90 € ♦♦106/165 € – 1 Suite – ½ P

*Am Berg 26 ✉ 87568 – ☏ 05517 5433 – www.kleinwalsertal-sonnenberg.de*
*– geschl. 3. April - 18. Mai, 23. Oktober - 15. Dezember*

## In Mittelberg Höhe 1 220 m

### ⅼ○ Haller's

**REGIONAL · LÄNDLICH** ✕✕ Lust auf "Dry Aged Kotelett vom Walser Jungrind mit Speck und Perlzwiebeln" oder "gebratenes Eismeerforellenfilet mit Thai-Currysauce und asiatischem Gemüse"? In behaglichem Landhausambiente - oder auf der Terrasse mit Aussicht - genießt man Regionales und Internationales. Tipp: kulinarische Mitbringsel.

Menü 29/95 € – Karte 30/72 €

*Haller's Genuss & Spa Hotel, Von Klenze Weg 5 ✉ 87569 – ☏ 05517 5551 (abends Tischbestellung erforderlich) – www.hallers.at – geschl. 24. April - 23. Mai und Dienstag - Mittwoch*

### ⅼ○ Wirtshaus Hoheneck ❶

**TRADITIONELLE KÜCHE · GEMÜTLICH** ✕ Ein charmant-rustikales Gasthaus, unten und oben ist es gleichermaßen gemütlich, hier wie dort mit herrlicher Bergblick-Terrasse. Gekocht wird regional-saisonal, so z. B. "Golasch vom Hirschegger Rend mit Serviettenknödel", dazu schöne Weine aus Österreich. Tipp: nachmittags Kaffee und hausgebackenen Kuchen.

Menü 26/80 € – Karte 18/52 €

*Walserstr. 365 ✉ 87569 – ☏ 05517 55225 – www.hoheneck.at – geschl. Mitte November - Anfang Dezember und Dienstag*

### ⌂⌂⌂ Haller's Genuss & Spa Hotel

**SPA UND WELLNESS · GEMÜTLICH** Das Hotel der Familie Haller ist wohnlich und für die Region typisch eingerichtet, bietet freundlichen Service, eine hochwertige Halbpension und einen gut ausgestatteten Spa, und von den Zimmern schaut man auf die umliegenden Berge!

55 Zim ⌑ – ♦150/285 € ♦♦230/500 € – 30 Suiten – ½ P

*Von Klenze Weg 5 ✉ 87569 – ☏ 05517 5551 – www.hallers.at – geschl. 24. April - 23. Mai*

ⅼ○ **Haller's** – siehe Restaurantauswahl

### ⌂⌂ Leitner

**SPA UND WELLNESS · GEMÜTLICH** Hier überzeugt der aufwändig gestaltete Spabereich auf 1000 qm, dessen Ruheraum einen tollen Bergblick bietet. Besonders schön: einige Zimmer in alpenländisch-modernem Stil.

23 Zim ⌑ – ♦90/165 € ♦♦160/270 € – 12 Suiten – ½ P

*Walserstr. 355 ✉ 87569 – ☏ 05517 5788 – www.leitner-hotel.at – geschl. 17. April - 20. Mai, 7. November - 17. Dezember*

### ⌂ Naturhotel Lärchenhof

**FAMILIÄR · GEMÜTLICH** Der Familienbetrieb ist eine Symbiose aus Tradition und Moderne. Man hat sich den Themen Region und Natur verschrieben, von der ökologischen Bauweise (schön z. B. "Alpschwitz"-Sauna mit viel Holz und Stein) bis zu Bio-Lebensmitteln (man hat eigene Honig-Produkte). HP inklusive, im Sommer auch Bergbahnkarte.

19 Zim ⌑ – ♦70/97 € ♦♦124/172 € – 5 Suiten – ½ P

*Schützabühl 2 ✉ 87569 – ☏ 05517 6556 – www.naturhotel-laerchenhof.at*
*– geschl. 15. April - 17. Mai, 4. November - 19. Dezember*

**In Mittelberg-Höfle** Nord-Ost: 3 km, Zufahrt über die Straße nach Baad, dann links abbiegen

### 🏠 IFA-Hotel Alpenhof Wildental   ⭐ 🛏 ⧼ 🖼 🔟 💮 🕸 🛴 🅿

**SPA UND WELLNESS · FUNKTIONELL** Was dieses Hotel interessant macht? Die idyllische Lage, die gut ausgestatteten Zimmer, das Wellness- und Fitnessangebot sowie die Sonnenterrasse mit Panoramablick. Für Hausgäste ist am Abend das Restaurant geöffnet - HP inklusive.

57 Zim 🛏 - ❗65/138 € ❗❗106/264 € - ½ P
*Höfle 8 ✉ 87569 - 𝒞 05517 65440 - www.ifa-wildental-hotel.com - geschl. November 3 Wochen*

Bei schönem Wetter isst man gern im Freien! Wählen Sie ein Restaurant mit Terrasse: 🍽.

# KLETTGAU

Baden-Württemberg - 7 470 Ew. - Höhe 424 m - Regionalatlas **62**-E21
▶ Berlin 793 km - Stuttgart 163 km - Freiburg im Breisgau 79 km - Donaueschingen 43 km
Michelin Straßenkarte 545

## In Klettgau-Grießen

### 😊 Landgasthof Mange   🍽 ⟳ 🅿

**INTERNATIONAL · FREUNDLICH** ✕✕ Eine der besten Adressen der Region! Abwechslungsreiche Speisen von "Cordon bleu mit Pommes Frites" bis "Steinbutt mit Krustentierschaum, Estragon, Artischocken und Hummer" beweisen echtes Engagement. Probieren Sie auch Schnaps und Brot - beides stammt aus der eigenen Produktion der Familie.

Menü 30 € (mittags)/58 € - Karte 29/51 €
*Kirchstr. 2 ✉ 79771 - 𝒞 07742 5417 (Tischbestellung erforderlich)
- www.mange-griessen.de - Mittwoch - Freitag nur Abendessen - geschl. August 3 Wochen und Montag - Dienstag*

# KLINGENBERG am MAIN

Bayern - 6 190 Ew. - Höhe 128 m - Regionalatlas **48**-G15
▶ Berlin 576 km - München 354 km - Würzburg 81 km - Amorbach 18 km
Michelin Straßenkarte 546

### 😊 Straubs Restaurant   🛋 ⧼ 🕭 🍽

**INTERNATIONAL · ZEITGEMÄSSES AMBIENTE** ✕ Der Name des Hotels "Straubs Schöne Aussicht" gilt auch fürs Restaurant: Durch die im Sommer offene Fensterfront und von der überdachten Terrasse schaut man auf Weinberge, Burg und Main! Und die Küche? "Sauerbraten von der Rinderschulter auf Spitzkohl-Schalottengemüse", "Wolfsbarschfilet auf Kürbispüree"...

Menü 32/90 € - Karte 35/57 €   28 Zim - ❗57/110 € ❗❗80/150 € - 🛏 7 €
*Bahnhofstr. 18, am linken Mainufer ✉ 63911 - 𝒞 09372 930300
- www.straubs-schoene-aussicht.de - Mittwoch - Freitag nur Abendessen, Oktober - April: Mittwoch - Samstag nur Abendessen - geschl. Januar, August 2 Wochen und Montag- Dienstag*

# KLINGENMÜNSTER

Rheinland-Pfalz - 2 339 Ew. - Höhe 168 m - Regionalatlas **54**-E17
▶ Berlin 688 km - Mainz 123 km - Neustadt a.d. Weinstraße 36 km - Saarbrücken 105 km
Michelin Straßenkarte 543

## ⫪○ **freiraum im Stiftsgut Keysermühle** Ⓝ     🍴 🅿

**REGIONAL · GERADLINIG** 𝖃 Das als Integrationsbetrieb geführte Naturhotel und Tagungshaus hat ein helles, geradlinig gestaltetes Restaurant mit Wintergarten-Atmosphäre, in dem sehr gute Produkte - häufig aus Bio-Anbau - verarbeitet werden. Appetit macht z. B. "Kalbsbraten mit Bio-Champignons". Im Sommer unter der Woche kleine Karte.

Menü 28 € – Karte 29/46 €

*Bahnhofstr. 1* ✉ *76889 –* ☎ *06349 99390 (Tischbestellung ratsam)*
*– www.stiftsgut-keysermuehle.de – Mitte November - Mitte März nur Abendessen,*
*sonntags und feiertags auch Mittagessen – geschl. Mitte November - Mitte März:*
*Montag - Dienstag*

# KLINGENTHAL

Sachsen – 9 080 Ew. – Höhe 569 m – Regionalatlas **42**-N14
▶ Berlin 337 km – Dresden 169 km – Chemnitz 86 km – Plauen 43 km
Michelin Straßenkarte 544

## 🏠 **Berggasthaus Schöne Aussicht**    🐾 🛎 ⪡ 🏂 🅿

**GASTHOF · GEMÜTLICH** Eine tolle Aussicht über das Vogtland bietet dieses im Stil eines Berggasthofs erbaute Haus in ca. 900 m Höhe. Gemütlich dekorierte Zimmer, teils mit Fachwerk. Der Dielenboden unterstreicht den behaglich-urigen Charakter der Gaststuben.

5 Zim 🖙 – ♦45 € ♦♦65 € – ½ P

*Aschbergstr. 19* ✉ *08248 –* ☎ *037467 20281 – www.bergasthaus-klingenthal.de*

## KLOSTER ZINNA Brandenburg ➜ Siehe Jüterbog

# KLÜTZ

Mecklenburg-Vorpommern – 3 070 Ew. – Höhe 12 m – Regionalatlas **11**-K4
▶ Berlin 274 km – Schwerin 53 km – Grevesmühlen 14 km – Hamburg 123 km
Michelin Straßenkarte 542

## 🏠 **Landhaus Sophienhof**     🅿 🚫

**LANDHAUS · MODERN** Wenige Gehminuten vom Schloss Bothmer entfernt steht das schön sanierte Fachwerkhaus von 1854, dessen Zimmer nordisch-wohnlichen Charme versprühen. Gemütlich das kleine Café, im Sommer sitzt man im hübschen Garten.

4 Zim – ♦43/63 € ♦♦63/83 € – 1 Suite – 🖙 12 €

*Wismarsche Str. 34, Zufahrt über Schulstraße* ✉ *23948 –* ☎ *038825 267080*
*– www.gartenhotel-sophienhof.de*

## KNITTELSHEIM Rheinland-Pfalz ➜ Siehe Bellheim

# KOBERN-GONDORF

Rheinland-Pfalz – 3 160 Ew. – Höhe 82 m – Regionalatlas **36**-D14
▶ Berlin 612 km – Mainz 100 km – Koblenz 23 km – Trier 117 km
Michelin Straßenkarte 543

## ⫪○ **Alte Mühle Thomas Höreth**    ⪡ 🛎 🍴 🅿

**REGIONAL · ROMANTISCH** 𝖃 Familie Höreth hat hier ein echtes Bijou: Die Stuben sind liebevoll dekoriert, dazu ein Innenhof, der idyllischer kaum sein könnte, und ein eigenes Weingut! Möchten Sie da nicht ein bisschen länger bleiben? Man hat individuelle und sehr wohnliche Gästezimmer, die schön ruhig liegen!

Karte 38/64 €    14 Zim 🖙 – ♦180/260 € ♦♦230/300 €

*Mühlental 17, Kobern* ✉ *56330 –* ☎ *02607 6474 (Tischbestellung ratsam)*
*– www.thomashoereth.de – Montag - Freitag nur Abendessen – geschl. Januar 3 Wochen*

# KOBLENZ

Rheinland-Pfalz – 109 780 Ew. – Höhe 60 m – Regionalatlas **36**-D14

▶ Berlin 600 km – Mainz 100 km – Bonn 63 km – Wiesbaden 102 km

Michelin Straßenkarte 543

---

## ❀ Da Vinci ❶    AC ⌖

**FRANZÖSISCH-KREATIV · DESIGN** ✗✗ Das "Da Vinci" ist in das Stammhaus der Sektkellerei Deinhard von 1794 umgezogen. Fast alles ist neu: die trendig-moderne Einrichtung, die Küchencrew, das Serviceteam. Geblieben ist die sehr gute und finessenreiche kreative Küche, die in Menüform geboten wird.

→ Aal, Schwarzwurzel, Kapernbutter. Rehrücken, Sellerie, Blutwurst. Ananas, Kaffee, Milcheis.

Menü 68/145 €

*Stadtplan : B2-a – Deinhardplatz 3* ✉ *56068 –* ✆ *0261 9215444 (Tischbestellung ratsam) – www.davinci-koblenz.de – nur Abendessen, sonntags auch Mittagessen – geschl. 1. - 15. Januar, 1. - 13. August und Montag - Dienstag*

---

## ❀ Schiller's Restaurant    ⇦ 🏠 ⌖ P

**KLASSISCHE KÜCHE · ELEGANT** ✗✗ Im Restaurant des Hotels "Stein" darf man sich auf geschmacksintensive und ausdrucksstarke klassische Küche mit leicht mediterranem Einfluss freuen - als kleine A-la-carte-Auswahl oder als Menü "Confluentia Global" mit 4 x 4 Gängen. Man sitzt im Wintergarten oder auf der schönen verkehrsgeschützten Terrasse.

→ Artischockenravioli, Tomate, Aubergine, grünes Öl. Halber Hummer, Karotte, Ingwer, Passionsfrucht. Lammrücken, Gurke, griechischer Joghurt, getrocknete Blaubeeren.

Menü 56 € (mittags unter der Woche)/110 € – Karte 77/147 €    30 Zim
🛏 - ♦85/105 € ♦♦110/150 €

*Mayener Str. 126, über Europabrücke A1* ✉ *56070 –* ✆ *0261 963530 – www.schillers-restaurant.de – geschl. Samstagmittag, Sonntag - Montag*

---

## ⑨ GERHARDS GENUSSGESELLSCHAFT    🏠 ♿ ⌀

**KLASSISCHE KÜCHE · FREUNDLICH** ✗ Zu Klosterzeiten wurde hier, nicht weit vom Deutschen Eck, wo Rhein und Mosel zusammenfließen, Proviant gelagert, heute wird in dem schönen alten Gewölbe (gelungen der Mix mit modernem Interieur) die feine Küche von Georg Gerhards serviert: lauwarmer Entensalat, geschmorte Lammkeule... Herrlich die Terrasse.

Menü 22 € (mittags unter der Woche)/50 € – Karte 29/51 €

*Stadtplan : B1-c – Danziger Freiheit 3* ✉ *56068 –* ✆ *0261 91499133 – www.gerhards-genussgesellschaft.de – November - Ostern: Dienstag - Donnerstag nur Abendessen – geschl. Montag*

---

## ⑪○ CHIARO    🏠

**MEDITERRAN · BISTRO** ✗ Wirklich nett sitzt man hier in einem hübschen legeren Bistro in der Altstadt, draußen die schöne Terrasse zum Münzplatz. Wer gerne mediterran isst, darf sich z. B. auf "marinierten Spargel mit Bärlauchcreme und gegrillten Scampi" freuen.

Menü 16 € (mittags)/48 € – Karte 27/57 €

*Stadtplan : A1-b – Münzstr. 3* ✉ *56068 –* ✆ *0261 97379371 – www.chiaro-restaurant.de – geschl. Sonntag - Montagmittag*

---

## ⑪○ Augusta ❶    ஃ 🏠

**REGIONAL · FREUNDLICH** ✗ Seit geraumer Zeit kann man auch an der Touristen-(und Kneipen-) Meile von Koblenz gepflegt essen: Hier gibt es deutsche Küche in Form von "Sauerbraten von der Kalbshaxe" oder "Ravioli vom Laacher Räucheraal". Terrasse zum Rheinufer!

Menü 29/35 € – Karte 32/59 €

*Stadtplan : B1-g – Rheinstr. 2a, Eingang Rheinzollstraße* ✉ *56068 –* ✆ *0261 91446822 – www.augusta-koblenz.de – geschl. 20. Februar - 6. März, 23. Oktober - 6. November und Montag*

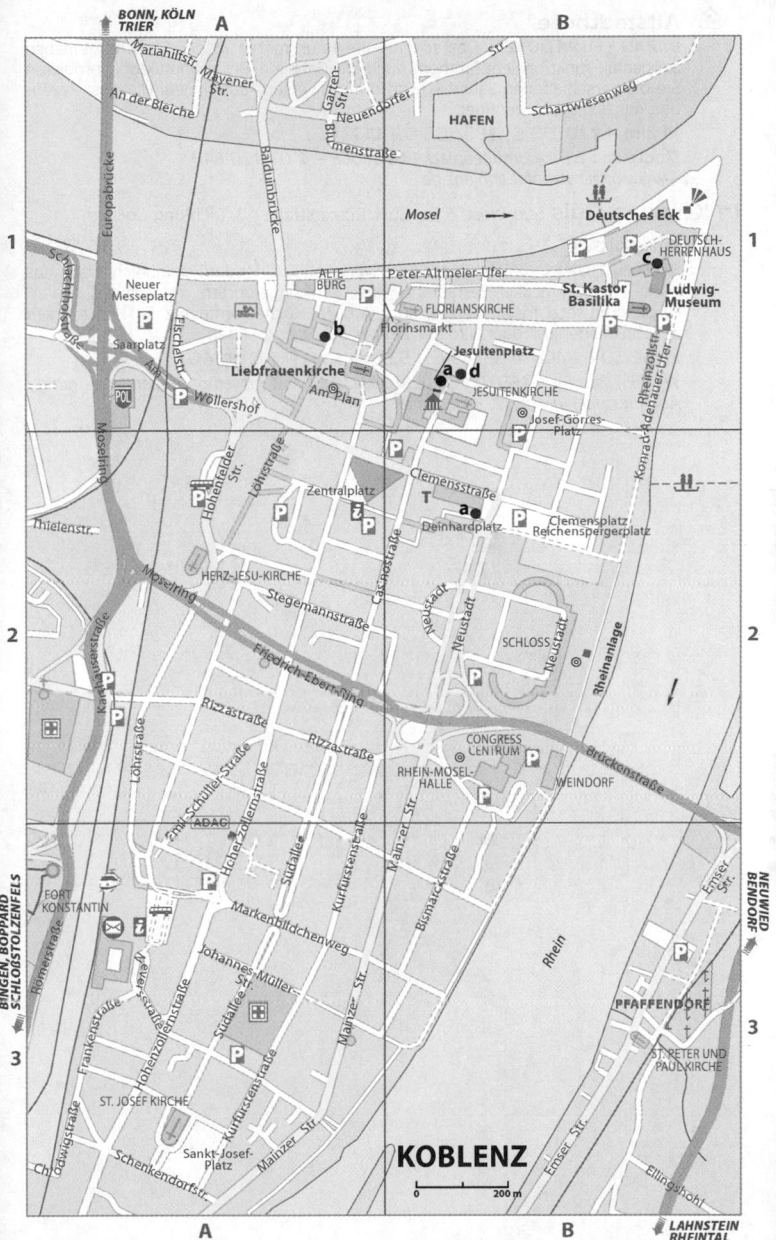

KOBLENZ

0      200 m

**Altstadthotel**

URBAN · FUNKTIONELL Das schöne alte Haus mitten in der Stadt birgt neben zeitgemäß-funktionalen Zimmern auch ein Café mit Brotmanufaktur - probieren Sie die verschiedenen Sauerteig-Brote mit diversen Aufstrichen! Hinweis: Rezeption nur bis 18 Uhr geöffnet.

14 Zim – ♥70/90 € ♥♥85/105 € – ⌑12 €

Stadtplan : B1-a – *Jesuitenplatz 1* ⊠ *56068* – *☏ 0261 201640* – *www.altstadt-hotel-koblenz.de*

**In Koblenz-Güls** Süd-West: 5 km über Römerstraße A3, Richtung Cochem

⍐O **Vinoble**                    ⇦ ⅋ 🅰🅲 ⅌ 🅿

INTERNATIONAL · ZEITGEMÄSSES AMBIENTE ⅗⅗ Modern-gemütlich ist das kleine Feinschmecker-Restaurant des familiengeführten "Moselhotel Hähn" - Apfelgrün setzt frische Farbakzente. Aus der Küche kommen z. B. "Hirschrücken in Schokoladenjus" oder "krosser Zander auf Speckbohnen".

Menü 30 € – Karte 38/49 €    52 Zim ⌑ – ♥85 € ♥♥140 € – ½ P

*Wolfskaulstr. 94* ⊠ *56072* – *☏ 0261 947230* – *www.moselhotel-haehn.de* – *nur Abendessen* – *geschl. 2. - 15. Januar*

## WIR MÖGEN BESONDERS...

Im **Maître im Landhaus Kuckuck** ausgezeichnet speisen, und das direkt neben dem Stadion des 1. FC. Köln! Wie gelungen das **Le Moissonnier** Spitzenküche mit sympathischem Bistro-Flair verbindet. Das junge, trendige Konzept des **maiBeck**. Hoch oben im beeindruckenden historischen Wasserturm im **Himmel un Äd** bei Traumsicht wahrhaft schlemmen. Ein Kölsch im **Früh am Dom**!

# KÖLN

Nordrhein-Westfalen – 1 024 380 Ew. – Höhe 53 m – Regionalatlas **36**-C12
▶ Berlin 579 km – Düsseldorf 42 km – Bonn 31 km – Aachen 72 km
Michelin Straßenkarte 543

Stadtpläne siehe nächste Seiten

## *Restaurants*

### ✿✿ Le Moissonnier

**FRANZÖSISCH-KREATIV · BISTRO** X Luxuriös? Pompös? Nein - klein, quirlig und voller Lebensfreude kommt das absolut sympathische Bistro daher. Seit rund 30 Jahren sorgt ein engagiertes Trio für stets präsenten und zugleich diskreten Service sowie für kreative französische Küche, bestehend aus vielen harmonisch ineinander greifenden Aromen.
➙ Foie Gras Maison. Ris de Veau caramélisé. Short Rib de Boeuf.
Menü 92 € (mittags unter der Woche)/140 €
– Karte 80/122 €
**Stadtplan : F1-e** – *Krefelder Str. 25* ✉ *50670*
– ✆ *0221 729479 (Tischbestellung erforderlich)* – *www.lemoissonnier.de*
· *geschl. Weihnachten - Anfang Januar 1 Woche, über Ostern 1 Woche, Juli*
- *August 3 Wochen und Sonntag - Montag, außer an Feiertagen*

### ✿ Himmel un Äd

**MODERNE KÜCHE · TRENDY** XxX Etwa eine Minute brauchen Sie von der "Äd" zum "Himmel", dem 11. Stock des beeindruckenden Gemäuers, wo Sie die beiden gleichnamigen modernen Menüs genießen - und das bei herrlichem Blick über Köln! Lohnenswert: Apero auf der Terrasse!
➙ Haff-Zander, Weinbergschnecke, Taubnessel, Birne. U.S. Short Rib, Liebstöckel, Steinpilz, Weiße Johannisbeere. Campari Orange, Rote Paprika, Manjari, Pistazie.
Menü 99/139 € – Karte 74/95 €
**Stadtplan : F2-c** – *Hotel Im Wasserturm, Kaygasse 2, (11. Etage)* ✉ *50676*
– ✆ *0221 20080 (Tischbestellung ratsam)* – *www.hotel-im-wasserturm.de* – *nur Abendessen* – *geschl. Anfang Januar 10 Tage, über Karneval, Mitte Juli*
- *Anfang August und Sonntag - Montag*

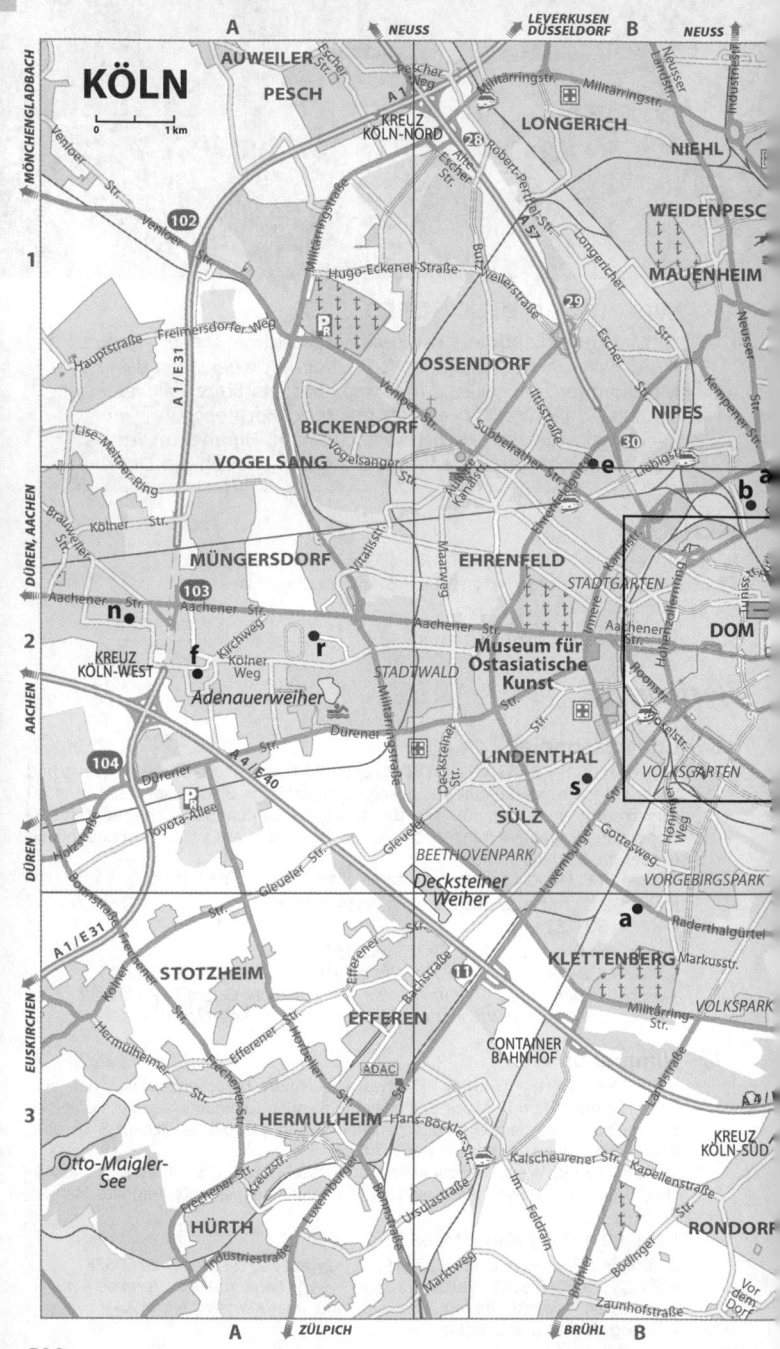

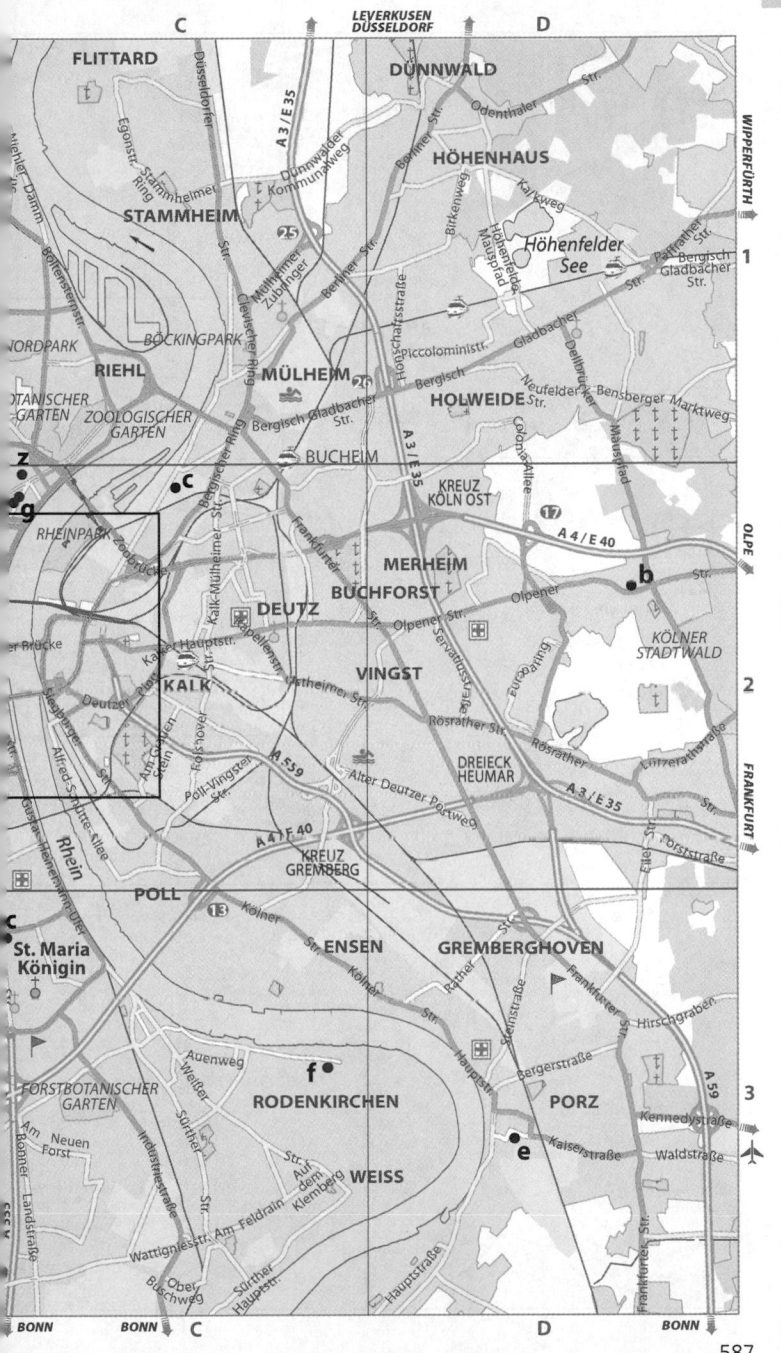

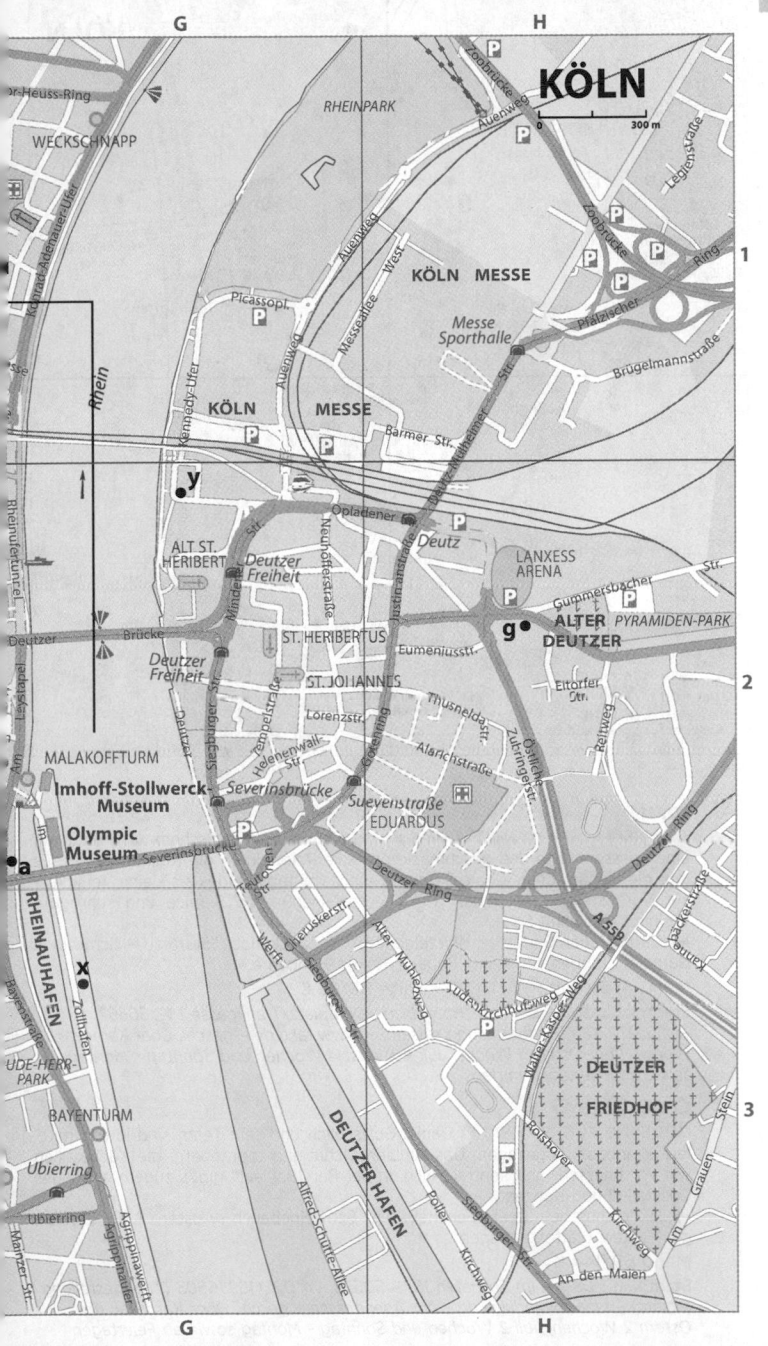

KÖLN

0    300 m

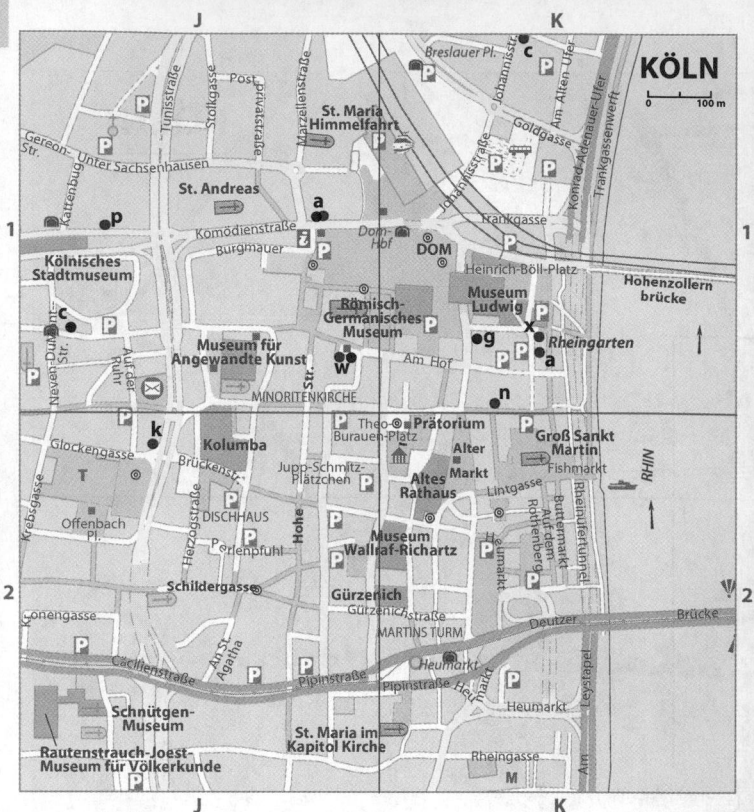

**KÖLN**

0    100 m

---

😋 **taku**      🎋 🅰🅲 ❄ 🚗

**ASIATISCH · GERADLINIG** ✕✕ Hier schickt man Sie in stylischem Ambiente auf eine finessenreiche und geschmacksintensive Reise durch die Küchen Asiens: Es gibt die Menüs "Chefs Choice" oder "Vegan" (mittags beides als kleine Version) - auf Vorbestellung auch das "Pekingenten"-Menü. Top Service und sehr gute Weinauswahl samt Sake.

→ "Japanischer Garten" - Wurzelgemüse, Yuzu, Quinoa. "Siu Mai" - Schwein & Garnele, Krabben, Shoaxing. Banane, Kokos, Himbeere.

Menü 41 € (mittags)/130 € – Karte 83/95 €

Stadtplan : J1-a – *Excelsior Hotel Ernst, Domplatz/Trankgasse 1* ✉ 50667 – 𝒞 0221 2701 *(Tischbestellung ratsam) – www.taku.de – geschl. über Karneval 1 Woche, über Ostern 1 Woche, Juli - August 4 Wochen und Sonntag - Montag sowie an Feiertagen mittags*

😋 **Ox & Klee** 🆕      🅰🅲

**MODERNE KÜCHE · CHIC** ✕✕ Daniel Gottschlich und sein Team sind in das mittlere Kranhaus umgezogen. Das Ambiente chic und topmodern, die Küche nach wie vor finessen- und kontrastreich. In der Bar "Bayleaf" gibt's zudem ein neues Cocktail-/Food-Konzept.

→ Jakobsmuschel, Beef, Fenchel, Dill. Schweinebauch, Auster, Alge, Bottarga. "Blüten, Blätter, Knospen".

Menü 69/144 €

Stadtplan : G3-x – *Im Zollhafen 18* ✉ 50678 – 𝒞 0221 16956603 *(Tischbestellung ratsam) – www.oxundklee.de – nur Abendessen – geschl. über Karneval, über Ostern 2 Wochen, Juli 2 Wochen und Sonntag - Montag sowie an Feiertagen*

✿ **Alfredo** (Roberto Carturan)                                      AC

ITALIENISCH · FREUNDLICH XX Was Sie bei Roberto Carturan erwarten? Authentizität, erstklassige Produkte, eine eigene, klare und betont schlichte Linie und vor allem Geschmack! Lassen Sie sich Menü und Wein am Tisch empfehlen. Ein schönes, angenehm legeres Restaurant zum Wohlfühlen.

→ Jakobsmuscheln, gefüllte Totanelli. Steinbutt, Spargel. Nocciola delle Langhe, Tonkabohne.

Menü 69/95 € – Karte 60/84 €

Stadtplan : J2-k – *Tunisstr. 3* ✉ *50667 – ℰ 0221 2577380 (Tischbestellung ratsam) – www.ristorante-alfredo.com – geschl. Juli - August 3 Wochen und Samstag - Sonntag sowie an Feiertagen*

✿ **La Société**                                                      ⸭

KLASSISCHE KÜCHE · NACHBARSCHAFTLICH XX Küche, Service, Weinempfehlung, Ambiente... Hier freut man sich nicht nur auf richtig gute klassische Küche mit modern-regionalen Elementen (als Auftakt gibt es "Kölsche Tapas"), man wird auch charmant umsorgt und die Atmosphäre ist gemütlich, fast schon intim, sehenswert die Deko!

→ Angebratenes Tatar "Stroganoff Style" mit Wachtel-Senfei. Brust und Keule von der Bresse Poularde mit Erbsen, Morcheln und grünem Spargel. Dies und Das vom Rhabarber mit weißer Schokolade und karamellisiertem Blätterteig.

Menü 55/109 € – Karte 69/89 €

Stadtplan : E3-d – *Kyffhäuser Str. 53* ✉ *50674 – ℰ 0221 232464 (Tischbestellung ratsam) – www.lasociete.info – nur Abendessen – geschl. Juli 2 Wochen*

✿ **L'escalier** (Maximilian Lorenz)                          ⸭ 🏠 AC

MODERNE KÜCHE · BISTRO XX Klein, intim, gemütlich. In sympathischer Bistro-Atmosphäre kommt man in den Genuss feiner moderner Küche auf klassischer Basis. Am Abend die Menüs "Innovation" und "Tradition", mittags das Menü "Déjeuner Gourmet" und ein kleines A-la-carte-Angebot.

→ Bretonische Steinpilze. Blutwurst, Schalotte, Schnittlauch. Bayerischer Rehrücken, Sellerieknolle, Kirsche, Holunder, Zitrusfrüchte. Guanaja Schokolade, Sanddorn, Erdnuss, Passepierre.

Menü 59 € (mittags)/109 €

Stadtplan : E2-b – *Brüsseler Str. 11* ✉ *50674 – ℰ 0221 2053998 – www.lescalier-restaurant.de – geschl. 20. Februar - 5. März und Samstagmittag, Sonntag - Montag*

✿ **maiBeck** (Jan C. Maier und Tobias Becker)                    🏠

MODERNE KÜCHE · TRENDY X "Einfach gute Küche" – so beweisen die beiden Patrons Jan C. Maier und Tobias Becker in dem netten lebendigen Bistro, dass Sterneküche nicht kompliziert sein muss, sondern von tollen Produkten und feinem Geschmack lebt - und das auch noch bezahlbar! Versierter, legerer Service. Schöne Terrasse mit Rheinblick.

→ Offener Raviolo vom Euskirchener Eigelb, Spinat, Sonnenblumenkerne. Räucheraal von Herr Ihnken, Rhabarber, Rübchen, Estragon. Gebackenes Kalbsbries von Kremer, Rübstiel, Monschauer Senf.

Menü 42 € – Karte 41/61 €

Stadtplan : K1-x – *Am Frankenturm 5* ✉ *50667 – ℰ 0221 96267300 (Tischbestellung ratsam) – www.maibeck.de – geschl. Montag*

🙂 **Capricorn [ i ] Aries Brasserie**                    🏠 ✿ 🚫

FRANZÖSISCH-KLASSISCH · BISTRO X Eine Brasserie, wie man sie sich wünscht: sympathisch-ungezwungen, gemütlich, lebendig! Und genauso unkompliziert ist auch die schmackhafte Küche, von "Skrei in Schnittlauchsauce" über "sous-vide gegarte Lammkeule" bis "Schnecken in Café de Paris Butter". Charmant der Service.

Menü 25 € (mittags unter der Woche)/59 € – Karte 29/50 €

Stadtplan : F3-b – *Alteburgerstr. 31* ✉ *50678 – ℰ 0221 3975710 – www.capricorniaries.com – geschl. Samstagmittag, Sonntag, Mittwoch*

### Ⓐ Metzger & Marie

🏠 ✗ ✗

**TRADITIONELLE KÜCHE · RUSTIKAL** ✗ Ein gelernter Metzger und ein ehemaliges Funkenmariechen bieten hier Traditionelles, sowohl in Sachen Ambiente (sympathisch der Mix aus rustikal und modern) als auch in der Küche: Wiener Schnitzel, Sauerbraten, aber auch Vegetarisches, dazu schöne deutsche und österreichische Weine. Jung-legere Atmosphäre.

Karte 34/60 €

Stadtplan: B2-b – *Kasparstr. 19* ✉ *50670*
– ✆ *0221 99879353 (Tischbestellung ratsam) – www.metzgermarie.de*
– *nur Abendessen – geschl. Dienstag - Mittwoch*

### 🍴 Hanse Stube

🏦 🏠 🗚 ✦

**KLASSISCHE KÜCHE · KLASSISCHES AMBIENTE** ✗✗✗ Die "gute Stube" der Stadt ist das zweite und ebenfalls niveauvolle Restaurant des Hauses. Die Atmosphäre ist stilvoll-elegant, den klassischen Service erlebt man z. B. bei der am Tisch tranchierten Ochsenbrust. Wunderbare Weinauswahl.

Menü 39 € (mittags)/117 € – Karte 64/82 €

Stadtplan: J1-a – *Excelsior Hotel Ernst, Domplatz/Trankgasse 1* ✉ *50667*
– ✆ *0221 2701 – www.excelsiorhotelernst.com*

### 🍴 Pure White Foodclub

**GRILLGERICHTE · TRENDY** ✗✗ Im Schwesterbetrieb des trendigen Bistros "Pure White" gleich um die Ecke geht es komfortabler zu, das kulinarische Konzept ist ähnlich: absolute Spitzenprodukte, puristisch-geschmackvoll auf dem Josper-Holzkohlegrill zubereitet. Vom richtigen Platz aus können Sie in die Küche schauen!

Karte 41/129 €

Stadtplan: E1-b – *Brabanter Str. 48* ✉ *50672* – ✆ *0221 96026556*
– *www.pure-white-food.de – nur Abendessen – geschl. Sonntag*

### 🍴 d/\blju "W"

🏠 🗚 ✦ 🚗

**INTERNATIONAL · TRENDY** ✗✗ Klare Linien und warme Braun- und Sandtöne schaffen hier ein modern-elegantes Design, durch die große Fensterfront schaut man auf die begrünte Terrasse. Lust auf Grillgerichte? Oder lieber "Lachs mit Perlgraupen, Lauch und Paprika"?

Menü 54 € – Karte 33/78 €

Stadtplan: F2-c – *Hotel Im Wasserturm, Kaygasse 2* ✉ *50676*
– ✆ *0221 20080 – www.hotel-im-wasserturm.de*
– *geschl. Samstagmittag, Sonntagmittag*

### 🍴 Em Krützche

🏠 ✦

**KLASSISCHE KÜCHE · TRADITIONELLES AMBIENTE** ✗✗ Kölner-Zimmer, Schankraum, Delfter-Zimmer... Charmant-rustikal ist das historische Gasthaus (Familienbetrieb seit 1971). Spezialität ist z. B. Rheinischer Sauerbraten und im Winter Gans! Elegant: Kaminzimmer und Chippendale-Zimmer im OG.

Menü 25/39 € – Karte 37/57 €

Stadtplan: K1-a – *Am Frankenturm 1* ✉ *50667* – ✆ *0221 2580839 (abends Tischbestellung ratsam) – www.em-kruetzche.de – geschl. 23. - 25. Dezember, 10. - 18. April und Montag*

### 🍴 Zippiri Gourmetwerkstatt

🏠 ✗

**SARDISCH · FREUNDLICH** ✗ Die Betreiberfamilie - Gastronomen mit Leib und Seele - hat sardische Wurzeln, und die lässt man auch in die Küche miteinfließen. Aus sehr guten Produkten entsteht Schmackhaftes wie "Tagliata vom Pferdefilet auf Rucola und Parmesan".

Menü 55/85 € – Karte 44/83 €

Stadtplan: C2-z – *Riehler Str. 73* ✉ *50668* – ✆ *0221 92299584 – www.zippiri.de*
– *nur Abendessen, sonntags auch Mittagessen – geschl. 1. - 5. Januar, 23. Februar - 8. März, 6. - 13. Juni, 28. August - 29. September und Dienstag*

**⫯○ Thormann**

**KLASSISCH · INTIM** ⅀ In dem kleinen Restaurant serviert man Ihnen in charmant-persönlicher Atmosphäre eine klassisch geprägte Küche, die z. B. als "Entrecôte von der spanischen Milchkuh in Sherry-Schokoladenjus" daherkommt. Dazu freundlicher Service.

Menü 35/75 € – Karte 43/55 €

Stadtplan : F3-t – *Elsaßstr. 4* ⊠ *50677* – *☎ 0221 3104491*
*– www.restaurant-thormann.de – nur Abendessen – geschl. Anfang Januar 1 Woche, über Karneval 1 Woche, Ende Juli 2 Wochen und Montag*

**⫯○ ACHT**

**INTERNATIONAL · TRENDY** ⅀ Eine trendig-urbane Adresse in den Spichernhöfen am Rande des Belgischen Viertels. Man sitzt an blanken Holztischen, schaut in die Küche und speist Saisonal-Internationales wie "Tatar vom U.S. Beef" oder "Fischsuppe ACHT". Schöner Innenhof.

Menü 39/59 € – Karte 41/52 €

Stadtplan : E1-t – *Spichernstr. 10* ⊠ *50672* – *☎ 0221 16818408*
*– www.restaurant-acht.de – nur Abendessen – geschl. Weihnachten - Neujahr und Sonntag sowie an Feiertagen*

**⫯○ The New Yorker Long Island Grill & Bar**

**INTERNATIONAL · TRENDY** ⅀ Überaus einladend ist hier schon die Location in der Agrippinawerft mit Museen und dem Rhein vor der Tür - wunderbar die Terrasse! Schwerpunkt der internationalen Küche sind Grillgerichte wie "halber gegrillter Hummer / Tagliarini /Aioli".

Karte 34/68 €

Stadtplan : G3-a – *Agrippinawerft 30* ⊠ *50678* – *☎ 0221 920710*
*– www.long-island.eu – geschl. Samstagmittag, Sonntag - Montag*

**⫯○ Wein & Dine**

**MODERNE KÜCHE · TRENDY** ⅀ Trendige und gleichzeitig warme Atmosphäre, offene Küche, freundlich-sympathischer Service - so kommt das schicke kleine Restaurant daher. Gekocht wird modern-international, so z. B. "Wilder Wolfsbarsch, Erbsenpüree, Berglinsen, Rote Bete".

Menü 15 € (mittags unter der Woche) – Karte 37/52 €

Stadtplan : B2-a – *Weißenburgerstr. 32* ⊠ *50670* – *☎ 0221 91391875*
*– www.wein-dine.de – geschl. Samstagmittag, Sonntag - Montag*

**⫯○ Poisson**

**FISCH UND MEERESFRÜCHTE · BISTRO** ⅀ Der Name sagt es bereits, hier stehen Fisch und Meeresfrüchte im Mittelpunkt: Austern, gebratene Calamaretti, bretonischer Seeteufel oder geangelter Wolfsbarsch... Lassen Sie die erstklassigen Produkte vor Ihren Augen in der offenen Küche zubereiten! Tipp für Autofahrer: Parkhaus gleich nebenan.

Menü 32 € (mittags)/78 € – Karte 54/99 €

Stadtplan : E2-c – *Wolfsstr. 6* ⊠ *50667* – *☎ 0221 27736883 (Tischbestellung ratsam) – www.poisson-restaurant.de – geschl. über Karneval und Sonntag - Montag sowie an Feiertagen*

**⫯○ WeinAmRhein**

**INTERNATIONAL · CHIC** ⅀ Stylish und chic das Interieur, aufmerksam und charmant der Service, dazu eine moderne, aber dennoch klassisch basierte Küche voller Geschmack und Finesse. Man verarbeitet sehr gute, topfrische Produkte und ist preislich ausgesprochen fair. Weinliebhabern wird die Weinkarte gefallen!

Menü 22 € (mittags unter der Woche)/59 € – Karte 37/60 €

Stadtplan : K1-c – *Johannisstr. 64* ⊠ *50668* – *☎ 0221 91248885*
*– www.weinamrhein.eu – geschl. Juli - August 3 Wochen und Samstagmittag, Sonntag - Montag sowie an Feiertagen*

## ⃝ **Nada** 🛱 ⇔

INTERNATIONAL · HIP X "Gegrillter Oktopus mit warmem Ziegenkäse, Birne, Rübstiel" oder "Geschmortes und Gebratenes vom Eifeler Lamm, grüne Bohnen, Ratatouille-Remoulade" - so die moderne internationale Küche. Das Ambiente: ein hoher runder Raum in warmen Tönen, über Ihnen ein markanter Leuchter an violetter Decke!

Menü 42/95 € – Karte 39/62 €

Stadtplan : C2-g – *Cleverstr.32* ✉ 50668 – ☎ 0221 88899944
– *www.nadakoeln.de – nur Abendessen – geschl. Sonntag sowie an Feiertagen*

## ⃝ **Gruber's Restaurant** 🕸 🛱 ⇔

ÖSTERREICHISCH · FREUNDLICH X Lust auf Wiener Schnitzel, Tafelspitz oder Kaiserschmarrn? Typische österreichische Schmankerln, aber auch Internationales sowie Wein und Kaffee aus der Alpenrepublik gibt es hier in freundlich-legerer Atmosphäre (sehenswert: die Hundertwasser-Repliken). Beliebt für Snacks ist die "Österia" nebenan.

Menü 21 € (mittags)/75 € – Karte 41/61 €

Stadtplan : C2-g – *Clever Str. 32* ✉ 50668 – ☎ 0221 7202670
– *www.grubersrestaurant.de – geschl. über Weihnachten und Samstagmittag, Sonntag sowie an Feiertagen*

## ⃝ **Amabile** 🛱

INTERNATIONAL · FREUNDLICH X Zu finden ist das liebenswert dekorierte Restaurant mit rustikalem Touch zwischen Millowitsch-Theater und Universität. Am besten entdeckt man die saisonal-internationale Küche beim Überraschungsmenü.

Menü 38/70 € – Karte 46/52 €

Stadtplan : E2-d – *Görrestr. 2* ✉ 50674 – ☎ 0221 219101
– *www.restaurant-amabile.de – nur Abendessen – geschl. über Karneval 2 Wochen, September 2 Wochen und Sonntag - Montag*

## ⃝ **Heising und Adelmann** 🛱 ⇔

INTERNATIONAL · BISTRO X Ein lebendiges Bistro - im Eingangsbereich die Bar, draußen eine tolle Terrasse. Zur kleinen Auswahl an internationalen Gerichten - z. B. "gebratene Scampi auf Paprika-Gazpacho" - gibt es eine gute Weinkarte, die fair kalkuliert ist.

Menü 35/69 € – Karte 31/60 €

Stadtplan : E1-n – *Friesenstr. 58* ✉ 50670 – ☎ 0221 1309424
– *www.heising-und-adelmann.de – nur Abendessen – geschl. Sonntag
- Montag sowie an Feiertagen*

## ⃝ **Sorgenfrei** 🕸

INTERNATIONAL · FREUNDLICH X Eine wirklich nette lebendige Adresse im Belgischen Viertel, die mit internationaler Küche (z. B. "Kabeljau mit Kamille, Gurke, Fenchel" oder "Steak Frites" als Klassiker) sowie mit schönen europäischen Weinen lockt (nebenan hat man auch eine Weinhandlung). Mittags kleineres Angebot samt Plat du jour.

Menü 37/42 € (abends) – Karte 38/52 €

Stadtplan : E1_2-s – *Antwerpener Str. 15* ✉ 50672 – ☎ 0221 3557327
– *www.sorgenfrei-koeln.com – geschl. über Weihnachten, über Karneval
und Samstagmittag, Sonntag*

## ⃝ **Pure White**

FISCH UND MEERESFRÜCHTE · NACHBARSCHAFTLICH X Locker-leger hat man es hier nahe dem Friesenplatz, in der Küche nur top Produkte! Probieren Sie die norwegische Kingcrab, Austern oder wilden Heilbutt! Oder lieber Fleisch? Dry Aged Beef aus den USA, Schottland oder Japan vom Josper-Grill.

Karte 37/117 €

Stadtplan : E1_2-e – *Antwerpener Str. 5* ✉ 50672 – ☎ 0221 29436507
*(Tischbestellung ratsam) – www.pure-white-food.de – nur Abendessen – geschl.
Sonntag*

## ⅡO **Teatro**

**ITALIENISCH · TRENDY** X Italienisch speisen heißt es in dem lebendig-sympathi-
schen Restaurant. Dekorativ: Schwarz-Weiß-Fotos diverser Filmstars in einem
der beiden Räume, Theaterkulisse als Wandbild im anderen.

Menü 15 € (mittags unter der Woche) – Karte 31/80 €

**Stadtplan : F3-e** – *Zugweg 1* ⊠ *50667* – *𝒞 0221 80158020 (Tischbestellung
ratsam) – www.teatro-ristorante.de – geschl. Dienstag, Samstagmittag,
Sonntagmittag*

## ⅡO **Höhns Biergarten**

**TRADITIONELLE KÜCHE · RUSTIKAL** X Appetit auf "Poularde mit Kartoffelstampf
und Pfifferlingen"? In sympathischer Brasserie-Atmosphäre serviert man bürgerliche Küche - schnörkellos, frisch und mit Geschmack. Tipp: das günstige Mittagsmenü. Schöner Biergarten hinter dem Haus.

Menü 16 € (mittags unter der Woche)/35 € – Karte 30/63 €

**Stadtplan : C3-c** – *Bonner Str. 381* ⊠ *50968* – *𝒞 0221 3481293
– www.hoehns-biergarten.de – geschl. Montag, Samstagmittag*

---

 Für große Städte gibt es Stadtpläne, auf denen die Hotels und
Restaurants eingezeichnet sind. Die Koordinaten (z.B. : Stadtplan :
12BMe) helfen Ihnen bei der Suche.

---

## *Kölsche Wirtschaften:*

*typische, urige kölsche Gaststätten. Regionale Speisen und ein gepflegtes Kölsch
vom Fass*

## ⅡO **Haus Töller**

**REGIONAL · TRADITIONELLES AMBIENTE** X Das einstige "Steynen Huys" von
1343 ist wirklich etwas für Liebhaber: Original sind Holztische und Dielenboden,
Kassettendecke und "Beichtstuhl". Spezialitäten: Grillhaxe, Rheinischer Sauerbraten (vom Pferd) und freitagabends Reibekuchen, dazu Päffgen Kölsch vom Fass.
Karte 22/20 €

**Stadtplan : E2-a** – *Weyerstr. 96* ⊠ *50676* – *𝒞 0221 2589316 (Tischbestellung
ratsam) – www.haus-toeller.de – nur Abendessen – geschl. Weihnachten - Mitte
Januar, Juni - August und Sonntag sowie an Feiertagen*

## ⅡO **Peters Brauhaus**

**REGIONAL · GEMÜTLICH** X In dieses klassische Brauhaus geht man natürlich in
erster Linie, um sein Kölsch vom Fass zu genießen (serviert vom Köbes), doch
auch die Räume hinter der schön verzierten Fassade verdienen Beachtung! Zum
Bier gibt's deftiges Essen.
Karte 18/47 €

**Stadtplan : K1-n** – *Mühlengasse 1* ⊠ *50667* – *𝒞 0221 2573950
– www.peters-brauhaus.de – geschl. über Weihnachten*

## ⅡO **Früh am Dom**

**REGIONAL · TRADITIONELLES AMBIENTE** X Das ist eines der größten Brauhäuser Deutschlands (rund 1200 Gäste passen hier rein) und ein Muss für jeden
Köln-Besucher! Gebraut wird seit 1904 - und immer schon werden Kölsch
und typische Speisen an blanken Tischen vom Köbes serviert!
Karte 18/37 €

**Stadtplan : J1-w** – *Am Hof 12* ⊠ *50667* – *𝒞 0221 2613215
– www.frueh-gastronomie.de*

# *Hotels*

### 🏨 Excelsior Hotel Ernst　　　　🛎 ♨ 🅿 AC 🕸 🚗

**GROSSER LUXUS · KLASSISCH** Das Grandhotel von 1863 - direkt gegenüber dem Dom - ist das Flaggschiff der Kölner Hotellerie und ein Ort mit Charme, Stil und unaufdringlichem Luxus, klassisch und modern zugleich. Der Service sucht seinesgleichen, in den Classic-Zimmern ebenso wie in den edlen Suiten.

140 Zim – ♦220/495 € ♦♦270/690 € – 28 Suiten – 🛏 32 €

*Stadtplan: J1-a* – *Domplatz/Trankgasse 1* ✉ *50667* – ☎ *0221 2701*
– *www.excelsiorhotelernst.com*

❀ **taku** • 🍴 **Hanse Stube** – siehe Restaurantauswahl

### 🏨 Marriott　　　　🤸 ♨ 🛎 🅿 ♿ AC 🕸 🚗

**BUSINESS · MODERN** Komfortabel und geschmackvoll wohnt man in dem Hotel im Herzen der Stadt - Rhein, Hauptbahnhof und Dom sind ganz in der Nähe. Toll die Dom-Suite mit großer Dachterrasse und grandiosem Blick. In der Brasserie "Fou" geht es französisch zu.

355 Zim – ♦129/499 € ♦♦149/499 € – 10 Suiten – 🛏 27 €

*Stadtplan: FG1-d* – *Johannisstr. 76* ✉ *50668* – ☎ *0221 942220*
– *www.koelnmarriott.de*

### 🏨 Savoy　　　　🤸 🕤 ♨ 🛎 🅿 AC 🕸 🚗

**BUSINESS · INDIVIDUELL** Sie suchen etwas Besonderes mit glamourösem Touch? Hochwertig und individuell die Zimmer (New York, Venedig...), chic die Appartements, attraktiv der Spa, schön das Frühstück mit Blick in den sehenswerten Innenhof! Abends speist man im Restaurant Mythos, mittags in der Bar Divas, dazu eine tolle Dachterrasse.

145 Zim – ♦147/179 € ♦♦194/285 € – 5 Suiten – 🛏 22 €

*Stadtplan: F1-s* – *Turiner Str. 9* ✉ *50668* – ☎ *0221 16230* – *www.savoy.de*

### 🏨 Im Wasserturm　　　　♨ 🅿 🕸 🚗

**HISTORISCH · DESIGN** Der imposante 140 Jahre alte Wasserturm ist nach wie vor eine Besonderheit! Die Lobby ein echter Hingucker mit den aparten hohen Backsteinwänden und freischwebenden Zugängen zu den überaus wohnlichen Zimmern.

54 Zim – ♦148/280 € ♦♦166/380 € – 34 Suiten – 🛏 28 €

*Stadtplan: F2-c* – *Kaygasse 2* ✉ *50676* – ☎ *0221 20080*
– *www.hotel-im-wasserturm.de*

❀ **Himmel un Äd** • 🍴 **d/\blju "W"** – siehe Restaurantauswahl

### 🏨 Steigenberger ⓝ　　　　🤸 ♨ 🅿 🕸 ♿ AC 🕸

**BUSINESS · TRENDIG** Direkt am Rudolfplatz erwartet Sie schönes modernes Design in warmen Farben und klaren Formen, von der großen Lobby bis in die chic und durchdacht gestalteten Zimmer (alle mit Nespresso-Maschine und technisch "up to date"). Das Restaurant bietet Internationales. Praktisch: öffentliche Tiefgarage unterm Haus.

304 Zim – ♦115/350 € ♦♦115/350 € – 1 Suite – 🛏 25 €

*Stadtplan: E2-g* – *Habsburgerring 9* ✉ *50674* – ☎ *0221 2280*
– *www.koeln.steigenberger.com*

### 🏨 THE QVEST hideaway　　　　🅿 ♿ 🕸 🕸 🚗

**BOUTIQUE-HOTEL · DESIGN** Kein Hotel von der Stange, das einstige Stadtarchiv! Chic der Mix aus Neogotik, Design und Kunst, die Atmosphäre leger, die Gästebetreuung sehr gut und individuell. Ihnen gefällt ein Möbelstück oder ein Accessoire? Sie können es kaufen!

33 Zim 🛏 – ♦140 € ♦♦200 € – 1 Suite

*Stadtplan: E1-a* – *Gereonskloster 12* ✉ *50670* – ☎ *0221 2785780*
– *www.qvest-hotel.com*

## 🏨 art'otel cologne  ⚜ 🦢 🖥 ♿ 🅰🅲 ✗ 🛋 ⇔

**BUSINESS · DESIGN** Hotel und Galerie in einem: trendiges Design, sehr gute Technik mit kostenfreiem W-Lan sowie überall im Haus Werke der koreanischen Künstlerin SEO. Asiatische Küche im Restaurant "Chino Latino" (schön die Terrasse mit Blick auf Rheinhafen und Schokoladenmuseum). Toll die Dachterrasse für Hausgäste!

208 Zim ⌑ - ♦79/179 € ♦♦89/189 € – 1 Suite – ½ P

Stadtplan : G2-a – *Holzmarkt 4* ✉ *50676 –* ☎ *0221 801030*
*– www.artotels.com/cologne*

## 🏨 Hopper Hotel et cetera  🦢 🛋 🖥 🛋 ⇔

**URBAN · INDIVIDUELL** Das einstige Kloster liegt im Belgischen Viertel. In allen Zimmern designorientierte Einrichtung, wertiges Eukalyptus-Parkett, Marmorbäder und kostenfreies W-Lan. Hübscher Innenhof.

49 Zim – ♦105/155 € ♦♦150/180 € – 1 Suite – ⌑ 13 €

Stadtplan : E2-j – *Brüsseler Str. 26* ✉ *50674 –* ☎ *0221 924400 – www.hopper.de*
*– geschl. 24. Dezember - 1. Januar*

## 🏨 Eden Hotel Früh am Dom  ⚜ 🖥 ✗ 🛋

**URBAN · MODERN** Topaktuell und auf Wunsch mit Domblick, so wohnen Sie hier. Auf die Aussicht braucht man auch beim Frühstück nicht zu verzichten, ebenso wenig sei Tagungen oder im Restaurant (das "Hof 18" wurde übrigens an einem 18. eröffnet und bietet 18 Gerichte - nettes Zahlenspiel!).

78 Zim ⌑ - ♦90/230 € ♦♦115/255 €

Stadtplan : J1-w – *Sporergasse 1* ✉ *50667 –* ☎ *0221 2613295*
*– www.hotel-eden.de*

## 🏠 Humboldt1

**BOUTIQUE-HOTEL · INDIVIDUELL** Schon eine spezielle Adresse, dieses sympathisch-persönlich geführte kleine Boutique-Hotel! Die Zimmer sind hochwertig und mit individueller Note eingerichtet - besonders hübsch ist Zimmer Nr. 6: eine Maisonette mit Bad unterm Dach.

7 Zim ⌑ - ♦160/289 € ♦♦259/319 €

Stadtplan : J1-c – *Kupfergasse 10, (1. Etage)* ✉ *50667 –* ☎ *0221 27243387*
*– www.humboldt1.de*

## In Köln-Brück Ost: 13 km

## 🏠 Gut Wistorfs  ⚜ ✗ 🛋 🅿

**LANDHAUS · GEMÜTLICH** Wenn Sie lieber etwas außerhalb von Köln wohnen, ist der Gutshof a. d. 17. Jh. ideal: behaglicher Landhausstil, Zimmer mit allergikerfreundlichem Fliesenboden, meist zum ruhigen Innenhof. Internationale und regionale Küche, gemütliche Bar für Aperitif, Digestif oder ein Bier. Tolle Veranstaltungsscheune.

14 Zim ⌑ - ♦72/103 € ♦♦93/114 €

Stadtplan : D2-b – *Olpener Straße 845* ✉ *51109 –* ☎ *0221 8804790*
*– www.gut-wistorfs.de*

## In Köln-Dünnwald Nord-Ost: 13 km über Berliner Straße D1

## 🍴 Waldschenke  🏡 ✗ 🅿 🍽

**REGIONAL · RUSTIKAL** ✗ Hier hat man dem schön gelegenen denkmalgeschützten Fachwerkhaus neues Leben eingehaucht: moderner Stil und helle, warme Töne kombiniert mit rustikaler Note, draußen die hübsche Terrasse. Spezialität: geschmorte Ochsen- oder Kalbsbacken.

Karte 26/44 €

*Am Kunstfeld 41* ✉ *51069 –* ☎ *0221 97771699 – www.waldschenkekoeln.de*
*– geschl. über Karneval 1 Woche, Ende September 2 Wochen und Montag*

# In Köln-Deutz

## 🏨 Hyatt Regency

**LUXUS · KLASSISCH** Das Businesshotel liegt zwar auf der "Schäl Sick", also auf der "falschen" (rechten) Rheinseite, doch von hier hat man den besten Blick auf den Dom! Das Haus strahlt wohnliche Eleganz aus, die Zimmer sind äußerst komfortabel, der Service sehr gut. Internationales im Restaurant Glashaus im 1. OG, mit Sushibar.

288 Zim – †140/800 € ††140/800 € – 18 Suiten – 🍴 30 €

Stadtplan : **G2-y** – *Kennedy-Ufer 2a* ✉ *50679* – *☎ 0221 8281234*
– *www.cologne.regency.hyatt.de*

## 🏨 Stadtpalais

**BUSINESS · MODERN** Gegenüber der LANXESS-Arena hat man das ehemalige Kaiser-Wilhelm-Bad zum Hotel umgebaut. Historisches trifft auf moderne "Pott"-Architektur, der sehenswerte Original-Fliesenspiegel in der Halle gibt die schöne Farbgestaltung vor. Absacker in "Bio's Bar" - hier auch Leihgaben von Namensgeber Alfred Biolek.

115 Zim 🍴 – †135/289 € ††154/307 €

Stadtplan : **H2-g** – *Deutz-Kalker-Str. 52* ✉ *50679* – *☎ 0221 880420*
– *www.hotelstadtpalais.de*

# In Köln-Ehrenfeld

## 🍴 Carls

**INTERNATIONAL · NACHBARSCHAFTLICH** 🍴 Sie mögen's sympathisch-nachbarschaftlich? Dann wird Ihnen diese charmante bürgerlich-rustikale Adresse gefallen, und die Küche kommt auch an: international-regional, von "Thunfischsteak mit Chicoree-Zitronen-Risotto" bis "Himmel un Äd".

Karte 23/46 €

Stadtplan : **B1_2-e** – *Eichendorffstr. 25, (Neu Ehrenfeld)* ✉ *50823*
– *☎ 0221 58986656* – *www.carlsrestaurant.de* – *nur Abendessen* – *geschl. über Karneval, 23. Oktober - 4. November und Montag*

# In Köln-Junkersdorf

## 🏨 Brenner'scher Hof

**LANDHAUS · GEMÜTLICH** Wer's mediterran mag, wird sich auf dem schönen Anwesen von 1754 wohlfühlen: warme Farben und liebenswerte Deko, hübsch im Sommer der Innenhof! Direkt am Haus die Restaurants "Anno Pomm" (hier dreht sich alles um die Kartoffel) und "Fischermanns'" mit internationaler Küche. BAB und City sind gut erreichbar.

38 Zim 🍴 – †102/295 € ††122/315 € – 2 Suiten

Stadtplan : **A2-f** – *Wilhelm-von-Capitaine-Str. 15* ✉ *50858* – *☎ 0221 9486000*
– *www.brennerscher-hof.de*

# In Köln-Lindenthal

## 🏮 ZEN Japanese Restaurant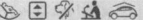

**JAPANISCH · GERADLINIG** 🍴 Mitten in einem Wohngebiet erwartet Sie die wohl authentischste japanische Küche der Stadt, und das zu fairem Preis! Aus frischen Produkten entstehen hier neben Sushi und Sashimi z. B. "Kimpira Gobou" (gekochte Schwarzwurzel) oder "Harami Yakiniku" (grilltes Rindfleisch). Puristisch-leger die Atmosphäre.

Karte 20/57 €

Stadtplan : **B2** – *Bachemer Str. 236* ✉ *50935*
– *☎ 0221 28285755 (Tischbestellung ratsam)* – *www.restaurant-zen.de*
– *nur Abendessen* – *geschl. Montag*

## In Köln-Mülheim

### 🏠 The New Yorker   🏛 ⅃ｓ 🖭 🚿 **P**

BUSINESS • DESIGN Das Motto: "Enjoy the difference"! Der Individualgast findet hier das Schöne, das Ausgefallene, Kunst und Design. Sie bleiben länger? Man hat fünf tolle Lofts sowie Apartments. Für Hausgäste Snacks und Bistrogerichte, sehr gut das Frühstück. Begrünter Innenhof inmitten der Industriearchitektur!

40 Zim – ⅋90/140 € ⅋⅋110/160 € – 🛏 15 €

Stadtplan : C2-c – *Deutz-Mühlheimer-Str. 204* ✉ *51063* – ☏ *0221 22147330* – *www.thenewyorker.de*

## In Köln-Müngersdorf

### 🍃 Maître im Landhaus Kuckuck (Erhard Schäfer)   ⅃ 🍴 ♻ **P**

FRANZÖSISCH-KLASSISCH • ELEGANT ✕✕✕ Erhard Schäfer ist einer der Großmeister der kulinarischen Klassik in der Domstadt. In seinem kleinen Gourmetrestaurant bietet er finessenreiche Gerichte in Menüform, aber auch à la carte, die mit erstklassigen Produkten erfreuen. Schön auch die Lage beim Sportpark, gleich um die Ecke das FC-Stadion.

➜ Carpaccio von weißen Garnelen mit Yuzu, Aprikosenessig und Imperial Caviar. Französische Taubenbrust im Wirsingmantel mit Selleriepüree und Gerstenrisotto. Mascarponecrème mit Carameltoffee, weißes Moccaeis und Butterkeks.

Menü 109/129 €

Stadtplan : A2-r – *Olympiaweg 2, Zuhfahrt über Roman-Kühnel-Weg* ✉ *50933* – ☏ *0221 485360 (Tischbestellung erforderlich)* – *www.landhaus-kuckuck.de* – *nur Abendessen* – *geschl. 20. - 28. Februar, 10. - 23. April, 17. Juli - 13. August und Montag - Dienstag*

🍴 **Landhaus Kuckuck** – siehe Restaurantauswahl

### 🍴 Landhaus Kuckuck   🏠 ⅃ ♻ **P**

REGIONAL • ELEGANT ✕✕ Ein Kleinod außerhalb der hektischen City: herrlich im Grünen gelegen und elegant im englischen Landhausstil gehalten. Drinnen oder auf der wunderschönen Terrasse lässt man sich z. B. "Atlantik Kabeljau in der Meerrettichkruste" schmecken.

Menü 42 € – Karte 45/63 €

Stadtplan : A2-r – *Restaurant Maître im Landhaus Kuckuck, Olympiaweg 2, Zuhfahrt über Roman-Kühnel-Weg* ✉ *50933* – ☏ *0221 485360* – *www.landhaus-kuckuck.de* – *geschl. 20. - 28. Februar und Montag*

## In Köln-Porz

### 🏠 Lemp   🖭 🍴 🚿 🚗

BUSINESS • FUNKTIONELL Wo Engagement und Pflege ganz groß geschrieben werden, ist man gerne Gast! Man wohnt hier in hellen, freundlichen Zimmern, bekommt ein frisches, gutes Frühstück, das man im Sommer auf der netten Terrasse einnehmen kann, und dazu gibt es noch ein Bistro mit kleinen Gerichten. Praktisch die S-Bahn-Anbindung.

45 Zim – ⅋75/89 € ⅋⅋85/105 € – 🛏 8 €

Stadtplan : D3-e – *Bahnhofstr. 44* ✉ *51143* – ☏ *02203 95440* – *www.hotel-lemp.com*

## In Köln - Porz-Langel   Süd: 17 km über Hauptstraße D3"

### 🍃 Zur Tant (Thomas Lösche)   ⟨ 🏠 **P**

KLASSISCHE KÜCHE • FREUNDLICH ✕✕ Klassische Küche aus hervorragenden Produkten, damit weiß Thomas Lösche zu punkten, z. B. in Form des preislich fairen Menüs! Zur feinen Kulinarik und den gepflegten Weinen kommt noch die schöne Lage am Rhein - da speist man im Sommer natürlich gerne im Freien.

➜ Wachtel, Blutwurst, Blumenkohl, Birne. Seeteufel, Speck, Rieslingsauce, Kaiserschoten, Süßkartoffel. Zitrusküchlein, Basilikum, Ziegenfrischkäse.

Menü 70/90 € – Karte 56/72 €

*Rheinbergstr. 49* ✉ *51143* – ☏ *02203 81883* – *www.zurtant.de* – *geschl. über Karneval und Donnerstag*

🍴 **Piccolo** – siehe Restaurantauswahl

### ⊛ Piccolo

**REGIONAL · GEMÜTLICH** ✗ Hier kocht man mit frischen Produkten und Bezug zur Region. Appetit machen da z. B. "Tafelspitz / Kürbiskernöldressing / Rote Zwiebeln" oder "Wels / Bärlauchsauce / Chorizo / Spargel". Sie können sich Ihr 3-Gänge-Menü selbst zusammenstellen, der Preis bleibt immer gleich!

Menü 34 € – Karte 31/40 €

*Restaurant Zur Tant, Rheinbergstr. 49 ⊠ 51143 – ℰ 02203 81883 – www.zurtant.de*
*– geschl. über Karneval und Donnerstag*

## In Köln - Porz-Wahnheide West: 17 km über Kennedystraße D3

### ⌂ Karsten

**FAMILIÄR · FUNKTIONELL** Wer es privat mag, ist in dem persönlich-familiär geführten Haus mit dem freundlichen Ambiente und dem guten Frühstück (schön auch auf der Terrasse) genau richtig. Praktisch: Flughafennähe nebst Shuttle-Service sowie kostenfreies Parken.

24 Zim ⌨ – ♦74/125 € ♦♦100/155 €

*Linder Weg 4 ⊠ 51147 – ℰ 02203 966190 – www.hotelkarsten.de*
*– geschl. Weihnachten - 2. Januar*

---

Gute Küche zu moderatem Preis? Folgen Sie dem „Bib Gourmand" ⊛. Das freundliche Michelin-Männchen „Bib" steht für ein besonders gutes Preis-Leistungs-Verhältnis!

---

## In Köln-Rodenkirchen

### ⊗ AURA by Luis Dias ⓝ

**KLASSISCHE KÜCHE · CHIC** ✗✗ Luis Dias & Team sind zurück in ihrer alten Wirkungsstätte. Elegant und geschmackvoll ist es hier, wunderbar der Rheinblick. Am Abend gibt es ambitionierte klassische Küche mit mediterraner Note: "Steinbutt & Artischocke", "Lamm & Bohne"...

Menü 59/119 € – Karte 60/77 €

**Stadtplan : C3-f** *– Uferstr. 16, (1. Etage) ⊠ 50996 – ℰ 0221 37984606*
*– www.aura-koeln.de – nur Abendessen – geschl. 1. - 5. Januar, 31. Juli*
*- 13. August, 27. - 30. Dezember und Montag*
⊗ **Bistro by Luis Dias** – siehe Restaurantauswahl

### ⊗ Bistro by Luis Dias ⓝ

**MEDITERRAN · TRENDY** ✗ Auch im Bistro geht es chic zu. Ein angenehm legerer Rahmen für mediterrane Gerichte wie "gebratenen Pulpo mit Wassermelone", "Risotto mit Steinpilzen" oder auch ein Kalbskotelett - einfacher, aber ebenfalls mit Niveau gekocht. Karte 38/60 €

**Stadtplan : C3-f** *– Uferstr. 16 ⊠ 50996 – ℰ 0221 37984606 – www.aura-koeln.de*
*– geschl. 1. - 5. Januar, 31. Juli - 13. August, 27. - 30. Dezember und Montag,*
*Samstagmittag*

## In Köln-Sülz

### ⊛ Scherz ⓝ

**ÖSTERREICHISCH · NACHBARSCHAFTLICH** ✗ Mitten im lebendigen Sülz hat der gebürtige Vorarlberger Michael Scherz sein angenehm legeres "Kölsches Beisl". Hier gibt's k. u. k. Klassiker wie Backhendl, Wiener Schnitzel und Innereien sowie ein etwas moderneres Abendmenü. Lassen Sie auf jeden Fall Platz für den Kaiserschmarrn! Österreichische Weine.

Menü 45/55 € (abends) – Karte 32/56 €

**Stadtplan : B2-s** *– Berrenrather Str. 242 ⊠ 50667 – ℰ 0221 16929440*
*– www.scherzrestaurant.de – geschl. 18. Juni - 18. Juli und Montag, Samstagmittag*

## In Köln-Weiden

### 🏠 Garten-Hotel Ponick      🐾 🛏 ⊞ ♨ 🚗

FAMILIÄR · MODERN Das Haus liegt ruhig in einem Wohngebiet, wird persönlich geführt und bietet moderne, äußerst gepflegte Zimmer. Schön: Frühstück im Garten! Günstig die Nähe zum Stadion und zum Weidener Einkaufszentrum. Und die eigene Garage ist kostenfrei.

33 Zim – ♦89/109 € ♦♦109/149 € – ☲ 8 €

**Stadtplan : A2-n** – *Königsberger Str. 5* ✉ *50858* – ☎ *02234 40870*
– *www.garten-hotel.de* – *geschl. 22. Dezember - 2. Januar*

## In Köln-Zollstock

### 🏠 EuroNova arthotel      ☆ ⊞ ⅀ ♨ 🚗

BUSINESS · DESIGN Zwischen zahlreichen Bürogebäuden steht dieses topmoderne Hotel. Geradlinigkeit und Purismus lautet die Devise, die Zimmer geräumig und hochwertig. Als Businessgast können Sie "Bürotel"-Räume mieten - ideal zum Arbeiten. Das Restaurant "BU 1" bietet internationale Küche in stylischer Atmosphäre.

73 Zim – ♦85/115 € ♦♦100/130 € – ☲ 15 € – ½ P

**Stadtplan : B3-a** – *Zollstockgürtel 65* ✉ *50969* – ☎ *0221 9333300*
– *www.euronova-arthotel.de*

---

# KÖNGEN

Baden-Württemberg – 9 560 Ew. – Höhe 281 m – Regionalatlas **55**-H18
▶ Berlin 626 km – Stuttgart 26 km – Reutlingen 28 km – Ulm (Donau) 67 km
Michelin Straßenkarte 545

### ⊕ Schwanen      🍴 ⅃ ⇔ 🅿

REGIONAL · ZEITGEMÄSSES AMBIENTE ⅩⅩ In dem Familienbetrieb wird frisch, geschmackvoll und mit sehr guten Produkten gekocht. Auf der Karte findet sich Regionales und Internationales, vom "Schwäbischen Leckerle" bis zur "Dorade Royale mit Safranfenchel und Linguine". Auch das Mittagsmenü ist gefragt!

Menü 19 € (mittags unter der Woche)/35 € – Karte 35/51 €

*Hotel Schwanen, Schwanenstr. 1* ✉ *73257* – ☎ *07024 97250*
– *www.schwanen-koengen.de* – *geschl. 24. Dezember - 8. Januar und Sonntag*
– *Montag*

### ⊕ Tafelhaus      ⇔ 🍴 ⅃ 🅿

REGIONAL · FREUNDLICH Ⅹ Im modern-eleganten Restaurant des Businesshotels "Neckartal" bekommt man einen Mix aus "Schwabenklassikern" wie Zwiebelrostbraten und mediterran-internationalen Gerichten wie "Seeteufel in weißer Morchelsauce mit karamellisiertem Lauch".

Menü 50/64 € – Karte 34/65 €     44 Zim ☲ – ♦42/115 € ♦♦64/140 €

*Bahnhofstr. 19* ✉ *73257* – ☎ *07024 97220* – *www.hotel-neckartal.com* – *nur Abendessen* – *geschl. 1. - 8. Januar, 14. - 22. April, 4. - 18. Juni und Sonntag*

### 🍴 Alte Vogtei ⓝ      🍴 ⅀

TRADITIONELLE KÜCHE · BISTRO Ⅹ Das charmante Fachwerkhaus von 1458 nennt sich nicht zu Unrecht "Gourmet-Bistro", denn man serviert hier modern interpretierte traditionelle Gerichte, die wirklich lecker sind! Lust auf Tafelspitz vom US-Beef, Zwiebelrostbraten oder hochwertige Steaks vom Grill? Lauschige Terrasse.

Menü 35/59 € – Karte 34/80 €

*Oberdorfstr. 15* ✉ *73257* – ☎ *07024 8682666* – *www.vogtei.info* – *geschl. August - September 3 Wochen und Montag, Samstagmittag*

**Schwanen**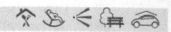

GASTHOF · FUNKTIONELL Bereits in 3. Generation ist die Familie hier engagiert im Einsatz, alles ist tipptopp gepflegt. Die Zimmer reichen vom praktischen Business-Einzelzimmer bis zum großzügigen Superior. Neben dem Restaurant gibt es abends noch das "Bistro K.B." mit traditioneller und schwäbischer Küche.

45 Zim ⌧ – †78/92 € ††115/124 €

*Schwanenstr. 1* ✉ *73257 – ☎ 07024 97250 – www.schwanen-koengen.de – geschl. 24. Dezember - 8. Januar*

🐦 **Schwanen** – siehe Restaurantauswahl

## KÖNIG, BAD

Hessen – 9 440 Ew. – Höhe 183 m – Regionalatlas **48**-G16

▶ Berlin 584 km – Wiesbaden 85 km – Mannheim 71 km – Aschaffenburg 44 km

Michelin Straßenkarte 543

### In Bad König-Momart Süd-Ost: 2 km über Weyprechtstraße

 **Zur Post**

GASTHOF · GEMÜTLICH Der Familienbetrieb liegt ruhig in einem kleinen Dorf und ist guter Ausgangsort für Wanderungen. Sie wohnen in schönen modernen Zimmern und speisen in gemütlichen Restauranträumen. Im Sommer lässt man sich die regional-saisonale Küche am besten auf der Terrasse mit Blick auf Wiesen und Felder servieren!

9 Zim ⌧ – †50/60 € ††79/89 € – ½ P

*Hauswiesenweg 16* ✉ *64732 – ☎ 06063 1510 – www.zurpost-momart.de*

## KÖNIGSBACH-STEIN

Baden-Württemberg – 9 800 Ew. – Höhe 193 m – Regionalatlas **54**-F18

▶ Berlin 647 km – Stuttgart 65 km – Karlsruhe 25 km – Pforzheim 16 km

Michelin Straßenkarte 545

### Im Ortsteil Königsbach

🍽 **Europäischer Hof** ⇦ 🏠 🚗

INTERNATIONAL · LÄNDLICH XX Saisonale Produkte (darunter Feldsalat und Kartoffeln aus eigenem Anbau) kommen in die klassisch-internationalen Gerichten wie "Medaillons vom Schweinelendchen, Champignon-Rahmsauce, Gemüse". Das Restaurant des gleichnamigen Hotels ist gemütlich-gediegen, reizvoll die Terrasse. Besonderheit: Clochenservice.

Menü 50 € – Karte 37/56 € 21 Zim ⌧ – †68/75 € ††98 €

*Steiner Str. 100* ✉ *75203 – ☎ 07232 80980 – www.europaeischer-hof.com – geschl. Sonntagabend - Montag*

## KÖNIGSBRONN

Baden-Württemberg – 7 020 Ew. – Höhe 499 m – Regionalatlas **56**-I18

▶ Berlin 572 km – Stuttgart 90 km – Augsburg 106 km – Aalen 14 km

Michelin Straßenkarte 545

### In Königsbronn-Zang Süd-West: 6 km

😊 **Widmann's Löwen**

TRADITIONELLE KÜCHE · LÄNDLICH X Einladend ist nicht nur die gemütlich-ländliche Atmosphäre, vor allem die frische und geschmackvolle traditionell geprägte Küche lockt Gäste an. Wie wär's z. B. mit dem in der Region allgegenwärtigen Zwiebelrostbraten? Oder vielleicht lieber "halbe Landente mit Rotkohl"? Tipp: eigene Kochschule gegenüber.

Menü 35/98 € – Karte 22/58 €

*Widmann's Löwen, Struthstr. 17* ✉ *89551 – ☎ 07328 96270 – www.loewen-zang.de – geschl. Anfang September 2 Wochen und Dienstag - Mittwochmittag*

## 🏠 Widmann's Löwen       🍴 🛁 🅿

**GASTHOF · MODERN** Nordic Walking, Radtouren, ein Besuch im Steiff-Museum... das Hotel der engagierten Widmanns ist ein guter Ausgangspunkt. Wohnlich die Zimmer, mal ländlich, mal neuzeitlich. Etwas Besonderes sind die schicken "LANDzeit"- und "LANDglück"-Zimmer oder die Lodges mit Blick auf die Streuobstwiese! Tipp für Feste: die gemütlich-urige Kerbenhofhütte am Waldrand.

25 Zim ⌂ – ♦52/94 € ♦♦82/124 € – ½ P

*Struthstr. 17 ✉ 89551 – ℰ 07328 96270 – www.loewen-zang.de*

🍽 **Widmann's Löwen** – siehe Restaurantauswahl

# KÖNIGSFELD im SCHWARZWALD

Baden-Württemberg – ✉ 78126 – 5 850 Ew. – Höhe 761 m – Regionalatlas **62**-E20
▶ Berlin 752 km – Stuttgart 126 km – Freiburg im Breisgau 79 km – Triberg 19 km
Michelin Straßenkarte 545

## In Königsfeld-Buchenberg

## 🍴 Café Rapp       ⇔ 🛏 🍴 🅿

**KLASSISCHE KÜCHE · FREUNDLICH** ✗ Ursprünglich als Bäckerei und Café geführt, ist der Familienbetrieb heute auch ein Restaurant, in dem Qualität, Geschmack und Preis stimmen. Lust auf "gesottenen Tafelspitz auf Marktgemüse mit Petersilienkartoffeln und Meerrettichsauce"? Nachmittags ein Muss: die leckeren frischen Kuchen! Hübsche Gästezimmer.

Menü 36/47 € – Karte 32/55 €   6 Zim ⌂ – ♦64/74 € ♦♦98/118 €

*Dörfle 22 ✉ 78126 – ℰ 07725 91510 (Tischbestellung ratsam) – www.cafe-rapp.de – geschl. Januar 2 Wochen, August 3 Wochen und Montag - Dienstag*

# KÖNIGSTEIN im TAUNUS

Hessen – 16 050 Ew. – Höhe 362 m – Regionalatlas **47**-F14
▶ Berlin 542 km – Wiesbaden 27 km – Frankfurt am Main 24 km –
Bad Homburg vor der Höhe 14 km
Michelin Straßenkarte 543

## 🌸🌸 Villa Rothschild Kempinski       🅿 ⇔ 🛏 🍴 🅿

**FRANZÖSISCH-KREATIV · ELEGANT** ✗✗✗ Aufwändig, aber ohne Chichi, dafür fein und handwerklich präzise, von der erstklassigen Produktqualität ganz zu schweigen. Bemerkenswert, wie gekonnt man hier klassische Basis und kreative Elemente in Einklang bringt. Der Service charmant-locker und gleichermaßen professionell. Draußen ein Traum von Terrasse!

→ Kaisergranat gebeizt und gebraten, Fenchel, Dill. Limousinlamm, Aromen aus Fernost, Erdnuss, Morchel, Dashi, wilder Brokkoli. Weiße Erdbeere, pure Frucht, Sauerampfer, Wermut, grüner Pfeffer.

Menü 105/140 € – Karte 82/101 €

*Hotel Villa Rothschild Kempinski, Im Rothschildpark 1 ✉ 61462 – ℰ 06174 29080 – www.kempinski.com/villarothschild – nur Abendessen – geschl. 1. - 27. Januar, 4. - 26. August, 18. - 27. Oktober und Sonntag - Dienstag*

## 🍴 Tristan       🍴 ⇔ 🅿

**INTERNATIONAL · RUSTIKAL** ✗ Sehr gemütlich sitzt man in dem denkmalgeschützten Fachwerkhaus, dafür sorgt die Mischung aus geradlinig-moderner Einrichtung, altem Dielenboden und Backstein. Auf der Karte z. B. Tristans Klassiker wie "Rinderfilet mit grünen Bohnen" oder "Riesengarnelen und Edelfische aus dem Wok".

Menü 39/59 € – Karte 36/59 €

*Limburger Str. 22 ✉ 61462 – ℰ 06174 928525 – www.catering-tristan.de – nur Abendessen – geschl. Juli 3 Wochen*

### 🏠 Villa Rothschild Kempinski    🏕 🏖 ⟨ 🚗 ⬚ AC 🏊 P

**LUXUS · INDIVIDUELL** In einem Park steht die schmucke Bankiers-Villa von 1894 - ein edles und stilvolles Boutiquehotel. Shuttle-Service zum Ascara-Spa des Schwesterbetriebs "Falkenstein". In "Tizian's Bar & Brasserie" bekommt man Snacks wie Flammkuchen und Clubsandwiches, aber auch Wiener Schnitzel und Zander - hier speist man, wenn mittags das Gourmetrestaurant geschlossen hat.

21 Zim 🛏 - ♦160/220 € ♦♦180/280 €

*Im Rothschildpark 1 ⊠ 61462 - ☎ 06174 29080*
*- www.kempinski.com/villarothschild*

❀❀ **Villa Rothschild Kempinski** - siehe Restaurantauswahl

## In Königstein-Falkenstein Nord-Ost: 2 km

### 🍴 Landgut Falkenstein    🏖 ⟨ 🚗 ♿ AC 🌿 P

**INTERNATIONAL · ELEGANT** XX Toll der Blick auf die Skyline von Frankfurt! Neben Internationalem und Traditionellem wie "Rinderroulade mit Kohlrabi und Spätzle" kommt auch "Health Food" gut an, so z. B. "gratinierte Artischockenböden mit Ziegenkäse, Rucola, Tomaten".

Menü 59/79 € - Karte 37/70 €

*Hotel Falkenstein Grand Kempinski, Debusweg 6 ⊠ 61462 - ☎ 06174 909050*
*- www.restaurant-landgut.com*

### 🏠 Falkenstein Grand Kempinski    🏕 🏖 ⟨ 🚗 🍽 🖼 ⊛ 🏮 🛁 ⬚ 🌿

**LUXUS · KLASSISCH** Das noble Gesamtbild beginnt schon beim 🏊 P Äußeren dieses historischen Häuserensembles und zieht sich durch alle Räume (einschließlich der prächtigen Säle), die ebenso wertig sind wie das umfassende Spa-Angebot - nicht zu vergessen der ausgezeichnete Service! Picknicken Sie doch mal sonntags im Park, während Ihre Kinder den Spielplatz erkunden!

88 Zim - ♦190/250 € ♦♦230/380 € - 24 Suiten - 🛏 35 €

*Debusweg 6 ⊠ 61462 - ☎ 06174 90900 - www.kempinski.com/falkenstein*
🍴 **Landgut Falkenstein** - siehe Restaurantauswahl

# KÖNIGSWINTER

Nordrhein-Westfalen - 39 980 Ew. - Höhe 80 m - Regionalatlas **36**-C13
▶ Berlin 597 km - Düsseldorf 83 km - Bonn 10 km - Koblenz 57 km
Michelin Straßenkarte 543

### 🙂 Petit Lion - Weinstube Krone    🏖

**ASIATISCHE EINFLÜSSE · GEMÜTLICH** XX Restaurant, Vinothek und Weinstube - alles unter einem Dach! Interessant die Auswahl an regionalen und euro-asiatischen Gerichten sowie Klassikern wie geschmorten Ochsenbacken. Weinliebhaber freuen sich über treffliche Empfehlungen!

Menü 38/95 € - Karte 35/72 €

*Hauptstr. 374 ⊠ 53639 - ☎ 02223 700970 - www.krone-koenigswinter.de*
*- Montag - Freitag nur Abendessen*

### 🏠 Waldhotel Sophienhof    🏕 🚗 ⬚ 🌿 🏊 P

**TRADITIONELL · GEMÜTLICH** Wirklich schön hat man es hier: Das Haus a. d. J. 1888 liegt ruhig und ist stilvoll-modern eingerichtet - das passt wunderbar zum historischen Charme, den man ganz bewusst bewahrt hat! Im Restaurant gibt es Steaks, nett die Terrasse. Tipp: Von hier aus können Sie tolle Wanderungen unternehmen.

16 Zim - ♦72/95 € ♦♦88/105 € - 🛏 11 €

*Löwenburger Str. 1, Ost: 6 km über L331 ⊠ 53639 - ☎ 02223 29730*
*- www.waldhotel-sophienhof.de - geschl. 23. Dezember - 1. Januar*

## Auf dem Petersberg Nord-Ost: 3 km

🍴○ **Rheinterrassen** ⟵ ⊗ ⟵ 🏠 AC 🗒 P

INTERNATIONAL • DESIGN XXX Hoch oben auf dem Petersberg lässt man sich bei phänomenalem Blick auf den Rhein mit klassischer Küche umsorgen - gefragt ist natürlich die Terrasse! Es gibt auch ein Bistro-Café mit Sommergarten. Für Übernachtungsgäste ist das stattliche Anwesen des "Steigenberger Grandhotel" ebenfalls interessant.

Menü 52/120 € – Karte 47/74 €   99 Zim – 🛏109/249 € 🛏🛏149/249 €
– 11 Suiten – ⊡ 26 € – ½ P

*Petersberg* ✉ *53639 Königswinter – ☎ 02223 74780 (Tischbestellung ratsam)*
*– www.grandhotel-petersberg.steigenberger.de – nur Abendessen*

## KÖTZTING, BAD

Bayern – 7 150 Ew. – Höhe 409 m – Regionalatlas **59**-O17
▶ Berlin 496 km – München 189 km – Regensburg 78 km – Passau 104 km
Michelin Straßenkarte 546

🏠 **Amberger Hof** ⇗ 🖃 🖢 P

GASTHOF • GEMÜTLICH Der traditionsreiche Familienbetrieb ist gefragt: Man bietet wohnliche Zimmer zu einem guten Preis-Leistungs-Verhältnis, dazu Kosmetik, Massage und Kneippanwendungen, und zur Therme ist es auch nicht weit. Im gemütlichen Restaurant samt netter Terrasse serviert man regional-bürgerliche Küche.

33 Zim ⊡ – 🛏49 € 🛏🛏80/88 € – ½ P
*Zeltendorfer Weg 4* ✉ *93444 – ☎ 09941 9500 – www.amberger-hof.de – geschl.*
*8. - 26. Januar*

## In Bad Kötzting-Liebenstein Nord: 7 km in Richtung Ramsried
- Höhe 650 m

🏨 **Bayerwaldhof** ⇗ ⊗ ⟵ ⟵ 🔨 🗒 ☎ 🛋 🐾 🖃 🚗 🍽

SPA UND WELLNESS • GEMÜTLICH Hier wird ständig investiert. Der Spa, aber auch die Zimmer und das Restaurant sind sehr geschmackvoll gestaltet - überhaupt die gesamte Anlage! Man wird freundlich betreut, ringsum Ruhe und viel Grün, Entspannung pur. Freuen Sie sich z. B. auf den Garten mit Naturbadeteich und Blockhaussauna! HP inklusive.

84 Zim ⊡ – 🛏116/151 € 🛏🛏184/300 € 10 Suiten – ½ P
*Liebenstein 25* ✉ *93444 – ☎ 09941 94800 – www.bayerwaldhof.de*

## KOHLGRUB, BAD

Bayern – 2 560 Ew. – Höhe 828 m – Regionalatlas **65**-K21
▶ Berlin 668 km – München 83 km – Garmisch-Partenkirchen 32 km –
Kempten (Allgäu) 78 km
Michelin Straßenkarte 546

🏨 **Das Johannesbad** ⇗ ⟵ 🗒 ☎ 🐾 🖃 🛋

FAMILIÄR • INDIVIDUELL Hier lautet der Untertitel "Medical Spa & Vitalrefugium", entsprechend umfangreich das Angebot an Beauty, Massage & Co. Schön zur Ruhe kommt man auch in der Kaminbibliothek und im alpinen Landhausambiente der Zimmer und des Restaurants mit abendlichem Menü. Die Führung engagiert und herzlich-familiär.

41 Zim ⊡ – 🛏70/110 € 🛏🛏140/220 € – 1 Suite – ½ P
*Saulgruber Str. 6* ✉ *82433 – ☎ 08845 840 – www.johannesbad-schober.de*
*– geschl. 20. November - 26. Dezember*

## KOLLNBURG

Bayern – 2 810 Ew. – Höhe 655 m – Regionalatlas **59**-O17
▶ Berlin 510 km – München 177 km – Regensburg 75 km – Passau 85 km
Michelin Straßenkarte 546

**Burggasthof** 🕯️ ⩽ 🍴 🏠 **P** 📣

GASTHOF · INDIVIDUELL Eine sehr nette familiäre Adresse, die stetig modernisiert wird. Wie wär's mit einem Themenzimmer? Sie heißen z. B. "Mohnblumenstube" oder "Königssalzstube". Eine Besonderheit ist die eigene Metzgerei im Haus, zudem hat man einen kleinen Salzladen und die "Salzoase"! Gaststube in bürgerlich-rustikalem Stil.

20 Zim 🛏 – ♦37/54 € ♦♦80/100 € – ½ P

*Burgstr. 11 ⊠ 94262 – 𝒞 09942 8686 – www.burggasthof-hauptmann.de*

# KONSTANZ

Baden-Württemberg – 81 150 Ew. – Höhe 405 m – Regionalatlas **63**-G21

▶ Berlin 763 km – Stuttgart 180 km – Bregenz 62 km – Ulm (Donau) 146 km

Michelin Straßenkarte 545

🕸🕸 **Ophelia** ⩽ 🏡 🅰 🕯️ 🔄 **P**

FRANZÖSISCH-KREATIV · ELEGANT 🕆🕆🕆 Feine moderne Elemente stehen nicht nur der stilvollen Villen-Atmosphäre bestens zu Gesicht, auch die kreative Küche setzt auf niveauvolle Moderne, und das technisch erstklassig, mit individueller Note, reichlich Kontrasten und aufwändiger Optik. Top der Service, ebenso die Weinberatung.

→ Gänsestopfleber, Petersilie, Brombeere. Steinbutt, Gurke, Kaviar, Dill. Reh, Kirsche, Mairübe, Sonnenblumenkerne.

Menü 105/170 €

*Hotel RIVA, Seestr. 25, Zufahrt über Kamorstraße ⊠ 78464 – 𝒞 07531 363090 (Tischbestellung ratsam) – www.hotel-riva.de – nur Abendessen, sonntags auch Mittagessen – geschl. 1. Februar - 9. März und Dienstag - Mittwoch*

🕸 **San Martino - Gourmet** (Jochen Fecht) 🏡

FRANZÖSISCH-KREATIV · FREUNDLICH 🕆🕆 Eine tolle kreative Küche, die mit Finesse und Ausdruck, Produktqualität und Handwerk überzeugt - am besten genießt man das ganze Menü! Um Sie herum ein attraktives Interieur aus geradlinigem Design und Natursteinwänden. Top der Service.

→ Langostinos und Pulpo, wilder Brokkoli, Radieschen, Oyster Leafs. Seezander und Reichenauer Gurke, Lesbos Käse, Dill, schwarze Oliven. Flat Iron und US Cuck Short Rib, BBQ, Corn, Spitzpaprika.

Menü 135 € – Karte 116/124 €

*Bruderturmgasse 3, Zugang über Schlachttorgasse ⊠ 78462 – 𝒞 07531 2845678 (Tischbestellung ratsam) – www.san-martino.net – nur Abendessen – geschl. Januar - Februar und Sonntag - Mittwoch*

🍴○ **San Martino - Bistro** – siehe Restaurantauswahl

🍴○ **Papageno**

INTERNATIONAL · ELEGANT 🕆🕆 In zentraler Lage befindet sich das moderne Restaurant mit eleganter Note. Geboten wird eine zeitgemäße internationale Küche - Tipp: Kommen Sie auch mal zum günstigen Mittagsmenü!

Menü 43/77 € – Karte 53/84 €

*Hüetlinstr. 8a ⊠ 78462 – 𝒞 07531 368660 – www.papageno-konstanz.net – geschl. über Fastnacht, Juni - Juli 2 Wochen und Montag - Dienstag*

🍴○ **RIVA** ⩽ 🏡 🕭 🅰 🔄 🚗

INTERNATIONAL · FREUNDLICH 🕆🕆 Besonders schön ist es in dem mediterran gehaltenen Restaurant, wenn die bodentiefen Fenster zur Terrasse und zum See geöffnet sind! Auf der vielfältigen Karte z. B. "Tatar und gebeizte Lende vom Rind", "Safranrisotto mit gehobeltem Grana Padano und gegrilltem Gemüse", "Züricher Geschnetzeltes mit Rösti"...

Menü 37/54 € – Karte 36/81 €

*Hotel RIVA, Seestr. 25, Zufahrt über Kamorstraße ⊠ 78464 – 𝒞 07531 363090 – www.hotel-riva.de*

## ⅱ○ San Martino - Bistro ⛩

**INTERNATIONAL · FREUNDLICH** ⅹ Dies ist die etwas einfachere Restaurantvariante im Haus, aber auch hier wird schmackhaft gekocht: "Kalbsbacken in Rioja geschmort", "kross gebratene Maispoularde", "Wiener Schnitzel mit Kartoffel-Gurkensalat"...

Menü 38/86 € – Karte 34/66 €

*Restaurant San Martino - Gourmet, Bruderturmgasse 3, Zugang über Schlachttorgasse* ⊠ *78462 – ℰ 07531 2845678 (Tischbestellung erforderlich) – www.san-martino.net – geschl. Sonntag - Montag*

## ⌂⌂⌂ RIVA 🐟 ⋖ 🍸 🆓 🕸 📠 ⊡ ⅋ 🅰 ⅋ 🛏 🚗

**SPA UND WELLNESS · MODERN** Hier erwarten Sie reichlich Annehmlichkeiten: die Lage an der Uferpromenade, wertiges stilvoll-modernes Interieur, exzellentes Frühstück, dazu eine tolle Lounge mit Seeblick und der anspruchsvolle Spa... Klasse: das beheizte Schwimmbad auf dem Dach - übrigens ein ganzjähriges Vergnügen!

46 Zim 🛏 – 🛏110/240 € 🛏🛏200/452 € – 5 Suiten

*Seestr. 25, Zufahrt über Kamorstraße* ⊠ *78464 – ℰ 07531 363090 – www.hotel-riva.de*

❀❀ **Ophelia** • ⅱ○ **RIVA** – siehe Restaurantauswahl

## ⌂⌂⌂ Steigenberger Inselhotel 🏠 ⋖ 🍴 🕸 📠 ⊡ 🅰 🛏 🅿

**HISTORISCH · KLASSISCH** Das Dominikanerkloster a. d. 13. Jh. mit seinem wunderschönen Kreuzgang wird seit 1874 als Hotel geführt, seit 1966 ist es ein Steigenberger! Trumpf ist hier natürlich die Lage am See - herrlich die Liegewiese! Internationale Küche im Seerestaurant mit hübscher Terrasse, Regionales in der Dominikanerstube.

100 Zim 🛏 – 🛏139/229 € 🛏🛏219/349 € – 2 Suiten – ½ P

*Auf der Insel 1* ⊠ *78462 – ℰ 07531 1250 – www.konstanz.steigenberger.de*

## ⌂⌂ Hotel 47° 🏠 🕸 ⊡ 🅰 🛏

**BUSINESS · MODERN** Eine schöne Adresse am Seerhein: geradliniges Design, wertige Materialien, warme Töne, gutes Platzangebot und moderne Technik. Im Restaurant Friedrichs schaut man durch die Fensterfront auf den See und die Stadt, gekocht wird international mit regionalem und saisonalem Bezug.

99 Zim 🛏 – 🛏110/240 € 🛏🛏150/280 € – ½ P

*Reichenaustr. 17* ⊠ *78462 – ℰ 07531 127490 – www.47grad.de*

### In Konstanz-Staad Nord-Ost: 4 km

## ⅱ○ Schiff 🚗 ⋖ 🍴 🅿

**INTERNATIONAL · ELEGANT** ⅹ "Wiener Schnitzel vom Kalbsrücken mit Kartoffel-Gurkensalat", "Felchenfilet Doria mit geschmortem Gurkengemüse", "Räuchermatjes Hausfrauen Art"... Im Restaurant des Hotels "Schiff am See" erwarten Sie gute Küche und freundlicher Service.

Menü 22/29 € – Karte 24/62 € 33 Zim 🛏 – 🛏79/100 € 🛏🛏109/149 € – 4 Suiten

*William-Graf-Platz 2* ⊠ *78464 – ℰ 07531 31041 – www.ringhotel-schiff.de*

# KORNTAL-MÜNCHINGEN

Baden-Württemberg – 18 580 Ew. – Höhe 335 m – Regionalatlas **55**-G18

▶ Berlin 635 km – Stuttgart 15 km – Karlsruhe 69 km – Tübingen 57 km

Michelin Straßenkarte 545

## ⌂⌂ Landschloss Korntal ⊡ 🛏 🚗

**HISTORISCH · MODERN** Das Hofgut a. d. 13. Jh. bietet heute nicht nur moderne Zimmer mit guter Technik und ein appetitliches Frühstück, auch Veranstaltungen werden hier groß geschrieben! Prunkstück unter den diversen Räumen ist der historische Festsaal!

26 Zim – 🛏75/115 € 🛏🛏105/130 € – 🛏 9 €

*Saalplatz 5, (Korntal)* ⊠ *70825 – ℰ 0711 8388800 – www.landschloss-korntal.de*

**KORSCHENBROICH** Nordrhein-Westfalen → Siehe Mönchengladbach

**KORSWANDT** Mecklenburg-Vorpommern → Siehe Usedom (Insel)

**KOSEROW** Mecklenburg-Vorpommern → Siehe Usedom (Insel)

## KRAIBURG AM INN
Bayern – 3 990 Ew. – Höhe 462 m – Regionalatlas **66**-N20
▶ Berlin 650 km – München 78 km – Bad Reichenhall 77 km – Landshut 67 km
Michelin Straßenkarte 546

⊪◯ **Hardthaus**                                        ⇦ 🏠

INTERNATIONAL · ROMANTISCH ✕✕ In dem denkmalgeschützten Haus umgibt Sie das charmante Ambiente eines ehemaligen Kolonialwarenladens. Davor die schöne Terrasse am Marktplatz. Die tagesfrische Küche ist international. Saisonales Tagesmenü im gemütlichen Gewölbe-Weinkeller. Im Haus gegenüber: moderne, hochwertige Zimmer.

Menü 24/98 € – Karte 34/66 €   5 Zim – †77/158 € ††80/158 € – ☰ 8 €
*Marktplatz 31* ⊠ *84559* – ☏ *08638 73067 (Tischbestellung ratsam)*
*– www.hardthaus.de – nur Abendessen – geschl. August 2 Wochen und Sonntag*
*– Montag*

## KRAKOW AM SEE
Mecklenburg-Vorpommern – 3 480 Ew. – Höhe 50 m – Regionalatlas **12**-N5
▶ Berlin 170 km – Schwerin 74 km – Rostock 63 km – Neubrandenburg 84 km
Michelin Straßenkarte 542

### In Krakow-Seegrube Nord-Ost: 4,5 km

🕸 **Ich weiß ein Haus am See**                  🐾 ⇦ 🛏 ⇐ 🍴 🅿 🍽

FRANZÖSISCH-KLASSISCH · FAMILIÄR ✕✕ Der romantische Name des Hauses klingt nach Charme und Wohlfühl-Atmosphäre, und genau das findet man bei den engagierten und herzlichen Gastgebern. Nicht zu vergessen die sehr gute klassische Küche in Form eines wechselnden Menüs. Hier bleibt man gerne über Nacht: hübsche Landhauszimmer, see- oder waldseitig.
→ Jakobsmuschelsoufflé mit Zuckerschotenstroh und getrüffelter Beurre Blanc. Müritz Stör mit Zucchinigemüse, Emulsion von Olivenöl und Frühlinglauch. Crepinette vom Stubenküken, gefüllt mit Entenleber und schwarzen Nüssen.
Menü 85 €    11 Zim ☰ – †80/100 € ††90/130 €
*Paradiesweg 3* ⊠ *18292* – ☏ *038457 23273 (Tischbestellung ratsam)*
*– www.hausamsee.de – nur Abendessen – geschl. Sonntag - Montag, Juli*
*- August: Montag und November - März: Sonntag - Donnerstag*

**KRANZBACH** Bayern → Siehe Krün

## KRANZBERG
Bayern – 4 140 Ew. – Höhe 483 m – Regionalatlas **58**-L19
▶ Berlin 557 km – München 41 km – Regensburg 94 km – Ingolstadt 49 km
Michelin Straßenkarte 546

### In Kranzberg-Hohenbercha Süd-West: 5 km jenseits der A 9

🏠 **Hörger Biohotel und Tafernwirtschaft**    ⚡ 🛏 🌾 ♨ 🅿

GASTHOF · GEMÜTLICH Ein Gasthaus mit über 100-jähriger Familientradition. Im eigenen Apfelgarten steht ein moderner Vollholzbau mit hübschen geradlinigen Zirbelholz-Zimmern, einfachere Zimmer im Haupthaus. Bio-Küche in gemütlichen ländlich-rustikalen Stuben.
25 Zim ☰ – †64/180 € ††109/240 €
*Hohenbercha 38* ⊠ *85402* – ☏ *08166 990980* – *www.hoerger-biohotel.de*

# KREFELD

Nordrhein-Westfalen – 222 030 Ew. – Höhe 38 m – Regionalatlas **25**-B11

▶ Berlin 571 km – Düsseldorf 28 km – Eindhoven 86 km – Essen 38 km

Michelin Straßenkarte 543

## In Krefeld-Bockum

### ¶○ Villa Medici       ⇦ ☂ **P**

**ITALIENISCH · KLASSISCHES AMBIENTE** ✕✕ Nicht nur von außen gibt die schmucke Villa ein herrschaftliches Bild ab: Nach dem Klingeln betreten Sie die Empfangshalle mit toller Freitreppe und gelangen in stilvolle Räume mit schönem Parkett. Zum repräsentativen Rahmen passt der gute Service am Tisch: Große Fische werden vor dem Gast tranchiert, Antipasti auf dem Wagen präsentiert. Einfacher Mittagstisch in der Cantinetta.

Menü 45/120 € – Karte 32/88 €    9 Zim ⌷ – ♦90/150 € ♦♦120/250 €

*Schönwasserstr. 73 ✉ 47800 – ℰ 02151 50660 – www.villa-medici-krefeld.de*
*– geschl. 30. Juli - 23. August und Samstagmittag, Sonntag*

### 🏨 Mercure Parkhotel Krefelder Hof    ⛲ ⇦ ⛌ 🐾 📶 ⌷ ⅃ AC 🏊 🚗

**KETTENHOTEL · FUNKTIONELL** Ein klassisches und gediegen-komfortables Hotel mit über 100-jähriger Geschichte. Auch stilvolle Veranstaltungsräume sind vorhanden. Zum Haus gehört ein kleiner Park. Restaurant mit Brasserie-Flair, dazu eine nette Terrasse.

160 Zim – ♦59/279 € ♦♦69/299 € – 4 Suiten – ⌷ 18 € – ½ P

*Uerdinger Str. 245 ✉ 47800 – ℰ 02151 5840 – www.mercure.de*

## In Krefeld-Uerdingen

### 😊 Chopelin       ☂ ⇄ **P**

**FRANZÖSISCH-KLASSISCH · KLASSISCHES AMBIENTE** ✕✕ Familie Chopelin hat in dem einstigen Bayer-Casino ein elegantes Restaurant mit klassischer Küche mit der legere Bistro-Alternative mit günstigerem Tagesangebot. Beliebt auch das 3-Gänge-Überraschungsmenü (außer samstags). Oder wie wär's mittwochs mit dem Amuse-Bouche-Menü? Toll die Balkonterrasse zum Rhein!

Menü 34/61 € – Karte 37/69 €

*Casinogasse 1 ✉ 47829 – ℰ 02151 311789 – www.chopelin.de – geschl. Anfang*
*Januar 1 Woche und Sonntag - Montag, Samstagmittag*

# KREMMEN

Brandenburg – 7 110 Ew. – Höhe 39 m – Regionalatlas **22**-O7

▶ Berlin 43 km – Potsdam 50 km – Neuruppin 36 km – Oranienburg 18 km

Michelin Straßenkarte 542

## In Kremmen-Groß Ziethen Süd: 6 km

### ¶○ Die Orangerie       ⇦ ☂ ⇄ 🚗

**INTERNATIONAL · ELEGANT** ✕✕ Hier sitzen Sie in einem luftig-hohen Raum mit großen Bogenfenstern und lassen sich z. B. "Terrine von Kalbsbries", "Perlhuhn mit Schwarzwurzel- und Herbstsalat" oder "Müritzforelle mit Zimtjus und Kartoffelpüree" servieren.

Menü 33/49 € – Karte 33/49 €

*Hotel Schloss Ziethen, Alte Dorfstr. 33 ✉ 16766 – ℰ 033055 950*
*– www.schlossziethen.de – nur Abendessen – geschl. 18. - 24. Dezember, 2. - 8. Januar*

### 🏨 Schloss Ziethen       🐾 ⇦ 🐾 ⌷ 🏊 🚗

**HISTORISCH · INDIVIDUELL** Ein schmuckes Herrenhaus a. d. 14. Jh. in einem netten Park. Hübsch sind die wohnlichen Zimmer, die diversen Salons und die kleine Bibliothek. Im Rosenhaus hat man einen schönen Tagungsbereich.

45 Zim ⌷ – ♦95/130 € ♦♦124/162 € – 1 Suite – ½ P

*Alte Dorfstr. 33 ✉ 16766 – ℰ 033055 950 – www.schlossziethen.de – geschl. 18.*
*- 24. Dezember, 2. - 8. Januar*

¶○ **Die Orangerie** – siehe Restaurantauswahl

## In Kremmen-Sommerfeld Nord: 8 km

### 🏠 Sommerfeld 🀄 🌿 🛄 ⚒ 🖼 🛎 🀄 ⑆ ⊟ ⚒ 🆎 🍴 **P**

SPA UND WELLNESS · MODERN Das Hotel liegt am Beetzer See und bietet einen ansprechenden Spa sowie wohnlich-komfortable Zimmer. Besonders schön sind die geräumigen Wellness-Relax-Zimmer. Die Restaurantbereiche nennen sich Kranich, Bistro Frosch und Roter Salon.

83 Zim ☑ – †97/132 € ††140/181 € – 2 Suiten – ½ P

*Beetzer Str. 1a ✉ 16766 – ☎ 033055 970 – www.hotelsommerfeld.de*

# KRESSBRONN am BODENSEE

Baden-Württemberg – 8 310 Ew. – Höhe 407 m – Regionalatlas **63**-H21

▶ Berlin 731 km – Stuttgart 170 km – Konstanz 41 km – Ravensburg 23 km

Michelin Straßenkarte 545

### 🍴 Meersalz 🀄 **P**

INTERNATIONAL · TRENDY 🍴 In dem ehemaligen Steinmetz-Betrieb kocht man für Sie modern, mit eigenem Stil und mit Aromen aus der ganzen Welt. Wie wär's z. B. mit "Riesengarnelen im Wasabi-Knuspermantel"? Elegant das Ambiente, zuvorkommend und freundlich der Service.

Menü 52/60 € – Karte 41/60 €

*Boutique-Hotel Friesinger, Bahnhofstr. 5 ✉ 88079 – ☎ 07543 9398787*
*– www.restaurant-meersalz.de – Mittwoch - Samstag nur Abendessen – geschl. Anfang März 2 Wochen, Anfang November 2 Wochen und Montag - Dienstag, außer an Feiertagen*

### 🏠 Boutique-Hotel Friesinger 🀄 **P**

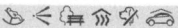

BOUTIQUE-HOTEL · MODERN Das kleine Bijou nahe dem See steht für stilvoll-moderne, individuelle, geräumige und hochwertige Zimmer, für Liebe zum Detail überall im Haus sowie für ehrliche Herzlichkeit - schlichtweg ein "Vorzeige"-Boutique-Hotel!

3 Zim ☑ – †92/168 € ††128/192 € – 2 Suiten

*Bahnhofstr. 5 ✉ 88079 – ☎ 07543 9398787 – www.boutique-hotel-friesinger.de*
🍴 Meersalz – siehe Restaurantauswahl

### 🏠 Pension am Bodensee 🌿 ≤ 🛄 🛎 🀄 🚗

LANDHAUS · INDIVIDUELL Das ehemalige Fischerhaus wird sehr persönlich geführt, liegt direkt am See und bietet neben der tollen Terrasse und der verglasten Sauna (beides natürlich mit Seeblick!) individuelle, geschmackvolle Zimmer. Nicht zu vergessen das exzellente Frühstücksbuffet mit regionalen Spezialitäten!

8 Zim ☑ – †75/145 € ††95/220 € – 1 Suite

*Bodanstr. 7 ✉ 88079 – ☎ 07543 7382 – www.pension-am-bodensee.de*

## In Kressbronn-Retterschen

### 🏠 Sonnenhof 🀄 ≤ 🛄 🖼 🛎 🍴 ⊟ 🀄 🍴 **P**

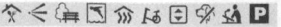

HERRENHAUS · MODERN Zum wohnlich-modernen Ambiente kommt die Lage oberhalb des Bodensees - im Haupthaus oder im Gästehaus "Lindau" hat man teilweise eine schöne Sicht. Einfachere und preisgünstigere Zimmer im älteren Gästehaus. Tipp: Frühstück oder Abendessen im Sommer auf der tollen Terrasse - beeindruckend der Blick!

53 Zim ☑ – †79/179 € ††139/209 € – ½ P

*Sonnenhof 8 ✉ 88079 – ☎ 07543 500220 – www.sonnenhof-bodensee.de*

KREUTH Bayern → Siehe Rottach-Egern

# KREUZNACH, BAD

Rheinland-Pfalz – 48 230 Ew. – Höhe 108 m – Regionalatlas **46**-D15

▶ Berlin 612 km – Mainz 45 km – Idar-Oberstein 50 km – Kaiserslautern 56 km

Michelin Straßenkarte 543

## ⊛ Im Kittchen

**INTERNATIONAL · WEINSTUBE** ⅄ Das kleine Restaurant in der Altstadt ist beliebt wegen seiner charmanten Atmosphäre und der guten Küche. Tipp: das interessante Überraschungsmenü im Tapas-Stil mit 4 - 9 Gängen! Oder lieber à la carte? Es gibt z. B. "Hunsrücker Lammragout mit Knoblauchspaghetti" oder "sautiertes Kalbsbries mit Paprika".

Menü 28/63 € – Karte 36/53 €

*Alte Poststr. 2 ⊠ 55545 – ℰ 0671 9200811 (Tischbestellung ratsam) – nur Abendessen – geschl. 24. - 27. Dezember, über Karneval, über Ostern, Juli - Mitte August 2 Wochen und Sonntag - Montag sowie an Feiertagen*

## ⅣO Im Gütchen       🛱 🍽 🄿 🍽

**FRANZÖSISCH-KLASSISCH · TRENDY** ⅄⅄ Kaum zu glauben, dass dieser modernelegante, luftig-hohe Raum mal ein Schweinestall war! Die freundlichen Gastgeber bieten in dem schön sanierten Gebäude a. d. 18. Jh. charmanten Service und Schmackhaftes wie "Filet vom Landuro-Schwein".

Menü 42/75 € – Karte 37/55 €

*Hüffelsheimer Str. 1 ⊠ 55545 – ℰ 0671 42626 – www.jan-treutle.de – nur Abendessen – geschl. Anfang Januar 1 Woche, Juli - August 2 Wochen und Dienstag*

## 🏛 Fürstenhof       ☆ 🖃 ⅙ 🄰🄲 🐾 🚗

**BUSINESS · MODERN** Attraktiv ist hier die Nähe zu Bäderhaus, Crucenia-Therme und Kurpark. Dazu kommen zeitgemäße Zimmer in unterschiedlichen Kategorien, Massage- und Kosmetikanwendungen, gute Tagungsmöglichkeiten und internationale Küche sowie vergünstigtes Parken. Hausgäste können die Therme täglich 2 Std. kostenfrei nutzen.

76 Zim ⌺ – 🛉99/119 € 🛉🛉139/155 € – 1 Suite – ½ P

*Kurhausstr. 20 ⊠ 55543 – ℰ 0671 2984670 – www.sympathie-hotel.de*

## KREUZWERTHEIM Bayern ➜ Siehe Wertheim

# KRONACH

Bayern – 16 900 Ew. – Höhe 320 m – Regionalatlas **50**-L14
▶ Berlin 352 km – München 279 km – Coburg 33 km – Bayreuth 44 km
Michelin Straßenkarte 546

## 🏠 Die Kronacher Stadthotels       ☆ 🖃 🄰🄲 🍽 🐾 🚗

**HISTORISCH · INDIVIDUELL** In der charmanten Oberstadt warten in den historischen Häusern Pfarrhof, Pförtchen und Floßherrn liebevoll gestaltete Zimmer auf Sie - vier Zimmer haben sogar einen kleinen Balkon und Blick zur Festung. Tipp: Im "Antlabräu" gibt's Bier aus der eigenen Brauerei und Ente (fränkisch: "Antla") als Spezialität!

38 Zim ⌺ – 🛉98 € 🛉🛉131 € – ½ P

*Amtsgerichtsstr. 12 ⊠ 96317 – ℰ 09261 504590 – www.stadthotel-pfarrhof.de*

## In Stockheim-Haig Nord-West: 7 km über B 89, in Haßlach links

## ⊛ Landgasthof Detsch       ⇦ 🛱 🄿

**REGIONAL · GASTHOF** ⅄ Ein sympathischer Landgasthof und Familienbetrieb seit 1723! Man kocht frisch und regional, Angus-Rinder und Schweine kommen aus eigener Zucht. Eine Spezialität ist auch "gefülltes fränkisches Täubchen" und sonntags gibt es Braten aus dem Ofen. Probieren Sie auch den Hausbrand. Im kleinen Gästehaus übernachtet man gepflegt.

Menü 24/38 € – Karte 22/43 €    9 Zim ⌺ – 🛉55/58 € 🛉🛉75 € – 1 Suite

*Coburger Str. 9 ⊠ 96342 – ℰ 09261 62490 – www.landgasthof-detsch-haig.de – Dienstag - Samstag nur Abendessen – geschl. März 1 Woche, Ende Mai 1 Woche, Anfang August 2 Wochen und Sonntagabend - Montag*

## KRONBERG im TAUNUS

Hessen – 18 070 Ew. – Höhe 257 m – Regionalatlas **47**-F14

▶ Berlin 540 km – Wiesbaden 28 km – Frankfurt am Main 17 km –
Bad Homburg vor der Höhe 13 km
Michelin Straßenkarte 543

### ⇥○ Schlossrestaurant                    ⇐ 🍴 🏠 ♻ 🅿

**FRANZÖSISCH · KLASSISCHES AMBIENTE** XxxX Im Restaurant fühlt man sich
zurückversetzt in die Kaiserzeit: Man sitzt in einem tollen prunkvollen Saal, die
Atmosphäre stilvoll und gediegen-elegant. Wunderbar auch die Terrasse zum
Park. Serviert wird klassische Küche.

Menü 54 € (mittags)/125 € – Karte 45/111 €

*Schlosshotel Kronberg, Hainstr. 25* ✉ *61476 –* ☏ *06173 70101*
*– www.schlosshotel-kronberg.de*

### ⇥○ Grüne Gans                                    🐾 🏠

**FRANZÖSISCH** XX Die ehemalige Schlosserei a. d. 17. Jh. ist ein gemütlich-moderner Rahmen für französisch-internationale Küche: Lust auf Flammkuchen? Den gibt
es als "Classique", "Escargots", "Gorgonzola"... Oder mögen Sie lieber Klassiker?

Karte 38/52 €

*Pferdstr. 20* ✉ *61476 –* ☏ *06173 783666 – www.gruene-gans.com – Montag
- Samstag nur Abendessen*

### 🏛 Schlosshotel Kronberg                🌙 ⇐ 🍴 ⬆ 🅰🅲 🚭 🅿

**HISTORISCHES GEBÄUDE · KLASSISCH** Absolut stimmig, wie der englische Ein-
richtungsstil mit schönen Antiquitäten den eindrucksvollen Rahmen dieses
Schlosses a. d. 19. Jh. unterstreicht. Alles ist hochwertig und elegant: Lobby,
Bibliothek, Zimmer - diese wurden komplett saniert und stilgerecht gestaltet.
Und drum herum ein romantischer Park!

62 Zim – 🛏255/545 € 🛏🛏295/585 € – 12 Suiten – ⌑ 32 €

*Hainstr. 25* ✉ *61476 –* ☏ *06173 70101 – www.schlosshotel-kronberg.de*

⇥○ **Schlossrestaurant** – siehe Restaurantauswahl

---

Das Symbol 🛏 bzw. 🛏🛏 zeigt den Mindestpreis in der Nebensaison
und den Höchstpreis in der Hochsaison für ein Einzelzimmer bzw.
für ein Doppelzimmer an.

---

## KROZINGEN, BAD

Baden-Württemberg – 17 450 Ew. – Höhe 234 m – Regionalatlas **61**-D20

▶ Berlin 816 km – Stuttgart 217 km – Freiburg im Breisgau 18 km – Basel 63 km
Michelin Straßenkarte 545

### In Bad Krozingen-Biengen Nord-West: 3 km

### ⇥○ Zur Krone                                    🏠 🅿 🚭

**MEDITERRAN · GASTHOF** X Sascha Kölsch bietet hier regional und mediterran
beeinflusste Gerichte - reduziert, klar und ambitioniert. Appetit auf "Tranche
vom Rinderfilet mit Rotweinschalotten und Rosmarinkartoffeln" oder "Perlhuhnbrust an Risotto mit Apfel und Parmesan"? Toll die Terrasse im Hof. Eine Raucherlounge gibt es auch.

Menü 14 € (mittags)/64 € – Karte 31/55 €

*Hauptstr. 18* ✉ *79189 –* ☏ *07633 9391989 – www.zur-krone-biengen.de
– geschl. Januar 2 Wochen und Montag - Dienstagmittag, Samstagmittag*

## In Bad Krozingen-Schmidhofen Süd: 3,5 km über B 3

🕸 **Storchen** (Fritz und Jochen Helfesrieder)   ⇦ 🏠 **P**

KLASSISCHE KÜCHE · GASTHOF ❌❌ Außen wie innen gleichermaßen schön anzuschauen ist der Gasthof a. d. 18. Jh. Und als nicht minder attraktives kulinarisches Pendant bieten Vater und Sohn klassische, aber auch regionale Küche. Beliebt auch der günstige Lunch. Sie möchten übernachten? Die Zimmer sind genauso ansprechend wie das Restaurant.

➔ Filet von der Nordseescholle, Zuckermais, Pfifferlinge, Radieschen, Zitronengrasfond. Storchenwirt's Bouillabaisse von Atlantikfischen, Knoblauchbrot, Sauce Rouille. Maibockrücken aus heimischer Jagd, glacierte Aprikosen, grüner Spargel, gebackener Grießknödel.

Menü 66/114 € – Karte 40/85 €   8 Zim 🛏 – 🍴75/125 € 🍴🍴85/135 €

*Felix und Nabor Str. 2 ✉ 79189 – 𝒞 07633 5329 (Tischbestellung ratsam)*
*– www.storchen-schmidhofen.de – geschl. Sonntag - Montag*

# KRÜN

Bayern – 1 930 Ew. – Höhe 875 m – Regionalatlas **65**-L22
▶ Berlin 683 km – München 96 km – Garmisch-Partenkirchen 17 km – Mittenwald 8 km
Michelin Straßenkarte 546

🍴⃝ **Post**   🏠 🍽 **P** ⇥

REGIONAL · BÜRGERLICH ❌ Frische bayerische Küche in legerer Wirtshausatmosphäre, vom Kalbsrahmbraten über Schnitzel und Wild bis zum Kaiserschmarrn - das lockt zahlreiche (Stamm-) Gäste an! Eine Bar gibt es auch und im Sommer hat man einen netten Biergarten.

Karte 23/46 €

*Walchenseestr. 4 ✉ 82494 – 𝒞 08825 321 (Tischbestellung erforderlich)*
*– www.gasthof-blocks-post-kruen.de – nur Abendessen – geschl. 26. April*
*16. Mai, 6. November - 15. Dezember und Montag - Dienstag*

🏠 **Alpenhof**   ⭐ 🦢 ⇦ 🏠 🖼 🎵 🛗 🔲 🍽 **P** ⇥

FAMILIÄR · GEMÜTLICH Ein alpenländisches Ferienhotel, in dem eine sehr freundliche und familiäre Atmosphäre herrscht. Man hat nicht nur einen schönen Garten und wohnliche Zimmer (Juniorsuiten mit Teeküche), sondern auch den sehr ansprechenden Saunabereich "Alpin Spa" auf rund 500 qm!

24 Zim 🛏 – 🍴63/85 € 🍴🍴125/156 € – 3 Suiten – ½ P

*Edelweißstr. 11 ✉ 82494*
*– 𝒞 08825 1014 – www.alpenhof-kruen.de*
*– geschl. 6. November - 19. Dezember*

## In Krün-Elmau Süd-West: 9 km über Klais, nur über mautpflichtige Straße zu erreichen

🕸 **Luce d'Oro**   🦢 🍽 **P**

MODERNE KÜCHE · CHIC ❌❌❌ In eleganter Atmosphäre aus warmem Holz und dezenten Goldtönen (an kalten Tagen sorgt zudem der Kamin für Behaglichkeit) darf man sich auf kreative Menüs freuen, die aromatisch, kontrastreich und aufwändigst angerichtet sind. Dazu reibungsloser Service, charmant und aufmerksam.

➔ Carabinero, Spinat, Zwiebel. Steinbutt, Topinambur, Rhabarber. Ente, Gurke, Radieschen.

Menü 70/135 € – Karte 71/125 €

*Hotel Schloss Elmau, Elmau 2 ✉ 82493*
*– 𝒞 08823 180 (Tischbestellung erforderlich) – www.schloss-elmau.de*
*– nur Abendessen*
*– geschl. 16. - 29. Januar, 20. März - 9. April, 24. April - 21. Mai, 11.*
*- 24. September, 4. - 17. Dezember und Sonntag - Dienstag*

🍽 **Summit & Tutto Mondo**     🛖 🍸 **P**

**THAILÄNDISCH · ELEGANT** ✕✕ Sie speisen hier thailändisch, mediterran oder international, ganz gleich ob Sie im "Summit" Platz nehmen oder im "Tutto Mondo". Das Ambiente geschmackvoll-elegant, klasse die Aussicht von der Panoramaterrasse.

Menü 50 € – Karte 50/72 €

*Hotel Schloss Elmau Retreat, Elmau 2 ⊠ 82493 – ℰ 08823 18772 (Tischbestellung erforderlich) – www.schloss-elmau.de – nur Abendessen*

🍽 **Fidelio**     🍸 🚗

**ITALIENISCH · KLASSISCHES AMBIENTE** ✕✕ Zum hochwertigen modernen Interieur und der schönen Aussicht kommt hier ambitionierte italienische und mediterrane Küche in Form von "Seppia Spaghettini, Garnelen, Burrata" oder "Tagliata von Rinderlende, Rucola, Parmesan".

Menü 50/85 € – Karte 51/75 €

*Hotel Schloss Elmau, Elmau 2 ⊠ 82493 – ℰ 08823 180 (Tischbestellung erforderlich) – www.schloss-elmau.de – nur Abendessen – geschl. Nebensaison*

🏨 **Schloss Elmau**

**GROSSER LUXUS · MODERN** Historie auf der einen Seite, moderner Luxus auf der anderen - und das in traumhafter Lage in einem romantischen Tal! Sie besuchen Konzerte, stöbern in der Bibliothek, genießen die Ruhe im Spa. Für Kinder: eigener Badebereich und aufwändige Betreuung! Auch gastronomisch bietet man viel Abwechslung, HP inkl.

115 Zim 🛏 – ♦213/438 € ♦♦410/1200 € – 20 Suiten – ½ P

*Elmau 2 ⊠ 82493 – ℰ 08823 180 – www.schloss-elmau.de*

❀ **Luce d'Oro** • 🍽 **Fidelio** – siehe Restaurantwahl

🏨 **Schloss Elmau Retreat**

**GROSSER LUXUS · MODERN** Neben dem Schloss Elmau ist ein wunderschönes Hotel entstanden: einzigartig die Lage samt tollem Blick auf die Bergwelt, geräumige Suiten und Juniorsuiten mit gediegen-modernem Design, attraktiv der "Shantigiri Spa". HP inklusive.

24 Suiten 🛏 – ♦♦746/1586 € – 23 Zim – ½ P

*Elmau 2 ⊠ 82493 – ℰ 08823 18772 – www.schloss-elmau.de*

🍽 **Summit & Tutto Mondo** – siehe Restaurantauswahl

## In Krün-Kranzbach Süd-West: 7 km über Klais, nur über mautpflichtige Straße zu erreichen

🏨 **Das Kranzbach**

**SPA UND WELLNESS · INDIVIDUELL** Eine Oase der Ruhe, schon die Lage und das Anwesen selbst sind beeindruckend! Luxuriös und individuell das Interieur, 3500-qm-Spa samt Lady-Spa und Yoga-Schule. Wer es ganz privat mag, bucht das Baumhaus im Wald, über einen Privatweg erreichbar. Top das Frühstück, toll der Saftraum. Kinder erst ab 10 Jahre.

131 Zim 🛏 – ♦207/277 € ♦♦374/514 € – 1 Suite – ½ P

*Kranzbach 1 ⊠ 82493 – ℰ 08823 928000 – www.daskranzbach.de*

# KRUMMHÖRN

Niedersachsen – 12 230 Ew. – Höhe 1 m – Regionalatlas **7**-C5

◩ Berlin 528 km – Hannover 265 km – Emden 14 km – Groningen 112 km

Michelin Straßenkarte 541

## In Krummhörn-Greetsiel

🏨 **Der Romantik-Hof** 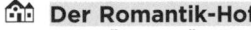      **P**

**FAMILIÄR · GEMÜTLICH** Der friesische Charme dieses netten familiären Hotels samt seiner zwei Gästehäuser wird Sie gleich gefangen nehmen! Das wohltuende Landhausambiente ist dem Engagement der Gastgeber zu verdanken. Hübsch auch der Saunabereich.

32 Zim 🛏 – ♦99/155 € ♦♦152/185 €

*Ankerstr. 4 ⊠ 26736 – ℰ 04926 912151 – www.romantik-hof.de*

## Landhaus Steinfeld

**LANDHAUS · FUNKTIONELL** Das Hotel in ruhiger Lage bietet verschiedene Zimmertypen, teils im Landhausstil oder mit Bauernmöbeln, draußen ein japanischer Garten und ein Koikarpfenteich. Auf Wunsch auch Massage und Kosmetik. Tipp: Man kann Segways mieten.

25 Zim 🖙 – ⫶70/189 € ⫶⫶140/230 € – ½ P

*Kleinbahnstr. 16 ⊠ 26736 – ✆ 04926 91810 – www.landhaus-steinfeld.de – geschl. 11. - 28. Dezember*

## Hohes Haus

**HISTORISCH · FUNKTIONELL** Im Zentrum, unweit des Hafens, finden Sie das historische Gebäude nebst alter Pastorei als Gästehaus. Hübsch und wohnlich die Zimmertypen "Greetsiel", "Krummhörn" und "Ostfriesland". Speisen kann man in der "Upkammer" (im Winter am Kamin) oder in der gemütlichen Schänke. Bürgerliche Karte mit viel Fisch.

33 Zim 🖙 – ⫶62/101 € ⫶⫶96/133 € – ½ P

*Hohe Str. 1, Zufahrt über Kalvarienweg, Hotelroute 1 ⊠ 26736 – ✆ 04926 1810 – www.hoheshaus.de – geschl. 15. - 26. Januar*

## Greetsieler Grachtenhaus

**FAMILIÄR · REGIONAL** Hier fühlt man sich sofort wohl: familiär die Atmosphäre, hübsch die frische, nordisch-moderne Einrichtung. Charmant die kleine Terrasse, angrenzend eine Ruhezone mit Strandkörben... Und das alles an einer Gracht mit Anleger.

10 Zim 🖙 – ⫶70 € ⫶⫶120 €

*Justus-Hanssen-Weg 1 ⊠ 26736 – ✆ 04926 926070 – www.greetsieler-grachtenhaus.de – geschl. Januar*

# KUDDEWÖRDE

Schleswig-Holstein – 1 340 Ew. – Höhe 28 m – Regionalatlas **10**-J5
 Berlin 270 km – Kiel 93 km – Ratzeburg 43 km – Hamburg 33 km
Michelin Straßenkarte 541

## Grander Mühle

**HISTORISCH · INDIVIDUELL** Der schöne Backsteinbau auf dem Gelände der ältesten Korn-Wasser-Mühle Deutschlands ist ein wahres Schmuckstück, das man mit antiken Möbeln und allerlei hübschen Accessoires liebevoll ausstaffiert hat. Im separat geführten Restaurant gegenüber weht ein frischer Wind bei authentischer italienischer Küche.

13 Zim 🖙 – ⫶74/84 € ⫶⫶84/115 €

*Lauenburgerstr. 1 ⊠ 22958 – ✆ 04154 81021 – www.grandermuehle.de – geschl. Januar*

# KÜHLUNGSBORN

Mecklenburg-Vorpommern – 7 490 Ew. – Höhe 10 m – Regionalatlas **12**-M3
 Berlin 251 km – Schwerin 70 km – Rostock 31 km – Wismar 39 km
Michelin Straßenkarte 542

## Tillmann Hahns Gasthaus

**REGIONAL · LÄNDLICH** In freundlich-nordischem Landhaus-Ambiente bietet man regional-saisonale Küche - wie wär's mit "Meeräsche auf Roter Bete mit Meerrettich und Kartoffelpüree"? Mittags serviert man im Bistro.

Karte 27/45 €

*Hotel Villa Astoria, Ostseeallee 2 ⊠ 18225 – ✆ 038293 410214 – www.villa-astoria.de – geschl. Januar - Mai: Montag - Dienstag*

### Travel Charme Ostseehotel

**SPA UND WELLNESS · GEMÜTLICH** Die Lage an der Seebrücke ist das erste, was Sie bei Ihrer Ankunft begeistern wird, Eindruck machen aber auch der großzügige Empfangsbereich, der vielfältige "Puria Spa" und wohnliche, geradlinig-elegante Zimmer! Die internationalen Speisen nimmt man im Sommer natürlich auf der Terrasse zum Strand hin ein.

103 Zim 🖵 – ♦101/199 € ♦♦148/380 € – 7 Suiten

*Zur Seebrücke 1, Zufahrt über Ostseeallee ✉ 18225 – ☎ 038293 4150*
*– www.travelcharme.com/ostseehotel*

### Neptun

**FAMILIÄR · GEMÜTLICH** An einer belebten Einkaufsstraße in der Stadtmitte liegt das Hotel mit seinen recht großzügigen, wohnlich-stilvoll gestalteten Gästezimmern. Restaurant im Bistrostil mit Wintergarten. Internationale Küche.

39 Zim 🖵 – ♦80/110 € ♦♦95/150 € – 1 Suite – ½ P

*Strandstr. 37 ✉ 18225 – ☎ 038293 630 – www.neptun-hotel.de – geschl. 2.*
*- 27. Januar*

### Strandblick

**SPA UND WELLNESS · FUNKTIONELL** Man hat hier Jugendstil-Flair bewahrt (sehenswert der Eingangsbereich und das Treppenhaus!) und Modernes gelungen integriert, so z. B. den Spa mit Pool. Individuell der Zuschnitt der Zimmer: mal mit Erker, mal als Suite angelegt. Im Restaurant serviert man regionale Küche.

47 Zim 🖵 – ♦110/165 € ♦♦125/180 € – 5 Suiten – ½ P

*Ostseeallee 6 ✉ 18225 – ☎ 038293 633 – www.ringhotel-strandblick.de*

### Villa Astoria

**PRIVATHAUS · GEMÜTLICH** Schön und strandnah wohnt man in der Villa von 1910. Die Suiten reichen von Standard über Comfort bis Deluxe, im Turm eine Maisonette-Suite - alle sind geschmackvoll in warmen Farben gehalten. Entspannung? Kosmetik und Massage im UG.

19 Suiten 🖵 – ♦♦119/189 € – ½ P

*Ostseeallee 2 ✉ 18225 – ☎ 038293 410210 – www.villa-astoria.de*
🍴○ **Tillmann Hahns Gasthaus** – siehe Restaurantauswahl

### Westfalia

**LANDHAUS · GEMÜTLICH** Die Jugendstilvilla ist nicht nur komfortabel und wohnlich, sie liegt auch nur einen Steinwurf von der Ostsee entfernt - Zimmer mit Balkon oder Loggia zur Seeseite. Für Familien: Ferienhaus mit direktem Zugang zum sehr schönen Garten!

15 Zim 🖵 – ♦95/115 € ♦♦120/160 €

*Ostseeallee 17 ✉ 18225 – ☎ 038293 43490 – www.westfalia-kuehlungsborn.de*

## KÜNZELSAU

Baden-Württemberg – 14 810 Ew. – Höhe 218 m – Regionalatlas **48**-H17
▶ Berlin 563 km – Stuttgart 89 km – Würzburg 74 km – Heilbronn 48 km
Michelin Straßenkarte 545

### Anne-Sophie

**INTERNATIONAL · FREUNDLICH** 🎄 Sie sitzen gemütlich unter freigelegten Deckenbalken, im luftig-lichten Wintergarten oder auf der Terrasse zum Schlossplatz und lassen sich z. B. "Schaumsuppe von Gelber Bete" oder "Zwiebelrostbraten vom Weiderind mit handgeschabten Spätzle" servieren - regional, schmackhaft und preislich fair.

Menü 30/45 € – Karte 31/53 €

*Hotel Anne-Sophie, Schlossplatz 9 ✉ 74653 – ☎ 07940 93462041*
*– www.hotel-anne-sophie.de – geschl. 27. Dezember - 12. Januar*

## ⭐️○ handicap.　　　　　　　　　　🞉 ⬡ & AC ✗ P

MODERNE KÜCHE · ELEGANT ⭒⭒⭒ Das Konzept des geschmackvollen Restaurants: Man integriert erfolgreich Menschen mit Handicap - daher der Name. Stilvoll der Rahmen aus Geradlinigkeit und Kunst, an der Decke ein Himmelsgemälde von Markus Schmidgall. Einfachere Lunchkarte.

Menü 59 € – Karte 48/54 €

*Hotel Anne-Sophie, Hauptstr. 22 ✉ 74653 – ☏ 07940 93460*
*– www.hotel-anne-sophie.de – geschl. Ende Dezember - Mitte Januar, Ende Juli*
*- Mitte September und Samstagmittag, Sonntag - Montag*

## 🏚 Anne-Sophie　　　　　🞉 🛗 ⊡ & ✗ 🛋 🚗

HISTORISCH · ELEGANT Die moderne Architektur des Neubaus ist ein gelungener Kontrast zum 300 Jahre alten Stadthaus und dem "Würzburger Bau" von 1710 samt diverser Kunstobjekte. Sie wohnen in großzügigen, geschmackvoll-eleganten Zimmern oder günstiger im Gästehaus Anne Sophie. Schauen Sie sich auch im "Lindele-Laden" um!

49 Zim ⌑ – ♦89/180 € ♦♦140/230 € – ½ P

*Hauptstr. 22 ✉ 74653 – ☏ 07940 93460 – www.hotel-anne-sophie.de – geschl.*
*27. Dezember - 12. Januar*

handicap. • 🅐 Anne-Sophie – siehe Restaurantauswahl

# KÜPS

Bayern – 7 750 Ew. – Höhe 299 m – Regionalatlas **50**-L14
▶ Berlin 355 km – München 278 km – Coburg 33 km – Bayreuth 50 km
Michelin Straßenkarte 546

## 🅐 Werners Restaurant　　　　　🞉 ⟷

MEDITERRAN · FREUNDLICH ⭒⭒ Richtig gute Küche und sympathische Gastgeber! Werner Hühnlein kocht mediterran, asiatisch und natürlich regional, die Produkte sind frisch, alles sehr geschmackvoll. Machen Ihnen "gegrillter Oktopus auf Citrus-Risotto" oder "Kalbsrücken mit Spätzle-Gratin" Appetit? Oder vielleicht selbst gemachte Salsiccia?

Menü 46/52 € – Karte 27/55 €

*Griesring 16 ✉ 96328 – ☏ 09264 6446 – www.werners-restaurant.de – nur*
*Abendessen – geschl. September 2 Wochen und Sonntag*

# KÜRTEN

Nordrhein-Westfalen – 19 460 Ew. – Höhe 185 m – Regionalatlas **36**-C12
▶ Berlin 560 km – Düsseldorf 63 km – Köln 33 km – Arnsberg 116 km
Michelin Straßenkarte 543

## 🅐 Zur Mühle　　　　　　　　　　　P ⌁

INTERNATIONAL · GEMÜTLICH ⭒⭒ Hermann und Kerstin Berger sorgen in dem traditionsreichen Haus (Familienbetrieb seit 1895) für richtig gute Küche, und die reicht von "Gazpacho Andaluz" über "Zanderfilet mit Graupenrisotto, Pilzen, Kräutervelouté" bis "Schnitzel Wiener Art". Und das Ambiente? Gemütlich mit moderner Note.

Menü 36 € (abends) – Karte 28/53 €

*Wipperfürther Str. 391 ✉ 51515 – ☏ 02268 6629 (Tischbestellung ratsam)*
*– www.restaurant-zur-muehle.com – geschl. Juli - August 3 Wochen und Dienstag*
*- Mittwoch*

# KUHLEN-WENDORF

Mecklenburg-Vorpommern – 830 Ew. – Höhe 30 m – Regionalatlas **12**-L5
▶ Berlin 230 km – Schwerin 26 km – Parchim 38 km
Michelin Straßenkarte 542

## Im Ortsteil Wendorf

⏺️○ **Cheval Blanc** 🏡 ⇔ 🅿️

**KLASSISCHE KÜCHE · ELEGANT** ✕✕ Wie überall im Haus vermitteln auch im Restaurant zahlreiche Details Schlossflair. Gelungen die Melange aus Moderne und Historie. Gekocht wird auf klassischer Basis mit modernen Einlüssen.

Menü 50/110 € – Karte 43/70 €

*Schlosshotel Wendorf, Hauptstr. 7* ✉ *19412 – 𝒞 038486 336611 (Tischbestellung ratsam) – www.restaurant-chevalblanc.de – Mittwoch - Freitag nur Abendessen, außer an Feiertagen – geschl. November - Ostern und Montag - Dienstag*

🏯 **Schlosshotel Wendorf** 🛶 🦽 🍴 🛁 🅿️

**HISTORISCHES GEBÄUDE · ELEGANT** Erholung pur: ein schmuckes Herrenhaus auf einem weitläufigen Grundstück mit Wiesen, Park und See. Drinnen eine stilvolle Lobby mit Bibliothek, Bar und Zigarrenlounge sowie hochwertige und elegante Zimmer. Dazu diverse Aufmerksamkeiten.

21 Zim 🖙 – 🛏120/150 € 🛏🛏180/210 € – 12 Suiten – ½ P

*Hauptstr. 9* ✉ *19412 – 𝒞 038486 33660 – www.schlosshotel-wendorf.de – geschl. November - Ostern*

⏺️○ **Cheval Blanc** – siehe Restaurantauswahl

## KULMBACH

Bayern – 26 220 Ew. – Höhe 325 m – Regionalatlas **50**-L15
▶️ Berlin 355 km – München 257 km – Coburg 46 km – Bayreuth 22 km
Michelin Straßenkarte 546

## In Kulmbach-Höferänger Nord-West: 4 km

🏯 **Dobrachtal** 🐾 🖼 🍴 🖨 🍽 🛁 🚗

**GASTHOF · TRADITIONELL** Ein seit vielen Jahren familiengeführtes Hotel mit gepflegten, teilweise recht geräumigen Zimmern, einige mit Balkon. In den gemütlichen Gaststuben oder auf der Gartenterrasse (hier sitzt man schön an der ruhig dahinfließenden Dobrach) serviert man regional geprägte Küche.

55 Zim 🖙 – 🛏48/84 € 🛏🛏79/118 €

*Höferänger 10* ✉ *95326 – 𝒞 09221 9420 – www.hotel-dobrachtal.de – geschl. 15. Dezember - 9. Januar*

## KUPPENHEIM

Baden-Württemberg – 8 100 Ew. – Höhe 127 m – Regionalatlas **54**-E18
▶️ Berlin 698 km – Stuttgart 98 km – Karlsruhe 27 km – Baden-Baden 12 km
Michelin Straßenkarte 545

## In Kuppenheim-Oberndorf Süd-Ost: 2 km Richtung Freudenstadt

🍃 **Raubs Landgasthof** 🐾 ⇔ 🏡 🅿️ 🚫

**FRANZÖSISCH-KLASSISCH · LÄNDLICH** ✕✕ Sie finden den traditionellen Gasthof mit der schön berankten Fassade im Ortskern bei der Heilig-Kreuz-Kirche. Das charmante Landhausflair, der aufmerksame Service, die feine, durchdachte klassische Küche, all das zeugt vom großen Engagement der Familie. Und wie wär's mit einem der wohnlichen Gästezimmer?

➡️ Salat von dreierlei Spargel, Oliven und getrockneten Datteltomaten. Ravioli von Malghesino und Birnen mit Salbeischmelze. Geschmorte Kalbsbäckchen mit zweierlei Blumenkohl und Harissa-Couscous.

Menü 32 € (mittags unter der Woche)/134 € – Karte 49/93 €   5 Zim 🖙 – 🛏65/98 € 🛏🛏105/140 €

*Hauptstr. 41* ✉ *76456 – 𝒞 07225 75623 (Tischbestellung ratsam) – www.raubs-landgasthof.de – geschl. Sonntag - Montag*

## LAASPHE, BAD

Nordrhein-Westfalen – 13 980 Ew. – Höhe 330 m – Regionalatlas **37**-F12
▶️ Berlin 489 km – Düsseldorf 174 km – Siegen 34 km – Kassel 108 km
Michelin Straßenkarte 543

# In Bad Laasphe-Feudingen West: 9 km über B 62, in Saßmannshausen links

### 🏠 Landhotel Doerr  🏠 ⛄ 🖥 🌐 🦟 🚬 🦽 🅿

**LANDHAUS · INDIVIDUELL** In diesem Familienbetrieb stehen sehr unterschiedliche, aber stets gemütlich-wohnlich gestaltete Zimmer bereit. Vielfältig und ebenso ansprechend ist der Wellnessbereich. Ländlich-elegantes Ambiente im großzügigen, über zwei Etagen angelegten Restaurant.

49 Zim ⌕ – ♦75/90 € ♦♦150/180 € – 1 Suite – ½ P

*Sieg-Lahn-Str. 8 ✉ 57334 – ✆ 02754 3700 – www.landhotel-doerr.de*

### 🏠 Lahntal-Hotel  🏠 🚬 🦽 🅿

**GASTHOF · GEMÜTLICH** Ein schönes familiengeführtes kleines Landhotel mit wohnlichen und rustikal eingerichteten Zimmern, die recht geräumig sind. Am Morgen wartet ein gutes Frühstücksbuffet. Das Restaurant ist in behaglich-ländlichem Stil gehalten.

15 Zim ⌕ – ♦85/95 € ♦♦150/200 € – 2 Suiten – ½ P

*Sieg-Lahn-Str. 23 ✉ 57334 – ✆ 02754 1285 – www.lahntalhotel.de*

### 🏠 Im Auerbachtal  🏠 🦜 ⛄ 🖥 🦟 🍽 🦽 🅿

**FAMILIÄR · FUNKTIONELL** Sie mögen es ruhig und wohnlich? Das sympathische kleine Hotel liegt am Waldrand und bietet schöne, in hellen warmen Farben gehaltene Zimmer, jedes ist einem Künstler gewidmet. Hübsch auch der Wintergarten und die kleine Bibliothek.

16 Zim ⌕ – ♦64/69 € ♦♦90/98 € – 2 Suiten – ½ P

*Wiesenweg 5 ✉ 57334 – ✆ 02754 375880 – www.auerbachtal.de – geschl. 23. Dezember - 15. Januar*

# In Bad Laasphe-Glashütte West: 14 km über B 62 sowie Feudingen und Volkholz, in Saßmannshausen links

### 🍴 Ars Vivendi  ⛄ 🚗 🚙

**INTERNATIONAL · ELEGANT** 🍴🍴 Das "Ars Vivendi" mit seinem verspielten Interieur nebst Versace-Geschirr hat ein interessantes Konzept: Immer wieder kochen hier Gastköche auf hohem Niveau, so erwartet Sie z. B. modernisierte indische Küche oder auch Skandinavisches.

Menü 92/125 €

*Hotel Jagdhof Glashütte, Glashütter Str. 20 ✉ 57334 – ✆ 02754 3990 (Tischbestellung ratsam) – www.jagdhof-glashuette.de – nur Abendessen – geschl. Januar 3 Wochen, Juli 3 Wochen und Sonntag - Dienstag*

### 🍴 Rôtisserie Jagdhof Stuben - Die Braterei  ⛄ 🚗 🅿

**TRADITIONELLE KÜCHE · GEMÜTLICH** 🍴🍴 Schon allein der große Rôtisseriegrill neben der offenen Küche verbreitet in dem liebevoll dekorierten Restaurant Gemütlichkeit. Es gibt Leckeres vom Holzkohlegrill sowie traditionell-klassische und internationale Küche - auch das ein oder andere Lieblingsgericht von Patron Edmund Dornhöfer ist vertreten!

Menü 38 € (mittags)/68 € (abends) – Karte 30/85 €

*Hotel Jagdhof Glashütte, Glashütter Str. 20 ✉ 57334 – ✆ 02754 3990 – www.jagdhof-glashuette.de – geschl. Montag - Dienstagmittag*

### 🏠 Jagdhof Glashütte  🦜 ⛄ 🖥 🦟 🚬 🦽 🚙

**LUXUS · GEMÜTLICH** Vom Empfang bis zur Abreise bieten die Dornhöfers beispielhafte und überaus liebenswürdige Gästebetreuung! Dazu die ausgesprochen schöne Einrichtung mit ländlichem Charme und die ruhige Lage umgeben von Wald und Wiese. Ein Muss: die reizende rustikale Fuhrmannstube, mit der hier einst alles begann! "Stammgastrevier" heißt die bürgerlich-regionale Wittgensteiner Küche.

25 Zim ⌕ – ♦138/276 € ♦♦168/336 € – 4 Suiten – ½ P

*Glashütter Str. 20 ✉ 57334 – ✆ 02754 3990 – www.jagdhof-glashuette.de*

🍴 **Rôtisserie Jagdhof Stuben - Die Braterei** · 🍴 **Ars Vivendi** – siehe Restaurantauswahl

# LABOE

Schleswig-Holstein – 4 920 Ew. – Höhe 21 m – Regionalatlas **3**-J3

▶ Berlin 366 km – Kiel 18 km – Schönberg 13 km

Michelin Straßenkarte 541

### 🏠 Seeterrassen      🏌 ⪕ 🏠 ⊟ 🅿

**FAMILIÄR · FUNKTIONELL** Was dieses Hotel interessant macht? Es liegt gegenüber dem Strand und verfügt über zeitgemäß und funktional eingerichtete Zimmer, teilweise mit Seeblick. Auch im Restaurant und auf der Terrasse genießt man die Aussicht. Tipp: Besuchen Sie das Marine-Ehrenmal und das U-Boot "U-995" ganz in der Nähe!

40 Zim 🖵 – 🛉48/65 € 🛉🛉84/102 €

*Strandstr. 84 ✉ 24235 – ☎ 04343 6070 – www.seeterrassen-laboe.de – geschl. Dezember - Januar*

# LADENBURG

Baden-Württemberg – 11 510 Ew. – Höhe 106 m – Regionalatlas **47**-F16

▶ Berlin 618 km – Stuttgart 130 km – Mannheim 15 km – Heidelberg 13 km

Michelin Straßenkarte 545

### 🍴○ Backmulde      🐜 🏠 🍽

**FRANZÖSISCH-MODERN · GEMÜTLICH** 🗶 Ganz reizend ist das über 650 Jahre alte Fachwerkhaus eingerichtet, gemütlich-rustikaler Charme inklusive. Aus der Küche kommt Modernes wie "Heilbuttfilet und Jakobsmuschel, Perlgraupen, Karotte, Sanddorn". Tipp: Weinlaube gegenüber.

Menü 39/75 € – Karte 45/71 €

*Hauptstr. 61 ✉ 68526 – ☎ 06203 404080 – www.back-mul.de – Montag - Freitag nur Abendessen – geschl. Montag, Juni - August: Sonntag - Montag*

# LAGE (LIPPE)

Nordrhein-Westfalen – 34 680 Ew. – Höhe 102 m – Regionalatlas **28**-G9

▶ Berlin 388 km – Düsseldorf 189 km – Bielefeld 21 km – Detmold 9 km

Michelin Straßenkarte 543

**In Lage-Stapelage** Süd-West: 7 km über B 66 Richtung Bielefeld

### 🏠 Haus Berkenkamp      🏌 🐕 ⪚ 🏠 🍽 🅿 🍽

**FAMILIÄR · TRADITIONELL** Außerhalb und mitten im Grünen liegt der ehemalige Bauernhof von 1849, zu dem auch ein wunderbarer parkähnlicher Garten und eine Damwildzucht gehören. Eine schöne gepflegte Adresse, die von der Familie sympathisch geführt wird.

20 Zim 🖵 – 🛉48/50 € 🛉🛉82/86 € – ½ P

*Im Heßkamp 50 ✉ 32791 – ☎ 05232 71178 – www.haus-berkenkamp.de – geschl. 2. - 14. März, 4. - 26. Oktober*

# LAHR (SCHWARZWALD)

Baden-Württemberg – 43 730 Ew. – Höhe 170 m – Regionalatlas **53**-D19

▶ Berlin 767 km – Stuttgart 168 km – Karlsruhe 96 km – Offenburg 26 km

Michelin Straßenkarte 545

### 🍴○ Grüner Baum      🏠 ⇧ 🅿

**REGIONAL · GASTHOF** 🗶 Besonders schön sitzt man im Sommer auf der Terrasse hinter dem alten Fachwerkhaus unter einer großen Kastanie. Aber auch drinnen hat man es gemütlich bei mediterran beeinflussten regional-traditionellen Speisen wie "saurem Leberle mit Brägele" oder "Lammrücken mit Olivenkruste und ligurischem Gemüse".

Menü 39/49 € – Karte 20/42 €

*Burgheimer Str. 105 ✉ 77933 – ☎ 0782122282 (Tischbestellung ratsam) – www.gruenerbaum-lahr.de – geschl. Sonntagabend*

## In Lahr-Reichenbach Ost: 3,5 km über B 415

🛱 **Adler** (Daniel Fehrenbacher)  🕸 🅰🅲 ⇦ 🅿

**FRANZÖSISCH-MODERN · GEMÜTLICH** XX Daniel Fehrenbacher bringt Moderne auf den Teller, dennoch bleiben die klassischen Wurzeln in seiner aromenreichen Küche erhalten. Da passt das Ambiente wunderbar ins Bild: Klare Formen, warmes Holz, kräftige Farben und nette Deko kommen schön frisch daher und vermitteln zugleich Schwarzwälder Gemütlichkeit.

→ Pot au Feu vom King Crab mit Entenleber, Morcheln und Sauerklee. Petersfisch mit Froschschenkel, Misocrème und Radieschen. Kalbsbries mit Papaya und Brunnenkresse.

Menü 62/120 €

*Hotel Adler, Reichenbacher Hauptstr. 18, B 415* ✉ *77933 –* ☎ *07821 906390 – www.adler-lahr.de – nur Abendessen – geschl. über Fasnacht 2 Wochen und Montag - Dienstag*

🕸 **Gasthaus**  🛱 🅿

**REGIONAL · GASTHOF** X Auch im neuen Gasthaus mischen sich Moderne und Tradition, optisch und kulinarisch. Hier geht es etwas legerer zu, man isst aber ebenfalls gut: Schmackhaft, frisch und preislich fair ist u. a. "Schuttertäler Saibling auf Kartoffelrisotto"!

Menü 31 € – Karte 31/72 €

*Hotel Adler, Reichenbacher Hauptstr. 18, B 415* ✉ *77933 –* ☎ *07821 906390 – www.adler-lahr.de – geschl. über Fasnacht 2 Wochen und Dienstagmittag*

🏠 **Adler**  🦮 🚗

**GASTHOF · INDIVIDUELL** Familientradition wird hier groß geschrieben: Gleich drei Generationen der Fehrenbachers kümmern sich um Ihr Wohl! Das Haus hat sehr zur Freude der Gäste über all die Jahre seinen badischen Charme bewahrt und trotzdem passt auch der ganz moderne Stil einiger Zimmer gut ins Bild!

20 Zim ⌶ – †95/125 € ††140/170 € – ½ P

*Reichenbacher Hauptstr. 18, B 415* ✉ *77933 –* ☎ *07821 906390 – www.adler-lahr.de – geschl. über Fasnacht 2 Wochen*

🛱 **Adler** · 🕸 **Gasthaus** – siehe Restaurantauswahl

# LANDAU in der PFALZ

Rheinland-Pfalz – 43 650 Ew. – Höhe 144 m – Regionalatlas **54** E17

▶ Berlin 668 km – Mainz 109 km – Karlsruhe 38 km – Mannheim 50 km

Michelin Straßenkarte 543

🕸 **Weinkontor Null41**  🛱 ⇦

**INTERNATIONAL · FREUNDLICH** XX Alte Backsteinarchitektur gepaart mit urbanem Look - ein wirklich attraktiver Rahmen für richtig leckere Gerichte wie "geschmorte Kalbsbacke auf Mangold-Graupen" - frisch und unkompliziert. Schön die Terrasse, drum herum das Gelände der Landesgartenschau 2015.

Karte 29/44 €

*Georg-Friedrich-Dentzel-Str. 11, (Zugang über Eutzinger Straße)* ✉ *76829 –* ☎ *06341 945485 - www.weinkontor-null41.de – Montag - Freitag nur Abendessen – geschl. Dienstag*

🍴 **Weinstube zur Blum**  🛱 ⇦ 🚭

**REGIONAL · WEINSTUBE** X Der historische Vierflügelbau ist bei Touristen und Einheimischen gleichermaßen gefragt! Saisonale Gerichte von der Tafel und Pfälzer Spezialitäten wie "Saumagen auf Rieslingkraut" isst man im Sommer am liebsten im Innenhof: auf zwei Etagen von Holzarkaden eingefasst und wirklich charmant!

Menü 24 € – Karte 26/35 €

*Kaufhausgasse 9, (Frank-Loebsches Haus)* ✉ *76829 –* ☎ *06341 897641 (Tischbestellung ratsam) - www.zurblum.de – geschl. Sonntag - Dienstagmittag, Donnerstagmittag, Freitagmittag*

### 🏨 Parkhotel  ⚡ 🖼 🐾 🛁 🖨 🚻 🎿 🚗

**BUSINESS · FUNKTIONELL** Schon ein Hingucker, der aparte Kontrast von modernem Hotelbau und direkt angeschlossener historischer Festhalle! Besonders schön die geradlinig-zeitgemäßen Zimmer mit Bezug zum Thema Weinbau. Zum Park hin wohnen Sie übrigens ruhiger. Praktisch: Am Haus gibt es eine öffentliche Tiefgarage und Stellplätze.

78 Zim 🖙 – 🛏99 € 🛏🛏129 € – 1 Suite – ½ P

*Mahlastr. 1, an der Festhalle* 🖂 *76829 –* ☎ *06341 1450 – www.parkhotel-landau.de*

## In Landau-Arzheim West: 4 km

### 🍴 Weinstube Hahn  🏡 🕹 🅿 🍽

**REGIONAL · WEINSTUBE** ✗ Stammgäste haben die herzlichen Betreiber hier so einige, denn man sitzt richtig nett in gemütlich-rustikaler Atmosphäre und essen kann man auch gut: Rindfleischsalat, Winzerschmaus, Pfälzer Rumpsteak... Dazu Weine aus der Region.

Karte 24/36 €

*Arzheimer Hauptstr. 50* 🖂 *76829 –* ☎ *06341 33144 (Tischbestellung ratsam) – nur Abendessen – geschl. Weihnachten - Neujahr, Ende Juni 1 Woche, September 1 Woche und Dienstag - Mittwoch*

## In Landau-Godramstein Nord-West: 4 km

### 🍴 Westphals Kulinarium  🏡 🍽

**MEDITERRAN · GEMÜTLICH** ✗✗ Gemütliche Stube oder lieber lauschig-mediterraner Hof? Hier wie dort serviert man ambitionierte internationale Gerichte wie "geschmorte Lammkeule mit Gemüse-Couscous und Thymian-Schokoladenjus". Im Sommer sind Fr. und So. zudem die Tapas beliebt. Mi. und Do. abends ausschließlich Überraschungsmenüs.

Menü 28/60 € – Karte 31/53 €

*Godramsteiner Hauptstr. 62* 🖂 *76829*
*–* ☎ *06341 968428 (Tischbestellung ratsam) – www.westphals-kulinarium.de – nur Abendessen – geschl. Montag - Dienstag*

## In Landau-Nussdorf Nord: 3 km

### 🏨 Villa Delange  🕹 🅿

**GASTHOF · INDIVIDUELL** Passend zum historischen Charme des Hauses hat man hier ein wirklich schönes stilvolles Landhausambiente geschaffen, überall liebevolle Deko. Ebenso hochwertig, nur etwas moderner, sind die Zimmer im 50 m entfernten Gästehaus. Sie bleiben länger? Man hat auch zwei Apartments mit Küchenzeile.

15 Zim 🖙 – 🛏75/110 € 🛏🛏95/125 €

*Lindenbergstr. 30, (mit Gästehaus)* 🖂 *76829 –* ☎ *06341 676740*
*– www.villa-delange.com*

# LANDSBERG am LECH

Bayern – 28 070 Ew. – Höhe 587 m – Regionalatlas **65**-K20

▶ Berlin 597 km – München 57 km – Augsburg 41 km – Kempten (Allgäu) 68 km
Michelin Straßenkarte 546

### 🏨 Landhotel Endhart  🖨 🚗

**FAMILIÄR · INDIVIDUELL** Wer es etwas komfortabler mag, bucht in dem Familienbetrieb am Stadtrand eines der Neubau-Zimmer zum Innenhof, am besten eines mit Balkon! Es gibt auch ein freundliches Tagescafé, in dem man am Morgen gemütlich beim Frühstück sitzt.

40 Zim 🖙 – 🛏70/150 € 🛏🛏95/199 € – 1 Suite

*Erpftinger Str. 19* 🖂 *86899 –* ☎ *08191 92930 – www.landhotel-endhart.de*

# LANDSHUT

Bayern – 65 330 Ew. – Höhe 393 m – Regionalatlas **58**-N19

▶ Berlin 556 km – München 75 km – Regensburg 75 km – Ingolstadt 83 km

Michelin Straßenkarte 546

## ⅠO Fürstenzimmer und Herzogstüberl 🛖 ⇔ 🚗

FRANZÖSISCH-KLASSISCH · FREUNDLICH ⅩⅩ Herzogstüberl mit bayerischem Flair, stilvoll-elegantes Fürstenzimmer, tolle Terrasse… Sie werden stets mit frischer klassischer Küche umsorgt. Man beachte auch die fair kalkulierte Weinkarte mit Raritäten. Lust auf einen Kochkurs?

Menü 56/79 € – Karte 48/62 €

Stadtplan : A1-d – *Hotel Fürstenhof, Stethaimer Str. 3* ✉ 84034 – ℰ 0871 92550 – *www.fuerstenhof.la – nur Abendessen – geschl. August 2 Wochen und Sonntag*

## ⅠO Bellini 🛖 ℅

ITALIENISCH · MEDITERRANES AMBIENTE ⅩⅩ Lust auf Trüffel? Entsprechende Gerichte gibt es bei Maurizio Ritacco immer, sogar als Pizza, fragen Sie ruhig nach! Eine weitere Leidenschaft neben der italienischen Küche sind Weinraritäten aus Italien und Frankreich sowie Grappa (besonders der von Levi). Toll die begrünte Hofterrasse!

Menü 12 € (mittags unter der Woche)/50 € – Karte 29/46 €

Stadtplan : A2-b – *Papiererstr. 12* ✉ 84034 – ℰ 0871 630303 – *www.bellini-landshut.de – geschl. August 1 Woche und Samstagmittag*

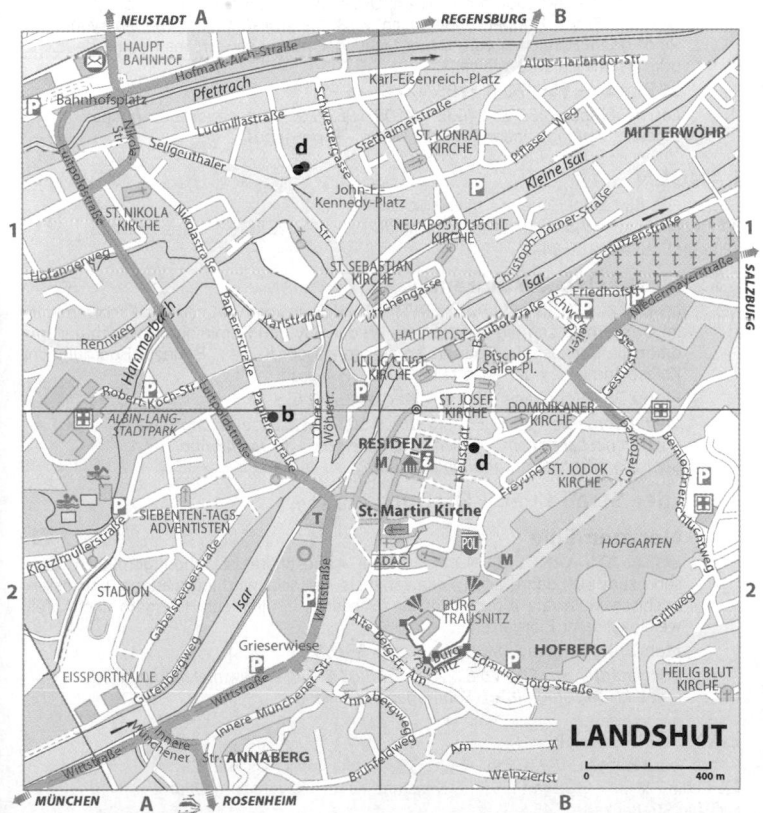

**Goldene Sonne**

HISTORISCH · GEMÜTLICH Das schmucke historische Gebäude in der Altstadt beherbergt geschmackvoll gestaltete, wohnliche Zimmer mit individuellem Zuschnitt und guter technischer Ausstattung. Rustikale Gaststube mit bürgerlicher Karte. Nett ist der Biergarten im Innenhof.

59 Zim ⌂ – ╫90/140 € ╫╫120/160 € – 1 Suite

**Stadtplan : B2-d** – *Neustadt 520* ✉ *84028* – ℰ *0871 92530*
– *www.goldenesonne.de*

 **Fürstenhof**

FAMILIÄR · INDIVIDUELL Charmant ist dieses Stadthaus von 1906: Umsichtig die Gastgeber, wertig und wohnlich die Zimmer, auffallend das Bemühen um den Gast, immer wieder kleine Aufmerksamkeiten. Sie suchen etwas Besonderes? Keramik-Suite oder Tuchhändler-Zimmer!

21 Zim ⌂ – ╫98/110 € ╫╫125/140 € – 1 Suite – ½ P

**Stadtplan : A1-d** – *Stethaimer Str. 3* ✉ *84034* – ℰ *0871 92550*
– *www.fuerstenhof.la* – *geschl. August 2 Wochen*

🍴 **Fürstenzimmer und Herzogstüberl** – siehe Restaurantauswahl

## In Landshut-Löschenbrand West: 2,5 km über Johannisstraße A1

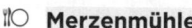 **Landshuter Hof**

FAMILIÄR · FUNKTIONELL In dem familiengeführten Hotel kann man gepflegt übernachten und zudem gut essen: Unter den saisonal-regional geprägten Speisen von Franz Hopper finden sich z. B. "Rostbraten vom Niederbayerischen Rind" oder "Hähnchen vom Bauer Lichtinger". Dazu serviert man gerne deutsche oder österreichische Weine.

25 Zim ⌂ – ╫55/70 € ╫╫85/110 € – ½ P

*Löschenbrandstr. 23* ✉ *84032* – ℰ *0871 962720* – *www.landshuter-hof.de*
– *geschl. Anfang Januar 1 Woche, Mitte - Ende August*

# LANGEN

Hessen – 35 850 Ew. – Höhe 144 m – Regionalatlas **47**-F15
▶ Berlin 557 km – Wiesbaden 42 km – Frankfurt am Main 22 km – Darmstadt 14 km
Michelin Straßenkarte 543

🍴 **Mosbach's Restaurant**

FRANZÖSISCH-KLASSISCH · FREUNDLICH XX In dem hübschen Fachwerkhaus im Ortskern setzen die elsässischen Brüder Guy und Dominique Mosbach auf traditionelle französische Speisen, so stehen auf der Karte z. B. Boeuf Bourguignon, Kalbsblanquette oder auch feine Bresse-Poularde.

Menü 25 € (mittags)/60 € – Karte 49/72 €

*Vierhäusergasse 1* ✉ *63225* – ℰ *06103 502713 (Tischbestellung ratsam)*
– *www.mosbachs.com* – *geschl. 26. Dezember - 6. Januar und Samstagmittag, Sonntagabend - Montag*

## Nahe der Straße nach Dieburg Ost: 2 km

🍴 **Merzenmühle**

INTERNATIONAL · FREUNDLICH XX Die Atmosphäre ist schön gemütlich, passend zum 600 Jahre alten Fachwerkhaus. Gekocht wird international und österreichisch. Rustikale Alternative: die "Scheuer", ein Mix aus Heurigem und Apfelweinlokal samt Biergarten.

Menü 19 € (mittags)/68 € – Karte 35/63 €

*Koberstädter Str. 204* ✉ *63225* – ℰ *06103 53533* – *www.merzenmuehle.de*
– *geschl. Samstagmittag, Sonntagabend - Montag*

# LANGENARGEN

Baden-Württemberg – 7 730 Ew. – Höhe 398 m – Regionalatlas **63**-H21
▶ Berlin 726 km – Stuttgart 175 km – Konstanz 40 km – Ravensburg 27 km
Michelin Straßenkarte 545

🟡 **Karr** ⇦ 🏠 **P**

FRANZÖSISCH-KLASSISCH · FAMILIÄR XX Eine sympathische Adresse ist das freundlich gestaltete, reichlich dekorierte Restaurant der Familie Karr. Geboten wird klassische Küche mit regionalen Einflüssen. Für Übernachtugsgäste hat man individuelle, liebevoll gestaltete Zimmer.

Menü 42/90 € – Karte 50/74 € 14 Zim 🛏 – ♦80/120 € ♦♦115/140 €

*Oberdorfer Str. 11 ✉ 88085 – ℰ 07543 3090 – www.hotelkarr.de – Dienstag - Donnerstag nur Abendessen - geschl. Sonntag - Montagmittag, November - April: Sonntag - Montag*

🟡 **Schuppen 13** 🏠 ⌗ **P**

ITALIENISCH · GEMÜTLICH XX Das Restaurant liegt direkt am Yachthafen und sieht von außen ein bisschen aus wie ein Bootshaus. Drinnen erwarten Sie sorgfältig zubereitete klassisch-italienische Speisen wie "geschmortes Kaninchen mit Pilzrisotto".

Menü 19 € (mittags)/54 € – Karte 32/71 €

*Argenweg 60, (im BMK-Yachthafen) ✉ 88085 – ℰ 07543 1577 - www.schuppen13.de – geschl. 22. Dezember - 10. März und Montag*

🟡 **Malereck** 🏠 ⌗ ⇦ **P**

INTERNATIONAL · LÄNDLICH XX Richtig schön ist es hier: wunderbar der eigene Park, toll die Terrasse zum See, und das Restaurant ist überaus elegant. Das breit gefächerte Speisenangebot reicht von "offenem Hummerraviolo" über Grillgerichte bis zu Trüffelrisotto.

Menü 15 € (mittags)/65 € – Karte 30/65 €

*Aargenstr. 60/4, (im BMK-Yachthafen) ✉ 88085 – ℰ 07543 912491 - www.restaurantmalereck.de – geschl. 22. Dezember - 10. März und Dienstag*

🏠 **Engel**

FAMILIÄR · KLASSISCH Das Hotel im Zentrum, direkt an der Promenade, bietet wohnliche Zimmer und sehr schöne große Suiten sowie einen freundlich gestalteten Saunabereich und ein eigenes Strandbad. Teil des Restaurants ist ein zum Ufer hin gelegener Wintergarten mit Terrasse.

37 Zim 🛏 – ♦68/88 € ♦♦98/165 € – 4 Suiten – ½ P

*Marktplatz 3 ✉ 88085 – ℰ 07543 93440 – www.engel-bodensee.de – geschl. 24. Januar - 11. März*

🏠 **Im Winkel**

FAMILIÄR · MODERN Wie zu Hause fühlt man sich in dem tipptopp gepflegten Haus der freundlichen Familie Reiß. Die Gäste wohnen in zeitgemäßen Zimmern, genießen das frische Frühstücksbuffet und entspannen im netten Saunabereich.

8 Zim 🛏 – ♦65/130 € ♦♦90/150 € – 2 Suiten

*Im Winkel 9 ✉ 88085 – ℰ 07543 934010 – www.hotel-imwinkel.de – geschl. 15. November - 31. März*

🏠 **Klett** ⇦

FAMILIÄR · FUNKTIONELL Ein sehr gepflegter kleiner Familienbetrieb am See, dem die Chefin mit ihren handgemachten Dekorationen eine persönliche und individuelle Note gibt.

17 Zim 🛏 – ♦66/71 € ♦♦92/145 €

*Obere Seestr. 15 ✉ 88085 – ℰ 07543 2210 – www.hotel-klett.de - geschl. November - März*

## In Langenargen-Schwedi Nord: 2 km

🏠 **Schwedi**

FAMILIÄR · GEMÜTLICH Das Haus liegt schön ruhig im Grünen am See, die wohnlichen Zimmer teils seeseitig und mit Balkon. Fast wie im Freien schwimmt man im attraktiven glasüberdachten Hallenbad, Ruhebereich und Liegewiese mit Seeblick. Restaurant mit Fischspezialitäten - Bodenseefische aus familiärem Fischereibetrieb.

27 Zim 🛏 – ♦60/85 € ♦♦100/170 € – 3 Suiten – ½ P

*Schwedi 1 ✉ 88085 – ℰ 07543 934950 – www.hotel-schwedi.de – geschl. Ende November - Anfang Februar*

# LANGENAU

Baden-Württemberg – 14 330 Ew. – Höhe 458 m – Regionalatlas **56**-I19

▶ Berlin 603 km – Stuttgart 86 km – Augsburg 71 km – Ulm (Donau) 18 km

Michelin Straßenkarte 545

### ❄ **Zum Bad** (Hans Häge)                    �️ 🚻 ♿ **P**

**FRANZÖSISCH-KLASSISCH · LÄNDLICH** 🕅🕅 Wer regionale Klassiker mag, ist in dem hellen modernen Restaurant ebenso in guten Händen wie Freunde gehobener Küche. Ob Sie lieber ein bisschen bodenständiger essen oder das Gourmetmenü vorziehen, Geschmack und Qualität sind Ihnen gewiss.

→ Gänsestopfleberparfait "Pina Colada" mit Ananas, Kokos, grünem Pfeffer und Brioche. Argentinische Rotschwanzgarnele im Bouillabaissesud mit Bohne, Melone und Pata Negra Schinken. Rücken vom Hirsch mit Kohlrabi, Buchweizencrumble und Holunderessigjus.

Menü 58/98 € – Karte 40/71 €

*Hotel Zum Bad, Burghof 11 ✉ 89129 – ☎ 07345 96000*
*– www.gasthof-zum-bad.de – geschl. 27. Dezember - 5. Januar, Ende Juli - Mitte August und Montag*

### 🏠 **Zum Bad**                    🕅 ⬆ ♿ 🧖 **P**

**GASTHOF · GEMÜTLICH** Ein Haus, in dem man wirklich gerne übernachtet, denn hier ist die ganze Familie mit viel Herzblut im Einsatz! Außerdem sind die Zimmer schön zeitgemäß und wohnlich, das Frühstück ist lecker und die Preise stimmen auch. Der Name stammt übrigens vom ehemaligen "Bad" für Gutbetuchte gleich nebenan.

36 Zim ⌂ – ♥60/80 € ♥♥70/110 €

*Burghof 11 ✉ 89129 – ☎ 07345 96000 – www.gasthof-zum-bad.de – geschl. 27. Dezember - 5. Januar, Ende Juli - Mitte August*

❄ **Zum Bad** – siehe Restaurantauswahl

## In Rammingen Nord-Ost: 4 km

### 🍽 **Landgasthof Adler**                    🕅 ⬅ 🌊 🌿 🚗

**INTERNATIONAL · ELEGANT** 🕅🕅 Regionale Saisonküche, Vegetarisches und französische Klassiker bekommt man in dem hübschen weinberankten Gasthaus. Darf es dazu vielleicht ein deutscher Riesling sein? Oder lieber etwas Internationales? Wenn Sie nach dem Essen anspruchsvoll übernachten möchten: Man hat auch hochwertig-moderne Zimmer!

Menü 35/128 € – Karte 26/70 €    9 Zim ⌂ – ♥74/125 € ♥♥129/185 €

*Riegestr. 15 ✉ 89192 – ☎ 07345 96410 – www.adlerlandgasthof.de – Dienstag - Donnerstag nur Abendessen – geschl. 1. - 11. Januar und Montag*

# LANGENBURG

Baden-Württemberg – 1 730 Ew. – Höhe 439 m – Regionalatlas **56**-I17

▶ Berlin 576 km – Stuttgart 91 km – Würzburg 81 km – Ansbach 96 km

Michelin Straßenkarte 545

### 🏠 **Mawell Resort**          🏌 ⬅ 🛶 🎿 🖼 💯 🕅 🏋 ⬆ ♿ 🏊 🧖 **P**

**SPA UND WELLNESS · MODERN** Schon beeindruckend, was man hier in den Berg gebaut hat! Schön sind nicht nur die mit heimischem Holz wohnlich eingerichteten Zimmer, auch die Sauna hoch oben im Turm und der Rooftop-Pool bleiben in Erinnerung - toll der Talblick!

55 Zim ⌂ – ♥119/154 € ♥♥188/258 € – 9 Suiten – ½ P

*Roseneck 5 ✉ 74595 – ☎ 07905 94140 – www.mawell-resort.de – geschl. 12. - 17. Februar*

# LANGENLONSHEIM

Rheinland-Pfalz – 3 730 Ew. – Höhe 110 m – Regionalatlas **47**-E15

▶ Berlin 618 km – Mainz 43 km – Koblenz 78 km – Neustadt an der Weinstraße 90 km

Michelin Straßenkarte 543

### 🏠 Jugendstil-Hof

**LUXUS · INDIVIDUELL** Richtig chic hat man es hier! Die Chefin ist Inneneinrichterin und so dienen die Räume quasi als "Showroom" für die hochwertige Einrichtung, die man auch kaufen kann. Die Atmosphäre ist privat, man wird persönlich betreut und zum Frühstück gibt's frische Eier der eigenen Hennen und Obst aus dem Garten.

3 Zim ☲ – ♦185 € ♦♦198 €

*Naheweinstr. 172 ✉ 55450 – ☏ 06704 9638682 – www.jugendstil-hof.de*

## LANGENZENN

Bayern – 10 380 Ew. – Höhe 313 m – Regionalatlas **50**-K16

▶ Berlin 468 km – München 187 km – Ansbach 36 km – Bayreuth 115 km
Michelin Straßenkarte 546

### In Langenzenn-Keidenzell Süd: 4 km

### ✿ Keidenzeller Hof 🏠

**MODERNE KÜCHE · LÄNDLICH** 🟰🟰 Ein Landgasthof, der einfach Freude macht, denn hier sind charmantes Ambiente, herzliche Gästebetreuung und richtig gutes Essen ausgesprochen gelungen vereint! Es gibt moderne Küche in Menüform - oder wählen Sie die Gerichte à la carte. Interessant auch die Weinbegleitung. Perfekt für Feste: die Scheune.

➜ Saibling, Rettich, Pumpernickel, Liebstöckl. Zweierlei Lamm, Mangold, Cashew, Bulgur. Rose, Litschi, Himbeeressig, Sauerrahm.

Menü 65 € (mittags)/105 €

*Fürther Str. 11 ✉ 90579 – ☏ 09101 901226 – www.keidenzeller-hof.de – geschl. Montag - Donnerstagmittag, Freitagmittag*

## LANGEOOG (INSEL)

Niedersachsen – 1 750 Ew. – Höhe 5 m – Regionalatlas **7**-D4

▶ Berlin 525 km – Hannover 266 km – Emden 57 km – Aurich/Ostfriesland 28 km
Michelin Straßenkarte 541

### 🏠 Logierhus ➊

**SPA UND WELLNESS · MODERN** Schön und angenehm komfortabel wohnen Sie hier. Warmes Holz und Naturtöne verleihen den Zimmern ihren nordischen Touch. Attraktiv und modern auch der Wellnessbereich und das geradlinig gehaltene Restaurant mit international beeinflusster Regionalküche. Praktisch: Die Inselbahn ist nicht weit.

34 Zim ☲ – ♦128/160 € ♦♦158/260 € – 2 Suiten – ½ P

*Mittelstr. 10 ✉ 26465 – ☏ 04972 91190 – www.logierhus-langeoog.de*

### 🏠 Kolb

**SPA UND WELLNESS · KLASSISCH** Das tolle Ferienhotel besteht aus drei Häusern: "Classic", "Lifestyle" und "Inselchalets", die Zimmer geschmackvoll, individuell und chic, vom eleganten "Goldrausch" über Geradlinigkeit in warmem Braun bis hin zu mediterranem Flair. Sehr schön auch der Spa. Das Restaurant "Schiffchen" bietet Internationales.

33 Zim ☲ – ♦110/135 € ♦♦134/182 € – 3 Suiten – ½ P

*Barkhausenstr. 30 ✉ 26465 – ☏ 04972 9104165 – www.hotel-kolb.de*

### 🏠 Norderriff ➊

**LANDHAUS · MODERN** Ein echtes friesisches Schmuckstück: sehr wohnlich, sehr wertig und sehr geschmackvoll im nordischen Stil, die Führung angenehm persönlich, die Lage ruhig und nicht weit vom schönsten Strand! Dazu leckeres Frühstück und inkludierte Minibar.

8 Zim ☲ – ♦90/95 € ♦♦150/160 € – 6 Suiten

*Willrath-Dreesen-Str. 25 ✉ 26465 – ☏ 04972 96980 – www.hotel-norderriff.de*

 **Flörke**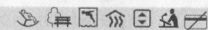

FAMILIÄR · MODERN Hier tut sich immer wieder etwas, so dürfen sich die Gäste auf einen attraktiven Wellnessbereich sowie frische, helle, wohnliche Zimmer und Appartements freuen. Und im Sommer Frühstück im Garten? Angenehm auch die zentrale Lage.

50 Zim ⌑ – ♦70/100 € ♦♦120/175 € – 3 Suiten

*Hauptstr. 17 ☒ 26465 – 𝒞 04972 92200 – www.hotel-floerke.de*

 **Mare**

FAMILIÄR · GEMÜTLICH In dem Hotel in einer ruhigen Wohngegend stehen freundliche zeitgemäße Suiten verschiedener Kategorien bereit, die alle über eine kleine Küche und meist über Balkone verfügen. Schön entspannen können Sie auch im Wellnessgarten mit Naturpool oder aber im Restaurant bei Steaks und Fisch.

24 Suiten ⌑ – ♦♦141/194 € – ½ P

*Kiebitzweg 8 ☒ 26465 – 𝒞 04972 92260 – www.suiten-hotel-mare.de*

 **Retro Design Hotel**

BOUTIQUE-HOTEL · DESIGN Der Ableger des "Hotel Kolb" ist eine Hommage an die 70er Jahre - konsequent umgesetzt: schickes farbenfrohes Retro-Design gepaart mit aktueller Technik. Typisch "Kolb": das ausgesprochen gut bestückte Frühstück. Spa im Schwesterhotel.

19 Zim ⌑ – ♦74/105 € ♦♦106/178 € – 2 Suiten

*Abke-Jansen-Weg 6 ☒ 26465 – 𝒞 04972 6829990 – www.hotel-kolb.de*

 **Idyll Heckenrose**

LANDHAUS · GERADLINIG Schön ruhig in einem Wohngebiet liegt das kleine Suitenhotel, das zum "Logierhus" gehört. In großen Suiten schaffen klare Linien und warmes Zirbenholz ein geradlinig-nordisches Ambiente. Den Spa des "Mutterhotels" können Sie mitbenutzen.

10 Suiten ⌑ – ♦♦130/260 €

*An der Hecken 4 ☒ 26465 – 𝒞 04972 91190 – www.idyll-heckenrose.de*

## LANGERRINGEN Bayern → Siehe Schwabmünchen

## LANGERWEHE

Nordrhein-Westfalen – Höhe 135 m – Regionalatlas **35**-B12
▶ Berlin 623 km – Düsseldorf 71 km – Aachen 26 km – Düren 10 km
Michelin Straßenkarte 543

### In Langerwehe-Merode Süd-Ost: 4,5 km Richtung Düren, über B 264 und Pier

🍴○ **Wettsteins Restaurant**

REGIONAL · LÄNDLICH ✕✕ Rudolf und Stefanie Wettstein leiten den elterlichen Betrieb in 3. Generation. Mit Fachkenntnis und Engagement umsorgen sie ihre Gäste, die in freundlich-ländlichem Ambiente bei ambitionierter bürgerlich-regionaler Küche sitzen. Sie planen eine Feier? Man ist hier auch auf Gesellschaften gut eingestellt.

Menü 28 € (mittags)/48 € – Karte 32/62 €

*Schlossstr. 66 ☒ 52379 – 𝒞 02423 2298 – www.wettsteins-restaurant.de – geschl. 24. April - 13. August und Montag - Dienstag*

## LANGWEILER

Rheinland-Pfalz – 260 Ew. – Höhe 510 m – Regionalatlas **46**-C15
▶ Berlin 687 km – Mainz 112 km – Koblenz 93 km – Saarbrücken 92 km
Michelin Straßenkarte 543

## ⅠⅠ◯ Altes Refektorium     🛖 ᏻ 🅿

**INTERNATIONAL · ELEGANT** X Die historischen Räume (schön die integrierten Bruchsteinwände) hat man für seine Gäste modern-elegant gestaltet. Neben einem Menü bietet man Gerichte von rustikal-traditionell bis international-mediterran. Mittags einfacheres Angebot.

Menü 22 € (mittags)/54 € – Karte 38/54 €

*Hotel Kloster Marienhöh, Marienhöh 2* ✉ *55758 –* ℰ *06786 292990*
*– www.klosterhotel-marienhoeh.de*

## 🏨 Kloster Marienhöh     ⌇ 🛏 🔲 ⊕ 🌀 ♨ ❦ 🖲 ᏻ 🎿 🅿

**SPA UND WELLNESS · MODERN** Hier hat man ein ehrwürdiges Kloster zu einem schönen Hideaway im Naturpark Saar-Hunsrück gemacht: chic-modern designte Zimmer mit sehr guter Technik und ein geschmackvoller Spa. In der "Pilgerlodge" vis-à-vis gibt es 12 einfachere Zimmer.

62 Zim ヱ – †75/155 € ††145/260 € – 4 Suiten – ½ P

*Marienhöh 2* ✉ *55758 –* ℰ *06786 292990*
*– www.klosterhotel-marienhoeh.de*

ⅠⅠ◯ **Altes Refektorium** – siehe Restaurantauswahl

**LAUCHRINGEN** Baden-Württemberg → Siehe Waldshut-Tiengen

## LAUDA-KÖNIGSHOFEN

Baden-Württemberg – 14 390 Ew. – Höhe 192 m – Regionalatlas **49**-H16
▶ Berlin 535 km – Stuttgart 120 km – Würzburg 40 km – Bad Mergentheim 12 km
Michelin Straßenkarte 545

## Im Stadtteil Beckstein Süd-West: 2 km ab Königshofen über B 292

### 🏨 Becksteiner Rebenhof     🎿 ⌇ ≤ 🛏 🔲 🌀 🅿

**LANDHAUS · GEMÜTLICH** Schön wohnlich hat man es in dem neuzeitlichen Hotel etwas oberhalb des Dorfes, toll der Blick auf die Weinberge. Großzügige Zimmer mit kleiner Küchenzeile, attraktiver Schwimmbad- und Saunabereich nebst Kosmetik und Massage. Regionale Küche im hellen, freundlichen Restaurant. Tipp: Fahrradverleih.

17 Zim ヱ – †88/98 € ††138/158 € – 8 Suiten – ½ P

*Am Hummelacker 34* ✉ *97922 –* ℰ *09343 62780 – www.rebenhof.net – geschl.*
*20. - 26. Dezember*

## LAUDENBACH

Bayern – 1 420 Ew. – Höhe 127 m – Regionalatlas **48**-G16
▶ Berlin 580 km – München 358 km – Würzburg 51 km – Amorbach 14 km
Michelin Straßenkarte 546

## ⅠⅠ◯ Goldner Engel     🐟 ⇦ 🛖 🌫 🅿

**KLASSISCHE KÜCHE · GASTHOF** X In dem traditionellen familiengeführten Dorfgasthof mit Metzgerei wird in rustikalem Ambiente eine international und bürgerlich ausgelegte Küche geboten.

Menü 31/52 € – Karte 24/49 €    9 Zim ヱ – †42/69 € ††72/118 €

*Miltenberger Str. 5* ✉ *63925*
*–* ℰ *09372 99930 – www.goldner-engel.de*
*– geschl. über Fasching und Mittwoch*

## LAUF AN DER PEGNITZ

Bayern – 26 000 Ew. – Höhe 327 m – Regionalatlas **50**-L16
▶ Berlin 417 km – München 173 km – Nürnberg 20 km – Bayreuth 62 km
Michelin Straßenkarte 546

## An der Straße nach Altdorf Süd: 2,5 km

### 🌐 Waldgasthof Letten      🍴 🛋 🍽 🔄 🅿

**REGIONAL · LÄNDLICH** XX Hier sitzt man in gemütlichen Nischen (charmant die rustikalen Holzbalken) bei regionaler und internationaler Küche - da schmecken "Lachsravioli mit Spinat und Hummerschaum" ebenso gut wie "Kalbsrahmgulasch mit Spätzle und Salat".

Menü 50 € – Karte 21/48 €

*Hotel Waldgasthof Letten, Letten 13* ✉ *91207 Lauf an der Pegnitz –* 📞 *09123 9530*
*– www.waldgasthof-am-letten.de – geschl. 22. Dezember - 6. Januar und Sonntag*

### 🏠 Waldgasthof Letten      🍴 🛋 ⊡ 🛁 🅿

**GASTHOF · MODERN** Wohnliche und gleichzeitig funktionale Gästezimmer bieten in dem gut geführten Familienbetrieb zeitgemäßen Komfort. Das Haus liegt am Waldrand und dennoch verkehrsgünstig unweit der Autobahn.

52 Zim ⌂ – †79/89 € ††108 € – ½ P

*Letten 13* ✉ *91207 Lauf an der Pegnitz –* 📞 *09123 9530*
*– www.waldgasthof-am-letten.de – geschl. 22. Dezember - 6. Januar*

🌐 **Waldgasthof Letten** – siehe Restaurantauswahl

## LAUFFEN am NECKAR

Baden-Württemberg – 10 830 Ew. – Höhe 175 m – Regionalatlas **55**-G17
▶ Berlin 613 km – Stuttgart 49 km – Heilbronn 10 km – Ludwigsburg 33 km
Michelin Straßenkarte 545

### 🌐 Elefanten      ⇦ 🛋 🍽 🅿

**REGIONAL · BÜRGERLICH** XX Im Herzen der netten Stadt hat Familie Glässing (4. Generation) ihr freundliches Gasthaus. Gekocht wird frisch, saisonal und schmackhaft, und zwar Regionales wie hausgemachte Maultaschen sowie Internationales wie "Wolfsbarsch auf geschmolzenen Tomaten mit Risotto". Die Gästezimmer sind einfach, aber gepflegt.

Menü 25 € (mittags unter der Woche) – Karte 34/54 €    12 Zim ⌂
– †72/85 € ††102/125 €

*Bahnhofstr. 12* ✉ *74348 –* 📞 *07133 95080 – www.hotel-elefanten.de*
*– geschl. Anfang Januar 2 Wochen, Anfang August 2 Wochen und Freitag*
*- Samstagmittag*

### 🏠 Gästehaus Kraft      🔖 🍽 🛁 🅿

**FAMILIÄR · GEMÜTLICH** Die ruhige Lage in den Weinbergen vor den Toren der kleinen Stadt ist wirklich schön. Außerdem kann man hier gut und preisgünstig übernachten - die Zimmer sind zeitgemäß und wohnlich, einige recht groß. Probieren Sie die hauseigenen Weine!

34 Zim ⌂ – †54/74 € ††79/98 €

*Nordheimer Str. 50* ✉ *74348 –* 📞 *07133 98250 – www.gaestehaus-kraft.de*
*– geschl. 23. Dezember - 7. Januar*

## LAUMERSHEIM

Rheinland-Pfalz – 890 Ew. – Höhe 108 m – Regionalatlas **47**-E16
▶ Berlin 626 km – Mainz 68 km – Mannheim 25 km – Kaiserslautern 41 km
Michelin Straßenkarte 543

### 🌐 Zum Weißen Lamm     

**REGIONAL · GASTHOF** XX Seit über 15 Jahren führen die Hofheinz' nun ihr hübsches ländlich-elegantes Restaurant nebst reizvollem Innenhof. Während Patronne Sigrid und ihr kleines Team Sie freundlich umsorgen, kocht Ehemann Kai regional, saisonal und schmackhaft, so z. B. "Hirschgeschnetzeltes in Waldpilzsauce".

Menü 58/75 € – Karte 34/53 €

*Hauptstr. 38* ✉ *67229 –* 📞 *06238 929143 (Tischbestellung ratsam)*
*– www.lamm-laumersheim.de – Montag - Freitag nur Abendessen – geschl. Juli*
*- August 2 Wochen, Mitte Oktober 2 Wochen und Dienstag - Mittwoch*

# LAUTENBACH (ORTENAUKREIS)

Baden-Württemberg – 1 850 Ew. – Höhe 215 m – Regionalatlas **54**-E19

▶ Berlin 742 km – Stuttgart 143 km – Karlsruhe 72 km – Offenburg 19 km

Michelin Straßenkarte 545

## ⊛ Sonne        🐾 🏛 ⒶⒸ 🅿

**INTERNATIONAL · ELEGANT** XX Wirklich gemütlich sitzt man in dem holzgetäfelten Restaurant bei schmackhafter Küche. Die regionale Karte reicht von "gefüllter Kalbsbrust" über "Ravioli und Bries auf Pfifferlingen" bis zum Wild aus eigener Jagd. Haben Sie auch das Bodenfenster gesehen? Unter Ihnen lagern schöne Weine!

Menü 32/47 € – Karte 30/55 €

*Hotel Sonnenhof, Hauptstr. 51, B 28 ✉ 77794 – ℰ 07802 704090*
*– www.sonnenhof-lautenbach.de – geschl. 20. Februar - 5. März und Mittwoch*
*- Donnerstagmittag*

## 🏠 Sonnenhof        ⬍ ⒶⒸ 🅿

**LANDHAUS · MODERN** Der gewachsene Gasthof in der Ortsmitte ist eine tipptopp gepflegte Adresse. Wie wär's mit einem der wohnlich-eleganten Zimmer? Wer es lieber ein bisschen einfacher und kleiner hat, bucht im Haupthaus.

15 Zim ⌷ – 🛏44/85 € 🛏🛏79/150 € – ½ P

*Hauptstr. 51 ✉ 77794 – ℰ 07802 704090 – www.sonnenhof-lautenbach.de*

⊛ **Sonne** – siehe Restaurantauswahl

# LAUTERBACH

Hessen – 13 230 Ew. – Höhe 296 m – Regionalatlas **38**-H13

▶ Berlin 457 km – Wiesbaden 151 km – Fulda 24 km – Gießen 68 km

Michelin Straßenkarte 543

## ⊛ schuberts        🏛 ⇄ 🅿

**INTERNATIONAL · BRASSERIE** X Nicht nur die nette lebendige Atmosphäre spricht die Gäste an, sondern vor allem Schmackhaftes wie "Zander mit Blutwurst und Rahmwirsing". Alternativ sitzt man gemütlich in der rustikalen Weinstube Entennest (behaglich der Kachelofen) - die Karte ist hier dieselbe wie in der Brasserie. Sonntags Brunch.

Menü 28/35 € – Karte 29/69 €

*Hotel Schubert, Kanalstr. 12 ✉ 36341 – ℰ 0664196070 – www.hotel-schubert.de*
*– geschl. 23. - 26. Dezember und Sonntagabend*

## 🏠 Schubert        ⬍ 🦽 🄳

**BUSINESS · INDIVIDUELL** In der Stadtmitte, direkt am Flüsschen Lauter, steht das Haus der Familie Schubert mit individuellen Zimmern, darunter die geräumigen Themenzimmer Zen, Toskana und Rosen.

31 Zim ⌷ – 🛏67/97 € 🛏🛏125/150 € – 2 Suiten – ½ P

*Kanalstr. 12 ✉ 36341 – ℰ 0664196070 – www.hotel-schubert.de – geschl. 23.*
*- 26. Dezember*

⊛ **schuberts** – siehe Restaurantauswahl

# LAUTERBERG, BAD

Niedersachsen – 10 680 Ew. – Höhe 296 m – Regionalatlas **29**-J10

▶ Berlin 272 km – Hannover 116 km – Erfurt 104 km – Göttingen 49 km

Michelin Straßenkarte 541

## 🏠🏠 Revita        ☆ ⊗ 🏊 🖥 🕸 🐾 🛁 ✗ ⬍ 🧖 🦽 🚗

**SPA UND WELLNESS · AUF DEM LAND** Wie möchten Sie wohnen? In hübschen "Landhaus"- oder gediegenen "Domicil"-Zimmern, oder ziehen Sie modern-rustikalen "HARZstyle" vor? Auch beim Essen haben Sie die Wahl: regionale Karte oder Buffet im gemütlichen "Hirschfänger", Italienisches im eleganten "Brunello" mit toller Aussicht oder lieber Vital-Küche im "Lollo Rosso"? Im Parkrestaurant isst man klassisch-international.

247 Zim ⌷ – 🛏128/145 € 🛏🛏206/240 € – 13 Suiten – ½ P

*Sebastian-Kneipp-Promenade 56 ✉ 37431 – ℰ 05524 831 – www.revita-hotel.de*

# LEBACH

Saarland – 19 390 Ew. – Höhe 275 m – Regionalatlas **45**-B16

▶ Berlin 722 km – Saarbrücken 26 km – Saarlouis 19 km – St. Wendel 28 km

Michelin Straßenkarte 543

🍴⃝ **Locanda Grappolo d'Oro**

**FRANZÖSISCH-KLASSISCH • FREUNDLICH** ✗✗ Hell und freundlich das Restaurant, sympathisch die Familie Stira, frisch und schmackhaft die klassisch-französische Küche mit mediterranen Einflüssen. Und zum Abschluss gibt es einen richtig guten Espresso!

Menü 64/75 € – Karte 45/72 €

*Mottener Str. 94, (im Gewerbegebiet), West: 2 km an der B 268* ✉ *66822 – ℰ 06881 3339 – geschl. Samstagmittag, Sonntagabend - Montag*

# LECHBRUCK

Bayern – 2 680 Ew. – Höhe 737 m – Regionalatlas **65**-K21

▶ Berlin 695 km – München 96 km – Augsburg 90 km – Reutte 39 km

Michelin Straßenkarte 546

🏠 **Auf der Gsteig**  🏡🐾≼🍸🖥️🎵♨️🎰⊡🌡️⛷️🅿️

**LANDHAUS • GEMÜTLICH** Nicht nur für Golfer attraktiv: Neben dem 18-Loch-Platz und Indoor-Golf überzeugen die ruhige Lage, wohnliche Zimmer (Tipp: die alpen- oder seeseitigen) und der schöne Saunabereich nebst Panoramapool sowie Massage- und Kosmetikangebot. Aus der Küche kommt Regionales und Internationales, Terrasse mit Aussicht.

38 Zim ⌑ – ♦79/179 € ♦♦130/235 € – 4 Suiten – ½ P

*Gsteig 1, Nord-West: 3 km in Richtung Bernbeuren, dann links abbiegen* ✉ *86983 – ℰ 08862 98770 – www.aufdergsteig.de*

# LECK

Schleswig-Holstein – 7 590 Ew. – Höhe 6 m – Regionalatlas **1**-G2

▶ Berlin 453 km – Kiel 110 km – Sylt (Westerland) 36 km – Flensburg 33 km

Michelin Straßenkarte 541

## In Enge-Sande Süd: 4 km

🍴⃝ **Berger's Landgasthof**  🏡🌿♻️🅿️

**REGIONAL • GASTHOF** ✗✗ Charmant-rustikal ist hier das Ambiente, hübscher Zierrat unterstreicht die gemütliche Atmosphäre. Da lässt man sich gerne regionale Küche mit internationalem Einfluss servieren - bei gutem Wetter natürlich im schönen Gartenrestaurant.

Menü 38 € – Karte 22/35 €

*Hotel Berger's Landgasthof, Dorfstr. 28, in Enge* ✉ *25917 – ℰ 04662 3190 – www.bergers-landgasthof.de – nur Abendessen*

🏠 **Berger's Landgasthof**  🌿🅿️

**FAMILIÄR • MODERN** Nicht nur als Restaurant ist das Haus gefragt, auch die frischen, hellen und tipptopp gepflegten Gästezimmer kommen an. Tipp: Fragen Sie nach den großen Doppelzimmern im Garten-Neubau - alle mit Terrasse!

14 Zim ⌑ – ♦65/75 € ♦♦89/104 € – ½ P

*Dorfstr. 28, in Enge* ✉ *25917 – ℰ 04662 3190 – www.bergers-landgasthof.de*

🍴⃝ Berger's Landgasthof – siehe Restaurantauswahl

# LEER

Niedersachsen – 33 900 Ew. – Höhe 3 m – Regionalatlas **16**-D6

▶ Berlin 495 km – Hannover 234 km – Emden 31 km – Groningen 69 km

Michelin Straßenkarte 541

🕄 **Perior** (Christian Richter)  🛖 ⇔ **P**

MODERNE KÜCHE · CHIC XX Hier wird modern und mit hochwertigen Produkten gekocht, und dabei spielen Gemüse und Kräuter sowie die Region eine große Rolle. Und da ein richtig gutes Essen auch einen schönen Rahmen verdient, speist man in einer stilvollen denkmalgeschützten Villa von 1905 nebst charmanter Terrasse.
→ Saiblingstatar mit Galgantremoulade, Frühjahrsgewächse, Bergamotte und Knäckebrot. Schwarzfederhuhn im Trüffelsud, Gemüse vom Markt, Sesam-Senf und Rosmarin. "Grüne Aromen dieser Jahreszeit" - gekühlte Kräuter, Früchte und karamellisierte Kerne.
Menü 40/97 €
*Bergmannstr. 16 ⊠ 26789 - ℰ 0491 9769515 (Tischbestellung ratsam)*
*- www.perior.de - nur Abendessen - geschl. Anfang Januar 2 Wochen, Juli*
*- August 2 Wochen und Sonntag - Montag*

🍴⃝ **Zur Waage und Börse**  🛖 ⇔

REGIONAL · GEMÜTLICH XX Friesischen Charme hat das Traditionshaus, das sich so schön in den Stadtkern einfügt - da lässt man sich gerne regionale Küche mit kreativem Touch schmecken. Besonderer Schwerpunkt hier am Hafen sind die Fischgerichte. Hübsche Terrasse.
Karte 34/45 €
*Neue Str. 1 ⊠ 26789 - ℰ 0491 62244 - www.restaurant-zur-waage.de*
*- geschl. Dienstag*

**LEHMKUHLEN** Schleswig-Holstein → Siehe Preetz

# LEIMEN

Baden-Württemberg - 25 820 Ew. - Höhe 118 m - Regionalatlas **47**-F17
▶ Berlin 634 km - Stuttgart 109 km - Mannheim 25 km - Heidelberg 7 km
Michelin Straßenkarte 545

🕸 **Weinstube Jägerlust**  🛖 🍸 **P** 🚫

REGIONAL · WEINSTUBE X Seit 1707 hat Familie Seeger ihr Weingut und seit über 120 Jahren auch diese Weinstube, die mit ihrem historisch-rustikalen Charme schön urig-gemütlich ist. "Hausgemacht" heißt hier die Devise - traditionell und ehrlich: Maultaschen, Fleischküchle oder Ochsenfleisch mit Meerrettichsauce, dazu Eigenbauweine.
Karte 30/48 €
*Rohrbacher Str. 101 ⊠ 69181 - ℰ 06224 77207 (Tischbestellung ratsam)*
*- www.seegerweingut.de - nur Abendessen - geschl. 20. Dezember - 18. Januar,*
*über Ostern 1 Woche, Mitte August - Mitte September und Samstag - Montag*

🏘 **Villa Toskana**  ✿ 🎠 ⅃↿ 🔁 🍸 ⚒ 🚗

BUSINESS · GEMÜTLICH Alles hier vermittelt mediterrane Leichtigkeit: Stein- und Parkettfußböden, schöne Ledersessel und -sofas, helle, warme Töne, dekorative Bilder... Gönnen Sie sich doch mal ein Penthouse-Zimmer! Und wie wär's mit Kosmetik und Massage? Italienisch geprägt auch das "Medici" und die Vinothek "Villa di Vino".
265 Zim - ♦104/164 € ♦♦114/174 € - 8 Suiten - ☑ 16 € - ½ P
*Hamburger Str. 4 ⊠ 69181 - ℰ 06224 82920 - www.hotel-villa-toskana.de*

🏘 **Seipel**  🔁 🄰🄲 **P**

FAMILIÄR · GEMÜTLICH Für die behaglich-mediterrane Note in dem familiengeführten Haus in einem Wohngebiet nahe dem Sportpark sorgt die Chefin, die ein Händchen für Deko hat. Das sieht man auch im geschmackvollen Frühstücksraum - hier ein gutes, frisches Buffet!
25 Zim - ♦75/85 € ♦♦95/105 € - ☑ 7 €
*Bürgermeister-Weidemaier-Str. 26 ⊠ 69181 - ℰ 06224 9820 - www.hotelseipel.de*
*- geschl. 22. Dezember - 10. Januar*

# LEINFELDEN-ECHTERDINGEN

Baden-Württemberg – 37 610 Ew. – Höhe 432 m – Regionalatlas **55**-G18

▶ Berlin 654 km – Stuttgart 13 km – Karlsruhe 76 km – Tübingen 38 km

Michelin Straßenkarte 545

Siehe Stadtplan Stuttgart (Umgebungsplan)

## Im Stadtteil Leinfelden

### ⑥ Am Park ⬦ ⬦ ⌂ 🅿

REGIONAL · FREUNDLICH ✗✗ Im zeitlos-eleganten Restaurant des gleichnamigen Hotels ist Ihnen gutes Essen gewiss. Gekocht wird bürgerlich und auch gehoben - "Saure Schweinsnierle mit Bratkartoffeln" kommen ebenso an wie "Wildragout mit Spätzle vom Brett" oder "Dorade Royale auf Blattspinat und Champagnersauce". Schön die Terrasse!

Menü 48 € – Karte 25/53 €    38 Zim ⚏ – ♦90/140 € ♦♦120/160 €

Stadtplan : **B3-k** – *Lessingstr. 4* ✉ *70771* – *✆ 0711 903100*

– *www.hotelampark-leinfelden.de* – *geschl. 23. Dezember - 8. Januar, 31. Juli*
*- 20. August und Samstag - Sonntag*

## Im Stadtteil Echterdingen

### 🏨 Parkhotel Stuttgart Messe-Airport ✿ 🛏 🛖 🗖 🗓 ⬦ 🆔 ♨ 🚗

BUSINESS · MODERN Kein Hotel von der Stange - das lässt schon die imposante Fassade erahnen. Das Interieur kommt geradlinig-chic und in angenehmen Naturmaterialien daher, zudem hat jede Etage ein regionales Motto (Stuttgart Airport, Wilhelma...). On top: Sauna mit Dachterrasse. Wie möchten Sie speisen? Modern im Parkrestaurant mit Showküche oder urig-gemütlich im Brauhaus?

218 Zim – ♦99/329 € ♦♦99/329 € – 2 Suiten – ⚏ 21 €

Stadtplan : **C3-b** – *Filderbahnstr. 2* ✉ *70771* – *✆ 0711 633440*

– *www.parkhotel-stuttgart.de*

## LEINGARTEN Baden-Württemberg → Siehe Heilbronn

# LEINSWEILER

Rheinland-Pfalz – 390 Ew. – Höhe 263 m – Regionalatlas **54**-E17

▶ Berlin 673 km – Mainz 122 km – Karlsruhe 52 km – Wissembourg 20 km

Michelin Straßenkarte 543

### 🍴 Leinsweiler Hof ⬦ 🛏 ⌂ 🍽 🅿

INTERNATIONAL · FREUNDLICH ✗✗ Keine Frage, hier isst man am liebsten auf der herrlichen Terrasse, aber auch im lichten, freundlichen Restaurant genießt man die schöne Sicht. Auf der Karte finden sich sowohl regionale als auch internationale Speisen. Angeschlossene Bar.

Menü 32/79 € – Karte 31/60 €

*Hotel Leinsweiler Hof, Weinstraße, (an der Straße nach Eschbach), Süd: 1 km*
✉ *76829* – *✆ 06345 4090* – *www.leinsweilerhof.de* – *geschl. 4. - 20. Januar*

### 🏨 Leinsweiler Hof ⬦ ⬦ 🛏 ⬦ 🗖 ♨ 🗓 🆔 🅿

FAMILIÄR · AUF DEM LAND Der hübsche Sandsteinbau samt Anbau "Weinland" liegt toll in den Weinbergen - da locken natürlich Außenpool und Terrasse! Drinnen wohnliche Zimmer, Kessler-Suite mit sehenswertem Wandgemälde, attraktiver Wellnessbereich mit Panoramablick.

61 Zim ⚏ – ♦94/104 € ♦♦159/179 € – ½ P

*Weinstraße, (an der Straße nach Eschbach), Süd: 1 km* ✉ *76829* – *✆ 06345 4090*
– *www.leinsweilerhof.de* – *geschl. 4. - 20. Januar*

🍴 **Leinsweiler Hof** – siehe Restaurantauswahl

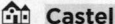 **Castell**  ✿ ⚗ **P** ⇥

**LANDHAUS · FUNKTIONELL** Das kleine Landhotel hat engagierte Gastgeber, gepflegte Zimmer und internationale Küche zu bieten - und als "Natur-Wellness-Bereich" gibt's den Pfälzer Wald und die Weinberge ringsum samt schöner Rad- und Wanderwege!

16 Zim ⌸ – ⬤60/75 € ⬤⬤99/130 € – ½ P

*Hauptstr. 32 ⊠ 76829 – ☎ 06345 94210 – www.hotel-castell-leinsweiler.de*

## WIR MÖGEN BESONDERS...

Das **Falco** für Essen, Sicht und Service - ein rundum gelungenes Gesamtpaket. Die individuelle Gestaltung der Gästezimmer im **Fregehaus**. Die **Residenz im Herrenhaus** für die finessenreiche bretonische und "deutsch-edelsaure" Küche. Sonntags in der **Brennerei** Braten und (auf Vorbestellung) Kalbshaxe genießen!

# LEIPZIG

Sachsen – 520 840 Ew. – Höhe 112 m – Regionalatlas **32**-N11
▶ Berlin 195 km – Dresden 113 km – Erfurt 142 km
Michelin Straßenkarte 544

Stadtpläne siehe nächste Seiten

## *Restaurants*

### ❀❀ **Falco**  🏵 ⪝ 🅰🅲 🔏 ⇄ 🅿

**KREATIV · DESIGN** 🕅🕅🕅 Nach nur knapp einer Minute Fahrt wird man mit einem tollen Blick über Leipzig empfangen. Was dann folgt, ist ein Ausbund an Raffinesse und Kreativität in Form der "Cuisine passion légère" von Peter Maria Schnurr. Chic das edle reduzierte Design, angenehm locker und sehr gut geschult der Service.

→ Kopfsalat, geschmolzenes Milchkalb, Trüffelwolle, Radieschen, scharfer Plattpfirsich. Langoustine Royal, Blumenkohl, weiße Schokolade, Palmherzen, schwarze Crème Cru. Reh, Gewürzspeck aus der Toskana, belgische Wasserkresse, Futterrübe à la Bouillabaisse.

Menü 155/188 € – Karte 172/313 €

Stadtplan : E1-a – *Hotel The Westin, Gerberstr. 15, (27. Etage)* ✉ 04105
– ☏ *0341 9882727 (Tischbestellung ratsam) – www.falco-leipzig.de – nur Abendessen – geschl. Januar 3 Wochen, Juli - August 3 Wochen und Sonntag - Montag*

### ❀ **Stadtpfeiffer** (Detlef Schlegel)  🅰🅲 🔏

**FRANZÖSISCH-MODERN · CHIC** 🕅🕅 Das Gewandhaus hat mit diesem komplett verglasten Restaurant von Petra und Detlef Schlegel einen schönen eleganten Rahmen für die niveauvolle Küche. Die Speisen sind klassisch basiert und doch sehr modern - es gibt zwei Menüs, aus denen man auch à la carte wählen kann. Tipp: Konzertdinner.

→ Bachforelle, Buchenrauch, Grüner Apfel, Meerrettich. Hereford Rind, Quark, Rote Bete, Zimt. Gebrannter Ziegenkäse, Aprikose, Lärche.

Menü 108/128 €

Stadtplan : F2-a – *Augustusplatz 8, (Neues Gewandhaus)* ✉ 04109
– ☏ *0341 2178920 (Tischbestellung ratsam) – www.stadtpfeiffer.de – nur Abendessen – geschl. Juli - August, über Weihnachten und Sonntag - Montag*

🟠 **Villers**  🛱 ♿ 🅰 ⇔ 🚗

INTERNATIONAL · KLASSISCHES AMBIENTE ✕✕ Sie sitzen in klassisch-elegantem Ambiente unter einer schönen hohen Decke und wählen z. B. "Bachsaibling & Flusskrebs / Dill / Mairübe / Mönchsbart" oder "Sommerreh aus der Region / Sellerie / Apfel / Moltebeere". Innenhofterrasse.

Menü 66/99 € – Karte 49/68 €

Stadtplan : E1-c – *Hotel Fürstenhof, Tröndlinring 8* ✉ *04105 –* ✆ *0341 1400 – www.restaurant-villers.de – nur Abendessen – geschl. Sonntag*

🟠 **Max Enk**  🛱

REGIONAL · ELEGANT ✕✕ Einst stand hier das Gewandhaus von Leipzig, heute finden Sie im historischen Städtischen Kaufhaus dieses elegante Restaurant, schön in einem Hof gelegen. Auf der Karte: Leipziger Allerlei, Wiener Schnitzel oder auch diverse Steak-Cuts.

Menü 19 € (mittags)/65 € – Karte 33/83 €

Stadtplan : F2-e – *Neumarkt 9* ✉ *04109 Leipzig –* ✆ *0341 99997638 – www.max-enk.de – geschl. Sonntagabend*

🟠 **Michaelis**  🛱 ♿ 🚗

INTERNATIONAL · KLASSISCHES AMBIENTE ✕✕ Gerne kommt man in das Restaurant des gleichnamigen Hotels, das dank vieler Fenster schön hell und freundlich ist. Sie speisen lieber draußen? Hinter dem Haus befindet sich eine nette Terrasse.

Menü 38/45 € – Karte 37/46 €

Stadtplan : B3-u – *Hotel Michaelis, Paul-Gruner-Str. 44* ✉ *04107 –* ✆ *0341 26780 – www.michaelis-leipzig.de – geschl. Samstagmittag, Sonntag*

🟠 **Le Grand**  ♿ 🅰  ⇔

INTERNATIONAL · FREUNDLICH ✕✕ Klassisches Interieur in ruhigen Tönen, durch die Fensterfront blickt man zum Vorplatz - hier erinnert ein Goethe-Denkmal an dessen Zeit in Leipzig. Lust auf internationale Gerichte wie "gebratenes Wolfsbarschfilet mit Basilikum-Risotto"?

Menü 55/75 € (abends) – Karte 39/83 €

Stadtplan : EF2-s – *Steigenberger Grandhotel Handelshof, Salzgäßchen 6* ✉ *04109 –* ✆ *0341 350581842 – www.leipzig.steigenberger.de*

🟠 **C'est la vie** Ⓝ  🛱 ⇔

FRANZÖSISCH · ELEGANT ✕✕ Was man hier hinter großen Fenstern in stilvoll-modernem Ambiente serviert bekommt, ist ein Stück Frankreich. Sowohl die Küche als auch die Weinkarte sind französisch ausgerichtet - viele der Weine werden auch glasweise angeboten.

Menü 69/89 € – Karte 42/63 €

Stadtplan : E2-c – *Zentralstr. 7* ✉ *04109 –* ✆ *0341 97501210 – www.cest-la-vie.restaurant – nur Abendessen – geschl. Sonntag - Montag*

🟠 **Yamato**  🛱 ♿ 🅰 🅿

JAPANISCH · KLASSISCHES AMBIENTE ✕ Vor Jahren das erste japanische Restaurant der Stadt, heute eine Institution. Nicht nur das Angebot ist typisch, auch das puristisch-schlichte Design. Lust auf ein Teppanyaki-Menü? Oder einfach nur etwas Sushi und Sashimi?

Menü 28/95 € – Karte 28/58 €

Stadtplan : E1-a – *Hotel The Westin, Gerberstr. 15* ✉ *04105 –* ✆ *0341 9881088 – www.yamato-restaurant.de*

---

 Gute Küche zu moderatem Preis? Folgen Sie dem „Bib Gourmand" . Das freundliche Michelin-Männchen „Bib" steht für ein besonders gutes Preis-Leistungs-Verhältnis!

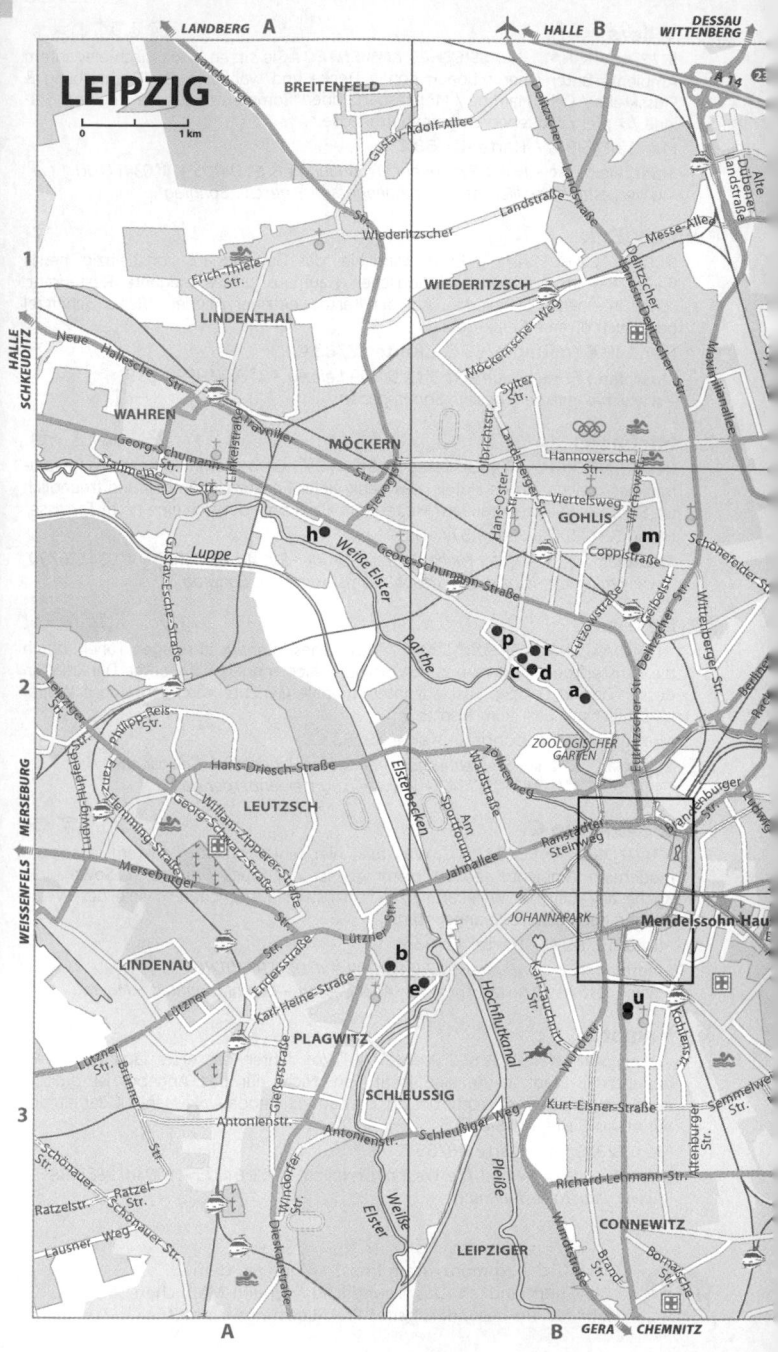

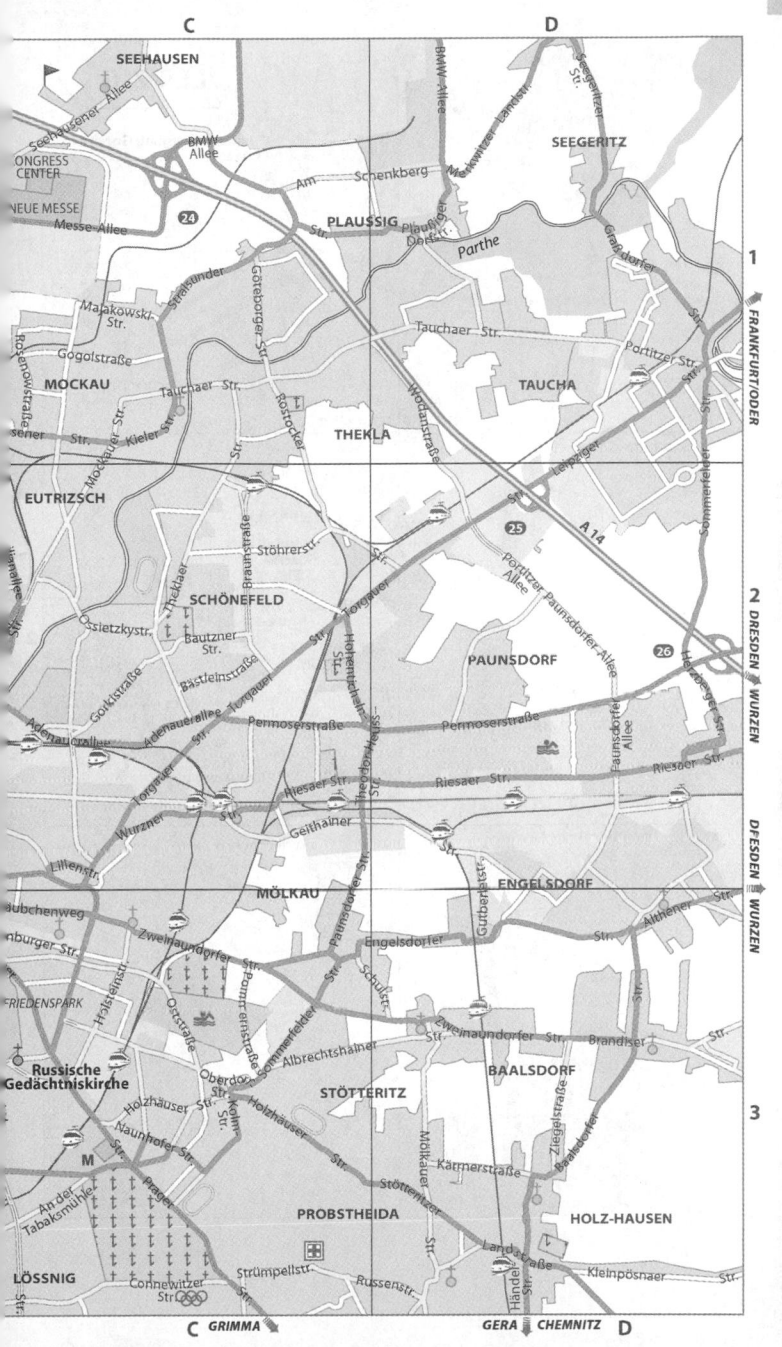

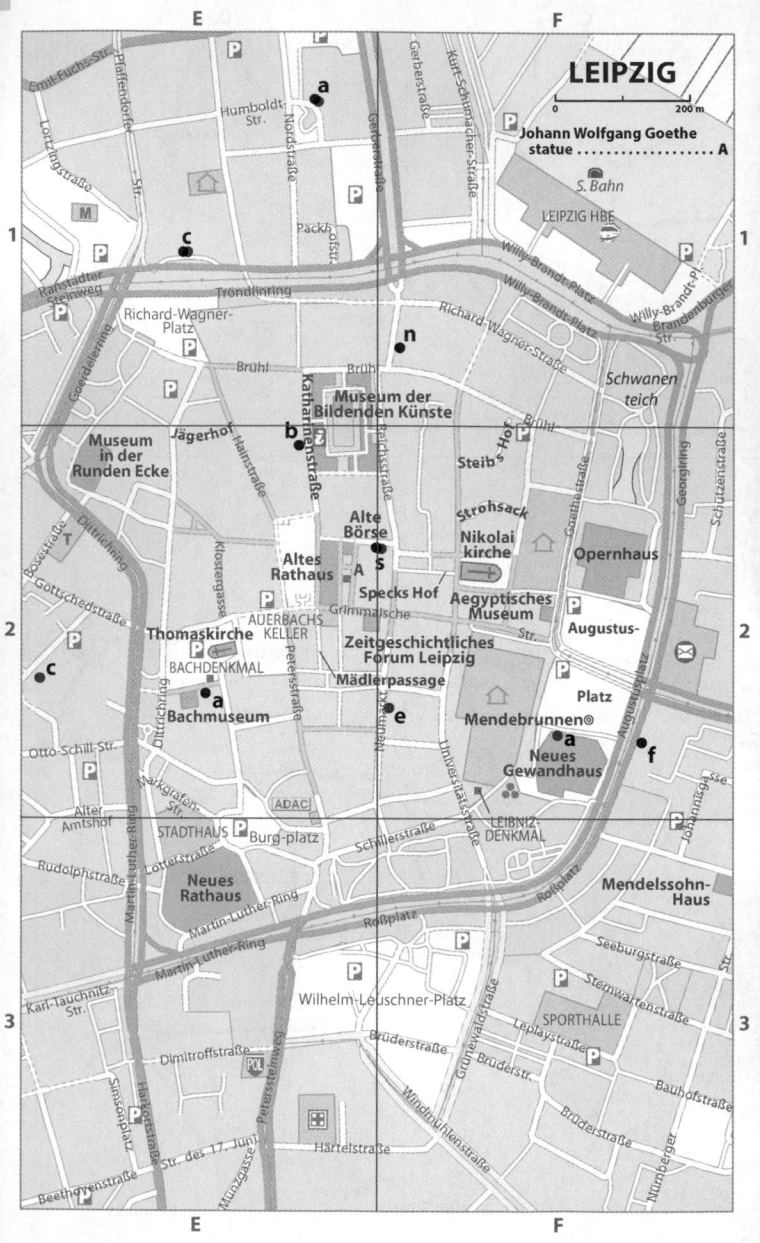

# LEIPZIG

0       200 m

Johann Wolfgang Goethe
statue .................... A

# Hotels

### 🏠 Steigenberger Grandhotel Handelshof  🕯 ᾓ ⊡ ⬚ 🆎 🏔

LUXUS • MODERN Die klassische Fassade des einstigen Handelshofes von 1909 könnte wohl kaum repräsentativer in Szene gesetzt werden. Während das historische Flair außen architektonisch festgehalten wird, herrscht innen stilvolle Moderne!

167 Zim – 🛏179/529 € 🛏🛏179/529 € – 10 Suiten – 🍽 29 €

Stadtplan : EF2-s – *Salzgäßchen 6* ✉ *04109* – 📞 *0341 3505810*
– *www.leipzig.steigenberger.de*

🍴 Le Grand – siehe Restaurantauswahl

### 🏠 The Westin  🕯 ⬅ ▦ ᾓ ᾓ ⊡ ⬚ 🆎 🏔 🅿

BUSINESS • MODERN Das Tagungs- und Businesshotel liegt günstig im Zentrum, großzügig die Lobby, gut ausgestattet der Konferenzbereich. Wer es gerne besonders komfortabel, modern und hochwertig hat, bucht ein Zimmer in den oberen Etagen. Und gönnen Sie sich auch eine Massage! Restaurant Gusto mit leichter europäischer Küche.

436 Zim – 🛏89/289 € 🛏🛏99/299 € – 32 Suiten – 🍽 21 €

Stadtplan : E1-a – *Gerberstr. 15* ✉ *04105* – 📞 *0341 9880* – *www.westinleipzig.com*

🌸🌸 Falco • 🍴 Yamato – siehe Restaurantauswahl

### 🏠 Fürstenhof  ▦ ᾓ ᾓ ⊡ ⬚ 🆎 🍷 🏔 🚗

HISTORISCH • KLASSISCH Das repräsentative Patrizierpalais von 1770 bietet einen klassisch-eleganten Rahmen für luxuriösen Hotelkomfort. Schön ist die Badelandschaft, prächtig der historische Serpentinsaal. Mittags und abends Bistrokarte in der "Vinothek 1770" und im "Wintergarten".

90 Zim – 🛏165/365 € 🛏🛏165/365 € – 3 Suiten – 🍽 28 €

Stadtplan : E1-c – *Tröndlinring 8* ✉ *04105* – 📞 *0341 1400*
– *www.hotelfuerstenhofleipzig.com*

🍴 Villers – siehe Restaurantauswahl

### 🏠 Marriott  🕯 ▦ ᾓ ᾓ ⊡ ⬚ 🆎 🏔 🚗

KETTENHOTEL • KLASSISCH Elegantes Ambiente von der Lobby mit Bar-Lounge bis in die wohnlichen Zimmer. Executive-Bereich in der 6. Etage. Klar und zeitgemäß ist der Bade-, Sauna- und Fitnessbereich. "Creme BRÜHLé" mit frischer saisonaler Küche. Burger & Co. in der Champions Sportsbar.

231 Zim – 🛏109/395 € 🛏🛏109/395 € – 1 Suite – 🍽 20 €

Stadtplan : F1-n – *Am Hallischen Tor 1* ✉ *04109* – 📞 *0341 96530*
– *www.leipzigmarriott.de*

### 🏠 Radisson BLU  🕯 ᾓ ⊡ ⬚ 🆎 🏔 🅿

KETTENHOTEL • GERADLINIG Das in sehr modernem Stil gehaltene Hotel liegt gegenüber dem Gewandhaus, ins Zentrum ist es nur ein Katzensprung. Großzügig sind die Deluxe-Zimmer und Suiten. Geradliniges Interieur mit purpurroten Farbakzenten im Restaurant Spagos. Internationale Küche.

208 Zim – 🛏99/299 € 🛏🛏109/299 € – 6 Suiten – 🍽 21 €

Stadtplan : F2-f – *Augustusplatz 5, Zufahrt über Grimmaische Straße* ✉ *04109*
– 📞 *0341 21460* – *www.radisson-leipzig.com*

### 🏠 Michaelis  ⊡ ⬚ 🏔 🚗

BUSINESS • ELEGANT In den sorgsam restaurierten Gebäude aus der Gründerzeit stehen zeitgemäße und technisch gut ausgestattete Zimmer bereit. Modern tagen kann man in der "Alten Essig-Manufactur".

96 Zim 🍽 – 🛏79/139 € 🛏🛏109/169 € – ½ P

Stadtplan : B3-u – *Paul-Gruner-Str. 44* ✉ *04107* – 📞 *0341 26780*
– *www.michaelis-leipzig.de*

🍴 Michaelis – siehe Restaurantauswahl

**Arcona LIVING BACH 14**  〈〉 ⋙ ⅃⅌ ⊡ 🄰🄲 ⅏ 🅐

URBAN · INDIVIDUELL Das hat Charme: historischer Rahmen und wohnlich-modernes Interieur - wer etwas Besonderes möchte, bucht eine Juniorsuite mit toller alter Kassettendecke! Ideal die Lage in der Stadtmitte: Bachdenkmal und Bachhaus nebenan, Thomaskirche vis-à-vis. Gemütlich essen kann man in der Weinwirtschaft mit Showküche.

52 Zim – ♦89/190 € ♦♦99/260 € – 1 Suite – ⊡ 18 € – ½ P

Stadtplan : E2-a – *Thomaskirchhof 13* ⊠ 04109 – ☏ 0341 496140 – www.arcona.de

**Fregehaus**  ⊡ ⅙

URBAN · INDIVIDUELL Mitten im Zentrum liegt dieses individuelle kleine Hotel, Sie erreichen es über einen Innenhof. Es erwarten Sie modern eingerichtete Zimmer und eine Chefin, die sich freundlich um Sie kümmert.

18 Zim – ♦76 € ♦♦86 € – 2 Suiten – ⊡ 10 €

Stadtplan : E2-b – *Katharinenstr. 11* ⊠ 04109 – ☏ 0341 26393157
– www.hotel-fregehaus.de – geschl. 23. - 28. Dezember

## In Leipzig-Gohlis

🍴○ **Schaarschmidt's**  ⌂

BÜRGERLICHE KÜCHE · GEMÜTLICH ✕✕ Das Restaurant ist wirklich hübsch und wird engagiert geführt. Hier isst man Tatar, Hirschrücken, Crêpe Suzette... Die Renner auf der Karte: Gohliser Filettopf oder Sächsische Rinderroulade! Mit Bäumchen begrünte kleine Terrasse zur Straße.

Karte 31/68 €

Stadtplan : B2-m – *Coppistr. 32* ⊠ 04157 – ☏ 0341 9120517 *(Tischbestellung ratsam)* – www.schaarschmidts.de – nur Abendessen

🍴○ **Münsters**  ⌂ 🅿

MARKTKÜCHE · GEMÜTLICH ✕ Gemütlich ist es hier: rustikale Backsteindecke, Bilder und Weinflaschen als Deko... Gastgeber André Münster serviert in der ehemaligen Mühle Saisonales wie "Involtini vom Kalbsfilet mit Blattspinat, Pfifferlingen und Gnocchi". Das Lokal ist sehr gefragt, und der große Biergarten erst! Bar in der 2. Etage.

Karte 33/54 €

Stadtplan : B2-c – *Platnerstr. 11* ⊠ 04155 – ☏ 0341 5906309 – www.münsters.com
– nur Abendessen – geschl. Sonntag

🍴○ **Campus**  ⌂

MARKTKÜCHE · FREUNDLICH ✕ Eine freundliche Atmosphäre herrscht in dem modernen Bistro-Restaurant auf dem Mediencampus. Die Küche ist international-saisonal, mittags kommt man gerne zum günstigen Lunchgericht.

Karte 30/42 €

Stadtplan : B2-d – *Schlösschenweg 2* ⊠ 04155 – ☏ 0341 56296750
– www.michaelis-leipzig.de – geschl. Sonntag - Montag

🍴○ **La Mirabelle**  ⌂

FRANZÖSISCH-KLASSISCH · NACHBARSCHAFTLICH ✕ Das nette Restaurant im Bistrostil bietet am Mittag eine kleine Auswahl an Gerichten, abends wählt man von der französischen Karte.

Menü 20 € (mittags) – Karte 20/40 €

Stadtplan : B2-a – *Gohliser Str. 11* ⊠ 04105 – ☏ 0341 5902981
– www.la-mirabelle.de – geschl. Montagabend, Samstagmittag, Sonntag

🍴○ **Passion**  ⌂ ⅏

INTERNATIONAL · MEDITERRANES AMBIENTE ✕ Mediterranes Flair und freundlicher Service unter der Leitung der Chefin machen dieses Restaurant aus. Im Sommer sitzt man schön auf der Terrasse hinter dem Haus. Kleinere Mittagskarte.

Menü 36 € (abends) – Karte 31/39 €

Stadtplan : B2-p – *Möckernsche Str. 21* ⊠ 04155 – ☏ 0341 5503745
*(Tischbestellung ratsam)* – www.restaurant-passion.de – geschl. Samstagmittag, Sonntag - Montag

**⏺◯ Drogerie** 🏡 ⇧

KLASSISCHE KÜCHE · BISTRO ⅹ Dieses schöne Restaurant war tatsächlich mal eine Drogerie, kleine Details hier und da erinnern noch daran. Heute sitzt man gemütlich bei "Perlhuhnbrust mit Keniabohnen" oder "Zanderfilet mit Vanille-Wirsing und Cranberry-Risotto".

Karte 39/59 €

Stadtplan : B2-r – *Schillerweg 36* ⊠ *04155 –* ☎ *0341 22286466 (Tischbestellung ratsam) – www.drogerie-leipzig.net – nur Abendessen – geschl. Sonntag*

## In Leipzig-Möckern

**❀ Die Residenz im Herrenhaus ⓝ** (Peter Niemann) 🚗 ⅗ 🅿

BRETONISCH · ELEGANT ⅹⅹⅹ Dank aufwändiger Sanierung des jahrhundertealten denkmalgeschützten Herrenhauses kann man hier in ausgesprochen geschmackvollem Ambiente bretonisch und sächsisch inspirierte Küche aus erlesenen Zutaten genießen, und zwar in Form zweier Menüs: "Hent ar Glenan" und "Deutsch Edelsauer".

→ Weißer Heilbutt, Erbsen, krosser Knoblauch, Macadamia. Kalbsbries glasiert, geschmorte Pastinake, Sauerampfer, Trüffeljus. Nantaiser Taube, Lauch, geräucherte Butternage.

Menü 84/144 €

Stadtplan : A2-h – *Bucksdorffstr. 43* ⊠ *04159 –* ☎ *0341 91878387 (Tischbestellung ratsam) – www.herrenhaus-leipzig.de – nur Abendessen – geschl. 23. Dezember - 17. Januar, 3. Juli - 30. August und Sonntag - Dienstag*

⏺◯ **Die Brennerei im Herrenhaus** – siehe Restaurantauswahl

**⏺◯ Die Brennerei im Herrenhaus ⓝ** 🚗 🏡 ⅗ ⇧ 🅿

MEDITERRAN · HISTORISCHES AMBIENTE ⅹⅹ In der Brennerei von 1669 gibt es in sympathischer modern-historischer Atmosphäre mediterrane und regional-saisonale Küche, von "geschmelzter Maultasche mit Allgäuer Bergkäse" über "Perlhuhnbrust mit Humus gefüllt und Minzjoghurt" bis zum Sonntagsbraten.

Menü 35 € – Karte 27/45 €

Stadtplan : A2-h – *Die Residenz im Herrenhaus, Bucksdorffstr. 43* ⊠ *04159 –* ☎ *0341 91878387 – www.herrenhaus-leipzig.de – nur Abendessen, sonntags auch Mittagessen – geschl. 23. Dezember - 17. Januar, 3. Juni - 30. August und Sonntagabend - Dienstag*

## In Leipzig-Plagwitz

**⏺◯ Heine** 🏡 ⅗̸

MARKTKÜCHE · FREUNDLICH ⅹⅹ In dem Restaurant erwartet Sie neben hübschem Ambiente eine saisonal geprägte Küche sowie freundlicher Service. Gemütlich: Im Winter wird der kleine Kamin beheizt. Nett auch die Terrasse zum Park.

Menü 49/99 €

Stadtplan : A3-b – *Karl-Heine-Str. 20* ⊠ *04229 –* ☎ *0341 8709966 – www.restaurant-heine.de – nur Abendessen – geschl. Sonntag - Montag*

**⏺◯ Stelzenhaus** 🏡 ⅗

INTERNATIONAL · TRENDY ⅹ Internationale Küche in einer ehemaligen Zinkerei. Mittags bietet man ein Lunchbuffet und eine kleine Bistrokarte - Letztere ergänzt auch am Abend das Angebot. Sonntagsbrunch.

Menü 15 € (mittags unter der Woche)/64 € – Karte 27/54 €

Stadtplan : B3-e – *Weissenfelser Str. 65h, (Zufahrt über Industriestraße)* ⊠ *04229 –* ☎ *0341 4924445 – www.restaurant-stelzenhaus.de*

# LEIZEN

Mecklenburg-Vorpommern – 480 Ew. – Höhe 76 m – Regionalatlas **13**-N6
▶ Berlin 139 km – Schwerin 122 km – Waren 40 km
Michelin Straßenkarte 542

## In Leizen-Woldzegarten Nord: 7,5 km, Richtung Röbel, über Dembeck und Minzow

🏠 **Gutshof Woldzegarten**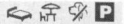

LANDHAUS · INDIVIDUELL Das restaurierte Fachwerkhaus ist das ehemalige Verwaltungsgebäude der Adelsfamilie von Flotow. Man bietet freundliche Zimmer und das hübsche "Waschhaus" für Kosmetik und Massage. Beim Speisen auf der Terrasse schaut man ins Grüne - mittags kleineres Angebot. Ferienwohnungen für längere Aufenthalte.

23 Zim ⌲ – ♦55/89 € ♦♦79/145 € – ½ P

*Walower Str. 30 ✉ 17209 – ☎ 039922 8220 – www.woldzegarten.de – geschl. 12. - 26. Dezember*

# LEMBERG

Rheinland-Pfalz – 3 940 Ew. – Höhe 359 m – Regionalatlas **53**-D17

▶ Berlin 689 km – Mainz 129 km – Saarbrücken 68 km – Pirmasens 5 km

Michelin Straßenkarte 543

🍴 **Gasthaus Neupert** ⇦ 🏠 🍽 🅿

TRADITIONELLE KÜCHE · GASTHOF ✕ Seit mehr als 125 Jahren gibt es das Gasthaus der Familie Neupert. Viel Holz und Kachelofen machen das Restaurant ländlich-rustikal. Auf den Tisch kommen bürgerliche Speisen - Spezialität ist Sauerbraten.

Menü 48 € – Karte 22/45 € 7 Zim ⌲ – ♦49/55 € ♦♦72/75 €

*Hauptstr. 2 ✉ 66969 – ☎ 06331 49236 – www.landgasthausneupert.de – geschl. 18. - 29. Juli und Montag*

# LENGERICH

Nordrhein-Westfalen – 21 980 Ew. – Höhe 80 m – Regionalatlas **27**-E9

▶ Berlin 438 km – Düsseldorf 173 km – Bielefeld 57 km – Nordhorn 74 km

Michelin Straßenkarte 543

🍴 **Hinterding** ⇦ 🏠 🍽 🅿

FRANZÖSISCH-KLASSISCH · ELEGANT ✕✕✕ Die ehemalige Ärztevilla ist schon von außen schön anzusehen, innen setzt sich das stilvolle Bild fort: hohe Räume, warme Farben, wohnlich-elegante Atmosphäre und dazu klassische Küche - gerne serviert man auch auf der Terrasse.

Menü 69 € – Karte 41/73 € 5 Zim ⌲ – ♦74 € ♦♦118 €

*Bahnhofstr. 72 ✉ 49525 – ☎ 05481 94240 (Tischbestellung ratsam) – www.hinterding-lengerich.de – nur Abendessen, sonntags auch Mittagessen – geschl. September 2 Wochen und Montag, Donnerstag*

# LENGGRIES

Bayern – 9 790 Ew. – Höhe 679 m – Regionalatlas **65**-L21

▶ Berlin 649 km – München 60 km – Garmisch-Partenkirchen 62 km – Bad Tölz 9 km

Michelin Straßenkarte 546

## In Lenggries-Schlegldorf Nord-West: 5 km, links der Isar in Richtung Bad Tölz, über Wackersberger Straße

🍴 **Schweizer Wirt** 🏠 ♻ 🅿

REGIONAL · GEMÜTLICH ✕ Lust auf "Kalbsleber mit Äpfeln und Zwiebeln" oder "Hirschrücken auf Wacholdersauce mit glacierten Maronen"? Man bietet hier frische, geradlinige bayerische Küche, die ebenso schmackhaft wie preislich fair ist. Und der Rahmen passt auch: gemütliche Stuben in einem ehemaligen Bauernhof in schöner Lage.

Karte 28/61 €

*Schlegldorf 83 ✉ 83661 – ☎ 08042 8902 (Tischbestellung ratsam) – www.schweizer-wirt.de – geschl. Montag - Dienstag*

# LENNESTADT

Nordrhein-Westfalen – 25 910 Ew. – Höhe 410 m – Regionalatlas **37**-E12

▶ Berlin 526 km – Düsseldorf 130 km – Siegen 42 km – Meschede 48 km
Michelin Straßenkarte 543

## In Lennestadt-Halberbracht Nord-Ost: 7 km ab Altenhundem über die
B 236, in Meggen rechts abbiegen

### ⫶○ Eickhoffs Landgasthof ⪝ 🏠 ✿ **P**

INTERNATIONAL · FAMILIÄR 🕱 Familienbetrieb mit regional und international
beeinflusster Küche sowie einer gut sortierten, fair kalkulierten Weinkarte. Schöne
Aussicht von der Terrasse und einem der Räume.

Karte 25/47 €
*Am Kickenberg 10 ✉ 57368 – ✆ 02721 81358 – www.eickhoff-halberbracht.de*

## In Lennestadt-Saalhausen Ost: 8 km ab Altenhundem über die B 236

### 🏠 Haus Hilmeke ✿ ⌖ ⪝ 🛏 🗔 𝄞 ▣ 🍽 🎏

LANDHAUS · GEMÜTLICH Viele Stammgäste schätzen das mit Engagement
geleitete Haus in schöner Lage. Die Zimmer sind wohnlich, der Service ist freundlich und aufmerksam. Beliebt ist der hausgemachte Kuchen am Nachmittag
- gerne auch auf der Terrasse.

24 Zim ⌑ – ♦84 € ♦♦130/178 € – 6 Suiten – ½ P
*Haus Hilmeke 1, Ost: 2 km, Richtung Schmallenberg ✉ 57368*
*– ✆ 02723 91410 – www.haus-hilmeke.de*
*– geschl. 6. November - 26. Dezember, 26. Juni - 5. Juli*

# LENZKIRCH

Baden-Württemberg – 4 820 Ew. – Höhe 808 m – Regionalatlas **62**-E21

▶ Berlin 788 km – Stuttgart 158 km – Freiburg im Breisgau 40 km – Donaueschingen 35 km
Michelin Straßenkarte 545

## In Lenzkirch-Saig Nord-West: 7 km über die B 315

### 🏠 Saigerhöh ✿ ⌖ ⪝ 🛏 🗔 💯 𝄞 ⛷ ✗ ▣ ✈ 🎿 🚗

SPA UND WELLNESS · FUNKTIONELL Wer Ruhe sucht, findet sie hier in einsamer
Lage oberhalb des Ortes in 1055 m Höhe! Natürlich hat man da eine tolle Aussicht
- von der gemütlichen Kamin-Lobby, von den meisten Zimmern, von der Panoramaterrasse des Restaurants... Aktive freuen sich über die Sport- und Spiel-
scheune samt Kletterwand.

105 Zim ⌑ – ♦79/119 € ♦♦149/239 € – 16 Suiten – ½ P
*Saiger Höhe 8 ✉ 79853 – ✆ 07653 6850 – www.saigerhoeh.de*

### 🏠 Ochsen ✿ 🛏 🗔 𝄞 ✗ ▣ 🚗

GASTHOF · TRADITIONELL Der gewachsene historische Schwarzwaldgasthof
wird familiär geleitet und bietet wohnliche Zimmer, teils mit Balkon, sowie einen
Freizeitbereich mit Massage und Hamam. Urtümlich und heimelig ist die rustikale
Gaststube mit Kachelofen.

35 Zim ⌑ – ♦78/84 € ♦♦136/188 € – ½ P
*Dorfplatz 1 ✉ 79853 – ✆ 07653 90010 – www.ochsen-saig.de – geschl.*
*6. November - 15. Dezember*

# LICHTENBERG (OBERFRANKEN)

Bayern – 1 040 Ew. – Höhe 564 m

▶ Berlin 305 km – München 296 km – Bayreuth 68 km – Erfurt 134 km
Michelin Straßenkarte 546

**Harmonie**

**REGIONAL · FREUNDLICH** ✗✗ Bewusst hat man dem charmanten Haus von 1823 seinen traditionellen Charakter bewahrt - da hat man es richtig gemütlich, wenn man sich umgeben vom schönem altem Holz regional-saisonale Gerichte wie fränkische Schiefertrüffelsuppe oder geschmorte Rehkeule schmecken lässt.

Menü 36/55 € – Karte 33/62 €

*Schloßberg 2 ⊠ 95192 – ☏ 09288 246 – www.harmonie-lichtenberg.com*
*– geschl. Januar 2 Wochen, Juli 2 Wochen und Montag - Mittwochmittag*

# LICHTENSTEIN

Baden-Württemberg – 9 200 Ew. – Höhe 507 m – Regionalatlas **55**-G19
▶ Berlin 687 km – Stuttgart 51 km – Reutlingen 16 km – Sigmaringen 48 km
Michelin Straßenkarte 545

## In Lichtenstein-Honau

 **Forellenhof Rössle**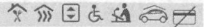

**GASTHOF · GEMÜTLICH** In dem komfortablen, familiär geführten Hotel überzeugen nicht nur die neuzeitlichen und gut ausgestatteten Zimmer, auch der Wohlfühlbereich im OG ist sehr ansprechend, mit schönem Blick vom Dach. Restaurant mit hübschem Wintergartenanbau. Spezialität: Forellen aus eigener Zucht.

30 Zim � – †92/109 € ††122/140 € – ½ P

*Heerstr. 20, an der B 312 ⊠ 72805 – ☏ 07129 92970 – www.forellenhof-roessle.de*
*– geschl. 9. - 13. Januar*

# LIEBENZELL, BAD

Baden-Württemberg – 8 780 Ew. – Höhe 333 m – Regionalatlas **54**-F18
▶ Berlin 666 km – Stuttgart 46 km – Karlsruhe 47 km – Pforzheim 19 km
Michelin Straßenkarte 545

 **Koch**

**FAMILIÄR · GEMÜTLICH** Eine wirklich sympathische Adresse: herzlich und familiär die Gastgeber, wohnlich die Einrichtung, alles tipptopp gepflegt. Und wie könnte der Tag schöner beginnen als mit einer leckeren, frischen Auswahl am Frühstücksbuffet?

16 Zim ⊠ – †53/70 € ††88/99 €

*Sonnenweg 3 ⊠ 75378 – ☏ 07052 1306 – www.hotelkoch.com – geschl. Mitte Dezember - Januar*

**LIEPEN** Mecklenburg-Vorpommern ➔ Siehe Stolpe

# LIESER

Rheinland-Pfalz – 1 230 Ew. – Höhe 140 m – Regionalatlas **46**-C15
▶ Berlin 680 km – Mainz 117 km – Trier 44 km – Bernkastel-Kues 4 km
Michelin Straßenkarte 543

 **Weinhaus Stettler**

**FAMILIÄR · AUF DEM LAND** Fast unmittelbar am Moselufer liegt das gepflegte kleine Hotel samt eigenem Weingut. Schön die Dachterrasse - da frühstückt man im Sommer besonders gerne! Außerdem bietet man Physiotherapie. Am Abend kleine Snacks und die eigenen Weine.

15 Zim ⊠ – †58/61 € ††90/108 €

*Moselstr. 41 ⊠ 54470 – ☏ 06531 7550 – www.weinhaus-stettler.de*

# LILIENTHAL

Niedersachsen – 18 280 Ew. – Höhe 3 m – Regionalatlas **18**-G6
▶ Berlin 397 km – Hannover 132 km – Lüneburg 138 km – Bremen 16 km
Michelin Straßenkarte 541

## ⅈ⃝ **Zur Wörpe**

**REGIONAL · GEMÜTLICH** ✗✗ Hier sitzen Sie gemütlich in einem charmanten reetgedeckten Backsteinhaus und lassen sich regionale Küche schmecken, und die gibt's z. B. als "geschmorte Wildschweinschulter mit Birne, Bohne & Speck, Wacholdersauce und blauen Kartoffeln".

Karte 21/51 €

*Mühlendeich 15 ✉ 28865 – ✆ 04298 6993136 – www.zurwörpe.de – geschl. Montag - Dienstag*

# LIMBACH-OBERFROHNA

Sachsen – 24 110 Ew. – Höhe 360 m – Regionalatlas **42-O13**

▶ Berlin 269 km – Dresden 83 km – Chemnitz 13 km – Plauen 82 km

Michelin Straßenkarte 544

## 🏠 **Lay-Haus**

**FAMILIÄR · MODERN** Sehr familiär und engagiert wird das historische Haus mitten in der kleinen Stadt geleitet, in dem wohnlich-gemütliche Gästezimmer bereitstehen. Der in seiner Art einmalige, in Schieferfels gehauene Felsenkeller ist eine schöne und originelle Alternative zum eleganten Restaurant.

48 Zim ⇄ – †60 € ††82 €

*Markt 3 ✉ 09212 – ✆ 03722 73760 – www.lay-hotel.de*

# LIMBURG an der LAHN

Hessen – 33 850 Ew. – Höhe 122 m – Regionalatlas **37-E14**

▶ Berlin 551 km – Wiesbaden 52 km – Koblenz 57 km – Gießen 56 km

Michelin Straßenkarte 543

## ❀ **360°**  **(Alexander Hohlwein)** 🍴

**MODERNE KÜCHE · GERADLINIG** ✗✗ In der 3. Etage der "WerkStadt", dem Finkaufszentrum in der City, heißt es modern und finessenreich speisen, und das auf Basis erstklassiger Produkte. Die Atmosphäre dazu ist puristisch-chic, toll die Dachterrasse, klasse der Stadtblick! Der Service freundlich-unkompliziert und versiert.

→ Label Rouge Lachs Thailändisch, grüne Mango, Kokos, Ingwer, Koriander. Prime Beef - Rücken und Schulter, Sauce Béarnaise, Ofenkartoffel, Schmorzwiebel. Manjari Schokolade, Banane, French Toast, Minze, Macadamia.

Menü 59/89 € – Karte 56/66 €

*Bahnhofsplatz 1a ✉ 65549 – ✆ 06431 2113360 – www.restaurant360grad.de – geschl. Sonntag - Montag*

## ⅈ⃝ **Himmel und Erde** 🍴 ♿

**MARKTKÜCHE · HISTORISCHES AMBIENTE** ✗ Einen besonderen Rahmen bietet die 1896 erbaute ehemalige Kapelle am Schafsberg. Unter der hohen Gewölbedecke wählt man saisonal-internationale Gerichte oder ein Überraschungsmenü. Freuen dürfen sich auch Vegetarier und Veganer!

Menü 80 € – Karte 40/69 €

*Joseph-Heppel-Str. 1a ✉ 65549 – ✆ 06431 5847208 – www.kapelle-himmelunderde.de – nur Abendessen, sonntags auch Mittagessen – geschl. Sonntagabend - Montag*

## 🏨 **DOM Hotel**

**TRADITIONELL · FUNKTIONELL** Hoteltradition seit 1832 bietet dieses klassische Stadthaus. Schön die sehr zentrale Lage direkt am Kornmarkt, elegant der Rahmen, gepflegt die unterschiedlich geschnittenen Zimmer. Im "Restaurant de Prusse" in der 1. Etage isst man saisonal-international - beliebt die Fensterplätze zur Fußgängerzone.

42 Zim – †88/165 € ††109/165 € – ⇄ 12 € – ½ P

*Grabenstr. 57 ✉ 65549 – ✆ 06431 9010 – www.domhotellimburg.de – geschl. 24. Dezember - 6. Januar*

### 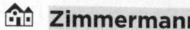 Zimmermann

**FAMILIÄR · INDIVIDUELL** Stilvoll-elegant präsentiert sich das Hotel der Familie Zimmermann. Schön wohnt man z. B. im Themenzimmer Afrika, geschmackvoll auch der Frühstücksraum. Übrigens: Die Innenstadt ist nicht weit entfernt.

18 Zim 🖙 – †75/125 € ††125/165 €

*Blumenröder Str. 1 ⊠ 65549 – ℰ 06431 4611 – www.hotelzimmermann.de – geschl. 20. Dezember - 5. Januar*

## LINDAU im BODENSEE

Bayern – 24 560 Ew. – Höhe 401 m – Regionalatlas **63**-H22

▶ Berlin 722 km – München 180 km – Konstanz 59 km – Ravensburg 33 km

Michelin Straßenkarte 546

## Auf der Insel

### 🍴 Alte Post

**TRADITIONELLE KÜCHE · GASTHOF** ⅂ Schön gemütlich hat man es in dem hübschen denkmalgeschützten Gasthaus in der Altstadt. Gekocht wird bayerisch-schwäbisch und österreichisch, von Kässpätzle über Wiener Kalbstafelspitz bis Bodenseefelchen in verschiedenen Varianten. Für Hotelgäste: geschmackvolle Zimmer und kostenloses Parken auf dem P3.

Karte 21/46 € 10 Zim 🖙 – †70/95 € ††120/190 €

**Stadtplan : B1-s** – *Fischergasse 3 ⊠ 88131 – ℰ 08382 93460*
*– www.alte-post-lindau.de – geschl. 22. Dezember - 19. März*

### 🏨 Bayerischer Hof

**LUXUS · KLASSISCH** Ein echter Bodensee-Klassiker! Ideale Seelage am Hafen, elegante Zimmer (toll die Suiten) und ein umfassendes Wellnessangebot, das man sich mit dem benachbarten Schwesterhotel teilt. Schön auch das Hallenbad und der Garten- und Poolbereich!

104 Zim 🖙 – †142/259 € ††199/369 € – 4 Suiten – ½ P

**Stadtplan : A2-b** – *Bahnhofplatz 2 ⊠ 88131 – ℰ 08382 9150*
*– www.bayerischerhof-lindau.de*

### 🏨 Helvetia

**TRADITIONELL · MODERN** Wie gemacht für Romantiker und Wellnessfans: geschmackvolle "Wellrooms", Themensuiten und tolle schwimmende "Yacht Rooms" im Hafen, sensationelle Panoramasauna nebst Infinity-Pool auf dem Dach mit klasse Aussicht, toller Relaxbereich, Kosmetik... Regional-mediterrane Küche im eleganten Restaurant, einfachere Mittagskarte. Exklusiv für Hotelgäste: "Habour Lounge".

45 Zim 🖙 – †99/165 € ††189/320 € – 5 Suiten – ½ P

**Stadtplan : A2-x** – *Seepromenade 3 ⊠ 88131 – ℰ 08382 9130*
*– www.hotel-helvetia.com*

### 🏨 Reutemann-Seegarten

**TRADITIONELL · KLASSISCH** Das Hotel an der Promenade besteht aus zwei ansprechenden alten Stadthäusern mit gediegenen, freundlichen Zimmern. Saunabereich und Spa im "Bayerischen Hof". Highlight - und sehr beliebt - ist die Seeterrasse des ganzjährig geöffneten Restaurants, von der man auf die Hafeneinfahrt schaut.

62 Zim 🖙 – †101/190 € ††188/271 € – ½ P

**Stadtplan : A2-k** – *Ludwigstr. 23 ⊠ 88131 – ℰ 08382 9150*
*– www.reutemann-lindau.de – geschl. 7. November - 2. April*

## In Lindau-Aeschach Nord: 2 km

### 🏠 Am Rehberg

**FAMILIÄR · KLASSISCH** Alles ist schön wohnlich bei der charmant-engagierten Familie Bast, von der Halle über die großzügigen Zimmer (Tipp: Komfort-Suite "D3" unterm Dach!) bis zum alpenländisch-eleganten Frühstücksraum. Nicht zu vergessen: der hübsche Garten!

12 Suiten 🖙 – ††98/128 € – 7 Zim

*Am Rehberg 29 ⊠ 88131 – ℰ 08382 3329 – www.lindauhotels.de – geschl. Januar - Ende März, November - Dezember*

## In Lindau-Hoyren Nord-West: 4 km

🕸 **Villino** (Reiner Fischer)                    🕸 🖴 🏠 ⌾ **P**

**MODERNE KÜCHE · FREUNDLICH** XXX Was hinter den raumhohen Rundbogenfenstern in überaus stilvollem mediterranem Ambiente auf den schön eingedeckten Tisch
kommt, sind aromatische kreative Speisen, angenehm reduziert und mit interessanten Kontrasten. Auf der Weinkarte: schöne Magnum-Auswahl sowie Raritäten.
→ Asiatische Vorspeisenvariation. Forelle mit Miso und Granny Smith. Lammrücken mit Karotte und Joghurt.
Menü 89/154 € – Karte 90/114 €

*Hotel Villino, Hoyerberg 34 ⊠ 88131 – 𝒞 08382 93450 (Tischbestellung
erforderlich) – www.villino.de – nur Abendessen*

🏚 **Villino**                    ⌂ 🖴 🕸 🏠 ⌾ **P**

**LANDHAUS · GEMÜTLICH** Umgeben von Wiesen und Obstplantagen haben Reiner und Sonja Fischer ein wahres Kleinod! Zeitloser italienischer Charme zieht
sich durch das ganze Haus: elegante und romantische Zimmer, top Service,
eine mit Liebe zum Detail gestaltete Saunalandschaft und nicht zuletzt ein mediterraner Traumgarten von 4000 qm!
15 Zim ⌒ – ⍦110/300 € ⍦⍦190/320 € – 6 Suiten

*Hoyerberg 34 ⊠ 88131 – 𝒞 08382 93450 – www.villino.de*

🕸 **Villino** – siehe Restaurantauswahl

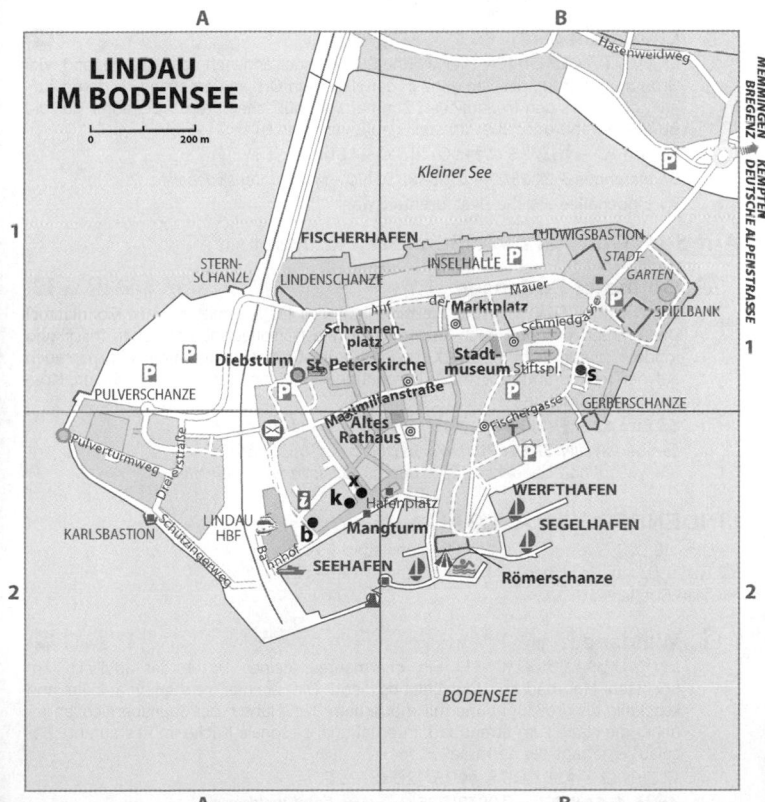

## In Lindau-Bad Schachen Nord-West: 4 km

### Schachener Hof

**KLASSISCHE KÜCHE · FAMILIÄR** ✗✗ Bei Familie Kraus darf man sich auf schmackhafte regional-internationale Küche freuen, z. B. als "Zander mit Speck und Bohnen" oder "Vitello tonnato". Menüs gibt es "schwäbisch", "vegetarisch" oder als "Gourmet". Schön die Terrasse unter alten Kastanienbäumen. Gepflegt übernachten können Sie hier auch.

Menü 31/75 € – Karte 30/55 €    9 Zim ⌂ – ♦65/80 € ♦♦88/120 €

*Schachener Str. 76 ⊠ 88131 – ℰ 08382 3116 (Tischbestellung ratsam)*
*– www.schachenerhof-lindau.de – nur Abendessen, sonntags auch Mittagessen*
*– geschl. Anfang Januar - Mitte Februar, Anfang November 1 Woche und Dienstag*
*- Mittwoch, Juli - August: Mittwoch*

### Lindenallee

**REGIONAL · FREUNDLICH** ✗✗ Angenehm hell und modern ist das Ambiente im Restaurant, draußen sitzt man schön auf der charmanten Gartenterrasse. Die Küche ist saisonal, mediterran und regional geprägt - nachmittags gibt es neben Kaffee und Kuchen auch kleine Gerichte.

Menü 28 € – Karte 29/56 €

*Hotel Lindenallee, Dennenmoos 3 ⊠ 88131 – ℰ 08382 93190*
*– www.hotel-lindenallee.de – nur Abendessen – geschl. Januar - Februar und*
*Montag, Oktober - April: Sonntag - Montag*

### Lindenallee

**FAMILIÄR · GEMÜTLICH** Hier wohnen Sie in einer angenehmen Villengegend, viel Grün drum herum, der See ganz in der Nähe. Ein Ort, an dem man sich gerne aufhält, ob nun in den freundlichen Zimmern, im hübschen Frühstücksraum (gut die Buffetauswahl) oder aber im sehr gepflegten Garten!

18 Zim ⌂ – ♦63/95 € ♦♦90/145 € – 1 Suite – ½ P

*Dennenmoos 3 ⊠ 88131 – ℰ 08382 93190 – www.hotel-lindenallee.de*
   Lindenallee – siehe Restaurantauswahl

## Auf dem Golfplatz Weißensberg Nord-Ost: 8 km

### Golfhotel Bodensee

**LANDHAUS · FUNKTIONELL** Herrlich liegt das Hotel inmitten eines Golfplatzes! Die Zimmer (darunter auch Turmzimmer und Maisonetten) sind schön frisch und modern, bieten recht viel Platz sowie Blick ins Grüne. Letzteren genießt man auch auf der Restaurantterrasse bei internationaler Küche. Zum Relaxen: Sauna, Kosmetik und Massage.

33 Zim ⌂ – ♦99/109 € ♦♦159/169 € – 3 Suiten – ½ P

*Lampertsweiler 51 ⊠ 88138 Weißensberg – ℰ 08389 89100*
*– www.golfhotel-bodensee.de – geschl. 15. November - 15. März*

# LINDENBERG im ALLGÄU

Bayern – 10 970 Ew. – Höhe 764 m – Regionalatlas **63**-I21
▶ Berlin 713 km – München 174 km – Konstanz 89 km – Lindau 21 km
Michelin Straßenkarte 546

### Waldsee

**LANDHAUS · FUNKTIONELL** Ein charmantes kleines Hotel, das idyllisch am höchsten Moorbadsee Deutschlands liegt! Die Zimmer reichen von klein und kuschelig bis großzügig und mit modernem Bad. Hübsch der Saunabereich, angenehm die Nähe zum Strandbad. International-saisonale Küche im Restaurant "Bacalau" - gefragt die Terrasse!

17 Zim ⌂ – ♦55/105 € ♦♦95/120 € – ½ P

*Austr. 41 ⊠ 88161 – ℰ 08381 92610 – www.hotel-waldsee.de*

# LINGEN

Niedersachsen – 52 160 Ew. – Höhe 23 m – Regionalatlas **16**-D8

▶ Berlin 498 km – Hannover 204 km – Nordhorn 21 km – Bremen 135 km

Michelin Straßenkarte 541

### 🏠 Altes Landhaus ⛲ 🖃 🛁 **P**

**LANDHAUS · FUNKTIONELL** Das schöne Landhaus am Stadtrand bietet neben wohnlichen Zimmern im Stammhaus auch topmoderne und sehr komfortable Zimmer im Anbau! Auf der hübschen Innenhofterrasse kann man auch frühstücken. Das Restaurant besteht aus einem angenehm lichten Wintergarten und dem Kaminzimmer.

36 Zim ⌑ – 🛏65/95 € 🛏🛏80/125 €

*Lindenstr. 45* ✉ *49808 –* ☎ *0591 804090 – www.alteslandhaus.de*

# LINSENGERICHT

Hessen – 9 890 Ew. – Höhe 145 m – Regionalatlas **48**-G14

▶ Berlin 516 km – Wiesbaden 85 km – Darmstadt 72 km – Würzburg 97 km

Michelin Straßenkarte 543

## In Linsengericht-Eidengesäß Süd-Ost: 3 km, jenseits der A 66

### 🍴 Der Löwe 🍴 ⟲ **P**

**INTERNATIONAL · GASTHOF** ✕✕ Seit über 15 Jahren führt das Ehepaar Sauter das gediegene Restaurant. Hier darf man sich auf schmackhafte regional-internationale Küche und aufmerksamen Service freuen. Kommen Sie doch mal zum Mittagsbuffet, das ist sehr gefragt!

Menü 34/59 € – Karte 34/60 €

*Dorfstr. 20* ✉ *63589 –* ☎ *06051 71343 – www.derloewe.com – geschl. Montag - Dienstag*

# LIPPSPRINGE, BAD

Nordrhein-Westfalen – 15 210 Ew. – Höhe 140 m – Regionalatlas **28**-G10

▶ Berlin 385 km – Düsseldorf 179 km – Bielefeld 54 km – Detmold 18 km

Michelin Straßenkarte 543

### 🏠 Park Hotel ⛲ 🐾 ⟲ ⥥ 🗋 ⊕ 🐾 🛁 🖃 ⟳ 🛁 **P**

**SPA UND WELLNESS · MODERN** Der Kurpark liegt direkt vor dem Haus, in die Fußgängerzone ist es auch nur ein Katzensprung. Die Ruhe hier schätzen sowohl Geschäftleute als auch Wellnessgäste (vielfältig der "Arminius Spa", angenehm der Naturbadeteich). Einige Zimmer mit Balkon zum Park, auch vom Restaurant schaut man ins Grüne!

135 Zim ⌑ – 🛏109/179 € 🛏🛏160/210 € – ½ P

*Peter-Hartmann-Allee 4* ✉ *33175 –* ☎ *05252 9630 – www.parkhotel-lippspringe.de*

# LIPPSTADT

Nordrhein-Westfalen – 66 320 Ew. – Höhe 75 m – Regionalatlas **27**-F10

▶ Berlin 436 km – Düsseldorf 142 km – Bielefeld 55 km – Meschede 43 km

Michelin Straßenkarte 542

### 🍴 Fellini 🍴 ⊗

**ITALIENISCH · GEMÜTLICH** ✕✕ Sie mögen frische italienische Küche? Die gibt es in diesem Fachwerkhaus a. d. 18. Jh. unweit des Marktplatzes. Schön sowohl das helle moderne Ambiente drinnen als auch die überdachbare Terrasse, freundlich der Service durch die Chefin.

Karte 33/71 €

*Cappelstr. 44a* ✉ *59555 –* ☎ *02941 924150 – www.fellini-lippstadt.de – nur Abendessen – geschl. Sonntag*

**LODDIN** Mecklenburg-Vorpommern → Siehe Usedom (Insel)

## LÖBAU

Sachsen – 15 540 Ew. – Höhe 263 m – Regionalatlas **44**-S12
▶ Berlin 260 km – Dresden 88 km – Görlitz 29 km – Bautzen 21 km
Michelin Straßenkarte 544

### 🏠 Berg-Gasthof Honigbrunnen     🏤 🦢 ← 🖃 & **P**

GASTHOF · TRADITIONELL 1896 als Ausflugslokal erbaut, bei einem Brand zerstört und mit enormem Aufwand restauriert. Die Mühe hat sich gelohnt: Die historische Fassade ist wiederhergestellt, das Interieur geschmackvoll. Einmalige Panoramalage, fantastischer Blick von der Terrasse!

23 Zim – ♦62/70 € ♦♦100/120 € – ☲ 8 €

*Löbauer Berg 4, Ost: 2,5 km ✉ 02708 – ☏ 03585 4139130*
*– www.honigbrunnen.de*

## LÖCHGAU

Baden-Württemberg – 5 550 Ew. – Höhe 260 m – Regionalatlas **55**-G18
▶ Berlin 614 km – Stuttgart 33 km – Karlsruhe 64 km – Pforzheim 37 km
Michelin Straßenkarte 545

### ⅰ○ Zur Krone     🏠

REGIONAL · RUSTIKAL ⅹ Schon von außen lässt das jahrhundertealte Gasthaus eine gemütlich-rustikale Atmosphäre vermuten. Dazu passt die bürgerlich-regionale Küche, und die schmeckt natürlich auch im schönen windgeschützten Innenhof, umgeben von Fachwerkfassaden.

Karte 15/37 €

*Hauptstr. 63 ✉ 74369 – ☏ 07143 18217 – www.krone-loechgau.de – geschl. Anfang September 2 Wochen und Montag - Dienstag, Samstagmittag*

## LÖHNE

Nordrhein-Westfalen – 39 530 Ew. – Höhe 70 m – Regionalatlas **28**-G9
▶ Berlin 370 km – Düsseldorf 208 km – Bielefeld 39 km – Hannover 85 km
Michelin Straßenkarte 543

### ⅰ○ Wim's Bistro - Restaurant     ← 🦢 🏠 **P**

INTERNATIONAL · FREUNDLICH ⅹⅹ "Lachssteak auf Limetten-Safransauce und Wokgemüse", "Jungschweinesteak mit Champignons in Cognacrahmsauce"... Im freundlich-frisch gestalteten Restaurant des Hotels "Schewe" kocht man international-bürgerlich mit saisonalem Einfluss.

Karte 20/43 €    21 Zim – ♦54/72 € ♦♦66/74 € – ☲ 8 €

*Dickendorner Weg 48 ✉ 32584 – ☏ 05732 98030 (Tischbestellung ratsam) – www.hotel-schewe.de – nur Abendessen – geschl. 10. - 21. Juli und Sonntag*

## LÖNINGEN

Niedersachsen – 12 940 Ew. – Höhe 22 m – Regionalatlas **16**-E7
▶ Berlin 290 km – Bremen 88 km – Nordhorn 65 km – Enschede 101 km
Michelin Straßenkarte 541

### 🏠 Rüwe     🏤 🦢 🍽 🛁 **P**

FAMILIÄR · MODERN In dem kleinen Hotel sorgen Rita und Hans-Hermann Rüwe dafür, dass alles tipptopp gepflegt ist. Wohnliche Zimmer mit Parkett, teils auch mit Balkon oder schöner Dachterrasse. Zum Restaurant gehören eine nette begrünte Terrasse und ein kleiner Barbereich. Fahrradverleih.

11 Zim ☲ – ♦64/68 € ♦♦94/98 € – ½ P

*Parkstr. 15 ✉ 49624 – ☏ 05432 94200 – www.hotel-ruewe.de – geschl. 27. Dezember - 15. Januar*

# LÖRRACH

Baden-Württemberg – 48 310 Ew. – Höhe 294 m – Regionalatlas **61**-D21

▶ Berlin 862 km – Stuttgart 265 km – Freiburg im Breisgau 70 km – Basel 9 km
Michelin Straßenkarte 545

## ⅰ○ Am Burghof

**MARKTKÜCHE · ELEGANT** XX Beim Zugang zur Fußgängerzone ist das schön geradlinig gehaltene Restaurant nebst Balkonterrasse zu finden. Die saisonal-internationale Küche gibt es z. B. als "Filet vom Skrei mit Kartoffel-Meerrettichgemüse, Rote Bete, Kapern & Senf".

Menü 19 € (mittags)/58 € – Karte 33/65 €

*Herrenstr. 3, (1. Etage) ⌂ 79539 – ✆ 07621 9403850 (Tischbestellung ratsam) – www.restaurant.amburghof.de – geschl. Sonntag - Montag*

## ⅰ○ Drei König 🍴

**MEDITERRAN · TRENDY** X In der 1. Etage des historischen Hauses trifft lockere Atmosphäre auf finessenreiche Küche, die sich oft rustikaler liest, als sie schmeckt. Schön die geradlinige Einrichtung samt Parkettboden, hübsch die Balkonterrasse. Mittags einfachere Karte.

Menü 19 € (mittags)/69 € – Karte 38/81 €

*Hotel Drei König, Basler Str. 169, (1. Etage) ⌂ 79539 – ✆ 07621 4258333 (abends Tischbestellung ratsam) – www.restaurant-dreikoenig.de – geschl. Sonntagmittag - Montag*

## 🏠 Villa Elben

**PRIVATHAUS · ELEGANT** Schön wohnt man hier bei einer sympathischen Gastgeberin. Stilvoll die Lobby, tipptopp gepflegt die Zimmer, chic der moderne Frühstücksraum (gut das Buffet!), und versäumen Sie es nicht, im Sommer auf der Dachterrasse zu entspannen!

34 Zim ⌂ – †86/95 € ††122/135 €

*Hünerbergweg 26 ⌂ 79539 – ✆ 07621 577080 – www.villa-elben.de*

## 🏠 Drei König

**URBAN · MODERN** Zentraler geht es kaum: Das kleine Hotel liegt direkt am Marktplatz, ein Parkhaus finden Sie nur 1 Minute entfernt. Chic das klare moderne Design und auch technisch sind die Zimmer "up to date". Im EG gibt es eine Bar nebst Delikatessen.

16 Zim ⌂ – †95/150 € ††135/220 €

*Basler Str. 169, (Empfang in der 2. Etage) ⌂ 79539 – ✆ 07621 5504790 – www.hotel-dreikoenig.de*

ⅰ○ **Drei König** – siehe Restaurantauswahl

### In Lörrach-Brombach Nord-Ost: 4 km, über Brombacher Straße, jenseits der A 98

## ⅰ○ Villa Feer

**INTERNATIONAL · ELEGANT** XX Was man Ihnen in der schmucken alten Villa an internationalen Gerichten serviert, nennt sich z. B. "gebratenes Filet vom Skrei mit Brandade, glasiertem Chicorée und Orange". Hübsch die hellen, freundlichen Räume, toll der Garten!

Menü 56/78 € – Karte 45/64 €

*Beim Haagensteg 1 ⌂ 79541 – ✆ 07621 5791077 – www.villa-feer.com – geschl. Mitte - Ende März, Mitte - Ende Oktober und Montag - Dienstag*

### In Lörrach-Haagen Nord-Ost: 3,5 km über B 317, jenseits der A 98

## ⅰ○ Burgschenke Rötteln

**KLASSISCHE KÜCHE · FREUNDLICH** X Das hat Charme: der historische Rahmen, die drei kleinen Räume (Tipp: die Fensterplätze in der "Laube") und nicht zuletzt die herzliche Chefin! Klassiker sind z. B. Räucherlachstatar, Wachtelbrust oder Rinderfilet. Schön der Biergarten (mit Selbstbedienung) - auch an sonnigen Wintertagen!

Menü 52 € – Karte 40/63 €

*Röttelnweiler 47, in der Burg Rötteln ⌂ 79541 – ✆ 07621 52141 (Tischbestellung ratsam) – www.burgroetteln.com – nur Abendessen – geschl. Januar - Februar und Sonntag - Montag*

## In Lörrach-Tüllingen Süd-West: 3,5 km, jenseits der B 317

🍴○ **Gasthaus Maien**　　　　　　🛬 ⟨ 🏡 🅿

INTERNATIONAL · LÄNDLICH ✕✕ Kommen Sie wegen der tollen Aussicht oder
doch eher wegen der guten Küche? Im Panorama-Restaurant des Hotels "Maien"
samt schöner Terrasse speist man Internationales wie Cordon bleu oder Hirschkalbsrücken! Rustikaler die Gaststube.

Menü 25 € (mittags unter der Woche)/62 € – Karte 29/78 €　　16 Zim ⌂
– ♦69/89 € ♦♦99/109 €
*Dorfstr. 49* ✉ *79539*
– ☎ *07621 2790 – www.maien-loerrach.de*
*– geschl. Montag - Dienstag*

## In Inzlingen Süd-Ost: 6 km über B 316 Richtung Rheinfelden

🍴○ **Inzlinger Wasserschloss**　　　　　　🛬 🏡 🅿

KLASSISCHE KÜCHE · HISTORISCHES AMBIENTE ✕✕✕ Denkmalgeschütztes
Gemäuer, ein Wassergraben drum herum, stilvoll-elegantes Interieur... Hier bieten die herzlichen Gastgeber z. B. "Steinbutt mit Petersilienwurzelpüree". Richtig
schön übernachten können Sie im 150 m entfernten Gästehaus.

Menü 62/98 € – Karte 51/92 €　　12 Zim ⌂ – ♦73/90 € ♦♦108/150 €
*Riehenstr. 5* ✉ *79594*
– ☎ *07621 47057 – www.inzlinger-wasserschloss.de*
*– geschl. Dienstag - Mittwoch*

🍴○ **Krone**　　　　　　🛬 🏡 ✗ 🚗

INTERNATIONAL · ELEGANT ✕✕ Chic ist das Restaurant im gleichnamigen Hotel,
die Küche klassisch-international: "Rinderfilet an Cognac-Pfefferrahmsauce" oder
"Kabeljau auf Curry-Linsengemüse", und als Dessert "Mousse von der belgischen
Callebaut-Schokolade"?

Menü 17 € (mittags unter der Woche)/74 € – Karte 35/63 €　　23 Zim
– ♦69/79 € ♦♦85/105 € – ⌂ 9 €
*Riehenstr. 92* ✉ *79594 – ☎ 07621 2226 – www.krone-inzlingen.de*

# LOHMAR·

Nordrhein-Westfalen – 29 680 Ew. – Höhe 70 m – Regionalatlas **36**-C12
▶ Berlin 587 km – Düsseldorf 63 km – Bonn 16 km – Siegburg 5 km
Michelin Straßenkarte 543

## In Lohmar-Wahlscheid Nord-Ost: 4 km über B 484

🏠 **Schloss Auel**　　　　　　

HISTORISCHES GEBÄUDE · INDIVIDUELL Historischen Charme versprüht das
tolle dreiflügelige Schloss am Golfplatz. Stilgerecht hat man zahlreiche Antiquitäten in das individuelle, sehr wohnliche Interieur integriert. Zwei Ferienwohnungen
im Gästehaus. Schön auch die "Golflodge". Alternativ zum Restaurant gibt es
Snacks im Bistro. Eigene Kapelle.

28 Zim – ♦80/115 € ♦♦115/150 € – ⌂ 15 € – ½ P
*Haus Auel 1, an der B 484* ✉ *53797*
– ☎ *02206 60030 – www.schlossauel.de*

# LOHME Mecklenburg-Vorpommern → Siehe Rügen (Insel)

# LOHR am MAIN

Bayern – 15 020 Ew. – Höhe 161 m – Regionalatlas **48**-H15
▶ Berlin 521 km – München 321 km – Würzburg 56 km – Aschaffenburg 35 km
Michelin Straßenkarte 546

**In Lohr-Wombach** Süd: 2 km über Westtangente

¶O **Spessarttor**

TRADITIONELLE KÜCHE · GASTHOF Ⅹ In dem Familienbetrieb kann man nicht nur schön übernachten, man isst hier auch gut, und zwar regional-bürgerlich. In gemütlichen holzgetäfelten Stuben heißt es z. B. "Rahmsuppe von Krustentieren mit Scampi" oder "Rehragout mit Rotkohl".

Menü 29/58 € – Karte 23/42 €    35 Zim 🖙 – ♦52/85 € ♦♦88/105 €

*Wombacher Str. 140 ✉ 97816 – ☎ 09352 87330 – www.hotel-spessarttor.de – geschl. Montagmittag, Dienstag*

# LONGUICH
Rheinland-Pfalz – 1 270 Ew. – Höhe 130 m – Regionalatlas **45**-B15

▶ Berlin 710 km – Mainz 141 km – Trier 14 km – Saarbrücken 86 km
Michelin Straßenkarte 543

⌂ **WeinKulturgut Longen-Schlöder**

LANDHAUS · INDIVIDUELL Winzer und Gastronom Markus Longen hat hier nicht nur ein Weingut und ein Restaurant, sondern auch ein ansprechendes Hotelkonzept: 20 kleine Winzerhäuschen inmitten einer Streuobstwiese - von Matteo Thun geradlinig-modern und mit heimischen Materialien designt. In der Vineria-Vinothek: Weinstubenkarte mit regionalen Produkten sowie wechselndes Angebot auf der Tafel.

20 Zim 🖙 – ♦85/110 € ♦♦98/165 € – ½ P

*Kirchenweg 9 ✉ 54340 – ☎ 06502 8345 – www.longen-schloeder.de – geschl. 19. Dezember - 15. Januar*

# LORCH
Hessen – 3 790 Ew. – Höhe 86 m – Regionalatlas **46**-D15

▶ Berlin 452 km – Wiesbaden 44 km – Darmstadt 85 km – Mainz 56 km
Michelin Straßenkarte 543

⌂ **Hotel im Schulhaus**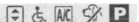

HISTORISCH · MODERN Die Schulbank drückt hier keiner mehr, heute ist das Haus direkt an der Wisper ein topmodernes und zugleich wohnlich-komfortables Hotel. Geradlinig und wertig das Interieur, toll die Penthouse-Zimmer. Zum Frühstück gibt's frische Produkte.

44 Zim 🖙 – ♦75/160 € ♦♦95/170 €

*Schwalbacher Str. 41 ✉ 65391 – ☎ 06726 807160 – www.hotel-im-schulhaus.com – geschl. 5. Januar - 4. Februar*

# LORSCH
Hessen – 13 170 Ew. – Höhe 98 m – Regionalatlas **47**-F16

▶ Berlin 595 km – Wiesbaden 65 km – Mannheim 35 km – Darmstadt 29 km
Michelin Straßenkarte 543

¶O **Zum Schwanen**

MARKTKÜCHE · KLASSISCHES AMBIENTE ⅩⅩ Seit über 40 Jahren betreibt man das charmant-gediegene Restaurant. Gekocht wird klassisch mit regional-saisonalem Einfluss: "Rehrücken auf Maronen-Wildsauce", "Zanderfilet auf Gemüselinsen"... Lecker auch "Torroneparfait auf Nougatsauce"!

Karte 41/67 €

*Nibelungenstr. 52 ✉ 64653 – ☎ 06251 52253 (Tischbestellung ratsam) – www.zum-schwanen-lorsch.de – nur Abendessen, sonntags auch Mittagessen – geschl. Februar 10 Tage, Juni 2 Wochen, Oktober 10 Tage und Montag*

# LOSHEIM AM SEE
Saarland – 15 830 Ew. – Höhe 300 m – Regionalatlas **45**-B16

▶ Berlin 749 km – Saarbrücken 56 km – Merzig 12 km – Luxembourg 70 km
Michelin Straßenkarte 543

### 🍽️ La Küsine

**TRADITIONELLE KÜCHE · KLASSISCHES AMBIENTE** X Der Name ist ein passendes Wortspiel, denn in der Bundeszentrale der "KÜS" ist dieses Restaurant untergebracht, das Regionales wie "Hoorische Knepp in Speckrahmsauce", aber auch Klassisches wie "Kalbsrückensteak in Morchelrahmsauce" bietet.

Menü 20 € (mittags unter der Woche)/45 € – Karte 27/52 €

*Zur Küs 1 ⊠ 66679 – 𝒞 06872 505505 – www.lakuesine.de – geschl. August 2 Wochen und Samstagmittag, Montag*

## Am Stausee Nord: 1 km

### 🏨 Hochwälder Wohlfühlhotel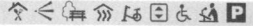

**BUSINESS · MODERN** Die Schokoladenseite dieses Hotels ist ganz klar die zum Stausee hin: Schon von der Lobby hat man eine schöne Aussicht, ebenso von der Loungeterrasse, und gönnen Sie sich eines der seeseitigen Zimmer! Tipp: "See Suite" und "Garten Suite".

62 Zim 🖙 – †81/89 € ††122/132 €

*Zum Stausee 192 ⊠ 66679 – 𝒞 06872 96920*
*– www.hochwaelder-wohlfuehlhotel.de*

# LOTTSTETTEN

Baden-Württemberg – 2 170 Ew. – Höhe 433 m – Regionalatlas **62**-F21

▶ Berlin 813 km – Stuttgart 180 km – Freiburg im Breisgau 106 km – Schaffhausen 12 km
Michelin Straßenkarte 545

## In Lottstetten-Nack Süd: 1,5 km

### 🍽️ Gasthof zum Kranz

**KLASSISCHE KÜCHE · GASTHOF** XX Bereits in der 7. Generation ist der Gasthof von 1769 in Familienhand, schön die modern-elegante Einrichtung in klaren Linien. Aus der Küche kommen schmackhafte klassisch-internationale Speisen - im Herbst sollten Sie Wild probieren!

Menü 28 € (mittags unter der Woche)/85 € – Karte 35/66 €

*Dorfstr. 23 ⊠ 79807 – 𝒞 07745 7302 (Tischbestellung ratsam)*
*– www.gasthof-zum-kranz.de – geschl. Februar 2 Wochen, August 3 Wochen und Dienstag - Mittwoch*

# LUDORF

Mecklenburg-Vorpommern – 490 Ew. – Höhe 67 m – Regionalatlas **13**-N6

▶ Berlin 144 km – Schwerin 104 km – Neubrandenburg 69 km – Waren (Müritz) 26 km
Michelin Straßenkarte 542

### 🍽️ Morizaner

**REGIONAL · GEMÜTLICH** XX Das an der Müritz gelegene Gutshaus im Stil der dänischen Klinkerrenaissance ist eine der empfehlenswertesten Adressen der Region. In der Küche verarbeitet man hauptsächlich Produkte aus heimatlichen Gefilden.

Menü 35/65 € – Karte 33/65 €

*Hotel Gutshaus Ludorf, Rondell 7 ⊠ 17207 – 𝒞 039931 8400*
*– www.gutshaus-ludorf.de – nur Abendessen – geschl. 18. - 28. Dezember, 9. Januar - 9. März*

### 🏨 Gutshaus Ludorf

**LANDHAUS · HISTORISCH** Das barocke Gutshaus an der Müritz verbirgt hinter der hübschen Backsteinfassade a. d. 17. Jh. ein wunderschönes Interieur mit historischem Charme. Zimmer teils mit Parkett.

27 Zim 🖙 – †67/98 € ††98/170 € – 2 Suiten – ½ P

*Rondell 7 ⊠ 17207 – 𝒞 039931 8400 – www.gutshaus-ludorf.de – geschl. 18. - 28. Dezember, 9. Januar - 9. März*

🍽️ **Morizaner** – siehe Restaurantauswahl

## LUDWIGSBURG

Baden-Württemberg – 89 640 Ew. – Höhe 293 m – Regionalatlas **55**-G18
▶ Berlin 617 km – Stuttgart 15 km – Heilbronn 36 km – Karlsruhe 86 km
Michelin Straßenkarte 545

### 🍽 Alte Sonne ☂ 🚭 ⌂

**KREATIV • ELEGANT** ✕✕ In modern-elegantem Ambiente oder in legerer Bistro-Atmosphäre wählen Sie aus einer großen Bandbreite an Gerichten wie "Hüftsteak vom Albrind am Knochen gereift / Pastinaken / Bratkartoffeln" oder "Seeteufelmedaillon in Curry Jaipur gebraten". Mittags günstiges 2-Gänge-Menü.

Menü 45/66 € – Karte 48/68 €

**Stadtplan : B1-n** – *Bei der kath. Kirche 3 ✉ 71634*
*– ✆ 07141 6436480 – www.altesonne-durst.de*
*– geschl. Montag - Dienstag*

### 🍽 Post-Cantz ☂ ❄ ⌂

**REGIONAL • BÜRGERLICH** ✕✕ In dem Traditionshaus a. d. 18. Jh. zeigt sich Familie Buhl in 3. Generation unverändert engagiert! Der Gastgeber kocht selbst - Sie werden sehen, "Saure Nierle" schmecken ebenso gut wie frischer Fisch!

Karte 20/66 €

**Stadtplan : B1-e** – *Eberhardstr. 6 ✉ 71634 – ✆ 07141 923563 – www.post-cantz.de – geschl. Anfang Januar 1 Woche, über Fasching 1 Woche, Juni 2 Wochen, Ende August - Anfang September 2 Wochen und Mittwoch - Donnerstag*

### 🏨 nestor ☂ ♨ 🏋 ⇅ ♿ ❄ 👥 🅿

**BUSINESS • MODERN** Das am Schlosspark gelegene denkmalgeschützte Backsteingebäude von 1871, einst eine Garnisonsbäckerei, ist heute ein Stadthotel mit modernen, meist geräumigen Zimmern. Restaurant im schönen Glasanbau entlang der historischen Hauswand, davor die hübsche Terrasse.

179 Zim – 🚹79/199 € 🚹🚹99/219 € – ☕ 19 €

**Stadtplan : B2-a** – *Stuttgarter Str. 35/2 ✉ 71638 – ✆ 07141 9670*
*– www.nestor-hotel-ludwigsburg.de*

### 🏨 Favorit ♨ ⇅ ♿ ❄ 👥 🚗

**URBAN • FUNKTIONELL** Ideal für den Businessgast: praktische und zentrale Lage, gut ausgestattete Zimmer und schönes Frühstücksbuffet. Immer wieder wird hier investiert, modernisiert und aufgefrischt - und das sieht man!

88 Zim ☕ – 🚹79/119 € 🚹🚹105/145 €

**Stadtplan : A1-r** – *Gartenstr. 18 ✉ 71638 – ✆ 07141 976770 – www.hotel-favorit.de*
*– geschl. 23. Dezember - 2. Januar*

## Beim Schloss Monrepos über Heilbronner Straße A1, Richtung Bietigheim-Bissingen

### ✿ Gutsschenke 🌳 ☂ 🅿

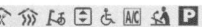

**MARKTKÜCHE • KLASSISCHES AMBIENTE** ✕✕ Frische, hochwertige Produkte der Saison werden hier mit handwerklicher Präzision und Finesse zu niveauvollen Gerichten verarbeitet, geschickt bindet man moderne Einflüsse mit ein, stimmig und nicht übertrieben.

➜ Geflämmtes Saiblingsfilet, Gurkenmousse, Sauerampfer und Limetten-Galantschaum. Tarte von Kalbsbries und Kaisergranat, schwarzer Trüffel, Frühlingslauch und Apfel-Balsamico. Erdbeeren in Texturen, Macadamianussparfait und Grapefruit-Jasminblütensorbet.

Menü 68/96 € – Karte 63/81 €

*Schlosshotel Monrepos, Domäne Monrepos 22 ✉ 71634 Ludwigsburg – ✆ 07141 302560 – www.schlosshotel-monrepos.de – geschl. 1. - 10. Januar und Sonntagabend - Montag sowie an Feiertagen abends*

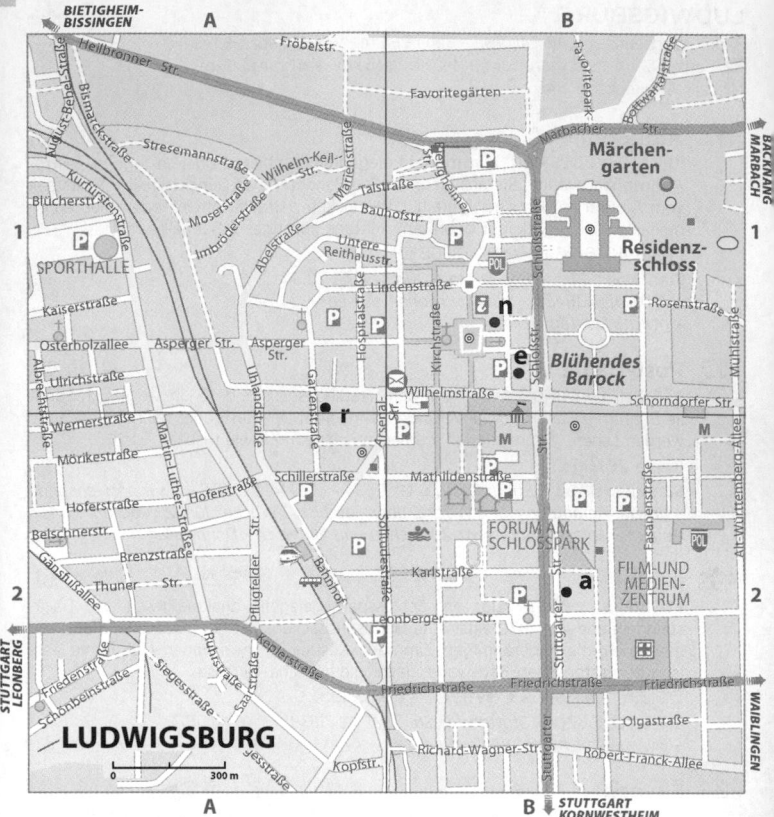

LUDWIGSBURG

---

### 🏨 Schlosshotel Monrepos

🏊 🚐 🏠 🧖 🔼 🚫 AC 🛁 🅿

**BUSINESS · GERADLINIG** Attraktiver moderner Wohnkomfort inmitten einer schönen Parkanlage samt Schloss und See sowie Golfplatz und Reitverein. Der Tag beginnt mit einem Frühstück im Wintergarten oder auf der Terrasse zum See.

75 Zim – 🛏110/190 € 🛏🛏120/200 € – 2 Suiten – ♨ 19 € – ½ P

*Domäne Monrepos 22 ✉ 71634 – ✆ 07141 3020 – www.schlosshotel-monrepos.de*

🌸 **Gutsschenke** – siehe Restaurantauswahl

**In Freiberg am Neckar** Nord: 4 km über Bottwartalstraße B1 - Höhe 410 m

### 🏠 Am Wasen

🚗

**FAMILIÄR · FUNKTIONELL** Wer ruhig und etwas abseits vom Trubel in familiär-privater Atmosphäre übernachten möchte, ist hier genau richtig! Die Zimmer sind gepflegt und mit aktueller Technik ausgestattet.

25 Zim ♨ – 🛏75/85 € 🛏🛏95/106 €

*Wasenstr. 7 ✉ 71691 – ✆ 07141 27470 – www.hotelamwasen.de*

## LUDWIGSHAFEN am RHEIN

Rheinland-Pfalz – 160 180 Ew. – Höhe 96 m – Regionalatlas **47**-F16

▶ Berlin 615 km – Mainz 82 km – Mannheim 6 km – Kaiserslautern 55 km

Michelin Straßenkarte 543

## ⅱ◯ A table 🏠

**KLASSISCHE KÜCHE · ZEITGEMÄSSES AMBIENTE** ✕✕ "Supreme vom Perlhuhn mit zweierlei Kürbis" oder lieber "Zander mit Spitzkohl und Kalbskopfsauce"? Die Küche in dem hellen, freundlichen Restaurant ist klassisch und international, aufmerksam der Service samt passender Weinempfehlung.

Menü 32 € (mittags)/80 € – Karte 51/77 €

*Welserstr. 25 ⊠ 67063 – ℰ 0621 68556565 – www.atable.lu – geschl. März 1 Woche, Juni 2 Wochen und Samstagmittag, Sonntag - Montagmittag*

## In Ludwigshafen-Friesenheim

## ⅱ◯ Bella Capri 🐾 🏠 🆔 ✄

**ITALIENISCH · ELEGANT** ✕✕ Traditionelle italienische Küche von Antipasti über Pasta bis zu Fisch und Krustentieren, dazu schöne Weine und modern-elegantes Ambiente. Seit 1984 gibt es das Restaurant und es ist nicht mehr wegzudenken aus Ludwigshafen!

Menü 38/55 € – Karte 30/57 €

*Arnimstr. 2 ⊠ 67063*
*– ℰ 0621 692045 – www.bellacapri.net*
*– geschl. Montag, Samstagmittag*

## ⅱ◯ Das Gesellschaftshaus 🐾 ♿ 🆔 ⇔ 🅿

**INTERNATIONAL · KLASSISCHES AMBIENTE** ✕✕ Geradezu herrschaftlich kommt das historische Gesellschaftshaus der BASF daher, drinnen klassischer Stil. Freundlich serviert man ambitionierte Speisen wie "gebeizter Rehrücken mit Mandelcreme, Aprikosen, Pfifferlinge", dazu stimmige Weine.

Menü 50/120 € – Karte 44/76 €

*Wöhlerstr. 15 ⊠ 67063*
*– ℰ 0621 6078888 – www.gesellschaftshaus.basf.de*
*– nur Abendessen – geschl. 24. Dezember - 1. Januar und Samstag - Sonntag sowie an Feiertagen*

## In Altrip Süd-Ost: 10 km

## 🏠 Darstein 🏡 🐾 ⇐ 🖃 🎿 🅿

**BUSINESS · MODERN** Mitten im Naherholungsgebiet "Blaue Adria", den See direkt vor der Tür! Aber nicht nur die Lage ist schön: Die Einrichtung ist modern, die Zimmer sind geräumig, die Gastgeber engagiert. Im "Pfälzer" gibt es aufgepeppte Regionalküche. Neben einem top Tagungsbereich hat man sogar eine eigene Hochzeitsinsel!

51 Zim ⌂ – ♥78/94 € ♥♥111/182 € – ½ P

*Zum Strandhotel 10, (im Naherholungsgebiet Blaue Adria) ⊠ 67122*
*– ℰ 06236 4440 – www.hotel-darstein.de*

# LUDWIGSLUST

Mecklenburg-Vorpommern – 12 100 Ew. – Höhe 35 m – Regionalatlas **11**-L6
▶ Berlin 180 km – Schwerin 38 km – Güstrow 98 km – Hamburg 118 km
Michelin Straßenkarte 542

## 🏠 Hotel de Weimar 🏡 🎵 🖃 🎿 🅿

**HISTORISCH · KLASSISCH** Gediegen und stilvoll wohnt es sich nur wenige Gehminuten vom Schloss entfernt, und zwar im ehemaligen Palais der Fürstin von Weimar! Auch zum Essengehen ist das Haus eine schöne Adresse: Das Restaurant "Ambiente" befindet sich im glasüberdachten Innenhof und bietet internationale Küche. Gute Weinauswahl.

44 Zim ⌂ – ♥75/85 € ♥♥99/140 € – 2 Suiten – ½ P

*Schlossstr. 15 ⊠ 19288 – ℰ 03874 4180 – www.hotel-de-weimar.de – geschl. 16. - 27. Dezember*

# LÜBBEN

Brandenburg – 13 710 Ew. – Höhe 50 m – Regionalatlas **33**-Q9

▶ Berlin 84 km – Potsdam 99 km – Cottbus 53 km

Michelin Straßenkarte 542

## 🏚 STRANDHAUS    🔆 🦢 🛏 🍴 ⊡ ♿ 🅰🅲 🅿

**BOUTIQUE-HOTEL · MODERN** Das hat schon was: mitten im Ort und dennoch sehr idyllisch direkt an der Spree gelegen und dazu noch richtig schön in wohnlich-modernen Stil eingerichtet. Darf es vielleicht eine Juniorsuite oder eine Spa-Suite sein? Zum Essen (regionale Küche) sitzt man natürlich am besten auf der herrlichen Spreeterrasse.

20 Zim ⌂ – ♦108/168 € ♦♦128/188 € – 4 Suiten – ½ P

*Ernst-von-Houwald-Damm 16 ⊠ 15907 – ℰ 03546 7364*
*– www.strandhaus-spreewald.de*

# LÜBBENAU

Brandenburg – 16 090 Ew. – Höhe 52 m – Regionalatlas **33**-Q10

▶ Berlin 95 km – Potsdam 113 km – Cottbus 35 km

Michelin Straßenkarte 542

## 🏚 Schloss Lübbenau    🔆 🦢 🛏 🍴 ⊡ ♿ 🍽 ⛳ 🅿

**HISTORISCHES GEBÄUDE · KLASSISCH** Mit Stil hat die Grafenfamilie zu Lynar in dem Schloss mitten in einem tollen Park ein Stück Historie bewahrt: schöner alter Treppenaufgang, klassische Zimmer (sehr hübsch die neueren Zimmer im Marstall!), Saunabereich im Gewölbe, elegantes Restaurant und Jagdstube. Brasserie mit etwas bodenständigerer Küche.

64 Zim ⌂ – ♦80/140 € ♦♦120/180 € – 10 Suiten – ½ P

*Schlossbezirk 6 ⊠ 03222 – ℰ 03542 8730 – www.schloss-luebbenau.de – geschl.*
*23. Dezember - 1. Januar*

# LÜBBOW Niedersachsen → Siehe Lüchow

## WIR MÖGEN BESONDERS...

Im **Anno 1216** mitten in der Altstadt stilvoll und individuell wohnen. Die **Weinwirtschaft**, in der man alternativ zur Gourmetküche des **Buddenbrooks** in sympathisch-legerer Atmosphäre auch nachmittags nach einem Strandspaziergang schon einen leckeren frischen Flammkuchen essen kann.

# LÜBECK

Schleswig-Holstein – 211 720 Ew. – Höhe 13 m – Regionalatlas **11**-K4
▶ Berlin 263 km – Kiel 92 km – Schwerin 66 km – Neumünster 58 km
Michelin Straßenkarte 541

## *Restaurants*

❄ **Wullenwever** (Roy Petermann)  🕸 🕯 ⇔
KLASSISCHE KÜCHE · ELEGANT ⅩⅩ Hier bietet man klassische Küche, die auch dezent internationale Elemente mit einbindet. Tipp: Das Menü ist preislich sehr fair. Nicht nur drinnen in dem Patrizierhaus a. d. 16. Jh. ist es schön (tolle Bronzefiguren, hohe Stuckdecken...), auch der Innenhof hat Flair, ringsum attraktive Altbaufassaden.
→ Wildgarnelenpraline in grünem Reis gebacken mit Melonensalsa. Kalbsbäckchen in Eiscweinjus geschmort mit Pastinakentortellini und Pfifferlingen. Tamis Schneeball mit frischen Beeren.
Menü 65/98 € – Karte 85/103 €
**Stadtplan : A2-a** – *Beckergrube 71* ✉ *23552*
*– ☎ 0451 704333 (Tischbestellung ratsam) – www.wullenwever.de*
*– nur Abendessen – geschl. Ende März - Anfang April 2 Wochen, Ende Oktober 2 Wochen und Sonntag - Montag*

🕸○ **Die Zimberei**  🕯 ♿ 🍴 ⇔
KLASSISCHE KÜCHE · ELEGANT ⅩⅩ Altstadtflair, geschmackvolles modern-elegantes Ambiente und dann noch gutes Essen? In dem Kaufmannshaus a. d. 13. Jh. serviert man frische Speisen wie "Kabeljau vom Grill auf warmem Tomatencarpaccio". Wie gemacht für Veranstaltungen: die beeindruckenden stilvoll-historischen Säle!
Menü 41/52 € – Karte 45/76 €
**Stadtplan : B2-z** – *Königstr. 5, (im Haus der Gemeinnützigen Gesellschaft)*
✉ *23552* – ☎ *0451 73812* – *www.zimberei.de*
*– nur Abendessen – geschl. 1. - 18. Januar und Sonntag - Montag*

 Ein wichtiges Geschäftsessen oder ein Essen mit Freunden? Das Symbol ⇔ weist auf Veranstaltungsräume hin.

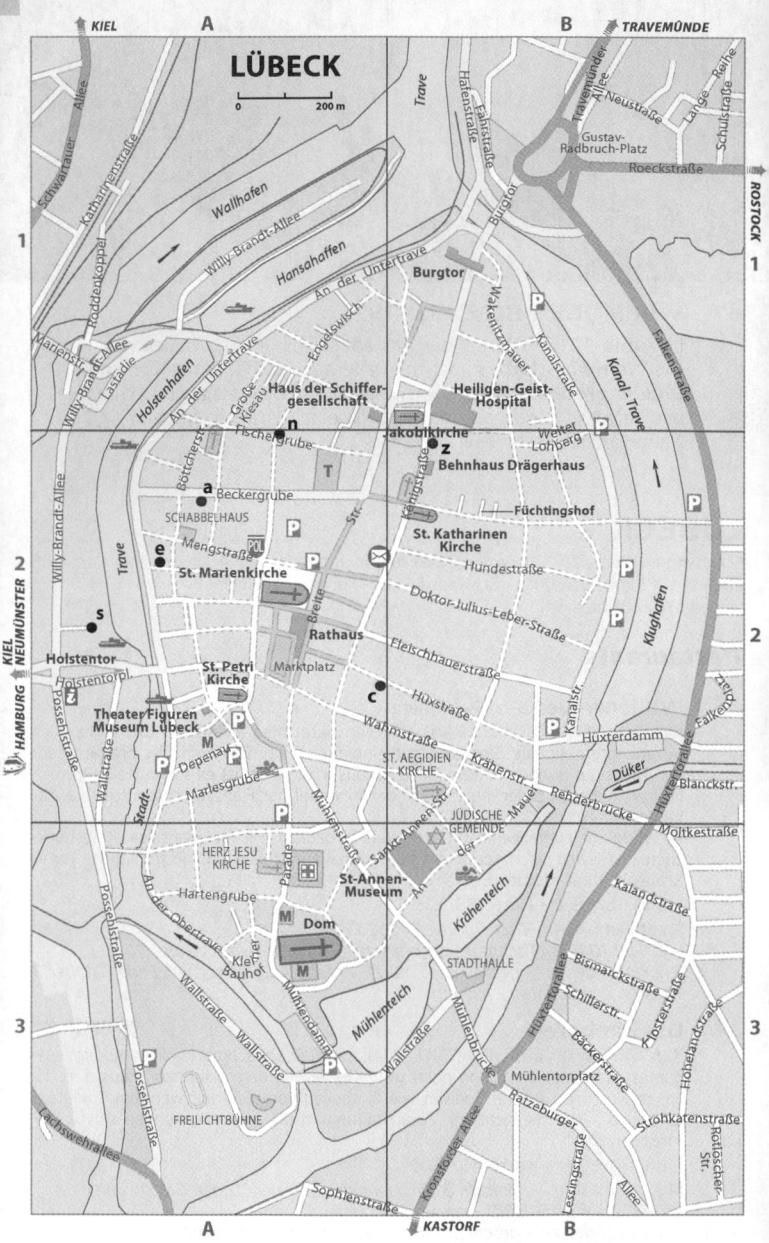

# LÜBECK

0 ——— 200 m

KIEL

TRAVEMÜNDE

ROSTOCK

KIEL NEUMÜNSTER

HAMBURG

KASTORF

Trave

Wallhafen

Hansahaffen

Holstenhafen

An der Untertrave

Willy-Brandt-Allee

Schwartauer Allee

Katharinenstraße

Roddenkoppel

Marienstr.

Lastadie

Große Klesau

Böttcherstr.

Fischergrube

**Haus der Schiffer-gesellschaft**

n

Engelswisch

**Burgtor**

Travemünder Allee

Neustraße

Lange Reihe

Schützallee

Gustav-Radbruch-Platz

Roeckstraße

Burgtor

Wakenitzmauer

Kanalstraße

Kanal-Trave

Falkenstraße

Hafenstraße

Fährstraße

**Heiligen-Geist-Hospital**

**Jakobikirche**

z

**Behnhaus Drägerhaus**

Weiter Lohberg

**Füchtingshof**

a  Beckergrube

SCHABBELHAUS

e  Mengstraße

**St. Marienkirche**

Königstr.

Breite Str.

**St. Katharinen Kirche**

Hundestraße

Doktor-Julius-Leber-Straße

Klughafen

s

**Holstentor**

Holstentorpl.

Trave

**St. Petri Kirche**

**Rathaus**

Marktplatz

**Theater Figuren Museum Lübeck**

M

Depenau

Marlesgrube

Mühlenstraße

Parade

**Fleischhauerstraße**

c

**Hüxtraße**

Wahmstraße

ST. AEGIDIEN KIRCHE

Krähenstr.

Rehderbrücke

Hüxterdamm

Hüxtertor-Allee

Düker

Blanckstr.

Moltkestraße

Kanalstr.

zweite

Falkenstr.

Wallstraße

Possehlstraße

Stadt-

HERZ JESU KIRCHE

Hartengrube

An der Obertrave

Sankt-Annen-Str.

JÜDISCHE GEMEINDE

**St-Annen-Museum**

Krähenteich

Kalandstraße

Bismarckstraße

Schillerstr.

**Dom**

M

M

Klei- Bauhof

Mühlendamm

Mühlenteich

Mühlenstraße

Wallstraße

Mühlenbrücke

STADTHALLE

Hüxtertor-Allee

Bäckerstraße

Hohelandstraße

Klosterstraße

Wallstraße

Wallstraße

Possehlstraße

FREILICHTBÜHNE

Lachswehrallee

An der Obertrave

Mühlentorplatz

Ratzeburger Allee

Kronsforder Allee

Sophienstraße

Lessingstraße

Strohkatenstraße

Rottöscher Str.

662

🍴○ **VAI** 🏠

**INTERNATIONAL · TRENDY** X Kommen Sie doch nach der Shoppingtour in dieses gemütlich-moderne Lokal samt reizvollem kleinem Innenhof - gerne auch mittags zum Tagesmenü! Frisch und schmackhaft z. B. "gefüllte Perlhuhnbrust, grüner Spargel, Süßkartoffelbällchen".

Menü 18 € (mittags)/62 € – Karte 39/69 €

**Stadtplan : A2-c** – *Hüxstr. 42* ✉ *23552 –* ☎ *0451 4008083*
*– www.restaurant-vai.de – geschl. Sonntag*

# *Hotels*

### 🏨 **Radisson Blu Senator**

**KETTENHOTEL · MODERN** Unweit des Holstentors an der Trave gelegenes Businesshotel, das moderne Gästezimmer in klaren Linien sowie einen hochwertig ausgestatteten Tagungsbereich bietet. Nautilo mit elegantem Touch, maritime Note in der Kogge.

223 Zim – ♦133/181 € ♦♦133/181 € – 1 Suite – ⬜ 20 €

**Stadtplan : A2-s** – *Willy-Brandt-Allee 6* ✉ *23554 –* ☎ *0451 1420*
*– www.senatorhotel.de*

### 🏠 **Anno 1216** ⌀

**BOUTIQUE-HOTEL · INDIVIDUELL** Dem schmucken alten Backsteinhaus von 1216 hat man in einem wirklich schönes wertig-elegantes Interieur verpasst: Antikes und Modernes im Mix, überall im Haus toller Dielenboden, hohe Decken und Stuck! Highlight: die Einraumsuiten mit sehenswerter Malerei. Hinweis: Das Hotel hat nur Do. - So. geöffnet.

8 Zim – ♦114/146 € ♦♦156 € – 3 Suiten – ⬜ 11 €

**Stadtplan : A2-e** – *Alfstr. 38* ✉ *23552 –* ☎ *0451 4008210 – www.hotelanno1216.de*
*– geschl. Januar*

### 🏠 **Park Hotel** ⬆ 🅿

**PRIVATHAUS · KLASSISCH** Die Jugendstilvilla liegt in der Stadtmitte zwischen Holstentor und Bahnhof und verfügt über wohnliche, teils besonders komfortable Zimmer. Im eleganten Frühstücksraum mit Stuckdecke gibt es am Morgen ein appetitliches Buffet.

24 Zim ⬜ – ♦63/120 € ♦♦83/130 € – 4 Suiten

*Lindenplatz 2, über Holstentor A2* ✉ *23554 –* ☎ *0451 871970*
*– www.parkhotel-luebeck.de*

### 🏠 **Klassik Altstadt Hotel**

**HISTORISCH · KLASSISCH** In dem historischen Stadthaus findet sich ein Stück Lübecker Vergangenheit: Die Doppelzimmer sind (in Bild und Text) Persönlichkeiten der Stadt gewidmet, in den Einzelzimmern haben bekannte Künstler ihre Reiseberichte hinterlassen.

29 Zim ⬜ – ♦69/140 € ♦♦118/150 €

**Stadtplan : A2-n** – *Fischergrube 52* ✉ *23552 –* ☎ *0451 702980*
*– www.klassik-altstadt-hotel.de*

## In Lübeck-Travemünde Nord-Ost: 19 km

### 🕄 **Buddenbrooks**

**FRANZÖSISCH-KREATIV · ELEGANT** XXXX Ein rundum stimmiges Bild: eleganter Rahmen mit hohen Decken und Stuckarbeiten, charmanter und kompetenter Service und eine modern-kreativ beeinflusste Küche, die auch mal Klassiker neu interpretiert. Tipp: Gourmet-Halbpension für Hausgäste in "Seiger's Esszimmer".
➜ Norwegische Jakobsmuschel, weißer Spargel, Petersilie und Perigord Trüffel. Friesland Lammrücken und Nacken, Artischocke, Roscoff Zwiebel und Bärlauch. Gâteaux von der weißen Ivoire Schokolade, Rhabarber, Himbeer- und Joghurteis.

Menü 99/139 € – Karte 82/105 €

**Stadtplan : D1-a** – *Hotel A-ROSA, Außenallee 10* ✉ *23570 –* ☎ *04502 3070835*
*(Tischbestellung ratsam) – www.a-rosa.de – nur Abendessen – geschl. Sonntag*
*- Montag*

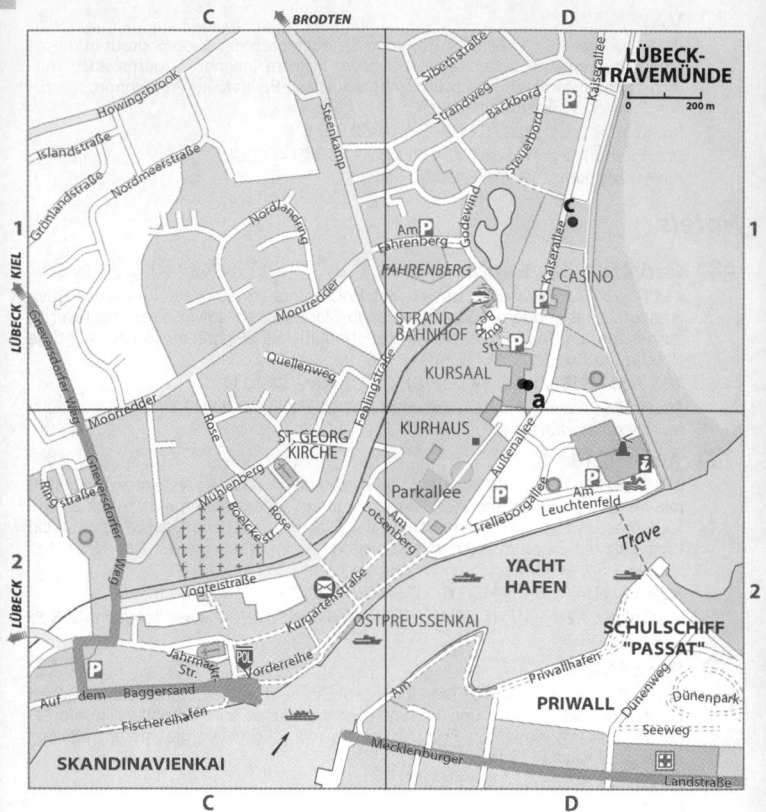

0   200 m

BRODTEN

CASINO

FAHRENBERG

STRAND-BAHNHOF

KURSAAL

ST. GEORG KIRCHE

KURHAUS

Parkallee

YACHT HAFEN

OSTPREUSSENKAI

SCHULSCHIFF "PASSAT"

PRIWALL

Dünenpark

SKANDINAVIENKAI

Trave

LÜBECK / KIEL

LÜBECK

Am Leuchtenfeld

---

### ✿ Villa Mare - Balthazar ⓝ  ≼ ⚙ ✧ 🅿

KREATIV · DESIGN XXX Herrschaftlich steht die 1904 erbaute Villa unmittelbar an der Travemünder Promenade. Chic vereint das kleine Gourmetrestaurant klassische Eleganz und modernes Design, schön der Ausblick. Ebenfalls ein Hingucker - und auch für den Gaumen ein Genuss - ist das Menü: kreativ, kontrastreich und aromatisch.
→ Langostinos, Sellerie, Apfel, Aal. Challans Ente, Papaya, Olivenerde, Himbeere, Honig. Rhabarber, weiße Schokolade, Erdbeere, Bronzefenchel.
Menü 59/129 €

**Stadtplan : D1-c** – Kaiserallee 6 ✉ 23570 – ☎ 04502 86250 (Tischbestellung erforderlich) – www.villa-mare-ostsee.de – nur Abendessen – geschl. 3. Januar - 10. Februar und Sonntag - Montag
  ⑱ **Grand 1904** – siehe Restaurantauswahl

### ⊛ Grand 1904 ⓝ  ≼ 🏠 ⚙ ✧ 🅿

MEDITERRAN · FREUNDLICH XX Im zweiten Restaurant der schmucken Villa Mare geht es bei frischen klassisch-mediterranen Gerichten wie "Sauté von Poularde mit Artischocken, Oliven, Pinienkernen" legerer zu. Gönnen Sie sich auch eines der leckeren Desserts! Herrlich die Terrasse mit Meerblick. Fr. und Sa. Fondue im Weinkeller.
Menü 21 € (mittags) – Karte 34/54 €

**Stadtplan : D1-c** – Restaurant Villa Mare - Balthazar, Kaiserallee 6 ✉ 23570 – ☎ 04502 86250 – www.villa-mare-ostsee.de – geschl. 3. Januar - 10. Februar und Montag - Dienstagmittag

664

### ⑯ Weinwirtschaft

**REGIONAL · RUSTIKAL** X Dieses Lokal ist etwas legerer: sympathische Bistro-Atmosphäre, Showküche, eine eigene Weinhandlung und nette Terrassenplätze unter einer Pergola. Serviert wird z. B. "Confierter Bauch vom Duroc-Schwein mit Apfel-Spitzkohl und Roggenbrot". Oder mögen Sie lieber Flammkuchen?

Menü 35 € – Karte 32/49 €

**Stadtplan : D1-a** – *Hotel A-ROSA, Außenallee 10* ✉ *23570 –* ☎ *04502 3070847 (Tischbestellung ratsam) – www.a-rosa.de – Oktober - Juli: nur Abendessen, sonntags auch Mittagessen – geschl. Dienstag*

### 🏨 A-ROSA

**LUXUS · MODERN** Traditionsreiches Seebad und modernes Ferienresort zugleich! Sich entspannt im Strandkorb zurücklehnen, von der "Private Spa Suite" aufs Meer blicken, bei Ayurveda und Thalasso Energie tanken und die Kinder in guten Händen wissen - das ist Urlaub pur! Nicht alltägliche Cocktails in der "Fusion-Bar".

186 Zim ⌂ – ♦158/278 € ♦♦235/358 € – 17 Suiten – ½ P

**Stadtplan : D1-a** – *Außenallee 10* ✉ *23570 –* ☎ *04502 30700*
*– www.a-rosa.de/travemuende*

❀ **Buddenbrooks** • ⑯ **Weinwirtschaft** – siehe Restaurantauswahl

# LÜDENSCHEID

Nordrhein-Westfalen – 72 930 Ew. – Höhe 420 m – Regionalatlas **36**-D11
▶ Berlin 523 km – Düsseldorf 76 km – Hagen 30 km – Dortmund 47 km
Michelin Straßenkarte 543

### ⅈⅈ◯ VIF Salzmanns Kleines Restaurant ⓝ

**KLASSISCHE KÜCHE · ELEGANT** XX Manfred Salzmann ist wieder zurück in Lüdenscheid, wo er sich vor 30 Jahren schon einen Namen gemacht hat. In dem kleinen Restaurant neben dem toll bestückten Weinkontor gibt es seine geschätzte klassische Küche - z. B. "Pfifferling-Risoni mit Ochsenschwanzburger". Samstagmittags ausschließlich Bouillabaisse!

Menü 45 € (mittags)/85 € (abends) Karte 44/76 €

*Südstr. 70a* ✉ *58509 –* ☎ *02351 9847585 – www.vif-kleines-restaurant.de – Mittwoch - Freitag nur Abendessen – geschl. 1. - 15. Januar und Montag - Dienstag*

# LÜDINGHAUSEN

Nordrhein-Westfalen – 23 680 Ew. – Höhe 50 m – Regionalatlas **26**-D10
▶ Berlin 482 km – Düsseldorf 95 km – Dortmund 37 km – Münster (Westfalen) 28 km
Michelin Straßenkarte 543

### 🏠 Hotel No. 11

**BOUTIQUE-HOTEL · DESIGN** Mitten in der Altstadt steht das intime kleine Hotel. Alles sehr charmant und hochwertig: Bistrotische aus Paris, antike Schlossspiegel aus Orléans... Die sympathischen Gastgeber haben allerlei hübsche Stücke von ihren Reisen mitgebracht.

7 Zim ⌂ – ♦70/105 € ♦♦105/125 €

*Hermannstr. 11* ✉ *59348 –* ☎ *02591 7949176 – www.no-11.de*

# LÜNEBURG

Niedersachsen – 71 670 Ew. – Höhe 20 m – Regionalatlas **19**-J6
▶ Berlin 270 km – Hannover 124 km – Hamburg 58 km – Braunschweig 116 km
Michelin Straßenkarte 541

### ⭗ Canoe　　　　　　　　　　　　🛋 ⅃ AC ⅋ 🚗

**INTERNATIONAL · BISTRO** ⅄ In moderner Bistro-Atmosphäre gibt es internationale, amerikanisch geprägte Küche vom "Canoe Burger mit gegrilltem Rindfleisch" über "gebackenes Dorschfilet mit Sauce Tartare" bis zum "Schokoladenbrownie mit Pecannüssen". Terrasse zum Fluss!
Karte 27/48 €
*Hotel Altes Kaufhaus, Kaufhausstr. 5 ✉ 21335 – ℰ 04131 3088624*
*– www.alteskaufhaus.de*

### 🏛 Bergström　　　　　　　　⅄ ⅀ ℳ ℒ⅃ 🖴 ⅃ AC 🛁 🚗

**BUSINESS · GEMÜTLICH** Das ansprechende Gebäudeensemble liegt wunderschön direkt an der Ilmenau im Herzen der Altstadt. Wohnliche Zimmer (einige im alten Wasserturm) und eigenes Tagungszentrum. Teilweise als Wintergarten angelegtes Restaurant im Brasseriestil. Dazu Vinothek und Bistro.
131 Zim – ♦119/159 € ♦♦149/199 € – ⅀ 15 € – ½ P
*Bei der Lüner Mühle ✉ 21335 – ℰ 04131 3080 – www.bergstroem.de*

### 🏠 Altes Kaufhaus　　　　　　　ℳ ℒ⅃ 🖴 AC 🛁 🚗

**BUSINESS · MODERN** Sie wohnen am Ufer der Ilmenau in einem hübsch sanierten alten Kaufhaus mit Barockgiebel a. d. 16. Jh. Zeitgemäß-funktionale Zimmer, gut ausgestatteter Fitnessbereich und eigene Kunstgalerie.
83 Zim – ♦99/164 € ♦♦129/194 € – ⅀ 13 € – ½ P
*Kaufhausstr. 5 ✉ 21335 – ℰ 04131 30880 – www.alteskaufhaus.de*
⭗ Canoe – siehe Restaurantauswahl

### 🏠 Einzigartig　　　　　　　　　　　　　　　　⅄

**FAMILIÄR · INDIVIDUELL** Sie lieben das Besondere? In dem verwinkelten weißen Häuschen geht es eine alte Holztreppe hinauf zu den Zimmern, der Charme des rund 450 Jahre alten Gebäudes ist allgegenwärtig! Schöner Holzfußboden, hier und da freigelegte Balken, dazu klarer zeitgemäßer Stil. Freundliche Bistro-Atmosphäre im Restaurant.
16 Zim ⅀ – ♦104/114 € ♦♦149/169 € – ½ P
*Lünertorstr. 3 ✉ 21335 – ℰ 04131 4006000 – www.hoteleinzigartig.de*

## In Lüneburg-Häcklingen Süd-West: 8 km

### ⭗ Ristorante Osteria　　　　　　　　　　🛋 ⅋ P

**ITALIENISCH · TRADITIONELLES AMBIENTE** ⅄⅄ Ob "Skreifilet in Spargelsauce" oder "Fettuccine mit Lammsugo", hier kocht man frisch und authentisch italienisch. Keine Frage, dass man da viele Stammgäste hat, und die lieben auch die Atmosphäre: lebendig, gemütlich und angenehm leger!
Menü 33 € – Karte 33/54 €
*Hauptstr. 2 ✉ 21335 – ℰ 04131 789227 (Tischbestellung ratsam)*
*– www.osteria-lueneburg.de – nur Abendessen, sonntags auch Mittagessen*
*– geschl. Ende Juni - Mitte Juli 3 Wochen und Montag - Dienstag*

# LÜTJENBURG

Schleswig-Holstein – 5 350 Ew. – Höhe 33 m – Regionalatlas **3**-J3
▶ Berlin 326 km – Kiel 34 km – Lübeck 85 km – Neumünster 56 km
Michelin Straßenkarte 541

### ⭗ PUR　　　　　　　　　　　　　　　🛋 ⇥

**MARKTKÜCHE · BISTRO** ⅄ Geradlinig und "PUR" sind hier sowohl Ambiente als auch Küche. In dem netten kleinen Bistro mit Feinkostladen kocht man saisonal und gerne mit Produkten aus der Region, von Flammkuchen über Burger und Salate bis zu "Schweinebraten auf Kartoffel-Gemüsepfanne mit Kräuterrahmsauce".
Karte 24/44 €
*Neuwerkstr. 9 ✉ 24321 – ℰ 04381 404147 (abends Tischbestellung ratsam)*
*– www.einfachpurgeniessen.de – geschl. November und Januar - Februar: Montag*
*- Mittwoch, März - Juni sowie September - Oktober: Montag*

**In Panker** Nord: 4,5 km in Richtung Schönberg

### ✿ Restaurant 1797     🍴 🛱 ⅋ **P**

**FRANZÖSISCH-KREATIV · LÄNDLICH** ✕✕ In dem schönen ehemaligen Jagdzimmer können Sie eine 4- oder 6-gängige "kulinarische Reise durch Ostholstein" antreten. Aus vorwiegend regionalen Zutaten entstehen aromatische kreativ-klassische Speisen, die herzlich und geschult serviert werden. Reizvoll: die Terrasse hinterm Haus mit Blick ins Grüne!

→ Gebratener Zander mit Flusskrebsen, jungen Erbsen und Schlehenoliven. Rehbock aus heimischer Jagd mit wildem Spargel, Pfifferlingen und Wiesenchampignons. Mousse von Duftveilchen und Joghurt mit Erdbeeren und Estragoneis.

Menü 79/110 €

*Hotel Ole Liese, (Gut Panker)* ✉ 24321 – ☎ 04381 90690 *(Tischbestellung ratsam)* *– www.ole-liese.de – nur Abendessen – geschl. November - Mitte Dezember, Januar - März und Sonntag - Dienstag*

### ⊛ Forsthaus Hessenstein     🛱 ✿ **P** ⊭

**REGIONAL · GEMÜTLICH** ✕ Dass das ehemalige Forsthaus unterhalb des Aussichtsturms eine gefragte Adresse ist, liegt an den heimelig-charmanten Stuben, am freundlichen Service und nicht zuletzt an der frischen, schmackhaften Küche, die es z. B. in Form von Klassikern wie Wiener Schnitzel, Sauerfleisch oder Lauchkuchen gibt.

Menü 35/43 € – Karte 29/46 €

*Am Turm 1, West: 3 km* ✉ 24321 – ☎ 04381 9416 *(Tischbestellung ratsam) – nur Abendessen, sonntags auch Mittagessen – geschl. Oktober 3 Wochen und Montag - Dienstag, Juni - September: Montag, November - März: Montag - Donnerstag*

### ⅠⅠ◯ Ole Liese Wirtschaft     🍴 🛱 ⅋ ✿ **P**

**REGIONAL · GEMÜTLICH** ✕ Eine sympathische Alternative zum Gourmetrestaurant "1797" ist die ländlich-gemütliche "Wirtschaft" mit ihrer schmackhaften regional-saisonalen Küche. Und die gibt es z. B. als "Wildschweinkeule mit cremigem Spitzkohl, Kräuterseitlingen und Sellerie". Ebenso lecker sind Wiener Schnitzel oder Crème brûlée.

Menü 38/53 € – Karte 42/50 €

*Hotel Ole Liese, (Gut Panker)* ✉ 24321 – ☎ 04381 90690 – www.ole-liese.de *– November - April: Mittwoch - Freitag nur Abendessen – geschl. Mai - Juni: Montag und September - Oktober: Montag, November - April: Montag - Dienstag*

### 🏠 Ole Liese     🐾 🍴 ⌂ **P**

**LANDHAUS · ELEGANT** Ein idyllisches Anwesen inmitten von Wald und Wiesen, nur zehn Minuten von der Ostsee entfernt. Geschmackvolle Zimmer (benannt nach Rebsorten), ein anspruchsvolles Frühstück, dazu sympathische und herzliche Gastgeber!

23 Zim ⌂ – †79/165 € ††99/175 € – 4 Suiten – ½ P

*(Gut Panker)* ✉ 24321 – ☎ 04381 90690 – www.ole-liese.de

✿ **Restaurant 1797** • ⅠⅠ◯ **Ole Liese Wirtschaft** – siehe Restaurantauswahl

## LÜTJENSEE

Schleswig-Holstein – 3 250 Ew. – Höhe 53 m – Regionalatlas **10**-J5
▶ Berlin 268 km – Kiel 85 km – Hamburg 39 km – Lübeck 43 km
Michelin Straßenkarte 541

### ⊛ Fischerklause     🏵 ⋖ 🛱 ⅋ 🚗

**REGIONAL · FREUNDLICH** ✕✕ Hier angelt man noch selbst: Aal, Hecht, Karpfen... Frische Fische sind ebenso Spezialität des Hauses wie Wild aus eigener Jagd. Dazu gibt es u. a. Weine aus Österreich, der Heimat des Chefs. Und als Nachtisch hausgemachtes Eis? Das schmeckt übrigens auch an schönen Sommertagen im Freien am Bootshaus!

Menü 46/59 € – Karte 33/69 €

*Hotel Fischerklause, Am See 1* ✉ 22952 – ☎ 04154 792200 *– www.fischerklause-luetjensee.de – geschl. 7. - 15. Januar und Donnerstag, November - Februar: Mittwoch - Donnerstag*

⫟○ **Seehof** ⇦ 🍴 ⪉ 🍷 🛏 ⅃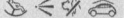

BÜRGERLICHE KÜCHE · LÄNDLICH ✗✗ Keine Frage, bei dieser tollen Seelage ist der langjährige Familienbetrieb sehr beliebt bei Ausflüglern! Diese schätzen aber nicht nur die Natur ringsum, sondern auch die bürgerliche Küche (z. B. Fisch und Damwild aus eigener Zucht) und die große Kuchenauswahl.

Karte 24/58 € 6 Zim – ⫪50 € ⫪⫪90/120 € – 🛏 10 €

*Seeredder 19 ✉ 22952 – 𝒞 04154 70070 – www.seehof-luetjensee.de – geschl. Montag - Dienstag*

🏠 **Fischerklause** 🍴 ⪉ 🍽 🚗

LANDHAUS · FUNKTIONELL Das dürfte wohl jedem gefallen, der es ruhig und idyllisch mag: Den Lütjensee haben Sie hier direkt vor der Tür - und wer sich von dem Anblick gar nicht trennen mag, fragt die engagierten Gastgeber am besten nach den Zimmern zum See!

14 Zim – ⫪53/68 € ⫪⫪75/105 € – 🛏 8 €

*Am See 1 ✉ 22952 – 𝒞 04154 792200 – www.fischerklause-luetjensee.de – geschl. 7. - 15. Januar*

🍴 **Fischerklause** – siehe Restaurantauswahl

# LUNDEN

Schleswig-Holstein – 1 680 Ew. – Höhe 3 m – Regionalatlas 1-G3

▶ Berlin 432 km – Kiel 88 km

Michelin Straßenkarte 541

⫟○ **Lindenhof 1887** ⇦ 🍴 🛏 ⅃

REGIONAL · FAMILIÄR ✗✗ An einem begrünten Platz mit Lindenbäumen steht der erweiterte Gasthof von 1887. In schönem modernem Ambiente (klare Formen und warme Farben) speist man regional-saisonal, z. B. "Zweierlei vom Lamm, grüner Spargel, Kirschtomaten, mediterrane Gnocchi". Attraktiv auch die geradlinig-zeitgemäßen Gästezimmer.

Karte 24/56 € 6 Zim 🛏 – ⫪65/70 € ⫪⫪105/115 €

*Friedrichstr. 39 ✉ 25774 – 𝒞 04882 407 – www.lindenhof1887.de – geschl. Dienstag*

 Bei schönem Wetter isst man gern im Freien! Wählen Sie ein Restaurant mit Terrasse: 🛏.

# LUPENDORF

Mecklenburg-Vorpommern – 890 Ew. – Höhe 57 m – Regionalatlas 13-N5

▶ Berlin 184 km – Schwerin 109 km – Neubrandenburg 57 km – Waren (Müritz) 19 km

Michelin Straßenkarte 542

## In Lupendorf-Ulrichshusen Süd-West: 3 km

🏚️ **Schloss & Gut Ulrichshusen** 🌳 🍴 ⪉ 🔲 ⅃ 🛝 ⅃

HISTORISCHES GEBÄUDE · ELEGANT Idyllisch die Lage am See, schön der historische Rahmen, wohnlich und elegant die Einrichtung. Auch der Gutshof im 2 km entfernten Tressow gehört zum Hotel. Hier weitere Zimmer, Ferienwohnungen und ein Veranstaltungsbereich - toll auch für Hochzeiten. Charmant-rustikales Restaurant im ehemaligen Pferdestall.

106 Zim 🛏 – ⫪95/115 € ⫪⫪120/150 € – ½ P

*Seestr. 14 ✉ 17194 – 𝒞 039953 7900 – www.ulrichshusen.de*

# MADLITZ-WILMERSDORF

Brandenburg – 710 Ew. – Höhe 65 m – Regionalatlas 23-R8

▶ Berlin 90 km – Potsdam 107 km – Beeskow 39 km

Michelin Straßenkarte 542

## In Madlitz-Wilmersdorf - Alt Madlitz Süd: 4 km

### �ⅼ○ Klosterscheune                                    🏠 ⅏ P

**TRADITIONELLE KÜCHE · RUSTIKAL** 𝕏 Einen schönen Rahmen zum Speisen bietet die Klosterscheune über zwei Etagen nebst romantischem Gewölbekeller. Wie wär's z. B. mit "Zanderfilet auf Rahmsauerkraut"? Hier kehrt man auch gerne nach einer Wanderung ein.

Karte 31/53 €

*Hotel Gut Klostermühle, Mühlenstr. 11* ✉ *15518 –* ☏ *033607 59290*
*– www.gut-klostermuehle.com*

### 🏠 Gut Klostermühle        ⇧ 🐾 🛒 🍸 🔲 📀 🏠 🛗 ⅏ 🎍 🛁 P

**LANDHAUS · MODERN** Idyllisch die Lage am Madlitzer See - das ist schon eine ländliche Oase, perfekt für alle, die Ruhe suchen! Geschmackvolle Zimmer und Spa-Vielfalt im "Brune Balance Med". Sie möchten reiten lernen? Das können Sie im eigenen Reitstall.

66 Zim 🛏 – 🛏108/139 € 🛏🛏158/242 € – 12 Suiten – ½ P

*Mühlenstr. 11* ✉ *15518 –* ☏ *033607 59290 – www.gut-klostermuehle.com*

ⅼ○ **Klosterscheune** – siehe Restaurantauswahl

## MAGDEBURG

Sachsen-Anhalt – 229 930 Ew. – Höhe 50 m – Regionalatlas **31**-L9
▶ Berlin 151 km – Braunschweig 89 km – Dessau 63 km
Michelin Straßenkarte 542

### ⅼ○ Die Saison                               🛒 🏠 ⅙ ⅏ P

**INTERNATIONAL · KLASSISCHES AMBIENTE** 𝕏𝕏𝕏 Die typischen Jugendstilelemente dieses liebevoll restaurierten Baus aus der Jahrhundertwende machen den Charme der Restauranträume aus. Besonders nett sitzt es sich im luftig-lichten Wintergarten.

Menü 19/88 € – Karte 42/70 €

*Herrenkrug Parkhotel, Herrenkrug 3* ✉ *39114 –* ☏ *0391 85080*
*– www.herrenkrug.de*

### ⅼ○ Selma & Rudolph                             🏠 ⅙ ⅏

**REGIONAL · KLASSISCHES AMBIENTE** 𝕏𝕏 Elegant kommt das Restaurant in dem stattlichen Sandsteingebäude von 1898 daher, schön die Holztäfelung. Die Küche ist klassisch-regional – sonntags kommt man gerne zum Lunchbuffet! Interessant auch die "Kunst & Kost"-Kulturabende.

Menü 35/45 € – Karte 28/54 €

*Gareisstr. 10, (Haus des Handwerks)* ✉ *39104 –* ☏ *0391 59765020*
*– www.selmarudolph.de – geschl. Montag - Dienstag*

### 🏠 Herrenkrug Parkhotel        🐾 🛒 🔲 🏠 ⅏ ⅙ ⅏ 🛁 P

**HISTORISCH · ART DÉCO** Herzstück der Hotelanlage in dem wunderschönen weitläufigen Herrenkrug Park ist ein schmuckes Jugendstilgebäude mit sehenswertem Saal. Gediegene Zimmer, Kosmetik und gute Tagungsbereiche.

147 Zim – 🛏77/118 € 🛏🛏94/176 € – 1 Suite – ☐ 18 € – ½ P

*Herrenkrug 3* ✉ *39114 –* ☏ *0391 85080 – www.herrenkrug.de*

ⅼ○ **Die Saison** – siehe Restaurantauswahl

### 🏠 Residenz Joop                            🐾 ⅏ ⅏ 🚗

**FAMILIÄR · KLASSISCH** Bei Familie Joop wohnt man in einer eleganten Gründerzeitvilla in einem schönen ruhigen Viertel. Die Atmosphäre ist angenehm persönlich, das Frühstück gut, im Sommer lockt der kleine Garten. Auf Wunsch bekommen Sie am Abend einen Snack.

25 Zim 🛏 – 🛏98/128 € 🛏🛏118/148 €

*Jean-Burger-Str. 16* ✉ *39112 –* ☏ *0391 62620 – www.residenzjoop.de*

## In Magdeburg-Ottersleben Süd-West: 7 km, Richtung Wansleben

### Landhaus Hadrys

**REGIONAL · FREUNDLICH** ×× Das hübsche Landhaus steht auf einem großen Gartengrundstück, toll im Sommer die Terrasse! Drinnen elegantes Ambiente. Gekocht wird saisonal-regional, so z. B. "Kalbsleber, Apfel, Kartoffel-Kaiserschmarrn". Kochkurse sind hier übrigens auch möglich!

Menü 30 € (vegetarisch)/70 € – Karte 34/53 €

*An der Halberstädter Chaussee 1 ⊠ 39116 – ☏ 0391 6626680 – www.landhaus-hadrys.de – geschl. Juli - August 2 Wochen, 2. - 13. Oktober und Sonntag - Montag*

## MAIERHÖFEN

Bayern – 1 590 Ew. – Höhe 741 m – Regionalatlas **64**-I21

▶ Berlin 715 km – München 163 km – Augsburg 138 km – Kempten 23 km

Michelin Straßenkarte 546

### ⍩O Landhotel zur Grenze

**REGIONAL · GASTHOF** ×× Eine schöne Adresse ist dieser gestandene Gasthof: Er liegt angenehm im Grünen, bietet freundlichen und zuvorkommenden Service sowie einen gediegen-ländlichen Rahmen für die regional-internationale Küche. Lust auf "Karree vom Salzwiesenlamm mit Kräuterkruste"? Zudem hat man sehr gepflegte Gästezimmer.

Menü 36/75 € – Karte 32/51 €    14 Zim ⊑ – †72/95 € ††112/135 €

*Schanz 2, Nord: 3 km ⊠ 88167 – ☏ 07562 975510 – www.landhotel-zur-grenze.de – geschl. März - April 1 Woche, November 3 Wochen und Montag*

## MAIKAMMER

Rheinland-Pfalz – 4 290 Ew. – Höhe 151 m – Regionalatlas **47**-E17

▶ Berlin 657 km – Mainz 101 km – Mannheim 42 km – Landau in der Pfalz 15 km

Michelin Straßenkarte 543

### Dorf-Chronik

**MARKTKÜCHE · GEMÜTLICH** × Ein Winzerhaus von 1747 samt charmantem Hof - da ist es drinnen wie draußen gleichermaßen gemütlich. Gekocht wird frisch, regional-saisonal (z. B. "geschmorte Ochsenbacke in Dornfelder mit Wurzelgemüse"), hier und da mediterrane und asiatische Einflüsse. Dazu Weine vom eigenen Weingut - auch in der Vinothek.

Menü 37 € – Karte 25/53 €

*Marktstr. 7 ⊠ 67487 – ☏ 06321 58240 – www.restaurant-dorfchronik.de – Montag - Freitag nur Abendessen, außer an Feiertagen*

### Immenhof

**FAMILIÄR · MODERN** Ein Familienbetrieb mit Vorbildcharakter! Das Haus wird engagiert geführt, immer wieder wird investiert, so ist alles tipptopp gepflegt, die Zimmer sind wohnlich, Saunabereich und Schwimmbad laden zum Entspannen ein und im Restaurant samt Wintergarten bietet man regionale und internationale Küche.

55 Zim ⊑ – †80/86 € ††122/150 € – 3 Suiten – ½ P

*Immengartenstr. 26 ⊠ 67487 – ☏ 06321 9550 – www.hotel-immenhof.de*

## MAINBURG

Bayern – 14 410 Ew. – Höhe 422 m – Regionalatlas **58**-M19

▶ Berlin 535 km – München 71 km – Regensburg 54 km – Ingolstadt 43 km

Michelin Straßenkarte 546

## 🍴 Espert-Klause

**INTERNATIONAL · TRENDY** ✗✗ "Zanderfilet unter der Petersilienkruste auf Trüffelschaum" oder lieber einen Klassiker wie "Schweinefilet Favorit mit Currysauce"? Auf Vorbestellung bietet Patron Paul Grasmaier auch "Hummer in drei Gängen". In dem modernen Restaurant schaffen kultige Kugellampen ein bisschen 70er Jahre-Flair.

Menü 30/70 € – Karte 25/57 €

*Espertstr. 7* ✉ *84048*
– ☎ *08751 1342 (mittag Tischbestellung erforderlich) – www.espert-klause.de*
– *geschl. Sonntagabend - Montag, Pfingsten - Oktober: Sonntagabend - Dienstag*

# MAINTAL

Hessen – 36 850 Ew. – Höhe 103 m – Regionalatlas **48**-G14
▶ Berlin 537 km – Wiesbaden 53 km – Frankfurt am Main 12 km
Michelin Straßenkarte 543

## In Maintal-Dörnigheim

## 🏠 Irmchen

**FAMILIÄR · GEMÜTLICH** Das Haus ist schon eine Institution. Man fühlt sich richtig gut aufgehoben bei Gastgeberin Irmchen Daubenthaler, alles ist tipptopp gepflegt und behaglich. Wenn die Chefin zum Frühstück frische Waffeln backt, werden Sie nicht widerstehen können!

22 Zim 🛏 – ♦80/95 € ♦♦100 €

*Berliner Str. 4* ✉ *63477*
– ☎ *06181 43000 – www.hotel-irmchen.de*

# MAINZ

Rheinland-Pfalz – 202 760 Ew. – Höhe 110 m – Regionalatlas **47**-E15
▶ Berlin 568 km – Frankfurt am Main 42 km – Bad Kreuznach 44 km – Mannheim 82 km
Michelin Straßenkarte 543

## 🍀 FAVORITE restaurant

**FRANZÖSISCH-MODERN · ELEGANT** ✗✗✗ Mittzwanziger Philipp Stein, übrigens waschechter "Meenzer", kocht finessenreich, auf klassischer Basis und mit modernen Elementen. Zum kulinarischen Genuss kommen noch der charmante Service und die elegante Atmosphäre - wer auf der Terrasse sitzt, hat einen besonders schönen Blick auf Rhein und Dom.

→ Getrüffeltes Eclaire von der Elsässer Gänseleber mit Macadamianuss und Trockenaprikose. Schottische Jakobsmuschel mit Bearnaise-Mayonnaise, Pata Negra und Artischocken. Curry von der Tristan de Cunha Languste mit Salicorn, Thai-Mango und Zitronengras.

Menü 35 € (mittags unter der Woche)/130 € – Karte 82/104 €

**Stadtplan : B2-k** – *Favorite Parkhotel, Karl-Weiser-Str. 1* ✉ *55131*
– ☎ *06131 8015133 – www.my-favorite-mainz.de*
– *geschl. Februar 2 Wochen, August 3 Wochen und Montag - Dienstag*

## 😊 Geberts Weinstuben

**KLASSISCHE KÜCHE · WEINSTUBE** ✗✗ Patron Frank Gebert, inzwischen die 5. Generation, kocht klassisch und traditionell, auf seine Art. Da gibt es z. B. "mild geräucherte Tranche vom Seesaibling auf Tomatenrisotto", schmackhaft und frisch. Weinberankte Terrasse im Innenhof.

Menü 35 € – Karte 30/58 €

**Stadtplan : A1-d** – *Frauenlobstr. 94* ✉ *55118*
– ☎ *06131 611619 – www.geberts-weinstuben.de*
– *geschl. 3. - 25. Juli und Montag - Dienstag*

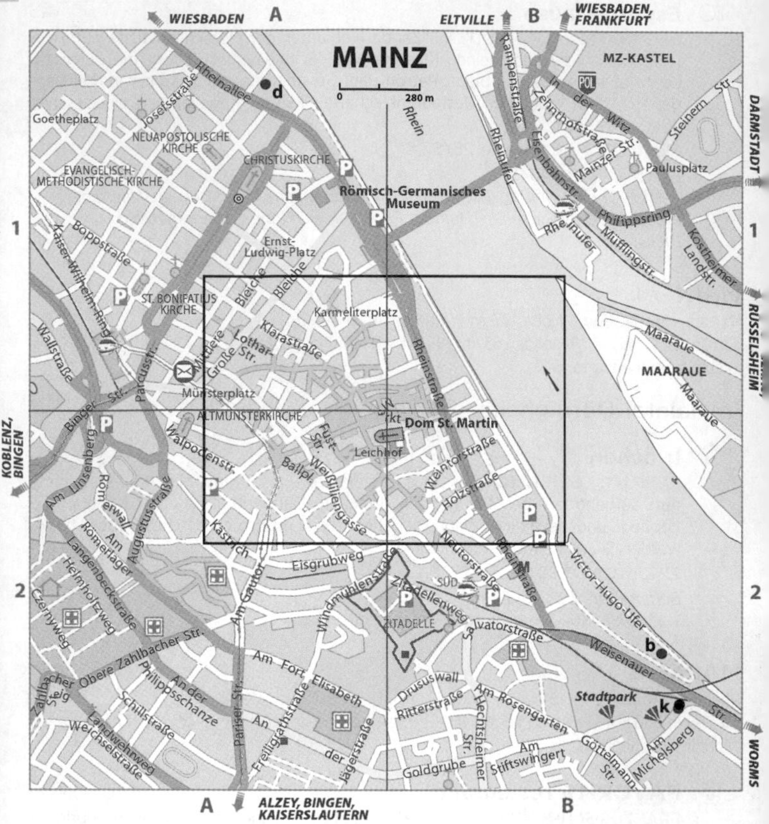


## Bellpepper

**INTERNATIONAL • TRENDY** Das schicke und recht stylische Restaurant bietet nicht nur freie Sicht auf den Rhein, sondern auch in die offene Küche, aus der modernisierte regionale Gerichte sowie hochwertige Steaks kommen. Mittags kleinere und günstigere Auswahl.

Menü 36 € (mittags unter der Woche) – Karte 48/76 €

**Stadtplan : D2-s** – *Hotel Hyatt Regency, Malakoff-Terrasse 1 ✉ 55116 – ✆ 06131 731234 – www.mainz.regency.hyatt.de*

## Heinrich's Die Wirtschaft

**TRADITIONELLE KÜCHE • BÜRGERLICH** Lebendig-gemütliche Kneipen-Atmosphäre zu frischer, schlichter und gut gemachter Küche? Heinrich Nestle, Koch und passionierter Maler (hat auch eine eigene Galerie), bietet z. B. Leberwurststrudel oder Ossobuco, dazu Weine aus Rheinhessen.

Karte 31/54 €

**Stadtplan : C2-a** – *Martinsstr. 10 ✉ 55116 – ✆ 06131 9300661 – www.heinrichs-die-wirtschaft.com – geschl. Sonntag - Montagmittag*

Frühstück inklusive? Die Tasse ☕ steht gleich hinter der Zimmeranzahl.

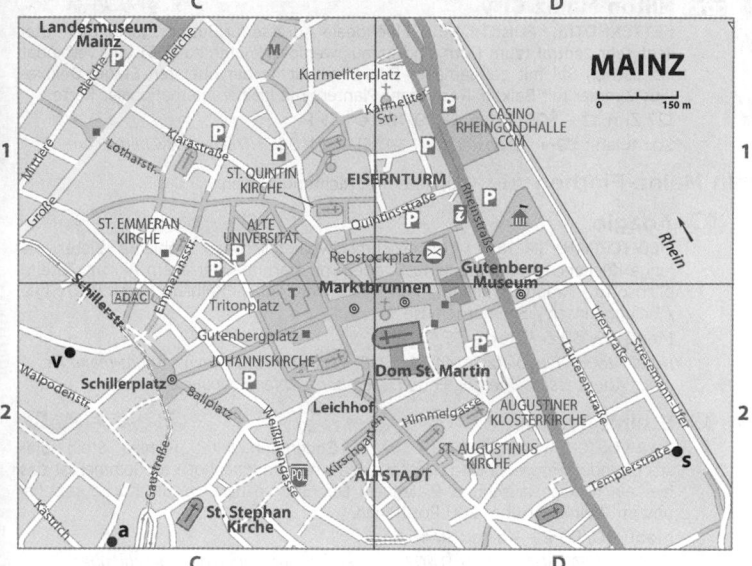

## 🍴 Bootshaus  ≼ 🏠 🕭 🗚 ⇌

**MARKTKÜCHE · BISTRO** 🗙 In dem modernen Gebäude des Mainzer Ruder-Vereins speist man dank Rundumverglasung mit Blick auf den Rhein mit schöner Promenade - das macht Lust auf einen Spaziergang nach dem Essen! Man kommt auch gerne zum günstigen Mittagstisch hierher.

Menü 15 € (mittags unter der Woche) – Karte 23/60 €

**Stadtplan : B2-b** – *Victor-Hugo-Ufer 1* ✉ *55116* – *☎ 06131 1438700*
– *www.bootshausmainz.de* – *geschl. 1. - 18. Januar*

## 🏨 Hyatt Regency  ≼ 🖻 🕭 🕭 🛴 🖶 ⅙ 🗚 🕭 🚗

**BUSINESS · MODERN** Businesshotel am Zusammenfluss von Main und Rhein mit großzügiger Lobby und Olympus Spa. Besonders schön sind die Clubzimmer und Suiten mit Flussblick. Neben dem "Bellpepper" mit Terrasse hat man noch den Biergarten und die "Rheintöchter-Terrasse". Bar und Innenhof im historischen Bereich "Fort Malakoff".

265 Zim – ♦130/389 € ♦♦130/389 € – 3 Suiten – 🖵 30 €

**Stadtplan : D2-s** – *Malakoff-Terrasse 1* ✉ *55116* – *☎ 06131 731234*
– *www.mainz.regency.hyatt.de*

🍴 **Bellpepper** – siehe Restaurantauswahl

## 🏨 Favorite Parkhotel  🍴 ≼ 🚃 🖻 🕭 🖶 ⅙ 🗚 🕭 🚗

**BUSINESS · MODERN** Dies ist nicht nur das Teamhotel des FSV Mainz 05, es ist auch das Lebenswerk der engagierten Familie Barth. Und die investiert stetig: tolles Konferenzcenter, topmoderne Zimmer - zwei Suiten sind die luxuriösesten der Stadt. All das direkt am Stadtpark. Restaurant-Alternativen: "Bierkutsche" und Biergarten.

144 Zim 🖵 – ♦99/175 € ♦♦139/215 € – 9 Suiten – ½ P

**Stadtplan : B2-k** – *Karl-Weiser-Str. 1* ✉ *55131* – *☎ 06131 80150*
– *www.favorite-mainz.de*

❀ **FAVORITE restaurant** – siehe Restaurantauswahl

### 🏨 Hilton Mainz City

**KETTENHOTEL · FUNKTIONELL** Eine ideale Adresse für Businessgäste. Das Hotel liegt sehr zentral (zum Dom sind es nur wenige Minuten zu Fuß) und verbindet klassischen Stil mit zeitgemäßer Funktionalität. In der obersten Etage: Deluxe-Plus-Zimmer mit Balkon. Restaurant Planters mit kleiner internationaler Karte.

127 Zim 🛏 – †99/169 € †19/189 € – ½ P

Stadtplan : **C2-v** – *Münsterstr. 11* ✉ *55116* – ℰ *06131 2780* – *www.hilton.com*

## In Mainz-Finthen West: 7 km über A2, Richtung Koblenz

### 🍽 Adagio

**MEDITERRAN · TRENDY** ✗✗ In geschmackvoll-stylischem Ambiente bietet die junge Küchencrew ambitionierte Speisen mit stark mediterranem Akzent: "Stein-pilzrisotto / Kräuterschmand / Parmesan" oder lieber "Kalbsbäckchen BBQ-Style / Beluga-Linsen / Schmorgemüse"?

Menü 49/69 € – Karte 35/50 €

*Hotel Atrium, Flugplatzstr. 44* ✉ *55126* – ℰ *06131 4910* – *www.atrium-mainz.de*
*– nur Abendessen – geschl. Ende Dezember - Anfang Januar 2 Wochen*

### 🍽 Stein's Traube

**MARKTKÜCHE · FREUNDLICH** ✗✗ In 5. Generation leitet Familie Stein dieses freundlich eingerichtete Gasthaus samt nettem Innenhof - im Sommer ist das hier ein wirklich lauschiges Plätzchen! Der Service herzlich, die Küche saisonal und im Weinkeller über 200 Positionen.

Menü 40/56 € – Karte 29/45 €

*Poststr. 4* ✉ *55126* – ℰ *06131 40249* – *www.steins-traube.de* – *geschl. über Fasching 2 Wochen, Juli - August 2 Wochen und Montag - Dienstagmittag*

### 🏨 Atrium

**BUSINESS · DESIGN** Ein reines Privathotel, und es hat viel zu bieten: 2000 qm Konferenzfläche sind ideal für Tagungen, dazu hat man schöne moderne Zimmer mit sehr guter Technik sowie - auch für Kurzurlauber interessant - einen attraktiven Wellnessbereich.

147 Zim – †89/299 € †99/339 € – 3 Suiten – 🛏 12 €

*Flugplatzstr. 44* ✉ *55126* – ℰ *06131 4910* – *www.atrium-mainz.de* – *geschl. Ende Dezember - Anfang Januar 2 Wochen*

🍽 **Adagio** – siehe Restaurantauswahl

# MAISACH

Bayern – 13 170 Ew. – Höhe 514 m – Regionalatlas **65**-L20

▶ Berlin 606 km – München 41 km – Augsburg 43 km – Landsberg am Lech 44 km

Michelin Straßenkarte 546

## In Maisach-Überacker Nord: 3 km über Überackerstraße

### 🍽 Gasthof Widmann

**INTERNATIONAL · GEMÜTLICH** ✗✗ Man schmeckt, dass Chefin Anna Schwarzmann hier mit Freude am Herd steht. Sie kocht international mit Bezug zur Region - probieren Sie z. B. "Medaillon vom Simmentaler Fleckvieh"! Serviert wird in zwei gemütlichen Stuben.

Menü 55 €

*Bergstr. 4* ✉ *82216* – ℰ *08135 485 (Tischbestellung erforderlich)* – *nur Abendessen – geschl. Weihnachten - 10. Januar, 15. August - 15. September und Sonntag - Montag*

# MALCHOW

Mecklenburg-Vorpommern – 6 560 Ew. – Höhe 75 m – Regionalatlas **13**-N5

▶ Berlin 148 km – Schwerin 77 km – Neubrandenburg 74 km – Rostock 79 km

Michelin Straßenkarte 542

## 🏠 Rosendomizil   🦌 🐿 🎿 🍴

**FAMILIÄR · INDIVIDUELL** Mit Geschmack hat man hier hochwertige und moderne Wohnräume geschaffen, wunderbar die Lage am See. Nur einen Steinwurf entfernt: Gästehaus "Hofgarten" mit tollem Loungegarten, Badesteg und Sauna. Wintergartenflair im Restaurant/Café zum Wasser hin. Hauseigene Bäckerei und Konditorei.

27 Zim 🛏 – ♦79/129 € ♦♦89/139 € – ½ P

*Lange Str. 2 ✉ 17213 – ☏ 03993218065 – www.rosendomizil.de*

## 🏠 Inselhof   🦌 🍴 P

**FAMILIÄR · INDIVIDUELL** Aus einem ganz alten Dorfhaus ist dieses nette Hotel mit großzügigen und individuellen Zimmern entstanden. Ein charmantes Kleinod zum Relaxen ist der Garten am See mit Badesteg, Bootsanleger und Pavillon mit Kamin.

10 Zim 🛏 – ♦70/90 € ♦♦110/140 € – ½ P

*Lange Str. 61 ✉ 17213 – ☏ 039932 827280 – www.hotel-inselhof.de – geschl.
Februar*

# MALENTE-GREMSMÜHLEN, BAD

Schleswig-Holstein – 10 410 Ew. – Höhe 32 m – Regionalatlas **11**-J3

▶ Berlin 306 km – Kiel 41 km – Lübeck 55 km – Oldenburg in Holstein 36 km

Michelin Straßenkarte 541

## 🏠 See-Villa   🍴 🚫 P

**FAMILIÄR · GEMÜTLICH** In einem Garten steht die kleine Villa, in der eine zuvorkommende, sehr persönliche Gästebetreuung und viele kleine Annehmlichkeiten selbstverständlich sind. Von hier aus ist der Dieksee in ein paar Minuten zu Fuß erreichbar.

14 Zim 🛏 – ♦49/69 € ♦♦79/99 € – 3 Suiten

*Frahmsallee 11 ✉ 23714 – ☏ 04523 1871 – www.hotel-see-villa.de – geschl. 20.
- 25. Dezember, Februar*

## 🏠 Weisser Hof   🦌 🍴 📺 🛁 🐿 📶 🚫 P

**FAMILIÄR · GEMÜTLICH** Aus drei Gebäuden und einem sehr schönen Garten besteht die kleine Hotelanlage. Neben zeitgemäßen Zimmern bietet man einen hübschen Wellnessbereich mit Kosmetik und Massage. Zwei Terrassen ergänzen das nette Restaurant.

16 Zim 🛏 – ♦75/85 € ♦♦135/155 € – ½ P

*Voßstr. 45 ✉ 23714 – ☏ 04523 99250 – www.weisserhof.de – geschl. November*

# MANDELBACHTAL

Saarland – 10 910 Ew. – Höhe 310 m – Regionalatlas **53**-C17

▶ Berlin 698 km – Saarbrücken 24 km – Sarreguemines 23 km – Zweibrücken 24 km

Michelin Straßenkarte 543

## In Mandelbachtal-Gräfinthal

## 😊 Gräfinthaler Hof   🌾 P

**REGIONAL · LÄNDLICH** ✗✗ Aus der ehemaligen Klosterbrauerei a. d. 18. Jh. wurde dieser gemütliche Landgasthof mit Wintergarten. Die Produkte kommen aus der Region: Saibling aus Ballweiler, Ziegenkäse aus Erfweiler... Ein Muss: Bliesgaulamm - ob als Würstchen auf Couscous oder als geschmorte Haxe. Mi. - Fr. günstiger Mittagstisch.

Menü 37/52 € – Karte 34/56 €

*Gräfinthal 6 ✉ 66399 – ☏ 06804 91100 – www.graefinthaler-hof.de – geschl.
27. Februar - 4. März, 2. - 14. Oktober und Montag - Dienstag*

## WIR MÖGEN BESONDERS...

Hafenflair auf der Terrasse des **Marly** direkt am Rhein. Im **Le Comptoir 17** wie in einem Bistro in Paris sitzen. Sich nach dem Shoppen im **Opus V** hoch oben im Modehaus kreativ bekochen lassen. Das charmant-familiäre **Doblers** als eine der gastronomischen Grundsäulen der Stadt – gerne auch als Lunchadresse.

# MANNHEIM

Baden-Württemberg – 294 630 Ew. – Höhe 97 m – Regionalatlas **47**-F16
▶ Berlin 614 km – Stuttgart 133 km – Frankfurt am Main 79 km – Strasbourg 145 km
Michelin Straßenkarte 545

## *Restaurants*

❀❀ **Opus V**      ⇐ 🛋 ⅙ 🅐🅒 ⇔

MODERNE KÜCHE · CHIC 🕱🕱🕱 Das monatlich wechselnde Menü ("März", "April"...) steckt mit seinen bis zu neun Gängen voller kreativer, moderner und asiatischer Einflüsse, schön dazu das angenehm klare, nordisch-schicke Ambiente. Tipp: Chef's Table. Schauen Sie auch auf die Raritäten- und Champagnerkarte. Mittags reduziertes Angebot.
→ Jakobsmuschel, Zitrusfrüchte, Sauerrahm. Froschschenkel, Knoblauch, Spinat. Lamm, Aubergine, Miso.
Menü 59 € (mittags)/180 €
Stadtplan : B2-g – *O5, 9-12, (in der 6. Etage des Modehaus Engelhorn)* ⊠ 68161 – 📞 0621 1671155 *(Tischbestellung ratsam) – www.restaurant-opus-v.de – geschl. 13. Februar - 5. März, 31. Juli - 20. August und Sonntag - Dienstagmittag, Mittwochmittag sowie an Feiertagen*

❀ **Marly**      🍸 🛋 🅐🅒 ⇔

KLASSISCHE KÜCHE · ELEGANT 🕱🕱🕱 Produktqualität ist hier das A und O, und die merkt man der geschmackvollen mediterran-klassischen Küche an. Und das ist noch nicht alles: Man genießt die schönen Gerichte und das gute Weinangebot in einem schicken ehemaligen Speicher direkt am Rhein, Aussicht inklusive!
→ Sashimi von geangelter Meeräsche, Avocado und Passionsfrucht. Lauwarmer Oktopussalat mit Oliven-Zitronenvinaigrette, Sellerie, Datteltomaten, Kartoffel. Lammrücken mit Erbsen, Schafsjoghurt und Oregano.
Menü 39 € (mittags unter der Woche)/92 €
Stadtplan : A2-s – *Rheinvorlandstr. 7, (am Hafen, im Speicher 7)* ⊠ 68159 – 📞 0621 86242121 *(Tischbestellung ratsam) – www.restaurant-marly.com – geschl. Juni - Juli 3 Wochen und Sonntag - Montag*

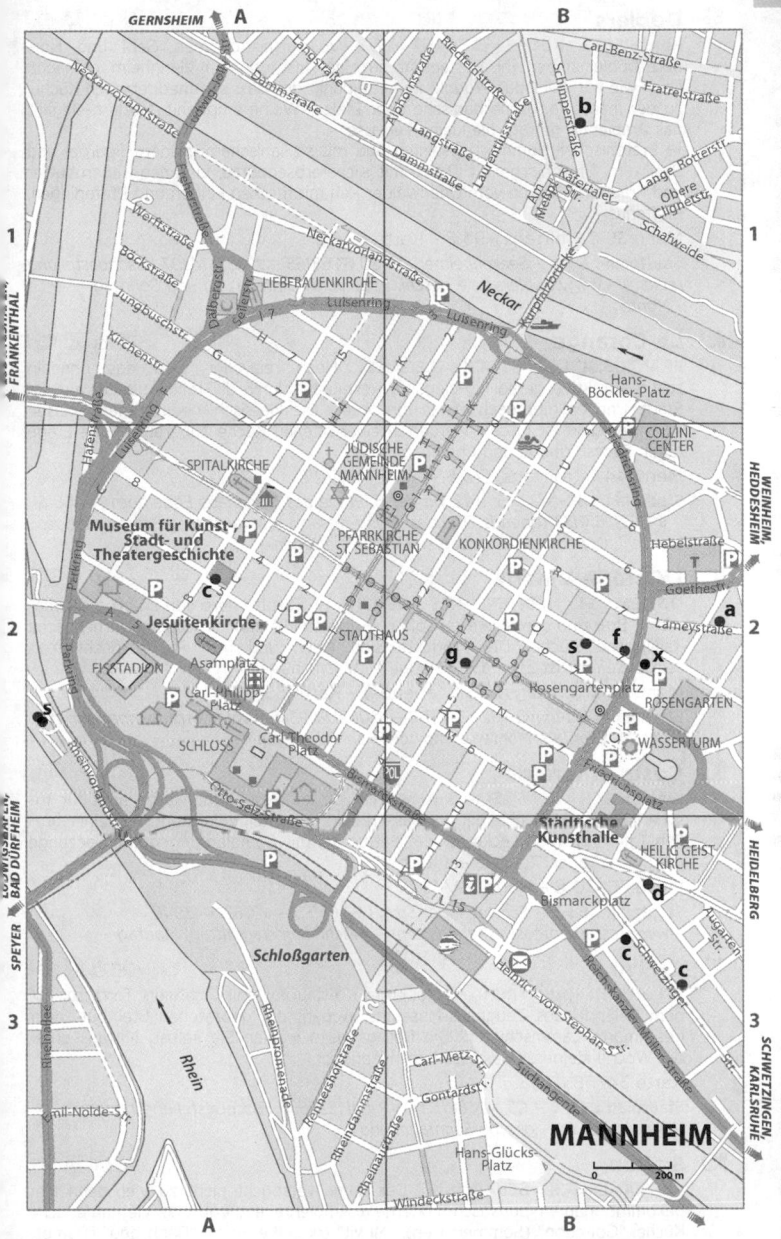

## ✿ Doblers     ⑧⑧ 🏠 ⒜ᴄ ⇔

**KLASSISCHE KÜCHE · ELEGANT** ✕✕ Die Vollblutgastronomen Gabi und Norbert Dobler haben ihr Restaurant zu einer Institution in Mannheim gemacht. Nach wie vor steht das Produkt im Mittelpunkt der klassisch-mediterranen Küche, zu der man u. a. gerne badische oder Pfälzer Weine empfiehlt. Modern-elegant das Ambiente, gefragt die kleine Terrasse.

→ Bretonischer Hummer in seinem Sud mit sizilianischem grünem Spargel und Basilikum. Bretonischer St. Pierre mit Kichererbsenpüree, Limonen-Kapernbutter und Kräutern. Rücken vom Odenwälder Reh mit frischen Feigen und Pfifferlingen, Pfefferjus.

Menü 39 € (mittags)/93 € – Karte 62/83 €

**Stadtplan : B3-d** – *Seckenheimer Str. 20* ✉ *68165* – ✆ *0621 14397 (Tischbestellung ratsam)* – *www.doblers.de* – *geschl. Ende Juni - Anfang Juli und Sonntag - Montag*

## ⑪○ Le Corange     ⇐ ⒢ ⒜ᴄ ⇔

**FRANZÖSISCH-KLASSISCH · ELEGANT** ✕✕ Noch reizvoller wird das ohnehin schon attraktive geradlinig-elegante Restaurant durch die tolle Aussicht auf die Stadt. Und es gibt noch etwas fürs Auge: Die klassisch-mediterranen Speisen - Schwerpunkt ist Fisch - werden in einer offenen Küche zubereitet. Eine Etage tiefer: Faces Lounge und Champagnerbar.

Menü 44 € (mittags)/73 € – Karte 43/72 €

**Stadtplan : B2-s** – *O 5, 9-12, (in der 6. Etage des Modehaus Engelhorn)* ✉ *68161* – ✆ *0621 1671133 (abends Tischbestellung ratsam)* – *www.corange-restaurant.de* – *geschl. Donnerstag, Sonntag sowie an Feiertagen*

## ⑪○ L'Osteria Vineria     ⒜ᴄ ⌇ 🅿

**ITALIENISCH · MEDITERRANES AMBIENTE** ✕✕ "Risotto nero con polpo e calamaretti", "Branzino con fave e carciofi"... Ja, mitten in Mannheim gibt es authentische italienische Küche! Die Produkte sind frisch und gut, Pasta macht man selbst. Gefragt ist auch das günstige Mittagsmenü.

Menü 37 € (mittags)/75 € (abends) – Karte 55/66 €

**Stadtplan : B2-s** ✉ *Q 7,12* ✉ *68161* – ✆ *0621 1819335* – *www.osteria-vineria.com* – *geschl. Sonntag, Montagabend sowie an Feiertagen*

## ⑪○ Costa Smeralda     ⒜ᴄ

**ITALIENISCH · KLASSISCHES AMBIENTE** ✕✕ Das Restaurant ist bekannt für frische italienische Küche, bei der das Produkt im Mittelpunkt steht. Auf einer großen Tafel liest man Leckeres wie "Fettuccine mit Garnelen", "gegrillte Seezunge mit Spinat" oder "Tagliata auf Rucola".

Menü 36/70 € – Karte 29/45 €

**Stadtplan : B3-c** – *Schwetzinger Str. 71* ✉ *68165* – ✆ *0621 443946* – *www.restaurantcostasmeralda.com* – *geschl. Samstagmittag, Montag*

## ⑪○ C-Five     🏠 ⒢ ⒜ᴄ ⌇

**INTERNATIONAL · TRENDY** ✕ Modernes Restaurant mit schöner Terrasse auf dem Gelände des Zeughaus-Museums. Appetit auf gebratenen Steinbutt oder geschmorte Lammschulter? Die Beilage dazu wählen Sie selbst. Mittags unter der Woche kleineres Business-Lunch-Angebot.

Karte 34/68 €

**Stadtplan : A2-c** – *C5,1* ✉ *68159* – ✆ *0621 1229550 (Tischbestellung ratsam)* – *www.c-five.de* – *geschl. Sonntagabend*

## ⑪○ Saigon     🏠 ⒜ᴄ ⌇

**VIETNAMESISCH · GERADLINIG** ✕ Der Name verspricht nicht zu viel, denn hier bekommt man in puristisch-modernem Ambiente authentische vietnamesische Küche: "Goi cuon" (Sommerrollen), "Mi vit" (gegrillte Ente), "Bánh bèo" (Dampfküchlein)... Beliebt auch der günstige Lunch.

Karte 27/48 €

*Augustaanlage 54, über Friedrichsplatz B2* ✉ *68165* – ✆ *0621 14604* – *www.saigon-mannheim.de* – *geschl. Montag, Samstagmittag*

## 🍴○ Osteria Limoni

ITALIENISCH · GEMÜTLICH ✗ Wo es so gemütlich und sympathisch-lebendig ist und man so herzlich umsorgt wird, kommt man gerne zu italienischen Klassikern oder einem schönen Menü. Auch Pizza-Freunde werden nicht enttäuscht. Tipp für den Sommer: die begrünte Terrasse!

Menü 35/45 € – Karte 33/42 €

**Stadtplan : B1-b** – *Schimperstr. 16* ✉ *68167* – *✆ 0621 34503*
*– www.osteria-limoni.de – geschl. 24. September - 2. Oktober und Montag,*
*Samstagmittag*

## 🍴○ Le comptoir 17

FRANZÖSISCH · BISTRO ✗ Wirklich charmant die typisch französische Bistro-Atmosphäre mit dem Flair der Jahrhundertwende - entsprechend traditionell-französisch auch die saisonale Küche. Auf dem Gehsteig hat man eine kleine Terrasse.

Karte 32/52 €

**Stadtplan : B2-a** – *Lameystr. 17* ✉ *68165* – *✆ 0621 73617000 (abends Tischbestellung ratsam) – www.comptoir17.com – geschl. August 3 Wochen und Sonntag - Montag*

## 🍴○ Pinzgauer Stub'n

ÖSTERREICHISCH · RUSTIKAL ✗ Ein Stück "K.u.K. Gastlichkeit" mitten in der kurpfälzischen Quadratestadt. Ungezwungen-alpenländisch die Atmosphäre, in der Küche mischen sich österreichische und internationale Einflüsse. Dazu passt ein guter Wein aus Österreich.

Menü 40 € – Karte 28/71 €

*Schwetzinger Str. 175, über Reichskanzler-Müller-Straße B3* ✉ *68165*
*– ✆ 0621 449675 – www.pinzgauerstubn.de – geschl. 26. Februar - 5. März, 8.*
*- 19. Juni, 7. - 29. August und Montag - Dienstag*

# Hotels

## 🏨 Dorint Kongresshotel

KETTENHOTEL · FUNKTIONELL Möchten Sie chic-modern wohnen oder ziehen Sie den bewährten klassischen Stil vor? Als bedeutendes Businesshotel in der Innenstadt hat man zahlreiche eigene Tagungs- und Veranstaltungsräume und trumpft zudem mit direktem Zugang zum Congress Center Rosengarten! Klassisch-mediterrane Küche. Kastanienterrasse.

285 Zim – †99/265 € ††99/285 € – 2 Suiten – ☲ 23 €
**Stadtplan : B2-x** – *Friedrichsring 6* ✉ *68161* – *✆ 0621 12510*
*– www.dorint.com/mannheim*

## 🏨 Delta Park Hotel

BUSINESS · FUNKTIONELL Die zentrale Lage im Herzen der Quadratestadt sowie die funktionelle und komfortable Ausstattung machen das Business- und Tagungshotel interessant. Wer gerne etwas großzügiger wohnt, bucht ein Executive-Zimmer oder eine Juniorsuite. Sie kommen zum Essen? Besonders schön sitzt man im Wintergarten.

147 Zim – †155/320 € ††155/320 € – 5 Suiten – ☲ 18 €
**Stadtplan : B3-c** – *Keplerstr. 24* ✉ *68165* – *✆ 0621 44510* – *www.delta-park.de*

## 🏨 Speicher 7

BOUTIQUE-HOTEL · DESIGN Früher ein Getreidespeicher, heute ein attraktives und nicht alltägliches Hotel. Moderne Elemente mit kultigen Details der 50er und 60er Jahre - stylish, trendig und wirklich toll, von den großen Zimmern mit Loftflair (Tipp: "Silolounge" mit 12 m hohem Bad!) bis zur loungigen Bar. Und all das direkt am Rhein!

20 Zim – †120/450 € ††120/450 € – ☲ 19 €
**Stadtplan : A2-s** – *Rheinvorlandstr. 7* ✉ *68159* – *✆ 0621 1226680*
*– www.speicher7.com*

In **Mannheim-Seckenheim** Ost: 9 km über B2, Richtung Heidelberg

🍴⃝ **Badischer Hof**  🍴 ⇆ **P**

TRADITIONELLE KÜCHE · GERADLINIG X In der hübschen 280 Jahre alten Brauerei mit den blauen Fensterläden ist es gemütlich-modern: geradliniger Stil und
alter Dielenboden. Die Küche mischt Traditionelles mit Internationalem. Schöner Biergarten hinter dem Haus. Für Veranstaltungen: Jugendstilsaal, Vinothek,
Keller. Tipp: Kleinkunst-Events!

Karte 20/57 €

*Seckenheimer Hauptstr. 114* ✉ *68239 –* ☎ *0621 97861430 – www.badischerhof.net
– geschl. Montag*

# MARBACH am NECKAR

Baden-Württemberg – 15 340 Ew. – Höhe 229 m – Regionalatlas **55**-G18
▶ Berlin 610 km – Stuttgart 33 km – Heilbronn 32 km – Ludwigsburg 8 km
Michelin Straßenkarte 545

🏨 **Parkhotel Schillerhöhe**  ⚓ ⬆ ⟐ ♨ 🚗

BUSINESS · MODERN Sie suchen ein modernes Hotel in ruhiger Lage? Hier finden
Sie eine trendige Lounge, Zimmer in klaren Linien und sehr gute technische Ausstattung! Tipp: der Park nebenan mit dem Literaturmuseum der Moderne und
dem Schiller-Nationalmuseum.

44 Zim ⌨ – †97/135 € ††125/175 €

*Schillerhöhe 14* ✉ *71672 –* ☎ *07144 9050 – www.parkhotel-schillerhoehe.de*

# MARBURG

Hessen – 73 130 Ew. – Höhe 186 m – Regionalatlas **38**-F13
▶ Berlin 473 km – Wiesbaden 121 km – Gießen 30 km – Kassel 93 km
Michelin Straßenkarte 543

🍽 **MARBURGER esszimmer**  🍴 ⟐ AC

INTERNATIONAL · CHIC XX Chic das modern-elegante Restaurant im EG des
Hauptsitzes der Deutschen Vermögensberatung, schön auch die vorgelagerte
Terrasse. Aus der Küche kommen z. B. "Lammhüfte provençal" oder "rosa gebra-
tenes Roastbeef". Oder mögen Sie lieber Sushi und Sashimi?

Menü 42/59 € – Karte 32/60 €

*Anneliese Pohl Allee 1* ✉ *35037 –* ☎ *06421 8890471 (abends Tischbestellung
ratsam) – www.marburger-esszimmer.de – geschl. Sonntag - Montag*

🍴⃝ **Rosenkavalier**  🎭 🍴 ⟐ AC ⇆ 🚗

INTERNATIONAL · KLASSISCHES AMBIENTE XX Elegant ist hier der Rahmen, stilvoll in Goldgelb und Blau gehalten. Durch die raumhohen Fenster schaut man auf
die schöne Terrasse. Aus der Küche kommen klassische Speisen.

Karte 28/62 €

*VILA VITA Hotel Rosenpark, Anneliese Pohl Allee 7* ✉ *35037 –* ☎ *06421 6005143
– www.rosenpark.com*

🍴⃝ **Bückingsgarten**  ⟜ 🍴

MARKTKÜCHE · GASTHOF X Ein charmantes Haus direkt unterhalb des Schlosses
(markant die mächtige alte Sandsteinmauer) mit toller Sicht und ambitionierter
saisonaler Küche mit internationalem Einfluss. Auf der Terrasse gibt's alternativ
auch eine einfachere Karte.

Karte 28/66 €

*Landgraf-Philipp-Str. 6, (Zufahrt über Gisonenweg)* ✉ *35037 –* ☎ *06421 1657771
– www.bueckingsgarten-marburg.de*

## ⌂⌂⌂⌂⌂ VILA VITA Hotel Rosenpark

**LUXUS · MODERN** Das geschmackvolle Grandhotel ist für Privatgäste ebenso geeignet wie für Tagungen und Geschäftsreisende. Sie genießen die Lage direkt an der Lahn, die wohnlichen Zimmer, das umfassende Spa-Angebot und die großzügigen öffentlichen Bereiche. In der gemütlich-rustikalen Zirbelstube speist man regional.

178 Zim – 🛏135/240 € 🛏🛏165/285 € – 13 Suiten – ☖14 €

*Anneliese Pohl Allee 7* ✉ *35037 –* ☎ *06421 60050 – www.rosenpark.com*

🍴 **Rosenkavalier** – siehe Restaurantauswahl

### In Marburg-Dagobertshausen Nord-West: 6 km

## 🍴 Waldschlösschen  🔲 ⟳ **P**

**REGIONAL · GEMÜTLICH** ✗✗ Wirklich reizend das aufwändig sanierte alte Fachwerkhaus, draußen wie drinnen - absolut sehenswert die Porzellanstube! Etwas Besonderes unter den selbst erzeugten Produkten ist die hauseigene Kartoffelsorte, lecker z. B. in Form von Chips vorneweg! Im Hofgut nebenan: Eventscheune und schöne Landhauszimmer.

Menü 38 € – Karte 25/52 €

*Dagobertshäuser Str. 12* ✉ *35041 –* ☎ *06421 1750271*
*– www.waldschloesschen-dagobertshausen.de – geschl. Montag*

### In Marburg - Wehrshausen-Dammühle West: 6 km

## 🏠 Dammühle  ☆ ⬡ ⬡ ⬡ ⬡ ⬡

**GASTHOF · GEMÜTLICH** Die idyllisch gelegene einstige Mühle a. d. 14. Jh. beherbergt wohnliche Zimmer in drei Gebäudetrakten. Chic und modern designt: "Kuhstall"-Zimmer, Suiten und Penthouse-Juniorsuite, ebenso das Restaurant in geradlinigem Stil. Schöner Biergarten mit Blick ins Grüne.

25 Zim ☖ – 🛏82/98 € 🛏🛏112/138 € – 2 Suiten

*Dammühlenstr. 1* ✉ *35041 –* ☎ *06421 93560 – www.hotel-dammuehle.de*

# MARCH

Baden-Württemberg – 8 750 Ew. – Höhe 201 m – Regionalatlas **61**-D20
▶ Berlin 804 km – Stuttgart 202 km – Freiburg im Breisgau 13 km – Mulhouse 61 km
Michelin Straßenkarte 545

### In March-Neuershausen Nord-West: 1 km

## 🍴 Jauch's Löwen  ⬡ 🔲 **P**

**REGIONAL · LÄNDLICH** ✗✗ Bei Familie Jauch können Sie badische Küche mit internationalen Einflüssen genießen - Appetit macht z. B. "gebratener Zander in Beurre Blanc mit frischen Pfifferlingen". Hell, offen und freundlich hat man das Gasthaus gestaltet, und draußen wartet noch eine schöne Terrasse. Zum Übernachten: gemütliche Zimmer.

Menü 35/55 € – Karte 25/60 €    15 Zim ☖ – 🛏61 € 🛏🛏98 €

*Eichstetter Str. 4* ✉ *79232 –* ☎ *07665 92090 – www.jauch-loewen.de – geschl.*
*über Fasching 1 Woche und Mittwoch - Donnerstag*

# MARIA LAACH

Rheinland-Pfalz – 610 Ew. – Höhe 285 m – Regionalatlas **36**-C14
▶ Berlin 617 km – Mainz 121 km – Koblenz 31 km – Bonn 51 km
Michelin Straßenkarte 543

## 🏠 Seehotel Maria Laach  ☆ ⬡ ⬡ ⬡ 🔲 ⬡ ⬡ ⬡ ⬡ ⬡

**HISTORISCH · FUNKTIONELL** Ein 1865 als Gästehaus des Benediktinerklosters erbautes Hotel in ruhiger Lage mit Blick auf Laacher See und Abtei. Die zeitgemäßen Zimmer unterscheiden sich farblich von Etage zu Etage. Drei Restaurantbereiche, schöne Terrasse sowie Bier- und Weinstube im UG.

69 Zim ☖ – 🛏85/110 € 🛏🛏106/210 € – ½ P

*Am Laacher See* ✉ *56653 –* ☎ *02652 58400 – www.seehotel-maria-laach.de*

## MARIENTHAL, KLOSTER Hessen → Siehe Geisenheim

## MARKDORF
Baden-Württemberg – 13 290 Ew. – Höhe 453 m – Regionalatlas **63**-H21
▶ Berlin 719 km – Stuttgart 197 km – Konstanz 23 km – Friedrichshafen 16 km
Michelin Straßenkarte 545

### 🏯 Bischofschloss 🐾 🕸 ⅃⅊ ⊡ ⅏ 🚗
**HISTORISCHES GEBÄUDE · INDIVIDUELL** Wohnen mit historischem Flair? Das bieten die stilvollen, hochwertigen Zimmer im Haupttrakt der ehemaligen Bischofsresidenz. Die übrigen Zimmer sind zeitgemäßer gestaltet. Modern auch das Ambiente im Restaurant, regional-international die Küche. Interessant sind übrigens die individuellen Aufzüge im Haus!
37 Zim ⌷ – ♦105/139 € ♦♦135/173 € – 7 Suiten – ½ P
*Schlossweg 2 ✉ 88677 – ℰ 07544 50910 – www.bischofschloss.de – geschl. über Weihnachten - Anfang Januar*

## MARKGRÖNINGEN
Baden-Württemberg – 14 360 Ew. – Höhe 281 m – Regionalatlas **55**-G18
▶ Berlin 625 km – Stuttgart 21 km – Karlsruhe 63 km – Tübingen 61 km
Michelin Straßenkarte 545

### ⅃○ Herrenküferei ⬳ 🏠
**MODERNE KÜCHE · FREUNDLICH** ✕✕ Hübsch anzuschauen ist das denkmalgeschützte Haus von 1414, das schön am beschaulichen Marktplatz liegt. Gekocht wird ambitioniert, aber auch Rostbraten und einige einfachere regionale Gerichte finden sich auf der Karte. Man kann auch gemütlich übernachten! Vielleicht unter einer alten Balkendecke?
Menü 40/90 € – Karte 33/75 € 10 Zim ⌷ – ♦88/100 € ♦♦118/140 €
*Marktplatz 2 ✉ 71706 – ℰ 07145 9250116 – www.herrenkueferei.de – geschl. Samstagmittag, Sonntagabend - Montag*

## MARKNEUKIRCHEN
Sachsen – 7 960 Ew. – Höhe 500 m – Regionalatlas **41**-N14
▶ Berlin 328 km – Dresden 177 km – Hof 35 km – Plauen 28 km
Michelin Straßenkarte 544

### 🏠 Berggasthof Heiterer Blick 🐾 🐌 ⬱ 🅿
**GASTHOF · AUF DEM LAND** Mit liebenswerter ländlicher Atmosphäre und persönlicher Gästebetreuung überzeugt das bereits seit 1914 als Familienbetrieb geführte Haus. Von den Zimmern blickt man aufs Vogtland. Gemütlichkeit verbreiten auch die Gaststuben.
7 Zim ⌷ – ♦42/46 € ♦♦61/69 €
*Oberer Berg 54 ✉ 08258 – ℰ 037422 2695 – www.heiterer-blick.de – geschl. 9. - 19. Oktober*

## MARKT NORDHEIM
Bayern – 1 160 Ew. – Höhe 332 m – Regionalatlas **49**-J16
▶ Berlin 475 km – München 231 km – Würzburg 51 km – Nürnberg 68 km
Michelin Straßenkarte 546

## In Markt Nordheim-Ulsenheim Süd-West: 7 km, Richtung Uffenheim

### 🏠 Landgasthaus Zum Schwarzen Adler 🐾 🕸 ⅏ 🅿⤬
**GASTHOF · FUNKTIONELL** Das Gasthaus a. d. 17. Jh. liegt in dörflicher Umgebung, schöne Wanderwege ganz in der Nähe, Rothenburg ob der Tauber ist schnell erreicht. Gepflegte Zimmer, bürgerlich-regionale Küche sowie ein Sauna- und Ruhebereich, den man schön in das alte Fachwerk eingebunden hat. Wintergarten für Feierlichkeiten.
14 Zim ⌷ – ♦45/55 € ♦♦75/95 € – ½ P
*Ulsenheim 97 ✉ 91478 – ℰ 09842 8206 – www.frankenurlaub.de – geschl. Januar 3 Wochen, August 2 Wochen*

# MARKTBERGEL

Bayern – 1 530 Ew. – Höhe 363 m – Regionalatlas **49**-J16

▶ Berlin 492 km – München 232 km – Ansbach 24 km – Stuttgart 168 km
Michelin Straßenkarte 546

### Rotes Ross ⇐ 🏠 ⅙

REGIONAL · GASTHOF 🗶 Lust auf frische regionale Küche in freundlich-gemütlicher Atmosphäre? Das Restaurant des gleichnamigen Hotels der Familie Bogner bietet dafür z. B. "Zwiebelrostbraten mit Spätzle". Ebenso lecker: "Jakobsmuscheln auf Linsengemüse".

Menü 25 € (vegetarisch)/35 € – Karte 23/48 €    12 Zim 🛏 – 🛉55/58 € 🛉🛉77/81 €

*Würzburger Str. 1 ⊠ 91613 – 𝒸 09843 936600 – www.rotes-ross-marktbergel.de – nur Abendessen, sonntags auch Mittagessen – geschl. Dienstag*

# MARKTBREIT

Bayern – 3 680 Ew. – Höhe 191 m – Regionalatlas **49**-I16

▶ Berlin 491 km – München 272 km – Würzburg 28 km – Ansbach 58 km
Michelin Straßenkarte 546

### Michels Stern 🕸 ⇐ 🏠

REGIONAL · GASTHOF 🗶 Die Brüder Michel stecken viel Engagement in ihr Gasthaus, und das sieht man nicht nur an schmackhaften saisonal-regionalen Gerichten wie "rosa gebratenem Kalbsrückensteak mit Rosmarinkartoffeln und Schmorgemüse", sondern auch an der rein fränkischen Weinkarte!

Menü 30/39 € – Karte 23/49 €    12 Zim 🛏 – 🛉64 € 🛉🛉94 €

*Bahnhofstr. 9 ⊠ 97340 – 𝒸 09332 1316 – www.michelsstern.de – geschl. Ende Februar 1 Woche, Anfang August 2 Wochen und Mittwoch - Donnerstagmittag*

### 🍴〇 Alter Esel ⇔

REGIONAL · FREUNDLICH 🗶 Das herzliche junge Betreiberpaar hat in dem historischen Haus am Altstadtrand ein richtig charmantes Restaurant. Gekocht wird saisonal - mittags gibt es eine kleine Tageskarte, am Abend ein schmackhaftes Menü mit bis zu sechs Gängen.

Menü 23 € (mittags)/59 €

*Marktstr. 10 ⊠ 97340 – 𝒸 09332 5949477 – www.alteresel-marktbreit.de – geschl. Februar 2 Wochen, Juli 2 Wochen und Montag - Dienstag*

### 🏠 Löwen 🍸 🐆

GASTHOF · HISTORISCH Das jahrhundertealte Fachwerkhaus nahe dem Stadttor vereint das Flair von einst mit zeitgemäßem Komfort. Man bietet historisch-romantische, aber auch neuzeitlich-funktionale Zimmer. In den gemütlichen Gaststuben gibt es bürgerliche Küche.

29 Zim 🛏 – 🛉72/82 € 🛉🛉92/102 € – ½ P

*Marktstr. 8 ⊠ 97340 – 𝒸 09332 50540 – www.ringhotel-loewen.de – geschl. 25. Februar - 3. März*

# MARKTHEIDENFELD

Bayern – 10 860 Ew. – Höhe 154 m – Regionalatlas **48**-H15

▶ Berlin 533 km – München 322 km – Würzburg 32 km – Aschaffenburg 46 km
Michelin Straßenkarte 546

### Weinhaus Anker ⇐ 🏠 ⅙ 🐆

FRANZÖSISCH · GEMÜTLICH 🗶🗶 In der liebenswerten Gaststube des Hotels "Anker" isst man gute französisch-regionale Gerichte wie "Kaninchenkeule in Apfelwein und Estragon geschmort mit Haselnuss-Spätzle". Do - Mo gibt's abends im rustikalen Sandsteingewölbe "Schöpple" eine kleine fränkische Karte.

Menü 26 € (mittags)/95 € – Karte 35/72 €    39 Zim 🛏 – 🛉79/99 € 🛉🛉118/135 € – 1 Suite

*Obertorstr. 13 ⊠ 97828 – 𝒸 09391 6004801 (Tischbestellung ratsam) – www.weinhaus-anker.de*

# MARXZELL

Baden-Württemberg – 5 040 Ew. – Höhe 387 m

▶ Berlin 693 km – Stuttgart 77 km – Karlsruhe 26 km – Strasbourg 99 km

Michelin Straßenkarte 545

## In Marxzell-Frauenalb

🏠 **Landgasthof König von Preussen** ⓝ

**LANDHAUS · THEMENBEZOGEN** Das jahrhundertealte Traditionshaus gegenüber dem Kloster wird seit 1990 als Familienbetrieb geführt. Inzwischen hat die junge Generation übernommen und investiert: chic die Themenzimmer "Romantik", "Burg", "Dolce Vita"... Das Restaurant mit schöner Terrasse bietet traditionelle und internationale Küche.

11 Zim – ♦75 € – ♦♦90 € – ☲5 € – ½ P

*Klosterstr. 10 ✉ 76359 – ☏ 07248 1617 – www.koenig-von-preussen.com*

# MASELHEIM

Baden-Württemberg – 4 400 Ew. – Höhe 542 m – Regionalatlas **64**-I20

▶ Berlin 660 km – Stuttgart 130 km – Ulm 40 km – Neu Ulm 40 km

Michelin Straßenkarte 545

## In Maselheim-Sulmingen Nord-West: 2,5 km

🐾 **Lamm**

**REGIONAL · LÄNDLICH** ✕✕ "Lachsforelle auf Rahmgurken" oder "geschmortes Zicklein mit mediterranem Gemüse"? Die Küche hier ist frisch und produktbezogen, regional und auch modern beeinflusst. Der Gastraum elegant-ländlich, der Service herzlich und aufmerksam.

Menü 30/39 € – Karte 33/56 €

*Baltringer Str. 14 ✉ 88437 – ☏ 07356 937078 – www.sulminger-lamm.de – nur Abendessen, sonntags auch Mittagessen – geschl. Anfang Januar 1 Woche, Mitte August - Anfang September und Montag - Dienstag*

# MASSERBERG

Thüringen – 2 370 Ew. – Höhe 780 m – Regionalatlas **40**-K13

▶ Berlin 343 km – Erfurt 63 km – Coburg 37 km – Saalfeld 51 km

Michelin Straßenkarte 544

🏨 **Residenz**

**FAMILIÄR · GEMÜTLICH** Ruhig liegt das Haus mit der Schieferfassade am Ortsrand in Waldnähe. Die Gästezimmer sind mit Parkettboden und Naturholzmöbeln wohnlich ausgestattet. Ein kleiner Wintergarten dient als A-la-carte-Restaurant.

24 Zim – ♦60/80 € – ♦♦110/120 € – 5 Suiten – ☲10 € – ½ P

*Kurhausstr. 9 ✉ 98666 – ☏ 036870 2550 – www.residenz-thueringen.de*

# MASSWEILER

Rheinland-Pfalz – 1 040 Ew. – Höhe 435 m – Regionalatlas **46**-D17

▶ Berlin 682 km – Mainz 138 km – Saarbrücken 59 km – Pirmasens 15 km

Michelin Straßenkarte 543

🍴 **Borst**

**FRANZÖSISCH-KLASSISCH · FAMILIÄR** ✕✕ Wohnlich-moderner Stil und hübsche Deko, dazu aufmerksamer Service... All das trägt die Handschrift von Gastgeberin Monika Borst. Ebenso engagiert ihr Mann Harry mit seinen ambitionierten klassischen Gerichten wie "Wolfsbarsch im Fenchelsud". Zum Übernachten: einfache, gepflegte Zimmer im Gästehaus gegenüber.

Menü 32/72 € – Karte 40/75 € 5 Zim ☲ – ♦50 € – ♦♦70 €

*Luitpoldstr. 4 ✉ 66506 – ☏ 06334 1431 (Tischbestellung ratsam) – www.restaurant-borst.de*

**MAUERSTETTEN** Bayern ➜ Siehe Kaufbeuren

## MAUTH

Bayern – 2 280 Ew. – Höhe 821 m – Regionalatlas **60**-Q18
▶ Berlin 536 km – München 211 km – Passau 43 km – Grafenau 21 km
Michelin Straßenkarte 546

**In Mauth-Finsterau** Nord: 5 km über Am Goldenen Steig, Zwölfhäuser und
Heinrichsbrunn - Höhe 998 m

🏠 **Landhotel Bärnriegel** 🐾 🍴 ≤ 🛏 ⚜ 🅿 ⊟

**FAMILIÄR · REGIONAL** Der aus zwei Häusern bestehende Familienbetrieb liegt
ruhig am Ortsrand und verfügt über behagliche Gästezimmer im regionstypischen Landhausstil. Ländliches Ambiente auch im Restaurantbereich. HP inklusive.
20 Zim 🖃 – 🍴57/74 € 🍴🍴100/120 € – ½ P
*Halbwaldstr. 32* ✉ 94151 – ☎ 08557 96020 – *www.landhotel-baernriegel.de*

## MAYEN

Rheinland-Pfalz – 18 570 Ew. – Höhe 250 m – Regionalatlas **36**-C14
▶ Berlin 625 km – Mainz 126 km – Koblenz 35 km – Bonn 63 km
Michelin Straßenkarte 543

🍽️○ **Gourmet Wagner** 🏵 🍽 ⊟

**MARKTKÜCHE · ELEGANT** ✗✗✗ Was hier auf den gut eingedeckten Tisch
kommt, ist saisonale Küche einschließlich ansprechender Menüs wie z. B. "Spar-
gel-" oder "Frühlings-Menü". Dazu eine gute Weinkarte. Das Ambiente in dem
Restaurant nahe dem Marktplatz ist schön elegant: Helle Grautöne und Weiß
dominieren.
Menü 79/89 € – Karte 63/81 €
*Marktplatz 10* ✉ 56727
– ☎ 0265149770 – *www.gourmet-wagner.com*
– *nur Abendessen, sonntags auch Mittagessen – geschl. Sonntagabend - Dienstag*

**MEDDERSHEIM** Rheinland-Pfalz ➜ Siehe Sobernheim, Bad

## MEERANE

Sachsen – 15 010 Ew. – Höhe 250 m – Regionalatlas **42**-N13
▶ Berlin 246 km – Dresden 114 km – Chemnitz 41 km – Gera 38 km
Michelin Straßenkarte 544

🏠 **Schwanefeld** 🏵 🛏 ⚜ 🖹 🎴 🅿

**HISTORISCH · GEMÜTLICH** Die Hotelanlage besteht aus einem hübschen Fachwerkhaus a. d. 17. Jh., einem Anbau sowie einem schönen Garten mit Teich. Eine
Besonderheit ist die hauseigene Schokoladenmanufaktur. Die behaglichen Gaststuben sind im historischen Teil des Hotels untergebracht.
52 Zim 🖃 – 🍴82/119 € 🍴🍴119/149 € – 1 Suite – ½ P
*Schwanefelder Str. 22* ✉ 08393
– ☎ 03764 4050 – *www.schwanefeld.de*

## MEERBUSCH

Nordrhein-Westfalen – 54 390 Ew. – Höhe 36 m – Regionalatlas **25**-B11
▶ Berlin 578 km – Düsseldorf 13 km – Venlo 56 km – Arcen 64 km
Michelin Straßenkarte 543

Siehe Düsseldorf (Umgebungsplan)

# In Meerbusch-Büderich

### ⊛ WINELIVE im Lindenhof     🕸 🛋

**MEDITERRAN · BISTRO** ✗ In dem netten Backsteinhaus geht es mediterran und international zu, von Speisen wie "Ossobuco mit Tagliatelle" und "Skrei mit Finca-Kartoffel und Pastinake" bis zur schönen Weinauswahl (ca. 40 offene Weine), dazu gemütliches Bistro-Flair.

Menü 37/47 € – Karte 37/52 €

**Stadtplan : A1-a** – *Dorfstr. 48* ✉ *40667*
– 𝒞 *02132 6586460* – *www.winelive.de*
– *nur Abendessen* – *geschl. Montag - Dienstag sowie an Feiertagen*

### ⅔○ Landhaus Mönchenwerth     ⟨ 🛋 ⇄ 🅿

**KLASSISCHE KÜCHE · ELEGANT** ✗✗ In dem einladenden Landhaus direkt am Rhein (toll die Terrasse!) bietet der gebürtige Elsässer Guy de Vries mediterran und modern beeinflusste Küche - Appetit auf "Filet vom Steinbutt mit grünem Spargelrisotto"? Sehr charmant der Service.

Menü 65 € – Karte 48/93 €

**Stadtplan : B1-c** – *Niederlöricker Str. 56* ✉ *40667* – 𝒞 *02132 757650*
– *www.moenchenwerth.de* – *nur Abendessen, sonntags auch Mittagessen*
– *geschl. Karneval und Montag, außer an Messen*

### ⅔○ Anthony's     🛋 AK 🍴

**FRANZÖSISCH-MODERN · TRENDY** ✗ Ein schicker Mix aus Restaurant und Kochschule. Man sitzt auf bequemen Designerstühlen und genießt geschmackvolle moderne Küche mit klassischer Basis, z. B. als "Duett vom Lamm, Aubergine, Tomate, Bulgur". Sonntags durchgehend warme Küche.

Menü 49/69 € – Karte 47/59 €

**Stadtplan : A1-b** – *Moerser Str. 81* ✉ *40667*
– 𝒞 *02132 9851425* – *www.anthonys-kochschule.de*
– *nur Abendessen, sonntags auch Mittagessen* – *geschl. Dienstag - Mittwoch*

### 🏠 Gästehaus Meererbusch     🍴 🅿

**LANDHAUS · INDIVIDUELL** Eine familiäre Adresse mit privatem Rahmen. Antike Möbelstücke schaffen eine stilvolle Atmosphäre. Im schönen Frühstücksraum mit Flügel erwarten Sie ein gutes Buffet und freundlicher Service.

17 Zim 🖙 – ⫶109 € ⫶⫶139 €

**Stadtplan : A1-g** – *Hindenburgstr. 4* ✉ *40667* – 𝒞 *02132 93340*
– *www.gaestehaus-meererbusch.de* – *geschl. 23. Dezember - 8. Januar, 22. Juli*
- *13. August*

# MEERFELD

Rheinland-Pfalz – ✉ 54531 – 350 Ew. – Höhe 370 m – Regionalatlas **45**-B14
▶ Berlin 686 km – Mainz 153 km – Trier 62 km
Michelin Straßenkarte 543

### ⊛ Poststuben     🛋 🅿

**INTERNATIONAL · GEMÜTLICH** ✗ Kein Wunder, dass man hier so viele Gäste hat: Man wird freundlich umsorgt und was an regional-saisonalen Gerichten auf den Tisch kommt, schmeckt wirklich gut! Auf der Karte liest man z. B. "geschmortes Rinderbäckchen mit Steinpilzen und Zwetschgen", aber auch einfache bürgerliche Speisen.

Menü 35 € – Karte 27/50 €

*Hotel Zur Post, Meerbachstr. 24* ✉ *54531*
– 𝒞 *06572 931900* – *www.hotel-zur-post-meerfeld.de*
– *November - Dezember nur Abendessen*
– *geschl. Januar und Montag - Dienstag*

##  Zur Post

**FAMILIÄR · FUNKTIONELL** Bereits in 5. Generation sorgt Familie Molitor dafür, dass man hier wirklich gepflegt und preislich fair wohnen kann, die Zimmer sind hell, funktionell und zeitgemäß. Die Lage ist übrigens ideal für einen Wanderurlaub!

33 Zim 🖵 - †47/80 € ††84/140 € - ½ P

*Meerbachstr. 24 ⊠ 54531 - 𝒞 06572 931900 - www.hotel-zur-post-meerfeld.de*
*- geschl. Januar*

🅐 **Poststuben** – siehe Restaurantauswahl

# MEERSBURG

Baden-Württemberg – 5 630 Ew. – Höhe 444 m – Regionalatlas **63**-G21
▶ Berlin 730 km – Stuttgart 191 km – Konstanz 12 km – Freiburg im Breisgau 143 km
Michelin Straßenkarte 545

## ✿ Casala

**MODERNE KÜCHE · ELEGANT** XXX Geschmackvoll und elegant ist das Ambiente hier, bei schönem Wetter speist man mit Blick auf See und Berge! Gekocht wird frisch und modern - ein Highlight sind die ausdrucksstarken Saucen! Es gibt zwei Menüs, eines davon vegetarisch. Kompetent empfiehlt man Ihnen dazu das Passende von der tollen Weinkarte.

→ Gänselebervariation. Atlantik-Seezunge, grüner Spargel, Erdapfel, Morchelrahm. Ahausener Ziegenkäse, kandierte Oliven, Riso Venere, Pinienkerne, Honig.

Menü 99/125 €

**Stadtplan : B2-r** – Hotel Residenz am See, Uferpromenade 11 ⊠ 88709
– 𝒞 07532 80040 – www.hotel-residenz-meersburg.com – nur Abendessen
– geschl. Februar 3 Wochen, Anfang November - Anfang Dezember und Montag
- Mittwoch

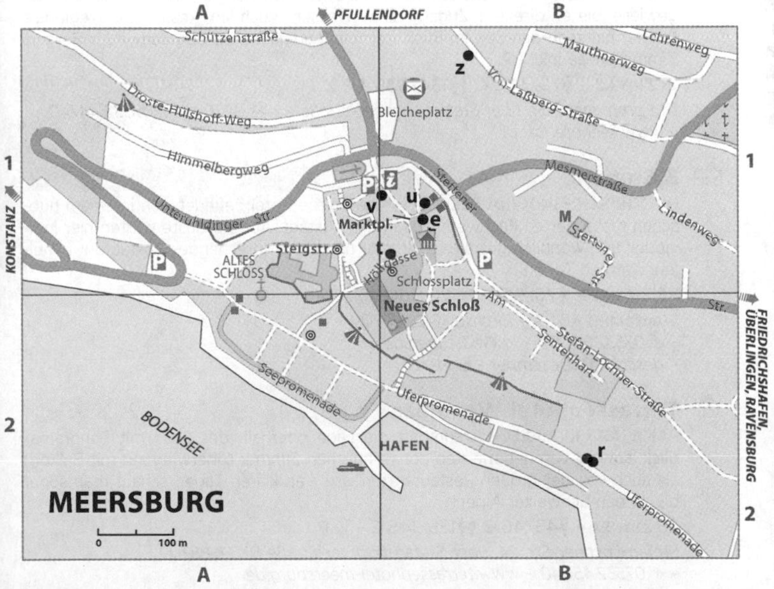

## ⅼO Residenz am See

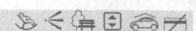

**INTERNATIONAL · ELEGANT** ✗✗ Der reizvolle Ausblick und die mit viel Engagement zubereiteten internationalen Gerichte spielen hier ganz klar die Hauptrolle. Reservieren Sie rechtzeitig einen Tisch in Fensternähe!

Menü 29 € (vegetarisch)/62 € – Karte 40/70 €

Stadtplan : B2-r – *Hotel Residenz am See, Uferpromenade 11* ⊠ *88709*
– *𝒞 07532 80040 – www.hotel-residenz-meersburg.com*
– *geschl. Dienstag, November - März: Montag - Dienstag*

## 🏨 Residenz am See

**BOUTIQUE-HOTEL · MODERN** Was das Haus so angenehm macht? Es liegt direkt am See, man wird sehr persönlich umsorgt und wohnt in modernen, hochwertig und individuell eingerichteten Zimmern - von den Balkonen genießt man die Seesicht, ebenso beim tollen Frühstück!

23 Zim ⌂ – ♦87/206 € ♦♦150/258 € – 2 Suiten – ½ P

Stadtplan : B2-r – *Uferpromenade 11* ⊠ *88709 – 𝒞 07532 80040*
– *www.hotel-residenz-meersburg.com*

⚜ **Casala** • ⅼO **Residenz am See** – siehe Restaurantauswahl

## 🏨 Villa Seeschau

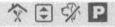

**LANDHAUS · INDIVIDUELL** Die familiengeführte Villa mit gediegenem Rahmen liegt ruhig über der Altstadt. Modern und stilvoll die geräumigen Zimmer, in der Suite haben Sie sogar eine eigene Sauna! Schön zum Verweilen: der gepflegte Garten mit Seeblick. Keine Kinder.

16 Zim ⌂ – ♦99/150 € ♦♦140/270 € – 1 Suite

Stadtplan : B1-z – *Von-Laßberg-Str. 12* ⊠ *88709*
– *𝒞 07532 434490 – www.hotel-seeschau.de*
– *geschl. Dezember - Februar*

## 🏨 See Hotel Off

**FAMILIÄR · GEMÜTLICH** Das Hotel liegt am ruhigen Teil der Uferpromenade. Von den freundlichen Zimmern schaut man auf den See oder die Weinberge. Die Liegewiese bietet direkten Zugang zum Wasser. Auch im Restaurant (regionale Küche) hat man den See im Blick - er reicht sogar bis zu den Schweizer Bergen. Zimmerpreise inkl. HP.

21 Zim ⌂ – ♦79/308 € ♦♦134/338 € – ½ P

*Uferpromenade 51, über Stefan-Lochner-Straße B2* ⊠ *88709 – 𝒞 07532 44740*
– *www.seehotel-off.de*

## 🏨 3 Stuben

**HISTORISCH · INDIVIDUELL** Das sympathische Hotel befindet sich in einem hübschen restaurierten Fachwerkhaus in der Altstadt. Auf die Gäste warten hier individuell und wohnlich gestaltete Zimmer und ein ansprechendes Restaurant in hellen, warmen Tönen.

28 Zim ⌂ – ♦75/95 € ♦♦120/160 € – ½ P

Stadtplan : AB1-v – *Kirchstr. 7* ⊠ *88709*
– *𝒞 07532 80090 – www.3stuben.de*
– *geschl. 20. Dezember - 6. März*

## 🏠 Terrassenhotel Weißhaar

**FAMILIÄR · KLASSISCH** Traumhaft die Lage oberhalb des Sees mit Panoramablick, sowohl von den meisten der wohnlichen Zimmer (überwiegend mit Balkon) als auch von der großen Restaurantterrasse - an klaren Tagen schaut man sogar bis zu den Schweizer Alpen!

25 Zim ⌂ – ♦43/46 € ♦♦125/145 € – ½ P

*Stefan-Lochner-Str. 24, über Stefan-Lochner-Straße B2* ⊠ *88709*
– *𝒞 07532 45040 – www.terrassenhotel-meersburg.de*

**Löwen** 🏠 🍽 🚗

**GASTHOF · INDIVIDUELL** In dem über 500 Jahre alten Haus im Zentrum hat man sehr wohnliche und individuell eingerichtete Zimmer für Sie. Ein wahres Bijou ist die komplett holzgetäfelte Gaststube, in der man regionale Gerichte bietet.

20 Zim 🛏 – 🛏55/60 € 🛏🛏100/130 € – ½ P

*Stadtplan : B1-e – Marktplatz 2 ⊠ 88709 – ℰ 07532 43040*
*– www.hotel-loewen-meersburg.de*

 **Bären** 🏠 🍽 🚗 🚭

**GASTHOF · INDIVIDUELL** Der historische Familienbetrieb hat schon Charme - das liegt zum einen an der verwinkelten Bauweise, zum anderen an den antiken Möbeln hier und da! Am Eingang zur gemütlichen Gaststube (hier serviert man Regionales) begrüßt Sie ein beachtliches Bärenfell!

20 Zim 🛏 – 🛏50/85 € 🛏🛏88/120 € – ½ P

*Stadtplan : B1-u – Marktplatz 11 ⊠ 88709 – ℰ 07532 43220*
*– www.baeren-meersburg.de – geschl. Mitte November - Mitte März*

# MEININGEN

Thüringen – 20 970 Ew. – Höhe 290 m – Regionalatlas **39**-J13
▶ Berlin 371 km – Erfurt 80 km – Coburg 69 km – Fulda 63 km
Michelin Straßenkarte 544

🍽 **Posthalterei** 🐌 🏠 **P**

**INTERNATIONAL · GEMÜTLICH** ✕✕ Schön sitzt man hier an gut eingedeckten Tischen, umgeben von hellem warmem Holz, alten Natursteinbögen und hübscher Deko, während man sich richtig gut bekochen lässt. Auf der Karte liest man z. B. "rosa gebratenes Kalbsfilet mit Macadamianusskruste". Dazu rund 285 Positionen Wein.

Menü 39/55 € – Karte 38/45 €

*Hotel Sächsischer Hof, Georgstr. 1 ⊠ 98617 – ℰ 03693 4570*
*– www.saechsischerhof.com – nur Abendessen – geschl. Mitte Juli - Mitte August und Sonntag - Dienstag*

🏨 **Sächsischer Hof** 🍽 🔲 🧖 **P**

**TRADITIONELL · HISTORISCH** Das traditionsreiche Hotel - einst Poststation - befindet sich gegenüber dem Englischen Garten und beherbergt elegante großzügige Zimmer sowie einfachere Classic-Zimmer. Neben der "Posthalterei" gibt es die rustikale "Kutscherstube" (charmant die alte Holztäfelung) mit bürgerlich-regionaler Küche.

37 Zim – 🛏76/102 € 🛏🛏98/138 € – 3 Suiten – 🛏 12 € – ½ P

*Georgstr. 1 ⊠ 98617 – ℰ 03693 4570 – www.saechsischerhof.com*
🍽 **Posthalterei** – siehe Restaurantauswahl

# MEISENHEIM

Rheinland-Pfalz – 2 800 Ew. – Höhe 160 m – Regionalatlas **46**-D16
▶ Berlin 644 km – Mainz 67 km – Koblenz 99 km – Saarbrücken 102 km
Michelin Straßenkarte 543

🏠 **Meisenheimer Hof** 🏠 🐾 ♻ **P**

**MARKTKÜCHE · GEMÜTLICH** ✕ In den drei kleinen Restaurantstuben lässt man sich in ungezwungener Atmosphäre von Chef Markus Pape, einem gebürtigen Sauerländer, richtig gut bekochen - wie wär's z. B. mit "geschmortem Bäckchen vom Glantalrind mit Lauchgemüse". Dazu viele Eigenbau-Weine und eine unerwartete Bordeaux-Auswahl.

Menü 37/89 € – Karte 36/63 €

*Hotel Meisenheimer Hof, Obergasse 33, (Zufahrt über Stadtgraben) ⊠ 55590*
*– ℰ 06753 1237780 – www.meisenheimer-hof.de – geschl. 2. - 19. Januar und Montag - Dienstagmittag*

### 🏠 Meisenheimer Hof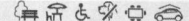

**HISTORISCH · INDIVIDUELL** In dem aufwändig sanierten Ensemble aus fünf Alt-stadthäusern hat man jahrundertelange Historie (alte Böden, Antiquitäten...) schön mit Modernem kombiniert. Das ehemalige Stadtkino wurde zum Open-Air-Veranstaltungsraum - sehr speziell! Gegenüber der Wein-Degustationsraum. "Kochhaus": Gästehaus mit Kochschule.

18 Zim ⌂ – †90/109 € ††119/169 € – 4 Suiten – ½ P

*Obergasse 33, (Zufahrt über Stadtgraben) ⊠ 55590 – ℰ 06753 1237780*
*– www.meisenheimer-hof.de – geschl. 2. - 19. Januar*

  🍴 **Meisenheimer Hof** – siehe Restaurantauswahl

## MEISSEN

Sachsen – 27 140 Ew. – Höhe 110 m – Regionalatlas **43**-P12
▶ Berlin 194 km – Dresden 23 km – Chemnitz 61 km – Leipzig 85 km
Michelin Straßenkarte 544

### ⅈ○ OHM'S

**REGIONAL · KLASSISCHES AMBIENTE** XX Mit ihrer geschmackvollen Einrichtung und gepflegter Tischkultur tragen die kleinen Restauranträume (darunter ein Win-tergarten) dem schönen Villen-Flair Rechnung. Gekocht wird sächsisch und inter-national, so z. B. "Sülze vom Meißner Landschwein" oder "Lachs mit Pilzrisotto". "Garden Lounge" zum Hotelpark.

Menü 32/65 € – Karte 23/63 €

*Hafenstr. 27 ⊠ 01662 – ℰ 0352172250 – www.welcome-hotel-meissen.de*

### 🏨 WELCOME PARKHOTEL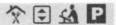

**BUSINESS · KLASSISCH** Mittelpunkt der Hotelanlage ist die schmucke Jugendstil-villa von 1870! Elegant die Zimmer - fragen Sie nach den neueren! Einige mit Blick auf die Albrechtsburg. Hübsch: Wellnessbereich und Garten, Terrasse und "Wein-garten" am Elbradweg.

118 Zim – †100/220 € ††125/250 € – ⌂ 18 € – ½ P

*Hafenstr. 27 ⊠ 01662 – ℰ 0352172250 – www.welcome-hotel-meissen.de*
ⅈ○ **OHM'S** – siehe Restaurantauswahl

### 🏠 Goldener Löwe 🅝

**HISTORISCH · GEMÜTLICH** Hier wohnen Sie mitten in der historischen Altstadt in einem über 350 Jahre alten Gasthaus. Die Zimmer sind gediegen eingerichtet und liegen teilweise ruhig zum Innenhof, nett das gemütlich-rustikale Restaurant, ebenso die Terrasse zur Fußgängerzone.

36 Zim ⌂ – †68/83 € ††120/135 € – ½ P

**Stadtplan : A2-t** – *Heinrichsplatz 6, (Zufahrt über Kleinmarkt) ⊠ 01662*
*– ℰ 0352141110 – www.goldener-loewe-meissen.com*

## In Weinböhla Nord-Ost: 11 km

### ⅈ○ Laubenhöhe

**INTERNATIONAL · RUSTIKAL** X Lust auf frische international-saisonale Küche? In gemütlicher Atmosphäre speist man z. B. "Rinderfilet mit Pfifferlingen" oder "Lachsfilet mit Blattspinat und Sauerampfersauce". Im Sommer lockt die begrünte Terrasse mit schöner Aussicht.

Menü 23/55 € – Karte 21/50 €

*Köhlerstr. 77 ⊠ 01689 – ℰ 03524336183 – www.laubenhoehe.de – geschl.*
*13. Februar - 1. März, 10. - 27. Juli und Sonntagabend - Dienstagmittag*

## MELLE

Niedersachsen – 45 850 Ew. – Höhe 76 m – Regionalatlas **27**-F9
▶ Berlin 399 km – Hannover 115 km – Bielefeld 39 km – Münster (Westfalen) 80 km
Michelin Straßenkarte 541

## ⬤ Lüers im Heimathof     🏡 ⍟ **P**

**MARKTKÜCHE · GEMÜTLICH** ⅍ Das reizende Fachwerkhaus von 1620 ist Teil eines Museumsdorfes. Rustikale alte Holzbalken machen es schön gemütlich. Das Angebot ist saisonal, nachmittags gibt's selbstgebackene Kuchen - im Sommer ist dafür die Terrasse besonders beliebt!

Karte 28/50 €

*Friedrich-Ludwig-Jahn-Str. 10, (im Erhohlungszentrum am Grönenberg)* ✉ *49324 – ☏ 05422 925091 – www.luers-im-heimathof.de*

# MELLRICHSTADT

Bayern – 5 570 Ew. – Höhe 270 m – Regionalatlas **39**-J14

▶ Berlin 392 km – München 359 km – Fulda 57 km – Bamberg 89 km

Michelin Straßenkarte 546

## 🏠 Biohotel Sturm    🌿 ⌖ ⌗ 🎬 🐾 ☰ ⍟ ♨ **P**

**SPA UND WELLNESS · GEMÜTLICH** Schön, was man hier so alles bietet: wohnliche Zimmer (die gibt's als "Tradition" oder modern als "Zeitgeist"), Naschgarten, Badeteich, Blockhaussauna, Wellness-Anwendungen... Und im Küchenhaus im Garten backt man eigenes Holzofenbrot und stellt Marmelade her - natürlich Bio!

45 Zim ⌷ – ⬤89/139 € ⬤⬤149/189 € – ½ P

*Ignaz-Reder-Str. 3* ✉ *97638 – ☏ 09776 81800 – www.hotel-sturm.com – geschl. 18. - 24. Dezember*

# MELSUNGEN

Hessen – 13 310 Ew. – Höhe 179 m – Regionalatlas **39**-H12

▶ Berlin 407 km – Wiesbaden 198 km – Kassel 30 km – Bad Hersfeld 45 km

Michelin Straßenkarte 543

## 🏠 Centrinum    🌿 🐾 ☰ ♿ ♨ **P**

**HISTORISCH · MODERN** In diesem Hotel in der Altstadt wurde Modernität clever mit Fachwerk kombiniert. Die zeitgemäßen Zimmer sind individuell eingerichtet, hübsch der kleine Saunabereich. Internationale Küche im Bistro. Von der Terrasse beobachtet man das Geschehen in der Fußgängerzone.

21 Zim ⌷ – ⬤80 € ⬤⬤120 € – 1 Suite

*Rosenstr. 1* ✉ *34212 – ☏ 05661 926060 – www.centrinum.de*

# MEMMELSDORF

Bayern – 8 860 Ew. – Höhe 262 m – Regionalatlas **50**-K15

▶ Berlin 398 km – München 240 km – Coburg 47 km – Bamberg 7 km

Michelin Straßenkarte 546

## 🏠 Brauereigasthof Drei Kronen    🌿 ♨ **P**

**GASTHOF · INDIVIDUELL** Als Gasthof gibt es das Haus der Straubs schon seit 1750, die Brautradition geht sogar bis ins Jahr 1457 zurück! Tipp: Das schönste Zimmer ist der "Braumeistertempel"! Besonders gemütlich sitzt man beim Essen in der Stube mit alter Original-Täfelung und Kachelofen. Und wie wär's mit einer Bierprobe?

28 Zim ⌷ – ⬤60/90 € ⬤⬤90/120 € – ½ P

*Hauptstr. 19* ✉ *96117 – ☏ 0951 944330 – www.drei-kronen.de*

# MEMMINGEN

Bayern – 41 560 Ew. – Höhe 601 m – Regionalatlas **64**-I20

▶ Berlin 661 km – München 114 km – Kempten (Allgäu) 35 km – Augsburg 95 km

Michelin Straßenkarte 546

🍴○ **Engelkeller** ⇦ 🏠 ⚐ 🅿

BÜRGERLICHE KÜCHE · LÄNDLICH ⅹ In dem Eckhaus nicht weit von der Innen-stadt sitzt man gemütlich bei bürgerlich-regionaler und internationaler Küche. Hintern Haus hat man einen schönen Biergarten. Wer gepflegt übernachten möchte, findet hier geradlinig-zeitgemäße Zimmer.

Menü 25/68 € – Karte 27/56 €    25 Zim 🖙 – ♦82 € ♦♦118 €
*Königsgraben 9 ✉ 87700 – ☎ 08331 9844490 – www.engelkeller.de*

🍴○ **Weinstube Weber am Bach** ⇦ 🏠 ⚐

TRADITIONELLE KÜCHE · LÄNDLICH ⅹ Wussten Sie, dass das 1320 urkundlich erstmals erwähnte Haus das älteste der Stadt ist? Charmant sind sowohl die gemütlichen holzgetäfelten Stuben als auch die Terrasse direkt am Bach. Serviert wird traditionell-regionale Küche mit mediterranen und saisonalen Einflüssen. Man hat auch zeitgemäße Gästezimmer.

Menü 40/59 € – Karte 23/67 €    12 Zim – ♦65/75 € ♦♦85/105 € – 🖙 10 €
*Untere Bachgasse 2 ✉ 87700 – ☎ 08331 2414 (Tischbestellung ratsam)*
*– www.weberambach.de – geschl. Montagmittag*

🏠 **Falken** ⊟ 🅰🅲 🚗

BUSINESS · FUNKTIONELL In dem Hotel inmitten der Altstadt hat man wohnliche, neuzeitliche Zimmer für Sie - besonders beliebt die "Business-Suiten" mit Dampf-dusche. Fragen Sie auch nach den Zimmern in der 4. Etage mit Blick über Memmingen!

41 Zim 🖙 – ♦83/119 € ♦♦120/145 € – 1 Suite
*Roßmarkt 3, (1. Etage) ✉ 87700 – ☎ 08331 94510*
*– www.hotel-falken-memmingen.com – geschl. August 3 Wochen, Ende Dezember 2 Wochen*

# MEPPEN

Niedersachsen – 34 110 Ew. – Höhe 14 m – Regionalatlas **16**-D7
▶ Berlin 504 km – Hannover 240 km – Nordhorn 43 km – Bremen 129 km
Michelin Straßenkarte 543

🍴○ **von Euch** 🏠 ⚐ 🅰🅲 🎐 ⟳ 🚗

INTERNATIONAL · FREUNDLICH ⅹⅹ Appetit machen hier z. B. "Meppener Spieß mit mediterranem Ofengemüse und Sauce Rouille" oder "Filet vom Steinbutt im Parmesanmantel mit Kräuter-Kartoffelmousse und Hummerschaum"! Mittags zusätzlich kleine Lunchkarte. Schön die Terrasse!

Menü 27 € (abends) – Karte 27/43 €
*Hotel von Euch, Kuhstr. 21 ✉ 49716 – ☎ 05931 4950100 – www.hotelvoneuch.de*

🏠 **von Euch** 🕸 ⊟ ⚐ 🎐 🏋 🚗

URBAN · MODERN Freundlich kümmert man sich in dem Hotel im Zentrum um seine Gäste. Sie wohnen in tipptopp gepflegten, neuzeitlich eingerichteten Zim-mern (geräumiger die Superior-Zimmer) und genießen am Morgen ein gutes Frühstück.

29 Zim 🖙 – ♦79/96 € ♦♦89/115 € – ½ P
*Kuhstr. 21 ✉ 49716 – ☎ 05931 4950100 – www.hotelvoneuch.de*
🍴○ **von Euch** – siehe Restaurantauswahl

# MERGENTHEIM, BAD

Baden-Württemberg – 22 470 Ew. – Höhe 206 m – Regionalatlas **49**-I16
▶ Berlin 539 km – Stuttgart 117 km – Würzburg 46 km – Ansbach 78 km
Michelin Straßenkarte 545

🍴○ **Bundschu** 🏠 🚗

MARKTKÜCHE · BÜRGERLICH ⅹⅹ Das gepflegte Restaurant ist die "Gute Stube" im Hause der Bundschus. Gekocht wird regional-mediterran, im Frühjahr auch Asiati-sches - nach wie vor ein Klassiker: die Bouillabaisse. Schöne die Terrasse zum Garten.

Menü 30/50 € – Karte 23/50 €
*Hotel Bundschu, Milchlingstr. 24 ✉ 97980 – ☎ 07931 9330*
*– www.hotel-bundschu.de – geschl. Montag*

### 🏨 Parkhotel     🎿 🍴 ▣ 🕸 ⅃⅀ ▣ 🛗 🐾 🛁 🅿

**BUSINESS · FUNKTIONELL** Das Hotel befindet sich direkt am schönen Kurpark, zu dem auch die neuzeitlichen Zimmer liegen, alle mit Balkon oder Loggia. Medizinische Anwendungen und Schönheitsfarm. Internationale Küche im hellen, geradlinigen Restaurant. Terrasse mit Blick ins Grüne.

116 Zim ⌨ – ♦107/144 € ♦♦145/189 € – ½ P

*Lothar-Daiker-Str. 6 ✉ 97980 – ✆ 07931 5390 – www.parkhotel-mergentheim.de*

### 🏨 Bundschu     ▣ 🛁 🚗

**FAMILIÄR · FUNKTIONELL** Familie Bundschu leitet ihr Haus schon mit sehr viel Engagement und Herz, man renoviert und investiert, und so hat man neben den Komfortzimmern auch besonders schicke und topmoderne Superiorzimmer sowie großzügige Juniorsuiten. Das Haus eignet sich auch bestens für Tagungen und Veranstaltungen aller Art.

60 Zim ⌨ – ♦69/99 € ♦♦99/150 € – ½ P

*Milchlingstr. 24 ✉ 97980 – ✆ 07931 9330 – www.hotel-bundschu.de*

🍴 **Bundschu** – siehe Restaurantauswahl

### 🏨 Alte Münze     ▣ 🛗 🚗

**URBAN · FUNKTIONELL** Der Gast bekommt hier alles, was er von einem gepflegten Stadthotel erwartet: funktionell ausgestattete Zimmer, solide Technik und ein gutes Frühstücksbuffet. Tipp: Besuchen Sie das wenige Gehminuten entfernte Deutschordensschloss!

29 Zim ⌨ – ♦59/65 € ♦♦90/95 €

*Münzgasse 12 ✉ 97980 – ✆ 07931 5660 – www.hotelaltemuenze.de*

## In Bad Mergentheim-Markelsheim Süd-Ost: 6 km über B 19

### 🏠 Gästehaus Birgit     🐾 🍴 🕸 🐾 🛁 🅿

**FAMILIÄR · FUNKTIONELL** Wie gemacht für Radwanderer: ruhig am Ortsrand gelegen, der Tauberradweg direkt vor der Tür! Bei der engagierten Familie Beck kann man wirklich nett und günstig übernachten (und auch gut frühstücken) - alles hell und frisch in Blau-Weiß.

13 Zim ⌨ – ♦46/48 € ♦♦67/74 € – 1 Suite

*Scheuerntorstr. 25 ✉ 97980 – ✆ 07931 90900 – www.gaestehausbirgit.de*

## MERSEBURG

Sachsen-Anhalt – 33 440 Ew. – Höhe 100 m – Regionalatlas **31**-M11
▶ Berlin 189 km – Magdeburg 104 km – Leipzig 27 km – Halle (Saale) 16 km
Michelin Straßenkarte 542

### 🍴 Ritters Weinstuben     🐾 🏡 🕸

**REGIONAL · ELEGANT** ✕✕ Das Ambiente gemütlich-elegant, schmackhaft die regionale und internationale Küche, sehr gut das Preis-Leistungs-Verhältnis! Wie wär's mit "Heimatkunde"? Oder lieber "Weltenbummler"? Mitunter sind die Produkte für die Region nicht ganz alltäglich. Zum Übernachten: wohnliche und funktionale Zimmer.

Menü 35/57 € – Karte 32/69 €    9 Zim – ♦49/59 € ♦♦59/69 € – ⌨ 9 €

*Große Ritterstr. 22, (Zufahrt über Burgstraße) ✉ 06217 – ✆ 0346133660*
*– www.ritters-weinstuben.de – geschl. Anfang Januar 2 Wochen und*
*Samstagmittag, Sonntag*

### 🏨 Radisson BLU     🎿 🕸 ⅃⅀ ▣ 🛁 🚗

**KETTENHOTEL · FUNKTIONELL** Das barocke Zech'sche Palais ist Teil dieses Hotels oberhalb der Stadt. Wer gerne einen schönen Ausblick genießt, bucht ein Businesszimmer im OG mit angeschlossener Dachterrasse! Klassische Küche mit internationalem Einfluss im Restaurant Belle Epoque. Man hat auch stilvolle historische Säle.

132 Zim – ♦75/90 € ♦♦80/125 € – 1 Suite – ⌨ 17 € – ½ P

*Oberaltenburg 4 ✉ 06217 – ✆ 03461 45200 – www.merseburg-radissonblu.com*

## MERTESDORF

Rheinland-Pfalz – 1 680 Ew. – Höhe 220 m – Regionalatlas **45**-B15

▶ Berlin 725 km – Mainz 150 km – Trier 16 km – Saarbrücken 82 km

Michelin Straßenkarte 543

### 🏠 Weis      🏔 🌳 ⇐ 🛌 🕍 🖃 🏋 🚗

**LANDHAUS · MODERN** Das in den Weinbergen des Ruwertals gelegene familien-geführte Hotel mit Weingut verfügt über zeitgemäße und wohnliche Zimmer sowie eine modernen Sauna- und Anwendungsbereich. Behagliches Restaurant mit Kachelofen und rustikale Stube.

48 Zim 🖵 – ♦80/100 € ♦♦104/150 € – ½ P

*Eitelsbacher Weg 4 ✉ 54318 – ℰ 0651 95610 – www.hotel-weis.de*

## MERZIG

Saarland – 29 670 Ew. – Höhe 174 m – Regionalatlas **45**-B16

▶ Berlin 746 km – Saarbrücken 47 km – Luxembourg 56 km – Saarlouis 21 km

Michelin Straßenkarte 543

### ⑪O Callari      🎇 🗛 ⅀

**MEDITERRAN · ELEGANT** ⅂⅂ In Sizilien geboren, hat Gaspare Callari über die Toskana den Weg ins Saarland gefunden. Und hier bewahrt er sich nun in dem etwas versteckt im Zentrum am Seffersbach liegenden Restaurant ein Stückchen Heimat in Form von mediterran-italienischer Küche.

Menü 35/50 € – Karte 25/57 €

*Fischerstr. 20 ✉ 66663 – ℰ 06861 992424 – geschl. 22. - 28. Februar, 7. - 15. Juni , 4. - 12. Oktober und Mittwoch - Donnerstag, Samstagmittag*

### 🏠 Roemer      🏔 🖃 🏋 🅿

**FAMILIÄR · THEMENBEZOGEN** Das zeitgemäß und funktionell ausgestattete Haus (teilweise hübsche Themenzimmer wie z. B. Meereszimmer oder Afrikazim-mer) ist ein "Bett+Bike"-Hotel: Gäste dürfen sich über Fahrrad-Garage sowie Ver-leih von Rädern und E-Bikes freuen. Das Restaurant bietet u. a. regionale Küche.

41 Zim 🖵 – ♦64/84 € ♦♦89/115 € – ½ P

*Schankstr. 2 ✉ 66663 – ℰ 06861 93390 – www.roemer-merzig.de*

## MESCHEDE

Nordrhein-Westfalen – 30 110 Ew. – Höhe 260 m – Regionalatlas **27**-F11

▶ Berlin 481 km – Düsseldorf 150 km – Arnsberg 19 km – Brilon 22 km

Michelin Straßenkarte 543

### ⑪O Von Korff      🐾 ⇔ 🎇 ⅄ ⅀ 🅿

**INTERNATIONAL · GERADLINIG** ⅂⅂ Das Restaurant im gleichnamigen Hotel - ein Patrizierhaus von 1902 nebst architektonisch gelungener Erweiterung - bietet internationale Küche in ansprechendem geradlinigem Ambiente. Schöne Auswahl an Bordeaux-Weinen.

Menü 28/65 € – Karte 25/69 €    26 Zim – ♦69/79 € ♦♦92/105 € – 🖵 7 €

*Le-Puy-Str. 19 ✉ 59872 – ℰ 0291 99140 – www.hotelvonkorff.de – geschl. Sonntag*

**In Meschede-Freienohl** Nord-West: 10 km über A 46

### ⑪O Luckai      ⇔ 🎇 ⅀ 🅿

**BÜRGERLICHE KÜCHE · FREUNDLICH** ⅂⅂ In diesem hell gestalteten Restaurant serviert man bürgerliche Küche mit internationalen Einflüssen. Zum Haus gehören auch eine nette Sonnenterrasse und eine Bierstube. Die soliden Gästezimmer ver-fügen meist über einen Balkon.

Menü 22 € – Karte 16/37 €    15 Zim 🖵 – ♦59/69 € ♦♦72/106 €

*Christine-Koch-Str. 11 ✉ 59872 – ℰ 02903 97520 – www.hotel-luckai.de – Montag - Freitag nur Abendessen – geschl. Mittwoch*

## In Meschede-Remblinghausen Süd: 6 km

### 🏵 Landhotel Donner ☂ ⅙ ⇔ 🅿

**REGIONAL · LÄNDLICH** ⅄ Ob regional oder international, ob hausgemachte Rindswurst oder "Tempura-Garnelen Tandoori", hier wird richtig gut gekocht! Wirklich gemütlich das Ambiente: hübsche ländliche Gaststuben mit hochwertigen Stoffen und warmem Holz. Und nachmittags selbst gebackenen Kuchen auf der schönen Gartenterrasse?

Menü 35/46 € – Karte 32/59 €

*Landhotel Donner, Zur alten Schmiede 4 ⊠ 59872 – 𝒞 0291 952700*
*– www.landhotel-donner.de – geschl. 8. - 26. Januar und Mittwoch*

### 🏠 Landhotel Donner ⌇ ▣ 🅿

**FAMILIÄR · GEMÜTLICH** Familie Donner hat den Gasthof von 1911 in dem historischen Handelshaus zu einem sympathischen, tipptopp gepflegten und wohnlichen kleinen Hotel gemacht. Fragen Sie nach den neuzeitlicheren Zimmern! Dazu gibt's Tipps für Ihre Wanderung.

14 Zim ☲ – †69/82 € ††95/125 € – ½ P

*Zur alten Schmiede 4 ⊠ 59872 – 𝒞 0291 952700 – www.landhotel-donner.de*
*– geschl. 8. - 26. Januar*

🏵 **Landhotel Donner** – siehe Restaurantauswahl

## MESPELBRUNN

Bayern – 2 200 Ew. – Höhe 269 m – Regionalatlas **48**-H15
▶ Berlin 561 km – München 342 km – Würzburg 62 km – Aschaffenburg 16 km
Michelin Straßenkarte 546

### ⅠО Müller's Frischeküche ≼ ☂ ⅙ ⅗ ⇔ 🅿

**MARKTKÜCHE · FAMILIÄR** ⅄ In ländlich-charmanten Stuben bietet man regional-saisonale Küche und auch Gerichte mit internationalem Einfluss. Wie wär's z. B. mit dem Menü "Feinschmecker" oder lieber einen von "Müller's Klassikern"? Tipp: Terrasse mit schöner Sicht!

Menü 23 € – Karte 23/50 €

*Müller's Landhotel, Am Dürrenberg 1, (Hessenthal), Nord: 2 km ⊠ 63875*
*– 𝒞 06092 824820 – www.muellers-landhotel.eu – Montag - Donnerstag nur*
*Abendessen*

### 🏨 Schlosshotel ⌂ ⌇ 🏠 ▣ 🛁 🅿

**TRADITIONELL · INDIVIDUELL** In direkter Nachbarschaft zum Wasserschloss hat sich aus der Schlosswirtschaft dieser Hotelkomplex entwickelt. In neuem Glanz und geradlinig-zeitgemäßem Stil erstrahlen nun viele der Zimmer und auch der Sauna- und Kosmetikbereich. Speisen Sie im Sommer auf der Terrasse unter alten Linden!

40 Zim ☲ – †80/135 € ††115/169 € – ½ P

*Schlossallee 25 ⊠ 63875 – 𝒞 06092 6080 – www.schlosshotel-mespelbrunn.de*
*– geschl. 2. - 21. Januar*

### 🏨 Müller's Landhotel ≼ ▣ ⅙ ⅗ 🛁 🅿

**FAMILIÄR · FUNKTIONELL** Schön modern wohnt man in dem Familienbetrieb oberhalb von Mespelbrunn. Von den Zimmern zur Talseite hat man eine reizvolle Aussicht, ruhiger schläft man zum Weinberg. Am Morgen erwartet Sie ein ansprechendes Frühstücksbuffet.

20 Zim ☲ – †51/88 € ††90/142 € – 2 Suiten – ½ P

*Am Dürrenberg 1, (Hessenthal), Nord: 2 km ⊠ 63875 – 𝒞 06092 824820*
*– www.muellers-landhotel.eu*

ⅠО **Müller's Frischeküche** – siehe Restaurantauswahl

## MESSKIRCH

Baden-Württemberg – 8 150 Ew. – Höhe 616 m – Regionalatlas **63**-G20
▶ Berlin 708 km – Stuttgart 118 km – Konstanz 55 km – Freiburg im Breisgau 119 km
Michelin Straßenkarte 545

## In Meßkirch-Menningen Nord-Ost: 5 km über B 311

### ⁈◯ Zum Adler Leitishofen ⇔ 🏠 ⇔ 🚗

**REGIONAL · GASTHOF** ✕✕ Etwas abseits liegt dieser familiengeführte Gasthof samt netter Terrasse mit Blick ins Grüne. Gekocht wird regional-bürgerlich mit internationalen Einflüssen, vom "Schweinerückensteak mit Bärlauchkruste" bis zur "mediterranen Fischsuppe".

Menü 15 € (mittags unter der Woche)/39 € – Karte 19/42 €

*Leitishofen 35, an der B 311 ✉ 88605 – ☎ 07575 925080*
*– www.adler-leitishofen.de – geschl. Ende Januar 2 Wochen und Dienstag*

# MESSSTETTEN

Baden-Württemberg – 10 000 Ew. – Höhe 907 m – Regionalatlas **63**-G20
▶ Berlin 736 km – Stuttgart 91 km – Konstanz 88 km – Albstadt 8 km
Michelin Straßenkarte 545

## In Meßstetten-Hartheim Süd-West: 3 km über Hauptstraße

### ⁈◯ Lammstuben ⇔ 🅿

**REGIONAL · GASTHOF** ✕✕ Geschmackvoll die drei Stuben (Kachelofen, Wandvertäfelungen und bemalte Holzdecken machen es stilvoll und charmant), regional die Küche. Lust auf Schlachtfest, Kochkurs oder Spargelessen? Je nach Jahreszeit stehen besondere Aktionen an.

Menü 26/42 € – Karte 17/51 €

*Römerstr. 2 ✉ 72469 – ☎ 07579 621 – www.lammstuben.de – geschl. Anfang Februar 2 Wochen, Anfang August 2 Wochen und Dienstag - Mittwochmittag*

# METTLACH

Saarland – 12 130 Ew. – Höhe 175 m – Regionalatlas **45**-B16
▶ Berlin 754 km – Saarbrücken 55 km – Trier 43 km – Saarlouis 29 km
Michelin Straßenkarte 543

## In Mettlach-Orscholz Nord-West: 6 km, jenseits der Saar, im Wald links abbiegen

### ⁈◯ Landhotel Saarschleife ⇔ 🏠 ⇔ 🚗

**INTERNATIONAL · LÄNDLICH** ✕✕ "Jakobsmuscheln auf Gurken-Carpaccio" oder "Lammrücken mit Pestognocchi" sind nur zwei Beispiele für die regional und international geprägte Küche, die zahlreiche Gäste zu Familie Buchna führt. Essen und Service sind hier gleichermaßen gut.

Menü 28/70 € – Karte 35/63 €

*Landhotel Saarschleife, Cloefstr. 44 ✉ 66693 – ☎ 06865 1790*
*– www.hotel-saarschleife.de – geschl. Montagmittag*

### 🏠 Landhotel Saarschleife

**LANDHAUS · INDIVIDUELL** Familie Buchna führt ihr Haus sehr engagiert, immer wieder wird investiert und erneuert. Fragen Sie nach den neuen geradlinigmodern gestalteten Zimmern! Schön entspannen können Sie auch im gepflegten Freizeitbereich.

44 Zim ⌑ – †76/122 € ††116/152 € – 4 Suiten – ½ P

*Cloefstr. 44 ✉ 66693 – ☎ 06865 1790 – www.hotel-saarschleife.de*
⁈◯ **Landhotel Saarschleife** – siehe Restaurantauswahl

# METTNAU (HALBINSEL) – BW (Baden-Württemberg) ➜ Siehe Radolfzell

# METZINGEN

Baden-Württemberg – 21 180 Ew. – Höhe 350 m – Regionalatlas **55**-G19
▶ Berlin 673 km – Stuttgart 34 km – Reutlingen 8 km – Ulm (Donau) 79 km
Michelin Straßenkarte 545

ᴵᴼ **Schwanen** 🍴 🔥 🍽 🚗

MARKTKÜCHE · LANDHAUS ✗ Hier kommt saisonale Küche aus regionalen Produkten auf den Tisch, und die lässt man sich im Sommer gerne auf der Terrasse vor der Kirche servieren. Beliebt auch das günstige Lunchmenü. Begehrbarer Weinschrank mit schöner Auswahl.

Menü 16 € (mittags unter der Woche)/57 € – Karte 23/67 €

*Hotel Schwanen, Bei der Martinskirche 10 ⊠ 72555 – 𝒞 07123 9460*
*– www.schwanen-metzingen.de*

🏠 **Schwanen** ⬚ 🍽 🏔 🚗

BUSINESS · MODERN Das Haus liegt gegenüber der Martinskirche und - ideal für Shopping-Fans - nur wenige Gehminuten von einem der Mode-Outlets. Die Zimmer sind wirklich schön - man beachte die schicken Design-Möbel und wertigen Tapeten! Bistro-Bar "Mezzo".

72 Zim – 🛏80/228 € 🛏🛏101/269 € – ⌾ 15 €

*Bei der Martinskirche 10 ⊠ 72555 – 𝒞 07123 9460 – www.schwanen-metzingen.de*

ᴵᴼ **Schwanen** – siehe Restaurantauswahl

## MICHELSTADT

Hessen – 16 160 Ew. – Höhe 206 m – Regionalatlas **48**-G16

▶ Berlin 592 km – Wiesbaden 92 km – Mannheim 66 km – Aschaffenburg 51 km
Michelin Straßenkarte 543

🏠 **Drei Hasen** 🎿 🏔 🅿

FAMILIÄR · GEMÜTLICH Auf 300 Jahre Gasthaustradition blickt das schöne historische Gebäude am Marktplatz zurück. Hier bietet bereits die 14. Generation hübsche individuelle Zimmer und bürgerliche Küche in gemütlichen Räumen - eine davon die "Museums-Stubb" mit Kamin von 1450. Charmant das Küferhaus und die Terrasse mit Kastanie.

20 Zim ⌾ – 🛏62/72 € 🛏🛏96 € – ½ P

*Braunstr. 5 ⊠ 64720 – 𝒞 06061 71017 – www.dreihasen.de    geschl. 1. - 15. Januar*

🏠 **Die Träumerei** ❶ 🍽 🅿

FAMILIÄR · INDIVIDUELL Ein Bijou ist das aufwändig sanierte Haus von 1623. Die Zimmer "Jademansarde", "Goldspeicher", "Elfenbeinzimmer", "Malvensuite" und "Vergissmeinnicht" sind so wertig und schön wie individuell. Im Café: Frühstück, tagsüber Kuchen, Paninis & Co. Abends bürgerlich-regionale Küche im "Rathausbräu" gegenüber.

5 Zim ⌾ – 🛏105/115 € 🛏🛏140/180 € – 1 Suite

*Obere Pfarrgasse 3 ⊠ 64720 – 𝒞 06061 703333 – www.die-traeumerei.com*

**In Michelstadt-Vielbrunn** Nord-Ost: 16 km über B 47 Richtung Würzburg und Amorbach

ᴵᴼ **Landgasthof Geiersmühle** 🍴 🍴 🅿 🚙

MARKTKÜCHE · ELEGANT ✗✗ Gerne kommt man auch zum Essen an diesen idyllischen Ort. In dem gemütlich-eleganten Restaurant kocht man regional-saisonal und mediterran beeinflusst, so z. B. "Bremhöfer Freilandente mit Rahmwirsing" oder "Ossobuco à la Gremolata".

Menü 40/68 € – Karte 34/78 €

*Hotel Landgasthof Geiersmühle, Im Ohrnbachtal, (Aussenliegend 1), Ost: 2 km ⊠ 64720*
*– 𝒞 06066 721 (Tischbestellung ratsam) – www.geiersmuehle.de – geschl. Anfang*
*Januar 2 Wochen und Montag - Freitagmittag, außer an Feiertagen*

🏠 **Landgasthof Geiersmühle** 🐌 🍴 🛖 🅿 🚙

GASTHOF · GEMÜTLICH So wünscht man sich ein beschauliches Mühlenanwesen: landschaftlich reizvoll gelegen, ausgestattet mit geschmackvollen, wohnlichen Zimmern, und am Morgen ein gutes Frühstück.

8 Zim ⌾ – 🛏55/65 € 🛏🛏96 €

*Im Ohrnbachtal, (Aussenliegend 1), Ost: 2 km ⊠ 64720 – 𝒞 06066 721*
*– www.geiersmuehle.de – geschl. Anfang Januar 2 Wochen*

ᴵᴼ **Landgasthof Geiersmühle** – siehe Restaurantauswahl

## MICHENDORF

Brandenburg – 11 930 Ew. – Höhe 45 m – Regionalatlas **22**-O8

▶ Berlin 50 km – Potsdam 11 km – Belzig 48 km – Brandenburg 42 km

Michelin Straßenkarte 542

### In Michendorf-Wildenbruch Süd-Ost: 4 km

#### ⅈ○ Gasthof Zur Linde      🍴 ⇔ 🅿 ⇜

REGIONAL · GEMÜTLICH 🍴 Liebenswert-rustikal ist hier die Atmosphäre. Im Winter schafft ein Kamin Behaglichkeit, im Sommer ist der Hofgarten mit der alten Kastanie ein Traum! Auf den Tisch kommt regionale Küche.

Menü 25/40 € – Karte 36/56 €

*Hotel Gasthof Zur Linde, Kunersdorfer Str. 1 ✉ 14552 – ☎ 033205 23020*
*– www.linde-wildenbruch.de – geschl. Februar 2 Wochen und Dienstag - Mittwoch*

#### 🏠 Gasthof Zur Linde      🅿 ⇜

LANDHAUS · GEMÜTLICH Auf einem schönen, ehemals bäuerlich genutzten Anwesen gegenüber der Kirche übernachten Sie bei freundlichen Gastgebern in sechs überaus wohnlichen und modernen Zimmern, darunter eine Ferienwohnung im Nebengebäude.

6 Zim ⇄ – ♦75/138 € ♦♦108/184 €

*Kunersdorfer Str. 1 ✉ 14552 – ☎ 033205 23020 – www.linde-wildenbruch.de*
*– geschl. Februar*

ⅈ○ **Gasthof Zur Linde** – siehe Restaurantauswahl

## MIESBACH

Bayern – 11 140 Ew. – Höhe 697 m – Regionalatlas **66**-M21

▶ Berlin 644 km – München 56 km – Garmisch-Partenkirchen 77 km – Salzburg 101 km

Michelin Straßenkarte 546

#### ⅈ○ Pasta Vino      🍴 🍽 ⇜

KREATIV · NACHBARSCHAFTLICH 🍴 An drei Abenden in der Woche überrascht man Sie in charmanten Stuben mit einem ambitionierten kreativen Menü unter dem Namen "Lieblingsgerichte" oder "Weltreise" - gerne geht man auch auf Wünsche ein. Und dazu die passende Weinbegleitung?

Menü 59/135 €

*Kolpingstr. 2 ✉ 83714 – ☎ 08025 9974497 (Tischbestellung erforderlich)*
*– www.pastavino-miesbach.de – nur Abendessen – geschl. Sonntag - Mittwoch*

## MILTENBERG

Bayern – 9 200 Ew. – Höhe 129 m – Regionalatlas **48**-G16

▶ Berlin 566 km – München 347 km – Würzburg 69 km – Aschaffenburg 44 km

Michelin Straßenkarte 546

#### 🕸 Kristinas Esszimmer

REGIONAL · FREUNDLICH 🍴🍴 "Ragout vom Reh / Spitzkohl / Spätzle", "Dorade / Karotten-Erdnuss-Bulgur / Mangold"... Hier lässt man sich modern-regionale Klassiker oder Internationales schmecken, während man in dezent elegantem Rahmen sitzt und zum Main schaut.

Menü 22 € (mittags)/45 € – Karte 35/51 €      23 Zim – ♦73/75 €
♦♦106/110 € – ⇄ 8 €

*Jagd Hotel Rose, Hauptstr. 280 ✉ 63897 – ☎ 09371 40060 – www.jagdhotel-rose.de*
*– geschl. Januar 2 Wochen, Anfang August 1 Woche und Montag - Dienstag*

#### 🏠 Hopfengarten     

GASTHOF · FUNKTIONELL Der hübsche Gasthof in zentraler Lage ist eine familiäre Adresse, die Zimmer bieten W-Lan und Sky-TV gratis, manche auch eine Whirlwanne! Geradlinig-modern ist das Ambiente im Restaurant. Sie sind mit dem Zweirad unterwegs? Unterstellmöglichkeit für Motor- und Fahrräder!

19 Zim ⇄ – ♦58/98 € ♦♦88/138 € – ½ P

*Ankergasse 16 ✉ 63897 – ☎ 09371 97370 – www.flairhotel-hopfengarten.de*
*– geschl. 2. - 8. Januar*

### 🏠 Brauerei Keller  ☆ ⊡ 🛁

**GASTHOF · FUNKTIONELL** Seit 1881 - inzwischen in 5. Generation - wird der Gasthof als Familienbetrieb geführt. Nicht nur gepflegt übernachten kann man hier, es gibt auch nette rustikale Gaststuben mit bürgerlich-regionalem Angebot.

32 Zim ⚏ - 🛏65/72 € 🛏🛏95 € – ½ P

*Hauptstr. 66 ⊠ 63897 – ☏ 09371 5080 – www.brauerei-keller.de*

## MINDEN

Nordrhein-Westfalen – 79 970 Ew. – Höhe 48 m – Regionalatlas **18**-G9

▶ Berlin 353 km – Düsseldorf 220 km – Bielefeld 54 km – Bremen 100 km

Michelin Straßenkarte 543

### 🏨 Victoria  ☆ ⊡ 🛁 🚗

**BUSINESS · MODERN** Das komfortable Hotel, entstanden aus einem Gebäude von 1840, steht in der Innenstadt und überzeugt mit großzügigen neuzeitlichen Zimmern. Schön ist auch der elegante Saal. Im Restaurant erwartet Sie klassisches Ambiente.

32 Zim ⚏ - 🛏90/148 € 🛏🛏120/181 € – ½ P

*Markt 11, (Zufahrt über Domstraße) ⊠ 32423 – ☏ 0571 973100*
*– www.victoriahotel-minden.de*

## MITTENWALD

Bayern – 7 320 Ew. – Höhe 923 m – Regionalatlas **65**-L22

▶ Berlin 698 km – München 103 km – Garmisch-Partenkirchen 23 km – Innsbruck 37 km

Michelin Straßenkarte 546

### ✿ Das Marktrestaurant (Andreas Hillejan)  🏠 ⅌ ⇄

**REGIONAL · GERADLINIG** ✗✗ Richtig viel Engagement, Ausdruck und Feinheit stecken in der ambitionierten regional-saisonalen Küche dieses angenehm legeren und geradlinigen Restaurants. Tipp: Probieren Sie das abendliche "Alpine Genussmenü" mit bis zu fünf Gängen.

→ Rotgarnele, Reiscreme, Wassermelone, Sauerampfer. Rehrücken, Kichererbse, Brokkoli, Butterpilz, Pak Choi. Lauwarmer Schokoladenkuchen, Portweineis.

Menü 37/69 € – Karte 36/58 €

*Dekan-Karl-Platz 21 ⊠ 82481 – ☏ 08823 9269595 – www.das-marktrestaurant.de*
*– geschl. November 1 Woche, März 1 Woche und Montag, März - Mai*
*sowie Oktober - Mitte Dezember: Sonntag - Montag*

### 🏠 Alpengasthof Gröbl-Alm  ☆ 🛥 ⇇ 🍴 🏠 ⊡ 🚗

**GASTHOF · AUF DEM LAND** Sie wohnen hier richtig auf dem Land! Die Familie betreibt auch den angrenzenden Bauernhof mit Pferden, Ziegen, Schafen..., das kommt auch bei Kindern gut an! Die einsame Lage über der Stadt ist schön ruhig, die Atmosphäre typisch bayerisch-behaglich, der Blick von der Terrasse und vom Saunabereich ein Traum!

25 Zim ⚏ - 🛏59/149 € 🛏🛏102/154 € – 3 Suiten

*Gröbl-Alm 1, Nord: 2 km ⊠ 82481 – ☏ 08823 9110 – www.groeblalm.de – geschl.*
*13. März - 6. April, 6. November - 20. Dezember*

**Am Lautersee** Süd-West: 3 km über Leutascher Straße

### 🏠 Lautersee  ☆ 🛥 ⇇ 🍴 ⅌ 🅿 🍽

**LANDHAUS · GEMÜTLICH** Warum diese Adresse so gefragt ist? Ruhe, grandioser Alpenblick, direkter Seezugang mit eigenem Badesteg, Terrasse mit Sicht aufs Wasser, schöne Kuchenauswahl - beliebt auch bei Wanderern, die die vielen Wege rund ums Hotel erkunden. Übrigens: Das Haus ist nur mit Sondergenehmigung per Auto erreichbar.

13 Zim ⚏ - 🛏52/80 € 🛏🛏120/130 € – 3 Suiten – ½ P

*Am Lautersee 1 ⊠ 82481 Mittenwald – ☏ 08823 1017 – www.hotel-lautersee.de*
*– geschl. 16. März - 30. April, 1. November - 19. Dezember*

## MITTENWALDE

Brandenburg – 8 740 Ew. – Höhe 37 m – Regionalatlas **23**-P9

▶ Berlin 40 km – Potsdam 60 km – Lübben 52 km

Michelin Straßenkarte 542

### In Mittenwalde-Motzen Süd-Ost: 7 km über Gallun

🏠 **Residenz am Motzener See**    🏠 ⩹ 🍴 🖨 🛏 ⊡ 🍽 🏋 🚗

LANDHAUS · INDIVIDUELL Das gut geführte Hotel befindet sich in einer schönen Gartenanlage, die vom netten Wellnessbereich aus zugänglich ist und direkt an den (motorbootfreien) See grenzt. Die zeitgemäßen Zimmer haben teilweise einen Balkon. Gediegene Atmosphäre im Restaurant, von der Terrasse blickt man ins Grüne und auf den See.

57 Zim ⌚ – ♦69/120 € ♦♦99/141 € – ½ P

*Töpchiner Str. 4 ✉ 15749 – ℰ 033769 850 – www.hotel-residenz-motzen.de*

## MÖLLN

Schleswig-Holstein – 18 520 Ew. – Höhe 19 m – Regionalatlas **11**-K5

▶ Berlin 248 km – Kiel 112 km – Schwerin 59 km – Lübeck 29 km

Michelin Straßenkarte 541

### 🍴○ **Zum Weissen Ross**    ⇦ ⩹ 🍴 **P**

MARKTKÜCHE · FAMILIÄR 🟧🟧 Gerne schauen die Gäste auch mal in die offene Küche, wenn dort Chef Sönke Schlie bereits in der 6. Generation kocht. Viele kommen am Mittag auf ein klassisch-bürgerliches Tagesgericht. Man kann hier übrigens direkt auf den Stadtsee gucken. Tipp: Das hausgemachte Sonnenblumenkernbrot ist ein Gedicht!

Menü 36 € (abends) – Karte 30/54 €   8 Zim ⌚ – ♦65/75 € ♦♦109/118 € – 1 Suite

*Hauptstr. 131 ✉ 23879 – ℰ 04542 2772 – www.weissesross.com – geschl. Sonntagabend - Montag*

## MÖNCHBERG

Bayern – 2 600 Ew. – Höhe 254 m – Regionalatlas **48**-G15

▶ Berlin 574 km – München 351 km – Würzburg 75 km – Aschaffenburg 32 km

Michelin Straßenkarte 546

### 🏠 **Schmitt**    🏠 🛝 ⩹ 🍴 🖨 🛏 🏋 🍴 ⊡ 🍽 **P**

FAMILIÄR · ELEGANT Schön für entspannte Urlaubstage: großer Garten (hier Boccia, Minigolf und Schach) und ein gutes kleines Freizeitangebot, einschließlich Massage- und Kosmetikbereich. Liebhaber von Sammlerstücken kommen in "Hildes Puppenstube" ins Schwärmen! Terrasse mit Aussicht.

40 Zim ⌚ – ♦72/82 € ♦♦114/124 € – ½ P

*Urbanusstr. 12 ✉ 63933 – ℰ 09374 2090 – www.hotel-schmitt.de – geschl. Anfang Januar - Anfang Februar*

## MÖNCHENGLADBACH

Nordrhein-Westfalen – 255 090 Ew. – Höhe 60 m – Regionalatlas **35**-B11

▶ Berlin 585 km – Düsseldorf 38 km – Aachen 64 km – Duisburg 50 km

Michelin Straßenkarte 543

### 🍴○ **Eickes Gourmetrestaurant**    🍴 ⅃ 🅰️ 🍴 ⇔ **P**

MODERNE KÜCHE · DESIGN 🟧🟧🟧 Man sitzt hier in einem schönen modern-eleganten Restaurant und lässt sich eine Mischung aus internationaler und klassischer Küche servieren, die sich auch an der Saison orientiert. Das Angebot reicht von "Matjes / Birnen / Topinambur" bis "Hirschrücken / Rote Bete / Schokolade".

Menü 43/89 € – Karte 51/79 €

*Hotel Palace St. George, Konrad-Zuse-Ring 10, (Nord Park) ✉ 41179 – ℰ 02161 549880 – www.palace-st-george.de – geschl. Sonntag - Dienstag*

🍴○ **Eickes Bistro Restaurant**   🌰 ﺝ AC ✗ ⇄ P

INTERNATIONAL · BISTRO ✗ Steht Ihnen der Sinn nach "Tagliolini mit gegrillten Steinpilzen" oder "Rumpsteak auf Blumenkohlpüree"? Dann werden Sie die legere und unkomplizierte Bistrovariante der Eickes'schen Gastronomie mögen. Im Sommer sitzt man auch draußen schön.

Menü 35/49 € – Karte 36/76 €

*Hotel Palace St. George, Konrad-Zuse-Ring 10, (Nord Park) ✉ 41179 – ☏ 02161 549880 – www.palace-st-george.de*

🏠 **Palace St. George**   ⊡ ﺝ AC ✗ ⚶A P

BOUTIQUE-HOTEL · DESIGN Hier hat jemand Geschmack bewiesen: Schön, modern und sehr wertig ist die einstige englische Kaserne beim Borussia-Park! Angenehm auch der freundliche Service, das gute Frühstücksbuffet und die Terrasse mit Lounge. Etwas Besonderes: Im 1. Stock dient eine ehemalige Kirche als Tagungs- und Veranstaltungsraum.

11 Zim – ♦75/155 € ♦♦90/200 € – 1 Suite – ⊊ 15 €

*Konrad-Zuse-Ring 10, (Nord Park) ✉ 41179 – ☏ 02161 549880 – www.palace-st-george.de*

🍴○ **Eickes Gourmetrestaurant** • 🍴○ **Eickes Bistro Restaurant** – siehe Restaurantauswahl

🏠 **Rosenmeer**   ✗ AC ⚶A P

BUSINESS · DESIGN Überall bestimmt wertiges geradlinig-modernes Design das Bild: in den Zimmern ruhige Farben, hübsche Stoffe und warmer Parkettboden, ebenso chic und trendig sind Lounge, Bar und das kompett verglaste lichte Restaurant mit Terrasse zum Stadtpark Bunter Garten (schön auch zum Spazierengehen). Sonntags Brunch.

16 Zim – ♦98/110 € ♦♦128 € – 3 Suiten – ⊊ 12 €

*Schürenweg 45 ✉ 41063 – ☏ 02161 462420 – www.rosenmeer.net*

## In Mönchengladbach-Hardt West: 6 km

🍴○ **Lindenhof**   ⇦ P

KLASSISCHE KÜCHE · GASTHOF ✗✗ Eine gefragte Adresse ist das familiengeführte Restaurant in dem gleichnamigen Hotel. Das Ambiente ist schön behaglich und zugleich elegant, die Küche klassisch, ambitioniert und produktorientiert.

Menü 44/100 € – Karte 46/74 €   16 Zim ⊊ – ♦79/124 € ♦♦109/144 €

*Vorster Str. 535 ✉ 41169 – ☏ 02161 559340 – www.lindenhof-mg.de – nur Abendessen – geschl. Sonntag   Montag*

## In Mönchengladbach-Rheydt Süd: 3,5 km

🍴○ **Classics & Trends**   ⇦ 🌰 ﺝ ⇦

INTERNATIONAL · FREUNDLICH ✗✗ "Riesengarnele im Kataifiteig", "Bachsaiblingsfilet mit Weißweinrisotto"... Saisonal-international speist man im angenehm lichten Restaurant des Hotels "Elisenhof". Für den kleinen Hunger sind die Bauernstube oder das Bistro ideal.

Menü 35/68 € – Karte 30/72 €   68 Zim – ♦69/188 € ♦♦74/200 € – ⊊ 15 €

*Klusenstr. 97, in Hockstein ✉ 41239 – ☏ 02166 9330 – www.elisenhof.de – nur Abendessen*

## In Korschenbroich-Steinhausen Ost: 10 km

😊 **Gasthaus Stappen**   🌰 ✗ ⇄ P

REGIONAL · GASTHOF ✗✗ Alteingesessen, aber stets aktuell! In modern-elegantem Ambiente gibt es ambitionierte regional-internationale Küche, z. B. "gefüllte Wachteln - gebackener Ziegenkäse mit Thymian - karamellisierte Birne". Gemütlich-rustikale Stube (Tipp: donnerstags Bier vom Fass und Mettbrötchen) und begrünter Hofgarten.

Menü 35/69 € – Karte 36/66 €

*Steinhausen 39 ✉ 41352 – ☏ 02166 88226 – www.gasthaus-stappen.de – nur Abendessen, sonntags auch Mittagessen – geschl. 27. Dezember - 5. Januar und Dienstag*

## MOERS

Nordrhein-Westfalen – 103 110 Ew. – Höhe 30 m – Regionalatlas **25**-B11

▶ Berlin 556 km – Düsseldorf 41 km – Duisburg 12 km – Krefeld 17 km

Michelin Straßenkarte 543

### 🍴○ Kurlbaum                                                                ⊄

**KLASSISCHE KÜCHE · ELEGANT** XX Seit über 25 Jahren bleibt man hier seiner klassischen Küche treu - sehr zur Freude der zahlreichen Stammgäste, die das elegante Restaurant in der Fußgängerzone auch gerne zur Mittagszeit besuchen - da bekommt man ein 2-Gänge-Menü zu einem attraktiven Preis!

Menü 49 € (vegetarisch)/82 € – Karte 50/73 €

*Burgstr. 7, (1. Etage) ⊠ 47441 – 𝒞 02841 27200 (Tischbestellung ratsam) – www.restaurant-kurlbaum.de – Samstag - Montag nur Abendessen – geschl. Dienstag*

**Außerhalb** Süd-West: 6 km, Richtung Krefeld

### 🍴○ Feltgenhof                                                    🍴 🍽 ⇔ 🅿

**INTERNATIONAL · LÄNDLICH** XX Sehr freundlicher Service und nette Atmosphäre machen das Restaurant in einem ehemaligen Bauernhof von 1890 aus. Im Sommer der Renner: Biergarten mit Grillstation im schönen Innenhof.

Menü 39/45 € – Karte 30/71 €

*Krefelder Str. 244 ⊠ 47447 Moers – 𝒞 02845 28728 – www.feltgenhof.de – nur Abendessen, sonntags auch Mittagessen – geschl. 20. Februar - 7. März und Montag - Dienstag*

**In Moers-Repelen** Nord: 3,5 km, Richtung Kamp-Lintfort

### 🍴○ Zur Linde                                                         🍴 ᕒ 🚗

**MARKTKÜCHE · GASTHOF** XX Das über 220 Jahre alte Bauernhaus hat Atmosphäre - dafür sorgt u. a. die reizende Einrichtung der Stuben, mit der die Gastgeber Liebe zum Detail bewiesen haben. Und im Innenhof: eine charmante Terrasse! Aus der Küche kommen internationale und einige regionale Gerichte.

Menü 27/72 € – Karte 34/60 €

*Hotel Zur Linde, An der Linde 2 ⊠ 47445 – 𝒞 02841 9760 – www.hotel-zur-linde.de*

### 🏨 Zur Linde                                              🛖 🔁 ᕒ 🛋 🚗

**HISTORISCH · MODERN** Hier hat man ein denkmalgeschütztes Gasthaus und ein historisches Bauernhaus mit einem modernen Anbau verbunden. Eine Businessadresse mit guten Tagungsmöglichkeiten.

60 Zim - †79/99 € ††99/119 € – 3 Suiten – ⊑ 13 € – ½ P

*An der Linde 2 ⊠ 47445 – 𝒞 02841 9760 – www.hotel-zur-linde.de*

🍴○ **Zur Linde** – siehe Restaurantauswahl

## MOLFSEE Schleswig-Holstein → Siehe Kiel

## MONREPOS (SCHLOSS) Baden-Württemberg → Siehe Ludwigsburg

## MONSCHAU

Nordrhein-Westfalen – 11 870 Ew. – Höhe 440 m – Regionalatlas **35**-A13

▶ Berlin 649 km – Düsseldorf 110 km – Aachen 49 km – Düren 43 km

Michelin Straßenkarte 543

### 🍴○ Schnabuleum                                              🍴 🍽 🅿

**REGIONAL · GEMÜTLICH** X Das Bruchsteinhaus mit dem rustikalen Charme liegt neben der seit jeher in Familientradition betriebenen Senfmühle von 1882. Was liegt da näher, als regionale Senfgerichte anzubieten? Auf der Karte finden sich z. B. "Monschauer Senfcremesuppe" oder "Senfrostbraten vom Weidemastbullen mit Portwein-Senfsauce und Döppekooche". Passend dazu: Senfmuseum und Laden.

Menü 35 € (abends unter der Woche)/69 € – Karte 27/47 €

*Laufenstr. 118 ⊠ 52156 – 𝒞 02472 909840 (Tischbestellung ratsam) – www.senfmuehle.de – geschl. Montag - Dienstag*

# MONTABAUR

Rheinland-Pfalz – 12 370 Ew. – Höhe 230 m – Regionalatlas **37**-E14

▶ Berlin 571 km – Mainz 71 km – Koblenz 34 km – Bonn 80 km

Michelin Straßenkarte 543

### ⁑○ Bernhards ⓝ        🈂️ & 𝔸�ℂ ⇧ 🅿️

MARKTKÜCHE · ZEITGEMÄSSES AMBIENTE ✕✕ Hätten Sie in dem Gewerbegebiet
solch ein chic-modernes Restaurant erwartet? Man hat nicht nur eine schöne Aussicht auf Schloss Montabaur, durch eine Glasscheibe schaut man in die Küche
- hier entsteht Internationales mit regional-saisonalem Einfluss. Tipp: Dry Aged
Beef vom Grill oder auch Schmorgerichte!

Menü 19 € (abends)/43 € – Karte 32/56 €

*Rudolf-Diesel-Str. 6, (im Gewerbegebiet Alter Galgen, 1. Etage), Nord: 2,5 km,
jenseits der A 3 (Ausfahrt Nr. 40)* ✉ *56410 –* ☎ *02602 2602937444
– www.bernhards.restaurant – geschl. Montag, Samstagmittag*

## MOOS Baden-Württemberg → Siehe Radolfzell

# MORSCHEN

Hessen – 3 400 Ew. – Höhe 195 m – Regionalatlas **39**-H12

▶ Berlin 421 km – Wiesbaden 204 km – Kassel 46 km – Gießen 126 km

Michelin Straßenkarte 543

### ⁑○ Kloster Haydau        ⇦ 🈂️

REGIONAL · PUB ✕✕ Im Restaurant des Hotels "Kloster Haydau" gibt es Traditionelles aus der Region und auch internationale Einflüsse: "Schaumsuppe von Erbse
und Blutwurst", "Heilbutt mit Miso-Hollandaise"... Und als Dessert vielleicht "Hes-
sisches Tiramisu"?

Menü 29 € (mittags)/59 € (abends) – Karte 35/56 €    134 Zim
– ♦95/115 € ♦♦120/140 € – 2 Suiten – ☲ 15 €

*In der Haydau 2* ✉ *34326 –* ☎ *05664 939100 – www.hotel-kloster-haydau.de
– Montag - Samstag nur Abendessen*

# MOSBACH

Baden-Württemberg – 22 740 Ew. – Höhe 156 m   Regionalatlas **48** G17

▶ Berlin 587 km – Stuttgart 87 km – Mannheim 79 km – Heidelberg 45 km

Michelin Straßenkarte 545

## In Mosbach-Nüstenbach Nord-West: 4 km Richtung Reichenbach

### 🏵 Landgasthof zum Ochsen        🈂️ ⇧

MARKTKÜCHE · GEMÜTLICH ✕✕ Sie speisen unter einer freigelegten Fachwerkdecke in stilvoll-gemütlichem Ambiente. Gekocht wird frisch und aus regionalen
Produkten, so z. B. "Gulasch vom Nüstenbacher Weideangus". Dazu versierter,
herzlicher Service. Tipp: Schweizer Wochen im Januar. Ox-Scheune für Feiern.

Menü 29/44 € – Karte 32/61 €

*Im Weiler 6* ✉ *74821 –* ☎ *06261 15428 (Tischbestellung ratsam)
– www.restaurant-zum-ochsen.de – nur Abendessen, sonntags auch Mittagessen
– geschl. Montag - Dienstag*

## MÜDEN Rheinland-Pfalz → Siehe Treis-Karden

# MÜHLHEIM am MAIN

Hessen – 27 480 Ew. – Höhe 102 m – Regionalatlas **48**-G15

▶ Berlin 537 km – Wiesbaden 51 km – Frankfurt am Main 15 km – Hanau 8 km

Michelin Straßenkarte 543

## In Mühlheim-Lämmerspiel Süd-Ost: 5 km über Lämmerspieler Straße

### ⍩○ Das Waitz

**FRANZÖSISCH-KLASSISCH · ELEGANT** ✗✗ Schön das Restaurant mit seinem eleganten Ambiente in gedeckten Farben. Auf der Karte z. B. "Rücken und Ragout vom Spessart-Hirsch, Preiselbeer-Krokant-Jus, Spitzkohl, Schupfnudeln". Oder möchten Sie lieber ein Menü?

Menü 35/75 € – Karte 34/63 €

*Hotel Landhaus Waitz, Bischof-Ketteler-Str. 26 ⊠ 63165 – ☏ 06108 6060*
*– www.hotel-waitz.de – nur Abendessen*

### 🏠 Landhaus Waitz

**LANDHAUS · INDIVIDUELL** Motto des engagiert geführten Hauses: "Tradition, Evolution, Innovation". Man hat individuelle Zimmer von modern-toskanischem Landhausstil bis klassisch-elegant (drei Zimmer sind große Maisonetten), dazu die moderne "Steff's Lounge" (beliebt hier der Mittagstisch) und die gemütliche Zigarrenbar "Fledermaus".

74 Zim ⊡ – †115/225 € ††145/285 € – 7 Suiten

*Bischof-Kettelerstrasse 26 ⊠ 63165 – ☏ 06108 6060 – www.hotel-waitz.de*
⍩○ **Das Waitz** – siehe Restaurantauswahl

## MÜHLTAL Hessen → Siehe Darmstadt

## MÜLHEIM an der RUHR
Nordrhein-Westfalen – 166 660 Ew. – Höhe 40 m – Regionalatlas **26**-C11
▶ Berlin 539 km – Düsseldorf 36 km – Duisburg 9 km – Essen 10 km
Michelin Straßenkarte 543

### ❄ am Kamin

**MODERNE KÜCHE · RUSTIKAL** ✗✗ Mit Sven-Niklas Nöthel führt in dem ruhig in einem Park gelegenen Fachwerkhaus von 1732 die 3. Generation am Herd Regie. Die Küche ist kreativ, ambitioniert und produktbezogen und verliert auch nicht die Tradition aus den Augen. Dazu wohnliches Ambiente und fürsorglicher Service. Toll die Gartenterrasse!

→ Rindermark mit Aubergine, Löwenzahn und Paprika. Morchel mit Stundenei, Spargel, Sauerampfer und Heu. Ochsenfilet mit Sellerie, Möhre, Pfirsich und schwarzer Nuss.

Menü 59/99 € – Karte 44/59 €

*Striepensweg 62 ⊠ 45473 – ☏ 0208 760036 – www.restaurant-amkamin.de*
*– geschl. 1. - 16. Januar und Samstagmittag*

### 🏠 Villa am Ruhrufer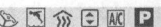

**BOUTIQUE-HOTEL · DESIGN** Die herrschaftliche Villa am Rheinufer (1898 erbaut) ist der Inbegriff eines Boutique-Hotels: individuell, geradlinig-chic, auffallend wertig! Beispielhaft der Service, z. B. Shuttle zu den eigenen Golfplätzen und in die City. Noch etwas ruhiger schläft man im Hinterhaus. Kleines Speisenangebot für Hausgäste.

6 Zim – †175/275 € ††195/295 € – 6 Suiten – ⊡ 25 €

*Dohne 105 ⊠ 45468 – ☏ 0208 9413970 – www.villa-am-ruhrufer.de*

## In Mülheim-Mintard West: 8 km, Richtung Düsseldorf

### ⍩○ Landhaus Höppeler

**REGIONAL · BÜRGERLICH** ✗ Hans-Peter Höppeler bietet in seinem Landhaus ambitionierte Küche mit regionalen Einflüssen, und die gibt es z. B. als "Ochsenschwanzpraline / Ackergemüse / Selleriepüree". Tipp: Fragen Sie nach den Tagesgerichten. Nett die Terrasse.

Karte 31/61 €

*August-Thyssen-Str. 123 ⊠ 45481 – ☏ 02054 18578 – www.landhaus-hoeppeler.de*
*– geschl. Montag - Dienstag*

## In Mülheim-Saarn Süd-West: 5 km

### ⁑○ Kais     🏠 🅿

**MEDITERRAN · BRASSERIE** ✗✗ Lust auf "Vitello Tonnato" oder "Dorade im Lardo-speckmantel"? Hier gibt es Mediterranes und Gerichte vom Grill, und zwar in entspannter, gemütlicher Atmosphäre - im Sommer natürlich gerne auf der einladenden überdachten Terrasse.

Menü 34/48 € – Karte 32/90 €

*Leder Fabrik Hotel, Düsseldorfer Str. 269 ✉ 45481 – ☎ 0208 8484007*
*– www.kais-mh.de – geschl. Samstagmittag und Sonntag*

### 🏠 Leder Fabrik Hotel     🔲 ♿ 🅰🅲 🔏 🅿

**HISTORISCH · MODERN** Modern-komfortabel ist es in dem denkmalgeschützten Backsteingebäude von 1864, Industriearchitektur schafft eine spezielle Atmosphäre. Sehenswert: historische Dokumente der einstigen Lederfabrik in Form von Maschinen, Zeichnungen, Plänen.

24 Zim – ♦90/110 € ♦♦115 € – 🍴 8 €

*Düsseldorfer Str. 269 ✉ 45481 – ☎ 0208 488380 – www.lederfabrikhotel.de*
⁑○ **Kais** – siehe Restaurantauswahl

## In Mülheim-Speldorf West: 4 km, Richtung Duisburg

### ⁑○ Mölleckens Altes Zollhaus     ⇦ 🏠 🅿

**INTERNATIONAL · FREUNDLICH** ✗✗ Möchten Sie im "Bistro" mit mediterraner Note oder im eleganteren "Salon" speisen? Hier wie dort bieten die Mölleckens Klassiker wie Kalbsleber "Berliner Art" oder Wiener Schnitzel sowie beliebte wechselnde Tagesempfehlungen. Gerne sitzt man auf der Terrasse. Zum Übernachten gibt es großzügige Zimmer.

Menü 22 € (mittags)/40 € – Karte 33/50 €    5 Zim 🍽 – ♦60 €
♦♦60/70 €

*Duisburger Str. 239 ✉ 45478*
*– ☎ 0208 50349 – www.moelleckensalteszollhaus.de*
*– geschl. 1. - 5. Januar und Sonntagabend - Montag, Samstagmittag*

### 🏠 Landhaus Sassenhof     🌳 🐾 ⇨ 🅿

**LANDHAUS · GEMÜTLICH** Familienbetrieb in einer recht ruhigen Wohngegend nahe dem Uhlenhorster Wald. Individuelle Zimmer verteilt auf sechs Häuser, eines davon ein Gartenhäuschen mit der Juniorsuite "Apfelblüte". Internationales im Restaurant und auf der Gartenterrasse. Charmant die Friesenstube.

25 Zim 🍽 – ♦67/125 € ♦♦89/230 € – 2 Suiten – ½ P

*Schellhockerbruch 21 ✉ 45478 – ☎ 0208 999180 – www.landhaus-sassenhof.de*
*– geschl. Ende Dezember - Anfang Januar 1 Woche*

## MÜLHEIM (MOSEL)

Rheinland-Pfalz – 1 020 Ew. – Höhe 119 m – Regionalatlas **46**-C15
▶ Berlin 681 km – Mainz 119 km – Trier 44 km – Bernkastel-Kues 6 km
Michelin Straßenkarte 543

### ⁑○ Culinarium R     🏵 🏠 ♿ 🍸 🚗

**INTERNATIONAL · ELEGANT** ✗✗ Zu interessanten Gerichten wie "Sous-vide gegarter Steinbutt, Blumenkohl, Parmesan, Kerbel" reicht man eine gut sortierte Weinkarte. Wer lieber etwas separat sitzt, reserviert im Rosen- oder Ahnenzimmer. Herrlich die Terrasse.

Menü 66/76 € – Karte 49/60 €

*Weinromantikhotel Richtershof, Hauptstr. 81 ✉ 54486 – ☎ 06534 9480*
*– www.weinromantikhotel.com – nur Abendessen – geschl. 9. Januar*
*- 9. Februar und Sonntag - Dienstag*

## ⅰ○ Remise 🛏️ ♿ 🅿️

**REGIONAL · LÄNDLICH** 🗡 In der Remise gibt es ab 13 Uhr durchgehend regional-saisonale Gerichte wie "gebratenen Kabeljau mit Gräwes" oder "Crème Brûlée von der weißen Schokolade". Draußen sitzt man schön unter einer alten Kastanie mit Blick auf den Seerosenteich.

Menü 39/49 € – Karte 32/44 €

*Weinromantikhotel Richtershof, Hauptstr. 81 ✉ 54486 – 𝒞 06534 9480 – www.weinromantikhotel.com*

## 🏨 Weinromantikhotel Richtershof 🛏️ 🕸️ ⊡ 🧖 🅿️

**HISTORISCH · INDIVIDUELL** Schön das historische Gebäudeensemble (einst Weingut), hübsch die Zimmer von "Petit Charme" über "Flair", "Charme" und "Grand" bis hin zur Juniorsuite und Suite. Reizvolle Gartenanlage und eleganter römischer Spa nebst Beautyatelier. Sehenswert: Fassweinkran im Frühstücksraum sowie Kellergewölbe auf 1700 qm!

40 Zim ⌂ – ♦99/180 € ♦♦160/200 € – 3 Suiten – ½ P

*Hauptstr. 81 ✉ 54486 – 𝒞 06534 9480 – www.weinromantikhotel.com*

ⅰ○ **Culinarium R** • ⅰ○ **Remise** – siehe Restaurantauswahl

## 🏨 Weisser Bär

**BOUTIQUE-HOTEL · THEMENBEZOGEN** Der Mosel ganz nah: ein Großteil der Zimmer, das Restaurant samt Terrasse sowie der schöne Wellnessbereich bieten Flussblick. Exotische Deko vom Empfang über die "African Lodge"-Bar bis zum "Dschungelbad", Themenzimmer wie Hacienda, Eschnapur, Bacchus... Klassisch-regionale Küche und gute Rieslingauswahl.

28 Zim ⌂ – ♦94/115 € ♦♦148/199 € – 5 Suiten – ½ P

*Moselstr. 7, B 53 ✉ 54486 – 𝒞 06534 94770 – www.hotel-weisser-baer.de*

## 🏠 Landhaus Schiffmann 🍴 🐾 ✂ 🛏️ 🚲 🕸️ 🅿️

**SPA UND WELLNESS · FUNKTIONELL** Für Gesundheitsbewusste und Ruhe-suchende: großes Gartengrundstück, Ruhe, Blick ins Grüne, dazu ein umfassendes Spa-Angebot samt Heilfasten, TCM, Reiki... sowie Speisen von vegetarisch/vegan über allergikergerecht bis klassisch. Inklusive: Wasser, Telefonieren ins dt. Fest-netz, W-Lan, Leihfahrräder...

52 Zim ⌂ – ♦76/86 € ♦♦150/180 € – ½ P

*Veldenzer Str. 49a ✉ 54486 – 𝒞 06534 93940 – www.landhaus-schiffmann.de – geschl. 29. Juli - 6. August, 16. - 26. Dezember*

## 🏠 Domizil Schiffmann

**BUSINESS · MODERN** Eine nette Adresse ist das ganz modern eingerichtete kleine Hotel mitten im Ort. W-Lan und Telefon (deutsches Festnetz) sind inklusi-ve, alle Zimmer (auch Allergikerzimmer) mit Balkon oder Terrasse. Im Restaurant bürgerlich-saisonale Küche einschließlich vegetarischer Speisen. Tipp: interes-sante Arrangements!

18 Zim ⌂ – ♦60 € ♦♦96 € – ½ P

*Hauptstr. 52 ✉ 54486 – 𝒞 06534 947690 – www.domizil-schiffmann.de – geschl. Januar*

# MÜLHEIM-KÄRLICH

Rheinland-Pfalz – 10 890 Ew. – Höhe 76 m – Regionalatlas **36**-D14
▶ Berlin 599 km – Mainz 109 km – Koblenz 10 km
Michelin Straßenkarte 543

## ⅰ○ Zur Linde 🛏️ 🍽️ ☕

**INTERNATIONAL · GEMÜTLICH** 🗡🗡 Gemütlich hat man es bei Familie Linden (die 5. Generation). Im Restaurant und in der Winzerstube isst man international, lecker auch die Desserts! In der Stube gibt es zusätzlich Salate und Klassiker. Tipp: Enoteca mit Wein und Gewürzen.

Menü 46 € (mittags)/56 € (abends) – Karte 27/53 €

*Bachstr. 12, Mülheim ✉ 56218 – 𝒞 02630 4130 – www.zurlinde.info – geschl. über Karneval 1 Woche, Oktober 2 Wochen und Montagabend - Dienstag, Samstagmittag*

# MÜLLHEIM

Baden-Württemberg – 18 460 Ew. – Höhe 267 m – Regionalatlas **61**-D21

▶ Berlin 831 km – Stuttgart 238 km – Freiburg im Breisgau 33 km – Basel 41 km
Michelin Straßenkarte 545

## 🍴 Taberna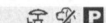

**ITALIENISCH · HIP** 🍴 Bei Raffaele Cannizzaro gibt es ehrliche italienische Küche
aus guten Produkten, so z. B. "gedämpfter Saibling mit Senfkohl". Und der Rahmen? Ein hübsches Gewölbe oder die Terrasse am bzw. über dem Klemmbach.
Mittags preiswertes Tagesessen.
Menü 43 € (abends)/53 € – Karte 41/69 €
*Marktplatz 7 ⊠ 79379 – 𝒞 07631 174884 – www.taberna-restaurant.de – geschl.
10. - 20. Juni und Sonntag - Montag*

## 🍴 Messer und Gradel

**FUSION · HIP** 🍴 Das Konzept aus Restaurant, Lounge und Bar kommt an, ebenso
die trendige "Weltküche", wie man sie selbst nennt: bewusst kleine Portionen von
asiatisch über kalifornisch bis mediterran - das passt zur modernen Atmosphäre!
Schöne Terrasse.
Menü 35/96 € – Karte 31/66 €
*Goethestr. 10 ⊠ 79379 – 𝒞 07631 10060 – www.messerundgradel.de – nur
Abendessen – geschl. Dienstag - Mittwoch*

## 🍴 Landhotel Alte Post

**REGIONAL · LÄNDLICH** 🍴 Der Poet Johann Peter Hebel verewigte den geschichtsträchtigen Gasthof sogar in einem seiner Gedichte. Inzwischen hat man hier Historisches gelungen mit Modernem kombiniert - richtig gemütlich! Aus der Küche
kommt Regionales.
Menü 35/70 € (abends) – Karte 31/72 €
*Landhotel Alte Post, Posthalterweg, B 3 ⊠ 79379 – 𝒞 07631 17870
– www.alte-post.net – geschl. 22. - 25. Dezember*

## 🏨 Landhotel Alte Post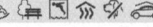

**GASTHOF · FUNKTIONELL** Natürliche Materialien und warme Töne machen die
Zimmer in der einstigen Posthalterei schön wohnlich. Benannt sind sie nach Rebsorten, Bäumen und Kräutern, im Gästehaus haben sie einen kleinen Balkon.
50 Zim ⌂ – †80/95 € ††120/140 € – 1 Suite – ½ P
*Posthalterweg, B 3 ⊠ 79379 𝒞 07631 17870 – www.alte-post.net – geschl. 22.
- 25. Dezember*
🍴 **Landhotel Alte Post** – siehe Restaurantauswahl

## 🏨 Appartement-Hotel im Weingarten

**PRIVATHAUS · INDIVIDUELL** In einer ruhigen Wohngegend etwas oberhalb der
kleinen Stadt hat die engagierte Gastgeberin eine nette familiäre Adresse. Hübsch
die Appartements mit Küchenzeile und Balkon/Terrasse. Lust auf Frühstück in
Wintergartenatmosphäre?
13 Zim ⌂ – †85/95 € ††109/138 €
*Kochmatt 8 ⊠ 79379 – 𝒞 07631 36940 – www.app-hotel-im-weingarten.de*

## In Müllheim-Britzingen Nord-Ost: 5 km über Zunzingen

## 🍴 Hirschen

**BÜRGERLICHE KÜCHE · LÄNDLICH** 🍴 Ein typisch badischer Familienbetrieb, in
dem es schön gastlich zugeht, und das bei solider bürgerlicher Küche... da
kommt schonmal die Suppenterrine zum Schöpfen auf den Tisch! Die Gäste
mögen den ländlichen Charme - da passen auch die einfachen, aber gepflegten
Übernachtungszimmer gut ins Bild.
Menü 21 € (unter der Woche) – Karte 25/49 € 4 Zim ⌂ – †70 € ††70 €
*Markgräfler Str. 22 ⊠ 79379 – 𝒞 07631 5457 (Tischbestellung ratsam)
– www.hirschen-britzingen.de – geschl. 20. Dezember - 11. Januar, 6. - 14. Juni, 3.
- 16. August*

**In Müllheim-Feldberg** Süd-Ost: 6 km über Vögisheim

### ⁝⃝ Ochsen         ⇦ 🏠 P

**REGIONAL · GASTHOF** ✗ Der Gasthof ist seit seiner Gründung 1763 in Familienbesitz. Innen schöne Stuben mit ländlichem Charme, draußen eine hübsche Terrasse und ein Innenhof (zur Weihnachtszeit mit kleinem Markt). Hier wird frisch gekocht und behaglich übernachten kann man auch - wie wär's mit der tollen modernen Juniorsuite?

Menü 26/49 € – Karte 25/50 €    7 Zim ⌑ – ∯50/60 € ∯∯100 €

*Bürgelnstr. 32* ✉ *79379 –* ☏ *07631 3503 – www.ochsen-feldberg.de – geschl. Donnerstag*

## MÜNCHBERG

Bayern – 10 340 Ew. – Höhe 546 m – Regionalatlas **51**-M14

▶ Berlin 323 km – München 266 km – Hof 21 km – Bayreuth 37 km

Michelin Straßenkarte 546

### 🏠 Seehotel Hintere Höhe     🛥 ⇐ 🛏 🕸 ⚘ 🧖 🚗

**LANDHAUS · FUNKTIONELL** Ruhig liegt das Haus umgeben von Wiesen und Wäldern, vor der Tür befindet sich ein kleiner See - in zehn Minuten ist man um ihn herum spaziert! Die wohnlich-klassischen Zimmer bieten meist Balkon und Seeblick.

33 Zim ⌑ – ∯49/69 € ∯∯69/89 €

*Hintere Höhe 7, Süd-West: 1 km* ✉ *95213 –* ☏ *09251 94610 – www.seehotel-muenchberg.de*

### 🏠 Braunschweiger Hof        🕸 P

**FAMILIÄR · FUNKTIONELL** Ein familiär geleitetes kleines Stadthotel mit freundlichem Service, in dem gepflegte, praktisch eingerichtete Zimmer zur Verfügung stehen. Gemütlich die Atmosphäre im gediegenen Restaurant, die Küche saisonal und bürgerlich-international.

20 Zim ⌑ – ∯52/60 € ∯∯78/82 €

*Bahnhofsstr. 13* ✉ *95213 –* ☏ *09251 99400 – www.braunschweigerhof.de – geschl. 14. - 19. August, 15. - 22. Oktober*

## WIR MÖGEN BESONDERS...

Den legendären 70er-Jahre-Look des **Tantris**. Im **Upper Eat Side** in lockerer Atmosphäre von der fabelhaften Rieslingkarte wählen. Das **Vinaiolo** mit dem Flair eines alten Kaufmannsladens. Sich im **Theresa Grill & Bar** unter die hippen Einheimischen (und Promis) mischen. **The Flushing Meadows** für seine trendigen Gästezimmer mit Industrie-Charme und die tolle Bar „on top".

# MÜNCHEN

Bayern – 1 388 310 Ew. – Höhe 518 m – Regionalatlas **65**-L20

▶ Berlin 588 km – Innsbruck 164 km – Nürnberg 166 km – Salzburg 144 km

Michelin Straßenkarte 546

Stadtpläne siehe nächste Seiten

## *Restaurants*

### ✿✿ **Dallmayr** 🍸 🄰🄲 🍷

**FRANZÖSISCH-MODERN · ELEGANT** 🕸🕸🕸 Unter einem Dach mit dem berühmten Delikatessengeschäft, versteht es sich von selbst, dass das Restaurant im OG auf beste Produktqualität setzt! Die klassisch-moderne Küche verzichtet auf Effekthascherei, im Mittelpunkt stehen präzises Handwerk und intensiver Geschmack. Mit Niveau überzeugt auch der Service.

→ Langoustine, Rose, Avocado, Haselnuss. Taube, Liebstöckel, Rote Bete. Lammrücken, Curry, Kichererbse, Brin d'Amour.

Menü 95/175 €

**Stadtplan : L2-w** – *Dienerstr. 14, (1. Etage)* ⊠ *80331* – *☎ 089 2135100 (Tischbestellung ratsam)* – *www.restaurant-dallmayr.de* – *nur Abendessen, samstags auch Mittagessen* – *geschl. 24. Dezember - Anfang Januar 2 Wochen, über Ostern 2 Wochen, August 3 Wochen und Sonntag - Montag sowie an Feiertagen*

### ✿✿ **Atelier** 🍸 🄰🄲 🚗

**FRANZÖSISCH-KREATIV · ELEGANT** 🕸🕸🕸 Interieur, Service, Küche - ein absolut stimmiges Bild. Das äußerst schicke, modern-elegante Design by Axel Vervoordt ist das perfekte Pendant zu den kreativen Speisen mit ihren nicht alltäglichen Kombinationen und ihrem Tiefgang, ihrer eigenen Handschrift und ihrer präzisen Technik.

→ Schottischer Loch Duart Lachs mit Miso gebeizt, Shiso rot und grün, Essigkarotten, Mango und Dashi. Wagyu Short Rib, Sellerie, Zwiebeln, Lauch und geflämmtes Rindermark. Exotische Früchte mit Vanille, Kokos und Amaranth-Ganache.

Menü 135/180 €

**Stadtplan : K2-y** – *Hotel Bayerischer Hof, Promenadeplatz 2* ⊠ *80333* – *☎ 089 2120743* – *www.bayerischerhof.de* – *nur Abendessen* – *geschl. 24. Dezember - 10. Januar und Sonntag - Montag*

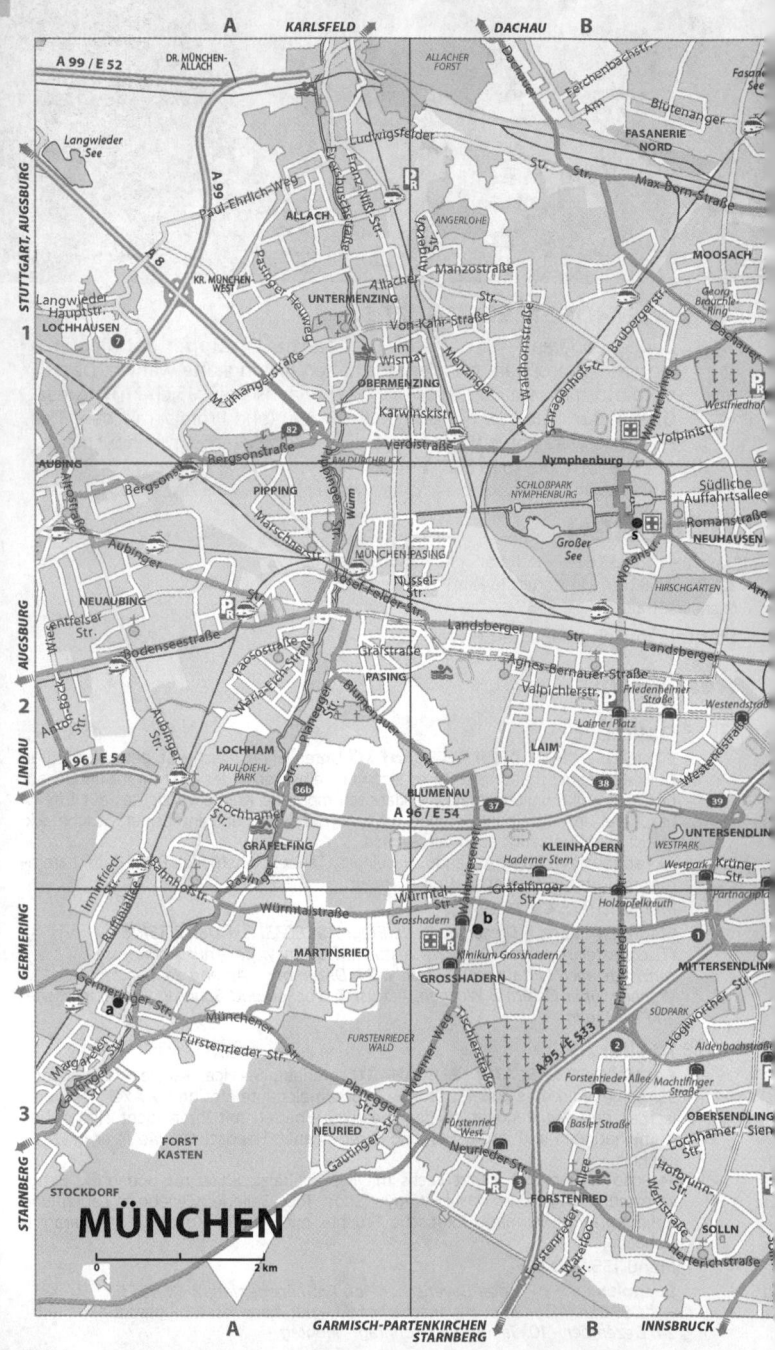

# MÜNCHEN

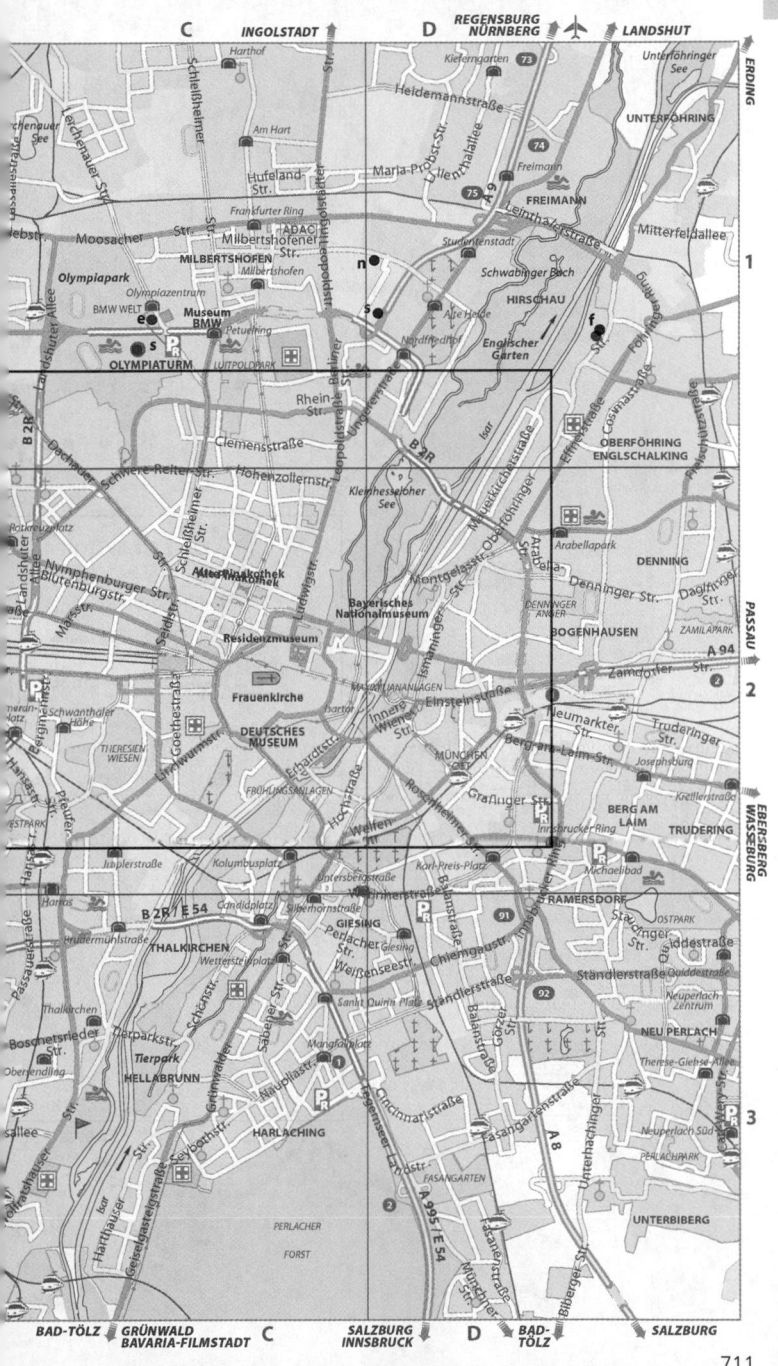

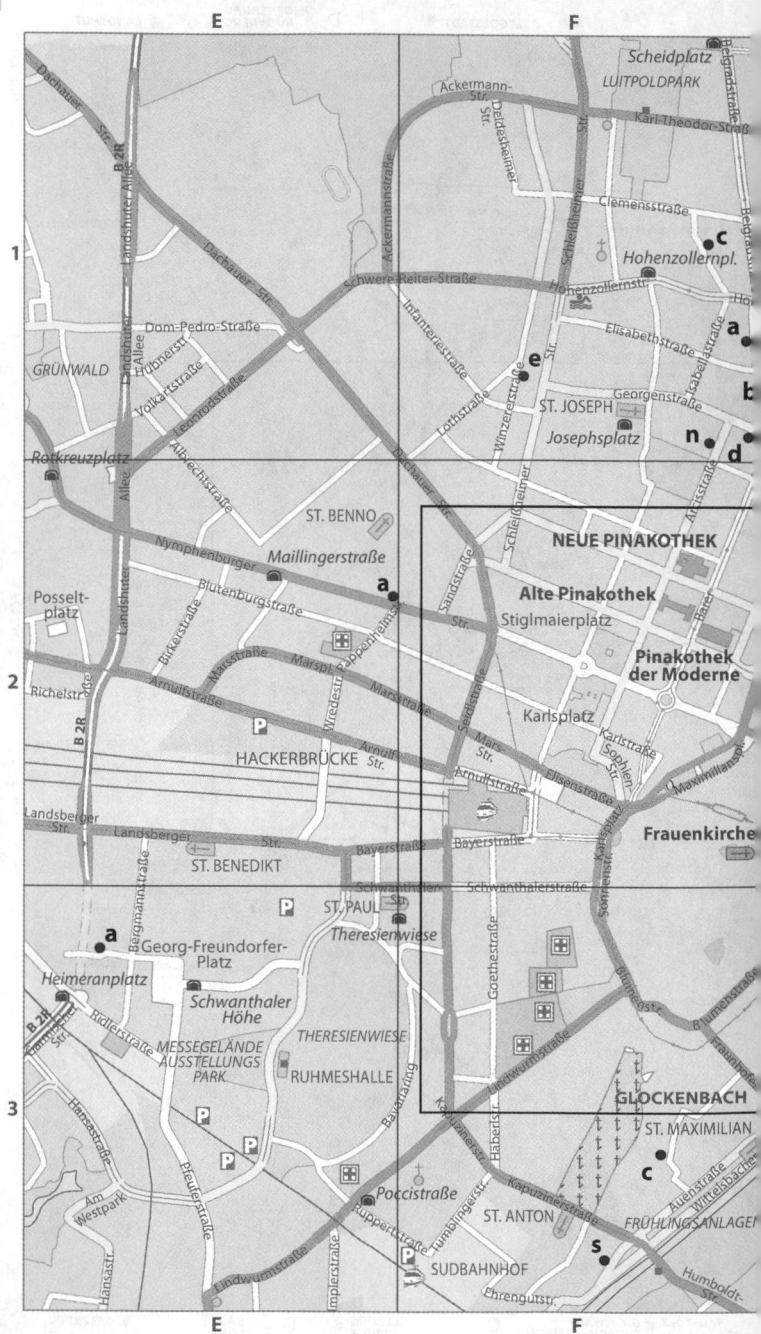

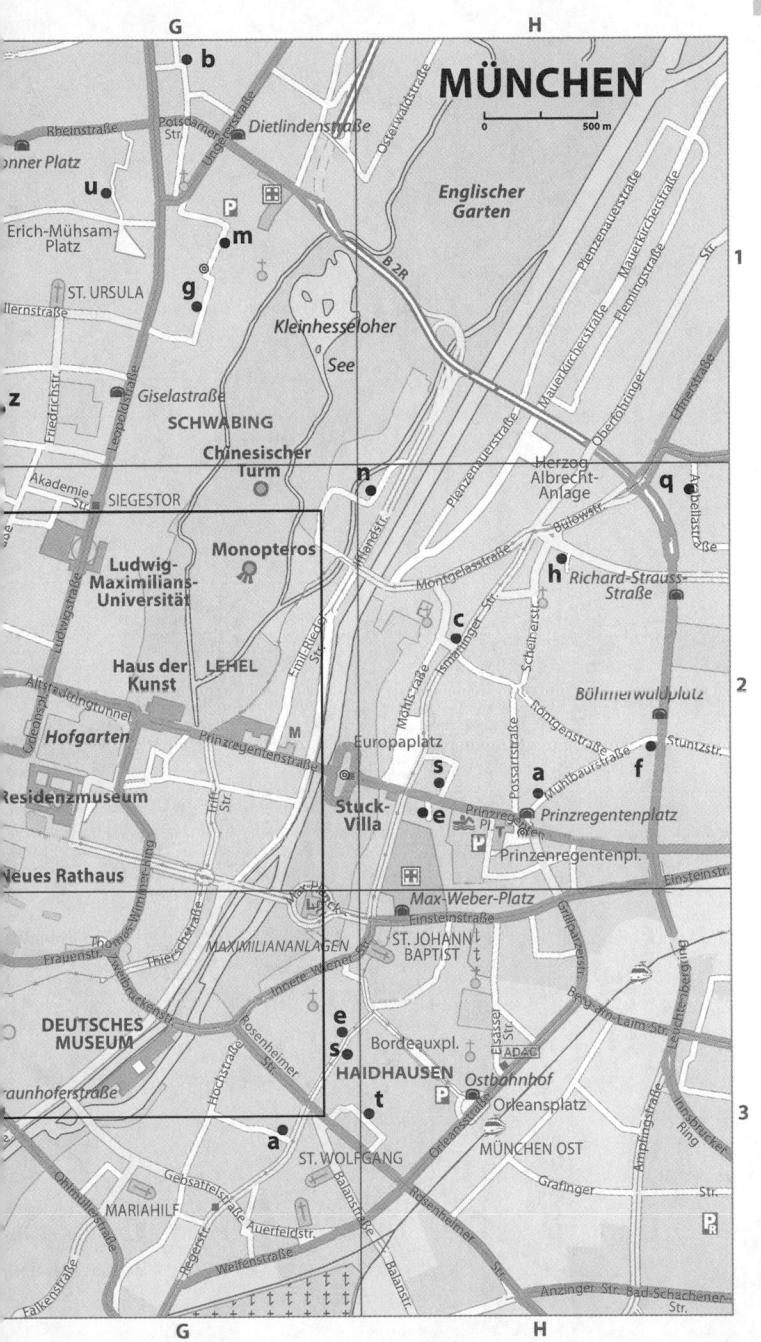

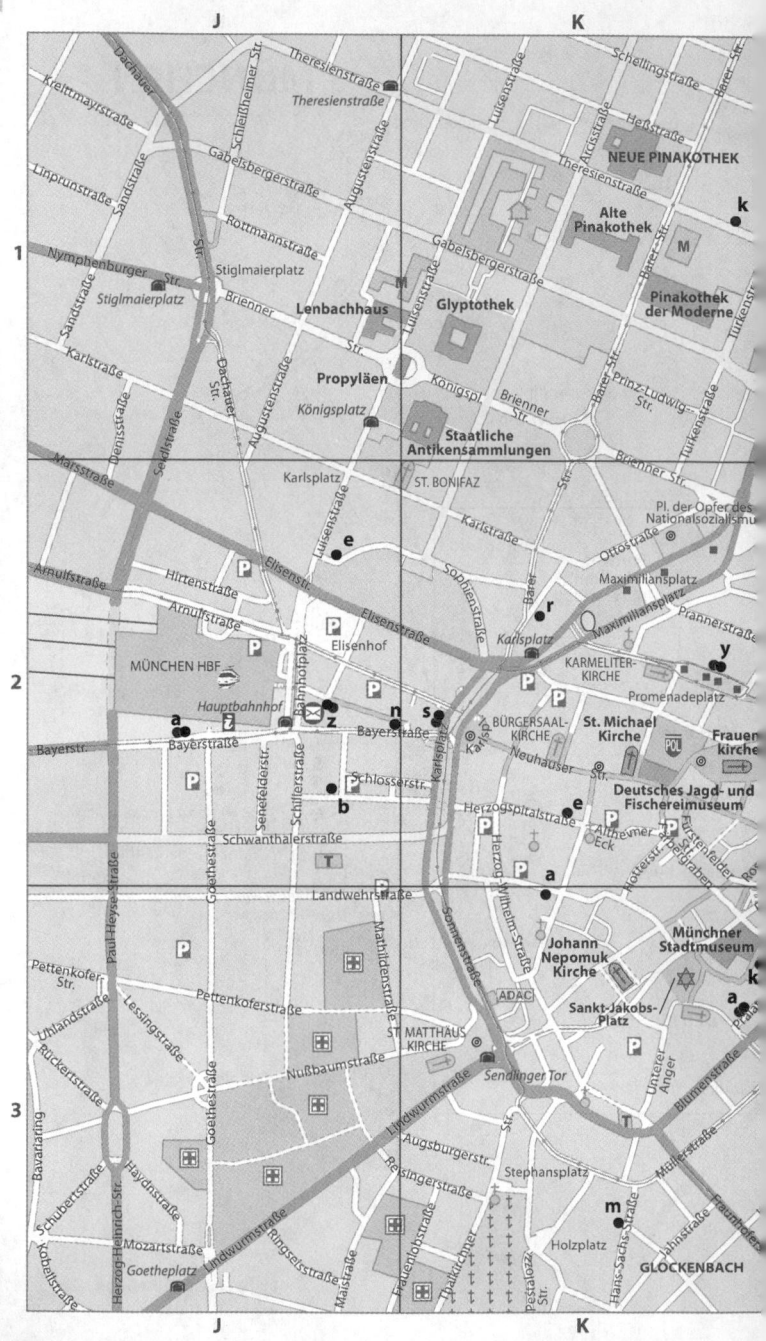

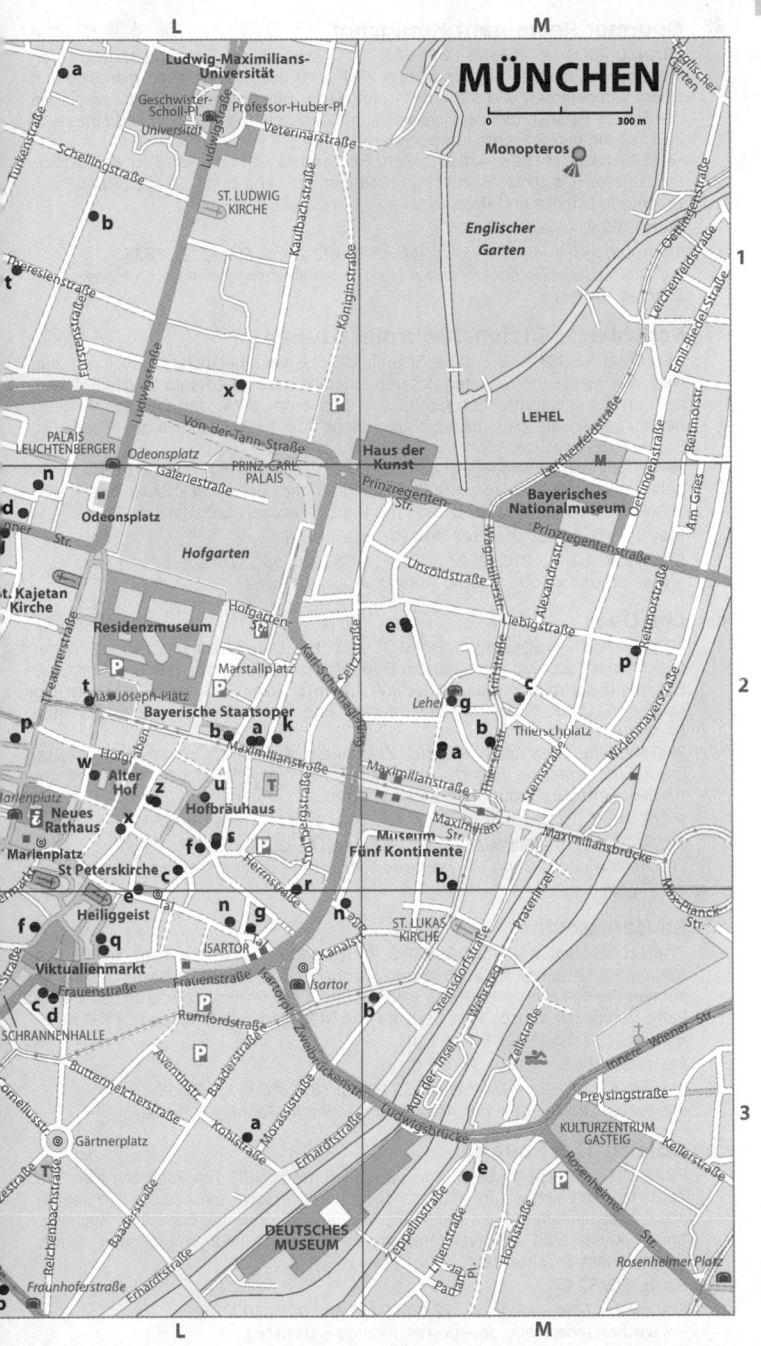

MÜNCHEN

0     300 m

L          M

**Ludwig-Maximilians-Universität**

Geschwister-Scholl-Pl.   Professor-Huber-Pl.

Universität   Veterinärstraße

Türkenstraße

Schellingstraße

ST. LUDWIG KIRCHE

Theresienstraße

Ludwigstraße

Kaulbachstraße

Königinstraße

Englischer Garten

**Monopteros**

Englischer Garten

LEHEL

Oettingenstraße

Leichenfeldstraße

Emil-Riedel-Straße

Reitmorstr.

1

x

P

Von-der-Tann-Straße

PALAIS LEUCHTENBERGER   Odeonsplatz

Galeriestraße

PRINZ-CARL-PALAIS

**Haus der Kunst**

Prinzregenten-Str.

**Bayerisches Nationalmuseum**

Prinzregentenstraße

Oettingenstraße

Reitmorstraße

Am Gries

n

d

...ner Str.

Odeonsplatz

*Hofgarten*

St. Kajetan Kirche

**Residenzmuseum**

Hofgarten

Theatinerstraße

Unsöldstraße

Liebigstraße

Alexandrastraße

Wagmüllerstraße

Widenmayerstraße

e

c

p

M

2

Marstallplatz

P

Max-Joseph-Platz

**Bayerische Staatsoper**

Lehel

g

b

a

Thierschplatz

t

P

p

W

**Alter Hof**

z

u

T

**Hofbräuhaus**

b

a

k

Maximilianstraße

Maximilianstraße

Karl-Scharnagl-Ring

Thierschstraße

Seitzstraße

Widenmayerstraße

Max-Planck-Str.

Hofgraben

Marienplatz

**Neues Rathaus**

x

f

s

**Marienplatz**

**St Peterskirche**

c

e

Tal

f

**Heiliggeist**

q

**Viktualienmarkt**

Frauenstraße

c

SCHRANNENHALLE

Rumfordstraße

Buttermelcherstraße

Aventinstr.

Baaderstraße

Kohlstraße

Morassistraße

Erhardtstraße

**Museum Fünf Kontinente**

Maximilian...str.

Maximiliansbrücke

b

Praterinsel

n

g

r

n

ISARTOR

Isartor

Frauenstraße

Isartalstraße

Kanalstr.

ST. LUKAS KIRCHE

Steinsdorfstraße

Zweibrückenstraße

Ludwigsbrücke

b

Auf der Insel

Zellstraße

Preysingstraße

KULTURZENTRUM GASTEIG

Innere Wiener Str.

Kellerstraße

Rosenheimer Str.

Wiener Str.

3

a

**DEUTSCHES MUSEUM**

Zeppelinstraße

Lilienstraße

Hochstraße

Pad-...-Pl.

e

P

**Rosenheimer Platz**

Reichenbachstraße

T

Gärtnerplatz

Baaderstraße

Erhardtstraße

Cornelius...

...zestraße

Fraunhoferstraße

b

L          M

## ❀ Gourmet Restaurant Königshof     🕸 ⬉ AK ⇧ 🚗

**FRANZÖSISCH-KLASSISCH · ELEGANT** XxxX Darf es ein Fensterplatz sein? Von hier hat man nämlich einen schönen Blick zum Stachus, während man sich von einem kompetenten und stark besetzten Team umsorgen lässt. So klassisch wie der Service ist auch die klare, geradlinige Küche, die mit Präzision und Finesse in Zubereitung und Präsentation überzeugt!

➜ Flusskrebse, Mispeln, Artischocken, Fichtensprossen und Pistazien. Kalbsschulter, Briesraviolo und Mairübchen. Mascarpone knusprig, Soufflé, Rhabarber, Grapefruit, Limette und Rosenwasser.

Menü 162 € – Karte 97/127 €

**Stadtplan : K2-s** – *Hotel Königshof, Karlsplatz 25, (1. Etage)* ✉ 80335
– ✆ 089 551360 *(Tischbestellung ratsam)* – *www.koenigshof-hotel.de* – *geschl. Sonntag - Montag*

## ❀ Schuhbecks in den Südtiroler Stuben     🕸 AK ⇧

**REGIONAL · RUSTIKAL** XxX Die Schuhbeck'sche Gourmetküche bleibt ihrer Linie treu: Was hier aus exzellenten Zutaten entsteht, verbindet Regionales mit Modernem und ist ausgesprochen durchdacht und aromatisch. Und was könnte dazu besser passen als gemütlich-alpenländische Eleganz? Ebenfalls am Platzl: Eis, Schokolade, Gewürze, Wein.

➜ Getrüffeltes Nudelgangerl aus dem Parmesanlaib mit Sommertrüffel. Rosa gebratenes Kalbsfilet mit Kräuterseitlingen und Serviettenknödel. Gesalzener Schokoladenriegel "Orginal Beans" mit Himbeeressigeis und Marshmallow.

Menü 38 € (mittags unter der Woche)/118 €

**Stadtplan : L2-u** – *Platzl 6* ✉ 80331 – ✆ 089 2166900 *(Tischbestellung ratsam)*
– *www.schuhbeck.de* – *geschl. Anfang Januar 1 Woche und Sonntag*

## ❀ Les Deux     🕸 🍴 AK

**FRANZÖSISCH-MODERN · FREUNDLICH** XX "Les Deux", das sind Fabrice Kieffer und Johann Rappenglück mit ihrem Doppelkonzept aus Restaurant und Brasserie. Ersteres bietet moderne französische Küche mit vielen Facetten, tolle Weine und versierten, umsichtigen Service. Klassiker und Internationales in der lebhaften Brasserie im EG.

➜ Gebratene Entenleber, Sellerie, Ziegenkäse, Balsamico 25 Jahre, Haselnuss. Black Cod, Erdnüsse, Rettich, Alge, Englischer Curry. Brust und Keule von der Barbarie Ente, Blaukraut, Purple Curry, Walnuss.

Menü 48 € (mittags unter der Woche)/95 € – Karte 71/135 €

**Stadtplan : L2-p** – *Maffeistr. 3a, (1. Etage)* ✉ 80333 – ✆ 089 710407373 *(Tischbestellung ratsam)* – *www.lesdeux-muc.de* – *geschl. Sonntag und an Feiertagen*

## ❀ Le Barestovino     🕸 🍴 AK ⇧

**FRANZÖSISCH-KLASSISCH · BISTRO** XX Sympathische Atmosphäre sowohl im modernen Restaurant als auch in der Weinbar "Le Bouchon". In beiden Bereichen können Sie von der vollen Karte wählen, und zwar unkomplizierte und schmackhafte traditionell-französische Gerichte wie "Kabeljau auf Linsen und Senf-Beurre-Blanc". Dazu Weine aus Frankreich.

Menü 37/64 € – Karte 37/52 €

**Stadtplan : M2_3-b** – *Thierschstr. 35* ✉ 80538 – ✆ 089 23708355
– *www.barestovino.de* – *nur Abendessen* – *geschl. Sonntag - Montag*

## ❀ Colette Tim Raue ⓝ     🍴 ⇧

**FRANZÖSISCH · BRASSERIE** X Mit diesem Konzept trifft Tim Raue den Nerv der Zeit: Man fühlt sich wie in einer französischen Brasserie, die Atmosphäre gemütlich und angenehm ungezwungen, die Küche richtig gut und bezahlbar. Hochwertige Produkte sind selbstverständlich, so z. B. in "Boeuf Bourguignon, Speck, Champignons & Schalotten".

Karte 36/62 €

**Stadtplan : F3-c** – *Klenzestr. 72* ✉ 80469 – ✆ 089 23002555
– *www.brasseriecolette.de* – *geschl. Montag - Dienstag*

⫯○ **Matsuhisa Munich**

ASIATISCH · TRENDY ✗✗ Asiatische Küche à la Nobu Matsuhisa erwartet Sie in dem geradlinig-eleganten Restaurant in der 1. Etage. Die Gerichte sind klar und fein, die Produkte frisch und gut. Klassiker wie "Black Cod" dürfen da nicht fehlen!

Menü 95/138 € – Karte 77/113 €

Stadtplan: L2-s – *Hotel Mandarin Oriental, Neuturmstr. 1* ✉ *80331* – ✆ *089 290981875 – www.mandarinoriental.com*

⫯○ **Schwarzreiter**

MODERNE KÜCHE · ELEGANT ✗✗ Chic das geradlinig-elegante Interieur, modernbayerisch die Küche. Was man hier von einem freundlichen Team serviert bekommt, nennt sich z. B. "Waller & Kraut" oder "Backhendl, Morchel, Karotte, Dinkelrisotto, Hendlragout".

Menü 92/121 €

Stadtplan: L2-a – *Hotel Vier Jahreszeiten Kempinski, Maximilianstr. 17* ✉ *80539* – ✆ *089 21252125 – www.schwarzreiter-muenchen.de – nur Abendessen – geschl. August und Sonntag - Montag*

⫯○ **Garden-Restaurant**

INTERNATIONAL · FREUNDLICH ✗✗ Ausgesprochen chic: Die hohe Wintergartenkonstruktion mit ihrem Industrial-Style und der lichten Atmosphäre hat ein bisschen was von einem Künstleratelier. Aus der Küche kommt Internationales.

Menü 39 € (mittags)/74 € – Karte 49/96 €

Stadtplan: K2-y – *Hotel Bayerischer Hof, Promenadeplatz 2* ✉ *80333* – ✆ *089 2120993 (Tischbestellung ratsam) – www.bayerischerhof.de*

⫯○ **Pfistermühle**

REGIONAL · RUSTIKAL ✗✗ Ein separater Eingang führt in die einstige herzogliche Mühle (1573), wo Sie in stilvoll-bayerischem Ambiente (schön das Kreuzgewölbe) Regionales wie "rosa gebratenen Kalbsrücken unter Kürbis-Krokantkruste" speisen. Mittags kleinere Karte.

Menü 59 € – Karte 40/65 €

Stadtplan: L2-z – *Hotel Platzl, Pfisterstr. 4* ✉ *80331* – ✆ *089 23703865* – *www.pfistermuehle.de – geschl. Sonntag*

⫯○ **Rocca Riviera**

MEDITERRAN · TRENDY ✗✗ Stylish und ungezwungen ist es hier. Unweit des Odeonsplatzes speist man in angenehmer Atmosphäre nach dem Food-Sharing-Prinzip Kleinigkeiten der mediterran-französischen Fusionküche oder man genießt Steaks und Fisch vom Holzkohlegrill.

Menü 30 € (mittags)/100 € – Karte 44/80 €

Stadtplan: L2-n – *Wittelsbacherplatz 2* ✉ *80331* – ✆ *089 28724421* – *www.roccariviera.com – geschl. Samstagmittag, Sonntag*

⫯○ **Limoni**

ITALIENISCH · ELEGANT ✗✗ Das Ambiente geradlinig-stylish und gemütlich zugleich, der Service aufmerksam und stets präsent, die Küche frisch, ambitioniert, italienisch. Lust auf Klassiker wie Vitello Tonnato? Oder wählen Sie lieber von der wechselnden Karte?

Menü 50/64 € – Karte 40/53 €

Stadtplan: L1-b – *Amalienstr. 38* ✉ *80799* – ✆ *089 28806029* – *www.limoni-ristorante.com – nur Abendessen – geschl. Sonntag*

⫯○ **Blauer Bock**

INTERNATIONAL · CHIC ✗✗ Chic die moderne Einrichtung in klaren Linien, ansprechend auch die französisch und regional ausgerichtete Speisekarte. Hier finden sich z. B. Dorade vom Grill oder geschmorte Kalbsbackerl.

Menü 19 € (mittags)/83 € (abends) – Karte 42/90 €

Stadtplan: K3-a – *Hotel Blauer Bock, Sebastiansplatz 9* ✉ *80331* – ✆ *089 45222333 – www.restaurant-blauerbock.de – geschl. Sonntag - Montag sowie an Feiertagen*

## ⅱ○ Halali

**KLASSISCHE KÜCHE · GEMÜTLICH** ✕✕ Eine echte Institution. In dem Gasthaus a. d. 19. Jh. mit dunkler Holztäfelung sitzt es sich gemütlich bei guten saisonalen Gerichten wie "Kalbsfiletspitzen mit Rahmsauce und Spätzle" oder "französischem Lammrücken mit Kartoffelgratin".

Menü 25 € (mittags unter der Woche)/66 € – Karte 37/70 €

**Stadtplan : L1-x** – *Schönfeldstr. 22* ✉ *80539*

– ℰ *089 285909 (Tischbestellung ratsam) – www.restaurant-halali.de*

– *geschl. Samstagmittag, Sonntag und an Feiertagen, Oktober - Weihnachten: Samstagmittag, Sonntagmittag*

## ⅱ○ Tian 🏠

**VEGETARISCH · TRENDY** ✕✕ Genau am Viktualienmarkt finden Sie den ersten Ableger des Tian in Deutschland. Das rein vegetarische Konzept wird auch hier gekonnt und raffiniert umgesetzt. Dazu gibt's eine trendige Bar und einen netten Innenhof. Einfachere Mittagskarte.

Menü 19 € (mittags)/49 € (abends) – Karte 40/50 €

**Stadtplan : L3-c** – *Frauenstr. 4* ✉ *80469*

– ℰ *089 885656712 – www.taste-tian.com – geschl. Sonntag*

– *Montagmittag sowie an Feiertagen*

## ⅱ○ Nymphenburger Hof 🏠

**INTERNATIONAL · FREUNDLICH** ✕✕ Wirklich schön diese Traditionsadresse. Der Chef ist gebürtiger Steirer und so finden sich auf der Karte auch Gerichte aus seiner Heimat, dazu ausgewählte österreichische Weine. Nett sitzt man auf der lauschigen Terrasse.

Menü 29 € (mittags unter der Woche)/75 € – Karte 43/74 €

**Stadtplan : E2-a** – *Nymphenburger Str. 24* ✉ *80335*

– ℰ *089 1233830 (Tischbestellung ratsam) – www.nymphenburgerhof.de*

– *geschl. Sonntag - Montag sowie an Feiertagen*

## ⅱ○ Galleria AC

**ITALIENISCH · GEMÜTLICH** ✕✕ In dem liebevoll dekorierten kleinen Restaurant in zentraler Lage macht richtig gute italienische Küche Appetit! Lust auf "Gnocchi gefüllt mit Stracchino, Porchetta und Trevisano"? Die Bilder mit den Herzmotiven kann man übrigens kaufen.

Menü 25 € (mittags unter der Woche)/79 € – Karte 45/65 €

**Stadtplan : L2-x** – *Sparkassenstr. 11, Ecke Ledererstraße* ✉ *80331* – ℰ *089 297995 (Tischbestellung ratsam) – www.ristorante-galleria.de*

## ⅱ○ Shane's Restaurant 🏠 AC ⇦

**MODERNE KÜCHE · TRENDY** ✕✕ "A place to be" würde man in der irischen Heimat von Shane McMahon sagen. Modern sowohl das Ambiente als auch die feine Küche in Form eines Überraschungsmenüs, der Service leger und kompetent. Lounge-Food in Shane's Bar/Lounge mit Terrasse.

Menü 68 €

**Stadtplan : F3-s** – *Geyerstr. 52* ✉ *80469*

– ℰ *089 74646820 – www.shanesrestaurant.de*

– *nur Abendessen*

– *geschl. 24. Dezember - 7. Januar und Sonntag - Montag*

Bestecke ✕ und Sterne ✿ sollten nicht verwechselt werden! Die Bestecke stehen für eine Komfortkategorie, die Sterne zeichnen Häuser mit besonders guter Küche aus - in jeder dieser Kategorien.

## ⅡO **Pageou**

MEDITERRAN · GEMÜTLICH XX Hinter der prächtigen historischen Fassade hat Ali Güngörmüs (bekannt aus dem "Le Canard nouveau" in Hamburg) sein zweites Restaurant. Geschmackvolles Interieur und entspannte Atmosphäre treffen hier auf mediterrane Küche mit nordafrikanischem Einfluss. Schön die ruhige Terrasse im Hof. Mittags Businesslunch.

Menü 47 € (mittags)/108 € (abends) – Karte 69/81 €

Stadtplan : K2-c – *Kardinal-Faulhaber-Str. 10, (1. Etage)* ✉ 80333 – ☏ 089 24231310 *(Tischbestellung ratsam) – www.pageou.de – geschl. Sonntag - Montag sowie an Feiertagen*

## ⅡO **Les Cuisiniers**

FRANZÖSISCH-KLASSISCH · BISTRO XX Dies ist schon ein wirklich hübsches und lebendiges Bistro. Geboten wird eine frische und unkomplizierte französische Küche, die den Gästen auf einer Tafel präsentiert wird.

Menü 25 € (mittags)/98 € (abends) – Karte 36/69 €

Stadtplan : M2-p – *Reitmorstr. 21* ✉ 80538 – ☏ 089 23709890 *(Tischbestellung ratsam) – www.lescuisiniers.de – geschl. Samstagmittag, Sonntag sowie an Feiertagen*

## ⅡO **Vecchia Lanterna**

ITALIENISCH · ELEGANT XX In dem modern-eleganten Restaurant samt ruhiger Hinterhofterrasse bekommen Sie klassisch-mediterrane Küche einschließlich interessantem Lunchmenü, dazu vorwiegend Weine aus Italien.

Menü 49/80 € – Karte 46/67 €

Stadtplan : M2-e – *Hotel Domus, St.-Anna-Str. 31* ✉ 80538 – ☏ 089 81892096 – *www.vecchia-lanterna.de – geschl. Sonntag - Montag*

## ⅡO **Jin**

ASIATISCH · GERADLINIG XX Besonders ist hier nicht nur das Ambiente (asiatische Schlichtheit in hochwertiger Form), sondern vor allem die aromenreiche panasiatische Küche, die chinesisch geprägt ist, aber auch japanische und europäische Einflüsse zeigt: "Dim Sum vom Kalbsfilet", "geschmorte Spareribs mit Shiitake"...

Menü 66/96 € – Karte 43/69 €

Stadtplan : L3-n – *Kanalstr. 14* ✉ 80538 – ☏ 089 21949970 – *www.restaurant-jin.de – Juli - September: Dienstag - Freitag nur Abendessen – geschl. Montag*

## ⅡO **Weinhaus Neuner**

TRADITIONELLE KÜCHE · TRADITIONELLES AMBIENTE X Schön, wie Kreuzgewölbe, Fischgrätparkett und Holztäfelung den traditionellen Charme des historischen Hauses bewahren. Dazu Speisen, wie man sie in einem gehobenen Münchner Wirtshaus erwartet - probieren Sie z. B. "Hühnerfrikassee unter der Blätterteighaube".

Karte 36/73 €

Stadtplan : K2-e – *Herzogspitalstr. 8* ✉ 80331 – ☏ 089 2603954 *(Tischbestellung ratsam) – www.weinhaus-neuner.de*

## ⅡO **Restaurant N° 15**

KLASSISCHE KÜCHE · ELEGANT X Hier bietet man seinen Gästen französische Küche mit modernen Elementen. Weinliebhaber wählen dazu gerne aus dem schönen Angebot an Bordeaux und Burgunder. Tipp: Speisen Sie auf der hübschen Terrasse mit altem Baumbestand!

Menü 76/120 € – Karte 65/85 €

Stadtplan : F1-n – *Neureutherstr. 15* ✉ 80331 – ☏ 089 399936 – *www.restaurant-n15.com – nur Abendessen – geschl. Sonntag - Montag sowie an Feiertagen*

⫶⃝ **Le Stollberg**                                                                  🀫

KLASSISCHE KÜCHE · BISTRO ⫶ Die Küche dieser sympathischen modernen Adresse ist klassisch-mediterran und saisonal, so z. B. "Kalbsniere in Rotweinsauce an Kartoffelpüree". Kommen Sie doch auch mal zum günstigen Lunch. Samstags durchgehend geöffnet.

Menü 45 € – Karte 40/61 €

Stadtplan : L2_3-r – *Stollbergstr. 2* ✉ *80539 –* ✆ *089 24243450*
*– www.lestollberg.de – geschl. Sonntag*

⫶⃝ **Rossini**                                                                  🀫 🀫

ITALIENISCH · GEMÜTLICH ⫶ In Anlehnung an den bekannten Film haben Sabine Nasswetter und Fabrizio Cereghini (sein ehemaliges Restaurant diente dem Drehort als Vorbild) diesen Namen gewählt. In dem familiären kleinen Lokal mit eigenem Weinhandel gibt es unkomplizierte authentisch-italienische Küche. Tipp: Parken in der Amaliengarage.

Karte 43/73 €

Stadtplan : L1-a – *Türkenstr. 76* ✉ *80799 –* ✆ *089 33094270 (Tischbestellung ratsam) – www.rossini-weinkeller.net – geschl. 24. Dezember - 9. Januar, August und Samstagmittag, Sonntag sowie an Feiertagen*

⫶⃝ **Brenner Operngrill**                                                                  🀫

GRILLGERICHTE · HIP ⫶ Hier trifft man sich! In der eindrucksvollen großen Gewölbehalle (einst Marstall der Residenz) vereinen sich Bar, Café und Restaurant zu einem lebendigen Hotspot der Münchner Gastroszene. Es gibt hausgemachte Pasta sowie Fleisch und Fisch vom Grill, einer offenen Feuerstelle mitten im Raum!

Karte 24/108 €

Stadtplan : L2-j – *Maximilianstr. 15* ✉ *80539 –* ✆ *089 4522880*
*– www.brennergrill.de*

⫶⃝ **TOSHI**                                                                  🄰🄲

JAPANISCH · GERADLINIG ⫶ Steht Ihnen der Sinn nach authentisch japanischer Küche? So typisch wie die puristische Einrichtung ist auch die Karte: Schmackhaftes aus Fernost, Sushi, Teppanyaki und auch Pan-Pacific-Cuisine. Um die Ecke das etwas lebhaftere "Japatapa".

Menü 80/140 € – Karte 30/101 €

Stadtplan : L2-k – *Wurzerstr. 18* ✉ *80539 –* ✆ *089 25546942*
*– www.restaurant-toshi.de – geschl. Sonntag, Samstagmittag sowie an Feiertagen mittags*

⫶⃝ **KOI**                                                                  🀫 ♿ 🄰🄲 🙶

JAPANISCH · FREUNDLICH ⫶ Auf zwei Etagen kann man sich hier sowohl optisch als auch kulinarisch an einem interessanten Stilmix erfreuen. Aus frischen Produkten entsteht eine Mischung aus japanischer und europäischer Küche samt Sushi und Fleisch vom Robata-Grill.

Karte 28/153 €

Stadtplan : L2-d – *Wittelsbacherplatz 1* ✉ *80333 –* ✆ *089 89081926*
*– www.koi-restaurant.de – geschl. über Weihnachten und Sonntag sowie an Feiertagen mittags*

⫶⃝ **Little London** ⓝ                                                                  🀫 🙶

GRILLGERICHTE · FREUNDLICH ⫶ Lebendig geht es in dem Steakhouse am Isartor zu, vorne die große klassische Bar mit toller Whiskey- und Gin-Auswahl. Freuen Sie sich auf hochwertiges Fleisch - gefragt sind Nebraska Steaks, aber auch gebratener Tafelspitz oder Lammrücken.

Karte 36/95 €

Stadtplan : L3-n – *Tal 31* ✉ *80331 –* ✆ *089 22239470 – www.little-london.de – nur Abendessen – geschl. Anfang August 2 Wochen*

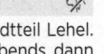

### 🍴○ Louis Cuisine

FRANZÖSISCH · INTIM 𝕏 Ein hübsches kleines Restaurant im alten Stadtteil Lehel. Begehrt sind die 12 Plätze natürlich beim günstigen Mittagsmenü. Abends dann ambitionierte französische Speisen wie Lachsfilet "Louis" oder gebratene Kalbs-rückenscheiben.

Menü 22 € (mittags unter der Woche)/45 € (abends)

Stadtplan : M2-c – *Tattenbachstr. 1* ✉ *80538* – ☎ *089 44141910* – *www.restaurant-louis.de* – *geschl. Mitte August - Anfang September und Samstag - Sonntag*

### 🍴○ Rüen Thai

THAILÄNDISCH · FAMILIÄR 𝕏 Hier hat man sich ganz der südthailändischen Küche verschrieben: "Gung Pla", "Nüe San Kua"... oder lieber ein Fingerfood-Menü? Eine weitere Spezialität sind Gewürzmischungen. An Wein gibt es einige Raritäten!

Menü 49/99 € – Karte 29/55 €

Stadtplan : E3-a – *Kazmairstr. 58* ✉ *80339* – ☎ *089 503239* – *www.rueen-thai.de* – *Donnerstag - Sonntag sowie an Feiertagen nur Abendessen* – *geschl. 31. Juli - 20. August*

### 🍴○ Cafe Luitpold

TRADITIONELLE KÜCHE · FREUNDLICH 𝕏 Hier sitzt man in lebendiger Kaffee-haus-Atmosphäre, auf der Karte Traditionelles und internationale Einflüsse. Sehenswert das eigene Museum im 1. Stock mit Blick in die Backstube. Apropos: Probieren Sie auch Torten, Pralinen & Co.!

Menü 39/69 € (abends) – Karte 27/58 €

Stadtplan : L2-g – *Brienner Str. 11* ✉ *80333* – ☎ *089 2428750* – *www.cafe-luitpold.de* – *geschl. Sonntagabend, Montagabend außer an Feiertagen*

### 🍴○ Gesellschaftsraum

KREATIV · HIP 𝕏 Sie mögen es ungezwungen, urban, trendy? Passend zur Atmo-sphäre wird In dem Restaurant mitten in der Altstadt kreativ, modern und ambi-tioniert gekocht. Der Service angenehm leger. Mittags einfachere Karte.

Menü 56/85 € – Karte 49/63 €

Stadtplan : L2-e – *Bräuhausstr. 8* ✉ *80331* – ☎ *089 55077793* – *www.der-gesellschaftsraum.de* – *geschl. Samstagmittag, Sonntag*

### 🍴○ Gandl

KLASSISCHE KÜCHE · GEMÜTLICH 𝕏 Sie speisen in einem ehemaligen Kolonial-warenladen - die Regale sind teilweise geblieben und auch einige Produkte ver-kauft man noch. Die Gerichte reichen von klassisch-französisch bis international. Tipp für Sommertage: Terrasse zum Platz!

Menü 59 € (abends) – Karte 35/54 €

Stadtplan : M2-g – *St.-Anna-Platz 1* ✉ *80538* – ☎ *089 29162525* – *www.gandl.de* – *geschl. Sonntag, Montagabend*

### 🍴○ Porta Capuana

ITALIENISCH · FAMILIÄR 𝕏 Freundlich und familiär geht es hier zu. Schmackhaft und frisch die italienische Küche, ansprechend das Ambiente mit dem großen Wandmotiv der "Piazza del Plebiscito" in Neapel. Und nach dem Essen einen der schönen hochwertigen Grappas?

Menü 26 € (mittags)/79 € (abends) – Karte 34/65 €

Stadtplan : L3-b – *Thierschstr. 14* ✉ *80538* – ☎ *089 63893041* – *www.porta-capuana.com* – *geschl. Samstagmittag, Sonntag*

### 🍴○ Kleinschmecker 🆕

KREATIV · TRENDY 𝕏 Angenehm leger ist dieses freundlich-trendige Restaurant neben dem Viktualienmarkt. Gekocht wird kreativ, dabei kombiniert man mit Gefühl fri-sche, gute Produkte und schöne Aromen. Mittags gibt es zusätzlich ein Lunchmenü.

Menü 57/85 € – Karte 45/63 €

Stadtplan : K3-k – *Sebastiansplatz 3* ✉ *80331* – ☎ *089 26949120* – *www.restaurant-kleinschmecker.de* – *geschl. 1. - 15. Januar und Sonntag sowie an Feiertagen*

## ⅢO Zum Alten Markt

**MARKTKÜCHE · GEMÜTLICH** 🍴 Dieses persönlich geführte und urig-kleine Lokal am Viktualienmarkt hat man mit dem original erhaltenen 400 Jahre alten Holz einer Südtiroler Ratsherrenstube ausgestattet - wirklich charmant!

Menü 40 € (abends) – Karte 20/41 €

*Stadtplan : L3-q – Dreifaltigkeitsplatz 3 ✉ 80331 – ☏ 089 299995*
*– www.zumaltenmarkt.de – geschl. Sonntag sowie an Feiertagen*

## ⅢO Tokami

**JAPANISCH · GERADLINIG** 🍴 Seit über 25 Jahren gibt es das minimalistisch gehaltene Restaurant schräg gegenüber dem Brandhorst-Museum - das spricht für die klassisch-japanische Küche, die mit ihrer Vielfalt nicht nur bei Sushi-Fans ankommt. Interessante Lunchmenüs.

Menü 53/61 € (abends) – Karte 29/45 €

*Stadtplan : K1-k – Theresienstr. 54 ✉ 80333 – ☏ 089 28986760 – www.tokami.de*

## ⅢO Theresa Grill & Bar

**FLEISCH · HIP** 🍴 Zwei Locations für internationale Küche: trendig, modern, leger das Restaurant "Theresa Grill" - Schwerpunkt sind hier Steaks vom Grill, dazu am Wochenende Frühstück/Brunch. Elegant das Restaurant "Theresa Bar" mit Live-DJ dienstagabends.

Menü 19 € (mittags unter der Woche) – Karte 38/71 €

*Stadtplan : L1-t – Theresienstr. 29 ✉ 80333 – ☏ 089 28803301 (abends Tischbestellung ratsam) – www.theresa-restaurant.com – geschl. August und Sonntag, Freitagmittag, Samstagmittag (nur Theresa Bar)*

## ⅢO Délice La Brasserie

**FRANZÖSISCH · BRASSERIE** 🍴 Mit seiner schicken Einrichtung und der enormen Raumhöhe schafft die Brasserie den Spagat zwischen urbaner Leichtigkeit und historischem Gemäuer. Die internationale Küche hat einen stark französischen Touch.

Karte 51/70 €

*Stadtplan : J2-a – Hotel Sofitel Munich Bayerpost, Bayerstr. 12 ✉ 80335*
*– ☏ 089 599482962 – www.delice-la-brasserie.com*

## ⅢO Geisel's Vinothek

**REGIONAL · RUSTIKAL** 🍴 In diesem Geisel'schen Restaurant ist es etwas legerer als im "Königshof", dennoch kocht man ambitioniert: Klassiker wie "Roastbeef mit Sauce Remoulade" oder auch "Thunfisch mit Shiitake, Frühlingsrolle und Koriander Beurre Blanc".

Menü 20 € (mittags)/42 € – Karte 28/60 €

*Stadtplan : J2-z – Hotel Excelsior, Schützenstr. 11 ✉ 80335 – ☏ 089 551377140*
*– www.excelsior-hotel.de – geschl. Sonntagmittag*

## ⅢO Ayingers

**REGIONAL · GEMÜTLICH** 🍴 Bayerische Klassiker haben hier - passend zum Wirtshausflair - ihren festen Platz auf der Karte, aber auch Wild aus eigener Jagd kommt gut an, und vorneweg gibt's eine Brezn! Verpassen Sie nicht den Fassanstich - täglich um 17 Uhr!

Karte 21/46 €

*Stadtplan : L2-z – Hotel Platzl, Sparkassenstr. 10 ✉ 80331 – ☏ 089 23703666*
*– www.ayingers.de*

---

Gute Küche zu moderatem Preis? Folgen Sie dem „Bib Gourmand" . Das freundliche Michelin-Männchen „Bib" steht für ein besonders gutes Preis-Leistungs-Verhältnis!

# Brauerei-Gaststätten

*traditionelle, gemütliche Brauhäuser mit Biergarten. Regional gebraute Biere und deftige bayrische Speisen.*

## 🍴○ Altes Hackerhaus 🏠 AK ♿

**REGIONAL · GEMÜTLICH** ✗ Unter den Brauhäusern der Stadt ist das hier ein recht kleines Haus, dafür aber mit viel Charme und liebenswerten, heimeligen Stuben... und natürlich mit bayerischen Schmankerln! Schöner überdachbarer Innenhof.

Karte 22/52 €

**Stadtplan : K3-r** – *Sendlinger Str. 14* ✉ *80331* – 𝒞 *089 2605026*
– *www.hackerhaus.de*

## 🍴○ Schneider Bräuhaus 🏠 ♿ ♿

**REGIONAL · GEMÜTLICH** ✗ Ein bayerisches Wirtshaus, wie es im Buche steht! Hierher kommen die Münchner für "ihr" Kronfleisch - eine von vielen Spezialitäten aus der hauseigenen Metzgerei. In den urigen Stuben zusammenrücken - das hat Tradition!

Karte 18/47 €

**Stadtplan : L2_3-e** – *Tal 7* ✉ *80331* – 𝒞 *089 2901380*
– *www.schneider-brauhaus.de*

## 🍴○ Spatenhaus an der Oper 🏠

**REGIONAL · TRADITIONELLES AMBIENTE** ✗ Sicher das Brauhaus mit den elegantesten Stuben, das München zu bieten hat - und die ideale Adresse, um vor oder nach dem Besuch der Oper (genau gegenüber!) bayerisch oder auch international zu essen.

Karte 29/69 €

**Stadtplan : L2-t** – *Residenzstr. 12* ✉ *80333* – 𝒞 *089 2907060* – *www.kuffler.de*

## 🍴○ Zum Franziskaner 🏠 ♿ AK ❌ ♿

**REGIONAL · TRADITIONELLES AMBIENTE** ✗ Vater und Sohn führen dieses beliebte Traditionshaus, in dem es dank zahlreicher Stammgäste schön lebendig zugeht. Auf den Tisch kommen Leberkäs, Weißwurst und noch weitere Spezialitäten aus der eigenen Metzgerei! Glasüberdachter Innenhof.

Karte 17/64 €

**Stadtplan : L2-v** – *Residenzstr. 9 / Perusastr. 5* ✉ *80333* – 𝒞 *089 2318120*
– *www.zum-franziskaner.de*

## 🍴○ Marktwirt 🏠

**REGIONAL · RUSTIKAL** ✗ In dem sympathischen Lokal am Viktualienmarkt wird nicht nur bayerisch gekocht - auch Südtirol und Österreich sind vertreten. Beachtlich: Man hat rund 150 Obst- und Gemüsebrände! Einladend der beheizte Biergarten.

Menü 25/45 € – Karte 20/45 €

**Stadtplan : L3-q** – *Heiliggeiststr. 2* ✉ *80331* – 𝒞 *089 23241133*
– *www.marktwirt.com*

# Hotels

## 🏨 Mandarin Oriental 🍴 ⚒ 🏠 🛁 🔲 AK ❌ ♨ 🛶

**GROSSER LUXUS · KLASSISCH** Ein Palais der Neorenaissance, Luxushotel mit internationalem Ruf und eine der führenden Adressen im Lande! Exlusives Wohnen und ebensolcher Service sind eine Selbstverständlichkeit. I-Tüpfelchen: Rooftop-Pool mit Blick bis zu den Alpen! In der Bar: Auszug aus der "Matsuhisa"-Karte sowie asiatische Klassiker.

67 Zim – 🛏575/895 € 🛏🛏575/895 € – 6 Suiten – ⌑ 44 €

**Stadtplan : L2-s** – *Neuturmstr. 1* ✉ *80331* – 𝒞 *089 290980*
– *www.mandarinoriental.com/munich*

🍴○ **Matsuhisa Munich** – siehe Restaurantauswahl

### 🏨 Bayerischer Hof  🌳 🖼 ⑨ 𝄢 ⛴ ⊟ ⅃ 🅰🅲 🎿 🚗

**GROSSER LUXUS · KLASSISCH** Das Grandhotel von 1841 steht für Klassik, modernen Luxus, Individualität - Wertigkeit hat oberste Priorität! Szenetreff im Sommer: Dachgarten mit klasse Aussicht! Eindrucksvoll auch "Falk's Bar" im Spiegelsaal von 1839! Teil der vielfältigen Gastronomie: "Trader Vic's" mit polynesischer Küche, bayerisch-rustikal der "Palais Keller".

319 Zim – 👤310/395 € 👥390/580 € – 21 Suiten – 🛏 40 €

*Stadtplan : K2-y – Promenadeplatz 2 ✉ 80333 – 𝒞 089 21200*
*– www.bayerischerhof.de*

❀❀ **Atelier** • 🍴 **Garden-Restaurant** – siehe Restaurantauswahl

### 🏨 The Charles  🌳 🖼 ⑨ 𝄢 ⛴ ⊟ ⅃ 🅰🅲 🎿 🚗

**GROSSER LUXUS · ELEGANT** Luxus vermittelt das schöne Hotel am Alten Botanischen Garten mit edler geradlinig-eleganter Einrichtung und hochwertigem Spa sowie allen erdenklichen Serviceleistungen. Das Konzept im Restaurant "Sophias's" lautet "Botanical Bistronomy", dazu eine gemütlich-schicke Bar und eine angenehme Terrasse.

136 Zim – 👤270/740 € 👥270/740 € – 24 Suiten – 🛏 38 €

*Stadtplan : J2-e – Sophienstr. 28 ✉ 80333 – 𝒞 089 5445550*
*– www.sophiasmuenchen.de*

### 🏨 Königshof  𝄢 ⛴ ⊟ 🅰🅲 ⌀ 🎿 🚗

**LUXUS · ELEGANT** Was die Hotelierfamilie Geisel hier ihr Eigen nennt, ist ein wahres Stück Münchner Hoteltradition. Direkt am Stachus wird dem Gast klassische Eleganz zuteil, außerdem ein exzellenter Service sowie hochwertige Gastronomie.

79 Zim – 👤280/320 € 👥310/350 € – 8 Suiten – 🛏 35 €

*Stadtplan : K2-s – Karlsplatz 25 ✉ 80335 – 𝒞 089 551360*
*– www.koenigshof-hotel.de*

❀ **Gourmet Restaurant Königshof** – siehe Restaurantauswahl

### 🏨 Vier Jahreszeiten Kempinski  🌳 🖼 𝄢 ⛴ ⊟ 🅰🅲 🎿 🚗

**LUXUS · KLASSISCH** Der Klassiker der Münchner Grandhotels a. d. J. 1858 hat historischen Charme, wie man ihn nur noch selten findet. Doch auch die Moderne hat hier Einzug gehalten, in sehr komfortabler und wohnlicher Form. In der Tagesbar - zur Maximilianstraße hin gelegen - serviert man Internationales.

230 Zim – 👤240/665 € 👥320/725 € – 67 Suiten – 🛏 42 €

*Stadtplan : L2-a – Maximilianstr. 17 ✉ 80539 – 𝒞 089 21250*
*– www.kempinski.com/vierjahreszeiten*

🍴 **Schwarzreiter** – siehe Restaurantauswahl

### 🏨 Sofitel Munich Bayerpost  🖼 ⑨ 𝄢 ⛴ ⊟ ⅃ 🅰🅲 ⌀ 🎿 🚗

**KETTENHOTEL · DESIGN** Gelungen hat man in das imposante denkmalgeschützte Gebäude aus der Gründerzeit moderne Architektur und zeitgenössisches Design integriert. Das steht auch dem hochwertigen Spa gut zu Gesicht - schauen Sie sich den interessanten Pool an!

388 Zim – 👤210/360 € 👥210/360 € – 8 Suiten – 🛏 38 € – ½ P

*Stadtplan : J2-a – Bayerstr. 12 ✉ 80335 – 𝒞 089 599480*
*– www.sofitel-munich.com*

🍴 **Délice La Brasserie** – siehe Restaurantauswahl

### 🏨 Hilton Munich Park  🌳 🖼 𝄢 ⛴ ⊟ ⅃ 🅰🅲 🎿 🚗

**KETTENHOTEL · MODERN** Zu den Luxushotels der Stadt zählt das Haus am Englischen Garten schon lange - Letzteren hat man sich übrigens bei der Gestaltung der Lobby zum Vorbild genommen! Viele der schön geradlinigen Zimmer bieten eine tolle Sicht. Ausgezeichneter Tagungsbereich, internationales Restaurant mit Biergarten am Eisbach.

481 Zim – 👤139/479 € 👥139/479 € – 3 Suiten – 🛏 29 €

*Stadtplan : H2-n – Am Tucherpark 7 ✉ 80538 – 𝒞 089 38450*
*– www.hilton.de/muenchenpark*

### 🏨 Derag Livinghotel

BUSINESS · DESIGN Schön die zentrale Lage direkt am lebendigen Viktualienmarkt, hochwertig die Designzimmer mit neuester Technik - perfekt für Langzeitgäste die Apartments mit Kitchenette. Kleine Aufmerksamkeiten: kostenfreie
Minibar, Nespressomaschine, W-Lan. Mit im Haus: Restaurant "Tian" mit vegetari-
scher/veganer Küche.

83 Zim - ♦190/240 € ♦♦220/280 € - ☕21 €
Stadtplan : L3-d - *Frauenstr. 4* ✉ 80469 - ✆ 089 8856560
- *www.deraghotels.de*

### 🏨 Louis

URBAN · ELEGANT Top die Lage am Viktualienmarkt - von hier stammen die
ausgesuchten Zutaten fürs Frühstück! Das Hotel gefällt sowohl mit modernem
Design als auch mit Wohnlichkeit. Dazu Annehmlichkeiten wie Schuhputzservice,
Tageszeitung... Die japanische Küche des "Emiko" genießt man im Sommer auf
der Dachterrasse zum Hof.

72 Zim - ♦139/399 € ♦♦189/449 € - ☕29 €
Stadtplan : L3-f - *Viktualienmarkt 6* ✉ 80331 - ✆ 089 41119080
- *www.louis-hotel.com*

### 🏨 Cortiina

URBAN · ELEGANT Schön, was man hier in etwas versteckter, aber doch sehr
zentraler Lage zu Gesicht bekommt: wertige Materialien, wohin man schaut
- Holz, Schiefer, Jura-Marmor und Naturfarben absolut stimmig kombiniert! Die
Zimmer sind recht unterschiedlich geschnitten, das offene Restaurant bietet internationale Küche.

70 Zim - ♦149/409 € ♦♦189/429 € - 5 Suiten - ☕25 €
Stadtplan : L2-c - *Ledererstr. 8* ✉ 80331
- ✆ 089 2422490 - *www.cortiina.com*

### 🏨 anna hotel

BUSINESS · MODERN Auf ein junges und junggebliebenes Publikum trifft man in
dem modernen Hotel direkt am Stachus. Wenn Sie Panoramasicht möchten, nehmen Sie ein Zimmer im obersten Stock. Ganz diskret und ebenso chic wohnt man
im Nebengebäude! Im Bistro nebst gut besuchter Bar gibt es Sushi und euro-
asiatische Gerichte.

73 Zim - ♦185/370 € ♦♦185/370 € - 2 Suiten - ☕22 €
Stadtplan : J2-n - *Schützenstr. 1* ✉ 80335 - ✆ 089 599940 - *www.annahotel.de*

### 🏨 Excelsior

BUSINESS · KLASSISCH Familie Geisel investiert stetig in ihre Betriebe, so auch
in dieses Schwesterhotel des "Königshofs" (dort befindet sich der Freizeitbereich). Wie wär's mit einem der schönen modern-alpinen Zimmer? Ausgezeichnet auch das Frühstück.

118 Zim - ♦145/355 € ♦♦150/370 € - ☕22 €
Stadtplan : J2-z - *Schützenstr. 11* ✉ 80335 - ✆ 089 551370
- *www.excelsior-hotel.de*
🍴 Geisel's Vinothek - siehe Restaurantauswahl

### 🏨 Platzl

TRADITIONELL · GEMÜTLICH Das Hotel mitten in der Altstadt hat schon einen
gewissen Charme - das liegt an schönen wohnlichen Zimmern mit traditionellem
Touch und modernem Equipment sowie am attraktiven Erholungsbereich im Stil
des Maurischen Kiosks von Ludwig II.

166 Zim ☕ - ♦130/485 € ♦♦200/685 € - 1 Suite
Stadtplan : L2-z - *Sparkassenstr. 10* ✉ 80331 - ✆ 089 237030 - *www.platzl.de*
🍴 Pfistermühle • 🍴 Ayingers - siehe Restaurantauswahl

### 🏨 Opéra

PRIVATHAUS · INDIVIDUELL Sie suchen etwas Spezielles? Das kleine Schmuckstück nahe der Oper hat sehr individuelle Zimmer: Kunst, dazu zahlreiche Antiquitäten, unter die sich aber auch moderne Akzente mischen. Tipp für Sommertage:
Frühstück im reizenden Innenhof!

22 Zim 🛏 – †140/220 € ††160/240 € – 3 Suiten
**Stadtplan : M2-a** – *St.-Anna-Str. 10* ✉ 80538 – ℰ 089 2104940
– *www.hotel-opera.de*

### 🏨 Splendid-Dollmann

HISTORISCH · INDIVIDUELL Feines Boutique-Hotel hinter stilvoller Bürgerhausfas-
sade! Die Zimmer sind nicht riesig, aber liebevoll und mit reichlich Antiquitäten eingerichtet. Persönliche Atmosphäre im lauschigen Hof, im Frühstücksraum, in der Bibliothek (kleine Snacks am Abend). Zwei Garagenplätze und Anwohnerparkausweise.

36 Zim – †95/275 € ††135/305 € – 1 Suite – 🛏 15 €
**Stadtplan : M2-b** – *Thierschstr. 49* ✉ 80538 – ℰ 089 238080
– *www.hotel-splendid-dollmann.de*

### 🏨 das asam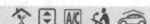

BUSINESS · KLASSISCH Was den Charme dieses geschmackvoll-gediegenen
Hauses ausmacht? Helle, wohnliche Zimmer mit hochwertigen Bädern (einige liegen sehr ruhig zum Innenhof) sowie das gute Frühstück in warmer Atmosphäre
– schön auch auf der kleinen Terrasse.

17 Zim – †149/260 € ††169/430 € – 8 Suiten – 🛏 16 €
**Stadtplan : K3-a** – *Josephspitalstr. 3* ✉ 80331 – ℰ 089 2309700
– *www.hotel-asam.de* – geschl. 22. Dezember – 6. Januar

### 🏨 Torbräu

TRADITIONELL · KLASSISCH Das älteste Hotel der Stadt gibt es schon seit 1490,
zu finden direkt neben dem historischen Isartor. Unterschiedliche Einrichtungs-
stile sorgen für Charme: in den Zimmern von traditionell bis topmodern (Suiten
mit Blick zum Alten Rathaus), im "Schapeau" Jugendstilatmosphäre zu baye-
risch-mediterraner Küche.

88 Zim 🛏 – †165/245 € ††225/285 € – 2 Suiten – ½ P
**Stadtplan : L3-g** – *Tal 41* ✉ 80331 – ℰ 089 242340 – *www.torbraeu.de*

### 🏨 Alpen Hotel

FAMILIÄR · MODERN Das Haus liegt günstig nahe Bahnhof und Stachus, wird
engagiert geführt, das Personal ist auffallend freundlich und zudem hat man
hochwertig eingerichtete Zimmer, die mit ihrem Mix aus klaren Formen und warmem Holz so modern wie wohnlich sind. Sehr gutes Frühstück, die Küche baye-
risch-international.

55 Zim 🛏 – †99/260 € ††126/355 €
**Stadtplan : J2-b** – *Adolf-Kolping-Str. 14* ✉ 80336 – ℰ 089 559330
– *www.alpenhotel-muenchen.de*

### 🏨 Admiral

FAMILIÄR · KLASSISCH Ein gepflegtes kleines Hotel, das seinem angenehm klassischen Stil treu bleibt – von der charmant-plüschigen Halle über die wohnlichen
Zimmer bis zur persönlichen Führung! Ausgezeichnet das Frühstück – im Sommer
auch im kleinen Garten.

31 Zim 🛏 – †119/399 € ††149/449 € – 1 Suite
**Stadtplan : L3-a** – *Kohlstr. 9* ✉ 80469 – ℰ 089 216350 – *www.hotel-admiral.de*

### 🏨 Domus

BUSINESS · FUNKTIONELL Hier lässt es sich wirklich gepflegt wohnen: zeitgemäße Einrichtung, warme Farben, moderne Bäder..., und im Sommer kann man
auch auf der hübschen kleinen Terrasse frühstücken!

45 Zim 🛏 – †120/190 € ††165/280 €
**Stadtplan : M2-e** – *St.-Anna-Str. 31* ✉ 80538 – ℰ 089 2177730
– *www.domus-hotel.de*

🍴 **Vecchia Lanterna** – siehe Restaurantauswahl

## 🏨 Blauer Bock 🔲 🚗

**FAMILIÄR · MODERN** Nur einen Steinwurf vom Viktualienmarkt entfernt hat man es hier schön gepflegt. Die Zimmer sind in unterschiedlichen Stilen eingerichtet - die zum Innenhof hin liegen ruhiger.

68 Zim 🗠 – 🛏99/235 € 🛏🛏155/310 € – 4 Suiten

Stadtplan : K3-a – *Sebastiansplatz 9* ⊠ *80331* – *𝒞 089 45222333*
– *www.restaurant-blauerbock.de*

🍴○ **Blauer Bock** – siehe Restaurantauswahl

## 🏨 Olympic 🍽 ♨ 🚗

**BUSINESS · INDIVIDUELL** Gäste aus der Mode- und Medienbranche sind ein deutliches Indiz: Dies ist ein sehr individuelles Haus! Stilvolles Interieur, Kunst, Zimmer zu ruhigen, grünen Innenhöfen. U-Bahn ganz in der Nähe. Parkplatz am besten gleich mit reservieren!

37 Zim 🗠 – 🛏120/180 € 🛏🛏160/250 €

Stadtplan : K3-m – *Hans-Sachs-Str. 4* ⊠ *80469* – *𝒞 089 231890*
– *www.hotel-olympic.de*

## 🏨 The Flushing Meadows 🔲 🗚🗚 🚗

**FAMILIÄR · DESIGN** Eine trendige Location, nach außen bewusst zurückhaltend - da kann man schon mal vorbeifahren! Die Zimmer (3. und 4. Stock): cool, modern, mit Industriecharme. Im OG Szenebar mit Terrasse. Kostenloser Fahrradverleih.

16 Zim – 🛏105/395 € 🛏🛏120/395 € – 🗠 11 €

Stadtplan : K3-b – *Frauenhoferstr. 32* ⊠ *80469* – *𝒞 089 55279170*
– *www.flushing-meadows.com*

## In München-Bogenhausen

### 🏵 **Acquarello** (Mario Gamba) 🗚🗚 🗚🗚

**MEDITERRAN · FREUNDLICH** 🍴🍴🍴 Eingestimmt von südländisch-eleganter Atmosphäre genießen Sie bei Mario Gamba einen Mix aus italienischer, mediterraner und französischer Küche - feine Gerichte, die die sehr guten Produkte geschmackvoll in Szene setzen. Kompetent berät Sie der aufmerksame Service auch in Sachen Wein.

→ Vitello Tonnato. Feigentortelli, Weißweinschaum, gebratene Gänseleber und Reduktion von Cassis. Rinderschmorbraten, Barolosauce, Selleriepüree.

Menü 49 € (mittags unter der Woche)/119 € – Karte 71/101 €

Stadtplan : H2-f – *Mühlbaurstr. 36* ⊠ *81677* – *𝒞 089 4704848*
– *www.acquarello.com* – *geschl. 1. - 3. Januar und Samstagmittag, Sonntagmittag sowie an Feiertagen mittags*

### 🍴○ **Bogenhauser Hof** 🗚🗚 🗚

**KLASSISCHE KÜCHE · TRADITIONELLES AMBIENTE** 🍴🍴🍴 Moderne Linien tun der Gemütlichkeit des traditionsreichen Gasthauses keinen Abbruch! Die zahlreichen (Stamm-) Gäste schätzen die ambitionierte klassische Küche von Rinderroulade bis Hummer. Wunderschön der Garten. Weinkarte mit Raritäten.

Menü 45/119 € – Karte 48/78 €

Stadtplan : H2-c – *Ismaninger Str. 85* ⊠ *81675* – *𝒞 089 985586 (Tischbestellung ratsam)* – *www.bogenhauser-hof.de* – *geschl. 24. Dezember - 8. Januar und Sonntag sowie an Feiertagen*

### 🍴○ **Käfer Schänke** 🗚🗚 🗚🗚 🗚

**INTERNATIONAL · GEMÜTLICH** 🍴🍴 Der Name "Käfer" gehört einfach zur Münchner Gastroszene! Der Feinkostladen unter einem Dach mit dem gemütlichen Restaurant garantiert u. a. sehr gutes Fleisch für die Grillgerichte! Für besondere Anlässe: neun ganz individuelle Stuben. Im Bistro: Frühstück, Käfer-Klassiker, Tagesgerichte.

Menü 40 € (mittags)/119 € (abends) – Karte 59/93 €

Stadtplan : H2-s – *Prinzregentenstr. 73, (1. Etage)* ⊠ *81675* – *𝒞 089 4168247 (abends Tischbestellung erforderlich)* – *www.feinkost-kaefer.de* – *geschl. Sonntag sowie an Feiertagen*

## ⅠO Hippocampus

ITALIENISCH · ELEGANT XX Reservieren Sie lieber, denn die lebendige Atmosphäre, der charmante Service und italienische Gerichte wie "Galetto mit Artischocken" oder "Tortelli mit Erbsen, Minze und Calamaretti" ziehen viele Gäste an - ebenso die ruhige Terrasse!

Menü 30 € (mittags unter der Woche)/59 € – Karte 48/62 €

Stadtplan : H2-a – *Mühlbaurstr. 5* ⊠ *81677* – *℘ 089 475855*
– *www.hippocampus-restaurant.de* – *geschl. Montag, Samstagmittag*

## ⅠO Huber

INTERNATIONAL · TRENDY X In dem modernen Restaurant (das Interieur stammt von einem Münchner Designer) bekommt man ambitionierte internationale Speisen. Juni - September gibt es mittags die Lunchmenüs "Das Schnelle" und "Das Besondere". Schöne österreichische Weine.

Menü 29 € (mittags)/95 € (abends) – Karte 49/65 €

Stadtplan : H2-h – *Newtonstr. 13* ⊠ *81679* – *℘ 089 985152*
– *www.huber-restaurant.de* – *Oktober - Mai nur Abendessen* – *geschl.*
*Samstagmittag, Sonntag - Montag*

## 🏨 The Westin Grand

BUSINESS · MODERN Diese Business- und Tagungsadresse ist das größte Hotel Münchens und hat auch den größten Day-Spa der Stadt! Tolle Dach-Lounge für "Westin Club"-Zimmer und Suiten. Hübsche Alternative: die gemütlich-modernen "Bayerischen Zimmer". Wirtshaus-Charme im "Paulaner's".

599 Zim – ⚥139/650 € ⚥⚥139/650 € – 28 Suiten – 🛏 29 €

Stadtplan : H2-q – *Arabellastr. 6* ⊠ *81925* – *℘ 089 92640*
– *www.westingrandmunich.com*

## 🏨 Palace

TRADITIONELL · KLASSISCH Ein geschmackvolles Hotel, das zahlreiche Musiker zu seinen Stammgästen zählt. Erdtöne und Dielenboden machen es hier ausgesprochen wohnlich. Charmant der kleine Freizeitbereich mit Dachterrasse, hübsch der Garten. Täglich "Afternoon Tea" in der Palace Bar, klassisch-internationale Küche im Restaurant.

70 Zim 🛏 – ⚥155/407 € ⚥⚥185/478 € – 4 Suiten

Stadtplan : H2-e – *Trogerstr. 21* ⊠ *81675* – *℘ 089 419710*
– *www.hotel-muenchen-palace.de*

# In München-Großhadern

## 🍴 Johannas

MARKTKÜCHE · LÄNDLICH X Mit frischen Produkten und ohne viel Schnickschnack wird in dem gemütlichen Restaurant des in 3. Generation familiengeführten Hotels "Neumayr" gekocht - lecker z. B. "Wildkraftbrühe, Leberknödel" oder "Kalbsbries, Bärlauch, Morcheln, Spitzkohl", und dazu rund 450 tolle Weine.

Menü 16 € (mittags unter der Woche)/65 € – Karte 37/52 €    48 Zim 🛏
– ⚥85/125 € ⚥⚥95/145 €

Stadtplan : B3-b – *Heiglhofstr. 18* ⊠ *81377* – *℘ 089 7411440*
– *www.hotel-neumayr.de* – *geschl. 27. - 30. Dezember, 23. Januar - 12. Februar*
*und Donnerstag, außer an Feiertagen*

Das Symbol ⚥ bzw. ⚥⚥ zeigt den Mindestpreis in der Nebensaison und den Höchstpreis in der Hochsaison für ein Einzelzimmer bzw. für ein Doppelzimmer an.

# In München-Haidhausen

## ✿ Schweiger²

**KREATIV • FREUNDLICH** ⅹ Der Service angenehm leger, die Küche frisch, aufwändig, kreativ. Es gibt ein Überraschungsmenü voller unterschiedlicher und dennoch schön harmonierender Aromen - die Gerichte werden von den Köchen am Tisch erklärt! Übrigens: Ab Anfang 2017 wird das Restaurant "Showroom" heißen, das Konzept bleibt gleich.

→ Wagyu Schulter, Kohlrabi, Haselnuss, Erdbeere, Kaisergranat. Saibling, Spargel, Rhabarber, Zitrone, Butter², Gin. Maibock, Kaffee, Karotte, Olive, Chia.

Menü 135 €

*Stadtplan : M3-e – Lilienstr. 6 ✉ 81669 – ☎ 089 44429082 (Tischbestellung erforderlich) – www.schweiger2-restaurant.de – nur Abendessen – geschl. 24. Dezember - 9. Januar, 1. - 21. August und Samstag - Sonntag sowie an Feiertagen*

## ⅠⅠ○ Vinaiolo

**ITALIENISCH • GEMÜTLICH** ⅹ Ein Stück Dolce Vita: Service mit südländischem Charme, die Küche typisch italienisch. Komplett wird das gemütlich-authentische Bild durch Einrichtungsstücke eines alten Krämerladens aus Triest! Tipp: fair kalkuliertes Mittagsmenü!

Menü 27 € (mittags)/52 € – Karte 40/62 €

*Stadtplan : G3-e – Steinstr. 42 ✉ 81667 – ☎ 089 48950356 (abends Tischbestellung ratsam) – www.vinaiolo.de – geschl. Samstagmittag*

## ⅠⅠ○ Saint Laurent

**FRANZÖSISCH • GEMÜTLICH** ⅹ Hausgemachte Pasteten, Sauerkraut mit gebratenen Jakobsmuscheln, Crème brûlée... Die französische Küche kommt an, ebenso das frankophile Flair samt passender Musik! Ein paar Schritte weiter kann man draußen sitzen.

Menü 29 € – Karte 35/66 €

*Stadtplan : G3-s – Steinstr. 63 ✉ 81667 – ☎ 089 47084000 – nur Abendessen – geschl. Montag*

## ⅠⅠ○ Atelier Gourmet

**FRANZÖSISCH-KLASSISCH • BISTRO** ⅹ Klein, eng, lebhaft, gut besucht - eben einfach nett! Das kulinarische Pendant zur sympathischen Atmosphäre: lecker und frisch, so z. B. "Lammfilet mit Gewürzsauce, Bulgur und Kichererbsen". Dazu flotter Service und gute Weinberatung.

Menü 39/75 € – Karte 49/55 €

*Stadtplan : G3-a – Rablstr. 37 ✉ 81669 – ☎ 089 487220 (Tischbestellung ratsam) – www.ateliergourmet.de – nur Abendessen – geschl. Sonntag*

# In München-Milbertshofen

## ✿✿ EssZimmer

**FRANZÖSISCH-MODERN • CHIC** ⅩⅩⅩ Genuss in zweierlei Hinsicht: Sie schauen in die beeindruckende Auslieferungshalle der BMW Welt samt schicker Ausstellungsstücke und lassen sich dabei in entspannter modern-eleganter Atmosphäre mit der filigranen Küche von Bobby Bräuer verwöhnen - zwei Menüs stehen zur Wahl. Parken kann man kostenfrei.

→ Bretonische Langoustine, Buttermilch, Bergamotte, grüner Spargel. Atlantik Steinbutt, Ochsenbacke, gelbe Pflaume, Pfifferlinge. Salzwiesenlamm, Kichererbse, Paprika, Garam Masala.

Menü 100/190 €

*Stadtplan : C1-e – Am Olympiapark 1, (3. Etage in der BMW Welt, über Lift erreichbar) ✉ 80809 – ☎ 089 358991814 (Tischbestellung ratsam) – www.esszimmer-muenchen.de – nur Abendessen – geschl. Januar 3 Wochen, August und Sonntag - Montag sowie an Feiertagen*

ⅠⅠ○ **Bavarie** – siehe Restaurantauswahl

🍴○ **Bavarie** 🔥 ⟨ AK ⟩ ⌦ 🚗

**INTERNATIONAL · BISTRO** ⟨ Regionalität und Nachhaltigkeit sind zwei Grund-
gedanken der Bavarie-Idee. So setzt man beim Kombinieren bayerischer und
französischer Elemente auf heimische Produkte. Ein schönes Beispiel ist "Lamm
vom Gutshof Polting". Terrasse mit Blick auf Olympiapark und -turm.

Menü 33 € – Karte 41/51 €

**Stadtplan : C1-e** – *Restaurant Esszimmer, Am Olympiapark 1, (2. Etage in der
BMW Welt, über Lift erreichbar)* ✉ 80809 – 𝓒 089 358991818
– *www.feinkost-kaefer.de* – *geschl. August 2 Wochen und Sonntagabend sowie an
Feiertagen abends*

## In München-Nymphenburg

🍴○ **Acetaia** 🛏 🔥 ⌦

**ITALIENISCH · GEMÜTLICH** ⟨ Italienische Küche und gemütliches Jugendstil-Flair!
Sehr gut sind das Olivenöl und der alte Balsamico - Letzterer gab dem Haus sei-
nen Namen. Spaziergeh-Tipp: einfach den Nymphenburger Kanal entlang zum
Schloss mit seinem schönen Park!

Menü 29 € (mittags)/95 € – Karte 47/69 €

**Stadtplan : C2-a** – *Nymphenburger Str. 215* ✉ 80639 – 𝓒 089 13929077
– *www.restaurant-acetaia.de* – *geschl. Samstagmittag*

🍴○ **Schlosswirtschaft Schwaige** 🔥 ⟲ **P**

**TRADITIONELLE KÜCHE · GASTHOF** ⟨ Der Seitenflügel des Schlosses beherbergt
mehrere Stuben von rustikal bis elegant, herrlich der große Biergarten mit schönem Kinderspielplatz. Gekocht wird bayerisch. Fragen Sie nach Themenabend-
Menüs wie "König Ludwig" oder "Bierig gut"!

Menü 14 € (mittags unter der Woche)/65 € – Karte 26/47 €

**Stadtplan : B2-s** – *Schloss Nymphenburg, (Eingang 30)* ✉ 80638
– 𝓒 089 12020890 – *www.schlosswirtschaft-schwaige.de*

## In München-Oberföhring

⊛ **Freisinger Hof** 🔥 ⟲ 🚗

**REGIONAL · GASTHOF** ⟨⟨ Freuen Sie sich auf gute regionale Küche in einem
charmanten Gasthof von 1875! Bei gemütlicher Atmosphäre lässt man sich Klassiker aus Bayern und Österreich schmecken - im Mittelpunkt steht Gekochtes vom
Rind! Und danach vielleicht "geeister Marillenknödel auf Vanillesauce"?

Karte 35/58 €

**Stadtplan : D1-f** – *Hotel Freisinger Hof, Oberföhringer Str. 189* ✉ 81925
– 𝓒 089 952302 – *www.freisinger-hof.de* – *geschl. 28. Dezember - 9. Januar*

🏠 **Freisinger Hof** ⟨⟩ 🖳 🍴 🚗

**LANDHAUS · GEMÜTLICH** Von diesem Landgasthaus ist es nur ein Katzensprung
zum Englischen Garten! Es stehen tipptopp gepflegte und behagliche Gästezimmer zur Verfügung, die kleine Halle ist hell und freundlich.

51 Zim ⌑ – ♦125/145 € ♦♦156/170 €

**Stadtplan : D1-f** – *Oberföhringer Str. 191* ✉ 81925 – 𝓒 089 952302
– *www.freisinger-hof.de* – *geschl. 28. Dezember - 9. Januar*
⊛ **Freisinger Hof** – *siehe Restaurantauswahl*

## In München-Obergiesing

🍴○ **Upper Eat Side** 🛏 ⟲

**MODERNE KÜCHE · HIP** ⟨ Modern, alpenländisch und mit deftigem Charme! Die
Atmosphäre ist ungezwungen und lebhaft, man redet bayerisch und duzt sich.
Die Speisen wählen Sie als kleine, frei kombinierbare Portionen (z. B. "Leberkäs
vom Saibling mit Laugenbrötchen") oder als Hauptgang für zwei Personen (z. B.
"Entrecôte vom Ochsen").

Menü 65 € – Karte 35/61 €

**Stadtplan : C3-e** – *Werinherstr. 15* ✉ 81541 – 𝓒 089 39292689
– *www.uppereatside.de* – *nur Abendessen* – *geschl. August und Samstag
- Sonntag*

# In München-Schwabing

## ✿✿ Tantris

FRANZÖSISCH-KLASSISCH · VINTAGE XxxX Das "Tantris" ist schlichtweg ein Muss: Der 70er-Jahre-Style ist geradezu legendär, die produktorientierte klassische Küche von Hans Haas über jeden Zweifel erhaben. Begleitet werden Kult-Flair und Spitzenkulinarik von einem eingespielten, freundlich-professionellen Serviceteam und guter Weinberatung.

→ Konfierte Crevetten mit cremiger Zitronenpolenta und Röstsud. Taubenbrust und Gänseleber mit Radicchiorisotto und Portwein Verjus. Mango-Kokos Panna Cotta mit Schokolade und Haselnuss.

Menü 95 € (mittags unter der Woche)/210 € – Karte 81/175 €

**Stadtplan : G1-b** – *Johann-Fichte-Str. 7* ✉ *80805* – ☏ *089 3619590 (Tischbestellung ratsam) – www.tantris.de – geschl. Anfang Januar 2 Wochen und Sonntag - Montag sowie an Feiertagen*

## ✿✿ Geisels Werneckhof

KREATIV · GEMÜTLICH XX Was Tohru Nakamura hier bietet, ist nicht "von der Stange": Das Gefühl und die Leichtigkeit, mit der aus besten Produkten, klassischer Zubereitung und japanischen Einflüssen elegante kreative Speisen entstehen, sind wahrhaft beeindruckend und zeigen zweifelsohne eine ganz eigene Handschrift.

→ Seeforelle, Frühlingskräuter und junge Zwiebeln. Lozère Kalb, Morcheln, Räucheraal und Kalbsschwanzkrokette. Kirschblüte, Salzmandel und 20-jähriger Mirin.

Menü 130/160 € – Karte 95/130 €

**Stadtplan : G1-g** – *Werneckstr. 11* ✉ *80802* – ☏ *089 38879568 (Tischbestellung erforderlich) – www.geisels-werneckhof.de – nur Abendessen, samstags auch Mittagessen – geschl. 24. Dezember - 4. Januar, Ende Juli - Mitte August und Sonntag - Montag*

## ☺ M Belleville

FRANZÖSISCH-KLASSISCH · BISTRO X Ein Stück Paris in München? In dem lebendigen und charmanten Bistro isst man richtig gut! Ein lockeres, junges Team serviert z. B. "Rôti de porc mit Kartoffelstampf" oder "Rinderbacke in Rotwein geschmort". Und als Dessert "Riz au lait caramel"? Dazu seltene Naturweine und regelmäßig Live-Musik.

Menü 37 €

**Stadtplan : F1-c** – *Fallmerayerstr. 16* ✉ *80796* – ☏ *089 30747611 – www.m-belleville.com – geschl. Samstagmittag, Sonntag - Montag*

## ☺ Le Cézanne

FRANZÖSISCH · FAMILIÄR X In dem sympathischen Restaurant an der Ecke kocht der Chef Speisen aus seiner Heimat Frankreich - man wählt von der Tafel oder von der kleinen Klassiker-Karte. Im Sommer können Sie auch draußen sitzen - oder an der geöffneten Fensterfront.

Menü 45 € – Karte 32/59 €

**Stadtplan : G1-z** – *Konradstr. 1* ✉ *80801* – ☏ *089 391805 (Tischbestellung ratsam) – www.le-cezanne.de – nur Abendessen – geschl. über Ostern, Anfang August 3 Wochen und Montag*

## ⊫○ Il Borgo

ITALIENISCH · ELEGANT XX In dem Eckrestaurant sitzt man nicht nur schön gemütlich in modern-eleganter Atmosphäre, man isst auch gut. Padrone Vito Doino bietet schmackhafte italienische Gerichte wie "Rehrückenfilet an Feigensauce" oder "Babyseezunge vom Grill".

Menü 55 € – Karte 43/57 €

**Stadtplan : F1-e** – *Georgenstr. 144* ✉ *80797* – ☏ *089 1292119 (abends Tischbestellung ratsam) – www.il-borgo.de – geschl. Samstagmittag, Sonntag sowie an Feiertagen mittags*

## ⫣O Bibulus

ITALIENISCH · ELEGANT ✖✖ Wenn ein Restaurant beliebt ist bei den Einheimischen, spricht das für sich! Hier mag man die gute, unkomplizierte italienische Küche und den charmanten Service - am liebsten draußen auf dem kleinen Platz unter Platanen. Günstiger Lunch.

Menü 20 € (mittags unter der Woche)/72 € - Karte 38/63 €

Stadtplan : G1-u - *Siegfriedstr. 11* ✉ *80803*

- 𝄇 *089 396447 - www.bibulus-ristorante.de*
- *geschl. Samstagmittag, Sonntag*

## ⫣O BLU mediteraneo

MEDITERRAN · BISTRO ✖ Hier hat man Vinothek, Restaurant und Bar in einem, und das ist angenehm ungezwungen und lebendig! Gekocht wird mit mediterraner Note - mittags kommt man gerne auf ein preiswertes Tagesmenü!

Karte 32/45 €

Stadtplan : F1-a - *Bauerstr. 2* ✉ *80796*

- 𝄇 *089 27312288 - www.blu-mediteraneo.de*
- *geschl. Sonntag*

## ⫣O Tira tardi

ITALIENISCH · FREUNDLICH ✖ Das kleine Restaurant in einer Wohnstraße bietet authentische italienische Küche: klassisches Brasato, Tagliatelle mit Oktopus... Nebenan gemütliche "Cantina" für Gesellschaften: legere "Cucina Casalinga" inmitten dekorativer Weinregale.

Menü 42 € - Karte 31/82 €

Stadtplan : F1-b - *Kurfürstenstr. 41* ✉ *80801*

- 𝄇 *089 27774455 (abends Tischbestellung ratsam) - www.tiratardi.de*
- *an Feiertagen nur Abendessen - geschl. Ende August - Anfang September 2 Wochen und Samstagmittag, Sonntag*

## 🏨 INNSIDE Parkstadt Schwabing

BUSINESS · FUNKTIONELL Ein von Stararchitekt Helmut Jahn designtes Hotel in verkehrsgünstiger Lage bei den markanten HighLight Towers. Das gesamte Haus ist schön hell und geradling-modern. Das in Weiß gehaltene Restaurant im Bistrostil bietet Internationales.

160 Zim - ❙109/199 € ❙❙119/209 € - ⌂ 22 €

Stadtplan : D1-s - *Mies-van-der-Rohe-Str. 10* ✉ *80807* - 𝄇 *089 354080*
- *www.innside.com*

## 🏨 The Rilano

BUSINESS · MODERN Das Flaggschiff der kleinen Rilano-Gruppe steht für modernes Design und aktuelle Technik. Dazu recht verkehrsgünstige Lage auf der Rückseite der Parkstadt, gute Tagungsbedingungen, Grill- & Seafood-Restaurant "Vitello" und tagsüber unter der Woche Pasta-Bar. Im selben Gebäude: Budget-Hotel "Rilano 24/7".

150 Zim - ❙124 € ❙❙144 € - ⌂ 19 € - ½ P

Stadtplan : D1-n - *Domagkstr. 26* ✉ *80807* - 𝄇 *089 360010*
- *www.rilano-muenchen.com*

## 🏨 La Maison

BUSINESS · MODERN Hier wohnt man relativ ruhig und dennoch zentral. Stylishmodern zeigt sich der Eingangsbereich, ebenso chic die Zimmer mit gelungenen Akzenten in edlem Schwarz! Nach hinten haben die Zimmer einen Balkon, die zur Straße hin sind geräumiger.

31 Zim - ❙120/180 € ❙❙140/220 € - ⌂ 15 €

Stadtplan : G1-m - *Occamstr. 24* ✉ *80802*

- 𝄇 *089 33035550 - www.hotel-la-maison.com*
- *geschl. über Weihnachten*

# MÜNSING

Bayern – 4 200 Ew. – Höhe 666 m – Regionalatlas **65**-L21

▶ Berlin 623 km – München 36 km – Garmisch-Partenkirchen 57 km – Bad Tölz 23 km

Michelin Straßenkarte 546

## Gasthaus Sebastian Limm ⛩ ⇔ **P**

**REGIONAL · LÄNDLICH** X Ein alteingesessener Gasthof, gemütlich-rustikal und seit 1908 familiär geführt. Serviert wird schmackhafte bayerische Küche, vieles kommt aus der hauseigenen Metzgerei - wie wär's also mit Tafelspitzsülze, Zwiebelrostbraten oder Medaillons vom Hirschkalbsrücken?

Menü 16 € (mittags unter der Woche) – Karte 20/46 €

*Hauptstr. 29 ✉ 82541 – ℰ 08177 411 – www.gasthauslimm.de – geschl.*
*22. Dezember - 3. Januar, 25. August - 13. September und Sonntagabend*
*- Montagmittag, Mittwoch*

## WIR MÖGEN BESONDERS...

Nach einem schönen Spaziergang durch den Park des **Schlosses Wilkinghege** auf dessen Terrasse speisen. Das ganz besondere Flair des Herdfeuerraums im hübsch restaurierten **Hof zur Linde**. Im **Alten Gasthaus Leve** in der urig-charmanten Atmosphäre einer typischen Brauereigaststätte bei regionalem Bier gemütlich zusammensitzen.

# MÜNSTER (WESTFALEN)

Nordrhein-Westfalen – 296 600 Ew. – Höhe 60 m – Regionalatlas **26**-D9
▶ Berlin 480 km – Düsseldorf 124 km – Nordhorn 75 km – Bielefeld 87 km
Michelin Straßenkarte 543

## *Restaurants*

### ❀ **Gourmet 1895**     AC ⇔ P

**FRANZÖSISCH-MODERN · ELEGANT** XxX Angenehm intim ist die Atmosphäre in dem kleinen Restaurant. Was an den vier Tischen serviert wird, sind zwei moderne Menüs aus sehr guten Produkten - durchdacht, harmonisch und mit Tiefgang. Für Weinliebhaber gibt es so manche Rarität.
→ Bressegeflügel, Blumenkohl und Parmesan. Salzwiesenlamm, Bohne und grüner Anis. Überraschungsei, Passionsfrucht und Kokos.
Menü 88/104 €
**Stadtplan : B2-b** – *Hotel Kaiserhof, Bahnhofstr. 14* ✉ 48143 – ℰ 0251 4178700 *(Tischbestellung erforderlich) – www.gourmet1895.de – nur Abendessen – geschl. Sonntag - Dienstag*

### ⭗ **von Rhemen**     🛏 🏡 ⅏ ⇔ P

**FRANZÖSISCH-KLASSISCH · FREUNDLICH** XxX Sie sitzen in einem stilvollen hohen Raum unter einer schönen Stuckdecke und lassen sich modern interpretierte klassische Gerichte wie "Lammrücken unter der Kräuterkruste mit Ratatouille und Kartoffelgratin" schmecken.
Menü 40/67 € – Karte 40/61 €
*Hotel Schloss Wilkinghege, Steinfurter Str. 374, (Zufahrt über Wilkinghege 41), über Steinfürter Straße A1* ✉ 48159 – ℰ 0251 144270 – *www.schloss-wilkinghege.de – geschl. 1. - 9. Januar und Sonntag - Montagmittag*

### ⭗ **Villa Medici**     🍴 🏡 ⇔ P

**MEDITERRAN · DESIGN** XX In dieser Münsteraner Institution empfängt man Sie in stilvoll-modern designtem Ambiente zu ambitionierter und schmackhafter mediterraner Küche und italienischem Wein. Man hat auch fünf schöne Gästezimmer (ohne Frühstück).
Menü 36 € (mittags)/58 € – Karte 52/68 €
*Prozessionsweg 402, über Warendorder Straße C1* ✉ 48155 – ℰ 0251 34218 *(abends Tischbestellung ratsam) – www.villa-medici-muenster.de – geschl. Montag - Dienstag, Samstagmittag*

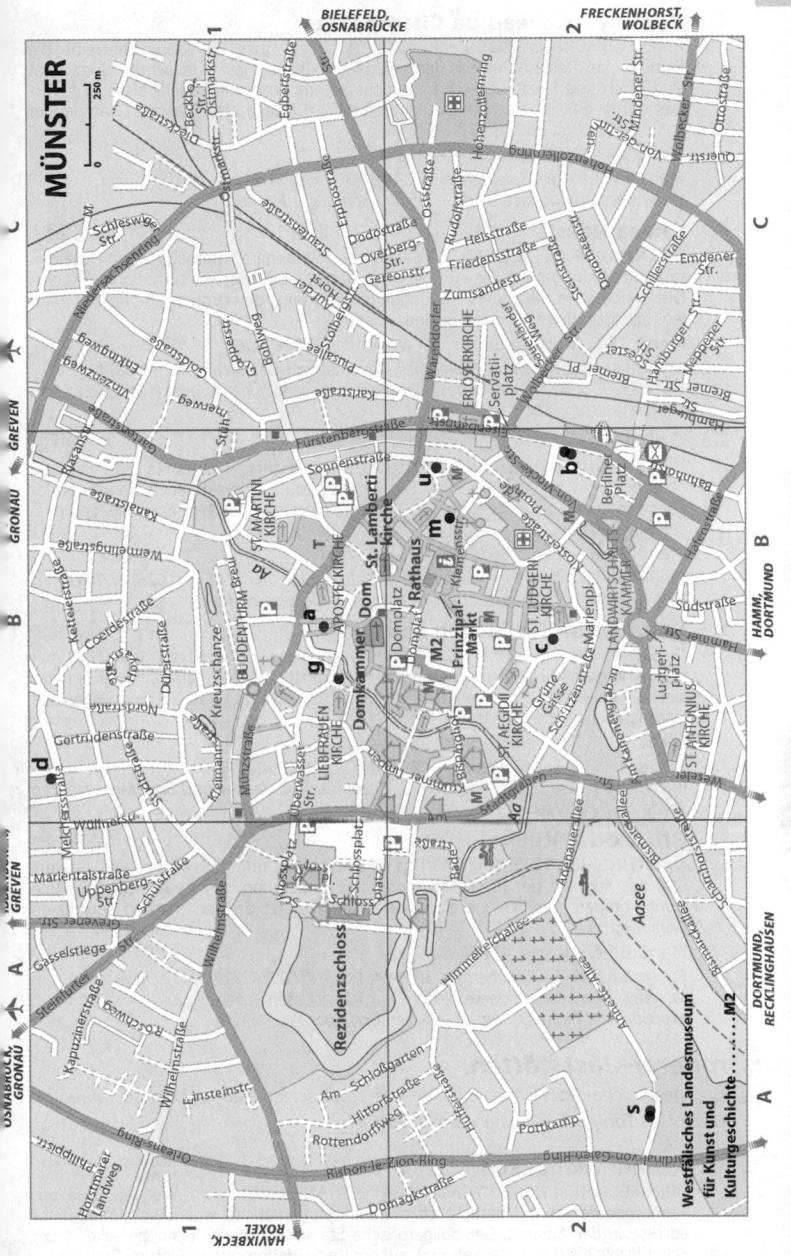

# MÜNSTER

0 — 250 m

BIELEFELD, OSNABRÜCKE 1

FRECKENHORST, WOLBECK 2

OSNABRÜCK, GRONAU — GREVEN

GRONAU — GREVEN

DORTMUND, RECKLINGHAUSEN

HAMM, DORTMUND

HAVIXBECK ROXEL 1

DORTMUND, ROXEL 2

Rezidenzschloss

Aasee

Westfälisches Landesmuseum
für Kunst und
Kulturgeschichte ......M2

## ⁞○ Giverny - Caveau de Champagne

FRANZÖSISCH-KLASSISCH · GEMÜTLICH XX Seit über 25 Jahren betreibt die Familie das Restaurant mit dem eleganten Bistro-Flair nun schon. Spezialität sind Fisch und Krustentiere - mittwochs kommt man zur Bouillabaisse, auf Vorbestellung gibt es die Meeresfrüchteplatte! Und dazu eine Flasche Champagner aus dem großen Sortiment?

Menü 54/70 € (abends) – Karte 42/77 €

*Stadtplan : B1-g – Spiekerhof 25 ✉ 48143 – ☏ 0251 511435*
*– www.restaurant-giverny.de – geschl. Sonntag - Montag*

## ⁞○ Chesa Rössli

INTERNATIONAL · ELEGANT XX Die etwas gehobenere Alternative zum Hotelrestaurant: stimmig-moderne Atmosphäre, dazu ambitionierte internationale Küche. Die Weine kann man zuvor im Eingangsbereich aus den großen Chambrairs wählen. Mittags fair kalkuliertes Businessmenü.

Menü 27 € (mittags unter der Woche)/91 € – Karte 38/67 €

*Stadtplan : A2-s – Hotel Mövenpick, Kardinal-von-Galen-Ring 65 ✉ 48149*
*– ☏ 0251 8902627 – www.chesa-roessli.de – geschl. Juli - August 4 Wochen und Samstagmittag, Sonntag*

## ⁞○ Gabriel's

INTERNATIONAL · DESIGN XX Blattgold, italienischer Naturstein, Kunst... So ansprechend wie das geradlinige Design des Restaurants sind auch die international-saisonalen Speisen. Feiern und Veranstaltungen finden hier ebenfalls den passenden Rahmen.

Menü 39 € – Karte 36/66 €

*Stadtplan : B2-b – Hotel Kaiserhof, Bahnhofstr. 14 ✉ 48143 – ☏ 0251 4178600*
*– www.kaiserhof-muenster.de – geschl. Sonntag und an Feiertagen*

## ⁞○ Spitzner im Oer'schen Hof

INTERNATIONAL · GEMÜTLICH X In dem ehemaligen Adelshaus von 1748 hat man eine gemütlich-warme Wohnzimmer-Atmosphäre geschaffen, in der ein versiertes Team internationale Küche serviert. Do. - So. abends Gourmet-Menü auf Vorbestellung. Idyllisch der Innenhof.

Menü 79/110 € – Karte 38/79 €

*Stadtplan : B2-c – Königsstr. 42 ✉ 48143 – ☏ 0251 41441550*
*– www.oerschenhof.ms – geschl. 23. Dezember - 4. Januar und Sonntag - Montag sowie an Feiertagen*

## ⁞○ Brust oder Keule

MARKTKÜCHE · FREUNDLICH X Das Restaurant kommt gut an bei den Gästen, und das liegt an der hübschen modernen Einrichtung, am freundlichen Service samt kompetenter Weinberatung und nicht zuletzt an den frischen saisonalen Gerichten.

Menü 65 € – Karte 47/67 €

*Stadtplan : B1-d – Melchersstr. 32 ✉ 48149 – ☏ 0251 9179656 (Tischbestellung ratsam) – www.brustoderkeule.de – nur Abendessen – geschl. Juli - August 3 Wochen und Montag, Januar - November: Sonntag - Montag*

# *Brauerei-Gaststätten:*

*Urig-gemütliche Gaststätten, in denen man zu verschiedenen regional gebrauten Biersorten Topf- oder Pfannengerichte serviert.*

## ⁞○ Kleiner Kiepenkerl

BÜRGERLICHE KÜCHE · TRADITIONELLES AMBIENTE X Kein Wunder, dass der Familienbetrieb so gut besucht ist: eine wirklich gemütliche westfälische Traditionsadresse in der Altstadt. Der obligatorische Stammtisch heißt "Schöpperecke" (zum Schmunzeln die Politik-Karikaturen), auf der Karte Pfefferpotthas, Eintopf, Rouladen...

Menü 22/49 € – Karte 22/51 €

*Stadtplan : B1-a – Spiekerhof 47 ✉ 48143 – ☏ 0251 43416*
*– www.kleiner-kiepenkerl.de – geschl. Montag, außer an Feiertagen*

## ⑪○ Altes Gasthaus Leve

TRADITIONELLE KÜCHE · RUSTIKAL Ⅹ Die charmanten alten Stuben sprühen nur so vor Heimeligkeit. Sehr dekorativ sind z. B. schöne alte Öfen, Delfter Kacheln, historische Karikaturportraits... Der Chef kann so manche Geschichte erzählen! Tipp: regionales Bier.

Karte 20/48 €

**Stadtplan : B2-u** – *Alter Steinweg 37* ✉ *48143* – ✆ *0251 45595* – *www.gasthaus-leve.de* – *geschl. Sonntag*

# Hotels

## ⌂ Mövenpick  ✿ ⌚ ⋔ ℔ 🖃 ⛾ 🅐🅒 ♨ 🚘

KETTENHOTEL · FUNKTIONELL Hier lässt es sich zeitgemäß-komfortabel wohnen, gut tagen und auch schön entspannen: In der 6. Etage Sauna- und Fitnessbereich samt Dachterrasse und kleinem Ruheraum mit Panoramablick! Restaurant mit internationaler und Schweizer Küche. Die Lage: verkehrsgünstig, im Grünen, nur ca. 15 Gehminuten vom Zentrum.

224 Zim - ♦99/185 € ♦♦119/205 € – 2 Suiten – ⌷ 20 €

**Stadtplan : A2-s** – *Kardinal-von-Galen-Ring 65* ✉ *48149* – ✆ *0251 89020* – *www.movenpick.com/muenster*

⑪○ **Chesa Rössli** – siehe Restaurantauswahl

## ⌂ Kaiserhof  🆂🅿🅾 ⋔ ℔ 🖃 🅐🅒 ♨ 🅿

HISTORISCH · MODERN Das traditionsreiche Haus im Herzen Münsters steht nach wie vor für enegagierte Führung und hochwertiges Interieur zum Wohlfühlen. Wie wär's mit etwas Ruhe im schönen Spa oder einem Buch im Kaminzimmer?

95 Zim - ♦99/243 € ♦♦119/263 € – 5 Suiten – ⌷ 19 € – ½ P

**Stadtplan : B2-b** – *Bahnhofstr. 14* ✉ *48143* – ✆ *0251 41780* – *www.kaiserhof-muenster.de*

⁂ **Gourmet 1895** • ⑪○ **Gabriel's** – siehe Restaurantauswahl

## ⌂ Schloss Wilkinghege  🍴 ✗ ♨ 🅿

HISTORISCHES GEBÄUDE · KLASSISCH Das im 16. Jh. erbaute Schloss mit schönem Park gibt heute individuellen Zimmern einen geschmackvollen Rahmen. Etwas zeitgemäßer die Dependance. Das Haus wird gerne für Feierlichkeiten genutzt. Gut die Lage: ruhig und doch zentrumsnah.

35 Zim ⌷ - ♦85/120 € ♦♦115/150 € – 13 Suiten – ½ P

*Steinfurter Str. 374, (Zufahrt über Wilkinghege 41), über Steinfurter Straße A1* ✉ *48159* – ✆ *0251 144270* – *www.schloss-wilkinghege.de* – *geschl. 1. - 9. Januar*

⑪○ **von Rhemen** – siehe Restaurantauswahl

## ⌂ Factory Hotel  ✿ 🖃 ⛾ 🅐🅒 ✗ ♨ 🚘

URBAN · DESIGN Diese recht spezielle Lifestyle-Adresse - eine ehemalige Brauerei, deren alte Industrie-Architektur mit einem Neubau kombiniert wurde - bietet puristisch designte Zimmer, die großzügige trendige Bar "TIDE" sowie die Restaurants "EAT" mit regional-internationaler Küche und "la tapia" mit spanischem Angebot. Leger: "MOLE" als Speise-Kneipe.

128 Zim - ♦99/289 € ♦♦99/289 € – 16 Suiten – ⌷ 17 €

*An der Germania Brauerei 5, (Zufahrt über Grevener Str. 91), über Grevener Straße A1* ✉ *48159* – ✆ *0251 41880* – *www.factoryhotel.de*

## ⌂ Feldmann  ✿ 🖃 ✗

FAMILIÄR · INDIVIDUELL Das Haus der Familie Feldmann liegt mitten im historischen Zentrum, vis-à-vis der Clemenskirche - ideal für Stadterkundungen! Weitere Vorzüge: persönliche Atmosphäre, individuelle, wohnliche Zimmer und ein gutes Frühstück sowie ein traditionell-gemütliches Restaurant mit klassischer und westfälischer Küche.

20 Zim ⌷ - ♦70/125 € ♦♦115/160 €

**Stadtplan : B2-m** – *An der Clemenskirche 14, Anfahrt über Loerstraße* ✉ *48143* – ✆ *0251 414490* – *www.hotel-feldmann.de*

**In Münster-Handorf** Ost: 7 km über Warendorfer Straße C1, Richtung Bielefeld

🍴⚪ **Hof zur Linde**  🏡 ⚐ ⇔ 🅿

TRADITIONELLE KÜCHE · GEMÜTLICH ✗✗ Münsterländer Gemütlichkeit gepaart mit Eleganz und Historie. Im Winter kommt im Herdfeuerraum eine ganz besondere Stimmung auf, an der Decke hängen Schinken und Mettwürste vor dem offenen Kamin. Im Sommer lock die Lindenterrasse! Die Küche schmackhaft-regional. Wochentags günstiges Lunchmenü.

Menü 26 € (mittags unter der Woche)/80 € – Karte 43/59 €

*Hotel Hof zur Linde, Handorfer Werseufer 1 ✉ 48157 – ℰ 0251 32750*
*– www.hof-zur-linde.de*

🏠 **Hof zur Linde**  ⚒ ⚐ 🛏 🗓 ✗ 🔛 🅿

LANDHAUS · INDIVIDUELL Aus einem historischen Bauernhof ist dieses schöne Anwesen entstanden. Jedes Zimmer ist anders, beliebt sind Fischerhaus und Waldhaus, beide idyllisch an der Werse gelegen! Oder vielleicht eine Spa-Junior-suite mit Whirlwanne und kleiner Sauna? Klasse: die einstige Scheune als schicker Veranstaltungsbereich.

52 Zim ⚐ – †100/164 € ††141/194 € – 8 Suiten – ½ P

*Handorfer Werseufer 1 ✉ 48157 – ℰ 0251 32750 – www.hof-zur-linde.de*

🍴⚪ Hof zur Linde – siehe Restaurantauswahl

🏠 **Landhaus Eggert**  ☆ ⚒ ⚐ 🛏 🔛 🅿

LANDHAUS · MODERN Der Gutshof von 1030 ist eine geschmackvolle Adresse, ruhig und idyllisch die Lage. Im Winter sind die Zimmer mit Sonnenerker gefragt, im Sommer die mit Terrasse! Gönnen Sie sich auch Massage- und Kosmetikanwendungen. Im Restaurant (schön mit großem Kamin) speist man international mit westfälischem Einfluss.

33 Zim ⚐ – †90/140 € ††144/172 € – 4 Suiten – ½ P

*Zur Haskenau 81, Nord: 5 km über Dorbaumstraße ✉ 48157 – ℰ 0251 328040*
*– www.landhaus-eggert.de – geschl. 22. - 25. Dezember*

**In Münster-Hiltrup** Süd: 6 km über Hammerstraße B2, Richtung Hamm

🍴⚪ **Landgraf**  ⇔ 🏡 🅿

INTERNATIONAL · LÄNDLICH ✗ Der regionale Charme des roten Backsteingebäudes setzt sich auch im Inneren fort, in Form eines ländlich-gediegenen Restaurants. Man hat auch einen Wintergarten, der sich im Sommer öffnen lässt - davor die Terrasse zum schönen Garten!

Karte 29/61 €  10 Zim ⚐ – †70 € ††100 €

*Thierstr. 26 ✉ 48165 – ℰ 02501 1236 – www.hotel-landgraf.de – geschl. Montag*

**In Münster-Roxel** West: 6,5 km über Einsteinstraße A1, Richtung Havixbeck

🏠 **Bakenhof**  ☆ ⚐ 🔛 🅿

GASTHOF · MODERN Modern wohnt es sich in dem gewachsenen Familien-betrieb. Das Hotel liegt etwas von der Straße zurückversetzt und daher recht ruhig (einige wenige Zimmer auch im Stammhaus). Regional-saisonal geprägte Küche im gemütlichen Restaurant.

41 Zim – †71 € ††97 € – ⚐ 8 € – ½ P

*Roxeler Str. 376, Ost: 2,5 km ✉ 48161 – ℰ 0251 871210 – www.bakenhof.de*

# MÜNSTEREIFEL, BAD

Nordrhein-Westfalen – 17 240 Ew. – Höhe 290 m – Regionalatlas **35**-B13

◨ Berlin 621 km – Düsseldorf 91 km – Bonn 42 km – Aachen 74 km

Michelin Straßenkarte 543

## ⁛○ Landgasthaus Steinsmühle     ⇔ 🏠 P

**MARKTKÜCHE · FREUNDLICH** XX "Gastlichkeit mit Herz", das ist bereits bei der Einfahrt zu lesen, und nach diesem Motto wird man im gemütlich-rustikalen Rahmen der Wassermühle a. d. 12. Jh. umsorgt. Gekocht wird saisonal-international, im Herbst gibt es Wildgerichte. Ein besonderer Rahmen für Feierlichkeiten ist der Wappensaal. Und zum Übernachten hat man wohnlich-funktionale Zimmer.

Karte 29/36 €    12 Zim ⊑ – ♦59 € ♦♦98 €

*Kölner Str. 122 ✉ 53902 – ✆ 02253 4587 – www.steinsmuehle.de – nur Abendessen – geschl. 15. - 25. August und Donnerstag*

## MÜNSTER-SARMSHEIM Rheinland-Pfalz ➜ Siehe Bingen

## MÜNSTERTAL

Baden-Württemberg – 5 000 Ew. – Höhe 373 m – Regionalatlas **61**-D21
▶ Berlin 826 km – Stuttgart 229 km – Freiburg im Breisgau 30 km – Basel 65 km
Michelin Straßenkarte 545

## In Untermünstertal

## ⁛○ Schmidt's Gasthof zum Löwen     🏠 ⇔ P

**REGIONAL · ELEGANT** XX Der gestandene Gasthof mit grünen Fensterläden und Lüftlmalerei steckt auch innen voller Schwarzwälder Charme. In der ländlich-eleganten Stube (besonders gemütlich sitzt man am Kachelofen) gibt es badisch-klassische Küche - im Sommer gerne auf der schönen Gartenterrasse! Eigene Brände in der "Destille".

Menü 28/68 € – Karte 24/57 €

*Wasen 54 ✉ 79244 – ✆ 07636 542 – www.loewen-muenstertal.de – geschl. Mitte Januar - Mitte Februar und Montag - Dienstag, außer an Feiertagen*

## 🏠 Landhaus Langeck     ⇕ 🦌 ⇐ 📺 🏠 🔄 P

**GASTHOF · INDIVIDUELL** Ideal für ein paar erholsame Urlaubstage in ländlicher Umgebung: ruhige Lage, jede Menge Grün ringsum - da kann man direkt vor der Tür loswandern! Und zurück vom Ausflug, hat man es in den Zimmern schön wohnlich, dafür sorgt behagliches Holz. Gemütlich auch die Gaststube in nettem ländlichem Stil.

15 Zim ⊑ – ♦62/67 € ♦♦116/134 € – ½ P

*Langeck 6 ✉ 79244 – ✆ 07636 7877580 – www.langeck.de*

## In Obermünstertal

## ⁛○ Spielweg     🏠 🍽 🚗

**FRANZÖSISCH-KLASSISCH · GEMÜTLICH** XX Gemütliche Stuben mit Holztäfelung, Kachelofen, knarrendem Dielenboden, liebevoller Deko - das ist Schwarzwälder Heimeligkeit. Montags und dienstags ist das Angebot reduziert. Probieren Sie auch den Käse - man hat eine eigene Käserei!

Menü 47/79 € – Karte 37/64 €

*Hotel Spielweg, Spielweg 61 ✉ 79244 – ✆ 07636 7090 – www.spielweg.com*

## ⁛○ Landgasthaus zur Linde     ⇔ 🏠 P

**REGIONAL · GASTHOF** XX Der historische Gasthof am Neumagenbach ist bekannt für seine Forellengerichte. Und im Winter wird's auch schon mal norddeutsch (die Wurzeln der Inhaber), da gibt's dann z. B. Grünkohl mit Pinkel. Alte Stube, Jägerstube, Kaminstube, überall ist es richtig gemütlich - auch in den wohnlichen Landhauszimmern.

Karte 30/49 €    11 Zim ⊑ – ♦77/105 € ♦♦93/144 € – 2 Suiten

*Krumlinden 13 ✉ 79244 – ✆ 07636 447 – www.landgasthaus.de – geschl. November - April: Donnerstag*

**Spielweg**

FAMILIÄR · INDIVIDUELL Ein Haus mit eigenem Charme! Es wird schon seit Generationen von Familie Fuchs geführt und man spürt das Engagement. Die Zimmer schön behaglich (teilweise mit antiken Möbelstücken), geräumiger im Haus Sonnhalde. Perfekt für Familien: Gartenhaus und "s' Franze". Zum Entspannen gibt's Kosmetik und Massage.

44 Zim ⌯ – †103/160 € ††145/215 € – 3 Suiten – ½ P

*Spielweg 61 ⊠ 79244 – ☏ 07636 7090 – www.spielweg.com*

⑩ **Spielweg** – siehe Restaurantauswahl

# MUGGENSTURM
Baden-Württemberg – 6 180 Ew. – Höhe 123 m – Regionalatlas **54**-E18
▶ Berlin 704 km – Stuttgart 98 km – Karlsruhe 22 km
Michelin Straßenkarte 545

⑱ **Lamm**

INTERNATIONAL · GASTHOF ✕✕ Einladend sind sowohl die traditionelle Fassade als auch das helle, recht moderne Interieur, nicht zu vergessen die Küche: Sie ist international und badisch ausgerichtet und bietet z. B. "geschmorten Ochsenschwanz mit Bärlauchspätzle" oder "Filet vom Skrei im Serrano-Schinkenmantel mit grünem Spargel".

Menü 39/69 € – Karte 31/62 €

*Hauptstr. 24 ⊠ 76461*
*– ☏ 07222 52005 – www.lamm-muggensturm.de*
*– geschl. Dienstag*

# MULFINGEN
Baden-Württemberg – 3 700 Ew. – Höhe 288 m – Regionalatlas **49**-I17
▶ Berlin 564 km – Stuttgart 100 km – Würzburg 67 km – Heilbronn 68 km
Michelin Straßenkarte 545

**In Mulfingen-Ailringen** Nord-West: 7,5 km über Ailringer Straße

⑬ **Amtskeller**

FRANZÖSISCH-KLASSISCH · ELEGANT ✕✕ Sehr angenehm, wie man hier ohne viel Chichi jede Menge Geschmack und Ausdruck auf den Teller bringt! Die klassische Küche setzt auf hochwertige Produkte, wenn möglich aus der Region. Der Rahmen ist etwas Besonderes: moderner Stil in altem Naturstein-Tonnengewölbe, dazu ungezwungener und aufmerksamer Service.

→ Flusszander mit geräuchertem Mark, Zuckererbsen und Pfifferlingen. Hohenloher Taube, Romanesco und Zwiebeln. Bienenstich mit falschen Aprikosen, grünen Mandeln und Rosmarin.

Menü 78/114 € – Karte 55/90 €

*Hotel Altes Amtshaus, Kirchbergweg 3 ⊠ 74673*
*– ☏ 07937 9700 – www.amtshaus-ailringen.de*
*– Mittwoch - Freitag nur Abendessen – geschl. 1. - 17. Januar und Montag*
*- Dienstag*

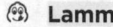 **Altes Amtshaus**

LANDHAUS · MODERN Vom kleinen Einzelzimmer bis zur geräumigen Maisonette findet in dem hübschen kleinen Hotel von 1650 jeder das Passende. Geschmackvolles Ambiente, moderne Technik, ausgewähltes Frühstück..., und all das umgeben von schönem altem Fachwerk.

12 Zim ⌯ – †104/134 € ††154 € – 3 Suiten – ½ P

*Kirchbergweg 3 ⊠ 74673 – ☏ 07937 9700*
*– www.amtshaus-ailringen.de*

⑬ **Amtskeller** – siehe Restaurantauswahl

**In Mulfingen-Heimhausen** Süd: 4 km Richtung Buchenbach

⌂ **Jagstmühle** 🍴 🐾 🛋 🧖 **P**

LANDHAUS · KLASSISCH Ein richtig charmantes Anwesen ist diese ehemalige Mühle an der Jagst. Die Zimmer verteilen sich auf verschiedene Häuser, alles ist überaus hochwertig und geschmackvoll, herrlich der Garten. Das schöne Bild setzt sich im gemütlich-eleganten holzvertäfelten Restaurant fort. Regionale Küche.

28 Zim ☲ – 🛏105/145 € 🛏🛏135/180 € – ½ P

*Jagstmühlenweg 10* ✉ *74673 – ℰ 07938 90300 – www.jagstmuehle.de – geschl. 22. - 24. Dezember*

# MURNAU

Bayern – 11 660 Ew. – Höhe 688 m – Regionalatlas **65**-L21

▶ Berlin 656 km – München 70 km – Garmisch-Partenkirchen 25 km – Weilheim 20 km
Michelin Straßenkarte 546

🍴○ **Murnauer Reiter**

REGIONAL · GEMÜTLICH XX Ob im lichten Restaurant oder im eleganteren "Reiterzimmer", die Küche bietet einen Mix aus Regionalem und Internationalem mit Bezug zur Saison, so z. B. "Lammrücken vom Ammersee, Zucchini, Auberginen-Tian". Mittags ist das Angebot kleiner und einfacher. Herrlich die Terrasse.

Menü 40/80 € (abends) – Karte 30/66 €

*Hotel Alpenhof Murnau, Ramsachstr. 8* ✉ *82418 – ℰ 08841 4910*
*– www.alpenhof-murnau.com*

🏨 **Alpenhof Murnau** 🐾 ⪡ 🛋 🏊 🖼 🕉 ♨ 🧖 🗲 🛋 🧖 ☁

SPA UND WELLNESS · GEMÜTLICH Ein alpenländisches Ferienhotel mit freundlicher Atmosphäre, wohnlichen Zimmern in zeitgemäß-ländlichem Stil und hochwertigem Spa-Angebot. Schön die ruhige Lage und der Blick auf Wetterstein und Estergebirge.

75 Zim ☲ – 🛏129/199 € 🛏🛏149/229 € – 10 Suiten – ½ P

*Ramsachstr. 8* ✉ *82418 – ℰ 08841 4910 – www.alpenhof-murnau.com*

🍴○ **Murnauer Reiter** – siehe Restaurantauswahl

⌂ **Angerbräu** 🍴 🕉 ☲ **P**

GASTHOF · FUNKTIONELL In dem komplett sanierten historischen Haus lässt es sich schön wohnen: gepflegte, behagliche Zimmer mit gutem Platzangebot, Saunabereich im DG, wechselnde Kunstausstellungen. Zum Essen geht man ins Bistro "Welfree" – hier gibt's Internationales, darunter auch Flammkuchen.

30 Zim – 🛏63/69 € 🛏🛏86/117 € – 1 Suite – ☲ 12 € – ½ P

*Untermarkt 44* ✉ *82418 – ℰ 08841 625876 – www.angerbraeu.de*

⌂ **Post** 🍴 ☁

FAMILIÄR · GEMÜTLICH Hier können Sie getrost buchen: Das hübsche Haus ist sehr gut geführt, liegt schön zentral in der Fußgängerzone, ist charmant eingerichtet, das Frühstücksbuffet ist frisch, das Personal überaus freundlich.

16 Zim ☲ – 🛏59/89 € 🛏🛏99/139 €

*Obermarkt 1, (Zufahrt über Petersgasse 1)* ✉ *82418 – ℰ 08841 48780*
*– www.hotel-post-murnau.de – geschl. Ende November - Ende Dezember*

⌂ **Griesbräu** 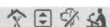 🍴 ☲ 🍴 🧖

GASTHOF · GEMÜTLICH Im Herzen der Stadt finden Sie diesen engagiert-familiär geführten Brauereigasthof mit wohnlichen Zimmern in modern-ländlichem Stil. Neben bayerischer Kost im gemütlichen Restaurant bekommt man alternativ im "Brauhaus" hausgebrautes Bier und allerlei Schmankerl (Selbstbedienung).

40 Zim ☲ – 🛏65/75 € 🛏🛏109/125 € – ½ P

*Obermarkt 37* ✉ *82418 – ℰ 08841 1422 – www.griesbraeu.de*

# NACHRODT-WIBLINGWERDE

Nordrhein-Westfalen – 6 510 Ew. – Höhe 380 m – Regionalatlas **26**-D11

▶ Berlin 505 km – Düsseldorf 72 km – Dortmund 28 km – Hagen 16 km
Michelin Straßenkarte 543

## Im Ortsteil Veserde Nord-West: 3 km ab Wiblingwerde Richtung Hohenlimburg

### 🏠 Schloss Hotel Holzrichter ♟ 🐾 ≼ 🏠 🖻 & 🐴 🅿

**LANDHAUS · INDIVIDUELL** In idyllischer Aussichtslage bietet Familie Holzrichter seit über 100 Jahren einen herzlichen und engagierten Service, den die Gäste ebenso schätzen wie die hochwertige und überaus wohnliche Einrichtung. Am Morgen macht die gute Auswahl am Frühstücksbuffet Appetit. Gemütlich das holzverkleidete Restaurant.

28 Zim 🖵 – ♥92/145 € ♥♥150/180 € – ½ P

*Hohenlimburger Str. 15 ⊠ 58769 – ☎ 02334 929960 – www.hotel-holzrichter.de*

# NAGOLD

Baden-Württemberg – 21 250 Ew. – Höhe 411 m – Regionalatlas **54**-F19
▶ Berlin 675 km – Stuttgart 52 km – Karlsruhe 81 km – Tübingen 34 km
Michelin Straßenkarte 545

### ⟨⟩ Alte Post

**FRANZÖSISCH-MODERN · KLASSISCHES AMBIENTE** ✗✗ Der Ort: die 1. Etage eines schmucken Fachwerkhauses von 1697 mitten im Zentrum. Das Ambiente: gemütlich-traditionell mit modernen Akzenten. Die Küche: modern und französisch geprägt, finessenreich und ausdrucksstark. Dazu ausgezeichneter und charmanter Service.

→ Gänseleber, Aal, Apfel, Brioche. Taube, Pfeffer, Gurke, Aubergine. Lamm, Artischocke, Ziegenkäse, Kapernjus.

Menü 66/120 €

*Bahnhofstr. 2 ⊠ 72202 – ☎ 07452 84500 (Tischbestellung ratsam)*
*– www.altepost-nagold.de – nur Abendessen – geschl. Februar 2 Wochen, Juli*
*- August 4 Wochen und Sonntag - Dienstag sowie an Feiertagen*
*i*O **LUZ** – siehe Restaurantauswahl

### i*O Burg 🏠 ✿ 🅿

**REGIONAL · LÄNDLICH** ✗✗ In der Stadtmitte liegt das familiengeführte Restaurant mit dem behaglichen ländlich-rustikalen Ambiente und gemütlichem Kaminzimmer. Im Sommer kommt die schöne Gartenterrasse gut an. Gekocht wird regional.

Menü 32/44 € – Karte 20/55 €

*Gerichtsplatz 8, (über Burgstr. 2) ⊠ 72202 – ☎ 07452 3735*
*– www.restaurant-burg.de – geschl. 30. Juli - 14. August und Montagabend*
*- Dienstag*

### i*O LUZ 🏠 ⊘

**REGIONAL · GEMÜTLICH** ✗ Direkt unter dem Gourmetrestaurant bietet die "Alte Post" ihre "weltoffen-regionale" Alternative. In gemütlich-moderner Atmosphäre gibt es "LUZ-Bauernbratwurst über Kieferzapfen geräuchert", "Saibling mit Kräuterrisotto", "Ribeye-Steak"... Sehr nette Terrasse!

Karte 28/55 €

*Restaurant Alte Post, Bahnhofstr. 2 ⊠ 72202 – ☎ 07452 84500*
*– www.altepost-nagold.de – geschl. Februar 2 Wochen und Montag*

### i*O Ostaria da Gino

**ITALIENISCH · FAMILIÄR** ✗ Schön familiär geht es hier zu! Typisch italienisch die Speisen, ungezwungen und charmant die Atmosphäre! Man berät Sie gerne bei der Auswahl von der Tafel, ebenso in Sachen Wein. Vielleicht noch was Leckeres für zuhause aus dem Feinkostladen? Übrigens: Man bietet auch Kochkurse an.

Menü 49/69 € (abends) – Karte 30/64 €

*Querstr. 3 ⊠ 72202*
*– ☎ 07452 66610 (Tischbestellung ratsam) – www.dagino-nagold.de*
*– geschl. Sonntag*

## 🏠 Adler

**BUSINESS · FUNKTIONELL** Das denkmalgeschützte Fachwerkhaus von 1675 (seit 1702 als Gasthof genutzt) steht im Zentrum, nicht weit vom Fluss Nagold. Die Zimmer sind wertig ausgestattet, besonders modern die Zimmer im Gästehaus. Nett sind die ländlichen Restaurantstuben im alten Gasthof. Man bietet bürgerliche Küche.

45 Zim 🖭 – 💲68/84 € 💲💲96/120 € – ½ P
*Badgasse 1 ⊠ 72202*
*– 𝒞 07452 869000 – www.hotel-adler-nagold.de*
*– geschl. August 2 Wochen*

## In Nagold-Pfrondorf Nord: 4,5 km über B 463

## 🏠 Pfrondorfer Mühle

**BUSINESS · INDIVIDUELL** Aus einer ehemaligen Mühle ist das gut geführte und wohnlich eingerichtete Hotel an der Nagold entstanden. Wer es komfortabler mag, bucht die eleganteren Zimmer (auch Juniorsuiten) im Anbau. Im geschmackvollen, gemütlichen Restaurant gibt es ein breites Angebot von bürgerlich bis klassisch. Schöne Terrasse.

19 Zim 🖭 – 💲69/92 € 💲💲98/128 € – 2 Suiten – ½ P
*Pfrondorfer Mühle 1, an der B 463 ⊠ 72202 – 𝒞 07452 84000*
*– www.pfrondorfer-muehle.de*

**NAKENSTORF** Mecklenburg-Vorpommern ➜ Siehe Neukloster

# NASTÄTTEN

Rheinland-Pfalz – 4 120 Ew. – Höhe 280 m – Regionalatlas **47**-E14
▶ Berlin 585 km – Mainz 46 km – Koblenz 35 km – Limburg an der Lahn 34 km
Michelin Straßenkarte 543

## 🍴 Oranien

**MARKTKÜCHE · FAMILIÄR** 🕱 Das Restaurant der Familie Debus liegt etwas erhöht am Ortsrand und bietet von den meisten Plätzen eine nette Aussicht. Aus der Küche kommen bürgerlich-regionale Gerichte. Gepflegt übernachten kann man auch.

Karte 22/40 €    10 Zim 🖭 – 💲45/65 € 💲💲75/95 €
*Oranienstr. 10 ⊠ 56355*
*– 𝒞 06772 1035 – www.hotel-restaurant-oranien.de*
*– nur Abendessen, sonntags auch Mittagessen – geschl. 1. - 10 . Januar und Sonntagabend - Montag*

# NAUEN

Brandenburg – 16 620 Ew. – Höhe 35 m – Regionalatlas **22**-O8
▶ Berlin 50 km – Potsdam 45 km – Wittstock 70 km
Michelin Straßenkarte 542

## In Nauen-Tietzow Nord: 13 km über B 273

## 🏠 Helenenhof

**GASTHOF · FUNKTIONELL** In dem seit 1883 familiengeführten Gasthof mit den wohnlich gestalteten Zimmern kümmert man sich engagiert und persönlich um die Gäste. Stilvoll-klassisches Restaurant mit schönen Details wie Stuck und Kronleuchter, Parkett und offenem Kamin.

21 Zim 🖭 – 💲67/82 € 💲💲108/120 € – ½ P
*Am Dorfanger 2 ⊠ 14641*
*– 𝒞 033230 8770 – www.hotel-helenenhof.de*
*– geschl. 20. Dezember - 27. Januar*

## In Nauen-Ribbeck West: 6 km

### ⅈ○ Schloss Ribbeck

REGIONAL · KLASSISCHES AMBIENTE 🕅 Wer kennt ihn nicht, Theodor Fontanes "Herrn von Ribbeck auf Ribbeck im Havelland"? In dem schönen Schloss mit seinem verlockenden Birnengarten speisen Sie Regionales. Das Anwesen ist natürlich auch ein toller Rahmen für Hochzeiten!

Menü 30/45 € – Karte 28/36 €

*Theodor-Fontane-Str. 10 ✉ 14641*
*– ☎ 033237 85900 – www.schlossribbeck.de*
*– bis 18 Uhr geöffnet*

## NAUHEIM, BAD

Hessen – 30 880 Ew. – Höhe 148 m – Regionalatlas **38**-F14
▶ Berlin 507 km – Wiesbaden 64 km – Frankfurt am Main 38 km – Gießen 31 km
Michelin Straßenkarte 543

### 🏨 Dolce

SPA UND WELLNESS · MODERN Ein Haus mit interessanten Kontrasten: Da ist zum einen der moderne Bereich mit Rezeption, Zimmern (meist mit Balkon zum Park) und Spa, zum anderen der historische Teil mit Restaurant (schön das von Säulen getragene Gewölbe), Konferenzräumlichkeiten und beeindruckendem Jugendstiltheater.

159 Zim ☲ – ♦119/169 € ♦♦149/249 € – 10 Suiten – ½ P

*Elvis-Presley-Platz 1 ✉ 61231 – ☎ 06032 3030 – www.dolcebadnauheim.com*

## NAUMBURG

Sachsen-Anhalt – 32 810 Ew. – Höhe 135 m – Regionalatlas **41**-M12
▶ Berlin 223 km – Magdeburg 135 km – Leipzig 62 km – Weimar 49 km
Michelin Straßenkarte 542

### 🏨 Zur Alten Schmiede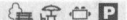

HISTORISCHES GEBÄUDE · INDIVIDUELL Der Name erinnert noch an die einstige Huf- und Wagenschmiede, heute stehen hier neuzeitlich-wohnliche Zimmer bereit. Gemütlich sitzt man im rustikalen Restaurant mit nettem Schmiede-Dekor, daneben hat man noch die elegante Winzerstube.

60 Zim ☲ – ♦84/94 € ♦♦116/140 € – ½ P

*Lindenring 36 ✉ 06618 – ☎ 03445 261080*
*– www.hotel-zur-alten-schmiede.de*

## NAURATH (WALD) Rheinland-Pfalz ➜ Siehe Trittenheim

## NECKARBISCHOFSHEIM

Baden-Württemberg – 3 900 Ew. – Höhe 171 m – Regionalatlas **48**-G17
▶ Berlin 614 km – Stuttgart 82 km – Mannheim 60 km – Heilbronn 30 km
Michelin Straßenkarte 545

### ⅈ○ Orangerie und Galerie

INTERNATIONAL · KLASSISCHES AMBIENTE 🕅🕅 Das schöne Anwesen ist perfekt für Feierlichkeiten. Herrlich: In den lichten Räumen sitzt man fast wie im Freien, Park- und Schlossblick inklusive! Interessant sind z. B. das "Badische Menü" und das "Orangerie-Menü".

Menü 29/69 € – Karte 34/58 €

*Hotel Schloss Neckarbischofsheim, Schlossstr. 1 ✉ 74924 – ☎ 07263 40800*
*– www.schlosshotel-neckarbischofsheim.de – geschl. 22. Februar - 7. März und Sonntagabend - Dienstagmittag*

### 🏠 Schloss Neckarbischofsheim

**HISTORISCHES GEBÄUDE · KLASSISCH** Ein wirklich toller Rahmen, für alle, die etwas Besonderes suchen! Die Zimmer sind elegant im Biedermeierstil gehalten, und wer es ganz stilgerecht mag, wohnt in einem der Zimmer im Schlossflügel.

28 Zim ⌂ - 🛉89/119 € 🛉🛉109/169 € – ½ P

*Schlossstr. 1 ✉ 74924 – ☎ 07263 40800*

*– www.schlosshotel-neckarbischofsheim.de – geschl. 22. Februar - 7. März*

🍴 **Orangerie und Galerie** – siehe Restaurantauswahl

# NECKARGEMÜND

Baden-Württemberg – 13 170 Ew. – Höhe 127 m – Regionalatlas **47**-F17

▶ Berlin 635 km – Stuttgart 107 km – Mannheim 41 km – Heidelberg 10 km
Michelin Straßenkarte 545

### 🍲 Christians Bistro ⓝ

**MARKTKÜCHE · BISTRO** 🅇 So einladend wie das Restaurant ist auch der Bistrobereich: Auch hier schaut man auf den Necker, während man frisch und gut isst, nämlich saisonal abgestimmte Gerichte wie "Rotbarbe, grüner Spargel, Orangensauce". Mittags einfachere Karte.

Karte 31/55 €

*Christians Restaurant, Neckarstr. 40 ✉ 69151*

*– ☎ 06223 9737323 – www.restaurant-christian.de*

*– geschl. Dienstag - Mittwoch*

### 🍴 Christians Restaurant ⓝ

**FRANZÖSISCH-KLASSISCH · ZEITGEMÄSSES AMBIENTE** 🅇🅇 Nach ihrem Umzug bietet Familie Heß in dem angenehm hellen Restaurant mit eleganter Note geschmackvolle klassische Küche. Bei schönem Neckarblick genießt man z. B. "Rinderfilet mit Thymian-Senfkruste, Steinpilzen und gebackener Polenta".

Menü 60/95 € – Karte 53/76 €

*Neckarstr. 40 ✉ 69151 – ☎ 06223 9737323 – www.restaurant-christian.de – geschl. Dienstag - Mittwoch*

🍲 **Christians Bistro** – siehe Restaurantauswahl

### 🍴 Mio Limoncello ⓝ

**ITALIENISCH · OSTERIA** 🅇 In der gemütlich-sympathischen Osteria in der Altstadt gibt es Typisches aus Italien. Neben Antipasti und Pasta zählt auch Dry-Aged-Rindfleisch vom Grill zu den Spezialitäten. In der Vineria im Gewölbekeller kauft man Wein für zuhause.

Menü 40/60 € – Karte 32/79 €

*Hauptstr. 16 ✉ 69151 – ☎ 06223 8014460 (Tischbestellung ratsam)*

*– www.mio-limoncello.de – nur Abendessen, Oktober - April: sonntags auch Mittagessen – geschl. Montag*

**In Neckargemünd-Waldhilsbach** Süd-West: 5 km über B 45 Richtung Sinsheim

### 🍲 Zum Rössel

**REGIONAL · LÄNDLICH** 🅇 Gut essen kann man in der einstigen Poststation von 1642 auch in diesem hübschen traditionell gehaltenen Restaurant, und zwar Regionales, das Rössel-Menü oder Klassiker wie "Zander mit Kartoffel-Gurkensalat", zudem gibt es interessante Monatsempfehlungen wie "Thunfisch mit Fenchel und Gin Tonic".

Menü 33/64 € – Karte 28/53 €

*Restaurant Zimmerle im Rössel, Heidelberger Str. 15 ✉ 69151*

*– ☎ 06223 2665 – www.roessel-waldhilsbach.de*

*– geschl. Montag - Dienstag*

### ⑪○ Zimmerle im Rössel

**KLASSISCHE KÜCHE · LÄNDLICH** XX "Kabeljau, Béarnaise, Passionsfrucht" oder "Rehrücken, Bauernwurst, Schwarzwurzel"? So oder so ähnlich klingen die ambitionierten Speisen, die Familie Hauck im eleganten kleinen Gourmetrestaurant ihres sympathischen Landgasthofs bietet.

Menü 49/89 € · 10 Zim ⌂ – †52/70 € ††76/90 €

*Heidelberger Str. 15 ⊠ 69151 – ✆ 06223 2665 (Tischbestellung ratsam)*
*– www.roessel-waldhilsbach.de – nur Abendessen – geschl. Sonntag - Dienstag*

⊛ **Zum Rössel** – siehe Restaurantauswahl

# NECKARTENZLINGEN

Baden-Württemberg – 6 440 Ew. – Höhe 292 m – Regionalatlas **55**-G19
▶ Berlin 667 km – Stuttgart 28 km – Karlsruhe 93 km – Tübingen 21 km
Michelin Straßenkarte 545

### ⑪○ Hagen's im Restaurant Hammetweil

**INTERNATIONAL · TRENDY** XX Nicht nur für Golfer interessant: Neben dem Golfrestaurant (im Sommer wird auch auf der Terrasse gegrillt) gibt es das schicke "Hagen's" - hier ein Gourmet-Menü oder A-la-carte-Gerichte wie "gebratene Kalbsröllchen mit Kräuterseitlingen" oder Steaks vom 800°-Grill. Herrlicher Talblick!

Menü 47/74 € – Karte 25/55 €

*Hammetweil 10, (Direkt auf der Golfanlage) ⊠ 72654 – ✆ 07127 814529*
*– www.restaurant-hagens.de – geschl. Montag - Dienstag*

# NECKARWESTHEIM

Baden-Württemberg – 3 550 Ew. – Höhe 266 m – Regionalatlas **55**-G17
▶ Berlin 602 km – Stuttgart 38 km – Heilbronn 13 km – Ludwigsburg 25 km
Michelin Straßenkarte 545

### 🏠 Schloßhotel Liebenstein

**HISTORISCH · KLASSISCH** Hier wohnt man in einem sehr schönen und speziellen Umfeld: Das Hotel ist in die ehrwürdige Schlossanlage integriert, zu der eine Kapelle a. d. 16. Jh. gehört. Internationale Küche mit regionalen Einflüssen sowohl im Restaurant "Kurfürst" als auch im "Lazuli" (Hingucker ist hier das bemalte Gewölbe).

24 Zim – †95/125 € ††140/180 € – ⌂ 9 €

*Liebenstein 1, Süd: 2 km ⊠ 74382 – ✆ 07133 98990*
*– www.schlosshotel-liebenstein.de*

# NECKARZIMMERN

Baden-Württemberg – 1 520 Ew. – Höhe 150 m – Regionalatlas **48**-G17
▶ Berlin 593 km – Stuttgart 80 km – Mannheim 79 km – Heilbronn 25 km
Michelin Straßenkarte 545

### 🏠 Burg Hornberg

**HISTORISCHES GEBÄUDE · TRADITIONELL** Hoch über dem Neckar liegt das in die Burganlage Götz von Berlichingens (sie stammt a. d. 12. Jh.) integrierte charmante Hotel. Das ruhig gelegene Haus bietet eine beeindruckende Sicht, die man vom Restaurant und der Terrasse am besten genießt. Im Burghof kann man außerdem Wein aus eigenem Anbau kaufen.

23 Zim ⌂ – †78/110 € ††110/160 € – 1 Suite – ½ P

*Burg Hornberg 2 ⊠ 74865 – ✆ 06261 92460 – www.burg-hotel-hornberg.de*
*– geschl. Januar*

# NENNDORF, BAD

Niedersachsen – 10 410 Ew. – Höhe 82 m – Regionalatlas **18**-H8
▶ Berlin 315 km – Hannover 33 km – Bielefeld 85 km – Osnabrück 115 km
Michelin Straßenkarte 541

## In Bad Nenndorf-Riepen Nord-West: 4,5 km über die B 65

### ⊛ August ⩟ ⇶

INTERNATIONAL · GEMÜTLICH ✗✗ Zeitgemäß-frisch und zugleich gemütlich ist es in diesem alteingesessenen Gasthaus! Aus der Küche kommen moderne, international-mediterran beeinflusste Gerichte sowie Klassiker. Auf der Karte z. B. "gebratene Perlhuhnbrust auf Salbeipolenta". Man beachte auch den tollen begehbaren Weinschrank!

Menü 32 € – Karte 30/50 €

*Hotel Schmiedegasthaus Gehrke, Riepener Str. 21 ⊠ 31542 – ☏ 05725 94410*
*– www.schmiedegasthaus.de – geschl. Anfang Januar 1 Woche und Montag*

### ⌂ Schmiedegasthaus Gehrke ⅍ ⇶

LANDHAUS · GEMÜTLICH Richtig nett übernachtet man in dem gepflegten Gasthof mit Familientradition seit fünf Generationen. Im Haupthaus freundliche Zimmer in neuzeitlichem Stil, die im Gästehaus sind etwas größer - alle mit kostenfreiem W-Lan. Abends hat man die Dorfstube "Esse" als bürgerliche Restaurant-Alternative zum "August".

19 Zim ⌕ – †68/98 € ††98/140 €

*Riepener Str. 21 ⊠ 31542 – ☏ 05725 94410 – www.schmiedegasthaus.de – geschl. Anfang Januar 1 Woche*

⊛ **August** – siehe Restaurantauswahl

## NETTETAL

Nordrhein-Westfalen – 41 540 Ew. – Höhe 45 m – Regionalatlas **25**-A11
▶ Berlin 591 km – Düsseldorf 53 km – Krefeld 24 km – Mönchengladbach 24 km
Michelin Straßenkarte 543

## In Nettetal-Hinsbeck

### ⊛ Sonneck ⩟ 🅿

BÜRGERLICHE KÜCHE · FAMILIÄR ✗✗ 150 Jahre Familientradition hat das freundlich-gemütliche Restaurant von Birgit und Ernst-Willi Franken. Sie kümmert sich um Service und Deko, er um schmackhaft-bürgerliche Gerichte wie "Zander auf Belugalinsen mit Speckkartoffeln". Die Kräuter dafür wachsen im schönen Garten - hier auch die Terrasse!

Menü 33/50 € – Karte 32/59 €

*Schlossstr. 61 ⊠ 41334 – ☏ 02153 4157 – www.restaurantsonneck.de – geschl. Januar - Februar 2 Wochen, September - Oktober 2 Wochen und Montag - Dienstag*

## In Nettetal-Lobberich

### ⼮ Burg Ingenhoven ⩟ ⇱ 🅿 ⇥

INTERNATIONAL · GEMÜTLICH ✗✗✗ Hinter den alten Backsteinmauern des einst ritterlichen Anwesens verbergen sich reichlich dekorierte Räume, in denen man international und regional speist. Zweifelsohne auch für Hochzeiten ein schöner Rahmen!

Menü 20/38 € (unter der Woche) – Karte 27/50 €

*Burgstr. 10 ⊠ 41334 – ☏ 02153 912525 – www.burg-ingenhoven.de – geschl. 20. Februar - 2. März, 17. - 27. Juli und Montag*

## NETZEN Brandenburg ➔ Siehe Kloster Lehnin

## NEU-ANSPACH

Hessen – 14 610 Ew. – Höhe 342 m – Regionalatlas **37**-F14
▶ Berlin 531 km – Wiesbaden 61 km – Frankfurt am Main 31 km
Michelin Straßenkarte 543

## Im Hessenpark Süd-Ost: 4 km über Saalburgstraße

### 🏨 Landhotel Zum Hessenpark 　　　　🕭 🦪 ⊟ & 🕍 **P**

**LANDHAUS · KLASSISCH** Das Hotel ist in ein Museumsdorf mit schmucken rekonstruierten Fachwerkhäusern integriert. Schön ist der klassisch-gediegene Stil im ganzen Haus. Das Restaurant mit Galerie und Terrasse zum Marktplatz nennt sich "Alter Markt".

34 Zim ⌫ – †89/104 € ††124/129 € – ½ P

*Laubweg 1* ⌧ *61267 Neu-Anspach* – 𝒞 *06081 44670*
– *www.landhotel-hessenpark.de* – *geschl. 24. Dezember - 6. Januar*

## NEUBERG Hessen ➜ Siehe Erlensee

## NEUBEUERN

Bayern – 4 280 Ew. – Höhe 478 m – Regionalatlas **66**-N21
▶ Berlin 660 km – München 72 km – Bad Reichenhall 71 km – Rosenheim 14 km
Michelin Straßenkarte 546

### 😊 Auers Schlosswirtschaft 　　　　　🕭 ⇄ **P**

**REGIONAL · GASTHOF** 𝕏 Mit Herzblut betreibt die Familie den sympathischen Gasthof seit über 25 Jahren. Die charmant-ländlichen Stuben versprühen Gemütlichkeit, der Service ist aufmerksam und auf den Teller kommen schmackhafte saisonal-regionale Gerichte wie "gebratenes Kalbsherz mit weißem Spargel und Kartoffel-Morchel-Roulade".

Karte 31/45 €

*Rosenheimer Str. 8* ⌧ *83115* – 𝒞 *08035 2669 (Tischbestellung ratsam)*
– *www.auers-schlosswirtschaft.de* – *nur Abendessen* – *geschl. 6. - 13. Juni,*
*27. August - 14. September und Sonntag - Montag*

## NEUBRANDENBURG

Mecklenburg-Vorpommern – 63 440 Ew. – Höhe 20 m – Regionalatlas **13**-P5
▶ Berlin 142 km – Schwerin 149 km – Rostock 103 km – Stralsund 99 km
Michelin Straßenkarte 542

## In Groß Nemerow Süd: 13 km

### 😊 Lisette 　　　　　　　　　　🕭 🍽 **P**

**MARKTKÜCHE · KLASSISCHES AMBIENTE** 𝕏𝕏 Am schönsten sitzt man im luftiglichten Wintergarten, während man sich frische regional-saisonale Küche aus guten heimischen Produkten schmecken lässt. Und die kommt z. B. als "Müritzsaibling in Mandelbutter gebraten mit Paprikasauce, Spargel und Bärlauchgnocchi" daher.

Menü 30/53 € – Karte 31/61 €

*Hotel Bornmühle, Bornmühle 35, westlich der B 96* ⌧ *17094* – 𝒞 *039605 600*
– *www.bornmuehle.de*

### 🏨 Bornmühle 　　🦪 ⇲ 🖥 🌐 🎇 𝕃♨ ⊟ 🕍 **P**

**FERIENHOTEL · MODERN** Schön die Lage oberhalb des Tollensesees, chic die Lobby, frisch und modern die Zimmer - see- oder landseitig und mit hochwertigem "Schlaf-Gesund-System" sowie Infotainment per "SuitePad". Besonderheit: Höhenlufttraining in Juniorsuiten und Fitnessraum. Golfplatz in der Nähe.

66 Zim ⌫ – †89/99 € ††136/180 € – 2 Suiten – ½ P

*Bornmühle 35, westlich der B 96* ⌧ *17094* – 𝒞 *039605 600* – *www.bornmuehle.de*
😊 **Lisette** – siehe Restaurantauswahl

## NEUBURG am INN

Bayern – 4 330 Ew. – Höhe 452 m – Regionalatlas **60**-P19
▶ Berlin 613 km – München 167 km – Landshut 128 km – Schärding 8 km
Michelin Straßenkarte 546

## ⊛ Hoftaferne Neuburg ⊰ 🍴 🅿

REGIONAL · GEMÜTLICH ✕✕ In der Hoftaferne von 1440 wird richtig gut gekocht, und zwar bayerisch-österreichisch. Auf der interessanten Karte finden sich Klassiker und gehobenere Gerichte - stets zu fairen Preisen. Lust auf "Kaiserschmarrn mit Apfelmus"? Drinnen charmant-historisches Flair, draußen lockt im Sommer der Biergarten!

Menü 20 € (mittags unter der Woche)/62 € – Karte 29/53 €

*Hotel Hoftaferne Neuburg, Am Burgberg 5 ⊠ 94127 – ℰ 08507 923120*
*– www.hoftaferne-neuburg.de – geschl. 4. - 26. März, 1. - 6. August, 30. Oktober*
*- 12. November und Montag*

## 🏠 Hoftaferne Neuburg ⊱ ⊰ 🚪 & 🎇 ♨ 🅿

HISTORISCHES GEBÄUDE · HISTORISCH An der ehemaligen Wehranlage a. d. 11. Jh. hat man ein Gästehaus mit hübschen wohnlichen Zimmern. Aber nicht nur das gepflegte Ambiente ist erwähnenswert, auch die Lage: ruhig, erhöht und mit schöner Aussicht.

24 Zim � – ♦75 € ♦♦125 €

*Am Burgberg 5 ⊠ 94127 – ℰ 08507 923120 – www.hoftaferne-neuburg.de*
*– geschl. 4. - 26. März, 1. - 6. August, 30. Oktober - 12. November*

⊛ **Hoftaferne Neuburg** – siehe Restaurantauswahl

# NEUBURG an der DONAU

Bayern – 28 750 Ew. – Höhe 149 m – Regionalatlas **57**-L18
▶ Berlin 532 km – München 95 km – Augsburg 52 km – Ingolstadt 22 km
Michelin Straßenkarte 546

## In Neuburg-Bergen Nord-West: 8 km über Ried, im Igstetter Wald links

## ⊛ Gaststube ⊱ 🍴 🅿

REGIONAL · LÄNDLICH ✕ So stellt man sich eine historische bayerische Gaststube vor: Holzbalken an der Decke, Dielenboden, Kachelofen - rustikal und schön gemütlich! Auf dem Teller Leckeres wie "Milchkalbslende mit Trüffel, Blumenkohl und Kartoffeltörtchen".

Menü 30/75 € – Karte 30/65 €

*Hotel Zum Klosterbräu, Kirchplatz 1 ⊠ 86633 – ℰ 08431 67750*
*– www.zum-klosterbraeu.de – geschl. 21. - 29. Dezember, über Fasching und*
*Montagmittag, außer an Feiertagen*

## 🏠 Zum Klosterbräu ♨ ⊱ 🚪 ♨ 🅿

GASTHOF · GEMÜTLICH Stilvolles Ambiente und Familientradition seit 1744. Hübsch die Zimmer mit wertigem Vollholz und warmen Farben, toll das Kreuzgewölbe in Lobby und Malztenne (hier gibt es Frühstück), ein Traum in Grün der 3 ha große Garten mit Pferdekoppel!

28 Zim ⊡ – ♦98/139 € ♦♦139/180 € – ½ P

*Kirchplatz 1 ⊠ 86633 – ℰ 08431 67750 – www.zum-klosterbraeu.de – geschl. 21.*
*- 29. Dezember, über Fasching*

⊛ **Gaststube** – siehe Restaurantauswahl

# NEUDROSSENFELD

Bayern – 3 830 Ew. – Höhe 334 m – Regionalatlas **51**-L15
▶ Berlin 359 km – München 241 km – Bayreuth 12 km – Regensburg 166 km
Michelin Straßenkarte 546

## ⅱ◯ Schloss Neudrossenfeld 🍴 ⊙

MARKTKÜCHE · RUSTIKAL ✕✕ Der rechte Schlossflügel hat einiges zu bieten: ein schönes Restaurant (mal gemütlich-rustikal, mal modern), eine Vinothek und im OG einen Saal. Draußen die tolle Terrasse! Die Landküche ist schmackhaft und saisonal - probieren Sie z. B. "Kalbstafelspitz mit Krensoße, Frühlingslauch und Semmelsoufflé".

Menü 42/55 € – Karte 35/56 €

*Schlossplatz 2 ⊠ 95512 – ℰ 09203 68368 – www.schloss-neudrossenfeld.de – nur*
*Abendessen, sonntags auch Mittagessen – geschl. Montag - Dienstag*

## WIR MÖGEN BESONDERS...

Gleich zwei Ausnahmeküchen zur Wahl haben: die in **Steinheuers Restaurant Zur Alten Post** und die im **Historischen Gasthaus Sanct Peter Restaurant Brogsitter**. Auf der Panoramaterrasse des **Hohenzollern an der Ahr** den Blick übers Ahrtal schweifen lassen. Im charmanten **Weinquartier Burggarten** mit dem eigenen Schlüssel die „Weinschatzkammer" öffnen.

# NEUENAHR-AHRWEILER, BAD

Rheinland-Pfalz – 26 940 Ew. – Höhe 104 m – Regionalatlas **36**-C13
▶ Berlin 624 km – Mainz 147 km – Bonn 31 km – Koblenz 56 km
Michelin Straßenkarte 543

## Im Stadtteil Bad Neuenahr

 ### Steigenberger        仐 🦢 🗔 𝄢 🖃 𝔸𝕔 🍽 🛁 🅿

KURHOTEL · MODERN Der große klassische Bau befindet sich im Herzen der Stadt. Nicht nur die komfortablen Zimmer in Haupthaus, Mittelbau und West-flügel versprechen Erholung, auch die beeindruckende Bäderabteilung im Haus sowie die Therme "Ahr-Resort", die Sie bequem mit dem Bademantel errei-chen!
216 Zim ⌕ – ♦99/164 € ♦♦148/298 € – 5 Suiten – ½ P
**Stadtplan : A2-v** – *Kurgartenstr. 1* ✉ *53474* – ✆ *02641 9410*
– *www.bad-neuenahr.steigenberger.de*

 ### Villa Aurora      仐 🦢 🍴 🗔 𝄢 🖃 🛁 🚗

FAMILIÄR · ART DÉCO Sie suchen eine stilvolle Adresse in schöner Lage? Das aus drei Villen bestehende Hotel bietet dafür individuelle, klassisch gehaltene Zimmer vom normalen Einzelzimmer bis zur Suite. Im Restaurant serviert man internationale und regionale Küche.
50 Zim ⌕ – ♦85/160 € ♦♦140/192 € – 2 Suiten – ½ P
**Stadtplan : A2-z** – *Georg-Kreuzberg-Str. 8* ✉ *53474*
– ✆ *02641 9430* – *www.aurora.de*
– *geschl. 13. November - 8. Dezember*

### Weyer      仐 🍴 🗔 𝄢 🖃 🛁 🅿

FAMILIÄR · INDIVIDUELL Hier wird stetig investiert, um den Gästen eine wertige Ausstattung zu bieten. Die Zimmer sind individuell und immer wohnlich gestaltet, schön auch der Spa-Bereich, und im Restaurant erwarten Sie freundliches Ambiente und saisonale Küche.
34 Zim ⌕ – ♦62/90 € ♦♦110/150 € – 1 Suite – ½ P
**Stadtplan : A1-h** – *Wolfgang-Müller-Str. 10* ✉ *53474* – ✆ *02641 8940*
– *www.hotel-weyer.de* – *geschl. Januar*

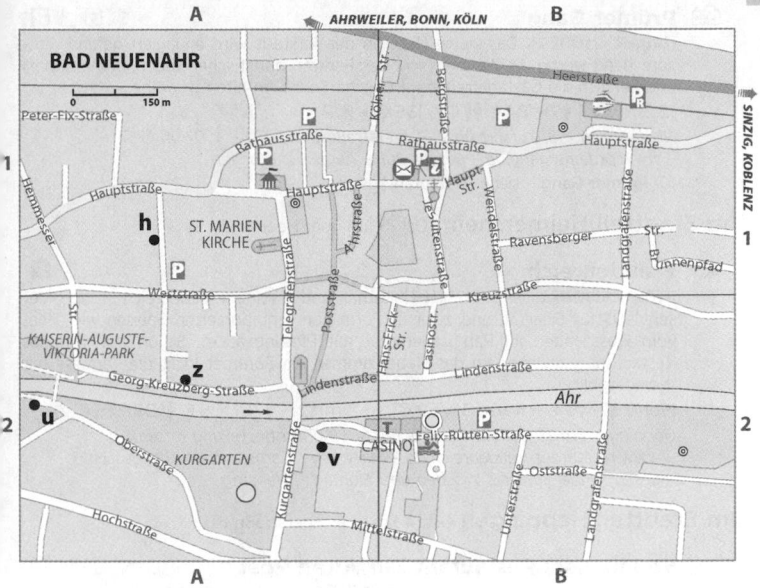

**Im Stadtteil Ahrweiler** über A1: 1 km

## 🍴 Hohenzollern an der Ahr　　　　　　🏖 ⩽ ⌂ ⇔ 🅿

INTERNATIONAL · KLASSISCHES AMBIENTE XX Eine grandiose Aussicht auf das Ahrtal erwartet Sie hier! Das elegante Restaurant samt herrlicher Panoramaterrasse bietet aber auch eine gute internationale Küche mit regionalem und saisonalem Bezug. Vielleicht mal ein vegetarisches Menü?

Menü 40 € (mittags)/90 € - Karte 46/63 €

*Hotel Hohenzollern an der Ahr, Am Silberberg 50 ⋈ 53474 - ℰ 02641 9730 - www.hotelhohenzollern.com - geschl. 2. - 20. Januar*

## 🍴 Prümer Gang　　　　　　　　　　　　🏠 ⇔ 🅿

MARKTKÜCHE · FREUNDLICH XX Stilvoll und modern ist es hier und gut essen kann man auch. Unter den schmackhaften saisonalen Gerichten finden sich z. B. "Lammfilet in Rosmarinjus mit Kichererbsentasche" oder "Seeteufel auf Kartoffelstampf". Schöne regionale Weine.

Menü 49 € - Karte 34/58 €

*Hotel Prümer Gang, Niederhutstr. 58, Zufahrt über Plätzerstraße ⋈ 53474 - ℰ 02641 4757 - www.pruemergang.de - geschl. Juli - August 2 Wochen und Montag - Dienstagmittag*

## 🏠 Hohenzollern an der Ahr　　　　　⩽ 🏠 📶 ♨ 🅿

FAMILIÄR · GEMÜTLICH Das familiengeführte Hotel bietet dank seiner erhöhten Lage in den Weinbergen einen fantastischen Blick aufs Ahrtal. Schön für Aktive: Direkt am Haus verläuft der Rotweinwanderweg. Die Zimmer sind wohnlich, einige besonders modern.

27 Zim ⊑ - †79/88 € ††124/155 € - ½ P

*Am Silberberg 50 ⋈ 53474 - ℰ 02641 9730 - www.hotelhohenzollern.com - geschl. 2. - 20. Januar*

🍴 **Hohenzollern an der Ahr** - siehe Restaurantauswahl

### 🏠 Prümer Gang    🕭 🏛 ⊡ 🛁 P

URBAN · MODERN Das kleine Hotel in der Altstadt wird engagiert geführt, entsprechend wertig die Zimmer (schönes Parkett, puristischer Stil, moderne Bäder) und herzlich die Gästebetreuung. Hübsche Sauna im alten Gewölbe.

12 Zim 🗜 – †78/84 € ††127/135 € – ½ P

*Niederhutstr. 58, Zufahrt über Plätzerstraße* ✉ *53474 – ☎ 02641 4757*
*– www.pruemergang.de – geschl. Juli - August 2 Wochen*

🍽️ Prümer Gang – siehe Restaurantauswahl

## Im Stadtteil Heimersheim Ost: 6 km über Heerstraße B1

### 🍽️ Freudenreich    ⇦ 🏛 P

INTERNATIONAL · GEMÜTLICH XX Lothar und Sabine Freudenreich stehen hier seit 1993 für Qualität, und zwar in Form von ambitionierten Speisen wie "Filet vom Flusszander auf Rahmsauerkraut mit Rieslingsauce". Schön wohnlich das Restaurant, ganz modern das Nebenzimmer. Im Sommer lockt die Terrasse mit Weinbergblick!

Menü 37/49 € – Karte 38/59 €    6 Zim 🗜 – †75/105 € ††99/125 €

*Göppinger Str. 13* ✉ *53474 – ☎ 02641 6868 (Tischbestellung ratsam)*
*– www.restaurant-freudenreich.de – Mittwoch - Samstag nur Abendessen*
*– geschl. Ende Januar 2 Wochen und Montag - Dienstag*

## Im Stadtteil Heppingen Ost: 4 km über Heerstraße B1

### ❀❀ Steinheuers Restaurant Zur Alten Post    🕸 AC P

FRANZÖSISCH-KLASSISCH · ELEGANT XXX Steinheuers Restaurant und klassische Küche, das gehört schlichtweg zusammen! Man verwendet nur die besten Produkte, kocht sehr durchdacht, verbindet die Komponenten aufs Harmonischste. Der Service professionell und charmant, herausragend die Weinkarte. Und nach dem Essen zum Digestif in die Lounge?

→ Gänseleber mit Olive und Madeira. Rotbarbe mit Pulpo, Landmilch und Pak Choi. Eifler Reh.

Menü 115/180 €

*Landskroner Str. 110, (Eingang Konsumgasse)* ✉ *53474 – ☎ 02641 94860*
*– www.steinheuers.de – nur Abendessen, samstags und sonntags auch*
*Mittagessen – geschl. Anfang Januar 3 Wochen, Ende Juli - Anfang August 3*
*Wochen und Dienstag - Mittwoch*

### 🍽️ Steinheuers Landgasthof Poststuben    ⇦ 🏛 AC P

REGIONAL · LÄNDLICH XX Dies ist nicht "Steinheuer light", sondern ein ganz eigenständiges Restaurant mit ambitionierter Frischeküche, die z. B. als "Salat von Kalbskopf und Zunge mit Böhnchen" oder "Zander auf Rieslingkraut" überzeugt. Wer übernachten möchte, wählt die Doppelzimmer im Haupthaus oder das komfortable Gästehaus.

Menü 42/52 € – Karte 41/63 €    11 Zim – †88/98 € ††98/128 € – 1 Suite
– 🗜 18 €

*Landskroner Str. 110* ✉ *53474 – ☎ 02641 94860 – www.steinheuers.de*
*– geschl. Anfang Januar 2 Wochen und Dienstag - Mittwoch*

### 🏠 Weinquartier Burggarten    🏛 ⊡ 🍴 P

LANDHAUS · INDIVIDUELL "BurgunderDomizil", "DornfelderKlause" "PortugieserStube"... Das charmante Hotel der Winzerfamilie liegt neben dem eigenen Weingut und so sind die schönen, individuellen Zimmer je einer Rebsorte gewidmet, und jedes hat seine eigene "Weinschatzkammer". Einen hübschen Garten gibt es hier übrigens auch.

14 Zim 🗜 – †68/78 € ††112 €

*Landskroner Str. 61* ✉ *53474 – ☎ 02641 21280 – www.weingut-burggarten.de*
*– geschl. 20. Dezember - 31. Januar*

# Im Stadtteil Walporzheim Süd-Ost: 4 km

## ✿ Historisches Gasthaus Sanct Peter Restaurant Brogsitter 🍴

**KLASSISCHE KÜCHE · ELEGANT** XxX Mit bemerkenswertem Engagement ⓟ sorgt das Küchenteam für finessenreiche und geschmackvolle klassische Speisen mit modernen Einflüssen. Diese werden begleitet von hauseigenen, aber auch zahlreichen internationalen Weinen - für Autofahrer bieten sich die rund 100 offen ausgeschenkten an.

→ Tranche und Tatar vom hausgebeizten Label Rouge Lachs, Dillgurken, Meerrettichcrème. Salzwiesenlammrücken, aromatischer Kräuterjus, Tomaten-Bohnenragout, Bärlauchpüree. Sanct Peter's Schokoladendessert, Banane, Mango, Passionsfruchtsorbet.

Menü 109/155 € – Karte 102/122 €

*Walporzheimer Str. 134 ☒ 53474 – ℰ 02641 97750 (Tischbestellung ratsam) – www.sanct-peter.de – nur Abendessen – geschl. Januar - Februar 2 Wochen, Juli - August 2 Wochen und Donnerstag*

🍴 Historisches Gasthaus Sanct Peter Restaurant Weinkirche – siehe Restaurantauswahl

## 🍴 Historisches Gasthaus Sanct Peter Restaurant Weinkirche

**INTERNATIONAL · LÄNDLICH** XX Ein stilvolles Restaurant mit 🏠 ❄ ♻ ⓟ Galerie, dessen Historie bis ins 13. Jh. zurückgeht. Sehr schön speist man auch im schmucken Innenhof oder in der leger-modernen Raucherlounge mit Bar. Alternative: die Kaminstube mit Vesperangebot.

Menü 36/89 € – Karte 56/66 €

*Historisches Gasthaus Sanct Peter Restaurant Brogsitter, Walporzheimer Str. 134 ☒ 53474 – ℰ 02641 97750 – www.sanct-peter.de – geschl. Januar - Februar 2 Wochen und Donnerstag, außer an Feiertagen*

## 🏠 Sanct Peter 🛏 🍸 🏠 🔄 ❄ ⓟ

**PRIVATHAUS · KLASSISCH** Das schmucke Romantik-Hotel wurde Inzwischen um das deutlich modernere Landhotel mit sehr großzügigen Zimmern erweitert - wählen Sie also zwischen klassischer Eleganz und schicker Geradlinigkeit. Geblieben sind der zuvorkommende Service, das ausgezeichnete Frühstück und ein Traum von Garten!

23 Zim ☲ – ♦118/143 € ♦♦158/198 €

*Walporzheimer Str. 118 ☒ 53474 – ℰ 02641 905030 – www.hotel-sanctpeter.de*

---

# NEUENDETTELSAU

Bayern - 7 540 Ew. - Höhe 438 m – Regionalatlas **50**-K17
▶ Berlin 467 km – München 187 km – Nürnberg 44 km – Ansbach 19 km
Michelin Straßenkarte 546

## 🍴 Sonne 🏠 🚗

**REGIONAL · GASTHOF** X Nicht nur zum Übernachten eine schöne Adresse, auch zum Essen kommt man gerne, denn in den beiden Restaurantstuben serviert man fränkische Gasthausküche von der frischen Bratwurst über Schäufele bis zum Lammrücken.

Menü 20/55 € – Karte 27/40 €

*Hotel Sonne, Hauptstr. 43 ☒ 91564 – ℰ 09874 5080 – www.landhotel-sonne.com – geschl. 2. - 6. Januar*

## 🏠 Sonne ⓟ ♨ 🚗

**GASTHOF · MODERN** Suchen Sie ein nettes Hotel im Landhausstil oder eher eine moderne Tagungsadresse? Der Familienbetrieb wird engagiert geführt und ist tipptopp gepflegt. Hier hat man wohnliche Zimmer (freie Kopfkissenwahl) und es gibt ein gutes Frühstück.

69 Zim ☲ – ♦65/84 € ♦♦89/114 € – ½ P

*Hauptstr. 43 ☒ 91564 – ℰ 09874 5080 – www.landhotel-sonne.com – geschl. 2. - 6. Januar*

🍴 Sonne – siehe Restaurantauswahl

## NEUENDORF bei WILSTER

Schleswig-Holstein – 480 Ew. – Regionalatlas **9**-H4

▶ Berlin 364 km – Kiel 84 km – Itzehoe 18 km – Hamburg 75 km

Michelin Straßenkarte 541

### In Neuendorf-Sachsenbande Süd-Ost: 2 km

#### Zum Dückerstieg

REGIONAL · LÄNDLICH ✕✕ Ein hübsches, gemütliches Restaurant mit ländlichem Flair, in dem saisonal und regional gekocht wird. Klassiker wie "Roastbeef kalt mit Remouladensauce" schmecken ebenso gut wie "gebratenes Dorschfilet unter der Roggenbrotkruste mit roter Beete und Lauch".

Menü 35/49 € – Karte 25/41 €

*Hotel Zum Dückerstieg, Dückerstieg 7 ✉ 25554 – ℰ 04823 92929 (Tischbestellung ratsam) – www.dueckerstieg.de – geschl. 27. Dezember - 7. Januar und Montag*

#### Zum Dückerstieg

GASTHOF · GEMÜTLICH Eine freundlich-familiär geführte Adresse, und das bereits in 4. Generation. Sie wohnen im Gästehaus in schönen wertig eingerichteten Zimmern (Tipp: Zimmer "elf" mit charmanten Schrägen), gefrühstückt wird gegenüber im Gasthaus von 1910.

11 Zim ☲ – †70/99 € ††90/110 €

*Dückerstieg 7 ✉ 25554 – ℰ 04823 92929 – www.dueckerstieg.de*

Zum Dückerstieg – siehe Restaurantauswahl

**NEUENKIRCHEN** Mecklenburg-Vorpommern → Siehe Greifswald oder Rügen

## NEUFFEN

Baden-Württemberg – 6 110 Ew. – Höhe 408 m – Regionalatlas **55**-H19

▶ Berlin 636 km – Stuttgart 42 km – Reutlingen 17 km – Ulm (Donau) 70 km

Michelin Straßenkarte 545

#### Traube

REGIONAL · GASTHOF ✕✕ In dem langjährigen Familienbetrieb kocht man frisch und mit regionalen Produkten (Felchen aus dem Bodensee, Gemüse von der Insel Reichenau...). Tipp: die geschmälzten Maultaschen! Oder lieber "gekochtes Kalbszüngle in Trollingersößle"? Gepflegt übernachten kann man ebenfalls.

Menü 28 € – Karte 24/50 €   15 Zim ☲ – †85/110 € ††110 € – 1 Suite

*Hauptstr. 24 ✉ 72639 – ℰ 07025 92090 – www.traube-neuffen.de – geschl. August 2 Wochen, 22. Dezember - 7. Januar und Freitag - Samstag, Sonntagabend*

## NEUHARDENBERG

Brandenburg – 2 480 Ew. – Höhe 12 m – Regionalatlas **23**-R8

▶ Berlin 71 km – Potsdam 114 km – Frankfurt (Oder) 43 km – Eberswalde 45 km

Michelin Straßenkarte 542

#### Schloss Neuhardenberg

HISTORISCHES GEBÄUDE · MODERN Inmitten eines wunderbaren Parks liegt dieses Schloss a. d. 18. Jh. Modern-elegante Zimmer, darunter Galerie-Zimmer auf zwei Ebenen (z. T. als Sternenzimmer mit Glasdach). Sympathisch-rustikal ist die "Brennerei".

54 Zim ☲ – †109/174 € ††144/208 € – 2 Suiten – ½ P

*Schinkelplatz ✉ 15320 – ℰ 033476 6000 – www.schlossneuhardenberg.de*

## NEUHARLINGERSIEL

Niedersachsen – 990 Ew. – Höhe 3 m – Regionalatlas **8**-E5

▶ Berlin 517 km – Hannover 257 km – Emden 58 km – Oldenburg 87 km

Michelin Straßenkarte 541

## ⅠO Poggenstool ⇔ ⌂ P ⊠

**REGIONAL · GASTHOF** ✕✕ Sehr freundlich wird das gemütlich gestaltete Restaurant in Deichnähe von der Inhaberfamilie geleitet, serviert wird überwiegend regionale Küche samt Nordsee-Klassikern wie Steinbutt und Seezunge. Gepflegte wohnliche Gästezimmer.

Karte 17/72 € – 7 Zim ⊡ – ♦60/68 € ♦♦90/120 €

*Addenhausen 1 ⊠ 26427 – ☏ 04974 91910 – www.poggenstool.com*
*– geschl. Anfang Januar - Fasching, Ende November - Mitte Dezember*

# NEUHAUS am RENNWEG

Thüringen – 6 920 Ew. – Höhe 800 m – Regionalatlas **40**-K13
▶ Berlin 321 km – Erfurt 109 km – Coburg 44 km – Fulda 168 km
Michelin Straßenkarte 544

## 🏠 Schieferhof ✕ 🕭 ⊡ 🛁 P

**LANDHAUS · GEMÜTLICH** In dem persönlich geführten Haus von 1908 sorgen schöne Farben, Streifentapeten und Karomuster sowie hübsche Möbel für Wohnlichkeit und Landhausflair. Fragen Sie nach den Zimmern mit besonderen Details wie Büchern oder Badewanne im Raum! Im Restaurant setzt man auf regionale Produkte und Slow Food.

38 Zim ⊡ – ♦78/120 € ♦♦100/160 € – ½ P

*Eisfelder Str. 26, B 281 ⊠ 98724 – ☏ 03679 7740 – www.schieferhof.de*

# NEUHÜTTEN Rheinland-Pfalz → Siehe Hermeskeil

# NEU-ISENBURG Hessen → Siehe Frankfurt am Main

# NEUKIRCH (BODENSEEKREIS)

Baden-Württemberg – 2 640 Ew. – Höhe 562 m – Regionalatlas **63**-H21
▶ Berlin 720 km – Stuttgart 200 km – Konstanz 45 km – Sankt Gallen 71 km
Michelin Straßenkarte 545

## In Neukirch-Goppertsweiler

## ⅠO Gasthof zum Hirsch ⇔ ⌂ ✕ P

**INTERNATIONAL · LÄNDLICH** ✕✕ Welche der drei Stuben gefällt Ihnen am besten? Sie sind unterschiedlich gestaltet, aber allesamt gemütlich - im Sommer ist natürlich die hübsche Gartenterrasse gefragt! In der Küche verbindet man Regionales mit Asiatischem und Mediterranem. Zum Übernachten gibt es freundliche und funktionale Zimmer.

Menü 28/59 € – Karte 28/48 € – 8 Zim ⊡ – ♦60/69 € ♦♦80/89 €

*Argenstr. 29 ⊠ 88099 – ☏ 07528 1765 – www.gasthof-zum-hirsch.com – Mittwoch*
*- Freitag nur Abendessen – geschl. 12. - 26. März, 11. - 24. September und Montag*
*- Dienstag*

# NEUKIRCHEN (PLEISSE)

Sachsen – 4 080 Ew. – Höhe 245 m – Regionalatlas **42**-N13
▶ Berlin 267 km – Dresden 123 km – Chemnitz 57 km – Gera 29 km
Michelin Straßenkarte 544

## 🏠 Schloss Schweinsburg ✕ 🐎 🚐 🕭 & 🛁 P

**HISTORISCHES GEBÄUDE · MODERN** Eine imposante Anlage bestehend aus einem Schloss mit 1000 Jahre alten Grundmauern, einem modernen Hotelanbau, einer eigenen Sporthalle und verschiedensten Veranstaltungsräumen. Die Zimmer: hell, freundlich und zeitgemäß. Restaurant mit Wintergartenanbau und Terrasse.

75 Zim – ♦64 € ♦♦74 € – ⊡ 13 € – ½ P

*Hauptstr. 147 ⊠ 08459 – ☏ 03762 94800 – www.schloss-schweinsburg.de*

## NEUKIRCHEN-VLUYN

Nordrhein-Westfalen – 26 850 Ew. – Höhe 30 m – Regionalatlas **25**-B11

▶ Berlin 566 km – Düsseldorf 38 km – Essen 37 km – Duisburg 17 km

Michelin Straßenkarte 543

### Im Stadtteil Rayen Nord-West: 6 km Richtung Kamp-Lintfort, dann links

🍴○ **Achterath's Restaurant**      🏮 ⇔ **P** 🚭

**INTERNATIONAL · TRENDY** 🍴 Die zahlreichen Gäste hier bestellen Leckeres wie
"Hirschkalbsmedaillon mit Walnuss-Senfkruste" oder auch das günstige 8-Gänge-
Menü. Ebenso gut kommen der moderne Stil in rustikal-historischem Rahmen
sowie der freundlich-legere Service an. Tipp: Machen Sie einen Kochkurs!

Menü 25 € (mittags unter der Woche)/59 € – Karte 42/68 €

*Geldernsche Str. 352 ⊠ 47506 – 𝒞 02845 298780 – www.achteraths.de
– geschl. 1. - 9. Januar und Montag*

## NEUKLOSTER

Mecklenburg-Vorpommern – 3 870 Ew. – Höhe 30 m – Regionalatlas **12**-L4

▶ Berlin 223 km – Schwerin 46 km – Rostock 44 km – Lübeck 77 km

Michelin Straßenkarte 542

### In Nakenstorf Süd: 2,5 km über Bahnhofstraße, am Ortsende links

😊 **Allesisstgut**      🖐 🏮 ✋ **P**

**REGIONAL · LÄNDLICH** 🍴 Hier legt man Wert auf Geschmack und Aroma, zahlreiche Produkte kommen aus der Region - Lust auf "geschmortes Wild auf Ofengemüse"? Charmant das Ambiente, herrlich die Holzterrasse zum Wasser hin!
Abends Wahlmenü, mittags kleineres Angebot.

Menü 35 € (abends) – Karte 31/39 €

*Seehotel am Neuklostersee, Seestr. 1 ⊠ 23992 – 𝒞 038422 4570
– www.allesisstgut-neuklostersee.de – geschl. 8. - 26. Januar*

🏠 **Seehotel am Neuklostersee**    🚣 🖐 🖼 🌐 🛏 🍽 ✋ 🧖 **P**

**LANDHAUS · INDIVIDUELL** Welch reizendes Refugium aus dem einstigen Bauernhaus geworden ist! Ruhe, viel Grün, die "Badescheune" und das "Wohlfühl-
haus", dazu direkter Seezugang und eigene Ruderboote. Sie wohnen modern,
genießen ein tolles Frühstück, Kulturprogramm in der "Kunstscheune" und am
Abend die "Gänsebar".

26 Zim ⊡ – †80/115 € ††145/195 € – ½ P

*Seestr. 1 ⊠ 23992 – 𝒞 038422 4570 – www.seehotel-neuklostersee.de – geschl. 8.
- 26. Januar*

😊 **Allesisstgut** – siehe Restaurantauswahl

## NEULEININGEN Rheinland-Pfalz ➜ Siehe Grünstadt

## NEUMAGEN-DHRON

Rheinland-Pfalz – ⊠ 54347 – 2 250 Ew. – Höhe 130 m – Regionalatlas **45**-B15

▶ Berlin 707 km – Mainz 130 km – Trier 35 km – Saarbrücken 92 km

Michelin Straßenkarte 543

🍴○ **Lekker**      🏮 ♿ **P**

**INTERNATIONAL · HIP** 🍴 In dem schönen stylish-modernen Gewölbe des Gasthofs gibt es ambitionierte Küche: abends z. B. "Lamm-Variation, Couscous, Bohnen und Erbsencreme" als Fine Dining, mittags Bistrokarte mit Kalbsschnitzel,
Rumpsteak & Co. Hübsche Terrasse!

Menü 25/55 € – Karte 23/54 €

*Hotel Lekker, Grafenweg 1 ⊠ 54347 – 𝒞 06507 939771 – www.hotel-lekker.com
– Montag - Dienstag nur Abendessen – geschl. November 1 Woche, Januar 2
Wochen und Mittwoch*

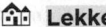 **Lekker**     ⑤ **P**

HISTORISCH · MODERN Das stattliche Gasthaus a. d. 18. Jh. bietet Ihnen sehr großzügige Appartements und Suiten, von etwas schlichter bis fast schon luxuriös, dazu ein frisches, gutes Frühstück. Nicht zu vergessen die zentrale Lage nahe der Mosel.

9 Zim ⌻ – †65/95 € ††90/145 € – 5 Suiten – ½ P

*Grafenweg 1 ⊠ 54347 – ℰ 06507 939771 – www.hotel-lekker.com – geschl. November 1 Woche, Januar 2 Wochen*

⑪ **Lekker** – siehe Restaurantauswahl

## NEUMARKT in der OBERPFALZ

Bayern – 38 480 Ew. – Höhe 424 m – Regionalatlas **50**-L17

▶ Berlin 454 km – München 138 km – Nürnberg 47 km – Amberg 40 km

Michelin Straßenkarte 546

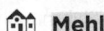 **Mehl**     ⑤ ⊡ **P**

BUSINESS · GEMÜTLICH Familie Siermann führt ihr Haus mit Engagement und Herzblut, das merkt man an der Pflege, an der wertigen und wohnlichen Einrichtung, am guten, frischen Frühstück! Die Zimmer sind hell und freundlich.

24 Zim ⌻ – †72/92 € ††104/124 €

*Viehmarkt 20 ⊠ 92318 – ℰ 09181 2920 – www.hotel-mehl.de*

⑪ **Gasthof Wittmann**     ☆ ⅃ఄ ℅ ⅍ **P**

GASTHOF · FUNKTIONELL Äußerlich ist der Gasthof zwar eher unscheinbar, drinnen hat Familie Wittmann aber schöne wohnlich-moderne Zimmer geschaffen, auch im Gästehaus. Im Wirtshaus gibt es überwiegend Produkte aus der eigenen Metzgerei. Besuchen Sie auch das Metzgerei-Museum! Oder lieber ein Seminar in der Weißwurst-Akademie?

32 Zim ⌻ – †79/129 € ††112/145 € – ½ P

*Bahnhofstr. 21 ⊠ 92318 – ℰ 09181 907426 – www.hotel-wittmann.de*

 Gute Küche zu moderatem Preis? Folgen Sie dem „Bib Gourmand" ⊛. Das freundliche Michelin-Männchen „Bib" steht für ein besonders gutes Preis-Leistungs-Verhältnis!

## NEUMÜNSTER

Schleswig-Holstein – 76 960 Ew. – Höhe 22 m – Regionalatlas **10**-I4

▶ Berlin 330 km – Kiel 39 km – Flensburg 100 km – Hamburg 66 km

Michelin Straßenkarte 541

⑪○ **Am Kamin**     ⇲

KLASSISCHE KÜCHE · ELEGANT ⅩⅩ Hier wird klassisch-saisonal gekocht, so z. B. "Iberico-Schweinekotelett mit Rote-Beete-Pesto und Gartengemüse" oder "Meerforelle mit grünem Spargel". Zudem hat man es hier richtig gemütlich, vor allem an kalten Winterabenden am Kamin!

Menü 22 € (mittags)/65 € – Karte 51/74 €

*Propstenstr. 13 ⊠ 24534 – ℰ 04321 42853 – www.am-kamin.info – geschl. Sonntag - Montag*

## NEUNBURG vorm WALD

Bayern – 8 020 Ew. – Höhe 398 m – Regionalatlas **51**-N17

▶ Berlin 456 km – München 175 km – Regensburg 56 km – Cham 35 km

Michelin Straßenkarte 546

## In Neunburg-Hofenstetten West: 9 km Richtung Schwarzenfeld, in Fuhrn links

### ✿ Obendorfer's Eisvogel (Hubert Obendorfer)

**KREATIV · CHIC** ✗✗✗ So chic das modern-elegante Interieur, so niveauvoll die kreative Küche. In den beiden Menüs "Heimat" und "Weite Welt" legt Hubert Obendorfer Wert auf ausgesuchte Produktqualität und aufwändige Zubereitung, stimmig die Weinbegleitung. Haben Sie den tollen ellipsenförmigen Weinschrank gesehen?
→ Carabinero - Carpaccio und gebraten mit exotischen Früchten und Staudensellerie. Hirschkalb aus Schönseer Jagd mit Wacholderrahm, Schwarzwurzel und Rosenkohl. Brombeere mit weißer Schokolade und Fenchel.

Menü 84/132 €

*Landhotel Birkenhof, Hofenstetten 55 ✉ 92431 – ✆ 09439 9500 (Tischbestellung ratsam) – www.landhotel-birkenhof.de – nur Abendessen – geschl. Anfang Dezember - Mitte Januar, 23. Juli - 16. August und Sonntag - Montag*

### ☻ Turmstube

**REGIONAL · LÄNDLICH** ✗✗ Gemütlich hat man es in den hübschen Stuben, während man sich regionale Speisen aus sehr guten Produkten servieren lässt. Ein schönes Beispiel ist da "Brust vom Schwarzfederhuhn mit Rahmpfifferlingen, Bandnudeln und Kohlrabi".

Menü 40 € (abends) – Karte 34/49 €

*Landhotel Birkenhof, Hofenstetten 55 ✉ 92431 – ✆ 09439 9500 – www.landhotel-birkenhof.de – geschl. 17. - 27. Dezember*

### 🏨 Landhotel Birkenhof

**SPA UND WELLNESS · GEMÜTLICH** In dem schönen Haus im Grünen spürt man das Engagement der Familie Obendorfer! Wie wär's mit einer sehr großzügigen und wertig-stilvollen Suite im Neubau? Dazu ein toller Spa, der keine Wünsche offen lässt! Whisky-Liebhaber zieht es in die Hotelbar, Kochwillige ins "Genuss Atelier"!

93 Zim ☲ – ♦87/118 € ♦♦147/187 € – 6 Suiten – ½ P

*Hofenstetten 55 ✉ 92431 – ✆ 09439 9500 – www.landhotel-birkenhof.de – geschl. 17. - 27. Dezember*

✿ **Obendorfer's Eisvogel** • ☻ **Turmstube** – siehe Restaurantauswahl

# NEUNKIRCHEN (SAAR)

Saarland – 45 610 Ew. – Höhe 224 m – Regionalatlas **46**-C17
▶ Berlin 690 km – Saarbrücken 22 km – Homburg/Saar 15 km – Idar-Oberstein 60 km
Michelin Straßenkarte 543

## In Neunkirchen-Kohlhof Süd-Ost: 5 km, jenseits der A 8

### 🍴 Hostellerie Bacher - Wögerbauer

**KLASSISCHE KÜCHE · ELEGANT** ✗✗✗ Die Küche von Gastgeber Hermann Wögerbauer ist klassisch, lässt hier und da aber auch seine österreichische Heimat erkennen. Sehr zur Freude der Gäste hat man eine schöne mediterrane Terrasse. Auf Kinder ist man übrigens ebenso gut eingestellt wie auf Veranstaltungen.

Menü 45/65 € – Karte 34/64 €

*Hotel Hostellerie Bacher - Wögerbauer, Limbacher Str. 2 ✉ 66539 – ✆ 06821 31314 (Tischbestellung ratsam) – www.hostellerie-bacher.de – Dienstag - Freitag nur Abendessen – geschl. Sonntagabend - Montag*

### 🏨 Hostellerie Bacher - Wögerbauer

**LANDHAUS · FUNKTIONELL** Ein vom Inhaber geführtes Hotel mit freundlichen, wohnlichen Zimmern und hübschem Wintergarten fürs Frühstück. Probieren Sie hier doch auch mal Schinken und Forellen aus der eigenen Räucherei!

20 Zim ☲ – ♦70/89 € ♦♦120/165 € – 1 Suite – ½ P

*Limbacher Str. 2 ✉ 66539 – ✆ 06821 31314 – www.hostellerie-bacher.de*

🍴 **Hostellerie Bacher - Wögerbauer** – siehe Restaurantauswahl

# NEUPOTZ

Rheinland-Pfalz – 1 880 Ew. – Höhe 103 m – Regionalatlas **54**-E17
▶ Berlin 665 km – Mainz 123 km – Karlsruhe 23 km – Landau 23 km
Michelin Straßenkarte 543

### ⊛ Gehrlein's Hardtwald      ⇔ 🏠 ⅌ 🅿 🚫

**REGIONAL · RUSTIKAL** ✗✗ Es liegt etwas versteckt, das Restaurant der Familie Gehrlein. Drinnen ist es schön gemütlich, im Garten die hübsche Terrasse. Hier wie dort bekommen Sie Schmackhaftes wie "In Butter gebratenes Zanderfilet auf Speckwirsing und Salzkartoffeln". Tipp: Im Gästehaus vis-à-vis hat man richtig wohnliche Zimmer.

Menü 28 € (mittags)/60 € – Karte 24/48 €    10 Zim �), – ⦙50/65 €
⦙⦙80 €

*Sandhohl 14 ✉ 76777 – 𝒞 07272 2440 – www.gehrlein-hardtwald.de – geschl.*
*28. Dezember - 6. Januar, Anfang Oktober 2 Wochen und Mittwoch - Donnerstag*

### ⊛ Zum Lamm      ⇔ 🏠 🅿 🚫

**KLASSISCHE KÜCHE · LÄNDLICH** ✗ Wer bei den Kregers isst, sollte mal den Zander probieren - gebacken oder gebraten. Ebenso lecker sind aber auch die "Reh-bratwürste auf Lauch-Pfifferlingsgemüse", oder lieber etwas Internationales wie "Jakobsmuscheln auf Avocado-Tatar mit Mangosalsa"? Zum guten Essen kommt noch die behagliche Atmosphäre.

Karte 31/51 €    6 Zim ☲ – ⦙38/45 € ⦙⦙76/90 €

*Hauptstr. 7 ✉ 76777 – 𝒞 07272 2809 (Tischbestellung ratsam)*
*– www.gasthof-lamm-neupotz.de – geschl. Montagmittag, Dienstag,*
*Sonntagabend*

# NEURUPPIN

Brandenburg – 30 350 Ew. – Höhe 44 m – Regionalatlas **22**-O7
▶ Berlin 76 km – Potsdam 75 km – Brandenburg 90 km
Michelin Straßenkarte 542

### 🏨 Resort Mark Brandenburg    🏌 ⟨ ⍑ 🖼 🐠 🦌 🛗 🖲 ⅙ 🆎 🛁 🚐

**SPA UND WELLNESS · MODERN** Modernes Hotel in schöner Seelage. Über eine Glasbrücke gelangt man in die für Hausgäste kostenlose "Fontane Therme" mit schwimmender Seesauna. Schifffahrten mit hauseigenem Dampfer. Geradlinig-elegant: "Parzival" mit Seeblick. Behagliche "Seewirtschaft" mit Showküche.

130 Zim ☲ – ⦙125/175 € ⦙⦙180/230 € – 9 Suiten – ½ P

*An der Seepromenade 20 ✉ 16816 – 𝒞 03391 40350*
*– www.resort-mark-brandenburg.de*

# NEUSS

Nordrhein-Westfalen – 152 260 Ew. – Höhe 40 m – Regionalatlas **35**-B11
▶ Berlin 563 km – Düsseldorf 12 km – Köln 38 km – Krefeld 20 km
Michelin Straßenkarte 543

### ⅼ○ Herzog von Burgund              🏠

**MARKTKÜCHE · ELEGANT** ✗✗ Außen eine schöne Stadtvilla, innen gemütliches klassisch-elegantes Ambiente. Der Service versiert und charmant, die Speisen (z. B. "Wolfsbarschfilet mit mediterranem Artischockenragout") ambitioniert und saisonal. Mittags Lunchmenü und Klassiker. Tipp: die Terrasse - eine grüne Oase mitten in der Stadt!

Menü 25 € (mittags)/64 € – Karte 32/52 €

*Erftstr. 88 ✉ 41460 – 𝒞 02131 23552 – www.herzogvonburgund.de*
*– geschl. Januar 2 Wochen, Oktober 2 Wochen und Samstagmittag, Sonntag*
*- Montag*

🍴○ **Zum Stübchen**　　　　　　　　　　🏠

**KLASSISCHE KÜCHE · FREUNDLICH** XX Ein freundlich-elegantes Restaurant, in dem man klassisch-saisonal speist - da findet sich auf der der Karte z. B. "Fjordforelle auf getrüffelter Selleriemousseline". Nett sitzt man auch auf der Terrasse.

Menü 25 € (mittags unter der Woche)/72 € – Karte 31/56 €

*Preussenstr. 73* ✉ *41464 – ☎ 02131 82216 – www.restaurant-zum-stuebchen.de – geschl. Montag, Samstagmittag*

🍴○ **Spitzweg**　　　　　　　　　　🏠

**MARKTKÜCHE · CHIC** XX Chic der geradlinig-moderne Look samt markantem Rot und dekorativen Bildern an den Wänden. Draußen an der Straße die lebendige Terrasse. Auf der Karte finden sich saisonale, regionale und internationale Gerichte.

Menü 39/56 € – Karte 33/57 €

*Glockhammer 43a* ✉ *41460 – ☎ 02131 6639660 – www.restaurant-spitzweg.de – nur Abendessen – geschl. Juli - August 2 Wochen und Sonntag*

## NEUSTADT an der AISCH

Bayern – 12 440 Ew. – Höhe 293 m – Regionalatlas **49**-J16

▶ Berlin 458 km – München 217 km – Nürnberg 49 km – Bamberg 53 km

Michelin Straßenkarte 546

🏨 **Allee-Hotel**　　　　　　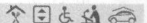

**TRADITIONELL · KLASSISCH** Außen schmuckes ehemaliges Schulhaus von 1866, innen klassisch-elegante Zimmer mit modernem Komfort, im Gästehaus schön mit Parkett. Tipp: kostenfreier Room-Service! Die Küche bietet Klassiker und Saisonales - hübsch der lichte Wintergarten zum Park. Etwas Besonderes ist das "Oelkabinett": eine Bar mit origineller Deko vom Druckmesser bis zum Ölkanister!

41 Zim 🛏 – 🛏70/99 € 🛏🛏94/136 €

*Alleestr. 14, an der B 8/470* ✉ *91413 – ☎ 09161 89550 – www.allee-hotel.de – geschl. 23. Dezember - 6. Januar*

**In Dietersheim-Oberroßbach** Süd: 6 km über B 470

🍴○ **Landgasthof Fiedler**　　　　🛏 🍴 🏠

**REGIONAL · GEMÜTLICH** X Das sympathische Restaurant des gleichnamigen Hotels bietet regionale Küche, für die man auch gerne Bier verwendet - das passt zu den Empfehlungen der Chefin, ihres Zeichens Bier-Sommelière! Besonders beliebt sind Terrasse und Wintergarten.

Menü 20/39 € – Karte 25/51 €　　　22 Zim 🛏 – 🛏65/85 € 🛏🛏90/115 € – 3 Suiten

*Oberroßbach 3* ✉ *91463 – ☎ 09161 2425 – www.landgasthof-fiedler.de – geschl. 1. - 19. Januar und Mittwoch, Sonntagabend sowie an Feiertagen abends*

## NEUSTADT an der DONAU

Bayern – 13 070 Ew. – Höhe 354 m – Regionalatlas **58**-M18

▶ Berlin 525 km – München 90 km – Regensburg 52 km – Ingolstadt 33 km

Michelin Straßenkarte 546

**In Neustadt-Bad Gögging** Nord-Ost: 4 km

🏨 **Marc Aurel**　　　　　

**SPA UND WELLNESS · MODERN** Das komfortable Hotel empfängt Sie mit einer Lobby im römischen Stil. Wellness- und Freizeitangebote auf 2800 qm. Auch variable Tagungsräume sind vorhanden. Im Restaurant serviert man internationale Küche.

152 Zim 🛏 – 🛏99/109 € 🛏🛏160/230 € – 13 Suiten – ½ P

*Heiligenstädter Str. 34* ✉ *93333 – ☎ 09445 9580 – www.marcaurel.de*

## 🏠 Eisvogel ♠ 🐾 📧 🖼 🚿 🎵 🛗 📺 🧖 🚗

**SPA UND WELLNESS · GEMÜTLICH** Was mit einem Gasthof begann, ist heute ein wirklich komfortables Hotel: Neben wohnlichen Zimmern (fragen Sie nach den neuesten!) bietet man Spa-Vielfalt auf 1600 qm und ein Restaurant mit vielen gemütlichen Stuben. Und auch die Umgebung hat ihren Reiz: Das Haus liegt schön ruhig am Flüsschen Abens.

52 Zim 🖙 – ♦80/180 € ♦♦170/212 € – 6 Suiten – ½ P

*An der Abens 20 ✉ 93333 – ℰ 09445 9690 – www.hotel-eisvogel.de – geschl. 23. - 25. Dezember*

# NEUSTADT an der SAALE, BAD

Bayern – 15 140 Ew. – Höhe 242 m – Regionalatlas **39**-I14

▶ Berlin 406 km – München 344 km – Fulda 58 km – Bamberg 86 km

Michelin Straßenkarte 546

## 🏠 Fränkischer Hof ♠ 🅿

**GASTHOF · GEMÜTLICH** Das jahrhundertealte Fachwerkhaus am Anfang der Fußgängerzone ist ein familiengeführtes Gasthaus mit langer Tradition. Gepflegt und wohnlich die Zimmer, gemütlich das Restaurant nebst schöner Scheune und Gewölbekeller, dazu der romantische Innenhof. Parken können Sie in der Apothekergasse (200 m entfernt).

11 Zim 🖙 – ♦54/64 € ♦♦86/96 € – ½ P

*Spörleinstr. 3 ✉ 97616 – ℰ 09771 61070 – www.hotelfraenkischerhof.de*

# NEUSTADT an der WEINSTRASSE

Rheinland-Pfalz – 52 270 Ew. – Höhe 136 m – Regionalatlas **47**-E17

▶ Berlin 650 km – Mainz 94 km – Mannheim 35 km – Kaiserslautern 36 km

Michelin Straßenkarte 543

## ❀ Urgestein im Steinhäuser Hof ⇔ 🏠

**FRANZÖSISCH-MODERN · ROMANTISCH** XX "Grundstein" und "Meilenstein", so die Namen der kreativen, perfekt präsentierten Menüs, die unter der Kreuzgewölbedecke des schönen Renaissance-Hofs serviert werden. Oder lieber das Überraschungsmenü? Dazu Pfälzer Weine - auch in der Weinbar zu kleinen Gerichten. Toll der Innenhof (hier auch Jazz-Events).

➜ Tomate in Variationen, Ziegenkäse, Senfkörner, Thymiancrunch. Wolfsbarsch, confierter Dotter, Sellerie, Bottarga. Kalbstafelspitz geschmort, Artischocke, Grießknödel.

Menü 100/150 €    6 Zim 🖙 – ♦75/99 € ♦♦99/115 €

*Rathausstr. 6 ✉ 67443 – ℰ 06321 489060 (Tischbestellung ratsam) – www.restaurant-urgestein.de – nur Abendessen – geschl. Mitte Januar - Mitte Februar und Sonntag - Dienstag*

## 🍴 Das neue Fontana 🏠 🍽 🛥

**INTERNATIONAL · FREUNDLICH** X Ein freundliches kleines Restaurant in der Altstadt, in dem man sich herzlich um seine Gäste kümmert. Durch eine Glasscheibe können Sie in die Küche schauen, wo man für Sie internationale Gerichte zubereitet.

Karte 31/49 €

*Hintergasse 38 ✉ 67433 – ℰ 06321 354996 (Tischbestellung ratsam) – www.das-neue-fontana.de – geschl. Februar, August 1 Woche und Montag - Mittwoch*

## 🏠 Palatina ♠ 🚿 🧖 🅿

**HISTORISCH · MODERN** Nur fünf Gehminuten von der Altstadt wurde ein historisches Weingut zu einem ein äußerst geschmackvollen, modernen und komfortablen Hotel nebst schönem Innenhof. In einem neuen Anbau hat man das Steakhaus "Tables" und eine Vinothek.

37 Zim – ♦80/110 € ♦♦110/150 € – 🖙 13 € – ½ P

*Gartenstr. 8 ✉ 67433 – ℰ 06321 924000 – www.hotel-palatina.com*

## In Neustadt-Diedesfeld Süd-West: 4 km über Hambach

### ⊛ Grünwedel's Restaurant

**INTERNATIONAL · ELEGANT** ✗✗ Wirklich schön sitzt man in dem ehemaligen Weingut in hellem, elegantem Ambiente unter einem weißen Kreuzgewölbe. Aus der Küche kommen internationale und regionale Gerichte, darunter z. B. "Kalbs-filet auf Ochsenschwanzragout". Auch für Feiern eine ideale Adresse.

Menü 32 € (vegetarisch)/59 € – Karte 31/51 €

*Weinstr. 507 ✉ 67434 – ✆ 06321 2195 (Tischbestellung ratsam)
– www.gruenwedels-restaurant.de – geschl. Mittwoch - Donnerstag*

## In Neustadt-Gimmeldingen Nord: 3 km

### ⏱○ Netts Restaurant und Landhaus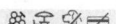

**REGIONAL · TRENDY** ✗ Viel Herzblut steckt in dem alten Weingut, das zu einer gefragten gastronomischen Adresse geworden ist. Die produktorientierten Spei-sen nennen sich z. B. "Rehrücken im Tramezzini-Mantel auf Apfel-Ingwerrotkohl". Toll: Terrasse mit herrlicher Sicht und Sommergarten mit Flammkuchen/Kuchen (Selbstbedienung).

Menü 38/72 € – Karte 45/61 €   15 Zim 🖾 – 🛏68/88 € 🛏🛏98/120 €

*Meerspinnstr. 46 ✉ 67435 – ✆ 06321 60175 – www.nettsrestaurant.de – nur Abendessen – geschl. 1. - 15. Januar und Montag - Dienstag*

### ⏱○ Kommerzienrat

**REGIONAL · WEINSTUBE** ✗ Sie werden diese typische Weinstube samt Innen-hof lieben, denn die Atmosphäre hier ist charmant-rustikal und zu regionalen Speisen wie Pfälzer Saumagen, Schweinskopfsülze oder Rumpsteak mit Zwie-beln gibt es rund 300 Weine im Offenausschank.

Menü 19/35 € – Karte 20/38 €

*Loblocher Str. 34 ✉ 67435 – ✆ 06321 68200 – www.weinstube-kommerzienrat.de
– nur Abendessen – geschl. Donnerstag*

### 🏠 Mugler Weinhotel

**LANDHAUS · INDIVIDUELL** Mitten im historischen Ortskern liegt das sympathi-sche kleine Hotel der Winzerfamilie. Die Zimmer sind wirklich schön, hochwertig und individuell, toll der Garten. Wie wär's mit einem Glas Sekt oder Wein des tra-ditionsreichen Weinguts? Im verpachteten "Kutscherhaus" gibt es Pfälzer Küche.

8 Zim 🖾 – 🛏93 € 🛏🛏99/120 €

*Peter-Koch-Str. 50 ✉ 67435 – ✆ 06321 66062 – www.weingut-mugler.de*

## In Neustadt-Haardt Nord: 2 km

### ⏱○ Spinne ❶

**REGIONAL · FREUNDLICH** ✗ Nach dem Umzug von Gimmeldingen bietet man nun hier am Waldrand in einem geradlinig gehaltenen Restaurant regionale Sai-sonküche. Auf der Karte z. B. "Brust vom Landgockel im Weinteig ausgebacken mit lauwarmem Kartoffel-Gurkensalat und Kürbiskernöl". Zum Übernachten hat man freundliche, moderne Zimmer.

Menü 32/48 € – Karte 29/50 €   9 Zim 🖾 – 🛏45/65 € 🛏🛏80/105 €

*Eichkehle 58 ✉ 67433 – ✆ 06321 9597799 – www.restaurant-spinne.com – geschl. Januar 2 Wochen, November 1 Woche und Dienstag - Mittwoch*

## In Neustadt-Mußbach Nord-Ost: 2 km

### ⏱○ Weinstube Eselsburg

**TRADITIONELLE KÜCHE · GEMÜTLICH** ✗ Außen urige Natursteinmauern, innen gemütliche enge Stuben, viel Holz und allerlei Zierrat, dazu ein herzliches Team. Hier und im liebenswerten Innenhof gibt es Pfälzer Brotzeit, einfache Winzerkü-che und eine Wochenkarte.

Karte 20/45 €

*Kurpfalzstr. 62 ✉ 67435 – ✆ 06321 66984 (Tischbestellung ratsam)
– www.eselsburg.de – nur Abendessen – geschl. 24. Dezember - 8. Januar und Sonntag - Montag*

## NEUSTADT in HOLSTEIN

Schleswig-Holstein – 14 890 Ew. – Höhe 2 m – Regionalatlas **11**-K4

▶ Berlin 296 km – Kiel 60 km – Lübeck 42 km – Oldenburg in Holstein 21 km

Michelin Straßenkarte 541

### In Neustadt-Pelzerhaken Ost: 5 km

#### 🏨 Seehotel Eichenhain      🕆 🕭 ⪪ ⪛ 🕍 🖵 🕊 **P**

FAMILIÄR · FUNKTIONELL Hier genießt man den Blick über die Gartenanlage und den direkt angrenzenden Strand bis zur Ostsee. Die Zimmer und der Anwendungsbereich sind freundlich und modern. Auch auf der Terrasse des Restaurants profitiert man von der bevorzugten Lage des Hauses.

16 Zim ⌑ – ♦77/129 € ♦♦120/190 € – 10 Suiten – ½ P

*Eichenhain 2 ✉ 23730*

*– ℰ 04561 53730 – www.eichenhain.de*

## NEUSTRELITZ

Mecklenburg-Vorpommern – 20 400 Ew. – Höhe 75 m – Regionalatlas **13**-O6

▶ Berlin 114 km – Schwerin 177 km – Neubrandenburg 27 km

Michelin Straßenkarte 542

#### 🏨 Schlossgarten      ⪛ 🕊 **P**

FAMILIÄR · MODERN Das engagiert geführte Haus im Zentrum der Stadt verfügt über wohnliche Zimmer in klassischem Stil, die teilweise zum Garten hin liegen - hier lässt es sich schön entspannen. Es gibt auch ein paar Zimmer mit historisch-stilvoller Note.

24 Zim ⌑ – ♦55/69 € ♦♦75/99 €

*Tiergartenstr. 15 ✉ 17235 – ℰ 03981 24500 – www.hotel-schlossgarten.de*

## NEUTRAUBLING Bayern → Siehe Regensburg

## NEU-ULM

Bayern – 54 970 Ew. – Höhe 4/1 m – Regionalatlas **56**-I19

▶ Berlin 616 km – München 138 km – Stuttgart 96 km – Augsburg 80 km

Michelin Straßenkarte 546

siehe Ulm (Umgebungsplan)

#### 🍴 Stephans-Stuben      🕊

INTERNATIONAL · MEDITERRANES AMBIENTE XX Nicht ohne Grund hat das hübsche Restaurant viele Stammgäste. Man fühlt sich wohl in dem freundlich-mediterranen Ambiente bei einem abwechslungsreichen Angebot, zu dem auch Menüs gehören.

Menü 32 € (mittags unter der Woche)/110 € – Karte 33/64 €

*Bahnhofstr. 65, über Schützenstraße B2 ✉ 89231*

*– ℰ 0731 723872 (Tischbestellung ratsam) – www.stephans-stuben.de*

*– geschl. über Fasching 1 Woche, Anfang August 2 Wochen und*

*Samstagmittag, Sonntagabend - Dienstagmittag*

#### 🏨 RiKu      🖵 ⬠ **P**

BUSINESS · MODERN Attraktiv ist hier nicht nur die zentrale Lage, auch der geradlinige Look ist ansprechend: überall im Haus klare Formen und angenehme Farben - das moderne Grau-Grün der Fassade findet sich auch in den Zimmern und der netten kleinen Lounge.

69 Zim – ♦72 € ♦♦86 € – ⌑8 €

**Stadtplan : B2-a** – *Maximilianstr. 4 ✉ 89231 – ℰ 0731 98094150*

*– www.riku-hotel.de*

## In Neu-Ulm-Reutti Süd-Ost: 6,5 km, Richtung Augsburg

### 🏨 Meinl ☆ 🛏 🏠 📶 ✻ ♨ P

**FAMILIÄR · GEMÜTLICH** Hier erwarten Sie freundliche und engagierte Gastgeber, die Ihnen wohnliche Zimmer bieten und dafür sorgen, dass alles schön gepflegt ist. So hat man auch ein hübsches modernes Restaurant mit Blick ins Grüne und ambitionierter Küche.

30 Zim ☲ – ♦87/149 € ♦♦121/160 €

*Marbacher Str. 4 ✉ 89233 – ℰ 0731 70520 – www.hotel-meinl.de*

# NEUWIED

Rheinland-Pfalz – 63 890 Ew. – Höhe 65 m – Regionalatlas **36**-D14

▶ Berlin 600 km – Mainz 114 km – Koblenz 18 km – Bonn 54 km

Michelin Straßenkarte 543

### ❀ Coquille St. Jacques im Parkrestaurant Nodhausen (Florian Kurz)

**FRANZÖSISCH-KREATIV · ELEGANT** 𝕏𝕏 Nicht nur ein schönes his- ✻ ♤ P torisches Anwesen, auch - und vor allem - ein gastronomisches Kleinod! In dem modern-eleganten Restaurant ist Florian Kurz für sehr feine klassisch basierte Küche mit eigenen Ideen verantwortlich, Seniorchef Armin Kurz für die versierte Weinberatung.

→ Jakobsmuschel mit Blumenkohl, jungem Lauch und Kaviar. Maibock mit Kirsche, Pumpernickel und Pfifferlingen. Erdbeere "Romanoff".

Menü 105/135 € – Karte 75/111 €

*Nodhausen 1, Nord: 3 km, über B 256 nach Niederbieber ✉ 56567*
*– ℰ 02631 813423 (Tischbestellung erforderlich)*
*– www.parkrestaurant-nodhausen.de – nur Abendessen – geschl. Januar 2 Wochen, August und Sonntag - Dienstag*

🍴 **Brasserie Nodhausen** – siehe Restaurantauswahl

### 🍴 Brasserie Nodhausen 🏨 ♤ P

**MARKTKÜCHE · ELEGANT** 𝕏𝕏 Im Zweitrestaurant des Hauses setzt Florian Kurz auf internationale und regionale Kost, die sich an der Saison orientiert. Appetit auf "Nuss vom Maibock auf Spargelragout"? Oder ein Steakgericht? Ansprechend auch das Wintergartenflair.

Menü 32/50 € – Karte 32/57 €

*Restaurant Coquille St. Jacques im Parkrestaurant Nodhausen, Nodhausen 1, Nord: 3 km, über B 256 nach Niederbieber ✉ 56567 – ℰ 02631 813423 (Tischbestellung ratsam) – www.parkrestaurant-nodhausen.de – geschl. Januar 2 Wochen und Sonntag - Montag*

### 🏨 food hotel ☆ 📶 🅰🅒 ✻ ♨ P

**BUSINESS · MODERN** Ein modernes Hotel, angeschlossen an die Lebensmittelfachschule. Unter der Patenschaft bekannter Firmen sind individuelle Zimmer rund um die Themen Essen und Supermarkt entstanden. Entsprechend auch die Atmosphäre im geradinig gestalteten Restaurant.

46 Zim – ♦70/85 € ♦♦120 € – 1 Suite – ☲ 14 € – ½ P

*Langendorferstr. 155 ✉ 56564 – ℰ 02631 82520 – www.food-hotel.de*

# NIEBLUM Schleswig-Holstein → Siehe Föhr (Insel)

# NIEDERDORFELDEN Hessen → Siehe Vilbel, Bad

# NIEDERE BÖRDE

Sachsen-Anhalt – 7 100 Ew. – Regionalatlas **31**-L9

▶ Berlin 160 km – Magdeburg 19 km – Braunschweig 88 km

Michelin Straßenkarte 542

# In Niedere Börde-Dahlenwarsleben

## ⵏO Landgasthof Bauernstub'n ❶

**KLASSISCHE KÜCHE · LÄNDLICH** ХХ Das ländliche Gasthaus mitten im Dorf überrascht mit ambitionierter Küche. Gekocht wird klassisch mit regionalen und internationalen Einflüssen, so z. B. "Selektion vom Ohretaler Reh, Pfifferlinge, Steinpilzkrokette, Sellerie, Mohn". Das Ambiente ist ebenso sympathisch-leger wie der freundliche Service.

Menü 33/98 € – Karte 46/68 €

*Mittagstr. 1 ✉ 39326 – ℰ 039202 846232 – www.landgasthof-bauernstuben.de – nur Abendessen – geschl. nach Ostern 1 Woche, 25. Juli - 5. August, Ende September - Anfang Oktober 1 Woche und Sonntag - Montag*

# NIEDERHAUSEN
Rheinland-Pfalz – 560 Ew. – Höhe 127 m – Regionalatlas **46**-D15
▶ Berlin 631 km – Mainz 56 km – Koblenz 82 km – Saarbrücken 128 km
Michelin Straßenkarte 543

## ⵏO Hermannshöhle Restaurant Weck

**KLASSISCHE KÜCHE · GEMÜTLICH** ХХ Wussten Sie, dass hier einst die Grenze zwischen Bayern und Preußen verlief? Mit dem ehemaligen Fährhaus a. d. 16. Jh. hat Patron Wigbert Weck einen geschichtsträchtigen Ort für seine regional-mediterran inspirierten Speisen wie "Seeteufel mit Ratatouille und Kartoffel-Olivenpüree".

Menü 43/70 € – Karte 34/58 €

*Niederhäuser Hermannshöhle 1, Süd-West: 2 km ✉ 55585 – ℰ 06758 6486 – www.hermannshoehle-weck.de – geschl. 1. - 27. Januar, 6. - 23. November und Montag, November - März: Montag - Dienstag*

# NIEDERKASSEL
Nordrhein-Westfalen – 36 850 Ew. – Höhe 55 m – Regionalatlas **36**-C12
▶ Berlin 585 km – Düsseldorf 67 km – Bonn 15 km – Köln 23 km
Michelin Straßenkarte 543

## In Niederkassel-Uckendorf Nord-Ost: 2 km über Spicher Straße

## ⵏO Clostermanns Le Gourmet

**KREATIV · ELEGANT** ХХ Über den Innenhof erreichen Sie das elegante Restaurant, in dem man Ihnen kreative Küche serviert. Es gibt zwei Menüs mit Gerichten wie "Bretonischer Wolfsbarsch, kanadischer Hummer, Kräuterseitlinge, Spargel, Geflügelvelouté".

Menü 59/99 €

*Heerstraße ✉ 53859 – ℰ 02208 94800 – www.clostermannshof.de - nur Abendessen – geschl. Montag - Dienstag*

## 🏠 Clostermanns Hof

**LANDHAUS · GEMÜTLICH** Beim Golfplatz liegt das stilvoll-wohnliche Hotel, entstanden aus einem hübschen historischen Gutshof. Regional-internationale Küche bietet das lichte "Clostermanns". Schöner Biergarten im Innenhof sowie Lounge.

66 Zim ⚏ – ♦89/119 € ♦♦89/119 € – ½ P

*Heerstraße ✉ 53859 – ℰ 02208 94800 – www.clostermannshof.de*

ⵏO **Clostermanns Le Gourmet** – siehe Restaurantauswahl

# NIEDERNBERG
Bayern – 4 920 Ew. – Höhe 117 m – Regionalatlas **48**-G15
▶ Berlin 563 km – München 375 km – Frankfurt am Main 50 km – Aschaffenburg 12 km
Michelin Straßenkarte 546

### 🏨 Seehotel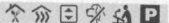

**BUSINESS · FUNKTIONELL** Wie ein kleines Dorf am Seeufer! Wohnliche Zimmer (teils mit Seeblick), gepflegte Gartenanlage und Privat-Sandstrand, Restaurant (international-regionale Küche und veganes Menü) samt schöner Terrasse am Koikarpfenteich, dazu ein toller Wintergarten für Feierlichkeiten und ein klimatisiertes Tagungsgebäude.

72 Zim – ♦118 € ♦♦149/205 € – 8 Suiten – ⌂ 16 €

*Leerweg, Süd-West: 1,5 km ✉ 63843 – ℰ 06028 9990*
*– www.seehotel-niedernberg.de*

## NIEDERSTETTEN

Baden-Württemberg – 4 860 Ew. – Höhe 306 m – Regionalatlas **49**-I17
▶ Berlin 553 km – Stuttgart 127 km – Würzburg 50 km – Crailsheim 37 km
Michelin Straßenkarte 545

### 🏨 Krone

**GASTHOF · FUNKTIONELL** Hätten Sie hinter der historischen Fassade des alten Gasthofs derart moderne Zimmer erwartet? Klare Linien und warme Farben sind hier stimmig und wohnlich kombiniert. Die Zimmer im Gästehaus sind etwas funktioneller. Im Restaurant wählen Sie zwischen der "Kronenstube" und der eleganten "Guten Stube".

32 Zim ⌂ – ♦63/68 € ♦♦95/112 €

*Marktplatz 3 ✉ 97996 – ℰ 07932 8990 – www.hotelgasthofkrone.de – geschl. 23. Dezember - 9. Januar*

> Kleines Budget? Profitieren Sie von den Mittagsmenüs zu moderaten Preisen.

## NIEDERWEIS

Rheinland-Pfalz – 250 Ew. – Höhe 207 m – Regionalatlas **45**-B15
▶ Berlin 722 km – Mainz 173 km – Trier 25 km – Grevenmacher 29 km
Michelin Straßenkarte 543

### 🍴 Schloss Niederweis

**KLASSISCHE KÜCHE · LÄNDLICH** XX In der ehemaligen Kornscheune des Schlosses (18. Jh.) wird klassisch-saisonal gekocht, schmackhaft z. B. "geschmorte Schweinebäckchen mit Kräuterseitlingen und Spätzle". Attraktiv-modern das Ambiente samt historischem Dachstuhl, reizvoll der Garten. Schöner Festsaal - ein Standesamt hat man übrigens auch!

Menü 32/40 € – Karte 33/48 €

*Hauptstr. 9 ✉ 54668*
*– ℰ 06568 9696450 – www.schloss-niederweis.de*
*– geschl. Montag, Juni - September: Montag - Dienstag*

## NIEDERWINKLING

Bayern – 2 550 Ew. – Höhe 320 m – Regionalatlas **59**-O18
▶ Berlin 545 km – München 158 km – Landshut 86 km – Regensburg 58 km
Michelin Straßenkarte 546

### 🏨 Buchners ⓝ

**FAMILIÄR · AUF DEM LAND** Im Hotel der Achatz' lässt es richtig gut wohnen. Alles ist durchdacht, modern und überaus wertig. Speisen können Sie hier im Haus oder Sie nutzen den Shuttle-Service zum Sternerestaurant "Buchner", das die Familie in Welchenberg betreibt.

31 Zim ⌂ – ♦69/119 € ♦♦95/139 €

*Hauptstr. 20 ✉ 94559 – ℰ 09962 2035107*
*– www.buchners-niederwinkling-hotel.de*

# In Niederwinkling-Welchenberg Süd-West: 1,5 km

🏵 **Buchner** (Mathias Achatz)　　　　🕸 🏠 ⇔ **P**

MODERNE KÜCHE · RUSTIKAL ⚒⚒ Die Brüder Andreas und Mathias Achatz (bereits die 5. Generation) führen das Haus gemeinsam mit ihren Eltern. Gekonnt verbindet man in der Küche Tradition und modern-kreative Einflüsse, dazu schöne Weine, die auch in der Vinothek erhältlich sind. Tipp: Man hat ein tolles Hotel im Nachbarort.

➔ Konfierte Lachsforelle "Japan Style", Soja-Tapiokavinaigrette, Blumenkohl, Rettich, Lauchöl. Kalbsherzbries, Spargel, Erbse, Trüffeljus, Haselnussöl. Heimischer Rehrücken, Sellerie, Rotkohl, Cranberrys, Gewürzjus.

Menü 55/95 € – Karte 40/76 €

*Freymannstr. 15 ⊠ 94559 – ℰ 09962 730 (Tischbestellung ratsam) – www.buchner-welchenberg.de – geschl. Montag - Dienstag*

# NIENSTÄDT Niedersachsen ➔ Siehe Stadthagen

# NIERSTEIN
Rheinland-Pfalz – 7 980 Ew. – Höhe 85 m – Regionalatlas **47**-F15
▶ Berlin 578 km – Mainz 20 km – Frankfurt am Main 53 km – Darmstadt 23 km
Michelin Straßenkarte 543

🍽○ **Civitas**　　　　🏠 ⅋

MEDITERRAN · GEMÜTLICH ⚒ In dem schmucken roten Häuschen a. d. 17. Jh. wird man engagiert umsorgt, sitzt gemütlich auf drei Etagen (oder auf der schönen Terrasse) und bestellt z. B. "geschmorte Lammkeule mit weißem Bohnenpüree" sowie tolle Niersteiner Weine.

Karte 30/41 €

*Marktplatz 9 ⊠ 55283*
*– ℰ 06133 5714995 – www.civitas-nierstein.de – nur Abendessen, sonntags auch Mittagessen – geschl. Februar 2 Wochen und Dienstag - Mittwoch*

🏨 **Wein- und Parkhotel**　　　

BUSINESS · FUNKTIONELL Das Hotel ist besonders für Tagungsgäste und Wochenendurlauber interessant. Es liegt in der Ortsmitte, der Heyl'sche Garten direkt vor der Tür und der Rhein gleich um die Ecke. Zimmer und Restaurant haben einen mediterranen Touch, in der Halle gibt es ein Irish Pub.

55 Zim ⊐ – ♦85/169 € ♦♦105/199 € – ½ P

*An der Kaiserlinde 1 ⊠ 55283 – ℰ 06133 5080 – www.weinhotel.bestwestern.de*

🏨 **Villa Spiegelberg**　　　

PRIVATHAUS · FUNKTIONELL Hier besticht vor allem die Lage: Das geschmackvolle Anwesen ist umrahmt von Reben und hat zudem noch einen schönen eigenen Garten, in dem man im Sommer auch frühstücken kann! Freundlich die Gastgeber, gediegen-funktionell die Zimmer.

11 Zim ⊐ – ♦65/85 € ♦♦75/110 €

*Hinter Saal 21 ⊠ 55283 – ℰ 06133 5145 – www.villa-spiegelberg.de – geschl. über Weihnachten, über Ostern*

# NIESTETAL Hessen ➔ Siehe Kassel

# NITTEL
Rheinland-Pfalz – 2 300 Ew. – Höhe 180 m – Regionalatlas **45**-A16
▶ Berlin 744 km – Mainz 187 km – Trier 26 km – Luxembourg 32 km
Michelin Straßenkarte 543

🍴 **Culinarium**

MARKTKÜCHE · ELEGANT ✗✗ Modern-elegant: klare Linien, warmer Holzfußboden, schicker Kaminofen, Deko zum Thema Kulinarik und Wein. Dazu regional-
saisonale Küche von "Mannebacher Käse mit Feigensenf" bis "Endivienstampfkar-
toffeln mit Lachsfilet und Herbsttrüffel".

Menü 45 € – Karte 29/52 €

*Hotel Culinarium, Weinstr. 5 ✉ 54453 – ☎ 06584 91450 (Tischbestellung ratsam)*
*– www.culinarium-nittel.de – nur Abendessen, sonntags auch Mittagessen*
*– geschl. März und Sonntagabend - Dienstag*

🏠 **Culinarium**

FAMILIÄR · AUF DEM LAND Direkt an der Mosel und nur wenige Meter von der
luxemburgischen Grenze liegt das familiengeführte Weingut. Einige der wohnlichen Zimmer im 300 m entfernten Gästehaus, hier auch Sauna und Kochschule.
Sehr schön die modernen Zimmer im Haupthaus, Thema ist Wein. Nehmen Sie
auch Wein für zu Hause mit!

20 Zim ⌂ – †50/55 € ††78/90 €

*Weinstr. 5, (mit Gästehaus) ✉ 54453 – ☎ 06584 91450 – www.culinarium-nittel.de*
*– geschl. März*

🍴 **Culinarium** – siehe Restaurantauswahl

---

Bei schönem Wetter isst man gern im Freien! Wählen Sie ein
Restaurant mit Terrasse: 🌳.

---

# NÖRDLINGEN

Bayern – 19 420 Ew. – Höhe 441 m – Regionalatlas **56**-J18

▶ Berlin 514 km – München 128 km – Augsburg 72 km – Nürnberg 92 km

Michelin Straßenkarte 546

❀ **Wirtshaus Meyers Keller - Restaurant Joachim Kaiser** 🌳

KREATIV · LÄNDLICH ✗✗ In ländlich-elegantem Ambiente werden Sie bei
gepflegter Tischkultur nach allen Regeln der Kunst kreativ verwöhnt, denn aus
besten Produkten komponiert man finessen- und kontrastreiche Gerichte, zu
denen man Ihnen auch mal die ein oder andere Anekdote erzählt. Bei schönem
Wetter lockt der Biergarten.

➜ Hamachi, Blumenkohl, Dill, Eiweiß. Hesselberger Stör, Sauerrahm, Kaviar. Blut-
Ente, Mangold, Innereienkompott.

Menü 112/159 €

*Marienhöhe 8 ✉ 86720 – ☎ 09081 4493 – www.meyerskeller.de – geschl. Januar,*
*Juni 10 Tage und Montag - Dienstag*

🍽 **Wirtsstube** – siehe Restaurantauswahl

🍽 **Wirtsstube**

REGIONAL · RUSTIKAL ✗ Holzboden, Natursteinwände, Hirschgeweihe als Deko
- modern-rustikal ist es hier und schön charmant! Auf den Teller kommt akkurat
zubereitete regionale Küche. Tipp: Im ehemaligen Bierkeller reift hausgemachter
Schinken nach Culatello-Art!

Menü 49 € – Karte 35/60 €

*Wirthaus Meyers Keller - Restaurant Joachim Kaiser, Marienhöhe 8 ✉ 86720*
*– ☎ 09081 4493 – www.meyerskeller.de – geschl. Januar, Juni 10 Tage und*
*Montag - Dienstag*

# NÖRTEN-HARDENBERG

Niedersachsen – 8 110 Ew. – Höhe 140 m – Regionalatlas **29**-I10

▶ Berlin 328 km – Hannover 109 km – Kassel 57 km – Göttingen 11 km

Michelin Straßenkarte 541

## ⊪○ Novalis 🛖 🍽 🛋 🚗

**FRANZÖSISCH-KLASSISCH · ELEGANT** XXX Drinnen elegantes Ambiente, drau-
ßen Blick auf den Reitplatz und die historische Burganlage. Und die Küche? Zur
Wahl stehen "Sophien"-, "Graf Hardenberg"-, "Novalis"- und das vegetarische
Menü. Schöne Salons.

Menü 54/85 €

*Hardenberg BurgHotel, Hinterhaus 11a* ✉ *37176 –* 𝒞 *05503 9810*
*– www.hardenberg-burghotel.de – nur Abendessen – geschl. Sonntag - Montag*

## ⊪○ Keilerschänke 🛖 ♿ 🅿

**TRADITIONELLE KÜCHE · RUSTIKAL** X Wer's gemütlich-rustikal mag, sitzt bei
bürgerlichen, regional-saisonalen Gerichten in der Schänke. Spezialität ist Wildschwein. Lust auf Keilerwürstchen oder Wildschweinlasagne? Nette Mitbringsel
finden sich im Keiler-Laden.

Menü 32 € – Karte 29/50 €

*Hardenberg BurgHotel, Hinterhaus 10* ✉ *37176 –* 𝒞 *05503 9810*
*– www.hardenberg-burghotel.de*

## 🏯 Hardenberg BurgHotel 🛗 🕸 🖨 🧖 🅿

**TRADITIONELL · ELEGANT** Hotel mit langer Familientradition am Fuße der Burgruine. Alles ist sehr geschmackvoll, von den Zimmern bis zum "BurgSpa". Schön
der Park, bekannt das eigene Reitturnier. 6 km entfernt hat man eine Golfanlage.
Standesamt auf der Burg.

42 Zim – 🛉115/185 € 🛉🛉150/230 € – 2 Suiten – 🖵19 € – ½ P

*Hinterhaus 11a* ✉ *37176 –* 𝒞 *05503 9810 – www.hardenberg-burghotel.de*

⊪○ **Novalis** • ⊪○ **Keilerschänke** – siehe Restaurantauswahl

# NOHFELDEN

Saarland – 10 040 Ew. – Höhe 350 m – Regionalatlas **46**-C16
▶ Berlin 702 km – Saarbrücken 54 km – Trier 58 km – Kaiserslautern 59 km
Michelin Straßenkarte 543

### In Nohfelden-Bosen West: 8,5 km

## 🏯 Victor's Seehotel Weingärtner 🏑 🐾 🛗 🖼 🕸 🍽 🖨 🍽 🧖 🅿

**KETTENHOTEL · INDIVIDUELL** Fünf Minuten zu Fuß sind es von hier zum See,
doch das ist nicht der einzige Vorteil dieses Hauses. Die Zimmer sind individuell
und wohnlich, von Bauernstil bis elegant, und im Fachwerkhäuschen nebenan heißt
es Wellness & Beauty. In unterschiedlichen Stuben speist man traditionell und
international.

99 Zim 🖵 – 🛉70/116 € 🛉🛉110/155 € – ½ P

*Bostalstr. 12* ✉ *66625 –* 𝒞 *06852 8890 – www.victors.de*

### In Nohfelden-Selbach Süd-West: 10 km

## ⊪○ Oldenburger Hof 🛖 🅿

**MARKTKÜCHE · GASTHOF** X Der gestandene Gasthof ist inzwischen in 10. Generation in Familienhand. Den ländlichen Charme hat man bewahrt, helle warme
Töne machen sich gut dazu. Saisonal-bürgerliche Küche von Schnitzel bis "Ochsenbacke provençale".

Karte 21/57 €

*Birkenfelder Str. 1* ✉ *66625 –* 𝒞 *06875 801 – www.oldenburgerhof-selbach.de*
*– geschl. 22. Februar - 5. März, Oktober 2 Wochen und Montag - Dienstag,*
*Samstagmittag*

# NONNENHORN

Bayern – 1 690 Ew. – Höhe 404 m – Regionalatlas **63**-H22
▶ Berlin 730 km – München 187 km – Konstanz 77 km – Ravensburg 25 km
Michelin Straßenkarte 546

### ⊛ Torkel

**MARKTKÜCHE · GASTHOF** ✗✗ "Pikantes Lammragout mit Thymianjus" oder "Bodensee-Felchenfilet mit Sauce Remoulade"? Bei Familie Stoppel genießen Sie eine ambitionierte regional-saisonale Küche. Serviert wird in unterschiedlichen Räumen von alpenländisch bis modern, nicht zu vergessen die schöne Terrasse.

Menü 39/59 € – Karte 36/68 €

*Hotel Torkel, Seehalde 14* ✉ *88149 –* ℰ *08382 98620 – www.hotel-torkel.de*
*– geschl. Mittwoch, November und Januar - Februar: Dienstag - Mittwoch*

### �𝟙🔾 Haus am See

**REGIONAL · FREUNDLICH** ✗✗ Der Blick in den Garten und auf den See gibt dem hellen, eleganten Wintergartenrestaurant samt schöner Terrasse seinen besonderen Reiz. Die regional-saisonalen Gerichte nennen sich z. B. "Zanderfilet mit Spargel, Bärlauch-Brandade und Sauce Hollandaise" oder "Kalbsbries mit Morchelrisotto".

Menü 37/68 € – Karte 32/58 €

*Hotel Haus am See, Uferstr. 23* ✉ *88149 –* ℰ *08382 988510*
*– www.hausamsee-nonnenhorn.de – nur Abendessen – geschl. 14. - 24. November, 18. Dezember - 1. März und Mittwoch*

### 🏠 Torkel

**FAMILIÄR · ELEGANT** Möchten Sie chic-modern wohnen oder lieber ländlich? In dem engagiert geführten Familienbetrieb (bereits in 4. Generation) ist beides möglich. Und zum Relaxen hat man einen sehr schönen Freizeitbereich mit Massage- und Kosmetikanwendungen.

30 Zim ⌂ – �player85/140 € ♟♟160/240 € – 1 Suite – ½ P

*Seehalde 14* ✉ *88149 –* ℰ *08382 98620 – www.hotel-torkel.de*

⊛ **Torkel** – siehe Restaurantauswahl

### 🏠 Haus am See

**FAMILIÄR · INDIVIDUELL** Hier kann man schön die Seele baumeln lassen: geschmackvoll und wohnlich die Zimmer, attraktiv der Saunabereich mit Barfußpfad im überaus gepflegten Garten, der direkten Zugang zum See bietet! Und nachmittags gibt's hausgebackenen Kuchen.

24 Zim ⌂ – ♟89/105 € ♟♟154/175 € – 1 Suite – ½ P

*Uferstr. 23* ✉ *88149 –* ℰ *08382 988510 – www.hausamsee-nonnenhorn.de*
*– geschl. 14. - 24. November, 18. Dezember - 1. März*

⟙🔾 **Haus am See** – siehe Restaurantauswahl

## NONNWEILER

Saarland – 8 710 Ew. – Höhe 400 m – Regionalatlas **45**-C16
▶ Berlin 712 km – Saarbrücken 50 km – Trier 45 km – Kaiserslautern 75 km
Michelin Straßenkarte 543

### In Nonnweiler-Sitzerath West: 4 km, jenseits der A 1

### ⟙🔾 Landgasthof Paulus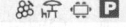

**REGIONAL · LÄNDLICH** ✗✗ Seit Generationen in Familienhand! Geboten wird eine Naturküche aus regionalen (Bio-) Produkten, heimischen Kräutern etc., und die gibt es z. B. in Form von "Limousin-Rind in grober Senfsauce". Serviert wird in freundlichem, modernem Landhaus-Ambiente. Zudem hat man eine Vinothek.

Menü 38/50 € – Karte 43/54 €

*Prälat-Faber-Str. 2* ✉ *66620 –* ℰ *06873 91011 (Tischbestellung ratsam)*
*– www.landgasthof-paulus.de – geschl. Montag - Mittwochmittag*

## NORDDORF Schleswig-Holstein → Siehe Amrum (Insel)

## NORDEN

Niedersachsen – 24 890 Ew. – Höhe 7 m – Regionalatlas **7**-D5
▶ Berlin 531 km – Hannover 268 km – Emden 44 km – Oldenburg 97 km
Michelin Straßenkarte 541

⫯○ **Das Bistro im Kontor**

**INTERNATIONAL · BISTRO** Ein interessanter Mix aus Restaurant, Feinkostladen und Kontor (hier allerlei Kochutensilien). Die schmackhafte Bistroküche mit saisonal-regionalem Einfluss gibt's z. B. als "Filet vom Parmaschwein in Rosmarinjus mit Kräuterseitligen".

Menü 32/42 € (abends) – Karte 28/57 €

*Große Neustr. 8 ⊠ 26506 – ℰ 04931 168994 (Tischbestellung ratsam) – www.das-bistro-im-kontor.de – geschl. Sonntag - Montag*

⌂ **Reichshof**

**SPA UND WELLNESS · GEMÜTLICH** Das Hotel liegt an der Fußgängerzone, ist gut geführt und hat unterschiedliche Zimmertypen von ländlich bis modern - besonders chic die beiden großzügigen "Wellness-Lofts"! Zudem bietet man im Haus regional-saisonale Küche. Und wie wär's mit hausgemachtem Kuchen?

52 Zim ⌂ – †85 € ††120/180 € – 4 Suiten – ½ P

*Neuer Weg 53 ⊠ 26506 – ℰ 04931 1750 – www.reichshof-norden.de*

**In Norden-Norddeich** Nord-West: 4,5 km über B 72

⌂ **Fährhaus**

**SPA UND WELLNESS · MODERN** Hier heißt es komfortabel wohnen in schöner Lage am Deich, direkt an den Fähren nach Juist und Norderney! Lust auf Entspannung bei toller Aussicht? "Wellnessdeck" im 6. Stock! Übrigens: Die Zimmer im Ostdeck sind die moderneren. Ebenso modern die "Tenderbar" und das Restaurant mit Wintergarten.

74 Zim ⌂ – †85/180 € ††170/230 € – 4 Suiten – ½ P

*Hafenstr. 1 ⊠ 26506 – ℰ 04931 98877 – www.hotel-faehrhaus.de*

⌂ **Regina Maris**

**LANDHAUS · FUNKTIONELL** In einem Wohngebiet direkt am Deich liegt das Ferienhotel mit soliden wohnlichen Gästezimmern, in der obersten Etage mit Meerblick. Auch ein Beautybereich ist vorhanden. Richtig nett und modern-friesisch kommt das Restaurant "Störtebeker's" daher. Die Küche ist regional.

60 Zim ⌂ – †70/110 € ††130 € – ½ P

*Badestr. 7c ⊠ 26506 – ℰ 04931 189370 – www.hotelreginamaris.de*

# NORDENHAM

Niedersachsen – 26 270 Ew. – Höhe 3 m – Regionalatlas **8**-F5

▶ Berlin 464 km – Hannover 200 km – Cuxhaven 51 km – Bremen 71 km

Michelin Straßenkarte 541

**In Nordenham-Tettens** Nord: 10 km Richtung Butjadingen, in Schneewarden rechts

⫯○ **Landhaus Tettens**

**INTERNATIONAL · GEMÜTLICH** In einem schönen Garten am Deich steht das charmante einstige Bauernhaus, gemütlich und ländlich-elegant ist es unter seinem Reetdach. Gekocht wird regional-international, so z. B. "Dreierlei vom Fischfilet mit Garnele und frischem Gemüse".

Menü 19 € – Karte 23/46 €

*Am Dorfbrunnen 17 ⊠ 26954 – ℰ 04731 39424 – www.landhaus-tettens.de – geschl. Januar 2 Wochen und Montag*

# NORDERNEY (INSEL)

Niedersachsen – 5 850 Ew. – Höhe 5 m – Regionalatlas **7**-D5

▶ Berlin 537 km – Hannover 272 km – Emden 44 km – Aurich 31 km

Michelin Straßenkarte 541

## ⛬ Seesteg 🛖 🍽

**MODERNE KÜCHE · CHIC** XX Wenn Sie keinen Platz mit Meersicht haben, bietet auch der Blick in die verglaste Showküche interessante Eindrücke. Hier wird modern gekocht, großen Wert legt man natürlich auf die Produktqualität. Mittags ist das Angebot kleiner. Heiß begehrt: die Seeterrasse!

→ Tatar vom Küstenrind mit Auster, Avocado und Shiitake. Steinbutt und Kobe Pastrami mit Erbsen und Pilzfond. Taube mit Lavendeljus, Bohnen und Melone.

Menü 36 € (vegetarisch)/88 €

*Hotel Seesteg, Damenpfad 36a ✉ 26548 – ☎ 04932 893600 (abends Tischbestellung ratsam) – www.seesteg-norderney.de*

## ⅑O N'eys ◁ P

**INTERNATIONAL · TRENDY** XX N'eys nennt sich das kleine Abendrestaurant im Wintergarten. Stylish ist das Ambiente, grandios der Blick aufs Meer, und aus der Küche kommen klassisch-internationale Speisen.

Karte 40/76 €

*Strandhotel Georgshöhe, Kaiserstr. 24 ✉ 26548 – ☎ 04932 8980 (Tischbestellung ratsam) – www.georgshoehe.de – nur Abendessen – geschl. 26. November - 25. Dezember und Montag, November - März: Montag - Donnerstag*

## ⅑O Esszimmer 🛖

**MODERNE KÜCHE · HIP** X Trendy-leger und ambitioniert zugleich: morgens Frühstück, tagsüber Café, abends Restaurant. Letzteres bietet modern-saisonale Gerichte wie "Linsensalat mit Hüttenkäse" oder "Coq au Vin". Man sitzt ungezwungen an großen Tischen zusammen und beobachtet das Geschehen in der offenen Küche.

Karte 44/61 €

*Hotel Inselloft, Damenpfad 37 ✉ 26548 – ☎ 04932 893809 – www.inselloft-norderney.de – nur Abendessen – geschl. Montag - Dienstag*

## ⅑O Weisse Düne 🛖 ⅛ 🍽 P

**INTERNATIONAL · RUSTIKAL** X An warmen Sommertagen direkt hinter den Dünen im Freien sitzen und international-mediterran speisen? Vielleicht "gebratenen Heilbutt mit Ratatouille"? Mittags kann man nicht reservieren, einfachere Karte (mit Auszügen aus dem Abendangebot).

Karte 23/62 €

*Weisse Düne 1, (Nord-Ost: 6 km) ✉ 26548 – ☎ 04932 935717 (abends Tischbestellung ratsam) – www.weisseduene.com*

## 🏚 Strandhotel Georgshöhe 🍴 🕭 ◁ 🛁 ⌇ 🗍 📶 🐾 ⅃ ⬘ P

**SPA UND WELLNESS · MODERN** Ein idealer Ort zum Urlaubmachen: die strandnahe Lage und der große Spa, der u. a. Saunen mit Meerblick bietet! Toll für Freunde modernen Designs: die Zimmerkategorien "Prestige" und "Sportive". Im Wintergarten "Seeterrasse" gibt es regional-traditionelle Küche (ab 13 Uhr durchgehend).

109 Zim 🛏 – †58/145 € ††121/255 € – 23 Suiten – ½ P

*Kaiserstr. 24 ✉ 26548 – ☎ 04932 8980 – www.georgshoehe.de – geschl. 26. November - 25. Dezember*

⅑O **N'eys** - siehe Restaurantauswahl

## 🏚 Seesteg 🐾 ◁ ⌇ 📶 🐾 ⬘ 🚗

**BOUTIQUE-HOTEL · MODERN** Es gibt wohl nichts in diesem Boutique-Hotel, das nicht exklusiv ist! Die Lage am Strand, Wertigkeit und Design der Lofts, Studios und Penthouse-Zimmer, Highlights wie Private Spa und Rooftop-Pool... Nicht zu vergessen das hausgebackene Brot. Tipp: Wer einen Parkplatz wünscht, sollte reservieren!

11 Zim 🛏 – †240/340 € ††280/380 € – 5 Suiten

*Damenpfad 36a ✉ 26548 – ☎ 04932 893600 – www.seesteg-norderney.de*

⛬ **Seesteg** - siehe Restaurantauswahl

### 🏠 Inselloft     𝄞 ᴧᴥ 🔲 🔲

**LANDHAUS · MODERN** Das frische, junge Konzept des schmucken Häuserensembles a. d. 19. Jh. kommt an: hochwertige Studios, Lofts und Penthouse-Zimmer in schickem nordisch-modernem Look, "Wohnzimmer"-Lounge, Spa-Shop nebst Anwendungen, "Design Shop 1837", "Wein & Deli", eigene Bäckerei und dazu locker-familiäre Atmosphäre.

35 Zim – ♦110/195 € ♦♦140/225 € – ⊊ 15 €

*Damenpfad 37 ✉ 26548 – ☏ 04932 893800 – www.inselloft-norderney.de*

🍽○ **Esszimmer** – siehe Restaurantauswahl

### 🏠 Villa Ney     🍴 🐾 𝄞 🔲

**FAMILIÄR · GEMÜTLICH** In einer ruhigen Dorfstraße befindet sich dieser moderne Villenbau. Dem Gast stehen tipptopp gepflegte, wohnlich und elegant eingerichtete Zimmer zur Verfügung.

10 Suiten ⊊ – ♦♦145/165 € – 4 Zim

*Gartenstr. 59 ✉ 26548 – ☏ 04932 9170 – www.villa-ney.de*

### 🏠 Haus Norderney     𝄞

**PRIVATHAUS · GEMÜTLICH** Die Villa von 1927 ist eines der schönsten Häuser der Insel und perfekt für Individualisten! Klares Design in warmen Tönen, Frühstück im kleinen Garten, relaxen am Kamin oder in der Sauna, dazu kostenfreie Fahrräder und nette Kleinigkeiten!

10 Zim ⊊ – ♦62/136 € ♦♦148/220 €

*Janusstr. 6 ✉ 26548 – ☏ 04932 2288 – www.hotel-haus-norderney.de – geschl. 1. Dezember - 4. Februar*

### 🏠 Aquamarin

**PRIVATHAUS · GEMÜTLICH** Eine richtig sympathisches Haus: Die Führung ist persönlich, schön und individuell die Zimmer, charmant-modern sind Lobby und Frühstücksraum mit hellem Dielenboden und hübschen Details. Tipp: entspannen auf der kleinen Dachterrasse.

13 Zim ⊊ – ♦65/119 € ♦♦118/188 €

*Friedrichstr. 5 ✉ 26548 – ☏ 04932 92850 – www.hotel-aquamarin-norderney.de – geschl. 1. Dezember - 4. Februar*

# NORDHAUSEN

Thüringen – 44 060 Ew. – Höhe 185 m – Regionalatlas **30**-K11
▶ Berlin 261 km – Erfurt 74 km – Göttingen 86 km – Halle 91 km
Michelin Straßenkarte 544

## In Nordhausen-Rüdigsdorf

### 🍽 Feine Speiseschenke 🅝     ⇦ 🍴 🛏 🍴 🅿

**MARKTKÜCHE · FREUNDLICH** ✗ Richtig gute saisonale Küche gibt es hier. Spezialität sind Fleischgerichte - die Familie betreibt eine eigene Rinderzucht! Drinnen sitzt man in freundlichem modernem Ambiente, draußen hat man einen schönen Garten. Übernachten können Sie in einfachen, gepflegten Zimmern.

Karte 21/50 €     11 Zim ⊊ – ♦45/49 € ♦♦62/73 €

*Winkelberg 13 ✉ 99734 – ☏ 03631 4736490 – www.speiseschenke.de – Dienstag - Samstag nur Abendessen – geschl. Sonntagabend - Montag*

# NORDHORN

Niedersachsen – 52 300 Ew. – Höhe 23 m – Regionalatlas **16**-C8
▶ Berlin 502 km – Hannover 224 km – Bremen 155 km – Groningen 113 km
Michelin Straßenkarte 541

### 🏨 Riverside

**BUSINESS · MODERN** Komfortable Ausstattung, moderner Stil und wohnlich-warme Farben - und das unmittelbar am Vechtesee! Zur Seeseite liegen die Zimmer ruhiger. Das Restaurant "Pier99" sieht sich als legere "Strandbude", im Sommer mit geöffneter Glasfront, im Winter mit wärmendem Kamin.

46 Zim ♐ – †112/130 € ††129/139 € – ½ P

*Heseper Weg 40 ⊠ 48529 – ℰ 05921 819810 – www.riverside-nordhorn.de*

## NORDKIRCHEN

Nordrhein-Westfalen – 9 620 Ew. – Höhe 65 m – Regionalatlas **26**-D10

▣ Berlin 503 km – Düsseldorf 96 km – Dortmund 36 km – Bochum 48 km

Michelin Straßenkarte 543

### �○ Schloss Restaurant Venus

**INTERNATIONAL · KLASSISCHES AMBIENTE** ✗✗ Im "Westfälischen Versailles" finden Sie dieses klassisch-gediegene Gewölberestaurant - die zahlreichen Gemälde stammen übrigens von Patron Franz L. Lauter, einem passionierten Maler! Geboten wird ein ambitioniertes, kreatives Menü. Eine nette legere Alternative ist das "Bistrante" mit großer Terrasse.

Menü 33/80 € – Karte 35/59 €

*Schloss 1 ⊠ 59394 – ℰ 02596 972472 – www.lauter-nordkirchen.de – nur Abendessen, sonntags auch Mittagessen – geschl. 2. - 24. Januar und Montag - Dienstag*

## NORDSTRAND

Schleswig-Holstein – 2 210 Ew. – Höhe 2 m – Regionalatlas **1**-G2

▣ Berlin 447 km – Kiel 103 km – Sylt (Westerland) 53 km – Flensburg 61 km

Michelin Straßenkarte 541

## In Nordstrand-Süderhafen

### 🏨 Am Heverstrom

**GASTHOF · GEMÜTLICH** Hier lautet das Motto "familiäre Gemütlichkeit". Charmant die Zimmer mit behaglichem Holz und friesischer Note (teils mit Terrasse oder Aussicht), ebenso das Restaurant mit schönem altem Tresen, gekocht wird bürgerlich. Der namengebende Heverstrom ist übrigens ein Gezeitenstrom zwischen Nordstrand und Husum.

10 Zim ♐ – †55/95 € ††77/100 € – 1 Suite – ½ P

*Heverweg 14 ⊠ 25845 – ℰ 04842 8000 – www.am-heverstrom.de – geschl. 13. - 30. März, 16. Oktober - 25. November*

## NORTHEIM

Niedersachsen – 28 870 Ew. – Höhe 120 m – Regionalatlas **29**-I10

▣ Berlin 317 km – Hannover 99 km – Braunschweig 85 km – Göttingen 27 km

Michelin Straßenkarte 541

### 🏨 Freigeist

**BUSINESS · MODERN** Schöne Adresse für Business- und Privatgäste. Moderner Stil und ruhige Lage - an das Grundstück schließt sich direkt der Wald an. Für Aktive hat man einen Klettergarten, zudem bietet man einen Shuttleservice zum Golfplatz (5 Min.). Internationale Küche im Restaurant. Terrasse zum Garten mit kleinem Teich.

62 Zim – †90/99 € ††116/126 € – ♐ 9 € – ½ P

*Am Gesundbrunnen, Ost: 1,5 km, über B 241 ⊠ 37154 – ℰ 05551 6070 – www.freigeist-northeim.de*

## NORTORF

Schleswig-Holstein – 6 660 Ew. – Höhe 32 m – Regionalatlas **10**-I3

▣ Berlin 348 km – Kiel 29 km – Flensburg 81 km – Hamburg 78 km

Michelin Straßenkarte 541

## ¶○ Kirchspiels Gasthaus  ⇦ 🏠 🚗

**REGIONAL · LÄNDLICH** ✗ Frische Regionalküche mit eigenen Ideen bietet man in diesem traditionsreichen Familienbetrieb. Probieren Sie z. B. "roh marinierte Sarlhusener Lachsforelle mit Gurken-Relish" oder "Cordon bleu vom Manhagener Auerochsenkalb mit Backensholzer Käse gefüllt". Gepflegt übernachten können Sie hier übrigens auch.

Menü 30 € (mittags)/45 € – Karte 24/49 €   15 Zim ⬄ – ¶60/75 €
¶¶90/100 € – 3 Suiten

*Große Mühlenstr. 9 ✉ 24589 – ☎ 04392 20280 – www.kirchspiels-gasthaus.de – geschl. 27. - 30. Dezember*

# NOSSENTINER HÜTTE

Mecklenburg-Vorpommern – 690 Ew. – Höhe 74 m – Regionalatlas **12**-N5
▶ Berlin 154 km – Schwerin 78 km – Güstrow 41 km – Wittstock 51 km
Michelin Straßenkarte 542

**Im Ortsteil Sparow** Süd-West: 5 km Richtung Malchow, nach 1,5 km rechts ab

## 🏘 Gutshof Sparow  🏡 🐕 ⇦ 📺 ♨ ✗ 🖵 🧖 🅿

**HERRENHAUS · MODERN** Das komfortable Hotel besteht aus einem schmucken ehemaligen Gutshaus sowie mehreren hübschen Fachwerkhäusern mit Appartements. Auf Anfrage bietet man auch Kosmetik. Die gemütlich-rustikale Jägerstube und der neuzeitliche Wintergarten bilden das Restaurant.

47 Zim ⬄ – ¶59/99 € ¶¶74/129 € – 3 Suiten – ½ P

*Sparow 8 ✉ 17214 – ☎ 039927 7620 – www.gutshof-sparow.de*

# NOTTULN

Nordrhein-Westfalen – 19 300 Ew. – Höhe 97 m – Regionalatlas **26**-D9
▶ Berlin 499 km – Düsseldorf 106 km – Nordhorn 85 km – Enschede 65 km
Michelin Straßenkarte 543

**In Nottuln-Stevern** Nord-Ost: 2 km Richtung Schapdetten

## ¶○ Gasthaus Stevertal  🐴 ⇦ 🐕 🏠 ⅗ 🚗 🚫

**TRADITIONELLE KÜCHE · RUSTIKAL** ✗✗ Typisch westfälisch hat man es in dem alteingesessenen Gasthaus der Familie Elfers. Ob urig am offenen Kamin (hier wird Schinken geräuchert) oder im gemütlichen Restaurant, man isst bürgerlichsaisonal. Dazu eine gut sortierte und fair kalkulierte Weinkarte samt Raritäten. Und für danach: topgepflegte Zimmer.

Menü 24 € (mittags)/49 € – Karte 19/44 €   16 Zim ⬄ – ¶50 € ¶¶90 €

*Stevern 36 ✉ 48301 – ☎ 02502 94010 – www.gasthaus-stevertal.de – geschl. über Weihnachten*

# NOTZINGEN

Baden-Württemberg – 3 580 Ew. – Höhe 316 m – Regionalatlas **55**-H18
▶ Berlin 629 km – Stuttgart 32 km – Karlsruhe 104 km – Tübingen 57 km
Michelin Straßenkarte 545

## 🐝 Die Kelter  🏠 🕱 ⇦ 🅿

**MEDITERRAN · RUSTIKAL** ✗ Gelungen hat man die ehemalige Kelter von 1700 restauriert! In einem schönen hohen Raum mit freigelegtem altem Fachwerk und dekorativen modernen Bildern wählt man puristisch ausgelegte mediterran-regionale Speisen wie "Kalbsnieren in Meaux-Senfsauce" oder "Linguine mit frischen Vongole Verace".

Menü 37 € – Karte 29/53 €

*Kelterstr. 15 ✉ 73274 – ☎ 07021 863786 – www.kelter-notzingen.de – nur Abendessen, sonntags auch Mittagessen – geschl. August 2 Wochen und Montag - Dienstag*

# NÜRBURG

Rheinland-Pfalz – 180 Ew. – Höhe 593 m – Regionalatlas **36**-C14

▶ Berlin 644 km – Mainz 152 km – Aachen 133 km – Bonn 56 km

Michelin Straßenkarte 543

## Lindner Congress & Motorsport Hotel

**BUSINESS · MODERN** Das Design in dem Hotel am Nürburgring ist ganz dem Motorsport gewidmet. Moderne und sehr wohnliche Zimmer, VIP-Etage mit Zugang zu Tribüne und Hubschrauber-Landeplatz auf dem Dach. Geradlinig-elegantes Restaurant mit angrenzender Terrasse, dazu Bar und Spielkasino sowie Davidoff Lounge.

154 Zim ⌑ – †89/499 € ††99/599 € – 5 Suiten – ½ P

*Stefan-Bellof-Straße* ✉ *53520 –* ☏ *02691 3025000 – www.lindner.de*

## Dorint

**BUSINESS · FUNKTIONELL** Modern-funktional sind die Zimmer dieses Tagungshotels in einer vor allem für Motorsport-Fans einmaligen Lage. Besonders interessant sind die Zimmer zur Rennstrecke hin. Restaurant mit Sicht zur Start- und Zielgeraden, Cockpit Bar mit Autosport-Dekor.

207 Zim ⌑ – †68/599 € ††102/599 € – 3 Suiten

*Grand-Prix-Strecke* ✉ *53520 –* ☏ *02691 3090 – www.dorint.com/nuerburgring*

## WIR MÖGEN BESONDERS...

**Drei Raben** für seine Themenzimmer. Die innovative Spitzenküche im **Essigbrätlein**. Im urigen **Bratwursthäusle** typische Nürnberger Bratwurst-Tradition erleben.

# NÜRNBERG

Bayern – 495 130 Ew. – Höhe 309 m – Regionalatlas **50**-K16
▶ Berlin 432 km – München 165 km – Frankfurt am Main 226 km – Leipzig 276 km
Michelin Straßenkarte 546

## *Restaurants*

❀❀ **Essigbrätlein** (Andree Köthe)                                    %
**KREATIV · GEMÜTLICH** XX Ein ganz eigener Stil macht die Küche hier so beson-
ders: Jede Menge Kreativität kommt zum Einsatz, wenn mit reichlich Gemüse
und Gewürzen ein Menü voller Gefühl und Harmonie entsteht - auf Luxuspro-
dukte verzichtet man übrigens bewusst, beste Qualität ist dennoch garantiert!
Hinweis: Man muss klingeln.
→ Saibling mit Kamille. Steckrübe mit Salat. Petersilieneis mit Knöterrich.
Menü 72 € (mittags)/145 € (abends)
**Stadtplan : K1-z** – *Weinmarkt 3* ✉ *90403* – ✆ *0911 225131 (Tischbestellung*
*ratsam)* – *www.essigbraetlein.de* – *geschl. 24. Dezember - Anfang*
*Januar und Sonntag - Montag*

❀ **Entenstuben** (Fabian Denninger)
**MODERNE KÜCHE · ELEGANT** XX In dem schönen geradlinig-eleganten Restau-
rant darf man sich auf ambitionierte moderne Küche freuen, bei der die Optik
ebenso stimmt wie der Geschmack. Macht Ihnen "gebratener Adlerfisch, Petersi-
lie, schwarzer Knoblauch, Kartoffel" Appetit?
→ Lauwarmer Stör, Radieschen, Ingwer, Quinoa. Rücken vom Salzwiesenlamm,
Bohne, Thymian, Kartoffel. Cheesecake, Karamell, Apfel.
Menü 69 € – Karte 52/66 €
**Stadtplan : M1-e** – *Schranke 9* ✉ *90489* – ✆ *0911 5209128* – *www.entenstuben.de*
– *nur Abendessen* – *geschl. Anfang Januar 2 Wochen und Sonntag - Montag*

 Für große Städte gibt es Stadtpläne, auf denen die Hotels und
Restaurants eingezeichnet sind. Die Koordinaten (z.B. : Stadtplan :
12BMe) helfen Ihnen bei der Suche.

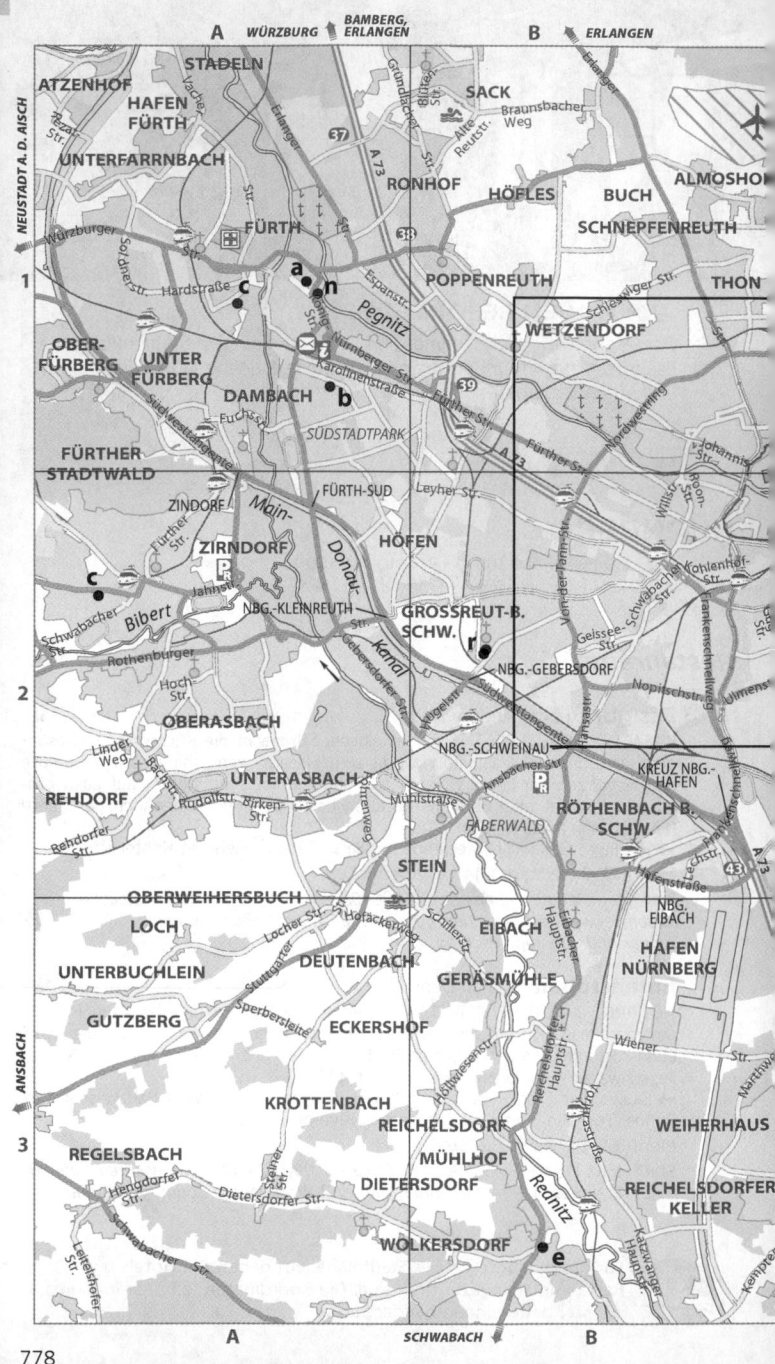

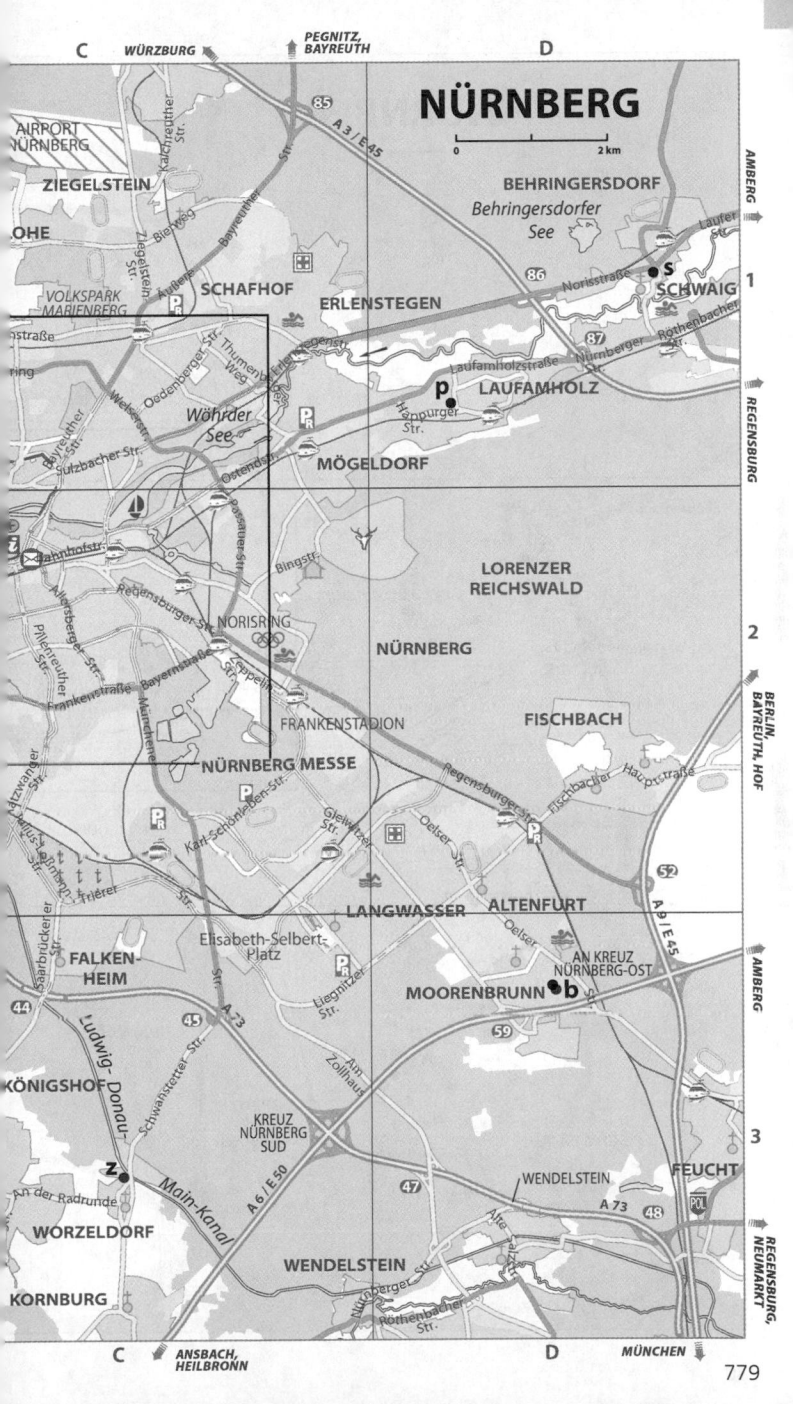

# NÜRNBERG

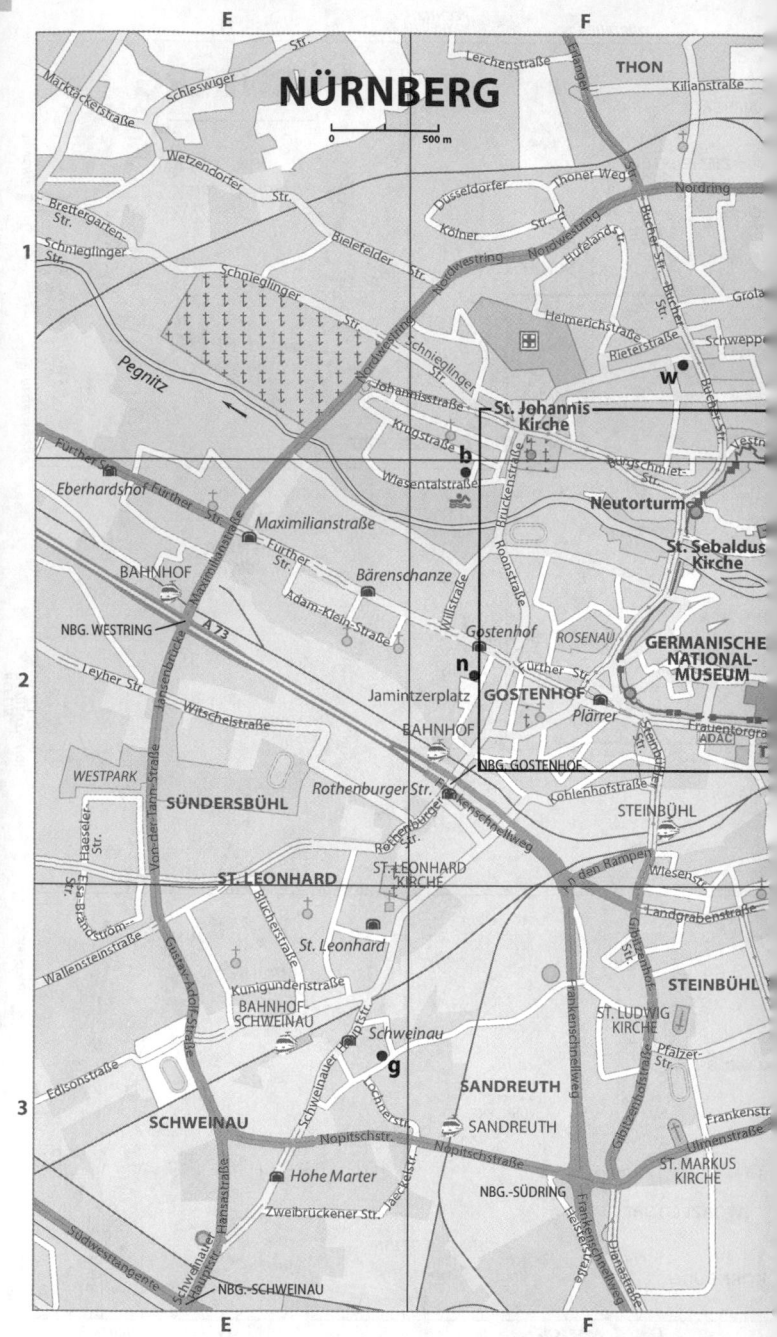

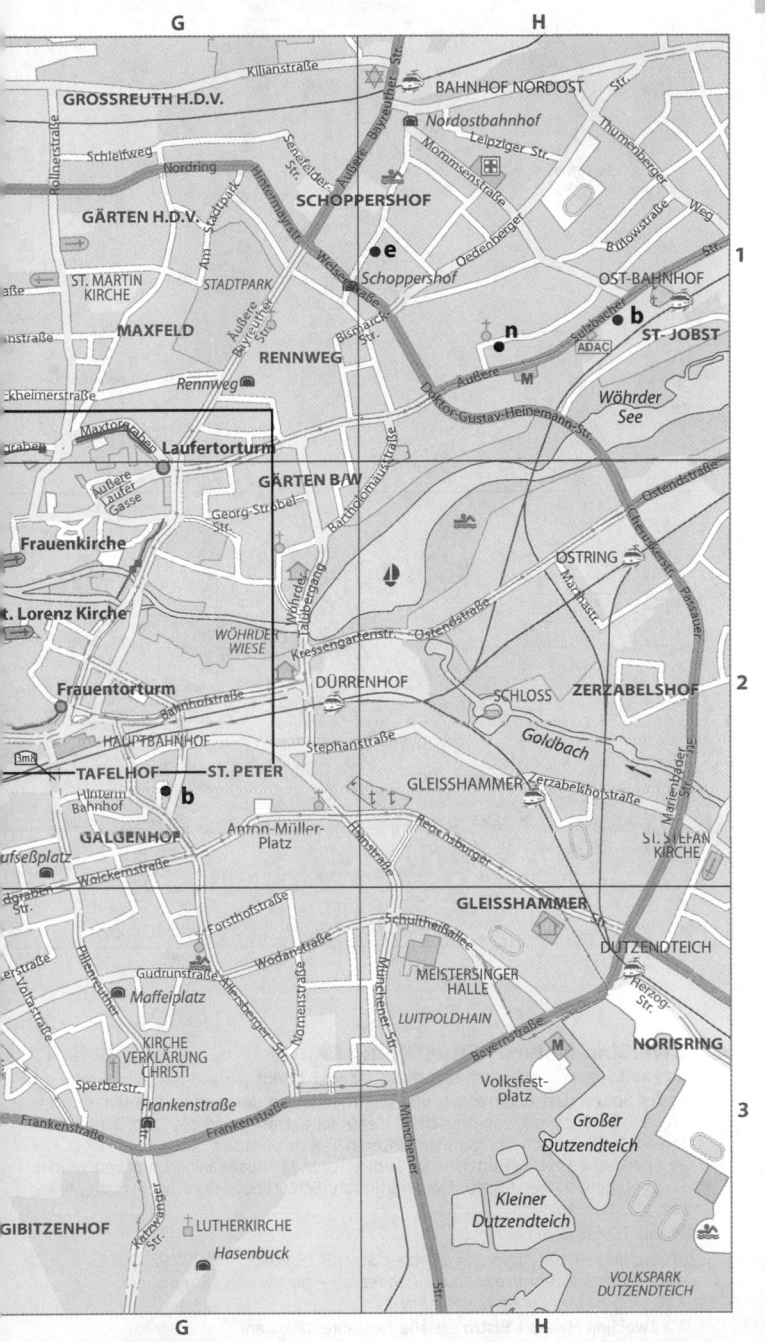

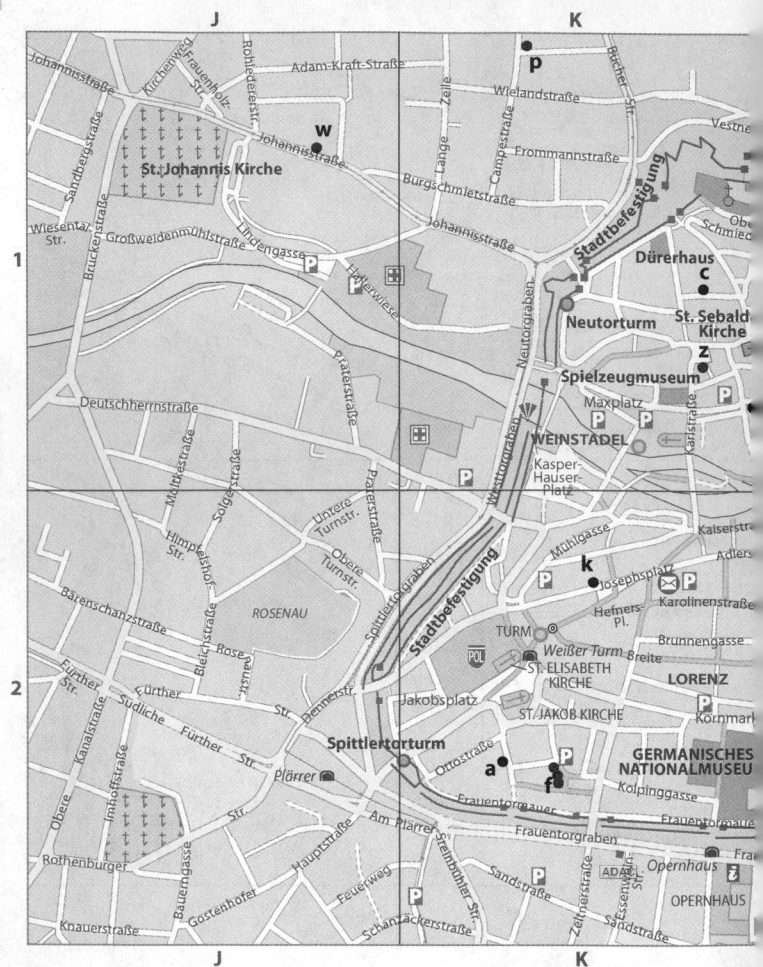

## ZweiSinn Meiers | Fine Dining

KREATIV · ZEITGEMÄSSES AMBIENTE ✕✕ Hier bringt jemand reichlich Erfahrung in der Spitzengastronomie mit, und das merkt man der modern-kreativen Küche an, die es auch als vegetarisches Menü gibt. Das geradlinig gehaltene "Fine Dining" befindet sich übrigens im hinteren Teil des Hauses.

→ Fränkische Forelle, Buttermilch, Gurke, Tonic, Quinoa. Kaninchenrücken, grüner Spargel, gebackenes Eigelb, Bündnerfleisch, Schnittlauch. Kirsche, Pistazie, Nougat, Milchschokolade.

Menü 70/95 €

Stadtplan : H1-b – *Äußere Sulzbacher Str. 118* ✉ 90491 – ✆ 0911 92300823 – *www.meierszweisinn.de* – nur Abendessen – geschl. 3. - 16. Januar, 8. - 28. August und Sonntag - Montag

⫟○ ZweiSinn Meiers | Bistro – siehe Restaurantauswahl

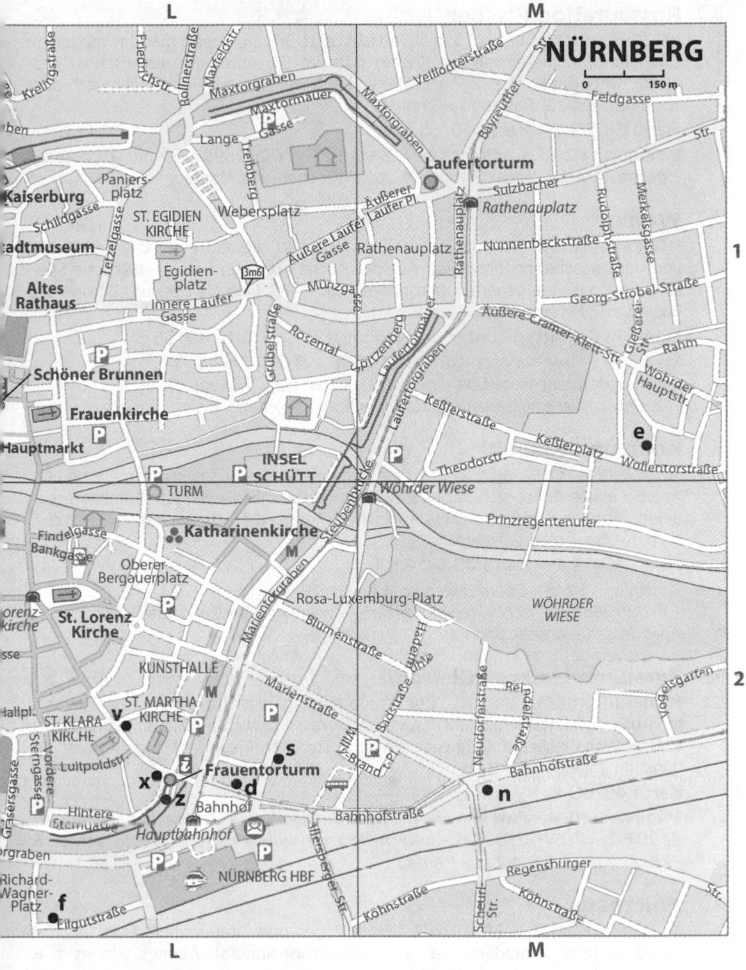

# NÜRNBERG

*(Stadtplan: Nürnberg — L / M, 1 / 2)*

Kreittmeyerstraße · Friedrichstr. · Maxtorgraben · Veillodterstraße · Bayreuther Str. · Feldgasse · Str.

Maxtormauer · Lange Gasse · Treibberg · Maxtorgraben · **Laufertorturm** · Sulzbacher Str. · Melkästraße · Rudolfstraße

Panier-splatz · **Kaiserburg** · Schildgasse · ST. EGIDIEN KIRCHE · Webersplatz · Äußere Laufer Pl. · *Rathenauplatz* · Nunnenbeckstraße · Wöhrder Hauptstr. · Rahm

**adtmuseum** · Tetzelgasse · Egidien-platz · Äußere Laufer Gasse · Rathenauplatz · Georg-Strobel-Straße

**Altes Rathaus** · Innere Laufer Gasse · Münzga · Äußere-Cramer-Klett-Str.

**Schöner Brunnen** · Rosental · Grübelstraße · Spitzenberg · Laufertorgraben · Keßlerstraße · Keßlerplatz · **e** · Wollentorstraße

**Frauenkirche** · Theodorstr. · Wöhrder Wiese

**Hauptmarkt** · **INSEL SCHÜTT** · Pegnitz

**TURM** · *Wöhrder Wiese* · Prinzregentenufer

Findelgasse · Bankgasse · **Katharinenkirche** · Oberer Bergauerplatz · Marientorgraben · Rosa-Luxemburg-Platz · *WÖHRDER WIESE*

**St. Lorenz Kirche** · Lorenz-kirche · Blumenstraße

KÜNSTHALLE · Marienstraße · Vogtsgarten

ST. MARTHA KIRCHE · Marienstraße · Reu

hallpl. · ST. KLARA KIRCHE · Luitpoldstr. · **v** · **s** · Neudorferstraße · Sandstraße · Bahnhofstraße · **n**

Vordere Sterngasse · **x** · **z** · **d** · **Frauentorturm** · Bahnhof · Bahnhofstraße

Grasersgasse · Hintere Sterngasse · **Hauptbahnhof** · Regensburger Str.

orgraben · Richard-Wagner-Platz · **f** · Eilgutstraße · **NÜRNBERG HBF** · Köhnstraße · Scheurlstr. · Köhnstraße · Str.

---

🍴 **MINNECI Leonardo**      🏠

ITALIENISCH · MEDITERRANES AMBIENTE ✕✕ Richtig schön verbindet sich der historische Charakter des alten Stadthauses von 1560 mit der Atmosphäre eines italienischen Ristorante. Freundlich-charmant serviert man z. B. "Wolfsbarsch mit Süßkartoffelpüree und Balsamicolinsen".

Menü 48/70 € – Karte 41/59 €

**Stadtplan : K2-f** – *Zirkelschmiedsgasse 28* ✉ *90402* – ✆ *0911 209655* – *www.minneci-ristorante.de* – *geschl. Sonntag - Montag*

---

Gute Küche zu moderatem Preis? Folgen Sie dem Bib Gourmand 🌼

## ⓘO Restauration Fischer

**INTERNATIONAL · INTIM** XX In dem Haus a. d. 14. Jh. speist man im modernen EG (hier auch die einsehbare Küche) oder im OG unter der historischen Holzdecke. Geboten wird z. B. "gebratener Loup de Mer auf Fenchelgemüse" oder "Lammrücken auf Ratatouille-Gemüse".

Menü 54/89 € – Karte 48/65 €

**Stadtplan : K2-f** – *Schottengasse 1* ⊠ *90402* – *ℰ 0911 9898870* – *nur Abendessen* – *geschl. Anfang Januar 2 Wochen, Juli 2 Wochen und Montag*

## ⓘO Wonka

**MODERNE KÜCHE · FREUNDLICH** XX Wirklich nett dieses freundliche Restaurant, und der hübsche Innenhof erst! Aus der Küche kommen kreativ-klassische Speisen wie "sous vide gegarter Kalbsnacken mit Mais". Und als Dessert "Zitrone und Basilikum"? Mittags kleine Karte.

Menü 33 € (mittags unter der Woche)/91 € – Karte 49/55 €

**Stadtplan : J1-w** – *Johannisstr. 38* ⊠ *90419* – *ℰ 0911 396215* – *www.restaurant-wonka.de* – *geschl. 1. – 6. Januar, 27. August* – *12. September und Samstagmittag, Sonntag – Montag*

## ⓘO Koch und Kellner

**MODERNE KÜCHE · BISTRO** X In dem sympathischen Bistro kocht man modern. Auf der Karte findet sich Leckeres wie "angebratenes Beef-Tatar, Himbeeressiggelee, Pilzdashi" oder "gefülltes Kaninchen, Perigord-Trüffel, Spitzkohl, Gnocchi". Mittags öffnet man auf Anfrage.

Menü 45/79 € – Karte 48/70 €

**Stadtplan : F2-n** – *Obere Seitenstr. 4* ⊠ *90429* – *ℰ 0911 266166 (Tischbestellung ratsam)* – *www.kochundkellner.de* – *nur Abendessen* – *geschl. Sonntag*

## ⓘO ZweiSinn Meiers | Bistro

**MODERNE KÜCHE · BISTRO** X Zur Straße hin liegt das Bistro mit seiner markanten Theke und blanken Tischen, nett die Terrasse seitlich am Haus. Auf der Karte z. B. "Maishähnchen / Bohnencassoulet / Tomaten-Risoni". Mittags kommt der günstige Tagesteller gut an!

Karte 45/60 €

**Stadtplan : H1-b** – *ZweiSinn Meiers | Fine Dining, Äußere Sulzbacher Str. 118* ⊠ *90491* – *ℰ 0911 92300823* – *www.meierszweisinn.de* – *geschl. 3. – 16. Januar, 8. – 28. August und Sonntag – Montag*

## ⓘO Würzhaus

**MODERNE KÜCHE · GERADLINIG** X Ein pfiffiges und interessantes Gasthaus: Die Küche ist kreativ, modern und stark regional beeinflusst. Abends gibt es z. B. "Lachs mit Rettich und Granny Smith", mittags isst man etwas einfacher, unschlagbar hier das günstige Menü!

Menü 17 € (mittags unter der Woche)/80 € – Karte 42/54 €

**Stadtplan : F1-w** – *Kirchenweg 3a* ⊠ *90419* – *ℰ 0911 9373455 (Tischbestellung ratsam)* – *www.wuerzhaus.info* – *geschl. 24. – 26. Dezember, 1. – 8. Januar und Samstagmittag, Sonntag* – *Montagmittag*

## ⓘO IU & ON

**THAILÄNDISCH · TRENDY** X Ältestes thailändisches Restaurant Deutschlands und ein echter Familienbetrieb! Lecker z. B. "Yam Plamük" (fein-scharfer Oktopussalat nach Hausrezept) oder "Gai Ta Krai" (gebratenes Hähnchenbrustfilet mit Zitronengrassauce und Klebreis).

Menü 30/59 € (abends) – Karte 37/51 €

**Stadtplan : K1-p** – *Roritzerstr. 10* ⊠ *90419* – *ℰ 0911 336767* – *www.iu-on.de* – *geschl. August und Montag – Dienstag*

## ⊪○ Quo vadis

**ITALIENISCH · MEDITERRANES AMBIENTE** ⅹ In dem hübschen alten Natursteinhaus hat man viele Stammgäste, und die kommen z. B. wegen Pasta aus dem Parmesanlaib, Klassikern wie "Saltimbocca à la Romana" oder aber wegen der Spezialität: hausgemachte Ravioli mit allerlei Füllungen!

Menü 28/72 € – Karte 33/71 €

*Stadtplan : H1-e – Elbinger Str. 28 ⊠ 90491 – ℰ 0911 515553 (abends Tischbestellung ratsam) – www.ristorante-quovadis.de – geschl. Montag*

## ⊪○ Le Virage

**FRANZÖSISCH · FAMILIÄR** ⅹ In dem einfachen kleinen Bistro erfährt man ein Stückchen französische Lebensart in Nürnberg! Es gibt traditionelle Gerichte, die in Menüform angeboten werden. Gekocht wird eher schlicht, aber mit Geschmack - und alles ist frisch!

Menü 37/43 €

*Stadtplan : F2-b – Helmstr. 19 ⊠ 90419 – ℰ 0911 9928957 – www.nefkom.net/le.virage – nur Abendessen – geschl. Montag*

# *Nürnberger Bratwurst-Lokale:*

*Bis ins 14. Jh. reicht die Tradition dieser rustikal-gemütlichen Lokale zurück. Über Buchenholzfeuer gegrillt schmecken die Würste besonders gut.*

## ⊪○ Historische Bratwurstküche Zum Gulden Stern

**REGIONAL · GEMÜTLICH** ⅹ Sehr gemütlich und originell sind die nett dekorierten Stuben in dem Gasthaus von 1419. In der angeblich ältesten Bratwurstküche der Welt kommt die Bratwurst natürlich vom Buchenholzrost!

Karte 17/26 €

*Stadtplan : K2-f – Zirkelschmiedsgasse 26 ⊠ 90402 – ℰ 0911 2059288 – www.bratwurstkueche.de*

## ⊪○ Bratwursthäusle

**REGIONAL · RUSTIKAL** ⅹ Zwischen Hauptmarkt und Kaiserburg liegt das Bratwurstlokal schlechthin. Eine äußerst beliebte Adresse mit urigem Flair, mittig der Grill. Die Bratwürste werden übrigens in der hauseigenen Metzgerei jeden Morgen frisch hergestellt!

Karte 14/22 €

*Stadtplan : L1-s – Rathaus-Platz 1 ⊠ 90403 – ℰ 0911 227695 – www.bratwursthaeusle.de – geschl. Sonntag sowie an Feiertagen*

## ⊪○ Bratwurstglöcklein

**REGIONAL · RUSTIKAL** ⅹ Das Fachwerkhäuschen im Nürnberger Handwerkerhof hat eine lange Tradition als Bratwurstküche. Damen im Dirndl servieren die täglich frisch gemachte, über Buchenholzfeuer gegrillte Wurst auf Zinntellern. Probieren Sie auch mal das Schäufele!

Karte 14/24 €

*Stadtplan : L2-z – im Handwerkerhof ⊠ 90402 – ℰ 0911 227625 – www.bratwurstgloecklein.de – geschl. Januar - Februar und Sonntag sowie an Feiertagen (außer Christkindlesmarkt)*

# *Hotels*

## 🏨 Sheraton Carlton

**BUSINESS · MODERN** Die klare Nr. 1 in der Stadt: luxuriös-komfortable Zimmer, attraktiver kleiner Spa mit Blick über Nürnberg, beispielhafte Führung. Im Restaurant Tafelhof serviert man internationale Küche. Beliebt (auch bei den Einheimischen): das Gourmet-Buffet samtagabends sowie der Sonntagsbrunch.

162 Zim – ♦99/195 € ♦♦149/255 € – 4 Suiten – ⊡ 17 € – ½ P

*Stadtplan : L2-f – Eilgutstr. 15 ⊠ 90443 – ℰ 0911 20030 – www.carlton-nuernberg.de*

### 🏨 Le Méridien Grand-Hotel 🍴 🕸 ♨ ⊡ 🔊 🅐🅒 🛎 🚗

HISTORISCH · ELEGANT Seit Ende des 19. Jh. werden hier Gäste beherbergt. Praktisch die Lage gegenüber dem Hauptbahnhof, dazu chic-moderne Zimmer mit klassischen Marmorbädern. Etwas kleiner: die "Superior Queen"-Zimmer. Internationale Küche in der Brasserie, sehenswert der denkmalgeschützte Richard-Wagner-Saal!

192 Zim – 🛏120/529 € 🛏🛏150/559 € – 5 Suiten – ⊡ 24 €

**Stadtplan: L2-d** – *Bahnhofstr. 1* ✉ *90402* – ✆ *0911 23220*
– *www.lemeridiennuernberg.com*

### 🏨 Holiday Inn City Centre 🍴 🕸 ♨ ⊡ 🔊 🅐🅒 🛎 🚗

BUSINESS · MODERN Mit seiner sehr guten zeitgemäß-funktionalen Ausstattung ist das Hotel am Altstadtrand ideal für Geschäftsleute. Nett der Frühstücksraum in klaren Linien, gemütlich die Bar & Brasserie "NitriBizz" - hier gibt es internationale Gerichte.

260 Zim – 🛏105/125 € 🛏🛏130/150 € – 3 Suiten – ⊡ 15 € – ½ P

**Stadtplan: K2-a** – *Engelhardgasse 12* ✉ *90402* – ✆ *0911 242500*
– *www.hi-nuernberg.de*

### 🏨 Drei Raben ⊡ 🅐🅒

URBAN · THEMENBEZOGEN Sie möchten die Geschichte Nürnbergs kennenlernen? Das kleine Hotel mit persönlicher Note ist genau richtig: In den schönen Themenzimmern kann man Wissenswertes nachlesen, außerdem liegt das Haus im Herzen der Stadt! Morgens ein sehr gutes Frühstück, am Abend sind die Gäste zum Aperitif eingeladen.

22 Zim ⊡ – 🛏120/295 € 🛏🛏150/350 €

**Stadtplan: L2-v** – *Königstr. 63* ✉ *90402* – ✆ *0911 274380*
– *www.hoteldreiraben.de*

### 🏨 Victoria ⊡ 🛎 🚗

URBAN · MODERN Elegant und richtig modern ist das hübsche Haus von 1896 - ein toller Mix aus Tradition und Moderne. Tipp: das große Zimmer "LogenPlatz" mit Balkon und Blick aufs Museum! Wie wär's im Sommer mit Kaffee und Kuchen auf dem Klarissenplatz?

62 Zim ⊡ – 🛏68/128 € 🛏🛏88/148 €

**Stadtplan: L2-x** – *Königstr. 80* ✉ *90402* – ✆ *0911 24050* – *www.hotelvictoria.de*

### 🏨 Sorat Hotel Saxx ⊡ 🔊 🅐🅒 🚗

BUSINESS · MODERN Die Lage direkt in der Altstadt könnte nicht besser sein. Ansprechend auch die moderne Einrichtung - fragen Sie nach den geräumigen Juniorsuiten mit Blick zum Hauptmarkt!

103 Zim – 🛏79/295 € 🛏🛏99/315 € – ⊡ 10 €

**Stadtplan: K1-s** – *Hauptmarkt 17, (Eingang über Waaggasse 7)* ✉ *90403*
– ✆ *0911 242700* – *www.sorat-hotels.com*

### 🏨 Agneshof 🐾 🕸 ⊡ 🔊 🛎 🚗

URBAN · MODERN Sie wohnen mitten in der Altstadt und dennoch ruhig - Dürerhaus und Kaiserburg sind nicht weit! Eine sympathische Adresse mit freundlichen und funktionalen Zimmern, meist zu den Gartenhöfen hin. Netter kleiner Saunabereich mit Whirlpool.

74 Zim – 🛏88/230 € 🛏🛏108/250 € – ⊡ 7 €

**Stadtplan: K1-c** – *Agnesgasse 10* ✉ *90403* – ✆ *0911 214440*
– *www.agneshof-nuernberg.de*

### 🏨 Klughardt 🐾

FAMILIÄR · MODERN Familie Klughardt betreibt ihr Hotel nun schon viele Jahre, und das mit Engagement. Die Chefin ist wirklich herzlich und kennt ihre (Stamm-) Gäste. Die Zimmer sind gut ausgestattet, freundlich und zeitgemäß - zum Hof hin besonders ruhig.

32 Zim ⊡ – 🛏82 € 🛏🛏102 €

**Stadtplan: H1-n** – *Tauroggenstr. 40* ✉ *90491* – ✆ *0911 919880*
– *www.hotel-klughardt.de* – *geschl. 23. Dezember - 8. Januar, über Ostern*

### 🏠 Am Josephsplatz      🏚 ⊡

HISTORISCH · GEMÜTLICH Eine sympathische, persönlich geführte Adresse ist das Altstadthaus von 1675. Man wohnt in gemütlichen, individuellen Zimmern und entspannt auf der sonnigen Dachterrasse.

32 Zim ⌷ – ♦71/103 € ♦♦115/130 € – 4 Suiten

Stadtplan : K2-k – *Josephsplatz 30* ⊠ *90403 – ℰ 0911 214470*
*– www.hotel-am-josephsplatz.de – geschl. 23. Dezember - 8. Januar*

### 🏠 Am Heideloffplatz ❶      ⊡ 🎮 🏛 🅿

FAMILIÄR · MODERN Eine sympathische Adresse ist das engagiert geführte Hotel an einem kleinen Platz in relativ ruhiger Lage am Zentrumsrand. In jedem der wohnlichen Gästezimmer findet sich ein Original des Malers Dülp. Praktisch: Man hat eigene Parkplätze.

32 Zim – ♦82/299 € ♦♦112/350 € – ⌷ 8 €

Stadtplan : G2-b – *Heideloffplatz 9* ⊠ *90478 – ℰ 0911 944530*
*– www.hotelamheideloffplatz.de – geschl. 23. Dezember - 8. Januar*

### 🏠 art & business hotel      ⊡ 🄰🄲

URBAN · INDIVIDUELL Ein wirklich stilvolles Haus, bemerkenswert die Kunst. Die Zimmer sind modern und eher klein, geräumiger die Superiorzimmer. Hübsch der Frühstücksraum samt Terrasse im Innenhof (Brot und Marmelade sind übrigens hausgemacht) sowie die Bar.

49 Zim ⌷ – ♦70/162 € ♦♦89/192 €

Stadtplan : L2-s – *Gleißbühlstr. 15* ⊠ *90402 – ℰ 0911 23210*
*– www.art-buisness-hotel.com – geschl. 23. Dezember - 15. Januar*

## In **Nürnberg-Boxdorf** Nord: 9 km über Erlanger Straße B1

### 🍴 unvergesslich      🏡 ⅋ 🚗

INTERNATIONAL · GASTHOF 🗶🗶 Das Motto hier lautet "Franken geht fremd": Neben Fränkischer Linsensuppe und Rindsroulade gibt es Internationales wie "Thunfischvariation" und auch Vegetarisches/Veganes. Und als Dessert z. B. leckere "Nougat-Tarte mit Haselnüssen"!

Menü 39/69 € – Karte 31/67 €

*Hotel Schindlerhof, Steinacher Str. 6* ⊠ *90427 – ℰ 0911 93020*
*– www.schindlerhof.de*

### 🏘 Schindlerhof      🏚 🏛 🚗

BUSINESS · INDIVIDUELL Die aus mehreren Häusern bestehende Hotelanlage ist ideal für Businessgäste und auch auf Tagungen ausgelegt. Möchten Sie in einem klassischen Landhauszimmer schlafen oder lieber in einem modernen Ryokan-Zimmer? Schön die Hotelbar "DankBar".

90 Zim ⌷ – ♦132/149 € ♦♦172/189 € – 2 Suiten

*Steinacher Str. 6* ⊠ *90427 – ℰ 0911 93020 – www.schindlerhof.de*
🍴 **unvergesslich** – siehe Restaurantauswahl

## In **Nürnberg-Großreuth bei Schweinau**

### 🍴 Gasthaus Rottner      🏡 ⇔ 🅿

KLASSISCHE KÜCHE · RUSTIKAL 🗶🗶 Außen ein hübsches Fachwerkhaus nebst schöner Terrasse, drinnen liebenswerte Stuben und wirklich nette Atmosphäre! Auf der Karte liest man z. B. "Saibling mit Fenchel und Fregola-Nudelrisotto". Mittags kleineres Angebot.

Menü 46 € (mittags unter der Woche)/92 € – Karte 57/73 €

Stadtplan : B2-r – *Hotel Rottner, Winterstr. 15* ⊠ *90431 – ℰ 0911 612032*
*(Tischbestellung ratsam) – www.rottner-hotel.de – geschl. 24. Dezember*
*- 8. Januar und Samstagmittag, Sonntag - Montag*

###  Rottner

**BUSINESS · MODERN** Zu dem 200 Jahre alten Gasthaus gesellt sich dieses zeitgemäße Hotel mit schönen wohnlichen Zimmern und sehr gutem Frühstück im Pavillon oder auf der Terrasse! An Sommerabenden gibt's rustikale Klassiker im Nussbaumgarten.

37 Zim ☑ – ☗75/130 € ☗☗115/220 €

**Stadtplan : B2-r** – *Winterstr. 17* ☒ *90431* – ☏ *0911 612032* – *www.rottner-hotel.de* – *geschl. 23. Dezember - 10. Januar*

☖ **Gasthaus Rottner** – siehe Restaurantauswahl

## In Nürnberg-Kraftshof Nord: 7 km über Erlanger Straße und Kraftshofer Hauptstraße B1

### ☖ Alte Post

**REGIONAL · GASTHOF** ※ "Fränkische Bratwürste mit Sauerkraut" oder "Karpfen in Bierteig mit Kartoffel- und Selleriesalat" - in der einstigen Poststation a. d. 15. Jh. ist man mit der Region verwurzelt, seit vier Generationen. Charmante Stuben, hübsche Terrasse.

Karte 21/50 €

*Kraftshofer Hauptstr. 164* ☒ *90427* – ☏ *0911 305863* – *www.altepost.net* – *geschl. Mittwoch*

## In Nürnberg-Laufamholz

### ☖ Park Hotel

**FAMILIÄR · GEMÜTLICH** Solche Häuser sollte es öfter geben: In dem sehr persönlich geführten kleinen Hotel kümmert man sich mit viel Engagement und Herzblut um die Gäste! Die Zimmer sind wohnlich und funktional, und versäumen Sie nicht das gute Frühstück!

21 Zim ☑ – ☗80/140 € ☗☗100/160 €

**Stadtplan : D1-p** – *Brandstr. 64* ☒ *90482* – ☏ *0911 950700* – *www.park-hotel-nuernberg.de* – *geschl. 23. Dezember - 2. Januar*

## In Nürnberg-Moorenbrunn

### ⊛ Landgasthof Gentner

**REGIONAL · GASTHOF** ※ So richtig heimelig hat man es in den reizenden Zirbelholz-Stuben und gute Küche gibt's obendrein! Wie wär's mit "Filetspitzen mit Waldpilzrahm, Kartoffelrösti und Salat"? Lecker auch die "Crème Brûlée mit Mandarinensorbet"! Kein Terrassenwetter? Dann setzen Sie sich ins Garten-Stüberl.

Karte 28/52 €

**Stadtplan : D3-b** – *Hotel Landgasthof Gentner, Bregenzer Str. 31* ☒ *90475* – ☏ *0911 80070* – *www.landgasthof-gentner.de* – *geschl. 23. Dezember - 7. Januar , 31. Juli - 19. August und Montagmittag*

### ☖ Landgasthof Gentner

**GASTHOF · REGIONAL** Hier spürt man das Engagement der Familie Gentner (bereits die 3. Generation): gepflegt die Einrichtung samt stimmiger Deko, gut das Frühstück, sehr nett die Gästebetreuung! Fragen Sie nach den neueren Zimmern.

52 Zim ☑ – ☗74/258 € ☗☗104/328 €

**Stadtplan : D3-b** – *Bregenzer Str. 31* ☒ *90475* – ☏ *0911 80070* – *www.landgasthof-gentner.de* – *geschl. 23. Dezember - 7. Januar*

⊛ **Landgasthof Gentner** – siehe Restaurantauswahl

## In Nürnberg-Schweinau

### ☖ Gatto Rosso

**ITALIENISCH · GEMÜTLICH** ※ Wirklich gemütlich und schön gepflegt ist es in dem über 400 Jahre alten kleinen Fachwerkhaus. Das mögen die vielen Stammgäste ebenso wie die frischen italienischen Speisen und den freundlichen Service.

Menü 25/45 € – Karte 35/58 €

**Stadtplan : E3-g** – *Hintere Marktstr. 48* ☒ *90441* – ☏ *0911 666878* – *www.gatto-rosso.de* – *geschl. Samstagmittag, Sonntag*

# In Nürnberg-Worzeldorf

### ⑬ Zirbelstube     ⇦ 🛆 ⅏ P

**REGIONAL · RUSTIKAL** XX Ein schmuckes Sandsteingebäude von 1860 mit ebenso schönem Interieur. In der charmanten Zirbelstube serviert man z. B. "Stubenküken mit Pilzsauce und Sellerie-Kartoffelpüree". Reizend die Terrasse. Sie können auch übernachten - man hat hübsche Gästezimmer.

Menü 32/72 € – Karte 32/51 €    6 Zim ☲ – ❗73/110 € ❗❗96/170 €

*Stadtplan : C3-z – Friedrich-Overbeck-Str. 1 ✉ 90455 – ℰ 0911 998820*
*– www.zirbelstube.com – geschl. 1. - 11. Januar, 16. - 30. Mai und Sonntag*
*- Montagmittag, Dienstagmittag*

---

# NÜRTINGEN

Baden-Württemberg – 39 760 Ew. – Höhe 291 m – Regionalatlas **55**-H19

▶ Berlin 633 km – Stuttgart 37 km – Reutlingen 21 km – Ulm (Donau) 66 km

Michelin Straßenkarte 545

### ⅏O Valentino      P

**ITALIENISCH · TRENDY** XX In dem langjährigen Familienbetrieb ist man mit Herz und Engagement bei der Sache. Schön das Restaurant samt Wintergarten, schmackhaft die italienische Küche - von Pizza über Strozzapreti al Pesto bis Tagliata di Manzo. Gute Weinauswahl.

Karte 33/61 €

*Heiligkreuzstr. 18 ✉ 72622 – ℰ 07022 31114 – www.ristorante-valentino.com*
*– geschl. Samstagmittag, Sonntag*

### ⅏O belsers Restaurant ⓝ     🛆

**FRANZÖSISCH-MODERN · CHIC** X Direkt am Marktplatz ist das stylish-schicke Restaurant zu finden. Mittags kocht man etwas bürgerlicher, abends klassisch-modern, z. B. "Roto-Boto-Tagliatelle mit Spinat, Meerrettich und Parmesan" oder "geschmorte Rinderbacke in Barolojus".

Menü 17 € (mittags unter der Woche)/60 € – Karte 31/58 €

*Brunnsteige 15 ✉ 72622 – ℰ 07022 7195860 – www.belsers.com – geschl.*
*Sonntagabend - Montag*

ⅉO **kellertraube Brasserie** – siehe Restaurantauswahl

### ⅏O Weinstube zum Schloßberg     ⊿

**REGIONAL · NACHBARSCHAFTLICH** X Hier ist man immer gut gebucht! Auch viele Stammgäste kommen gerne in die urig-gemütliche Weinstube unweit der Kirche, um sich bei den herzlichen Betreibern schwäbische Gerichte schmecken zu lassen.

Karte 26/44 €

*Schloßberg 1 ✉ 72622 – ℰ 07022 32878 (Tischbestellung erforderlich) – nur*
*Abendessen – geschl. 24. Dezember - 10. Januar, Ende Juli - Mitte August 3*
*Wochen, Anfang November 1 Woche und Sonntag - Montag sowie an Feiertagen*

### ⅏O kellertraube Brasserie ⓝ

**FRANZÖSISCH · DESIGN** X Im Gewölbekeller unter "belsers Restaurant" hat man die ebenso schön modern designte Brasserie. Hier ist die Küche "französisch-schwäbisch" - da machen "Les Maul Taschen", "Le Rost Braten" oder "Les Moules marinières" Appetit.

Karte 25/50 €

*belsers Restaurant, Brunnsteige 15 ✉ 72622 – ℰ 07022 7195860*
*– www.belsers.com – nur Abendessen – geschl. Sonntag - Montag*

---

# NUTHETAL

Brandenburg – 8 750 Ew. – Höhe 34 m – Regionalatlas **22**-O8

▶ Berlin 41 km – Potsdam 17 km – Belzig 55 km – Magdeburg 123 km

Michelin Straßenkarte 542

## In Nuthetal-Philippsthal Süd-Ost: 6 km über Potsdamer Straße

### ⊕ Philippsthal      🛖 P ⌀

**INTERNATIONAL · RUSTIKAL** ⅹ Der Weg zu diesem denkmalgeschützten Anwesen lohnt sich, denn man isst wirklich gut und das Ambiente ist schön mit seinem Mix aus Rustikalem und Modernem, dazu ein reizender Hofgarten. Was aus der offenen Küche kommt, hat Geschmack und Aroma, so z. B. "Kartoffelterrine mit geräuchertem Waller".

Menü 38/49 € – Karte 37/50 €

*Philippsthaler Dorfstr. 35 ✉ 14558 – ✆ 033200 524432*
*– www.restaurant-philippsthal.de*

# OBERAMMERGAU

Bayern – 5 120 Ew. – Höhe 837 m – Regionalatlas **65**-K21

▶ Berlin 678 km – München 92 km – Garmisch-Partenkirchen 19 km –
Landsberg am Lech 59 km
Michelin Straßenkarte 546

### ⁏⃝ Ammergauer Maxbräu      🛖 ⅄ 🅰️ P

**REGIONAL · GASTHOF** ⅹ Frische saisonale Küche und bayerische Klassiker stehen in dem rustikalen Brauhaus auf der Karte. Mit Blick auf die Braukessel isst man "Schweinekrustenbraten mit Biersauce" oder "gepökelte Rinderzunge", dazu gerne hauseigenes Bier.

Menü 32/48 € – Karte 24/55 €

*Hotel Maximilian, Ettaler Str. 5 ✉ 82487 – ✆ 08822 9487460*
*– www.maximilian-oberammergau.de*

### 🏨 Maximilian      🕸️ 🔲 ⅄ 🐾 🚗

**LUXUS · INDIVIDUELL** Chic ist der alpenländisch-moderne Stil dieses luxuriösen kleinen Feriendomizils vor der malerischen Bergkulisse. Die Zimmer sind äußerst wohnlich, ansprechend auch der Sauna- und Beautybereich. Sehr guter und aufmerksamer Service.

18 Zim ⌿ – †145/255 € ††195/345 € – 2 Suiten – ½ P

*Ettaler Str. 5 ✉ 82487 – ✆ 08822 948740 – www.maximilian-oberammergau.de*
⁏⃝ **Ammergauer Maxbräu** – siehe Restaurantauswahl

### 🏠 Landhaus Feldmeier      🎿 🛏️ 🕸️ 🏋️ 🔲 🧺 🚗

**FAMILIÄR · MODERN** Auf drei Häuser im regionalen Stil verteilen sich die wohnlichen Gästezimmer mit Balkon oder Terrasse. In "Haus 3" sind die Zimmer besonders neuwertig! Gut entspannen lässt es sich im hübschen Saunabereich. Rustikales Restaurant.

30 Zim ⌿ – †75/85 € ††115/140 € – ½ P

*Ettaler Str. 29, (Zufahrt über Rüdererweg) ✉ 82487 – ✆ 08822 3011*
*– www.hotel-feldmeier.de – geschl. März - April 3 Wochen, Oktober - November 2 Wochen*

### 🏠 Turmwirt      🕸️ 🏋️ 🔲

**GASTHOF · MODERN** Das Traditionshaus mit Ursprung im 18. Jh. steht mitten im Ort. Eine familiäre Adresse mit gepflegten, funktionellen Zimmern und einem schönen lichten Saunabereich.

22 Zim ⌿ – †75/85 € ††105/140 € – 1 Suite

*Ettaler Str. 2 ✉ 82487 – ✆ 08822 92600 – www.turmwirt.de*

# OBERAUDORF

Bayern – 4 960 Ew. – Höhe 480 m – Regionalatlas **66**-N21

▶ Berlin 672 km – München 81 km – Bad Reichenhall 95 km – Rosenheim 28 km
Michelin Straßenkarte 546

## �🍽 Bernhard's  ⇦ 🏠 🍽 🚗

**MARKTKÜCHE · FREUNDLICH** ✕✕ Gerne sitzen die vielen (Stamm-) Gäste in behaglich-mediterranem Ambiente bei regionalen Speisen wie "Krustenbraten mit zweierlei Knödel und Speckkrautsalat". Oder lieber etwas Schweizerisches wie "Zürcher Geschnetzeltes"? Zum Übernachten hat man hübsche wohnliche Zimmer im Landhausstil.

Menü 43 € – Karte 19/53 €    10 Zim 🛏 – ♥38/68 € ♥♥70/98 €

*Marienplatz 2 ✉ 83080 – ℰ 08033 30570 – www.bernhards.biz – geschl.*
*Donnerstag, außer an Feiertagen*

## 🏠 Bernhard's im Seebacher Haus  🏯 🔲 👍 🍽 ⛨ 🅿

**TRADITIONELL · HISTORISCH** Neben dem gleichnamigen Restaurant hat die Familie gleich gegenüber auch dieses denkmalgeschützte Haus mit der bemalten Fassade. Richtig schön die liebenswert gestalteten Zimmer. Am Abend gibt's in der gemütlichen Stube Weine und Brotzeit.

24 Zim 🛏 – ♥58/68 € ♥♥82/98 €

*Kufsteiner Str. 10 ✉ 83080 – ℰ 08033 30877620 – www.bernhards.biz*

## Im Ortsteil Niederaudorf Nord: 2 km Richtung Flintsbach

## 🏠 Alpenhof  🍽 ⇦ 🖥 🅿

**GASTHOF · INDIVIDUELL** Ein Gasthof mit Charme: herzlich-familiär und engagiert die Betreiber, freundlich die Zimmer (am komfortabelsten die "Edelweißzimmer"), gemütlich das regionstypische Restaurant nebst Terrasse. Schön für Kinder: Obstgarten und Spielplatz. Im Winter hat man übrigens die Langlaufloipe direkt vor der Tür.

17 Zim 🛏 – ♥55/79 € ♥♥88/106 € – ½ P

*Rosenheimer Str. 97 ✉ 83080 – ℰ 08033 308180 – www.alpenhof-oberaudorf.de*
*– geschl. Mitte November - Dezember 3 Wochen*

## An der Straße nach Bayrischzell Nord-West: 8,5 km

## 🏠 Feuriger Tatzlwurm  🍽 🛁 ⇦ 🖥 🏊 🖥 💮 🏯 🎣 🔲 👍 🍽 ⛨ 🅿

**SPA UND WELLNESS · GEMÜTLICH** Das Gasthaus a. d. 19. Jh. (reizend die Leiblstube von 1863!) ist heute ein komfortables Wellnesshotel mit stimmigem regionstypischem Konzept. Wohnlich und wertig die Einrichtung, vielfältig das Freizeitangebot. Und die wunderbare Natur gibt's gratis dazu: Blick aufs Kaisergebirge, Badeteich beim Wildbach...

78 Zim 🛏 – ♥85/115 € ♥♥140/280 € – 2 Suiten – ½ P

*Tatzelwurm ✉ 83080 Oberaudorf – ℰ 08034 30080 – www.tatzlwurm.de*

# OBERAULA

Hessen – 3 200 Ew. – Höhe 326 m – Regionalatlas **38**-H13
▶ Berlin 425 km – Wiesbaden 165 km – Kassel 73 km – Bad Hersfeld 22 km
Michelin Straßenkarte 543

## 🏠 Zum Stern  🍽 ⇦ 🖥 💮 🏯 🍽 🔲 🍽 ⛨ 🚗

**LANDHAUS · GEMÜTLICH** Schon von außen nett anzusehen ist das schmucke Fachwerkhaus. Die meisten der ländlich-wohnlichen Gästezimmer liegen zum hübschen Garten hin und bieten einen Balkon, zwei der Zimmer sind Familienmaisonetten. Kleiner Spabereich. Ein Grill-Pavillon ergänzt das bürgerlich-rustikal gehaltene Restaurant.

68 Zim 🛏 – ♥54/79 € ♥♥90/124 € – ½ P

*Hersfelder Str. 1, B 454 ✉ 36280 – ℰ 06628 92020 – www.hotelzumstern.de*

# OBERBOIHINGEN

Baden-Württemberg – 5 370 Ew. – Höhe 276 m – Regionalatlas **55**-H19
▶ Berlin 630 km – Stuttgart 34 km – Göppingen 26 km – Reutlingen 25 km
Michelin Straßenkarte 545

### Zur Linde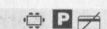

**REGIONAL · BÜRGERLICH** X Seit Jahrzehnten ein bewährter Klassiker in der Region! Mit sehr guten Produkten wird geschmackvoll und traditionell gekocht. Probieren Sie Maultaschensalat, "Hechtklößchen mit Blattspinat" oder leckeres "Kalbskotelett mit gebratenem Gemüse". Tipp: Für Langzeitgäste hat man im Nebenhaus topmoderne Apartments.

Menü 30/75 € – Karte 21/50 €

*Nürtinger Str. 24* ⊠ *72644 – ℰ 07022 61168 – www.linde-oberboihingen.de*
*– geschl. über Pfingsten 2 Wochen und Montag - Dienstag*

## OBERDING Bayern → Siehe Freising

## OBERELSBACH

Bayern – 2 720 Ew. – Höhe 420 m – Regionalatlas **39**-I14
▶ Berlin 410 km – München 325 km – Fulda 52 km – Bamberg 99 km
Michelin Straßenkarte 546

**In Oberelsbach-Ginolfs** Süd-West: 4 km Richtung Bischofsheim, nach 1 km rechts

### Fischerhütte Edwin

**FISCH UND MEERESFRÜCHTE · GEMÜTLICH** X Ein schlicht-modern gehaltenes Restaurant in einem Holzhaus auf Pfählen mitten im Biosphärenreservat Rhön. Man bietet vorwiegend Fisch aus den eigenen Forellenteichen am Haus.

Karte 21/37 €

*Herbertsweg 1* ⊠ *97656 – ℰ 09774 858338 – www.fischerhuette-edwin.de*
*– geschl. Februar 3 Wochen, September - Oktober 1 Woche und Montag - Dienstag*

## OBERHAUSEN

Nordrhein-Westfalen – 210 010 Ew. – Höhe 42 m – Regionalatlas **26**-C11
▶ Berlin 536 km – Düsseldorf 35 km – Duisburg 10 km – Essen 12 km
Michelin Straßenkarte 543

### Hackbarth's Restaurant

**KREATIV · MEDITERRANES AMBIENTE** X "Rotzungen-Roulade auf Gemüse-Cassoulet und Rotweinsauce" ist nur ein Beispiel für die ansprechend angerichteten kreativ-internationalen Speisen in dem netten Lokal in Centro-Nähe. Der Service freundlich-leger. Hübsch die kleine Terrasse.

Menü 35/49 € – Karte 31/66 €

*Im Lipperfeld 44* ⊠ *46047 – ℰ 0208 22188 – www.hackbarths.de – geschl.*
*24. Dezember - 7. Januar und Samstagmittag, Sonntag*

## OBERHEIMBACH

Rheinland-Pfalz – 560 Ew. – Höhe 140 m – Regionalatlas **46**-D15
▶ Berlin 619 km – Mainz 49 km – Neustadt an der Weinstraße 107 km – Koblenz 55 km
Michelin Straßenkarte 543

### Weinberg-Schlösschen

**REGIONAL · FAMILIÄR** XX Nicht nur attraktives zeitgemäßes Ambiente und freundlicher Service sind Ihnen hier gewiss, gut essen kann man ebenso. Gekocht werden u. a. B. Klassiker wie "Ragout vom Oberheimbacher Hirsch". Von der Terrasse schaut man auf die Reben.

Menü 32/55 € – Karte 33/49 €

*Hotel Weinberg-Schlösschen, Hauptstr. 2* ⊠ *55413 – ℰ 06743 9471840*
*– www.weinberg-schloesschen.de – Dienstag - Donnerstag nur Abendessen*
*– geschl. Januar - 1. März und Montag, November - Dezember: Montag - Mittwoch*

## 🏠 Weinberg-Schlösschen    🖼 🕭 🛏 🅿

**FAMILIÄR · MODERN** Nur wenige Kilometer vom Rhein und inmitten der Weinberge liegt das Haus der Lambrichs. Die Zimmer reichen vom kleinen "Piccolo" bis zum schicken großen Turmzimmer mit verglastem Bad! Ansprechend modern sind sie alle, schön der Holzboden.

31 Zim 🛏 – ♦69/99 € ♦♦89/199 € – 1 Suite – ½ P

*Hauptstr. 2 ⊠ 55413 – ☏ 06743 9471840 – www.weinberg-schloesschen.de*
*– geschl. Januar - 1. März*

🍽 **Weinberg-Schlösschen** – siehe Restaurantauswahl

# OBERHOF

Thüringen – 1 640 Ew. – Höhe 800 m – Regionalatlas **40**-K13
▶ Berlin 337 km – Erfurt 58 km – Bamberg 106 km – Eisenach 53 km
Michelin Straßenkarte 544

## 🏠 Berghotel    ⛲ 🚪 🛖 🖼 🕭 🛏 🅿

**LANDHAUS · GEMÜTLICH** Ein wirklich schönes Ferienhotel mit Wellness auf 500 qm und zeitgemäßen, freundlichen Zimmern - etwas gehobener sind die moderneren Zimmer in der Dependance "Villa Silva". Ansprechend auch das Restaurant in geradlinigem Stil sowie die schicke Cocktailbar mit Bowlingbahn.

69 Zim 🛏 – ♦83/98 € ♦♦156/206 € – ½ P

*Theodor-Neubauer-Str. 20 ⊠ 98559 – ☏ 036842 270 – www.berghotel-oberhof.de*
*– (Zubau Poolhaus mit Meerwasser - Schwimmbad nach Redaktionsschluss)*

# OBERKIRCH

Baden-Württemberg – 19 670 Ew. – Höhe 192 m – Regionalatlas **54**-E19
▶ Berlin 739 km – Stuttgart 140 km – Karlsruhe 76 km – Offenburg 16 km
Michelin Straßenkarte 545

## 🍽 Haus am Berg    < 🚪 🕭 🅿

**INTERNATIONAL · FREUNDLICH** XX Ruhe, Weinberge ringsum, der Blick bis zum Straßburger Münster... Kein Wunder, dass die Terrasse an warmen Sommertagen beliebt ist! Hier und im ländlichen Restaurant speist man international. Probieren Sie doch mal das beliebte Tagesmenü!

Menü 25/50 € – Karte 26/55 €

*Am Rebhof 5, Zufahrt über Privatweg ⊠ 77704 – ☏ 07802 4701 (Tischbestellung ratsam) – www.haus-am-berg-oberkirch.de – geschl. Mitte Januar 2 Wochen, Anfang November 2 Wochen und Dienstag - Mittwochmittag*

## 🏠 Obere Linde    ⛲ 🚪 🖼 🛏 🅿

**HISTORISCH · TRADITIONELL** Wenn man die zwei schmucken Fachwerkhäuser sieht, denkt man unweigerlich an wohltuend gemütliche Atmosphäre. Und die finden Sie sowohl in den Zimmern (hier können Sie auf Wunsch sogar in einem Himmelbett schlafen) als auch in den Restaurantstuben. Und draußen hat man eine schöne Gartenterrasse!

27 Zim 🛏 – ♦88/108 € ♦♦120/150 € – ½ P

*Hauptstr. 25 ⊠ 77704 – ☏ 07802 8020 – www.obere-linde.de*

## In Oberkirch-Ödsbach Süd: 3 km

## 🏠 Waldhotel Grüner Baum    ⛲ 🐾 🚪 🔪 🖥 🆗 🛖 🎣 🍽 🖼 🛏 🚗

**SPA UND WELLNESS · INDIVIDUELL** Zur herrlichen Schwarzwaldlandschaft kommen hier noch ein großer Garten mit Streichelzoo, der "zeitlos SPA" auf 1000 qm samt tollem "Außen-Living-Pool", die Kaminlounge und das charmant-rustikale "Back- und Brennhus", dazu wohnliche Zimmer (Tipp: Panorama-Suite) und Restauranträume von ländlich bis elegant.

40 Zim 🛏 – ♦105/130 € ♦♦170/230 € – 5 Suiten – ½ P

*Alm 33 ⊠ 77704 – ☏ 07802 8090 – www.waldhotel-gruener-baum.de*

## In Oberkirch-Ringelbach Nord: 4 km, Richtung Kappelrodeck

🏠 **Landhotel Salmen** 🛎 🕸 🖼 🛋 🛏 **P**

GASTHOF · FUNKTIONELL Man merkt, mit welchem Engagement das Hotel geführt wird: Alles ist tipptopp gepflegt, die Zimmer sind freundlich - beliebt sind die modernen Business-Einzelzimmer, aber auch die Familienzimmer mit Themen-Kinderzimmer. In den gemütlichen Restaurantstuben serviert man bürgerlich-saisonale Küche.

29 Zim ⌑ – ♦69/85 € ♦♦98/115 € – ½ P

*Weinstr. 10 ✉ 77704 – ☎ 07802 4429 – www.hotelsalmen.de – geschl. 7. - 31. Januar, 6. - 16. November*

# OBERMAISELSTEIN

Bayern – 950 Ew. – Höhe 859 m – Regionalatlas **64**-I22

▶ Berlin 734 km – München 166 km – Augsburg 141 km – Bregenz 56 km
Michelin Straßenkarte 546

🏠🏠 **Berwanger Hof** 🛎 🕸 ⫟ 🕸 🖼 🌐 🛋 🛏 🚗

SPA UND WELLNESS · MODERN Hier lässt es sich richtig schön wohnen: ruhige Lage, hübsche Zimmer (Tipp: die neueren in schickem modern-alpinem Look), attraktiver "AlpenSpa" auf 1000 qm sowie regional-internationale Küche - auch auf der reizvollen Terrasse. HP inkl.

42 Zim ⌑ – ♦85/124 € ♦♦164/214 € – 4 Suiten – ½ P

*Niederdorf 11 ✉ 87538 – ☎ 08326 36330 – www.berwangerhof.de*

# OBEROTTERBACH

Rheinland-Pfalz – 1 190 Ew. – Höhe 192 m – Regionalatlas **54**-E17

▶ Berlin 694 km – Mainz 130 km – Neustadt a.d. Weinstraße 44 km – Saarbrücken 107 km
Michelin Straßenkarte 543

🍴 **Schlössl** 🐝 🛋 🛖 🍴 **P**

KREATIV · ELEGANT 🛱🛱 Stilvoll das Amtshaus von 1778, drinnen Sandsteinboden in Schachbrettmuster, Parkett, elegantes Mobiliar! Wertig auch die Gästezimmer. Traumhaft die Terrasse zum Barockgarten. Gekocht wird Kreatives wie "Seeteufel / Artischocke / Zwiebel / Port". Im "Gudd Gess" wird Fr. - So. mittags und abends gegrillt.

Menü 65/135 € – Karte 61/86 € 8 Zim ⌑ – ♦75 € ♦♦150/170 €

*Weinstr. 6 ✉ 76889 – ☎ 06342 923230 – www.schloessl-suedpfalz.de – nur Abendessen, sonntags auch Mittagessen – geschl. Januar und Sonntagabend - Dienstag*

# OBER-RAMSTADT

Hessen – 14 700 Ew. – Höhe 217 m – Regionalatlas **47**-F15

▶ Berlin 571 km – Wiesbaden 58 km – Frankfurt am Main 53 km – Mannheim 56 km
Michelin Straßenkarte 543

🍴 **Hessischer Hof** 🛋 🛖 🛆 **P**

INTERNATIONAL · ELEGANT 🛱 Nicht nur gut übernachten kann man hier: In schönem modernem Ambiente bietet man frische regional-internationale Küche wie "Kalbsnussschnitte mit gegrillten Gambas an Papaya-Chili-Salsa" oder "geschmorten Schaufelbraten mit Waldpilzen".

Karte 25/42 € 22 Zim – ♦62/90 € ♦♦94/110 € – ⌑ 5 €

*Schulstr. 14 ✉ 64372 – ☎ 06154 63470 – www.hehof.de – geschl. Freitag - Samstagmittag*

# OBERRIED

Baden-Württemberg – 2 830 Ew. – Höhe 455 m – Regionalatlas **61**-D20

▶ Berlin 804 km – Stuttgart 182 km – Freiburg im Breisgau 13 km – Donaueschingen 59 km
Michelin Straßenkarte 545

## Gasthaus Sternen Post ⬅️ 🍴 **P**

REGIONAL · LÄNDLICH ✕ Lust auf schmackhaftes Essen in gemütlichen Stuben? Das schön sanierte Gasthaus von 1875 hat engagierte Inhaber, das merkt man auch auf dem Teller - lecker z. B. die "Kalbshaxe mit Petersilien-Senf-Sauce und handgeschabten Spätzle"! Übernachten kann man auch: liebenswerte Zimmer im Landhausstil.

Menü 60 € – Karte 33/56 €     5 Zim 🛏️ – ♦62/85 € ♦♦82/97 € – 1 Suite

*Hauptstr. 30 ✉ 79254 – ☎ 07661 989849 – www.gasthaus-sternen-post.de*
*– geschl. Montagabend - Dienstag*

# In Oberried-Hofsgrund Süd-West: 11 km Richtung Schauinsland

## Die Halde 🐾 🍴 ♿ 🌿 🚗

REGIONAL · RUSTIKAL ✕✕ Altes hat man hier auf wunderschöne Art bewahrt, so versprüht die historische Gaststube mit ihrer dunklen Holztäfelung pures Behagen. Was passt da besser als badische Küche aus regionalen Produkten? Probieren Sie auch Wild aus eigener Jagd!

Menü 37/63 € – Karte 35/55 €

*Hotel Die Halde, Halde 2, Süd-West: 1,5 km ✉ 79254 – ☎ 07602 94470*
*– www.halde.com – geschl. 22. - 25. Dezember*

## Die Halde 🏊 ⬅️ 🛎️ 🌿 🔲 🎱 🌙 ♨️ 📶 ♿ 🚗

SPA UND WELLNESS · MODERN Wandern Sie gerne? Der einstige Bauernhof liegt ruhig und abgeschieden in 1147 m Höhe, toll der Blick zum Feldberg und ins Tal! Die Einrichtung ist eine Mischung aus Modernem und Regionalem, hochwertig und wohnlich. Wellness gibt es u. a. in Form eines schönen Naturbadeteichs. HP inklusive.

37 Zim 🛏️ – ♦231/255 € ♦♦280/390 € – 2 Suiten – ½ P

*Halde 2, Süd-West: 1,5 km ✉ 79254 – ☎ 07602 94470 – www.halde.com – geschl.*
*22. - 25. Dezember*

🍴 **Die Halde** – siehe Restaurantauswahl

# OBERSTAUFEN

Bayern – 7 340 Ew. – Höhe 791 m – Regionalatlas **64**-I22
▶️ Berlin 735 km – München 161 km – Konstanz 107 km – Kempten (Allgäu) 37 km
Michelin Straßenkarte 546

## Ambiente 🍴 🌿 **P**

MEDITERRAN · FREUNDLICH ✕✕ Appetit auf "Fettuccine im Steinpilzschaum", "Potpourri von Edelfischen im Tomaten-Gemüse-Sud" oder einen Klassiker wie "Wiener Kalbskotelett mit Preiselbeeren"? Die Küche ist mediterran geprägt und hat traditionell-saisonale Einflüsse, das Restaurant selbst angenehm hell, schön der Wintergarten.

Menü 39/64 € – Karte 35/67 €

*Kalzhofer Str. 22 ✉ 87534 – ☎ 08386 7478 – www.ambiente-oberstaufen.de – nur*
*Abendessen, sonntags auch Mittagessen – geschl. 9. - 22. Januar, Juli 2*
*Wochen und Montag - Dienstag*

## Esslust 🛎️ 🌿 🚗

MODERNE KÜCHE · GEMÜTLICH ✕✕ So richtig gemütlich hat man es in den charmant-gediegenen Stuben. Gekocht wird frisch, modern-saisonal und mit regionalen Einflüssen. Interessant die Menüs "Alpenkönig", "Allgäu Cross Over" oder "Vegetarisch Kulinarisch".

Menü 35/75 € – Karte 39/61 €

*Hotel Alpenkönig, Kalzhofer Str. 25 ✉ 87534 – ☎ 08386 93450 (Tischbestellung*
*ratsam) – www.hotel-alpenkoenig.de – nur Abendessen, sonntags auch*
*Mittagessen – geschl. 26. November - 24. Dezember*

🏵 **die.speisekammer** Ⓝ

MODERNE KÜCHE · TRENDY XX Das trendig-wertige Design des Hotels setzt sich im Restaurant fort: Ein attraktiver Mix aus zeitgemäßer Geradlinigkeit und Bezug zur Natur. Passend dazu die Speisekarte: modern-international oder regional-traditionell.

Menü 35/65 € – Karte 34/55 €

*Hotel DAS.HOCHGRAT, Rothenfelsstr. 6 ⊠ 87534 – 𝒞 08386 9914620*
*– www.die-speisekammer.de – nur Abendessen, sonntags auch Mittagessen*
*– geschl. Mittwoch*

🏠 **Allgäu Sonne**

SPA UND WELLNESS · KLASSISCH Fantastisch der Blick über das Weißachtal, schön der 2100 qm große Wellnessbereich, dazu ein klasse Panorama-Fitnessraum auf 235 qm! Die Zimmer gediegen-klassisch oder stylish-modern. Im Restaurant samt toller Aussichtsterrasse serviert man international beeinflusste Regionalküche.

149 Zim ⌸ – †106/157 € ††194/332 € – 10 Suiten – ½ P

*Stießberg 1 ⊠ 87534 – 𝒞 08386 7020 – www.allgaeu-sonne.de*

🏠 **Rosenalp**

SPA UND WELLNESS · KLASSISCH Hier bleibt man nicht stehen: schöner moderner Stil in Lounge, Restaurant und Bar sowie in vielen Zimmern, toll das Fitness- und Medical-Wellness-Angebot, ein Highlight der schicke große Spa auf 2000 qm, der kaum Wünsche offen lässt! Auch im hübschen Garten lässt es sich wunderbar entspannen.

100 Zim ⌸ – †108/150 € ††236/276 € – 15 Suiten – ½ P

*Am Lohacker 5 ⊠ 87534 – 𝒞 08386 7060 – www.rosenalp.de*

🏠 **DAS.HOCHGRAT** Ⓝ

LUXUS · MODERN Das ist modern-alpiner Chic! Das edle Interieur der Zimmer und Chalets vereint auf äußerst geschmackvolle Weise klare Linien, schöne wohnliche Stoffe und Naturmaterialien wie warmes Holz und Stein. Wie wär's mit dem "Panorama-Chalet"?

16 Suiten ⌸ – ††228/311 € – 4 Zim

*Rothenfelsstr. 6 ⊠ 87534 – 𝒞 08386 9914620 – www.das-hochgrat.de*
🏵 **die.speisekammer** – siehe Restaurantauswahl

🏠 **Alpenkönig**

LANDHAUS · GEMÜTLICH Familie Bentele hat hier ein echtes Schmuckstück: wertig und geschmackvoll die wohnlich-eleganten Zimmer mit hübschen modernen Details, schön der Kosmetik- und Freizeitbereich. Weiterer Wohlfühlfaktor: die angenehm persönliche Atmosphäre!

23 Zim ⌸ – †95/145 € ††190/290 € – ½ P

*Kalzhofer Str. 25 ⊠ 87534 – 𝒞 08386 93450 – www.hotel-alpenkoenig.de*
*– geschl. 26. November - 24. Dezember*
🏵 **Esslust** – siehe Restaurantauswahl

🏠 **Adler**

GASTHOF · MONTAN Direkt im Herzen der Stadt steht der Traditionsgasthof von 1574 - sehr beliebt die Terrasse auf dem Kirchplatz! Sie wohnen schön gepflegt, beginnen den Tag mit einem guten Frühstück und später können Sie hier bürgerlich-regional essen. Das freundliche Personal ist auch bei der Parkplatzsuche behilflich.

26 Zim ⌸ – †65/130 € ††130/220 € – 1 Suite – ½ P

*Kirchplatz 6 ⊠ 87534*
*– 𝒞 08386 93210 – www.adler-oberstaufen.de*
*– geschl. 1. - 14. Dezember*

## In Oberstaufen-Bad Rain Ost: 1,5 km über Rainwaldstraße

### ⁑○ Bad Rain  ⇦ 🐾 🏠 🅿

**REGIONAL · RUSTIKAL** 🍴 Lust auf traditionell-regionale Küche? Es gibt Wild aus eigener Jagd, Forellengerichte oder auch Vegetarisches. Beliebt sind auch die selbstgebrannten Schnäpse. Der sympathische Familienbetrieb (5. Generation) hat neben heimeligen Stuben auch wohnliche Gästezimmer und einen netten Freizeitbereich.

Menü 20/55 € – Karte 26/51 €   26 Zim ⌚ – ∳66/89 € ∳∳138/178 € – 1 Suite

*Hotel Bad Rain, Hinterstaufen 9 ⊠ 87534 – ℰ 08386 93240 – www.bad-rain.de – geschl. Mitte November - Mitte Dezember*

## In Oberstaufen-Kalzhofen Nord-Ost: 1 km über Kalzhofer Straße

### 🏠 Haubers Alpenresort  🐎 🐾 ⇦ 🛁 ⻏ 🔲 ⑳ 🛶 ㏇ 🗐 🖭 🛆 🗞 🅿

**RESORT · FUNKTIONELL** Ein tolles Resort auf 60 ha Grund mit Golfplatz, Wanderwegen, einem ganzen Bergrücken, zwei Almen und den komfortablen Hotels "Landhaus" und "Gutshof" - Letzteres mit schicken Themenzimmern. Dazu ein Wellnesshaus mit Panoramasauna am 2500 qm großen Natursee! Hochwertige HP - auch als Menü für externe Gäste.

62 Zim ⌚ – ∳106/178 € ∳∳210/392 € – 7 Suiten – ½ P

*Meerau 34 ⊠ 87534 – ℰ 08386 93305 – www.haubers.de*

## In Oberstaufen-Steibis Süd: 5 km

### 🏠 Ludwig Royal  🐎 🐾 ⇦ 🛁 ⻏ 🔲 ⑳ ㏇ 🗐 🖭 🗞 🛶

**SPA UND WELLNESS · KLASSISCH** Gelungen hat man dem klassisch-alpenländischen König-Ludwig-Flair dieses komfortablen Ferienhotels mit stimmigen Details eine moderne Note verliehen. Zum Relaxen gibt es einen hübschen Wellnessbereich, in den Restaurantstuben speisen sowohl Hotelgäste als auch Passanten gerne.

68 Zim ⌚ – ∳102/117 € ∳∳125/145 € – 2 Suiten – ½ P

*Im Dorf 29 ⊠ 87534 – ℰ 08386 8910 – www.hotel-ludwig-royal.de  geschl. 10. - 16. Dezember*

## In Oberstaufen-Willis West: 1,5 km über B 308

### 🏠 Bergkristall  🐎 🐾 ⇦ 🛁 ⻏ 🔲 ⑳ ㏇ 🗐 🖭 🅿

**SPA UND WELLNESS · GEMÜTLICH** Eine richtig gute Wellnessadresse in traumhafter Lage über dem Weißachtal: rund 1500 qm Spa mit toller Sicht - ob Fitness, Sauna oder Beauty & Co., ob innen oder außen! Die Zimmer: von modern-alpinem Chic bis Landhausstil. Die meisten Zimmer sowie Restaurant und Terrasse bieten grandiosen Blick.

50 Zim ⌚ – ∳119/209 € ∳∳270/368 € – 6 Suiten – ½ P

*Willis 8 ⊠ 87534 – ℰ 08386 9110 – www.bergkristall.de*

# OBERSTDORF

Bayern – 9 580 Ew. – Höhe 815 m – Regionalatlas **64**-J22

▶ Berlin 737 km – München 165 km – Kempten (Allgäu) 39 km – Immenstadt im Allgäu 20 km

Michelin Straßenkarte 546

### ✿ Das Maximilians  ⇦ 🏠 🗞 🅿

**FRANZÖSISCH-MODERN · GEMÜTLICH** 🍴🍴 Ausgesprochen einladend ist dieses Wintergarten-Restaurant: freundlich, stimmig, elegant das Ambiente, versiert der Service, ausgezeichnet die Küche. Nur hochwertige Produkte kommen in die modern-saisonalen Gerichte, die begleitet werden von einer schönen Weinauswahl.
→ Tiefseelangustine aus Neuseeland - Carpaccio und Medaillon, Waldmeister, Aprikose, Sonnenblume. Bretonischer Steinbutt vom kleinen Boot - Mönchsbart, schwarzer Knoblauch, Safran, Haferwurzel. Unser Bienenstich - Rhabarber, Erdbeer, Sauerampfer, Mandel.

Menü 69/112 € – Karte 72/78 €

*Hotel Das Freiberg, Freibergstr. 21 ⊠ 87561 – ℰ 08322 96780 (Tischbestellung ratsam) - www.das.maximilians.de - nur Abendessen - geschl. Sonntag - Montag*

## ✿ **ESS ATELIER STRAUSS**     ❧ Ⓐ/ⒸⒸ ⓈⓏ

**KLASSISCHE KÜCHE · GEMÜTLICH** XX Ob "Klassische Route", "Expedition Tour" oder "Sternschnupper-Überraschungsmenü", hier wird mit ausgesuchten Produkten und modern-kreativen Einflüssen gekocht. Passend dazu der chic-alpine Look des Restaurants samt tollem Weinklimaschrank als Blickfang.
→ Oberstdorfer Milchkalbshaxe, Bretonische Jakobsmuschel, Chicorée, Parmesan. Taube, Blaukraut, Purpel Curry, Kumquats. Alpin Schokolade, Kaffee, Glühwein, Walnuss.

Menü 58/144 €

*Hotel Löwen & Strauss, Kirchstr. 1 ✉ 87561 – ℰ 08322 800080 (Tischbestellung ratsam) – www.loewen-strauss.de – nur Abendessen – geschl. April, November und Montag - Mittwoch*

## ⊕ **Das Jagdhaus**     🍴 ❁ 🅿

**REGIONAL · GASTHOF** X Das charmante Holzhaus von 1856 mit seinen drei Stuben ist ein netter Ableger des Sternerestaurants "Maximilian". Auf den Tisch kommt Regionales wie "gebratenes Saiblingsfilet mit Schwarzwurzeln in Creme". Oder mögen Sie lieber Wild? Im schönen Biergarten gibt's typische Speisen unter Kastanien.

Menü 33/45 € – Karte 30/49 €

*Ludwigstr. 13 ✉ 87561 – ℰ 08322 987380 (abends Tischbestellung ratsam) – www.das-jagdhaus.de – geschl. Mittwoch - Donnerstagmittag*

## ⊕ **Löwen-Wirtschaft**     🍴 ❧ 🅿

**REGIONAL · GASTHOF** X Der modern-rustikale Stil (schön die liebevollen Details wie alte Skier, Kuhglocken etc.) kommt ebenso gut an wie der freundliche Service und die schmackhafte Küche. Letztere gibt's z. B. als "Spanferkelbackerl mit Balsamicoglace" oder "Landhuhn-Supreme mit Pecorino-Risotto und Schwammerl". Aktionsabende.

Menü 28/48 € – Karte 22/68 €

*Hotel Löwen & Strauss, Kirchstr. 1 ✉ 87561 – ℰ 08322 800088 (abends Tischbestellung ratsam) – www.loewen-strauss.de – geschl. April 3 Wochen, November 3 Wochen und Montag - Dienstag*

## ⊕ **Das Fetzwerk** Ⓝ     🍴 🅿

**INTERNATIONAL · TRENDY** X Ein witziges Konzept, das Jung und Alt gleichermaßen anspricht: Die trendig-ungezwungene "Genuss-Werkstatt" bietet regional-internationales "Fast Slow Food" im Weckglas! Da heißt es z. B. "Ente gut, alles gut" oder "Lach(s) Anfall".

Menü 20/32 €

*Hotel Das Freiberg, Freibergstr. 21 ✉ 87561 – ℰ 08322 96780 – www.das-fetzwerk.de*

## ⅠⓄ **Parkhotel Frank**     ≪ 🛏 🍴 ⓈⓏ 🚗

**KLASSISCHE KÜCHE · ELEGANT** XX Charmant und zuvorkommend wird man hier umsorgt, das Ambiente dazu ist ländlich-elegant im Hauptrestaurant und chic-modern im "MaSiLeRo". Die Küche: "Grenzenlos", "Heimatstücke" oder "Essbare Landschaften". Mittags kleines Angebot.

Menü 38/76 € – Karte 38/60 €

*Parkhotel Frank, Sachsenweg 11 ✉ 87561 – ℰ 08322 7060 (Tischbestellung erforderlich) – www.parkhotel-frank.de – nur Abendessen – geschl. Ende Dezember - Anfang Januar 2 Wochen und Sonntag - Montag*

## 🏨 **Parkhotel Frank**     ♨ ≪ 🛏 ⚒ 🍸 🖥 🕭 🏋 🔲 ❧ ♨ 🚗

**SPA UND WELLNESS · KLASSISCH** Bei den herzlichen Gastgebern hat man das Gefühl, zur Familie zu gehören! Zimmer gibt es von gemütlich-rustikal über modern bis elegant-gediegen, dazu Spa-Vielfalt zum toller "WellÉtage", verglaster "Welle" und Naturpool im schönen großen Garten. Tipp: Wanderung (45 Min.) zum Café "gruben1a" im Trettachtal.

81 Zim ⚏ – ♦135/215 € ♦♦292/476 € – 8 Suiten – ½ P

*Sachsenweg 11 ✉ 87561 – ℰ 08322 7060 – www.parkhotel-frank.de*

ⅠⓄ **Parkhotel Frank** – siehe Restaurantauswahl

## 🏠 Exquisit

**SPA UND WELLNESS · ELEGANT** Hier wurden nur wertigste Materialien verarbeitet, heimisches Holz und wohnliche Stoffe - behaglicher und geschmackvoller kann moderne Eleganz kaum sein! Auch kulinarisch fehlt es den Hausgästen an nichts dank des gehobenen Menüs. HP inkl.

43 Zim 🖙 – ♦165/240 € ♦♦280/390 € – 9 Suiten – ½ P

*Lorettostr. 20 ✉ 87561 – ℰ 08322 96330 – www.hotel-exquisit.de*

## 🏠 Das Freiberg

**LANDHAUS · MODERN** Beeindruckend, was Familie Bolkart-Fetz hier geschaffen hat: richtig schöne, individuelle Zimmer, Suiten und Maisonetten. Lieben Sie es stylish mit extravaganten Details? Oder darf es ein schicker Mix aus modern und traditionell sein? Ebenso attraktiv: Sauna, Garten mit Pool, Massage. HP in der "Stube".

24 Zim 🖙 – ♦135/168 € ♦♦194/270 € – 3 Suiten – ½ P

*Freibergstr. 21 ✉ 87561 – ℰ 08322 96780 – www.das-freiberg.de*

❀ **Das Maximilians** • 🏵 **Das Fetzwerk** – siehe Restaurantauswahl

## 🏠 Schüle's Gesundheitsresort & Spa 🅾

**SPA UND WELLNESS · ELEGANT** Relaxen leicht gemacht: Auf 2600 qm bietet man Medical Wellness, "Ladies' SPA", die Panorama-Ruhe-Lounge "ZeitLOS"... Wunderbar entspannen lässt es sich auch in den nach Kräutern und Beeren benannten Zimmern, meist mit Balkon und Bergblick.

108 Zim 🖙 – ♦95/172 € ♦♦184/318 € – 3 Suiten – ½ P

*Ludwigstr. 37 ✉ 87561 – ℰ 08322 7010 – www.schueles.com*

## 🏠 Löwen & Strauss

**LANDHAUS · MODERN** "AlpinLifeStyleHotel" im Herzen von Oberstdorf. Für den regionalen Bezug sorgen die Materialien ebenso wie die guten Produkte zum Frühstück! Schön der Saunabereich mit Jacuzzi und Dachterrasse. Tipp: Reservieren Sie zeitig einen Parkplatz

25 Zim 🖙 – ♦65/110 € ♦♦140/260 € – ½ P

*Kirchstr. 1, (Zufahrt über Bachstr. 12) ✉ 87561 – ℰ 08322 800080*
*– www.loewen-strauss.de – geschl. April und November*

❀ **ESS ATELIER STRAUSS** • 🏵 **Löwen-Wirtschaft** – siehe Restaurantauswahl

# OBERSTENFELD

Baden-Württemberg – 7 900 Ew. – Höhe 234 m – Regionalatlas **55**-H18
▶ Berlin 600 km – Stuttgart 44 km – Heilbronn 18 km – Schwäbisch Hall 49 km
Michelin Straßenkarte 545

## 🏵 Zum Ochsen

**REGIONAL · LÄNDLICH** ✗ Bei Familie Schick sitzt man in behaglichen Stuben bei schwäbischer, aber auch internationaler Küche: Maultaschen, Kartoffelsalat und Gaisburger Marsch oder auch "gebratener Wolfsbarsch mit Schmorgemüse". Im Sommer: schöner Pavillon!

Menü 32/57 € – Karte 27/56 €

*Hotel Zum Ochsen, Großbottwarer Str. 31 ✉ 71720 – ℰ 07062 9390*
*– www.hotel-gasthof-zum-ochsen.de – geschl. 1. - 13. Januar und Montag*
*- Dienstag*

## 🏠 Zum Ochsen

**GASTHOF · TRADITIONELL** Ein gestandener Gasthof, den es schon über 300 Jahre gibt! Historisch ist in den Zimmern allerdings gar nichts: Sie sind schön modern und farblich frisch - nur wenige rustikalere Standardzimmer sind noch da. Charmanter Service und gutes Frühstück machen das positive Bild komplett.

30 Zim 🖙 – ♦71/81 € ♦♦91/111 € – ½ P

*Großbottwarer Str. 31 ✉ 71720 – ℰ 07062 9390*
*– www.hotel-gasthof-zum-ochsen.de – geschl. 1. - 13. Januar*

🏵 **Zum Ochsen** – siehe Restaurantauswahl

# OBERTHAL

Saarland – 6 070 Ew. – Höhe 300 m – Regionalatlas **46**-C16

▶ Berlin 710 km – Saarbrücken 48 km – Trier 68 km – Idar-Oberstein 39 km

Michelin Straßenkarte 543

## In Oberthal - Steinberg-Deckenhardt Nord-Ost: 5 km

### ⅈ○ **Zum Blauen Fuchs**

**FRANZÖSISCH-KLASSISCH · LÄNDLICH** ✕✕ Stimmig ist das gemütlich-elegante Ambiente, gut die mediterran-saisonal beeinflusste klassische Küche. Letzteres ist dem ambitionierten Gastgeber zu verdanken, der freundliche Service und die fachkundige Weinberatung seiner Frau.

Menü 40/90 € (abends) – Karte 46/70 €

*Walhausener Str. 1* ✉ *66649 –* ✆ *06852 6740 (Tischbestellung ratsam)*
*– www.zumblauenfuchs.de – nur Abendessen, sonntags auch Mittagessen*
*– geschl. 24. Dezember - 4. Januar, Juni 2 Wochen und Sonntagabend - Dienstag*

# OBERUCKERSEE

Brandenburg – 1 710 Ew. – Regionalatlas **23**-Q6

▶ Berlin 98 km – Potsdam 164 km – Prenzlau 21 km

Michelin Straßenkarte 542

## In Oberuckersee-Seehausen

### 🏠 **Seehotel Huberhof**

**LANDHAUS · GEMÜTLICH** Ein wirklich schönes Hotel unter familiärer Leitung, das aus einem restaurierten alten Bauernhof entstanden ist. Gemütlich sowohl die Zimmer als auch die Gaststuben mit ihrem ländlichen Charme, toll der Innenhof! Angenehm der direkte Zugang zum Oberuckersee. Man hat auch Ferienwohnungen/-häuser.

22 Zim ☲ – ♦56 € ♦♦70/102 € – 2 Suiten – ½ P

*Dorfstr. 49* ✉ *17291 Seehausen –* ✆ *039863 6020 – www.seehotel-huberhof.de*
*– geschl. 8. - 26. Januar*

## In Oberuckersee-Warnitz

### 🏠 **Panorama Hotel am Oberuckersee**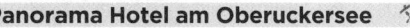

**SPA UND WELLNESS · INDIVIDUELL** Hier wohnt man direkt am Oberu- 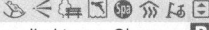 ckersee, und zwar in recht individuellen Zimmern, die fast alle Seeblick bieten. Ausgesprochen schön der Spa auf 1500 qm und auch das reichhaltige Frühstück lässt keine Wünsche offen. Das Restaurant: behagliches Kaminzimmer, heller Saal mit Seeblick sowie Seeterrasse.

33 Zim ☲ – ♦85/90 € ♦♦138/158 € – 2 Suiten – ½ P

*Quastweg 2* ✉ *17291 Warnitz –* ✆ *039863 63923*
*– www.panoramahotel-uckermark.de*

# OBERURSEL (TAUNUS)

Hessen – 44 780 Ew. – Höhe 210 m – Regionalatlas **47**-F14

▶ Berlin 533 km – Wiesbaden 47 km – Frankfurt am Main 14 km –

Bad Homburg vor der Höhe 4 km

Michelin Straßenkarte 543

### ⅈ○ **Kraftwerk**

**INTERNATIONAL · TRENDY** ✕✕ Eine trendige Location: Restaurant, Oldtimer-Showroom, Vinothek und Kochwerkstatt unter einem Dach. Die ambitionierte Küche gibt es z. B. als "Label Rouge Lachs / Pfifferlings-Nudelrisotto / grüner Spargel". Interessant: das "Amuse Bouche Menü". Oder lieber österreichische Klassiker wie Wiener Schnitzel?

Menü 50/98 € – Karte 36/64 €

*Zimmersmühlenweg 2, (Gewerbegebiet)* ✉ *61440 –* ✆ *06171 929982*
*(Tischbestellung ratsam) – www.kraftwerkrestaurant.de – nur Abendessen*
*– geschl. Juli 2 Wochen und Sonntag - Montag*

# OBERWESEL

Rheinland-Pfalz – 2 820 Ew. – Höhe 180 m – Regionalatlas **46**-D15

▶ Berlin 621 km – Mainz 56 km – Bad Kreuznach 42 km – Koblenz 49 km

Michelin Straßenkarte 543

## ⅢO Burgrestaurant Auf Schönburg    ← 😋 ♻ 🅿

**KLASSISCHE KÜCHE · ELEGANT** XX Burgflair ist hier allgegenwärtig! Stilvoll die drei Stuben, herrlich die Terrassen, ob mit Rhein- oder Pfalzblick. Die Küche ist klassisch und international-saisonal beeinflusst: "Hunsrücker Wildschweinsauerbraten mit Grünkohl", "Taubenbrüste auf getrüffeltem Blattspinat"... Tagsüber zusätzliche Vesperkarte.

Menü 35/72 € – Karte 41/62 €

*Burghotel Auf Schönburg, Schönburg, Süd: 2 km, Richtung Dellhofen* ✉ *55430*
*– ℰ 06744 93930 (Tischbestellung ratsam) – www.burghotel-schoenburg.de*
*– Mitte März - April und Ende Oktober - Januar nur Abendessen – geschl.*
*9. Januar - 16. März und Montagmittag*

## 🏰 Burghotel Auf Schönburg    ← 🛏 🖃 🌿 ⛱ 🅿

**BURG · INDIVIDUELL** Die wunderschöne Burg in toller exponierter Lage ist ein Ort zum Wohlfühlen: individuelle Zimmer mit ganz eigenem Charme (meist mit Balkon), dazu ein ausgezeichnetes Frühstück, ein romatischer Garten und ein traumhafter Blick! Tipp: per Fußweg "Elfenley" in 15 Min. in die Altstadt.

19 Zim ⌷ – †120/170 € ††250/350 € – 6 Suiten – ½ P

*Schönburg, Süd: 2 km, Richtung Dellhofen* ✉ *55430 – ℰ 06744 93930*
*– www.burghotel-schoenburg.de – geschl. 9. Januar - 16. März*

ⅢO **Burgrestaurant Auf Schönburg** – siehe Restaurantauswahl

## 🏠 Goldener Propfenzieher    ✿ 🖃 ⛱ 🅿

**FAMILIÄR · INDIVIDUELL** Die freundlichen Gastgeber haben hier ein über 500 Jahre altes Haus, in dem man sehr gepflegt wohnt. Die Zimmer sind teils ganz modern, teils traditioneller. In Weinstube und Restaurant isst man regional, Schwerpunkt ist Fleisch (der Patron ist auch Metzgermeister). Toll: der Biergarten mit Kastanienbäumen!

28 Zim ⌷ – †60/75 € ††80/95 € – ½ P

*Am Plan 1* ✉ *55430 – ℰ 06744 93390 – www.goldener-pfropfenzieher.com*
*– geschl. 1. Februar - 18. März*

## 🏠 Weinhaus Weiler    ✿ 🌿 🅿

**HISTORISCH · GEMÜTLICH** In dem schmucken historischen Fachwerkhaus im Zentrum zeigt Familie Weiler volles Engagement: persönlicher Service, individuelle, wohnliche Zimmer (charmant die mit freigelegten Holzbalken) und regionale Küche in gemütlich-rustikalem Ambiente. Ganz speziell: das wenige Schritte entfernte Turmzimmer!

10 Zim ⌷ – †56/82 € ††82/120 € – 4 Suiten – ½ P

*Marktplatz 4* ✉ *55430 – ℰ 06744 93050 – www.weinhaus-weiler.de – geschl.*
*7. November - 10. März*

## In Oberwesel-Dellhofen Süd-West: 2,5 km

## 🏠 Gasthaus Stahl    ✿ 🐾 🛏 🌿 🅿

**FAMILIÄR · GEMÜTLICH** Ein sympathischer ländlicher Gasthof, der von der Familie gut geführt wird. Die neueren Zimmer sind sehr schön im Landhausstil eingerichtet. Hübsch der Garten mit Baumbestand. Bürgerliche Küche und Eigenbauweine in den gemütlichen Gaststuben. Toller alter Saal.

20 Zim ⌷ – †53/69 € ††80/110 € – ½ P

*Am Talblick 6* ✉ *55430 – ℰ 06744 416 – www.gasthaus-stahl.de – geschl. Mitte*
*Dezember - Anfang März*

# OBERWIESENTHAL

Sachsen – 2 240 Ew. – Höhe 914 m – Regionalatlas **42**-O14

▶ Berlin 317 km – Dresden 125 km – Chemnitz 53 km – Plauen 110 km

Michelin Straßenkarte 544

**Sachsenbaude** 🎿 🛝 ⛷ 🛎 🖵 🎋 🍴 🔲 🧖 🚗

GASTHOF · KLASSISCH Es ist das sehr wohnliche und geschmackvolle Ambiente, das dieses Berghotel in fast 1200 m Höhe auszeichnet. Der nette Freizeitbereich bietet u. a. Kosmetik und Massage. Als Restaurant dient die gemütliche Loipenklause mit rustikalem Charakter.

31 Zim ☲ – ♦80/154 € ♦♦110/228 € – 16 Suiten – ½ P

*Fichtelbergstr. 4, auf dem Fichtelberg, West: 3 km* ✉ 09484 – 𝒞 037348 1390 *– www.sachsenbaude.de – geschl. 5. - 17. November*

 **Appartementhotel Jens Weissflog** 🎿 🛝 ⛷ 🎋 🧖 🅿

FAMILIÄR · MODERN Umgeben von Wiesen und Wald liegt das kleine Hotel des ehemaligen Skisprung-Olympiasiegers. Die Appartements sind nach bekannten Skisprungorten benannt. Kosmetik und Massage. Das Restaurant bietet internationale Küche mit "Springer-Menü". Tolle Sicht auf die Region.

18 Zim ☲ – ♦79/165 € ♦♦99/198 € – ½ P

*Emil-Riedel-Str. 50* ✉ 09484 – 𝒞 037348 100 – *www.jens-weissflog.de – geschl. 26. März - 12. April*

# OBING

Bayern – 4 070 Ew. – Höhe 562 m – Regionalatlas **66**-N20
▶ Berlin 647 km – München 72 km – Bad Reichenhall 62 km – Rosenheim 31 km
Michelin Straßenkarte 546

 **Oberwirt** 🎿 🎋 🎋 🔲 🧖 🚗

GASTHOF · GEMÜTLICH Ein gewachsener Gasthof mit eigener Metzgerei, liebenswerten wohnlichen Zimmern und nettem Garten, an den sich der See mit privatem Badesteg anschließt. Gemütlich-charmante Restaurantstuben, darunter die besonders hübsche Tiroler Stube. Biergarten im Innenhof.

49 Zim ☲ – ♦71/75 € ♦♦108/120 € – ½ P

*Kienberger Str. 14* ✉ 83119 – 𝒞 08624 89110 – *www.oberwirt.de*

# OCHSENHAUSEN

Baden-Württemberg – 8 590 Ew. – Höhe 613 m – Regionalatlas **64**-I20
▶ Berlin 658 km – Stuttgart 139 km – Konstanz 150 km – Ulm (Donau) 47 km
Michelin Straßenkarte 545

**In Gutenzell-Hürbel** Nord-Ost: 6 km über Ulmer Straße, am Ortsende rechts:

 **Klosterhof** 🎿 🎋 🍴 🧖 🚗

GASTHOF · GEMÜTLICH Das Gasthaus gehörte ursprünglich als Torwache zur ehemaligen Klosteranlage. Sie wohnen in nett eingerichteten und sehr gepflegten Zimmern und speisen im gemütlich-rustikalen Restaurant mit Kachelofen.

18 Zim ☲ – ♦56/85 € ♦♦86/125 € – ½ P

*Schlossbezirk 2, (Gutenzell)* ✉ 88484 – 𝒞 07352 92330
*– www.klosterhof-gutenzell.de – geschl. 23. - 26. Dezember, 26. - 28. Februar*

# ODELZHAUSEN

Bayern – 4 680 Ew. – Höhe 499 m – Regionalatlas **57**-L20
▶ Berlin 590 km – München 46 km – Augsburg 30 km – Donauwörth 65 km
Michelin Straßenkarte 546

🍽 **Braustüberl** 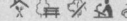 🍴 ♿ 🅿

REGIONAL · RUSTIKAL ⚔ Zünftig bayerisch - so ist das Motto in den rustikalen Braustuben. Sie bekommen Bier aus der eigenen Hausbrauerei und bürgerliches Essen, wie es für die Region typisch ist.

Karte 26/45 €

*Gutshotel im Schlossgut Odelzhausen, Am Schloßberg 1* ✉ 85235
*– 𝒞 08134 99870 – www.schlossgut-odelzhausen.de*

### 🏠 **Gutshotel im Schlossgut Odelzhausen** 🔲 🛋 **P**

**TRADITIONELL · MODERN** Ein zeitgemäßes Hotel mit historischem Rahmen. Schön hell und wohnlich hat man die geräumigen Zimmer eingerichtet - originell: Durch drei Bäder zieht sich der alte Backsteinschornstein! Praktisch ist die gute Anbindung an die Autobahn.

32 Zim 🖵 - 🛏95/105 € 🛏🛏120/150 € – 1 Suite

*Am Schloßberg 1* ✉ *85235* – 𝄞 *08134 99870* – *www.schlossgut-odelzhausen.de*

🍽️ **Braustüberl** – siehe Restaurantauswahl

## ODENTHAL

Nordrhein-Westfalen – 14 730 Ew. – Höhe 85 m – Regionalatlas **36**-C12

▶ Berlin 553 km – Düsseldorf 49 km – Köln 18 km

Michelin Straßenkarte 543

### ⿻ **Zur Post** (Alejandro und Christopher Wilbrand)  ⬅ 🅰🅲 ⅊ **P**

**FRANZÖSISCH-MODERN · ELEGANT** 🗙🗙 Das schmucke Haus der Gebrüder Wilbrand verbindet Historie mit stimmigem, stilvoll-modernem Interieur. Aus der Küche kommen finessenreiche Gerichte, die auf ausgezeichneten Produkten basieren, begleitet von so manch schönem Wein. Toll der Festsaal. Gepflegt übernachten kann man im eigenen kleinen Hotel.

→ Königskrabbe, Curry Mayonnaise, geröstete Tomate, Gurkensud. Steinbuttfilet, Eismeergarnele, weißer Spargel, Morcheln, Brunnenkresse. Geeister Aprikosen-Mascarponesponge, Sauerampfer, Mohnparfait.

Menü 72/119 € (abends) – Karte 51/99 €    15 Zim 🖵 - 🛏89/149 € 🛏🛏129/189 € – ½ P

*Hotel Zur Post, Altenberger-Dom-Str. 23* ✉ *51519* – 𝄞 *02202 977780*

*– www.zurpost.eu – Mittwoch - Freitag nur Abendessen – geschl. Anfang Januar 1 Woche und Montag - Dienstag*

🍽️ **Postschänke** – siehe Restaurantauswahl

### ⿻ **Postschänke**  🏠 ⅊ **P**

**MARKTKÜCHE · BISTRO** 🗙 Eine sympathische Alternative zum Post-Restaurant: Die lebhafte Atmosphäre kommt hier ebenso an wie die schmackhafte saisonale Küche samt Tagesmenü. Appetit macht da z. B. "Rinderfiletstreifen mit Waldpilzsauce".

Menü 35/45 €    Karte 33/53 €

*Hotel Zur Post, Altenberger-Dom-Str. 23* ✉ *51519* – 𝄞 *02202 977780*

*(Tischbestellung ratsam) – www.zurpost.eu – geschl. Anfang Januar 1 Woche*

## ÖHNINGEN

Baden-Württemberg – 3 590 Ew. – Höhe 446 m – Regionalatlas **62**-F21

▶ Berlin 800 km – Stuttgart 168 km – Konstanz 34 km – Singen (Hohentwiel) 16 km

Michelin Straßenkarte 545

### In Öhningen-Schienen Nord: 2,5 km in Richtung Radolfzell

### ⿻ **Falconera** (Johannes Wuhrer)  🐾 🏠 **P**

**FRANZÖSISCH-KLASSISCH · FAMILIÄR** 🗙🗙 Genuss in mehrfacher Hinsicht: Da sind zum einen die frischen modernen Speisen auf klassischer Basis, zum anderen die liebenswerten Gastgeber Anne und Johannes Wuhrer und nicht zuletzt die malerische Lage im Grünen - auch wenn die Stuben wirklich charmant sind, im Sommer ist die Terrasse einfach am schönsten!

→ Variation von Jakobsmuschel und Tomate. Rosa Rehrücken mit Pfefferkirschen und Rahmwirsing, Mohnschupfnudeln und Selleriecreme. Ofenfrische Limonentarte mit Panna Cotta-Haube, Himbeeren und Holundersabayone.

Menü 48 € (mittags unter der Woche)/98 € – Karte 62/86 €

*Zum Mühlental 1* ✉ *78337* – 𝄞 *07735 2340* – *www.falconera.de* – *geschl. Sonntagabend - Dienstag*

## ÖHRINGEN

Baden-Württemberg – 22 780 Ew. – Höhe 230 m – Regionalatlas **55**-H17

 Berlin 568 km – Stuttgart 66 km – Heilbronn 28 km – Schwäbisch Hall 29 km

Michelin Straßenkarte 545

###  Württemberger Hof ☆ ⋒ ⅃⅚ ⎗ ⅍ 🚗

BUSINESS · FUNKTIONELL In dem gewachsenen Haus am Anfang der Fußgängerzone bietet man teilweise gediegene, im Neubau auch schön moderne Zimmer. Toll die Suite und die Juniorsuite mit herrlicher Dachterrasse! Nicht zu vergessen der Saunabereich, passend zum neuzeitlichen Stil. Im Restaurant internationale und regionale Küche.

59 Zim ⌑ – ♥95/115 € ♥♥125/155 € – 1 Suite

*Karlsvorstadt 4 ⊠ 74613 – 𝒞 07941 92000 – www.wuerttemberger-hof.de*

---

 Gute Küche zu moderatem Preis? Folgen Sie dem „Bib Gourmand" ⊛. Das freundliche Michelin-Männchen „Bib" steht für ein besonders gutes Preis-Leistungs-Verhältnis!

---

## In Friedrichsruhe Nord: 6 km, jenseits der A 6

### ❁ Gourmet-Restaurant 🕸 ⎗ ⍟ & ⒜ ⅍ ℗

FRANZÖSISCH-KLASSISCH · ELEGANT ✕✕✕ Klassik ist hier allgegenwärtig, von der ausgesprochen stilvollen Einrichtung samt Kronleuchtern, edlen Stoffen und Gemälden über den angenehmen, aufmerksamen Service bis zur saisonalen Küche mit modernen Akzenten.

→ Étouffée Taube mit Poveraden, Cassis und Estragon. Bretonischer Hummer mit Birne, wildem Brokkoli und Lardo. Gâteau au Chocolat von der weißen Opalys Valrhona Schokolade mit Passionsfrucht.

Menü 94 € (vegetarisch)/148 € – Karte 82/108 €

*Wald & Schlosshotel Friedrichsruhe, Kärcherstr. 11 ⊠ 74639 Zweiflingen
– 𝒞 07941 60870 (Tischbestellung ratsam) – www.schlosshotel-friedrichsruhe.de
– nur Abendessen – geschl. 23. Januar - 13. Februar und Sonntag - Montag*

### ⅣO Jägerstube ⍟ & ⒜ ⅍ ℗

REGIONAL · RUSTIKAL ✕✕ Hier isst man etwas günstiger als im Gourmet-Restaurant, aber trotzdem gut und zudem sehr gemütlich. Die regionale Karte macht z. B. mit "Ossobuco vom Hohenloher Kalb mit Petersilien-Gremolata, Ofenkarotten und Thymiankrapfen" Appetit.

Menü 42/46 € – Karte 42/60 €

*Wald & Schlosshotel Friedrichsruhe, Kärcherstr. 11 ⊠ 74639 Zweiflingen
– 𝒞 07941 60870 – www.schlosshotel-friedrichsruhe.de*

### ⌂⌂⌂ Wald und Schlosshotel Friedrichsruhe ⌖ ⎗ ⌿ ⬚ ⊕ ⋒ ⅃⅚

LUXUS · KLASSISCH Ein "Landhotel de luxe": Zimmer von modern bis hin zu klassischem Schlossflair, top Service, ein 4400-qm-Spa, der nichts auslässt, Golfplätze direkt vor der Tür und ein Park, der wohl jeden zu einem Spaziergang verführt! Sie mögen's rustikal? Dann vespern Sie in der Waldschänke! ✕ ⓟ ⎗ ⎙ & ⒜ ⅍ ⅍ ℗

57 Zim ⌑ – ♥150/320 € ♥♥320/420 € – 9 Suiten – ½ P

*Kärcherstr. 11 ⊠ 74639 Zweiflingen – 𝒞 07941 60870
– www.schlosshotel-friedrichsruhe.de*

❁ **Gourmet-Restaurant** · ⅣO **Jägerstube** – siehe Restaurantauswahl

## OESTRICH-WINKEL

Hessen – 11 500 Ew. – Höhe 93 m – Regionalatlas **47**-E15

 Berlin 588 km – Wiesbaden 21 km – Bad Kreuznach 65 km – Koblenz 74 km

Michelin Straßenkarte 543

## Im Stadtteil Winkel

### ۩○ Gutsrestaurant Schloss Vollrads 🏠 ⇧ 🅿

REGIONAL · LÄNDLICH ✗ Das bekannte Weingut a. d. 13. Jh., die tolle Schloss-anlage samt gepflegtem Garten, die Lage in den Weinbergen..., eine stilvolle Kulisse für Hochzeiten! Wer einfach "nur" schön essen gehen möchte, bekommt regional-saisonale Küche mit mediterranem Einschlag oder die zusätzliche Vesper- und Schmankerlkarte.

Menü 42/59 € – Karte 32/43 €

*Vollradser Allee, Nord: 2 km ⊠ 65375 – ☏ 06723 660 – www.schlossvollrads.com – geschl. 27. Dezember - 23. Februar und Mittwoch, November - Ostern: Dienstag - Mittwoch, Sonntagabend*

### ۩○ Ankermühle 🏠 ⇧ 🅿

REGIONAL · GEMÜTLICH ✗ Wer in den Weinbergen vor Anker geht, genauer gesagt im Mühlenviertel am Elsterbach unterhalb des Schlosses Johannisberg, bekommt saisonale Heimatküche modern interpretiert. Passend dazu: freigelegtes altes Fachwerk und frische Accessoires.

Menü 35/42 € – Karte 37/59 €

*Kapperweg, Nord: 1 km, in den Weinbergen ⊠ 65375 – ☏ 06723 2407 – www.ankermuehle.de – im Sommer: Montag - Freitag nur Abendessen, im Winter: Montag - Samstag nur Abendessen – geschl. Januar - Februar und Dienstag, Oktober - März: Dienstag - Mittwoch*

### ۩○ Die Wirtschaft 🏠

REGIONAL · RUSTIKAL ✗ So stellt man sich eine Wirtschaft vor: sympathisch-rustikal und einfach gemütlich! Auf dem Teller bürgerlich-regionale Speisen wie das "Woi-Hinkelche" oder das saisonale "Kulinarium". Der Innenhof des einstigen Weinguts dient als Terrasse.

Menü 20/35 € – Karte 20/43 €

*Hauptstr. 70 ⊠ 65375 – ☏ 06723 7426 – www.die-wirtschaft.net – November - Juni: Mittwoch - Freitag nur Abendessen – geschl. Juni - Juli 3 Wochen und Montag - Dienstag*

### 🏠 F. B. Schönleber ✗ ✗ 🅿

FAMILIÄR · AUF DEM LAND Die Schönlebers haben hier ein tipptopp gepflegtes kleines Hotel mit ländlich-familiärem Charme. Mit Rheinblick wohnen? Diese Zimmer sind ein bisschen teurer. Interessant für Weinliebhaber: Das eigene VDP-Weingut ist direkt angegliedert! Zum Probieren gibt's die heimelige Weinstube mit Terrasse zum Hof!

17 Zim ⌂ – ♦78 € ♦♦93/103 €

*Hauptstr. 1b ⊠ 65375 – ☏ 06723 91760 – www.fb-schoenleber.de – geschl. 19. Dezember - 11. Januar*

## ÖSTRINGEN

Baden-Württemberg – 12 570 Ew. – Höhe 163 m – Regionalatlas **54**-F17
▶ Berlin 630 km - Stuttgart 97 km - Karlsruhe 45 km - Heilbronn 45 km
Michelin Straßenkarte 545

### 🕲 Güldener Becher ⓝ 🏠 ✗

KLASSISCHE KÜCHE · RUSTIKAL ✗ Das Gasthaus a. d. 14. Jh. ist richtig charmant, von der historischen Fachwerkfassade über die gemütlich-rustikalen Räume bis zum reizenden Innenhof. Gekocht wird regional-mediterran: schmackhaft und fein z. B. "Filet vom Rheinzander / roter Couscous / Pak Choi / Joghurt", rustikaler z. B. "Saure Nieren".

Menü 25/28 € – Karte 27/43 €

*Hauptstr. 115 ⊠ 76684 – ☏ 07253 8009850 – www.gueldenerbecher.de – nur Abendessen – geschl. über Fasching 1 Woche, nach Pfingsten 1 Woche und Montag - Dienstag*

## In Östringen-Tiefenbach Süd-Ost: 8 km Richtung Odenheim, nach 4 km links

### 🏠 Heitlinger Hof  ☆ 🍴 🛏 ♨ 🔥 ⊡ ⚕ AC ✂ 🛁 🄿

LANDHAUS · MODERN Hier hat man die Kraichgauer Hügel- und Weinberglandschaft sowie das eigene Weingut und den Baden Golf & Country Club direkt vor der Tür. Die Zimmer wertig und geradlinig-modern, mit Balkon/Terrasse und schöner Sicht, zum Relaxen u. a. Massage und Kosmetik. Im Restaurant regional-saisonale Küche.

29 Zim ⊡ – ♦100/180 € ♦♦135/240 € – ½ P
*Am Mühlberg 1 ⊠ 76684 – ☎ 07259 464010 – www.heitlingerhof.de*

# ÖTISHEIM

Baden-Württemberg – 4 690 Ew. – Höhe 246 m – Regionalatlas **55**-F18
▶ Berlin 637 km – Stuttgart 43 km – Karlsruhe 46 km – Heilbronn 69 km
Michelin Straßenkarte 545

### 🐂 Sternenschanz  🍴 ⇔ 🄿

BÜRGERLICHE KÜCHE · GASTHOF ✕ Bei Familie Linck kann man richtig gut und preislich fair essen! Kein Wunder, dass man zahlreiche Stammgäste hat, und die mögen frische schwäbische Gerichte wie "Kutteln in Lembergersauce mit Bratkartoffeln", "Lachsmaultäschle" oder "schwäbischen Fischkrautwickel". Im Sommer ist der schöne Garten beliebt.

Karte 24/48 €
*Gottlob-Linck-Str. 1 ⊠ 75443 – ☎ 07041 6667 (Tischbestellung ratsam)
– www.sternenschanz.de – geschl. über Fasching 1 Woche, August 3 Wochen
und Montag - Dienstag*

# OEVENUM Schleswig-Holstein → Siehe Föhr (Insel)

# OEVERSEE Schleswig-Holstein → Siehe Flensburg

# OFFENBACH

Hessen – 116 950 Ew. – Höhe 98 m – Regionalatlas **47**-F15
▶ Berlin 543 km – Wiesbaden 44 km – Frankfurt am Main 8 km – Darmstadt 28 km
Michelin Straßenkarte 543

### 🍽 schauMahl  🍴 ✂ 🄿

KREATIV · GEMÜTLICH ✕✕ In dem Eckhaus wird in freundlichem Ambiente weltoffene, kreative und ambitionierte Küche in Form zweier Menüs serviert - unter den Gerichten z. B. "Ente, Holunderblüte, Curry, Petersilie". Vertrauen Sie auf die Weinempfehlungen des Chefs!

Menü 49/119 € – Karte 55/77 €
*Bismarckstr. 177 ⊠ 63067 – ☎ 069 82993400 – www.schaumahl.de – nur
Abendessen – geschl. 1. - 24. August und Sonntag sowie an Feiertagen*

### 🏨 ACHAT Plaza  ☆ 🛏 ♨ ⊡ ⚕ 🛁 🚗

BUSINESS · MODERN In dem denkmalgeschützten einstigen Schlachthof von 1904 empfängt Sie eine architektonisch eindrucksvolle Lobby. Modern und freundlich sind sowohl die Zimmer als auch das Restaurant, dazu hat man noch einen kleinen Saunabereich im Turm mit Zutritt zur Dachterrasse - toll der Blick über die Region! Eventhalle.

153 Zim – ♦55/225 € ♦♦65/235 € – 2 Suiten – ⊡ 17 € – ½ P
*Ernst-Griesheimer-Platz 7 ⊠ 63071 – ☎ 069 809050 – www.achat-hotels.com*

### 🏠 Graf  ⊡ 🛁 🚗

FAMILIÄR · MODERN Zwei Brüder leiten mit Engagement dieses tipptopp gepflegte Hotel mitten in der Stadt. Zeitgemäße Standard- und Komfortzimmer sowie ein gutes Frühstücksbuffet stehen für Sie bereit. In der Bar bekommen Sie ein kleines Speisenangebot.

32 Zim ⊡ – ♦75/145 € ♦♦89/220 €
*Ziegelstr. 6, (Zufahrt über Schloßstraße) ⊠ 63065 – ☎ 069 8008510
– www.hotel-graf.de – geschl. 23. Dezember - 3. Januar*

## OFFENBURG

Baden-Württemberg – 57 450 Ew. – Höhe 163 m – Regionalatlas **53**-D19

▶ Berlin 744 km – Stuttgart 148 km – Karlsruhe 77 km – Freiburg im Breisgau 64 km

Michelin Straßenkarte 545

### ⑪○ Sonne

🍴 ⌬ 🚗

**REGIONAL · TRADITIONELLES AMBIENTE** ✕✕ Eine wirklich gemütliche badische Gaststube, die an die gute alte Zeit erinnert: Holzvertäfelungen, barocke Schränke, der grüne Kachelofen... Die regionale Küche serviert man im Sommer auch gerne auf der Terrasse mit Blick zum Marktplatz.

Menü 18 € (mittags unter der Woche)/46 € – Karte 24/58 €

*Hotel Sonne, Hauptstr. 94 ✉ 77652 – ✆ 0781 9321646*
*– www.hotel-sonne-offenburg.de – geschl. 1. - 10. Januar, 23. - 28. Februar und*
*Sonntag - Montagmittag sowie an Feiertagen*

### ⌂ Sonne

🚗

**GASTHOF · INDIVIDUELL** Im 14. Jh erstmals urkundlich erwähnt, inzwischen in der 5. Generation familiär geführt. Den historischen Charakter hat man bewusst bewahrt, passend dazu viele schöne Antiquitäten sowie die stilvolle Lounge mit Humidor und Bibliothek. Wer es lieber zeitgemäß-funktional hat, bucht ein Businesszimmer im Anbau.

34 Zim ⌂ – 🛏85/95 € 🛏🛏108/159 € – ½ P

*Hauptstr. 94 ✉ 77652 – ✆ 0781 932160 – www.hotel-sonne-offenburg.de – geschl.*
*1. - 10. Januar, 23. - 28. Februar*

⑪○ **Sonne** – siehe Restaurantauswahl

## In Offenburg-Rammersweier Nord-Ost: 3 km

### ☺ Blume

⇦ 🍴 ✗ 🅿

**REGIONAL · LÄNDLICH** ✕✕ In dem hübschen Fachwerkhaus hat man es wirklich gemütlich bei schmackhaften regionalen und klassischen Gerichten wie "Hechtklößchen auf Blattspinat" oder "Rehmedaillons mit Pilzen, Apfelrotkraut und hausgemachten Spätzle"! Die Gästezimmer: individuell mit Namen wie "Rose" oder "Vergissmeinnicht".

Menü 35/56 € – Karte 33/56 € 6 Zim ⌂ – 🛏85 € 🛏🛏105 €

*Weinstr. 160 ✉ 77654 – ✆ 0781 33666 – www.gasthof-blume.de – geschl. Mitte*
*Januar 1 Woche, Ende Juni 2 Wochen, Oktober - November 1 Woche*
*und Sonntagabend - Montag, August: Sonntag - Montag*

## In Ortenberg Süd: 4 km

### ⑪○ Edy's Restaurant im Glattfelder

⇦ 🍴 🍴 🅿

**MARKTKÜCHE · GEMÜTLICH** ✕✕ Hier wird international-saisonal gekocht. Eine schöne Alternative zu den drei gediegenen holzgetäfelten Stuben ist die hübsch bepflanzte Terrasse mit Orangenbäumen, Kräutern etc. Man stellt auch eigene Gewürzmischungen her - neugierig?

Menü 28/45 € – Karte 37/54 € 12 Zim ⌂ – 🛏59/72 € 🛏🛏72/92 €

*Kinzigtalstr. 20 ✉ 77799 – ✆ 0781 93490 – www.edys-restaurant-hotel.de*
*– geschl. Sonntagabend - Montag*

## OFTERSCHWANG Bayern → Siehe Sonthofen

## OHMDEN Baden-Württemberg → Siehe Kirchheim unter Teck

## OLCHING

Bayern – 26 150 Ew. – Höhe 503 m – Regionalatlas **65**-L20

▶ Berlin 595 km – München 36 km – Augsburg 48 km – Dachau 13 km

Michelin Straßenkarte 546

#### ⭐○ Villa Romantica ⌂ P

**MEDITERRAN · ELEGANT** XX Passend zum italienischen Flair der hübschen Villa gibt es hier mediterrane Küche einschließlich Pizza aus dem Steinofen. Für die Gerichte verwendet man übrigens eigenes Olivenöl aus der Heimat Sizilien. Idyllische Terrasse zum See.

Menü 35 € – Karte 26/48 €

*Ascherbachstr. 85, Nord-Ost: 3,5 km, am Olchinger See ✉ 82140*
*– ☏ 08142 6528028 – www.villaromantica.de – geschl. Montag*

### In Olching-Grasslfing Nord-Ost: 2,5 km

#### ⭐○ Gast- und Tafernwirtschaft zum Haderecker ⌂ ⬚ ⬚ P ⬚

**REGIONAL · RUSTIKAL** X Das Gasthaus (seit seiner Gründung im 19. Jh. ein Familienbetrieb) ist so richtig traditionell-bayerisch - und die Küche ist es auch. Am letzten Freitag im Monat gibt es Dampfnudeln! Klar, ein schöner Biergarten gehört auch dazu!

Karte 15/31 €

*Allacher Str. 67, Nord-Ost: 4 km, jenseits der A 8 ✉ 82140 – ☏ 08142 7629*
*(Tischbestellung ratsam) – www.zumhaderecker.de – geschl. Ende Dezember*
*- Anfang Januar 2 Wochen, Anfang August 2 Wochen und Dienstag*

## OLDENBURG

Niedersachsen – 158 660 Ew. – Höhe 4 m – Regionalatlas **17**-F6
▶ Berlin 432 km – Hannover 171 km – Bremen 46 km – Bremerhaven 58 km
Michelin Straßenkarte 541

#### ⭐○ Michael Schmitz Brasserie & Vinothek ⌂

**INTERNATIONAL · TRENDY** XX Gemütlich sitzt man hier umgeben von dekorativen Weinregalen - wie wär's mit einem der Galerie-Plätze samt Blick aufs Restaurant? Aus der Küche kommen z. B. Zanderfilet, Dry-Aged Beef vom Grill oder zur Saison auch Ente.

Menü 36/50 € – Karte 23/76 €

*altera Hotel, Herbartgang 23, (Zufahrt über Mottenstr. 13) ✉ 26122*
*– ☏ 0441 21908400 – www.schmitz-oldenburg.de – geschl. Sonntag*

#### ⭐ altera Hotel ⬚ ⬚ ⬚ ⬚

**URBAN · MODERN** In den Zimmern klare Linien und moderne Technik (DVD-Player, Kaffeemaschine, W-Lan gratis). Besonders chic die Design-Lofts, zusätzlich mit iPod-Station und Klimaanlage - die meisten in einem ca. 50 m entfernten Gebäude.

56 Zim ⬚ – †96/121 € ††126/142 € – ½ P

*Herbartgang 23, (Zufahrt über Mottenstr. 13) ✉ 26122 – ☏ 0441 219080*
*– www.altera-hotels.de*

⭐○ **Michael Schmitz Brasserie & Vinothek** – siehe Restaurantauswahl

## OLSBERG

Nordrhein-Westfalen – 14 720 Ew. – Höhe 360 m – Regionalatlas **27**-F11
▶ Berlin 479 km – Düsseldorf 167 km – Arnsberg 36 km – Kassel 99 km
Michelin Straßenkarte 543

#### ⭐ Kurpark Villa ⬚ ⬚ ⬚ ⬚ ⬚ ⬚ ⬚ P

**FAMILIÄR · INDIVIDUELL** Ein wohnlich-elegantes Hotel mit geschmackvollen, im Gästehaus auch etwas moderneren Zimmern. Zum Angebot gehört ein Therapie- und Kosmetikbereich. Schön ist die ruhige Lage am Kurpark. Lichtdurchflutetes Wintergartenrestaurant.

32 Zim ⬚ – †67/89 € ††110/156 € – ½ P

*Mühlenufer 4a ✉ 59939 – ☏ 02962 97970 – www.kurparkvilla.info – geschl. 10.*
*- 24. Januar*

### 🏠 Schinkenwirt

**LANDHAUS · MODERN** Das Hotel mit den gepflegten zeitgemäßen Zimmern liegt ruhig außerhalb des Ortes am Waldrand. Am Haus befindet sich eine kleine Kapelle, zudem hat man eigenes Quellwasser. Vom Restaurant mit hübschem modernem Nebenraum schaut man ins Grüne. Saisonale Küche.

18 Zim 🛏 – ♦45/60 € ♦♦80/100 € – 2 Suiten – ½ P

*Eisenberg 2, Nord-Ost: 2,5 km, Richtung Willingen, dann links ab ✉ 59939 – ☎ 02962 979050 – www.schinkenwirt.com – geschl. Anfang Januar 1 Woche, vor Ostern 1 Woche, Juli 2 Wochen*

## In Olsberg-Bigge West: 2 km

### 🍴 Schettel

**REGIONAL · LÄNDLICH** ✗ Eine nette familiär geleitete Adresse mit regionaler Küche. Gemütlich sitzt man im Restaurant und in der rustikalen Bauernstube. Am Mittag bietet man eine kleinere Karte. Die Gästezimmer sind im wohnlichen Landhausstil gehalten.

Menü 30 € – Karte 21/42 € ⏰ 10 Zim 🛏 – ♦49/59 € ♦♦89/95 €

*Hauptstr. 52 ✉ 59939 – ☎ 02962 1832 – www.hotel-schettel.de – nur Abendessen, sonntags sowie an Feiertagen auch Mittagessen – geschl. August 2 Wochen und Dienstag*

# OPPENAU

Baden-Württemberg – 4 670 Ew. – Höhe 277 m – Regionalatlas **54**-E19

▶ Berlin 750 km – Stuttgart 150 km  Karlsruhe 79 km – Offenburg 26 km

Michelin Straßenkarte 545

### 🏠 Rebstock

**GASTHOF · REGIONAL** Freundlich und liebevoll wird das hübsche Fachwerkhaus von 1856 geleitet. Wohnlich die Zimmer – fragen Sie nach den neueren. Im gemütlichen Restaurant gibt es regionale Speisen, oder vielleicht lieber ein Vesper? Ein Muss ist im Sommer die erhöht gelegene Terrasse, unter der das Flüsschen Lierbach fließt!

13 Zim 🛏 – ♦55/65 € ♦♦88/98 € – 1 Suite – ½ P

*Straßburger Str. 13 ✉ 77728 – ☎ 07804 9780 – www.rebstock-oppenau.de – geschl. 20. Oktober - 20. November*

## In Oppenau-Kalikutt West : 5 km über Ramsbach - Höhe 600 m

### 🍴 Höhenhotel Kalikutt ⓝ

**REGIONAL · GASTHOF** ✗ Ruhig liegt der familiengeführte Berggasthof auf einer Anhöhe - da genießt man die schöne Aussicht, während man sich bürgerlich-regionale Küche servieren lässt. Sie möchten übernachten? Man hat gepflegte Zimmer, teilweise mit Balkon.

Menü 26/45 € – Karte 20/63 € ⏰ 30 Zim 🛏 – ♦65/75 € ♦♦106/150 €

*Kalikutt 10 ✉ 77728 – ☎ 07804 450 – www.kalikutt.de – geschl. 16. Januar - 10. Februar und Montag - Dienstagmittag*

## In Oppenau-Lierbach Nord-Ost: 3,5 km Richtung Allerheiligen

### 🏠 Gasthof Blume

**FAMILIÄR · MODERN** Der kleine Gasthof liegt im romantischen Lierbachtal. Ein guter Ausgangspunkt für Wanderungen, danach stärkt man sich mit bürgerlicher Küche, im Sommer auf der Terrasse. Die Zimmer sind wirklich wohnlich und tipp-topp gepflegt, am schönsten die zwei im neueren Gästehaus - sie sind zudem allergikerfreundlich.

10 Zim 🛏 – ♦60/75 € ♦♦90/120 € – 1 Suite – ½ P

*Rotenbachstr. 1 ✉ 77728 – ☎ 07804 3004 – www.blume-lierbach.de – geschl. 15. Januar - 11. Februar*

## OPPENHEIM

Rheinland-Pfalz – 7 210 Ew. – Höhe 100 m – Regionalatlas **47**-F15

▶ Berlin 597 km – Mainz 24 km – Neustadt an der Weinstraße 74 km – Darmstadt 47 km

Michelin Straßenkarte 543

### ⅼ○ Völker

**REGIONAL · RUSTIKAL** Ⅹ Sympathisch und ungezwungen, so sind Atmosphäre und Gastgeber. Was Sie keinesfalls versäumen sollten: eine Führung durch den einmaligen mittelalterlichen "Untergrund" - oder aber "Dinner for One uff rhoihessisch"!

Menü 37 € – Karte 28/55 €

*Krämerstr. 7, (Eingang Schulstraße)* ✉ 55276 – ✆ 06133 2269

*– www.restaurant-voelker.de – geschl. Januar und Montag – Freitagmittag*

### ⌂ Merian

**HISTORISCH · MODERN** Das hübsche Stadtschreiberhaus von 1699 liegt mitten in der Altstadt und beherbergt ein engagiert geführtes kleines Hotel mit schöner wertig-moderner Einrichtung von den Zimmern bis zum Frühstücksraum samt gutem Buffet. Gästehaus "Zwo".

14 Zim – †92/100 € ††122/130 € – ⇆ 8 €

*Wormser Str. 2* ✉ 55276 – ✆ 06133 500010 – www.merianhotel.de

## ORB, BAD

Hessen – 9 400 Ew. – Höhe 189 m – Regionalatlas **48**-H14

▶ Berlin 504 km – Wiesbaden 99 km – Fulda 54 km – Frankfurt am Main 55 km

Michelin Straßenkarte 543

### ⅼ○ Rauchfang

**ITALIENISCH · RUSTIKAL** ⅩⅩ Die Plätze hier sind rar - reservieren Sie also lieber, wenn Sie die moderne italienische Küche genießen möchten. Aus wirklich guten Produkten entstehen z. B. "Spaghetti mit Lardo, Eigelb und schwarzem Trüffel" oder "Lammkarree mit Tomate und Chili". Gemütlich das Ambiente, freundlich der Service.

Menü 69/85 € – Karte 52/73 €

*Gutenberg Str. 15* ✉ 63619 – ✆ 06052 912376 *(Tischbestellung erforderlich)*

*– www.restaurant-rauchfang.de – nur Abendessen – geschl. Montag - Dienstag*

### ⌂ Hotel an der Therme

**BUSINESS · MODERN** Für Freizeitaktivitäten wie Baden, Saunieren & Co. ist das eine ideale Adresse: Sie haben freien Zugang zur angeschlossenen "Toskana Therme" und wählen aus dem umfangreichen Kosmetikangebot des "Wellnessparks". Die Zimmer sind klassisch oder modern, sonntags gibt's ein Langschläferfrühstück.

105 Zim ⇆ – †94/131 € ††162/212 € – 7 Suiten – ½ P

*Horststr. 1* ✉ 63619 – ✆ 06052 880 – www.toskanaworld.net

## ORTENBERG Baden-Württemberg → Siehe Offenburg

## OSNABRÜCK

Niedersachsen – 155 630 Ew. – Höhe 63 m – Regionalatlas **17**-E9

▶ Berlin 424 km – Hannover 141 km – Bielefeld 50 km – Bremen 121 km

Michelin Straßenkarte 541

### ❄❄❄ La Vie

**KREATIV · ELEGANT** ⅩⅩⅩⅩ Es sind schon wahre "Signature Dishes", die intensiven, aufwändigen und zugleich angenehm reduzierten Gerichte, die Thomas Bühner hier zum Besten gibt. Ebenso viel Klasse steckt im ausgesuchten Interieur und nicht zuletzt im stets präsenten, professionellen Serviceteam um Gastgeberin Thayarni Kanagaratnam.

→ Marinierter Loup de Mer, Limequat und Avocado, Couscous. Scholle 48°C, Clementine, Petersilienwurzelmüsli, Hafereis. Wagyu Roastbeef, fermentierte Schwarzwurzel, Kalbskopf, Comté.

Menü 168/238 €

**Stadtplan : A1-c** *– Krahnstr. 1* ✉ 49074 – ✆ 0541 331150 *(Tischbestellung ratsam)*

*– www.restaurant-lavie.de – Dienstag - Donnerstag nur Abendessen – geschl.*

*Ende Dezember - Anfang Januar, Juli - August 3 Wochen und Sonntag - Montag*

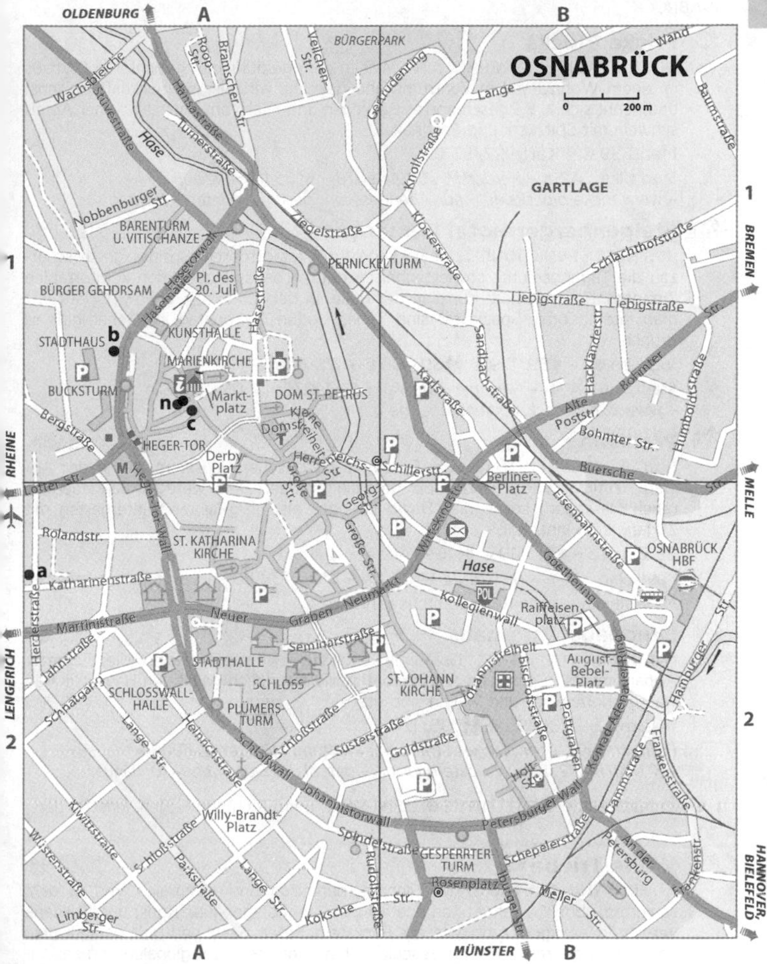

**OSNABRÜCK**

0      200 m

GARTLAGE

BÜRGERPARK

BREMEN

MELLE

RHEINE

LENGERICH

HANNOVER, BIELEFELD

MÜNSTER

---

### 😊 Walhalla

🏠 🚗

**INTERNATIONAL · FREUNDLICH** XX Gelungen hat man hier dem traditionellen Haus eine moderne Note gegeben. Ein schönes Beispiel für die schmackhafte klassisch-internationale Küche ist "Kalbstafelspitz mit Meerrettichsauce". Tipp: Auch draußen im Hof sitzt man angenehm.

Menü 48/66 € – Karte 33/59 €

**Stadtplan : A1-n** – *Hotel Walhalla, Bierstr. 24* ✉ *49074* – ✆ *0541 34910* – *www.hotel-walhalla.de*

### 🍴 Tatort Engels

🏠 🚭

**KREATIV · HIP** X Leger und trendig ist es bei Hans-Peter Engels, und das kommt an bei den Gästen. Gekocht wird saisonal - die Gerichte werden auf einer dekorativen roten Tafel präsentiert und wechseln täglich.

Karte 50/67 €

*Adolfstr. 40, über Katharinenstraße A2* ✉ *49078* – ✆ *0541 6687319 (Tischbestellung ratsam)* – *www.tatort-engels.de* – *nur Abendessen* – *geschl. Sonntag - Montag*

## 🍴 Fricke Blöcks

INTERNATIONAL · FREUNDLICH 🗙 Was in dem gemütlich eingerichteten Eckhaus in einem Wohnviertel in Zentrumsnähe gekocht wird, ist schmackhaft, saisonal und nennt sich z. B. "geschmortes Bäckchen und Filet vom Alverskirchener Apfelschwein mit Spitzkohl und Pastinake".

Menü 39 € – Karte 27/53 €

Stadtplan : A2-a – *Herderstr. 26* ✉ *49078* – ☏ *0541 75042008*
– *www.fricke-bloecks.de – nur Abendessen – geschl. Sonntag - Montag*

## 🏨 Steigenberger Hotel Remarque

BUSINESS · FUNKTIONELL Ideale Lage für Altstadttouren. Businessgäste schätzen die Tagungsräume sowie technisch gute Arbeitsplätze in den komfortablen Zimmern. Besonderheit: Kunst in der Halle. In der modernen Weinwirtschaft isst man international, Spezialität sind Tapas. Jeden 2. Sonntag im Monat gibt es Brunch.

153 Zim ⌑ – 🛏69/179 € 🛏🛏89/189 € – 3 Suiten – ½ P

Stadtplan : A1-b – *Natruper-Tor-Wall 1* ✉ *49076* – ☏ *0541 60960*
– *www.osnabrueck.steigenberger.de*

## 🏨 Walhalla

HISTORISCH · GEMÜTLICH Ein Ensemble historischer Häuser mitten in der Altstadt. Zimmer von klassisch bis geradlinig-modern, ein wertiger Saunabereich (auch Massagen) sowie die "David Lounge" als luftig-lichter Wintergarten mit Zugang zum Innenhof.

69 Zim ⌑ – 🛏89/119 € 🛏🛏109/149 € – ½ P

Stadtplan : A1-n – *Bierstr. 24* ✉ *49074* – ☏ *0541 34910* – *www.hotel-walhalla.de*
🍴 **Walhalla** – siehe Restaurantauswahl

## 🏨 Landhaus Osterhaus 🅿

LANDHAUS · GEMÜTLICH Geräumig und wohnlich-elegant sind die Zimmer/Appartements in dem von der Inhaberfamilie freundlich geleiteten Haus. Mineralwasser, Kaffee/Tee und W-Lan sind gratis.

14 Zim ⌑ – 🛏89/95 € 🛏🛏105/120 €

*Bramstr. 109a, über Iburger Straße B2, Richtung Münster* ✉ *49090*
– ☏ *0541 9621231 – www.osterhaus.de – geschl. 18. Dezember - 10. Januar*

## In Osbnabrück-Stutthausen Süd-West: 6 km Richtung Hagen, jenseits der A 30

## 🍴 Wilde Triebe 🆕 🅿

INTERNATIONAL · TRENDY 🗙🗙 Trendig, puristisch und ideenreich sind in dem sanierten, über 150 Jahre alten ehemaligen Bahnhofsgebäude Kunst und Kulinarik vereint. In wertigem Ambiente aus Backstein, Beton, Stahl und Holz genießt man von eigens gebranntem Ton-Geschirr Schmackhaftes aus regionalen und saisonalen Produkten. Toller Garten.

Menü 38/44 € – Karte 38/69 €

*Am Sutthauser Bahnhof 5* ✉ *49082* – ☏ *0541 60079033 (Tischbestellung ratsam)*
– *www.wilde-triebe.de – geschl. Ende Dezember - Mitte Januar 3 Wochen*

# OSTERBURKEN

Baden-Württemberg – 6 470 Ew. – Höhe 247 m – Regionalatlas **48**-H16
▶ Berlin 561 km – Stuttgart 91 km – Würzburg 66 km – Heilbronn 49 km
Michelin Straßenkarte 545

## 🏨 Märchenwald 🅿

LANDHAUS · TRADITIONELL In diesem ruhig gelegenen Haus hat man von den Balkonen der ländlichen Zimmer einen netten Blick auf Feld, Wiesen und den (Märchen-) Wald. Vier Zimmer im UG sind einfach. Das Wild aus eigener Zucht findet sich ganzjährig auf der Karte des Restaurants.

20 Zim ⌑ – 🛏65/72 € 🛏🛏92/105 € – ½ P

*Boschstr. 14, Nord-Ost: 2 km, nahe der B 292* ✉ *74706* – ☏ *06291 64200*
– *www.hotelmaerchenwald.de*

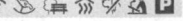

# OSTERWIECK

Sachsen-Anhalt – 11 380 Ew. – Höhe 117 m – Regionalatlas **30**-K9

▶ Berlin 235 km – Magdeburg 83 km – Goslar 32 km

Michelin Straßenkarte 542

## 🏠 Brauner Hirsch      🐧 🦌 🏠 🅿

**FAMILIÄR · GEMÜTLICH** Das Fachwerkhaus von 1728 fügt sich schön in den historischen Kern des kleinen Städtchens ein. Rustikale Fichtenholzmöbel sorgen zusammen mit angenehmen Farben für Gemütlichkeit. Behaglich ist auch das Restaurant mit niedriger Decke im 1. Stock. Terrasse im Innenhof.

24 Zim 🖙 – 🛉54 € 🛉🛉87 € – ½ P

*Stephanikirchgasse 1* ✉ *38835 – ☎ 0394217950 – www.hotel-braunerhirsch.de – geschl. 3. - 20. Januar*

# OSTFILDERN

Baden-Württemberg – 37 090 Ew. – Höhe 348 m – Regionalatlas **55**-G18

▶ Berlin 644 km – Stuttgart 19 km – Göppingen 39 km – Reutlingen 35 km

Michelin Straßenkarte 545

## In Ostfildern-Scharnhausen

## 🏠 Lamm      🐧 🏠 ⊡ 🕭 🍴 🛋 🚗

**GASTHOF · FUNKTIONELL** In dem Hotel unter familiärer Leitung stehen solide ausgestattete Gästezimmer unterschiedlicher Kategorien zur Verfügung, teilweise mit Balkon. Freundliches Restaurant im Wintergartenstil und gediegenes Nebenzimmer. Die Küche ist regional und international.

32 Zim – 🛉69/139 € 🛉🛉79/149 € – 🖙 10 € – ½ P

*Plieninger Str. 3a* ✉ *73760 – ☎ 0715817060 – www.hotelrestaurantlamm.de*

# OSTRACH

Baden-Württemberg – 6 590 Ew. – Höhe 615 m – Regionalatlas **63**-H20

▶ Berlin 700 km – Stuttgart 128 km – Konstanz 69 km – Ravensburg 33 km

Michelin Straßenkarte 545

## 🕸 Landhotel zum Hirsch      🏡 🕭 🍴 🔄 🚗

**BÜRGERLICHE KÜCHE · FREUNDLICH** 🕱 In dem über 300 Jahre alten Gasthaus serviert man Ihnen eine schnörkellose und handwerklich sauber gekochte bürgerliche Küche. Da gibt es Klassiker wie "schwäbisches Kuttelragout mit Balsamicosoße und Bratkartoffeln" oder auch "Saiblingsklößchen in Krustentiersauce mit Spinat".

Karte 27/45 €

*Landhotel zum Hirsch, Hauptstr. 27* ✉ *88356 – ☎ 0758592490 (Tischbestellung ratsam) – www.landhotel-hirsch.de – geschl. Anfang Januar 1 Woche*

## 🏠 Landhotel zum Hirsch      🍴 ⊡ 🕭 🍴 🚗

**GASTHOF · TRADITIONELL** Familie Ermler führt ihr Haus mit Engagement, das spürt und sieht man vom charmanten Empfang über die ländlichen Standardzimmer und die modernen Komfortzimmer bis hin zum guten, frischen Frühstück - zum Wohlfühlen!

14 Zim 🖙 – 🛉58/73 € 🛉🛉90/108 € – ½ P

*Hauptstr. 27* ✉ *88356 – ☎ 0758592490 – www.landhotel-hirsch.de – geschl. Anfang Januar 1 Woche*

  🕸 **Landhotel zum Hirsch** – siehe Restaurantauswahl

# OTTERNDORF

Niedersachsen – 7 150 Ew. – Höhe 2 m – Regionalatlas **9**-G4

▶ Berlin 402 km – Hannover 217 km – Cuxhaven 18 km – Bremerhaven 40 km

Michelin Straßenkarte 541

### 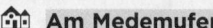 Am Medemufer ✿ 🛬 ⫝̸ 🔲 ⚙ 🅟

**BUSINESS · MODERN** Ein tipptopp gepflegtes, neuzeitliches Hotel mit reizvollem Garten und sehr gutem Frühstück. Kosmetik und Massage im "Miomare" in der Therme gegenüber - mit Shuttle-Service. Restaurant "Leuchtfeuer" mit Terrasse zum Wasser, auf der Karte internationale und regionale Klassiker.

38 Zim ⌫ – ♦79/119 € ♦♦89/149 € – 6 Suiten – ½ P

*Goethestr. 15 ✉ 21762 – ☏ 04751 99990 – www.hotel-am-medemufer.de*

## OTTOBEUREN

Bayern – 8 080 Ew. – Höhe 660 m – Regionalatlas **64**-J21
▶ Berlin 672 km – München 110 km – Kempten (Allgäu) 40 km – Bregenz 85 km
Michelin Straßenkarte 546

### 🏨 Parkhotel Maximilian ✿ 🛁 ⫷ 🛬 ⌧ 🕖 🕸 ⫝̸ 🔲 🛋 🅟

**SPA UND WELLNESS · MODERN** Das komfortable Hotel liegt ruhig oberhalb des Klosters am Waldrand und ist beliebt bei Individual-, Wellness- und Businessgästen. Die Zimmer sind wohnlich-modern, entspannen kann man bei Kosmetik, Massage & Co. oder am schönen Pool im Freien! Sonntags Langschläferfrühstück.

110 Zim ⌫ – ♦95/125 € ♦♦145/185 € – 1 Suite – ½ P

*Bannwaldweg 11 ✉ 87724 – ☏ 08332 92370 – www.parkhotel-ottobeuren.de*

## OVERATH

Nordrhein-Westfalen – 26 820 Ew. – Höhe 100 m – Regionalatlas **36**-C12
▶ Berlin 583 km – Düsseldorf 60 km – Bonn 31 km – Köln 25 km
Michelin Straßenkarte 543

### In Overath-Immekeppel Nord-West: 7 km über A 4 Richtung Köln, Abfahrt Untereschbach

### 🍴 Sülztaler Hof ⫷ 🏠 🆗 🅟

**FRANZÖSISCH-KLASSISCH · GEMÜTLICH** 𝄂𝄂 Das Gasthaus von 1883 wird seit jeher freundlich und engagiert von Familie Selbach geleitet. Das Ambiente ist charmant-gediegen, die Küche klassisch mit internationalem Einfluss. In einem Hotelanbau bietet man schöne, sehr wohnliche Landhauszimmer.

Menü 50/65 € – Karte 37/78 € 15 Zim ⌫ – ♦98/139 € ♦♦148/189 €

*Lindlarer Str. 83 ✉ 51491 – ☏ 02204 97500 – www.suelztaler-hof.de – Mittwoch - Freitag nur Abendessen – geschl. Juni 3 Wochen und Montag - Dienstag*

## OY-MITTELBERG

Bayern – 4 450 Ew. – Höhe 1 035 m – Regionalatlas **64**-J21
▶ Berlin 710 km – München 124 km – Kempten (Allgäu) 23 km – Füssen 22 km
Michelin Straßenkarte 546

### Im Ortsteil Mittelberg

###  Die Mittelburg ✿ 🛁 ⫷ 🛬 ⌧ 🕸 🛋 🅟

**FAMILIÄR · GEMÜTLICH** Von der Begrüßung über das sehr gute Frühstück bis zum Ausflugstipp ist der Service freundlich und hilfsbereit, die Leitung persönlich-familiär, ländlich-elegant das Ambiente. Im Restaurant tagsüber unter der Woche kleine Vesperkarte, abends sollte man reservieren. Beliebt: Kaffee und Kuchen am Nachmittag.

28 Zim ⌫ – ♦89/112 € ♦♦138/264 € – 3 Suiten – ½ P

*Mittelburgweg 1 ✉ 87466 – ☏ 08366 180 – www.hotel-mittelburg-allgaeu.de – geschl. 12. November - 14. Dezember*

## PADERBORN

Nordrhein-Westfalen – 143 660 Ew. – Höhe 110 m – Regionalatlas **28**-G10
▶ Berlin 429 km – Düsseldorf 167 km – Bielefeld 47 km – Dortmund 101 km
Michelin Straßenkarte 543

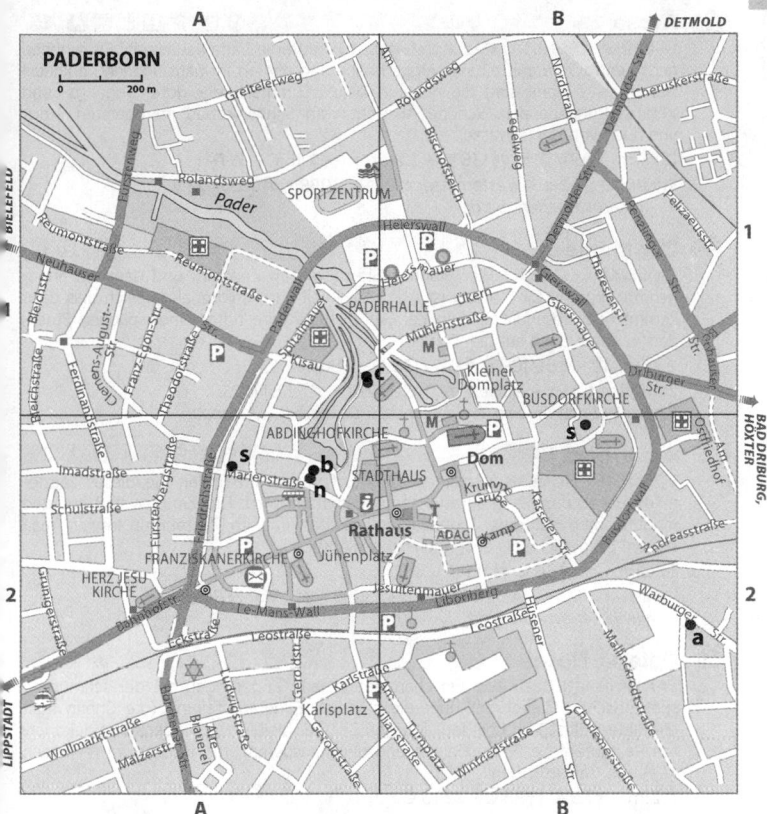

Stadtplan : B2-a

☃ **Balthasar** (Elmar Simon)  🇭🛇 🅿

**FRANZÖSISCH-MODERN · ELEGANT** XXX Seit gut 20 Jahren hält Elmar Simon in Sachen modern-klassische Kulinarik die Fahne hoch, mit ungebrochenem Elan. In seinem geschmackvoll-eleganten Restaurant stehen ihm seine charmante Frau Laura und ein jugendlich-legeres und zugleich fachlich versiertes Team zur Seite.

→ Vitello Tonnato "à la Balthasar", Ilnumer Kalb, Thunfisch, gebackene Kapern. Reelser Lammrücken, Stielmus, Meaux Senf, Pfifferlinge. Blaubeeren und Mascarpone, Haselnuss, Isla del Ron.

Menü 69/125 € – Karte 61/82 €

Stadtplan : B2-a – *Warburger Str. 28* ✉ *33098 –* ✆ *05251 24448* – *www.restaurant-balthasar.de – nur Abendessen – geschl. 1. - 15. Januar und Sonntag - Montag*

🍴 **Kupferkessel**  🇭🛇 ⌒

**INTERNATIONAL · ZEITGEMÄSSES AMBIENTE** XX Eine sympathische, freundliche Adresse in der Innenstadt, in der ambitioniert und mit frischen Produkten gekocht wird. Auf der Karte liest man z. B. "Tafelspitzsülze mit Meerrettichschmand" oder "Filet vom Zander auf Prosecco-Rahmkraut".

Menü 17 € (mittags unter der Woche)/29 € – Karte 38/49 €

Stadtplan : A2-n – *Marienstr. 14* ✉ *33098 –* ✆ *05251 23685* – *www.kupferkessel-paderborn.de – geschl. Sonntag*

### 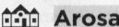 Arosa

**BUSINESS · FUNKTIONELL** Komfortabler könnte die Lage kaum sein: Sie wohnen ganz zentral in unmittelbarer Altstadtnähe und parken im hauseigenen Parkhaus! Besonders elegant sind die neueren Deluxe-Zimmer, sehr guter Tagungs- und Veranstaltungsbereich. Schöne Aussicht vom Schwimmbad im obersten Stock und auch von der Terrasse.

121 Zim – ♦91/111 € ♦♦136 € – 3 Suiten – ☱ 15 € – ½ P

**Stadtplan : A2-s** – *Westernmauer 38* ✉ *33098* – *℘ 05251 1280*
– *www.arosa-paderborn.de*

###  Zur Mühle

**FAMILIÄR · ELEGANT** Hier wohnen Sie mitten im Zentrum und dennoch angenehm ruhig, die Einrichtung ist geschmackvoll und funktional zugleich und dazu kommt noch freundlicher Service. Gefrühstückt wird unter einer schönen Stuckdecke, gerne auch auf der Terrasse.

25 Zim ☱ – ♦81/109 € ♦♦113/133 € – 1 Suite

**Stadtplan : A1-c** – *Mühlenstr. 2* ✉ *33098* – *℘ 05251 10750*
– *www.hotelzurmuehle.de* – *geschl. 23. Dezember - 7. Januar*

###  Aspethera ❶

**BUSINESS · MODERN** Nur einen Steinwurf vom Dom finden Sie dieses zeitgemäße Hotel, das als Integrationsbetrieb geführt wird. Die Zimmer sind hell und modern, man hat gute Tagungsmöglichkeiten und im Restaurant serviert man sowohl bürgerliche als auch internationale Küche.

57 Zim ☱ – ♦86 € ♦♦115 € – ½ P

**Stadtplan : B2-s** – *Am Busdorf 7* ✉ *33098* – *℘ 05251 2888100*
– *www.hotel-aspethera.de*

###  Galerie-Hotel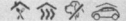

**FAMILIÄR · INDIVIDUELL** Ein charmantes Haus: angefangen bei der schmucken spätgotischen Giebelfront über die ständige Bilderausstellung (die Chefin malt die Bilder selbst!) und die individuellen Zimmer bis hin zum liebenswert dekorierten Restaurant La Petite Galerie und den hausgemachten Kuchen im reizenden Tee- und Caféstübchen!

11 Zim – ♦75 € ♦♦95 € – ☱ 10 €

**Stadtplan : A2-b** – *Bachstr. 1* ✉ *33098* – *℘ 05251 12240* – *www.galerie-hotel.de*

## PALLING

Bayern – 3 370 Ew. – Höhe 531 m – Regionalatlas **67**-O20
▶ Berlin 666 km – München 92 km – Bad Reichenhall 49 km – Rosenheim 64 km
Michelin Straßenkarte 546

###  Michlwirt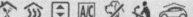

**GASTHOF · FUNKTIONELL** Herzlich-familiär wird dieser Bilderbuch-Gasthof mit angeschlossener Metzgerei geführt. Die Zimmer im Anbau sind meist geräumiger. Am Morgen gibt's in der Guten Stube ein leckeres Frühstücksbuffet. Ebenso behaglich-traditionell sind Michlstube und Theaterstube, gekocht wird bayerisch.

47 Zim ☱ – ♦43/54 € ♦♦75/90 €

*Steiner Str. 1* ✉ *83349* – *℘ 08629 98810* – *www.michlwirt.de* – *geschl. 18. - 24. Januar, 26. September - 16. Oktober*

## PANKER Schleswig-Holstein → Siehe Lütjenburg

## PAPENBURG

Niedersachsen – 35 620 Ew. – Höhe 1 m – Regionalatlas **16**-D6
▶ Berlin 513 km – Hannover 240 km – Emden 47 km – Groningen 67 km
Michelin Straßenkarte 541

### 🏚 Alte Werft　　　　　🎎 🎎 🖺 🖫 🔥 🔥 **P**

**BUSINESS · FUNKTIONELL** Gelungen hat man Industriearchitektur a. d. 19. Jh. - samt einiger erhaltener Werftmaschinen - in einen Hotelbau integriert. Neben neuzeitlichen Zimmern gibt es die Restaurants "Graf Goetzen" (internationale Küche) und "Schnürboden" (regionaleres Angebot) - Hingucker ist eine beachtliche Krankonstruktion.

112 Zim ⌚ - ♦85/120 € ♦♦116/146 € – 9 Suiten – ½ P
*Ölmühlenweg 1 ✉ 26871 – ℰ 04961 9200 – www.hotel-alte-werft.de*

**In Halte** Nord-West: 4 km Richtung Meyer Werft

### 🍴⃝ Reiherhorst - Gut Halte　　　🔄 🦢 🖼 **P**

**TRADITIONELLE KÜCHE · LÄNDLICH** 🕅 Das sorgsam restaurierte Herrenhaus von 1796 ist ein langjähriger Familienbetrieb, ruhig die Lage in einem schönen Park am Deich. Im Restaurant mit Wintergarten und Terrasse sitzt man gemütlich bei regional-saisonaler Küche. Gepflegt übernachten kann man auch. Hübsch: Lobby und Bibliothek.

Menü 25/35 € – Karte 25/37 €　　8 Zim ⌚ - ♦60/85 € ♦♦95/115 €
*Gut Halte 6 ✉ 26826 – ℰ 04961 2317 – www.papenburg-hotel.de – geschl. 10. - 23. Juli und Sonntagabend - Dienstagmittag*

## PAPPENHEIM

Bayern – 3 970 Ew. – Höhe 405 m – Regionalatlas **57**-K18
▶ Berlin 499 km – München 134 km – Augsburg 77 km – Nürnberg 72 km
Michelin Straßenkarte 546

### 🍲 Zur Sonne　　　　　　　　　　🖼

**REGIONAL · GASTHOF** 🕅 Dass man bei Familie Glück gut essen kann, beweisen schmackhafte Gerichte wie "Zanderfilet vom Chiemsee mit Petersilienwurzelpüree und Rote-Beete-Cassissauce" oder "Sauerbraten vom Dam- und Schwarzwild". Nett das gemütliche Ambiente dazu.

Menü 30 € – Karte 22/46 €
*Hotel Zur Sonne, Deisinger Str. 20 ✉ 91788 – ℰ 09143 837837 – www.sonne-pappenheim.de – geschl. Ende Februar - Anfang März, November 1 Woche und Dienstag, November - März : Dienstag - Mittwochmittag*

### 🏠 Zur Sonne　　　　　　　　　　🔥

**GASTHOF · GEMÜTLICH** Ein wirklich gepflegter Gasthof, der nicht zuletzt wegen seiner Lage am Altmühlradweg gut ankommt. Wer ein bisschen was Besonderes sucht, bucht am besten eines der tollen Themenzimmer - vielleicht eines mit rustikalem Hütten-Flair?

11 Zim ⌚ - ♦48/64 € ♦♦70/90 € – ½ P
*Deisinger Str. 20 ✉ 91788 – ℰ 09143 837837 – www.sonne-pappenheim.de – geschl. Ende Februar - Anfang März, November 1 Woche*
🍲 **Zur Sonne** – siehe Restaurantauswahl

## PARSBERG

Bayern – 6 630 Ew. – Höhe 553 m – Regionalatlas **58**-M17
▶ Berlin 477 km – München 137 km – Regensburg 47 km – Ingolstadt 63 km
Michelin Straßenkarte 546

### 🍴⃝ Hirschen　　　　　　　　　　🖼 **P**

**REGIONAL · LÄNDLICH** 🕅🕅 In den behaglichen Wirtstuben - Herzstück des Hirschen ist das "Bräustüberl" - bekommen Sie einen interessanten Mix aus klassisch-gehobener Küche und traditionellen Klassikern wie "Rindfleischtopf" oder "Zwetschgenbavesen".

Menü 25 € (mittags)/89 € – Karte 27/67 €
*Hotel Hirschen, Marktstr. 1a ✉ 92331 – ℰ 09492 6060 – www.hirschenhotels.com – geschl. 22. - 26. Dezember*

###  Hirschen 🏨 🖼 🛁 🅿

**BUSINESS · GEMÜTLICH** Ein echtes Traditionshaus im Herzen der kleinen Stadt. Außen die einladende gelbe Fassade, drinnen eine gemütliche Lobby, ein schöner Dorfladen mit eigenen Metzgereiprodukten, hübsche wohnliche Zimmer und ein netter intimer Wellnessbereich - Hallenbad im 100 m entfernten "Garten Hotel Hirschenhof". Vier Suiten und ein DZ im "Privat Hotel Hirschen".

30 Zim 🗺 – 🛏80/170 € 🛏🛏109/199 € – 5 Suiten

*Marktstr. 1a ⊠ 92331 – 𝒞 09492 6060 – www.hirschenhotels.com – geschl. 22. - 26. Dezember*

🍽○ **Hirschen** – siehe Restaurantauswahl

###  Garten Hotel Hirschenhof 🌳 🛆 🖼 🏨 🛠 🖼 🛁 🚗

**BUSINESS · FUNKTIONELL** Dies ist die moderne Alternative zum traditionellen "Hirschen" - schräg gegenüber gelegen und unter gleicher Leitung. Schön der Garten, der Hallenbad- und Saunabereich sowie die hellen, geradlinig gehaltenen Zimmer mit angenehmen Naturmaterialien. Abends serviert man Ihnen "Oberpfälzer Tapas".

36 Zim 🗺 – 🛏80/160 € 🛏🛏99/179 € – 2 Suiten

*Marktstr. 2 ⊠ 92331 – 𝒞 09492 6060 – www.hirschenhotels.com – geschl. 22. - 26. Dezember*

## PASSADE

Schleswig-Holstein – 350 Ew. – Höhe 31 m – Regionalatlas **3**-J3

▶ Berlin 375 km – Kiel 28 km – Hamburg 123 km

Michelin Straßenkarte 541

###  Fischerwiege 🛥 🛆 🛁 🅿

**FAMILIÄR · GEMÜTLICH** Schön ruhig liegt das reizende reetgedeckte Haus am kleinen See, herrlich der Garten, ausgesprochen hübsch die Zimmer mit ihrem nordischem Charme, und am Morgen bekommt man bei den herzlichen Gastgebern ein gutes Frühstück serviert.

11 Zim 🗺 – 🛏85/110 € 🛏🛏100/125 € – 2 Suiten

*An de Laak 11 ⊠ 24253 – 𝒞 04344 4138616 – www.fischerwiege-passade.de - geschl. 3. Januar - 12. Februar*

## PASSAU

Bayern – 49 040 Ew. – Höhe 262 m – Regionalatlas **60**-P19

▶ Berlin 607 km – München 192 km – Landshut 119 km – Linz 110 km

Michelin Straßenkarte 546

### 🍴 Weingut ❶ 🛖

**INTERNATIONAL · GEMÜTLICH** ✗ Hochtische und Weinregale unterstreichen hier die gemütlich-trendige Atmosphäre, dazu schmackhafte internationale Speisen wie "Fjordforelle mit Rote-Bete-Risotto und Gurke". An manchen Tagen gibt's Specials wie "Backhendl mit Erdäpfel-Gurken-Salat". Die gut sortierte Weinkarte bietet auch Nicht-Alltägliches.

Menü 35 € – Karte 31/53 €

**Stadtplan : A2-b** – *Theresienstr. 28 ⊠ 94032 – 𝒞 0851 37930500 - www.weingut-passau.de – Montag - Donnerstag nur Abendessen – geschl. Sonntag sowie an Feiertagen*

### 🍽○ Heilig-Geist-Stift-Schenke 🛖

**TRADITIONELLE KÜCHE · FREUNDLICH** ✗ Sie suchen gemütliche Atmosphäre und solide bayerische Küche? Dann wird Ihnen das Franziskanerkloster von 1358 gefallen: In liebenswerten rustikalen Stuben mit historischem Charme - oder im lauschigen Garten - serviert man traditionelle regionale Speisen. Schön urig das Natursteingewölbe des Stiftskellers.

Menü 20 € – Karte 18/59 €

**Stadtplan : A2-v** – *Heiliggeistgasse 4 ⊠ 94032 – 𝒞 0851 2607 - www.stiftskeller-passau.de – geschl. Januar 3 Wochen und Mittwoch*

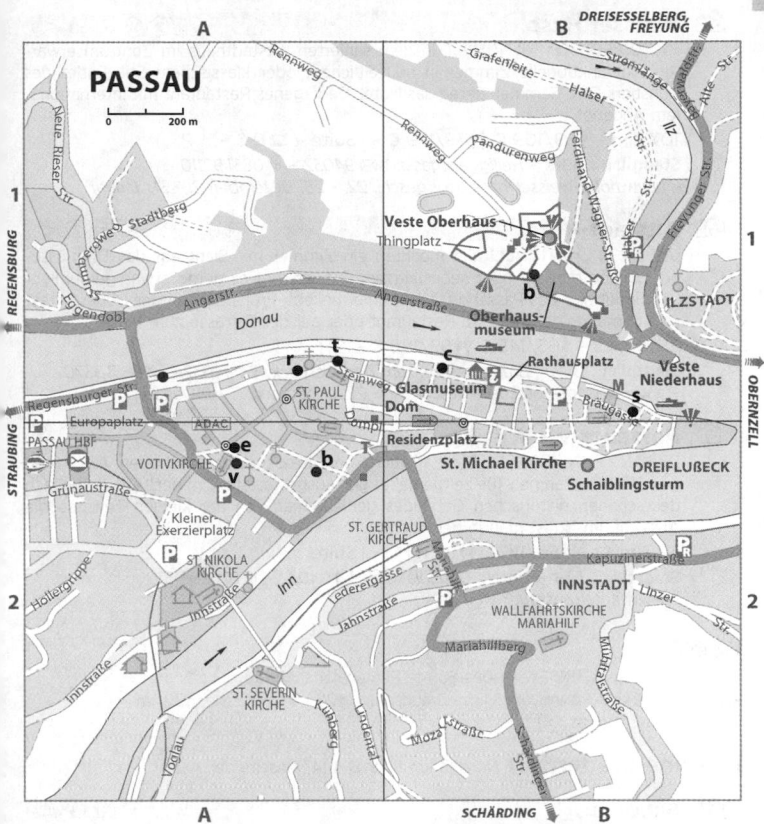

## 🍽 Das Oberhaus

🎐 ⟳

**REGIONAL · HIP** ⚒ Dieser Logenplatz über der Stadt hat sich schnell herumgesprochen - die Terrasse ist ein Traum! Zu essen gibt's bürgerlich-bayerische Küche wie "Schweinshaxe mit Kartoffelsalat" oder "Schwammerlgulasch".

Menü 35 € – Karte 23/47 €

**Stadtplan : B1-b** – *Oberhaus 1* ✉ *94034* – *☎ 0851 37930657* – *www.dasoberhaus.com*

## 🏠 König

≼ 🎐 ⬆ AC 🛁 🚗

**FAMILIÄR · GEMÜTLICH** Das Hotel liegt in der Altstadt an den Schiffsanlegestellen und verfügt über wohnlich-gediegene Gästezimmer, einige mit Blick auf die Donau.

41 Zim 🍵 – †69/130 € ††89/150 €

**Stadtplan : A1-t** – *Untere Donaulände 1* ✉ *94032* – *☎ 0851 3850* – *www.hotel-koenig.de*

## 🏠 Residenz

≼ 🎐 ⬆ AC 🚗

**HISTORISCH · FUNKTIONELL** In dem Familienbetrieb direkt am Donauufer wird immer wieder investiert. Die Zimmer sind schön wohnlich, chic die Suiten mit ihrem gelungenen Mix aus denkmalgeschützten Elementen und modernem Stil. Tipp: Suite "Donau" mit Flussblick.

50 Zim 🍵 – †65/85 € ††99/129 €

**Stadtplan : B1-c** – *Fritz-Schäffer-Promenade 6* ✉ *94032* – *☎ 0851 989020* – *www.residenz-passau.de* – *gesch. über Weihnachten*

🏨 **Weisser Hase**

**HISTORISCH · FUNKTIONELL** In dem sanierten Altstadthaus im Zentrum erwarten Sie funktionelle Zimmer in neuzeitlichem oder klassischem Stil. Bilder des Künstlers Otto Sammer zieren das Hotel. Gediegenes Restaurant mit internationalem Angebot.

107 Zim – ♦69/109 € ♦♦79/129 € – 1 Suite – 🍴 9 € – ½ P
*Stadtplan : A2-e – Heiliggeistgasse 1 ✉ 94032 – ☏ 0851 92110*
*– www.hotel-weisser-hase.de – geschl. 22. - 28. Dezember, 2. - 31. Januar*

🏨 **Altstadt-Hotel**

**URBAN · FUNKTIONELL** Sie möchten ein Zimmer mit Sicht auf das Dreiflüsseeck? Schön modern oder lieber klassisch? Auch wer es gerne etwas geräumiger hat, findet hier das Passende. Im Sommer beliebt: Frühstück auf der Donauterrasse. Internationale Küche im Restaurant oder auf der Terrasse zum Fluss.

35 Zim 🍴 – ♦65/145 € ♦♦89/195 € – ½ P
*Stadtplan : B1-s – Bräugasse 23, (am Dreiflüsseeck) ✉ 94032 – ☏ 0851 3370*
*– www.altstadt-hotel.de – geschl. 22. - 27. Dezember, 3. - 9. Januar,*

🏨 **Passauer Wolf**

**URBAN · FUNKTIONELL** Dicke Mauern und Kreuzgewölbe schaffen hier einen gemütlichen Rahmen für zeitgemäße, gut ausgestattete Zimmer. Auf dem Dach des schönen historischen Gebäudes genießt man von der kleinen Terrasse die Aussicht. Im Nu ist man in der Altstadt.

38 Zim 🍴 – ♦56/116 € ♦♦81/171 € – 1 Suite
*Stadtplan : A1-r – Untere Donaulände 4 ✉ 94032 – ☏ 0851 931510*
*– www.hotel-passauer-wolf.de*

# PEINE

Niedersachsen – 48 380 Ew. – Höhe 68 m – Regionalatlas **19**-J9
▶ Berlin 249 km – Hannover 45 km – Braunschweig 28 km – Hildesheim 32 km
Michelin Straßenkarte 541

## In Peine-Stederdorf Nord: 3 km über B 444, jenseits der A 2

🏨 **Schönau**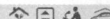

**FAMILIÄR · DESIGN** Seit über 100 Jahren wird hier stetig investiert und modernisiert. Halle, Lounge-Bar, Zimmer…, alles ist wertig und chic. Fragen Sie nach den komfortablen Zimmern im Anbau. Oder mögen Sie's lieber etwas ländlicher? Elegant das Restaurant mit schöner Terrasse, daneben gibt es noch die rustikalere Bierstube.

65 Zim 🍴 – ♦85/170 € ♦♦110/220 €
*Peiner Str. 17, B 444 ✉ 31228 – ☏ 05171 9980 – www.hotel-schoenau.de*

# PENZBERG

Bayern – 16 210 Ew. – Höhe 596 m – Regionalatlas **65**-L21
▶ Berlin 640 km – München 53 km – Garmisch-Partenkirchen 43 km – Bad Tölz 19 km
Michelin Straßenkarte 546

🍴 **Troadstadl**

**MARKTKÜCHE · GEMÜTLICH** 🗶 Saisonal geprägte Küche bietet das Gastgeberpaar in den gemütlichen Stuben des im 13. Jh. erbauten denkmalgeschützten Hauses. Moderne Accessoires schaffen einen reizvollen Kontrast zum rustikalen Charakter des Restaurants.

Menü 35 € – Karte 28/57 €
*Kirnberger Str. 1, nahe der BAB-Ausfahrt Penzberg ✉ 82377 – ☏ 08856 9482*
*(Tischbestellung ratsam) – www.troadstadl.de – nur Abendessen, sonntags auch*
*Mittagessen – geschl. Dienstag - Mittwoch, Sonntagabend*

## In Penzberg-Promberg Nord: 5 km Richtung Wolfratshausen

### 🏠 Hoisl-Bräu   🍴 🕭 ⇐ 🖸 🛍 🅿

**FAMILIÄR · GEMÜTLICH** Warum das Haus gefragt ist? Es liegt schön ruhig, die Preise sind fair, die Einrichtung ist gemütlich-bayerisch, das Frühstück gut... Bei schönem Wetter geht's raus auf die Südterrasse! Ein idealer Ausgangspunkt für Golfer, Radfahrer...

22 Zim 🖭 – ♦57/105 € ♦♦77/125 € – 1 Suite

*Promberg 1* ✉ *82377 –* ☎ *08856 9017330 – www.hoisl-braeu.de – geschl. 6.*
*- 19. Juni, 30. Oktober - 6. November*

# PERL

Saarland – 8 190 Ew. – Höhe 254 m – Regionalatlas **45**-A16
▶ Berlin 767 km – Saarbrücken 68 km – Trier 45 km – Luxembourg 32 km
Michelin Straßenkarte 543

## In Perl-Nennig Nord: 10 km über B 419

### ✿✿✿ Victor's Fine Dining by christian bau   🕭 ⇐ 🕭 🆎 🍴 🅿

**KREATIV · ELEGANT** XxxX Wer könnte den kulinarischen Brückenschlag zwischen Frankreich und Japan aromatischer und feinfühliger umsetzen als Christian Bau? Eine perfekt dosierte, klar strukturierte und absolut harmonische Abfolge geschmacklicher und optischer Highlights. Das Restaurant selbst ist ein Spiegelbild der Küche: klassische Eleganz vereint mit asiatischer Reduziertheit.
➜ Erinnerungen an Japan, Meeresfrüchte, grüne Aromen, schwarzer Knoblauch. Schulterscherzel vom japanischen Beef, Erdartischocke, Trüffel, Wakame. Rhabarber, Himbeere, Buttermilch.

Menü 138/245 €   14 Zim 🖭 – ♦132/232 € ♦♦162/315 € – 3 Suiten

*Schlossstr. 27* ✉ *66706 –* ☎ *06866 79118 – www.victors-fine-dining.de – Mittwoch*
*- Freitag nur Abendessen – geschl. Anfang Januar 2 Wochen, Ende Juli - August 3*
*Wochen, Ende Oktober 1 Woche und Montag - Dienstag*

### 🍴 Die Scheune   🍴 ⅋ 🅿

**REGIONAL · RUSTIKAL** X Wer es gerne ein bisschen rustikaler mag, findet ca. 100 m vom Hotel entfernt in der ehemaligen Scheune Gemütlichkeit - und das auf beachtlichen drei Etagen! Hier gibt's regional-saisonale Kost und im Biergarten dazu noch einen schönen Blick in die Weinberge.

Karte 30/58 €

*Victor's Residenz - Hotel Schloss Berg, Schlossstr. 27* ✉ *66706 –* ☎ *06866 79180*
*– www.victors.de – geschl. Dienstag*

### 🏨 Victor's Residenz - Hotel Schloss Berg   🍴 🕭 ⇐ 🕭 🖾 💿 🕭

**SPA UND WELLNESS · FUNKTIONELL** Nahe der Mosel und   🛁 🖸 🕭 🛍 🅿
der Grenze zu Luxemburg und Frankreich liegt das elegante Hotel am Rande der Weinberge. Sie möchten sich ein besonderes Zimmer gönnen? Dann buchen Sie eine der Götter-Suiten! Zur Ruhe kommen kann man aber auch gut im schönen Spa oder bei mediterraner Küche im "Bacchus".

105 Zim 🖭 – ♦132/232 € ♦♦162/262 € – 7 Suiten – ½ P

*Schlossstr. 27* ✉ *66706 –* ☎ *06866 790 – www.victors.de*
🍴 **Die Scheune** – siehe Restaurantauswahl

### 🏠 Zur Traube   🍴 🖸 🛍 🅿

**GASTHOF · MODERN** Ein engagiert geführter Gasthof an der Bundesstraße. Gepflegt sind die Zimmer alle, im Neubau wohnt man besonders komfortabel. Speisen können Sie in klassisch-elegantem Rahmen mit neuzeitlichem Touch, und zwar bürgerliche Küche mit der Hausspezialität geräucherter Hinterschinken! An Fahrradfahrer ist übrigens auch gedacht, z. B. mit einem Fahrradraum.

11 Suiten 🖭 – ♦♦80/129 € – 10 Zim – ½ P

*Bübingerstr. 22, B 51* ✉ *66706 –* ☎ *06866 349 – www.traube-nennig.de – geschl.*
*Mitte Dezember - Anfang Januar*

# PETERSHAGEN

Nordrhein-Westfalen – 25 460 Ew. – Höhe 37 m – Regionalatlas **18**-G8

▶ Berlin 355 km – Düsseldorf 230 km – Bielefeld 67 km – Bremen 90 km

Michelin Straßenkarte 543

## ⅞○ Orangerie ≼ 🚗 🛋 ♻ 🅿

**INTERNATIONAL · KLASSISCHES AMBIENTE** ✗✗ Klassisch-elegant das Ambiente, schön der Blick ins Grüne und auf die Weser. Gekocht wird international-traditionell mit regionalem und saisonalem Bezug - da macht z. B. "gebratenes Kabeljaufilet auf Safransauce und Erbsenpüree" Appetit.

Menü 28/55 € – Karte 33/52 €

*Hotel Schloss Petershagen, Schlossfreiheit* ✉ *32469* – ☏ *05707 93130*
*– www.schloss-petershagen.com – Dienstag - Freitag nur Abendessen – geschl. 9.*
*- 31. Januar und Montag*

## 🏠 Schloss Petershagen ⌇ ≼ 🚗 ⏛ ✗ 🧖 🅿

**HISTORISCHES GEBÄUDE · INDIVIDUELL** In dem reizenden kleinen Schloss an der Weser sorgen stilvoll-historische Details für romantisches Flair. Die Gästezimmer sind individuell gestaltet. Schön zum Entspannen: Jeden ersten Mittwoch im Monat gibt es "5 o'clock tea".

13 Zim ⌂ – ♦75/95 € ♦♦120/140 € – 2 Suiten – ½ P

*Schlossfreiheit* ✉ *32469* – ☏ *05707 93130* – *www.schloss-petershagen.com*
*– geschl. 9. - 31. Januar*

⅞○ **Orangerie** – siehe Restaurantauswahl

 Das Symbol ♦ bzw. ♦♦ zeigt den Mindestpreis in der Nebensaison und den Höchstpreis in der Hochsaison für ein Einzelzimmer bzw. für ein Doppelzimmer an.

# PETERSHAGEN-EGGERSDORF

Brandenburg – 14 210 Ew. – Höhe 52 m – Regionalatlas **23**-Q8

▶ Berlin 28 km – Potsdam 59 km – Eberswalde 44 km – Frankfurt (Oder) 81 km

Michelin Straßenkarte 542

## Im Ortsteil Eggersdorf Nord-Ost: 2 km

### 🏠 Landgasthof zum Mühlenteich ⌇ 🖈 🧖 🅿

**LANDHAUS · GEMÜTLICH** Das familiär geführte Hotel im Ortskern überzeugt durch freundlichen Service und wirklich wohnliche Gästezimmer im Landhausstil. Etwas Besonderes ist das Hochzeitszimmer: Es ist hübsch mit bemalten Bauernmöbeln eingerichtet. Gemütlich-rustikal hat man es beim Essen in der Bauernstube.

20 Zim ⌂ – ♦70/100 € ♦♦95/125 € – ½ P

*Karl-Marx-Str. 32* ✉ *15345* – ☏ *03341 42660* – *www.landgasthof.de*

### 🏠 Landhaus Villago ⌇ 🚗 📺 🎵 ♿ 🧖 🅿

**BUSINESS · INDIVIDUELL** Zeitgemäß, wohnlich und funktional sind die Zimmer in diesem auf Tagungen zugeschnittenen Hotel. Schön ist die Lage am Bötzsee - hier hat man ein eigenes Strandbad. Internationale Küche im behaglichen Restaurant.

60 Zim ⌂ – ♦86 € ♦♦102 € – ½ P

*Altlandsberger Chaussee 88* ✉ *15345* – ☏ *03341 4690* – *www.villago.de*

# PETERSTAL-GRIESBACH, BAD

Baden-Württemberg – 2 630 Ew. – Höhe 393 m – Regionalatlas **54**-E19

▶ Berlin 737 km – Stuttgart 115 km – Karlsruhe 88 km – Offenburg 34 km

Michelin Straßenkarte 545

# Im Ortsteil Bad Griesbach

## ❀❀ Le Pavillon     🕸 ⇐ ঙ ⅏ 🚗

FRANZÖSISCH-KLASSISCH · KLASSISCHES AMBIENTE ✗✗✗ Die Verbindung aus klassischer Spitzenkulinarik und hochwertigem gediegenem Interieur könnte nicht stimmiger sein. Was hier überaus aufmerksam und geschult an elegant eingedeckten Tischen serviert wird, ist wahrlich ein Ausbund an Geschmack. Dezente moderne Einflüsse unterstreichen Intensität und Tiefe.

→ Steinbuttfilet, Artischocken, Pfifferlinge, Verjus, Pinienkerngnocchi. Limousinlamm, Paprikapüree, Auberginenkompott, Olivenöljus. Mascarponecrème, Kirschen, Kaffeeeis.

Menü 114/153 € – Karte 98/116 €

*Hotel Dollenberg, Dollenberg 3 ✉ 77740 – 𝒞 07806 780 (Tischbestellung ratsam) – www.dollenberg.de – Montag - Freitag nur Abendessen – geschl. 13. - 29. März, 19. Juni - 5. Juli und Dienstag - Mittwoch*

## ❀ Kamin- und Bauernstube     🕸 🏠 ঙ ⅏ 🚗

REGIONAL · LÄNDLICH ✗✗ Der aufmerksame Service ist Ihnen sowohl in der ländlich-rustikalen Bauernstube als auch in der eleganten Kaminstube gewiss, ebenso internationale und regionale Klassiker wie "badische Schneckensuppe" oder "Saibling auf Spargelragout". Toll die großzügige Terrasse. Dienstags beliebte "Küchenparty"!

Menü 35/57 € – Karte 37/65 €

*Hotel Dollenberg, Dollenberg 3 ✉ 77740 – 𝒞 07806 780 – www.dollenberg.de*

## 🍴○ Renchtalhütte     ⇐ 🏠 🅿

REGIONAL · RUSTIKAL ✗ Die zünftige Seite der Dollenberg-Gastronomie: uriggemütlich, überall rustikales altes Holz, auf den blanken Tisch kommen Raclette und Fondue sowie regionale Gerichte und Vesper (lecker die Hausmacher Wurst im Glas!). Toll die Aussicht! Den Kindern wird es dank Spielplatz und Streichelzoo nicht langweilig.

Karte 19/39 €

*Rohrenbach 8 ✉ 77740 – 𝒞 07806 910075 – www.renchtalhuette.de*

## 🏨 Dollenberg     🛎 ⇐ �‖ 🏊 🗖 ⏲ 🛖 🎱 ✗ 🖳 🏋 🚗

SPA UND WELLNESS · ELEGANT Dieses fabelhafte Feriendomizil ist das Lebenswerk von Meinrad Schmiederer und eines der Top-Hotels in Deutschland. Wohnräume mit Stil und Geschmack, Spa-Vielfalt auf rund 5000 qm, ein 1A-Service und Gastronomie vom 2-Sterne-Restaurant bis zur rustikalen Hütte. Und all das in einmalig schöner Lage!

101 Zim 🖂 – †145/680 € ††250/790 € – 38 Suiten – ½ P

*Dollenberg 3 ✉ 77740 – 𝒞 07806 780 – www.dollenberg.de*

❀❀ **Le Pavillon** • ❀ **Kamin- und Bauernstube** – siehe Restaurantauswahl

## 🏨 Adlerbad     ✗ 🛖 🗗 🖳 🚗

GASTHOF · GEMÜTLICH Den Charme des alten Fachwerkhauses spürt man schön in der komplett getäfelten Alten Dorfstube! Ebenso hübsch, nur eben ganz modern, sind die Zimmer im Gästehaus. Sie entspannen bei Moorpackung, Cleopatra-Bad und Aromaöl-Massage und speisen regional und international in der gemütlich-zeitgemäßen Adlerstube.

23 Zim 🖂 – †45/75 € ††90/130 € – 2 Suiten – ½ P

*Kniebisstr. 55, B 28 ✉ 77740 – 𝒞 07806 98930 – www.adlerbad.de – geschl. 19. November - 15. Dezember*

# PFAFFENHOFEN an der ILM

Bayern – 24 450 Ew. – Höhe 428 m – Regionalatlas **58**-L19

▶ Berlin 549 km – München 55 km – Augsburg 65 km – Landshut 80 km

Michelin Straßenkarte 546

###  Moosburger Hof

**BUSINESS · ELEGANT** Zentral die Lage, schön die hochwertig, komfortabel und modern-elegant eingerichteten Zimmer, sehenswert die Kunstwerke von Omer Berber. Das Restaurant bietet international Küche, alternativ gibt es das einfachere Bistro "Kunstwinkel".

49 Zim 立 - ♦77/144 € ♦♦127/147 € – ½ P

*Moosburger Str. 3, (Zufahrt und Eingang über Prof.-Stock-Straße) ⊠ 85276*
*– 𝒞 08441 2770080 – www.hotel-moosburgerhof.de*

## PFAFFENWEILER

Baden-Württemberg – 2 520 Ew. – Höhe 252 m – Regionalatlas **61**-D20
▶ Berlin 811 km – Stuttgart 213 km – Freiburg im Breisgau 14 km – Basel 66 km
Michelin Straßenkarte 545

### ✿ Zehner's Stube

**FRANZÖSISCH-KLASSISCH · ELEGANT** ХХ Wo klassische Küche und badischer Charme so schön vereint sind, isst man natürlich gerne, zumal Fritz Zehner (seit über 30 Jahren in der hiesigen Gastronomie selbständig) richtig gut kocht - kraftvoll und produktbezogen! Der Rahmen: das historische Kreuzgewölbe des ehemaligen Rathauses.

→ Gänseleberterrine mit Mispelsalat und Pistazie. Taubenbrust mit Gänseleberschaum und Spargel. Millefeuille von Schokolade und Himbeeren.

Menü 74/115 € – Karte 72/89 €

*Weinstr. 39 ⊠ 79292 – 𝒞 07664 6225 – www.zehnersstube.de – geschl. Montag – Dienstagmittag*

🍴 **Weinstube** – siehe Restaurantauswahl

### 🍴 Weinstube

**REGIONAL · WEINSTUBE** Х Steigen Sie hinab in die Tiefen des Gewölbekellers dieses 400 Jahre alten Gasthauses, das auch über eine nette Außenterrasse vefügt. Verköstigt werden Sie mit Badischem!

Karte 38/61 €

*Restaurant Zehner's Stube, Weinstr. 39 ⊠ 79292 – 𝒞 07664 6225*
*– www.zehnersstube.de – nur Abendessen – geschl. Montag*

## PFALZGRAFENWEILER

Baden-Württemberg – 7 060 Ew. – Höhe 636 m – Regionalatlas **54**-F19
▶ Berlin 697 km – Stuttgart 76 km – Karlsruhe 87 km – Tübingen 57 km
Michelin Straßenkarte 545

### In Pfalzgrafenweiler-Kälberbronn West: 7 km

###  Waldsägmühle

**SPA UND WELLNESS · GEMÜTLICH** Familie Ziegler hat hier am Wald ein schönes Hotel mit wohnlichem Ambiente. Perfekt zum Relaxen ist der ansprechende Spa "Zinsbach-Therme", oder Sie entspannen einfach auf der Wiese direkt am Waldrand. Im gemütlichen Restaurant serviert man Ihnen frische klassische Küche mit regionalen Einflüssen.

37 Zim 立 - ♦83/103 € ♦♦142/152 € – 1 Suite – ½ P

*Waldsägmühle 1, Süd-Ost: 2 km an der Straße nach Durrweiler ⊠ 72285*
*– 𝒞 07445 85150 – www.waldsaegmuehle.de*

###  Schwanen

**SPA UND WELLNESS · AUF DEM LAND** In dem sympathischen Familienbetrieb lässt es sich gut Urlaub machen: wohnliche Zimmer (teils zur Südseite) und gemütliche Restaurantstuben (Produkte aus der eigenen Landwirtschaft), Kosmetik und Massage sowie zahlreiche Aktivitäten für Kinder: Spielplatz, Ponyreiten, Bauernhof... In den Ferien mit Betreuung.

51 Zim 立 - ♦60/78 € ♦♦120/142 € – ½ P

*Große Tannenstr. 10 ⊠ 72285 – 𝒞 07445 1880 – www.hotel-schwanen.de*

## PFINZTAL

Baden-Württemberg – 17 590 Ew. – Höhe 151 m – Regionalatlas **54**-F18

▶ Berlin 651 km – Stuttgart 65 km – Karlsruhe 15 km – Pforzheim 21 km

Michelin Straßenkarte 545

### In Pfinztal-Söllingen

⊞○ **Villa Hammerschmiede**

KLASSISCHE KÜCHE · GEMÜTLICH ✗✗ Möchten Sie in den schönen behaglichen Stuben speisen oder lieber im lichten Pavillon? In beiden Bereichen serviert man klassisch-regionale Küche, vom interessanten "Villa-Lunch" bis zum Feinschmecker-Menü am Abend. Wie wär's z. B. mit "geschmortem Ragout vom Pfälzer Lamm". Reizvoll die Terrasse.

Menü 30 € (mittags unter der Woche)/110 € – Karte 40/75 €

*Hotel Villa Hammerschmiede, Hauptstr. 162, B 10 ⊠ 76327 – ℰ 07240 6010*
*– www.villa-hammerschmiede.de*

**Villa Hammerschmiede**

HISTORISCHES GEBÄUDE · KLASSISCH Schon von außen wirkt die modern erweiterte Villa a. d. J. 1893 äußerst einladend, im Inneren besticht die exquisite Einrichtung. Viele der Zimmer liegen besonders ruhig zum weitläufigen Park. Gönnen Sie sich auch eine Kosmetikanwendung oder Massage in der "Spa-Suite"!

27 Zim – ♦137/226 € ♦♦194/298 € – 2 Suiten – ➾ 20 € – ½ P

*Hauptstr. 162, B 10 ⊠ 76327 – ℰ 07240 6010 – www.villa-hammerschmiede.de*
⊞○ **Villa Hammerschmiede** – siehe Restaurantauswahl

**PFOFELD** Bayern ➜ Siehe Gunzenhausen

## PFORZHEIM

Baden-Württemberg – 116 430 Ew. – Höhe 273 m – Regionalatlas **54**-F18

▶ Berlin 662 km – Stuttgart 53 km – Karlsruhe 31 km – Heilbronn 82 km

Michelin Straßenkarte 545

⊞○ **Hoppe's**

FRANZÖSISCH · FREUNDLICH ✗ Die Gäste kommen immer wieder gerne hierher, denn das Restaurant ist gemütlich, charmant-lebendig und einfach richtig sympathisch! Ein guter Tipp für alle, die es elsässisch-badisch mögen!

Karte 32/54 €

*Weiherstr. 15 ⊠ 75173 – ℰ 07231 105776 – www.hoppes-pforzheim.de – nur Abendessen – geschl. Januar 2 Wochen, Mai 2 Wochen, August und Sonntag, sowie an Feiertagen*

**Parkhotel**

BUSINESS · ELEGANT Beim Kongresszentrum gelegen, ideal für Tagungen. Nach getaner Arbeit bei schönem Stadtblick entspannen? Saunabereich samt Außenwhirlpool im obersten Stock! Ebenfalls hier oben: attraktiver Panorama-Veranstaltungsraum. Die Gastronomie: Restaurant, Wintergarten-Café mit Terrasse, Bar. Gutes Frühstücksbuffet.

208 Zim ➾ – ♦96/131 € ♦♦132/172 € – 1 Suite – ½ P

*Deimlingstr. 36 ⊠ 75175 – ℰ 07231 1610 – www.parkhotel-pforzheim.de*

### In Pforzheim-Brötzingen West: 3,5 km

⊞○ **Pyramide**

FRANZÖSISCH-KLASSISCH · FAMILIÄR ✗✗ Das Restaurant wirkt recht intim und hat mit seiner liebenswerten Deko ein bisschen Wohnzimmeratmosphäre. Es gibt schmackhafte klassische Küche - Stammgäste nehmen übrigens am liebsten die mündlichen Empfehlungen. Lauschig der Innenhof.

Menü 38/68 € – Karte 43/76 €

*Dietlinger Str. 25 ⊠ 75179 – ℰ 07231 441754 (Tischbestellung erforderlich)*
*– www.restaurant-pyramide.de – nur Abendessen, sonntags auch Mittagessen – geschl. Januar 1 Woche, Ende August - Mitte September 3 Wochen und Montag - Dienstag*

# PFRONTEN

Bayern – 8 150 Ew. – Höhe 880 m – Regionalatlas **64**-J22

▶ Berlin 664 km – München 131 km – Kempten (Allgäu) 33 km – Füssen 12 km
Michelin Straßenkarte 546

## In Pfronten-Obermeilingen Ost: 5 km, Richtung Füssen, dann rechts abbiegen

### ⊛ Berghotel Schlossanger Alp ⬳ 🏮 ♻ 🅿

REGIONAL · GEMÜTLICH ✗✗ "Rehnüsschen mit Wacholderrahmsauce und Pilzen" ist nur eines der frischen, schmackhaften Gerichte aus der angenehm schnörkellosen naturorientierten Küche, die man hier in gemütlichen Stuben oder im Wintergarten genießt. Im Sommer lockt natürlich die Terrasse.

Menü 39/89 € (abends) – Karte 36/48 €

*Berghotel Schlossanger Alp, Am Schlossanger 1, (Höhe 1 130 m) ✉ 87459*
*- ✆ 08363 914550 (abends Tischbestellung ratsam) – www.schlossanger.de*

### 🏨 Berghotel Schlossanger Alp 🌊 ⬳ 🛏 🛋 🏮 ⬆ 🧖 🅿

FAMILIÄR · GEMÜTLICH Erholen leicht gemacht: toller Service, charmantes Ambiente von der Kamin-Lounge mit Empore und Bibliothek bis in die individuellen Zimmer, Panoramasauna, Beautyprogramm, beheizter Außenpool und Naturbadeteich... und ringsum Bergkulisse! Tipp: die Giebel-Chalets! Interessant auch die "Allgäu Lofts" im Tal.

28 Zim ⬨ – †114/215 € ††203/233 € – 8 Suiten – ½ P
*Am Schlossanger 1, (Höhe 1 130 m) ✉ 87459 – ✆ 08363 914550*
*- www.schlossanger.de*

⊛ Berghotel Schlossanger Alp – siehe Restaurantauswahl

### 🏨 Burghotel auf dem Falkenstein 🕌 🌊 ⬳ 🛏 🏮 🧖 🅿

FAMILIÄR · INDIVIDUELL Das Haus ist schon etwas Besonderes: herzlich-engagiert die Führung, wertig-geschmackvoll und individuell die Zimmer, einzigartig die Lage unterhalb Deutschlands höchstgelegener Burgruine - die Aussicht ist schlichtweg gigantisch! Tipp: die fünf Gehminuten entfernte Mariengrotte.

10 Zim ⬨ – †100/150 € ††105/155 € – 6 Suiten – ½ P
*Auf dem Falkenstein 1, (Höhe 1 250 m) ✉ 87459 – ✆ 08363 914540*
*- www.burghotel-falkenstein.de*

# PIDING

Bayern – 5 240 Ew. – Höhe 455 m – Regionalatlas **67**-O21

▶ Berlin 718 km – München 128 km – Bad Reichenhall 9 km – Salzburg 13 km
Michelin Straßenkarte 546

### ⊛ Lohmayr Stub'n 🛏 🅿

REGIONAL · LÄNDLICH ✗✗ Chef Sebastian Oberholzner ist Koch mit Leib und Seele, entsprechend gefragt sind seine leckeren Gerichte wie "Kalbszüngerl in Kürbiskern-Vinaigrette mit Käferbohnen" oder "gebratener Zander auf Rahmsteinpilzen". Charmant umsorgt wird man in dem schönen historischen Haus ebenfalls.

Menü 32/50 € – Karte 28/47 €

*Salzburger Str. 13 ✉ 83451 – ✆ 08651 714478 (Tischbestellung ratsam)*
*- www.lohmayr.com – geschl. Januar 1 Woche, nach Pfingsten 2 Wochen,*
*September 1 Woche und Dienstag - Mittwoch*

# PIESPORT

Rheinland-Pfalz – 1 990 Ew. – Höhe 110 m – Regionalatlas **45**-C15

▶ Berlin 693 km – Mainz 135 km – Trier 43 km – Bernkastel-Kues 18 km
Michelin Straßenkarte 543

## ✿✿ schanz. restaurant.

**FRANZÖSISCH-MODERN · CHIC** 𝕏𝕏𝕏 Thomas Schanz - das bedeutet eine Küche mit eigener Handschrift: ausgesprochen gut durchdacht und handwerklich akribisch, die Produkte von hervorragender Qualität. Darf es dazu ein Wein aus eigenem Anbau sein? Das alles genießen Sie bei modern-eleganter Atmosphäre und charmantem, versiertem Service.

→ Warmes Ceviche von der Langoustine mit Spargel, Guacamole und Pfifferlingen. Bretonische Felsenrotbarbe und Seppioline mit Wildkräutern und Passionsfrucht-Consommé. Filet vom Bison mit gebratenem Romanesco, Schalottenflan, Himbeersalsa und Schmorsauce.

Menü 86/133 € – Karte 102/125 €

*schanz. hotel., Bahnhofstr. 8a* ✉ *54498* – ✆ *06507 92520 (Tischbestellung ratsam)* – *www.schanz-restaurant.de* – *geschl. 23. Januar - 14. Februar, 24. Juli - 8. August und Montag - Mittwochmittag, Samstagmittag*

## 🏠 schanz. hotel.

**FAMILIÄR · ELEGANT** Das ansprechende Landhaus unweit der Mosel ist ein engagiert geführter Familienbetrieb, in dem man wirklich schön in modern-eleganten Zimmern übernachtet und sehr gut frühstückt. Für Weinliebhaber: Man hat ein eigenes kleines Weingut.

12 Zim ☲ – ♦84/87 € ♦♦109/114 €

*Bahnhofstr. 8a* ✉ *54498* – ✆ *06507 92520* – *www.schanz-hotel.de* – *geschl. 23. Januar - 14. Februar, 24. Juli - 8. August*

✿✿ **schanz. restaurant.** – siehe Restaurantauswahl

# PILSACH

Bayern – 2 720 Ew. – Höhe 445 m – Regionalatlas **51**-L17
▶ Berlin 454 km – München 144 km – Nürnberg 40 km – Amberg 36 km
Michelin Straßenkarte 546

## 🏠 Gasthof Am Schloss

**GASTHOF · FUNKTIONELL** Der kleine Familienbetrieb liegt im Ortskern nahe dem Schloss (hier soll Kaspar Hauser seine ersten Lebensjahre verbracht haben). Die Zimmer sind solide und funktional. Im Restaurant und auf der schönen Terrasse bietet man bürgerlich-regionale Küche.

16 Zim ☲ – ♦54/69 € ♦♦74/89 €

*Litzloher Str. 8* ✉ *92367* – ✆ *09181 510600* – *www.am-schloss.de* – *geschl. 7. - 24. August*

**In Pilsach-Hilzhofen** Süd-Ost: 9 km über B 299 Richtung Amberg, über Laaber, in Eschertshofen links

## 🙂 Landgasthof Meier

**REGIONAL · LÄNDLICH** 𝕏 Wirklich gelungen hat man den typischen Landgasthof mit seinem rustikalen Charme um einen trendig-modernen Anbau erweitert. Werfen Sie doch mal einen Blick in die schöne Küche - hier entstehen z. B. Leberknödelsuppe, Rinderrahmbraten oder Schokoladenfondant. Chic übernachten können Sie übrigens auch.

Menü 39/57 € – Karte 23/64 €  3 Zim ☲ – ♦100/110 € ♦♦160/170 € – 1 Suite

*Hilzhofen 18* ✉ *92367* – ✆ *09186 237* – *www.landgasthof-meier.de* – *geschl. Montag - Dienstag, außer an Feiertagen*

# PINNEBERG

Schleswig-Holstein – 42 060 Ew. – Höhe 2 m – Regionalatlas **10**-I5
▶ Berlin 305 km – Kiel 89 km – Hamburg 23 km – Bremen 128 km
Michelin Straßenkarte 541

**ℑO Rolin** 🏠 ♿ **P**

INTERNATIONAL · KLASSISCHES AMBIENTE XX In klassisch-elegantem Ambiente werden Sie freundlich mit schmackhafter internationaler Küche umsorgt. Auf der Karte liest man z. B. "lauwarme Fjordforelle, weißer Zwiebelschaum, knackige Gurke, Apfel und Sellerie, geräuchertes Kartoffelpüree". Übrigens: "Rolin" ist der Name eines Schiffskapitäns.

Menü 48/65 € – Karte 35/58 €

*Hotel Cap Polonio, Fahltskamp 48 ✉ 25421 – ✆ 04101 5330 – www.cap-polonio.de – geschl. Donnerstag*

**🏠 Cap Polonio** 🔲 🦐 ♿ **P**

FAMILIÄR · KLASSISCH Das Hotel mit den neuzeitlich-wohnlichen Zimmern ist seit 1935 in Familienhand. Wirklich toll, wie man hier einen Teil der Original-Einrichtung des namengebenden Luxusliners "Cap Polonio" integriert hat!

53 Zim 🛏 – †89/99 € ††111/127 € – ½ P

*Fahltskamp 48 ✉ 25421 – ✆ 04101 5330 – www.cap-polonio.de*

ℑO **Rolin** – siehe Restaurantauswahl

# PIRMASENS

Rheinland-Pfalz – 40 270 Ew. – Höhe 387 m – Regionalatlas **53**-D17

▶ Berlin 683 km – Mainz 122 km – Saarbrücken 62 km – Landau in der Pfalz 46 km
Michelin Straßenkarte 543

**❀ Die Brasserie** (Vjekoslav Pavic) 🏠 ♿ 🅰🄲 **P** 🚭

KLASSISCHE KÜCHE · FREUNDLICH X Hinter der auffallenden roten Fassade speisen Sie im vorderen Bistrobereich an Hochtischen oder hinten im Restaurant. Der ambitionierte Patron Vjekoslav Pavic kocht aromatisch-saisonal, bewusst reduziert und ausdrucksstark.

→ Gebratene Wildgarnelen mit Avocado und Koriander. Rücken vom iberischen Pata Negra Schwein mit Steinpilzen, Artischocken und Oliven. Aprikosentarte mit Haselnusseis und Minzpesto.

Menü 22 € (mittags unter der Woche)/59 € – Karte 35/65 €

*Landauer Str. 105 ✉ 66953 – ✆ 06331 7255544 (Tischbestellung ratsam) – www.diebrasserie-ps.de – geschl. Januar 2 Wochen, April 1 Woche, Juli - August 2 Wochen und Sonntag - Montag*

## In Pirmasens-Winzeln West: 4 km

**ℑO Kunz** 🍸 🍴 🏠 🅰🄲 **P**

REGIONAL · ELEGANT XX Im Kunz'schen Restaurant schätzt man neben der internationalen und regional-saisonalen Küche (lecker z. B. "Rehbraten mit Wacholdersauce") auch das gemütlich-elegante Ambiente und den charmanten Damenservice. Man beachte auch die Weinkarte!

Menü 30/62 € – Karte 24/53 €

*Hotel Kunz, Bottenbacher Str. 74 ✉ 66954 – ✆ 06331 8750 (Tischbestellung ratsam) – www.hotel-kunz.de – geschl. 22. Dezember - 5. Januar und Freitagmittag, Samstagmittag*

**🏠 Kunz** 🍴 🔲 🕸 ♨ 🔼 🅰🄲 🦐 **P**

FAMILIÄR · KLASSISCH Familie Kunz steht für herzlichen Service, wohnliche Zimmer, Juniorsuiten und Suiten, einen ansprechenden zeitgemäßen Spa und am Morgen ein sehr gutes Frühstück. Bekannt in der Region für gute Cocktails bis spät in den Abend: "Emil's Bar".

56 Zim 🛏 – †65/80 € ††105/165 € – 2 Suiten – ½ P

*Bottenbacher Str. 74 ✉ 66954 – ✆ 06331 8750 – www.hotel-kunz.de – geschl. 22. Dezember - 5. Januar*

ℑO **Kunz** – siehe Restaurantauswahl

# PIRNA

Sachsen – 37 650 Ew. – Höhe 118 m – Regionalatlas **43**-Q12

▶ Berlin 213 km – Dresden 20 km – Chemnitz 91 km – Görlitz 97 km
Michelin Straßenkarte 544

## ⏲○ Genusswerk

**MARKTKÜCHE · TRENDY** ✕ Nett die Lage in der Altstadt, freundlich-modern das Ambiente, schön der Mix aus saisonal-regionaler und internationaler Küche. probieren Sie z. B. "Kaninchenkeule, Ingwer & Chili" oder "Lammrücken, Morcheln, geräucherter Knoblauch", und vergessen Sie nicht die Desserts! Parken 2 Stunden kostenfrei.

Menü 32/69 € – Karte 28/65 €

*Lange Str. 34 ⊠ 01796 – ℰ 03501 5070491 – www.restaurant-genusswerk.de – geschl. Montag - Dienstagmittag, Mittwochmittag, Sonntagmittag außer an Feiertagen*

# PLANEGG

Bayern – 10 460 Ew. – Höhe 542 m – Regionalatlas **65**-L20

▶ Berlin 605 km – München 24 km – Augsburg 69 km
Michelin Straßenkarte 546

siehe München (Umgebungsplan)

## 🏠 Asemann Planegg

**FAMILIÄR · FUNKTIONELL** Das Haus ist beliebt, denn hier übernachtet man stadtnah, ruhig und sehr gepflegt, und das zu einem guten Preis-Leistungs-Verhältnis! Am Morgen frühstückt man mit Blick in den Garten.

39 Zim ⌸ – ♦72/88 € ♦♦89/102 €

**Stadtplan : A3-a** – *Gumstr. 13 ⊠ 82152 – ℰ 089 8996760 – www.hotel-planegg.de*

## In Planegg-Martinsried

## ⏲○ SEVEN AND MORE ⓝ 🄰🄲 🅿

**FRANZÖSISCH · DESIGN** ✕ Richtig chic das puristische Design in Schwarz und Weiß. Dank raumhoher Glasfront ist das Restaurant schön licht. Man kocht mediterran mit südfranzösischen Einflüssen, so z. B. "Rochenflügel mit Zitronenkapernbutter". Günstige Mittagsmenüs.

Menü 14 € (mittags unter der Woche)/65 € (abends) – Karte 35/54 €

*Am Klopferspitz 21 ⊠ 82152 – ℰ 089 1892876777 – www.sevenandmore.de*

# PLAU AM SEE

Mecklenburg-Vorpommern – 6 070 Ew. – Höhe 70 m – Regionalatlas **12**-N5

▶ Berlin 151 km – Schwerin 73 km – Rostock 84 km – Stendal 123 km
Michelin Straßenkarte 542

## 🏨 Parkhotel Klüschenberg

**BUSINESS · FUNKTIONELL** Recht ruhig die Lage am Ortsrand in einem kleinen Park, die Zimmer teilweise mit Balkon, besonders hübsch sind die mediterranen im "Parkchalet". Dazu Kosmetik und Massageangebot. Klassisches Restaurant mit internationaler und regionaler Küche. Tipp: Kommen Sie auch mal zum kulinarischen "Wintertheater"!

76 Zim ⌸ – ♦59/89 € ♦♦79/125 € – 3 Suiten – ½ P

*Klüschenberg 14 ⊠ 19395 – ℰ 038735 49210 – www.klueschenberg.de*

## 🏠 Fackelgarten

**FAMILIÄR · MODERN** Ein schönes kleines Hotel an der historischen Elde-Hubbrücke. Geschmackvoll-modern die Zimmer - ab 3 Nächten können Sie auch das schicke Apartment unterm Dach buchen! Im Wintergarten und auf der Terrasse genießt man bei Frühstück, regional-mediterraner Küche sowie Kaffee und Kuchen den Blick aufs Wasser.

8 Zim ⌸ – ♦59/72 € ♦♦69/95 € – ½ P

*Dammstr. 1 ⊠ 19395 – ℰ 038735 8530 – www.fackelgarten.de – geschl. 4. Januar - 4. Februar*

## In Plau-Plötzenhöhe Süd-Ost: 1,5 km über B 103

### 🏠 Strandhotel ☆ 🛏 ▣ 🕸 🔲 & 🎿 🅿

**LANDHAUS · FUNKTIONELL** Das Hotel liegt direkt am See! Sehr gepflegt wohnt man hier - besonders großzügig in den Häusern Panorama und Teichblick, individuell die Zimmer im historischen Haus Seeblick. Eigene Seebrücke und Bootsanleger. Im Restaurant serviert man bürgerliche und regionale Küche.

90 Zim 🛏 – ♦75/94 € ♦♦95/119 € – ½ P

*Seestr. 6 ✉ 19395 – ℰ 038735 8110 – www.strandhotel-plau.de – geschl. Januar*

## PLECH

Bayern – 1 320 Ew. – Höhe 461 m – Regionalatlas **50**-L16
▶ Berlin 394 km – München 192 km – Nürnberg 50 km – Bayreuth 40 km
Michelin Straßenkarte 546

## In Plech-Bernheck Nord-Ost: 2,5 km, vor der Autobahn rechts

### 🏠🏠 Veldensteiner Forst ☆ 🛝 🛏 ▣ 🕸 🔲 🎿 🚗

**GASTHOF · FUNKTIONELL** Freundlich und meist recht geräumig sind die Zimmer in diesem Ferien- und Tagungshotel. Entspannen können Sie bei Kosmetikanwendungen und Massagen, außerdem hat man im Garten einen Naturbadeteich nebst Blockhaussauna. Restaurant mit bürgerlicher Küche.

30 Zim 🛏 – ♦65/75 € ♦♦106/114 € – 2 Suiten – ½ P

*Bernheck 38 ✉ 91287 – ℰ 09244 981111 – www.veldensteiner-forst.de – geschl. Mitte Februar - Mitte März*

## PLEINFELD

Bayern – 7 470 Ew. – Höhe 382 m – Regionalatlas **57**-K17
▶ Berlin 473 km – München 140 km – Nürnberg 49 km – Ingolstadt 60 km
Michelin Straßenkarte 546

### 😊 Landgasthof Siebenkäs ⇦ 🏠

**REGIONAL · LÄNDLICH** 🍴 Das ist regionale Küche mit Geschmack! Ausgesuchte Produkte werden hier zu Schmackhaftem wie "Milchkalbsgeschnetzeltem mit Pilzrahm, glasiertem Gemüse und Kartoffelrösti". Mittags isst man sehr preiswert von einer reduzierten Karte, z. B. "geröstete Kalbsmaultaschen mit Ei und Kräutern".

Menü 49 € (abends) – Karte 33/51 € 5 Zim 🛏 – ♦90 € ♦♦115 €

*Kirchenstr. 1 ✉ 91785 – ℰ 09144 8282 – www.landgasthof-siebenkaes.de – geschl. Januar 1 Woche, Juni 1 Woche, September 2 Wochen und Sonntagabend - Montag, Donnerstagmittag*

## In Pleinfeld-Stirn

### 🍴○ Landgasthaus Zur Linde 🏠 🍽 ⇔ 🅿

**REGIONAL · GASTHOF** 🍴 Ein engagiert geführter Familienbetrieb, in dem man nicht stehenbleibt. Viele Stammgäste lassen sich in charmant-rustikalem Ambiente mit regional-saisonalen Speisen wie "Lachsforellenfilet mit Wirsing & Bamberger Hörnla" bewirten.

Menü 35 € – Karte 21/45 €

*Spalterstr. 2 ✉ 91785 – ℰ 09144 254 – www.zur-linde-stirn.de – geschl. Februar 2 Wochen, Juni 1 Woche, November 2 Wochen und Montag - Dienstag*

## PLEISKIRCHEN

Bayern – 2 390 Ew. – Höhe 450 m – Regionalatlas **59**-O20
▶ Berlin 594 km – München 90 km – Braunau am Inn 43 km – Landshut 51 km
Michelin Straßenkarte 546

🐾 **Huberwirt** (Alexander Huber)    🏠 ❧ **P**

MODERNE KÜCHE · GASTHOF ℣ Steht Ihnen der Sinn nach kreativer Saison-küche mit Bezug zur Region? Die bietet Ihnen Alexander Huber hier z. B. als "Genussmenü". Passend zum typisch bayerischen Charme des alteingesessenen Gasthauses gibt es auch eine Wirtshauskarte. Gemütlich die Atmosphäre, freundlich der Service.

→ Huchen, Holunderblütenmarinade, Petersilie, grüner Apfel. Rehrücken im Schmorfond, Grammelknödel, Topinambur, Pfifferlinge. Zotter Bitterschokolade "Orient Express", Feige, Macadamia.

Menü 42/100 € – Karte 38/65 €

*Hofmark 3 ✉ 84568 – ℰ 08635 201 (Tischbestellung ratsam) – www.huber-wirt.de – geschl. Januar 1 Woche, August 2 Wochen und Montag - Dienstag*

# PLEISWEILER-OBERHOFEN
Rheinland-Pfalz – 820 Ew. – Höhe 190 m – Regionalatlas **54**-E17

▶ Berlin 696 km – Mainz 126 km – Neustadt an der Weinstraße 39 km – Saarbrücken 105 km
Michelin Straßenkarte 543

🍴○ **Reuters Holzappel**

REGIONAL · ROMANTISCH ℣ Das schmucke Fachwerkhaus von 1742 könnte kaum besser in den kleinen Winzerort passen. Einfach reizend das gemütliche Holz, die nette Deko, die schönen Möbel..., und dann noch der charmante Hof! Es gibt tra-ditionelle Pfälzer Küche und Tagesempfehlungen wie "Kalbsleberwürfel mit Apfel" sowie regionale Weine.

Menü 32 € – Karte 25/47 €    2 Zim � – ♦45 € ♦♦70/75 €

*Hauptstr. 11, Oberhofen ✉ 76889 – ℰ 06343 4245 (Tischbestellung ratsam) – www.reuters-holzappel.de – nur Abendessen – geschl. Januar - Februar 1 Woche, Juni 2 Wochen und Montag, November - März: Montag - Dienstag*

🏠🏠 **Landhotel Hauer**    ✿ 🦢 ⌂ ⊡ ❧ 🧖 **P**

LANDHAUS · MODERN Schön wohnt man in dem für die Region typischen Win-zerort. Das alte Fachwerkhaus wurde harmonisch durch einen Hotelanbau ergänzt und ist mit seinen gepflegten Zimmern für Feriengäste und Geschäftsreisende gleichermaßen geeignet.

22 Zim ☷ – ♦77/89 € ♦♦105/130 € – 1 Suite – ½ P

*Hauptstr. 31, Oberhofen ✉ 76889 – ℰ 06343 700700 – www.landhotel-hauer.de – geschl. Anfang Januar 2 Wochen*

# PLIEZHAUSEN
Baden-Württemberg – 9 310 Ew. – Höhe 340 m – Regionalatlas **55**-G19

▶ Berlin 672 km – Stuttgart 37 km – Reutlingen 8 km – Ulm (Donau) 80 km
Michelin Straßenkarte 545

🍴○ **Schönbuch**

INTERNATIONAL · ELEGANT ℣℣ Modern-elegant zeigt sich das Restaurant - besonders schön sind die Fensterpätze mit toller Aussicht! Geboten wird regionale Küche mit Klassikern wie Rostbraten sowie internationale Gerichte und Menüs.

Menü 21 € (mittags unter der Woche)/68 € – Karte 31/65 €

*Hotel Schönbuch, Lichtensteinstr. 45 ✉ 72124 – ℰ 07127 9750 – www.hotel-schoenbuch.de – geschl. 23. Dezember - 6. Januar, August*

🏠🏠 **Schönbuch**

BUSINESS · FUNKTIONELL Eine ideale Adresse für Tagungen und Events (Zau-berei, Floßbau, Kochkurs...). Dank der erhöhten Lage hat man eine schöne Sicht auf die Schwäbische Alb. Fragen Sie nach den neueren Zimmern in chic-moder-nem Stil. Die Minibar ist kostenfrei.

45 Zim ☷ – ♦89/149 € ♦♦99/169 € – ½ P

*Lichtensteinstr. 45 ✉ 72124 – ℰ 07127 9750 – www.hotel-schoenbuch.de – geschl. 23. Dezember - 6. Januar, August*

🍴○ **Schönbuch** – siehe Restaurantauswahl

## In Pliezhausen-Dörnach Nord: 4 km, in Gniebel rechts

### ❀ Landgasthaus zur Linde (Andreas Goldbach) 🦢 🍴 🍽 🛏

**FRANZÖSISCH-KLASSISCH · GASTHOF** ⅹ Niveauvolle, angenehm schnörkellose klassische Küche bekommen Sie bei Andreas und Irene Goldbach. Das Produkt ist ohne Zweifel das A und O, das schätzen die (Stamm-) Gäste ebenso wie den aufmerksamen, herzlichen Service und die sympathisch-ungezwungene Atmosphäre.

→ Marinierter Tafelspitz mit Serviettenknödelscheiben, Schnittlauchvinaigrette, Salatarrangement. Geschmorte Irische Ochsenbacke mit jungem Trüffelrahmwirsing und hausgemachten Nudeln. Gebrannte Creme vom Kaffee mit eingelegtem Rhabarber und Nougateis.

Menü 55/68 € – Karte 52/65 €

*Schönbuchstr. 8 ✉ 72124 – ☎ 07127 890066 (Tischbestellung ratsam)
– www.linde-doernach.de – geschl. über Fasching 1 Woche, über Pfingsten
1 Woche, Ende August - Mitte September 3 Wochen und Dienstag - Mittwoch,
Samstagmittag*

# PLOCHINGEN

Baden-Württemberg – 13 690 Ew. – Höhe 276 m – Regionalatlas **55**-H18
▶ Berlin 623 km – Stuttgart 25 km – Göppingen 20 km – Reutlingen 36 km
Michelin Straßenkarte 545

### ❀ Cervus 🍴 🛏

**TRADITIONELLE KÜCHE · FREUNDLICH** ⅹ Ein wirklich nettes Gasthaus, das Ihnen neben unkomplizierter, legerer Atmosphäre richtig schmackhafte und frische Küche bietet. Es gibt Maultaschensuppe, Rostbraten und Wiener Schnitzel, aber auch "Kutteln italienische Art" oder "Skrei in Safransauce". Mittags kleinere, einfachere Karte. Charmanter Innenhof.

Menü 52 € – Karte 32/50 €

*Bergstr. 1 ✉ 73207 – ☎ 07153 558869 (Tischbestellung ratsam)
– www.gasthaus-cervus.de – Freitag - Samstag nur Abendessen – geschl. Sonntag
- Montag sowie an Feiertagen*

### 🍴○ ELdA ENZO 🍴 ☼

**ITALIENISCH · FREUNDLICH** ⅹⅹ Hier am Marktplatz kann man in wirklich hübschem, freundlichem Ambiente "cucina italiana" genießen - dazu gehören frischer Fisch, frische Pasta, aber auch etwas Pizza. Vertrauen Sie auf die mündlichen Empfehlungen, die lohnen sich immer...

Menü 13 € (mittags unter der Woche)/41 € – Karte 39/64 €

*Marktstr. 38 ✉ 73207 – ☎ 07153 23046 – www.eldaenzo.de – geschl. August 2
Wochen und Montag*

## In Plochingen-Stumpenhof Nord-Ost: 3 km Richtung Schorndorf

### ❀ Stumpenhof

**REGIONAL · RUSTIKAL** ⅹⅹ Ein herzliches "Grüß Gott", eine aufmerksame Beate Wägerle, immer mit einem offenen Ohr für die Wünsche der Gäste..., so sehen hier über 75 Jahre Familientradition aus! Die gute Küche reicht von Maultaschen über Rostbraten bis "Hohenloher Dry Aged Rinderrücken in Portweinsauce". Terrasse mit Aussicht!

Menü 22 € (mittags unter der Woche)/56 € – Karte 27/63 €

*Am Stumpenhof 1 ✉ 73207 – ☎ 07153 22425 (Tischbestellung ratsam)
– www.stumpenhof.de – geschl. Montag - Mittwochmittag*

# PLÖN

Schleswig-Holstein – 8 650 Ew. – Höhe 28 m – Regionalatlas **10**-J3
▶ Berlin 317 km – Kiel 28 km – Lübeck 56 km – Neumünster 37 km
Michelin Straßenkarte 541

## ⇅○ Brasserie am Schloss    🏠 🍴

**INTERNATIONAL · BRASSERIE** ✗ "Rinderfilet mit Marktgemüse und Kartoffel-Bärlauchpüree", "Zander an sautiertem Mangold" oder lieber Pizza? In der gemütlichen Brasserie gibt's frische internationale Küche. Dazu angenehm legerer Service und im Sommer eine schöne Terrasse.

Karte 27/64 €

*Schlossberg 1 ✉ 24306 – ✆ 04522 1837 – www.brasserie-ploen.de – nur Abendessen, sonntags auch Mittagessen – geschl. Mittwoch*

## 🏠 Landhaus Hohe Buchen    🕭 🖙 🅿 🍴

**LANDHAUS · KLASSISCH** Hier ist man gerne Gast, denn das hübsche alte Landhaus ist schön gepflegt und wird sympathisch-persönlich geführt. Drinnen liebenswerte stilvolle Einrichtung (im gemütlichen Lesezimmer wärmt im Winter der Kachelofen.), draußen ein toller parkähnlicher Garten. Am Morgen ein gutes Frühstück vom Buffet.

12 Zim 🖙 – 🛏55/70 € – 🛏🛏85/100 € – 1 Suite

*Lütjenburgerstr. 34 ✉ 24306 – ✆ 04522 789410 – www.landhaus-hohebuchen.de – geschl. November - März*

# PÖSSNECK

Thüringen – 12 220 Ew. – Höhe 215 m – Regionalatlas **41**-L13

▶ Berlin 283 km – Erfurt 75 km – Gera 45 km – Hof 73 km

Michelin Straßenkarte 544

## 🏠 Villa Altenburg    🕭 🖙 🕴 🅿

**PRIVATHAUS · INDIVIDUELL** Die in einem Park gelegene Villa von 1928 ist größtenteils im Originalzustand erhalten - einige schöne Antiquitäten und Parkettböden unterstreichen den historischen Charme. Genießen Sie vom Wintergarten oder von der Terrasse den Blick ins Grüne.

15 Zim 🖙 – 🛏62/92 € – 🛏🛏92/122 €

*Straße des Friedens 49 ✉ 07381 – ✆ 03647 422001 – www.villa-altenburg.de*

**POHLHEIM** Hessen ➙ Siehe Gießen

# POLLE

Niedersachsen – 1 180 Ew. – Höhe 90 m – Regionalatlas **28**-H10

▶ Berlin 349 km – Hannover 80 km – Detmold 44 km – Hameln 38 km

Michelin Straßenkarte 541

## ⇅○ Graf Everstein    ⋜ 🏠 ✿ 🅿

**REGIONAL · FREUNDLICH** ✗ Für frische regionale Küche ist Familie Multhoff die richtige Adresse, denn neben der wunderschönen Aussicht auf die Weser genießt man z. B. "Kaninchenrücken im Strudelteig" oder im Sommer die "Weser-Bergland-Tapas"!

Menü 29 € (mittags)/40 € – Karte 26/50 €

*Amtsstr. 6 ✉ 37647 – ✆ 05535 999780 – www.graf-everstein.de – geschl. Montag - Dienstag*

# PONHOLZ

Bayern – 10 700 Ew. – Höhe 574 m – Regionalatlas **58**-M17

▶ Berlin 468 km – München 141 km – Regensburg 22 km – Landshut 83 km

Michelin Straßenkarte 546

## 😊 Einkehr zur alten Post ❶    🏠 🍽 ✿ 🅿 🍴

**REGIONAL · FREUNDLICH** ✗✗ Hier macht es Spaß, zu essen! In der schön renovierten "Alten Post" wird regional gekocht. Aus frischen, guten Produkten entstehen z. B. "Schaumsüppchen vom Bärlauch mit Wachtelei" oder "geschmorte Kalbshaxe mit Selleriepüree".

Menü 33/47 € – Karte 28/52 €

*Postplatz 1 ✉ 93142 – ✆ 09471 6050646 – www.kandlbinders-kueche.de – nur Abendessen, sonntags sowie an Feiertagen auch Mittagessen – geschl. Dienstag - Mittwoch*

## POPPENHAUSEN (WASSERKUPPE)

Hessen – 2 570 Ew. – Höhe 452 m – Regionalatlas **39**-I14

▶ Berlin 462 km – Wiesbaden 201 km – Fulda 17 km – Gersfeld 7 km
Michelin Straßenkarte 543

### 🏠 Hof Wasserkuppe  〖📷 🎿 🅿 ⤴〗

**LANDHAUS · MODERN** Was diesen Familienbetrieb ausmacht? Er liegt relativ ruhig in einem Wohngebiet, wird freundlich geführt und bietet Ihnen schön wohnliche und zeitgemäße Zimmer (darunter zwei Studios mit Küchenzeile) sowie einen netten Sauna- und Badebereich nebst "Vital-Studio" für Massage und Kosmetik.

16 Zim 🛏 – ♦67/79 € ♦♦96/106 € – 1 Suite

*Pferdskopfstr. 3* ✉ *36163* – ℰ *06658 9810* – *www.hof-wasserkuppe.de*

## POTSDAM

Brandenburg – 159 460 Ew. – Höhe 32 m – Regionalatlas **22**-O8

▶ Berlin 31 km – Brandenburg 38 km – Frankfurt (Oder) 121 km – Leipzig 141 km
Michelin Straßenkarte 542

### 🕸 Friedrich-Wilhelm  〖AC ⇔ 🅿〗

**FRANZÖSISCH-KLASSISCH · ELEGANT** 𝕏𝕏𝕏 Wirklich wunderbar ist dieser elegante holzgetäfelte Raum! Möchten Sie vielleicht am offenen Kamin sitzen, während Sie die klassisch-moderne Küche genießen? Sie werden sehr freundlich umsorgt, nicht zuletzt mit einer schönen Auswahl an deutschen Weinen.

➔ Königskrabbe, Tamago und Chili. Lammtafelspitz vom Müritzhof, Aubergine, Wasserkresse und Feta. Erdbeeren "Gariguette", Roggen, Honig und Sauerampfer.

Menü 79/139 €

*Hotel Bayrisches Haus, Elisenweg 2, (im Wildpark), Süd-West: 6 km über Zeppelinstraße A2* ✉ *14471* – ℰ *0331 55050 (Tischbestellung ratsam)*
*– www.bayrisches-haus.de – nur Abendessen – geschl. Juli - August 4 Wochen und Sonntag - Montag*

### 🍴 Speckers Landhaus  〖⇔ 🏠 🎋〗

**REGIONAL · FREUNDLICH** 𝕏𝕏 Lust auf leckeres Essen und Landhaus-Flair? Schmackhafte regionale Gerichte wie "Schweinebauch mit dicken Bohnen" oder der Klassiker "Speckers Fischsuppe" bescheren diesem sympathischen Restaurant zahlreiche Gäste. Wer über Nacht bleibt, schläft in individuellen und charmanten Zimmern.

Menü 45/48 € – Karte 40/54 € 3 Zim 🛏 – ♦73/84 € ♦♦104/115 €

*Stadtplan : A1-b – Jägerallee 13* ✉ *14469* – ℰ *0331 2804311* – *www.speckers.de*
*– nur Abendessen – geschl. Sonntag - Montag*

### 🍴 Juliette

**FRANZÖSISCH-KLASSISCH · GEMÜTLICH** 𝕏 Sie suchen ein Stück französische Lebensart mitten in Potsdam? In dem wirklich liebenswerten Restaurant im Holländischen Viertel bietet man auf drei Ebenen ambitionierte klassische Küche aus frischen Produkten, dazu die passenden Weine, und im Hintergrund stimmen Sie Chansons aufs Essen ein!

Menü 39/85 € – Karte 43/60 €

*Stadtplan : A1-e – Jägerstr. 39* ✉ *14467* – ℰ *0331 2701791*
*– www.restaurant-juliette.de – geschl. Januar - November: Dienstag*

### 🍴 Arlecchin  〖🎋〗

**MEDITERRAN · GEMÜTLICH** 𝕏 Pasta, gefüllte Perlhuhnbrust, Rotweinbirnen-Tarte... Auf den Tisch kommen mediterrane Speisen. Und die Atmosphäre? Die wird bestimmt durch das behagliche Wohnzimmer-Ambiente und charmanten Service.

Karte 38/53 €

*Stadtplan : B1-m – Hebbelstr. 54* ✉ *14467* – ℰ *0331 2437720* – *www.arlecchin.de*
*– geschl. Montag*

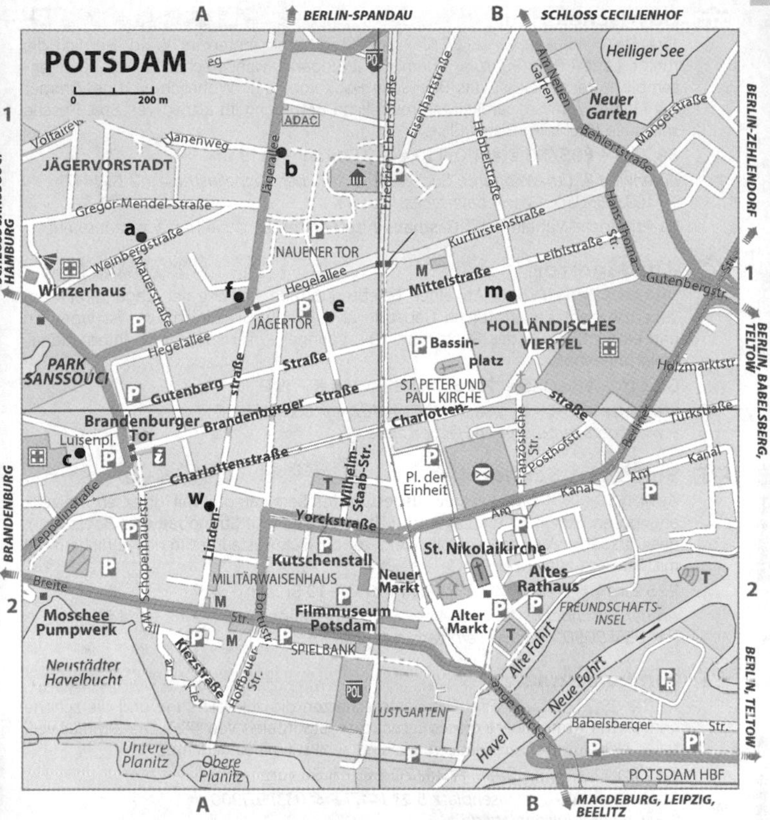
POTSDAM
0
200 m
A
B
1
2
BERLIN-SPANDAU
SCHLOSS CECILIENHOF
BERLIN-ZEHLENDORF
BERLIN, BABELSBERG, TELTOW
BERLIN, TELTOW
MAGDEBURG, LEIPZIG, BEELITZ
BRANDENBURG
HAMBURG
Heiliger See
Neuer Garten
Am Neuen Garten
JÄGERVORSTADT
Voltaireweg
Jägerallee
Gregor-Mendel-Straße
Weinbergstraße
Mauerstraße
Winzerhaus
NAUENER TOR
JÄGERTOR
Hegelallee
Friedrich-Ebert-Straße
Eisenhartstraße
Hebbelstraße
Behlertstraße
Mangerstraße
Hans-Thoma-Str.
Kurfürstenstraße
Leiblstraße
Mittelstraße
Gutenbergstr.
HOLLÄNDISCHES VIERTEL
Bassinplatz
ST. PETER UND PAUL KIRCHE
PARK SANSSOUCI
Gutenbergstraße
Brandenburger Straße
Brandenburger Tor
Luisenpl.
Charlottenstraße
Lindenstraße
Wilhelm-Staab-Str.
Pl. der Einheit
Französische Str.
Posthofstr.
Am Kanal
Holzmarktstr.
Türkstraße
Yorckstraße
Kutschenstall
Neuer Markt
St. Nikolaikirche
Altes Rathaus
FREUNDSCHAFTSINSEL
MILITÄRWAISENHAUS
Zeppelinstraße
Schopenhauerstr.
Breite Str.
Moschee Pumpwerk
Filmmuseum Potsdam
Alter Markt
Alte Fahrt
Neue Fahrt
Dortustr.
Hoffbauer-Str.
Kiezstraße
SPIELBANK
LUSTGARTEN
Lange Brücke
Havel
Babelsberger Str.
POTSDAM HBF
Neustädter Havelbucht
Untere Planitz
Obere Planitz
ADAC
a
b
c
e
f
m
w

## Pino

**ITALIENISCH • GEMÜTLICH** Hier ist man gerne Gast. Unverputzte Backsteinwände verleihen der netten Trattoria eine besondere Note, von der Schiefertafel wählt man italienische Speisen, die frisch und saisonal sind.

Menü 35/90 €

**Stadtplan : A1-a** – *Weinbergstr. 7 ✉ 14469 – ✆ 0331 2703030 – www.pino-potsdam.de – nur Abendessen – geschl. 2. August - 1. September und Sonntag*

## Gasthaus Alte Försterei

**ÖSTERREICHISCH • GASTHOF** Steht Ihnen der Sinn nach alpiner Küche? Hier bekommen Sie Tafelspitz, frische Forelle, Wiener Schnitzel... Charmant das Ambiente, im Sommer sitzt es sich schön im Biergarten.

Karte 34/52 €

*Elisenweg 1, (im Wildpark), Süd-West 6 km über Zeppelinstraße A2 ✉ 14471 – ✆ 0331 55050 – www.alte-foersterei-potsdam.de – geschl. Dienstag - Mittwoch*

Frühstück inklusive? Die Tasse ☕ steht gleich hinter der Zimmeranzahl.

**Bayrisches Haus**

SPA UND WELLNESS · ELEGANT Ein "Stadthotel" mitten im Wald. Herrlich die ruhige Lage (Tipp: Führung durch den Wildpark), wunderschön das Gebäudeensemble - Herzstück ist das Bayrische Haus von 1847. Wohnlich-wertige Zimmer mit kleinen Aufmerksamkeiten, freundliche Betreuung im attraktiven Spa. Frische saisonale Küche im Bistro Elise.

39 Zim – †95/115 € ††110/130 € – 2 Suiten – ☷ 19 €

*Elisenweg 2, (im Wildpark), Süd-West: 6 km über Zeppelinstraße A2 ⊠ 14471*
*– ✆ 0331 55050 – www.bayrisches-haus.de*

❀ **Friedrich-Wilhelm** · ⊪○ **Gasthaus Alte Försterei** – siehe Restaurantauswahl

 **Am Jägertor**

URBAN · INDIVIDUELL An einer belebten Straße in zentraler Lage direkt am Jägertor steht das stattliche Gebäude a. d. 18. Jh. Die Einrichtung ist wohnlich und elegant. Leger das Restaurant "Die Lounge" - hier speist man international. Toller Innenhof.

62 Zim – †88/135 € ††98/190 € – ☷ 16 € – ½ P

**Stadtplan : A1-f** – *Hegelallee 11 ⊠ 14467 – ✆ 0331 2011100*
*– www.potsdam-hotel-am-jaegertor.de*

 **Seminaris Seehotel**

BUSINESS · MODERN Ein gut ausgestattetes Seminarhotel mit diversen Freizeitangeboten. Schön ist die Lage am Templiner See (mit Strandbad und Bootssteg), das Potsdamer Wassertaxi hält direkt vor der Tür. Restaurant in neuzeitlichem Stil mit Terrasse zum See.

225 Zim ☷ – †90/130 € ††120/160 € – 10 Suiten – ½ P

*An der Pirschheide 40, Süd-West: 5 km, über Zeppelinstraße A2 ⊠ 14471*
*– ✆ 0331 90900 – www.seminaris.de/potsdam*

 **Am Luisenplatz**

HISTORISCH · KLASSISCH Die Gäste schätzen die zentrale Lage und die schöne gemütliche Atmosphäre dieses schmucken Stadtpalais von 1726. Die Zimmer verteilen sich auf mehrere Häuser, alle sind sehr stilvoll eingerichtet.

34 Zim ☷ – †74/154 € ††94/204 € – 4 Suiten

**Stadtplan : A2-c** – *Luisenplatz 5 ⊠ 14471 – ✆ 0331 971900*
*– www.hotel-luisenplatz.de*

 **Am Großen Waisenhaus**

HISTORISCH · MODERN Angefangen hat alles 1753 als "Kaserne für Beweibte", heute ist der historische Bau im Zentrum ein modernes Hotel. Schön geradlinig die Einrichtung der Zimmer - wer alten Dielenboden mag, fragt nach den "Quartieren deluxe". Das reichhaltige Frühstück sollten Sie im Sommer unbedingt auf der Terrasse einnehmen!

34 Zim ☷ – †80/110 € ††90/165 €

**Stadtplan : A2-w** – *Lindenstr. 28 ⊠ 14467 – ✆ 0331 6010780*
*– www.hotelwaisenhaus.de*

## In Potsdam-Babelsberg Ost: 3 km über Berliner Straße B1, Richtung Babelsberg

 **avendi Hotel am Griebnitzsee**

BUSINESS · MODERN Die neuzeitlich-funktionalen, teils seeseitigen Zimmer dieses Businesshotels am Griebnitzsee verteilen sich auf zwei unterirdisch miteinander verbundene Häuser. Gute S-Bahn-Anbindung. Restaurant und Terrasse mit Seeblick.

87 Zim ☷ – †90/140 € ††115/160 € – 6 Suiten – ½ P

*Rudolf-Breitscheid-Str. 190 ⊠ 14482 – ✆ 0331 70910*
*– www.avendi.de/griebnitzsee*

## In Potsdam-Hermannswerder Süd: 3,5 km über Lange Brücke B2, Richtung Magdeburg

### 🏨 INSELHOTEL    ✿ 🐾 🛏 🗙 🗔 🕸 🕸 🖼 🕭 🛋 🚗

**SPA UND WELLNESS • ELEGANT** Idyllisch die Lage auf der Havelinsel, wohnlich die Zimmer, und lassen Sie sich nicht den attraktiven 2200 qm großen Spa entgehen - hier gibt es u. a. ein schwimmendes Saunahaus! Besonders schön speist man auf der Terrasse zum See, die Küche ist modern inspiriert.

81 Zim ⌂ – ♦100/130 € ♦♦130/190 € – 7 Suiten – ½ P

*Hermannswerder 30 ✉ 14473 – ✆ 0331 23200 – www.inselhotel-potsdam.de*

# POTTENSTEIN

Bayern – 5 370 Ew. – Höhe 368 m – Regionalatlas **50**-L16
▶ Berlin 395 km – München 212 km – Nürnberg 67 km – Bayreuth 40 km
Michelin Straßenkarte 546

### 🏨 Schwan    🐾 🗔 🕸 ⊞ 🛋 🅿

**FAMILIÄR • FUNKTIONELL** Bei den Bruckmayers schläft man nicht nur sehr gepflegt und preislich fair, ein Tipp ist auch das eigene Café: lecker die hausgebackenen Kuchen! Wenn's herzhaft sein soll, fragen Sie nach dem Wirtshaus der Familie, dem "Urbräu"! Übrigens: direkter und kostenloser Zugang zum "Juramar"-Bad, Sauna gegen Gebühr.

26 Zim ⌂ – ♦51/55 € ♦♦76/84 €

*Am Kurzentrum 6 ✉ 91278 – ✆ 09243 9810 – www.hotel-bruckmayer.de – geschl. Januar*

## In Pottenstein-Kirchenbirkig Süd: 4 km

### 🏠 Bauernschmitt    ✿ 🛏 🕸 ⊞ 🕭 🅿

**GASTHOF • FUNKTIONELL** Im Dorfkern steht der erweiterte fränkische Landgasthof unter familiärer Leitung. Sehr gepflegte, praktische Zimmer, ein hübscher Garten sowie ein Saunabereich, Kosmetik und Massage. Bei schönem Wetter können Sie auf der Terrasse frühstücken. Bürgerlich speist man im rustikalen Restaurant.

50 Zim ⌂ – ♦45/50 € ♦♦80/90 € – 2 Suiten – ½ P

*St.-Johannes-Str. 25 ✉ 91278 – ✆ 09243 9890*
*– www.landgasthof-bauernschmitt.de – geschl. 15. November - 14. Dezember*

# PRACHT

Rheinland-Pfalz – 1 450 Ew. – Höhe 200 m – Regionalatlas **36**-D13
▶ Berlin 592 km – Mainz 128 km – Koblenz 68 km – Köln 74 km
Michelin Straßenkarte 543

## In Pracht-Wickhausen

### 🍽 BON GOÛT    🕸 🗳

**INTERNATIONAL • LÄNDLICH** 🗙 Volker Luckenbach ist Caterer, Gastronom und Züchter von Bio-Schweinen, und am Herd bietet er eine breite Auswahl vom Schnitzel bis zum Zitronen-Knoblauch-Hühnchen. Drinnen im historischen Fachwerkhaus ist es ebenso nett wie im Garten.

Menü 29/59 € – Karte 25/64 €

*Talstr. 8 ✉ 57589 – ✆ 02682 967180 – www.bongout.de – nur Abendessen, sonntags auch Mittagessen – geschl. Anfang Januar 1 Woche und Montag - Mittwoch*

# PREETZ

Schleswig-Holstein – 15 530 Ew. – Höhe 24 m – Regionalatlas **10**-J3
▶ Berlin 327 km – Kiel 16 km – Lübeck 68 km – Puttgarden 82 km
Michelin Straßenkarte 541

## In Lehmkuhlen-Dammdorf Nord-Ost: 2 km

⌂ **Neeth** 🎍 🏠 🧖 **P**

LANDHAUS · GEMÜTLICH Seit Generationen wird das nette Landhaus von der Familie geführt. Ob im Stammhaus oder in einem der beiden Gästehäuser, ob rustikal oder modern - wohnlich sind die Zimmer alle, und zudem preislich fair! Einladend auch aus der lichte Saunabereich. Im Restaurant mit Wintergarten speist man regional-bürgerlich.

16 Zim ⬜ – ♦72/100 € ♦♦105/135 € – 2 Suiten – ½ P

*Preetzer Str. 1 ✉ 24211 – ☎ 04342 82374 – www.neeth.de – geschl. 27. Dezember - 4. Januar, 14. - 21. Oktober*

## PREROW

Mecklenburg-Vorpommern – 1 500 Ew. – Höhe 1 m – Regionalatlas **5**-N3

Berlin 276 km – Schwerin 150 km – Rostock 63 km
Michelin Straßenkarte 542

## In Wieck a. Darss Süd: 4 km

🍴 **Gute Stube** 🛏 🌳 ⅔ ℅ **P** 🍴

REGIONAL · LÄNDLICH ✗✗ Mit seiner charmanten Einrichtung im nordischen Stil trägt das Restaurant den Namen "Gute Stube" zu Recht. Die Küche ist frisch und regional, Kräuter und Gemüse kommen teilweise aus dem eigenen Garten. Es gibt auch ein vegetarisches Menü.

Menü 35/65 €

*Hotel Haferland, Bauernreihe 5a ✉ 18375 – ☎ 038233 680 – www.hotelhaferland.de – nur Abendessen – geschl. 1. - 9. Dezember*

⌂ **Haferland** 🛏 🛏 🖥 📶 🏠 ⏰ ⅔ ℅ **P** 🍴

LANDHAUS · GEMÜTLICH Schön liegen die drei Reetdachhäuser nahe dem Bodden auf einem großen Naturgrundstück mit Kräuter- und Gourmetgarten, Teichen, Wald und Feuchtwiese. Gemütliche Zimmer, tolles Hallenbad mit Sauna und Ruheraum in der "Gesundheitsscheune", Langschläferfrühstück bis 13 Uhr. Tipp: Ausflug mit den "Zeesenbooten".

33 Zim ⬜ – ♦123/153 € ♦♦143/173 € – 12 Suiten – ½ P

*Bauernreihe 5a ✉ 18375 – ☎ 038233 680 – www.hotelhaferland.de – geschl. 1. - 9. Dezember*

🍴 **Gute Stube** – siehe Restaurantauswahl

## PRESSECK

Bayern – 1 840 Ew. – Höhe 642 m – Regionalatlas **50**-L14

Berlin 337 km – München 270 km – Bayreuth 42 km – Erfurt 170 km
Michelin Straßenkarte 546

## In Presseck-Wartenfels Süd-West: 7,5 km

🏡 **Gasthof Berghof - Ursprung** ⇦ 🌳 ℅ **P**

REGIONAL · GASTHOF ✗ "Tradition trifft Moderne" gilt sowohl fürs Ambiente als auch für die Küche. Das Angebot ist recht breit: regionale Gerichte wie "Pfefferhaxe vom fränkischen Landschwein", eine Brotzeitkarte, Steaks... Und wer etwas ambitionierter essen möchte, wählt eines der beiden Menüs (das "Große" oder das "Kleine").

Menü 35/58 € – Karte 28/58 € 5 Zim ⬜ – ♦45 € ♦♦75 €

*Wartenfels 85 ✉ 95355 – ☎ 09223 229 (abends Tischbestellung ratsam) – www.berghof-wartenfels.de – geschl. 16. Januar - 22. Februar und Montag - Dienstag*

## PRICHSENSTADT

Bayern – 3 110 Ew. – Höhe 248 m – Regionalatlas **49**-J15

Berlin 466 km – München 254 km – Würzburg 42 km – Schweinfurt 32 km
Michelin Straßenkarte 546

### ⌂ Freihof 🍴 ▢ 🕸 ▣ ♿ 🅿

**HISTORISCH · MODERN** Der aufwändig restaurierte alte Gutshof kann sich wirklich sehen lassen: hochwertig und geschmackvoll das moderne Interieur, Fachwerk-Charme trifft auf klares Design. Sie möchten auf stilvolle Art die Gegend erkunden? Man verleiht Motorkutschen! Und für Feierlichkeiten gibt es die Eventscheune.

43 Zim 🖙 – ♦120/160 € ♦♦130/200 € – ½ P

*Freihofgasse 3 ✉ 97357 – ✆ 09383 9020340 – www.hotelfreihof.com – geschl. 2. - 8. Januar*

### ⌂ Zum Storch 🍴 🅿 ⊠

**GASTHOF · GEMÜTLICH** Aus dem Jahre 1658 stammt der Gasthof, der seit über 130 Jahren als Familienbetrieb geführt wird. Die Zimmer sind sehr gepflegt und in wohnlich-ländlichem Stil eingerichtet. Nett die Wirtschaft mit schönem Innenhof unter alten Bäumen. Weine aus eigenem Anbau.

13 Zim 🖙 – ♦65/95 € ♦♦70/120 € – ½ P

*Luitpoldstr. 7 ✉ 97357 – ✆ 09383 6587 – www.gasthof-storch.de – geschl. Januar*

## PRIEN am CHIEMSEE

Bayern – 10 310 Ew. – Höhe 533 m – Regionalatlas **66**-N21

▶ Berlin 656 km – München 85 km – Bad Reichenhall 58 km – Salzburg 64 km

Michelin Straßenkarte 546

### 🍴○ Thomas Mühlberger 🍴 ⊠

**KLASSISCHE KÜCHE · BISTRO** 🕴 Das moderne Konzept kommt an: In legerer Atmosphäre sitzt man an einer langen Theke bei frischer klassisch-saisonaler Küche - gute Beratung auch in Sachen Wein. Abends wird das Bistro zum Küchenstudio für Veranstaltungen und Kochkurse.

Menü 32 € (mittags)/72 € – Karte 43/70 €

*Bernauer Str. 31 ✉ 83209 – ✆ 08051 966888 – www.kochstdunoch.de – geöffnet bis 18 Uhr, Freitag - Samstag bis 20 Uhr – geschl. Sonntag - Montag*

### ⌂ Garden-Hotel Reinhart 🛥 🛏 ▢ 🕸 ▣ ♿ 🅿

**FAMILIÄR · GEMÜTLICH** Wirklich gepflegt wohnt man hier: In den Zimmern helles warmes Holz und hübsche Stoffe (Einzelzimmer recht groß), draußen der schöne Garten mit Liegewiese, beim guten Frühstück schaut man ins Grüne. Außerdem liegt das Haus ruhig und seenah!

37 Zim 🖙 – ♦95/110 € ♦♦140/180 €

*Erlenweg 16 ✉ 83209 – ✆ 08051 6940 – www.reinhart-hotel.de – geschl. 20. Oktober - Mitte April*

### ⌂ Neuer am See 🍴 ▣ ⊗ 🅿

**GASTHOF · GEMÜTLICH** Nur 200 m trennen Sie vom See und der Chiemsee-Schifffahrt zum Königsschloss. Highlight unter den wertigen Zimmern ist die neue große Panoramasuite unterm Dach. Freundlicher Cafébereich im Restaurant: Versuchen Sie erst gar nicht, den hausgemachten Leckereien zu widerstehen!

29 Zim 🖙 – ♦49/83 € ♦♦94/150 € – 3 Suiten – ½ P

*Seestr. 104 ✉ 83209 – ✆ 08051 609960 – www.neuer-am-see.de*

## PRITZWALK

Brandenburg – 11 990 Ew. – Höhe 63 m – Regionalatlas **21**-M6

▶ Berlin 123 km – Potsdam 115 km – Schwerin 84 km – Rostock 120 km

Michelin Straßenkarte 542

### ⌂ Waldhotel Forsthaus Hainholz 🍴 🌿 🕸 ♿ 🅿

**LANDHAUS · GEMÜTLICH** Wirklich gepflegt wohnt man in dem gut geführten Hotel, das schön in einem kleinen Wald liegt. Die Zimmer sind freundlich eingerichtet, man kümmert sich herzlich um die Gäste und am Morgen erwartet Sie ein gutes Frühstück. Die bürgerliche Küche lässt man sich im Sommer gerne auf der Terrasse servieren.

24 Zim 🖙 – ♦65/68 € ♦♦85/95 €

*Hainholz 2, Nord-Ost: 1,5 km über B 103 Richtung Meyenburg ✉ 16928 – ✆ 03395 300790 – www.hotel-hainholz.de*

**PROBSTRIED** Bayern ➜ Siehe Dietmannsried

# PULHEIM
Nordrhein-Westfalen – 53 110 Ew. – Höhe 47 m – Regionalatlas **35**-B12
▷ Berlin 573 km – Düsseldorf 37 km – Aachen 72 km – Köln 13 km
Michelin Straßenkarte 543

## In Pulheim-Dansweiler Süd-West: 6 km über Brauweiler

🕪 **Il Paradiso**
MEDITERRAN · FAMILIÄR ✗✗ In dem Familienbetrieb in einer ruhigen Seiten-
straße stehen zwei Brüder gemeinsam am Herd und bereiten mediterrane Gerichte
zu. Drinnen sitzt man in gemütlich-freundlichem Ambiente, draußen hat man eine
schöne Gartenterrasse. Kommen Sie auch mal zum günstigen Lunch!
Menü 39/48 € – Karte 33/61 €
*Zehnthofstr. 26 ✉ 50259 – 𝒞 02234 84613 – www.il-paradiso.de – geschl. Montag
- Dienstagmittag, Samstagmittag*

## In Pulheim-Stommeln Nord: 5 km Richtung Grevenbroich

✿ **Gut Lärchenhof**
FRANZÖSISCH-MODERN · ELEGANT ✗✗✗ Sie möchten bei ausgezeichnetem
Essen den Blick auf den Golfplatz genießen? Dann wählen Sie in dem eleganten
Restaurant einen der Fenstertische! Die Küche ist klassisch-modern, mediterran
beeinflusst und voller schön kombinierter Aromen. Dazu eine sehr gut bestückte
Weinkarte.
➜ "Milchzahn", Juvenilferkel, Löwenzahn und grüner Wacholder. "Wildwechsel",
Eifeler Reh, Fichte, Pfifferling und grüne Mandeln. "No. 1 Cup", Pimm's, Orange,
Ingwer, Minze.
Menü 65 € (mittags)/135 € – Karte 61/97 €
*Hahnenstraße, (Im Golfclub Lärchenhof, Zufahrt über Am Steinwerk) ✉ 50259
– 𝒞 02238 9231016 (Tischbestellung ratsam) – www.restaurant-gutlaerchenhof.de
– geschl. Anfang Januar 10 Tage, über Karneval und Montag - Dienstag*
🕪 **Bistro** – siehe Restaurantauswahl

🕪 **Bistro**
MARKTKÜCHE · BISTRO ✗ Es muss nicht immer Gourmetküche sein. Wer es
gerne mal ein bisschen einfacher hat, isst im Bistro. Hier gibt es ganztägig Klassi-
ker wie "Peter's Spezial" oder Aktuelles wie "Wildgulasch mit Spätzle".
Menü 38/55 € – Karte 34/64 €
*Restaurant Gut Lärchenhof, Hahnenstraße, (Im Golfclub Lärchenhof, Zufahrt über
Am Steinwerk) ✉ 50259 – 𝒞 02238 9231016 – www.restaurant-gutlaerchenhof.de
– geschl. Anfang Januar 10 Tage, über Karneval*

# PULLACH
Bayern – 8 900 Ew. – Höhe 583 m – Regionalatlas **65**-L20
▷ Berlin 598 km – München 12 km – Augsburg 72 km – Garmisch-Partenkirchen 77 km
Michelin Straßenkarte 546

🕪 **Alte Brennerei**
MARKTKÜCHE · GEMÜTLICH ✗ Komplett in Holz gehalten und hübsch dekoriert
versprüht das kleine Chalet alpenländischen Charme. In dieser gemütlichen
Atmosphäre gibt es saisonale Gerichte - man kocht für Sie auch laktose- und
glutenfrei.
Menü 49 € – Karte 39/55 €
*Habenschadenstr. 4a ✉ 82049 – 𝒞 089 74849688 (Tischbestellung ratsam)
– www.altebrennerei-pullach.de – nur Abendessen – geschl. Sonntag - Montag*

### 🏠 Seitner Hof

**LANDHAUS · GEMÜTLICH** Wohnliche Zimmer, schöner Garten, ruhige Lage und dennoch gute Anbindung nach München, dazu der freundliche Service - da kommen schon so einige Annehmlichkeiten zusammen. Natürlich sei auch die kleine Bibliothek erwähnt!

40 Zim 🛏 – ♦129/239 € ♦♦174/408 €

*Habenschadenstr. 4 ✉ 82049 – ℰ 089 744320 – www.seitnerhof.de – geschl. 21. Dezember - 6. Januar*

**PUTBUS** Mecklenburg-Vorpommern ➜ Siehe Rügen (Insel)

# PYRMONT, BAD

Niedersachsen – 18 910 Ew. – Höhe 111 m – Regionalatlas **28**-H9

▶ Berlin 351 km – Hannover 69 km – Bielefeld 58 km – Hildesheim 70 km

Michelin Straßenkarte 541

### 🍴 Alte Villa Schlossblick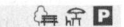

**REGIONAL · FREUNDLICH** ☓☓ In der netten Villa wird bürgerlich-regionale Küche aufgetischt. Und die bekommen Sie in ansprechendem Ambiente serviert: Angenehm hell durch die große Fensterfront, schön frisch durch die freundlichen Rottöne.

Menü 25/43 € – Karte 28/50 €

*Hotel Alte Villa Schlossblick, Kirchstr. 23 ✉ 31812 – ℰ 0528195660 – www.alte-villa-schlossblick.de – geschl. Januar, 29. September - 17. Oktober und Montag - Dienstagmittag, Oktober - März: Montag - Dienstag*

### 🏨 Steigenberger

**SPA UND WELLNESS · KLASSISCH** Als einstiges "Fürstliches Kurhotel" bietet das Haus am Kurpark einen klassisch-komfortablen Rahmen. Gut ausgestattete Zimmer mit Balkon/Terrasse, dazu Wellnessangebot auf 1500 qm. Gastronomisch stehen das Restaurant "Palmengarten", die Stube "Bayerisches Platzl" und das Bistro "La bonne cuisine" zur Wahl.

151 Zim 🛏 – ♦87/130 € ♦♦165/195 € – 3 Suiten – ½ P

*Heiligenangerstr. 2 ✉ 31812 – ℰ 05281 1502 – www.bad-pyrmont.steigenberger.de*

### 🏠 Alte Villa Schlossblick

**PRIVATHAUS · GEMÜTLICH** Schon die Fassade der denkmalgeschützten Villa von 1894 ist sehr einladend, dazu die attraktive Lage am Kurpark gegenüber der Spielbank. Drinnen ist das Haus natürlich ganz stilgerecht mit seinen hohen Räumen und der eleganten Einrichtung.

14 Zim 🛏 – ♦49/54 € ♦♦86/98 €

*Kirchstr. 23 ✉ 31812 – ℰ 0528195660 – www.alte-villa-schlossblick.de – geschl. Januar, 29. September - 17. Oktober*

🍴 Alte Villa Schlossblick = siehe Restaurantauswahl

# QUEDLINBURG

Sachsen-Anhalt – 25 060 Ew. – Höhe 122 m – Regionalatlas **30**-K10

▶ Berlin 208 km – Magdeburg 56 km – Erfurt 133 km – Halle 76 km

Michelin Straßenkarte 542

### 😊 Theophano im Palais Salfeldt

**INTERNATIONAL · ELEGANT** ☓☓ Während Sie sich in dem ehemaligen Kornspeicher im historischen Stadtkern frische Gerichte wie "Sauerbraten von der Rinderbacke mit Rotkohl und Serviettenknödel" schmecken lassen, bewundern Sie das tolle alte Kreuzgewölbe, dem die geradlinige Einrichtung gut zu Gesicht steht. Schön sitzt man auch im Innenhof.

Menü 37/59 € – Karte 28/39 €

*Kornmarkt 6 ✉ 06484 – ℰ 03946 526601 – www.restaurant-theophano.de – nur Abendessen – geschl. 8. Januar - 10. Februar und Sonntag - Montag*

## ⑩ Weinstube

**INTERNATIONAL · KLASSISCHES AMBIENTE** ✗ Erinnert Sie das an die Provence? Die ehemalige Stallung ist heute ein reizender Raum, in dem Terrakottafliesen, warme Töne und eine alte Backsteindecke ländliches Flair versprühen. Die Küche hat mediterrane Einflüsse: "Vitello Tonnato nach Art des Hauses", "Crème brûlée mit Vanille und Rosmarin"...

Menü 35/56 € (abends) – Karte 25/49 €

*Hotel Am Brühl, Billungstr. 11 ✉ 06484 – ☏ 03946 96180 – www.hotelambruehl.de – nur Abendessen, sonntags auch Mittagessen – geschl. Januar - März: Sonntag*

## 🏠 Hotel Am Brühl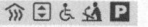

**HISTORISCH · GEMÜTLICH** Ein denkmalgeschütztes Fachwerkgebäude und eine Gründerzeitvilla wurden sorgsam restauriert und bieten einen wirklich charmanten Rahmen. Entspannen lässt es sich z. B. am offenen Kamin oder im romantischen Innenhof. In die überaus sehenswerte Altstadt sind es übrigens nur ca. 10 Minuten zu Fuß!

46 Zim ⌂ – †85/105 € ††110/145 € – 3 Suiten – ½ P

*Billungstr. 11 ✉ 06484 – ☏ 03946 96180 – www.hotelambruehl.de*

⑩ **Weinstube** – siehe Restaurantauswahl

## 🏠 Theophano

**HISTORISCH · INDIVIDUELL** Aus mehreren miteinander verbundenen kleinen Häusern a. d. 17. Jh. besteht dieses Hotel. Liebenswert eingerichtet die Zimmer, hübsch der Saunabereich samt Dachterrasse mit Blick über die Stadt! Gemütlich sitzt man in Café und Restaurant bei Hausgebackenem und Harzer Küche, draußen die Terrasse zum Marktplatz.

29 Zim ⌂ – †79/115 € ††99/145 € – ½ P

*Markt 14, Zufahrt über Weingarten 22 ✉ 06484 – ☏ 03946 96300 – www.hotel-theophano.de*

## 🏠 Zum Bär

**GASTHOF · INDIVIDUELL** Das traditionsreiche Hotel in dem Ensemble von Altstadthäusern am Markt verfügt über geschmackvolle und individuelle Zimmer, darunter zwei Suiten. Kosmetik und Massage. Im Restaurant mit Bistro-Ambiente speist man bürgerlich. Dazu ein Café und eine Terrasse auf dem Marktplatz.

48 Zim ⌂ – †60/90 € ††95/140 € – 2 Suiten – ½ P

*Markt 8, Zufahrt über Neuer Weg und Pölle 4 ✉ 06484 – ☏ 03946 7770 – www.hotelzumbaer.de*

# QUERFURT

Sachsen-Anhalt – 11 230 Ew. – Höhe 170 m – Regionalatlas **31**-L11
▶ Berlin 205 km – Magdeburg 103 km – Leipzig 60 km – Merseburg 33 km
Michelin Straßenkarte 542

## 🏠 Querfurter Hof

**FAMILIÄR · FUNKTIONELL** Ein gepflegtes und gut geführtes Hotel, das in verkehrsberuhigter Lage im Herzen der Altstadt steht. Sowohl die Gästezimmer als auch das Restaurant sind freundlich und zeitgemäß eingerichtet.

25 Zim – †55/64 € ††69/75 € – ⌂ 9 € – ½ P

*Merseburger Str. 5 ✉ 06268 – ☏ 034771 5240 – www.querfurterhof.de*

# QUICKBORN

Schleswig-Holstein – 20 050 Ew. – Höhe 19 m – Regionalatlas **10**-I5
▶ Berlin 309 km – Kiel 76 km – Hamburg 33 km – Itzehoe 45 km
Michelin Straßenkarte 541

## ⅼ○ Jagdhaus Waldfrieden

INTERNATIONAL · ELEGANT ⅩⅩ Gemütliches Kaminzimmer, luftiger Wintergarten oder die schöne Terrasse im Grünen? Auf der Karte z. B. "Filet vom weißen Heilbutt mit Chicorée, Pancetta, Rucola, Tomaten und Basilikum". Tipp: das preislich faire Mittagsmenü.

Menü 22 € (mittags)/39 € – Karte 47/53 €

*Hotel Jagdhaus Waldfrieden, Kieler Str.1, Nord: 3 km an der B 4 Richtung Bilsen* ✉ 25451 – ℰ 04106 61020 – www.waldfrieden.com – geschl. Montagmittag

## Jagdhaus Waldfrieden

LANDHAUS · ELEGANT Die ehemalige Privatvilla mit Nebengebäuden und schönem Park bietet einen idealen Rahmen für Feierlichkeiten wie Hochzeiten. Die Gästezimmer sind stimmig und sehr wohnlich gestaltet.

25 Zim ☑ – ▪85/95 € ▪▪148/165 €

*Kieler Str.1, Nord: 3 km an der B 4 Richtung Bilsen* ✉ 25451 – ℰ 04106 61020 – www.waldfrieden.com

ⅼ○ **Jagdhaus Waldfrieden** – siehe Restaurantauswahl

# QUIERSCHIED

Saarland – 13 140 Ew. – Höhe 210 m – Regionalatlas **45**-C17
▶ Berlin 718 km – Saarbrücken 16 km – Mainz 138 km – Luxembourg 106 km
Michelin Straßenkarte 543

## ⅼ○ Altes Pförtnerhaus

INTERNATIONAL · GEMÜTLICH ⅩⅩ In dem reizenden denkmalgeschützten kleinen Häuschen (ehemaliges Nebengebäude des Knappschaftskrankenhauses) wird nach Lust und Laune mediterran, klassisch und regional gekocht, von "Gazpacho mit gratiniertem Ziegenkäse" bis "Schwertfisch in Maracuja-Knoblauch mit Spargel". Mittags sehr einfaches Angebot.

Menü 58/73 € – Karte 37/52 €

*Fischbacher Str. 102* ✉ 66287 – ℰ 06897 1717256 *(Tischbestellung ratsam)* – www.restaurant-altes-pfoertnerhaus.de – nur Abendessen – geschl. Sonntag – Montag

# RABENAU Sachsen → Siehe Freital

# RADEBEUL

Sachsen – 33 440 Ew. – Höhe 117 m – Regionalatlas **43**-Q12
▶ Berlin 190 km – Dresden 7 km – Chemnitz 70 km – Leipzig 110 km
Michelin Straßenkarte 544

## ⅼ○ Atelier Sanssouci

KLASSISCHE KÜCHE · ELEGANT ⅩⅩ Hier ist schon der Rahmen einen Besuch wert: ein mediterran-eleganter Saal mit markanten Lüstern, Wandmalerei und hoher Stuckdecke. Geboten wird ein Menü, aus dem Sie jeden Gang klassisch oder modern interpretiert wählen können.

Menü 69/99 €

**Stadtplan : A1-h** – *Hotel Villa Sorgenfrei, Augustusweg 48, (Stadtplan Dresden)* ✉ 01445 – ℰ 0351 7956660 – www.atelier-sanssouci.de – nur Abendessen, sonntags auch Mittagessen – geschl. 9. - 26. Januar und Dienstag - Mittwoch

## ⅼ○ Charlotte K.

INTERNATIONAL · LÄNDLICH Ⅹ In dem Fachwerkhäuschen von 1827 speist man in liebenswerten Stuben oder auf der reizenden Terrasse. Gekocht wird international-mediterran: "Bouillabaisse Charlotte", "Rillette vom Huhn mit Zwiebel-Olivenbaguette", "Filet von der Dorade auf Blattspinat"... Gefragt auch die Zimmer mit ländlich-modernem Charme.

Menü 38/55 € – Karte 41/48 € 2 Zim ☑ – ▪90 € ▪▪100/115 €

*Coswiger Str. 23, (Stadtplan Dresden, West 4,5 km über Meißner Straße A 1)* ✉ 01445 – ℰ 0351 8336876 (Tischbestellung ratsam) – www.charlotte-radebeul.de – nur Abendessen – geschl. Montag - Dienstag

### 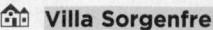 Villa Sorgenfrei

**HERRENHAUS · GEMÜTLICH** Ein wirklich wundervolles Anwesen ist das Herrenhaus a. d. 18. Jh. samt herrlichem Garten. Stilvolle Möbel, helle Farben, Dielenböden, teilweise gemütliche Dachschrägen... Die Zimmer mischen äußerst geschmackvoll historischen Charme mit modernem Komfort. Ein Genuss ist auch das A-la-carte-Frühstück!

16 Zim ⌂ – ♦94/154 € ♦♦114/174 € – 2 Suiten – ½ P

**Stadtplan : A1-h** – *Augustusweg 48, (Stadtplan Dresden)* ✉ 01445 – ✆ 0351 7956660 – *www.hotel-villa-sorgenfrei.de* – *geschl. 9. - 26. Januar*

⑩ **Atelier Sanssouci** – siehe Restaurantauswahl

## RADEBURG

Sachsen – 7 380 Ew. – Höhe 147 m – Regionalatlas **43**-Q11

▶ Berlin 173 km – Dresden 22 km – Meißen 18 km

Michelin Straßenkarte 544

### In Radeburg-Bärwalde Süd-West: 4,5 km

###  Gasthof Bärwalde

**KLASSISCHE KÜCHE · LÄNDLICH** ⅩDie Fahrt in das ruhig gelegene Dörfchen lohnt sich, denn Familie Seidel hat hier ein gemütliches Gasthaus, in dem Patron Olav klassisch, produktbezogen und schmackhaft kocht, z. B. "Schmorstück vom Charolais-Bullen mit glaciertem Wurzelgemüse". Die Weinkarte verrät, dass man lange im Badischen war.

Menü 45 € – Karte 32/42 €

*Kalkreuter Str. 10a* ✉ 01471 – ✆ 035208 342901 *(Tischbestellung ratsam)* – *nur Abendessen, sonntags auch Mittagessen* – *geschl. Sonntagabend, Dienstag - Mittwoch*

## RADEVORMWALD

Nordrhein-Westfalen – 22 030 Ew. – Höhe 360 m – Regionalatlas **36**-D11

▶ Berlin 540 km – Düsseldorf 64 km – Hagen 27 km – Lüdenscheid 22 km

Michelin Straßenkarte 543

### Außerhalb Nord-Ost: 3 km an der B 483 Richtung Schwelm

###  Zur Hufschmiede

**LANDHAUS · INDIVIDUELL** Das in einer Seitenstraße gelegene Hotel, eine ehemalige Schule, hat wohnliche Zimmer und einen netten Frühstücksraum. Tipp: Fragen Sie nach den Zimmern zum Garten. Im 50 m entfernten Restaurant herrscht eine ländlich-gemütliche Atmosphäre.

23 Zim ⌂ – ♦77/95 € ♦♦110/160 €

*Neuenhof 1* ✉ 42477 Radevormwald – ✆ 02195 92760 – *www.zurhufschmiede.de*

## RADOLFZELL

Baden-Württemberg – 30 280 Ew. – Höhe 404 m – Regionalatlas **62**-G21

▶ Berlin 747 km – Stuttgart 163 km – Konstanz 23 km – Singen (Hohentwiel) 11 km

Michelin Straßenkarte 545

### 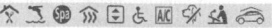 bora HotSpaResort

**RESORT · MODERN** Urlauber, Wellnessgäste, Tagungen... Die Lage nur einen Steinwurf vom See entfernt und die schicke wertig-moderne Einrichtung im ganzen Haus spricht jeden an! Alle Zimmer mit Balkon. Sie möchten richtig schön entspannen? SPA nebenan.

84 Zim ⌂ – ♦125/200 € ♦♦185/275 € – ½ P

*Karl-Wolf-Str. 35* ✉ 78315 – ✆ 07732 950400 – *www.bora-hotsparesort.de*

### 🏠 K99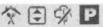

URBAN · MODERN Topmodern und urban geht es hier am äußersten Stadtrand zu. In den Zimmern geradliniger Stil, schöner Parkettboden und sehr gute Technik, der Frühstücksraum ein echtes Highlight: 8. Etage, tolle Dachterrasse, herrliche Aussicht!

60 Zim ⌕ – ♦75/130 € ♦♦99/169 €

*Kasernenstr. 99 ✉ 78315 – ℰ 07732 9788899 – www.hotel-k99.de*

## Auf der Halbinsel Mettnau

### 🍽️ Mettnau-Stube

FISCH UND MEERESFRÜCHTE · FREUNDLICH ✕✕ In dem freundlich-rustikal gestalteten Restaurant mit Wintergarten bietet man überwiegend Fischküche, asiatisch und regional-saisonal. Schön sitzt man auf der Terrasse im Tessiner Stil - mit Mückenschutz!

Menü 23/36 € – Karte 28/47 €

*Strandbadstr. 23 ✉ 78315 – ℰ 07732 13644 – www.mettnaustube.de – geschl. Montag - Dienstagmittag*

### 🏠 Art Villa am See

FAMILIÄR · INDIVIDUELL So einiges zieht die Gäste hierher: traumhaft die Lage am Mettnaupark, der See vor der Tür, geschmackvolle Zimmer, der schöne Garten, die Ruhe... Sie können Fahrräder leihen und bei Beauty- und Ayurveda-Anwendungen entspannen. Der Chef bietet zudem eine ausgezeichnete Weinauswahl mit 500 Positionen.

9 Zim ⌕ – ♦97/190 € ♦♦135/235 € – 3 Suiten

*Rebsteig 2/2 ✉ 78315 – ℰ 07732 94440 – www.artvilla.de*

## In Moos Süd-West: 4 km

### 😊 Gottfried

MARKTKÜCHE · FREUNDLICH ✕✕ Im Restaurant des gleichnamigen Hotels wird saisonal und mit mediterranen Einflüssen gekocht: "Variation vom Bodenseefisch mit Orangen-Fenchel-Risotto", "Rinderfiletspitzen mit Frühlingsgemüse und Nüdeli", "Kaiserschmarrn, Apfel und Vanilleeis"... Toll die Terrasse unter Nussbäumen.

Menü 29/69 € – Karte 33/62 € 15 Zim ⌕ – ♦76/95 € ♦♦115/125 € – 3 Suiten

*Böhringer Str. 1 ✉ 78345 – ℰ 07732 92420 – www.hotel-gottfried.de – geschl. Mittwoch - Freitagmittag*

### 🏠 Gasthaus Schiff

GASTHOF · AM SEE Relativ ruhig liegt der Familienbetrieb in Seenähe beim Bootshafen. Tipp: Fragen Sie nach den neueren Zimmern im Haupthaus! Richtig schön sitzt man auf der Terrasse unter Platanen bei leckerem Fisch aus dem Bodensee!

30 Zim ⌕ – ♦49/98 € ♦♦78/112 €

*Hafenstr. 1 ✉ 78345 – ℰ 07732 99080 – www.schiff-moos.de – geschl. Februar - Mitte März*

## RAHDEN

Nordrhein-Westfalen – 15 460 Ew. – Höhe 45 m – Regionalatlas **17**-F8

▶ Berlin 370 km – Düsseldorf 231 km – Bielefeld 60 km – Bremen 91 km

Michelin Straßenkarte 543

### 🍽️ Rupert

INTERNATIONAL · ELEGANT ✕✕ In modern-elegantem Ambiente machen regionale und internationale Speisen sowie eine saisonale Empfehlung von der Tafel Appetit. Schön für Feiern sind die gemütlichen "Schweizer Stuben" und der "Spiegelsaal".

Menü 33/43 € – Karte 28/57 €

*Hotel Westfalen Hof, Rudolf-Diesel-Str. 13 ✉ 32369 – ℰ 05771 97000 (Tischbestellung ratsam) – www.westfalen-hof.de*

### 🏚 **Westfalen Hof**      🛋 🕸 ✕ 🏊 **P**

**LANDHAUS · GEMÜTLICH** Interessant ist dieses gut geführte Haus zum einen wegen seiner neuzeitlich-wohnlichen Gästezimmer, zum anderen überzeugt hier ein gutes Sport- und Vitalangebot: Sauna, Soccer- und Tennishalle, Sky-Sportsbar, Kegelbahn...

34 Zim ⌂ – ♦69/85 € ♦♦105 € – ½ P
*Rudolf-Diesel-Str. 13 ⊠ 32369 – ℰ 05771 97000 – www.westfalen-hof.de*
🍴 **Rupert** – siehe Restaurantauswahl

## RAIN am LECH
Bayern – 8 630 Ew. – Höhe 402 m – Regionalatlas **57**-K18
▶ Berlin 532 km – München 109 km – Augsburg 52 km – Ingolstadt 46 km
Michelin Straßenkarte 546

### 🏚 **Dehner Blumen Hotel**      🕿 🕸 📠 ⊡ 🔥 🏊 🚗

**BUSINESS · KLASSISCH** Das komfortable Hotel des bekannten Garten-Center-Betreibers bietet wohnlich-solide Gästezimmer sowie das "Rosenrestaurant" mit hübscher Terrasse - von hier schaut man ins Grüne. Auch auf Tagungen ist das Haus zugeschnitten.

91 Zim ⌂ – ♦94/129 € ♦♦119/154 € – 3 Suiten – ½ P
*Bahnhofstr. 19 ⊠ 86641 – ℰ 09090 760 – www.dehner-blumenhotel.de*

## RAMMINGEN Baden-Württemberg ➡ Siehe Langenau

## RAMSAU
Bayern – 1 740 Ew. – Höhe 670 m – Regionalatlas **67**-O21
▶ Berlin 732 km – München 138 km – Bad Reichenhall 21 km – Berchtesgaden 11 km
Michelin Straßenkarte 546

### 🏚 **Berghotel Rehlegg**    🕿 🐾 ⋖ 🛋 ⻌ 🔲 💮 🕸 📠 ⊡ ✕ 🏊 **P**

**LANDHAUS · REGIONAL** Der gewachsene Familienbetrieb ist ideal für Wanderer: Wanderweg zum Watzmann direkt am Haus, gratis dazu ein Rucksack mit Equipment! Man speist im hübschen regionstypischen Restaurant mit Sonnenterrasse und schläft in wohnlichen Zimmern. Tipp: schicke alpenländisch-moderne Suiten und Studios in der Residenz.

79 Zim ⌂ – ♦87/175 € ♦♦174/284 € – 9 Suiten – ½ P
*Holzengasse 16 ⊠ 83486*
*– ℰ 08657 98840 – www.rehlegg.de*

## An der Straße nach Loipl Nord: 6 km

### 🏚 **Nutzkaser**      🕿 🐾 ⋖ 🛋 🕸 ⊡ 🚗

**GASTHOF · TRADITIONELL** Kein Wunder, dass der Familienbetrieb sehr gut gebucht ist: einfach klasse die Lage mitten in den Bergen, ringsum tolle Wanderwege, traumhaft die Terrasse mit Blick auf Watzmann, Watzfrau und Hochkalter, dazu sympathische Gastgeber und behagliche Zimmer sowie Panoramarestaurant und gemütliches Kaminstüberl.

23 Zim ⌂ – ♦60/67 € ♦♦84/130 € – ½ P
*Am Gseng 10 ⊠ 83486 Ramsau*
*– ℰ 08657 388 – www.hotel-nutzkaser.de*
*– geschl. Mitte November - Mitte Dezember*

## RAMSEN
Rheinland-Pfalz – 1 800 Ew. – Höhe 232 m – Regionalatlas **47**-E16
▶ Berlin 645 km – Mainz 63 km – Neustadt an der Weinstraße 57 km – Saarbrücken 100 km
Michelin Straßenkarte 543

## 🏠 Seehaus Forelle  ✿ ⋖ ⅏ ⅍ 🅿

**FAMILIÄR · DESIGN** In idyllischer Lage an einem Weiher erwarten Sie modern designte Zimmer im "haeckenhaus" sowie 100 m entfernt im "forsthaus" und einem kleinen Nebenhaus. TV auf Wunsch. Restaurant mit Seeterrasse, Kaminzimmer und elegantem "Grünem Salon". Süßwasserfisch-Spezialitäten.

20 Zim 🖙 – 🛉70/85 € 🛉🛉90/105 € – 1 Suite – ½ P
*Eiswoog 1, Süd-West: 4 km, Richtung Kaiserslautern* ⊠ *67305* – ✆ *06356 60880*
*– www.seehaus-forelle.de*

# RANDERSACKER
Bayern – 3 400 Ew. – Höhe 175 m – Regionalatlas **49**-I16
▶ Berlin 498 km – München 278 km – Würzburg 8 km – Ansbach 71 km
Michelin Straßenkarte 546

## 🐾 Bären  🏡 🅿

**REGIONAL · RUSTIKAL** ⅹ Was dieses Restaurant so nett und beliebt macht? Zum einen ist es der traditionelle Charme, zum anderen die regionale Saisonküche - und natürlich die Spezialität: Forelle. Gerne sitzen die Gäste im Sommer im lauschigen Innenhof.

Karte 29/48 €
*Hotel Bären, Würzburgerstr. 6* ⊠ *97236* – ✆ *0931 70510*
*– www.baeren-randersacker.de* – *geschl. 23. Dezember - 9. Januar, 6. - 24. August*
*und Sonntagabend*

## 🏠 Bären  ⅍ 🅿

**GASTHOF · GEMÜTLICH** Der hübsche Gasthof in dem Weinort am Main ist seit 1886 in Familienhand. Alles ist tipptopp gepflegt, die Atmosphäre sympathisch, die Zimmer zeitgemäß und am Morgen gibt's ein frisches Frühstück. Tagungsräume im Gartenhaus.

38 Zim 🖙 – 🛉63/95 € 🛉🛉95/123 €
*Würzburgerstr. 6* ⊠ *97236* – ✆ *0931 70510* – *www.baeren-randersacker.de*
*– geschl. 23. Dezember - 9. Januar, 6. - 24. August*
🐾 **Bären** – siehe Restaurantauswahl

 Bei schönem Wetter isst man gern im Freien! Wählen Sie ein Restaurant mit Terrasse: 🏡.

# RASTATT
Baden-Württemberg – 47 110 Ew. – Höhe 123 m – Regionalatlas **54**-E18
▶ Berlin 696 km – Stuttgart 97 km – Karlsruhe 24 km – Baden-Baden 13 km
Michelin Straßenkarte 545

## 🏠 Schwert  ✿ 🖃 ⅍ 🅿

**BUSINESS · MODERN** Das traditionsreiche Haus a. d. 18. Jh. liegt mitten in Rastatt und verfügt über funktionelle und technisch gut ausgestattete Zimmer. Im Restaurant bietet man internationale und regionale Küche vom "badischen Rostbraten" über "Zander mit Bärlauchrisotto" bis zum "thailändischen Garnelen-Curry".

51 Zim 🖙 – 🛉69/99 € 🛉🛉132/143 € – ½ P
*Herrenstr. 3a, (Zufahrt über Schiffstraße)* ⊠ *76437* – ✆ *07222 7680*
*– www.hotel-schwert.de*

# RATEKAU
Schleswig-Holstein – 15 140 Ew. – Höhe 20 m – Regionalatlas **11**-K4
▶ Berlin 323 km – Kiel 71 km – Eutin 27 km – Lübeck 15 km
Michelin Straßenkarte 541

## In Ratekau-Warnsdorf Nord-Ost: 9 km

 **Landhaus Töpferhof**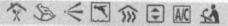

LANDHAUS · ELEGANT Sie mögen es individuell? Dieses schöne Anwesen bietet hochwertige und wohnliche Zimmer im Haupthaus und in der "Alten Scheune". Im "Café Tausendschön" lockt hausgemachter Kuchen, draußen der große Garten mit Ententeich. Gemütliches Restaurant mit hübschem Wintergarten. Kostenloser Fahrradverleih.

35 Zim ☲ – 🛏110/135 € – 🛏🛏150/185 € – 5 Suiten – ½ P

*Fuchsbergstr. 5* ✉ *23626*
*– ☏ 04502 2124 – www.landhaus-toepferhof.de*

# RATHEN (KURORT)

Sachsen – 360 Ew. – Höhe 120 m – Regionalatlas **43**-R12
▶ Berlin 226 km – Dresden 37 km – Pirna 18 km
Michelin Straßenkarte 544

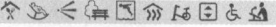

 **Elbiente**

LANDHAUS · MODERN Sie parken auf der gegenüberliegenden Seite der Elbe und kommen mit der Fähre direkt am Hotel an! Hier erwarten Sie wohnlich-moderne Zimmer, Beauty- und Massage-Angebote und ein Restaurant mit Elbblick. Das Haus ist ein idealer Ausgangspunkt für Radwanderungen.

30 Zim ☲ – 🛏75/130 € – 🛏🛏105/160 € – ½ P

*Wehlener Weg 1, (Anfahrt über Elbweg)* ✉ *01824 – ☏ 035024 75500*
*– www.elbiente.de*

 **Elbschlösschen**

LANDHAUS · MODERN Ein Logenplatz direkt an der Elbe, am Fuße der Bastei. Einige Zimmer haben einen eigenen Balkon zum Elbufer hin, und auch vom Restaurant Lilienstein schaut man auf den Fluss. Zudem: Massage und Kosmetik in der Beautyabteilung. Hinweis: Parken auf gegenüberliegender Flusseite mit anschließender Fährfahrt.

70 Zim ☲ – 🛏70/130 € – 🛏🛏100/160 € – ½ P

*Kottesteig 5, (Anfahrt über Elbweg)* ✉ *01824 – ☏ 035024 750*
*– www.hotelelbschloesschen.de – geschl. 2. - 13. Januar*

# RATHENOW

Brandenburg – 24 170 Ew. – Höhe 29 m – Regionalatlas **21**-N8
▶ Berlin 91 km – Potsdam 78 km – Magdeburg 85 km – Brandenburg 32 km
Michelin Straßenkarte 542

## In Rathenow-Semlin Nord-Ost: 6 km über B 188, in Stechow links

 **Golf Resort Semlin am See**

LANDHAUS · REGIONAL Ein Golfhotel in herrlich ruhiger Lage etwas außerhalb. Die Zimmer sind wohnlich gestaltet und verfügen über Balkon/Terrasse zum Golfplatz oder zum Wald. Gute Tagungsmöglichkeiten. Schön sind die Restaurantterrasse mit Blick ins Grüne sowie der große Barbereich.

72 Zim ☲ – 🛏75/120 € – 🛏🛏100/150 € – 2 Suiten – ½ P

*Ferchesarer Str. 8b, Süd-Ost: 2,5 km* ✉ *14712 – ☏ 03385 5540*
*– www.golfresort-semlin.de*

# RATINGEN

Nordrhein-Westfalen – 86 390 Ew. – Höhe 50 m – Regionalatlas **26**-C11
▶ Berlin 552 km – Düsseldorf 13 km – Duisburg 19 km – Essen 22 km
Michelin Straßenkarte 543

## In Ratingen-Homberg Ost: 5 km jenseits der A3

### ↱○ Essgold

INTERNATIONAL · GEMÜTLICH ✗✗ In dem Fachwerkhaus von 1875 sitzt man in einem gemütlichen Raum mit Kachelofen und lässt sich z. B. "Kaninchen im Chorizo-Tramezzini-Mantel / Rote Bete / Polenta" schmecken. Im legeren Bistro gibt's z. B. Flammkuchen oder Pasta. Zum Übernachten hat man übrigens zwei sehr hübsche Zimmer.

Karte 34/53 €

*Dorfstr. 33 ✉ 40882 - ☎ 02102 5519070 - www.restaurant-essgold.de - Montag*
*- Freitag nur Abendessen - geschl. 31. Dezember - 11. Januar und Montag*
*- Dienstag*

## In Ratingen-Lintorf Nord: 4 km, jenseits der A 52

### ⊛ Christian Penzhorn

INTERNATIONAL · TRENDY ✗ Dass sich das Restaurant großer Beliebtheit erfreut, liegt zum einen am ungezwungen-modernen Stil, zum anderen an der ambitionierten internationalen Küche von Christian Penzhorn, kein Unbekannter in der Gastronomie. Appetit macht da z. B. "Bretonische Seezunge mit Selleriepüree und Kräutergnocchi".

Menü 28 € (vegetarisch)/49 € - Karte 34/52 €
10 Zim - ♥64 € ♥♥74 € - ⊑ 12 €

*Konrad-Adenauer-Platz 29, (über Duisburger Str. 1) ✉ 40885*
*- ☎ 02102 3899970 - www.christian-penzhorn.de - nur Abendessen, sonntags*
*auch Mittagessen - geschl. Montag*

### ↱○ Gut Porz

INTERNATIONAL · GEMÜTLICH ✗ Internationales wie "Sashimi vom Yellow Fin Tuna" oder eher Klassisches wie "Zanderfilet unter der Weißbrotkruste"? So oder so isst man schmackhaft in dem liebenswerten Fachwerkhaus samt Wintergarten. Sehenswert die Deko zur Adventszeit!

Karte 29/55 €

*Hülsenbergweg 10 ✉ 40885 - ☎ 02102 934080 (Tischbestellung ratsam)*
*- www.gutporz.de - nur Abendessen - geschl. Ende Dezember - Anfang Januar 2*
*Wochen, Juli - August 2 Wochen und Dienstag*

# RATSHAUSEN

Baden-Württemberg - 760 Ew. - Höhe 676 m - Regionalatlas **62**-F20
▶ Berlin 725 km - Stuttgart 91 km - Konstanz 101 km - Villingen-Schwenningen 33 km
Michelin Straßenkarte 545

### ↱○ Adler

REGIONAL · RUSTIKAL ✗✗ Ein echtes kleines Bijou: Das Haus von 1811 steckt voller reizender historischer Details, die Gastgeber sind mit Herzblut bei der Sache und gut essen kann man auch! Die Küche ist schwäbisch, man macht so viel wie möglich selbst: Brot, Würste, Schinken, Schnaps... Man hat eigene Schweine und schlachtet selbst.

Karte 32/59 €

*Hohnerstr. 3 ✉ 72365 - ☎ 07427 2260 - www.adler-ratshausen.de*
*- Mittwoch - Freitag nur Abendessen - geschl. August 2 Wochen und Montag*
*- Dienstag*

# RATTENBERG

Bayern - 1 730 Ew. - Höhe 560 m - Regionalatlas **59**-O17
▶ Berlin 506 km - München 153 km - Regensburg 71 km - Cham 25 km
Michelin Straßenkarte 546

### 🏠 Posthotel 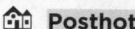 ☆ 🛒 📺 🕏 🐎 🕏 🛱 **P**

**SPA UND WELLNESS · GEMÜTLICH** Der Familienbetrieb hat sich von einem traditionellen Gasthof zu einem Wellnesshotel mit schönen wohnlichen Zimmern und vielfältigem Spa auf rund 1000 qm entwickelt. Ein lichter Wintergarten ergänzt das in ländlichem Stil gehaltene Restaurant. HP inklusive.

47 Zim ☐ – ♦75/85 € ♦♦130/150 € – 2 Suiten – ½ P

*Dorfplatz 2 ⊠ 94371 – 𝒞 09963 9500 – www.posthotel-rattenberg.de*

## RATZEBURG
Schleswig-Holstein – 13 870 Ew. – Höhe 36 m – Regionalatlas **11**-K5

▶ Berlin 240 km – Kiel 107 km – Lübeck 23 km – Schwerin 46 km

Michelin Straßenkarte 541

### 🏠 Wittlers Hotel-Gästehaus Cäcilie ☆ 🦮 🕏 🎾 🚗

**FAMILIÄR · FUNKTIONELL** Man findet dieses Hotel im historischen Zentrum der im Ratzeburger See gelegenen Inselstadt. Die Gästezimmer sind praktisch in funktionellem Stil eingerichtet. Im Restaurant wird internationale Küche geboten.

30 Zim ☐ – ♦70/90 € ♦♦98/128 € – ½ P

*Große Kreuzstr. 11 ⊠ 23909 – 𝒞 04541 3204 – www.wittlers-hotel.de – geschl.*
*18. Dezember - 29. Januar*

## RAUENBERG
Baden-Württemberg – 8 350 Ew. – Höhe 132 m – Regionalatlas **47**-F17

▶ Berlin 631 km – Stuttgart 99 km – Mannheim 37 km – Heidelberg 22 km

Michelin Straßenkarte 545

### 🍴 Angela ☆ 🖾 🕭 🚗

**KLASSISCHE KÜCHE · ELEGANT** ✕✕ Elegant ist das Ambiente hier, und dazu serviert man eine international-saisonale Küche auf klassischer Basis. Auf der Karte liest man z. B. "Rücken vom Salzwiesenlamm mit mediterranem Gemüse".

Menü 55/80 €

*Hotel Winzerhof, Bahnhofstr. 4 ⊠ 69231 – 𝒞 06222 952353 (Tischbestellung*
*ratsam) – www.winzerhof.net – nur Abendessen – geschl. Januar, 10. - 21. April, 6.*
*- 16. Juni, 27. Juli - 9. September, 30. Oktober - 4. November und Sonntag*
*- Dienstag sowie an Feiertagen*

### 🏠 Winzerhof ☆ 📺 🕭 🦯 🕏 🕭 🖾 🎾 🛱 🚗

**LANDHAUS · GEMÜTLICH** Familie Menges steckt viel Herzblut in ihr Haus - inzwischen in der 4. Generation! Fragen Sie nach den ansprechenden und geräumigen Komfortzimmern. Die Karte der "Regionalen Stuben" teilt sich in "Regional", "International", "Fisch" und "Vegetarisch". Spezialität: "Kraichgau-Tapas".

70 Zim ☐ – ♦77/132 € ♦♦119/217 € – ½ P

*Bahnhofstr. 4 ⊠ 69231 – 𝒞 06222 9520 – www.winzerhof.net – geschl. 1.*
*- 6. Januar*

🍴 **Angela** – siehe Restaurantauswahl

### 🏠 Gutshof ☆ 🕭 🦯 🕏 **P**

**LANDHAUS · GEMÜTLICH** Das Hotel ist direkt an das eigene Weingut angeschlossen - ruhig, ringsum romantische Weinberge, dennoch gute Autobahnanbindung. Hübsch ist der kleine Kräutergarten. Terrakottafliesen und helle Holzstühle lassen die ohnehin schon lichtdurchflutete Weinstube noch freundlicher wirken.

30 Zim ☐ – ♦80/95 € ♦♦135/145 €

*Suttenweg 1 ⊠ 69231 – 𝒞 06222 9510 – www.gutshof-menges.de*
*- geschl. Weihnachten - Anfang Januar 2 Wochen, August 3 Wochen*

## RAUHENEBRACH
Bayern – 2 930 Ew. – Höhe 320 m – Regionalatlas **49**-J15

▶ Berlin 431 km – München 251 km – Coburg 70 km – Nürnberg 82 km

Michelin Straßenkarte 546

## In Rauhenebrach-Schindelsee

ⓖ **Gasthaus Hofmann**  ⇦ 🏠 **P** 🚭

REGIONAL · GASTHOF 🍴 Regional und saisonal isst man hier, die Produkte frisch und teilweise sogar selbst erzeugt! Das lockt viele Stammgäste an, die in gemüt-lich-rustikaler Atmosphäre z. B. "Saiblingsfilet mit Safranrisotto" oder "Gockel aus Kleinlangheim" bestellen! Wer übernachten möchte, schläft in wohnlichen Zimmern.

Menü 60 € – Karte 27/51 €    8 Zim – 🛏46/80 € 🛏🛏68/85 € – ⌷11 €

*Schindelsee 1 ☒ 96181 – ☏ 09549 98760 – www.schindelsee.de – Mittwoch*
*- Freitag nur Abendessen – geschl. 9. - 25. Januar und Montag - Dienstag,*
*November - März: Montag - Donnerstagmittag, Freitagmittag*

# RAVENSBURG

Baden-Württemberg – 49 100 Ew. – Höhe 450 m – Regionalatlas **63**-H21
▶ Berlin 696 km – Stuttgart 147 km – Konstanz 43 km – Ulm (Donau) 86 km
Michelin Straßenkarte 545

ⓖ **Lumperhof**  🏠 ♻ **P** 🚭

REGIONAL · LÄNDLICH 🍴🍴 Idyllisch liegt der familiengeführte Landgasthof im Grünen - reizvoll die Terrasse! Die schmackhaften regional-saisonalen Gerichte nennen sich z. B. "geschmorte Lammschulter auf Bohnenragout" oder "Cassoulet von Kalbsbries und Schnecken".

Menü 36/60 € – Karte 33/58 €

*Lumper 1, West: 2 km in Richtung Schlier ☒ 88212 – ☏ 0751 3525001*
*- www.lumperhof.de – Mittwoch - Freitag nur Abendessen – geschl. Montag*
*- Dienstag*

🏠 **Bärengarten**  ☆ 🔲 ♿

BUSINESS · FUNKTIONELL In dem kleinen Hotel in der sanierten 100 Jahre alten Villa stehen den Gästen zeitgemäß-funktionell eingerichtete Zimmer zur Ver-fügung. Zum großen Wirtshaus gehört ein netter Biergarten.

13 Zim – 🛏84 € 🛏🛏119 € – ⌷9 €

*Schützenstr. 21 ☒ 88212 – ☏ 0751 18970720 – www.baerengarten.de*

🏠 **Obertor**  🌀 ♻ **P**

HISTORISCH · GEMÜTLICH Das historische Haus am Obertor beherbergt char-mante und recht individuelle Zimmer, einen hübschen Frühstücksraum mit Blick ins Grüne und eine schöne Dachterrasse. In der gemütlich-altdeutschen Stube gibt es Bier und Wein aus der Region.

30 Zim ⌷ – 🛏80/160 € 🛏🛏130/210 € – 3 Suiten

*Marktstr. 67 ☒ 88212 – ☏ 0751 36670 – www.hotelobertor.de – geschl.*
*23. Dezember - 3. Januar*

# RECKLINGHAUSEN

Nordrhein-Westfalen – 115 320 Ew. – Höhe 85 m – Regionalatlas **26**-C10
▶ Berlin 508 km – Düsseldorf 63 km – Bochum 17 km – Dortmund 28 km
Michelin Straßenkarte 543

🏠 **Parkhotel Engelsburg**  ☆ 🌀 🔲 ♿ 🧖 🚗

HERRENHAUS · KLASSISCH Mit Engagement und Qualitätsbewusstsein wird das über 300 Jahre alte ehemalige Herrenhaus am Altstadtrand geführt. Wohnlich und elegant das Ambiente und als Besonderheit hat man im historischen Turm eine schöne Suite auf drei Etagen! Trendig-modern ist das Restaurant "VEST-TAFEL".

65 Zim ⌷ – 🛏111/145 € 🛏🛏134/194 € – 1 Suite – ½ P

*Augustinessenstr. 10 ☒ 45657 – ☏ 02361 2010 – www.parkhotel-engelsburg.de*
*- geschl. über Weihnachten - Anfang Januar 2 Wochen*

# REES

Nordrhein-Westfalen – 21 310 Ew. – Höhe 17 m – Regionalatlas **25**-B10

▶ Berlin 580 km – Düsseldorf 87 km – Arnhem 49 km – Wesel 24 km

Michelin Straßenkarte 543

## ⫩○ **Op de Poort** ⟨⟨ 🏠 **P**

INTERNATIONAL · FREUNDLICH ✗✗ Da kann man schon ins Schwärmen kommen, wenn man bei schönem Wetter auf der Terrasse sitzt! Sie genießen hier aber nicht nur die herrliche Sicht auf den Rhein, sondern auch schmackhafte Küche mit regionalem und internationalem Einfluss. Drinnen im klassisch-eleganten Restaurant sorgt die Fensterfront für reizvolle Ausblicke.

Menü 50 € (abends) – Karte 34/52 €

*Vor dem Rheintor 5 ⊠ 46459*
*– ✆ 02851 7422 (Tischbestellung ratsam) – www.opdepoort.de*
*– geschl. 1. Januar - 20. Februar und Montag - Dienstag außer an Feiertagen*

## In Rees-Reeserward Nord-West: 4 km über Westring und Wardstraße

## ⫩○ **Landhaus Drei Raben** 🏠 ✢ **P**

REGIONAL · GEMÜTLICH ✗✗ Seinen Landgut-Charakter hat das Anwesen a. d. 18. Jh. bewahrt, entsprechend gemütlich - mit Kaminöfen und ländlichem Touch - auch das Interieur. Im Sommer lässt man sich die international-regionale Küche am besten auf der herrlichen Terrasse zum Rhein schmecken. Tagsüber sind Flammkuchen und Kuchen gefragt.

Menü 36/58 € – Karte 38/55 €

*Reeserward 5 ⊠ 46459*
*– ✆ 02851 1852 – www.landhaus-drei-raben.de*
*– geschl. Montag - Dienstag, Mittwochmittag, Donnerstagmittag*

# REGENSBURG

Bayern – 138 300 Ew. – Höhe 343 m – Regionalatlas **58**-N18

▶ Berlin 489 km – München 122 km – Nürnberg 100 km – Passau 115 km

Michelin Straßenkarte 546

## ✿✿ **storstad** (Anton Schmaus) 🏠

KREATIV · TRENDY ✗✗ Hier in der 5. Etage des Turmtheaters (toll der Domblick!) ist eine nordische Note allgegenwärtig, vom modern-urbanen Look in hellen, ruhigen Tönen bis zur ausdrucksstarken kreativen Küche von Anton Schmaus. Zum Apero geht's in die schicke Bar. Übrigens: "storstad" ist schwedisch und bedeutet "Großstadt".

➜ Languste, Rhabarber, Sellerie, Tiger Milk. Seezunge, Apfel, Holunder, Kapern. U.S.-Beef, Kokosmilch, Mispeln, Pfifferlinge.

Menü 35 € (mittags)/99 € – Karte 73/93 €

**Stadtplan : B1-s** – *Watmarkt 5, (5. Etage) ⊠ 93047*
*– ✆ 0941 59993000 (Tischbestellung ratsam)*
*– www.storstad.de*
*– geschl. Anfang Januar 2 Wochen und Sonntag - Montag sowie an Feiertagen*

## ⫩○ **Silberne Gans** 🏠

MARKTKÜCHE · FREUNDLICH ✗✗ Tipp für Ihren Regensburg-Besuch: an einem warmen Sommertag von der charmanten Terrasse auf Donau und Dom blicken - und das bei guter Saisonküche und herzlichem Service! Drinnen ist das schöne alte Stadthaus aber nicht weniger gemütlich.

Menü 22 € (mittags)/69 € – Karte 42/64 €

**Stadtplan : C1-s** – *Werftstr. 3 ⊠ 93059*
*– ✆ 0941 2805598 (Tischbestellung ratsam) – www.silbernegans.de*
*– geschl. Montag - Dienstag*

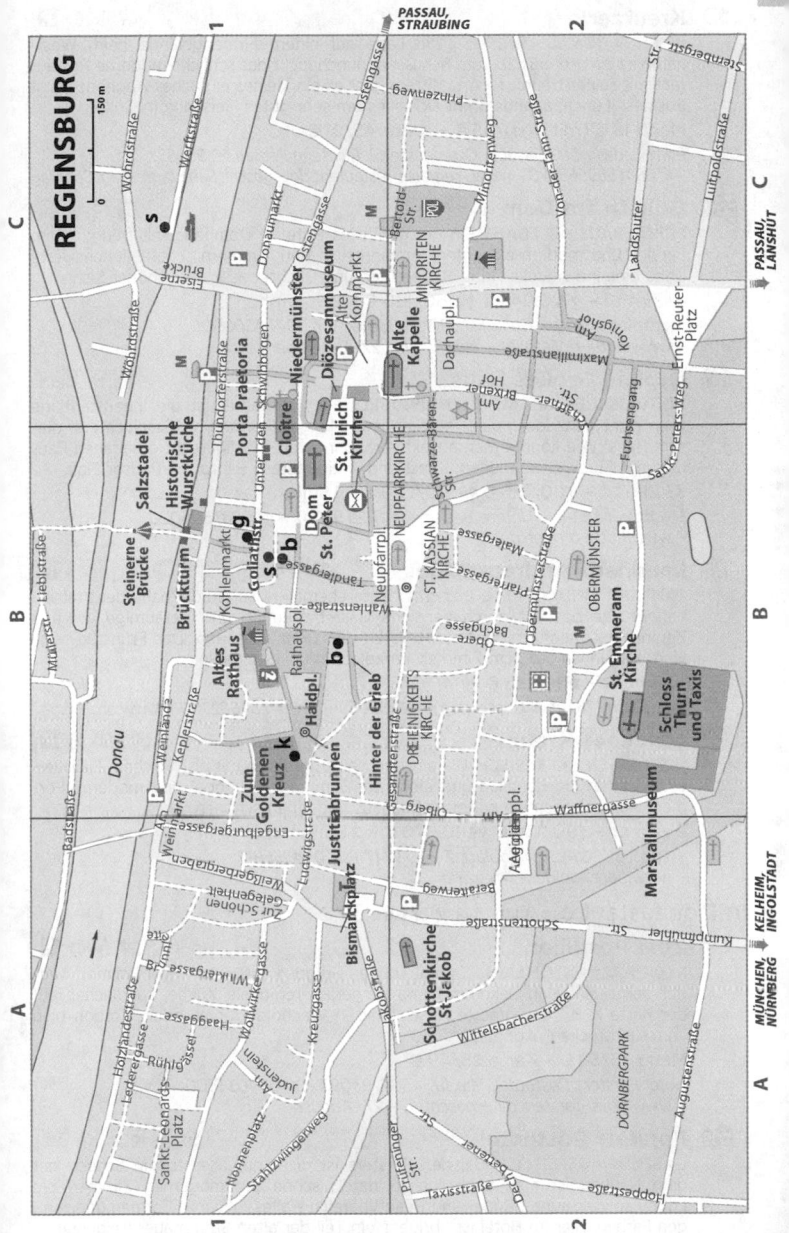

REGENSBURG

0 · 150 m

PASSAU, STRAUBING

PASSAU, LANSHUT

MÜNCHEN, NÜRNBERG

KELHEIM, INGOLSTADT

## ⓘ Kreutzer's 🛋 ⅙ ⇔ 🅿

**INTERNATIONAL · TRENDY** Ⅹ Die Lage auf einem Firmengelände beim Westhafen ist zwar etwas ab vom Schuss, dennoch lockt das schlicht-moderne Restaurant mit seiner trendigen Art. Mittags gibt es ein kleines einfaches Angebot nebst Business-Lunch, abends dreht sich alles um sehr gutes Fleisch vom Grill.

Menü 18 € (mittags)/65 € – Karte 45/91 €

*Prinz-Ludwig-Str. 15a, über Ostengasse C1, Richtung Passau* ✉ 93055
*– ☏ 0941 569565020 – www.kreutzers-restaurant.de – geschl. Samstagmittag, Sonntag*

## 🏨 Goliath am Dom  🕸 🔁 ⅙ 🆎

**PRIVATHAUS · ELEGANT** Ein gut geführtes Hotel in Domnähe mit freundlichem Service und modern-elegantem Ambiente. In den Zimmern schafft liebenswerte Deko eine individuelle Note. Nettes Café und Dachterrasse mit schöner Sicht.

41 Zim ⌶ – †120/145 € ††160/180 € – 2 Suiten

**Stadtplan : B1-g** – *Goliathstr. 10* ✉ 93047 – ☏ 0941 2000900
*– www.hotel-goliath.de – geschl. 21. - 27. Dezember*

## 🏨 Orphée Großes Haus 🍽 🔁 ♨

**HISTORISCHES GEBÄUDE · INDIVIDUELL** Für Autofahrer ist die Innenstadtlage zwar nicht ganz ideal, dafür stecken jede Menge Charme und Geschichte in diesem Haus! Wie könnte man attraktiver wohnen als in stilgerecht erhaltenen Räumen mit Stuck, Dielenböden, Kunst und Antiquitäten? Bistro mit Pariser Flair.

33 Zim ⌶ – †110/185 € ††140/220 € – 1 Suite

**Stadtplan : B1-b** – *Untere Bachgasse 8* ✉ 93047 – ☏ 0941 596020
*– www.hotel-orphee.de*

## 🏠 Landhaus Andreasstadel   🏷 🅿

**FAMILIÄR · INDIVIDUELL** Das charmante ehemalige Salzstadel nahe der Steinernen Brücke besticht durch herzliche Gästebetreuung und geräumige, wertige Zimmer mit mediterraner Note, teils zu den Donauauen hin. Das Frühstück serviert man Ihnen auf dem Zimmer. Parkplatz in der Salzgasse.

10 Zim ⌶ – †110/135 € ††140/175 €

*Andreasstr. 26, über Griersersteg C1* ✉ 93059 – ☏ 0941 59602300 – www.orphee.de

## 🏠 Goldenes Kreuz  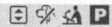 🔁 🍴 ♨ 🅿

**HISTORISCH · KLASSISCH** Die einstige Kaiserherberge mit historischem Flair vereint in ihren individuellen und eleganten Zimmern Stilmöbel und moderne Formen. Man hat auch ein nettes Kaffeehaus und einen schönen Saal.

9 Zim ⌶ – †90/130 € ††110/170 € – 2 Suiten

**Stadtplan : B1-k** – *Haidplatz 7* ✉ 93047 – ☏ 0941 55812
*– www.hotel-goldeneskreuz.de*

## In Donaustauf Ost: 9 km über Wördstraße C1

## 😊 Zum Postillion 🛋 ⅙ ⇔ 🅿

**REGIONAL · GEMÜTLICH** ⅩⅩ Nicht ohne Grund kehrt man hier immer wieder gerne ein: Man bekommt gute bürgerlich-regionale Küche, so machen auf der Karte z. B. "geschmorte Hirschkeule in Wacholderrahm" oder "Cordon bleu vom Kalbsrücken" Appetit.

Menü 35/58 € – Karte 25/49 €

*Hotel Forsters Posthotel, Maxstr. 43* ✉ 93093 – ☏ 09403 9100
*– www.hotel-forsters.de – geschl. 7. - 27. August*

## 🏨 Forsters Posthotel 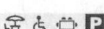 🕸 🧖 🔁 ⅙ ♨ 🚐

**GASTHOF · GEMÜTLICH** Bei den Forsters ist nicht nur alles top in Schuss, mit dem Neubau ist man auch "up to date": schön die modernen Zimmer, die Lobby sowie Sauna-, Ruhe- und Beautybereich - alles in klaren Formen und ruhigen Farben. Hier im Hotel ist übrigens ein Teil der alten Stadtmauer freigelegt.

71 Zim ⌶ – †90/150 € ††100/160 € – 2 Suiten – ½ P

*Maxstr. 43* ✉ 93093 – ☏ 09403 9100 – www.forsters-posthotel.de – geschl. 7.
*- 27. August*

😊 **Zum Postillion** – siehe Restaurantauswahl

**In Neutraubling** Süd-Ost: 10 km über Ostengasse C1Richtung Straubing

### Am See                    🛏 🍴 ⅗ 🅰️ 🍽 🅿️

REGIONAL · GASTHOF XX Freundlich geht es in der gemütlichen Stube zu, und dazu lässt man sich regionale Küche schmecken - die gibt es z. B. in Form von heimischem Wild oder als Wiener Schnitzel. Schön sitzt man auch auf der Seeterrasse und im Biergarten.

Menü 36 € – Karte 26/54 €

*Hotel Am See, Teichstr. 6 ⊠ 93073 – ☎ 09401 9460 (Tischbestellung ratsam) – www.hotel-am-see.com – geschl. 31. Juli - 21. August und Montag*

### Am See                    🛏 ⊟ ⅗ 🍽 🧖 🅿️

GASTHOF · GEMÜTLICH An einem kleinen See liegt das Haus der Familie Lacher. Es erwarten Sie tipptopp gepflegte Zimmer in wohnlichen Farben sowie freundlicher Service. Geräumiger sind die Komfortzimmer, im Gästehaus teils mit Terrasse.

38 Zim ⌿ – †69/119 € ††99/155 € – ½ P

*Teichstr. 6 ⊠ 93073 – ☎ 09401 9460 – www.hotel-am-see.com – geschl. 31. Juli - 21. August*

🍴 **Am See** – siehe Restaurantauswahl

## REGENSTAUF

Bayern – 15 530 Ew. – Höhe 345 m – Regionalatlas **58**-N17

▶ Berlin 474 km – München 136 km – Regensburg 19 km – Nürnberg 110 km

Michelin Straßenkarte 546

**In Regenstauf-Heilinghausen** Nord-Ost: 8 km im Regental

### 🍴○ Landgasthof Heilinghausen                🍴 ♻ 🅿️ ⊟

REGIONAL · GASTHOF X Bürgerlich-regional speist man in dem mit viel Holz und Kachelofen gemütlich gestalteten Familienbetrieb. Biergarten vor dem Haus, auf der anderen Straßenseite der Fluss Regen.

Menü 32/52 € – Karte 22/42 €

*Alte Regenstr. 5 ⊠ 93128 – ☎ 09402 4238 – www.landgasthof-heilinghausen.de – geschl. Anfang November 1 Woche, 5. - 16. Mai und Montag - Mittwoch*

## REHLINGEN-SIERSBURG

Saarland – 14 350 Ew. – Höhe 180 m – Regionalatlas **45**-B16

▶ Berlin 736 km – Saarbrücken 37 km – Luxembourg 66 km – Trier 63 km

Michelin Straßenkarte 543

**Im Ortsteil Eimersdorf** Nord-West: 2 km ab Siersburg

### 🍴○ Niedmühle                    🛏 🍴 🅿️

KLASSISCHE KÜCHE · LANDHAUS XX Was in dem hellen modernen Restaurant oder im romantischen, zur Nied gelegenen Garten mit altem Baumbestand geboten wird, ist klassische Küche mit regionalem und saisonalem Einfluss sowie mittags zusätzlich eine günstige Lunchkarte. Gerne bleibt man auch über Nacht - richtig schöne Zimmer in klarem Design!

Menü 39 € (unter der Woche)/99 € – Karte 42/77 €

11 Zim ⌿ – †75/85 € ††110 €

*Niedtalstr. 13 ⊠ 66780 – ☎ 06835 67450 – www.restaurant-niedmuehle.de – geschl. Montag, Samstagmittag*

## REICHELSHEIM

Hessen – 8 560 Ew. – Höhe 216 m – Regionalatlas **48**-G16

▶ Berlin 585 km – Wiesbaden 84 km – Mannheim 53 km – Darmstadt 36 km

Michelin Straßenkarte 543

🍴○ **Treuschs Schwanen**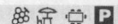

KLASSISCHE KÜCHE · ELEGANT ⅩⅩ Das Gasthaus bei der Kirche beherbergt ein helles, elegantes Restaurant, das saisonale, klassisch-internationale Küche bietet, und die gibt es z. B. als "gebratenen Zander auf Rollgerstenrisotto mit roten Rüben". Tipp: eigener Apfelwein.

Menü 39/88 € – Karte 42/68 €

*Rathausplatz 2, (Parkplatz an der Konrad Adenauer Allee) ⊠ 64385*
*– ℰ 06164 2226 – www.treuschs-schwanen.com – geschl. Februar 3 Wochen und*
*Mittwoch - Donnerstag*

🍴○ **Johanns-Stube** – siehe Restaurantauswahl

🍴○ **Johanns-Stube**

REGIONAL · LÄNDLICH Ⅹ Die ländliche Stube ist nach dem ersten Schwanen-Wirt (Johann Treusch) benannt, der das Lokal 1842 gründete. Auf den Tisch kommen Produkte aus der Region, z. B. "Wurzelfleisch vom Odenwälder Weiderind" oder "Schmorbraten vom Wildschwein".

Karte 17/45 €

*Restaurant Treuschs Schwanen, Rathausplatz 2, (Parkplatz an der Konrad*
*Adenauer Allee) ⊠ 64385 – ℰ 06164 2226 – www.treuschs-schwanen.com*
*– geschl. Februar 3 Wochen und Mittwoch*

## In Reichelsheim-Eberbach Nord-West: 1,5 km über Konrad-Adenauer-Allee

🅐 **O de vie**

MEDITERRAN · LÄNDLICH Ⅹ Das Lokal ist schon sehr nett in seiner gemütlich-rustikalen Art, schön die Terrasse mit Blick ins Grüne. Und gut essen kann man obendrein: Man kocht saisonal und mediterran inspiriert, so z. B. "geschmorte Rehschulter mit Haselnusskruste und Spätzle" oder "Pot au Feu von Krustentieren mit Aioli-Espuma".

Menü 28/52 € – Karte 31/48 €

*Landhotel Lortz, Eberbach 3a ⊠ 64385 – ℰ 06164 4969 – www.landhotel.nu*
*– Dienstag - Freitag nur Abendessen – geschl. Anfang Januar 2 Wochen, Anfang*
*Juli 2 Wochen und Sonntagabend - Montag*

🏠 **Landhotel Lortz**

FAMILIÄR · FUNKTIONELL Am besten genießt man die ruhige Lage und den Ausblick von den Zimmern mit Balkon sowie von der Terrassen-Lounge. Nach dem guten Frühstück locken schöne Wanderwege, danach der Freizeitbereich des Hotels. Zimmer teils mit Küchenzeile.

18 Zim ⚏ – ♦69/75 € ♦♦96/125 € – 2 Suiten

*Eberbach 3a ⊠ 64385 – ℰ 06164 4969 – www.landhotel.nu – geschl. Anfang*
*Januar 2 Wochen, Anfang Juli 2 Wochen*

🅐 **O de vie** – siehe Restaurantauswahl

# REICHENAU (INSEL)

Baden-Württemberg – ⊠ 78479 – 5 190 Ew. – Höhe 403 m – Regionalatlas **63**-G21
▶ Berlin 763 km – Stuttgart 181 km – Konstanz 12 km – Singen (Hohentwiel) 29 km
Michelin Straßenkarte 545

## Im Ortsteil Mittelzell

🅐 **Ganter Restaurant Mohren**

INTERNATIONAL · GEMÜTLICH ⅩⅩ Ob in gemütlich-rustikalem oder chic-modernem Ambiente, man serviert frische Regionalküche mit internationalem Einfluss, so z. B. "Saibling / Graupen / Kräuter / Mandeln / Madras-Curry". Mi. - So. gibt es abends auch das Gourmetmenü.

Menü 32/78 € – Karte 33/54 €

*Ganter Hotel Mohren, Pirminstr. 141 ⊠ 78479 – ℰ 07534 99440*
*– www.mohren-bodensee.de*

### 🏨 Ganter Hotel Mohren     𝔚 ⊡ & ⅕ **P**

**GASTHOF · MODERN** Sie möchten schön modern wohnen? Im Stammhaus a. d. 17. Jh. hat man historische Elemente integriert, hier hat man einige besonders großzügige Doppelzimmer. Massage- und Kosmetikangebote gibt es auch.

38 Zim ⌧ – ♦105/145 € ♦♦115/180 € – ½ P

*Pirminstr. 141* ✉ *78479 –* 𝒞 *07534 99440 – www.mohren-bodensee.de*

🍽 **Ganter Restaurant Mohren** – siehe Restaurantauswahl

### 🏠 Strandhotel Löchnerhaus     🍴 🕭 ≤ 🛏 ⊡ ⅕ **P**

**TRADITIONELL · AM SEE** Das Haus von 1920 hat wohl die perfekte Lage: der See mit eigenem Strandbad direkt vor der Tür, dazu der romantische Garten mit altem Baumbestand. Natürlich darf hier eine Terrasse zum See nicht fehlen! Das Speisenangebot ist bürgerlich. Zwei der Zimmer sind Appartements.

40 Zim ⌧ – ♦89/155 € ♦♦160/215 € – ½ P

*An der Schiffslände 12* ✉ *78479 –* 𝒞 *07534 8030 – www.loechnerhaus.de*
*– geschl. November - Februar*

## REICHENHALL, BAD

Bayern – 17 140 Ew. – Höhe 473 m – Regionalatlas **67**-O21

▶ Berlin 723 km – München 136 km – Berchtesgaden 20 km – Salzburg 19 km

Michelin Straßenkarte 546

### 🍽 Parkhotel Luisenbad     🍴 🕭 🚗

**INTERNATIONAL · ELEGANT** 🕱🕱 Das klassische und gleichzeitig alpenländisch-rustikale Restaurant hat viele Stammgäste, die den freundlichen Service sowie das internationale und regionale Speisenangebot schätzen, einschließlich der Spezialität: leckerer Kaiserschmarrn!

Menü 39 € – Karte 29/53 €

*Parkhotel Luisenbad, Ludwigstr. 33* ✉ *83435 –* 𝒞 *08651 6040 – www.parkhotel.de*
*– geschl. Mitte Januar - Ende Februar*

### 🏨 Parkhotel Luisenbad     🕭 🛏 🗔 𝔚 ⊡ 🚗

**FAMILIÄR · KLASSISCH** Seit über 100 Jahren und nunmehr in 4. Generation ist das Haus in den Händen der Familie Herkommer. Es ist ein klassisches Kurhotel mit historischem Charme, in dem man aber dennoch zeitgemäß wohnen kann.

70 Zim ⌧ – ♦59/117 € ♦♦118/208 € – ½ P

*Ludwigstr. 33* ✉ *83435 –* 𝒞 *08651 6040 – www.parkhotel.de geschl. Mitte Januar - Ende Februar*

🍽 **Parkhotel Luisenbad** – siehe Restaurantauswahl

### 🏠 Erika     🕭 ≤ 🛏 ⊡ 🚗

**FAMILIÄR · KLASSISCH** Aus dem Jahre 1898 stammt die schön restaurierte Villa mit hübschem Garten, die freundlich geführt wird. Viele der gepflegten Zimmer bieten Sicht auf die Berge. Tipp: Gönnen Sie sich die Juniorsuite mit Massagedusche!

29 Zim ⌧ – ♦40/58 € ♦♦70/108 €

*Adolf-Schmid-Str. 3* ✉ *83435 –* 𝒞 *08651 95360 – www.hotel-pension-erika.de*
*– geschl. November - Februar*

**Am Thumsee** West: 5 km, Richtung Karlstein

### 🏨 Haus Seeblick     🍴 🕭 ≤ 🛏 🗔 𝔚 ⅙ 🍽 ⊡ 🍸 ⅕ 🚗

**FAMILIÄR · TRADITIONELL** Eine tolle Urlaubsadresse! Herrlich die Lage etwas oberhalb des Sees, vielfältig das Freizeitangebot: Blockhaussauna, Kosmetik und Massage, Reiten, Kegelbahn, Spielzimmer und Spielplatz, im Winter hauseigener kleiner Skihang und Langlaufloipe, dazu wohnliche Zimmer, meist mit Aussicht. Preise inkl. HP.

46 Zim ⌧ – ♦66/85 € ♦♦132/218 € – 4 Suiten – ½ P

*Thumsee 10* ✉ *83435 Bad Reichenhall –* 𝒞 *08651 98630 – www.hotel-seeblick.de*
*– geschl. November - 4. Dezember*

**Hubertus**

**FAMILIÄR · TRADITIONELL** Eine sehr nette familiäre Adresse, persönlich geführt und traumhaft am Thumsee gelegen - diesen sieht man von den meisten Zimmern aus. Die herrliche große Liegewiese bietet direkten Zugang zum See. Hausgäste können hier auch speisen, und das tun sie natürlich gerne auf der tollen Terrasse!

17 Zim ⌷ – ♦42/55 € ♦♦76/98 € – 2 Suiten – ½ P

*Thumsee 5 ✉ 83435 Bad Reichenhall – ℰ 08651 2252*
*– www.hubertus-thumsee.de – geschl. Anfang November - Anfang Dezember*

## In Bayerisch Gmain

 **Klosterhof**

**SPA UND WELLNESS · MODERN** Schön fügt sich der moderne Anbau des traditionellen Klosterhofs in die Landschaft ein: außen die Holzschindelfassade, drinnen Naturmaterialien, warme Töne und klare Formen. Wie wär's mit einem eigenen Whirlpool im Zimmer? Toll auch die Lage: Abgeschiedenheit nebst Bergpanorama! Nur mit HP buchbar.

61 Zim ⌷ – ♦190/250 € ♦♦280/310 € – 4 Suiten – ½ P

*Steilhofweg 19 ✉ 83457 – ℰ 08651 98250 – www.klosterhof.de*

# REICHENWALDE

Brandenburg – 1 120 Ew. – Höhe 68 m – Regionalatlas **23**-Q9
▶ Berlin 68 km – Potsdam 76 km – Storkow 6 km – Fürstenwalde 14 km
Michelin Straßenkarte 542

 **Alte Schule**

**REGIONAL · FREUNDLICH** ✗ Die ehemalige Schule von 1813 hat schon Charme mit ihrer schlicht-modernen Einrichtung und diversen Schul-Accessoires. Die Speisekarten liegen auf einer alten Schulbank bereit, die netten Gästezimmer sind nach Schulfächern benannt. Gekocht wird gut und frisch. Lust auf "Wiener Schnitzel mit Kartoffel-Spinatsalat"? Oder lieber das "Schulmenü"?

Menü 33 € (vegetarisch)/35 € – Karte 33/50 €

6 Zim ⌷ – ♦65/69 € ♦♦85/89 € – 2 Suiten

*Kolpiner Str. 2 ✉ 15526 – ℰ 03363 59464 – www.restaurant-alteschule.de*
*– geschl. 21. Januar - 7. Februar, 21. Oktober - 7. November und Montag*
*- Dienstag*

# REICHERTSHAUSEN

Bayern – 4 900 Ew. – Höhe 448 m – Regionalatlas **58**-L19
▶ Berlin 555 km – München 47 km – Augsburg 89 km – Landshut 75 km
Michelin Straßenkarte 546

## In Reichertshausen-Langwaid Süd-West: 6 km, Richtung Hilgertshausen, in Lausham rechts ab

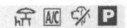 **Maurerwirt**

**KLASSISCHE KÜCHE · LÄNDLICH** ✗✗ Gemütlich sitzt man in geschmackvollen Stuben, der ländliche Charme passt schön zur langen Tradition des Gasthauses. Gekocht wird ambitioniert und mit internationalem Einfluss. Der freundliche Service empfiehlt dazu den passenden Wein.

Menü 46/67 € – Karte 41/63 €

*Scheyerer Str. 3 ✉ 85293 – ℰ 08137 809066 – www.maurerwirt.de – nur*
*Abendessen, sonntags auch Mittagessen – geschl. Montag - Dienstag außer an*
*Feiertagen*

# REICHSHOF

Nordrhein-Westfalen – 18 690 Ew. – Höhe 370 m – Regionalatlas **37**-D12
▶ Berlin 574 km – Düsseldorf 97 km – Bonn 87 km – Olpe 22 km
Michelin Straßenkarte 543

# In Reichshof-Hespert

## 🍴 Ballebäuschen

**FRANZÖSISCH-KLASSISCH · GEMÜTLICH** ✗✗ Seit über 25 Jahren betreibt Familie Allmann dieses nette Restaurant - man lebt die Tradition und bleibt dennoch nicht stehen. Die Küche ist schmackhaft, frisch und ehrlich, sie reicht von regional bis klassisch und bietet auch Wild aus eigener Jagd. Mittags kleine Tageskarte. Schöne Terrasse hinterm Haus.

Menü 24 € (mittags)/64 € – Karte 38/68 €

*Hasseler Str. 10 ✉ 51580 – ☎ 02265 9394 – www.ballebaeuschen.de*
*– geschl. Montag - Dienstag außer an Feiertagen*

# REIL

Rheinland-Pfalz – 1 020 Ew. – Höhe 105 m – Regionalatlas **46**-C15
▶ Berlin 673 km – Mainz 110 km – Trier 62 km – Bernkastel-Kues 34 km
Michelin Straßenkarte 543

## 🏵 Heim's Restaurant

**TRADITIONELLE KÜCHE · FAMILIÄR** ✗✗ In dem rund 300 Jahre alten Haus ist die ganze Familie im Einsatz, am Herd und im Service. Tipp: Von den schönen Fensterplätzen schaut man auf Weinberge und Mosel, während man sich z. B. gebratenen Schweinebauch oder geschmorte Kalbsbäckchen schmecken lässt. Oder wie wär's mit der selbst kreierten Currywurst?

Menü 30/72 € – Karte 29/73 €

*Hotel Reiler Hof, Moselstr. 27 ✉ 56861 – ☎ 06542 2629 – www.reiler-hof.de*
*– geschl. Anfang Dezember - Anfang März und Mitte November - Anfang Dezember: Montag - Donnerstag*

## 🏠 Reiler Hof

**GASTHOF · TRADITIONELL** Angenehm freundlich und familiär ist es hier bei den Heims. In den zwei historischen Fachwerkhäusern direkt an der Moselpromenade hat man überaus wohnliche Räume. Fragen Sie nach den großen modernen Zimmern mit eigener Sauna!

26 Zim �), - ♦55/85 € ♦♦73/195 € - ½ P

*Moselstr. 27 ✉ 56861 – ☎ 06542 2629 – www.reiler-hof.de – geschl. Anfang Dezember - Anfang März*

🏵 **Heim's Restaurant** – siehe Restaurantauswahl

# REINBEK

Schleswig-Holstein – 26 520 Ew. – Höhe 27 m – Regionalatlas **10**-J5
▶ Berlin 272 km – Kiel 113 km – Hamburg 30 km – Lübeck 56 km
Michelin Straßenkarte 541

## 🏰 Waldhaus Reinbek

**LANDHAUS · INDIVIDUELL** Ein echter Hingucker ist das Haus mit seinem markanten steilen Dach und den vielen kleinen Gauben - und auch der Wald ringsum macht diese Adresse interessant. Und drinnen? Zimmer im wohnlich-eleganten Landhausstil, das Restaurant mit Orangerie, Pavillon und Zirbelstube sowie eine tolle klassische Bar!

47 Zim - ♦138/165 € ♦♦160/180 € - 2 Suiten - ☲ 19 € - ½ P

*Loddenallee 2 ✉ 21465 – ☎ 040 727520 – www.waldhaus.de*

# REIT im WINKL

Bayern – 2 370 Ew. – Höhe 696 m – Regionalatlas **67**-N21
▶ Berlin 696 km – München 111 km – Bad Reichenhall 50 km – Rosenheim 52 km
Michelin Straßenkarte 546

## 🍴 Klauser's Restaurant

**FRANZÖSISCH-KLASSISCH · GEMÜTLICH** 𝕏𝕏 Seit Jahrzehnten wird das Haus mit Engagement und Leidenschaft geführt. Was man in den liebevoll eingerichteten Stuben sehr freundlich und aufmerksam serviert bekommt, ist klassisch und regional geprägt und nennt sich z. B. "Weidelamm in Rosmarin-Thymian-Kruste mit Petersilienmousseline".

Karte 32/76 €

*Birnbacher Str. 8* ✉ *83242*
– 𝄌 *08640 8424 (Tischbestellung ratsam) – www.klausers.de*
– *nur Abendessen – geschl. Montag - Dienstag*

## 🏚 Unterwirt

**GASTHOF · GEMÜTLICH** Im 14. Jh. erbaut und 1612 erstmals als Schankwirtschaft erwähnt! Die lange Tradition wird hier gepflegt, ohne dabei stehenzubleiben. So hat man wohnliche Zimmer mit charmant-rustikaler Note, einen weitläufigen Wellnessbereich und schöne Restauranträume - mal modern-alpin, mal gemütlich-ländlich.

71 Zim ⌑ – 🛊71/142 € 🛊🛊155/310 € – 2 Suiten – ½ P
*Kirchplatz 2* ✉ *83242*
– 𝄌 *08640 8010 – www.unterwirt.de*

# In Reit im Winkl-Blindau Süd-Ost: 2 km

## 🍴 Gut Steinbach

**REGIONAL · GEMÜTLICH** 𝕏𝕏 Sie sitzen in drei netten ländlichen Stuben (viel warmes Holz macht es hier schön behaglich) und lassen sich regionale Küche schmecken. Appetit macht z. B. "Brust vom Bauerngockel mit Bärlauchrisotto". Im Sommer lockt die Terrasse mit Blick auf die Berge und die Skisprungschanze.

Menü 28 € (abends) – Karte 28/48 €

*Hotel Gut Steinbach, Steinbachweg 10* ✉ *83242* – 𝄌 *08640 8070*
– *www.gutsteinbach.de*

## 🏚 Gut Steinbach

**LANDHAUS · MODERN** Sie suchen bayerische Gemütlichkeit nebst modernem Komfort? In den Zimmern mischt sich alpenländischer Stil mit zeitgemäßen Formen und Farben. Und wie könnte das traditionelle Anwesen schöner liegen als ruhig, einsam, umgeben von Natur?

55 Zim ⌑ – 🛊83/143 € 🛊🛊188/208 € – 8 Suiten – ½ P
*Steinbachweg 10* ✉ *83242* – 𝄌 *08640 8070*
– *www.gutsteinbach.de*
🍴 **Gut Steinbach** – siehe Restaurantauswahl

# REMAGEN

Rheinland-Pfalz – 16 040 Ew. – Höhe 60 m – Regionalatlas **36**-C13
▶ Berlin 610 km – Mainz 142 km – Bonn 19 km – Koblenz 38 km
Michelin Straßenkarte 543

## 🍽 Alte Rebe ⓝ

**INTERNATIONAL · GERADLINIG** 𝕏 Eine hübsche Adresse direkt am Marktplatz etwas oberhalb des Rheins. Das Ambiente geradlinig-modern mit markanten Farbakzenten in Lila, charmant der Service. Auf der internationalen Karte machen z. B. "Gemüse-Curry mit Basmati-Reis" oder "geschmorte Kalbsbrust mit Fettuccine und Pfifferlingen" Appetit.

Karte 32/53 €

*Kirchstr. 4* ✉ *53424* – 𝄌 *02642 9029269 – www.alte-rebe-remagen.de*
– *geschl. 27. Dezember - 25. Januar und Montag - Dienstagmittag*

**In Remagen-Rolandswerth** Nord: 14 km, auf dem Rodderberg, Anfahrt über Bonn-Mehlem Richtung Wachtberg, Zufahrt für PKW Samstag, Sonntag sowie an Feiertagen bis 18 Uhr gesperrt

## ⓘO Lutter und Wegner am Rolandsbogen

**INTERNATIONAL · KLASSISCHES AMBIENTE** XX Die Lage ist schlichtweg traumhaft! Neben der Burgruine von 1122 finden Sie einen Mix aus Ausflugslokal und Restaurant mit ambitionierter Küche: klassischer Sauerbraten, Wolfsbarsch, Kaiserschmarrn... Terrasse mit Blick über die Region!

Karte 29/64 €

*Rolandsbogen 0, (Zufahrt über Vulkanstraße)* ✉ 53424 – ☎ 02228 372 *– www.rolandsbogen.de – geschl. 2. Januar - 1. März und Montag*

# REMCHINGEN

Baden-Württemberg – 11 670 Ew. – Höhe 160 m – Regionalatlas **54**-F18
▶ Berlin 673 km – Stuttgart 54 km – Karlsruhe 21 km – Pforzheim 14 km
Michelin Straßenkarte 545

## In Remchingen-Wilferdingen

### ⓐ Zum Hirsch

**REGIONAL · RUSTIKAL** X Lust auf "geschmortes Zicklein in Rotweinjus mit glaciertem Gemüse und Bärlauchgnocchi"? Die regionale Küche ist wirklich gut, angenehm locker die Atmosphäre in der gemütlichen Gaststube - ein Hingucker sind die Serviettenringe in Form kleiner Hirschgeweihe! Mittags einfacheres Angebot.

Menü 26 € (mittags)/50 € – Karte 33/46 €

*Hotel Zum Hirsch, Hauptstr. 23* ✉ 75196 – ☎ 07232 79636 *– www.hirsch-remchingen.de – geschl. 1. - 9. Januar und Sonntag*

### ⓐ Zum Hirsch

**FAMILIÄR · TRADITIONELL** Ein charmantes Bild gibt die Fachwerkfassade dieses Gasthofs von 1688 ab - da passen die gepflegten Zimmer mit ihrem ländlichen Stil schön dazu, von einigen schaut man in den hübschen Garten hinter dem Haus. Praktisch die Nähe zur Autobahn.

17 Zim ⌚ – ♦65/75 € ♦♦95/105 €

*Hauptstr. 23* ✉ 75196 ☎ 07232 79636 *– www.hirsch-remchingen.de – geschl. 1. - 9. Januar*

ⓐ **Zum Hirsch** – siehe Restaurantauswahl

# REMSCHEID

Nordrhein-Westfalen – 109 360 Ew. – Höhe 365 m – Regionalatlas **36**-C12
▶ Berlin 535 km – Düsseldorf 40 km – Köln 43 km – Lüdenscheid 35 km
Michelin Straßenkarte 543

## ⚜ Heldmann Restaurant in der Concordia

**KLASSISCHE KÜCHE · ELEGANT** XXX In der schmucken Industriellenvilla von 1889 sitzen Sie im lichten Wintergarten oder unter der schönen Stuckdecke des stilvollen Nebenzimmers. Auch nach über 20 Jahren kocht Patron Ulrich Heldmann unvermindert engagiert produktorientierte klassische Speisen. Im Service die zuvorkommende Chefin.

➜ Bretonischer Rochen, Erbsen, Spargel, Nussbutter. Irisches Lamm, Couscous, Kichererbsen, Paprika. Himbeere, Buchweizen, Bergisches Radler, weiße Schokolade.

Menü 68/98 €

*Brüderstr. 56* ✉ 42853 – ☎ 02191 291941 (Tischbestellung erforderlich) *– www.heldmanns-restaurant.de – geschl. Anfang Januar 1 Woche, Juli - August 3 Wochen und Samstagmittag, Sonntag - Montag sowie an Feiertagen*

ⓐ **Herzhaft** – siehe Restaurantauswahl

### 🍴 Herzhaft

**INTERNATIONAL · BISTRO** X Die gastronomische Alternative im Hause Heldmann setzt ebenso auf Qualität und Geschmack: Die frische Küche ist bodenständig-regional sowie international. Ein schönes Beispiel sind "geschmorte Schweineba-cken mit Wirsing und Kartoffelpüree".

Menü 34/44 € – Karte 32/58 €

*Heldmann Restaurant in der Concordia, Brüderstr. 56* ⊠ *42853*
*–* ℰ *02191 291941 – www.heldmanns-restaurant.de – geschl. Anfang Januar 1*
*Woche, Juli - August 3 Wochen und Samstagmittag, Sonntag - Montag sowie an*
*Feiertagen*

## REMSECK am NECKAR

Baden-Württemberg – 24 520 Ew. – Höhe 212 m – Regionalatlas **55**-G18
▶ Berlin 625 km – Stuttgart 17 km – Heilbronn 44 km – Nürnberg 198 km
Michelin Straßenkarte 545

## In Remseck-Aldingen

### 🍴 Schiff

**REGIONAL · GASTHOF** X Seit über 30 Jahren betreiben die freundlichen Gast-geber das nette holzgetäfelte Restaurant. Gekocht wird schwäbisch-regional, aber auch asiatisch. Übrigens: Vor der Neckar-Verlegung lag das Haus direkt am Fluss.

Menü 24/54 € – Karte 23/54 €

*Neckarstr. 1* ⊠ *71686 –* ℰ *07146 90540 – www.restaurant-schiff.de – geschl.*
*Januar 1 Woche und Mittwoch - Donnerstag*

## REMSHALDEN

Baden-Württemberg – 13 500 Ew. – Höhe 255 m – Regionalatlas **55**-H18
▶ Berlin 615 km – Stuttgart 23 km – Schwäbisch Gmünd 34 km – Schwäbisch Hall 58 km
Michelin Straßenkarte 545

## In Remshalden-Geradstetten

### 🍴 Krone

**INTERNATIONAL · TRADITIONELLES AMBIENTE** XX An der Ortsdurchfahrt gele-gen, kann man den traditionellen Gasthof kaum übersehen. Freundlich der Service, gepflegt das Ambiente (schönes Fischgrätparkett), ambitioniert die Küche - es gibt z. B. "in Lemberger geschmortes Ochsenschwanzragout mit hausgemachten Nudeln" oder auch ein Jahreszeiten-Menü.

Menü 50/85 € – Karte 34/73 €

*Obere Hauptstraße 2* ⊠ *73630*
*–* ℰ *07151 29792 – www.krone-geradstetten.com – nur Abendessen, sonntags auch*
*Mittagessen – geschl. Anfang Januar 1 Woche, über Fasching 1 Woche, August 3*
*Wochen und Dienstag - Mittwoch sowie an Feiertagen außer an Weihnachten und*
*Ostern*

## In Remshalden-Grunbach

### 🍴 Weinstube zur Traube

**REGIONAL · RUSTIKAL** X Eine schwäbische Weinstube, wie man sie sich wünscht! Sandra und Gunter Arbogast leiten die alteingesessene Traube schon in 4. Gene-ration. Auf der Karte: Hummerschaumsuppe, Kutteln an Tomaten-Trollingersößle, Rostbraten oder auch das "Nougatträumle". Dazu viele regionale Weine. Gour-metmenü auf Vorbestellung.

Karte 21/47 €

*Schillerstr. 27* ⊠ *73630 –* ℰ *07151 79901 – www.traube-grunbach.de – geschl.*
*20. Februar - 7. März, 8. - 30. August und Montag - Dienstag*

## In Remshalden-Hebsack

### ⫯○ Lamm Hebsack ⚇ 🏠 🌐 ⟳ 🅿

**INTERNATIONAL · GASTHOF** 🟇🟇 Puppen-, Back-, Bauern- und Jägerstube - die Räume sind so gemütlich wie ihre Namen klingen! Die Spezialität des Hauses: "Wurstknöpfle in Petersilienbutter geschmelzt mit Filderkraut und Zwiebelstroh". Oder lieber "Filet vom weißen Waller mit Meerrettich-Brotkruste"? Dazu über 200 Weine, viele aus der Region.

Menü 32 € (mittags)/60 € – Karte 30/65 €

*Hotel Lamm, Winterbacher Str. 1 ⊠ 73630 – 𝒞 07181 45061 – www.lamm-hebsack.de – geschl. 1. - 8. Januar und Sonntagabend, Juli - August: Sonntag*

### 🏠 Lamm Hebsack 📶 🌐 ⚄ 🅿

**GASTHOF · FUNKTIONELL** Sie nutzen die schöne Gegend für einen Fahrrad- oder Wanderurlaub? Dann sind Sie hier ebenso gut aufgehoben wie Geschäftsrei- sende. Der Gasthof gegenüber der Alten Kelter ist seit 1880 in Familienhand, ent- sprechend engagiert wird er geführt!

23 Zim 🛏 – †78/89 € ††110/150 €

*Winterbacher Str. 3 ⊠ 73630 – 𝒞 07181 45061 – www.lamm-hebsack.de – geschl. 1. - 8. Januar*

⫯○ **Lamm Hebsack** – siehe Restaurantauswahl

 Für große Städte gibt es Stadtpläne, auf denen die Hotels und Restaurants eingezeichnet sind. Die Koordinaten (z.B. : Stadtplan: 12BMe) helfen Ihnen bei der Suche.

## RENCHEN

Baden-Württemberg – 7 320 Ew. – Höhe 150 m – Regionalatlas **54**-E19
▶ Berlin 731 km – Stuttgart 132 km – Karlsruhe 61 km – Offenburg 15 km
Michelin Straßenkarte 545

### In Renchen-Erlach Süd-Ost: 2 km über Renchtalstraße

### ⫯○ Drei Könige 🏠 ⟳ 🅿

**REGIONAL · LÄNDLICH** 🟇 Hier kümmert man sich freundlich und fürsorglich um seine Gäste. Sie sitzen gemütlich in holzvertäfelten Stuben und lassen sich schmackhafte regionale Gerichte servieren. Sehr beliebt im November und über- regional bekannt: "Gänsebraten mit Rotkohl, Maronen und Kartoffelklößen".

Menü 24/55 € – Karte 21/52 €

*Erlacher Str. 1 ⊠ 77871 – 𝒞 07843 2287 – www.3-koenige.de – geschl. 11. - 27. Januar und Mittwoch*

## RENDSBURG

Schleswig-Holstein – 27 330 Ew. – Höhe 6 m – Regionalatlas **2**-I3
▶ Berlin 368 km – Kiel 36 km – Neumünster 38 km – Schleswig 30 km
Michelin Straßenkarte 541

### 🏠 1690 🛋

**URBAN · INDIVIDUELL** Hätten Sie hinter der schmucken alten Backsteinfassade solch ein chic-modernes Interieur erwartet? Die Zimmer hochwertig und individu- ell, der Innenhofgarten samt überdachter Lounge ein echtes kleines Idyll! Wer länger bleibt, kann tolle Apartments mit Küche buchen.

16 Zim 🛏 – †69/84 € ††89/109 €

*Herrenstr. 6 ⊠ 24768 – 𝒞 04331 770290 – www.hotel-1690.de – geschl. 22. Dezember - 8. Januar*

**Am Bistensee** Nord-Ost: 12 km über B 203 in Richtung Eckernförde, in Holzbunge Richtung Alt-Duvenstedt

### ⅋○ querbeet - PICNIC

**MARKTKÜCHE · LÄNDLICH** ✗✗ Die frische regionale und auch internationale Küche gibt es hier z. B. als "Lachstatar mit Gurkensalat und Sauerrahmeis" oder "Zweierlei vom Landschwein mit Ofengemüse und Lavendeljus". Und das Ambiente? Schönes Landhausflair mit einem Hauch Vintage. Draußen die herrliche Terrasse!
Karte 32/50 €
*Seehotel Töpferhaus, Am See 1 ✉ 24791 Alt Duvenstedt – 𝒞 04338 99710 – www.toepferhaus.com*

### 🏠 Seehotel Töpferhaus

**LANDHAUS · INDIVIDUELL** Erholung und Ruhe pur! Die Lage könnte kaum malerischer sein, der schöne See samt privater Seewiese und eigenem Badesteg liegt direkt vor der Tür! Wohnliche Zimmer im Landhausstil (viele mit Terrasse oder Balkon). Gegen Langeweile bei den Kids: Spielzimmer mit Tischtennis, Kicker, Dart...
46 Zim ⌳ – †84/113 € ††103/140 €
*Am See 1 ✉ 24791 Alt Duvenstedt – 𝒞 04338 99710 – www.toepferhaus.com*
⅋○ **querbeet - PICNIC** – siehe Restaurantauswahl

## RENGSDORF

Rheinland-Pfalz – 2 610 Ew. – Höhe 240 m – Regionalatlas **36**-D13
▶ Berlin 607 km – Mainz 118 km – Koblenz 25 km – Bonn 57 km
Michelin Straßenkarte 543

**In Hardert** Nord-Ost: 3 km über Friedrich-Ebert-Straße

### ⊛ Corona

**MEDITERRAN · GASTHOF** ✗✗ Sergio und Kerstin Corona sind ein eingespieltes Team. Sie managt mit Charme den Service, er kocht entsprechend seinen Wurzeln mediterran inspiriert, aber auch klassisch und bürgerlich, von Schweinesteak in Pfeffersauce bis Seeteufel mit Pfifferlingen. Stolz ist man auch auf die Hoteltradition der Familie.
Menü 30 € – Karte 26/55 €   8 Zim ⌳ – †38 € ††70 €
*Mittelstr. 13, (Hotel zur Post) ✉ 56579 – 𝒞 02634 2727 – www.restaurantcorona.de – geschl. Montag - Dienstag*

## REUTLINGEN

Baden-Württemberg – 111 360 Ew. – Höhe 382 m – Regionalatlas **55**-G19
▶ Berlin 676 km – Stuttgart 39 km – Pforzheim 77 km – Ulm (Donau) 75 km
Michelin Straßenkarte 545

### 🏠 Achalm

**BUSINESS · MODERN** Schön ist hier schon die Lage auf einer Anhöhe oberhalb der Stadt, herrlich der Blick! Aber auch die wertige wohnlich-moderne Einrichtung, der attraktive Freizeitbereich und die guten Tagungsmöglichkeiten überzeugen. Lichter moderner Restaurantbau aus Stahl, Glas und Holz, regionale und internationale Küche.
100 Zim ⌳ – †115/125 € ††159/179 € – 1 Suite
*Achalm (Gewand) 2 ✉ 72766 – 𝒞 07121 4820 – www.achalm.com*

## RHEDA-WIEDENBRÜCK

Nordrhein-Westfalen – 46 880 Ew. – Höhe 72 m – Regionalatlas **27**-F10
▶ Berlin 418 km – Düsseldorf 151 km – Bielefeld 37 km – Münster (Westfalen) 54 km
Michelin Straßenkarte 543

# Im Stadtteil Rheda

❀ **Reuter** (Iris Bettinger)  🏠 ♿ 🅿

FRANZÖSISCH-MODERN · ELEGANT ✕✕ Iris Bettinger hat ihren eigenen Stil und legt sich nicht fest. Ihre Küche lebt von mediterranen, regionalen und asiatischen Einflüssen - das bringt Spannung und eine Fülle an Aromen. Schön sitzt man nicht nur im eleganten Restaurant, im Sommer lockt die Terrasse mit Blick auf die Kirche.

→ Seezungenröllchen aus dem Dampf mit Kokossud, grünes Gemüse, Shiitakeravioli. Rosa gebratener Maibockrücken mit Haselnuss, Pfifferlingen, Selleriepüree, Mispeln. Schokoladenschaum mit Ziegenfrischkäsemousse, Port Rozès Reserve und Kirsche.

Menü 75/160 € – Karte 82/108 €

*Hotel Reuter, Bleichstr. 3* ✉ *33378*
*– ☎ 05242 94520 (Tischbestellung ratsam) – www.hotelreuter.de – nur Abendessen – geschl. 26. Dezember - 14. Januar, Juli - August 4 Wochen und Sonntag - Montag*

🍽 **Gastwirtschaft Ferdinand Reuter**  🏠 🅿

MARKTKÜCHE · BISTRO ✕ "Rinderbacke in Rotwein", "Schulter vom Frischling", "Schnitzel vom Bunten Bentheimer" oder "Grünkohl mit Mettwürstchen" - was hier gekocht wird, ist schmackhaft und alles andere als langweilig. Eine tolle Alternative zum Sternerestaurant!

Menü 37 € – Karte 27/48 €

*Hotel Reuter, Bleichstr. 3* ✉ *33378*
*– ☎ 05242 94520 – www.hotelreuter.de*
*– geschl. 26. Dezember - 14. Januar und Freitagmittag, Samstagmittag, Sonntag*

🍽 **Emshaus**  🏠 ♻ 🅿

MARKTKÜCHE · FREUNDLICH ✕✕ Zwischen Rosengarten und Schlosspark steht das schmucke Backsteinhaus von 1936, schön das wertige Interieur. Man kocht regional-saisonal und international, so z. B. "Saiblingsfilet in Zitronengrasschaum mit Pak Choi". Kuchen am Nachmittag.

Menü 34 € – Karte 34/50 €

*Gütersloher Str. 22* ✉ *33378 – ☎ 05242 4060400 – www.emshaus-rheda.de geschl. Montag - Dienstag*

🏨 **König's Hotel am Schlosspark**  ✿ ⌂ 🧖 ⊟ AC 🛁

BUSINESS · ELEGANT So aufwändig das Stadthaus a. d. 18. Jh. von außen saniert wurde, so hochwertig zeigen sich auch die Zimmer! Sie möchten lieber etwas preiswerter übernachten? Man vermietet auch Zimmer im Gästehaus "Hotel Am Doktorplatz". Tipp: Im Sommer, wenn das Wetter es zulässt, gibt es BBQ auf dem tollen "Sonnendeck"!

26 Zim ⌂ – 🛏79/99 € 🛏🛏99/139 €

*Berliner Str. 47, (Zufahrt über Bleichstraße)* ✉ *33378 – ☎ 05242 408060*
*– www.das-koenigs.de*

🏨 **Reuter**  ⊟ 🌿 🛁 🅿

FAMILIÄR · INDIVIDUELL Schon in 4. Generation betreibt die sympathische Familie dieses Haus, immer wieder wird investiert, alles ist topgepflegt, der Service aufmerksam. Die Zimmervielfalt reicht vom puristisch-praktischen kleinen Einzelzimmer bis zum schicken klimatisierten Komfortzimmer. Gutes Frühstück.

36 Zim ⌂ – 🛏73/139 € 🛏🛏119/169 €

*Bleichstr. 3* ✉ *33378*
*– ☎ 05242 94520 – www.hotelreuter.de*
*– geschl. 26. Dezember - 14. Januar*

❀ **Reuter** · 🍽 **Gastwirtschaft Ferdinand Reuter** – siehe Restaurantauswahl

## Im Stadtteil Wiedenbrück

###  Ratskeller  ⇞ 🏠 ▣ 🄰 🚗

**HISTORISCH · INDIVIDUELL** Das wunderschöne Fachwerkhaus von 1560 wurde zu einem Hotel erweitert, das bereits in der 5. Generation als Familienbetrieb geführt wird. Die Zimmer sind hübsch und individuell. Gemütlich sitzt man in den historischen Gasträumen - hier isst man international und regional. Terrasse am Marktplatz.

30 Zim ⌫ – ♦70/148 € ♦♦122/170 € – ½ P

*Markt 11, (Eingang Lange Str. 40)* ⊠ *33378 –* ☎ *05242 9210*
*– www.ratskeller-wiedenbrueck.de – geschl. Weihnachten - Anfang Januar*

### 🏠 Zur Wartburg ⓝ  ▣

**BUSINESS · MODERN** Der engagierte Gastgeber hat aus dem Haus von 1889 ein echtes kleines Schmuckstück gemacht. Hier wohnt man individuell, geschmackvoll, komfortabel - es gibt auch kleinere, aber ebenso schicke Einzelzimmer. Sehr gutes, frisches Frühstück.

18 Zim ⌫ – ♦59/84 € ♦♦89/98 €

*Mönchstr. 4, (Ecke Lange Straße)* ⊠ *33378 –* ☎ *05242 92520*
*– www.hotel-zur-wartburg.de*

## RHEINE

Nordrhein-Westfalen – 73 490 Ew. – Höhe 35 m – Regionalatlas **16**-D8
▶ Berlin 470 km – Düsseldorf 166 km – Nordhorn 39 km – Enschede 45 km
Michelin Straßenkarte 543

### 🉐 Beesten  🏠 ⇄ ▣

**KLASSISCHE KÜCHE · FREUNDLICH** ✕✕ Mit Engagement und Herz ist Familie Beesten hier in 4. Generation bei der Sache. Gemütlich sitzt man bei guten internationalen Gerichten wie "Kalbsrücken mit Bärlauchbutter und Kartoffelravioli". Und danach "Aprikosen-Mousse mit karamellisierten Walnüssen"? Schön: Terrasse mit altem Baumbestand.

Menü 37/59 € – Karte 32/53 €

*Eichenstr. 3* ⊠ *48431 –* ☎ *05971 3253 – www.restaurant-beesten.de – nur Abendessen – geschl. Anfang Juli 2 Wochen und Donnerstag*

### 🏠 Zum Alten Brunnen  ⇞ 🐾 ▣

**FAMILIÄR · GEMÜTLICH** Ein reizendes Anwesen wie ein kleines Dörfchen, mittig ein charmanter Hof mit Brunnen - hier gibt's bei schönem Wetter das Frühstück, und das wird am Tisch serviert. Man spürt die persönliche Note, überall im Haus geschmackvolle Details wie Antiquitäten. Darf es vielleicht eine klimatisierte Suite sein?

14 Zim ⌫ – ♦98/128 € ♦♦115/148 € – 4 Suiten – ½ P

*Dreierwalder Str. 25* ⊠ *48429 –* ☎ *05971 961715 – www.zumaltenbrunnen.de*
*– geschl. 24. Dezember - 2. Januar*

## In Rheine-Mesum Süd-Ost: 7 km über B 481

### 🍽️○ Altes Gasthaus Borcharding  🐾 ⇄ 🏠 ⇄ ▣

**REGIONAL · GEMÜTLICH** ✕ Seit 1712 ist das Gasthaus schon in Familienbesitz. Man hat viele Stammgäste, die sich in der gemütlich dekorierten Wein- und Gaststube mit regional-saisonalen Gerichten bekochen lassen. Für Feiern: Münsterlandstübchen, Saal und Atrium.

Menü 23 € (unter der Woche)/50 € – Karte 25/55 €    9 Zim ⌫
– ♦49/70 € ♦♦69/93 €

*Alte Bahnhofstr. 13* ⊠ *48432 –* ☎ *05975 1270 – www.borcharding.de – nur Abendessen – geschl. Sonntag*

## RHEINFELDEN

Baden-Württemberg – 32 250 Ew. – Höhe 280 m – Regionalatlas **61**-D21
▶ Berlin 838 km – Stuttgart 284 km – Freiburg im Breisgau 84 km – Bad Säckingen 15 km
Michelin Straßenkarte 545

## ⅋○ **I Fratelli**

ITALIENISCH · FREUNDLICH ✗✗ In einer historischen Villa direkt am Rhein (Tipp: die Terrasse zum Fluss!) ist dieses schöne Souterrain-Restaurant mit Gewölbedecke zu finden. Gekocht wird gehoben italienisch. Dazu eine tolle Grappa-Auswahl!

Menü 15 € (mittags unter der Woche)/80 € – Karte 48/75 €

*Rheinbrückstr. 8, (im Haus Salmegg, am Grenzübergang)* ⊠ 79618
*– ℰ 07623 30254 – www.ristorante-i-fratelli.de – geschl. Ende Dezember*
*- Januar 1 Woche, August 2 Wochen und Sonntagabend - Montag*

**In Rheinfelden-Eichsel** Nord: 6 km über B 316, in Degerfelden rechts

## ⌂ **Landgasthaus Maien**

GASTHOF · FUNKTIONELL Inzwischen leitet die 5. Generation der Familie das Gasthaus von 1749, unverändert stark das Engagement! Fragen Sie nach den geräumigeren Komfortzimmern. Das Restaurant bietet etwas für jeden Geschmack: rustikale Stube oder heller Wintergarten, viele Aktionswochen, Terrasse unter Kastanien...

21 Zim ⌂ – ♦71/89 € ♦♦99/125 € – ½ P

*Maienplatz 2* ⊠ 79618 – *ℰ 07623 72150 – www.maien.com*

# RHEINSBERG

Brandenburg – 8 120 Ew. – Höhe 61 m – Regionalatlas **22**-O6
▶ Berlin 88 km – Potsdam 125 km – Neubrandenburg 70 km
Michelin Straßenkarte 542

## ⅋○ **Der Seehof**

REGIONAL · FREUNDLICH ✗ Hier erwartet Sie regionale Küche, vom Chef mit Geschmack zubereitet. Das Restaurant ist angenehm hell, im Sommer sitzt man am besten im herrlichen Innenhof!

Menü 30 € – Karte 25/39 €

*Hotel Der Seehof, Seestr. 18* ⊠ 16831 – *ℰ 033931 4030*
*- www.seehof-rheinsberg.de*

## ⌂ **Der Seehof**

PRIVATHAUS · GEMÜTLICH Sie finden das ehemalige Ackerbürgerhaus von 1750 ca. 100 m vom See entfernt. Hinter der frischen hellblauen Fassade erwartet Sie ein gepflegtes und freundliches Ambiente.

11 Zim ⌂ – ♦65/85 € ♦♦100/135 € – ½ P

*Seestr. 18* ⊠ 16831 – *ℰ 033931 4030 – www.seehof-rheinsberg.de*
⅋○ **Der Seehof** – siehe Restaurantauswahl

**RHODT unter RIETBURG** Rheinland-Pfalz ➔ Siehe Edenkoben

# RIEDENBURG

Bayern – 5 580 Ew. – Höhe 360 m – Regionalatlas **58**-M18
▶ Berlin 510 km – München 132 km – Regensburg 45 km – Ingolstadt 33 km
Michelin Straßenkarte 546

## ⅋○ **Forst's Landhaus**

INTERNATIONAL · FREUNDLICH ✗ Wer zum Essen kommt, findet hier frische international-saisonale Küche und eine freundliche Atmosphäre. Sie möchten draußen sitzen? Man hat nette Terrassenplätze vor dem Haus oder seitlich am Bach.

Menü 24 € (mittags)/84 € – Karte 23/54 €

*Hotel Forst's Landhaus, Mühlstr. 37b* ⊠ 93339 – *ℰ 09442 9919399*
*– www.forsts-landhaus.de – geschl. Januar 2 Wochen, August 1 Woche und*
*Montag - Dienstag*

###  Forst's Landhaus

**FAMILIÄR · FUNKTIONELL** Wirklich gut übernachten kann man in dem zentrums-nah in einer Nebenstraße am Schambach gelegenen kleinen Hotel. Die Zimmer sind sehr gepflegt, hell und funktional.

11 Zim ⌂ – ♦45/55 € ♦♦70/84 €

*Mühlstr. 37b ✉ 93339 – 𝒞 09442 9919399 – www.forsts-landhaus.de – geschl. Januar 2 Wochen, August 1 Woche*

⚫ Forst's Landhaus – siehe Restaurantauswahl

## RIESA an der ELBE

Sachsen – 31 430 Ew. – Höhe 106 m – Regionalatlas **33**-P11

▶ Berlin 192 km – Dresden 65 km – Leipzig 62 km – Meißen 27 km

Michelin Straßenkarte 544

## In Zeithain-Moritz Nord-Ost: 3,5 km über B 169

###  Moritz an der Elbe

**LANDHAUS · FUNKTIONELL** Schön liegt das familiengeführte Ferienhotel (Teil eines Vierseitenhofes von 1823) an der Elbe. Ideal für Radler: Der Elbradwander-weg verläuft direkt am Haus. Gepflegte, gut ausgestattete Zimmer, ein idyllischer Garten und bürgerlich-regionale Küche. Eine Terrasse liegt im Innenhof, eine wei-tere zur Elbe.

36 Zim ⌂ – ♦78/90 € ♦♦94/116 € – ½ P

*Dorfstr. 2 ✉ 01619 – 𝒞 03525 51230 – www.hotel-moritz.de*

## RIETBERG

Nordrhein-Westfalen – 28 700 Ew. – Höhe 78 m – Regionalatlas **27**-F10

▶ Berlin 423 km – Düsseldorf 160 km – Bielefeld 44 km – Münster (Westfalen) 63 km

Michelin Straßenkarte 543

###  Lind

**BUSINESS · MODERN** Großzügig, modern und hochwertig ausgestattet, ist das Hotel mitten in Rietberg für Urlauber und Geschäftsreisende gleichermaßen ideal! Nach einem langen Tag ruft das "Lind vital" mit Massage, Beauty & Co. Oder steht Ihnen der Sinn nach mediterran-regionaler Küche?

78 Zim ⌂ – ♦83/112 € ♦♦116/160 € – 2 Suiten – ½ P

*Am Nordtor 1 ✉ 33397 – 𝒞 05244 700100 – www.lind-hotel.de*

## In Rietberg-Mastholte Süd-West: 7 km über Mastholter Straße

###  Domschenke

**INTERNATIONAL · KLASSISCHES AMBIENTE** XX Hier bringt die junge Generation frischen Wind ins Haus. In Gaststube und Wintergarten gibt es Regionales und Internationales, so z. B. "gebeizten Lachs mit Reibekuchen", "Wildschweinragout mit Apfelrotkohl" oder auch das Tagesmenü von der Tafel. Auf Reservierung ab zehn Personen klassische Genießer-Menüs.

Menü 30 € – Karte 24/45 €

*Lippstädter Str. 1 ✉ 33397 – 𝒞 02944 318 (Tischbestellung ratsam) – www.domschenke-mastholte.de – nur Abendessen, sonntags auch Mittagessen – geschl. 1. - 5. Januar, 8. - 23. April, 27. Juli - 14. August, 21. - 27. Oktober, 21. - 27. Dezember und Dienstag sowie an Feiertagen*

## RIMSTING

Bayern – 3 760 Ew. – Höhe 564 m – Regionalatlas **66**-N21

▶ Berlin 653 km – München 87 km – Bad Reichenhall 61 km – Wasserburg am Inn 24 km

Michelin Straßenkarte 546

## 🏠 Landhotel beim Has'n ⛱ 🅿

**GASTHOF · AUF DEM LAND** Zwei Schwestern betreiben das sympathische, wohnliche Landhotel, die Eltern das rustikale Wirtshaus. Man ist hier auf freundlich-familiäre Art sehr um die Gäste bemüht und bietet ein gutes Preis-Leistungs-Verhältnis. Auf den Tisch kommen regionale Speisen.

22 Zim ⚏ – ♦51/61 € ♦♦82/96 € – ½ P

*Endorfer Str. 1 ⊠ 83253 – ℰ 08051 609590 – www.landhotelbeimhasn.de*

# In Rimsting-Greimharting Süd-West: 4 km in Richtung Prien · Höhe 668 m

## 🏠 Der Weingarten ⛱ 🐾 ⇇ 🍴 🐱 🚗

**GASTHOF · AUF DEM LAND** Die traumhafte Lage auf der Ratzinger Höhe und die einmalige Aussicht auf den Chiemgau machen Lust auf Natur. Alle Zimmer und Appartements mit Balkon oder Terrasse. Im Restaurant isst man bürgerlich. Der Biergarten zieht viele Gäste an. Toll der große Kinderspielplatz.

25 Zim ⚏ – ♦62/67 € ♦♦105/115 € – 2 Suiten

*Weingarten 1, (Ratzinger Höhe), Nord-West: 1 km ⊠ 83253 – ℰ 08051 1775*
*– www.gasthof-weingarten.de – geschl. 6. Januar - Februar*

# RINGSHEIM

Baden-Württemberg – 2 260 Ew. – Höhe 170 m – Regionalatlas **61**-D20
▶ Berlin 780 km – Stuttgart 174 km – Freiburg im Breisgau 38 km – Strasbourg 54 km
Michelin Straßenkarte 545

## 🏵 Heckenrose 🛖 🅿

**INTERNATIONAL · TRENDY** ✕✕ Dass man hier richtig gut isst, hat sich bis in die Schweiz und ins Elsass herumgesprochen. Gerne sitzt man in sympathisch-moderner Atmosphäre und lässt sich Internationales wie "BBQ-Schweinefilet / Tortilla / Pilze" schmecken. Und als Dessert vielleicht "Variation von der Blaubeere"?

Menü 30/55 € – Karte 31/56 €

*Hotel Heckenrose, Bundesstr. 24 ⊠ 77975 – ℰ 07822 789980*
*– www.hotel-heckenrose.de – nur Abendessen – geschl. 18. Februar - 5. März, 1.*
*- 14. November und Mittwoch, Sonntag*

## 🏠 Heckenrose 🖭 🔧 🅿

**GASTHOF · MODERN** Das engagiert geführte Hotel ist beliebt bei Urlaubern und Familien, denn die Lage ist ideal für Ausflüge, z. B. in den nahen Europa-Park (Shuttle-Service), zudem gibt es im Haus einen netten Spiele- und Aufenthaltsraum samt Kickertisch! Auch die Zimmer sind ansprechend: geradlinig-zeitgemäß der Stil.

25 Zim – ♦65/70 € ♦♦110/120 € – 1 Suite – ½ P

*Bundesstr. 22 (B 3) ⊠ 77975 – ℰ 07822 789980 – www.hotel-heckenrose.de*
*– geschl. 18. Februar - 5. März, 1. - 14. November*
🏵 **Heckenrose** – siehe Restaurantauswahl

# RINTELN

Niedersachsen – 25 230 Ew. – Höhe 56 m – Regionalatlas **28**-G9
▶ Berlin 342 km – Hannover 60 km – Bielefeld 61 km – Hameln 27 km
Michelin Straßenkarte 541

## 🏠 Der Waldkater ⛱ 🐾 🐱 🖭 ♿ 🔧 🚗

**LANDHAUS · MODERN** Das neuzeitliche Fachwerkhaus liegt schön ruhig am Waldrand und beherbergt gepflegte Zimmer, die wohnlich im Landhausstil eingerichtet sind. Herzstück der Gastronomie ist die gemütlich-rustikale Brauerei mit Sudpfanne als Blickfang. An zwei Abenden in der Woche kann man auch im Restaurant "Waldkater" speisen.

31 Zim ⚏ – ♦99/130 € ♦♦130/155 € – ½ P

*Waldkaterallee 27 ⊠ 31737 – ℰ 05751 17980 – www.waldkater.com*

## RIPPOLDSAU-SCHAPBACH, BAD

Baden-Württemberg – 2 160 Ew. – Höhe 564 m – Regionalatlas **54**-E19
▶ Berlin 732 km – Stuttgart 106 km – Karlsruhe 97 km – Offenburg 55 km
Michelin Straßenkarte 545

## Im Ortsteil Bad Rippoldsau

### 🏵 Klösterle Hof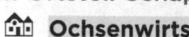

**REGIONAL · FAMILIÄR** ✗ Markus Klein kocht klassisch mit regional-saisonalem Bezug, so z. B. "Terrine von Zander und Garnele" oder "Schweinelendchen mit Kirsch-Pfeffersauce und Spätzle". Hier stimmen Geschmack und Preis, dazu nettes ländliches Ambiente. Sie möchten übernachten? Besonders wohnlich die "Wohlfühl-" und "Komfortzimmer".

Menü 37 € – Karte 29/49 €   7 Zim 🖙 – 🛆40/80 € 🛆🛆80/98 € – 1 Suite
*Klösterleweg 2 ✉ 77776 – 𝒞 07440 215 – www.kloesterle-hof.de – geschl. Januar 3 Wochen, November 3 Wochen, November - März: Montag - Mittwoch, April - Oktober: Sonntagabend - Montag*

## Im Ortsteil Schapbach Süd: 10 km

### 🏠 Ochsenwirtshof

**GASTHOF · REGIONAL** In dem regionstypischen Haus wohnt man besonders schön in den geräumigen Komfortzimmern. Man hat einen netten kleinen Sauna- und Hallenbadbereich mit Sonnenterrasse und bietet auf Anfrage auch Massage. Zum Speisen geht's in die ländlichen Gaststuben oder auf die hübsche Terrasse.

15 Zim 🖙 – 🛆78 € 🛆🛆125/135 € – ½ P
*Wolfacher Str. 21, Süd-West: 1,5 km ✉ 77776 – 𝒞 07839 919798 – www.ochsenwirtshof.de – geschl. 10. November - 15. Dezember*

## RITTERSDORF Rheinland-Pfalz → Siehe Bitburg

## RÖBEL (MÜRITZ)

Mecklenburg-Vorpommern – 5 140 Ew. – Höhe 65 m – Regionalatlas **13**-N6
▶ Berlin 140 km – Schwerin 105 km – Neubrandenburg 64 km
Michelin Straßenkarte 542

### 🏠 Landhaus Müritzgarten

**FAMILIÄR · AUF DEM LAND** Am Waldrand, nur 200 m von der Müritz, liegt das aus zwei Landhäusern und vier Blockhäusern bestehende Hotel, das persönlich von Familie Neu geführt wird. Wohnliche Zimmer und Vesperstube.

38 Zim 🖙 – 🛆65/100 € 🛆🛆98/140 €
*Seebadstr. 45, (Marienfelde), Nord-Ost: 1,5 km ✉ 17207 – 𝒞 039931 8810 – www.hotel-mueritzgarten.de*

## RÖDENTAL Bayern → Siehe Coburg

## RÖHRMOOS

Bayern – 6 260 Ew. – Höhe 505 m – Regionalatlas **58**-L19
▶ Berlin 573 km – München 29 km – Dachau 12 km
Michelin Straßenkarte 546

## In Röhrmoos-Großinzemoos Nord-West: 2 km

### 🍴 Landgasthof Brummer

**REGIONAL · FAMILIÄR** ✗ Der traditionsreiche Familienbetrieb ist gemütlich gestaltet, teilweise auch schön neuzeitlich und hell. Der Chef bietet solide zubereitete regionale Küche. Nett sitzt es sich auch im Biergarten. Einfache Gästezimmer hat man ebenfalls.

Karte 21/50 €   13 Zim 🖙 – 🛆69/99 € 🛆🛆89/129 €
*Indersdorfer Str. 51 ✉ 85244 – 𝒞 08139 7270 – www.landgasthof-brummer.de – geschl. Montag*

## RÖPERSDORF Brandenburg → Siehe Oberuckersee

## RÖSRATH
Nordrhein-Westfalen – 27 800 Ew. – Höhe 90 m – Regionalatlas **36**-C12
▶ Berlin 584 km – Düsseldorf 56 km – Bonn 24 km – Siegburg 12 km
Michelin Straßenkarte 543

### ⊪○ Klostermühle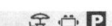
FRANZÖSISCH-KLASSISCH · RUSTIKAL XX Das hübsche Fachwerkhaus hat auch im Inneren seinen rustikalen Charme bewahrt. Natursteinwände, Holzdecke und liebenswerte Deko verbreiten Gemütlichkeit. Gekocht wird französisch.

Menü 29 € (mittags)/68 € – Karte 39/60 €
*Zum Eulenbroicher Auel 15 ⊠ 51503 – ℰ 02205 4758*
*– www.restaurant-klostermuehle.de – geschl. Anfang Januar 1 Woche und Montag*
*– Dienstag*

## ROETGEN
Nordrhein-Westfalen – 8 240 Ew. – Höhe 410 m – Regionalatlas **35**-A13
▶ Berlin 648 km – Düsseldorf 96 km – Aachen 34 km – Liège 59 km
Michelin Straßenkarte 543

### ⊪○ Gut Marienbildchen
REGIONAL · RUSTIKAL XX Hausgeräucherter Hirschschinken, Rinderfilet "Marien-bildchen", Kräuter aus dem Garten... In dem behaglichen Gasthof legt man viel Wert auf heimische Produkte – zum Teil stammen sie sogar aus der eigenen Landwirtschaft!

Menü 30/70 € – Karte 24/55 €
*Hotel Gut Marienbildchen, Münsterbildchen 3, B 258, Nord: 2 km ⊠ 52159*
*– ℰ 02471 2523 – www.gut-marienbildchen.de – geschl. vor Ostern 1 Woche, Juli*
*– August 3 Wochen und Sonntag – Montagmittag*

### ⌂ Gut Marienbildchen
GASTHOF · AUF DEM LAND Sympathisch und engagiert kümmert man sich hier um seine Gäste. Man hat wohnliche Zimmer in gemütlich-ländlichem Stil, einige neuere sind besonders hübsch. Die Frühstückseier stammen übrigens von den eigenen Hühnern! Und dazu als Spezialität die Bratwurst von selbst gezüch-teten Kälbern!

8 Zim ⊾ – ♦65/85 € ♦♦95/120 € – ½ P
*Münsterbildchen 3, B 258, Nord: 2 km ⊠ 52159 – ℰ 02471 2523*
*– www.gut-marienbildchen.de – geschl. vor Ostern 1 Woche, Juli – August 3*
*Wochen und Sonntag – Montagmittag*
⊪○ **Gut Marienbildchen** – siehe Restaurantauswahl

## RÖTZ
Bayern – 3 470 Ew. – Höhe 453 m – Regionalatlas **52**-N17
▶ Berlin 459 km – München 204 km – Regensburg 67 km – Amberg 56 km
Michelin Straßenkarte 546

## In Rötz-Hillstett West: 4 km in Richtung Seebarn

### ✿ Gregor's
KREATIV · ELEGANT XxX Steht Ihnen der Sinn nach einem feinen Essen in klas-sisch-elegantem Ambiente? An wertig eingedeckten Tischen wählen Sie zwischen zwei Menüs, die auf Aroma und Produktqualität setzen. Freundlich der Service samt passender Weinempfehlung.
→ Kürbis, Brillant Savarin, Pistazie. Languste, Melone, Blumenkohl. Champagner-Kuppel, Erdbeere, Rhabarber.

Menü 78/98 €
*Resort Die Wutzschleife, Hillstett 40 ⊠ 92444 – ℰ 09976 180 (Tischbestellung*
*erforderlich) – www.wutzschleife.com – nur Abendessen – geschl. 11. Januar*
*– 15. März, 2. August – 13. September und Sonntag – Dienstag*

### 🕸 Spiegelstube

**REGIONAL · FREUNDLICH** XX Auch in der schlichteren Alternative zum "Gregor's" kocht man geschmackvoll und ambitioniert - probieren Sie z. B. "geschmorte Rindsschulter in Rotweinsauce" oder das fair kalkulierte Mittagsmenü!

Menü 35/44 € – Karte 30/49 €

*Resort Die Wutzschleife, Hillstett 40 ✉ 92444 – ✆ 09976 180*
*– www.wutzschleife.com – geschl. Sonntag - Dienstag*

### 🏨 Resort Die Wutzschleife

**SPA UND WELLNESS · FUNKTIONELL** Ob Wellness, Tagung, Kurzurlaub, Golf oder kulinarischer Genuss, Familie Hauer wird mit ihrem Resort-Hotel jedem gerecht - und das mit über 125 Jahren Erfahrung als Gastgeber! Großzügig die Atriumhalle über mehrere Etagen, freundlich der Service, nicht zu vergessen die ruhige Lage!

59 Zim ⌂ – ♦79/125 € ♦♦109/198 € – ½ P

*Hillstett 40 ✉ 92444 – ✆ 09976 180 – www.wutzschleife.com*

⚜ **Gregor's** • 🕸 **Spiegelstube** – siehe Restaurantauswahl

**In Winklarn-Muschenried** Nord: 10 km in Richtung Oberviechtach

### 🏠 Seeschmied

**GASTHOF · GEMÜTLICH** Die Reitingers führen ihr Haus mit Engagement und familiärer Note. Die Gäste wohnen hier in individuell eingerichteten Zimmern, mal Bauernstil, mal afrikanisch. Wirklich nett sitzt man im hübsch dekorierten Restaurant und im Biergarten, gekocht wird regional.

15 Zim ⌂ – ♦47/50 € ♦♦78/90 € – ½ P

*Lettenstr. 6 ✉ 92559 – ✆ 09676 241 – www.seeschmied.de – geschl. Februar - März*

## ROHRDORF

Bayern – 5 500 Ew. – Höhe 476 m – Regionalatlas **66**-N21
▶ Berlin 657 km – München 69 km – Bad Reichenhall 71 km – Passau 178 km
Michelin Straßenkarte 546

### 🕸 MaximilianS Gut Apfelkam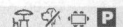

**INTERNATIONAL · GEMÜTLICH** X Drinnen charmante Stuben, draußen hinter dem Haus ein hübscher Biergarten! Hier wie dort wird man freundlich mit Regionalem und Internationalem umsorgt, darunter z. B. "kross gebratenes Filet von der Forelle mit Kichererbsenpüree und geschmortem Orangen-Fenchel".

Karte 29/42 €

*Unterapfelkam 3, Ost: 3 km, nahe der BAB-Ausfahrt Achenmühle ✉ 83101*
*– ✆ 08032 5321 (Tischbestellung ratsam) – www.gut-apfelkam.de – nur Abendessen, sonntags auch Mittagessen – geschl. Dienstag - Mittwoch*

### 🏨 Zur Post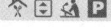

**GASTHOF · FUNKTIONELL** Seit über 200 Jahren ist dieser echt bayerische Gasthof in Familienhand. Man ist engagiert und investiert stetig - fragen Sie nach den neueren ländlich-modernen Zimmern! Im Restaurant wird Fleisch aus der eigenen Metzgerei verarbeitet, die Küche regional-bürgerlich. Praktisch: gute Anbindung an die Autobahn.

113 Zim ⌂ – ♦59/95 € ♦♦79/115 €

*Dorfplatz 14 ✉ 83101 – ✆ 08032 1830 – www.post-rohrdorf.de*

## RONNEBURG

Hessen – 3 350 Ew. – Höhe 167 m – Regionalatlas **48**-G14
▶ Berlin 535 km – Wiesbaden 76 km – Frankfurt 37 km – Fulda 75 km
Michelin Straßenkarte 543

## In Ronneburg-Hüttengesäß

🍴○ **Zur Krone**  ⇦ 🛎 **P**

**TRADITIONELLE KÜCHE · RUSTIKAL** 🍴 Der traditionsreiche Familienbetrieb bietet in seinem gemütlichen holzvertäfelten Restaurant bürgerliche Küche mit eigenen Produkten. Tipp: Hausgemachtes wie leckere Marmeladen, Nudeln oder Mett-würste sind der Renner für daheim!

Menü 20/65 € – Karte 24/42 €   14 Zim 🛌 – †60/68 € ††82/95 €

*Langstr. 7 ✉ 63549 – 𝒞 06184 3030 – www.hessenkrone.de – geschl. Anfang August 2 Wochen und Montag - Dienstagmittag*

**RONNENBERG** Niedersachsen ➜ Siehe Hannover

**ROSBACH** Hessen ➜ Siehe Friedberg/Hessen

## ROSENBERG

Baden-Württemberg – 2 670 Ew. – Höhe 503 m – Regionalatlas **56**-I18

▶ Berlin 558 km – Stuttgart 92 km – Aalen 30 km – Ansbach 64 km

Michelin Straßenkarte 545

🌸 **Landgasthof Adler** (Josef Bauer)  ⇦ 🐴 🎿 🚗 🚭

**REGIONAL · GASTHOF** 🍴🍴 Ein Gasthof, wie man ihn sich in der Nachbarschaft wünscht! Durch und durch sympathisch, von den liebenswerten Gastgebern über den charmanten Stilmix aus Tradition und Moderne bis zur regionalen Küche, und die schmeckt nicht nur richtig gut, sondern überzeugt auch preislich! Ebenso ein-ladend: die Gästezimmer.

➜ Gelee von Schweinekinn, gepresste Entenstopfleber. Kutteln, Räucheraal, Schmorzwiebel. Baba au Rum, Zitrusfrüchte, Champagnergranitee.

Menü 33/90 € – Karte 36/85 €   13 Zim 🛌 – †70/85 € ††120/130 €
– 2 Suiten

*Ellwanger Str. 15 ✉ 73494 – 𝒞 07967 513 (Tischbestellung ratsam) – www.landgasthofadler.de – geschl. Januar 3 Wochen, August - September 3 Wochen und Montag - Mittwochmittag, Donnerstagmittag*

## ROSENHEIM

Bayern – 59 940 Ew. – Höhe 446 m – Regionalatlas **66**-N21

▶ Berlin 658 km – München 70 km – Bad Reichenhall 77 km – Innsbruck 108 km

Michelin Straßenkarte 546

🥐 **Steirer Eck** ❶  🛎 🎿 🚭

**REGIONAL · FREUNDLICH** 🍴🍴 Das Motto: "Bio. Frisch. Saisonal", So gibt es hier ambitionierte produktorientierte Bio-Küche, und die ist österreichisch geprägt - der Chef ist Steirer. Auf der günstigeren Tageskarte z. B. "Krautwickerl, Erd-äpfelpüree", abends zusätzlich ein Menü mit Gerichten wie "Milchkalb, Steinpilze, Polenta".

Menü 49/69 € (abends) – Karte 30/56 €

*Bahnhofstr. 17 ✉ 83022 – 𝒞 08031 6148485 – www.biorestaurant-steirereck.de – geschl. Montag*

🍴○ **La Grappa**  🛎

**ITALIENISCH · GEMÜTLICH** 🍴 Dass der sympathisch-familiäre Hinterhof-Italiener zahlreiche Stammgäste hat, liegt an Spezialitäten wie hausgemachter Pasta, Sal-timbocca alla Romana oder Riesengarnelen vom Grill, dazu das Tagesangebot. Es gibt auch eine kleine Gelateria.

Menü 39 € – Karte 26/52 €

*Riederstr. 8 ✉ 83022 – 𝒞 08031 9009590 – www.lagrappa-rosenheim.de*

## ⁑○ Weinhaus zur historischen Weinlände 🌳 ✿

**REGIONAL · GASTHOF** Ⅹ Gemütlich sitzt man in dem schönen über 500 Jahre alten Stadthaus, und zwar in drei charmanten Stuben mit Holztäfelung, Kachelofen und Parkettboden. Hier isst man regional und trinkt gute Weine. Terrasse in der verkehrsberuhigten Zone.

Menü 39/69 € (abends) – Karte 28/60 €

*Weinstr. 2 ⊠ 83022 – ℰ 08031 12775 – www.weinlaende.de – geschl. 27. August - 11. September und Sonntag sowie an Feiertagen*

## 🏠 San Gabriele 🍸 📶 🖥 🍴 🧖 🅿

**BUSINESS · DESIGN** Hier ist keine Wand gerade, jede Zimmertür hat eine andere Form. Vom Ameranger Architekten Rudolf Rechl stammt das ungewöhnliche Design. Wer hier übernachtet, sollte es ritterlich-rustikal mögen. Klosterflair im italienischen Restaurant "Il Convento": Gewölbe, Feuerstelle und Weinkeller.

38 Zim ⌷ – †97/127 € ††135/195 € – ½ P

*Zellerhornstr. 16 ⊠ 83026 – ℰ 08031 26070 – www.hotel-sangabriele.de*

## 🏠 Parkhotel Crombach 🖥 🧖 🚗

**BUSINESS · FUNKTIONELL** An einem kleinen Park in der Stadtmitte liegt dieses Hotel mit seinen zeitgemäß und funktionell ausgestatteten Zimmern. Wer etwas mehr Komfort möchte, bucht eine der Juniorsuiten oder die Suite mit eigener Küche. Frühstück mit Parkblick!

63 Zim ⌷ – †99/190 € ††125/250 € – 1 Suite

*Kufsteiner Str. 2 ⊠ 83022 – ℰ 08031 3580 – www.parkhotel-crombach.de - geschl. 20. Dezember - 3. Januar*

## In Stephanskirchen-Baierbach Ost: 7,5 km, jenseits des Inn

## ⁑○ Gocklwirt 🌳 🅿

**BÜRGERLICHE KÜCHE · RUSTIKAL** Ⅹ Warum es Stammgäste und Ausflügler gleichermaßen hierher zieht? Die reichlich dekorierten Stuben sind schön urig und die beachtliche Sammlung an Landmaschinen ist schon sehenswert! Gekocht wird bürgerlich und am Nachmittag gibt's hausgemachten Kuchen. Zum Übernachten: Doppelzimmer im Nachbarhaus.

Menü 39/62 € – Karte 19/60 €

*Weinbergstr. 9 ⊠ 83071 – ℰ 08036 1215 – www.gocklwirt.de – geschl. Montag - Dienstag*

# ROSSBACH

Rheinland-Pfalz – 1 470 Ew. – Höhe 116 m – Regionalatlas **36**-D13

▶ Berlin 619 km – Mainz 132 km – Bonn 65 km – Koblenz 42 km

Michelin Straßenkarte 543

## 🏠 Zur Post 🍸 📶 🛖 🍴 🅿

**FAMILIÄR · AUF DEM LAND** Der Gasthof von 1830 ist ein schönes Fachwerkhaus in zentraler und doch relativ ruhige Lage im Ortskern. Am Frühstücksbuffet wird man freundlich betreut, im Restaurant bekommt man saisonal-regionale Küche serviert und relaxen kann man im hübschen Saunabereich mit Dachterrasse. "Dorfladen" mit Eigenprodukten.

12 Zim ⌷ – †50/65 € ††80/90 € – ½ P

*Wiedtalstr. 55 ⊠ 53547 – ℰ 02638 280 – www.zur-post-rossbach.de*

# ROSSFELD-RINGSTRASSE Bayern ➜ Siehe Berchtesgaden

# ROSSHAUPTEN

Bayern – 2 210 Ew. – Höhe 816 m – Regionalatlas **64**-J21

▶ Berlin 657 km – München 118 km – Kempten 55 km – Füssen 11 km

Michelin Straßenkarte 546

### ⑱ Kaufmann  ⟨⟨ 🏠 ♿ 🅿

TRADITIONELLE KÜCHE · LÄNDLICH XX "Geschmorte Ochsenbacken mit Selleriepüree und Serviettenknödel" oder "Knurrhahnfilet mit Zucchinispaghetti und Bulgur"? Hier kocht man traditionell-regional und mit internationalen Einflüssen. Und
das Restaurant selbst? Mit Holztäfelung und Kachelofen oder hell und modern.

Menü 41 € – Karte 30/49 €

*Hotel Kaufmann, Füssener Str. 44 ✉ 87672 – ℰ 08367 91230 (Tischbestellung
ratsam) – www.hotel-kaufmann.de – Montag - Freitag nur Abendessen*

### 🏘 Kaufmann

FAMILIÄR · MODERN Ehemals ein ländlicher Gasthof, heute ein modernes Ferienhotel unweit des Forggensees. Einige Zimmer muten fast schon puristisch an,
andere sind traditionell. Der chic designte Spa glänzt u. a. mit dem lichtdurchfluteten Poolhaus und einer Panoramasauna mit Außen-Wasserfall.

38 Zim ⊑ – †85/125 € ††140/250 € – 5 Suiten – ½ P

*Füssener Str. 44 ✉ 87672 – ℰ 08367 91230 – www.hotel-kaufmann.de*

⑱ **Kaufmann** – siehe Restaurantauswahl

## ROSTOCK

Mecklenburg-Vorpommern – 202 890 Ew. – Höhe 13 m – Regionalatlas **12**-M4
▶ Berlin 222 km – Schwerin 89 km – Lübeck 117 km – Stralsund 69 km
Michelin Straßenkarte 542

### ⅰ◯ Borwin Hafenrestaurant  🏠 🍴 ♻ 🅿

FISCH UND MEERESFRÜCHTE · RUSTIKAL X Gemütlich ist die charmant-traditio-
nelle Atmosphäre hier am Hafen - beliebte Plätze sind die hübschen Sofas!
Schwerpunkt ist Fisch (Backfisch, Austern, Tagesfisch von der Tafel...), aber auch
Fleisch ist zu haben. Schöner Blick aufs Wasser!

Menü 21 € – Karte 24/50 €

Stadtplan : **D1-b** – *Am Strande 2a ✉ 18055 – ℰ 0381 4907525
– www.borwin-hafenrestaurant.de*

### 🏘 Steigenberger Hotel Sonne  🍴 🏠 🍴 ♿ 🐾 🚗

BUSINESS · GEMÜTLICH Attraktiv ist die Lage mitten in Rostock. Die schöne
Sicht auf die Altstadt von einigen der komfortablen Zimmer macht Lust auf
einen Bummel! Neben guten Veranstaltungsmöglichkeiten bietet man auch Wellness. Im Restaurant unkomplizierte Atmosphäre und international-regionale
Küche samt veganer Gerichte.

121 Zim – †79/159 € ††79/159 € – 9 Suiten – ⊑ 19 € – ½ P

Stadtplan : **D2-r** – *Neuer Markt 2 ✉ 18055 – ℰ 0381 49730
– www.rostock.steigenberger.de*

### 🏠 Die kleine Sonne  ♿ 🍴

BUSINESS · FUNKTIONELL Das Hotel liegt sehr zentral und bietet wohnliche
Zimmer sowie einen farbenfroh dekorierten Frühstücksraum. Gäste nutzen die
Sauna im Partnerhotel gegenüber. Kiosk mit Snacks.

48 Zim – †57/110 € ††62/115 € – ⊑ 14 €

Stadtplan : **D2-t** – *Steinstr. 7 ✉ 18055 – ℰ 0381 46120 – www.die-kleine-sonne.de*

### 🏠 Altes Hafenhaus  🅿

PRIVATHAUS · HISTORISCH Das schön sanierte 200 Jahre alte Stadthaus gegenüber dem alten Hafen ist ein individuelles kleines Hotel, in dem man stilvoll und
gemütlich wohnt. Asiatische Massagen.

12 Zim ⊑ – †79/99 € ††89/119 €

Stadtplan : **D1-h** – *Strandstr. 93 ✉ 18055 – ℰ 0381 4930110
– www.altes-hafenhaus.de*

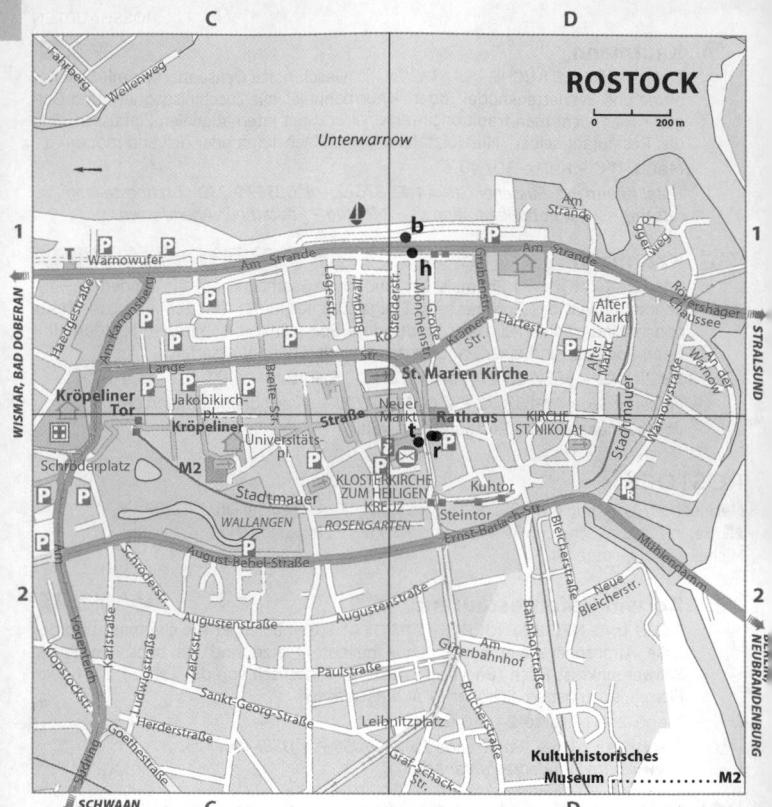

ROSTOCK

0      200 m

**In Rostock-Markgrafenheide** Nord-Ost: 16 km über G1, ab Warnemünde mit Fähre und über Hohe Düne, Warnemünder Straße

### 🏠 Godewind      ⚲ 🛏 🗔 ♨ 🖭 🛁 🅿

LANDHAUS · FUNKTIONELL So einiges spricht für dieses Haus: der Wellnessbereich mit Meerwasser-Hallenbad, das umfangreiche Frühstück, der nette Garten, gute Parkmöglichkeiten und nicht zuletzt die Lage 400 m vom Strand. Zimmer im 4. Stock mit Dachterrasse!

58 Zim ⌷ – ♦74/115 € ♦♦92/195 € – 1 Suite – ½ P

*Warnemünder Str. 5 ⊠ 18146 – 𝒞 0381 609570 – www.hotel-godewind.de*

**In Rostock-Warnemünde** Nord-West: 11 km

### 🍃 Gourmet-Restaurant Der Butt      ♿ 🆎 🖇 🚗

MODERNE KÜCHE · KLASSISCHES AMBIENTE XXX Nach seinem Umzug bietet "Der Butt" nun im obersten Stock des Pavillons schöne Plätze mit Blick über den Yachthafen. Nicht zu vergessen das interessante moderne Menü: aufwändig zubereitete Gerichte mit zahlreichen Komponenten und Texturen.

→ Curryschaumsüppchen, Pilgermuschel mit Edamame und Yuzu. Steinbuttfilet und gezupfte Truthahnkeule mit schwarzer Bohnencreme, Mais. U.S. Beef Flank und Brust mit Süßkartoffel, hausgemachtem Kimchi und Bulgogijus.

Menü 95/119 €

Stadtplan : G1-y – *Hotel Yachthafenresidenz Hohe Düne, Am Yachthafen 1* ⊠ 18119 – 𝒞 0381 50400 (Tischbestellung ratsam) – www.hohe-duene.de – nur Abendessen – geschl. 22. Januar - 27. Februar und Sonntag - Montag

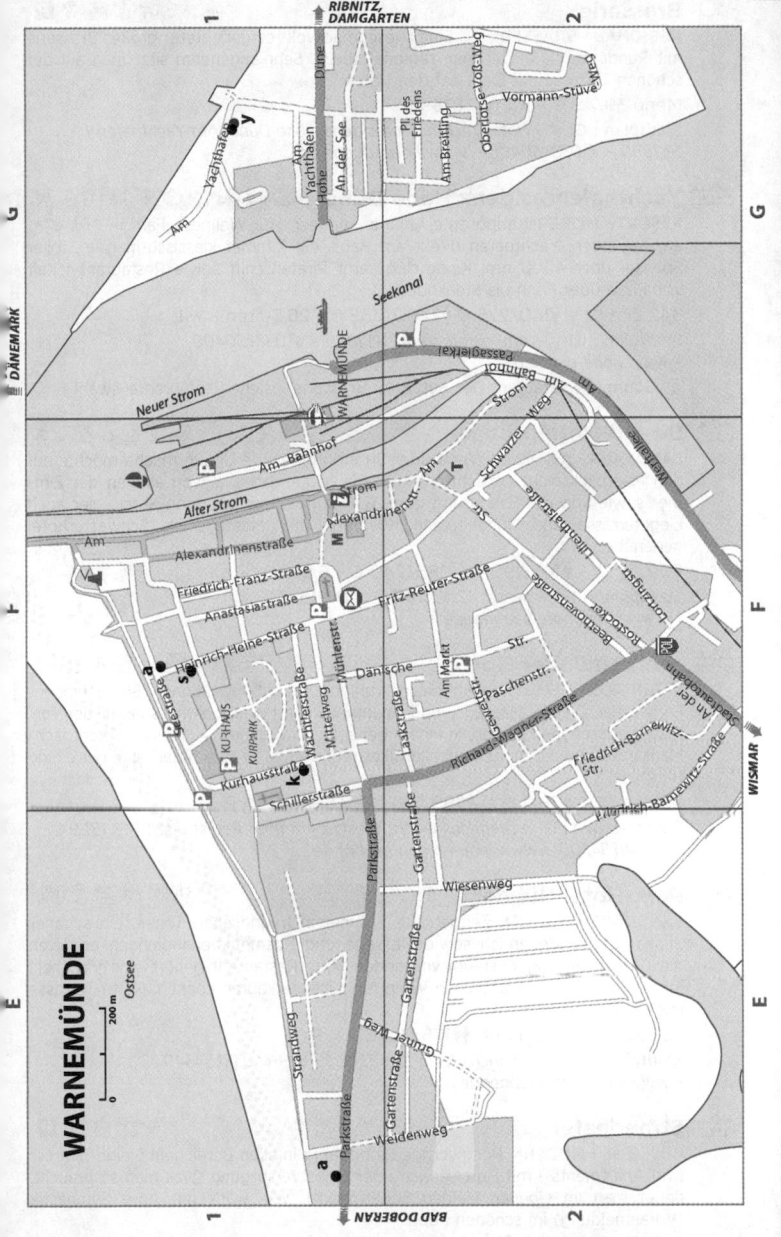

# WARNEMÜNDE

Ostsee

0    200 m

RIBNITZ, DAMGARTEN

DÄNEMARK

Neuer Strom

Seekanal

WARNEMÜNDE

Alter Strom

Am Bahnhof

Am Yachthafen
Am Yachthafen Höhe
An der See
Am Breitling
Pl. des Friedens
Oberleste-Voß-Weg
Vormann-Stüve-Weg

Dühe

Am Strom
Alexandrinenstraße
Friedrich-Franz-Straße
Anastasiastraße
Heinrich-Heine-Straße
Fritz-Reuter-Straße
Am Strom
Schwarzer Weg
Am Bahnhof
Passagierkai

KURHAUS
KURPARK
Kurhausstraße
Schillerstraße
Parkstraße
Wachtlerstraße
Mittelweg
Mühlenstr.
Laskstraße
Dänische Str.
Am Markt
Paschenstr.
Richard-Wagner-Straße
Geskelstr.
Beethovenstraße
Lilienthalstraße
Rostocker Str.
Lorringstr.
Wollhallee

An der Stadtautobahn

Friedrich-Barnewitz-Str.
Friedrich-Barnewitz-Straße

WISMAR

Wiesenweg
Gartenstraße
Grüner Weg
Weidenweg
Gartenstraße
Parkstraße

BAD DOBERAN

Strandweg

877

## ⓘO Brasserie ≤ 🏠 & AC 🚫 P

**REGIONAL · BRASSERIE** XX Eine geschmackvoll eingerichtete große Brasserie mit Rundumblick, in der man regional speist. Sehr angenehm sitzt man auf der schönen Terrasse mit Sicht auf den Hafen.

Menü 39/49 € – Karte 38/59 €

*Stadtplan : G1-y – Hotel Yachthafenresidenz Hohe Düne, Am Yachthafen 1 ⊠ 18119 – 𝒞 0381 50400 – www.hohe-duene.de*

## 🏨 Yachthafenresidenz Hohe Düne ⏦ ≤ 🛏 🖥 🕙 🏊 🛗 🖨 & AC

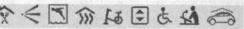

**RESORT · MODERN** Imposante Anlage am Meer - für Wellness, Famili-  🛁 🚗
en, Tagungen. Yachthafen direkt am Haus, die Zimmer klassisch-maritim, toller Spa auf über 4000 qm, Kinderclub samt Piratenschiff sowie Restaurantvielfalt von Pizza über Fisch bis Steakhouse.

342 Zim 🛏 – 🛏160/275 € 🛏🛏200/335 € – 26 Suiten – ½ P

*Stadtplan : G1-y – Am Yachthafen 1 ⊠ 18119 – 𝒞 0381 50400*
*– www.hohe-duene.de*

❀ **Gourmet-Restaurant Der Butt** · ⓘO **Brasserie** – siehe Restaurantauswahl

## 🏨 Strand-Hotel Hübner ⚐ ≤ 🖥 🏊 🛗 🖨 & 🛁 🚗

**LANDHAUS · AM MEER** Wer an der Strandpromenade Urlaub macht, möchte auf den Meerblick nicht verzichten - und Sie haben ihn u. a. von einigen der Zimmer sowie von der Sauna und dem Schwimmbad im obersten Stock, hier auch Liegeterrasse und Ruhebereich! Kosmetik und Massage im Schwesterhotel gegenüber.

89 Zim 🛏 – 🛏145/190 € 🛏🛏185/240 € – 6 Suiten – ½ P

*Stadtplan : F1-a – Seestr. 12 ⊠ 18119 – 𝒞 0381 54340*
*– www.strandhotelhuebner.de*

## 🏨 Warnemünder Hof ⚐ ⏦ 🛏 🖥 🏊 🖨 & 🛁 P

**LANDHAUS · GEMÜTLICH** In dieser ruhigen Umgebung können Sie entspannt Ferien machen: bei Massage- und Beautyanwendungen, beim Essen auf der Terrasse zum schönen Garten, in einem behaglichen Zimmer... - "Classic", "Reetdach-Mansarde" und die modernen, allergikerfreundlichen "Vitalzimmer" sind nur einige Beispiele!

99 Zim 🛏 – 🛏79/129 € 🛏🛏99/154 € – 7 Suiten – ½ P

*Stolteraer Weg 8, in Diedrichshagen, West: 2 km über Parkstraße E1 ⊠ 18119*
*– 𝒞 0381 54300 – www.warnemuender-hof.de*

## 🏨 Park-Hotel Hübner ⚐ 🖥 🏊 🖨 & 🚗

**LANDHAUS · MODERN** Zeitgemäße Zimmer in freundlichen Tönen, ein schöner Sauna- und Badebereich sowie Massage und Kosmetikbehandlungen erwarten die Gäste hier. Tagungsraum vorhanden. Zum Restaurant gehört eine Vinothek, in der Sie auch ein Fläschchen Wein für zuhause kaufen können. Nette Terrasse mit Kräutergarten!

53 Zim 🛏 – 🛏135/145 € 🛏🛏175/185 € – ½ P

*Stadtplan : F1-s – Heinrich-Heine-Str. 31 ⊠ 18119 – 𝒞 0381 54340*
*– www.parkhotelhuebner.de*

## 🏨 Strandhafer 🛏 🖥 🏊 🖨 P

**BUSINESS · MODERN** Hochwertige Einrichtung in allen Bereichen! Einige Zimmer sind Apartments - mit Hotelservice oder Selbstversorgung (was man so braucht, findet man im eigenen kleinen Supermarkt!). Wie wär's mit Aqua-Gymnastik (Voranmeldung) im schönen Pool?

49 Zim 🛏 – 🛏84 € 🛏🛏94 €

*Am Stolteraer Ring 1, in Diedrichshagen, West: 2 km über Parkstraße E1 ⊠ 18119*
*– 𝒞 0381 3756570*
*– www.hotel-strandhafer.de*

### 🏚 Kurpark Hotel ⭐ 🏠 ⊡ 🖔 **P**

**FAMILIÄR · ELEGANT** Die 1890 erbaute und ehemals als Pension genutzte Villa wird heute als elegantes kleines Ferienhotel geführt. Wer es lieber kühl mag, sollte eine klimatisierte Juniorsuite buchen. Ein großer Pluspunkt: Zur Strandpromenade ist es nur ein Katzensprung!

18 Zim 🖵 - ♦84/125 € ♦♦120/190 € – ½ P

**Stadtplan : F1-k** – *Kurhausstr. 4* ✉ *18119* – *✆ 0381 4402990*
*– www.kurparkhotel-warnemuende.de – geschl. 4. Januar - 27. Februar*

# ROT am SEE

Baden-Württemberg – 5 250 Ew. – Höhe 438 m – Regionalatlas **56**-I17
▶ Berlin 532 km – Stuttgart 132 km – Würzburg 78 km – Crailsheim 18 km
Michelin Straßenkarte 545

### 🕾 Landhaus Hohenlohe 🏠 **P**

**REGIONAL · ELEGANT** 🟸🟸 Ähnlich wie das Restaurant mit seiner gemütlich-rustikalen und seiner eleganten Seite bietet auch die Küche von Matthias Mack einen Mix. Da schmeckt "Rostbraten in Lemberger Sauce" ebenso gut wie "gebratener Saibling mit Blutwurstgröstel und Pimentokraut". Dazu angenehm legerer und freundlicher Service.

Menü 35 € (vegetarisch)/65 € – Karte 32/61 €

*Hotel Landhaus Hohenlohe, Erlenweg 24* ✉ *74585* – *✆ 07955 93100*
*– www.landhaus-hohenlohe.de – geschl. 1. - 17. Januar, 5. - 17. Oktober und Sonntagabend - Montag*

### 🏚 Landhaus Hohenlohe 🖔 🕌 **P**

**GASTHOF · MODERN** In dem modernen kleinen Landhaus der Familie Mack kommt man nach einem schmackhaften Essen schön zur Ruhe - das liegt zum einen an der Lage in einem Wohngebiet am Ortsrand, zum anderen hat man behagliche Zimmer in warmen Farben, und ein gutes, frisches Frühstück gibt es obendrein.

21 Zim 🖵 - ♦55/85 € ♦♦85/125 € – ½ P

*Erlenweg 24* ✉ *74585* – *✆ 07955 93100 – www.landhaus-hohenlohe.de – geschl. 1. - 17. Januar*

🕾 **Landhaus Hohenlohe** – siehe Restaurantauswahl

# ROTENBURG (WÜMME)

Niedersachsen – 20 950 Ew. – Höhe 21 m – Regionalatlas **18**-H6
▶ Berlin 352 km – Hannover 107 km – Bremen 51 km – Hamburg 79 km
Michelin Straßenkarte 541

### 🍴 Die Wachtelei 🚐 🏠 🄺 🖔 🔄 🚗

**REGIONAL · ELEGANT** 🟸🟸🟸 In dem schönen klassisch-eleganten Restaurant gibt es neben Klassikern wie Wiener Schnitzel oder Rinderroulade auch moderne Gerichte wie "Lammkarree mit Chorizo-Kartoffelstampf, Pimentos, Stangenbohnen, Fenchel".

Menü 45/65 € – Karte 34/74 €

*Hotel Landhaus Wachtelhof, Gerberstr. 6* ✉ *27356* – *✆ 04261 8530*
*– www.wachtelhof.de*

### 🏚 Landhaus Wachtelhof 🚐 🖪 🌐 🏠 🎢 ⊡ 🕌 🚗

**LANDHAUS · ELEGANT** Hier schätzt man die gemütlich-elegante Atmosphäre ebenso wie den aufmerksamen Service - man kümmert sich wirklich gut um die Gäste! Leckeres Frühstück, hochwertiger Spa, zauberhafte Gartenanlage... Tipp: Buchung von Kreuzfahrten möglich.

37 Zim – ♦120/140 € ♦♦185/210 € – 1 Suite – 🖵 22 € – ½ P

*Gerberstr. 6* ✉ *27356* – *✆ 04261 8530 – www.wachtelhof.de*

🍴 **Die Wachtelei** – siehe Restaurantauswahl

# ROTHENBURG ob der TAUBER

Bayern – 10 930 Ew. – Höhe 430 m – Regionalatlas **49**-I17

▶ Berlin 500 km – München 236 km – Würzburg 69 km – Ansbach 35 km

Michelin Straßenkarte 546

## 🍴 **Mittermeier**                                    🏡 🎏

**MODERNE KÜCHE · HIP** ⅩⅩ Trendig-leger und elegant zugleich kommt das schöne Restaurant daher. Hier sitzt man richtig gemütlich, während man freundlich mit guter Küche von klassisch bis modern umsorgt wird. Tipp: Wein und Delikatessen für zuhause. Raucherlounge.

Menü 42/64 € – Karte 44/66 €

**Stadtplan : B1-v** – *Hotel Villa Mittermeier, Vorm Würzburger Tor 7* ⊠ 91541
– ☏ *0986194540 (Tischbestellung ratsam) – www.villamittermeier.de – nur Abendessen – geschl. über Weihnachten und Sonntag - Montag*

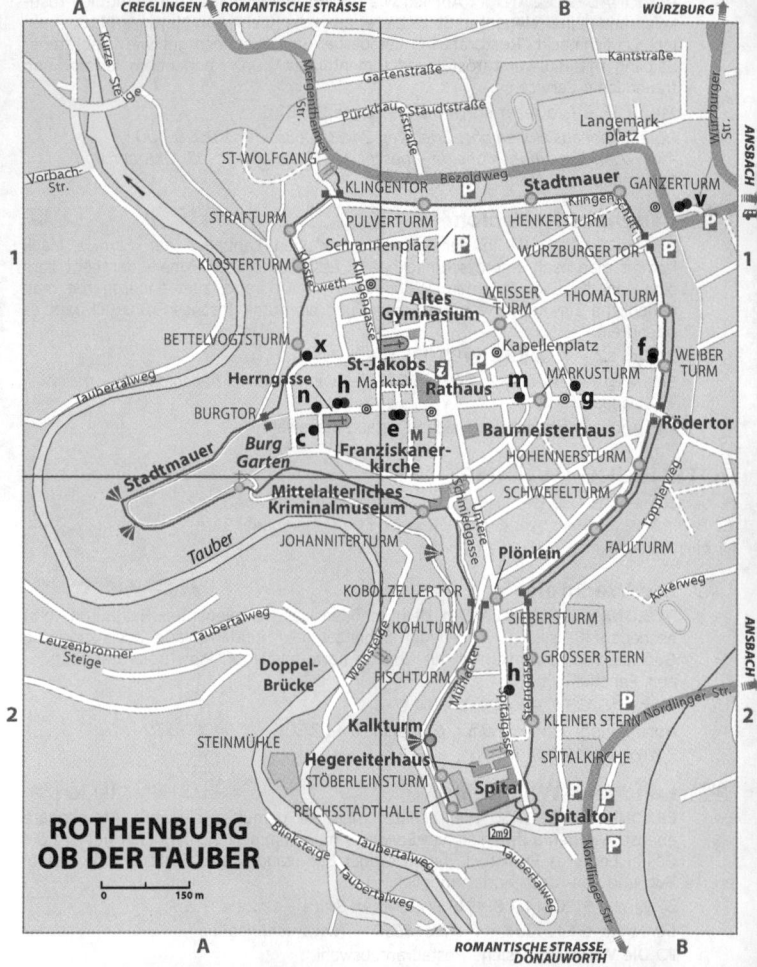

## ⅱ◯ Eisenhut  🏠 ⌘ ⇔

**INTERNATIONAL · KLASSISCHES AMBIENTE** ✕✕ Alles ist schön stimmig: gedie-gener Rahmen, klassisches Mobiliar und ebensolche Tischkultur, dazu beeindruckende Bilder von der Geschichte Rothenburgs. Tolle Terrasse mit Blick in den Garten (auch vom Wintergarten), separat der Biergarten.

Menü 26/64 € – Karte 30/68 €

**Stadtplan : B1-e** – *Hotel Eisenhut, Herrngasse 3* ✉ *91541 –* ✆ *09861 7050* – *www.eisenhut.com*

## ⅱ◯ herrnschlösschen  🏠 ⌘

**INTERNATIONAL · INTIM** ✕ In historischen Mauern hat man ein stimmiges stilvoll-modernes Interieur geschaffen - man beachte den mächtigen Fachwerkbalken von 1526. Ein traumhafter Ort für eine Terrasse ist der Barockgarten! Die Küche widmet sich wechselnden Themen.

Menü 47 € – Karte 32/54 €

**Stadtplan : A1-h** – *Hotel herrnschlösschen, Herrngasse 20* ✉ *91541* – ✆ *09861 873890* – *www.herrnschloesschen.de* – *geschl. November und Montag* – *Dienstag*

## ⅱ◯ topinambur  🏠 ᴀᴋ ⌘

**INTERNATIONAL · TRENDY** ✕ Freundlich, geradlinig und unkompliziert das Ambiente, frisch und saisonal die Küche - hier findet sich auch immer wieder die namengebende Knolle. Vor dem Eingang hat man eine nette Terrasse. Praktisch: öffentlicher Parkplatz in der Nähe.

Menü 30 € – Karte 29/47 €

**Stadtplan : B1-f** – *Prinzhotel Rothenburg, An der Hofstatt 3* ✉ *91541* – ✆ *09861 9750* – *www.prinzhotel.rothenburg.de* – *Januar - April nur Abendessen* – *geschl. Sonntag*

## 🏠 herrnschlösschen  𝕄 ⌘ 🚗

**HISTORISCH · ELEGANT** Es ist schon ein wahres "Bijou", dieses ausgesprochen charmante und geschmackvoll-luxuriöse Boutique-Hotel. Es wird mit persönlicher Note geführt, liegt toll mitten in der historischen Altstadt und hat individuelle, hochwertig designte Zimmer. Dazu exklusiver Service samt ausgezeichnetem Frühstück.

8 Zim ⌑ – ♦180 € ♦♦225/255 € – ½ P

**Stadtplan : A1-h** – *Herrngasse 20* ✉ *91541* – ✆ *09861 873890* – *www.herrnschloesschen.de*

ⅱ◯ **herrnschlösschen** – siehe Restaurantauswahl

## 🏠 Eisenhut  ⬍ 🧖 🚗

**HISTORISCH · KLASSISCH** Hoteltradition seit 1890 heißt es in den vier schmucken Patrizierhäusern mit ihren stilvoll-verspielt eingerichteten Zimmern. Frühstücken Sie bei gutem Wetter unbedingt auf der Terrasse - sonntags kommen auch Langschläfer auf ihre Kosten!

78 Zim – ♦80/160 € ♦♦100/280 € – 1 Suite – ⌑12 € – ½ P

**Stadtplan : B1-e** – *Herrngasse 3* ✉ *91541* – ✆ *09861 7050* – *www.eisenhut.com*

ⅱ◯ **Eisenhut** – siehe Restaurantauswahl

## 🏠 Villa Mittermeier  ⬍ ⌘ 🧖 🅿

**FAMILIÄR · INDIVIDUELL** In der hübschen Sandsteinvilla von 1892 finden sich nicht nur wunderschöne individuelle Zimmer mit persönlichen Details (z. B. Schachspiel), man wird auch herzlich betreut und bekommt am Morgen ein hervorragendes Frühstück, das charmant serviert wird! Autofahrer parken kostenfrei direkt vor der Altstadt.

28 Zim – ♦65/85 € ♦♦79/165 € – ⌑12 € – ½ P

**Stadtplan : B1-v** – *Vorm Würzburger Tor 7* ✉ *91541* – ✆ *09861 94540* – *www.villamittermeier.de*

ⅱ◯ **Mittermeier** – siehe Restaurantauswahl

##  Burg-Hotel

**HISTORISCH · GEMÜTLICH** Von der kleinen Terrasse an der Stadtmauer schaut man so schön übers Taubertal, dass man hier schon zum Frühstück gerne sitzt. Die Zimmer sind geschmackvoll eingerichtet, etwas Besonderes ist die Suite "Burgschlösschen"! Private Spa.

11 Zim 🛏 – 👤95/155 € 👥155/205 € – 3 Suiten

**Stadtplan : A1-x** – *Klostergasse 3* ✉ *91541* – *℘ 09861 94890* – *www.burghotel.eu*

##  BurgGartenpalais

**FAMILIÄR · HISTORISCH** Ein Stück Stadtgeschichte ist das geschmackvolle kleine Hotel, denn in dem über 800 Jahre alten Patrizierhaus findet sich so manch historisches Detail. Sie wohnen in individuellen Zimmern von ländlich bis modern-elegant und speisen traditionell im gemütlichen Restaurant mit toller Terrasse im Garten.

14 Zim 🛏 – 👤85/145 € 👥125/205 € – 2 Suiten – ½ P

**Stadtplan : A1-n** – *Herrngasse 26* ✉ *91541* – *℘ 09861 8747430*
– *www.burggartenpalais.de*

##  Markusturm

**HISTORISCH · INDIVIDUELL** Ein romantisches Domizil direkt neben dem historischen Markusturm und Familienbetrieb in 4. Generation. Die Zimmer sind geschmackvoll und individuell: von charmant-bäuerlich über stilvoll-elegant bis schön modern. In gemütlich-gediegenen Stuben serviert man regionale Küche und selbst gebrautes Bier.

24 Zim 🛏 – 👤98/140 € 👥140/250 € – 1 Suite – ½ P

**Stadtplan : B1-m** – *Rödergasse 1* ✉ *91541* – *℘ 09861 94280*
– *www.markusturm.de*

##  Klosterstüble

**HISTORISCH · MODERN** Neben dem Franziskanerkloster liegt das familiengeführte Hotel. Einige Zimmer sind moderner (klasse das "Falkennest"!), die im ursprünglichen Gasthof (über 500 Jahre alt) sind kleiner und gemütlich. Essen kann man hier Regionales, und zwar im rustikalen Restaurant oder auf der hübschen Terrasse.

18 Zim – 👤63/83 € 👥76/133 € – 3 Suiten – 🛏 10 €

**Stadtplan : A1-c** – *Heringsbronnengasse 5* ✉ *91541* – *℘ 09861 938890*
– *www.klosterstueble.de*

##  Prinzhotel Rothenburg

**PRIVATHAUS · FUNKTIONELL** Ein gepflegtes Haus, in dem man immer am Ball bleibt. Schön modern der Empfangsbereich, ebenso viele der Zimmer, zwei sogar mit Whirlwanne! Und die Lage gleich hinter der historischen Stadtmauer ist für Autofahrer nicht die schlechteste!

52 Zim – 👤75/125 € 👥105/174 € – 🛏 13 € – ½ P

**Stadtplan : B1-f** – *An der Hofstatt 3* ✉ *91541* – *℘ 09861 9750*
– *www.prinzhotel.rothenburg.de*

🍴 **topinambur** – siehe Restaurantauswahl

##  Gerberhaus

**HISTORISCH · GEMÜTLICH** Das hat Charme! Sie übernachten in einer ehemaligen Gerberei a. d. 16. Jh., die heute liebenswerte Gästezimmer und ein ebenso reizendes Café beherbergt. Verlockend: der Duft von frisch gebackenem Kuchen! Ein wirklich lauschiges Plätzchen ist der Garten mit Blick auf die Stadtmauer!

20 Zim 🛏 – 👤75/100 € 👥98/130 €

**Stadtplan : B2-h** – *Spitalgasse 25* ✉ *91541*
– *℘ 09861 94900* – *www.gerberhaus.rothenburg.de*
– *geschl. 7. Januar - Ende Februar*

## 🏠 Spitzweg ✒️ P

**PRIVATHAUS · GEMÜTLICH** Das schmucke Haus hat sich vom Herrschaftssitz a. d. J. 1536 über eine kleine Brauerei im 18. Jh. zu diesem schnuckeligen Hotel entwickelt - dabei hat sich das Gebäude kaum verändert und steht natürlich unter Denkmalschutz. Drinnen überall liebenswertes historisch-rustikales Flair.

9 Zim ⌷ - ♦70 € ♦♦90 €

**Stadtplan : B1-g** – *Paradeisgasse 2* ✉ *91541* – *☎ 09861 94290* – *www.hotel-spitzweg.de*

## In Steinsfeld-Reichelshofen Nord: 7 km über Würzburger Straße B1

### 🍴 Landwehrbräu 🏮 🆔 ⇄ 🚗

**REGIONAL · GEMÜTLICH** 🍴🍴 Lust auf "Krabbencocktail", "Sauerbraten mit Kloß" und "Bayrisch Creme"? In Gasträumen mit traditionellem Charme wird saisonal-regional gespeist, dazu eigenes Bier aus der Brauerei von 1755! Schön die Nebenzimmer für Feierlichkeiten.

Menü 25 € – Karte 26/41 €

*Hotel Landwehrbräu, Reichelshofen 31* ✉ *91628* – *☎ 09865 9890* – *www.landwehr-braeu.de* – *geschl. 2. - 26. Januar*

### 🏠 Landwehrbräu 🔲 🧖 🚗

**GASTHOF · FUNKTIONELL** Ein Brauereigasthof wie aus dem Bilderbuch! Die Zimmer sind detailverliebt eingerichtet, das Personal ist freundlich - fragen Sie doch mal nach der historischen Spieluhr. "Zuckerl" für Oldtimer-Fans: eine Ausfahrt im Bentley von 1948!

37 Zim ⌷ - ♦67/89 € ♦♦79/116 € – ½ P

*Reichelshofen 31* ✉ *91628* – *☎ 09865 9890* – *www.landwehr-braeu.de* – *geschl. 2. - 26. Januar*

🍴 **Landwehrbräu** – siehe Restaurantauswahl

## In Windelsbach Nord-Ost: 9 km über Schweinsdorfer Straße B1, Richtung Ansbach

### 🍴 Landhaus Lebert ⇦ 🌿 🏮 P ☷

**REGIONAL · GASTHOF** 🍴🍴 Wer gerne regional isst, wird die hausgemachten Kürbisravioli ebenso mögen wie "Ansbacher Quellwasser-Saibling mit schwarzem Risotto und Winterspinat". Tipp: Im Schäferwagen verkauft man eigene Gewürze und Produkte aus der Region. Zum Feiern hat man die "Scheune", zum Übernachten nette Zimmer im Landhausstil.

Menü 30/75 € – Karte 25/61 € 8 Zim ⌷ - ♦50/68 € ♦♦83/102 €

*Schlossstr. 8* ✉ *91635* – *☎ 09867 9570* – *www.landhaus-rothenburg.de* – *Dienstag - Freitag nur Abendessen, außer an Feiertagen* – *geschl. 23. - 28. Dezember, Anfang September 1 Woche und Montag*

# ROTHENFELDE, BAD

Niedersachsen – 7 650 Ew. – Höhe 100 m – Regionalatlas **27** E9
▶ Berlin 414 km – Hannover 135 km – Bielefeld 31 km – Münster (Westfalen) 45 km
Michelin Straßenkarte 541

### 🏠 Drei Birken 🍽 🍴 🔲 🎰 🔲 ⅙ ✒️ 🧖 P

**LANDHAUS · MODERN** Die Gästezimmer dieses Familienbetriebs sind teilweise sehr großzügig, einige sind als Themenzimmer für Damen oder Businessgäste ausgelegt. Kosmetik, Massage und Arztpraxis im Haus. Restaurant mit internationaler Küche.

45 Zim ⌷ - ♦68/74 € ♦♦88/110 € – 3 Suiten – ½ P

*Birkenstr. 1* ✉ *49214* – *☎ 05424 6420* – *www.hotel-drei-birken.de*

# ROTTACH-EGERN

Bayern – 5 610 Ew. – Höhe 736 m – Regionalatlas **66**-M21
▶ Berlin 645 km – München 56 km – Garmisch-Partenkirchen 81 km – Bad Tölz 22 km
Michelin Straßenkarte 546

## ✿✿✿ Restaurant Überfahrt Christian Jürgens  🕸 🎐 ᧙ 🍽 🚗

**KREATIV · ELEGANT** XxXX Nur wenige Köche legen ein derartiges Feingefühl an den Tag, Finesse und Geschmack sind über jeden Zweifel erhaben, die Präsentation ist Weltklasse - das ist kreativ-moderne Küche à la Christian Jürgens! Der Service ist diesem Niveau ebenbürtig: Ausgesprochen umsichtig und geschult betreut man seine Gäste.

→ Langostino, Lauchpüree, Vin Jaune, Rosenseitlinge. Kalbsbries, Eidotter, Wurzelgemüse, Pilze. Weinbergpfirsich, Mascarpone, Rotwein, Krokant.

Menü 199/249 € – Karte 133/213 €

*Althoff Seehotel Überfahrt, Überfahrtstr. 10 ✉ 83700 – ℰ 08022 6690*
*(Tischbestellung erforderlich) – www.restaurant-ueberfahrt.com – geschl. 6. März*
*- 6. April, 30. Oktober - 30. November und Montag - Mittwochmittag,*
*Donnerstagmittag*

## ✿ Dichterstub'n  ᧙ 🅿

**FRANZÖSISCH-KLASSISCH · ELEGANT** XxX Der lichte verglaste Holzpavillon ist ein richtig stilvoller Mix aus Rustikalität und Moderne. Neben aufmerksamem Service sorgt an kalten Tagen auch die offene Feuerstelle für wohltuende Stimmung. Ganz im Mittelpunkt steht aber das produktorientierte klassische Menü, das mit Ausdruck und Finesse überzeugt.

→ Saiblingsfilet, alpenländischer Brotsalat, Gurke, tomatisierter Räucherfond. Hummer und Kalbsbries, wilder Brokkoli, Estragon. Eingelegte Mispeln, Schokobrösel, Tegernseer Joghurt, Basilikum.

Menü 94/150 € – Karte 72/110 €

*Park-Hotel Egerner Höfe, Aribostr. 19 ✉ 83700*
*- ℰ 08022 666502 (Tischbestellung ratsam) – www.egerner-hoefe.de*
*- nur Abendessen – geschl. Februar 2 Wochen und Dienstag - Mittwoch*

## ✿ Maiwerts  🎐 🅿

**KLASSISCHE KÜCHE · ZEITGEMÄSSES AMBIENTE** XX Patron Dieter Maiwert setzt in seinem schönen wohnlich-modernen Restaurant auf produktorientierte, geradlinige und ausdrucksstarke klassische Küche. An Liebhaber regional-bürgerlicher Kost ist ebenfalls gedacht. Terrasse zur Straße.

→ Dreierlei Gänseleber. Zweierlei vom Hummer mit Krustentierbisque und Erbsenmousseline. Crêpinette vom Lammrücken.

Menü 55/86 € – Karte 36/86 €

*Südliche Hauptstr. 14 ✉ 83700*
*- ℰ 08022 7056699 (Tischbestellung ratsam) – www.maiwerts.de*
*- geschl. 28. November - 12. Dezember und Montag*

## 🍴 Hubertusstüberl  🎐 ᧙ 🚗

**REGIONAL · GEMÜTLICH** XX Gemütlich sitzt man hier im bayerisch-eleganten "Hubertusstüberl", in der "Maler Stub'n" oder im "St. Florian", und überall gibt's frische regionale Gerichte wie "Wildrahmgulasch mit Preiselbeeren" oder "Saiblingsfilet in Zitronenbutter".

Menü 42 € – Karte 38/72 €

*Park-Hotel Egerner Höfe, Aribostr. 19 ✉ 83700 – ℰ 08022 666502*
*- www.egerner-hoefe.de*

## 🍴 Egerner Bucht  ⪡ 🎐 ᧙ 🆎 🚗

**INTERNATIONAL · ELEGANT** XX Gedeckte Farben, moderne Formen, holzvertäfelte Wände, bodentiefe Fenster..., so das freundlich-elegante Ambiente. Gekocht wird international, vom "Heilbuttfilet in Senfbutter-Nage" bis zum "Kaiserschmarrn mit Preiselbeeren und Vanilleeis".

Menü 35/55 € – Karte 47/75 €

*Althoff Seehotel Überfahrt, Überfahrtstr. 10 ✉ 83700*
*- ℰ 08022 6690 – www.seehotel-ueberfahrt.com*
*- nur Abendessen*

## ↥○ Il Barcaiolo     🕸 ㅖ 퀎

**ITALIENISCH · FREUNDLICH** X X "Vitello Tonnato", "Antipasti misti", "Spaghetti alle vongole" oder lieber "Saltimbocca alla Milanese"? In dem schönen, lichten und lebendigen Restaurant samt attraktiver Terrasse wird authentische italienische Küche serviert.

Menü 35/65 € – Karte 38/73 €

*Althoff Seehotel Überfahrt, Überfahrtstr. 10* ✉ *83700 –* ☎ *08022 6690*
*– www.seehotel-ueberfahrt.com*

## ↥○ Fährhütte 14     ⪡ 🕸 ㅖ

**INTERNATIONAL · RUSTIKAL** X Ein echtes Bijou ist das ruhig am Ufer des Sees gelegene Restaurant der "Überfahrt". Traditionell, bodenständig und doch modern die Atmosphäre, herzlich-leger und versiert der Service. Aus der Küche kommt Internationales wie "Hirschkalbsgulasch in Brombeerjus". Nicht mit dem Auto erreichbar, 300 m Fußweg.

Karte 33/70 €

*Weißachdamm 50* ✉ *83700 –* ☎ *08022 188220 (Tischbestellung ratsam)*
*– www.faehrhuette14.de – geschl. März, November und Montag - Dienstag*

## ↥○ Bayernstube     ㅖ 퀎 ㅖ

**REGIONAL · GEMÜTLICH** X Mittelpunkt der mit Zirbelholz getäfelten Stuben ist ein raumhoher blau-weißer Kachelofen. Lassen Sie sich bayerische Schmankerln schmecken: Weißwürstl, Bauernente, Hirsch-Fleischpflanzerl, und zum Dessert vielleicht Topfen-Palatschinken?

Menü 35/55 € – Karte 38/61 €

*Althoff Seehotel Überfahrt, Überfahrtstr. 10* ✉ *83700*
*–* ☎ *08022 6690 – www.seehotel-ueberfahrt.com*
*– nur Abendessen – geschl. Montag - Mittwoch*

## ↥○ Kirschner Stuben     🕸 ㅖ ㅖ

**INTERNATIONAL · RUSTIKAL** X Nett die Lage am See, heimelig-gemütlich und sympathisch-lebendig die Atmosphäre, und dazu ein schöner Mix an guten, frischen Gerichten, von "zweierlei Thunfisch mit Wasabi" bis zur "in Barolo geschmorten Kalbsschulter mit Rahmwirsing".

Menü 25/100 € – Karte 38/85 €

*Seestr. 23a* ✉ *83700 –* ☎ *08022 273939 (Tischbestellung ratsam)*
*– www.kirschner-stuben.de – geschl. 6. - 30. November und Mittwoch*

## 🏨 Althoff Seehotel Überfahrt    ⪡ 🕸 ㅖ 퀎

**GROSSER LUXUS · ELEGANT** Die eleganten Zimmer in warmen Tönen 🏋 🚗 wie auch der "4 elements spa" samt Spa-Suiten bieten Luxus, top die Lage direkt am See - hier kommt man in den Genuss eines eigenen Strandbades. Toll der Küchenpavillon für exklusive Kochkurse.

153 Zim ☑ – ♦210/480 € ♦♦245/515 € – 23 Suiten – ½ P

*Überfahrtstr. 10* ✉ *83700 –* ☎ *08022 6690 – www.seehotel-ueberfahrt.com*

❀❀❀ **Restaurant Überfahrt Christian Jürgens** • ↥○ **Egerner Bucht** • ↥○ **Il Barcaiolo** • ↥○ **Bayernstube** – siehe Restaurantauswahl

## 🏨 Park-Hotel Egerner Höfe    ⪡ 🕸 ㅖ 퀎

**LUXUS · INDIVIDUELL** Hier fühlt man sich richtig wohl: regionaler Charme und moderne Elemente in gelungenem Mix, das Personal auffallend zuvorkommend, jeder versteht sich als Gastgeber! Wer's ganz besonders individuell mag, bucht die "Alm"-Zimmer. Hochwertige Suiten und Premium-Doppelzimmer in den Höfen Valentina und Catherina.

79 Zim ☑ – ♦129/409 € ♦♦194/449 € – 19 Suiten – ½ P

*Aribostr. 19* ✉ *83700 –* ☎ *08022 6660 – www.egerner-hoefe.de*

❀ **Dichterstub'n** • ↥○ **Hubertusstüberl** – siehe Restaurantauswahl

### 🏠 Haltmair am See

**FAMILIÄR · GEMÜTLICH** Direkt am See liegt das sympathische familiär geführte Haus. Wohnlich sind die Landhauszimmer, Appartements sowie die Seesuite, chic und modern ist der Spabereich. Und das gute Frühstück genießt man bei gemütlicher Atmosphäre und Seeblick.

40 Zim 🖵 – ♦85/100 € ♦♦130/190 € – 3 Suiten

*Seestr. 33 ✉ 83700 – ☏ 08022 2750 – www.haltmair.de – geschl. Ende November - Anfang Dezember 2 Wochen*

### 🏠 Seerose

**LANDHAUS · AM SEE** Wohnlich und angenehm privat ist die Atmosphäre in diesem Familienbetrieb in Seenähe - ruhig und gleichzeitig zentral gelegen. Das Haus verfügt auch über einen netten hellen Saunabereich und ein gemütliches Stüberl.

19 Zim 🖵 – ♦65/85 € ♦♦90/115 €

*Stielerstr. 13 ✉ 83700 – ☏ 08022 924300 – www.seeroserottach.de – geschl. 4. - 12. März, 19. März - 9. April, Ende Oktober - Mitte Dezember*

### 🏠 Fischerweber

**FAMILIÄR · GEMÜTLICH** Sehr gepflegt, gemütlich und direkt am See gelegen! Alles ist behaglich in hellem Holz gehalten. Wenn Sie länger bleiben möchten, buchen Sie eine Ferienwohnung! Und wie wär's mit einem Edelbrand oder Fruchtlikör aus der eigenen Brennerei?

6 Suiten 🖵 – ♦♦105/120 € – 5 Zim

*Überfahrtstr. 1 ✉ 83700 – ☏ 08022 92040 – www.fischerweber.de – geschl. 5. - 19. November*

## In Kreuth Süd: 5,5 km über B 307

### 🍴 Altes Bad

**REGIONAL · LÄNDLICH** XX In dem schön und ruhig gelegenen Gasthaus mit den netten rustikalen Stuben wird so allerlei frische bayerische Küche serviert: Wiener Schnitzel, Fleischpflanzerl, Kalbsrahmbraten, Bauernente... Mittags ist das Angebot etwas reduziert.

Menü 32 € (mittags)/65 € – Karte 23/64 €

*Wildbad Kreuth 2, Süd: 3 km in Richtung Achensee ✉ 83708 – ☏ 08029 304 (Tischbestellung ratsam) – www.altesbad.de – geschl. 6. - 23. November und Montag - Dienstag außer an Feiertagen*

### 🏠 Villa Sonnwend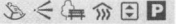

**LANDHAUS · MODERN** Hier schläft, wer den Trubel direkt am See meiden möchte! Charmante Einrichtung, schöner Garten, fürsorglicher Service, ein tolles Frühstück, das keine Wünsche offenlässt... Man spürt die Liebe, mit der das Haus geführt wird!

13 Zim 🖵 – ♦88/138 € ♦♦98/158 € – 4 Suiten

*Setzbergweg 4 ✉ 83708 – ☏ 08029 368 – www.sonnwend.de – geschl. November - Mitte Dezember*

## In Kreuth-Weißach West: 1 km

### 🍽 MIZU Sushi-Bar

**JAPANISCH · DESIGN** X Die geradlinig designte und freundlich-lebendige japanische Restaurantvariante des "Bachmair Weissach". Neben Sushi und Sashimi gibt es auch Leckeres wie "mariniertes Ribeye-Steak mit Knoblauchchips". Nette Idee: Nach dem "Sharing-Prinzip" werden die Speisen zum Teilen mittig auf dem Tisch platziert.

Menü 54/89 € – Karte 30/64 €

*Hotel Bachmair Weissach, Wiesseer Str. 1 ✉ 83700 – ☏ 08022 278463 – www.bachmair-weissach.com – nur Abendessen – geschl. Dienstag*

## 🍴 Gasthof zur Weissach    🏠 ♿ 🅿️

**REGIONAL · GASTHOF** ✗ Im "Gasthof zur Weissach" von 1861 gibt es bayerische Küche, und zwar in hübschen Stuben, die teils in ihrem ursprünglichen Zustand daherkommen! Auf der Karte: klassisches Tatar, Schweinebraten in Dunkelbiersauce, Bayerische Fischsuppe...

Karte 34/63 €

*Hotel Bachmair Weissach, Wiesseer Str. 1 ⊠ 83700 Rottach-Weißach*
*– 𝒞 08022 278463 – www.bachmair-weissach.com*

## 🏨 Bachmair Weissach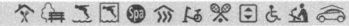

**LUXUS · MONTAN** Das historische Gasthaus ist ein echtes Schmuckstück, und der rauschende Mühlbach verläuft direkt durch den Garten! Hölzer, Stoffe, Deko, alles ist wertig, jedes Zimmer mit Tablet. Spa auf 700 qm, dazu Kids Club. Im Winter ist die "Kreuther Fondue Stube" gefragt. "Bachmair Weissach Arena" für Veranstaltungen.

91 Zim ⊆ – ♦249/289 € ♦♦279/319 € – 55 Suiten – ½ P

*Wiesseer Str. 1 ⊠ 83700 Rottach-Weißach – 𝒞 08022 278463*
*– www.bachmair-weissach.com*

🍴 MIZU Sushi-Bar • 🍴 **Gasthof zur Weissach** – siehe Restaurantauswahl

# ROTTENBUCH

Bayern – 1 690 Ew. – Höhe 763 m – Regionalatlas **65**-K21
▶ Berlin 644 km – München 70 km – Garmisch-Partenkirchen 39 km –
Landsberg am Lech 40 km
Michelin Straßenkarte 546

## In Rottenbuch-Moos Nord-West: 2 km über B 23

## 🏠 Moosbeck-Alm    🥂 🐾 🍴 🛖 🛁 🅿️

**FAMILIÄR · GEMÜTLICH** Ein Haus ganz im Zeichen der Regenbogenfahne. Man wohnt wunderschön im Grünen, in sehr netten, gemütlichen Zimmern. Wer es gerne etwas verspielter hat, wird die Zimmer "König-Ludwig", "Luitpold" und "Si-si" mögen, und natürlich das Modell von Schloss Neuschwanstein im Garten - hier hat man eine FKK-Wiese.

18 Zim ⊆ – ♦48/60 € ♦♦90/120 € – 3 Suiten

*Moos 38 ⊠ 82401*
*– 𝒞 08867 91200 – www.moosbeck-alm.de*
*– geschl. 15. - 30. November*

# ROTTENDORF Bayern ➙ Siehe Würzburg

# ROTTWEIL

Baden-Württemberg – 24 380 Ew. – Höhe 597 m – Regionalatlas **62**-F20
▶ Berlin 724 km – Stuttgart 98 km – Konstanz 87 km – Offenburg 83 km
Michelin Straßenkarte 545

## 🍴 Johanniterstube    🏠 🔄 🚗

**INTERNATIONAL · FREUNDLICH** ✗✗ In dem gemütlichen Restaurant sitzen Sie mit Blick auf den historischen Stadtgraben und werden dabei freundlich und aufmerksam mit international-saisonaler Küche umsorgt. Ein Muss ist im Sommer die schöne Terrasse! Für Hausgäste interessant: ein Menü mit gutem Preis-Leistungs-Verhältnis.

Menü 30/65 € – Karte 36/56 €

*Hotel Johanniterbad, Johannsergasse 12 ⊠ 78628 – 𝒞 0741 530700*
*– www.johanniterbad.de – geschl. 1. - 6. Januar und Sonntagabend*
*– Montagmittag*

###  Johanniterbad

**BUSINESS · FUNKTIONELL** Seit 1929 ist das Haus im Familienbesitz und wird engagiert geführt. Gut auch die ganz zentrumsnahe und trotzdem ruhige Lage am alten Stadtgraben. Fragen Sie nach den neueren Zimmern - geräumig, modern, klimatisiert. Oder lieber die Suite? Sie ist gelungen in die Stadtmauer integriert und hat einen Whirpool.

32 Zim ⌂ – ♦79/99 € ♦♦124/144 € – 1 Suite – ½ P

*Johannsergasse 12 ⊠ 78628 – 𝒞 0741 530700 – www.johanniterbad.de – geschl. 1. - 6. Januar*

🍴 **Johanniterstube** – siehe Restaurantauswahl

## In Zimmern-Horgen Süd-West: 7,5 km in Richtung Hausen

### 🍴 Linde Post

**REGIONAL · FAMILIÄR** ✗✗ Lust auf frische regionale Küche? Gerichte wie "Hirschragout aus der heimischen Jagd mit Spätzle und Preiselbeer-Birne" serviert man im klassischen Restaurant oder im vorgelagerten legeren Bistro samt Bar - hier gibt es auch noch eine kleine Vesperkarte. Zum übernachten hat man wohnliche, zeitgemäße Zimmer.

Karte 19/66 € 7 Zim ⌂ – ♦62 € ♦♦99 €

*Alte Hausener Str. 8 ⊠ 78658*
*– 𝒞 0741 33333 – www.lindepost.de*
*– geschl. Donnerstag*

## RÜDENAU

Bayern – 770 Ew. – Höhe 193 m – Regionalatlas **48**-G16
▶ Berlin 575 km – München 361 km – Würzburg 87 km – Wiesbaden 107 km
Michelin Straßenkarte 546

### 🍴 Zum Stern

**TRADITIONELLE KÜCHE · BÜRGERLICH** ✗ Bereits die 5. Generation leitet diesen traditionsreichen Gasthof, und eine eigene Metzgerei gehört auch dazu. So hat man stets frisches Fleisch für "Sauerbraten mit Klößen und Rotkraut" oder "Tafelspitz mit Meerrettichgemüse". Tipp: selbst hergestellte luftgetrocknete Whisky-Würstchen!

Karte 21/37 € 10 Zim ⌂ – ♦44/57 € ♦♦72/86 €

*Hauptstr. 41 ⊠ 63924 – 𝒞 09371 2834 – www.landhotel-stern.de – geschl. über Fasching 1 Woche, nach Pfingsten 1 Woche, Oktober - November 3 Wochen und Mittwoch außer an Feiertagen*

## RUDERSBERG

Baden-Württemberg – 11 040 Ew. – Höhe 279 m – Regionalatlas **55**-H18
▶ Berlin 600 km – Stuttgart 43 km – Heilbronn 47 km – Göppingen 37 km
Michelin Straßenkarte 545

## In Rudersberg-Schlechtbach Süd: 1 km

### ⊛ Gasthaus Stern

**REGIONAL · GASTHOF** ✗ Der unscheinbare Gasthof an der Ortsdurchfahrt bietet mehr als die (ebenfalls leckeren) typischen Maultaschen. In rustikal-bürgerlichem Ambiente serviert man Ihnen überaus herzlich Schmackhaftes vom "roh marinierten Thunfisch" über "Kuttelsuppe mit Calvados" bis zum "Rindertafelspitz mit Meerrettich".

Menü 27 € (mittags)/45 € – Karte 23/59 €

*Heilbronner Str. 16 ⊠ 73635*
*– 𝒞 07183 8377 – www.stern-schlechtbach.de*
*– geschl. über Pfingsten 3 Wochen, Oktober 3 Wochen und Mittwoch*
*– Donnerstag*

### ‡○ Sonne 🏠 ⅙ 🅿

**TRADITIONELLE KÜCHE · FREUNDLICH** ✗ Das Restaurant der "Sonne" hat für jeden Geschmack das Passende: Ob nette Gaststube oder Restaurant, das Angebot reicht vom deftigen Vesper bis zum mehrgängigen Menü. Beliebt: hausgemachte Maultaschen, aber auch Rehbraten und Zander.

Menü 26/39 € – Karte 22/44 €

*Heilbronner Str. 70 ✉ 73635 – ☎ 07183 305920 – www.sonne-rudersberg.de
– geschl. August 2 Wochen und Sonntagabend - Montagmittag*

### 🏠 Sonne 🔲 🕅 🛏 🖃 ⅙ 🆚 🅿

**GASTHOF · INDIVIDUELL** Ein Haus für viele Gelegenheiten ist der engagiert geführte Familienbetrieb: Businessgäste und Seminarteilnehmer fühlen sich hier ebenso wohl wie Kurzurlauber. Zimmer gibt es von solide-ländlich bis zum chic-modernen "Deluxe". Tipp für Ausflügler: Fahrt mit der Schwäbischen Waldbahn (Schorndorf - Welzheim).

55 Zim ♨ – †80/120 € ††110/165 € – 4 Suiten – ½ P

*Heilbronner Str. 70 ✉ 73635 – ☎ 07183 305920 – www.sonne-rudersberg.de
– geschl. August 2 Wochen*

‡○ **Sonne** – siehe Restaurantauswahl

## RUDOLSTADT

Thüringen – 22 740 Ew. – Höhe 200 m – Regionalatlas **40**-L13
�«▶ Berlin 284 km - Erfurt 48 km - Coburg 79 km - Suhl 65 km
Michelin Straßenkarte 544

### Am Marienturm Süd-Ost: 3 km

### 🏠 Panoramahotel Marienturm 🏸 🥾 ⇇ 🕅 🆚 🅿

**FAMILIÄR · FUNKTIONELL** Die einsame Panoramalage im Wald über Rudolstadt und dem Saaletal lockt zahlreiche Besucher an - ebenso die Aussichtsterrasse des Marienturms gleich nebenan. Gediegene Zimmer in frischen Farben und Restaurant mit rustikaler Note, dazu ein gemütlicher Raum für Frühstück und Veranstaltungen im 1. OG.

29 Zim ♨ – †72/84 € ††99/129 € – ½ P

*Marienturm 1 ✉ 07407 Rudolstadt – ☎ 03672 43270 – www.hotel-marienturm.de*

## RÜCKHOLZ Bayern ➜ Siehe Seeg

## RÜDESHEIM am RHEIN

Hessen – 9 740 Ew. – Höhe 86 m – Regionalatlas **47**-E15
◀▶ Berlin 592 km - Wiesbaden 31 km - Bad Kreuznach 70 km - Koblenz 65 km
Michelin Straßenkarte 543

### 🏠 Breuer's Rüdesheimer Schloss 🏸 🖃 ⅙ 🆚 🍴

**FAMILIÄR · MODERN** Das gut geführte Hotel der Familie Breuer (auch bekannt durch das Weingut) besteht aus dem Gutshaus von 1729 und dem Sickinger Hof. Kunst und Design prägen das Interieur, individuell die Zimmer, teils mit Klimaanlage. Das gemütlich-rustikale Restaurant wird ergänzt durch einen sehr netten Innenhof.

26 Zim ♨ – †89/99 € ††119/149 € – 1 Suite – ½ P

*Steingasse 10 ✉ 65385 – ☎ 06722 90500 – www.ruedesheimer-schloss.com
– geschl. 20. Dezember - 13. Februar*

### 🏠 Trapp 🖃 🆚 🍴

**FAMILIÄR · TRADITIONELL** Der langjährige Familienbetrieb hat eine moderne Note bekommen. So hat man z. B. einige neuere Zimmer, die schön frisch und geradlinig-chic eingerichtet sind! Dazu ein gutes Frühstück und die nette Lage im Herzen des Weinortes.

32 Zim ♨ – †70/105 € ††90/110 €

*Kirchstr. 7 ✉ 65385 – ☎ 06722 91140 – www.hotel-trapp.de – geschl.
20. Dezember - 10. März*

###  Zum Bären

FAMILIÄR · FUNKTIONELL Die Familie investiert stetig in ihr kleines Hotel und so sind einige Zimmer besonders modern: wohnliche Erdtöne, schicke Bäder! Toll für Radler: Es gibt eine Werkstatt, Leihräder und viele Tourenvorschläge des fahrraderfahrenen Chefs!

18 Zim ⊇ – ♦75/120 € ♦♦110/180 €

*Schmidtstr. 24 ⊠ 65385 – 𝒞 06722 90250 – www.zumbaeren.de – geschl. Januar - 15. März*

## In Rüdesheim-Assmannshausen Nord-West: 5 km über B 42

###  Krone

HISTORISCHES GEBÄUDE · INDIVIDUELL Dies ist die Rheingauer Hotellegende! Seit 1541 werden hier Gäste beherbergt, und den historischen Charme des Hauses hat man bewahrt. Man wohnt überaus stilvoll und individuell, Zimmer mit Weinberg- oder Rheinblick. Die schöne Kronenstube bietet Regionales und Internationales, toll die Terrasse.

66 Zim ⊇ – ♦95/125 € ♦♦150/170 € – ½ P

*Rheinuferstr. 10 ⊠ 65385 – 𝒞 06722 4030 – www.hotel-krone.com – geschl. Januar - Februar*

###  Schön

FAMILIÄR · GEMÜTLICH Familie Schön betreibt hier ein Hotel mit Weingut, dessen Tradition auf einen im Jahr 1752 gegründeten Gasthof zurückgeht. Ein Teil der Zimmer ist mit Balkon zum Rhein ausgestattet. Klassisch-rustikales Restaurant und überdachte Terrasse mit Weinlauben-Flair.

15 Zim ⊇ – ♦65/90 € ♦♦90/120 € – 2 Suiten – ½ P

*Rheinuferstr. 3 ⊠ 65385 – 𝒞 06722 2225 – www.karl-schoen.de – geschl. 1. November - 1. April*

## WIR MÖGEN BESONDERS...

Rundum wohlfühlen in **ROEWERS Privathotel**. Die ausgezeichnete kreative Küche und die angenehm unprätentiöse Atmosphäre im **freustil**. Im versteckten **Gutshaus Kubbelkow** abseits des Trubels stilvoll wohnen, im Park relaxen und klassisch speisen. Das stylish designte und ebenso hochwertige Interieur im Hotel **CERÊS** an der schönen Promenade von Binz.

# RÜGEN (INSEL)

Mecklenburg-Vorpommern – Regionalatlas **6**-P3
▶ Berlin 249 km – Schwerin 186 km – Greifswald 60 km – Stralsund 28 km
Michelin Straßenkarte 542

## Baabe – 890 Ew.

### 🏠 Solthus am See ⚘ 🐌 ⟨ 🖼 📶 ♨ ⅂ ♨ ℙ

**LANDHAUS · GEMÜTLICH** Das reetgedeckte Haus liegt idyllisch im Grünen zwischen Selliner See und Greifswalder Bodden. Charmant die behaglichen Zimmer im Landhausstil, die holzgetäfelte kleine Bibliothek, das Restaurant im Blockhaus-Look samt Terrasse mit Blick zum Bodden... Tipp: Schiffsausflug - kleiner Anleger vor dem Haus.

39 Zim ⌂ – ♦59/115 € ♦♦99/156 € – ½ P

*Bollwerkstr. 1, Süd West: 1 km* 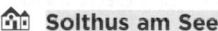 *10500 – ☏ 030303 07100 – www.solthus.de*

### 🏠 Villa Granitz ⅂ ℅ ℙ 🍽

**FAMILIÄR · FUNKTIONELL** Hotel im Stil der Rügener Seebäderarchitektur, in dem man sich aufmerksam um die Gäste kümmert. Die Zimmer teilweise mit Balkon oder Terrasse, entspannen kann man im romantischen Garten oder am Meer nur wenige Gehminuten entfernt. Gemütlich: abendlicher Absacker in einem als Bar dienenden alten Fischerboot.

49 Zim ⌂ – ♦44/72 € ♦♦70/106 € – 6 Suiten

*Birkenallee 17* ✉ 18586 – ☏ 038303 1410 – www.villa-granitz.de – geschl. November - März

## Binz – 5 120 Ew.

### ✿ freustil 🍴

**KREATIV · TRENDY** ⅄ So unprätentiös und lebendig die Atmosphäre, so ambitioniert ist man hier bei der Sache. Angenehm leger, freundlich und geschult serviert man Ihnen feine und kontrastreiche kreative Küche in Form zweier Menüs, eines davon vegetarisch. Mittags kommt auch das preislich sehr faire 2-Gänge-Menü gut an.

→ Königskrabbe, Gurke, Buttermilch, Dill. Maibock, Ollebrod, Zwiebeln. Erdbeer Müsli.

Menü 48 € (vegetarisch)/94 €

*Hotel Vier Jahreszeiten, Zeppelinstr. 8* ✉ 18609 – ☏ 038393 50444 – www.freustil.de – geschl. Montag, Oktober - Mai: Montag - Dienstag

**⑪○ Rugard's Gourmet** ⬸ 📶 ♿ AC P

KLASSISCHE KÜCHE · ELEGANT XXX Herrlich der Ausblick von diesem eleganten Restaurant in der 5. Etage! Zur klassischen Küche kommt der freundliche und aufmerksame Service samt guter Weinberatung. Praktisch: Außenaufzug zu den Restaurants an der Strandpromenade.

Menü 59/119 €

*Rugard Strandhotel, Strandpromenade 62, (5. Etage), Zufahrt über Proraer Straße ✉ 18609 – ✆ 038393 56830 (Tischbestellung ratsam) – www.rugard-strandhotel.de – nur Abendessen – geschl. Januar 3 Wochen, November 3 Wochen und Sonntag - Montag*

**⑪○ NEGRO** ⬸ 🏠 🚗

MARKTKÜCHE · DESIGN XX Klare Linien und modernes Lichtkonzept ergeben ein schickes Interieur, draußen die schöne Terrasse mit Meerblick. Aus der Küche kommen saisonal-internationale Gerichte wie "Ostseelachs mit Graupenrisotto, Zitrus und Gemüsecreme".

Menü 44 € – Karte 33/70 €

*Hotel CERÊS, Strandpromenade 24 ✉ 18609 – ✆ 038393 666777 – www.ceres-hotel.de – nur Abendessen*

**⑪○ Strandhalle** 🏠 ✗ P

TRADITIONELLE KÜCHE · TRADITIONELLES AMBIENTE X Wiener Schnitzel, Rinderroulade oder lieber "Ostseedorsch unter der Kartoffel-Rosmarinkruste auf Wirsing"? In dem netten Strandhaus am Ende der Promenade gibt's für jeden Geschmack etwas, dazu nostalgisches Flair und schönen Meerblick. Lieblingsplatz ist im Sommer die herrliche Terrasse mit Strandkörben.

Menü 30 € – Karte 22/49 €

*Strandpromenade 5 ✉ 18609 – ✆ 038393 31564 – www.strandhalle-binz.de – November - März: Dienstag - Freitag nur Abendessen – geschl. Ende Januar 2 Wochen und September - Mai: Montag*

**🏨 Travel Charme Kurhaus Binz**

SPA UND WELLNESS · KLASSISCH Seit 1908 existiert der beeindruckende Bau an der bekannten Seebrücke. Komfortabel und wertig die Zimmer, großzügig der Wellnessbereich. Dazu die geräumige Atrium-Lobby, das gemütliche Kaminzimmer und die schöne Lounge-Bar "Kakadu". Regional-internationale Küche im klassisch-stilvollen "Kurhaus" (Meerblick inklusive), Grillgerichte im "Steakhaus".

137 Zim ⌫ – †89/243 € ††148/337 € – 6 Suiten – ½ P

*Strandpromenade 27, Zufahrt über Schillerstr. 5 ✉ 18609 – ✆ 038393 6650 – www.travelcharme.com/kurhaus-binz*

**🏨 Grand Hotel Binz**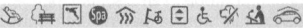

SPA UND WELLNESS · ELEGANT Eine wohnlich-elegante Ferienadresse, die an die Bäderarchitektur erinnert. Zimmer zur Meer- oder zur Waldseite, sehr schön die Maisonette-Suiten. Zum Entspannen: der nahe Strand sowie Anwendungen im authentischen Thai-Bali-Spa! Internationale Küche im Restaurant mit Wintergarten und netter kleiner Terrasse.

122 Zim ⌫ – †115/194 € ††170/328 € – 5 Suiten – ½ P

*Strandpromenade 7 ✉ 18609 – ✆ 038393 150 – www.grandhotelbinz.com*

**🏨 CERÊS**

LUXUS · MODERN Der Eigentümer ist Architekt, daher das durchgestylte Interieur! Wertiges Design in Zimmern und Bädern (letztere teilweise mit Seeblick von der Badewanne!), schicker kleiner Spa, Innenhof mit Loungeflair. Tipp: Buchen Sie einen der hauseigenen Strandkörbe am Meer oder machen Sie einen Ausflug mit dem Porsche!

42 Zim ⌫ – †143/433 € ††158/468 € – 6 Suiten – ½ P

*Strandpromenade 24 ✉ 18609 – ✆ 038393 66670 – www.ceres-hotel.de*

⑪○ **NEGRO** – siehe Restaurantauswahl

**Rugard Strandhotel** 🏹 🍴 🛏 🖥 🌐 🧖 ⊡ **P**

**SPA UND WELLNESS · GEMÜTLICH** An der schönen lang gezogenen Binzer Bucht erwarten Sie wohnliche Landhauszimmer, ein gediegener Lounge-/Barbereich und ein großer Spa mit Panorama-Dachterrasse. "Bernstein": helles, verglastes Restaurant mit Bernsteinbrunnen.

221 Zim 🛏 – ♦99/135 € ♦♦148/228 € – 10 Suiten – ½ P

*Strandpromenade 62, Zufahrt über Proraer Straße ✉ 18609 – ☎ 038393 560 – www.rugard-strandhotel.de*

🍴 **Rugard's Gourmet** – siehe Restaurantauswahl

 **Seehotel Binz-Therme** 🏹 🍴 🛏 🖥 🌐 🧖 🧗 ⊡ 🛁 🍴 🏋 🚗

**SPA UND WELLNESS · AM MEER** Am ruhigeren Teil der Strandpromenade liegt dieses komfortable Hotel, nur der Küstenschutzwald trennt Sie von der Ostsee. Beliebt ist das Haus auch bei Familien - ideal die Residenzappartements mit kleiner Küche, auch Kinderbetreuung wird angeboten. Tipp: Thermalbad mit Wasser aus 1222 m bzw. 300 m Tiefe!

117 Zim 🛏 – ♦94/163 € ♦♦125/217 € – ½ P

*Strandpromenade 76, Zufahrt über Dollahner Straße ✉ 18609 – ☎ 038393 61510 – www.binz-therme.de*

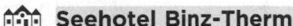 **niXe** 🍴 🧖 ⊡ 🏋 **P**

**BOUTIQUE-HOTEL · MODERN** Eine schmucke Villa von 1903 und ein modernes Nebenhaus bilden das kleine Designhotel in bester Lage. Alles ist überaus geschmackvoll, stimmig und wertig in geradlinigem Stil gehalten - toll die Zimmer mit Meerblick! Ebenso attraktiv der Saunabereich, nicht zu vergessen der charmante Service im ganzen Haus!

12 Zim 🛏 – ♦129/235 € ♦♦168/390 € – 4 Suiten

*Strandpromenade 10 ✉ 18609 – ☎ 038393 666200 – www.nixe.de*

 **Vier Jahreszeiten** 🏹 🛏 🌐 🧖 🛁 ⊡ 🍴 🚗

**SPA UND WELLNESS · KLASSISCH** Außen die ansprechende weiße Fassade im typischen Bäderstil, innen schön wohnliche Zimmer - wie wär's mit frischem, modern-maritimem Stil? Zum Wohlfühlen auch der Spa. Im freundlichen Restaurant "Orangerie" gibt es das HP-Angebot.

79 Zim 🛏 – ♦69/149 € ♦♦79/199 € – ½ P

*Zeppelinstr. 8 ✉ 18609 – ☎ 038393 500 – www.vier-jahreszeiten.de*

🌼 **freustil** – siehe Restaurantauswahl

**Strandhotel Binz** 🏹 🧖 ⊡ 🚗

**FAMILIÄR · KLASSISCH** Hübsch anzuschauen ist das Haus mit der historischen Fassade. Im Stammhaus und Anbau überzeugen wohnliche Zimmer in geradlinig-modernem oder klassischem Stil, nicht zu vergessen der freundliche Service und die Lage nahe der Strandpromenade. Im Restaurant maritimes Flair und Fischküche. Hinweis: Tiefgarage mit Parkboxen-System für große Autos nicht ideal.

54 Zim 🛏 – ♦69/129 € ♦♦79/199 € – ½ P

*Strandpromenade 33, Zufahrt über Marienstraße ✉ 18609 – ☎ 038393 3810 – www.strandhotel-binz.de*

**Imperial** 🍴 ⊡ **P**

**FAMILIÄR · GEMÜTLICH** In der schönen Jugendstilvilla von 1903 hat man klassisch-wohnliche Zimmer für Sie, die meist Balkon und Ostseeblick bieten. Sehr nett: Frühstück auf der Terrasse zur Promenade! Nutzen Sie auch den Shuttleservice von und zum Bahnhof.

27 Zim 🛏 – ♦50/85 € ♦♦71/145 €

*Strandpromenade 20, Zufahrt über Schwedenstraße ✉ 18609 – ☎ 038393 1380 – www.karin-loew-hotellerie.de – geschl. 18. - 25. Dezember, 5. - 10. Januar*

### 🏠 Villa Salve

**FAMILIÄR · INDIVIDUELL** In dem über 100 Jahre alten denkmalgeschützten Haus mit der weißen Villenfassade erwarten Sie charmante Gastgeber und wohnliche, individuelle Zimmer - nach hinten teilweise mit großem Balkon, nach vorne mit tollem Meerblick. Restaurant im Brasseriestil mit schöner Terrasse zum Strand.

11 Zim ☑ – 🛉90 € 🛉🛉100 € – 3 Suiten – ½ P

*Strandpromenade 41, Zufahrt über Lottumstr. 13 ✉ 18609 – ☏ 038393 2223 – www.salve-binz.de*

## Göhren – 1 240 Ew. – Höhe 35 m

### 🏘 Travel Charme Nordperd

**KETTENHOTEL · ELEGANT** Leicht erhöht und relativ ruhig liegt das aus mehreren Häusern bestehende Ferienhotel. Tipptopp gepflegt und wohnlich die Zimmer, schön der großzügige Spa, herrlich der Garten mit tollem Meerblick. Und zum Strand haben Sie direkten Zugang.

88 Zim ☑ – 🛉65/185 € 🛉🛉98/264 € – 4 Suiten – ½ P

*Nordperdstr. 11 ✉ 18586 – ☏ 038308 70 – www.travelcharme.com – geschl. Mitte Januar - April*

### 🏘 Hanseatic

**SPA UND WELLNESS · FUNKTIONELL** Ein neuzeitliches Hotel im Bäderstil mit markantem Turm (hier Café und Standesamt). Neben wohnlichen Zimmern mit Pantry sowie Appartements in den Villen Fortuna und Felicitas gibt es einen hübschen Spa. Gastronomisch bietet man mittags im Bistro eine kleine Karte, abends internationale Küche im Restaurant.

125 Zim ☑ – 🛉84/154 € 🛉🛉130/198 € – 5 Suiten – ½ P

*Nordperdstr. 2 ✉ 18586 – ☏ 038308 515 – www.hotel-hanseatic.de*

### 🏠 Inselhotel

**FAMILIÄR · FUNKTIONELL** Nur 150 m vom Dünenwald entfernt empfangen Sie wirklich freundliche Gastgeber. Man hat neuzeitlich-funktionale Zimmer (darunter auch Appartements) und frühstücken kann man schön auf der Terrasse vor dem Haus. Übrigens: Parken ist inklusive.

26 Zim ☑ – 🛉55/71 € 🛉🛉80/118 € – 5 Suiten

*Wilhelmstr. 6 ✉ 18586 – ☏ 038308 5550 – www.inselhotel-ruegen.de – geschl. 15. November - 28. Dezember*

## Lohme – 460 Ew. – Höhe 50 m

### 🏘 Schloss Ranzow

**HISTORISCH · GEMÜTLICH** Der Weg an die nordöstliche Spitze der Insel lohnt sich: ein tolles Anwesen in exponierter Lage mit Traumblick! Im Schloss von 1900 schicke, edel-moderne Zimmer und das elegante Restaurant mit regionaler Küche, im Gästehaus geradlinig designte Appartements. Zudem Golfplatz und Hauskapelle.

20 Zim ☑ – 🛉85/239 € 🛉🛉105/259 € – ½ P

*Schlossallee 1 ✉ 18551 – ☏ 038302 88910 – www.schloss-ranzow.de – geschl. 3. Januar - 2. März, 31. Oktober - 21. November*

## Putbus – 4 330 Ew. – Höhe 50 m

## In Putbus-Lauterbach Süd-Ost: 2 km

### 🏘 Badehaus Goor

**HISTORISCH · KLASSISCH** Direkt am Greifswalder Bodden steht die ehemalige fürstliche Residenz von 1818 - ein hübscher Rahmen für geschmackvolle, klassisch-wohnliche Zimmer. Schön sind auch Spa und Garten. Elegantes Restaurant mit Terrasse im reizvollen Innenhof.

86 Zim ☑ – 🛉50/110 € 🛉🛉86/180 € – 3 Suiten – ½ P

*Fürst-Malte-Allee 1 ✉ 18581 – ☏ 038301 88260 – www.hotel-badehaus-goor.de*

## Ralswiek – 240 Ew.

### 🏰 Schlosshotel Ralswiek  🏠 🐾 🛏 📺 🏛 🔆 & 🍽 🌿 🅿

**HISTORISCHES GEBÄUDE · INDIVIDUELL** Wunderschön anzusehen ist das 1893 im Stil der Neurenaissance erbaute Schloss, das oberhalb des Jasmunder Boddens einsam in einem Park liegt. Auch Kosmetikanwendungen gibt es im Haus. Von der Terrasse des hübschen Restaurants schaut man auf Park, Bodden und Seebühne.

62 Zim 🛏 – 🛏65/85 € 🛏🛏93/190 € – 3 Suiten – ½ P

*Parkstr. 35 ⊠ 18528 – ☎ 03838 20320 – www.schlosshotel-ralswiek.de*

## Sagard – 2 430 Ew. – Höhe 25 m

## In Sagard-Neddesitz Nord-Ost: 3 km

### 🏰 Precise Resort  🏠 🐾 🛏 🏛 🔆 & 🌿 🅿

**RESORT · FUNKTIONELL** Eine familienfreundliche Ferienanlage mit historischem Gutsherrenhaus als Herzstück. Hier befinden sich individuelle, sehr wohnliche Suiten. Angrenzende Therme mit Sport- und Wellnessangebot. Am Abend stehen die Restaurants "L'Osteria" (hier italienische Küche) und "Hofküche" mit Buffet zur Wahl.

139 Zim – 🛏99/199 € 🛏🛏109/209 € – 10 Suiten – 🛏14 € – ½ P

*Am Taubenberg 1 ⊠ 18551 – ☎ 038302 95 – www.precisehotelruegen.de*

## Sassnitz – 9 490 Ew. – Höhe 30 m

### 🍴 Gastmahl des Meeres  🐾 ← 🏯

**FISCH UND MEERESFRÜCHTE · GEMÜTLICH** ⅗ Eine sympathische Adresse für Fischliebhaber. Hier freut man sich z. B. auf "gebratenen Heilbutt mit Kräuterbutter, Blattsalaten und Petersilienkartoffeln" - gerne sitzt man dazu auf der Terrasse zur Strandpromenade. Und wer in einem der ländlich-wohnlichen Zimmer übernachtet, hat einen eigenen Parkplatz.

Karte 23/44 €   12 Zim 🛏 – 🛏65/85 € 🛏🛏85/115 €

*Strandpromenade 2 ⊠ 18546 – ☎ 038392 5170*
*– www.gastmahl-des-meeres-ruegen.de*

## Sehlen – 860 Ew. – Höhe 35 m

## In Sehlen-Klein Kubbelkow Nord-West: 3,5 km, über die B 96 Richtung Bergen

### 🍴 Gutshaus Kubbelkow  🚗 🐾 🏯 🅿 ⌷

**INTERNATIONAL · ELEGANT** ⅗⅗ Mit schmucker Fassade und stilvollen Salons bewahrt das denkmalgeschützte Herrenhaus in schöner Parklage den Charme von 1908. Gekocht wird international, Mo. und Di. kleineres Angebot. Tipp: Bleiben Sie über Nacht - die Zimmer sind hochwertig und geschmackvoll, hier und da antike Stücke, toll das Frühstück!

Menü 45/72 € – Karte 45/51 €   8 Zim 🛏 – 🛏95/160 € 🛏🛏115/130 € – 2 Suiten

*Im Dorfe 8 ⊠ 18528 – ☎ 03838 8227777 – www.kubbelkow.de – nur Abendessen – geschl. Anfang Februar 2 Wochen*

## Sellin – 2 410 Ew. – Höhe 20 m

### 🍴 Ambiance 🅽  🍴 🏯 🅿

**INTERNATIONAL · KLASSISCHES AMBIENTE** ⅗⅗ Appetit machen hier ambitionierte international-saisonale Gerichte wie "niedrig gegartes Brisket vom US Prime Beef mit Morcheln und konfierter Süßkartoffel". Alternativ können Sie auch von der Karte des "Clou" nebenan wählen. Der Rahmen klassisch, der Service herzlich und versiert. Schön die Terrasse.

Menü 40/85 € – Karte 50/58 €

*Hotel ROEWERS Privathotel, Wilhelmstr. 34 ⊠ 18586 – ☎ 038303 1220 – www.roewers.de – nur Abendessen*

**⫟O Clou**  ⛲ **P**

INTERNATIONAL · FREUNDLICH ✗ Sie sitzen in freundlicher Atmosphäre, werden geschult und angenehm leger umsorgt und lassen sich frische, gute Küche schmecken. Wie wär's mit "auf der Haut gebratenem Dorschfilet mit Rieslingsauce, Pommery-Senfkraut und gefüllten Gnocchi"?

Karte 42/47 €

*Hotel ROEWERS Privathotel, Wilhelmstr. 34 ⊠ 18586 – ℰ 038303 1220*
*– www.roewers.de*

**⫟⫟⫟ ROEWERS Privathotel**  **P**

LUXUS · GEMÜTLICH Das hübsche Villen-Ensemble ist eine ausgesprochen engagiert geführte Adresse, die sich zum Wohl des Gastes stetig weiterentwickelt. Die Zimmer wohnlich-elegant, die Mitarbeiter aufmerksam. Zudem findet man auf dem 1 ha großen Grundstück unweit des Ostseestrandes einen herrlichen Privatpark samt schönem Spa.

28 Zim ⌂ – ♦140/180 € ♦♦170/210 € – 24 Suiten – ½ P

*Wilhelmstr. 34 ⊠ 18586 – ℰ 038303 1220 – www.roewers.de*
⫟O **Ambiance** • ⫟O **Clou** – siehe Restaurantauswahl

# RÜTHEN

Nordrhein-Westfalen – 10 330 Ew. – Höhe 380 m – Regionalatlas **27**-F11
▶ Berlin 466 km – Düsseldorf 150 km – Arnsberg 44 km – Detmold 73 km
Michelin Straßenkarte 543

## In Rüthen-Kallenhardt Süd: 8 km über Suttrop

**㊂ Knippschild** ⛲ 🌿 ⇆ 🚗

REGIONAL · FREUNDLICH ✗✗ Dorfstube, Bauernstube, Romantikstube - ausgesprochen gemütlich hat man es hier, die Einrichtung steckt voller Charme und Liebe zum Detail! Gekocht wird frisch, schmackhaft und saisonal, so z. B. "gefüllte Hirschrouladen mit Pfifferlingen in Rotwein-Preiselbeersauce". Der Service freundlich-leger.

Menü 29 € – Karte 32/55 €

*Hotel Knippschild, Theodor-Ernst-Str. 3 ⊠ 59602 – ℰ 02902 80330*
*– www.hotel-knippschild.de – geschl. über Weihnachten*

**⫟⫟ Knippschild**  **P**

LANDHAUS · GEMÜTLICH Seit Generationen sorgen die Knippschilds hier für freundlich-familiären Service und schönes Ambiente. Immer wieder wird investiert, überall ist es gemütlich, dafür sorgen Farben, Stoffe, Holz... Schauen Sie sich unbedingt auch das charmant-urige Saunadorf an! Elektrofahrräder kann man kostenlos leihen.

20 Zim ⌂ – ♦95/208 € ♦♦118/218 € – 2 Suiten – ½ P

*Theodor-Ernst-Str. 3 ⊠ 59602 – ℰ 02902 80330 – www.hotel-knippschild.de*
*– geschl. über Weihnachten*
㊂ **Knippschild** – siehe Restaurantauswahl

# RUHPOLDING

Bayern – 6 730 Ew. – Höhe 656 m – Regionalatlas **67**-O21
▶ Berlin 703 km – München 115 km – Bad Reichenhall 30 km – Salzburg 43 km
Michelin Straßenkarte 546

**⫟⫟ Ortnerhof**  **P**

SPA UND WELLNESS · GEMÜTLICH Wellness direkt im Hotel, Golfen gleich nebenan. Viel Platz hat man in den schönen Zimmern im neueren Anbau. "Private Spa Suite" für Paare, gemütliche Hotelbar in der Halle. A-la-carte-Gäste wählen von der zeitgemäßen Tageskarte. HP inkl.

44 Zim ⌂ – ♦45/79 € ♦♦118/242 € – ½ P

*Ort 6, (am Golfplatz), Süd: 3 km ⊠ 83324 – ℰ 08663 88230 – www.ortnerhof.de*

###  Steinbach-Hotel 🏯 🖨 🖼 🎵 🛋 🛁 😋 🚗

**FAMILIÄR · TRADITIONELL** Von hier aus ist man im Nu am Skilift. Wer's ruhiger mag, entspannt im schönen Saunabereich oder im Hallenbad. Die Zimmer sind recht unterschiedlich, die meisten mit Balkon. Besonders gemütlich speist man in der holzgetäfelten Stube am Kachelofen.

67 Zim 🖙 – †60/77 € ††110/144 € – 8 Suiten – ½ P

*Maiergschwendter Str. 8 ⊠ 83324 – 𝒞 08663 5440 – www.steinbach-hotel.de*
*– geschl. November*

## RUHSTORF an der ROTT

Bayern – 6 930 Ew. – Höhe 319 m – Regionalatlas **60**-P19
▶ Berlin 622 km – München 155 km – Passau 23 km – Salzburg 118 km
Michelin Straßenkarte 546

###  Antoniushof 🏯 🖨 🍴 🖼 📶 🎵 🛋 🔁 😋 🅿

**FAMILIÄR · GEMÜTLICH** Ein traditionsreicher Familienbetrieb mit verschiedenen Zimmerkategorien im wohnlichen Landhausstil. Eine Besonderheit: die Wellness-Suite mit Sauna und Whirlpool. Aber auch im schönen Feng-Shui-Garten lässt es sich gut entspannen. Internationale Küche in der rustikal-eleganten Kaminstube und im Wintergarten.

37 Zim 🖙 – †85/125 € ††116/176 € – 2 Suiten – ½ P

*Ernst-Hatz-Str. 2 ⊠ 94099 – 𝒞 08531 93490 – www.antoniushof.de*

## RUPPERTSBERG

Rheinland-Pfalz – 1 460 Ew. – Höhe 121 m – Regionalatlas **47**-E16
▶ Berlin 653 km – Mainz 90 km – Neustadt an der Weinstraße 9 km – Saarbrücken 126 km
Michelin Straßenkarte 543

### 🍽️ Hofgut Ruppertsberg 🛋 🍴 ♻ 🅿

**REGIONAL · RUSTIKAL** 🍴 Der historische Gasthof ist eine der Keimzellen des Weinguts Bürklin-Wolf und heute ein charmantes Restaurant samt herrlichem Innenhof – prädestiniert für Hochzeiten! Man verarbeitet fast ausschließlich Bio-Produkte, so z. B. für "gekochte Schweinezunge mit Meerrettichsauce" oder "überbackene Zwiebelsuppe".

Menü 34/62 € – Karte 27/74 €

*Obergasse 2 ⊠ 67152 – 𝒞 06326 982097 – www.dashofgut.com – Montag*
*- Freitag nur Abendessen – geschl. Februar 2 Wochen und Dienstag, Mai*
*- Oktober: Dienstag, Samstag*

## RUST

Baden-Württemberg – 3 800 Ew. – Höhe 164 m – Regionalatlas **53**-D20
▶ Berlin 776 km – Stuttgart 185 km – Freiburg im Breisgau 37 km – Offenburg 37 km
Michelin Straßenkarte 545

### 🌸🌸 ammolite - The Lighthouse Restaurant 🛋 🛁 🆎 ♻ 🅿

**MODERNE KÜCHE · DESIGN** 🍴🍴🍴 Überaus edel kommt das Restaurant im EG des Leuchtturms daher, schöne Materialien und dunkle Töne vermitteln Eleganz und Luxus. Von einigen Plätzen schaut man in die Küche, wo angenehm moderne Gerichte mit internationalem Einfluss entstehen - aufwändig, aber nicht überladen. Fachkundig die Weinberatung.

→ Gänseleber, Mango, Passionsfrucht, grüner Pfeffer. Taube, Kichererbsen, Aubergine, Granatapfel, Kefir. Rind, Brokkoli, Buchweizen, Grapefruit, Urwaldpfeffer.

Menü 69/119 € – Karte 99/112 €

*Hotel Bell Rock, Peter-Thumb-Str. 6 ⊠ 77977 – 𝒞 07822 776699 (Tischbestellung*
*ratsam) – www.ammolite-restaurant.de – Mittwoch - Freitag nur Abendessen*
*– geschl. Februar, 19. Juli - 1. August, 23. - 25. Dezember und Montag - Dienstag*

### 🏨 Bell Rock   ✿ 🎾 🖼 ⑩ 🏊 🛁 ➕ 👥 📖 🏋 P

**RESORT · ELEGANT** Entdecken Sie das historische Neuengland! Stilvolle Fassaden und geschmackvolles Interieur mit maritimem Touch auf 40 000 qm. Zahlreiche schöne Details von den großen Bildern in der Halle über originelle Kinder-Etagenbetten im Schiffs-Look bis zum Pooldeck "Mayflower" widmen sich den Pilgervätern in Amerika.

190 Zim 🛏 – †86/175 € ††121/225 € – 35 Suiten

*Peter-Thumb-Str. 6, (im Europa-Park)* ✉ 77977 – ☎ 07822 8600
*– www.europapark.de/bell-rock – geschl. 23. - 25. Dezember*

❀❀ **ammolite - The Lighthouse Restaurant** – siehe Restaurantauswahl

### 🏨 Santa Isabel 🅽   ✿ 🎾 ⑩ 🏊 ➕ 👥 📖 P

**RESORT · MEDITERRAN** Die Architektur ist einem portugiesischen Kloster nachempfunden, das Interieur versprüht mediterranen Charme. Schöner Spa, Restaurant im Stil einer Apotheke, hübsche Terrasse. Praktisch: Viele Zimmer sind für Familien geeignet.

58 Zim 🛏 – †158/167 € ††204/216 € – 8 Suiten

*Europa-Park-Str. 4, (Im Europa-Park)* ✉ 77977 – ☎ 07822 8600
*– www.europapark.de/santa-isabel – geschl. über Weihnachten, 9. Januar
- 31. März: Montag - Freitag*

### 🏨 Colosseo 🅽   ✿ 🎾 ⑩ 🏊 ➕ 👥 📖 P

**RESORT · MEDITERRAN** Darf es ein bisschen historisches Rom sein? Das italienische Flair reicht vom Kolosseumbogen und der schönen Piazza über die hübsch dekorierten Zimmer bis zum Wellnessbereich. Und in den Restaurants gibt's natürlich auch Pizza und Pasta.

324 Zim 🛏 – †86/167 € ††121/215 € – 22 Suiten

*Europa-Park-Str. 4, (im Europa-Park)* ✉ 77977 – ☎ 07822 8600
*– www.europapark.de/colosseo*

## SAALFELD

Thüringen – 25 100 Ew. – Höhe 240 m – Regionalatlas **40**-L13
▶ Berlin 294 km – Erfurt 59 km – Coburg 73 km – Suhl 65 km
Michelin Straßenkarte 544

### 😊 Güldene Gans   🏯 🍸 P

**MARKTKÜCHE · GEMÜTLICH** ✕✕ In dem charmant dekorierten Restaurant serviert man Ihnen regional-saisonale Gerichte wie "heimisches Saiblingsfilet mit Ricotta-Spinatravioli" oder "Rinderroulade in Rotweinsauce geschmort mit Rotkohl und Kloß-Zweierlei". Oder darf es vielleicht das "Gourmet-Menü" sein? Das gibt es auf Vorbestellung.

Menü 25 € (mittags)/49 € – Karte 24/49 €

*Hotel Anker, Markt 25* ✉ 07318 – ☎ 03671 599103 – www.gueldene-gans.de
*– geschl. Weihnachten - Anfang Januar und Sonntag - Montagmittag,
Freitagmittag*

### 🏠 Anker   🍸 P

**HISTORISCH · KLASSISCH** Schon seit 1543 existiert dieses Gasthaus direkt am Marktplatz, in dem man gut schlafen und speisen kann! Tipp: Die Zimmer zum Marktplatz sind teilweise etwas größer geschnitten.

49 Zim 🛏 – †57/83 € ††85/109 € – 2 Suiten – ½ P

*Markt 25* ✉ 07318 – ☎ 03671 5990 – www.hotel-anker-saalfeld.de

😊 **Güldene Gans** – siehe Restaurantauswahl

## SAARBRÜCKEN

Saarland – 177 210 Ew. – Höhe 190 m – Regionalatlas **45**-C17
▶ Berlin 710 km – Mannheim 128 km – Luxembourg 93 km – Metz 67 km
Michelin Straßenkarte 543

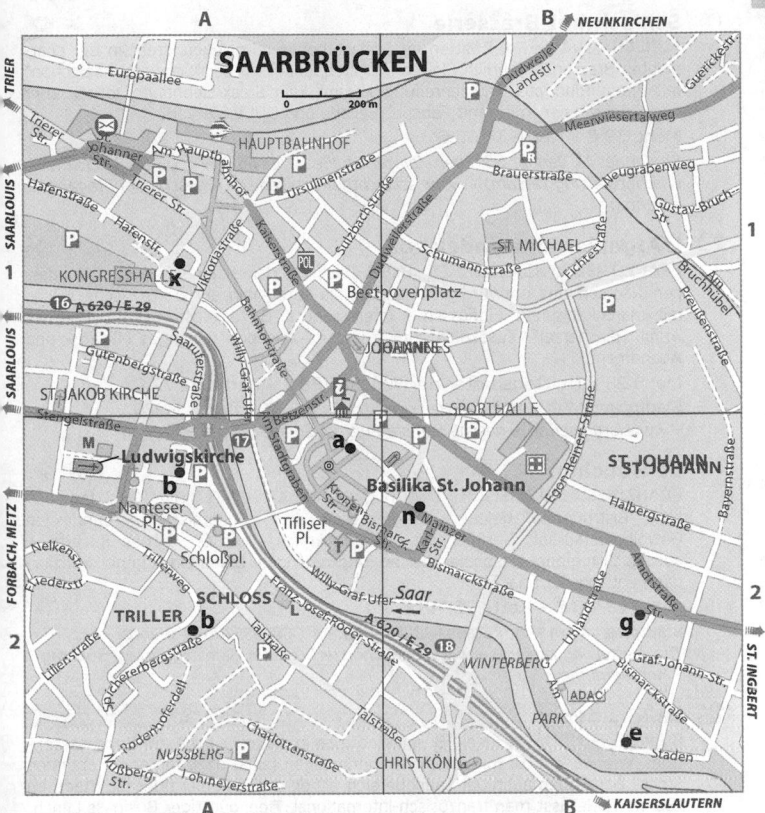

## ✿✿✿ GästeHaus Klaus Erfort  🕸 (🛏 🏡 ⅙ ⇔ 🅿

**FRANZÖSISCH-KLASSISCH · ELEGANT** XXX Zweifelsohne eines der besten Restaurants in Deutschland! Die Produkte vom Feinsten, die Kreativität wohl dosiert, die Kombinationen nicht alltäglich, dennoch harmonisch und nie abgehoben. Sehr schön die Auswahl an europäischen Weinen, fachkundige Beratung inklusive. Zum äußerst stilvollen Interieur kommen wunderbare Terrassenplätze zum tollen Privatpark.
→ Gemüseacker mit bretonischem Hummer, Olivenkrokant und pochiertem Wachtelei. Rotbarbe aus dem Holzkohlerauch mit breiten Bohnen und Escabeche-Sud. Bäckeoffe von der "Mieral" Taube mit Trüffeljus und Gemüseragout.

Menü 130/200 € – Karte 105/170 €

**Stadtplan : B2-g** – *Mainzer Str. 95* ✉ *66121* – ✆ *0681 9582682 (Tischbestellung ratsam) – www.gaestehaus-erfort.de – geschl. 24. Dezember - Anfang Januar, August 2 Wochen und Samstagmittag, Sonntag - Montag sowie an Feiertagen*

## 😊 Restaurant Quack in der Villa Weismüller  🏡 ⅙ ⇔ 🅿

**MARKTKÜCHE · FREUNDLICH** XX Ob Bretonische Fischsuppe oder Saarländisches Côte de Boeuf, hier schmeckt es einfach! Zur guten Küche gibt's feine Weine und eine große Portion Charme. Tipp: Reservieren Sie am "Chef's Table" mit Blick in die Küche. Champagner-Lounge.

Menü 30/65 € – Karte 25/60 €

*Gersweiler Str. 43a, Alt-Saarbrücken, über A2 Richtung Metz* ✉ *66117* – ✆ *0681 52153 (Tischbestellung ratsam) – www.restaurant-quack.de – geschl. Samstagmittag, Sonntag - Montag*

899

### Schlachthof Brasserie

FLEISCH · BRASSERIE X Mitten im Schlachthofviertel gelegen, steht in der charmanten Brasserie natürlich Fleisch im Mittelpunkt - an der "Schwamm sélection" mit ihrem Rind aus Trockenreifung kommt kein Steak-Liebhaber vorbei, aber auch "gebratener Pulpo mit Fenchel, Sellerie und Dill" ist lecker!

Menü 39 € – Karte 31/68 €

*Straße des 13. Januar 35, über Mainzer Straße B2* ⊠ *66121 – 𝒞 0681 6853332 (Tischbestellung ratsam) – www.schlachthof-brasserie.de – geschl. Sonntagabend - Montag*

### L'Arganier im Handelshof

FRANZÖSISCH · KLASSISCHES AMBIENTE XX In den schönen klassisch-modernen Räumen des ehrwürdigen Handelshofs setzt man auf französische Küche mit marokkanischen Einflüssen - interessant z. B. "Jakobsmuscheln, Fenchel, Apfel, Räucheraal". Zusätzlich zum A-la-carte-Angebot: günstiges Mittags- und Abendmenü.

Menü 28 € (mittags unter der Woche)/88 € – Karte 36/72 €

**Stadtplan : A2-b** – *Wilhelm-Heinrich-Str. 17* ⊠ *66111 – 𝒞 0681 56920 – www.larganier.de – geschl. Samstagmittag, Sonntagabend - Montag*

### Le Bouchon

FRANZÖSISCH-KLASSISCH · TRADITIONELLES AMBIENTE X Hier wird französische "Bistronomie" gelebt - so gibt es in dem sympathischen, freundlichen Gewölberestaurant Traditionelles aus Frankreich (Quiches, Crêpes Suzette...), aber auch regional-saisonale Speisen. Und nach dem Essen ein schöner Spaziergang entlang der Saar?

Menü 28/48 € – Karte 29/48 €

**Stadtplan : B2-e** – *Am Staden 18* ⊠ *66121 – 𝒞 0681 6852060 (abends Tischbestellung ratsam) – www.lebouchon.de – geschl. Samstagmittag, Sonntag - Montagmittag*

### La Résidence

BUSINESS · MODERN Ideale Businessadresse in zentraler Lage am Kongresszentrum. Wie wär's z. B. mit einem der geräumigen Loft-Einzelzimmer im obersten Stock? Ganz oben auch der Saunabereich, schön der Blick hier über die Stadt. Im "Bonne Table" isst man französisch-international. Tipp: günstiger Business Lunch.

139 Zim ⌧ – ♦115/165 € ♦♦145/195 € – 9 Suiten – ½ P

**Stadtplan : A1-x** – *Faktoreistr. 2* ⊠ *66111 – 𝒞 0681 38820 – www.la-residence.de – geschl. 23. Dezember - 11. Januar*

### Domicil Leidinger

URBAN · INDIVIDUELL Juniorsuite oder Standardzimmer, Feng-Shui, Japan, Afrika... Wie möchten Sie wohnen? Eine richtige kleine Oase ist der charmante begrünte Zen-Innenhof. Zudem: Bar-Lounge "Panetteria" sowie Theater mit Jazzclub im Hinterhaus. Hotel samt Gäste sind für Familie Leidinger Lebenswerk und Herzenssache zugleich!

87 Zim ⌧ – ♦88/144 € ♦♦110/180 €

**Stadtplan : B2-n** – *Mainzer Str. 10* ⊠ *66111 – 𝒞 0681 93270 – www.leidinger-saarbruecken.de*

### Am Triller

BUSINESS · MODERN Kunst und modernes Design sind hier allgegenwärtig. Bei den Zimmern hat man die Qual der Wahl: ein helles "Economy"-Zimmer oder eines der ganz individuellen Themenzimmer von "Musée de Paris" über "Licht & Natur" bis zu den "SaarLegenden"-Zimmern mit ihrer vom Künstler Bernd Kissel gestalteten Comic-Wand? Im Restaurant setzt man auf Bioprodukte.

110 Zim – ♦87/257 € ♦♦102/272 € – ⌧ 14 € – ½ P

**Stadtplan : A2-b** – *Trillerweg 57* ⊠ *66117 – 𝒞 0681 580000 – www.hotel-am-triller.de*

### 🏠 Bayrischer Hof

**FAMILIÄR · GEMÜTLICH** Das Haus in bevorzugter Wohnlage wird sehr intensiv und persönlich von der freundlichen Gastgeberin und ihrem Team geführt, ist überaus liebenswert eingerichtet und bietet den Gästen eine herzliche Betreuung.

22 Zim ⌓ - ♦69/86 € ♦♦89/106 €

*St. Ingberter Str. 46, Rotenbühl, Ost: 3 km über B1 ⊠ 66123 - ℰ 0681 9582840 - www.bayrischerhof-sb.de - geschl. 29. Dezember - 4. Januar*

### 🏠 Fuchs

**HISTORISCH · MODERN** Das denkmalgeschützte alte Stadthaus (Dependance von Klaus Erforts "GästeHaus") hat mehrere Pluspunkte: die Lage in der Fußgängerzone, vergünstigtes Parken (Rathaus- oder Theatergarage), wohnlicher geradlinig-moderner Stil, zudem bietet man Sushi. Tipp: charmantes Dach-Apartment mit Loggia und Stadtblick!

9 Zim ⌓ - ♦90/99 € ♦♦104/113 €

**Stadtplan : A2-a** *- Kappenstr. 12 ⊠ 66111 - ℰ 0681 9591101 - www.hotelfuchs.de - geschl. 25. Dezember - 1. Januar*

## Auf dem Halberg Ost: 4 km über Mainzer Straße B2

### 🍴 Schloss Halberg

**FRANZÖSISCH-KLASSISCH · FREUNDLICH** ✗✗ In dem Schloss neben dem Saarländischen Rundfunk finden sich Bistro, Restaurant und Wintergarten sowie eine Terrasse und Salons für Extras. Geboten wird französische Küche, z. B. "Lammcarré in Kräuterkruste". Tipp: Veranstaltungen wie Schlager-, Krimi- oder Gangster-Dinner - hier müssen Sie reservieren!

Menü 45/55 € - Karte 35/45 €

*Franz-Mai-Str. 1 ⊠ 66121 Saarbrücken - ℰ 0681 63181 - www.restaurant-schloss-halberg.de - geschl. Samstagmittag, Sonntag außer an Feiertagen*

## SAARBURG

Rheinland-Pfalz - 6 830 Ew. - Höhe 130 m - Regionalatlas **45**-B16
▶ Berlin 743 km - Mainz 176 km - Trier 25 km - Saarbrücken 71 km
Michelin Straßenkarte 543

### 🍴 Villa Keller

**KLASSISCHE KÜCHE · GEMÜTLICH** ✗✗ Hier erwartet Sie eine international-regional beeinflusste klassische Küche und dazu charmanter Service. Tipp: Wohligwarm wird's im Winter am 200 Jahre alten Kachelofen!

Menü 35/45 € - Karte 42/61 €

*Hotel Villa Keller, Brückenstr. 1 ⊠ 54439 - ℰ 06581 92910 - www.villa-keller.de - geschl. Mitte Februar - Anfang März und Montag - Dienstag*

### 🏠 Villa Keller

**PRIVATHAUS · KLASSISCH** Fliesen, Stuck, Holzböden... Vieles hier ist noch original, das macht die klassisch-elegante Villa von 1801 zu einem kleinen Schmuckstück. Toll die Lage direkt an der Saar, schön die Aussicht auf die Burg. Gemütlich-uriges Wirtshaus mit regional-bürgerlicher Küche und netter Biergarten im Innenhof.

11 Zim ⌓ - ♦75/90 € ♦♦110/140 € - ½ P

*Brückenstr. 1 ⊠ 54439 - ℰ 06581 92910 - www.villa-keller.de - geschl. Mitte Februar - Anfang März*

🍴 **Villa Keller** - siehe Restaurantauswahl

## SAARLOUIS

Saarland - 34 360 Ew. - Höhe 185 m - Regionalatlas **45**-B17
▶ Berlin 728 km - Saarbrücken 27 km - Luxembourg 75 km - Metz 57 km
Michelin Straßenkarte 543

### ⑱ PASTIS bistro      🛎 🍴 **P**

**KLASSISCHE KÜCHE · FREUNDLICH** XX Schmackhafte klassische Bistroküche wie in Frankreich: Boeuf Bourguignon, Tarte Tatin... Klingt das nicht lecker? Schön auch das Restaurant selbst. Es ist wertig eingerichtet, liegt in der 1. Etage und ist über den Feinkostladen erreichbar.

Menü 20 € (mittags unter der Woche) – Karte 31/67 €

*Hotel LA MAISON, Prälat-Subtil-Ring 22 ⊠ 66740 – ☎ 0683189440440*
*(Tischbestellung ratsam) – www.lamaison-hotel.de – geschl. Montag*

### 🏨 LA MAISON      🛎 🛗 ☰ ᴦ ♨ 🚗

**BOUTIQUE-HOTEL · INDIVIDUELL** Hochwertig und mit individuellem Design, so kommt die historische Villa nebst Neubau daher - hier wie dort ist alles ausgesprochen stilvoll und modern. Wie wär's z. B. mit einer schicken Themen-Suite?

38 Zim ☲ – †115/135 € ††155/165 €

*Prälat-Subtil-Ring 22 ⊠ 66740 – ☎ 0683189440440 – www.lamaison-hotel.de*

⑱ PASTIS bistro – siehe Restaurantauswahl

## SAAROW, BAD

Brandenburg – 5 010 Ew. – Höhe 45 m – Regionalatlas **23**-Q8
▶ Berlin 72 km – Potsdam 88 km – Frankfurt (Oder) 38 km – Brandenburg 118 km
Michelin Straßenkarte 542

### 🍴○ Villa Contessa      ⪕ 🛎 ♨ **P**

**FRANZÖSISCH-KLASSISCH · ELEGANT** XX Umgeben von feinen Stilmöbeln, edlen Dekorationen und eleganter Tischkultur serviert man klassische Speisen wie "gegrillten Seeteufel mit Pancetta und Gemüse-Cassoulet". Und als Dessert vielleicht die Sorbet-Variation? Mittags kleine Karte.

Menü 49 € – Karte 46/67 €

*Hotel Villa Contessa, Seestr. 18 ⊠ 15526 – ☎ 03363158018*
*– www.villa-contessa.de*

### 🍴○ 19hundert      🛎 🍴 **P** 🚭

**REGIONAL · LÄNDLICH** XX Ein Logenplatz am See, ob Sommer oder Winter! Es gibt die herrliche Terrasse und das Restaurant samt Wintergarten und Weinstube mit tollem Blick. Auf der Karte z. B. "Maispoulardenbrust mit Wurzelgemüse und Maronen-Kartoffelpüree".

Menü 25 € – Karte 28/38 €

*Hotel Landhaus Alte Eichen, Alte Eichen 21 ⊠ 15526 – ☎ 0336143090*
*– www.landhaus-alte-eichen.de*

### 🍴○ Bootshaus      🍴 ᴦ 🆎 ♨ 🚗

**INTERNATIONAL · ELEGANT** XX Geschmackvolles "Long-Island"-Ambiente direkt an der kleinen Marina - da ist es nur draußen auf der traumhaften Terrasse zum See noch schöner! Zum tollen Rahmen gibt es internationale Küche und regionale Klassiker. Macht Ihnen z. B. "Salzwiesenlamm mit ligurischen Bohnen und Kräutergnocchi" Appetit?

Menü 39 € – Karte 30/61 €

*Hotel A-ROSA Scharmützelsee, Parkallee 1, (Süd-West: 8 km) ⊠ 15526*
*– ☎ 0336163459 – www.a-rosa.de – geschl. Dienstag*

### 🏨 A-ROSA Scharmützelsee    🏌 ⑳ ⪕ 🛎 ⌫ 🔲 🕕 🏊 🛗 🍴 ☰ ᴦ

**SPA UND WELLNESS · MODERN** Wellness- und Golfresort mit  🆎 ♨ 🚗 beachtlichem Freizeit- und Sportangebot: Spa auf 4200 qm, mehrere Tennis- und Golfplätze, Strandbad, Segelschule und Kinderclub. Ländlich-elegant: "Greenside" im Golf-Clubhaus. "Marktrestaurant" mit Showküche - schauen Sie sich kleine Tricks der Köche ab. Smokers Lounge.

140 Zim ☲ – †128/268 € ††228/368 € – 12 Suiten – ½ P

*Parkallee 1, (Süd-West: 8 km) ⊠ 15526 – ☎ 033631 60*
*– www.a-rosa.de/scharmuetzelsee – geschl. Januar - März*

🍴○ Bootshaus – siehe Restaurantauswahl

### 🏠 Esplanade Resort & Spa  ☆ 🕸 🚑 ⅃ 🖽 🕸 🐾 ⅃♨ 🖭 ♿ 🏖 🅿

**SPA UND WELLNESS · MODERN** Die schöne Hotelanlage am Scharmützelsee bietet freundlich-moderne Zimmer, ein vielfältiges Angebot im ansprechenden Spa sowie eine eigene Marina. "Spa-Suite" mit Sauna. Restaurant "Dependance" über mehrere Ebenen. In der beliebten "Pechhütte" gibt's zünftige Speisen.

170 Zim ⌖ – 🍴95/155 € 🍴🍴150/210 € – ½ P

*Seestr. 49* ⊠ *15526 –* 𝒞 *033631 4320 – www.esplanade-resort.de*

### 🏠 Palais am See  🕸 ≼ 🚑 🐾 ⅃♨ 🖾 🏖 🅿

**LANDHAUS · KLASSISCH** Bei den engagierten Gastgebern Annette und Peter Fink genießt man den freundlichen und aufmerksamen Service sowie das geschmackvolle wohnlich-klassische Ambiente. Über das schöne Gartengrundstück gelangt man direkt zum See.

9 Zim – 🍴136/166 € 🍴🍴136/166 € – 1 Suite – ⌖12 €

*Karl-Marx-Damm 23* ⊠ *15526 –* 𝒞 *033631 8610 – www.palais-am-see.de – geschl. Januar - Mai*

### 🏠 Villa Contessa  🕸 ≼ 🚑 🐾 🅿

**PRIVATHAUS · KLASSISCH** In der elegant und mit Liebe zum Detail eingerichteten Villa im Kurpark wird Gästebetreuung groß geschrieben. Neben direktem Seezugang bietet man auch Massage- und Beauty-Anwendungen.

7 Zim ⌖ – 🍴139/259 € 🍴🍴198/298 € – 1 Suite – ½ P

*Seestr. 18* ⊠ *15526 –* 𝒞 *033631 58018 – www.villa-contessa.de*

🍴○ **Villa Contessa** – siehe Restaurantauswahl

### 🏠 Landhaus Alte Eichen  🕸 🚑 🐾 ⅃♨ 🅿 ⇆

**LANDHAUS · GEMÜTLICH** Schön wohnt es sich in dem Hotel auf einer Halbinsel im See - hübsch die Juniorsuiten in der Villa. Der reizvolle Garten grenzt an den See, hier hat man einen Badesteg. Entspannen kann man auch beim umfangreichen Wellnessangebot.

32 Zim ⌖ – 🍴73/117 € 🍴🍴79/140 € – 6 Suiten – ½ P

*Alte Eichen 21* ⊠ *15526 –* 𝒞 *033631 43090 – www.landhaus-alte-eichen.de*

🍴○ **19hundert** – siehe Restaurantauswahl

## SACHSA, BAD
Niedersachsen – 7 400 Ew. – Höhe 310 m – Regionalatlas **30**-J11
▶ Berlin 273 km – Hannover 129 km – Erfurt 100 km – Göttingen 62 km
Michelin Straßenkarte 541

### 🍴○ Romantischer Winkel  🚑 🏮 🍽 ⇆ 🚗

**INTERNATIONAL · ELEGANT** 🕸🕸 Gemütlich-elegant hat man es hier, während man sich die international, regional und saisonal beeinflusste Küche schmecken lässt, die z. B."Harzer Rehschäufel mit Erbsen-Zucchini und Kürbisgnocchi" bietet.

Menü 32/78 € (abends) – Karte 31/57 €

*Hotel Romantischer Winkel, Bismarckstr. 23* ⊠ *37441 –* 𝒞 *05523 3040
– www.romantischer-winkel.de*

### 🏠 Romantischer Winkel  🕸 🚑 ⅃ 🖽 🕸 🐾 ⅃♨ 🖭 🏖 🚗

**SPA UND WELLNESS · GEMÜTLICH** Hier wird dem Gast einiges geboten: ruhige Lage am Schmelzteich, wohnliche Zimmer (auch Appartements), Spa auf 3500 qm samt "Kids Wellness", freundlicher Service, Kinderbetreuung... Sehenswert die kleine Kapelle in der historischen Villa.

72 Zim ⌖ – 🍴112/149 € 🍴🍴198/289 € – 6 Suiten – ½ P

*Bismarckstr. 23* ⊠ *37441 –* 𝒞 *05523 3040 – www.romantischer-winkel.de*

🍴○ **Romantischer Winkel** – siehe Restaurantauswahl

## SÄCKINGEN, BAD
Baden-Württemberg – 16 380 Ew. – Höhe 291 m – Regionalatlas **61**-D21
▶ Berlin 822 km – Stuttgart 205 km – Freiburg im Breisgau 74 km – Schaffhausen 67 km
Michelin Straßenkarte 545

⛄ **Genuss-Apotheke** (Raimar Pilz)                              🛖

**MODERNE KÜCHE · TRENDY** ✗ Die ehemalige Apotheke beim Schlosspark vereint heute Koch-Events, Laden und Restaurant. In der Küche spielt das Produkt die Hauptrolle, so kommen nur richtig gute Zutaten in die klaren, modernen Speisen. Mittags ist die Karte etwas reduziert, auf Vorbestellung bekommt man aber auch das Abendmenü.

➜ Milchferkel und Juratrüffel in Kalbskopfsaft. Wolfsbarsch und Bohnenkerne mit Süßdolde. Kalbsbäckchen mit Garnelen und Azinakresse.

Menü 36 € (mittags)/96 €

*Schönaugasse 11* ✉ *79713 –* ☎ *07761 9333767 (Tischbestellung ratsam)*
*– www.genuss-apotheke.de – geschl. 23. Dezember - 7. Januar, 10. - 21. April, 6.*
*- 16. Juni, 27. Juli - 9. September, 2. - 4. November und Sonntag - Montag*

🏚 **Goldener Knopf**                         ⛺ 🍸 ⪡ 🖥 🐌 🚗

**BUSINESS · FUNKTIONELL** Die Lage könnte nicht besser sein: schön zentral und trotzdem ruhig, direkt am Rhein, gleich nebenan Münster und Rathaus! Das Engagement der Gastgeber sieht man z. B. an den vielen topmodernen und komfortablen Zimmern! Im "Le Jardin" nebst hübscher Terrasse zum Rhein speist man regional, im "VinoGusta" international.

68 Zim ⊑ – †95/139 € ††145/165 € – ½ P

*Rathausplatz 9* ✉ *79713 –* ☎ *07761 5650 – www.goldenerknopf.de – geschl. 2.*
*- 8. Januar*

🏚 **Rheinsberg**                                 🐌 🚪 🖥 ♿ 🅿

**LANDHAUS · MODERN** Das Hotel liegt etwas außerhalb, ruhig und direkt am Golfplatz. Es erwarten Sie geradlinig-modern und wertig ausgestattete Zimmer und Juniorsuiten, morgens ein frisches Frühstücksbuffet sowie mittags und abends eine kleine Speiseauswahl.

26 Zim ⊑ – †95/190 € ††109/240 €

*Schaffhauserstr. 123/1, Ost: 3 km über die B 34, Obersäckingen, am Golfplatz*
✉ *79713 –* ☎ *07761 9992490 – www.hotelrheinsberg.de*

**SAGARD** Mecklenburg-Vorpommern ➜ Siehe Rügen (Insel)

---

Bei schönem Wetter isst man gern im Freien! Wählen Sie ein Restaurant mit Terrasse: 🛖.

---

# SALACH
Baden-Württemberg – 7 790 Ew. – Höhe 363 m – Regionalatlas **56**-H18
▶ Berlin 601 km – Stuttgart 49 km – Göppingen 8 km – Ulm (Donau) 43 km
Michelin Straßenkarte 545

## In der Ruine Staufeneck Ost: 3 km

⛄ **Burgrestaurant Staufeneck** (Rolf Straubinger)      🐾 ⪡ ♿ ♻ 🅿

**FRANZÖSISCH-KLASSISCH · ELEGANT** ✗✗✗ In überaus attraktivem stilvoll-zeitgemäßem Ambiente bietet Rolf Straubinger eine stark regional geprägte klassische Küche mit modernen Ideen. Ein weiteres Highlight ist die Terrasse mit bemerkenswerter Sicht! Darf es ein bisschen mehr sein von den guten Weinen? Nebenan stehen sehr komfortable Zimmer bereit.

➜ Zanderschnitte mit "verbrannter und falscher" Kartoffel. Carabinero mit roh mariniertem japanischem Wagyu. Mai-Rehbock mit glasierten schwarzen Walnüssen und grüner Pfefferjus.

Menü 72 € (vegetarisch)/152 € – Karte 75/109 €

*Burghotel Staufeneck, Staufenecker Straße* ✉ *73084 –* ☎ *07162 933440*
*(Tischbestellung ratsam) – www.burg-staufeneck.de – nur Abendessen, sonntags*
*auch Mittagessen – geschl. Montag*

## 🍴 Burgstüble     🔽 🅰️ 🅿️

**TRADITIONELLE KÜCHE · WEINSTUBE** ✗ Auf der Burg gibt es auch eine rustikale Alternative zum Sternerestaurant: Wenn Rolf Straubinger im "Burgstüble" Klassiker wie Maultaschensuppe, frisches Tatar oder Fleischküchle mit Kartoffel-Gurken-Salat zubereitet, wird auch so mancher Gourmet schwach!

Karte 34/75 €

*Burghotel Staufeneck, Staufenecker Straße* ⊠ *73084*
*– 𝒞 07162 9334473 – www.burg-staufeneck.de*
*– nur Abendessen – geschl. Freitag - Samstag*

## 🏨 Burghotel Staufeneck    🌊 ⬱ 🍴 🛋 🎏 🛗 ⊡ 🔽 🎾 🧖 🅿️

**BUSINESS · MODERN** Geschmackvoll wohnen! Das einsam und ruhig gelegene Hotel mit dem tollen Blick über das Filstal erwartet Sie mit schönen klassischen Zimmern, moderner Technik, sehr guten Tagungsmöglichkeiten und einem netten Wellnessbereich. Und das Frühstück lässt kaum Wünsche offen - besonders angenehm auf der Terrasse!

42 Zim ☷ – ♦120/140 € ♦♦210/230 € – 3 Suiten

*Staufenecker Straße* ⊠ *73084 – 𝒞 07162 933440 – www.burg-staufeneck.de*

🏵 **Burgrestaurant Staufeneck** · 🍴 **Burgstüble** – siehe Restaurantauswahl

# SALEM

Baden-Württemberg – 11 050 Ew. – Höhe 443 m – Regionalatlas **63**-G21
▶ Berlin 730 km – Stuttgart 149 km – Konstanz 27 km – Sigmaringen 47 km
Michelin Straßenkarte 545

## 🍴 Salmannsweiler Hof     ⬱ 🌊 🎏 🅿️

**REGIONAL · BÜRGERLICH** ✗ Die Zutaten für die bodenständig-regionale Küche hier kommen weitestgehend von bekannten Produzenten aus der Region. Daraus entstehen dann z. B. Bärlauchcremesuppe oder Kalbssteak mit Pilzen und Spätzle. In dem sympathischen Haus kann man übrigens auch übernachten: Die Zimmer sind eher einfach, aber gepflegt.

Menü 35/46 € – Karte 26/50 €    10 Zim ☷ – ♦52/86 € ♦♦82/88 €

*Salmannsweiler Weg 5* ⊠ *88682 – 𝒞 07553 92120 – www.salmannsweiler-hof.de*
*– Mittwoch - Freitag nur Abendessen – geschl. 8. - 28. März, 1. - 21. November*
*und Montag - Dienstag*

**In Salem-Neufrach** Süd-Ost: 3 km über Schlossstraße und Neufracher Straße

## 🏵 Recks     🎏 ✿ 🚗

**REGIONAL · GASTHOF** ✗✗ Ehrliche regionale Küche lautet die Devise in den drei behaglichen Stuben - und natürlich auf der herrlichen Terrasse an der Obstwiese! Es gibt z. B. "Kalbsrahmgulasch mit hausgemachten Nudeln" oder "Bayrisch Creme mit Sauerkirschen".

Menü 37/49 € – Karte 28/57 €

*Hotel Recks, Bahnhofstr. 111* ⊠ *88682 – 𝒞 07553 201 – www.recks-hotel.de*
*– geschl. über Fastnacht 3 Wochen, Anfang November 2 Wochen und Mittwoch*
*- Donnerstag*

## 🏨 Recks     🍴 ⊡ 🛋 🚗

**FAMILIÄR · GEMÜTLICH** Was Sie hinter dem schmiedeeisernen Tor erwartet, ist wirklich schön: recht individuelle, wohnliche Zimmer (teilweise mit Balkon), Kunst und stilvolle Deko, ein eigener Obstgarten... Nicht zu vergessen die freundliche Gästebetreuung.

18 Zim ☷ – ♦73/90 € ♦♦120/140 € – 1 Suite – ½ P

*Bahnhofstr. 111* ⊠ *88682 – 𝒞 07553 201 – www.recks-hotel.de – geschl. über*
*Fastnacht 3 Wochen, Anfang November 2 Wochen*

🏵 **Recks** – siehe Restaurantauswahl

**Landgasthof Apfelblüte** ✿ 🛏 ⊡ ♿ 🚗

LANDHAUS · GEMÜTLICH Das gewachsene Hotel am Ortsausgang wird seit über 30 Jahren als Familienbetrieb geführt. Die Gästezimmer sind funktionell ausgestattet, die im Neubau sind etwas moderner im Stil. Im Restaurant sitzt man gemütlich bei regionaler Küche.

40 Zim ♋ – ♦62/95 € ♦♦98/120 € – ½ P

*Markdorfer Str. 45 ✉ 88682*

*– ☏ 07553 92130 – www.landgasthof-apfelbluete.de*

*– geschl. Januar*

## SALZGITTER

Niedersachsen – 98 100 Ew. – Höhe 70 m – Regionalatlas **29**-J9

▶ Berlin 261 km – Hannover 68 km – Braunschweig 28 km – Göttingen 79 km

Michelin Straßenkarte 541

### In Salzgitter-Bad

 **Golfhotel** ⊡ 🅿

HISTORISCH · MODERN Das Hotel unweit des Marktplatzes wird gut geführt und bietet freundlichen Service. Die Zimmer verteilen sich auf das Fachwerkhaus und einen Anbau, sie sind wohnlich und funktionell. Wer's noch schicker mag, sollte eines der Komfort-Zimmer buchen! Am Morgen gibt es ein appetitliches frisches Frühstück.

32 Zim ♋ – ♦62/90 € ♦♦85/105 €

*Gittertor 5 ✉ 38259*

*– ☏ 05341 3010 – www.golfhotel-salzgitter.de*

## SALZUFLEN, BAD

Nordrhein-Westfalen – 52 130 Ew. – Höhe 80 m – Regionalatlas **28**-G9

▶ Berlin 375 km – Düsseldorf 191 km – Bielefeld 26 km – Hannover 89 km

Michelin Straßenkarte 543

🍴 **Walter's Pharmacy** 🛋 ♻ 🚗

INTERNATIONAL · RUSTIKAL ✗ Sehenswert ist das gemütlich-rustikale Interieur mit der Original-Einrichtung einer Londoner Apotheke von 1860 - und am Eingang macht der einsehbare "Aging Room" Appetit auf heimisches Dry Aged Beef vom Grill. Zudem gibt es noch internationale Klassiker sowie guten Wein, Bier und Cocktails.

Karte 30/80 €

*Hotel Altstadt-Palais Lippischer Hof, Mauerstr. 1 ✉ 32105*

*– ☏ 05222 5340 (Tischbestellung ratsam) – www.hof-hotels.de*

*– nur Abendessen*

🏛 **Altstadt-Palais Lippischer Hof** ✿ 🖼 🐾 ⊡ ♿ 🧖 🚗

BUSINESS · INDIVIDUELL Mitten in der historischen Altstadt liegt das Boutique-Hotel nebst Design-Neubau. Chic der Rahmen und die Zimmer, toll der Stadtblick beim Frühstück im "The View". Stilvoll-elegant der Schotten-Look im "The ALCHEMIST": kleines Fine-Dining-Restaurant (Menü) oder Salon.

94 Zim ♋ – ♦86/125 € ♦♦124/235 € – 5 Suiten – ½ P

*Mauerstr. 1 ✉ 32105 – ☏ 05222 5340 – www.hof-hotels.de*

🍴 **Walter's Pharmacy** – siehe Restaurantauswahl

## SAMERBERG

Bayern – 2 710 Ew. – Höhe 700 m – Regionalatlas **66**-N21

▶ Berlin 672 km – München 82 km – Bad Reichenhall 65 km – Traunstein 44 km

Michelin Straßenkarte 546

# In Samerberg-Duft Süd: 6 km ab Törwang, über Eßbaum und Gernmühl
- Höhe 800 m

### 🏠 Berggasthof Duftbräu

**GASTHOF · GEMÜTLICH** Das ist Bilderbuch-Idylle! Ruhe, Wald und Wiesen, und mittendrin der engagiert-familiär geführte Gasthof - eigentlich fast schon ein kleines Dörfchen und so richtig bayerisch! Ein Muss: der Schweinsbraten - oder aber Selbstgebrautes im Biergarten bei tollem Blick auf die Region!

27 Zim ☘ - †60/90 € ††90/120 €

*Duft 1 ✉ 83122 – ☎ 08032 8226 – www.duftbraeu.de – geschl. 18. - 27. Dezember, 10. - 25. April*

## In Samerberg-Grainbach

### 🍽️○ Gasthof Alpenrose

**REGIONAL · GASTHOF** 🗙 Gleich bei der Kirche steht der schöne alteingesessene Gasthof. Drinnen gemütliche Stuben mit viel Holz und Ofen, draußen ein lauschiger Biergarten und die Sonnenterrasse mit Aussicht. Gekocht wir bayerisch-saisonal - beliebt das Überraschungsmenü. Und wie wär's mit hausgemachten Torten und Kuchen?

Menü 29/56 € – Karte 23/47 €

*Kirchplatz 2 ✉ 83122 – ☎ 08032 8263 – www.alpenrose-samerberg.de – geschl. November und Montag - Dienstag*

# ST. ENGLMAR

Bayern – 1 680 Ew. – Höhe 808 m – Regionalatlas **59**-O18

▶ Berlin 519 km – München 151 km – Regensburg 68 km – Cham 37 km

Michelin Straßenkarte 546

### 🏨 Angerhof

**SPA UND WELLNESS · GEMÜTLICH** In dem schön am Hang gelegenen Familienbetrieb in einem 3 ha großen Naturpark genießen die Gäste Ruhe, Spa-Vielfalt auf 2000 qm und das wohnliche Ambiente der individuellen Zimmer und Suiten. Auch allergikergeeignete Zimmer. Panoramarestaurant mit Vinothek und Kaminstube.

58 Zim ☘ - †86/121 € ††164/204 € – 12 Suiten

*Am Anger 38 ✉ 94379 – ☎ 09965 1860 – www.angerhof.de*

## In St. Englmar-Grün Nord-West: 3 km über Bogener Straße, am Ortsende links

### 🏨 Reiner-Hof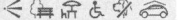

**SPA UND WELLNESS · INDIVIDUELL** In dem Familienbetrieb freut man sich über geschmackvoll-wohnliche Zimmer im Sonnenschlösschen und im Stammhaus - wie wär's mit einem gemütlichen Kuschelzimmer unterm Dach? Schön der Spa, alternativ und nicht weit vom Hotel: Sommerrodelbahn, Skilift und Langlaufloipe. Pfiffig-modern: Bar-Lounge und Vinothek.

44 Zim ☘ - †74/106 € ††140/172 € – 3 Suiten – ½ P

*Grün 9 ✉ 94379 – ☎ 09965 8510 – www.reinerhof.de – geschl. 4. - 15. Dezember*

## In St. Englmar-Maibrunn Nord-West: 5 km über Grün

### 🍽️○ Gaststube

**REGIONAL · GEMÜTLICH** 🗙🗙 Viel Holz, umlaufende Bänke, nette Deko... "Jägerstüberl" und "Ludwig II" strahlen pure Gemütlichkeit aus. Dazu z. B. "Zanderfilet mit Kürbiskernsauce und Bratkartoffeln" oder auch Wild (meist aus eigener Jagd). Hirschalmhütte für Events.

Menü 19/89 € – Karte 24/57 €

*Berghotel Maibrunn, Maibrunn 1 ✉ 94379 – ☎ 09965 8500 – www.berghotel-maibrunn.de*

🏨 **Berghotel Maibrunn**  🐾 ≤ 🛋 ⚒ 🏞 📶 ⚕ 🎾 🖨 ⛊ 🧖 🛝 🚗

SPA UND WELLNESS · GEMÜTLICH Ein engagiert und charmant geleitetes Haus in erhöhter Lage mit reizvoller Rundumsicht. Sehr wohnlich und geschmackvoll die Zimmer, einige mit modern-alpinem Chic. Neuzeitlicher Spa, Garten mit Hirschgehege, eigener Skilift.

50 Zim 🗠 – ⷬ79/109 € ⷫⷫ150/190 € – 2 Suiten – ½ P

*Maibrunn 1* ✉ *94379 –* ☎ *09965 8500 – www.berghotel-maibrunn.de*

🍴 **Gaststube** – siehe Restaurantauswahl

## In St. Englmar-Rettenbach Süd-Ost: 5 km über Bogener Straße

🍴 **Ludwigsstube und Wirtsstube St. Florian**  🛋 🏞 🧖 🚗

INTERNATIONAL · GEMÜTLICH ✕✕ Hier isst man international und traditionell-regional, nachmittags gibt's die Brotzeitkarte und Kuchen. Übrigens wird hier einmal pro Woche Brot frisch gebacken, dann kann man sich abends Schmankerln aus dem Holzbackofen schmecken lassen!

Menü 39/65 € – Karte 31/44 €

*Hotel Gut Schmelmerhof, Rettenbach 24* ✉ *94379 –* ☎ *09965 1890*
*– www.gut-schmelmerhof.de*

🏨 **Gut Schmelmerhof**  🐾 🛋 ⚒ 🏞 📶 🖨 🧖 🛝 🚗

HISTORISCH · INDIVIDUELL Seit 13 Generationen betreibt Familie Schmelmer das jahrhundertealte Haus, das herrlich ruhig etwas abseits liegt. Wer etwas Besonderes sucht, bucht eine der drei Themensuiten: "Wellness", "Wilderer" oder "Waidler". Relaxen können Sie bei Massage und Beautyanwendungen.

53 Zim 🗠 – ⷬ59/99 € ⷫⷫ125/198 € – ½ P

*Rettenbach 24* ✉ *94379 –* ☎ *09965 1890 – www.gut-schmelmerhof.de*

🍴 **Ludwigsstube und Wirtsstube St. Florian** – siehe Restaurantauswahl

# ST. GOAR

Rheinland-Pfalz – 2 720 Ew. – Höhe 80 m – Regionalatlas **46**-D14
▶ Berlin 627 km – Mainz 63 km – Koblenz 43 km – Bingen 28 km
Michelin Straßenkarte 543

🍴 **Silcher-Stube**  ≤ 🧖 🅿

FRANZÖSISCH-KLASSISCH · ELEGANT ✕✕✕ Mit stilvollem Mobiliar, eleganten Goldtönen und hübschen kleinen Fensternischen (fantastisch die Rheinsicht!) bietet das Gourmetrestaurant einen schönen Rahmen für französisch geprägte Gerichte wie "Lammrücken mit Bopparder Klostersenf".

Menü 63/93 €

*Hotel Schloss Rheinfels, Schloßberg 47* ✉ *56329 –* ☎ *06741 8020*
*– www.schloss-rheinfels.de – nur Abendessen – geschl. Januar - Februar 3*
*Wochen, Juli - August 3 Wochen und Sonntag - Montag*

🏨 **Schloss Rheinfels**  🏕 🐾 ≤ 🛋 🏞 📶 🧖 🖨 🧖 🛝 🅿

HISTORISCHES GEBÄUDE · ELEGANT Aus einem Stück Geschichte ist hier ein tolles Domizil entstanden: klassisch-elegante Zimmer, schöner Spa, Rosen- und Kräutergarten, und das integriert in eine eindrucksvolle Burganlage von 1250. In der "Burgschänke" gibt es Flammkuchen, aber auch Steaks - ein Traum die Panoramaterrasse! "Auf Scharffeneck" mit internationaler Küche.

62 Zim 🗠 – ⷬ89/175 € ⷫⷫ135/245 € – 2 Suiten – ½ P

*Schloßberg 47* ✉ *56329 –* ☎ *06741 8020 – www.schloss-rheinfels.de*

🍴 **Silcher-Stube** – siehe Restaurantauswahl

# ST. INGBERT

Saarland – 36 260 Ew. – Höhe 229 m – Regionalatlas **46**-C17
▶ Berlin 697 km – Saarbrücken 13 km – Kaiserslautern 55 km – Zweibrücken 25 km
Michelin Straßenkarte 543

### ⊛ Die Alte Brauerei ⇔ 🛏 ⅏ 🅿

FRANZÖSISCH-KLASSISCH · FAMILIÄR ХХ Lust auf eine regionale Spezialität? Bliesgaulamm gibt es hier z. B. als "Ravioli von roten Zwiebeln und Lamm mit Schwarzwurzel". Leckere Alternative: geschmorte Kaninchenkeule. Das Restaurant samt individueller Gästezimmer und engagierter Gastgeber erreichen Sie übrigens über den Innenhof.

Menü 20 € (unter der Woche)/49 € – Karte 35/57 €   6 Zim 🖵
– †65/75 € ††89/100 € – 1 Suite
*Kaiserstr. 101 ⊠ 66386 – ℰ 06894 92860 – www.diealtebrauerei.com – geschl. Dienstag, Samstagmittag*

### ⅱO La Trattoria del Postillione 🛏 🅿

ITALIENISCH · FAMILIÄR ХХ Schon von außen stimmt Sie das ehemalige Bahnhofsgebäude auf mediterranes Flair ein - dazu trägt der eigene Weinberg direkt am Haus ebenso bei wie die reizende Terrasse. Die persönliche und private Atmosphäre drinnen ist nicht weniger charmant! Italienische Küche samt frischer Pasta. Günstiges Lunchmenü.

Menü 15 € (mittags unter der Woche)/49 € – Karte 32/59 €
*Neue Bahnhofstr. 2 ⊠ 66386 – ℰ 06894 381061 – www.postillione.de
– geschl. Anfang Januar 1 Woche, August - September 2 Wochen und Sonntag*

### ⅱO Villa Almarin 🛏 🅿

ITALIENISCH · ELEGANT ХХ Möchten Sie im geschmackvoll-eleganten Restaurant oder lieber auf der schönen, ruhig gelegenen Terrasse speisen? Hier wie dort gibt es mediterrane Küche mit italienischem Schwerpunkt - da macht z. B. "Lammkarree mit rotem Chicorée" Appetit.

Menü 20 € (mittags)/70 € – Karte 35/67 €
*Hotel Villa Almarin, Ensheimer Str. 20 ⊠ 66386 – ℰ 06894 990590
– www.villa-almarin.de – geschl. Sonntagabend - Montag*

### 🏠 Villa Almarin 🕸 🅰🄲 ⅏ 🅿

BOUTIQUE-HOTEL · INDIVIDUELL Die denkmalgeschützte Villa wurde von einem Wohnhaus zum charmanten Boutique-Hotel. Zimmer hat man zwar nur sieben (darunter eine Suite und eine Maisonette), diese sind aber ausgesprochen schön! Dazu versüßen zuvorkommender Service, leckeres Frühstück und kleine Aufmerksamkeiten den Tag.

5 Zim – †99 € ††129/229 € – 2 Suiten – 🖵 15 €
*Ensheimer Str. 20 ⊠ 66386 – ℰ 06894 990590 – www.villa-almarin.de*
ⅱO **Villa Almarin** – siehe Restaurantauswahl

## In St. Ingbert-Sengscheid Süd-West: 4 km über B 40, jenseits der A 6

### 🏠 Sengscheider Hof ⚘ ⇔ 🕸 🖃 🕭 ⅏ 🅿

FAMILIÄR · INDIVIDUELL Ein gewachsenes Hotel mit Stammhaus von 1879. Letzteres hat u. a. einige besonders moderne und geräumige neuere Zimmer zu bieten. Oder wie wär's mit der Juniorsuite (Zimmer Nr. 400) mit schöner Dachterrasse und Blick auf den Garten samt kleinem Pool? Hell und elegant ist das Ambiente im Restaurant, klassisch die Küche, ergänzt durch eine kleine bürgerliche Auswahl.

45 Zim – †74/95 € ††95/130 € – 🖵 7 €
*Birkenkopfweg 4 ⊠ 66386 – ℰ 06894 9820 – www.sengscheiderhof.de – geschl. 27. Dezember - 5. Januar*

## ST. JOHANN Rheinland-Pfalz → Siehe Sprendlingen

## ST. MÄRGEN
Baden-Württemberg – 1 830 Ew. – Höhe 887 m – Regionalatlas **61**-E20
▶ Berlin 790 km – Stuttgart 230 km – Freiburg im Breisgau 24 km – Donaueschingen 51 km
Michelin Straßenkarte 545

## An der B 500 Süd-Ost: 8 km, Richtung Furtwangen

### Zum Kreuz

**REGIONAL · GEMÜTLICH** X Kulinarisch hat sich hier nach der Rückkehr des Juniors einiges getan: Neben Bürgerlichem wie Rahmschnitzel gibt es auch die moderne Version der Regionalküche, z. B. als "Schweinebauch mit eingelegtem Rettich, Birne und Forellenkaviar" - auch in Menüform.

Menü 21/65 € – Karte 24/48 €

*Hotel Zum Kreuz, Hohlengraben 1 ⊠ 79274 – ℰ 07669 91010*
*– www.gasthaus-zum-kreuz.de – geschl. Mitte März 1 Woche, Mitte November*
*- Mitte Dezember und Donnerstag - Freitagmittag*

### Zum Kreuz

**GASTHOF · GEMÜTLICH** Das nette Haus im Schwarzwälder Stil ist seit 1936 in der Hand der Familie Schwer. Neben behaglichen Zimmern und Appartements (im Anbau mit Balkon) bietet man hier auch richtig gute Küche.

15 Zim ⊊ – †37/47 € ††76/92 € – ½ P

*Hohlengraben 1 ⊠ 79274 – ℰ 07669 91010 – www.gasthaus-zum-kreuz.de*
*- geschl. Mitte März 1 Woche, Mitte November - Mitte Dezember*

Zum Kreuz – siehe Restaurantauswahl

## ST. MARTIN

Rheinland-Pfalz – 1 820 Ew. – Höhe 225 m – Regionalatlas **47**-E17

▶ Berlin 658 km – Mainz 102 km – Mannheim 43 km – Kaiserslautern 46 km
Michelin Straßenkarte 543

### Wiedemann's Weinhotel

**SPA UND WELLNESS · MODERN** Im Hotel des Weinguts Wiedemann wohnt man geschmackvoll, modern und mit Panoramablick! Zudem hat man einen schönen Spa auf 400 qm (wie wär's mit der Essig-Inhalation "Respiratio"?), einen Traum von Garten, das elegante Restaurant mit toller Terrasse, Verkostungen in der Vinothek. Auf Wunsch 3/4-Pension.

20 Zim ⊊ – †109/119 € ††178/228 € – ½ P

*Einlaubstr. 64 ⊠ 67487 – ℰ 06323 94430 – www.wiedemanns-weinhotel.de*

### Das Landhotel Weingut Gernert

**FAMILIÄR · AUF DEM LAND** Ein tipptopp gepflegtes Anwesen am Rand des Weindorfes, etwas unterhalb das eigene Weingut. Die Zimmer sind geräumig und mit mediterraner Note eingerichtet - mit kleinem Rotweinangebot! Bürgerlich speist man im historischen Gewölbe, dazu hat man eine schöne Terrasse.

17 Zim ⊊ – †70/73 € ††120/130 €

*Maikammerer Str. 39 ⊠ 67487 – ℰ 06323 94180 – www.das-landhotel.com*
*- geschl. 7. - 31. Januar*

### St. Martiner Castell

**FAMILIÄR · AUF DEM LAND** Hier bleibt man nicht stehen: So einige Renovierungen haben frischen Wind in das Gasthaus (ursprünglich ein Winzerhof) gebracht, die Wohnlichkeit der Zimmer ist geblieben. In den gemütlichen Restaurantstuben und auf der hübschen Terrasse isst man traditionell und regional.

24 Zim ⊊ – †75/95 € ††120/125 € – ½ P

*Maikammerer Str. 2 ⊠ 67487 – ℰ 06323 9510 – www.martinercastell.de*

### Consulat des Weins

**LANDHAUS · MODERN** Im Hotel des bekannten Weinguts Albert Valentin Schneider gibt es nicht nur gepflegte, zeitgemäße Zimmer: Bei schönem Wetter verweilen die Gäste gerne im großzügigen Garten, anschließend stärkt man sich im Restaurant Schneider mit regional-internationaler Küche oder trifft sich in der Vinothek.

45 Zim ⊊ – †73/139 € ††132/174 € – ½ P

*Maikammerer Str. 44 ⊠ 67487 – ℰ 06323 8040 – www.consulat-des-weins.de*
*- geschl. 20. Dezember - 20. Februar*

## ST. OSWALD-RIEDLHÜTTE

Bayern – 2 870 Ew. – Höhe 791 m – Regionalatlas **60**-P18

▶ Berlin 503 km – München 188 km – Passau 43 km – Regensburg 115 km

Michelin Straßenkarte 546

### Im Ortsteil Riedlhütte

🏠 **Der Wieshof**       🐾 🦯 ⇐ 🛏 🕸 🅿 🍽

**FAMILIÄR · AUF DEM LAND** Ein wirklich nettes, persönlich betriebenes kleines Ferienhotel, in dem man in schönen, freundlichen Zimmern wohnt - fragen Sie nach den geräumigen Wieshof-Zimmern. Und haben Sie Lust auf eine Massage- oder Kosmetikanwendung? Im Restaurant bietet man regionale und internationale Küche. HP inklusive.

19 Zim ⌂ – ♦51/59 € – ♦♦82/98 € – ½ P

*Anton-Hilz-Str. 8 ✉ 94566 – ☎ 08553 477 – www.der-wieshof.de – geschl. 12. März - 8. April, 5. November - 17. Dezember*

## ST. MICHAELISDONN

Schleswig-Holstein – 3 520 Ew. – Höhe 3 m – Regionalatlas **9**-G4

▶ Berlin 382 km – Kiel 99 km – Heide 30 km – Cuxhaven 100 km

Michelin Straßenkarte 541

🍴 **Landhaus Gardels**       🏨 🚗

**REGIONAL · FREUNDLICH** ✕✕ In freundlicher Atmosphäre darf man sich auf frische regionale Gerichte wie "Husumer Rumpsteak, Pfefferrahm, Speckbohnen, Röstkartoffeln" freuen. Für den kleineren Hunger gibt's im angeschlossenen Bistro z. B. Omlette oder Gulaschsuppe.

Karte 36/51 €

*Hotel Landhaus Gardels, Westerstr. 15 ✉ 25693*
  *☎ 04853 8030 – www.gardels.de*
*– nur Abendessen – geschl. 1. - 15. Januar und Sonntag*

🏠 **Landhaus Gardels**       🕸 ♨ ✂ ♨ 🚗

**LANDHAUS · INDIVIDUELL** Familienbetrieb seit über 130 Jahren! Die Zimmer sind individuell und meist neuzeitlich eingerichtet (auch einfachere sind noch vorhanden), am Morgen genießt man ein reichhaltiges Frühstücksbuffet - sonntags für Langschläfer bis 12 Uhr!

50 Zim ⌂ – ♦77/115 € – ♦♦114/168 € – ½ P

*Westerstr. 15 ✉ 25693 – ☎ 04853 8030 – www.gardels.de – geschl. 1. - 15. Januar*
🍴 **Landhaus Gardels** – siehe Restaurantauswahl

## ST. PETER

Baden-Württemberg – 2 540 Ew. – Höhe 720 m – Regionalatlas **61**-E20

▶ Berlin 797 km – Stuttgart 224 km – Freiburg im Breisgau 32 km – Waldkirch 20 km

Michelin Straßenkarte 545

🏶 **Zur Sonne**       ⇐ 🏨 🚗🍽

**REGIONAL · GASTHOF** ✕✕ Was bei Chef Hanspeter Rombach auf den Teller kommt, ist frisch (viele Bio-Produkte), schmeckt richtig gut und ist zudem schön anzuschauen - so z. B. "Sauerbraten vom Wildschwein", aber auch gehobenere Gerichte wie "Bio-Lachs und Garnelen auf Chicorée". Für Übernachtungsgäste: hübscher Sauna- und Ruhebereich.

Menü 35/79 € – Karte 36/68 €    13 Zim ⌂ – ♦65/95 € ♦♦84/136 €

*Zähringerstr. 2 ✉ 79271*
*– ☎ 07660 94010 – www.sonneschwarzwald.de*
*– geschl. Februar - März 2 Wochen, Mitte November 2 Wochen und Montag*

## 🍴○ Nostalgie Gastronomie Zum Kreuz 🔄 ⌂ P

**REGIONAL · GASTHOF** X Über 100 Jahre reicht die Familientradition schon zurück - ein Stück Nostalgie muss da schon sein, ob im ländlich gehaltenen Restaurant oder in den (Themen-) Zimmern. Gekocht wird regional, mit hiesigen Produkten und teilweise auch Gerichte, die man nur noch selten bekommt. Tipp: Kohlrouladen!

Menü 22 € – Karte 20/46 €    9 Zim ⌂ – ♦69/75 € ♦♦78/95 €

*Scheuergasse 1 ⊠ 79271 – ☎ 07660 920332 – www.rombach-st-peter.de – geschl. 6. März - 4. April und Montag - Dienstagmittag*

## 🏠 Jägerhaus 🔄 ⌂ ⌂ 🀄 ⚒ P ⊟

**FAMILIÄR · GEMÜTLICH** Sie wohnen hier bei sehr freundlichen Gastgebern in behaglichen Zimmern mit ländlichem Charme, schön die Umgebung mit Wiesen und Weihern! Richtig gut relaxen kann man auch im hübschen Saunabereich und am Badeteich im Garten! In den gemütlichen Gaststuben gibt's Bürgerliches und leckere selbstgemachte Kuchen.

18 Zim ⌂ – ♦57/85 € ♦♦98/116 € – ½ P

*Mühlengraben 18 ⊠ 79271 – ☎ 07660 94000 – www.hotel-jaegerhaus.de – geschl. 8. - 30. März, 8. - 30. November*

# ST. PETER-ORDING

Schleswig-Holstein – 3 750 Ew. – Höhe 3 m – Regionalatlas **1**-G3
▶ Berlin 428 km – Kiel 125 km – Sylt (Westerland) 93 km – Heide 40 km
Michelin Straßenkarte 541

## Im Ortsteil St. Peter-Bad

### 🍴○ Aalernhüs Grill ⌂ ⌂ ⚙ ⌂

**GRILLGERICHTE · TRENDY** XX Hier stehen Fleisch und Fisch im Mittelpunkt, und zwar gegrillt. Bestellen Sie Steinbutt, Seezunge oder eines der Steaks! Oder vielleicht lieber die "Aalernhüs Fischplatte"? Mittags kleine Speisenauswahl im Hotelrestaurant.

Karte 43/81 €

*Hotel Aalernhüs, Friedrich-Hebbel-Str. 2 ⊠ 25826 – ☎ 04863 701222 (Tischbestellung ratsam) – www.aalernhues.de – nur Abendessen – geschl. Januar*

### 🏠 Aalernhüs ⚙ ⌂ ⌂ 🀄 🔷 🀄 ⚒ ⌂ ⊟ ⚒ ⌂

**SPA UND WELLNESS · ELEGANT** Ihrer Erholung steht hier nichts im Wege, dafür sorgen komfortable Gästezimmer (wie wär's z. B. ganz frisch und modern in friesischem Blau?) sowie ein schöner Garten und der attraktive Spa auf 1000 qm!

64 Zim ⌂ – ♦109/279 € ♦♦119/379 € – 5 Suiten – ½ P

*Friedrich-Hebbel-Str. 2 ⊠ 25826 – ☎ 04863 7010 – www.aalernhues.de – geschl. Januar*

🍴○ **Aalernhüs Grill** – siehe Restaurantauswahl

### 🏠 Landhaus an de Dün ⚙ ⌂ ⌂ 🀄 P ⊟

**FAMILIÄR · MODERN** Das kleine Hotel wird stetig verbessert und verschönert, so können Sie sich in elegant-wohnlichen Zimmern und bei Kosmetik oder Massage erholen, sich auf ein gutes Frühstück freuen und nachmittags Kaffee und Kuchen genießen. Den Kurpark haben Sie direkt vor der Tür, zum Strand sind es nur wenige Gehminuten.

13 Zim ⌂ – ♦95/190 € ♦♦160/245 € – 2 Suiten

*Im Bad 63 ⊠ 25826 – ☎ 04863 96060 – www.hotel-landhaus.de – geschl. Dezember - Januar 4 Wochen*

### 🏠 Das Kubatzki ⓝ 🔄 ⚙ ⌂ 🀄 P

**FAMILIÄR · DESIGN** Erholung findet man hier nicht nur in schicken Zimmern mit wertig-modernem Interieur, bei den engagierten Gastgebern kann man sich auch mit Yoga und Aromamassagen etwas Gutes tun! Oder Sie entspannen einfach auf der Holzterrasse im Garten.

36 Zim ⌂ – ♦89/109 € ♦♦127/172 € – 3 Suiten – ½ P

*Im Bad 59 ⊠ 25826 – ☎ 04863 7040 – www.das-kubatzki.de*

# Im Ortsteil St. Peter-Dorf

## ⑩○ **Strandhütte Axels Restaurant** 🏠 ⇩ ⊭

**INTERNATIONAL · FREUNDLICH** X "Sieben Meter über dem Alltag" heißt es in diesem Pfahlbau. Vom Restaurant und der Terrasse schaut man den Kitesurfern zu, während man "Küstenkabeljau auf Risotto mit Sepia und Muscheln" oder "Filet vom Eidstedter Rind" genießt. Tagsüber ein schönes Ausflugsziel - dann locken frisch gebackene Waffeln!

Menü 49 € – Karte 47/61 €

*Zum Südstrand, (ab Südstrand-Parkplatz ca. 15 Minuten Fußweg oder mit öffentlichem Verkehrsbus erreichbar)* ✉ 25826
*– ℰ 04863 4747011 (Tischbestellung ratsam) – www.die-strandhuette.de*
*– nur Abendessen – geschl. Anfang Januar - Mitte März und Montag - Dienstag*

# Im Ortsteil Ording

## ⑩○ **Esszimmer** ⓝ 🏠 ⅙ ⇩ 🅿

**REGIONAL · FREUNDLICH** X Auch gastronomisch orientiert sich die "Zweite Heimat" ganz an der Region: hell, freundlich, friesisch das Ambiente, auf dem Teller z. B. "Lamm Spreckelsen" oder "Kabeljau Jöns". Probieren Sie auch das "Bierbrett", und nachmittags gibt's hausgemachte Waffeln und Kuchen. Mittags reduziertes Angebot.

Menü 34/78 € (abends) – Karte 32/70 €

*Hotel Zweite Heimat, Am Deich 41* ✉ 25826
*– ℰ 04863 47489120 (abends Tischbestellung ratsam)*
*– www.hotel-zweiteheimat.de*

## 🏠 **Zweite Heimat** ⓝ 🦢 🏠 ⬍ 🧖 🅿

**FAMILIÄR · AUF DEM LAND** "Kleine Stube", "Große Stube", "Gute Stube" - alle Zimmer sind nordisch-modern und mit Liebe zum Detail eingerichtet, mal für Familien, mal mit Meerblick oder auch mit Sauna. Kosmetik und Massage in der "Kleinen Flucht". Überall ist die Region in Form von dekorativen Bildern und Naturmaterialien gegenwärtig.

47 Zim ⌑ – ♦90/165 € ♦♦130/240 € – 1 Suite

*Am Deich 41* ✉ 25826
*– ℰ 04863 474890 – www.hotel-zweiteheimat.de*

⑩○ **Esszimmer** – siehe Restaurantauswahl

# ST. WENDEL

Saarland – 25 890 Ew. – Höhe 285 m – Regionalatlas **46**-C16
▶ Berlin 699 km – Saarbrücken 42 km – Idar-Oberstein 43 km – Neunkirchen/Saar 19 km
Michelin Straßenkarte 543

## 🏠 **Angel's - das Hotel am Golfpark** 🦢 🦢 🛏 🏠 ⬍ AC 🧖 🅿

**BUSINESS · MODERN** Die komfortable Hotelanlage grenzt unmittelbar an die grüne Golflandschaft und ist ganz modern in Architektur und Ambiente. Man bietet auch Massage- und Kosmetikanwendungen. Internationale Küche im großzügigen und lichten Restaurant.

46 Zim ⌑ – ♦99/134 € ♦♦138/176 € – 2 Suiten – ½ P

*Golfparkallee 1, (am Golfplatz), West: 1,5 km* ✉ 66606 – ℰ 06851 999000
*– www.angels-dashotel.de*

---

Gute Küche zu moderatem Preis? Folgen Sie dem „Bib Gourmand" ⓐ. Das freundliche Michelin-Männchen „Bib" steht für ein besonders gutes Preis-Leistungs-Verhältnis!

## In St. Wendel-Bliesen Nord-West: 5,5 km über Sankt Annen Straße und Alsfassener Straße

### ⍟ Kunz
AC 🍴 P

**FRANZÖSISCH-KLASSISCH · FAMILIÄR** XXX Anke und Alexander Kunz sind ein eingespieltes Team. Sie ist Gastgeberin aus Leidenschaft, er steht für geradlinige Küche ohne Chichi. Für ihn zählen erstklassige Produkte, Kraft, Ausdruck und Finesse. Toll übrigens auch der Blick auf den beachtlichen "Bliestaldom" St. Remigius.

→ Cassoulet von bretonischem Hummer mit Zuckerschoten. Gegrillte Jakobsmuschel mit gepfefferter Ananas. American Rib Eye vom Josper Holzkohlengrill.

Menü 89/104 €

*Kirchstr. 22 ✉ 66606 – ✆ 06854 8145 (Tischbestellung ratsam)*
*– www.restaurant-kunz.de – nur Abendessen – geschl. Februar 1 Woche, Juli*
*- August 2 Wochen und Sonntag - Dienstag*
🔥 **Kaminzimmer** – siehe Restaurantauswahl

### 🔥 Kaminzimmer
🍴 🍴 P

**REGIONAL · FREUNDLICH** X Ob Dry Aged Beef oder Bretonische Seezunge, ob Rinderroulade oder Wiener Schnitzel, auch im Kunz'schen Zweitrestaurant lässt es sich richtig gut essen. Drinnen schöner moderner Stil und gemütlicher Kamin, draußen die hübsche Terrasse.

Menü 39 € – Karte 36/72 €

*Restaurant Kunz, Kirchstr. 22 ✉ 66606 – ✆ 06854 8145 (Tischbestellung ratsam)*
*– www.restaurant-kunz.de – nur Abendessen, sonntags auch Mittagessen*
*– geschl. Februar 1 Woche und Montag - Dienstag*

## SASBACHWALDEN
Baden-Württemberg – 2 420 Ew. – Höhe 257 m – Regionalatlas **54**-E19
▶ Berlin 729 km – Stuttgart 131 km – Karlsruhe 58 km – Freudenstadt 45 km
Michelin Straßenkarte 545

### ⍟ Fallert
🍴 P

**FRANZÖSISCH-KLASSISCH · FREUNDLICH** XX Grundehrliche klassische Küche auf diesem hohen Niveau gibt es nur noch selten in Deutschland. Auf modische Trends und Effekthascherei verzichtet man bewusst, dafür steht bei den produktorientierten Speisen intensiver Geschmack absolut im Fokus. Im Sommer gibt es zur Gourmetküche auch die regionale Karte.

→ Salat von Pulpo mit Kalbskopf und Sobrasada-Crostini. Filet vom Steinbutt mit Parmesanbrösel, Pfifferlinge, Vin jaune-Sauce. Halbe Elsässer Taube mit Bernstein-Apfelessigsauce, Süßkartoffelpüree.

Menü 36 € (mittags)/98 € – Karte 36/89 €

*Hotel Talmühle, Talstr. 36 ✉ 77887*
*– ✆ 07841 628290 (Tischbestellung ratsam) – www.talmuehle.de*
*– geschl. Februar und November - April: Montag - Dienstag*

### 🔥 Engel
↩ 🍴 P

**REGIONAL · LÄNDLICH** XX Hier passt einfach alles zusammen: Familientradition seit 1764, charmante Stuben hinter historischen Fachwerkmauern, herzliche Atmosphäre und schmackhafte regionale Gerichte wie "Sauerbraten in Spätburgunder geschmort mit feinen Nudeln". Schön auch die Gästezimmer - mal ländlich-gemütlich, mal modern.

Menü 28 € (vegetarisch)/45 € – Karte 32/55 € 14 Zim ⌨ – ♦58/90 €
♦♦92/165 €

*Talstr. 14 ✉ 77887*
*– ✆ 07841 3000 – www.engel-sasbachwalden.de*
*– geschl. Montag, Mitte Januar - März: Montag - Dienstag*

## Badische Stuben

**REGIONAL · RUSTIKAL** Die regionale Küche hier kommt richtig gut an. Lust auf "Hechtklößle mit Rieslingsauce und Blattspinat" oder "geschmortes Rinderbäckle mit Rotweinsauce"? Oder lieber die "Versucherle"? Einladend auch die Stuben selbst mit ihrer gemütlichen Atmosphäre, ebenso die großzügige Terrasse.

Menü 34/66 € – Karte 35/58 €

*Hotel Talmühle, Talstr. 36 ⊠ 77887 – ℰ 07841 628290 (Tischbestellung ratsam)*
*– www.talmuehle.de – geschl. Februar und November - April: Montag - Dienstag*

## Talmühle

**GASTHOF · TRADITIONELL** Wenn Sie in einem der schönen, wohnlichen Südzimmer dem Rauschen des Baches lauschen, am Morgen aufmerksam umsorgt von der kleinen Frühstückskarte wählen oder über das reizvolle begrünte Anwesen schlendern, dann wird klar: Der Name Fallert steht nicht nur für Gourmetküche!

26 Zim ⚏ – ♦72/110 € ♦♦112/164 € – 1 Suite – ½ P

*Talstr. 36 ⊠ 77887 – ℰ 07841 628290 – www.talmuehle.de – geschl. Februar*

❀ **Fallert** · ⊛ **Badische Stuben** – siehe Restaurantauswahl

## SASSNITZ Mecklenburg-Vorpommern ➜ Siehe Rügen (Insel)

# SAULGAU, BAD

Baden-Württemberg – 17 020 Ew. – Höhe 587 m – Regionalatlas **63**-H20
▶ Berlin 686 km – Stuttgart 114 km – Konstanz 89 km – Reutlingen 74 km
Michelin Straßenkarte 545

## In Bad Saulgau-Bondorf Nord-Ost: 2 km

### Oberamer Hof

**GASTHOF · GEMÜTLICH** Charmant die ruhige Lage mit Blick über die Felder! Der alte Bauernhof hat individuelle Zimmer und Appartements (ideal für Familien). Passend zum Charakter des Hauses: die in hellem Holz gehaltene Gaststube mit regionalen Spezialitäten – freitags z. B. typisch schwäbische "Dennete". Sehr nette Gartenterrasse.

18 Zim ⚏ – ♦46 € ♦♦68 € – ½ P

*St.-Bruno-Str. 34 ⊠ 88348 – ℰ 07581 48920 – www.oberamerhof.de – geschl.*
*30. Januar - 19. Februar*

## In Bad Saulgau-Renhardsweiler Ost: 7,5 km, Richtung Bad Schussenried

### Zum Hasen

**GASTHOF · AUF DEM LAND** Das kleine Hotel in dem alten Fachwerkhaus ist eine schöne Adresse mit seinen behaglichen Zimmern (wohnlich die hellen Holzmöbel) und der gemütlichen Dorfstube mit regionaler Küche.

14 Zim ⚏ – ♦51/79 € ♦♦82/99 € – ½ P

*Hochstr. 37, Süd-Ost: 2km ⊠ 88348 – ℰ 07581 48740 – www.zumhasen.de*

# SAULHEIM

Rheinland-Pfalz – 7 300 Ew. – Höhe 140 m – Regionalatlas **47**-E15
▶ Berlin 583 km – Mainz 16 km – Bad Kreuznach 43 km – Alzey 20 km
Michelin Straßenkarte 543

## mundart Restaurant

**KLASSISCHE KÜCHE · LÄNDLICH** ✗✗ In einem netten alten Dorfhaus mitten in dem kleinen Weinort kocht Patron Markus Hebestreit frisch und geschmackvoll, ob geschmorte Ochsenbacke oder Thunfisch-Carpaccio! Hübsch die ländlich-moderne Einrichtung, charmant der Innenhof.

Karte 32/50 €

*Weedengasse 8, Nieder-Saulheim ⊠ 55291 – ℰ 06732 9322966*
*– www.mundart-restaurant.de – nur Abendessen, sonntags auch Mittagessen*
*– geschl. 1. - 8. Januar, August 3 Wochen und Mittwoch*

## SCHALKENMEHREN Rheinland-Pfalz → Siehe Daun

## SCHALKHAM

Bayern – 870 Ew. – Höhe 430 m – Regionalatlas **59**-N19

▶ Berlin 581 km – München 86 km – Regensburg 86 km – Landshut 26 km
Michelin Straßenkarte 546

## In Schalkham-Johannesbrunn

🌐 **Sebastianihof**                    🏠 ♻ **P** ⌧

**INTERNATIONAL · RUSTIKAL** ✗ Hier erwartet Sie ein Mix aus internationaler und
regionaler Küche. Auf der Karte liest man Leckeres wie "Lamm - Curry und
gegrillt / Bulgur / Tomate / Graupen" oder "Rottaler Kalb - Steak / Grillgemüse
/ Pfifferlingsgröstl". Modern-rustikal das Ambiente im großen "Stadl" und im
"Kuhstall", schöner Innenhof.

Menü 34 € (vegetarisch)/78 € – Karte 34/50 €

*Brunnenstr. 9 ⌧ 84175 – ☏ 08744 919445 – www.sebastianihof.de – nur
Abendessen, sonntags auch Mittagessen – geschl. August 2 Wochen und Montag
- Mittwoch*

## SCHARBEUTZ

Schleswig-Holstein – 10 720 Ew. – Höhe 12 m – Regionalatlas **11**-K4

▶ Berlin 288 km – Kiel 59 km – Lübeck 30 km – Schwerin 82 km
Michelin Straßenkarte 541

❀ **DiVa**                    🏠 ♿ **AK** ✗ 🚗

**FRANZÖSISCH-MODERN · ELEGANT** ✗✗✗ Hier kocht man auf klassischer Basis
und mit modernen Einflüssen - das Ergebnis ist geschmackvoll und frisch, angenehm geradlinig und nicht überladen. Dazu freundlicher, ungezwungener Service
und elegant-mediterranes Ambiente.

→ Carabinero mit Curry-Eierstich und Salat von der Andenbeere. Gebratene
Jakobsmuschel mit leichter Jalapenocreme und Granny Smith. Feines vom Lamm
mit Spinat und Café de Paris Kissen.

Menü 72/128 € – Karte 85/99 €

*Hotel BelVeder, Strandallee 146, (Süd: 1,5 km über B 76, Richtung Timmendorfer
Strand) ⌧ 23683
– ☏ 04503 3526600 (Tischbestellung erforderlich) – www.hotel-belveder.de
– nur Abendessen – geschl. 21. Dezember - 6. Januar, 24. Juli - 13. August und
Sonntag - Dienstag*

🍴○ **BelVeder**                    ← 🏠 ♿ **AK** ✗ 🚗

**MEDITERRAN · GEMÜTLICH** ✗✗ Regionale Küche mit Blick auf die Ostsee - das
erwartet Sie hier. Dazu noch klassisch-elegantes Ambiente und im Sommer eine
herrliche Terrasse hinter den Dünen!

Menü 34/45 € – Karte 33/53 €

*Hotel BelVeder, Strandallee 146, (Süd: 1,5 km über B 76, Richtung Timmendorfer
Strand) ⌧ 23683 – ☏ 04503 3526707 – www.hotel-belveder.de*

🍴○ **Roof**                    ✗

**FISCH UND MEERESFRÜCHTE · FREUNDLICH** ✗✗ Sushi, Grillgerichte und Meeresfrüchte kommen hier oben auf dem Dach des "Bayside" aus der offenen Küche.
Und nach dem Essen ein kleiner Absacker auf der Terrasse mit herrlicher Sicht
auf die Ostsee?

Menü 40 € – Karte 38/58 €

*Hotel Bayside, Strandallee 130a ⌧ 23683*

*– ☏ 04503 60960 (Tischbestellung erforderlich) – www.bayside-hotel.de
– Oktober - Mai: Montag - Freitag nur Abendessen*

## ‖○ Herzberg's Restaurant

**REGIONAL · GEMÜTLICH** ⅹ Hier kommt Frisches aus der Region auf den Tisch: Probieren Sie den Fisch - oder lieber Fleisch vom Grill? Das Restaurant ist mit allerlei Accessoires und Liebe zum Detail charmant gestaltet. Auch draußen ums Haus herum sitzt man schön.

Menü 39/59 € – Karte 30/46 €

*Strandallee 129 ✉ 23683 – 𝒞 04503 74159 – www.herzbergs-restaurant.de*
*– geschl. Dienstag*

## ⌂⌂⌂ BelVeder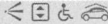

**LANDHAUS · ELEGANT** Ihr Zimmer ist wohnlich-elegant und in warmen Tönen gehalten, auf Wunsch genießen Sie vom Balkon den Blick aufs Meer, die angeschlossene Ostsee-Therme nutzen Sie gratis und freundliche Gästebetreuung ist Ihnen ebenfalls gewiss - also beste Voraussetzungen für entspannte Urlaubstage!

68 Zim ☲ – ♦115/195 € ♦♦165/275 € – 15 Suiten – ½ P

*Strandallee 146 ✉ 23683 – 𝒞 04503 3526600 – www.hotel-belveder.de*

✿ **DiVa** • ‖○ **BelVeder** – siehe Restaurantauswahl

## ⌂⌂⌂ Bayside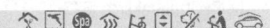

**SPA UND WELLNESS · ELEGANT** Moderner Stil, tolle Aussicht und top Lage direkt am Strand. Die Zimmer sind wertig eingerichtet, meist mit Balkon, chic die Bäder. Toll der Meerblick vom OG - hier das Restaurant "Roof" und die Bar. Regionale Küche im "Coast".

126 Zim ☲ – ♦79/165 € ♦♦128/228 € – 6 Suiten – ½ P

*Strandallee 130a ✉ 23683 – 𝒞 04503 60960 – www.bayside-hotel.de*

‖○ **Roof** – siehe Restaurantauswahl

## ⌂ Göttsche

**FAMILIÄR · FUNKTIONELL** Schon ein hübsches Plätzchen, so leicht erhöht über dem Strand! Die hauseigene Treppe führt Sie hinunter. Wer auf den Meerblick auch im Zimmer nicht verzichten möchte, fragt am besten nach den seeseitigen. Die schöne Sicht genießt man auch auf der Restaurantterrasse bei bürgerlicher Küche.

15 Zim ☲ – ♦70/159 € ♦♦90/168 € – 1 Suite

*Am Hang 8 ✉ 23683 – 𝒞 04503 8820 – www.hotelgoettsche.de – geschl.*
*27. November - 25. Dezember*

## ⌂ Villa Scharbeutz

**FAMILIÄR · FUNKTIONELL** Die schöne Jugendstilvilla ist das Stammhaus dieses Hotels - hier wohnt man in funktionellen Gästezimmern. Wenn Sie es gerne etwas komfortabler und zeitgemäßer haben, buchen Sie ein Zimmer im Anbau!

22 Zim ☲ – ♦44/63 € ♦♦82/95 €

*Seestr. 26 ✉ 23683 – 𝒞 04503 87090 – www.hotel-villa-scharbeutz.de – geschl.*
*1. November - 31. Dezember, 10. Januar - 28. Februar*

## In Scharbeutz-Haffkrug

## ⊛ Muschel

**MARKTKÜCHE · BÜRGERLICH** ⅩⅩ "Dorsch, Spitzkohl, Kartoffeln" oder "ganze gebratene Scholle" - hier wird frisch und saisonal gekocht. Das Restaurant im Hotel "Maris" ist dank großer Fensterfront schön hell, draußen die windgeschützte Terrasse an der Promenade.

Menü 43 € – Karte 33/54 €   13 Zim – ♦55/90 € ♦♦90/130 €

*Strandallee 10 ✉ 23683 – 𝒞 04563 422803 (Tischbestellung ratsam)*
*– www.restaurant-muschel-haffkrug.de – geschl. Montag*

**SCHEER** Baden-Württemberg → Siehe Sigmaringen

# SCHEESSEL

Niedersachsen – 12 920 Ew. – Höhe 30 m – Regionalatlas **18**-H6
▶ Berlin 341 km – Hannover 121 km – Hamburg 68 km – Bremen 54 km
Michelin Straßenkarte 541

## In Scheeßel-Oldenhöfen Nord-West: 7 km über Zevener Straße, in Hetzwege rechts

### ⊛ Rauchfang 🎗 ⌖ ⇆ **P**

**REGIONAL · GEMÜTLICH** 🗙🗙 "Waldpilze mit Semmelknödel", "Kabeljau mit Senf-sauce"... Bekommen Sie da nicht Appetit? Leckere Gerichte wie diese gibt es in dem charmant eingerichteten Landgasthof, einem Häuslingshaus von 1800. Im Winter schafft der offene Kamin Behaglichkeit, im Sommer lockt die Terrasse mit Blick ins Grüne.

Menü 60 € – Karte 30/62 €

*Oldenhöfen 3a ⊠ 27383 – 𝒞 04263 602 – www.rauchfang-oldenhoefen.de
– Mittwoch - Samstag nur Abendessen – geschl. Montag - Dienstag*

## SCHEIBENHARDT

Rheinland-Pfalz – 660 Ew. – Höhe 120 m – Regionalatlas **54**-E18
▶ Berlin 687 km – Mainz 168 km – Karlsruhe 24 km – Landau in der Pfalz 32 km
Michelin Straßenkarte 543

## In Scheibenhardt-Bienwaldmühle Nord-West: 5,5 km

### �🍽 Bienwaldmühle 🎗 ⇆ **P** 🍽

**MARKTKÜCHE · LÄNDLICH** 🗙 Schön die Lage mitten im Bienwald, abgelegen und ruhig! Da ist (neben dem ansprechenden zeitgemäß-modernen Hauptraum) natür-lich die große Terrasse der Renner! Man kocht regional-saisonal, z. B. "Hirschme-daillons mit glacierten Weintrauben".

Karte 25/56 €

*Bienwaldmühle 3 ⊠ 76779 – 𝒞 06340 276 – www.bienwaldmuehle.de – geschl.
19. Dezember - 3. Februar, Ende Juli - Anfang August 2 Wochen und Montag
- Dienstag*

## SCHEIDEGG

Bayern – 4 120 Ew. – Höhe 804 m – Regionalatlas **63**-I21
▶ Berlin 720 km – München 177 km – Konstanz 84 km – Ravensburg 40 km
Michelin Straßenkarte 546

### �🍽 Zum Hirschen Ⓝ ⇆ 🎗 ⅃ **P**

**REGIONAL · RUSTIKAL** 🗙 Eine feste Größe im Ort und in der Region ist dieser familiengeführte Gasthof. Gemütlich-rustikal die Räume, schön die Terrasse im Schatten der Kirche, regional-saisonal die Küche. Übernachtungsgäste dürfen sich auf schöne modern-alpine Zimmer und ein gutes Frühstück freuen, vielleicht auf der Balkonterrasse?

Karte 20/45 € 11 Zim ⌷ – †78/88 € ††128/138 €

*Kirchstr. 1, (1. Etage) ⊠ 88175 – 𝒞 08381 2119 – www.zumhirschenscheidegg.de
– geschl. 7. - 23. November und Dienstag - Mittwoch*

### ⌂ Birkenmoor 🕱 🐾 ⇜ 🖼 🕸 🛎 🎗 **P**

**FAMILIÄR · AUF DEM LAND** Eine ideale Adresse zum Ausspannen: ruhig die Lage am Ortsrand, die Zimmer hell und gepflegt, alle Richtung Garten mit Teich, und zum Relaxen gönnt man sich wohltuende Wellnessanwendungen. Im Restau-rant gibt es bürgerlich-regionale Küche.

16 Zim ⌷ – †47/61 € ††94/122 € – ½ P

*Am Brunnenbühl 10 ⊠ 88175 – 𝒞 08381 92000 – www.hotel-birkenmoor.de
– geschl. Ende November - Ende Dezember 5 Wochen*

## SCHENEFELD

Schleswig-Holstein – 18 680 Ew. – Höhe 21 m – Regionalatlas **10**-I5
▶ Berlin 298 km – Kiel 86 km – Hamburg 12 km
Michelin Straßenkarte 541

## In Schenefeld-Dorf

### 🏨 Klövensteen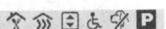

**LANDHAUS · GEMÜTLICH** Ein recht komfortables Hotel, das neben wohnlich und funktionell ausgestatteten Zimmern auch Kosmetikanwendungen bietet. Praktisch ist die gute Anbindung an die Autobahn. Bürgerliche Küche im Bistro.

58 Zim 🗳 – †73/92 € ††88/116 € – ½ P

*Hauptstr. 83 ✉ 22869 – 𝒞 040 8393630 – www.hotel-kloevensteen.de*

## SCHENKENZELL

Baden-Württemberg – 1 770 Ew. – Höhe 361 m – Regionalatlas **54**-E19

▶ Berlin 732 km – Stuttgart 104 km – Freiburg im Breisgau 72 km –
Villingen-Schwenningen 46 km
Michelin Straßenkarte 545

### 🏨 Waldblick

**FAMILIÄR · MODERN** Schon die gelbe Fassade mit den blauen Fensterläden ist freundlich und einladend, ebenso die zeitgemäß-funktionalen Zimmer (teilweise groß genug für Familien), dazu engagierte Gastgeber! Lust auf Minigolf? Eigene Anlage direkt am Haus. Im Restaurant und auf der schönen Terrasse serviert man bürgerliche Küche.

30 Zim 🗳 – †69/86 € ††85/118 € – ½ P

*Schulstr. 12, B 294 ✉ 77773 – 𝒞 07836 93960 – www.hotel-waldblick.de – geschl.
30. Januar - 11. Februar*

## SCHERMBECK

Nordrhein-Westfalen – 13 440 Ew. – Höhe 40 m – Regionalatlas **26**-C10

▶ Berlin 523 km – Düsseldorf 69 km – Dorsten 10 km – Wesel 19 km
Michelin Straßenkarte 543

### In Schermbeck-Gahlen Süd: 4 km über Mittelstraße und Maassenstraße

### 🍴 Landhaus Nikolay

**KLASSISCHE KÜCHE · GEMÜTLICH** 🍴 Sie legen Wert auf frische, möglichst helmische Produkte? Der Chef dieses liebenswerten Restaurants ebenso: Für seine klassische Küche sammelt er Pilze, züchtet Hühner und Enten selbst, zieht Gemüse und Kräuter im eigenen Garten...

Menü 49/89 € – Karte 37/67 €

*Kirchhellener Str. 1, Süd: 2 km, in Besten ✉ 46514 – 𝒞 02362 41132
(Tischbestellung ratsam) – www.landhaus-nikolay.de – geschl. Montag*

### In Schermbeck-Weselerwald Nord-West: 13 km über B 58, bei Drevenack

rechts Richtung Bocholt

### 🍴 Landhotel Voshövel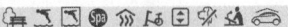

**MARKTKÜCHE · GEMÜTLICH** 🍴 Was in den gemütlichen Stuben serviert wird, ist schmackhaft, saisonal und aus guten Produkten zubereitet. Die Karte macht mit "gebratenem Lammnüsschen und Bries" oder "trocken gereiftem Rumpsteak unter der Kräuterkruste" Appetit.

Menü 39/69 € – Karte 24/53 €

*Landhotel Voshövel, Am Voshövel 1 ✉ 46514 – 𝒞 02856 91400
– www.landhotel.de*

### 🏨 Landhotel Voshövel

**LANDHAUS · MODERN** Seminar, Hochzeit, Wellness... Das Hotel ist mit seinem schönen Spa, den individuellen Zimmern (teils Themenzimmer), den variablen Tagungsräumen und dem eigenen Standesamt ideal für so manchen Anlass. Außerdem gibt es Ermäßigung im Golfclub nebenan.

80 Zim 🗳 – †74/131 € ††146/220 € – ½ P

*Am Voshövel 1 ✉ 46514 – 𝒞 02856 91400 – www.landhotel.de*

🍴 **Landhotel Voshövel** – siehe Restaurantauswahl

## SCHESSLITZ

Bayern – 7 190 Ew. – Höhe 310 m – Regionalatlas **50**-K15

▶ Berlin 391 km – München 252 km – Coburg 57 km – Bayreuth 47 km

Michelin Straßenkarte 546

### In Schesslitz-Burgellern Nord-Ost: 2 km Richtung Wattendorf, jenseits der A 70

🏚 **Schloss Burgellern** 🏕 🦐 🛏 🗽 🎐 🐖 P

**HISTORISCHES GEBÄUDE · INDIVIDUELL** Ein schön saniertes Anwesen a. d. 18.
Jh., überall hübsche historische Details wie Parkettböden, Intarsien, Deckengemälde, Original-Türen... Geschmackvoll die Zimmer, reizvoll der 7 ha große Park
mit Naturbadeteich. Im Restaurant speist man regional. Man hat übrigens eigenen
Honig! Kochkurse im Wasserschloss.

23 Zim 🖙 – ♦89/119 € ♦♦134/229 € – ½ P

*Kirchplatz 1* ✉ *96110* – *✆ 09542 774750* – *www.burgellern.de*

## SCHIERKE

Sachsen-Anhalt – 33 480 Ew. – Höhe 610 m – Regionalatlas **30**-J10

▶ Berlin 246 km – Magdeburg 92 km – Braunlage 10 km – Halberstadt 45 km

Michelin Straßenkarte 542

### In Elend-Mandelholz Süd-Ost: 5,5 km Richtung Braunlage und Königshütte

🏠 **Grüne Tanne** 🏕 🦐 🛏 🎐 🖃 🐖 P

**GASTHOF · AUF DEM LAND** Wie gemacht für Wanderer und Kurzurlauber liegt
das holzverkleidete Haus am Bodestausee, ringsum Wald. Im schönen Saunahaus
etwas oberhalb bietet man auch Massage an. Gemütliche Restauranträume,
darunter der freundliche lichte Wintergarten. Die Kuchentheke macht Appetit.

23 Zim 🖙 – ♦55/65 € ♦♦85/95 € – ½ P

*Mandelholz 1, B 27* ✉ *38875* – *✆ 039454 460* – *www.mandelholz.de* – *geschl. 7.
- 25. November*

## SCHIFFERSTADT

Rheinland-Pfalz – 19 280 Ew. – Höhe 104 m – Regionalatlas **47**-F16

▶ Berlin 631 km – Mainz 83 km – Mannheim 25 km – Speyer 9 km

Michelin Straßenkarte 543

🏚 **Salischer Hof** 🏕 🎐 P

**HISTORISCH · MEDITERRAN** Das aus einem historischen Hofgut entstandene und
aus mehreren Gebäuden bestehende Hotel bietet helle, zeitgemäße Zimmer. Ein
mediterraner Touch prägt das Haus. In "Möllers Restaurant" serviert man frische
Küche z. B. in Form von "Lammrücken mit Ziegenkäse gratiniert, Lammsugo, weißes Bohnenpüree".

24 Zim 🖙 – ♦77/82 € ♦♦98/104 € – ½ P

*Burgstr. 12* ✉ *67105* – *✆ 06235 9310* – *www.salischer-hof.de* – *geschl. 1.
- 15. Januar*

## SCHILLINGSFÜRST

Bayern – 2 770 Ew. – Höhe 516 m – Regionalatlas **49**-J17

▶ Berlin 517 km – München 188 km – Würzburg 85 km – Ansbach 28 km

Michelin Straßenkarte 546

🍴○ **Die Post** 🔄 🔙 🛏 🛖 🚗

**REGIONAL · GASTHOF** 🕱 In dem Familienbetrieb übernachtet man nicht nur gut,
es wird auch frisch und regional gekocht, so z. B. "geschmorter Hirschbraten"
oder "gebratenes Karpfenfilet". Am liebsten isst man auf der Terrasse mit tollem
Ausblick. Probieren Sie auch die selbstgebrannten Schnäpse!

Menü 24 € – Karte 21/43 € 13 Zim 🖙 – ♦60/90 € ♦♦72/120 €

*Rothenburger Str. 1* ✉ *91583* – *✆ 09868 9500* – *www.flairhotel-diepost.de*
*– geschl. Januar - März: Sonntagabend*

## SCHILTACH

Baden-Württemberg – 3 820 Ew. – Höhe 330 m – Regionalatlas **54**-E20
▶ Berlin 740 km – Stuttgart 126 km – Freiburg im Breisgau 68 km – Offenburg 51 km
Michelin Straßenkarte 545

### 🏠 Zum weyßen Rössle

**FAMILIÄR · GEMÜTLICH** Ulrich Wolber und seine Frau sind sehr herzliche und engagierte Gastgeber! Da darf man sich auf wohnliche Zimmer freuen, auf ein schönes Frühstück und auf ein charmantes rustikales Restaurant mit regionaler Küche. Wer es gerne etwas geräumiger hat, sollte nach den Doppelzimmern fragen. Auch das Zimmer mit Himmelbett wird gerne gebucht!

9 Zim ⌑ – ♦60/71 € ♦♦82/96 € – ½ P
*Schenkenzeller Str. 42 ✉ 77761 – ☎ 07836 387 – www.weysses-roessle.de*

## SCHKEUDITZ

Sachsen – 16 970 Ew. – Höhe 111 m – Regionalatlas **31**-N11
▶ Berlin 172 km – Dresden 124 km – Leipzig 13 km – Halle (Saale) 21 km
Michelin Straßenkarte 544

### ⅠO Schillerstuben

**MARKTKÜCHE · ELEGANT** XX In der Villa von 1929 befinden sich schöne wohnliche Restauranträume mit wechselnder Kunstausstellung. Gekocht wird saisonal-international, so z. B. "Tranche vom Iberico-Schweinekarree und geschmortes Kalbsbäckchen mit Pfifferlingen, Champagnerkraut und Kartoffel-Rucolaknödel". Hübsche Terrasse.

Menü 65/89 €
*Herderstr. 26 ✉ 04435 – ☎ 034204 14716 – www.schillerstuben.de – nur Abendessen – geschl. Sonntag*

## SCHKOPAU

Sachsen-Anhalt – 10 930 Ew. – Höhe 98 m – Regionalatlas **31**-M11
▶ Berlin 182 km – Magdeburg 96 km – Leipzig 35 km – Halle (Saale) 11 km
Michelin Straßenkarte 542

### 🏰 Schlosshotel Schkopau

**HISTORISCHES GEBÄUDE · ELEGANT** Ein schönes jahrhundertealtes Anwesen mit Schlosskapelle und Park, das beliebt ist für Hochzeiten. Die wohnlich-elegante Einrichtung fügt sich harmonisch in den historischen Rahmen ein, stilvoll das Restaurant mit Kreuzgewölbe. Im Innenhof finden Konzerte und Theateraufführungen statt.

49 Zim ⌑ – ♦149/169 € ♦♦179/219 € – 5 Suiten – ½ P
*Am Schloss 1 ✉ 06258 – ☎ 034617490 – www.schlosshotel-schkopau.de*

## SCHLAT

Baden-Württemberg – 1 660 Ew. – Höhe 424 m – Regionalatlas **56**-H19
▶ Berlin 608 km – Stuttgart 51 km – Göppingen 9 km – Schwäbisch Gmünd 27 km
Michelin Straßenkarte 545

### 🍴 Gasthof Lamm

**REGIONAL · GEMÜTLICH** XX Mögen Sie regionale Klassiker oder speisen Sie lieber etwas moderner? Aus Produkten der Region entstehen in dem gemütlichen Gasthof z. B. "Sauerbraten mit Spätzle und Kartoffelsalat" oder "Karotten-Birnensuppe mit Kalb". Tipp: Obstschaumweine aus der eigenen Manufaktur! Zum Übernachten: charmante Zimmer.

Menü 37/86 € – Karte 26/61 €   5 Zim – ♦60/80 € ♦♦80/90 € – ⌑15 €
*Eschenbacher Str. 1 ✉ 73114 – ☎ 07161 999020 – www.lamm-schlat.de – geschl. über Weihnachten 1 Woche, über Fasching 1 Woche, August 2 Wochen und Dienstag - Mittwoch, Freitagmittag*

# SCHLEPZIG

Brandenburg – 610 Ew. – Höhe 47 m – Regionalatlas **33**-Q9

▶ Berlin 78 km – Potsdam 95 km – Cottbus 66 km – Frankfurt (Oder) 67 km

Michelin Straßenkarte 542

### 🏠 Spreewaldresort Seinerzeit  ❀ ⚙ **P**

**GASTHOF · TRADITIONELL** Die hübsche Anlage bietet richtig schöne Zimmer in wohnlich-warmen Tönen. Darf es vielleicht eine Spa-Suite mit eigener Sauna sein? Relaxen kann man auf der großen Wiese zum Spreekanal, gemütlich essen im Restaurant mit Landhaus-Flair. Oder wie wär's mit einem selbstgebrauten Bier in der rustikalen Brauerei?

41 Zim ♨ – ♦121 € ♦♦130 € – 6 Suiten – ½ P

*Dorfstr. 53* ✉ *15910 –* ℰ *035472 6620 – www.seinerzeit.de*

# SCHLESWIG

Schleswig-Holstein – 23 640 Ew. – Höhe 1 m – Regionalatlas **2**-H2

▶ Berlin 395 km – Kiel 53 km – Flensburg 33 km – Neumünster 65 km

Michelin Straßenkarte 541

### 🏠 Hahn  **P**

**BOUTIQUE-HOTEL · ELEGANT** In der schmucken Gründerzeitvilla spürt man das Engagement und die Leidenschaft, mit der die Familie hier bei der Sache ist. Die Einrichtung ist hochwertig und stilvoll, in der schönen Lounge bekommt man gute Weine, zum Frühstück ausgewählte Produkte - natürlich auch selbstgemachte Konfitüre.

6 Zim ♨ – ♦89/119 € ♦♦109/139 €

*Lutherstr. 8* ✉ *24837 –* ℰ *04621 995352 – www.hotelhahn.de*

## In Schleswig-Friedrichsberg Süd-West: 5 km

### 🏠 F-Ritz  🚌 ♿ **P**

**BOUTIQUE-HOTEL · MODERN** Tipptopp gepflegt und charmant das kleine Boutique-Hotel - die Eigentümerin ist Architektin, das erkennt man sofort! Schön und individuell die Zimmer, frisch und lecker das kleine Frühstücksbuffet in modernem Ambiente, hübsch der Garten.

14 Zim ♨ – ♦65/95 € ♦♦85/115 €

*Friedrichstr. 102* ✉ *24837 –* ℰ *04621 932280 – www.hotel-f-ritz.de – geschl. 21. Dezember - 10. Januar*

## In Schleswig-Pulverholz Süd-West: 1,5 km

### ⅱ○ Fasanerie  🍴 ♿ ❀ **P**

**KLASSISCHE KÜCHE · ELEGANT** ✗✗ Das kulinarische Aushängeschild des "Waldschlösschens". Zum schicken modern-eleganten Ambiente kommt ambitionierte klassische Küche, z. B. als "Zweierlei vom Reh aus hiesiger Jagd". Und danach "Crème brûlée von der Valrhona-Schokolade"?

Menü 80/113 € – Karte 45/79 €

*Hotel Waldschlösschen, Kolonnenweg 152* ✉ *24837 –* ℰ *04621 3830*
*– www.hotel-waldschloesschen.de – nur Abendessen – geschl. Sonntag - Montag*

### 🏠 Waldschlösschen  ❀ 🚌 🖼 🌐 🕍 ⬆ ♿ ⚙ **P**

**BUSINESS · KLASSISCH** Nicht nur die schöne Lage am Waldgebiet "Pöhler Gehege" zählt hier zu den Vorzügen, attraktiv auch der moderne "GartenSpa" mit Ladies Lounge, Duftgarten & Co. Dazu hat man individuelle Zimmer, darunter Themenzimmer wie "Seide", "Kräuter" oder "Maritim".

114 Zim ♨ – ♦85/259 € ♦♦105/259 € – 2 Suiten – ½ P

*Kolonnenweg 152* ✉ *24837 –* ℰ *04621 3830 – www.hotel-waldschloesschen.de*

ⅱ○ **Fasanerie** – siehe Restaurantauswahl

# SCHLIENGEN

Baden-Württemberg – 5 390 Ew. – Höhe 250 m – Regionalatlas **61**-D21

▶ Berlin 836 km – Stuttgart 243 km – Freiburg im Breisgau 38 km – Müllheim 9 km
Michelin Straßenkarte 545

## In Schliengen-Mauchen

### Ⅰ○ Gasthaus Zur Krone    🍴 🕸 **P** 🚳

**TRADITIONELLE KÜCHE · GEMÜTLICH** Ⅹ Das hier ist die Gutsschänke des Weinguts Lämmlin-Schindler. In rustikalem Ambiente (nett auch die Terrasse) gibt es neben hauseigenen Weinen frische regionale Klassiker wie "geschmorte Ochsenbäckle". Tipp: Donnerstags gibt's "Leberle", samstags Tafelspitz. Dazu eine tolle Kuchen- und Tortenauswahl!

Karte 21/42 €

*Müllheimer Str. 6* ✉ *79410 –* 𝄢 *07635 9899 – www.krone-mauchen.de – geschl. Montag - Dienstag*

# SCHLIERSEE

Bayern – 6 790 Ew. – Höhe 784 m – Regionalatlas **66**-M21

▶ Berlin 652 km – München 62 km – Garmisch-Partenkirchen 79 km – Rosenheim 36 km
Michelin Straßenkarte 546

## In Schliersee-Spitzingsee Süd: 10 km über B 307, hinter Neuhausen rechts
- Höhe 1 085 m

### 🏨 Arabella Alpenhotel am Spitzingsee  🏔 🐾 ⪡ 🛎 🖼 🕤 🐒 ⛵

**SPA UND WELLNESS · MODERN** Schön liegt das Hotel in 1100 m 🈁 🏋 🚗 Höhe, viele der wohnlichen Zimmer bieten Seeblick. Zum schicken modernen Spa gehört die höchstgelegene Sole-Therme Deutschlands. Dazu ein Strandbad. Alpenländisch die "König Ludwig Stube", mediterran (u. a. mit Antipasti, Pizza, Pasta) die "Osteria L'Oliva". Weinkeller.

108 Zlm 🚇 – ♦128/184 € ♦♦192/282 € – 9 Suiten – ½ P

*Seeweg 7* ✉ *83727 –* 𝄢 *08026 7980 – www.arabella-alpenhotel.com*

# SCHLUCHSEE

Baden-Württemberg – 2 370 Ew. – Höhe 950 m – Regionalatlas **62**-E21

▶ Berlin 795 km – Stuttgart 172 km – Freiburg im Breisgau 48 km – Donaueschingen 49 km
Michelin Straßenkarte 545

### Ⅰ○ Hegers Parkhotel Flora  ⪡ 🛎 🍴 🕸 🚗

**INTERNATIONAL · GEMÜTLICH** ⅩⅩ Im Restaurant kocht der Chef regionale und internationale Gerichte - macht Ihnen z. B. "Hirschragout in Wacholdersoße mit Pilzen und Spätzle" Appetit? Dazu gibt's Weine vom Weingut Heger in Ihringen.

Menü 36/66 € – Karte 35/63 €

*Hegers Parkhotel Flora, Sonnhalde 22* ✉ *79859 –* 𝄢 *07656 97420 – www.parkhotel-flora.de*

### 🏨 Vier Jahreszeiten am Schluchsee  🏔 🐾 ⪡ 🛎 🗡 🖼 🕤 🐒 ⛵

**SPA UND WELLNESS · MONTAN** Ruhige Lage und vielfälti- 🕸 🈁 🚿 🏋 🚗 ges Freizeitangebot mit Tennis (Hallen- und Freiplätze), großem Bade- und Spabereich, speziellem Ayurveda-Zentrum... Nicht zu vergessen: wohnliche Zimmer mit Balkon. Teil des Restaurantbereichs ist die gemütlich-rustikale Gaststube "Kachelofen".

205 Zim 🚇 – ♦128/193 € ♦♦168/218 € – 17 Suiten – ½ P

*Am Riesenbühl* ✉ *79859
–* 𝄢 *07656 700 – www.vjz.de*

### 🏨 Hegers Parkhotel Flora 🦢 ≤ 🦽 ☄ 🔟 ☉ 🕙 👪 🔁 🛁 🚗

SPA UND WELLNESS · INDIVIDUELL Mit Engagement kümmert sich Familie Heger um ihre Gäste. Ruhig die Lage, wohnlich und wertig die Zimmer, teilweise mit Seeblick. Schön relaxen lässt es sich z. B. am attraktiven Außenpool oder bei Anwendungen im kleinen Spa.

40 Zim ⌂ – ♦133/148 € ♦♦200/216 € – 7 Suiten – ½ P

*Sonnhalde 22 ⊠ 79859 – ☎ 07656 97420 – www.parkhotel-flora.de*

🍴 **Hegers Parkhotel Flora** – siehe Restaurantauswahl

## In Schluchsee-Aha Nord-West: 4 km über B 500

### 🏨 Auerhahn ⛄ ≤ 🦽 🔟 ☉ 🕙 👪 🍴 🔁 ☕ 🛁 🅿️

SPA UND WELLNESS · GEMÜTLICH Nur die Straße trennt das Hotel vom See. Umfassend das Wellness- und Sportangebot, dazu ein Leihboot für Angler. Tipp: Eine Juniorsuite hat eine eigene Sauna, zwei Suiten eine Whirlwanne. Vollpension inkl. Auch wenn Sie kein Hausgast sind, können Sie hier essen: Röstigerichte im rustikalen "Tannenzäpfle".

59 Zim ⌂ – ♦150/180 € ♦♦260/310 € – 3 Suiten – ½ P

*Vorderaha 4, an der B 500 ⊠ 79859*
*– ☎ 07656 97450 – www.auerhahn.net*

# SCHMALLENBERG

Nordrhein-Westfalen – 24 980 Ew. – Höhe 400 m – Regionalatlas **37**-F12
▶ Berlin 513 km – Düsseldorf 168 km – Arnsberg 48 km – Meschede 35 km
Michelin Straßenkarte 543

## In Schmallenberg-Fleckenberg Süd-West: 2 km über B 236 Richtung Olpe

### 🏨 Hubertus ⛄ 🦢 🦽 🕙 🔁 ☕ 🅿️

GASTHOF · INDIVIDUELL Ein äußerst gepflegtes Hotel mit familiärer Führung und wohnlichen Zimmern, die teilweise über Balkon/Terrasse verfügen. Vom Badebereich schaut man in den Garten. Bürgerlich-rustikales Restaurant.

25 Zim ⌂ – ♦70/74 € ♦♦106/136 € – 1 Suite – ½ P

*Latroper Str. 24 ⊠ 57392*
*– ☎ 02972 5077 – www.gasthof-hubertus.de*
*– geschl. 1. - 26. Dezember*

## In Schmallenberg-Jagdhaus Süd: 7 km über B 236 Richtung Olpe, in Fleckenberg links

### 🏨 Jagdhaus Wiese ⛄ 🦢 🦽 🔟 🕙 ☕ 🔁 ☕ 🛁 🚗

LANDHAUS · INDIVIDUELL Das herrlich ruhig gelegene Anwesen mit Park ist ein Haus mit Tradition, das mit Gefühl und Geschmack modernisiert wird. Die Zimmer sind sehr unterschiedlich, einige eher rustikal, andere moderner. Restaurant in ländlichem Stil.

46 Zim ⌂ – ♦90/145 € ♦♦145/219 € – 16 Suiten – ½ P

*Jagdhaus 3 ⊠ 57392 – ☎ 02972 3060 – www.jagdhaus-wiese.de – geschl. 17.*
*- 26. Dezember*

### 🏨 Schäferhof ⛄ 🦢 ≤ 🕙 🔁 🛁 🅿️ 🚫

FAMILIÄR · GEMÜTLICH Die herrliche Landschaft, wohnliche Zimmer (darunter zwei Maisonetten) und die sehr persönliche Führung machen den tipptopp gepflegten Familienbetrieb aus. Gemütlich die Atmosphäre im Restaurant, schön die Terrasse mit Blick ins Grüne.

11 Zim ⌂ – ♦59/67 € ♦♦86/126 € – 2 Suiten – ½ P

*Jagdhaus 21 ⊠ 57392 – ☎ 02972 47334 – www.schaeferhof.com – geschl.*
*27. März - 6. April, November 2 Wochen*

# In Schmallenberg-Nordenau Nord-Ost: 13 km über B 236, in Oberkirchen links

### ⌂ Gnacke

TRADITIONELL · AUF DEM LAND Das traditionelle Ferienhotel verbindet Sauer-länder Stil mit modernen Elementen. Die Zimmer sind etwas unterschiedlich in Einrichtung und Zuschnitt, viele mit Balkon und Aussicht. Rustikales Restaurant und hübsche Caféterrasse zum Tal.

15 Zim ⊆ – ♦85/95 € ♦♦190/200 € – 1 Suite – ½ P

*Astenstr. 6 ⊠ 57392 – ℰ 02975 96330 – www.hotel-gnacke.de*

# In Schmallenberg-Oberkirchen Ost: 8 km über B 236

### Gasthof Schütte

INTERNATIONAL · RUSTIKAL ХХ Bewusst hat man mit liebenswerten Dekoratio-nen den rustikalen Charme des alten Stammhauses bewahrt - ein wohltuender Rahmen für schmackhafte klassisch-internationale Speisen und herzhaft-leckere Spezialitäten wie "Westfälische dicke Bohnen mit Kasseler und Mettwurst" oder "Gesottenen Tafelspitz".

Menü 19 € (mittags)/57 € – Karte 32/62 €

*Hotel Gasthof Schütte, Eggeweg 2, nahe der B 236 ⊠ 57392*
*– ℰ 02975 820 – www.gasthof-schuette.de*
*– geschl. 3. - 26. Dezember*

### ⌂ Gasthof Schütte

GASTHOF · GEMÜTLICH Familientradition seit über 550 Jahren! Ein schönes Haus, in das stetig investiert wird. So hat man wohnliche Zimmer und gute Frei-zeitmöglichkeiten - ansprechend der Spa "Lenneborn". 300 m entfernt entspannt man im Garten mit Freibad!

47 Zim ⊆ – ♦65/101 € ♦♦134/216 € – 12 Suiten – ½ P

*Eggeweg 2, nahe der B 236 ⊠ 57392*
*– ℰ 02975 820 – www.gasthof-schuette.de*
*– geschl. 3. - 26. Dezember*

    Gasthof Schütte – siehe Restaurantauswahl

# In Schmallenberg-Ohlenbach Ost: 15 km über B 236, in Oberkirchen links Richtung Winterberg

### ⫶○ Schneiderstube

FRANZÖSISCH-KLASSISCH · GEMÜTLICH ХХ Das Restaurant ist eine Mischung aus rustikaler Gemütlichkeit und klassischem Stil, es wirkt angenehm unkompli-ziert und einladend! Die Küche ist kreativ, dazu bietet man eine Weinauswahl mit Raritäten.

Menü 60 € – Karte 38/75 €

*Hotel Waldhaus, Ohlenbach 10 ⊠ 57392 – ℰ 02975 840*
*– www.waldhaus-ohlenbach.de – nur Abendessen – geschl. 21. - 25. November und Montag - Dienstag*

### ⌂ Waldhaus

LANDHAUS · INDIVIDUELL Das Hotel befindet sich in herrlich ruhiger, sonnen-exponierter Lage in 700 m Höhe - toll der Ausblick! Fragen Sie nach den neue-ren Zimmer in überaus geschmackvollem modernem Stil. Auch der Spa hat eini-ges zu bieten!

45 Zim ⊆ – ♦110/160 € ♦♦180/240 € – ½ P

*Ohlenbach 10 ⊠ 57392 – ℰ 02975 840 – www.waldhaus-ohlenbach.de – geschl. 21. - 25. November*

⫶○ **Schneiderstube** – siehe Restaurantauswahl

## In Schmallenberg-Winkhausen Ost: 6 km über B 236

🍽️ **Hofstube** ⬤  🚐 🚗

**MODERNE KÜCHE · CHIC** ⅄ Hier sticht sofort die tolle offene Showküche ins Auge! In dem geradlinig-chic designten Fine-Dining-Restaurant erleben Sie live mit, wie moderne Menüs entstehen. Übrigens: Dieser attraktive Rahmen dient auch als Kochschule.

Menü 54/95 €

*Hotel Deimann, Winkhausen 5, B 236 ⊠ 57392*

*– 𝒞 02975 810 – www.deimann.de*

*– nur Abendessen – geschl. Montag - Mittwoch*

🏨 **Deimann**  ⚐ 🚐 ⅃ 🖾 🕸 🏋 %ℒ ✗ ⊡ ⚑ 🚗 🚤

**SPA UND WELLNESS · INDIVIDUELL** Aus dem Herrenhaus von 1880 ist ein sehr komfortables Ferien- und Wellnesshotel entstanden. Geboten wird ein vielfältiger Spa auf rund 3000 qm, dazu individuelle Zimmer (meist zum Garten hin). Im Wintergarten reicht man eine gehobenere Karte als im Bar-Restaurant (hier internationale Küche).

98 Zim ⊡ – ❗125/155 € ❗❗184/370 € – ½ P

*Winkhausen 5, B 236 ⊠ 57392 – 𝒞 02975 810 – www.deimann.de*

🍽️ **Hofstube** – siehe Restaurantauswahl

# SCHMIEDEFELD am RENNSTEIG

Thüringen – 1 760 Ew. – Höhe 700 m – Regionalatlas **40**-K13

▶ Berlin 341 km – Erfurt 59 km – Suhl 13 km

Michelin Straßenkarte 544

🏠 **Gastinger**  ⚐ 🚐 🕸 ⊡ 🎿 **P**

**FAMILIÄR · GEMÜTLICH** Sie wohnen bei engagierten Gastgebern, und das wirklich charmant und ganz individuell! Gefällt Ihnen das hübsche Geschirr? Sie können es kaufen, es wird im eigenen Keramikatelier gefertigt! Nett speist man auf der Panoramaterrasse. Tipp: Thüringer Würste aus Hausschlachtung, nachmittags hausgebackener Kuchen.

17 Zim ⊡ – ❗60/75 € ❗❗78/98 € – 2 Suiten – ½ P

*Ilmenauer Str. 21, (B 4) ⊠ 98711*

*– 𝒞 036782 7070 – www.hotel-gastinger.de*

*– geschl. Anfang November 2 Wochen*

# SCHMÖLLN

Thüringen – 11 350 Ew. – Höhe 210 m – Regionalatlas **41**-N12

▶ Berlin 236 km – Erfurt 114 km – Gera 27 km

Michelin Straßenkarte 544

🏨 **Bellevue**  ⚐ 🚲 ≤ & **P**

**HERRENHAUS · FUNKTIONELL** Aus einem im 19. Jh. erbauten Gasthaus etwas oberhalb der Stadt ist dieses kleine Hotel entstanden. Hier lässt es sich in schöner Lage gut wohnen und in klassischem Ambiente speisen - die Küche ist regional und international ausgelegt.

15 Zim – ❗65/72 € ❗❗85 € – ⊡ 9 € – ½ P

*Am Pfefferberg 7 ⊠ 04626*

*– 𝒞 034491 7000 – www.bellevuehotel.de*

# SCHNAITTACH

Bayern – 8 000 Ew. – Höhe 355 m – Regionalatlas **50**-L16

▶ Berlin 409 km – München 178 km – Nürnberg 35 km – Bayreuth 55 km

Michelin Straßenkarte 546

## In Schnaittach-Osternohe Nord: 5 km - Höhe 596 m

### ⌂ Berggasthof Igelwirt　🏃 🐾 ⇐ 🖵 🕭 ✄ 🏋 🅿

**GASTHOF · AUF DEM LAND** Ein Gasthaus a. d. J. 1892, das dank seiner Lage auf dem Schlossberg eine schöne Sicht über das Tal bietet. Die Zimmer sind freundlich und neuzeitlich eingerichtet, zum Frühstück gibt's Hausmacherwurst und selbstgemachte Marmelade, im Restaurant bürgerlich-regionale Küche.

32 Zim ⌿ – ♦67/110 € ♦♦92/150 €

*Igelweg 6, am Schlossberg, Ost: 1 km* ✉ *91220*
*– ☎ 09153 4060 – www.igelwirt.de*

# SCHNEVERDINGEN

Niedersachsen – 18 730 Ew. – Höhe 86 m – Regionalatlas **19**-I6
▶ Berlin 339 km – Hannover 97 km – Hamburg 66 km – Bremen 74 km
Michelin Straßenkarte 541

### 🕲 Ramster　⇐ 🍴 🏠 ✄ 🅿

**REGIONAL · FAMILIÄR** ✕✕ Eine sympathisch-familiäre Adresse, die auf regional-saisonale Küche setzt. Aus frischen, oftmals lokalen Produkten entsteht z. B. "Wildschweinfilet, Preiselbeersauce, Pilze, Kürbisravioli". Schön die Terrasse zum Garten. Übernachtungsgäste freuen sich über sehr wohnliche Zimmer, teilweise mit Balkon.

Menü 39 € – Karte 23/44 €　6 Zim ⌿ – ♦55/70 € ♦♦95/110 €

*Heberer Str. 16* ✉ *29640 – ☎ 05193 6888 – www.hotel-ramster.de – geschl. Montag*

## In Schneverdingen-Tütsberg Süd-Ost: 12 km über Bahnhofstraße und

Heber, in Scharrl links

### ⌂ Hof Tütsberg　🏃 🐾 🍴 🏠 🏋 🅿

**GASTHOF · AUF DEM LAND** Reetgedeckte Häuser a. d. 16. Jh., drum herum ein herrlicher Garten mit großen Buchen und Eichen, so stellt man sich einen Gutshof vor. Im Sommer ist die Terrasse der Renner, ob bei Kaffee und Kuchen oder Heidschnuckengerichten! Es gibt auch Gastboxen, schließlich ist das Naturschutzgebiet ideal für Reiter!

24 Zim ⌿ – ♦68/78 € ♦♦85/99 € – ½ P

*Im Naturschutzpark* ✉ *29640 – ☎ 05199 900 – www.hotel-hof-tuetsberg.de*

# SCHOBÜLL Schleswig-Holstein → Siehe Husum

# SCHÖNAICH Baden-Württemberg → Siehe Böblingen

# SCHÖNAU am KÖNIGSSEE

Bayern – 5 420 Ew. – Höhe 630 m – Regionalatlas **67**-O21
▶ Berlin 747 km – München 159 km – Bad Reichenhall 23 km – Berchtesgaden 5 km
Michelin Straßenkarte 546

### 🏨 Alpenhotel Zechmeisterlehen　🏃 🐾 ⇐ 🍴 ⛲ 🎯 ⦿ 🏠 🎱 🖵 🏋

**SPA UND WELLNESS · TRADITIONELL** Der Familienbetrieb hat sich 🚗 schon zu einem besonderen "Schmuckkasterl" entwickelt: schöne Zimmer von klassisch bis modern-alpin, Wellness auf 3500 qm, ein wunderbarer Garten mit Naturbadeteich, und kulinarisch bleiben bei der inkludierten Verwöhnpension kaum Wünsche offen.

56 Zim ⌿ – ♦98/160 € ♦♦178/320 € – ½ P

*Wahlstr. 35, Oberschönau* ✉ *83471 – ☎ 08652 9450 – www.zechmeisterlehen.de*
*– geschl. 8. November - 20. Dezember*

### 🏨 Alm & Wellnesshotel Alpenhof ♀ 🦢 ≼ 🛏 ⏳ 🖥 ☺ 🕊 ♨ ✗

**SPA UND WELLNESS · TRADITIONELL** Dieses schöne und gut 🖥 🛁 🅿 geführte Wellnesshotel liegt in 700 m Höhe und bietet Ihnen neben einem guten Spa-Angebot auch attraktive individuelle Zimmer, die mit Geschmack eingerichtet sind. Im Restaurant werden Sie mit einer umfangreichen HP oder auch à la carte verwöhnt.

52 Zim ⌂ – ♦71/117 € ♦♦138/238 € – ½ P

*Richard-Voss-Str. 30 ✉ 83471*

*– 𝒞 08652 6020 – www.alpenhof.de*

*– geschl. 19. März - 7. April, 5. November - 1. Dezember*

### 🏠 Georgenhof ♀ 🦢 ≼ 🛏 ♨ 🅿

**FAMILIÄR · TRADITIONELL** Ein wohnlicher und engagiert geführter Familienbetrieb in ruhiger Lage, die Zimmer alle mit Balkon. Vom Wintergarten und der Terrasse blickt man beim Frühstück auf die umliegenden Berge. Nette Kaminlounge. Abends auf Wunsch 3-Gänge-Menü.

22 Zim ⌂ – ♦45/60 € ♦♦90/120 € – ½ P

*Modereggweg 21, Oberschönau ✉ 83471*

*– 𝒞 08652 9500 – www.hotel-georgenhof.de*

*– geschl. 5. November - 18. Dezember*

# SCHÖNAU im SCHWARZWALD

Baden-Württemberg – 2 300 Ew. – Höhe 540 m – Regionalatlas **61**-D21

◗ Berlin 808 km – Stuttgart 186 km – Freiburg im Breisgau 39 km – Donaueschingen 63 km

Michelin Straßenkarte 545

**In Tunau** Ost: 3 km über Talstraße und Bischmatt

### 🍴 Zur Tanne ⟵ 🦢 ≼ 🛏 🍴 ✗ 🅿

**REGIONAL · RUSTIKAL** 🕱 Das hat Charme: außen historisches Bauernhaus, drinnen urige Gemütlichkeit! Auf den Tisch kommen regionale Speisen wie "glasierte Entenbrust mit Kartoffelküchlein und Gemüse". Gepflegte Gästezimmer hat man auch - TV gibt es nicht, aber hier genießt man sowieso lieber die Ruhe!

Menü 30/45 € – Karte 29/48 €    10 Zim ⌂ – ♦55/70 € ♦♦95/125 €

*Alter Weg 4 ✉ 79677*

*– 𝒞 07673 310 – www.tanne-tunau.de*

*– nur Abendessen, sonntags auch Mittagessen – geschl. 16. - 26. November, Januar 1 Woche und Montag - Dienstag*

**In Aitern-Multen** Nord-West: 10 km über B 317, Aitern und Holzinshaus

### 🏨 Belchenhotel Jägerstüble ♀ 🦢 🛏 🖥 ♨ 🕊 🖥 ♿ ✗ 🛁 🚗

**GASTHOF · INDIVIDUELL** Wunderbar die Lage in 1100 m Höhe! Eine richtig schöne Lobby nebst Lounge-Bar (moderner Stil trifft auf Schwarzwald-Flair) empfängt Sie hier. Auch das Wellnessangebot kann sich wirklich sehen lassen, und wer besonders komfortabel wohnen möchte, bucht eine der hochwertigen Juniorsuiten - alle mit Balkon.

29 Zim ⌂ – ♦75/140 € ♦♦130/220 € – 2 Suiten – ½ P

*Obermulten 3, an der Talstation der Belchenbahn ✉ 79677*

*– 𝒞 07673 888180 – www.belchenhotel.de*

*– geschl. 27. November - 17. Dezember*

# SCHÖNBORN, BAD

Baden-Württemberg – 12 490 Ew. – Höhe 122 m – Regionalatlas **54**-F17

◗ Berlin 636 km – Stuttgart 79 km – Karlsruhe 41 km – Heilbronn 51 km

Michelin Straßenkarte 545

## Im Ortsteil Mingolsheim

### 🏠 Villa Medici    ⚫ 🏠 🛁 🔲 ⚫ ♨ 🅿

**BUSINESS · MEDITERRAN** Wirklich schön, wie man hier moderne Geradlinigkeit und mediterranen Stil kombiniert hat: Farben, Materialien, Accessoires..., die südländische Note zieht sich vom Empfang über die wohnlichen Zimmer (teils ruhig zum Innenhof) und den netten Saunabereich bis ins freundliche Restaurant mit italienischer Küche.

89 Zim – 🛏74/94 € 🛏🛏84/104 € – 2 Suiten – ⬜ 16 € – ½ P

*Waldparkstr. 20* ✉ *76669* – ℰ *07253 9871170* – *www.hotel-villa-medici.de*
– *geschl. 27. Dezember - 1. Januar*

## SCHÖNTAL

Baden-Württemberg – 5 550 Ew. – Höhe 210 m – Regionalatlas **48**-H17
▶ Berlin 573 km – Stuttgart 86 km – Würzburg 76 km – Heilbronn 44 km
Michelin Straßenkarte 545

### In Kloster Schöntal

#### 🏠 Zur Post    ⚫ 🏠 🔲 🅿

**GASTHOF · AUF DEM LAND** Richtig schön wohnt man in dem einstigen Klosterwaschhaus von 1701, das bereits in 5. Generation in Familienhand ist. Historisches Flair und moderne Elemente mischen sich hier gelungen. Bürgerliche Küche im Restaurant - nett sitzt man im Biergarten unter Kastanien.

29 Zim ⬜ – 🛏70 € 🛏🛏90/95 € – 3 Suiten

*Honigsteige 1* ✉ *74214* – ℰ *07943 2226* – *www.gasthof-post-schoental.de*

## SCHÖNWALD

Baden-Württemberg – 2 330 Ew. – Höhe 988 m – Regionalatlas **62**-E20
▶ Berlin 772 km – Stuttgart 146 km – Freiburg im Breisgau 49 km – Donaueschingen 37 km
Michelin Straßenkarte 545

### 🍴 Dorer    🍺 🏠 🚗

**KLASSISCHE KÜCHE · GEMÜTLICH ✗✗** In der reizenden Stube kocht man für seine Gäste nicht nur nach Schwarzwälder Tradition, auf der Karte finden sich auch schmackhafte mediterrane und klassisch-saisonale Gerichte. Dazu empfiehlt man die passenden Weine.

Menü 28 € (mittags)/76 € – Karte 31/51 €

*Hotel Dorer, Franz-Schubert-Str. 20* ✉ *78141* – ℰ *07722 95050*
– *www.hotel-dorer.de*

### 🍴 Zum Ochsen    ⟨ 🍺 🏠 ♨ 🚗

**REGIONAL · FREUNDLICH ✗✗** Schön gemütlich hat man es in den Stuben mit ihren charmanten Dekorationen, die ganz typisch sind für die Region. Auf der Karte Internationales mit Bezug zur Saison sowie regionale Gerichte.

Menü 45/60 € – Karte 33/70 €

*Hotel Zum Ochsen, Ludwig-Uhland-Str. 18* ✉ *78141* – ℰ *07722 866480*
– *www.ochsen.com*

### 🏠 Zum Ochsen    🏊 ⟨ 🍺 🔲 🌐 🏠 🍴 🔲 🔲 ♨ 🚗

**GASTHOF · FUNKTIONELL** 1796 erstmals erwähnt und in 6. Generation familiär geführt! Tipp: Die Doppelzimmer Typ E + F sind größer und neuzeitlicher! Und da dies hier eine richtig angenehme Ferienadresse ist, darf man sich auch auf ein gutes Frühstück und einen modernen Spa freuen! Hinterm Haus viel Grün (eigener kleiner Golfplatz).

36 Zim ⬜ – 🛏70/140 € 🛏🛏90/180 € – ½ P

*Ludwig-Uhland-Str. 18* ✉ *78141* – ℰ *07722 866480* – *www.ochsen.com*
🍴 **Zum Ochsen** – siehe Restaurantauswahl

###  Dorer

**GASTHOF · GEMÜTLICH** Das Haus von 1896 liegt ruhig oberhalb des kleinen Kurparks, so hat man eine schöne Aussicht - z. B. beim Relaxen im Saunabereich! Liebenswert sind sowohl die Zimmer mit ihrem wohnlich-rustikalen Charme als auch die Gastgeber, die schon seit vier Generationen familiär und persönlich für Sie im Einsatz sind!

18 Zim ⌑ - ♦75/80 € ♦♦132/150 € - ½ P

*Franz-Schubert-Str. 20 ⊠ 78141 – 𝒞 07722 95050 – www.hotel-dorer.de*

🍴 **Dorer** – siehe Restaurantauswahl

## SCHOLLBRUNN

Bayern – 950 Ew. – Höhe 397 m – Regionalatlas **48**-H15

▶ Berlin 547 km – München 325 km – Würzburg 51 km – Aschaffenburg 34 km

Michelin Straßenkarte 546

###  Zur Sonne

**GASTHOF · AUF DEM LAND** Wandern im Wald oder ein Besuch des Outlet Centers Wertheim? Vom Haus der Familie Haas ist beides nicht weit! Einige Zimmer sind neuer und moderner in warmen Tönen gehalten. Im Restaurant schafft viel Holz rustikales Ambiente, dazu ein netter Biergarten.

26 Zim ⌑ - ♦37/40 € ♦♦60/70 € - ½ P

*Brunnenstr.1 ⊠ 97852 – 𝒞 09394 97070 – www.sonne-schollbrunn.de – geschl. 5. Januar - 5. Februar*

## SCHONACH

Baden-Württemberg – 4 000 Ew. – Höhe 885 m – Regionalatlas **62**-E20

▶ Berlin 769 km – Stuttgart 143 km – Freiburg im Breisgau 54 km – Triberg 4 km

Michelin Straßenkarte 545

###  Berghotel Schiller

**FAMILIÄR · TRADITIONELL** Sympathisch geführt und wohnlich eingerichtet ist das kleine Hotel am Ortsrand, fast im Grünen. Unterm Dach gibt es zwei Juniorsuiten mit offener Holzbalkendecke und Panoramafenster! Schöne Sicht auch beim Frühstück im lichten Wintergarten.

8 Zim ⌑ - ♦70/90 € ♦♦98/105 €

*Schillerstr. 2 ⊠ 78136 – 𝒞 07722 920440 – www.berghotel-schiller.com – geschl. 1. - 22. Dezember*

## SCHOPFHEIM

Baden-Württemberg – 18 990 Ew. – Höhe 373 m – Regionalatlas **61**-D21

▶ Berlin 826 km – Stuttgart 275 km – Freiburg im Breisgau 83 km – Basel 23 km

Michelin Straßenkarte 545

### 🍴 Glöggler

**TRADITIONELLE KÜCHE · FAMILIÄR** 𝕏 Gut geführt und sympathisch in seiner ländlichen Art ist das Restaurant in der Altstadt am Rande der Fußgängerzone. Auf den gut eingedeckten Tisch kommen z. B. "Suppe von Kartoffeln und Meerrettich" und "Rinderfiletspitzen mit Rahmsauce".

Menü 23/52 € – Karte 30/46 €

*Austr. 5 ⊠ 79650 – 𝒞 07622 2167 – www.restaurant-gloeggler.de – geschl. Ende August und Sonntag - Montagmittag*

## In Schopfheim-Gersbach Nord-Ost: 16 km über B 317 und Kürnberg - Höhe 855 m

### 🏵 Mühle zu Gersbach

**MARKTKÜCHE · GASTHOF** 𝕏𝕏 Charmant und aufmerksam wird man bei den Buchleithers umsorgt. Man kocht regional-international und mit Bezug zur Saison. Appetit machen z. B. "Rehgulasch mit Spätzle und Rotkraut" oder "Kabeljau auf jungem Kraut mit Gamba und Trompetenpilz". Ab 15 Uhr kleine Karte.

Menü 20/68 € (abends) – Karte 28/59 €

*Hotel Mühle zu Gersbach, Zum Bühl 4 ⊠ 79650 – 𝒞 07620 90400 – www.muehle.de – Montag - Freitag nur Abendessen – geschl. 8. Januar - 2. Februar und Dienstag*

## ⌂ Mühle zu Gersbach     🦐 🛏 🏮 ♨ **P**

**GASTHOF · AUF DEM LAND** Ein kleines Hotel in ruhiger dörflicher Lage, das sich wirklich sehen lassen kann - dafür sorgt die engagierte Familie mit stetigen Verbesserungen. Die Zimmer sind schön wohnlich, teils besonders modern. Wie wär's mit einem der beiden Studios? Ein gutes Frühstück gibt's auch.

16 Zim ⌑ – †72/140 € - ††98/180 € - ½ P

*Zum Bühl 4 ✉ 79650 – ☎ 07620 90400 – www.muehle.de – geschl. 8. Januar - 2. Februar*

⊛ **Mühle zu Gersbach** – siehe Restaurantauswahl

## In Schopfheim-Wiechs Süd-West: 3 km

## ⌂ Krone     🏋 🦐 ← 🛏 🗓 🏮 ☲ 🛁 🍽 ♨ **P**

**GASTHOF · FUNKTIONELL** Hier wird immer wieder investiert und verbessert! Zur schönen Lage kommen individuelle Zimmer, einige davon sehr modern, sowie das attraktive "Schwarzwald-Wellness-Haus". Im Sommer wird auf der Terrasse gegrillt - schön die Aussicht.

53 Zim ⌑ – †82/95 € - ††126/160 € - 1 Suite

*Am Rain 6 ✉ 79650 – ☎ 07622 39940 – www.krone-wiechs.de – geschl. 4. - 26. Januar*

# SCHORNDORF

Baden-Württemberg – 38 440 Ew. – Höhe 256 m – Regionalatlas **55**-H18

▶ Berlin 605 km – Stuttgart 35 km – Göppingen 20 km – Schwäbisch Gmünd 23 km

Michelin Straßenkarte 545

## ⌂ Reich an der Rems     🏋 ☲ 🛁 ♨ **P**

**BUSINESS · FUNKTIONELL** Das moderne Businesshotel liegt in einem Gewerbegebiet an der Rems und bietet eine ausgezeichnete Verkehrsanbindung. Die Zimmer sind geradlinig und wohnlich gestaltet (zur Rems hin ruhiger), am Abend können Sie im Restaurant "Himmelreich" in netter Almhütten-Atmosphäre schwäbische Küche genießen.

35 Zim ⌑ – †87/94 € - ††118/128 € - 2 Suiten

*Stuttgarter Str. 77, nahe der B 29 Ausfahrt Schorndorf West ✉ 73614 – ☎ 07181 985580 – www.hotel-reich.de*

## In Winterbach-Manolzweiler West: 9 km über Weiler und Engelberg

## ⊛ Landgasthaus Hirsch     🌳 ♻ **P** ⊬

**REGIONAL · LÄNDLICH** X Bei Familie Waldenmaier (bereits die 4. Generation) wird richtig gut gekocht, und zwar regional-saisonal. Wild kommt übrigens aus eigener Jagd, Brot aus dem Backhäuschen nebenan und auch Schnaps brennt man selbst! Hübsch die Terrasse im 1. Stock. Und haben Sie auch den schönen rustikalen Biergarten gesehen?

Menü 35 € – Karte 24/55 €

*Kaiserstr. 8, (1. Etage) ✉ 73650 – ☎ 07181 41515 – www.hirsch-manolzweiler.de – Mittwoch Donnerstag nur Abendessen - geschl. über Fasching 2 Wochen, Oktober 1 Woche und Montag - Dienstag*

# SCHRAMBERG

Baden-Württemberg – 20 720 Ew. – Höhe 424 m – Regionalatlas **62**-E20

▶ Berlin 730 km – Stuttgart 118 km – Freiburg im Breisgau 65 km – Freudenstadt 37 km

Michelin Straßenkarte 545

## ⊛ Gasthof Hirsch     ⇔ 🌳 🍽

**KLASSISCHE KÜCHE · KLASSISCHES AMBIENTE** XX In dem hübschen regionstypischen Gasthof von 1748 isst man richtig gut. Gekocht wird klassisch-regional, von "Seezunge Müllerin" bis "Rehragout mit Pfifferlingen und Preiselbeeren". Und die Atmosphäre ist wirklich angenehm, dafür sorgt die aufmerksame Gastgeberin. Tipp: individuelle, hochwertige Gästezimmer!

Menü 37/72 € – Karte 37/63 €    6 Zim ⌑ – †70/85 € - ††125/135 €

*Hauptstr. 11, (1. Etage) ✉ 78713 – ☎ 07422 280120 – www.hotel-gasthof-hirsch.com – geschl. März 2 Wochen, August 3 Wochen und Dienstag - Mittwoch*

## In Schramberg-Tennenbronn Süd-West: 8,5 km

### ⌀○ Adler ⌂

**REGIONAL · BÜRGERLICH** X Hier legt man großen Wert auf Bio-Produkte, Wild kommt aus heimischer Jagd. Macht Ihnen z. B. "Wiener Schnitzel vom Demeter-Kalb mit Bratkartoffeln" Appetit? Passend zum regionalen Charakter des Gasthofs ist die Atmosphäre schön gemütlich.

Menü 26/48 € – Karte 26/51 €

*Hotel Adler, Hauptstr. 60 ⌂ 78144 – ℰ 07729 92280 – www.adler-tennenbronn.de – geschl. Montag, Mittwochmittag, Freitagmittag, Samstagmittag – geschl. Ende Oktober 1 Woche*

### ⌂ Adler ◻

**GASTHOF · AUF DEM LAND** Genau so stellt man sich einen typischen Schwarz-wälder Gasthof vor. Alles in dem traditionsreichen Familienbetrieb ist sehr gepflegt, in den Zimmern sorgen Naturholzmöbel für Wohnlichkeit.

10 Zim ⌂ – †49/69 € ††69/89 € – 1 Suite – ½ P

*Hauptstr. 60 ⌂ 78144 – ℰ 07729 92280 – www.adler-tennenbronn.de – geschl. Ende Oktober 1 Woche*

⌀○ **Adler** – siehe Restaurantauswahl

## SCHRIESHEIM

Baden-Württemberg – 14 630 Ew. – Höhe 121 m – Regionalatlas **47**-F16

▶ Berlin 618 km – Stuttgart 130 km – Mannheim 13 km – Darmstadt 53 km

Michelin Straßenkarte 545

### ⌀○ Strahlenberger Hof

**REGIONAL · ELEGANT** XX Die Zehntscheune a. d. 14. Jh. hat schon Atmosphäre. In rustikal-elegantem Ambiente oder auf der lauschigen Terrasse lässt man sich z. B. "3erlei vom Bergsträßer Lamm mit Kichererbse, Gewürzjoghurt, Safran-Couscous" servieren. Tipp: Samstags hat der Hofladen geöffnet und im Sommer tagsüber das Hofcafé.

Menü 49/100 € – Karte 46/75 €

*Kirchstr. 2 ⌂ 69198 – ℰ 06203 63076 (Tischbestellung ratsam) – www.strahlenbergerhof.de – nur Abendessen – geschl. August 2 Wochen und Sonntag - Montag*

### ⌀○ essenZzeit

**INTERNATIONAL · FREUNDLICH** X Saltimbocca vom iberischen Schweinekotelett, hausgemachte Pasta, Panna Cotta von gesalzenem Karamell... Mediterran-saiso-nal wird in dem frischen, freundlichen Restaurant zwischen Bahnhof und Altstadt gekocht. Hübsche Innenhofterrasse.

Karte 31/39 €

*Schillerstr. 9 ⌂ 69198 – ℰ 06203 4854090 – www.essenzzeit-restaurant.de – nur Abendessen – geschl. Anfang Januar 2 Wochen, August 2 Wochen und Montag - Dienstag*

### ⌂ Kaiser

**URBAN · ELEGANT** In dem Gebäudekomplex mit Ursprung im 17. Jh. (schön die alte Fachwerkarchitektur!) stecken rund 50 verschiedene Granitsteine! Die Zimmer entsprechend individuell und hochwertig, dazu aufmerksamer Service und frisches A-la-carte-Frühstück. Auch im Restaurant sehenswerter Granit, schön die Terrasse.

25 Zim – †105/155 € ††145/195 € – ⌂ 15 €

*Talstr. 44 ⌂ 69198 – ℰ 06203 9248980 – www.kaiser-schriesheim.de – geschl. 27. Dezember - 12. Januar*

## SCHWABENHEIM Rheinland-Pfalz → Siehe Ingelheim

## SCHWABMÜNCHEN

Bayern – 13 470 Ew. – Höhe 558 m – Regionalatlas **65**-K20

▶ Berlin 588 km – München 75 km – Augsburg 32 km – Kempten (Allgäu) 77 km

Michelin Straßenkarte 546

## In Langerringen-Schwabmühlhausen Süd: 9 km Richtung Buchloe

### 🏠 Untere Mühle  🏠 ⬦ ⌂ ⤵ 🖪 ✂ ♨ **P**

**FAMILIÄR · FUNKTIONELL** Ideal für Urlauber und Tagungen ist die einstige Kornmühle: ruhige Lage am Ortsrand, wohnliche Zimmer (darunter die Themenzimmer Bambus und Afrika), ein schöner Garten mit Badeweiher und - last but not least - ein Streichelzoo für Kinder!

36 Zim 🖃 – ♦59/72 € ♦♦85/105 € – ½ P

*Untere Mühle 1 ✉ 86853 – ℰ 08248 1210 – www.unteremuehle.de*

## SCHWÄBISCH GMÜND

Baden-Württemberg – 58 570 Ew. – Höhe 321 m – Regionalatlas **56**-I18
▶ Berlin 582 km – Stuttgart 56 km – Nürnberg 151 km – Ulm (Donau) 68 km
Michelin Straßenkarte 545

### 🍴 Fuggerei  🏠 & ⌂ **P**

**REGIONAL · FREUNDLICH** 🕽 Hier sitzen Sie gemütlich unter einer hohen historischen Gewölbedecke - oder möchten Sie lieber im schönen Garten speisen? Freundlich umsorgt werden Sie hier wie dort, serviert wird bürgerlich-regionale Küche.

Menü 19 € (mittags)/112 € – Karte 32/92 €

*Münstergasse 2 ✉ 73525 – ℰ 07171 30003 – www.restaurant-fuggerei.de – geschl. Montag*

## In Waldstetten Süd: 6 km

### 🏡 Sonnenhof  🏠 ✂ ⌂ **P** 🚭

**KLASSISCHE KÜCHE · FAMILIÄR** 🕽🕽 Sie mögen die klassische "Bratwurst mit Kraut"? Oder lieber "Steinbutt in Chardonnay gedünstet"? Nicht zu vergessen "geschmorte Rote Bete mit Kümmelkaramell"! Seit über vier Jahrzehnten ist Helmut Hilse für die Küche des engagiert geführten Familienbetriebs verantwortlich. Schön: Terrasse und Biergarten.

Menü 32/36 € – Karte 23/48 €

*Lauchgasse 19 ✉ 73550 – ℰ 07171 947770 – www.sonnenhof.de – nur Abendessen, sonntags auch Mittagessen - geschl. Montag - Dienstag*

## SCHWÄBISCH HALL

Baden-Württemberg – 37 460 Ew. – Höhe 304 m – Regionalatlas **56**-H17
▶ Berlin 551 km – Stuttgart 74 km – Heilbronn 53 km – Nürnberg 138 km
Michelin Straßenkarte 545

### 🍴 San Michele  **P**

**MEDITERRAN · ELEGANT** 🕽🕽🕽 In dem stilvollen kleinen Gourmetrestaurant mit venezianischem Touch erwartet Sie ein mediterran inspiriertes klassisches Menü, zu dem auch eine wertige Weinbegleitung empfohlen wird. Probieren Sie z. B. "Crevette blue in Limonenjus mit Risoni" oder "Allerlei vom Kaninchen mit Couscous".

Menü 69/119 €

**Stadtplan : B2-e** – Hotel Der Adelshof, Am Markt 12 ✉ 74523 – ℰ 0791 75890 *(Tischbestellung erforderlich) – www.hotel-adelshof.de – nur Abendessen – geschl. geschl. 23. - 27. Dezember und Sonntag - Montag sowie an Feiertagen*

### 🍴 Hohenlohe Aussichtsrestaurant  ⬦ ⌂ 🏠 & 🅼 ✂ ⤵

**INTERNATIONAL · KLASSISCHES AMBIENTE** 🕽🕽🕽 Versuchen Sie, einen Fensterplatz zu bekommen, dann können Sie hier von der 1. Etage aus wunderbar auf die Altstadt schauen. Die beiden Küchenchefs bieten einen interessanten Mix aus regionalen und internationalen Gerichten, von der "lauwarmen Schwarzwurst vom Hällischen Landschwein mit Reibeküchle" bis zum "Tournedo vom Boeuf de Hohenlohe".

Menü 44/64 € – Karte 33/70 €

**Stadtplan : A1-c** – Hotel Hohenlohe, Weilertor 14 ✉ 74523 – ℰ 0791 75870 *– www.hotel-hohenlohe.de*

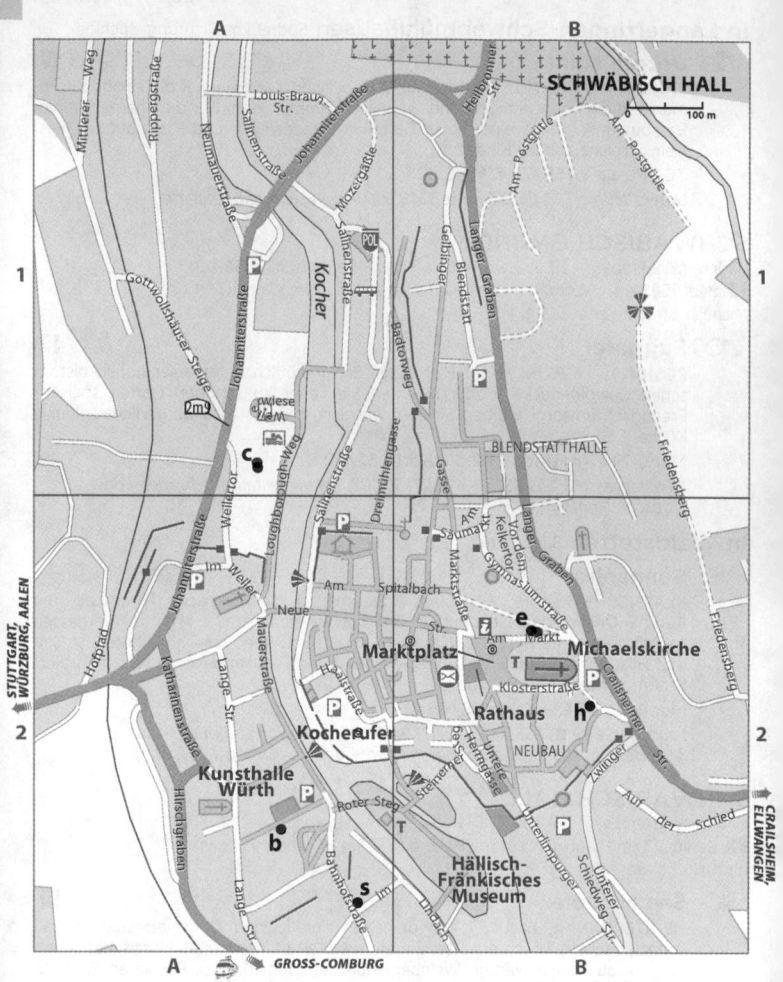

‖○ **Ratskeller**  🛖 **P**

REGIONAL · ROMANTISCH ⅩⅩ Der Ratskeller im jahrhundertealten Adelshof ist kein Zweitrestaurant im eigentlichen Sinne. Hier pulsiert das Leben, und das ist angesichts der ebenfalls anspruchsvollen Küche (z. B. "Rücken vom Hällischen Edelmastschwein mit Karotten-Nuss-Püree") auch nicht verwunderlich. Sonntags nur auf Vorreservierung.

Menü 45/59 € – Karte 33/61 €

Stadtplan : B2-e – *Hotel Der Adelshof, Am Markt 12* ⊠ *74523 –* ℰ *0791 75890 – www.hotel-adelshof.de – geschl. 23. - 27. Dezember und Montag*

## ○ Sudhaus

MARKTKÜCHE • TRENDY ⅄ Ein Besuch der Kunsthalle oder ein Essen im Sudhaus? Wenn Sie Zeit haben, beides lohnt sich! Das Lokal des denkmalgeschützten Brauhauses von 1903 geht über vier Etagen, ganz oben die spektakuläre Dachterrasse - im Sommer ein Muss! Gegessen wird von deftig bis zeitgemäß und an Brautagen lockt ein verführerischer Duft. Wer keinen Wein mag, sollte das "Dunkle" probieren!

Karte 23/38 €

**Stadtplan : A2-b** – *Lange Str. 35, an der Kunsthalle Würth* ✉ *74523*
*– ℰ 0791 9467270 (Tischbestellung ratsam) – www.sudhaus-sha.de*
*– geschl. Sonntagabend - Montag*

## ○ Hohenlohe

SPA UND WELLNESS • MODERN Hier hat man ein kleines Hotel garni zur Nr.1 der gesamten Region gemacht! Sie wohnen in komfortablen Zimmern, die teilweise einen luxuriösen Touch haben, und nutzen den vielfältigen Spa und das Bistro-/Bar-Konzept "Jenseits Kochers" sowie den ausgezeichneten Tagungsbereich.

110 Zim ⊑ – ♦116/138 € ♦♦150/224 € – 4 Suiten – ½ P

**Stadtplan : A1-c** – *Weilertor 14* ✉ *74523* – *ℰ 0791 75870*
*– www.hotel-hohenlohe.de*

○ **Hohenlohe Aussichtsrestaurant** – siehe Restaurantauswahl

## ○ Der Adelshof

HISTORISCH • INDIVIDUELL Richtig schön wohnen, und das im Herzen der geschichtsträchtigen Stadt. Der Adelshof mit Ursprung im 12. Jh. ist heute ein geschmackvolles, individuelles und ausgesprochen nettes Hotel, das von Familie Eggensperger sehr persönlich geführt wird. Hier im Haus spiegeln sich Kunst und Historie wider - ebenso in den nicht weit entfernten Museen!

40 Zim ⊑ – ♦90/150 € ♦♦125/160 € – 2 Suiten – ½ P

**Stadtplan : B2-e** – *Am Markt 12* ✉ *74523*
*– ℰ 0791 75890 – www.hotel-adelshof.de*
*– geschl. 23. - 27. Dezember*

○ **San Michele** • ○ **Ratskeller** – siehe Restaurantauswahl

## ○ Kronprinz

FAMILIÄR • MODERN Sein langes Bestehen (erbaut im 17. Jh.) sieht man dem Haus in keiner Weise an: Außen die schöne gepflegte Fassade, innen neuzeitliche Einrichtung. Aber auch Festspiel- und Stadtbesucher fühlen sich hier wohl, in den Stadtkern sind es nur fünf Gehminuten. Im Restaurant sind Forellengerichte die Spezialität.

43 Zim ⊑ – ♦82/118 € ♦♦111/155 € – ½ P

**Stadtplan : A2-s** – *Bahnhofstr. 17* ✉ *74523*
*– ℰ 0791 97700 – www.kronprinz-hall.de*
*– geschl. Weihnachten - Anfang Januar*

## ○ Scholl

HISTORISCH • HISTORISCH Am Holzmarkt steht dieses Ensemble aus drei historischen Stadthäusern, in dem Sie eine ansprechende Lobby empfängt und Zimmer von wohnlich-funktional bis chic-modern zur Verfügung stehen. Den Tag beginnt man in einem Frühstücksraum mit Atmosphäre und gutem Buffet.

41 Zim ⊑ – ♦90/195 € ♦♦136/300 €

**Stadtplan : B2-h** – *Klosterstr. 2* ✉ *74523*
*– ℰ 0791 97550 – www.hotelscholl.de*

 Das Symbol 𝟺 weist auf eine Weinkarte mit besonders attraktivem Angebot hin.

## In Schwäbisch Hall-Hessental Süd-Ost: 3 km über B2, Richtung Crailsheim

### ✿ Eisenbahn (Josef und Thomas Wolf)  🕸 🏠 AC P

**FRANZÖSISCH-MODERN · ELEGANT** XX Wenn der Vater mit dem Sohne... Bei Familie Wolf setzt man in der Küche auf Klassisches mit modernem Einfluss. Mit viel Gefühl und Können werden aus sehr guten Produkten aromenintensive Speisen, die Ihnen in schönem elegantem Ambiente überaus freundlich serviert werden.

→ Marinierte Perigord Gänseleber mit glasierten Früchten, Gänselebereis, Brioche. Brust und Keule von der Bresse Taube, Steinpilze, Entenleber, Powerade, Trüffelglace. Erdbeeren „Mara de Bois", Zitronen-Basilikumsorbet, Limonen-Mascarponecreme.

Menü 65/125 €

*Hotel Landhaus Wolf, Karl-Kurz-Str. 2 ⊠ 74523 – ☎ 0791 930660 (Tischbestellung ratsam) – www.landhauswolf.eu – nur Abendessen – geschl. Weihnachten - Anfang Januar 2 Wochen, Mitte April 2 Wochen, September 2 Wochen und Sonntag - Dienstag*

### 🏨 Landhaus Wolf  ✦ 🖥 ♿ 🧖 P

**BUSINESS · FUNKTIONELL** Mit Engagement betreibt Familie Wolf ihr gewachsenes Hotel. Wer es besonders modern mag, fragt nach den Komfortzimmern im Neubau. Etwas älter, aber ebenso wohnlich sind die Zimmer im Haupthaus. Als legere Alternative zum Gourmetrestaurant bietet das Bistro "Bähnle" bürgerlich-regionale Küche.

39 Zim ⬜ – ♦69/89 € ♦♦88/109 € – ½ P

*Karl-Kurz-Str. 2 ⊠ 74523 – ☎ 0791 930660 – www.landhauswolf.eu – geschl. Weihnachten - Anfang Januar 2 Wochen*

✿ **Eisenbahn** – siehe Restaurantauswahl

## In Schwäbisch Hall-Veinau Nord-Ost: 4,5 km über B2, Richtung Crailsheim

### 🕸 Landhaus Zum Rössle  🏠 ♿ 🔄 P

**REGIONAL · BÜRGERLICH** X Familientradition seit 1493! Da hat Gastfreundschaft einen ebenso hohen Stellenwert wie die schmackhafte regional geprägte Küche von Ernst Kunz. Auf der Karte liest man z. B. "Wilderer Pfännle" oder "Rehrücken mit geschmelztem Pfifferlingsknödel", aber auch "Tiefseegarnelen mit Quinoa". Event-Scheune.

Menü 33/45 € – Karte 24/53 €

*Hotel Landhaus Zum Rössle, Zeilwiesen 5 ⊠ 74523 – ☎ 0791 2593*
*– www.roessle-veinau.de – Montag - Freitag nur Abendessen – geschl. Dienstag*

### 🏠 Landhaus Zum Rössle  🖥 ♿ 🌾 🧖 🚗

**GASTHOF · AUF DEM LAND** Seit zig Generationen wird der traditionsreiche Gasthof von Familie Kunz geführt. Die Zimmer sind angenehm modern und wohnlich oder etwas einfacher, aber immer gut ausgestattet. Ein schöner Start in den Tag ist das frische und reichhaltige Frühstück. Die Parkmöglichkeiten sind hier übrigens ausgezeichnet!

21 Zim ⬜ – ♦59 € ♦♦89/119 € – ½ P

*Zeilwiesen 5 ⊠ 74523 – ☎ 0791 2593 – www.roessle-veinau.de*

🕸 **Landhaus Zum Rössle** – siehe Restaurantauswahl

## In Schwäbisch Hall-Weckrieden Süd-Ost: 3 km über B2, Richtung Crailsheim

### ✿ Rebers Pflug  🕸 🏠 AC 🌾 🔄 P

**MARKTKÜCHE · GEMÜTLICH** XX Was heute als "Casual Fine Dining" ein echter Trend ist, gibt es im Hause Reber schon seit über 20 Jahren: das Ambiente chic und gleichzeitig ungezwungen, der Service freundlich-versiert, die Küche reduziert und finessenreich. Ein Muss sind auch Rostbraten und Maultaschen - regionale Klassiker "à la Reber".

→ Gebeizter und geflämmter Saibling mit marinierten Radieschen, Miso und Kopfsalateis. Rücken vom Kabeljau mit Kressepüree, Morchel-Risotto und Zuckererbsen. Heimisches Kalbsfilet mit zweierlei Spargel und Parmesan-Grießschnitte.

Menü 49 € (vegetarisch)/115 € – Karte 40/81 €

*Hotel Rebers Pflug, Weckriedener Str. 2 ⊠ 74523 – ☎ 0791 931230*
*– www.rebers-pflug.de – geschl. Anfang Januar 2 Wochen, Ende August - Anfang September 2 Wochen und Sonntagabend - Dienstagmittag*

**Rebers Pflug**

**GASTHOF · AUF DEM LAND** In dem Landgasthaus von 1805 wählen Sie zwischen geschmackvollen, geradlinig-modernen Zimmern und den beiden fast schon luxuriösen Garten-Appartements. Seit mehreren Generationen steht Familie Reber für guten Service, der sich nicht zuletzt beim reichhaltigen Frühstück zeigt.

19 Zim ☲ – ♦85/110 € ♦♦110/148 € – 2 Suiten – ½ P

*Weckriedener Str. 2* ✉ *74523 – ℰ0791 931230 – www.rebers-pflug.de – geschl. Anfang Januar 2 Wochen, Ende August - Anfang September 2 Wochen*

⚙ **Rebers Pflug** – siehe Restaurantauswahl

# SCHWAIGERN

Baden-Württemberg – 10 940 Ew. – Höhe 107 m – Regionalatlas **55**-G17

▶ Berlin 613 km – Stuttgart 51 km – Heilbronn 15 km – Karlsruhe 61 km

Michelin Straßenkarte 545

🍴 **Zum Alten Rentamt**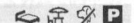

**INTERNATIONAL · GEMÜTLICH** XX Dem schönen 300 Jahre alten Fachwerkhaus hat man auch innen ein Stück Historie erhalten, im gemütlich-stilvollen Restaurant und auch in den Gästezimmern. Ob günstiges Mittagsmenü oder gehobenere Gerichte mit interessanten Namen wie "Schwaben Sushi" oder "Bugs Bunny", hier wird richtig schmackhaft gekocht.

Menü 18 € (mittags unter der Woche)/55 € – Karte 39/56 €   12 Zim ☲ – ♦72/88 € ♦♦105/125 €

*Schlossstr. 6* ✉ *74193 – ℰ07138 5258 – www.altesrentamt.de – geschl. August 3 Wochen und Sonntag - Montag sowie an Feiertagen*

# SCHWANGAU

Bayern – 3 150 Ew. – Höhe 796 m – Regionalatlas **65**-K22

▶ Berlin 656 km – München 116 km – Kempten (Allgäu) 47 km – Füssen 3 km

Michelin Straßenkarte 546

## In Schwangau-Horn

🏨 **Rübezahl**

**SPA UND WELLNESS · GEMÜTLICH** Die Lage schön ruhig, die Gastgeber engagiert, die Zimmer wohnlich-elegant, hübsch die Themen-Suiten "Rosenreich" oder "Almrausch". Beliebt: Panoramaterrasse mit Blick auf Neuschwanstein und Hohenschwanstein - diese Sicht hat man auch vom ganzjährig beheizten Außenpool. Kulinarisch: Verwöhnpension.

46 Zim ☲ – ♦128/150 € ♦♦184/300 € – 8 Suiten – ½ P

*Am Ehberg 31* ✉ *87645 – ℰ08362 8888 – www.hotelruebezahl.de*

# SCHWANSTETTEN

Bayern – 7 310 Ew. – Höhe 350 m – Regionalatlas **50**-K17

▶ Berlin 452 km – München 150 km – Ansbach 48 km – Regensburg 115 km

Michelin Straßenkarte 546

## In Schwanstetten-Schwand

🏨 **Der Schwan** 🍴♨ P

**GASTHOF · HISTORISCH** Hier hat man ein über 600 Jahre altes Gasthaus mit schmucker Fachwerkfassade sorgsam saniert, und das Ergebnis kann sich sehen lassen: schöne individuelle Themenzimmer mit Dielenboden und Gebälk sowie gemütliche Restaurantstuben. Außerdem ist man hier ausgesprochen gastfreundlich!

20 Zim ☲ – ♦74/140 € ♦♦98/172 €

*Am Marktplatz 7* ✉ *90596 – ℰ09170 1052 – www.hotel-der-schwan.de*

## SCHWARMSTEDT

Niedersachsen – 5 360 Ew. – Höhe 29 m – Regionalatlas **18**-H8

▶ Berlin 310 km – Hannover 51 km – Bremen 88 km – Celle 33 km

Michelin Straßenkarte 541

**In Essel** Nord-Ost: 8 km, Richtung Ostenholz, jenseits der A 7

### 🏠 Heide-Kröpke  　　🏠 ◿ 🛆 ▣ ⊕ ⋔ ⅃⌕ ❌ ▣ ⅃ ㋒ ☞

**FAMILIÄR · INDIVIDUELL** Die Hotelanlage mit Park wird bereits in der 3. Generation familiär geleitet. Man bietet u. a. Maisonetten, moderne Suiten oder die gemütliche "Schnucken-Etage". Dazu ein gutes Spa-Angebot und ein freundliches gediegenes Restaurant.

60 Zim ⌺ – ♦90/109 € – ♦♦120/149 € – 9 Suiten – ½ P

*Esseler Damm 1* ✉ *29690 – ℰ 05167 9790 – www.heide-kroepke.de*

## SCHWARZACH am MAIN

Bayern – 3 530 Ew. – Höhe 190 m – Regionalatlas **49**-I15

▶ Berlin 471 km – München 255 km – Würzburg 28 km – Bamberg 47 km

Michelin Straßenkarte 546

### Im Ortsteil Stadtschwarzach

### 😊 Schwab's Landgasthof  　　⇦ 🏠 **P**

**REGIONAL · LÄNDLICH** X Die Nähe zur Autobahn ist nicht nur ideal für eine Stärkung auf der Reise, auch Einheimische mögen die gute bodenständig-regionale Küche im Hause Schwab - da gibt's z. B. "Rinderroulade mit Klößen" oder Wild aus heimischer Jagd! Übrigens: Gut übernachten kann man hier auch.

Karte 24/41 € 　 13 Zim ⌺ – ♦53/68 € ♦♦85/135 €

*Bamberger Str. 4* ✉ *97359 – ℰ 09324 1251 (Tischbestellung ratsam) – www.landgasthof-schwab.de – geschl. Februar 2 Wochen, August 2 Wochen und Montag - Dienstag*

## SCHWEINFURT

Bayern – 52 100 Ew. – Höhe 226 m – Regionalatlas **49**-J15

▶ Berlin 456 km – München 287 km – Würzburg 51 km – Bamberg 57 km

Michelin Straßenkarte 546

### 😊 Kugelmühle  　　🄰🄲 ⇔ **P** ⊰

**FRANZÖSISCH-KLASSISCH · TRENDY** XX Lassen Sie sich nicht verwirren, denn das Restaurant liegt in einem Seitenflügel einer Fabrik! Modern-elegante Atmosphäre, klare Linien, aufmerksamer Service und nicht zuletzt schmackhafte Küche aus frischen Produkten. Schönes Beispiel: "Kalbsschwanzravioli mit Bärlauchbutter und Parmesanchips".

Menü 49/85 € – Karte 36/58 €

Stadtplan : A2-f – *Georg-Schäfer-Str. 30* ✉ *97421 – ℰ 09721 914702 (Tischbestellung erforderlich) – www.restaurant-kugelmuehle.de – geschl. 22. Dezember - 6. Januar, 1. - 21. August und Samstag - Sonntag sowie an Feiertagen*

### 😊 Kings and Queens

**INTERNATIONAL · FREUNDLICH** XX Appetit auf "Skrei, Estragonblanc und gedünsteten Spinat" oder "Zweierlei Lamm, kleines Ratatouille und geröstete Polenta"? Schmackhafte internationale Gerichte wie diese bietet Familie Wiederer in ihrem gemütlichen kleinen Restaurant. Dazu berät man Sie freundlich und kompetent in Sachen Wein.

Menü 37/68 € – Karte 33/51 €

Stadtplan : B1-b – *Bauerngasse 101* ✉ *97421 – ℰ 09721 533242 (Tischbestellung ratsam) – www.kings-u-queens.de – nur Abendessen – geschl. über Fasching, August 3 Wochen und Sonntag - Montag, Dezember - Januar: Montag*

938

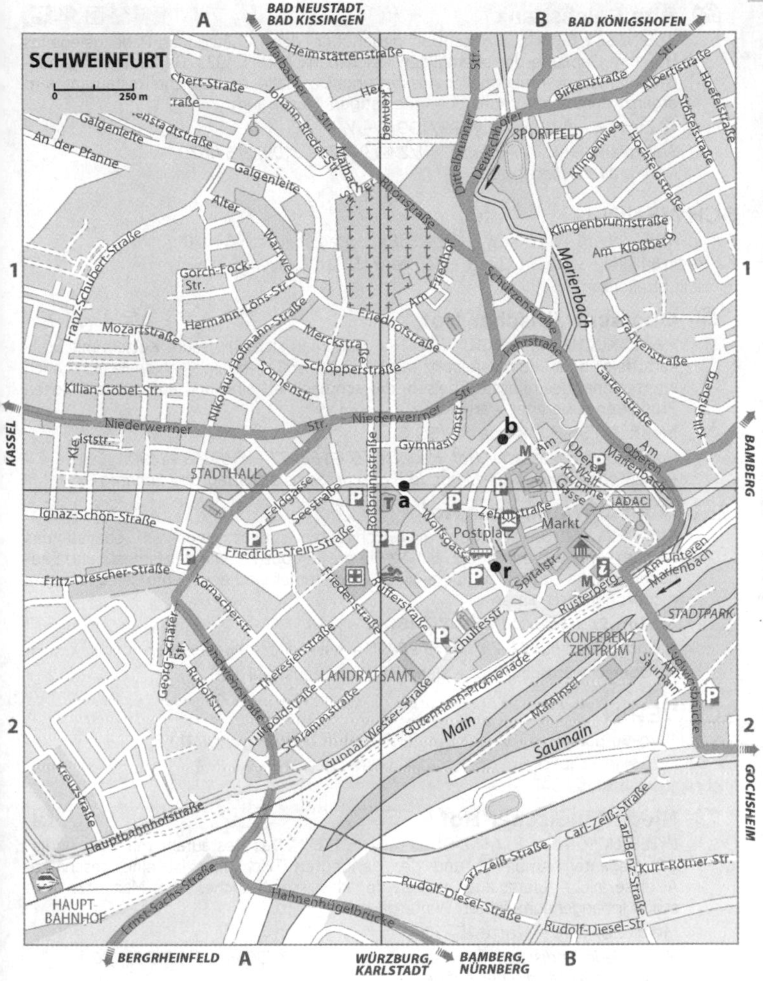

# SCHWEINFURT

BAD NEUSTADT, BAD KISSINGEN — BAD KÖNIGSHOFEN — BAMBERG — GOCHSHEIM — BERGRHEINFELD — WÜRZBURG, KARLSTADT — BAMBERG, NÜRNBERG — KASSEL

0 — 250 m

---

## Ross

☆ 🖥 🦯 🔁 🆎 🚗

**BUSINESS · INDIVIDUELL** Das engagiert geführte Hotel von 1806 liegt in der Altstadt von Schweinfurt. Die Gästezimmer sind wohnlich, funktionell und technisch gut ausgestattet. Internationale und regionale Küche im Restaurant, dazu eine moderne Vinothek-Bar.

47 Zim – †80/100 € ††80/120 € – ☐ 15 € – ½ P

**Stadtplan : B2-r** – *Hohe Brückengasse 4* ⊠ *97421*
– ☏ *0972120010* – *www.hotel-ross.de*
– *geschl. 23. Dezember - 6. Januar*

### 🏨 Alte Reichsbank ⚡ 🔲 🍴 **P**

BUSINESS · GEMÜTLICH Zentral gegenüber dem Châteaudun-Park gelegenes Hotel im Gebäude der ehemaligen Reichsbank a. d. J. 1923. Geräumige, freundliche Zimmer mit funktioneller Ausstattung. Das helle, neuzeitliche Restaurant wird ergänzt durch eine Weinstube im einstigen Tresorraum.

18 Zim ☑ - ♦79/89 € ♦♦99/109 € - ½ P

**Stadtplan : B1-a** - *Neutorstr. 4 1/2* ✉ *97421* - ☎ *09721 541670*
- *www.altereichsbank.de*

## SCHWENDI

Baden-Württemberg - 6 250 Ew. - Höhe 538 m - Regionalatlas **64**-I20
▶ Berlin 645 km - Stuttgart 127 km - Konstanz 138 km - Ravensburg 67 km
Michelin Straßenkarte 545

### 🌐 Oberschwäbischer Hof

MARKTKÜCHE · FREUNDLICH 🍴🍴 Hier darf man sich auf "saure Kutteln mit Bratkartoffeln" oder "Kalbstafelspitz mit Weißweinsoße" freuen - regionale, aber auch international beeinflusste Speisen, die schmackhaft sind und aus guten, frischen Produkten zubereitet werden.

Menü 34/56 € - Karte 34/50 €

*Hotel Oberschwäbischer Hof, Hauptstr. 9* ✉ *88477* - ☎ *07353 98490*
- *www.oberschwaebischer-hof.de* - *geschl. Samstagmittag und Sonntag*

### 🏨 Oberschwäbischer Hof

BUSINESS · MODERN Schon die Architektur spricht einen an, ebenso das modern-funktionale Interieur. Schön die große Lobby sowie der Fitness- und Saunabereich mit Zugang zur Liegewiese, die Zimmer sind angenehm hell und liegen recht ruhig nach hinten.

30 Zim ☑ - ♦85/99 € ♦♦120/160 € - ½ P

*Hauptstr. 9* ✉ *88477* - ☎ *07353 98490* - *www.oberschwaebischer-hof.de*
🌐 **Oberschwäbischer Hof** - siehe Restaurantauswahl

## SCHWERIN

Mecklenburg-Vorpommern - 91 270 Ew. - Höhe 38 m - Regionalatlas **11**-L5
▶ Berlin 203 km - Lübeck 67 km - Rostock 89 km
Michelin Straßenkarte 542

### 🍴 Niederländischer Hof 🌐 **P**

INTERNATIONAL · KLASSISCHES AMBIENTE 🍴🍴 Das Restaurant mit dem gediegen-eleganten Ambiente und der gepflegten Tischkultur ist eine geschätzte Adresse, nicht zuletzt auch wegen der klassischen Küche. Tipp: Man sitzt auch schön im angenehm lichten Wintergarten!

Menü 26/47 € - Karte 15/50 €

*Hotel Niederländischer Hof, Alexandrinenstr. 12* ✉ *19055* - ☎ *0385 591100*
- *www.niederlaendischer-hof.de*

### 🍴 La Bouche 🆕 🌐 🍴

MEDITERRAN · BISTRO 🍴 Schon der Name des freundlichen kleinen Bistros verrät, dass man hier eine Vorliebe für Frankeich hat, und auch die mediterran ausgerichtete Speisekarte zeigt entsprechende Einflüsse.

Karte 29/56 €

*Buschstr. 9* ✉ *19053* - ☎ *0385 39456092* - *www.bistrolabouche.de*

### 🏨 Speicher am Ziegelsee ⚡ ← 🌐 🍴🔲🍴🏋 **P**

HISTORISCH · GEMÜTLICH Am Seeufer steht der markante ehemalige Getreidespeicher von 1939, aufwändig zum Hotel umgebaut. Die Zimmer sind wohnlich und zeitgemäß, teils mit tollem Seeblick, elegant das Restaurant mit hübscher Terrasse zum See - hier hat man einen Bootsanleger. Tipp: Mieten Sie ein Elektroauto oder Fahrräder/E-Bikes!

77 Zim ☑ - ♦84/100 € ♦♦104/165 € - ½ P

*Speicherstr. 11* ✉ *19055* - ☎ *0385 50030* - *www.speicher-hotel.com*

## 🏨 Niederländischer Hof    ⊞ 🔊 **P**

**HISTORISCH · ELEGANT** Ansprechend ist schon die denkmalgeschützte Fassade dieses Hotels von 1901, ebenso das stilvolle klassische Interieur. Wer es komfortabler mag, bucht eines der Studios! Von einigen Zimmern schaut man auf den Pfaffenteich.

30 Zim 🛏 – ♦84/124 € ♦♦135/190 € – 3 Suiten – ½ P

*Alexandrinenstr. 12* ✉ *19055 – ℰ 0385 591100 – www.niederlaendischer-hof.de*

🍽 **Niederländischer Hof** – siehe Restaurantauswahl

# SCHWERTE

Nordrhein-Westfalen – 46 200 Ew. – Höhe 110 m – Regionalatlas **26**-D11

▶ Berlin 491 km – Düsseldorf 73 km – Dortmund 13 km – Hagen 19 km

Michelin Straßenkarte 543

## 🍽 Rohrmeisterei - Glaskasten    🔊 ⇔ **P** 🍴

**INTERNATIONAL · TRENDY** ✖✖ Das sehenswerte Industriedenkmal aus rotem Backstein ist eine ehemalige Pumpstation von 1890. Mitten in der einstigen Werkshalle sitzt man im modernen Glaskasten bei Internationalem wie "Sauerbraten-Ragout und Tranche vom Rinderrücken, Pumpernickel-Semmelplätzchen, Karotten-Dattelgemüse". Tolle Eventhallen.

Menü 37/85 € – Karte 32/54 €

*Ruhrstr. 20* ✉ *58239 – ℰ 02304 2013001 – www.rohrmeisterei-schwerte.de – nur Abendessen – geschl. Montag*

🍽 **Unter'm Kran** – siehe Restaurantauswahl

## 🍽 Unter'm Kran    🏠 🔊 ⇔ **P** 🍴

**TRADITIONELLE KÜCHE · GERADLINIG** ✖ Im Bistro des architektonisch so attraktiven Gastronomie- und Kulturzentrums gibt es z. B. "Steak vom Duroc-Schwein, Pilzrahmsauce, Bratkartoffeln" oder schmackhafte Kleinigkeiten wie "Frikadellen mit Schwerter Senf". Schöne große Terrasse.

Menü 28/34 € – Karte 24/39 €

*Restaurant Rohrmeisterei - Glaskasten, Ruhrstr. 20* ✉ *58239 – ℰ 02304 2013001 – www.rohrmeisterei-schwerte.de – geschl. Montagmittag*

### In Schwerte-Geisecke Ost: 5,5 km über Schützenstraße

## 🍽 Gutshof Wellenbad    🏠 ⇔ **P**

**MARKTKÜCHE · RUSTIKAL** ✖✖ Restaurant, Gaststube, Wintergarten... Überall sitzt man schön, während man sich Saisonales servieren lässt, z. B. "Rumpsteak unter der Tomaten-Olivenkruste". Ein Muss ist im Sommer die Terrasse zum herrlichen Garten mit Ruhrblick!

Menü 35/55 € – Karte 35/51 €

*Hotel Gutshof Wellenbad, Zum Wellenbad 7* ✉ *58239 – ℰ 02304 4879 – www.gutshof-wellenbad.de – Montag - Freitag nur Abendessen – geschl. 30. Juli - 11. August*

## 🏨 Gutshof Wellenbad    🦡 🍴 🌿 🔊 **P**

**GASTHOF · TRADITIONELL** Wunderbar, dieses Anwesen! Ein ehemaliger Gutshof nebst riesigem Garten mit Baumbestand, der sich hinterm Haus bis direkt an die Ruhr erstreckt! In den Zimmern altes Holz und liebenswert-rustikaler Stil in Kombination mit modernen Bädern.

14 Zim 🛏 – ♦89/94 € ♦♦109/119 € – 2 Suiten – ½ P

*Zum Wellenbad 7* ✉ *58239 – ℰ 02304 4879 – www.gutshof-wellenbad.de – geschl. 30. Juli - 11. August*

🍽 **Gutshof Wellenbad** – siehe Restaurantauswahl

# SCHWETZINGEN

Baden-Württemberg – 21 150 Ew. – Höhe 101 m – Regionalatlas **47**-F17

▶ Berlin 623 km – Stuttgart 118 km – Mannheim 18 km – Heidelberg 10 km

Michelin Straßenkarte 545

**Villa Benz**

**PRIVATHAUS · GEMÜTLICH** Zur persönlichen Atmosphäre in der kleinen Villa kommen kostenfreie Annehmlichkeiten wie Minibar, W-Lan, Obst sowie freier Eintritt ins berühmte Schloss vis-à-vis! Tipp: Die Zimmer zum Garten hin sind ruhiger. Im Sommer Frühstück im Freien.

10 Zim 🖂 – †83/95 € ††99/115 €

*Zähringer Str. 51 ⊠ 68723 – 𝒞 06202 936090 – www.villa-benz.de – geschl. 24. Dezember - 5. Januar*

# SCHWIELOWSEE

Brandenburg – 10 110 Ew. – Höhe 35 m – Regionalatlas **22**-O8
▶ Berlin 56 km – Potsdam 16 km – Belzig 54 km
Michelin Straßenkarte 542

## In Schwielowsee-Caputh

 **Landhaus Haveltreff**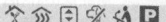

**LANDHAUS · GEMÜTLICH** Was dieses Hotel interessant macht? Zum einen liegt es unmittelbar an der Havel (man hat auch einen eigenen Bootssteg), zum anderen sind die Zimmer schön gepflegt und wohnlich gestaltet. Dazu kommt noch ein Restaurant im Landhausstil nebst Terrasse zum Fluss - gekocht wird regional und französisch.

25 Zim 🖂 – †65/99 € ††79/129 € – 1 Suite – ½ P

*Weinbergstr. 4 ⊠ 14548 – 𝒞 033209 780 – www.haveltreff.de – geschl. 2. - 16. Januar*

# SEBNITZ

Sachsen – 10 000 Ew. – Höhe 300 m – Regionalatlas **44**-R12
▶ Berlin 227 km – Dresden 47 km – Görlitz 66 km
Michelin Straßenkarte 544

 **Sebnitzer Hof**

**FAMILIÄR · THEMENBEZOGEN** Ein sehr gepflegtes Hotel mitten in der kleinen Stadt. Wer gerne etwas individueller wohnt, wählt eines der Themenzimmer: "Afrika", "Vive la France", "Sebnitz"... Nette Alternative zum Restaurant "August der Starke": Café-Weinstube "Margaux" mit französischem Konzept.

54 Zim 🖂 – †75/85 € ††80/96 € – 2 Suiten – ½ P

*Markt 13 ⊠ 01855 – 𝒞 035971 9010 – www.sebnitzer-hof.de – geschl. Mitte Januar 2 Wochen*

# SEEG

Bayern – 2 850 Ew. – Höhe 853 m – Regionalatlas **64**-J21
▶ Berlin 658 km – München 142 km – Kempten (Allgäu) 31 km – Pfronten 11 km
Michelin Straßenkarte 546

## In Rückholz-Seeleuten Süd-West: 2 km über Aufmberg

 **Landhotel Panorama**

**FAMILIÄR · GEMÜTLICH** Klasse die ruhige Lage mit toller Sicht, schön wohnlich die Zimmer (fragen Sie nach den modern-alpinen im Neubau!), zum Relaxen Panoramasauna, Ruheraum und beheiztes Freibad. Mittags unter der Woche gibt es eine Vesperkarte, tagsüber hausgebackenen Kuchen, abends ein Menü, sonntags Brunch.

15 Zim 🖂 – †75/85 € ††95/140 € – 3 Suiten – ½ P

*Seeleuten 62 ⊠ 87494*
*– 𝒞 08364 248 – www.panorama-allgaeu.de*

**SEEHAUSEN** Brandenburg ➜ Siehe Oberuckersee

## SEEON-SEEBRUCK

Bayern – 4 430 Ew. – Höhe 537 m – Regionalatlas **67**-N20

▶ Berlin 654 km – München 80 km – Bad Reichenhall 55 km – Wasserburg am Inn 26 km

Michelin Straßenkarte 546

**Im Ortsteil Lambach** Süd-West: 3 km ab Seebruck in Richtung Rosenheim

### 🏠 Malerwinkel                    ⌇ ⇐ ⇔ 🖻 ⅍ 🅿 ⇥

**LANDHAUS · FUNKTIONELL** Die Lage am See ist wunderschön. Liegewiese, Strandbad und Bootsanleger hat man direkt vor der Tür. Fragen Sie nach den moderneren Zimmern im Anbau! Für Ausflüge kann man Fahrräder leihen. Die riesige Terrasse zum Chiemsee ist im Sommer gut besucht, ein Grund dafür ist sicher auch die große Kuchenauswahl.

31 Zim ⌂ – ♦54/68 € ♦♦108/160 €

*Lambach 23 ⊠ 83358 – ℰ 08667 88800 – www.hotel-malerwinkel.de*

## SEEVETAL

Niedersachsen – 40 160 Ew. – Höhe 14 m – Regionalatlas **10**-I6

▶ Berlin 305 km – Hannover 250 km – Lüneburg 36 km – Hamburg 24 km

Michelin Straßenkarte 541

### In Seevetal-Helmstorf

### 🍴O Lieblingsplatz                 ⇔ 🏠 ⅍ ⇆ 🅿 ⇥

**INTERNATIONAL · GEMÜTLICH** ⅍ Gemütlich-modern ist es hier (warme Töne, dekorative Accessoires, Terrakottafliesen...), durch die großen Fenster blicken Sie auf die Teiche, aus denen Forelle, Saibling & Co. frisch auf den Tisch kommen. Es gibt auch Fleischgerichte und Vegetarisches. Schön das große Grundstück samt eigener Räucherei.

Menü 35/85 € – Karte 29/60 €

*Moorstr. 41 ⊠ 21218 – ℰ 04105 6766966 – www.restaurant-lieblingsplatz.de*
*– geschl. Montag*

## SEEWALD

Baden-Württemberg – 2 150 Ew. – Höhe 749 m – Regionalatlas **54**-F19

▶ Berlin 709 km – Stuttgart 76 km – Karlsruhe 80 km – Freudenstadt 23 km

Michelin Straßenkarte 545

### In Seewald-Besenfeld

### 🏨 Oberwiesenhof          ⌇ ⇐ 🖼 ⊛ ⋙ 🛁 ⅍ 🖻 ⅍ 🅿

**SPA UND WELLNESS · AUF DEM LAND** Geräumige, wohnliche Zimmer, schöner Spa sowie Sport- und Freizeitangebote (Tennisplätze, Mountainbike- und E-Bike-Verleih), parkähnlicher Garten und nicht zuletzt die reizvolle Landschaft ringsum! Tipp: Wanderung zum Jagdhaus im eigenen Privatwald! Im gemütlichen Restaurant gibt es regionale Küche.

36 Zim ⌂ – ♦85/120 € ♦♦180/220 € – 5 Suiten – ½ P

*Freudenstädter Str. 60, B294 ⊠ 72297 – ℰ 07447 2800*
*– www.hotel-oberwiesenhof.de – geschl. 26. November – 15. Dezember*

## SEGEBERG, BAD

Schleswig-Holstein – 16 740 Ew. – Höhe 44 m – Regionalatlas **10**-J4

▶ Berlin 302 km – Kiel 47 km – Lübeck 33 km – Hamburg 69 km

Michelin Straßenkarte 541

**In Pronstorf-Strenglin** Ost: 17 km über B 206, in Geschendorf links

🏠 **Strengliner Mühle**

HISTORISCHES GEBÄUDE · AUF DEM LAND Die zum Hotel gewachsene historische Wind- und Wassermühle in netter ländlicher Umgebung ist seit mehreren Generationen im Familienbesitz. Man hat hier sehr gepflegte und wohnliche Gästezimmer und im Haupthaus befindet sich das helle Wintergarten-Restaurant.

33 Zim ⬜ – †64/85 € †† 94/125 € – 2 Suiten – ½ P

*Mühlenstr. 2 ✉ 23820 – 𝒞 04556 997099 – www.strenglinermuehle.de*

**SEHLEN** Mecklenburg-Vorpommern ➜ Siehe Rügen (Insel)

## SELB

Bayern – 15 010 Ew. – Höhe 541 m – Regionalatlas **51**-M14

▶ Berlin 344 km – München 291 km – Hof 29 km – Bayreuth 62 km
Michelin Straßenkarte 546

🍽 **Rosenthal-Casino**

INTERNATIONAL · ELEGANT XX Hier speisen Sie im eleganten Restaurant mit sehenswerter indirekt beleuchteter Design-Flaschenwand von 1957 oder in der gemütlich-traditionellen Frankenstube. Mittags gibt es eine kleine regionale Karte, am Abend kocht man gehobener.

Menü 39/69 € (abends) – Karte 29/55 €

*Hotel Rosenthal-Casino, Kasinostr. 3 ✉ 95100 – 𝒞 09287 8050
– www.rosenthal-casino.de – geschl. Samstagmittag, Sonntag, außer an Feiertagen*

🏠 **Rosenthal-Casino**

TRADITIONELL · MODERN Gleich neben der Porzellanmanufaktur steht die hübsche Villa mit Anbau im Bauhausstil. Künstler und Designer haben hier mit ihren für Rosenthal kreierten Stücken individuelle Zimmer geschaffen.

20 Zim ⬜ – †65/80 € †† 85/110 €

*Kasinostr. 3 ✉ 95100 – 𝒞 09287 8050 – www.rosenthal-casino.de*
🍽 **Rosenthal-Casino** – siehe Restaurantauswahl

**SELLIN** Mecklenburg-Vorpommern ➜ Siehe Rügen (Insel)

## SELZEN

Rheinland-Pfalz – 1 510 Ew. – Höhe 134 m – Regionalatlas **47**-E15

▶ Berlin 605 km – Mainz 31 km – Neustadt an der Weinstraße 83 km – Wiesbaden 44 km
Michelin Straßenkarte 543

🌿 **Kaupers Restaurant im Kapellenhof** 🍴 ✿ 🅿 🍽

MODERNE KÜCHE · INTIM XX Mehr als gemütlich hat man es im "Wohnzimmer" von Nora Breyer und Sebastian Kauper: freigelegtes Fachwerk, jede Menge warmes Holz, ein Apero-Sofa, eine traumhafte Dachterrasse, nicht zu vergessen die charmante Chefin! Was der Patron in der Küche zaubert, hat seinen ganz eigenen Stil. Lust auf ein Weinmenü?

➜ Laacher See Renke, eingelegter Spargel, Rapsblüte, Schmand. Pochierter Kalbshochrippendeckel, Selzer Feldzwiebel. Rhabarberkompott, Karamellsauce, weißes Schokoladensavarin, Kracher.

Menü 74/114 € – Karte 65/82 €

*Kapellenstr. 18a, (Zufahrt über Kirschgartenstraße) ✉ 55278 – 𝒞 06737 8325
(Tischbestellung erforderlich) – www.kaupers-kapellenhof.de – nur Abendessen
– geschl. Mittwoch - Donnerstag*

## SENFTENBERG

Brandenburg – 24 990 Ew. – Höhe 102 m – Regionalatlas **33**-Q11

▶ Berlin 143 km – Potsdam 152 km – Cottbus 35 km – Dresden 75 km
Michelin Straßenkarte 542

### 🏠 Seeschlößchen  🍴 ⌧ 🔲 💿 🐾 🧖 🅿

**SPA UND WELLNESS · INDIVIDUELL** Der Senftenberger See liegt gleich gegenüber, die Zimmer (teilweise im Neubau) sind wohnlich und zum Relaxen hat man einen großzügigen Spa mit allerlei Anwendungen! Nett für Ausflügler ist die charmant-rustikale Brasserie in einem kleinen Holzhaus mit Terrasse direkt am See.

49 Zim ⌧ – ♦105/185 € ♦♦210/290 € – 3 Suiten – ½ P

*Buchwalder Str. 77* ✉ *01968 – 𝒞 03573 37890*
*– www.ayurveda-seeschloesschen.de*

### 🏠 Lido Senftenberg  🍴 🐾 🖃 💱 🧖 🅿

**LANDHAUS · GEMÜTLICH** Man hat hier das größte Blockhaus in Europa errichtet! Schon von außen ein schöner Anblick und auch drinnen sorgen die Holzbohlen für kanadisches Flair. Entsprechend die Spezialität im Restaurant: Elch-, Bison- und Rindersteak. Kinder freuen sich über den Spielplatz, der nahe See ist ein ideales Ausflugsziel!

35 Zim ⌧ – ♦69/85 € ♦♦110/120 € – 3 Suiten – ½ P

*Steindamm 26* ✉ *01968 – 𝒞 03573 363000 – www.hotel-lido-senftenberg.de*

## SERRIG

Rheinland-Pfalz – 1 650 Ew. – Höhe 160 m – Regionalatlas **45**-B16
▶ Berlin 739 km – Mainz 173 km – Trier 25 km – Saarbrücken 71 km
Michelin Straßenkarte 543

### 🌐 Gasthaus Wagner  🏠 💱 ⊙ 🅿

**TRADITIONELLE KÜCHE · GEMÜTLICH** ⅓ Die Küche hier ist schmackhaft, bürgerlich-saisonal und hat einen österreichischen Einschlag - dieser findet sich auch in der gemütlich-charmanten Stube. Im Winter wärmt der Kachelofen, im Sommer spenden die Kastanien auf der Terrasse Schatten. Tipp für den November: "Vacherin Mont-d'Or" für 2 Personen!

Menü 35 € – Karte 27/41 €

*Losheimer Str. 3* ✉ *54455 – 𝒞 06581 2277 – www.gasthaus-wagner-serrig.de*
*– November - April: Montag - Freitag nur Abendessen – geschl. Februar - März 1*
*Woche, September - Oktober 2 Wochen und Dienstag - Mittwoch*

## SESSLACH

Bayern – 4 000 Ew. – Höhe 271 m – Regionalatlas **50**-K14
▶ Berlin 395 km – München 275 km – Coburg 19 km – Bamberg 40 km
Michelin Straßenkarte 546

### 🍴○ Pörtnerhof  ⇦ 🏠

**INTERNATIONAL · KLASSISCHES AMBIENTE** ⅓ Ein schön saniertes ehemaliges Bauernhaus im Ortskern. In charmantem Ambiente bietet man an gut eingedeckten Tischen internationale Küche, im Sommer sitzt man gerne im hübschen Innenhof. In der Diele im 1. OG bekommen Sie auf Anfrage ein Menü. Zum Übernachten hat man freundliche, wohnliche Gästezimmer.

Menü 25 € – Karte 17/45 € 9 Zim ⌧ – ♦60/70 € ♦♦75/85 €

*Luitpoldstr. 15* ✉ *96145 – 𝒞 09569 1886900 – www.sesslach-poertnerhof.de – nur*
*Abendessen – geschl. Montag - Dienstag*

## SIEGEN

Nordrhein-Westfalen – 99 410 Ew. – Höhe 280 m – Regionalatlas **37**-E12
▶ Berlin 564 km – Düsseldorf 130 km – Bonn 99 km – Gießen 73 km
Michelin Straßenkarte 543

### 🏠 Pfeffermühle  🍴 🖃 🧖 🅿

**FAMILIÄR · FUNKTIONELL** Das familiengeführte Hotel liegt etwas erhöht außerhalb des Zentrums und bietet zeitgemäße Klassik- und Komfortzimmer sowie ganz moderne Businesszimmer im neuen Anbau. Man verfügt auch über einen guten Tagungsbereich. Internationales Speiseangebot im hellen, freundlichen Restaurant.

42 Zim – ♦77/94 € ♦♦86/109 € – ⌧ 6 € – ½ P

*Frankfurter Str. 261* ✉ *57074 – 𝒞 0271 230520 – www.pfeffermuehle-siegen.de*

# SIEGSDORF

Bayern – 8 230 Ew. – Höhe 615 m – Regionalatlas **67**-O21

▶ Berlin 695 km – München 105 km – Bad Reichenhall 32 km – Rosenheim 48 km
Michelin Straßenkarte 546

## 🏠 Alte Post                                                             ⭐ 🖼 ♿ **P**

HISTORISCHES GEBÄUDE · GEMÜTLICH Sie sind auf der Durchreise und möchten gepflegt übernachten? Der 600 Jahre alte Gasthof mit typischer Fassadenmalerei ist von der Autobahn schnell erreicht, hat zeitgemäße Zimmer und ein gemütlich-bayerisches Restaurant, wo man bürgerliche Küche und regionale Schmankerln serviert.

29 Zim ☲ – †67/79 € ††98/118 € – ½ P

*Traunsteiner Str. 7 ☒ 83313*
*– ☎ 08662 66460900 – www.altepostsiegsdorf.de*

**In Siegsdorf-Hammer** Süd-Ost: 6 km über B 306

## 🏠 Gasthof Hörterer - Der Hammerwirt                        ⭐ 🛶 ⛵ ♨ **P**

HISTORISCHES GEBÄUDE · AUF DEM LAND Mit 700 Jahren gilt die einstige Schmiede als ältestes Anwesen im Ort. Im Garten der wunderschöne Natur-Badesee mit Holzstegen und Kinderbereich. Man hat auch Familienzimmer und Ferienwohnungen. Im gemütlichen Restaurant (Holzdecke, Terrakottaboden, Kachelofen...) gibt es Saisonales mit regionalen Produkten.

21 Zim ☲ – †59/99 € ††69/129 € – ½ P

*Schmiedstr. 1, B 306 ☒ 83313*
*– ☎ 08662 6670 – www.der-hammerwirt.de*
*– geschl. März 3 Wochen, Oktober - November 6 Wochen*

# SIEK

Schleswig-Holstein – 2 290 Ew. – Höhe 62 m – Regionalatlas **10**-J5

▶ Berlin 277 km – Kiel 86 km – Bad Oldesloe 26 km – Hamburg 27 km
Michelin Straßenkarte 541

## 🍴 Alte Schule                                                  🏠 ♿ ♨ ⇔ **P**

MARKTKÜCHE · LÄNDLICH ✕✕ Holzboden, hohe Decken, offener Kamin - in dem hübschen Restaurant steckt der Charme von 1911. Wer die frische und schmackhafte Saisonküche gerne in Menüform probieren möchte, wählt zwischen "Erdkunde" und "(Meeres-) Biologie" - die Unterrichtsfächer erinnern an den Ursprung des Hauses! Chic die Kochschule.

Menü 29/73 € (abends) – Karte 31/58 €

*Hotel Alte Schule, Hauptstr. 44 ☒ 22962*
*– ☎ 04107 877310 – www.alte-schule-siek.de*
*– Dienstag - Freitag nur Abendessen - geschl. Montag*

## 🏠 Alte Schule                                                    📶 ♨ 🧖 **P**

FAMILIÄR · MODERN Mit Engagement leitet die Familie die ehemalige Schule mitten in Siek. Da lässt es sich gut wohnen, nämlich in schönen hellen Zimmern, in denen es Obst und Wasser gratis gibt!

19 Zim – †80/100 € ††100/130 € – ☲ 13 € – ½ P

*Hauptstr. 44 ☒ 22962 – ☎ 04107 877310 – www.alte-schule-siek.de*
🍴 **Alte Schule** – siehe Restaurantauswahl

# SIGMARINGEN

Baden-Württemberg – 15 600 Ew. – Höhe 580 m – Regionalatlas **63**-G20

▶ Berlin 696 km – Stuttgart 101 km – Konstanz 73 km – Freiburg im Breisgau 136 km
Michelin Straßenkarte 545

**In Scheer** Süd-Ost: 10 km über B 32

🍴○ **Brunnenstube**　　　　　　　　　　　　　　　🏡 **P**

FRANZÖSISCH-KLASSISCH · GEMÜTLICH 🗙🗙 Ein Stück französische Lebensart an der Oberschwäbischen Barockstraße. In dem charmant dekorierten Restaurant kommen saisonal abgestimmte Klassiker wie "Kalbsrücken mit Pfifferlingen" auf den Tisch. Ein Muss: die hausgemachten Terrinen!

Menü 35/56 € – Karte 28/57 €

*Mengener Str. 4* ✉ *72516*
*– ℰ 07572 3692 – www.brunnenstube-scheer.de*
*– geschl. Montag - Dienstagmittag, Mittwochmittag, Donnerstagmittag und Samstagmittag*

 **Donaublick**　　　　　　　　　　　　　　🍴 🖢 **P**

FAMILIÄR · FUNKTIONELL Mit dem Fahrrad im Donautal unterwegs? In dem ehemaligen Bahnhof wohnen Sie in funktionellen Zimmern im Altbau oder in schönen Feng-Shui-Zimmern im Neubau, am Morgen gibt es ein leckeres Frühstücksbuffet. Bürgerlich-saisonale Küche im Restaurant. Tipp: Fahrrad- und E-Bike-Verleih im Haus!

30 Zim 🖵 – ♦59/74 € ♦♦80/94 € – ½ P

*Bahnhofstr. 21, an der B 32* ✉ *72516*
*– ℰ 07572 76380 – www.donaublick.de*
*– geschl. 24. Dezember - 1. Januar*

# SIMMERATH

Nordrhein-Westfalen – 15 030 Ew. – Höhe 540 m – Regionalatlas **35**-A13
▶ Berlin 640 km – Düsseldorf 107 km – Aachen 30 km – Düren 34 km
Michelin Straßenkarte 543

**In Simmerath-Rurberg** Ost: 8 km

🍴○ **Genießer Wirtshaus**　　　　　　　　　🖢 🏡 **P** 🍽

REGIONAL · GEMÜTLICH 🗙 Gemütlichkeit kommt auf, wenn man bei regionalen Gerichten wie "Döppekooche" in liebenswert dekorierten Stuben sitzt oder nach dem Abendessen in charmanten Themenzimmern (Motto "Genuss") in ein kuscheliges Bett sinkt! Und draußen: ein schöner Obstgarten mit eigenen Hühnern, Räucherhaus, Feuerstelle, Scheune mit Verkaufsladen - das ist Landlust pur!

Menü 26/43 € – Karte 27/44 €　8 Zim – ♦60/80 € ♦♦80/100 €
– 2 Suiten – 🖵 9 €

*Hövel 15* ✉ *52152 – ℰ 02473 3212 – www.geniesserwirtshaus.de – geschl. Montag*
*- Donnerstagmittag*

# SIMMERN

Rheinland-Pfalz – 7 620 Ew. – Höhe 340 m – Regionalatlas **46**-D15
▶ Berlin 634 km – Mainz 67 km – Bad Kreuznach 52 km – Trier 87 km
Michelin Straßenkarte 543

**An der Straße nach Laubach** Nord: 6 km

🍴○ **Birkenhof**　　　　　　　　　　　　　　　🏡 🖢 **P**

REGIONAL · FREUNDLICH 🗙🗙 Im freundlichen Restaurant und auf der schönen Terrasse genießt man den Blick ins Grüne, während man sich z. B. Spezialitäten vom eigenen Charolais-Rind schmecken lässt. Und nachmittags hausgebackene Kuchen und Waffeln? Eigene Obstbrände.

Menü 28/35 € – Karte 25/58 €

*Hotel Birkenhof, Birkenweg 1* ✉ *55469 Klosterkumbd – ℰ 06761 95400*
*(Tischbestellung ratsam) – www.birkenhof-info.de – geschl. Dienstagmittag*

### 🏠 Birkenhof　　　🐾 🍴 🕸 𝄢 ⊡ 🛁 🔖 **P**

**LANDHAUS · GEMÜTLICH** In dem engagiert geführten Familienbetrieb hat man Wiesen und Wald direkt vor der Tür - nutzen Sie den Fahrradverleih und ausgearbeitete Routen! Schön die wohnlichen Zimmer, das moderne "Sauna-Fitness-&Relax-Gehaichnis" sowie der Garten.

20 Zim ⌑ – 🛏75/100 € 🛏🛏110/140 € – ½ P

*Birkenweg 1, Nord: 1,5 km, an der Straße nach Laubach ⊠ 55469 Klosterkumbd – ✆ 06761 95400 – www.birkenhof-info.de*

🍽○ **Birkenhof** – siehe Restaurantauswahl

**SIMONSBERG** Schleswig-Holstein → Siehe Husum

## SIMONSWALD

Baden-Württemberg – 3 010 Ew. – Höhe 372 m – Regionalatlas **61**-E20

▶ Berlin 786 km – Stuttgart 215 km – Freiburg im Breisgau 36 km – Donaueschingen 49 km

Michelin Straßenkarte 545

### 🏡 Hugenhof　　　🕸 ⟷ 🐾 ⟨ 🍴 **P** 🚭

**INTERNATIONAL · GEMÜTLICH** 𝕏𝕏 Altes Gebälk, Kamin, charmante Einrichtung - da kommt Gemütlichkeit auf, während Chef Klaus Ditz Ihnen am Tisch sein ambitioniertes und schmackhaftes, täglich wechselndes 4-Gänge-Menü annonciert und Chefin Petra Ringwald freundlich-versiert die passenden Weine empfiehlt. Gegenüber die hübsche Raucherlounge.

Menü 37/45 € 15 Zim ⌑ – 🛏40/45 € 🛏🛏72/80 €

*Am Neuenberg 14 ⊠ 79263 – ✆ 07683 930066 (Tischbestellung erforderlich) – www.hugenhof.de – nur Abendessen, sonntags auch Mittagessen – geschl. über Fastnacht 2 Wochen, Mitte August - Anfang September 3 Wochen und Montag - Dienstag*

## SINDELFINGEN

Baden-Württemberg – 61 670 Ew. – Höhe 449 m – Regionalatlas **55**-G18

▶ Berlin 647 km – Stuttgart 20 km – Karlsruhe 80 km – Reutlingen 34 km

Michelin Straßenkarte 545

### 🍽○ Viola　　　🏡 🚭

**MARKTKÜCHE · FREUNDLICH** 𝕏 Zu finden ist dieses Restaurant im Hotel "Knote". Das Konzept: regionale und mediterrane Küche, vom Klassiker Zwiebelrostbraten bis hin zu "Dorade & Wolfsbarsch auf Pfannengemüse". Günstigere Mittagskarte. Schön die Terrasse zum Hof.

Karte 21/42 €

*Hotel Knote, Vaihinger Str. 14 ⊠ 71063 – ✆ 07031 61143 – www.restaurant-viola.de – geschl. Anfang Januar 1 Woche, Mitte August 2 Wochen und Montag*

### 🍽○ Restaurant und s'Stüble　　　🛁 **AC** 🚗

**KLASSISCHE KÜCHE · GEMÜTLICH** 𝕏 Das gemütliche "Stüble" ist das kulinarische Herzstück des "Erikson-Hotels". Gekocht wird bürgerlich, klassisch und auch mediterran: "Filetspitzen / Cognacrahm / Spätzle", Wild aus eigener Jagd, "Dorade / Ratatouille / Kräuter-Gnocchi"...

Menü 45 € – Karte 29/50 €

*Erikson-Hotel, Hanns-Martin-Schleyer-Str. 8 ⊠ 71063 – ✆ 07031 9350 – www.erikson.de – geschl. 23. Dezember - 6. Januar*

### 🏨 Erikson-Hotel　　　🕸 ⊡ **AC** 🔖 🚗

**BUSINESS · MEDITERRAN** Das Privathotel - ein engagiert geführter Familienbetrieb in 3. Generation - wird von Businessgästen und Kurzurlaubern gleichermaßen geschätzt. Praktisch die verkehrsgünstige Lage, zeitgemäß und komfortabel die Zimmer, gut die Gastronomie.

92 Zim ⌑ – 🛏69/155 € 🛏🛏79/170 € – ½ P

*Hanns-Martin-Schleyer-Str. 8 ⊠ 71063 – ✆ 07031 9350 – www.erikson.de – geschl. 23. Dezember - 2. Januar*

🍽○ **Restaurant und s'Stüble** – siehe Restaurantauswahl

# SINGEN (HOHENTWIEL)

Baden-Württemberg – 45 720 Ew. – Höhe 429 m – Regionalatlas **62**-F21

▶ Berlin 780 km – Stuttgart 154 km – Konstanz 34 km – Freiburg im Breisgau 106 km
Michelin Straßenkarte 545

## In Singen-Bohlingen Süd-Ost: 6 km über Rielasinger Straße, Richtung
Überlingen

### 🏠 Zapa

**FAMILIÄR · MODERN** Das Haus liegt ruhig und hat sehr gepflegte moderne Zimmer, Besonderheit sind Bilder und Windspiele eines Nürnberger Künstlers. Zum Erholen: netter Saunabereich und großer Garten. Das Restaurant bietet als Spezialität Graugänse und Hühner (2 Wochen im Winter).

14 Zim 🖵 – †84/102 € ††122/140 €

*Bohlinger Dorfstr. 48 ⊠ 78224 – ℰ07731 796161 – www.restaurant-zapa.de
– geschl. Weihnachten - Neujahr 2 Wochen, Fastnacht 1 Woche, Ende Oktober
- Anfang November 2 Wochen*

# SINZIG

Rheinland-Pfalz – 17 140 Ew. – Höhe 90 m – Regionalatlas **36**-C13

▶ Berlin 613 km – Mainz 135 km – Bonn 22 km – Koblenz 37 km
Michelin Straßenkarte 543

### 🍴 Vieux Sinzig

**FRANZÖSISCH-KLASSISCH · FREUNDLICH** 🕱🕱 Bei Jean-Marie Dumaine genießen Sie saisonale Küche, in der zahlreiche Wildkräuter zum Einsatz kommen - Einflüsse aus der Region und der französischen Heimat des Chefs sind unverkennbar! Gut die Weinberatung. Im Sommer sollten Sie im Garten speisen! Wie wär's mit eigenen eingemachten Produkten für zu Hause?

Menü 24 € (mittags unter der Woche)/89 € – Karte 50/71 €

*Kölner Str. 6 ⊠ 53489 – ℰ02642 42757 – www.vieux-sinzig.com – geschl. 9.
- 22. Februar, 17. - 30. August, 26. Oktober - 8. November und Montag - Dienstag*

## In Sinzig-Bad Bodendorf

### 🏨 Maravilla

**SPA UND WELLNESS · GEMÜTLICH** Das geschmackvolle Haus ist eine richtig schöne Wellnessadresse, doch auch Businessgäste fühlen sich in dem recht ruhig gelegenen Hotel wohl. Die Zimmer sind mal klassisch, mal ganz modern, und wer das Besondere sucht, bucht eine der Wellness-Suiten! Im Restaurant geradliniges Ambiente und Showküche.

33 Zim 🖵 – †75/120 € ††90/160 € – ½ P

*Hauptstr. 158 ⊠ 53489 – ℰ02642 40000 – www.maravilla-spa.de*

# SOBERNHEIM, BAD

Rheinland-Pfalz – 6 420 Ew. – Höhe 150 m – Regionalatlas **46**-D15

▶ Berlin 631 km – Mainz 64 km – Bad Kreuznach 19 km – Idar-Oberstein 31 km
Michelin Straßenkarte 543

### ✿ Jungborn

**MODERNE KÜCHE · ELEGANT** 🕱🕱🕱 In dem tollen historischen Sandstein-Tonnengewölbe erinnert nicht mehr viel an das einstige Obstlager: Hier wird man in elegantem Ambiente freundlich-leger und versiert mit moderner Küche umsorgt. Zu den ausdrucksstarken und schön präsentierten Speisen gibt es eine gute Weinauswahl mit regionalem Schwerpunkt.

→ Taschenkrebs und Melone, cremiges Tatar, Joghurtschaum, Schalottenmiso, Wassermelone. Madai Meerbarbe, zweierlei Blumenkohl, eingelegte Gelbe Bete, Cashewkerne und Salicorn. Tranche vom Kalbskotelett, roter Mangold, eingelegte Buchenpilze mit Sauce Albufera.

Menü 111/134 €

*Hotel BollAnt's - SPA im Park, Felkestr. 100 ⊠ 55566 – ℰ06751 93390 (Tischbestellung ratsam) – www.bollants.de – nur Abendessen – geschl. Sonntag - Montag*

## ‖○ Hermannshof 🛋 P

MEDITERRAN · LÄNDLICH XX Das hübsche Gewölbe sorgt auch im zweiten Restaurant des "BollAnt's" für Atmosphäre, ebenso das wertige Interieur im attraktiven Vintage-Look! Gekocht wird hier mediterran mit regionalen Einflüssen - Lust auf "gegrillten Schweinebauch mit roten Linsen, Granny Smith und Kartoffelmousseline"?

Menü 48 € – Karte 40/62 €

*Hotel BollAnt's - SPA im Park, Felkestr. 100 ✉ 55566 – 𝒞 06751 93390 – www.bollants.de – Montag - Freitag nur Abendessen*

## ‖○ Kupferkanne 🛋 P

BÜRGERLICHE KÜCHE · BÜRGERLICH X Sie mögen frische und bodenständige bürgerlich-saisonale Küche? Wie wär's dann z. B. mit "Schweinemedaillons mit Pfefferkruste" oder "Lachs mit Schnittlauchsauce"? Das sympathische moderne Lokal hat im Sommer auch eine hübsche Terrasse.

Karte 22/51 €

*Berliner Str. 2 ✉ 55566 – 𝒞 06751 2858 – www.restaurant-kupferkanne.de – geschl. Donnerstag, Samstagmittag*

## 🏨 BollAnt's - SPA im Park

SPA UND WELLNESS · INDIVIDUELL Ein Wellnesshotel par excellence! Auf dem 60 000 qm umfassenden Parkanwesen erwarten Sie u. a. spezielle "SPA-Lodges", exklusive "Heimat-Lodges" und schicke "Vintage"-Zimmer, eine tolle Dachsauna, geschmackvolle Ruheräume und Medical Wellness samt Felke-Kur, nicht zu vergessen der top Service. HP inklusive.

90 Zim 🚪 – ♦144/239 € ♦♦288/478 € – 14 Suiten – ½ P

*Felkestr. 100 ✉ 55566 – 𝒞 06751 93390 – www.bollants.de*

❀ Jungborn • ‖○ Hermannshof – siehe Restaurantauswahl

## 🏨 Maasberg Therme 🏹 🎣 🛋 P

SPA UND WELLNESS · INDIVIDUELL Schön die ruhige Lage, toll das große Parkgrundstück, wohnlich-gediegen die Zimmer, dazu Beauty und Medical Wellness einschließlich Felke-Kur, ein eigener 18-Loch-Golfplatz, gute Tagungsmöglichkeiten und ein klassisch gehaltenes Restaurant. Tipp: "Private Spa Suite".

48 Zim 🚪 – ♦89/118 € ♦♦138/190 € – 8 Suiten – ½ P

*Am Maasberg, Nord: 2 km ✉ 55566 – 𝒞 06751 8760 – www.hotel-maasberg-therme.de – geschl. 5. - 18. Dezember, 8. - 27. Januar*

## In Meddersheim Süd-West: 3 km

## 🤭 Landgasthof zur Traube 🛋 ⟳ P 🚭

REGIONAL · GASTHOF X Schon seit 1998 haben Ingrid und Herbert Langendorf ihr gemütlich-rustikales Lokal in dem hübschen Naturstein-Fachwerk-Haus - die Atmosphäre ist leger, das Essen richtig gut: "Skrei mit Bärlauch-Risotto und Morchelsauce", "rosa gebratene Entenbrust mit Orangen-Pfeffersauce"... Und dazu gibt's regionale Weine.

Karte 28/53 €

*Sobernheimer Str. 2 ✉ 55566 – 𝒞 06751 950382 (Tischbestellung ratsam) – www.langendorfstraube.de – geschl. Ende Dezember - Anfang Januar, Ende Juli - Anfang August und Dienstagabend - Mittwoch, Sonntagabend*

## ‖○ Lohmühle 🛋 P

REGIONAL · RUSTIKAL X Die alte Mühle von 1471 liegt idyllisch am Waldrand - die Terrasse ist der Renner! Drinnen bewahren Sandstein und Holz den Charakter von einst, auf der Karte regionale Gerichte wie "geschmorte Lammschulter in Rotweinsauce".

Menü 32 € – Karte 23/50 €

*(an der Straße nach Meisenheim), Süd-West: 3 km ✉ 55566 – 𝒞 06751 4574 – www.restaurant-lohmuehle.de – Mittwoch - Freitag nur Abendessen – geschl. Januar und Montag - Dienstag*

## SODEN-SALMÜNSTER, BAD

Hessen – 13 360 Ew. – Höhe 150 m – Regionalatlas **38**-H14

▶ Berlin 511 km – Wiesbaden 101 km – Darmstadt 87 km – Hanau 47 km

Michelin Straßenkarte 543

### Im Ortsteil Bad Soden

#### 🏠 Fiori       ⚲ 🅿

**FAMILIÄR · MODERN** Ein wunderbar zeitgemäßes Haus, in dem man sich einfach wohlfühlt. Man kümmert sich freundlich um Sie, im Zimmer gibt es kleine Aufmerksamkeiten wie Wasser, Obst und Schokolade, im hübschen modernen Restaurant italienisch-internationale Küche. Gut auch die relativ ruhige Lage in einer Einbahnstraße.

7 Zim ⌑ – 🛏57/70 € 🛏🛏80/90 €

*Franz-von-Sickingen-Str. 3 ✉ 63628 – ☏ 06056 919712 – www.hotel-fiori.de*

## SOLINGEN

Nordrhein-Westfalen – 155 320 Ew. – Höhe 221 m – Regionalatlas **36**-C12

▶ Berlin 543 km – Düsseldorf 34 km – Essen 35 km – Köln 36 km

Michelin Straßenkarte 543

### In Solingen-Aufderhöhe Ost: 7,5 km

#### 🅐 Wipperaue       🛋 & ⚲ ⇆ 🅿

**REGIONAL · FREUNDLICH** 🗙🗙 Lust auf gute regional-saisonale Küche? Die gibt es z. B. als "Senfrostbraten vom Kalbsfilet, Kartoffelpüree, Bohnen-Cassoulet". Und das Ambiente? Freundlich-modern mit ländlichem Touch, draußen die hübsche Terrasse an der Wupper!

Menü 48/58 € – Karte 28/57 €

*Hotel Wipperaue, Wipperaue 3 ✉ 42699 – ☏ 0212 2336270 – www.wipperaue.de – geschl. 2. - 16. Januar und Montag*

#### 🏠 Wipperaue       🐾 🖻 & ⚲ 🏋 🅿

**HISTORISCH · GEMÜTLICH** Das idyllisch an der Wupper gelegene kleine Hotel ist nicht nur zum Tagen ideal, auch erholen kann man sich hier schön: In dem sanierten traditionsreichen Haus darf man sich auf richtig geschmackvolle und wohnliche Zimmer freuen.

12 Zim ⌑ – 🛏95/129 € 🛏🛏140/157 €

*Wipperaue 3 ✉ 42699 – ☏ 0212 2336270 – www.wipperaue.de – geschl. 2. - 16. Januar*

🅐 **Wipperaue** – siehe Restaurantauswahl

### In Solingen-Hästen Süd-Ost: 4 km

#### 🍴 Pfaffenberg       🛋 & 🆊 ⚲ 🅿

**INTERNATIONAL · GERADLINIG** 🗙🗙 Eine interessante Adresse: abseits der Stadt im Grünen gelegen, chic das modern-elegante Interieur, ambitioniert die Küche - es gibt klassisch-internationale Speisen wie "Rindertatar mit Quinoasalat und Dijon-Senf-Eis". Legerer das Bistro mit breitem Angebot von Burger bis Rahmschnitzel. Schön die Terrasse.

Menü 57/72 € – Karte 48/69 €

*Pfaffenberger Weg 284 ✉ 42659 – ☏ 0212 42363 – www.pfaffenberg.com – nur Abendessen – geschl. Montag - Dienstag*

## SOMMERACH

Bayern – 1 330 Ew. – Höhe 202 m – Regionalatlas **49**-I15

▶ Berlin 471 km – München 263 km – Würzburg 31 km – Schweinfurt 30 km

Michelin Straßenkarte 546

###  Zum weißen Lamm

**GASTHOF · GEMÜTLICH** Seit 1870 ist der Landgasthof mitten im Dorf im Familienbesitz. Die Zimmer sind neuzeitlich-wohnlich gestaltet, hübsch der freundlich-rustikale Frühstücksraum und die Dachterrasse. Gaststube mit behaglich-ländlicher Atmosphäre.

19 Zim ⌑ – †60/85 € ††85/115 €

*Hauptstr. 2 ⊠ 97334 – ℰ 09381 9377 – www.strobel-lamm.de – geschl.*
*23. Dezember - 25. Januar*

## SOMMERHAUSEN

Bayern – 1 700 Ew. – Höhe 181 m – Regionalatlas **49**-I16

▶ Berlin 505 km – München 281 km – Würzburg 14 km – Schweinfurt 59 km
Michelin Straßenkarte 546

###  Philipp

**FRANZÖSISCH-MODERN · GEMÜTLICH** XX Sie möchten in geschmackvollem Ambiente sitzen, überaus herzlich umsorgt werden und dabei auch noch ausgezeichnet essen? So charmant das historische Haus (nebst Barock- und Renaissance-Suite sowie dem Doppelzimmer), so aromenreich und harmonisch die klassisch-moderne Küche. Tipp: "Carte blanche" am Mittag.

→ Yellow Fin Thunfisch, Taboulé, Hummus, Kräutersalat. Sautierte Jakobsmuscheln, Chicorée, Soja, Punzu, Miso. Rehrücken aus dem Steigerwald, Sellerieasche, Borettane Zwiebeln, Portweinreduktion.

Menü 105/132 €   3 Zim ⌑ – †99/138 € ††148 € – 2 Suiten

*Hauptstr. 12 ⊠ 97286 – ℰ 09333 1406 (Tischbestellung erforderlich)*
*– www.restaurant-philipp.de – Mittwoch - Freitag nur Abendessen – geschl.*
*Montag - Dienstag, außer an Feiertagen*

###  Ritter Jörg

**TRADITIONELLE KÜCHE · BÜRGERLICH** X Was man in dem gemütlich-rustikalen Restaurant auf der Karte liest, sind z. B. schmackhafte Klassiker wie "Schäufele von der Schweineschulter, Bayerisch Kraut, Kartoffelklöße" oder "geschmorte Ochsenbacken, Sommergemüse, Serviettenknödel".

Karte 24/58 €

*Hotel Ritter Jörg, Maingasse 14 ⊠ 97286 – ℰ 09333 97300 – www.ritter-joerg.de*
*– Mittwoch - Freitag nur Abendessen – geschl. 20. Dezember - 31. Januar, 7.*
*- 25. August und Montag - Dienstag*

###  Zum Weinkrug

**FAMILIÄR · GEMÜTLICH** Man findet dieses gepflegte und familiär geführte kleine Hotel vor dem Tor der alten Stadtmauer. Einige der Zimmer bieten einen Balkon, freundlich die Atmosphäre im Frühstücksraum.

15 Zim ⌑ – †55/75 € ††79/98 €

*Steingraben 5 ⊠ 97286 – ℰ 09333 90470 – www.zum-weinkrug.de – geschl.*
*16. Dezember - 6. Januar, 7. - 23. April, 27. Oktober - 5. November*

###  Ritter Jörg

**FAMILIÄR · FUNKTIONELL** Das familiengeführte Hotel steht mitten im Ort, am Brunnen des namengebenden Ritter Jörg. Die Zimmer sind zeitlos, funktionell und technisch solide ausgestattet.

22 Zim ⌑ – †60/65 € ††90/115 €

*Maingasse 14 ⊠ 97286 – ℰ 09333 97300 – www.ritter-joerg.de – geschl.*
*20. Dezember - 31. Januar, 7. - 25. August*

⫯○ **Ritter Jörg** – siehe Restaurantauswahl

## SONNENBÜHL

Baden-Württemberg – 6 980 Ew. – Höhe 775 m – Regionalatlas **55**-G19

▶ Berlin 700 km – Stuttgart 63 km – Konstanz 120 km – Reutlingen 26 km
Michelin Straßenkarte 545

## In Sonnenbühl-Erpfingen

### ❀ Hirsch (Gerd Windhösel)      ♿ 🍽 ⇔ 🅿

**KLASSISCHE KÜCHE · FAMILIÄR ✗✗** In der Gourmetküche des Hirschen werden die Qualität der Zutaten und der Bezug zur Region ganz groß geschrieben. Die Produkte kommen vorzugsweise von lokalen Erzeugern und geben den saisonal-klassischen Gerichten Frische und Geschmack. Schön stimmig das gemütlich-elegante Ambiente.

→ Hummer mit Alblinsen und Haferwurzel. Filet und Geschmortes vom Albbüffel mit Dinkelrisotto. Älbler Rehrücken mit Hagebutten-Bergpfeffersoße.

Menü 50/105 € – Karte 50/82 €

*Hotel Hirsch, Im Dorf 12 ✉ 72820*
*– ☎ 07128 92910 – www.restaurant-hotel-hirsch.de*
*– geschl. nach Pfingsten 1 Woche, August 1 Woche und Montag - Dienstag*

### ⊛ Dorfstube      🏠 ♿ ⇔ 🅿

**REGIONAL · GEMÜTLICH ✗** Richtig heimelig wird es in der liebenswert dekorierten holzgetäfelten Stube, wenn man sich bei Kerzenschein bodenständige regionale Gerichte wie "Kürbis-Käsemaultaschen auf gedünstetem Rucola" oder "Fleischküchle mit Kartoffel-Gurkensalat" schmecken lässt! Oder vielleicht heimisches Wild?

Karte 32/46 €

*Hotel Hirsch, Im Dorf 12 ✉ 72820 – ☎ 07128 92910*
*– www.restaurant-hotel-hirsch.de*

### 🏠 Hirsch      🛌 ⊟ 🅿

**GASTHOF · AUF DEM LAND** Die gute Küche im Hause Windhösel ist bekannt, aber wussten Sie auch, dass man hier schön übernachten kann? Besonders reizend sind die neueren Zimmer! Sie frühstücken im lichten Wintergarten und relaxen in der charmanten Stubensauna.

14 Zim ⌷ – ♦82/98 € ♦♦115/165 € – 1 Suite – ½ P

*Im Dorf 12 ✉ 72820 – ☎ 07128 92910 – www.restaurant-hotel-hirsch.de*
❀ **Hirsch** • ⊛ **Dorfstube** – siehe Restaurantauswahl

Kleines Budget? Profitieren Sie von den Mittagsmenüs zu moderaten Preisen.

## SONTHOFEN

Bayern – 21 390 Ew. – Höhe 741 m – Regionalatlas **64**-J22
▶ Berlin 725 km – München 152 km – Kempten (Allgäu) 27 km – Oberstdorf 13 km
Michelin Straßenkarte 546

## In Ofterschwang Süd-West: 4 km über Südliche Alpenstraße

### ❀ Silberdistel      ⇐ ♿ 🆎 🍽 🚗

**KLASSISCHE KÜCHE · ELEGANT ✗✗✗** Nur eine kurze Fahrt mit dem Lift, dann empfängt Sie der charmante Service in einem geschmackvollen Ambiente, das äußerst stimmig stylischen Chic mit alpinen Elementen verbindet. Passend dazu kocht man mit modernen Akzenten und wertigen Produkten aus der Region. All das genießt man bei fantastischer Aussicht!

→ Geräucherter Nagelfluh-Saibling mit Apfel, Gurke und Kresse. In Bergbutter confierter Salzach-Stör mit seinem Kaviar und Birnenkren. Milchkalbsbries in Molkesauce mit Fichtensprossen, Pfifferlingen und Kakaocrumble.

Menü 91/133 € – Karte 79/100 €

*Hotel Sonnenalp Resort, Sonnenalp 1, (Zufahrt über Schweineberg 10) ✉ 87527*
*– ☎ 08321 2720 (Tischbestellung erforderlich) – www.sonnenalp.de*
*– nur Abendessen – geschl. 5. - 13. März, 10. - 18. Dezember und Sonntag - Montag*

### 🏨🏨🏨 Sonnenalp Resort

**GROSSER LUXUS · ELEGANT** Solch ein beachtliches Ferienhotel findet man in Deutschland und darüber hinaus nur selten! Seit vier Generationen steht Familie Fäßler für Herzlichkeit, top Service, alpinen Luxus und Freizeitangebote jeglicher Art samt Wellness auf 5000 qm, 45-Loch-Golfplatz und schöner Promenade mit zahlreichen Geschäften. HP inklusive. Trendig-rustikal: "Fäßlers Grillstube".

182 Zim 🖵 – 🛏188/313 € 🛏🛏448/652 € – 36 Suiten – ½ P

*Sonnenalp 1, (Zufahrt über Schweineberg 10) ☒ 87527 – ☎ 08321 2720*
*– www.sonnenalp.de*

🌼 **Silberdistel** – siehe Restaurantauswahl

## SPAICHINGEN

Baden-Württemberg – 12 350 Ew. – Höhe 660 m – Regionalatlas **62**-F20
▶ Berlin 737 km – Stuttgart 112 km – Konstanz 70 km – Tuttlingen 14 km
Michelin Straßenkarte 545

### In Hausen ob Verena Süd-West: 6 km über Angerstraße, Karlstraße und Hausener Straße

#### 🍴 Hofgut Hohenkarpfen

**INTERNATIONAL · FREUNDLICH** ✕✕ Die Aussicht ist wirklich klasse, da sollten Sie unbedingt auf der Terrasse speisen! Wenn das Wetter nicht mitspielt, sitzt man aber auch schön drinnen in gemütlich-modernem Ambiente bei saisonal-internationaler Kost und Überraschungsmenüs.

Menü 40/78 € – Karte 33/62 €

*Hotel Hofgut Hohenkarpfen, Am Hohenkarpfen, Süd-West: 2 km ☒ 78595*
*– ☎ 07424 9450 – www.hohenkarpfen.de*
*– geschl. 2. - 5. Januar*

#### 🏠 Hofgut Hohenkarpfen

**LANDHAUS · MODERN** Ein wahres Idyll - bei gutem Wetter schaut man bis zu den Schweizer Alpen! Die Zimmer in der einstigen Scheune sind schön geradlinig, wohnlich und durchdacht, dekoriert mit Original-Gemälden. Gegen Gebühr bewundern Sie im Haus Ausstellungen der Kunststiftung!

21 Zim 🖵 – 🛏94/108 € 🛏🛏122/138 € – ½ P

*Am Hohenkarpfen, Süd-West: 2 km ☒ 78595*
*– ☎ 07424 9450 – www.hohenkarpfen.de*
*– geschl. 2. - 5. Januar*

🍴 **Hofgut Hohenkarpfen** – siehe Restaurantauswahl

## SPALT

Bayern – 4 920 Ew. – Höhe 309 m – Regionalatlas **57**-K17
▶ Berlin 474 km – München 149 km – Nürnberg 50 km – Ingolstadt 70 km
Michelin Straßenkarte 546

### In Spalt-Großweingarten Süd-Ost: 1 km

#### 🏠 Zum Schnapsbrenner

**FAMILIÄR · AUF DEM LAND** Was die kleine Pension interessant macht? Man wird hier herzlich umsorgt, wohnt ihn gepflegten, geräumigen Zimmern und bekommt am Morgen ein gutes Frühstück. Im Restaurant hat man es gemütlich-ländlich - beliebt ist das Spargelbuffet. Zudem gibt es eine eigene Brennerei mit kleinem Laden.

9 Zim 🖵 – 🛏48 € 🛏🛏66/76 € – 1 Suite – ½ P

*Dorfstr. 67 ☒ 91174 – ☎ 09175 79780 – www.schnapsbrennerei.com – geschl.*
*30. Oktober - 12. November*

**In Spalt-Stiegelmühle** Nord-West: 5 km, Richtung Wernfels

### ⊛ Gasthof Blumenthal 🏠 ⇄ 🅿 ⊟

**REGIONAL · GASTHOF** ⅹ Wild, Spargel, Forellen, Saiblinge... Frisch und saisonal wird in dem Familienbetrieb (bereits die 5. Generation!) gekocht, die guten Produkte stammen natürlich aus der Region. So hübsch wie die ländlichen Stuben ist auch der Innenhof!

Karte 28/44 €

*Stiegelmühle 42 ✉ 91174 – ☏ 09873 332 – www.gasthof-blumenthal.de – geschl. 1. - 20. Januar und Montag - Dienstag*

## SPEYER

Rheinland-Pfalz – 49 770 Ew. – Höhe 103 m – Regionalatlas **47**-F17

▶ Berlin 638 km – Mainz 93 km – Mannheim 33 km – Heidelberg 21 km
Michelin Straßenkarte 543

### ⅰ○ AvantGarthe 🏠 ⇄

**MARKTKÜCHE · TRENDY** ⅹⅹ Drinnen schönes geradliniges Ambiente, draußen im Hof die lauschige Terrasse. Gekocht wird bodenständig-regional verwurzelt und mit mediterran-internationalen Einflüssen, dazu gibt's gute Weine. Ideal für Feiern: der Raum "Weinwelten".

Menü 34 € – Karte 33/60 €

**Stadtplan : A2-b** – *Ludwigstr. 2, (im Wittelsbacher Hof) ✉ 67346 – ☏ 06232 687359 – www.avantgarthe.de – nur Abendessen – geschl. Montag*

### ⅰ○ Rays 🏠 ⅙ ⅗

**INTERNATIONAL · TRENDY** ⅹⅹ Wo einst Lagerschuppen und Frachtschiffe das Bild prägten, ist ein schicker Yachthafen entstanden, und genau dort finden Sie diesen modern-maritimen Hotspot. Die ambitionierte internationale Küche genießt man mit Blick auf den Dom - drinnen wie draußen. Auf der Karte z. B. ausgesuchtes Dry Aged Beef.

Menü 35/70 € – Karte 30/67 €

**Stadtplan : B1-r** – *Im Hafenbecken 7, (Am Yachthafen, 1. Etage) ✉ 67346 – ☏ 06232 6771760 – www.rays-speyer.de   geschl. 1. - 17. Januar und Montag - Dienstag*

### ⅰ○ CLYNe - Das Restaurant 🆎

**REGIONAL · FREUNDLICH** ⅹ Vom "Pulpo-Gemüsesalat mit Sauce Rouille" bis zum "Rehragout mit Pfifferlingen und Aprikosenknödeln", was in dem äußerlich recht unscheinbaren Haus auf den Tisch kommt, ist frisch und sauber gekocht.

Menü 18 € (mittags)/54 € – Karte 34/47 €

*Große Greifengasse 5 ✉ 67346 – ☏ 06232 1008285 (Tischbestellung ratsam) – www.restaurant-clyne.de – Dienstag - Donnerstag nur Abendessen – geschl. 27. Februar - 13. März, 12. - 20. Juni, 15. - 21. August und Sonntag - Montag*

### ⌂ Residenz am Königsplatz 🕭 ⅙ ⊟ 🏔

**HISTORISCH · MODERN** In dem einstigen Hospiz vereinen sich heute denkmalgeschützte Mauern aufs Ansprechendste mit geradlinig-modernem Interieur in ruhigen Tönen. Toll: Frühstücksraum im Gewölbe sowie Innenhof. Praktisch: Parkhaus nebenan.

15 Zim ⊠ – ♦115/125 € ♦♦165/175 €

**Stadtplan : A2-a** – *Ludwigstr. 6 ✉ 67346 – ☏ 06232 684990 – www.residenz-speyer.de*

### ⌂ Löwengarten ⌁ ⊟ ⅙ 🆎 🏔 🅿

**BUSINESS · MODERN** Der Familienbetrieb liegt schön zentral, da sind die Sehenswürdigkeiten der Stadt schnell erreicht! Die Zimmer sind hell, freundlich und funktional, geräumiger die Komfortzimmer. Wer länger bleibt, bucht am besten eines der beiden Appartements mit Kitchenette.

65 Zim ⊠ – ♦100/150 € ♦♦120/250 € – ½ P

**Stadtplan : A2-w** – *Schwerdstr. 14 ✉ 67346 – ☏ 06232 6270 – www.hotel-loewengarten.de*

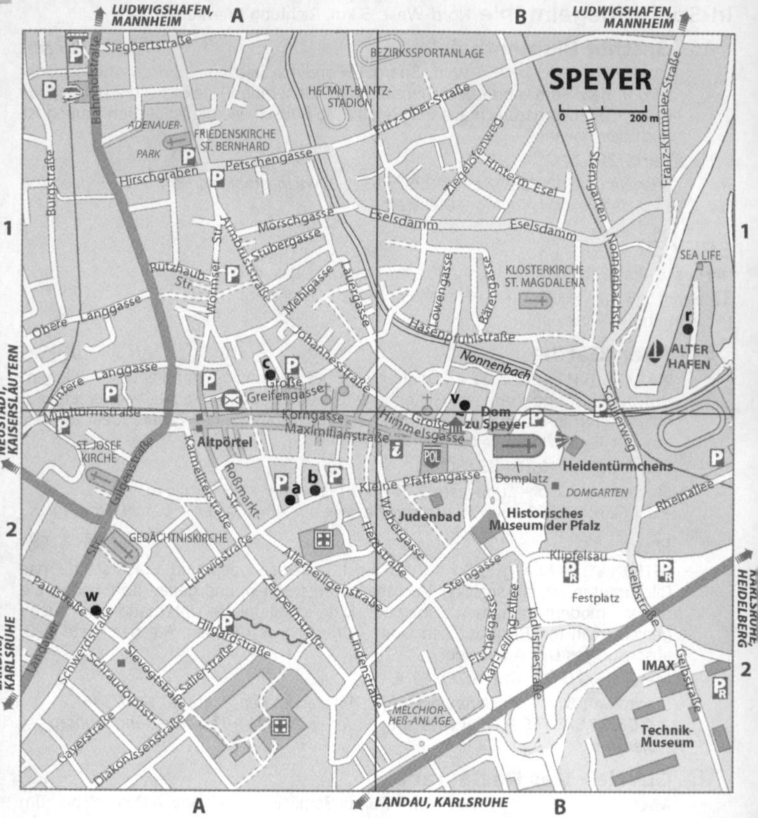

## 🏨 Domhof

📶 ♿ ⛷ 🚗

**HISTORISCH · GEMÜTLICH** Die einstige Herberge des Reichskammergerichts ist ein tolles historisches Gebäudeensemble samt charmantem Innenhof mitten in der Altstadt. Warme Farben und Parkett machen die Zimmer wohnlich. Interessant: Der Frühstückssaal war in den 50er Jahren das Kino von Speyer. Nebenan die Hausbrauerei mit Biergarten.

49 Zim ⌑ – 🛏110/180 € 🛏🛏140/200 €

**Stadtplan : B1-v** – *Bauhof 3* ✉ 67346 – 𝒞 06232 13290 – *www.domhof.de*

**In Speyer-Binshof** Nord: 6 km über Bahnhofstraße A1, Richtung Otterstadt, jenseits der A 61

## 🏨 Lindner Hotel & Spa Binshof

✦ ♨ 🍴 ⚒ 🔲 🕸 🌀 ♨ ⛷ 📶 🆎 ⛷

**SPA UND WELLNESS · INDIVIDUELL** Highlight dieses Hotels ist der Wellnessbereich auf 5200 qm mit Tropic Asia Spa und Private Spa. Zeitgemäße individuelle Zimmer, einige mit offenen Bädern, auch Maisonetten. Verschiedene Restaurants stehen zur Wahl.

133 Zim ⌑ – 🛏99/229 € 🛏🛏188/269 € – 2 Suiten – ½ P

*Binshof 1* ✉ 67346 – 𝒞 06232 6470 – *www.lindner.de/binshof*

# SPIEGELAU

Bayern – 3 910 Ew. – Höhe 759 m – Regionalatlas **60**-P18
▶ Berlin 496 km – München 193 km – Passau 43 km – Deggendorf 50 km
Michelin Straßenkarte 546

## In Spiegelau-Klingenbrunn Nord-West: 4 km - Höhe 820 m

### 🏠 Hochriegel      🕍 🛖 ⬛ 🔲 🛏 🛎 ⚒ ☯ 🚗 **P**

FAMILIÄR • TRADITIONELL Wohnlich-individuelle Zimmer erwarten Sie in diesem Haus. Lust auf Wellness? In der Residence auf der anderen Straßenseite hat man Sauna, Hallenbad und Fitness sowie Kosmetik und Massage. Für Aktive: geführte Wanderungen. Hochwertige 3/4-Pension für Hausgäste.

37 Zim ☰ – ♦53/93 € ♦♦102/158 € – 20 Suiten – ½ P

*Frauenauer Str. 31 ⊠ 94518 – ℰ 08553 9700 – www.hotel-hochriegel.de – geschl. 19. März - 7. April, 12. November - 3. Dezember, 17. - 24. Dezember*

## In Spiegelau-Oberkreuzberg Süd: 4 km in Richtung Schönberg

### 🏠 Panoramahotel Grobauer    🕍 🛥 ⬛ 🛖 🔲 🛏 🛎 ⬛ **P** 🍽

TRADITIONELL • AUF DEM LAND Die Lage ist schön ruhig, bei gutem Wetter blickt man bis zu den Alpen! Im Zimmer hat man es angenehm wohnlich, zum Frühstück gibt's sogar eigene Metzgereiprodukte! Gönnen Sie sich auch Massage und Kosmetik, und auch therapeutische Anwendungen sind möglich. Bürgerliches Angebot im A-la-carte-Restaurant.

40 Zim ☰ – ♦49/95 € ♦♦98/150 € – 4 Suiten – ½ P

*Kreuzbergstr. 8 ⊠ 94518 – ℰ 08553 9788880 – www.hotel-grobauer.de – geschl. 8. November - 17. Dezember*

# SPIEKEROOG (INSEL)

Niedersachsen – 780 Ew. – Höhe 3 m – Regionalatlas **8**-E4
▶ Berlin 518 km – Hannover 258 km – Emden 61 km – Aurich 33 km
Michelin Straßenkarte 541

### 🏠 Inselfriede      🕍 🛥 🛖 🔲 🛏 🛎 ☯

LANDHAUS • GEMÜTLICH Der Familienbetrieb bietet in verschiedenen Häusern freundlich-wohnliche Zimmer und einen schönen Bade- und Saunabereich. Wer besonderen Komfort sucht, bucht eine Superior-Suite. Gemütlich speist man in der "Friesenstube" in Blau-Weiß, dazu ein authentisches Irish Pub. In wenigen Minuten ist man am Strand.

36 Zim ☰ – ♦75/120 € ♦♦120/175 € – 5 Suiten – ½ P

*Süderloog 12 ⊠ 26474 – ℰ 04976 91920 – www.inselfriede.de – geschl. 10. Januar - 21. Februar*

# SPRENDLINGEN

Rheinland-Pfalz – 4 140 Ew. – Höhe 110 m – Regionalatlas **47**-E15
▶ Berlin 610 km – Mainz 39 km – Bad Kreuznach 7 km
Michelin Straßenkarte 543

## In St. Johann Nord-Ost: 2 km

### 🏠 Golf Hotel Rheinhessen    🕍 🛥 🔲 🛎 ⬛ ☯ 🏋 **P**

LANDHAUS • MODERN Die reizvolle, ruhige Lage am Golfplatz, der tolle Blick auf die Weinberge und die ganze Region sowie wohnliche, moderne Gästezimmer machen das Hotel interessant. Im Restaurant und auf der netten Aussichtsterrasse speist man saisonal.

21 Zim ☰ – ♦85/125 € ♦♦125/165 €

*Hofgut Wißberg, (Höhe 273 m), Süd: 4 km, beim Golfplatz ⊠ 55578 – ℰ 06701 91640 – www.golfhotel-rheinhessen.de*

## SPROCKHÖVEL

Nordrhein-Westfalen – 24 990 Ew. – Höhe 200 m – Regionalatlas **26**-C11

▶ Berlin 526 km – Düsseldorf 53 km – Bochum 18 km – Wuppertal 16 km

Michelin Straßenkarte 543

### Im Stadtteil Niedersprockhövel

####  Eggers 🛖 ⅍ ⇔ 🅿

**REGIONAL · GEMÜTLICH** ✗✗ "Auf gut Deutsch, mit internationalen Einflüssen" lautet hier das Motto, so finden sich auf der Karte z. B. "Suppe von der Rauchforelle" oder "Sauerbraten von der Ochsenbacke, Dörrobst, Vollkornknödel & Rotkohl". Besonders gerne sitzt man im Wintergarten und im Sommer natürlich im schönen "Weingarten".

Menü 39 € – Karte 31/50 €

*Hotel Eggers, Hauptstr. 78 ✉ 45549 – ☏ 02324 71780*
*– www.hotel-restaurant-eggers.de – geschl. 2. - 8. Januar und Mittwoch*

#### ⅼ○ Tante Anna 🛖 ⅍

**INTERNATIONAL · FREUNDLICH** ✗✗ Richtig behaglich hat man es in dem geschmackvollen Restaurant, das mit seiner charmanten Deko fast schon Wohnzimmer-Atmosphäre hat! Hier - aber auch auf der sehr netten Terrasse - bekommt man freundlich internationale Küche serviert.

Menü 30/48 € – Karte 26/87 €

*Hauptstr. 58 ✉ 45549 – ☏ 02324 79612 (Tischbestellung ratsam)*
*– www.tante-anna.eu – nur Abendessen – geschl. Montag*

#### 🏠 Eggers ⅍ 🅿

**FAMILIÄR · MODERN** Dirk Eggers hat hier nicht nur ein gefragtes Restaurant, auch als Übernachtungsgast ist man bei ihm gut aufgehoben, denn im Haupthaus wohnt man in geschmackvollen Zimmern mit wertiger moderner Einrichtung.

15 Zim 🖵 – ♦65/75 € ♦♦100/110 €

*Hauptstr. 78 ✉ 45549 – ☏ 02324 71780 – www.hotel-restaurant-eggers.de*
*– geschl. 2. - 8. Januar*

🍴 **Eggers** – siehe Restaurantauswahl

### In Sprockhövel-Haßlinghausen Süd-Ost: 8,5 km, jenseits der A 43 und A 1, nahe Gevelsberg

#### ⅼ○ Habbel's 🍸 🛖 🅿

**INTERNATIONAL · GEMÜTLICH** ✗✗ Hier gibt es so einiges Feines zu entdecken: Da wäre zum einen die schmackhafte, frische Küche mit klarer Linie, die begleitet wird von einer rund 1000 Positionen umfassenden Weinkarte, zum anderen locken zwei eigene Destillerien - der 77er Whisky von Michael Habbel ist der älteste in Deutschland!

Menü 59 € – Karte 40/67 €

*Gevelsberger Str. 127 ✉ 45549 – ☏ 02339 914312 – www.habbel.com – nur*
*Abendessen, sonntags auch Mittagessen – geschl. Montag*

## STADE

Niedersachsen – 45 320 Ew. – Höhe 1 m – Regionalatlas **9**-H5

▶ Berlin 350 km – Hannover 178 km – Hamburg 59 km – Bremerhaven 76 km

Michelin Straßenkarte 541

#### ⅼ○ Knechthausen Ⓝ 🛖 ⇔

**MARKTKÜCHE · GEMÜTLICH** ✗✗ Das schmucke historische Fachwerkhaus im Stadtkern ist einen Besuch wert, denn hier sitzt man gemütlich, wird freundlich umsorgt und isst gut, und zwar schmackhafte saisonale Speisen wie "Ochsenbacke / Schwarzwurzel / Wirsing / Pancetta".

Menü 40 € – Karte 37/51 €

*Bungenstr. 20 ✉ 21682 – ☏ 04141 5296360 – www.restaurant-knechthausen.de*
*– nur Abendessen – geschl. Sonntag sowie an Feiertagen*

# STADECKEN-ELSHEIM

Rheinland-Pfalz – 4 630 Ew. – Höhe 106 m – Regionalatlas **47**-E15

▶ Berlin 599 km – Mainz 16 km – Neustadt an der Weinstraße 88 km – Darmstadt 50 km

Michelin Straßenkarte 543

### 🏠 Gästehaus Hochmann ꙳ ꙳ ꙳

**FAMILIÄR · GEMÜTLICH** Wo früher ein Bauernhof stand, haben die freundlichen Gastgeber ihr charmantes kleines Refugium. Die Zimmer sind sehr geschmackvoll, so richtig was für Individualisten. Da passt auch das familiäre Frühstück ins Bild, am liebsten im Garten!

7 Zim – ♦57/75 € ♦♦67/77 € – ☲ 6 €

*Katharinenstr. 12 ✉ 55271*

*– ✆ 06136 814118 – www.gaestehaus-hochmann.de*

# STADTHAGEN

Niedersachsen – 21 600 Ew. – Höhe 72 m – Regionalatlas **18**-G8

▶ Berlin 327 km – Hannover 45 km – Bielefeld 76 km – Osnabrück 106 km

Michelin Straßenkarte 541

### ⅃⃝ Torschreiberhaus ꙳ ꙳ ꙳

**KLASSISCHE KÜCHE · FREUNDLICH** XX Eine wirklich charmante, engagiert geführte Adresse ist das schöne Backsteinhaus samt modernem Anbau und toller Terrasse. Die Küche ist klassisch und international-mediterran geprägt, so z. B. "gratinierter Lammrücken in Curryjus, Bohnen in Ziegenquark, Parmesangnocchi". Angenehm unprätentiös der Service.

Menü 38/58 € – Karte 50/69 €

*Krumme Str. 42 ✉ 31655*

*– ✆ 05721 6450 (Tischbestellung ratsam) – www.torschreiberhaus.de*

*– nur Abendessen – geschl. 1. - 16. Januar und Sonntag - Montag*

### ⅃⃝ Fisch-Restaurant Blanke

**FISCH UND MEERESFRÜCHTE · BISTRO** X In diesem Bistro mit Fischdelikatessengeschäft bietet man fast ausschließlich Fischgerichte und Krustentiere - mittags speist man an blanken Tischen, abends wird eingedeckt.

Karte 28/64 €

*Rathauspassage 5 ✉ 31655*

*– ✆ 05721 81786 – www.fischhaus-blanke.de*

*– geschl. Sonntag - Montag*

**In Nienstädt-Sülbeck** Süd-West: 6 km über B 65

### ⍟ Sülbecker Krug ꙳ ꙳ ꙳ ꙳

**GRILLGERICHTE · FREUNDLICH** X Lust auf ein Steak aus dem 800°-Ofen? Oder lieber Internationales wie "Tataki vom Thunfisch"? Auch Klassiker wie Wiener Schnitzel sind zu haben, und als Dessert locken z. B. Grießknödel. Neben dem Restaurant (holzgetäfelt mit Kamin oder Bistrostil) hat man schlichte, aber nette und gepflegte Gästezimmer.

Menü 35 € – Karte 33/69 €  12 Zim – ♦45/50 € ♦♦70/80 € – ☲ 5 €

*Mindener Str. 6, B 65 ✉ 31688*

*– ✆ 05724 95500 – www.suelbeckerkrug.de*

*– geschl. Montag - Dienstag*

# STARNBERG

Bayern – 22 650 Ew. – Höhe 588 m – Regionalatlas **65**-L20

▶ Berlin 613 km – München 26 km – Augsburg 82 km – Garmisch-Partenkirchen 70 km

Michelin Straßenkarte 546

## ✿ Aubergine     ⚐ ❀ ☖

**KREATIV · CHIC** ✕✕ Großflächig verglast und chic in seinem klaren Interieur, so ist der Wintergarten ein echtes Highlight im "Vier Jahreszeiten". Aber nicht nur das Ambiente stimmt, auch die modern-kreative Küche überzeugt. Dazu eine gut sortierte Weinkarte.

→ Königskrabbe, Radieschen, Joghurt, Avocado. Sauerbraten vom Bayerischen Oxen, Mixed Pickles, Bratkartoffel. Felchlin Schokolade, Szechuan Pfeffer, Ananas, grüner Spargel.

Menü 69/84 €

*Hotel Vier Jahreszeiten, Münchnerstr. 17 ✉ 82319 – ✆ 08151 4470290*
*– www.aubergine-starnberg.de – nur Abendessen – geschl. 30. Juli - 4. September und Sonntag - Montag*

## 🏨 Vier Jahreszeiten Starnberg     ✿ ⌂ 🖭 ⚐ 🅰 💪 ☖

**BUSINESS · MODERN** Ein modern-elegantes Businesshotel mit technisch gut ausgestatteten Zimmern. Eine schöne Sicht bietet der Saunabereich im obersten Stock mit kleiner Dachterrasse. International-regionale Karte im Restaurant Oliv's.

126 Zim ⌸ – †109/189 € ††149/229 € – 5 Suiten – ½ P

*Münchnerstr. 17 ✉ 82319 – ✆ 08151 44700 – www.vier-jahreszeiten-starnberg.de*
✿ **Aubergine** – siehe Restaurantauswahl

# STARZACH

Baden-Württemberg – 4 300 Ew. – Höhe 526 m – Regionalatlas **55**-F19
▶ Berlin 697 km – Stuttgart 63 km – Tübingen 44 km – Schaffhausen 124 km
Michelin Straßenkarte 545

## In Starzach-Börstingen Nord: 7 km

### ⑪○ Schloß Weitenburg     ⪇ 🏠 🅿

**INTERNATIONAL · RUSTIKAL** ✕✕ Auch im Restaurant legt man Wert auf den authentisch-rustikalen Schloss-Charakter - und natürlich auf frische, gute Küche! Die Aussicht von der Terrasse ist schlichtweg superb!

Menü 54/85 € – Karte 41/73 €

*Hotel Schloß Weitenburg, Weitenburg 1 ✉ 72181 – ✆ 07457 9330*
*– www.schloss-weitenburg.de – geschl. 21. - 24. Dezember, 2. - 10. Januar*

### 🏨 Schloß Weitenburg     ❀ ⪇ 🖭 ⚐ 💪 🅿

**HISTORISCHES GEBÄUDE · KLASSISCH** Das Schloss liegt mitten im Grünen über dem Neckartal, überall Jagdtrophäen aus dem Familienbesitz. Ideal auch für ganz besondere Anlässe: Sagen Sie "Ja" im Roten Salon oder in der hauseigenen neugotischen Kapelle! Kleines Extra: Hausgäste nutzen den Golfplatz im Tal vergünstigt.

30 Zim ⌸ – †79/93 € ††131/176 €

*Weitenburg 1 ✉ 72181 – ✆ 07457 9330 – www.schloss-weitenburg.de*
⑪○ **Schloß Weitenburg** – siehe Restaurantauswahl

# STAUFEN

Baden-Württemberg – 7 600 Ew. – Höhe 288 m – Regionalatlas **61**-D21
▶ Berlin 820 km – Stuttgart 222 km – Freiburg im Breisgau 22 km – Basel 58 km
Michelin Straßenkarte 545

### ⊛ Kreuz-Post     ⪦ 🏠 🅿

**KLASSISCHE KÜCHE · GASTHOF** ✕✕ "Geschmorter Ochsenschwanz mit Polenta", "Schweinebauch und Garnele"... Bei Michael Zahn schmecken die badischen Gerichte ebenso wie die klassischen. Passend zur hübschen Fassade des historischen Gasthauses: die charmante holzgetäfelte Stube mit Kachelofen, dazu nicht minder gemütliche, wertige Gästezimmer.

Menü 38/47 € – Karte 34/83 €    12 Zim ⌸ – †90/110 € ††115/155 €

*Hauptstr. 65 ✉ 79219 – ✆ 07633 95320 – www.kreuz-post-staufen.de*
*– geschl. Februar 3 Wochen und Dienstag - Mittwoch*

TURKISHAIRLINES.COM

# MANCHE KÖCHE KOCHEN IN 10.000 METERN HÖHE AM BESTEN

Unsere Flying Chefs bereiten an Bord köstliche Gerichte exakt nach Ihren Wünschen zu. Genießen Sie unsere Bordküche - zum besten Business Class Airline Catering weltweit ausgezeichnet.

Bestes "Business Class Airline Catering Weltweit" bei den 2016 Skytrax Passenger Choice Awards

WIDEN YOUR WORLD | TURKISH AIRLINES

## 🍴 Die Krone

**REGIONAL · GEMÜTLICH** 🕽 In dem langjährigen Familienbetrieb gibt es regionale Küche zur badisch-gemütlichen Atmosphäre der Gaststuben. Probieren sollte man z. B. das "Lammhäxle in Portweinsauce"!

Menü 30 € (vegetarisch)/52 € – Karte 23/64 €

*Hotel Die Krone, Hauptstr. 30 ✉ 79219 – ☎ 07633 5840 – www.die-krone.de*
*– geschl. Freitagmittag, Samstag, Januar - Februar: Freitag - Samstag*

## 🏠 Zum Löwen 🕊 🏔

**GASTHOF · HISTORISCH** Besonderheit dieses historischen Hauses am Marktplatz: In Zimmer Nr. 5 soll Faust 1539 sein Leben ausgehaucht haben! Das Gästehaus ist mit Schwarzwälder Fichte wohnlich gestaltet, weitere Zimmer im 300 m entfernten Haus "Goethe". Holz und Kachelofen machen das Restaurant gemütlich, eleganter die Fauststube.

40 Zim ⌂ – ♦89/95 € ♦♦108/130 € – 2 Suiten – ½ P

*Rathausgasse 8 ✉ 79219 – ☎ 07633 9089390 – www.fauststube-im-loewen.de*

## 🏠 Die Krone

**FAMILIÄR · GEMÜTLICH** Der nette Gasthof a. d. 16. Jh. ist eine sympathische familiäre Adresse. Hier wohnt man ruhig und dennoch zentral in behaglichen Zimmern, von denen einige einen Balkon und Blick auf den Schlossberg bieten.

9 Zim ⌂ – ♦75/83 € ♦♦105/120 € – ½ P

*Hauptstr. 30 ✉ 79219 – ☎ 07633 5840 – www.die-krone.de*
🍴 **Die Krone** – siehe Restaurantauswahl

## In Staufen-Grunern Süd-West: 1 km

## 🍴 Ambiente

**MARKTKÜCHE · FREUNDLICH** 🕽🕽 Dank seiner verkehrsgünstigen Lage in einem kleinen Gewerbegebiet ist das Restaurant gut erreichbar. Wie es hier aussieht? Helle, warme Töne, klare Formen... - ein freundlich-moderner Rahmen für die mediterran inspirierte saisonale Küche.

Menü 38/56 € – Karte 44/62 €

*Ballrechterstr. 8 ✉ 79219 – ☎ 07633 802442 – www.restaurant-ambiente.com*
*– geschl. Februar - März 2 Wochen, Juli - August 2 Wochen und Mittwoch*
*- Donnerstag*

# STEBEN, BAD

Bayern – 3 360 Ew. – Höhe 578 m – Regionalatlas **41**-L14
▶ Berlin 320 km – München 295 km – Coburg 75 km – Hof 25 km
Michelin Straßenkarte 546

## 🏠 Am Rosengarten 🍃 🔼 🛋

**FAMILIÄR · FUNKTIONELL** Wo man so herzlich, persönlich und familiär umsorgt wird, kann man sich nur wohlfühlen! Wohnliche Atmosphäre und ein gutes Frühstück sind Ihnen bei der sympathischen Gastgeberin gewiss. Die Therme ist übrigens nur wenige Schritte entfernt.

14 Zim ⌂ – ♦39/47 € ♦♦78/86 €

*Wenzstr. 8 ✉ 95138 – ☎ 09288 97200 – www.amrosengarten.de – geschl.*
*15. Januar - 15. Februar*

# STEGAURACH Bayern → Siehe Bamberg

# STEGEN Baden-Württemberg → Siehe Kirchzarten

# STEINEN

Baden-Württemberg – 9 780 Ew. – Höhe 333 m – Regionalatlas **61**-D21
▶ Berlin 833 km – Stuttgart 269 km – Freiburg im Breisgau 76 km – Basel 17 km
Michelin Straßenkarte 545

## In Steinen-Kirchhausen Nord: 10 km, über Weitenau und Hofen

### Zum fröhlichen Landmann      🏡 ⚄ P

**REGIONAL · GASTHOF** 𝕏𝕏 Hier kümmert man sich aufmerksam um seine Gäste, die sich über regional-saisonale Speisen freuen. So lässt man sich in charmantem Ambiente z. B. "Ragout vom Wildschwein mit Rotkohl und Spätzle" schmecken. Oder lieber das "Chef's Menü"? Herrlich sitzt man übrigens auf der Terrasse! Kinderspielplatz.

Menü 20/40 € – Karte 30/59 €

*Hotel Zum fröhlichen Landmann, Hausmatt 3* ✉ *79585 – 𝒞 07629 388 (Tischbestellung ratsam) – www.hotel-landmann.de – geschl. 13. Februar - 7. März und Montag - Dienstag*

### Zum fröhlichen Landmann      🚪 ⚄ P

**FAMILIÄR · MODERN** Moderne Komfortzimmer und schöne Juniorsuiten hält der Schwarzwälder Gasthof für Sie bereit! Die meisten haben einen Balkon, von dem Sie in den Garten oder auf die Wiesen ringsum schauen. Es sind auch noch ein paar rustikalere Zimmer da.

19 Zim 🕮 – 🛏70/75 € 🛏🛏100 € – 1 Suite – ½ P

*Hausmatt 3* ✉ *79585 – 𝒞 07629 388 – www.hotel-landmann.de – geschl. 13. Februar - 7. März*

  Zum fröhlichen Landmann – siehe Restaurantauswahl

Ein wichtiges Geschäftsessen oder ein Essen mit Freunden? Das Symbol ✿ weist auf Veranstaltungsräume hin.

# STEINENBRONN

Baden-Württemberg – 6 150 Ew. – Höhe 431 m – Regionalatlas **55**-G19
▶ Berlin 655 km – Stuttgart 20 km – Karlsruhe 82 km – Tübingen 22 km
Michelin Straßenkarte 545

### Krone      🏡 ⚄ P

**MARKTKÜCHE · FREUNDLICH** 𝕏 Im Restaurant der "Krone" trifft Moderne auf Tradition - das Ergebnis sind schmackhafte Gerichte wie "Jakobsmuschelcarpaccio mit Schnittlauchnage", "gebratener Zander", "Rehragout in Trollingersauce"... Alternativ: "s'Krönle" mit deftiger Hausmannskost.

Menü 35/45 € – Karte 28/59 €

*Hotel Krone, Stuttgarter Str. 45* ✉ *71144 – 𝒞 07157 7330 – www.krone-steinenbronn.de – geschl. 24. Dezember - 7. Januar, 10. - 24. August und Sonntag - Montagmittag sowie an Feiertagen*

### Krone      🔲 ⚄ 🛗 P

**FAMILIÄR · MODERN** Lassen Sie sich vom unscheinbaren Äußeren nicht täuschen, denn der Familienbetrieb (4. Generation) hat sehr moderne Zimmer mit guter Technik zu bieten. Einfachere Zimmer in einem separaten Gebäudeteil. Zur Messe Stuttgart sind es ca. 7 km.

24 Zim – 🛏65/95 € 🛏🛏85/110 € – 🕮6 €

*Stuttgarter Str. 45* ✉ *71144 – 𝒞 07157 7330 – www.krone-steinenbronn.de – geschl. 24. Dezember - 7. Januar, 10. - 24. August*

  Krone – siehe Restaurantauswahl

# STEINFURT

Nordrhein-Westfalen – 33 130 Ew. – Höhe 65 m – Regionalatlas **26**-D9
▶ Berlin 494 km – Düsseldorf 162 km – Nordhorn 55 km – Enschede 39 km
Michelin Straßenkarte 543

## In Steinfurt-Borghorst

### 🏠 Schünemann
🏖 🍴 🗊 🕃 🖃 ♨ **P**

**FAMILIÄR · MODERN** Ein gewachsenes Hotel unter familiärer Leitung. Die Zimmer sind unterschiedlich eingerichtet, aber immer zeitgemäß. Besonders komfortabel sind die Juniorsuiten. Sie können sich hier Fahrräder leihen und die Gegend erkunden. Danach stärken Sie sich dann im Restaurant (rustikal-elegant oder zeitlos-hell).

45 Zim ☑ – †74/88 € ††103/124 € – ½ P

*Altenberger Str. 109 ⊠ 48565 – ℰ 02552 702480 – www.hotel-schuenemann.de*

### 🏠 Posthotel Riehemann
🏖 ♨ 🚗

**FAMILIÄR · MODERN** Schon in der ersten Ausgabe des Guide MICHELIN von 1910 war dieses Haus als "Zur Post" erwähnt! Die Herzlichkeit der Familie (bereits die 3. Generation) ist bei den Gästen beliebt, viele davon sind Biker (Fahrradverleih im Haus). Schauen Sie sich auch den kleinen Hofladen mit Münsterländer Produkten an!

17 Zim ☑ – †59/125 € ††98/150 € – 1 Suite

*Münsterstr. 8, Zufahrt über Alte Lindenstr. 2 ⊠ 48565 – ℰ 02552 99510 – www.riehemann.de*

## STEINHEIM

Nordrhein-Westfalen – 12 790 Ew. – Höhe 140 m – Regionalatlas **28**-G10
▶ Berlin 368 km – Düsseldorf 208 km – Hannover 87 km – Detmold 21 km
Michelin Straßenkarte 543

### In Steinheim-Sandebeck Süd-West: 12 km über B 252 und Bergheim

### 🍴O Germanenhof
🍴 ♨ 🚗

**MARKTKÜCHE · LÄNDLICH** ✕✕ In dem Familienbetrieb kann man nicht nur gut übernachten: Das Restaurant bietet international-regionale Küche mit saisonalen Einflüssen, so z. B. "Westfälischer Kaninchenrücken mit Orangen-Gnocchi und Schokoladensauce". Tipp: Lunchmenüs.

Menü 15 € (mittags)/45 € – Karte 25/56 €

*Hotel Germanenhof, Teutoburger-Wald-Str. 29 ⊠ 32839 – ℰ 05238 98900 (abends Tischbestellung ratsam) – www.germanenhof.de – geschl. 4. - 8. Januar und Montagmittag, Dienstag*

### 🏠 Germanenhof
🗊 🖃 🕃 ♨ 🚗

**FAMILIÄR · GEMÜTLICH** Aufmerksame Gästebetreuung und wohnliche Zimmer (teilweise mit Balkon) sprechen für dieses zentral gelegene Haus unter engagierter familiärer Leitung. Wer's modern mag, fragt nach den neueren Zimmern und Suiten im Gästehaus.

38 Zim ☑ – †72/80 € ††97/110 € – 2 Suiten – ½ P

*Teutoburger-Wald-Str. 29 ⊠ 32839 – ℰ 05238 98900 – www.germanenhof.de – geschl. 4. - 8. Januar*

🍴O **Germanenhof** – siehe Restaurantauswahl

## STEINHOEFEL Brandenburg → Siehe Fürstenwalde

## STEINSFELD Bayern → Siehe Rothenburg ob der Tauber

## STEPHANSKIRCHEN Bayern → Siehe Rosenheim

## STIEFENHOFEN

Bayern – 1 790 Ew. – Höhe 805 m – Regionalatlas **64**-I21
▶ Berlin 738 km – München 165 km – Augsburg 140 km – Bregenz 39 km
Michelin Straßenkarte 546

🍴 **Landgasthof Rössle**　　　　　　　　⇦ 🏠 **P**

REGIONAL · GASTHOF Ⅹ Der Gastgeber trägt zurecht den Namen "Kräuterwirt", denn es sind allerlei frische Kräuter aus dem eigenen (übrigens auch sehr hübsch angelegten) Garten, mit denen die regionalen Gerichte verfeinert und gewürzt werden.

Menü 12/40 € – Karte 19/37 €　　14 Zim ⌷ – ♦52/62 €
♦♦80/105 €

*Hauptstr. 14 ✉ 88167*

*– ☎ 08383 92090 – www.roessle.net – im Winter: Montag - Donnerstag nur Abendessen – geschl. Anfang November - Anfang Dezember, März 2 Wochen und Mittwoch*

# STOCKACH

Baden-Württemberg – 16 190 Ew. – Höhe 491 m – Regionalatlas **63**-G21
▶ Berlin 730 km – Stuttgart 157 km – Konstanz 34 km – Freiburg im Breisgau 112 km
Michelin Straßenkarte 545

🍴 **Zum Goldenen Ochsen**　　　　　　🎎 🏠 ⅃ ⇦ **P**

REGIONAL · GASTHOF ⅩⅩ Geradlinig-klassisch das Ambiente im Restaurant, rustikaler die gemütliche Stube. Gekocht wird überwiegend mit Bio-Produkten aus der Region, dazu wählen Sie von einer fair kalkulierten Weinkarte mit vielen italienischen Weinen.

Menü 22/44 € – Karte 22/53 €

*Hotel Zum Goldenen Ochsen, Zoznegger Str. 2 ✉ 78333*

*– ☎ 07771 91840 – www.ochsen.de*

*– geschl. Anfang Januar 2 Wochen und Samstagmittag, Sonntag - Montagmittag,*

🏠 **Zum Goldenen Ochsen**　　　　　🎎 ⊡ ℅ 🏔 🚗

GASTHOF · GEMÜTLICH Bereits die 3. Generation leitet den historischen Ochsen! Die Zimmer hat man individuell und wohnlich gestaltet, teilweise haben sie einen Balkon zum Garten. Hübsch: Im Haus hängen einige Gemälde.

38 Zim – ♦49/99 € ♦♦79/158 € – ⌷ 5 € – ½ P

*Zoznegger Str. 2 ✉ 78333*

*– ☎ 07771 91840 – www.ochsen.de*

*– geschl. Anfang Januar 2 Wochen*

🍴 **Zum Goldenen Ochsen** – siehe Restaurantauswahl

**In Stockach-Wahlwies** Süd-West: 3 km über B 313, jenseits der A 98

🍴 **Gasthof Adler**　　　　　　　　⇦ 🏠 ⅃ 🚗

MARKTKÜCHE · GASTHOF ⅩⅩ Der Gasthof von 1664 ist Familienbetrieb in 11. Generation! Gekocht wird regional-saisonal - schmackhaft und auch mal herzhaft. So gibt es in dem gemütlichen Restaurant z. B. "Rumpsteak mit Koriander-Knoblauch-Zitronen-Emulsion" und auch Wurstsalat! Zum Übernachten: freundliche, wohnliche Zimmer.

Menü 28/52 € – Karte 24/54 €　　15 Zim ⌷ – ♦50/85 € ♦♦89/104 €

*Leonhardtstr. 29 ✉ 78333*

*– ☎ 07771 3527 – www.adler-wahlwies.de*

*– Dienstag - Freitag nur Abendessen – geschl. über Pfingsten 2 Wochen, Oktober 2 Wochen und Montag*

# STOCKHEIM Bayern ➡ Siehe Kronach

# STOLBERG

Nordrhein-Westfalen – 56 200 Ew. – Höhe 200 m – Regionalatlas **35**-A12
▶ Berlin 629 km – Düsseldorf 80 km – Aachen 11 km – Düren 23 km
Michelin Straßenkarte 543

**Außerhalb** An der Straße nach  Verlauternheide, Nord-West: 5 km

🍴⃝ **Gut Schwarzenbruch**  🏵 ⃝ **P**

**KLASSISCHE KÜCHE · TRADITIONELLES AMBIENTE** 𝕏𝕏 Klassische Küche mit internationalen Einflüssen im traditionellen Rahmen eines 250 Jahre alten Guts. Wie wär's mit dem sonntäglichen Brunch? Schön das Buffet vor den Pferdeboxen der einstigen Stallungen! Für große Gesellschaften (bis zu 250 Personen): der etwas entfernt gelegene orientalische Pavillon.

Menü 25 € (mittags unter der Woche)/86 € – Karte 42/61 €

*Schwarzenbruch 1* ⊠ *52222 Stolberg –* ☎ *02402 22275 – www.schwarzenbruch.de – geschl. über Karneval und Dienstag - Mittwoch*

**STOLBERG (HARZ)** Sachsen-Anhalt ➜ Siehe Südharz

## STOLPE

Mecklenburg-Vorpommern – 320 Ew. – Höhe 9 m – Regionalatlas **14**-P4

▶ Berlin 179 km – Schwerin 171 km – Neubrandenburg 48 km – Rügen (Bergen) 103 km
Michelin Straßenkarte 542

❀ **Gutshaus Stolpe** 🕸 🏵 🍸 **P**

**KREATIV · LANDHAUS** 𝕏𝕏 Hier wird modern beeinflusste klassische Küche geboten, die durch Feinheit, Kontraste und Harmonie besticht. Umsorgt wird man sehr herzlich, ausgesucht die Weinbegleitung. Unverändert elegant das feine Landhausflair, tolle Terrasse.

➜ Gillardeau Auster, Gurke, Holunder, Campari, rote Johannisbeere. Kartoffel und Quark, Räucheraal, Hoisin, Frankfurter grüne Kräuter. Maibockherz "en Papillote" mit geräucherter Steckrübe, Bärlauch, Kokos und Chili.

Menü 59/125 €

*Hotel Gutshaus Stolpe, Peenstr. 33* ⊠ *17391 –* ☎ *039721 5500 – www.gutshaus-stolpe.de – nur Abendessen - geschl. Januar und Sonntag - Montag*

🍴⃝ **Fährkrug**  🏵 **P**

**REGIONAL · LÄNDLICH** 𝕏 So richtig gemütlich sitzt man in dem reizenden jahrhundertealten Reetdachhaus. Da passen Gerichte wie "Eisbein mit eingelegtem Gemüse" oder "Boddenzander mit Mangoldgemüse und Kartoffelrösti" schön ins regionale Bild! Die tolle Lage an der Peene genießt man besonders gerne auf der Terrasse.

Menü 30/49 € – Karte 25/33 €

*Peenstr. 38* ⊠ *17391 –* ☎ *039721 52225 (Tischbestellung ratsam) – www.gutshaus-stolpe.de/de/geniessen/stolper-faehrkrug.html – geschl. Januar - Februar, Oktober - April: Dienstag - Mittwoch*

🏨 **Gutshaus Stolpe**  ⃝ ⃝ 🏵 🍴 ⃞ 🔒 **P**

**LANDHAUS · KLASSISCH** Dieses wunderbare Domizil bietet im Gutshaus und in der Remise ein sehr geschmackvolles, stimmiges Ambiente und weiß mit ausgezeichnetem Service und Annehmlichkeiten wie dem ansprechenden A-la-carte-Frühstück zu überzeugen. Schöne Bar.

32 Zim ⌷ – †95/150 € ††140/200 € – 4 Suiten – ½ P

*Peenstr. 33* ⊠ *17391 –* ☎ *039721 5500 – www.gutshaus-stolpe.de*

❀ **Gutshaus Stolpe** – siehe Restaurantauswahl

## In Liepen

🏨 **Am Peenetal**  ⃝ ⃝ ⃞ 🕸 🏵 🔒 ⃞ ⃞ 🍴 🔒 **P**

**LANDHAUS · TRADITIONELL** Schön ist dieser aufwändig sanierte Gutshof nur wenige Gehminuten von der Peene. Wohnliche Zimmer in modernem Landhausstil, attraktiver Spa auf 1800 qm, regionale Küche im Restaurant und auf der hübschen Terrasse. Ideal für Hochzeiten ist der tolle Festsaal mit altem Gebälk. Zudem gibt es einen Hofladen.

35 Zim ⌷ – †65/113 € ††90/145 € – ½ P

*Dorfstr. 31* ⊠ *17391 –* ☎ *039721 56758 – www.gutshof-liepen.de*

## STORKAU

Sachsen-Anhalt – 10 530 Ew. – Höhe 35 m – Regionalatlas **21**-M8

▶ Berlin 123 km – Magdeburg 71 km – Brandenburg 60 km – Stendal 18 km

Michelin Straßenkarte 542

### ⑪○ Schlossrestaurant       🖢 🏠 ✍ ⇔ 🅿

**REGIONAL · KLASSISCHES AMBIENTE** ✕✕ Speisen mit Blick auf die Elbe! Viele (Bio-) Produkte vom eigenen Hof kommen in Gerichte wie "Storkauer Rote Bete mit hausgemachtem Kuhmilch-Feta" oder "Gänseconfit auf Grünkohl mit Gänse-klein-Sauce und Kartoffelpüree". Schöne Terrasse!

Menü 25 € (mittags)/75 € – Karte 27/75 €

*Hotel Schloss Storkau, Im Park* ⊠ *39590 –* ☏ *039321 5210 (Tischbestellung ratsam) – www.schloss-storkau.de – geschl. Anfang Januar 2 Wochen und Sonntagabend - Montag*

### 🏨 Schloss Storkau       ⑤ 🖢 🕸 ⅃🏠 ✕ 🖃 🕹 ✍ 🕍 🅿

**HERRENHAUS · FUNKTIONELL** Auf einem weitläufigen Parkgrundstück an der Elbe steht das Schloss - ein stilvoller Rahmen für Hochzeiten (ein Standesamt gibt es auch). Zimmer im Haupthaus z. T. mit Antiquitäten, im Kavaliershaus etwas praktischer für Tagungsgäste.

99 Zim ⌂ – ♦80/165 € ♦♦105/185 € – 1 Suite

*Im Park* ⊠ *39590 –* ☏ *039321 5210 – www.schloss-storkau.de – geschl. Anfang Januar 2 Wochen*

⑪○ **Schlossrestaurant** – siehe Restaurantauswahl

## STRALSUND

Mecklenburg-Vorpommern – 57 310 Ew. – Höhe 13 m – Regionalatlas **6**-O3

▶ Berlin 247 km – Schwerin 160 km – Rügen (Bergen) 29 km – Rostock 71 km

Michelin Straßenkarte 542

### ⑬ scheel's       🏠 ✍ 🚗

**KREATIV · GEMÜTLICH** ✕✕ Hier bleibt man seiner kreativen, nordisch geprägten Küche treu. Aromenintensiv, produktorientiert und angenehm reduziert ist das, was in dem schönen Gewölbekeller (apart der Mix aus historischem Rahmen und klarem modernem Stil) aus der offenen Küche kommt. Aufmerksam und freund-lich der Service.

→ Jakobsmuschel, Mangold, Karottenjus. Zander, Kohlrabi, Dill. Kaninchenkeule, Birne, Fenchel.

Menü 69/99 € – Karte 69/93 €

**Stadtplan : B1-a** – *Hotel Scheelehof, Fährstr. 23* ⊠ *18439 –* ☏ *03831 2833113 (Tischbestellung ratsam) – www.scheelehof.de – nur Abendessen – geschl. Januar und Montag - Dienstag*

### ⑪○ Zum Scheel       🏠 🚗

**REGIONAL · TRADITIONELLES AMBIENTE** ✕✕ Eine schöne alte Holzdecke, Back-steinwände, ein sehenswertes historisches Wappen... Zum hanseatischen Flair gibt es frische regionale Speisen wie "gebratene Scholle mit Röstkartoffeln" - gerne auch auf der hübschen Innenhofterrasse. Mittags günstiger Lunch. Tipp: Kaffee aus der eigenen Rösterei!

Menü 29/49 € – Karte 33/46 €

**Stadtplan : B1-a** – *Hotel Scheelehof, Fährstr. 23* ⊠ *18439 –* ☏ *03831 2833112 – www.scheelehof.de*

### 🏨 Scheelehof       🕮 🕸 🖃 🕍 🚗

**HISTORISCH · INDIVIDUELL** Kein Hotel "von der Stange" ist das Geburtshaus des bekannten Chemikers Carl Wilhelm Scheele. Das historische Häuser-Ensem-ble liegt in der ältesten Straße Stralsunds und ist innen ebenso attraktiv wie von außen. Liebenswerte Zimmer mit individuellen Details, immer wieder charmante Relikte von einst!

93 Zim ⌂ – ♦119/159 € ♦♦145/185 € – ½ P

**Stadtplan : B1-a** – *Fährstr. 23* ⊠ *18439 –* ☏ *03831 283300 – www.scheelehof.de*

⑬ **scheel's** • ⑪○ **Zum Scheel** – siehe Restaurantauswahl

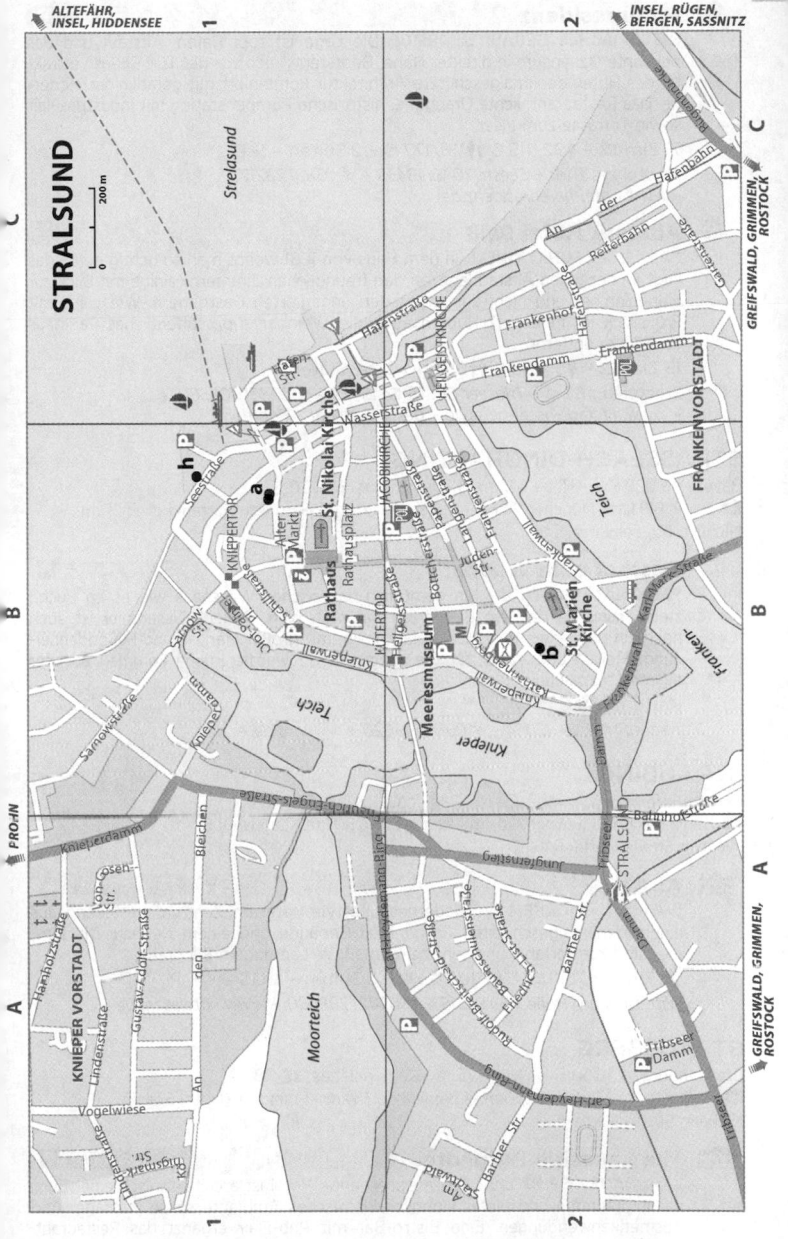

STRALSUND

0 — 200 m

ALTEFÄHR, INSEL, HIDDENSEE

INSEL, RÜGEN, BERGEN, SASSNITZ

GREIFSWALD, GRIMMEN, ROSTOCK

PROHN

GREIFSWALD, GRIMMEN, ROSTOCK

*Strelasund*

Hafenstraße

HEILGEISTKIRCHE

Frankenhof straße

Frankendamm

Frankendamm

FRANKENVORSTADT

*Teich*

Wasserstraße

St. Nikolai Kirche

JACOBIKIRCHE

Alter Markt

Rathaus

Rathausplatz

Böttcherstraße

Papen straße

Frankenstraße

Filterstraße

Juden-Str.

KNIEPERTOR

Seestraße

Tribseer Damm

Schillstraße

Mönch straße

Heilgeiststraße

Böttcherstraße

WITTERTOR

Knieperwall

Meeresmuseum

Katharinenberg

St. Marien Kirche

Frankenwall

*Teich*

*Knieper*

Sarnowstraße

Knieper damm

Friedrich-Engels-Straße

Gartenstraße

Jungfernstieg

STRALSUND

Bahnhofstraße

Carl-Heydemann-Ring

Rudolf-Breitscheid-Straße

Barther Str.

Tribseer

Tribseer Damm

KNIEPER VORSTADT

Hainholzstraße

Lindenstraße

Gustav-Adolf-Straße

An den Bleichen

Joh.-Gosen-Str.

Vogelwiese

*Moorteich*

Am Stadtwald

h

a

b

967

## Hafenresidenz

**HISTORISCHES GEBÄUDE · DESIGN** Die Lage ist top: Hafen, Altstadt und das bekannte Ozeaneum in direkter Nähe, Bootsteg gleich vor der Tür! Ebenso attraktiv das Hotel: denkmalgeschützte Architektur kombiniert mit geradliniger Moderne. Das Restaurant: lichte Orangerie, historische Pumpenstation mit Industrie-Flair sowie Terrasse zum Meer.

71 Zim ⌑ – †92/115 € ††116/177 € – 2 Suiten – ½ P
**Stadtplan : B1-h –** *Seestr. 10 ✉ 18439 – ℰ 03831 282120*
*– www.hotel-hafenresidenz.de*

## Altstadt Hotel Peiß

**FAMILIÄR · FUNKTIONELL** In dem Haus von 1881 wohnt man so richtig nett - das liegt an der tollen Altstadtlage, an den freundlichen Zimmern (einige mit Blick zur Marienkirche) und nicht zuletzt an den engagierten Gastgebern. Wie wär's mit Frühstück im Innenhof? Hübsch auch die Weinbar. Tipp: öffentliches Parkhaus ca. 300 m entfernt.

13 Zim ⌑ – †55/95 € ††65/140 € – 2 Suiten
**Stadtplan : B2-b –** *Tribseer Str. 15 ✉ 18439 – ℰ 03831 303580*
*– www.altstadt-hotel-peiss.de – geschl. Januar - Februar*

# STRASSLACH-DINGHARTING

Bayern – 3 020 Ew. – Höhe 635 m – Regionalatlas **65**-L20
▶ Berlin 619 km – München 24 km – Augsburg 84 km – Garmisch-Partenkirchen 71 km
Michelin Straßenkarte 546

## ‖○ Gasthof zum Wildpark

**REGIONAL · GASTHOF** Ein gemütlich-bayerisches Wirtshaus wie es im Buche steht - und da darf ein Biergarten natürlich nicht fehlen! Dieser hier ist auch noch ein besonders tolles Exemplar: riesig, mit großer Markise und Fußbodenheizung! Fleisch und Wurst für die durchgehend warme Küche kommen aus der eigenen Metzgerei nebenan!

Karte 19/39 €
*Tölzer Str. 2 ✉ 82064 – ℰ 08170 99620 – www.roiderer.de*

# STRAUBING

Bayern – 45 100 Ew. – Höhe 331 m – Regionalatlas **59**-O18
▶ Berlin 541 km – München 120 km – Regensburg 50 km – Landshut 51 km
Michelin Straßenkarte 546

## ASAM

**BUSINESS · MODERN** Ein modernes Lifestyle-Hotel im Zentrum bestehend aus einem denkmalgeschützten Gründerzeit-Gebäude und einem Neubau. Die Zimmer sind komfortabel und sehr zeitgemäß, W-Lan nutzen Sie gratis.

96 Zim – †78/139 € ††99/149 € – 5 Suiten – ⌑ 15 € – ½ P
*Wittelsbacher Höhe 1 ✉ 94315 – ℰ 09421 788680 – www.hotelasam.de*

# STRAUSBERG

Brandenburg – 25 750 Ew. – Höhe 75 m – Regionalatlas **23**-Q8
▶ Berlin 44 km – Potsdam 75 km – Eberswalde 35 km – Frankfurt (Oder) 62 km
Michelin Straßenkarte 542

## The Lakeside Burghotel

**LANDHAUS · GEMÜTLICH** Das ansprechende Hotel ist architektonisch einer Burg nachempfunden und bietet wohnlich-klassisches Ambiente sowie Massage- und Kosmetikanwendungen. Eine Bistro-Bar mit Pub-Flair ergänzt das Restaurant. Hier und im schön angelegten Garten serviert man Internationales. Standesamt und Burgtheater.

50 Zim ⌑ – †85/95 € ††115/129 € – 3 Suiten – ½ P
*Gielsdorfer Chaussee 6 ✉ 15344 – ℰ 03341 34690 – www.burghotel-strausberg.de*

# STROMBERG (KREIS KREUZNACH)

Rheinland-Pfalz – 3 210 Ew. – Höhe 250 m – Regionalatlas **46**-D15

▶ Berlin 611 km – Mainz 45 km – Bad Kreuznach 28 km – Koblenz 59 km

Michelin Straßenkarte 543

## ❀ Le Val d'Or      🐾 🛋 AK 🅿

KREATIV · ELEGANT XXX Mit "Jahreszeitenrestaurant" ist Johann Lafers Gourmetrestaurant treffend beschrieben, denn hier bestimmen Frühling, Sommer, Herbst und Winter das wechselnde Ambiente. Natürlich sind auch die harmonischen und schön präsentierten Speisen auf die Saison abgestimmt, und das mit ausgezeichneten Produkten.

→ Kaisergranat, Avocado, Grapefruit. Saibling, Erbse, Wassermelone. Schokolade, Spargel, Himbeere.

Menü 139/165 € – Karte 93/107 €

*Hotel Johann Lafer's Stromburg, Schlossberg 1, über Michael-Obentraut-Straße*
✉ 55442 – ✆ 06724 93100 (Tischbestellung ratsam) – www.johannlafer.de
*– Mittwoch - Freitag nur Abendessen – geschl. Montag - Dienstag*

## ⑩ Le Délice      🛋 ৬ 🍽 🅿

INTERNATIONAL · ELEGANT XXX Behaglich-elegant ist die Atmosphäre hier. Dazu bietet man internationale Küche - wählen Sie aus den beiden Menüs z. B. "Matjes / Gurke / Avocado" oder "Rehbock / Pfifferlinge / Aprikose".

Menü 99 € – Karte 52/80 €

*Land & Golf Hotel Stromberg, Am Buchenring 6, Süd: 2 km in Schindeldorf, beim Golfplatz* ✉ 55442 – ✆ 06724 6000 (Tischbestellung ratsam)
*– www.golfhotel-stromberg.de – nur Abendessen – geschl. 23. - 28. Dezember, 1. - 23. Januar, 2. - 24. Juli und Sonntag - Montag*

## ⑩ Bistro d'Or      ⪡ 🛋 🅿

REGIONAL · BISTRO XX Auch im zweiten Lafer'schen Restaurant speist man niveauvoll - drinnen in legerer Atmosphäre oder draußen auf der gemütlichen Terrasse. Appetit auf "Rinderroulade mit Limonenspitzkohl" oder "geeiste Rieslingmousse mit Vanilletrauben"?

Menü 45/69 € – Karte 38/51 €

*Hotel Johann Lafer's Stromburg, Schlossberg 1, über Michael-Obentraut-Straße*
✉ 55442 – ✆ 06724 93100 (Tischbestellung ratsam) – www.johannlafer.de
*– geschl. Januar - März: Mittwoch - Donnerstag*

## 🏚 Johann Lafer's Stromburg      🍸 ⪡ 🛌 🅿

HISTORISCHES GEBÄUDE · KLASSISCH Es ist schon ein wahres Kleinod, das Familie Lafer aus der Burg a. d. 12. Jh. gemacht hat. Sie wohnen in geschmackvollen, individuell geschnittenen Zimmern oder in der Suite über drei Etagen. Dazu ausgezeichneter Service und ein gutes Frühstück - besonders schön auf der Terrasse!

13 Zim – ♦155/195 € ♦♦195/285 € – 2 Suiten – ☲ 25 €

*Schlossberg 1, über Michael-Obentraut-Straße* ✉ 55442 – ✆ 06724 93100
*– www.johannlafer.com*

❀ Le Val d'Or • ⑩ Bistro d'Or – siehe Restaurantauswahl

## 🏚 Land & Golf Hotel Stromberg      🍸 🍸 ⪢ ⫯ 🍽 🛋 🍸 🐾 🖥 🔲 ৬

SPA UND WELLNESS · INDIVIDUELL Diese Hotelanlage hat so einiges 🛌 🅿 zu bieten: modern-elegante Zimmer und Suiten, einen schönen Spa auf 2500 qm sowie gute Veranstaltungsmöglichkeiten - und den Golfplatz haben Sie direkt vor der Tür! Am Abend locken Bar und Smokers Lounge.

164 Zim ☲ – ♦150 € ♦♦230 € – 10 Suiten – ½ P

*Am Buchenring 6, Süd: 2 km in Schindeldorf, beim Golfplatz* ✉ 55442
*– ✆ 06724 6000 – www.golfhotel-stromberg.de – geschl. 23. - 28. Dezember*

⑩ Le Délice – siehe Restaurantauswahl

## STRULLENDORF

Bayern – 7 810 Ew. – Höhe 251 m – Regionalatlas **50**-K15

▶ Berlin 415 km – München 223 km – Bayreuth 67 km – Ansbach 92 km

Michelin Straßenkarte 546

### In Strullendorf-Wernsdorf Nord-Ost: 5 km, Richtung Roßdorf a. Forst über Amlingstadt, jenseits der A 73

#### 🏠 Gasthof Schiller ☆ 🗐 🕭 🕭 **P**

**GASTHOF · MODERN** Ein hübscher historischer Gasthof mit langer Familientradition. Ländlich-charmant die Zimmer im Stammhaus, schön modern die im angeschlossenen Landhotel. In gemütlicher Wirtshausatmosphäre gibt es gute fränkische Brotzeit oder Klassiker wie Schweinshaxe. Großer Biergarten unter Kastanien und Linden.

31 Zim ☲ – ♦54/89 € ♦♦79/109 € – 4 Suiten

*Amlingstadter Str. 14 ⊠ 96129 – ℰ 09543 44020 – www.gasthof-schiller.de
– geschl. Mitte Januar 2 Wochen, 31. Oktober - 4. November*

## STÜHLINGEN

Baden-Württemberg – 5 000 Ew. – Höhe 501 m – Regionalatlas **62**-E21

▶ Berlin 773 km – Stuttgart 156 km – Freiburg im Breisgau 73 km – Donaueschingen 30 km

Michelin Straßenkarte 545

#### 🏠 Rebstock ☆ 🗐 🕭 **P**

**GASTHOF · FUNKTIONELL** Seit 1368 gibt es den Gasthof (damals noch Schenke), seit 1930 und nun in 3. Generation als Familienbetrieb geführt. Besonders komfortabel die vier modernen Appartements im einstigen Gefängnis, urig-gemütlich die Gaststube. Besonderheit: Bauern- und Bulldogmuseum sowie Puppen- und Nostalgiemuseum!

33 Zim ☲ – ♦52/54 € ♦♦78/82 € – ½ P

*Schlossstr. 10 ⊠ 79780 – ℰ 07744 92120 – www.rebstock.eu – geschl. 2.
- 22. Januar*

### In Stühlingen-Mauchen West: 7 km

#### 😊 Geng's Linde ⇦ 🕭 🗚 **P**

**TRADITIONELLE KÜCHE · MODERN** 🖫 Was Christian Geng hier bietet, ist schmackhaft und frisch, traditionell und auch international beeinflusst. Lust auf "Cordon bleu vom Kalb" oder "Lammrücken mit Kräutern überbacken, Peperonata und hausgemachte Kartoffelgnocchi"? Schön trendig das Ambiente: klare moderne Formen kombiniert mit warmem Holz.

Menü 36/40 € – Karte 22/54 € 19 Zim ☲ – ♦50/65 € ♦♦80/95 €

*St.-Gallus-Str. 37 ⊠ 79780 – ℰ 07744 1255 – www.gengslinde.de – nur
Abendessen, sonntags auch Mittagessen – geschl. März 10 Tage, September 10
Tage und Dienstag*

### In Stühlingen-Schwaningen Nord-West: 7 km über B 314 und B 315, Richtung Singen und Weizen

#### 😊 Gasthaus Schwanen ⇦ 🕭 **P**

**REGIONAL · GEMÜTLICH** 🖫 In dem Gasthaus von 1912 passt alles: sympathisch-engagierte Gastgeber, liebenswerte Atmosphäre und richtig gutes Essen, z. B. als "Rückensteak vom Weiderind mit Senfkruste und Kartoffelgratin". Tipp für Übernachtungsgäste: besonders komfortabel ist die "Villa Pfarrhus" nur wenige Meter entfernt.

Menü 22 € (mittags)/59 € – Karte 30/48 € 12 Zim ☲ – ♦65/99 €
♦♦82/149 € – 3 Suiten

*Talstr. 9 ⊠ 79780 – ℰ 07744 5177 – www.gasthaus-schwanen.de – nur
Abendessen, sonntags auch Mittagessen – geschl. 1. - 10. Januar, 19. Oktober
- 20. November und Mittwoch, Oktober - April: Mittwoch - Donnerstag*

# STUHR

Niedersachsen – 32 560 Ew. – Höhe 4 m – Regionalatlas **18**-G7

▶ Berlin 390 km – Hannover 125 km – Bremen 10 km – Wildeshausen 29 km

Michelin Straßenkarte 541

## In Stuhr-Moordeich West: 2 km

🍴○ **Nobel**          ⇐ 🦢 🏠 **P**

MARKTKÜCHE · FREUNDLICH 🕽 In dem klassisch gehaltenen Restaurant wie auch in der gemütlichen, etwas rustikaleren Bierstube "Pumpernickel" bietet man eine saisonal ausgerichtete Küche von bürgerlich bis international.

Menü 21 € (mittags unter der Woche)/30 € – Karte 23/52 €     2 Zim – 🛏41/51 € 🛏🛏49/59 € – ⌷ 11 €

*Neuer Weg 13* ✉ *28816 – 🕿 0421 56800 – www.nobel-moordeich.de – geschl. Ende Juni - Juli 2 Wochen*

## WIR MÖGEN BESONDERS...

Das besondere Flair der **Zirbelstube**, Gourmet-Institution und „Esszimmer" der Stuttgarter Hautevolee. Bei **Feinkost Böhm** Einkaufen mit einem Essen im hoch frequentierten **Sushi-Ya** verbinden. Vincent Klinks **Wielandshöhe** in Degerloch für seine ausdrucksstarke und unverfälschte klassische Küche. US Prime Beef und Porsche unter einem Dach im Zuffenhausener **Christophorus** samt Museum.

# STUTTGART

Baden-Württemberg – 597 940 Ew. – Höhe 245 m – Regionalatlas **55**-G18
▶ Berlin 637 km – Frankfurt am Main 207 km – Karlsruhe 75 km – München 223 km
Michelin Straßenkarte 545

Stadtpläne siehe nächste Seiten

## *Restaurants*

❀ **Die Zirbelstube**      🕸 🏠 AC ❌ ⇄ 🚗

FRANZÖSISCH-MODERN · ELEGANT XXX Das elegante Restaurant steckt voller Charme und Wärme, der wunderschönen Zirbelholzvertäfelung sei Dank! So gemütlich der Rahmen, so geschmackvoll und aromenintensiv die klassisch-kreative Küche. Dazu gute Weinberatung - man hat rund 500 Positionen. Interessanter Lunch.
→ Fjordforelle aus Norwegen, Erbsenpüree, gebratene Morcheln und Büsumer Krabben. Rinderfilet aus Baden-Württemberg, cremige Polenta, Pfifferlinge und Bärlauchöl. Rhabarberstreusel, Vanille-Hefeeis, Erdbeeren und weiße Schokoladencrème.
Menü 89 € (vegetarisch)/155 € – Karte 82/102 €
*Stadtplan: K1-u – Althoff Hotel am Schlossgarten, Schillerstr. 23, (1. Etage)*
✉ *70173 – ℰ 0711 2026828 – www.hotelschlossgarten.com – geschl. Januar 2 Wochen, August 3 Wochen und Sonntag - Montag*

❀ **YoSH**      🕸 ♿ AC ⇄

FRANZÖSISCH-MODERN · GEMÜTLICH XXX Nur Top-Produkte finden Verwendung in der angenehm reduzierten klassisch basierten Küche. Richtig gutes Handwerk, Harmonie und schöne Präsentation zeichnen die Speisen aus. Und das Ambiente? Schicker modern-eleganter Stil, hochwertige Materialien, stimmig in Farbe und Dekoration.
→ Wagyu Tafelspitzsülze, Wildkräutersalat, Trüffelvinaigrette. Norwegische Fjord-Forelle, Wakame, Sesam, Koriander. Bretonischer Wolfsbarsch, gebratene Artischocken, Pinienkerne, Gnocchi.
Menü 128/198 € – Karte 70/100 €
*Stadtplan : F1-a – Feuerbacher Weg 101 ✉ 70192 – ℰ 0711 6996960 (Tischbestellung ratsam) – www.yosh-stuttgart.de – nur Abendessen – geschl. Mitte August - Anfang September und Montag - Dienstag*

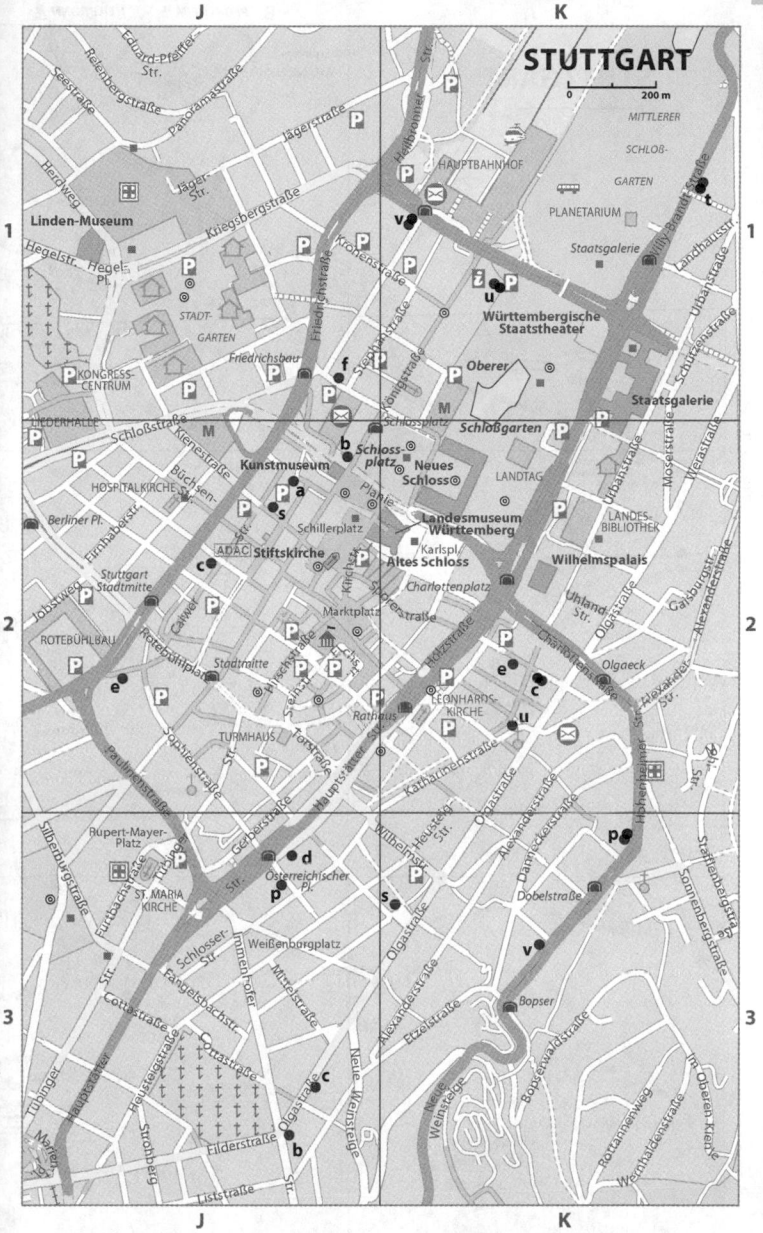

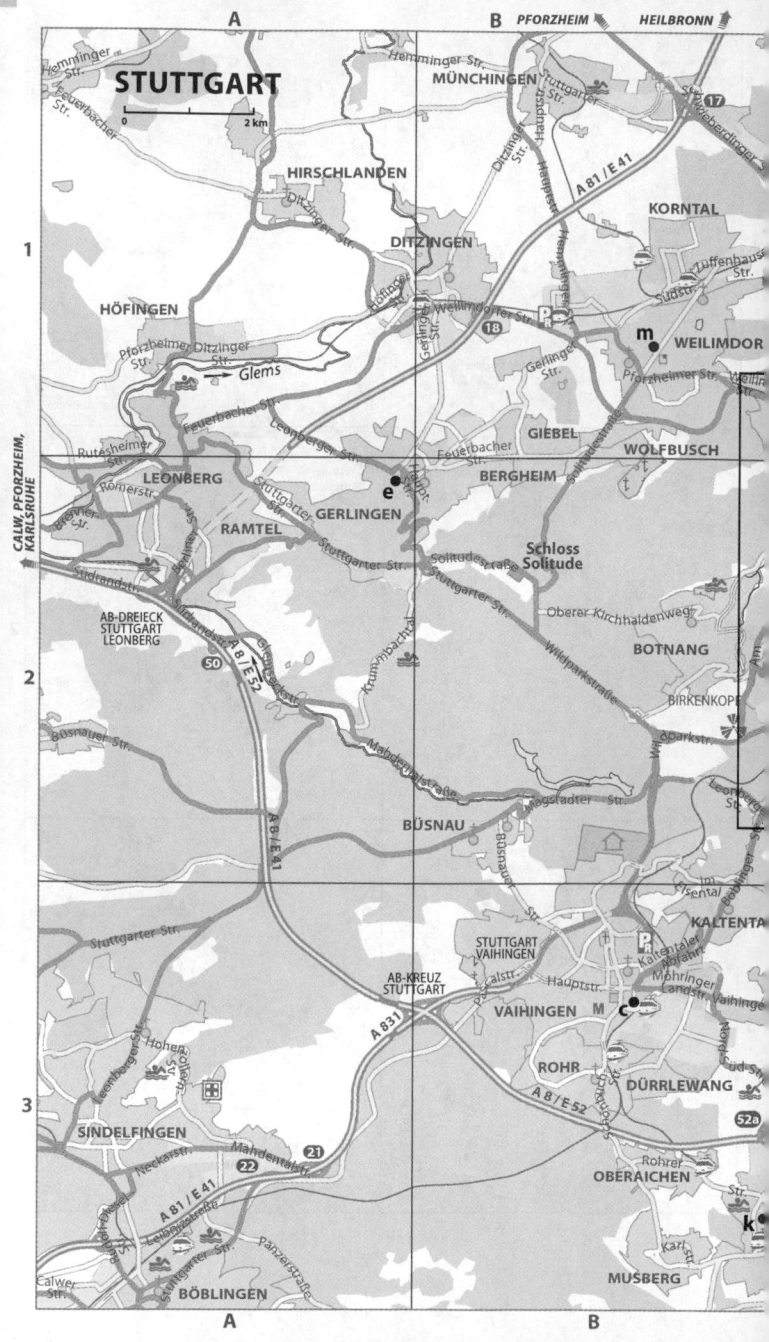

STUTTGART

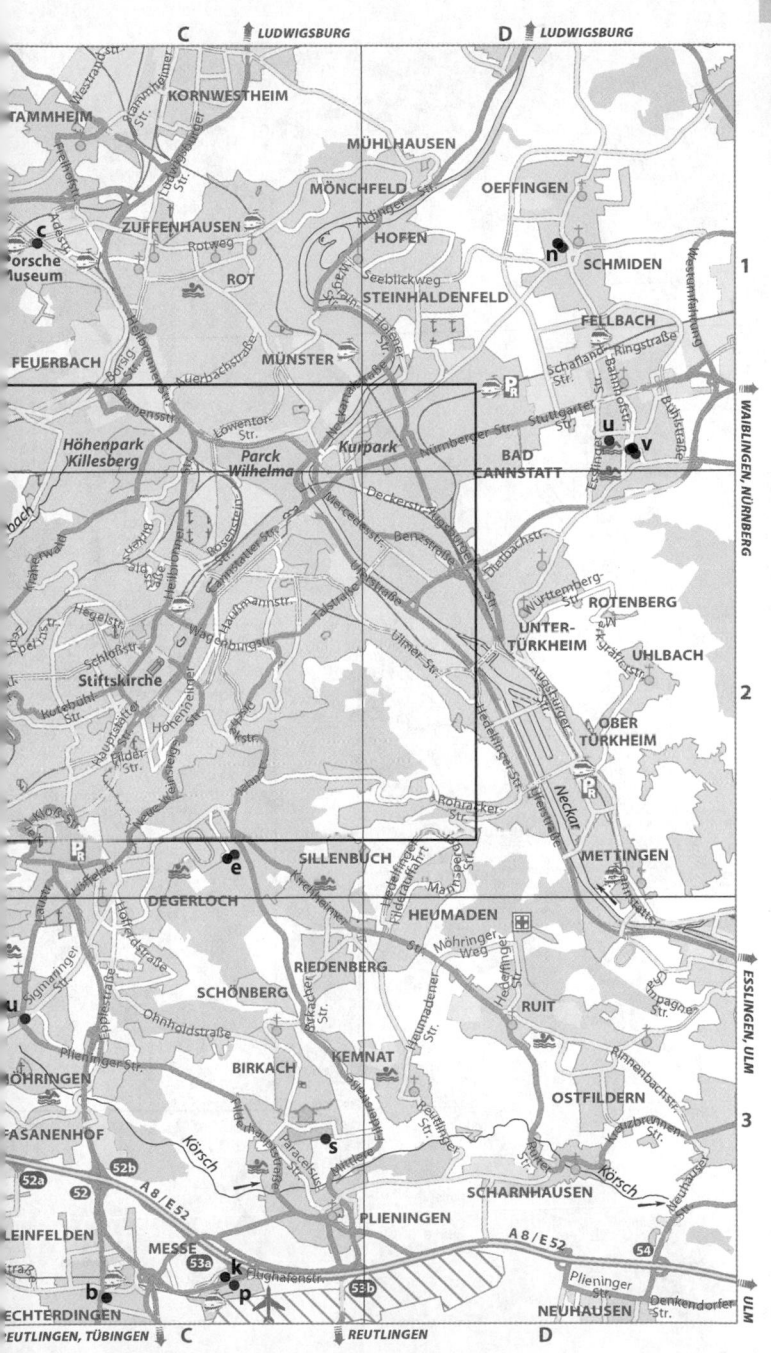

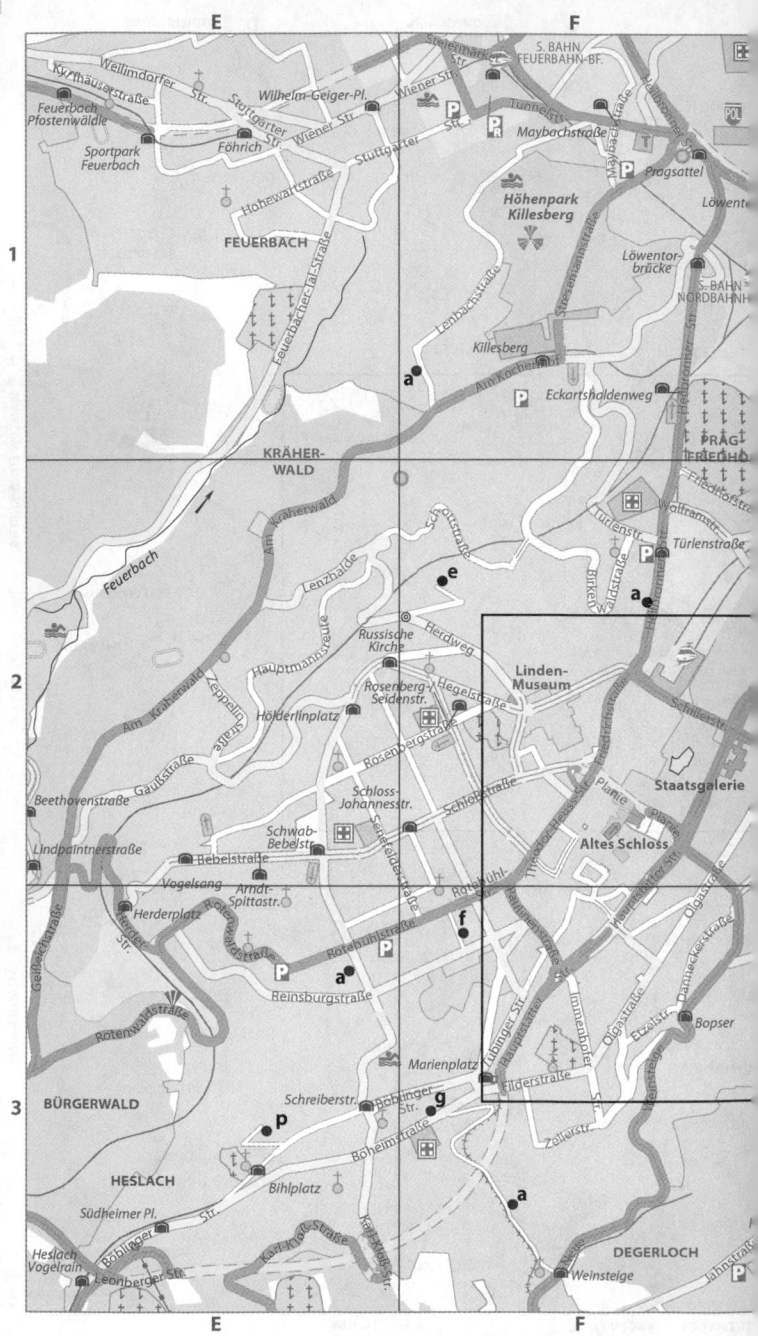

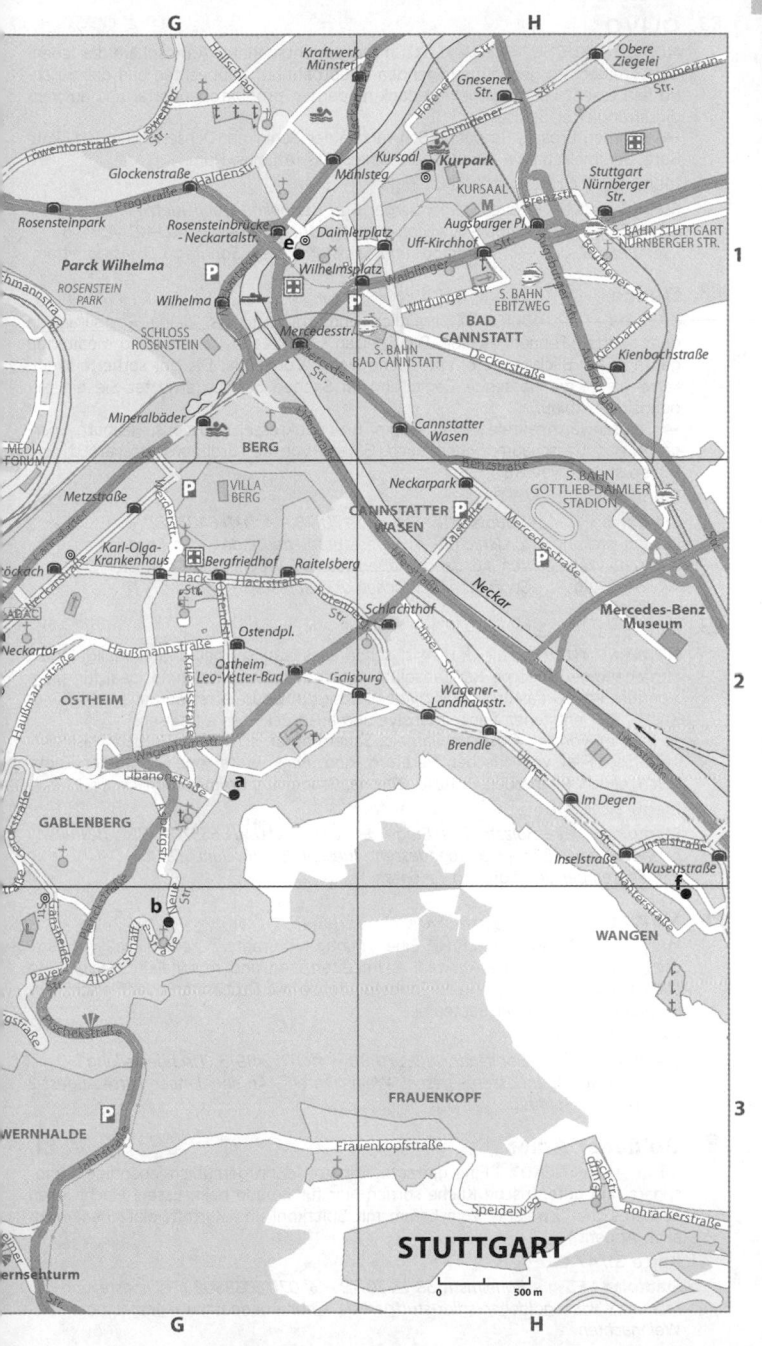

## ⊗ OLIVO     ⅋ 🄰🄲 ⅋ 🚗

MODERNE KÜCHE · ELEGANT ХХХ In ruhiger, entspannter Atmosphäre das lebendige Treiben am gegenüberliegenden Hauptbahnhof beobachten und dabei richtig fein essen? Letzteres gelingt dank moderner, produktorientierter und aufwändig arrangierter Speisen.

→ Hummer, Erbsen, Erdbeere, Schwarzwälder Schinken. Ochsenbacke, Pilz, Rote
Bete, Semmelschnitte. Pina Colada, Kokosnuss, Ananas, Rum.

Menü 68 € (mittags)/140 €

Stadtplan : K1-v – *Hotel Steigenberger Graf Zeppelin, Arnulf-Klett-Platz 7*
*✉ 70173 – ☏ 0711 20480 – www.olivo-restaurant.de – geschl. 10. - 21. April, 6.*
*- 16. Juni, 27. Juli - 9. September und Samstagmittag, Sonntag - Dienstagmittag*

## ⊗ Délice     ⅋ 🄰🄲 ⅋

KREATIV · FREUNDLICH ХХ Gemütlich und chic ist das kleine Restaurant in
dem aparten Tonnengewölbe. Die Speisen sind kreativ, saisonal und mediterran
geprägt, der Blick in die offene Küche weckt Vorfreude! Die gut sortierte Weinkarte bietet die passende Begleitung, in Sachen Service erwartet Sie ein reibungsloser Ablauf.

→ Gelbschwanzmakrele, Apfel, Gurke, Brunnenkresse, Couscous. Heilbutt, Spargel, Nussbutterschaum, Schnittlauch. Gâteau von der Erdbeere, Moscato d´Asti,
Hibiskus, Buchweizen.

Menü 75/109 €

Stadtplan : J3-d – *Hauptstätter Str. 61 ✉ 70178 – ☏ 0711 6403222*
*(Tischbestellung erforderlich) – www.restaurant-delice.de – nur Abendessen*
*– geschl. Weihnachten - 6. Januar, über Ostern 1 Woche, über Pfingsten 2*
*Wochen, August - September 2 Wochen und Samstag - Sonntag*

## ⊗ 5     🄰🄲

MODERNE KÜCHE · HIP ХХ Hier ist schon alles sehr speziell und einmalig: im EG
die lebendige moderne Bar (absoluter Hotspot in der Stadt und ideal für einen
Aperitif), im OG das urbane, individuell designte Gourmetrestaurant samt offener
Küche. Hier entstehen feine, intensive und ausdrucksstarke Speisen.

→ Sashimi von der Obsiblue Garnele, Sauerampfer, schwarzer Rettich, Nashi Birne, Shiso. Filet vom Irischen Hereford Rind, Mais, Pfifferlinge, schwarzer Knoblauch, Lauch. Rhabarber, Pistazie, Zitrone, Grapefruit, Erdmandelmilch.

Menü 92/124 €

Stadtplan : J1-f – *Bolzstr. 8, (1. Etage) ✉ 70173 – ☏ 0711 65557011 (Tischbestellung*
*ratsam) – www.5.fo – nur Abendessen – geschl. 6. - 16. Juni, 27. Juli*
*- 9. September und Sonntag - Montag*

## ⊛ Vetter     🏠

MARKTKÜCHE · FREUNDLICH Х Eine richtig gefragte, gemütliche Adresse.
Die Gäste schätzen die Auswahl an mediterranen und regionalen Speisen - so
steht auf der Karte z. B. Vitello Tonnato ebenso wie Rostbraten oder Fleischküchle, Duroc-Schwein oder Seeteufel.

Karte 28/64 €

Stadtplan : K3-s – *Bopserstr. 18 ✉ 70180 – ☏ 0711 241916 (Tischbestellung*
*ratsam) – nur Abendessen – geschl. Weihnachten - Anfang Januar, Mitte August 2*
*Wochen und Sonntag*

## ⊛ Goldener Adler     🏠 🅿

REGIONAL · TRENDY Х Eine gefragte Adresse, denn gemütlich-lebendige Atmosphäre und gute, frische Küche sorgen hier für Freude beim Essen! Macht Ihnen
Leckeres wie "Zweierlei vom Lamm mit Spitzkohl und Kartoffelplätzchen" nicht
auch Appetit?

Karte 31/47 €

Stadtplan : F3-g – *Böheimstr. 38 ✉ 70178 – ☏ 0711 6338802 (Tischbestellung*
*ratsam) – www.goldener-adler-stuttgart.de – nur Abendessen – geschl. über*
*Weihnachten*

## ⅠⅠ○ Kern's Pastetchen  🐾 ⇧ 🍽

ÖSTERREICHISCH · GEMÜTLICH ✗✗ Der Mix aus elegantem Stil und charmant-rustikaler Note macht es hier schön gemütlich, nicht zu vergessen die herzlichen Gastgeber. Auf der Karte: Saisonales und Internationales wie "Garnele mit Krustentierbitok", aber auch ein Stück Österreich, z. B. als "Wiener Schnitzel mit kalt gerührten Preiselbeeren".

Menü 64/78 € – Karte 48/60 €

Stadtplan : K3-v – *Hohenheimer Str. 64* ⊠ *70184* – ✆ *0711 484855 (Tischbestellung ratsam) – www.kerns-pastetchen.de – nur Abendessen – geschl. Sonntag*

## ⅠⅠ○ La Fenice  🏠

ITALIENISCH · GEMÜTLICH ✗✗ Schon so mancher ist in dem freundlich-eleganten Ristorante zum Stammgast geworden - das spricht für die italienische Küche hier. Übrigens: Zu finden ist der etwas versteckte Eingang über den Hof, wo man im Sommer eine Terrasse hat.

Menü 23 € (mittags unter der Woche)/55 € – Karte 35/58 €

Stadtplan : J2-e – *Rotebühlplatz 29* ⊠ *70178* – ✆ *0711 6151144 – www.ristorante-la-fenice.de – geschl. Samstagmittag, Sonntag sowie an Feiertagen mittags*

## ⅠⅠ○ La nuova Trattoria da Franco  🏠 🅰🅲 ⌀

ITALIENISCH · BISTRO ✗✗ Italienische Klassiker, Pizza & Pasta und dazu frisches Ambiente auf zwei Stockwerken - so isst man in der Trattoria mitten in der City. Kommen Sie doch auch mal zum beliebten Mittagstisch!

Menü 19 € (mittags unter der Woche)/40 € – Karte 33/56 €

Stadtplan : J2-c – *Calwer Str. 32* ⊠ *70173* – ✆ *0711 294744 – www.lanuovatrattoriadafranco.de*

## ⅠⅠ○ ZUR WEINSTEIGE  🐾 🏠 🚗

INTERNATIONAL · FREUNDLICH ✗✗ Die Brüder Scherle bieten nicht nur das gleichnamige Hotel, auch ein Besuch zum Essen lohnt sich. In dem gemütlichen Restaurant (stilvoll die Deko in Gold) gibt es ambitionierte internationale Küche. Und dazu deutsche Weine? Diese sind unter den über 1000 Positionen besonders stark vertreten.

Menü 42/98 € – Karte 46/75 €

Stadtplan : K3-p – *Hotel ZUR WEINSTEIGE, Hohenheimer Str. 30* ⊠ *70184 – ✆ 0711 2367000 – www.zur-weinsteige.de – nur Abendessen – geschl. Anfang Januar 2 Wochen und Sonntag - Montag sowie an Feiertagen außer an Weihnachten*

## ⅠⅠ○ Cube  ⇐ ♿ 🅰🅲

INTERNATIONAL · TRENDY ✗✗ Lust auf ambitionierte internationale Küche in Verbindung mit puristischem Design und tollem Blick über die Stadt? In dem modernen Glaskubus gibt es abends z. B. "Rinderfiletsteak / Chioggia Bete / Gnocchi", mittags etwas einfachere Karte.

Menü 50/57 € – Karte 49/61 €

Stadtplan : J2-b – *Kleiner Schlossplatz 1, (im Kunstmuseum, 4. Etage)* ⊠ *70173 – ✆ 0711 2804441 – www.cube-restaurant.de*

## ⅠⅠ○ Il Quinto Quarto 🅽  🐾 ⇧

ITALIENISCH · KLASSISCHES AMBIENTE ✗✗ Sie suchen authentische italienische Küche? Das Angebot wechselt täglich und wird auf einer Tafel präsentiert - fast schon ein Muss die hausgemachte Pasta! Schön und wertig die Einrichtung, die gut zu dem sanierten Jugendstilhaus passt.

Menü 29/125 € – Karte 30/89 €

Stadtplan : J3-c – *Olgastr. 133b* ⊠ *70180 – ✆ 0711 66486602 (Tischbestellung ratsam) – www.ilquintoquarto.de – Juni - Mitte September nur Abendessen – geschl. August und Samstagmittag, Sonntag - Montagmittag*

**¶○ Le Cassoulet** ⚿ 🅰🅲 ⇧ 🚗

INTERNATIONAL · KLASSISCHES AMBIENTE ✕✕ Moderne Formen und warme, helle Erdtöne geben dem Restaurant einen attraktiven, eleganten Rahmen. Das Speisenangebot ist international ausgelegt - kommen Sie doch mal freitagabends zum französischen Buffet.

Menü 59 € – Karte 44/65 €

Stadtplan : K1-t – *Hotel Le Méridien, Willy-Brandt-Str. 30* ✉ 70173
– ☎ 0711 22212270 – *www.restaurant-lecassoulet.de – nur Abendessen – geschl.
21. Juli - 11. September*

**¶○ Der Zauberlehrling** 🕸 🅰🅲 🚗🛵

INTERNATIONAL · HIP ✕ Ein Hingucker: stilvoll-modern das Design, Weiß die vorherrschende Farbe, schön das Lichtkonzept. Die Küche international, saisonal, ambitioniert, Menüs sind z. B. das "Zauber-" oder das "Fischmenü". Samstags nur "Candle Light Dinner".

Menü 45/99 € – Karte 41/69 €

Stadtplan : K2-c – *Hotel Der Zauberlehrling, Rosenstr. 38* ✉ 70182
– ☎ 0711 2377770 (Tischbestellung ratsam) – *www.zauberlehrling.de – nur
Abendessen – geschl. Sonntag - Montag*

**¶○ Feinkost Böhm** 🏠 ⚿ 🅰🅲

KLASSISCHE KÜCHE · TRENDY ✕ Puristisch-moderner Stil, originelle Bilder an den Wänden, um Sie herum die feinen Leckereien des Feinkostgeschäfts - da hat man die guten Produkte für die saisonalen und klassischen Gerichte direkt im Haus! Tipp: Kunstmuseum um die Ecke.

Menü 25 € (mittags unter der Woche)/50 € – Karte 40/58 €

Stadtplan : J2-a – *Kronprinzstr. 6* ✉ 70173 – ☎ 0711 227560
– *www.feinkost-boehm.de – Montag - Samstag bis 20 Uhr geöffnet – geschl.
Sonntag sowie an Feiertagen*

**¶○ Le Pastis 🅝** 🏠 🅰🅲

FRANZÖSISCH · GEMÜTLICH ✕ 25 Stufen sind es hinunter in das über 400 Jahre alte Sandsteingewölbe. In dem gemütlichen kleinen Kellerlokal im Heusteigviertel speist man französisch, so z. B. "Filet vom Charolais-Rind / Tarte Tatin vom Kürbis / Portweinreduktion".

Menü 38/79 € – Karte 40/61 €

Stadtplan : J3-p – *Sophienstr. 3, (Eingang Schlosserstraße)* ✉ 70180
– ☎ 0711 51876672 (Tischbestellung ratsam) – *www.le-pastis.de – nur Abendessen
– geschl. Sonntag sowie an Feiertagen*

**¶○ Augustenstüble** 🕸 🏠

FRANZÖSISCH · GEMÜTLICH ✕ Ein Stück Frankreich mitten in Stuttgart - da kommen z. B. "hausgemachte Rillette vom Landschwein mit Dijonsenf" oder "Coq au Vin rouge mit Schalotten" auf den Tisch. Dazu gemütliches Ambiente, herzlicher Service, engagierte Weinberatung.

Menü 38/48 € – Karte 34/52 €

Stadtplan : E3-a – *Augustenstr. 104* ✉ 70197 – ☎ 0711 621248 (Tischbestellung
ratsam) – *www.augustenstüble.de – nur Abendessen – geschl. 6. - 16. Juni und
Sonntag - Montag*

**¶○ SUSHI-YA** ⚿ 🅰🅲

JAPANISCH · HIP ✕ Der absolute Renner ist diese trendige Adresse. An der Bar hat man uneingeschränkte Sicht auf die meisterhafte Handwerkskunst - Besonderheit ist flambiertes Sushi! Und am Nachmittag Kaffee und Kuchen im angeschlossenen Feinkostgeschäft?

Menü 22 € (mittags) – Karte 15/44 €

Stadtplan : J2-s – *Kronprinzstr. 6, (im Feinkost Böhm)* ✉ 70173 – ☎ 0711 2275629
– *www.feinkost-boehm.de – geschl. Sonntag*

## *Schwäbische Weinstuben:*
*gemütliche Weinstuben mit regionalen Speisen und lokalem Weinangebot.*

### ⫟○ Weinstube Schellenturm

REGIONAL · GEMÜTLICH ⅹ In dem 1564 als Teil der Stadtmauer erbauten Turm - benannt ist das Lokal nach Strafgefangenen in Fußschellen - ist es schön urig: Natursteinmauern, alter Holzboden und Gebälk, Kachelofen und Wendeltreppe. Zu essen gibt's Regionales.

Karte 27/53 €

Stadtplan : **K2-u** – *Weberstr. 72* ✉ *70182* – *☏ 0711 2364888* – *www.schellenturm.de* – *Oktober - April: nur Abendessen* – *geschl. 27. Dezember - 6. Januar und Sonntag sowie an Feiertagen*

### ⫟○ Stuttgarter Stäffele

REGIONAL · WEINSTUBE ⅹ Das gemütliche schwäbische Weinlokal besteht aus verschiedenen heimeligen Stuben, die liebenswert mit unterschiedlichsten Accessoires ausstaffiert sind - besonders hübsch ist die Deko zur Adventszeit!

Karte 24/44 €

Stadtplan : **F3-f** – *Buschlestr. 2a* ✉ *70178* – *☏ 0711 664190 (Tischbestellung ratsam)* – *www.staeffele.de* – *geschl. Samstagmittag, Sonntagmittag sowie an Feiertagen mittags*

### ⫟○ Weinstube Kochenbas

REGIONAL · WEINSTUBE ⅹ So behaglich wie die Stube bei den Großeltern... Kein Wunder also, dass man das Gasthaus von 1847 (die älteste Weinstube in Stuttgart!) gerne besucht, um sich am alten Ofen regionale Gerichte servieren zu lassen.

Karte 19/33 €

Stadtplan : **J3-b** – *Immenhofer Str. 33* ✉ *70180* – *☏ 0711 602704* – *www.kochenbas.de* – *geschl. 22. August - 4. September und Montag*

### ⫟○ Weinhaus Stetter

REGIONAL · BÜRGERLICH ⅹ Ein ländliches Lokal mit regionaler Küche und Weinverkauf. Das Weinangebot umfasst ca. 600 Positionen, vor allem Württemberger und französische Weine sind reichlich vertreten.

Karte 18/40 €

Stadtplan : **K2-e** – *Rosenstr. 32* ✉ *70182* – *☏ 0711 240163* – *www.weinhaus-stetter.de* – *Montag - Freitag ab 15 Uhr geöffnet* – *geschl. Anfang September 2 Wochen und Sonntag sowie an Feiertagen*

### ⫟○ Weinstube Klösterle 🕱

REGIONAL · WEINSTUBE ⅹ Das alte Holzhaus von 1463 sticht einem gleich ins Auge, und so urig-gemütlich ist es auch drinnen: dunkles Holz, niedrige Decken, Fachwerk... Die regionalen Speisen und saisonalen Tagesangebote serviert man auch im netten Innenhof.

Karte 22/34 €

Stadtplan : **G1-e** – *Marktstr. 71, Bad Cannstatt* ✉ *70372* – *☏ 0711 568962* – *Montag - Samstag nur Abendessen*

## Hotels

### 🏨 Steigenberger Graf Zeppelin

LUXUS · ELEGANT Das Businesshotel gegenüber dem Bahnhof wird gut geführt, das spürt und sieht man. In den geräumigen Zimmern wohnen Sie modern-elegant, im oberen Stock tun Sie sich etwas Gutes, z. B. bei Fitness mit Blick über Stuttgart! Regionale Küche im rustikalen Zeppelin Stüble, Steaks vom Grill im Zeppelino'S.

149 Zim – ♦169/269 € ♦♦169/269 € – 6 Suiten – ⌑ 26 €

Stadtplan : **K1-v** – *Arnulf-Klett-Platz 7* ✉ *70173* – *☏ 0711 20480* – *www.stuttgart.steigenberger.com*

❀ **OLIVO** – siehe Restaurantauswahl

### 🏨 Le Méridien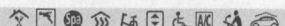

**LUXUS · KLASSISCH** Hier heißt es luxuriös wohnen beim Schlossgarten: geräumige Lobby, gediegen-elegante und recht moderne Zimmer mit sehr guter Technik sowie ein angenehmer Spa. Besuchen Sie auch das Weinbistro "Le Médoc", eine nette Ergänzung zum Restaurant. Zudem gibt es das Bierlokal "Wulle Staffel".

291 Zim – ♦135/450 € ♦♦152/477 € – 2 Suiten – ⌑26 €
**Stadtplan : K1-t** – *Willy-Brandt-Str. 30* ⊠ *70173* – ☏ *0711 22210*
– *www.lemeridienstuttgart.com*
🍴 **Le Cassoulet** – siehe Restaurantauswahl

### 🏨 Althoff Hotel am Schlossgarten

**LUXUS · ELEGANT** Die Lage ist ideal: zentral in Bahnhofsnähe und doch ruhig direkt am Schlosspark! Und man wohnt richtig schön, dafür sorgen zeitgemäß-elegante Zimmer und zuvorkommender Service. Nett sind Vinothek und Café mit Terrasse zum Schlossgarten.

102 Zim – ♦170/340 € ♦♦190/360 € – 4 Suiten – ⌑26 €
**Stadtplan : K1-u** – *Schillerstr. 23* ⊠ *70173* – ☏ *0711 20260*
– *www.hotelschlossgarten.com*
❀ **Die Zirbelstube** – siehe Restaurantauswahl

### 🏨 Arcotel Camino

**BUSINESS · DESIGN** Leitthema in dem Sandsteinbau von 1890 ist der Weg ("Camino"), inspiriert vom "Camino de Santiago" (Jakobsweg) und dem Stil der Weißenhofsiedlung (Postdörfle). In den Zimmern klares Design und moderne Technik, im geradlinig-eleganten Restaurant internationale Küche.

167 Zim – ♦109/269 € ♦♦109/269 € – 1 Suite – ⌑22 € – ½ P
**Stadtplan : F2-a** – *Heilbronner Str. 21, Zufahrt über Im Kaisemer 1* ⊠ *70191*
– ☏ *0711 258580* – *www.arcotelhotels.com/camino*

### 🏨 Der Zauberlehrling

**BOUTIQUE-HOTEL · INDIVIDUELL** Dass das citynahe Haus so gut ankommt, liegt natürlich an den schönen individuellen Zimmern (fast schon ein Muss die Zimmer mit Dachterrasse und Ausblick!), aber ohne Zweifel auch an der Herzlichkeit der Gastgeber! Tolles Frühstück.

13 Zim – ♦125/250 € ♦♦180/420 € – 4 Suiten – ⌑19 €
**Stadtplan : K2-c** – *Rosenstr. 38* ⊠ *70182* – ☏ *0711 2377770*
– *www.zauberlehrling.de*
🍴 **Der Zauberlehrling** – siehe Restaurantauswahl

### 🏨 ZUR WEINSTEIGE

**FAMILIÄR · MODERN** Sie wohnen hier bei zwei engagierten Brüdern; einer der beiden züchtet Kois - zu bewundern im großen Aquarium auf der Terrasse. Sie mögen es besonders stilvoll? Dann buchen Sie die Louis-XVI-Juniorsuite im Schlösschen!

28 Zim – ♦95/190 € ♦♦110/300 € – ⌑10 € – ½ P
**Stadtplan : K3-p** – *Hohenheimer Str. 30* ⊠ *70184* – ☏ *0711 2367000*
– *www.zur-weinsteige.de* – *geschl. Anfang Januar 2 Wochen*
🍴 **ZUR WEINSTEIGE** – siehe Restaurantauswahl

### 🏨 Azenberg

**BUSINESS · FUNKTIONELL** Hier passt alles: ruhige und doch zentrumsnahe Lage, gute Ausstattung, ein hübscher Garten mit Teich sowie ein netter kleiner Freizeitbereich. Dazu eine kleine Snackkarte rund um die Uhr. Tipp: die neueren, besonders freundlichen Zimmer.

57 Zim – ♦85/220 € ♦♦95/250 € – 1 Suite – ⌑12 €
**Stadtplan : F2-e** – *Seestr. 114* ⊠ *70174* – ☏ *0711 2255040* – *www.hotelazenberg.de*

## In Stuttgart-Degerloch

⛭ **Wielandshöhe** (Vincent Klink)  ⚜ ≤ 🏠 ⇩

FRANZÖSISCH-KLASSISCH · ELEGANT ✗✗✗ Vincent Klink und seine Wielandshöhe... Was sie zu einer Gourmet-Institution in Stuttgart macht, ist schnell erklärt: höchste Kontinuität! Zusammen mit seinem Küchenteam setzt der Patron auf unverfälschte klassische Küche und top Produkte.

→ Krustenpastete vom Schwäbisch-Hällischen Landschwein, Apfelsalat. Filet vom Würzbachtal Saibling, Schnittlauch Beurreblanc, glasiertes Gemüse. Rücken und Geschmortes vom Alblamm, grüne Böhnchen, Kartoffelgratin.

Menü 88/120 € – Karte 66/96 €

Stadtplan : F3-a – *Alte Weinsteige 71* ✉ *70597* – ☎ *0711 6408848 (Tischbestellung ratsam) – www.wielandshoehe.de – geschl. Sonntag - Montag*

🍽 **finch**  🏠 ⅗ 🆎 🐾 🚗

INTERNATIONAL · GEMÜTLICH ✗✗ Gemütlich ist das gediegen-elegante Restaurant im historischen Gebäudeteil mit seinem warmen Holz, Kamin und Nischen. Serviert wird Internationales wie "Kalbsrücken Perigourdine mit Gemüse-Jardinière" oder Klassiker wie Zwiebelrostbraten.

Menü 54/79 € – Karte 32/77 €

Stadtplan : C2-e – *Waldhotel, Guts-Muths-Weg 18* ✉ *70597* – ☎ *0711 185720 – www.waldhotel-stuttgart.de*

🍽 **Fässle le Restaurant** ⓝ  🏠 🆎 ⇩

FRANZÖSISCH-KLASSISCH · NACHBARSCHAFTLICH ✗✗ Patrick Giboin ist von Waldenbuch zu seiner alten Wirkungsstätte zurückgekehrt und bietet hier in gemütlichem Ambiente seine Version der klassisch-französischen Küche, so z. B. "Carré und Schulter vom Lamm mit Couscous und Ziegenkäse".

Menü 28 € (mittags)/66 € – Karte 50/57 €

Stadtplan : C2-a – *Löwenstr. 51* ✉ *70597* – ☎ *0711 760100 (Tischbestellung erforderlich) – www.restaurant-faessle.de – geschl. Sonntag - Montag*

🏨 **Waldhotel**  ⅗ 🏠 🖥 ⅗ 🆎 🏋 🚗

LANDHAUS · ELEGANT Das Hotel liegt am Wald, gleichzeitig hat man eine gute Anbindung an Stadt, Messe, Airport. Die Ausstattung schön, hochwertig, zeitgemäß. Relaxen Sie im schicken kleinen Fitness- und Saunabereich, und wie wär's mit einem gemütlichen Abend in der Hotelbar "No. 18"? Fr. und Sa. mit Pianomusik.

94 Zim – ♦110/180 € ♦♦120/190 € – 1 Suite – ☲ 21 € – ½ P

Stadtplan : C2-e – *Guts-Muths-Weg 18* ✉ *70597* – ☎ *0711 185720 – www.waldhotel-stuttgart.de*

🍽 finch – siehe Restaurantauswahl

## In Stuttgart-Flughafen

⛭ **top air**  ⅗ 🆎 🅿

KREATIV · FREUNDLICH ✗✗✗ Hier werden ausgezeichnete Produkte technisch top zubereitet und ausgesprochen aufwändig präsentiert. Und nicht nur die Optik der kreativen Speisen hat ihren Reiz: Wer direkt an der Fensterfront sitzt, hat zudem noch das Rollfeld im Blick! Praktisch: Parkplatz P5 ist ganz in der Nähe.

→ Ungestopfte Bio Gänseleber mal 3. Donald Russell Lammrücken, Kräuterseitlinge, Miso, 3x Brokkoli, Quinoa. Erdbeere, Zitronengras, Mandeln, Valrhona Ivoire.

Menü 67/152 € – Karte 65/110 €

Stadtplan : C3-p – *im Flughafen, (Terminal 1, Ebene 4)* ✉ *70629 –* ☎ *0711 9482137 – www.restaurant-top-air.de – geschl. 1. - 9. Januar, 1. - 15. Mai, 5. - 12. Juni, 7. - 29. August und Samstagmittag, Sonntag - Dienstagmittag sowie an Feiertagen*

**Mövenpick Hotel Airport & Messe**

**BUSINESS · DESIGN** Das Businesshotel ist nicht nur komfortabel, man bietet mit schickem klarem Design (und der Sicht von den oberen Etagen) auch was fürs Auge! Die Lage an Flughafen und Messe ist dank sehr guter Schallisolierung nur von Vorteil. Im Restaurant blickt man bei Frühstück oder Mövenpick-Klassikern auf die Terminals.

324 Zim – ♥120/420 € ♥♥145/445 € – 2 Suiten – ♥ 25 €

Stadtplan: **C3-k** – *Flughafenstr. 50* ✉ *70629* – ✆ *0711 553440*

– *www.movenpick.com/stuttgart-airport*

## In Stuttgart-Gablenberg

**Nannina**

**ITALIENISCH · FREUNDLICH** ❌❌ Gastgeberin Giovanna Di Tommaso (genannt Nannina) widmet sich in dem kleinen Restaurant ganz ihrer Leidenschaft, der italienischen Küche. Frisch und ambitioniert ist z. B. "auf der Haut gebratener Zander mit Algen". Terrasse hinterm Haus.

Menü 22 € (mittags)/98 € – Karte 51/72 €

Stadtplan: **G2-a** – *Gaishämmerstr. 14* ✉ *70186*

– ✆ *0711 7775172* – *www.nannina.de*

– *geschl. Montag, Samstagmittag*

**Bei den Steins** ⓝ

**INTERNATIONAL · TRENDY** ❌ Schön ist es sowohl im freundlich-modernen Restaurant (Blickfang: die Vogelwand) als auch im Freien unter alten Bäumen. Gekocht wird international-saisonal, so z. B. "Lammhaxe mit Zitronenthymian und Paprikacouscous". Kleinere Mittagskarte.

Menü 38/52 € – Karte 33/54 €

Stadtplan: **G3-b** – *Albert-Schäffle-Str. 6* ✉ *70186*

– ✆ *0711 64518045* – *www.beidensteins.de*

– *geschl. Montag, Samstagmittag*

## In Stuttgart-Heslach

**Hupperts**

**KREATIV · FREUNDLICH** ❌❌ Steht Ihnen der Sinn nach einem Menü mit 4 - 7 Gängen? Oder bestellen Sie die ambitionierten modernen Gerichte wie "Kabeljau, Rote Bete, Linsen, Meerrettich" lieber à la carte? Mittags ist das Angebot reduziert. Kaminzimmer für Raucher.

Menü 79/99 € – Karte 63/77 €

Stadtplan: **E3-p** – *Gebelsbergstr. 97* ✉ *70199*

– ✆ *0711 6406467* – *www.hupperts-restaurant.de*

– *nur Abendessen, sonntags auch Mittagessen – geschl. Anfang Januar 2 Wochen und Montag*

## In Stuttgart-Hohenheim

❀ **Speisemeisterei** (Frank Oehler und Markus Eberhardinger)

**MODERNE KÜCHE · TRENDY** ❌❌ TV-Koch und Patron Frank Oehler und Küchenchef Markus Eberhardinger bieten hier kreative und aromenreiche Speisen, die ebenso mit interessanten Kontrasten bestechen wie das Ambiente: modernes Interieur in klassisch-barockem Rahmen. Fast ein Schnäppchen: der wechselnde Business-Lunch.

→ Zweimal Kalb mit Aal, Rhabarber und Spargel. Spanferkelkotelett und Bäckchen mit Gurke, Radieschen und Gartenkräutern. Erdbeere mit Joghurt und Hafer.

Menü 44 € (mittags unter der Woche)/128 €

Stadtplan: **C3-s** – *Schloss Hohenheim* ✉ *70599* – ✆ *0711 34217979*

*(Tischbestellung ratsam)* – *www.speisemeisterei.de* – *geschl. Dienstag - Mittwoch*

# In Stuttgart-Möhringen

### ⊛ Zur Linde ⍭ ⇪

**REGIONAL · GASTHOF** Ⅹ Engagiert betreiben die Brüder Trautwein die rund 300 Jahre alte ehemalige Poststation - charmant der Mix aus historisch und modern. Es gibt schwäbische Klassiker wie Gaisburger Marsch, Maultaschen oder Kalbskutteln mit geschmortem Ochsenschwanz, zudem Saisonales. Uriger Gewölbekeller für Veranstaltungen.

Karte 29/60 €

**Stadtplan : C3-u** – *Sigmaringer Str. 49* ✉ *70567* – ℰ *0711 7199590 (Tischbestellung ratsam) – www.linde-stuttgart.de – nur Abendessen – geschl. 24. Dezember - 8. Januar, 21. August - 4. September und Sonntag sowie an Feiertagen*

# In Stuttgart-Vaihingen

### 🏨 Pullman Fontana ⍤ ▣ ⓢⓟⓐ 〽 ⌂ ▣ 🚹 ⒶⒸ 🏊 🚗

**KETTENHOTEL · KLASSISCH** Nicht ohne Grund ist dieses Hotel eine gefragte Adresse: Wohnlich und modern hat man es hier, von den oberen Etagen genießt man eine schöne Sicht. Ebenso attraktiv sind der neuzeitlich gestaltete Freizeitbereich und das elegante Restaurant mit Wintergarten.

250 Zim – ⍿145/305 € ⍿⍿165/325 € – 2 Suiten – ⌸ 24 € – ½ P

**Stadtplan : B3-c** – *Vollmoellerstr. 5* ✉ *70563* – ℰ *0711 7300 – www.pullmanhotels.com/5425*

# In Stuttgart-Wangen

### 🏡 Ochsen ⍤ ▣ ⒶⒸ 〽 🅿

**GASTHOF · GEMÜTLICH** Seit Jahrzehnten ist das alteingesessene Gasthaus ein Familienbetrieb, alles ist top in Schuss. Man findet hier sowohl klassische als auch moderne Zimmer (einige sogar mit Whirlwanne) sowie internationale und schwäbische Küche in gemütlich-rustikalem Ambiente. Beliebt auch der günstige Businesslunch.

36 Zim ⌸ – ⍿70/102 € ⍿⍿99/132 € – 2 Suiten

**Stadtplan : H3-f** – *Ulmer Str. 323* ✉ *70327* – ℰ *0711 4070500 – www.ochsen-online.de*

# In Stuttgart-Weilimdorf

### ⍢ Meister Lampe 🐾 ⍭ ⒶⒸ

**KLASSISCHE KÜCHE · FAMILIÄR** ⅩⅩ Eine gemütlich-familiäre Adresse ist das hier, und ambitioniert gekocht wird auch noch, nämlich Saisonales wie "rosa gebratenes Kotelett vom Iberico-Schwein mit Nussbutterjus, Petersilienwurzel, Maispolenta und Steinpilzen".

Menü 50/74 € – Karte 37/56 €

**Stadtplan : B1-m** – *Solitudestr. 261* ✉ *70499* – ℰ *0711 9898980 – www.restaurant-meisterlampe.de – geschl. über Fasching 1 Woche, August 2 Wochen, Anfang November 1 Woche und Sonntagabend - Montag, Samstagmittag*

# In Stuttgart-Zuffenhausen

### ⍢ Christophorus 🐾 🚹 ⒶⒸ ⇪ 🚗

**MEDITERRAN · DESIGN** ⅩⅩ Sie sind Auto-Enthusiast und Freund guter Küche? Mit Blick ins Porsche Museum oder auf den Porscheplatz speist man mediterran-international. Highlight und fast ein Muss: US-Prime-Beef! Und danach Digestif samt Zigarre in der Smokers Lounge?

Menü 39 € (mittags)/99 € – Karte 43/84 €

**Stadtplan : C1-c** – *Porscheplatz 5, (im Porsche Museum 3. OG)* ✉ *70435 – ℰ 0711 91125980 (Tischbestellung ratsam) – www.porsche.com – geschl. Sonntagabend - Montag*

# In Fellbach

### ✿ Gourmet Restaurant avui (Armin Karrer)

**KREATIV · ELEGANT** XX Variantenreich, aromatisch, produktorientiert. Wenn Armin Karrer die diversen Menüs seiner "Cuisine Réelle" präsentiert, wird es nie langweilig - vielleicht wird Ihr Gericht ja direkt am Tisch vollendet! Stimmig auch der Rahmen und der versierte Service.

→ Wildgarnele, Kraut, Vanille, Mango. Steinbutt, Mandel-Zitronennage, Artischocke. Marasin Huhn, Pilznudeln, Walnusstapenade.

Menü 69 € (vegetarisch)/138 € – Karte 64/94 €

*Stadtplan : D1-v – Hotel Zum Hirschen, Hirschstr. 1 ⊠ 70734 – ☏ 0711 9579370 (Tischbestellung erforderlich) – www.zumhirschen-fellbach.de – nur Abendessen – geschl. Anfang Januar 1 Woche, über Fasching 1 Woche, Mai - August und Sonntag - Dienstag*

### ✿ Goldberg

**MODERNE KÜCHE · HIP** XX Geradlinig-elegantes Ambiente, unkomplizierter Service und dazu ausgesprochen ambitionierte Küche, das alles ist hier vereint. Man kocht kreativ auf klassischer Basis, mutige und gleichermaßen gelungene Aromenkombinationen zeichnen die Gerichte aus. Tipp: Winelounge mit lokalen Spitzengewächsen.

→ Gelbflossenmakrele, Avocado, grüner Apfel, Ingwer, Limette. Tafelspitzravioli, Cremespinat, Meerrettich, PX-Essiggelee. Rinderfilet, Trüffeljus, Ofensellerie, Haselnuss.

Menü 70/100 € – Karte 53/84 €

*Stadtplan : D1-u – Tainer Str. 7, (Schwabenlandhalle) ⊠ 70734 – ☏ 0711 57561666 – www.goldberg-restaurant.de – nur Abendessen – geschl. August und Sonntag*

### ✿ Oettinger's Restaurant

**FRANZÖSISCH-MODERN · LÄNDLICH** XX "Edel, aber nicht steif" ist hier das Motto, und das kommt an! Man kocht französisch-modern, mit internationalen und saisonalen Einflüssen, und das zu einem guten Preis-Leistungs-Verhältnis. Und das Restaurant selbst: gemütlich-gediegen, teilweise holzgetäfelt. Der Service freundlich und versiert.

→ Kalbsbries und Hummer, Rosenkohl, Birne und Roggenbrotchip. Sautierte Jakobsmuschel mit Süßkartoffel, Currysud und Mango. Iberico Schwein, Parmesanravioli und zweierlei weiße Zwiebel.

Menü 42/85 € – Karte 42/61 €

*Stadtplan : D1-v – Hotel Hirsch, Fellbacher Str. 2, (Ortsteil Schmiden) ⊠ 70736 – ☏ 0711 95130 (Tischbestellung ratsam) – www.hirsch-fellbach.de – Dienstag - Freitag nur Abendessen – geschl. 23. Dezember - 8. Januar, August und Sonntag - Montag sowie an Feiertagen*

### ⊛ Aldinger's

**REGIONAL · GEMÜTLICH** XX Dass der sympathische Familienbetrieb so gefragt ist, hat seinen Grund. Hier schmeckt Zanderfilet auf Kartoffel-Gurkensalat ebenso gut wie paniertes Kalbskotelett oder Zwiebelrostbraten. Und dazu ein Glas Württemberger? Interessant auch die Aktionswochen wie "Innereien". Hinweis: nur Barzahlung.

Menü 29/54 € – Karte 31/57 €

*Stadtplan : D1-v – Schmerstr. 6 ⊠ 70734 – ☏ 0711 582037 (Tischbestellung ratsam) – www.aldingers-restaurant.de – geschl. Februar 2 Wochen, August und Sonntag - Montag*

### ⊛ Gasthaus zum Hirschen

**TRADITIONELLE KÜCHE · LÄNDLICH** X Dies ist die legere, bodenständigere Restaurantvariante des "Hirschen". Lust auf regionale Klassiker wie "Zwiebelrostbraten mit handgeschabten Spätzle"? Oder lieber international beeinflusste Speisen wie "marinierten Kalbskopf mit Pulpo"?

Menü 36 € (mittags unter der Woche)/68 € – Karte 35/76 €

*Stadtplan : D1-v – Hotel Zum Hirschen, Hirschstr. 1 ⊠ 70734 – ☏ 0711 9579370 (Tischbestellung ratsam) – www.zumhirschen-fellbach.de – geschl. Anfang Januar 1 Woche, Juni - August: Sonntag - Montag*

###  Zum Hirschen

GASTHOF · MODERN Der "Hirschen" ist bekannt für gute Küche, aber Sie können hier auch schön übernachten! Der kochende Gastgeber und seine Frau bieten hübsche, wohnliche Zimmer, Telefon (Festnetz) und W-Lan gratis. Tipp: ein Kurs in der modernen Kochschule.

9 Zim ⊡ – ♥92/102 € ♥♥125/135 €

Stadtplan : D1-v – *Hirschstr. 1* ✉ *70734* – ℰ *0711 9579370*
– *www.zumhirschen-fellbach.de*

❀ Gourmet Restaurant avui • ⊛ Gasthaus zum Hirschen – siehe Restaurantauswahl

###  Hirsch                                   ☆ ⬚ ⟫ ⊡ ⚒ ⬅

BUSINESS · MODERN Fast schon Dorfcharakter hat der gewachsene traditionsreiche Familienbetrieb. Fragen Sie nach den geräumigen Gästehaus-Zimmern im historischen "Schnitzbiegel-Areal" oder im schicken "Lehenhof" - hier auch Lounge und Tagungsbereich. Urig-gemütlich die Weinstube mit bürgerlicher Küche, im Sommer mit Biergarten.

114 Zim ⊡ – ♥72/95 € ♥♥95/125 € – 2 Suiten

Stadtplan : D1-n – *Fellbacher Str. 2, (Ortsteil Schmiden)* ✉ *70736* – ℰ *0711 95130*
– *www.hirsch-fellbach.de* – *geschl. 23. Dezember - 8. Januar*

❀ Oettinger's Restaurant – siehe Restaurantauswahl

## SÜDHARZ

Sachsen-Anhalt – Regionalatlas **30**-L11
▶ Berlin 256 km – Magdeburg 105 km – Erfurt 90 km – Braunschweig 130 km
Michelin Straßenkarte 542

## Im Ortsteil Stolberg

###  Schindelbruch          ☆ ⬚ ⟨ ⬚ ⊛ ⟫ ⬚ ⊡ ⚒ P

SPA UND WELLNESS · MODERN Haupthaus, Landresidenz und zwei Blockhäuser bilden das Hotel in herrlich ruhiger Waldlage. Individuell und wohnlich die Zimmer, schön der Spa auf 2500 qm samt Badehaus. Restaurant "Silberstreif" mit mediterraner Küche, Regionales im "Waldteufel", Grillgerichte in der "Holzeule". Stilvoller Festsaal.

98 Zim ⊡ – ♥99/179 € ♥♥158/318 € – 7 Suiten – ½ P

*Schindelbruch 1, Nord-Ost: 6 km* ✉ *06536* – ℰ *034654 8080*
– *www.schindelbruch.de*

## SÜDERENDE Schleswig-Holstein ➜ Siehe Föhr (Insel)

## SÜLZETAL

Sachsen-Anhalt – 9 990 Ew. – Höhe 80 m – Regionalatlas **31**-L9
▶ Berlin 178 km – Magdeburg 17 km – Braunschweig 99 km
Michelin Straßenkarte 542

## In Sülzetal-Osterweddingen

###  Landhotel Schwarzer Adler          ☆ ⟫ ⚙ ⚒ P

FAMILIÄR · AUF DEM LAND Besonderes Flair hat der Vierseitenhof von 1754 mit sehenswertem mittelalterlichem Taubenturm und Bauerngarten. Freundlich-familiär die Gästebetreuung, dazu Zimmer mit eleganter Note. In einem der Restauranträume steht ein schöner historischer Kachelofen. Draußen der lauschige Innenhof und der Barockgarten.

22 Zim ⊡ – ♥62/72 € ♥♥94/104 € – ½ P

*Alte Dorfstr. 2* ✉ *39171* – ℰ *039205 6520* – *www.hotel-osterweddingen.de*
– *geschl. 23. Dezember - 8. Januar*

# SULZBERG Bayern ➜ Siehe Kempten (Allgäu)

# SULZBURG

Baden-Württemberg – 2 630 Ew. – Höhe 337 m – Regionalatlas **61**-D21
▶ Berlin 826 km – Stuttgart 229 km – Freiburg im Breisgau 29 km – Basel 51 km
Michelin Straßenkarte 545

## ✿✿ Hirschen (Douce Steiner)

FRANZÖSISCH-MODERN · ELEGANT ✗✗✗ Zwei, die sich beste Produktqualität und top Handwerk auf die Fahne geschrieben haben: Douce Steiner und Ehemann Udo Weiler. Ihre Küche ist klassisch, stimmig die gezielt eingesetzten modernen Elemente. Und dazu vielleicht ein Wein aus Frankreich oder Deutschland? Um Sie herum mischt sich ländlicher Charme mit einer eleganten Note. Wunderschön die Gästezimmer.

➜ Königskrabbe auf einer Tranche von Coeur de Boeuf Tomaten mit Aubergine und Piment d`Espelette. Bretonischer Hummer unterm Nudelblatt mit Krustentieressenz und Kamillenblüten. Rosa gebratene Elsässer Taube mit Gewürzen und Jus von Roter Bete.

Menü 58 € (mittags)/220 € – Karte 115/148 €   10 Zim ⌧ – ♛100/150 € ♛♛130/180 €

*Hauptstr. 69 ⊠ 79295*
*– ☎ 07634 8208 (Tischbestellung ratsam) – www.hirschen-sulzburg.de*
*– geschl. 13. Februar - 7. März, 31. Juli - 22. August, 24. - 27. Dezember und Sonntagabend - Dienstag*

## ⊛ Landgasthof Rebstock

REGIONAL · GEMÜTLICH ✗ Lust auf "Kraftbrühe mit Flädle", gefolgt von "Rehragout mit Rotkraut und Spätzle"? Leckere regionale Gerichte wie diese gibt es sowohl in der charmant-rustikalen Ofenstube als auch im klassisch gehaltenen Rebstübli - gemütlich sind sie beide! Und gepflegt übernachten kann man obendrein.

Menü 20 € (mittags unter der Woche)/49 € – Karte 26/52 €   7 Zim ⌧ – ♛60/95 € ♛♛72/95 €

*Hauptstr. 77 ⊠ 79295*
*– ☎ 07634 503140 – www.kellers-rebstock.de*
*– geschl. über Fastnacht, Ende August - Anfang September und Mittwoch*

## ⅼ○ La Maison Eric

KLASSISCHE KÜCHE · GEMÜTLICH ✗ Schön gemütlich ist es in dem hübschen alten Fachwerkhaus. Ein bisschen Eleganz, eine ländliche Note und dazu ein Hauch Moderne - das schafft Atmosphäre, genauso wie der persönliche Service des Gastgebers! Natürlich kommt man aber auch wegen der schmackhaften klassischen Küche!

Menü 35 € (mittags)/62 €   2 Zim ⌧ – ♛70/95 € ♛♛110/125 €

*Im Brühl 7 ⊠ 79295*
*– ☎ 07634 6110 (Tischbestellung ratsam) – www.la-maison-eric.de*
*– geschl. Januar 2 Wochen, Ende Juni - Anfang Juli 2 Wochen, Ende August 10 Tage und Montag - Mittwochmittag, Donnerstagmittag*

## 🏨 Waldhotel Bad Sulzburg

BUSINESS · INDIVIDUELL In einsamer Waldlage finden Sie Ruhe sowie ein gutes Freizeitangebot u. a. mit Rad- und Wandertouren, aber auch Beauty-Anwendungen. Zimmer teils zum Tal, schönes Himmelbettzimmer. Im Restaurant: neuzeitlich-elegantes Ambiente mit rustikaler Note, die Küche ist bürgerlich.

39 Zim ⌧ – ♛83/130 € ♛♛105/173 € – 4 Suiten – ½ P

*Badstr. 67, Süd-Ost: 4 km ⊠ 79295*
*– ☎ 07634 505490 – www.waldhotel4you.de*

## In Sulzburg-Laufen West: 2 km

### ⫶O La Vigna 　　　　　　　⇦ 🛖 **P**

**ITALIENISCH · ELEGANT** XX In diesem italienischen Familienbetrieb sollten Sie auf jeden Fall Ravioli und hausgemachte Nudeln probieren! Und kommen Sie auch mal zum Tagesmenü - dann dürfte es Sie nicht wundern, dass das ländlich-elegante Gasthaus der Espositos meist schnell ausgebucht ist! Beliebt auch die reizende Terrasse.

Menü 32 € (mittags)/80 € - Karte 40/74 €　2 Zim 🖵 - ♦60 € ♦♦85/90 €

*Weinstr. 38 ⊠ 79295 - ℰ 07634 8014 (Tischbestellung ratsam)*
*- www.restaurant-la-vigna.de - Dienstag - Donnerstag nur Mittagessen - geschl.*
*über Fasnacht 2 Wochen, 27. August - 12. September und Sonntag - Montag*

## SULZFELD Bayern → Siehe Kitzingen

## SULZFELD (KREIS KALRSRUHE)

Baden-Württemberg - 4 660 Ew. - Höhe 196 m - Regionalatlas **55**-G17

▶ Berlin 632 km - Stuttgart 57 km - Karlsruhe 46 km - Neustadt a.d. Weinstraße 75 km
Michelin Straßenkarte 545

### ⫶O Burg Restaurant Ravensburg 　　　　⇐ 🛖 🛆 🍴 ⇦ **P**

**REGIONAL · RUSTIKAL** X Dank traumhafter Terrasse und tollem Blick ist das gemütliche Restaurant in historisch-rustikaler Burg-Atmosphäre ein Besucher-magnet! Gekocht wird bürgerlich-regional und saisonal, z. B. "Spargelsalat mit Graved Lachs" oder "Rostbraten mit Zwiebeln". Für Hochzeiten: eigene Kapelle und elegante Säle.

Menü 13 € (mittags unter der Woche)/35 € - Karte 25/41 €

*Mühlbacherstr. 84 ⊠ 75056 - ℰ 07269 914191*
*- www.burgrestaurant-ravensburg.de - geschl. Anfang Januar - Mitte Februar und Montag - Dienstag*

## SWISTTAL

Nordrhein-Westfalen - 17 480 Ew. - Höhe 140 m - Regionalatlas **36**-C13

▶ Berlin 608 km - Düsseldorf 71 km - Köln 31 km - Mainz 173 km
Michelin Straßenkarte 543

## In Swisttal-Miel

### ⫶O Graf Belderbusch 　　　　　　　　🛖

**INTERNATIONAL · GEMÜTLICH** X Gleich neben der 18-Loch-Anlage des Golf-Clubs Schloss Miel kocht man für Sie internationale Speisen und auch einfachere Gerichte für zwischendurch. In der lebhaften Atmosphäre des luftig-hohen Rau-mes fühlen sich nicht nur Golfer wohl.

Menü 35 € - Karte 29/50 €

*Schlossallee 17 ⊠ 53913 - ℰ 02226 9078807 - www.belderbusch.de - geschl. Januar und Montag*

## WIR MÖGEN BESONDERS...

Die Fischgerichte im **Königshafen** am nördlichen Zipfel der Insel. **Sansibar** als coole Dünen-Location für Jung & Alt. Zum Langschläferfrühstück ins **Manne Pahl**. Vegetarisches auf Sterneniveau im **Kai 3** – Wattenmeerblick inklusive! Die wohltuende Mischung aus Exklusivität und nordfriesischem Charme, die im **Söl'ring Hof** allgegenwärtig ist.

# SYLT (INSEL)

Schleswig-Holstein – Höhe 3 m – Regionalatlas **1**-F1
▶ Berlin 464 km – Kiel 136 km – Flensburg 55 km – Husum 53 km
Michelin Straßenkarte 541

 Bei schönem Wetter isst man gern im Freien! Wählen Sie ein Restaurant mit Terrasse: 🛋.

## Hörnum

### 🏵 KAI3

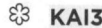

**KREATIV · TRENDY** 🕅🕅🕅 Wahrhafter Genuss, und das gleich in zweifacher Hinsicht: Sollten Sie mal von Ihrem Teller mit den geschmacksintensiven und durchdachten modern-kreativen Gerichten aufblicken, erfreuen Sie sich an der Aussicht auf Nordsee und Föhr! Vegetarisches und Veganes ist hier übrigens genauso fein.
➜ Zarte Versuchung von Kopfsalat, Erbse und Zuckerschoten mit weißer Eisenkrautsauce. Limfjord Entenbrust vom Holzkohlegrill mit Zitronenthymiansud, Wurzeln und Moosbeeren. Dessert von Blaubeeren mit Anis-Agastache.
Menü 112/169 €

*BUDERSAND Hotel - Golf & Spa, Am Kai 3* ✉ *25997*
*- ☎ 04651 46070 (Tischbestellung ratsam) – www.budersand.de*
*- nur Abendessen*
*- geschl. 4. Januar - 3. Februar und Mittwoch - Donnerstag*

### 🍴 Strönholt

**INTERNATIONAL · TRENDY** 🕅 Dass das Backsteingebäude oberhalb des Hotels einst militärischen Zwecken diente, würde man heute angesichts des schicken modernen Designs kaum vermuten. Während Sie über Dünen und Meer blicken, serviert man Ihnen saisonale Küche. Im Winter heißt es gemütlich am Kaminfeuer sitzen!
Menü 39/49 € – Karte 38/53 €

*BUDERSAND Hotel - Golf & Spa, Fernsicht 1* ✉ *25997*
*- ☎ 04651 4492727 – www.stroenholt.de*
*- geschl. 4. Januar - 3. Februar und außer Saison: Montag - Dienstag*

## BUDERSAND Hotel - Golf & Spa

**LUXUS · MODERN** Außen aparte Architektur, innen edles Design. Weiteres Highlight neben Einrichtung und Service: die von Elke Heidenreich eingerichtete Bibliothek mit über 1000 Werken (teils in Lesungen vorgestellt). Und das hervorragende Frühstück (toll auf der Terrasse am Meer!) lässt auch Vegetarier-Herzen höher schlagen.

77 Zim ⌑ - †230/390 € ††280/490 € - 6 Suiten - ½ P
*Am Kai 3 ⊠ 25997 - ℰ 04651 46070 - www.budersand.de - geschl. 4. Januar - 3. Februar*

KAI3 • 🍴 **Strönholt** – siehe Restaurantauswahl

## 54° Nord

**BOUTIQUE-HOTEL · DESIGN** Dies ist das älteste Haus im Ort, das nun, ergänzt durch einen modernen Anbau, ein ungezwungenes und zeitgemäßes Hotel samt schönem Saunabereich beherbergt. Im Altbau befand sich früher die Reederei Hapag, daher der Name. In der Genusswirtschaft "Dock 2" gibt es Flammkuchen, Antipasti, Käse...

18 Suiten ⌑ - ††90/248 € - 4 Zim
*Strandstr. 2 ⊠ 25997 - ℰ 04651 449170 - www.hotel54gradnord.de*

# Kampen

## 🍴 Rauchfang

**INTERNATIONAL · GEMÜTLICH** XX Hotspot an der berühmten "Whiskystraße"! Drinnen friesisch-gemütlich, draußen große Terrasse samt Bar, dazu herzlicher Service. Gekocht wird mit kreativem Einschlag, von Wiener Schnitzel bis Rinderfilet. Und mittags vielleicht Currywurst?

Karte 54/77 €
*Strönwai 5 ⊠ 25999 - ℰ 04651 42672 (abends Tischbestellung ratsam) - www.rauchfang-kampen.de - geschl. 2. Januar - 20. Februar und Mittwoch außer Saison*

## 🍴 Gogärtchen

**MARKTKÜCHE · CHIC** XX 1951 eröffnet und nicht wegzudenken aus Kampen! Bewusst hat man dem reetgedeckten Backsteinhaus seinen friesischen Charme bewahrt: moderner Stil zu alten Fliesen und Kachelofen. Es gibt saisonale Küche (abends aufwändiger) sowie hausgebackenen Kuchen, und in Bar und Lounge heißt es "sehen und gesehen werden"!

Karte 46/88 €
*Strönwai 12 ⊠ 25999 - ℰ 04651 41242 (abends Tischbestellung ratsam) - www.gogaertchen.com - geschl. 20. November - 17. Dezember und November - Februar: Montag*

## 🍴 Kamp'ner Pesel

**INTERNATIONAL · GEMÜTLICH** XX Ausgesprochen behaglich ist das weiß getäfelte Restaurant in dem hübschen Reetdachhaus. Serviert wird Internationales wie "Steinbutt mit Ochsenschwanzravioli". Vertrauen Sie ruhig auf die Empfehlungen des legeren und aufmerksamen Service.

Karte 47/95 €
*Alte Dorfstr. 2 ⊠ 25999 - ℰ 04651 9674723 - www.kampner-pesel.de - nur Abendessen - geschl. Oktober - März: Montag*

## 🍴 Manne Pahl

**TRADITIONELLE KÜCHE · RUSTIKAL** X Richtig gut kommen die rustikale Gemütlichkeit und die traditionelle Küche an. In der holzgetäfelten Gaststube oder im lichten Wintergarten isst man Scholle, Wiener Schnitzel und natürlich Pfannkuchen! Lecker auch der hausgebackene Kuchen!

Karte 27/96 €
*Zur Uwe Düne 2 ⊠ 25999 - ℰ 04651 42510 - www.manne-pahl.de*

### 🍴 Sturmhaube                                    ♨ ⩽ 🏠 ⅙ ⇔ 🅿

**INTERNATIONAL · HIP** ✗ Was wäre Kampen ohne die Sturmhaube? Näher am Meer, inmitten der traumhaften Dünenlandschaft, kann man kaum essen! Gekocht wird mit regionalen Produkten. Und wie wär's mit BBQ auf der Terrasse?
Karte 42/87 €
*Riperstig 1 ⊠ 25999 – ℰ 04651 995940 – www.sturmhaube.de*

### 🏨 Rungholt                         ✿ 🐾 ⩽ 🛏 🖼 🕐 🛁 ⅃⅃ 🖭 ⅙ ♨ 🅿

**SPA UND WELLNESS · GEMÜTLICH** Eine schöne Urlaubsadresse, die natürlich mit ihrer Lage an den Dünen trumpft. Alles ist topgepflegt, die Zimmer sind sehr unterschiedlich geschnitten, hübsch und wohnlich, der Spa einladend und hell mit Tageslichtsauna und Kinderbecken.
44 Zim ⊊ – ♥112/215 € ♥♥212/386 € – 21 Suiten – ½ P
*Kurhausstr. 35 ⊠ 25999 – ℰ 04651 4480 – www.hotel-rungholt.de*

### 🏨 Walter's Hof                          ✿ 🐾 ⩽ 🛏 🖼 🕐 ♀ 🅿

**LANDHAUS · INDIVIDUELL** Toll ist nicht nur die Nähe zum Strand, auch die hübschen, individuellen Zimmer, teils mit Meerblick! Sehr schön die Kunst im Haus. Wer länger bleiben möchte, wohnt in den Ferienwohnungen und Appartementhäusern am bequemsten. Im gediegen-elegantem Restaurant mit charmant-friesischer Note speist man klassisch.
32 Zim – ♥100/190 € ♥♥130/220 € – 16 Suiten – ⊊ 20 € – ½ P
*Kurhausstr. 23 ⊠ 25999 – ℰ 04651 98960 – www.walters-hof.de*

### 🏠 Village                                 ✿ 🐾 🛏 🖼 🕐 🅿

**LANDHAUS · GEMÜTLICH** Außen charmant-friesisch, innen edel-elegant - da verwundert es nicht, dass die engagierten Gastgeber Inneneinrichter sind! Viele schöne Details machen die Zimmer wohnlich und individuell. Attraktiv auch der kleine Schwimmbad- und Saunabereich. Am Abend wird nach Ihren (am Vortag geäußerten) Wünschen gekocht.
10 Zim ⊊ – ♥239/335 € ♥♥259/355 € – 4 Suiten
*Alte Dorfstr. 7, Zufahrt über Brönshooger Weg ⊠ 25999 – ℰ 04651 46970
– www.village-kampen.de – geschl. Dezember 3 Wochen, Januar 3 Wochen*

### 🏠 Ahnenhof                             🐾 ⩽ 🛏 🕐 🅿

**FAMILIÄR · GEMÜTLICH** Angenehm persönlich ist die Atmosphäre in dem kleinen Hotel in schöner Lage. Dazu sehr gepflegte und wohnliche Zimmer, ein hübscher Saunabereich und der liebenswert-rustikale Frühstücksraum samt Terrasse mit Blick auf Dünen und Meer!
14 Zim ⊊ – ♥88/125 € ♥♥162/270 €
*Kurhausstr. 8 ⊠ 25999 – ℰ 04651 42645 – www.ahnenhof.de*

## Keitum

### 🍴 KÖKKEN                               🛏 🏠 ⅙ ♀ ⇔ 🅿

**REGIONAL · LÄNDLICH** ✗✗ Wie wär's mit "gebeiztem Kaninchenrücken mit Holsteiner Cox und Ackersalat"? Hier hat man sich einer natürlichen, regionalen Küche verschrieben. Das Drumherum gefällt ebenso: geschmackvolles, stimmiges Ambiente und freundlicher Service.
Menü 45/99 € – Karte 47/68 €
*Hotel Benen-Diken-Hof, Keitumer Süderstr. 3 ⊠ 25980 – ℰ 04651 9383360
(Tischbestellung ratsam) – www.benen-diken-hof.de – nur Abendessen – geschl.
November - Ostern: Mittwoch*

### 🏨 Severin's                            ✿ 🛏 🖼 🕐 🕐 🛁 🏖

**LUXUS · ELEGANT** Außen inseltypisch, innen stilvoll-modern. Einen Steinwurf vom Wasser entfernt beherbergen schöne Backsteinhäuser mit Reetdach luxuriöse Zimmer, einen weitläufigen Spa und zwei Restaurants: Im gemütlichen "Hoog" gibt's Sylter Küche, Snacks sowie Kaffee und Kuchen, im "Tipken's" kocht man gehoben mit regionalen Zutaten. Toll für Familien: ganztägige Kinderbetreuung.
34 Zim ⊊ – ♥230/410 € ♥♥290/470 € – 28 Suiten
*Am Tipkenhoog 18 ⊠ 25980 – ℰ 04651 460660 – www.severins-sylt.de*

### 🏠 Benen-Diken-Hof

🐾 🛄 🖼 🕸 🏋 ⚕ ♨ 🎀 **P**

**LANDHAUS · INDIVIDUELL** Das traditionsreiche Haus ist beliebt: Wer möchte nicht in schönen frischen Zimmern wohnen, sich gratis an der Minibar bedienen, im großen Spa relaxen? Exklusiv die Suiten in den Nebenhäusern. Für Langschläfer: Frühstücksbuffet bis 13 Uhr!

48 Zim ⌗ - ♦204/244 € ♦♦240/376 € – 19 Suiten

*Keitumer Süderstr. 3* ✉ *25980 –* 𝄐 *04651 93830 – www.benen-diken-hof.de*

🍴 **KÖKKEN** – siehe Restaurantauswahl

### 🏠 Aarnhoog

🐾 🛄 🖼 🕸 **P**

**LANDHAUS · GEMÜTLICH** In dem reizenden kleinen Schwesterhaus des Munkmarscher "Fährhauses" ist Ihnen Diskretion ebenso gewiss wie schönes Ambiente: hochwertiges Interieur in wohnlichem nordisch-modernem Stil! Den exklusiven Service genießt man auch beim leckeren Frühstück. Nachmittags Kaffee und Kuchen.

9 Zim ⌗ - ♦180/280 € ♦♦240/340 € – 7 Suiten

*Gaat 13* ✉ *25980 –* 𝄐 *04651 3990 – www.faehrhaus-hotel-collection.de*

### 🏠 Seiler Hof

🎋 🛄 🕸 ♨ **P**

**FAMILIÄR · INDIVIDUELL** Das hübsche Haupthaus von 1760 war einst eine Seilwerkstatt. Heute freut man sich über wohnliche Zimmer, einen schönen modernen Saunabereich und einen netten Garten. Im reetgedeckten Haus nebenan gibt es im ländlich-rustikalen "Sünhair" bürgerlich-regionale Gerichte sowie Pizza aus dem Steinofen.

10 Zim ⌗ - ♦95/130 € ♦♦150/210 € – 1 Suite

*Gurtstig 7* ✉ *25980*

*–* 𝄐 *04651 93340 – www.seilerhofsylt.de*

*– geschl. Mitte November - Weihnachten, 9. Januar - 9. Februar*

## List

### 🐝 Königshafen

🏡 ♨ **P**

**TRADITIONELLE KÜCHE · BÜRGERLICH** ✕ Die Familientradition reicht hier bis ins Jahr 1881 zurück. Hinter einer weißen Backsteinfassade sitzt man in klassisch-bürgerlich gehaltenen Stuben - oder auf der Gartenterrasse hinterm Haus - und lässt sich regional-saisonale Gerichte wie "Kabeljaufilet mit Kürbispürec und Pilzen" schmecken.

Karte 27/56 €

*Alte Dorfstr. 1* ✉ *25992 –* 𝄐 *04651 870446 – www.koenigshafen.de – Dienstag - Donnerstag nur Abendessen, außer an Feiertagen – geschl. Montag*

### 🏰 A-ROSA

🎋 🐾 ⊲ 🛄 ⛽ 🖼 🕸 ♨ 🏋 🔼 ⚕ 🅰🅲 🎀 🚗

**LUXUS · MODERN** Ein bemerkenswertes Haus in traumhafter Lage mit Blick auf Dünen, Watt und Meer. Alles hier ist überaus hochwertig und formschön in geradlinigem Design gestaltet. SPA-ROSA auf 3500 qm mit Meerwasserpool und exklusiven Anwendungen. Asiatische Küche im "Spices", Buffet im "Dünenrestaurant".

147 Zim ⌗ - ♦148/458 € ♦♦208/518 € – 30 Suiten – ½ P

*Listlandstr. 11* ✉ *25992 –* 𝄐 *04651 967500 – www.a-rosa.de*

### 🏠 Strand am Königshafen

🐾 🖼 🕸 🔼 ♨ 🚗

**BOUTIQUE-HOTEL · AUF DEM LAND** Hier heißt es "Erholung am nördlichsten Strand Deutschlands". Das Hotel thront am Königshafen in der Bucht zwischen List und dem sog. Ellenbogen. Alles ist hochwertig, von den modern-eleganten Zimmern (Motto: "Wind, Wasser, Sand"), meist mit Balkon oder Terrasse, bis zum tollen friesischen Frühstücksbuffet.

15 Zim ⌗ - ♦125/265 € ♦♦150/280 € – 15 Suiten

*Hafenstr. 41* ✉ *25992 –* 𝄐 *04651 889750 – www.hotel-strand-sylt.de*

## Morsum

### 🏠 Hof Galerie      🛏 🖼 ⏏ 🅿

LANDHAUS · ELEGANT Moderne Wohnkultur und Kunst vereint. Man hat schicke Suiten, einen netten Garten, Inselkünstler stellen ihre Werke aus und die Terrasse mit Brunnen unter alten Linden lädt zum Frühstücken ein. Nachmittags Kaffee und hausgemachten Kuchen.

18 Suiten ⌂ – 🛉170/360 € – 2 Zim

*Serkwai 1 ✉ 25980*
*– ☎ 04651 957050 – www.hotelhofgalerie.de*

## Munkmarsch

### 🍴 Käpt'n Selmer Stube      ≼ 🛏 🏠 ⅚ 🚗

REGIONAL · LÄNDLICH 🍴 Überall sieht man die Liebe zum Detail: original blau-weiße Kacheln, kostbare Antiquitäten, traumhafte Terrasse... Dazu sehr freundlicher und geschulter Service und saisonale Küche wie "gebratenes Kabeljaufilet mit Gurken-Dill-Gemüse, Kartoffelstampf und Senfsauce". Nachmittags locken Kaffee und Kuchen.

Menü 42/47 € (abends) – Karte 38/73 €

*Hotel Fährhaus, Bi Heef 1 ✉ 25980*
*– ☎ 04651 93970 (Tischbestellung ratsam) – www.faehrhaus-sylt.de*
*– geschl. 9. Januar - 27. März*

### 🍴 Zur Mühle      ≼ 🏠 🅿 ⊠

TRADITIONELLE KÜCHE · GASTHOF 🍴 Eine beliebte Adresse! Da kehrt man auch während einer Wanderung zwischen Kampen und Morsum-Kliff gerne ein, stärkt sich mit regional-traditioneller Küche oder hausgemachtem Kuchen am Nachmittag und genießt den Blick aufs Wasser.

Menü 35 € (abends) – Karte 25/63 €

*Lochterbarig 24 ✉ 25980*
*– ☎ 04651 3877 – www.zur-muehle-sylt.de*
*– geschl. 1. November - 25. Dezember und Montagabend - Dienstag*

### 🏠 Fährhaus      ≼ 🛏 🖼 ⏏ 🏠 ⅙ ⊞ 🏊 🚗

LUXUS · GEMÜTLICH Ein Luxushotel ohne prätentiösen Rahmen, dafür aber mit exklusivem Wohnkomfort und nahezu perfektem Service! Auch angesichts des hochwertigen Spas und der tollen Lage mit Blick zum Wattenmeer verabschiedet man sich nur sehr ungern wieder!

32 Zim ⌂ – 🛉220/420 € 🛉🛉280/480 € – 12 Suiten – ½ P

*Bi Heef 1 ✉ 25980*
*– ☎ 04651 93970 – www.faehrhaus-sylt.de*
*– geschl. 9. Januar - 10. Februar*
🍴 **Käpt'n Selmer Stube** – siehe Restaurantauswahl

## Rantum

### ✿✿ Söl'ring Hof (Johannes King)      🐝 ≼ 🛏 ⇔ 🅿

KREATIV · ELEGANT 🍴🍴🍴 Beste Produkte treffen hier in der offenen Küche auf ausgezeichnetes Handwerk - es entstehen kreative Gerichte, modern und regional, durchdacht und harmonisch bis ins Detail. Bei den Zutaten ist übrigens auch der eigene Bauernhof in Morsum gefragt, und ein eigenes Fischerboot hat man ebenfalls!

→ Bouillabaisse à la King, Nordseefische, Kartoffelcreme, Sauce Rouille. Steinbuttkotelett, grüner Spargel, Minze, Pfifferlinge. Müritz Lamm, Sellerie, Morcheln, Zwiebeln.

Menü 149/194 € – Karte 97/150 €

*Hotel Söl'ring Hof, Am Sandwall 1 ✉ 25980 – ☎ 04651 836200 (Tischbestellung erforderlich) – www.soelring-hof.de – nur Abendessen – geschl. in der Nebensaison: Mittwoch, Sonntag*

## ⅈⓄ Coast

MODERNE KÜCHE · FREUNDLICH ✗✗ Das charmante reetgedeckte Haus versprüht auch im Inneren friesisches Flair, dafür sorgt die modern-maritime Gestaltung samt dekorativer witziger Fischmotiv-Tapete. Freundlich-leger serviert man regional-internationale Gerichte wie "Heilbuttfilet auf Kürbisstampf mit Pistaziengnocchi".

Menü 42 € – Karte 29/83 €

*Hotel Duene, Stiindeelke 1 ✉ 25980*
*– ☏ 04651 1551 (Tischbestellung ratsam) – www.restaurant-coast.de*
*– nur Abendessen – geschl. Dienstag, im Winter: Dienstag - Mittwoch*

## ⅈⓄ Sansibar

INTERNATIONAL · RUSTIKAL ✗ Die authentische Strandhütte ist allseits beliebt, da geht man gerne fünf Minuten zu Fuß durch die Dünen - oder Sie nutzen den Shuttleservice. Neben Fisch gibt's auch Steak sowie eine grandiose Weinkarte. Mittags keine Reservierung möglich.

Menü 110 € – Karte 30/117 €

*Hörnumer Str. 80, Süd: 3 km ✉ 25980 – ☏ 04651 964646 (abends Tischbestellung ratsam) – www.sansibar.de*

## 🏨 Söl'ring Hof

LUXUS · INDIVIDUELL "Sylt pur...", das denkt man unweigerlich angesichts der traumhaften Lage in den Dünen! Und das schmucke Friesenhaus steht dem in nichts nach: persönliche Atmosphäre, diskreter Service, schöne wertige Zimmer, ein attraktiver kleiner Spa, exklusives "Open End"-Frühstück. Minibar und Strandkorb inklusive!

15 Zim ☑ – ♦425/665 € ♦♦450/740 €

*Am Sandwall 1 ✉ 25980*
*– ☏ 04651 836200 – www.soelring-hof.de*

❀❀ **Söl'ring Hof** – siehe Restaurantauswahl

## 🏨 Alte Strandvogtei

LANDHAUS · INDIVIDUELL Hier wohnt man so richtig schön, alles ist hochwertig, Suiten mit Kitchenette, teils Maisonetten, charmant der Frühstücksraum mit altem Ofen und handbemalten Friesenkacheln, Garten mit Strandkörben, nachmittags gibt es Tee und Kuchenbuffet... Zum Strand sind es nur wenige Minuten zu Fuß.

12 Suiten ☑ – ♦♦125/245 € – 7 Zim

*Merret-Lassen-Wai 6 ✉ 25980 – ☏ 04651 92250 – www.alte-strandvogtei.de*

## 🏨 Watthof

LANDHAUS · GEMÜTLICH Ein hübsches Reetdachhaus, familiär geleitet und wohnlich von den Zimmern (die beiden Suiten sogar mit eigenem Kamin) über den Frühstücksraum bis zur schönen Lounge mit Bar. Toll der Wattblick von der Terrasse. Im UG eine kleine Sauna.

8 Zim ☑ – ♦168/225 € ♦♦198/288 € – 2 Suiten

*Raanwai 42 ✉ 25980 – ☏ 04651 8020 – www.watthof.de*
*– geschl. 9. Januar - 27. Februar, 1. November - 19. Dezember*

## 🏨 Duene

LANDHAUS · AUF DEM LAND Richtig schöne Zimmer hat man hier: nordischmoderner Landhausstil, warmer Holzfußboden, helle, wohnliche Töne - einige Zimmer liegen direkt über dem Restaurant "Coast", hier gibt es auch das Frühstück.

16 Zim ☑ – ♦110/252 € ♦♦120/270 €

*Stiindeelke 1 ✉ 25980 – ☏ 04651 1660 – www.hotel-duene.de*

ⅈⓄ **Coast** – siehe Restaurantauswahl

# Tinnum

## ⊗ BODENDORF'S &♿ P

FRANZÖSISCH-MODERN · ELEGANT ⅩⅩⅩ In Sachen Spitzenkulinarik halten Holger Bodendorf und sein Team nach wie vor die Fahne hoch! So heißt es in dem sympathischen und eleganten kleinen Restaurant neben freundlichem und souveränem Service kreative Küche mit Ausdruck und Tiefgang. Tipp: Vertrauen Sie auf die Empfehlungen des Sommeliers!

→ Geflämmter Tuna, Avocadotatar, getrocknete Tomaten, Limetten-Galgantschaum. Krosse Rotbarbe und grüner Spargel, Erdnussmayonnaise, Misomarinade. Blaubeergâteau, karamellisierte Macadamianüsse, Vanillegelee, Creme von Karamell und Fleur de Sel.

Menü 112/169 €

*Hotel Landhaus Stricker, Boy-Nielsen-Str. 10 ✉ 25980*
*– ☏ 0465188990 (Tischbestellung ratsam) – www.landhaus-stricker.de*
*– nur Abendessen – geschl. Ende Oktober - November 6 Wochen und Sonntag*
*- Montag*

## ❁○ SIEBZEHN84 ⇔♿ P

REGIONAL · LÄNDLICH ⅩⅩ Modern-friesisch, das trifft "Tenne" und "Kaminzimmer" am besten. Es gibt Steaks, aber auch "Kabeljau & Kürbis" oder "Rinderfiletwürfel & Teriyaki-Marinade". Alle Hauptgänge auch als kleine Portion - umso mehr kann man probieren!

Menü 49 € (vegetarisch)/74 € – Karte 42/68 €

*Hotel Landhaus Stricker, Boy-Nielsen-Str. 10 ✉ 25980 – ☏ 0465188990*
*– www.landhaus-stricker.de – nur Abendessen, sonntags auch Mittagessen*

## 🏠 Landhaus Stricker ⇔🖻 ☎ ♨ ⼤ ⊡ ♿ ℅ ☶ P

LANDHAUS · GEMÜTLICH Kerstin und Holger Bodendorf sind beispielhafte Gastgeber, was sich in luxuriösen Zimmern und hervorragendem Service äußert! Dazu ein attraktiver Spa und ein schöner Garten, der fast vergessen lässt, dass man nahe der Bahnlinie liegt.

23 Zim ⊆ – ♦145/320 € ♦♦230/740 € – 15 Suiten – ½ P
*Boy-Nielsen-Str. 10 ✉ 25980 – ☏ 0465188990 – www.landhaus-stricker.de*
⊗ **BODENDORF'S** • ❁○ **SIEBZEHN84** - siehe Restaurantauswahl

# Wenningstedt

## ❁○ Fitschen am Dorfteich ⇔🔒♿ P

MARKTKÜCHE · FAMILIÄR ⅩⅩ Eine sympathische Adresse - die komplette Familie ist hier im Einsatz. Schön die Lage am Dorfteich, der vor oder nach saisonalregionalen Gerichten wie "Nordseedorsch auf Wurzelgemüse" oder "Sylter Lammbratwürstchen auf Wirsing" zu einem kleinen Spaziergang einlädt. Romantisch die Terrasse.

Menü 68/82 € – Karte 35/61 € 4 Zim ⊆ – ♦110/160 € ♦♦130/180 €
– 4 Suiten

*Am Dorfteich 2 ✉ 25996 – ☏ 0465132120 – www.fitschen-am-dorfteich.de*
*– November - Mitte März: nur Abendessen – geschl. Dienstag, November*
*- Februar: Montag - Dienstag*

# Westerland

## ❁○ Gourmet Restaurant Stadt Hamburg ⊗ ℅ ⇔ 🚗

FRANZÖSISCH-KLASSISCH · ELEGANT ⅩⅩⅩ Wirklich schön, klassisch und sehr stilvoll hat man das Restaurant eingerichtet. Auf der Karte machen französisch und regional geprägte Speisen wie "Sylter Lamm mit Petersilienwurzeln und Schlehen-Couscous" Appetit.

Menü 44/119 € – Karte 51/64 €

*Hotel Stadt Hamburg, Strandstr. 2 ✉ 25980 – ☏ 046518580*
*– www.hotelstadthamburg.com – nur Abendessen*

## ⁙○ Franz Ganser

KLASSISCHE KÜCHE · FREUNDLICH ⅩⅩ Seit über 25 Jahren eine gefragte Adresse. Gekocht wird klassisch-international, so z. B. "Steinbeißer mit Bratensaft und Spitzkohl in Rahm", zusätzlich eine kleinere Mittagskarte. Geschmackvoll das modern-elegante Interieur.

Menü 92 € – Karte 42/96 €

*Bötticherstr. 2 ☒ 25980 – 𝒞 04651 22970 – www.ganser-sylt.de – geschl.*
*26. Februar - 23. März, 13. November - 14. Dezember und Montag*
*- Dienstagmittag*

## ⁙○ IVO & CO.

INTERNATIONAL · BISTRO Ⅹ "Pot au feu von Meeresfrüchten mit Sauce Rouille", "Kabeljau und Garnele auf Gemüse-Perlgraupenrisotto" oder "Steak vom Holstein-Rind mit geräucherter Whiskeysauce"? Zur saisonal-internationalen Küche bietet man über 300 Weine.

Karte 32/63 €

*Gaadt 7 ☒ 25980*
*– 𝒞 04651 23111 – www.ivoundco.de*
*– nur Abendessen – geschl. 15. Januar - 15. Februar und Dienstag*

## ⁙○ Shirobar

FUSION · GERADLINIG Ⅹ Das japanische Wort "Shiro" bedeutet im Deutschen "weiß", entsprechend das puristische Design. Passend dazu klassisches Sushi mit westlichen Einflüssen, von Nigiri und Maki bis hin zu aufwändigen Special Rolls wie "Rockshrimp Tempura Roll".

Karte 18/55 €

*Keitumer Chaussee 5a ☒ 25980 – 𝒞 04651 9679449 (Tischbestellung ratsam)*
*– www.shirobar.de – geschl. Anfang Januar - Mitte Februar und Dienstag, Montag*
*- Dienstag außer Saison*

## ⁙○ Culinarium 🅝

REGIONAL · BISTRO Ⅹ Hier kocht man traditionell und regional, von "Scholle mit warmem Kartoffelsalat" bis "Hummer Helgoländer Art in 4 Gängen" (auf Vorbestellung). Dazu die tolle Wein- und Digestif-Auswahl. Schöne Bistro-Atmosphäre samt dekorativer Weinregale.

Karte 22/65 €

*Strandstr. 6 ☒ 25980 – 𝒞 04651 9675706 (abends Tischbestellung ratsam)*
*– www.culinarium-sylt.de – geschl. Anfang Dezember 2 Wochen, Ende Januar 2*
*Wochen und November - Mai: Montag*

## ⁙○ Bistro Stadt Hamburg

REGIONAL · BISTRO Ⅹ Die Atmosphäre ist unkompliziert, der Service sehr freundlich und auf den Tisch kommen z. B. "Nordseescholle mit Speckkartoffelsalat" oder "Holsteiner Rinderroulade mit Rotkohl". Tipp: das wechselnde Tagesmenü.

Menü 27 € – Karte 31/49 €

*Hotel Stadt Hamburg, Strandstr. 2 ☒ 25980 – 𝒞 04651 8580*
*– www.hotelstadthamburg.com*

## 🏠 Stadt Hamburg

TRADITIONELL · KLASSISCH Ein Klassiker a. d. J. 1869 mit ganz eigenem Charme! Individuelle Zimmer in Stammhaus, Gartenflügel und Parkvilla, schön der Spa, engagiert das Personal, und das Frühstück wird am Tisch serviert! Sehenswert: die "Sylt-Lichtbilder" im Haus.

45 Zim – ♦85/270 € ♦♦210/360 € – 25 Suiten – ⚏ 25 € – ½ P

*Strandstr. 2 ☒ 25980 – 𝒞 04651 8580 – www.hotelstadthamburg.com*

⁙○ **Gourmet Restaurant Stadt Hamburg** · ⁙○ **Bistro Stadt Hamburg** – siehe Restaurantauswahl

### 🏨 Miramar  🔥 🦢 ⇐ 🛏 🖼 🛜 🛗 ☎ 🍽 ⚙ 🅿

**HISTORISCH · KLASSISCH** Familientradition (5. Generation) und der Charme des 1903 erbauten Hotels werden hier gleichermaßen gepflegt. Zahlreiche Jugendstilmöbel fügen sich harmonisch ins klassische Bild. Einige Zimmer, Restaurant und Terrasse liegen schön zum Meer hin. Wie wär's mal mit Relaxen im Strandkorb auf der Düne am Meer?

40 Zim 🛏 – ♦190/475 € ♦♦260/495 € – 22 Suiten – ½ P

*Friedrichstr. 43, Zufahrt über Margarethenstraße ✉ 25980 – ☎ 04651 8550 – www.hotel-miramar.de – geschl. 12. November - 20. Dezember*

### 🏨 Landhaus Sylter Hahn  ⇐ 🖼 🛜 🍽 🅿 🛏

**LANDHAUS · ELEGANT** Etwas abseits vom Trubel der Friedrichstraße hat man hier ein schönes modern-elegantes Landhausambiente geschaffen, von den Zimmern in wohnlich-warmen Tönen über den hellen Frühstücksraum und die Bar bis zum attraktiven Wellnessbereich.

33 Zim 🛏 – ♦70/230 € ♦♦85/250 €

*Robbenweg 3 ✉ 25980 – ☎ 04651 92820 – www.sylter-hahn.de*

### 🏨 Wiking  🛜 ☐ 🚗

**FAMILIÄR · REGIONAL** Hier überzeugen individuell geschnittene Zimmer mit geschmackvoll-wohnlicher Einrichtung, alle mit Balkon, teilweise mit Blick auf die Nordsee. Strand und Fußgängerzone in der Nähe.

28 Zim 🛏 – ♦73/189 € ♦♦135/237 €

*Steinmannstr. 11 ✉ 25980 – ☎ 04651 46060 – www.hotel-wiking-sylt.de – geschl. 15. - 27. Januar, 26. November - 23. Dezember*

### 🏨 Villa 54° N   🍽

**BOUTIQUE-HOTEL · INDIVIDUELL** Sie mögen den Charme einer alten Villa kombiniert mit trendigem Design? Zum legeren Konzept gehört neben stylischen Zimmern auch das gemeinsame Frühstück an großen Tischen. Tipp: günstig parken auf dem Johann-Möller-Platz gegenüber.

15 Zim – ♦90/140 € ♦♦100/150 € – 🛏 13 €

*Norderstr. 21 ✉ 25980 – ☎ 04651 8364008 – www.villa54-sylt.de*

### 🏠 Long Island House  🦢 ⇐ 🍽 🅿

**FAMILIÄR · MODERN** Ein gepflegtes kleines Hotel mit hübschem Interieur nach dem Vorbild der Hamptons auf Long Island. Überall klarer moderner Stil, in den Zimmern ("Lighthouse", "Captains Room"...) schöner Walnussholzboden, viel Weiß und individuelle Deko.

9 Zim 🛏 – ♦86/136 € ♦♦126/216 € – 1 Suite

*Eidumweg 13 ✉ 25980 – ☎ 04651 9959550 – www.sylthotel.de – geschl. Januar - Februar*

---

# TANGERMÜNDE

Sachsen-Anhalt – 10 530 Ew. – Höhe 45 m – Regionalatlas **21**-M8

▶ Berlin 119 km – Magdeburg 63 km – Brandenburg 64 km

Michelin Straßenkarte 542

### 🏨 Schloss Tangermünde  🔥 🦢 ⇐ 🛏 🖼 🌐 🛜 🛗 ☎ 🍽 ⚙ 🅿

**SPA UND WELLNESS · INDIVIDUELL** Ein romantisches Anwesen über der Elbe mit mehreren Häusern in einer idyllischen Gartenanlage. "Kaisertherme" auf 1100 qm, z. B. mit Aquafitness und Ayurveda. Auf der Restaurantterrasse speist man mit Elbblick, zudem gibt es eine Raucherlounge und für besondere Anlässe die Alte Kanzlei a. d. 14. Jh.

36 Zim 🛏 – ♦80/102 € ♦♦102/198 € – 1 Suite – ½ P

*Amt 1 ✉ 39590 – ☎ 039322 7373 – www.schloss-tangermuende.de*

## TANN (RHÖN)

Hessen – 4 450 Ew. – Höhe 390 m – Regionalatlas **39**-I13

▶ Berlin 418 km – Wiesbaden 226 km – Fulda 30 km – Bad Hersfeld 52 km

Michelin Straßenkarte 543

### In Tann-Lahrbach Süd: 3 km

🍴○ **Landgasthof Kehl**     🛋 🎬 ⇄ 🚗

REGIONAL · BÜRGERLICH ⅞ Hier sitzt man in bürgerlich-rustikalem Ambiente bei regional-saisonaler und traditioneller Küche - à la carte oder in Menüs wie "mit Charme" oder "gourmet". Die Verbundenheit mit der Rhön zeigt sich z. B. in Gerichten vom heimischen Lamm.

Menü 20/69 € – Karte 16/38 €

*Hotel Gasthof Kehl, Eisenacher Str. 15* ✉ *36142 –* ✆ *06682 387*
*– www.landhaus-kehl.de – geschl. Ende Oktober - Mitte November und Dienstag*

🏠 **Landhaus Kehl**     🛋 🕸 ぬ ⊟ ⚒ 🚗

LANDHAUS · MODERN Sehr gepflegt ist der Gasthof der Familie Kehl - bereits die 4. Generation. Im Haupthaus hat man einfachere Zimmer, im 300 m entfernten Gästehaus sind die Zimmer geräumiger, hier auch der ansprechende Wohlfühl- und Fitnessbereich.

37 Zim ⌂ – ♦44/54 € ♦♦72/92 € – ½ P

*Eisenacher Str. 15* ✉ *36142 –* ✆ *06682 387 – www.landhaus-kehl.de – geschl. Ende Oktober - Mitte November*

🍴○ **Landgasthof Kehl** – siehe Restaurantauswahl

## TANGSTEDT

Schleswig-Holstein – 6 330 Ew. – Höhe 33 m – Regionalatlas **10**-I5

▶ Berlin 310 km – Kiel 84 km – Bad Oldesloe 24 km – Hamburg 29 km

Michelin Straßenkarte 541

🏵 **Gutsküche**     🏮 🍽 🅿 🍴

REGIONAL · LÄNDLICH ⅞ "Gutsküche" trifft es ziemlich genau, denn in der ehemaligen Scheune gibt es schmackhafte und unkomplizierte regionale Speisen aus sehr guten, frischen Zutaten (häufig Bioqualität) - Lust auf "Dreierlei vom Ferkel"? Mittags kleineres Angebot. Tipp: Snacks im "Gutskaffee" sowie Bioprodukte im Hofladen nebenan.

Menü 39/69 € (abends) – Karte 34/62 €

*Wulksfelder Damm 15, (im Gutshof Wulksfelde)* ✉ *22889 –* ✆ *040 64419441*
*– www.gutskueche.de – geschl. Sonntagabend - Montag*

## TAUBERBISCHOFSHEIM

Baden-Württemberg – 12 710 Ew. – Höhe 183 m – Regionalatlas **48**-H16

▶ Berlin 529 km – Stuttgart 117 km – Würzburg 34 km – Heilbronn 75 km

Michelin Straßenkarte 545

### In Tauberbischofsheim-Distelhausen Süd: 3 km

🏠 **Das kleine Amtshotel**     🕸 🅿

FAMILIÄR · MODERN Das kleine Hotel ist schnell ausgebucht. Kein Wunder, denn hier erwarten Sie wirklich nette Gastgeber, moderne Zimmer, gutes Frühstück und kostenloser Fahrradverleih! Etwas Besonderes sind Bier-Hefe- und Bier-Hopfen-Bäder im Holzzuber - oder vereinbaren Sie doch eine Bierdegustation mit dem Chef!

11 Zim ⌂ – ♦60/70 € ♦♦90/100 €

*Amtstr. 2* ✉ *97941 –* ✆ *09341 7888 – www.das-kleine-amtshotel.de*

**TAUBERRETTERSHEIM** Bayern → Siehe Weikersheim

## TAUFKIRCHEN (VILS)

Bayern – 9 380 Ew. – Höhe 466 m – Regionalatlas **58**-N19
▶ Berlin 581 km – München 58 km – Regensburg 87 km – Landshut 26 km
Michelin Straßenkarte 546

### ⌂ Am Hof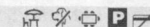

**BUSINESS · MODERN** In der 1. Etage liegt das freundlich-charmant geführte kleine Hotel. Die Zimmer sind schön modern, aktuell auch die Technik, teilweise mit Balkon. Am Morgen gibt es ein gutes Frühstücksbuffet und auf Vorbestellung auch Halbpension im Restaurant "Kulinaria" nebenan. Die Tiefgarage nutzen Sie kostenfrei.

27 Zim 🖙 – †64/74 € ††89/109 € – 1 Suite
*Hierlhof 2 ✉ 84416 – ☏ 08084 93000 – www.hotelamhof.de – geschl. 30. Juli - 13. August*

## In Taufkirchen-Hörgersdorf Süd-West: 8,5 km über B 15

### 🍴 Landgasthof Forster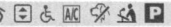

**INTERNATIONAL · LÄNDLICH** 🗶 In diesem sympathischen Haus wird ohne große Schnörkel, aber mit Geschmack und frischen Produkten gekocht. Lust auf "Lammrücken mit Speckbohnen, Quitten und getrüffeltem Kartoffelpüree"? Herzlich der Service, hübsch das ländliche Ambiente.

Menü 30/75 € – Karte 40/53 €
*Hörgersdorf 23 ✉ 84416 – ☏ 08084 2357 – www.landgasthof-forster.de – nur Abendessen, Sonntag und an Feiertagen auch Mittagessen – geschl. Ende August - Anfang September 2 Wochen und Montag - Mittwoch*

## TAUNUSSTEIN

Hessen – 28 520 Ew. – Höhe 343 m – Regionalatlas **47**-E14
▶ Berlin 574 km – Wiesbaden 13 km – Darmstadt 66 km – Mainz 31 km
Michelin Straßenkarte 543

## In Taunusstein-Neuhof

### 🏨 Légère

**BUSINESS · DESIGN** Eines der modernsten Hotels in der Gegend! Die Zimmer in geradlinigem und doch wohnlichem Design, technisch top, Minibar gratis. Dazu Snacks gegen den kleinen Hunger. Sie sind übrigens in prominenter Gesellschaft: Überall im Haus große Fotodrucke der deutschen Politik-, Business- und Kunstszene.

31 Zim – †86/96 € ††91/96 € – 🖙 12 €
*Heinrich-Hertz-Str. 2 ✉ 65232 – ☏ 06128 609810 – www.legere-hotels-online.com – geschl. Weihnachten - Neujahr*

## TECKLENBURG

Nordrhein-Westfalen – 8 800 Ew. – Höhe 200 m – Regionalatlas **27**-E9
▶ Berlin 442 km – Düsseldorf 160 km – Bielefeld 77 km – Münster (Westfalen) 28 km
Michelin Straßenkarte 543

## In Tecklenburg-Brochterbeck West: 6,5 km

### 🏨 Teutoburger Wald

**FAMILIÄR · GEMÜTLICH** Dass man sich hier wohlfühlt, hat seinen Grund: Das Haus wird engagiert geführt und stetig verbessert, die Zimmer sind wohnlich, die Mitarbeiter herzlich. Im Sommer zieht es die Gäste in den schönen Garten mit Teich. Tipp: Lassen Sie sich nachmittags den hausgemachten Kuchen schmecken!

42 Zim 🖙 – †89/139 € ††130/160 € – 1 Suite – ½ P
*Im Bocketal 2 ✉ 49545 – ☏ 05455 93000 – www.ringhotel-teutoburger-wald.de – geschl. 15. - 25. Dezember*

# TEGERNSEE

Bayern – 3 640 Ew. – Höhe 747 m – Regionalatlas **66**-M21

▶ Berlin 642 km – München 53 km – Garmisch-Partenkirchen 75 km – Bad Tölz 19 km
Michelin Straßenkarte 546

## ✿ Schwingshackl ESSKULTUR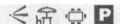

**KLASSISCHE KÜCHE · ELEGANT** XXX Erich Schwingshackls produktorientierte und geradlinige klassische Küche überzeugt durch Aromatik und Finesse, während Ehefrau und Sommelière Katharina herzlich und versiert den Service leitet. Schön fürs Auge sind nicht nur die elegant arrangierten Speisen, herrlich auch der Blick auf See und Rottach-Egern!

→ Lasagne vom Bretonischen Hummer mit Basilikum. Dreierlei vom Kalb mit Petersiliencrème und Frühlingsgemüse. Rhabarber und Topfen - Eis, Ragout und Cheesecake.

Menü 69/120 €

*Hotel Villa am See, Schwaighofstr. 53 ✉ 83684*
*– ℰ 08022 187700 (Tischbestellung ratsam)*
*– www.schwingshackl-esskultur.de*
*– Montag - Freitag nur Abendessen – geschl. November 2 Wochen, Februar 2 Wochen und Dienstag - Mittwoch*

## ⅱ○ Leeberghof

**KLASSISCHE KÜCHE · GEMÜTLICH** XX Wo könnte man schöner speisen als auf der Terrasse hoch überm See? Klassiker wie Wiener Schnitzel oder Kaiserschmarrn gibt es ebenso wie Saisonales, z. B. als "Rinderfilet mit sautierten Steinpilzen". Beliebt auch die hübsche "SASSA-Bar".

Menü 68 € (abends) – Karte 31/61 €

*Hotel Leeberghof, Ellingerstr. 10 ✉ 83684*
*– ℰ 08022 188090 – www.leeberghof.de*
*– geschl. 7. Januar - 4. Februar und Montag, außer an Feiertagen*

## 🏠 Leeberghof

**HISTORISCH · INDIVIDUELL** In dem individuellen kleinen Haus werden Sie sich nicht sattsehen können an dem Blick von oben auf den See! Aber auch der überaus freundliche Service, die schöne Einrichtung und das sehr gute Frühstück sind Gründe, hier zu übernachten!

15 Zim 🛏 – ♦60/120 € ♦♦175/220 € – 4 Suiten – ½ P

*Ellingerstr. 10 ✉ 83684 – ℰ 08022 188090 – www.leeberghof.de – geschl. 7. Januar - 4. Februar*

ⅱ○ **Leeberghof** – siehe Restaurantauswahl

## 🏠 Villa am See

**FAMILIÄR · ELEGANT** Nicht nur toll essen, auch schön wohnen kann man unter Schwingshackl'scher Leitung. Famos der Blick auf den Tegernsee, wertig die Zimmer (fast alle mit Whirlwanne oder eigener Sauna), überaus einladend der Badesteg... Das Bistro (im Sommer mit Terrasse am Wasser, im Winter in den Südtiroler Stuben) bietet eine kleinere regional-mediterrane Karte.

12 Zim 🛏 – ♦98/115 € ♦♦165/280 €

*Schwaighofstr. 53 ✉ 83684*
*– ℰ 08022 187700 – www.schwingshackl-esskultur.de*
*– geschl. November 2 Wochen, Februar 2 Wochen*

✿ **Schwingshackl ESSKULTUR** – siehe Restaurantauswahl

# TEINACH-ZAVELSTEIN, BAD

Baden-Württemberg – 2 980 Ew. – Höhe 391 m – Regionalatlas **54**-F18

▶ Berlin 669 km – Stuttgart 56 km – Karlsruhe 64 km – Pforzheim 37 km
Michelin Straßenkarte 545

## Im Stadtteil Bad Teinach

###  Therme Bad Teinach

**SPA UND WELLNESS · INDIVIDUELL** Das ehemalige Kurhotel ist nun eine schmucke Wellnessadresse. Chic die sehr komfortablen modernen Zimmer im Thermenflügel - wer's klassisch mag, wohnt im Stammhaus oder im Fürstenflügel. Geschmackvoll-elegant der Spa (auch für Passanten zugänglich). Im Restaurant internationale Küche mit regionalem Einfluss.

119 Zim 🖵 – ♦95/145 € ♦♦145/245 € – ½ P

*Otto-Neidhart-Allee 5 ✉ 75385 – ☎ 07053 290 – www.hotel-therme-teinach.de*

## Im Stadtteil Zavelstein

### ⣘ Gourmetrestaurant Berlins Krone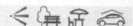

**FRANZÖSISCH-MODERN · GEMÜTLICH** XX Was die Küche von Franz Berlin ausmacht? Klassische Basis und hervorragende Produkte. Daraus entstehen finessenreiche Speisen, gespickt mit modernen Einflüssen. Auch der charmante und fachlich versierte Service trägt dazu bei, dass man sich in den gemütlichen Räumen der "Krone" wohlfühlt.

→ Wildlachs in Kaffee gebeizt mit geeister Gurke und Ingwer. Wolfsbarsch mit geröstetem Pulposud, Brunnenkresse und Eigelb. Rehrücken aus heimischer Jagd mit Süßholzjus, Topinambur, Haselnuss und Banane.

Menü 90/125 € – Karte 80/108 €

*Berlins Hotel KroneLamm, Marktplatz 2 ✉ 75385 – ☎ 07053 92940 (Tischbestellung ratsam) – www.berlins-hotel.de – nur Abendessen – geschl. 9. - 31. Januar, 19. Juni - 11. Juli und Montag - Dienstag*

### ⽒○ Berlins Lamm

**REGIONAL · ZEITGEMÄSSES AMBIENTE** XX Im eleganten Hauptrestaurant des geschmackvollen Wellnesshotels erwartet Sie mittags wie abends schwäbische Küche, so z. B. die "Krone-Maultaschen" oder der klassische Rostbraten. Interessant auch das "33-km-Menü".

Menü 38/50 € – Karte 27/55 €

*Marktplatz 2 ✉ 75385 – ☎ 07053 92940 – www.berlins-hotel.de*

###  Berlins Hotel KroneLamm

**SPA UND WELLNESS · GEMÜTLICH** Die engagierten Gastgeber bieten hier so einiges: Wellnessfans entspannen auf 1600 qm, Wohnkomfort gibt es von "Talblick" über "Katharinenplaisir" und "Burgherrengemach" bis hin zur "Jungbrunnensuite", und auch kulinarisch gibt es Abwechslung: von gehoben über schwäbisch bis zur 1 km entfernten Wanderhütte.

63 Zim 🖵 – ♦89/139 € ♦♦158/300 € – 3 Suiten – ½ P

*Marktplatz 2 ✉ 75385 – ☎ 07053 92940 – www.berlins-hotel.de*

⣘ **Gourmetrestaurant Berlins Krone** • ⽒○ **Berlins Lamm** – siehe Restaurantauswahl

## TEISENDORF

Bayern – 9 190 Ew. – Höhe 501 m – Regionalatlas **67**-O21

▶ Berlin 717 km – München 126 km – Salzburg 22 km – Linz 155 km
Michelin Straßenkarte 546

## In Teisendorf-Holzhausen

### ⣘ Bauernstube ❶

**REGIONAL · RUSTIKAL** X Rustikaler? Ja. Einfacher? Nein. Denn auch in der heimelig-gemütlichen "Bauernstube" isst man richtig gut. Appetit machen hier z. B. "Chiemsee-Huchen auf Belugalinsen" und "gegrillte Bio-Kalbskrone mit Schwarzen Nüssen".

Karte 32/54 €

*Hotel Gut Edermann, Holzhausen 2 ✉ 83317 – ☎ 08666 92730 – www.gut-edermann.de*

## ⅋○ **MundArt**   ⪙ 🍴 ⌂ ✿ **P**

**KLASSISCHE KÜCHE · TRENDY** ✕✕ Mit eleganter Note, aber keineswegs steif - so die etwas feinere Restaurant-Variante des "Gut Edermann". Serviert wird klassische Küche mit regionalem Touch, z. B. als "Fasanenbrust an Rosmarinjus mit Blutwurstravioli und Rosenkohl".

Menü 31/84 €

*Hotel Gut Edermann, Holzhausen 2 ✉ 83317 – ✆ 08666 92730*
*– www.gut-edermann.de – nur Abendessen*

## 🏠 **Gut Edermann**   ⪙ ⪙ 🍴 ⌧ 🖥 ⊕ 🏠 🛁 ⊟ ⅋ 🔩 **P**

**SPA UND WELLNESS · GEMÜTLICH** Das Traditionshaus, einst Kurhotel, ist ein wirklich geschmackvolles, wohnliches und komfortables Hotel. Individuelle Zimmer, "AlpenSpa" auf 2500 qm samt Naturbadeteich und "PrivatSpa" und natürlich die tolle Lage mit ebensolcher Aussicht!

50 Zim ⌑ – ♦99/106 € ♦♦164/234 € – ½ P

*Holzhausen 2 ✉ 83317 – ✆ 08666 92730 – www.gut-edermann.de*

🍴 **Bauernstube** • ⅋○ **MundArt** – siehe Restaurantauswahl

# TEISNACH

Bayern – 2 830 Ew. – Höhe 467 m – Regionalatlas **59**-O17
▶ Berlin 520 km – München 168 km – Passau 73 km – Cham 40 km
Michelin Straßenkarte 546

## In Teisnach-Kaikenried Süd-Ost: 4 km über Oed und Aschersdorf

## ✿ **Oswald's Gourmetstube**   ✑ **P**

**FRANZÖSISCH-MODERN · ELEGANT** ✕✕✕ Elegantes Interieur samt wertigem Porzellan, versierter Service und ausgezeichnete moderne Küche - das ergibt ein schön stimmiges Bild in der kleinen Stube. Produktqualität wird ebenso groß geschrieben wie Finesse und Ausdruck der Speisen.

→ Atlantik Steinbutt, Kalbskopf, Speck, Erbsen. Miéral Taube, Rote Bete, Powerade, Baroloessigjus. Joghurt, Rhabarber, Erdbeere.

Menü 65/125 €

*Landromantik Wellnesshotel Oswald, Am Platzl 2 ✉ 94244 – ✆ 09923 84100*
*(Tischbestellung erforderlich) – www.hotel-oswald.de – nur Abendessen – geschl.*
*Sonntag - Mittwoch*

## 🏠 **Landromantik Wellnesshotel Oswald**   ✑ 🍴 ⌧ 🖥 ⊕ 🏠 🛁 ⊟

**SPA UND WELLNESS · AUF DEM LAND** Ein richtig schönes, elegantes   🔩 🚗
Wellnesshotel, in dem vor allem die neueren Zimmer kaum Wünsche offen lassen, ebenso wenig der moderne Spa. Für den kleineren Geldbeutel: Stammhaus-Zimmer. Und gastronomisch? Alpenländisch-schickes Restaurant oder feine Gourmetstube. Produkte aus der eigenen Metzgerei! HP inkl.

60 Zim ⌑ – ♦100/200 € ♦♦160/400 € – 1 Suite – ½ P

*Am Platzl 2 ✉ 94244 – ✆ 09923 84100 – www.hotel-oswald.de*

✿ **Oswald's Gourmetstube** – siehe Restaurantauswahl

# TELGTE

Nordrhein-Westfalen – 19 000 Ew. – Höhe 50 m – Regionalatlas **27**-E9
▶ Berlin 446 km – Düsseldorf 149 km – Bielefeld 64 km – Münster (Westfalen) 12 km
Michelin Straßenkarte 543

## ⅋○ **Heidehotel Waldhütte**   🍴 ⌂ ✿ 🚗

**INTERNATIONAL · RUSTIKAL** ✕✕ Ländliche Gemütlichkeit in Form von freigelegtem Fachwerk, Kamin und Deko schafft einen schönen Rahmen für aufmerksamen Service und klassische Küche nebst westfälischem Angebot. Wunderbar sitzt es sich auf der ruhig gelegenen Terrasse!

Menü 35/46 € – Karte 28/49 €

*Heidehotel Waldhütte, Im Klatenberg 19, Nord-Ost: 3 km, über die B 51 ✉ 48291*
*– ✆ 02504 9200 – www.heidehotel-waldhuette.de*

## ⅋○ Telgter Hof

INTERNATIONAL · FREUNDLICH ✗✗ Eine der ältesten Gaststätten der Stadt, schön modern saniert: gemütlich-zeitgemäß der Schankraum, daran angeschlossen das geradlinig gestaltete Restaurant samt Terrasse - überall gibt es frische und schmackhafte saisonal-internationale Küche. Und für die Nacht vielleicht eines der freundlichen Gästezimmer?

Karte 21/44 € 12 Zim ⌸ - ♦55/60 € ♦♦80/90 €

*Münsterstr. 29 ✉ 48291 - ☏ 02504 8896260 - www.telgter-hof.com - geschl. Montag*

## 🏠 Heidehotel Waldhütte

LANDHAUS · GEMÜTLICH Wie könnte man dem hübschen ehemaligen Bauernhaus und der Idylle hier besser Rechnung tragen als mit rustikalem Charme, einer schönen großen Gartenanlage (sehenswert die Skulpturen-Ausstellung!) sowie Pferdeboxen und Weide für Gastpferde? Und für Radfahrer bietet man Leihfahrräder nebst Kartenmaterial.

31 Zim ⌸ - ♦69/82 € ♦♦99/129 € - ½ P

*Im Klatenberg 19, Nord-Ost: 3 km, über die B 51 ✉ 48291 - ☏ 02504 9200*
*- www.heidehotel-waldhuette.de*

⅋○ **Heidehotel Waldhütte** - siehe Restaurantauswahl

# TEMPLIN

Brandenburg - 16 010 Ew. - Höhe 60 m - Regionalatlas **23**-P6

▶ Berlin 75 km - Potsdam 127 km - Neubrandenburg 81 km - Neuruppin 75 km
Michelin Straßenkarte 542

## Am Großdöllner See Süd-Ost: 22 km über Ahrensdorf und B 109

## 🏨 Döllnsee-Schorfheide

LANDHAUS · KLASSISCH Das in klassischem Stil eingerichtete Hotel liegt ruhig auf einem großzügigen Grundstück am Waldrand mit direktem Seezugang. In der "Wellness Lounge" bietet man Beauty-Anwendungen. Restaurant mit internationaler Küche.

126 Zim ⌸ - ♦75/115 € ♦♦95/140 € - 2 Suiten - ½ P

*Döllnkrug 2 ✉ 17268 - ☏ 039882 630 - www.doellnsee.de*

# TENGEN

Baden-Württemberg - 4 500 Ew. - Höhe 614 m - Regionalatlas **62**-F21

▶ Berlin 760 km - Stuttgart 131 km - Konstanz 58 km - Villingen-Schwenningen 25 km
Michelin Straßenkarte 545

## In Tengen-Blumenfeld Ost: 2 km über B 314

## ⅋○ Bibermühle

FRANZÖSISCH-KLASSISCH · HISTORISCHES AMBIENTE ✗✗ Drinnen wie draußen ein romantisches Kleinod: der historische Rahmen des Mühlengebäudes, rustikaler Charme, die hübsche Terrasse beim Wasserfall... Die Küche ist international, natürlich bekommt man auch Forelle aus dem Mühlenteich.

Menü 43/60 € - Karte 31/48 €

*Hotel Bibermühle, Untere Mühle 1 ✉ 78250 - ☏ 07736 92930*
*- www.bibermuehle.de - geschl. 12. Februar - 3. März*

## 🏠 Bibermühle

HISTORISCHES GEBÄUDE · KLASSISCH Hier wurde eine Wassermühle a. d. 12. Jh. zum Hotel erweitert. Klassisch die Zimmer im Neubau, modern im historischen Gebäude. Das passt zur idyllischen, ruhigen Lage: Forellenteich und Damwildgehege. Im Sommer speist man am liebsten auf der Terrasse am Wasserfall - die Küche ist international.

31 Zim ⌸ - ♦69/91 € ♦♦119/137 € - ½ P

*Untere Mühle 1 ✉ 78250 - ☏ 07736 92930 - www.bibermuehle.de - geschl.*
*12. Februar - 3. März*

⅋○ **Bibermühle** - siehe Restaurantauswahl

# In Tengen-Wiechs Süd: 7 km über Schwarzwaldstraße

## ⅱO Gasthof zur Sonne     🐟 🏠 🕸 ⇔ 🅿

**REGIONAL · GASTHOF** XX Unweit der Schweizer Grenze kann man bei gemüt-lich-ländlichem Flair gut essen: regional-saisonal und mit mediterranem Einschlag. Viele Gerichte empfiehlt man Ihnen auch mündlich. Sie möchten übernachten? Man hat drei einfache Gästezimmer.

Menü 34/69 € – Karte 33/47 €

*Hauptstr. 57 ☒ 78250*
*– ℰ 07736 7543 – www.sonne-wiechs.de*
*– geschl. Februar 3 Wochen und Montag - Dienstag*

# TETTNANG
Baden-Württemberg – 18 350 Ew. – Höhe 466 m – Regionalatlas **63**-H21
▶ Berlin 714 km – Stuttgart 160 km – Konstanz 35 km – Kempten (Allgäu) 65 km
Michelin Straßenkarte 545

## 🏠 Rad     🍴 🕸 🔁 ⅍ 🚗

**GASTHOF · GEMÜTLICH** In diesem gepflegten Haus in zentraler Lage in der Stadtmitte ist man richtig gut untergebracht: schön die Zimmer in wohnlich-modernem Design - oder bevorzugen Sie eines der etwas größeren Klassik-Zimmer? Holztäfelung und Kachelofen machen es im Restaurant gemütlich, die Küche bürgerlich-regional.

69 Zim ☲ – †74/145 € ††104/145 € – ½ P

*Lindauer Str. 2 ☒ 88069*
*– ℰ 07542 5400 – www.hotel-rad.com*

# In Tettnang-Kau West: 3 km Richtung Friedrichshafen, in Pfingstweide links

## 🕸 Lamm im Kau     🏠 🕸 🅿

**REGIONAL · GEMÜTLICH** X In der ehemaligen Bäckerei wird frisch und regional gekocht - Lust auf "Spargelsalat mit pochiertem Ei" oder "Coq au Vin vom Land-huhn"? Dazu eine wirklich nette Atmosphäre, zu der auch der herzliche Service beiträgt - natürlich auch auf der schönen Terrasse vor dem Haus!

Menü 16 € (mittags unter der Woche) – Karte 29/61 €

*Sängerstr. 50 ☒ 88069*
*– ℰ 07542 4734 (Tischbestellung erforderlich) – www.lamm-im-kau.de*
*– geschl. Montag*

# THANNHAUSEN
Bayern – 5 960 Ew. – Höhe 499 m – Regionalatlas **64**-J20
▶ Berlin 591 km – München 113 km – Augsburg 36 km – Ulm (Donau) 59 km
Michelin Straßenkarte 546

## 🏠 Schreiegg's Post     🍴 🕸 🔁 ⅍ 🚗

**FAMILIÄR · GEMÜTLICH** Die Familie leitet freundlich das tipptopp gepflegte und stilvoll-behagliche kleine Hotel in dem hübschen jahrhundertealten Gasthaus. Saunabereich mit Blick über die Stadt, leckeres Frühstück und schöne Restaurant-stuben von elegant bis rustikal - dazu der lauschige Kastaniengarten!

12 Zim ☲ – †96/105 € ††136/139 € – 1 Suite

*Postgasse 1 ☒ 86470 – ℰ 08281 99510 – www.schreieggs-post.de*
*– geschl. 2. - 6. Januar*

# THOLEY
Saarland – 12 220 Ew. – Höhe 400 m – Regionalatlas **45**-C16
▶ Berlin 718 km – Saarbrücken 37 km – Trier 62 km – Birkenfeld 25 km
Michelin Straßenkarte 543

🍴○ **Hotellerie Hubertus**

**FRANZÖSISCH-KLASSISCH · ELEGANT** ✗✗ Das Gourmetrestaurant in dem gleichnamigen familiengeführten Hotel ist schon lange bekannt für seine gute klassische Küche. Und auch das Ambiente kommt an: Der offene Kamin, das mächtige Kreuzgewölbe und die modernen Bilder sind schön anzuschauen. Alternativ gibt es das "Palazzo" mit mediterranem Angebot.

Menü 37/85 € – Karte 29/64 €   17 Zim ⌂ – †52/65 € ††95/110 € – ½ P

*Metzer Str. 1 ✉ 66636 – ℰ 06853 91030 (Tischbestellung ratsam)*
*– www.hotellerie-hubertus.de – geschl. Juli - August 2 Wochen und Montag,*
*Dienstagabend, Samstagmittag*

# THUMBY

Schleswig-Holstein – 470 Ew. – Höhe 25 m – Regionalatlas **2**-I2
▶ Berlin 397 km – Kiel 50 km – Flensburg 61 km – Schleswig 34 km
Michelin Straßenkarte 541

## In Thumby-Sieseby West: 3 km

🐨 **Schlie Krog** ⓝ 🛖 🅿

**REGIONAL · ELEGANT** ✗✗ Sehr schmackhaft und frisch wird im historischen "Krog" in dem wunderschönen kleinen Dorf an der Schlei gekocht - mittags etwas schlichter, abends gehobener - und immer gut! Probieren Sie z. B. "gebratenen Kabeljau mit Pfifferlingsrisotto". Das Ambiente: klassisch oder geradlinig-modern. Hübsche Terrasse.

Menü 29/50 € – Karte 29/55 €

*Dorfstr. 19 ✉ 24351 – ℰ 04352 2531 (Tischbestellung ratsam) – www.schliekrog.de*
*– geschl. Februar, 11. - 19. September und Montag - Dienstag*

**THUMSEE** Bayern ➜ Siehe Reichenhall, Bad

# THYRNAU

Bayern – 4 140 Ew. – Höhe 455 m – Regionalatlas **60**-Q19
▶ Berlin 617 km – München 202 km – Passau 10 km – Regensburg 128 km
Michelin Straßenkarte 546

## In Thyrnau-Hundsdorf Nord-Ost: 2 km

🏨 **Parkschlössl** 🕭 🐾 🖙 🏋 🖾 🕸 🛁 📩 🕉 🚗

**SPA UND WELLNESS · ELEGANT** Das Hotel befindet sich in ruhiger dörflicher Lage am Rande des Bayerischen Waldes. Schön wohnlich eingerichtete Zimmer mit geräumigem Bad, dazu Wellness im Beautyschlössl. Elegant ist das Ambiente im Restaurant mit großer Fensterfront.

40 Zim ⌂ – †75/90 € ††150/200 € – 6 Suiten – ½ P

*Hundsdorf 20a ✉ 94136 – ℰ 08501 9220 – www.hotel-parkschloessl.de*

# TIEFENBRONN

Baden-Württemberg – 5 120 Ew. – Höhe 432 m – Regionalatlas **55**-F18
▶ Berlin 646 km – Stuttgart 39 km – Karlsruhe 45 km – Pforzheim 15 km
Michelin Straßenkarte 545

🐨 **Bauernstuben** 🛖 🅿

**REGIONAL · LÄNDLICH** ✗✗ Richtig reizend und urig-heimelig ist es hier, jede Menge rustikales Holz und liebenswerte Deko! Man sitzt an wertig eingedeckten Tischen, aufmerksam und angenehm locker der Service. Richtig gut z. B. die Steaks aus eigener Reifung. Alternativ: Fleischküchle, Maultaschen & Co. im schicken "Backhaus".

Menü 23 € (mittags unter der Woche)/78 € – Karte 29/74 €

*Hotel Ochsen-Post, Franz-Josef-Gall-Str. 13 ✉ 75233 – ℰ 07234 95450*
*– www.ochsen-post.de – geschl. 19. Februar - 4. März und Donnerstag*

## 🏠 Ochsen-Post

**HISTORISCH · INDIVIDUELL** Seit sage und schreibe 24 Generationen ist der Gasthof im Familienbesitz! Und jede hat bewusst den regionstypischen Charme des Fachwerkhauses erhalten. Hätten Sie gerne ein Himmelbett im Zimmer? Oder vielleicht ein topmodernes Zimmer im Neubau? Dazu eine schöne Frühstücksauswahl. Im Restaurant Ochsen-Post bietet man für Gruppen ein gehobenes Menü.

27 Zim – ☑ – ♦60/120 € ♦♦72/125 € – 5 Suiten

*Franz-Josef-Gall-Str. 13 ☒ 75233 – ℰ 07234 95450 – www.ochsen-post.de*

🍴 **Bauernstuben** – siehe Restaurantauswahl

## In Tiefenbronn-Mühlhausen Süd-Ost: 4 km

## 🍴 Arneggers Adler

**REGIONAL · KLASSISCHES AMBIENTE** ※※ Bereits die 5. Generation sorgt in diesem Familienbetrieb für gute regionale Gerichte wie "Sauerbraten von der Wildschweinkeule mit Waldpilzen, gebratenem Zwiebellauch und Kartoffelknödelchen", aber auch Internationales findet sich hier. Tipp für Businessgäste: Es gibt auch eine günstigere "Spesenkarte".

Menü 30/59 € – Karte 34/52 €

*Hotel Arneggers Adler, Tiefenbronner Str. 20 ☒ 75233 – ℰ 07234 953530*
*– www.arneggers-adler.de – geschl. Montag*

## 🏠 Arneggers Adler

**FAMILIÄR · AUF DEM LAND** Die helle Fassade mit den grün-weißen Fensterläden ist schon ein Hingucker, stattlich die überdachte Zufahrt! Schön wohnlich sind die Zimmer alle, ein bisschen was Besonderes sind aber die gemütlichen Giebel-Juniorsuiten im Haupthaus! Und wer's gerne chic-modern hat, bucht ein Zimmer im Gästehaus.

22 Zim – ♦79/85 € ♦♦91/108 € – ☑ 8 € – ½ P

*Tiefenbronner Str. 20 ☒ 75233 – ℰ 07234 953530 – www.arneggers-adler.de*

🍴 **Arneggers Adler** – siehe Restaurantauswahl

# TIMMENDORFER STRAND

Schleswig-Holstein – 8 770 Ew. – Höhe 2 m – Regionalatlas **11**-K4
▶ Berlin 281 km – Kiel 64 km – Schwerin 80 km – Lübeck 27 km
Michelin Straßenkarte 541

## ❁ Orangerie

**FRANZÖSISCH-KLASSISCH · ELEGANT** ※※※ Wenn das Küchenteam seine klassischen Speisen zum Besten gibt, stimmen Handwerk, Geschmack, Harmonie und natürlich die Produktqualität, zudem werden die gelungenen Kreationen überaus ansprechend präsentiert. Elegantes Ambiente und zuvorkommender Service machen das schöne Bild komplett.

→ Bretonischer Hummersalat mit Melone, Avocado und Limonenvinaigrette. Seezunge in Limettenbutter gebraten mit grünem Spargel und Sauce Mousseline. Feines vom Holsteiner Milchkalb mit Navetten, Karotten-Ingwerpüree und Balsamicojus.

Menü 75 € (vegetarisch)/125 € – Karte 74/104 €

*Strandallee 73 ☒ 23669 – ℰ 04503 6052424*
*– www.orangerie-timmendorfer-strand.de – nur Abendessen, sonntags auch*
*Mittagessen – geschl. Februar, Mitte - Ende*
*November und Sonntagabend - Dienstag*

## 🍴 Panorama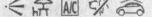

**FRANZÖSISCH-KLASSISCH · ELEGANT** ※※※ Was erwarten Sie von einem Restaurant mit diesem Namen? Sowohl drinnen in eleganter Atmosphäre als auch draußen auf der Terrasse über dem Strand: eine Aussicht wie ein Postkartenmotiv! Internationale Karte mit guter Fischauswahl.

Menü 49 € – Karte 31/120 €

*Grand Hotel Seeschlösschen, Strandallee 141 ☒ 23669 – ℰ 04503 6011*
*– www.seeschloesschen.de – geschl. 10. Januar - 23. Februar*

## �‌O **Reethus**

**GRILLGERICHTE · LÄNDLICH** ✗ Grillgerichte, Salate, regionale Klassiker..., das kommt gut an bei den Gästen! Genauso der freundlich-legere Service und die Dünen-Terrasse - nicht ganz leicht, hier im Sommer einen Platz zu ergattern! Aber auch drinnen in dem reetgedeckten alten Haus mit seinem nordischen Charme sitzt man richtig angenehm.

Menü 34/55 € – Karte 34/82 €

*Wohldstr. 25 ✉ 23669 – ☎ 04503 888790 – www.restaurant-reethus.de – geschl. Dienstag*

## 🏨 **Grand Hotel Seeschlösschen**

**SPA UND WELLNESS · KLASSISCH** Lust auf Penthouse-Feeling? Reichlich Komfort und das Nonplusultra an Aussicht erlebt man in der 9. Etage! Dazu Spa-Vielfalt auf rund 2000 qm: Meerwasser-Außenpool, Ruheraum zur Ostsee, Ayurveda... Und das Meer direkt vor der Tür! Im Restaurant "Grill Seesteg" internationale Grillgerichte nebst tollem Blick.

125 Zim 🛏 – ♦149/279 € ♦♦189/319 € – 13 Suiten – ½ P

*Strandallee 141 ✉ 23669 – ☎ 04503 6011 – www.seeschloesschen.de – geschl. 10. Januar - 23. Februar*

⚌O **Panorama** – siehe Restaurantauswahl

## 🏨 **Landhaus Carstens**

**LANDHAUS · KLASSISCH** Schön wohnt man hier direkt an der Promenade hinter dem Strand, und zwar in klassischen Zimmern - verteilt auf das nordische Landhaus und die moderne Dependance. Zum Essen sitzt man bei schönem Wetter am besten auf der Gartenterrasse. Noch ein Vorteil des Hauses: Zum Strand ist es nur ein Katzensprung.

34 Zim 🛏 – ♦90/145 € ♦♦145/250 € – 1 Suite – ½ P

*Strandallee 73 ✉ 23669 – ☎ 04503 6080 – www.landhauscarstens.de*

## 🏨 **Park-Hotel**

**FAMILIÄR · GEMÜTLICH** Die um einen Anbau erweiterte denkmalgeschützte Villa direkt am Kurpark beherbergt wohnlich eingerichtete Gästezimmer. Vor dem Haus befindet sich eine nette Terrasse.

25 Zim 🛏 – ♦66/130 € ♦♦110/169 €

*Am Kurpark 4 ✉ 23669 – ☎ 04503 60060 – www.park-hotel-timmendorf.de*

### In Timmendorfer Strand-Niendorf Ost: 1,5 km über B 76

## 🏨 **Strandhotel Miramar**

**LANDHAUS · AM MEER** In dem gepflegten Hotel direkt am Strand erwarten die Gäste mit hübschen Stoffen und wohnlichen Farben individuell gestaltete Zimmer. Beim Frühstück genießen Sie einen schönen Blick auf Dünen und Meer!

34 Zim – ♦90/270 € ♦♦99/299 € – 2 Suiten – 🛏 10 €

*Strandstr. 59 ✉ 23669 – ☎ 04503 8010 – www.strandhotel-miramar.de – geschl. 6. - 31. Januar*

# TITISEE-NEUSTADT

Baden-Württemberg – 11 800 Ew. – Höhe 849 m – Regionalatlas **62**-E21

▶ Berlin 780 km – Stuttgart 160 km – Freiburg im Breisgau 33 km – Donaueschingen 32 km
Michelin Straßenkarte **545**

## Im Ortsteil Titisee

## ⚌O **Vierthäler**

**REGIONAL · KLASSISCHES AMBIENTE** ✗✗ Das feine kleine Restaurant trägt den alten Namen Titisees, und auch Fotos von einst erinnern an die "gute alte Zeit". Thomas Sauter bietet klassische Gerichte wie "Dreierlei von der Lachsforelle mit Brioche und Zitronen-Basilikumsorbet".

Menü 25/70 € – Karte 25/66 €

*Hotel Bären, Neustädter Str. 35 ✉ 79822 – ☎ 07651 8060 – www.baeren-titisee.de – Montag - Freitag nur Abendessen, außer an Feiertagen – geschl. Dienstag - Mittwoch*

### 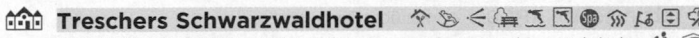 Treschers Schwarzwaldhotel

**SPA UND WELLNESS · KLASSISCH** Den See hat man hier praktisch immer im Blick. Tipp: der Seeflügel mit seinem Mix aus Klassik und Moderne. Ebenso chic (mit Naturstein) der Bade- und Saunabereich, herrlich der Außenpool zum See, davor das private Strandbad! Besonders schön speist man in der charmanten Hirschstube, toll auch die Seeterrasse!

82 Zim ☑ – ♦141/165 € ♦♦162/230 € – 5 Suiten – ½ P

*Seestr. 10 ✉ 79822 – ℰ 07651 8050 – www.schwarzwaldhotel-trescher.de*

### Bären

**SPA UND WELLNESS · MODERN** Vom alten "Bären" a. d. J. 1888 ist nur der Name geblieben. Nach einem Brand hat Familie Sauter hier ein topmodernes Feriendomizil geschaffen: wohnliche Lounge, Zimmer von komfortabel bis fast schon luxuriös, ein vielfältiger Spa... In der "Stube" gibt es regionale Klassiker und Bürgerliches, im stylischen "Sauters" hochwertige Küche für Hausgäste, 3/4-Pension inkl.

51 Zim ☑ – ♦127/162 € ♦♦184/254 € – ½ P

*Neustädter Str. 35 ✉ 79822 – ℰ 07651 8060 – www.baeren-titisee.de*

🍴 **Vierthäler** – siehe Restaurantauswahl

### Seehotel Wiesler

**SPA UND WELLNESS · AUF DEM LAND** Die Seelage mit eigenem Strandbad ist optimal, fast alle Zimmer liegen seeseitig. Wer's modern mag, bucht die Zimmer "Life Style" oder "De Luxe" oder das "Loft-Haus". Attraktiv auch der Spa, und vom Hallenbad schwimmt man nach draußen, wunderbar der Blick - auch beim Speisen auf der großen Restaurantterrasse!

36 Zim ☑ – ♦90/145 € ♦♦190/250 € – 2 Suiten – ½ P

*Strandbadstr. 5 ✉ 79822 – ℰ 07651 98090 – www.seehotel-wiesler.de – geschl. 19. - 27. März, 26. November - 20. Dezember*

**Im Jostal** Nord-West: 6 km ab Neustadt

### Jostalstüble

**GASTHOF · TRADITIONELL** Der typische Schwarzwaldgasthof ist ein netter Familienbetrieb mit wohnlichen Zimmern, darunter zwei geräumige Appartements, sowie Massage- und Kosmetikbereich mit schönem Heubad. Restaurant mit ländlichem Charakter und bürgerlicher Speisekarte.

13 Zim ☑ – ♦45/65 € ♦♦80/110 € – 2 Suiten

*Jostalstr. 60 ✉ 79822 – ℰ 07651 918160 – www.jostalstueble.de – geschl. 8. - 31. Januar*

**Im Ortsteil Waldau** Nord: 10 km

### Sonne-Post

**GASTHOF · GEMÜTLICH** Der Gasthof mit 100-jähriger Familientradition bietet wohnliche Zimmer, die nach Vögeln benannt sind. In den Talzimmern hat man es etwas ruhiger und genießt eine schöne Aussicht. Ein Kachelofen und viel helles Holz machen die Gaststube heimelig.

23 Zim ☑ – ♦57/73 € ♦♦106/126 € – ½ P

*Landstr. 13 ✉ 79822*
*– ℰ 07669 91020 – www.sonne-post.de*
*– geschl. Mitte November - Mitte Dezember, Mitte - Ende März*

## TITTING

Bayern – 2 640 Ew. – Höhe 447 m – Regionalatlas **57**-L18

▶ Berlin 485 km – München 119 km – Augsburg 87 km – Ingolstadt 42 km
Michelin Straßenkarte 546

## In Titting-Emsing Ost: 4,5 km über Emsinger Straße

### 🏠 Dirsch    ☆ 🐾 🖾 💿 🕉 ♨ 🖭 🧖 **P**

**LANDHAUS · ELEGANT** Ein gut geführtes Hotel in ruhiger dörflicher Lage mit unterschiedlich geschnittenen wohnlichen Gästezimmern, Spa auf 1500 qm und einem großen Tagungsbereich. Fragen Sie nach den besonders hübschen neueren Zimmern im Anbau!

90 Zim ⌸ – ∲79/159 € ∲∲99/229 € – 4 Suiten – ½ P

*Hauptstr. 13 ✉ 85135 – ☎ 08423 1890 – www.hotel-dirsch.de – geschl. 17.*
*- 28. Dezember*

## TODTMOOS

Baden-Württemberg – 1 870 Ew. – Höhe 820 m – Regionalatlas **61**-E21
▶ Berlin 817 km – Stuttgart 201 km – Freiburg im Breisgau 49 km – Donaueschingen 78 km
Michelin Straßenkarte 545

### In Todtmoos-Strick Nord-West: 2 km

### 🏠 Rößle    ☆ 🐾 ≼ 🛏 🕉 🖭 ✕ 🖭 ♿ 🧖 **P**

**FAMILIÄR · GEMÜTLICH** Der gewachsene Schwarzwaldgasthof von 1670 ist seit jeher ein Familienbetrieb. Die Zimmer sind schön und individuell gestaltet, besonders beliebt sind die Zimmer im Anbau! Und wie wär's mit etwas Wellness? Massage, Kosmetik, Friseur... Wer im Sommer gern draußen isst, wird die hübsche Gartenterrasse schätzen.

35 Zim ⌸ – ∲72/100 € ∲∲140/160 € – ½ P

*Kapellenweg 2 ✉ 79682*
*– ☎ 07674 90660 – www.hotel-roessle.de*
*– geschl. Mitte November - Mitte Dezember*

## TODTNAU

Baden-Württemberg – 4 830 Ew. – Höhe 659 m – Regionalatlas **61**-D21
▶ Berlin 800 km – Stuttgart 179 km – Freiburg im Breisgau 32 km – Donaueschingen 56 km
Michelin Straßenkarte 545

### In Todtnau-Todtnauberg Nord: 6 km, Richtung Freiburg - Höhe 1 021 m

### 🏠 Sonnenalm    ☆ 🐾 ≼ 🛏 🖾 🕉 🍴 ⬚

**FAMILIÄR · GEMÜTLICH** Das Haus ist eine sehr gepflegte und sympathisch regionale Adresse, und es hat einen ganz klaren Vorteil: Die Hanglage oberhalb des Dorfes bringt einen unverbaubaren Blick auf Schwarzwald und Schweizer Alpen mit sich!

13 Zim ⌸ – ∲65/99 € ∲∲80/140 € – ½ P

*Hornweg 21 ✉ 79674*
*– ☎ 07671 1800 – www.hotel-sonnenalm.de*
*– geschl. 26. März - 7. April, 27. Oktober - 15. Dezember und 23. - 26. Dezember*

## In Todtnau-Herrenschwand Süd: 14 km über B 317 und Präg - Höhe 1 018 m

### 😊 derWaldfrieden    🛏 🏡 ⬚

**TRADITIONELLE KÜCHE · LÄNDLICH** ✕ In ihren ländlichen "gastStuben" bietet Familie Hupfer - am Herd steht Sohn Volker, der einige gute Adressen hinter sich hat - ein breites Spektrum vom Vesper bis zum "Ragout vom Todtmooser Reh". Probieren Sie z. B. das "Menü des Tages".

Menü 35 € – Karte 27/52 €

*Hotel der Waldfrieden, Dorfstr. 8 ✉ 79674*
*– ☎ 07674 920930 – www.derwaldfrieden.de*
*– geschl. 20. März - 7. April, 13. November - 15. Dezember und Montag - Dienstag*

### 🏨 derWaldfrieden

SPA UND WELLNESS · GEMÜTLICH Ein Haus mit zwei Gesichtern! Da ist zum einen der typische Schwarzwaldgasthof mit seinen netten, wohnlichen Zimmern, zum anderen das tolle "spaHaus": Juniorsuiten und Suiten sowie "panoramaSpa", alles in schickem modern-regionalem Look!

20 Zim 🖂 - †50/90 € ††90/140 € - 4 Suiten - ½ P

*Dorfstr. 8 ⊠ 79674 - 𝒞 07674 920930 - www.derwaldfrieden.de - geschl.*
*13. November - 15. Dezember, 20. März - 7. April*

🍴 **derWaldfrieden** - siehe Restaurantauswahl

## TÖLZ, BAD

Bayern - 18 070 Ew. - Höhe 658 m - Regionalatlas **65**-L21
▶ Berlin 642 km - München 53 km - Garmisch-Partenkirchen 54 km - Innsbruck 97 km
Michelin Straßenkarte 546

## Links der Isar

### 🏠 Lindenhof    **P**

HISTORISCH · FUNKTIONELL Ein kleines Hotel in einem Haus von 1843. Freundlich die Gastgeberin, funktional die recht geräumigen Zimmer in warmen Farben - von einigen schaut man auf die Isar hinter dem Haus. Das Restaurant bietet griechische Küche.

10 Zim 🖂 - †59/75 € ††80/99 € - 2 Suiten

*Königsdorfer Str. 24 ⊠ 83646 - 𝒞 08041 794340 - www.lindenhof-toelz.de*
*- geschl. 20. - 26. Dezember*

## In Bad Tölz-Kirchbichl Nord: 6,5 km über Dietramszeller Straße

### 🍴 Jägerwirt    🛋 🔄 **P**

REGIONAL · LÄNDLICH 🍴 Gemütlich-urige Atmosphäre, gutes Essen, faire Preise... Bei Familie Rank kehrt man gerne ein. Neben Vespergerichten und Klassikern wie Bratensülze gibt es auch "geschmortes Kaninchen mit Ravioli" oder "gratinierten Ziegenkäse". Auf Vorbestellung bekommen Sie die beliebten Kalbs- und Schweinshaxen vom Grill!

Menü 30 € - Karte 23/54 €

*Nikolaus-Rank-Str. 1 ⊠ 83646 - 𝒞 08041 9548 - www.jaegerwirt.de*
*- geschl. Ende Oktober - Mitte November und Montag, Donnerstag*

## TRABEN-TRARBACH

Rheinland-Pfalz - 5 770 Ew. - Höhe 110 m - Regionalatlas **46**-C15
▶ Berlin 673 km - Mainz 104 km - Trier 63 km - Bernkastel-Kues 24 km
Michelin Straßenkarte 543

## Im Ortsteil Traben

### 🍴 Belle Epoque    🛋 🔄 **P**

KLASSISCHE KÜCHE · TRADITIONELLES AMBIENTE ✕✕ Schöne Jugendstilelemente mischen sich hier in die Einrichtung und machen das Ambiente interessant - Blickfang ist ein speziell angefertigtes Fensterbild. Dazu bietet man saisonal beeinflusste Küche. Für besondere Anlässe: Art Deco Salon.

Menü 37/66 € (abends) - Karte 34/77 €

*Jugendstilhotel Bellevue, An der Mosel 11 ⊠ 56841 - 𝒞 06541 7030*
*(Tischbestellung ratsam) - www.bellevue-hotel.de*

### 🏨 Moselschlösschen    🏡 🍴 🔄 🎿 🚗

HISTORISCHES GEBÄUDE · ELEGANT Sie wohnen auf einem historischen Anwesen in wunderbarer Lage direkt an der Moselpromade. Sehr geschmackvoll und wertig die Zimmer, modern-elegant das Restaurant mit lichter Orangerie, toll der Säulenkeller von 1754 für Veranstaltungen. Daneben gibt es noch die Kochschule "Tafelkunst" und eine Vinothek.

61 Zim 🖂 - †95/125 € ††130/160 € - 4 Suiten - ½ P

*An der Mosel 15 ⊠ 56841 - 𝒞 06541 8320 - www.moselschloesschen.de*

### 🏠 Jugendstilhotel Bellevue

**HISTORISCH · ART DÉCO** Sie mögen's historisch? Das hübsche Gebäudeensemble mit stilvollem Haupthaus von 1903 lässt Sie an zahlreichen Details den Charme des Jugendstils spüren. Wohnlich und individuell die Zimmer (sehr schön z. B. das geräumige Walzerzimmer im Haus Havenstein), ansprechend der Spabereich und der Dachgarten.

60 Zim ♙ – ♦95/130 € ♦♦140/170 € – 9 Suiten – ½ P

*An der Mosel 11 ✉ 56841*
*– ✆ 06541 7030 – www.bellevue-hotel.de*
🍴 **Belle Epoque** – siehe Restaurantauswahl

### 🏠 Trabener Hof

**PRIVATHAUS · MODERN** Lobby, Zimmer, Frühstücksraum..., das Stadthaus von 1898 ist angenehm freundlich und neuzeitlich gestaltet. Im Zimmer steht ein kostenfreies Mineralwasser bereit, W-Lan ist ebenfalls gratis. Nett: kleiner Aufenthaltsraum mit Balkonterrasse.

23 Zim ♙ – ♦65/85 € ♦♦90/120 € – 9 Suiten

*Bahnstr. 25, (Eingang Rottmann-Straße) ✉ 56841 – ✆ 06541 70080*
*– www.trabener-hof.de – geschl. Januar - Februar*

## Im Ortsteil Trarbach

### 🍴 Bauer's Restaurant

**MARKTKÜCHE · BISTRO** ✕ Hier wird gut gekocht, und zwar regional-saisonale Gerichte wie "Hunsrücker Hirschgulasch mit Pfifferlingen in Wacholdersauce" oder "geschmorte Lammkeule in Dornfelder Sauce mit Frühlingskräutern". Beliebt: die Terrasse mit Moselblick.

Menü 32/45 € – Karte 29/43 €

*Hotel Moseltor, Moselstr. 1 ✉ 56841*
*– ✆ 06541 6551 (Tischbestellung ratsam) – www.moseltor.de*
*– nur Abendessen – geschl. Juli 2 Wochen und Dienstag*

### 🏠 Moseltor

**FAMILIÄR · MODERN** Sehr gepflegt, familiär geführt und dann noch an der Mosel gelegen - in dem historischen Haus mit Bruchsteinfassade wohnt es sich schön. Wenn Sie sich etwas Besonderes gönnen möchten, buchen Sie die geschmackvoll-moderne "Goethe Suite"!

9 Zim ♙ – ♦70/105 € ♦♦115/140 € – 4 Suiten – ½ P

*Moselstr. 1 ✉ 56841 – ✆ 06541 6551 – www.moseltor.de – geschl. Juli 2 Wochen*
🍴 **Bauer's Restaurant** – siehe Restaurantauswahl

## TRASSENHEIDE Mecklenburg-Vorpommern → Siehe Usedom (Insel)

# TRAUNSTEIN

Bayern – 18 950 Ew. – Höhe 591 m – Regionalatlas **67**-O21
▶ Berlin 674 km – München 112 km – Bad Reichenhall 35 km – Rosenheim 53 km
Michelin Straßenkarte 546

### 🍴 1888

**FRANZÖSISCH · KLASSISCHES AMBIENTE** ✕✕ Hier bekommen Sie frische Küche in Form einer schönen Mischung aus bayerischen und französischen Gerichten - so z. B. "Lammrücken Provençale in Kräuterkruste". Das Ambiente: mal klassisch-gediegen, mal nette Bistro-Atmosphäre. Benannt ist das Restaurant übrigens nach dem Baujahr des Hauses.

Menü 15 € (mittags)/56 € – Karte 25/54 €

*Parkhotel 1888, Bahnhofstr. 11 ✉ 83278 – ✆ 0861 988820*
*– www.parkhotel-traunstein.de*

### 🏠 Parkhotel 1888

**HISTORISCHES GEBÄUDE · KLASSISCH** In dem Hotel a. d. 19. Jh. sticht gleich der Treppenaufgang mit eindrucksvoll gedrechseltem Geländer ins Auge. Trotz aller Tradition findet man hier angenehm zeitgemäße Zimmer. Entspannen kann man im Saunabereich im oberen Stock.

56 Zim 🖃 - †69/95 € ††112/124 € – ½ P

*Bahnhofstr. 11* ✉ *83278* – ℰ *0861 988820* – *www.parkhotel-traunstein.de*

🍴O **1888** – siehe Restaurantauswahl

## TREIS-KARDEN

Rheinland-Pfalz – 2 230 Ew. – Höhe 90 m – Regionalatlas **46**-C14

▶ Berlin 633 km – Mainz 100 km – Koblenz 37 km – Trier 104 km

Michelin Straßenkarte 543

### Im Ortsteil Karden

### 🍴 Wein- und Schloßstube

**REGIONAL · BÜRGERLICH** ⅄ Gebackenes Seelachsfilet, kross gebratener Adlerfisch, Pfälzer Saumagen und Rehschäufele, Kalbsfilet und Scampi... Hier finden Sie eine Vielfalt an schmackhaften Speisen. Tipp für Feinschmecker: das "Schloßstubenmenü"!

Menü 49/78 € – Karte 25/55 €

*Schloss Hotel Petry, St.-Castor-Str. 80* ✉ *56253* – ℰ *02672 9340*
– *www.schloss-hotel-petry.de*

### 🏠 Schloss-Hotel Petry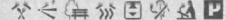

**HISTORISCH · KLASSISCH** Verschiedene Gebäude einschließlich Schloss bilden diese familiär geführte Adresse. Hier überzeugen wohnliche Gästezimmer und ein schön gestalteter Sauna- und Behandlungsbereich - nett hat man das Thema Wein umgesetzt.

72 Zim 🖃 - †59/95 € ††88/160 €

*St.-Castor-Str. 80* ✉ *56253* – ℰ *02672 9340* – *www.schloss-hotel-petry.de*

🍴 **Wein- und Schloßstube** – siehe Restaurantauswahl

### In Müden Ost: 4 km Richtung Löf

### 🏠 Sewenig

**FAMILIÄR · FUNKTIONELL** In dem Ferienhotel mit Weingut wohnt man in gepflegten, funktionellen Zimmern, die im rustikalen Stil gehalten sind. Im Restaurant und auf der Terrasse zur Mosel hin serviert man bürgerliche Küche.

30 Zim 🖃 - †39/59 € ††78/100 € – ½ P

*Moselstr. 5, B 416* ✉ *56254* – ℰ *02672 1334* – *www.hotel-sewenig.de* – *geschl. 3. Januar - 22. Februar*

## TREUCHTLINGEN

Bayern – 12 580 Ew. – Höhe 412 m – Regionalatlas **57**-K18

▶ Berlin 496 km – München 147 km – Ansbach 54 km – Augsburg 77 km

Michelin Straßenkarte 546

### In Treuchtlingen-Schambach

### 🏠 Zum Güldenen Ritter

**LANDHAUS · HISTORISCH** Einst Späherburg, seit dem 16. Jh. als Gasthaus geführt und heute ein liebenswertes kleines Hotel mit historischem Charme von den geräumigen Zimmern bis zu den Restaurantstuben - hier gibt es z. B. Schmabacher Rostbraten oder Altmühltaler Lamm. Nett die Bar im alten Pferdestall, hübsch die Terrasse vorm Haus.

9 Zim 🖃 - †58/78 € ††98/138 € – ½ P

*Burggasse 1* ✉ *91757* – ℰ *09142 2048900* – *www.zum-gueldenen-ritter.de*

# TRIBERG

Baden-Württemberg – 4 770 Ew. – Höhe 864 m – Regionalatlas **62**-E20

▶ Berlin 765 km – Stuttgart 139 km – Freiburg im Breisgau 61 km – Offenburg 56 km

Michelin Straßenkarte 545

⫟○ **Parkhotel Wehrle**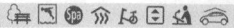

INTERNATIONAL · GEMÜTLICH ✗✗ Roter Salon, Ochsenstube oder Alte Schmiede? Elegant oder rustikal? Schön sind die historischen Räume alle! Es gibt Regionales wie frische Forellen oder Internationales wie "Spaghetti mit Octopus, Chorizo und Rucola in Krustientiersauce".

Menü 46/68 € – Karte 42/68 €

*Parkhotel Wehrle, Gartenstr. 24* ✉ *78098 –* ☎ *07722 86020*
*– www.parkhotel-wehrle.de – nur Abendessen*

🏨 **Parkhotel Wehrle**

SPA UND WELLNESS · KLASSISCH Traditionshaus mit reizvollem Park (sehenswert hier der über 400 Jahre alte Mammutbaum!) und individuellen Zimmern von klassisch bis modern. Das größere Gästehaus ist direkt mit dem tollen "Sanitas Spa" verbunden. Sie möchten heiraten? Kleinstes Standesamt Deutschlands im Haus!

51 Zim ⌑ – ♦85/115 € ♦♦149/175 € – 5 Suiten – ½ P

*Gartenstr. 24* ✉ *78098 –* ☎ *07722 86020 – www.parkhotel-wehrle.de*

⫟○ **Parkhotel Wehrle** – siehe Restaurantauswahl

# TRIEFENSTEIN

Bayern – 4 270 Ew. – Höhe 180 m – Regionalatlas **48**-H15

▶ Berlin 523 km – München 313 km – Würzburg 31 km

Michelin Straßenkarte 546

## In Triefenstein-Homburg am Main Süd-Ost: 2 km

🍴 **Weinhaus Zum Ritter**

REGIONAL · GEMÜTLICH ✗ Wie man es bei diesem 400 Jahre alten ehemaligen Bauernhaus vermutet, sitzt man hier richtig gemütlich in einer reizenden Stube. Da passt die regionale Küche von Thomas Hausin gut dazu, lecker z. B. "Bauernente mit Kartoffelklößen und Apfelrotkohl". Im Sommer ein Muss: die Terrasse!

Menü 26/44 € – Karte 25/37 €    4 Zim ⌑ – ♦38 € ♦♦62 €

*Rittergasse 2* ✉ *97855 –* ☎ *09395 1506 – www.weinhaus-ritter.de – November
- Mai: Dienstag - Samstag nur Abendessen - geschl. Februar - März 3 Wochen
und Montag - Dienstagmittag*

## WIR MÖGEN BESONDERS...

Den Charme der **Villa Hügel** samt schöner Gästezimmer und Stadtblick beim Frühstück auf der Terrasse. Gut essen im **Bagatelle**, einem kleinen ehemaligen Fischerhaus an der Mosel. Die Weinstuben-Atmosphäre in **BECKER'S Weinhaus**. Im Sommer mitten in der Stadt im idyllischen Garten der **Weinwirtschaft Friedrich Wilhelm** sitzen.

# TRIER

Rheinland-Pfalz – 106 550 Ew. – Höhe 130 m – Regionalatlas **45**-B15
▶ Berlin 719 km – Mainz 162 km – Bonn 143 km – Koblenz 124 km
Michelin Straßenkarte 543

## *Restaurants*

🍴 **Bagatelle**　　　　　　　　　　　　　　　　　🛖 ⇔
FRANZÖSISCH-KLASSISCH · FREUNDLICH XX In dem kleinen alten Fischerhaus am Moselufer lässt man sich bei einem engagierten Gastgeber ambitionierte klassisch-saisonal-mediterrane Küche servieren - unter der Woche gibt es auch ein günstiges Mittagsmenü. Schön die Moselterrasse!
Menü 52/79 € – Karte 59/90 €
**Stadtplan : A1-c** – *Zurlaubener Ufer 78* ✉ *54292*
– ✆ *0651 9956990 (Tischbestellung ratsam)*
– *www.bagatelle-trier.com*

🍴 **Schlemmereule**　　　　　　　　　　　　　　　　🛖
INTERNATIONAL · GEMÜTLICH X In dem einstigen Amts- und Regierungshaus a. d. 18. Jh. verbindet sich der klassisch-historische Rahmen mit modernem Stil - sehenswert die große Original-Statue der Kaiserin Helena sowie zwei interessante Deckengemälde. Gekocht wird international-saisonal. Terrasse im Hof.
Menü 21 € (mittags unter der Woche)/54 € – Karte 45/64 €
**Stadtplan : D1-b** – *Domfreihof 1b, (im Palais Walderdorff)* ✉ *54290*
– ✆ *0651 73616* – *www.schlemmereule.de*
– *geschl. 19. Februar - 2. März und Sonntag, außer an Feiertagen*

🍴 **Brasserie**　　　　　　　　　　　　　　　　🛖 🄰🄲 ⇔
TRADITIONELLE KÜCHE · BRASSERIE X Hungrig vom Bummeln durch Trier? Dann ist dieses gemütliche Lokal beim Hauptmarkt ideal. In typischer Brasserie-Atmosphäre gibt es Klassiker wie den "Trierer Lieblingsteller" oder Hühnerfrikassee. Beliebt auch Lamm, Kaninchen oder Reh.
Karte 22/56 €
**Stadtplan : C1-b** – *Fleischstr. 12* ✉ *54290* – ✆ *0651 978000 (Tischbestellung ratsam)* – *www.brasserie-trier.de*

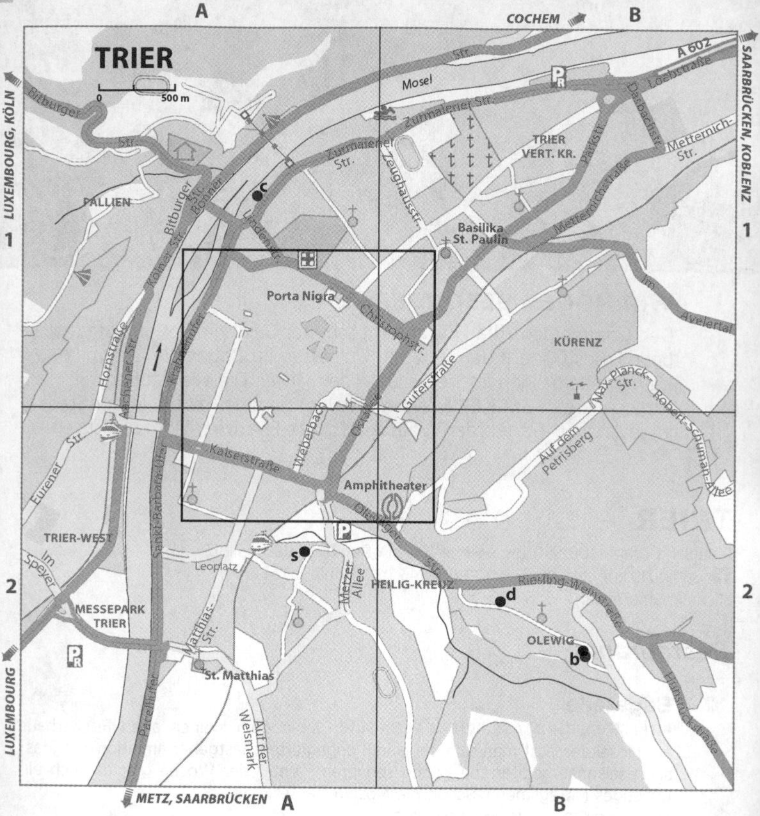

Map labels: COCHEM, SAARBRÜCKEN, KOBLENZ, LUXEMBOURG, KÖLN, Mosel, A 602, TRIER VERT. KR., Basilika St. Paulin, Porta Nigra, KÜRENZ, Kaiserstraße, Amphitheater, TRIER-WEST, MESSEPARK TRIER, Leoplatz, HEILIG-KREUZ, OLEWIG, St. Matthias, METZ, SAARBRÜCKEN, LUXEMBOURG, 0 500 m

## ⅼ◯ Georgs Restaurant                    🛱 ✧ 🅿

**INTERNATIONAL · TRENDY** Ⅹ Das "Südbad" ist nicht nur für Badegäste interessant, dafür sorgen frische internationale Gerichte wie "Filet von Dorade Royale mit mediterranem Artischockengemüse" oder der Klassiker "Schnitzel mit Champignon-Lauchsauce". Kleine Lounge und tolle Terrasse mit Blick ins Schwimmbad.

Menü 29/49 € – Karte 31/54 €

*An der Härenwies 10 ⊠ 54294*
*– ℰ 0651 9930060 – www.georgs-restaurant.de*
*– nur Abendessen, sonntags auch Mittagessen*
*– geschl. über Karneval 1 Woche, 2. - 12. Oktober und Montag - Dienstag*

## ⅼ◯ Weinwirtschaft Friedrich Wilhelm            🕱 ✧ 🅿

**REGIONAL · GEMÜTLICH** Ⅹ Das Restaurant ist ein Ableger des Trittenheimer "Wein- und Tafelhauses", und zwar ein ausgesprochen gemütlicher. Gekocht wird regional. Lassen Sie sich im Sommer nicht den idyllischen Garten entgehen - mitten in der Stadt und doch ruhig!

Karte 31/75 €

**Stadtplan : D2-w** – *Weberbach 75 ⊠ 54290*
*– ℰ 0651 99474800 – www.weinwirtschaft-fw.de*
*– geschl. Sonntag sowie an Feiertagen*

1016

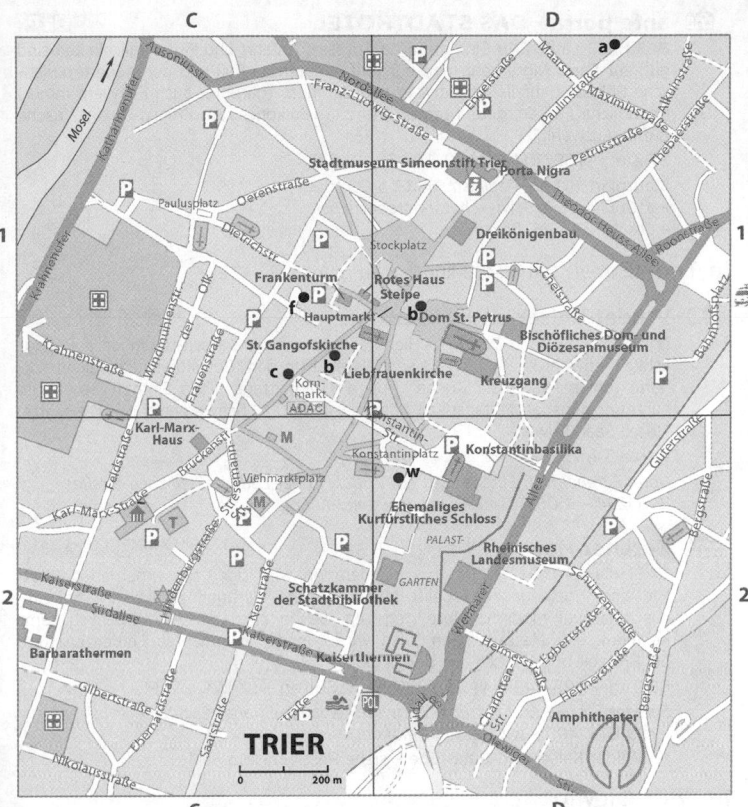

**TRIER**

0 ——— 200 m

## Hotels

### 🏨 Park Plaza 🏠 🌐 ⬆ 🛗 ⚙ AC 🎿 🚗

BUSINESS · MODERN Modern-komfortables Wohnen und Tagen in unmittelbarer
Nähe der Fußgängerzone. Interessant: Überall im Haus finden sich Spuren der
Stadtgeschichte, so z. B. auch im 330 qm großen Sauna- und Kosmetikbereich
mit seinem römischen Flair. Grillgerichte im Restaurant mit Innenhofterrasse.

148 Zim - ♦99/165 € ♦♦133/199 € – 2 Suiten – ☲ 17 € – ½ P
Stadtplan : C1-f – *Nikolaus-Koch-Platz 1* ✉ 54290 – 𝒞 0651 99930
– *www.parkplaza-trier.de*

### 🏨 Villa Hügel 🏠 ⬅ 🛏 🖥 🌐 ⬆ AC 🎿 🚗

PRIVATHAUS · GEMÜTLICH Sie suchen etwas mehr Stil und Charme als in einem
"normalen" Stadthotel? Wie wär's mit dieser Villa von 1914? Relativ ruhig über
Trier gelegen, komfortabel, wohnlich und technisch modern, mit schönem Sauna-
und Ruhebereich und herrlichem Garten - nicht zu vergessen Gastgeber mit Liebe
zum Beruf! Zum leckeren Frühstück gibt's Stadtblick von der Panoramaterrasse.

48 Zim ☲ - ♦108/148 € ♦♦152/235 € – ½ P
Stadtplan : A2-s – *Bernhardstr. 14* ✉ 54295 – 𝒞 0651 33066
– *www.hotel-villa-huegel.de* – *geschl. Januar 1 Woche*

###  ante porta - DAS STADTHOTEL

BUSINESS · MODERN Eine gefragte Adresse: Anfahrt und Parkmöglichkeiten sind gut, zur Porta Nigra geht man nur fünf Minuten zu Fuß und der modern-puristische Stil ist ebenfalls attraktiv! In den Zimmern (darunter auch Familienzimmer) freundliche Farben, gute Technik und z. T. Balkone, zum Frühstück eine frische Buffet-Auswahl.

37 Zim – †59/104 € ††69/134 € – ⌷ 8 €

Stadtplan : D1-a – Paulinstr. 66 ⌗ 54292

– ☎ 0651 436850 – www.hotel-anteporta.de

– geschl. 23. - 26. Dezember

## In Trier-Euren Süd-West: 3 km über Eurener Straße A2

### ⅰ○ Wilder Kaiser und Gutsstube

MARKTKÜCHE · LÄNDLICH XX Hier heißt es moselfränkisch-traditionelle Behaglichkeit, sowohl im "Wilden Kaiser" als auch in der "Gutsstube", dazu schmackhafte regional-saisonale Küche. Tipp: Freitagmittags gibt's Eintopf! Beliebt ist auch der günstige Mittagstisch "ländlich & deftig". Schwerpunkt der Weinkarte: Mosel, Saar, Ruwer.

Karte 34/73 €

Hotel Eurener Hof, Eurener Str. 171, (Zufahrt über Ludwig-Steinbach-Straße) ⌗ 54294 – ☎ 0651 82400 – www.eurener-hof.de

### ⌂ Eurener Hof

GASTHOF · TRADITIONELL In 4. Generation wird der Familienbetrieb geführt. Mit einem gelungenen Facelift hat man dem wertigen rustikalen Erbe eine geschmackvoll-moderne Note gegeben. Schön auch der Freizeitbereich samt Kosmetik und Massage. Gemütlich wird's in der charmanten Laurenziusstube bei Brotzeit oder Fleisch aus der Region.

69 Zim – †85/148 € ††120/220 € – 2 Suiten – ⌷ 13 € – ½ P

Eurener Str. 171, (Zufahrt über Ludwig-Steinbach-Straße) ⌗ 54294

– ☎ 0651 82400 – www.eurener-hof.de

ⅰ○ Wilder Kaiser und Gutsstube – siehe Restaurantauswahl

## In Trier-Olewig

### ✿✿ BECKER'S

KREATIV · CHIC XXX "Purer Genuss" - so der Name des Menüs - ist das Ergebnis handwerklich niveauvoller, aufwändiger und kreativer Zubereitung exzellenter Produkte. Gelungenes Pendant zur modernen Küche: wertiges klares Design. Natürlich empfiehlt man Ihnen gerne hauseigene Weine.

→ Gänseleber, Kaffee, Salzstreusel, Rhabarber. Knusprige Rotbarbe, Spargel, Schinken, grüne Mandeln. Müsli von Himbeere und weißer Schokolade.

Menü 125/155 €

Stadtplan : B2-b – BECKER'S Hotel, Olewiger Str. 206 ⌗ 54295

– ☎ 0651 938080 (Tischbestellung ratsam) – www.beckers-trier.de

– nur Abendessen – geschl. über Karneval 3 Wochen, Juli - August 2 Wochen und Sonntag - Montag

### ⅰ○ BECKER'S Weinhaus

KLASSISCHE KÜCHE · WEINSTUBE XX Ein Kontrast zum modernen Neubau des Hotels ist das Stammhaus - hier die Weinstube. Viel helles Holz macht es schön behaglich - da lässt man sich gerne klassisch-saisonale Gerichte wie "gebratene Jakobsmuscheln mit Schalottenravioli und Schnittlauchschmand" servieren. Hübsch auch die Terrasse.

Menü 28 € (mittags unter der Woche)/59 € – Karte 35/73 €

Stadtplan : B2-b – BECKER'S Hotel, Olewiger Str. 206 ⌗ 54295 – ☎ 0651 938080

– www.beckers-trier.de

## 🏠 BECKER'S Hotel  ⬆️ 🅰️🅲 ⚄ 🛁 🅿️

**URBAN · MODERN** Bei Familie Becker heißt es wohnliche Atmosphäre und zuvorkommender Service. Die Zimmer sind minimalistisch designt, Frühstück gibt's in der trendig-modernen Weinbar oder im rustikalen Weinhaus - hier hat man übrigens auch einige Zimmer: kleiner und einfacher, aber gemütlich.

22 Zim ⌑ – †95/150 € ††120/190 € – 3 Suiten – ½ P

**Stadtplan : B2-b** – *Olewiger Str. 206* ✉ *54295* – ☏ *0651 938080*
– *www.beckers-trier.de*

❀❀ BECKER'S • ⅈⓄ BECKER'S Weinhaus – siehe Restaurantauswahl

## 🏠 Blesius Garten  🎋 🗔 🕸 ⬆️ ⚄ 🅿️

**LANDHAUS · MODERN** Das ehemalige Hofgut a. d. J. 1789 beherbergt Gästezimmer im Landhausstil mit geschmackvoll-moderner Note sowie ein Restaurant mit hübschem Wintergarten, in dem man international speist. Sie mögen Bier? In der Hausbrauerei mit Biergarten ist es schön urig - man hat sogar einen Biersommelier im Haus!

61 Zim – †72/87 € ††96/116 € – ⌑ 10 € – ½ P

**Stadtplan : B2-d** – *Olewiger Str. 135* ✉ *54295* – ☏ *0651 36060*
– *www.blesius-garten.de*

**In Trier-Zewen** Süd-West: 7 km über A2, Richtung Luxemburg

## ⅈⓄ Schloss Monaise  🎱 🍴 ⇦ 🅿️

**FRANZÖSISCH-KLASSISCH · HISTORISCHES AMBIENTE** ✗✗ "Seeteufel auf Blattspinat in Krustentierjus" oder "Hirschkalbsrücken mit frischen Waldpilzen" sind schöne Beispiele für die klassische Küche aus top Produkten. Serviert wird - wie sollte es in dem 1783 erbauten Schlösschen an der Mosel auch anders sein - in stilvollen hohen Räumen.

Menü 58/95 € – Karte 56/82 €

*Schloss Monaise 7* ✉ *54294* – ☏ *0651 828670* – *www.schlossmonaise.de* – *geschl.*
*20. Februar - 2. März und Montag - Dienstagmittag*

## ⅈⓄ Stemper's Brasserie  ⇦ 🍴 🅿️

**INTERNATIONAL · BRASSERIE** ✗ Die Brasserie des Hotels "Ambiente" befindet sich im ursprünglichen Teil des Hauses, wo vor über 200 Jahren alles begann. Auf den Tisch kommen kleine Bistrogerichte und klassisch-internationale Küche - Spezialität ist französischer Fischeintopf.

Menü 36 € – Karte 26/51 €   12 Zim ⌑ – †69/79 € ††99/109 €

*In der Acht 1* ✉ *54294* – ☏ *0651 827280* – *www.ambiente-trier.de* – *nur*
*Abendessen – geschl. Sonntag, Donnerstag*

# TRITTENHEIM

Rheinland-Pfalz – 1 080 Ew. – Höhe 130 m – Regionalatlas **45**-B15
▶ Berlin 700 km – Mainz 138 km – Trier 35 km – Bernkastel-Kues 25 km
Michelin Straßenkarte 543

## ❀ Wein- und Tafelhaus (Alexander Oos)  ⇦ ⪡ 🍴 ⚄ 🅿️

**MARKTKÜCHE · FREUNDLICH** ✗✗ Alexander Oos kocht saisonal-klassisch und mediterran inspiriert, mit schönen Kontrasten und gleichzeitig harmonisch. Und der kulinarische Genuss kommt nicht alleine: Der verglaste Kubus gibt den wunderbaren Blick auf die "Trittenheimer Apotheke" frei! Tipp: Man hat auch eine Kochschule.

→ Tatar und gebratener Würfel vom Thunfisch mit Ingwergelee, Mango, Kaiserschoten, Chili. Lammrücken mit Bohnen, Artischocken-Olivenpüree und Ragout vom geschmorten Lammbauch. Dessert von Walnuss und Zwetschge.

Menü 95/145 € – Karte 70/110 €   7 Zim – †75/90 € ††130/150 €
– ⌑ 15 €

*Moselpromenade 4* ✉ *54349* – ☏ *06507 702803 (Tischbestellung ratsam)*
– *www.wein-tafelhaus.de* – *nur Abendessen, sonntags auch Mittagessen* – *geschl.*
*Januar 3 Wochen, Juli - August 2 Wochen, November 1 Woche und Montag*
*- Dienstag, außer an Feiertagen*

**In Bescheid** Süd: 10 km über Büdlicherbrück

🍴○ **Zur Malerklause** 🌳 **P**

FRANZÖSISCH-KLASSISCH · FAMILIÄR ✕✕ Bei Familie Lorscheider wird mit guten Produkten schmackhaft und ambitioniert gekocht. Das gediegene Restaurant ist reichlich dekoriert und hat eine schöne überdachte Terrasse.

Menü 44/92 € - Karte 46/75 €

*Im Hofecken 2 ✉ 54413 - ☎ 06509 558 (Tischbestellung ratsam)*
*- www.malerklause.de - nur Abendessen, sonntags auch Mittagessen - geschl.*
*über Fastnacht 2 Wochen, Anfang September 2 Wochen und Montag - Dienstag*

**In Naurath (Wald)** Süd: 8 km oder über A1Abfahrt Mehring - Höhe 395 m

🍃 **Rüssel's Landhaus** 🐎 🛆 🌳 � ㄠ **P**

KREATIV · CHIC ✕✕✕ In erster Linie kommen die Gäste natürlich wegen der ausgezeichneten kreativ-saisonalen Küche zu Ruth und Harald Rüssel, aber auch das Restaurant selbst ist einen Besuch wert: das Interieur chic und charmant zugleich, draußen am kleinen See ein Traum von Terrasse!

➔ St. Pierre, Kalbszunge, Artischocken, Escabeche-Kräutersud. Confierter Zander, Blumenkohl, Schweineschnauze, Rettich, Bachkresseöl, Schinkenfumet. Rehrücken, Cru de Cacao, Lorbeer, Haxenjus, Mostreduktion, Mandelspitzkohl.

Menü 98/145 € - Karte 76/91 €

*Hotel Rüssel's Landhaus, Büdlicherbrück 1, Nord-Ost: 1,5 km ✉ 54426*
*- ☎ 06509 91400 (abends Tischbestellung ratsam) - www.ruessels-landhaus.de*
*- geschl. 1. - 15. Januar, Juli - August 2 Wochen und Montagmittag, Dienstag*
*- Donnerstagmittag*

🍃 **Rüssel's Hasenpfeffer** 🌳 ㄠ �

REGIONAL · LÄNDLICH ✕ Eine wirklich hübsche Alternative zum Rüssel'schen Gourmetrestaurant und beliebt bei den Gästen. Die bestellen hier z. B. gerne Wild und Geschmortes - ein Hasengericht findet sich übrigens auch immer auf der regional-saisonalen Karte.

Menü 37 € - Karte 37/57 €

*Hotel Rüssel's Landhaus, Büdlicherbrück 1, Nord-Ost: 1,5 km ✉ 54426*
*- ☎ 06509 91400 - www.ruessels-landhaus.de - geschl. 1. - 15. Januar, Juli*
*- August 2 Wochen und Montagmittag, Dienstag - Donnerstagmittag*

🏠 **Rüssel's Landhaus** 🦢 🛆 � **P**

LANDHAUS · INDIVIDUELL Der Name Rüssel steht nicht nur für richtig gute Küche. Werfen Sie einen Blick in die Zimmer und Sie werden über Nacht bleiben wollen! Ob Landhausstil oder Themen wie "Weinselig" oder "Provence", hier ist ein Raum schöner als der andere!

12 Zim 🖙 - ♦85/115 € ♦♦140/220 € - 2 Suiten

*Büdlicherbrück 1, Nord-Ost: 1,5 km ✉ 54426 - ☎ 06509 91400*
*- www.ruessels-landhaus.de - geschl. 1. - 15. Januar, Juli - August 2 Wochen*

🍃 **Rüssel's Landhaus** • 🍃 **Rüssel's Hasenpfeffer** - siehe Restaurantauswahl

# TRÖSTAU

Bayern - 2 410 Ew. - Höhe 550 m - Regionalatlas **51**-M15

▶ Berlin 370 km - München 268 km - Weiden in der Oberpfalz 58 km - Bayreuth 37 km
Michelin Straßenkarte 546

🍴○ **Schmankerl Restaurant Bauer** 🛥 🛆 🌳 **P**

REGIONAL · FREUNDLICH ✕ Herzlich wird man in dem alteingesessenen Restaurant umsorgt. Aus der Küche kommen bürgerliche Gerichte wie "Tafelspitz mit Krensauce" oder "Lachsforelle mit Steinpilznudeln". Zum Essen gibt's so manch guten Wein - ein Hobby der Gastgeber.

Karte 22/47 € 11 Zim 🖙 - ♦48/60 € ♦♦80/90 €

*Kemnather Str. 22 ✉ 95709 - ☎ 09232 2842 - www.bauershotel.de - geschl.*
*Mittwoch, November - März: Montagmittag, Dienstagmittag und Mittwoch*

### In Tröstau-Fahrenbach Süd-Ost: 2 km

#### 🏨 Golfhotel Fahrenbach ✿ ⅌ ⋖ 🛏 🏨 🎦 ⊡ ⅄ 🎿 **P**

**LANDHAUS · FUNKTIONELL** Das Hotel - angenehm ruhig am Golfplatz gelegen - ist bei Golfern und Geschäftsleuten gleichermaßen beliebt. Geräumige Zimmer, Saunalandschaft und Massagen bieten Erholung, zudem sind die Mitarbeiter hier auffallend freundlich.

76 Zim ⌑ – ♦69/75 € ♦♦110/122 € – 4 Suiten – ½ P
*Fahrenbach 1 ⊠ 95709 – ☎ 09232 8820 – www.golfhotel-fahrenbach.de*

## TROISDORF

Nordrhein-Westfalen – 72 980 Ew. – Höhe 60 m – Regionalatlas **36**-C12
▶ Berlin 584 km – Düsseldorf 65 km – Bonn 12 km – Siegburg 5 km
Michelin Straßenkarte 543

### Außerhalb Nord: 2 km über Altenrather Straße

#### 🍴○ Forsthaus Telegraph 🍴 **P**

**KLASSISCHE KÜCHE · RUSTIKAL** XX Das idyllisch im Wald gelegene einstige Forsthaus kommt gut an. Man sitzt gemütlich auf zwei charmant gestalteten Ebenen und lässt sich klassische Küche mit internationalem und regionalem Einfluss servieren.

Menü 41/68 € – Karte 35/60 €
*Mauspfad 3 ⊠ 53842 – ☎ 02241 76649 (Tischbestellung ratsam) – www.forsthaus-telegraph.de – geschl. Anfang Januar 1 Woche und Montag - Mittwochmittag, Donnerstagmittag*

## TROSSINGEN

Baden-Württemberg – 15 430 Ew. – Höhe 699 m – Regionalatlas **62**-F20
▶ Berlin 741 km – Stuttgart 108 km – Freiburg im Breisgau 86 km – Schaffhausen 68 km
Michelin Straßenkarte 545

### In Trossingen-Schura Süd: 3 km

#### 🏠 Landgasthof Bären ✿ ⅍ **P**

**GASTHOF · MODERN** Ein schöner Gasthof, seit mehreren Generationen im Familienbesitz. Sehenswert sind die modernen Themenzimmer wie "Natur pur", "Sinfonie", "Technologie"... Im Restaurant und natürlich auf der schönen Terrasse - ergänzt eine wechselnde Saisonkarte das bürgerliche und regionale Angebot.

8 Zim ⌑ – ♦79/89 € ♦♦98/115 € – ½ P
*Lange Str. 18 ⊠ 78647 – ☎ 07425 8178 – www.baeren-schura.de – geschl. Ende August 2 Wochen*

## TROSTBERG

Bayern – 11 050 Ew. – Höhe 493 m – Regionalatlas **67**-O20
▶ Berlin 676 km – München 98 km – Salzburg 65 km – Rosenheim 60 km
Michelin Straßenkarte 546

#### 🏠 Auf Wolke 8 **P**

**LANDHAUS · MODERN** Das kleine Hotel liegt zwar an der Straße, doch die Zimmer sind schallisoliert. Nette Details in dem freundlich gestalteten Haus sind die zahlreichen Bilder von Jazz-Musikern sowie die schöne Sicht von der Frühstücksveranda! Außerdem kommt man bequem zum Essen: Shuttle-Bus zum nahen Restaurant "Hex'n Küch".

22 Zim ⌑ – ♦49/68 € ♦♦89/96 €
*Schwarzerberg 8, B 299 ⊠ 83308 – ☎ 08621 6484900 – www.hotelaufwolke-8.de*

## TÜBINGEN

Baden-Württemberg – 85 390 Ew. – Höhe 341 m – Regionalatlas **55**-G19
▶ Berlin 682 km – Stuttgart 46 km – Karlsruhe 105 km – Ulm (Donau) 100 km
Michelin Straßenkarte 545

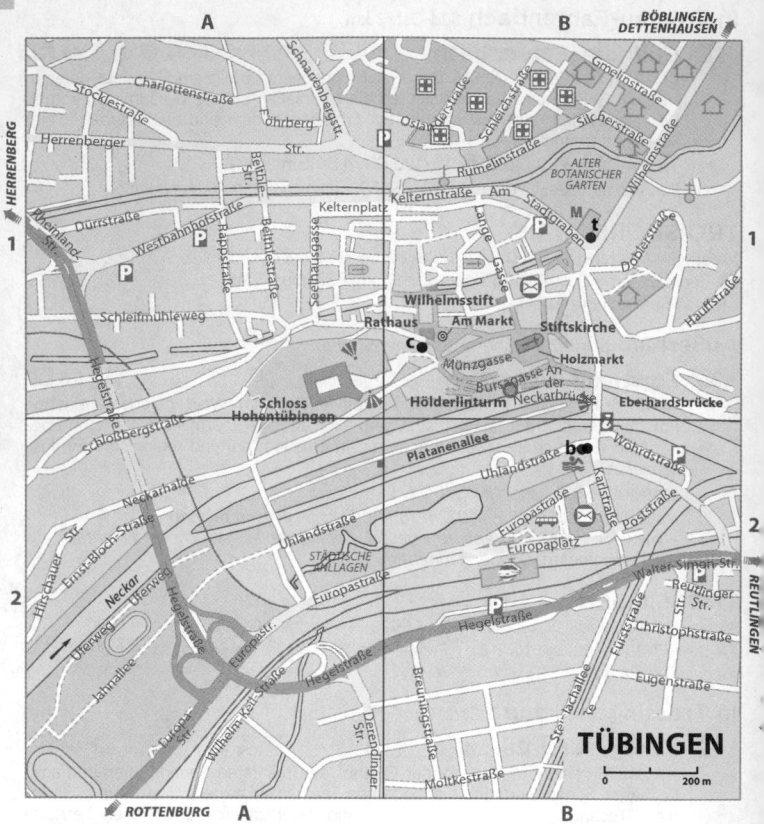

TÜBINGEN

0     200 m

## 🍴 **Refugio La Casa**

INTERNATIONAL · MEDITERRANES   **AMBIENTE** ✕✕ Südländische Stilelemente sorgen für eine überaus einladende Atmosphäre, die Mi., Fr. und Sa. durch Piano-klänge untermalt wird - draußen lockt die lauschige Terrasse. Die Küche ist inter-national-saisonal, der Service aufmerksam.

Menü 37/76 € - Karte 45/69 €

*Hotel Hospederia La Casa, Hechingerstr. 59, über B2 ⊠ 72072*
*- 𝒞 07071 946660 - www.lacasa-tuebingen.de*
*- nur Abendessen*

## 🍴 **Uhlandstube**

MARKTKÜCHE · KLASSISCHES   AMBIENTE ✕✕ Benannt wurde das Lokal nach dem Tübinger Dichter, Jurist und Politiker Ludwig Uhland. Holzvertäfelte Wände und gut eingedeckte Tische schaffen einen gepflegten Rahmen für die saisonal abgestimmte Küche.

Menü 35/69 € - Karte 31/54 €

**Stadtplan : B2-b** - *Hotel Krone, Uhlandstr. 1 ⊠ 72072*
*- 𝒞 07071 13310*
*- www.krone-tuebingen.de*

### 🍽️ Museum ⚘ ⌖ **P**

**REGIONAL · BÜRGERLICH** ✕✕ Attraktiv ist hier zum einen die Lage im Herzen der Altstadt, zum anderen der historische Rahmen des Museumsgebäudes! Gekocht wird mit regionalen und saisonalen Produkten, und das kommt an. Für Feiern hat man den prächtigen Uhlandsaal.

Menü 28 € – Karte 31/74 €

**Stadtplan : B1-t** – *Wilhelmstr. 3* ✉ *72074* – ✆ *07071 22828*
– *www.restaurant-museum.de – geschl. Sonntagabend - Montag*

### 🏨 Hospederia La Casa   🔲 🛎️ 📺 🍽️ 🏖️ 🚗

**BOUTIQUE-HOTEL · MEDITERRAN** Mit Sinn für schöne Formen und Farben sowie wertige Materialien hat man hier ein geschmackvolles orientalisch-mediterranes Ambiente geschaffen. Tipp: ruhigere Zimmer zum Innenhof! Herzlich und persönlich der Service, attraktiv das Arabische Bad unter den Maurischen Bögen mit dem Flair aus 1001 Nacht!

39 Zim ☐ – ♦169/198 € ♦♦210/269 € – 2 Suiten

*Hechingerstr. 59, über B2* ✉ *72072* – ✆ *07071 946660 – www.lacasa-tuebingen.de*

🍽️ **Refugio La Casa** – siehe Restaurantauswahl

### 🏨 Krone   🍴 🛎️ 📺 ⚘ 🅰️ 🏖️ **P**

**BUSINESS · KLASSISCH** Das traditionelle Stadthotel (seit 1885 in Familienhand) liegt zentral am Neckar und hat schöne wohnliche Zimmer, die teilweise besonders modern sind - so auch der ansprechende Saunabereich mit herrlichem Blick über Tübingen! Brasserie "Ludwig's" im Glasanbau.

64 Zim ☐ – ♦90/155 € ♦♦125/195 € – 1 Suite – ½ P

**Stadtplan : B2-b** – *Uhlandstr. 1* ✉ *72072* – ✆ *07071 13310*
– *www.krone-tuebingen.de*

🍽️ **Uhlandstube** – siehe Restaurantauswahl

### 🏨 Am Schloss   🍴 🍽️ 🚗

**BUSINESS · INDIVIDUELL** Beim Schloss, in einer steilen Gasse, steht das Stadthaus a. d. 16. Jh. Die Zimmer haben alle ihre individuelle Note in Einrichtung und Zuschnitt. Regionale Küche im "Mauganeschtle". Von der Terrasse schaut man auf die Dächer der Altstadt.

37 Zim ☐ – ♦78/115 € ♦♦118/135 € – ½ P

**Stadtplan : B1-c** – *Burgsteige 18* ✉ *72070* – ✆ *07071 92940*
– *www.hotelamschloss.de – geschl. 2. - 19. Januar*

## In Tübingen-Bebenhausen Nord: 6 km über Wilhelmstraße B1, Richtung Böblingen

### 🌸 Schranners Waldhorn   🛎️ **P**

**KLASSISCHE KÜCHE · LÄNDLICH** ✕✕ Bei Maximilian Schranner und seiner Frau Marie Luise (sie managt herzlich den Service) wird klassisch gekocht, ohne große Schnörkel und immer mit regionalem Touch, und die Produktqualität steht außer Frage! Das Ambiente: ländlich-elegant mit modernen Akzenten.

→ Kaninchenrücken im Speckmantel mit zweierlei Pfifferlingen. Maibockrücken mit Mairübchen, Rhabarber und Schupfnudeln. Schokoladen-Himbeerschnitte mit Pistaziencrème und Himbeersorbet.

Menü 29 € (mittags unter der Woche)/69 € – Karte 46/66 €

*Schönbuchstr. 49* ✉ *72074* – ✆ *07071 61270 – www.schranners-waldhorn.de*
– *geschl. Montag - Dienstag*

### 🏨 Landhotel Hirsch   🍴 **P**

**GASTHOF · GEMÜTLICH** In dem traditionsreichen Haus stehen liebenswert eingerichtete Zimmer bereit, die ländlichen Charme mit eleganter Note verbinden. Das Restaurant weiß mit hübschem Ambiente und freundlichem Service zu gefallen.

12 Zim ☐ – ♦98/117 € ♦♦157/165 €

*Schönbuchstr. 28* ✉ *72074* – ✆ *07071 60930*
– *www.landhotel-hirsch-bebenhausen.de*

## In Tübingen-Lustnau Nord-Ost: 4 km über Wilhelmstraße B1, Richtung
Böblingen

###  Basilikum

**ITALIENISCH · GEMÜTLICH** XX Gerne lässt man sich in dem stilvoll-gemütlichen Restaurant mit schmackhafter italienischer Küche aus frischen regionalen Produkten umsorgen - da dürfen Saltimbocca alla Romana und hausgemachte Pasta natürlich nicht fehlen!

Menü 34/42 € – Karte 38/59 €

*Kreuzstr. 24 ✉ 72074 – ℰ 07071 87549 – www.ristorantebasilikum.de – geschl. August 2 Wochen und Sonntag*

## TUNAU Baden-Württemberg → Siehe Schönau im Schwarzwald

# TUTTLINGEN
Baden-Württemberg – 33 400 Ew. – Höhe 645 m – Regionalatlas **62**-F20

▶ Berlin 753 km – Stuttgart 128 km – Konstanz 70 km – Freiburg im Breisgau 88 km

Michelin Straßenkarte 545

###  Légère Hotel

**BUSINESS · MODERN** Eine gefragte Adresse: attraktiv das klare moderne Design samt dekorativer großer Portraits, gut die technische Ausstattung, kostenfreie Minibar. Die schicke Lounge-Bar nennt sich "faces" - morgens gibt es hier Frühstück, abends Cocktails.

114 Zim – †95/165 € ††115/185 € – ヱ 15 €

*Königstr. 25 ✉ 78532 – ℰ 07461 96160 – www.legere-hotels-online.com*

# TUTZING
Bayern – 9 510 Ew. – Höhe 611 m – Regionalatlas **65**-L21

▶ Berlin 627 km – München 40 km – Starnberg 15 km – Weilheim 14 km

Michelin Straßenkarte 546

### Zum Reschen

**FAMILIÄR · FUNKTIONELL** Ein wirklich netter Familienbetrieb, der von Mutter und Tochter Hauer herzlich geführt wird. Sie wohnen in gepflegten, behaglichen Zimmern (teilweise mit Balkon oder Terrasse), vom See trennt Sie nur ein kurzer Spaziergang!

18 Zim ヱ – †75/83 € ††102/116 €

*Marienstr. 7 ✉ 82327 – ℰ 08158 9390 – www.zumreschen.de*

# TWIST
Niedersachsen – 9 630 Ew. – Höhe 18 m – Regionalatlas **16**-C7

▶ Berlin 523 km – Hannover 255 km – Nordhorn 25 km – Bremen 147 km

Michelin Straßenkarte 541

## In Twist-Bült

### Landgasthof Backers

**REGIONAL · GASTHOF** XX Dass man bei Familie Backers (bereits die 5. Generation) gerne isst, liegt am behaglichen Ambiente und natürlich an der frischen Regionalküche. Lust auf "Sauerbraten vom Maibock"? Donnerstags kommt man gerne zum Menü "Duett" für 2 Personen.

Menü 40 € – Karte 31/49 €     5 Zim ヱ – †60 € ††95 €

*Kirchstr. 25 ✉ 49767 – ℰ 05936 904770 – www.gasthof-backers.de – geschl. Anfang Januar 1 Woche und Montag - Dienstag, Freitagmittag, Samstagmittag*

# ÜBERHERRN
Saarland – 11 500 Ew. – Höhe 377 m – Regionalatlas **45**-B17

▶ Berlin 743 km – Saarbrücken 36 km – Saarlouis 13 km – Metz 52 km

Michelin Straßenkarte 543

### 🏠 Linslerhof

HISTORISCH · AUF DEM LAND Ein schöner historischer Gutshof in ruhiger Lage, dessen verschiedene Gebäude sich auf 330 ha verteilen. Mit einem Blick fürs Detail hat Brigitte von Boch-Galhau liebenswerte Zimmer im englischen Landhausstil und gemütliche Restauranträume geschaffen. In der "Georgstube" isst man regional-saisonal, im "St. Antonius" etwas gehobener.

62 Zim ⌕ – ♦80 € ♦♦119 € – ½ P

*Linslerhof 1, Ost: 2 km ✉ 66802 – ℰ 06836 8070 – www.linslerhof.de*

# ÜBERLINGEN

Baden-Württemberg – 22 050 Ew. – Höhe 403 m – Regionalatlas **63**-G21
▶ Berlin 743 km – Stuttgart 172 km – Konstanz 40 km – Ravensburg 46 km
Michelin Straßenkarte 545

### 🍴 Bürgerbräu

MARKTKÜCHE · GASTHOF XX Das hübsche historische Fachwerkhaus in der Altstadt ist ein langjähriger Familienbetrieb, in dem man es bei modern beeinflusster saisonaler Küche schön behaglich hat. Topgepflegt wie das Restaurant sind übrigens auch die wohnlichen, freundlich gestalteten Gästezimmer.

Menü 36/79 € – Karte 28/55 € 12 Zim ⌕ – ♦64/84 € ♦♦99/114 €

*Aufkircher Str. 20 ✉ 88662 – ℰ 0755192740 – www.bb-ueb.de – Mittwoch - Freitag nur Abendessen – geschl. 9. - 31. Januar und Montag - Dienstag*

### 🏠 Stadtgarten

FAMILIÄR · FUNKTIONELL Die zentrumsnahe Lage am namengebenden Stadtgarten, freundliche und funktionale Zimmer sowie ein hübsch angelegter Garten mit Seeblick sprechen für dieses Haus. Einen Kosmetiksalon gibt es übrigens auch. Sie kommen mit der ganzen Familie? Im Hinterhaus hat man geräumige Ferienwohnungen.

25 Zim ⌕ – ♦50/70 € ♦♦100/150 € – 3 Suiten – ½ P

*Bahnhofstr. 22 ✉ 88662 – ℰ 075514522 – www.hotel-stadtgarten.de – geschl. 1. November - 15. März*

### 🏠 Alpenblick

FAMILIÄR · FUNKTIONELL Seit über 30 Jahren leitet Walter Mohring dieses kleine Haus etwas oberhalb des Sees. Die Balkone bieten teilweise einen tollen Seeblick, nett im Sommer auch der kleine Außenpool!

22 Zim ⌕ – ♦65/85 € ♦♦94/124 €

*Nussdorferstr. 35 ✉ 88662 – ℰ 0755192040 – www.alpenblickhotel.de – geschl. Anfang Dezember - Anfang März*

## In Überlingen-Andelshofen Ost: 3 km

### 🍴 Johanniter-Kreuz

REGIONAL · ROMANTISCH XX In den ehemaligen Stallungen des einstigen Bauernhofs wird man in schickem gemütlichem Rahmen mit regionaler Küche bewirtet. Imposant der mitten im Raum platzierte Kamin mit offenem Feuer!

Menü 34/68 € – Karte 31/60 €

*Hotel Johanniter-Kreuz, Johanniterweg 11 ✉ 88662 – ℰ 07551 937060 - www.johanniter-kreuz.de – geschl. Montag - Dienstagmittag*

### 🏠 Johanniter-Kreuz

GASTHOF · HISTORISCH Ein zum Hotel gewachsenes historisches Bauernhaus. Besonders schön sind die Designer- und Gartenzimmer, ebenso modern der verglaste Frühstücksraum und die hübsche Terrasse. Nicht zu vergessen die freundliche Gästebetreuung.

29 Zim ⌕ – ♦83/105 € ♦♦136/186 € – 1 Suite – ½ P

*Johanniterweg 11 ✉ 88662 – ℰ 07551 937060 – www.johanniter-kreuz.de*
🍴 **Johanniter-Kreuz** – siehe Restaurantauswahl

**Sonnengarten**

FAMILIÄR · INDIVIDUELL Hier ziehen die ruhige Lage und die netten Zimmer in warmen Tönen die Gäste an, und auch der helle Saunabereich und der schöne Garten direkt am Haus sind ansprechend.

20 Zim ⌧ – †69/99 € ††99/139 €

*Zum Brandbühl 19 ⊠ 88662 – 𝒞 07551 83000*

*– www.wohlfuehlhotel-sonnengarten.de – geschl. Januar - Februar*

## In Überlingen-Lippertsreute Nord-Ost: 9 km

 **Landgasthof zum Adler**

REGIONAL · GASTHOF Ⅹ In der gemütlichen Gaststube des tollen alten Fachwerkhauses kocht man regional, aber auch internationale Einflüsse finden sich hier. "Kalbszunge mit Bärlauchsauce" schmeckt ebenso gut wie "geschmorte Lammschulter in Pommery-Senfsauce".

Menü 39/45 € – Karte 33/49 €

*Hotel Landgasthof zum Adler, Hauptstr. 44 ⊠ 88662 – 𝒞 07553 82550*

*– www.adler-lippertsreute.de – geschl. Mittwoch - Donnerstag*

 **Landgasthof zum Adler**

GASTHOF · GEMÜTLICH Seit 1570 ist der ehemalige Bauernhof bereits in Familienbesitz! Die Zimmer im Gästehaus sind moderner, die im Haupthaus etwas einfacher. Oder lieber eine Ferienwohnung? Auf der Liegewiese hinterm Haus kann man schön die Aussicht genießen.

16 Zim ⌧ – †65/78 € ††80/112 € – ½ P

*Hauptstr. 44 ⊠ 88662 – 𝒞 07553 82550 – www.adler-lippertsreute.de*

Landgasthof zum Adler – siehe Restaurantauswahl

 **Landgasthof Keller**

GASTHOF · FUNKTIONELL Der seit vielen Jahren familiengeführte Gasthof mit den roten Fensterläden bietet Ihnen schlichte, tipptopp gepflegte Zimmer im Haupthaus oder im Anbau. Gaststube mit sympathisch-ländlichem Charakter, dazu eine lauschige Terrasse unter Kastanienbäumen.

13 Zim ⌧ – †52/67 € ††71/102 € – ½ P

*Riedweg 2 ⊠ 88662 – 𝒞 07553 827290 – www.landgasthofkeller.de – geschl. 24. Dezember - 20. Januar*

# UELZEN

Niedersachsen – 33 270 Ew. – Höhe 35 m – Regionalatlas **19**-J7

▶ Berlin 233 km – Hannover 99 km – Braunschweig 83 km – Celle 53 km

Michelin Straßenkarte 541

## In Uelzen-Holdenstedt Süd-West: 4 km Richtung Celle

 **Holdenstedter Hof**

INTERNATIONAL · LÄNDLICH ⅩⅩ Lust auf "Sauerkrautschaumsuppe mit Speck" oder "Skreifilet mit Balsamicosauce, roten Zwiebeln, Blattspinat"? Serviert wird der Mix aus internationaler und bürgerlich-regionaler Küche im lichten Restaurant, in der holzgetäfelten Bauernstube oder auf der hübschen Gartenterrasse.

Menü 19 € (mittags unter der Woche)/43 € – Karte 21/50 €   4 Zim ⌧

– †60 € ††80 €

*Holdenstedter Str. 64 ⊠ 29525 – 𝒞 0581 976370 – www.holdenstedterhof.de*

*– geschl. Montag - Dienstag*

# ÜRZIG

Rheinland-Pfalz – 910 Ew. – Höhe 106 m – Regionalatlas **46**-C15

▶ Berlin 691 km – Mainz 124 km – Trier 51 km – Bernkastel-Kues 10 km

Michelin Straßenkarte 543

### ⑱ Moselschild & Oliver's Restaurant  ⇦ ⇐ 🍴 🏠 P

**MARKTKÜCHE · FREUNDLICH** ✕✕ Aus der regional-saisonalen Küche von Oliver Probst kommt z. B. "Rumpsteak unter der Schalotten-Senfkruste" oder auch das mittwochabendliche Menü "Gourmet in Jeans" für 32 € inkl. Apero. Tipp: Terrasse mit Moselblick! Sie möchten mit dem eigenen Boot kommen? Kein Problem, man hat einen Anleger am Haus.

Menü 29/60 € – Karte 35/70 €    12 Zim ⌧ – †60/80 € ††80/125 €

*Hüwel 14, B 53 ⊠ 54539 – 𝒞 06532 93930 – www.moselschild.de – November - Mai : Mittwoch - Samstag nur Abendessen – geschl. Januar und Dienstag, November - Mai: Montag - Dienstag*

### 🏠 Zur Traube  🍴 ⇐ 🍸 🚗

**FAMILIÄR · GEMÜTLICH** Ein familiär geführtes Haus, das durch und durch tipptopp gepflegt ist. Wie wär's mit einem wohnlichen Zimmer zur Mosel? Oder lieber ein modernes, großzügiges Gästehaus-Zimmer mit Blick in die Weinberge? Schön die überdachte Moselterrasse.

12 Zim ⌧ – †65/160 € ††70/170 € – ½ P

*Moselweinstr. 16, B 53 ⊠ 54539 – 𝒞 06532 930830 – www.zurtraubeuerzig.de - geschl. Dezember - Mitte März*

## UETERSEN

Schleswig-Holstein – 17 670 Ew. – Höhe 6 m – Regionalatlas **10**-H5
▶ Berlin 319 km – Kiel 101 km – Hamburg 37 km – Itzehoe 35 km
Michelin Straßenkarte 541

### 🏨 PARKHOTEL-Rosarium  🍴 🐾 📺 💆 🚗

**FAMILIÄR · KLASSISCH** Unmittelbar am wunderschönen Rosarium der Rosen- und Hochzeitsstadt Uetersen liegt das familiengeführte Hotel. Beeindruckend ist die Ausstellung von über 5000 Golfbällen aus der ganzen Welt. Von der hübschen Terrasse schaut man auf Park und Mühlenteich.

42 Zim – †48/88 € ††114/124 € – ⌧ 13 € – ½ P

*Berliner Str. 10 ⊠ 25436 – 𝒞 04122 92180 – www.parkhotel-rosarium.de*

### 🏨 Mühlenpark  🍴 📺 💆 P

**LANDHAUS · KLASSISCH** Das stilvolle Gebäude auf einem Grundstück mit altem Baumbestand ist schon ein schmuckes Anwesen! Im Anbau erwarten Sie geräumige Gästezimmer mit klassischer Einrichtung, in der Villa selbst bekommen Hausgäste ein kleines Speiseangebot.

23 Zim ⌧ – †85/90 € ††125/130 €

*Mühlenstr. 49 ⊠ 25436 – 𝒞 04122 92550 – www.muehlenpark.de*

## UFFING am STAFFELSEE

Bayern – 2 970 Ew. – Höhe 659 m – Regionalatlas **65**-K21
▶ Berlin 660 km – München 71 km – Innsbruck 90 km
Michelin Straßenkarte 546

### 🍴○ Seerestaurant Alpenblick  ⇐ 🍴 🏠 🍸 ⇆ P

**REGIONAL · BÜRGERLICH** ✕ Logenplatz am Staffelsee! Hier isst man regional-international, z. B. "Hirschgulasch mit Preiselbeeren" oder "Lachsforelle im Ganzen gebraten". Tipp: Man hat einen der schönsten Biergärten der Region, mit Grillstation und Selbstbedienung.

Menü 28 € – Karte 21/48 €

*Kirchtalstr. 30 ⊠ 82449 – 𝒞 08846 9300 – www.seerestaurant-alpenblick.de - geschl. Mitte September - April: Donnerstag*

## UHINGEN

Baden-Württemberg – 13 980 Ew. – Höhe 295 m – Regionalatlas **55**-H18
▶ Berlin 613 km – Stuttgart 37 km – Tübingen 63 km – Karlsruhe 110 km
Michelin Straßenkarte 545

🏴 **Schloss Filseck**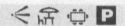

INTERNATIONAL · KLASSISCHES AMBIENTE XX Für die produktorientierten internationalen Gerichte wie "Carré vom Salzwiesenlamm mit Pfefferminz-Jus, gebratene Pfifferlinge, Ziegenkäse-Feigen-Ravioli" hat man hier einen wirklich schönen Rahmen: hohe Holzdecke, freiliegende Natursteinwände, moderne Bilder... Oder möchten Sie im tollen Innenhof speisen? Das hübsche Schloss ist auch eine perfekte Location für Feste!

Menü 22 € (mittags)/95 € (abends) – Karte 47/61 €

*Filseck 1 ⊠ 73066 – ℰ 0716128380 – www.restaurant-auf-schloss-filseck.de*
*– geschl. Samstagmittag, Sonntag - Montag*

## UHLDINGEN-MÜHLHOFEN

Baden-Württemberg – 7 940 Ew. – Höhe 398 m – Regionalatlas **63**-G21
▶ Berlin 736 km – Stuttgart 181 km – Konstanz 19 km – Ravensburg 38 km
Michelin Straßenkarte 545

### Im Ortsteil Maurach

🏴 **Seehalde**

REGIONAL · FREUNDLICH XX Bei der fantastischen Seelage ist im Sommer die Terrasse ein Muss! Auch die frischen, schmackhaften Speisen sind zu empfehlen - die Kräuter stammen aus dem eigenen Garten, von bekannten Bodenseefischern kommt regelmäßig Fisch!

Menü 35/75 € – Karte 30/65 €

*Hotel Seehalde, Birnau-Maurach 1 ⊠ 88690 – ℰ 07556 92210 – www.seehalde.de*
*– geschl. Anfang Januar - Anfang März und Dienstag - Mittwoch*

🏨 **Seehalde**

FAMILIÄR · FUNKTIONELL Der von zwei Brüdern geleitete Familienbetrieb könnte kaum schöner liegen: Über die Liegewiese gelangt man direkt zum See! Diesen kann man auch von den zeitgemäßen Zimmern sehen - fragen Sie nach den neueren Superiorzimmern!

21 Zim ⊡ – ♦85/139 € ♦♦150/208 € – ½ P

*Birnau-Maurach 1 ⊠ 88690 – ℰ 07556 92210 – www.seehalde.de – geschl. Anfang*
*Januar - Anfang März*
🏴 **Seehalde** – siehe Restaurantauswahl

🏨 **Pilgerhof und Rebmannshof**

LANDHAUS · GEMÜTLICH Der Pilgerhof und der über 300 Jahre alte Rebmannshof liegen umgeben von Weinbergen und nur wenige Meter vom See entfernt (hier ein hauseigener Badestrand). Die Zimmer sind großzügig und wohnlich, neuzeitlich auch das Restaurant - Highlight natürlich die Seeterrasse! Brot backt man übrigens noch selbst.

48 Zim ⊡ – ♦65/95 € ♦♦120/160 € – ½ P

*Maurach 2 ⊠ 88690 – ℰ 07556 9390 – www.hotel-pilgerhof.de – geschl. 8. Januar*
*- 1. März*

### Im Ortsteil Seefelden

🏨 **Landhotel Fischerhaus**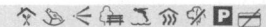

HISTORISCH · GEMÜTLICH Auf diesem wunderschön gelegenen Anwesen wohnen Sie im historischen Fachwerkhaus oder einem der Gästehäuser in wirklich gemütlichem Rahmen. Vom parkähnlichen Garten hat man Zugang zum hoteleigenen Seestrand. Für Hausgäste ist die Halbpension inklusive.

23 Zim ⊡ – ♦100/150 € ♦♦150/200 € – 6 Suiten

*Seefelden 3 ⊠ 88690 – ℰ 07556 929490 – www.fischerhaus-seefelden.de*
*– geschl. November - März*

## Im Ortsteil Unteruhldingen

### 🏠 Seevilla  ☆ ⇦ 🕸 ⊡ ⅌ 🚗

**PRIVATHAUS · GEMÜTLICH** Die stilvoll eingerichtete Villa nahe den Pfahlbauten hat wohnliche, hochwertige Zimmer zu bieten, teils mit Seeblick und Balkon. Dekorativ: Werke regionaler Künstlerinnen im ganzen Haus. Am Abend gibt es ein reichhaltiges Buffet im Wintergarten oder auf der Terrasse im gepflegten Garten mit Wasserspiel.

22 Zim 🖭 – 🛏95/150 € 🛏🛏135/195 € – ½ P

*Seefelder Str. 36 ✉ 88690 – ☏ 07556 93370 – www.seevilla.de – geschl. Mitte November - Mitte Februar*

### 🏠 Mainaublick  ☆ 🕸 ⅌ 🄿

**FAMILIÄR · INDIVIDUELL** Schön wohnt es sich in dem Ferienhotel nahe dem Yachthafen in zeitgemäßen Zimmern. Entspannen können Sie u. a. bei Beauty-Anwendungen. Beim Speisen auf der Terrasse sitzt man herrlich zum See hin, schattig unter hübschen Platanen.

32 Zim 🖭 – 🛏60/62 € 🛏🛏118/133 € – ½ P

*Seefelder Str. 22 ✉ 88690 – ☏ 07556 92130 – www.hotel-mainaublick.de – geschl. Ende Oktober - März*

## ULM (DONAU)

Baden-Württemberg – 117 980 Ew. – Höhe 478 m – Regionalatlas **56**-I19
▶ Berlin 613 km – Stuttgart 93 km – Augsburg 80 km – München 138 km
Michelin Straßenkarte 545

### ☸ LAGO  ⪡ 🍴 ⅋ 🄐🄒 ⇄ 🄿

**FRANZÖSISCH-MODERN · CHIC** ✗✗ Ob Menü oder à la carte, die modernen Gerichte überzeugen immer mit Geschmack, Optik und einem Gefühl für das Produkt! Den Seeblick genießt man übrigens nicht nur von der Terrasse - der großen Fensterfront sei Dank!

➔ Terrine von der Gänseleber mit Rhabarberconfit und Butterbrioche. Rinderfilet mit geschmorter Backe und Artischockengemüse. Variation von der Zartbitterschokolade mit Ananas Wan-Tan.

Menü 70/90 € – Karte 58/76 €

*Hotel LAGO, Friedrichsau 50, (Donauhalle) ✉ 89073 – ☏ 0731 2064000 – www.lagogenusswerkstaetten.de – nur Abendessen*

### 🍴 Pflugmerzler  🍴

**INTERNATIONAL · GEMÜTLICH** ✗✗ Beim Bummel durch die Altstadt ist das Restaurant in einer Seitengasse schnell erreicht. Schön der Mix aus nostalgischer Holztäfelung und modernen Tönen, freundlich der Service. Es gibt regionale und internationale Gerichte sowie Steaks.

Menü 55/79 € – Karte 34/77 €

*Pfluggasse 6 ✉ 89073 – ☏ 0731 6027044 – www.pflugmerzler.de – nur Abendessen - geschl. Sonntag*

### 🏨 LAGO  🌢 ⪡ ⇦ 🕸 ⊡ 🄐🄒 🎇 🄿

**BUSINESS · MODERN** Buchen Sie ein Zimmer mit Blick zum See! Schön anzusehen ist aber auch das hochwertige geradlinig-moderne Interieur - einige Zimmer mit Design-Elementen der Hochschule für Gestaltung (HfG) Ulm. Abends kleines Bistroangebot. Praktisch: Die Messe ist nur einen Steinwurf entfernt.

60 Zim – 🛏116/146 € 🛏🛏122/152 € – 🖭17 €

*Friedrichsau 50, (Donauhalle) ✉ 89073 – ☏ 0731 2064000 – www.hotel-lago.de*
☸ **LAGO** - siehe Restaurantauswahl

1029

###  Schiefes Haus

**HISTORISCH · INDIVIDUELL** Gerade Wände sucht man hier vergeblich! In dem liebenswerten kleinen Haus a. d. 15. Jh. ist so ziemlich alles schief - nur die Betten nicht! Das hochwertige moderne Design ist ein charmanter Kontrast zu alten Holzbalken und Dielenböden. Frühstücken Sie im Sommer auf der Galerie direkt über dem Flüsschen Blau!

11 Zim ⌑ – ♦109/125 € ♦♦119/160 €

*Schwörhausgasse 6 ⊠ 89073 – ℰ 0731 967930 – www.hotelschiefeshausulm.de – geschl. 24. Dezember - 1. Januar*

###  Am Rathaus-Reblaus 🔄 🅿

**HISTORISCH · GEMÜTLICH** Individuell und gemütlich wohnt man im Hotel am Rathaus oder nebenan im charmanten Fachwerkhaus Reblaus von 1651. Gönnen Sie sich doch die Landhaussuite! Sie sind mit dem Fahrrad unterwegs? Man hat einen abschließbaren Fahrradraum.

31 Zim ⌑ – ♦78/130 € ♦♦98/150 € – 1 Suite

*Kronengasse 10 ⊠ 89073 – ℰ 0731 968490 – www.rathausulm.de – geschl. 23. Dezember - 8. Januar*

## In Ulm-Böfingen Nord-Ost: 3 km über B 19 Richtung Heidenheim

### ⅋〇 SIEDEPUNKT 🍸 🕸 🅿

**FRANZÖSISCH-KLASSISCH · CHIC** ⅍ Das Restaurant präsentiert sich in neuem Design und bietet klassische Küche mit französischen Akzenten, und zwar in Form dreier Menüs: "Raus in die Welt", "Daheim geblieben" und " Fleischlos glücklich".

Menü 29 € (vegetarisch)/80 € – Karte 47/64 €

*Hotel Atrium, Eberhard-Finckh-Str. 17 ⊠ 89075 – ℰ 0731 9271666 – www.siedepunkt-restaurant.de – nur Abendessen – (Renovierung und neues Konzept nach Redaktionsschluß) geschl. Sonntag - Montag*

###  Atrium 🕸 🔄 🛁 🅿

**BUSINESS · FUNKTIONELL** Das Hotel liegt leicht erhöht am Ortsrand und ist mit seiner geradlinig-zeitgemäßen und funktionalen Ausstattung eine ideale Adresse für Tagungen und Businessgäste.

72 Zim ⌑ – ♦99/121 € ♦♦119/139 €

*Eberhard-Finckh-Str. 17 ⊠ 89075 – ℰ 0731 92710 – www.meinbestwesternulm.de*

⅋〇 **SIEDEPUNKT** – siehe Restaurantauswahl

## In Ulm-Wiblingen Süd: 3 km

###  Löwen 🍸 🔄 🛗 🛁 🅿

**BUSINESS · MODERN** Günstig ist natürlich die Nähe zu Ulm - für das Haus sprechen aber auch das moderne und zugleich wohnliche Landhausflair (viel schönes Holz und warme Farben), der Biergarten sowie die Terrasse im Innenhof. Die Küche ist international.

25 Zim ⌑ – ♦88/105 € ♦♦108/130 €

*Hauptstr. 6 ⊠ 89079 – ℰ 0731 8803120 – www.loewen-ulm.com*

# ULMET

Rheinland-Pfalz – 710 Ew. – Höhe 200 m – Regionalatlas **46**-D16

▶ Berlin 663 km – Mainz 98 km – Saarbrücken 81 km – Trier 92 km

Michelin Straßenkarte 543

###  Felschbachhof 🍸 🍴 🕸 🛗 🔄 🛁 🅿

**FAMILIÄR · FUNKTIONELL** Ein gut geführtes Hotel in etwas erhöhter Lage außerhalb des kleinen Ortes mit Superior-, Komfort- und Standardzimmern sowie Appartements mit kleiner Küche. Einen netten Saunabereich hat man ebenfalls. Für die internationale und saisonale Küche werden teilweise Bioprodukte verwendet.

36 Zim ⌑ – ♦69/79 € ♦♦80/110 € – 1 Suite – ½ P

*Felschbachhof 1, West: 1 km, nahe der B 420 ⊠ 66887 – ℰ 06387 9110 – www.felschbachhof.de*

## UMKIRCH

Baden-Württemberg – 5 240 Ew. – Höhe 207 m – Regionalatlas **61**-D20

▶ Berlin 808 km – Stuttgart 203 km – Freiburg im Breisgau 10 km – Strasbourg 87 km

Michelin Straßenkarte 545

### ⅋○ Villa Thai

**THAILÄNDISCH · EXOTISCHES AMBIENTE** ✗ Viel Holz schafft eine warme Atmosphäre, thailändisches Dekor einen Hauch Exotik. Schön hat man das Ambiente hier auf die kulinarischen Spezialitäten Thailands abgestimmt. Tipp: Es gibt auch frisches Sushi!

Menü 41/61 € – Karte 25/71 €

*Hotel Pfauen, Hugstetter Str. 2 ⊠ 79224 – ℰ 07665 93760*
*– www.hotel-pfauen-umkirch.de – geschl. Januar - Februar 3 Wochen und*
*Montagmittag, Dienstag - Mittwochmittag*

### ⌂ Pfauen

**FAMILIÄR · INDIVIDUELL** Die freundliche Gastgeberfamilie bietet in dem kleinen Hotel gepflegte Zimmer, teilweise mit Balkon. Wer's fernöstlich mag, sollte nach den "Thai-Zimmern" fragen - die sind mit schönen Möbelstücken aus Thailand ausgestattet.

20 Zim ⌂ – †60/85 € ††85/110 €

*Hugstetter Str. 2 ⊠ 79224 – ℰ 07665 93760 – www.hotel-pfauen-umkirch.de*
*– geschl. Januar - Februar 3 Wochen*

⅋○ **Villa Thai** – siehe Restaurantauswahl

## UNKEL

Rheinland-Pfalz – 5 120 Ew. – Höhe 56 m – Regionalatlas **36**-C13

▶ Berlin 608 km – Mainz 137 km – Bonn 20 km – Neuwied 28 km

Michelin Straßenkarte 543

### ⌂⌂⌂ Rheinhotel Schulz

**BUSINESS · INDIVIDUELL** Das gewachsene historische Hotel in toller Lage direkt am Rhein bietet klassisches Ambiente im Haupthaus, modernes Interieur im Rheinflügel und Landhausstil im Sonnenflügel. Flussblick vom Restaurant und von der Terrasse mit Platanen.

36 Zim ⌂ – †65/105 € ††95/160 € – 6 Suiten – ½ P

*Vogtsgasse 4 ⊠ 53572 – ℰ 02224 901050 – www.rheinhotel-schulz.de – geschl. 1.*
*- 9. Januar*

## UNTERAMMERGAU

Bayern – 1 520 Ew. – Höhe 836 m – Regionalatlas **65**-K21

▶ Berlin 679 km – München 95 km – Innsbruck 82 km – Augsburg 98 km

Michelin Straßenkarte 546

### ⅋○ Dorfwirt Ⓝ

**KREATIV · GEMÜTLICH** ✗ In dem schönen alten Gasthaus bringen die engagierten Gastgeber gelungen Tradition und Moderne in Einklang. Man sitzt gemütlich in lebhaften Stuben und lässt sich frische kreativ-bayerische Küche schmecken, und die nennt sich z. B. "Lugeder Hof Ente Teriyaki Style". Man hat übrigens auch zwei Apartments.

Menü 28/79 € – Karte 31/59 €

*Pürschlingstr. 2 ⊠ 82497 – ℰ 08822 9496949 – www.gasthaus-dorfwirt.com*
*– Montag - Freitag nur Abendessen – geschl. Dienstag*

## UNTERGRIESBACH

Bayern – 6 040 Ew. – Höhe 556 m – Regionalatlas **60**-Q19

▶ Berlin 633 km – München 213 km – Landshut 142 km – Linz 66 km

Michelin Straßenkarte 546

## ⫶○ Landgasthof Zum Lang  ⇦ 🛖 🅿

**REGIONAL · GASTHOF** ⚔ In dem Gasthof a. d. 17. Jh. gibt es in liebenswert dekorierten Stuben eine pfiffig aufgewertete bayerische Küche, die saisonal beeinflusst ist. Tipp für Übernachtungsgäste: das "Kuschelzimmer" ist das größte und schönste!

Karte 21/29 €   6 Zim ⌂ – ♦70 € ♦♦92/110 €

*Alte Dorfstr. 29 ✉ 94107 – ☏ 08593 93300 – www.landgasthof-lang.de – geschl. Montag*

# UNTERNEUKIRCHEN

Bayern – 2 910 Ew. – Höhe 460 m – Regionalatlas **67**-O20
▶ Berlin 614 km – München 104 km – Salzburg 65 km – Landshut 71 km
Michelin Straßenkarte 546

## 🏠 Traumschmiede   🌳 🔲 🏴 🏋 🅿

**BUSINESS · MODERN** In der Ortsmitte ist das moderne Hotel zu finden, attraktiv die Zimmer in klaren Linien und warmen Farben. Nebenan liegt der Gasthof "Zur Alten Schmiede" - hier serviert man regionale Küche (Spezialität ist das "Amboss-Steak"), das Ambiente nimmt Bezug auf die ehemalige Dorfschmiede.

35 Zim ⌂ – ♦57/87 € ♦♦89/119 € – ½ P

*Tüßlinger Str. 2 ✉ 84579 – ☏ 08634 1535 – www.hotel-traumschmiede.de*

# UNTERREICHENBACH

Baden-Württemberg – 2 230 Ew. – Höhe 314 m – Regionalatlas **54**-F18
▶ Berlin 672 km – Stuttgart 62 km – Karlsruhe 40 km – Pforzheim 12 km
Michelin Straßenkarte 545

## In Unterreichenbach-Kapfenhardt Süd-West: 3 km

## 🏨 Mönchs Waldhotel  🌳 🏊 🔲 🏛 🔲 ⛷ 🏋 🅿

**FAMILIÄR · TRADITIONELL** Der rustikale Schwarzwald-Charme ist überall im Haus präsent. Von den nach Süden gelegenen Zimmern schaut man auf Wald und Wiesen, etwas moderner, aber dennoch wohnlich-ländlich die neueren Zimmer. Blick ins Grüne auch beim Frühstück im lichten Wintergarten, bei bürgerlich-regionaler Küche in Mönch- und Schwarzwaldstube sowie auf der Terrasse. Kosmetik und Massage.

65 Zim ⌂ – ♦69/125 € ♦♦122/179 € – 4 Suiten – ½ P

*Zu den Mühlen 2 ✉ 75399 – ☏ 07235 7900 – www.moenchs-waldhotel.de*

# UNTERWÖSSEN

Bayern – 3 520 Ew. – Höhe 555 m – Regionalatlas **67**-N21
▶ Berlin 688 km – München 99 km – Bad Reichenhall 52 km – Traunstein 29 km
Michelin Straßenkarte 546

## 🏨 Astrid  🌳 🏊 �️ 🏛 🔲 🏋 🚗

**FAMILIÄR · GEMÜTLICH** Empfang, Zimmer, Frühstück... Während des gesamte Aufenthalts ist man hier in sehr guten Händen. Gepflegte, freundliche Einrichtung, Kosmetikanwendungen, behagliche Landhausatmosphäre und bürgerliche Küche im Restaurant. Ganz in der Nähe: Wössener See mit kostenlosem Freibad.

12 Suiten ⌂ – ♦♦110/150 € – 8 Zim – ½ P

*Wendelweg 15 ✉ 83246 – ☏ 08641 97800 – www.astrid-hotel.de – geschl. November - 15. Dezember*

# URACH, BAD

Baden-Württemberg – 11 870 Ew. – Höhe 463 m – Regionalatlas **55**-H19
▶ Berlin 660 km – Stuttgart 45 km – Reutlingen 19 km – Ulm (Donau) 56 km
Michelin Straßenkarte 545

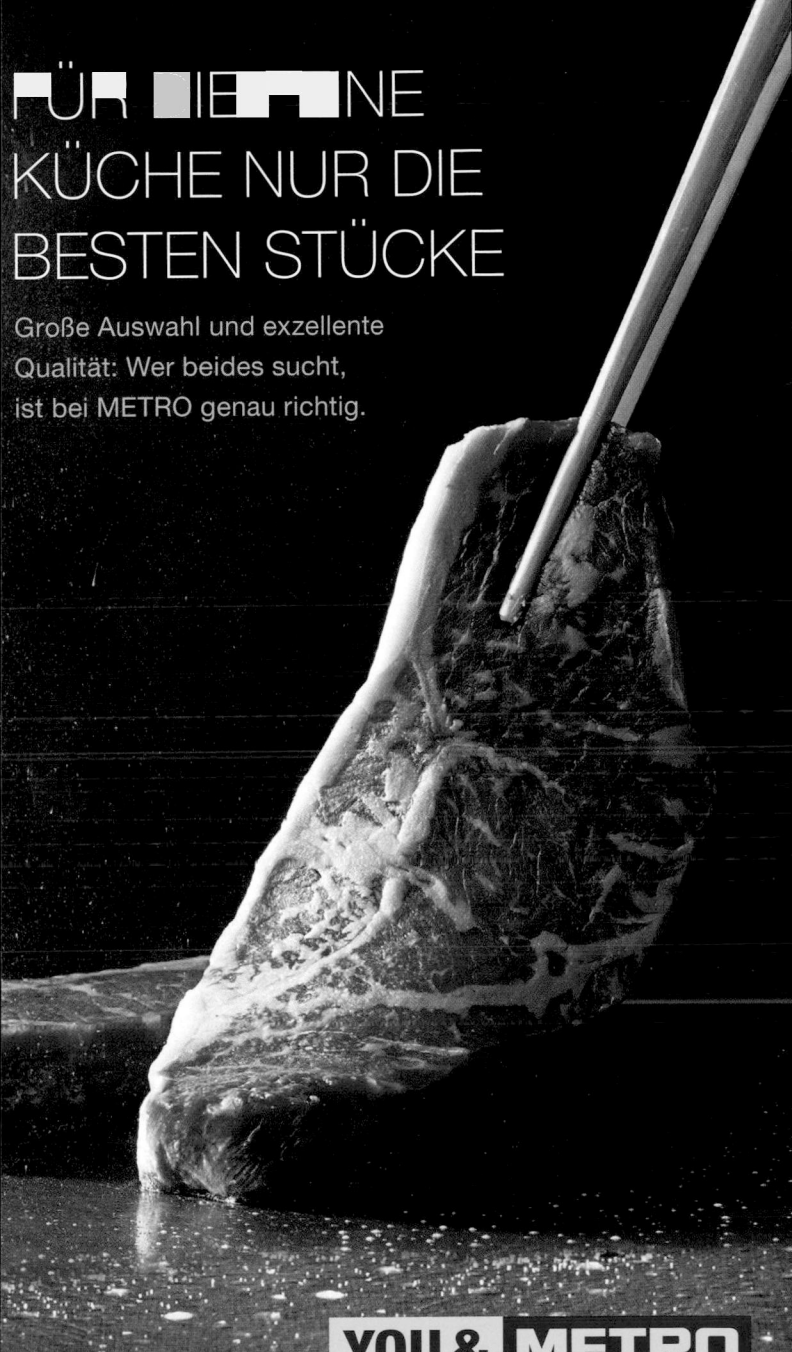

⫯○ **Wilder Mann**  🕮 ♻ **P**

REGIONAL · FREUNDLICH ✕✕ Was in dem ehemaligen Brauereigebäude auf den Tisch kommt, ist Altbewährtes, das neu interpretiert wird: frische, aromatische Speisen in Menüform, so z. B. "Rostbraten mit Speck-Zwiebelkruste" oder "Jakobsmuscheln mit Blutwurst auf Himmel und Erd".

Menü 42/60 € – Karte 40/56 €

*Hotel Bischoffs, Pfählerstr. 7 ✉ 72574 – 𝒞 07125 947330*
*– www.wildermann-badurach.de – nur Abendessen – geschl. Sonntag - Dienstag*

🏠 **Bischoffs**   ✿ 🖪 ㅤ **P**

FAMILIÄR · MODERN Nach langer Umbauphase hat Familie Bischoff ihr brandneues und modernes Hotel eröffnet. Sie wohnen in unterschiedlich geschnittenen Zimmern mit aktueller Technik und können auch Wellnessanwendungen buchen. Die einfache Alternative zum "Wilden Mann" ist das "Kesselhaus".

18 Zim ⴰ – ♦69/116 € ♦♦106/136 €

*Pfählerstr. 7 ✉ 72574 – 𝒞 07125 947330 – www.wildermann-badurach.de*

**Wilder Mann** – siehe Restaurantauswahl

## WIR MÖGEN BESONDERS...

Das elegante kleine **Tom Wickboldt** als gastronomisches Highlight der Region. Im **Strandhotel Ostseeblick** mit einem sehr guten Frühstück und Meerblick in den Tag starten. Die frische authentisch italienische Küche samt leckerer hausgemachter Pasta im legeren **Da Claudio**. Das **Seehotel Ahlbecker Hof** für seine gastronomische Vielfalt.

# USEDOM (INSEL)

Mecklenburg-Vorpommern – ⊠ 17406 – Höhe 5 m – Regionalatlas **14**-Q4
▶ Berlin 220 km – Schwerin 201 km – Neubrandenburg 81 km – Rügen (Bergen) 100 km
Michelin Straßenkarte 542

## Ahlbeck – 8 900 Ew.

🍴○ **Kaiserblick**                                                             🕸 🛋 🎗 🚗

INTERNATIONAL · KLASSISCHES AMBIENTE 🕸🕸 Edel bezogene Armsessel, dazu Maria-Theresia-Kronleuchter und aufwändig drapierte Vorhänge schaffen hier ein harmonisches Bild. Die Küche ist international-klassisch - aus den Menüs können Sie auch à la carte wählen.
Menü 39/71 € – Karte 46/63 €
*Seehotel Ahlbecker Hof, Dünenstr. 47 ⊠ 17419 – ℰ 038378 620*
*– www.ahlbecker-hof.de – nur Abendessen*

🍴○ **Blauer Salon**                                                           🕸 🎗 🚗

FRANZÖSISCH-KLASSISCH · ELEGANT 🕸🕸 Sie genießen elegante Atmosphäre, die schöne Sicht auf Promenade und Meer sowie den umsichtigen, professionellen Service, nicht zu vergessen die ambitionierten klassischen Speisen wie "gefüllter Lammsattel mit Merguez und Zwiebelallerlei".
Menü 82/145 € – Karte 63/94 €
*Seehotel Ahlbecker Hof, Dünenstr. 47 ⊠ 17419 – ℰ 038378 620*
*– www.ahlbecker-hof.de – nur Abendessen – geschl. Sonntag - Montag*

🏨 **Seehotel Ahlbecker Hof**                          🌳 🦪 📺 🕸 🎐 🔄 🔄 🚗

SPA UND WELLNESS · KLASSISCH Ein Prachtbau von 1890 mit stilgerechtem klassischem Interieur. Umfassend das Wellnessangebot samt Asia-Spa, gut der Service, angenehm das Langschläferfrühstück bis 12 Uhr - am liebsten auf der Terrasse zur Promenade! Sie mögen es geräumig? Dann buchen Sie eine große Suite in der Residenz! Die Brasserie bietet französisch-saisonale Küche, Asiatisches im "Suan Thai".
70 Zim 🛏 – ❙118/228 € ❙❙142/252 € – 21 Suiten – ½ P
*Dünenstr. 47, Anfahrt über Karlstr. ⊠ 17419 – ℰ 038378 620*
*– www.ahlbecker-hof.de*
🍴○ **Kaiserblick** • 🍴○ **Blauer Salon** – siehe Restaurantauswahl

### 🏨 Das Ahlbeck

SPA UND WELLNESS · MODERN Ideal die Lage unmittelbar an der Promenade, modern die wohnlichen Zimmer und der große Spa. Wer sich mal etwas mehr gönnen möchte, bucht eine "Penthouse-Suite" mit tollem Meerblick! Im Zimmerpreis inkludiert: Bäderbahn-Ticket und ab 2 Übernachtungen ein Begrüßungs-Abendmenü im Restaurant.

50 Zim 🛏 – ♥110/288 € ♥♥131/309 € – 32 Suiten – ½ P
*Dünenstr. 48, Anfahrt über Ritterstraße ⊠ 17419 – ℰ 038378 49940*
*– www.das-ahlbeck.de*

### 🏨 Kastell

HISTORISCH · KLASSISCH Wie eine kleine Burg kommt das Hotel am Dünenwald daher, drinnen durchweg im klassischen Stil gehalten. Machen Sie es sich in Lobby und Bar auf Chesterfield-Sesseln am Kamin gemütlich oder entspannen Sie im kleinen Sauna- und Ruhebereich.

6 Zim 🛏 – ♥65/155 € ♥♥79/170 € – 6 Suiten
*Dünenstr. 3 ⊠ 17419 – ℰ 038378 47010 – www.kastell-usedom.de*

## Bansin – 8 900 Ew.

### 🍴 Zur Alten Post

INTERNATIONAL · GEMÜTLICH XX Mit einer schönen Sammlung alter Postfahrzeugmodelle und anderer Postutensilien wird das klassisch-elegante Restaurant ganz seinem Namen gerecht. Ihre Aufmerksamkeit verdient aber auch die Küche: Sie bietet Klassiker und Internationales.

Menü 39/120 € – Karte 40/78 €
*Hotel Kaiser Spa Zur Post, Seestr. 5 ⊠ 17429 – ℰ 038378 560*
*– www.hzp-usedom.de – nur Abendessen – geschl. Montag - Dienstag*

### 🏨 Kaiser Spa Zur Post

SPA UND WELLNESS · GEMÜTLICH Aus der Villa Im Seebäderstil ist ein neuzeitlich komfortables Hotel entstanden: wohnlich-elegante Zimmer, schöner Spa mit Außenpool, tägliches Langschläferfrühstück bis 13 Uhr, und dazu die zentrale Lage. Bürgerlich-saisonale Küche im "Banzino".

110 Zim 🛏 – ♥79/290 € ♥♥99/380 € – 60 Suiten – ½ P
*Seestr. 5 ⊠ 17429 – ℰ 038378 560 – www.hzp-usedom.de*
🍴 **Zur Alten Post** – siehe Restaurantauswahl

### 🏨 Travel Charme Strandhotel

SPA UND WELLNESS · MODERN Familienfreundlichkeit wird hier groß geschrieben: Kinderbetreuung, Familienzimmer und sogar Wellness für Kinder im "Puria-Spa". Sehr hübsche Suiten im OG mit Blick auf Strand und Meer. Tolle Sicht auch vom Restaurant (1. Etage) und von der Terrasse. Wechselnde Themenbuffets und kleines buntes Kinderbuffet.

92 Zim 🛏 – ♥71/332 € ♥♥148/377 € – 8 Suiten
*Bergstr. 30 ⊠ 17429 – ℰ 038378 80732 – www.travelcharme.com*

## Heringsdorf – 8 900 Ew.

### ✿ Tom Wickboldt

FRANZÖSISCH-MODERN · KLASSISCHES AMBIENTE XXX Hier darf man sich auf kreative, harmonische und kontrastreiche Küche freuen - zwei schöne Menüs, begleitet von einem umsichtigen und kompetenten Service samt trefflicher Weinberatung sowie von einem lichten, stilvoll-eleganten Ambiente.

→ Dänischer Kaisergranat, Rote Bete-Tapioka, Schmand, Kaviar. Wilder Steinbutt, Kalbsessenz mit Buddhas Hand, Pieds Bleus, Lauch. Romasalat und Rhabarber, Ziegenjoghurt, weiße Schokolade, Aronia, Buchweizen.

Menü 79/110 €
*Hotel Esplanade, Seestr. 5 ⊠ 17424 – ℰ 038378 700 – www.seetel.de – nur Abendessen – geschl. Januar 2 Wochen, März 1 Woche, August 1 Woche, Oktober 1 Woche und Sonntag - Dienstag*

## ⁣⁣○ Seaside      ⅃ AC ℅ 🚗

**INTERNATIONAL · DESIGN** ✕✕✕ Die Gourmetvariante der Grandhotel-Gastronomie: elegant-maritime Atmosphäre und ambitionierte kreative Speisen wie "Seezungenpraline / Spargel / Kartoffel-Trüffelespuma". Und danach einen Digestif in der gemütlichen Bar samt Terrasse?

Menü 39/85 € – Karte 37/73 €

*Steigenberger Grandhotel und Spa, Liehrstr. 11* ✉ *17424 –* ℰ *038378 4950*
*(Tischbestellung ratsam) – www.heringsdorf.steigenberger.de – nur Abendessen*
*– geschl. Sonntag - Dienstag*

## ⁣⁣○ Bernstein      ≼ 🍴 🚗

**INTERNATIONAL · ELEGANT** ✕✕ Einfach klasse der weite Blick über den Heringsdorfer Strand und die Ostsee! Aber auch der Teller vor Ihnen hat Schönes zu bieten: kreative, internationale Küche, gerne auch in Form eines Überraschungsmenüs.

Menü 40/69 € – Karte 49/66 €

*Strandhotel Ostseeblick, Kulmstr. 28* ✉ *17424 –* ℰ *038378 54240*
*– www.strandhotel-ostseeblick.de – nur Abendessen*

## ⁣⁣○ Da Claudio      🍴 ⊟

**ITALIENISCH · GEMÜTLICH** ✕ Frische, saisonale italienische Küche bekommen Sie in dem behaglichen Restaurant im Zentrum - hausgemachte Pasta darf da natürlich nicht fehlen! Oder wie wär's mit "Rote-Beete-Gnocchi in Gorgonzolasauce mit Rotweinbirne"?

Karte 37/49 €

*Friedenstr. 16* ✉ *17424 –* ℰ *038378 801876 (Tischbestellung ratsam)*
*– www.da-claudio-usedom.de – nur Abendessen – geschl. Mitte Dezember*
*- Anfang Februar und Sonntag*

## ⁣⁣○ Kulm-Eck      🍴 ℅ ⊟

**REGIONAL · NACHBARSCHAFTLICH** ✕ Das Restaurant auf einer Anhöhe ist sympathisch-leger und hat eine schöne Terrasse unter Bäumen. Man kocht kreativ, regional, mit Kräutern und Blüten, so z. B. "Kalbsbacke, Spargel-Morchelallerlei, Topfen-Bärlauchknödel, Hollandaise".

Menü 39/61 € – Karte 48/59 €

*Kulmstr. 17* ✉ *17424 –* ℰ *038378 22560 – www.kulm-eck.de – nur Abendessen*
*– geschl. 20. Januar - 20. Februar und Montag, Oktober - Ostern: Sonntag*
*- Montag*

## ⁣⁣○ Lutter und Wegner im Seebad Heringsdorf      🍴

**INTERNATIONAL · BRASSERIE** ✕ Hier gibt es frische internationale Küche von Antipasti über Wiener Schnitzel bis hin zu - obligatorisch für Lutter & Wegner! - Kaiserschmarrn. Dabei sitzt man gemütlich zwischen Weinregalen und lässt sich freundlich-leger umsorgen.

Karte 29/52 €

*Kulmstr. 3* ✉ *17424 –* ℰ *038378 22125 – www.lutter-wegner-usedom.de – geschl.*
*November - April: Sonntag außer an Feiertagen*

## 🏨 Steigenberger Grandhotel und Spa    ⚐ ≼ 🛏 🏊 🖥 ⑩ 🐾 ⌗ ⊡

**LUXUS · MODERN** Ein Ferien-Grandhotel, wie man es sich wünscht: 🛁 🚗 die Zimmer hochwertig und komfortabel, der Service aufmerksam, dazu der große Spa, Kinderbetreuung und die direkte Nähe zum Strand! Für Hausgäste abendlich wechselndes Menü im "Lilienthal". Wer's leger mag: Bistroküche im "Waterfront" samt Lounge-Terrasse.

173 Zim ⌷⌷ – ♦135/405 € ♦♦165/405 € – 40 Suiten – ½ P

*Liehrstr. 11* ✉ *17424 –* ℰ *038378 4950 – www.heringsdorf.steigenberger.de*

⁣⁣○ **Seaside** – siehe Restaurantauswahl

## Travel Charme Strandidyll

**LUXUS · GEMÜTLICH** Luxuriöses Flair versprüht das Hotel mit Park bereits von außen. Das Interieur steht dem in nichts nach: große Atriumlobby mit Glaskuppel, mediterran inspirierter Spa und freundlich-wohnliche Zimmer. Etwas Besonderes: Turmsuite mit Rundumsicht. "Belvedere" im 4. Stock mit Meerblick und internationaler Küche. Vom "Giardino" mit Wintergarten schaut man in den Garten.

143 Zim ⌂ – †109/302 € ††148/500 € – 7 Suiten – ½ P

*Delbrückstr. 10 ✉ 17424 – ☏ 038378 4760 – www.travelcharme.com/strandidyll*

## Strandhotel Ostseeblick

**SPA UND WELLNESS · MODERN** Hier überzeugen der herzliche, aufmerksame Service, die helle, geschmackvolle Einrichtung, diverse kleine Extras (z. B. Minibar inkludiert) und Wellness auf 1000 qm mit "MEERness"-Ritualen am Strand. Einzigartiger Seeblick von den meisten Zimmern und der Lounge. Bistro-Flair im "Alt Heringsdorf" gegenüber.

60 Zim ⌂ – †100/155 € ††150/280 € – 4 Suiten – ½ P

*Kulmstr. 28 ✉ 17424 – ☏ 038378 540 – www.strandhotel-ostseeblick.de*

🍴 **Bernstein** – siehe Restaurantauswahl

## Esplanade

**TRADITIONELL · INDIVIDUELL** Das Hotel ist ein schlossartiges Gebäude von 1869, in dem schöne gediegene Gästezimmer bereitstehen. Mitbenutzung des großen Spabereichs des "Pommerschen Hofs". Im klassisch gehaltenen "Epikur" serviert man saisonale Küche.

48 Zim ⌂ – †95/139 € ††130/219 € – ½ P

*Seestr. 5 ✉ 17424 – ☏ 038378 700 – www.sectel.de*

🌼 **Tom Wickboldt** – siehe Restaurantauswahl

## Strandhotel

**SPA UND WELLNESS · GEMÜTLICH** Nur wenige Schritte von der Promenade und dem Strand entfernt steht das stilvoll-wohnlich eingerichtete Hotel mit vielfältigem Spa. In den Zimmern hat man teilweise Meerblick. Und gastronomisch? Im holzgetäfelten Restaurant serviert man frische saisonale Küche.

88 Zim ⌂ – †99/283 € ††115/300 € – 1 Suite – ½ P

*Liehrstr. 10 ✉ 17424*

*– ☏ 038378 2320 – www.strandhotel-heringsdorf.de*

*– geschl. 18. - 26. Dezember*

## Fortuna

**PRIVATHAUS · FUNKTIONELL** In der schmucken Villa a. d. 19. Jh. bieten die freundlichen Gastgeber helle, gepflegte Zimmer, einige mit netter Loggia. Zum Strand ist es nur ein Katzensprung.

21 Zim ⌂ – †50/75 € ††65/95 €

*Kulmstr. 8 ✉ 17424 – ☏ 038378 47070 – www.hotel-fortuna.kaiserbaeder.m-vp.de*

*– geschl. Anfang November - Ende Dezember*

# Korswandt – 600 Ew.

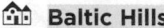

## Baltic Hills

**LANDHAUS · MODERN** Ein Urlaubshotel, das ideal ist für Sportler und Wellnessfans: 19-Loch-Golfplatz, Spa, Fahrradverleih - und zum Strand gibt es einen kostenlosen Shuttle. Die Zimmer sind ansprechend und wertig im modernen Landhausstil gehalten, das Restaurant im Golf-Clubhaus bietet Internationales.

84 Zim ⌂ – †69/149 € ††89/189 € – 2 Suiten – ½ P

*Hauptstr. 10 ✉ 17419 – ☏ 038378 80500 – www.baltic-hills.bestwestern.de*

*– geschl. über Weihnachten, 3. - 21. Januar*

## Koserow – 1 700 Ew.

###  Nautic

**SPA UND WELLNESS · AUF DEM LAND** Das Hotel liegt zentral, 10 Gehminuten vom Meer, und hat freundlich gestaltete Zimmer - für Familien sind besonders die Suiten interessant. Schön der großzügige Bade- und Saunabereich. Im Restaurant gibt's bürgerliche Küche, zudem hat man eine Sky-Sportsbar. Auch für Tagungen ist das Haus ideal.

75 Zim ♄ – †54/82 € ††82/132 € – ½ P

*Triftweg 4 ⊠ 17459 – ℰ 038375 2550 – www.nautic-usedom.de*

## Loddin – 1 010 Ew.

## In Loddin-Kölpinsee Nord-Ost: 2 km

###  Strandhotel Seerose

**SPA UND WELLNESS · GEMÜTLICH** Reizvoll ist die strandnahe Lage umgeben vom Küstenwald - fragen Sie nach den Zimmern in den oberen Etagen, hier hat man tollen Meerblick! Relaxen können Sie im ansprechenden Spa, speisen im freundlichen Restaurant samt Wintergarten zum Meer.

103 Zim ♄ – †55/145 € ††98/253 € – 6 Suiten – ½ P

*Strandstr. 1 ⊠ 17459 – ℰ 038375 540 – www.strandhotel-seerose.de*

## Trassenheide – 910 Ew.

###  Kaliebe

**FAMILIÄR · FUNKTIONELL** Eine schöne Ferienadresse mit modernen Zimmern, hübsche Inselmotive sorgen für Urlaubsfeeling! Zum 250 m entfernten Strand gelangt man durch den Küstenwald, in dem mehrere Blockhäuser stehen - besonders beliebt bei Familien. Bürgerliche Küche mit selbst geräuchertem Fisch im Restaurant mit Wintergarten.

35 Zim ♄ – †50/90 € ††65/150 € – ½ P

*Zeltplatzstr. 14 ⊠ 17449 – ℰ 038371 520 – www.kaliebe.de*

## Zinnowitz – 3 970 Ew.

###  Usedom-Palace

**TRADITIONELL · KLASSISCH** Klassische Eleganz bestimmt das Anwesen an der Uferpromenade - ein prächtiges Hotel von 1900. Schauen Sie sich den schönen Badebereich an mit seinen historischen Motiven von Zinnowitz als tolle Wandmalereien! Im Restaurant bietet man internationale Küche.

41 Zim ♄ – †80/130 € ††110/260 € – 2 Suiten – ½ P

*Dünenstr. 8 ⊠ 17454 – ℰ 038377 3960 – www.usedom-palace.de – geschl. 13. November - 25. Februar*

---

# USINGEN

Hessen – 13 610 Ew. – Höhe 292 m – Regionalatlas **37**-F14
▶ Berlin 521 km – Wiesbaden 62 km – Frankfurt am Main 32 km – Gießen 38 km
Michelin Straßenkarte 543

### ⊛ essWebers

**INTERNATIONAL · GEMÜTLICH** X Küche und Ambiente sind hier gleichermaßen geschmackvoll. Was Patron Uwe Weber in dem chic und hochwertig sanierten denkmalgeschützen Liefrink-Haus direkt am Marktplatz auf den Teller bringt, nennt sich z. B. "Yellow Fin Tuna mit Kalb, Melone und Rucola" oder "Poulardenbrust mit Bärlauchpolenta".

Menü 20 € (mittags unter der Woche)/77 € – Karte 31/66 €

*Marktplatz 21 ⊠ 61250 – ℰ 06081 5763760 – www.esswebers.de – geschl. 1. - 6. Januar und Dienstag - Mittwochmittag*

# USLAR

Niedersachsen – 14 370 Ew. – Höhe 178 m – Regionalatlas **29**-H10

▶ Berlin 352 km – Hannover 133 km – Kassel 60 km – Göttingen 39 km

Michelin Straßenkarte 541

## 🏨 Menzhausen                                                    ☆ 🛆 🗗 🎿 🖃 🔧 🚘

**HISTORISCHES GEBÄUDE · FUNKTIONELL** Das Hotel mit schmuckem historischem Fachwerkhaus als Stammhaus bietet einen schönen Freizeitbereich mit Kosmetik und Massage sowie einen reizvollen Garten. Wie wär's mit einem "Märchenzimmer"? Restaurant mit internationaler und bürgerlicher Küche. Hübscher Innenhof.

40 Zim ♋ – †80/120 € ††120/175 € – ½ P

*Lange Str. 12, (Zufahrt über Mauerstr. 2)* ✉ *37170* – ✆ *05571 92230*
*– www.hotel-menzhausen.de*

# VAIHINGEN an der ENZ

Baden-Württemberg – 28 080 Ew. – Höhe 217 m – Regionalatlas **55**-G18

▶ Berlin 633 km – Stuttgart 28 km – Heilbronn 54 km – Karlsruhe 56 km

Michelin Straßenkarte 545

## In Vaihingen-Horrheim Nord-Ost: 7 km Richtung Heilbronn

### ⅋○ Lamm                                                           🏠 ⅛ 🎿 🚘

**TRADITIONELLE KÜCHE · RUSTIKAL** ✗✗ In dem freundlichen Restaurant bekommen Sie in zwangloser Umgebung bürgerlich-schwäbische Gerichte serviert. Nicht zu verfehlen - liegt direkt an der Hauptstraße!

Menü 34 € – Karte 28/46 €

*Hotel Lamm, Klosterbergstr. 45* ✉ *71665*
*– ✆ 07042 83220 – www.hotel-lamm-horrheim.de*
*– geschl. 1. - 8. Januar und Sonntag*

### 🏨 Lamm                                                           🖃 ⅛ 🎿 🔧 🚘

**GASTHOF · FUNKTIONELL** Die Familie betreibt hier mitten im Ort ein nettes und gepflegtes Hotel, in dem man gut und zeitgemäß übernachten und auch tagen kann. Wenn das Wetter mitspielt, können Sie im Sommer schön auf der Terrasse zum Kirchplatz frühstücken!

23 Zim ♋ – †80/105 € ††105/120 € – ½ P

*Klosterbergstr. 45* ✉ *71665*
*– ✆ 07042 83220 – www.hotel-lamm-horrheim.de*
⅋○ **Lamm** – siehe Restaurantauswahl

## In Vaihingen-Rosswag West: 4 km über B 10 Richtung Pforzheim

### ⅏ Lamm Rosswag (Steffen Ruggaber)                              ⅓ 🏠 🅿

**MODERNE KÜCHE · GASTHOF** ✗✗ Bei Sonja und Steffen Ruggaber wird nicht nur herzliche Gästebetreuung groß geschrieben, auch ausgezeichnete Küche ist Ihnen hier gewiss, und die ist modern, aufwändig und detailreich. Beliebte Klassiker wie Zwiebelrostbraten bekommen Sie aber natürlich auch. Und dazu einen der schönen deutschen Weine?

→ Crevette bleu, Gurke, Rhabarber, Estragon, Erdnuss. Rücken, Haxe und Bries vom Irischen Lamm, BBQ Aromen, weiße Bohnen, Mais, Kartoffel. Bio Quark, Feige, weißer Mohn, Curry.

Menü 36 € (mittags unter der Woche)/120 € – Karte 38/77 €

*Hotel Lamm Rosswag, Rathausstr. 4, (1. Etage)* ✉ *71665*
*– ✆ 07042 21413 (Tischbestellung ratsam) – www.lamm-rosswag.de*
*– geschl. Januar 3 Wochen, August 3 Wochen und Sonntag - Dienstagmittag, Mittwochmittag*

### 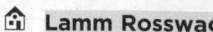 Lamm Rosswag    🍷 🅿

**GASTHOF · AUF DEM LAND** In dem Familienbetrieb kann man nicht nur gut essen: Das Haus steht mitten in einem charmanten kleinen Weinort und ist mit seinen gepflegten, in wohnlichen Farben gehaltenen Zimmern und dem guten Frühstück eine schöne Übernachtungsadresse.

12 Zim 🖵 – ♦65/70 € ♦♦90/95 € – ½ P

*Rathausstr. 4, (1. Etage)* ✉ 71665 – 𝒞 07042 21413 – *www.lamm-rosswag.de*
*– geschl. Januar 3 Wochen, August 3 Wochen*

   🍴 **Lamm Rosswag** – siehe Restaurantauswahl

# VALLENDAR

Rheinland-Pfalz – 8 390 Ew. – Höhe 99 m – Regionalatlas **36**-D14
▶ Berlin 593 km – Mainz 113 km – Koblenz 9 km – Bonn 61 km
Michelin Straßenkarte 543

### 🛞 Die Traube    🍴 🍸 ♻ 🚭

**REGIONAL · RUSTIKAL** 🍴 Gemütlich sitzt man in dem reizenden Fachwerkhaus von 1647 auf kleinen Bänken und lässt sich schmackhafte regionale Gerichte servieren. Dazu zählen z. B. "Variation vom Lamm" oder "Birnen-Bohnen-Speck". Auch der günstige Mittagstisch kommt gut an. Sehr nett die Terrasse vor der alten Scheune mit Glockenspiel.

Menü 39 € – Karte 34/79 €

*Rathausplatz 12* ✉ 56179 – 𝒞 0261 61162 *(Tischbestellung ratsam)*
*– www.dietraube-vallendar.de – geschl. 24. Dezember - 9. Januar, Mitte Juli*
*- August 3 Wochen und Sonntag - Montag*

# VALLEY

Bayern – 3 100 Ew. – Höhe 650 m – Regionalatlas **66**-M21
▶ Berlin 622 km – München 43 km – Innsbruck 133 km – Kufstein 59 km
Michelin Straßenkarte 546

### 🍴○ Waldrestaurant Maxlmühle    🍴 🅿 🚭

**REGIONAL · GEMÜTLICH** 🍴 Mögen Sie Forellen? Die räuchert man hier selbst - auch Sülze und Pasteten sind aus eigener Herstellung! Das Gasthaus liegt schön einsam am Ende der Straße direkt am Wasser - da kommt natürlich auch der Biergarten gut an.

Karte 16/39 €

*Maxlmühle* ✉ 83626 – 𝒞 08020 1772 – *www.maxlmuehle.de – geschl. Mitte Februar - Anfang März, August 1 Woche, November 1 Woche und Mittwoch - Donnerstag*

# VATERSTETTEN

Bayern – 22 090 Ew. – Höhe 528 m – Regionalatlas **66**-M20
▶ Berlin 596 km – München 21 km – Landshut 76 km – Passau 160 km
Michelin Straßenkarte 546

**In Vaterstetten-Neufarn** Nord-Ost: 10 km über B 304 Richtung Ebersberg und Markt Schwaben, in Purfing links

### 🍴○ Gasthof Stangl    🍴 🍸 🅿

**REGIONAL · GASTHOF** 🍴🍴 Holztäfelung, hübsche Stoffe und Accessoires wie Jagdtrophäen, das ist richtig bayerisch-gemütlich, und dazu gibt's Regionales. Tipp: das Tagesmenü. Im Sommer kommt niemand am Kastanien-Biergarten vorbei!

Menü 27 € (mittags)/55 € – Karte 27/55 €

*Stangl, Münchener Str. 1* ✉ 85646 – 𝒞 089 905010 *(Tischbestellung ratsam)*
*– www.hotel-stangl.de*

## 🏠 Stangl　　　　　　　　🛏️ 🖥️ 🏊 🅿️

**GASTHOF · INDIVIDUELL** Wie möchten Sie wohnen? Modern, rustikal oder im Jugendstil? Die Zimmer befinden sich im Gasthof oder im ehemaligen Gutshof - Letzterer ist mit seinem historischen Flair besonders attraktiv, für den Rest sorgt die Chefin mit einem Händchen für Deko!

57 Zim ♨ – †125 € ††155 € – ½ P

*Münchener Str. 1 ⊠ 85646 – ℰ 089 905010 – www.hotel-stangl.de*

🍽️ **Gasthof Stangl** – siehe Restaurantauswahl

# VEITSHÖCHHEIM

Bayern – 9 740 Ew. – Höhe 170 m – Regionalatlas **49**-I15

▶ Berlin 506 km – München 287 km – Würzburg 11 km – Karlstadt 17 km

Michelin Straßenkarte 546

## 🏠 Am Main　　　　　　🍷 🛏️ 🖥️ 🏊 🅿️

**FAMILIÄR · MODERN** In dem hübschen Haus in einem ruhigen Wohnviertel am Main erwarten Sie moderne Gästezimmer in klaren Linien, ein heller Frühstücksbereich sowie ein netter Garten.

34 Zim ♨ – †67/79 € ††98/110 € – 1 Suite

*Untere Maingasse 35 ⊠ 97209 – ℰ 0931 98040 – www.hotel-am-main.de – geschl. 24. Dezember - 2. Januar*

## 🏠 Weisses Lamm　　　　　🏠 🖥️ 🕭 🏊 🅿️

**GASTHOF · FUNKTIONELL** Das Hotel ist ein erweitertes historisches Gasthaus. Die Juniorsuiten im Gästehaus "Anna" sind besonders geräumig, modern und verfügen über eine kleine Küchenzeile. Im Fachwerk-Gästehaus wohnt man etwas preisgünstiger. Internationale Küche und geradliniges Ambiente im Restaurant "escaVinum".

70 Zim ♨ – †50/109 € ††81/129 €

*Kirchstr. 24 ⊠ 97209 – ℰ 0931 9802300 – www.hotel-weisses-lamm.bestwestern.de*

# VELBERT

Nordrhein-Westfalen – 80 580 Ew. – Höhe 245 m – Regionalatlas **26**-C11

▶ Berlin 544 km – Düsseldorf 41 km – Essen 16 km – Wuppertal 19 km

Michelin Straßenkarte 543

**In Velbert-Neviges** Süd-Ost: 4 km über B 224, Abfahrt Velbert-Tönisheide

## ✿ Haus Stemberg　　　　　🏛️ 🍴 🍽️ 🅿️

**MARKTKÜCHE · FAMILIÄR** ✕✕ Die Stembergs sind tief verwurzelt mit der Region, sogar die Bushaltestelle hier ist nach ihrem Gasthaus benannt! Hingabe und Qualitätsdenken spiegeln auch die "zwei Küchen von einem Herd" wider, mit denen Juniorchef Sascha Stemberg regionale Klassiker und auch international-kreative Gerichte zum Besten gibt.

→ Königsfisch, Passionsfrucht, Rettich, Gurke, Japanische Vinaigrette. Rochenflügel, Spargel aus dem Kuhlendahl, Morcheln, braune Butter, Kalamansi. Ur-Lamm aus der Vulkaneifel, sanft geschmorte Schulter, Harissa, Couscous, Aubergine.

Menü 39/85 € – Karte 37/73 €

*Kuhlendahler Str. 295 ⊠ 42553 – ℰ 02053 5649 (Tischbestellung ratsam) – www.haus-stemberg.de – geschl. Anfang März 2 Wochen, Juli - August 3 Wochen und Donnerstag - Freitag, Dezember: Donnerstag - Freitagmittag*

# VELBURG

Bayern – 5 200 Ew. – Höhe 492 m – Regionalatlas **58**-M17

▶ Berlin 474 km – München 144 km – Regensburg 58 km – Nürnberg 60 km

Michelin Straßenkarte 546

## In Velburg-Lengenfeld West: 3 km, jenseits der Autobahn

 **Winkler Bräu** 🎐 🗍 🐾 🖃 ఉ 🖾 **P**

GASTHOF · INDIVIDUELL Im Bräustüberl wird nun schon seit dem 15. Jh. bayrisch gegessen und Bier getrunken, entsprechend urig die Atmosphäre. Der Gasthof ist inzwischen aber auch ein schmuckes Hotel mit wohnlichen Zimmern - besonders schön die Zimmer in der ehemaligen Mälzerei. Für wohltuende Anwendungen geht man ins Gartenhaus.

72 Zim ⌧ – †79/114 € ††109/143 € – 1 Suite – ½ P
*St.-Martin-Str. 6* ✉ *92355 – ℰ 09182 170 – www.winkler-braeu.de – geschl. über Weihnachten*

# VELDENZ
Rheinland-Pfalz – 940 Ew. – Höhe 170 m – Regionalatlas **46**-C15
▶ Berlin 689 km – Mainz 116 km – Trier 43 km – Saarbrücken 114 km
Michelin Straßenkarte 543

🍴🌀 **Rittersturz** 🏡 🔄 **P**

KLASSISCHE KÜCHE · GEMÜTLICH 🗙 Das hat Charme: liebenswerte, gemütliche Räume, freundlicher und aufmerksamer Service und dazu die idyllische Lage im Grünen! Nicht zu vergessen die guten klassisch-saisonalen Gerichte wie "Rinderfilet mit Steinpilzen und Gratin".

Menü 40 € – Karte 41/52 €
*Veldenzer Hammer 1, Süd-Ost: 0,5 km* ✉ *54472 – ℰ 06534 18292 (Tischbestellung ratsam) – www.rendezvousmitgenuss.de – Dienstag - Freitag nur Abendessen – geschl. Montag*

# VELEN
Nordrhein-Westfalen – 12 940 Ew. – Höhe 55 m – Regionalatlas **26**-C10
▶ Berlin 525 km – Düsseldorf 90 km – Bocholt 30 km – Enschede 54 km
Michelin Straßenkarte 543

🏰 **Sportschloss Velen** 🎐 🐎 🚪 🗍 🐾 🏌 🍴 🖃 ఉ 🖾 **P**

HISTORISCH · KLASSISCH Das schöne historische Gebäudeensemble ist umgeben von einem traumhaften Park. Hübsche Zimmer, großes Sportangebot samt Putting-Green, klassisch gehaltenes Restaurant, reizvolle Terrasse über dem Schlossgraben... Rustikal: "Querbeet" mit tollem Backsteingewölbe. 21 Tagungs- und Veranstaltungsräume. Ideal für Hochzeitsfeiern ist z. B. die "Orangerie".

93 Zim ⌧ – †110/180 € ††142/198 € – 9 Suiten – ½ P
*Schlossplatz 1* ✉ *46342 – ℰ 02863 2030 – www.sportschlossvelen.de*

# VERDEN (ALLER)
Niedersachsen – 26 670 Ew. – Höhe 20 m – Regionalatlas **18**-H7
▶ Berlin 354 km – Hannover 95 km – Bremen 43 km – Rotenburg (Wümme) 25 km
Michelin Straßenkarte 541

🉐 **Pades Restaurant** 🦟 🏡 🔄

REGIONAL · FREUNDLICH 🗙🗙 Tafelspitz, frischer Fisch, Rotweinrisotto, Grünkohlravioli... Bei Wolfgang Pade gibt es schmackhafte regionale Küche mit mediterranem Einfluss - da macht es Spaß, zu essen! Schön das modern-klassische Interieur des schmucken Patrizierhauses, herrlich der rückwärtige Garten - prädestiniert für eine Terrasse!

Karte 32/57 €
*Grüne Str. 15* ✉ *27283 – ℰ 04231 3060 (Tischbestellung ratsam) – www.pades.de – Montag - Mittwoch nur Abendessen*

# VETTELSCHOSS
Rheinland-Pfalz – 3 440 Ew. – Höhe 280 m – Regionalatlas **36**-D13
▶ Berlin 620 km – Mainz 130 km – Bonn 33 km – Bad Honnef 17 km
Michelin Straßenkarte 543

## In Vettelschoss-Kalenborn West: 1 km

### ⁞◯ Nattermann's Fine Dining ⬅ 🏠 AC 🚫 P

INTERNATIONAL · CHIC XX "Jo" Nattermann und seine charmante Frau haben ihr "Fine Dining" einer "Frischzellenkur" unterzogen: In chic-modernem Ambiente lässt man sich z. B. "Sauerbraten vom Hirsch mit Rosenkohlpüree" schmecken! Gegenüber: die Kochschule "Genussakademie". Gepflegte Gästezimmer.

Menü 40/60 € – Karte 29/97 € 12 Zim – ♦64/68 € ♦♦79/99 € – ⌑8 €
*Bahnhofstr. 12 ✉ 53560 – 𝒞 02645 97310 – www.nattermanns.de*
*– geschl. Dienstag, außer an Feiertagen*

# VIECHTACH

Bayern – 8 010 Ew. – Höhe 435 m – Regionalatlas **59**-O17
▶ Berlin 507 km – München 174 km – Passau 81 km – Cham 27 km
Michelin Straßenkarte 546

## In Viechtach-Neunussberg Nord-Ost: 10 km in Richtung Lam, in Wiesing rechts

### 🏨 Burghotel Sterr 🏵 🦆 ⬅ 🍴 ⅀ 🖼 ⑨ 🛁 Ⅰ⑤ 🔲 🚗

SPA UND WELLNESS · GEMÜTLICH Genießen Sie mediterranes Flair im Bayerischen Wald! Sie wohnen in Zimmern mit Tal- oder Burgblick oder alternativ in den Ferienhäusern "Jagdhütte" und "Waidlerhaus". Oder bevorzugen Sie eines der hochwertigen, charmant-modernen Chalets (ab 2 Nächten) mit eigener Sauna und Schwimmteich?

24 Zim ⌑ – ♦93/113 € ♦♦176/216 € – 9 Suiten – ½ P
*Neunußberg 35 ✉ 94234 – 𝒞 09942 8050 – www.burghotel-sterr.de – geschl. 1. - 25. Dezember*

# VIERNHEIM

Hessen – 33 120 Ew. – Höhe 101 m – Regionalatlas **47**-F16
▶ Berlin 608 km – Wiesbaden 82 km – Mannheim 11 km – Darmstadt 47 km
Michelin Straßenkarte 543

## In Viernheim-Neuzenlache über A 659, Austahrt Viernheim-Ost

### ⁞◯ Pfeffer & Salz 🐎 🏠 ⇆ P

FRANZÖSISCH-KLASSISCH · GEMÜTLICH XX Schon seit 1970 empfängt man hier seine Gäste: drinnen gemütlich-elegantes Ambiente, draußen ein wunderbarer Garten, auf dem Teller klassisch-saisonale Speisen wie "Suprême vom Perlhuhn in Portweinsauce". Und dazu ein französischer Wein?

Menü 39/72 € – Karte 40/81 €
*Neuzenlache 10 ✉ 68519 – 𝒞 06204 77033 (Tischbestellung ratsam)*
*– www.pfeffersalz.de – nur Abendessen – geschl. 1. - 15. Januar und Sonntag*
*- Montag*

# VIERSEN

Nordrhein-Westfalen – 74 910 Ew. – Höhe 40 m – Regionalatlas **25**-B11
▶ Berlin 592 km – Düsseldorf 34 km – Krefeld 20 km – Mönchengladbach 10 km
Michelin Straßenkarte 543

## In Viersen-Süchteln Nord-West: 4,5 km über A 61, Ausfahrt Süchteln

### ⁞◯ Alte Villa Ling ⬅ 🏠 P

FRANZÖSISCH-KLASSISCH · ELEGANT XXX Thomas Teigelkamp, Gastgeber in der schönen Jugendstilvilla von 1899, ist ein Vertreter der klassischen Küche, überzeugt aber auch mit Internationalem. Wichtig: die Produkte - Rind, Zicklein und Lamm kommen aus der Region. Serviert wird in Salon, Gaststube oder Wintergarten, alle charmant! Über einen hübschen Treppenaufgang gelangt man zu den wohnlichen Gästezimmern.

Menü 45/85 € – Karte 35/68 € 7 Zim ⌑ – ♦89/99 € ♦♦130/135 €
*Hindenburgstr. 34 ✉ 41749 – 𝒞 02162 970150 – www.alte-villa-ling.de – geschl.*
*Montag, Samstagmittag*

## VILBEL, BAD

Hessen – 32 020 Ew. – Höhe 109 m – Regionalatlas **47**-F14

▶ Berlin 540 km – Wiesbaden 48 km – Frankfurt am Main 10 km – Gießen 55 km
Michelin Straßenkarte 543

### In Bad Vilbel-Dortelweil Nord: 2 km, über Kasseler Straße und Friedberger Straße

🏠 **Golfhotel Lindenhof**                                 🛱 🕭 🏖 **P**

**LANDHAUS · ELEGANT** Toll die Lage umgeben von Natur und Golfplatz! Interessant die Architektur des Hotels mit seinen in der ersten Etage im offenen Atriumstil angelegten Zimmern. Und im Restaurant (sehr schön das helle moderne Ambiente) gibt es Klassiker wie Wiener Schnitzel, aber auch gehobenere Gerichte.

18 Zim ♙ – ✦70/175 € ✦✦100/250 € – 1 Suite

*Lehnfurterweg 1, (Dortelweil)* ✉ 61118 – ✆ 06101 52450
*– www.golfhotel-lindenhof.de – geschl. 27. Dezember - 9. Januar*

## VILLINGENDORF

Baden-Württemberg – 3 210 Ew. – Höhe 621 m – Regionalatlas **62**-F20

▶ Berlin 725 km – Stuttgart 89 km – Konstanz 92 km – Rottweil 6 km
Michelin Straßenkarte 545

🍴 **Gasthof Linde**                                       🏡 🕭 🖨 **P**

**REGIONAL · LÄNDLICH** ✗✗ Wer sitzt nicht gerne in gemütlicher Atmosphäre und lässt sich freundlich mit schmackhaften regionalen Gerichten umsorgen? Letztere gibt es z. B. als "Schwäbischen Sauerbraten mit Spätzle". Und als Dessert vielleicht einen "Ofenschlupfer"?

Menü 33 € – Karte 34/53 €

*Rottweiler Str. 3* ✉ 78667 – ✆ 0741 31843 – *www.linde-villingendorf.de – geschl. 2. - 10. Januar, 15. August - 1. September und Montag - Dienstag*

## VILLINGEN-SCHWENNINGEN

Baden-Württemberg – 81 130 Ew. – Höhe 704 m – Regionalatlas **62**-F20

▶ Berlin 734 km – Stuttgart 115 km – Freiburg im Breisgau 77 km – Konstanz 90 km
Michelin Straßenkarte 545

### Im Stadtteil Villingen

🍴 **Rindenmühle**                                         �G1 🏡 **P**

**MARKTKÜCHE · FREUNDLICH** ✗✗ Frisch, schmackhaft und saisonal, so speist man hier - auf der Karte z. B. "Rehtee mit Walnussklößchen und Pastinake", "Maultaschen mit Bergkäsefüllung und Blattspinat" oder "Kalbsrücken und Riesengarnele mit Topinambur-Lauchragout und Burgunderjus". Das Ambiente: modern-eleganter Stil mit regionaler Note.

Menü 35/70 € – Karte 33/62 €

*Hotel Rindenmühle, Am Kneipp-Bad 9, (am Kurpark)* ✉ 78052 – ✆ 0772188680
*– www.rindenmuehle.de – geschl. Sonntag - Montag*

🏠 **Rindenmühle**                                  🚪 🕭 🏖 🖃 🏖 **P**

**FAMILIÄR · GEMÜTLICH** Ein Hotel, in dem man gerne schläft! Und das liegt nicht nur an der schönen stilvoll-wohnlichen Einrichtung, man wird auch richtig gut betreut - die Chefin ist stets am Gast, das Engagement ist im ganzen Haus zu spüren!

31 Zim ♙ – ✦84/110 € ✦✦140/165 € – ½ P

*Am Kneipp-Bad 9, (am Kurpark)* ✉ 78052 – ✆ 0772188680
*– www.rindenmuehle.de*

🍴 **Rindenmühle** – siehe Restaurantauswahl

## Im Stadtteil Schwenningen

### ⅠⅠ○ Ochsenstube      🏭 ⇄ 🚗

**REGIONAL • FREUNDLICH** ✗ Gastronomisch bietet der "Ochsen" saisonale Küche
ebenso wie Ochsen-Klassiker - nicht nur im behaglich-klassischen Restaurant,
sehr schön ist es auch draußen auf der Terrasse hinterm Haus!

Menü 25/45 € – Karte 25/45 €

*Hotel Ochsen, Bürkstr. 59 ✉ 78054*
*– ☎ 07720 8390 – www.hotelochsen.com*
*– nur Abendessen – geschl. Weihnachten - 6. Januar und Sonntag - Montag*

### 🏠 Ochsen      🔲 ♨ 🚗

**FAMILIÄR • INDIVIDUELL** In dem Familienbetrieb stehen individuelle, wohnliche
und freundliche Zimmer für Sie bereit - Zimmer 103 ist für alle: eine "Mini-Café-
Bar" als Treffpunkt. Für Sommertage man die Sonnenterrasse "Steg 1"!

37 Zim – 🛏76/98 € – 🛏🛏101/113 € – ☐ 6 € – ½ P

*Bürkstr. 59 ✉ 78054 – ☎ 07720 8390 – www.hotelochsen.com – geschl.*
*Weihnachten - 6. Januar*

    ⅠⅠ○ **Ochsenstube** – siehe Restaurantauswahl

## VILSHOFEN

Bayern – 15 970 Ew. – Höhe 308 m – Regionalatlas **59**-P19
▶ Berlin 585 km – München 164 km – Passau 23 km – Regensburg 101 km
Michelin Straßenkarte 546

### In Vilshofen-Hundsöd West: 5 km, Richtung Alkhofen

### ⅠⅠ○ Schlemmerhof Schmalzl      ⇦ 🏭 🅿

**REGIONAL • RUSTIKAL** ✗ In dem langjährigen Familienbetrieb (bereits die 3.
Generation) kocht man regional-saisonal und mit internationalem Einfluss. Kommen Sie doch auch mal zur "Steinofenfleckerl Aktion"! Ländlich-rustikale Gästezimmer gibt's auch.

Menü 25/40 € – Karte 16/49 €    6 Zim ☐ – 🛏47/55 € – 🛏🛏74/77 €

*Hundsöd 30 ✉ 94474*
*– ☎ 08541 5103 – www.schlemmerhof.de*
*– geschl. Februar 3 Wochen und Dienstag - Mittwoch*

## VÖHL

Hessen – 5 710 Ew. – Höhe 305 m – Regionalatlas **38**-G12
▶ Berlin 436 km – Wiesbaden 177 km – Kassel 60 km – Düsseldorf 223 km
Michelin Straßenkarte 543

### In Vöhl-Oberorke Süd-West: 17 km

### 🏠 Freund      🏞 ⇦ 🖼 ♨ ♨ 🏊 🔲 🍴 ♨ 🚗

**SPA UND WELLNESS • MODERN** Urlaubsidyll im Grünen! Schön modern hat man
es in den Zimmern "Gucci", "Bugatti" und "Leonardo", umfangreich das Angebot
des attraktiven Wellnessbereichs. Für Pferdefreunde: Auch ein Finnpferde-Gestüt
gehört zu diesem tollen Ferienhotel.

80 Zim ☐ – 🛏90/130 € – 🛏🛏160/260 € – 5 Suiten – ½ P

*Sauerlandstr. 6 ✉ 34516 – ☎ 06454 7090 – www.hotelfreund.de*

## VÖHRINGEN

Bayern – 12 980 Ew. – Höhe 499 m – Regionalatlas **64**-I20
▶ Berlin 628 km – München 146 km – Augsburg 86 km – Kempten (Allgäu) 75 km
Michelin Straßenkarte 546

## In Vöhringen-Illerberg Nord-Ost: 3 km nahe der A 7

### 🦝 Speisemeisterei Burgthalschenke     🏡 🎿 ⇔ 🅿

**KLASSISCHE KÜCHE · FAMILIÄR** XX Schmackhaft und saisonal isst man in dem seit 1968 familiengeführten Restaurant - Appetit machen da z. B. Kürbiscremesuppe oder Rostbraten mit Spätzle. Im Winter sitzt man gemütlich am Kamin (ansprechend übrigens die Kunst an den Wänden), im Sommer auf der hübschen Terrasse.

Menü 24/57 € – Karte 30/54 €

*Untere Hauptstr. 4, Thal ✉ 89269 – ☏ 07306 5265 – www.burgthalschenke.de*
*– geschl. 6. - 15. März und Montag, außer an Feiertagen*

# VÖLKLINGEN

Saarland – 38 470 Ew. – Höhe 200 m – Regionalatlas **45**-B17
▶ Berlin 737 km – Saarbrücken 15 km – Neunkirchen 38 km – Homburg 49 km
Michelin Straßenkarte 543

### 🍴 Gourmetstube     🎿 ⇔ 🅱 🔟 🎿 ⇔ 🅿

**MARKTKÜCHE · ELEGANT** XXX Macht Ihnen "kross gebratenes Wolfsbarschfilet" Appetit? Das ist nur ein Beispiel für die saisonal inspirierte Küche in der Gourmetstube, deren modern-elegantes Ambiente ebenso ansprechend ist.

Menü 35/89 € – Karte 62/80 €

*Parkhotel Albrecht, Kühlweinstr. 70 ✉ 66333 – ☏ 06898 914700*
*– www.parkhotel-albrecht.de – geschl. Dienstag*

### 🏨 Parkhotel Albrecht     🌳 ⇦ 🖹 🔥 🔟 🎿 🏊 🅿

**FAMILIÄR · MODERN** Das gut geführte Hotel liegt in einem 7000 qm großen Park und bietet neuzeitlich-wohnliche Zimmer, benannt nach Städten. Besonders komfortabel sind die beiden Juniorsuiten. Restaurant "Orangerie" mit Wintergarten und Terrasse - hier serviert man mediterran geprägte Küche.

13 Zim 🛏 – †85/99 € ††119/135 € – 2 Suiten – ½ P

*Kühlweinstr. 70 ✉ 66333 – ☏ 06898 914700 – www.parkhotel-albrecht.de*
🍴 **Gourmetstube** – siehe Restaurantauswahl

# VOGTSBURG im KAISERSTUHL

Baden-Württemberg – 5 810 Ew. – Höhe 218 m – Regionalatlas **61**-D20
▶ Berlin 797 km – Stuttgart 200 km – Freiburg im Breisgau 31 km – Breisach 10 km
Michelin Straßenkarte 545

## In Vogtsburg-Achkarren

### 🏠 Zur Krone     🌳 ⇦ 🏊 🅿

**GASTHOF · GEMÜTLICH** Das gewachsene Gasthaus ist über 400 Jahre alt und wird seit 1919 von der Familie geführt. Man schläft in unterschiedlich geschnittenen Zimmern (teils mit Balkon) und isst gemütlich in der rustikalen Winzerstube - hier kehren auch gerne Einheimische ein! Sehr beliebt ist die günstige Mittagskarte!

23 Zim 🛏 – †59/75 € ††95/129 € – ½ P

*Schlossbergstr. 15 ✉ 79235 – ☏ 07662 93130 – www.krone-achkarren.de*

## In Vogtsburg-Bischoffingen

### 🍴 Steinbuck Stube     ⇐ 🏡 🎿 🅿

**KLASSISCHE KÜCHE · ELEGANT** XX Aufwändig restauriert ist der über 400 Jahre alte ehemalige "Rebstock" heute ein wahres Schmuckstück. Die Gäste werden herzlich betreut, aus der Küche kommen schmackhafte Klassiker wie "Kalbsrücken mit Pfifferlingen". Richtig schön übernachten kann man ebenfalls.

Menü 48/58 € – Karte 36/57 €    8 Zim 🛏 – †59/82 € ††100/158 €
– 1 Suite

*Talstr. 2 ✉ 79235 – ☏ 07662 911210 – www.steinbuck-stube.de – geschl. Montag*
*- Dienstag*

## 🍴○ Köpfers Steinbuck ⓝ   ⟨ ⌂ 🏠 ⟳ 🅿

**REGIONAL · LÄNDLICH** XX Schon die wunderbare exponierte Lage mitten in den Reben lockt einen hierher, aber auch die frische Küche ist einen Besuch wert. Leckeres wie "Rückensteak vom Landschwein mit Herbsttrompeten" oder "heimischen Wildzander auf Sauerkraut" isst man natürlich am liebsten auf der traumhaften Terrasse!

Menü 37 € (vegetarisch)/76 € – Karte 42/64 €

*Hotel Köpfers Steinbuck, Steinbuckstr. 20, in den Weinbergen ⊠ 79235*
*– ☎ 07662 9494650 – www.koepfers-steinbuck.de – geschl. Mitte Januar - Mitte Februar, August 2 Wochen und Mittwoch, November - März: Dienstag - Mittwoch*

## 🏠 Köpfers Steinbuck ⓝ   🐾 ⟨ ⌂ 🍴 🅿

**LANDHAUS · GEMÜTLICH** Ein tolles Anwesen - ringsum Reben und Ruhe, den Kaiserstuhl im Blick. Schön wohnlich die Zimmer, im Landhausstil oder ganz modern, besonders attraktiv die Terrassenzimmer. Das gute Frühstück gibt's im Sommer draußen bei herrlicher Sicht.

19 Zim ⌑ – ♦85/105 € ♦♦105/149 € – ½ P

*Steinbuckstr. 20, in den Weinbergen ⊠ 79235 – ☎ 07662 9494650*
*– www.koepfers-steinbuck.de – geschl. Mitte Januar - Mitte Februar, August 2 Wochen*

🍴○ **Köpfers Steinbuck** – siehe Restaurantauswahl

# In Vogtsburg-Burkheim

## 🏠 Kreuz-Post   🍴 ⌂ 🖽 💮 🎐 🔄 🍴 🅿

**SPA UND WELLNESS · GEMÜTLICH** Wo einst die Heilig-Kreuz-Kapelle stand, befindet sich dieser gewachsene Gasthof, Familienbetrieb in der 7. Generation. Besonders ansprechend sind die Gartenzimmer mit Terrasse. Die badische Küche lassen Sie sich im Sommer am besten im angenehmen Innenhof servieren.

35 Zim ⌑ – ♦71/110 € ♦♦112/162 € – ½ P

*Landstr. 1 ⊠ 79235 – ☎ 07662 90910 – www.kreuz-post.de*

# In Vogtsburg-Oberbergen

## ✿ Schwarzer Adler   🐾 ⟵ 🏠 🚗

**FRANZÖSISCH-KLASSISCH · GASTHOF** XXX Elegant und gleichzeitig traditionell-badisch, so kommt der Gasthof der Familie Keller daher, und dazu passt die klassische Küche ganz vortrefflich. Seit Jahrzehnten Winzer, bieten die engagierten Betreiber eine Weinauswahl, die mit über 2600 Positionen und fairen Preisen wirklich Freude macht! Am besten bleiben Sie über Nacht, die Zimmer sind richtig stilvoll.

➜ Tatar von der Gelbschwanzmakrele "nicoise" mit Oliven, Dattelkirschtomaten und Bohnen. Lammrücken mit Burgunderschnecken, Ziegenkäsegnocchi, Estragonfumet. Limettenparfait mit Zitronengrassorbet und Panna Cotta von der Ivoirschokolade.

Menü 92/118 € – Karte 82/92 €   14 Zim ⌑ – ♦110/120 € ♦♦150/160 €

*Badbergstr. 23 ⊠ 79235 – ☎ 07662 933010 (Tischbestellung ratsam)*
*– www.franz-keller.de – geschl. 16. Januar - 23. Februar und Mittwoch*
*- Freitagmittag*

## 🍴○ KellerWirtschaft   🐾 ⟨ 🏠 ⅋ 🅿

**KLASSISCHE KÜCHE · TRENDY** X Wirklich schön, was man hier geschaffen hat: Terrassenförmig ist das Weingut in den Hang gebaut, mit Blick in den Weinkeller speist man in puristischem Ambiente an blanken Tischen. Auf der Karte z. B. "Rücken und Würstle vom Hirsch".

Menü 64 € – Karte 48/77 €

*Badbergstr. 44, (1. Etage) ⊠ 79235 – ☎ 07662 933080 – www.franz-keller.de*
*– Mittwoch - Freitag nur Abendessen – geschl. 30. Januar - 7. März und Montag*
*- Dienstag außer an Feiertagen*

## 🍴○ Winzerhaus Rebstock     🐾 🏡 **P**

**REGIONAL · GEMÜTLICH** Ⅹ In dem liebenswerten alten Wirtshaus gegenüber dem "Schwarzen Adler" - ebenfalls unter der Leitung von Familie Keller - isst man regional, von Badischen Tapas bis zum Flammkuchen. Die Terrasse im Innenhof ist wirklich reizend.

Menü 33 € – Karte 28/49 €

*Badbergstr. 22 ✉ 79235 – ☎ 07662 933011 – www.franz-keller.de – geschl.*
*1. Januar - 2. Februar und Montag - Dienstag, außer an Feiertagen*

# VOLKACH

Bayern – 8 670 Ew. – Höhe 203 m – Regionalatlas **49-I15**
▶ Berlin 466 km – München 269 km – Würzburg 28 km – Bamberg 64 km
Michelin Straßenkarte 546

## 🍴○ Zur Schwane     🏡 🍽 🚗

**INTERNATIONAL · GEMÜTLICH** ⅩⅩ Schon die frische gelbe Fassade des Gasthofs spricht einen an, und bei den urigen Stuben drinnen (hübsch der alte Ofen) sieht es nicht anders aus! Im Sommer könnte es im Innenhof kaum gemütlicher sein. Mittags kleinere Tageskarte.

Menü 40/80 € – Karte 19/46 €

*Hotel Zur Schwane, Hauptstr. 12 ✉ 97332 – ☎ 09381 80660 – www.schwane.de*
*– geschl. 21. - 29. Dezember und Montagmittag*

## 🏨 Zur Schwane     🛁 ♨ **P**

**GASTHOF · HISTORISCH** Sie finden das a. d. 15. Jh. stammende Gasthaus in der Altstadt. Nicht nur gepflegte, unterschiedlich eingerichtete Zimmer gibt es hier, gleich beim Empfang hat man eine Vinothek - der eigene Wein kommt aus dem Keller direkt unterm Hotel.

35 Zim ⌂ – †89/119 € ††170/205 € – 2 Suiten – ½ P

*Hauptstr. 12 ✉ 97332 – ☎ 09381 80660 – www.schwane.de – geschl. 21.*
*- 29. Dezember*
🍴○ **Zur Schwane** – siehe Restaurantauswahl

## 🏠 Rose     🏡 🛁 **P**

**GASTHOF · GEMÜTLICH** Der gepflegte Familienbetrieb nahe dem Altstadtkern ist u. a. bei Radfahrern beliebt, die die Landschaft um die Mainschleife erkunden möchten. Stärken können Sie sich an Sommermorgenden beim Frühstück auf der Terrasse, später speist man in regionstypisch-gemütlichen Gasträumen. Probieren Sie den eigenen Wein!

29 Zim ⌂ – †69/109 € ††98/136 € – 1 Suite – ½ P

*Oberer Markt 7 ✉ 97332 – ☎ 09381 8400 – www.rose-volkach.de – geschl.*
*23. Dezember - 6. Januar*

## 🏠 Behringer     🖭 **P**

**HISTORISCH · INDIVIDUELL** Das schöne jahrhundertealte Fachwerkhaus mit seinem "Hinterhöfle" a. d. 17. Jh. ist seit 1928 im Familienbesitz - die Zimmer hier haben richtig Charme! Und wenn Sie zum Essen kommen: In den Marktblickstuben, der rustikalen Gaststube sowie im Wintergarten oder im Biergarten im Hof serviert man Regionales.

16 Zim ⌂ – †65/75 € ††98/110 € – ½ P

*Marktplatz 5 ✉ 97332 – ☎ 09381 8140 – www.hotel-behringer.de*

# VREDEN

Nordrhein-Westfalen – 22 390 Ew. – Höhe 32 m – Regionalatlas **26-C9**
▶ Berlin 537 km – Düsseldorf 116 km – Nordhorn 66 km – Bocholt 33 km
Michelin Straßenkarte 543

### ⊛ Büschker's Stuben    🏠 & ⇔ 🅿

**TRADITIONELLE KÜCHE · LÄNDLICH** XX Sie haben die Wahl zwischen der rustikalen Gaststube und dem gemütlichen Kaminzimmer (wohltuend das Herdfeuer an kalten Tagen!). Es gibt traditionelle Küche und Internationales, vom Münsterländer Zwiebelfleisch bis zum Wiener Schnitzel.

Karte 27/49 €

*Kring 6 ⊠ 48691 – 𝒞 02564 93080 – www.amkring.de – nur Abendessen, sonntags auch Mittagessen – geschl. Mitte August - Anfang September und Donnerstag*

### ⫘○ Clemens    & 🄰🄲 🅿

**INTERNATIONAL · ELEGANT** XX Dies ist die Gourmet-Variante der Winkelhorst-Gastronomie. Juniorchef Christoph führt hier Regie und bietet eine ambitionierte und kreative internationale Küche, aufmerksam und freundlich der Service.

Menü 50/83 €

*Kring 6 ⊠ 48691 – 𝒞 02564 93080 – www.amkring.de – nur Abendessen – geschl. Mitte August - Anfang September und Montag - Donnerstag*

### ⌂ Am Kring    🐾 🏡 🅿

**FAMILIÄR · AUF DEM LAND** Der gewachsene Gasthof der Familie Winkelhorst ist Teil eines über 600 Jahre alten denkmalgeschützten Dorfkringes. Die Betreiber engagiert und herzlich, die Zimmer gemütlich und funktional, sehr gut das am Tisch servierte Frühstück!

14 Zim ⥁ – ♦49/65 € ♦♦82/95 €

*Kring 6 ⊠ 48691 – 𝒞 02564 93080 – www.amkring.de – geschl. Mitte August - Anfang September*

⊛ **Büschker's Stuben** • ⫘○ **Clemens** – siehe Restaurantauswahl

## WAAKIRCHEN-MARIENSTEIN

Bayern – 5 580 Ew. – Regionalatlas **66**-M21

▶ Berlin 638 km – München 51 km – Innsbruck 104 km – Kufstein 70 km

Michelin Straßenkarte 546

### ⫘○ Steinberg    ≼ 🏡 🏠 🅿

**REGIONAL · GEMÜTLICH** XX Im Clubhaus des Golfplatzes serviert man Ihnen frische regionale Gerichte wie "zweierlei von der Rehkeule auf Rosenkohlblättern, Preiselbeertascherl und Marone". Mittags isst man auch gerne einfach eine Currywurst oder Kaiserschmarrn.

Karte 29/52 €

*Hotel Margarethenhof, Gut Steinberg 1 ⊠ 83666 – 𝒞 08022 7506310 – www.margarethenhof.com – geschl. 20. Dezember - 31. Januar und November - März: Montag - Dienstag*

### ⌂⌂⌂ Margarethenhof    🐾 ≼ 🏡 ⌛ 🕸 ᛚ🄱 🖼 🍽 🏡 🅿

**LANDHAUS · MODERN** Wie fern Ihr Alltag ist, merken Sie, wenn Sie den Blick über Wiesen, Wald und das Grün des Golfplatzes schweifen lassen, wenn Sie bei Massage und Beautyprogramm relaxen, wenn Sie in wohnlichen Zimmern zur Ruhe kommen... Fragen Sie nach den neueren Zimmern - hier ein schicker Mix aus modern und ländlich!

19 Suiten ⥁ – ♦♦250/350 € – 16 Zim – ½ P

*Gut Steinberg 1 ⊠ 83666 – 𝒞 08022 75060 – www.margarethenhof.com – geschl. 20. Dezember - 31. Januar*

⫘○ **Steinberg** – siehe Restaurantauswahl

## WACHENHEIM

Rheinland-Pfalz – 4 680 Ew. – Höhe 141 m – Regionalatlas **47**-E16

▶ Berlin 641 km – Mainz 86 km – Mannheim 27 km – Kaiserslautern 35 km

Michelin Straßenkarte 543

### 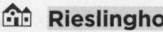 Rieslinghof $\quad$ 🌿 ♨ **P**

**FAMILIÄR · MODERN** Im ehemaligen Pferdestall des Weinguts hat man Altes und Neues gelungen verbunden - stilvoll und wertig. Als Begrüßungspräsent gibt's Wasser und eine Flasche eigenen Wein. Eine nette familiäre Adresse! Gewölbe-Saal für Tagungen und Feiern.

6 Zim ⌷ – †70/80 € ††98/110 €

*Weinstr. 86 ⊠ 67157 – 𝒞 06322 9898920 – www.rieslinghof.com*

**In Gönnheim** Ost: 4,5 km über Friedelsheim

### ⏱○ Zum Lamm $\quad$ ⇦ 🕏 **P**

**REGIONAL · LÄNDLICH** 🍴 In dem hübschen alten Gasthaus bekommen Sie regionale und internationale Küche, die in schönen gemütlichen Stuben (es gibt auch einen Bereich für Raucher) und auf der Terrasse im Innenhof serviert wird. Sie möchten übernachten? Man hat sehr gepflegte Zimmer.

Menü 39/79 € – Karte 29/66 € $\quad$ 9 Zim ⌷ – †55/72 € ††79/115 €

*Bismarckstr. 21 ⊠ 67161 – 𝒞 06322 95290 – www.restaurant-zum-lamm.de*
*– Montag - Freitag nur Abendessen – geschl. Februar 3 Wochen und Dienstag*
*- Mittwoch*

## WACHENROTH

Bayern – 2 130 Ew. – Höhe 285 m – Regionalatlas **50**-K16
▶ Berlin 439 km – München 218 km – Ansbach 67 km – Bayreuth 99 km

**In Wachenroth-Weingartsgreuth** Süd-Ost: 3 km

### ⏱○ Landgasthof Weichlein $\quad$ ⇦ 🕏 **P**

**REGIONAL · LÄNDLICH** 🍴 Ein traditionsreicher Familienbetrieb a. d. 18. Jh., der viele Stammgäste hat. Gerne sitzt man hier in gemütlichen Stuben und lässt sich mit fränkischen Klassikern bewirten. Lust auf "Saure Zipfel" oder gebackenen Karpfen? Übernachten können Sie auch: einfacher oder komfortabler.

Karte 25/48 € $\quad$ 15 Zim ⌷ – †50/68 € ††70/88 €

*Weingartsgreuth 20 ⊠ 96193 – 𝒞 09548 349 – www.gasthofweichlein.de*
*– Dienstag - Donnerstag nur Abendessen – geschl. 22. August - 13. September und Montag*

## WACHTBERG

Nordrhein-Westfalen – 19 830 Ew. – Höhe 200 m – Regionalatlas **36**-C13
▶ Berlin 609 km – Düsseldorf 99 km – Bonn 17 km – Koblenz 67 km
Michelin Straßenkarte 543

**In Wachtberg-Adendorf** West: 6 km Richtung Meckenheim

### ⏱○ Kräutergarten $\quad$ 🕏 🌿 **P** 🚭

**KLASSISCHE KÜCHE · MEDITERRANES AMBIENTE** 🍴🍴🍴 Lust auf ambitionierte klassisch-saisonale Küche? Bereits seit 1983 leiten die freundlichen Gastgeber das Restaurant mit der mediterranen Note und setzen auf Produktqualität und Frische - das schätzen nicht nur die vielen Stammgäste!

Menü 48/60 € – Karte 58/70 €

*Töpferstr. 30 ⊠ 53343 – 𝒞 02225 7578 (Tischbestellung ratsam)*
*– www.gasthaus-kraeutergarten.de – nur Abendessen, sonntags auch Mittagessen*
*– geschl. Sonntagabend - Montag*

## WACKERSBERG

Bayern – 3 440 Ew. – Höhe 735 m – Regionalatlas **65**-L21
▶ Berlin 648 km – München 56 km – Garmisch-Partenkirchen 56 km
Michelin Straßenkarte 546

## In Wackersberg-Arzbach Süd: 3 km

### Benediktenhof

**LANDHAUS · GEMÜTLICH** Was für ein schönes, sympathisches Haus! Äußerst reizend der ländliche Charakter, herzlich die Gastgeberfamilie. Hier heißt es wohlfühlen, vom hochwertigen Bio-Frühstück über Kosmetik und Massage bis zum hübschen Garten mit Naturbadeteich. Wie wär's mit der großen Familien-Suite im Chalet?

11 Zim ⌂ – ♦64/75 € ♦♦98/180 € – 4 Suiten

*Alpenbadstr. 16 ⊠ 83646 – ℰ 08042 91470 – www.benediktenhof.de – geschl. November 2 Wochen*

**Außerhalb** Nord-West: 5 km Richtung Bad Tölz West, jenseits der B 472

### Tölzer Schießstätte

**REGIONAL · RUSTIKAL** ✗ Seit vielen Jahren bieten Michaela und Andreas Hager in der Schießstätte der Tölzer Schützen ihre bodenständige bayerisch-saisonale Küche - da schmeckt "Spinatnockerl mit Pfifferlingen" ebenso wie "Schweinsbraten mit Krautsalat und Knödel". Hier geht es lebendig zu, charmant der Service.

Menü 34 € – Karte 25/42 €

*Kiefersau 138, (Zufahrt über Hans-Zantl-Weg) ⊠ 83646 Wackersberg – ℰ 08041 3545 (Tischbestellung ratsam) – www.michaela-hager.de – geschl. über Weihnachten, über Pfingsten 10 Tage, Anfang September 2 Wochen, Anfang November 1 Woche und Sonntagabend - Montag, Donnerstag*

## WÄSCHENBEUREN

Baden-Württemberg – 3 840 Ew. – Höhe 408 m – Regionalatlas **55**-H18

▶ Berlin 598 km – Stuttgart 53 km – Göppingen 10 km – Schwäbisch Gmünd 16 km

Michelin Straßenkarte 545

## In Wäschenbeuren-Wäscherhof Nord-Ost: 1,5 km

### Zum Wäscherschloss

**MARKTKÜCHE · RUSTIKAL** ✗✗ So behaglich das charmante Anwesen (Familienbetrieb in der 5. Generation!) von außen wirkt, ist es auch drinnen: sowohl in den gemütlichen Stuben (hier isst man zeitgemäß-regional) als auch in den Gästezimmern mit ihrem liebenswerten Landhausflair! Tipp: Schön geräumig sind die drei DZ im Gästehaus!

Karte 26/40 € 11 Zim ⌂ – ♦50/80 € ♦♦110/120 €

*Wäscherhof 2 ⊠ 73116 – ℰ 07172 7370 – www.gasthofwaescherschloss.de – geschl. August und Sonntagabend - Freitagmittag, Samstagmittag*

## WAFFENBRUNN

Bayern – 2 060 Ew. – Höhe 396 m – Regionalatlas **59**-O17

▶ Berlin 475 km – München 185 km – Regensburg 68 km – Landshut 113 km

### Göttlinger

**MARKTKÜCHE · FREUNDLICH** ✗✗ Hier hat man nach dem Umbau des elterlichen Gasthofs ein ansprechendes geradlinig-zeitgemäßes Ambiente geschaffen. Gekocht wird frisch und saisonal, so z. B. "Kotelett vom Havelländer Apfelschwein / Gnocchi / Schwarzwurzel / Pioppini".

Menü 44 € – Karte 36/63 €

*Hauptstr. 10 ⊠ 93494 – ℰ 09971 2594 – www.restaurant-goettlinger.de – nur Abendessen – geschl. Dienstag*

## WAGING am SEE

Bayern – 6 510 Ew. – Höhe 465 m – Regionalatlas **67**-O21

▶ Berlin 679 km – München 124 km – Bad Reichenhall 47 km – Traunstein 12 km

Michelin Straßenkarte 546

### ⓐ Landhaus Tanner

**REGIONAL · GEMÜTLICH** XX Sie sitzen im gemütlich-ländlichen Restaurant mit Kachelofen oder auf der hübschen begrünten Terrasse, die gute saisonal-regionale Küche gibt's hier wie dort, so z. B. "Tachinger Lachsforellenfilet mit Eigelb, Topinamburpüree und grünem Spargel". Zum Übernachten: charmante Zimmer und komfortable Appartements.

Menü 18 € (mittags unter der Woche)/37 € – Karte 22/57 €　9 Zim ⌂ – ♦77/86 € ♦♦115/129 € – 2 Suiten

*Aglassing 1 ⊠ 83329 – ℰ 08681 69750 – www.landhaustanner.de – geschl. Anfang November 1 Woche und Dienstagmittag, Oktober - März: Dienstag*

# WAIBLINGEN

Baden-Württemberg – 52 850 Ew. – Höhe 230 m – Regionalatlas **55**-H18

▶ Berlin 609 km – Stuttgart 19 km – Schwäbisch Gmünd 42 km – Schwäbisch Hall 57 km

Michelin Straßenkarte 545

### ❀ Bachofer

**KREATIV · FREUNDLICH** XX Sie lieben moderne Küche mit stark asiatischer Prägung? Dann genießen Sie Bernd Bachofers bis zu 10-gängige "Aromen-Reise" oder das vegetarische Menü - Kraft, Ausdruck und eigene Note sind Ihnen gewiss. Unkonventioneller speist man an der "Ess-Bar". Der Service: locker und mit Niveau! Kleinere Mittagskarte.

→ Variation vom Gelbflossenthunfisch mit Misoeis und Ponzu. Geschmortes Milchzicklein mit Morcheln, Spargel und Ziegenquark-Soufflé. Überraschung vom Matcha Tee mit Yuzu, Kokos und kleinem Sake-Cocktail.

Menü 76 € (mittags)/128 € – Karte 78/95 €

*Am Marktplatz 6 ⊠ 71332 – ℰ 07151 976430 – www.bachofer.info – geschl. Januar 1 Woche, Mitte Mai 2 Wochen und Samstagmittag, Sonntag - Montag sowie an Feiertagen*

## In Waiblingen-Beinstein Ost: 4 km

### ⓐ Brunnenstuben

**REGIONAL · FREUNDLICH** XX Äußerlich ist das Gebäude zwar kein Leckerbissen, die gibt's dafür drinnen zahlreich, denn Chefin Petra Beyer kann kochen! Lust auf "geräucherte Eismeerforelle mit Orangen-Fenchelsalat", "Ragout von der Freilandente" oder "schwäbischen Rostbraten"? Ihr Mann Thorsten berät Sie freundlich, auch in Sachen Wein.

Menü 29/69 € – Karte 29/65 €

*Quellenstr. 14 ⊠ 71332 – ℰ 07151 9441227 – www.brunnenstuben.de – geschl. 25. Juli - 13. August und Dienstag, Samstagmittag*

# WALDBREITBACH

Rheinland-Pfalz – 1 860 Ew. – Höhe 140 m – Regionalatlas **36**-D13

▶ Berlin 614 km – Mainz 135 km – Bonn 42 km – Koblenz 37 km

Michelin Straßenkarte 543

### 🏠 Zur Post

**GASTHOF · AUF DEM LAND** Das persönlich geführte Hotel ist aus einem Gasthof von 1777 gewachsen. Die Zimmer sind neuzeitlich und wohnlich, geräumiger sind die Deluxe-Zimmer. Poststube, Weinstube und die moderne Wiedtalstube im Wintergartenstil bilden das Restaurant. Im UG: gemütliche Bar.

43 Zim ⌂ – ♦51/80 € ♦♦94/142 € – 1 Suite – ½ P

*Neuwieder Str. 44 ⊠ 56588 – ℰ 02638 9260 – www.hotelzurpost.de*

# WALDBRONN

Baden-Württemberg – 12 160 Ew. – Höhe 261 m – Regionalatlas **54**-F18

▶ Berlin 683 km – Stuttgart 71 km – Karlsruhe 15 km – Pforzheim 22 km

Michelin Straßenkarte 545

## In Waldbronn-Reichenbach

### ✿ Schwitzer's am Park  🛆 ⑆ AC ℀ ⇄ 🚗

**KLASSISCHE KÜCHE · ELEGANT** XxX Hier werden ausgesuchte Produkte zu aromenintensiven klassisch-modernen Speisen. Sollten Sie nicht auf der schönen Terrasse sitzen können, die Sicht in den Park genießt man dank großer Fensterfront auch vom eleganten Restaurant. Tipp: das Mittagsmenü.
➜ Roh marinierte Jakobsmuschel mit Impérial Gold Kaviar, Hibiskusblüten, Aloe Vera, Seetang. Lammrücken von der Schäferei Stotz in Münsingen mit Perlzwiebeln, Salicorn und Pommerysenf. Gâteau von Heidelbeeren mit Dulcey Schokolade und Minzsorbet.
Menü 44 € (mittags)/105 € – Karte 59/92 €
*Etzenroter Str. 4 ✉ 76337 – ℰ 07243 354850*
*– www.schwitzers-hotel-am-park.com*

### 🌀 Schwitzer's Brasserie Ⓝ  🛆 ⑆ 🅿

**FRANZÖSISCH · BRASSERIE** X Sie mögen leger-moderne Brasserie-Lounge-Atmosphäre? Im trendigen Zweitrestaurant des "Schwitzer's Hotel am Park" gleich nebenan im Kurhaus gibt es französisch-traditionelle Speisen wie Quiche Lorraine, Coq au Vin oder Entrecôte, nachmittags Kuchen. Tipp: Mi. - Fr. mittags "Plat du jour".
Menü 19 € (mittags)/49 € (abends) – Karte 28/51 €
*Etzenroter Str. 2 ✉ 76337 – ℰ 07243 354850 – www.schwitzers-brasserie.de*
*– geschl. Montag - Dienstag*

### 🏨 Schwitzer's Hotel am Park  ⑯ ⒧ 🗗 ⑆ AC 🐾 🚗

**BUSINESS · MODERN** Direkt am Park liegt das beeindruckende Hotel der Familie Schwitzer. Überall hochwertige Materialien, die Zimmer geräumig, chic, technisch "up to date". Turm- oder Parkzimmer? Letztere liegen ruhiger und bieten Balkon sowie Blick ins Grüne! Für Hotelgäste freier Eintritt in die Albtherme.
20 Zim – ♦120/200 € ♦♦145/255 € – 2 Suiten – ☲ 12 €
*Etzenroter Str. 4 ✉ 76337 – ℰ 07243 354850*
*– www.schwitzers-hotel-am-park.com*
✿ Schwitzer's am Park – siehe Restaurantauswahl

## WALDECK
Hessen 6 870 Ew. – Höhe 404 m – Regionalatlas 38-G12
▶ Berlin 436 km – Wiesbaden 201 km – Kassel 54 km – Korbach 23 km
Michelin Straßenkarte 543

### 🏨 Schloss Waldeck  ⇧ ⅍ ⇐ ⎙ ⑯ 🗗 🐾 🅿

**HISTORISCHES GEBÄUDE · MODERN** Toll liegt die einstige Burganlage a. d. 11. Jh. auf einer Bergkuppe oberhalb des Edersees! Doch es gibt noch mehr Schönes: die Lobby in einem mächtigen Natursteingewölbe, "Teatime" im stilvoll-modernen Kaminzimmer, Burgmuseum, Standesamt, Beauty... Im Sommer sitzt man wunderbar auf den Restaurantterrassen, da kommt man auch gerne mit der Bergbahn vom See hier hinauf!
42 Zim ☲ – ♦108/218 € ♦♦158/258 € – ½ P
*Schloss Waldeck 1 ✉ 34513 – ℰ 05623 5890 – www.hotel-schloss-waldeck.de*

## Im Ortsteil Nieder-Werbe West: 8 km

### 🏨 Werbetal  ⇧ ⎙ ⑯ 🗗 ⑆ ℀ 🐾 🚗

**LANDHAUS · FUNKTIONELL** Nahe am Seeufer steht dieses familiengeführte Hotel, das bereits seit 1866 als Gasthaus existiert. Die Zimmer sind z. T. recht geräumig, einige mit Balkon, rustikal das Restaurant mit großen Fenstern zum See. Auch ein Spielzimmer für Kinder ist vorhanden.
29 Zim ☲ – ♦67/81 € ♦♦110/138 € – ½ P
*Uferstr. 28 ✉ 34513 – ℰ 05634 97960 – www.hotel-werbetal.de – geschl.*
*2. Januar - 1. März*

# WALDENBUCH

Baden-Württemberg – 8 480 Ew. – Höhe 362 m – Regionalatlas **55**-G19

▶ Berlin 662 km – Stuttgart 25 km – Tübingen 20 km – Ulm (Donau) 94 km
Michelin Straßenkarte 545

❀ **Gasthof Krone** (Erik Metzger)

**KLASSISCHE KÜCHE · LÄNDLICH** ✕✕ In dem schönen 500 Jahre alten Gasthof pflegt man die klassische Küche, bringt aber auch moderne Elemente mit ein. Man kocht mit Gefühl und unterstreicht so die feinen Aromen der tollen Produkte. Übrigens: Auf der alten Tischplatte im Eingangsbereich hat sich im 18. Jh. vielleicht sogar Goethe verewigt!

→ Délice vom Lachs mit grünem Spargel, Kefir und Kräutern. Entenleberschnitzel mit Rhabarber und Staudensellerie. Lammkarree mit Artischocken, Bohnen und Rahmpolenta.

Menü 54 € (vegetarisch)/76 € – Karte 58/74 €

*Nürtinger Str. 14* ✉ *71111*
*–* ✆ *07157 408849 – www.krone-waldenbuch.de*
*– geschl. Anfang Januar 1 Woche, über Fasching 1 Woche, Ende August 2 Wochen und Montag*

# WALDENBURG

Baden-Württemberg – 2 920 Ew. – Höhe 506 m – Regionalatlas **55**-H17

▶ Berlin 558 km – Stuttgart 88 km – Heilbronn 42 km – Schwäbisch Hall 19 km
Michelin Straßenkarte 545

🏨 **Panoramahotel Waldenburg**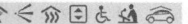

**BUSINESS · FUNKTIONELL** Ein Businesshotel - gut geführt, praktisch, inklusive Traumblick auf die Hohenloher Ebene! Die Zimmer sind individuell und farblich teils recht prägnant, einige auch allergikergeeignet. Dazu ein moderner Saunabereich, ein frisches, helles Restaurant mit internationaler Küche und ein kleines Bistro.

65 Zim 🖙 – ♦100/110 € ♦♦140/150 € – 4 Suiten – ½ P
*Hauptstr. 84* ✉ *74638 –* ✆ *07942 91000 – www.panoramahotel-waldenburg.de*

🏠 **Villa Blum**

**FAMILIÄR · INDIVIDUELL** Wenn Sie eines der geschmackvollen Zimmer ergattern möchten, sollten Sie zeitig buchen, denn der Charme der hübschen alten Villa und das Engagement der Familie haben sich rumgesprochen! Das Frühstück ist wirklich gut, W-Lan und Minibar sind gratis, im Frühling blüht und duftet der Garten...

9 Zim 🖙 – ♦89/115 € ♦♦115/135 €
*Haller Str. 12* ✉ *74638 –* ✆ *07942 94370 – www.villa-blum.de*

# WALDKIRCH

Baden-Württemberg – 21 150 Ew. – Höhe 274 m – Regionalatlas **61**-D20

▶ Berlin 778 km – Stuttgart 204 km – Freiburg im Breisgau 26 km – Offenburg 62 km
Michelin Straßenkarte 545

🍴 **Zum Storchen**

**REGIONAL · GEMÜTLICH** ✕✕ Hinter der nahezu original erhaltenen historischen Fassade sitzt man schön in behaglichen Räumen bei regional-internationaler Küche. Appetit macht da z. B. "Zweierlei vom Schwein mit Frühlingsgemüse und Polenta".

Menü 32/49 € – Karte 34/60 €

*Hotel Zum Storchen, Lange Str. 24, (Zufahrt über Runzweg)* ✉ *79183*
*–* ✆ *07681 4749590 – www.storchen-waldkirch.de – nur Abendessen*
*– geschl. Sonntag*

## ⌂ Zum Storchen     𝔫 ⊡ ⅋ 🚗

**FAMILIÄR · MODERN** Nach ökologischen Aspekten designt: wohnlich, modern und hochwertig. Wer's gerne geräumiger hat, bucht ein Deluxe-Zimmer oder eine Suite. Sehr nett: Saunabereich und Dachterrasse. Schön: Frühstücken mit Blick über die Dächer von Waldkirch!

28 Zim ⌂ – ♦79/89 € ♦♦110/130 € – ½ P

*Lange Str. 24, (Zufahrt über Runzweg)* ⊠ *79183*
*– 𝒞 07681 4749590*
*– www.zum-storchen-waldkirch.de*
♔○ **Zum Storchen** – siehe Restaurantauswahl

## In Waldkirch-Buchholz Süd-West: 4 km über B 294

## ♔○ Hirschenstube     🏠 P

**MARKTKÜCHE · GEMÜTLICH** ⅋ Frische Küche, freundlicher Service in Tracht und familiäre Atmosphäre... Da mischt man sich gerne unter die vielen Stammgäste und speist regional, saisonal oder international, so z. B. "Kalbszunge in Madeirasauce", "Hechtklößchen auf Blattspinat" oder auch Wild.

Menü 40 € – Karte 24/70 €

*Hirschen-Stube - Gästehaus Gehri, Schwarzwaldstr. 45* ⊠ *79183*
*– 𝒞 07681 477770 – www.hirschenstube.de*
*– geschl. Februar 2 Wochen, August 3 Wochen und Sonntag - Montag*

## ⌂ Hirschen-Stube - Gästehaus Gehri     🐾 🏠 𝔫 P

**GASTHOF · GEMÜTLICH** Das Gästehaus Gehri ist sehr gut geführt, man verbessert stetig hier und da, alles ist tipptopp gepflegt! Die Zimmer sind wohnlich und funktional, viele mit Balkon. Außerdem ist es hier dank der etwas zurückversetzten Lage schön ruhig.

24 Zim ⌂ – ♦60/85 € ♦♦90/120 € – 1 Suite – ½ P

*Schwarzwaldstr. 45* ⊠ *79183*
*– 𝒞 07681 477770 – www.hirschenstube.de*
♔○ **Hirschenstube** – siehe Restaurantauswahl

# WALDKIRCHEN

Bayern 10 250 Ew. – Höhe 573 m – Regionalatlas **60**-Q18
▶ Berlin 542 km – München 206 km – Passau 26 km – Freyung 19 km
Michelin Straßenkarte 546

## ✿ Johanns     ≼ 🏠 ⅋ 🆎 ⅋ P

**MODERNE KÜCHE · TRENDY** ⅀⅀⅀ "Gutes ganz oben" - im wahrsten Sinne, denn hier im 2. Stock des exklusiven Modehauses bietet man eine interessante Küche: "Innovation und Tradition" nennt sie sich. Dazu attraktives modern-puristisches Interieur und eine Terrasse mit Sicht auf den Bayerischen Wald!
→ Lauwarme Bachforelle mit mariniertem Granny Smith und Kohlrabirohkost. In Gewürzbutter gegarter Zander mit Topfenschnitte, weißer Zwiebel und Essig-Rhabarber. Bienenwachseis mit Haselnusskuchen, Karamell Panna Cotta, Blütenpollen und niederbayerischem Waldhonig.

Menü 35 € (mittags)/85 € – Karte 56/66 €

*Marktplatz 24, (2. Etage im Modehaus Garhammer)* ⊠ *94065*
*– 𝒞 08581 2082000 (abends Tischbestellung ratsam)*
*– www.restaurant-johanns.de*
*– geschl. Sonntag sowie an Feiertagen*

# WALDSEE, BAD

Baden-Württemberg – 19 600 Ew. – Höhe 588 m – Regionalatlas **63**-H21
▶ Berlin 676 km – Stuttgart 154 km – Konstanz 61 km – Ulm (Donau) 66 km
Michelin Straßenkarte 545

## ⊫○ Gasthof Kreuz

**REGIONAL · GASTHOF** Ⅹ Ein sympathischer Gasthof bei der Kirche, in dem man in gemütlicher Atmosphäre regional isst - im Sommer sitzt man gerne im Freien vor dem Haus. Für Übernachtungsgäste stehen einfache, aber gepflegte und freundliche Zimmer zur Verfügung.

Menü 25/39 € – Karte 19/48 €    6 Zim – †49/59 € ††79/89 € – ⌼ 5 €

*Gut-Betha-Platz 1 ⊠ 88339 – ℰ 07524 3927 – www.kreuz-gasthof.de – geschl. 6. - 20. März und Sonntagabend - Dienstagmittag*

## ⌂ Waldsee Golf-Resort

**LANDHAUS · MODERN** Diese Adresse wird natürlich vor allem von Golfern geschätzt, denn das moderne Hotel ist in eine Golfanlage eingebettet! Und auch wohnen lässt es sich schön dank neuzeitlicher Zimmer mit gutem Komfort.

40 Zim ⌼ – †89/109 € ††149/168 € – ½ P

*Hopfenweiler, Nord-Ost: 3 km ⊠ 88339 – ℰ 07524 40170 – www.waldsee-golf.de*

## ⌂ Grüner Baum & Altes Tor

**GASTHOF · INDIVIDUELL** Richtig charmant ist das Gasthaus direkt am Rathausplatz (schön hier im Sommer die Terrasse!): Es ist gepflegt, wird gut geführt und hat gemütliche, individuelle Zimmer, verteilt auf Haupthaus und "Altes Tor" (ca. 80 m entfernt). Tipp: nach altem Hausrezept gebrautes Bier der ehemaligen Brauerei von 1769!

49 Zim ⌼ – †65/99 € ††99/129 € – ½ P

*Hauptstr. 34 ⊠ 88339 – ℰ 07524 97900 – www.baum-leben.de*

## In Bad Waldsee-Gaisbeuren Süd-West: 4 km über B 30

### ⊫○ Adler

**REGIONAL · GEMÜTLICH** Ⅹ Was in den gemütlichen Stuben auf den Tisch kommt, ist bürgerliche Regionalküche, zu der selbstgemachte Maultaschen ebenso gehören wie Wild aus eigener Jagd. Hinterm Haus ein lauschiger Biergarten! Es gibt auch selbstgebrannten Schnaps.

Menü 25 € – Karte 18/40 €

*Hotel Adler, Bundesstr. 15, B 30 ⊠ 88339 – ℰ 07524 9980
– www.hotel-gasthaus-adler.de – geschl. 16. Februar - 3. März und Donnerstag*

### ⌂ Adler

**GASTHOF · FUNKTIONELL** Ein 500 Jahre altes Gasthaus, das zu einem Hotel mit funktionalen und recht geräumigen Zimmern gewachsen ist. In verschiedenen Seminarräumen lässt es sich auch gut tagen.

31 Zim ⌼ – †68/77 € ††92/105 € – ½ P

*Bundesstr. 15, B 30 ⊠ 88339 – ℰ 07524 9980 – www.hotel-gasthaus-adler.de
– geschl. 16. Februar - 3. März*

⊫○ **Adler** – siehe Restaurantauswahl

# WALDSHUT-TIENGEN

Baden-Württemberg – 22 810 Ew. – Höhe 341 m – Regionalatlas **62**-E21

▶ Berlin 793 km – Stuttgart 180 km – Freiburg im Breisgau 75 km – Donaueschingen 57 km
Michelin Straßenkarte 545

## Im Stadtteil Waldshut

### ⊫○ Waldshuter Hof

**MARKTKÜCHE · RUSTIKAL** Ⅹ In der 1. Etage lässt man sich in gediegenem Ambiente regionale und internationale Speisen mit Bezug zur Saison servieren, darunter z. B. "heimischer Kalbsrücken mit Morchelrahmsauce" oder "Barbarie-Entenbrust mit Calvadossauce".

Menü 25/60 € (abends) – Karte 30/61 €

*Hotel Waldshuter Hof, Kaiserstr. 56, (1. Etage) ⊠ 79761 – ℰ 07751 87510
– www.waldshuter-hof.de – geschl. Sonntag - Montag*

🏠 **Waldshuter Hof**

BUSINESS · FUNKTIONELL In dem Hotel in der Altstadt lässt es sich gut wohnen. Zum einen ist die Lage mitten in der Fußgängerzone ideal, zum anderen sind die Gästezimmer gepflegt und funktionell ausgestattet.

22 Zim 🛗 – †75 € ††125 € – ½ P

*Kaiserstr. 56, (1. Etage)* ✉ *79761 –* 📞 *07751 87510 – www.waldshuter-hof.de*
🍴 **Waldshuter Hof** – siehe Restaurantauswahl

## Im Stadtteil Tiengen

😊 **Brauerei Walter**

MARKTKÜCHE · GASTHOF ✗ Mit einer Brauerei hat das traditionsreiche Haus nicht mehr viel zu tun, die meisten Gäste trinken Wein aus dem Markgräflerland, vom Kaiserstuhl oder vom Bodensee. Dazu frische saisonale Küche, und die gibt es z. B. als "Bauernente mit Rotkraut und geschmelztem Kartoffelpüree".

Menü 35/69 € – Karte 27/60 €

*Hotel Brauerei Walter, Hauptstr. 23* ✉ *79761 –* 📞 *0741 83020*
*– www.brauereiwalter.de – geschl. August - September 3 Wochen und Sonntag - Montag*

🏠🏠 **Bercher**

FAMILIÄR · GEMÜTLICH Die Zimmer in dem gewachsenen Familienbetrieb (seit 1911) sind komfortabel und individuell, von eher ländlich bis zum eleganten Landhausstil - es gibt auch welche mit Kachelofen. Ein schöner Ort zum Enstpannen: die Wellness-Stuben im separaten Anbau! Gediegene Restauranträume mit traditionellem Angebot.

36 Zim 🛗 – †69/109 € ††125/170 € – 2 Suiten – ½ P

*Bahnhofstr. 1* ✉ *79761 –* 📞 *0774 47470 – www.bercher.de – geschl. August*

🏠 **Brauerei Walter** 🚗

GASTHOF · FUNKTIONELL Das historische Haus mit der schönen gepflegten Fassade war einst eine Brauerei und ist heute (erweitert um einen Anbau) ein solides Hotel mit funktionalen Zimmern, gepflegter Auswahl am Frühstücksbuffet sowie familiärem Service.

19 Zim 🛗 – †46/55 € ††82/95 € – ½ P

*Hauptstr. 23* ✉ *79761 –* 📞 *0741 83020 – www.brauereiwalter.de*
😊 **Brauerei Walter** – siehe Restaurantauswahl

## Im Stadtteil Breitenfeld Nord-Ost: 3 km ab Tiengen

🏠 **Landgasthof Hirschen**

GASTHOF · FUNKTIONELL In dem familiengeführten Landgasthof ist alles top in Schuss und man renoviert immer wieder, damit die wohnlich-ländlichen Zimmer auch stets gepflegt sind - die im Gästehaus "Cäcilia" sind übrigens geräumiger. Im rustikalen Restaurant bekommt man bürgerliche und regionale Küche serviert.

27 Zim 🛗 – †48/61 € ††89/99 € – ½ P

*Breitenfeld 13* ✉ *79761 –* 📞 *0741 68250 – www.hirschen-breitenfeld.de – geschl. 9. - 16. Januar*

## In Lauchringen-Oberlauchringen Süd-Ost: 4 km ab Tiengen, über B 34

🏠🏠 **Gartenhotel Feldeck**

FAMILIÄR · FUNKTIONELL In dem Familienbertieb lässt es sich wirklich schön wohnen: Die Zimmer sind freundlich und zeitgemäß (teilweise mit Balkon), ebenso der Bade- und Saunabereich, und im ländlich-modernen Restaurant bekommen Sie sowohl ein Vesper als auch Zander, Kutteln, hausgemachte Lachsravioli...

36 Zim 🛗 – †55/70 € ††100/110 € – ½ P

*Klettgaustr. 1, (B 34)* ✉ *79787 –* 📞 *0741 83070 – www.hotel-feldeck.de*

# WALDSTETTEN Baden-Württemberg → Siehe Schwäbisch Gmünd

## WALLDÜRN

Baden-Württemberg – 11 230 Ew. – Höhe 398 m – Regionalatlas **48**-H16
▣ Berlin 554 km – Stuttgart 125 km – Würzburg 59 km – Aschaffenburg 64 km
Michelin Straßenkarte 545

### ⌂ Zum Riesen ⚐ ☰ ⌀ ♨ P

**HISTORISCH · FUNKTIONELL** Das engagiert geführte Hotel besteht aus einem hübschen Herrenhaus a. d. 15. Jh. - hier hat man einige Barockzimmer mit Stuckdecke - und einem Anbau mit neuzeitlicherem Ambiente. Wer zum Essen kommt, lässt sich in gemütlichen Gaststuben traditionell-regionale Küche servieren.

25 Zim ⌨ – ♦59/68 € ♦♦89/102 € – 1 Suite – ½ P

*Hauptstr. 14 ✉ 74731 – ℰ 06282 92420 – www.hotel-riesen.de*

## WALLENFELS

Bayern – 2 830 Ew. – Höhe 382 m – Regionalatlas **50**-L14
▣ Berlin 338 km – München 282 km – Bayreuth 54 km – Erfurt 172 km
Michelin Straßenkarte 546

### ⅋O Gasthof Roseneck ⇦ 🏠 P

**REGIONAL · LÄNDLICH** ⅋ In freundlich-ländlichem Ambiente kommen neben regionalen Klassikern auch etwas ungewöhnlichere Speisen auf den Tisch: Gerichte mit Rosenblüten - und die stammen aus dem eigenen Garten! Schön sitzt man auch im Biergarten. Tipp: Flößer-Events samt Barbecue. Zum Übernachten hat man funktionale Zimmer.

Karte 19/37 € 21 Zim ⌨ – ♦42/71 € ♦♦68/77 €

*Schützenstr. 46 ✉ 96346 – ℰ 09262 7260 – www.gasthof-roseneck.de – Januar - Ostern: Montag - Freitag nur Abendessen – geschl. Dienstag*

## WALLENHORST

Niedersachsen – 22 860 Ew. – Höhe 91 m – Regionalatlas **17**-E8
▶ Berlin 433 km – Hannover 150 km – Bielefeld 61 km – Nordhorn 83 km
Michelin Straßenkarte 541

### ⅋O Alte Küsterei 🏠

**KLASSISCHE KÜCHE · FREUNDLICH** ⅋⅋ Mit der Bruchsteinfassade von 1883 ist das Haus schon von außen ein Hingucker, innen dekorative Details wie freigelegte Holzbalken oder moderne Bilder. Gekocht wird klassisch, herzlich der Service.

Menü 39/70 € – Karte 39/63 €

*Kirchplatz 6 ✉ 49134 – ℰ 05407 857870 – www.alte-kuesterei.de – nur Abendessen – geschl. Januar 2 Wochen, Juli - August 2 Wochen und Montag - Dienstag*

## WALLGAU

Bayern – 1 420 Ew. – Höhe 866 m – Regionalatlas **65**-L22
▶ Berlin 680 km – München 93 km – Garmisch-Partenkirchen 20 km – Bad Tölz 47 km
Michelin Straßenkarte 546

### ⌂⌂⌂ Parkhotel ⚐ ⇦ 🖼 ⑩ ♨ ♨ ☰ ⌀ 🚗

**SPA UND WELLNESS · GEMÜTLICH** In diesem Ferienhotel sind Sie gut aufgehoben, dafür sorgen bayerischer Charme, komfortable Zimmer unterschiedlicher Kategorien, ein angenehm heller, mit Lüftlmalereien verzierter Spabereich und die Kellerbar "Max & Moritz" - damit Sie nichts verpassen, werden hier auch Fernseh-Events übertragen!

30 Zim ⌨ – ♦105/120 € ♦♦160/220 € – 15 Suiten – ½ P

*Barmseestr. 1 ✉ 82499 – ℰ 08825 290 – www.parkhotel-wallgau.de*

# WALLHALBEN

Rheinland-Pfalz – 860 Ew. – Höhe 258 m – Regionalatlas **46**-D17

▶ Berlin 689 km – Mainz 112 km – Neustadt a.d. Weinstraße 73 km – Saarbrücken 57 km
Michelin Straßenkarte 543

### 🏠 Landgrafen Mühle    ✿ 🌿 🕀 🕎 🖸 🌾 🛁 🅿

**LANDHAUS · INDIVIDUELL** Mit viel Aufwand und Herzblut hat man die ehemalige Mühle samt Gesindehaus (hier schöner Saunabereich) zu einem charmanten, individuellen Ort gemacht: moderne Formen und hochwertige Materialien. Toll das freiliegende Mauerwerk in den Zimmern, beliebt die Maisonette "Herzfeld"! Regionale Küche.

20 Zim – †72 € ††95 € – ⌂ 11 € – ½ P

*Landstuhler Str. 46 ⊠ 66917 – ℰ 06375 994530 – www.landgrafenmuehle.de*
*– geschl. Anfang Januar 1 Woche*

# WALLUF

Hessen – 5 470 Ew. – Höhe 84 m – Regionalatlas **47**-E15

▶ Berlin 573 km – Wiesbaden 10 km – Bad Kreuznach 49 km – Koblenz 71 km
Michelin Straßenkarte 543

### 🍽 Zur Schlupp    🏠 🌾 🚭

**REGIONAL · GEMÜTLICH** ⅄ In einem Haus a. d. J. 1608 hat die Familie ihr nettes kleines Restaurant. Es gibt frische saisonale Küche, die Spezialität sind Gänsegerichte - reservieren nicht vergessen! Tipp: Romantisch ist im Sommer der Innenhof!

Menü 28/48 € – Karte 29/47 €

*Hauptstr. 25 ⊠ 65396 – ℰ 06123 72638 (Tischbestellung ratsam)*
*– www.gasthauszurschlupp.de – nur Abendessen, November - Ende Dezember:*
*sonntags auch Mittagessen – geschl. Ende Dezember - Anfang Januar, Ende Juli*
*- Anfang September und Mittwoch - Donnerstag*

# WALSRODE

Niedersachsen – 23 360 Ew. – Höhe 32 m – Regionalatlas **18**-H7

▶ Berlin 329 km – Hannover 70 km – Bremen 61 km – Hamburg 102 km
Michelin Straßenkarte 541

### 🏠 Landhaus Walsrode    🕀 ⅄ 🛁 🚗

**FAMILIÄR · INDIVIDUELL** Fast schon herrschaftlich steht das alte niedersächsische Bauernhaus auf dem Parkgrundstück. Sie mögen es schön stilvoll? Unter den sehr individuellen Zimmern findet sich das Passende. Nicht weniger einladend sind der Salon mit Kamin sowie der gemütlich-elegante Frühstücksraum mit Terrasse zum Garten!

14 Zim ⌂ – †75/115 € ††90/157 €

*Oskar-Wolff-Str. 1 ⊠ 29664 – ℰ 05161 98690 – www.landhaus-walsrode.de*
*– geschl. 20. Dezember - 5. Januar*

## In Walsrode-Hünzingen Nord: 5 km über Dreikronen

### 🏠 Forellenhof    ✿ 🌿 🕀 🕎 🛁 🅿

**FAMILIÄR · AUF DEM LAND** Eine schon äußerlich sehr gepflegte Anlage mit hauseigener Brauerei und Reitmöglichkeiten. Hier überzeugen helle, wohnliche Zimmer im Landhausstil und die schöne Lage. Regionales und mediterranes Angebot im Restaurant.

60 Zim ⌂ – †65/145 € ††90/185 € – ½ P

*Hünzingen 3 ⊠ 29664 – ℰ 05161 9700 – www.forellenhof.de*

# WALTROP

Nordrhein-Westfalen – 28 890 Ew. – Höhe 70 m – Regionalatlas **26**-D10

▶ Berlin 494 km – Düsseldorf 74 km – Münster (Westfalen) 50 km – Recklinghausen 15 km
Michelin Straßenkarte 543

### 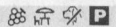 Gasthaus Stromberg

MARKTKÜCHE · RUSTIKAL X In dem alteingesessenen Gasthaus mitten in der Fußgängerzone trifft Tradition auf Moderne, das Ambiente puristisch und gemütlich zugleich. Dazu schmackhafte saisonale Speisen wie "kross gebratener Zander auf Stielmusdurcheinander". Für Gesellschaften gibt es 1,5 km entfernt die "Werkstatt".
Karte 36/56 €

*Dortmunder Str. 5 ✉ 45731 – ✆ 02309 4228 – www.gasthaus-stromberg.de – nur Abendessen, samstags auch Mittagessen – geschl. Sonntag - Montag*

# WANGELS
Schleswig-Holstein – 2 180 Ew. – Höhe 55 m – Regionalatlas **11**-K3
▶ Berlin 350 km – Kiel 50 km – Hamburg 125 km – Oldenburg in Holstein 11 km
Michelin Straßenkarte 541

## In Wangels-Weißenhäuser Strand Nord: 5 km

### 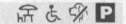 Courtier

KREATIV · KLASSISCHES AMBIENTE XXX So stimmig und stilvoll man hier den historisch-herrschaftlichen Rahmen des Schlosses mit edlem modernem Design gespickt hat, so niveauvoll die aromenintensive kreative Küche, die man Ihnen unter den hohen Stuckdecken serviert. Herrlich auch die Terrasse mit Blick auf die Hohwachter Bucht.
→ Königskrabbe mit Meerrettich und Radieschen. Bolito Misto vom Milchkalb mit Liebstöckel. Erdbeere, Zitronenverbene, Gurke und Joghurt.
Menü 109/149 € – Karte 104/117 €

*Hotel Weissenhaus Grand Village Resort & Spa am Meer, Parkallee 1 ✉ 23758 – ✆ 04382 92620 (Tischbestellung ratsam) – www.weissenhaus.net – nur Abendessen – geschl. Sonntag - Montag*

### Ⅰ○ Bootshaus

INTERNATIONAL · HIP X Mitten in den Dünen liegt das moderne Restaurant in hellem Naturholz, durch die große Fensterfront blickt man Richtung Strand, traumhafte Sonnenuntergänge inklusive! Die Küche ist regional und international, mittags Pizza, Pasta und Salate.
Karte 39/69 €

*Hotel Weissenhaus Grand Village Resort & Spa am Meer, Strandstr. 4 ✉ 23758 – ✆ 04382 92623500 – www.weissenhaus.net*

### 🏘 Weissenhaus Grand Village Resort & Spa am Meer

LUXUS · GEMÜTLICH Aus dem ehemaligen gräflichen Wohnsitz ist ein Ferienhotel der Superlative entstanden: über 70 ha Parkanlage, 2 km Naturstrand, stilvolles und ausgesprochen hochwertiges Interieur, luxuriöser Spa, Kino, Bibliothek, Smoker's Lounge..., dazu diverse kleine Aufmerksamkeiten!
60 Zim ☑ – ♥240/640 € ♥♥340/680 € – 18 Suiten – ½ P

*Parkallee 1 ✉ 23758 – ✆ 04382 92620 – www.weissenhaus.de*
➔ **Courtier** • Ⅰ○ **Bootshaus** – siehe Restaurantauswahl

# WANGEN im ALLGÄU
Baden-Württemberg – 26 550 Ew. – Höhe 556 m – Regionalatlas **63**-I21
▶ Berlin 701 km – Stuttgart 194 km – Konstanz 37 km – Ravensburg 23 km
Michelin Straßenkarte 545

### 🏨 allgovia

FAMILIÄR · MODERN Ein schönes Ferienhotel in Altstadtnähe: freundlich die Gästebetreuung, gepflegt und neuzeitlich die Zimmer, im Sommer Frühstück auf der Terrasse - hier legt man Wert auf regionale Produkte! Und zum Entspannen vielleicht eine Thai-Massage?
21 Zim ☑ – ♥59/125 € ♥♥115/145 €

*Scherrichmühlweg 15 ✉ 88239 – ✆ 07522 9168890 – www.hotel-allgovia.de – geschl. 20. Dezember - 10. Januar*

## In Wangen-Deuchelried Ost: 1,5 km

### Adler

**REGIONAL · GEMÜTLICH** XX Sie mögen regionale Küche und auch asiatische Einflüsse hier und da? Dann probieren Sie doch mal "Lachs mit Currynudeln" und als Dessert "Zitronen-Mascarponecreme mit Erdbeer-Rhabarberragout" - nur zwei der frischen, guten Gerichte in diesem wirklich schönen gemütlich-eleganten Gasthof!

Menü 39/58 € – Karte 34/52 €

*Obere Dorfstr. 4 ✉ 88239 – ✆ 07522 707477 (Tischbestellung ratsam)*
*– www.adler-deuchelried.de – geschl. Montag - Mittwochmittag*

## WANGEN (KREIS GÖPPINGEN)

Baden-Württemberg – 3 080 Ew. – Höhe 388 m – Regionalatlas **55**-H18
▶ Berlin 607 km – Stuttgart 38 km – Göppingen 5 km
Michelin Straßenkarte 545

### Landgasthof Adler

**KLASSISCHE KÜCHE · RUSTIKAL** XX Man fühlt sich ein bisschen wie in einem Wohnzimmer, so liebenswert und gemütlich ist die Atmosphäre in dem kleinen Restaurant. Gekocht wird strikt klassisch-traditionell, immer mit guten, frischen Produkten - da kehrt man gerne wieder ein!

Menü 71 € – Karte 32/63 €

*Hauptstr. 103 ✉ 73117 – ✆ 07161 21195 (Tischbestellung ratsam)*
*– www.adler-clement.de – geschl. Anfang - Mitte Januar, August 2 Wochen*
*und Sonntagabend - Mittwochmittag*

## WANGERLAND

Niedersachsen – 9 130 Ew. – Höhe 2 m – Regionalatlas **8**-E5
▶ Berlin 496 km – Hannover 242 km – Emden 76 km – Cuxhaven 123 km
Michelin Straßenkarte 541

## In Wangerland-Hooksiel

### Zum Schwarzen Bären

**FISCH UND MEERESFRÜCHTE · GASTHOF** X Dieses im friesischen Stil eingerichtete Restaurant liegt genau gegenüber dem alten Hafen. Inmitten maritimer Accessoires isst man hauptsächlich Fischgerichte, aber auch klassischen Labskaus oder eine leckere Rindsroulade.

Menü 23 € – Karte 22/42 €

*Lange Str. 15 ✉ 26434 – ✆ 04425 95810 – www.zum-schwarzen-baeren.de*
*– geschl. 4. - 31. Januar und außer Saison Mittwoch*

## WANGEROOGE (INSEL)

Niedersachsen – 1 300 Ew. – Höhe 3 m – Regionalatlas **8**-E4
▶ Berlin 512 km – Hannover 256 km – Cuxhaven 144 km – Emden 72 km
Michelin Straßenkarte 541

### Atlantic

**FAMILIÄR · GEMÜTLICH** Ein Haus mit Charme! Das kleine Hotel wird persönlich geführt, immer wieder wird hier investiert, alles ist tipptopp gepflegt. Die Zimmer sind wohnlich und bieten Meer- oder Gartenblick, im Sommer gibt's Frühstück auf der Gartenterrasse.

16 Zim ⌂ – †80/130 € ††120/146 €

*Peterstr. 13 ✉ 26486 – ✆ 04469 1801 – www.atlantic-wangerooge.de – geschl.*
*4. Januar - 7. April, 28. Oktober - 26. Dezember*

## WAREN (MÜRITZ)

Mecklenburg-Vorpommern – 20 940 Ew. – Höhe 70 m – Regionalatlas **13**-N5
▶ Berlin 162 km – Schwerin 102 km – Neubrandenburg 42 km – Hamburg 212 km
Michelin Straßenkarte 542

### 🏵 Kleines Meer

**MARKTKÜCHE · GEMÜTLICH** XX Moderne Atmosphäre und schmackhafte saisonale Speisen wie "Jakobsmuscheln auf Spargelsalat mit Krebsschwänzen". Auf der Terrasse genießt man die Aussicht auf die Müritz.

Menü 29 € (vegetarisch)/47 € – Karte 36/46 €

*Hotel Kleines Meer, Alter Markt 7 ⊠ 17192 – 𝒞 03991 648200*
*– www.kleinesmeer.com – Montag - Donnerstag nur Abendessen – geschl. 22.*
*- 27. Dezember und November - März: Dienstag - Mittwoch*

### ⅠO Leddermann

**REGIONAL · FREUNDLICH** X Ein helles, freundliches Restaurant mit Wintergarten und Terrasse - da kann man bei bürgerlich-saisonalen Gerichten wie "Wiener Schnitzel mit Spargel, Sauce Hollandaise und Bratkartoffeln" den Blick ins Grüne genießen.

Menü 24/37 € – Karte 21/35 €

*Hotel am Müritz Nationalpark, Specker Str. 71 ⊠ 17192 – 𝒞 03991 621940*
*– www.restaurant-leddermann.de – Montag - Donnerstag ab 14 Uhr geöffnet*

### 🏠 Kleines Meer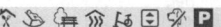

**URBAN · MODERN** Ein Hotel in zentraler Lage nicht weit vom Hafen, das über modern ausgestattete Zimmer mit freundlichem Ambiente verfügt. Die Tagungsräume sind im Haus schräg gegenüber untergebracht.

30 Zim ⊊ – †85/125 € ††99/160 € – ½ P

*Alter Markt 7 ⊠ 17192 – 𝒞 03991 6480 – www.kleinesmeer.com – geschl. 22.*
*- 27. Dezember*

🏵 **Kleines Meer** – siehe Restaurantauswahl

### 🏠 Villa Margarete

**PRIVATHAUS · MODERN** In dem wohnlich eingerichteten Hotel am Rande des Nationalparks kann man es sich bei Anwendungen wie Kosmetik, Floating und Bädern gut gehen lassen. Schön: die Fontane-Suite.

28 Zim ⊊ – †77/94 € ††99/169 € – 1 Suite – ½ P

*Fontanestr. 11 ⊠ 17192 – 𝒞 03991 6250 – www.villa-margarete.de*

### 🏠 Am Yachthafen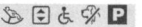

**HISTORISCH · MODERN** Stilvoll und sehr wohnlich hat man das ansprechend restaurierte Haus von 1831 mit hübschen Möbeln eingerichtet. Macht Ihnen der hausgebackene Kuchen im Café Appetit? Schön ist es auch, das lebendige Treiben am Yachthafen zu beobachten.

12 Zim ⊊ – †60/70 € ††74/139 € – 5 Suiten – ½ P

*Strandstr. 2 ⊠ 17192 – 𝒞 03991 67250 – www.am-yachthafen.de – geschl.*
*November - Ende März*

### 🏠 Zwischen den Seen

**HISTORISCH · FUNKTIONELL** In der hübsch sanierten Villa im ruhigeren Teil der Stadt wohnt man in schlicht-modernen Zimmern. Bei zeitiger Reservierung wird auf der Terrasse abends auch Fisch geräuchert. Gerne stellt man für Sie auch individuelle Tagestouren zusammen.

30 Zim ⊊ – †50/87 € ††65/92 €

*Am Mühlenberg 4 ⊠ 17192 – 𝒞 03991 631444 – www.hotelzwischendenseen.de*

### 🏠 Hotel am Müritz Nationalpark

**FAMILIÄR · GEMÜTLICH** Schön die Lage am Eingang zum Nationalpark, wohnlich die Zimmer, darunter auch Maisonette-Suiten. Ruhe findet man auch im hübschen kleinen Garten. Und gönnen Sie sich am Nachmittag Kaffee und Kuchen!

16 Zim ⊊ – †69/79 € ††105/115 € – 3 Suiten – ½ P

*Specker Str. 71 ⊠ 17192 – 𝒞 03991 62190 – www.hotel-nationalpark.de*

ⅠO **Leddermann** – siehe Restaurantauswahl

**In Groß Plasten** Nord-Ost: 12 km über B 192 und B 194

### 🏚 Schloss Groß Plasten ☆ ⇘ 🔲 ⊕ 🏠 ⅋ ᴁ 🅿

HISTORISCHES GEBÄUDE · INDIVIDUELL Das schöne historische Anwesen bietet im Schloss wie auch im Kutscherhaus wohnlich-klassische Zimmer. Wer es individueller mag, sollte eines der Themen- oder Nostalgie-Zimmer wählen. Vom eleganten Restaurant blickt man in den Garten, reizvolle Terrasse zum See.

54 Zim ⌕ - ♦70/85 € ♦♦99/129 € - ½ P

*Parkallee 36 ⊠ 17192 - ℰ 039934 8020 - www.schlosshotel-grossplasten.de*

# WARENDORF

Nordrhein-Westfalen – 36 890 Ew. – Höhe 63 m – Regionalatlas **27**-E9
▶ Berlin 443 km – Düsseldorf 150 km – Bielefeld 50 km – Münster (Westfalen) 27 km
Michelin Straßenkarte 543

### 🍴 Im Engel 🐾 🛖 ⇔ 🅿

MARKTKÜCHE · GEMÜTLICH ✕✕ Schön das Ambiente mit alter Täfelung und Kamin, gut die Küche, u. a. mit Westfälischem wie "Sauerbraten mit Rahmwirsing und Kartoffelklößen". Erwähnenswert auch die über 900 Positionen umfassende Weinkarte mit einigen Raritäten. Fragen? Der Patron ist ein echter Weinkenner und Gründer des Weinclubs.

Menü 32/65 € - Karte 33/56 €

*Hotel Im Engel, Brünebrede 33 ⊠ 48231 - ℰ 02581 93020
- www.hotel-im-engel.de - geschl. Anfang Januar 1 Woche und Sonntag*

### 🍴 Engelchen 🛖 🚭

MEDITERRAN · BISTRO ✕ Hätten Sie in Warendorf Vorfahren von Doris Day vermutet? Das einstige Wohnhaus Ihrer Großeltern ist heute ein Mix aus Café, Bistro, Feinkost- und Weinhandel. Die leckeren Kuchen des hauseigenen Konditors sind wirklich eine Sünde wert!

Menü 27/40 € - Karte 23/49 €

*Heumarkt 2 ⊠ 48231 - ℰ 02581 7898888 - www.hotel-im-engel.de - geschl.
Montag*

### 🏚 Mersch ☆ ⇘ 🏠 🔄 ⅋ ᴁ 🚗

LANDHAUS · MODERN Alles hier ist ein bisschen mehr als nur "Standard": die geräumigen Zimmer, der schöne Garten (zu dieser Seite schläft es sich ruhiger), der aufmerksame Service, die gediegene "M's Lounge"..., und wo bekommt man schon am Abend gratis Suppe?

24 Zim ⌕ - ♦95 € ♦♦135 €

*Dreibrückenstr. 66 ⊠ 48231 - ℰ 02581 63730 - www.hotel-mersch.de*

### 🏚 Im Engel ⊗ 🏠 🔄 ᴁ 🅿

TRADITIONELL · INDIVIDUELL Das Hotel in der Altstadt wird seit 1692 familiär geführt und entwickelt sich stetig weiter. Alles ist tipptopp gepflegt, die Zimmer wohnlich und individuell gestaltet, hübsch die Sauna. Wer es gerne komfortabler mag, bucht eine Juniorsuite mit Whirlwanne. Über den Innenhof geht's zur eigenen Weinboutique.

39 Zim ⌕ - ♦79/99 € ♦♦99/145 € - ½ P

*Brünebrede 33 ⊠ 48231 - ℰ 02581 93020 - www.hotel-im-engel.de - geschl.
Anfang Januar 1 Woche*
🍴 **Im Engel** - siehe Restaurantauswahl

# WARTENBERG-ROHRBACH

Rheinland-Pfalz – 470 Ew. – Höhe 266 m – Regionalatlas **46**-D16
▶ Berlin 637 km – Mainz 70 km – Mannheim 60 km – Kaiserslautern 10 km
Michelin Straßenkarte 543

## ○ Mühlenrestaurant

**FRANZÖSISCH-KLASSISCH · ELEGANT** ✗✗ Das schöne Restaurant ist ein ehemaliger Kuhstall. Geblieben sind das historische Kreuzgewölbe und die Sandsteinmauer, ansprechend dazu der moderne Stil. Man kocht Schmackhaftes wie "kross gebratene Zanderschnitte auf Kohlrabi mit Pfifferlingen, Holunder und Böhmischen Knödeln".

Menü 35/50 € – Karte 26/72 €

*Hotel Mühle am Schlossberg, Schloßberg 16 ☒ 67681 – ☏ 06302 92340 (Tischbestellung ratsam) – www.muehle-schlossberg.de – geschl. 2. - 10. Januar*

## ⌂ Mühle am Schlossberg

**LANDHAUS · MODERN** Der Dreiseithof a. d. 16. Jh. liegt idyllisch, schon die Außenanlage (samt Spielplatz) ist attraktiv, innen fügt sich der moderne Stil gelungen in den historischen Rahmen ein. Chic die Design-Elemente, nichts ist von der Stange! Man wird hier überaus freundlich umsorgt, i-Tüpfelchen ist das frische Frühstück!

15 Zim ⌁ – †69/99 € ††89/149 €

*Schloßberg 16 ☒ 67681 – ☏ 06302 92340 – www.muehle-schlossberg.de – geschl. 2. - 10. Januar*

○ **Mühlenrestaurant** – siehe Restaurantauswahl

# WARTMANNSROTH Bayern ➜ Siehe Hammelburg

# WASSENBERG
Nordrhein-Westfalen – 17 190 Ew. – Höhe 50 m – Regionalatlas **35**-A12
▶ Berlin 613 km – Düsseldorf 57 km – Aachen 42 km – Mönchengladbach 27 km
Michelin Straßenkarte 543

## In Wassenberg-Effeld Nord-West: 6 km

## ⌂ Haus Wilms

**FAMILIÄR · MODERN** Mit Engagement führen die Gastgeber die über 500-jährige Familientradition fort. Das kleine Hotel liegt recht ruhig in der Ortsmitte, gerade mal 500 m von der holländischen Grenze. Die Zimmer sind wohnlich, die Küche ist klassisch-traditionell und ambitioniert - probieren Sie z. B. "Rheinischen Sauerbraten mit Rosinen-Printensauce".

14 Zim ⌁ – †70/89 € ††99/119 € – ½ P

*Steinkirchener Str. 3 ☒ 41849 – ☏ 02432 890280 – www.haus-wilms.de*

# WASSERBURG am BODENSEE
Bayern – 3 590 Ew. – Höhe 406 m – Regionalatlas **63**-H22
▶ Berlin 728 km – München 185 km – Konstanz 74 km – Ravensburg 27 km
Michelin Straßenkarte 546

## ⌂ Lipprandt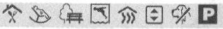

**FAMILIÄR · FUNKTIONELL** Das Ferienhotel hat viele Stammgäste, und das liegt am schicken modernen Freizeitbereich samt Massage- und Kosmetikanwendungen sowie an der engagierten Betreiberfamilie, die stetig renoviert und verbessert. Pluspunkte sind natürlich der eigene Badebereich am See und die schöne Terrasse.

39 Zim ⌁ – †59/95 € ††110/179 € – 6 Suiten – ½ P

*Halbinselstr. 65 ☒ 88142 – ☏ 08382 98760 – www.hotel-lipprandt.de – geschl. Anfang November 3 Wochen, Januar 3 Wochen*

## ⌂ Walserhof

**LANDHAUS · GEMÜTLICH** Es verwundert nicht, dass dieses Haus gut besucht ist! Es wird engagiert geführt, liegt ruhig nur wenige Gehminuten vom See, die Zimmer sind wohnlich eingerichtet und alles ist gepflegt. Im Restaurant serviert man Ihnen regionale Küche.

27 Zim ⌁ – †52/65 € ††82/99 € – 1 Suite – ½ P

*Nonnenhorner Str. 15 ☒ 88142 – ☏ 08382 98560 – www.walserhof.de – geschl. 4. Januar - 6. März*

# WASSERBURG am INN

Bayern – ✉ 83512 – 12 350 Ew. – Höhe 427 m – Regionalatlas **66**-N20

▶ Berlin 629 km – München 53 km – Bad Reichenhall 77 km – Rosenheim 31 km

Michelin Straßenkarte 546

### 🏵 Herrenhaus

**MARKTKÜCHE • CHIC** XX Im Herzen der schönen Altstadt liegt das engagiert geführte Restaurant, das mit frischer saisonaler Küche Gäste anzieht. Auf der Karte z. B. "Tafelspitz, Gurke, Meerrettich". Kommen Sie doch auch mal mittags zum günstigeren Lunch.

Menü 35/42 € (abends) – Karte 29/51 €

*Herrengasse 17 ✉ 83512 – ☎ 08071 5971170 – www.restaurant-herrenhaus.de – geschl. Februar 2 Wochen, August 2 Wochen und Sonntag - Montag, Dezember: Montag*

# WASSERLIESCH

Rheinland-Pfalz – 2 280 Ew. – Höhe 135 m – Regionalatlas **45**-B15

▶ Berlin 733 km – Mainz 164 km – Trier 12 km – Grevenmacher 10 km

Michelin Straßenkarte 543

### ⅱ○ Scheid's

**MEDITERRAN • ZEITGEMÄSSES AMBIENTE** XX Hier hat man wirklich schöne freundliche Räume (einschließlich der Gästezimmer) und bietet frische Landhausküche mit mediterranem Touch. Appetit auf "Rotbarbenfilets auf Antipasti-Gemüse mit Olivenölvinaigrette"?

Menü 35 € – Karte 29/51 € 12 Zim ☲ – ♦60/75 € ♦♦75/95 €

*Reinigerstr. 48 ✉ 54332 – ☎ 06501 9209792 – www.scheids-wasserliesch.de – Dienstag - Donnerstag nur Abendessen – geschl. 30. Januar - 9. Februar und Montag*

# WEDEMARK

Niedersachsen – 28 750 Ew. – Höhe 75 m – Regionalatlas **19**-I8

▶ Berlin 302 km – Hannover 26 km – Bremen 106 km – Braunschweig 82 km

Michelin Straßenkarte 541

## In Wedemark-Scherenbostel

### ⅱ○ Höpershof

**INTERNATIONAL • RUSTIKAL** XX Rustikales Holz gepaart mit geradlinig-elegantem Stil, so kommt das schmucke sanierte Hofgut von 1832 daher. In dieser wirklich charmanten Atmosphäre gibt es saisonal-internationale Gerichte wie "Kabeljau unter der Zitronen-Thymian-Kruste".

Karte 31/53 €

*Am Husalsberg 1 ✉ 30900 – ☎ 05130 5864290 – www.restaurant-hoepershof.de – nur Abendessen – geschl. Sonntag - Montag*

# WEGSCHEID

Bayern – 5 450 Ew. – Höhe 718 m – Regionalatlas **60**-Q19

▶ Berlin 644 km – München 224 km – Landshut 152 km – Linz 58 km

Michelin Straßenkarte 546

### 🏤 Reischlhof

**SPA UND WELLNESS • AUF DEM LAND** Ein Wellnesshotel wie aus dem Bilderbuch: schöne wohnliche Zimmer ("Träumeland-Wohlfühlzimmer", "Kuschelnest", "Sternensuite"...), Spa auf rund 3300 qm drinnen und draußen, darunter Naturwasser-Badeteich, Chill-Out-Bereich, diverse Saunen, unzählige Anwendungen! Zudem ambitionierte 3/4-Pension für Hausgäste.

65 Zim ☲ – ♦117/131 € ♦♦234/262 € – 45 Suiten – ½ P

*Sperlbrunn 7, Nord-Ost: 8 km, Richtung Sonnen ✉ 94110 – ☎ 08592 93900 – www.reischlhof.de – geschl. 19. - 24. Dezember*

## WEHR

Baden-Württemberg – 12 640 Ew. – Höhe 366 m – Regionalatlas **61**-D21

▶ Berlin 832 km – Stuttgart 216 km – Freiburg im Breisgau 64 km – Lörrach 22 km

Michelin Straßenkarte 545

🍴 **Landgasthof Sonne**        🛋 🕸 **P**

**TRADITIONELLE KÜCHE · GASTHOF** 🕆 Warmes Holz, Kachelofen, dekorative Bilder - richtig heimelig! Dazu ambitionierte Küche: bürgerlich, aber auch gehobener. Tolle Terrasse: Hier speist man beim Rauschen des Baches unter schattenspendenden Ahornbäumen!

Karte 22/52 €

*Hotel Landgasthof Sonne, Enkendorfstr. 38* ✉ *79664 – 𝒞 07762 8484*
*– www.hotel-sonne-wehr.de – Dienstag - Freitag nur Abendessen, außer an Feiertagen – geschl. Montag*

🏠 **Landgasthof Sonne**        🐾 🕸 **P**

**GASTHOF · GEMÜTLICH** Ein schmucker Gasthof, urig, individuell und von der Familie mit Engagement geführt. Sehr schön die Bilder, u. a. Gemälde von Adolf Lamprecht! In einigen der topgepflegten Zimmer kann man den hinterm Haus fließenden Bach Hasel hören.

18 Zim 🖙 – ♦52/65 € ♦♦85/105 € – ½ P

*Enkendorfstr. 38* ✉ *79664 – 𝒞 07762 8484 – www.hotel-sonne-wehr.de*

🍴 **Landgasthof Sonne** – siehe Restaurantauswahl

---

 Gute Küche zu moderatem Preis? Folgen Sie dem „Bib Gourmand" 🏵. Das freundliche Michelin-Männchen „Bib" steht für ein besonders gutes Preis-Leistungs-Verhältnis!

---

## WEIDEN in der OBERPFALZ

Bayern – 41 690 Ew. – Höhe 397 m – Regionalatlas **51**-N16

▶ Berlin 406 km – München 204 km – Bayreuth 64 km – Nürnberg 100 km

Michelin Straßenkarte 546

🏨 **Admira**        🎐 🖇 📖 🕭 🕸 🛁 🚗

**BUSINESS · ELEGANT** Das Hotel am Stadtrand bietet eine geräumige Lobby, wohnliche Zimmer und individuelle Juniorsuiten sowie eine "Luxussuite". Gute Tagungsmöglichkeiten durch das Kongresszentrum nebenan. Hell und freundlich das Wintergarten-Restaurant "Lobster", international beeinflusst die Küche.

103 Zim 🖙 – ♦85/90 € ♦♦110/120 € – 1 Suite – ½ P

*Brenner-Schäffer-Str. 27* ✉ *92637 – 𝒞 0961 48090 – www.hotel-admira.com*

🏨 **Klassik Hotel am Tor**        🖇 📖 🕭 **P**

**HISTORISCH · INDIVIDUELL** Das nette Hotel (ursprünglich ein Gasthaus von 1567) ist praktisch Teil der historischen Stadtmauer und an das "Untere Tor" angebaut. Wie wär's z. B. mit einer geschmackvollen Juniorsuite? Schön auch der kleine Wellnessbereich mit Außensauna. Das öffentliche Parkhaus ist kostenfrei.

36 Zim – ♦64/84 € ♦♦138/198 € – 3 Suiten – 🖙 8 €

*Schlörplatz 1a* ✉ *92637 – 𝒞 0961 47470 – www.klassikhotel.de – geschl. 22. - 26. Dezember*

## WEIKERSHEIM

Baden-Württemberg – 7 340 Ew. – Höhe 230 m – Regionalatlas **49**-I16

▶ Berlin 522 km – Stuttgart 128 km – Würzburg 40 km – Ansbach 67 km

Michelin Straßenkarte 545

## ⸙ **Laurentius** (Jürgen Koch)     🖑 🍽 **P**

**REGIONAL · ELEGANT** XX Geradlinig, regional, geschmacksintensiv. Die Küche von Jürgen Koch ist nicht alltäglich und macht einfach Spaß! Freuen darf man sich auch auf herzlichen Service samt passender Weinempfehlung. Komplett wird das schöne Bild durch das Restaurant selbst: moderne Eleganz in historischem Natursteintonnengewölbe.

→ Tiefseegarnele mit geröstetem Topinampüree, Erbsen und Rübchen im Kalbshaxen-Currysud. Rinderschulter in Tauberschwarz auf zwei Arten. Waldmeisterinfusion, Milchreis-Eis, Beeren, Blüten, Wildkräuter und Topfenknödel.

Menü 44 € (unter der Woche)/99 € – Karte 49/85 €

*Hotel Laurentius, Marktplatz 5 ⊠ 97990 – ℰ 07934 91080 (Tischbestellung ratsam) – www.hotel-laurentius.de – nur Abendessen – geschl. Februar 3 Wochen und Sonntag - Dienstag, außer an Feiertagen*

## ⊛ **Bistro**     🛋 **P**

**TRADITIONELLE KÜCHE · BISTRO** X Wenn es mal keine Gourmetküche sein soll, sind Sie im angenehm legeren Bistro bei leckeren regionalen Gerichten wie "Kraftbrühe mit Bärlauch" und "Schwäbisch-Hällischen Maultaschen, Märktlegemüse, Waldpilzrahmsößle" bestens aufgehoben.

Menü 25/65 € – Karte 31/69 €

*Hotel Laurentius, Marktplatz 5 ⊠ 97990 – ℰ 07934 91080 (Tischbestellung ratsam) – www.hotel-laurentius.de – Mai - August: nur Abendessen – geschl. Montag - Dienstagmittag, Mai - Augsut: Sonntag - Dienstag, außer an Feiertagen*

## 🏠 **Laurentius**     ↕ **P**

**FAMILIÄR · GEMÜTLICH** Familie Koch steckt jede Menge Herzblut in ihr kleines Hotel. Schön liegt es am historischen Marktplatz beim Schloss - da bietet sich ein Spaziergang durch den Park an! Hübsch die Zimmer: "Kabinett", "Cuvée" und "Grand Cru". Im eigenen Hohenloher Märktle gibt's "Obst, Gemüse, Schwein & Wein".

13 Zim ⊒ – ✝88/130 € ✝✝99/159 € – ½ P

*Marktplatz 5 ⊠ 97990 – ℰ 07934 91080 – www.hotel-laurentius.de*

⸙ **Laurentius** • ⊛ **Bistro** – siehe Restaurantauswahl

# WEIL am RHEIN

Baden-Württemberg – 29 300 Ew. – Höhe 281 m – Regionalatlas **61**-D21

▶ Berlin 860 km – Stuttgart 261 km – Freiburg im Breisgau 67 km – Basel 7 km

Michelin Straßenkarte 545

## ⅠO **Adler**     🖑 ⇔ **P**

**FRANZÖSISCH-KLASSISCH · GASTHOF** XXX Ein echter Klassiker im südbadischen und Basler Raum, der nicht ohne Grund so viele Stammgäste hat. In der Küche bleibt man seiner klassischen Linie treu, hier und da moderne Akzente. Die Produkte sind top und stehen absolut im Mittelpunkt. Das Restaurant selbst: gemütlich-gediegen.

Menü 36 € (mittags unter der Woche)/98 € – Karte 60/112 €

*Hotel Adler, Hauptstr. 139 ⊠ 79576 – ℰ 07621 98230 – www.adler-weil.de – geschl. Februar 2 Wochen, August 2 Wochen und Sonntag - Montag*

## ⅠO **Schwanen**     🛋 **P**

**KLASSISCHE KÜCHE · FREUNDLICH** XX Das ländlich-elegante Restaurant des traditionsreichen "Schwanen" ist schon einen Besuch wert: Die frische Küche ist traditionell und auch klassisch, so liest man auf der Karte z. B. "Zanderfilet mit Limettensauce, Butternudeln und Gemüse".

Menü 20 € (mittags unter der Woche)/60 € – Karte 38/71 €

*Hotel Schwanen, Hauptstr. 121 ⊠ 79576 – ℰ 07621 97860 – www.schwanen-weil.de – geschl. Mittwoch*

## ⅼO Gasthaus Krone

**REGIONAL · GASTHOF** ✕✕ Lust auf gute regionale Küche und liebenswerten badisch-herzlichen Service? Das Ambiente hat eine zurückhaltend moderne Note, was der gemütlichen Ländlichkeit aber keinerlei Abbruch tut. Im Sommer geht's auf die Terrasse im Hof.

Menü 19 € (mittags unter der Woche)/69 € – Karte 43/69 €

*Hauptstr. 58 ⊠ 79576*
*– ☎ 07621 71164 (Tischbestellung ratsam) – www.kroneweil.de*
*– geschl. Dienstag*

## 🏠 Go2bed

**BUSINESS · MODERN** Sie suchen ein topmodernes und familiär geführtes Domizil nahe Basel? Hier hat man technisch sehr gut ausgestattete und zugleich wohnliche Zimmer sowie ein frisches Frühstück, das es im Sommer auch im kleinen Garten gibt. "Coffee to go" und Getränke zu bestimmten Zeiten gratis.

27 Zim ⌷ – ♦89/109 € ♦♦129/139 € – 1 Suite

*Pfädlistr. 15 ⊠ 79576*
*– ☎ 07621 9867510 – www.go2bed.biz*

## 🏠 Gasthaus zur Krone

**FAMILIÄR · DESIGN** In dem kleinen Hotel - bereits in 3. Generation in Familienhand - wird persönliche Atmosphäre groß geschrieben. Richtig geschmackvoll sind die Designerzimmern, inspiriert vom nahen "Vitra Museum"! Man hat auch noch ein recht ruhig gelegenes Gästehaus.

17 Zim ⌷ – ♦98 € ♦♦140 €

*Hauptstr. 58 ⊠ 79576 – ☎ 07621 71164 – www.kroneweil.de*
ⅼO **Gasthaus Krone** – siehe Restaurantauswahl

## 🏠 Schwanen

**GASTHOF · ELEGANT** Schön wohnt man in dem langjährigen Familienbetrieb: Es erwarten Sie gut ausgestattete, wohnliche Zimmer und schon am Morgen wird man beim Frühstück im lichten Wintergarten herzlich und aufmerksam umsorgt.

26 Zim ⌷ – ♦88/98 € ♦♦136/146 €

*Hauptstr. 121 ⊠ 79576 – ☎ 07621 97860 – www.schwanen-weil.de*
ⅼO **Schwanen** – siehe Restaurantauswahl

## 🏠 Adler

**GASTHOF · FUNKTIONELL** Hinter der traditionellen Fassade kann man auch richtig modern wohnen: einige Zimmer sind geradlinig und ganz in Weiß gehalten! In Sachen Restaurant ist der "Spatz" im Gewölbe die legerere Variante. Hier ist auch vespern möglich.

23 Zim ⌷ – ♦75/120 € ♦♦120/190 €

*Hauptstr. 139 ⊠ 79576*
*– ☎ 07621 98230 – www.adler-weil.de*
*– geschl. Februar 2 Wochen, August 2 Wochen*
ⅼO **Adler** – siehe Restaurantauswahl

## In Weil-Haltingen Nord: 3 km über B 3

## ⅼO Rebstock

**REGIONAL · GASTHOF** ✕✕ Im Restaurant des schmucken gestandenen Gasthofs hat man das ländliche Flair hübsch mit neuzeitlichen Elementen gespickt. Dazu Klassiker wie "Kalbskopf en tortue" und saure Kutteln ebenso wie "Wolfsbarsch provencale". Terrasse zum Innenhof.

Menü 18 € (mittags unter der Woche)/62 € – Karte 35/64 €

*Hotel Rebstock, Große Gass 30 ⊠ 79576 – ☎ 07621 964960 (Tischbestellung ratsam) – www.rebstock-haltingen.de – geschl. 1. - 8. Januar*

### 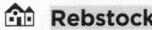 Rebstock

**GASTHOF · GEMÜTLICH** Eine traditionsreiche Adresse ist dieser Familienbetrieb in ruhiger Ortsrandlage. Die Zimmer sind schön zeitgemäß und frisch, einige haben auch einen Balkon.

16 Zim ⌂ – ∲85/105 € ∲∲120/140 €

*Große Gass 30 ✉ 79576 – ☏ 07621 964960 – www.rebstock-haltingen.de – geschl. 1. - 8. Januar*

⊪○ **Rebstock** – siehe Restaurantauswahl

## In Weil-Märkt Nord-West: 5 km über B 3, in Eimeldingen links

⊪○ **Zur Krone**

**REGIONAL · FREUNDLICH** ✗✗ Die engagierte Familie hat das Gasthaus von 1884 schon in 5. Generation. Seit jeher steht Fisch im Fokus - toll, wie ganze Fische am Tisch präsentiert werden! Heiß begehrt sind im Sommer die Terrassenplätze unter Kastanien!

Menü 34 € – Karte 29/61 €    9 Zim ⌂ – ∲65/90 € ∲∲95/120 €

*Rheinstr. 17 ✉ 79576 – ☏ 07621 62304 – www.krone-maerkt.de – geschl. Mitte Februar - Anfang März 3 Wochen, Ende September - Anfang Oktober 2 Wochen und Montag - Dienstag*

# WEILBURG

Hessen – 12 570 Ew. – Höhe 172 m – Regionalatlas **37**-E13

▶ Berlin 530 km – Wiesbaden 72 km – Frankfurt am Main 61 km –
Limburg an der Lahn 22 km
Michelin Straßenkarte 543

⊪○ **Joseph's**

**MEDITERRAN · GEMÜTLICH** ✗✗ Der gebürtige Kroate Joseph Maric bietet in seinem modern-eleganten Restaurant bereits seit über 30 Jahren mediterrane Speisen wie "Milchkalbskotelett vom Grill mit Butter & Salbei". Schön die beiden Terrassen - zum Innenhof und zum Markt.

Menü 85 € – Karte 33/53 €

*Marktplatz 10 ✉ 35781 – ☏ 06471 2130 – www.josephs-restaurant.de – geschl. Januar 1 Woche, Oktober 1 Woche und Montag*

### Lahnschleife

**BUSINESS · FUNKTIONELL** Zeitgemäß wohnt man in diesem Hotel mit mediterranem Touch, das oberhalb der Lahn am Hang liegt. Auch romantische Hochzeitszimmer stehen zur Verfügung. Ein Kosmetik- und Massage-Angebot gibt es ebenfalls. Zum Restaurant gehören zwei Terrassen mit schöner Sicht.

77 Zim ⌂ – ∲88 € ∲∲106/116 € – ½ P

*Hainallee 2 ✉ 35781 – ☏ 06471 49210 – www.hotel-lahnschleife.de*

# WEILER-SIMMERBERG im ALLGÄU

Bayern – 6 120 Ew. – Höhe 632 m – Regionalatlas **64**-I21

▶ Berlin 715 km – München 179 km – Konstanz 83 km – Ravensburg 42 km
Michelin Straßenkarte 546

## Im Ortsteil Weiler

### Tannenhof

**SPA UND WELLNESS · INDIVIDUELL** Sport und Spa werden hier groß geschrieben: Wellnessvielfalt von Beauty über Yoga bis Physiotherapie, dazu beste Tennisbedingungen (drinnen und draußen) einschließlich Kurse. Und überall im Haus schickes modern-alpines Design - da sind die neueren Zimmer besonders gefragt. 3/4-Pension inklusive, alternativ international-regionale Küche à la carte.

106 Zim ⌂ – ∲130/140 € ∲∲250 € – 12 Suiten – ½ P

*Lindenberger Str. 33 ✉ 88171 – ☏ 08387 1235 – www.tannenhof.com*

# WEILROD

Hessen – 6 240 Ew. – Höhe 270 m – Regionalatlas **37**-F14

▶ Berlin 532 km – Wiesbaden 42 km – Frankfurt am Main 47 km – Gießen 51 km
Michelin Straßenkarte 543

## In Weilrod-Altweilnau Süd-Ost: 1,5 km

### ⅃○ **Landsteiner Mühle**  🏡 🕸 **P**

REGIONAL · LÄNDLICH ⅄ Hier dreht sich fast alles um den Apfel! In dem sympathischen "ApfelWeinBistrorant" mit rustikalem Charme (nett die landwirtschaftlichen Utensilien als Deko) gibt's zum regionalen Essen den passenden Apfelwein, abends ein Menü unter dem Motto "Probierma(h)l". Tipp: Weindegustation in der kleinen Vinothek.

Menü 29 € (mittags)/60 € – Karte 25/51 €

*Landstein 1 ⊠ 61276 – ☏ 06083 346 – www.landsteiner-muehle.de – geschl. Mittwoch, Januar - März: Montag - Mittwoch*

# WEIMAR

Thüringen – 63 240 Ew. – Höhe 220 m – Regionalatlas **40**-L12
▶ Berlin 285 km – Erfurt 22 km – Chemnitz 132 km
Michelin Straßenkarte 544

## *Restaurants*

### ✿ Anna Amalia

**MEDITERRAN · ELEGANT** XxX Klassisch und mit italienisch-mediterraner Note
kocht man hier. Dabei setzt man auf sehr gute, frische Produkte und auch die
Optik kommt nicht zu kurz. Der schöne klassische Saal sorgt ebenso wie der pro-
fessionelle Service für eine angenehme Atmosphäre. Hübsch der Garten.
➔ Jakobsmuscheln, rote Zwiebeln, Morcheln, Erbsenpüree. In Olivenöl pochiertes
Steinbuttfilet, Fregola Sarda, Amalfi Zitronen, Bärlauchspinat. Geschmorte Lammschulter und rosa gegarter Rücken, Artischocken, Minzkroketten.
Menü 67/130 € – Karte 82/93 €
**Stadtplan : B2-b** – *Hotel Elephant, Markt 19* ✉ *99423*
– ✆ *03643 802639 (Tischbestellung ratsam)*
– *www.restaurant-anna-amalia.com*
– *nur Abendessen – geschl. 2. Januar - 9. März und Sonntag - Dienstag*

### ⊛ Anastasia

**MARKTKÜCHE · ELEGANT** XX In einem Seitenflügel des Hotels sitzt man in einem
eleganten Raum, auf Wunsch am Fenster, und lässt sich die gute saisonale Küche
von Andreas Scholz schmecken, und die gibt es z. B. als "Filet vom Havelländer
Apfelschwein mit Rosenkohlgemüse und Grieß-Speckstrudel". Oder wie wär's mit
dem Saison-Menü?
Menü 37/68 €
**Stadtplan : A2-s** – *Grand Hotel Russischer Hof, Goetheplatz 2* ✉ *99423*
– ✆ *03643 774814* – *www.restaurant-anastasia.info*
– *nur Abendessen – geschl. Ende Juli - Amfang August 3 Wochen und Montag*

 Die rote Kennzeichnung weist auf besonders angenehme
Häuser hin: 🏠XxX.

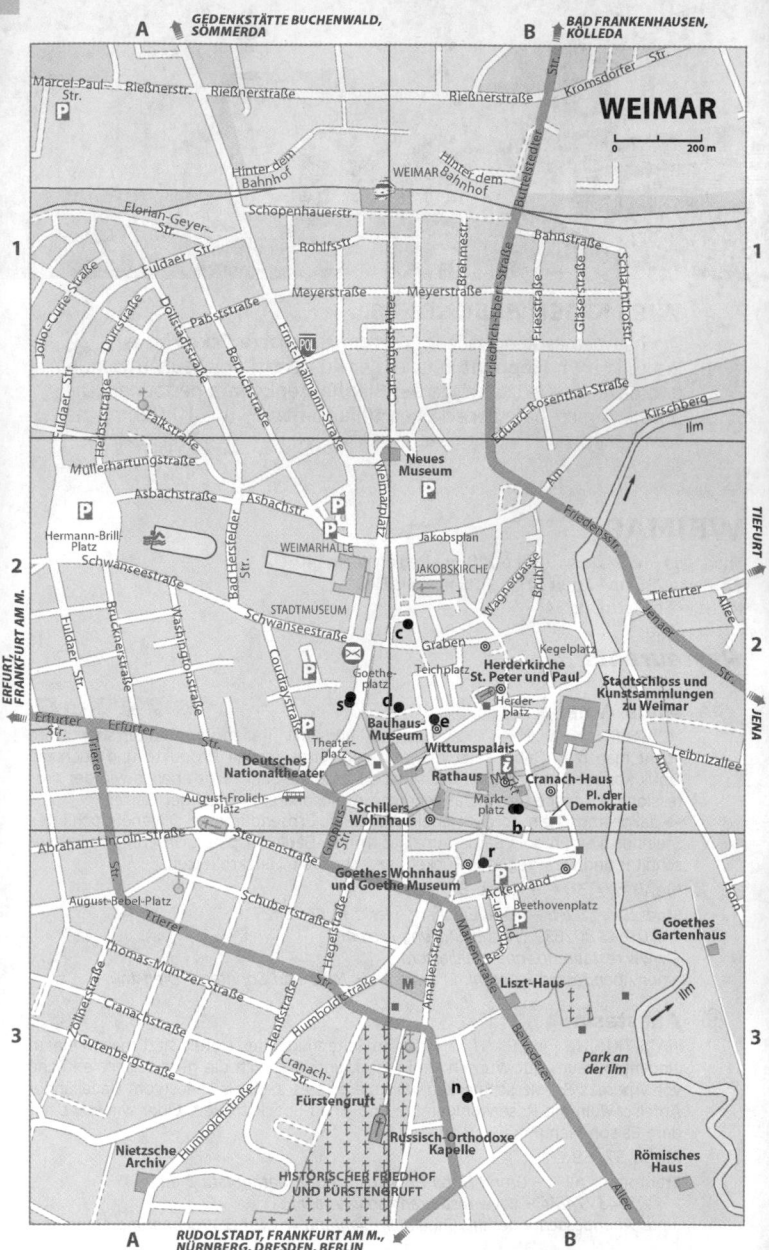

# WEIMAR

0      200 m

Marcel-Paul-Str.
Rießnerstr.
Rießnerstraße
Rießnerstraße
Kromsdorfer Str.

Hinter dem Bahnhof
WEIMAR Bahnhof
WEIMAR
Hinter dem Bahnhof
Buttelstedter Str.

Florian-Geyer-Str.
Schopenhauerstr.
Bahnstraße

Fuldaer Str.
Rohlfsstr.
Brehmestr.
Schachthofstr.

Joliot-Curie-Straße
Meyerstraße
Meyerstraße
Gläserstraße
Friesstraße

Pabststraße
Carl-August-Allee

Dolliastraße
Berkachstraße
Ernst-Thälmann-Straße
Eduard-Rosenthal-Straße
Kirschberg
Ilm

Müllerhartungstraße
Falkstraße
Neues Museum
Am Friedensstr.

Hermann-Brill-Platz
Asbachstraße
Asbachstr.
Weimarplatz
Jakobsplan
JAKOBSKIRCHE

Schwanseestraße
WEIMARHALLE
Bad Bertelfelder Str.
Wagnergasse
Tiefurter Allee

Bruckenstraße
STADTMUSEUM
Schwanseestraße
Graben
Herderkirche St. Peter und Paul
Kegelplatz

Washingtonstraße
Coudraystraße
Goetheplatz
Teichplatz
Herderplatz
Stadtschloss und Kunstsammlungen zu Weimar

Erfurter Str.
Erfurter Str.
Theaterplatz
Bauhaus-Museum
Wittumspalais
Rathaus
Cranach-Haus
Leibnizallee

Deutsches Nationaltheater
Grauestr.
Schillers Wohnhaus
Marktplatz
Pl. der Demokratie

August-Frölich-Platz
Steubenstraße
Goethes Wohnhaus und Goethe Museum
Ackerwand
Beethovenplatz
Horn

Abraham-Lincoln-Straße
Schubertstraße
Hegelstraße
Humboldtstraße
Marienstraße
Beethovenstr.
Goethes Gartenhaus

August-Bebel-Platz
Trieral
Thomas-Müntzer-Straße
Cranachstraße
Liszt-Haus
Belvederer
Park an der Ilm

Zollnerstraße
Gutenbergstraße
Humboldtstraße
Cranach-Str.
Nietzsche-Archiv
Fürstengruft
Russisch-Orthodoxe Kapelle
Römisches Haus

HISTORISCHER FRIEDHOF UND FÜRSTENGRUFT

## ⅒○ Gasthaus Zum weißen Schwan

BÜRGERLICHE KÜCHE · GASTHOF ✕ Das Gasthaus mit seinen gemütlichen Stuben hatte in seiner jahrhundertelangen Geschichte nicht selten Johann Wolfgang von Goethe zu Besuch (er wohnte gleich nebenan) und auch das japanische Kaiserpaar war schon zu Gast. Zum historisch-charmanten Ambiente gibt's bürgerliche und Thüringer Küche.

Karte 25/48 €

Stadtplan : B3-r – Frauentorstr. 23 ✉ 99423 – ☎ 03643 908751
– www.weisserschwan.de – geschl. Januar - Mitte März und Sonntag - Montag

## ⅒○ Gasthaus Scharfe Ecke

TRADITIONELLE KÜCHE · RUSTIKAL ✕ Spätestens nach dem Besuch dieser Weimarer Institution an der namengebenden "scharfen Ecke" ist Ihnen die "Kloßmarie" ein Begriff. Man kocht sehr traditionell und in großen Portionen - die hausgemachten Klöße sind ein Muss!

Menü 22/35 € – Karte 21/27 €

Stadtplan : B2-e – Eisfeld 2 ✉ 99423 – ☎ 03643 202430 – geschl. Februar 1 Woche, Juli 2 Wochen, November 1 Woche und Montag

## ⅒○ Elephantenkeller

REGIONAL · FREUNDLICH ✕ Auch Sie werden beeindruckt sein von dieser geschichtsträchtigen Stätte. Das Ambiente samt schönem Kreuzgewölbe wusste schon Johann Wolfgang von Goethe zu schätzen. Aus der Küche kommen Thüringer Spezialitäten.

Karte 22/42 €

Stadtplan : B2-b – Hotel Elephant, Markt 19 ✉ 99423 – ☎ 03643 802666
– www.hotelelephantweimar.com – Ende Juni - Ende August nur Abendessen
– geschl. 19. Juli - 10. August und Dienstag - Mittwoch

## *Hotels*

## 🏨 Elephant

TRADITIONELL · DESIGN Mitten in der Stadt steht das elegante Hotel mit seinen hochwertig im Bauhausstil eingerichteten Zimmern. Interessant die Kunstsammlung im Haus - so sind z. B. die Suiten Persönlichkeiten bzw. Künstlern gewidmet.

93 Zim – ♦105/195 € ♦♦120/250 € – 6 Suiten – ☲ 25 €

Stadtplan : B2-b – Markt 19 ✉ 99423 – ☎ 03643 8020
– www.hotelelephantweimar.com

❀ Anna Amalia • ⅒○ Elephantenkeller – siehe Restaurantauswahl

## 🏨 Grand Hotel Russischer Hof

HISTORISCH · KLASSISCH Das über 200 Jahre alte Stadthotel liegt schön zentral direkt bei der Fußgängerzone. Im vorderen historischen Gebäudeteil wohnt man besonders stilvoll, Frühstück gibt's im hellen Atrium. An die Lobby schließt sich die gediegene Bar an.

125 Zim – ♦95/130 € ♦♦110/180 € – 8 Suiten – ☲ 20 € – ½ P

Stadtplan : A2-s – Goetheplatz 2 ✉ 99423 – ☎ 03643 7740
– www.russischerhof-weimar.de

❀ Anastasia – siehe Restaurantauswahl

## 🏨 Villa Hentzel

PRIVATHAUS · INDIVIDUELL Eine ruhige Wohngegend, die Innenstadt und auch der Park an der Ilm ganz in der Nähe. Schon die Umgebung ist schön und die Villa a. d. 19. Jh. ist es ebenfalls: außen die schmucke Fassade, dahinter ganz individuelle hohe Räume, in denen man freundlich und aufmerksam umsorgt wird.

13 Zim ☲ – ♦58/80 € ♦♦89/120 €

Stadtplan : B3-n – Bauhausstr. 12 ✉ 99423 – ☎ 03643 86580
– www.hotel-villa-hentzel.de

###  Zur Sonne

**GASTHOF · FUNKTIONELL** In dem denkmalgeschützten Haus an einem kleinen Platz im Herzen von Weimar werden schon seit dem 18. Jh. Gäste beherbergt. Die Zimmer sind unterschiedlich geschnitten und praktisch ausgestattet. Restaurant im Stil einer Gastwirtschaft, die Küche ist bürgerlich.

21 Zim 🔲 – ♦48/66 € ♦♦68/78 € – ½ P
**Stadtplan : B2-c** – *Rollplatz 2 ✉ 99423 – 𝒞 03643 86290*
*– www.hotelzursonne-weimar.de*

## In Weimar-Schöndorf Nord: 4 km über Buttelstedter Straße B1

### Dorotheenhof

**HISTORISCH · GEMÜTLICH** Sie mögen Gutshof-Flair? Den hat der einst von Rittmeister Carl von Kalckreuth angelegte Dorotheenhof, passend dazu der ansprechende Landhausstil! Tagungsgäste schätzen die moderne Technik. Gastronomisch hat man das elegante "Le Goullon" mit schönem Kreuzgewölbe!

56 Zim – ♦65/105 € ♦♦80/160 € – 4 Suiten – 🔲 15 € – ½ P
*Dorotheenhof 1 ✉ 99427*
*– 𝒞 03643 4590 – www.dorotheenhof.com*

---

## WEINBÖHLA Sachsen → Siehe Meißen

## WEINGARTEN

Baden-Württemberg – 23 700 Ew. – Höhe 485 m – Regionalatlas **63**-H21
▶ Berlin 692 km – Stuttgart 143 km – Konstanz 48 km – Ravensburg 4 km
Michelin Straßenkarte 545

### Altdorfer Hof

**BUSINESS · INDIVIDUELL** Das Hotel liegt in einer verkehrsberuhigten Zone am Stadtrand, wird familiär geführt und präsentiert sich in wohnlich-klassischem Stil. In das gediegene Bild fügt sich das Restaurant mit seiner Barock-Note schön ein.

55 Zim 🔲 – ♦85/115 € ♦♦120/150 € – 1 Suite
*Burachstr. 12 ✉ 88250*
*– 𝒞 0751 50090 – www.altdorfer-hof.de*
*– geschl. 19. Dezember - 8. Januar*

## WEINGARTEN (Kreis KARLSRUHE)

Baden-Württemberg – 10 080 Ew. – Höhe 119 m – Regionalatlas **54**-F17
▶ Berlin 664 km – Stuttgart 88 km – Karlsruhe 17 km – Heidelberg 46 km
Michelin Straßenkarte 545

### 🕸 Gourmet-Restaurant

**KREATIV · GEMÜTLICH** ✗✗ Traditioneller und gemütlicher als im jahrhundertealten Haupthaus dieses schönen Gebäudeensembles kann man es kaum haben: Viel Holz, tolle Kassettendecke und geschmackvolle Deko schaffen einen gelungenen Kontrast zur modernisierten klassischen Küche mit feinen asiatischen Akzenten.

→ Karamellisierte Jakobsmuschel, Kopfsalat, Passionsfrucht, Salzschokolade und Gurke. Gegrilltes Filet vom Kabeljau, Süßkartoffel, marinierter Spargel, Ingwer, Zitronengras. Glasiertes Rinderfilet, BBQ Aromen, Mais, eingelegte Tomate, Ofenkartoffelschaum.

Menü 63/99 € – Karte 42/80 €
*Hotel Walk'sches Haus, Marktplatz 7, B 3 ✉ 76356 – 𝒞 07244 70370*
*– www.walksches-haus.de – nur Abendessen – geschl. Januar 10 Tage*
*und Sonntag - Montag*

### 🏚 Walk'sches Haus

**HISTORISCH · GEMÜTLICH** Das historische Fachwerkhaus nebst Gästehaus ist ein echtes Gourmet-Hotel, angefangen beim Frühstück über gesunde Leckereien im Zimmer (diese zeitlos-funktional oder romantisch) bis zum Sternerestaurant. Zudem hat man noch das nette Bistro samt schöner Terrasse am Kanal - hier Flammkuchen, Schnitzel & Co.

26 Zim 🖙 – ♦65/99 € ♦♦99/155 € – ½ P

*Marktplatz 7, B 3 ⊠ 76356 – ℰ 07244 70370 – www.walksches-haus.de – geschl. Anfang Januar 10 Tage*

🕸 **Gourmet-Restaurant** – siehe Restaurantauswahl

## WEINHEIM an der BERGSTRASSE

Baden-Württemberg – 43 630 Ew. – Höhe 135 m – Regionalatlas **47**-F16

▶ Berlin 609 km – Stuttgart 137 km – Mannheim 28 km – Darmstadt 45 km
Michelin Straßenkarte 545

### 😋 bistronauten ❶

**MARKTKÜCHE · BISTRO** In dem ehemaligen OEG-Bahnhof von 1903 hat das Team um Max Stoll nach dem Umzug aus Hirschberg eine neue Heimat gefunden. In moderner Atmosphäre kommen z. B. "Zander mit Brokkoli und Gnocchi" oder "Ziegenfrischkäsetarte mit Johannisbeeren" aus der offenen Küche. Frei wählbares saisonales Menü von der Tafel.

Menü 30/38 € – Karte 35/45 €

*Kopernikusstr. 43 ⊠ 69469*
*– ℰ 06201 8461856 – www.bistronauten.de*
*– nur Abendessen – geschl. 4. - 11. September, 23. Dezember - 14. Januar und Sonntag - Montag*

### 🕯○ Fuchs'sche Mühle

**KLASSISCHE KÜCHE · RUSTIKAL** Müllerstube, Bauernstube, Fuchsbau... Hier hat man es schön gemütlich bei klassisch-internationalen Gerichten wie "Rinderschmorbraten mit Rotkohl" oder "Skreifilet mit Paprika". Probieren Sie auch mal das Vital- oder das Monatsmenü.

Menü 42/64 € – Karte 33/80 €

*Hotel Fuchs'sche Mühle, Birkenauer Talstr. 10, Ost: 1,5 km ⊠ 69469*
*– ℰ 06201 10020 – www.fuchssche-muehle.de – nur Abendessen – geschl. über Fasching 2 Wochen, August 2 Wochen und Sonntag - Montag*

### 🕯○ EssZimmer

**MODERNE KÜCHE · BISTRO** Direkt am charmanten Marktplatz erwarten Sie hier engagierte Gastgeber in modernem Bistroambiente zu frischer, schmackhafter Küche: "Seeteufel mit Pfifferlingen, Belugalinsen, Brokkoli, Artischocken", Steaks vom Dry Aged Odenwälder Rind...

Menü 43/69 € – Karte 47/68 €

*Marktplatz 6, (1. Etage) ⊠ 69469*
*– ℰ 06201 8776787 (Tischbestellung ratsam) – www.esszimmer-weinheim.de*
*– nur Abendessen – geschl. 16. - 24. Januar*

### 🏚 Fuchs'sche Mühle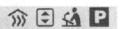

**HISTORISCH · GEMÜTLICH** Schon weit über 200 Jahre hat Familie Fuchs die einstige Mühle von 1563. Alles ist gepflegt, wohnlich die waldseitigen Zimmer, das Frühstücksbuffet gut bestückt, hübsch der Saunabereich. Für Wanderer und Jogger: schöne Wege direkt am Haus!

22 Zim 🖙 – ♦68/95 € ♦♦110/165 € – ½ P

*Birkenauer Talstr. 10, Ost: 1,5 km ⊠ 69469 – ℰ 06201 10020*
*– www.fuchssche-muehle.de – geschl. 15. - 28. August*

🕯○ **Fuchs'sche Mühle** – siehe Restaurantauswahl

###  Goldener Pflug

**FAMILIÄR · GEMÜTLICH** Das hat Charme: ein denkmalgeschütztes über 400 Jahre altes Fachwerkhaus mitten in der Altstadt. Hier kümmert sich Familie Stark (3. Generation) mit wohnlich-klassischen Zimmern und gutem Frühstück um Sie. Dazu eine gemütliche Weinstube. Im Nebenhaus: Ferienwohnungen und kleines Chocolatiergeschäft.

17 Zim ♨ – ♦64/78 € ♦♦90/98 €

*Obertorstr. 5 ✉ 69469 – ℰ 06201 90280 – www.hotel-goldener-pflug.de – geschl. 24. Dezember - 6. Januar*

# WEINSTADT

Baden-Württemberg – 26 180 Ew. – Höhe 241 m – Regionalatlas **55**-H18
▶ Berlin 616 km – Stuttgart 24 km – Esslingen am Neckar 13 km – Schwäbisch Gmünd 38 km
Michelin Straßenkarte 545

## In Weinstadt-Baach

###  Gasthaus Rössle

**REGIONAL · FAMILIÄR** ✗ Geschmorte Schweinebäckle, Krustenbraten, gekochte Rinderbrust... Egal was Sie aus Roland Weltes Küche probieren, es schmeckt! Lecker auch Desserts wie "Mascarponetörtchen". Ein sympathisch-bürgerliches Gasthaus mit netter Gartenterrasse.

Karte 25/48 €

*Forststr. 6 ✉ 71384 – ℰ 07151 66824 – www.roessle-baach.de – geschl. Ende Juni - Anfang Juli 10 Tage, Mitte September 1 Woche und Mittwoch - Donnerstag*

### ♦♦○ Adler

**REGIONAL · GASTHOF** ✗ Ein bodenständiges Haus, in dem Essen Spaß macht, ob man einen Rindfleischsalat vespert oder sich feinere Gerichte wie "Rehmedaillon mit Pfifferlingen" gönnt. Tipp: verschiedene Rostbraten-Varianten! Schön sitzt man auch auf der Terrasse.

Menü 32 € – Karte 28/54 € 5 Zim ♨ – ♦44/59 € ♦♦75/89 €

*Forststr. 12 ✉ 71384 – ℰ 07151 65826 – www.adler-baach.de – Mittwoch, Donnerstag und Sonntag bis 18 Uhr geöffnet – geschl. 6. - 28. Februar, 26. Juli - 15. August und Montag - Dienstag*

## In Weinstadt-Beutelsbach

###  Weinstadt-Hotel

**GASTHOF · FUNKTIONELL** Hier lässt es sich schön wohnen: ein freundlich geführtes Nichtraucherhotel mit gepflegten Zimmern (fragen Sie nach den neueren), charmantem Innenhof, in dem man auch angenehm frühstücken kann, und gemütlichem Restaurant mit schwäbischer und französischer Küche. Tipp: Ein Essen zu zweit im "Weinberghäusle"!

32 Zim – ♦75/85 € ♦♦90/110 € – ♨8 €

*Marktstr. 41 ✉ 71384 – ℰ 07151 997010 – www.weinstadt-hotel.de*

## In Weinstadt-Endersbach

###  Weinstube Muz

**MARKTKÜCHE · WEINSTUBE** ✗ Die Weinstube von 1877 ist ein wirklich nettes Fleckchen! Man hat es schön heimelig, wird herzlich und familiär betreut und lässt sich gute Saisonküche schmecken - von "Trollingerkutteln" über "geschmelzte Maultaschen" bis "Secreto vom Stauferico-Schwein mit Salbeisauce". Zum Biergarten geht man 5 Minuten.

Menü 20 € (mittags unter der Woche)/59 € – Karte 27/59 €

*Traubenstr. 3 ✉ 71384 – ℰ 07151 61321 – www.weinstube-muz.de – geschl. Anfang August 3 Wochen und Samstagmittag, Sonntag - Montag sowie an Feiertagen*

## In Weinstadt-Strümpfelbach

🍴○ **Zum Hirsch** 　　　　　　　　　　　　　　🅿 🚫

**REGIONAL · GASTHOF** 🛇 Schwäbische Gasthaustradition in Reinkultur erlebt man in dem wunderschönen Fachwerkhaus von 1629! Aus der Küche kommen Kalbszüngle, Saure Nierle, Maultaschen, Schweinebäckle..., sonntags übrigens durchgehend. Gefällt Ihnen eines der dekorativen Aquarelle? Die malt der Chef selbst, Sie können sie auch kaufen!

Karte 23/47 €

*Hauptstr. 3 ✉ 71384 – ☎ 07151 61103 – www.hirsch-struempfelbach.de*
*– geschl. Montag - Dienstag, Mittwochabend, Donnerstagabend*

## WEISENHEIM am BERG

Rheinland-Pfalz – 1 660 Ew. – Höhe 221 m – Regionalatlas **47**-E16
▶ Berlin 639 km – Mainz 78 km – Mannheim 29 km – Kaiserslautern 41 km
Michelin Straßenkarte 543

🍴○ **Admiral** 　　　　　　　　　　　　　🏠 🅿 🚫

**INTERNATIONAL · FREUNDLICH** 🛇🛇 Ein charmantes Restaurant mitten im Ort, in dem Sie ambitioniert bekocht und aufmerksam umsorgt werden. Die internationalen Gerichte nennen sich z. B. "Kalbstafelspitz / Spinat / Ricotta-Nocken / Balsamico-Honigzwiebeln". Schöne Terrasse.

Menü 41/74 € – Karte 40/59 €

*Leistadter-Str. 6 ✉ 67273 – ☎ 06353 4175 – www.admiral-weisenheim.de*
*– Mittwoch - Freitag nur Abendessen – geschl. Montag - Dienstag*

## WEISKIRCHEN

Saarland – 6 390 Ew. – Höhe 400 m – Regionalatlas **45**-B16
▶ Berlin 725 km – Saarbrücken 59 km – Trier 37 km – Birkenfeld 39 km
Michelin Straßenkarte 543

🏨 **Parkhotel** 　　　　　　🌳 🐾 ⊟ 🖼 🏋 🎱 🖥 🔓 🧖 🚗

**SPA UND WELLNESS · MODERN** Nicht nur für Tagungen ist das Hotel optimal. Wer entspannen möchte, kann dies im direkt angeschlossenen öffentlichen Bäderzentrum "Vitalis" mit Gesundheits- und Beautyangebot. Und gastronomisch? Wählen Sie zwischen internationaler Küche im Restaurant mit Wintergarten und dem etwas günstigeren bürgerlichen Angebot der Brasserie. Jeden l. Sonntag im Monat Brunch.

125 Zim ⌂ – †80/170 € ††110/185 € – ½ P

*Kurparkstr. 4 ✉ 66709 – ☎ 06876 9190 – www.parkhotel-weiskirchen.de*

## In Weiskirchen-Rappweiler Süd-West: 2 km

🍴○ **La Provence** 　　　　　　　　　　　　　　　🅿

**FRANZÖSISCH · FREUNDLICH** 🛇🛇 Es verwundert nicht, dass in einem Restaurant mit dem Namen "La Provence" alles etwas französisch inspiriert ist! Spezialität im Herbst sind Bouchot-Muscheln in unterschiedlichen klassischen Zubereitungen. Im Winter bringt der offene Kamin wohlige Wärme. Alternativ: Brasserie "Le Mistral" mit kleinerer Karte.

Karte 28/62 €

*Merziger Str. 25 ✉ 66709 – ☎ 06872 4326 – www.le-restaurant-la-provence.de*
*– nur Abendessen – geschl. Anfang - Mitte Februar 1 Woche, Juli - August 3 Wochen und Montag - Dienstag*

## WEISSENFELS

Sachsen-Anhalt – 39 910 Ew. – Höhe 100 m – Regionalatlas **41**-M12
▶ Berlin 201 km – Magdeburg 122 km – Leipzig 42 km – Halle 34 km
Michelin Straßenkarte 542

### 🏨 Parkhotel Güldene Berge

**HISTORISCH · GEMÜTLICH** Gegen Ende des 19. Jh. wurde diese Villa mit kleiner Parkanlage erbaut. Ein gut geführtes Hotel mit wohnlichen und zeitgemäßen Zimmern. Schön hat man in der Lobby mit altem Treppenaufgang den historischen Charakter des Haupthauses bewahrt. Das Restaurant bietet regionale Speisen sowie Flammkuchen.

32 Zim ⊐ – ♦75/80 € ♦♦105/125 € – 1 Suite
*Langendorfer Str. 94 ⊠ 06667*
*– ℰ 03443 39200 – www.gueldene-berge.de*

## WEISSENSTADT

Bayern – 3 190 Ew. – Höhe 630 m – Regionalatlas **51**-M15
▶ Berlin 349 km – München 265 km – Hof 28 km – Bayreuth 36 km
Michelin Straßenkarte 546

### 🍽 Bistro Prinz-Rupprecht Stube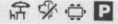

**REGIONAL · BISTRO** ⚹ Lust auf regionale Küche in gemütlich-legerer Atmosphäre? Unter dem freigelegten böhmischen Kreuzgewölbe oder im lichten "Bistrogarden" serviert man z. B. "geschmortes Rinderbäckchen mit Wurzelgemüse" oder "halbfesten Schokoladenkuchen".

Menü 28 € – Karte 27/52 €
*Restaurant Gasthaus Egertal, Wunsiedler Str. 49 ⊠ 95163 – ℰ 09253 237*
*– www.gasthaus-egertal.de – nur Abendessen, sonntags auch Mittagessen*
*– geschl. 3. - 27. Januar und Dienstag - Mittwoch, August und Dezember:*
*Dienstag*

### 🍴 Gasthaus Egertal

**FRANZÖSISCH-KLASSISCH · ELEGANT** ⚹⚹ Seit Jahrzehnten ist Familie Rupprecht in der Gastronomie zu Hause. Man kocht ambitioniert und klassisch - probieren Sie z. B. "kanadischen Hummer und pochierte Auster". Schön ist auch das Ambiente in dem hübsch sanierten alten Gasthaus.

Menü 55/79 € – Karte 42/59 €
*Wunsiedler Str. 49 ⊠ 95163 – ℰ 09253 237 (Tischbestellung ratsam)*
*– www.gasthaus-egertal.de – nur Abendessen, sonntags auch Mittagessen*
*– geschl. 3. - 27. Januar und Dienstag - Mittwoch, August und Dezember:*
*Dienstag*

🍽 **Bistro Prinz-Rupprecht Stube** – siehe Restaurantauswahl

## WEISWEIL

Baden-Württemberg – 2 070 Ew. – Höhe 172 m – Regionalatlas **61**-D20
▶ Berlin 783 km – Stuttgart 181 km – Freiburg im Breisgau 36 km – Offenburg 39 km
Michelin Straßenkarte 545

### 🍴 Landgasthof Baumgärtner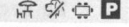

**REGIONAL · GASTHOF** ⚹ In dem langjährigen Familienbetrieb gibt es frische Küche zu fairen Preisen. In einer rustikalen Stube mit hübschem altem Kachelofen serviert man Ihnen bürgerlich-regionale Gerichte wie "Schweinemedaillon in Morchelrahm".

Menü 29/47 € – Karte 27/57 €
*Sternenstr. 2 ⊠ 79367*
*– ℰ 07646 347 – www.baumgaertner-weisweil.de*
*– nur Abendessen, sonntags auch Mittagessen – geschl. August 2 Wochen und*
*Montag*

## WEITNAU

Bayern – 5 130 Ew. – Höhe 797 m – Regionalatlas **64**-I21
▶ Berlin 724 km – München 154 km – Augsburg 131 km – Kempten 24 km
Michelin Straßenkarte 546

## In Weitnau-Hellengerst Nord-Ost: 10 km über B 12

### 🏠 Hanusel Hof   🏋 🐎 🚶 🖼 🏔 🛁 ♿ 🧖 🚗
LANDHAUS · MODERN Umgeben vom satten Grün des hauseigenen Golfplatzes genießen Golfer, Urlauber und Wellnessgäste alpenländische Wohnlichkeit, Massage und Kosmetik sowie den Bergblick (sehr schön von der Terrasse!). Im Winter Loipen vor dem Haus. Das Restaurant bietet regional-traditionelle Küche, mittags reduziertes Angebot.

39 Zim 🛏 – ♦93/151 € ♦♦134/216 € – 8 Suiten

*Helinger Str. 5 ✉ 87480 – ☎ 08378 92000 – www.hanusel-hof.de*

## WENDEN
Nordrhein-Westfalen – 19 530 Ew. – Höhe 360 m – Regionalatlas **37**-E12
▶ Berlin 565 km – Düsseldorf 109 km – Siegen 21 km – Köln 72 km
Michelin Straßenkarte 543

### An der Straße nach Hünsborn Süd: 2 km

### 🏠 Landhaus Berghof   🏋 🐎 🧖 ♿ 🅿
FAMILIÄR · INDIVIDUELL Ein sehr nettes und persönlich geführtes Landhotel, das direkt am Waldrand liegt und für seine Gäste geschmackvolle, wohnliche Zimmer mit schönen modernen Bädern und teilweise mit Parkett bereithält. Das Restaurant bietet eine reizvoll zum Wald hin gelegene Terrasse.

15 Zim 🛏 – ♦68/88 € ♦♦105/120 € – ½ P

*Berghof 1 ✉ 57482 – ☎ 02762 5088 – www.landhaus-berghof.de*

## In Wenden-Brün West : 5,5 km über Gerlingen

### 🏠 Sporthotel Landhaus Wacker   🏋 🚶 🖼 🐎 🏔 🛁 🍽 🖵 ♿ 🧖 🚗
SPA UND WELLNESS · AUF DEM LAND Was 1860 als Post- und Pferdewechselstation begann, ist heute ein bei Wochenendurlaubern und Tagungsgästen gleichermaßen beliebtes Hotel. Warmes Holz im alpenländischen Stil sorgt für Wohnlichkeit. Für Wellnessfans und Aktive: Beautybehandlungen, Minigolf, Fußball, Reiten - eigene Reitanlage ganz in der Nähe.

71 Zim 🛏 – ♦79/109 € ♦♦98/178 € – ½ P

*Mindener Str. 1 ✉ 57482 – ☎ 02762 6990 – www.hotel-wacker.de*

## WENDLINGEN am NECKAR
Baden-Württemberg – 15 560 Ew. – Höhe 280 m – Regionalatlas **55**-H18
▶ Berlin 626 km – Stuttgart 30 km – Göppingen 28 km – Reutlingen 31 km
Michelin Straßenkarte 545

### 🍴 Osteria Bonomi 🅝   🚶 🏮 🧖 🅿
ITALIENISCH · GEMÜTLICH 🍴 Lust auf "cucina tipica italiana"? Die gibt es hier im Restaurant des Hotels "Villa Behr" in Form von "Papardelle al Cervo" oder als "Pulpo mit Kartoffelcreme und Tomatensugo", dazu die passenden Weine. Tipp: Hausspezialität ist die "neapolitanische Pizza" aus dem Holzofen.

Menü 35/69 € – Karte 42/80 €   12 Zim – ♦99/109 € ♦♦109/179 €
– 2 Suiten – 🛏 15 €

*Behrstr. 90 ✉ 73240 – ☎ 07024 5019551 – www.villa-behr.de – geschl. Samstagmittag*

## WERDOHL
Nordrhein-Westfalen – 18 080 Ew. – Höhe 210 m – Regionalatlas **27**-D11
▶ Berlin 534 km – Düsseldorf 91 km – Arnsberg 43 km – Hagen 36 km
Michelin Straßenkarte 543

## In Werdohl-Kleinhammer

🍴○ **Thuns Dorfkrug**

INTERNATIONAL · ZEITGEMÄSSES AMBIENTE ✕✕ Gepflegte Tischkultur, engagierter Service und gute Küche, die einen schmackhaften Mix aus Regionalem und Internationalem bietet. Zeitgenössische Bilder und Parkettboden sind hübsche Details in dem modern und schlicht-elegant gestalteten Restaurant. Gästezimmer in geradlinigem neuzeitlichem Stil.

Menü 35/55 € – Karte 32/57 €   17 Zim ⌲ – ♦57/63 € ♦♦91 €

*Brauck 7 ✉ 58791 – ☏ 02392 97980 – www.thuns.info – geschl. Samstagmittag, Sonntag*

## WERLTE

Niedersachsen – 9 730 Ew. – Höhe 33 m – Regionalatlas **16**-E7

▶ Berlin 487 km – Hannover 220 km – Oldenburg 74 km – Assen 138 km

Michelin Straßenkarte 541

🍴○ **Simola**

AFRIKANISCH · FREUNDLICH ✕✕ Der Bezug zu Südafrika ist angenehm unaufdringlich, aber doch präsent - zum einen in diversen Dekorationsgegenständen, zum anderen natürlich im internationalen Speiseangebot.

Menü 35/65 € – Karte 26/45 €

*Hotel Afrikan Sky, Harrenstätter Str. 64 ✉ 49757 – ☏ 05951 986900 – www.simolarestaurant.de – nur Abendessen – geschl. 1. - 7. Januar und Sonntag*

🏠 **Afrikan Sky**

LANDHAUS · THEMENBEZOGEN Allerlei Accessoires in Hotel und Restaurant lassen südafrikanischen Lodge-Stil erkennen. Kein Wunder: Der Eigentümer lebt seit Jahren in Südafrika und betreibt dort weitere Hotels dieser Art!

39 Zim ⌲ – ♦60/79 € ♦♦85/99 € – 1 Suite – ½ P

*Harrenstätter Str. 64 ✉ 49757*

*– ☏ 05951 987760 – www.africanskyhotel.de*

🍴○ **Simola** – siehe Restaurantauswahl

---

 Gute Küche zu moderatem Preis? Folgen Sie dem „Bib Gourmand" ☺. Das freundliche Michelin-Männchen „Bib" steht für ein besonders gutes Preis-Leistungs-Verhältnis!

---

## WERMSDORF

Sachsen – 5 340 Ew. – Höhe 170 m – Regionalatlas **32**-O11

▶ Berlin 226 km – Dresden 80 km – Leipzig 49 km – Oschatz 13 km

Michelin Straßenkarte 544

🏠 **Seehof Döllnitzsee**

LANDHAUS · TRADITIONELL Ein hübsches und tipptopp gepflegtes Hotel unter familiärer Leitung, in dem Sie wohnlich-alpenländisches Ambiente erwartet. Schön ist die Ortsrandlage am Döllnitzsee. Vom charmant-rustikalen Restaurant mit Galerie schaut man zum See.

20 Zim ⌲ – ♦64/69 € ♦♦90/109 €

*Grimmaer Str. 29 ✉ 04779*

*– ☏ 034364 51700 – www.hotel-doellnitzsee.de*

## WERNBERG-KÖBLITZ

Bayern – 5 590 Ew. – Höhe 377 m – Regionalatlas **51**-N16

▶ Berlin 425 km – München 193 km – Weiden in der Oberpfalz 20 km – Nürnberg 95 km

Michelin Straßenkarte 546

## ✿✿ Kastell

**FRANZÖSISCH-KREATIV · ELEGANT** XxX Über Ihnen ein schönes Kreuzgewölbe, um Sie herum wertiges, geradlinig-elegantes Interieur, alles in Weiß gehalten. Und auf dem Teller? Feine Speisen voller Ausdruck und Kraft, aus exzellenten Produkten klassisch zubereitet und gespickt mit modernen Elementen. Tolle Weinauswahl.

→ Kleiner Erbseneintopf mit Langostino, Mango und Curryaromen. Oberpfälzer Rehschulter mit Pfirsich, Rübstiel und Pistazien Ducca. Käsekuchen mal anders mit Rucola und Birne.

Menü 108/158 €

*Hotel Burg Wernberg, Schlossberg 10* ✉ *92533 –* 𝒞 *09604 9390 (Tischbestellung erforderlich) – www.burg-wernberg.de – nur Abendessen, sonntags auch Mittagessen – geschl. 1. - 12. Januar, 30. Juli - 17. August und Montag - Dienstag*

## 🙂 Kaminstube

**REGIONAL · RUSTIKAL** XX Zirbelholzvertäfelung, Ofen, charmante Deko..., schön heimelig ist es hier! Das breite Angebot an schmackhaften regionalen Speisen reicht von "Allgäuer Bauernpfandl" bis "Milchlammrücken in Thymian-Jus auf Schmortomaten und Blattspinat". Im Sommer sitzt man natürlich am liebsten draußen unter Kastanienbäumen!

Menü 42 € (vegetarisch)/81 € – Karte 30/61 €

*Hotel Landgasthof Burkhard, Marktplatz 10* ✉ *92533 –* 𝒞 *09604 92180 – www.hotel-burkhard.de – geschl. 27. Dezember - 30. Januar und Donnerstagabend - Samstagmittag, Sonntagabend*

## 🏚 Burg Wernberg

**HISTORISCHES GEBÄUDE · ELEGANT** Wer tolle Burg-Atmosphäre erleben möchte, begibt sich über die alte Zugbrücke in das Gemäuer a. d. 13. Jh. So beeindruckend wie Historie und Handwerkskunst sind Herzlichkeit und Servicegedanke! Zum Entspannen: individuelle Zimmer, die "grüne Oase" des ehemaligen Burggrabens, der historische Pfad um die Burg.

24 Zim – ♦116/157 € ♦♦164/215 € – 5 Suiten – ♨19 €

*Schlossberg 10* ✉ *92533 –* 𝒞 *09604 9390 – www.burg-wernberg.de – geschl. 1. - 8. Januar*

✿✿ **Kastell** – siehe Restaurantauswahl

## 🏠 Landgasthof Burkhard

**GASTHOF · INDIVIDUELL** In dem familiengeführten Landgasthof (in 6. Generation) hat man wohnliche, tipptopp gepflegte Zimmer für Sie. Wer bürgerlich-regional speisen möchte, findet in der "Wirtsstube" eine schöne Alternative zur gehobenen Küche der "Kaminstube".

33 Zim – ♦66/76 € ♦♦106/112 € – ♨6 € – ½ P

*Marktplatz 10* ✉ *92533 –* 𝒞 *09604 92180 – www.hotel-burkhard.de – geschl. 27. Dezember - 30. Januar*

🙂 **Kaminstube** – siehe Restaurantauswahl

# WERNE

Nordrhein-Westfalen – 29 450 Ew. – Höhe 60 m – Regionalatlas **26**-D10
▶ Berlin 483 km – Düsseldorf 104 km – Dortmund 25 km – Hamm in Westfalen 15 km
Michelin Straßenkarte 543

## ⅈ○ Lippekuss

**INTERNATIONAL · KLASSISCHES AMBIENTE** XX "Sauerbraten vom US-Rind, Apfelrotkohl, Klöße" oder lieber "Lammhüfte rosa gebraten, Lammjus, Rahmwirsing"? In freundlich-gemütlichem Ambiente (schön das freiliegende Fachwerk) wird saisonal-internationale Küche serviert. Im Bistro ist das Angebot einfacher und günstiger.

Menü 30/89 € – Karte 22/58 €

*Hotel Sim-Jú, Stockumer Str. 8* ✉ *59368 –* 𝒞 *02389 953930 – www.sim-ju.de*

# WERNIGERODE

Sachsen-Anhalt – 33 480 Ew. – Höhe 240 m – Regionalatlas **30**-K10
▶ Berlin 229 km – Magdeburg 78 km – Braunschweig 88 km – Erfurt 145 km
Michelin Straßenkarte 542

## ⅢO  Bohlenstube  🖅 ⅌ ⇌

**FRANZÖSISCH-KLASSISCH · TRADITIONELLES AMBIENTE** ⅩⅩⅩ In der kleinen Bohlenstube zum historischen Marktplatz nimmt man an einem der vier fein eingedeckten Tische Platz und wählt Saisonales. Der elegante Raum bekommt durch schöne alte Holzbohlen einen ganz besonderen gemütlichen Charakter.

Menü 49/99 € – Karte 45/70 €

*Hotel Travel Charme Gothisches Haus, Marktplatz 2* ⊠ *38855* – ℰ *03943 6750*
*(Tischbestellung ratsam) – www.travelcharme.com/gothisches-haus – nur*
*Abendessen – geschl. 18. Dezember - 1. Februar, 16. Juli - 30. August und Sonntag*
*- Mittwoch*

## ⅢO  Zeitwerk by Robin Pietsch  🏠 🖅 ⇌

**KREATIV · FREUNDLICH** Ⅹ Jung, frisch, kreativ - so das moderne kleine Restaurant in dem Fachwerkhaus an der Ecke. Aus guten Produkten, am liebsten aus der Region, entsteht z. B. "confiertes Entrecôte, Rosenkohl, Lim & Kumquat, Zucchini, Möhre, Süßkartoffel".

Menü 65 €

*Große Bergstr. 2* ⊠ *38855* – ℰ *03943 6947884 (Tischbestellung ratsam)*
*– www.dein-zeitwerk.com – nur Abendessen – geschl. Sonntag - Montag*

## 🏠  Travel Charme Gothisches Haus  🌣 ☻ ⅋ ⅃♨ 🖢 🖧 🖅 ⅌ 🛉 ⇌

**HISTORISCH · KLASSISCH** Ein reizender Anblick, das aus mehreren Häusern bestehende Hotel (das älteste a. d. 15. Jh.). Drinnen geht es ebenso schön weiter: herzliche Gästebetreuung, wertige Einrichtung, jede Menge Spa-Angebote, gutes Frühstück. Die Altstadt liegt direkt vor der Tür! Beliebtes Lunchbuffet in den "Stuben" (Mo - Fr).

113 Zim ⊊ – †92/210 € ††128/264 € – 3 Suiten

*Marktplatz 2* ⊠ *38855* – ℰ *03943 6750 – www.travelcharme.com/gothisches-haus*
ⅢO **Bohlenstube** – siehe Restaurantauswahl

## 🏠  Weißer Hirsch  🌣 ⅋ 🖢 🛉 ⇌

**TRADITIONELL · FUNKTIONELL** Seit 1717 existiert das familiengeführte Hotel, umgeben von schönen alten Fachwerkfassaden. Besonders hochwertig und geräumig: Komfortzimmer und Suiten (zwei mit Whirlwanne). Internationales Angebot im Restaurant. Von der Terrasse blickt man aufs Rathaus.

49 Zim ⊊ – †86/112 € ††112/144 € – 2 Suiten – ½ P

*Marktplatz 5* ⊠ *38855* – ℰ *03943 267110 – www.hotel-weisser-hirsch.de*

## 🏠  Am Anger  ⅗ 🖭 🛉 🅿

**FAMILIÄR · GEMÜTLICH** Hier spürt man noch die ländliche Behaglichkeit des einstigen kleinen Gehöfts, dennoch ist die historische Altstadt ganz nah. Einige Zimmer bieten Schlossblick, im Sommer schaut man beim Frühstücken auf der Balkonterrasse zum schönen Garten. Sie mögen Süßes? Verlockend die Kuchen des Louisen-Cafés!

40 Zim ⊊ – †60/75 € ††100/120 €

*Breite Str. 92* ⊠ *38855* – ℰ *03943 92320 – www.hotel-am-anger.de*

## 🏠  Johannishof  ⅗ 🖭 🅿

**FAMILIÄR · GEMÜTLICH** Das ehemalige Gutshaus ist ein wohnlich eingerichtetes Hotel, das freundlich-familiär geleitet wird. Eines der Zimmer verfügt über eine hübsche Dachterrasse. Nette Atmosphäre gleich am Morgen: liebenswert-rustikal der Frühstücksraum.

25 Zim ⊊ – †59/69 € ††89/99 €

*Pfarrstr. 25* ⊠ *38855* – ℰ *03943 94940 – www.hotel-johannishof.de*

# WERSHOFEN

Rheinland-Pfalz – 870 Ew. – Höhe 460 m – Regionalatlas **35**-B13
▶ Berlin 648 km – Mainz 176 km – Aachen 97 km – Adenau 19 km
Michelin Straßenkarte 543

### 🏠 Kastenholz     ☆ ⌖ ≤ 🛏 🖂 🌐 🍴 🔁 🛁

**LANDHAUS · INDIVIDUELL** Eine sehr gepflegte Hotelanlage unter engagierter familiärer Leitung, zu der auch ein Gesundheitsbereich mit "F.-X.-Mayr-Kur" gehört. Wohnliche Zimmer mit Balkon und Blick zum eigenen Wildpark. Behaglich-rustikales Restaurant mit Kaminzimmer und Kachelofenzimmer.
50 Zim ☲ – 🛏83/128 € 🛏🛏130/210 € – ½ P
*Hauptstr. 1 ⌖ 53520*
*– 📞 02694 381 – www.kastenholz-eifel.de*
*– geschl. über Weihnachten*

# WERTHEIM

Baden-Württemberg – 22 420 Ew. – Höhe 145 m – Regionalatlas **48**-H16
▶ Berlin 537 km – Stuttgart 143 km – Würzburg 38 km – Aschaffenburg 47 km
Michelin Straßenkarte 545

### ⊛ Stadtpalais Speiselokal     🌳

**INTERNATIONAL · FREUNDLICH** XX Das "Speiselokal" ist ebenso chic wie die Gourmet-Variante des Stadtpalais, nur stehen die Tische hier ein bisschen enger und sind etwas schlichter eingedeckt. Auf der bürgerlich-internationalen Karte liest man z. B. "Wildgulasch mit Rahmwirsing und Kartoffelklößen".
Menü 34 € – Karte 28/51 €
*Stadtpalais Gourmetrestaurant, Mühlenstr. 26 ⌖ 97877*
*📞 09342 9349006 – www.stadtpalais-wertheim.de*
*– geschl. Sonntag - Montag*

### ⫶○ Stadtpalais Gourmetrestaurant     🌳 🍽

**KLASSISCHE KÜCHE · ELEGANT** XX Ralf Kronmüller hat hier ein modern-elegantes kleines Restaurant im Innenhof des historischen Rathauses. Geboten werden geradlinige klassische Speisen, die aus guten Produkten zubereitet werden.
Menü 62/110 €
*Mühlenstr. 26 ⌖ 97877*
*– 📞 09342 9349006 – www.stadtpalais-wertheim.de*
*– nur Abendessen – geschl. Sonntag - Montag*
⊛ **Stadtpalais Speiselokal** – siehe Restaurantauswahl

### 🏠 Wertheimer Stuben     🔁 ♿

**BUSINESS · MODERN** Wo Tauber und Main zusammentreffen, wohnt man zeltgemäß und zentral, nur einen Steinwurf von der Altstadt entfernt - eines der Zimmer mit Burgblick. Frühstücksbuffet mit tollen Dips und Salaten! Außerdem bietet man einen kostenlosen Shuttleservice zum eigenen Restaurant "Bestenheider Stuben".
21 Zim ☲ – 🛏85/110 € 🛏🛏98/130 €
*Rechte Tauberstr. 2 ⌖ 97877*
*– 📞 09342 9357270 – www.wertheimer-stuben.de*

### 🏠 Schwan     ☆ 🛁

**FAMILIÄR · MODERN** Schön kann man hier in dem traditionsreichen Familienbetrieb am Rand der historischen Altstadt wohnen. Die Zimmer sind hell und modern, man hat aber auch einige ältere und günstigere Zimmer. Im Restaurant speist man regional. Fast nebenan gibt es öffentliche Parkplätze am Main.
35 Zim ☲ – 🛏75/95 € 🛏🛏95/125 € – 2 Suiten – ½ P
*Mainplatz 8 ⌖ 97877*
*– 📞 09342 92330 – www.hotel-schwan-wertheim.de*

## In **Wertheim-Bestenheid** Nord-West: 3 km

 **Bestenheider Stuben**     🏠 ⇔ 🅿

INTERNATIONAL · FREUNDLICH XX Es ist bekannt, dass Gastgeber Otto Hoh im Restaurant des gleichnamigen Hotels schmackhaft und unkompliziert kocht, ob "geschmorte Kalbsbacke an Spätburgundersauce" oder "Zanderfilet mit Zucchini und Majorankartoffeln". Auch das Ambiente stimmt: hell und freundlich. Angrenzend die Raucherbar.

Menü 38/52 € – Karte 30/59 €

*Hotel Bestenheider Stuben, Breslauer Str. 1 ⊠ 97877 – 𝒞 09342 96540*
*– www.bestenheider-stuben.de*

 **Bestenheider Stuben**     🆓 🅿

GASTHOF · FUNKTIONELL Freundlich, zeitgemäß und funktionell sind die Zimmer in dem familiär geleiteten kleinen Hotel an der Hauptstraße eingerichtet. Klar, dass man auch die Nähe zum Shopping-Paradies Wertheim-Village nutzt - es ist nur 14 km entfernt!

20 Zim ⌱ – †71/80 € ††98 € – ½ P

*Breslauer Str. 1 ⊠ 97877 – 𝒞 09342 96540 – www.bestenheider-stuben.de*

 **Bestenheider Stuben** – siehe Restaurantauswahl

## In **Kreuzwertheim** - auf der rechten Mainseite

 **Herrnwiesen**     🍽 🅿

FAMILIÄR · GEMÜTLICH Das freundlich und engagiert geführte Hotel bietet zeitgemäße Zimmer (einige verfügen über einen hübsch bewachsenen Balkon) sowie einen großen Garten mit Zierteich. Die Nähe zur Autobahn macht das Haus auch für Durchreisende interessant.

23 Zim ⌱ – †60/80 € ††95/119 €

*In den Herrnwiesen 4 ⊠ 97892 – 𝒞 09342 93130 – www.hotel-herrnwiesen.de*
*– geschl. 24. Dezember - 3. Januar*

# WERTHER Thüringen → Siehe Nordhausen

# WERTINGEN

Bayern – 8 880 Ew. – Höhe 421 m – Regionalatlas **57**-J19
▶ Berlin 538 km – München 90 km – Augsburg 34 km – Donauwörth 24 km
Michelin Straßenkarte 546

 **Gänsweid**     🍴

REGIONAL · TRENDY X Schön, was aus der einstigen Autowerkstatt geworden ist: ein hübsch dekoriertes, gemütlich-modernes Restaurant mit frischer regionaler Küche. Darf es vielleicht "Wildschweinragout mit Spätzle" sein? Mittags kleine, einfache Karte.

Menü 42 € (abends) – Karte 27/44 €

*Gänsweid 1 ⊠ 86637 – 𝒞 08272 642132 – www.gaensweid.de – geschl. über*
*Fasching 1 Woche, Ende August - Anfang September 2 Wochen und Mittwoch,*
*Samstagmittag*

🍽️○ **Schmankerlstube**     🍴 🍽

INTERNATIONAL · GEMÜTLICH X Schön gemütlich: Sie sitzen in einer holzgetäfelten Stube (im Winter wärmt der Ofen) bei international-regionaler Küche wie "Boeuf à la mode mit Barolojus und Serviettenknödel". Beliebt: das 4-Gänge-Überraschungsmenü (Di. und Mi.).

Menü 27 € (abends)/40 € – Karte 19/54 €

*Zusmarshauser Str. 1 ⊠ 86637 – 𝒞 08272 3344 – www.schmankerlstube.de*
*– geschl. Samstagmittag, Sonntagabend - Montag*

# WESEL

Nordrhein-Westfalen – 60 070 Ew. – Höhe 27 m – Regionalatlas **25**-B10
▶ Berlin 557 km – Düsseldorf 64 km – Bocholt 24 km – Duisburg 31 km
Michelin Straßenkarte 543

## In Wesel-Flüren Nord-West: 3 km über B 8

### 🏵 ART  🛜 ⇔ **P** ⍻

INTERNATIONAL · TRENDY XX Seit vielen Jahren schätzen die Gäste das helle, moderne Restaurant. Schön der Blick zum Teich, sehenswert die zahlreichen Kunstwerke auf dem Anwesen. Die Zutaten für geschmackvolle Speisen wie "Kotelett vom Livar Schwein mit Kirschsauce" kommen aus der Region.

Menü 15 € (mittags unter der Woche) – Karte 33/51 €

*Reeser Landstr. 188 ⊠ 46487 – ☏ 0281 97575 – www.restaurant-art.de – geschl. Montagabend - Dienstag, Samstagmittag*

# WESTERBURG

Rheinland-Pfalz – 5 620 Ew. – Höhe 343 m – Regionalatlas **37**-E13
▶ Berlin 561 km – Mainz 88 km – Koblenz 54 km – Siegen 43 km
Michelin Straßenkarte 543

## In Westerburg-Stahlhofen Nord-Ost: 4,5 km Richtung Wiesensee

### 🏨 Lindner Hotel und Sporting Club Wiesensee  🏖 🐾 ⇐ 🛖

SPA UND WELLNESS · MODERN  🖾 🕸 🕸 🏋 ✇ 🖬 ⊡ ⅙ 🦿 🏌 **P**

Ein Tagungs- und Wellnesshotel in herrlich ruhiger Lage. Die Zimmer liegen zum See oder zum Golfplatz, auch Themensuiten sind vorhanden. Umfassendes Beauty-Angebot. Der Wintergarten des Restaurants und die Terrasse bieten Seeblick.

95 Zim ⊊ – †79/129 € ††129/229 € – 8 Suiten – ½ P

*Am Wiesensee ⊠ 56457 – ☏ 02663 99100 – www.lindner.de*

# WESTERSTEDE

Niedersachsen – 21 920 Ew. – Höhe 8 m – Regionalatlas **8**-E6
▶ Berlin 460 km – Hannover 195 km – Emden 58 km – Groningen 110 km
Michelin Straßenkarte 541

### 🏨 Voss 🅽  🏋 🖾 🕸 ⊡ 🦿 🏌 **P**

BUSINESS · INDIVIDUELL Lust auf Schokolade? Die spielt hier die Hauptrolle: Die individuellen Zimmer gibt es in den Kategorien "Chocolat", "Praliné" und "Trüffel" und auch in der Küche findet Schokolade Verwendung. Zum Entspannen vielleicht eine Schoko-Massage? Dazu gute Tagungsmöglichkeiten und ein gepflegter Wellnessbereich.

81 Zim ⊊ – †74/94 € ††99/134 € – ½ P

*Bahnhofstr. 17 ⊠ 26655 – ☏ 04488 5190 – www.schokoladenhotel.de*

### 🏠 Altes Stadthaus  🏋 🏌

HISTORISCH · GEMÜTLICH Das kleine Hotel, entstanden aus einem sanierten alten Stadthaus von 1813, ist eine wirklich nette Adresse! Sie wohnen in gemütlichen, individuell geschnittenen Zimmern und lassen sich in verschiedenen Stuben bürgerlich-regionale Küche servieren - gerne auch im Garten unter einer alten Buche!

17 Zim ⊊ – †56/75 € ††87/130 € – ½ P

*Albert-Post-Platz 21 ⊠ 26655 – ☏ 04488 84710
– www.hotel-altes-stadthaus.de*

### 🏠 Bohlje 🅽

FAMILIÄR · MODERN Das schmucke kleine Hotel wird nicht nur engagiert und persönlich geführt, es ist von den technisch gut ausgestatteten Zimmern bis zum Frühstücksraum auch freundlich und zeitgemäß eingerichtet.

15 Zim ⊊ – †60/80 € ††80/100 €

*Alte Straße 8 ⊠ 26655 – ☏ 04488 5203030 – www.hotel-bohlje.de*

## WETZLAR

Hessen – 51 140 Ew. – Höhe 168 m – Regionalatlas **37**-F13

 Berlin 510 km – Wiesbaden 96 km – Frankfurt am Main 68 km –
Limburg an der Lahn 42 km
Michelin Straßenkarte 543

### In Wetzlar-Naunheim Nord: 3 km

 **Landhotel Naunheimer Mühle**

**HISTORISCH · GEMÜTLICH** Idyllisch liegt die ehemalige Mühle direkt an der Lahn,
von einigen der gepflegten, im Landhausstil eingerichteten Zimmer kann man
auch auf diese blicken. Restaurant als Wintergarten oder rustikale Stube, ergänzt
durch eine nette Terrasse.

41 Zim ⌙ – †75/105 € ††109/159 € – 1 Suite

*Mühle 2 ✉ 35584 – ☎ 06441 93530 – www.naunheimer-muehle.de – geschl. 2.
- 11. Januar*

**WEYHER** Rheinland-Pfalz ➜ Siehe Edenkoben

## WICKEDE (RUHR)

Nordrhein-Westfalen – 11 360 Ew. – Höhe 165 m – Regionalatlas **27**-E11

 Berlin 478 km – Düsseldorf 103 km – Arnsberg 27 km – Dortmund 38 km
Michelin Straßenkarte 543

🍴 **Haus Gerbens**

**INTERNATIONAL · ELEGANT** ✗✗ Elegant oder lieber rustikal? In der ehemaligen
Poststation (1838) wählen Sie zwischen Restaurant und Gaststube, um sich frische
internationale Speisen wie "Ochsenbäckchen mit Selleriepüree und Thaispargel"
schmecken zu lassen. Hübsche begrünte Terrasse. Zum Übernachten: schöne individuelle Zimmer.

Menü 28/69 € – Karte 26/69 €    13 Zim – †50/80 € ††90/120 € – ⌙ 10 €

*Hauptstr. 211, Nord-Ost: 2 km, an der B 63 ✉ 58739 – ☎ 02377 1013
– www.haus-gerbens.de – geschl. Montag, Samstagmittag*

**WIEBLINGEN** ➜ Siehe Heidelberg

**WIECK auf dem DARSS** Mecklenburg-Vorpommern ➜ Siehe Prerow

## WIEDEN

Baden-Württemberg – 570 Ew. – Höhe 835 m – Regionalatlas **61**-D21

 Berlin 813 km – Stuttgart 246 km – Freiburg im Breisgau 44 km – Basel 50 km
Michelin Straßenkarte 545

### An der Straße zum Belchen West: 4 km

 **Berghotel Wiedener Eck**

**FAMILIÄR · AUF DEM LAND** Das Haus verdient seinen Namen, liegt es doch schön
auf 1050 m Höhe! Die Familie hat wohnliche Zimmer im Landhausstil und ein rustikales Restaurant nebst toller Panoramaterrasse zu bieten. Gekocht wird regional.

28 Zim ⌙ – †76/112 € ††134/174 € – ½ P

*Oberwieden 15, (Höhe 1050 m) ✉ 79695 Wieden – ☎ 07673 9090
– www.wiedener-eck.de*

**WIEK** Mecklenburg-Vorpommern ➜ Siehe Rügen (Insel)

## WIENHAUSEN

Niedersachsen – 4 170 Ew. – Höhe 43 m – Regionalatlas **19**-J8

 Berlin 273 km – Hannover 48 km – Lüneburg 97 km – Braunschweig 45 km
Michelin Straßenkarte 541

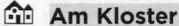 **Am Kloster** 🏡 ⅍ ᴕ 🗗 **P**

**LANDHAUS · MODERN** Sie wohnen direkt am Allerradweg! Das charmante Ensemble aus mehreren Backstein-Fachwerkhäusern ist nicht nur ein freundliches Hotel, sondern gleichzeitig ein Integrationsprojekt. Zeitgemäß vom Empfang über die Zimmer bis ins "Kloster-Kaffee" - hier gibt es Kuchen und kleine Speisen.

24 Zim ⌂ – ⅊73/140 € ⅊⅊115/180 €

*Mühlenstr. 6* ✉ *29342 – ℰ05149 185550 – www.hotel-wienhausen.de*

# WIESBACH

Rheinland-Pfalz – 520 Ew. – Höhe 267 m – Regionalatlas **46**-D17

▶ Berlin 698 km – Mainz 115 km – Neustadt an der Weinstraße 77 km – Saarbrücken 50 km

Michelin Straßenkarte 543

🍴 **Wiesbacher Hof** 🛋 ⇔ **P**

**TRADITIONELLE KÜCHE · RUSTIKAL** X "Cremesuppe vom Muskatkürbis", "Hirsch-ragout in Preiselbeersauce"... In dem alteingesessenen Gasthaus wird traditionell und saisonal gekocht. Tipp: Kommen Sie zur Gänsesaison! Schön die Terrasse hinterm Haus.

Menü 19/35 € – Karte 23/51 €

*Lamachstr. 5* ✉ *66894 – ℰ06337 1616 – www.wiesbacher-hof.de – geschl. Januar 1 Woche, Juli - August 1 Woche, Oktober 1 Woche und Montag - Dienstagmittag*

## WIR MÖGEN BESONDERS...

Im **Chez Mamie** gut und günstig französisch essen. In **Gollner's Burg Sonnenberg** auf der tollen Aussichtsterrasse sitzen. Die **Villa im Tal** für ihre österreichischen Schmankerln. Im stilvollen **De France** in einer Juniorsuite zum hübschen Garten wohnen. Die Bio-Produkte der **Domäne Mechtildshausen**, einem der größten ökologischen Landwirtschaftsbetriebe Hessens.

# WIESBADEN

Hessen – 272 640 Ew. – Höhe 115 m – Regionalatlas **47**-E15
▶ Berlin 567 km – Bonn 153 km – Frankfurt am Main 40 km – Bad Kreuznach 49 km
Michelin Straßenkarte 543

## *Restaurants*

🕸 **Ente**   ⛬ 🍴 ⛤ 🆎 ⋪

FRANZÖSISCH-KLASSISCH · ELEGANT XXX Einer der großen Klassiker unter den deutschen Hotel-Restaurants und seit 1980 mit einem Stern ausgezeichnet! Die Küche: fein, klassisch-modern, mit exzellenten Produkten und gelungenen Kontrasten. Spezialität ist nach wie vor "Ente in zwei Gängen". Sehr schöne Weinauswahl mit Schwerpunkt Rheingau-Riesling.
→ Gehobelte Entenleber, Sherrygelee, Kirschen, Salzbutterbrioche. Knusprige Barberie Maisente, Spitzkohl, Pfirsich, Steinpilze. Soufflierter Topfenknödel, Rhabarber, Champagnereis, Himbeeren.
Menü 105/145 € – Karte 92/122 €
Stadtplan : B1-v – *Hotel Nassauer Hof, Kaiser-Friedrich-Platz 3* ⊠ *65183 – ☏ 0611 1330 (Tischbestellung ratsam) – www.nassauer-hof.de – Dienstag - Freitag nur Abendessen – geschl. Anfang Januar 10 Tage, August 2 Wochen und Sonntag - Montag*

😊 **Chez Mamie**   🍴

KLASSISCHE KÜCHE · BISTRO X Im zweitältesten Haus der Stadt, dem "Pariser Hof", geht es französisch zu. Die Gäste werden herzlich umsorgt, aus der Küche kommen unkomplizierte traditionelle Gerichte wie "Magret de canard" oder "Entrecôte, Frites, Sauce Béarnaise".
Karte 26/47 €
Stadtplan : B1-c – *Spiegelgasse 9* ⊠ *65183 – ☏ 0611 36024800 – www.chez-mamie.de – geschl. Sonntag*

---

 Bei schönem Wetter isst man gern im Freien! Wählen Sie ein Restaurant mit Terrasse: 🍴.

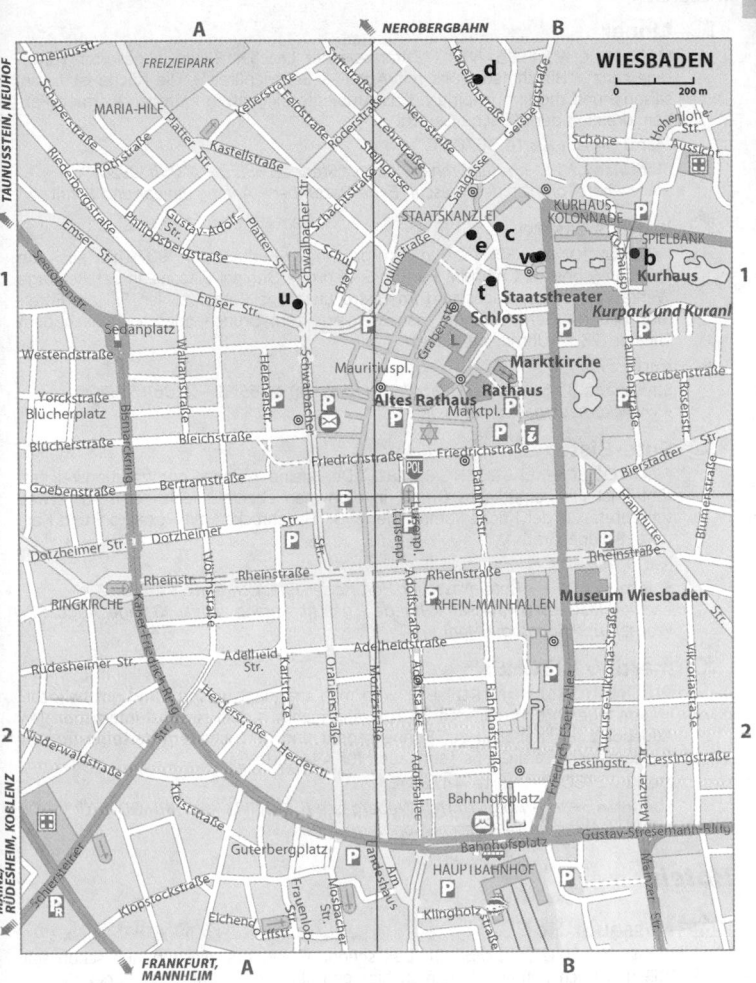

**WIESBADEN**

0    200 m

**Orangerie**

REGIONAL · ELEGANT XxX Steht Ihnen der Sinn nach Regionalem wie "Sauerbra-
ten vom Taunushirsch" oder darf es etwas Internationales sein wie "Dry Aged
Beef vom irischen Black Angus"? Wer Wintergarten-Atmosphäre mag, wählt einen
Platz im lichten verglasten Rondell!

Menü 20 € (mittags)/45 € – Karte 41/68 €

Stadtplan : B1-v – Hotel Nassauer Hof, Kaiser-Friedrich-Platz 3 ⊠ 65183
– 𝒞 0611 1330 – www.nassauer-hof.de

## ⅋○ **Linner** 🏠 🚗

MARKTKÜCHE · ELEGANT XX "Tatar von der Laacher Renke in gelierter Tomatenessenz", "Hirschmedaillons mit Apfel- & Selleriepüree"... Die Küche ist frisch, saisonal und modern inspiriert. Das Ambiente elegant, in kräftigen warmen Farben, draußen der hübsche Garten!

Menü 34 € – Karte 36/62 €

**Stadtplan : A1-u** – *Hotel Oranien, Platter Str. 2* ☒ *65193* – *☎ 0611 18820*
*– www.hotel-oranien.de – geschl. Ende Dezember - Anfang Januar und Sonntag*

## ⅋○ **Käfer's Bistro** 🏠 ⇔

INTERNATIONAL · BISTRO X In dem prächtigen Kurhaus von 1907 (hier auch die Spielbank) bestaunt man im Parfüm-Saal große Original-Flacons, in der Belétage Werke von Gunter Sachs und im Bistro unzählige Fotos (zählen Sie die Eiffelturm-Bilder!). Gerne kommt man sonntags zum Brunch oder auch nach dem Theater (23 - 1 Uhr kleine Karte).

Karte 37/77 €

**Stadtplan : B1-b** – *Kurhausplatz 1, (im Kurhaus)* ☒ *65189* – *☎ 0611 536200*
*– www.kurhaus-gastronomie.de*

## ⅋○ **Ente-Bistro** 🏠 AC ⅏

FRANZÖSISCH-KLASSISCH · BISTRO X Der kleine Ableger der traditionsreichen "Ente" ist ein gemütliches Bistro, in dem man ebenfalls lecker isst, nur etwas schlichter. Aus der Küche kommt hier z. B. "Hirschrücken mit Rosenkohl und Kartoffel-Sellerie-Gratin".

Karte 40/50 €

**Stadtplan : B1-v** – *Hotel Nassauer Hof, Kaiser-Friedrich-Platz 3* ☒ *65183*
*– ☎ 0611 1330 – www.nassauer-hof.de – geschl. Anfang Januar 10 Tage, August 2 Wochen und Sonntag - Montag*

## ⅋○ **martino KITCHEN** AC

INTERNATIONAL · BISTRO X Hier wird man charmant umsorgt und gut bekocht. In dem legeren und quirligen Bistro wählt man aus dem regional-internationalen Angebot z. B. "Kabeljau auf Bohnenragout und geräuchertem Kartoffelstampf". "Carte blanche" am Chef's Table auch für A-la-carte-Gäste.

Menü 30/60 € – Karte 44/53 €

**Stadtplan : B1-t** – *Hotel Trüffel, Webergasse 6* ☒ *65183* – *☎ 0611 9905530*
*– www.mondofine.de – geschl. Sonntag*

# *Hotels*

## 🏨 **Nassauer Hof** 🔲 ⊛ 𝔫 ⌨ ⬆ AC 🕸 🚗

GRÖSSER LUXUS · KLASSISCH Das schöne Grandhotel existiert nun schon seit 1813 und noch immer pflegt man hier den klassischen Stil, ohne dabei stehenzubleiben. Das beweisen die zeitgemäß-eleganten und hochwertigen Zimmer ebenso wie der tolle Spa im 5. Stock mit Stadtblick und 32°-Thermal-Pool!

135 Zim – ⅋216 € ⅋⅋266 € – 24 Suiten – ⊑ 32 €

**Stadtplan : B1-v** – *Kaiser-Friedrich-Platz 3* ☒ *65183* – *☎ 0611 1330*
*– www.nassauer-hof.de*

❀ **Ente** • ⅋○ **Orangerie** • ⅋○ **Ente-Bistro** – siehe Restaurantauswahl

## 🏨 **Radisson BLU Schwarzer Bock** ⚘ 🔲 𝔫 ⬆ 🕭 AC 🕸

HISTORISCH · MODERN Das älteste Grandhotel Europas (1486 eröffnet!) verbindet seit einem intensiven Facelift den historischen Rahmen mit modernem, wohnlichen Stil. Interessant auch die vielen Veranstaltungsräume, darunter das berühmte "Ingelheimer Zimmer". Speziell: Pool mit eigenem heißen Quellwasser. Internationale Küche.

139 Zim – ⅋130/140 € ⅋⅋150/160 € – 3 Suiten – ⊑ 23 €

**Stadtplan : B1-e** – *Kranzplatz 12* ☒ *65183* – *☎ 0611 1550*
*– www.radissonblu.com/hotel-wiesbaden*

## 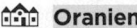 Oranien

**HISTORISCH · KLASSISCH** Sie suchen ein geschmackvolles Hotel im Zentrum mit individueller Note und top Führung? Hier erwarten Sie von der traditionell-klassischen Halle bis zu den modernen Minisuiten unterschiedlichste Facetten der Hotellerie. Schönes Frühstück!

80 Zim – †95/195 € – ††95/225 € – 5 Suiten – ⌑ 15 € – ½ P

Stadtplan : A1-u – *Platter Str. 2* ⌧ *65193* – *℘ 0611 18820* – *www.hotel-oranien.de*

†⃝ **Linner** – siehe Restaurantauswahl

## De France

**URBAN · MODERN** In dem schmucken historischen Stadthaus wohnt man in hübschen, unterschiedlich geschnittenen Zimmern, die teils ruhig nach hinten zum terrassenförmig angelegten Garten liegen. Tipp: Reservieren Sie einen Stellplatz in der nahen Hotelgarage!

37 Zim – †65/184 € – ††78/285 € – ⌑ 12 €

Stadtplan : B1-n – *Taunusstr. 49* ⌧ *65183* – *℘ 0611 959730*
– *www.hoteldefrance.de*

## Trüffel

**BOUTIQUE-HOTEL · MODERN** Schick das Design von Stefano Orsi! Neben wohnlichen und zugleich funktionalen Zimmern bietet das Boutiquehotel im Herzen von Wiesbaden ein leckeres, frisches Frühstück (serviert im Bistro) und im Delikatessengeschäft Feines für Zuhause.

27 Zim – †95/145 € – ††130/185 € – 3 Suiten – ⌑ 15 €

Stadtplan : B1-t – *Webergasse 6* ⌧ *65183* – *℘ 0611 990550* – *www.cilla-hotel.de*

†⃝ **martino KITCHEN** – siehe Restaurantauswahl

## Klemm

**HISTORISCH · INDIVIDUELL** Ein schmucker Altbau von 1888, hübsche Jugendstilelemente wie Stuck oder Buntglasfenster, ein charmanter Innenhof, liebevoll eingerichtete Zimmer, von denen keines dem anderen gleicht, und nicht zuletzt das tolle Frühstück. Und dieses reizende Haus hat mit Heike Lowell auch noch eine herzliche Gastgeberin!

62 Zim ⌑ – †80/105 € – ††115/140 € – 1 Suite

Stadtplan : B1-d – *Kapellenstr. 9* ⌧ *65193* – *℘ 0611 5820* – *www.hotel-klemm.de*

## In **Wiesbaden-Alt Klarenthal** Nord-West: 5 km über Dotzheimer Straße A2

### †⃝ Landhaus Diedert

**INTERNATIONAL · LÄNDLICH** XX Das Haus der Familie Diedert ist ein Synonym für französisches Landhausflair – vom Restaurant (Kloster von 1298) über die charmanten Zimmer im Gästehaus bis zur traumhaften Platanen-Terrasse. Frisch und unkompliziert die Gerichte wie "Bauern-Entenbrust mit Honig-Sesamkruste". Mittwoch ist Spezialitätentag.

Menü 22/49 € – Karte 31/59 €    13 Zim – †79 € ††99 € – 2 Suiten
– ⌑ 10 €

*Am Kloster Klarenthal 9* ⌧ *65195* – *℘ 0611 1846600* – *www.landhaus-diedert.de*
– *geschl. Montag*

## In **Wiesbaden-Biebrich** Süd : 4,5 km, über B2

### †⃝ Maloiseaus Lohmühle

**FRANZÖSISCH · LÄNDLICH** X Am Rand von Biebrich liegt das nette ländliche Gasthaus mit der schönen Terrasse. Am Herd kein Unbekannter: Jérôme Maloiseau bietet frische Küche von "gebackener Blutwurst auf Senflinsen" bis zur "rosa gebratenen Lammhüfte auf Ratatouille".

Menü 29 € – Karte 28/42 €

*Erich-Ollenhauer-Str. 75* ⌧ *65187* – *℘ 0611 98893821*
– *www.lohmuehle-wiesbaden.de* – *nur Abendessen, sonntags auch Mittagessen*
– *geschl. Montag - Dienstag*

## In Wiesbaden-Erbenheim Süd-Ost: 6 km über Gustav-Stresemann-Ring B2

### ⊛ Domäne Mechtildshausen                    ⅋ 🏠 ⇔ 🅿

**MARKTKÜCHE · KLASSISCHES AMBIENTE** ✗✗ Sie speisen in einem der größten ökologischen Landwirtschaftsbetriebe Hessens und so steckt die saisonal-regionale Bio-Küche voller selbst erzeugter Spezialitäten - wie wär's z. B. mit "Kotelett vom Hofschwein in Zwiebel-Senfkruste"? Auf Wunsch kleine Weinprobe am Tisch, groß das deutsch-französische Angebot.

Menü 42/52 € – Karte 34/51 €

*nahe Army Airfield, Süd-Ost: 4 km, über B 455, nahe Army Airfield* ✉ 65205
– ✆ 0611 7374660 *(abends Tischbestellung ratsam)*
– *www.domaene-mechtildshausen.de*
– *geschl. nach Weihnachten - Mitte Januar und Sonntagabend - Montag*

### 🏠 Domäne Mechtildshausen                    ⭐ ♨ 🅿

**LANDHAUS · GEMÜTLICH** Auf dem imposanten Gut wohnt man nicht nur schön, auch Gastronomie und eigene Landwirtschaft haben einiges zu bieten: Restaurant, Weinstube, Café "Bohne" (lecker die Kuchen und Torten!), dazu Bäckerei, Käserei und Metzgerei, nicht zu vergessen die Markthalle! Fast alles wird selbst produziert und gezüchtet!

15 Zim – 🛏75 € 🛏🛏120 € – ☕ 8 €

*nahe Army Airfield, Süd-Ost: 4 km, über B 455, nahe Army Airfield* ✉ 65205
– ✆ 0611 7374660 – *www.domaene-mechtildshausen.de*
– *geschl. nach Weihnachten - Mitte Januar*
⊛ **Domäne Mechtildshausen** – siehe Restaurantauswahl

## In Wiesbaden-Sonnenberg Nord-Ost: 4 km über Sonnenberger Straße B1"

### 🍽○ Gollner's Burg Sonnenberg                ⩽ 🏠 🆎

**ÖSTERREICHISCH · LÄNDLICH** ✗✗ Wiener Schnitzel, geschmortes Schulterscherzel vom Styria Beef, Kaiserschmarrn... Klassiker wie diese verraten die österreichische Herkunft des Chefs! Vorteil der erhöhten Lage bei der Burg: Von der Terrasse hat man eine tolle Aussicht.

Menü 65 € – Karte 34/76 €

*Am Schlossberg 20* ✉ 65191
– ✆ 0611 541409 – *www.gollners.de*
– *nur Abendessen, sonntags auch Mittagessen - geschl. Dienstag*

## Außerhalb Nord-West: 5 km, über Seerobenstraße A1, Richtung Limburg an der Lahn

### 🍽○ Villa im Tal                          🏠 🆎 ⇔ 🅿

**MARKTKÜCHE · ELEGANT** ✗✗ Zum Essen von der Stadt in den Wald? Hier bietet ein gebürtiger Salzburger Saisonales sowie Leckeres aus seiner Heimat. Lust auf "geschmorte Kalbsbäckchen mit Waldpilzen" oder "Tiroler Kaiserschmarrn mit Zwetschgenröster"? Tolle Terrasse!

Menü 53 € – Karte 41/69 €

*Adamstal 4* ✉ 65195
– ✆ 0611 2386228 – *www.villaimtal.de*
– *geschl. Montag*

# WIESENTTAL

Bayern – 2 470 Ew. – Höhe 400 m – Regionalatlas **50**-L15
▶ Berlin 409 km – München 226 km – Nürnberg 58 km – Bayreuth 53 km
Michelin Straßenkarte 546

## Im Ortsteil Muggendorf

### ⁑○ Feiler ⇦ 🏡 ⅌ 🅿

**KLASSISCHE KÜCHE · GEMÜTLICH** ✗✗ Familie Feiler hat hier eine reizende Adresse, überaus liebenswert und gemütlich sind die reichlich dekorierten Stuben. Auf der Karte regionale und gehobene Gerichte einschließlich frischem Fisch, Wild und Kräutern aus der Region. Tipp: selbstgemachte Kuchen und Marmeladen! Charmant auch die Gästezimmer.

Menü 34/60 € – Karte 33/52 €   13 Zim 🖙 – 🛉55/65 € 🛉🛉90 € – 2 Suiten
*Oberer Markt 4* ⊠ *91346 – 𝒞 09196 92950 – www.hotel-feiler.de – geschl. 27. Februar - 3. März und Montag, Januar - März: Montag - Donnerstag*

# WIESLOCH
Baden-Württemberg – 25 510 Ew. – Höhe 123 m – Regionalatlas **47**-F17
▶ Berlin 633 km – Stuttgart 102 km – Mannheim 40 km – Heidelberg 14 km
Michelin Straßenkarte 545

### ⁑○ Freihof 🏡 ⟳ 🅿

**REGIONAL · HISTORISCHES AMBIENTE** ✗✗ In den schönen Räumen des altehrwürdigen Freihof-Gemäuers (1300 erstmals erwähnt) spürt man noch das historische Flair, idyllisch die Terrasse unter Bäumen. Gekocht wird mit modernem Einfluss. In der Vinothek im Gewölbekeller gibt's zu Wein und Bier europäische Tapas.

Menü 32/72 € – Karte 30/62 €
*Freihofstr. 2, Zufahrt über Schustergasse 6* ⊠ *69168 – 𝒞 06222 2517 – www.freihof.de – geschl. Anfang Januar 2 Wochen, Oktober - April: Sonntag*

# WIESMOOR
Niedersachsen – 12 890 Ew. – Höhe 13 m – Regionalatlas **8**-E5
▶ Berlin 493 km – Hannover 222 km – Emden 52 km – Oldenburg 51 km
Michelin Straßenkarte 541

### ⁑○ Zur Post ⇦ 🍽 🏡 ⅋ ⅌ 🚗

**REGIONAL · LÄNDLICH** ✗ Hier im Restaurant des gleichnamigen Hotels kommt in gemütlich-ländlichen Stuben (hell auch der Wintergarten) regionale Küche mit saisonalen Akzenten auf den Tisch, so z. B. "Filetpfanne mit frischen Champignons". Mittags etwas reduziertes Angebot von Eintopf bis Pasta.

Menü 28 € (mittags)/65 € (abends) – Karte 30/58 €   14 Zim 🖙 – 🛉48 € 🛉🛉80 €
*Hotel Zur Post, Am Rathaus 6* ⊠ *26639 – 𝒞 04944 91060 – www.hotelzurpost-wiesmoor.de – geschl. Montag*

## In Wiesmoor-Hinrichsfehn Süd: 4,5 km Richtung Remels, nach 3,5 km rechts

### 🏠 Blauer Fasan 🏹 🍽 🏠 ⅍ 🅿

**LANDHAUS · FUNKTIONELL** Ideal für Golfer ist das hübsche reetgedeckte Haus nebst Gästehaus. Die ruhige Lage in Golfplatznähe ist ebenso ansprechend wie die wohnlich-modernen Zimmer, die ostfriesisch-charmanten Gaststuben und der schöne Blumengarten. Man hat sogar einen Golfladen und einen Indoor-Golfsimulator!

26 Zim 🖙 – 🛉80/90 € 🛉🛉136/166 € – ½ P
*Fliederstr. 1* ⊠ *26639 – 𝒞 04944 92700 – www.blauer-fasan.de*

# WIESSEE, BAD
Bayern – 4 740 Ew. – Höhe 750 m – Regionalatlas **66**-M21
▶ Berlin 643 km – München 54 km – Garmisch-Partenkirchen 76 km – Bad Tölz 18 km
Michelin Straßenkarte 546

### Freihaus Brenner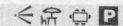

**REGIONAL · GEMÜTLICH** ✗✗ "Kalbsschulter mit Rosenkohl" oder "knusprig gebratene Bauernente"? So oder so ähnlich klingen die schmackhaften und frischen bayerischen Gerichte in herrlicher Lage oberhalb des Sees. Drinnen gemütliche kleine Stuben, draußen Panoramasicht von der tollen Terrasse. Tipp: Hummer- und Krustiertage im November.

Karte 29/65 €

*Freihaus 4 ✉ 83707 – ✆ 08022 86560 (Tischbestellung ratsam) – www.freihaus-brenner.de – geschl. Januar 3 Wochen*

### 🍽 Da Mimmo

**ITALIENISCH · GEMÜTLICH** ✗✗ Das kommt gut an: gemütlich-elegante holzgetäfelte Stuben und dazu frische italienische Küche, und die gibt's z. B. als Pasta, Antipasti oder auch als "Lammkarree mit Pistazienkruste auf grünen Bohnen". Charmant die begrünte Terrasse.

Menü 41 € – Karte 36/60 €

*Sanktjohanserstr. 82 ✉ 83707 – ✆ 08022 82250 (abends Tischbestellung ratsam) – www.ristorante-da-mimmo.com – geschl. Sonntag - Montagmittag*

### 🏨 Relais Chalet Wilhelmy

**BOUTIQUE-HOTEL · GEMÜTLICH** Schön ist der individuelle Stil hier: Von den Zimmern bis zur kleinen Vinothek hat man traditionelle und moderne Elemente sehr hübsch gemischt. Nett auch der Saunabereich. Highlight ist die "Alm Chalet Suite"!

19 Zim ⌂ – ♦110/189 € ♦♦169/259 € – 1 Suite

*Freihausstr. 15 ✉ 83707 – ✆ 08022 98680 – www.relais-chalet.com*

### 🏨 Landhaus Marinella

**LANDHAUS · INDIVIDUELL** Ein wirklich geschmackvolles kleines Domizil am Tegernsee, familiär und persönlich. Individuelle Zimmer mit schönem Parkettboden, eines charmanter als das andere, mal romantisch, mal mit maritimem Touch - hell, frisch und ausgesprochen wohnlich sind sie alle! Strandbad gleich gegenüber.

8 Zim ⌂ – ♦98/128 € ♦♦136/176 € – 3 Suiten

*Am Strandbad 7 ✉ 83707 – ✆ 08022 8599990 – www.landhaus-marinella.de*

### 🏨 Landhaus St. Georg

**BOUTIQUE-HOTEL · AUF DEM LAND** Das sympathische Landhaus hat gleich mehrere Vorzüge: die ruhige Wohngegend ringsum, wohnliche, geschmackvolle Zimmer mit Chic und die engagierte familiäre Führung. Zudem ist von der Seife bis zum Frühstück alles biozertifiziert!

13 Zim ⌂ – ♦59/129 € ♦♦79/199 €

*Jägerstr. 20 ✉ 83707 – ✆ 08022 6626100 – www.stgeorg.net*

### 🏨 Landhaus am Stein

**SPA UND WELLNESS · MODERN** Das Haus ist nicht von der Stange! Es wird freundlich und engagiert geführt, so gibt es hier liebenswerte ländliche Zimmer in frischem Pink, ein schönes Frühstück, einen gepflegten Garten und einen hübschen kleinen Spa! Tipp: Kaminsuite!

15 Zim ⌂ – ♦100/140 € ♦♦190/220 € – 4 Suiten

*Im Sapplfeld 8 ✉ 83707 – ✆ 08022 98470 – www.landhausamstein.de*

### 🏨 Landhaus Christl am See

**FAMILIÄR · GEMÜTLICH** Sie mögen es persönlich und familiär? Nur ein Privatweg führt zu dem kleinen Haus, und damit zu sympathisch-bayerischer Gastlichkeit, charmanten Landhauszimmern und tollem Seeblick! Die Betreiber sind dieselben wie im "Landhaus am Stein".

13 Zim ⌂ – ♦85/130 € ♦♦160/220 €

*Sonnenfeldweg 11 ✉ 83707 – ✆ 08022 1880890 – www.landhauschristl.de – geschl. 29. Januar - 12. April*

# WILDBERG

Baden-Württemberg – 9 650 Ew. – Höhe 395 m – Regionalatlas **54**-F19
▶ Berlin 674 km – Stuttgart 52 km – Karlsruhe 69 km – Nagold 12 km
Michelin Straßenkarte 545

### ⊛ Talblick ⇦ ⊗ ⇐ 斎 ॓ 🅿

REGIONAL • FREUNDLICH ✕✕ Ein schwäbischer Familienbetrieb wie aus dem Bilderbuch! Man kocht geschmackvoll, frisch und mit sehr guten Produkten - wie
wär's mit "Feines vom Lamm, Fèves, Rosmarinpolenta"? Im kleinen "Gourmet"
gibt es auf Vorbestellung ein aufwändigeres Menü. Übernachten kann man von
ländlich-rustikal bis topmodern.

Menü 29 € – Karte 26/48 €    19 Zim ⌷ – ♦40/65 € ♦♦75/110 €
*Hotel Talblick, Bahnhofsträßle 6 ⊠ 72218 – ℰ 07054 5247 (Tischbestellung
ratsam) – www.talblick-wildberg.de – geschl. Februar 2 Wochen, August 2
Wochen, Ende Oktober 2 Wochen und Dienstag*

# WILDUNGEN, BAD

Hessen – 16 630 Ew. – Höhe 273 m – Regionalatlas **38**-G12
▶ Berlin 422 km – Wiesbaden 185 km – Kassel 40 km – Marburg 56 km
Michelin Straßenkarte 543

## In Bad Wildungen-Reinhardshausen Süd-West: 4 km über B 253

### 🏠 Göbels Aqua Vita 斎 ⇇ 𝕁 🎱 ⋔ ᛗ ⊡ ॓ 𝕤 🅿

THERMAL • GEMÜTLICH Das Hotel mit direktem Zugang zur "QuellenTherme"
besteht aus einem alten Fachwerkhaus und einem neuzeitlichen Hotelanbau. Die
Zimmer: mal hell und klassisch im Stil, mal in dunklem Holz und warmen Lila-
Tönen. Café-Restaurant mit großer Terrasse.

87 Zim ⌷ – ♦84/107 € ♦♦136/164 € – ½ P
*Hauptstr. 4 ⊠ 34537 – ℰ 05621 7860 – www.goebels-aquavita.de*

# WILGARTSWIESEN

Rheinland-Pfalz – 990 Ew. – Höhe 222 m – Regionalatlas **53**-D17
▶ Berlin 682 km – Mainz 122 km – Mannheim 70 km – Kaiserslautern 60 km
Michelin Straßenkarte 543

### 🏠 Landhaus Am Hirschhorn 斎 ⇇ 🔲 🎱 ⋔ ᛗ 𝕤 🅿

SPA UND WELLNESS • AUF DEM LAND Abschalten vom Alltag? Das Hotel ist
klein und familiär, liegt ruhig und hat wohnliche Zimmer sowie einen netten Wellnessbereich. Komfortabel die Appartements mit Terrasse. Fragen Sie nach den
Arrangements - viele mit mehrgängigem Abendmenü! Für Champagner-Freunde
hat man eine schöne Auswahl.

17 Zim ⌷ – ♦79/120 € ♦♦122/160 € – ½ P
*Am Hirschhorn 12 ⊠ 76848 – ℰ 06392 581 – www.hotel-hirschhorn.de*

# WILHELMSHAVEN

Niedersachsen – 76 550 Ew. – Höhe 2 m – Regionalatlas **8**-E5
▶ Berlin 485 km – Hannover 228 km – Cuxhaven 110 km – Bremerhaven 70 km
Michelin Straßenkarte 541

### 🏠 Atlantic 斎 ⇇ 🔲 🎱 ⋔ ᛗ ⊡ ॓ 🄰🄲 𝕤 🅿

BUSINESS • MODERN Das Business- und Tagungshotel - erbaut nach dem Vorbild eines Luxusliners - befindet sich in bester Lage am Großen Hafen. Schön
komfortabel wohnt es sich in den modernen, maritim-eleganten Zimmern. Im
"Harbour View" genießt man bei regionaler und internationaler Küche den Blick
auf die Kaiser-Wilhelm-Brücke.

120 Zim ⌷ – ♦134 € ♦♦158 € – 25 Suiten – ½ P
*Jadeallee 50 ⊠ 26382 – ℰ 04421 773380 – www.atlantic-hotels.de/wilhelmshaven*

**WILLANZHEIM** Bayern → Siehe Iphofen

# WILLICH

Nordrhein-Westfalen – 50 600 Ew. – Höhe 40 m – Regionalatlas **25**-B11
▶ Berlin 583 km – Düsseldorf 24 km – Krefeld 8 km – Mönchengladbach 16 km
Michelin Straßenkarte 543

**In Willich-Neersen** Süd-West: 5 km über A 44 Richtung Mönchengladbach und
Viersen, nahe der B 7

⌂ **Landgut Ramshof**  ⭐ ⏚ ⊡ AC ⤸ ⫪ ⇋

**HISTORISCH · GEMÜTLICH** Der nette Familienbetrieb im Grünen ist ein ehemaliges Hofgut a. d. 17. Jh. Mit vielen Antiquitäten hat man die recht individuellen Zimmer ausgestattet. Moderner wohnt man im Anbau, Highlight hier die "Wellness-Suite" mit eigener Sauna und Kamin! Bürgerlich-regionale Küche im ländlich-gemütlichen Restaurant.

40 Zim ⌷ – ♦95 € ♦♦135 € – 1 Suite – ½ P

*Ramshof 1 ⊠ 47877 – ℰ 02156 95890 – www.ramshof.de*

# WILLINGEN (UPLAND)

Hessen – 5 950 Ew. – Höhe 550 m – Regionalatlas **27**-F11
▶ Berlin 467 km – Wiesbaden 208 km – Arnsberg 61 km – Kassel 81 km
Michelin Straßenkarte 543

🏨 **Sporthotel Zum hohen Eimberg**  ⭐ ⧓ ⏚ ⌱ ▣ ⚘ ⌖ ⊡ ⛝ P

**FAMILIÄR · KLASSISCH** Die ruhige Lage, behagliche Zimmer und geräumige Appartements sowie Wellnessanwendungen machen den Familienbetrieb für Feriengäste interessant. Internationale Küche im Restaurant.

73 Zim ⌷ – ♦76/91 € ♦♦140/152 € – ½ P

*Zum hohen Eimberg 3a ⊠ 34508 – ℰ 05632 4090 – www.eimberg.de*

🏨 **Fürst von Waldeck**  ⭐ ⏚ ▣ ⚘ ⊡ ⤸ ⇋

**FAMILIÄR · ELEGANT** Das familiengeführte Haus bietet neben wohnlich-soliden Zimmern (nach hinten ruhiger gelegen) auch eine nette kleine Liegewiese sowie einen schönen Sauna- und Badebereich.

28 Zim ⌷ – ♦58/89 € ♦♦99/160 €

*Briloner Str. 1, B 251 ⊠ 34508 – ℰ 05632 98899 – www.fuerst-von-waldeck.de*

🏨 **Kur- und Sporthotel Göbel**  ⭐ ▣ ⚘ ⊡ ⇋

**FAMILIÄR · TRADITIONELL** Familie Göbel betreibt hier ein sehr gepflegtes Ferienhotel - und das bereits in der 5. Generation (seit 1867)! Die Zimmer sind wohnlich, am Morgen gibt es ein gutes Frühstücksbuffet und im Restaurant speist man in behaglich-rustikalem Ambiente.

36 Zim ⌷ – ♦50/75 € ♦♦110/136 € – 4 Suiten – ½ P

*Waldecker Str. 5, B 251 ⊠ 34508 – ℰ 05632 40090 – www.hotel-goebel.de*
*– geschl. 20. November - 15. Dezember*

🏨 **Rüters Parkhotel**  ⭐ ⏚ ▣ ⚘ ⊡ ⛝ P

**FAMILIÄR · FUNKTIONELL** Das familiengeführte Hotel liegt in einer Parkanlage im Zentrum und hat u. a. schöne Komfortzimmer und zwei Appartements mit Whirlwanne zu bieten, zudem Kosmetikbehandlungen. Zum Garten hin liegt das elegante bürgerliche Restaurant mit Wintergartenanbau.

42 Zim ⌷ – ♦60/117 € ♦♦128/251 € – ½ P

*Bergstr. 3a ⊠ 34508 – ℰ 05632 9840 – www.ruetersparkhotel.de*

🏨 **Waldecker Hof**  ⭐ ⏚ ▣ ⚘ ⊡ ⛝ P

**FAMILIÄR · MODERN** Seit 1908 gibt es den Waldecker Hof, in dem man sich freundlich um die Gäste kümmert. Die Zimmer sind schön modern und wohnlich in warmen Farben gehalten, für den hochwertigen Beautybereich ist die Chefin, staatlich geprüfte Kosmetikerin, verantwortlich.

34 Zim ⌷ – ♦55/85 € ♦♦106/176 € – 4 Suiten – ½ P

*Waldecker Str. 28 ⊠ 34508 – ℰ 05632 9880 – www.waldecker-hof.de*

## In Willingen-Schwalefeld Nord-Ost: 3,5 km

🏠 **Upländer Hof** 🏠 🛋 🕸 🖃 🍽 🛢 🚗

**FAMILIÄR · AUF DEM LAND** Man spürt, dass die Familie um Ihre Gäste bemüht ist: Man bringt Sie aufs Zimmer, bietet faire Preise und in der Küche verwendet man Bioprodukte! Tipp: Ringsum wollen viele schöne Wanderwege erkundet werden.

28 Zim 🛋 – †38/80 € ††70/150 € – ½ P

*Uplandstr. 2 ⊠ 34508 – ℰ 05632 98123 – www.uplaender-hof.de – geschl. 12. November - 1. Dezember, 12. - 17. März*

## In Willingen-Stryck Süd-Ost: 3,5 km

🍽️ **Gutshof Itterbach** 🏠 ♿ ♻ 🅿

**FRANZÖSISCH-KLASSISCH · ELEGANT** 🟆🟆 Was Sie hier erwartet? "St. Pierre und Scampi mit Blattspinat", "Rücken vom Salzwiesenlamm mit Steckrübe und Pancetta"… Dazu gemütliche Atmosphäre, eine Terrasse mit Blick ins Grüne und aufmerksamer, freundlicher Service. Sonntags Brunch.

Menü 38 € (vegetarisch)/68 € – Karte 34/52 €

*Mühlenkopfstr. 7 ⊠ 34508 – ℰ 05632 96940 (Tischbestellung erforderlich) – www.gutshof-itterbach.de – nur Abendessen – geschl. Sonntagabend - Dienstag*

🏠 **Stryckhaus** 🏠 🦢 🛋 🏊 🖼 🕸 🖃 🍽 🛢 🚗

**SPA UND WELLNESS · GEMÜTLICH** Das Hotel am Waldrand ist aus einem Landhaus entstanden, das der Künstler Heinrich Vogeler im Jahre 1912 erbaute; einige Details im Haus erinnern an ihn. Schöne Appartements. Klassisch-elegantes Restaurant mit Gartenterrasse und gemütlich-rustikale Wirtsstube.

56 Zim 🛋 – †80/140 € ††140/160 € – 3 Suiten – ½ P

*Mühlenkopfstr. 12 ⊠ 34508 – ℰ 05632 9860 – www.stryckhaus.de*

# WILTHEN

Sachsen – 5 270 Ew. – Höhe 288 m – Regionalatlas **44**-R12
▶ Berlin 216 km – Dresden 81 km – Görlitz 49 km – Bautzen 13 km
Michelin Straßenkarte 544

## In Wilthen-Tautewalde West: 2 km Richtung Neukirch

🏠 **Erbgericht Tautewalde** 🏠 🍽 🅿

**INTERNATIONAL · GEMÜTLICH** 🟆🟆 Drinnen hübsche Räume in ländlich-modernem Stil, draußen ein herrlicher Innenhof mit Blick in die Küche. Hier entstehen schmackhafte saisonal-internationale Speisen wie "Lammkoteletts und Lammhaxenragout mit gegrillter Zucchini und Olivenpolenta". Kinderspielplatz am Haus.

Menü 25/55 € – Karte 31/47 €

*Hotel Erbgericht Tautewalde, Tautewalde 61 ⊠ 02681 – ℰ 03592 38300 – www.tautewalde.de – Montag - Donnerstag nur Abendessen – geschl. 12. - 28. Februar*

🏠 **Erbgericht Tautewalde** 🛋 🕸 🍽 🍽 🛢 🅿

**LANDHAUS · FUNKTIONELL** Nahe Görlitz und nicht sehr weit von Dresden ist das hier ein guter Ausgangspunkt für Kulturinteressierte. Altes wurde sorgsam saniert, so hat das Gasthaus von 1842 noch immer historisches Flair, zeitgemäß wohnen kann man dennoch.

31 Zim 🛋 – †65/68 € ††89/94 € – ½ P

*Tautewalde 61 ⊠ 02681 – ℰ 03592 38300 – www.tautewalde.de – geschl. 12. - 28. Februar*

🍴 **Erbgericht Tautewalde** – siehe Restaurantauswahl

# WIMPFEN, BAD

Baden-Württemberg – 6 790 Ew. – Höhe 195 m – Regionalatlas **55**-G17
▶ Berlin 598 km – Stuttgart 69 km – Heilbronn 16 km – Mannheim 73 km
Michelin Straßenkarte 545

## 🍴○ Friedrich

**INTERNATIONAL · TRENDY** ✗ Verbinden Sie doch einen Bummel durch die beschauliche Altstadt mit einem Essen in dem charmanten Stadthaus a. d. 16. Jh.! Unten die liebenswert-rustikale Weinstube Feyerabend, oben das Restaurant, in dem man mittags einfacher und am Abend ambitioniert kocht. Es gibt auch Leckeres aus der eigenen Konditorei!

Menü 35/56 € – Karte 33/63 €

*Hauptstr. 74, (1. Etage)* ✉ 74206 – ☎ 07063 245 – *www.friedrich-feyerabend.de – geschl. über Weihnachten, Anfang Januar 1 Woche und Montag - Dienstag*

**WINDELSBACH** Bayern ➜ Siehe Rothenburg ob der Tauber

# WINDEN

Baden-Württemberg – 2 820 Ew. – Höhe 327 m – Regionalatlas **61**-E20
▶ Berlin 771 km – Stuttgart 192 km – Freiburg im Breisgau 35 km – Offenburg 46 km
Michelin Straßenkarte 545

## In Winden-Oberwinden Nord-Ost: 2 km über B 294

### 🏨 Elztalhotel

**SPA UND WELLNESS · GEMÜTLICH** Die einstige kleine Pension in einem Schwarzwaldhof ist über die Jahre zu diesem gefragten zeitgemäß-komfortablen Urlaubshotel gewachsen. Zuvorkommender Service samt diverser Aufmerksamkeiten, Verwöhnpension, Spa auf 6000 qm mit "Schwarzwald-Saunahaus", Floatinganlage, Beauty- und Sportangebot...

90 Zim ☑ – ♦182/205 € ♦♦314/360 € – 13 Suiten – ½ P

*Am Rüttlersberg 5, Süd: 2 km, über Bahnhofstraße* ✉ 79297 – ☎ 07682 91140 – *www.elztalhotel.de*

# WINDORF

Bayern – 4 740 Ew. – Höhe 306 m – Regionalatlas **60**-P19
▶ Berlin 587 km – München 181 km – Passau 26 km – Regensburg 104 km
Michelin Straßenkarte 546

## In Windorf-Schwarzhöring Nord: 7,5 km, in Rathsmannsdorf links abbiegen Richtung Hofkirchen

### 🕥 Feilmeiers Landleben

**REGIONAL · GEMÜTLICH** ✗ Seine "Landleben"-Küche ist für Johann, genannt Hans, Feilmeier Heimatliebe und Verpflichtung zugleich. Er kocht regional und international, "Kalbstafelspitzscheiberl im Wurzelsud" oder "Roulade vom Weiderind - toskanisch". Tipp: hausgemachte Nudeln! Gemütlich-moderne Stuben, freundlich-bayerischer Service.

Menü 30/64 € – Karte 28/54 €

*Schwarzhöring 14* ✉ 94575 – ☎ 08541 8293 (Tischbestellung ratsam) – *www.feilmeiers-landleben.de – Mittwoch - Donnerstag nur Abendessen – geschl. Februar und Montag - Dienstag*

# WINDSHEIM, BAD

Bayern – 11 910 Ew. – Höhe 321 m – Regionalatlas **49**-J16
▶ Berlin 475 km – München 236 km – Nürnberg 68 km – Bamberg 72 km
Michelin Straßenkarte 546

### 🏠 Zum Storchen

**TRADITIONELL · MODERN** Dieses ausgesprochen gepflegte Fachwerk-Gasthaus direkt am kleinen Weinmarkt schaut auf rund 250 Jahre Familientradition zurück. In den Zimmern heißt es zeitgemäß, geschmackvoll und individuell wohnen. Im ländlich-gemütlichen Restaurant bietet man bürgerliche und fränkische Küche.

21 Zim ☑ – ♦70/99 € ♦♦99/110 € – ½ P

*Weinmarkt 6* ✉ 91438 – ☎ 09841 669890 – *www.zumstorchen.de*

# WINGST

Niedersachsen – 3 420 Ew. – Höhe 9 m – Regionalatlas **9**-G5
▶ Berlin 383 km – Hannover 218 km – Cuxhaven 39 km – Bremerhaven 54 km
Michelin Straßenkarte 541

## ⁑○ Oehlschläger-Stube     🛋 ⁒ **P**

INTERNATIONAL · GASTHOF ⁑⁑ Die gemütliche Stube ist nach dem verstorbenen Wingster Heimatmaler Mario Oehlschläger benannt und mit dessen Bildern geschmückt. Freuen Sie sich auf regionale Produkte, aus denen international inspirierte Gerichte zubereitet werden.

Menü 31/60 € – Karte 25/53 €

*Bahnhofstr. 1, (B 73) ⊠ 21789 – ℰ 04778 279 – www.hotel-peter-wingst.de – nur Abendessen, sonntags auch Mittagessen – geschl. Mitte Januar - Mitte Februar und Dienstag - Donnerstag*

# WINKLARN Bayern ➜ Siehe Rötz

# WINNENDEN

Baden-Württemberg – 27 370 Ew. – Höhe 292 m – Regionalatlas **55**-H18
▶ Berlin 599 km – Stuttgart 26 km – Schwäbisch Gmünd 44 km – Schwäbisch Hall 48 km
Michelin Straßenkarte 545

## In Winnenden-Hanweiler Süd: 3 km

### ⁑○ Traube     ⇦ 🛖 **P**

TRADITIONELLE KÜCHE · GASTHOF ⁑ Seit 1902 wird dieser Bilderbuch-Gasthof nun schon von der Familie geführt und die 4. Generation ist mit Engagement im Einsatz: Da wird stetig investiert und richtig gut gekocht! Lecker: Maultaschen, Wild aus eigener Jagd, Rostbraten... Sie möchten übernachten? Man hat schicke, ganz moderne Zimmer.

Menü 25/49 € – Karte 18/46 €    9 Zim 🖵 – ♦68 € ♦♦96 €

*Weinstr. 59 ⊠ 71364 – ℰ 07195 139900 – www.traube-hanweiler.de – geschl. Ende Februar - Mitte März, Ende Juli - Mitte August und Dienstag - Mittwoch*

## In Berglen-Lehnenberg Süd-Ost: 6 km

### 🏠 Blessings Landhotel     ⇗ ⇐ 🔥 **P**

LANDHAUS · GEMÜTLICH Was dieses familiär geführte Hotel interessant macht? Es ist gepflegt und funktionell ausgestattet und auch die Lage überzeugt: gut die Anbindung an Stuttgart, viel Grün rings um den kleinen Ort. Im Restaurant speist man saisonal. Hausspezialität ist der Likör "Johanniskräutle" (nach Rezeptur der Großmutter).

24 Zim 🖵 – ♦68/82 € ♦♦90/101 € – ½ P

*Lessingstr. 13 ⊠ 73663 – ℰ 07195 97600 – www.blessings-landhotel.de*

# WINSEN (LUHE)

Niedersachsen – 33 360 Ew. – Höhe 6 m – Regionalatlas **10**-J6
▶ Berlin 285 km – Hannover 132 km – Hamburg 36 km – Bremen 118 km
Michelin Straßenkarte 541

## In Winsen-Pattensen Süd-West: 8 km

### ⁑○ Maack-Kramer's Landgasthof     🛖 ⇔ **P**

BÜRGERLICHE KÜCHE · LÄNDLICH ⁑ Mit Engagement leitet die Familie den wirklich netten Gasthof, die Küche ländlich, frisch, bodenständig. Neben "Sülzwurst", "Roastbeef mit Bratkartoffeln" oder "Jägerschmaus" gibt es auch Saisonales. Schön die Terrasse zum Garten!

Karte 27/41 €

*Blumenstr. 2 ⊠ 21423 – ℰ 04173 239 (Tischbestellung ratsam) – www.maack-kramer.de – nur Abendessen – geschl. 10. Juli - 2. August und Montag - Dienstag*

**WINTERBACH** Baden-Württemberg → Siehe Schorndorf

# WINTERBERG

Nordrhein-Westfalen – 12 790 Ew. – Höhe 668 m – Regionalatlas **37**-F12
▶ Berlin 482 km – Düsseldorf 186 km – Arnsberg 56 km – Marburg 60 km
Michelin Straßenkarte 543

### 🏠 Oversum Vital Resort   ✿ ⬱ ⛱ ▥ ⑰ ⒧ ⊡ ♨ **P**

**BUSINESS · MODERN** Ein Hotel in Ei-Form! Mit seinem Namen - zusammenge-
setzt aus "Ovum" (lat. für "Ei") und "Universum" - steht es für kosmopolitisches
Flair, und das spiegelt sich im geradlinig-schicken Design wider - von der Lobby
über die großflächig verglasten Zimmer (meist mit schöner Sicht) bis zum Kosmetikbereich.

73 Zim ☐ – ♦79/125 € ♦♦139/220 € – 3 Suiten – ½ P
*Am Kurpark 6 ⊠ 59955 – ℰ 02981 929550 – www.oversum-vitalresort.de*

### 🏠 Engemann-Kurve   ✿ ▥ ⑰ **P**

**FAMILIÄR · INDIVIDUELL** In dem Familienbetrieb überzeugen persönliche Gästebetreuung, solide, wohnliche Zimmer und ein gutes Frühstücksbuffet. Auf
Anfrage bietet man auch Kosmetik und Massage. Die Küche des Hauses ist saisonal ausgerichtet - gerne speist man im Sommer auf der schönen Terrasse.

16 Zim ☐ – ♦63/72 € ♦♦104/122 € – ½ P
*Haarfelder Str. 10, B 236 ⊠ 59955 – ℰ 02981 92940 – www.engemann-kurve.de
– geschl. 15. Juni - 4. Juli*

## In Winterberg-Altastenberg West: 5 km über B 236

### 🍴○ Berghotel Astenkrone   ⬱ 🏠 ⛭ ⇄ 🚗

**INTERNATIONAL · GEMÜTLICH** ✕✕ Viel Holz kombiniert mit attraktiven Stoffen
aus bekanntem Hause sorgt für ein gemütliches Ambiente. Auf den gut eingedeckten Tisch kommt international-regionale Küche, auch in Form von Aktiv-
Gerichten. Und wenn bei Ihnen mal eine Feier ansteht: Man hat hier schöne
Nebenräume.

Menü 38/55 € – Karte 33/61 €
*Berghotel Astenkrone, Astenstr. 24 ⊠ 59955 – ℰ 02981 8090
– www.astenkrone.de*

### 🏠 Berghotel Astenkrone   ⑈ ⬱ ⛱ ▥ ⑩ ⑰ ⊡ ⛭ ♨ 🚗

**LANDHAUS · INDIVIDUELL** Als Jab-Anstoetz-Unternehmen präsentiert sich das
engagiert geführte Haus als "Showhotel" für wunderschöne und stimmig arrangierte Stoffe - zu bewundern in den individuellen und äußerst wohnlichen Zimmern und Juniorsuiten. Im Wellnessbereich heißt es Meersalzpeeling, Hydrother-
malbad, Farblichtanwendung...

41 Zim ☐ – ♦88/186 € ♦♦120/272 € – ½ P
*Astenstr. 24 ⊠ 59955 – ℰ 02981 8090 – www.astenkrone.de*
🍴○ **Berghotel Astenkrone** – siehe Restaurantauswahl

# WINTERHAUSEN

Bayern – 1 430 Ew. – Höhe 188 m – Regionalatlas **49**-I16
▶ Berlin 502 km – München 262 km – Würzburg 14 km – Kitzingen 13 km
Michelin Straßenkarte 546

### 🍴○ Gasthof Schiff   ⇄ ⑈ 🏠 **P**

**KLASSISCHE KÜCHE · GASTHOF** ✕ In dem schönen Gasthof a. d. 16. Jh. lässt man
sich in liebenswerten, hübsch dekorierten Räumen oder auf der Terrasse zum
Main von der herzlichen Chefin umsorgen. Die Küche ist klassisch-regional. Nette
wohnlich-rustikale Gästezimmer, teilweise mit Mainblick.

Menü 30/49 € – Karte 32/42 €   10 Zim ☐ – ♦59/99 € ♦♦80/110 €
*Fährweg 14 ⊠ 97286 – ℰ 09333 1785 – www.hotel-schiff.de – geschl. 30. Oktober
- 9. November und Sonntag*

# WIRSBERG

Bayern – 1 820 Ew. – Höhe 370 m – Regionalatlas **51**-L15

▶ Berlin 341 km – München 250 km – Coburg 60 km – Hof 41 km

Michelin Straßenkarte 546

## ⟨⟩ Alexander Herrmann　　　　　　　　㊛ 🅰 🕭 🅿

**KREATIV • CHIC** XxX Das Ambiente modern-elegant, die Küche aufwändig und kreativ. Zur Wahl stehen zwei Menüs: "Kontrast" und "OFF" (ohne Fisch/Fleisch). Dazu gibt es eine schöne Auswahl an fränkischen Weinen. Etwas Besonderes: Die Köche servieren die Gerichte und erklären sie am Tisch. Eine Kochschule hat man auch.

→ Ceviche vom Carabinero, Maracuja und Calamondin, Pak Choi-Kimchi, Sesam. Spargelsalat Sous-vide, Gersten-Misopaste, Sauerampferblatt mit Brotschmelze. Erdbeeren pur, getrocknet, Sorbet, Karamellcreme, marinierte Salatblätter, Kokosblütenzucker.

Menü 119/189 € – Karte 82/115 €

*Herrmann's Posthotel, Marktplatz 11* ✉ *95339 –* ✆ *09227 2080 (Tischbestellung ratsam) – www.herrmanns-posthotel.de – nur Abendessen – geschl. Sonntag - Dienstag, Januar - Februar: Sonntag - Mittwoch*

## ⫶○ AH - Das Bistro　　　　　　　　　㊛ 🍴 🅰 ⇦ 🅿

**REGIONAL • BISTRO** X Sie suchen eine günstigere und etwas legerere Alternative zum Gourmetrestaurant des TV-bekannten Patrons? Dann probieren Sie in dem geradlinig-modernen Bistro die fränkischen Tapas oder den fränkischen Schiefertrüffel (seit 1978)!

Menü 45/65 € – Karte 38/59 €

*Herrmann's Posthotel, Marktplatz 11* ✉ *95339 –* ✆ *09227 2080 – www.herrmanns-posthotel.de*

## ⌂⌂ Herrmann's Posthotel　　　　　🖫 🕸 🖃 🛁 🅿

**GASTHOF • GEMÜTLICH** Die Herrmanns sind stolz auf über 140 Jahre Familientradition. Stets um das Wohl des Gastes bemüht, wird immer wieder investiert und verbessert, z. B. in Form des geschmackvollen kleinen Kosmetikbereichs. Die Zimmer und Suiten gibt es als "Lifestyle" oder "Klassisch".

40 Zim ⌂⌂ – ♦98/180 € ♦♦155/288 € – 5 Suiten – ½ P

*Marktplatz 11* ✉ *95339 –* ✆ *09227 2080 – www.herrmanns-posthotel.de*

⟨⟩ Alexander Herrmann • ⫶○ AH - Das Bistro – siehe Restaurantauswahl

## ⌂⌂ Reiterhof Wirsberg　　　🎿 🐎 ⫷ 🍴 🖾 🌐 🕸 🖃 🛁 🕭

**SPA UND WELLNESS • TRADITIONELL** Schön die ruhige Lage etwas außerhalb des Ortes, wohnlich-gediegen das Ambiente, von der holzgetäfelten Lobby bis in die Komfort- und Superiorzimmer sowie Juniorsuiten mit Empore (ideal für Familien). Die meisten Zimmer mit Blick über die Landschaft, ebenso das elegant-rustikale Restaurant und die Terrasse.

46 Zim ⌂⌂ – ♦97/162 € ♦♦158/256 € – ½ P

*Sessenreuther Str. 50, Süd-Ost: 1 km* ✉ *95339 –* ✆ *09227 2040 – www.reiterhof-wirsberg.de*

# WISMAR

Mecklenburg-Vorpommern – 42 220 Ew. – Höhe 15 m – Regionalatlas **11**-L4

▶ Berlin 234 km – Schwerin 32 km – Rostock 52 km – Lübeck 59 km

Michelin Straßenkarte 542

## ⌂⌂ Fründts Hotel　　　　　　　　　　🖃 🕭 🅿

**HISTORISCH • FUNKTIONELL** Nach bewegter Geschichte ist das Haus a. d. 18. Jh. heute wieder das, was es ursprünglich war: ein Hotel. Unter dem Namen von einst heißt es schön wohnen und gut frühstücken in stilvollem Rahmen. Haben Sie auch die hübsche Terrasse gesehen?

35 Zim ⌂⌂ – ♦55/79 € ♦♦76/118 €

*Schweinsbrücke 1* ✉ *23966 –* ✆ *03841 2256982 – www.hotel-stadtwismar.de*

### ⌂ Wismar ⚐ 🖤 ⇕ ♿ ⚒ **P**

**HISTORISCH · FUNKTIONELL** Das Hotel liegt ideal direkt in der Altstadt und auch das Parken ist kein Problem (eigene Stellplätze!). Gemütliche Details in dem historischen Haus von 1896 sind warme Töne und teilweise Dachschrägen in den Zimmern sowie eine alte Holzdecke und -vertäfelungen im schönen maritim-gediegenen Restaurant.

15 Zim ♨ – 🛏70/80 € 🛏🛏85/100 €

*Breite Str. 10, (Zufahrt Parkplatz über Böttcherstraße)* ✉ 23966 – ☎ 03841 227340
*– www.hotel-restaurant-wismar.de*

## WITTDÜN Schleswig-Holstein → Siehe Amrum (Insel)

## WITTENBERG (LUTHERSTADT)

Sachsen-Anhalt – 46 730 Ew. – Höhe 65 m – Regionalatlas **32**-N10
▶ Berlin 108 km – Magdeburg 87 km – Leipzig 66 km – Dresden 151 km
Michelin Straßenkarte 542

### 🏛 Stadtpalais Wittenberg ⚐ 🕮 ⇕ ♿ 🅰 🏋 🚗

**BUSINESS · FUNKTIONELL** Die Lage in der Fußgängerzone und die komfortable Ausstattung mit eleganter Note sprechen für das Hotel. Vom Saunabereich im OG schaut man auf das Lutherhaus. Dazu Kosmetik- und Massageangebot. Das offen zur Halle hin gelegene Restaurant bietet internationale Küche.

78 Zim ♨ – 🛏109/199 € 🛏🛏159/259 € – ½ P

*Collegienstr. 56, Zufahrt über Wallstraße* ✉ 06886 – ☎ 03491 4250
*– www.stadtpalais.bestwestern.de*

## WITTLICH

Rheinland-Pfalz – 18 340 Ew. – Höhe 160 m – Regionalatlas **45**-B15
▶ Berlin 681 km – Mainz 129 km – Trier 41 km – Koblenz 91 km
Michelin Straßenkarte 543

### 🏛 Vulcano - Lindenhof ⚐ 🏊 ⇐ 🗐 🕮 ⇕ 🅰 🏋 **P**

**BUSINESS · FUNKTIONELL** Das Hotel liegt ruhig etwas außerhalb am Hang, so bieten einige Zimmer und vor allem die Terrasse des modernen Restaurants eine schöne Aussicht Richtung Wittlich. Buchen Sie eines der besonders freundlichen "Vulcano Fresh"-Zimmer! Chic und trendig der Sauna- und Badebereich, auch Massage wird angeboten.

42 Zim ♨ – 🛏80/100 € 🛏🛏135/150 € – ½ P

*Am Mundwald 5, Süd: 2 km* ✉ 54516 – ☎ 06571 6920 – *www.lindenhofwittlich.de*

### In Dreis Süd-West: 8 km

### ❀❀❀ Waldhotel Sonnora (Helmut Thieltges) 🕮 ⇐ ⚒ **P**

**FRANZÖSISCH-KLASSISCH · LUXUS** XxxX Helmut Thieltges ist vermutlich der Letzte seines Metiers, der in Deutschland echte klassische Küche auf derart hohem Niveau pflegt. Absolute Top-Produkte, perfektes Handwerk und wahrhaft fantastischer Geschmack sprechen eine eindeutige Sprache, ebenso der geschulte, reibungslose Service.

→ Pavée von Perigord Gänsestopfleber mit Aprikosenchutney und aromatischem Gewürzgelee. Kleine Torte vom Rinderfilettatar mit Imperial Gold Kaviar und Kartoffelrösti. Sankt Pierre mit Ingwer in Échirée-Butter sautiert und in Eiswein glaciertem Chicorée.

Menü 168/198 € – Karte 118/161 €

*Waldhotel Sonnora, Auf'm Eichelfeld 1* ✉ 54518 – ☎ 06578 98220 *(Tischbestellung ratsam)* – *www.hotel-sonnora.de* – *geschl. 18. Dezember - 18. Januar, 16. Juli - 2. August und Montag - Mittwochmittag*

### 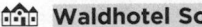 Waldhotel Sonnora 🍷 ← 🦐 ⅋ P

**FAMILIÄR · KLASSISCH** Als Gourmetadresse ist das Haus der Thieltges' wohl jedem bekannt, aber man kann hier auch richtig schön übernachten: Die Zimmer sind aufwändig oder auch etwas einfacher, aber immer wohnlich. Zudem genießt man das Engagement der Familie, die ruhige Lage am Waldrand und den überaus gepflegten Garten!

20 Zim ⌫ – ♦95/250 € ♦♦140/300 €

*Auf'm Eichelfeld 1 ⊠ 54518 – 𝒞 06578 98220 – www.hotel-sonnora.de – geschl. 18. Dezember - 18. Januar, 16. Juli - 2. August*

❀❀❀ **Waldhotel Sonnora** – siehe Restaurantauswahl

## WÖLLSTEIN

Rheinland-Pfalz – 4 560 Ew. – Höhe 130 m – Regionalatlas **47**-E15
▶ Berlin 605 km – Mainz 36 km – Bad Kreuznach 10 km – Kaiserslautern 60 km
Michelin Straßenkarte 543

### ⅃O Wöllsteiner Weinstube 🍴 ↻ P ⤫

**REGIONAL · WEINSTUBE** ⅩGemütlich sitzt man in dem reizenden Natursteinhaus in einer liebenswerten Weinstube mit Empore. Gekocht wird bürgerlich-regional mit internationalen Einflüssen. Plätze im Freien bietet der lauschige Innenhof.

Karte 28/43 €

*Eleonorenstr. 32 ⊠ 55597 – 𝒞 06703 961933 (Tischbestellung ratsam) – www.woellsteiner-weinstube.de – nur Abendessen – geschl. Montag - Mittwoch*

## WÖRISHOFEN, BAD

Bayern – 14 740 Ew. – Höhe 630 m – Regionalatlas **64**-J20
▶ Berlin 612 km – München 80 km – Augsburg 62 km – Kempten (Allgäu) 53 km
Michelin Straßenkarte 546

### ⅃O Fontenay 🍴 ⅋ 🚗

**KLASSISCHE KÜCHE · ELEGANT** ⅩⅩⅩ In dem eleganten Restaurant bietet man klassische Speisen, darunter das sehr beliebte "am Tisch tranchierte Chateaubriand mit Sauce Béarnaise und Portweinjus" (für 2 Personen)! Dazu genießt man den freundlichen und aufmerksamen Service.

Menü 29 € (mittags)/68 € – Karte 40/69 €

*Hotel Fontenay, Eichwaldstr. 10 ⊠ 86825 – 𝒞 08247 3060 (Tischbestellung ratsam) – www.kurhotel-fontenay.de*

### ⅃O CALLA 🍴 & ⅋ 🚗

**ASIATISCH · ELEGANT** ⅩⅩⅩ Sie essen gerne euro-asiatisch? Dann werden Sie mögen, was hier in der Showküche zubereitet wird: "Rote Garnelen im Kataifi-Teig mit Mango Chili-Gelee, Zitronenpfeffer-Fruchtkaviar und Jasmin-Gel" kommen ebenso gut an wie das "Kozara"-Menü (japanisch für "kleiner Teller"). Reizvoll der Blick in den Garten!

Menü 54/68 € – Karte 52/73 €

*Steigenberger Hotel Der Sonnenhof, Hermann-Aust-Str. 11 ⊠ 86825 – 𝒞 08247 9590 – www.spahotel-sonnenhof.de – Mittwoch - Freitag nur Abendessen – geschl. Montag - Dienstag*

### ⛫ Steigenberger Hotel Der Sonnenhof ⌂ 🍷 🦐 🖥 ⓦ 🐾 🎱 🛗

**SPA UND WELLNESS · ELEGANT** Ruhig die Lage am Ortsrand in & 🛁 🚗 einem hübschen Park, stilvoll die Zimmer (darunter Familiensuiten), großzügig der Spa (verschiedene Pools, schicke Ruheräume...). Gastronomisch ist die trendigrustikale "König Ludwig Lounge" mit Allgäuer Küche eine Alternative zum "CALLA". Veranstaltungszentrum "Inspira".

143 Zim ⌫ – ♦119/250 € ♦♦280/340 € – 13 Suiten – ½ P

*Hermann-Aust-Str. 11 ⊠ 86825 – 𝒞 08247 9590 – www.spahotel-sonnenhof.de*
⅃O **CALLA** – siehe Restaurantauswahl

### Fontenay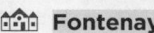

**LUXUS · ELEGANT** Hier werden Sie charmant und zuvorkommend umsorgt, die Zimmer sind klassisch und elegant, der Wellnessbereich großzügig und ebenso komfortabel (wie wär's z. B. mit der modernen Kneipp-Kur?), und am Morgen gibt es ein gutes Frühstück. Es ist übrigens nicht weit ins Grüne, da kann man schön spazieren gehen.

49 Zim ⌑ – ♦119/240 € ♦♦270/510 € – 7 Suiten – ½ P

*Eichwaldstr. 10 ✉ 86825 – ☎ 08247 3060 – www.kurhotel-fontenay.de*

🍽 Fontenay – siehe Restaurantauswahl

### Edelweiss

**SPA UND WELLNESS · KLASSISCH** Was die vielen Stammgäste an dem langjährigen Familienbetrieb schätzen? Die sehr gepflegte gediegene Einrichtung, Medical Wellness, Beauty & Co. sowie die ruhige Lage. Außerdem schmökert man gern in der Bibliothek oder macht es sich in der netten Lounge "Edelweiss Stube" gemütlich. Restaurant für Hausgäste.

46 Zim ⌑ – ♦58/99 € ♦♦116/196 € – 2 Suiten – ½ P

*Bürgermeister-Singer-Str. 11 ✉ 86825 – ☎ 08247 35010 – www.hotel-edelweiss.de*

### die Villa  **P**

**PRIVATHAUS · THEMENBEZOGEN** Das hier ist nicht nur ein sympathisch-familiäres kleines Hotel mit Themenzimmern ("Pur", "Kunst", "Schokolade"...), sondern gleichzeitig auch Kinderbuch- und Deko-Laden sowie Café! Es gibt hausgemachten Kuchen und ein Tagesessen.

10 Zim ⌑ – ♦58/73 € ♦♦108/128 €

*Obere Mühlstr. 1 ✉ 86825 – ☎ 08247 96200 – www.villa-bad-woerishofen.de*
*– geschl. 24. Dezember - 4. Januar, 14. - 17. April, 2. - 18. Juni, 14. - 20. August*

## WOLFACH

Baden-Württemberg – 5 840 Ew. – Höhe 262 m – Regionalatlas **54**-E19
▶ Berlin 750 km – Stuttgart 137 km – Freiburg im Breisgau 57 km – Freudenstadt 38 km
Michelin Straßenkarte 545

## In Wolfach-Kirnbach Süd: 5 km

### Kirnbacher Hof

**GASTHOF · FUNKTIONELL** Hier lässt es sich schön wohnen, dafür sorgen die sympathisch-familiäre Atmosphäre, Zimmer zum Wohlfühlen (auch an Familien mit Kindern ist gedacht) sowie der geschmackvoll-moderne Panorama-Saunabereich im 4. Stock. Im Restaurant wählt man zwischen bürgerlichen und modernen Gerichten.

20 Zim ⌑ – ♦58/88 € ♦♦104/148 € – ½ P

*Untere Bahnhofstr. 2 ✉ 77709*
*– ☎ 07834 6111 – www.kirnbacher-hof.de*

## In Wolfach-St. Roman Nord-Ost: 12 km Richtung Schiltach, nach 7 km links
- Höhe 673 m

### 🍽 Adler

**REGIONAL · LÄNDLICH** ✗✗ Wo möchten Sie speisen? In gemütlichen (Altholz-) Stuben oder im lichten Wintergarten? Freundlich umsorgt wird man hier wie dort (natürlich auch auf der schönen Terrasse), und zwar mit regionalen Gerichten zu fairen Preisen wie "Apfel-Selleriesuppe" oder "Sauerbraten von Adlerwirt's Weideochsen".

Menü 25/48 € – Karte 29/49 €

*Hotel Adler, St. Roman 14 ✉ 77709 – ☎ 07836 93780*
*– www.naturparkhotel-adler.de*

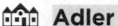 **Adler**

**SPA UND WELLNESS · GEMÜTLICH** 1659 begann alles mit einem Gasthof für Pilger, heute bietet der engagiert geführte Familienbetrieb wohnliche Zimmer (im Landhausstil oder modern), und einen einladenden Wellnessbereich samt Saunen, Innen- und Außenpool, Panoramaterrasse, Beautyangebot. Ideal für Familien: Appartements und Spielzimmer.

56 Zim ☲ – ♦111/144 € ♦♦181/246 € – 1 Suite – ½ P

*St. Roman 14* ✉ *77709 –* ☎ *07836 93780 – www.naturparkhotel-adler.de*

⊪○ **Adler** – siehe Restaurantauswahl

# WOLFSBURG

Niedersachsen – 121 760 Ew. – Höhe 63 m – Regionalatlas **20**-K8

▶ Berlin 222 km – Hannover 91 km – Magdeburg 83 km – Celle 80 km

Michelin Straßenkarte 541

❀❀❀ **Aqua**

**KREATIV · LUXUS** XXXX Unverwechselbar, stilprägend, kontrastreich, überraschend... Was der passionierte Sven Elverfeld aus besten Zutaten kreiert, ist schlichtweg besonders und absolutes Spitzenniveau! Und was könnte einen stimmigeren Rahmen dafür schaffen als puristisch-feines Interieur und charmanter, bestens geschulter Service?

→ Thunfisch und Gänseleber, eingelegte Wakame Alge, Ponzu und geeiste Pflaume. Bachsaibling und sein Kaviar aus Tainach, Kopfsalat, Champignons und Haselnuss. Lammzunge und weißer Trüffel, Topinambur, Comté und pochierte Wachteleier.

Menü 180/250 € – Karte 108/191 €

**Stadtplan : B1-a** – *Hotel The Ritz-Carlton, Parkstr.1, Autostadt* ✉ *38440 –* ☎ *05361 606056 (Tischbestellung ratsam) – www.restaurant-aqua.com – nur Abendessen – geschl. Anfang Januar 3 Wochen, über Ostern 1 Woche, Ende Juni - Anfang Juli 3 Wochen und Sonntag - Montag*

⊪○ **Parkhotel Wolfsburg**

**INTERNATIONAL · TRENDY** XX Schön sitzt man im modern-eleganten Restaurant und natürlich auf der herrlichen Terrasse zum Wald hin! Gekocht wird international-saisonal, z. B. "gebratenes Lachsfilet mit Sojasauce, Ingwer, Pak Choi und Duftreis". Tipp: leckere Desserts!

Karte 27/46 €

*Hotel Parkhotel, Unter den Eichen 55, über B2, Richtung Helmstedt* ✉ *38446 –* ☎ *05361 5050 – www.parkhotel-wolfsburg.de – geschl. Anfang Januar 1 Woche und Sonntagabend*

⊪○ **Chardonnay**

**INTERNATIONAL · ELEGANT** XX Inmitten der Autostadt, mit Blick auf Atrium oder Mittellandkanal, serviert man in geradlinig-elegantem Ambiente ambitionierte internationale Küche - Lust auf "Atlantik-Steinbutt, Spinatravioli, Chorizo, junger Lauch"? Günstiger Lunch.

Menü 21 € (mittags)/45 € – Karte 46/60 €

**Stadtplan : B1-r** – *Stadtbrücke, (Autostadt)* ✉ *38440 –* ☎ *0800 6116000 – www.autostadt.de – geschl. Sonntagabend - Montag*

⊪○ **Terra**

**INTERNATIONAL · ELEGANT** XX In dem lichten modern-eleganten Restaurant (angenehm die namengebenden Erdtöne) hat man einen spannenden Blick auf die VW-Werke und das Hafenbecken, während man Internationales wie "Rinderrücken, Jus, grillierter Markknochen, gebackene Kartoffel" speist. Beliebt: günstiger Mittagstisch inkl. Parkservice.

Menü 55 € – Karte 49/65 €

**Stadtplan : B1-a** – *Hotel The Ritz-Carlton, Parkstr. 1, Autostadt* ✉ *38440 –* ☎ *05361 607000 – www.ritzcarlton.de*

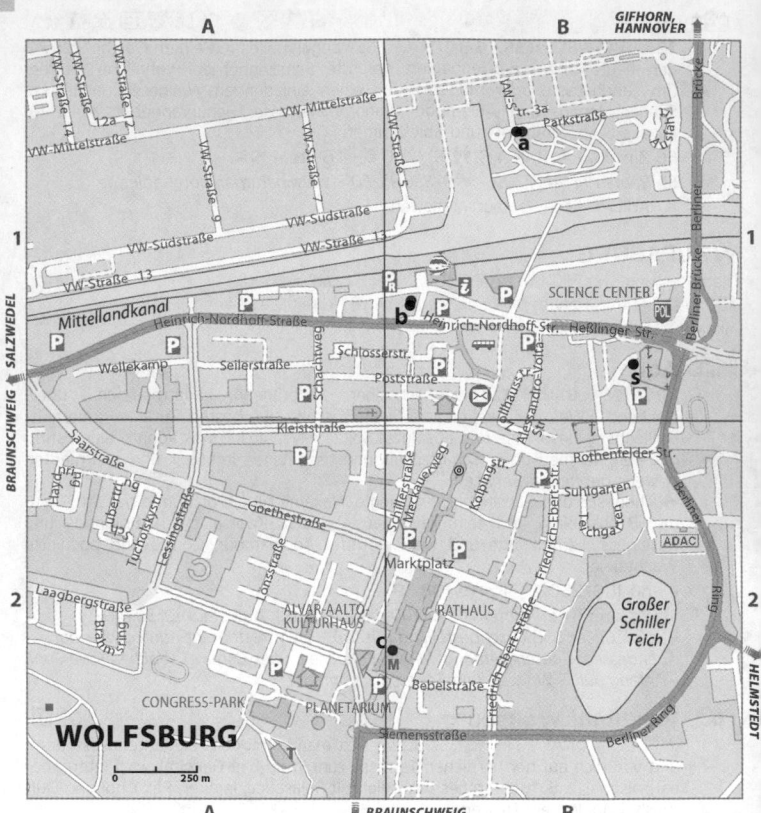

A      B    **GIFHORN, HANNOVER**

**WOLFSBURG**

0   250 m

A      ⬇ **BRAUNSCHWEIG**    B

---

## 🍴 Awilon      🏠 🍽 ⇆

**MARKTKÜCHE · TRENDY** 🍴 Schön licht und puristisch ist es hier im 2. OG des Kunstmuseums im Zentrum der Stadt, beliebt die Terrasse. Das saisonal-internationale Angebot reicht von Kalbsschnitzel bis zu "gebratener Maishuhnbrust, Petersilienkartoffel, Sauce Hollandaise, Spargelgemüse".

Menü 35/64 € (abends) – Karte 35/48 €

**Stadtplan : B2-c** – *Hollerplatz 1, (2. Etage)* ✉ 38440
– *𝒞 05361 25599 (Tischbestellung ratsam) – www.awilon.de*
– *geschl. Sonntagabend - Montag*

## 🍴 Ven      🏠 🅰🅲 🍽

**MARKTKÜCHE · GERADLINIG** 🍴 Auch gastronomisch kann sich dieser Hotel-Hotspot sehen lassen: das Design geradlinig, minimalistisch und hell, auf der Karte "Classics" sowie Saisonales, darunter z. B. "Rumpsteak, breite Bohnen, Kartoffeln, Kräuterbutter" oder "Tagliatelle, Buchenpilze, Rucola, Rahm". Begehrt die Terrassenplätze.

Karte 28/66 €

**Stadtplan : B1-b** – *Hotel INNSIDE by Melia, Heinrich-Nordhoff-Str. 2* ✉ 38440
– *𝒞 05361 60900 – www.innside.com*
– *geschl. Samstagmittag und Sonntag*

### 🏨 The Ritz-Carlton    🛎 🕭 🕍 ⅃ẟ 🖬 🗚 🕋 🚗

**LUXUS · MODERN** Im Herzen der Autostadt liegt eines der Flaggschiffe der norddeutschen Hotellerie! Alles ist chic und edel, vom attraktiven öffentlichen Bereich über die intime Bar bis zu den wohnlich-wertigen Zimmern. Nach wie vor ein Eyecatcher: der schwimmende Außenpool!

147 Zim – ♦265/425 € ♦♦265/425 € – 23 Suiten – 🖵 29 €

**Stadtplan : B1-a** – *Parkstr. 1, Autostadt* ✉ *38440* – ✆ *05361 607000*
– *www.ritzcarlton.de/wolfsburg*

❀❀❀ **Aqua** • ⅑○ **Terra** – siehe Restaurantauswahl

### 🏨 INNSIDE by Melia    🕍 ⅃ẟ 🖬 🗚 🗹 🕋

**BUSINESS · DESIGN** Topmodern in Design und Technik! Das komfortable Businesshotel liegt günstig nahe Hauptbahnhof, "phaeno" (Wissenschaftsmuseum) und Autostadt. In den Zimmern puristischer Look in schickem Schwarz-Silber-Weiß, toll die Aussicht von Sky-Bar und Dachterrasse! Gut auch die Tagungsmöglichkeiten.

219 Zim 🖵 – ♦105/399 € ♦♦119/453 € – ½ P

**Stadtplan : B1-b** – *Heinrich-Nordhoff-Str. 2* ✉ *38440* – ✆ *05361 60900*
– *www.innside.com*

⅑○ **Ven** – siehe Restaurantauswahl

### 🏨 einschlaf    🗚 🗹 🅿

**FAMILIÄR · DESIGN** Ein bemerkenswertes Haus: bemerkenswert klein, bemerkenswert individuell und geschmackvoll und dazu bermerkenswert herzlich geführt! Im alten Bauernhaus hat man ein modernes Café, im ehemaligen Schweinestall gibt's Frühstück - und das ist wahrlich eine Reise wert! - und im einstigen Heuschober wird gewohnt.

5 Zim – ♦98/149 € ♦♦129/149 € – 🖵 10 €

**Stadtplan : B1-s** – *An der St. Annen Kirche 24* ✉ *38440* – ✆ *05361 709744*
– *www.einschlaf.de*

### 🏨 Parkhotel Wolfsburg    🐾 🕍 🗹 🕋 🅿

**BUSINESS · MODERN** Sie hätten es gerne ruhig und doch zentral? Hier wohnen Sie im Grünen und eigentlich mitten in Wolfsburg! Man hat moderne Zimmer, die ebenso funktional wie wohnlich sind. Wie wär's nach dem guten Frühstück mit einem Spaziergang im Wald? Für Langzeitgäste vermietet man auch Appartements in der Umgebung.

30 Zim – ♦121/141 € ♦♦141/161 € – 🖵 12 € – ½ P

*Unter den Eichen 55, über B2, Richtung Helmstedt* ✉ *38446* – ✆ *05361 5050*
– *www.parkhotel-wolfsburg.de*

⅑○ **Parkhotel Wolfsburg** – siehe Restaurantauswahl

## In Wolfsburg-Fallersleben West: 6 km über Heinrich-Nordof-Straße A1, Richtung Salzwedel

### 🕸 La Fontaine    🎴 ⇄ 🅿

**FRANZÖSISCH-KLASSISCH · ELEGANT** ✗✗✗ Klassisch vom stilvoll-eleganten Interieur über den aufmerksamen, versierten Service bis zur feinen französischen Küche. Letztere ist angenehm geradlinig und basiert auf besten Produkten. Kontinuität und Engagement machen das Restaurant zu einem der Aushängeschilder der niedersächsischen Spitzengastronomie.

→ Torte von Perlhuhn und Gänseleber mit Feigenconfit. St. Pierrefilet auf würzigem Couscous mit Fenchel und Safranbutter. Filet vom Angus Rind mit einer Shiitake-Pilzkruste.

Menü 68/115 € – Karte 63/95 €

*Hotel Ludwig im Park, Gifhorner Str. 25* ✉ *38442* – ✆ *05362 9400*
– *www.ludwig-im-park.de – nur Abendessen – geschl. 1. - 10. Januar und Sonntag - Montag*

### ⁱⵔO L'Oliva nera ⑩ 🛱

**ITALIENISCH · GEMÜTLICH** X Am Denkmalplatz mitten im schmucken Ortskern finden Sie in einem der ältesten Häuser von Fallersleben dieses gemütliche kleine Restaurant, an dessen wenigen Tischen man frische saisonal-italienische Gerichte wie "Linguine con frutti e filetti di mare" serviert. Mittags kleines Pasta-Angebot.

Menü 80/130 € – Karte 35/63 €

*Westerstr. 1 ⌧ 38442 – 𝒞 05362 932622 (Tischbestellung ratsam) – www.olivanera.de – geschl. Montag - Dienstagmittag, Samstagmittag, Sonntagmittag*

### 🏛 Ludwig im Park 🏵 ☐ 🏊 🅿

**BUSINESS · KLASSISCH** Klassisch-stilvoll wohnt es sich in dem Hotel im Schwefelpark, von den meisten Zimmern hat man sogar Parkblick. Nicht nur für Hausgäste interessant: "Hoffmann Stuben" - hier bekommen Sie abends in gemütlicher Atmosphäre rustikale Klassiker wie "Strammer Max" oder Internationales wie Burger.

46 Zim ⌧ – ♦80/189 € ♦♦99/199 € – 4 Suiten – ½ P

*Gifhorner Str. 25 ⌧ 38442 – 𝒞 05362 9400 – www.ludwig-im-park.de*

🏵 **La Fontaine** – siehe Restaurantauswahl

## In Wolfsburg-Neuhaus Ost: 5 km über Heßlinger Straße B1

### 🏵 Saphir 🛱 🄰🄲 🅿

**KREATIV · ELEGANT** XXX Exklusiv und fast intim zeigt sich das modern-elegante kleine Restaurant im ehemaligen Kartoffel-Gewölbekeller, aromatisch, kontrastreich und kreativ die Küche in Form eines 3- bis 7-gängigen Menüs. Und auch der Service stimmt: umsichtig und versiert, gut die Weinberatung.

➔ Tatar von Jakobsmuschel und Avocado mit Granny Smith, Koriander und Ingwer. Gebratener Rehrücken aus eigener Jagd mit Sellerie, Pfifferlingen, Mandel und Sherry. Schokolade, Erdbeeren und Joghurt.

Menü 65/117 €

*Hotel An der Wasserburg, An der Wasserburg 2 ⌧ 38446 – 𝒞 05363 9400 (Tischbestellung erforderlich) - www.an-der-wasserburg.de – nur Abendessen – geschl. Januar 1 Woche, August 3 Wochen und Sonntag - Montag*

### ⁱⵔO Christalle 🛱 🍴 🅿

**INTERNATIONAL · TRENDY** XX Licht und geradlinig ist diese legere Alternative zum Gourmetrestaurant. Gekocht wird international-saisonal, von "Rumpsteak mit BBQ-Schalotten und Süßkartoffelpommes" bis "Pommerscher Kalbsrücken mit Heidespargel und Sauce Hollandaise".

Menü 45 € – Karte 36/59 €

*Hotel an der Wasserburg, An der Wasserburg 2 ⌧ 38446 – 𝒞 05363 9400 – www.an-der-wasserburg.de*

### 🏛 An der Wasserburg 🏊 🔲 💿 🎿 ⛷ 🍴 🏊 🅿

**BUSINESS · FUNKTIONELL** Ein sehr komfortables und modernes Businesshotel. Zu den unterschiedlich geschnittenen Zimmern (alle mit Apple-PC-TV-Kombination) und variablen Räumen im eigenen Tagungszentrum kommt noch ein umfassender Spa. Tipp: Fragen Sie nach den Kursen im schicken "Koch-Atelier"!

59 Zim – ♦115/200 € ♦♦143/300 € – 3 Suiten – ⌧ 15 € – ½ P

*An der Wasserburg 2 ⌧ 38446 – 𝒞 05363 9400 – www.an-der-wasserburg.de*

🏵 **Saphir** • ⁱⵔO **Christalle** – siehe Restaurantauswahl

## In Wolfsburg-Sandkamp West: 3 km über Heinrich-Nordoff-Straße A1

### 🏛 Jäger 🏵 🍴 🏊 🅿

**FAMILIÄR · MODERN** Sicher eines der bestgeführten Hotels in und um Wolfsburg! Es wird stetig investiert, alles ist topgepflegt. Wer's besonders chic mag, sollte die ganz modernen und gleichzeitig schön wohnlichen Zimmer im Gästehaus buchen! Einladend: großzügige Lobby und freundliches Restaurant - hier isst man international.

60 Zim ⌧ – ♦71/136 € ♦♦116/161 €

*Stellfelder Straße 42 ⌧ 38442 – 𝒞 05361 39090 – www.hotel-jaeger-wolfsburg.de*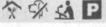

# WORMS

Rheinland-Pfalz – 79 730 Ew. – Höhe 100 m – Regionalatlas **47**-F16

▶ Berlin 607 km – Mainz 45 km – Mannheim 25 km – Darmstadt 43 km
Michelin Straßenkarte 543

## ⅞○ Tivoli    🍴 🍽

**ITALIENISCH · FREUNDLICH** X Pizza "Hawaii" suchen Sie hier vergebens, stattdessen bekommen Sie frische italienische Küche auf klassischer Basis. In unkompliziert-legerer Atmosphäre serviert man z. B. Kürbisravioli, Fisch oder Pasta mit Steinpilzen.
Karte 24/48 €
*Adenauer-Ring 4b ✉ 67547 – ☎ 06241 28485 – www.tivoli-worms.de – geschl. Montag*

## 🏨 Parkhotel Prinz Carl    🍴 🔲 🍽 🧖 P

**HISTORISCHES GEBÄUDE · FUNKTIONELL** Das erste Haus am Platz ist ein großzügiges Hotel in historischen Gebäuden - darunter "Kunsthaus" und "Kapelle" - auf einem ehemaligen Kasernengelände. Sie wohnen in hellen, freundlichen Zimmern. Das Restaurant bietet internationale Küche.
90 Zim ☲ – ♥90/100 € ♥♥133 € – 23 Suiten – ½ P
*Prinz-Carl-Anlage 10 ✉ 67547 – ☎ 06241 3080 – www.parkhotel-prinzcarl.de – geschl. 24. - 31. Dezember*

## 🏨 Dom-Hotel    🔲 🧖 🚗

**BUSINESS · FUNKTIONELL** Zentraler kann man in Worms kaum wohnen und dennoch bietet das Hotel gute Parkmöglichkeiten. Die Zimmer sind unterschiedlich geschnitten und funktionell eingerichtet, von einigen schaut man zum Obermarkt. Reichhaltiges Frühstücksbuffet.
53 Zim ☲ – ♥77/90 € ♥♥99/115 € – 2 Suiten
*Obermarkt 10 ✉ 67547 – ☎ 06241 9070 – www.dom-hotel.de*

# WORPSWEDE

Niedersachsen – 9 160 Ew. – Höhe 17 m – Regionalatlas **18**-G6

▶ Berlin 383 km – Hannover 142 km – Bremen 26 km – Bremerhaven 59 km
Michelin Straßenkarte 541

## 🐌 Kaffee Worpswede    🍴 🍽

**INTERNATIONAL · GEMÜTLICH** XX Wirklich schön dieses Anwesen von 1925 - der Künstler und Architekt Bernhard Hoetger hat es gestaltet. Am Mittag freut man sich auf hausgemachte Frikadellen oder Wildragout, nachmittags auf feine Kuchen, abends wird aufwändiger gekocht: kross gebratenes Zanderfilet, geschmortes Ochsenbäckchen...
Menü 20 € (mittags)/30 € – Karte 32/56 €
*Lindenallee 1 ✉ 27726 – ☎ 04792 1028 (Tischbestellung ratsam) – www.kaffee-worpswede.de – geschl. Montag - Dienstag*

## 🏨 Buchenhof    🦢 🛎 🏠 🧖 P

**FAMILIÄR · KLASSISCH** Die einstige Künstlervilla besticht durch ihre liebevolle Einrichtung mit zahlreichen schönen Antiquitäten. Hübsch auch das Café "Hans am Ende" - lecker die hausgemachten Torten! Von der Terrasse schaut man in den tollen Garten.
28 Zim ☲ – ♥65/85 € ♥♥107/137 €
*Ostendorfer Str. 16 ✉ 27726 – ☎ 04792 93390 – www.hotel-buchenhof.de*

## 🏠 Hotel Village am Weyerberg    🍴 🍽 P

**BUSINESS · MODERN** "Hotel - Bar - Café - Bistro", so das Motto hier. Ein kleines Hotel in der Ateliergegend mit wohnlich-individuellen Maisonetten und modernem Café-Restaurant mit internationalem Angebot wie Pasta, Flammkuchen, feinen Fisch- und Fleischgerichten, aber auch Rustikalem wie Sülze oder Matjes.
9 Zim ☲ – ♥92 € ♥♥136 € – ½ P
*Bergstr. 22 ✉ 27726 – ☎ 04792 93500 – www.village-worpswede.de*

## WREMEN

Niedersachsen – 1 920 Ew. – Höhe 2 m – Regionalatlas **8**-F5

▶ Berlin 419 km – Hannover 199 km – Bremerhaven 16 km – Cuxhaven 30 km
Michelin Straßenkarte 541

### 😊 Gasthaus Wolters - Zur Börse   🏡 ⇔ 🅿

**REGIONAL · RUSTIKAL** 🍴 Lust auf "Blätterteigpastete mit Lachs und Krabben", klassisches Labskaus und als Dessert "rote Grütze mit Vanillesoße"? In dem netten historischen Gasthaus neben der Kirche, einst Viehbörse, bekommt man schmackhafte Speisen mit reichlich regionalen Produkten der Saison.

Menü 30/40 € – Karte 24/52 €

*In der Lange Str. 22* ✉ *27638 –* ☎ *04705 1277 (Tischbestellung ratsam)*
*– www.zur-boerse.de – geschl. Ende April - Anfang Mai 2 Wochen, Oktober*
*- November 3 Wochen und Dienstag - Mittwoch*

## WÜRSELEN

Nordrhein-Westfalen – 37 690 Ew. – Höhe 195 m – Regionalatlas **35**-A12

▶ Berlin 635 km – Düsseldorf 80 km – Aachen 9 km – Mönchengladbach 47 km
Michelin Straßenkarte 543

### �𝕏O Alte Feuerwache - Podobnik's Bistro   🍃 🅿

**REGIONAL · TRENDY** 🍴 Angenehm geradliniger Stil und legere Atmosphäre, dazu geschulter Service und gutes Essen - das kommt an! Lust auf "Rindersteak vom Black-Angus-Beef mit Senf-Kräuterkruste"? Oder lieber "Filet von der Mai-Scholle auf Safranrisotto"?

Menü 49 € – Karte 37/56 €

*Oppener Str. 115* ✉ *52146 –* ☎ *02405 4290112*
*– www.alte-feuerwache-wuerselen.de – geschl. Sonntag - Montag*

## WÜRZBURG

Bayern – 124 580 Ew. – Höhe 177 m – Regionalatlas **49**-I15

▶ Berlin 500 km – München 281 km – Frankfurt am Main 119 km – Nürnberg 110 km
Michelin Straßenkarte 546

### 🏵 KUNO 1408   🕭 🅰🅲 🍃

**KREATIV · CHIC** 𝕏𝕏𝕏 Ein Stück Moderne im traditionsreichen Rebstock, das gilt sowohl für das hochwertige und gleichermaßen geschmackvolle Interieur als auch für die kreative Küche. Einer der ersten Besitzer des seit 1408 als Gasthaus bekannten Anwesens war Kuno vom Rebstock - daher der Name.

→ Rindvieh, Honig, Wildkräuter, Ei. Ferkel, Birne, Bohne, Spargel. Picknick, Rhabarber, Gurke, Wein.

Menü 96/119 €

*Stadtplan : A2-v – Hotel Rebstock, Neubaustr. 7* ✉ *97070 –* ☎ *0931 30930*
*– www.restaurant-kuno.de – nur Abendessen – geschl. Anfang Januar 3 Wochen,*
*August und Sonntag - Montag sowie an Feiertagen*

### 🏵 REISERS am Stein   ≼ 🏡 🅿

**KREATIV · TRENDY** 𝕏𝕏 Lebendig, niveauvoll, schön gelegen, und dann noch ausgezeichnete Küche... Da wird man gerne zum Stammgast! Was man hier in toller Lage in den Weinbergen serviert bekommt, hat jede Menge Aroma, Finesse und eine eigene Note. Das Menü "Freistil" macht seinem Namen alle Ehre: die Menüfolge ist nicht festgelegt.

→ Kalbstatar, Kalbskopf, Sardine, Grüne Sauce, Bloody Mary, Wachtelei. Surf'n Turf - Onglet, Carabinero, Kohlrabi, Karotten-Orangenpüree, Baharat Jus, Fischkroketten. Brioche, Karamellcreme, Safran, Milchreisschaum, Zitronen-Basilikumsorbet.

Menü 89 € – Karte 60/84 €

*Mittlerer Steinbergweg 5, über Röntgenring A1* ✉ *97080 –* ☎ *0931 286901*
*(Tischbestellung ratsam) – www.der-reiser.de – nur Abendessen – geschl. Sonntag*
*- Montag*

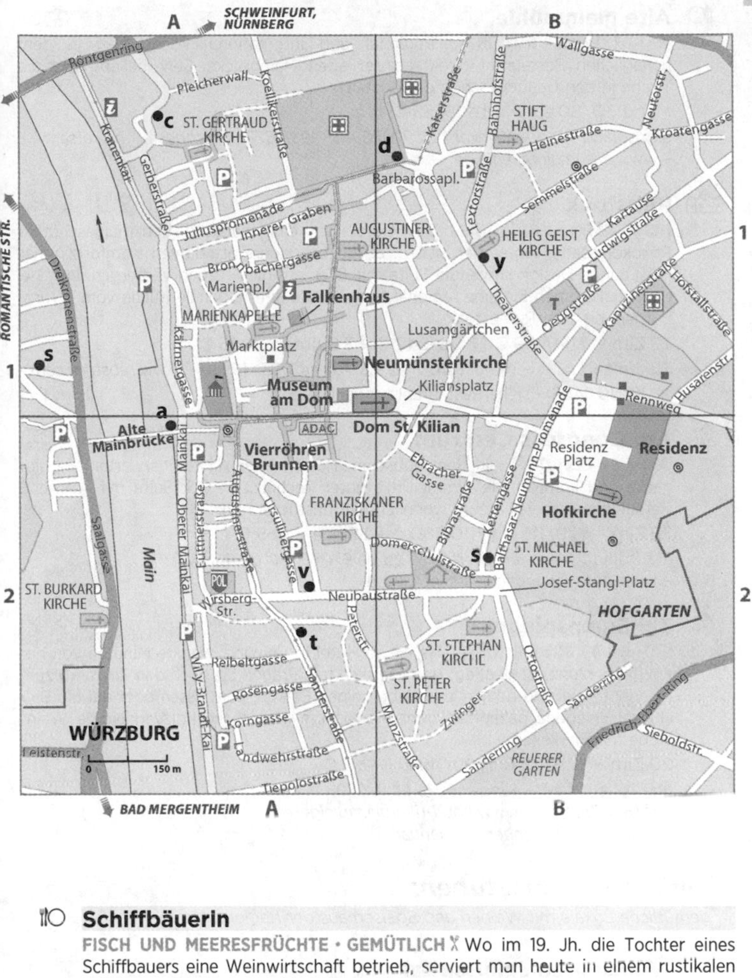
A
B
1
2
SCHWEINFURT, NÜRNBERG
ROMANTISCHE STR.
BAD MERGENTHEIM
Röntgenring
Pleicherwall
Koellikerstraße
Kranenkai
Gerberstraße
ST. GERTRAUD KIRCHE
Kaiserstraße
Bahnhofstraße
Wallgasse
STIFT HAUG
Heinestraße
Neutorstr.
Kroatengasse
Barbarossapl.
Textorstraße
Semmelstraße
Juliuspromenade
Innerer Graben
AUGUSTINER-KIRCHE
HEILIG GEIST KIRCHE
Kartause
Ludwigstraße
Bronnbachergasse
Marienpl.
Falkenhaus
MARIENKAPELLE
Theaterstraße
Oeggstraße
Kapuzinerstraße
Hofstallstraße
Dreikronenstraße
Lusamgärtchen
Marktplatz
Neumünsterkirche
Kiliansplatz
Museum am Dom
Karmelitergasse
Rennweg
Husarenstr.
Alte Mainbrücke
ADAC
Dom St. Kilian
Residenz Platz
Residenz
Vierröhren Brunnen
Ebracher Gasse
Balthasar-Neumann-Promenade
Mainkai
FRANZISKANER KIRCHE
Bibrastraße
Kettengasse
Hofkirche
Saalgasse
Main
Oberer Mainkai
Büttnerstraße
Augustinerstraße
Ursulinergasse
Domerschulstraße
ST. MICHAEL KIRCHE
Josef-Stangl-Platz
ST. BURKARD KIRCHE
POL
Wirsberg-Str.
Neubaustraße
HOFGARTEN
Peterstr.
ST. STEPHAN KIRCHE
Reibeltgasse
Rosengasse
Korngasse
ST. PETER KIRCHE
Ottostraße
Sanderring
Sanderstraße
Münzstraße
Zwinger
Friedrich-Ebert-Ring
Sieboldstr.
WÜRZBURG
Willy-Brandt-Kai
Landwehrstraße
Tiepolostraße
Sanderring
REUERER GARTEN
0
150 m

## Schiffbäuerin

**FISCH UND MEERESFRÜCHTE • GEMÜTLICH** Wo im 19. Jh. die Tochter eines Schiffbauers eine Weinwirtschaft betrieb, serviert man heute in einem rustikalen Restaurant frische Fischgerichte aus den eigenen Bassins.

Karte 29/56 €

**Stadtplan : A1-s** – *Katzengasse 7 ✉ 97082*
– *✆ 0931 42487 – www.schiffbaeuerin.de*
– *geschl. 1. - 13. Januar, 22. Juli - 22. August und Sonntagabend - Montag sowie an Feiertagen abends, Mai - August: Sonntagabend - Dienstag*

## San Buca

**KREATIV • FREUNDLICH** Gänzlich unprätentiös ist das Lokal unweit der Residenz: Die Tische einfach eingedeckt, die Küche unkompliziert, aber richtig gut! Tagesfrische Speisen werden auf einer Tafel angeboten und am Tisch erklärt. Dienstags kocht man vegetarisch.

Menü 70 € – Karte 44/51 €

**Stadtplan : B2-s** – *Balthasar-Neumann-Promenade 10 ✉ 97070*
– *✆ 0931 80100356 (Tischbestellung ratsam) – www.san-buca.de*
– *nur Abendessen – geschl. Sonntag - Montag*

## ⅺ○ Alte Mainmühle  🏠 ♿

**MARKTKÜCHE · RUSTIKAL** ✗ Regional und international kocht man in dem behaglichen Restaurant direkt an der alten Mainbrücke. Sehr beliebt sind die Tische in den Gauben, schön der Ausblick.

Menü 30/80 € – Karte 19/55 €

**Stadtplan : A2-a** – *Mainkai 1* ✉ *97070* – ✆ *0931 16777 (Tischbestellung ratsam)* – *www.alte-mainmuehle.de*

## 🏨 Rebstock  🍴 ⬆ ♨ 🚗

**HISTORISCH · INDIVIDUELL** Das Hotel hat eine hübsche denkmalgeschützte Rokokofassade, hinter der sich u. a. die besonders attraktiven Komfortzimmer mit Lounge-Design sowie die Suite mit Blick auf die Festung verbergen. Im "SA-LON" bekommen Sie eine regional beeinflusste internationale Küche vom "Würz-Burger" bis zum Rumpsteak.

72 Zim – ♦114/159 € ♦♦198/247 € – 3 Suiten – ⊊ 16 €

**Stadtplan : A2-v** – *Neubaustr. 7* ✉ *97070* – ✆ *0931 30930* – *www.rebstock.com*
�{} **KUNO 1408** – siehe Restaurantauswahl

## 🏨 Am Congress Centrum  ⬆

**URBAN · GEMÜTLICH** In dem hübschen Hotel in der Altstadt erwarten Sie elegante und komfortable Zimmer mit guter Technik. Im OG: Suite mit Aussicht. Gemütliche Atmosphäre im wohnlichen Frühstücksraum.

25 Zim – ♦79/115 € ♦♦110/160 € – 1 Suite – ⊊ 5 €

**Stadtplan : A1-c** – *Pleichertorstr. 26* ✉ *97070* – ✆ *0931 2307970* – *www.hotel-am-congress-centrum.de*

## 🏠 Till Eulenspiegel  🍴 🚫

**FAMILIÄR · FUNKTIONELL** Das kleine Hotel in Uninähe, wenige Minuten von der Fußgängerzone, ist gepflegt und preislich fair. Fragen Sie nach den Zimmern zum Innenhof - sie sind ruhiger und haben einen Balkon. Zum Essen oder auf ein Bier (18 verschiedene gezapfte!) geht man in die gemütliche holzverkleidete Weinstube mit Bierkeller.

20 Zim – ♦79/89 € ♦♦99/119 € – ⊊ 9 €

**Stadtplan : A2-t** – *Sanderstr. 1a* ✉ *97070*
– ✆ *0931 355840* – *www.hotel-till-eulenspielgel.de*
– *geschl. 23. Dezember - 6. Januar*

# *Fränkische Weinstuben:*

*gemütliche Lokale mit Weinen und Speisen aus der Region.*

## ⅺ○ Weinstuben Juliusspital  🏠 🚫

**REGIONAL · WEINSTUBE** ✗ In dem gemütlichen Lokal in der Innenstadt sitzt man in rustikalen Stuben mit historischem Flair oder im hübschen Innenhof. Es gibt regionale Küche und Weine vom eigenen Weingut.

Menü 25/45 € – Karte 21/42 €

**Stadtplan : B1-d** – *Juliuspromenade 19* ✉ *97070* – ✆ *0931 54080* – *www.weinstuben-juliusspital.de*

## ⅺ○ Bürgerspital-Weinstuben  🏠

**TRADITIONELLE KÜCHE · WEINSTUBE** ✗ In dem schmucken historischen Gebäude mit seinem schönen weißen Kreuzgewölbe wird bürgerliche Küche mit Fischgerichten sowie trocken gereiftem Rindfleisch geboten, dazu Weine des Bürgerspitals. Besuchen Sie auch die moderne Weinbar.

Menü 25/55 € – Karte 24/60 €

**Stadtplan : B1-y** – *Theaterstr. 19* ✉ *97070* – ✆ *0931 352880*
– *www.buergerspital-weinstuben.de*

## Am Stein Nord-West, über Röntgenring A1

### 🏰 Schloss Steinburg ☆ 🐾 ⊰ 📶 🖼 🛶 🏋 **P**

**HISTORISCHES GEBÄUDE · INDIVIDUELL** Die schöne Anlage entstand auf den Überresten einer alten Burg. Die Zimmer sind stilvoll und wohnlich, teils historisch-charmant, teils moderner, einige mit Blick auf die Stadt. Gehobene internationale Küche im Rittersaal, im Kaminzimmer oder auf der hübschen Gartenterrasse.

69 Zim ☼ – ♥123/140 € ♥♥186/266 € – ½ P

*Mittlerer Steinbergweg 100, schmale Zufahrt ab Unterdürrbach ☒ 97080 – ☎ 0931 97020 – www.steinburg.com*

## In Rottendorf über Ludwigstraße B1: 6 km

### 🍴 Waldhaus 🏡 🍽 ♻ **P**

**REGIONAL · GEMÜTLICH** 🍴 Eine beliebte Adresse ist dieser langjährige Familienbetrieb mit seinen gemütlichen Stuben. Die Küche ist regional und international, auf der Karte finden sich viele Fischgerichte. Das Haus liegt verkehrsgünstig und doch schön am Waldrand.

Karte 19/31 €

*Waldhaus 1, nahe der B 8 ☒ 97228 – ☎ 09302 92290 – www.waldhaus-leonhardt.de – geschl. Mitte August - Anfang September, Ende Dezember 1 Woche und Mittwoch - Donnerstag*

## In Erlabrunn über Röntgenring A1: 12 km

### 🍴 Zum Löwen ⇦ 🛏

**TRADITIONELLE KÜCHE · FREUNDLICH** 🍴 Der fränkische Gasthof a. d. 16. Jh. ist schon seit 1921 in Familienhand. Engagiert und freundlich kümmert man sich in gepflegter ländlicher Atmosphäre um die Gäste, serviert wird z. B. "gebackenes Schäuferla" oder "Deichlammrücken in der Kräuterkruste". Spezialitäten zur Saison: Ente und Gans.

Karte 21/52 € 5 Zim ☼ – ♥50/65 € ♥♥80/90 €

*Würzburger Str. 5 ☒ 97250 – ☎ 09364 1327 – www.loewen-erlabrunn.de – nur Abendessen, samstags und sonntags auch Mittagessen – geschl. 27. Dezember - 17. Januar, 24. Juli - 18. August und Montag - Dienstag, Januar - April: Montag - Mittwoch*

# WUNSIEDEL

Bayern – 9 340 Ew. – Höhe 537 m – Regionalatlas **51**-M15
▶ Berlin 353 km – München 280 km – Weiden in der Oberpfalz 55 km – Bayreuth 48 km
Michelin Straßenkarte 546

## In Wunsiedel-Göpfersgrün Ost. 5 km, Richtung Thiersheim

### 🍴 Wirtshaus im Gut 🏡 **P**

**MARKTKÜCHE · GASTHOF** 🍴 Ein richtig schöner gemütlicher Landgasthof! Zum umfangreichen Angebot der saisonalen (Kräuter-) Küche gehören neben Süßwasserfischen auch Wild, Lamm und schmackhafte Schmorgerichte. Tipp: Jeden Mittwoch gibt's Kronfleisch!

Menü 35 € (abends) – Karte 17/48 €

*Göpfersgrün 2 ☒ 95632 – ☎ 09232 917767 (Tischbestellung ratsam) – www.wirtshausimgut.de – geschl. Ende August - Mitte September 3 Wochen und Montagabend - Dienstag*

# WUNSTORF

Niedersachsen – 40 640 Ew. – Höhe 43 m – Regionalatlas **18**-H8
▶ Berlin 306 km – Hannover 24 km – Bielefeld 94 km – Bremen 99 km
Michelin Straßenkarte 541

**cantera by Wiegand** 🔥 💯 ♨️ 🅿️

**BUSINESS · INDIVIDUELL** Naturstein ist hier ganz klar das prägende Element, von den schicken modernen Zimmern bis zur schönen Saunalandschaft. Tipp: Themenzimmer wie "Kuschelzimmer", "Frauenzimmer"... Im Bistro gibt es neben dem Frühstück auch kleine Snacks.

22 Zim 🍽 – ♦89/119 € ♦♦99/129 €

*Adolph-Brosang-Str. 32 ✉ 31515*
*– ✆ 05031 95290 – www.cantera-hotel.de*

## In Wunstorf-Steinhude Nord-West: 8 km über B 441, in Hagenburg-
Altenhagen rechts

🍴○ **Schweers-Harms-Fischerhus** 🔥 💯 ♻️ 🅿️

**TRADITIONELLE KÜCHE · RUSTIKAL** 🍴 Mit urig-ländlichem Charme und allerlei liebenswertem Zierrat strahlt das einstige Bauernhaus Gemütlichkeit aus. Geboten wird bürgerliche Fischküche.

Karte 20/43 €

*Graf-Wilhelm-Str. 9 ✉ 31515 – ✆ 05033 5228 – www.fischerhus.de – geschl.*
*November - März: Montag außer an Feiertagen*

# WUPPERTAL

Nordrhein-Westfalen – 342 890 Ew. – Höhe 160 m – Regionalatlas **26**-C11
▶ Berlin 522 km – Düsseldorf 40 km – Essen 35 km – Dortmund 48 km
Michelin Straßenkarte 543

## In Wuppertal-Elberfeld

🍴○ **Am Husar** 🔥 🅿️ ⊿

**REGIONAL · FREUNDLICH** 🍴🍴 Ein Familienbetrieb, wie er im Buche steht! Seit über 30 Jahren kümmert sich Familie Schmand aufmerksam um die Gäste, und zwar in gemütlichen Stuben oder auf der großen Gartenterrasse. Serviert wird Regionales, im Sommer auch vom Grill.

Menü 50 € – Karte 32/62 €

*Jägerhofstr. 2 ✉ 42119 – ✆ 0202 424828 (Tischbestellung ratsam)*
*– www.restaurant-am-husar.de – nur Abendessen, sonntags auch Mittagessen*
*– geschl. Mittwoch*

🏠 **Miraflores**

**URBAN · INDIVIDUELL** Nicht von der Stange ist das kleine Hotel in dem Stadthaus a. d. 19. Jh. Es wird von der Gastgeberin freundlich geführt und verbindet helle, moderne Einrichtung mit Altbau-Charme. Auf Wunsch können Sie im Sommer auch draußen frühstücken.

6 Zim – ♦90 € ♦♦90/110 € – 🍽 12 €

*Nützenberger Str. 23, Zufahrt über Haarhausstraße ✉ 42115 – ✆ 0202 4962869*
*– www.hotelmiraflores.de*

## In Wuppertal-Vohwinkel

🍴 **Trattoria** 🔥 🆎 🅿️

**ITALIENISCH · KLASSISCHES AMBIENTE** 🍴 "Venezianische Kalbsleber", "Spaghetti Vongole", "Vitello Tonnato"... In der etwas legereren Restaurantvariante der Familie Scarpati bekommt man mit Liebe gekochte italienische Gerichte voller Geschmack und Frische. Mittags gibt's zusätzlich einen günstigeren Lunch, gefragt auch die wechselnden Empfehlungen.

Menü 35 € – Karte 30/57 €

*Restaurant Scarpati, Scheffelstr. 41 ✉ 42327 – ✆ 0202 784074 – www.scarpati.de*
*– geschl. Montag*

## ⅠО Scarpati

ITALIENISCH • ELEGANT ✗✗✗ Schon über 30 Jahre haben die Scarpatis in dieser Jugendstilvilla ihr stilvoll dekoriertes klassisches Restaurant und bieten hier italienische Küche. So richtig schön (und geschützt dank Markise) sitzt man auf der tollen Gartenterrasse. Tipp: Dienstags serviert man ein 6-gängiges Amuse-Bouche-Menü für 38 €.

Menü 35 € (mittags)/70 € – Karte 43/75 €   7 Zim ⌑ – ♦90/120 €
♦♦120/160 € – 1 Suite

*Scheffelstr. 41 ✉ 42327 – ℰ 0202 784074 – www.scarpati.de – geschl. Montag*

☺ **Trattoria** – siehe Restaurantauswahl

# In Wuppertal-Ronsdorf

## ⌂ Park Villa

PRIVATHAUS • DESIGN An der Südhöhe von Wuppertal hat man mit der aufwändig sanierten Villa von 1907 und dem angebauten "Design House" einen aparten Kontrast geschaffen - hier wie dort ist alles sehr hochwertig und individuell, einschließlich des persönlichen Service. Zum Entspannen: hübscher Garten, Sauna, Billard.

28 Zim – ♦105/140 € ♦♦130/170 € – 2 Suiten – ⌑ 18 € – ½ P

*Erich-Hoepner Ring 5 ✉ 42369 – ℰ 0202 28335400 – www.parkvilla-wuppertal.de*

# WURZACH, BAD

Baden-Württemberg – 14 170 Ew. – Höhe 654 m – Regionalatlas **64**-I21

▶ Berlin 681 km – Stuttgart 159 km – Konstanz 121 km – Kempten (Allgäu) 47 km

Michelin Straßenkarte 545

## ⅠО Adler

REGIONAL • FREUNDLICH ✗ Das ist etwas für Freunde schwäbischer Klassiker: Mit Käsespatzle, Rostbraten, Cordon bleu oder Maultaschensuppe bietet die Küche alles, was man hier in der Region erwartet.

Menü 25 € (mittags)/35 € – Karte 25/44 €

*Hotel Adler, Schlossstr. 8 ✉ 88410 – ℰ 07564 93030*
*– www.hotel-adler-bad wurzach.de – nur Abendessen, sonntags auch Mittagessen*
*– geschl. Februar 2 Wochen, August 2 Wochen und Montag - Dienstag*

## ⌂ Adler

GASTHOF • FUNKTIONELL In dem familiengeführten Gasthof in der Ortsmitte fühlt man sich gut aufgehoben: Zum einen schläft man in hellen und funktionalen Zimmer, in denen man sogar Kissenauswahl bietet, zum anderem wird man wirklich freundlich betreut!

18 Zim ⌑ – ♦62/75 € ♦♦85/110 €

*Schlossstr. 8 ✉ 88410 – ℰ 07564 93030 – www.hotel-adler-bad-wurzach.de*

ⅠО **Adler** – siehe Restaurantauswahl

# WUSTRAU-ALTFRIESACK

Brandenburg – 8 670 Ew. – Höhe 40 m – Regionalatlas **22**-O7

▶ Berlin 81 km – Potsdam 74 km – Neuruppin 22 km

Michelin Straßenkarte 542

## ⌂ Seeschlösschen

LANDHAUS • MEDITERRAN Das hübsche weiße Landhaus unmittelbar am Ruppiner See versprüht südliches Flair. Hell und freundlich sind die mit Terrakottaboden ausgestatteten Zimmer, meist mit Balkon. Im Restaurant mit schöner Seeterrasse serviert man spanisch beeinflusste Küche einschließlich Tapas.

11 Zim ⌑ – ♦79/89 € ♦♦129/149 €

*Am Bollwerk 1 ✉ 16818 – ℰ 033925 8803 – www.seeschloesschen-wustrau.de*
*– geschl. 27. Dezember - 27. Januar*

# WUSTROW

Mecklenburg-Vorpommern – 1 170 Ew. – Höhe 6 m – Regionalatlas **5**-N3
▶ Berlin 255 km – Schwerin 133 km – Rostock 42 km
Michelin Straßenkarte 542

## Schimmel's                                    ⇐ 斎 P ⊠

**REGIONAL · FAMILIÄR** ☆☆ Hinter der schmucken roten Fassade hat man es dank charmanter Landhausatmosphäre richtig gemütlich. Die ambitionierte saisonale Regionalküche gibt es z. B. als "Darßer Reh mit Sellerie, glasierten Kirschen und Pfifferlingen". Und am Nachmittag hausgebackenen Kuchen? Tipp: die Gästezimmer sind ebenso schön.

Menü 42/54 € – Karte 37/46 €   3 Zim – ♦50/70 € ♦♦60/90 € – ⊊6 €
Parkstr. 1 ⊠ 18347 – ☎ 038220 66500 (Tischbestellung ratsam)
– www.schimmels.de – nur Abendessen, sonntags auch Mittagessen – geschl. Donnerstag

## Dorint Strandresort          ⇗ ⊡ ⊛ ⊛ ⊡ � & ⊠ ⇐

**SPA UND WELLNESS · GEMÜTLICH** Über drei Häuser erstrecken sich hier Wohnkomfort, Wellness und Gastronomie - alles freundlich gestaltet, von Feng Shui inspiriert. Zum Wohlfühlen die schönen hellen Zimmer, der Spa auf 750 qm, das "Inner-Balance"-Teehaus. Und bei den Kids kommt dank diverser Spiel- und Freizeitangebote keine Langeweile auf!

96 Zim ⊊ – ♦80/160 € ♦♦104/260 € – 16 Suiten – ½ P
Strandstr. 46 ⊠ 18347 – ☎ 038220 650 – www.dorint.com/wustrow

# XANTEN

Nordrhein-Westfalen – 21 190 Ew. – Höhe 22 m – Regionalatlas **25**-B10
▶ Berlin 574 km – Düsseldorf 68 km – Duisburg 42 km – Kleve 26 km
Michelin Straßenkarte 543

## In Xanten-Obermörmter Nord-West: 15 km über B 57, nach Marienbaum rechts ab

## ✿ Landhaus Köpp                                        P

**FRANZÖSISCH-KLASSISCH · ELEGANT** ☆☆☆ Einer der Klassiker am Niederrhein. Patron Jürgen Köpp kocht auf klassisch-französischer Basis und ganz ohne Chichi, seine Gerichte leben von sehr guten Produkten und vollmundigem Geschmack. Elegantes Ambiente, hochwertige Tischkultur, treffliche Weinberatung. Alternative: "Filius" mit bürgerlicher Küche.
→ Harmonie von Edelfischen und Minze mit Pouilly Fumé. Lammrücken mit Knoblauchduft und Kräuterknödel. Knusprige Ananas mit Madagaskar-Vanille.

Menü 60/95 € – Karte 63/78 €
Husenweg 147 ⊠ 46509 – ☎ 02804 1626 (Tischbestellung erforderlich)
– www.landhauskoepp.de – geschl. Anfang Januar 10 Tage und Samstagmittag, Sonntagabend - Montag

# ZEISKAM

Rheinland-Pfalz – 2 220 Ew. – Höhe 123 m – Regionalatlas **54**-E17
▶ Berlin 674 km – Mainz 112 km – Neustadt an der Weinstraße 25 km – Karlsruhe 46 km
Michelin Straßenkarte 543

## Zeiskamer Mühle                                    斎 P

**MARKTKÜCHE · GEMÜTLICH** ☆☆ Der Qualitätsanspruch von Familie Küspert ist auch im Restaurant zu spüren. Schmackhaft und ausdrucksstark verbindet man Regionales und Internationales, so z. B. bei "Ragout von Hirschkeule in Wacholder-Rahmsoße". Räumlich stehen die charmante in Holz gehaltene Mühlenstube und das moderne Restaurant zur Wahl.

Menü 30/51 € – Karte 28/56 €
Zeiskamer Mühle, Hauptstr. 87, Süd: 1,5 km ⊠ 67378 – ☎ 06347 97400
– www.zeiskamermuehle.de – nur Abendessen – geschl. Anfang August 2 Wochen

## ⌂ Zeiskamer Mühle

**FAMILIÄR · MODERN** Mit viel Engagement hat die Familie hier ein tipptopp gepflegtes modernes Landhotel geschaffen, das mit geradlinig-wohnlichen Zimmern, gutem Frühstück und schöner Lage Businessgäste und Pfalzurlauber gleichermaßen anspricht.

52 Zim ⌂ – †85/105 € ††125/145 €

*Hauptstr. 87, Süd: 1,5 km ⊠ 67378 – ℰ 06347 97400 – www.zeiskamermuehle.de – geschl. Anfang August 2 Wochen*

☻ **Zeiskamer Mühle** – siehe Restaurantauswahl

**ZEITHAIN** Sachsen ➙ Siehe Riesa an der Elbe

## ZELL am HARMERSBACH

Baden-Württemberg – 7 960 Ew. – Höhe 223 m – Regionalatlas **54**-E19

▶ Berlin 769 km – Stuttgart 168 km – Karlsruhe 99 km – Freudenstadt 43 km
Michelin Straßenkarte 545

## ⅰ○ Bräukeller

**BÜRGERLICHE KÜCHE · GEMÜTLICH** Ⅹ In dem engagiert geführten Restaurant werden die Gäste sehr freundlich umsorgt - ob im Hopfengarten (eine wirklich hübsche Terrasse an der alten Stadtmauer) oder im gemütlichen Gewölbekeller von 1768. Man kocht bürgerlich und international.

Karte 24/49 €

*Fabrikstr. 8 ⊠ 77736 – ℰ 07835 548800 – www.braeukeller-zell.de – geschl. Montag*

**ZELL** Rheinland-Pfalz ➙ Siehe Zellertal

## ZELLA-MEHLIS

Thüringen – 10 790 Ew. – Höhe 500 m – Regionalatlas **40**-J13

▶ Berlin 346 km – Erfurt 55 km – Coburg 58 km – Suhl 6 km
Michelin Straßenkarte 544

## ⌂ Waldmühle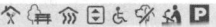

**GASTHOF · FUNKTIONELL** Ein sehr gepflegtes Hotel, das aus einem Gast- und Logierhaus von 1892 entstanden ist. Nett die Lage am Waldrand, dennoch hat man eine gute Anbindung an die Autobahn. Wohnlich gestaltete Zimmer und Saunabereich mit Außenwhirlpool. Das Restaurant ist mit viel Holz in ländlichem Stil eingerichtet.

29 Zim ⌂ – †56/68 € ††79/110 € – 2 Suiten – ½ P

*Lubenbachstr. 2 ⊠ 98544 – ℰ 03682 89833 – www.hotel-waldmuehle.de*

## ZELLERTAL

Rheinland-Pfalz – 1 220 Ew. – Höhe 169 m – Regionalatlas **47**-E16

▶ Berlin 636 km – Mainz 53 km – Neustadt an der Weinstraße 53 km – Mannheim 44 km
Michelin Straßenkarte 543

## In Zellertal-Zell

## ⌂ Kollektur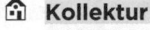

**HISTORISCH · GEMÜTLICH** In schöner Lage am Ortsrand bietet der Familienbetrieb in einer ehemaligen Kollektur von 1748 sehr wohnliche Gästezimmer, teils mit Talsicht. Auch eine sonnige Liegewiese gehört zum Hotel. Restaurant mit hübscher Terrasse.

15 Zim ⌂ – †65/85 € ††95/115 € – ½ P

*Zeller Hauptstr. 19 ⊠ 67308 – ℰ 06355 954545 – www.hotel-kollektur.de – geschl. 23. Dezember - 13. Januar*

## ZELTINGEN-RACHTIG

Rheinland-Pfalz – 2 250 Ew. – Höhe 120 m – Regionalatlas **46**-C15

▶ Berlin 688 km – Mainz 121 km – Trier 49 km – Bernkastel-Kues 8 km
Michelin Straßenkarte 543

### Im Ortsteil Zeltingen

🕽○ **Saxlers Restaurant** ⟨ 🏠 🍴 🚗

**INTERNATIONAL · LÄNDLICH** XX An der Uferpromenade unweit des alten Markt-platzes bieten die freundlichen und engagierten Gastgeber internationale Küche. Von März bis Oktober hat man abends als Alternative den Braukeller - hier gibt's Bier vom Kloster Machern.

Menü 34/62 € – Karte 44/60 €

*Hotel St. Stephanus, Uferallee 9, B 53 ✉ 54492 – ✆ 06532 680 (Tischbestellung ratsam) – www.hotel-stephanus.de*

 **St. Stephanus** ⟨ 🔲 🦢 📺 🛁 🚗

**HISTORISCHES GEBÄUDE · MODERN** An der Mosel liegt das Herrenhaus mit hübscher Bruchsteinfassade a. d. 18. Jh. Neben wohnlichen Zimmern im histori-schen Haus sowie im angeschlossenen Anbau gibt es für Ihre Entspannung auch fernöstliche Massage- und Kosmetikbehandlungen.

43 Zim ☲ – †55/80 € ††80/140 € – ½ P

*Uferallee 9, B 53 ✉ 54492 – ✆ 06532 680 – www.hotel-stephanus.de*

🕽○ **Saxlers Restaurant** – siehe Restaurantauswahl

## ZERBST

Sachsen-Anhalt – 22 010 Ew. – Höhe 55 m – Regionalatlas **31**-M9

▶ Berlin 133 km – Magdeburg 43 km – Dessau 30 km
Michelin Straßenkarte 542

🕽○ **Park-Restaurant Vogelherd** 🏠 ⟳ **P**

**MARKTKÜCHE · LÄNDLICH** XX Idyllisch liegt das einstige Gutshaus im Grünen. Das seit über 100 Jahren familiär geleitete Restaurant bietet saisonale Küche. Gefragt ist auch die hübsche Terrasse bei einem kleinen Teich.

Menü 30/65 € – Karte 32/56 €

*Lindauer Str. 78, Nord: 2,5 km ✉ 39261 – ✆ 03923 780444*

**ZIMMERN** Baden-Württemberg → Siehe Rottweil

## ZINGST

Mecklenburg-Vorpommern – 3 030 Ew. – Höhe 2 m – Regionalatlas **5**-N3

▶ Berlin 284 km – Schwerin 143 km – Rostock 71 km – Stralsund 42 km
Michelin Straßenkarte 542

🕽○ **Meerlust** 🏠 🍴 🚗

**INTERNATIONAL · ELEGANT** XXX Im eleganten Restaurant und auf der hübschen Terrasse sitzt man gleichermaßen schön, während man sich international-saison-ale Speisen wie "gebratenes Filet vom Heilbutt auf Spargel-Morchelragout" ser-vieren lässt. Mittags kleineres Angebot.

Menü 55 € – Karte 44/57 €

*Hotel Meerlust, Seestr. 72 ✉ 18374 – ✆ 038232 8850 – www.hotelmeerlust.de*

 **Meerlust** 🏊 🍴 ⤳ 🔲 🕙 🦢 🎧 📺 🛁 🚗

**SPA UND WELLNESS · MODERN** In dem stilvoll-modernen Hotel kann man wirk-lich schön Urlaub machen: Die Zimmer sind äußerst wohnlich (besonders komfor-tabel in der Lodge!), attraktiv der Spa, engagiert die Gästebetreuung. Dazu die Lage: Strand und Deich sind nur einen Steinwurf entfernt! HP inklusive.

45 Zim ☲ – †109/179 € ††158/358 € – 7 Suiten – ½ P

*Seestr. 72 ✉ 18374 – ✆ 038232 8850 – www.hotelmeerlust.de*

🕽○ **Meerlust** – siehe Restaurantauswahl

## Marks

**FAMILIÄR · AM MEER** Überzeugend ist hier schon die ruhige Lage in einem kleinen Wäldchen gleich hinterm Deich. Zudem hat man wohnliche, freundliche Zimmer (teilweise mit Terrasse) und ein hübsches Saunahaus im Garten (kostenpflichtig) - nach Terminabsprache auch Massage möglich. Restaurant im Brasserie-Stil mit netter Terrasse.

25 Zim ♴ - ♦79 € ♦♦129 € - ½ P

*Weidenstr. 17 ✉ 18374*

*- ☎ 038232 16140 - www.hotel-marks.de*

## Gode Tied

**FAMILIÄR · FUNKTIONELL** In der familiären kleinen Ferienadresse erwarten Sie wohnliche Zimmer, alle mit Kitchenette und Balkon/Terrasse sowie ein charmanter Frühstücksraum. Sie möchten mit dem Fahrrad die Gegend erkunden? Hier im Haus können Sie eines leihen.

10 Zim ♴ - ♦55/80 € ♦♦75/105 €

*Friedenstr. 35 ✉ 18374 - ☎ 038232 15639 - www.hotel-gode-tied.eu*

**ZINNOWITZ** Mecklenburg-Vorpommern ➜ Siehe Usedom (Insel)

## ZIRNDORF

Bayern – 25 960 Ew. – Höhe 306 m – Regionalatlas **50**-K16

▶ Berlin 452 km – München 175 km – Nürnberg 16 km – Ansbach 35 km

Michelin Straßenkarte 546

Siehe Nürnberg (Umgebungsplan)

## Reubel

**FAMILIÄR · INDIVIDUELL** Engagiert geführt und tipptopp in Schuss! Man wohnt in individuellen Zimmern von Standard bis zur Themen-Juniorsuite "1001 Nacht" oder den "Playmobil-Zimmern" mit Bezug zum nahegelegenen Park! Alles ist wertig und geschmackvoll. Appartements im Gästehaus. Restaurant mit internationaler und regionaler Küche.

24 Zim ♴ - ♦69/129 € ♦♦98/149 € - ½ P

**Stadtplan : A2-c** - *Banderbacher Str. 27 ✉ 90513 - ☎ 0911 96010*

*- www.hotel-reubel.de - geschl. 23. Dezember - 12. Januar*

## ZORNEDING

Bayern – 8 930 Ew. – Höhe 560 m – Regionalatlas **66**-M20

▶ Berlin 599 km – München 24 km – Wasserburg am Inn 34 km

Michelin Straßenkarte 546

## Alte Posthalterei

**MARKTKÜCHE · GEMÜTLICH** XX Paprikasuppe, Gulasch Stroganoff, Marillenknödel... In den liebenswerten Stuben dieses gestandenen Gasthofs werden regional-saisonale Gerichte sowie Klassiker serviert. Lauschiger Biergarten unter Kastanien. Zum Übernachten stehen schöne großzügige Zimmer bereit.

Menü 33/60 € - Karte 23/48 € 5 Zim ♴ - ♦110/150 € ♦♦120/180 €

*Anton-Grandauer-Str. 9 ✉ 85604*

*- ☎ 08106 20007 - www.alteposthalterei-zorneding.de*

*- geschl. Anfang Februar 1 Woche, Ende August 2 Wochen, Mitte November 1 Woche und Montag - Dienstag*

## ZWEIBRÜCKEN

Rheinland-Pfalz – 34 070 Ew. – Höhe 226 m – Regionalatlas **46**-C17

▶ Berlin 691 km – Mainz 139 km – Saarbrücken 40 km – Pirmasens 25 km

Michelin Straßenkarte 543

🍴 **Zum StorchenNest**  🕸 🛖 ♿ P

**REGIONAL · LÄNDLICH** 🗡 Die Lage am Stadtrand tut der Beliebtheit dieses Restaurants keinerlei Abbruch! Seit über 20 Jahren kommt die Herzlichkeit der Familie ebenso an wie die charmanten Räume und die regionale Küche. Zu trinken gibt es rund 150 Positionen Pfälzer Wein zu fairen Preisen.

Menü 13 € (mittags unter der Woche)/58 € – Karte 21/45 €

*Landauer Str. 106a* ✉ *66482 –* ☏ *06332 49410 – www.zumstorchennest.de*
*– geschl. Anfang Januar 1 Woche, Ende Juli - Anfang August 2 Wochen und Dienstag, Samstagmittag*

## Außerhalb Ost: 3 km

🍴 **Landhaus**  🛖 P

**REGIONAL · GEMÜTLICH** 🗡 Sie mögen's ländlich-gemütlich? Im Winter unterstreicht ein offener Kamin die schöne Atmosphäre in den einstigen Stallungen des Landschlosses, im Sommer speist man draußen mit Blick auf den Park. Die Küche ist regional und international: Rumpsteak, Flammkuchen, Pasta, Vesper...

Karte 27/54 €

*Hotel Landschloss Fasanerie, Fasanerie 1* ✉ *66482 –* ☏ *06332 973207*
*– www.landschloss-fasanerie.de – Mittwoch - Samstag ab 14 Uhr geöffnet*
*– geschl. Donnerstag*

🍴 **ESSLIBRIS**  🛖 P

**MEDITERRAN · ELEGANT** 🗡🗡 Unter dem Motto "Essen, Freiheit, Vergnügen" bietet man mediterrane, aber auch regionale Speisen. Appetit macht z. B. "rosa gebratener Kalbsrücken in Schalotten-Senfkruste". Die Küche geht auch gerne auf Ihre Wünsche ein!

Menü 38/75 € – Karte 39/71 €

*Hotel Landschloss Fasanerie, Fasanerie 1* ✉ *66482 –* ☏ *06332 973205*
*– www.landschloss-fasanerie.de – geschl. Sonntagabend - Dienstag*

🏰 **Landschloss Fasanerie**  🏊 ⚲ 🖼 🕸 ⚒ P

**HISTORISCH · INDIVIDUELL** Sie genießen den romantischen Park samt Rosengarten und Weiher, entspannen bei Massage und Kosmetik, bleiben fit beim Joggen und Wandern rund ums Hotel, feiern im stilvollen Saal... Tipp: große Ateliers und Maisonetten. Sonntags Brunch.

50 Zim ⌂ – ♟118/210 € ♟♟155/285 € – ½ P

*Fasanerie 1* ✉ *66482 –* ☏ *06332 9730 – www.landschloss-fasanerie.com*
🍴 **Landhaus** • 🍴 **ESSLIBRIS** – siehe Restaurantauswahl

# ZWENKAU

Sachsen – 8 820 Ew. – Höhe 129 m – Regionalatlas **41**-N12
▶ Berlin 198 km – Dresden 125 km – Leipzig 23 km – Altenburg 35 km
Michelin Straßenkarte 542

🏠 **Seehof**   🎋 🖼 🕸 🔥 🛗 AC ⚒ P

**BUSINESS · GEMÜTLICH** Ein familiengeführtes Hotel mit wohnlicher Atmosphäre. Angenehm licht ist der Frühstücksraum in klarem modernem Stil. Einige Zimmer hat man besonders charmant dekoriert. Im Restaurant sorgen helles Holz und Kachelofen für Gemütlichkeit.

42 Zim ⌂ – ♟76/129 € ♟♟90/179 € – ½ P

*Zur Harth 1* ✉ *04442 –* ☏ *034203 5710 – www.seehof-leipzig.de – geschl. 1.*
*- 18. Januar*

# ZWIESEL

Bayern – 9 260 Ew. – Höhe 585 m – Regionalatlas **59**-P18
▶ Berlin 476 km – München 179 km – Passau 62 km – Cham 59 km
Michelin Straßenkarte 546

## ⫩◯ **Marktstube** 🛏 🅿

**TRADITIONELLE KÜCHE · FREUNDLICH** ⫨ Die persönlich-familiär geführte Markt-
stube ist ein gepflegtes, hell gestaltetes Restaurant, in dem man bürgerliche und
internationale Speisen serviert bekommt.

Menü 30 € – Karte 24/35 €

*Angerstr. 31* ✉ *94227 –* ☎ *09922 6285 – www.restaurant-marktstube.de*
*– geschl. Ende Mai - Juni 2 Wochen und Dienstag, November: Dienstag,
Sonntagabend*

## 🏠 **GlasHotel** 🐕 🦢 ⫷ 🛋 🔲 🕸 🛁 🐾 🍷 🚗 🚬

**LANDHAUS · INDIVIDUELL** Das Thema Glas wird hier groß geschrieben: Überall
in diesem gut geführten Haus finden sich entsprechende Kunstgegenstände. Die
Zimmer sind sehr gepflegt und wohnlich, geschmackvoll der Spa, umfangreich
das Kosmetik- und Massageangebot.

23 Zim ⚲ – ♥50/65 € ♥♥100/126 € – 1 Suite – ½ P

*Hochstr. 45* ✉ *94227*
*–* ☎ *09922 8540 – www.glashotel.de*
*– geschl. 8. November - 31. Dezember*

## 🏠 **Zur Waldbahn** 🐕 🛋 🔲 🕸 🍷 ⛱ 🅿

**GASTHOF · FUNKTIONELL** Der erweiterte historische Gasthof gegenüber dem
Bahnhof beherbergt wohnliche Zimmer (meist mit Balkon) und einen netten Sau-
na- und Badebereich. Gepflegter Garten. Gemütlich-rustikal ist das Ambiente im
Restaurant.

20 Zim ⚲ – ♥62/70 € ♥♥84/108 € – ½ P

*Bahnhofplatz 2* ✉ *94227 –* ☎ *09922 8570 – www.zurwaldbahn.de – geschl.
17. März - 9. April*

# ZWINGENBERG

Hessen – 6 710 Ew. – Höhe 99 m – Regionalatlas **47**-F16
▶ Berlin 586 km – Wiesbaden 61 km – Mannheim 43 km – Darmstadt 23 km
Michelin Straßenkarte 543

## 😊 **Kaltwassers Wohnzimmer** 🛏 💬 🚭

**MODERNE KÜCHE · RUSTIKAL** ⫨ Gemütliche Wohnzimmer-Atmosphäre macht
sich hier breit, was nicht zuletzt an charmanten Details im 50er-Jahre-Stil liegt.
Gekocht wird modern-regional - da gibt's z. B. "En rosa Ochs" ("Odenwälder
Rumpsteak mit Bierzwiebeln"). Draußen lockt das "Atrium" mit Innenhof-Flair
und Blick in die verglaste Küche!

Menü 35/55 € – Karte 33/58 €

*Obergasse 15A* ✉ *64673 –* ☎ *06251 1058640 (Tischbestellung ratsam)*
*– www.kaltwasserswohnzimmer.de – nur Abendessen, sonntags auch Mittagessen
– geschl. Januar, Juli und Montag - Dienstag*

# ZWISCHENAHN, BAD

Niedersachsen – 27 870 Ew. – Höhe 7 m – Regionalatlas **17**-E6
▶ Berlin 453 km – Hannover 185 km – Bremen 67 km – Oldenburg 17 km
Michelin Straßenkarte 541

## ⫩◯ **Antonio Lava** 🛏

**ITALIENISCH · GEMÜTLICH** ⫨⫨ Lust auf "cucina italiana"? In dem freundlichen
Restaurant bietet man passend zum mediterranen Touch des Interieurs ansprechende Gerichte wie "Linguine Carbonara mit geräuchertem Thunfisch" - nicht
zu vergessen das frische Antipasti-Buffet.

Menü 20/69 € – Karte 21/80 €

*In der Horst 1* ✉ *26160*
*–* ☎ *04403 64970 – www.antonio-lava.de*

## ⅱ◯ Der Ahrenshof

**TRADITIONELLE KÜCHE · RUSTIKAL** XX Nahe dem Kurpark finden Sie das gemütliche und charmant-rustikale Ammerländer Bauernhaus von 1688. Die bürgerliche Küche serviert man auch auf der großen Terrasse im Grünen.
Menü 29/47 € – Karte 20/50 €
*Oldenburger Straße* ✉ *26160 –* 𝒞 *04403 4711 (Tischbestellung ratsam)*
*– www.der-ahrenshof.de*

## 🏠 Haus am Meer

**BUSINESS · FUNKTIONELL** Die Zimmer dieses komfortablen Hotels unmittelbar am Zwischenahner Meer sind mit modernen Möbeln und warmen Farben sehr wohnlich eingerichtet. Ob Tagungsgäste, Urlauber oder Einheimische, besonders gerne genießt man im Sommer die Restaurantterrasse mit Blick aufs Wasser.
71 Zim ⌨ – ♦72/130 € ♦♦127/190 € – 1 Suite – ½ P
*Auf dem Hohen Ufer 25* ✉ *26160*
*–* 𝒞 *04403 9400 – www.hausammeer.de*

## 🏠 Am Badepark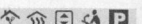

**FAMILIÄR · GEMÜTLICH** Das familienfreundliche Ferienhotel mit seinen modernen, chic in warmen Farben gehaltenen Zimmern liegt neben einem großen Freizeitbad (für Hausgäste kostenfrei) und bietet auch einen Fahrradverleih. Neuzeitlich-gediegenes Restaurant mit netter Terrasse.
45 Zim ⌨ – ♦66/99 € ♦♦98/118 € – 5 Suiten – ½ P
*Am Badepark 5* ✉ *26160 –* 𝒞 *04403 6960 – www.hotelambadepark.de*

## 🏠 NordWest Hotel

**BUSINESS · MODERN** Hier hat sich viel getan: Nach Komplettrenovierung präsentiert sich das Hotel mit einladender Halle, schönen modernen Zimmern in warmen Tönen und einem frischen, freundlichen Wellnessbereich. Attraktiv auch die Lage nahe dem Seerundweg.
48 Zim ⌨ – ♦66/109 € ♦♦98/124 € – 2 Suiten
*Zum Rosenteich 14* ✉ *26160 –* 𝒞 *04403 9230 – www.hotel-bad-zwischenahn.de*

# In Bad Zwischenahn-Aschhauserfeld Nord-Ost: 4 km Richtung Wiefelstede

## ✿ Apicius

**FRANZÖSISCH-MODERN · ELEGANT** XXX Das stilvolle Restaurant ist einer der Gourmet-Klassiker der gesamten Region und ein Garant für modern interpretierte klassische Küche mit Niveau. Hier werden erstklassige Produkte, kraftvolle Aromen und feine Kontraste groß geschrieben. Geschult und aufmerksam der Service.
➜ Taschenkrebs und Kaisergranat, Yuzu, Koriander, Avocado. Maibock in Heu, Rhabarber, Haselnuss, Kerbel. Erdbeere, Basilikum, Mandeln, Quark.
Menü 59/117 €
*Hote Jagdhaus Eiden am See, Eiden 9* ✉ *26160 –* 𝒞 *04403 698000*
*(Tischbestellung ratsam) – www.jagdhaus-eiden.de – Mittwoch - Freitag nur Abendessen – geschl. 27. Dezember - 23. Februar, 2. - 16. Juli und Sonntag - Dienstag*

## ⅱ◯ Jäger- und Fischerstube

**REGIONAL · LÄNDLICH** XX Die Lage des Jagdhauses in einem 10 ha großen Park ist fantastisch - da ist die herrliche Gartenterrasse natürlich besonders gefragt! Auch drinnen sitzt man schön bei regionalen Fisch- und Wildspezialitäten sowie internationalen Klassikern.
Menü 49 € – Karte 36/82 €
*Hotel Jagdhaus Eiden, Eiden 9* ✉ *26160 –* 𝒞 *04403 698000*
*– www.jagdhaus-eiden.de*

## 🏠 Jagdhaus Eiden am See   🐾 ⌂ 🖼 ☺ 🐟 🛋 🖃 ⚐ ⚒ ♨ 🚗

**LANDHAUS · GEMÜTLICH** Ein geschmackvolles familiengeführtes Ferienhotel in Seenähe. Wer es besonders komfortabel mag, bucht eines des schicken Zimmer im Gästehaus - hier auch eine der Wellness-Suiten. Und lassen Sie sich nicht den Spa auf rund 1000 qm entgehen!

99 Zim 🛏 – 👤79/193 € 👥126/244 € – 3 Suiten – ½ P

*Eiden 9 ✉ 26160 – ℰ 04403 698000 – www.jagdhaus-eiden.de*

🌸 **Apicius** • 🍴 **Jäger- und Fischerstube** – siehe Restaurantauswahl

# In Bad Zwischenahn-Dreibergen Nord: 7 km Richtung Wiefelstede

## 🍴 Klinkel's    🌿

**INTERNATIONAL · FREUNDLICH** XX Das engagiert geführte Restaurant mit der ambitionierten internationalen Küche kommt gut an! In freundlicher Atmosphäre (ein Muss im Sommer die herrliche Terrasse) kommt z. B. "Simmentaler Rinderrücken, Schalotten, Pastinaken, Steinpilze, Rahmpolenta" auf den Tisch. Sonntagmittags kleineres Angebot.

Menü 51/75 € – Karte 50/64 €

*Dreiberger Str. 15 ✉ 26160 – ℰ 04403 9163844 (Tischbestellung ratsam)*
*– www.klinkels.de – nur Abendessen, sonntags auch Mittagessen – geschl. 1.*
*- 10. Januar, 17. Juli - 1. August, 2. - 10. Oktober und Montag - Dienstag*

**MICHELIN INNOVIERT UNAUFHÖRLICH FÜR BESSERE, SICHERERE, WIRTSCHAFTLICHERE, SAUBERERE, BESSER VERNETZTE MOBILITÄT.**

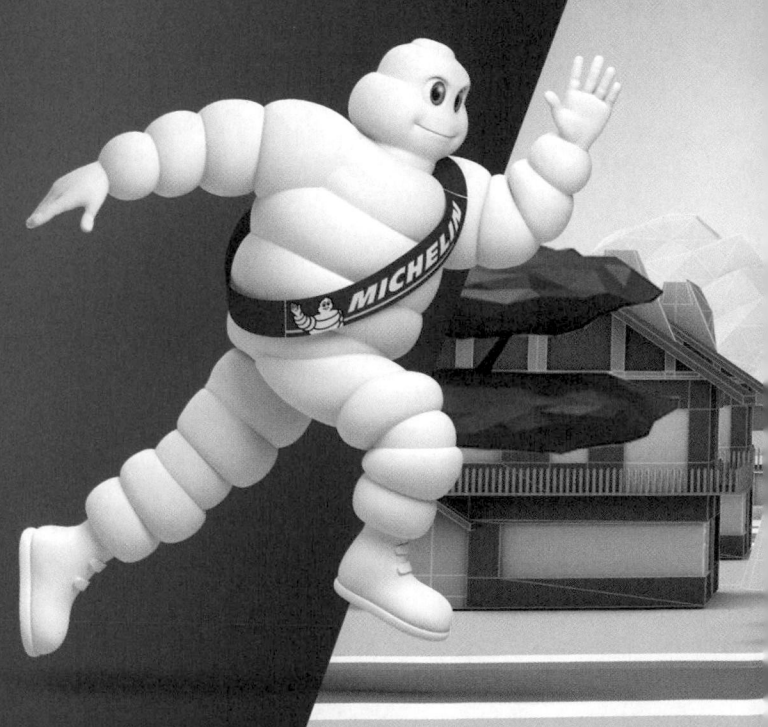

**Reifen nutzen sich bei Kurzstrecken in der Stadt schneller ab ...**

## RICHTIG!

Häufiges Bremsen und Beschleunigen im Stadtverkehr nutzt die Reifen stärker ab! Bewahren Sie in Staus die Geduld und fahren Sie zurückhaltend.

**Der Reifenfülldruck wirkt sich nur auf die Sicherheit aus ...**

## FALSCH!

Neben Bodenhaftung und Kraftstoffverbrauch verringert ein Unterdruck um 0,5 Bar die Nutzungsdauer Ihrer Reifen um 8000 km. Prüfen Sie den Druck etwa einmal pro Monat, vor allem bevor Sie in die Ferien fahren oder vor langen Strecken.

Wenn ich meinen Wagen mit **2 Winterreifen** austatte, ist die maximale Sicherheit garantiert ...

# FALSCH!

Im Winter, insbesondere unter 7 °C, müssen Ihre vier Reifen für eine bessere Bodenhaftung identisch sein und zur gleichen Zeit gewechselt werden.

**NUR 2 WINTERREIFEN** = die Bodenhaftung Ihres Fahrzeugs ist nicht optimal.

**4 WINTERREIFEN** = das bedeutet **erhöhte Sicherheit** in Kurven, im Gefälle und beim Bremsen

Wenn Sie regelmäßig bei Regen, Schnee oder Glatteis fahren, wählen Sie einen Reifen aus der Palette **MICHELIN Alpin**. Die Palette bietet Komfort und präzises Handling, um die winterlichen Hindernisse zu meistern.

# MICHELIN ENGAGIERT SICH

▶ MICHELIN IST **WELTWEIT DIE NR. 1 BEI ENERGIESPARREIFEN** FÜR PKW.

▶ SO WERDEN **DIE JÜNGSTEN MEHR FÜR DIE SICHERHEIT IM STRASSENVERKEHR SENSIBILISIERT,** AUCH MIT ZWEIRÄDERN: 2015 WURDEN IN **16 LÄNDERN** AKTIONEN VOR ORT ORGANISIERT.

# QUIZ

### 1 WARUM IST DAS MICHELIN-MÄNNCHEN (BIBENDUM) WEISS, OBWOHL DIE REIFEN SCHWARZ SIND?

Die Idee für das Bibendum entstand 1898 aus einem Reifenstapel. Zu dieser Zeit wurden Reifen aus Naturkautschuk, Baumwolle und Schwefel hergestellt. Sie wiesen also eine helle Farbe auf. Erst nach dem ersten Weltkrieg wurde die Zusammensetzung komplizierter und es kam Ruß hinzu. Aber Bibendum bleibt weiß!

### 2 WISSEN SIE, WIE LANGE DER GUIDE MICHELIN SCHON REISENDE BEGLEITET?

Seit 1900. Damals sagte man, dass das Werk mit dem Jahrhundert erschienen ist und ebenso lange andauern wird. Und heute setzt er weiterhin Maßstäbe mit neuen Ausgaben und einer Auswahl von MICHELIN Restaurants - Bookatable in einigen Ländern auf der Website.

### 3 SEIT WANN GIBT ES DEN „BIB GOURMAND" IM GUIDE MICHELIN?

Diese Bezeichnung entstand im Jahr 1997, aber seit 1954 erwähnt der Guide MICHELIN gepflegte Mahlzeiten zu gemäßigten Preisen". Heute finden sich MICHELIN Restaurants - Bookatable auf der Website und in der Mobil-App.

Wenn Sie mehr über Michelin erfahren und Spaß haben möchten, besuchen Sie „Abenteuer Michelin" und die dazugehörige Boutique in Clermont-Ferrand, in Frankreich: **www.laventuremichelin.com**

**MICHELIN**
*Wir bringen Sie weiter*

# *Thematic index*

# STERNE-RESTAURANTS
## STARRED RESTAURANTS ✄

## BADEN-WÜRTTEMBERG

| | |
|---|---|
| **Amtzell** | Schattbuch ✿ **N** |
| **Asperg** | Schwabenstube ✿ |
| **Backnang** | Rilke Restaurant Kerzenstube ✿ |
| **Baden-Baden** | Brenners Park-Restaurant ✿✿ |
| **Baden-Baden** | Le Jardin de France ✿ |
| **Baden-Baden** | Röttele's Restaurant und Residenz im Schloss Neuweier ✿ |
| **Baiersbronn** | Restaurant Bareiss ✿✿✿ |
| **Baiersbronn** | Schlossberg ✿✿ |
| **Baiersbronn** | Schwarzwaldstube ✿✿✿ |
| **Bietigheim-Bissingen** | Maerz - Das Restaurant ✿ |
| **Durbach** | Wilder Ritter ✿ |
| **Ehningen** | Landhaus Feckl ✿ |
| **Endingen am Kaiserstuhl** | Merkles Restaurant ✿ |
| **Ettlingen** | Erbprinz ✿ |
| **Freiburg im Breisgau** | sHerrehus ✿ |
| **Freiburg im Breisgau** | Wolfshöhle ✿ |
| **Freiburg im Breisgau** | Zirbelstube ✿ |
| **Gernsbach** | Werners Restaurant ✿ |
| **Häusern** | Adler ✿ |
| **Heidelberg** | Le Gourmet ✿ |
| **Heidelberg** | Scharff's Schlossweinstube im Heidelberger Schloss ✿ |
| **Horben** | Gasthaus zum Raben ✿ |
| **Karlsruhe** | Le Salon im Kesselhaus ✿ |
| **Kernen im Remstal** | Malathounis ✿ |
| **Ketsch** | Die Ente ✿ |
| **Kirchheim u. Teck / Ohmden** | Landgasthof am Königsweg ✿ |
| **Konstanz** | Ophelia ✿✿ |
| **Konstanz** | San Martino - Gourmet ✿ |
| **Krozingen, Bad** | Storchen ✿ |
| **Kuppenheim** | Raubs Landgasthof ✿ |
| **Lahr** | Adler ✿ |
| **Langenau** | Zum Bad ✿ |
| **Ludwigsburg** | Gutsschenke ✿ **N** |
| **Mannheim** | Doblers ✿ |
| **Mannheim** | Marly ✿ |
| **Mannheim** | Opus V ✿✿ **N** |
| **Meersburg** | Casala ✿ |
| **Mulfingen** | Amtskeller ✿ |
| **Nagold** | Alte Post ✿ **N** |
| **Öhningen** | Falconera ✿ |

| | |
|---|---|
| Öhringen / Friedrichsruhe | Gourmet-Restaurant - Wald & Schlosshotel Friedrichsruhe ✿ |
| Peterstal-Griesbach, Bad | Le Pavillon ✿✿ |
| Pfaffenweiler | Zehner's Stube ✿ |
| Pliezhausen | Landgasthaus zur Linde ✿ |
| Rosenberg | Landgasthof Adler ✿ |
| Rust | ammolite - The Lighthouse Restaurant ✿✿ |
| Säckingen, Bad | Genuss-Apotheke ✿ |
| Salach | Burgrestaurant Staufeneck ✿ |
| Sasbachwalden | Fallert ✿ |
| Schwäbisch Hall | Eisenbahn ✿ |
| Schwäbisch Hall | Rebers Pflug ✿ |
| Sonnenbühl | Hirsch ✿ |
| Stuttgart | Délice ✿ |
| Stuttgart | 5 (Fünf) ✿ |
| Stuttgart | OLIVO ✿ |
| Stuttgart | Speisemeisterei ✿ |
| Stuttgart | top air ✿ |
| Stuttgart | Wielandshöhe ✿ |
| Stuttgart | YoSH ✿ |
| Stuttgart | Die Zirbelstube ✿ |
| Stuttgart / Fellbach | Goldberg ✿ |
| Stuttgart / Fellbach | Gourmet Restaurant avui ✿ |
| Stuttgart / Fellbach | Oettinger's Restaurant ✿ **N** |
| Sulzburg | Hirschen ✿✿ |
| Teinach-Zavelstein, Bad | Gourmetrestaurant Berlins Krone ✿ |
| Tübingen | Schranners Waldhorn ✿ |
| Ulm | LAGO ✿ |
| Vaihingen an der Enz | Lamm Rosswag ✿ |
| Vogtsburg | Schwarzer Adler ✿ |
| Waiblingen | Bachofer ✿ |
| Waldbronn | Schwitzer's am Park ✿ |
| Waldenbuch | Gasthof Krone ✿ |
| Weikersheim | Laurentius ✿ |
| Weingarten (Kreis Karlsruhe) | Gourmet-Restaurant - Walk'sches Haus ✿ |

# BAYERN

| | |
|---|---|
| Amorbach | Abt- und Schäferstube ✿ |
| Aschaffenburg / Johannesberg | Helbigs Gasthaus ✿ |
| Aschau im Chiemgau | Restaurant Heinz Winkler ✿✿ |
| Auerbach in der Oberpfalz | SoulFood ✿ |
| Augsburg | AUGUST ✿✿ |
| Berchtesgaden | LE CIEL ✿ |
| Coburg | Esszimmer ✿ |
| Heroldsberg | Sosein. ✿ **N** |
| Hohenkammer | Camers Schlossrestaurant ✿ **N** |
| Kirchdorf (Krs. Mühldorf am Inn) | Christian's Restaurant - Gasthof Grainer ✿ |
| Kissingen, Bad | Laudensacks Gourmet Restaurant ✿ |
| Krün | Luce d'Oro ✿ |
| Langenzenn | Keidenzeller Hof ✿ |

| | |
|---|---|
| **Lindau im Bodensee** | Villino ✿ |
| **Mittenwald** | Das Marktrestaurant ✿ **N** |
| **München** | Acquarello ✿ |
| **München** | Atelier ✿✿ |
| **München** | Dallmayr ✿✿ |
| **München** | Les Deux ✿ |
| **München** | EssZimmer ✿✿ |
| **München** | Geisels Werneckhof ✿✿ **N** |
| **München** | Gourmet Restaurant Königshof ✿ |
| **München** | Schuhbecks in den Südtiroler Stuben ✿ |
| **München** | Schweiger² ✿ |
| **München** | Tantris ✿✿ |
| **Neunburg vorm Wald** | Obendorfer's Eisvogel ✿ |
| **Niederwinkling** | Buchner ✿ |
| **Nördlingen** | Wirtshaus Meyers Keller - Restaurant Joachim Kaiser ✿ |
| **Nürnberg** | Entenstuben ✿ **N** |
| **Nürnberg** | Essigbrätlein ✿✿ |
| **Nürnberg** | ZweiSinn Meiers | Fine Dining ✿ **N** |
| **Oberstdorf** | Das Maximilians ✿ |
| **Oberstdorf** | ESS ATELIER STRAUSS ✿ |
| **Pleiskirchen** | Huberwirt ✿ |
| **Regensburg** | storstad ✿ |
| **Rötz** | Gregor's ✿ |
| **Rottach-Egern** | Dichterstub'n ✿ |
| **Rottach-Egern** | Maiwerts ✿ |
| **Rottach-Egern** | Restaurant Überfahrt Christian Jürgens ✿✿✿ |
| **Sommerhausen** | Philipp ✿ |
| **Sonthofen / Ofterschwang** | Silberdistel ✿ |
| **Starnberg** | Aubergine ✿ |
| **Tegernsee** | Schwingshackl ESSKULTUR ✿ |
| **Teisnach** | Oswald's Gourmetstube ✿ |
| **Waldkirchen** | Johanns ✿ |
| **Wernberg-Köblitz** | Kastell ✿✿ |
| **Wirsberg** | Alexander Herrmann ✿ |
| **Würzburg** | KUNO 1408 ✿ |
| **Würzburg** | REISERS am Stein ✿ |

## BERLIN

| | |
|---|---|
| **Berlin** | Bandol sur Mer ✿ |
| **Berlin** | Bieberbau ✿ |
| **Berlin** | 5 - cinco by Paco Pérez ✿ |
| **Berlin** | einsunternull ✿ **N** |
| **Berlin** | FACIL ✿✿ |
| **Berlin** | Fischers Fritz ✿✿ |
| **Berlin** | Frühsammers Restaurant ✿ |
| **Berlin** | Horváth ✿✿ |
| **Berlin** | Hugos ✿ |
| **Berlin** | Lorenz Adlon Esszimmer ✿✿ |
| **Berlin** | Markus Semmler ✿ |
| **Berlin** | Nobelhart und Schmutzig ✿ |
| **Berlin** | Pauly Saal ✿ |

| Berlin | reinstoff ✿✿ |
| Berlin | Richard ✿ |
| Berlin | Rutz ✿✿ **N** |
| Berlin | SKYKITCHEN ✿ |
| Berlin | Les Solistes by Pierre Gagnaire ✿ |
| Berlin | Tim Raue ✿✿ |

## BRANDENBURG

| Beelitz | kochZIMMER ✿ |
| Potsdam | Friedrich-Wilhelm ✿ |

## HAMBURG

| Hamburg | Le Canard nouveau ✿ |
| Hamburg | Haerlin ✿✿ |
| Hamburg | Jacobs Restaurant ✿✿ |
| Hamburg | Landhaus Scherrer ✿ |
| Hamburg | Petit Amour ✿ **N** |
| Hamburg | Piment ✿ |
| Hamburg | SE7EN OCEANS ✿ |
| Hamburg | Süllberg - Seven Seas ✿✿ |
| Hamburg | The Table Kevin Fehling ✿✿✿ |
| Hamburg | Trüffelschwein ✿ |

## HESSEN

| Birkenau | Schwarzberg - Lammershof by Schwarz ✿ **N** |
| Eltville am Rhein | Jean ✿ |
| Frankenberg (Eder) | Philipp Soldan ✿ |
| Frankfurt am Main | Atelier Wilma ✿ **N** |
| Frankfurt am Main | Carmelo Greco ✿ |
| Frankfurt am Main | Ernos Bistro ✿ |
| Frankfurt am Main | Français ✿ |
| Frankfurt am Main | Gustav ✿ |
| Frankfurt am Main | Lafleur ✿✿ |
| Frankfurt am Main | Restaurant Villa Merton ✿ |
| Frankfurt am Main | SEVEN SWANS ✿ |
| Frankfurt am Main | Tiger-Gourmetrestaurant ✿✿ |
| Frankfurt am Main | Weinsinn ✿ |
| Frankfurt am Main / Neu Isenburg | Sra Bua by Juan Amador ✿ |
| Geisenheim | Burg Schwarzenstein - Gourmetrestaurant ✿ |
| Hersfeld, Bad | L'étable ✿ |
| Homburg vor der Höhe, Bad | Schellers ✿ |
| Königstein im Taunus | Villa Rothschild Kempinski ✿✿ |
| Limburg an der Lahn | 360° ✿ **N** |
| Wiesbaden | Ente ✿ |

## MECKLENBURG-VORPOMMERN

| Dierhagen | Ostseelounge ✿ |
| Doberan, Bad | Friedrich Franz ✿ |
| Feldberger Seenlandschaft | Alte Schule - Klassenzimmer ✿ |
| Krakow am See | Ich weiß ein Haus am See ✿ |
| Rostock | Gourmet-Restaurant Der Butt ✿ |

| Rügen / Binz | freustil ✿ |
| Stolpe | Gutshaus Stolpe ✿ |
| Stralsund | scheel's ✿ |
| Usedom / Heringsdorf | Tom Wickboldt ✿ |

# NIEDERSACHSEN

| Aerzen | Gourmet Restaurant im Schlosshotel Münchhausen ✿ |
| Bentheim, Bad | Keilings Restaurant ✿ |
| Burgwedel | Ole Deele ✿ |
| Celle | Endtenfang ✿ |
| Cuxhaven | Sterneck ✿✿ |
| Göttingen / Friedland | Landhaus Biewald - Genießer Stube ✿ |
| Hannover | Jante ✿ **N** |
| Leer | Perior ✿ |
| Norderney (Insel) | Seesteg ✿ |
| Osnabrück | La Vie ✿✿✿ |
| Wolfsburg | Aqua ✿✿✿ |
| Wolfsburg | La Fontaine ✿ |
| Wolfsburg | Saphir ✿ **N** |
| Zwischenahn, Bad | Apicius ✿ |

# NORDRHEIN-WESTFALEN

| Aachen | La Bécasse ✿ |
| Aachen | Sankt Benedikt ✿ |
| Bergisch Gladbach | Vendôme ✿✿✿ |
| Bonn | EQUU ✿ **N** |
| Bonn | Halbedel's Gasthaus ✿ |
| Bonn | Kaspars ✿ **N** |
| Bonn | Yunico ✿ |
| Dorsten | Goldener Anker ✿ |
| Dorsten | Rosin ✿✿ |
| Dortmund | Palmgarden ✿ |
| Düsseldorf | Agata's ✿ |
| Düsseldorf | Berens am Kai ✿ |
| Düsseldorf | Bread & Roses ✿ **N** |
| Düsseldorf | Enzo im Schiffchen ✿ |
| Düsseldorf | Le Flair ✿ **N** |
| Düsseldorf | Nagaya ✿ |
| Düsseldorf | Nenio ✿ **N** |
| Düsseldorf | Im Schiffchen ✿✿ |
| Düsseldorf | Tafelspitz 1876 ✿ |
| Essen | Schote ✿ |
| Euskirchen | Bembergs Häuschen ✿ |
| Gummersbach | Mühlenhelle ✿ |
| Heinsberg | St. Jacques ✿ |
| Hörstel | Westfälische Stube ✿ |
| Kerpen | Schloss Loersfeld ✿ |
| Köln | Alfredo ✿ |
| Köln | L'escalier ✿ **N** |
| Köln | Himmel un Äd ✿ |
| Köln | maiBeck ✿ |

| | |
|---|---|
| Köln | Maître im Landhaus Kuckuck ✿ |
| Köln | Le Moissonnier ✿✿ |
| Köln | Ox & Klee ✿ |
| Köln | La Société ✿ |
| Köln | taku ✿ |
| Köln | Zur Tant ✿ **N** |
| Mülheim an der Ruhr | am Kamin ✿ |
| Münster | Gourmet 1895 ✿ |
| Odenthal | Zur Post ✿ |
| Paderborn | Balthasar ✿ |
| Pulheim | Gut Lärchenhof ✿ |
| Remscheid | Heldmann Restaurant in der Concordia ✿ |
| Rheda-Wiedenbrück | Reuter ✿ |
| Velbert | Haus Stemberg ✿ |
| Xanten | Landhaus Köpp ✿ |

## RHEINLAND-PFALZ

| | |
|---|---|
| Balduinstein | Bibliothek ✿ |
| Daun | Graf Leopold ✿ |
| Deidesheim | L.A. Jordan ✿ |
| Deidesheim | Schwarzer Hahn ✿ |
| Grünstadt / Neuleiningen | Alte Pfarrey ✿ |
| Heidesheim am Rhein | Gourmetrestaurant Dirk Maus ✿ |
| Hermeskeil / Neuhütten | Le temple ✿ |
| Herxheim | Kronen-Restaurant ✿ |
| Koblenz | Da Vinci ✿ |
| Koblenz | Schiller's Restaurant ✿ |
| Mainz | FAVORITE restaurant ✿ |
| Neuenahr-Ahrweiler, Bad | Historisches Gasthaus Sanct Peter Restaurant Brogsitter ✿ |
| Neuenahr-Ahrweiler, Bad | Steinheuers Restaurant Zur Alten Post ✿✿ |
| Neustadt an der Weinstraße | Urgestein im Steinhäuser Hof ✿ |
| Neuwied | Coquille St. Jacques im Parkrestaurant Nodhausen ✿ |
| Piesport | schanz. restaurant. ✿✿ |
| Pirmasens | Die Brasserie ✿ **N** |
| Selzen | Kaupers Restaurant im Kapellenhof ✿ |
| Sobernheim, Bad | Jungborn ✿ |
| Stromberg | Le Val d'Or ✿ |
| Trier | BECKER'S ✿✿ |
| Trittenheim | Wein- und Tafelhaus ✿ |
| Trittenheim / Naurath | Rüssel's Landhaus ✿ |
| Wittlich / Dreis | Waldhotel Sonnora ✿✿✿ |

## SAARLAND

| | |
|---|---|
| Blieskastel | Hämmerle's Restaurant - Barrique ✿ |
| Perl | Victor's Fine Dining by christian bau ✿✿✿ |
| Saarbrücken | GästeHaus Klaus Erfort ✿✿✿ |
| Sankt Wendel | Kunz ✿ |

## SACHSEN

| | |
|---|---|
| **Dresden** | bean and beluga ✿ |
| **Dresden** | Caroussel ✿ |
| **Dresden** | Elements ✿ |
| **Kirschau** | Juwel ✿ **N** |
| **Leipzig** | Die Residenz im Herrenhaus ✿ **N** |
| **Leipzig** | Falco ✿✿✿ |
| **Leipzig** | Stadtpfeiffer ✿ |

## SCHLESWIG-HOLSTEIN

| | |
|---|---|
| **Föhr / Wyk** | Alt Wyk ✿ |
| **Glücksburg** | Meierei Dirk Luther ✿✿ |
| **Kiel** | Ahlmanns ✿ **N** |
| **Lübeck** | Buddenbrooks ✿ |
| **Lübeck** | Villa Mare - Balthazar ✿ **N** |
| **Lübeck** | Wullenwever ✿ |
| **Lütjenburg / Panker** | Restaurant 1797 ✿ |
| **Scharbeutz** | DiVa ✿ |
| **Sylt / Hörnum** | KAI3 ✿ |
| **Sylt / Rantum** | Söl'ring Hof ✿✿ |
| **Sylt / Tinnum** | BODENDORF'S ✿ |
| **Timmendorfer Strand** | Orangerie ✿ |
| **Wangels** | Courtier ✿ |

## THÜRINGEN

| | |
|---|---|
| **Erfurt** | Clara - Restaurant im Kaisersaal ✿ |
| **Weimar** | Anna Amalia ✿ |

## VORALBERG (ÖSTERREICH)

| | |
|---|---|
| **Kleinwalsertal / Hirschegg** | Kilian Stuba ✿ |

# BIB GOURMAND

## BADEN-WÜRTTEMBERG

| | |
|---|---|
| Achern | Chez Georges |
| Alpirsbach | Rössle |
| Auenwald | Landgasthof Waldhorn |
| Baden-Baden | Heiligenstein |
| Baden-Baden | La Table **N** |
| Baden-Baden | Traube |
| Baiersbronn | Bareiss - Dorfstuben |
| Baiersbronn | Traube Tonbach - Bauernstube |
| Bellingen, Bad | Landgasthof Schwanen |
| Bisingen | Gasthof Adler |
| Bonndorf | Sommerau |
| Brackenheim | Adler |
| Bretzfeld | Reinecker's Dorfstube |
| Brühl (Baden) | KRONE das gasthaus |
| Bühl | Lamm |
| Bühl | Pospisil's Gasthof Krone |
| Bühlertal | Bergfriedel |
| Bühlertal | Rebstock |
| Denzlingen | Rebstock-Stube |
| Donaueschingen | Baader's Schützen **N** |
| Donzdorf | Castello |
| Efringen-Kirchen | Walsers |
| Eggenstein-Leopoldshafen | Zum Goldenen Anker |
| Elzach | Schäck's Adler |
| Emmingen-Liptingen | Schenkenberger Hof |
| Endingen am Kaiserstuhl | Die Pfarrwirtschaft **N** |
| Endingen am Kaiserstuhl | Dutters Stube |
| Ettlingen | Weinstube Sibylla |
| Feldberg im Schwarzwald | Adler Bärental **N** |
| Freiamt | Zur Krone |
| Freiburg im Breisgau | Hirschen |
| Freiburg im Breisgau | Kühler Krug |
| Freudenstadt | Warteck **N** |
| Frickingen | Löwen |
| Friedrichshafen | Goldenes Rad |
| Friesenheim | Mühlenhof |
| Gengenbach | Die Reichsstadt **N** |
| Gengenbach | Ponyhof **N** |
| Gengenbach / Berghaupten | Hirsch |
| Glottertal | Hirschen |
| Glottertal | Zum Goldenen Engel |
| Gschwend | Herrengass |
| Hardheim | Wohlfahrtsmühle |
| Heidelberg | Backmulde |
| Heilbronn | Bachmaier |
| Heilbronn | Rebstock la petite Provence |
| Heilbronn / Leingarten | Dorfkrug |

| | |
|---|---|
| Heiligenberg | Hack |
| Heitersheim | Landhotel Krone |
| Herrenalb, Bad | Lamm |
| Hirschberg | Krone |
| Hüfingen | Landgasthof Hirschen |
| Ihringen | Bräutigam |
| Ihringen | Holzöfele |
| Ihringen | Weinstube Zum Küfer |
| Ilsfeld | Häußermann's Ochsen |
| Immenstaad am Bodensee | Heinzler |
| Immenstaad am Bodensee | Seehof |
| Isny | Allgäuer Stuben |
| Jagsthausen | Götzenstube |
| Kandern | Pfaffenkeller |
| Kappelrodeck | Zum Rebstock |
| Karlsruhe | Oberländer Weinstube |
| Kehl | Grieshaber's Rebstock |
| Kenzingen | Scheidels Restaurant zum Kranz |
| Kirchdorf an der Iller | Landgasthof Löwen |
| Kirchzarten | Schlegelhof |
| Kirchzarten | Zum Rössle |
| Klettgau | Landgasthof Mange |
| Köngen | Schwanen |
| Köngen | Tafelhaus |
| Königsbronn | Widmann's Löwen |
| Königsfeld im Schwarzwald | Café Rapp |
| Künzelsau | Anne-Sophie |
| Lahr | Adler - Gasthaus |
| Lauffen am Neckar | Elefanten |
| Lautenbach (Ortenaukreis) | Sonne |
| Leimen | Weinstube Jägerlust |
| Leinfelden-Echterdingen | Am Park |
| March | Jauch's Löwen |
| Maselheim | Lamm |
| Mosbach | Landgasthof zum Ochsen |
| Muggensturm | Lamm **N** |
| Neckargemünd | Christians Bistro **N** |
| Neckargemünd | Zum Rössel |
| Notzingen | Die Kelter |
| Oberboihingen | Zur Linde |
| Oberried | Die Halde |
| Oberried | Gasthaus Sternen Post |
| Oberstenfeld | Zum Ochsen |
| Östringen | Güldener Becher **N** |
| Ötisheim | Sternenschanz |
| Offenburg | Blume |
| Ostrach | Landhotel zum Hirsch |
| Peterstal-Griesbach, Bad | Kamin- und Bauernstube |
| Plochingen | Cervus **N** |
| Plochingen | Stumpenhof |
| Radolfzell / Moos | Gottfried |
| Ravensburg | Lumperhof |
| Reichenau / Mittelzell | Ganter Restaurant Mohren **N** |

| | |
|---|---|
| Remchingen | Zum Hirsch |
| Remshalden | Weinstube zur Traube |
| Ringsheim | Heckenrose |
| Rippoldsau-Schapbach, Bad | Klösterle Hof |
| Rot am See | Landhaus Hohenlohe |
| Rudersberg | Gasthaus Stern |
| Salem | Recks |
| Sankt Märgen | Zum Kreuz |
| Sankt Peter | Zur Sonne |
| Sasbachwalden | Badische Stuben |
| Sasbachwalden | Engel |
| Schlat | Gasthof Lamm |
| Schopfheim | Mühle zu Gersbach |
| Schorndorf / Winterbach | Landgasthaus Hirsch |
| Schramberg | Gasthof Hirsch |
| Schwäbisch Gmünd / Waldstetten | Sonnenhof |
| Schwäbisch Hall | Landhaus Zum Rössle |
| Schwendi | Oberschwäbischer Hof |
| Simonswald | Hugenhof |
| Sonnenbühl | Dorfstube |
| Staufen | Kreuz-Post |
| Steinen | Zum fröhlichen Landmann |
| Steinenbronn | Krone |
| Stühlingen | Gasthaus Schwanen |
| Stühlingen | Geng's Linde |
| Stuttgart | Goldener Adler |
| Stuttgart | Zur Linde **N** |
| Stuttgart | Vetter |
| Stuttgart / Fellbach | Aldinger's |
| Stuttgart / Fellbach | Gasthaus zum Hirschen |
| Sulzburg | Landgasthof Rebstock |
| Tettnang | Lamm im Kau |
| Tiefenbronn | Bauernstuben |
| Todtnau | derWaldfrieden |
| Überlingen | Landgasthof zum Adler |
| Villingendorf | Gasthof Linde |
| Villingen-Schwenningen | Rindenmühle |
| Waiblingen | Brunnenstuben |
| Waldbronn | Schwitzer's Brasserie **N** |
| Waldshut-Tiengen | Brauerei Walter |
| Wangen im Allgäu | Adler |
| Weikersheim | Laurentius - Bistro |
| Weinheim an der Bergstraße | bistronauten **N** |
| Weinstadt | Gasthaus Rössle |
| Weinstadt | Weinstube Muz |
| Wertheim | Bestenheider Stuben |
| Wertheim | Stadtpalais Speiselokal |
| Wildberg | Talblick |

# BAYERN

| | |
|---|---|
| Abbach, Bad | Schwögler |
| Adelshofen | Zum Falken **N** |
| Altdorf | Augustlhof - Saustall |

| | |
|---|---|
| Amberg | Schön Kilian |
| Ansbach | La Corona |
| Aschaffenburg | Zum Goldenen Ochsen - Oechsle |
| Aying | Brauereigasthof Aying - August und Maria |
| Bayreuth / Bindlach | Landhaus Gräfenthal |
| Bürgstadt | Weinhaus Stern |
| Castell | Gasthaus zum Schwan |
| Cham | Am Ödenturm |
| Dachau | Schwarzberghof |
| Dachau / Bergkirchen | Gasthaus Weißenbeck |
| Dettelbach | Himmelstoss |
| Dießen am Ammersee | Seehaus |
| Dinkelsbühl | Altdeutsches Restaurant |
| Eibelstadt | Gambero Rosso da Domenico |
| Erlangen | Altmann's Stube |
| Erlangen | Polster Stube |
| Erlangen | Rosmarin |
| Feldkirchen-Westerham | Aschbacher Hof |
| Feuchtwangen | Greifen-Post |
| Forchheim | Zöllner's Weinstube |
| Forstinning | Zum Vaas |
| Frammersbach | Schwarzkopf |
| Frasdorf | Schloßwirtschaft Wildenwart |
| Freising / Oberding | Kandler **N** |
| Fürth | Weissmanns Krone **N** |
| Füssing, Bad | Holzapfel's Restaurant |
| Garmisch-Partenkirchen | Reindl's Restaurant |
| Grafenau | Säumerhof |
| Grönenbach, Bad | Charlys Topf-Gucker |
| Großheubach | Zur Krone |
| Hauzonborg | Landgasthaus Gidibauer Hof |
| Heigenbrücken | Villa Marburg im Park |
| Heroldsberg | Freihardt |
| Heßdorf | Wirtschaft von Johann Gerner |
| Höchstädt an der Donau | Zur Glocke |
| Illertissen | Gasthof Krone |
| Illertissen | Vier Jahreszeiten |
| Illschwang | Weißes Roß |
| Iphofen | Deutscher Hof |
| Klingenberg am Main | Straubs Restaurant |
| Kronach / Stockheim | Landgasthof Detsch |
| Küps | Werners Restaurant |
| Lauf an der Pegnitz | Waldgasthof Letten |
| Lenggries | Schweizer Wirt |
| Lichtenberg (Oberfranken) | Harmonie |
| Lindau im Bodensee | Schachener Hof |
| Marktbergel | Rotes Ross |
| Marktbreit | Michels Stern |
| Marktheidenfeld | Weinhaus Anker |
| Miltenberg | Kristinas Esszimmer |
| München | Le Barestovino |
| München | Colette Tim Raue **N** |

| | |
|---|---|
| München | Le Cézanne |
| München | Freisinger Hof |
| München | Johannas |
| München | M Belleville |
| Münsing | Gasthaus Sebastian Limm |
| Neubeuern | Auers Schlosswirtschaft |
| Neuburg am Inn | Hoftaferne Neuburg |
| Neuburg an der Donau | Zum Klosterbräu - Gaststube |
| Neunburg vorm Wald | Turmstube |
| Nördlingen | Wirthaus Meyers Keller - Wirtsstube |
| Nonnenhorn | Torkel **N** |
| Nürnberg | Landgasthof Gentner |
| Nürnberg | Zirbelstube |
| Oberstdorf | Das Fetzwerk **N** |
| Oberstdorf | Das Jagdhaus |
| Oberstdorf | Löwen-Wirtschaft |
| Pappenheim | Zur Sonne |
| Passau | Weingut **N** |
| Pfronten | Berghotel Schlossanger Alp |
| Piding | Lohmayr Stub'n |
| Pilsach | Landgasthof Meier |
| Pleinfeld | Landgasthof Siebenkäs |
| Ponholz | Einkehr zur alten Post **N** |
| Presseck | Gasthof Berghof - Ursprung |
| Randersacker | Bären |
| Rauhenebrach | Gasthaus Hofmann |
| Regensburg / Donaustauf | Zum Postillion |
| Regensburg / Neutraubling | Am See |
| Rötz | Spiegelstube |
| Rohrdorf | MaximilianS Gut Apfelkam |
| Rosenheim | Steirer Eck **N** |
| Rosshaupten | Kaufmann |
| Rothenburg o.d. Tauber / Windelsbach | Landhaus Lebert |
| Rottach-Egern / Kreuth | MIZU Sushi-Bar **N** |
| Schalkham | Sebastianihof |
| Schwarzach am Main | Schwab's Landgasthof |
| Schweinfurt | Kings and Queens |
| Schweinfurt | Kugelmühle |
| Spalt | Gasthof Blumenthal |
| Teisendorf | Bauernstube **N** |
| Tölz, Bad | Jägerwirt |
| Triefenstein | Weinhaus Zum Ritter |
| Vöhringen | Speisemeisterei Burgthalschenke |
| Wackersberg | Tölzer Schießstätte |
| Waging am See | Landhaus Tanner |
| Wasserburg am Inn | Herrenhaus |
| Weissenstadt | Bistro Prinz-Rupprecht Stube |
| Wernberg-Köblitz | Kaminstube |
| Wertingen | Gänsweid |
| Wiessee, Bad | Freihaus Brenner |
| Windorf | Feilmeiers Landleben |
| Zorneding | Alte Posthalterei |

# BERLIN

| | |
|---|---|
| Berlin | Colette Tim Raue **N** |
| Berlin | Cordobar **N** |
| Berlin | JoLee **N** |
| Berlin | Jungbluth |
| Berlin | Kochu Karu |
| Berlin | Lokal **N** |
| Berlin | Lucky Leek **N** |
| Berlin | Die Nussbaumerin |
| Berlin | Ottenthal |
| Berlin | Renger-Patzsch |
| Berlin | Rutz Weinbar **N** |
| Berlin | 44 (vierundvierzig) |

# BRANDENBURG

| | |
|---|---|
| Eichwalde | Carmens Restaurant |
| Finsterwalde | Goldener Hahn |
| Nuthetal | Philippsthal |
| Reichenwalde | Alte Schule |

# BREMEN

| | |
|---|---|
| Bremerhaven | PIER 6 **N** |
| Hamburg | |
| Hamburg | Brook |
| Hamburg | Casse-Croûte |
| Hamburg | Cox |
| Hamburg | Dorfkrug **N** |
| Hamburg | Heimatjuwel **N** |
| Hamburg | Landhaus Flottbek **N** |
| Hamburg | LENZ |
| Hamburg | Nil |
| Hamburg | philipps **N** |
| Hamburg | Le Plat du Jour |
| Hamburg | Speisewirtschaft Wattkorn |
| Hamburg | Stock's Fischrestaurant |
| Hamburg | Stüffel |
| Hamburg | Trific |
| Hamburg | Tschebull |
| Hamburg | Weinwirtschaft Kleines Jacob |
| Hamburg | Zipang |

# HESSEN

| | |
|---|---|
| Amöneburg | Dombäcker |
| Birkenau | Drei Birken **N** |
| Eltville am Rhein | Gutsausschank im Baiken |
| Eltville am Rhein | Zum Krug |
| Frankenberg (Eder) | Sonne-Stuben |
| Frankfurt am Main | La Cigale |
| Fulda | Goldener Karpfen |
| Gießen | Restaurant Tandreas |

| | |
|---|---|
| Glashütten | Glashüttener Hof |
| Hersfeld, Bad | Stern's Restaurant |
| Höchst im Odenwald | Krone - Gaststube |
| Hungen | Hungener Käsescheune |
| Karben | Neidharts Küche |
| Lauterbach | schuberts |
| Marburg | MARBURGER esszimmer |
| Reichelsheim | O de vie |
| Usingen | essWebers **N** |
| Wiesbaden | Chez Mamie |
| Wiesbaden | Domäne Mechtildshausen |
| Zwingenberg | Kaltwassers Wohnzimmer |

## MECKLENBURG-VORPOMMERN

| | |
|---|---|
| Greifswald | Tischlerei |
| Neubrandenburg / Groß Nemerow | Lisette |
| Neukloster / Nakenstorf | Allesisstgut **N** |
| Waren (Müritz) | Kleines Meer |
| Wustrow | Schimmel's |

## NIEDERSACHSEN

| | |
|---|---|
| Bentheim, Bad | Keilings Restaurant - Weinbistro |
| Braunschweig | Zucker |
| Celle | der allerKrug |
| Celle | Schaper |
| Dornum | Fährhaus |
| Einbeck | Genusswerkstatt |
| Gehrden | Berggasthaus Niedersachsen **N** |
| Gifhorn | Ratsweinkeller |
| Hann. Münden | Flux - Biorestaurant Werratal |
| Hannover | boca |
| Nenndorf, Bad | August |
| Osnabrück | Walhalla |
| Scheeßel | Rauchfang |
| Schneverdingen | Ramster |
| Stadthagen / Nienstädt | Sülbecker Krug |
| Twist | Landgasthof Backers |
| Verden (Aller) | Pades Restaurant |
| Worpswede | Kaffee Worpswede |
| Wremen | Gasthaus Wolters - Zur Börse |

## NORDRHEIN-WESTFALEN

| | |
|---|---|
| Aachen | Sankt Benedikt - Bistro |
| Aachen | Schloss Schönau - Schänke |
| Altenberge | Penz Am Dom |
| Arnsberg | Menge |
| Bielefeld | Büscher's Restaurant |
| Brilon | Almer Schlossmühle |
| Burbach | Fiester-Hannes |
| Coesfeld | Freiberger im Gasthaus Schnieder-Bauland |
| Dortmund | der Lennhof |

| | |
|---|---|
| **Düsseldorf** | Bistro Fatal **N** |
| **Düsseldorf** | Brasserie Stadthaus **N** |
| **Düsseldorf** | Dorfstube |
| **Düsseldorf** | Münstermanns Kontor |
| **Düsseldorf** | Nöthel's Restaurant |
| **Düsseldorf** | Parlin |
| **Duisburg** | Bistro NT |
| **Emsdetten** | Lindenhof |
| **Essen** | HUGENpöttchen |
| **Euskirchen** | Eiflers Zeiten |
| **Gütersloh** | Medium |
| **Gummersbach** | Mühlenhelle - Bistro |
| **Harsewinkel** | Poppenborg's Stübchen |
| **Hennef (Sieg)** | Sängerheim - Das Restaurant |
| **Herford** | Am Osterfeuer |
| **Hövelhof** | Gasthof Brink |
| **Horn-Meinberg, Bad** | Die Windmühle **N** |
| **Köln** | Capricorn [ i ] Aries Brasserie |
| **Köln** | Metzger & Marie |
| **Köln** | Scherz **N** |
| **Köln** | ZEN Japanese Restaurant **N** |
| **Köln** | Zur Tant - Piccolo |
| **Königswinter** | Petit Lion - Weinstube Krone |
| **Krefeld** | Chopelin |
| **Kürten** | Zur Mühle |
| **Meerbusch** | WINELIVE im Lindenhof |
| **Meschede** | Landhotel Donner |
| **Mönchengladbach** | Gasthaus Stappen |
| **Nettetal** | Sonneck |
| **Odenthal** | Postschänke |
| **Ratingen** | Christian Penzhorn |
| **Remscheid** | Herzhaft |
| **Rheda-Wiedenbrück** | Gastwirtschaft Ferdinand Reuter |
| **Rheine** | Beesten |
| **Rietberg** | Domschenke |
| **Rüthen** | Knippschild **N** |
| **Schmallenberg** | Gasthof Schütte |
| **Solingen** | Wipperaue **N** |
| **Sprockhövel** | Eggers |
| **Vreden** | Büschker's Stuben |
| **Waltrop** | Gasthaus Stromberg |
| **Wesel** | ART |
| **Wuppertal** | Scarpati - Trattoria |

## RHEINLAND-PFALZ

| | |
|---|---|
| **Altenahr** | Gasthaus Assenmacher |
| **Daun / Darscheid** | Kucher's Weinwirtschaft |
| **Deidesheim** | St. Urban |
| **Dernbach (Kreis Südl. Weinstraße)** | Schneider |
| **Dörscheid** | Landgasthaus Blücher |
| **Eckelsheim** | Kulturhof |
| **Ems, Bad** | Estragon |

| | |
|---|---|
| Flonheim | Weinwirtschaft Espenhof |
| Frankweiler | Weinstube Brand |
| Freinsheim | WEINreich |
| Hermeskeil / Neuhütten | Le temple - Bistro |
| Herxheim | Pfälzer Stube |
| Heßheim | Ellenbergs |
| Ilbesheim bei Landau in der Pfalz | Hubertushof |
| Jugenheim | Weedenhof |
| Kandel | Zum Riesen |
| Kaub | Zum Turm |
| Koblenz | GERHARDS GENUSSGESELLSCHAFT |
| Kreuznach, Bad | Im Kittchen |
| Landau in der Pfalz | Weinkontor Null41 |
| Laumersheim | Zum Weißen Lamm |
| Maikammer | Dorf-Chronik |
| Mainz | Geberts Weinstuben |
| Meerfeld | Poststuben |
| Meisenheim | Meisenheimer Hof |
| Neupotz | Gehrlein's Hardtwald |
| Neupotz | Zum Lamm |
| Neustadt an der Weinstraße | Grünwedel's Restaurant |
| Niederweis | Schloss Niederweis **N** |
| Reil | Heim's Restaurant |
| Remagen | Alte Rebe **N** |
| Rengsdorf / Hardert | Corona |
| Saulheim | mundart Restaurant |
| Serrig | Gasthaus Wagner |
| Sobernheim, Bad / Meddersheim | Landgasthof zur Traube |
| Treis-Karden | Wein- und Schloßstube |
| Trittenheim / Naurath | Rüssel's Hasenpfeffer **N** |
| Ürzig | Moselschild & Oliver's Restaurant |
| Vallendar | Die Traube |
| Zeiskam | Zeiskamer Mühle |
| Zweibrücken | Landschloss Fasanerie - Landhaus |

## SAARLAND

| | |
|---|---|
| Blieskastel | Hämmerle's Restaurant - Landgenuss |
| Mandelbachtal | Gräfinthaler Hof |
| Saarbrücken | Restaurant Quack in der Villa Weismüller |
| Saarbrücken | Schlachthof Brasserie |
| Saarlouis | PASTIS bistro |
| Sankt Ingbert | Die Alte Brauerei |
| Sankt Wendel | Kaminzimmer |

## SACHSEN

| | |
|---|---|
| Aue | Tausendgüldenstube |
| Auerbach (Vogtland) | Renoir |
| Chemnitz | alexxanders |
| Chemnitz | Villa Esche |
| Dresden | Bülow's Bistro |
| Dresden | Genuss-Atelier **N** |

| Dresden | VEN |
| Dresden | Villandry |
| Freiberg | Le Bambou |
| Görlitz | Tuchmacher - Schneider Stube |
| Hoyerswerda | Westphalenhof **N** |
| Radeburg | Gasthof Bärwalde |
| Wilthen | Erbgericht Tautewalde |

## SACHSEN-ANHALT

| Dessau | Pächterhaus |
| Magdeburg | Landhaus Hadrys |
| Merseburg | Ritters Weinstuben |
| Quedlinburg | Theophano im Palais Salfeldt |

## SCHLESWIG-HOLSTEIN

| Barmstedt | Lay's Bistro |
| Fehmarn (Insel) / Burg | Margaretenhof |
| Flensburg / Oeversee | Krugwirtschaft **N** |
| Kiel | Weinstein **N** |
| Kiel / Molfsee | Bärenkrug **N** |
| Lübeck | Grand 1904 **N** |
| Lübeck | Weinwirtschaft |
| Lütjenburg / Panker | Forsthaus Hessenstein |
| Lütjensee | Fischerklause |
| Neuendorf bei Wilster | Zum Dückerstieg |
| Scharbeutz | Muschel |
| Sylt / List | Königshafen **N** |
| Tangstedt | Gutsküche |
| Thumby | Schlie Krog **N** |

## THÜRINGEN

| Eisenach | Weinrestaurant Turmschänke |
| Erfurt | Restaurant und Weinstube Zumnorde |
| Friedrichroda / Finsterbergen | Hüllrod |
| Nordhausen | Feine Speiseschenke **N** |
| Saalfeld | Güldene Gans |
| Weimar | Anastasia |

## VORALBERG (ÖSTERREICH)

| Kleinwalsertal / Riezlern | Humbachstube im Alpenhof Jäger |
| Kleinwalsertal / Riezlern | Scharnagl's Alpenhof |

# ANGENEHME UND RUHIGE HÄUSER

## THE MOST PLEASANT ACCOMMODATION

### BADEN-WÜRTTEMBERG

| | |
|---|---|
| Baden-Baden | Belle Epoque |
| Baden-Baden | Brenners Park-Hotel & Spa |
| Baden-Baden | Der Kleine Prinz |
| Badenweiler | Schwarzmatt |
| Baiersbronn | Bareiss |
| Baiersbronn | Engel Obertal |
| Baiersbronn | Forsthaus Auerhahn |
| Baiersbronn | Traube Tonbach |
| Bonndorf | Sommerau |
| Dettighofen | Hofgut Albführen |
| Durbach | Rebstock |
| Durbach | Ritter |
| Ehningen | Landhotel Alte Mühle |
| Endingen am Kaiserstuhl | Zollhaus |
| Fichtenau | Vital-Hotel Meiser |
| Freiamt | Ludinmühle |
| Freiburg im Breisgau | Colombi Hotel |
| Freiburg im Breisgau | The Alex Hotel |
| Gengenbach | Die Reichsstadt |
| Gernsbach | Schloss Eberstein |
| Häusern | Adler |
| Hagnau | Burgunderhof |
| Hagnau | Villa am See |
| Heidelberg | Arthotel |
| Heidelberg | Astoria |
| Heidelberg | Das Lamm |
| Heidelberg | Die Hirschgasse |
| Heidelberg | Heidelberg Suites |
| Heidelberg | Weißer Bock |
| Hinterzarten | Erfurths Bergfried |
| Hinterzarten | Kesslermühle |
| Hinterzarten | Reppert |
| Kandern | Pfaffenkeller |
| Kehl | Grieshaber's Rebstock |
| Kirchzarten | Schlegelhof |
| Konstanz | RIVA |
| Kressbronn | Boutique-Hotel Friesinger |
| Kressbronn | Pension am Bodensee |
| Mannheim | Speicher 7 |
| Meersburg | Residenz am See |

| | |
|---|---|
| Meersburg | Villa Seeschau 🏚 |
| Oberried | Die Halde 🏚 |
| Öhringen / Friedrichsruhe | Wald und Schlosshotel Friedrichsruhe 🏚🏚 |
| Peterstal-Griesbach, Bad | Dollenberg 🏚🏚 |
| Pfinztal | Villa Hammerschmiede 🏚🏚 |
| Radolfzell | Art Villa am See 🏚 |
| Schluchsee | Hegers Parkhotel Flora 🏚 |
| Schönwald | Dorer 🏚 |
| Schönwald | Zum Ochsen 🏚 |
| Schriesheim | Kaiser 🏚 |
| Sonnenbühl | Hirsch 🏚 |
| Stuttgart | Althoff Hotel am Schlossgarten 🏚🏚 |
| Stuttgart | Der Zauberlehrling 🏚 |
| Titisee-Neustadt | Treschers Schwarzwaldhotel 🏚🏚 |
| Tübingen | Hospederia La Casa 🏚 |
| Uhldingen-Mühlhofen | Landhotel Fischerhaus 🏚 |
| Waldenburg | Villa Blum 🏚 |
| Weikersheim | Laurentius 🏚 |
| Weil am Rhein | Gasthaus zur Krone 🏚 |
| Winden | Elztalhotel 🏚🏚 |

## BAYERN

| | |
|---|---|
| Adelshofen | Landhaus Zum Falken 🏚 |
| Amorbach | Der Schafhof 🏚 |
| Aschaffenburg / Johannesberg | Auberge de Temple 🏚 |
| Aschau im Chiemgau | Residenz Heinz Winkler 🏚🏚 |
| Aying | Brauereigasthof Aying 🏚 |
| Bamberg | Villa Geyerswörth 🏚 |
| Bayreuth | Goldener Anker 🏚 |
| Berchtesgaden | Kempinski Hotel Berchtesgaden 🏚🏚 |
| Birnbach, Bad | Hofgut Hafnerleiten 🏚 |
| Coburg | Stadtvilla 🏚 |
| Feuchtwangen | Greifen-Post 🏚 |
| Freising / Hallbergmoos | Daniels 🏚 |
| Garmisch-Partenkirchen | Staudacherhof 🏚 |
| Hammelburg / Wartmannsroth | Neumühle 🏚🏚 |
| Hindelang, Bad | Obere Mühle 🏚 |
| Iphofen | Zehntkeller 🏚 |
| Kissingen, Bad | Laudensacks Parkhotel 🏚 |
| Kitzingen / Sulzfeld am Main | Vinotel Augustin 🏚 |
| Kötzting, Bad | Bayerwaldhof 🏚🏚 |
| Kohlgrub, Bad | Das Johannesbad 🏚 |
| Kronach | Die Kronacher Stadthotels 🏚 |
| Krün | Das Kranzbach 🏚🏚 |
| Krün | Schloss Elmau 🏚🏚 |
| Krün | Schloss Elmau Retreat 🏚🏚 |
| Landshut | Fürstenhof 🏚 |
| Lindau im Bodensee | Am Rehberg 🏚 |
| Lindau im Bodensee | Villino 🏚🏚 |
| München | Derag Livinghotel 🏚🏚 |
| München | Königshof 🏚🏚 |
| München | Mandarin Oriental 🏚🏚 |

| | |
|---|---|
| München | Palace 🏨 |
| Neuburg an der Donau | Zum Klosterbräu 🏨 |
| Nürnberg | Drei Raben 🏨 |
| Nürnberg | Rottner 🏨 |
| Oberammergau | Maximilian 🏨 |
| Oberstaufen | Alpenkönig 🏨 |
| Oberstdorf | Das Freiberg 🏨 |
| Oberstdorf | Exquisit 🏨 |
| Oberstdorf | Löwen & Strauss 🏨 |
| Oberstdorf | Parkhotel Frank 🏨 |
| Oy-Mittelberg | Die Mittelburg 🏨 |
| Pfronten | Berghotel Schlossanger Alp 🏨 |
| Pfronten | Burghotel auf dem Falkenstein 🏨 |
| Pullach | Seitner Hof 🏨 |
| Regensburg | Landhaus Andreasstadel 🏨 |
| Regensburg | Orphée Großes Haus 🏨 |
| Reichenhall, Bad | Haus Seeblick 🏨 |
| Reit im Winkl | Gut Steinbach 🏨 |
| Rothenburg o.d. Tauber | herrnschlösschen 🏨 |
| Rothenburg o.d. Tauber | Villa Mittermeier 🏨 |
| Rottach-Egern | Park-Hotel Egerner Höfe 🏨 |
| Rottach-Egern / Kreuth | Villa Sonnwend 🏨 |
| Sankt Englmar | Berghotel Maibrunn 🏨 |
| Sankt Englmar | Gut Schmelmerhof 🏨 |
| Schönau am Königssee | Alpenhotel Zechmeisterlehen 🏨 |
| Sonthofen / Ofterschwang | Sonnenalp Resort 🏨 |
| Tegernsee | Leeberghof 🏨 |
| Tegernsee | Villa am See 🏨 |
| Thannhausen | Schreiegg's Post 🏨 |
| Wackersberg | Benediktenhof 🏨 |
| Wernberg-Köblitz | Burg Wernberg 🏨 |
| Wiessee, Bad | Landhaus Marinella 🏨 |
| Wiessee, Bad | Relais Chalet Wilhelmy 🏨 |
| Wörishofen, Bad | Fontenay 🏨 |

# BERLIN

| | |
|---|---|
| Berlin | Adlon Kempinski 🏨 |
| Berlin | The Dude 🏨 |
| Berlin | Regent 🏨 |
| Berlin | The Ritz-Carlton 🏨 |
| Berlin | Am Steinplatz 🏨 |
| Berlin | Das Stue 🏨 |
| Berlin | Waldorf Astoria 🏨 |
| Berlin | Zoo Berlin 🏨 |

# BRANDENBURG

| | |
|---|---|
| Burg (Spreewald) | Bleiche Resort und Spa 🏨 |
| Madlitz-Wilmersdorf | Gut Klostermühle 🏨 |
| Michendorf | Gasthof Zur Linde 🏨 |
| Neuhardenberg | Schloss Neuhardenberg 🏨 |
| Potsdam | Bayrisches Haus 🏨 |

| Saarow, Bad | Palais am See 🏨 |
| Saarow, Bad | Villa Contessa 🏨 |

# HAMBURG

| Hamburg | Eilenau 🏨 |
| Hamburg | Fairmont Hotel Vier Jahreszeiten 🏨 |
| Hamburg | Louis C. Jacob 🏨 |
| Hamburg | Mittelweg 🏨 |
| Hamburg | Strandhotel 🏨 |

# HESSEN

| Eltville am Rhein | Eltvinum 🏨 |
| Felsberg | Zum Rosenhof 🏨 |
| Frankenau | Landhaus Bärenmühle 🏨 |
| Frankenberg (Eder) | Die Sonne Frankenberg 🏨 |
| Frankfurt am Main | Hessischer Hof 🏨 |
| Frankfurt am Main | Roomers 🏨 |
| Frankfurt am Main | 25hours by Levi's 🏨 |
| Frankfurt am Main | 25hours Hotel The Goldman 🏨 |
| Frankfurt am Main / Neu Isenburg | Kempinski Hotel Gravenbruch 🏨 |
| Geisenheim | Burg Schwarzenstein 🏨 |
| Gießen | heyligenstaedt 🏨 |
| Groß-Umstadt | Farmerhaus Lodge 🏨 |
| Herleshausen | Hohenhaus 🏨 |
| Hochheim am Main | Zielonka 🏨 |
| Königstein im Taunus | Falkenstein Grand Kempinski 🏨 |
| Königstein im Taunus | Villa Rothschild Kempinski 🏨 |
| Taunusstein | Légère 🏨 |
| Wiesbaden | De France 🏨 |
| Wiesbaden | Klemm 🏨 |

# MECKLENBURG-VORPOMMERN

| Ahrenshoop | Künstlerquartier Seezeichen 🏨 |
| Benz | Schloss Gamehl 🏨 |
| Dierhagen | Strandhotel Dünenmeer 🏨 |
| Güstrow | Kurhaus am Inselsee 🏨 |
| Malchow | Rosendomizil 🏨 |
| Neukloster / Nakenstorf | Seehotel am Neuklostersee 🏨 |
| Rügen / Binz | CERÊS 🏨 |
| Rügen / Binz | niXe 🏨 |
| Rügen / Sellin | ROEWERS Privathotel 🏨 |
| Stolpe | Gutshaus Stolpe 🏨 |
| Stralsund | Scheelehof 🏨 |
| Usedom / Heringsdorf | Strandhotel Ostseeblick 🏨 |
| Zingst | Meerlust 🏨 |

# NIEDERSACHSEN

| Aerzen | Schlosshotel Münchhausen 🏨 |
| Aurich | Hochzeitshaus 🏨 |
| Bederkesa, Bad | Bösehof 🏨 |

| | |
|---|---|
| Bendestorf | Landhaus Meinsbur 🏚 |
| Bienenbüttel | GUT Bardenhagen 🏚 |
| Braunlage | Residenz Hohenzollern 🏚🏚 |
| Bruchhausen-Vilsen | Forsthaus Heiligenberg 🏚 |
| Celle | Althoff Hotel Fürstenhof 🏚🏚 |
| Cuxhaven | Badhotel Sternhagen 🏚🏚 |
| Groß Meckelsen | Zur Kloster-Mühle 🏚 |
| Juist | Achterdiek 🏚🏚 |
| Langeoog | Kolb 🏚 |
| Langeoog | Norderriff 🏚 |
| Nörten-Hardenberg | Hardenberg BurgHotel 🏚🏚 |
| Norderney (Insel) | Haus Norderney 🏚 |
| Norderney (Insel) | Seesteg 🏚 |
| Rotenburg (Wümme) | Landhaus Wachtelhof 🏚🏚 |
| Sachsa, Bad | Romantischer Winkel 🏚🏚 |
| Wolfsburg | einschlaf 🏚 |
| Wolfsburg | The Ritz-Carlton 🏚🏚🏚 |

## NORDRHEIN-WESTFALEN

| | |
|---|---|
| Bergisch Gladbach | Althoff Grandhotel Schloss Bensberg 🏚🏚🏚 |
| Bergisch Gladbach | Malerwinkel 🏚 |
| Berleburg, Bad | Alte Schule 🏚 |
| Bonn | Venusberghotel 🏚 |
| Bonn | Villa Godesberg 🏚 |
| Dahlem | Schlosshotel Burghaus Kronenburg 🏚 |
| Detmold | Detmolder Hof 🏚 |
| Düsseldorf | Breidenbacher Hof 🏚🏚🏚 |
| Erkrath | Wahnenmühle 🏚 |
| Essen | Schloss Hugenpoet 🏚🏚 |
| Gummersbach | Mühlenhelle 🏚 |
| Hörstel | Parkhotel Surenburg 🏚🏚 |
| Isselburg | Parkhotel Wasserburg Anholt 🏚🏚 |
| Köln | Excelsior Hotel Ernst 🏚🏚🏚 |
| Köln | Humboldt1 🏚 |
| Köln | THE QVEST hideaway 🏚 |
| Laasphe, Bad | Jagdhof Glashütte 🏚🏚 |
| Lohmar | Schloss Auel 🏚 |
| Lüdinghausen | Hotel No. 11 🏚 |
| Mönchengladbach | Palace St. George 🏚 |
| Mülheim an der Ruhr | Villa am Ruhrufer 🏚🏚 |
| Münster | Hof zur Linde 🏚 |
| Nachrodt-Wiblingwerde | Schloss Hotel Holzrichter 🏚 |
| Rheine | Zum Alten Brunnen 🏚 |
| Warendorf | Mersch 🏚 |
| Winterberg | Berghotel Astenkrone 🏚🏚 |
| Wuppertal | Park Villa 🏚🏚 |

## RHEINLAND-PFALZ

| | |
|---|---|
| Bacharach | Landhaus Delle 🏚 |
| Balduinstein | Landhotel Zum Bären 🏚 |
| Boppard | Park Hotel 🏚 |

| | |
|---|---|
| Deidesheim | Deidesheimer Hof 🏨 |
| Deidesheim | Ketschauer Hof 🏨 |
| Gleisweiler | Landhotel Herrenhaus Barthélemy 🏨 |
| Grünstadt / Neuleiningen | Alte Pfarrey 🏨 |
| Herxheim | Krone 🏨 |
| Horbruch | Historische Schlossmühle 🏨 |
| Hornbach | Kloster Hornbach 🏨 |
| Hornbach | Lösch für Freunde 🏨 |
| Kaiserslautern | Zollamt 🏨 |
| Kallstadt | Weinhaus Henninger 🏨 |
| Langenlonsheim | Jugendstil-Hof 🏨 |
| Mülheim (Mosel) | Weinromantikhotel Richtershof 🏨 |
| Neuenahr-Ahrweiler, Bad | Sanct Peter 🏨 |
| Oberwesel | Burghotel Auf Schönburg 🏨 |
| Sobernheim, Bad | BollAnt's - SPA im Park 🏨 |
| Speyer | Residenz am Königsplatz 🏨 |
| Stromberg | Johann Lafer's Stromburg 🏨 |
| Trier | BECKER'S Hotel 🏨 |
| Trier | Villa Hügel 🏨 |
| Trittenheim / Naurath | Rüssel's Landhaus 🏨 |
| Zweibrücken | Landschloss Fasanerie 🏨 |

## SAARLAND

| | |
|---|---|
| Sankt Ingbert | Villa Almarin 🏨 |

## SACHSEN

| | |
|---|---|
| Crimmitschau | Villa Vier Jahreszeiten 🏨 |
| Dresden | Bülow Palais 🏨 |
| Dresden | Bülow Residenz 🏨 |
| Dresden | Suitess 🏨 |
| Dresden | Swissôtel Am Schloss 🏨 |
| Dresden | Villa Weißer Hirsch 🏨 |
| Hartenstein | Jagdhaus Waldidyll 🏨 |
| Kirschau | Bei Schumann 🏨 |
| Radebeul | Villa Sorgenfrei 🏨 |

## SACHSEN-ANHALT

| | |
|---|---|
| Blankenburg | Viktoria Luise 🏨 |
| Ilsenburg | Landhaus Zu den Rothen Forellen 🏨 |
| Magdeburg | Residenz Joop 🏨 |
| Quedlinburg | Hotel Am Brühl 🏨 |
| Wernigerode | Travel Charme Gothisches Haus 🏨 |

## SCHLESWIG-HOLSTEIN

| | |
|---|---|
| Glücksburg | Alter Meierhof Vitalhotel 🏨 |
| Holzdorf | Rosenduft & Kochlust 🏨 |
| Lübeck | Anno 1216 🏨 |
| Lübeck | A-ROSA 🏨 |
| Lütjenburg / Panker | Ole Liese 🏨 |
| Passade | Fischerwiege 🏨 |

| | |
|---|---|
| Ratekau | Landhaus Töpferhof 🏨 |
| Rendsburg | 1690 🏠 |
| Sankt Peter-Ording | Landhaus an de Dün 🏨 |
| Schleswig | Hahn 🏠 |
| Sylt / Hörnum | BUDERSAND Hotel - Golf & Spa 🏨 |
| Sylt / Keitum | Aarnhoog 🏨 |
| Sylt / Keitum | Benen-Diken-Hof 🏨 |
| Sylt / Keitum | Severin's 🏨 |
| Sylt / List | Strand am Königshafen 🏨 |
| Sylt / Morsum | Hof Galerie 🏨 |
| Sylt / Munkmarsch | Fährhaus 🏨 |
| Sylt / Rantum | Alte Strandvogtei 🏨 |
| Sylt / Rantum | Söl'ring Hof 🏨 |
| Sylt / Kampen | Village 🏨 |
| Sylt / Tinnum | Landhaus Stricker 🏨 |
| Sylt / Westerland | Stadt Hamburg 🏨 |
| Wangels | Weissenhaus Grand Village Resort & Spa am Meer 🏨 |

## THÜRINGEN

| | |
|---|---|
| Eisenach | Auf der Wartburg 🏨 |
| Gotha | Landhaus & Burg Hotel Romantik 🏨 |

## VORALBERG (ÖSTERREICH)

| | |
|---|---|
| Kleinwalsertal / Hirschegg | Sonnenberg 🏠 |
| Kleinwalsertal / Hirschegg | Travel Charme Ifen Hotel 🏨 |

# WELLNESS-HOTELS

## ACCOMMODATION WITH SPA

### BADEN-WÜRTTEMBERG

| | |
|---|---|
| **Baden-Baden** | Brenners Park-Hotel & Spa 🏨🏨 |
| **Baden-Baden** | Dorint Maison Messmer 🏨🏨 |
| **Baiersbronn** | Bareiss 🏨🏨 |
| **Baiersbronn** | Engel Obertal 🏨🏨 |
| **Baiersbronn** | Forsthaus Auerhahn 🏨 |
| **Baiersbronn** | Heselbacher Hof 🏨 |
| **Baiersbronn** | Lamm 🏨 |
| **Baiersbronn** | Sackmann 🏨 |
| **Baiersbronn** | Sonne 🏨 |
| **Baiersbronn** | Tanne 🏨 |
| **Baiersbronn** | Traube Tonbach 🏨🏨 |
| **Biberach an der Riß** | Parkhotel Jordanbad 🏨 |
| **Bodman** | Seehotel Adler 🏨 |
| **Bonndorf** | Möhringers Schwarzwaldhotel 🏨🏨 |
| **Deggenhausertal** | Biohotel Mohren 🏨 |
| **Ditzenbach, Bad** | Vitalhotel Sanct Bernhard 🏨 |
| **Donaueschingen** | Öschberghof 🏨🏨 |
| **Durbach** | Ritter 🏨 |
| **Enzklösterle** | Enztalhotel 🏨 |
| **Ettlingen** | Erbprinz 🏨🏨 |
| **Feldberg im Schwarzwald** | Schlehdorn 🏨 |
| **Fichtenau** | Vital-Hotel Meiser 🏨 |
| **Freiamt** | Ludinmühle 🏨 |
| **Freiburg im Breisgau** | Colombi Hotel 🏨🏨 |
| **Freudenstadt** | Grüner Wald 🏨 |
| **Freudenstadt** | Langenwaldsee 🏨 |
| **Freudenstadt** | Lauterbad 🏨 |
| **Friedrichshafen** | Krone 🏨 |
| **Friedrichshafen** | Traube am See 🏨 |
| **Gaienhofen** | Höri am Bodensee 🏨 |
| **Häusern** | Adler 🏨 |
| **Hinterzarten** | Erfurths Bergfried 🏨 |
| **Hinterzarten** | Kesslermühle 🏨 |
| **Hinterzarten** | Parkhotel Adler 🏨🏨 |
| **Hinterzarten** | Reppert 🏨 |
| **Hinterzarten** | Thomahof 🏨 |
| **Höchenschwand** | Alpenblick 🏨 |
| **Höchenschwand** | Nägele 🏨 |
| **Konstanz** | RIVA 🏨 |
| **Langenburg** | Mawell Resort 🏨 |
| **Lenzkirch** | Saigerhöh 🏨 |
| **Oberkirch** | Waldhotel Grüner Baum 🏨 |
| **Oberried** | Die Halde 🏨 |

| | |
|---|---|
| Öhringen / Friedrichsruhe | Wald und Schlosshotel Friedrichsruhe 🏨 |
| Peterstal-Griesbach, Bad | Dollenberg 🏨 |
| Pfalzgrafenweiler | Schwanen 🏨 |
| Pfalzgrafenweiler | Waldsägmühle 🏨 |
| Radolfzell | bora HotSpaResort 🏨 |
| Rust | Bell Rock 🏨 |
| Rust | Colosseo 🏨 |
| Schluchsee | Auerhahn 🏨 |
| Schluchsee | Hegers Parkhotel Flora 🏨 |
| Schluchsee | Vier Jahreszeiten am Schluchsee 🏨 |
| Schönwald | Zum Ochsen 🏨 |
| Schwäbisch Hall | Hohenlohe 🏨 |
| Seewald | Oberwiesenhof 🏨 |
| Stuttgart | Le Méridien 🏨 |
| Stuttgart | Pullman Fontana 🏨 |
| Stuttgart | Steigenberger Graf Zeppelin 🏨 |
| Teinach-Zavelstein, Bad | Berlins Hotel KroneLamm 🏨 |
| Teinach-Zavelstein, Bad | Therme Bad Teinach 🏨 |
| Titisee-Neustadt | Bären 🏨 |
| Titisee-Neustadt | Seehotel Wiesler 🏨 |
| Titisee-Neustadt | Treschers Schwarzwaldhotel 🏨 |
| Todtnau | derWaldfrieden 🏨 |
| Triberg im Schwarzwald | Parkhotel Wehrle 🏨 |
| Vogtsburg | Kreuz-Post 🏨 |
| Waldshut-Tiengen | Bercher 🏨 |
| Winden | Elztalhotel 🏨 |
| Wolfach | Adler 🏨 |

# BAYERN

| | |
|---|---|
| Anger | Wellness- und Landhotel Prinz 🏨 |
| Bayersoien, Bad | Parkhotel am Soier See 🏨 |
| Berchtesgaden | Edelweiss 🏨 |
| Berchtesgaden | Kempinski Hotel Berchtesgaden 🏨 |
| Berchtesgaden | Neuhäusl 🏨 |
| Bernried | Bernrieder Hof 🏨 |
| Birnbach, Bad | Sonnengut 🏨 |
| Birnbach, Bad | Vitalhotel 🏨 |
| Bischofswiesen | Reissenlehen 🏨 |
| Bodenmais | Bayerwaldhotel Hofbräuhaus 🏨 |
| Bodenmais | Bodenmaiser Hof 🏨 |
| Bodenmais | Böhmhof 🏨 |
| Bodenmais | Hammerhof Aktiv- und Wohlfühlhotel 🏨 |
| Bodenmais | Mooshof Wellness & SPA Resort 🏨 |
| Bodenmais | Neue Post 🏨 |
| Cham | Randsberger Hof 🏨 |
| Chieming | Gut Ising 🏨 |
| Erding | Victory Therme Erding 🏨 |
| Fischen i. A. | Tanneck 🏨 |
| Frauenau | St. Florian 🏨 |
| Füssen | Sommer 🏨 |
| Füssing, Bad | MÜHLBACH 🏨 |
| Füssing, Bad | Holzapfel Hotels 🏨 |
| Füssing, Bad | Parkhotel 🏨 |

| | |
|---|---|
| Rottach-Egern | Park-Hotel Egerner Höfe 🏨 |
| Rottach-Egern | Althoff Seehotel Überfahrt 🏨 |
| Rottach-Egern / Kreuth | Bachmair Weissach 🏨 |
| Ruhpolding | Ortnerhof 🏨 |
| Ruhstorf an der Rott | Antoniushof 🏨 |
| Sankt Englmar | Angerhof 🏨 |
| Sankt Englmar | Berghotel Maibrunn 🏨 |
| Sankt Englmar | Reiner-Hof 🏨 |
| Schliersee | Arabella Alpenhotel am Spitzingsee 🏨 |
| Schönau am Königssee | Alm & Wellnesshotel Alpenhof 🏨 |
| Schönau am Königssee | Alpenhotel Zechmeisterlehen 🏨 |
| Schwangau | Rübezahl 🏨 |
| Sonthofen / Ofterschwang | Sonnenalp Resort 🏨 |
| Teisendorf | Gut Edermann 🏨 |
| Teisnach | Landromantik Wellnesshotel Oswald 🏨 |
| Thyrnau | Parkschlössl 🏨 |
| Titting | Dirsch 🏨 |
| Viechtach | Burghotel Sterr 🏨 |
| Wallgau | Parkhotel 🏨 |
| Wegscheid | Reischlhof 🏨 |
| Weiler-Simmerberg | Tannenhof 🏨 |
| Wiessee, Bad | Landhaus am Stein 🏨 |
| Wirsberg | Reiterhof Wirsberg 🏨 |
| Wörishofen, Bad | Edelweiss 🏨 |
| Wörishofen, Bad | Fontenay 🏨 |
| Wörishofen, Bad | Steigenberger Hotel Der Sonnenhof 🏨 |
| Zwiesel | GlasHotel 🏨 |

# BERLIN

| | |
|---|---|
| Berlin | Adlon Kempinski 🏨 |
| Berlin | Grand Hyatt Berlin 🏨 |
| Berlin | InterContinental 🏨 |
| Berlin | The Mandala 🏨 |
| Berlin | Das Stue 🏨 |
| Berlin | Waldorf Astoria 🏨 |

# BRANDENBURG

| | |
|---|---|
| Burg (Spreewald) | Bleiche Resort und Spa 🏨 |
| Kremmen | Sommerfeld 🏨 |
| Madlitz-Wilmersdorf | Gut Klostermühle 🏨 |
| Neuruppin | Resort Mark Brandenburg 🏨 |
| Oberuckersee | Panorama Hotel am Oberuckersee 🏨 |
| Potsdam | Bayrisches Haus 🏨 |
| Potsdam | INSELHOTEL 🏨 |
| Saarow, Bad | A-ROSA Scharmützelsee 🏨 |
| Saarow, Bad | Esplanade Resort & Spa 🏨 |
| Senftenberg | Seeschlößchen 🏨 |

# BREMEN

| | |
|---|---|
| Bremen | Dorint Park Hotel 🏨 |
| Bremen | Munte am Stadtwald 🏨 |

## HAMBURG

| | |
|---|---|
| Hamburg | Europäischer Hof 🏨 |
| Hamburg | Fairmont Hotel Vier Jahreszeiten 🏨 |
| Hamburg | Grand Elysée 🏨 |
| Hamburg | Park Hyatt 🏨 |
| Hamburg | Sofitel Alter Wall 🏨 |
| Hamburg | Steigenberger 🏨 |

## HESSEN

| | |
|---|---|
| Frankenberg (Eder) | Die Sonne Frankenberg 🏨 |
| Frankfurt am Main | Steigenberger Frankfurter Hof 🏨 |
| Frankfurt am Main | Villa Kennedy 🏨 |
| Frankfurt am Main | The Westin Grand 🏨 |
| Frankfurt am Main / Neu Isenburg | Kempinski Hotel Gravenbruch 🏨 |
| Friedewald | Göbels Schlosshotel Prinz von Hessen 🏨 |
| Fulda | ESPERANTO 🏨 |
| Hohenstein | Hofgut Georgenthal 🏨 |
| Königstein im Taunus | Falkenstein Grand Kempinski 🏨 |
| Marburg | VILA VITA Hotel Rosenpark 🏨 |
| Nauheim, Bad | Dolce 🏨 |
| Oberaula | Zum Stern 🏨 |
| Vöhl | Freund 🏨 |
| Wiesbaden | Nassauer Hof 🏨 |
| Willingen (Upland) | Stryckhaus 🏨 |

## MECKLENBURG-VORPOMMERN

| | |
|---|---|
| Ahrenshoop | THE GRAND Ahrenshoop 🏨 |
| Dierhagen | Strandhotel Dünenmeer 🏨 |
| Dierhagen | Strandhotel Fischland 🏨 |
| Doberan, Bad | Grand Hotel Heiligendamm 🏨 |
| Graal-Müritz | IFA 🏨 |
| Kühlungsborn | Strandblick 🏨 |
| Kühlungsborn | Travel Charme Ostseehotel 🏨 |
| Neubrandenburg / Groß Nemerow | Bornmühle 🏨 |
| Neukloster / Nakenstorf | Seehotel am Neuklostersee 🏨 |
| Prerow / Wiek a. Darß | Haferland 🏨 |
| Rostock | Yachthafenresidenz Hohe Düne 🏨 |
| Rügen / Baabe | Solthus am See 🏨 |
| Rügen / Binz | CERÊS 🏨 |
| Rügen / Binz | Grand Hotel Binz 🏨 |
| Rügen / Binz | Rugard Strandhotel 🏨 |
| Rügen / Binz | Seehotel Binz-Therme 🏨 |
| Rügen / Binz | Travel Charme Kurhaus Binz 🏨 |
| Rügen / Binz | Vier Jahreszeiten 🏨 |
| Rügen / Göhren | Hanseatic 🏨 |
| Rügen / Göhren | Travel Charme Nordperd 🏨 |
| Rügen / Putbus | Badehaus Goor 🏨 |
| Rügen / Sellin | ROEWERS Privathotel 🏨 |
| Stolpe / Liepen | Am Peenetal 🏨 |
| Stralsund | Scheelehof 🏨 |
| Usedom / Ahlbeck | Das Ahlbeck 🏨 |

| Usedom / Ahlbeck | Seehotel Ahlbecker Hof 🏨🏨 |
| Usedom / Bansin | Kaiser Spa Zur Post 🏨🏨 |
| Usedom / Bansin | Travel Charme Strandhotel 🏨🏨 |
| Usedom / Heringsdorf | Steigenberger Grandhotel und Spa 🏨🏨🏨 |
| Usedom / Heringsdorf | Strandhotel 🏨🏨 |
| Usedom / Heringsdorf | Strandhotel Ostseeblick 🏨🏨 |
| Usedom / Heringsdorf | Travel Charme Strandidyll 🏨🏨 |
| Usedom / Koserow | Nautic 🏨🏨 |
| Usedom / Loddin | Strandhotel Seerose 🏨🏨 |
| Waren (Müritz) / Groß Plasten | Schloss Groß Plasten 🏨🏨 |
| Wustrow | Dorint Strandresort 🏨🏨 |
| Zingst | Meerlust 🏨🏨 |

# NIEDERSACHSEN

| Aerzen | Schlosshotel Münchhausen 🏨🏨🏨 |
| Bederkesa, Bad | Bösehof 🏨🏨 |
| Cuxhaven | Badhotel Sternhagen 🏨🏨 |
| Cuxhaven | Strandhotel Duhnen 🏨🏨 |
| Cuxhaven | Strandperle 🏨🏨 |
| Dinklage | Vila Vita Burghotel 🏨🏨 |
| Göttingen | Freizeit In 🏨🏨 |
| Hannover | Crowne Plaza 🏨🏨 |
| Hanstedt | Sellhorn 🏨🏨 |
| Juist | Achterdiek 🏨🏨 |
| Juist | Pabst 🏨🏨 |
| Juist | Strandhotel Kurhaus Juist 🏨🏨 |
| Langeoog | Kolb 🏨🏨 |
| Langeoog | Logierhus 🏨🏨 |
| Lauterberg, Bad | Revita 🏨🏨 |
| Norden | Fährhaus 🏨🏨 |
| Norden | Reichshof 🏨 |
| Norderney (Insel) | Seesteg 🏨🏨 |
| Norderney (Insel) | Strandhotel Georgshöhe 🏨🏨 |
| Pyrmont, Bad | Steigenberger 🏨🏨 |
| Rotenburg (Wümme) | Landhaus Wachtelhof 🏨🏨 |
| Sachsa, Bad | Romantischer Winkel 🏨🏨 |
| Schwarmstedt / Essel | Heide-Kröpke 🏨🏨 |
| Wilhelmshaven | Atlantic 🏨🏨 |
| Wolfsburg | An der Wasserburg 🏨🏨 |
| Wolfsburg | The Ritz-Carlton 🏨🏨 |
| Zwischenahn, Bad | Jagdhaus Eiden am See 🏨🏨 |

# NORDRHEIN-WESTFALEN

| Aachen | Pullman Quellenhof 🏨🏨 |
| Bergisch Gladbach | Althoff Grandhotel Schloss Bensberg 🏨🏨🏨 |
| Bonn | Kameha Grand 🏨🏨 |
| Datteln | Jammertal-Resort 🏨🏨 |
| Delbrück | Waldkrug 🏨🏨 |
| Dortmund | l'Arrivée 🏨🏨 |
| Driburg, Bad | Gräflicher Park 🏨🏨 |
| Düsseldorf | Hyatt Regency 🏨🏨 |

| Euskirchen | Ameron Parkhotel |
| Geldern | See Park Janssen |
| Hallenberg | Diedrich |
| Harsewinkel | Residence Klosterpforte |
| Hörstel | Parkhotel Surenburg |
| Köln | Savoy |
| Laasphe, Bad | Landhotel Doerr |
| Lippspringe, Bad | Park Hotel |
| Münster | Kaiserhof |
| Schermbeck | Landhotel Voshövel |
| Schmallenberg | Deimann |
| Schmallenberg | Gasthof Schütte |
| Schmallenberg | Waldhaus |
| Tecklenburg | Teutoburger Wald |
| Wenden | Sporthotel Landhaus Wacker |
| Winterberg | Berghotel Astenkrone |

## RHEINLAND-PFALZ

| Bernkastel-Kues | Vital- & Wellnesshotel Zum Kurfürsten |
| Bertrich, Bad | Häcker's Fürstenhof |
| Cochem | Keßler-Meyer |
| Dahn | Pfalzblick |
| Daun | Kurfürstliches Amtshaus Dauner Burg |
| Daun | Panorama |
| Daun / Schalkenmehren | Michels Landidyll |
| Deidesheim | Kaisergarten Hotel & Spa |
| Dürkheim, Bad | Kurpark-Hotel |
| Eisenschmitt | Molitors Mühle |
| Ems, Bad | Häcker's Grand Hotel |
| Höhr-Grenzhausen | Heinz |
| Höhr-Grenzhausen | Zugbrücke |
| Langweiler | Kloster Marienhöh |
| Mainz | Hyatt Regency |
| Mülheim (Mosel) | Landhaus Schiffmann |
| Neuenahr-Ahrweiler, Bad | Weyer |
| Pirmasens | Kunz |
| Sankt Goar | Schloss Rheinfels |
| Sankt Martin | Wiedemann's Weinhotel |
| Sinzig | Maravilla |
| Sobernheim, Bad | BollAnt's - SPA im Park |
| Sobernheim, Bad | Maasberg Therme |
| Speyer | Lindner Hotel & Spa Binshof |
| Stromberg | Land & Golf Hotel Stromberg |
| Traben-Trarbach | Jugendstilhotel Bellevue |
| Wershofen | Kastenholz |
| Westerburg | Lindner Hotel und Sporting Club Wiesensee |
| Wilgartswiesen | Landhaus Am Hirschhorn |

## SAARLAND

| Perl | Victor's Residenz - Hotel Schloss Berg |

## SACHSEN

| | |
|---|---|
| Kirschau | Bei Schumann 🏨 |

## SACHSEN-ANHALT

| | |
|---|---|
| Halberstadt | Villa Heine 🏨 |
| Ilsenburg | Landhaus Zu den Rothen Forellen 🏨 |
| Südharz | Schindelbruch 🏨 |
| Tangermünde | Schloss Tangermünde 🏨 |
| Wernigerode | Travel Charme Gothisches Haus 🏨 |

## SCHLESWIG-HOLSTEIN

| | |
|---|---|
| Glücksburg | Alter Meierhof Vitalhotel 🏨 |
| Husum | Altes Gymnasium 🏨 |
| Lübeck | A-ROSA 🏨 |
| Malente-Gremsmühlen, Bad | Weisser Hof 🏨 |
| Sankt Peter-Ording | Aalernhüs 🏨 |
| Scharbeutz | Bayside 🏨 |
| Schleswig | Waldschlösschen 🏨 |
| Sylt / Hörnum | BUDERSAND Hotel - Golf & Spa 🏨 |
| Sylt / Keitum | Benen-Diken-Hof 🏨 |
| Sylt / Keitum | Severin's 🏨 |
| Sylt / List | A-ROSA 🏨 |
| Sylt / Munkmarsch | Fährhaus 🏨 |
| Sylt / Kampen | Rungholt 🏨 |
| Sylt / Tinnum | Landhaus Stricker 🏨 |
| Sylt / Westerland | Stadt Hamburg 🏨 |
| Timmendorfer Strand | Grand Hotel Seeschlösschen 🏨 |
| Wangels | Weissenhaus Grand Village Resort & Spa am Meer 🏨 |

## THÜRINGEN

| | |
|---|---|
| Blankenhain | Spa & Golf Hotel Weimarer Land 🏨 |

## VORALBERG (ÖSTERREICH)

| | |
|---|---|
| Kleinwalsertal / Hirschegg | Birkenhöhe 🏨 |
| Kleinwalsertal / Hirschegg | Naturhotel Chesa Valisa 🏨 |
| Kleinwalsertal / Hirschegg | Travel Charme Ifen Hotel 🏨 |
| Kleinwalsertal / Mittelberg | Haller's Genuss & Spa Hotel 🏨 |
| Kleinwalsertal / Mittelberg | IFA-Hotel Alpenhof Wildental 🏨 |
| Kleinwalsertal / Mittelberg | Leitner 🏨 |

## Michelin Travel Partner

Société par actions simplifiées au capital de 11 288 880 EUR
27 cours de L'Île Seguin – 92100 Boulogne Billancourt (France)
R.C.S. Nanterre 433 677 721

### © Michelin et Cie, propriétaires-éditeurs

Dépôt légal : 11-2016

Printed in Italy : 10-2016

**Jede Reproduktion, gleich welcher Art, welchen Umfangs
und mit welchen Mitteln, ohne Erlaubnis des Herausgebers ist untersagt.**

Auf Papier aus nachhaltiger Forstwirtschaft

Höhenangaben : ATKIStm - GN250 - © Federal Agency for Cartography and Geodesy (BKG)

Compograveur : JOUVE, Saran

Imprimeur-relieur : Lego Print, Lavis (Italy)

### Stadtplan:

Unser Redaktionsteam hat die Informationen für diesen Führer mit größter Sorgfalt zusammengestellt und überprüft. Trotzdem ist jede praktische Information (offizielle Angaben, Preise, Adressen, Telefonnummern, Internetadressen etc.) Veränderungen unterworfen und kann daher nur als Anhaltspunkt betrachtet werden. Es ist nicht auszuschließen, dass einige Angaben zum Zeitpunkt des Erscheinens des Führers nicht mehr korrekt od... ...tändigen offiziellen Stelle nach den genau... ...formalitäten). Eine Haftung können wir in...

31192021177124